VIDEHA
SUN KOSI
Mithilā
NEPAL
INDIA
VAJJI
LICCHAVI
Darbhanga
Muzaffarpur
Vesāli
BĀGHMATI
SAPTI KOSI
(Patna)
Monghyr
Bhāgalpur
Campā
Nālandā
Rājagaha
AṄGA
Gayā
Uruvelā
NERAÑJARĀ
PHALGU

우리말

빠알리대장경－율장경분별하권

빅쿠니비방가

세 계 최 초 최 대 복 원 번 역

초 판

ॐ सत्यमेव जयते ॐ

빅쿠니비방가 - 비구니계

값 150,000 원

발행일 2015년 6월 25일 초판발행
발행인 도 법
역주자 전재성
편집위원 혜능. 최민철, 김광하. 남윤지.

발행처 한국빠알리성전협회
1999년5월31일(신고번호:제318-1999-000052호)
서울 서대문구 모래내로 430, 102-102(홍제성원)
전화 02-2631-1381, 070-7767-8437 팩스 02-735-8832
전자우편 kptsoc@kptsoc.org
홈페이지 www.kptsoc.org
Korea Pali Text Society
Moraenaero 430 #102-102 (Hongjaeseongwon@)
Seoul 120-868 Korea
TEL 82-2-2631-1381 FAX 82-2-735-8832
전자우편 kptsoc@kptsoc.org 홈페이지 www.kptsoc.org

ISBN 978-89-89966-74-6 04220
ISBN 978-89-89966-70-1 (세트)

세계최초최대복원번역 ≪빠알리율장≫ 경분별하권

빅쿠니비방가-율장비구니계

भिक्खुनीविभङ्गपाळी

전통본제2권 = 협회본제4권

전 재 성 역주

한국빠알리성전협회
Korea Pali Text Society

譯註 . 退玄 全在星

철학박사. 서울대학교를 졸업했고,
한국대학생불교연합회 13년차 회장을 역임했다.
동국대학교 인도철학과 석·박사과정을 수료하고,
독일 본대학 인도학세미나에서 인도학 및 티베트학을 연구했으며,
독일 본대학과 쾰른 동아시아 박물관 강사,
동국대 강사, 중앙승가대학 교수, 경전연구소 상임연구원,
한국불교대학(스리랑카 빠알리불교대학 분교)교수,
충남대 강사, 가산불교문화원 객원교수를 역임했고,
현재 한국빠알리성전협회 회장을 역임하고 있다.
저서 및 역서로 <쌍윳따니까야 전집> <오늘 부처님께 묻는다면>
<맛지마니까야 전집> <명상수행의 바다> <앙굿따라니까야 전집> <생활 속의 명상수행>
<법구경-담마파다> <우다나-감흥어린 시구> <숫타니파타> <이띠붓따까-여시어경>
<화엄경-오리지널화엄경> <마하박가> <쭐라박가> <빠알리어사전>
<티베트어사전> <금강경-번개처럼 자르는 지혜의 완성>
<붓다의 가르침과 팔정도> <범어문법학>
<천수다라니와 붓다의 가르침> <초기불교의 연기사상> (이상, 한국빠알리성전협회)이 있고,
그밖에 역서로는 <인도사회와 신불교>(일역, 한길사),
저서에는 <거지성자>(선재, 안그라픽스)가 있고,
주요논문으로<初期佛敎의 緣起性 硏究><中論歸敬偈無畏疏硏究>
<學問梵語의 硏究> <梵巴藏音聲論>등 다수 있다.

भिक्खुनीविभङ्गपाळी

translated by **Jae-Seong Cheon**
Published and Distributed by
Korea Pali Text Society © 2015

빅쿠니비방가

빅쿠니고유계율(○)이 아닌 빅쿠계율과의 공유계율은
출가남성중심으로 기록된 것만이 전해지므로
그것으로 복원할 수밖에 없었던 까닭에
내용적으로 출가여성중심으로 전환하여 읽어야 합니다.

ॐ सत्यमेव जयते ॐ

추 천 사

우리나라 계율의 비조인 자장율사는 왕의 부름을 받고 '내가 차라리 계율을 지키고 하루를 살지언정, 계율을 깨뜨리고 백 년을 살기를 원하지 않는다.'라고 조정의 관직에 나아가지 않았습니다. 그러한 준엄한 계율정신이 있었던 것은 계율에 어긋난 삶을 경계한 석가모니 부처님의 계율에 관한 가르침을 송출하여 기록한 율장이 있었기 때문입니다.

용성(龍城)스님에게 법맥을 전수받아 근래 한국불교의 승강(僧綱)을 바로 잡아 온 자운스님은 유교경을 인용하여 '계율이 바로 해탈의 근본이요, 계율이 바로 그대들의 큰 스승이니 내가 이 세상에 더 주하더라도, 이와 다를 바 없으니, 계율을 존중해서 어둠 속에 빛을 만난 듯 대하고, 가난한 사람이 보물을 만난 듯해야 한다.'라고 했습니다. 또한 자운 스님은 '계율이 바로 서면, 일신성불은 물론이요, 불국정토를 따로 바라지 않아도 그 자리가 바로 불국정토이다.'라고 선언하셨습니다.

현대사회에서 여러분들이 차를 타면서 지켜야할 신호등, 지켜야 할 차도를 지키지 않는다면, 도시는 곧 교통지옥으로 변해 목적지에 갈 수 없을 것입니다. 이와 마찬 가지로 계율이 없이는 우리는 지옥에 떨어질 수 밖에 없으며, 보리심에 한 발자욱도 다가설 수 없습니다. 거꾸로 계율을 잘 지키려면, 고귀한 삶이라는 목표가 있어야 합니다. 그래서 오대산 상원사에 들어가 좌탈입멸(坐脫入滅)하신 방한암 스님께서는 '만약 계행을 잘 지키려고 한다면, 항상 보리심을 잃지 말라.'고 했습니다. 또한 무수한 부처님이 출현하시어 가없는 중생을 제도하고 있지만, 생사윤회를 벗어나지 못한 중생 또한 한량없이 많으니, 이 무한한 중생으로 하여금 생사고해를 건너게 하려면, 계율이 필요하므로 진표율사(眞表律師)는 속리산 계곡에서 물고기에게도 계율을 설했다고 합니다.

대승불교의 계율의 소의경전인 ≪사분율≫(四分律) 등의 율장은, 그 원전이 되는 것이 ≪빠알리율≫입니다. 대승경에 설해진 삼취정계(三聚淨戒)나 보살계(菩薩戒)의 그 근원도 ≪빠알리율≫에 있다고 볼 수 있습니다. 처음 부처님을 따르는 제자들은 선근이 출중하여 계율이 필요 없어 승단 12년간은 계법을 설하지 않았습니다. 그러나 차츰 범계가 나타나게 되어 생길 때마다 부처님은 계율을 시설했는데, 그것을 수범수제(隨犯隨制)라고 합니다. 이러한 과정을 통해 우리는 계율정신을 살펴 볼 수 있습니다.

이번에 퇴현 전재성 박사가 부처님원음인 빠알리경장을 대부분 번역한 뒤에 부처님원음인 ≪빠알리율장≫마저 이번에 복원하여 완간한 것은 한국불교의 중흥의 그 초석을 놓은 것이나 다름이 없으니, 그 노고에 모든 불보살님과 더불어 깊은 감사를 드립니다.

불기 2559(2015)년 초여름을 맞이하여

조계종 전계대화상 성우 합장

발 간 사

빅쿠니승단은 붓다의 이모이자 양모였던 마하빠자빠띠 고따미와 석가족 여인들의 간청으로 성립되었습니다. 처음에는 그 간청이 세 번이나 거절되었다가, 시자로 있던 존자 아난다의 재청으로 마침내 역사적인 빅쿠니승단이 성립된 것은 부처님이 정각을 이루신 뒤 20년의 일입니다.

현재 남방의 테라바다불교와 테베트불교에는 빅쿠니승단이 없습니다. 현재 세계에서 유일하게 정통적인 빅쿠니승단이 존재하는 곳은 한국과 대만입니다. 스리랑카에서는 여성 출가 수행자를 '다싸씰마따'라고 부르는데, 이것은 '열 가지 계율을 지키는 여성'이라는 뜻입니다. 태국에서는 여성출가수행자를 '매지'라고 부릅니다. 티베트에서도 여성출가수행자들이 있지만, 이들을 모두 '빅쿠니'로 인정받고 있지 못합니다.

그러나 부처님은 적지 않은 세월 동안, 약 25년간 빅쿠니승가를 지도했고 우수한 빅쿠니스님들도 많이 배출했으니, 비록 빅쿠승단을 모태로 태어났어도 빅쿠니승단은 비교적 독립된 승단으로 발전하기 시작했고 계율은 독자적 고유계율로 발전되었던 것이 틀림없습니다. 그리고 불멸후에도 빅쿠니승단은 인도에서 천년 간은 존속했으니 빅쿠니승가가 빅쿠의 지도를 필요로 하지 않는 단계에 도달한 시점이 있었을 것입니다. 그것을 증명하는 것이 티베트에서 발견된 피노의 범본율장의 단편이었습니다. 이것은 빅쿠니율이 빅쿠율과는 별도로 존재했음을 증명해주고 있습니다.

그러나 지금까지 대장경상의 모든 율장에는 우리가 발견하는 것은 빅쿠율에 빅쿠니고유율이 종속된 형태로 되어 있는 것입니다. 그런데 이번에 퇴현 전재성 박사가 빠알리빅쿠니율을 세계최초로 독립된 빅쿠니율로 편집한 것은 세계적인 빅쿠니율의 완전한 복원을 위한 토대라고 볼 수 있습니다. 뿐만 아니라 대만과 아울러 세계에서 유일무이하게 존재하고 있는 한국의 빅쿠니승단에서 빅쿠니계율정립의 초석을 만든 것입니다.

그동안 퇴현 전재성 박사가 온갖 어려움 속에서도 부처님 원음 초기경전의 대부분을 한국불교 최초로 복원하여 완역하였을 뿐만 아니라, 이번에 빠알리율장마저 빅쿠계와 빅쿠니계를 포함하여 최대한 복원하여 완역한 것은 역경 역사상 초유의 일일 것입니다. 어려운 여건에서도 꾸준히 부처님의 원음을 번역해 오신 한국빠알리성전협회 퇴현 전재성 박사와 관계자 여러분, 그리고 빠알리율장 역경과 출판에 후원해 주신 장엄사 원만스님, 통도사울산포교원 람림학당 불자님들께 불보살의 가피가 함께 하길 축원합니다.

불기 2559(2015)년 초여름

청암사 율학승가대학원 원장 **석지형** 합장

머 리 말

인류 역사상 아마도 가장 위대한 가장 불가사의한 역사적 현상에 대한 지식 가운데 하나를 알고자 열망하는 사람이라면, 결코 지나칠 수 없는 것이 불교일 것입니다. 그러한 사람은, 불교가 케케묵은 신화가 아니라, 2500년 전의 말씀이라고는 믿기 어려울 정도로, 아주 잘 개간된 논밭처럼 논리적으로 잘 짜인 언어적 사유의 극치를 보여 줄 뿐만 아니라, 그가 상상해왔던 모든 시공간을 초월하게 한다는 점을 발견하고는 놀라움을 금치 못할 것입니다. 율장도 마찬가지입니다.

율장은 부처님 당시에 수행승들의 계율에 어긋난 삶이 어떠한 것인가, 또한 그 가능성은 어떠한 것일 수 있는가에 이르기까지 촘촘한 그물망으로 파악하여 우리에게 보여주고 있습니다. 그러나 수행승들이 수행승들에 의해서 또는 재가신자나 일반사람에 의해서 비난받는 방식으로 행동한다고 하더라도, 그 행위 자체가 필연적으로 잘못이라고 말할 수는 없습니다. 사실상 많은 죄악들은 재가신자나 일반사람에게는 허용될 수 있는 것들이 출가수행자이기 때문에 윤리적 호수의 수면에 떠오른 것이었습니다. 거기에는 결혼이나 중매나 매매와 같은 것들이 있습니다. 우리는 특별한 계행에 대한 배움을 받기 전의 수행승의 행위가 재가자와 비슷하다고 해서 비난받을 만한 것이라고 주장할 수는 없습니다. 모든 수행승들이 재가자로부터 수행자가 되기 때문입니다.

그런데 이 율장은 승단의 내부에도 세속에서도 비난받는 나태, 방종, 탐욕, 사치, 쾌락, 불화를 추구하는 자들이 있었다는 사실을 보여줍니다. 그렇다고 우리가 승단과 관련해서 승단이 추문과 부패와 잘못으로 점철되었다고 보면 크게 오해하는 것입니다. 물론 그러한 문제점들이 있는 것은 분명했지만, 그것을 구전하고 송출하고 그리고 기록하여 보존하여 내려왔다는 것은 청정교단에서 오히려 그것들을 정당화하지 않았다는 것을 반증하는 것입니다. 율장을 읽으면 품행이 방정하고 바른 수행승들이 그렇지 못한 비행을 일삼는 수행승들에 대하여 혐책하고 분개하고 비난하는 것을 언제나 볼 수 있습니다.

이러한 것들에 대한 사실적 전승은 역사적인 인간과 공동체적 삶을 있는 그대로의 기록한 것으로 인간의 본성과 심성에 대한 자료, 심리학적이고 인류학적이고 사회학적이고 정신분석학적인 귀중한 학문적인 자료를 우리에게 제공하는 것이고, 있는 그대로의 앎과 봄을 가능하게 하는 것으로 해탈의 선구가 되는 것입니다.

그러나 계율의 원리가 얼마만한 복잡한 체계를 갖는 유기체적인 다발의 성격을 갖고 있는지 그러기 때문에 광대한 것인지 초기경전인 ≪빠알리율장≫을 살펴보아야만 알 수 있습니다. 단순히 오계의 한 덕목으로 알았던 불사음계, 불살생계, 불투도계, 불망어계의 원리의 방대함은, 그것은 우리 인간의 이성의 간계의 복잡성에 대한 대치(對治)에서 기인하는 것이긴 하지만, 역사적인 부처님의 혜안이 아니고서는 밝혀내지 못했을 것입니다. 율장은 비록 불교승단의 내부적 규율이기는 하지만, 그것을 오늘날의 법학수준에서도 여전히 뛰어넘을 수 없는 법체계에 대한 심오한 통찰을 보여주고 있습니다.

도덕적으로 윤리적으로 잘못을 범하는 경우, 대부분 우리 스스로 자신의 이성의 간계에 속아서 합리화함으로써 같은 돌뿌리에 계속 넘어지는 것입니다. 아무리 알아차림을 철저히 한다고 해도, 그것이 양심에 저촉이 되는가, 그렇지 않은가에 대한 경험적이고도 보편적인 잣대가 없이는, 우리는 삶의 규범을 확립하기 어렵습니다. 율장은 그러한 경험적이고도 보편적인 양심의 잣대 뿐만 아니라, 삶의 규범에 대한 현실적 적용의 어려움까지 배려된 즉, 자애에 기반한 계율정신을 드러내줍니다. 단지 우리는 그것을 한번 읽는 것만으로도 규범적 삶의 토대를 정립할 수 있습니다. 더구나 생사고해를 벗어나기 위한 지고한 삶을 목표로 하는 수행자들에게는 그 율장정신의 터득이야말로 긴요한 일이 아닐 수 없습니다. 설사 그러한 지고한 목표가 없는 일반사람들이라도 적어도 삶의 지표를 바로 세울 수 있는 모범을 제공받을 수 있을 것입니다.

이번에 교정에 참여하신 람림선원의 혜능 스님과 최민철 님의 꼼꼼한 교정 없이는 복잡한 논리함수를 가진 율장의 논리체계를 바로 잡는데 큰 어려움을 겪었을 것입니다. 무엇보다도 혜능 스님과 최민철 선생에게 크게 감사를 드립니다, 그리고 교정에 참여하신 작은 손길 대표 김광하 님, 그리고 남윤지 님께도 깊은 감사를 드린다.

그리고 무엇보다도 깊은 신심을 가지고 이 율장 『빅쿠니비방가』의 출간에 출간비를 후원하시고 추천사를 써주신 조계종 전계대화상이신 성우 큰 스님께 깊은 감사를 드리고, 비구니율원을 대표해서 발간사를 써주신 석지형 스님과 후원하여주신 장엄사 원만 스님, 통도사울산포교원 람림학당 불자님, 특별히 율장후원에 동참하신 박은현 보살님과 권도현 스님께 깊은 감사를 드립니다. 그리고 이 책이 출간되기까지 빠알리성전협회에 지속적 후원을 아끼지 않으신 성균관대 유필화 교수님, 서울대 박승관 교수님, 서울대 김규원 교수님, 김현수 이사님, 실상화 보살님을 비롯한 독자 여러분들께도 심심한 감사를 드립니다.

불기 2559(2015)년 6월 25일
退玄 전재성 합장

≪율장-비나야삐따까≫ 해제

≪빠알리율장≫(Vinayapiṭakapāḷi≫은 일반적으로 빠알리대장경 가운데 가장 처음 등장한다. 처음 등장한다고 해서 먼저 성립한 것은 아니다. 물론 부처님은 정각을 이룬 후에 만나는 사람에게 가르침을 먼저 설했다. 그러나 대장경의 편집순서는 중요한 것부터 먼저 편집을 했기 때문에 경전의 성립사와는 종종 거꾸로 배치되는 경우가 흔하다. 대장경에서 율장이 먼저 등장하는 이유는 율(律) 즉, 비나야의 그 중요성에 근거한 것이다.

다르마와 비나야

다르마(*sk.* dharma = *pāli.* dhamma : 法)와 비나야(Vinaya : 律)는 부처님 가르침의 두 가지 측면을 반영한다. 그것은 팔만대장경의 입문서와 같은 역할을 하는 『법구경』의 다음과 같은 부처님의 가르침을 통해 분명히 알 수 있다.

> 모든 죄악을 짓지 말고
> 모든 착하고 건전한 것들을 성취하고
> 자신의 마음을 깨끗이 하는 것,
> 이것이 모든 깨달은 님의 가르침이다.(Dhp. 183)

당나라 때에 백거이(白居易) 같은 대시인조차 불교가 무엇인지 알 수가 없었다. 그래서 도림선사(道林禪師)를 찾아가 '부처님의 가르침의 대의가 무엇입니까?'라고 물었다. 도림선사는 이 『법구경』의 시를 바로 그 대답으로 제시했다. 즉, '제악막작(諸惡莫作) 중선봉행(衆善奉行) 자정기의(自淨其意) 시제불교(是諸佛教)'라는 것이었다. 백거이는 "'모든 죄악을 짓지 말고 모든 착하고 건전한 것을 받들어 행하라.'는 말은 세 살 먹은 어린아이도 아는 말이 아닙니까?"라고 물었으나 선사는 "세 살 먹은 어린아이도 알 수 있으나 여든 살 먹은 노인도 행하기 어렵다."고 대답했다. 이 시는 부처님께서 자신의 가르침인 팔만대장경의 내용을 한마디로 압축한 것이다. 그 가운데, '일체의 악하고 불건전한 죄악을 짓지 말라.'는 것이 비나야(vinaya)이고 그것을 다루고 있는 것이 율장(律藏 : Vinayapiṭaka)이고 '모든 착하고 건전한 것을 성취하는 것'이 다르마(dharma)이고 그것을 다루고 있는 것은 경장(經藏 : Suttapiṭaka)이고, '마음을 깨끗이 하는 것'이 아비다르마(abhidharma)이고 그것을 다루고 있는 것이 다르마와 비나야의 토대 위에 부처님의 제자들에 의해 성립된 논장(論藏 : Abhidhammapiṭaka)이다.

그런데 논(論) 즉, '아비다르마(*sk.* abhidharma)' 또는 '아비담마(*pāli.* abhidhamma)'

는 '다르마에 대한 것'이라는 의미로 교학시스템의 입장에서 보면, 다르마에 귀속되어야 한다. 그런 의미에서 원천적으로는 부처님의 경전은 다르마와 비나야로 구성된다고 볼 수 있다. 그러나 일반적으로 경전에서는 수없이 등장하는 구절 즉, '이 가르침(法)과 계율(律)에서'(imasmiṃ dhammavinaye)이라는 복합어를 살펴볼 때에도 분명해 진다. 그것은 불교의 교학적 시스템이, 경・율・논 삼장이 아니라 율장을 로마나이즈화한 올덴베르크(Oldenberg : Vin. I. xiii)의 견해에 따르면, 다르마와 비나야의 두 시스템 즉, 이장(二藏)을 토대로 형성된 것임을 나타낸다. 그리고 부처님의 가르침의 형성과정을 보면, 다르마가 먼저이고 비나야가 나중이지만, 위의 담마파다의 시를 살펴보면, 비나야 먼저 언급되고 다르마가 나중에 언급된다. 그 이유는 비나야가 다르마의 토대가 되기 때문이다.

대장경에서는 율장이 경장보다 편집상으로 앞에 놓인 이유는, 후대의 주석서에서는 '비나야는 다르마의 생명'이기 때문이었다. 비나야가 다르마의 생명토대가 된다. 광대한 부처님의 가르침을 빙산에 비유해 보자면, 바다위에 모습을 드러낸 부분이 다르마라고 한다면, 비나야는 바다 속에 감추어진 부분이라고 할 수 있다. ≪쌍윳따니까야≫(SN. I. 77)에 따르면, 이러한 비나야의 은폐성에 관하여 부처님은 빠쎄나디 왕에게 다음과 같이 말한다.

> "대왕이여, 당신은 세속인으로서 감각적 쾌락의 욕망을 즐기고 아이들이 북적대는 집에서 살고 까씨 국에서 나는 전단향을 쓰고 화환과 항수와 크림을 사용하고 금과 은을 향유하고 있습니다. 그러므로 당신은 '그들이 거룩한 님인가 또는 거룩한 길을 성취한 님인가?'를 알기가 대단히 어렵습니다. 대왕이여, 그들이 계행을 지키는지는 함께 살아보아야 알 수 있습니다. 그것도 오랫동안 같이 살아보아야 알지 짧은 동안에는 알 수 없습니다. 정신활동을 기울여야 알지 정신활동을 기울이지 않으면 알 수 없습니다. 지혜로워야 알지 우둔하면 알 수 없습니다."

이것은 일반인이 '수행자들이 계행을 지키는지 지키지 않는지'는 비나야의 은폐성 때문에 알기 어려운데, 그것은 자신이 계행을 지키는 데, 오랜 세월의 보이지 않는 수행과 노력을 필요로 할 뿐만 아니라 남이 계행을 지키는지를 파악하는데도 오랜 세월이 필요하다는 것을 나타내고 있다. 계행은 재가의 일반인과 수행자 모두에게 적용되는 덕목이라고 한다면, 비나야는 참모임을 구성하는 출가수행자에게 적용되는 덕목이다. 바나야는 참모임을 유지시키며 다르마의 토대를 형성한다. 재가자를 위한 비나야가 없는 것은 승단에 가입하는 조건 가운데 하나의 중요한 관점이 신체적·언어적·정신적인 완벽한 제어를 통해 궁극적인 깨달음을 얻는 것인데, 그러한 완벽한 제어는 재가에서는 지극히 성취하기 어렵기 때문이다.

그러나 필자와 정반대로 생각하는 학자가 있다. 비나야에 관한 한, 올덴베르크의 정의를 수용하고 있는 호너(I. B. Horner : Bd. I. vii)의 견해에 따르면, 다르마는 부처님의 가르침의 내적인 측면의 삶, 내면적 의식, 내면적인 수행과 관계된 것으로 불교도가 믿고 따라야 할 교리인 반면에, 비나야는 부처님의 가르침의 외적인 측면의 삶, 외면적 의식, 외면적 수행과 관계된 것으로 수행자가 지켜야 할 행동의 규범이다.

이러한 비나야를 둘러싸고 정반대의 정의가 가능한 것은 다르마와 비나야가 실제의 경전에서 확연하게 구분되는 것이 아니기 때문이다. 실제의 경전에서도 양자사이에 확연한 구분선을 긋는 것은 불가능하거나 어려운 일이다. '모든 죄악을 짓지 말라'는 것과 '모든 착하고 건전한 것들을 성취하는 것'은 동전의 앞뒤와 같기 때문에 경장이나 율장에 모두 동반언어로 자주 등장한다는 것도 그 좋은 구실이 될 수 있지만, 무엇보다도 실제의 율장에서도 경장에서 설해지는 것과 동일한 다르마가 비나야의 목표로서 설해지고, 경장의 가르침에서도 율장의 학습계율로서의 비나야가 다르마의 핵심으로 설해진다. 그 이유는 두 시스템 사이의 이러한 상호관계는 다음과 같은 부처님의 '지혜는 계행에 의해서 씻겨지고, 계행은 지혜에 의해서 씻겨진다.'(sīlaparidhotā hi paññā, paññā paridhotaṃ sīlaṃ DN. I. 124)라는 말씀에 의해서 입증된다고 볼 수 있다. 지혜와 관계된 것이 다르마이고 계행과 관계된 것이 비나야이므로 그 가르침을 다음과 같이 바꾸어 진술할 수 있다: '다르마는 비나야에 의해서 씻겨지고, 비나야는 다르마에 의해서 씻겨진다.' 다르마는 비나야의 토대가 되고 비나야는 다르마의 토대가 되기 때문이다.

그런데 부처님 당시에 바라문교에서 세상을 버리고 은둔자의 삶을 추구했던 싼냐씬(Ṣannyasin)에게도 동시대의 자이나교에서도 그러한 의미의 비나야가 있었지만, 가르침 속에 개별적으로 흩어져서 나타날 뿐, 불교에서처럼 참모임의 공동체적 규범으로 집대성되어 법전화된 것은 인도역사에서는 불교가 처음이다. 율장의 비나야는 단순히 광의적으로 해석된 수행자의 행동규범이 아니라 참모임인 승단의 삶을 규정하는 협의적의미의 법전화된 행동규범이다.

비나야와 비나야의 궁극적 목표

이러한 비나야 자체는 '일체의 악하고 불건전한 죄악을 짓지 않는' 청정한 삶이라고 할 수 있고 그 궁극적 목표는 다르마와 동일하게 탐욕을 여의고, 분노를 여의고, 어리석음을 여의어 번뇌를 부수고, 고귀한 길을 만들어, 다르마를 요해하여, 완전한 깨달음을 얻는 것이라고 할 수 있다.

그러한 관점에서 비나야의 시설은 두 가지 이유에 기초한다. 하나는 계율의 확립을 통해 수행자에게 보다 청정하고 고귀한 마음을 성취하게 하기 위한 것이고 다른 하나는 계율의 어김에 대한 균형잡힌 처벌을 통해 고귀한 목표에 무지하거나 호감을 보이지 않는 수행자의 '적절하지 않고, 자연스럽지 않고, 알맞지 않은' 행동에 영향을 주기 위한 것이다. 그래서 율장에 의하면, 계율을 어기는 것은 '적절하지 않고, 자연스럽지 않고, 알맞지 않고, 수행자의 삶이 아니고, 부당하고, 해서는 안 될 일을 행하는 것'(MV. I. 25) 일 뿐만 아니라 '아직 청정한 믿음이 없는 자를 불신으로 이끌고, 이미 청정한 믿음이 있는 자 가운데 어떤 자들을 타락시키는 것'(MV. I. 25)이다.

그러나 비나야가 청정한 삶을 본질로 한다고 해서 부처님이 승단의 시작부터 모든 가능한 잘못과 악행에 대한 모든 가능성 및 우발성을 미리 고려해서 시설된 것은 아니다. 아마도 그렇게 되었다면, 전지적으로 닫힌 비나야가 시설되었을 것이다. 전지적으로 닫힌 비나야가 존재한다면, 그것은 허구적인 이데올로기에 기초한 것이다. 그것은 연기법적으로도 실제적으로도 불가능하기 때문이었다. 그래서 부처님은 그것과는 반대로 있는 그대로 열려지는 경험적으로 열린 비나야를 시설했다. 모든 계율은 깨달음이 그렇듯이, 승단의 역사적 전개와 더불어 점진적으로 시설되고 확장되고 성장한 것이다. 부처님은 이교에게도 본받을 만한 점이 있으면, 이교의 전통이었던 안거(MV. III. 1)나 포살(MV. II. 1)이나 자자(MV. IV. 1)와 같은 것도 승단의 의례와 계율의 대강으로 과감하게 차용하였다. 자신이 설정한 계율이 현실에 맞지 않으면, 언제든지 수정하였다. 율장에서 안거나 포살이나 자자와 같은 교단의 가장 중요한 의례와 그와 관련된 규범도 자이나교와 같은 이교로부터 과감하게 차용했다는 사실은 비나야가 닫힌 체계가 아니라 열린 체계인 것을 단적으로 입증한다.

비나야 안에는 계율과 계율을 시설하게 된 사건의 동기나 인연담, 계율을 위반하면 받는 처벌, 각각의 계율을 구성하는 문장의 의미를 설명하는 고주석(古註釋), 같은 계율에 대한 상황의 변화에 따른 계율의 완화나 변형 등이 실려 있다.

비나야의 어원과 계행과 계율정신

일반적으로 율(律)이라고 번역되는 비나야(Vinaya)는 산스크리트 어근 vi - √nī('안내하다. 이끌다; 뽑아내다. 제거하다'의 뜻을 지닌 동사 √nī)에서 유래한 것으로 첫 번째로는 '훈련, 단련, 교육, 제어. 규율' 등의 의미를 지니고, 두 번째로는 '제거, 분리'의 의미를 지닌다. 어원적으로 전자의 입장을 지지하면, 비나야는 외적으로 강제되는 규범을 의미하게 되고, 어원적으로 후자의 입장을 지지하면, 홀트(John Holt; Cbv. 38)처럼, 비나야는 마음의 잘못된 상태 즉, 자아가 있다는 환상에서 유래하는 탐욕이나 분노나 무지의 상태를 제거하는 규범이 된다. 그렇지만, 전자의 경우에는 신에 의해서 주어지는 정언명령과 구별이 불가능해지고, 후자의 경우에는 무지를 제거하는 다르마와의 구별이 모호해진다.

비나야(Vinaya)의 어원적인 두 측면을 모두 적절하게 고려한다면, 비나야에는 첫 번째 의미에서 승단의 유지와 지속을 위해서 모든 구성원이 지켜야 하는 규율이라는 측면이 있고, 두 번째 의미에서 승단의 완전한 청정을 위해서 개인이나 집단이 지켜야 하는 윤리라는 측면이 있다고 보아야 할 것이다. 어떻게 해서 이러한 두 가지 측면을 갖게 되었는가. 그것을 통일적으로 이해할 수는 없을까.

종종 비나야와 혼동되는 개념으로 일반적으로 계(戒)라고 번역되는 씰라(*pāli.* sīla; *sk.* śīla)가 있다. 이 씰라는 분명히 '명상하다. 봉사하다. 숭배하다. 실천하다. 반복하다. 계발하다.'라는 뜻의 어근 √śīl – 청정도론(淸淨道論)에서 붓다고싸(Buddhaghosa)와 구사론(俱舍論)에서 바수반두(Vasubandhu)가 채택한 것은 '차겁게 하다. 냉각시키다'란 뜻의 어근 √śyai 또는 √śī(Vism. 7; Abhik. III. 47) – 에서 유래된 것이다. 씰라 즉, 계(戒)는 이러한 어근에서 유래해서 일반적으로 덕성, 도덕, 윤리로 번역되는 단어로 내적인 자율적 윤리와 관계된 것으로 다르마적인 측면이 훨씬 강하다. 따라서 씰라와 관계된 것은 경장에서 압도적으로 더욱 강조된다. 역자는 그것을 계행이라고 번역한다.

그것에 비해 '비나야'라는 말은 '번뇌의 제거'라는 측면에서 다르마적이고 명상적인 내적인 윤리성으로서의 계(戒)로 번역되는 '씰라'를 포함할 뿐만 아니라, '교육적 제어'의 측면에서는 외적으로 강제되는 타율적 윤리성으로서의 율(律)로 번역되는 '비나야'를 포함한다고 볼 수 있다. 이러한 비나야의 두 가지 측면을 통합적으로 이해하는 방식은 프레비스(C. Prebish; Bmd. 248)에 의하면, '비나야는 내적으로 힘을 갖게 된 계행이 공동체적으로 외면화된 것'으로 정의할 수 있다.

최근 슈미트하우젠(L. Schmidthausen)은 '비나야는 단지 윤리에만 해당하는 것이 아니라 참모임 안의 내적 조화와 외적인 발현'이라고 정의한 것(Bun. 43)이야말로 비나야에 대한 가장 포괄적 정의에 해당할 것이다. 비나야의 내적 조화는 은폐되어 잘 보이지 않기 때문에 빙산의 빙저에 해당한다. 그러나 비나야의 외적 발현은 현상적으로 보이는 빙산이라고 볼 수 있다. 비나야의 외적 발현이 완전히 이루어진다면, 그것이 다르마의 구현이다.

계율과 학습계율·의무계율

비나야의 내용은 구성하는 핵심은 빠알리어로 '빠띠목카'(pāṭimokkha)라고 하고, 산스크리트어로는 쁘라띠모끄샤(*sk.* prātimokṣa)라고 한다. 한역으로는 음사하여 바라제목차(波羅提目叉)라고 하고 번역하여 별해탈(別解脫) 또는 계본(戒本)이라고 한다. 그것에 비해 빠알리어로 '씩카빠다'(sikkhāpada), 산스크리트어로 식샤빠다(*sk.* śikṣāpada), 한역으로 학처(學處)라고 하는 것은 일반적으로 하나하나의 계율조문을 말하고, '빠띠목카'는 그 계율조문을 모아놓은 것을 뜻한다고 알려져 있다. 그러나 그 의미가 담고 있는 정확한 범주가 어떠한 것인지는 학문적으로도 분명하지 않다.

원래 '빠띠목카'의 어원 'pāṭi+√muc(*sk.* prāti+√muc)'는 적어도 두 가지 상반된 의미 내지는 보다 다양한 의미를 지닌다. 첫째는 '내려놓다. 방면하다. 자유롭게 하다.'이고 두 번째는 '묶다. 결합시키다. 조이다.'라는 의미를 지니고 세 번째는 '부과하다.'라는 의미를 지니고 네 번째로 그 사역의 의미는 '탈환하다.'라는 뜻을 지닌다.

상좌불교의 위대한 주석가 붓다고싸(Buddhaghosa : Vism. 16)는 대체로 '빠띠목카'의 어원을 그 첫 번째의 것 '짐을 내려놓게 하는 것, 벗어나게 하는 것, 자유롭게 하는 것'을 취해 해석하였는데, 다소간의 유사언어학적 해석을 곁들여 '지옥(niraya)의 처벌에서 벗어나게 하는 것'이라고 정의한다. 여기서 하필 지옥을 염두에 둔 것은 '빠띠목카'을 포함하고 있는 비나야(vinaya)와의 발음상의 유사성을 대비시켰기 때문이다. 현장(玄奘) 법사가 구사론(俱舍論)에서 '별해탈(別解脫)이라고 번역한 것이나 티베트어에서 쏘쏘타르빠(so·so·thar·pa) – '각각의 해탈' 또는 '구체적인 해탈' – 라고 번역하는 것은 모두 이러한 첫 번째 의미에 입각한 것이다. 서양에서 로마자율장의 교열을 완성한 올덴베르크도 '죄로부터 벗어나는 것에 따라 이름지어진 것'이라고 해석하는 것으로 보아 대체로 이러한 전통적 해석방식을 취한 것으로 보인다.

그러나 듀뜨(S. Dutt : Bd. I. xii)는 '빠띠목카'의 어원을 두 번째의 것으로 해석하여 '묶는 것, 결합'을 지시하므로 '빠띠목카'는 '수행자를 교단에 묶는 것'이라고 해석하고 있다. 리스 데이비즈(Rhys Davids)와 스테드(Stede)는 빠알리영어사전에서 두 번째 의미와 세 번째 의미를 한꺼번에 엮어서 '묶는 것의 의미를 지닌 것으로 의무적인 것, 의무'를 뜻한다고 해석하고 있다. 그리고 윈터닛쯔(Winternitz : Hi. II. 22)는 '빠띠목카'의 어원을 네 번째 의미로 해석하여 '탈환되어야 것, 회복되어야 할 것'의 의미를 갖는다고 주장했다. 그 이유는 예를 들어 자따까(Jāt. V. 25)에서 'saṃgaram pātimokkhaṃ'이 '되찾아져야 할 약속'이라는 의미로 사용되기 때문이라는 것이다.

그러나 부처님이 율장 즉, 비나야 자체에서 규정하는 '빠띠목카'의 의미는 다음과 같다. 위의 어원적 해석방식과는 다르다.

> '빠띠목카'라는 것, 그것은 착하고 건전한 것들의 시초이자, 얼굴이자, 선두이다. 그래서 '빠띠목카'라고 한다.(pātimokkhanti ādimetaṃ mukhametaṃ pamukhametaṃ kusalānaṃ dhammānaṃ tena vuccati pātimokkhan'ti : Vin. I. 103)

위의 율장의 정의에 따르면, '빠띠목카'는 모든 착하고 건전한 것들을 성취하려고 할 때에 그것들의 가장 시초이자 얼굴이자 선구라는 것이다. 앞서 필자가 법구경을 예로 들어 지적했듯이 '일체 악하고 불건전한 것을 하는 않는 것'을 의미한다. 그런데 히라카와 아키라(平川彰)가 이것을 두고 '빠띠목카'의 어원을 선두를 의미하는 '빠무카에서 유래한 빠목카(pāmokkha<pamukha)'에서 찾을 수 있다고 주장한 것(비연 I. 39)은 타당하지 않다. 어원학적으로 '빠목카'가 '빠띠목카'가 될 수는 없기 때문이다. 이러한 부처님의 정의는 내용적 의미가 적확하기 때문에 채용한 것이지 '빠띠목카'를 유사언어학적인 놀이로 채택한 것은 아닐 것이다. 유사언어학적인 놀이라고 본다면 그것은 우연의 일치일 것이다. 그리고 이 단어는 ≪디가니까야≫(DN. II. 46-49)에 따르면, 과거불인 비빳씬(Vipassin)의 시대로까지 소급되며, 역사적인 부처님 시대 이전에 이미 잘 알려진 것이었다. 『담마빠다』(Dhp. 185.)에도 다음과 같은 시가 등장한다.

"비방을 삼가고 해치지 않고 빠띠목카를 지키고 식사에서 알맞은 분량을 알고 홀로 떨어져 앉거나 눕고 보다 높은 마음에 전념하는 것, 이것이 깨달은 님들의 가르침이다."(anūpavādo anūpaghāto | pātimokkhe ca sa ṃvaro | mattaññutā ca bhattasmiṃ | pantañca sayanāsanaṃ | adhicitte ca āyogo | etaṃ buddhāna sā sanaṃ ‖)

이제까지 고찰해본 결과에 따르면, '빠띠목카'의 정확한 의미의 범주는 명확하게 규정되지 않았다는 것을 알 수 있다. 역자는 어원적으로 그것의 두 번째 의미를 취해 '빠띠목카'를 의무계율이라고 번역한다. 그리고 그 구체적인 조문을 의미하는 '씩카빠다'를 학습계율이라고 번역한다. 모든 학습계율은 의무계율이 될 수 있지만, 모든 학습계율이 의무계율인 것은 아니다.

이를테면 비구의무계율에 포함된 학습계율의 숫자는 각 부파불교마다 다르기 때문이다. ≪빠알리율≫(Vinayapāḷi)에서는 227조인데 비해, ≪사분율≫(Caturvargavinaya : 四分律)에서는 250조, ≪오분율≫(Pañcavargavinaya : 五分律)에서는 251조, 십송율(Daśādhyāyavinaya : 十誦律)에서는 263조, ≪근본설일체유부율≫(Mūlasarvāstivādavinaya : 根本說一切有部毘奈耶)에서는 249조, ≪마하승기율≫(Mahāsāṅghikavinaya : 摩訶僧祇律)에서는 218조, 티베트역의 ≪근본설일체유부율≫(Mūlasarvāstivādavinaya : 根本說一切有部律)에서 258조로 되어 있다.

리스 데이비즈(Rhys Davids)는 이 의무계율의 집성인 「빠띠목카」는 다양한 학습계율의 조문을 집성한 것으로 삼장의 성립에서 가장 후대에 속한다고 본 반면에, 올덴베르크는 거꾸로 「빠띠목카」가 율장에서 가장 먼저 성립한 것으로 본다. 그는 그 이유로 다음과 같은 사항을 주장한다. 첫째, 「빠띠목카」가 율장에서 완전히 그 원형적인 형태가 발견되지는 않는다. 둘째, 그 학습계율의 규칙과 조문이 각각 분리되어 있긴 하지만 자구와 자구가 완전히 일치하므로 즉, 『숫따비방가』는 「빠띠목카」가 확장된 읽기에 불과하다. 셋째는 점차적으로 수행승들이 재가자의 가정에 나쁜 모범을 보여 주고 있다는 다음과 같은 구절 즉, '이 앗싸지와 뿌납바쑤를 추종하는 수행승들은 가정을 더럽히고 악행을 합니다.(Vin. II. 13; ime assajipunabbasukā bhikkhū kuladūsakā pāpasamācārā)'

라는 말을 듣고 있다. 이러한 이유를 들어 올덴베르크는 「빠띠목카」가 원형적으로 먼저 있었고 점차적으로 조문의 적용과 조문의 해석에서의 모호성을 피하기 위해 『쑷따비방가』가 성립된 것으로 보고 있다.

율장에 관계된 범문자료

불교학자들은 오랜 세월 산스크리트 ≪비나야≫ 문헌에 대하여 그것이 존재하는지조차 알 수가 없었다. 그러나 최근에 돈황과 네팔에서 『쁘라띠모크샤쑤뜨라』(Prātimokṣa sūtra)의 단편을 비롯한 산스크리트 ≪비나야≫ 문헌 즉, ≪범본율≫이 발견됨으로써 그 존재를 처음으로 알게 되었다. 회른레(A. F. Rudolf Hoernle : Mrb. 4. 8. 12. 166)가 중앙아시아에서 발견된 단편의 목록을 작성했는데, 바네르지(A. C. Banerjee : Sarv. 29-30)가 그들 가운데 세 가지 단편이 ≪빠알리비나야≫와 병행한다는 것을 발견하였다. 그후 산스크리트 ≪비나야≫ 문헌에 대한 지식은 길기트(Gilgit)에서 다수의 필사본이 발견됨으로써 더욱 증가하게 된다. 그것은 듀뜨(N. Dutt)에 의해서 '길기트-필사본(Gilgit Manuscripts)'이라는 이름으로 출판되었다. 그후 쌍끄리띠야야나(Pt. Rahula Sañkṛtyayana)가 티베트로부터 다수의 단편을 가져왔는데, 지금 빠뜨나의 자야스왈연구소(Jayaswal Research Institute)에 보관되어 있다. 그 단편들의 이름은 다음과 같다 : Vinayasutra, Vinayasūtraṭīka, Prātimokṣasūtra, Prātimokṣasūtraṭīka, Bhikṣuprakīrṇaka, Śramaṇeraṭīka, Upasampadājñapti. 그후 『쁘라띠모크샤쑤뜨라』가 주로 연구대상이 되어 피노(L. Finot)가 저널아시아(Journal Asiatique)에 설일체유부의 것을 한역과 비교하여 실었다. 그후 파쵸우(W. Pachow)와 미슈라(Mishra : Psm. 239-260)가 대중부계통의 단편을 편찬했는데, 그들은 ≪빠알리비나야≫의 「빠띠목카」와 면밀히 비교검토한 결과 그 둘 사이에 '그 유사성과 내용에서 하등의 차이를 발견할 수 없었다.'는 결론에 도달했다. 그리고 바네르지가 길기트 필사본에서 발견된 근본설일체유부의 단편을 편찬하면서 피노본과 빠알리비나야와의 유사성을 재확인했다. 그리고 산스크리트 필사본들을 통해서 보살의 전기인 『아바다나』(Avadāna)가 설일체유부의 비나야에 끼어들어 율장의 중요부분을 구성하고 있는 것을 알게 되었다. 의정역의 한역본에서는 근본설일체부율(根本說一切有部律)에서 광율(廣律)의 각부가 독립되어 있는데, 그것을 모두 합하면 200권 가까이 된다. 그 이유는 바로 이 『아바다나』가 삽입되었기 때문이다. 이러한 특징은 상기의 산스크리트 필사본과 일치하는 것이다.

1. Prātimokṣasūtra of Sarvastivādins, ed, by M. Louis Finot. JA. Nov.-Dec. 1913
2. Prātimokṣasūtra of Mahāsaṅghikās, ed. by W. Pachow and R. Mishra, Allahabad, 1956. ed. and rev. by Nathmal Tatia, Patna, 1975.
3. Prātimokṣasūtra of Mūlasarvastivādins, ed. by Banerjee, IHQ. 1953; Calcutta, 1954.

5. Vinayavibhaṅga zum Bhikṣuprātimokṣa der Sarvastivādins, ed. Valentina Rosen, Sanskritfragmaente nebst einer Analyse der chinesischen Übersetzung, Berlin 1959
6. Bhikṣuṇīvinaya including Bhikṣuṇīparakīrṇaka & a summary of the Arya Mahāsaṅghika-Lokuttaravādin, ed. Gustav Roth, Patna. 1970.

한역율장의 종류

산스크리트 《비나야》는 단편적으로 발견된 것이라 《빠알리율장》과 비교될 만큼 완벽한 형태를 갖추고 있지는 못하다. 그러나 한역은 《빠알리율장》과 병행하는 완전한 율장들인데, 이것을 한역에서는 광율(廣律)이라고 한다. 다음과 같은 다섯 가지 종류 즉, 설일체유부 전승의 《십송율》, 법장부 전승의 《사분율》, 대중부 전승의 《마하승기율》. 화지부 전승의 《오분율》, 근본설일체유부 전승의 《근본설일체비나야》가 전해지고 있다. 그러나 근본설일체유부 전승의 율장은 그 분량이 방대하다. 그 이유는 광율 속에 있던 비구계(比丘戒)의 주석과 비구니계(比丘尼戒)의 주석을 독립시키고 거기에 방대한 설화문학인 보살전생담인 《아바다나》(Avadāna)를 삽입시켰기 때문인데, 오히려 계율의 설명서로서는 가치가 떨어진다. 그래서 《십송율》, 《사분율》, 《마하승기율》. 《오분율》을 사광율(四廣律)이라고 한다.

1. 十誦律(Daśādhyāyavinaya) 61권 佛若多羅·羅什 共譯(AD. 404-406) … 說一切有部의 전승
2. 四分律(Caturvargavinaya) 60권 佛陀耶舍譯(AD. 410-412) … 法藏部의 전승
3. 摩訶僧祇律(Mahāsāṅghikavinaya) 40권 佛陀跋陀羅·法顯 共譯(AD. 416-418) … 大衆部의 전승
4. 五分律(Pañcavargavinaya) 30권 佛陀什譯(AD. 423-424) … 化地部의 전승
5. 根本說一切有部毘奈耶(Mūlasarvāstivādavinaya) 50권 義淨譯(AD. 703) … 根本說一切有部의 전승

[※ 解脫戒經 1권 瞿曇般若留支譯(AD. 543) … 飮光部의 전승]

그러나 원래 중국의 승단에서는 의정의 《근본설일체유부비나야》를 제외한 사부율에 음광부(飮光部 : Kāśiyapīya)의 광율(廣律)을 더하여 부파불교의 오부율(五部律)을 갖추기 위해 무진 애를 썼다. 승우(僧祐 : AD. 445~318)의 스승은 천축에까지 갔으나 총령의 험로로 인해 음광부의 광율을 구할 수 없었고 후에 구담반야류지(瞿曇般若留支)가 계본만을 입수하여 번역한 것이 『해탈계경』(解脫戒經)이다.

티베트역 율장

티베트대장경의 깐규르(bKa' 'gyur)의 《비나야》를 지칭하는 《둘와》('Dul ba)는 근본설일체유부(Mūlasarvāstivāda)에 속한 경전이다. 이 티베트본 《비나야》의 내용은 일곱 부분으로 나뉜다. 이것들은 한역대장경 가운데 의정(義淨)이 역출한 《근본설일체유부비나야》(根本說一切有部毘奈耶)와 잘 일치한다. 그렇다고 상좌부계통의 《빠알리율장》과 큰 차이가 있는 것은 아니다. 단, 비나야바스뚜(律事)의 부분은 티베트비나야가 훨씬 상세하다.

1. 'Dul ba gži : Vinayavastu
2. So sor thar pa'i mdo : Prātimokṣasūtra
3. 'Dul ba rnam par 'byed ba : Vinayavibhaṅga
4. dGe sloṅ ma'i so sor thar pa'i mdo : Bhikṣuṇīprātimokṣasūtra
5. dGe sloṅ ma'i 'dul ba rnam par 'byed ba : Bhikṣuṇīvinayavibhaṅga
6. 'Dul ba phran tshegs kyi gži : Vinayakṣudrakavastu
7. 'Dul ba gžuṅ bla ma : Vinayottaragrantha

니까야주석서에 나타난 ≪빠알리율장≫의 결집

≪빠알리율장≫은 테라바다의 율장이지만 오늘날까지 성립된 모든 부파의 율장 가운데 가장 원형적이고도 완벽한 구조를 갖고 있다. ≪디가니까야≫의 주석서인 『쑤망갈라빌라씨니』에는 이러한 율장이 성립되는 과정이 분명하게 등장한다. 제일차결집 당시에 참여한 수행승들은 모두 '계율이 부처님 가르침의 생명'이라는 인식을 갖고 있었다. ≪디가니까야≫의 주석서 ≪쑤망갈라빌라씨니≫(Smv. 11)에 그 정황이 잘 나타나 있다.

이렇게 모이자 그 때에 존자 마하 깟싸빠는 수행승들에게 말했다.
[마하 깟싸빠] "벗들이여, 가르침이나 계율 가운데 먼저 무엇을 결집하겠습니까?"
수행승들은 대답했다.
[수행승들] "존자 마하 깟싸빠여, 계율은 부처님의 가르침의 생명입니다. 계율이 확립되어야 가르침이 확립됩니다. 그러므로 먼저 계율을 결집합시다."
[마하 깟싸빠] "누구를 책임자로 합니까?"
[수행승들] "존자 우빨리(Upāli)입니다."
[마하 깟싸빠] "아난다는 할 수 없습니까?"
[수행승들] "할 수 없습니다. 올바로 원만히 깨달은 님께서는 계율의 교학에 관한 한 존자 우빨리를 최상자로 두셨습니다. 그래서 '수행승들이여, 나의 제자 수행승 가운데 우빨리는 계율을 지키는 님 가운데 제일이다.'(AN. I. 25)라고 말씀하셨습니다. 그러므로 장로 우빨리에게 물어본 뒤에 계율을 결집합시다."
그래서 장로 마하 깟싸빠는 계율에 관한 질문의 역할에 스스로 동의했고, 우빨리 장로는 그것에 대답하는 역할에 동의했다. 그것에 관해 성전에서는 이렇게 '그 때 존자 마하 깟싸빠는 승단에 알렸다. 벗들이여, 승단은 나의 말을 들으시오, 만약 승단에 옳은 일이라면, '내가 우빨리에게 계율에 관하여 질문하겠습니다.'라고 말했다. 존자 우빨리도 만약 승단에 옳은 일이라면, '내가 존자 마하 깟싸빠의 계율에 관한 질문에 대답하겠습니다.'라고 말했다.'(Vin. II. 286)라고 한 것이다.
이와 같이 스스로 동의한 뒤에 존자 우빨리는 자리에서 일어나 한쪽 어깨에[Smv. 12] 가사를 걸치고, 장로 수행승들에게 인사를 하고 법좌에 앉아 상아로 장식한 부채를 들었다. 그러자 장로 마하 깟싸빠가 장로의 자리에 앉아 장로 우빨리에게 계율에 대하여 질문했다.
[마하 깟싸빠] "벗이여 우빨리여, 첫 번째 승단추방죄법(斷頭罪 : pārājika)은 어디서 제정되었습니까?"
[수행승들] "존자여, 베쌀리(Vesāli)입니다."
[마하 깟싸빠] "누구로부터 비롯됩니까?"
[수행승들] "쑤딘나 깔란다까뿟따(Sudinna Kalandakaputta)입니다."
[마하 깟싸빠] "어떤 주제에 대한 것입니까?"
[수행승들] "성적 교섭에 대한 것입니다."(Vin. II. 296)
이렇게 존자 마하 깟싸빠는 존자 우빨리에게 첫 번째 승단추방죄법의 주제에 대하여 질문하고, 인연에 대해서 질문하고, 사람에 대해서 질문하고, 규정에 대해서 질문하고, 부가적인 규정에 대해서 질문하고, 죄악에 대해서 질문하고, 무죄에 대해서 질문하였다. 질문할 때마다 존자 우빨리는 대답했다.

그런데 첫 번째 승단추방죄법에서 제외하거나 첨가할 것이 있는가 없는가? 제외해야 할 것은 없다. 부처님께서 말씀하신 것 가운데 실로 제외해야 할 것은 없다. 여래는 한 마디 말도 무의미한 말씀을 하지 않기 때문이다. 그러나 제자들이나 신들의 말에는 제외해야 할 것이 있다. 그것은 가르침을 결집하는 장로들이 제외시켰다. 그러나 첨가해야 할 것은 어디에든 있다. 그러므로 첨가해야 할 것은 첨가했다. 그것은 어떻게 했는가? '그 때' '그런데 그 당시' '그리고' '이처럼 말하자' '이와 같이 말했다.'등의 단지 연결하는 말은 첨가해야 할 것은 첨가하여 '이것이 첫 번째 승단추방죄를 범하는 것이다.'라고 확정하였다.

첫 번째 승단추방죄법에 대한 결집을 상정하자 오백 명의 거룩한 님들은 결집이 상정되는 방식으로 대중과 함께 '그 때 세상에 존귀하신 님 부처님께서 베란자에 계셨다 … '라고 합송하였다. 그들이 암송할 때 '훌륭하십니다!'라고 말해주기라도 하듯, 대지가 바다 끝까지 진동하였다.

이와 같은 방식으로 … 이백이십칠 개의 학습계율을 「마하비방가」(大分別 : Mahāvibhaṅga)라고 부르며 확정했다. 「마하비방가」가 끝나자 앞에서처럼 대지가 진동하였다. 그 다음에 … 삼백사 개의 학습계율 — 멸쟁죄법을 포함하면 311개 —를 「비구니비방가」(比丘尼分別 : Bhikkkhunīvibhaṅga)라고 선언했다. 그리고 '이 두 가지 비방가는 육십사 송출분(bhāṇavāra : 250 四句偈의 분량)이다.'라고 확정했다. 그리고 그들은 팔십 송출분 분량의 칸다까(Khandhaka : 犍度部)와 오십 송출분 분량의 빠리바라(Parivāra : 附隨)에 대해서도 결집을 상정한 뒤에 '이것이 율장입니다.'라고 확정하였다. 율장이 끝나자 앞에서처럼 대지가 진동하였다. 그리고 그들은 그것을 존자 우빨리에게 '벗이여, 이것을 그대에게 의지하는 자들에게 전하시오.'라고 부촉했다. 율장의 결집이 끝나자 장로 우빨리는 상아로 장식한 부채를 내려놓고 법좌에서 내려와 장로 수행승들에게 인사하고 자신의 자리에 가서 앉았다.

≪빠알리율장≫은 참모임에서의 삶을 다루고 있는 것으로 금지조항인 학습계율만을 다루는 것이 아니라 참모임의 제도와 의례를 같이 다루고 있다. 남방에서 전해오고 있는 원형적인 율장에는 싱할리본, 버어마본, 시암본이 있고, 비교적 최근에 출간된 것으로 인도 정부가 위의 전통적인 세 가지 판본과 그것들을 토대로 교열하여 만든 빠알리성전협회의 로마자본과 그 이후에 그 모든 네 가지 판본을 토대로 데바나가리빠알리삼장출판부(Devanagari Tipitaka Publication Department)가 출간한 데바나가리본이 있다.

『Vinaya Piṭaka』(Sinhalese character) : ed. Rev. Telwatte Shri Aryawansa Swami, 1913; ed. Bentota Saddhatissa thera, 1922.
『Vinaya Piṭaka』(Siamese character) : ed. Mahamakuta Government Publication, 1926.
『Vinaya Piṭaka』(Burmese character) : Chatthasangayana Publication, 1956.
『Vinaya Piṭaka』(Devanagari character) : General ed. Bhikkhu J. Kashyap, Pali Publication Board (Bihar Government), 1956.
『Vinaya Piṭaka』(Roman character) ed. Hermann Oldenberg, London : Pali Text Society, 1879-1883.

이러한 ≪빠알리율장≫은 크게 『숫따비방가 = 분별부』(Suttavibhaṅga : 經分別)와 『칸다까 = 다발부』(Khandhaka : 犍度)[『마하박가』(Mahavagga : 大品) + 『쭐라박가』(Cullavagga : 小品)]와 『빠리바라』(Parivāra : 附隨)의 세 가지 부분으로 순서대로 편집된 것을 알 수 있다. 그 순서는 역시 중요하다고 판단된 것부터 차례로 이루어졌음을 알 수 있다.

각 부파와 ≪빠알리율≫의 비교

앞에서 언급했듯이 ≪디가니까야≫의 주석서인 『쑤망갈라빌라씨니』에서는 ≪빠알리율장≫이 불멸후 바로 칠엽굴에서 경장과 함께 합송되어 성립된 것임을 분명히 하고 있다. ≪빠알리율장≫을 최초로 교열하여 로마나이즈화한 올덴베르크는 ≪빠알리율≫이 지금과 같이 완벽한 형태로 전승되기 시작한 것은 율장의 『쭐라박가』에 언급된 불멸후 100년 경의 제이결집에서 완성되어 전승되고 있다고 본다. 그런 점에서 올덴베르크는 화지부의 율장과 유부의 율장에 비교해서 ≪빠알리율≫이 부파이전에 성립한 것으로 가장 원형적인 것이라고 주장했다. 그러나 ≪빠알리율≫은 상좌부에 속한 율장으로서 다른 부파의 율장과는 차이를 지니는 고유한 것이 존재한다. 예를 들어, ≪빠알리율≫에서 각 의무계율조항의 뒤에 첨가되는 「교도인연담(Vinītavatthu)」은 ≪사분율≫이나 ≪오분율≫에는 없는 것으로 ≪빠알리율≫이 보다 오래된 전승이라고 입증하는데 다소간 난점을 제공한다. 그러나 이것을 두고 ≪빠알리율≫이 ≪사분율≫이나 ≪오분율≫보다 신층이라고 주장하고 더구나 ≪십송율≫은 ≪빠알리율≫보다 내용이 훨씬 풍부하지만 잘 정리되지 않은 측면에서는 ≪빠알리율≫보다 고층이라고 보아서 일본학자들처럼 부파율장의 성립순서를 ≪사분율≫·≪오분율≫ → ≪십송율≫ → ≪빠알리율≫ → 승기율·유부율의 세단계로 잡는 것은 무리가 있다고 본다. 그러나 ≪빠알리율≫의 율장에 포함된 교도인연담의 성립순서로 볼 때는 ≪빠알리율≫이 ≪십송율≫보다 앞설 수 있으며, 각 의무계율의 조항을 기준으로 살펴볼 때에 ≪빠알리율≫이 성립언어와 관련시키면 가장 오리지널한 원형을 보존하고 있다고 볼 수 있다. 실제로 ≪빠알리율≫은 ≪사분율≫이나 ≪오분율≫의 원형으로서 손색이 없을 정도로 잘 일치한다.

≪빠알리율장≫과 빠알리성전협회의 로마자≪빠알리율장≫

그러나 내용적 성립순서로 본다면, 『칸다까 = 다발부』([『마하박가』 + 『쭐라박가』) → 『쑷따비방가 = 분별부』 → 『빠리바라』라고 보아야 한다. 그래서 빠알리성전협회에서 발행한 로마자 ≪빠알리율장≫은 『마하박가』 → 『쭐라박가』 → 『쑷따비방가』① → 『쑷따비방가』② → 『빠리바라』의 순으로 편찬되어 있다. 이것은 독일의 헤르만 올덴베르크(Herman n Oldenberg, 1854~1920)가 율장을 편찬하면서 『마하박가』부터 먼저 편찬했기 때문이다. 로마자≪빠알리율장≫은 독일학자 헤르만 올덴베르크가 기존의 여러 이본을 대조 교정하여 1879년부터 1883년까지 5년에 걸쳐 전5권으로 간행한 것으로 아래와 같다.

Vol. I. The Mahāvagga (London : PTS, 1879) : 협회본1권 = 전통본3권
Vol. II. The Cullavagga (London : PTS, 1880) : 협회본2권 = 전통본4권
Vol. III. The Suttavibhaṅga, First Part (London : PTS, 1881) : 협회본3권 = 전통본1권
Vol. IV. The Suttavibhaṅga, Second Part (London : PTS, 1882) : 협회본4권 = 전통본2권
Vol. V. The Parivāra (London : PTS, 1883):협회본5권 = 전통본5권

이 가운데 제1권 『마하박가』(Mahavagga : 大品)와 제2권 『쭐라박가』(Cullavagga :

小品)는 원래 『칸다까』에 소속된 두 권의 별도의 책으로 모두 '칸다까'라는 다발의 장(章)으로 구성되어 있다. 『마하박가』에서는 부처님의 깨달음과 승단의 성립, 승단의 제도와 규정, 승단의 중요한 행사 등을 다루고 있으며, 『쭐라박가』에서는 승단의 의식주 등의 일상생활에 필요한 학습계율에 관해 설명하고 있다. 『마하박가』는 10장으로 구성되어 있고, 『쭐라박가』는 12장으로 구성되어 있고 끝부분에는 제1결집과 제2결집에 관한 이야기가 첨가되어 있다.

그리고 제3권과 제4권의 『쑷따비방가』에는 율장의 본문골자인 학습계율(sikkhapāda : 學處)을 중심으로 한 성립의 인연과 해석, 계율의 운용실태 등이 설명되어 있다. 『쑷따비방가』는 수행승의 계율에 대하여 설하고 있는 『마하비방가』(Mahāvibhaṅga)와 수행녀의 계율에 대하여 설하고 있는 『빅쿠니비방가』(Bhikkhunīvibhaṅga)로 나눌 수 있으나, 권수로 나눌 때에서 『쑷따비방가』①권에서 상대적으로 중대한 계율을 『쑷따비방가』②권에서는 상대적으로 가벼운 계율을 다루는데, 이 『쑷따비방가』②권의 후반부에 『비구니비방가』가 들어가게 된다. 『쑷따비방가』①권을 『빠라지까』(Parajika : 波羅夷)』라기도 하고 『쑷따비방가』②권을 『빠찟띠야』(Pacittiya : 波逸提)라고 한다. ≪빠알리율장≫의 비구계는 227계이고 비구니계는 311계이다.

『마하비방가』는 수행승의 227계를 다음과 같은 여덟 부류 즉, 네 가지 승단추방죄법, 열세 가지 승단잔류죄법, 두 가지 부정죄법, 서른 가지 상실죄법, 아흔 두 가지 속죄죄법, 네 가지 고백죄법, 일흔 다섯 가지 중학죄법, 일곱 가지 멸쟁죄법으로 나누어 다루고 있다. 『빅쿠니비방가』는 수행녀의 311계를 다음과 같은 일곱 부류 즉, 여덟 가지 승단추방죄법, 열일곱 가지 승단잔류죄법, 서른 가지 상실죄법, 백육십육 가지 속죄죄법, 여덟 가지 고백죄법, 일흔 다섯 가지 중학죄법, 일곱 가지 멸쟁죄법으로 나누어 다루고 있다.

끝으로 제5권 『빠리바라』(Parivāra)는 앞의 『칸다까 = 다발부』와 『숫따비방가 = 분별부』에서 설명한 사항을 분류하고 요약 정리한 보유편(補遺編)이다. 『빠리바라』는 앞의 『칸다까』와 『숫따비방가』보다 후대에 성립된 것이다. 그리고 남전대장경 제5권 『빠리바라』 즉, 『율장부수』에서는 뒷부분에 『숫따비방가』의 학습계율의 조문을 추출하여 그것을 송출용으로 만든 의무계율 즉, 「빠띠목카」(Pāṭimokkha) – 비구계는 227계이고 비구니계는 311계 – 를 별도로 실었다.

필자는 일반적으로 잘 알려진 빠알리성전협회의 로마자본 ≪빠알리율장≫을 일차적으로 표준으로 삼아 번역하고자 한다. 한편 인도 정부가 데바나가리삼장출판부(Devanagari Tipitaka Publication Department)에 위임하여 데바나가리본 ≪빠알리율장≫을 1956년 출판했는데, 그것은 올덴베르크의 로마나이즈화한 ≪빠알리율장≫을 저본으로 삼았기 때문에 로마자본 빠알리성전과 권수가 일치한다. 하지만 이러한 편성은 앞에서 설명한 전통적인 ≪빠알리율장≫의 체재가 아니다. 그러나 빠알리성전협회에서 나온 호너의 영역본인 『계율의 책』(The Book Of The Discipline : Bd.)은 헤르만 올덴베르크의 로마자본 ≪빠알리율장≫을 따르지 않고 본래의 전통적 ≪빠알리율장≫의 체제를 따르기 때문에 율장권수의 표시에서 로마자본과 충돌하는 번거로움이 따른다.

그래서 율장의 책의 권수를 표시하는 데는 필자는 독자를 배려하여 협회본1권=전통본3권, 협회본2권=전통본4권, 협회본3권=전통본1권, 협회본4권=전통본2권, 협회본5권=전통본5권으로 이중표기한다.

율장의 주석서

≪빠알리율장≫의 주석서로 가장 정통성을 인정받고 있는 것은 ≪싸만따빠싸디까≫(Samantapāsādikā : 7권)이다. 그것은 붓다고싸가 6세기경 스리랑카로 건너와 마하비하라(Mahāvihāra) 승원에서 머물면서 정법을 수호하기 위하여 그 이전 고대 싱할리어 주석서인 ≪마하앗타까타≫(Mahāṭṭhakathā)와 ≪쭐라앗타까타≫(Cullāṭṭhakathā)를 비롯한 많은 의소를 토대로 완성한 것이다.

그리고 한역율장에 대한 주석서로는 ≪빠알리율장≫에 대한 주석인 ≪싸만따빠싸디까≫를 승가발다라가 역출한 ≪선견율비바사≫(7권)를 비롯한 여섯 종류가 있다. 다만 ≪선견율비바사≫는 ≪싸만따빠싸디까≫와 대부분 일치하지만 부분적으로는 ≪사분율≫에 대한 주석이 삽입되어 있다. 티베트역의 ≪듈와뒤빠≫('Dulbabsduspa : Vinayasaṃgraha)와 일치하는 의정역출의 ≪근본살바다부율섭≫(14권)이 있고, 또한 ≪살바다비니비바사≫(9권), ≪살바다부비니마득륵가≫(10권), 『율이십이명료론』(1권), ≪비니모경≫(8권)이 있다.

[빠알리어주석서]
1. Samantapāsādikā vol. Ⅰ-Ⅶ, Buddhaghosa, ed. by J. Takakusu & M. Nagai. London PTS. 1927-1947 … 上座部의 전승

[티베트어역주석서]
1. Vinayasaṃgraha : 'Dul ba bsdus pa,

[한역주석서]
1. 善見律毘婆沙(Samantapāsādikā) 18권 肅齊 僧伽跋摩譯(AD. 489) … 上座部의 전승
2. 根本薩婆多部律攝(Mūlasarvāstivādavinayasaṃgraha) 14권 義淨譯 … 根本說一切有部의 전승
3. 薩婆多部毘尼摩得勒伽(Sarvāstivādanikāyavinayamatrika) 10권 僧伽跋摩譯(AD. 435) … 說一切有部의 전승
4. 薩婆多毘尼毘婆沙(Sarvāstivādavinayavibhasa) 9권 失譯(AD. 5세기전반) … 說一切有部의 전승
5. 毘尼母經(Vinayamatrikaśāstra)[5] 8권 失譯(AD. 5세기전반) … 부파불명의 전승
6. 律二十二明了論(Vinayadvaviṃsatiprasannārthaśāstra) 1권 眞諦譯(AD. 568) … 正量部의 전승

이 가운데 오부(五部) ≪선견율비바사≫, ≪살바다비니비바사≫, ≪살바다부비니마득

륵가≫, 『율이십이명료론』, ≪비니모경≫을 오론(五論)이라고 하며 사광율(四廣律)과 함께 사율오론(四律五論)이라고 한다.

한역율장과 한역율장에 의존한 한글대장경번역의 문제점

현존 한글대장경 가운데 다섯 종류의 광율(廣律)에 해당하는 중요한 한역율장들은 모두 한글로 번역되었다. 그 가운데 월운 스님 번역의 ≪사분율≫이 1992년 가장 먼저 번역되어 출간되고 그 번역에 준하여 삼년 뒤에 이 한정이 번역한 ≪십송율≫과 역자 미상의 ≪근본설일체유부비나야잡사≫가 역출되었고, 그후 전례에 준하여 연차적으로 송성수 번역의 ≪오분율≫이 『미사색부화혜오분율』이란 이름으로 1998년에 역출되었고 ≪마하승기율≫은 2010년에 완간되었다.

≪사분율≫ 1·2·3권 김월운 옮김, 서울 : 동국역경원 1992
≪십송율≫ 1·2·3·4권 이한정 옮김, 서울 : 동국역경원 1995
≪근본설일체유부비나야잡사≫ 1·2권 역자 미상 서울 : 동국역경원 1995
≪오분율≫(미사색부화혜오분율 : 彌沙塞部和醯五分律) 1·2권 송성수 옮김 서울 : 동국역경원 1998
≪마하승기율≫ 1·2권 이영무 옮김, 서울 : 동국역경원 2010

≪사분율≫과 ≪십송율≫은 다른 한역율장보다는 ≪빠알리율장≫에 가깝다. 따라서 현존하는 동국역경원의 한글대장경율장의 문제점을 살펴보기 위해 역자 퇴현[T]의 ≪빠알리율장≫번역과 위의 한글대장경 가운데 월운 스님[W]의 ≪사분율≫과 이한정[L]의 ≪십송율≫을 비교하기로 한다. ≪율장≫에 등장하는 제2차결집인 칠백결집의 십사(十事) – ≪마하승기율≫에는 그 부분이 누락되어 있지만 – 가운데 '두 손가락 마디와 관련된 실천의 허용'이 있는데, 그 실제적 의미는 ≪빠알리율장≫에 따르면, '두 손가락 마디의 해그림자가 지나서 때 아닌 때에 식사를 하는 것의 허용'에 관련된 사항을 뜻한다. 한역에서는 양지초식(兩指抄食 : ≪사분율≫), 지정(指淨 : ≪십송율≫), 양지식식정(兩指招食食淨 :≪오분율≫), 이지정법(二指淨法 : ≪근본설일체유부비나야≫), 양지정(兩指淨 : ≪남전≫)이라고 번역하는데, 이해가 쉽지 않다. 이것은 당시의 시간 측정방식과 관계되는 것인데, 수행승에게 일반적으로 올바른 때는 식전이고 때 아닌 때는 식후이다. 곧, 올바른 때는 일출 무렵에서 정오 무렵까지이고, 때 아닌 때는 정오 무렵에서 다음 날 일출 무렵까지 의미한다. 그런데 한역에서 양지(兩指)라는 '손가락 두 마디의 해그림자'를 의미하므로 정오 무렵이 지난 뒤를 의미한다. 그러나 ≪사분율≫[W]뿐만 아니라 ≪십송율≫[L]도 모두 '두 손가락으로 음식을 집는 것'이라고 견강부회하고 있다. 이것은 중역의 한계에서 유래한 것이긴 하지만, 번역자의 인도역사문화에 대한 몰이해에서도 기인하는 것이다.

[T역] "존자여, 손가락 두 마디와 관련된 실천은 허용됩니까?" "벗이여, 손가락 두 마디와 관련된 실천이란 무엇입니까?" "존자여, 손가락 두 마디의 해그림자가 지나 때 아닌 때에 식사를 하는 것인데 그것이 허용됩니까?" "벗이여, 허용되지 않습니다."[≪빠알리율장≫(Vin. II. 300) : kappati bhante dvaṅgulakappoti. ko so āvuso dvaṅgula kappoti. kappati bhante dvaṅgulāya chāyāya vītivattāya vikāle bhojanaṃ bhuñjitunt i. nāvuso kappatīti.]

[W역] "대덕상좌여, 두 손가락으로 음식을 집을 수 있습니까?" 리바다가 돌이켜 물었다. "무엇을 두 손가락으로 음식을 집는다고 하는 것이요?" "대덕장로여, 만족히 먹고서 위의를 푼 뒤에 밥을 남기는 법을 하지 않고서도 음식을 집어먹는 것입니다." "안 되오" [한글대장경 ≪사분율≫3권 374쪽] [大正22卷(969c19-969c22) : 大德上座。得二指抄食不。彼還問言。云何二指抄食。答言。大德長老。足食已捨威儀不作餘食法得二指抄食食不。離婆多言。不應爾。問言。在何處制。答言。在舍衛國不作餘食法食。以是故制]

[L역] "대덕이여, 이지정이 실제로 청정합니까?" 상좌가 반문하였다. "무엇을 이지정이라 합니까?" "비야리의 여러 비구들은 식사를 마치고 자리에서 일어나면 불수잔식법을 지켜야 하는데도 두 손가락으로 음식을 집어먹으면서 그런 일이 청정하다고 주장합니다. 이것이 실제로 청정합니까?" "청정하지 않습니다."[한글대장경 ≪십송율≫4권357] [大正23卷(454a16-454a19) : 大德。二指淨。實淨不。上座還問。云何名二指淨。答毘耶離諸比丘。食竟從座起。不受殘食法。兩指抄飯食噉。言是事淨。實淨不。上座答。不淨不淨]

그리고 십사 가운데 '마을 안과 관련된 실천의 허용'이 있는데, ≪빠알리율장≫을 검토해보면 '마을 안으로 가야지'라고 생각하며 먹다 남은 것이 아닌 음식을 먹는 것의 허용'이라는 의미가 있다. 그 한역은 득취락간(得聚落間 : ≪사분율≫), 근취락정(近聚落淨 : 십송율), 취취락식정(趣聚落食淨 : ≪오분율≫), 도행정법(道行淨法 : ≪근본설일체유부비나야≫), 근취락정(近聚落淨 : ≪남전≫)이라고 알려진 것으로 이것 역시 번역에 상당한 오해를 낳고 있다. '먹다 남은 것이 아닌 음식'을 한역에서는 비잔식(非殘食)이라고 하는데, 그것의 번역도 많은 오해를 낳고 있다. 식후에 그것을 먹는 것은 속죄죄법 제35조(Pāc. 35 : 어떠한 수행승이라도 충분히 식사한 후에 먹다 남은 것이 아닌 단단한 음식이거나 부드러운 음식을 취하면 속죄죄를 범하는 것이다)에 해당한다. 그런데 ≪사분율≫[W]은 '마을 안과 관련된 실천의 허용'을 '마을 사이에서 거듭 먹는 것'이라고 했고, 그 의미가 '만족히 먹고서 위의를 버린 뒤에 밥 남기는 법을 하지 않고서 마을로 가다가 음식을 만나면 먹는 것'이라고 했는데, 심히 난해하고 '먹다 남은 것이 아닌 음식'을 '밥 남기는 법을 하지 않고서'라고 부사구로 번역했는데, 너무도 엉뚱한 것이다. 그리고 ≪십송율≫[L]은 '마을 가까이에서 음식을 먹을 경우에는 불수잔식법을 지키지 않아도 청정하다.'라는 취지로 번역하고 있다. ≪빠알리율장≫을 검토해보면, 근취락정(近聚落淨 : ≪십송율≫)은 취취락식정(趣聚落食淨 : ≪오분율≫)의 뜻이지 '마을 가까이에서 먹는 것의 허용'이라는 문제가 아닌 것을 알 수 있다.

[T역] "존자여, 마을 안과 관련된 실천은 허용됩니까?" "벗이여, 마을 안과 관련된 실천이란 무엇입니까?" "존자여, 이미 식사가 끝났는데, '나는 지금 마을 안으로 들어가야지.'라고 생각하여 먹다 남은 것이 아닌 음식을 먹는 것인데 그것이 허용됩니까?" "벗이여, 허용되지 않습니다."[≪빠알리율장≫(Vin. II. 300) : kappati bhante gāmantarakappoti. ko so āvuso gāmantarakappoti. kappati bhante idāni gāmantaraṃ gamissā mīti bhuttāvinā pavāritena anatirittaṃ bhojanaṃ bhuñjituntі. nāvuso kappatīti]

[W역] "다시 물었다. "대덕 장로여, 마을 사이에서 거듭 먹을 수 있습니까?" "무엇을 마을 사이에서 거듭 먹는다고 합니까?" "대덕 장로여, 만족히 먹고서 위의를 버린 뒤에 밥 남기는 법을 하지 않고서 마을로 가다가 음식을 만나면 먹는 것입니다." "안 되오" [한글대장경 ≪사분율≫ 3권 374쪽] [大正22卷(969c 22-969c27) : 復問言。大德長老。得村間不。彼還問言。云何得村間。答言大德長老。足食已捨威儀不作餘食法往村中間得食。離婆多言。不應爾]

[L역] "대덕이여, 근취락정이 실제로 청정합니까?" 그가 반문하였다. "무엇을 근취락정이라 합니까?" "비야리의 여러 비구들은 마을 가까이에서 음식을 얻었을 경우에는 불수잔식법을 지키지 않아도 이와 같은 일이 청정하다고 주장합니다. 이것이 실제로 청정합니까?" "청정하지 않습니다."[한글대장경 ≪십송율≫4권357-358] [大正23卷(454a19-454b07) : 大德。近聚落淨。實淨不還問云何名近聚落淨。答毘耶離諸比丘。近聚落邊得食。不受殘食法噉。言是事淨。爲實淨不。上座答。不淨不淨]

그리고 또한 십사 가운데 '처소와 관련된 실천의 허용'이라는 문제가 있는데, ≪빠알리율장≫을 검토해보면 그것은 '동일한 결계 안의 많은 주처에서 각각 별개의 포살을 행하는 것의 허용'과 관계된 것임을 알 수 있다. 이것에 대한 한역은 득사내(得寺內 : ≪사분율≫), 여시정(如是淨 : ≪십송율≫), 주처정(住處淨 : ≪남전≫). 결계로 구획된 교구 안에는 많은 사원이나 처소가 있지만 포살은 한 처소에 모여서 행해야 한다. ≪사분율≫[W]은 '절 안에서 행하는 것의 허용(得寺內淨)'이라는 취지로 번역을 했고, 그 의미를 '절 안에서 따로 하는 무리가 카르마를 하는 것의 허용'이라고 번역했는데, 이는 재사내득별중갈마(在寺內得別衆羯磨)를 잘못 번역한 것이다. 이것을 필자가 번역한다면, '사원 안에서 불완전한 모임으로 갈마를 행하는 것의 허용'이다. 그리고 카르마라고 할 때에는 업(業)을 의미하고 갈마(羯磨)라고 할 때에는 승단의결이나 승단의례를 뜻하는데, 그것을 카르마라고 한 것은 명백한 오류이다. ≪십송율≫[L역]은 '동일한 경계 안에 소재한 공주처에서 별중갈마(別衆羯磨)를 작지하는 것의 허용'이라고 다소간 난해한 번역을 하고 있다. 여기서 십송율의 내계공주처별작갈마(內界共住處別作羯磨)라는 구절을 번역한 것인데, ≪빠알리율장≫의 '공주처(共住處)'는 '많은 주처'를 대변하는 것이고 '별작갈마'는 '별개의 갈마'를 의미하는 것인데 그것을 별중갈마라고 번역한 것은 문제가 있다. 별중갈마란 '불완전한 모임의 갈마'라는 뜻이기 때문이다.

[T역] "존자여, 처소와 관련된 실천은 허용됩니까?" "벗이여, 처소와 관련된 실천이란 무엇입니까?" "존자여, 동일한 결계 안의 많은 주처에서 각각 별개의 포살을 행하는 것인데 그것이 허용됩니까?" "벗이여, 허용되지 않습니다."[≪빠알리율장≫(Vin. II. 300) : kappati bhante āvāsakappoti. ko so āvuso āvāsakappoti. kap pati bhante sambahulā āvāsā samānasīmā nānuposathaṃ kātunti. nāvuso kappatī'ti]

[W역] 다시 물었다. "대덕 장로여, 절 안에서 할 수 있습니까?" "무엇을 절 안에서 하는가요?" "대덕 장로여, 절 안에서 따로 하는 무리가 카르마를 하는 것입니다." "안 되오" [한글대장경 ≪사분율≫3권 375쪽] [大正22卷(969c27-970a02) 彼問言。大德長老。得寺內不。彼還問言。云何得寺內。答言。大德長老。在寺內得別衆羯

磨。離婆多言。不應爾]

[L역] "대덕 상좌시여, 여시정이 실제로 청정합니까?" 상좌가 반문하였다. "무엇을 여시정이라 합니까?" "비야리의 여러 비구들은 동일한 경계 안에 소재한 공주처에서 별중갈마를 작지하고도 이와 같은 일이 청정하다고 주장합니다. 이것이 실제로 청정합니까?" "청정하지 않습니다."[한글대장경 ≪십송율≫4권359] [大正23卷(454c10-454c12) : 大德上座。如是淨實淨不。上座還問云何名如是淨。答毘耶離諸比丘。內界共住處別作羯磨。言是事淨。爲實淨不。答不淨]

그밖에 십사 가운데 상기에 인용한 두 가지에 대한 다른 한글대장경율장 즉, ≪근본설일체유부비나야잡사≫나 ≪미사색부화혜오분율≫ 번역도 모두 다소간 차이는 있으나 유사한 문제점을 계승하고 있다. 뿐만 아니라 십사 가운데 그 이외에 다른 내용들을 상호 비교해 보아도 번역상의 상당한 문제점들이 드러나지만 일일이 소개하는 것은 지면 관계상 생략한다. 위의 몇몇 번역을 비교해보기만해도 확연히 알 수 있는 것은 율장이 성립 당시의 언어와 시대와 문화에 대한 심층적 이해 없이 한역에만 의존하여 한문해독을 통해서 한글로 율장을 번역한다는 것이 얼마나 위험한 것인가 하는 사실이다.

주요율장술어의 번역에 대하여

1) 갈마(羯磨)와 깜마(kamma)

빠알리어로 깜마(kamma)라고 하는데, 일반적으로는 업(業)이나 행위(行爲)를 의미하기도 하지만, 그것들과는 동음이어로 여기서는 승단의 소작(所作)이나 작법(作法)을 뜻하는 것으로, 참모임의 공식적인 법적 절차를 밟아서 의식이나 의례나 범계(犯戒)를 처리하는 것을 모두 깜마라고 하는데, 우리말로는 적확하게 여기에 해당하는 용어가 없으므로 이에 해당하는 산스크리트 용어 까르마(karma)를 그대로 음사한 한역의 갈마(羯磨)라는 용어를 사용한다. 이 갈마에는 가장 중요한 것은 사안의 중대성에 따라 처리하는 세 가지 의결방법이 있다. 단백갈마(單白羯磨 : ñattikamma)는 단 한 번의 제안을 지칭하거나 단 한 번의 제안만으로도 사안이 결정되는 경우를 뜻한다. 역자는 이를 제안갈마라고 번역한다. 이를테면, '오늘이 자자일이니 자자를 행하겠습니다.'와 같은 이미 알고 있는 사항과 같은 것은 제안만으로도 결정이 된다. 이때 총명하고 유능한 수행승이 수행승들을 대표해서 제안을 담당한다. 백이갈마(白二羯磨 : ñattidutiyakamma)는 한 번 제안을 한 뒤에 다시 한 번 '찬성하면 침묵하고 이견이 있으면 말하라.'고 제청하는 것이다. 한 번의 제청을 통해 전원이 찬성하여 침묵하면, 사안이 결정된다. 이때 총명하고 유능한 수행승이 수행승들을 대표해서 제안과 제청을 모두 담당하고 결정을 내린다. 역자는 한번제안한번제청갈마라고 번역한다. 백사갈마(白四羯磨 : ñatticatutthakamma)이다. 한 번 제안을 한 뒤에 다시 세 번 '찬성하면 침묵하고 이견이 있으면 말하라.'고 제청하는 것이다. 세 번의 제청을 통해 전원이 찬성하여 침묵하면, 사안이 결정된다. 이

때 총명하고 유능한 수행승이 수행승들을 대표해서 제안과 제청을 모두 담당하고 결정을 내린다. 역자는 한번제안세번제청갈마라고 번역한다.

2) 승단추방죄법(僧團追放罪法)과 빠라지까(pārājika)

빠알리어로 빠라지까(pārājika)이고, 한역으로 음사하여 바라이(波羅夷)라고 한다. '빠라지까'는 여기에 속한 학습계율을 어기면, 승단추방죄를 범하는 것이기 때문에 승단추방죄를 의미하기도 한다. 그래서 수행자로서 승단에서 목숨을 잃는 것이기 때문에 단두법(斷頭法)이나 단두죄(斷頭罪)라고도 한다. 어원적으로 살펴보면, 빠라지까(pārājika)의 원래 의미는 패배죄(敗北罪)이다. 수행자로서 이 죄를 짓는 것은 수행에서의 승리자가 되지 못하고 패배자가 된다는 것으로 수행자에게는 가장 무서운 죄이다. 당연히 계율 가운데 가장 중죄를 구성하는 것으로 4조(四條)가 있다. ① 음행 ② 투도 ③ 살인 ④ 인간을 뛰어넘는 상태(上人法 : uttarimanussadhamma)에 대한 사칭이다. 여기서 인간을 뛰어넘는 상태에 대한 사칭이란 실제로 얻지 못한 선정이나 신통이나 길과 경지를 얻었다고 허위로 알리는 것을 뜻한다. 수행녀의 경우에는 네 가지가 더 추가된다. 이러한 죄들을 지으면, 참모임에서 추방되고, 다시는 구족계를 받을 수 없다. 그러나 사미계는 가능하다. 이 승단추방죄는 용서할 수 없는 죄(sāvasesā āpatti)라고 하고 나머지는 용서할 수 있는 죄이다. 그리고 이 승단추방죄법에서는 상황에 따라 승단추방죄에 인접한 죄(pārājikasāmanta)를 '무거운 죄' 즉, 중죄(重罪 : garukā āpatti)라고 하는데, '음행(淫行 : methunadhamma)에 인접한 악작죄(惡作罪 : dukkaṭa)나, 그밖에 투도(偸盜 : adinnādāna) 등에 추악죄(醜惡罪 : thullaccaya) 등으로서 처벌을 받을 수 있다.

3) 승단잔류죄법(僧團殘留罪法)과 쌍가디쎄싸(saṅghādisesa)

빠알리어로 쌍가디쎄싸(saṅghādisesa)라고 하고, 한역에서는 승잔(僧殘)이라고 하고 음사하여 승가바시사(僧伽婆尸沙)라고 한다. 쌍가디쎄싸(saṅghādisesa)라는 말은 승단잔류죄법을 의미하기도 하고, 여기에 속한 학습계율를 어기면, 승단잔류죄를 범하는 것이기 때문에 승단잔류죄를 지칭하기도 한다. 승단잔류죄는 승단추방죄에 다음 가는 무거운 죄에 해당한다. 수행승으로서의 목숨이 남아 있어 승단에 남아있을 수 있는 죄 또는 처음부터 끝까지 승단이 갈마를 통해서 관여하는 죄를 말한다. 여기에는 13개 조항(十三條 : 수행녀는 17개 조항)가 있는데, 성추행죄나 승단의 화합을 깨뜨리려고 한 죄, 남을 승단추방죄로 비방한 죄 등이 승단잔류죄를 범하는 것이다. 이것을 범하면 현전승가(現前僧伽)에서 격리처벌을 받고 참회를 해야 한다. 승단잔류죄 가운데 하나 또는 여럿을 어겼으나 단 하루도 – 다음날 일출 무렵까지 – 감추지 않고 최소한 네 명 이상의 청정수행승들에게 알렸을 때에 6일 동안 격리수용되는 것을 참회처벌이라고 하고, 마지막 날 최소 20명 이상의 청정수행승이 참석한 가운데 승단으로 복귀하는 것을 출죄복귀라고 한다. 하루이상 숨겼을 때에는 첫날 네 명 이상의 청정수행승이 참석한 가운데 알리면, 숨긴 날짜만큼 격리생활을 해야 하고 추가로 참회처벌 즉, 6일 동안의 격리처벌을 받으면, 마지막 날 최소 20명 이상의 청정수행승이 참석한 가운데 출죄복귀가 이루어진다.

4) 거친 죄와 두툴라(duṭṭhulla) 그리고 추악죄(醜惡罪)와 툴랏짜야(thullaccaya)

거친 죄는 빠알리어로 두툴라(duṭṭhulla)이다. 한역으로 추죄(麤罪) 또는 추중죄(麤重罪)라고 하는데, 승단추방죄와 승단잔류죄를 의미한다. 역자는 이것을 '거친 죄' 또는 추중죄(麤重罪)라고 번역한다. 추악죄는 이러한 거친 죄 즉, 승단추방죄와 승단잔류죄를 범하려다가 미수로 끝난 죄를 말하는데, 빠알리어로 툴랏짜야(thullaccaya)라고 한다. 한역으로는 음사하여 투란차(偸蘭遮) 또는 투란죄(偸蘭罪)라고 하고 번역하여 방사죄(放使罪)라고 하지만, 추악죄(醜惡罪) 또는 미수죄(未遂罪)라고 번역할 수 있는데, 역자는 추악죄를 택한다. 이를테면, 살인하려다가 미수로 그치고 상해했다면, 그것은 추악죄에 속한다.

5) 부정죄법(不定罪法)과 아니야따(aniyata)

부정죄법(不定罪法)은 빠알리어로는 아니야따(aniyata)이다. 한역에는 부정(不定) 또는 부정법(不定法)이라고 한다. 어떠한 죄를 범했는지 불분명하지만 혐의를 받을 만한 죄로서 수행승이 여성과 자리를 함께 한 경우 증인의 증언에 의해 죄가 결정되므로 부정(不定)이라고 한다. 수행녀의 학습계율에는 없는 법이다. 다음과 같은 두 가지 계를 범하는 것으로 분류할 수 있다. 하나는 병처부정(屛處不定)이고 하나는 노처부정(露處不定)이다. 병처부정은 남이 볼 수 없는 곳, 속삭여도 들리지 않는 곳에서 여인과 단 둘이 앉는 것인데, 경우에 따라서 승단추방죄나 승단잔류죄나 속죄죄를 범하는 것이 될 수 있다. 노처부정은 남이 볼 수 있는 곳이지만 음담이 가능한 곳에서 여인과 단 둘이 있는 것인데, 경우에 따라서 승단잔류죄나 속죄죄를 범하는 것이 될 수 있다.

6) 상실죄법(喪失罪法)와 닛싹기야(nissaggiya)

상실죄법(喪失罪法)는 빠알리어로 닛싹기야(nissaggiya)이다. 한역은 음사하여 니살기(尼薩耆)라고 하고 번역하여 사타(捨墮) · 진사타(盡捨墮) · 기타(棄墮)라고 한다. 닛싹기야는 상실죄법이라고도 하고, 여기에 속한 학습계율들을 어기고 획득한 것은 상실될 수 밖에 없는 것이라는 의미에서 상실죄를 지칭하기도 한다. 이를테면, 의복의 경우에는 여분의 옷을 얻었을 경우는 일정 기간 동안만 소유가 허락된다. 이 밖에 좌구 · 우기옷 · 발우 ·의약품 등에 대해서도 소유를 제한하는 규정이 있으며, 갖가지 보물의 소유나 매매는 금지되고 있다. 이러한 것을 어기고 획득한 것은 상실죄를 범한 것이기 때문에 상실되어야 한다. 상실죄를 범하면, 참모임이나 두서너 명의 수행승들이나 한 명의 수행승 앞에서 상실죄를 범한 자는 잘못을 고하며 참회하면서 동시에 상실되어야 할 물건을 내어놓아야 한다. 그런데 내어 놓은 물건은 받은 자가 형식적으로 다시 상실죄를 범한 자에게 되돌려 주어야 한다. 그러나 금전과 관계되는 한, 부당하게 획득된 금전은 상실되어야 하는데, 금전은 되돌려줌이 없이 실제로 참모임에 몰수된다. 참모임은 그 금전을 내어놓은 수행승에게 다시 돌려주지 않는다. 참모임은 재가자를 시켜서 그것을 필수약품으로 교환하던가 금전제거자를 선임하여 넘겨주어야 한다. 따라서 수행승은 어떠한 경우라도 금전을 소유해서는 안 된다. 그리고 특수한 경우가 있다. 다섯 곳보다 적은 곳을 수리한 발우를 새것으로 교환했다면, 그 발우는 상실죄의 대상인데, 그 발우를 내어놓은 자에게 되돌려주는 것을 금지한다. 이것은 새로 얻은 발우를 반드시 참모임에 넘겨주어야 한다는 것은 상실죄법의 상징적 집행에 저촉된다. 그러나 이것은 발우가 개인에 속한 의복보다는 공공적 성격을 띠었다는 것을 말해주는 것이다.

7) 속죄죄법(贖罪罪法)와 빠찟띠야(pācittiya)

속죄죄법(贖罪罪法)은 빠알리어로 빠찟띠야(pācittiya)이고, 한역으로는 바일제(波逸提), 바일저가(波逸底迦), 바약치(波藥致), 바라일니가(波羅逸尼柯), 바라야질지가(波羅夜質肢迦), 바야제(波夜提)라고 하고, 번역하여 타(墮)라고 한다. 빠찟띠야는 속죄죄법이기도 하고 여기에 속한 학습계율들을 어기면, 속죄해야 하기 때문에 속죄죄라고도 한다. 여기에는 두 가지 상실속죄죄인 사타(捨墮)와 속죄죄 내지 단순속죄죄인 단타(單墮)가 있다. 상실속죄죄는 앞에서 언급한 계율을 어긴 것과 관련된 재물을 내놓는 상실죄를 말한다. 그리고 속죄죄 내지 단순속죄죄는 버릴 재물이 필요 없는 죄로 상대에게 사죄하고 참회하는 것이 필요한 망어(妄語)나 악구(惡口) 기타 가벼운 죄를 모아 놓은 것이다.

8) 고백죄법(告白罪法)와 빠띠데싸니야(pāṭidesaniya)

고백죄법(告白法)는 빠알리어로 빠띠데싸니야(pāṭidesaniya)이다. 한역으로는 바라제사니(波羅提舍尼), 바라제제사니(波羅提提舍尼), 번역하여 향피회(向彼悔), 대타설(對他說), 또는 회과법(悔過法)이라고 한다. 주로 탁발음식의 수용에서 부적절한 행위를 했을 경우에 그 죄를 범한 자는 다른 수행승에게 반드시 고백을 통해 참회해야 한다.

9) 중학죄법(衆學罪法)와 쎄키야(sekhiya)

중학죄법(衆學罪法)은 빠알리어로 쎄키야(sekhiya)라고 한다. 한역에서는 중학(衆學)이라고 한다. 이것은 복장과 식사와 의식 등의 행의작법(行儀作法)을 규정한 것으로 수효가 많고 항상 배워서 익혀야 할 것이므로 중학이라고 하기도 하고, 1 조(一條)에 대하여 다수의 학습계율이 있어 중학이라고도 한다. 이 규정을 어겼을 때에는 고의로 범한 경우에는 한 사람 앞에서 참회하고, 고의가 아닌 경우에는 마음속으로만 참회하면 된다. 이 규율을 어긴 죄는 중학죄에는 두 가지 악작(惡作) 또는 돌길라(突吉羅)라고 한역되는 악작죄(惡作罪) 즉, 둑까따(dukkaṭa)와 그것과 구분되는 악설로 한역되는 악설죄(惡說罪) 즉, 둡바씨따(dubbhāsita)가 있다.

이상의 승단추방죄·승단잔류죄·상실죄·속죄죄·고백죄를 다섯 가지 죄의 다발(pañca āpattikkhandhā) 즉, 오편죄(五篇罪)라 하며, 또 다른 분류로 승단추방죄·승단잔류죄·추악죄·속죄죄·고백죄·악작죄·악설죄를 일곱 가지 죄의 다발(satta āpattikkhandhā) 즉, 칠취죄(七聚罪)라고 한다.

10) 쟁사(諍事)와 아디까라나(adhikaraṇa)

쟁사(諍事)는 빠알리어 아디까라나(adhikaraṇa)로 한역하여 쟁사(諍事)라고 한다. 쟁사죄법에는 네 가지 쟁사(cattāri adhikaraṇāni) 즉, 4쟁사(四諍事)이 있다. 그 네 가지는 ① 논쟁으로 인한 쟁사(vivādādhikaraṇa) 즉, 논쟁사(論爭事) ② 비난으로 인한 쟁사(anuvādādhikaraṇa) 즉, 비난사(非難事), ③ 범죄로 인한 쟁사(āpattādhikaraṇa) 즉, 죄쟁사(罪諍事) ④ 절차로 인한 쟁사(kiccādhikaraṇa) 즉, 행쟁사(行諍事)가 있다. 상세한 것은 Vin. II. 87; Vin. III. 163; MN. II. 247-250; AN. I. 99를 참조하라.

11) 멸쟁죄법(滅諍罪法)과 아디까라나사마타(adhikaraṇasamatha)

멸쟁죄법(滅諍罪法)은 빠알리어로 아디까라나사마타(adhikaraṇasamatha)라고 한다. 한역하여 멸쟁(滅諍)이라고 한다. 이 멸쟁의 원리에는 일곱 가지 방식의 멸쟁(satta adhikaraṇasamathā : 수행녀도 동일) 즉, 칠멸쟁(七滅諍)이 있다. 승단에서 쟁사가 일어났을 때, 수행승 가운데 멸쟁의 원리를 아는 수행승이 승가의 규칙을 적용하여 쟁사를 그치게 해야 한다. 이것을 위반하면 악작죄를 범하는 것이 된다. 따라서 멸쟁죄는 악작죄로 다스려진다고 볼 수 있다. 상세한 것은 Vin. II. 79-100; MN. II. 247-250; AN. I. 99를 참조하라. ① 현전에 입각한 조정(sammukhāvinaya) : 한역하여 현전비니(現前毘尼) 또는 현전비나야(現前毘奈耶)라고 한다. 이것은 당사자가 출석하여 대면하여 쟁사를 그치게 하는 것을 뜻한다. 상세한 것은 Vin. II. 79-100; MN. II. 247-250; AN. I. 99를 참조하라. ② 기억에 입각한 조정(sativinaya) : 한역에서는 억념비니(憶念毘尼) 또는 억념비나야(憶念毘奈耶)라고 한다. 과거의 기억을 환기시켜 쟁사를 그치게 하는 것으로, 자신의 잘못이 없음을 확인하는 완전한 기억에 도달했다면, 기억에 입각한 무죄평결을 주는 것을 뜻한다. 상세한 것은 Vin. II. 79-100; MN. II. 247-250; AN. I. 99를 참조하라. ③ 착란에 입각한 조정(amūḷhavinaya) : 한역에서는 불치비니(不痴毘尼) 또는 불치비나야(不痴毘奈耶)라고 한다. 당시의 정신착란을 확인하여 그 정신착란에 대하여 고의성이 없이 죄를 저질렀음을 증명하여 무죄평결을 주는 것을 뜻한다. 상세한 것은 Vin. II. 79-100; MN. II. 247-250; AN. I. 99를 참조하라. ④ 자인에 입각한 조정(paṭiññātakaraṇa) : 한역에서는 자언치(自言治) 또는 자인(自認)이라고 한다. 스스로 잘못을 인정하게 하여 자신의 고백으로 쟁사를 그치게 하는 것을 뜻한다. 상세한 것은 Vin. II. 79-100; MN. II. 247-250; AN. I. 99를 참조하라. ⑤ 다수에 입각한 조정(yebhuyyasikā) : 한역에서는 다인어(多人語)라고 한다. 다수의 의견을 통한 해결을 따름으로써 쟁사를 그치게 하는 것을 뜻한다. 이것에 대해서는 Vin. II. 79-100; MN. II. 247-250; AN. I. 99를 참조하라. ⑥ 심문에 입각한 조정(tassapāpiyyasikā) : 한역에서는 멱죄상(覓罪相) 또는 구피죄(求被罪)라고 한다. 원어는 어원적으로는 '별도의 타락'을 의미한다. 상대의 죄악에 대하여 밝혀진 것 이외에 더 추궁하고 심문하여 자인하게 함으로써 쟁사를 그치게 하는 것을 뜻한다. 상세한 것은 Vin. II. 79-100; MN. II. 247-250; AN. I. 99를 참조하라. ⑦ 대속에 입각한 조정(tiṇavatthāraka) : 한역에서는 여초복지(如草覆地)라고 한다. 원래 '풀로 덮어두는 방식'이라는 말인데, 어떤 사람이나 어떤 편의 잘못을 한 사람이 대표해서 인정하고 고백함으로써 잘못을 풀로 덮어두는 방식으로 쟁사를 그치게 하는 것을 뜻한다. 상세한 것은 Vin. II. 79-100; MN. II. 247-250; AN. I. 99를 참조하라.

12) 격리처벌(隔離處罰)과 빠리바싸(parivāsa)

격리처벌(隔離處罰)은 빠알리어는 빠리바싸(parivāsa)이다. 한역에서는 별주(別住)라고 한다. 수행승의 계율 가운데 두 번째로 무거운 계율인 승단잔류죄를 저지른 자가 하나 또는 여럿을 저지르고 동료수행승들에게 알리지 않고 하루 이상 숨겼을 때, 숨긴 날짜 만큼 승원 내부의 별도의 장소에서 보호관찰의 대상이 되어 살게 하는 처벌이다 승단잔류죄 가운데 제1조에서 제9조(Saṅgh. 1-9)까지는 범계했을 경우 바로 처벌이 이루어지고 제10조에서 제13조(Saṅgh. 10-13)까지는 참모임으로부터 세 번 공식적인 경고를 받고도 인정하지 않을 시에 격리처벌을 받게 된다. 이것이 끝나면 참회처벌(mānatta)을 받아야 하며, 참회가 끝나면 '출죄복귀(abbhāna)'가 이루어진다. 필자는 문맥에 따라서 격리처벌 또는 격리생활이라고 번역한다. 상세한 것은 Vin. I. 143, 320; II. 7, 31, 40 참조하라.

13) 가중처벌(加重處罰)과 물라야 빠띠깟싸나(mūlāya paṭikassana)

가중처벌(加重處罰)은 빠알리어는 물라야 빠띠깟싸나(mūlāya paṭikassana)이고 한역에서는 본일치(本日治)라고 한다. 습관적인 잘못이 남아 있어 격리처벌되는 동안에도 동일한 죄를 범하는 경우, 그 동안에 격리처벌의 기간인 일수(日數)가 무효가 되고 처음의 일수로 되돌아가 다시 격리처벌되는 것을 뜻한다. 티베트어로는 '다시 근본부터 시작하는 격리처벌(yaṅ gži nas bslaṅ ste spo ba)'이다. 필자는 가중처벌이라고 번역한다. 상세한 것은 Vin. II. 7, 34를 참조하라.

14) 참회처벌(懺悔處罰)과 마낫따(mānatta)

빠알리어는 마낫따(mānatta)이고, 한역은 음사를 해서 마나타(摩那陀)라고 한다. 참회법의 일종으로 어원은 참회가 대중의 마음을 기쁘게 한다는 의미에서 의희(意喜)라고 번역하기도 한다 승단잔류죄 가운데 하나 또는 여럿을 어겼으나 단 하루도 – 다음날 일출 무렵까지 – 감추지 않고 최소한 네 명 이상의 청정수행승들에게 알렸을 때에 6일 동안 보호관찰대상으로서 격리생활을 하는 것을 참회처벌이라고 하고, 마지막 날 최소 20명 이상의 청정수행승이 참석한 가운데 승단으로 복귀하는 것을 출죄복귀라고 한다. 하루이상 숨겼을 때에는 첫날 네 명 이상의 청정수행승이 참석한 가운데 알리면, 숨긴 날짜만큼 격리생활을 해야 하고 추가로 참회처벌 즉, 6일 동안의 격리생활을 끝내면, 마지막 날 최소 20명 이상의 청정수행승이 참석한 가운데 출죄복귀가 이루어진다. 필자는 참회처벌 또는 참회생활이라고 번역한다. 상세한 것은 Vin. I. 143; Vin. II. 35, 45를 참조하라.

15) 출죄복귀(出罪復歸)와 압바나(abbhāna)

빠알리어는 압바나(abbhāna)이고 한역은 음사하여 아부가나갈마(阿浮呵那羯磨)라고 하고 번역하여 죄에 대한 처벌을 받음으로써 죄의 상태로부터의 원상복귀하는 것을 출죄(出罪)라고 한다. 필자는 출죄복귀라고 번역한다.

16) 견책조치(譴責措置)와 땃자니야(tajjanīya)

빠알리어는 땃자니야(tajjanīya)이고 한역으로는 고절(苦切) 또는 고절갈마(苦切羯磨)라고 한다. 다른 의견을 세운 것과의 조화를 추구하다가, 또는 보다 높은 수행을 추구하다가 도달하지 못한 것 때문에 다투고 싸우고 언쟁하고 분쟁을 일으키는 수행승에게 세 번 충고하여 멈추게 하는 참모임의 조치를 말한다. 필자는 견책조치라고 번역한다. 상세한 것은 Vin. I. 49; AN. I. 99을 참조하라.

17) 의지조치(依止措置)와 닛싸야(nissaya)

빠알리어는 닛싸야(nissaya)이고 한역으로는 의지(依止) 또는 의지갈마(依止羯磨)라고 한다. 출가한 지 오년이 안 되었거나 오년이 지났더라도 지도를 받지 않고 혼자 지낼 만한 소양이 없는 수행승이나 나쁜 버릇이 있는 수행승, 즉, 어리석어 총명하지 못하고 죄가 많고 충고를 받아들이지 않고, 재가자와 부적절한 관계 속에서 재가자와 함께 지내고, 그만큼 수행승들이 그에게 격리처벌을 처분하고, 가중처벌을 처분하고, 참회처벌을 처분하고, 출죄복귀를 처분하는데 지쳤다면, 친교사(恩師)와 떨어져 지낼 때에 자격을 갖춘 훌륭한 수행승에게 위탁하여 지도를 받으며 지내게 하는 참모임의 조치를 말한다. 필자는 의지조치 또는 의지조치의 갈마(nissayakamma) 라고 번역한다. 상세한 것은 MV. I. 25, IX. 7; Vin. I. 49; CV. I. 9를 참조하라.

18) 한시퇴출조치(限時退出措置)와 빱바자니야(pabbājanīya)
빠알리어는 빱바자니야(pabbājanīya)이고 한역으로는 구출(驅出) 또는 구출갈마(驅出羯磨) 또는 빈출(頻出) 또는 빈출갈마(頻出羯磨)라고 한다. 예를 들어 세속적으로 추문을 일으키는 승단잔류죄에 해당하는 수행승에 대하여 살고 있는 지역을 떠나도록 하는 것(nissāraṇā)을 명하는 참모임의 조치를 말한다. 승단추방과 구별하여 한시퇴출조치라고 번역한다. 상세한 것은 Vin. I. 49; CV. I. 13을 참조하라.

19) 사면복권(赦免復權)와 오싸라니야(osāraṇīya)
빠알리어는 오싸라니야(osāraṇīya)이고 한역에서는 해갈마(解羯磨)라고 한다. 권리정지조치나 한시퇴출조치를 받고 격리되었거나 한시적으로 피난해 있다가 참모임에 죄를 고백하고 사죄를 요청할 때에 다시 권리정지나 한시퇴출을 해제하는 것인데, 역자는 '사면복권(osāraṇīya)'이라고 번역한다.

20) 사죄조치(謝罪措置)와 빠띠싸라니야(paṭisāraṇiya)
빠알리어는 빠띠싸라니야(paṭisāraṇiya)이고 한역의 하의(下意), 영사죄(令赦罪) 또는 하의갈마(下意羯磨) 또는 영사죄갈마(令赦罪羯磨)이다. 재가신자들의 분노를 산 경우 재가신자에게 사과하고 용서를 빌도록 하는 참모임의 조치를 말한다. 필자는 사죄조치라고 번역한다. 상세한 것은 Vin. I. 49; CV. I. 18을 참조하라.

21) 권리정지조치(權利停止措置)와 욱케빠니야(ukkhepanīya)
권리정지조치(權利停止措置)는 빠알리어로 욱케빠니야(ukkhepanīya)이다. 한역으로 거죄(擧罪) 또는 거죄갈마(擧罪羯磨)라고 한다. 죄를 알고도 스스로 청하여 죄의 댓가를 받아 고치지 않거나 사견을 버리지 않는 수행승에 대하여 구족계를 줄 수 없고, 사미를 둘 수 없는 등의 권리정지를 취하는 참모임의 조치를 말한다. 필자는 권리정지조치라고 번역한다. 상세한 것은 Vin. I. 49; CV. I. 25를 참조하라.

22) 복발조치(覆鉢措置)와 빳따닉꿋자나(pattanikkujjana)
복발조치(覆鉢措置)는 빠알리어로 빳따닉꿋자나(pattanikkujjana)이다. 한역에서는 복발(覆鉢) 또는 복발갈마(覆鉢羯磨)이라고 한다. '발우를 뒤엎는 것'이라는 뜻이다. 참모임의 갈마에서의 상징적인 행위로서 사실상 재가신자에 대한 처벌이다. 누군가에 대하여 발우가 뒤엎어지면, 그의 집에서는 수행승들은 탁발음식을 받을 수 없다. 이로써 수행승과 해당 재가신자 사이에 왕래가 끊어진다. 재가신자가 수행승들에게 소득이 없기를 도모하거나, 이익이 없기를 도모하거나, 처소가 없기를 도모하거나, 수행승들을 욕하고 매도하거나, 수행승들과 수행승들을 이간시키거나, 부처님을 헐뜯거나, 가르침을 헐뜯거나, 참모임을 헐뜯는다면, 이러한 여덟 가지 고리를 갖춘 재가신자에 대하여 복발조치를 취할 수 있다. Vin. II. 125; CV. V. 20을 참조하라.

23) 단사위원평결과 웁바히까(ubbāhika)

단사위원 또는 단사위원평결은 빠알리어로 웁바히까(ubbāhika)이고, 한역에서 단사(斷事) 또는 단사인(斷事人)이라고 한다. 오늘날의 표결권이 있는 위원회의 위원 또는 그 위원들에 의한 평결이라고 볼 수 있다. 쟁사를 결정하는데 무한한 언설이 생겨나고 그 언설의 의미를 알기 어려울 때에, 쟁사의 해결이나 계율에 대해 잘 알고 있는 단사위원을 선정하고 논의하여 평결한다. 그래서 역자는 '웁바히까'를 단사위원 또는 단사위원평결이라고 번역한다. Vin. II. 95; CV. IV. 14를 참조하라.

중요경장술어에 대한 번역에 대하여

1) 담마(dhamma)와 가르침, 사실, 현상, 원리, 원칙

다양한 의미를 지닌 빠알리어를 거기에 일대일 대응되는 하나의 한글로 옮긴다는 것은 불가능하다. 한역에서는 비교적 가능했지만, 초기의 한역경전들을 보면 동일한 빠알리어 경전들도 역자에 따라 다양하게 번역되었음을 알 수가 있다. 그러나 한역에서는 모든 담마(dhamma)를 법(法)이라고 번역하는 등의 번역에서의 경직성이 강했다. 이러한 경직성은 한역 장경을 이해하기 어렵게 만드는 중요한 요인이 된다.

빠알리어 담마(dhamma)는 산스크리트어로 다르마(dharma)인데, 적어도 부처님의 가르침이라는 의미로 가장 많이 쓰이기는 하지만, 담마는 부처님에게서 기원하는 것이 아니라 무시이래로 과거, 현재, 미래의 모든 부처님이 가르치는 진리, 선행, 해탈의 기본적인 '원리'를 말하는 것이다. 이것은 담마가 단지 인간역사의 특수한 시기에 나타나는 종교적인 가르침을 넘어서는, 시공간적으로 보편적인 원리인 것을 의미한다. 그것은 사실, 진리, 정의가 하나로 통일되어 최종목표인 열반으로 이끄는 정신적이고 윤리적인 사실을 뜻한다. 그 정신적이고 윤리적인 사실 속에서 부처님은 과학적 인과관계를 배제하지 않았고, 우주 자체를 전적으로 인간의 입김을 배제하는 무도덕적인 것으로 보지 않았다. 부처님에게 도덕적이고 종교적인 현상을 의미하는 담마는 신비적인 것이 아니라 원인과 결과의 법칙이 작용하는 '윤리적 우주 자체'로까지 확장된다.

담마가 담마라자(法王 : dhammarāja)가 될 경우에는 그 의미가 '정의로운 왕'이라는 뜻이 된다. 그리고 담마가 복수로 나올 경우에는 가르침이나 사실을 의미하는데, 사실에

는 단지 물리적인 사실만이 아니라 정신적인 사실까지 포괄한다. 거기에는 십이연기의 고리, 다섯 가지 존재의 다발, 여섯 감역, 깨달음으로 이끄는 다양한 수행방법도 포함된다. 그리고 두 경전(SN. 12 : 33; 42 : 11)에서 발견되는 '이미나 담메나(imina dhammena)'는 '이러한 원리에 의해서'라고 번역될 수 있다. 그리고 어떤 경전(SN. 7 : 9, 11)에서 발견되는 '담마싸띠(dhammasati)'는 '원리가 있다면'이라고 번역이 가능하다. 또한 복수의 담마는 '현상'이나 '원리' 또는 '사실' 또는 '것들'로 번역할 수 있다. 그러나 빠띳짜싸뭇빤나 담마(paṭiccasamuppannā dhammā : 緣生法; SN. 12 : 20)는 연기법과 대칭되는 의미에서 '조건적으로 발생된 것'이라는 의미에서 '연생의 법'이라고 번역한다. 그러나 다섯 가지 존재의 다발을 두고 로께 로까담마(loke lokadhammā; 22 : 94)라고 할 때 그것을 '세상속의 세상의 사실'이라고 번역할 수 있다. 그리고 심리적인 측면에서 해석될 때에는 담마는 '상태'라고 번역될 수 있다. 담마비짜야삼보장가(dhammavicaya sambojjhaṅga : 擇法覺支)의 경우에는 담마(dhamma)를 생략하여 '탐구의 깨달음 고리'라고 번역했다. 담마야따나(dhammāyatana : 法處)의 경우에는 마나야따나(manāyatana)에 대응되는 말인데 정신의 감역에 대한 정신적 대상으로서의 사실을 의미하지만 역자는 '사실의 감역' 또는 사실의 세계로 번역한다. 따라서 담마싸띠빳타나(dhammasatipaṭṭhāna : 法念處)도 사실에 대한 새김의 토대라고 번역했다. 여기서 필자가 사용한 사실이란 광의의 의미로 유위법(有爲法)은 물론이고 정신의 대상으로서의 무위법인 열반까지 포함하는 전체를 지시한다. 빅쿠 보디(Cdb. 1777)는 그러한 정신의 대상으로서의 담마에 대하여 '현상(phenomena)'이라는 말을 사용했는데 이렇게 되면 불교를 단순히 현상론으로 해석할 소지가 많고, 열반도 단지 현상으로 전락하므로, 이 말은 단지 정신적인 현상을 명확히 지칭할 때를 제외하고는 되도록 피했다. 담마다뚜(dhammadhātu : 法界)도 역시 '사실의 세계'라고 번역하고 거기에 대응하는 마노빈냐나다뚜(manoviññāṇadhātu : 意識界)는 '정신의식의 세계'라고 번역했다. 그리고 복합어의 뒷부분을 구성하는 담마는 문법적으로 독특한 성질을 지닌다. 예를 들어 카야담마(khayadhamma), 바야담마(vayadhamma), 니로다담마(nirodhadhamma)에서 담마는 단순히 '것'이라고 하거나 '해야만 하는 것'이란 문법적 의미를 지니므로 그것들은 '파괴되고야 마는 것, 괴멸되고야 마는 것이고 소멸되고야 마는 것' 또는 '파괴되는 것, 괴멸되는 것이고 소멸되는 것'이라고 번역되어야 한다. 그리고 아닛짜담마(anicca dhamma), 둑카담마(dukkhadhamma), 아낫따담마(anattadhamma)는 '무상한 것, 괴로운 것, 실체가 없는 것'이라고 번역할 수 있다.

2) 쌍카라(saṅkhārā)와 형성

빠알리어 쌍카라(saṅkhārā)는 한역에서 행(行)이라고 하는 것인데, 그것은 불교술어

가운데 번역하기 가장 힘들고 난해한 용어이다. 이 용어에 대한 현대적 번역에는 '결정, 구성, 결합, 형성, 의도'가 있는데 그 가운데 가장 보편적인 것이 형성이다. 원래 쌍카라(saṅkhārā)는 '함께 만들다(saṁkaroti)'의 명사복수형으로 '함께 만드는 것, 조건 짓는 것' 뿐만 아니라 '함께 만들어진 것, 조건지어진 것'을 의미한다. 단어의 철학적인 특성상 주로 복수로 쓰인다. ≪쌍윳따니까야≫에는 이와 관련하여 7가지의 교리적인 문맥이 발견된다.

① 십이연기에서의 형성은 무지나 갈애와 관련하여 윤회를 지속시키는 능동적이고 의도적인 형성이다. 여기서 형성은 업(kamma : 業)과 동의어이고 세 가지가 있다. 즉 신체적 형성, 언어적 형성, 정신적 형성(SN. 12 : 2) 또는 공덕을 갖춘 형성, 공덕을 갖추지 못한 형성, 중성적인 형성(SN. 12 : 51)이다. 신체적 형성에는 호흡이 포함된다.

② 다섯 가지 존재의 다발(pañcakkhandha : 五蘊)에서 형성은 여섯 가지 감각대상에 대한 의도(SN. 22 : 56)로서 분류된다. 이때의 형성은 의도로서, 느낌과 지각 이외의 의식의 정신적 동반자는 모두 형성이라고 한다. 따라서 착하고 건전하거나 악하고 불건전한 다양한 모든 정신적인 요소들이 모두 형성에 속한다.

③ 형성은 가장 넓은 의미로 모든 조건지어진 것(SN. 22 : 90)을 뜻한다. 모든 것들은 조건의 결합에 의해서 생겨난다. 형성이라는 말은 우주전체가 조건지어진 것이라는 철학적인 조망을 할 수 있는 주춧돌이 된다. 제행무상(諸行無常)과 일체개고(一切皆苦)의 제행과 일체는 바로 이 형성을 말하는 것이다.

④ 형성의 삼개조 - 신체적 형성, 언어적 형성, 정신적 형성 - 가 지각과 느낌의 소멸(想受滅)과 관련해서 언급된다.(SN. 41 : 6) 신체적 형성은 호흡을 뜻하고 언어적 형성은 사유와 숙고를 뜻하고, 정신적 형성은 지각과 느낌을 뜻하는데, 그 지각과 느낌이 소멸한 자에 도달하려면, 그 소멸의 순서는 언어적 형성, 신체적 형성, 정신적 형성이다.

⑤ 네 가지 신통의 기초(四神足)와 관련하여 정신적인 힘의 기초로서 '노력의 형성(padhāna saṅkhāra)'이 있다.

⑥ 그 밖에 수명의 형성(āyusaṅkhāra; SN. 20 : 6; 51 : 10), 생명의 형성(jīvitasaṅkhāra; SN. 47 : 9), 존재의 형성(bhavasaṅkhāra; SN. 51 : 10)이란 개념이 있는데 그것들은 각각 생명력의 상이한 양상으로 이해할 수 있다.

⑦ 그 밖에 이 쌍카라(saṅkhārā)와 연관된 수동태의 쌍카따(saṅkhata : 有爲)란 단어가 있다. 쌍카라가 조건짓는 것이라면 쌍카따는 조건지어진 것을 의미한다. 쌍카라는 의도에 의해서 활성화되는 능동적 조건짓는 힘으로, 조건지어진 현상인 쌍카따를 만들어 낸다. 이에 비해서 쌍카따는 수동적인 의미로 쌍카라에 의해서 만들어진 것으로, 존재의 다발이나 여섯 감역이나 조건지어진 현상세계를 의미한다. 쌍카따에 대해서 한역에 유

위(有爲)라는 번역이 있는데 역자는 때로는 유위 때로는 '조건지어진 것'이라고 번역했다. 그 반대의 용어 아쌍카따는 '조건지어지지 않은 것', 즉 무위(無爲)를 뜻하는데 바로 열반을 지칭한 것이다.

3) 나마루빠(nāmarūpa)와 명색(名色) 및 정신·신체적 과정

나마루빠(nāmarūpa) 곧, 명색(名色)이라는 말은 불교 이전의 우파니샤드 철학에서 유래한 것이다. 유일자인 하느님[梵天]이 세상에 현현할 때의 그 다양한 현현에 대해 사용된 말이다. 현현된 세계는 다양한 이름과 다양한 형상으로 구성되어 있다. 그런데 흥미로운 것은 ≪쌍윳따니까야≫에 명색의 우파니샤드적 의미를 나타내는 '외부에 명색(bahiddhā nāmarūpam)'이라는 단어가 나온다.(SN. 12 : 19) 명색(名色)은 유일자인 신이 이름과 형상으로 현현한 것을 말하는데, 그것들이 세계를 구성하는 개체의 인식적 측면과 자재적 측면을 구성한다고 볼 수 있다. 불교에 와서는 이러한 인식적 측면이 명(名), 즉 정신이 되었고 자재적 측면이 색(色), 즉 물질이 되었다. 그래서 정신적 요소에 속하는 느낌, 지각, 의도, 접촉, 정신활동(vedanā, saññā, cetanā, phassa, manasikāra; SN. 12 : 2)은 명(名)이고 물질적 요소인 땅 · 물 · 불 · 바람(地·水·火·風)과 거기에서 파생된 물질(upādāya rūpaṁ : 所造色)은 색(色)으로서 모두 합해서 명색이라고 한다. 따라서 명색은 '정신 · 신체적 과정'이라고 말할 수 있다. 니까야에서 정신적인 요소를 의미하는 명(名)에 의식이 포함되지 않은 이유는 의식이 물질적인 신체(色)에 접촉하나 정신과 관계된 느낌, 지각, 의도, 접촉, 정신활동에 연결되어 작동하기 때문이다. 그리고 명색의 조건으로서의 의식의 전개(viññāṇassa avakkanti; SN. 12 : 59)라는 말이 등장하는데, 그것은 과거세로부터 새로운 유기체의 시작조건이 되므로써, 현존재에로 의식이 흐르는 것을 말하는 것이다. 명색의 전개(nāmarūpassa avakkanti; SN. 12 : 39, 58, 64)라는 말은 새로운 유기체의 시작을 뜻한다. 역자는 문맥에 따라 특히 시에서 쓰일 때, 그 이해를 쉽게 하기 위해 '정신 · 신체적 과정'이라고 번역한다.

4) 칸다(khandha)와 다발 및 존재의 다발

불교의 가장 중요한 술어 가운데 하나가 칸다(khandha) 즉, 온(蘊)이라는 것이다. 이것은 앞의 명색을 구성하는 요소들이기도 하다. 다섯 가지가 있기 때문에 오온(五蘊)이라고 하는데, 역자는 다섯 가지 존재의 다발(pañcakkhandha)이라고 번역한다. 이 다섯 가지에는 물질(rūpa : 色), 느낌(vedanā : 受), 지각(saññā : 想), 형성(saṅkhārā : 行), 의식(viññāṇa : 識)이 있다. 여기서 온(蘊), 즉 칸다(khandha)라는 용어는 PTS사전에 의하면 다음과 같은 의미를 지니고 있다.

① 천연적 의미 : 크기가 큰 것, 육중한 것, 거친 물체, 예를 들어 코끼리의 엉덩이, 사람의 어깨, 나무등걸 등으로 하나의 단위를 지니며 크기가 큰 것을 의미한다. 물, 불, 덕성, 부 등도 포함된다. ② 응용적 의미 : 집합적인

의미의 모든 것, 다발, 덩어리, 부분품들, 구성요소 등이다.

붓다고싸는 칸다를 '더미(rāsi)'로 보았다. 그러나 칸다는 어깨의 근육처럼 다발로 뭉쳐있는 상태를 의미한다. 단순히 더미라는 말은 긴밀한 연기적인 의존관계를 반영하기에는 통일성이 없는 개별적 부품처럼 인식될 수가 있다. 역자는 그래서 다발이라는 말을 쓴다. 물질은 물질의 다발이고 정신은 인식의 다발이다. 그들은 상호 연관적으로 작용한다. 정신·신체적 복합체를 표현하는 칸다에 대한 가장 적절한 표현은 '존재의 다발'일 것이다. 이 책에서는 칸다를 '존재의 다발'이라고 표현한다. 그 원리는 아마도 비트겐슈타인의 섬유론으로 가장 적절하게 설명될 수 있을 것이다.

"노끈의 강도는 처음에 끈으로 달리는 단 하나의 가닥에만 전적으로 의존하는 것이 아니다. 아무런 가닥도 노끈의 전부를 달리지 않으며 때때로 겹쳐지고 엇갈리는 섬유 사이의 관계에 의존한다."(Die Stärke des Fadens liegt nicht darin, dass irgend eine Faser durch seine ganze Länge lauft, sondern darin, dass viele Fasern einander übergreifen : Wittgenstein, L. 「Philosophische Untersuchungen」『Ludwig Wittgenstein Werkausgabe』 Band 1. Frankfurt am Main, 1984, S. 278)

초기불교에서 윤회는 바로 존재의 다발(五蘊)의 지속적 연결이고 그것은 바로 이 노끈의 연결과 유사하다. 거기에는 처음부터 끝까지 영원히 지속되는 한 가닥의 정신적 섬유로서의 자아(atta, *sk.* ātman)는 없지만 그럼에도 불구하고, 즉 주이적(住異的)으로 무상하지만 겹쳐지고 꼬이면서 상호의존하며 수반되는 섬유들로서의 오온에 의해 확증되는 지속성은 있다. 이것은 언제나 변화하면서 지속되는 불꽃의 비유와 같은 것이다. 윤회하는 것은 이러한 존재의 다발인 것이다.

이러한 존재의 다발 가운데 물질, 느낌, 지각, 형성, 의식이 있다. 이 가운데 물질은 지수화풍(地·水·火·風)을 의미하므로 물질이고, 특수하게 명상의 대상세계인 색계(色界)일 때에는 미세한 물질계라고 번역을 하고, 단순히 시각의 대상일 때는 형상이라고 번역한다. 느낌은 감수(感受)라고 번역하는 것이 포괄적이긴 하지만 일상용어가 아니므로 피하고, 주로 경전에서는 고락과 관계된 것이므로 느낌이라고 번역한다. 지각은 사물을 이를테면 '파란 색을 파란 색으로 인식하는 것'을 뜻한다. 형성은 위의 쌍카라 항목 ①, ②에서 설명했으므로 생략한다. 의식은 대상을 인식하는 것이 아니다. 그것은 일종의 알아차림이다. 대상의 존재를 단지 알아채는 것이다. 예를 들어 눈이 파란 색의 물체를 보았을 때에, 안식은 빛깔과 형상의 존재를 알아챌 뿐이고, 그것이 파란 색의 물체라는 것을 깨닫지 못한다. 이 단계에서는 아무런 인식이 없다. 그것이 파란 색의 물체라는 것을 아는 단계는, 지각(想)의 단계이다. 그래서 '시각의식'이라는 말은 곧 '본다'와 같은 뜻을 지닌 것이다. 이러한 이유로 존재의 다발을 역자는 위와 같이 번역했다.

그 밖에도 '칸다.'라는 말이 단순히 '여러 가지'란 뜻으로도 쓰이지만, 상호의존하는 연결관계를 나타내므로 그 때는 그냥 '다발'로 번역한다. 계행의 다발(sīlakkhandha : 戒蘊), 삼매의 다발(samādhikkhandha : 定蘊), 지혜의 다발(paññakkhandha : 慧蘊) 등이 있다.

5) 쌉뿌리싸(sappurisa)와 참사람

빠알리어 쌉뿌리싸(sappurisa)라고 지칭하는 말은 한역에서 다양한 번역용어를 사용하기 때문에 우리말 번역도 그 적절성을 찾기가 힘들다. 빠알리성전협회의 빠알리-영어사전(PED)에서 어원을 추적하면 쌉뿌리싸는 두 단어 싸뜨(sat=sant)와 뿌리싸(purisa)로 구성되어 있다. 어원적으로 싸뜨(sat)는 어근 √as '있다'의 현재분사가 약변화한 어간이다. 이 싸뜨(sat)는 빠알리성전협회의 사전에 의하면, 세 가지의 의미를 지닌다. ① 존재하는(existing : 有) ② 진실한(true : 眞) ③ 착한(good : 善) 따라서 싸뜨에는 어원적으로 착하다는 의미 이전에, 실재한다는 의미에서의 진실 즉 참을 뜻한다는 사실을 알 수 있다. 그리고 뿌리싸(purisa)는 원래 단순히 '사람' – 시민적인 의미에서 – 을 지칭하지만 쌉뿌리싸를 지칭하기도 한다. 그래서 한역 중아함경 37에서 이 쌉뿌리싸(sappurisa)는 선남자(善男子)라고 번역한다. '싸뜨' 또는 '쌉'은 선(善)으로 '뿌리싸'는 남자(男子)로 번역되고 있는 것이다. 북전에서 선(善)이라고 번역한 것은 송나라의 구나발타라(求那跋陀羅)가 이렇게 번역한 데 원인이 있겠지만, 아마도 북방불교권의 번역에서 많이 사용되는 특징이기도 하다. 그러나 붓다고싸는 쌉뿌리싸를 '진리(dhamma)를 따르는 진실한 사람(saccapurisa), 즉 선한 사람(kalyāṇapurisa)'으로 정의하고 있다.(Pps. VI. 79) 이러한 고찰을 참고한다면 쌉뿌리싸는 단순히 선남자라고 번역하기 보다는 외연이 보다 넓고 깊은 참사람으로 번역하는 것이 타당하다. 실제로 한역에서도 북전의 법구경에서는 덕인(德人), 북전 아함경에서 정사(正士), 선사(善士), 정인(正人)이라고 번역하고 있는 것을 볼 수 있다. 따라서 한역의 정인, 정사라는 표현은 참사람과 근접한다고 볼 수 있다. 그리고 참고로 Pps. IV. 79에서는 쌉뿌리싸(sappurisa)를 '가르침(法 : dhamma)을 다루는 진실한 사람(saccapurisa), 또는 선한 사람(kalyāṇapurisa)'으로 정의한다. 이것을 영역에서 호너(I. B. Horner)는 '착한 사람(a good man)' 우드워드(F. L. Woodward)는 '가치 있는 사람(a worthy man)', 리스 데이비즈는 '고귀한 마음을 지닌 사람(the noble minded person)'이라고 번역하고, 가이거는 '완전한 사람(der vollkommenen Menschen)'으로, 빅쿠 보디는 '훌륭한 사람(a superior person)'으로 번역했다. 경전에서 참사람은 오계(五戒)를 지키는 차원의 윤리적 인간에 대해서만 언급한 것이 아니다. 부처님의 혈통에 든 님(gotrabhū : 種姓者)이라는 말은 '네 쌍으로 여덟이 되는 참사람[四雙八輩]이 되기 직전의 참사람의 반열에 입문한 자'의 단계를 말하는데, 그는 선정이나 출세간적인 길에 들기 전의 감각적 쾌락의 욕망계의 마지막 의식단계를 지니고 있는데, 그 사람부터 부처님에 이르기까지도 참사람에 속한다고 볼 수 있다.

그러므로 참사람에는 고귀한 제자들이 모두 포함되며, 주로 네 쌍으로 여덟이 되는 참사람의 무리(cattāri purisayugāni aṭṭha purisapuggalā : 四雙八輩)를 지칭한다. 이 중에서 흐름에 드는 길을 가는 님(sotāpattimagga : 預流向), 흐름에 든 경지에 도달한 님(sotāpattiphala : 預流果) = 흐름에 든 님(sotāpanna : 預流者)이 있다. 흐름에 든 님은 열 가지 결박[十結 : dasa saṁyojjanāni] 가운데 ① 개체가 있다는 견해(sakkāyadiṭṭhi : 有身見) ② 의심(vicikicchā : 疑) ③ 규범과 금계에 대한 집착(sīlabhataparāmāsa : 戒禁取)에서 벗어나야 한다. 둘째, 감각적 쾌락의 욕망계의 천상이나 인간계에 태어나 열반에 들기 위해 한 번 돌아오는 길을 가는 님(sakadāgāmīmagga : 一來向), 한 번 돌아오는 경지에 도달한 님(sakadāgāmīphala : 一來果) = 한 번 돌아오는 님(sakadāgāmin : 一來者)이 있다. 한 번 돌아오는 님은 열 가지 결박 가운데 위 세 가지와 더불어 ④ 감각적 쾌락에 대한 탐욕(kāmarāga : 欲貪) ⑤ 분노(paṭigha : 有對)를 거의 끊어야 한다. 셋째, 미세한 물질계의 천상에 가면서나 거기에 도달해서 열반에 들기 때문에 이 세상으로 돌아오지 않는 길을 가는 님(anāgamī magga : 不還向), 돌아오지 않는 경지에 도달한 님(anāgamīphala : 不還果) = 돌아오지 않는 님(anāgamin : 不還者)이 있다. 돌아오지 않는 님은 위의 다섯 가지 낮은 단계의 결박을 완전히 끊은 자이다. 넷째, 거룩한 길을 가는 님(arahattamagga : 阿羅漢向), 거룩한 경지에 도달한 님(arahattaphala : 阿羅漢果) = 거룩한 님(arahat : 阿羅漢)이 있다. 거룩한 님은 위의 다섯 가지 낮은 단계의 결박은 물론 ⑥ 미세한 물질계에 대한 탐욕(rūparāga : 色貪) ⑦ 비물질계에 대한 탐욕(arūparāga : 無色貪) ⑨ 자만(māna : 慢) ⑨ 자기정당화(uddhacca : 掉擧), ⑩ 무명(avijjā : 無明)의 다섯 가지 높은 단계의 결박에서 완전히 벗어난 자를 말한다. 이 가운데 거룩한 님을 제외하면 일곱 가지 학인의 단계에 있는 학인(sekha : 有學)이라고 부르고 거룩한 님은 학인의 단계를 초월한 무학(asekha : 無學)이라고 부른다. 단. 역자의 경우 스승인 궤범사(軌範師 : ācariya)와 함께 사는 학생도 학인(學人 : antevāsika)이라고 번역하였는데, 그때의 학인과는 구별해야 한다.

6) 승가(僧伽 : saṅgha)와 참모임

초기불교에서 교단을 의미하는 승가(saṅgha : 僧伽)에 관하여 비구승가(bhikkhusaṅgha : 比丘僧伽), 비구니승가(bhikkhunīsaṅgha : 比丘尼僧伽), 사방승가(cattudisasaṅgha : 四方僧伽), 현전승가(sammukhīsaṅgha : 現前僧伽), 승보(saṅgharatana : 僧寶), 성문승가(sāvakasaṅgha : 聲聞僧伽) 등의 용어를 찾아볼 수 있다. 여기서 재가의 남자신도(upāsika : 優婆塞), 재가의 여자신자(upāsikā : 優婆夷;)의 승가란 말은 나타나지 않는다. 재가신자를 포함시킬 때는 승가라는 말 대신에 사부대중(catasso parisā : 四部大

衆)이라는 표현을 쓴다. 그러나 승가 안에 재가신도가 포함되지 않는다고 명시적으로 규정할 수는 없다. 사방승가는 시간적으로 삼세에 걸쳐 확대되고 공간적으로는 우주적으로 확대되는 보편적 승가를 지칭한다. 그렇다면 이 사방승가 안에는 재가신도가 당연히 포함되어야 할 것이다. 그러나 이 사방승가도 재가신도에 관한 언급이 없이 비구 · 비구니 승가의 확장으로 규정되고 있다. 그리고 현전승가는 시간 · 공간적으로 무한한 사방승가가 이러한 유한한 결계에 의해서 한정된 지역승가생활공동체를 말한다. 이 현전승가 역시 비구 또는 비구니 승가이다. 그러나 경전에서는 재가신자인 재가의 남자신도나 재가의 여자신자가 없이는 사방승가와 현전승가의 이념이 성립할 수 없음을 경전은 분명히 하고 있다. 왜냐하면 출가자는 생활의 물자를 얻기 위해 노동할 수 없으므로, 재가의 남자신도와 재가의 여자신자로부터 의식주를 위한 생필품과 필수약품(四資具)을 공급받아야 생활공동체로서의 현전승가가 유지되며, 재가의 남자신도와 재가의 여자신자로부터 승가람(僧伽藍), 승가람물(僧伽藍物), 방(房), 방물(房物)등을 기증받아서 부처님의 가르침을 유지시켜야 '부처님을 상수로 하는 승가' 즉 사방승가가 성립할 수 있다. 한편 승보라고 하는 것은 불교도의 귀의처로 종교적 신앙의 대상 가운데 삼귀의(三歸依)의 하나가 된다. 초기불교의 경전에서는 그 구체적인 범주가 언급되어 있지 않다. 그러나 구사론(俱舍論)이나 대지도론(大智度論)에서는 그 범주를 구체적으로 정하고 있다. 승보(僧寶)에는 비구·비구니 승가가 모두 포함되는 것이 아니라, 진리의 흐름에 들기 시작한 님인 예류향(預流向)에서부터 열반에 도달한 거룩한 님인 아라한에 이르기까지의, 네 쌍으로 여덟이 되는 참사람[四雙八輩]을 의미한다고 규정하고 있다. 이 승보의 개념은 ≪쌍윳따니까야≫(SN. 12 : 41)에서 규정하는 '세존의 제자들의 모임은 네 쌍으로 여덟이 되는 참사람으로 이루어졌으니 공양받을 만하고, 대접받을 만하고, 보시받을 만하고, 예배받을 만하고, 세상에서 위없는 공덕의 밭이다.(yadidaṃ cattāri purisayugāni aṭṭha purisapuggalā esa bhagavato sāvakasaṅgho, āhuneyyo, pāhuṇeyyo, dakkhiṇeyyo, añjalikaraṇīyo, anuttaraṃ puññakkhettaṃ lokassa)'라는 개념과 일치한다. 제자들의 모임은 성문승가의 개념이므로 참사람의 모임인 승가를 역자는 참모임이라고 번역한다. 그리고 그 구성원을 수행승, 수행녀, 재가의 남자신도, 재가의 여자신자라고 번역한다. 비구승가는 비구승가 또는 수행승의 참모임, 수행승의 무리로, 비구니승가는 비구니승가 또는 수행녀의 참모임, 수행녀의 무리로 문맥에 따라 번역한다. 성문승가는 제자들의 참모임 또는 제자들의 모임으로 번역한다. 재가신도는 재가의 남자신도 또는 청신사로, 재가의 여자신자 또는 청신녀로 번역한다.

7) 싸띠(sati : 念)와 새김

우선 역자의 번역과 다른 초기경전의 역자들 사이에서 가장 두드러진 번역의 차이를 보이는 것은 '싸띠(sati)' 즉, 한역의 염(念)에 대한 것이다. 최근에 위빠싸나 수행자들 사이에 이 '싸띠'를 두고 '마음챙김'이라고 번역하는 것이 대세가 되었다. 일부에서는 '마음지킴'이라고 번역하기도 한다. '싸띠'는 내용적으로, 마음이 지금 여기에 현존하는 것이며, 분별적인 사유나 숙고에 휩싸이지 않고 대상을 알아채고 관찰하는 것을 뜻한다. 이러한 것을 단순히 고려한다면, '싸띠'를 '마음챙김'이나 '마음지킴'으로 번역하는 것이 어느 정도는 타당성을 지니는 것처럼 보인다.

그러나 이러한 번역은 몇 가지 모순을 갖는다. 첫째, 모든 가르침의 요소들이 마음과 관계되는 것인데 유독 '싸띠'에만 별도로 원래는 없는 마음이란 단어가 부가될 이유가 없다. 둘째, 올바른 '마음챙김'이나 '마음지킴'이라는 말은 착하고 건전한 것들을 지향하는 올바른 정진과 특히 내용상 구분이 어려워질 수 있다. 셋째, 네 가지 새김의 토대[四念處]에서 토대가 되는 명상주제의 하나에 마음이 포함되어 있어서 그것을 두고 마음에 대한 마음의 '마음챙김'이나 마음에 대한 마음의 '마음지킴'이라고 삼중적으로 번역하는 잘못이 발생할 수 있다. 넷째 '싸띠'라는 빠알리어 자체에는 '마음'은 커녕 '챙김'이나 '지킴'이라는 뜻도 어원적으로 없다. 아비달마적으로도 '싸띠'에 관한 한, 그 특징은 마음이 대상을 벗어나 들뜨지 않는 것이고, 그 역할은 혼란스럽지 않게 대상을 기억하는 것이고, 그 현상은 마음을 보호하고 대상을 현전시키는 것이고, 그 토대는 훈련된 지각이나 네 가지 새김의 토대에 대한 확립이다.

이러한 '싸띠'에 대해서는 부처님이 직접 ≪쌍윳따니까야≫에서 정의 내린 부분 — '수행승들이여, 이와 같이 수행승이 멀리 떠나 그 가르침을 기억하고 사유하면(anussarati anuvitakketi.), 그 때 새김의 깨달음 고리가 시작한다.(SN. 45 : 3)' — 을 참고하여 번역하는 것이 제일 타당하다. 여기서는 분명히 기억과 사유가 새김의 전제조건으로 확실히 '싸띠'에 대해 해석학적 설명, 즉 기억과 사유의 일치점을 지시하고 있음을 알 수 있다. 실제로 '싸띠'라는 말은 범어의 '스므리띠'(sk. smṛti)의 빠알리어 형태로 원천적으로 '기억'이란 뜻을 갖고 있으나, 기억과 사유가 일치하는 '지금 여기에서의 분명한 앎'이란 의미도 갖고 있으므로 그 둘 다의 의미를 지닌 우리말을 찾던 역자는 '새김'이란 가장 적당한 번역어라고 생각했다. 새김은 과거에 대한 '기억' 뿐만 아니라 지금 여기에서의 '조각(彫刻)' — 물론 사유를 은유적으로 이해할 때에 — 이라는 의미를 모두 함축하기 때문이다. 기억이 없이는 사물에 대한 지각을 올바로 알아차린다는 것은 불가능한 것이다. 따라서 새김의 토대에 대한 경(Satipaṭṭhānasutta MN. 10 : 念處經)에서 '싸띠'가 주로 관찰의 의미로 사용되는 것은 '지금 여기에서의 분명한 앎'으로서의 새김과 관계된 것이다.

8) 요니쏘 마나씨까라(yoniso manasikāra)와 이치에 맞는 정신활동

그 다음에 번역하기 난해한 것은 요니쏘 마나씨까라(yoniso manasikāra : 如理作意)와 아요니쏘 마나씨까라(ayoniso manasikāra : 非如理作意)라는 단어이다. 우선 요니쏘(yoniso)라는 말은 어원적으로 '모태(母胎)적으로'라는 말인데, '철저하게, 근본적으로, 이치에 맞게'라는 뜻으로 쓰이는데, 한역의 여리(如理)라는 말은 그 가운데 '이치에 맞게'라는 뜻을 취했음을 알 수 있다. 물론 이 때에 '이치에 맞게'라는 뜻은 '연기(緣起)의 원리에 맞게'라는 뜻이다. 따라서 '아요니쏘(ayoniso)'는 그 반대의 뜻을 지닌 것임을 알 수 있다. 더욱 번역하기 어려운 것이 '마나씨까라(manasikāra)'라는 말인데, 이 말을 '주의를 기울임'이라고 번역하면, 새김의 특성과 중복되므로 적당하지 않고, 한역에서처럼 작의(作意)라고 하기에는 일상용어가 아니라 그 의미가 애매해진다. '마나씨까라'는 마나쓰(manas)와 까라(kāra)의 복합어로 정신과 활동을 의미함으로 역자의 번역에서는 '정신활동'이라고 번역한다. 그래서 요니쏘 마나씨까라는 주석서(Srp. II. 21)에 따르면, '방편에 의한 정신활동으로, 교리에 의한 정신활동에 의해서(upāyamanasikārena pātha manasikārena)'의 두 가지 뜻으로 해석하고 있다. 리스 데이비드 부인(Mrs. Rhys Davids)은 이것을 '체계적으로 주의를 기울임'이라고 해석했고 빅쿠 보디(Bhikkhu Bodhi)는 ≪쌍윳따니까야≫의 번역에서 '주의 깊게 주의를 기울임'이라고 해석했다.(Cdb. 1584) 니야나띨로까(Nyanatiloka)의 『불교사전(Buddhistisches Wörterbuch)』에서는 '철저한 또는 현명한 숙고'이고, 한역에서는 여리작의(如理作意)라고 한다. 역자는 피상적이 아닌 연기법에 따른 심오하고 근본적 정신활동을 뜻한다고 보고 한역에도 부합하도록, '이치에 맞게 정신활동을 일으킴' 또는 '이치에 맞게 정신활동을 기울임'이라고 번역한다. 아요니쏘 마나씨까라는 '이치에 맞지 않게 정신활동을 일으킴' 또는 '이치에 맞지 않게 정신활동을 기울임'이라고 번역한다. 단, '요니쏘(yoniso)'가 단독으로 등장할 경우에는 '근본적으로' '철저하게' 또는 '이치에 맞게'라고 번역하고, '아요니쏘(ayoniso)'가 단독으로 등장할 경우에는 '피상적으로' '철저하지 않게' 또는 '이치에 맞지 않게'라고 번역한다.

9) 비딱까(vitakka)·비짜라(vicāra)와 사유숙고

그 다음으로는 비딱까(vitakka) 와 비짜라(vicāra)가 있다. 한역에서는 초기번역에서 각(覺)과 관(觀)으로 번역되어 있어 중역을 할 때에 많은 경전번역을 난해하게 만들 소지가 있어 후기에는 심(尋)과 사(伺)로 번역되었다. 아비달마적인 전통에 의하면 '적용된 생각'과 '유지된 생각'이라는 뜻이지만, 역자는 '사유'와 '숙고'라고 번역했다. 까마비딱까(kāmavitakka)는 감각적 쾌락의 욕망에 입각한 사유를 뜻하고, 그 반대인 넥캄마비

딱까(nekkhammavitakka)는 감각적 쾌락의 욕망의 여읨에 입각한 사유를 말한다. 이것이 첫 번째 선정에 응용되었을 때에는 '비딱까'는 일반적 의식의 사변적 특징이 아니라 마음을 대상에 적용하는 기능을 말하고 '비짜라'는 마음을 대상에 안착시키기 위해 대상을 조사하는 기능을 뜻한다. 그러나 이러한 해석은 아비달마적인 것이고 어떻게 보면 새김(sati)의 작용 – 새김이 없는 마음은 호박에 비유되고 새김을 수반하는 마음은 돌에 비유된다. 호박은 수면 위를 떠다니지만 돌은 물 밑바닥에 이를 때까지 가라 앉는다 – 과 혼동을 일으킬 수 있다. 경전상의 첫 번째 선정에 대한 정의 – 수행승들이여, 나는 내가 원하는 대로 감각적 쾌락의 욕망을 떠나고 악하고 불건전한 것들을 떠나 사유와 숙고를 갖추고 멀리 여읨에서 생겨나는 희열과 행복으로 가득한 첫 번째 선정에 도달한다.(SN. 16 : 9) – 를 살펴보면 감각적 쾌락의 욕망이 사라지면 나타나는 사유와 숙고는 앞에서 이야기하는 감각적 쾌락의 욕망에 입각한 사유를 뜻하는 것이 아니고 감각적 쾌락의 욕망의 여읨에 입각한 사유를 뜻한다는 것을 알 수 있고, 착하고 건전한 즉 윤리적이고, 이성적인 사유를 뜻한다는 것을 알 수 있다. 이러한 사유가 정밀하게 지속되는 상태는 곧 숙고라고 볼 수 있다.

10) 싹까야딧티(sakkāyadiṭṭhi)와 개체가 있다는 견해

학자들 사이에서 쟁점이 되고 있는 것은 싹까야(sakkāya)와 싹까야딧티(sakkāyadiṭṭhi; SN. 1 : 21)라는 용어가 있다. 한역에서는 각각 유신(有身)과 유신견(有身見)이라 한다. 싹까야(sakkāya)는 싸뜨(sat : 有)와 까야(kāya : 身)가 합해서 만들어진 복합어이다. 그러나 해석 방식은 두 가지가 있다. 하나는 '존재의 몸' 즉 '존재체(存在體)'라고 번역하는 것이고, 다른 하나는 '존재의 무리'라고 번역하는 것이다. 까야라는 말은 '신체'를 의미하기도 하지만 '무리'를 뜻하기도 한다. 가이거는 싹까야를 '신체적 현존재(Das körperliche Dasein : Ggs. I. 313)'라고 번역했고, 냐나몰리는 '체현(embodyment)', 대부분의 학자들은 '개성(personality)', 빅쿠 보디는 '정체성(identity)'이라는 단어를 번역으로 취했다. 그러나 싸뜨(sat)라는 단어는 원래 바라문교의 철학의 '영원한 존재'에서 유래하는 실체적 존재를 의미하는 것이다. 그러나 불교철학적으로 보면 무상한 존재에 대한 전도된 인식하에서 성립한 것이다. 이러한 철학적인 배경 하에서만 싹까야딧티(sakkāyadiṭṭhi)가 '개체가 있다는 견해'라는 번역이 가능해진다. 물론 그것을 '개성적 견해', '정체성의 견해'라고 번역할 수 있겠지만, 그렇게 번역하면, 우리말 자체에서 현대 심리학과 관련해서 난해한 해석학적 문제에 봉착하게 된다. 유신과 관련해서 가이거는 하늘소녀가 '신체적 현존재(sakkāya : 有身) 가운데 살기 때문에 불행하다.(SN. 9 : 6)'고 번역한 문구에 각각의 번역 '개성'이나 '정체성'이나 '체현'이나 '개체' 등을 대입해 보면, '개체'가 가장 무난함을 발견할 수 있다. 역자는 ≪쌍윳따니까야≫의 초판본에서

유신과 관련해서 '존재의 무리'라고 번역했고, 유신견과 관련해서 '존재의 무리에 실체가 있다는 견해'라고 번역했는데 이를 '개체'와 '개체가 있다는 견해'로 수정한다. 그러나 이 개체라는 말은 단순히 개인이나 개체를 의미하는 것이 아니라 개체와 연관된 정신·신체적인 과정을 의미한다는 것은 의심할 여지가 없다.

11) 봇싹가빠리나마(vossaggapariṇāma)와 완전히 버림으로써 열반으로 회향함

그리고 한글로 번역이 어려웠던 단어 가운데 하나가 봇싹가빠리나마(vossaggapariṇāma; SN.3 : 18)라는 단어가 있다. 한역에는 사견회향(捨遣廻向) 또는 향어사(向於捨)라고 되어 있는데, 이것은 '버림 가운데 향하는'이라는 의미인데 그 향하는 목표가 어딘지 불분명하다. '자아-극복으로 끝나는(Krs. V. 27)' 또는 '해탈에서 성숙하는(Cdb. 1524)' 등의 번역도 있으나 만족스럽지 못하다. 빠리나마는 '성숙하는, 끝나는, 회향하는, 돌아가는'의 뜻을 지니고 있기 때문에 그러한 해석이 불가능한 것은 아니다. 붓다고싸(Srp. I. 159)에 따르면, 봇싹가는 버림(paricāga)의 뜻을 갖고 있고 빠리나마는 뛰어듦(pakkhanda)의 뜻을 갖고 있어 '포기하여 뛰어듦'을 뜻한다. '오염(kilesa)을 버림으로써 열반(nibbāna)으로 회향하는'을 의미한다. 그런데 대승불교권에서는 회향이라는 단어가 '방향을 튼다.'는 의미보다는 '공덕을 돌린다.'는 의미가 강해서 오해의 소지가 없지는 않지만, 그렇다고 '열반으로 방향을 트는' 또는 '열반으로 돌아가는'이라고 하면, 전자는 어감상 안 좋고 후자는 모든 것이 열반에서 왔다가 다시 돌아간다는 의미가 강해지므로 또한 오해의 소지가 있다. 여기서 회향은 '오염에서 돌이켜 열반으로 향한다.'는 의미로 보아야 한다. 역자는 봇싹가빠리나마(vossaggapariṇāma)를 '완전히 버림으로써 열반으로 회향하는'이라고 번역한다.

12) 닙바나(nibbāna)·빠리닙바나(parinibbāna)와 열반·완전한 열반

열반(pāli. nibbāna; *sk.* nirvana)은 잘 알려져 있듯, 글자 그대로 '불이 꺼짐'을 의미한다. 그런데 대중적 불교문헌에서 열반은 이 생에서의 열반[nibbāna : 涅槃]을 의미하고, 완전한 열반(parinibbāna : 般涅槃)은 임종시에 도달하는 열반이라고 알려져 있다. 그러나 열반에 대한 이러한 적용은 잘못된 것이다. 토마스(E. J. Thomas)에 의하면, 빠알리어에서 '완전한'을 의미하는 빠리(pari)라는 단어는 '상태표현'에서 '상태획득'으로 변화할 때에 덧붙여진다. 그렇다면, 열반은 '해탈의 상태'이고 완전한 열반은 '해탈상태의 획득'을 의미한다. 따라서 실제도 이 양자는 구별되지 않는다. 동사인 '열반에 든다(nibbāyati)'와 '완전한 열반에 든다(parinibbāyati)'도 실제로 의미상 구별 없이 해탈의 획득행위에 쓰인다. 명사인 열반과 완전한 열반도 모두 완전한 깨달음을 통한 궁극적 해탈이라는 의미로 사용되는데, 동시에 모두가 육체적인 몸의 파괴를 통한 조건지어진 존재로

부터의 궁극적 해탈에도 사용된다. 예를 들어 '완전한 열반에 든다.'는 말이 수행승이 살아 있는 동안의 해탈에 적용될(SN. 12 : 51; 22 : 54; 35 : 31) 뿐만 아니라, 부처님과 아라한의 죽음에도 적용된다.(SN. 6 : 15; 47 : 13)

완료수동분사형인 닙부따(nibbuta)와 빠리닙부따(parinibbuta)는, 명사들 닙바나(nibbāna)와 빠리닙바나(parinibbāna)와는 다른 어원을 가진다. 전자는 니르-브리(nir-√vṛ '덮다')에서 후자는 니르-바(nir-√vā '불다')에서 유래했다. 전자의 분사에 고유한 명사형은 닙부띠(nibbuti)이다. 이 닙부띠는 때때로 닙바나와 동의어로 쓰이지만, '완전한 고요, 적멸'이라는 뜻으로 쓰인다. 그러나 빠리닙부띠(parinibbuti)는 니까야에서 발견되지 않는다. 초기에 이미 두 동사가 융합되어 빠리닙부따가 완전한 열반에 든 자를 지시하는데 사용하는 형용사로 쓰였다. 동사처럼 분사형은 살아 있는 부처님과 아라한(SN. 8 : 2) 뿐만 아니라 사멸한 부처님이나 아라한(SN. 4 : 24)의 수식어로 사용되었다, 그럼에도 불구하고 완료수동분사형인 빠리닙부따는 시에서는 유독 '살아 있는 아라한'과 관련해서 쓰이고, 산문에서는 '사멸한 아라한'에 한정된다. 경전상에서 사용법으로 보면, 명사형인 빠리닙바나는 '아라한과 부처님의 사멸'을 뜻한다고 할지라도 그것은 '죽음 후의 열반'을 의미하는 것은 결코 아니고 이미 살아서 열반을 얻은 자가 사멸(死滅)하는 것을 뜻한다.

경전 상에는 두 가지 열반, 즉 '잔여가 있는 열반(有餘依涅槃 : saupādisesanibbāna)'과 '잔여가 없는 열반(無餘依涅槃 : anupādisesanibbāna)'이 있다. 여기서 잔여란 갈애와 업에 의해서 생겨난 다섯 가지 존재의 다발의 복합체를 말한다.(Itv. 38-39) 전자는 살아 있는 동안 아라한이 획득한 탐욕과 성냄과 어리석음의 소멸을 뜻하고, 후자는 아라한의 죽음과 더불어 모든 조건지어진 것들의 남김없는 소멸을 뜻한다. 그러나 양자는 이미 자아에 집착된 유위법적인 세속적 죽음을 완전히 초월해서 불사(不死 : amata)라고 불리며, 아라한은 이미 자아에 집착된 다섯 가지 존재의 집착다발(五取蘊)의 짐을 모두 내려 놓은 상태(ohitabhāro)에 있기 때문이다. 아라한에게 죽음은 애초에 적용되지 않는다. 동일한 완전한 소멸임에도 차이가 나는 것은 잔여가 있는 열반의 경우에는 '마치 도자기 만드는 사람이 돌리고 있던 물레에서 손을 떼어버려도 얼마간은 계속 회전하는 것처럼, 열반을 얻은 성인도 과거에 지은 업에 의해 결정된 얼마 동안은 삶을 계속하면서 업에 대한 고락을 받는다.'는 것이다. 과거의 업에 의해서 결정된 삶이 바로 경전에 나와 있는 아직 남아 있는 다섯 가지 감관에 의한 고락의 체험이다. 그리고 육체적인 삶의 죽음과 더불어 업의 잔여물인 다섯 가지 감관마저 사라져버릴 때 잔여가 없는 열반에 이른다. 이러한 두 가지 열반의 세계를 주석서는 각각 아라한의 경지를 얻을 때의 '오염의 완전한 소멸(kilesaparinibbāna)'과 아라한이 목숨을 내려 놓을 때 소멸을 의미하는 '존재의 다발의 완전한 소멸(khandhaparinibbāna)'로 구별하면서, 열반인 '닙바나(nibbāna)'와 '완전한 소멸' 또는 '완전한 열반'을 의미하는 '빠리닙바나(parinibbāna)'를 상호교환 가능한 동의어로서 본다. 그러나 경전상에서 사용방식은 위 두 종류의 '빠리닙바나'는 '닙바나'의 세계에 접근하는 사건으로 보는 것을 선호하기 때문에 '빠리닙바나'는 소멸하는 행위이고 '닙바나'는 소멸된 상태를 의미한다.

'닙바나'는 한역을 통해 열반으로 잘 알려진 우리말이므로 그리고 해석학적 관점에서 많은 다양성을 지닌 고유한 언어임으로 역자는 열반 이외에 다른 번역을 취하지 않는다. '빠리닙바나'에 대해서는 이제까지의 논의를 바탕으로 하면 빅쿠 보디가 번역한 것처럼 '궁극적 열반'이라고 번역하는 것도 가능하지만, 우리말의 어감상 어려운 느낌을 주기 때문에 역자는 '빠리닙바나'를 그냥 '완전한 열반'이라고 번역한다. 그리고 동사인 '빠리닙바야띠(parinibbāyati)'는 '완전한 열반에 든다.'라고 번역한다. 그 행위자 명사인 '빠리닙바인(parinibbāyin)'은 '완전한 열반에 든 자'라고 번역하고, 완료수동분사인 닙부따(nibbuta)는 열반과 관계되기도 하고 관계되지 않기도 – '빠리닙바야띠'와 '빠리닙부따'가 ≪맛지마니까야≫(MN. I. 446)에서는 단지 말의 훈련과 관련하여 사용되고 있다 – 하기 때문에 '열반에 든'이나 '적멸에 든'으로, 빠리닙부따(parinib buta)는 '완전한 열반에 든'이나 '완전히 적멸에 든'이라고 번역한다.

13) 서른일곱 가지 깨달음에 도움이 되는 원리(sattatiṁsabodhipakkhiyādhammā)

초기 경전에 자주 등장하는 서른일곱 가지 깨달음에 도움이 되는 원리(sattatiṁsa bodhipakkhiyā dhammā : 三十七助道品, 三十七菩提分法)의 각 항목의 경우 다음과 같이 번역한다.

1) 네 가지 새김의 토대(cattāro satipaṭṭhānā : 四念處)
① 몸에 대한 관찰(kāyānupassanā : 身隨觀)
② 느낌에 대한 관찰(vedanānupassanā : 受隨觀)
③ 마음에 대한 관찰(cittānupassanā : 心隨觀)
④ 사실에 대한 관찰(dhammānupassanā : 法隨觀)

2) 네 가지 올바른 노력(cattāro sammappadhānā : 四正勤)
① 제어의 노력(saṁvarappadhāna : 律儀勤)
② 버림의 노력(pahānappadhāna : 斷勤)
③ 수행의 노력(bhāvanappadhāna : 修勤)
④ 수호의 노력(anurakkhaṇappadhāna : 守護勤)

3) 네 가지 신통의 기초(cattāro iddhipādā : 四神足) :
① 의욕의 집중에 기반한 노력의 형성을 갖춘 신통의 기초

(chandasamādhipadhānasaṅkhārasamannāgatam iddhipādaṁ : 欲三摩地勤行成就神足)
② 정진의 집중에 기반한 노력의 형성을 갖춘 신통의 기초
(viriyasamādhipadhānasaṅkhārasamannāgatam iddhipādaṁ : 勤三摩地勤行成就神足)
③ 마음의 집중에 기반한 노력의 형성을 갖춘 신통의 기초
(cittasamādhipadhānasaṅkhārasamannāgatam iddhipādaṁ : 心三摩地勤行成就神足)
④ 탐구의 집중에 기반한 노력의 형성을 갖춘 신통의 기초
(vīmaṁsasamādhipadhānasaṅkhārasamannāgatam iddhipādaṁ : 觀三摩地勤行成就神足)

4) 다섯 가지 능력(pañca indiyāni : 五根)
① 믿음의 능력(saddh'indriya : 信根)
② 정진의 능력(viriy'indriya : 精進根)
③ 새김의 능력(sat'indriya : 念根)
④ 집중의 능력(samādh'indriya : 定根)
⑤ 지혜의 능력(paññ'indriya : 慧根)

5) 다섯 가지 힘(pañca balāni : 五力)
① 믿음의 힘(saddhābala : 信力)
② 정진의 힘(viriyabala : 精進力)
③ 새김의 힘(satibala : 念力)
④ 집중의 힘(samādhibala : 定力)
⑤ 지혜의 힘(paññābala : 慧力)

6) 일곱 가지 깨달음 고리(satta sambojjhaṅgā : 七覺支)
① 새김의 깨달음 고리(satisambojjhaṅga : 念覺支)
② 탐구의 깨달음 고리(dhammavicayasambojjhaṅga : 擇法覺支)
③ 정진의 깨달음 고리(viriyasambojjhaṅga : 精進覺支)
④ 희열의 깨달음 고리(pītisambojjhaṅga : 喜覺支)
⑤ 안온의 깨달음 고리(passaddhisambojjhaṅga : 輕安覺支)
⑥ 집중의 깨달음 고리(samādhisambojjhaṅga : 定覺支)
⑦ 평정의 깨달음 고리(upekhāsambojjhaṅga : 捨覺支)

7) 여덟 가지 고귀한 길(ariya aṭṭhaṅgika magga : 八聖道, 八正道)
① 올바른 견해(sammādiṭṭhi : 正見)
② 올바른 사유(sammāsaṅkappa : 正思惟)
③ 올바른 언어(sammāvācā : 正語)
④ 올바른 행위(sammākammanto : 正業)
⑤ 올바른 생활(sammāājīvo : 正命)
⑥ 올바른 정진(sammāvāyāmo : 正精進)
⑦ 올바른 새김(sammāsati : 正念)
⑨ 올바른 집중(sammāsamādhi : 正定)

위의 각각의 번역용어와 그에 대한 설명은 ≪쌍윳따니까야≫ 안에서 찾을 수 있으나,

다만, 네 가지 신통의 기초에 대한 의의와 다섯 가지 능력과 다섯 가지 힘의 관계에 대해서는 등장하지 않으므로 여기서 설명하기로 한다.

네 가지 신통의 기초에서 '신통의 기초(iddhipāda)'란 말은 '초월적 힘의 기초'를 말하는데, 원래 잇디(iddhi)와 빠다(pāda)의 복합어이다. '잇디'는 원래 '성공, 성장, 번영'을 뜻하는데, 인도의 요가 전통에서 이 단어는 명상을 통해 도달한 특별한 성공, 즉 사건의 일반적 질서에 도전하는 놀라운 재주를 행하는 능력의 성취란 의미를 지닌다. 그러나 이러한 재주는 인도의 영성에서 그것을 행하는 사람의 신적인 지위를 증진하는 기적으로 여겨지는 것이 아니라 오히려 집중[三昧]의 성취를 통해서 명상수행자가 이룰 수 있는 것이라고 여겨진다. 그것은 기적이 아니라 자연적 인과과정이 확장된 것이기 때문이다. 집중에 든 마음은 일반적인 감각적 의식 속에서는 보이지 않는 정신적 물질적 에너지의 내밀한 관계를 인식할 수 있다. 이러한 인식은 명상이 성취된 요가수행자에게 자연적 인과과정의 기저에 놓인 깊은 존재의 흐름 속으로 뛰어들게 하여 신비적으로 보이는 능력을 구사할 수 있게 만든다. 초기불교의 가르침이 합리적인 윤리체계로 묘사되고 순수한 명상체계로 알려져 있지만, 그것을 담고 있는 니까야 자체에는 부처님이 신통의 힘을 행사하고 제자들이 그러한 힘의 발휘에 능통한 것으로 기술된 경들로 가득 차 있다. 일반적으로 알려진 것과는 달리 부처님은 그러한 초월적 힘을 획득하는 것에 대해 부정한 것은 아니다. 그가 부정한 것은 그러한 힘을 책임질 수 없는 대상을 향해 잘못 사용하는 것이다. 그는 수행승들과 수행녀들에게 그러한 힘을 신도들에게 감동을 주거나 이교도를 교화하기 위해 사용하는 것을 금했다. 그는 그러한 힘을 지닌 것 자체가 그것을 소지한 자가 순수한 지혜를 지녔다는 증거가 되지 않는다고 강조했다.

부처님은 또한 '여섯 가지 곧바른 앎' 또는 '여섯 가지 초월적 지혜'라고 번역되는 찰라빈냐(chaḷabhiññā : 六神通)는 보다 높은 지혜의 넓은 범주 속으로 신통을 포함시킴으로써 명상을 통해 얻어질 수 있는 정신적 성취의 유형에 대한 확장된 해석을 제공한다 : ① 여덟 가지 종류의 초월적 능력(iddhi : 神足通) ② 멀고 가까운 소리를 들을 수 있는 하늘귀(dibbasota : 天耳通) ③ 타인의 마음을 읽는 앎(parassa cetopariyañāṇa : 他心通) ④ 자신의 전생에 대한 새김(pubbenivasānussati : 宿命通) ⑤ 타인의 업과 과보를 아는 하늘눈(dibbacakkhu : 天眼通) ⑥ 번뇌 부숨에 대한 궁극적인 앎(āsavakkhayañāṇa : 漏盡通)이 있다. 이 가운데 첫 다섯 가지 곧바른 앎은 세속적인 것이고 명상수행자의 장식물로서는 바람직 할지 몰라도 해탈에 필수적인 것은 아니다. 마지막의 번뇌의 부숨에 대한 궁극적 앎은 출세간적인 것이고 점진적인 수행의 절정에 해당하는 것이다. 부처님은 이러한 보다 넓고 심오한 영적인 성취를 여기에 포함시켜서 초기불교의 교리적 구조 안에 인도 요가문화에서 높게 평가되는 신통을 포함시킬 수 있었던 반면에 자신의 제자들에게도 영적인 성취에 대한 자긍심을 불어 넣을 수 있었다. 네 가지 신통의 기초는 이러한 곧바른 앎 또는 초월적 지혜를 가능하게 하는 토대로서, 세속적이건 출세간적이건 신통을 획득하기 위한 수단이다. 그래서 서른일곱 가지 깨달음에 도움이 되는 길[三十七助道品]에 포함되어 있다. 그렇지만 다른 유형의 길과는 다른 경향을 갖고 있다. 다른 것들은 오직 깨달음과 열반의 실현에 기여하는 것이지만 네 가지 신통의 기초는 여섯 가지 초월적 지혜의 획득뿐만 아니라 아라한의 최상의 신통을 획득하는 수단이 되는 것이다.

다섯 가지 능력(五根 : pañca indriyāni)과 다섯 가지 힘(五力 : pañca balāni)은 동일한 정신적 요소의 선택에서 유래한 것이지만 그 관계성에 대해서는 의문이 제기된다. ≪비쑷디막가[淸淨道論 Vism. 491)≫에 따르면, 능력이란 제석천을 의미하는 인드라에서 파생된 단어로 인드라의 모습, 인드라에 의해서 나타난 것, 인드라에 의해서 보여진 것, 인드라에 의해서 생기된 것, 인드라에 의해서 닦여진 것이라는 의미를 지닌다. 인드라는 원래 강력한 번개를 뜻하며, 아리안 족이 인더스 강 유역에 정착했을 때 유목민에게 풍요를 가져다준 것은 번개였다. 번개가 치면 몬순이 시작되어 들판을 비옥하게 만들고 풍요롭게 만들었기 때문이었다. 따라서 인드라는 능산적(能産的) 지배자를 상징한다. 마찬가지로 경전에서 인드리야는 이러한 능산적이고 지배적인 능력을 의미한다. 그리고 ≪앙굿따라니까야(AN. II. 150≫에 의하면, 아마도 능력은 잠재되어 있거나 약한 초기 단계를 나타내는 것 같고, 힘은 강하게 나타나는 발전적 단계인 것 같은데, 경전에서는 이러한 견해에 호의를 보이지 않는다.

부처님은 이 두 깨달음에 도움이 되는 유형들이 동일한 성질을 갖는 유형의 다른 양상에 사용되는 것으로 그 명명만이 다를 뿐 동일하다고 선언한다. 그것들은 섬 주위로 흐르는 하나의 강의 두 흐름과 같다.(SN. 48 : 43) 주석서(Vism. 491-493)의 해석에 따르면 다섯 가지는 자체의 제어 즉 자재(自在)의 측면에서는 다섯 가지 능력이 되고, 반대가 되는 것을 극복하는 능력의 작용(作用) 측면에서는 다섯 가지 힘이 된다. 곧, 믿음은 자체를 제어하거나 지배한다는 측면에서 믿음의 능력이 되고, 불신을 극복하는 작용을 지니고 있다는 측면에서 믿음의 힘이 된다. 능력들이나 힘들 사이의 상호관계는 경에서는 언급되지 않지만 주석서(Vism. 129–130)에서 논해지는 것에 대해서는 알아둘 가치가 있다 : 믿음은 지혜와 한 쌍이 되어 정신생활에서 감성적인 것과 지적인 것이 균형을 취한다. 그리고 정진과 집중이 한 쌍이 되어 활성과 제어의 균형을 취한다. 새김은 그 어느 것들에도 속하지 않지만 각각의 쌍을 상호 강화시켜 긴장 속에 균형을 유지시킨다.

빅쿠니비방가 해제

쑷따비방가 – 빅쿠니비방가의 구조

『쑷따비방가』의 후반부에 『빅쿠니비방가』가 있다. 당연히 『빅쿠니비방가』의 각각의 의무계율의 광율구조는 이 『쑷따비방가』의 구조를 따른다. ① 학습계율이나 의무계율이 만들어지게 된 성립인연담(Nidāna), ② 어기면 처벌을 받아야 하는 학습계율 및 의무계율(Pātimokkha), ③ 각 의무계율의 자구를 해석하는 고주석(古註釋: Padabhājaniya), ④ 요약서시를 동반하는 교도인연담(Vinītavatthu)으로 구성되어 있다. 그런데 『빅쿠니비방가』의 죄법과 순서는 『빅쿠비방가』와 동일하지만, 『빅쿠니비방가』에는 부정죄법이 없다. 『빅쿠비방가』와 『빅쿠니비방가』는 죄법 가운데 학습계율을 기본적으로 상당부분이 공유한다. 그러나 고백죄법에는 공유가 없이 완전히 다른 학습계율로 이루어져있고, 중학죄법은 여섯무리의 수행승들 대신에 여섯무리의 수행녀들의 방정하지 못한 품행에서 비롯된 것이 다른 것을 제외하고는 동일하고, 멸쟁죄법은 쟁사를 조정하는 방법이므로 완전히 동일하다.

그러나 현재 우리에게 전해지고 있는 『빅쿠니비방가』는 오해의 소지가 있다. 기기에는 4개 조항의 승단추방죄법, 10개 조항의 승단잔류죄법, 12개 조항의 상실죄법, 92개 조항의 속죄죄법, 8개 조항의 고백죄법만이 실려 있고, 중학죄법과 멸쟁죄법은 생략본 형태로 실려 있는데, 그것들은 『빅쿠비방가』와의 공통계율을 제외한 빅쿠니고유계율만을 기록하려는 의도를 반영한 것이다. 실제로 빅쿠니계율은 8개 조항의 승단추방죄법, 17개 조항의 승단잔류죄법, 30개 조항의 상실죄법, 166개 조항의 속죄죄법, 8개 조항의 고백죄법, 75개 조항의 중학죄법, 7개 조항의 멸쟁죄법으로 이루어져 있다. 빠알리본 빅쿠니계율의 총 숫자는 311개 조항으로 빠알리본 빅쿠계율의 총 숫자인 227개 조항보다 84 개 조항이 더 많다. 필자는 그 동안 세계적인 연구성과를 참조하여 그 빅쿠니계율 모두를 도입하여 실제로 세계최초로 『빅쿠니비방가』를 복원을 시도해 보았다.

현존하는 빠알리본 『빅쿠니비방가』는 완전한 『빅쿠니비방가』의 생략형인데, 다른 부파의 전승의 북전 율장에서도 그 사정은 마찬가지이다. 그렇다면, 왜 『빅쿠니비방가』는 독립적으로 전승되지 않고 대부분의 부파에서 비구비방가의 부록 형태로서 전승된 것일까? 현재 인도나 동남아 제국에서 빅쿠니의 승단이 존재하지 않는 것과 관계된 것이 아닐까? 이러한 정황을 뒷받침하는 것이 티베트어로 된 빅쿠니계본(Bhikṣuṇī Prātimokṣa)의 단편에서 발견된다. 이 단편은 피노(Finot)가 1913년 '설일체유부율(Le Prātimokṣ asūtra of Sarvastivādins)'이라는 이름으로 출간했다. 거기에는 한 항목의 끝(Bhikkhu Saṅgh. 8; Bhikkhunī Saṅgh. 2)과 다음 항목의 처음(Bhikkhu Saṅgh. 9; Bhikkhunī Saṅgh. 3)만이 기술되어 있지만, 이 단편은 수행승들이 지켰던 계율이 전통적으로 수행녀들을 위한 권위있는 계율의 한 부분을 형성하고 있었음을 보여주는데, 이것은 빅쿠니계율이 별도로 완전한 형태로 존재했던 시기가 있었다는 것이 불가능하지 않음을 보여준다. 그것이 잘려나가지 않고 완전한 형태로 발견되었다면, 현재의 빠알리본 『빅쿠니비방가』처럼 공통적인 계율을 제외시키고 빅쿠니고유계율만을 포함시키는 형태가 아니라 『빅쿠니비방가』도 『빅쿠비방가』와 동일한 구조를 갖고 있었을 것이다. 실제로 붓다고싸(Smp. 906, 915, 947, 948)는 『쏫따비방가』의 여러 계율이 양 승단에서 지켜진 것이라는 것을 기록하고 있다. 붓다고싸에 의하면, 빅쿠니승단추방죄법 8개 조항은 빅쿠승단추방죄법 제4조(Bhikkhu Pār. 4)에 부가되어 현재의 빅쿠니승단추방죄법 4개 조항이 존재했다고 기록하고 있는데,(Smp. 906) 이러한 사실도 『빅쿠니비방가』가 별도로 존재했음을 간접적으로 나타내는 것이다. 뿐만 아니라 빅쿠니고유승단추방죄법 제1조(Bhikkhunī Pār. 5)의 '그녀 또한 무릎부터 위를 만지는 승단추방죄를 범한 것으로 함께 살 수 없다(ayam pi pārājikā hoti asaṃvāsā, ubbhajāṇumaṇḍalikā'ti)'라는 표현의 '또한'이라는 표현은 『빅쿠니비방가』가 원래는 『빅쿠비방가』처럼 완벽한 형태로 존재했었다는 것을 보다 명백하게 문법적으로 지시하는 것이다.

필자가 복원한 『빅쿠니비방가』의 구조는 당연히 『빅쿠비방가』의 각각의 의무계율의 구조를 따른다. ① 학습계율이나 의무계율이 만들어지게 된 성립인연담(Nidāna), ② 어기면 처벌을 받아야 하는 학습계율 및 의무계율(Pātimokkha), ③ 각 의무계율의 자구를 해석하는 고주석(古註釋: Padabhājaniya), ④ 요약서시를 동반하는 교도인연담(Vinītavatthu)으로 구성되어 있다. 각각의 죄법은 의무계율의 성립인연담으로 시작하여 그것이 끝나면, 의무계율이 시설되고, 그 다음에는 이어서 그 자구를 하나하나 설명하는 고주석이 부가되어 있다. 여기에는 고주석이 결집될 때의 모든 사건과 관련된 용어들이 집대성되어 있어 그 용어에 대한 해석을 통해 고대문화를 엿볼 수 있는 창구가 열려있다. 고주석의 목적은 각각의 확정된 의무계율을 완전히 분명하게 해석하여 불필요한 오해를 제거하고 투명한 계율에 대한 정의를 내리기 위한 것이었다. 고주석 뒤에 따라오는 것이 계율의 예외조항과 면제조항이다. 계율은 율법적으로 항상적이지만, 그 적용과 처벌은 불변적인 것이 아니라 대상이나 조건과 관련된 사건의 상황에 따라 그 죄의 경중이 달라져야 하고 당연히 그에 따라 처벌도 달라져야 한다. 이를테면, 승단추방죄법에 속하는 살인이라고 하더라도 경우에 따라서 승단추방죄가 될 수도 있고 여타의 다른 추악죄나 무죄가 될 수도 있다. 그리고 당연히 면제조항이 있는데, 그것은 다음과 같다: "의도하지 않았거나, 알지 못했거나, 살의가 없는 경우나, 정신이 착란된 자이거나, 마음이 심란한 자이거나, 애통해 하는 자이거나, 초범자는 무죄이다.”(Vin. I. 78) 주석서(Smp. 269)에 따르면, ‘정신이 착란된 자’는 담즙 등의 이상으로 약물로 치료해야 하는 기질적 정신환자, ‘마음이 심란한 자’는 야차 등의 귀신이 들려 불이나 황금이나 똥도 똑같이 짓밟으며 돌아다니는 분열적 정신환자, ‘애통해 하는 자’라는 것은 정도를 넘는 고통으로 아파해서 아무것도 모르는 자를 말한다. 법률의 정신으로 본다면, 이천오백년 전에 만들어진 것이지만 가장 현대적이고 진보적인 것이라고 볼 수 있다. 이렇게 해서 어떻게 보면, 의무계율과 고주석 및 예외조항과 면제조항만으로 완결성이 성립된다고 볼 수 있다. 그렇다면, 앞뒤로 성립인연담이나 교도인연담과 같은 이야기들이 후대에 만들어져 부가되었는지도 모르는데, 리스 데이비즈나 올덴베르크는 그러한 견해를 받아들인다. 그러나 성립인연담이나 교도인연담은 실명인 경우와 익명인 경우로 나뉘는데, 이것은 계율의 성립이 계율에 앞서 있었던 사건에서 유래한 것임을 입증하는 것일 수 있다. 실제적인 사건에서 특정한 계율의 초범자가 알려진 자일수도 있고 ‘어떤 수행승’이라고 익명으로 밝혀야 할 경우도 있었을 것이고 잊혀진 자였을 수도 있기 때문에 율장은 그것을 솔직하게 있는 그대로 기술한 것뿐이기 때문이다. 물론 일부 이야기들은 훨씬 후대에 삽입되었을 가능성은 배제할 수 없다. 호너는 이러한 견해를 지지한다.

빅쿠니비방가 복원의 문제점

『빅쿠니비방가』를 복원하는데 최대의 문제점은 부처님께서 승단을 만든 이래로 적어도 20년간은 수행승위주로 즉, 출가남성위주로 가르침을 설했기 때문에 출가여성중심의 『빅쿠니비방가』를 복원하는 문제는 특히 섹슈얼리티와 관계된 계율을 복원하는데, 커다란 난관에 봉착한다. 티베트에서 발견된 피노의 산스크리트본 율장이 독립적인 『빅쿠니비방가』가 존재했다는 것을 입증하는 것이라면, 빅쿠니율장은 모든 계율이 수행녀위주로 바뀌어야 한다. 이러한 가능성을 입증하는 것은 『쏫따비방가』에서 빅쿠니고유계율첨부 과정에서 빅쿠니고유계율이 아닌 공유계율로서 단 두 가지가 첨가된 중학죄법 제1조(Sekh. 1)와 중학죄법 제75조(Sekh. 75)이다. 거기서 출가남성중심이 아니라 출가여성중심으로 바꾸기 위해 성립인연담을 ‘여섯무리의 수행승들’은 ‘여섯무리의 수행녀들’로 고치고 거기에 맞도록 성립인연담을 고친 것을 볼 수 있다. 이러한 변환이 가능했던 것은 인연담의 주체 익명이었기 때문에 가능했던 것으로 보인다.

그렇다면, 출가남성중심의 다른 모든 공유계율도 출가여성중심으로 바꾸고 성립인연담도 그것에 맞도록 변형되어야 『빅쿠니비방가』가 완전히 복원될 수 있다는 결론에 도달한다. 그러나 승단추방죄법 제1조(Pār. 1)만 보더라도 ‘어떠한 수행승이라도 수행승들의 학습계율을 받고, 학습계율의 부인도 없이 자신들의 학습계율에 대한 취약성도 알리지 않고, 성적 교섭에 빠진다면, 심지어 축생과 행하는 것조차도, 승단추방죄를 범하는 것이므로, 함께 살 수 없다.'라고 되어 있어 계문은 수행녀를 주체로 바꾸어도 문제가 없을 것 같아 보이지만, 그 성립인연담의 주체가 익명이 아닌 구체적인 역사적 인물로서 남성인 존자 쑤딘나이다. 거기에는 존자 쑤딘나의 전처와의 성적 교섭과 어떤 수행승의 암원숭이와 성적교섭과 관계되어 있기 때문에 계문을 수행녀를 주체로 바꿀 수 없도록 되어 있다. 그에 따른 방대한 고주석 또한 출가남성위주로 되어 있어 그것을 출가여성위주로 바꾸어야 하는데, 아마도 특별한 장치를 고안하지 않는다면, 문맥상의 논리적이 정합성을 찾기 힘들어, 쉽게 고칠 수 없도록 되어 있다.

그러나 최소한 승단추방죄법 제1조(Pār. 1)의 고주석을 여성중심으로 전환하여 이해할 필요는 있다. 이를테면, 출가남성중심의 고주석의 '수행승이 인간의 여성과 세 가지 방식 즉, 항문과 성기와 구강으로 성적 교섭을 행한다면, 승단추방죄를 범하는 것이다.'라는 문구는 '수행녀가 인간의 남성과 세 가지 방식 즉, 항문과 성기와 구강으로 성적 교섭을 행한다면, 승단추방죄를 범하는 것이다.'라고 바꾸어서 이해해야 한다.

그러나 그러한 전환이 실제로는 미묘한 문제점을 일으킬 수가 있다. 같은 승단추방죄법 제1조(Pār. 1)의 고주석의 '수행승이 인간의 남성과 두 가지 방식 즉, 항문와 구강으로 성적 교섭을 행한다면, 승단추방죄를 범하는 것이다.'라는 문구는 '수행녀가 인간의 여성과 두 가지 방식 즉, 항문와 구강으로 성적 교섭을 행한다면, 승단추방죄를 범하는 것이다.'라고 전환할 수 있으나 실제로 독립된 『빅쿠니비방가』가 존재했다면, 거기에서 이것을 의미하는 것인지 알 수가 없다. 따라서 실제의 독립된 『빅쿠니비방가』를 완전한 형태로 복구하는 것은 거의 불가능하다고 할 수 있다.

그렇다면, 수행승이라는 개념 속에는 수행녀가 포함되어 있다고 볼 수 없다. 그래서 출가남성중심의 『빅쿠비방가』는 『마하비방가』라고 불린다. 원론적으로 『마하비방가』의 모든 계율들은 수행녀가 그 계율정신을 따라야 하는 것들이기 때문에 그렇게 불린 것이다. 그러나 『마하비방가』의 다수의 계율들 가운데 빅쿠고유계율들은 제외된다. 그러나 그 제외에는 공유될 수 있는 계율 가운데 어떤 것들(Bhikkhunī Saṅgh. 6~7)은 제외되고 공유될 수 없는 계율 가운데 어떤 것들(Bhikkhunī Pāc. 6, 7, 29, 30)은 공유된다. 이를테면, 속죄죄법 제6조(Bhikkhunī Pāc. 6)는 '어떠한 수행승이든 여인과 동숙하면, 속죄죄를 범하는 것이다.'인데, 명백히 빅쿠니비방가에서는 '어떠한 수행녀이든 남성와 동숙하면, 속죄죄를 범하는 것이다.'라는 의미로 읽어야 하고, 그에 따른 고주석도 출가여성중심으로 바꾸어 읽어야 한다. 마찬가지로 속죄죄법 제7조(Bhikkhunī Pāc. 7)는 '어떠한 수행승이든지 여인에게 대여섯 구절 이상으로 가르침을 설하면, 양식있는 남자의 배석을 제외하고, 속죄죄를 범하는 것이다.'라고 되어 있는데, 수행녀의 입장에서는 명백히 '어떠한 수행녀이든지 남자에게 대여섯 구절 이상으로 가르침을 설하면, 양식있는 여인의 배석을 제외하고, 속죄죄를 범하는 것이다.'라고 바뀌어야 한다. 그러나 그 성립인연담이 존자 우다인으로 되어 있어서 계문의 주체인 수행승을 수행녀로 함부러 바꿀 수 없다. 그리고 그에 따른 고주석을 바꾸는 것도 성립인연담을 제쳐 놓아야 하기 때문에 불가능하다.

그러므로 공유계문의 남성중심주의를 타파하고 명실상부한『빅쿠니비방가』를 복원하기 위해서는 출가남성중심의 빅쿠계율을 학습계율로 돌리고 수행승이 부처님의 가르침을 수행녀들에게 전하는 장치를 마련해서 수행녀를 주체로 하는 출가여성중심의 빅쿠니계율로 전환하여 그것을 의무계율로 만들고 기거에 고주석을 연결시키는 것이다. 그렇게 해서 하면, 고주석의 모든 내용에서 수행승과 수행녀, 남성과 여성이 뒤바꾸어야 하며, 그에 따른 상세한 내용을 논리적 정합성에 맞도록 모두 바꾸어야 한다.

그러나 적어도 이러한 일은 비구와 비구니를 포함하는 승단적 차원에서의 합의나 적어도 비구니승단적 합의가 있어야 하는 것이다. 따라서 역자는 여기에 제시된『빅쿠니비방가』의 복원본에서 남성출가자중심의 공유계율은 율장정신의 이해를 기초로 여성출가자들이 자신의 성의 정체성에 맞도록 재해석하면서 읽어야 한다는 부담을 줄 수밖에 없다는 것을 유감스럽게 생각한다. 앞으로 비구니계에서 이러한 문제를 해결하고 보다 완벽한 비구니계율을 완성하기 위해 노력을 기울여야 하리라고 본다.

의무계율-빠띠목카(Pātimokkha)

이들 가운데 핵심이 되는 것은 의무계율이다. 이 의무계율의 조항은 한 달에 두 번 신월과 만월의 반월마다 있는 포살일(Uposatha)에서 송출된다. 포살일은 원래 베다시대의 쏘마제(Soma祭)를 준비하기 위한 금식일이었다. 부처님 당시에는 다른 출가자들이나 유행자들의 집단에서도 한 달에 두세 번 금식일에 자신들의 가르침을 송출하는 습관이 있었는데, 불교에서도 그것을 수용하여 한달에 두 번 의무계율을 송출하는 습관을 갖게 되었는데, 그것이 포살이라는 개념으로 굳어진 것이다. 수행승이나 수행녀들의 마음에 의무계율의 반복적인 송출은 그들의 마음에 계율을 새롭게 새길 뿐만 아니라 저지른 잘못을 반성하게 하는 두 가지 측면의 효과를 고려한 것이었다. 잘못을 인정하면 처벌이 주어지고 처벌을 받은 자는 청정성을 회복하게 된다.

그래서 의무계율을 의미하는 '빠띠목카(Pātimokkha)'라는 말은 어원을 어떻게 보느냐에 따라 두 가지로 해석이 나뉜다. 어원 'paṭi –√muc'를 '벗어나다. 해탈하다'라는 의미로 보면, '죄로부터의 해탈'을 의미한다. 따라서 그것은 처벌받아야 하거나 속죄되어야 할 죄의 목록을 의미하는 것이 아니라 해탈을 목표로 하는 학습계율의 목록을 의미한다. 붓다고싸는 청정도론(Vism. 16)에서 빠띠목카는 지옥에의 처벌이나 고통스러운 윤회에서의 해탈을 의미한다고 보았다.

그러나 빠띠목카가 집대성될 때에는 죄에서 벗어남이나 죄로부터의 해탈보다는 '빠띠목카의 제어에 의한 수호(pātimokkhasaṃvarasaṃvuta)'라는 측면이 강했다. 그런 측면에서 듀뜨(S. Dutt)나 리스 데이비즈(Rhys Davids)나 스테드(Stede)어원 'paṭi -√muc'를 '묶는 것, 의무적인 것, 지켜야 할 것'이라고 해석했다. 토마스(E. J. Thomas)는 어원을 'praṭi -√muc'라고 보았으나 동일한 결론에 도달했다. 역자는 이 후자를 지지하며 그것을 의무계율이라고 번역한 것이다.

그 밖에 율장 마하박가(Vin. I. 103)에서는 빠띠목카를 다음과 같이 정의한다: '빠띠목카'이라는 것은 착하고 건전한 것들의 시초이자, 얼굴이자, 선두이다. 그래서 '빠띠목카'라고 한다.(pātimokkhanti ādimetaṃ mukhametaṃ pamukhametaṃ kusalānaṃ dhammānaṃ tena vuccati pātimokkhan'ti). 그러나 그러한 정의는 어원학적인 것이 아니라 다분히 유사언어학적인 정의이다. 빠띠목카를 의무계율이라고 정의한다면, 그것은 언제 어떻게 만들어졌는가? 모두가 역사적인 부처님 생존시에 제정된 것일까? 아니면 완전한 열반에 드신 이후에 제정된 것일까? 어떤 것은 생존시에 제정되고 어떤 것은 완전한 열반 이후에 제정된 것일까? 학자들은 대부분 마지막 입장을 취하는데, 그 이유는 율장 안에서 추가나 수정, 개량된 흔적이 발견되기 때문이다. 그렇다고 의무계율이 송출된 것이 부처님의 생존시가 아니라는 것이 아니다. 그러나 당연히 부처님께서 완전히 열반에 드신 이후에 율장이 결집된 것이다. 그러면 어떻게 결집된 것일까? 물론 실제적인 사건이 학습계율을 만들었거나 아니면 이미 만들어진 예방적 차원의 계율 속에서 사건이 일어났거나 아니면 어떤 것은 역사적인 실제의 사건에서 유래한 것이지만 어떤 것은 예방적 차원에서 만들어진 것일 것이다. 계율제정의 인연담을 보면, 계율제정의 동기가 실제적인 사건에서 비롯된 경험적인 원리에 입각한 것이라는 사실을 알 수 있다. 개인이나 대중의 비난을 받은 수행승들과 관련된 사건은 수행승들에게 알려지고, 그 사실을 안 수행승들은 다시 부처님께 알려지면, 계율이 제정되는 것이다. 그러나 계율이 논리적인 그물망을 가지고 촘촘히 짜인 것으로 보아 명백히 예방적 차원에서 만들어진 것들이 있다는 것을 입증하는 측면도 있다. 그것들은 마음 속에서 상상한 잘못에 대한 가정적인 사건에 입각해서 만들어진 것이 아니더라도, 수행승들과 수행녀들의 부적절한 행동을 예방해야 한다는 차원에서 두 가지 타당한 이유가 있는 것으로 보인다. 어떤 행위를 부처님께서 금지했다는 것은 분명히 보다 청정하고 보다 정진하는 수행승을 자극하고 일깨우기 위한 것이었고, 어떤 행위에 대해 부처님께서 처벌했다는 것은 보다 고귀한 목표를 잃어버리고 잘못을 저지르는 수행승에게는 그러한 경향을 그만두게 하기 위한 것이었다.

모든 중요한 학습계율이 모두 부처님에게 예외 없이 귀속되었는데, 그것은 승단의 초기부터 수행승들의 모든 가능한 한 잘못이나 악행을 알고 이미 준비한 처방으로 우발적인 사건을 대처했다는 것을 의미하지는 않는다. 그것들은 그와는 반대로 승단 내부에서 역사적 발전의 결과이다. 그것들은 다른 종교적인 교단과의 관계 속에서 여러 가지 계율들의 집성의 결과라고 보아야 한다. 따라서 『쏫따비방가』에 언급된 모든 죄악들은 승단 내부에서 실제 이루어진 것이라고 필연적으로 볼 근거는 없다. 따라서 모든 죄악들이 무겁건 가볍건 간에, 또는 이성(理性)의 간계(奸計)에 대처하기 위해 변형되었건 그렇지 않던 간에, 공동체적인 모든 계율들이 부처님에게 보고되어 평결이 내려지고 새로운 계율이 만들어지고 또한 기존의 계율이 변화되었는지는 아니면 단지 부분적으로는 부처님에게 가탁되었는지는 알 수가 없다. 빅쿠승단잔류죄법의 몇몇 조항(Saṅgh. 9, 10, 11)의 경우와 같은 인용문이 있는 간접적인 학습계율은 부처님이 돌아가신 뒤에 발생한 문제에 대한 계율이 부처님에게 가탁된 뒤에 암송되어 전승된 것으로 보인다.

계율에서 재가신자들은 율장에서 전면에 등장하지는 않지만, 결코 부재하는 것이 아니고 소외된 것도 아니다. 그들은 승단생활의 후원자, 비평자, 보시자로서 깊은 관심을 가지고 수행승들의 청정한 삶을 열망하는 자들이었다. 중요한 것은 수행승들이 그들의 신심을 악용한다던가 그들을 소외시키지 말아야 하고, 비난의 기회를 주지 말도록 처신해야 한다는 것이다. 그런데 이러한 것은 수행승들로 하여금 주의 깊게 계율의 밑그림을 그리게 만들었으며, 만들어진 계율을 연찬하게 되는 계기가 되었다. 율장문헌에서 재가신자가 직접 계율의 대상으로 언급되지 않고, 재가신자의 율장이 따로 없는 것은 부처님의 재가신자에 대한 관용이라는 대자비도 있겠지만, 출가의 기본정신이 재가자의 생활에서도 지향하는 신체적·언어적·정신적인 제어의 보다 완벽한 제어를 통한 지극히 얻기 어려운 정신적인 지고의 상태를 성취하는 것이기 때문이다.

따라서 입문적 수행단계에게는 경장 자체가 율장이라고 볼 수 있다. 보다 정밀한 수행을 위해서는 경장에서 율장에로 나아갈 필요가 있다. 경장의 가르침을 약이라고 비유하면, 율장의 가르침은 먹어서는 안 될 약에 대한 처방이다. 의사에게만 약처방권이 주어지는 것은 간호사나 약사가 먹어야 하는 약에 대해서는 알지만, 보다 전문적인 지식이 필요한 먹어서는 안 될 약에 대해서는 무지하기 때문이다. 의사와 마찬가지로 전문적인 수행자는 먹어야 하는 약인 경장과 먹어서는 안 되는 약인 율장에 대한 지식을 모두 알고 있어야 한다.

≪빠알리율장≫의 빅쿠니의무계율은 저지른 죄의 무거움의 정도에 따라 7장으로 나

뉘어져 있다. 『쑷따비방가』의 하권(정통본2권=협회본4권)의 후반부에는 빅쿠니의무계율 가운데 빅쿠니고유의무계율 만이 실려있는데, 그것을 빅쿠계율 가운데 빅쿠고유계율를 제외한 계율와 합하면, 빅쿠니의무계율이 복원된다. 이때 빅쿠고유계율에만 있는 부정죄법이 제외된다. 그래서 8장으로 구성된 『빅쿠비방가』와는 달리 『빅쿠니비방가』는 승단추방죄법, 승단잔류죄법, 상실죄법, 속죄죄법, 고백죄법, 중학죄법, 멸쟁죄법의 7장으로 구성된다.

제1장 승단추방죄법–빠라지까(Pārājika)

승단추방죄법은 빠알리어로 빠라지까(Pārājika)라고 하는데, 이 단어에 대해서는 어원적으로 두 가지 해석이 있다. 리스 데이비즈나 올덴베르크는 그 어원을 parā-√ji로 보아서 '패배'라고 해석을 했고, 칠더스(Childers)와 부르누푸(Burnouf)는 parā-√aj로 보아서 '추방'이라고 해석했다. 그러나 어근 √aj는 '추방하다'라는 뜻이 있긴 하지만 베다어로서 빠알리어에서는 알려지지 않은 어근인 것을 제외하면, 추방이라는 단어를 적용하여 승단추방죄법으로 해석하는 것이 패배죄법으로 해석하는 것보다는 타당해 보이므로 역자는 승단추방죄법이라고 번역한다.

첫 번째 3개 조항의 학습계율(Bhikkhunī Pār. 1, 2, 3)은 일반적으로 모든 문명화된 문화권에서 도덕의 척도가 되는 법으로서 다루어지는 것이다. 성적 교섭을 삼가고, 주지 않는 것을 배앗는 것을 삼가고, 살인하는 것을 삼가는 것이다. 그런데 일반적으로 문명화된 문화권에서 살인이 가장 중죄로서 먼저 취급되고, 불교의 오계와 동시대의 종교로 발생한 자이나교의 율법에서도 살인, 투도, 사음의 순서로 중요성을 부여하고 있지만, 승단추방죄법에서는 거꾸로 사음과 관계된 성적 교섭의 문제가 가장 중요한 것으로 다루어지고 있다.

그 첫 번째 학습계율(Bhikkhunī Pār. 1)은 수행자의 청정한 삶에서 가장 중요한 것은 섹슈얼리티에 대한 이해와 그것의 극복을 다루고 있다. 지고한 삶을 영위하는데 가장 방해되는 것 가운데 가장 중요한 것은 성적 교섭이었다. 성적 교섭을 삼가고 청정을 지키는 것은 재가생활에서 출가유행자의 삶으로의 전환에 필수불가결한 것이었다. 많은 사람들이 '재가에 살면서 지극히 원만하고 오로지 청정한, 소라껍질처럼 잘 연마된 청정한 삶을 살기가 쉽지 않다.'라고 생각하고 머리와 수염을 깎고 집에서 집없는 곳으로 출가하였다. 그런데 주지 않는 것을 빼앗는 것이나 살인하는 것은 일반의 세속적 법리체계로도 걸러지기 때문에 출가자의 법체계에서 걸러지기 어려운 것이 '성적 교섭'이다. 그 때문에 율장은 성적 교섭을 승단추방죄법 뿐만 아니라 승단잔류죄법에서도 가장 중요하게 다루고, 다른 것보다 맨 앞에 두고 특별히 상세한 분석으로써 다루고 있다. 역자의 이 복원본에서 그것과 관계된 다른 계율까지 합치면, 그 분량이 무려 1/3을 넘어선다.

그 다음으로 다루어지는 학습계율(Bhikkhunī Pār. 2)은 주지 않는 것을 빼앗는 것 즉, 투도(偸盜)의 문제를 다우고 있다. 이것은 사회적으로 중요한 법률이기 때문에 문제가 되는 것이라기 보다는 이미 승단에 들어올 때 재가생활에 필요한 재산을 포기하고 들어왔으므로 다시 재산의 사유화를 추구하는 것은 옳지 않고, 더구나 탐욕적인 폭식, 화려한 장신구나 사치품을 추구하는 것은 더욱 옳지 않다. 여기서는 5 마싸까 이상의 것을 훔치면, 승단추방죄에 저촉되는 것이다. 주석서(Smp. 297)에 따르면, 라자가하 시에서 1 까하빠나(kahāpaṇa)는 20 마싸까(māsaka)의 가치 지녔는데, 당시에 황소 한 마리가 12 까하빠나 정도이므로, 5 마싸까는 오늘날의 우리 화폐로 계산하자면, 약 10 만 정도 이상의 가치가 있는 것을 훔치면, 승단추방죄를 범하는 것이라고 볼 수 있다. 1 마싸까에서 4 마싸까를 훔치면, 추악죄를 범하는 것이고 1 마싸까 이하를 훔치면, 악작죄를 범하는 것이다. 이처럼 주지 않는 것을 빼앗은 것에 대한 투도죄는 대상의 가치에 따라 달라진다.

세 가지 죄 가운데 마지막으로 다루어지는 학습계율(Bhikkhunī Pār. 3)은 살인죄를 다루고 있는데, 인도에서 당시에 귀중한 도덕적 가치로 여겨졌던 비폭력, 불상해를 뜻하는 아힝싸(ahiṃsā)의 문제와 관련된 것이다. 이것이 사회적으로는 가장 중요한 죄악이지만, 비교적 사회법으로 이것이 걸러져서 승단의 구성원이 된 자들이 수행승들이기 때문에 상대적으로 뒤쪽에 배치 된 것이다. 그러나 살인의 행위는 출가 전부터 예정된 것은 아니기 때문에 승단생활에서도 다양한 형태의 살인이 생겨나게 되었는데, 특히 문제가 된 것은 살인교사나 청부살인이 중요한 이슈였다.

그런데 네 번째 학습계율(Bhikkhunī Pār. 4)은 타종교의 율법이나 불교의 오계에서도 등장하지 않는 전혀 새로운 내용과 관계된 것이다. 수행승들의 외적인 행동 보다는 눈에 보이지 않는 내적인 정신적 상태와 관계된 것이다. 그것은 '인간을 뛰어넘는 상태(uttari manussadhamma)'를 허위로 성취했다고 고의로 주장하는 것과 관계된 것이다. 이것은 단순히 자랑이나 거짓말에 대한 저주는 결코 아니지만, 수행승이 저지를 수 있는 최악의 중죄가운데 하나인 것이다. 인간을 뛰어넘은 상태를 성취했다고 근거 없이 고의로 수행승들에게 거짓말을 하는 것은 승단추방죄법에 속하지만, 구족계를 받지 않은 자에게 인간을 뛰어넘은 상태를 성취했다고 알리면, 그것이 사실일 경우, 그것은 속죄죄(Bhikkhunī Pāc. 8)를 범하는 것이고, 그것이 사실이 아닐 경우는 승단추방죄를 범하는 것이다.

위의 네 가지 학습계율은 모두 『빅쿠비방가』와 공통되는 계율이다. 다섯 번째 학습계율부터는 여덟 번째 학습계율까지는 빅쿠니고유학습계율인데, 흥미로운 점은 그 이름들은 내용적으로 그 죄를 저지른 자에 따라 명칭지어졌다는 사실이다. 그리고 주석서(Sm

p. 901)에서도 언급하듯, 고주석은 그것에 대해 일어반구도 정의하고 있지 않다는 사실이다. '무릎부터 위를 만지는 자(ubbhajāṇumaṇḍalikā : Bhikkhunī Pār. 5), 죄악을 덮어주는 자(vajjapaṭicchādikā : Bhikkhunī Pār. 6), 권리정지된 자를 따르는 자(ukkhittānu vattikā : Bhikkhunī Pār. 7), 여덟 가지 일을 저지른 자(aṭṭhavatthukā : Bhikkhunī Pār. 8). 이러한 명칭은 승단추방죄법을 범한 수행녀는 '수행녀가 되지 못하고 싸끼야의 딸도 되지 못한다.'는 고주석의 언급과 관계된 것 같다.

그리고 어떤 경우에는 동일한 범죄에 대하여 상대적으로 수행녀가 보다 중한 처벌을 받고 수행승은 보다 약한 처벌을 받는다. 죄악을 덮어주는 자와 관련된 빅쿠니의 승단추방죄법 제6조(Bhikkhunī Pār. 6)와 승단잔류죄법 제9조(Bhikkhunī Saṅgh. 16)에 해당하는 것이 빅쿠의 경우에는 그러한 중죄에 소속된 것이 아니라 속죄죄법(Bhikkhu Pāc. 64)에 소속되어 있다. 이것은 유사한 학습계율에 상이한 처벌체계가 등장하는 것이라고 할 수 있다. 다시 말해서 유사하지만 실제로 일치하지 않는 학습계율들이 발견되는 것이다. 그 이유는 범죄의 발전에 따라 시설된 것이 아니라 실제의 일어난 사건에 따라서 시설되었기 때문이다. 이러한 불교계율의 특징은 수범수제(隨犯隨制)라고 한다.

제2장 승단잔류죄법 – 쌍가디쎄싸(Saṅghādisesa)

승단잔류죄법은 빠알리어로 쌍가디쎄싸(Saṅghādisesa)라고 하는데, 이 단어에 대해서도 어원적으로 다양한 해석이 있다. 로우(B. C. Law)와 호너(I. B. Horner)는 '승단갈마가 필요한 죄'라고 번역했고 케른(Kern)은 '권리정지와 한시적 퇴출이 필요한 죄'라고 번역했고, 부르누프(Burnouf)는 '승단이 처음부터 끝까지 관여하는 죄'라고 번역했다. 한역의 승잔(僧殘)이라는 번역은 부르누프의 주장을 뒷받침한다. 이것은 승단이 개인에 대하여 사법권을 쥐고 있는 죄를 의미한다고 볼 수 있다. 역자는 이것을 한역의 승잔과 연결하여 승단이 잔류하는 죄라는 의미에서 승단잔류죄라고 번역한다. 율장의 고주석에서는 다음과 같이 정의한다: '승단잔류죄'라는 것은 '참모임이 그 잘못에 대하여 격리처벌을 주고, 가중처벌을 주고, 참회처벌을 주고, 출죄복귀시키는 것'을 뜻하며, 몇몇 사람이나 한 사람의 일이 아니기 때문에 승단잔류죄라고도 하고 그 죄의 다발에 대한 갈마와 관련하여 승단잔류죄라고도 한다.' 그러나 이러한 율장의 고주석의 정의는 사실상 모든 죄법에 대해서는 처벌이 부과될 수 있고 즉시적인 효과를 가져오지만, 승단의 사법권의 결과로서만 효력을 가져온다는 것을 암시한다.

빅쿠니승단잔류죄법과 빅쿠승단잔류죄법을 비교해보면, 일부의 빅쿠고유승단잔류죄법(Bhikkhu Sangh. 1, 4, 7)은 당연히 빅쿠니승단잔류죄법에 적용될 수 없어 빅쿠니계율에서는 부재한 것을 알 수 있다. 빅쿠니계율(Bhikkhunī Saṅgh. 6)에 의하면 '어떠한 수행녀이든지 홀로 시정으로 들어가거나 홀로 강의 저 편으로 건너가거나 홀로 밤에 외출하거나 무리에서 떨어져 홀로 남으면 안 되다.'라는 것 때문이다. 그러나 일부의 빅쿠니고유승단잔류죄법(Bhikkhunī Saṅgh. 15~17)은 빅쿠계율에도 적용될 수 있으나 적용되지 않아 빅쿠계율에서는 부재한 것을 알 수 있다. 따라서 빅쿠니계율이 빅쿠계율에 비해 좀더 엄격했던 것은 드러난다.

빅쿠니승단잔류죄법에서는 빅쿠승단추방죄법의 음행과 관계된 조항들이 대부분 빠지고 중매하는 것과 관계된 학습계율(Bhikkhunī Saṅgh. 1)이 먼저 오고 그 다음에 빅쿠승단추방죄법의 암자와 정사의 건축과 관계된 2개 조항도 삭제되고 근거 없이 승단추방죄법에 해당한다고 비방하는 것에 대한 학습계율(Bhikkhunī Saṅgh. 2, 3)이 따라온다. 그리고 나서 빅쿠니고유승단잔류죄법 6개 조항(Bhikkhunī Saṅgh. 5~9) – 수행녀의 소송에 대한 것, 도적인 여인에 대한 것, 네 가지 홀로에 대한 것, 무단사면복권에 대한 것, 남자가 주는 식사에 대한 것, 남자가 주는 식사의 권유에 대한 것 – 이 따라온다. 그 다음에는 『빅쿠비방가』와 공유하는 것으로 데바닷따를 위시한 꼬깔리까, 까따모라까띳싸, 칸다데비야뿟따 그리고 싸뭇다닷따의 무리가 야기한 승단분열에 대한 2개 조항의 학습계율(Bhikkhunī Saṅgh. 10, 11)이 따라 온다. 재미있는 것은 그 다음에 등장하는 학습계율(Bhikkhunī Saṅgh. 12)인데, 그것은 수행승이 말을 걸기 어렵고 충고를 받아들일 준비가 되어 있지 않다면, 그것은 승단잔류죄에 저촉된다는 사실이다. 이 모든 것은 승단 내부에 불화를 야기할 수 있는 죄법과 관계된 것이라는 특징을 갖고 있다. 그리고 마지막 학습계율(Bhikkhunī Saṅgh. 13)은 재가의 가정과의 관계에서의 불화를 야기시키는 것을 경계하기 위해 만들어진 것이다.

그리고 재미있는 것은 일련의 빅쿠승단잔류죄(Bhikkhu Saṅgh. 8~13)에서 승단쟁사 문제를 다루는 빅쿠승단잔류죄(Bhikkhu Saṅgh. 8, 9)와 승단분열의 문제를 다루는 빅쿠승단잔류죄(Bhikkhu Saṅgh. 10~13) 사이에 성립사적으로 시간적인 간격이 있는 것이 분명한데, 그 사이에 일련의 빅쿠니고유승단잔류죄법(Bhikkhunī Saṅgh. 4~9)이 삽입된 것은 빅쿠니고유승단잔류죄법이 승단분열의 문제가 생겨나기 이전에 성립되었을 가능성을 시사한다는 점이다.

그리고 특기할 만한 것은 빅쿠니고유승단잔류죄법은 두 종류 즉, ① 처음부터 죄가 되는 것(Bhikkhunī Saṅgh. 4~9) ② 세 번 충고로 죄가 되는 것(Bhikkhunī Saṅgh. 14~17)로 분류가 된다는 점이다. 그런데 유의할 만한 사항은 이러한 분류가 『빅쿠비방가』와 공유하는 계율에서도 확대되어야 한다는 사실이다. 주석서(Smp. 915-916)에 의하면, ①은 3개 조항의 빅쿠학습계율(Bhikkhu Saṅgh. 5, 8, 9)로 확대되어야 하며, ②는 4개 조항의 빅쿠학습계율(Bhikkhu Saṅgh. 10~13)로 확대되어야 한다. 그런데 이것들에

'또한'이라는 말이 부재하는 것은 원래 빅쿠니학습계율에 포함되었던 것이 빅쿠학습계율로 전이되어 현재는 빅쿠학습계율에만 남아있고 빅쿠니고유학습계율에서 누락되었을 가능성을 시사한다. 그리고 빅쿠니승단잔류죄법의 일부(Bhikkhunī Saṅgh. 14~17)는 빅쿠에게도 적용가능한 것이지만, 적용되지 않은 것이라는 것도 특기할 만한 사항이라는 것도 염두에 두어야 한다.

따라서 역자가 좀 더 충실하게 빅쿠니의무계율을 복원한다면, 3개 조항(Bhikkhunī Saṅgh. 1~3)에는 '처음부터 죄가 되는'이라는 구절을, 4개 조항(Bhikkhunī Saṅgh. 14~17)에는 '세번의 충고로 죄가 되는'이라는 구절을 삽입해야 했으나, 그러게 되면, 의무계율 자체의 문법적 구조를 바꾸어야 하고, 그에 따른 고주석도 바꾸어야 하는데, 성전을 훼손하는 작업일 수도 있어 다음 기회로 미루었다. 그리고 빅쿠니승단잔류죄법의 또 다른 특징은 빅쿠승단반류죄법이 단순히 죄법을 어긴 것에 대한 처벌로 승단잔류죄를 언급하는데 그치는데 반해, 상세하게 '이 수행녀도 승단잔류죄를 범한 것으로 참모임을 떠나서 참회해야 한다(ayaṃ bhikkhunī … dhammaṃ āpannā nissāraṇīyaṃ saṅghādisesan'ti)'라고 구체적으로 언급한다는 점이 다르다. 역자는 이 복원본에서 그 점을 반영하여 빅쿠니의무계율을 복원해야 한다고 생각했으나, 역시 성전을 훼손하는 작업일 수도 있어 다음 기회로 미루고 충실하게 『빅쿠비방가』를 옮겨 놓기만 했다.

그런데 역자가 번역한 '참모임을 떠나서 참회해야 한다'라고 번역한 '니싸라니얌(nissāraṇīyaṃ)'라는 용어는 학자들 간에 많은 논란이나 오역에 휩싸여 있는 발트슈미트(E. Waldschmidt: Bruchstücke des Bhikṣuṇīpratimokṣa der Sarvastivadins, p. 91)가 '죄악이 포기되어야 한다.'라고 번역한 것이 대표적인 잘못 번역된 사례이다. 이것은 승단잔류죄법을 규정하는 고주석의 정의(Vin. II. 225) – '승단잔류죄'라고 하는 것은 참모임이 그 죄에 대하여 참회처벌을 주고 가중처벌을 주고, 출죄복귀를 시키는 것으로, 몇몇 수행녀나 한 명의 수행녀가 행하는 것이 아니라서 승단잔류죄라고 하고, 그러한 죄의 무리에 대한 갈마의 특정한 이름인 까닭에 승단잔류죄라고 하는 것이다 – 에 맞게 번역되어야 한다. 그래서 호너는 '멀리 떠나보내는 것을 포함하는'(Bd. III. 195)이라고 번역했다. 『마하박가』(Vin. I. 321)에서는 '니싸라나(nissāraṇa)'를 출죄복귀(osāraṇā)의 반대개념으로 사용한 것으로 보아 '니싸라나'는 승단잔류죄에 해당하는 수행승에 대하여 살고 있는 지역을 떠나도록 하는 것을 의미한다. 따라서 승단추방이 아니라 한시퇴출조치(pabbājanīya)를 받은 자에게 명해지는 명령과 같은 것으로 보아야 한다.

승단추방죄와 승단잔류죄에서의 율장의 성적 표현의 문제

경장이나 논장은 주로 정신적인 문제를 다루지만, 율장 그 반대로 신체와 그 행동에 관한 것을 다루기 때문에 주로 육체적인 문제를 다루고 생리적인 문제까지도 아우른다는 측면에서 독특한 위상을 지닌 것이다. 그 가운데 가장 중요한 것이 성적 욕구의 표현과 그 극복에 관한 문제, 즉 섹슈얼리티에 대한 이해와 극복이다. 고대 인도문헌에서는 성적 묘사에서 오늘날 문명화된 사회처럼 그 표현에서 억제가 없었기 때문에, 다소간 그 설명에서 오늘날의 관점에서 보면 외설적 표현이라고 생각될 수 있는 것들이 있어 그것을 읽는데, 최소한의 반감이 있을 수 있다. 초기불교문헌에서는 율장에서의 섹슈얼리티의 제어와 관계되어 극히 한정적으로 나타나는데, 빅쿠니승단잔류죄법에서는 빅쿠승단잔류죄법 제1조(Bhikkhu Saṅgh. 1)가 제외되기 때문에 거의 빅쿠승단추방죄법의 공유계인 비쿠니승단잔류죄법 제1조(Bhikkhunī Pār. 1)로 압축된다.

물론 성애적인 표현과 관련하여 육체적이고 생리적인 문제를 있는 그대로 상세히 표현한다는 것은 외설적인 시비를 불러올 수 있다. 호너에 의하면, 율장은 이러한 표현의 보존에 관한 한, 세 가지 점을 고려해야 했다. ① 그것들은 일반대중을 위해서 송출되거나 기술되어서는 안 되고, 오직 순결을 맹세하고 그것을 추구하는 자들을 위해 송출되거나 기술되어야 한다. ② 그러한 것들이 송출되고 기술되어 온 동기는 충격을 유발하기 위한 것이 아니라, 청정하지 못하고 감각적 쾌락에의 탐욕에 빠지는 것을 방지하기 위한 것이다. ③ 부당한 행동유형에 대한 믿을 수 없을 정도의 상세한 기술이 전개되는데, 그것은 일반적인 계율에서의 실제적·가능적 일탈을 상세히 묘사하여 그 일탈을 방지하려 했기 때문이다.

그러나 고대인도인들은 성적으로 꾸밈없는 언어의 사용에 대해서 오늘날 우리처럼 두려워한 것이 아니었다. 따라서 우리에게 불필요하게 숨김없이 말하는 것처럼 보이는 외설과 음탕에 대한 낙인은 실제로 율장에서는 찾아보기 힘들다. 결코 의도적으로 외설적이거나 의도적으로 음탕한 표현은 찾아볼 수 없다. 그래서 용기를 가지고 성과 관련해서 생략된 많은 문장을 복원하였다. 그것은 순전히 가능한 성적 일탈에 대한 논리함수를 최대한 복원하는 것을 의미한다. 우리의 이성의 간계가 항상 우리 자신으로 하여금 가능한 한, 성적인 일탈로 무의식으로 인도한다. 우리가 그 촘촘하게 짜인 논리함수를 알고 있지 않으면, 섹슈얼리티와 관련되어 성적 일탈에 대한 새김을 확립할 수 없다. 수행자가 아무리 새김을 확립하고 알아차림에 몰두하더라도, 그의 이성의 간계가 그 일탈을 합리화할 수 있기 때문이다. 우리가 알아차림을 통해 궁극적으로 섹슈얼리티 자체를 넘어서려면, 성적 일탈의 논리함수를 알아야 하는 것이다.

제3장 상실죄법(Nissaggiya)

빅쿠니상실죄법(Bhikkhunī Nissag.)은 빅쿠상실죄법처럼 30개 조항으로 시설되어 있다. 그런데 현존하는 빠알리어 『쑷따비방가』에는 빅쿠니고유상실죄법 12개 조항만이 기록되어 있다. 그래서 여기에 필자가 복원한 빅쿠니상실죄법은 주석서에 따라서 빅쿠 상실죄법의 공통계에서 18개 조항(Bhikkhu Nissag. 1~3, 6~10, 18~20, 22, 23, 25~27, 30)을 빌려와서 30개 조항으로 완성한 것이다. 그리고 주석서(Smp. 919)에 따르면, 이 빅쿠니상실죄법의 품이 다음과 같은 세 가지 품으로 구성된다고 밝히고 있다. 제1품은 빅쿠상실죄법(Bhikkhu Nissag. 1~3, 6~10)과 빅쿠니고유상실죄법(Bhikkhunī Nissag. 9, 10)로 구성되어 있고, 제2품은 빅쿠상실죄법(Bhikkhu Nissag. 18~20)과 빅쿠니고유상실죄법(Bhikkhunī Nissag. 14~20)로 구성되어 있고, 제3품은 빅쿠상실죄법(Bhikkhu Nissag. 22, 23, 25~27, 30)과 빅쿠니고유상실죄법(Bhikkhunī Nissag. 28~30)으로 구성되어 있다.

그리고 빅쿠고유상실죄법 12개 조항 가운데 빅쿠니에게도 적용될 수 있으나 적용되지 않은 빅쿠고유상실죄법 7개 조항(Bhikkhu Nissag. 11~15, 16, 24)이 있고, 빅쿠니고유상실죄법 12개 조항은 모두 빅쿠에게도 적용될 수 있으나 적용되지 않은 것이다.

빅쿠니상실죄법 제1조(Bhikkhunī Nissag. 1)는 빅쿠상실죄법 제21조(Bhikkhu Nissag. 21)와 유사하고, 빅쿠니상실죄법 제3조(Bhikkhunī Nissag. 3)는 빅쿠상실죄법제25조(Bhikkhu Nissag. 25)와 유사하고, 빅쿠니상실죄법 제6-7조(Bhikkhunī Nissag. 6, 7)는 빅쿠상실죄법 제30조(Bhikkhu Nissag. 30)와 유사하고, 빅쿠니상실죄법 제8조(Bhikkhunī Nissag. 8)는 빅쿠속죄죄법 제63+79조(Bhikkhu Pāc. 63, 79)와 유사한데, 완전히 동일하지는 않으므로 갈마의 의결을 거쳐서 계율에 각각 삽입된 것으로 보인다.

상실죄법은 그것을 어기면, 상실을 포함한 속죄죄로서 처벌받아야 하는 죄(nissaggiyaṃ pācittiyaṃ)를 말한다. 상실죄와 결합된 것들은 옷이나 발우나 깔개와 같은 것들이다. 그것들은 잘못 획득하거나 부적절하게 사용하는 것 모두가 상실죄를 포함하는 속죄죄를 범하는 것이다. 따라서 상실되어야 할 물건을 내놓은 뒤에 죄를 속죄해야 한다.

부처님은 생애의 대부분을 싸밧티 시와 베쌀리 시에서 보냈는데. 이 빅쿠니상실죄법의 성립인연담에도 그것이 그대로 반영되어, 30개 조항 가운데 싸밧티 시에서 27개 조항이 시설되어 있고, 나머지는 라자가하 시에 2개 조항, 베쌀리 시에서 1개 조항이 시설되었다. 인연담의 성립동기로 본다면, 빅쿠니상실죄법들 가운데 11개 조항이 일반사람들의 혐책과 비난에 의해, 4개 조항이 재가신자들의 혐책과 비난에 의해서, 3개 조항은 양식있는 수행승들의 혐책과 비난에 의해, 2개 조항이 장자들의 혐책과 비난에 의해, 2개 조항이 존자 아난다의 혐책과 비난에 의해, 2개 조항이 조합에 의해서, 그리고 1개 조항은 유행자에 의해서 만들어진 것이고, 1개 조항은 양식있는 수행녀들의 혐책과 비난에 의해, 나머지 1개 조항은 단월의 혐책과 비난에 의해 만들어진 것이다.

그리고 빅쿠니상실죄법들 가운데 압도적인 것이 옷인데, 17개 조항이 옷과 관련된 것 있고 세 개의 부류(Bhikkhunī Nissag. 1~10, 24~26, 29~30)로 이루어져 있다. 그 다음으로 빅쿠상실죄법에서는 깔개와 관련된 것이 5개 조항을 이루고 있으나 빅쿠니상실죄법에서는 공공성을 띤 자재와 관련된 것이 5개 조항(Bhikkhunī Nissag. 16~20)을 이루고 있다. 그리고 금전을 비롯한 교환이나 교역에 관계된 것이 5개 조항(Bhikkhunī Nissag. 11~15)이고 약품(藥)과 관계된 것이 1개 조항(Bhikkhu Nissag. 22)을 차지한다. 그리고 마지막 1개 조항(Bhikkhu Nissag. 27)은 참모임에 기증된 이득을 자신의 것으로 전용할 경우의 죄를 다루고 있다.

이상한 것은 빅쿠상실죄법에서와 마찬가지로 빅쿠니상실죄법에서도 처소와 침구 즉, 와좌구(臥坐具: senāsana)와 탁발음식(鉢食: piṇḍapāta)에 대한 조항이 없다는 것이다. 이것들은 옷과 의약품과 더불어 네 가지 불가결한 필수품으로 여겨지는 것이다. 처소나 와좌구와 탁발음식은 속죄죄법에 등장한다. 이것에 대한 잘못된 획득이나 사용은 상실죄로까지 이어지지 않고 속죄죄로서 처리되기 때문이다.

상실죄법의 조항수의 절반 정도는 수행승들이 수행승답지 않고 보시에 대한 부당한 개입 등의 남에게 폐를 끼치는 수단에 의해서 어떤 것을 획득했기 때문에 생겨난 것이다. 그들은 너무 많이 요구했다던가 잠재적인 보시자에게 압력을 가해서 얻었다던가 해서 얻었다. 나머지 절반의 상실죄는 수행승들이 부적절하고 이치에 벗어난 생각으로 다양한 물품을 사용하거나 교환하면서 생겨난 것이다. 수행녀들은 수행승들처럼 불필요한 여분의 옷을 착용하거나 비단이 섞인 깔개를 조달하거나, 부당하게 새 발우를 조달하거나 하는 등의 처신을 하지 않았지만, 참모임에 속한 공공성의 자재를 전용하는 경우가 많았다.

그런데 30개 조항으로 구성된 상실죄법에 포함된 학습계율의 숫자는 그 보다 많은 33개 조항이다. 그런데 여분의 3개 조항은 모두 빅쿠상실죄법에서 전이된 것들이다. 이것은 3개 조항의 상실죄법은 근본시설(mūlapaññatti)의 학습계율이 취소되고 다른 학습계율로 수정된 것을 의미하는데, 그 가운데 1개 조항(Bhikkhu Nissag. 1)은 예측하지 못한 상황의 발생으로 인해 부득이 수정할 수 밖에 없었던 것이고, 2개 조항(Bhikkhu Nissag. 2, 4)은 계율에 따른 행동이 혐책과 분개와 비난의 대상이 되어 수정된 것이다. 학습계율의 발생과 수정은 그것에 얽힌 성립인연담을 수반하는데, 두 번째 수정과 관련된 인연담은 첫 번째 형성된 학습계율의 확실성을 무효화한다. 이것은 이 인연담이 역사적 사건에 기초하고 있음을 설명하는 것일 뿐만 아니라 첫 번째 인연담 보다 현실적 적용의 측면에서 보다 지혜로운 대처에서 생겨난 것이라는 것을 보여주는 것이다. 그리고 만약에 결점을 함축하고 있던 첫 번째 인연담이 생략되었다면, 상황에 따라 결점을 수정할 필요가 있다는 사실에 대한 예증이 없어졌을 것이다. 그렇게 되었다면, 계율성립의 역사적 실증성이나 학습계율의 수정가능성을 반영하는 계율의 유연성이 강화되지 못했을 것이다.

고주석(padajāniya)에 의하면, 상실죄를 범한 수행승은 동일한 결계 동일한 주처에서 다섯 명이 그 이상의 수행승으로 이루어진 승단 즉 참모임, 또는 두 명 내지 네 명의 수행승으로 이루어진 별중 즉 모임, 또는 한 명의 개인인 수행승 앞에서 잘못 획득되어 상실되어야 할 물건을 내어 놓아야 하는데, 그러나 상실죄의 대상이 되어 내어 놓은 물건은 그것을 내어놓은 수행승에게 되돌려 주어야 한다. 그러므로 상실죄의 처벌은 단지 의례적이고 상징적인 갈마의 수준에서 이루어진다. 그러므로 상실죄법은 더 이상 유사한 범죄가 행해지지지 않도록 예방하는 것과 잘못을 범한 자에게 속죄의 힘을 부여할 목적으로 만들어진 것이 자명해 보인다. 다시 말해서 상실죄에서는 상실되어야 할 물건을 실제 몰수하는 것이 아니므로 단지 예방적이고 저지적인 차원에서의 참회의례가 주어지는 것이지, 원한적이고 복수적인 차원에서의 강제몰수가 이루어지는 것은 아니다. 중요한 것은 잘못을 범한 자가 그러한 참회를 통해 자신의 탐욕과 분노와 어리석음을 깨닫는 것이다.

그러나 이 빅쿠니상실죄법 안에는 빅쿠상실죄법에서 전이된 것이긴 하지만, 이러한 상징적 행위에 역행하는 3개 조항(Bhikkhunī Nissag. 11, 12, 21)이 있다. 이 가운데 2개 조항(Bhikkhunī Nissag. 11, 12)은 모두 금전과 관계된 것이다. 고주석에서는 금전제거자가 언급되고 있는데, 금전과 관계되는 한, 부당하게 획득된 금전은 상실되어야 한다. 그러나 그 금전은 되돌려줌이 없이 실제로 참모임에 몰수된다. 다시 말해서 참모임은 그 금전을 내어놓은 수행승에게 다시 돌려주지 않는다. 참모임은 재가자를 시켜서 그것을 필수약품으로 교환하던가 금전제거자를 선임하여 넘겨주어야 한다. 따라서 수행승은 어떠한 경우라도 금전을 소유해서는 안 된다. 그리고 금전이외에 상실죄법의 상징적 처벌에 역행하는 1개 조항(Bhikkhunī Nissag. 21)이 있다. 그것은 발우와 관계된 것이다. 거기서는 대중을 위해서 상실되어야 할 발우를 그 발우를 내어놓은 수행승에게 되돌려주는 것을 금지한다. 그에게는 그 대신 다른 발우가 주어지게 된다. 다섯 곳보다 적은 곳을 수리한 발우를 새것으로 교환했다면, 그 발우는 대중에게 내어놓아야 하고 수행승들에게 속한 마지막 발우를 그 수행승에게 주어야 한다. 새로 생긴 발우를 반드시 참모임에 넘겨주어야 한다는 것은 상실죄법의 상징적 집행에 저촉된다. 그러나 이것은 발우가 개인에 속한 의복보다는 공공적 성격을 띠었다는 것을 말해주는 것이다. 다른 빅쿠상실죄법의 학습계율(Bhikkhu Nissag. 21)에서는 여분의 발우는 최대한 열흘까지 지닐 수 있는데, 그 기한을 넘긴 발우는 참모임이나 모임이나 개인에게 넘겨주는 상실죄법의 일반적인 상징적 처벌과정을 거치게 된다. 그러나 여기(Bhikkhunī Nissag. 21)에서는 발우가 수행승의 대중(bhikkhuparisā)에게 넘겨져야 한다고 규정하고 있는데, 그 것은 모든 구성원이 발우를 공동으로 이용했다는 것을 암시한다. 따라서 발우에는 발우 취급인(pattagāhāpaka)이 필요했다. 이 학습계율(Bhikkhunī Nissag. 21)이 성립하기까지는 세 가지 사건의 내막이 있다. 첫 번째 수행승이 재가자의 생업을 고려하지 않고 분수를 알지 못하고 많은 발우를 요청한 사건은 예상했던 상실죄가 아니라 악작죄의 처벌을 받았다. 여기에 민감하게 반응하여 발우가 부서졌는데도 발우의 요청하지 않고 수행승이 맨손으로 탁발음식을 받자, 그것에 대해 재가신도들의 비난이 쇄도하였다. 그래서 다시 발우가 깨어진 자에 한해서 발우의 요청이 허용되었다. 그러자 여섯무리의 수행승들이 그 허용을 악용하여 작은 깨짐이나 흠집에도 불구하고 많은 발우를 요청하였다. 다시 재가자들의 혐책과 비난이 쏟아졌고 그로 인해 악작죄는 상실죄로 발전한다. 이렇게 반전한 이 학습계율은 호너(I. B. Horner)에 의하면, 상실죄법 성립의 역사적 단서를 제공한다: ① '수행승의 대중'이라는 개념은 승단이 상가로 성장하기 전에 약간의 학습계율과 동일한 지역으로 묶여진 소규모의 무리를 의미한다. ② 당시에 발우는 사유화되지 않고 공동체적 소유였다. ③ 이 학습계율이 잘못 얻어진 물건을 상실되어야 한다고 진술하고 있는 것은 다른 상실법을 예상하고 작성된 것이라는 사실을 암시한다. ④ 초기의 고따마의 추종자들에게는 부적절한 행위라고 열거된 것을 표명하는 것이라면, 초기 승단이 후대보다는 심각한 잘못을 범하지 않았다는 것을 의미한다.

제5장 속죄죄법(Pācittiya)

복원빅쿠니속죄죄법은 모두 166개 조항으로 구성되어 있는데, 전통적인 ≪빠알리율≫에서는 빅쿠니고유계율인 96개 조항만이 전승되어 내려온다. 이 빅쿠니속죄죄법과 빅쿠속죄죄법 92개 조항을 합하면, 모두 188개 조항인데, 이 가운데 빅쿠고유속죄죄법 22개 조항을 빼면, 166개 조항의 빅쿠니속죄죄법이 만들어진다. 필자는 먼저 ≪사분율≫(四分律)등의 다른 부파의 율에 준해서 빅쿠속죄죄법 가운데 빅쿠니고유계율을 뺀 공통계를 전반부에 배치하고 후반부에 빅쿠니고유계율을 첨가하여 166개 조항의 빅쿠니속죄죄법을 완성했다.

그리고 빅쿠니속죄죄법의 품의 분류에는 빅쿠속죄죄법과 마찬가지로 타당한 내용적 기준이 있는 것은 아니고 단지 10개의 경씩 묶은 것처럼 보인다. 역자는 그 원칙에 따라서 22개 조항의 빅쿠고유속죄죄법을 제거하고 남은 70개 조항을 다시 10개의 조항들을 묶어 품제목을 부여하고 후렴시를 다시 작성하여 전반부의 빅구니속죄죄법을 완성하였으며 후반부에는 96개 조항의 빅쿠니고유속죄죄법을 주석서에 따라서 9개의 품으로 복원하고 각각의 품의 명칭을 부여했다. 그런데 각 품에서 선행하는 학습계율들(Bhikkh unī Pāc. 1~3, 11~13, 36~39)은 의무계율에 대한 서술이 극히 단순한 형태로 되어 있어 각 품의 앞에 놓였을 가능성이 있고 지극히 단순한 형태라 시기적으로 고층일 수는 있다.

속죄죄법을 의미하는 빠찟띠야(pācittiya)라는 용어에 대한 설명만은 유독 율장의 고주석에 나오지 않는다. 오직 상실죄에 대한 설명에서 상실죄가 속죄죄법에 속한다는 의미에서 '속죄되어야 할 죄(āpatti desetabbā)'라는 것에서 그 의미를 추론할 수 밖에 없다. 속죄죄는, 참모임이나 모임이나 개인에게 참회한다는 의미에서는 상실죄와 같은 것이지만, 상실이 수반되지 않는 상실죄라고 할 수 있다. 속죄죄법은 그 의무계율에서 속죄죄를 다루지만, 전체 구조는 ① 성립인연담, ② 학습계율, ③ 다른 인연담, ④ 수정학습계율, ⑤ 고주석, ⑥ 해석자료, ⑦ 무죄설명으로 이루어져 있다. 상실죄법도 기본적으로 이러한 정형적 형태에서 벗어난 것이 있지만, 속죄죄법에서는 모든 형태가 일률적이라 그러한 예외가 없다. 특기할 만한 것이 없다고 하더라도 모두가 중요하지 않다는 것은 아니다. 고주석은 본래 단어마다 주해를 달았으나 극히 일부는 일탈된 것도 있다. 빅쿠속죄죄법에서 전이된 학습계율 가운데 '벌레를 포함한 물'(Bhikkhunī Pāc. 20), '파괴'(Bhikkhunī Pāc. 11)에 대한 주해는 존재하지 않는다. 그러나 그 이유는 앞 뒤 문맥으로 보아 자명하기 때문에 일탈된 것이라고 보인다.

빅쿠니속죄죄법에 보이는 학습계율의 성립인연담의 배경으로 등하는 곳은 다음과 같다. 전체적으로 빅쿠니속죄죄법 166조항 가운데 성립인연담의 배경으로 싸밧티 시가 137번, 라자가하 시가 11번, 꼬쌈비 시가 4번, 베쌀리 시가 4번, 까삘라밧투 시가 4번, 알라비 시가 4번, 쑹쑤마라기리 시가 1번, 밧따바띠까 시가 1번 등장한다. 빅쿠속죄죄법과 비교하면, 싸밧티 시가 압도적으로 많은 것이 특징인데, 이것은 빅쿠니교단이 싸밧티 시를 중심으로 존재했음을 보여주는 것이다.

그리고 성립인연담 가운데 학습계율 성립동기인 혐책과 분개와 비난을 제기한 사람들로 분류하자면, 양식있는 수행녀들이 60개 조항 – 빅쿠니고유속죄죄법에 국한 시켜보면, 혐책과 비난의 대부분은 양식 있는 수행녀에 의해서 이루어진 것 – 이고, 양식있는 수행승이 51개 조항, 일반사람들이 35개 조항, 재가신도가 6개 조항, 바라문이 3개 조항(Bhikkhunī Pāc. 19, 79, 124), 기녀들이 2개 조항(Bhikkhunī Pāc. 72, 91), 남편이 1개 조항(Bhikkhunī Pāc. 30), 마하나마가 1개 조항(Bhikkhunī Pāc. 4), 왕의 군사들이 1개 조항(Bhikkhunī Pāc. 6), 빠쎄나디 왕이 1개 조항(Bhikkhunī Pāc. 38)이다. 이 가운데 흥미로운 것은 빠쎄나디 왕과 관계된 것이다. 빠쎄나디 왕이 수행승이 꼴사납게 행동하는 것을 부처님께 알릴 방도를 강구하였는데, 그 방도가 성공하여 부처님이 알아채고 스스로 학습계율을 시설한 것이 있다. 뿐만 아니라 부처님께서 직접 관찰하여 힐문하고 시설한 것이 3개 조항(Bhikkhunī Pāc. 8, 36, 67)이 있다.

그러나 수행승들의 규율에 대한 너무 세심한 배려로 불만족스러운 결과가 초래되자 학습계율은 수정된다. 쎄니야 빔비싸라 왕의 친척인 사명외도가 보시하고 자원했으나 수행승들이 무리지어 식사하는 것을 금했다고 거절하자, 그 사실을 안 쎄니야 빔비싸라 왕이 충고하자(Bhikkhunī Pāc. 22) 학습계율이 만들어졌다. 이 무리지어 식사하는 것에 대한 학습계율은 무려 7번이나 수정된다. 반월보다 적은 간격으로 목욕하는 것을 금지(Bhikkhunī Pāc. 42)는 여섯 가지 예외가 허용된다. 예외의 허용은 불교 공동체의 유연한 성장을 위해서 필요한 것이었다. 환자일 경우는 반월보다 적은 간격으로 목욕하는 것이 가능하다. 휴게소에서의 식사(Bhikkhunī Pāc. 21)를 한 번이 아니라 여러 번 먹는 것이 허용된다. 그리고 불을 지펴서 몸을 데울 수도(Bhikkhunī Pāc. 41) 있다.

빅쿠니속죄죄법 가운데는 가장 많은 것이 결혼·임신·출산 등의 문제로 남성들보다 지위가 복잡해진 여성의 출가를 반영하는 구족계와 관계된 것이 23개 조항(Bhikkhunī Pāc. 131~153)이고, 그 다음으로 의복과 관계된 것이 19개 조항(Bhikkhunī Pāc. 43~45, 92~102, 113, 117, 156, 166)이고, 식사와 관계된 것이 15개 조항(Bhikkhunī Pāc. 21~28, 71, 76, 77, 85, 86, 116, 124)이고, 치장이나 맛사지 등의 몸관리와 관계된 13개 조항(Bhikkhunī Pāc. 72, 75, 154~159, 160~165)이고, 타인에 대한 경멸 등의 인간관계에 대한 것이 9개 조항(Bhikkhunī Pāc. 88~90, 103~105, 115, 122, 123), 성적인 욕구불만과 남녀관계에 대한 8개 조항(Bhikkhunī Pāc. 73, 74, 81~84, 106, 130), 처소와 일상청규에 관계된 8개 조항(Bhikkhunī Pāc. 78, 79, 91, 112, 118, 121, 126, 127), 수행녀의 안전에 대한 4개 조항(Bhikkhunī Pāc. 37~40), 수행녀의 교육에 대한 4개 조항(Bhikkhunī Pāc. 119, 120, 128, 129), 재가신자와 관계된 것이 3개 조항(Bhikkhunī Pāc. 87, 114, 125)이 있다. 그 밖에 빅쿠니속죄죄법에는 대부분 빅쿠속죄죄법과 공유하는 학습계율로 가무를 관람(Bhikkhunī Pāc. 80, 111)하거나 군대의 출정식(Bhikkhunī Pāc. 33)을 보거나 군대에 체류(Bhikkhunī Pāc. 34)하는 것이나 군사훈련 · 군대점호 · 군사행진 · 군대열병(Bhikkhunī Pāc. 35)을 보는 것을 금지하는 것과, 속죄죄법의 후반부(Bhikkhunī Pāc. 36~70)에서는 음주나 놀이와 각종 의도나 의무와 관계된 것이 있다.

안거와 관련해서는 우기의 유행의 금지(Bhikkhunī Pāc. 109), 안거후 계속체류의 금지(Bhikkhunī Pāc. 110), 수행승이 없는 처소에서의 안거금지(Bhikkhunī Pāc. 126)의 조항이 있다. 안거를 지낸 뒤에는 보인 것이나 들린 것이나 의심스런 것에 대하여 자자를 행할 것 등(Bhikkhunī Pāc. 126~129)은 여덟 가지 공경의 원리(八敬法 : aṭṭhagarudhamma) 가운데 네 가지와 동일한 것으로 그것들을 어길 때에 속죄죄로 다스리게 된다는 것을 나타내고 있다.

그리고 분노와 관계해서는 수행승이 수행승을 매도하거나 중상하는 것의 금지(Bhikkhunī Pāc. 2, 3), 수행승으로서 폭력적인 몸짓이나 위협의 금지(Bhikkhunī Pāc. 56, 57), 수행녀가 자신이나 타인을 저주하는 것의 금지(Bhikkhunī Pāc. 89), 수행녀가 수행승을 매도하거나 모욕하는 것의 금지(Bhikkhunī Pāc. 122), 수행녀가 대중을 모욕하는 것의 금지(Bhikkhunī Pāc. 123)의 조항이 있다. 재미있는 것은 수행녀가 수행승이 식사할 때에 물이나 부채를 들고 시중드는 것이 금지된 것은 그 행위자체가 문제가 있어서 라기보다는 수행승이 받아 주지 않자 '물컵을 머리에 떨어뜨리고 부채로 때린' 수행녀의 폭력성(Bhikkhunī Pāc. 76) 때문이었다는 사실이다.

속죄죄법에서 특징적인 것 가운데 하나는 특정한 학습계율(Bhikkhunī Pāc. 1, 10)의 고주석을 살펴보면, 계율의 단어들이 정의되고 그 정의 사용된 단어들이 다시 정의되고 있는 것을 볼 수 있다. 다시 정의되는데 사용된 해명들은 원래에 고주석에는 없었던 것이다. 이러한 경향은 앞서 설명했던 승단추방죄법 제4조(Bhikkhunī Pār. 4)에서도 볼 수 있는 것이긴 하다.

어떤 학습계율(Bhikkhunī Pāc. 1)에서는 서기(lekhā)가 등장하는데, 이것은 이 조항이 상대적으로 후대일 수 있다는 것을 말한다. 어떤 것(Bhikkhunī Pāc. 12)은 수행승 찬나가 승가갈마에서 핑계를 대는 것을 다루고 있는데, 명백히 승가갈마가 확립된 이후에 생겨난 것이라는 것을 알 수 있다. 또한 어떤 것(Bhikkhunī Pāc. 13)은 동일한 답바 말라뿟따에 의한 성립인연담을 갖고 있는 다른 학습계율(Bhikkhunī Saṅgh. 2)과 비교해 보면, 보다 후대에 성립된 것이라는 것을 알 수 있다. 그리고 속죄죄법 제37조(Bhikkhunī Pāc. 37)는 간질이며 웃기다가 살인죄를 저지른 경우이므로 의도적인 목숨을 빼앗는 것에 대한 학습계율인 승단추방죄법 제3조(Bhikkhunī Pār. 3)에 준해서 보다 후대에 만들어진 것이라는 사실을 알 수 있다. 그리고 속죄죄법 제38조(Bhikkhunī Pāc. 38)에서는 물놀이 하는 수행승에 대해 말리까 왕비가 '세존께서 아직 학습계율을 시설하지 않았던지 아니면 수행승들이 시설된 것을 아직 모르는 것'이라는 지적으로 보아 다른 학습계율보다는 비교적 시대적으로 선행한다고 볼 수 있고, 속죄죄법 제39조(Bhikkhunī Pāc. 39)에서 수행승들이 비행을 저지르는 자에게 경멸의 태도를 취한 것은 적어도 학습계율이 잘 갖추어진 이후의 일이라고 할 수 있으므로, 그 학습계율은 비교적 후대에 만들어진 것임을 알 수 있다. 그리고 속죄죄법 제8조(Bhikkhunī Pāc. 8)와 승단추방죄법 제4조(Bhikkhunī Pār. 4)와는 그 성립인연담이 상당부분 겹쳐지고 내용은 상호보완적이다. 인간을 뛰어넘는 상태를 얻었다고 주장하는 자신에 대한 평가가 그것이 사실이 아닐 경우는 승단추방죄, 그것이 사실일 경우라도 구족계를 받지 않은 자에게 알리면,

속죄죄를 범하는 것이이기 때문이다.

그리고 후반 5개 조항의 학습계율(Bhikkhunī Pāc. 48, 51, 55, 61, 62)은 참모임이 고도로 복잡한 구조로 발전해왔다는 것을 전제로 한다. 그 가운데 3개 조항(Bhikkhunī Pāc. 48, 61, 62)에서 일반적 갈마가, 2개 조항(Bhikkhunī Pāc. 61, 62)에서는 부재회원을 위한 청정동의를 통한 갈마가 행해진 것과, 결정된 이후에 불만을 토로하는 것을 경계한 것이 보인다. 그리고 1개 조항(Bhikkhunī Pāc. 48)에서는 이미 결정된 갈마의 번복을 금지하는 것을 볼 수 있다. 이러한 조항들은 비교적 후대에 성립된 것이라고 볼 수 있다.

그리고 어떤 학습계율들(Bhikkhunī Pāc. 52, 59)은 다른 학습계율을 인용하고 있는데, 그것을 통해 인용하고 있는 학습계율들이 상대적으로 후대인 것이 입증된다. 속죄죄법 제52조(Bhikkhunī Pāc. 52)는 속죄죄법 제5조(Bhikkhunī Pāc. 5)를, 속죄죄법 제59조(Bhikkhunī Pāc. 59)는 빅쿠속죄죄법 제65조(Bhikkhu Pāc. 65)를 언급하고 있다. 언급하고 있는 조항들은 언급되고 있는 조항들보다 신층인 것이다. 그리고 속죄죄법 제55조(Bhikkhunī Pāc. 55)에서는 '이 원칙이 조항으로 내려와 조항에 포함되어(dhammo suttāgato suttāpariyāpanno)'라는 표현이 나오는데, 이 의무계율이 의무계율의 송출이 확립되고 안정화된 신층의 것임을 증명하는 것이다. 이것과 그와 유사한 속죄죄법 제54조(Bhikkhunī Pāc. 54)의 학습계율은 단순한 형태를 따르지만, 내용적으로는 비교적 승단이 잘 발전된 후대에 성립된 것이라는 사실을 스스로 드러낸다. 특히 이 학습계율은 '우빨리 아래에서 학습계율을 배운다.'라는 표현이 나오는 것으로 보아 율장이 이미 공부하기에 벅찬 방대하고도 세분화된 규모로 성장했음을 말하고 있는 것이다. 그래서 유능한 전문가가 필요했던 것이다. 그리고 거기에서 '사소한 학습계율(khuddānukkhudda kānisikkhāpadāni)'에 대한 언급이 나오는데, 그것은 사소한 학습계율은 버려도 좋다는 취지 아니라 사소한 학습계율의 송출이 의미가 있다는 취지로 만들어진 것이다. 고주석에서는 이 문제에 대해서 침묵하고 있다. 로우(B. C. Law)의 견해에 따르면, 계율은 처음부터 분류되어서 존재했기 때문에 사소한 학습계율을 어떤 시대에서 찾는 것은 잘못이지만, 분류될 만큼의 충분한 학습계율들이 있기 이전의 시대에 속한 것일 수는 있다.

속죄죄법 가운데 경전에도 등장하는 인물에 관한 흥미로운 학습계율(Bhikkhu Pāc. 50)이 있다. 아릿타(Ariṭṭha)라는 수행승이 등장하는데, 그는 '치명적인 유해한 견해'를 가진 자였다. 이 아릿타에 관한 이야기는 율장의 다른 곳(Vin. II. 25-26)에서도 나오는데, 거기에서는 결론 부분에서 학습계율을 시설하는 대신에 권리정지의 조치를 내려진다. ≪맛지마니까야≫(MN. I. 130-132)에서는 동일한 아릿타의 이야기가 전개된 후에 학습계율에 대한 언급이나 권리정지의 조치가 없이 수행승들에게 가르침을 잘못 파악할 경우의 위험을 공개적으로 경고한다: '수행승들이여, 가르침에 관해 잘못 파악했기 때문이다. 예를 들어 수행승들이여, 어떤 사람이 뱀을 원하고 뱀을 구하려 뱀을 찾아서 가는데, 큰 뱀을 보고는 그 몸통이나 꼬리를 잡으면, 그 뱀은 되돌아서 그 사람의 손이나 팔이나 다른 사지를 물 것이고, 그 때문에 그는 죽거나 죽음에 이를 정도의 고통을 맛볼 것이다. 그것은 무슨 까닭인가? 수행승들이여, 뱀을 잘못 붙잡았기 때문이다. 수행승들이여, 이와 같이 세상에 어떤 어리석은 사람들은 경 · 응송 · 수기 · 게송· 감흥어 · 여시어 · 전생담 · 미증유법 · 교리문답과 같은 가르침을 두루 배우지만, 그 가르침을 배워서 그 가르침에 관해 지혜로써 그 의미를 규명하지 않고, 가르침에 관해 지혜로써 그 의미를 규명하지 않아서 성찰을 얻지 못하고, 남을 비난하기 위하여 가르침을 두루 배우고, 논쟁에서 이기기 위하여 가르침을 두루 배우므로 그 참다운 의미를 경험하지 못한다. 그들이 잘못 파악한 가르침은 자신들에게 오랜 세월 불익과 고통이 될 것이다. 수행승들이여, 그것은 무슨 까닭인가? 수행승들이여, 가르침에 관해 잘못 파악했기 때문이다."

그 밖에 속죄죄법 제50조(Bhikkhunī Pāc. 50)는 속죄죄법 제104조(Bhikkhunī Pāc. 104)와 마찬가지로 속죄죄법임에도 불구하고 승단잔류죄법의 구조 – '세 번까지 충고하여 그것을 그만둔다면, 훌륭한 일이지만, 만약에 그만두지 않는다면, 승단잔류죄를 범하는 것이다.' –를 따라서 '세 번까지 충고하여 그것을 그만둔다면, 훌륭한 일이지만, 만약에 그만두지 않는다면, 속죄죄를 범하는 것이다.'라고 종결짓고 있는 것이 특징적이다. 이것은 이것이 원래는 승단잔류죄법에 속했던 것들이 나중에 속죄죄법으로 이동한 것을 보여준다.

또한 속죄죄법 제58조(Bhikkhunī Pāc. 58)는 근거 없이 수행승을 '승단잔류죄를 범한 것이다.'라고 비방한 것에 대한 것인데, 그것은 근거 없이 수행승을 '승단추방죄를 범한 것이다.'라고 비방한 승단잔류죄법 제2조(Bhikkhunī Saṅgh. 2)를 상기시키는데, 그것에 준해서 만들어진 것인 것임에는 두말할 나위가 없다. 이와 유사하게 속죄죄법 66조(Bhikkhunī Pāc. 66)는 상실죄법 제21조(Bhikkhunī Nissag. 21)에 준하여 만들어진 것이고, 속죄죄법 제64조(Bhikkhunī Pāc. 64)는 상실죄법 제27조(Bhikkhunī Nissag. 27)조에 준하여 만들어 것이다.

속죄죄법의 처벌에서 특징적인 일곱 개의 속죄죄법이 있는데, 그것들은 상실죄의 처벌을 포함하는 것들(nissaggiyaṃ pācittiyaṃ)이다. 여기에는 ① '잘라내는 것을 포함하여 속죄죄를 범하는 것(chedanakaṃ pācittiyaṃ)'이 있는데, 거기에는 3개 조항(Bhikkhunī Pāc. 67, 69, 70; Bhikkhunī Pāc. 92[별도])가 있다. ② '부수어야 하는 것을 포함하여, 속죄죄를 범하는 것(bhedanakaṃ pācittiyaṃ)'이 있는데, 거기에는 1개 조항(Bhikkhunī Pāc. 66)이 있다. ③ '뜯어내는 것을 포함하여, 속죄죄를 범하는 것(uddālanaka ṃ pācittiyaṃ)'이 있는데, 거기에도 1개 조항(Bhikkhunī Pāc. 68)이 있다. 이러한 학습계율을 적어도 승단형성의 초기에 시설된 계율이 아니라 재료의 사용이 허용된 이후의 비교적 후기에 시설된 계율이라고 볼 수 있다.

율장의 고주석들은 의무계율의 문구를 하나하나 주해를 달아 정의했으나 몇몇 속죄죄법의 고주석(Bhikkhunī Pāc. 47, 48, 61, 62, 65)에서 몇몇 단어나 문구가 누락된 것을 볼 수 있다. 그리고 단지 의무계율의 문구를 그대로 해설 없이 반복하는 경우(Bhikkhunī Pāc. 50, 52, 54, 55, 59, 60)가 있는데, 그 이유는 특별한 해설이 없더라도 자명한 것이기 때문이다.

속죄죄법 제71조(Bhikkhunī Pāc. 71)부터는 빅쿠니고유계율에 속한다. 이것은 마늘을 먹는 것을 금지 – 물론 예외조항이 있지만 – 하는 것인데, 그것이 중국이나 우리나라에 알려져 있듯이 정력과 관계되어 금지된 것이 아니라 마늘밭주인이 수행녀들에게 마늘을 캐갈 것을 허락하자 수행녀들이 분수를 모르고 많은 마늘을 캐간 것을 경계하기 위해 만들어진 것이다. 이것은 속죄죄로 다스려지지만, 수행승이 법문을 들으면서 마늘을 먹자, 부처님은 수행승들에게 환자를 제외하고 마늘을 먹는 것을 금지하는데, 이를 어기면 악작죄(Vin. II. 140)로 다스려진다. 이것은 같은 마늘복용의 금지이지만 역사적인 사건의 성립인연에 따라 유사한 계율이라도 다른 예외조항으로 달리 해석되거나 적용되어야 하는 것을 극명하게 보여준다. 뿐만 아니라 그것은 왜 같은 범죄에 대하여 수행승과 수행녀가 다른 처벌을 받을 수밖에 없는가하는 실제적 이유를 설명해주는 것이도 하다.

속죄죄법 제75조(Bhikkhunī Pāc. 75)는 성립인연담은 부처님의 탄생지인 까삘라밧투 시에서 일어난 사건을 다루고 있는데, 상대적으로 고층에 속하는 것이다. 보통 수행녀들은 수행승들을 통해서 간접적으로 부처님을 친견하는데, 여기서는 마하빠자빠띠 고따미가 부처님을 독대하는 것이 나온다. 소수의 수행녀들에게는 부처님의 독대가 허락되었음을 보여준다. 그리고 수행녀가 몸을 청결하게 하는 문제를 다루고 있는데, 이것은 인도인들에 중요한 과제였으므로 빅쿠니승단이 만들어진 후에 바로 이루어진 것으로 보인다.

그리고 성립인연담으로 흥미로운 것은 속죄죄법 제122조(Bhikkhunī Pāc. 122)이다. 그것은 여섯무리의 수행녀와 관련하여 베쌀리에서 일어난 사건을 다루는데, 이 인연담은 실제적 어떤 사건을 다룬 것임이 분명하지만, 장소나 인물 등이 일치하는 역사적 사실이라고 보기에는 미심쩍은 여러 점을 내포하고 있다. 첫째는 여기에 등장하는 우빨리와 깝빠따까도 어떠한 인물인지 불분명하다. 우빨리는 율장의 전문가인 우빨 리가 아닌 것이 분명하다. 깝삐따까를 언급하고 있는 뻬따밧투(Pv. 49)도 율장보다는 후대이다. 둘째는 여섯무리의 수행녀들과 베쌀리 시의 인연은 율장의 다른 곳에는 등장하는 않는다는 점이다. 여섯무리의 수행녀들의 보금자리는 싸밧티 시였던 것으로 보인다. 여섯무리의 수행녀들은 비행에 대한 책임을 묻기 위한 주체로서 만들어진 것으로 보인다. 그들의 지도자인 여섯무리의 수행승들에 따라 이름이 붙여진 그들의 추종자들을 의미할 수 있다. 여섯무리의 수행녀들은 단독적으로 비행을 저지르기 보다는 항상 함께 비행을 저지르는 것을 대변하는 자들로 등장한다. 홀로 다닐 수 없다는 빅쿠니계율(Bhikkhunī Saṅgh. 6) 때문에 수행녀들의 비행은 집단적으로 나타난다. 그러나 그 집단을 여섯명으로 한정시켰다는 사실은 여섯명의 수행녀들이 역사적인 인물인 것에 의구심을 제기한다. 어떻든 여섯무리의 수행녀들은 놀이를 보러가거나(Bhikkhunī Pāc. 80), 갤러리를 관람하거나(Bhikkhunī Pāc. 111), 탈것을 타고 여행하거나(Bhikkhunī Pāc. 155), 알몸으로나 벌거벗고 목욕하는 것(Bhikkhunī Pāc. 72, 91) 등의 비행을 지지른다. 그러나 수행녀들은 사원근처에서는 혼자서나 여러 명이서 지낼 수 있으므로, 비행의 행위주체가 여섯무리의 수행녀들이 아니라 일반수행녀나 일반수행녀들이 될 수도 있는 비행인데, 여섯무리의 수행녀들이 행하는 비행으로는 실을 잣는다던가(Bhikkhunī Pāc. 113), 세속적인 지식을 배우거나 가르친다던가(Bhikkhunī Pāc. 119, 120), 부녀의 장신구를 차거나(Bhikkhunī Pāc. 157), 향료와 지분으로 목욕하거나(Bhikkhunī Pāc. 158), 향기로운 호마분으로 목욕하는 것(Bhikkhunī Pāc. 159) 등이 있다. 그밖에 여섯무리의 수행녀들의 비행으로 발우를 모으는 것(Bhikkhunī Nissag. 28)이 있는데, 그것은 빅쿠상실죄법(Bhikkhun Nissag. 21)을 모방한 것이다.

여성이 구족계를 받는 것은 결혼·임신·출산 등의 문제로 남성보다 훨씬 복잡하다, 그래서 여성의 출가를 반영하는 구족계와 관계된 속죄죄법이 23개 조항(Bhikkhunī Pāc. 131~153)이나 되는 것은 앞서도 언급한 바가 있다. 그러나 여기서 구족계를 주는 의식에 대한 언급은 없다. 구족계와 관련된 24가지 부적합한 자격조건은 『쭐라박가』(Vin. II. 271)에서 거론된다. 이러한 자격조건 가운데 두 가지 나이와 학습에 대한 것만 속죄죄법에서 다루어진다. 출가한 뒤의 초심자로서의 지위는 사미(沙彌 : sāmaṇera)와 사미니(沙彌尼 : sāmaṇerī)라는 대칭개념이 있는데, 정학녀(正學女 : sikkhamānā)는 오직 여성에게만 있는 학습자의 개념이다. 구족계의 대상이 되는 여자의 구릅은 세 가지로 나뉜다. ① 결혼한 여인(gihigatā) 또는 '남자에게 간 자(purisantaragatā: Bhikkhunī Pāc. 136: 고주석)' ② 동녀(kumārībhūtā)이다. 동녀는 고주석에서 사미니(sāmaṇerī: Bhikkhunī Pāc. 141)라고 정의하기도 하고 정학녀(sikkhamānā : Bhikkhunī Pāc. 142. 143)라고 정의하기도 한다.

속죄죄법 제135조(Bhikkhunī Pāc. 135)에서는 '12년 미만의 결혼한 여인'에게 구족계를 주는 수행녀의 잘못에 대해 묻고 있다. 그러나 이것이 12살 보다 적은 결혼한 여자인가, 12년 보다 적은 기간의 결혼한 여인인가? 남전2. 518에서는 '12세 미만의 증가녀(曾嫁女)'라고 번역하고 있어 전자의 입장을 지지하는 것으로 보인다. 그러나 발트슈미트(Waldschmidt)는 설일체유부의 빅쿠니의무계율의 단편(Bruckstücke des Bhikṣunīprātimokṣa der Sarvāstivādins, p. 138)에서 '12년 미만의 결혼한 여인(strīdvādasavarsagṛhayuktā)'은 '12년 보다 적은 기간의 결혼한 여인'이라고 해석했다. 인도에서는 아직 어떤 지방에서는 소녀가 8살에 결혼하면, 약혼식은 더 일찍 한다. 만약 그녀가 구족계를 청할 때에 20살 미만이면, 12미만 동안의 결혼한 여인이 될 것이다. 이것이 3개 속죄죄법(Bhikkhunī Pāc. 135~137)에서 기록된 12년의 의미일 것이다.

그리고 속죄죄법 제135조(Bhikkhunī Pāc. 135)에서는 12년 미만의 결혼한 여인은 '추위나 더위나 굶주림이나 갈증이나 등에 · 모기 · 바람 · 열기 · 뱀과의 접촉을 참아내지 못하고, 욕을 먹거나 상처받는 말씨를 참아내지 못하고, 괴롭고 날카롭고 찌르고 가혹하고 불쾌하고 비참하고 죽을 것 같은 신체의 고통을 참아내지 못한다.'라고 기술하고 있는데, 이 동일한 문구가 빅쿠속죄죄법 제65조(Bhikkhu Pāc. 65)에서는 20세 미만의 남자들에게 적용되어 구족계를 받을 수 있는 기준으로 작용한다.

그리고 속죄죄법 제141조(Bhikkhunī Pāc. 141)에서는 구족계를 받는 동녀의 최소의 나이로 20세가 주어지고 있다. 그러나 주석서(Smp. 942)에 따르면, 결혼했건 결혼하지 않았건 정학녀가 될 수 있어서, 10세에 학습계율에 대한 준수를 주고, 그것을 지키면, 12세에 구족계를 받을 수 있다. 마찬가지로 11세에 학습계율에 대한 준수를 주고, 그것을 지키면 13세에 구족계를 받을 수 있다. 이렇게 해서 18세에 학습계율에 대한 준수를 주고, 그것을 지키면 20세에 구족계를 받을 수 있다. 이것은 결혼한 연인과 동녀 그리고 정학녀 사이에는 구족계의 불확정성이 존재한다는 것과, 결혼한 여인이든 동녀이든 수행녀 밑에서 2년 동안 여섯 가지 원칙(六法 : 오계와 때 아닌 때의 식사의 금지)을 지키면, 합법적이 된다는 것을 의미한다. 이제까지 논의한 구족계와 관련된 속죄죄법들을 정학녀와 관계된 두 조항의 속죄죄법(Bhikkhunī Pāc. 133, 134)을 종합하면, 세 가지 원칙을 끌어낼 수 있다. ① 최소한의 나이에 도달하지 않았다면, 구족계가 주어져서는 안 된다. ② 나이가 되었어도 2년 동안의 여섯 가지 원칙을 지키지 않았다면, 구족계가 주어져서는 안 된다. ③ 나이가 되었고 여섯 가지 원칙을 지켰어도 승단의 동의가 없이는 구족계가 주어져서는 안 된다. 그 밖에 속죄죄법 제150조(Bhikkhunī Pāc. 150)에 따르면, 부모나 남편의 동의가 없는 여자에게 구족계가 주어져서는 안 된다.

그런데 율장에는 구족계를 받는 최대한 나이에 대해서는 언급이 없다. 정학녀가 구족계를 받아야 한다는 규정이 그것을 보완해주기 때문이다. 이미 결혼한 여인의 최소한의 나이는 20살 미만이라도 정학녀의 조건을 충족시키면, 구족계가 주어질 수 있다. 정학녀는 결혼했을 수도 있고 그렇지 않을 수도 있다. 과부에 관한 특별한 학습계율은 따로 없다. 결혼한 여인으로 취급되기 때문이다. 결혼했건 싱글이건 상관없이 정학녀가 되면, 20세 이하라도 구족계를 받을 수 있다. 그러나 정학녀가 아닐 경우, 『쭐라박가』(Vin. II. 271)에 따르면, 수행녀가 구족계를 받을 수 있으려면, 만 20세를 채워야 한다.

속죄죄법 제145조(Bhikkhunī Pāc. 145)는 법랍12년 이하는 구족계를 줄 수 없는 수행녀의 법랍을 말한다. 마하박가(Vin. I. 59)에 보면 법랍이 한 해나 두 해 밖에 안 된 수행승들이 제자들에게 구족계를 주어서 물의가 되자 부처님은 '수행승들이여, 법랍이 십년 이하인 자가 구족계를 주어서는 안 된다. 그렇게 구족계를 준다면, 악작죄가 된다.'라고 시설했다. 구족계를 줄 수 있는 법랍의 기준이 수행녀에게는 12년이고 수행승에게는 10년이다. 속죄죄법 제145조(Bhikkhunī Pāc. 145)은 구족계를 줄 수 있는 법랍을 채웠어도 승단의 동의가 있어야 구족계를 줄 수 있음을 보여준다. 수행녀 짠다깔리는 동의를 요청하다가 거절당한다. 속죄죄법 제149조(Bhikkhunī Pāc. 149)에서 그녀는 정학녀로 등장하는데, 이것은 이 학습계율이 앞의 것보다 고층인 것을 입증하는 것이다. 여기서 짠다깔리는 정학녀로서, '남자와 사귀고 사내와 놀아났지만' 승단은 세속과의 인연을 끊으라고 강제적인 조치를 취할 수 없었던 것으로 보인다. 다만 정학녀의 잘못을 구족계를 주는 자에게 전가되어 간접적으로 그녀에게 구족계를 준 수행녀가 속죄죄로 처벌될 수 있었을 뿐이다. 정학녀와 관련해서 특기할 만한 사건은 승단잔류죄법 제5조(Bhikkhunī Saṅgh. 5)에 등장한다. 간통을 하다 들킨 후에 남편의 재산을 훔쳐 달아난 여인이 수행녀들 가운데 출가하자 남편의 고소를 접한 빠세나디 왕은 수사하여 그녀가 승단에 출가한 사실을 알고는 '만약 수행녀 가운데 출가했다면, 그녀에게 아무것도 할 수 없다.'라고 선언한다. 물론 그녀가 부모나 남편의 동의 없이 구족계를 주었다면 죄가 되지만, 그녀는 정학녀로서의 출가이므로 받아들여진 것이다. 그러나 이 사건을 계기로 몇몇 속죄죄법(Bhikkhunī Pāc. 133, 134, 137)에 나와 있듯, '학습계율에 대한 승단의 동의(sikkhāsammuti)'나 구족계를 줄 때에는 '구족계에 대한 동의(vuṭṭhānasamm uti)'가 필요하게 되었던 것으로 보인다.

그리고 속죄죄법에 등장하는 '쑤가따(善逝; 행복한 님: sugata)'와 관련된 용어들의 불확실성에 대하여 언급하지 않을 수 없다. 거기에는 쑤가따찌바라(행복한 님의 옷: sugatacīvara; Bhikkhunī Pāc. 70)와 쑤가땅굴라(행복한 님의 손가락마디: sugataṅgula; Bhikkhunī Pāc. 67) 그리고 쑤가따비닷티(행복한 님의 뼘: sugatavidatthi; Bhikkhunī Pāc. 69, 70, 92)가 있다. 쑤가따를 역자는 '행복한 님'이라고 번역했는데 한역의 그 상세한 것에 대해서는 율장(Vin. III. 149; Vin. IV. 171)의 주석을 보라. '쑤가땅굴라' 즉 행복한 님의 손가락마디는 한역에서 불지(佛指)라고 한다. '쑤가따'라는 것이 여래를 의미하는 것인지, 그것이 주석서(Smp. 567)에서처럼 보통사람의 크기보다 3배가 큰 '확대크기'를 의미하는 것인지 불분명하다. 손가락마디는 1인치(1 inch = 2.5 cm) 정도의 크기를 말한다. 침상이나 의자의 다리가 8 쑤가땅굴라이니 표준크기로는 20cm가 되고 확대크기라면 60cm가 되어야 할 것이다. 여기서는 호너(Bd. III. 90)의 주장처럼 '표준크기'인지가 불분명하다. 침상의 높이가 60cm가 더 합리적이기 때문이다. 그러나 '쑤가따비닷티' 즉, 행복한 님의 뼘의 해석에서는 달라진다. 한역에서는 불걸수(佛桀手) 또는 불수척(佛手尺)이라고 한다. 한역문헌에서는 손으로 물건을 잴 때 무지(拇指)와 장지(長指)를 편 크기로 12손가락마디(手節)의 크기라고 본다. 손가락마디는 일 인치(1 inch = 2.5 cm) 정도의 크기를 말한다. 따라서 쑤가따비닷티는 30cm의 크기이다. 한편, 주석서(Smp. 567)에 따르면, 행복한 님의 뼘은 '보통사람의 키의 크기는 행복한 님의 뼘으로 3 뼘'이므로, 목공의 완척(腕尺 : hattha = 46~56 cm)으로 $1\frac{1}{2}$완척의 크기이다. 그러므로 주석에 따른다면, 행복한 님의 한 뼘은 보통사람의 세 배정도의 크기로 75cm 전후로 보아야 한다. 이렇게 보면, 주석서의 주장은 터무니없는 것이 되어 버린다. 그러나 현재의 보통사람의 뼘의 표준크기는 23cm정도이다. 속죄죄법 제92조에 나오는 행복한 님의 옷의 칫수는 '행복한 님의 뼘으로 길이 9뼘, 폭 6뼘'이라고 되어 있으니, '표준크기'로 207~270cm × 138~180cm이거나 '확대크기'로는 675cm × 450cm가 되어야 한다. '확대크기'가 맞다면, 터무니 없이 큰 옷이라 신화적인 요소가 개입된 것이라고 밖에 볼 수 없을 것이다. 따라서 '쑤가따'라는 말을 달리 해석해 볼 필요가 있다. 쑤가따는 물론 초기경전에서 행복한 님, 또는 올바른 길로 잘 가신 님(善逝)은 고따마 부처님을 의미하지만, 앙굿따라니까야(AN. I. 217)이나 쌍윳따니까야(SN. IV. 252)에서는 부처님의 제자를 의미하기도 한다. 따라서 율장에서의 의미는 한역에서 일반적으로 번역하는 '부처님'이 아닌 다른 것일 수도 있다. 호너(Bd. I. 253)는 그것을 '행복한 님'인 여래라고 보지 않고 '수용된 것'이라는 과거분사로 해석하여 '수용된 길이(the accepted length)'라고 번역했는데, 그렇다면, '표준크기'라고 아예 이해기 쉽게 번역하는 것이 옳을 뻔했다.

빅쿠니고백죄법은 8개 조항의 고백죄를 모아놓은 것으로 여기에는 빅쿠고백죄법과는 일치하는 것이 없다. 빅쿠고백죄법은 4개 조항 가운데 첫 2개 조항은 수행승이 수행녀의 호의(Bhikkhu Pāṭid. 1)나 통제(Bhikkhu Pāṭid. 2)를 받는 것의 금지나 자신이 사는 처소의 위험성이 있다면 알리는 것(Bhikkhu Pāṭid. 4)은 당연히 빅쿠니고백죄법에 적용될 수 없거나 필요가 없는 것이다. 그러나 1개 조항은 학지인정가정(Bhikkhu Pāṭid. 3)에 관한 것이다. 학인의 지평으로 인정을 받은 가정은 신심이 있어 수행승들에게 필요하면 무엇이든 보시하여 소모할 수 있기 때문에, 그 집안의 유지를 위해 수행승들이 방문을 자제하는 가문이 되어야 하는데, 이것을 학지인정의 가정이라고 하는데, 이것은 빅쿠니계율에도 적용될 수 있는 것이나, 적용되지 않았다. 이것은 아마도 수행녀가 더 세속적인 가정생활에 대한 배려가 깊었던 것과 관계가 있는 것 같다.

빅쿠니고백죄법은 성립인연담이 동일한 특수한 물품들 – 버터기름(Bhikkhunī Pāṭid. 1), 기름(Bhikkhunī Pāṭid. 2), 꿀(Bhikkhunī Pāṭid. 3), 당밀(Bhikkhunī Pāṭid. 4), 물고기(Bhikkhunī Pāṭid. 5), 육고기(Bhikkhunī Pāṭid. 6), 우유((Bhikkhunī Pāṭid. 7), 응유(Bhikkhunī Pāṭid. 8)– 에 관계된 것들이다. 이것들은 먹는 것에 대한 처벌이 아니라 주지 않는데, 부탁하거나 요청하는 것에 대한 처벌이다. 이것과 유사한 처벌이 속죄죄법(Bhikkhunī Pāc. 77)에도 날곡식의 탁발과 관계해서 속죄죄로 다루어지는 것이 보인다. 이것이 옷과 관련해서는 상실죄법(Bhikkhunī Nissag. 4, 5)로서 다스려진다.

제7장 중학죄법(Sekhiya)

중학죄법은 엄밀히 말해서 규율을 모아놓은 것으로 중학법(衆學法)이라고 해야 옳다. 그러나 그것을 어기면 악작죄나 악설죄로서 범하는 것이 되므로 중학의 어김으로서의 중학죄가 없다고 볼 수는 없다. 그래서 역자는 다른 죄법과의 형평성을 고려하여 중학죄법이라고 번역한다. 여기에는 75개 조항의 중학죄법이 있는데, 빅쿠의 중학죄법과 빅쿠니의 중학죄법은 그 학습계율의 동기가 빅쿠중학죄법은 여섯무리의 수행승들의 품행을 사람들이 혐책함으로써 시작되고 빅쿠니중학죄법은 여섯무리의 수행녀들의 품행을 사람들이 혐책함으로써 시작된다는 측면이 다를 뿐이다. 그리고 그 중학죄법들은 양자가 모두 꼬쌈비((Bhikkhu Sekh. 51), 쑹수마라기리((Bhikkhu Sekh. 55, 56)를 제외하고는 모두 싸밧티 시를 무대로 전개되고 있다. 모두가 품행을 '함부로(anādariyaṃ paṭicca)'하기 때문에 생겨난 학습계율들이다.

그리고 중학죄법 75개 조항의 학습계율은 세 가지 종류로 나눌 수 있다. ① 첫 번째 그룹(Bhikkhu Sekh. 1~56)은 탁발음식을 위해 가정을 방문하는 수행승이나 수행녀와 관계된 바르지 못한 품행을 삼갈 것을 규정한 것들이다. ② 두 번째 그룹(Bhikkhu Sekh.

57~72)은 가르침을 설하고 듣는 것과 관계된 바르지 못한 품행을 삼갈 것을 규정한 것이다. 경전상에서는 두 번째 그룹의 중학죄법과 관련해서 ≪쌍윳따니까야≫(SN. IV. 121)에 존자 우다인이 무례한 바라문 여인 – 그녀는 우다인 보다 높은 자리에 신발을 신고 머리를 덮어쓰고 앉은 – 에게 설법을 거절했다가 그후에 다시 그녀가 초대하여 신발을 벗고 낮은 자리에 앉아 머리를 우러러 존자 우다인에게 공손히 설법을 청하자 설법에 응하는 인상적인 장면이 나온다. ③ 세 번째 그룹(Bhikkhu Sekh. 73~75)은 대소변과 관계된 바르지 못한 품행을 삼갈 것을 규정한 것이다. 이러한 규율은 초기에 불교가 빠른 속도로 전파되는 과정에 대단히 중요한 역할을 한 것으로 추정이 된다.

제8장 멸쟁죄법(adhikaraṇasamatha)

멸쟁죄법은 『빅쿠비방가』나 『빅쿠니비방가』에 공통되는 것으로 쟁사가 일어나면, 그것을 해결하는 방식을 의미하는 7개 조항을 말한다. ① 현전에 입각한 조정(sammukhāvinaya)은 한역에서 현전비니(現前毘尼)라고 하는데, 이것은 당사자가 출석하여 대면하여 쟁사를 그치게 하는 것을 뜻한다. ② 기억에 입각한 조정(sativinaya)는 한역에서 억념비니(憶念毘尼)라고 하는데, 과거의 기억을 환기시켜 쟁사를 그치게 하는 것으로, 자신의 잘못이 없음을 확인하는 완전한 기억에 도달했다면, 기억에 입각한 무죄평결을 주는 것을 뜻한다. ③ 착란에 입각한 조정(amūḷhavinaya)은 한역에서 불치비니(不痴毘尼)라고 하는데, 당시의 정신착란을 확인하여 그 정신착란에 대하여 고의성이 없이 죄를 저질렀음을 증명하여 무죄평결을 주는 것을 뜻한다. ④ 자인에 입각한 조정(paṭiññātakaraṇa)는 한역에서 자언치(自言治)라고 하는데, 스스로 잘못을 인정하게 하여 자신의 고백으로 쟁사를 그치게 하는 것을 뜻한다. ⑤ 다수에 입각한 조정(yebhuyyasikā)은 한역에서 다인멱죄(多人覓罪)라고 하는데, 다수의 의견을 통한 해결을 따름으로써 쟁사를 그치게 하는 것을 뜻한다. ⑥ 심문에 입각한 조정(tassapāpiyyasikā)은 한역에서 멱죄상(覓罪相)이라고 하는데, 상대의 죄악에 대하여 밝혀진 것 이외에 더 추궁하고 심문하여 자인하게 함으로써 쟁사를 그치게 하는 것을 뜻한다. ⑦ 대속에 입각한 조정(tiṇavatthāraka)은 한역에서 여초복지(如草覆地)라고 하는데, 어떤 사람이나 어떤 편의 잘못을 한 사람이 대표해서 인정하고 고백함으로써 잘못을 풀로 덮어두는 방식으로 쟁사를 그치게 하는 것을 뜻한다.

일 러 두 기

1. 한글세대를 위해 가능한 한, 쉬운 우리말을 사용했으며, 어의를 분명히 하기 위하여 원전에는 없는 화자를 괄호 안에 삽입하고 연결사나 부사를 가감해서 번역했고, 내용에 대한 파악을 용이하게 하기 위해 패러그래프 번호를 매겨 문단을 분류하였고 법수의 분류를 위해 별도의 소번호를 매겼다.
2. 빠알리율장의 원본대조는 로마나이즈한 빠알리성전협회본을 그대로 사용했다. 권수는 주석에 쪽수는 본문 가운데 괄호 [ ] 또는 [*]에 밝혀 놓아 누구나 쉽게 원본과 대조할 수 있도록 했다. 단, 별표시의 괄호 [*]는 빅쿠니비방가의 복원을 위해 빅쿠비방가에서 차용한 쪽수를 말한다.
3. 빅쿠니비방가의 복원은 붓다고싸의 주석인 ≪싸만따빠싸디까≫를 기준으로 하였으나, 주석서에 언급이 없는 공유의무계율에서는 성립인연담 자체를 바꿀 수 없으므로, 독자들이 스스로 수행승을 수행녀로 바꾸고, 여성은 남성으로 바꾸어 추론적으로 의미를 강구해야 한다.
4. 학습계율과 의무계율에 대해서는 주석을 달아 빠알리어 원문을 밝혀 놓았으며, 후자에 대해서는 한역의 명칭을 대조할 수 있도록 했는데, 주석의 한글명칭 다음에는 빅쿠고유의무계율에는 ☆표시를, 빅쿠니고유계율에는 ○표시를 달았다.
5. 계율의 성립인연담에 포함된 시문이나 장·품의 후렴시에는 빠알리 원문을 주석으로 달아서, 빠알리율에 준한 의무계율의 핵심적 내용을 상기시켜 의무계율을 전체를 연결하여 송출하기 쉽도록 했다.
6. 주석에서 인용하는 참고문헌은 약어로 표기해서 독자들의 쓸 데 없는 혼란을 피할 수 있도록 하였고, 필요할 경우 약어표를 조회하여 참고문헌과 대조하면 관련된 책을 찾을 수 있도록 만들었다.
7. 빅쿠·빅쿠니비방가에서 구전되어 반복되어 온 정형구와 부분적으로 변이되어 확장되는 정형구는 가능한 통일을 기했으며, 생략된 내용들은 모두 복원해서 독자가 알기 쉽게 했다.
8. 부록에는 참고문헌을 비롯한 빅쿠·빅쿠니 의무계율의 부파별 조항수의 대조표, 빠알리율과 부파별 빅쿠의무계율조항대조표, 복원빅쿠니비방가와 빅쿠니의무계율조항대조표, 빠알리어표기법과 불교의 세계관 그리고 고유명사와 비유색인을 포함시켰다. 그리고 빠알리성전협회 안내란에는 기출간된 율장 마하박가와 쭐라박가의 교정쇄도 함께 싣는다.

비쿠니비방가 목 차

제3장 상실죄법(Nissaggiyakaṇḍa: 捨墮章)/984

제4장 속죄죄법(Pācittiyakaṇḍa: 波逸提章)/1139

제6장 중학죄법(Sekhiyakaṇḍa: 衆學章)/1850

율장분별부 하권

빅쿠니비방가

(Bhikkhunīvibhaṅga)

제1장 승단추방죄법

(Pārājikakaṇḍa: 波羅夷章)

존귀한 자매들이여, 이제 이와 같은 8개 조항의 승단추방죄법을 송출하겠습니다.

빅쿠니비방가 서문 : 베란자의 이야기(Verañjāvatthu)

1-1. 한때[1] [*1] 존귀한 부처님께서는 베란자[2] 시의 날레루[3]의 님바나무 근처에서[4] 오백 명의 많은 수행승들의 무리와 함께 계셨다. 마침 바라문 베란자[5]가 이와 같이 들었다.

[사람들] "세존이신 싸끼야의 아들[6] 수행자 고따마[7]는 싸끼야[8]의 가문에서

---

1) tena samayena : 이 §1은 AN. IV. 173-179와 병행한다.

2) Verañjā : Smp. 108에 따르면, 도시의 이름이다. 당시에 기근이 들었는데, 웃따라빠타(Uttarāpatha)의 오백 명의 장자들이 베란자 시에 모여 수행승들에게 음식을 공양했다. 부처님은 베란자 시를 떠나 쏘레이야 시, 쌍갓싸 시, 깐나꿋자 시를 거쳐 갠지스 강을 건어 바라나씨 시를 거쳐 베쌀리 시로 향했다.

3) Naḷeru : Smp. 108에 따르면, 날레루는 야차의 이름이다.

4) Pucimandamūle : 뿌찌만다(Pucimanda)는 님바나무(Azadirachta Indica)의 이름이다.

5) Verañja : 그의 본래 이름은 우다야(Udaya)이다. 그는 베란자 시에서 태어나 그곳에 살고 있으므로 베란자라고 불렀다.

6) sakyaputta : 한역으로 석자(釋子)이다. Smp. 735에 따르면, '싸끼야 족들의 아들'이라는 뜻이다. 따라서 처음에는 부처님의 제자들이 대부분 싸끼야 족들이라 그러한 의미로 쓰이다가 나중에는 — 복수로 쓰이는 경우도 많은데 — '싸끼야 족의 성자(sakyamuni)의 아들들'이라는 의미로 쓰이면서 일반적으로 부처님과 부처님을 따르는 자들을 뜻하게 되었다.

7) Gotama : 정식명칭은 마하 싸끼야무니 고따마(Mahā Sakyamuni Gotama)로 한역으로 석가모니불(釋迦牟尼佛)이라고 한다. Ppn. I. 788에 따르면, 그는 25불 가운데 마지막 25 번째의 부처님으로 현겁(賢劫 : bhaddakappa)의 역사적인 부처님이다. 까삘라밧투의 쑷도다나(Suddhodana) 왕과 왕비인 마야(Māyā) 부인 사이에서 태어났다. 태어난 곳은 룸비니(Lumbinī) 동산이다. 생후 7일 만에 마야 부인이 돌아가자 이모 마하빠자빠띠 고따미(Mahāpajāpatī Gotamī)가 불모(佛母)로서 그를 양육했다. 그는 람마(Ramma), 쑤람마(Suramma), 쑤바(Subha)의 세 궁전에 살면서 젊어서 야쏘다라(Yasodharā) 비와 결혼해서 라훌라(Rahula)라는 아들을 두었다. 29세에 출가해서 육년 간의 고행을 한 뒤에 마가다 국의 네란자라 강 근처에서 정각을 이루었다. 그때 처녀 쑤자따(Sujātā)가 유미죽을, 목동 쏫티야(Sotthiya)가 자리풀인 길상초를 제공했다. 그리고 보리수는 아자빨라(Ajapāla) 나무였다. 초전법륜(初轉法輪)은 이씨빠따나(Isipatana)에서 꼰당나(Koṇḍañña) 등 다섯 수행승에게 행했다. 싸끼야무니 고따마의 10대제자로는 싸리뿟따(Sāriputta), 목갈라나(Moggallāna), 깟싸빠(Kassapa), 아누룻다(Anuruddha), 쑤부띠(Subhūti), 뿐나(Puṇṇa), 깟짜야나(Kaccāyana), 우빨리(Upāli), 라훌라(Rāhula), 아난다(Ānanda)가 있었으며 수행녀로는 비구니 교단을 이끌던 이모 마하빠자빠띠 고따미가 유명했다. 신도로는 장자 아나타삔디까로 알려진 쑤닷따가 유명하고 빔비싸라 왕 등도 불교의 보호자로 잘 알려져 있다. 45년간의 중생교화를 끝내고 꾸씨나라(Kusinārā)에서 열반에 들었다.

출가하여 베란자 시의 날레루의 님바나무 근처에서 오백 명의 많은 수행승들의 무리와 함께 계신다. 그 세존이신 고따마는 이와 같이 '세존께서는 거룩한 님, 올바로 원만히 깨달은 님, 명지와 덕행을 갖춘 님, 올바른 길로 잘 가신 님, 세상을 아는 님, 위없이 높으신 님, 사람을 길들이는 님, 하늘사람과 인간의 스승이신 님, 깨달은 님, 세상의 존귀한 님입니다.'라고 훌륭한 명성을 드날리고 있다. 그는 신들과 악마들과 하느님들의 세계에서, 성직자들과 수행자들, 그리고 왕들과 백성들과 그 후예들의 세계에서 스스로 곧바로 알고 깨달아 설법하고 있다. 그는 처음도 훌륭하고 중간도 훌륭하고 마지막도 훌륭한, 내용을 갖추고 형식이 완성된 가르침을 설한다. 그는 지극히 원만하고 오로지 청정한 거룩한 삶을 실현한다. 이와 같이 거룩한 님을 친견하는 것은 얼마나 훌륭한 일인가?'

1-2. 그래서 바라문 베란자는 세존께서 계신 곳을 찾아갔다. 가까이 다가가서 세존과 함께 인사를 나누고 안부를 주고 받은 뒤에 한쪽으로[*2] 물러나 앉았다.[9] 한쪽으로 물러나 앉은 바라문 베란자는 세존께 이와 같이 말씀드렸다.

[베란자] "'존자 고따마여, 우리는 '수행자 고따마가 늙고 노쇠하고 고령인데다가 만년에 이른 바라문들에게 인사하지도 않고 일어나 맞이하지도 않고 자리를 권하지 않는다.'라고 들었는데, 정말 그러한 것 같습니다. 존자 고따마가 늙고 노쇠하고 고령인데다가 만년에 이른 바라문들에게 절하지도 않고 일어나 맞이하지도 않고 자리를 권하지 않는다면, 존자 고따마여, 그것은 옳지 않습니다."[10]

[세존] "바라문이여, 나는 신들과 악마들과 하느님들의 세계에서, 성직자들과 수행자들, 그리고 왕들과 백성들과 그 후예들의 세계에서 내가 인사를 하고 일어서서 맞이하고 자리에 초대할 만한 자를 보지 못했습니다. 바라문이여, 여래가 누군가에게 인사를 하고 일어서서 맞이하고 자리를 권한다면, 그의 머리가 부수

8) Sakyā : 싹까(Sakka), 싸끼야(Sākiyā,Sakyā)라고도 표기한다. 꼬쌀라(Kosala) 국의 히말라야 산록이나 고원지대에 살던 종족으로 역사적 부처님이 속한 종족이다. 수도는 까삘라밧투(Kapilavatthu)이다. 싸끼야 족이 살던 곳으로 짜뚜마(Cātumā), 코마둣싸(Khomadussa), 싸마가마(Sāmagāma), 데바다하(Devadaha), 씰라바띠(Silāvatī), 나가라까(Nagaraka), 싹카라(Sakkhara) 등이 경전에 나온다. 싸끼야무니 부처님은 싸끼야 족 가운데서도 고따마(Gotama) 가문에 속했다. 싸끼야 족은 제왕이 없었고 때때로 선출되는 부족회의 대표자가 왕을 역임하는 공화제 국가형태를 취했다.

9) ekamantaṃ nisīdi : Smp. 129에 따르면, 여섯 가지 잘못된 방식으로 — ① 너무 멀리(atidūra) ② 너무 가까이(accāsanna) ③ 바람이 불어오는 쪽으로(uparivāta) ④ 높은 곳에(unnatappadesa) ⑤ 너무 앞에(atisammukha) ⑥ 너무 뒤쪽에(atipacchā) — 앉지 않는 것을 의미한다.

10) na sampannam eva : 존경스럽지 않다는 뜻으로 쓰인 것이데. Smp. 130에 따르면, 인사성이 밝지 않은 것을 의미한다.

어질 것입니다."

1-3. [베란자] "존자 고따마께서는 멋이 없습니다."[11)]

[세존] "바라문이여, 어떠한 이유로 나에 대하여 '수행자 고따마는 멋이 없다.' 고 말한다면 마땅히 그렇게 말하는 이러한 이유가 있습니다. 바라문이여, 형상의 멋, 소리의 멋, 냄새의 멋, 맛의 멋, 감촉의 멋, 사실의 멋이 있는데, 여래에게는 그것들이 끊어지고, 뿌리째 뽑혀, 종려나무 그루터기처럼 되고, 존재하지 않게 되고, 미래에 다시는 생겨나지 않습니다. 바라문이여, 어떠한 이유로 나에 대하여 '수행자 고따마는 멋이 없다.'고 말한다면 마땅히 그렇게 말하는 이러한 이유가 있습니다. 그대가 말하는 것과 같은 것은 아닙니다."

[베란자] "존자 고따마께서는 즐김이 없습니다."

[세존] "바라문이여, 어떠한 이유로 나에 대하여 '수행자 고따마는 즐김이 없다.'고 말한다면 마땅히 그렇게 말하는 이러한 이유가 있습니다. 바라문이여, 형상의 즐김, 소리의 즐김, 냄새의 즐김, 맛의 즐김, 감촉의 즐김, 사실의 즐김이 있는데, 여래에게는 그것들이 끊어지고, 뿌리째 뽑혀, 종려나무 그루터기처럼 되고, 존재하지 않게 되고, 미래에 다시는 생겨나지 않습니다. 바라문이여, 어떠한 이유로 나에 대하여 '수행자 고따마는 즐김이 없다.'고 말한다면 마땅히 그렇게 말하는 이러한 이유가 있습니다. 그대가 말하는 것과 같은 것은 아닙니다."

[베란자] "존자 고따마께서는 무작을 설합니다.[12)]"

---

11) arasarūpo samaṇo gotamo : 여기서 'arasarūpo'는 선견율비바사나 한역경전에서는 색무미(色無味)라고 번역하는 것으로 바라문은 '인사를 하고 일어서서 맞이하고 자리에 초대하는 것'을 '멋있다 즉 색미(色味)가 있다.'라고 표현하기 때문이다. Smp. 131에 따르면, 고따마가 '인사를 하고 일어서서 맞이하고 자리에 초대하는' 완전한 예절을 보여주지 않은 것에 대해서 '멋이 없다 즉, 색무미(色無味)하다'라고 표현한 것이다.

12) akiriyavāda : '무작론자(無作論者)'라는 뜻이다. 인간 행위에서의 해야 할 도덕적 책임을 부정한다는 뜻을 갖고 있다. 부처님 당시에 뿌라나 깟싸빠(Purana Kassapa)와 막칼리 고쌀라(Makkhalī Gosāla)가 이 무작론자에 속해 있었다. 깟싸빠는 유물론자이자 비결정론자로 절대적인 우연론으로서의 무인론(無因論 : ahetuvāda)을 주장했고, 모든 원인과 결과는 무(無)에서 유(有)가 나오는 것처럼 초월적이고 완전히 우연적이어서 절대적으로 예측가능하지도 않고, 무법칙적으로 변화하므로 인과관계는 애초부터 성립될 수 없으며, 인과적 연속성을 담보할 수 없는 허무주의(斷滅論 : ucchedavāda)를 주장했다. 그는 살생, 투도, 사음, 망어 등을 해도 악을 행한다고 할 수 없으며 악의 과보도 없다고 주장했다. 또한 제사, 보시, 극기, 진실어를 행하여도 선을 행한다고 할 수 없고 선의 과보도 없다고 주장하였다. 그리고 고쌀라는 결정론자로서 숙명론을 주장했다. 인간과 세계는 마치 실타래가 던져졌을 때 완전히 풀릴 때까지 풀려나가듯이(seyyathā pi nāma suttaguḷe khitte nibbeṭhiyamānaṁ eva phaleti) 가차 없는 목적론과 일치하는 무자비한 과정의 산물이다. 고쌀라의 주장은 인과법칙의 가혹함에서 연원된 것이다. 그러나 이러한 숙명론은 결과적으로 정신적인 인과성에서 자명한 자유의지마저 부정할 수밖에 없었다. 이에 비해서 부처님은 해야 할 것을 말하는 자(kiriyavādin), 즉 작론자(作論者)라고 했고 인간 행위에서의 해야 할 도덕적 책임이 있다는 입장을 취했다. MN. I. 483; AN. I. 187; AN. IV. 174를 참조하라. 여기서 바라문의

[세존] "바라문이여, 어떠한 이유로 나에 대하여 '수행자 고따마는 무작을 설한다.'고 말한다면 마땅히 그렇게 말하는 이러한 이유가 있습니다. 바라문이여, 나는 신체적인 악행, 언어적인 악행, 정신적인 악행의 무작을 설하고 여러 가지 악하고 불건전한 것들의 무작을 설합니다. 바라문이여, 어떠한 이유로 나에 대하여 '수행자 고따마는 무작을 설한다.'고 말한다면 마땅히 그렇게 말하는 이러한 이유가 있습니다. 그대가 말하는 것과 같은 것은 아닙니다."

[베란자] "존자 고따마께서는 단멸을 설합니다.13)"

[세존] "바라문이여, 어떠한 이유로 나에 대하여 '수행자 고따마는 단멸을 설한다.'고 말한다면 마땅히 그렇게 말하는 이러한 이유가 있습니다. 바라문이여, 나는 탐욕, 성냄, 어리석음의 단멸을 설하고 여러 가지 악하고 불건전한 것들의 단멸을 설합니다. 바라문이여, 어떠한 이유로 나에 대하여 '수행자 고따마는 단멸을 설한다.'고 말한다면[*3] 마땅히 그렇게 말하는 이러한 이유가 있습니다. 그대가 말하는 것과 같은 것은 아닙니다."

[베란자] "존자 고따마께서는 혐오를 설합니다."14)

[세존] "바라문이여, 어떠한 이유로 나에 대하여 '수행자 고따마는 혐오를 설한다.'고 말한다면 마땅히 그렇게 말하는 이러한 이유가 있습니다. 바라문이여, 나는 신체적인 악행, 언어적인 악행, 정신적인 악행의 혐오를 설하고 여러 가지 악하고 불건전한 것들의 혐오를 설합니다. 바라문이여, 어떠한 이유로 나에 대하여 '수행자 고따마는 혐오를 설한다.'고 말한다면 마땅히 그렇게 말하는 이러한 이유가 있습니다. 그대가 말하는 것과 같은 것은 아닙니다."

의도는 부처님께 형이상학적으로 인과론의 어떠한 입장을 취하는가라고 물었으나 부처님은 그것을 이용하여 답변을 윤리적인 책임의 이론으로 통일시키고 있다. 참고로 법구경에서 "모든 죄악은 짓지 말고 모든 선은 받들어 행하여 자신의 마음을 깨끗이 하는 것이 모든 부처님의 가르침이다.(sabbapāpassa akaraṇaṁ | kusalassa upasampadā | sacittapariyodapanaṁ | etaṁ buddhānasasanaṁ ‖ Dhp. 183 : 諸惡莫作 衆善奉行 自淨其意 是諸佛敎)라는 부처님 말씀이 있는데, 하지 말아야 할 것과 해야 할 것에 대해 잘 표현한 것이다. 선불교에서 특히 잘 알려진 시이다. 당나라 때에 백거이가 불법의 대의를 묻자 도림선사는 이 시구를 대답으로 제시했다. 백거이는 "그 '모든 죄악을 짓지 말고 모든 선을 받들어 행하라'는 말은 세 살 먹은 어린아이도 아는 말이 아닙니까?"라고 물었으나 선사는 "세살 먹은 어린아이도 알 수 있으나 여든 살 먹은 노인도 행하기 어렵다."고 대답했다. 첫 번째의 시행 '모든 죄악을 짓지 말고'는 율장을 대변하고, 두 번째의 시행 '모든 선을 받들어 행하고'는 경장을 대변하고, 세 번째의 시행 '자신의 마음을 깨끗이 하는 것'은 논장을 대변한다. 네 번째의 시행 '이것이 모든 부처님의 가르침이다.'는 위의 시가 모든 부처님의 정신으로 빛나는 것임을 확인하는 것이다.

13) ucchedavāda : '단멸론자(斷滅論者)'란 뜻이다. 단멸론은 허무주의를 뜻하는 것으로 앞의 주석의 무작(無作)에 대한 설명을 참조하라. DN. I. 34를 참조하라.

14) jegucchī : '혐오론자(嫌惡論者)'를 뜻한다. MN. I. 77-78에서 부처님은 스스로 '극단적인 구차한 삶'이나 '극단적인 혐오적 삶'이라고 표현한 고행을 육년간 닦은 것을 언급하고 있다.

[베란자] "존자 고따마께서 제거를 설합니다."[15]

[세존] "바라문이여, 어떠한 이유로 나에 대하여 '수행자 고따마는 제거를 설한다.'고 말한다면 마땅히 그렇게 말하는 이러한 이유가 있습니다. 바라문이여, 나는 신체적인 악행, 언어적인 악행, 정신적인 악행의 제거를 설하고 여러 가지 악하고 불건전한 것들의 제거를 설합니다. 바라문이여, 어떠한 이유로 나에 대하여 '수행자 고따마는 제거를 설한다.'고 말한다면 마땅히 그렇게 말하는 이러한 이유가 있습니다. 그대가 말하는 것과 같은 것은 아닙니다."

[베란자] "존자 고따마께서는 학대를 설합니다."[16]

[세존] "바라문이여, 어떠한 이유로 나에 대하여 '수행자 고따마는 학대를 설한다.'고 말한다면 마땅히 그렇게 말하는 이러한 이유가 있습니다. 바라문이여, 나는 신체적인 악행, 언어적인 악행, 정신적인 악행에 대한 학대를 설하고 여러 가지 악하고 불건전한 것들에 대한 학대를 설합니다. 여래에게는 여러 가지 악하고 불건전한 것들이 학대받아 끊어지고, 뿌리째 뽑혀, 종려나무 그루터기처럼 되고, 존재하지 않게 되고, 미래에 다시는 생겨나지 않기 때문에 그 때문에 학대론자라고 나는 말합니다. 여래에게는 여러 가지 악하고 불건전한 것들이 학대받아 끊어지고, 뿌리째 뽑혀, 종려나무 그루터기처럼 되고, 존재하지 않게 되고, 미래에 다시는 생겨나지 않습니다. 바라문이여, 어떠한 이유로 나에 대하여 '수행자 고따마는 학대를 설한다.'고 말한다면 마땅히 그렇게 말하는 이러한 이유가 있습니다. 그대가 말하는 것과 같은 것은 아닙니다."

[베란자] "수행자 고따마께서는 입태를 거부합니다."[17]

[세존] "바라문이여, 어떠한 이유로 나에 대하여 '수행자 고따마는 입태를 거부한다.'고 말한다면 마땅히 그렇게 말하는 이러한 이유가 있습니다. 바라문이여,

---

15) venayiko : '제거론자(除去論者)' 또는 '허무론자(虛無論者)'를 말한다. Smp. 135에 따르면, 바라문은 세존께서 인사하는 것 등을 보지 못하고 세상에서 최상의 행동을 억제했다는 의미에서 말한 것이다. MN. I. 140에서는 부처님은 "나를 두고 수행자들이나 성직자들은 진실 없이 공허하고 허망하게 거짓으로 중상하여 '수행자 고따마는 허무주의자이다. 살아있는 뭇삶에게 단멸과 파멸과 허무를 가르친다.'(venayiko samaṇo gotamo, sato sattassa ucchedaṃ vināsaṃ vibhavaṃ paññāpetī 'ti)라고 말한다. 그러나 수행자들이나 성직자들이 진실 없이 공허하고 허망하게 거짓으로 중상하여 '수행자 고따마는 허무주의자이다. 살아있는 뭇삶에게 단멸과 파멸과 허무를 가르친다.'라고 말하는데, 나는 그와 같이 설하는 자, 그와 같이 말하는 자가 아니다. 나는 예나 지금이나 괴로움과 괴로움의 소멸에 대해 가르친다."라고 말한다.

16) tapassī : '학대론자(虐待論者)' 또는 '고행주의자(苦行主義者)'란 뜻이다.

17) apagabbho : 입태거부론자(入胎拒否論者)라는 뜻이다. Mrp. IV. 82에 따르면, apagabbho는 '입태의 거부'가 아니라 바라문의 의도는 '저열한 태에서 태어난 자, 하늘에 태어날 수 없는 자'를 말한다. Smp. 136에 따르면, 바라문은 고따마가 모태에 다시 태어나거나 천상계에 다시 태어나도록 운명지어져져 있다고 말한다.

누군가에게 미래에 모태에 들어 다시 존재로 태어나는 것이 끊어지고, 뿌리째 뽑혀, 종려나무 그루터기처럼 되고, 존재하지 않게 되고, 미래에 다시는 생겨나지 않는다면, 그를 두고 입태를 거부한 자라고 나는 말합니다. 바라문이여, 여래에게는 미래에 모태에 들어 다시 존재로 태어나는 것이 끊어지고, 뿌리째 뽑혀, 종려나무 그루터기처럼 되고, 존재하지 않게 되고, 미래에 다시는 생겨나지 않습니다. 바라문이여, 어떠한 이유로 나에 대하여 '수행자 고따마는 입태를 거부한다.'고 말한다면 마땅히 그렇게 말하는 이러한 이유가 있습니다. 그대가 말하는 것과 같은 것은 아닙니다."

1-4. [세존] "바라문이여, 예를 들어 한 마리의 암탉[18]이 있는데 여덟 개나 열 개나 열두 개나 계란을 올바로 품고 올바로 온기를 주고 올바로 부화시킬 때, 어떤 병아리가 병아리들 가운데 첫 번째로 발톱이나 부리의 끝으로 알껍질을 쪼아서 안전하게 알껍질을 깨고 나온다면, 그 병아리를 손위라고 할 수 있습니까, 손아래라고 할 수 있습니까?"

[베란자] "존자 고따마여, 손위라고 할 수 있습니다. 그가 그들 가운데 손위이기 때문입니다."

[세존] "이와 같이 바라문이여, 나는 무명에 빠진 계란의 존재와 같은 뭇삶들을 위하여,[*4] 둘러싸인 무명의 껍질을 깨고 홀로[19] 세상에서 위없이 바르고 원만한 깨달음을 바르고 원만히 깨달았습니다. 바라문이여, 나는 참으로 손위고 세상의 최상자입니다.[20]

1-5. 바라문이여, 나는 열심히 노력하고 정진하여 권태로움이 없었고 새김을 확립하여 미혹에 떨어지지 않았고 몸이 고요하여 격정이 없었고 마음은 집중되어 통일되었습니다.

1) 바라문이여, 나는 감각적 쾌락의 욕망을 여의고 악하고 불건전한 상태를 떠난 뒤, 사유와 숙고를 갖추고 멀리 여읨에서 생겨나는 희열과 행복을 갖춘 첫 번째 선정에 들었습니다.[21]

---

18) kukkuṭi : 암탉의 비유에 대해서는 MN. I. 104를 참조하라.

19) eko : Smp. 139에 따르면, '유일하게 둘도 없이(eko adutiyo)'의 뜻이다.

20) svāhaṃ brāhmaṇa, jeṭṭho seṭṭho lokassa : Smp. 140에 따르면, 고귀한 님들 가운데 선구적으로 태어난 자이기 때문이다. Smp. 165에 따르면, 고귀한 님들이라는 것은 부처님과 벽지불과 부처님의 제자들을 의미한다.

21) so kho aham brāhmaṇa vivicceva kāmehi vivicca akusalehi dhammehi savitakkam savicāraṁ vivekajaṁ pītisukhaṁ pathamaṁ jhānam upasampajja vihāsiṃ : Pps. I. 124에 따르면, 부처님은 명상주제로 호흡새김(ānāpānasati)을 사용하여 네 가지 선정(cattāri jhānāni : 四禪)을 계발한다. Vism. 146에 따르면, 다리를 편하게 결가부

2) 바라문이여, 나는 사유와 숙고가 멈추어진 뒤, 내적인 평온과 마음의 통일을 이루고, 사유와 숙고를 여의어, 삼매에서 생겨나는 희열과 행복을 갖춘 두 번째 선정에 들었습니다.22)

3) 바라문이여, 나는 희열이 사라진 뒤, 평정하고 새김이 있고 올바로 알아차리며 신체적으로 행복을 느끼며 고귀한 님들이 평정하고 새김이 있고 행복하다고

좌하고 상체를 곧게 세운 뒤에 손을 포개고 머리를 곧추세우고 입을 다물고 눈은 반쯤 감고 숨을 고르게 하여 마음을 집중시키며 흐트러지면 알아채고 다시 집중시킨다. 이러한 단계를 예비삼매(parikammasamādhi : 遍作定)라고 하며, 이때에 명상의 장이 되는 인상(nimitta : 現相)을 예비인상(parikammanimitta : 遍作相)이라고 한다. 이렇게 예비인상을 취해서 올바른 집중을 실천하다보면 다섯 가지 마음의 장애가 소멸되면서 주어지는 다섯 가지 선정의 고리(禪支 : jhānaṅga)가 나타나기 시작한다. 선정의 단계는 이러한 선정의 고리의 나타남에 따라 구분한 것이다.

마음의 장애(五障)		선정의 요소(五支)
① 해태와 혼침(thīnamiddha : 昏沈睡眠)	→	사유(尋 : vitakka)
② 의심(vīcikicchā : 疑)	→	숙고(伺 : vicāra)
③ 분노(byāpāda : 瞋恚)	→	희열(喜 : pīti)
④ 흥분과 회한(uddhaccakukucca : 掉擧惡作)	→	행복(樂 : sukha)
⑤ 애탐(kāmacchanda : 愛貪)	→	심일경성(心一境性 : ekaggata)

Vism. 142에 따르면, 사유는 명상의 대상이라는 종을 치는 것과 같으며, 숙고는 그 종의 반향을 관찰하는 것이고, 희열은 명상의 대상에 대한 관심과 흥미에 따르는 기쁨으로 사막을 여행하는 자가 멀리서 오아시스를 발견한 기쁨에 해당하며, 행복은 오아시스에 도착하여 물을 마시고 쉬는 것과 같다. 그리고 심일경성은 마음과 대상을 통일시키는 역할을 한다. Vism. 154에 따르면, 선정의 상태에서는 다섯 가지 행상(行相)이 나타난다: 전향자재(āvajjanavasī : 轉向自在), 입정자재(samāpajjanavasī : 入定自在), 재정자재(adhiṭṭhānavasī : 在定自在), 출정자재(vuṭṭhanavasī : 出定自在), 관찰자재(paccavekkhaṇavasī : 觀察自在). 이것들은 원하는 곳에서 원하는 시간에 원하는 동안에 선정으로 주의를 기울여 전향하고, 들어가고, 머물고, 나오고, 관찰한다는 것을 의미한다. 이것에 대한 상세한 설명은 Vism. 154-163을 보라. 여기서는 첫 번째 선정(paṭhamajjhāna : 初禪)에 대한 설명부터 시작한다. 역자주: 초선에 의해 집중된 마음은 감각적 쾌락에 대한 욕망이나 악하고 불건전한 상태를 떠나서 사유(尋 : vitakka)와 숙고(伺 : savicāra)를 갖추고 정신적 장애의 멀리 여읨에 의한 희열과 행복을 수반한다. 그런데 경전의 다른 곳에서는 '초선에 도달한 자에게는 언어가 소멸하게 된다[Pathamaṁ jhānaṁ samapannassa vācā niruddhā hoti)'라고 또 다른 과정상의 속성이 부가되어 있으나 그것은 대상 지향적인 감각적 욕망을 떠나는 과정에 수반되는 지칭적 언어표현의 소멸을 뜻하는 것이지 개념화된 언어로 대상을 이해하는 사유나 숙고는 명증적으로 나타난다.

22) aham brāhmaṇa vitakkavicārānaṁ vūpasamā ajjhattam sampasādanaṁ cetaso ekodibhāvaṁ avitakkam avicāraṁ samādhijaṁ pītisukhaṁ dutiyaṁ jhānam upasampajja vihāsiṃ : Vism. 155-157에 따르면, 두 번째 선정(dutiyajjhāna : 二禪)에 입정은 첫 번째 선정에서 출정하여 첫 번째 선정의 구성요소인 사유와 숙고가 거칠다고 판단하여 보다 미세하고 고요한 두 번째 선정을 선택함으로써 이루어진다. 두 번째 선정에서는 자신의 내면에 강력한 믿음에 의한 확신을 통해서 마음을 고요히 하여 언어에 기초한 개념적 사유와 숙고를 여의고 더욱 깊은 심일경성(cetaso ekodibhāvaṁ : 心一境性)을 속성으로 하는 초선으로부터 점점 깊어지는 삼매에서 생겨나는 더욱 커다란 희열(pīti : 喜)과 행복(sukha : 樂) 속으로 들어간다. 이 두 번째 선정에서는 두 가지 즉, 사유와 숙고가 버려지고 세 가지 즉, 심일경성과 희열과 행복이 성취된다.

표현하는 세 번째 선정에 들었습니다.23)

4) 바라문이여, 나는 행복과 고통이 버려지고 만족과 불만도 사라진 뒤, 괴로움도 없고 즐거움도 없는, 평정하고 새김이 있고 청정한 네 번째 선정에 들었습니다.24)

1-6. 이와 같이 마음이 통일되어 청정하고 순결하고 때묻지 않고 오염되지 않고 유연하고 유능하고 확립되고 흔들림이 없게 되자 나는 마음을 전생의 기억에 대한 앎으로 향하게 했습니다.25) 바라문이여, 나는 전생의 여러 가지 삶의 형태를 기억했습니다. 예를 들어 '한 번 태어나고 두 번 태어나고 세 번 태어나고 네 번 태어나고 다섯 번 태어나고 열 번 태어나고 스무 번 태어나고 서른 번 태어나고 마흔 번 태어나고 쉰 번 태어나고 백 번 태어나고 천 번 태어나고 십만 번 태어나고 수많은 세계 파괴의 겁을 지나고 수많은 세계 발생의 겁을 지나고 수많은 세계 파괴와 세계 발생의 겁을26) 지나면서, 당시에 나는 이러한 이름과

---

23) aham brāhmaṇa pītiyā ca virāgā upekkhako ca viharāmi sato ca sampajāno sukhañ ca kāyena paṭisaṁvedemi. yan tam ariyā ācikkhanti upekkhako satimā sukhavihārīti. tatiyaṁ jhānaṁ upāsampajja vihāsiṃ : Vism. 158에 따르면, 세 번째 선정(tatiyajjhāna : 三禪)에 입정은 두 번째 선정에서 출정하여 두 번째 선정의 구성요소인 희열이 거칠다고 판단하여 보다 미세하고 고요한 세 번째 선정을 선택함으로써 이루어진다. 세 번째 선정에서는 다섯 가지 선정의 고리의 과정 가운데 더욱 심화된 행복과 심일경성만이 남는다. 이때에 평정이 심화되고 새김의 활동이 두드러지게 나타난다.

24) aham brāhmaṇa sukhassa ca pahānā dukkhassa ca pahānā pubbeva somanassadomanassānam atthagamā adukkham asukham upekkhā sati parisuddhiṁ catutthaṁ jhānam upasampajja vihāsiṃ : 네 번째 선정(catutthaj jhāna : 四禪)에 입정은 세 번째 선정에서 출정하여 세 번째 선정의 구성요소인 행복이 거칠다고 판단하여 보다 미세하고 고요한 네 번째 선정을 선택함으로써 이루어진다. 네 번째 선정에서는 행복의 상태마저 제거되고 심일경성(心一境性) 상태만이 남으며 거기에 새김이 수반된다. 그런데 경전의 다른 곳에서는 '네 번째 선정(四禪)에 도달한 자에게는 입출식(入出息)이 소멸하게 된다(catuttham jhānaṁ samapannassa assasapassasa niruddhā honti)'라고 또 다른 과정상의 속성이 부가되어 있다. 이는 삼선과 사선을 통해 육체적인 행복과 입출식(入出息)이라고 하는 육체적 형성(行)이 소멸된다는 의미를 지니고 있다. 이렇게 해서 첫 번째 선정과 두 번째 선정에서 언어적 형성이 세 번째 선정과 네 번째 선정에서 신체적 형성이 소멸된다. 이렇게 해서 나타나는 완전한 심일경성은 마음에 의한 해탈(心解脫)이라고 불리우며, 이 마음에 의한 해탈은 세속적이지만 수승한 곧바른 앎(世間神通 : lokiya abhiññā)의 구사를 가능하게 한다.

25) so evaṃ samāhite citte parisuddhe, pariyodāte, anaṅgaṇe, vigatūpakkilese, mudubhūte, kammaniye, ṭhite, āneñjappatte, pubbenivāsānussatiñāṇāya cittaṃ abhininnāmesiṃ : 여기서 언급되고 있는 것은 숙명통(pubbeniv asānussati : 宿命通)이다. 숙명통에 관해 언급되고 있는 내용은 거의 무한이지만 특정한 시간에 한정되어 소급되는 자신의 전생에 관한 곧바른 앎이다. 그러나 윤회의 시작은 알려지지 않는다. 그럼에도 불구하고 특정한 시간적 계기에 따라 조건지어진 존재의 계기가 흔적으로 남는다는 사실을 조건의 소멸에 수반되는 여실지견에 의해 전생으로 기억하는 것이 가능하다고 볼 수 있다. 그러나 이것은 결코 전생의 사건에 대한 인과론적으로 가능하지 않은 직접지각이 아니며 다중적인 전생의 삶을 회상할 수 있는 능력에 불과한 것이다. Vism. 13~71에 상세히 설명되어 있다.

26) vivaṭṭakappa… saṁvaṭṭakappa : 한역에서는 각각 성겁(成劫 : vivaṭṭakappa)과 괴겁(壞劫 : saṁvaṭṭakappa)

이러한 성을 지니고 이러한 용모를 지니고 이러한 음식을 먹고 이러한 괴로움과 즐거움을 맛보고 이러한 목숨을 지녔고, 나는 그곳에서 죽은 뒤에 다른 곳에 태어났는데, 거기서 나는 이러한 이름과 이러한 성을 지니고 이러한 용모를 지니고 이러한 음식을 먹고 이러한 괴로움과 즐거움을 맛보고 이러한 목숨을 지녔었다. 그곳에서 죽은 뒤에 여기에 태어났다.'라고 이와 같이 나는 나 자신의 전생의 여러 가지 삶의 형태를 구체적으로 상세히 기억했습니다. 바라문이여, 방일하지 않고 열심히 정진한 자에게 그렇듯이, 나에게 한 밤의 초야에 첫 번째 밝음을 얻자 무명이 부서지고 명지가 생겨나고 어둠이 부서지고 광명이 생겨났습니다. 바라문이여, 이것이 병아리가 알껍질을 깨고 나오는 것과 같은 나의 첫 번째 깨고나옴이었습니다.

1-7. 이와 같이 마음이 통일되어 청정하고 순결하고 때묻지 않고 오염되지 않고 유연하고 유능하고 확립되고 흔들림이 없게 되자 나는 마음을 뭇삶들의 삶과 죽음에 대한 앎으로 향하게 했습니다.[27] [*5] 바라문이여, 나는 청정하여 인간을 뛰어넘는 하늘눈으로 뭇삶들을 관찰하여 죽거나 다시 태어나거나 천하거나 귀하거나 아름답거나 추하거나 행복하거나 불행하거나 업보에 따른 뭇삶들에 관하여 분명히 알았습니다. 예를 들어 '이 뭇삶들은 신체적으로 악행을 갖추고 언어적으로 악행을 갖추고 정신적으로 악행을 갖추었다. 그들은 고귀한 님들을 비난하고 잘못된 견해를 갖추고 잘못된 견해에 따른 행동을 갖추었다. 그래서 이들은 육체가 파괴된 뒤 죽어서 괴로운 곳, 나쁜 곳, 비참한 곳, 지옥에[28] 태어났

을 말한다. 이것은 네 가지 우주의 순환과정 가운데 두 단계를 나타낸 것이다. 이것에 관해서는 AN. IV. 156과 VII. 62에 상세히 나온다. 네 우주기는 아래와 같다. ① 우주소멸기(壞劫 : saṁvaṭṭakappa) ② 우주혼돈기(空劫 : saṁvaṭṭaṭṭhāyikappa) ③ 우주유지기(住劫 : vivaṭṭaṭṭhāyikappa) ④ 우주생성기(成劫 : vivaṭṭakappa)

27) so evaṃ samāhite citte parisuddhe pariyodāte anaṅgaṇe vigatūpakkilese mudubhūte kammaniye ṭhite āneñjappatte sattānaṃ cutūpapātañāṇāya cittaṃ abhininnāmesiṃ, so dibbena cakkhunā visuddhena atikkantamānusakena satte passāmi : 여기서는 천안통(dibbacakkhu : 天眼通)에 관해 언급하고 있다. 천안통은 자신의 행위와 업보에 미루어 타자의 행위와 업보에 대해 파악하는 능력이 정제되고 확장된 것이다. 천이통처럼 천안통이 멀고 가까운 대상에 대한 지각을 의미하는 것이 아니라 여기서 언급되고 있는 것은 현재의 뭇삶들의 다양성을 그들의 업보의 다양성에 따른 인과응보의 관계로 파악하는 것을 의미하고 있다. 앞서의 숙명통은 자신에 관련된 것이고 지금 논의되고 있는 천안통은 타자의 다양한 업보에 따라 등장하는 운명에 관한 것이다. 이것은 타자의 현재적 사건을 일반적인 시각능력의 범주를 넘어서 지각하는 것이다. 또한 타심통이 자신의 마음을 미루어 타자의 마음을 알듯이 천안통은 자신의 숙명을 미루어 타자의 숙명에 관해 아는 것이다. 천안의 계발은 초감각적 초시간적 실재를 토대로 하는 것이 아니라 육안을 토대로 한다. 따라서 천안통은 현재적 사건을 보는 목적을 위해서만 수행될 수 있는 것이지 그것을 통해 과거와 미래를 직접 지각할 수 있는 것은 아니다. Vism. 72~101에서 상세히 설명하고 있다.

28) apāya, duggati, vinipāta, niraya : Mrp. I. 57에 따르면, 각각 괴로운 곳(苦處 : apāya), 나쁜 곳(惡趣 : duggati),

다. 그러나 이 뭇삶들은 신체적으로 선행을 갖추고 언어적으로 선행을 갖추고 정신적으로 선행을 갖추었다. 그들은 고귀한 님들을 비난하지 않고 올바른 견해를 지니고 올바른 견해에 따른 행동을 갖추었다. 그래서 이들은 육체가 파괴된 뒤 죽어서 좋은 곳, 하늘나라에 태어났다.'라고 이와 같이 나는 청정하여 인간을 뛰어넘는 하늘눈으로 뭇삶들을 관찰하여 죽거나 다시 태어나거나 천하거나 귀하거나 아름답거나 추하거나 행복하거나 불행하거나 업보에 따른 뭇삶들에 관하여 분명히 알았습니다. 바라문이여, 방일하지 않고 열심히 정진한 자에게 그렇듯이, 나에게 한 밤의 중야에 두 번째 밝음을 얻자 무명이 부서지고 명지가 생겨나고 어둠이 부서지고 광명이 생겨났습니다. 바라문이여, 이것이 병아리가 알껍질을 깨고 나오는 것과 같은 나의 두 번째 깨고나옴이었습니다.

1-8. 이와 같이 마음이 통일되어 청정하고 순결하고 때묻지 않고 오염되지 않고 유연하고 유능하고 확립되고 흔들림이 없게 되자, 나는 마음을 번뇌의 소멸에 대한 앎으로 향하게 했습니다.[29] 나는 '이것이 괴로움이다.'라고 있는 그대로 곧바로 알고, '이것이 괴로움의 발생이다.'라고 있는 그대로 곧바로 알고, '이것이 괴로움의 소멸이다.'라고 있는 그대로 곧바로 알고, '이것이 괴로움의 소멸로 이끄는 길이다.'라고 있는 그대로 곧바로 알았습니다. 나는 '이것이 번뇌이다.'라고 있는 그대로 곧바로 알고, '이것이 번뇌의 발생이다.'라고 있는 그대로 곧바로 알고, '이것이 번뇌의 소멸이다.'라고 있는 그대로 곧바로 알고, '이것이 번뇌의 소멸로 이끄는 길이다.'라고 있는 그대로 곧바로 알았습니다. 나는 이와 같이 알고 이와 같이 보아서 감각적 쾌락에 대한 욕망의 번뇌에서 마음을 해탈하고, 존재의 번뇌에서 마음을 해탈하고, 무명의 번뇌에서 마음을 해탈했습니다.[30] 내가 해탈했을 때 '해탈되었

비참한 곳(墮處 : vinipāta), 지옥(地獄 : niraya)은 모두 지옥의 동의어이다. 그러나 Las. I. 51에 따르면, 이 말들은 각각 서로 다른 네 가지 하층의 세계를 의미한다. 즉, 차례로 축생(畜生 : tiracchāna), 아귀의 세계(餓鬼 : pettivisaya), 아수라의 무리(阿修羅 : asuranikāya), 지옥(地獄 : niraya)을 의미한다. 지옥은 어원적으로 '산산 조각난 것'이라는 뜻이 있다. 그런데 경전 상에서는 네 가지는 동의어로서 네 가지 하층의 세계를 모두 지칭하는 것으로 사용되는 것 같다.

29) so evaṃ samāhite citte parisuddhe pariyodāte anaṅgaṇe vigatupakkilese mudubhūte kammaniye ṭhite āneñjappatte āsavānaṃ khayañāṇāya cittaṃ abhininnāmesiṃ : 한역의 누진통(āsavākhayañāṇa: 漏盡通)을 말한다. 여기에 언급되어 있듯, 네 가지 거룩한 진리에 대하여 있는 그대로 곧바로 아는 것을 의미한다.

30) kāmāsavā'pi cittaṃ vimuccittha. havāsavā'pi cittaṃ vimuccittha. avijjāsavā'pi cittaṃ vimuccittha : 네 가지 번뇌(cattāro āsavā : 四漏) 가운데 세 가지를 말한다. 후대에 여기에 '견해에 의한 번뇌'가 추가되어 네 가지 번뇌가 되었다. 네 가지 번뇌란 다음과 같다. ① 감각적 쾌락의 욕망에 의한 번뇌[欲漏: kāmāsava] ② 존재에 의한 번뇌[有漏: bhavāsava] ③ 견해에 의한 번뇌[見漏: diṭṭhāsava] ④ 무명에 의한 번뇌[無明漏: avijjāsava]를 말한다. 여기서 PTS본은 네 가지 번뇌를 다 열거하고 있으나, 싱할리본 율장과 여타의 다른 니까야에서는 세

다'라는 궁극적인 앎이 생겨났습니다. 나는 '태어남은 부서졌고, 청정한 삶은 이루어졌고, 해야 할 일은 해 마쳤으며, 더 이상 윤회하지 않는다.'라고[31] 곧바로 알았습니다. 바라문이여, 방일하지 않고 열심히 정진한 자에게 그렇듯이, 나에게 한 밤의 후야에 세 번째 밝음을 얻자 무명이 부서지고 명지가 생겨나고 어둠이 부서지고 광명이 생겨났습니다. 바라문이여,[*6] 이것이 병아리가 알껍질을 깨고 나오는 것과 같은 나의 세 번째 깨고나옴이었습니다."[32]

1-9. 이처럼 말씀하시자 바라문 베란자는 세존께 이와 같이 말씀드렸다.

[베란자] "존자 고따마께서는 손위십니다. 존자 고따마께서는 최상자입니다. 존자 고따마여, 훌륭하십니다. 존자 고따마여, 훌륭하십니다. 존자 고따마여, 마치 넘어진 것을 일으켜 세우듯, 가려진 것을 열어보이듯, 어리석은 자에게 길을 가리켜주듯, 눈 있는 자는 형상을 보라고 어둠 속에 등불을 들어 올리듯, 존자 고따마께서는 이와 같이 여러 가지 방법으로 진리를 밝혀주셨습니다. 그러므로 이제 세존이신 고따마께 귀의합니다. 또한 그 가르침에 귀의합니다. 또한 그 수행승의 모임에 귀의합니다. 세존이신 고따마께서는 재가신자로서 저를 받아 주십시오. 오늘부터 목숨이 다하도록 귀의하겠습니다. 세존이신 고따마께서는 수행승들의 참모임과 함께 베란자 시에서 안거를 보내시면 좋겠습니다."

세존께서는 침묵으로 허락하셨다. 그러자 바라문 베란자는 세존께서 허락하신 것으로 알고 자리에서 일어나 세존께 인사를 드리고 그곳을 떠났다.

2-1. 그런데 그때 베란자 시는 기근이 들어 음식을 얻기 어렵고 노균병(露菌病)

가지 번뇌만을 언급하고 있다.

31) khīṇā jāti, vusitaṃ brahmacariyaṃ, kataṃ karaṇīyaṃ nāparaṃ itthattāyāti : 거룩한 님의 궁극적인 앎에 관해 서술할 때에 사용되는 정형구이다. Pps. I. 128에 따르면, '태어남은 부수어졌다'에서 '태어남'은 성스러운 길이 닦여지지 않았을 때 생겨나는 형태의 태어남이므로 성스러운 길을 닦았을 때 '태어남'이 생겨난다는 것은 불가능하다. 살아왔던 '청정한 삶'은 성스러운 길의 청정한 삶(maggabrahmacariya)이다. '해야 할 일을 해 마친 것'은 거룩한 진리에 대한 네 가지 과업 — 괴로움에 대한 완전한 앎, 괴로움의 원인의 제거, 괴로움의 소멸의 성취, 괴로움의 소멸에 이르는 길에 대한 수행 — 이 네 가지 각각의 출세간적인 길을 위해 완성된 것을 말한 것이다. 역자가 '더 이상 윤회하지 않는다.'라고 번역한 말의 원뜻은 '더 이상 이러한 상태는 없다(nāparaṃ itthātta ya)'라는 뜻이다. 그 말은 '이러한 상태를 위해 즉, 길의 열여섯 가지 기능을 위해, 번뇌의 파괴를 위해, 다시 길을 닦아야 할 필요가 없다.'는 뜻이거나 또는 달리 '이러한 상태, 지금 일어나고 있는 존재의 다발(蘊)의 지속 이후에는 나에게 존재의 다발의 지속은 없다. 이러한 다섯 가지 존재의 다발들(pañcakkhandha : 五蘊)은 완전히 이해되면, 뿌리 잘린 나무처럼 되어버린다. 마지막 의식이 정지함으로써 그들은 연료 없는 불꽃처럼 사라질 것이다.'라고 해석할 수 있다.

32) ayaṃ kho me brāhmaṇa tatiyābhinibbhidā ahosi kukkuṭacchāpakasseva aṇḍakosamhā'ti : 여기까지는 MN. I. 21-23과 동일하다.

이 돌고 풀뿌리로 생활하며 이삭줍기나 호의로 베푸는 음식으로 연명하기도 쉽지 않았다. 그때 웃따라빠타까[33] 지방의 말을 파는 상인들이 오백 마리의 말을 데리고 베란자 시에서 우기를 보냈다. 그들은 말우리[34]에서 수행승들을 위하여 각각 빳타[35] 분량의 찐 곡식을 준비했다.

수행승들은 아침 일찍 옷을 입고 발우와 가사를 수하고 베란자라 시로 탁발하러 들어가서 음식을 얻지 못하자, 말우리로 탁발하러 가서 각각 빳타 분량의 찐 곡식을 가지고 승원으로 돌아와서 절구에 빻아서 먹었다.

그러나 존자 아난다[36]는 빳타 분량의 찐 곡식을 돌로 부수어서 세존께 건네 드렸다. 세존께서는 그것을 드셨다. 세존께서는 절구소리를 들었다. 여래들은 알면서 질문하기도 하고 알면서 질문하지 않기도 한다. 때를 알아서 질문하기도 하고 때를 알아서 질문하지 않기도 한다. 의미있는 것에 대해서는 질문하고 의미없는 것에 대해서는 질문하지 않는다. 여래들에게는 의미없는 것은 교량의 파괴[37]를 뜻한다. 존귀한 부처님들께서는 '가르침을 설할 것인가? 제자들을 위하

---

33) Uttarāpathaka : 북인도를 의미한다. Jāt. II. 287에서도 북인도에서 온 마상(馬商)에 대한 언급이 나온다.

34) assamaṇḍalika : 마굿간이 아니라 말우리이다. Smp. 176에 따르면, 이 지역에 사개월간의 우기에는 여행을 할 수 없으므로 도시외곽에 물에 잠기지 않는 곳에 우리를 쳐서 상인 자신들을 위한 숙소와 마굿간(assamandira)을 만들었다.

35) pattha : 1/4 āḷhaka[승(升). 알하까 = 곡식을 재는 용량의 단위 : 1 āḷhaka = 1/4 doṇa = 1/16 mānikā = 1/64 khāri. 20 khāri= 1 vāha. 16 pasata = 4 pattha = 1 āḷhaka].

36) Ānanda : 부처님의 제자 수행승 가운데 '많이 배운 자 가운데 제일(bahussutānaṃ aggaṃ)'이고, '새김 있는 님 가운데 제일(satimantānaṃ aggaṃ)'이고, '행동거취가 분명한 님 가운데 제일(gatimantānaṃ aggaṃ)'이고, '의지가 확고한 님 가운데 제일(dhitimantānaṃ aggaṃ)'이고, '시중드는 님 가운데 제일(upaṭṭhākānaṃ aggaṃ)'이다. 그는 부처님과 같은 나이의 사촌이었으며, 나중에 부처님의 시자가 되었다. 그는 도솔천(兜率天)에서 내려와 보살로 태어났다. 그의 아버지는 싸끼야 족의 아미또다나(Amitodana)였다. 그의 형제로는 이복형제인지 분명하지 않지만 쑷도다나(Suddhodana), 마하나마(Mahānāma), 아누룻다(Anuruddha)가 있었다. 그는 부처님이 법륜을 굴리기 시작한 이듬해에 싸끼야 족의 왕자 밧디야(Bhaddiya), 아누룻다, 바구(Bhagu), 낌빌라(Kimbala), 데바닷따와 함께 교단에 들어갔다. 그의 친교사(親敎師)는 벨랏타씨싸(Belaṭṭhasīsa)였고 뿐나 만따니뿟따(Puṇṇa Mantāniputta)의 설법을 듣고 흐름에 든 님(豫流者 : sotāpaṇṇa)의 경지에 이르렀다. 깨달은 뒤 20년간 부처님에게는 시자가 없었다. 그러나 20년 뒤 모든 위대한 제자들이 부처님을 시봉하길 원했을 때 부처님은 말없이 앉아 있던 아난다를 시자로 택했다. 아난다는 가사나 생필품이나 잠자리를 마련하고 방문객을 맞거나 여행을 준비하는 등의 일을 맡기로 하고 마지막으로 자신의 부재중에 한 설법을 자신에게 반복해주길 요청해서 허락을 받았다. 그 후 25년간 아난다는 부처님을 그림자처럼 따라다니며 씻을 물을 준비하고 발을 씻어드리고 방청소를 하고 모든 곳으로 따라다녔다. 그는 언제나 스승의 손이 닿는 곳에 있다가 스승에게 필요한 것은 미리 알아서 조치했다. 밤에는 단단한 지팡이와 커다란 등불을 들고 부처님의 향실(香室 : Gandhakuṭi) 주변을 아홉 번이나 돌았다. 그 이유는 필요하면 부처님을 깨우고 때로는 주무시는 데 장애가 되는 요인을 제거하기 위해서였다. 그는 부처님이 열반에 드신 이후에 아라한의 경지를 얻어 칠엽굴(七葉窟 : Sattapaṇṇaguhā)에서 경전을 결집할 당시에 참여할 수 있었다. 그때 아난다가 대부분의 경을 송출하여 후대에 대장경으로 남게 되었다.

37) setughāto : 여기서 교량(橋梁)은 길(magga)을 의미한다. 따라서 앞 구절에서 '의미없는 것'은 '교량의 파괴'를

여 학습계율을 시설할 것인가?'라고 수행승들에게 두 가지 형태로 반문한다.

그래서 세존께서는 존자 아난다에게 물었다.

[세존] "아난다여, 저 절구소리는 어쩐 일인가?"

장로 아난다는 그 사실을[*7] 알렸다.

[세존] "아난다여, 훌륭하다. 아난다여, 훌륭하다. 아난다여, 그대들 참사람들로서 기근을 이겨내었으니, 후세의 사람들은 육고기를 넣고 끓인 쌀죽이라도 가치를 부여하지 않을 것이다."

2-1. 그때 존자 마하 목갈라나[38]가 세존께서 계신 곳을 찾아왔다. 가까이 다가와서 세존께 인사를 드리고 한쪽으로 물러나 앉았다. 한쪽으로 물러나 앉아서 존자 마하 목갈라나는 세존께 이와 같이 말했다.

[목갈라나] "세존이시여, 여기 베란자 시는 기근이 들어 음식을 얻기 어렵고 노균병이 돌고 풀뿌리로 생활하고 이삭줍기나 호의로 연명하기도 쉽지 않습니다. 세존이시여, 이 대지의 최하층은 비옥하기가 흠없는 벌집과도 같습니다. 세존이시여, 훌륭합니다. 저는 이 대지를 반전시켜서 수행승들이 대지의 제호미[39]를 맛보게 하겠습니다."

[세존] "목갈라나여, 대지에 의지하고 사는 생물들이 있다면, 그대는 어떻게 할 것인가?"

[목갈라나] "세존이시여, 손바닥을 대지와 같이 화현시켜서, 대지에 의지하고 사는 생물들을 그 위에 옮기고 다른 한 손으로 대지를 반전시키겠습니다."

뜻한다는 측면에서 그 의미는 곧, '열반의 목적에 부합되지 않는, 의미가 없는 것은 교량 즉, 팔정도의 파괴를 뜻한다.'라고 해석해 볼 수 있다. Bd. I. 13에서는 '의미 없는 것'을 '목적에 부합되지 않는 것'이라고 번역하고 있다.

38) Mahā Moggallāna : 부처님의 제자 수행승 가운데 '신통을 지닌 님 가운데 제일(iddhimantānaṃ aggaṃ)'이다. Ppn. II. 541에 따르면, 마하 목갈라나는 부처님의 주요 제자 가운데 두 번째 제자로서 신통력에서 제일인자였다. 그는 싸리뿟따(Sāriputta) -그들은 부처님보다 나이가 많았다 -와 같은 날 라자가하 시 근처 꼴리따가마(Kolitagāma)에서 태어났다. 그래서 그는 꼴리따(Kolita)라고 불렸다. 아버지는 마을의 장자였고, 어머니는 목갈리(Moggali)였다. 목갈라나와 싸리뿟따의 집안은 7대에 걸쳐 친밀하게 교제해 오고 있는 친한 집안이었다. 싸리뿟따에게는 오백 대의 황금가마, 목갈라나에게는 오백 대의 마차가 있었다. 어느 날 두 친구는 광대놀이를 보러 갔다가 무상함을 깨닫고 출가를 결심했다. 그들은 먼저 회의론자 싼자야(Sañjaya)의 제자가 되어 전 인도를 돌아다녔다. 그러다 어느 날 싸리뿟따가 라자가하 시에서 부처님의 제자 앗싸지(Assaji)를 만나 '모든 현상은 원인으로 말미암아 생겨난다.(ye dhammā hetuppabhavā)'는 말을 듣고 부처님의 제자가 되었다. 싸리뿟따에게 동일한 말을 전해들은 목갈라나도 부처님 제자가 되었다. 그들은 자신들의 동료이자 싼자야의 제자 250명과 함께 벨루 숲에서 부처님을 만나 모두 불교에 귀의했다.

39) pappaṭakoja : 한역에서는 '대지의 제호미(醍醐味)'를 지병(地瓶)이라고 번역하기도 하는데, '수초(水草)'라는 의미도 있다. Bd. I. 14에서는 수초의 의미를 취한다.

[세존] "목갈라나여, 그만두어라. 대지를 반전시키려고 하지 말라. 뭇삶들도 역시 반전될 것이다."

[목갈라나] "세존이시여, 옳습니다. 모든 수행승들의 무리는 웃따라꾸루 지방으로 탁발하러 가겠습니다."

[세존] "목갈라나여, 그만두어라. 수행승들의 무리가 모두 웃따라꾸루 지방으로 탁발하러 가려고 하지 말라."

3-1. 그때 존자 싸리뿟따40)가 홀로 명상하다가 이와 같이 마음속으로 생각이 일어났다.

[싸리뿟따] '어떠한 존귀한 부처님의 청정한 삶이 오래 가지 않았는가? 어떠한 존귀한 부처님의 청정한 삶이 오래 갔는가?'

그래서 존자 싸리뿟따는 저녁 무렵 명상에서 일어나 세존께서 계신 곳을 찾아갔다. 가까이 다가가서 세존께 인사를 드리고 한쪽으로 물러나 앉았다. 한쪽으로 물러나 앉아서 존자 싸리뿟따는 이와 같이 말했다.

[싸리뿟따] "세존이시여, 여기 저는 홀로 명상을 하다가 이와 같이 '어떠한 존귀한 부처님의 청정한 삶이 오래 가지 않았는가? 어떠한 존귀한 부처님의 청정한 삶이 오래 갔는가?'라고 생각했습니다."

[싸리뿟따] "세존이시여, 어떠한 존귀한 부처님의 청정한 삶이 오래 가지 않았습니까? 어떠한 존귀한 부처님의 청정한 삶이 오래 갔습니까?"

[세존] "싸리뿟따여, 세존이신 비빳씬41)과 세존이신 씨킨42)과 세존이신 벳싸

---

40) Sāriputta : 부처님의 제자 수행승 가운데 '위대한 지혜를 지닌 님 가운데 제일(mahāpaññānaṃ aggaṃ)'이다. 고따마 붓다의 수제자로 지혜제일(mahāpaññānaṁ aggaṃ)로 일컬어졌다. 일설에 의하면, 그는 우빠띳싸(Upatissa) 마을에서 태어났으므로 우빠띳싸라고도 불렸다. 그의 아버지는 바라문 방간따(Vaṅganta)였고 어머니는 루빠싸리(Rūpasārī)였다. 싸리뿟따는 어머니 이름을 딴 것이다. 일설에 의하면 그의 아버지는 날라까(Nālaka)였다. 그에게는 세 명의 형제 쭌다(Cunda), 우빠쎄나(Upasena), 레바따(Revata)와 세 명의 누이 짤라(Cālā), 우빠짤라(Upacālā), 씨쑤빠짤라(Sisūpacālā)가 있었는데, 모두 출가하여 승려가 되었다. 싸리뿟따는 수행승 앗싸지에게 인과법에 대한 두 줄의 시로 된 부처님의 가르침을 듣고 '진리의 흐름에 든 님[須陀洹, 預流者 : Sotāpanna]'이 되었다. 그가 친구인 목갈라나에게 그 시를 들려주자 목갈라나도 같은 경지에 오르게 되었다. 싸리뿟따는 목갈라나와 함께 벨루 숲에 계신 부처님을 찾아가기 전에 그들이 모시던 회의주의자인 스승 싼자야(Sañjaya)를 모시고 가려했으나 싼자야는 거절했다. 목갈라나는 불교교단에 출가한 지 칠일 만에 거룩한 님이 되었으나 싸리뿟따는 보름 후에 거룩한 님이 되었다. 부처님은 대중 앞에서 자주 주제만 제시하고 싸리뿟따가 대신 설법을 했다. 그래서 아난다가 '가르침의 창고(Dhammabhaṇḍāgārika)'라고 불린 데 반해 그는 '가르침의 장군(Dhammasenāpati)'이라고 불렸다. 그는 아나타삔디까의 임종 때 감동적 설법을 하기도 했다.

41) Vipassin : 한역에서는 비바시불(毘婆尸佛)이라고 음사한다. 이 부처님은 역사적인 싸끼야무니[釋迦牟尼] 부처님 이전의 과거24불 가운데 19 번째 부처님이다. 91겁 전에 출현했던 부처님이다. 조건적 발생의 법칙인 연기에 대한 비빳씬 부처님의 발견에 관해서는 DN II. 30에 잘 설명되어 있다. 그 경은 이 경의 항목 11까지 글자 그대로

부[43]의 청정한 삶은 오래가지 않았다. 싸리뿟따여, 세존이신 까꾸싼다[44]와 세

일치하고 있다. 그러나 12에서는 명색을 조건으로 해서 의식[識]이 발생하는 것으로 기술하고 있어 이 경과는 반대로 되어 있다. 그리고 형성[行]과 무명에 관해서는 전혀 언급하지 않고 있다. DN. II. 30은 ≪쌍윳따니까야≫와는 달리 DN. II. 62와 일치하고 있다. 이것은 ≪디가니까야≫의 해당경전의 연기 법칙이 보다 오래된 것임을 나타낸다. 따라서 십이연기의 체계가 서술되어 있는 이 경은 보다 후대의 학문적 체계의 요소를 갖고 있다고 보아야 할 것이다. Ppn. II. 886에 따르면, 비빳씬 부처님은 반두마띠(Bandhumatī)의 케마(Khema) 공원에서 태어났다. 그의 아버지는 반두마(Bandhumā)였고 어머니는 반두마띠(Bandhumatī)였다. 그의 성은 꼰당냐(Koṇḍ añña)였다. 팔천 년 동안 난다(Nanda), 쑤난다(Sunanda), 씨리마(Sirimā)라고 하는 세 궁전에서 살았다. 그는 키가 사십 미터 가량이었다. 그의 아내는 쑤따나(Sutanā)였고 아들은 싸마밧따칸다(Samavattakkhandha)였다. 그는 마차를 타고 집을 떠나 팔개월간 고행을 닦았다. 깨닫기 전에 쑤닷싸나쎗티(Sudassanaseṭṭhi)의 딸이 유미죽을 주었다. 쑤자따(Sujāta)라는 논지기가 길상초를 건네주었다. 그의 보리수는 빠딸리(Pāṭali) 나무였다. 그는 이복형제 칸다(Khandha)와 사제의 아들 띳싸(Tissa)에게 케마미가다야(Khemamigadāya)에서 초전법륜을 설했다. 아쏘까(Asoka)가 늘 시봉했고 짠다(Candā)와 짠다밋따(Candamittā)가 여수제자였다. 그의 주요한 후원자로는 뿐납바쑤미따(Punabbasumitta)와 나가(Nāga)가 있었다. 팔만 세에 쑤밋따라마(Sumittārāma)에서 열반했다. 그는 밤이나 낮이나 잘 볼 수 있는 커다란 눈을 갖고 있었고 투시하는 능력이 있었으므로 비빳씬(Vipassin)이라고 불렸다.

42) Sikhin : 씨킨 부처님은 한역으로 시기불(尸棄佛)이라고 한다. 31겁 이전에 출현하신 부처님이다. 역사적인 싸끼야무니[釋迦牟尼] 부처님 이전의 과거 24불 가운데 20 번째의 부처님이다. 그는 Ppn. II. 1130에 의하면 아루나바띠(Aruṇavatī)의 나싸바(Nisabha) 유원에서 태어났으며 아버지는 왕족계급의 아루나(Aruṇa)였고 어머니는 빠바바띠(Pabhavatī)였다. 그는 머리의 육계가 불꽃 모양을 하고 있었기 때문에 씨킨이라고 불렸다. 칠천년 동안 쑤짠다(Sucanda), 기리(Giri), 바하나(Vahana)라고 하는 세 궁전에서 부인 쌉바까마(Sabbakāmā)와 아들 아뚤라(Atula)와 함께 살다가 코끼리를 타고 떠나 8개월간 고행을 닦았다. 이때 백만장자 삐야닷씨(Piyadassin)의 딸이 유미죽을, 아노마닷씬(Anomadassin)이 앉을 자리의 풀을 공양했다. 씨킨 부처님이 깨달을 때의 보리수는 뿐다리까(Puṇḍarikā)였다. 초전법륜은 아루나바띠의 미가찌라(Migācira) 유원에서 있었다. 그를 늘 시봉한 제자는 케망까라(Khemaṅkara)였고 수제자는 수행승 아린다마(Arindama), 아비부(Abhibhū), 쌈바바(Sambhava)와 수행녀 아킬라(Akhilā), 빠두마(Padumā) 등이 있었다. 그의 몸은 30미터 정도였고 칠만 년을 살았다고 한다. 그는 씰라바띠(Sīlavatī)의 뚯싸라마(Dussārāma)에서 열반에 들었다.

43) Vessabhū : 벳싸부 부처님은 한역으로 비사부불(毘舍浮佛)이라고 한다. 씨킨 부처님과 같은 31겁 전의 부처님이다. 역사적인 싸끼야무니[釋迦牟尼] 부처님 이전의 과거 24불 가운데 21 번째 부처님이다. Ppn. II. 948에 의하면 아노마(Anoma) 유원에서 태어났으며 아버지는 왕족계급의 쑤빠띠따(Supatita), 어머니는 야싸바띠(Yasavatī)였다. 태어날 때 황소처럼 승리의 외침을 냈으므로 그런 이름을 갖게 되었다고 한다. 태어나 육천 년 동안 루찌(Ruci), 쑤루찌(Suruci), 밧다나(Vaḍḍhana)라고 불리는 세 궁전에 살았는데, 아내는 쑤찟따(Sucittā)였고 아들은 쑵빠붓다(Suppabuddha)였다. 가마를 타고 출가하여 여섯 달 동안 고행을 했는데 그때 여인 씨리밧다나(Sirivaḍḍhanā)가 자리의 풀을 공양했다. 쌀라(Sāla) 나무 아래서 정각을 얻고 아누라라마(Anurārāma)에서 형제인 쏘나(Soṇa)와 웃따라(Uttara)에게 초전법륜을 행했고 이들은 수제자 수행승이 되었다. 벳싸부 부처님을 항상 시봉한 제자로는 우빠싼따(Upasanta)가 있었다. 수제자 가운데 수행녀로는 고따미(Gotamī)와 씨리마(Sirimā)가 유명했다. 벳싸부 부처님은 키가 30미터 정도였으며 육만 세를 살았고 우싸바바띠(Usabhavatī)의 케마라마(Khemārāma)에서 열반에 들었다.

44) Kakusandha : 까꾸싼다 부처님은 한역으로 구류손불(狗留孫佛)이라고 한다. Ppn. I. 470에 따르면, 역사적인 석가모니 부처님 이전의 24불 가운데 22 번째의 부처님이며 현재의 현겁(賢劫 : bhaddakappa)에서의 오불(五佛) 가운데 첫 번째 부처님이다. 바라문 악기닷따(Aggidatta)의 아들로서 케마(Khema) 유원에서 태어나서 루찌(Ruc i), 쑤루찌(Suruci), 밧다나(Vaḍḍhana)의 세 궁전에서 사천 년을 살았다. 아내는 비로짜마나(Virocamānā)였고 아들의 이름은 웃따라(Uttara)였다. 그는 사륜마차를 타고 출가해서 팔개월 간 고행을 닦았다. 그에게 유미죽을

존이신 꼬나가마나45)와 세존이신 깟싸빠46)의 청정한 삶[*8]은 오래갔다.”

준 처녀는 바라문 바지린다(Vajirindha)의 딸이었고 자리의 풀을 제공한 이는 밭지기 쑤밧다(Subhadda)였다. 이때의 보리수는 씨리싸(Sirisa) 나무였다. 그는 초전법륜(初轉法輪)을 마낄라(Makila)의 근처에서 팔만사천 명의 승려들에게 행했다. 그의 키는 20미터였고 사만 세에 케마 유원에서 열반에 들었다. 그의 수제자로는 수행승 비두라(Vidhura)와 싼지바(Sañjīva)와 수행녀 싸마(Sāmā)와 짬빠(Campā)가 있었다. 그를 개인적으로 언제나 시봉한 자는 붓디자(Buddhija)였다. 그 밖에 그의 재가의 남자신도로는 앗쭈따(Accuta), 싸마나(Samana), 재가의 여자신도로는 난다(Nandā), 쑤난다(Sunandā)가 있었다. 스리랑카의 도사(島史)에 의하면 까꾸싼다 부처님도 스리랑카를 방문한 적이 있었다. 당시에 그 섬은 오자디빠(Ojadipa)라고 불렸으며 그 수도의 이름은 왕 아바야(Ab haya)가 지배하는 아바야나가라(Abhayanagara)였다. 까꾸싼다 부처님은 사천 명의 제자를 거느리고 와서 야차의 무리가 일으킨 역병을 치유했다고 한다. 왕은 그들을 초대해서 마하띳타(Mahātiṭṭha) 승원을 기증했다. 까꾸싼다 부처님은 수행녀 루짜난다(Rucānandā)를 시켜서 보리수를 섬에 기증하고 그녀를 제자 마하데바(Mahādeva)와 함께 섬에 남겨둔 뒤 인도로 돌아왔다.

45) Koṇāgamana : 꼬나가마나 부처님은 한역으로 구나함불(狗那含佛)이라고 한다. Ppn. I. 681에 따르면, 역사적인 싸끼야무니[釋迦牟尼] 부처님 이전의 과거24불 가운데 23 번째 부처님이며 현세의 현겁(賢劫 : bhaddakappa)에서 두 번째 부처님이다. 쏘바(Sobha) 왕의 수도에 있는 쑤바가바띠(Subhagavatī) 승원에서 태어났으며 그의 아버지는 바라문 얀냐닷따(Yaññadatta)이고 어머니는 웃따라(Uttārā)였다. 뚜씨따(Tusita), 싼뚜씨따(Santusit a), 싼뚯타(Santuttha)의 세 궁전에서 삼천 년을 살았으며 아내는 루찌갓따(Rucigattā)였고 아들은 쌋타바하(Satt havāha)였다. 코끼리를 타고 출가해서 여섯 달 동안 고행을 닦았다. 그에게 바라문녀 악기쏘마(Aggisoma)가 유미죽을, 밭지기 띤두까(Tinduka)가 자리의 풀을 제공했다. 보리수 이름은 우둠바라(Udumbara) 나무였고 초전법륜(初轉法輪)은 쑤닷싸나(Sudassana) 근처의 미가다야(Migadāya)였다. 삼만 명의 제자를 거느리고 있었다. 그의 키는 15미터였고 삼만 세의 나이에 빱바따라마(Pabbatārāma)에서 열반에 들었다. 수제자로는 수행승 비이야(Bhiyya)와 웃따라(Uttara)가 있었고 수행녀는 싸뭇다(Samuddā)와 웃따라(Uttarā)가 있었다. 언제나 수행승 쏫티야(Sotthiya)가 시중을 들었다. 신도 가운데에는 장자 욱가(Ugga)와 쏘마데바(Somadeva)가 있었고 여자신도에는 씨발라(Sivalā)와 싸마(Sāmā)가 있었다. 스리랑카의 도사(島史)에 따르면, 당시에 비라디빠(Viradīpa)라고 불리던 스리랑카를 삼만 명의 제자를 거느리고 방문하여 당시 왕 싸밋다(Samiddha) 앞에서 설법하여 삼만 명이 진리를 깨우치게 했다. 그때 수행녀 깐따까난다(Kaṇṭakānandā)가 보리수를 옮겨다 심었다. 꼬나가마나 부처님은 그녀와 수행승 마하쑴바(Mahāsumba)를 스리랑카에 남겨 불법을 전파하게 하고 인도로 돌아왔다.

46) Kassapa : 깟싸빠 부처님은 한역으로 가섭불(迦葉佛)이라고 한다. Ppn. I. 544에 따르면, 역사적인 싸끼야무니[釋迦牟尼] 부처님 이전의 과거24불 가운데 24 번째 부처님이며, 현재의 현겁(賢劫 : bhaddakappa)에서 세 번째 부처님으로 과거칠불의 한 분이다. 바라나씨 시의 이씨빠따나(Isipatana) 승원에서 바라문 브라흐마닷따(Brahma datta)와 다나바띠(Dhanavatī)를 부모로 태어났다. 그는 항싸(Harisa), 야싸(Yasa), 씨리난다(Sirinanda)의 세 궁전에서 이천 년을 살면서 아내 쑤난다(Sunandā)와의 사이에서 비지따쎄나(Vijitasena)란 아들을 두었다. 그는 그의 궁전을 여행하며 오직 칠일 간의 고행을 닦고 해탈을 얻었다. 깨달음 직전에 그의 아내가 유미죽을, 밭지기 쏘마(Soma)가 자리의 풀을 제공했다. 그때의 보리수는 뱅골 보리수였다. 깨달은 후에 그는 이씨빠따나 지역에서 천만 명의 수행승들에게 초전법륜(初轉法輪)을 전했다. 수제자로는 수행승 띳싸(Tissa), 바라드와자(Bhāradvāj a), 수행녀 아눌라(Anulā)와 우루벨라(Uruvelā)가 있었다. 그를 언제나 시봉한 자는 쌉바밋따(Sabbamitta)였다. 신도 가운데 가장 유명한 장자로서 쑤망갈라(Sumaṅgala)와 가띠까라(Ghatikāra), 여자신도로 비지따쎄나(Vijita senā)와 밧다(Bhaddā)가 있었다. 깟싸빠 부처님의 키는 10미터였으며 이만 세의 나이로 까씨(Kāsi) 근처의 쎄따비야(Setavya)에서 열반에 들었다. 스리랑카의 도사(島史)에 따르면, 깟싸빠 부처님은 스리랑카에서 왕 자얀따(Ja yanta)와 그의 동생 사이에 전쟁이 일어났을 때 이만여 명의 제자를 거느리고 그곳을 방문해서 전쟁을 중단시켰다고 한다. 그래서 왕은 마하싸가라(Mahāsāgara) 승원을 기증했고 깟싸빠 부처님은 비구니 쑤담마(Sudhammā)를 시켜 보리수 가지를 스리랑카에 옮겨 심게 했다. 그는 그녀와 제자 쌉바난다(Sabbananda)를 스리랑카에 남겨 가르침을 설하게 하고 인도로 돌아왔다고 한다.

3-2. [싸리뿟따] "세존이시여, 세존이신 비빳씬과 세존이신 씨킨과 세존이신 벳싸부의 청정한 삶은 오래가지 않은 것에는 어떠한 원인과 어떠한 조건이 있습니까?"

[세존] "싸리뿟따여, 세존이신 비빳씬과 세존이신 씨킨과 세존이신 벳싸부께서는 제자들에서 상세히 가르침을 설하는데 피곤을 몰랐다. 그들에게는 경 · 응송 · 수기 · 게송 · 감흥어· 여시어 · 전생담 · 미증유법 · 교리문답47)이 거의 없었다. 제자들에게는 학습계율이 시설되지 않았고, 의무계율도 부과되지 않았다. 이들 존귀한 부처님들과 그 아래서 깨달은 제자들이 멸한 뒤에, 그들은 나중에 여러 가지 이름, 여러 가지 성씨, 여러 가지 계급, 여러 가지 가문으로부터 출가하였는데, 그들이 그 청정한 삶을 사라지게 만들었다. 싸리뿟따여, 예를 들어, 여러 가지 꽃들이 나무판위에 실로 잘 묶지 않고 놓아두면, 그것들은 바람에 흩어지고 부서지고 해체되는 것과 같다. 그것은 무슨 까닭이냐? 그것은 실로 묶여있지 않기 때문이다. 싸리뿟따여, 이와 마찬가지로 이들 존귀한 부처님들과 아래서 깨달은 제자들이 멸한 뒤에, 그들은 나중에 여러 가지 이름, 여러 가지 성씨, 여러 가지 계급, 여러 가지 가문으로부터 출가하였는데, 그들이 그 청정한 삶을 빠르게 소멸시킨 것이다. 그렇지만 그들 세존들은 제자들의 마음을 자신의 마음으로 읽어 훈계하는 데는 피곤을 몰랐다. 싸리뿟따여, 옛 날에 세상에 존귀한 님, 거룩한 님, 올바로 원만히 깨달은 님이신 벳싸부께서는 공포를 일으키는 한 우거진 숲속에서 천명의 수행승의 무리의 마음을 자신의 마음으로 읽고 훈계하고 가르침을 주었다.

[벳싸부] '이와 같이 사유하라. 이와 같이 사유하지 말라. 이와 같이 정신활동을 기우려라. 이와 같이 정신활동을 기울이지 말라. 이것을 버려라. 이것을 성취하라.'

싸리뿟따여, 그 천 명의 수행승들의 무리는 세상에 존귀한 님, 거룩한 님, 올바

---

47) suttaṃ geyyaṃ veyyākaraṇaṃ gāthaṃ udānaṃ itivuttakaṃ jātakaṃ abbhutadhammaṃ vedallaṃ : 빠알리경전은 경율론(經·律·論) 삼장으로 분류하는 이외에도 여러 가지 분류방식이 있다. 여기에 나오는 경·응송·수기·게송·감흥어·여시어·전생담·미증유법·교리문답(經·應頌·授記·偈頌·感興語·如是語·前生譚·未曾有法·教理問答)은 순전히 형식적인 분류방식으로 구분교(九分教)라고 한다. 경(Sutta)은 부처님의 모든 대화를 기록한 것인데 숫타니파타(Suttanipāta)의 몇몇 부분도 포함된다. 응송(Geyya)은 모든 산문과 시가 뒤섞인 것, 수기(Veyyākaraṇa)는 논장 및 그와 유사한 아비담마 텍스트, 게송(Gāthā)은 오로지 시로만 구성된 것, 감흥어(Udāna)는 부처님이 스스로 감탄하여 스스로 설하는 것, 여시어(Itivuttaka)는 '이와 같이 말씀되어졌다.'는 뜻인데 감흥어와 유사하게 부처님의 윤리적인 가르침을 담고 있다. 전생담(Jātaka)은 부처님의 전생에 관한 이야기가 담겨져 있고 산문이야기로 구성된 시모음집, 미증유법(Abbhutadhamma)은 초자연적인 상태나 힘을 다루고 있는 경전을 뜻하며, 교리문답(Vedalla)은 어원적으로는 '고양이의 눈'이라는 뜻인데, 정의하기는 매우 어렵지만 팔만사천(八萬四千) 가르침의 다발(法蘊) 가운데 한 단위를 말한다.

로 원만히 깨달은 님이신 벳싸부로부터 이와 같이 훈계받고 가르침을 받아 집착의 대상을 여의고 번뇌로부터 마음이 해탈되었다. 싸리뿟따여, 더구나 공포를 일으키는 우거진 숲속에서 공포 속에 있으면서, 누구라도 탐욕을 여의지 못한 자는 그 우거진 숲에 들어간다면, 몸의 털이 곤두서는 것이다. 싸리뿟따여, 세존이신 비빳씬과 세존이신 씨킨과 세존이신 벳싸부의 청정한 삶은 오래가지 않았는데, 그 원인은 이와 같고, 그 조건은 이와 같다.

3-3. [싸리뿟따] "세존이시여, 그것에 반해 세존이신 까꾸싼다와 세존이신 꼬나가마나와 세존이신 깟싸빠의 청정한 삶이 오래간 것은 어떠한 원인과 어떠한 조건때문입니까?"

[세존] "싸리뿟따여, 세존이신[*9] 까꾸싼다와 세존이신 꼬나가마나와 세존이신 깟싸빠는 제자들에게 가르침을 설하는데 피곤을 몰랐다. 그들에게는 경 · 응송 · 수기 · 게송 · 감흥어· 여시어 · 전생담 · 미증유법 · 교리문답이 많았다. 제자들에게는 학습계율이 시설되었고, 의무계율도 부과되었다. 이들 존귀한 부처님들과 그 아래서 깨달은 제자들이 멸한 뒤에, 그들은 나중에 여러 가지 이름, 여러 가지 성씨, 여러 가지 계급, 여러 가지 가문으로부터 출가하였는데, 이러한 것들이 그 청정한 삶을 오래도록 유지하게 만들었다. 싸리뿟따여, 예를 들어, 여러 가지 꽃들이 나무판위에 실로 잘 묶어서 놓아두면, 그것들은 바람에 흩어지지 않고 부서지지 않고 해체되지 않는 것과 같다. 그것은 무슨 까닭이냐? 그것은 실로 잘 묶여있기 때문이다. 싸리뿟따여, 이와 마찬가지로 이들 존귀한 부처님들이 멸한 뒤에, 깨달은 님 아래서 깨달은 제자들이 멸한 뒤에, 그들은 나중에 여러 가지 이름, 여러 가지 성씨, 여러 가지 계급, 여러 가지 가문으로부터 출가하였는데, 그들이 그 청정한 삶을 오래도록 유지시킨 것이다. 싸리뿟따여, 세존이신 까꾸싼다와 세존이신 꼬나가마나와 세존이신 깟싸빠의 청정한 삶이 오래간 데에는 이러한 원인과 이러한 조건이 있다."

3-4. 그러자 존자 싸리뿟따는 자리에서 일어나 한쪽 어깨에 가사를 걸치고 세존께서 계신 곳을 향해서 세존께 이와 같이 말했다.

[싸리뿟따] "세존께서 청정한 삶이 오래도록 지속되도록 학습계율을 시설해야 하고 의무계율을 부과해야 한다면, 세상에 존귀한 님이시여, 그것은 참으로 시기적절한 것입니다. 행복한 님이시여, 그것은 참으로 시기적절한 것입니다."

[세존] "싸리뿟따여, 기다려라. 싸리뿟따여, 기다려라. 여래는 그것에 대해 그때를 안다.

1) 싸리뿟따여, 여기 어떤 번뇌를 일으키는 조건들이 참모임 안에 나타날 때까지 스승은 제자들에게 학습계율을 시설하지 않고 의무계율을 부과하지 않는다. 싸리뿟따여, 여기 어떤 번뇌를 일으키는 조건들이 참모임 안에 나타날 때,48) 그때에 스승은 번뇌를 일으키는 조건들을 몰아내기 위해 제자들에게 학습계율을 시설하고 의무계율을 부과한다.

2) 싸리뿟따여, 참모임이 세월의 연륜에 도달하기까지 그때까지 여기 참모임에 어떤 번뇌를 일으키는 조건들은 나타나지 않는다. 싸리뿟따여, 그러나 참모임이 세월의 연륜에 도달하면, 그때에는 여기 참모임에 어떤 번뇌를 일으키는 조건들이 나타난다. 싸리뿟따여, 그때에 스승은 번뇌를 일으키는 조건들을 몰아내기 위해 제자들에게 학습계율을[*10] 시설하고 의무계율을 부과한다.49)

3) 싸리뿟따여, 참모임이 모임의 광대화에 도달하기까지 그때까지 여기 참모임에 어떤 번뇌를 일으키는 조건들은 나타나지 않는다. 싸리뿟따여, 그러나 참모임이 모임의 광대화에 도달하면, 그때에는 여기 참모임에 어떤 번뇌를 일으키는 조건들이 나타난다. 싸리뿟따여, 그때에 스승은 번뇌를 일으키는 조건들을 몰아내기 위해 제자들에게 학습계율을 시설하고 의무계율을 부과한다.50)

4) 싸리뿟따여, 참모임이 이익의 극대화51)에 도달하기까지 그때까지 여기 참모임에 어떤 번뇌를 일으키는 조건들은 나타나지 않는다. 싸리뿟따여, 그러나 참모임이 이익의 극대화에 도달하면, 그때에는 여기 참모임에 어떤 번뇌를 일으키는 조건들이 나타난다. 싸리뿟따여, 그때에 스승은 번뇌를 일으키는 조건들을 몰아내기 위해 제자들에게 학습계율을 시설하고 의무계율을 부과한다.52)

5) 싸리뿟따여, 참모임이 배움의 극대화에 도달하기까지 그때까지 여기 참모임에 어떤 번뇌를 일으키는 조건들은 나타나지 않는다. 싸리뿟따여, 그러나 참모임

---

48) yato ca kho sāriputta idhekacce āsavaṭṭhānīyā dhammā saṅghe pātubhavanti : Smp. 191에서는 MN. I. 445를 인용한다: "밧달리여, 교단이 그 규모가 커지지 않는 한, 교단에 번뇌의 뿌리가 되는 것들이 나타나지 않는다. 밧달리여, 교단이 그 규모가 커지면, 교단에 번뇌의 뿌리가 되는 것들이 나타난다. 그러면 스승은 번뇌의 뿌리가 되는 것들을 제거하기 위해 제자들을 위한 학습계율을 세운다. 밧달리여, 교단이 세속적 소유의 절정에 이르지 않고, 명성의 절정에 이르지 않고, 번쇄한 학문에 이르지 않고, 오랜 세월에 이르지 않는 한, 교단에 번뇌의 뿌리가 되는 것들이 나타나지 않는다. 그러나 밧달리여, 교단이 세속적 소유의 절정에 이르고, 명성의 절정에 이르고, 번쇄한 학문에 이르고, 오랜 세월에 이르면, 교단에 번뇌의 뿌리가 되는 것들이 나타난다. 그러면 스승은 번뇌의 뿌리가 되는 것들을 제거하기 위해 제자들을 위한 학습계율을 세운다."

49) Smp. 194에서는 MV. I. 31의 경우를 예로 들고 있다.

50) Smp. 194에서는 빅쿠니속죄죄법 제5조(Bhikkhunī Pāc. 5)를 예로 들고 있다.

51) lābhaggamahattaṃ : AN. I. 38에서 이 '이익'에 대한 다양한 설명을 참조하라.

52) Smp. 194에서는 빅쿠속죄죄법 제41조(Bhikkhu Pāc. 41)를 예로 들고 있다.

이 배움의 극대화에 도달하면, 그때에는 여기 참모임에 어떤 번뇌를 일으키는 조건들이 나타난다. 싸리뿟따여, 그때에 스승은 번뇌를 일으키는 조건들을 몰아내기 위해 제자들에게 학습계율을 시설하고 의무계율을 부과한다.[53]

싸리뿟따여, 수행승의 참모임은 더러움을 여의고,[54] 위험을 여의고, 티끌을 여의고, 청정하고, 진실에 입각해 있다.[55] 싸리뿟따여, 이 오백 명의 수행승의 무리 가운데 가장 열등한 자도 흐름에 든 님[56]으로 더 이상 퇴락하지 않고 결정코 올바른 깨달음을 궁극으로 삼는다."

4-1. 그후 세존께서는 존자 아난다에게 일렀다.

[세존] "아난다여, 초대받아서 안거에 들면, 기별을 알리지 않고, 여러 나라로 유행을 떠나지 않는 것은 여래들의 관습이다. 자 아난다여, 바라문 베란자에게 기별을 하라."

[아난다] "세존이시여, 알겠습니다."

존자 아난다는 세존께 대답했다. 그리고 세존께서는 옷을 입고 발우와 가사를 수하고 존자 아난다를 시자수행자[57]로 삼아 바라문 베란자의 처소를 찾아갔다. 가까이 다가가서 마련된 자리에 앉았다.

그러자 바라문 베란자는 세존께서 계신 곳을 찾아갔다. 가까이 다가가서 세존께 인사를 드리고 한쪽으로 물러나 앉았다. 한쪽으로 물러나 앉은 바라문 베란자에게 세존께서는 이와 같이 말씀하셨다.

[세존] "바라문이여, 우리는 그대의[*11] 초대받아서 안거에 들었는데, 그대에게 기별을 알리고, 여러 나라로 유행을 떠나고자 합니다."

[베란자] "세존이신 고따마여, 제가 초대하여 우기의 안거를 보낸 것은 사실입니다. 그러나 아직 공양해야 할 것을 공양하지 못하고 있습니다. 그것이 저에게 없어서가 아니고 주고 싶지 않아서도 아닙니다. 그것은 무슨 까닭입니까? 집안에서 업무가 많았고 용무가 많았기 때문입니다. 세존이신 고따마께서는 수행승들

---

53) Smp. 194에서는 빅쿠니속죄죄법 제50조(Bhikkhunī Pāc. 50)를 예로 들고 있다.

54) nirabbudo : Smp. 195에 따르면, 이 말은 '도적들을 여의고(niccoro)'라는 뜻이다. 여기서 도적이란 부도덕한 사이비 수행자를 뜻한다. 압부다(abbuda)는 다음과 같은 다양한 의미를 지니고 있다: ① 종양. 종기. 낭포(囊胞). ② 생포(生胞). 압부다[阿部曇 : 임신후 2주된 또는 1달, 2달된 태아] ③ 더러움. 구탁(垢濁). ④ 분열의 원인. 압부다(阿浮陀)[팔한지옥(八寒地獄)의 하나]. ⑤ 해(垓)[수(數)]

55) sāre patiṭṭhito : 여기서 진실은 Smp. 195에 따르면, ① 계행(戒 : sīla) ② 삼매(定 : samādhi) ③ 지혜(慧 : paññā) ④ 해탈(解脫 vimutti) ⑤ 해탈에 대한 앎과 봄(解脫知見: vimuttiñāṇadassana)으로 구성된다.

56) sotāpannā : 흐름에 든 님[預流者]로 네 쌍으로 여덟이 되는 참사람[四雙八輩]의 한 분을 말한다.

57) pacchāsamaṇa : 한역의 수종사문(隨從沙門)을 말한다. 장로 수행승의 뒤에서 따라 걷는 젊은 수행승을 말한다.

의 무리와 함께 내일 제가 드리는 공양에 참석하여주시면 감사하겠습니다."

세존께서는 침묵으로 동의 하셨다. 그리고 세존께서는 바라문 베란자에게 법문으로 교화하고 격려하고 북돋우고 기쁘게 한 뒤에 자리에서 일어나 그곳을 떠났다. 그후 바라문 베란자는 그 날 밤이 지나자 자신의 처소에 단단하거나 부드러운[58] 훌륭한 음식을 마련한 뒤에 세존께 때가 되었음을 알렸다.

[베란자] "세존이신 고따마여, 때가 되었습니다. 공양이 준비되었습니다."

그리고 세존께서는 옷을 입고 발우와 가사를 수하고 바라문 베란자의 처소를 찾아갔다. 가까이 다가가서 오백 명의 수행승들의 무리와 함께 마련된 자리에 앉았다. 그러자 바라문 베란자는 부처님을 비롯한 수행승들의 무리에게 단단하거나 부드러운 훌륭한 음식을 손수 제공하고 대접하고 세존께서 식사를 마치고 발우에서 손을 떼자 세벌 옷을 선물했다. 그리고 한 분 한 분의 수행승들에게 한 벌의 옷을 선물했다. 그후 세존께서는 베란자의 바라문을 법문으로 교화하고 격려하고 북돋우고 기쁘게 한 뒤에 자리에서 일어나 그곳을 떠났다.

4-2. 그후 세존께서는 베란자 시에 계실 만큼 계시다가 쏘레이야 시, 쌍깟싸 시, 깐나꿋자 시를 경유해서[59] 빠야가빠띳타나[60] 시에 도착했다. 도착해서 빠야가빠띳타나 시에서 갠지스 강을 건너서 바라나씨[61] 시에 도착했다. 그리고 세존께서는 바라나씨 시에 계실 만큼 계시다가 베쌀리[62] 시로 유행을 떠났다. 차례로 유행하면서 베쌀리 시에 도착했다. 거기서 세존께서는 베쌀리 시의 마하바나[63] 숲에 있는 꾸따가라쌀라[64] 강당에 계셨다.

---

58) khādanīyaṃ bhojanīyaṃ : 단단한 음식이거나 부드러운 음식에 대해서는 Vin. IV. 92에서 정의하고 있다.

59) anupagamma soreyyaṃ saṅkassaṃ kannakujjaṃ : 딱까씰라(Takkasila) 시 근처의 도시인 쏘레이야 시를 거쳐서 쌍깟싸 시, 깐나꿋자 시에 이른다. 이 가운데 쌍깟싸 시는 Dhp. 181의 배경이 되는 지역이다. 이 성문에서 싸리뿟따가 Jāt. I. 473에 기초한 문제를 해결한다.

60) Payāgapatiṭṭhāna : 현재 인도의 알라하바드(Allahabad) 지역을 뜻한다.

61) Bārāṇasi : 바라나씨 시는 부처님 당시 까씨 국의 수도로 지금의 베나레스를 말한다. 불교도들이 참배하는 사대성지 — 까삘라밧투, 붓다가야, 꾸씨나라와 함께 — 의 하나이다. 이 바라나씨 시의 이씨빠따나 지역에서 최초의 설법인 초전법륜이 이루어졌기 때문이다. 바라나씨 시는 상업과 산업의 중심도시로 싸밧티(Savatthī), 딱까씰라(Takkasilā), 베란자(Verañjā), 라자가하(Rājagaha) 시와는 직접 무역을 하는데 요충지였다. 특히 의류산업의 중심지로서 까시 국산의 옷은 유명했다.

62) Vesāli(*sk.* Vaiśāli) : 밧지(Vajji) 국과의 연합체를 이루었던 릿차비(Licchavi) 족의 영토에 있던 도시로 밧지 국의 수도였다. 한역에서는 비사리(毘舍離)라고 한다. 그 도시에 인접한 갠지스 강의 남안에는 빠딸리뿟따(Pāṭalip utta : 지금의 Patna)가 있었다. 마하 숲(Mahāvana)은 그곳의 승원이고, 꾸따가라쌀라 강당(Kuṭāgārasālā)은 그 승원 안에 있던 중각강당(重閣講堂)이다.

63) Mahāvana : Smv. 309에 따르면, 베쌀리 시 밖으로 히말라야 산과 함께 연결되어 있는 자생의 산림이었다.

64) Kūṭāgārasālā : 베쌀리(Vesāli) 시의 마하 숲(Mahāvana)에 있는 강당의 이름으로 한역은 중각강당(重閣講堂)

1. 1. 승단추방죄법 제1조

성적 교섭에 대한 학습계율[Methunadhammasikkhāpada]

쑤딘나의 이야기(Sudinnavatthu)

5-1. 한때 베쌀리 시에서 멀리 않은 곳에 깔란다까[65] 마을이 있었다. 그곳에 쑤딘나 깔란다까뿟따[66]라고 불리는 부호의 아들[67]이 있었다. 그때 쑤딘나 깔란다까뿟따는 많은 친구들과 함께 베쌀리 시에 무언가 볼일이[*12] 있어 왔다. 마침 세존께서는 많은 대중에 둘러싸여 앉아서 가르침을 설하고 계셨다. 쑤딘나 깔란다까뿟따는 세존께서 많은 대중에 둘러싸여 앉아서 가르침을 설하고 계신 것을 보았다. 보고나서 이와 같이 생각했다.

[쑤딘나] '내가 가르침을 들어보면 어떨까?'[68]

그래서 쑤딘나 깔란다까뿟따는 그 대중이 있는 곳으로 가까이 다가갔다. 다가가서 한쪽으로 물러나 앉았다. 한쪽으로 물러나 앉아서 쑤딘나 깔란다까뿟따는 이와 같이 생각했다.

[쑤딘나] '세존께서 가르치신 가르침을 알면 알수록, 재가에 살면서 지극히 원만하고 오로지 청정한, 소라껍질처럼[69] 잘 연마된 청정한 삶[70]을 살기가 쉽지 않다. 나는 머리와 수염을 깎고 가사를 걸치고 집에서 집없는 곳으로 출가하면 어떨까?'

그때 그 대중들은 세존으로부터 법문으로써 교화되고, 북돋아지고, 고무되어,

이다. 부처님께서는 이곳에 지낼 때에 일반적으로 대낮에는 휴식을 취하기 위해 숲 밖의 나무 아래서 보내셨고, 이 근처에는 탑묘인 싸란다다 탑묘(Sārandadacetiya)와 짜빨라 탑묘(Cāpalacetiya)가 있어서 즐겨 그 곳까지 산책하셨다. Smv. 300에 따르면, 우거진 숲에 승원을 건립했는데, 서까래를 결합하여 기둥들 위에 중각강당과 같은 천궁모양의 높은 누각을 만들어 그것으로 인해 승원전체가 꾸따가라 강당(Kuṭāgārasālā) 즉, 중각강당(重閣講堂)이라고 불렸다.

65) Kalandaka : 베쌀리 시 근처의 마을 이름이다.

66) Sudinno nāma kalandakaputto : Smp. 202에 따르면, 여기서 다른 쑤딘나와 구별하기 위해 '부호의 아들(seṭṭhiputta)'이라고 언급한 것이다.

67) seṭṭhiputta : 여기서 부호는 은행가이거나 무역가이거나 상인이나 조합장을 의미한다. 부호의 아들이라는 것은 아버지가 아직 살아있어 아직 우두머리가 아닌 것을 뜻한다.

68) yannūnāhampi dhammaṃ suṇeyyan'ti : MN. II. 55에서 동일한 이야기가 랏타빨라(Raṭṭhapāla)에 대해서도 적용된다.

69) saṅkhalikhita : Srp. II. 180에 따르면, '연마된 소라껍질 같이, 세척된 소라껍질과 유사하게(likhitasaṅkhasadisaṃ dhotasaṅkhappaṭibhāgaṃ caritabbaṃ)'라는 뜻이다.

70) brahmacariya : '청정한 삶'은 '하느님의 님의 삶' 또는 '거룩한 삶'으로 번역할 수 있다. UdA. 309에 따르면, '성적 교섭을 여읨(metnunavirati)에 의한 청정한 삶'과 '세 가지 배움(三學)'을 닦는 '가르침(sāsana)에 의한 청정한 삶'이 있다.

기뻐하며, 자리에서 일어나 세존께 인사를 하고 오른쪽으로 돌아 그곳을 떠났다. 그러자 쑤딘나 깔란다까뿟따는 대중이 일어선지 얼마되지 않아 세존께서 계신 곳으로 가까이 다가갔다. 다가가서 세존께 인사를 드리고 한쪽으로 물러나 앉았다. 한쪽으로 물러나 앉아서 세존께 이와 같이 말씀드렸다.

[쑤딘나] "세존이시여, 세존께서 가르치신 가르침을 알면 알수록, 재가에 살면서 지극히 원만하고 오로지 청정한, 소라껍질처럼 잘 연마된 청정한 삶을 살기가 쉽지 않습니다. 세존이시여, 저는 머리와 수염을 깎고 가사를 입고 집에서 집없는 곳으로 출가하고자 합니다. 세존께서는 저를 출가시켜주십시오."

[세존] "쑤딘나야, 그대는 부모님에게 집에서 집없는 곳으로의 출가를 허락받았는가?"

[쑤딘나] "세존이시여, 저는 부모님에게 집에서 집없는 곳으로의 출가를 허락받지 않았습니다."

[세존] "쑤딘나야, 여래는 부모의 허락을 받지 않은 사람을 출가시키지 않는다."

[쑤딘나] "세존이시여, 그렇다면 저는 부모님이 저에게 집에서 집없는 곳으로 출가하는 것에 동의하도록 허락을 구하겠습니다."

5-2. 그래서 쑤딘나 깔란다까뿟따는 베쌀리 시에서 할 일을 마치고 깔란다가마 마을의 부모에게 찾아갔다. 가까이 다가가서 부모에게 이와 같이 말했다.

[쑤딘나] "부모님, 세존께서 가르치신 가르침을 알면 알수록, 재가에 살면서 지극히 원만하고 오로지 청정한, 소라껍질처럼 잘 연마된 청정한 삶을 살기가 쉽지 않습니다. 저는 머리와 수염을 깎고 가사를 입고 집에서 집없는 곳으로 출가하고자 합니다. 부모님, 원컨대 제가 집에서[*13] 집 없는 곳으로 출가하는 것을 허락해주십시오."

이와 같이 말하자 쑤딘나 깔란다까뿟따의 부모는 쑤딘나 깔란다까뿟따에게 이와 같이 말했다.

[쑤딘나의 부모] "사랑하는 아들 쑤딘나야, 너는 우리에게 사랑스럽고 마음에 드는 아들이다. 너는 안락하게 살고 안락하게 성장했다. 너는 어떠한 괴로움도 모른다. 자, 사랑하는 아들 쑤딘나야, 먹고 마시고 놀고 감각적인 쾌락의 욕망을 누리고 공덕을 쌓으며 즐겨라. 우리는 네가 집에서 집 없는 곳으로 출가하는 것을 허락하지 않는다. 네가 죽었다고 해도 우리는 너 없이 지내는 것을 원하지 않을 것이다. 하물며 살아있는 네가 집에서 집 없는 곳으로 출가하는 것을 허락하겠는가?"

두 번째에도 쑤딘나 깔란다까뿟따는 부모에게 여쭈었다.

[쑤딘나] "부모님, 세존께서 가르치신 가르침을 알면 알수록, 재가에 살면서 지극히 원만하고 오로지 청정한, 소라껍질처럼 잘 연마된 청정한 삶을 살기가 쉽지 않습니다. 저는 머리와 수염을 깎고 가사를 입고 집에서 집없는 곳으로 출가하고자 합니다. 부모님, 원컨대 제가 집에서 집 없는 곳으로 출가하는 것을 허락해주십시오."

이렇게 말하자 두 번째에도 쑤딘나 깔란다까뿟따의 부모는 쑤딘나 깔란다까뿟따에게 이와 같이 말했다.

[쑤딘나의 부모] "사랑하는 아들 쑤딘나야, 너는 우리에게 사랑스럽고 마음에 드는 아들이다. 너는 안락하게 살고 안락하게 성장했다. 너는 어떠한 괴로움도 모른다. 자, 사랑하는 아들 쑤딘나야, 먹고 마시고 놀고 감각적인 쾌락의 욕망을 누리고 공덕을 쌓으며71) 즐겨라.72) 우리는 네가 집에서 집 없는 곳으로 출가하는 것을 허락하지 않는다. 네가 죽었다고 해도 우리는 너 없이 지내는 것을 원하지 않을 것이다. 하물며 살아있는 네가 집에서 집 없는 곳으로 출가하는 것을 허락하겠는가?"

그는 세 번째에도 쑤딘나 깔란다까뿟따는 부모에게 여쭈었다.

[쑤딘나] "부모님, 세존께서 가르치신 가르침을 알면 알수록, 재가에 살면서 지극히 원만하고 오로지 청정한, 소라껍질처럼 잘 연마된 청정한 삶을 살기가 쉽지 않습니다. 저는 머리와 수염을 깎고 가사를 입고 집에서 집없는 곳으로 출가하고자 합니다. 부모님, 원컨대 제가 집에서 집 없는 곳으로 출가하는 것을 허락해주십시오."

이렇게 말하자 세 번째에도 쑤딘나 깔란다까뿟따의 부모는 쑤딘나 깔란다까뿟따에게 이와 같이 말했다.

[쑤딘나의 부모] "사랑하는 아들 쑤딘나야, 너는 우리에게 사랑스럽고 마음에 드는 아들이다. 너는 안락하게 살고 안락하게 성장했다. 너는 어떠한 괴로움도 모른다. 자, 사랑하는 아들 쑤딘나야, 먹고 마시고 놀고 감각적인 쾌락의 욕망을 누리고 공덕을 쌓으며 즐겨라. 우리는 네가 집에서 집 없는 곳으로 출가하는 것을 허락하지 않는다. 네가 죽었다고 해도 우리는 너 없이 지내는 것을 원하지 않을 것이다. 하물며 살아있는 네가 집에서 집 없는 곳으로 출가하는 것을 허락하

71) puññāni karonto : Smp. 205에 따르면, 보시하고, 하늘나라에 태어나는 길을 닦고, 선행을 하는 것'을 의미한다.
72) puññāni karonto abhiramassu : Smp. 205에 따르면, '애욕을 즐겨라.'라는 뜻이다.

겠는가?"

그러자 쑤딘나 깔란다까뿟따는 출가에 대하여 부모의 허락을 받지 못하자 거기서 곧바로 땅바닥에 누워 말했다

[쑤딘나] "여기서 제가 죽던가 아니면 출가할 것입니다."

그래서 쑤딘나 깔란다까뿟따는 한 끼를 굶었고, 두 끼를 굶었고, 세 끼를 굶었고, 네 끼를 굶었고, 다섯 끼를 굶었고, 여섯 끼를 굶었고, 일곱 끼를 굶었다.

그러자 쑤딘나 깔란다까뿟따의 부모는 쑤딘나 깔란다까뿟따에게 이와 같이 말했다.

[쑤딘나의 부모] "사랑하는 아들 쑤딘나야, 너는 우리에게 사랑스럽고 마음에 드는 아들이다. 너는 안락하게 살고 안락하게 성장했다. 너는 어떠한 괴로움도 모른다. 자, 사랑하는 아들 쑤딘나야, 먹고 마시고 놀고 감각적인 쾌락의 욕망을 누리고 공덕을 쌓으며 즐겨라. 우리는 네가 집에서 집 없는 곳으로 출가하는 것을 허락하지 않는다. 네가 죽었다고 해도 우리는 너 없이 지내는 것을 원하지 않을 것이다. 하물며 살아있는 네가 집에서 집 없는 곳으로 출가하는 것을 허락하겠는가?"

이렇게 말하자 쑤딘나 깔란다까뿟따는 침묵했다.

그러자 두 번째에도 쑤딘나 깔란다까뿟따의 부모는 쑤딘나 깔란다까뿟따에게 이와 같이 말했다.

[쑤딘나의 부모] "사랑하는 아들 쑤딘나야, 너는 우리에게 사랑스럽고 마음에 드는 아들이다. 너는 안락하게 살고 안락하게 성장했다. 너는 어떠한 괴로움도 모른다. 자, 사랑하는 아들 쑤딘나야, 먹고 마시고 놀고 감각적인 쾌락의 욕망을 누리고 공덕을 쌓으며 즐겨라. 우리는 네가 집에서 집 없는 곳으로 출가하는 것을 허락하지 않는다. 네가 죽었다고 해도 우리는 너 없이 지내는 것을 원하지 않을 것이다. 하물며 살아있는 네가 집에서 집 없는 곳으로 출가하는 것을 허락하겠는가?"

두 번째에도 쑤딘나 깔란다까뿟따는 침묵했다.

그러자 세 번째에도 쑤딘나 깔란다까뿟따의 부모는 쑤딘나 깔란다까뿟따에게 이와 같이 말했다.

[쑤딘나의 부모] "사랑하는 아들 쑤딘나야, 너는 우리에게 사랑스럽고 마음에 드는 아들이다. 너는 안락하게 살고 안락하게 성장했다. 너는 어떠한 괴로움도 모른다. 자, 사랑하는 아들 쑤딘나야, 먹고 마시고 놀고 감각적인 쾌락의 욕망을

누리고 공덕을 쌓으며 즐겨라. 우리는 네가 집에서 집 없는 곳으로 출가하는 것을 허락하지 않는다. 네가 죽었다고 해도 우리는 너 없이 지내는 것을 원하지 않을 것이다. 하물며 살아있는 네가 집에서 집 없는 곳으로 출가하는 것을 허락하겠는가?"

세 번째에도 쑤딘나 깔란다까뿟따는 침묵했다.

그러자 쑤딘나 깔란다까뿟따의 부모는 쑤딘나 깔란다까뿟따의 친구들이 있는 곳을 찾아갔다. 가까이 다가가서 아들 쑤딘나 깔란다까뿟따의 친구들에게 이와 같이 말했다.

[쑤딘나의 부모] "얘들아, 아들 쑤딘나는 곧바로 땅바닥에 누워 '여기서 제가 죽던가 아니면 출가할 것이다.'라고 말했다. 얘야, 가서 아들 쑤딘나가 있는 곳을 찾아라. 찾아서 그에게 '벗이여 쑤딘나야, 그대는 부모에게 사랑스럽고 마음에 드는 유일한 아들이다. 그대는 안락하게 살고 안락하게 성장했다. 그대는 어떠한 괴로움도 모른다. 자, 벗이여 쑤딘나야, 먹고 마시고 놀고 감각적인 쾌락의 욕망을 누리고 공덕을 쌓으며 즐겨라. 그대의 부모는 그대가 집에서 집 없는 곳으로 출가하는 것을 허락하지 않는다. 그대가 죽었다고 해도 부모는 그대 없이 지내는 것을 원하지 않을 것이다. 하물며 살아있는 그대가 집에서 집 없는 곳으로 출가하는 것을 허락하겠는가?'라고 말해다오."

5-3. 그래서 쑤딘나 깔란다까뿟따의 친구들은 쑤딘나의 부모의 부탁으로 쑤딘나가 있는 곳을 찾아갔다. 가까이 다가가서 쑤딘나 깔란다까뿟따에게 이와 같이 말했다.

[쑤딘나의 친구들] "벗이여 쑤딘나야, 그대는 부모에게[*14] 사랑스럽고 마음에 드는 아들이다. 그대는 안락하게 살고 안락하게 성장했다. 그대는 어떠한 괴로움도 모른다. 자, 벗이여 쑤딘나야, 먹고 마시고 놀고 감각적인 쾌락의 욕망을 누리고 공덕을 쌓으며 즐겨라. 그대의 부모는 그대가 집에서 집 없는 곳으로 출가하는 것을 허락하지 않는다. 그대가 죽었다고 해도 부모는 그대 없이 지내는 것을 원하지 않을 것이다. 하물며 살아있는 네가 집에서 집 없는 곳으로 출가하는 것을 허락하겠는가?"

이렇게 말하자 쑤딘나 깔란다까뿟따는 침묵했다.

두 번째에도 쑤딘나 깔란다까뿟따의 친구들은 쑤딘나 깔란다까뿟따에게 이와 같이 말했다.

[쑤딘나의 친구들] "벗이여 쑤딘나야, 그대는 부모에게 사랑스럽고 마음에 드

는 아들이다. 그대는 안락하게 살고 안락하게 성장했다. 그대는 어떠한 괴로움도 모른다. 자, 벗이여 쑤딘나야, 먹고 마시고 놀고 감각적인 쾌락의 욕망을 누리고 공덕을 쌓으며 즐겨라. 그대의 부모는 그대가 집에서 집 없는 곳으로 출가하는 것을 허락하지 않는다. 그대가 죽었다고 해도 부모는 그대 없이 지내는 것을 원하지 않을 것이다. 하물며 살아있는 그대가 집에서 집 없는 곳으로 출가하는 것을 허락하겠는가?"

두 번째에도 쑤딘나 깔란다까뿟따는 침묵했다.

세 번째에도 쑤딘나 깔란다까뿟따의 친구들은 쑤딘나 깔란다까뿟따에게 이와 같이 말했다.

[쑤딘나의 친구들] "벗이여 쑤딘나야, 그대는 부모에게 사랑스럽고 마음에 드는 아들이다. 그대는 안락하게 살고 안락하게 성장했다. 그대는 어떠한 괴로움도 모른다. 자, 벗이여 쑤딘나야, 먹고 마시고 놀고 감각적인 쾌락의 욕망을 누리고 공덕을 쌓으며 즐겨라. 그대의 부모는 그대가 집에서 집 없는 곳으로 출가하는 것을 허락하지 않는다. 그대가 죽었다고 해도 부모는 그대 없이 지내는 것을 원하지 않을 것이다. 하물며 살아있는 그대가 집에서 집 없는 곳으로 출가하는 것을 허락하겠는가?"

세 번째에도 쑤딘나 깔란다까뿟따는 침묵했다.

5-4. 그러자 쑤딘나 깔란다까뿟따의 친구들은 쑤딘나 깔란다까뿟따의 부모가 있는 곳을 찾아갔다. 가까이 다가가서 쑤딘나 깔란다까뿟따의 부모에게 말했다.

[쑤딘나의 친구들] "부모님, 그 쑤딘나 깔란다까뿟따는 곧바로 땅바닥에 누워 '여기서 내가 죽던가 아니면 출가할 것이다.'라고 말했습니다. 만약 부모님께서 쑤딘나 깔란다까뿟따를 집에서 집 없는 곳으로의 출가하는 것을 허락하지 않는다면, 거기서 그는 죽을 것입니다. 그러나 부모님께서 쑤딘나 깔란다까뿟따에게 집에서 집 없는 곳으로 출가하는 것을 허락한다면, 그가 출가하더라도 그를 볼 수 있을 것입니다. 만약 쑤딘나 깔란다까뿟따가 집에서 집없는 곳으로 출가한 것에 재미를 느끼지 못하면, 그에게 달리 길이 있겠습니까, 그는 반드시 여기로 돌아올 것입니다."

[쑤딘나의 부모] "얘들아, 아들 쑤딘나에게 '집에서 집 없는 곳으로의 출가하는 것을 허락한다. 그러나 출가한 뒤에 부모를 방문해야 한다.'라고 전해다오."

그래서 쑤딘나 깔란다까뿟따의 친구들은 쑤딘나 깔란다까뿟따의 부모의 부탁으로 쑤딘나 깔란다까뿟따가 있는 곳을 찾아갔다. 가까이 다가가서 쑤딘나 깔란다까뿟따에게 이와 같이 말했다.

[쑤딘나의 친구들] "벗이여, 쑤딘나야, 그대는 부모에게서 집에서 집 없는 곳으로의 출가하는 것을 허락 받았다. 그러나 출가한 뒤에 그대는 부모를 방문해야 하네."

그러자 쑤딘나 깔란다까뿟따는 '나는 부모에게서 집에서 집 없는 곳으로의 출가하는 것을 허락 받았다.'라고 환희하고 용약하여 손으로 사지를 털고 일어났다. 일어서서 기운을 차린 뒤에 세존께서 계신 곳을 찾아갔다. 가까이 다가가서 세존께 인사를 드리고 한 쪽으로 물러나 앉았다. 한 쪽으로 물러나 앉아 쑤딘나 깔란다까뿟따는 세존께 이와 같이 말씀드렸다.

[쑤딘나] "세존이시여, 저는 부모에게서 집에서 집 없는 곳으로의 출가하는 것을 허락 받았습니다. 세존께서는 저를 출가시켜 주십시오."

쑤딘나 깔란다까뿟따는[*15] 세존의 앞에서 출가하여 구족계를 받았다.[73] 존자 쑤딘나는 두타행자[74] 즉, 숲속의 거주자, 탁발의 실천자, 분소의의 착용자, 걸식의 실천자로서의 삶을 살며 어떤 밧지[75] 족의 마을 근처에 살았다.

5-5. 그런데 당시에 밧지 족은 기근이 들어 탁발음식을 얻기 어렵고 노균병이 돌아 풀뿌리로 생활하며 이삭줍기나 호의로 연명하기도 쉽지 않았다.

그러자 존자 쑤딘나는 이와 같이 생각했다.

---

73) alattha kho raṭṭhapālo kulaputto bhagavato santike pabbajjaṃ, alattha upasampadaṃ : 부모에게 죽음을 각오하고 출가의 허락을 받아낸 것에 대해 부처님은 그에게 믿음으로 출가한 자 가운데 최상자라고 불렀다.

74) dhutaguṇa : 두타('頭陀[衣食住에 貪着을 버리고 修行하는 것])의 고리를 갖춘 자를 뜻한다. 열세 가지 두타행의 고리(十三頭陀支 : terasa dhutaṅgāni)가 있다: 1. 누더기 옷만을 입는 수행(糞掃衣支 : paṁsukūlikaṅga) 2. 세 가지 옷만을 지니는 수행(但三衣支 : tecīvarikaṅga). 3. 발우에 받은 음식만을 먹는 수행(常乞食支 : piṇḍapātikaṅga) 4. 차례대로 구별없이 걸식하는 수행(次第乞食支 : sapadānacarikaṅga). 5. 하루 한번 한 자리에서 식사하는 수행(一座食支 : ekāsanikaṅga). 6. 하나의 발우만으로 식사하는 수행(一鉢食支 : pattapiṇḍikaṅga) 7. 제 시간이 지난 후에 식사하지 않는 수행(時後不食支 : khalupacchābhattikaṅga) 8. 숲속 한가한 곳에서 지내는 수행(阿蘭若住支 : āraññikaṅga) 9. 나무 아래에서 지내는 수행(樹下住支 : rukkhamūlikaṅga) 10. 노지에서 지내는 수행(露地住支 : abbhokāsikaṅga) 11. 묘지에서 지내는 수행(塚間住支 : sosānikaṅga). 12. 주어진 처소 그대로 수용하는 수행(隨處住支 : yathāsanthatikaṅga). 13. 항상 앉아서 지내는 수행(常座不臥支 : nesajjikaṅga)

75) Vajjī : 나라와 그 종족의 이름, 고대인도의 16대국 가운데 하나. 밧지 국 또는 밧지 족의 주민들은 씨족들의 연합체로 이루어졌는데, 그 중에 릿차비(Licchavī) 족과 비데하(Videhā) 족[또는 국]이 중심에 있었다. 특히 릿차비 족이 가장 강했으므로 릿차비 족과 밧지 족은 종종 동의어로 쓰였다. 베쌀리(Vesāli) 시는 릿차비 족의 수도였고 미틸라 시(Mithilā) 시는 비데하 족의 수도였다. 부처님 당시에는 베쌀리와 미틸라 시는 공화정을 실시하고 있었다. 부처님 당시에 부처님께서 열반에 드실 때까지 밧지 국은 번영을 누렸는데, 그 원인을 부처님께서는 싸란다다탑묘(Sārandadacetiya)에서 가르친 일곱 가지 번영의 조건 때문이라고 설한 적이 있다. 그러나 부처님께서 열반에 드신 이후에, 아자따쌋뚜왕은 대신 밧싸까라(Vassakāra)의 도움으로 밧지 족을 이간질해서 그 나라를 정복했다.

[쑤딘나] '지금 밧지 족들은 기근이 들어 탁발음식을 얻기 어렵고 노균병이 돌아 풀뿌리로 생활하며 이삭줍기나 호의로 연명하기도 쉽지 않았다. 그러나 베쌀리 시에 있는 나의 친척은 부유하고 대부호이고 대자산가이고 금은이 많고 재물이 많고 돈과 곡식이 많다. 내가 친척에 의지하여 살면 어떨까? 친척은 나에 의지해서 보시를 행하여 공덕을 이루게 되고 수행승들은 이득을 얻을 것이고 나는 탁발하는데 피곤을 모를 것이다.'

그래서 존자 쑤딘나는 와좌구를 싸고 발우와 가사를 수하고 베쌀리 시로 출발했다. 차례로 베쌀리 시에 도착했다. 거기서 존자 쑤딘나는 베쌀리 시의 마하바나 숲에 있는 꾸따가라쌀라 강당에서 지냈다. 존자 쑤딘나의 친척들은 '쑤딘나 깔란다까뿟따가 베쌀리 시에 도착했다.'라고 들었다.

그들은 존자 쑤딘나에게 예순 개의 대접분량76)의 공양식을 수행승들에게 제공했다. 그러자 존자 쑤딘나는 그 예순 개의 대접분량의 공양식을 수행승들에게 나누어주고 아침 일찍 옷을 입고 발우와 가사를 수하고 깔란다가마 마을로 탁발하러 들어갔다. 깔란다가마 마을에게 차례로 탁발을 하면서 다니다가 자신의 아버지의 집에 도착했다.

5-6. 그런데 그때 존자 쑤딘나의 친가의 하녀가 지난 저녁에 남은 죽을 버리려고 하고 있었다. 그때 존자 쑤딘나는 그 친가의 하녀에게 이와 같이 말했다.

[쑤딘나] "자매여, 그것이 버려질 수 있는 것이라면, 여기 나의 발우에 버리시오."

그래서 존자 쑤딘나의 친가의 하녀는 그 지난 저녁에 남은 죽을 존자 쑤딘나의 발우에 털어 넣으면서 손과 발과 목소리의 특징으로 그를 알아보았다.77) 그리고 존자 쑤딘나의 친가의 하녀는 존자 쑤딘나의 어머니를 찾아갔다. 가까이 다가가서 존자 쑤딘나의 어머니에게 이와 같이 말했다.

[하녀] "귀부인이여, 부디 아시는지요? 도련님 쑤딘나가 돌아왔습니다."

[쑤딘나의 어머니] "정말이라면, 너를 노비의 신분에서 벗어나도록 해주겠다."

그때 존자 쑤딘나는 그 지난 저녁에 남은 죽을, 한 담장 아래에 의지해서78) 먹고 있었다. 존자 쑤딘나의 아버지도[*16] 업무에서 돌아와서 존자 쑤딘나가 지난

---

76) saṭṭhimatte thālipāke : Smp. 207에 따르면, 한 대접에는 10분의 음식이 들어 있으므로 600명을 위한 공양식을 대접한 것이다.

77) hatthānañca pādānañca sarassa ca nimittaṃ aggahesi : Smp. 208에 따르면, 쑤딘나는 8년 동안이나 수행승으로 생활하여 하녀가 즉시 그를 알아보지 못했으나 겨우 그의 손과 발과 목소리의 특징으로 알아본 것이다.

78) kuḍḍamūlaṃ nissāya : 'kuḍḍa'는 담장이 아니라 Smp. 208에 따르면, 이 울타리지역에는 대저택을 지닌 자들의 집 속에 방들이 있고, 거기에 자리가 마련되어 있어 탁발음식을 먹을 자리가 있고 죽을 제공하는 곳을 뜻한다.

저녁에 남은 죽을, 한 담장 아래에 의지해서 먹고 있는 것을 보았다. 보고나서 존자 쑤딘나에게 가까이 다가갔다. 다가가서 존자 쑤딘나에게 이와 같이 말했다.

[쑤딘나의 아버지] "사랑하는 쑤딘나야, 어떻게 네가 지난 저녁에 남은 죽을 먹고 있을 수 있단 말인가? 사랑하는 쑤딘나야, 네가 너 자신의 집으로 가면 안 될까?"

[쑤딘나] "장자여, 나는 이미 그대의 집으로 가서 거기서 지난 저녁에 남은 죽을 얻은 것입니다."

그러자 존자 쑤딘나의 아버지는 존자 쑤딘나의 팔을 붙잡고 존자 쑤딘나에게 이와 같이 말했다.

[쑤딘나의 아버지] "사랑하는 쑤딘나야, 자, 집으로 가자."

그래서 존자 쑤딘나는 자신의 아버지의 집으로 다가갔다. 가까이 다가가서 마련된 자리에 앉았다. 그러자 존자 쑤딘나의 아버지는 존자 쑤딘나에게 이와같이 말했다.

[쑤딘나의 아버지] "사랑하는 쑤딘나야, 먹어라."

[쑤딘나] "장자여, 그만두십시오, 오늘 먹을 공양은 이미 들었습니다."

[쑤딘나의 아버지] "사랑하는 쑤딘나야, 내일의 공양에 동의하여 주십시오."

존자 쑤딘나는 침묵으로 동의했다. 그래서 존자 쑤딘나는 자리에서 일어나 그곳을 떠났다.

그런데 존자 쑤딘나의 어머니는 그날 밤이 지나자 신선한 쇠똥으로 땅을 칠하여 청소하게 한 뒤에 하나는 금화의 덩어리, 하나는 황금의 덩어리를 만들게 했다.[79] 그런데 그 덩어리가 광대하여 이쪽에 선 사람이 저쪽에 선 사람을 보지 못했고, 저쪽에 선 사람이 이쪽에 선 사람을 보지 못했다. 그 덩어리들을 덮개로 덮고 그 가운데 자리를 마련하고 커튼으로 둘러싸고 존자 쑤딘나의 예전의 아내에게 일렀다.

[쑤딘나의 어머니] "애야, 며느리야, 나의 아들 쑤딘나가 사랑스러워했고 마음에 들어했던 장신구로 치장을 해라."

[쑤딘나의 예전의 아내] "어머님, 알겠습니다."

존자 쑤딘나의 예전의 아내는 존자 쑤딘나의 어머니에게 대답했다.

5-7. 한편 존자 쑤딘나는 아침 일찍 옷을 입고 발우와 가사를 수하고 자신의

---

79) dve puñje kārāpesi: ekaṃ hiraññassa, ekaṃ suvaṇṇassa : 금을 의미하는 세 상이한 단어가 있다. Bd. I. 28에 따르면, 'hirañña'는 금화이고, 'suvaṇṇā'는 가공한 금이고 'jātarūpa'는 가공하지 않은 금이다.

아버지의 집으로 찾아갔다. 가까이 다가가서 마련된 자리에 앉았다. 그러자 존자 쑤딘나의 아버지는 존자 쑤딘나에게 다가갔다. 가까이 다가가서 그 덩어리들을 열고는 존자 쑤딘나에게 이와 같이 말했다.

[쑤딘나의 아버지] "사랑하는 아들아, 이것은 너의 어머니쪽에서 유래한 것으로 신부의 지참금이다. 다른 것은 아버지쪽에서 유래한 것으로 조부의 재산이다. 사랑하는 쑤딘나야, 환속하여 부를 누리며 공덕을[*17] 쌓아라."

[쑤딘나] "아버지, 저는 그럴 수 없습니다. 저는 할 수 없습니다. 저는 즐겁게 청정한 삶을 영위할 것입니다."

두 번째에도 존자 쑤딘나의 아버지는 존자 쑤딘나에게 이와 같이 말했다.

[쑤딘나의 아버지] "사랑하는 아들아, 이것은 너의 어머니쪽에서 유래한 것으로 신부의 지참금이다. 다른 것은 아버지쪽에서 유래한 것으로 조부의 재산이다. 사랑하는 쑤딘나야, 환속하여 부를 누리며 공덕을 쌓아라."

[쑤딘나] "아버지, 저는 그럴 수 없습니다. 저는 할 수 없습니다. 저는 즐겁게 청정한 삶을 영위할 것입니다."

세 번째에도 존자 쑤딘나의 아버지는 존자 쑤딘나에게 이와 같이 말했다.

[쑤딘나의 아버지] "사랑하는 아들이여, 이것은 너의 어머니쪽에서 유래한 것으로 신부의 지참금입니다. 다른 것은 아버지쪽에서 유래한 것으로 조부의 재산입니다. 사랑하는 쑤딘나야, 환속하여 부를 누리며 공덕을 쌓으십시오."

[쑤딘나] "장자여, 그대가 화를 내지 않는다면, 제가 그대에게 말하고자 합니다."

[쑤딘나의 아버지] "사랑하는 아들이여, 말하라."

[쑤딘나] "장자여, 그렇다면, 큰 마포자루를 만들어서 금화와 황금을 채워서 수레에 운반하여 갠지강의 한 가운데 버리십시오. 그것은 무슨 까닭입니까? 그러면, 장자여, 그것을 원인으로 그대에게 생겨나는 두려움과 전율과 공포와 심려가 사라질 것입니다."

이와 같이 말하자 존자 쑤딘나의 아버지는 불만스러워하며 말했다.

[쑤딘나의 아버지] "어찌 아들 쑤딘나로서 그렇게 말할 수 있단 말입니까?"

그래서 존자 쑤딘나의 아버지는 존자 쑤딘나의 예전의 아내에게 일렀다.

[쑤딘나의 아버지] "그렇다면, 며느리야, 너는 사랑받고 마음에 들어하는 자로서 아마도 아들 쑤딘나가 너와 말이 통할 것이다."

그래서 존자 쑤딘나의 예전의 아내가 존자 쑤딘나의 양 발을 붙잡고 존자 쑤딘나에게 이와 같이 말했다.

[쑤딘나의 예전의 아내] "존귀한 님이여, 그대가 그녀를 위하여 청정한 삶을 영위하는 그 하늘의 요정은 어떠한 하늘사람입니까?"

[쑤딘나] "자매여, 나는 하늘의 요정 때문에 청정한 삶을 영위하는 것이 아닙니다."

그러자 존자 쑤딘나의 예전의 아내는 '오늘부터 남편 쑤딘나가 자매라는 말로 불렀다.'라고 생각하자 그 자리에서 혼절하여 넘어졌다.

5-8. 그런데, 존자 쑤딘나는 아버지에게 이와 같이 말했다.

[쑤딘나] "장자여, 만약에 음식을 주신다면, 주십시오. 그러나 저를 괴롭히지 마십시오."

[쑤딘나의 아버지] "사랑하는 쑤딘나야, 음식을 드시오."

그래서 존자 쑤딘나의 부모는 존자 쑤딘나에게 단단하거나 부드러운 훌륭한 음식을 손수 제공하고 대접했다. 그리고 존자 쑤딘나의 어머니는 존자 쑤딘나가 식사를 마치고 발우에서 손을 떼자 이와 같이 말했다.

[쑤딘나의 어머니] "사랑하는 아들아, 이 집안은 부유하고 대부호이고 대자산가이고 금은이 많고 재물이 많고 돈과 곡식이 많다. 사랑하는 아들아, 너는 환속하여 재산을 향유하고 공덕을 쌓을 수 있다. 사랑하는 쑤딘나야, 환속하여 부를 누리며 공덕을 쌓아라."

[쑤딘나] "어머니, 저는 그럴 수 없습니다. 저는[*18] 할 수 없습니다. 저는 즐겁게 청정한 삶을 영위할 것입니다."

두 번째에도 존자 쑤딘나의 어머니는 존자 쑤딘나에게 이와 같이 말했다.

[쑤딘나의 어머니] "사랑하는 아들아, 이 집안은 부유하고 대부호이고 대자산가이고 금은이 많고 재물이 많고 돈과 곡식이 많다. 사랑하는 아들아, 너는 환속하여 재산을 향유하고 공덕을 쌓을 수 있다. 사랑하는 쑤딘나야, 환속하여 부를 누리며 공덕을 쌓아라."

[쑤딘나] "어머니, 저는 그럴 수 없습니다. 저는 할 수 없습니다. 저는 즐겁게 청정한 삶을 영위할 것입니다."

세 번째에도 존자 쑤딘나의 어머니는 존자 쑤딘나에게 이와 같이 말했다.

[쑤딘나의 어머니] "사랑하는 아들아, 이 집안은 부유하고 대부호이고 대자산가이고 금은이 많고 재물이 많고 돈과 곡식이 많다. 사랑하는 아들아, 그렇다면, 자식을 만들어 달라. 릿차비[80] 왕이 후사가 없는 우리의 재산을 몰수하게 하지

80) Licchavi : 부처님 당시의 강력한 부족이었다. 그들은 부처님의 사리분배문제를 두고 다툰 것으로 보아 왕족출신이었음에 틀림없다. 그들의 수도는 베쌀리(Vesāli)였고 밧지(Vajji)국 연합의 일부였다. 이 부족은 강력한 유대

말라.”

[쑤딘나] “어머니, 저에게 그것은 가능한 일입니다.”81)

[쑤딘나의 어머니] “사랑하는 아들이여, 지금 어디서 지내는가?”

[쑤딘나] “어머니, 마하바나 숲입니다.”

그리고 존자 쑤딘나는 자리에서 일어나 그곳을 떠났다.

5-9. 그러자 존자 쑤딘나의 어머니는 존자 쑤딘나의 예전의 아내에게 일렀다.

[쑤딘나의 어머니] “애야 며느리야, 월경때가 되어 월화가 있으면, 그때 내게 알려라.”

[쑤딘나의 예전의 아내] “어머님, 알겠습니다.”

존자 쑤딘나의 예전의 아내가 존자 쑤딘나의 어머니에게 대답했다. 그후 존자 쑤딘나의 예전의 아내는 오래지 않아 월경때가 되어 월화를 가졌다. 그러자 존자 쑤딘나의 예전의 아내는 존자 쑤딘나의 어머니에게 이와 같이 말했다.

[쑤딘나의 예전의 아내] “어머님, 월경때가 되어 월화가 생겨났습니다.”

[쑤딘나의 어머니] “애야, 며느리야, 그렇다면 나의 아들 쑤딘나가 사랑스러워 했고 마음에 들어했던 장신구로 치장을 해라.”

[쑤딘나의 예전의 아내] “어머님, 알겠습니다.”

존자 쑤딘나의 예전의 아내가 존자 쑤딘나의 어머니에게 대답했다. 그러자 존자 쑤딘나의 어머니는 쑤딘나의 예전의 아내를 데리고 마하바나 숲에 있는 존자 쑤딘나를 찾아갔다. 가까이 다가가서 존자 쑤딘나에게 이와 같이 말했다.

[쑤딘나의 어머니] “사랑하는 아들아, 이 집안은 부유하고 대부호이고 대자산가이고 금은이 많고 재물이 많고 돈과 곡식이 많다. 사랑하는 아들아, 너는 환속하여 재산을 향유하고 공덕을 쌓을 수 있다. 사랑하는 쑤딘나야, 환속하여 부를 누리며 공덕을 쌓아라.”

를 갖고 있어서, 한 사람이 아프면 모든 다른 사람들이 그를 방문했고 전 부족이 축제에 함께 참여했고 도시를 방문하는 특별한 방문객을 환영했다. 그들은 화려하고 아름다운 옷을 입었고 찬란한 색을 칠한 마차를 타고 다녔다. 부처님은 그들을 도솔천(兜率天)의 신들에 비유할 정도였다. 그럼에도 불구하고 그들은 사치스럽지 않았고, 짚으로 만든 침대에 살면서, 매우 부지런하였다. 그들은 부처님이 제시한 복지를 이루기 위해 필요한 일곱 가지 조건(aprihānīyadhammā)을 실천하고 있었다. DN. II. 73에 따르면, 릿차비 족들은 ① 모두가 참여하는 부족회의를 자주 열었다. ② 함께 결론을 짓고 그것을 화합하여 실천했다. ③ 전통을 지키고 공약을 존중하였다. ④ 어른들을 존중하고 보호했다. ⑤ 아녀자들을 강제로 추행하거나 납치하는 것을 용납하지 않았다. ⑥ 영묘를 존중하고 유지했다. ⑦ 성자를 후원하고 존중했다.

81) etaṃ kho me amma, sakkā kātun'ti : Smp. 212에 따르면, 그는 그의 친척들이 재산문제로 그를 더 이상 괴롭히지 않으면, 수행자의 덕성을 편안하게 닦을 수 있으리라고 생각했다.

[쑤딘나] "어머니, 저는 그럴 수 없습니다. 저는 할 수 없습니다. 저는 즐겁게 청정한 삶을 영위할 것입니다."

두 번째에도 존자 쑤딘나의 어머니는 존자 쑤딘나에게 이와 같이 말했다.

[쑤딘나의 어머니] "사랑하는 아들아, 이 집안은 부유하고 대부호이고 대자산가이고 금은이 많고 재물이 많고 돈과 곡식이 많다. 사랑하는 아들아, 너는 환속하여 재산을 향유하고 공덕을 쌓을 수 있다. 사랑하는 쑤딘나야, 환속하여 부를 누리며 공덕을 쌓아라."

[쑤딘나] "어머니, 저는 그럴 수 없습니다. 저는 할 수 없습니다. 저는 즐겁게 청정한 삶을 영위할 것입니다."

세 번째에도 존자 쑤딘나의 어머니는 존자 쑤딘나에게 이와 같이 말했다.

[쑤딘나의 어머니] "사랑하는 아들아, 이 집안은 부유하고 대부호이고 대자산가이고 금은이 많고 재물이 많고 돈과 곡식이 많다. 사랑하는 아들아, 그렇다면, 자식을 만들어 달라. 릿차비 왕이 후사가 없는 우리의 재산을 몰수하게 하지 말라."

[쑤딘나] "어머니, 저에게 그것은 가능한 일입니다."

그는 예전의 아내를 팔을 붙잡고 마하바나 숲속으로 들어가서 아직 학습계율이 시설되지 않은 때라 그 위험을 보지 못하고 예전의 아내와 합의하여 세 번 성적 교섭을 행했다. 그녀는 그것으로 인해서 잉태를 했다.

땅위의 신들이 소리내어 말했다.

[땅위의 신들] "존자들이여. 참으로 수행승의 참모임은 티끌을 여의고 위험을 여의었는데, 쑤딘나 깔란다까뿟따에 의해서 티끌이 생겨나고 위험이 생겨났다."

땅위의 신들의 소리를 듣고 네 위대한 왕들의 하늘나라의 신들[82]이 소리내어 말했다.

[네 위대한 왕들의 하늘나라의 신들] "존자들이여. 참으로 수행승의 참모임은

---

82) cātummahārājikā devā : 사대왕천(四大王天), 사천왕천(四天王天)을 뜻한다. 최하층의 하늘나라에 거주하는 신들을 뜻한다. 네 하늘의 사방을 지키는 안내자들이 있는 감각적 쾌락에 대한 욕망의 세계에 속하는 하늘나라이다. 동방의 다따랏타(Dhataraṭṭha : 持國天王)은 천상의 음악가들인 건달바(Gandhabba)들을, 남방의 비룰라까(Virūḷhaka : 增長天王)는 산이나 들의 숨겨진 보물을 관리하는 꿈반다(Kumbhaṇḍa)들을, 서방의 비루빡카(Virūpakkha : 廣目天王)는 용(Nāga)들을, 북방의 벳싸라나(Vessaraṇa : 多聞天王)는 야차(Yakkha)들을 통치한다. 그들은 Asl. II. 146; III. 96에 따르면, 싯다르타를 모태에서부터 보호했고 부처님이 된 후에는 그 추종자들도 보호한다고 한다. 이 경(AN. I. 141)에 따르면, 이들은 신들의 모임에 일어난 일을 기록하고 매달 음력 팔일에 세상에 사자를 보내고 십사일에는 아들을 보내고 십오일에는 몸소 세상에 내려와 인간이 올바로 행동하는지를 알아본다. 그리고 서른 셋 신들의 하늘나라(三十三天; Tāvatiṃsa)에 보고한다.

티끌을 여의고 위험을 여의었는데, 쑤딘나 깔란다까뿟따에 의해서 티끌이 생겨나고 위험이 생겨났다."

네 위대한 왕들의 하늘나라의 신들의 소리를 듣고 서른 셋 하늘나라의 신들이[83] 소리내어 말했다.

[서른 셋 하늘나라의 신들] "존자들이여. 참으로 수행승의 참모임은 티끌을 여의고 위험을 여의었는데, 쑤딘나 깔란다까뿟따에 의해서 티끌이 생겨나고 위험이 생겨났다."

서른 셋 하늘나라의 신들의 소리를 듣고 축복 받는 하늘나라의 신들이[84] 소리내어 말했다.

[축복 받는 하늘나라의 신들] "존자들이여. 참으로 수행승의 참모임은 티끌을 여의고 위험을 여의었는데, 쑤딘나 깔란다까뿟따에 의해서 티끌이 생겨나고 위험이 생겨났다."

축복 받는 하늘나라의 신들의 소리를 듣고 만족을 아는 하늘나라의 신들[85]이 소리내어 말했다.

---

83) tāvatiṃsā devā : 감각적 쾌락에 대한의 욕망의 세계의 여섯 하늘나라(欲界六天) 가운데 하나. 네 위대한 왕들의 하늘나라(四王天) 위에 서른 셋 신들의 하늘나라(三十三天=忉利天)가 있는데, 그 하늘은 씨네루(Sineru : 須彌山)의 정상에 있다. 제석천(Sakka : 帝釋天)은 이 두 하늘의 지배자이다. 마가(Māgha)가 제석천으로 태어났을 때에 이 하늘의 왕국을 아수라들과 공유하는 것을 싫어하여 그들을 술에 취하게 하여 씨네루 산기슭으로 떨어뜨렸다. 그래서 아수라의 궁전은 그 산 아래쪽에 있다. 그 후 제석천은 아수라들이 들어오지 못하게 성벽을 쌓고 용(Nāga), 금시조(Supaṇṇa), 꿈반다(Kumbhaṇḍa), 야차(Yakkha), 네 위대한 왕들의 하늘나라의 신들(Cātumahārājikā)로 하여금 지키도록 했다. 전체 이 하늘의 왕국은 4800km정도의 폭에 1000개의 궁전을 갖고 있다. 고따마 붓다는 이 세계에서 182,400km 떨어진 그 곳에서 하늘사람으로 태어난 어머니에게 아비달마(Abhidhamma)를 가르쳤다고 한다. 목갈라나(Moggallāna)는 자주 이 하늘을 찾아 그곳에 있는 신들에게서 그들의 윤회에 대한 이야기를 들었다.

84) yāmā devā : 한역은 음사하여 야마천(耶摩天)이라고 한다. 신들의 부류로 '서른 셋 신들의 하늘나라(三十三千)'과 '만족을 아는 신들의 하늘나라(兜率天)'사이에 하늘의 신들을 뜻한다. 200년의 인간의 생활은 야마천에서의 하루에 지나지 않으며, 그러한 하루로 그들의 수명은 2000년이나 된다. 지바까(Jīvaka)의 누이 씨리마(Sirimā)는 죽어서 야마천에 태어났는데 야마천궁의 왕 쑤야마(Suyāma)의 비가 되었다. 거기서 그녀는 500 명의 다른 신들을 데리고 부처님을 방문했다. 야마의 어원에 대해서는 여러 이설이 있으나, VibhA. 519에는 '신의 축복을 얻은 자들(dibbaṃ sukhaṃ yātā payātā sampattā)'이라고 되어있다.

85) tusitā devā : 감각적 쾌락의 욕망계(欲界)의 여섯 하늘나라(欲界六天) 가운데 네 번째. 한역에서는 음사하여 도솔천(兜率天)이라고 한다. 인간의 400년이 만족을 아는 하늘나라의 하루에 해당한다. 여기에 사는 신들의 수명은 그러한 하루로 4000년이다. 때때로 진리의 흐름에 든 님들이 여기에 태어난다. 보살들은 이 세상에 부처님으로 오기 전에 이 하늘에 태어나는 것이 원칙이다. 이 하늘은 하늘나라가운데 가장 아름답다. 왜냐하면 보살이 거주하기 때문이다. 이 하늘의 신왕은 싼뚜씨따(Santusita)이다. 여기에 다시 태어난 자로는 담미까(Dhammika), 아나타삔디까(Anāthapiṇḍika), 말리까(Mallikā), 띳싸(Tissa), 마하다나(Mahādhana), 둣탕가마닌(Duṭṭhagāmaṇin)이 있다.

[만족을 아는 하늘나라의 신들] "존자들이여. 참으로 수행승의 참모임은 티끌을 여의고 위험을 여의었는데, 쑤딘나 깔란다까뿟따에 의해서 티끌이 생겨나고 위험이 생겨났다."

만족을 아는 하늘나라의 신들의 소리를 듣고 창조하고 기뻐하는 하늘나라의 신들[86]이 소리내어 말했다.

[창조하고 기뻐하는 하늘나라의 신들] "존자들이여. 참으로 수행승의 참모임은 티끌을 여의고 위험을 여의었는데, 쑤딘나 깔란다까뿟따에 의해서 티끌이 생겨나고 위험이 생겨났다."

창조하고 기뻐하는 하늘나라의 신들의 소리를 듣고[*19] 동료 신들이 만든 것을 누리는 하늘나라의 신들[87]이 소리내어 말했다.

[동료 신들이 만든 것을 누리는 하늘나라의 신들] "존자들이여. 참으로 수행승의 참모임은 티끌을 여의고 위험을 여의었는데, 쑤딘나 깔란다까뿟따에 의해서 티끌이 생겨나고 위험이 생겨났다."

다른 신들이 만든 것을 누리는 하늘나라의 신들의 소리를 듣고 하느님 세계의 하느님의 권속인 신들[88]이 소리내어 말했다.

[하느님 세계의 하느님의 권속인 신들] "존자들이여. 참으로 수행승의 참모임은 티끌을 여의고 위험을 여의었는데, 쑤딘나 깔란다까뿟따에 의해서 티끌이 생겨나고 위험이 생겨났다."

이와 같이 해서 그 소리는 그 순간 그 찰나에 하느님 세계에 까지 알려지게 되었다.

그후 존자 쑤딘나의 예전의 아내는 그 태아가 성숙하자 마침내 아들을 낳았다. 그러자 존자 쑤딘나의 친구들은 그 아이에게 '비자까'[89]라는 이름을 붙여 주었고, 존자 쑤딘나의 예전의 아내에게는 '비자까의 어머니'라는 이름을 붙여주었다. 존자 쑤딘나에게는 '비자까의 아버지'라는 이름을 붙여 주었다. 나중에 그들 두 사람[90]은 집에서 집없는 곳으로 출가하여 거룩한 경지를 성취했다.

---

86) nimmānaratī devā : 한역에서는 화락천(化樂天)이라고 한다. 감각적 쾌락의 세계의 여섯 하늘나라(欲界六天) 가운데 다섯 번째. 그들은 어떠한 형태, 어떠한 색깔도 창조할 수 있고, 자신들이 만든 창조에 대하여 기뻐한다.

87) paranimmitavasavattino devā : 한역에서는 타화자재천(他化自在天)이라고 한다. 감각적 쾌락의 욕망계(欲界)의 여섯 하늘나라(欲界六天) 가운데 가장 높은 단계의 하늘이다. 그들은 자신들의 지배아래 두기 위해 피조물을 창조하는 존재들인데 다른 신들이 만든 욕망의 대상들을 지배한다. 그들의 욕망의 대상들은 요리사가 왕의 기호를 알아서 요리를 준비하는 것과 같이 그들의 약점을 아는 다른 신들에 의해서 창조된다.

88) brahmakāyikā devā : 한역의 범중천(梵衆天)인데, 하느님 세계에 거주하는 신들의 하늘을 뜻한다.

89) Bījaka : 씨를 계승한 자라는 뜻이다.

5-10. 그런데 존자 쑤딘나에게 회한이 생겨나고 후회가 생겨났다.

[쑤딘나] '참으로 나에게 불익이다. 참으로 나에게 이익이 되지 않는다. 참으로 나에게 유익하지 않고, 참으로 나에게 무익한 것이다. 이와 같이 잘 설해진 가르침과 계율에 출가했어도 평생 완전무결하고 청정무구한 거룩한 삶을 영위하는 것이 불가능해졌다.'

그는 그 회한으로 인해서 그 후회로 인해서 수척해지고, 누추해지고, 추악해지고, 누렇게 뜨고, 몸에 혈관이 불거져 나오고, 우울해지고, 침울해지고, 고통스러워하고, 슬퍼하고, 후회하고, 낙담했다. 그러자 존자 쑤딘나의 도반수행승들은 존자 쑤딘나에게 이와 같이 말했다.

[도반수행승들] "존자여 쑤딘나야, 그대는 예전에 용모가 단정하고 감관이 풍요하고 안색이 청정하고, 피부가 맑았습니다. 그런 그대가 지금은 수척하고, 누추하고, 추악하고, 누렇게 뜨고, 몸에 혈관이 불거져 나오고, 우울해하고, 침울해하고, 고통스러워하고, 슬퍼하고, 후회하고, 낙담하고 있습니다. 벗이여 쑤딘나야, 어찌 그대는 청정한 삶을 영위하는 것을 기뻐하지 않습니까?"

[쑤딘나] "벗들이여, 내가 청정한 삶을 영위하는 것을 기뻐하지 않는 것은 아닙니다. 나는 악한 행위를 했습니다. 예전의 아내와 성적 교섭을 행했습니다. 벗들이여, 그것이 나에게 회한이 되고 후회가 되는 것입니다. 참으로 나에게 불익입니다. 참으로 나에게 이익이 되지 않습니다. 참으로 나에게 유익하지 않고, 참으로 나에게 무익한 것입니다. 이와 같이 잘 설해진 가르침과 계율에 출가하여 평생 완전무결하고 청정무구한 거룩한 삶을 영위하는 것이 불가능해졌습니다."

[도반수행승들] "벗이여 쑤딘나야, 참으로 회한이 되고 후회가 되겠습니다. 그대는 이와 같이 잘 설해진 가르침과 계율에 출가했지만, 평생 완전무결하고 청정무구한 거룩한 삶을 영위하는 것이 불가능할 것입니다. 벗이여, 세존께서 여러 가지 법문으로 가르침을 설한 것은 탐욕의 여읨을 위해서지 탐욕의 갖춤을 위한 것은 아니지 않습니까? 가르침을 설한 것은 결박의 여읨을 위해서지 결박의 갖춤을 위한 것은 아니지 않습니까? 가르침을 설한 것은 집착의 여읨을 위해서지 집착의 갖춤을 위한 것은 아니지 않습니까? 벗이여, 그런데 그대는 세존께서 탐욕의 여읨을 위하여 가르침을 설할 때에 탐욕의 갖춤을 위해 애쓸 수 있습니까? 결박의 여읨을 위하여 가르침을[*20] 설할 때에 결박의 갖춤을 위해 애쓸 수

90) ubho : 비자까와 그의 어머니를 말한다.

있습니까? 집착의 여읨을 위하여 가르침을 설할 때에 집착의 갖춤을 위해 애쓸 수 있습니까? 벗이여, 세존께서 여러 가지 방편으로 탐욕의 여읨을 위하여 가르침을 설하지 않았습니까? 교만을 부수기 위하여, 갈증을 제거하기 위하여, 경향을 제거하기 위하여,91) 윤회를 끊기 위하여,92) 갈애를 부수기 위해서, 사라지기 위해서, 지멸에 들기 위해서, 열반에 들기 위해서 가르침을 설하지 않았습니까? 벗이여, 세존께서는 여러 가지 방편으로 감각적 쾌락의 욕망에 대한 끊음에 관하여 설명하지 않았습니까, 감각적 쾌락의 욕망에 의한 지각에 대한 완전한 앎에 관하여 설명하지 않았습니까, 감각적 쾌락의 욕망에 의한 갈증의 제어에 관하여 설명하지 않았습니까, 감각적 쾌락의 욕망에 의한 사유의 제거에 관하여 설명하지 않았습니까, 감각적 쾌락의 욕망에 의한 열뇌의 지멸에 관하여 설명하지 않았습니까? 벗이여, 그것은 아직 청정한 믿음이 없는 자를 청정한 믿음으로 이끌고, 이미 청정한 믿음이 있는 자를 더욱더 청정한 믿음으로 이끄는 것이 아닙니다. 벗이여, 그것은 오히려, 아직 청정한 믿음이 없는 자를 불신으로 이끌고, 이미 청정한 믿음이 있는 자 가운데 어떤 자들을 타락시키는 것입니다."

5-11. 그렇게 그 수행승들은 존자 쑤딘나를 여러 가지 방편으로 꾸짖고 세존께 그 사실을 알렸다. 그러자 세존께서는 이러한 인연으로 이러한 기회에 수행승들의 참모임을 불러 모으게 하고 존자 쑤딘나에게 물었다.

[세존] "쑤딘나야, 그대가 예전의 아내와 성적 교섭을 한 것이 사실인가?"

[쑤딘나] "세존이시여, 사실입니다."

존귀한 부처님께서는 견책했다.

[세존] "어리석은 자여, 그대는 적절하지 않고, 자연스럽지 않고, 알맞지 않고, 수행자의 삶이 아니고, 부당하고, 해서는 안 될 일을 행한 것이다. 어리석은 자여, 이와 같이 잘 설해진 가르침과 계율에 출가하였지만, 평생 완전무결하고 청정무구한 거룩한 삶을 영위하는 것이 불가능하면 그대는 어찌할 셈인가? 어리석은 자여, 내가 여러 가지 법문으로 가르침을 설한 것은 탐욕의 여읨을 위해서지 탐욕의 갖춤을 위한 것은 아니지 않는가? 가르침을 설한 것은 결박의 여읨을 위해서지 결박의 갖춤을 위한 것은 아니지 않는가? 가르침을 설한 것은 집착의

---

91) ālayasamugghātāya : ālaya는 한역에서는 음사하여 아뢰야(阿賴耶)라고도 하나 여기서는 욕망 또는 집착의 경향을 말한다. Srp. I. 195에 따르면, 다섯 가지 감각적 쾌락에 대한 욕망, 즉 오욕락(五欲樂)에 집착하는 경향을 의미한다.

92) vaṭṭupacchedāya : Smp. 218에 따르면, 삼계(三界), 즉 감각적 쾌락의 세계(欲界 kāmaloka), 미세한 물질의 세계(色界 rūpaloka), 비물질의 세계(無色界 arūpaloka)로의 윤회를 끊기 위한 것이다.

여읨을 위해서지 집착의 갖춤을 위한 것은 아니지 않는가? 어리석은 자여, 그런데 그대는 내가 탐욕의 여읨을 위하여 가르침을 설할 때에 탐욕의 갖춤을 위해 애쓸 수 있는가? 결박의 여읨을 위하여 가르침을 설할 때에 결박의 갖춤을 위해 애쓸 수 있는가? 집착의 여읨을 위하여 가르침을 설할 때에 집착의 갖춤을 위해 애쓸 수 있는가? 어리석은 자여, 내가 여러 가지 방편으로 탐욕의 여읨을 위하여, 교만을 부수기 위하여, 갈증을 제거하기 위하여, 경향을 제거하기 위하여, 윤회를 끊기 위하여, 갈애를 부수기 위해서, 사라지기 위해서, 지멸에 들기 위해서, 열반에 들기 위해서 가르침을 설하지 않았는가? 어리석은 자여, 내가 여러 가지 방편으로 감각적 쾌락의 욕망에 대한 끊음에 관하여 설명하지 않았는가? 감각적 쾌락의 욕망에 의한 지각에 대한 완전한 앎에 관하여 설명하지 않았는가? 감각적 쾌락의 욕망에 의한 갈증의 제어에 관하여 설명하지 않았는가? 감각적 쾌락의 욕망에 의한 사유의 제거에 관하여 설명하지 않았는가? 감각적 쾌락의 욕망에 의한 열뇌의 지멸에 관하여 설명하지 않았는가? 어리석은 자여, 오히려 맹독을 지닌 독사뱀의 아가리에 그대의 성기를 집어넣을지언정, 결코 여인의 성기에 집어넣지 말라.93) 어리석은 자여, 오히려 검은 뱀의 아가리에 그대의 성기를 집어넣을지언정, 결코 여인의 성기에 집어넣지 말라. 어리석은 자여, 오히려 뜨겁고 불타고 작열하는 숯불화로에 그대의 성기를 집어넣을지언정, 결코 여인의 성기에 집어넣지 말라. 그것은 무슨 까닭인가? 어리석은 자여, 그것을 인연으로 죽음에 이르거나 죽음에 이르는 고통을 겪게 되기 때문이다. 뿐만 아니라 그 때문에 몸이 파괴되고 죽은 뒤에 괴로운 곳, 나쁜 곳, 타락한 곳, 지옥에 태어날 것이기 때문이다. 어리석은 자여, 이러한 이유로 그대는 몸이 파괴되고 죽은 뒤에 괴로운 곳,[*21] 나쁜 곳, 타락한 곳, 지옥에 태어날 것이다. 어리석은 자여, 이러한 일을 위해서 그대는 부정한 짓,94) 비속한 짓, 저열한 짓, 추악한 짓, 밑물하는 짓,95) 은밀한 짓, 짝짓기에 종사해야 할 것이다. 어리석은 자여, 그대는 많은 악하고 불건전한 것들의 최초의 실천자이자 선구자가 되었다. 어리석은 자여, 그것은 아직 청정한 믿음이 없는 자를 청정한 믿음으로 이끌고, 이미 청정한 믿음이 있는 자를 더욱더 청정한 믿음으로 이끄는 것이 아니다. 어리석은 자여, 그것은 오히려,

---

93) varaṃ te moghapurisa āsīvisassa ghoravisassa mukhe aṅgajātaṃ pakkhittaṃ, na tveva mātugāmassa aṅgajāte aṅgajātaṃ pakkhittaṃ : AN. III. 65에는 여인과의 다섯 가지 감각적 쾌락의 대상을 통한 접촉 보다는 "손에 칼을 쥔 악귀들과 말하는 것이 낫다. 물려죽더라도 독사를 만지는 것이 낫다.'라는 구절이 있다.

94) assaddhamma : Smp. 221에 따르면, 저속한 사람들의 사이비법을 의미한다.

95) odakantika : Smp. 221에 따르면, 성교후 세정을 의미한다.

아직 청정한 믿음이 없는 자를 불신으로 이끌고, 이미 청정한 믿음이 있는 자 가운데 어떤 자들을 타락시키는 것이다."

5-12. 그리고 세존께서는 존자 쑤딘나에 대하여 여러 가지 방편으로 견책하여, 키우기 어렵고 부양하기 어렵고 탐욕이 많고 만족을 모르고 교제를 좋아하고 나태한 것에 대해 질책하고, 여러 가지 법문으로 고무하여, 키우기 쉽고 부양하기 쉽고 욕심을 여의고, 만족을 알고, 버리고 없애는 삶[96], 악을 제거하는 삶, 청정한 믿음의 삶, 쌓아 모우지 않는 삶[97], 용맹정진의 삶을 칭찬하고, 수행승들을 위하여 그에 알맞고 그에 걸맞게 경책하여 법문을 하고 수행승들에게 일렀다.

[세존] "수행승들이여, 그러므로 수행승들을 위하여 열 가지 이유에 기초하여, 즉 참모임의 수승을 위하여, 참모임의 안락을 위하여, 악한 수행승의 조복을 위하여, 품행이 바른 수행승의 평안한 삶을 위하여, 지금 여기에서의 번뇌의 제어를 위하여, 다가오는 번뇌를 물리치기 위하여, 청정한 믿음이 없는 자에게 청정한 믿음을 주기 위하여, 청정한 믿음이 있는 자에게 청정한 믿음을 증대시키기 위하여, 올바른 가르침[98]을 지속시키기 위하여, 계율[99]을 수호하기 위하여 학습계율을 시설하니, 수행승들이여, 그대들은 이와 같이 학습계율을 송출해야 한다."

〔세존〕 "수행승이여, 수행승이 성적 교섭을 행한다면, 승단추방죄[100]를 범하는 것이므로, 함께 살 수 없다."[101]

이와 같이 세존께서는 수행승들을 위하여 학습계율을 시설했다.[102]

암원숭이 이야기(Makkaṭīvatthu)

---

96) sallekhana : Smp. 221에 따르면, 덜어내는 것(niddhunana)을 의미한다. '손감(損減), 삭감(削減)'이라는 뜻을 갖고 있으나 '버리고 없애는 삶'이라고 번역했다. 굳이 일상용어로 번역하자면, 소욕(少欲)이라는 말이 적합하지만 어떤 문맥에서는 매우 어색하기 때문에 이 말을 채택하지 않았다. MN. I. 40의 '버리고 없애는 삶의 경'을 참조하라.

97) apacayassa : Smp. 222에 따르면, 일체의 오염(kilesa)을 쌓아 모우지 않는 것을 뜻한다.

98) saddhamma : Smp. 225에 따르면, 정법(正法)에는 세 가지가 있다. ① 삼장의 모든 부처님의 말씀 ② 열세 가지 신중한 삶의 방식, 열네 가지 의무, 계행, 삼매, 통찰, ③ 네 가지 고귀한 길(四向)과 네 가지 경지(四果)와 열반을 뜻한다.

99) vinayānuggahāya : Smp. 225에 따르면, 계율(Vinaya)은 네 의미 즉, 제어, 거부, 지멸, 알림을 지니고 있다.

100) pārājika : 한역의 바라이(波羅夷) 또는 단두죄(斷頭罪)를 뜻한다. 원래 의미는 패배죄(敗北罪)를 뜻한다. 악마와의 싸움에서 패배한 것을 뜻하지만, 좀더 정확히 말하자면, 최상의 목표인 거룩한 경지를 성취하려는 수행적 삶에서 패배한 것을 뜻한다. 수행의 차원에서는 목표가 좌절된 패배죄보다 무서운 것이 없지만, 역자는 참모임과 관련시켜 구체적으로 '승단추방죄'라고 번역한다.

101) yo pana bhikkhu methunaṃ dhammaṃ patiseveyya, pārājiko hoti asaṃvāso'ti.

102) evañcidaṃ bhagavatā bhikkhūnaṃ sikkhāpadaṃ paññattaṃ hoti : 여기서 시설했다(paññattaṃ)라는 것의 일차적 의미는 '알렸다'라는 것이고 그 밖에 '제정했다. 시설했다.'라는 의미를 지닌다.

6-1. 한때 어떤 수행승이 베쌀리 시의 마하바나 숲에서 암원숭이[103]를 음식으로 유혹하여 그녀와 성적 교섭을 행했다. 그리고 그 수행승은 아침 일찍 옷을 입고 발우와 가사를 들고 베쌀리 시로 탁발하러 들어갔다. 그때 많은 수행승들이 처소를 찾아 유행하다가 그 수행승의 정사에 이르렀다. 그 암원숭이는 그 수행승들이 멀리서 오는 것을 보고 그 수행승들에게 다가왔다. 가까이 다가와서 그 수행승들에게 엉덩이를 흔들고, 꼬리를 흔들고,[*22] 엉덩이를 벌리고 성기를 드러냈다. 그래서 그 수행승들은 이와 같이 생각했다.

[수행승들] '이 수행승은 이 암원숭이와 성적 교섭을 행한 것이 틀림없다.'

한편 그들은 그것을 숨겼다. 그런데 그 수행승이 베쌀리 시에서 탁발을 행하고 음식을 가지고 돌아왔다. 그러자 그 암원숭이가 그 수행승에게 다가왔다. 그 수행승은 그 음식을 한 조각은 자신이 먹고 한 조각은 그 암원숭이에게 주었다. 그러자 그 암원숭이는 먹고나서 그 수행승에게 엉덩이를 벌렸다. 그 수행승은 그 암원숭이와 성적 교섭을 행했다. 그러자 그 수행승들은 그 수행승에게 이와 같이 말했다.

[수행승들] "벗이여, 세존께서는 학습계율을 시설하지 않았습니까? 벗이여, 어찌 그대는 암원숭이와 성적 교섭을 행할 수 있단 말입니까?"

[수행승] "벗이여, 세존께서는 학습계율을 시설한 것은 사실입니다. 그런데 그것은 여인과의 경우이지 축생과의 경우에는 해당하지 않습니다."

[수행승들] "벗이여, 그것은 그렇기는 합니다만, 그것은 적절하지 않고, 자연스럽지 않고, 알맞지 않고, 수행자의 삶이 아니고, 부당하고, 해서는 안 될 일입니다. 벗이여, 이와 같이 잘 설해진 가르침과 계율에 출가하였지만, 평생 완전무결하고 청정무구한 거룩한 삶을 영위하는 것이 불가능하면 그대는 어찌할 셈입니까? 벗이여, 세존께서 여러 가지 법문으로 가르침을 설한 것은 탐욕의 여읨을 위해서지 탐욕의 갖춤을 위한 것은 아니지 않습니까? 가르침을 설한 것은 결박의 여읨을 위해서지 결박의 갖춤을 위한 것은 아니지 않습니까? 가르침을 설한 것은 집착의 여읨을 위해서지 집착의 갖춤을 위한 것은 아니지 않습니까? 벗이여, 그런데 그대는 세존께서 탐욕의 여읨을 위하여 가르침을 설할 때에 탐욕의 갖춤을 위해 애쓸 수 있습니까? 결박의 여읨을 위하여 가르침을 설할 때에 결박의 갖춤을 위해 애쓸 수 있습니까? 집착의 여읨을 위하여 가르침을 설할 때에 집착의 갖춤을 위해 애쓸 수 있습니까? 벗이여, 세존께서는 여러 가지 방편으로 탐욕의 여읨을

---

103) makkaṭi : 암원숭이는 한역에서 미후(獼猴)라고 한다.

위하여[104] 가르침을 설하지 않았습니까? 교만을 부수기 위하여, 갈증을 제거하기 위하여, 경향을 제거하기 위하여, 윤회를 끊기 위하여, 갈애를 부수기 위해서, 사라지기 위해서, 지멸에 들기 위해서, 열반에 들기 위해서 가르침을 설하지 않았습니까? 벗이여, 세존께서는 여러 가지 방편으로 감각적 쾌락의 욕망에 대한 끊음에 관하여 설명하지 않았습니까, 감각적 쾌락의 욕망에 의한 지각에 대한 완전한 앎에 관하여 설명하지 않았습니까, 감각적 쾌락의 욕망에 의한 갈증의 제어[105]에 관하여 설명하지 않았습니까, 감각적 쾌락의 욕망에 의한 사유의 제거[106]에 관하여 설명하지 않았습니까, 감각적 쾌락의 욕망에 의한 열뇌의 지멸에 관하여 설명하지 않았습니까? 벗이여, 그것은 아직 청정한 믿음이 없는 자를 청정한 믿음으로 이끌고, 이미 청정한 믿음이 있는 자를 더욱더 청정한 믿음으로 이끄는 것이 아닙니다. 벗이여, 그것은 오히려, 아직 청정한 믿음이 없는 자를 불신으로 이끌고, 이미 청정한 믿음이 있는 자 가운데 어떤 자들을 타락시키는 것입니다."

그렇게 그 수행승들은 그 수행승을 여러 가지 방편으로 꾸짖고 세존께 그 사실을 알렸다.

6-2. 그러자 세존께서는 이러한 인연으로 이러한 기회에 수행승들의 참모임을 불러 모으게 하고 그 수행승에게 물었다.

[세존] "수행승이여, 그대가 암원숭이와 성적 교섭을 한 것이 사실인가?"

[수행승] "세존이시여, 사실입니다."

존귀한 부처님께서는 견책했다.

[세존] "어리석은 자여, 그대는 적절하지 않고, 자연스럽지 않고, 알맞지 않고, 수행자의 삶이 아니고, 부당하고, 해서는 안 될 일을 행한 것이다. 어리석은 자여, 이와 같이 잘 설해진 가르침과 계율에 출가하였지만, 평생 완전무결하고 청정무구한 거룩한 삶을 영위하는 것이 불가능하면 그대는 어찌할 셈인가? 어리석은 자여, 내가 여러 가지 법문으로 가르침을 설한 것은 탐욕의 여읨을 위해서지 탐욕의 갖춤을 위한 것은 아니지 않는가? 가르침을 설한 것은 결박의 여읨을 위해서지 결박의 갖춤을 위한 것은 아니지 않는가? 가르침을 설한 것은 집착의

---

104) rāgavirāgāya : 여기서 역자가 사라짐이라고 번역한 'virāga'는 색깔이 바래서 소멸되는 것을 의미한다.

105) kāmapipāsānaṃ paṭivinayo : '감각적 쾌락의 욕망에 의한 갈증(kāmapipāsāna)'에는 '제어(制御: paṭivinaya)'가 사용되었다.

106) kāmavitakkānaṃ samugghāto : '감각적 쾌락의 욕망에 의한 사유(kāmavitakka)'에는 '제거(除去: samugghāta)'가 사용되었다.

여읨을 위해서지 집착의 갖춤을 위한 것은 아니지 않는가? 어리석은 자여, 그런데 그대는 내가 탐욕의 여읨을 위하여 가르침을 설할 때에 탐욕의 갖춤을 위해 애쓸 수 있는가? 결박의 여읨을 위하여 가르침을 설할 때에 결박의 갖춤을 위해 애쓸 수 있는가? 집착의 여읨을 위하여 가르침을 설할 때에 집착의 갖춤을 위해 애쓸 수 있는가? 어리석은 자여, 내가 여러 가지 방편으로 탐욕의 여읨을 위하여, 교만을 부수기 위하여, 갈증을 제거하기 위하여, 경향을 제거하기 위하여, 윤회를 끊기 위하여, 갈애를 부수기 위해서, 사라지기 위해서, 지멸에 들기 위해서, 열반에 들기 위해서 가르침을 설하지 않았는가? 어리석은 자여, 내가 여러 가지 방편으로 감각적 쾌락의 욕망에 대한 끊음에 관하여 설명하지 않았는가? 감각적 쾌락의 욕망에 의한 지각에 대한 완전한 앎에 관하여 설명하지 않았는가? 감각적 쾌락의 욕망에 의한 갈증의 제어에 관하여 설명하지 않았는가? 감각적 쾌락의 욕망에 의한 사유의 제거에 관하여 설명하지 않았는가? 감각적 쾌락의 욕망에 의한 열뇌의 지멸에 관하여 설명하지 않았는가? 어리석은 자여, 오히려 맹독을 지닌 독사뱀의 아가리에 그대의 성기를 집어넣을지언정, 결코 암원숭이의 성기에 집어넣지 말라. 어리석은 자여, 오히려 검은 뱀의 아가리에 그대의 성기를 집어넣을지언정, 결코 암원숭이의 성기에 집어넣지 말라. 어리석은 자여, 오히려 뜨겁고 불타고 작열하는 숯불화로에 그대의 성기를 집어넣을지언정, 결코 암원숭이의 성기에 집어넣지 말라. 그것은 무슨 까닭인가? 어리석은 자여, 그것을 인연으로 죽음에 이르거나 죽음에 이르는 고통을 겪게 되기 때문이다. 뿐만 아니라 그 때문에 몸이 파괴되고 죽은 뒤에 괴로운 곳, 나쁜 곳, 타락한 곳, 지옥에 태어날 것이기 때문이다. 어리석은 자여, 이러한 이유로 그대는 몸이 파괴되고 죽은 뒤에 괴로운 곳, 나쁜 곳, 타락한 곳, 지옥에 태어날 것이다. 어리석은 자여, 이러한 일을 위해서 그대는 부정한 짓, 비속한 짓, 저열한 짓, 추악한 짓, 밑물하는 짓, 은밀한 짓, 짝짓기에 종사해야 할 것이다. 어리석은 자여, 그것은 아직 청정한 믿음이 없는 자를 청정한 믿음으로 이끌고, 이미 청정한 믿음이 있는 자를 더욱더 청정한 믿음으로 이끄는 것이 아니다. 어리석은 자여, 그것은 오히려, 아직 청정한 믿음이 없는 자를 불신으로 이끌고, 이미 청정한 믿음이 있는 자 가운데 어떤 자들을 타락시키는 것이다."

6-3. 그리고 세존께서는 그 수행승에 대하여 여러 가지 방편으로 견책하여, 키우기 어렵고 부양하기 어렵고 탐욕이 많고 만족을 모르고 교제를 좋아하고 나태한 것에 대해 질책하고, 여러 가지 법문으로 고무하여, 키우기 쉽고 부양하기 쉽고

욕심을 여의고, 만족을 알고, 버리고 없애는 삶, 악을 제거하는 삶, 청정한 믿음의 삶, 쌓아 모우지 않는 삶, 용맹정진의 삶을 칭찬하고, 수행승들을 위하여 그에 알맞고 그에 걸맞게 경책하여 법문을 하고 수행승들에게 일렀다.

[세존] "수행승들이여, 그러므로 수행승들을 위하여 열 가지 이유에 기초하여, 즉 참모임의 수승을 위하여, 참모임의 안락을 위하여, 악한 수행승의 조복을 위하여, 품행이 바른 수행승의 평안한 삶을 위하여, 지금 여기에서의 번뇌의 제어를 위하여, 다가오는 번뇌를 물리치기 위하여, 청정한 믿음이 없는 자에게 청정한 믿음을 주기 위하여, 청정한 믿음이 있는 자에게 청정한 믿음을 증대시키기 위하여, 올바른 가르침을 지속시키기 위하여, 계율을 수호하기 위하여 학습계율을 시설하겠으니, 수행승들이여, 그대들은 이와 같이 학습계율을 송출해야 한다."

〔세존〕 "수행승이 성적 교섭을 행한다면, 심지어 축생과 행하는 것조차, 승단추방죄를 범하는 것이므로, 함께 살 수 없다."[107]

이와 같이 세존께서는 수행승들을 위하여 학습계율을 시설했다.

7-1. 한때[*23] 베쌀리 출신의 밧지 족의 많은 수행승들이 원하는 만큼 먹고 원하는 만큼 자고 원하는 만큼 목욕을 즐겼다. 원하는 만큼 먹고 원하는 만큼 자고 원하는 만큼 목욕을 즐기고, 이치에 맞지 않게 정신활동을 기울이고, 학습계율의 부인도 없이 자신들의 학습계율에 대한 취약성도 알리지도 않고,[108] 성적 교섭에 빠졌다. 그들은 나중에 친척의 불행에 충격을 받고, 재산의 상실에 충격을 받고, 질병의 핍진에 충격을 받아 존자 아난다를 찾아가서 이와 같이 말했다.

[밧지 족의 수행승들] "존자여 아난다여, 우리는 부처님을 비방하는 자가 아니고 가르침을 비방하는 자가 아니고 참모임을 비방하는 자가 아닙니다. 존자 아난다여, 우리는 자신을 비방하는 자이지, 타인을 비방하는 자는 아닙니다. 우리는 이와 같이 잘 설해진 가르침과 계율에 출가했어도 평생 완전무결하고 청정무구한 거룩한 삶을 영위하는 것이 불가능하니, 우리는 실로 행운이 없고, 우리는 실로 박복합니다. 존자 아난다여, 지금이라도 우리는 세존의 앞에서 출가하여 구족계

---

107) yo pana bhikkhu methunaṃ dhammaṃ patiseveyya, antamaso tiracchānagatāya pi, pārājiko hoti asaṃvāso'ti.

108) sikkhaṃ apaccakkhāya, dubbalyaṃ anāvikatvā : '학습계율의 부인'이라는 것은 '학습계율을 부인하지 않고, 나는 더 이상 수행승이 아니라고 선언하지 않고'라는 뜻이다. '학습계율에 대한 취약성을 알리는 것'은 수행승이 자신이 계행을 지킬 수 없는 것을 인지하고 옷을 벗어야 한다.'는 것을 뜻한다. AN. IV. 372에서는 아홉 가지 불가능성 가운데 하나로 '수행승이 거룩한 님으로 모든 번뇌를 부수고, 수행이 완성되고, 해야 할 일을 해 마치고, 짐을 버리고, 참다운 목표에 도달하고, 존재의 결박을 끊고, 올바른 지혜로 해탈했다면, 그가 학습계율을 부인하는 것은 불가능하다.'가 언급되고 있다.

를 받을 수 있다면, 이제 명상하면서 착하고 건전한 것들을 수지하고 초야와 후야에 깨달음에 도움이 되는 원리109)에 따라 수행에 전념하며 지낼 것입니다. 존자 아난다여, 세존께 이 사실을 알려주시면 감사하겠습니다."

[아난다] "벗이여, 알겠습니다."

7-2. 존자 아난다는 베쌀리 시 출신의 밧지 족들에게 대답하고 세존께서 계신 곳 찾아갔다. 가까이 다가가서 세존께 그 사실을 알렸다.

[세존] "아난다여, 여래가 밧지인들이나 밧지족의 아들들의 행위 때문에 이미 시설된 승단추방죄의 학습계율을 폐기하는 것은 도리가 아니고 가능하지 않은 것이다."

그리고 세존께서는 이러한 인연으로 이러한 기회에 법문을 하고 수행승들에게 일렀다.

[세존] "수행승들이여, 어떠한 수행승이라도 학습계율의 부인도 없이 자신의 학습계율에 대한 취약성도 알리지 않고, 성적 교섭에 빠졌다면, 그가 돌아오더라도 구족계를 주어서는 안 된다. 수행승들이여, 어떠한 수행승이라도 학습계율을

109) sambodhipakkhiyānaṃ āvuso dhammānaṃ : 서른일곱 가지 깨달음에 도움이 되는 수행법(三十七助道品, 三十七菩提分法 : sattatiṁsa bodhipakkhiyā dhammā)을 말한다. 1) 네 가지 새김의 토대(四念處 : cattāro satipaṭṭhānā) : ① 몸에 대한 관찰(身隨觀 : kāyānupassanā) ② 느낌에 대한 관찰(受隨觀 : vedanānupassanā) ③ 마음에 대한 관찰(心隨觀 : cittānupassanā) ④ 사실에 대한 관찰(法隨觀 : dhammānupassanā) 2) 네 가지 바른 노력(四正勤 : cattāro sammappadhānā): ① 방지의 노력(律儀勤 : saṁvarappadhāna) ② 버림의 노력(斷勤 : pahānappadhāna) ③ 수행의 노력(修勤 : bhāvanappadhāna) ④ 수호의 노력(守護勤 : anurakkhaṇappadhāna) 3) 네 가지 신통의 기초(四神足 : cattāro iddhipādā): ① 의욕의 집중에 기반한 노력의 형성을 갖춘 신통의 기초(欲三摩地勤行成就神足 : chandasamādhipadhānasaṅkhārasamannāgatam iddhipādaṁ) ② 정진의 집중에 기반한 노력의 형성을 갖춘 신통의 기초(勤三摩地勤行成就神足 : viriyasamādhipadhānasaṅkhārasamannāgatam iddhipādaṁ) ③ 마음의 집중에 기반한 노력의 형성을 갖춘 신통의 기초(心三摩地勤行成就神足 : cittasamādhipadhānasaṅkhārasamannāgatam iddhipādaṁ) ④ 탐구의 집중에 기반한 노력의 형성을 갖춘 신통의 기초 (觀三摩地勤行成就神足 : vīmaṁsasamādhipadhānasaṅkhārasamannāgatam iddhipādaṁ) 4) 다섯 가지 능력(五根 : pañca indiyāni): ① 믿음의 능력(信根 : saddh'indriya) ② 정진의 능력(精進根 : viriy'indriya) ③ 새김의 능력(念根 : sat'indriya) ④ 집중의 능력(定根 : samādh'indriya) ⑤ 지혜의 능력(慧根 : paññ'indriya) 5) 다섯 가지 힘(五力 : pañca balāni): ① 믿음의 힘(信力 : saddhābala) ② 정진의 힘(精進力 : viriyabala) ③ 새김의 힘(念力 : satibala) ④ 집중의 힘(定力 : samādhibala) ⑤ 지혜의 힘(慧力 : paññābala) 6) 일곱 가지 깨달음 고리(七覺支 : satta bojjhaṅgā): ① 새김의 깨달음 고리(念覺支 : satisambojjhaṅga) ② 탐구의 깨달음 고리(擇法覺支 : dhammavicayasambojjhaṅga) ③ 정진의 깨달음 고리(精進覺支 : viriyasambojjhaṅga) ④ 희열의 깨달음 고리(喜覺支 : pītisambojjhaṅga) ⑤ 안온의 깨달음 고리(輕安覺支 : passaddhisambojjhaṅga) ⑥ 집중의 깨달음 고리(定覺支 : samādhisambojjhaṅga) ⑦ 평정의 깨달음 고리(捨覺支 : upekhāsambojjhaṅga) 7) 여덟 가지 고귀한 길(八聖道 : ariya aṭṭhaṅgika magga): ① 올바른 견해(正見 : sammādiṭṭhi) ② 올바른 사유(正思惟 : sammāsaṅkappo) ③ 올바른 언어(正語 : sammāvācā) ④ 올바른 행위(正業 : sammākammanto) ⑤ 올바른 생활(正命 : sammāājīvo) ⑥ 올바른 정진(精精進 : sammāvāyāmo) ⑦ 올바른 새김(正念 : sammāsati) ⑨ 올바른 집중(正定 : sammāsamādhi)

버리고 자신들의 학습계율에 대한 취약성을 알리고, 성적 교섭에 빠졌다면, 그가 오면 구족계를 주어도 된다. 수행승들이여, 그대들은 이와 같이 학습계율을 송출해야 한다."

[세존] "어떠한 수행승이라도 수행승들의 학습계율[110]을 받고, 학습계율의 부인도 없이 자신들의 학습계율에 대한 취약성도 알리지 않고, 성적 교섭에 빠진다면, 심지어 축생과 행하는 것조차도, 승단추방죄를 범하는 것이므로, 함께 살 수 없다."[111]

8-1. '어떠한'이라는 것은 어떠한 관계, 어떠한 태생, 어떠한 이름,[*24] 어떠한 성씨, 어떠한 계행, 어떠한 주거, 어떠한 활동영역에서 이든지,[112] 장로이든지, 신참이든지, 중참이든지,[113] 이러한 자들을 형용하는 것으로 '어떠한 자이든'이라는 뜻이다. '수행승'이라고 하는 것은 '탁발하는 자'로서의 수행승, 탁발을 위해 돌아다니는 자로서의 수행승, 분소의를 입은 자로서의 수행승, 사미로서의 수행승,[114] 자칭에 의한 수행승, '오라! 수행승이여!'에 의한 수행승, 삼귀의에 의해 구족계를 받은 수행승, 현선한 수행승, 진실한 수행승, 배울 것이 있는 학인인 수행승, 배울 것이 없는 무학인 수행승, 화합참모임과 한번제안세번제청[115]의 갈마와 부동의[116] 거룩한 님의 속성을 갖춘[117] 자로서의 수행승이 있는데, 그들 가운데

---

110) sikkhāsājīva : 원래 '학습과 삶의 규범'이라는 의미인데, 전체 문맥을 보면 '삶의 규범'이 '계율'을 의미하므로 학습계율이라고 번역한다.

111) 음계(淫戒) | Bhikkhunī Pār. 1 : yo pana bhikkhu bhikkhūnaṃ sikkhāsājīvasamāpanno sikkhaṃ apaccakkhāya dubbalyaṃ anāvīkatvā methunaṃ dhammaṃ patiseveyya, antamaso tiracchānagatāya pi, pārājiko hoti asaṃvāso'ti.

112) yathāgocaro : Vibh. 247을 참조하라.

113) thero vā navo vā majjhimo vā : Smp. 239에 따르면, 장로는 법랍10년을 마친 수행승을 말하고, 신참은 법랍4년차를, 중참은 법랍 5년 이상 - 9년 이하를 말한다.

114) sāmaññāya bhikkhu : Smp. 239에 따르면, 단월(檀越)이 수행승을 청할 때에 아직 구족계를 받지 않은 사미도 수행승의 숫자에 포함시킨다.

115) ñatticatutthakamma : 한역은 백사갈마(白四羯磨)이다. 한 번 제안을 한 뒤에 다시 세 번 '찬성하면 침묵하고 이견이 있으면 말하라.'고 제청하는 것이다. 세 번의 제청을 통해 전원이 찬성하여 침묵하면, 사안이 결정된다. 이때 총명하고 유능한 수행승이 수행승들을 대표해서 제안과 제청을 모두 담당하고 결정을 내린다.

116) akuppena : 부동(不動) 즉 '흔들림 없음'의 의미는 다음과 같다. AN. I. 232에 따르면, '궁극의 앎으로 해탈한 님에게는 '나는 해탈은 흔들림이 없고 존재의 속박은 끊어졌다'라고 참으로 궁극의 앎이 생겨난다.(tato aññāvimuttassa | ñāṇaṃ ve hoti tādino | akuppā me vimuttī'ti | bhavasaññojanakkhaye'ti) Mrp. II. 346에 따르면, 궁극적인 앎에 의한 해탈은 거룩한 님의 경지를 실현한 것을 의미한다. 그런데 Bd. III. 161에 따르면, 갈마와 관련해서는 '갈마에서 재론될 수 없음'을 의미한다.

117) ṭhānārahena : 한역의 '주응공(住應供)'은 난해하다. '공양받을 만한 님'은 곧, '거룩한 님'을 말한다.

화합참모임과 한번제안세번제청의 갈마와 부동의 거룩한 님의 속성을 갖춘 수행승을 두고,[118] 그러한 의미에서의 수행승을 뜻한다.

8-2. '학습'과 관련해서는 세 가지 학습이 있다. 보다 높은 계행에 의한 학습, 보다 높은 마음에 의한 학습, 보다 높은 지혜에 의한 학습이 있는데, 여기서는 보다 높은 계행에 의한 배움을 이러한 의미에서의 학습이라고 하는 것이다. '계율'이라는 것은 세존께서 시설한 학습계율이 있는데, 이것을 계율이라고 한다. 그것에 대해 학습하는 것이 계율을 받는 것이다. '학습계율의 부인도 없이 자신들의 학습계율에 대한 취약성을 알리지 않고'라는 것은 '수행승들이여, 학습계율에 대한 취약성을 알리더라도 학습계율을 부인하는 것이 아닌 것이거나, 수행승들이여, 학습계율에 대한 취약성을 알릴뿐만 아니라, 학습계율을 부인하는 것이다.'라는 뜻이다.

8-3₁. 수행승들이여, 어떻게 학습계율에 대한 취약성을 알리더라도 학습계율을 부인하는 것이 아닌 것인가?

1) 수행승들이여, 여기 수행승이 불만스러워하고 즐거움을 발견하지 못하고 수행자의 삶에서 떠나려하고 수행승의 삶을 곤혹해하고 꺼려하고 싫어하면서[119] 재가의 삶을 동경하고, 재가의 남자신도의 삶을 동경하고, 정인[120]의 삶을 동경하고, 사미[121]의 삶을 동경하고, 이교도의 삶을 동경하고, 이교도의 제자의 삶을 동경하고, 수행자가 아닌 자의 삶을 동경하고, 싸끼야의 아들이 아닌 자의 삶을 동경하면서, '내가 부처님을 버린다면 어떨까?'라고 말하고 선언한다면, 수행승들이여, 이와 같은 것이 학습계율에 대한 취약성을 알리더라도 학습계율을 부인하는 것은 아니다.

---

118) bhikkhūti – bhikkhako'ti bhikkhu, bhikkhācariyaṃ ajjhupagato'ti bhikkhu, bhinnapaṭadharo'ti bhikkhu, sāmaññāya bhikkhu, paṭiññāya bhikkhu, ehi bhikkhū'ti bhikkhu, tīhi saraṇagamanehi upasampanno'ti bhikkhu, bhadro bhikkhu, sāro bhikkhu, sekho bhikkhu, asekho bhikkhu, samaggena saṅghena ñatticatutthena kammena akuppena ṭhānārahena upasampanno'ti bhikkhu. tatrayvāyaṃ bhikkhu samaggena saṅghena ñatticatutthena kammena akuppena ṭhānārahena upasampanno, ayaṃ imasmiṃ atthe adhippeto bhikkhū'ti : 18가지 수행승에 대한 항목은 Vibh. 245-246에서도 언급된다.

119) bhikkhubhāvaṃ aṭṭīyamāno harāyamano jigucchamāno : '수행승의 삶을 곤혹해하고 꺼려하고 싫어하면서'라는 표현에서 '곤혹해하고 꺼려하고 싫어하면서'라는 표현은 DN. I. 213에서는 신통의 기적(iddhipāṭihāriya), 예지의 기적(ādesanāpāṭihāriya), 교계의 기적(anusāsanīpāṭihāriya)에 대한 설명에서 교계의 기적의 우월성을 설명하기 위해 상대적으로 '신통의 기적, 예지의 기적'을 평가절하하기 위해 쓰인 구절이다.

120) ārāmika : 한역에서 정인(淨人)이라고 하는데, 승원에서 작은 수작업적인 일에 종사하는 일꾼을 말한다.

121) sāmaṇera : 사미(沙彌)이다. 상세한 것은 이 책(Vin. I. 139)의 주석을 보라.

2) 수행승들이여, 여기 수행승이 불만스러워하고 즐거움을 발견하지 못하고 수행자의 삶에서 떠나려하고 수행승의 삶을 곤혹해하고 꺼려하고 싫어하면서 재가의 삶을 동경하고, 재가의 남자신도의 삶을 동경하고, 정인의 삶을 동경하고, 사미의 삶을 동경하고, 이교도의 삶을 동경하고, 이교도의 제자의 삶을 동경하고, 수행자가 아닌 자의 삶을 동경하고, 싸끼야의 아들이 아닌 자의 삶을 동경하면서, '내가 지금 가르침을 버린다면 어떨까?'라고 말하고 선언한다면, 수행승들이여, 이와 같은 것이 학습계율에 대한 취약성을 알리더라도 학습계율을 부인하는 것은 아니다.

3) 수행승들이여, 여기 수행승이 불만스러워하고 즐거움을 발견하지 못하고 수행자의 삶에서 떠나려하고 수행승의 삶을 곤혹해하고 꺼려하고 싫어하면서 재가의 삶을 동경하고, 재가의 남자신도의 삶을 동경하고, 정인의 삶을 동경하고, 사미의 삶을 동경하고, 이교도의 삶을 동경하고, 이교도의 제자의 삶을 동경하고, 수행자가 아닌 자의 삶을 동경하고, 싸끼야의 아들이 아닌 자의 삶을 동경하면서, '내가 지금 참모임을 버린다면 어떨까?'라고 말하고 선언한다면, 수행승들이여, 이와 같은 것이 학습계율에 대한 취약성을 알리더라도 학습계율을 부인하는 것은 아니다.

4) 수행승들이여, 여기 수행승이 불만스러워하고 즐거움을 발견하지 못하고 수행자의 삶에서 떠나려하고 수행승의 삶을 곤혹해하고 꺼려하고 싫어하면서 재가의 삶을 동경하고, 재가의 남자신도의 삶을 동경하고, 정인의 삶을 동경하고, 사미의 삶을 동경하고, 이교도의 삶을 동경하고, 이교도의 제자의 삶을 동경하고, 수행자가 아닌 자의 삶을 동경하고, 싸끼야의 아들이 아닌 자의 삶을 동경하면서, '내가 지금 계법[122]을 버린다면 어떨까?'라고 말하고 선언한다면, 수행승들이여, 이와 같은 것이 학습계율에 대한 취약성을 알리더라도 학습계율을 부인하는 것은 아니다.

5) 수행승들이여, 여기 수행승이 불만스러워하고 즐거움을 발견하지 못하고 수행자의 삶에서 떠나려하고 수행승의 삶을 곤혹해하고 꺼려하고 싫어하면서 재가의 삶을 동경하고, 재가의 남자신도의 삶을 동경하고, 정인의 삶을 동경하고, 사미의 삶을 동경하고, 이교도의 삶을 동경하고, 이교도의 제자의 삶을 동경하고, 수행자가 아닌 자의 삶을 동경하고, 싸끼야의 아들이 아닌 자의 삶을 동경

122) sikkhā : 학습을 의미하지만, 여기서는 다음 항목의 율법과의 형평성을 고려해서 문맥상 학습계율을 의미하는 계법(戒法)이라고 번역한다.

하면서, '내가 지금 율법[123]을 버린다면 어떨까?'라고 말하고 선언한다면, 수행승들이여, 이와 같은 것이 학습계율에 대한 취약성을 알리더라도 학습계율을 부인하는 것은 아니다.

6) 수행승들이여, 여기 수행승이 불만스러워하고 즐거움을 발견하지 못하고 수행자의 삶에서 떠나려하고 수행승의 삶을 곤혹해하고 꺼려하고 싫어하면서 재가의 삶을 동경하고, 재가의 남자신도의 삶을 동경하고, 정인의 삶을 동경하고, 사미의 삶을 동경하고, 이교도의 삶을 동경하고, 이교도의 제자의 삶을 동경하고, 수행자가 아닌 자의 삶을 동경하고, 싸끼야의 아들이 아닌 자의 삶을 동경하면서, '내가 지금 의무계율[124]을 버린다면 어떨까?'라고 말하고 선언한다면, 수행승들이여, 이와 같은 것이 학습계율에 대한 취약성을 알리더라도 학습계율을 부인하는 것은 아니다.

7) 수행승들이여, 여기 수행승이 불만스러워하고 즐거움을 발견하지 못하고 수행자의 삶에서 떠나려하고 수행승의 삶을 곤혹해하고 꺼려하고 싫어하면서 재가의 삶을 동경하고, 재가의 남자신도의 삶을 동경하고, 정인의 삶을 동경하고, 사미의 삶을 동경하고, 이교도의 삶을 동경하고, 이교도의 제자의 삶을 동경하고, 수행자가 아닌 자의 삶을 동경하고, 싸끼야의 아들이 아닌 자의 삶을 동경하면서, '내가 지금 송출을 버린다면 어떨까?'라고 말하고 선언한다면, 수행승들이여, 이와 같은 것이 학습계율에 대한 취약성을 알리더라도 학습계율을 부인하는 것은 아니다.

8) 수행승들이여, 여기 수행승이 불만스러워하고 즐거움을 발견하지 못하고 수행자의 삶에서 떠나려하고 수행승의 삶을 곤혹해하고 꺼려하고 싫어하면서 재가의 삶을 동경하고, 재가의 남자신도의 삶을 동경하고, 정인의 삶을 동경하고, 사미의 삶을 동경하고, 이교도의 삶을 동경하고, 이교도의 제자의 삶을 동경하

---

123) vinaya : 원래 율(律)을 의미하지만, 문맥상 율법이라고 번역한다. 원어 비나야(Vinaya)는 산스크리트 어근 vi - √nī('안내하다. 이끌다; 뽑아내다. 제거하다'의 뜻을 지닌 동사 √nī)에서 유래한 것으로 첫 번째로는 '훈련, 단련, 교육, 제어. 규율' 등의 의미를 지니고, 두 번째로는 '제거, 분리'의 의미를 지닌다. 어원적으로 전자의 입장을 지지하면, 비나야는 외적으로 강제되는 규범을 의미하게 되고, 어원적으로 후자의 입장을 지지하면, 홀트(John Holt; Cbv. 38)처럼. 비나야는 마음의 잘못된 상태 즉, 자아가 있다는 환상에서 유래하는 탐욕이나 분노나 무지의 상태를 제거하는 규범이 된다. 그렇지만, 전자의 경우에는 신에 의해서 주어지는 정언명령과 구별이 불가능해지고, 후자의 경우에는 무지를 제거하는 다르마와의 구별이 모호해진다. 비나야(Vinaya)의 어원적인 두 측면을 모두 적절하게 고려한다면, 비나야에는 첫 번째 의미로 보면, 승단의 유지와 지속을 위해서 모든 구성원이 지켜야 하는 규율이라는 측면이 있고, 두 번째 의미로 보면, 승단의 완전한 청정을 위해서 개인이나 집단이 지켜야 하는 윤리라는 측면이 있다.

124) pātimokkha : 한역의 별해탈(別解脫)을 뜻한다. 상세한 것은 해제를 보라.

고, 수행자가 아닌 자의 삶을 동경하고, 싸끼야의 아들이 아닌 자의 삶을 동경하면서, '내가 지금[*25] 친교사[125]를 버린다면 어떨까?'라고 말하고 선언한다면, 수행승들이여, 이와 같은 것이 학습계율에 대한 취약성을 알리더라도 학습계율을 부인하는 것은 아니다.

9) 수행승들이여, 여기 수행승이 불만스러워하고 즐거움을 발견하지 못하고 수행자의 삶에서 떠나려하고 수행승의 삶을 곤혹해하고 꺼려하고 싫어하면서 재가의 삶을 동경하고, 재가의 남자신도의 삶을 동경하고, 정인의 삶을 동경하고, 사미의 삶을 동경하고, 이교도의 삶을 동경하고, 이교도의 제자의 삶을 동경하고, 수행자가 아닌 자의 삶을 동경하고, 싸끼야의 아들이 아닌 자의 삶을 동경하면서, '내가 지금 궤범사[126]를 버린다면 어떨까?'라고 말하고 선언한다면, 수행승들이여, 이와 같은 것이 학습계율에 대한 취약성을 알리더라도 학습계율을 부인하는 것은 아니다.

10) 수행승들이여, 여기 수행승이 불만스러워하고 즐거움을 발견하지 못하고 수행자의 삶에서 떠나려하고 수행승의 삶을 곤혹해하고 꺼려하고 싫어하면서 재가의 삶을 동경하고, 재가의 남자신도의 삶을 동경하고, 정인의 삶을 동경하고, 사미의 삶을 동경하고, 이교도의 삶을 동경하고, 이교도의 제자의 삶을 동경하고, 수행자가 아닌 자의 삶을 동경하고, 싸끼야의 아들이 아닌 자의 삶을 동경하면서, '내가 지금 제자[127]를 버린다면 어떨까?'라고 말하고 선언한다면, 수행승들이여, 이와 같은 것이 학습계율에 대한 취약성을 알리더라도 학습계율을 부인하는 것은 아니다.

11) 수행승들이여, 여기 수행승이 불만스러워하고 즐거움을 발견하지 못하고 수행자의 삶에서 떠나려하고 수행승의 삶을 곤혹해하고 꺼려하고 싫어하면서 재가의 삶을 동경하고, 재가의 남자신도의 삶을 동경하고, 정인의 삶을 동경하

---

125) upajjhāya : 가정교사나 후견인과 같은 스승으로 출가시키고 구족계를 줄 수 있는 법랍 10년 이상의 스승으로 제자를 둘 자격이 있는 스승을 말한다. 한역에서는 음역하여 화상(和尙; 和上), 계화상(戒和尙), 오바다야(烏波陀耶), 화사(和闍), 골사(鶻社)라고 한다. 의역하여 친교사(親教師), 역생(力生), 근송(近誦), 의학(依學)이라고도 한다. 우리나라에서는 흔히 은사(恩師)나 계사(戒師)라고 한다.

126) ācariya : 한역에서는 궤범사(軌範師) 또는 음사하여 '아사리(阿闍梨)'라고 한다. 인도에서는 원래 일반적인 스승을 일컫는 말이었다. 학인(antevāsika)을 바르게 교육할 만한 선생으로 계율에 밝고 갈마에 능한 스승을 말한다. 특히 출가한지 오년이 안 된 수행승이나 오년이 지났어도 홀로 지낼만한 소양을 갖추지 못했으면, 친교사인 은사 스님과 떨어져 지내게 될 때, 모시는 스승을 말한다.

127) saddhivihārika : 어원적으로는 다른 사람과 같이 사는 동거인이라는 뜻을 지니는데, 동일한 정사(精舍 : vihāra)에 사는 제자를 의미한다.

고, 사미의 삶을 동경하고, 이교도의 삶을 동경하고, 이교도의 제자의 삶을 동경하고, 수행자가 아닌 자의 삶을 동경하고, 싸끼야의 아들이 아닌 자의 삶을 동경하면서, '내가 지금 학인[128]을 버린다면 어떨까?'라고 말하고 선언한다면, 수행승들이여, 이와 같은 것이 학습계율에 대한 취약성을 알리더라도 학습계율을 부인하는 것은 아니다.

12) 수행승들이여, 여기 수행승이 불만스러워하고 즐거움을 발견하지 못하고 수행자의 삶에서 떠나려하고 수행승의 삶을 곤혹해하고 꺼려하고 싫어하면서 재가의 삶을 동경하고, 재가의 남자신도의 삶을 동경하고, 정인의 삶을 동경하고, 사미의 삶을 동경하고, 이교도의 삶을 동경하고, 이교도의 제자의 삶을 동경하고, 수행자가 아닌 자의 삶을 동경하고, 싸끼야의 아들이 아닌 자의 삶을 동경하면서, '내가 지금 동일한 친교사를 모시는 형제를 버린다면 어떨까?'라고 말하고 선언한다면, 수행승들이여, 이와 같은 것이 학습계율에 대한 취약성을 알리더라도 학습계율을 부인하는 것은 아니다.

13) 수행승들이여, 여기 수행승이 불만스러워하고 즐거움을 발견하지 못하고 수행자의 삶에서 떠나려하고 수행승의 삶을 곤혹해하고 꺼려하고 싫어하면서 재가의 삶을 동경하고, 재가의 남자신도의 삶을 동경하고, 정인의 삶을 동경하고, 사미의 삶을 동경하고, 이교도의 삶을 동경하고, 이교도의 제자의 삶을 동경하고, 수행자가 아닌 자의 삶을 동경하고, 싸끼야의 아들이 아닌 자의 삶을 동경하면서, '내가 지금 동일한 궤범사를 모시는 형제를 버린다면 어떨까?'라고 말하고 선언한다면, 수행승들이여, 이와 같은 것이 학습계율에 대한 취약성을 알리더라도 학습계율을 부인하는 것은 아니다.

14) 수행승들이여, 여기 수행승이 불만스러워하고 즐거움을 발견하지 못하고 수행자의 삶에서 떠나려하고 수행승의 삶을 곤혹해하고 꺼려하고 싫어하면서 재가의 삶을 동경하고, 재가의 남자신도의 삶을 동경하고, 정인의 삶을 동경하고, 사미의 삶을 동경하고, 이교도의 삶을 동경하고, 이교도의 제자의 삶을 동경하고, 수행자가 아닌 자의 삶을 동경하고, 싸끼야의 아들이 아닌 자의 삶을 동경하면서, '내가 지금 동료수행자[129]를 버린다면 어떨까?'라고 말하고 선언한다면, 수행승들이여, 이와 같은 것이 학습계율에 대한 취약성을 알리더

---

128) antevāsika : 역자의 경우 스승인 궤범사(軌範師 : ācariya)와 함께 사는 학생도 학인(學人 : antevāsika)이라고 번역하였는데, 여기서는 그 의미를 취한 것이다. 네 쌍으로 여덟이 되는 참사람의 무리(cattāri purisayugāni aṭṭha purisapuggalā : 四雙八輩)에서 일곱 가지 학인의 단계에 있는 학인(sekha : 有學)과는 구별해야 한다.
129) sabrahmacārin : 한역에서는 동범행(同梵行)이라고 하는데, 역자는 동료수행자라고 번역한다.

라도 학습계율을 부인하는 것은 아니다.

15) 수행승들이여, 여기 수행승이 불만스러워하고 즐거움을 발견하지 못하고 수행자의 삶에서 떠나려하고 수행승의 삶을 곤혹해하고 꺼려하고 싫어하면서 재가의 삶을 동경하고, 재가의 남자신도의 삶을 동경하고, 정인의 삶을 동경하고, 사미의 삶을 동경하고, 이교도의 삶을 동경하고, 이교도의 제자의 삶을 동경하고, 수행자가 아닌 자의 삶을 동경하고, 싸끼야의 아들이 아닌 자의 삶을 동경하면서, '내가 지금 재가자가 된다면 어떨까?'라고 말하고 선언한다면, 수행승들이여, 이와 같은 것이 학습계율에 대한 취약성을 알리더라도 학습계율을 부인하는 것은 아니다.

16) 수행승들이여, 여기 수행승이 불만스러워하고 즐거움을 발견하지 못하고 수행자의 삶에서 떠나려하고 수행승의 삶을 곤혹해하고 꺼려하고 싫어하면서 재가의 삶을 동경하고, 재가의 남자신도의 삶을 동경하고, 정인의 삶을 동경하고, 사미의 삶을 동경하고, 이교도의 삶을 동경하고, 이교도의 제자의 삶을 동경하고, 수행자가 아닌 자의 삶을 동경하고, 싸끼야의 아들이 아닌 자의 삶을 동경하면서, '내가 지금 재가의 남자신도가 된다면 어떨까?'라고 말하고 선언한다면, 수행승들이여, 이와 같은 것이 학습계율에 대한 취약성을 알리더라도 학습계율을 부인하는 것은 아니다.

17) 수행승들이여, 여기 수행승이 불만스러워하고 즐거움을 발견하지 못하고 수행자의 삶에서 떠나려하고 수행승의 삶을 곤혹해하고 꺼려하고 싫어하면서 재가의 삶을 동경하고, 재가의 남자신도의 삶을 동경하고, 정인의 삶을 동경하고, 사미의 삶을 동경하고, 이교도의 삶을 동경하고, 이교도의 제자의 삶을 동경하고, 수행자가 아닌 자의 삶을 동경하고, 싸끼야의 아들이 아닌 자의 삶을 동경하면서, '내가 지금 정인이 된다면 어떨까?'라고 말하고 선언한다면, 수행승들이여, 이와 같은 것이 학습계율에 대한 취약성을 알리더라도 학습계율을 부인하는 것은 아니다.

18) 수행승들이여, 여기 수행승이 불만스러워하고 즐거움을 발견하지 못하고 수행자의 삶에서 떠나려하고 수행승의 삶을 곤혹해하고 꺼려하고 싫어하면서 재가의 삶을 동경하고, 재가의 남자신도의 삶을 동경하고, 정인의 삶을 동경하고, 사미의 삶을 동경하고, 이교도의 삶을 동경하고, 이교도의 제자의 삶을 동경하고, 수행자가 아닌 자의 삶을 동경하고, 싸끼야의 아들이 아닌 자의 삶을 동경하면서, '내가 지금 사미가 된다면 어떨까?'라고 말하고 선언한다면,

수행승들이여, 이와 같은 것이 학습계율에 대한 취약성을 알리더라도 학습계율을 부인하는 것은 아니다.

19) 수행승들이여, 여기 수행승이 불만스러워하고 즐거움을 발견하지 못하고 수행자의 삶에서 떠나려하고 수행승의 삶을 곤혹해하고 꺼려하고 싫어하면서 재가의 삶을 동경하고, 재가의 남자신도의 삶을 동경하고, 정인의 삶을 동경하고, 사미의 삶을 동경하고, 이교도의 삶을 동경하고, 이교도의 제자의 삶을 동경하고, 수행자가 아닌 자의 삶을 동경하고, 싸끼야의 아들이 아닌 자의 삶을 동경하면서, '내가 지금 이교도가 된다면 어떨까?'라고 말하고 선언한다면, 수행승들이여, 이와 같은 것이 학습계율에 대한 취약성을 알리더라도 학습계율을 부인하는 것은 아니다.

20) 수행승들이여, 여기 수행승이 불만스러워하고 즐거움을 발견하지 못하고 수행자의 삶에서 떠나려하고 수행승의 삶을 곤혹해하고 꺼려하고 싫어하면서 재가의 삶을 동경하고, 재가의 남자신도의 삶을 동경하고, 정인의 삶을 동경하고, 사미의 삶을 동경하고, 이교도의 삶을 동경하고, 이교도의 제자의 삶을 동경하고, 수행자가 아닌 자의 삶을 동경하고, 싸끼야의 아들이 아닌 자의 삶을 동경하면서, '내가 지금 이교도의 제자가 된다면 어떨까?'라고 말하고 선언한다면, 수행승들이여, 이와 같은 것이 학습계율에 대한 취약성을 알리더라도 학습계율을 부인하는 것은 아니다.

21) 수행승들이여, 여기 수행승이 불만스러워하고 즐거움을 발견하지 못하고 수행자의 삶에서 떠나려하고 수행승의 삶을 곤혹해하고 꺼려하고 싫어하면서 재가의 삶을 동경하고, 재가의 남자신도의 삶을 동경하고, 정인의 삶을 동경하고, 사미의 삶을 동경하고, 이교도의 삶을 동경하고, 이교도의 제자의 삶을 동경하고, 수행자가 아닌 자의 삶을 동경하고, 싸끼야의 아들이 아닌 자의 삶을 동경하면서, '내가 지금 수행자가 아닌 자가 된다면 어떨까?'라고 말하고 선언한다면, 수행승들이여, 이와 같은 것이 학습계율에 대한 취약성을 알리더라도 학습계율을 부인하는 것은 아니다.

22) 수행승들이여, 여기 수행승이 불만스러워하고 즐거움을 발견하지 못하고 수행자의 삶에서 떠나려하고 수행승의 삶을 곤혹해하고 꺼려하고 싫어하면서 재가의 삶을 동경하고, 재가의 남자신도의 삶을 동경하고, 정인의 삶을 동경하고, 사미의 삶을 동경하고, 이교도의 삶을 동경하고, 이교도의 제자의 삶을 동경하고, 수행자가 아닌 자의 삶을 동경하고, 싸끼야의 아들이 아닌 자의

삶을 동경하면서, '내가 지금 싸끼야의 아들이 아닌 자가 된다면 어떨까?'라고 말하고 선언한다면, 수행승들이여, 이와 같이 학습계율에 대한 취약성은 알려지더라도 학습계율은 버려진 것은 아니다."

8-3₂.

1) 수행승들이여, 여기 수행승이 불만스러워하고 즐거움을 발견하지 못하고 수행자의 삶에서 떠나려하고 수행승의 삶을 곤혹해하고 꺼려하고 싫어하면서 재가의 삶을 동경하고, 재가의 남자신도의 삶을 동경하고, 정인의 삶을 동경하고, 사미의 삶을 동경하고, 이교도의 삶을 동경하고, 이교도의 제자의 삶을 동경하고, 수행자가 아닌 자의 삶을 동경하고, 싸끼야의 아들이 아닌 자의 삶을 동경하면서, '만약 내가 부처님을 버렸다면 좋았을 것이다.'라고 말하고 선언한다면, 수행승들이여, 이와 같이 것이 학습계율에 대한 취약성을 알리더라도 학습계율을 부인하는 것은 아니다.

2) 수행승들이여, 여기 수행승이 불만스러워하고 즐거움을 발견하지 못하고 수행자의 삶에서 떠나려하고 수행승의 삶을 곤혹해하고 꺼려하고 싫어하면서 재가의 삶을 동경하고, 재가의 남자신도의 삶을 동경하고, 정인의 삶을 동경하고, 사미의 삶을 동경하고, 이교도의 삶을 동경하고, 이교도의 제자의 삶을 동경하고, 수행자가 아닌 자의 삶을 동경하고, 싸끼야의 아들이 아닌 자의 삶을 동경하면서, '만약 내가 가르침을 버렸다면 좋았을 것이다.'라고 말하고 선언한다면, 수행승들이여, 이와 같은 것이 학습계율에 대한 취약성을 알리더라도 학습계율을 부인하는 것은 아니다.

3) 수행승들이여, 여기 수행승이 불만스러워하고 즐거움을 발견하지 못하고 수행자의 삶에서 떠나려하고 수행승의 삶을 곤혹해하고 꺼려하고 싫어하면서 재가의 삶을 동경하고, 재가의 남자신도의 삶을 동경하고, 정인의 삶을 동경하고, 사미의 삶을 동경하고, 이교도의 삶을 동경하고, 이교도의 제자의 삶을 동경하고, 수행자가 아닌 자의 삶을 동경하고, 싸끼야의 아들이 아닌 자의 삶을 동경하면서, '만약 내가 참모임을 버렸다면 좋았을 것이다.'라고 말하고 선언한다면, 수행승들이여, 이와 같은 것이 학습계율에 대한 취약성을 알리더라도 학습계율을 부인하는 것은 아니다.

4) 수행승들이여, 여기 수행승이 불만스러워하고 즐거움을 발견하지 못하고 수행자의 삶에서 떠나려하고 수행승의 삶을 곤혹해하고 꺼려하고 싫어하면서 재가의 삶을 동경하고, 재가의 남자신도의 삶을 동경하고, 정인의 삶을 동경하고,

사미의 삶을 동경하고, 이교도의 삶을 동경하고, 이교도의 제자의 삶을 동경하고, 수행자가 아닌 자의 삶을 동경하고, 싸끼야의 아들이 아닌 자의 삶을 동경하면서, '만약 내가 학습계율을 버렸다면 좋았을 것이다.'라고 말하고 선언한다면, 수행승들이여, 이와 같은 것이 학습계율에 대한 취약성을 알리더라도 학습계율을 부인하는 것은 아니다.

5) 수행승들이여, 여기 수행승이 불만스러워하고 즐거움을 발견하지 못하고 수행자의 삶에서 떠나려하고 수행승의 삶을 곤혹해하고 꺼려하고 싫어하면서 재가의 삶을 동경하고, 재가의 남자신도의 삶을 동경하고, 정인의 삶을 동경하고, 사미의 삶을 동경하고, 이교도의 삶을 동경하고, 이교도의 제자의 삶을 동경하고, 수행자가 아닌 자의 삶을 동경하고, 싸끼야의 아들이 아닌 자의 삶을 동경하면서, '만약 내가 계율을 버렸다면 좋았을 것이다.'라고 말하고 선언한다면, 수행승들이여, 이와 같은 것이 학습계율에 대한 취약성을 알리더라도 학습계율을 부인하는 것은 아니다.

6) 수행승들이여, 여기 수행승이 불만스러워하고 즐거움을 발견하지 못하고 수행자의 삶에서 떠나려하고 수행승의 삶을 곤혹해하고 꺼려하고 싫어하면서 재가의 삶을 동경하고, 재가의 남자신도의 삶을 동경하고, 정인의 삶을 동경하고, 사미의 삶을 동경하고, 이교도의 삶을 동경하고, 이교도의 제자의 삶을 동경하고, 수행자가 아닌 자의 삶을 동경하고, 싸끼야의 아들이 아닌 자의 삶을 동경하면서, '만약 내가 의무계율을 버렸다면 좋았을 것이다.'라고 말하고 선언한다면, 수행승들이여, 이와 같은 것이 학습계율에 대한 취약성을 알리더라도 학습계율을 부인하는 것은 아니다.

7) 수행승들이여, 여기 수행승이 불만스러워하고 즐거움을 발견하지 못하고 수행자의 삶에서 떠나려하고 수행승의 삶을 곤혹해하고 꺼려하고 싫어하면서 재가의 삶을 동경하고, 재가의 남자신도의 삶을 동경하고, 정인의 삶을 동경하고, 사미의 삶을 동경하고, 이교도의 삶을 동경하고, 이교도의 제자의 삶을 동경하고, 수행자가 아닌 자의 삶을 동경하고, 싸끼야의 아들이 아닌 자의 삶을 동경하면서, '만약 내가 송출을 버렸다면 좋았을 것이다.'라고 말하고 선언한다면, 수행승들이여, 이와 같은 것이 학습계율에 대한 취약성을 알리더라도 학습계율을 부인하는 것은 아니다.

8) 수행승들이여, 여기 수행승이 불만스러워하고 즐거움을 발견하지 못하고 수행자의 삶에서 떠나려하고 수행승의 삶을 곤혹해하고 꺼려하고 싫어하면서 재가

의 삶을 동경하고, 재가의 남자신도의 삶을 동경하고, 정인의 삶을 동경하고, 사미의 삶을 동경하고, 이교도의 삶을 동경하고, 이교도의 제자의 삶을 동경하고, 수행자가 아닌 자의 삶을 동경하고, 싸끼야의 아들이 아닌 자의 삶을 동경하면서, '만약 내가 친교사를 버렸다면 좋았을 것이다.'라고 말하고 선언한다면, 수행승들이여, 이와 같은 것이 학습계율에 대한 취약성을 알리더라도 학습계율을 부인하는 것은 아니다.

9) 수행승들이여, 여기 수행승이 불만스러워하고 즐거움을 발견하지 못하고 수행자의 삶에서 떠나려하고 수행승의 삶을 곤혹해하고 꺼려하고 싫어하면서 재가의 삶을 동경하고, 재가의 남자신도의 삶을 동경하고, 정인의 삶을 동경하고, 사미의 삶을 동경하고, 이교도의 삶을 동경하고, 이교도의 제자의 삶을 동경하고, 수행자가 아닌 자의 삶을 동경하고, 싸끼야의 아들이 아닌 자의 삶을 동경하면서, '만약 내가 궤범사를 버렸다면 좋았을 것이다.'라고 말하고 선언한다면, 수행승들이여, 이와 같은 것이 학습계율에 대한 취약성을 알리더라도 학습계율을 부인하는 것은 아니다.

10) 수행승들이여, 여기 수행승이 불만스러워하고 즐거움을 발견하지 못하고 수행자의 삶에서 떠나려하고 수행승의 삶을 곤혹해하고 꺼려하고 싫어하면서 재가의 삶을 동경하고, 재가의 남자신도의 삶을 동경하고, 정인의 삶을 동경하고, 사미의 삶을 동경하고, 이교도의 삶을 동경하고, 이교도의 제자의 삶을 동경하고, 수행자가 아닌 자의 삶을 동경하고, 싸끼야의 아들이 아닌 자의 삶을 동경하면서, '만약 내가 제자를 버렸다면 좋았을 것이다.'라고 말하고 선언한다면, 수행승들이여, 이와 같은 것이 학습계율에 대한 취약성을 알리더라도 학습계율을 부인하는 것은 아니다.

11) 수행승들이여, 여기 수행승이 불만스러워하고 즐거움을 발견하지 못하고 수행자의 삶에서 떠나려하고 수행승의 삶을 곤혹해하고 꺼려하고 싫어하면서 재가의 삶을 동경하고, 재가의 남자신도의 삶을 동경하고, 정인의 삶을 동경하고, 사미의 삶을 동경하고, 이교도의 삶을 동경하고, 이교도의 제자의 삶을 동경하고, 수행자가 아닌 자의 삶을 동경하고, 싸끼야의 아들이 아닌 자의 삶을 동경하면서, '만약 내가 학인을 버렸다면 좋았을 것이다.'라고 말하고 선언한다면, 수행승들이여, 이와 같은 것이 학습계율에 대한 취약성을 알리더라도 학습계율을 부인하는 것은 아니다.

12) 수행승들이여, 여기 수행승이 불만스러워하고 즐거움을 발견하지 못하고 수

행자의 삶에서 떠나려하고 수행승의 삶을 곤혹해하고 꺼려하고 싫어하면서 재가의 삶을 동경하고, 재가의 남자신도의 삶을 동경하고, 정인의 삶을 동경하고, 사미의 삶을 동경하고, 이교도의 삶을 동경하고, 이교도의 제자의 삶을 동경하고, 수행자가 아닌 자의 삶을 동경하고, 싸끼야의 아들이 아닌 자의 삶을 동경하면서, '만약 내가 동일한 친교사를 모시는 형제를 버렸다면 좋았을 것이다.'라고 말하고 선언한다면, 수행승들이여, 이와 같은 것이 학습계율에 대한 취약성을 알리더라도 학습계율을 부인하는 것은 아니다.

13) 수행승들이여, 여기 수행승이 불만스러워하고 즐거움을 발견하지 못하고 수행자의 삶에서 떠나려하고 수행승의 삶을 곤혹해하고 꺼려하고 싫어하면서 재가의 삶을 동경하고, 재가의 남자신도의 삶을 동경하고, 정인의 삶을 동경하고, 사미의 삶을 동경하고, 이교도의 삶을 동경하고, 이교도의 제자의 삶을 동경하고, 수행자가 아닌 자의 삶을 동경하고, 싸끼야의 아들이 아닌 자의 삶을 동경하면서, '만약 내가 동일한 궤범사를 모시는 형제를 버렸다면 좋았을 것이다.'라고 말하고 선언한다면, 수행승들이여, 이와 같은 것이 학습계율에 대한 취약성을 알리더라도 학습계율을 부인하는 것은 아니다.

14) 수행승들이여, 여기 수행승이 불만스러워하고 즐거움을 발견하지 못하고 수행자의 삶에서 떠나려하고 수행승의 삶을 곤혹해하고 꺼려하고 싫어하면서 재가의 삶을 동경하고, 재가의 남자신도의 삶을 동경하고, 정인의 삶을 동경하고, 사미의 삶을 동경하고, 이교도의 삶을 동경하고, 이교도의 제자의 삶을 동경하고, 수행자가 아닌 자의 삶을 동경하고, 싸끼야의 아들이 아닌 자의 삶을 동경하면서, '만약 내가 동료수행자를 버렸다면 좋았을 것이다.'라고 말하고 선언한다면, 수행승들이여, 이와 같은 것이 학습계율에 대한 취약성을 알리더라도 학습계율을 부인하는 것은 아니다.

15) 수행승들이여, 여기 수행승이 불만스러워하고 즐거움을 발견하지 못하고 수행자의 삶에서 떠나려하고 수행승의 삶을 곤혹해하고 꺼려하고 싫어하면서 재가의 삶을 동경하고, 재가의 남자신도의 삶을 동경하고, 정인의 삶을 동경하고, 사미의 삶을 동경하고, 이교도의 삶을 동경하고, 이교도의 제자의 삶을 동경하고, 수행자가 아닌 자의 삶을 동경하고, 싸끼야의 아들이 아닌 자의 삶을 동경하면서, '만약 내가 재가자가 되었다면 좋았을 것이다.'라고 말하고 선언한다면, 수행승들이여, 이와 같은 것이 학습계율에 대한 취약성을 알리더라도 학습계율을 부인하는 것은 아니다.

16) 수행승들이여, 여기 수행승이 불만스러워하고 즐거움을 발견하지 못하고 수행자의 삶에서 떠나려하고 수행승의 삶을 곤혹해하고 꺼려하고 싫어하면서 재가의 삶을 동경하고, 재가의 남자신도의 삶을 동경하고, 정인의 삶을 동경하고, 사미의 삶을 동경하고, 이교도의 삶을 동경하고, 이교도의 제자의 삶을 동경하고, 수행자가 아닌 자의 삶을 동경하고, 싸끼야의 아들이 아닌 자의 삶을 동경하면서, '만약 내가 재가의 남자신도가 되었다면 좋았을 것이다.'라고 말하고 선언한다면, 수행승들이여, 이와 같은 것이 학습계율에 대한 취약성을 알리더라도 학습계율을 부인하는 것은 아니다.

17) 수행승들이여, 여기 수행승이 불만스러워하고 즐거움을 발견하지 못하고 수행자의 삶에서 떠나려하고 수행승의 삶을 곤혹해하고 꺼려하고 싫어하면서 재가의 삶을 동경하고, 재가의 남자신도의 삶을 동경하고, 정인의 삶을 동경하고, 사미의 삶을 동경하고, 이교도의 삶을 동경하고, 이교도의 제자의 삶을 동경하고, 수행자가 아닌 자의 삶을 동경하고, 싸끼야의 아들이 아닌 자의 삶을 동경하면서, '만약 내가 정인이 되었다면 좋았을 것이다.'라고 말하고 선언한다면, 수행승들이여, 이와 같은 것이 학습계율에 대한 취약성을 알리더라도 학습계율을 부인하는 것은 아니다.

18) 수행승들이여, 여기 수행승이 불만스러워하고 즐거움을 발견하지 못하고 수행자의 삶에서 떠나려하고 수행승의 삶을 곤혹해하고 꺼려하고 싫어하면서 재가의 삶을 동경하고, 재가의 남자신도의 삶을 동경하고, 정인의 삶을 동경하고, 사미의 삶을 동경하고, 이교도의 삶을 동경하고, 이교도의 제자의 삶을 동경하고, 수행자가 아닌 자의 삶을 동경하고, 싸끼야의 아들이 아닌 자의 삶을 동경하면서, '만약 내가 사미가 되었다면 좋았을 것이다.'라고 말하고 선언한다면, 수행승들이여, 이와 같은 것이 학습계율에 대한 취약성을 알리더라도 학습계율을 부인하는 것은 아니다.

19) 수행승들이여, 여기 수행승이 불만스러워하고 즐거움을 발견하지 못하고 수행자의 삶에서 떠나려하고 수행승의 삶을 곤혹해하고 꺼려하고 싫어하면서 재가의 삶을 동경하고, 재가의 남자신도의 삶을 동경하고, 정인의 삶을 동경하고, 사미의 삶을 동경하고, 이교도의 삶을 동경하고, 이교도의 제자의 삶을 동경하고, 수행자가 아닌 자의 삶을 동경하고, 싸끼야의 아들이 아닌 자의 삶을 동경하면서, '만약 내가 이교도가 되었다면 좋았을 것이다.'라고 말하고 선언한다면, 수행승들이여, 이와 같은 것이 학습계율에 대한 취약성을 알리더라도

라도 학습계율을 부인하는 것은 아니다.

20) 수행승들이여, 여기 수행승이 불만스러워하고 즐거움을 발견하지 못하고 수행자의 삶에서 떠나려하고 수행승의 삶을 곤혹해하고 꺼려하고 싫어하면서 재가의 삶을 동경하고, 재가의 남자신도의 삶을 동경하고, 정인의 삶을 동경하고, 사미의 삶을 동경하고, 이교도의 삶을 동경하고, 이교도의 제자의 삶을 동경하고, 수행자가 아닌 자의 삶을 동경하고, 싸끼야의 아들이 아닌 자의 삶을 동경하면서, '만약 내가 이교도의 제자가 되었다면 좋았을 것이다.'라고 말하고 선언한다면, 수행승들이여, 이와 같은 것이 학습계율에 대한 취약성을 알리더라도 학습계율을 부인하는 것은 아니다.

21) 수행승들이여, 여기 수행승이 불만스러워하고 즐거움을 발견하지 못하고 수행자의 삶에서 떠나려하고 수행승의 삶을 곤혹해하고 꺼려하고 싫어하면서 재가의 삶을 동경하고, 재가의 남자신도의 삶을 동경하고, 정인의 삶을 동경하고, 사미의 삶을 동경하고, 이교도의 삶을 동경하고, 이교도의 제자의 삶을 동경하고, 수행자가 아닌 자의 삶을 동경하고, 싸끼야의 아들이 아닌 자의 삶을 동경하면서, '만약 내가 수행자가 아닌 자가 되었다면 좋았을 것이다.'라고 말하고 선언한다면, 수행승들이여, 이와 같은 것이 학습계율에 대한 취약성을 알리더라도 학습계율을 부인하는 것은 아니다.

22) 수행승들이여, 여기 수행승이 불만스러워하고 즐거움을 발견하지 못하고 수행자의 삶에서 떠나려하고 수행승의 삶을 곤혹해하고 꺼려하고 싫어하면서 재가의 삶을 동경하고, 재가의 남자신도의 삶을 동경하고, 정인의 삶을 동경하고, 사미의 삶을 동경하고, 이교도의 삶을 동경하고, 이교도의 제자의 삶을 동경하고, 수행자가 아닌 자의 삶을 동경하고, 싸끼야의 아들이 아닌 자의 삶을 동경하면서, '만약 내가 싸끼야의 아들이 아닌 자가 되었다면 좋았을 것이다.'라고 말하고 선언한다면, 수행승들이여, 이와 같은 것이 학습계율에 대한 취약성을 알리더라도 학습계율을 부인하는 것은 아니다.

8-3₃.

1) 수행승들이여, 여기 수행승이 불만스러워하고 즐거움을 발견하지 못하고 수행자의 삶에서 떠나려하고 수행승의 삶을 곤혹해하고 꺼려하고 싫어하면서 재가의 삶을 동경하고, 재가의 남자신도의 삶을 동경하고, 정인의 삶을 동경하고, 사미의 삶을 동경하고, 이교도의 삶을 동경하고, 이교도의 제자의 삶을 동경하고, 수행자가 아닌 자의 삶을 동경하고, 싸끼야의 아들이 아닌 자의 삶을 동경

하면서, '나도 역시 부처님을 버릴까?'라고 말하고 선언한다면 … 내지 … '나도 역시 싸끼야의 아들이 아닌 자가 되어버릴까?'라고 말하고 선언한다면, 수행승들이여, 이와 같은 것이 학습계율에 대한 취약성을 알리더라도 학습계율을 부인하는 것은 아니다.

2) 수행승들이여, 여기 수행승이 불만스러워하고 즐거움을 발견하지 못하고 수행자의 삶에서 떠나려하고 수행승의 삶을 곤혹해하고 꺼려하고 싫어하면서 재가의 삶을 동경하고, 재가의 남자신도의 삶을 동경하고, 정인의 삶을 동경하고, 사미의 삶을 동경하고, 이교도의 삶을 동경하고, 이교도의 제자의 삶을 동경하고, 수행자가 아닌 자의 삶을 동경하고, 싸끼야의 아들이 아닌 자의 삶을 동경하면서, '자, 내가 부처님을 버려야지.'라고 말하고 선언한다면 … 내지 … '자, 내가 싸끼야의 아들이 아닌 자가 되어야지.'라고 말하고 선언한다면, 수행승들이여, 이와 같은 것이 학습계율에 대한 취약성을 알리더라도 학습계율을 부인하는 것은 아니다.

3) 수행승들이여, 여기 수행승이 불만스러워하고 즐거움을 발견하지 못하고 수행자의 삶에서 떠나려하고 수행승의 삶을 곤혹해하고 꺼려하고 싫어하면서 재가의 삶을 동경하고, 재가의 남자신도의 삶을 동경하고, 정인의 삶을 동경하고, 사미의 삶을 동경하고, 이교도의 삶을 동경하고, 이교도의 제자의 삶을 동경하고, 수행자가 아닌 자의 삶을 동경하고, 싸끼야의 아들이 아닌 자의 삶을 동경하면서, '나에게 부처님이 있는데, 부처님을 버려야지.'라고 말하고 선언한다면 … 내지 … '나에게 싸끼야의 아들이 아닌 자가 있는데, 싸끼야의 아들이 아닌 자가 되어야지.'라고 말하고 선언한다면, 수행승들이여, 이와 같은 것이 학습계율에 대한 취약성을 알리더라도 학습계율을 부인하는 것은 아니다.

8-3₄.

1) 수행승들이여, 여기 수행승이 불만스러워하고 즐거움을 발견하지 못하고 수행자의 삶에서 떠나려하고 수행승의 삶을 곤혹해하고 꺼려하고 싫어하면서 재가의 삶을 동경하고, 재가의 남자신도의 삶을 동경하고, 정인의 삶을 동경하고, 사미의 삶을 동경하고, 이교도의 삶을 동경하고, 이교도의 제자의 삶을 동경하고, 수행자가 아닌 자의 삶을 동경하고, 싸끼야의 아들이 아닌 자의 삶을 동경하면서, '나는 어머니 … 아버지 … 형제 … 자매 … 아들 … 딸 … 처 … 친족 … 친구 … 마을 … 소도시 … 밭 … 토지 … 금화 … 황금 … 기술 … 과거의 웃음과 대화와 놀이를 기억한다.'라고 말하고 선언한다면,

수행승들이여, 이와 같은 것이[*26] 학습계율에 대한 취약성을 알리더라도 학습계율을 부인하는 것은 아니다.

2) 수행승들이여, 여기 수행승이 불만스러워하고 즐거움을 발견하지 못하고 수행자의 삶에서 떠나려하고 수행승의 삶을 곤혹해하고 꺼려하고 싫어하면서 재가의 삶을 동경하고, 재가의 남자신도의 삶을 동경하고, 정인의 삶을 동경하고, 사미의 삶을 동경하고, 이교도의 삶을 동경하고, 이교도의 제자의 삶을 동경하고, 수행자가 아닌 자의 삶을 동경하고, 싸끼야의 아들이 아닌 자의 삶을 동경하면서, '나에게 어머니가 있는데, 어머니를 내가 부양하겠다 … 나에게 아버지가 있는데, 아버지를 내가 부양하겠다 … 나에게 형제가 있는데, 항제를 내가 부양하겠다 … 나에게 자매가 있는데, 자매를 내가 부양하겠다 … 나에게 아들이 있는데, 아들을 내가 부양하겠다 … 나에게 딸이 있는데, 딸을 내가 부양하겠다, 나에게 처가 있는데, 처를 내가 부양하겠다 … 나에게 친족아 있는데, 친족을 내가 부양하겠다 … 나에게 친구가 있는데, 친구를 내가 부양하겠다.'라고 말하고 선언한다면, 수행승들이여, 이와 같은 것이 학습계율에 대한 취약성을 알리더라도 학습계율을 부인하는 것은 아니다.

3) 수행승들이여, 여기 수행승이 불만스러워하고 즐거움을 발견하지 못하고 수행자의 삶에서 떠나려하고 수행승의 삶을 곤혹해하고 꺼려하고 싫어하면서 재가의 삶을 동경하고, 재가의 남자신도의 삶을 동경하고, 정인의 삶을 동경하고, 사미의 삶을 동경하고, 이교도의 삶을 동경하고, 이교도의 제자의 삶을 동경하고, 수행자가 아닌 자의 삶을 동경하고, 싸끼야의 아들이 아닌 자의 삶을 동경하면서, '나에게 어머니가 있는데, 어머니가 나를 부양할 것이다 … 아버지 … 형제 … 자매 … 아들 … 딸 … 처 … 친족 … 친구 … 나에게 마을이 있는데, 그것을 통해서 내가 살아갈 것이다 … 나에게 소도시가 있는데, 그것을 통해서 내가 살아갈 것이다 … 나에게 밭이 있는데, 그것을 통해서 내가 살아갈 것이다 … 나에게 토지가 있는데, 그것을 통해서 내가 살아갈 것이다 … 나에게 금화가 있는데, 그것을 통해서 내가 살아갈 것이다 … 나에게 황금이 있는데, 그것을 통해서 내가 살아갈 것이다 … 나에게 기술이 있는데, 그것을 통해서 내가 살아갈 것이다.'라고 말하고 선언한다면, 수행승들이여, 이와 같은 것이 학습계율에 대한 취약성을 알리더라도 학습계율을 부인하는 것은 아니다.

4) 수행승들이여, 여기 수행승이 불만스러워하고 즐거움을 발견하지 못하고 수행자의 삶에서 떠나려하고 수행승의 삶을 곤혹해하고 꺼려하고 싫어하면서 재가

의 삶을 동경하고, 재가의 남자신도의 삶을 동경하고, 정인의 삶을 동경하고, 사미의 삶을 동경하고, 이교도의 삶을 동경하고, 이교도의 제자의 삶을 동경하고, 수행자가 아닌 자의 삶을 동경하고, 싸끼야의 아들이 아닌 자의 삶을 동경하면서, '어렵다 … 쉽지 않다 … 행하기 어렵다 … 행하기가 쉽지 않다 … 불가능하다 … 참을 수 없다 … 즐거움이 없다 … 기쁨이 없다.'라고 말하고 선언한다면, 수행승들이여, 이와 같은 것이 학습계율에 대한 취약성을 알리더라도 학습계율을 부인하는 것은 아니다.

8-3₅.

1) 수행승들이여, 어떻게 하면 학습계율에 대한 취약성을 알리는 것일 뿐만 아니라 학습계율을 부인하는 것인가? 수행승들이여, 여기 수행승이 불만스러워하고 즐거움을 발견하지 못하고 수행자의 삶에서 떠나려하고 수행승의 삶을 곤혹해하고 꺼려하고 싫어하면서 재가의 삶을 동경하고, 재가의 남자신도의 삶을 동경하고, 정인의 삶을 동경하고, 사미의 삶을 동경하고, 이교도의 삶을 동경하고, 이교도의 제자의 삶을 동경하고, 수행자가 아닌 자의 삶을 동경하고, 싸끼야의 아들이 아닌 자의 삶을 동경하면서, '나는 부처님을 버린다.'라고 말하고 선언한다면. '나는 가르침을 버린다.'라고[*27] 말하고 선언한다면 … '나는 참모임을 버린다.'라고 말하고 선언한다면 … '나는 계율을 버린다.'라고 말하고 선언한다면 … '나는 의무계율을 버린다.'라고 말하고 선언한다면 … '나는 송출을 버린다.'라고 말하고 선언한다면 … '나는 친교사를 버린다.'라고 말하고 선언한다면 … '나는 궤범사를 버린다.'라고 말하고 선언한다면 … '나는 제자를 버린다.'라고 말하고 선언한다면 … '나는 학인을 버린다.'라고 말하고 선언한다면 … '나는 동일한 친교사를 모시는 형제를 버린다.'라고 말하고 선언한다면 … '나는 동일한 궤범사를 모시는 형제를 버린다.'라고 말하고 선언한다면 … '나는 동료수행자를 버린다.'라고 말하고 선언한다면, 수행승들이여, 이와 같은 것이 학습계율에 대한 취약성을 알리는 것일 뿐만 아니라 학습계율을 부인하는 것이다 … '나를 재가자로 받아주시오.'라고 말하고 선언한다면 … '나를 재가의 남자신도로 받아주시오.'라고 말하고 선언한다면 … '나를 정인으로 받아주시오.'라고 말하고 선언한다면 … '나를 사미로서 받아주시오.'라고 말하고 선언한다면 … '나를 사미로서 받아주시오.'라고 말하고 선언한다면 … '나를 사미로서 받아주시오.'라고 말하고 선언한다면 … '나를 사미로서 받아주시오.'라고 말하고 선언한다면 … '나를 이교도로서 받아

주시오.'라고 말하고 선언한다면,… '나를 이교도의 제자로서 받아주시오.'라고 말하고 선언한다면,… '나를 수행자가 아닌 자로서 받아주시오.'라고 말하고 선언한다면 … '나를 싸끼야의 제자가 아닌 자로서 받아주시오.'라고 말하고 선언한다면, 수행승들이여, 이와 같은 것이 학습계율에 대한 취약성을 알리는 것일 뿐만 아니라 학습계율을 부인하는 것이다.

2) 수행승들이여, 여기 수행승이 불만스러워하고 즐거움을 발견하지 못하고 수행자의 삶에서 떠나려하고 수행승의 삶을 곤혹해하고 꺼려하고 싫어하면서 재가의 삶을 동경하고, 재가의 남자신도의 삶을 동경하고, 정인의 삶을 동경하고, 사미의 삶을 동경하고, 이교도의 삶을 동경하고, 이교도의 제자의 삶을 동경하고, 수행자가 아닌 자의 삶을 동경하고, 싸끼야의 아들이 아닌 자의 삶을 동경하면서, '나는 부처님에 지쳤다.'라고 말하고 선언한다면 … '나는 가르침에 지쳤다.'라고 말하고 선언한다면 … '나는 참모임에 지쳤다.'라고 말하고 선언한다면 … '나는 계율에 지쳤다.'라고 말하고 선언한다면 … '나는 의무계율에 지쳤다.'라고 말하고 선언한다면 … '나는 송출에 지쳤다.'라고 말하고 선언한다면 … '나는 친교사에 지쳤다.'라고 말하고 선언한다면 … '나는 궤범사에 지쳤다.'라고 말하고 선언한다면 … '나는 제자에 지쳤다.'라고 말하고 선언한다면 … '나는 학인에 지쳤다.'라고 말하고 선언한다면 … '나는 동일한 친교사를 모시는 형제에 지쳤다.'라고 말하고 선언한다면 … '나는 동일한 궤범사를 모시는 형제에 지쳤다.'라고 말하고 선언한다면 … '나는 동료수행자에 지쳤다.'라고 말하고 선언한다면, 수행승들이여, 이와 같은 것이 학습계율에 대한 취약성을 알리는 것일 뿐만 아니라 학습계율을 부인하는 것이다.

3) 수행승들이여, 여기 수행승이 불만스러워하고 즐거움을 발견하지 못하고 수행자의 삶에서 떠나려하고 수행승의 삶을 곤혹해하고 꺼려하고 싫어하면서 재가의 삶을 동경하고, 재가의 남자신도의 삶을 동경하고, 정인의 삶을 동경하고, 사미의 삶을 동경하고, 이교도의 삶을 동경하고, 이교도의 제자의 삶을 동경하고, 수행자가 아닌 자의 삶을 동경하고, 싸끼야의 아들이 아닌 자의 삶을 동경하면서, '나에게 부처님이 무엇이란 말인가?'라고 말하고 선언한다면 … '나에게 가르침이 무엇이란 말인가.'라고 말하고 선언한다면 … '나에게 참모임이 무엇이란 말인가.'라고 말하고 선언한다면 … '나에게 계율이 무엇이란 말인가.'라고 말하고 선언한다면 … '나에게 의무계율이 무엇이란 말인가.'라고 말하고 선언한다면 … '나에게 송출이 무엇이란 말인가.'라고 말하고 선언한다

면 … '나에게 친교사가 무엇이란 말인가.'라고 말하고 선언한다면 … '나에게 궤범사가 무엇이란 말인가.'라고 말하고 선언한다면 … '나에게 제자가 무엇이란 말인가.'라고 말하고 선언한다면 … '나에게 학인이 무엇이란 말인가.'라고 말하고 선언한다면 … '나에게 동일한 친교사를 모시는 형제가 무엇이란 말인가.'라고 말하고 선언한다면 … '나에게 동일한 궤범사를 모시는 형제가 무엇이란 말인가.'라고 말하고 선언한다면 … '나에게 동료수행자가 무엇이란 말인가.'라고 말하고 선언한다면, 수행승들이여, 이와 같은 것이 학습계율에 대한 취약성을 알리는 것일 뿐만 아니라 학습계율을 부인하는 것이다.

4) 수행승들이여, 여기 수행승이 불만스러워하고 즐거움을 발견하지 못하고 수행자의 삶에서 떠나려하고 수행승의 삶을 곤혹해하고 꺼려하고 싫어하면서 재가의 삶을 동경하고, 재가의 남자신도의 삶을 동경하고, 정인의 삶을 동경하고, 사미의 삶을 동경하고, 이교도의 삶을 동경하고, 이교도의 제자의 삶을 동경하고, 수행자가 아닌 자의 삶을 동경하고, 싸끼야의 아들이 아닌 자의 삶을 동경하면서, '나에게 부처님은 아무 의미가 없다.'라고 말하고 선언한다면 … '나에게 가르침은 아무 의미가 없다.'라고 말하고 선언한다면 … '나에게 참모임은 아무 의미가 없다.'라고 말하고 선언한다면 … '나에게 계율은 아무 의미가 없다.'라고 말하고 선언한다면 … '나에게 의무계율은 아무 의미가 없다.'라고 말하고 선언한다면 … '나에게 송출은 아무 의미가 없다.'라고 말하고 선언한다면 … '나에게 친교사는 아무 의미가 없다.'라고 말하고 선언한다면 … '나에게 궤범사는 아무 의미가 없다.'라고 말하고 선언한다면 … '나에게 제자는 아무 의미가 없다.'라고 말하고 선언한다면 … '나에게 학인은 아무 의미가 없다.'라고 말하고 선언한다면 … '나에게 동일한 친교사를 모시는 형제는 아무 의미가 없다.'라고 말하고 선언한다면 … '나에게 동일한 궤범사를 모시는 형제는 아무 의미가 없다.'라고 말하고 선언한다면 … '나에게 동료수행자는 아무 의미가 없다.'라고 말하고 선언한다면, 수행승들이여, 이와 같은 것이 학습계율에 대한 취약성을 알리는 것일 뿐만 아니라 학습계율을 부인하는 것이다.

5) 수행승들이여, 여기 수행승이 불만스러워하고 즐거움을 발견하지 못하고 수행자의 삶에서 떠나려하고 수행승의 삶을 곤혹해하고 꺼려하고 싫어하면서 재가의 삶을 동경하고, 재가의 남자신도의 삶을 동경하고, 정인의 삶을 동경하고, 사미의 삶을 동경하고, 이교도의 삶을 동경하고, 이교도의 제자의 삶을 동경하고, 수행자가 아닌 자의 삶을 동경하고, 싸끼야의 아들이 아닌 자의 삶을 동경

하면서, '나는 부처님에게서 잘 벗어났다.'라고 말하고 선언한다면 … '나는 가르침에서 잘 벗어났다.'라고 말하고 선언한다면 … '나는 참모임에서 잘 벗어났다.'라고 말하고 선언한다면 … '나는 계율에서 잘 벗어났다.'라고 말하고 선언한다면 … '나는 의무계율에서 잘 벗어났다.'라고 말하고 선언한다면 … '나는 송출에서 잘 벗어났다.'라고 말하고 선언한다면 … '나는 친교사에게서 잘 벗어났다.'라고 말하고 선언한다면 … '나는 궤범사에게서 잘 벗어났다.'라고 말하고 선언한다면 … '나는 제자에게서 잘 벗어났다.'라고 말하고 선언한다면 … '나는 학인에게서 잘 벗어났다.'라고 말하고 선언한다면 … '나는 동일한 친교사를 모시는 형제에게서 잘 벗어났다.'라고 말하고 선언한다면 … '나는 동일한 궤범사를 모시는 형제에게서 잘 벗어났다.'라고 말하고 선언한다면 … '나는 동료수행자에게서 잘 벗어났다.'라고 말하고 선언한다면, 수행승들이여, 이와 같은 것이 학습계율에 대한 취약성을 알리는 것일 뿐만 아니라 학습계율을 부인하는 것이다.

8-3₆. 그런데 다른 부처님의 특성이나 가르침의 특성이나 참모임의 특성이나 계율의 특성이나 의무계율의 특성이나 송출의 특성이나 친교사의 특성이나 궤범사의 특성이나 제자의 특성이나 학인의 특성이나 동일한 친교사를 지닌 형제의 특성이나 동일한 궤범사를 지닌 형제의 특성이나 동료수행자의 특성이나 사미의 특성이나 이교도의 특성이나 이교도의 제자의 특성이나 수행자가 아닌 자의 특성이나 씨끼야의 아들이 아닌 자의 특성이 있는데, 그러한 형태, 그러한 특징, 그러한 인상으로 말하고 선언한다면, 수행승들이여, 이와 같은 것이 학습계율에 대한 취약성을 알리는 것일 뿐만 아니라 학습계율을 부인하는 것이다.

8-4. 수행승들이여, 어떻게 학습계율을 부인하는 것이 아닌 것인가?

1) 수행승들이여, 여기 학습계율을 부인하는 어떠한 형태, 어떠한 특징, 어떠한 인상이 있는데, 그러한 형태, 그러한 특징, 그러한 인상에 의해서 정신이 착란된 자가 학습계율을 부인하면, 학습계율을 부인하는 것이 아니다. 정신착란된 자의 앞에서 학습계율을 부인하면, 학습계율을 부인하는 것이 아니다.

2) 수행승들이여, 여기 학습계율을 부인하는 어떠한 형태, 어떠한 특징, 어떠한 인상이 있는데, 그러한 형태, 그러한 특징, 그러한 인상에 의해서 마음이 심란한 자가 학습계율을 부인하면, 학습계율을 부인하는 것이 아니다. 마음이 심란한 자의 앞에서 학습계율을 부인하면, 학습계율을 부인하는 것이 아니다.

3) 수행승들이여, 여기 학습계율을 부인하는 어떠한 형태, 어떠한 특징, 어떠한

인상이 있는데, 그러한 형태, 그러한 특징, 그러한 인상에 의해서 애통해 하는 자가 학습계율을 부인하면, 학습계율을 부인하는 것이 아니다. 애통해 하는 자 의 앞에서 학습계율을 부인하면, 학습계율을 부인하는 것이 아니다.

4) 수행승들이여, 여기 학습계율을 부인하는 어떠한 형태, 어떠한 특징, 어떠한 인상이 있는데, 그러한 형태, 그러한 특징, 그러한 인상에 의해서 천신[130]이 학습계율을 부인하면, 학습계율을 부인하는 것이 아니다. 천신의 앞에서 학습계율을 부인하면, 학습계율을 부인하는 것이 아니다.

5) 수행승들이여, 여기 학습계율을 부인하는 어떠한 형태, 어떠한 특징, 어떠한 인상이 있는데, 그러한 형태, 그러한 특징, 그러한 인상에 의해서 축생이 학습계율을 부인하면, 학습계율을 부인하는 것이 아니다. 축생의 앞에서 학습계율을 부인하면, 학습계율을 부인하는 것이 아니다.

6) 문명인이 야만인의 앞에서[131] 학습계율을 버리는데, 그가 인지하지 못하면, 학습계율을 부인하는 것이 아니다. 야만인이 문명인의 앞에서 학습계율을 버리는데, 그가 인지하지 못하면, 학습계율을 부인하는 것이 아니다. 문명인이 문명인의 앞에서 학습계율을 부인하더라도, 그가 인지하지 못하면, 학습계율을 부인하는 것이 아니다. 야만인이[*28] 야만인의 앞에서 학습계율을 부인하더라도, 그가 인지하지 못하면, 학습계율을 부인하는 것이 아니다.

7) 농담을 위하여 학습계율을 부인하면, 학습계율을 부인하는 것이 아니다. 재미를 위하여 학습계율을 부인하면, 학습계율을 부인하는 것이 아니다.

8) 알리고 싶지 않은 것을 알린다면, 학습계율을 부인하는 것이 아니다. 알리고 싶은 것을 알리지 않는다면, 학습계율을 부인하는 것이 아니다.

9) 알지 못하는 자에게 알린다면, 학습계율을 부인하는 것이 아니다. 아는 자에게 알리지 않는다면, 학습계율을 부인하는 것이 아니다.

10) 일체를 알리지 않는다면, 학습계율을 부인하는 것이 아니다. 수행승들이여, 이와 같이 학습계율을 부인하는 것이 아니다."

8-5. '성적 교섭'은 부정한 짓, 비속한 짓, 저열한 짓, 추악한 짓, 밑물하는 짓, 은밀한 짓, 짝짓기가 있는데, 그것이 성적 교섭이다. '행한다'라는 것은 성적 특징

---

130) devatā : Smp. 255에 따르면, 지상의 천신들에서 궁극적인 미세한 물질로 이루어진 신들의 하느님 세계(Akaniṭṭhā devā : 色究竟天=有頂天)의 신들까지를 말한다.

131) ariyakena milakkhukassa santike : Smp. 255에 따르면, '아리야까(ariyaka)'는 당시의 마가다(Magadha)어를 말하거나 마가다어를 말하는 자를 의미한다. 밀락쿠까(milakkhuka)는 '비아리이어'를 사용하는 텔루구족(Andha)과 타밀족(Damiḷa)을 말한다.

을 성적 특징에, 성기를 성기에 서로 깨알만큼이라도 집어넣는다면, 그것이 행하는 것이다. '축생과 함께 조차도'라는 것은 축생의 여성과 함께조차[132] 성적 교섭을 행하면, 그는 수행자가 아닌 것이고, 싸끼야의 아들이 아닌 것인데, 하물며 인간의 여인과는 말해 무엇하겠는가. 그러므로 '축생과 함께 조차도'라고 하는 것이다. '승단추방죄를 범하는 것'이란 예를 들어 남자가 목이 잘려 몸통으로 살 수 없는 것과 같이, 수행승이 성적 교섭을 행하면 수행자가 되지 못하고 싸끼야의 아들이 되지 못한다는 뜻이다. 그 때문에 승단추방죄라고 한다. '함께 살 수 없다.'는 것은 함께 삶이라는 것은 동일한 갈마 동일한 설계를 지니고 함께 사는 것을 함께 삶이라고 하는데, 그와 함께 살지 않는 까닭에 '함께 살 수 없다.'라고 한다. '세 가지 여성'라는 것은 인간의 여성, 비인간[133]의 여성, 축생의 여성을 뜻한다. '세 가지 양성'이라는 것은 인간의 양성, 비인간의 양성, 축생의 양성을 뜻한다. '세 가지 빤다까[134]'라는 것은 인간의 빤다까, 비인간의 빤다까, 축생의 빤다까를 뜻한다. '세 가지 남성'이라는 것은 인간의 남성, 비인간의 남성, 축생의 남성을 뜻한다.

9-1.

1) 인간의 여성과 세 가지 방식 즉, 항문과 성기와 구강으로 성적 교섭을 행한다면, 승단추방죄를 범하는 것이다.

---

132) tiracchānagatitthiyāpi : '축생의 존재로 된 여성'을 뜻한다.

133) amanussa : 비인간(非人間)에는 신 · 야차 · 나찰 · 다나바 · 건달바 · 긴나라 · 마호라가(deva·rakkhasa·dānava·kinnara·mahoraga) 등이 있다.

134) paṇḍaka : 어원적으로 불분명하지만 '알이 없는 사람(apa-aṇḍa-ka)' 즉, 고환이 없는 자에게서 유래된 것이라고 해석할 수 있다. 종래에 이 뜻은 Bd. IV. 87에서처럼 '내시(eunuch)'라고 번역되거나 南傳. III. 117에서처럼 황문(黃門)이라고 번역되었다. 그런데 내시라는 용어는 인도에서는 무슬림 시대 이전에는 알려진 바가 없으므로 내시라고 단정하기는 힘들고 허약하거나 소심하거나 우유부단한 사람을 비유적으로 지칭했을 가능성도 있다. 붓다고싸(Buddhaghosa)는 빤다까를 다섯 가지 유형으로 분류하고 있다 : ① āsittapaṇḍaka : '뿜어내는 빤다까'로 다른 남자의 성기를 입으로 빨아 사정에 이르게 함으로써 자신의 욕망을 해소하는 자. 동성애자. ② usūyapaṇḍaka : '시샘하는 빤다까'로 다른 사람의 성행위를 지켜보며 질투심으로 자신의 욕망을 해소하는 자. 관음증환자. ③ opakkamikapaṇḍaka : '야기되는 빤다까' 로 어떤 특별한 수단으로 야기되어 자신의 정액을 분출시키는 자. 자위행위자. (대승불교에서 Yaśomitra는 이 자위행위자 대신에 'lūṇapaṇḍaka'거세된 자' 즉, 내시나 환관을 거론하고 있다.) ④ pakkhapaṇḍaka : '보름간의 빤다까'로 과거의 업력으로 음력 한달 가운데 절반인 이주간만 빤다까가 되는 자. ⑤ napuṃsakapaṇḍaka : '남성이 아닌 빤다까'로 임신 순간부터 남성성이 결여된 자를 뜻한다. 이것으로 보아 빤다까는 동성애자나 변태성욕자나 성기능장애자를 지칭한다고 볼 수 있다. 이 빤다까의 출가를 율장(MV. I. 61)에서 금지 시키는 것은 동성애나 유사성행위로 교단의 질서가 파괴되는 것을 염려했기 때문이다. Leonard Zwilling. 'Homosexuality As seen in Indian Buddhist Texts' in Jose Lgnnacio Cabezon ed., Buddhism, Sexuallity, and Gender(Delhi, India; Sri Satguru Publication, 1992), p. 206.

2) 비인간의 여성과 세 가지 방식 즉, 항문과 성기와 구강으로 성적 교섭을 행한다면, 승단추방죄를 범하는 것이다.
3) 축생의 여성과 세 가지 방식 즉, 항문과 성기와 구강으로 성적 교섭을 행한다면, 승단추방죄를 범하는 것이다.
4) 인간의 양성과 세 가지 방식 즉, 항문과 성기와 구강으로 성적 교섭을 행한다면, 승단추방죄를 범하는 것이다.
5) 비인간의 양성과 세 가지 방식 즉, 항문과 성기와 구강으로 성적 교섭을 행한다면, 승단추방죄를 범하는 것이다.
6) 축생의 양성과 세 가지 방식 즉, 항문과 성기와 구강으로 성적 교섭을 행한다면, 승단추방죄를 범하는 것이다.
7) 인간의 빤다까와 두 가지 방식 즉, 항문과 구강으로 성적 교섭을 행한다면, 승단추방죄를 범하는 것이다.
8) 비인간의 빤다까와 두 가지 방식 즉, 항문과 구강으로 성적 교섭을 행한다면, 승단추방죄를 범하는 것이다.
9) 축생의 빤다까와 두 가지 방식 즉, 항문와 구강으로 성적 교섭을 행한다면, 승단추방죄를 범하는 것이다.
10) 인간의 남성과 두 가지 방식 즉, 항문와 구강으로 성적 교섭을 행한다면, 승단추방죄를 범하는 것이다.
11) 축생의 남성과 두 가지 방식 즉, 항문와 구강으로 성적 교섭을 행한다면, 승단추방죄를 범하는 것이다.
12) 비인간의 남성과 두 가지 방식 즉, 항문와 구강으로 성적 교섭을 행한다면, 승단추방죄를 범하는 것이다."

9-2.

1) 수행승이[*29] 성적 욕구를 일으켜 인간의 여성의 항문에 자신의 성기를 집어넣으면 승단추방죄를 범하는 것이다.
2) 수행승이 성적 욕구를 일으켜 인간의 여성의 성기에 자신의 성기를 집어넣으면 승단추방죄를 범하는 것이다.
3) 수행승이 성적 욕구를 일으켜 인간의 여성의 구강에 자신의 성기를 집어넣으면 승단추방죄를 범하는 것이다.
4) 수행승이 성적 욕구를 일으켜 비인간의 여성의 항문에 자신의 성기를 집어넣으면 승단추방죄를 범하는 것이다.

5) 수행승이 성적 욕구를 일으켜 비인간의 여성의 성기에 자신의 성기를 집어넣으면 승단추방죄를 범하는 것이다.
6) 수행승이 성적 욕구를 일으켜 비인간의 여성의 구강에 자신의 성기를 집어넣으면 승단추방죄를 범하는 것이다.
7) 수행승이 성적 욕구를 일으켜 축생의 여성의 항문에 자신의 성기를 집어넣으면 승단추방죄를 범하는 것이다.
8) 수행승이 성적 욕구를 일으켜 축생의 여성의 성기에 자신의 성기를 집어넣으면 승단추방죄를 범하는 것이다.
9) 수행승이 성적 욕구를 일으켜 축생의 여성의 구강에 자신의 성기를 집어넣으면 승단추방죄를 범하는 것이다.
10) 수행승이 성적 욕구를 일으켜 인간의 양성의 항문에 자신의 성기를 집어넣으면 승단추방죄를 범하는 것이다.
11) 수행승이 성적 욕구를 일으켜 인간의 양성의 성기에 자신의 성기를 집어넣으면 승단추방죄를 범하는 것이다.
12) 수행승이 성적 욕구를 일으켜 인간의 양성의 구강에 자신의 성기를 집어넣으면 승단추방죄를 범하는 것이다.
13) 수행승이 성적 욕구를 일으켜 비인간의 양성의 항문에 자신의 성기를 집어넣으면 승단추방죄를 범하는 것이다.
14) 수행승이 성적 욕구를 일으켜 비인간의 양성의 성기에 자신의 성기를 집어넣으면 승단추방죄를 범하는 것이다.
15) 수행승이 성적 욕구를 일으켜 비인간의 양성의 구강에 자신의 성기를 집어넣으면 승단추방죄를 범하는 것이다.
16) 수행승이 성적 욕구를 일으켜 축생의 양성의 항문에 자신의 성기를 집어넣으면 승단추방죄를 범하는 것이다.
17) 수행승이 성적 욕구를 일으켜 축생의 양성의 성기에 자신의 성기를 집어넣으면 승단추방죄를 범하는 것이다.
18) 수행승이 성적 욕구를 일으켜 축생의 양성의 구강에 자신의 성기를 집어넣으면 승단추방죄를 범하는 것이다.
19) 수행승이 성적 욕구를 일으켜 인간의 빤다까의 항문에 자신의 성기를 집어넣으면 승단추방죄를 범하는 것이다.
20) 수행승이 성적 욕구를 일으켜 인간의 빤다까의 구강에 자신의 성기를 집어넣

으면 승단추방죄를 범하는 것이다.

21) 수행승이 성적 욕구를 일으켜 비인간의 빤다까의 항문에 자신의 성기를 집어넣으면 승단추방죄를 범하는 것이다.

22) 수행승이 성적 욕구를 일으켜 비인간의 빤다까의 구강에 자신의 성기를 집어넣으면 승단추방죄를 범하는 것이다.

23) 수행승이 성적 욕구를 일으켜 축생의 빤다까의 항문에 자신의 성기를 집어넣으면 승단추방죄를 범하는 것이다.

24) 수행승이 성적 욕구를 일으켜 축생의 빤다까의 구강에 자신의 성기를 집어넣으면 승단추방죄를 범하는 것이다.

25) 수행승이 성적 욕구를 일으켜 인간의 남성의 항문에 자신의 성기를 집어넣으면 승단추방죄를 범하는 것이다.

26) 수행승이 성적 욕구를 일으켜 인간의 남성의 구강에 자신의 성기를 집어넣으면 승단추방죄를 범하는 것이다.

27) 수행승이 성적 욕구를 일으켜 비인간의 남성의 항문에 자신의 성기를 집어넣으면 승단추방죄를 범하는 것이다.

28) 수행승이 성적 욕구를 일으켜 비인간의 남성의 구강에 자신의 성기를 집어넣으면 승단추방죄를 범하는 것이다.

29) 수행승이 성적 욕구를 일으켜 축생의 남성의 항문에 자신의 성기를 집어넣으면 승단추방죄를 범하는 것이다.

30) 수행승이 성적 욕구를 일으켜 축생의 남성의 구강에 자신의 성기를 집어넣으면 승단추방죄를 범하는 것이다.

9-3₁.

1) 수행승의 적대자들이 인간의 여성을 수행승의 앞으로 데리고 와서 그녀의 항문에 그의 성기를 들어가게 할 경우, 그러한 적용시에 동의하여 즐거움을 느끼고, 삽입시에 동의하여 즐거움을 느끼고, 유지시에 동의하여 즐거움을 느끼고, 인발시에 동의하여 즐거움을 느끼면, 승단추방죄를 범하는 것이다.

2) 수행승의 적대자들이 인간의 여성을 수행승의 앞으로 데리고 와서 그녀의 항문에 그의 성기를 들어가게 할 경우, 그러한 적용시에 동의하지 않아 즐거움을 느끼지 않아도, 삽입시에 동의하여 즐거움을 느끼고, 유지시에 동의하여 즐거움을 느끼고, 인발시에 동의하여 즐거움을 느끼면, 승단추방죄를 범하는 것이다.

3) 수행승의 적대자들이 인간의 여성을 수행승의 앞으로 데리고 와서 그녀의 항문에 그의 성기를 들어가게 할 경우, 그러한 적용시에 동의하지 않아 즐거움을 느끼지 않고, 삽입시에 동의하지 않아 즐거움을 느끼지 않아도, 유지시에 동의하여 즐거움을 느끼고, 인발시에 동의하여 즐거움을 느끼면, 승단추방죄를 범하는 것이다

4) 수행승의 적대자들이 인간의 여성을 수행승의 앞으로 데리고 와서 그녀의 항문에 그의 성기를 들어가게 할 경우, 그러한 적용시에 동의하지 않아 즐거움을 느끼지 않고, 삽입시에 동의하지 않아 즐거움을 느끼지 않고, 유지시에 동의하지 않아 즐거움을 느끼지 않아도, 인발시에 동의하여 즐거움을 느끼면, 승단추방죄를 범하는 것이다.

5) 수행승의 적대자들이 인간의 여성을 수행승의 앞으로 데리고 와서 그녀의 항문에 그의 성기를 들어가게 할 경우, 그러한 적용시에 동의하지 않아 즐거움을 느끼지 않고, 삽입시에 동의하지 않아 즐거움을 느끼지 않고, 유지시에 동의하지 않아 즐거움을 느끼지 않고, 인발시에도 동의하지 않아 즐거움을 느끼지 않으면, 무죄이다.

6) 수행승의 적대자들이 인간의 여성을 수행승의 앞으로 데리고 와서 그녀의 성기에 그의 성기를 들어가게 할 경우, 그러한 적용시에 동의하여 즐거움을 느끼고, 삽입시에 동의하여 즐거움을 느끼고, 유지시에 동의하여 즐거움을 느끼고, 인발시에 동의하여 즐거움을 느끼면, 승단추방죄를 범하는 것이다.

7) 수행승의 적대자들이 인간의 여성을 수행승의 앞으로 데리고 와서 그녀의 성기에 그의 성기를 들어가게 할 경우, 그러한 적용시에 동의하지 않아 즐거움을 느끼지 않아도, 삽입시에 동의하여 즐거움을 느끼고, 유지시에 동의하여 즐거움을 느끼고, 인발시에 동의하여 즐거움을 느끼면, 승단추방죄를 범하는 것이다.

8) 수행승의 적대자들이 인간의 여성을 수행승의 앞으로 데리고 와서 그녀의 성기에 그의 성기를 들어가게 할 경우, 그러한 적용시에 동의하지 않아 즐거움을 느끼지 않고, 삽입시에 동의하지 않아 즐거움을 느끼지 않아도, 유지시에 동의하여 즐거움을 느끼고, 인발시에 동의하여 즐거움을 느끼면, 승단추방죄를 범하는 것이다.

9) 수행승의 적대자들이 인간의 여성을 수행승의 앞으로 데리고 와서 그녀의 성기에 그의 성기를 들어가게 할 경우, 그러한 적용시에 동의하지 않아 즐거움

을 느끼지 않고, 삽입시에 동의하지 않아 즐거움을 느끼지 않고, 유지시에 동의하지 않아 즐거움을 느끼지 않아도, 인발시에 동의하여 즐거움을 느끼면, 승단추방죄를 범하는 것이다.

10) 수행승의 적대자들이 인간의 여성을 수행승의 앞으로 데리고 와서 그녀의 성기에 그의 성기를 들어가게 할 경우, 그러한 적용시에 동의하지 않아 즐거움을 느끼지 않고, 삽입시에 동의하지 않아 즐거움을 느끼지 않고, 유지시에 동의하지 않아 즐거움을 느끼지 않고, 인발시에도 동의하지 않아 즐거움을 느끼지 않으면, 무죄이다.

11) 수행승의 적대자들이 인간의 여성을 수행승의 앞으로 데리고 와서 그녀의 구강에 그의 성기를 들어가게 할 경우, 그러한 적용시에 동의하여 즐거움을 느끼고, 삽입시에 동의하여 즐거움을 느끼고, 유지시에 동의하여 즐거움을 느끼고, 인발시에 동의하여 즐거움을 느끼면, 승단추방죄를 범하는 것이다.

12) 수행승의 적대자들이 인간의 여성을 수행승의 앞으로 데리고 와서 그녀의 구강에 그의 성기를 들어가게 할 경우, 그러한 적용시에 동의하지 않아 즐거움을 느끼지 않아도, 삽입시에 동의하여 즐거움을 느끼고, 유지시에 동의하여 즐거움을 느끼고, 인발시에 동의하여 즐거움을 느끼면, 승단추방죄를 범하는 것이다.

13) 수행승의 적대자들이 인간의 여성을 수행승의 앞으로 데리고 와서 그녀의 구강에 그의 성기를 들어가게 할 경우, 그러한 적용시에 동의하지 않아 즐거움을 느끼지 않고, 삽입시에 동의하지 않아 즐거움을 느끼지 않아도, 유지시에 동의하여 즐거움을 느끼고, 인발시에 동의하여 즐거움을 느끼면, 승단추방죄를 범하는 것이다.

14) 수행승의 적대자들이 인간의 여성을 수행승의 앞으로 데리고 와서 그녀의 구강에 그의 성기를 들어가게 할 경우, 그러한 적용시에 동의하지 않아 즐거움을 느끼지 않고, 삽입시에 동의하지 않아 즐거움을 느끼지 않고, 유지시에 동의하지 않아 즐거움을 느끼지 않아도, 인발시에 동의하여 즐거움을 느끼면, 승단추방죄를 범하는 것이다.

15) 수행승의 적대자들이 인간의 여성을 수행승의 앞으로 데리고 와서 그녀의 구강에 그의 성기를 들어가게 할 경우, 그러한 적용시에 동의하지 않아 즐거움을 느끼지 않고, 삽입시에 동의하지 않아 즐거움을 느끼지 않고, 유지시에 동의하지 않아 즐거움을 느끼지 않고, 인발시에도 동의하지 않아 즐거움을

느끼지 않으면, 무죄이다.”

9-3₂.

1) 수행승의 적대자들이 깨어있는 인간의 여성을 수행승의 앞으로 데리고 와서 그녀의 항문에 그의 성기를 들어가게 할 경우, 그러한 적용시에 동의하여 즐거움을 느끼고, 삽입시에 동의하여 즐거움을 느끼고, 유지시에 동의하여 즐거움을 느끼고, 인발시에 동의하여 즐거움을 느끼면, 승단추방죄를 범하는 것이다.

2) 수행승의 적대자들이 깨어있는 인간의 여성을 수행승의 앞으로 데리고 와서 그녀의 항문에 그의 성기를 들어가게 할 경우, 그러한 적용시에 동의하지 않아 즐거움을 느끼지 않아도, 삽입시에 동의하여 즐거움을 느끼고, 유지시에 동의하여 즐거움을 느끼고, 인발시에 동의하여 즐거움을 느끼면, 승단추방죄를 범하는 것이다.

3) 수행승의 적대자들이 깨어있는 인간의 여성을 수행승의 앞으로 데리고 와서 그녀의 항문에 그의 성기를 들어가게 할 경우, 그러한 적용시에 동의하지 않아 즐거움을 느끼지 않고, 삽입시에 동의하지 않아 즐거움을 느끼지 않아도, 유지시에 동의하여 즐거움을 느끼고, 인발시에 동의하여 즐거움을 느끼면, 승단추방죄를 범하는 것이다

4) 수행승의 적대자들이 깨어있는 인간의 여성을 수행승의 앞으로 데리고 와서 그녀의 항문에 그의 성기를 들어가게 할 경우, 그러한 적용시에 동의하지 않아 즐거움을 느끼지 않고, 삽입시에 동의하지 않아 즐거움을 느끼지 않고, 유지시에 동의하지 않아 즐거움을 느끼지 않아도, 인발시에 동의하여 즐거움을 느끼면, 승단추방죄를 범하는 것이다.

5) 수행승의 적대자들이 깨어있는 인간의 여성을 수행승의 앞으로 데리고 와서 그녀의 항문에 그의 성기를 들어가게 할 경우, 그러한 적용시에 동의하지 않아 즐거움을 느끼지 않고, 삽입시에 동의하지 않아 즐거움을 느끼지 않고, 유지시에 동의하지 않아 즐거움을 느끼지 않고, 인발시에도 동의하지 않아 즐거움을 느끼지 않으면, 무죄이다.

6) 수행승의 적대자들이 깨어있는 인간의 여성을 수행승의 앞으로 데리고 와서 그녀의 성기에 그의 성기를 들어가게 할 경우, 그러한 적용시에 동의하여 즐거움을 느끼고, 삽입시에 동의하여 즐거움을 느끼고, 유지시에 동의하여 즐거움을 느끼고, 인발시에 동의하여 즐거움을 느끼면, 승단추방죄를 범하는 것이다.

7) 수행승의 적대자들이 깨어있는 인간의 여성을 수행승의 앞으로 데리고 와서

그녀의 성기에 그의 성기를 들어가게 할 경우, 그러한 적용시에 동의하지 않아 즐거움을 느끼지 않아도, 삽입시에 동의하여 즐거움을 느끼고, 유지시에 동의하여 즐거움을 느끼고, 인발시에 동의하여 즐거움을 느끼면, 승단추방죄를 범하는 것이다.

8) 수행승의 적대자들이 깨어있는 인간의 여성을 수행승의 앞으로 데리고 와서 그녀의 성기에 그의 성기를 들어가게 할 경우, 그러한 적용시에 동의하지 않아 즐거움을 느끼지 않고, 삽입시에 동의하지 않아 즐거움을 느끼지 않아도, 유지시에 동의하여 즐거움을 느끼고, 인발시에 동의하여 즐거움을 느끼면, 승단추방죄를 범하는 것이다.

9) 수행승의 적대자들이 깨어있는 인간의 여성을 수행승의 앞으로 데리고 와서 그녀의 성기에 그의 성기를 들어가게 할 경우, 그러한 적용시에 동의하지 않아 즐거움을 느끼지 않고, 삽입시에 동의하지 않아 즐거움을 느끼지 않고, 유지시에 동의하지 않아 즐거움을 느끼지 않아도, 인발시에 동의하여 즐거움을 느끼면, 승단추방죄를 범하는 것이다.

10) 수행승의 적대자들이 깨어있는 인간의 여성을 수행승의 앞으로 데리고 와서 그녀의 성기에 그의 성기를 들어가게 할 경우, 그러한 적용시에 동의하지 않아 즐거움을 느끼지 않고, 삽입시에 동의하지 않아 즐거움을 느끼지 않고, 유지시에 동의하지 않아 즐거움을 느끼지 않고, 인발시에도 동의하지 않아 즐거움을 느끼지 않으면, 무죄이다.

11) 수행승의 적대자들이 깨어있는 인간의 여성을 수행승의 앞으로 데리고 와서 그녀의 구강에 그의 성기를 들어가게 할 경우, 그러한 적용시에 동의하여 즐거움을 느끼고, 삽입시에 동의하여 즐거움을 느끼고, 유지시에 동의하여 즐거움을 느끼고, 인발시에 동의하여 즐거움을 느끼면, 승단추방죄를 범하는 것이다.

12) 수행승의 적대자들이 깨어있는 인간의 여성을 수행승의 앞으로 데리고 와서 그녀의 구강에 그의 성기를 들어가게 할 경우, 그러한 적용시에 동의하지 않아 즐거움을 느끼지 않아도, 삽입시에 동의하여 즐거움을 느끼고, 유지시에 동의하여 즐거움을 느끼고, 인발시에 동의하여 즐거움을 느끼면, 승단추방죄를 범하는 것이다.

13) 수행승의 적대자들이 깨어있는 인간의 여성을 수행승의 앞으로 데리고 와서 그녀의 구강에 그의 성기를 들어가게 할 경우, 그러한 적용시에 동의하지 않아 즐거움을 느끼지 않고, 삽입시에 동의하지 않아 즐거움을 느끼지 않아도, 유지

시에 동의하여 즐거움을 느끼고, 인발시에 동의하여 즐거움을 느끼면, 승단추방죄를 범하는 것이다.

14) 수행승의 적대자들이 깨어있는 인간의 여성을 수행승의 앞으로 데리고 와서 그녀의 구강에 그의 성기를 들어가게 할 경우, 그러한 적용시에 동의하지 않아 즐거움을 느끼지 않고, 삽입시에 동의하지 않아 즐거움을 느끼지 않고, 유지시에 동의하지 않아 즐거움을 느끼지 않아도, 인발시에 동의하여 즐거움을 느끼면, 승단추방죄를 범하는 것이다.

15) 수행승의 적대자들이 깨어있는 인간의 여성을 수행승의 앞으로 데리고 와서 그녀의 구강에 그의 성기를 들어가게 할 경우, 그러한 적용시에 동의하지 않아 즐거움을 느끼지 않고, 삽입시에 동의하지 않아 즐거움을 느끼지 않고, 유지시에 동의하지 않아 즐거움을 느끼지 않고, 인발시에도 동의하지 않아 즐거움을 느끼지 않으면, 무죄이다."

9-3₃.

1) 수행승의 적대자들이 잠든 인간의 여성을 수행승의 앞으로 데리고 와서 그녀의 항문에 그의 성기를 들어가게 할 경우, 그러한 적용시에 동의하여 즐거움을 느끼고, 삽입시에 동의하여 즐거움을 느끼고, 유지시에 동의하여 즐거움을 느끼고, 인발시에 동의하여 즐거움을 느끼면, 승단추방죄를 범하는 것이다.

2) 수행승의 적대자들이 잠든 인간의 여성을 수행승의 앞으로 데리고 와서 그녀의 항문에 그의 성기를 들어가게 할 경우, 그러한 적용시에 동의하지 않아 즐거움을 느끼지 않아도, 삽입시에 동의하여 즐거움을 느끼고, 유지시에 동의하여 즐거움을 느끼고, 인발시에 동의하여 즐거움을 느끼면, 승단추방죄를 범하는 것이다.

3) 수행승의 적대자들이 잠든 인간의 여성을 수행승의 앞으로 데리고 와서 그녀의 항문에 그의 성기를 들어가게 할 경우, 그러한 적용시에 동의하지 않아 즐거움을 느끼지 않고, 삽입시에 동의하지 않아 즐거움을 느끼지 않아도, 유지시에 동의하여 즐거움을 느끼고, 인발시에 동의하여 즐거움을 느끼면, 승단추방죄를 범하는 것이다

4) 수행승의 적대자들이 잠든 인간의 여성을 수행승의 앞으로 데리고 와서 그녀의 항문에 그의 성기를 들어가게 할 경우, 그러한 적용시에 동의하지 않아 즐거움을 느끼지 않고, 삽입시에 동의하지 않아 즐거움을 느끼지 않고, 유지시에 동의하지 않아 즐거움을 느끼지 않아도, 인발시에 동의하여 즐거움을 느끼면,

승단추방죄를 범하는 것이다.

5) 수행승의 적대자들이 잠든 인간의 여성을 수행승의 앞으로 데리고 와서 그녀의 항문에 그의 성기를 들어가게 할 경우, 그러한 적용시에 동의하지 않아 즐거움을 느끼지 않고, 삽입시에 동의하지 않아 즐거움을 느끼지 않고, 유지시에 동의하지 않아 즐거움을 느끼지 않고, 인발시에도 동의하지 않아 즐거움을 느끼지 않으면, 무죄이다.

6) 수행승의 적대자들이 잠든 인간의 여성을 수행승의 앞으로 데리고 와서 그녀의 성기에 그의 성기를 들어가게 할 경우, 그러한 적용시에 동의하여 즐거움을 느끼고, 삽입시에 동의하여 즐거움을 느끼고, 유지시에 동의하여 즐거움을 느끼고, 인발시에 동의하여 즐거움을 느끼면, 승단추방죄를 범하는 것이다.

7) 수행승의 적대자들이 잠든 인간의 여성을 수행승의 앞으로 데리고 와서 그녀의 성기에 그의 성기를 들어가게 할 경우, 그러한 적용시에 동의하지 않아 즐거움을 느끼지 않아도, 삽입시에 동의하여 즐거움을 느끼고, 유지시에 동의하여 즐거움을 느끼고, 인발시에 동의하여 즐거움을 느끼면, 승단추방죄를 범하는 것이다.

8) 수행승의 적대자들이 잠든 인간의 여성을 수행승의 앞으로 데리고 와서 그녀의 성기에 그의 성기를 들어가게 할 경우, 그러한 적용시에 동의하지 않아 즐거움을 느끼지 않고, 삽입시에 동의하지 않아 즐거움을 느끼지 않아도, 유지시에 동의하여 즐거움을 느끼고, 인발시에 동의하여 즐거움을 느끼면, 승단추방죄를 범하는 것이다.

9) 수행승의 적대자들이 잠든 인간의 여성을 수행승의 앞으로 데리고 와서 그녀의 성기에 그의 성기를 들어가게 할 경우, 그러한 적용시에 동의하지 않아 즐거움을 느끼지 않고, 삽입시에 동의하지 않아 즐거움을 느끼지 않고, 유지시에 동의하지 않아 즐거움을 느끼지 않아도, 인발시에 동의하여 즐거움을 느끼면, 승단추방죄를 범하는 것이다.

10) 수행승의 적대자들이 잠든 인간의 여성을 수행승의 앞으로 데리고 와서 그녀의 성기에 그의 성기를 들어가게 할 경우, 그러한 적용시에 동의하지 않아 즐거움을 느끼지 않고, 삽입시에 동의하지 않아 즐거움을 느끼지 않고, 유지시에 동의하지 않아 즐거움을 느끼지 않고, 인발시에도 동의하지 않아 즐거움을 느끼지 않으면, 무죄이다.

11) 수행승의 적대자들이 잠든 인간의 여성을 수행승의 앞으로 데리고 와서 그녀

의 구강에 그의 성기를 들어가게 할 경우, 그러한 적용시에 동의하여 즐거움을 느끼고, 삽입시에 동의하여 즐거움을 느끼고, 유지시에 동의하여 즐거움을 느끼고, 인발시에 동의하여 즐거움을 느끼면, 승단추방죄를 범하는 것이다.

12) 수행승의 적대자들이 잠든 인간의 여성을 수행승의 앞으로 데리고 와서 그녀의 구강에 그의 성기를 들어가게 할 경우, 그러한 적용시에 동의하지 않아 즐거움을 느끼지 않아도, 삽입시에 동의하여 즐거움을 느끼고, 유지시에 동의하여 즐거움을 느끼고, 인발시에 동의하여 즐거움을 느끼면, 승단추방죄를 범하는 것이다.

13) 수행승의 적대자들이 잠든 인간의 여성을 수행승의 앞으로 데리고 와서 그녀의 구강에 그의 성기를 들어가게 할 경우, 그러한 적용시에 동의하지 않아 즐거움을 느끼지 않고, 삽입시에 동의하지 않아 즐거움을 느끼지 않아도, 유지시에 동의하여 즐거움을 느끼고, 인발시에 동의하여 즐거움을 느끼면, 승단추방죄를 범하는 것이다.

14) 수행승의 적대자들이 잠든 인간의 여성을 수행승의 앞으로 데리고 와서 그녀의 구강에 그의 성기를 들어가게 할 경우, 그러한 적용시에 동의하지 않아 즐거움을 느끼지 않고, 삽입시에 동의하지 않아 즐거움을 느끼지 않고, 유지시에 동의하지 않아 즐거움을 느끼지 않아도, 인발시에 동의하여 즐거움을 느끼면, 승단추방죄를 범하는 것이다.

15) 수행승의 적대자들이 잠든 인간의 여성을 수행승의 앞으로 데리고 와서 그녀의 구강에 그의 성기를 들어가게 할 경우, 그러한 적용시에 동의하지 않아 즐거움을 느끼지 않고, 삽입시에 동의하지 않아 즐거움을 느끼지 않고, 유지시에 동의하지 않아 즐거움을 느끼지 않고, 인발시에도 동의하지 않아 즐거움을 느끼지 않으면, 무죄이다.

9-3₄.

1) 수행승의 적대자들이 술취한 인간의 여성을 수행승의 앞으로 데리고 와서 그녀의 항문에 그의 성기를 들어가게 할 경우, 그러한 적용시에 동의하여 즐거움을 느끼고, 삽입시에 동의하여 즐거움을 느끼고, 유지시에 동의하여 즐거움을 느끼고, 인발시에 동의하여 즐거움을 느끼면, 승단추방죄를 범하는 것이다.

2) 수행승의 적대자들이 술취한 인간의 여성을 수행승의 앞으로 데리고 와서 그녀의 항문에 그의 성기를 들어가게 할 경우, 그러한 적용시에 동의하지 않아 즐거움을 느끼지 않아도, 삽입시에 동의하여 즐거움을 느끼고, 유지시에 동의

하여 즐거움을 느끼고, 인발시에 동의하여 즐거움을 느끼면, 승단추방죄를 범하는 것이다.

3) 수행승의 적대자들이 술취한 인간의 여성을 수행승의 앞으로 데리고 와서 그녀의 항문에 그의 성기를 들어가게 할 경우, 그러한 적용시에 동의하지 않아 즐거움을 느끼지 않고, 삽입시에 동의하지 않아 즐거움을 느끼지 않아도, 유지시에 동의하여 즐거움을 느끼고, 인발시에 동의하여 즐거움을 느끼면, 승단추방죄를 범하는 것이다

4) 수행승의 적대자들이 술취한 인간의 여성을 수행승의 앞으로 데리고 와서 그녀의 항문에 그의 성기를 들어가게 할 경우, 그러한 적용시에 동의하지 않아 즐거움을 느끼지 않고, 삽입시에 동의하지 않아 즐거움을 느끼지 않고, 유지시에 동의하지 않아 즐거움을 느끼지 않아도, 인발시에 동의하여 즐거움을 느끼면, 승단추방죄를 범하는 것이다.

5) 수행승의 적대자들이 술취한 인간의 여성을 수행승의 앞으로 데리고 와서 그녀의 항문에 그의 성기를 들어가게 할 경우, 그러한 적용시에 동의하지 않아 즐거움을 느끼지 않고, 삽입시에 동의하지 않아 즐거움을 느끼지 않고, 유지시에 동의하지 않아 즐거움을 느끼지 않고, 인발시에도 동의하지 않아 즐거움을 느끼지 않으면, 무죄이다.

6) 수행승의 적대자들이 술취한 인간의 여성을 수행승의 앞으로 데리고 와서 그녀의 성기에 그의 성기를 들어가게 할 경우, 그러한 적용시에 동의하여 즐거움을 느끼고, 삽입시에 동의하여 즐거움을 느끼고, 유지시에 동의하여 즐거움을 느끼고, 인발시에 동의하여 즐거움을 느끼면, 승단추방죄를 범하는 것이다.

7) 수행승의 적대자들이 술취한 인간의 여성을 수행승의 앞으로 데리고 와서 그녀의 성기에 그의 성기를 들어가게 할 경우, 그러한 적용시에 동의하지 않아 즐거움을 느끼지 않아도, 삽입시에 동의하여 즐거움을 느끼고, 유지시에 동의하여 즐거움을 느끼고, 인발시에 동의하여 즐거움을 느끼면, 승단추방죄를 범하는 것이다.

8) 수행승의 적대자들이 술취한 인간의 여성을 수행승의 앞으로 데리고 와서 그녀의 성기에 그의 성기를 들어가게 할 경우, 그러한 적용시에 동의하지 않아 즐거움을 느끼지 않고, 삽입시에 동의하지 않아 즐거움을 느끼지 않아도, 유지시에 동의하여 즐거움을 느끼고, 인발시에 동의하여 즐거움을 느끼면, 승단추방죄를 범하는 것이다.

9) 수행승의 적대자들이 술취한 인간의 여성을 수행승의 앞으로 데리고 와서 그녀의 성기에 그의 성기를 들어가게 할 경우, 그러한 적용시에 동의하지 않아 즐거움을 느끼지 않고, 삽입시에 동의하지 않아 즐거움을 느끼지 않고, 유지시에 동의하지 않아 즐거움을 느끼지 않아도, 인발시에 동의하여 즐거움을 느끼면, 승단추방죄를 범하는 것이다.

10) 수행승의 적대자들이 술취한 인간의 여성을 수행승의 앞으로 데리고 와서 그녀의 성기에 그의 성기를 들어가게 할 경우, 그러한 적용시에 동의하지 않아 즐거움을 느끼지 않고, 삽입시에 동의하지 않아 즐거움을 느끼지 않고, 유지시에 동의하지 않아 즐거움을 느끼지 않고, 인발시에도 동의하지 않아 즐거움을 느끼지 않으면, 무죄이다.

11) 수행승의 적대자들이 술취한 인간의 여성을 수행승의 앞으로 데리고 와서 그녀의 구강에 그의 성기를 들어가게 할 경우, 그러한 적용시에 동의하여 즐거움을 느끼고, 삽입시에 동의하여 즐거움을 느끼고, 유지시에 동의하여 즐거움을 느끼고, 인발시에 동의하여 즐거움을 느끼면, 승단추방죄를 범하는 것이다.

12) 수행승의 적대자들이 술취한 인간의 여성을 수행승의 앞으로 데리고 와서 그녀의 구강에 그의 성기를 들어가게 할 경우, 그러한 적용시에 동의하지 않아 즐거움을 느끼지 않아도, 삽입시에 동의하여 즐거움을 느끼고, 유지시에 동의하여 즐거움을 느끼고, 인발시에 동의하여 즐거움을 느끼면, 승단추방죄를 범하는 것이다.

13) 수행승의 적대자들이 술취한 인간의 여성을 수행승의 앞으로 데리고 와서 그녀의 구강에 그의 성기를 들어가게 할 경우, 그러한 적용시에 동의하지 않아 즐거움을 느끼지 않고, 삽입시에 동의하지 않아 즐거움을 느끼지 않아도, 유지시에 동의하여 즐거움을 느끼고, 인발시에 동의하여 즐거움을 느끼면, 승단추방죄를 범하는 것이다.

14) 수행승의 적대자들이 술취한 인간의 여성을 수행승의 앞으로 데리고 와서 그녀의 구강에 그의 성기를 들어가게 할 경우, 그러한 적용시에 동의하지 않아 즐거움을 느끼지 않고, 삽입시에 동의하지 않아 즐거움을 느끼지 않고, 유지시에 동의하지 않아 즐거움을 느끼지 않아도, 인발시에 동의하여 즐거움을 느끼면, 승단추방죄를 범하는 것이다.

15) 수행승의 적대자들이 술취한 인간의 여성을 수행승의 앞으로 데리고 와서 그녀의 구강에 그의 성기를 들어가게 할 경우, 그러한 적용시에 동의하지 않아

즐거움을 느끼지 않고, 삽입시에 동의하지 않아 즐거움을 느끼지 않고, 유지시에 동의하지 않아 즐거움을 느끼지 않고, 인발시에도 동의하지 않아 즐거움을 느끼지 않으면, 무죄이다.

9-35.

1) 수행승의 적대자들이 정신착란된 인간의 여성을 수행승의 앞으로 데리고 와서 그녀의 항문에 그의 성기를 들어가게 할 경우, 그러한 적용시에 동의하여 즐거움을 느끼고, 삽입시에 동의하여 즐거움을 느끼고, 유지시에 동의하여 즐거움을 느끼고, 인발시에 동의하여 즐거움을 느끼면, 승단추방죄를 범하는 것이다.
2) 수행승의 적대자들이 정신착란된 인간의 여성을 수행승의 앞으로 데리고 와서 그녀의 항문에 그의 성기를 들어가게 할 경우, 그러한 적용시에 동의하지 않아 즐거움을 느끼지 않아도, 삽입시에 동의하여 즐거움을 느끼고, 유지시에 동의하여 즐거움을 느끼고, 인발시에 동의하여 즐거움을 느끼면, 승단추방죄를 범하는 것이다.
3) 수행승의 적대자들이 정신착란된 인간의 여성을 수행승의 앞으로 데리고 와서 그녀의 항문에 그의 성기를 들어가게 할 경우, 그러한 적용시에 동의하지 않아 즐거움을 느끼지 않고, 삽입시에 동의하지 않아 즐거움을 느끼지 않아도, 유지시에 동의하여 즐거움을 느끼고, 인발시에 동의하여 즐거움을 느끼면, 승단추방죄를 범하는 것이다
4) 수행승의 적대자들이 정신착란된 인간의 여성을 수행승의 앞으로 데리고 와서 그녀의 항문에 그의 성기를 들어가게 할 경우, 그러한 적용시에 동의하지 않아 즐거움을 느끼지 않고, 삽입시에 동의하지 않아 즐거움을 느끼지 않고, 유지시에 동의하지 않아 즐거움을 느끼지 않아도, 인발시에 동의하여 즐거움을 느끼면, 승단추방죄를 범하는 것이다.
5) 수행승의 적대자들이 정신착란된 인간의 여성을 수행승의 앞으로 데리고 와서 그녀의 항문에 그의 성기를 들어가게 할 경우, 그러한 적용시에 동의하지 않아 즐거움을 느끼지 않고, 삽입시에 동의하지 않아 즐거움을 느끼지 않고, 유지시에 동의하지 않아 즐거움을 느끼지 않고, 인발시에도 동의하지 않아 즐거움을 느끼지 않으면, 무죄이다.
6) 수행승의 적대자들이 정신착란된 인간의 여성을 수행승의 앞으로 데리고 와서 그녀의 성기에 그의 성기를 들어가게 할 경우, 그러한 적용시에 동의하여 즐거움을 느끼고, 삽입시에 동의하여 즐거움을 느끼고, 유지시에 동의하여 즐거움

을 느끼고, 인발시에 동의하여 즐거움을 느끼면, 승단추방죄를 범하는 것이다.

7) 수행승의 적대자들이 정신착란된 인간의 여성을 수행승의 앞으로 데리고 와서 그녀의 성기에 그의 성기를 들어가게 할 경우, 그러한 적용시에 동의하지 않아 즐거움을 느끼지 않아도, 삽입시에 동의하여 즐거움을 느끼고, 유지시에 동의하여 즐거움을 느끼고, 인발시에 동의하여 즐거움을 느끼면, 승단추방죄를 범하는 것이다.

8) 수행승의 적대자들이 정신착란된 인간의 여성을 수행승의 앞으로 데리고 와서 그녀의 성기에 그의 성기를 들어가게 할 경우, 그러한 적용시에 동의하지 않아 즐거움을 느끼지 않고, 삽입시에 동의하지 않아 즐거움을 느끼지 않아도, 유지시에 동의하여 즐거움을 느끼고, 인발시에 동의하여 즐거움을 느끼면, 승단추방죄를 범하는 것이다.

9) 수행승의 적대자들이 정신착란된 인간의 여성을 수행승의 앞으로 데리고 와서 그녀의 성기에 그의 성기를 들어가게 할 경우, 그러한 적용시에 동의하지 않아 즐거움을 느끼지 않고, 삽입시에 동의하지 않아 즐거움을 느끼지 않고, 유지시에 동의하지 않아 즐거움을 느끼지 않아도, 인발시에 동의하여 즐거움을 느끼면, 승단추방죄를 범하는 것이다.

10) 수행승의 적대자들이 정신착란된 인간의 여성을 수행승의 앞으로 데리고 와서 그녀의 성기에 그의 성기를 들어가게 할 경우, 그러한 적용시에 동의하지 않아 즐거움을 느끼지 않고, 삽입시에 동의하지 않아 즐거움을 느끼지 않고, 유지시에 동의하지 않아 즐거움을 느끼지 않고, 인발시에도 동의하지 않아 즐거움을 느끼지 않으면, 무죄이다.

11) 수행승의 적대자들이 정신착란된 인간의 여성을 수행승의 앞으로 데리고 와서 그녀의 구강에 그의 성기를 들어가게 할 경우, 그러한 적용시에 동의하여 즐거움을 느끼고, 삽입시에 동의하여 즐거움을 느끼고, 유지시에 동의하여 즐거움을 느끼고, 인발시에 동의하여 즐거움을 느끼면, 승단추방죄를 범하는 것이다.

12) 수행승의 적대자들이 정신착란된 인간의 여성을 수행승의 앞으로 데리고 와서 그녀의 구강에 그의 성기를 들어가게 할 경우, 그러한 적용시에 동의하지 않아 즐거움을 느끼지 않아도, 삽입시에 동의하여 즐거움을 느끼고, 유지시에 동의하여 즐거움을 느끼고, 인발시에 동의하여 즐거움을 느끼면, 승단추방죄를 범하는 것이다.

13) 수행승의 적대자들이 정신착란된 인간의 여성을 수행승의 앞으로 데리고 와서 그녀의 구강에 그의 성기를 들어가게 할 경우, 그러한 적용시에 동의하지 않아 즐거움을 느끼지 않고, 삽입시에 동의하지 않아 즐거움을 느끼지 않아도, 유지시에 동의하여 즐거움을 느끼고, 인발시에 동의하여 즐거움을 느끼면, 승단추방죄를 범하는 것이다.

14) 수행승의 적대자들이 정신착란된 인간의 여성을 수행승의 앞으로 데리고 와서 그녀의 구강에 그의 성기를 들어가게 할 경우, 그러한 적용시에 동의하지 않아 즐거움을 느끼지 않고, 삽입시에 동의하지 않아 즐거움을 느끼지 않고, 유지시에 동의하지 않아 즐거움을 느끼지 않아도, 인발시에 동의하여 즐거움을 느끼면, 승단추방죄를 범하는 것이다.

15) 수행승의 적대자들이 정신착란된 인간의 여성을 수행승의 앞으로 데리고 와서 그녀의 구강에 그의 성기를 들어가게 할 경우, 그러한 적용시에 동의하지 않아 즐거움을 느끼지 않고, 삽입시에 동의하지 않아 즐거움을 느끼지 않고, 유지시에 동의하지 않아 즐거움을 느끼지 않고, 인발시에도 동의하지 않아 즐거움을 느끼지 않으면, 무죄이다.

9-3₆.

1) 수행승의 적대자들이 방일한 인간의 여성을 수행승의 앞으로 데리고 와서 그녀의 항문에 그의 성기를 들어가게 할 경우, 그러한 적용시에 동의하여 즐거움을 느끼고, 삽입시에 동의하여 즐거움을 느끼고, 유지시에 동의하여 즐거움을 느끼고, 인발시에 동의하여 즐거움을 느끼면, 승단추방죄를 범하는 것이다.

2) 수행승의 적대자들이 방일한 인간의 여성을 수행승의 앞으로 데리고 와서 그녀의 항문에 그의 성기를 들어가게 할 경우, 그러한 적용시에 동의하지 않아 즐거움을 느끼지 않아도, 삽입시에 동의하여 즐거움을 느끼고, 유지시에 동의하여 즐거움을 느끼고, 인발시에 동의하여 즐거움을 느끼면, 승단추방죄를 범하는 것이다.

3) 수행승의 적대자들이 방일한 인간의 여성을 수행승의 앞으로 데리고 와서 그녀의 항문에 그의 성기를 들어가게 할 경우, 그러한 적용시에 동의하지 않아 즐거움을 느끼지 않고, 삽입시에 동의하지 않아 즐거움을 느끼지 않아도, 유지시에 동의하여 즐거움을 느끼고, 인발시에 동의하여 즐거움을 느끼면, 승단추방죄를 범하는 것이다

4) 수행승의 적대자들이 방일한 인간의 여성을 수행승의 앞으로 데리고 와서

그녀의 항문에 그의 성기를 들어가게 할 경우, 그러한 적용시에 동의하지 않아 즐거움을 느끼지 않고, 삽입시에 동의하지 않아 즐거움을 느끼지 않고, 유지시에 동의하지 않아 즐거움을 느끼지 않아도, 인발시에 동의하여 즐거움을 느끼면, 승단추방죄를 범하는 것이다.

5) 수행승의 적대자들이 방일한 인간의 여성을 수행승의 앞으로 데리고 와서 그녀의 항문에 그의 성기를 들어가게 할 경우, 그러한 적용시에 동의하지 않아 즐거움을 느끼지 않고, 삽입시에 동의하지 않아 즐거움을 느끼지 않고, 유지시에 동의하지 않아 즐거움을 느끼지 않고, 인발시에도 동의하지 않아 즐거움을 느끼지 않으면, 무죄이다.

6) 수행승의 적대자들이 방일한 인간의 여성을 수행승의 앞으로 데리고 와서 그녀의 성기에 그의 성기를 들어가게 할 경우, 그러한 적용시에 동의하여 즐거움을 느끼고, 삽입시에 동의하여 즐거움을 느끼고, 유지시에 동의하여 즐거움을 느끼고, 인발시에 동의하여 즐거움을 느끼면, 승단추방죄를 범하는 것이다.

7) 수행승의 적대자들이 방일한 인간의 여성을 수행승의 앞으로 데리고 와서 그녀의 성기에 그의 성기를 들어가게 할 경우, 그러한 적용시에 동의하지 않아 즐거움을 느끼지 않아도, 삽입시에 동의하여 즐거움을 느끼고, 유지시에 동의하여 즐거움을 느끼고, 인발시에 동의하여 즐거움을 느끼면, 승단추방죄를 범하는 것이다.

8) 수행승의 적대자들이 방일한 인간의 여성을 수행승의 앞으로 데리고 와서 그녀의 성기에 그의 성기를 들어가게 할 경우, 그러한 적용시에 동의하지 않아 즐거움을 느끼지 않고, 삽입시에 동의하지 않아 즐거움을 느끼지 않아도, 유지시에 동의하여 즐거움을 느끼고, 인발시에 동의하여 즐거움을 느끼면, 승단추방죄를 범하는 것이다.

9) 수행승의 적대자들이 방일한 인간의 여성을 수행승의 앞으로 데리고 와서 그녀의 성기에 그의 성기를 들어가게 할 경우, 그러한 적용시에 동의하지 않아 즐거움을 느끼지 않고, 삽입시에 동의하지 않아 즐거움을 느끼지 않고, 유지시에 동의하지 않아 즐거움을 느끼지 않아도, 인발시에 동의하여 즐거움을 느끼면, 승단추방죄를 범하는 것이다.

10) 수행승의 적대자들이 방일한 인간의 여성을 수행승의 앞으로 데리고 와서 그녀의 성기에 그의 성기를 들어가게 할 경우, 그러한 적용시에 동의하지 않아 즐거움을 느끼지 않고, 삽입시에 동의하지 않아 즐거움을 느끼지 않고, 유지시

에 동의하지 않아 즐거움을 느끼지 않고, 인발시에도 동의하지 않아 즐거움을 느끼지 않으면, 무죄이다.

11) 수행승의 적대자들이 방일한 인간의 여성을 수행승의 앞으로 데리고 와서 그녀의 구강에 그의 성기를 들어가게 할 경우, 그러한 적용시에 동의하여 즐거움을 느끼고, 삽입시에 동의하여 즐거움을 느끼고, 유지시에 동의하여 즐거움을 느끼고, 인발시에 동의하여 즐거움을 느끼면, 승단추방죄를 범하는 것이다.

12) 수행승의 적대자들이 방일한 인간의 여성을 수행승의 앞으로 데리고 와서 그녀의 구강에 그의 성기를 들어가게 할 경우, 그러한 적용시에 동의하지 않아 즐거움을 느끼지 않아도, 삽입시에 동의하여 즐거움을 느끼고, 유지시에 동의하여 즐거움을 느끼고, 인발시에 동의하여 즐거움을 느끼면, 승단추방죄를 범하는 것이다.

13) 수행승의 적대자들이 방일한 인간의 여성을 수행승의 앞으로 데리고 와서 그녀의 구강에 그의 성기를 들어가게 할 경우, 그러한 적용시에 동의하지 않아 즐거움을 느끼지 않고, 삽입시에 동의하지 않아 즐거움을 느끼지 않아도, 유지시에 동의하여 즐거움을 느끼고, 인발시에 동의하여 즐거움을 느끼면, 승단추방죄를 범하는 것이다.

14) 수행승의 적대자들이 방일한 인간의 여성을 수행승의 앞으로 데리고 와서 그녀의 구강에 그의 성기를 들어가게 할 경우, 그러한 적용시에 동의하지 않아 즐거움을 느끼지 않고, 삽입시에 동의하지 않아 즐거움을 느끼지 않고, 유지시에 동의하지 않아 즐거움을 느끼지 않아도, 인발시에 동의하여 즐거움을 느끼면, 승단추방죄를 범하는 것이다.

15) 수행승의 적대자들이 방일한 인간의 여성을 수행승의 앞으로 데리고 와서 그녀의 구강에 그의 성기를 들어가게 할 경우, 그러한 적용시에 동의하지 않아 즐거움을 느끼지 않고, 삽입시에 동의하지 않아 즐거움을 느끼지 않고, 유지시에 동의하지 않아 즐거움을 느끼지 않고, 인발시에도 동의하지 않아 즐거움을 느끼지 않으면, 무죄이다."

9-3$_7$.

1) 수행승의 적대자들이, 죽었지만 아직 파괴되지 않은 인간의 여성을 수행승의 앞으로 데리고 와서 그녀의 항문에 그의 성기를 들어가게 할 경우, 그러한 적용시에 동의하여 즐거움을 느끼고, 삽입시에 동의하여 즐거움을 느끼고, 유지시에 동의하여 즐거움을 느끼고, 인발시에 동의하여 즐거움을 느끼면,

승단추방죄를 범하는 것이다.

2) 수행승의 적대자들이, 죽었지만 아직 파괴되지 않은 인간의 여성을 수행승의 앞으로 데리고 와서 그녀의 항문에 그의 성기를 들어가게 할 경우, 그러한 적용시에 동의하지 않아 즐거움을 느끼지 않아도, 삽입시에 동의하여 즐거움을 느끼고, 유지시에 동의하여 즐거움을 느끼고, 인발시에 동의하여 즐거움을 느끼면, 승단추방죄를 범하는 것이다.

3) 수행승의 적대자들이, 죽었지만 아직 파괴되지 않은 인간의 여성을 수행승의 앞으로 데리고 와서 그녀의 항문에 그의 성기를 들어가게 할 경우, 그러한 적용시에 동의하지 않아 즐거움을 느끼지 않고, 삽입시에 동의하지 않아 즐거움을 느끼지 않아도, 유지시에 동의하여 즐거움을 느끼고, 인발시에 동의하여 즐거움을 느끼면, 승단추방죄를 범하는 것이다

4) 수행승의 적대자들이, 죽었지만 아직 파괴되지 않은 인간의 여성을 수행승의 앞으로 데리고 와서 그녀의 항문에 그의 성기를 들어가게 할 경우, 그러한 적용시에 동의하지 않아 즐거움을 느끼지 않고, 삽입시에 동의하지 않아 즐거움을 느끼지 않고, 유지시에 동의하지 않아 즐거움을 느끼지 않아도, 인발시에 동의하여 즐거움을 느끼면, 승단추방죄를 범하는 것이다.

5) 수행승의 적대자들이, 죽었지만 아직 파괴되지 않은 인간의 여성을 수행승의 앞으로 데리고 와서 그녀의 항문에 그의 성기를 들어가게 할 경우, 그러한 적용시에 동의하지 않아 즐거움을 느끼지 않고, 삽입시에 동의하지 않아 즐거움을 느끼지 않고, 유지시에 동의하지 않아 즐거움을 느끼지 않고, 인발시에도 동의하지 않아 즐거움을 느끼지 않으면, 무죄이다.

6) 수행승의 적대자들이, 죽었지만 아직 파괴되지 않은 인간의 여성을 수행승의 앞으로 데리고 와서 그녀의 성기에 그의 성기를 들어가게 할 경우, 그러한 적용시에 동의하여 즐거움을 느끼고, 삽입시에 동의하여 즐거움을 느끼고, 유지시에 동의하여 즐거움을 느끼고, 인발시에 동의하여 즐거움을 느끼면, 승단추방죄를 범하는 것이다.

7) 수행승의 적대자들이, 죽었지만 아직 파괴되지 않은 인간의 여성을 수행승의 앞으로 데리고 와서 그녀의 성기에 그의 성기를 들어가게 할 경우, 그러한 적용시에 동의하지 않아 즐거움을 느끼지 않아도, 삽입시에 동의하여 즐거움을 느끼고, 유지시에 동의하여 즐거움을 느끼고, 인발시에 동의하여 즐거움을 느끼면, 승단추방죄를 범하는 것이다.

8) 수행승의 적대자들이, 죽었지만 아직 파괴되지 않은 인간의 여성을 수행승의 앞으로 데리고 와서 그녀의 성기에 그의 성기를 들어가게 할 경우, 그러한 적용시에 동의하지 않아 즐거움을 느끼지 않고, 삽입시에 동의하지 않아 즐거움을 느끼지 않아도, 유지시에 동의하여 즐거움을 느끼고, 인발시에 동의하여 즐거움을 느끼면, 승단추방죄를 범하는 것이다.

9) 수행승의 적대자들이, 죽었지만 아직 파괴되지 않은 인간의 여성을 수행승의 앞으로 데리고 와서 그녀의 성기에 그의 성기를 들어가게 할 경우, 그러한 적용시에 동의하지 않아 즐거움을 느끼지 않고, 삽입시에 동의하지 않아 즐거움을 느끼지 않고, 유지시에 동의하지 않아 즐거움을 느끼지 않아도, 인발시에 동의하여 즐거움을 느끼면, 승단추방죄를 범하는 것이다.

10) 수행승의 적대자들이, 죽었지만 아직 파괴되지 않은 인간의 여성을 수행승의 앞으로 데리고 와서 그녀의 성기에 그의 성기를 들어가게 할 경우, 그러한 적용시에 동의하지 않아 즐거움을 느끼지 않고, 삽입시에 동의하지 않아 즐거움을 느끼지 않고, 유지시에 동의하지 않아 즐거움을 느끼지 않고, 인발시에도 동의하지 않아 즐거움을 느끼지 않으면, 무죄이다.

11) 수행승의 적대자들이, 죽었지만 아직 파괴되지 않은 인간의 여성을 수행승의 앞으로 데리고 와서 그녀의 구강에 그의 성기를 들어가게 할 경우, 그러한 적용시에 동의하여 즐거움을 느끼고, 삽입시에 동의하여 즐거움을 느끼고, 유지시에 동의하여 즐거움을 느끼고, 인발시에 동의하여 즐거움을 느끼면, 승단추방죄를 범하는 것이다.

12) 수행승의 적대자들이, 죽었지만 아직 파괴되지 않은 인간의 여성을 수행승의 앞으로 데리고 와서 그녀의 구강에 그의 성기를 들어가게 할 경우, 그러한 적용시에 동의하지 않아 즐거움을 느끼지 않아도, 삽입시에 동의하여 즐거움을 느끼고, 유지시에 동의하여 즐거움을 느끼고, 인발시에 동의하여 즐거움을 느끼면, 승단추방죄를 범하는 것이다.

13) 수행승의 적대자들이, 죽었지만 아직 파괴되지 않은 인간의 여성을 수행승의 앞으로 데리고 와서 그녀의 구강에 그의 성기를 들어가게 할 경우, 그러한 적용시에 동의하지 않아 즐거움을 느끼지 않고, 삽입시에 동의하지 않아 즐거움을 느끼지 않아도, 유지시에 동의하여 즐거움을 느끼고, 인발시에 동의하여 즐거움을 느끼면, 승단추방죄를 범하는 것이다.

14) 수행승의 적대자들이, 죽었지만 아직 파괴되지 않은 인간의 여성을 수행승의

앞으로 데리고 와서 그녀의 구강에 그의 성기를 들어가게 할 경우, 그러한 적용시에 동의하지 않아 즐거움을 느끼지 않고, 삽입시에 동의하지 않아 즐거움을 느끼지 않고, 유지시에 동의하지 않아 즐거움을 느끼지 않아도, 인발시에 동의하여 즐거움을 느끼면, 승단추방죄를 범하는 것이다.

15) 수행승의 적대자들이, 죽었지만 아직 파괴되지 않은 인간의 여성을 수행승의 앞으로 데리고 와서 그녀의 구강에 그의 성기를 들어가게 할 경우, 그러한 적용시에 동의하지 않아 즐거움을 느끼지 않고, 삽입시에 동의하지 않아 즐거움을 느끼지 않고, 유지시에 동의하지 않아 즐거움을 느끼지 않고, 인발시에도 동의하지 않아 즐거움을 느끼지 않으면, 무죄이다."

9-3₈.

1) 수행승의 적대자들이, 죽었지만 대체로 파괴되지 않은 인간의 여성을 수행승의 앞으로 데리고 와서 그녀의 항문에 그의 성기를 들어가게 할 경우, 그러한 적용시에 동의하여 즐거움을 느끼고, 삽입시에 동의하여 즐거움을 느끼고, 유지시에 동의하여 즐거움을 느끼고, 인발시에 동의하여 즐거움을 느끼면, 승단추방죄를 범하는 것이다.

2) 수행승의 적대자들이, 죽었지만 대체로 파괴되지 않은 인간의 여성을 수행승의 앞으로 데리고 와서 그녀의 항문에 그의 성기를 들어가게 할 경우, 그러한 적용시에 동의하지 않아 즐거움을 느끼지 않아도, 삽입시에 동의하여 즐거움을 느끼고, 유지시에 동의하여 즐거움을 느끼고, 인발시에 동의하여 즐거움을 느끼면, 승단추방죄를 범하는 것이다.

3) 수행승의 적대자들이, 죽었지만 대체로 파괴되지 않은 인간의 여성을 수행승의 앞으로 데리고 와서 그녀의 항문에 그의 성기를 들어가게 할 경우, 그러한 적용시에 동의하지 않아 즐거움을 느끼지 않고, 삽입시에 동의하지 않아 즐거움을 느끼지 않아도, 유지시에 동의하여 즐거움을 느끼고, 인발시에 동의하여 즐거움을 느끼면, 승단추방죄를 범하는 것이다

4) 수행승의 적대자들이, 죽었지만 대체로 파괴되지 않은 인간의 여성을 수행승의 앞으로 데리고 와서 그녀의 항문에 그의 성기를 들어가게 할 경우, 그러한 적용시에 동의하지 않아 즐거움을 느끼지 않고, 삽입시에 동의하지 않아 즐거움을 느끼지 않고, 유지시에 동의하지 않아 즐거움을 느끼지 않아도, 인발시에 동의하여 즐거움을 느끼면, 승단추방죄를 범하는 것이다.

5) 수행승의 적대자들이, 죽었지만 대체로 파괴되지 않은 인간의 여성을 수행승

의 앞으로 데리고 와서 그녀의 항문에 그의 성기를 들어가게 할 경우, 그러한 적용시에 동의하지 않아 즐거움을 느끼지 않고, 삽입시에 동의하지 않아 즐거움을 느끼지 않고, 유지시에 동의하지 않아 즐거움을 느끼지 않고, 인발시에도 동의하지 않아 즐거움을 느끼지 않으면, 무죄이다.

6) 수행승의 적대자들이, 죽었지만 대체로 파괴되지 않은 인간의 여성을 수행승의 앞으로 데리고 와서 그녀의 성기에 그의 성기를 들어가게 할 경우, 그러한 적용시에 동의하여 즐거움을 느끼고, 삽입시에 동의하여 즐거움을 느끼고, 유지시에 동의하여 즐거움을 느끼고, 인발시에 동의하여 즐거움을 느끼면, 승단추방죄를 범하는 것이다.

7) 수행승의 적대자들이, 죽었지만 대체로 파괴되지 않은 인간의 여성을 수행승의 앞으로 데리고 와서 그녀의 성기에 그의 성기를 들어가게 할 경우, 그러한 적용시에 동의하지 않아 즐거움을 느끼지 않아도, 삽입시에 동의하여 즐거움을 느끼고, 유지시에 동의하여 즐거움을 느끼고, 인발시에 동의하여 즐거움을 느끼면, 승단추방죄를 범하는 것이다.

8) 수행승의 적대자들이, 죽었지만 대체로 파괴되지 않은 인간의 여성을 수행승의 앞으로 데리고 와서 그녀의 성기에 그의 성기를 들어가게 할 경우, 그러한 적용시에 동의하지 않아 즐거움을 느끼지 않고, 삽입시에 동의하지 않아 즐거움을 느끼지 않아도, 유지시에 동의하여 즐거움을 느끼고, 인발시에 동의하여 즐거움을 느끼면, 승단추방죄를 범하는 것이다.

9) 수행승의 적대자들이, 죽었지만 대체로 파괴되지 않은 인간의 여성을 수행승의 앞으로 데리고 와서 그녀의 성기에 그의 성기를 들어가게 할 경우, 그러한 적용시에 동의하지 않아 즐거움을 느끼지 않고, 삽입시에 동의하지 않아 즐거움을 느끼지 않고, 유지시에 동의하지 않아 즐거움을 느끼지 않아도, 인발시에 동의하여 즐거움을 느끼면, 승단추방죄를 범하는 것이다.

10) 수행승의 적대자들이, 죽었지만 대체로 파괴되지 않은 인간의 여성을 수행승의 앞으로 데리고 와서 그녀의 성기에 그의 성기를 들어가게 할 경우, 그러한 적용시에 동의하지 않아 즐거움을 느끼지 않고, 삽입시에 동의하지 않아 즐거움을 느끼지 않고, 유지시에 동의하지 않아 즐거움을 느끼지 않고, 인발시에도 동의하지 않아 즐거움을 느끼지 않으면, 무죄이다.

11) 수행승의 적대자들이, 죽었지만 대체로 파괴되지 않은 인간의 여성을 수행승의 앞으로 데리고 와서 그녀의 구강에 그의 성기를 들어가게 할 경우, 그러한

적용시에 동의하여 즐거움을 느끼고, 삽입시에 동의하여 즐거움을 느끼고, 유지시에 동의하여 즐거움을 느끼고, 인발시에 동의하여 즐거움을 느끼면, 승단추방죄를 범하는 것이다.

12) 수행승의 적대자들이, 죽었지만 대체로 파괴되지 않은 인간의 여성을 수행승의 앞으로 데리고 와서 그녀의 구강에 그의 성기를 들어가게 할 경우, 그러한 적용시에 동의하지 않아 즐거움을 느끼지 않아도, 삽입시에 동의하여 즐거움을 느끼고, 유지시에 동의하여 즐거움을 느끼고, 인발시에 동의하여 즐거움을 느끼면, 승단추방죄를 범하는 것이다.

13) 수행승의 적대자들이, 죽었지만 대체로 파괴되지 않은 인간의 여성을 수행승의 앞으로 데리고 와서 그녀의 구강에 그의 성기를 들어가게 할 경우, 그러한 적용시에 동의하지 않아 즐거움을 느끼지 않고, 삽입시에 동의하지 않아 즐거움을 느끼지 않아도, 유지시에 동의하여 즐거움을 느끼고, 인발시에 동의하여 즐거움을 느끼면, 승단추방죄를 범하는 것이다.

14) 수행승의 적대자들이, 죽었지만 대체로 파괴되지 않은 인간의 여성을 수행승의 앞으로 데리고 와서 그녀의 구강에 그의 성기를 들어가게 할 경우, 그러한 적용시에 동의하지 않아 즐거움을 느끼지 않고, 삽입시에 동의하지 않아 즐거움을 느끼지 않고, 유지시에 동의하지 않아 즐거움을 느끼지 않아도, 인발시에 동의하여 즐거움을 느끼면, 승단추방죄를 범하는 것이다.

15) 수행승의 적대자들이, 죽었지만 대체로 파괴되지 않은 인간의 여성을 수행승의 앞으로 데리고 와서 그녀의 구강에 그의 성기를 들어가게 할 경우, 그러한 적용시에 동의하지 않아 즐거움을 느끼지 않고, 삽입시에 동의하지 않아 즐거움을 느끼지 않고, 유지시에 동의하지 않아 즐거움을 느끼지 않고, 인발시에도 동의하지 않아 즐거움을 느끼지 않으면, 무죄이다.

9-3₉.

1) 수행승의 적대자들이, 죽어서 거의 파괴된 인간의 여성을 수행승의 앞으로 데리고 와서 그녀의 항문에 그의 성기를 들어가게 할 경우,[*30] 그러한 적용시에 동의하여 즐거움을 느끼고, 삽입시에 동의하여 즐거움을 느끼고, 유지시에 동의하여 즐거움을 느끼고, 인발시에 동의하여 즐거움을 느끼면, 추악죄를 범하는 것이다.

2) 수행승의 적대자들이, 죽어서 거의 파괴된 인간의 여성을 수행승의 앞으로 데리고 와서 그녀의 항문에 그의 성기를 들어가게 할 경우, 그러한 적용시에

동의하지 않아 즐거움을 느끼지 않아도, 삽입시에 동의하여 즐거움을 느끼고, 유지시에 동의하여 즐거움을 느끼고, 인발시에 동의하여 즐거움을 느끼면, 추악죄를 범하는 것이다.

3) 수행승의 적대자들이, 죽어서 거의 파괴된 인간의 여성을 수행승의 앞으로 데리고 와서 그녀의 항문에 그의 성기를 들어가게 할 경우, 그러한 적용시에 동의하지 않아 즐거움을 느끼지 않고, 삽입시에 동의하지 않아 즐거움을 느끼지 않아도, 유지시에 동의하여 즐거움을 느끼고, 인발시에 동의하여 즐거움을 느끼면, 추악죄를 범하는 것이다

4) 수행승의 적대자들이, 죽어서 거의 파괴된 인간의 여성을 수행승의 앞으로 데리고 와서 그녀의 항문에 그의 성기를 들어가게 할 경우, 그러한 적용시에 동의하지 않아 즐거움을 느끼지 않고, 삽입시에 동의하지 않아 즐거움을 느끼지 않고, 유지시에 동의하지 않아 즐거움을 느끼지 않아도, 인발시에 동의하여 즐거움을 느끼면, 추악죄를 범하는 것이다.

5) 수행승의 적대자들이, 죽어서 거의 파괴된 인간의 여성을 수행승의 앞으로 데리고 와서 그녀의 항문에 그의 성기를 들어가게 할 경우, 그러한 적용시에 동의하지 않아 즐거움을 느끼지 않고, 삽입시에 동의하지 않아 즐거움을 느끼지 않고, 유지시에 동의하지 않아 즐거움을 느끼지 않고, 인발시에도 동의하지 않아 즐거움을 느끼지 않으면, 무죄이다.

6) 수행승의 적대자들이, 죽어서 거의 파괴된 인간의 여성을 수행승의 앞으로 데리고 와서 그녀의 성기에 그의 성기를 들어가게 할 경우, 그러한 적용시에 동의하여 즐거움을 느끼고, 삽입시에 동의하여 즐거움을 느끼고, 유지시에 동의하여 즐거움을 느끼고, 인발시에 동의하여 즐거움을 느끼면, 추악죄를 범하는 것이다.

7) 수행승의 적대자들이, 죽어서 거의 파괴된 인간의 여성을 수행승의 앞으로 데리고 와서 그녀의 성기에 그의 성기를 들어가게 할 경우, 그러한 적용시에 동의하지 않아 즐거움을 느끼지 않아도, 삽입시에 동의하여 즐거움을 느끼고, 유지시에 동의하여 즐거움을 느끼고, 인발시에 동의하여 즐거움을 느끼면, 추악죄를 범하는 것이다.

8) 수행승의 적대자들이, 죽어서 거의 파괴된 인간의 여성을 수행승의 앞으로 데리고 와서 그녀의 성기에 그의 성기를 들어가게 할 경우, 그러한 적용시에 동의하지 않아 즐거움을 느끼지 않고, 삽입시에 동의하지 않아 즐거움을 느끼

지 않아도, 유지시에 동의하여 즐거움을 느끼고, 인발시에 동의하여 즐거움을 느끼면, 추악죄를 범하는 것이다.

9) 수행승의 적대자들이, 죽어서 거의 파괴된 인간의 여성을 수행승의 앞으로 데리고 와서 그녀의 성기에 그의 성기를 들어가게 할 경우, 그러한 적용시에 동의하지 않아 즐거움을 느끼지 않고, 삽입시에 동의하지 않아 즐거움을 느끼지 않고, 유지시에 동의하지 않아 즐거움을 느끼지 않아도, 인발시에 동의하여 즐거움을 느끼면, 추악죄를 범하는 것이다.

10) 수행승의 적대자들이, 죽어서 거의 파괴된 인간의 여성을 수행승의 앞으로 데리고 와서 그녀의 성기에 그의 성기를 들어가게 할 경우, 그러한 적용시에 동의하지 않아 즐거움을 느끼지 않고, 삽입시에 동의하지 않아 즐거움을 느끼지 않고, 유지시에 동의하지 않아 즐거움을 느끼지 않고, 인발시에도 동의하지 않아 즐거움을 느끼지 않으면, 무죄이다.

11) 수행승의 적대자들이, 죽어서 거의 파괴된 인간의 여성을 수행승의 앞으로 데리고 와서 그녀의 구강에 그의 성기를 들어가게 할 경우, 그러한 적용시에 동의하여 즐거움을 느끼고, 삽입시에 동의하여 즐거움을 느끼고, 유지시에 동의하여 즐거움을 느끼고, 인발시에 동의하여 즐거움을 느끼면, 추악죄를 범하는 것이다.

12) 수행승의 적대자들이, 죽어서 거의 파괴된 인간의 여성을 수행승의 앞으로 데리고 와서 그녀의 구강에 그의 성기를 들어가게 할 경우, 그러한 적용시에 동의하지 않아 즐거움을 느끼지 않아도, 삽입시에 동의하여 즐거움을 느끼고, 유지시에 동의하여 즐거움을 느끼고, 인발시에 동의하여 즐거움을 느끼면, 추악죄를 범하는 것이다.

13) 수행승의 적대자들이, 죽어서 거의 파괴된 인간의 여성을 수행승의 앞으로 데리고 와서 그녀의 구강에 그의 성기를 들어가게 할 경우, 그러한 적용시에 동의하지 않아 즐거움을 느끼지 않고, 삽입시에 동의하지 않아 즐거움을 느끼지 않아도, 유지시에 동의하여 즐거움을 느끼고, 인발시에 동의하여 즐거움을 느끼면, 추악죄를 범하는 것이다.

14) 수행승의 적대자들이, 죽어서 거의 파괴된 인간의 여성을 수행승의 앞으로 데리고 와서 그녀의 구강에 그의 성기를 들어가게 할 경우, 그러한 적용시에 동의하지 않아 즐거움을 느끼지 않고, 삽입시에 동의하지 않아 즐거움을 느끼지 않고, 유지시에 동의하지 않아 즐거움을 느끼지 않아도, 인발시에 동의하여

즐거움을 느끼면, 추악죄를 범하는 것이다.

15) 수행승의 적대자들이, 죽어서 거의 파괴된 인간의 여성을 수행승의 앞으로 데리고 와서 그녀의 구강에 그의 성기를 들어가게 할 경우, 그러한 적용시에 동의하지 않아 즐거움을 느끼지 않고, 삽입시에 동의하지 않아 즐거움을 느끼지 않고, 유지시에 동의하지 않아 즐거움을 느끼지 않고, 인발시에도 동의하지 않아 즐거움을 느끼지 않으면, 무죄이다.

9-4[1].

1) 수행승의 적대자들이 비인간의 여성을 수행승의 앞으로 데리고 와서 그녀의 항문에 그의 성기를 들어가게 할 경우, 그러한 적용시에 동의하여 즐거움을 느끼고, 삽입시에 동의하여 즐거움을 느끼고, 유지시에 동의하여 즐거움을 느끼고, 인발시에 동의하여 즐거움을 느끼면, 승단추방죄를 범하는 것이다.

2) 수행승의 적대자들이 비인간의 여성을 수행승의 앞으로 데리고 와서 그녀의 항문에 그의 성기를 들어가게 할 경우, 그러한 적용시에 동의하지 않아 즐거움을 느끼지 않아도, 삽입시에 동의하여 즐거움을 느끼고, 유지시에 동의하여 즐거움을 느끼고, 인발시에 동의하여 즐거움을 느끼면, 승단추방죄를 범하는 것이다.

3) 수행승의 적대자들이 비인간의 여성을 수행승의 앞으로 데리고 와서 그녀의 항문에 그의 성기를 들어가게 할 경우, 그러한 적용시에 동의하지 않아 즐거움을 느끼지 않고, 삽입시에 동의하지 않아 즐거움을 느끼지 않아도, 유지시에 동의하여 즐거움을 느끼고, 인발시에 동의하여 즐거움을 느끼면, 승단추방죄를 범하는 것이다

4) 수행승의 적대자들이 비인간의 여성을 수행승의 앞으로 데리고 와서 그녀의 항문에 그의 성기를 들어가게 할 경우, 그러한 적용시에 동의하지 않아 즐거움을 느끼지 않고, 삽입시에 동의하지 않아 즐거움을 느끼지 않고, 유지시에 동의하지 않아 즐거움을 느끼지 않아도, 인발시에 동의하여 즐거움을 느끼면, 승단추방죄를 범하는 것이다.

5) 수행승의 적대자들이 비인간의 여성을 수행승의 앞으로 데리고 와서 그녀의 항문에 그의 성기를 들어가게 할 경우, 그러한 적용시에 동의하지 않아 즐거움을 느끼지 않고, 삽입시에 동의하지 않아 즐거움을 느끼지 않고, 유지시에 동의하지 않아 즐거움을 느끼지 않고, 인발시에도 동의하지 않아 즐거움을 느끼지 않으면, 무죄이다.

6) 수행승의 적대자들이 비인간의 여성을 수행승의 앞으로 데리고 와서 그녀의 성기에 그의 성기를 들어가게 할 경우, 그러한 적용시에 동의하여 즐거움을 느끼고, 삽입시에 동의하여 즐거움을 느끼고, 유지시에 동의하여 즐거움을 느끼고, 인발시에 동의하여 즐거움을 느끼면, 승단추방죄를 범하는 것이다.

7) 수행승의 적대자들이 비인간의 여성을 수행승의 앞으로 데리고 와서 그녀의 성기에 그의 성기를 들어가게 할 경우, 그러한 적용시에 동의하지 않아 즐거움을 느끼지 않아도, 삽입시에 동의하여 즐거움을 느끼고, 유지시에 동의하여 즐거움을 느끼고, 인발시에 동의하여 즐거움을 느끼면, 승단추방죄를 범하는 것이다.

8) 수행승의 적대자들이 비인간의 여성을 수행승의 앞으로 데리고 와서 그녀의 성기에 그의 성기를 들어가게 할 경우, 그러한 적용시에 동의하지 않아 즐거움을 느끼지 않고, 삽입시에 동의하지 않아 즐거움을 느끼지 않아도, 유지시에 동의하여 즐거움을 느끼고, 인발시에 동의하여 즐거움을 느끼면, 승단추방죄를 범하는 것이다.

9) 수행승의 적대자들이 비인간의 여성을 수행승의 앞으로 데리고 와서 그녀의 성기에 그의 성기를 들어가게 할 경우, 그러한 적용시에 동의하지 않아 즐거움을 느끼지 않고, 삽입시에 동의하지 않아 즐거움을 느끼지 않고, 유지시에 동의하지 않아 즐거움을 느끼지 않아도, 인발시에 동의하여 즐거움을 느끼면, 승단추방죄를 범하는 것이다.

10) 수행승의 적대자들이 비인간의 여성을 수행승의 앞으로 데리고 와서 그녀의 성기에 그의 성기를 들어가게 할 경우, 그러한 적용시에 동의하지 않아 즐거움을 느끼지 않고, 삽입시에 동의하지 않아 즐거움을 느끼지 않고, 유지시에 동의하지 않아 즐거움을 느끼지 않고, 인발시에도 동의하지 않아 즐거움을 느끼지 않으면, 무죄이다.

11) 수행승의 적대자들이 비인간의 여성을 수행승의 앞으로 데리고 와서 그녀의 구강에 그의 성기를 들어가게 할 경우, 그러한 적용시에 동의하여 즐거움을 느끼고, 삽입시에 동의하여 즐거움을 느끼고, 유지시에 동의하여 즐거움을 느끼고, 인발시에 동의하여 즐거움을 느끼면, 승단추방죄를 범하는 것이다.

12) 수행승의 적대자들이 비인간의 여성을 수행승의 앞으로 데리고 와서 그녀의 구강에 그의 성기를 들어가게 할 경우, 그러한 적용시에 동의하지 않아 즐거움을 느끼지 않아도, 삽입시에 동의하여 즐거움을 느끼고, 유지시에 동의하여

즐거움을 느끼고, 인발시에 동의하여 즐거움을 느끼면, 승단추방죄를 범하는 것이다.

13) 수행승의 적대자들이 비인간의 여성을 수행승의 앞으로 데리고 와서 그녀의 구강에 그의 성기를 들어가게 할 경우, 그러한 적용시에 동의하지 않아 즐거움을 느끼지 않고, 삽입시에 동의하지 않아 즐거움을 느끼지 않아도, 유지시에 동의하여 즐거움을 느끼고, 인발시에 동의하여 즐거움을 느끼면, 승단추방죄를 범하는 것이다.

14) 수행승의 적대자들이 비인간의 여성을 수행승의 앞으로 데리고 와서 그녀의 구강에 그의 성기를 들어가게 할 경우, 그러한 적용시에 동의하지 않아 즐거움을 느끼지 않고, 삽입시에 동의하지 않아 즐거움을 느끼지 않고, 유지시에 동의하지 않아 즐거움을 느끼지 않아도, 인발시에 동의하여 즐거움을 느끼면, 승단추방죄를 범하는 것이다.

15) 수행승의 적대자들이 비인간의 여성을 수행승의 앞으로 데리고 와서 그녀의 구강에 그의 성기를 들어가게 할 경우, 그러한 적용시에 동의하지 않아 즐거움을 느끼지 않고, 삽입시에 동의하지 않아 즐거움을 느끼지 않고, 유지시에 동의하지 않아 즐거움을 느끼지 않고, 인발시에도 동의하지 않아 즐거움을 느끼지 않으면, 무죄이다.

9-4₂.

1) 수행승의 적대자들이 깨어있는 비인간의 여성을 수행승의 앞으로 데리고 와서 그녀의 항문에 그의 성기를 들어가게 할 경우, 그러한 적용시에 동의하여 즐거움을 느끼고, 삽입시에 동의하여 즐거움을 느끼고, 유지시에 동의하여 즐거움을 느끼고, 인발시에 동의하여 즐거움을 느끼면, 승단추방죄를 범하는 것이다.

2) 수행승의 적대자들이 깨어있는 비인간의 여성을 수행승의 앞으로 데리고 와서 그녀의 항문에 그의 성기를 들어가게 할 경우, 그러한 적용시에 동의하지 않아 즐거움을 느끼지 않아도, 삽입시에 동의하여 즐거움을 느끼고, 유지시에 동의하여 즐거움을 느끼고, 인발시에 동의하여 즐거움을 느끼면, 승단추방죄를 범하는 것이다.

3) 수행승의 적대자들이 깨어있는 비인간의 여성을 수행승의 앞으로 데리고 와서 그녀의 항문에 그의 성기를 들어가게 할 경우, 그러한 적용시에 동의하지 않아 즐거움을 느끼지 않고, 삽입시에 동의하지 않아 즐거움을 느끼지 않아도, 유지시에 동의하여 즐거움을 느끼고, 인발시에 동의하여 즐거움을 느끼면, 승단추

방죄를 범하는 것이다
4) 수행승의 적대자들이 깨어있는 비인간의 여성을 수행승의 앞으로 데리고 와서 그녀의 항문에 그의 성기를 들어가게 할 경우, 그러한 적용시에 동의하지 않아 즐거움을 느끼지 않고, 삽입시에 동의하지 않아 즐거움을 느끼지 않고, 유지시에 동의하지 않아 즐거움을 느끼지 않아도, 인발시에 동의하여 즐거움을 느끼면, 승단추방죄를 범하는 것이다.
5) 수행승의 적대자들이 깨어있는 비인간의 여성을 수행승의 앞으로 데리고 와서 그녀의 항문에 그의 성기를 들어가게 할 경우, 그러한 적용시에 동의하지 않아 즐거움을 느끼지 않고, 삽입시에 동의하지 않아 즐거움을 느끼지 않고, 유지시에 동의하지 않아 즐거움을 느끼지 않고, 인발시에도 동의하지 않아 즐거움을 느끼지 않으면, 무죄이다.
6) 수행승의 적대자들이 깨어있는 비인간의 여성을 수행승의 앞으로 데리고 와서 그녀의 성기에 그의 성기를 들어가게 할 경우, 그러한 적용시에 동의하여 즐거움을 느끼고, 삽입시에 동의하여 즐거움을 느끼고, 유지시에 동의하여 즐거움을 느끼고, 인발시에 동의하여 즐거움을 느끼면, 승단추방죄를 범하는 것이다.
7) 수행승의 적대자들이 깨어있는 비인간의 여성을 수행승의 앞으로 데리고 와서 그녀의 성기에 그의 성기를 들어가게 할 경우, 그러한 적용시에 동의하지 않아 즐거움을 느끼지 않아도, 삽입시에 동의하여 즐거움을 느끼고, 유지시에 동의하여 즐거움을 느끼고, 인발시에 동의하여 즐거움을 느끼면, 승단추방죄를 범하는 것이다.
8) 수행승의 적대자들이 깨어있는 비인간의 여성을 수행승의 앞으로 데리고 와서 그녀의 성기에 그의 성기를 들어가게 할 경우, 그러한 적용시에 동의하지 않아 즐거움을 느끼지 않고, 삽입시에 동의하지 않아 즐거움을 느끼지 않아도, 유지시에 동의하여 즐거움을 느끼고, 인발시에 동의하여 즐거움을 느끼면, 승단추방죄를 범하는 것이다.
9) 수행승의 적대자들이 깨어있는 비인간의 여성을 수행승의 앞으로 데리고 와서 그녀의 성기에 그의 성기를 들어가게 할 경우, 그러한 적용시에 동의하지 않아 즐거움을 느끼지 않고, 삽입시에 동의하지 않아 즐거움을 느끼지 않고, 유지시에 동의하지 않아 즐거움을 느끼지 않아도, 인발시에 동의하여 즐거움을 느끼면, 승단추방죄를 범하는 것이다.
10) 수행승의 적대자들이 깨어있는 비인간의 여성을 수행승의 앞으로 데리고

와서 그녀의 성기에 그의 성기를 들어가게 할 경우, 그러한 적용시에 동의하지 않아 즐거움을 느끼지 않고, 삽입시에 동의하지 않아 즐거움을 느끼지 않고, 유지시에 동의하지 않아 즐거움을 느끼지 않고, 인발시에도 동의하지 않아 즐거움을 느끼지 않으면, 무죄이다.

11) 수행승의 적대자들이 깨어있는 비인간의 여성을 수행승의 앞으로 데리고 와서 그녀의 구강에 그의 성기를 들어가게 할 경우, 그러한 적용시에 동의하여 즐거움을 느끼고, 삽입시에 동의하여 즐거움을 느끼고, 유지시에 동의하여 즐거움을 느끼고, 인발시에 동의하여 즐거움을 느끼면, 승단추방죄를 범하는 것이다.

12) 수행승의 적대자들이 깨어있는 비인간의 여성을 수행승의 앞으로 데리고 와서 그녀의 구강에 그의 성기를 들어가게 할 경우, 그러한 적용시에 동의하지 않아 즐거움을 느끼지 않아도, 삽입시에 동의하여 즐거움을 느끼고, 유지시에 동의하여 즐거움을 느끼고, 인발시에 동의하여 즐거움을 느끼면, 승단추방죄를 범하는 것이다.

13) 수행승의 적대자들이 깨어있는 비인간의 여성을 수행승의 앞으로 데리고 와서 그녀의 구강에 그의 성기를 들어가게 할 경우, 그러한 적용시에 동의하지 않아 즐거움을 느끼지 않고, 삽입시에 동의하지 않아 즐거움을 느끼지 않아도, 유지시에 동의하여 즐거움을 느끼고, 인발시에 동의하여 즐거움을 느끼면, 승단추방죄를 범하는 것이다.

14) 수행승의 적대자들이 깨어있는 비인간의 여성을 수행승의 앞으로 데리고 와서 그녀의 구강에 그의 성기를 들어가게 할 경우, 그러한 적용시에 동의하지 않아 즐거움을 느끼지 않고, 삽입시에 동의하지 않아 즐거움을 느끼지 않고, 유지시에 동의하지 않아 즐거움을 느끼지 않아도, 인발시에 동의하여 즐거움을 느끼면, 승단추방죄를 범하는 것이다.

15) 수행승의 적대자들이 깨어있는 비인간의 여성을 수행승의 앞으로 데리고 와서 그녀의 구강에 그의 성기를 들어가게 할 경우, 그러한 적용시에 동의하지 않아 즐거움을 느끼지 않고, 삽입시에 동의하지 않아 즐거움을 느끼지 않고, 유지시에 동의하지 않아 즐거움을 느끼지 않고, 인발시에도 동의하지 않아 즐거움을 느끼지 않으면, 무죄이다.”

9-4₃.

1) 수행승의 적대자들이 잠든 비인간의 여성을 수행승의 앞으로 데리고 와서

그녀의 항문에 그의 성기를 들어가게 할 경우, 그러한 적용시에 동의하여 즐거움을 느끼고, 삽입시에 동의하여 즐거움을 느끼고, 유지시에 동의하여 즐거움을 느끼고, 인발시에 동의하여 즐거움을 느끼면, 승단추방죄를 범하는 것이다.

2) 수행승의 적대자들이 잠든 비인간의 여성을 수행승의 앞으로 데리고 와서 그녀의 항문에 그의 성기를 들어가게 할 경우, 그러한 적용시에 동의하지 않아 즐거움을 느끼지 않아도, 삽입시에 동의하여 즐거움을 느끼고, 유지시에 동의하여 즐거움을 느끼고, 인발시에 동의하여 즐거움을 느끼면, 승단추방죄를 범하는 것이다.

3) 수행승의 적대자들이 잠든 비인간의 여성을 수행승의 앞으로 데리고 와서 그녀의 항문에 그의 성기를 들어가게 할 경우, 그러한 적용시에 동의하지 않아 즐거움을 느끼지 않고, 삽입시에 동의하지 않아 즐거움을 느끼지 않아도, 유지시에 동의하여 즐거움을 느끼고, 인발시에 동의하여 즐거움을 느끼면, 승단추방죄를 범하는 것이다

4) 수행승의 적대자들이 잠든 비인간의 여성을 수행승의 앞으로 데리고 와서 그녀의 항문에 그의 성기를 들어가게 할 경우, 그러한 적용시에 동의하지 않아 즐거움을 느끼지 않고, 삽입시에 동의하지 않아 즐거움을 느끼지 않고, 유지시에 동의하지 않아 즐거움을 느끼지 않아도, 인발시에 동의하여 즐거움을 느끼면, 승단추방죄를 범하는 것이다.

5) 수행승의 적대자들이 잠든 비인간의 여성을 수행승의 앞으로 데리고 와서 그녀의 항문에 그의 성기를 들어가게 할 경우, 그러한 적용시에 동의하지 않아 즐거움을 느끼지 않고, 삽입시에 동의하지 않아 즐거움을 느끼지 않고, 유지시에 동의하지 않아 즐거움을 느끼지 않고, 인발시에도 동의하지 않아 즐거움을 느끼지 않으면, 무죄이다.

6) 수행승의 적대자들이 잠든 비인간의 여성을 수행승의 앞으로 데리고 와서 그녀의 성기에 그의 성기를 들어가게 할 경우, 그러한 적용시에 동의하여 즐거움을 느끼고, 삽입시에 동의하여 즐거움을 느끼고, 유지시에 동의하여 즐거움을 느끼고, 인발시에 동의하여 즐거움을 느끼면, 승단추방죄를 범하는 것이다.

7) 수행승의 적대자들이 잠든 비인간의 여성을 수행승의 앞으로 데리고 와서 그녀의 성기에 그의 성기를 들어가게 할 경우, 그러한 적용시에 동의하지 않아 즐거움을 느끼지 않아도, 삽입시에 동의하여 즐거움을 느끼고, 유지시에 동의하여 즐거움을 느끼고, 인발시에 동의하여 즐거움을 느끼면, 승단추방죄를

범하는 것이다.

8) 수행승의 적대자들이 잠든 비인간의 여성을 수행승의 앞으로 데리고 와서 그녀의 성기에 그의 성기를 들어가게 할 경우, 그러한 적용시에 동의하지 않아 즐거움을 느끼지 않고, 삽입시에 동의하지 않아 즐거움을 느끼지 않아도, 유지시에 동의하여 즐거움을 느끼고, 인발시에 동의하여 즐거움을 느끼면, 승단추방죄를 범하는 것이다.

9) 수행승의 적대자들이 잠든 비인간의 여성을 수행승의 앞으로 데리고 와서 그녀의 성기에 그의 성기를 들어가게 할 경우, 그러한 적용시에 동의하지 않아 즐거움을 느끼지 않고, 삽입시에 동의하지 않아 즐거움을 느끼지 않고, 유지시에 동의하지 않아 즐거움을 느끼지 않아도, 인발시에 동의하여 즐거움을 느끼면, 승단추방죄를 범하는 것이다.

10) 수행승의 적대자들이 잠든 비인간의 여성을 수행승의 앞으로 데리고 와서 그녀의 성기에 그의 성기를 들어가게 할 경우, 그러한 적용시에 동의하지 않아 즐거움을 느끼지 않고, 삽입시에 동의하지 않아 즐거움을 느끼지 않고, 유지시에 동의하지 않아 즐거움을 느끼지 않고, 인발시에도 동의하지 않아 즐거움을 느끼지 않으면, 무죄이다.

11) 수행승의 적대자들이 잠든 비인간의 여성을 수행승의 앞으로 데리고 와서 그녀의 구강에 그의 성기를 들어가게 할 경우, 그러한 적용시에 동의하여 즐거움을 느끼고, 삽입시에 동의하여 즐거움을 느끼고, 유지시에 동의하여 즐거움을 느끼고, 인발시에 동의하여 즐거움을 느끼면, 승단추방죄를 범하는 것이다.

12) 수행승의 적대자들이 잠든 비인간의 여성을 수행승의 앞으로 데리고 와서 그녀의 구강에 그의 성기를 들어가게 할 경우, 그러한 적용시에 동의하지 않아 즐거움을 느끼지 않아도, 삽입시에 동의하여 즐거움을 느끼고, 유지시에 동의하여 즐거움을 느끼고, 인발시에 동의하여 즐거움을 느끼면, 승단추방죄를 범하는 것이다.

13) 수행승의 적대자들이 잠든 비인간의 여성을 수행승의 앞으로 데리고 와서 그녀의 구강에 그의 성기를 들어가게 할 경우, 그러한 적용시에 동의하지 않아 즐거움을 느끼지 않고, 삽입시에 동의하지 않아 즐거움을 느끼지 않아도, 유지시에 동의하여 즐거움을 느끼고, 인발시에 동의하여 즐거움을 느끼면, 승단추방죄를 범하는 것이다.

14) 수행승의 적대자들이 잠든 비인간의 여성을 수행승의 앞으로 데리고 와서

그녀의 구강에 그의 성기를 들어가게 할 경우, 그러한 적용시에 동의하지 않아 즐거움을 느끼지 않고, 삽입시에 동의하지 않아 즐거움을 느끼지 않고, 유지시에 동의하지 않아 즐거움을 느끼지 않아도, 인발시에 동의하여 즐거움을 느끼면, 승단추방죄를 범하는 것이다.

15) 수행승의 적대자들이 잠든 비인간의 여성을 수행승의 앞으로 데리고 와서 그녀의 구강에 그의 성기를 들어가게 할 경우, 그러한 적용시에 동의하지 않아 즐거움을 느끼지 않고, 삽입시에 동의하지 않아 즐거움을 느끼지 않고, 유지시에 동의하지 않아 즐거움을 느끼지 않고, 인발시에도 동의하지 않아 즐거움을 느끼지 않으면, 무죄이다.

9-4₄.

1) 수행승의 적대자들이 술취한 비인간의 여성을 수행승의 앞으로 데리고 와서 그녀의 항문에 그의 성기를 들어가게 할 경우, 그러한 적용시에 동의하여 즐거움을 느끼고, 삽입시에 동의하여 즐거움을 느끼고, 유지시에 동의하여 즐거움을 느끼고, 인발시에 동의하여 즐거움을 느끼면, 승단추방죄를 범하는 것이다.

2) 수행승의 적대자들이 술취한 비인간의 여성을 수행승의 앞으로 데리고 와서 그녀의 항문에 그의 성기를 들어가게 할 경우, 그러한 적용시에 동의하지 않아 즐거움을 느끼지 않아도, 삽입시에 동의하여 즐거움을 느끼고, 유지시에 동의하여 즐거움을 느끼고, 인발시에 동의하여 즐거움을 느끼면, 승단추방죄를 범하는 것이다.

3) 수행승의 적대자들이 술취한 비인간의 여성을 수행승의 앞으로 데리고 와서 그녀의 항문에 그의 성기를 들어가게 할 경우, 그러한 적용시에 동의하지 않아 즐거움을 느끼지 않고, 삽입시에 동의하지 않아 즐거움을 느끼지 않아도, 유지시에 동의하여 즐거움을 느끼고, 인발시에 동의하여 즐거움을 느끼면, 승단추방죄를 범하는 것이다

4) 수행승의 적대자들이 술취한 비인간의 여성을 수행승의 앞으로 데리고 와서 그녀의 항문에 그의 성기를 들어가게 할 경우, 그러한 적용시에 동의하지 않아 즐거움을 느끼지 않고, 삽입시에 동의하지 않아 즐거움을 느끼지 않고, 유지시에 동의하지 않아 즐거움을 느끼지 않아도, 인발시에 동의하여 즐거움을 느끼면, 승단추방죄를 범하는 것이다.

5) 수행승의 적대자들이 술취한 비인간의 여성을 수행승의 앞으로 데리고 와서 그녀의 항문에 그의 성기를 들어가게 할 경우, 그러한 적용시에 동의하지 않아

즐거움을 느끼지 않고, 삽입시에 동의하지 않아 즐거움을 느끼지 않고, 유지시에 동의하지 않아 즐거움을 느끼지 않고, 인발시에도 동의하지 않아 즐거움을 느끼지 않으면, 무죄이다.

6) 수행승의 적대자들이 술취한 비인간의 여성을 수행승의 앞으로 데리고 와서 그녀의 성기에 그의 성기를 들어가게 할 경우, 그러한 적용시에 동의하여 즐거움을 느끼고, 삽입시에 동의하여 즐거움을 느끼고, 유지시에 동의하여 즐거움을 느끼고, 인발시에 동의하여 즐거움을 느끼면, 승단추방죄를 범하는 것이다.

7) 수행승의 적대자들이 술취한 비인간의 여성을 수행승의 앞으로 데리고 와서 그녀의 성기에 그의 성기를 들어가게 할 경우, 그러한 적용시에 동의하지 않아 즐거움을 느끼지 않아도, 삽입시에 동의하여 즐거움을 느끼고, 유지시에 동의하여 즐거움을 느끼고, 인발시에 동의하여 즐거움을 느끼면, 승단추방죄를 범하는 것이다.

8) 수행승의 적대자들이 술취한 비인간의 여성을 수행승의 앞으로 데리고 와서 그녀의 성기에 그의 성기를 들어가게 할 경우, 그러한 적용시에 동의하지 않아 즐거움을 느끼지 않고, 삽입시에 동의하지 않아 즐거움을 느끼지 않아도, 유지시에 동의하여 즐거움을 느끼고, 인발시에 동의하여 즐거움을 느끼면, 승단추방죄를 범하는 것이다.

9) 수행승의 적대자들이 술취한 비인간의 여성을 수행승의 앞으로 데리고 와서 그녀의 성기에 그의 성기를 들어가게 할 경우, 그러한 적용시에 동의하지 않아 즐거움을 느끼지 않고, 삽입시에 동의하지 않아 즐거움을 느끼지 않고, 유지시에 동의하지 않아 즐거움을 느끼지 않아도, 인발시에 동의하여 즐거움을 느끼면, 승단추방죄를 범하는 것이다.

10) 수행승의 적대자들이 술취한 비인간의 여성을 수행승의 앞으로 데리고 와서 그녀의 성기에 그의 성기를 들어가게 할 경우, 그러한 적용시에 동의하지 않아 즐거움을 느끼지 않고, 삽입시에 동의하지 않아 즐거움을 느끼지 않고, 유지시에 동의하지 않아 즐거움을 느끼지 않고, 인발시에도 동의하지 않아 즐거움을 느끼지 않으면, 무죄이다.

11) 수행승의 적대자들이 술취한 비인간의 여성을 수행승의 앞으로 데리고 와서 그녀의 구강에 그의 성기를 들어가게 할 경우, 그러한 적용시에 동의하여 즐거움을 느끼고, 삽입시에 동의하여 즐거움을 느끼고, 유지시에 동의하여 즐거움을 느끼고, 인발시에 동의하여 즐거움을 느끼면, 승단추방죄를 범하는 것이다.

12) 수행승의 적대자들이 술취한 비인간의 여성을 수행승의 앞으로 데리고 와서 그녀의 구강에 그의 성기를 들어가게 할 경우, 그러한 적용시에 동의하지 않아 즐거움을 느끼지 않아도, 삽입시에 동의하여 즐거움을 느끼고, 유지시에 동의하여 즐거움을 느끼고, 인발시에 동의하여 즐거움을 느끼면, 승단추방죄를 범하는 것이다.

13) 수행승의 적대자들이 술취한 비인간의 여성을 수행승의 앞으로 데리고 와서 그녀의 구강에 그의 성기를 들어가게 할 경우, 그러한 적용시에 동의하지 않아 즐거움을 느끼지 않고, 삽입시에 동의하지 않아 즐거움을 느끼지 않아도, 유지시에 동의하여 즐거움을 느끼고, 인발시에 동의하여 즐거움을 느끼면, 승단추방죄를 범하는 것이다.

14) 수행승의 적대자들이 술취한 비인간의 여성을 수행승의 앞으로 데리고 와서 그녀의 구강에 그의 성기를 들어가게 할 경우, 그러한 적용시에 동의하지 않아 즐거움을 느끼지 않고, 삽입시에 동의하지 않아 즐거움을 느끼지 않고, 유지시에 동의하지 않아 즐거움을 느끼지 않아도, 인발시에 동의하여 즐거움을 느끼면, 승단추방죄를 범하는 것이다.

15) 수행승의 적대자들이 술취한 비인간의 여성을 수행승의 앞으로 데리고 와서 그녀의 구강에 그의 성기를 들어가게 할 경우, 그러한 적용시에 동의하지 않아 즐거움을 느끼지 않고, 삽입시에 동의하지 않아 즐거움을 느끼지 않고, 유지시에 동의하지 않아 즐거움을 느끼지 않고, 인발시에도 동의하지 않아 즐거움을 느끼지 않으면, 무죄이다.

9-4$_5$.

1) 수행승의 적대자들이 정신착란된 비인간의 여성을 수행승의 앞으로 데리고 와서 그녀의 항문에 그의 성기를 들어가게 할 경우, 그러한 적용시에 동의하여 즐거움을 느끼고, 삽입시에 동의하여 즐거움을 느끼고, 유지시에 동의하여 즐거움을 느끼고, 인발시에 동의하여 즐거움을 느끼면, 승단추방죄를 범하는 것이다.

2) 수행승의 적대자들이 정신착란된 비인간의 여성을 수행승의 앞으로 데리고 와서 그녀의 항문에 그의 성기를 들어가게 할 경우, 그러한 적용시에 동의하지 않아 즐거움을 느끼지 않아도, 삽입시에 동의하여 즐거움을 느끼고, 유지시에 동의하여 즐거움을 느끼고, 인발시에 동의하여 즐거움을 느끼면, 승단추방죄를 범하는 것이다.

3) 수행승의 적대자들이 정신착란된 비인간의 여성을 수행승의 앞으로 데리고 와서 그녀의 항문에 그의 성기를 들어가게 할 경우, 그러한 적용시에 동의하지 않아 즐거움을 느끼지 않고, 삽입시에 동의하지 않아 즐거움을 느끼지 않아도, 유지시에 동의하여 즐거움을 느끼고, 인발시에 동의하여 즐거움을 느끼면, 승단추방죄를 범하는 것이다

4) 수행승의 적대자들이 정신착란된 비인간의 여성을 수행승의 앞으로 데리고 와서 그녀의 항문에 그의 성기를 들어가게 할 경우, 그러한 적용시에 동의하지 않아 즐거움을 느끼지 않고, 삽입시에 동의하지 않아 즐거움을 느끼지 않고, 유지시에 동의하지 않아 즐거움을 느끼지 않아도, 인발시에 동의하여 즐거움을 느끼면, 승단추방죄를 범하는 것이다.

5) 수행승의 적대자들이 정신착란된 비인간의 여성을 수행승의 앞으로 데리고 와서 그녀의 항문에 그의 성기를 들어가게 할 경우, 그러한 적용시에 동의하지 않아 즐거움을 느끼지 않고, 삽입시에 동의하지 않아 즐거움을 느끼지 않고, 유지시에 동의하지 않아 즐거움을 느끼지 않고, 인발시에도 동의하지 않아 즐거움을 느끼지 않으면, 무죄이다.

6) 수행승의 적대자들이 정신착란된 비인간의 여성을 수행승의 앞으로 데리고 와서 그녀의 성기에 그의 성기를 들어가게 할 경우, 그러한 적용시에 동의하여 즐거움을 느끼고, 삽입시에 동의하여 즐거움을 느끼고, 유지시에 동의하여 즐거움을 느끼고, 인발시에 동의하여 즐거움을 느끼면, 승단추방죄를 범하는 것이다.

7) 수행승의 적대자들이 정신착란된 비인간의 여성을 수행승의 앞으로 데리고 와서 그녀의 성기에 그의 성기를 들어가게 할 경우, 그러한 적용시에 동의하지 않아 즐거움을 느끼지 않아도, 삽입시에 동의하여 즐거움을 느끼고, 유지시에 동의하여 즐거움을 느끼고, 인발시에 동의하여 즐거움을 느끼면, 승단추방죄를 범하는 것이다.

8) 수행승의 적대자들이 정신착란된 비인간의 여성을 수행승의 앞으로 데리고 와서 그녀의 성기에 그의 성기를 들어가게 할 경우, 그러한 적용시에 동의하지 않아 즐거움을 느끼지 않고, 삽입시에 동의하지 않아 즐거움을 느끼지 않아도, 유지시에 동의하여 즐거움을 느끼고, 인발시에 동의하여 즐거움을 느끼면, 승단추방죄를 범하는 것이다.

9) 수행승의 적대자들이 정신착란된 비인간의 여성을 수행승의 앞으로 데리고

와서 그녀의 성기에 그의 성기를 들어가게 할 경우, 그러한 적용시에 동의하지 않아 즐거움을 느끼지 않고, 삽입시에 동의하지 않아 즐거움을 느끼지 않고, 유지시에 동의하지 않아 즐거움을 느끼지 않아도, 인발시에 동의하여 즐거움을 느끼면, 승단추방죄를 범하는 것이다.

10) 수행승의 적대자들이 정신착란된 비인간의 여성을 수행승의 앞으로 데리고 와서 그녀의 성기에 그의 성기를 들어가게 할 경우, 그러한 적용시에 동의하지 않아 즐거움을 느끼지 않고, 삽입시에 동의하지 않아 즐거움을 느끼지 않고, 유지시에 동의하지 않아 즐거움을 느끼지 않고, 인발시에도 동의하지 않아 즐거움을 느끼지 않으면, 무죄이다.

11) 수행승의 적대자들이 정신착란된 비인간의 여성을 수행승의 앞으로 데리고 와서 그녀의 구강에 그의 성기를 들어가게 할 경우, 그러한 적용시에 동의하여 즐거움을 느끼고, 삽입시에 동의하여 즐거움을 느끼고, 유지시에 동의하여 즐거움을 느끼고, 인발시에 동의하여 즐거움을 느끼면, 승단추방죄를 범하는 것이다.

12) 수행승의 적대자들이 정신착란된 비인간의 여성을 수행승의 앞으로 데리고 와서 그녀의 구강에 그의 성기를 들어가게 할 경우, 그러한 적용시에 동의하지 않아 즐거움을 느끼지 않아도, 삽입시에 동의하여 즐거움을 느끼고, 유지시에 동의하여 즐거움을 느끼고, 인발시에 동의하여 즐거움을 느끼면, 승단추방죄를 범하는 것이다.

13) 수행승의 적대자들이 정신착란된 비인간의 여성을 수행승의 앞으로 데리고 와서 그녀의 구강에 그의 성기를 들어가게 할 경우, 그러한 적용시에 동의하지 않아 즐거움을 느끼지 않고, 삽입시에 동의하지 않아 즐거움을 느끼지 않아도, 유지시에 동의하여 즐거움을 느끼고, 인발시에 동의하여 즐거움을 느끼면, 승단추방죄를 범하는 것이다.

14) 수행승의 적대자들이 정신착란된 비인간의 여성을 수행승의 앞으로 데리고 와서 그녀의 구강에 그의 성기를 들어가게 할 경우, 그러한 적용시에 동의하지 않아 즐거움을 느끼지 않고, 삽입시에 동의하지 않아 즐거움을 느끼지 않고, 유지시에 동의하지 않아 즐거움을 느끼지 않아도, 인발시에 동의하여 즐거움을 느끼면, 승단추방죄를 범하는 것이다.

15) 수행승의 적대자들이 정신착란된 비인간의 여성을 수행승의 앞으로 데리고 와서 그녀의 구강에 그의 성기를 들어가게 할 경우, 그러한 적용시에 동의하지

않아 즐거움을 느끼지 않고, 삽입시에 동의하지 않아 즐거움을 느끼지 않고, 유지시에 동의하지 않아 즐거움을 느끼지 않고, 인발시에도 동의하지 않아 즐거움을 느끼지 않으면, 무죄이다."

9-4₆.

1) 수행승의 적대자들이 방일한 비인간의 여성을 수행승의 앞으로 데리고 와서 그녀의 항문에 그의 성기를 들어가게 할 경우, 그러한 적용시에 동의하여 즐거움을 느끼고, 삽입시에 동의하여 즐거움을 느끼고, 유지시에 동의하여 즐거움을 느끼고, 인발시에 동의하여 즐거움을 느끼면, 승단추방죄를 범하는 것이다.
2) 수행승의 적대자들이 방일한 비인간의 여성을 수행승의 앞으로 데리고 와서 그녀의 항문에 그의 성기를 들어가게 할 경우, 그러한 적용시에 동의하지 않아 즐거움을 느끼지 않아도, 삽입시에 동의하여 즐거움을 느끼고, 유지시에 동의하여 즐거움을 느끼고, 인발시에 동의하여 즐거움을 느끼면, 승단추방죄를 범하는 것이다.
3) 수행승의 적대자들이 방일한 비인간의 여성을 수행승의 앞으로 데리고 와서 그녀의 항문에 그의 성기를 들어가게 할 경우, 그러한 적용시에 동의하지 않아 즐거움을 느끼지 않고, 삽입시에 동의하지 않아 즐거움을 느끼지 않아도, 유지시에 동의하여 즐거움을 느끼고, 인발시에 동의하여 즐거움을 느끼면, 승단추방죄를 범하는 것이다
4) 수행승의 적대자들이 방일한 비인간의 여성을 수행승의 앞으로 데리고 와서 그녀의 항문에 그의 성기를 들어가게 할 경우, 그러한 적용시에 동의하지 않아 즐거움을 느끼지 않고, 삽입시에 동의하지 않아 즐거움을 느끼지 않고, 유지시에 동의하지 않아 즐거움을 느끼지 않아도, 인발시에 동의하여 즐거움을 느끼면, 승단추방죄를 범하는 것이다.
5) 수행승의 적대자들이 방일한 비인간의 여성을 수행승의 앞으로 데리고 와서 그녀의 항문에 그의 성기를 들어가게 할 경우, 그러한 적용시에 동의하지 않아 즐거움을 느끼지 않고, 삽입시에 동의하지 않아 즐거움을 느끼지 않고, 유지시에 동의하지 않아 즐거움을 느끼지 않고, 인발시에도 동의하지 않아 즐거움을 느끼지 않으면, 무죄이다.
6) 수행승의 적대자들이 방일한 비인간의 여성을 수행승의 앞으로 데리고 와서 그녀의 성기에 그의 성기를 들어가게 할 경우, 그러한 적용시에 동의하여 즐거움을 느끼고, 삽입시에 동의하여 즐거움을 느끼고, 유지시에 동의하여 즐거움

을 느끼고, 인발시에 동의하여 즐거움을 느끼면, 승단추방죄를 범하는 것이다.

7) 수행승의 적대자들이 방일한 비인간의 여성을 수행승의 앞으로 데리고 와서 그녀의 성기에 그의 성기를 들어가게 할 경우, 그러한 적용시에 동의하지 않아 즐거움을 느끼지 않아도, 삽입시에 동의하여 즐거움을 느끼고, 유지시에 동의하여 즐거움을 느끼고, 인발시에 동의하여 즐거움을 느끼면, 승단추방죄를 범하는 것이다.

8) 수행승의 적대자들이 방일한 비인간의 여성을 수행승의 앞으로 데리고 와서 그녀의 성기에 그의 성기를 들어가게 할 경우, 그러한 적용시에 동의하지 않아 즐거움을 느끼지 않고, 삽입시에 동의하지 않아 즐거움을 느끼지 않아도, 유지시에 동의하여 즐거움을 느끼고, 인발시에 동의하여 즐거움을 느끼면, 승단추방죄를 범하는 것이다.

9) 수행승의 적대자들이 방일한 비인간의 여성을 수행승의 앞으로 데리고 와서 그녀의 성기에 그의 성기를 들어가게 할 경우, 그러한 적용시에 동의하지 않아 즐거움을 느끼지 않고, 삽입시에 동의하지 않아 즐거움을 느끼지 않고, 유지시에 동의하지 않아 즐거움을 느끼지 않아도, 인발시에 동의하여 즐거움을 느끼면, 승단추방죄를 범하는 것이다.

10) 수행승의 적대자들이 방일한 비인간의 여성을 수행승의 앞으로 데리고 와서 그녀의 성기에 그의 성기를 들어가게 할 경우, 그러한 적용시에 동의하지 않아 즐거움을 느끼지 않고, 삽입시에 동의하지 않아 즐거움을 느끼지 않고, 유지시에 동의하지 않아 즐거움을 느끼지 않고, 인발시에도 동의하지 않아 즐거움을 느끼지 않으면, 무죄이다.

11) 수행승의 적대자들이 방일한 비인간의 여성을 수행승의 앞으로 데리고 와서 그녀의 구강에 그의 성기를 들어가게 할 경우, 그러한 적용시에 동의하여 즐거움을 느끼고, 삽입시에 동의하여 즐거움을 느끼고, 유지시에 동의하여 즐거움을 느끼고, 인발시에 동의하여 즐거움을 느끼면, 승단추방죄를 범하는 것이다.

12) 수행승의 적대자들이 방일한 비인간의 여성을 수행승의 앞으로 데리고 와서 그녀의 구강에 그의 성기를 들어가게 할 경우, 그러한 적용시에 동의하지 않아 즐거움을 느끼지 않아도, 삽입시에 동의하여 즐거움을 느끼고, 유지시에 동의하여 즐거움을 느끼고, 인발시에 동의하여 즐거움을 느끼면, 승단추방죄를 범하는 것이다.

13) 수행승의 적대자들이 방일한 비인간의 여성을 수행승의 앞으로 데리고 와서

그녀의 구강에 그의 성기를 들어가게 할 경우, 그러한 적용시에 동의하지 않아 즐거움을 느끼지 않고, 삽입시에 동의하지 않아 즐거움을 느끼지 않아도, 유지시에 동의하여 즐거움을 느끼고, 인발시에 동의하여 즐거움을 느끼면, 승단추방죄를 범하는 것이다.

14) 수행승의 적대자들이 방일한 비인간의 여성을 수행승의 앞으로 데리고 와서 그녀의 구강에 그의 성기를 들어가게 할 경우, 그러한 적용시에 동의하지 않아 즐거움을 느끼지 않고, 삽입시에 동의하지 않아 즐거움을 느끼지 않고, 유지시에 동의하지 않아 즐거움을 느끼지 않아도, 인발시에 동의하여 즐거움을 느끼면, 승단추방죄를 범하는 것이다.

15) 수행승의 적대자들이 방일한 비인간의 여성을 수행승의 앞으로 데리고 와서 그녀의 구강에 그의 성기를 들어가게 할 경우, 그러한 적용시에 동의하지 않아 즐거움을 느끼지 않고, 삽입시에 동의하지 않아 즐거움을 느끼지 않고, 유지시에 동의하지 않아 즐거움을 느끼지 않고, 인발시에도 동의하지 않아 즐거움을 느끼지 않으면, 무죄이다."

9-4ㄱ.

1) 수행승의 적대자들이, 죽었지만 아직 파괴되지 않은 비인간의 여성을 수행승의 앞으로 데리고 와서 그녀의 항문에 그의 성기를 들어가게 할 경우, 그러한 적용시에 동의하여 즐거움을 느끼고, 삽입시에 동의하여 즐거움을 느끼고, 유지시에 동의하여 즐거움을 느끼고, 인발시에 동의하여 즐거움을 느끼면, 승단추방죄를 범하는 것이다.

2) 수행승의 적대자들이, 죽었지만 아직 파괴되지 않은 비인간의 여성을 수행승의 앞으로 데리고 와서 그녀의 항문에 그의 성기를 들어가게 할 경우, 그러한 적용시에 동의하지 않아 즐거움을 느끼지 않아도, 삽입시에 동의하여 즐거움을 느끼고, 유지시에 동의하여 즐거움을 느끼고, 인발시에 동의하여 즐거움을 느끼면, 승단추방죄를 범하는 것이다.

3) 수행승의 적대자들이, 죽었지만 아직 파괴되지 않은 비인간의 여성을 수행승의 앞으로 데리고 와서 그녀의 항문에 그의 성기를 들어가게 할 경우, 그러한 적용시에 동의하지 않아 즐거움을 느끼지 않고, 삽입시에 동의하지 않아 즐거움을 느끼지 않아도, 유지시에 동의하여 즐거움을 느끼고, 인발시에 동의하여 즐거움을 느끼면, 승단추방죄를 범하는 것이다

4) 수행승의 적대자들이, 죽었지만 아직 파괴되지 않은 비인간의 여성을 수행승

의 앞으로 데리고 와서 그녀의 항문에 그의 성기를 들어가게 할 경우, 그러한 적용시에 동의하지 않아 즐거움을 느끼지 않고, 삽입시에 동의하지 않아 즐거움을 느끼지 않고, 유지시에 동의하지 않아 즐거움을 느끼지 않아도, 인발시에 동의하여 즐거움을 느끼면, 승단추방죄를 범하는 것이다.

5) 수행승의 적대자들이, 죽었지만 아직 파괴되지 않은 비인간의 여성을 수행승의 앞으로 데리고 와서 그녀의 항문에 그의 성기를 들어가게 할 경우, 그러한 적용시에 동의하지 않아 즐거움을 느끼지 않고, 삽입시에 동의하지 않아 즐거움을 느끼지 않고, 유지시에 동의하지 않아 즐거움을 느끼지 않고, 인발시에도 동의하지 않아 즐거움을 느끼지 않으면, 무죄이다.

6) 수행승의 적대자들이, 죽었지만 아직 파괴되지 않은 비인간의 여성을 수행승의 앞으로 데리고 와서 그녀의 성기에 그의 성기를 들어가게 할 경우, 그러한 적용시에 동의하여 즐거움을 느끼고, 삽입시에 동의하여 즐거움을 느끼고, 유지시에 동의하여 즐거움을 느끼고, 인발시에 동의하여 즐거움을 느끼면, 승단추방죄를 범하는 것이다.

7) 수행승의 적대자들이, 죽었지만 아직 파괴되지 않은 비인간의 여성을 수행승의 앞으로 데리고 와서 그녀의 성기에 그의 성기를 들어가게 할 경우, 그러한 적용시에 동의하지 않아 즐거움을 느끼지 않아도, 삽입시에 동의하여 즐거움을 느끼고, 유지시에 동의하여 즐거움을 느끼고, 인발시에 동의하여 즐거움을 느끼면, 승단추방죄를 범하는 것이다.

8) 수행승의 적대자들이, 죽었지만 아직 파괴되지 않은 비인간의 여성을 수행승의 앞으로 데리고 와서 그녀의 성기에 그의 성기를 들어가게 할 경우, 그러한 적용시에 동의하지 않아 즐거움을 느끼지 않고, 삽입시에 동의하지 않아 즐거움을 느끼지 않아도, 유지시에 동의하여 즐거움을 느끼고, 인발시에 동의하여 즐거움을 느끼면, 승단추방죄를 범하는 것이다.

9) 수행승의 적대자들이, 죽었지만 아직 파괴되지 않은 비인간의 여성을 수행승의 앞으로 데리고 와서 그녀의 성기에 그의 성기를 들어가게 할 경우, 그러한 적용시에 동의하지 않아 즐거움을 느끼지 않고, 삽입시에 동의하지 않아 즐거움을 느끼지 않고, 유지시에 동의하지 않아 즐거움을 느끼지 않아도, 인발시에 동의하여 즐거움을 느끼면, 승단추방죄를 범하는 것이다.

10) 수행승의 적대자들이, 죽었지만 아직 파괴되지 않은 비인간의 여성을 수행승의 앞으로 데리고 와서 그녀의 성기에 그의 성기를 들어가게 할 경우, 그러한

적용시에 동의하지 않아 즐거움을 느끼지 않고, 삽입시에 동의하지 않아 즐거움을 느끼지 않고, 유지시에 동의하지 않아 즐거움을 느끼지 않고, 인발시에도 동의하지 않아 즐거움을 느끼지 않으면, 무죄이다.

11) 수행승의 적대자들이, 죽었지만 아직 파괴되지 않은 비인간의 여성을 수행승의 앞으로 데리고 와서 그녀의 구강에 그의 성기를 들어가게 할 경우, 그러한 적용시에 동의하여 즐거움을 느끼고, 삽입시에 동의하여 즐거움을 느끼고, 유지시에 동의하여 즐거움을 느끼고, 인발시에 동의하여 즐거움을 느끼면, 승단추방죄를 범하는 것이다.

12) 수행승의 적대자들이, 죽었지만 아직 파괴되지 않은 비인간의 여성을 수행승의 앞으로 데리고 와서 그녀의 구강에 그의 성기를 들어가게 할 경우, 그러한 적용시에 동의하지 않아 즐거움을 느끼지 않아도, 삽입시에 동의하여 즐거움을 느끼고, 유지시에 동의하여 즐거움을 느끼고, 인발시에 동의하여 즐거움을 느끼면, 승단추방죄를 범하는 것이다.

13) 수행승의 적대자들이, 죽었지만 아직 파괴되지 않은 비인간의 여성을 수행승의 앞으로 데리고 와서 그녀의 구강에 그의 성기를 들어가게 할 경우, 그러한 적용시에 동의하지 않아 즐거움을 느끼지 않고, 삽입시에 동의하지 않아 즐거움을 느끼지 않아도, 유지시에 동의하여 즐거움을 느끼고, 인발시에 동의하여 즐거움을 느끼면, 승단추방죄를 범하는 것이다.

14) 수행승의 적대자들이, 죽었지만 아직 파괴되지 않은 비인간의 여성을 수행승의 앞으로 데리고 와서 그녀의 구강에 그의 성기를 들어가게 할 경우, 그러한 적용시에 동의하지 않아 즐거움을 느끼지 않고, 삽입시에 동의하지 않아 즐거움을 느끼지 않고, 유지시에 동의하지 않아 즐거움을 느끼지 않아도, 인발시에 동의하여 즐거움을 느끼면, 승단추방죄를 범하는 것이다.

15) 수행승의 적대자들이, 죽었지만 아직 파괴되지 않은 비인간의 여성을 수행승의 앞으로 데리고 와서 그녀의 구강에 그의 성기를 들어가게 할 경우, 그러한 적용시에 동의하지 않아 즐거움을 느끼지 않고, 삽입시에 동의하지 않아 즐거움을 느끼지 않고, 유지시에 동의하지 않아 즐거움을 느끼지 않고, 인발시에도 동의하지 않아 즐거움을 느끼지 않으면, 무죄이다.

9-4₈.

1) 수행승의 적대자들이, 죽었지만 대체로 파괴되지 않은 비인간의 여성을 수행승의 앞으로 데리고 와서 그녀의 항문에 그의 성기를 들어가게 할 경우, 그러한

적용시에 동의하여 즐거움을 느끼고, 삽입시에 동의하여 즐거움을 느끼고, 유지시에 동의하여 즐거움을 느끼고, 인발시에 동의하여 즐거움을 느끼면, 승단추방죄를 범하는 것이다.

2) 수행승의 적대자들이, 죽었지만 대체로 파괴되지 않은 비인간의 여성을 수행승의 앞으로 데리고 와서 그녀의 항문에 그의 성기를 들어가게 할 경우, 그러한 적용시에 동의하지 않아 즐거움을 느끼지 않아도, 삽입시에 동의하여 즐거움을 느끼고, 유지시에 동의하여 즐거움을 느끼고, 인발시에 동의하여 즐거움을 느끼면, 승단추방죄를 범하는 것이다.

3) 수행승의 적대자들이, 죽었지만 대체로 파괴되지 않은 비인간의 여성을 수행승의 앞으로 데리고 와서 그녀의 항문에 그의 성기를 들어가게 할 경우, 그러한 적용시에 동의하지 않아 즐거움을 느끼지 않고, 삽입시에 동의하지 않아 즐거움을 느끼지 않아도, 유지시에 동의하여 즐거움을 느끼고, 인발시에 동의하여 즐거움을 느끼면, 승단추방죄를 범하는 것이다

4) 수행승의 적대자들이, 죽었지만 대체로 파괴되지 않은 비인간의 여성을 수행승의 앞으로 데리고 와서 그녀의 항문에 그의 성기를 들어가게 할 경우, 그러한 적용시에 동의하지 않아 즐거움을 느끼지 않고, 삽입시에 동의하지 않아 즐거움을 느끼지 않고, 유지시에 동의하지 않아 즐거움을 느끼지 않아도, 인발시에 동의하여 즐거움을 느끼면, 승단추방죄를 범하는 것이다.

5) 수행승의 적대자들이, 죽었지만 대체로 파괴되지 않은 비인간의 여성을 수행승의 앞으로 데리고 와서 그녀의 항문에 그의 성기를 들어가게 할 경우, 그러한 적용시에 동의하지 않아 즐거움을 느끼지 않고, 삽입시에 동의하지 않아 즐거움을 느끼지 않고, 유지시에 동의하지 않아 즐거움을 느끼지 않고, 인발시에도 동의하지 않아 즐거움을 느끼지 않으면, 무죄이다.

6) 수행승의 적대자들이, 죽었지만 대체로 파괴되지 않은 비인간의 여성을 수행승의 앞으로 데리고 와서 그녀의 성기에 그의 성기를 들어가게 할 경우, 그러한 적용시에 동의하여 즐거움을 느끼고, 삽입시에 동의하여 즐거움을 느끼고, 유지시에 동의하여 즐거움을 느끼고, 인발시에 동의하여 즐거움을 느끼면, 승단추방죄를 범하는 것이다.

7) 수행승의 적대자들이, 죽었지만 대체로 파괴되지 않은 비인간의 여성을 수행승의 앞으로 데리고 와서 그녀의 성기에 그의 성기를 들어가게 할 경우, 그러한 적용시에 동의하지 않아 즐거움을 느끼지 않아도, 삽입시에 동의하여 즐거움

을 느끼고, 유지시에 동의하여 즐거움을 느끼고, 인발시에 동의하여 즐거움을 느끼면, 승단추방죄를 범하는 것이다.

8) 수행승의 적대자들이, 죽었지만 대체로 파괴되지 않은 비인간의 여성을 수행승의 앞으로 데리고 와서 그녀의 성기에 그의 성기를 들어가게 할 경우, 그러한 적용시에 동의하지 않아 즐거움을 느끼지 않고, 삽입시에 동의하지 않아 즐거움을 느끼지 않아도, 유지시에 동의하여 즐거움을 느끼고, 인발시에 동의하여 즐거움을 느끼면, 승단추방죄를 범하는 것이다.

9) 수행승의 적대자들이, 죽었지만 대체로 파괴되지 않은 비인간의 여성을 수행승의 앞으로 데리고 와서 그녀의 성기에 그의 성기를 들어가게 할 경우, 그러한 적용시에 동의하지 않아 즐거움을 느끼지 않고, 삽입시에 동의하지 않아 즐거움을 느끼지 않고, 유지시에 동의하지 않아 즐거움을 느끼지 않아도, 인발시에 동의하여 즐거움을 느끼면, 승단추방죄를 범하는 것이다.

10) 수행승의 적대자들이, 죽었지만 대체로 파괴되지 않은 비인간의 여성을 수행승의 앞으로 데리고 와서 그녀의 성기에 그의 성기를 들어가게 할 경우, 그러한 적용시에 동의하지 않아 즐거움을 느끼지 않고, 삽입시에 동의하지 않아 즐거움을 느끼지 않고, 유지시에 동의하지 않아 즐거움을 느끼지 않고, 인발시에도 동의하지 않아 즐거움을 느끼지 않으면, 무죄이다.

11) 수행승의 적대자들이, 죽었지만 대체로 파괴되지 않은 비인간의 여성을 수행승의 앞으로 데리고 와서 그녀의 구강에 그의 성기를 들어가게 할 경우, 그러한 적용시에 동의하여 즐거움을 느끼고, 삽입시에 동의하여 즐거움을 느끼고, 유지시에 동의하여 즐거움을 느끼고, 인발시에 동의하여 즐거움을 느끼면, 승단추방죄를 범하는 것이다.

12) 수행승의 적대자들이, 죽었지만 대체로 파괴되지 않은 비인간의 여성을 수행승의 앞으로 데리고 와서 그녀의 구강에 그의 성기를 들어가게 할 경우, 그러한 적용시에 동의하지 않아 즐거움을 느끼지 않아도, 삽입시에 동의하여 즐거움을 느끼고, 유지시에 동의하여 즐거움을 느끼고, 인발시에 동의하여 즐거움을 느끼면, 승단추방죄를 범하는 것이다.

13) 수행승의 적대자들이, 죽었지만 대체로 파괴되지 않은 비인간의 여성을 수행승의 앞으로 데리고 와서 그녀의 구강에 그의 성기를 들어가게 할 경우, 그러한 적용시에 동의하지 않아 즐거움을 느끼지 않고, 삽입시에 동의하지 않아 즐거움을 느끼지 않아도, 유지시에 동의하여 즐거움을 느끼고, 인발시에 동의하여

즐거움을 느끼면, 승단추방죄를 범하는 것이다.

14) 수행승의 적대자들이, 죽었지만 대체로 파괴되지 않은 비인간의 여성을 수행승의 앞으로 데리고 와서 그녀의 구강에 그의 성기를 들어가게 할 경우, 그러한 적용시에 동의하지 않아 즐거움을 느끼지 않고, 삽입시에 동의하지 않아 즐거움을 느끼지 않고, 유지시에 동의하지 않아 즐거움을 느끼지 않아도, 인발시에 동의하여 즐거움을 느끼면, 승단추방죄를 범하는 것이다.

15) 수행승의 적대자들이, 죽었지만 대체로 파괴되지 않은 비인간의 여성을 수행승의 앞으로 데리고 와서 그녀의 구강에 그의 성기를 들어가게 할 경우, 그러한 적용시에 동의하지 않아 즐거움을 느끼지 않고, 삽입시에 동의하지 않아 즐거움을 느끼지 않고, 유지시에 동의하지 않아 즐거움을 느끼지 않고, 인발시에도 동의하지 않아 즐거움을 느끼지 않으면, 무죄이다.

9-4₉.

1) 수행승의 적대자들이, 죽어서 거의 파괴된 비인간의 여성을 수행승의 앞으로 데리고 와서 그녀의 항문에 그의 성기를 들어가게 할 경우, 그러한 적용시에 동의하여 즐거움을 느끼고, 삽입시에 동의하여 즐거움을 느끼고, 유지시에 동의하여 즐거움을 느끼고, 인발시에 동의하여 즐거움을 느끼면, 추악죄를 범하는 것이다.

2) 수행승의 적대자들이, 죽어서 거의 파괴된 비인간의 여성을 수행승의 앞으로 데리고 와서 그녀의 항문에 그의 성기를 들어가게 할 경우, 그러한 적용시에 동의하지 않아 즐거움을 느끼지 않아도, 삽입시에 동의하여 즐거움을 느끼고, 유지시에 동의하여 즐거움을 느끼고, 인발시에 동의하여 즐거움을 느끼면, 추악죄를 범하는 것이다.

3) 수행승의 적대자들이, 죽어서 거의 파괴된 비인간의 여성을 수행승의 앞으로 데리고 와서 그녀의 항문에 그의 성기를 들어가게 할 경우, 그러한 적용시에 동의하지 않아 즐거움을 느끼지 않고, 삽입시에 동의하지 않아 즐거움을 느끼지 않아도, 유지시에 동의하여 즐거움을 느끼고, 인발시에 동의하여 즐거움을 느끼면, 추악죄를 범하는 것이다

4) 수행승의 적대자들이, 죽어서 거의 파괴된 비인간의 여성을 수행승의 앞으로 데리고 와서 그녀의 항문에 그의 성기를 들어가게 할 경우, 그러한 적용시에 동의하지 않아 즐거움을 느끼지 않고, 삽입시에 동의하지 않아 즐거움을 느끼지 않고, 유지시에 동의하지 않아 즐거움을 느끼지 않아도, 인발시에 동의하여

즐거움을 느끼면, 추악죄를 범하는 것이다.

5) 수행승의 적대자들이, 죽어서 거의 파괴된 비인간의 여성을 수행승의 앞으로 데리고 와서 그녀의 항문에 그의 성기를 들어가게 할 경우, 그러한 적용시에 동의하지 않아 즐거움을 느끼지 않고, 삽입시에 동의하지 않아 즐거움을 느끼지 않고, 유지시에 동의하지 않아 즐거움을 느끼지 않고, 인발시에도 동의하지 않아 즐거움을 느끼지 않으면, 무죄이다.

6) 수행승의 적대자들이, 죽어서 거의 파괴된 비인간의 여성을 수행승의 앞으로 데리고 와서 그녀의 성기에 그의 성기를 들어가게 할 경우, 그러한 적용시에 동의하여 즐거움을 느끼고, 삽입시에 동의하여 즐거움을 느끼고, 유지시에 동의하여 즐거움을 느끼고, 인발시에 동의하여 즐거움을 느끼면, 추악죄를 범하는 것이다.

7) 수행승의 적대자들이, 죽어서 거의 파괴된 비인간의 여성을 수행승의 앞으로 데리고 와서 그녀의 성기에 그의 성기를 들어가게 할 경우, 그러한 적용시에 동의하지 않아 즐거움을 느끼지 않아도, 삽입시에 동의하여 즐거움을 느끼고, 유지시에 동의하여 즐거움을 느끼고, 인발시에 동의하여 즐거움을 느끼면, 추악죄를 범하는 것이다.

8) 수행승의 적대자들이, 죽어서 거의 파괴된 비인간의 여성을 수행승의 앞으로 데리고 와서 그녀의 성기에 그의 성기를 들어가게 할 경우, 그러한 적용시에 동의하지 않아 즐거움을 느끼지 않고, 삽입시에 동의하지 않아 즐거움을 느끼지 않아도, 유지시에 동의하여 즐거움을 느끼고, 인발시에 동의하여 즐거움을 느끼면, 추악죄를 범하는 것이다.

9) 수행승의 적대자들이, 죽어서 거의 파괴된 비인간의 여성을 수행승의 앞으로 데리고 와서 그녀의 성기에 그의 성기를 들어가게 할 경우, 그러한 적용시에 동의하지 않아 즐거움을 느끼지 않고, 삽입시에 동의하지 않아 즐거움을 느끼지 않고, 유지시에 동의하지 않아 즐거움을 느끼지 않아도, 인발시에 동의하여 즐거움을 느끼면, 추악죄를 범하는 것이다.

10) 수행승의 적대자들이, 죽어서 거의 파괴된 비인간의 여성을 수행승의 앞으로 데리고 와서 그녀의 성기에 그의 성기를 들어가게 할 경우, 그러한 적용시에 동의하지 않아 즐거움을 느끼지 않고, 삽입시에 동의하지 않아 즐거움을 느끼지 않고, 유지시에 동의하지 않아 즐거움을 느끼지 않고, 인발시에도 동의하지 않아 즐거움을 느끼지 않으면, 무죄이다.

11) 수행승의 적대자들이, 죽어서 거의 파괴된 비인간의 여성을 수행승의 앞으로 데리고 와서 그녀의 구강에 그의 성기를 들어가게 할 경우, 그러한 적용시에 동의하여 즐거움을 느끼고, 삽입시에 동의하여 즐거움을 느끼고, 유지시에 동의하여 즐거움을 느끼고, 인발시에 동의하여 즐거움을 느끼면, 추악죄를 범하는 것이다.

12) 수행승의 적대자들이, 죽어서 거의 파괴된 비인간의 여성을 수행승의 앞으로 데리고 와서 그녀의 구강에 그의 성기를 들어가게 할 경우, 그러한 적용시에 동의하지 않아 즐거움을 느끼지 않아도, 삽입시에 동의하여 즐거움을 느끼고, 유지시에 동의하여 즐거움을 느끼고, 인발시에 동의하여 즐거움을 느끼면, 추악죄를 범하는 것이다.

13) 수행승의 적대자들이, 죽어서 거의 파괴된 비인간의 여성을 수행승의 앞으로 데리고 와서 그녀의 구강에 그의 성기를 들어가게 할 경우, 그러한 적용시에 동의하지 않아 즐거움을 느끼지 않고, 삽입시에 동의하지 않아 즐거움을 느끼지 않아도, 유지시에 동의하여 즐거움을 느끼고, 인발시에 동의하여 즐거움을 느끼면, 추악죄를 범하는 것이다.

14) 수행승의 적대자들이, 죽어서 거의 파괴된 비인간의 여성을 수행승의 앞으로 데리고 와서 그녀의 구강에 그의 성기를 들어가게 할 경우, 그러한 적용시에 동의하지 않아 즐거움을 느끼지 않고, 삽입시에 동의하지 않아 즐거움을 느끼지 않고, 유지시에 동의하지 않아 즐거움을 느끼지 않아도, 인발시에 동의하여 즐거움을 느끼면, 추악죄를 범하는 것이다.

15) 수행승의 적대자들이, 죽어서 거의 파괴된 비인간의 여성을 수행승의 앞으로 데리고 와서 그녀의 구강에 그의 성기를 들어가게 할 경우, 그러한 적용시에 동의하지 않아 즐거움을 느끼지 않고, 삽입시에 동의하지 않아 즐거움을 느끼지 않고, 유지시에 동의하지 않아 즐거움을 느끼지 않고, 인발시에도 동의하지 않아 즐거움을 느끼지 않으면, 무죄이다.

9-5$_{1}$.

1) 수행승의 적대자들이 축생의 여성을 수행승의 앞으로 데리고 와서 그녀의 항문에 그의 성기를 들어가게 할 경우, 그러한 적용시에 동의하여 즐거움을 느끼고, 삽입시에 동의하여 즐거움을 느끼고, 유지시에 동의하여 즐거움을 느끼고, 인발시에 동의하여 즐거움을 느끼면, 승단추방죄를 범하는 것이다.

2) 수행승의 적대자들이 축생의 여성을 수행승의 앞으로 데리고 와서 그녀의

항문에 그의 성기를 들어가게 할 경우, 그러한 적용시에 동의하지 않아 즐거움을 느끼지 않아도, 삽입시에 동의하여 즐거움을 느끼고, 유지시에 동의하여 즐거움을 느끼고, 인발시에 동의하여 즐거움을 느끼면, 승단추방죄를 범하는 것이다.

3) 수행승의 적대자들이 축생의 여성을 수행승의 앞으로 데리고 와서 그녀의 항문에 그의 성기를 들어가게 할 경우, 그러한 적용시에 동의하지 않아 즐거움을 느끼지 않고, 삽입시에 동의하지 않아 즐거움을 느끼지 않아도, 유지시에 동의하여 즐거움을 느끼고, 인발시에 동의하여 즐거움을 느끼면, 승단추방죄를 범하는 것이다

4) 수행승의 적대자들이 축생의 여성을 수행승의 앞으로 데리고 와서 그녀의 항문에 그의 성기를 들어가게 할 경우, 그러한 적용시에 동의하지 않아 즐거움을 느끼지 않고, 삽입시에 동의하지 않아 즐거움을 느끼지 않고, 유지시에 동의하지 않아 즐거움을 느끼지 않아도, 인발시에 동의하여 즐거움을 느끼면, 승단추방죄를 범하는 것이다.

5) 수행승의 적대자들이 축생의 여성을 수행승의 앞으로 데리고 와서 그녀의 항문에 그의 성기를 들어가게 할 경우, 그러한 적용시에 동의하지 않아 즐거움을 느끼지 않고, 삽입시에 동의하지 않아 즐거움을 느끼지 않고, 유지시에 동의하지 않아 즐거움을 느끼지 않고, 인발시에도 동의하지 않아 즐거움을 느끼지 않으면, 무죄이다.

6) 수행승의 적대자들이 축생의 여성을 수행승의 앞으로 데리고 와서 그녀의 성기에 그의 성기를 들어가게 할 경우, 그러한 적용시에 동의하여 즐거움을 느끼고, 삽입시에 동의하여 즐거움을 느끼고, 유지시에 동의하여 즐거움을 느끼고, 인발시에 동의하여 즐거움을 느끼면, 승단추방죄를 범하는 것이다.

7) 수행승의 적대자들이 축생의 여성을 수행승의 앞으로 데리고 와서 그녀의 성기에 그의 성기를 들어가게 할 경우, 그러한 적용시에 동의하지 않아 즐거움을 느끼지 않아도, 삽입시에 동의하여 즐거움을 느끼고, 유지시에 동의하여 즐거움을 느끼고, 인발시에 동의하여 즐거움을 느끼면, 승단추방죄를 범하는 것이다.

8) 수행승의 적대자들이 축생의 여성을 수행승의 앞으로 데리고 와서 그녀의 성기에 그의 성기를 들어가게 할 경우, 그러한 적용시에 동의하지 않아 즐거움을 느끼지 않고, 삽입시에 동의하지 않아 즐거움을 느끼지 않아도, 유지시에

동의하여 즐거움을 느끼고, 인발시에 동의하여 즐거움을 느끼면, 승단추방죄를 범하는 것이다.

9) 수행승의 적대자들이 축생의 여성을 수행승의 앞으로 데리고 와서 그녀의 성기에 그의 성기를 들어가게 할 경우, 그러한 적용시에 동의하지 않아 즐거움을 느끼지 않고, 삽입시에 동의하지 않아 즐거움을 느끼지 않고, 유지시에 동의하지 않아 즐거움을 느끼지 않아도, 인발시에 동의하여 즐거움을 느끼면, 승단추방죄를 범하는 것이다.

10) 수행승의 적대자들이 축생의 여성을 수행승의 앞으로 데리고 와서 그녀의 성기에 그의 성기를 들어가게 할 경우, 그러한 적용시에 동의하지 않아 즐거움을 느끼지 않고, 삽입시에 동의하지 않아 즐거움을 느끼지 않고, 유지시에 동의하지 않아 즐거움을 느끼지 않고, 인발시에도 동의하지 않아 즐거움을 느끼지 않으면, 무죄이다.

11) 수행승의 적대자들이 축생의 여성을 수행승의 앞으로 데리고 와서 그녀의 구강에 그의 성기를 들어가게 할 경우, 그러한 적용시에 동의하여 즐거움을 느끼고, 삽입시에 동의하여 즐거움을 느끼고, 유지시에 동의하여 즐거움을 느끼고, 인발시에 동의하여 즐거움을 느끼면, 승단추방죄를 범하는 것이다.

12) 수행승의 적대자들이 축생의 여성을 수행승의 앞으로 데리고 와서 그녀의 구강에 그의 성기를 들어가게 할 경우, 그러한 적용시에 동의하지 않아 즐거움을 느끼지 않아도, 삽입시에 동의하여 즐거움을 느끼고, 유지시에 동의하여 즐거움을 느끼고, 인발시에 동의하여 즐거움을 느끼면, 승단추방죄를 범하는 것이다.

13) 수행승의 적대자들이 축생의 여성을 수행승의 앞으로 데리고 와서 그녀의 구강에 그의 성기를 들어가게 할 경우, 그러한 적용시에 동의하지 않아 즐거움을 느끼지 않고, 삽입시에 동의하지 않아 즐거움을 느끼지 않아도, 유지시에 동의하여 즐거움을 느끼고, 인발시에 동의하여 즐거움을 느끼면, 승단추방죄를 범하는 것이다.

14) 수행승의 적대자들이 축생의 여성을 수행승의 앞으로 데리고 와서 그녀의 구강에 그의 성기를 들어가게 할 경우, 그러한 적용시에 동의하지 않아 즐거움을 느끼지 않고, 삽입시에 동의하지 않아 즐거움을 느끼지 않고, 유지시에 동의하지 않아 즐거움을 느끼지 않아도, 인발시에 동의하여 즐거움을 느끼면, 승단추방죄를 범하는 것이다.

15) 수행승의 적대자들이 축생의 여성을 수행승의 앞으로 데리고 와서 그녀의 구강에 그의 성기를 들어가게 할 경우, 그러한 적용시에 동의하지 않아 즐거움을 느끼지 않고, 삽입시에 동의하지 않아 즐거움을 느끼지 않고, 유지시에 동의하지 않아 즐거움을 느끼지 않고, 인발시에도 동의하지 않아 즐거움을 느끼지 않으면, 무죄이다.

9-5₂.

1) 수행승의 적대자들이 깨어있는 축생의 여성을 수행승의 앞으로 데리고 와서 그녀의 항문에 그의 성기를 들어가게 할 경우, 그러한 적용시에 동의하여 즐거움을 느끼고, 삽입시에 동의하여 즐거움을 느끼고, 유지시에 동의하여 즐거움을 느끼고, 인발시에 동의하여 즐거움을 느끼면, 승단추방죄를 범하는 것이다.
2) 수행승의 적대자들이 깨어있는 축생의 여성을 수행승의 앞으로 데리고 와서 그녀의 항문에 그의 성기를 들어가게 할 경우, 그러한 적용시에 동의하지 않아 즐거움을 느끼지 않아도, 삽입시에 동의하여 즐거움을 느끼고, 유지시에 동의하여 즐거움을 느끼고, 인발시에 동의하여 즐거움을 느끼면, 승단추방죄를 범하는 것이다.
3) 수행승의 적대자들이 깨어있는 축생의 여성을 수행승의 앞으로 데리고 와서 그녀의 항문에 그의 성기를 들어가게 할 경우, 그러한 적용시에 동의하지 않아 즐거움을 느끼지 않고, 삽입시에 동의하지 않아 즐거움을 느끼지 않아도, 유지시에 동의하여 즐거움을 느끼고, 인발시에 동의하여 즐거움을 느끼면, 승단추방죄를 범하는 것이다
4) 수행승의 적대자들이 깨어있는 축생의 여성을 수행승의 앞으로 데리고 와서 그녀의 항문에 그의 성기를 들어가게 할 경우, 그러한 적용시에 동의하지 않아 즐거움을 느끼지 않고, 삽입시에 동의하지 않아 즐거움을 느끼지 않고, 유지시에 동의하지 않아 즐거움을 느끼지 않아도, 인발시에 동의하여 즐거움을 느끼면, 승단추방죄를 범하는 것이다.
5) 수행승의 적대자들이 깨어있는 축생의 여성을 수행승의 앞으로 데리고 와서 그녀의 항문에 그의 성기를 들어가게 할 경우, 그러한 적용시에 동의하지 않아 즐거움을 느끼지 않고, 삽입시에 동의하지 않아 즐거움을 느끼지 않고, 유지시에 동의하지 않아 즐거움을 느끼지 않고, 인발시에도 동의하지 않아 즐거움을 느끼지 않으면, 무죄이다.
6) 수행승의 적대자들이 깨어있는 축생의 여성을 수행승의 앞으로 데리고 와서

그녀의 성기에 그의 성기를 들어가게 할 경우, 그러한 적용시에 동의하여 즐거움을 느끼고, 삽입시에 동의하여 즐거움을 느끼고, 유지시에 동의하여 즐거움을 느끼고, 인발시에 동의하여 즐거움을 느끼면, 승단추방죄를 범하는 것이다.

7) 수행승의 적대자들이 깨어있는 축생의 여성을 수행승의 앞으로 데리고 와서 그녀의 성기에 그의 성기를 들어가게 할 경우, 그러한 적용시에 동의하지 않아 즐거움을 느끼지 않아도, 삽입시에 동의하여 즐거움을 느끼고, 유지시에 동의하여 즐거움을 느끼고, 인발시에 동의하여 즐거움을 느끼면, 승단추방죄를 범하는 것이다.

8) 수행승의 적대자들이 깨어있는 축생의 여성을 수행승의 앞으로 데리고 와서 그녀의 성기에 그의 성기를 들어가게 할 경우, 그러한 적용시에 동의하지 않아 즐거움을 느끼지 않고, 삽입시에 동의하지 않아 즐거움을 느끼지 않아도, 유지시에 동의하여 즐거움을 느끼고, 인발시에 동의하여 즐거움을 느끼면, 승단추방죄를 범하는 것이다.

9) 수행승의 적대자들이 깨어있는 축생의 여성을 수행승의 앞으로 데리고 와서 그녀의 성기에 그의 성기를 들어가게 할 경우, 그러한 적용시에 동의하지 않아 즐거움을 느끼지 않고, 삽입시에 동의하지 않아 즐거움을 느끼지 않고, 유지시에 동의하지 않아 즐거움을 느끼지 않아도, 인발시에 동의하여 즐거움을 느끼면, 승단추방죄를 범하는 것이다.

10) 수행승의 적대자들이 깨어있는 축생의 여성을 수행승의 앞으로 데리고 와서 그녀의 성기에 그의 성기를 들어가게 할 경우, 그러한 적용시에 동의하지 않아 즐거움을 느끼지 않고, 삽입시에 동의하지 않아 즐거움을 느끼지 않고, 유지시에 동의하지 않아 즐거움을 느끼지 않고, 인발시에도 동의하지 않아 즐거움을 느끼지 않으면, 무죄이다.

11) 수행승의 적대자들이 깨어있는 축생의 여성을 수행승의 앞으로 데리고 와서 그녀의 구강에 그의 성기를 들어가게 할 경우, 그러한 적용시에 동의하여 즐거움을 느끼고, 삽입시에 동의하여 즐거움을 느끼고, 유지시에 동의하여 즐거움을 느끼고, 인발시에 동의하여 즐거움을 느끼면, 승단추방죄를 범하는 것이다.

12) 수행승의 적대자들이 깨어있는 축생의 여성을 수행승의 앞으로 데리고 와서 그녀의 구강에 그의 성기를 들어가게 할 경우, 그러한 적용시에 동의하지 않아 즐거움을 느끼지 않아도, 삽입시에 동의하여 즐거움을 느끼고, 유지시에 동의하여 즐거움을 느끼고, 인발시에 동의하여 즐거움을 느끼면, 승단추방죄를

범하는 것이다.

13) 수행승의 적대자들이 깨어있는 축생의 여성을 수행승의 앞으로 데리고 와서 그녀의 구강에 그의 성기를 들어가게 할 경우, 그러한 적용시에 동의하지 않아 즐거움을 느끼지 않고, 삽입시에 동의하지 않아 즐거움을 느끼지 않아도, 유지시에 동의하여 즐거움을 느끼고, 인발시에 동의하여 즐거움을 느끼면, 승단추방죄를 범하는 것이다.

14) 수행승의 적대자들이 깨어있는 축생의 여성을 수행승의 앞으로 데리고 와서 그녀의 구강에 그의 성기를 들어가게 할 경우, 그러한 적용시에 동의하지 않아 즐거움을 느끼지 않고, 삽입시에 동의하지 않아 즐거움을 느끼지 않고, 유지시에 동의하지 않아 즐거움을 느끼지 않아도, 인발시에 동의하여 즐거움을 느끼면, 승단추방죄를 범하는 것이다.

15) 수행승의 적대자들이 깨어있는 축생의 여성을 수행승의 앞으로 데리고 와서 그녀의 구강에 그의 성기를 들어가게 할 경우, 그러한 적용시에 동의하지 않아 즐거움을 느끼지 않고, 삽입시에 동의하지 않아 즐거움을 느끼지 않고, 유지시에 동의하지 않아 즐거움을 느끼지 않고, 인발시에도 동의하지 않아 즐거움을 느끼지 않으면, 무죄이다.

9-5₃.

1) 수행승의 적대자들이 잠든 축생의 여성을 수행승의 앞으로 데리고 와서 그녀의 항문에 그의 성기를 들어가게 할 경우, 그러한 적용시에 동의하여 즐거움을 느끼고, 삽입시에 동의하여 즐거움을 느끼고, 유지시에 동의하여 즐거움을 느끼고, 인발시에 동의하여 즐거움을 느끼면, 승단추방죄를 범하는 것이다.

2) 수행승의 적대자들이 잠든 축생의 여성을 수행승의 앞으로 데리고 와서 그녀의 항문에 그의 성기를 들어가게 할 경우, 그러한 적용시에 동의하지 않아 즐거움을 느끼지 않아도, 삽입시에 동의하여 즐거움을 느끼고, 유지시에 동의하여 즐거움을 느끼고, 인발시에 동의하여 즐거움을 느끼면, 승단추방죄를 범하는 것이다.

3) 수행승의 적대자들이 잠든 축생의 여성을 수행승의 앞으로 데리고 와서 그녀의 항문에 그의 성기를 들어가게 할 경우, 그러한 적용시에 동의하지 않아 즐거움을 느끼지 않고, 삽입시에 동의하지 않아 즐거움을 느끼지 않아도, 유지시에 동의하여 즐거움을 느끼고, 인발시에 동의하여 즐거움을 느끼면, 승단추방죄를 범하는 것이다

4) 수행승의 적대자들이 잠든 축생의 여성을 수행승의 앞으로 데리고 와서 그녀의 항문에 그의 성기를 들어가게 할 경우, 그러한 적용시에 동의하지 않아 즐거움을 느끼지 않고, 삽입시에 동의하지 않아 즐거움을 느끼지 않고, 유지시에 동의하지 않아 즐거움을 느끼지 않아도, 인발시에 동의하여 즐거움을 느끼면, 승단추방죄를 범하는 것이다.
5) 수행승의 적대자들이 잠든 축생의 여성을 수행승의 앞으로 데리고 와서 그녀의 항문에 그의 성기를 들어가게 할 경우, 그러한 적용시에 동의하지 않아 즐거움을 느끼지 않고, 삽입시에 동의하지 않아 즐거움을 느끼지 않고, 유지시에 동의하지 않아 즐거움을 느끼지 않고, 인발시에도 동의하지 않아 즐거움을 느끼지 않으면, 무죄이다.
6) 수행승의 적대자들이 잠든 축생의 여성을 수행승의 앞으로 데리고 와서 그녀의 성기에 그의 성기를 들어가게 할 경우, 그러한 적용시에 동의하여 즐거움을 느끼고, 삽입시에 동의하여 즐거움을 느끼고, 유지시에 동의하여 즐거움을 느끼고, 인발시에 동의하여 즐거움을 느끼면, 승단추방죄를 범하는 것이다.
7) 수행승의 적대자들이 잠든 축생의 여성을 수행승의 앞으로 데리고 와서 그녀의 성기에 그의 성기를 들어가게 할 경우, 그러한 적용시에 동의하지 않아 즐거움을 느끼지 않아도, 삽입시에 동의하여 즐거움을 느끼고, 유지시에 동의하여 즐거움을 느끼고, 인발시에 동의하여 즐거움을 느끼면, 승단추방죄를 범하는 것이다.
8) 수행승의 적대자들이 잠든 축생의 여성을 수행승의 앞으로 데리고 와서 그녀의 성기에 그의 성기를 들어가게 할 경우, 그러한 적용시에 동의하지 않아 즐거움을 느끼지 않고, 삽입시에 동의하지 않아 즐거움을 느끼지 않아도, 유지시에 동의하여 즐거움을 느끼고, 인발시에 동의하여 즐거움을 느끼면, 승단추방죄를 범하는 것이다.
9) 수행승의 적대자들이 잠든 축생의 여성을 수행승의 앞으로 데리고 와서 그녀의 성기에 그의 성기를 들어가게 할 경우, 그러한 적용시에 동의하지 않아 즐거움을 느끼지 않고, 삽입시에 동의하지 않아 즐거움을 느끼지 않고, 유지시에 동의하지 않아 즐거움을 느끼지 않아도, 인발시에 동의하여 즐거움을 느끼면, 승단추방죄를 범하는 것이다.
10) 수행승의 적대자들이 잠든 축생의 여성을 수행승의 앞으로 데리고 와서 그녀의 성기에 그의 성기를 들어가게 할 경우, 그러한 적용시에 동의하지 않아

즐거움을 느끼지 않고, 삽입시에 동의하지 않아 즐거움을 느끼지 않고, 유지시에 동의하지 않아 즐거움을 느끼지 않고, 인발시에도 동의하지 않아 즐거움을 느끼지 않으면, 무죄이다.

11) 수행승의 적대자들이 잠든 축생의 여성을 수행승의 앞으로 데리고 와서 그녀의 구강에 그의 성기를 들어가게 할 경우, 그러한 적용시에 동의하여 즐거움을 느끼고, 삽입시에 동의하여 즐거움을 느끼고, 유지시에 동의하여 즐거움을 느끼고, 인발시에 동의하여 즐거움을 느끼면, 승단추방죄를 범하는 것이다.

12) 수행승의 적대자들이 잠든 축생의 여성을 수행승의 앞으로 데리고 와서 그녀의 구강에 그의 성기를 들어가게 할 경우, 그러한 적용시에 동의하지 않아 즐거움을 느끼지 않아도, 삽입시에 동의하여 즐거움을 느끼고, 유지시에 동의하여 즐거움을 느끼고, 인발시에 동의하여 즐거움을 느끼면, 승단추방죄를 범하는 것이다.

13) 수행승의 적대자들이 잠든 축생의 여성을 수행승의 앞으로 데리고 와서 그녀의 구강에 그의 성기를 들어가게 할 경우, 그러한 적용시에 동의하지 않아 즐거움을 느끼지 않고, 삽입시에 동의하지 않아 즐거움을 느끼지 않아도, 유지시에 동의하여 즐거움을 느끼고, 인발시에 동의하여 즐거움을 느끼면, 승단추방죄를 범하는 것이다.

14) 수행승의 적대자들이 잠든 축생의 여성을 수행승의 앞으로 데리고 와서 그녀의 구강에 그의 성기를 들어가게 할 경우, 그러한 적용시에 동의하지 않아 즐거움을 느끼지 않고, 삽입시에 동의하지 않아 즐거움을 느끼지 않고, 유지시에 동의하지 않아 즐거움을 느끼지 않아도, 인발시에 동의하여 즐거움을 느끼면, 승단추방죄를 범하는 것이다.

15) 수행승의 적대자들이 잠든 축생의 여성을 수행승의 앞으로 데리고 와서 그녀의 구강에 그의 성기를 들어가게 할 경우, 그러한 적용시에 동의하지 않아 즐거움을 느끼지 않고, 삽입시에 동의하지 않아 즐거움을 느끼지 않고, 유지시에 동의하지 않아 즐거움을 느끼지 않고, 인발시에도 동의하지 않아 즐거움을 느끼지 않으면, 무죄이다.

9-5₄.

1) 수행승의 적대자들이 술취한 축생의 여성을 수행승의 앞으로 데리고 와서 그녀의 항문에 그의 성기를 들어가게 할 경우, 그러한 적용시에 동의하여 즐거움을 느끼고, 삽입시에 동의하여 즐거움을 느끼고, 유지시에 동의하여 즐거움

을 느끼고, 인발시에 동의하여 즐거움을 느끼면, 승단추방죄를 범하는 것이다.

2) 수행승의 적대자들이 술취한 축생의 여성을 수행승의 앞으로 데리고 와서 그녀의 항문에 그의 성기를 들어가게 할 경우, 그러한 적용시에 동의하지 않아 즐거움을 느끼지 않아도, 삽입시에 동의하여 즐거움을 느끼고, 유지시에 동의하여 즐거움을 느끼고, 인발시에 동의하여 즐거움을 느끼면, 승단추방죄를 범하는 것이다.

3) 수행승의 적대자들이 술취한 축생의 여성을 수행승의 앞으로 데리고 와서 그녀의 항문에 그의 성기를 들어가게 할 경우, 그러한 적용시에 동의하지 않아 즐거움을 느끼지 않고, 삽입시에 동의하지 않아 즐거움을 느끼지 않아도, 유지시에 동의하여 즐거움을 느끼고, 인발시에 동의하여 즐거움을 느끼면, 승단추방죄를 범하는 것이다

4) 수행승의 적대자들이 술취한 축생의 여성을 수행승의 앞으로 데리고 와서 그녀의 항문에 그의 성기를 들어가게 할 경우, 그러한 적용시에 동의하지 않아 즐거움을 느끼지 않고, 삽입시에 동의하지 않아 즐거움을 느끼지 않고, 유지시에 동의하지 않아 즐거움을 느끼지 않아도, 인발시에 동의하여 즐거움을 느끼면, 승단추방죄를 범하는 것이다.

5) 수행승의 적대자들이 술취한 축생의 여성을 수행승의 앞으로 데리고 와서 그녀의 항문에 그의 성기를 들어가게 할 경우, 그러한 적용시에 동의하지 않아 즐거움을 느끼지 않고, 삽입시에 동의하지 않아 즐거움을 느끼지 않고, 유지시에 동의하지 않아 즐거움을 느끼지 않고, 인발시에도 동의하지 않아 즐거움을 느끼지 않으면, 무죄이다.

6) 수행승의 적대자들이 술취한 축생의 여성을 수행승의 앞으로 데리고 와서 그녀의 성기에 그의 성기를 들어가게 할 경우, 그러한 적용시에 동의하여 즐거움을 느끼고, 삽입시에 동의하여 즐거움을 느끼고, 유지시에 동의하여 즐거움을 느끼고, 인발시에 동의하여 즐거움을 느끼면, 승단추방죄를 범하는 것이다.

7) 수행승의 적대자들이 술취한 축생의 여성을 수행승의 앞으로 데리고 와서 그녀의 성기에 그의 성기를 들어가게 할 경우, 그러한 적용시에 동의하지 않아 즐거움을 느끼지 않아도, 삽입시에 동의하여 즐거움을 느끼고, 유지시에 동의하여 즐거움을 느끼고, 인발시에 동의하여 즐거움을 느끼면, 승단추방죄를 범하는 것이다.

8) 수행승의 적대자들이 술취한 축생의 여성을 수행승의 앞으로 데리고 와서

그녀의 성기에 그의 성기를 들어가게 할 경우, 그러한 적용시에 동의하지 않아 즐거움을 느끼지 않고, 삽입시에 동의하지 않아 즐거움을 느끼지 않아도, 유지시에 동의하여 즐거움을 느끼고, 인발시에 동의하여 즐거움을 느끼면, 승단추방죄를 범하는 것이다.

9) 수행승의 적대자들이 술취한 축생의 여성을 수행승의 앞으로 데리고 와서 그녀의 성기에 그의 성기를 들어가게 할 경우, 그러한 적용시에 동의하지 않아 즐거움을 느끼지 않고, 삽입시에 동의하지 않아 즐거움을 느끼지 않고, 유지시에 동의하지 않아 즐거움을 느끼지 않아도, 인발시에 동의하여 즐거움을 느끼면, 승단추방죄를 범하는 것이다.

10) 수행승의 적대자들이 술취한 축생의 여성을 수행승의 앞으로 데리고 와서 그녀의 성기에 그의 성기를 들어가게 할 경우, 그러한 적용시에 동의하지 않아 즐거움을 느끼지 않고, 삽입시에 동의하지 않아 즐거움을 느끼지 않고, 유지시에 동의하지 않아 즐거움을 느끼지 않고, 인발시에도 동의하지 않아 즐거움을 느끼지 않으면, 무죄이다.

11) 수행승의 적대자들이 술취한 축생의 여성을 수행승의 앞으로 데리고 와서 그녀의 구강에 그의 성기를 들어가게 할 경우, 그러한 적용시에 동의하여 즐거움을 느끼고, 삽입시에 동의하여 즐거움을 느끼고, 유지시에 동의하여 즐거움을 느끼고, 인발시에 동의하여 즐거움을 느끼면, 승단추방죄를 범하는 것이다.

12) 수행승의 적대자들이 술취한 축생의 여성을 수행승의 앞으로 데리고 와서 그녀의 구강에 그의 성기를 들어가게 할 경우, 그러한 적용시에 동의하지 않아 즐거움을 느끼지 않아도, 삽입시에 동의하여 즐거움을 느끼고, 유지시에 동의하여 즐거움을 느끼고, 인발시에 동의하여 즐거움을 느끼면, 승단추방죄를 범하는 것이다.

13) 수행승의 적대자들이 술취한 축생의 여성을 수행승의 앞으로 데리고 와서 그녀의 구강에 그의 성기를 들어가게 할 경우, 그러한 적용시에 동의하지 않아 즐거움을 느끼지 않고, 삽입시에 동의하지 않아 즐거움을 느끼지 않아도, 유지시에 동의하여 즐거움을 느끼고, 인발시에 동의하여 즐거움을 느끼면, 승단추방죄를 범하는 것이다.

14) 수행승의 적대자들이 술취한 축생의 여성을 수행승의 앞으로 데리고 와서 그녀의 구강에 그의 성기를 들어가게 할 경우, 그러한 적용시에 동의하지 않아 즐거움을 느끼지 않고, 삽입시에 동의하지 않아 즐거움을 느끼지 않고, 유지시

에 동의하지 않아 즐거움을 느끼지 않아도, 인발시에 동의하여 즐거움을 느끼면, 승단추방죄를 범하는 것이다.

15) 수행승의 적대자들이 술취한 축생의 여성을 수행승의 앞으로 데리고 와서 그녀의 구강에 그의 성기를 들어가게 할 경우, 그러한 적용시에 동의하지 않아 즐거움을 느끼지 않고, 삽입시에 동의하지 않아 즐거움을 느끼지 않고, 유지시에 동의하지 않아 즐거움을 느끼지 않고, 인발시에도 동의하지 않아 즐거움을 느끼지 않으면, 무죄이다.

9-5₅.

1) 수행승의 적대자들이 정신착란된 축생의 여성을 수행승의 앞으로 데리고 와서 그녀의 항문에 그의 성기를 들어가게 할 경우, 그러한 적용시에 동의하여 즐거움을 느끼고, 삽입시에 동의하여 즐거움을 느끼고, 유지시에 동의하여 즐거움을 느끼고, 인발시에 동의하여 즐거움을 느끼면, 승단추방죄를 범하는 것이다.

2) 수행승의 적대자들이 정신착란된 축생의 여성을 수행승의 앞으로 데리고 와서 그녀의 항문에 그의 성기를 들어가게 할 경우, 그러한 적용시에 동의하지 않아 즐거움을 느끼지 않아도, 삽입시에 동의하여 즐거움을 느끼고, 유지시에 동의하여 즐거움을 느끼고, 인발시에 동의하여 즐거움을 느끼면, 승단추방죄를 범하는 것이다.

3) 수행승의 적대자들이 정신착란된 축생의 여성을 수행승의 앞으로 데리고 와서 그녀의 항문에 그의 성기를 들어가게 할 경우, 그러한 적용시에 동의하지 않아 즐거움을 느끼지 않고, 삽입시에 동의하지 않아 즐거움을 느끼지 않아도, 유지시에 동의하여 즐거움을 느끼고, 인발시에 동의하여 즐거움을 느끼면, 승단추방죄를 범하는 것이다

4) 수행승의 적대자들이 정신착란된 축생의 여성을 수행승의 앞으로 데리고 와서 그녀의 항문에 그의 성기를 들어가게 할 경우, 그러한 적용시에 동의하지 않아 즐거움을 느끼지 않고, 삽입시에 동의하지 않아 즐거움을 느끼지 않고, 유지시에 동의하지 않아 즐거움을 느끼지 않아도, 인발시에 동의하여 즐거움을 느끼면, 승단추방죄를 범하는 것이다.

5) 수행승의 적대자들이 정신착란된 축생의 여성을 수행승의 앞으로 데리고 와서 그녀의 항문에 그의 성기를 들어가게 할 경우, 그러한 적용시에 동의하지 않아 즐거움을 느끼지 않고, 삽입시에 동의하지 않아 즐거움을 느끼지 않고, 유지시에 동의하지 않아 즐거움을 느끼지 않고, 인발시에도 동의하지 않아 즐거움을

느끼지 않으면, 무죄이다.

6) 수행승의 적대자들이 정신착란된 축생의 여성을 수행승의 앞으로 데리고 와서 그녀의 성기에 그의 성기를 들어가게 할 경우, 그러한 적용시에 동의하여 즐거움을 느끼고, 삽입시에 동의하여 즐거움을 느끼고, 유지시에 동의하여 즐거움을 느끼고, 인발시에 동의하여 즐거움을 느끼면, 승단추방죄를 범하는 것이다.

7) 수행승의 적대자들이 정신착란된 축생의 여성을 수행승의 앞으로 데리고 와서 그녀의 성기에 그의 성기를 들어가게 할 경우, 그러한 적용시에 동의하지 않아 즐거움을 느끼지 않아도, 삽입시에 동의하여 즐거움을 느끼고, 유지시에 동의하여 즐거움을 느끼고, 인발시에 동의하여 즐거움을 느끼면, 승단추방죄를 범하는 것이다.

8) 수행승의 적대자들이 정신착란된 축생의 여성을 수행승의 앞으로 데리고 와서 그녀의 성기에 그의 성기를 들어가게 할 경우, 그러한 적용시에 동의하지 않아 즐거움을 느끼지 않고, 삽입시에 동의하지 않아 즐거움을 느끼지 않아도, 유지시에 동의하여 즐거움을 느끼고, 인발시에 동의하여 즐거움을 느끼면, 승단추방죄를 범하는 것이다.

9) 수행승의 적대자들이 정신착란된 축생의 여성을 수행승의 앞으로 데리고 와서 그녀의 성기에 그의 성기를 들어가게 할 경우, 그러한 적용시에 동의하지 않아 즐거움을 느끼지 않고, 삽입시에 동의하지 않아 즐거움을 느끼지 않고, 유지시에 동의하지 않아 즐거움을 느끼지 않아도, 인발시에 동의하여 즐거움을 느끼면, 승단추방죄를 범하는 것이다.

10) 수행승의 적대자들이 정신착란된 축생의 여성을 수행승의 앞으로 데리고 와서 그녀의 성기에 그의 성기를 들어가게 할 경우, 그러한 적용시에 동의하지 않아 즐거움을 느끼지 않고, 삽입시에 동의하지 않아 즐거움을 느끼지 않고, 유지시에 동의하지 않아 즐거움을 느끼지 않고, 인발시에도 동의하지 않아 즐거움을 느끼지 않으면, 무죄이다.

11) 수행승의 적대자들이 정신착란된 축생의 여성을 수행승의 앞으로 데리고 와서 그녀의 구강에 그의 성기를 들어가게 할 경우, 그러한 적용시에 동의하여 즐거움을 느끼고, 삽입시에 동의하여 즐거움을 느끼고, 유지시에 동의하여 즐거움을 느끼고, 인발시에 동의하여 즐거움을 느끼면, 승단추방죄를 범하는 것이다.

12) 수행승의 적대자들이 정신착란된 축생의 여성을 수행승의 앞으로 데리고

와서 그녀의 구강에 그의 성기를 들어가게 할 경우, 그러한 적용시에 동의하지 않아 즐거움을 느끼지 않아도, 삽입시에 동의하여 즐거움을 느끼고, 유지시에 동의하여 즐거움을 느끼고, 인발시에 동의하여 즐거움을 느끼면, 승단추방죄를 범하는 것이다.

13) 수행승의 적대자들이 정신착란된 축생의 여성을 수행승의 앞으로 데리고 와서 그녀의 구강에 그의 성기를 들어가게 할 경우, 그러한 적용시에 동의하지 않아 즐거움을 느끼지 않고, 삽입시에 동의하지 않아 즐거움을 느끼지 않아도, 유지시에 동의하여 즐거움을 느끼고, 인발시에 동의하여 즐거움을 느끼면, 승단추방죄를 범하는 것이다.

14) 수행승의 적대자들이 정신착란된 축생의 여성을 수행승의 앞으로 데리고 와서 그녀의 구강에 그의 성기를 들어가게 할 경우, 그러한 적용시에 동의하지 않아 즐거움을 느끼지 않고, 삽입시에 동의하지 않아 즐거움을 느끼지 않고, 유지시에 동의하지 않아 즐거움을 느끼지 않아도, 인발시에 동의하여 즐거움을 느끼면, 승단추방죄를 범하는 것이다.

15) 수행승의 적대자들이 정신착란된 축생의 여성을 수행승의 앞으로 데리고 와서 그녀의 구강에 그의 성기를 들어가게 할 경우, 그러한 적용시에 동의하지 않아 즐거움을 느끼지 않고, 삽입시에 동의하지 않아 즐거움을 느끼지 않고, 유지시에 동의하지 않아 즐거움을 느끼지 않고, 인발시에도 동의하지 않아 즐거움을 느끼지 않으면, 무죄이다.

9-5₆.

1) 수행승의 적대자들이 방일한 축생의 여성을 수행승의 앞으로 데리고 와서 그녀의 항문에 그의 성기를 들어가게 할 경우, 그러한 적용시에 동의하여 즐거움을 느끼고, 삽입시에 동의하여 즐거움을 느끼고, 유지시에 동의하여 즐거움을 느끼고, 인발시에 동의하여 즐거움을 느끼면, 승단추방죄를 범하는 것이다.

2) 수행승의 적대자들이 방일한 축생의 여성을 수행승의 앞으로 데리고 와서 그녀의 항문에 그의 성기를 들어가게 할 경우, 그러한 적용시에 동의하지 않아 즐거움을 느끼지 않아도, 삽입시에 동의하여 즐거움을 느끼고, 유지시에 동의하여 즐거움을 느끼고, 인발시에 동의하여 즐거움을 느끼면, 승단추방죄를 범하는 것이다.

3) 수행승의 적대자들이 방일한 축생의 여성을 수행승의 앞으로 데리고 와서 그녀의 항문에 그의 성기를 들어가게 할 경우, 그러한 적용시에 동의하지 않아

즐거움을 느끼지 않고, 삽입시에 동의하지 않아 즐거움을 느끼지 않아도, 유지시에 동의하여 즐거움을 느끼고, 인발시에 동의하여 즐거움을 느끼면, 승단추방죄를 범하는 것이다

4) 수행승의 적대자들이 방일한 축생의 여성을 수행승의 앞으로 데리고 와서 그녀의 항문에 그의 성기를 들어가게 할 경우, 그러한 적용시에 동의하지 않아 즐거움을 느끼지 않고, 삽입시에 동의하지 않아 즐거움을 느끼지 않고, 유지시에 동의하지 않아 즐거움을 느끼지 않아도, 인발시에 동의하여 즐거움을 느끼면, 승단추방죄를 범하는 것이다.

5) 수행승의 적대자들이 방일한 축생의 여성을 수행승의 앞으로 데리고 와서 그녀의 항문에 그의 성기를 들어가게 할 경우, 그러한 적용시에 동의하지 않아 즐거움을 느끼지 않고, 삽입시에 동의하지 않아 즐거움을 느끼지 않고, 유지시에 동의하지 않아 즐거움을 느끼지 않고, 인발시에도 동의하지 않아 즐거움을 느끼지 않으면, 무죄이다.

6) 수행승의 적대자들이 방일한 축생의 여성을 수행승의 앞으로 데리고 와서 그녀의 성기에 그의 성기를 들어가게 할 경우, 그러한 적용시에 동의하여 즐거움을 느끼고, 삽입시에 동의하여 즐거움을 느끼고, 유지시에 동의하여 즐거움을 느끼고, 인발시에 동의하여 즐거움을 느끼면, 승단추방죄를 범하는 것이다.

7) 수행승의 적대자들이 방일한 축생의 여성을 수행승의 앞으로 데리고 와서 그녀의 성기에 그의 성기를 들어가게 할 경우, 그러한 적용시에 동의하지 않아 즐거움을 느끼지 않아도, 삽입시에 동의하여 즐거움을 느끼고, 유지시에 동의하여 즐거움을 느끼고, 인발시에 동의하여 즐거움을 느끼면, 승단추방죄를 범하는 것이다.

8) 수행승의 적대자들이 방일한 축생의 여성을 수행승의 앞으로 데리고 와서 그녀의 성기에 그의 성기를 들어가게 할 경우, 그러한 적용시에 동의하지 않아 즐거움을 느끼지 않고, 삽입시에 동의하지 않아 즐거움을 느끼지 않아도, 유지시에 동의하여 즐거움을 느끼고, 인발시에 동의하여 즐거움을 느끼면, 승단추방죄를 범하는 것이다.

9) 수행승의 적대자들이 방일한 축생의 여성을 수행승의 앞으로 데리고 와서 그녀의 성기에 그의 성기를 들어가게 할 경우, 그러한 적용시에 동의하지 않아 즐거움을 느끼지 않고, 삽입시에 동의하지 않아 즐거움을 느끼지 않고, 유지시에 동의하지 않아 즐거움을 느끼지 않아도, 인발시에 동의하여 즐거움을 느끼

면, 승단추방죄를 범하는 것이다.

10) 수행승의 적대자들이 방일한 축생의 여성을 수행승의 앞으로 데리고 와서 그녀의 성기에 그의 성기를 들어가게 할 경우, 그러한 적용시에 동의하지 않아 즐거움을 느끼지 않고, 삽입시에 동의하지 않아 즐거움을 느끼지 않고, 유지시에 동의하지 않아 즐거움을 느끼지 않고, 인발시에도 동의하지 않아 즐거움을 느끼지 않으면, 무죄이다.

11) 수행승의 적대자들이 방일한 축생의 여성을 수행승의 앞으로 데리고 와서 그녀의 구강에 그의 성기를 들어가게 할 경우, 그러한 적용시에 동의하여 즐거움을 느끼고, 삽입시에 동의하여 즐거움을 느끼고, 유지시에 동의하여 즐거움을 느끼고, 인발시에 동의하여 즐거움을 느끼면, 승단추방죄를 범하는 것이다.

12) 수행승의 적대자들이 방일한 축생의 여성을 수행승의 앞으로 데리고 와서 그녀의 구강에 그의 성기를 들어가게 할 경우, 그러한 적용시에 동의하지 않아 즐거움을 느끼지 않아도, 삽입시에 동의하여 즐거움을 느끼고, 유지시에 동의하여 즐거움을 느끼고, 인발시에 동의하여 즐거움을 느끼면, 승단추방죄를 범하는 것이다.

13) 수행승의 적대자들이 방일한 축생의 여성을 수행승의 앞으로 데리고 와서 그녀의 구강에 그의 성기를 들어가게 할 경우, 그러한 적용시에 동의하지 않아 즐거움을 느끼지 않고, 삽입시에 동의하지 않아 즐거움을 느끼지 않아도, 유지시에 동의하여 즐거움을 느끼고, 인발시에 동의하여 즐거움을 느끼면, 승단추방죄를 범하는 것이다.

14) 수행승의 적대자들이 방일한 축생의 여성을 수행승의 앞으로 데리고 와서 그녀의 구강에 그의 성기를 들어가게 할 경우, 그러한 적용시에 동의하지 않아 즐거움을 느끼지 않고, 삽입시에 동의하지 않아 즐거움을 느끼지 않고, 유지시에 동의하지 않아 즐거움을 느끼지 않아도, 인발시에 동의하여 즐거움을 느끼면, 승단추방죄를 범하는 것이다.

15) 수행승의 적대자들이 방일한 축생의 여성을 수행승의 앞으로 데리고 와서 그녀의 구강에 그의 성기를 들어가게 할 경우, 그러한 적용시에 동의하지 않아 즐거움을 느끼지 않고, 삽입시에 동의하지 않아 즐거움을 느끼지 않고, 유지시에 동의하지 않아 즐거움을 느끼지 않고, 인발시에도 동의하지 않아 즐거움을 느끼지 않으면, 무죄이다.

9-5ㄱ.

1) 수행승의 적대자들이, 죽었지만 아직 파괴되지 않은 축생의 여성을 수행승의 앞으로 데리고 와서 그녀의 항문에 그의 성기를 들어가게 할 경우, 그러한 적용시에 동의하여 즐거움을 느끼고, 삽입시에 동의하여 즐거움을 느끼고, 유지시에 동의하여 즐거움을 느끼고, 인발시에 동의하여 즐거움을 느끼면, 승단추방죄를 범하는 것이다.
2) 수행승의 적대자들이, 죽었지만 아직 파괴되지 않은 축생의 여성을 수행승의 앞으로 데리고 와서 그녀의 항문에 그의 성기를 들어가게 할 경우, 그러한 적용시에 동의하지 않아 즐거움을 느끼지 않아도, 삽입시에 동의하여 즐거움을 느끼고, 유지시에 동의하여 즐거움을 느끼고, 인발시에 동의하여 즐거움을 느끼면, 승단추방죄를 범하는 것이다.
3) 수행승의 적대자들이, 죽었지만 아직 파괴되지 않은 축생의 여성을 수행승의 앞으로 데리고 와서 그녀의 항문에 그의 성기를 들어가게 할 경우, 그러한 적용시에 동의하지 않아 즐거움을 느끼지 않고, 삽입시에 동의하지 않아 즐거움을 느끼지 않아도, 유지시에 동의하여 즐거움을 느끼고, 인발시에 동의하여 즐거움을 느끼면, 승단추방죄를 범하는 것이다
4) 수행승의 적대자들이, 죽었지만 아직 파괴되지 않은 축생의 여성을 수행승의 앞으로 데리고 와서 그녀의 항문에 그의 성기를 들어가게 할 경우, 그러한 적용시에 동의하지 않아 즐거움을 느끼지 않고, 삽입시에 동의하지 않아 즐거움을 느끼지 않고, 유지시에 동의하지 않아 즐거움을 느끼지 않아도, 인발시에 동의하여 즐거움을 느끼면, 승단추방죄를 범하는 것이다.
5) 수행승의 적대자들이, 죽었지만 아직 파괴되지 않은 축생의 여성을 수행승의 앞으로 데리고 와서 그녀의 항문에 그의 성기를 들어가게 할 경우, 그러한 적용시에 동의하지 않아 즐거움을 느끼지 않고, 삽입시에 동의하지 않아 즐거움을 느끼지 않고, 유지시에 동의하지 않아 즐거움을 느끼지 않고, 인발시에도 동의하지 않아 즐거움을 느끼지 않으면, 무죄이다.
6) 수행승의 적대자들이, 죽었지만 아직 파괴되지 않은 축생의 여성을 수행승의 앞으로 데리고 와서 그녀의 성기에 그의 성기를 들어가게 할 경우, 그러한 적용시에 동의하여 즐거움을 느끼고, 삽입시에 동의하여 즐거움을 느끼고, 유지시에 동의하여 즐거움을 느끼고, 인발시에 동의하여 즐거움을 느끼면, 승단추방죄를 범하는 것이다.
7) 수행승의 적대자들이, 죽었지만 아직 파괴되지 않은 축생의 여성을 수행승의

앞으로 데리고 와서 그녀의 성기에 그의 성기를 들어가게 할 경우, 그러한 적용시에 동의하지 않아 즐거움을 느끼지 않아도, 삽입시에 동의하여 즐거움을 느끼고, 유지시에 동의하여 즐거움을 느끼고, 인발시에 동의하여 즐거움을 느끼면, 승단추방죄를 범하는 것이다.

8) 수행승의 적대자들이, 죽었지만 아직 파괴되지 않은 축생의 여성을 수행승의 앞으로 데리고 와서 그녀의 성기에 그의 성기를 들어가게 할 경우, 그러한 적용시에 동의하지 않아 즐거움을 느끼지 않고, 삽입시에 동의하지 않아 즐거움을 느끼지 않아도, 유지시에 동의하여 즐거움을 느끼고, 인발시에 동의하여 즐거움을 느끼면, 승단추방죄를 범하는 것이다.

9) 수행승의 적대자들이, 죽었지만 아직 파괴되지 않은 축생의 여성을 수행승의 앞으로 데리고 와서 그녀의 성기에 그의 성기를 들어가게 할 경우, 그러한 적용시에 동의하지 않아 즐거움을 느끼지 않고, 삽입시에 동의하지 않아 즐거움을 느끼지 않고, 유지시에 동의하지 않아 즐거움을 느끼지 않아도, 인발시에 동의하여 즐거움을 느끼면, 승단추방죄를 범하는 것이다.

10) 수행승의 적대자들이, 죽었지만 아직 파괴되지 않은 축생의 여성을 수행승의 앞으로 데리고 와서 그녀의 성기에 그의 성기를 들어가게 할 경우, 그러한 적용시에 동의하지 않아 즐거움을 느끼지 않고, 삽입시에 동의하지 않아 즐거움을 느끼지 않고, 유지시에 동의하지 않아 즐거움을 느끼지 않고, 인발시에도 동의하지 않아 즐거움을 느끼지 않으면, 무죄이다.

11) 수행승의 적대자들이, 죽었지만 아직 파괴되지 않은 축생의 여성을 수행승의 앞으로 데리고 와서 그녀의 구강에 그의 성기를 들어가게 할 경우, 그러한 적용시에 동의하여 즐거움을 느끼고, 삽입시에 동의하여 즐거움을 느끼고, 유지시에 동의하여 즐거움을 느끼고, 인발시에 동의하여 즐거움을 느끼면, 승단추방죄를 범하는 것이다.

12) 수행승의 적대자들이, 죽었지만 아직 파괴되지 않은 축생의 여성을 수행승의 앞으로 데리고 와서 그녀의 구강에 그의 성기를 들어가게 할 경우, 그러한 적용시에 동의하지 않아 즐거움을 느끼지 않아도, 삽입시에 동의하여 즐거움을 느끼고, 유지시에 동의하여 즐거움을 느끼고, 인발시에 동의하여 즐거움을 느끼면, 승단추방죄를 범하는 것이다.

13) 수행승의 적대자들이, 죽었지만 아직 파괴되지 않은 축생의 여성을 수행승의 앞으로 데리고 와서 그녀의 구강에 그의 성기를 들어가게 할 경우, 그러한

적용시에 동의하지 않아 즐거움을 느끼지 않고, 삽입시에 동의하지 않아 즐거움을 느끼지 않아도, 유지시에 동의하여 즐거움을 느끼고, 인발시에 동의하여 즐거움을 느끼면, 승단추방죄를 범하는 것이다.

14) 수행승의 적대자들이, 죽었지만 아직 파괴되지 않은 축생의 여성을 수행승의 앞으로 데리고 와서 그녀의 구강에 그의 성기를 들어가게 할 경우, 그러한 적용시에 동의하지 않아 즐거움을 느끼지 않고, 삽입시에 동의하지 않아 즐거움을 느끼지 않고, 유지시에 동의하지 않아 즐거움을 느끼지 않아도, 인발시에 동의하여 즐거움을 느끼면, 승단추방죄를 범하는 것이다.

15) 수행승의 적대자들이, 죽었지만 아직 파괴되지 않은 축생의 여성을 수행승의 앞으로 데리고 와서 그녀의 구강에 그의 성기를 들어가게 할 경우, 그러한 적용시에 동의하지 않아 즐거움을 느끼지 않고, 삽입시에 동의하지 않아 즐거움을 느끼지 않고, 유지시에 동의하지 않아 즐거움을 느끼지 않고, 인발시에도 동의하지 않아 즐거움을 느끼지 않으면, 무죄이다.

9-5₈.

1) 수행승의 적대자들이, 죽었지만 대체로 파괴되지 않은 축생의 여성을 수행승의 앞으로 데리고 와서 그녀의 항문에 그의 성기를 들어가게 할 경우, 그러한 적용시에 동의하여 즐거움을 느끼고, 삽입시에 동의하여 즐거움을 느끼고, 유지시에 동의하여 즐거움을 느끼고, 인발시에 동의하여 즐거움을 느끼면, 승단추방죄를 범하는 것이다.

2) 수행승의 적대자들이, 죽었지만 대체로 파괴되지 않은 축생의 여성을 수행승의 앞으로 데리고 와서 그녀의 항문에 그의 성기를 들어가게 할 경우, 그러한 적용시에 동의하지 않아 즐거움을 느끼지 않아도, 삽입시에 동의하여 즐거움을 느끼고, 유지시에 동의하여 즐거움을 느끼고, 인발시에 동의하여 즐거움을 느끼면, 승단추방죄를 범하는 것이다.

3) 수행승의 적대자들이, 죽었지만 대체로 파괴되지 않은 축생의 여성을 수행승의 앞으로 데리고 와서 그녀의 항문에 그의 성기를 들어가게 할 경우, 그러한 적용시에 동의하지 않아 즐거움을 느끼지 않고, 삽입시에 동의하지 않아 즐거움을 느끼지 않아도, 유지시에 동의하여 즐거움을 느끼고, 인발시에 동의하여 즐거움을 느끼면, 승단추방죄를 범하는 것이다

4) 수행승의 적대자들이, 죽었지만 대체로 파괴되지 않은 축생의 여성을 수행승의 앞으로 데리고 와서 그녀의 항문에 그의 성기를 들어가게 할 경우, 그러한

적용시에 동의하지 않아 즐거움을 느끼지 않고, 삽입시에 동의하지 않아 즐거움을 느끼지 않고, 유지시에 동의하지 않아 즐거움을 느끼지 않아도, 인발시에 동의하여 즐거움을 느끼면, 승단추방죄를 범하는 것이다.

5) 수행승의 적대자들이, 죽었지만 대체로 파괴되지 않은 축생의 여성을 수행승의 앞으로 데리고 와서 그녀의 항문에 그의 성기를 들어가게 할 경우, 그러한 적용시에 동의하지 않아 즐거움을 느끼지 않고, 삽입시에 동의하지 않아 즐거움을 느끼지 않고, 유지시에 동의하지 않아 즐거움을 느끼지 않고, 인발시에도 동의하지 않아 즐거움을 느끼지 않으면, 무죄이다.

6) 수행승의 적대자들이, 죽었지만 대체로 파괴되지 않은 축생의 여성을 수행승의 앞으로 데리고 와서 그녀의 성기에 그의 성기를 들어가게 할 경우, 그러한 적용시에 동의하여 즐거움을 느끼고, 삽입시에 동의하여 즐거움을 느끼고, 유지시에 동의하여 즐거움을 느끼고, 인발시에 동의하여 즐거움을 느끼면, 승단추방죄를 범하는 것이다.

7) 수행승의 적대자들이, 죽었지만 대체로 파괴되지 않은 축생의 여성을 수행승의 앞으로 데리고 와서 그녀의 성기에 그의 성기를 들어가게 할 경우, 그러한 적용시에 동의하지 않아 즐거움을 느끼지 않아도, 삽입시에 동의하여 즐거움을 느끼고, 유지시에 동의하여 즐거움을 느끼고, 인발시에 동의하여 즐거움을 느끼면, 승단추방죄를 범하는 것이다.

8) 수행승의 적대자들이, 죽었지만 대체로 파괴되지 않은 축생의 여성을 수행승의 앞으로 데리고 와서 그녀의 성기에 그의 성기를 들어가게 할 경우, 그러한 적용시에 동의하지 않아 즐거움을 느끼지 않고, 삽입시에 동의하지 않아 즐거움을 느끼지 않아도, 유지시에 동의하여 즐거움을 느끼고, 인발시에 동의하여 즐거움을 느끼면, 승단추방죄를 범하는 것이다.

9) 수행승의 적대자들이, 죽었지만 대체로 파괴되지 않은 축생의 여성을 수행승의 앞으로 데리고 와서 그녀의 성기에 그의 성기를 들어가게 할 경우, 그러한 적용시에 동의하지 않아 즐거움을 느끼지 않고, 삽입시에 동의하지 않아 즐거움을 느끼지 않고, 유지시에 동의하지 않아 즐거움을 느끼지 않아도, 인발시에 동의하여 즐거움을 느끼면, 승단추방죄를 범하는 것이다.

10) 수행승의 적대자들이, 죽었지만 대체로 파괴되지 않은 축생의 여성을 수행승의 앞으로 데리고 와서 그녀의 성기에 그의 성기를 들어가게 할 경우, 그러한 적용시에 동의하지 않아 즐거움을 느끼지 않고, 삽입시에 동의하지 않아 즐거

움을 느끼지 않고, 유지시에 동의하지 않아 즐거움을 느끼지 않고, 인발시에도 동의하지 않아 즐거움을 느끼지 않으면, 무죄이다.

11) 수행승의 적대자들이, 죽었지만 대체로 파괴되지 않은 축생의 여성을 수행승의 앞으로 데리고 와서 그녀의 구강에 그의 성기를 들어가게 할 경우, 그러한 적용시에 동의하여 즐거움을 느끼고, 삽입시에 동의하여 즐거움을 느끼고, 유지시에 동의하여 즐거움을 느끼고, 인발시에 동의하여 즐거움을 느끼면, 승단추방죄를 범하는 것이다.

12) 수행승의 적대자들이, 죽었지만 대체로 파괴되지 않은 축생의 여성을 수행승의 앞으로 데리고 와서 그녀의 구강에 그의 성기를 들어가게 할 경우, 그러한 적용시에 동의하지 않아 즐거움을 느끼지 않아도, 삽입시에 동의하여 즐거움을 느끼고, 유지시에 동의하여 즐거움을 느끼고, 인발시에 동의하여 즐거움을 느끼면, 승단추방죄를 범하는 것이다.

13) 수행승의 적대자들이, 죽었지만 대체로 파괴되지 않은 축생의 여성을 수행승의 앞으로 데리고 와서 그녀의 구강에 그의 성기를 들어가게 할 경우, 그러한 적용시에 동의하지 않아 즐거움을 느끼지 않고, 삽입시에 동의하지 않아 즐거움을 느끼지 않아도, 유지시에 동의하여 즐거움을 느끼고, 인발시에 동의하여 즐거움을 느끼면, 승단추방죄를 범하는 것이다.

14) 수행승의 적대자들이, 죽었지만 대체로 파괴되지 않은 축생의 여성을 수행승의 앞으로 데리고 와서 그녀의 구강에 그의 성기를 들어가게 할 경우, 그러한 적용시에 동의하지 않아 즐거움을 느끼지 않고, 삽입시에 동의하지 않아 즐거움을 느끼지 않고, 유지시에 동의하지 않아 즐거움을 느끼지 않아도, 인발시에 동의하여 즐거움을 느끼면, 승단추방죄를 범하는 것이다.

15) 수행승의 적대자들이, 죽었지만 대체로 파괴되지 않은 축생의 여성을 수행승의 앞으로 데리고 와서 그녀의 구강에 그의 성기를 들어가게 할 경우, 그러한 적용시에 동의하지 않아 즐거움을 느끼지 않고, 삽입시에 동의하지 않아 즐거움을 느끼지 않고, 유지시에 동의하지 않아 즐거움을 느끼지 않고, 인발시에도 동의하지 않아 즐거움을 느끼지 않으면, 무죄이다.

9-5₉.

1) 수행승의 적대자들이, 죽어서 거의 파괴된 축생의 여성을 수행승의 앞으로 데리고 와서 그녀의 항문에 그의 성기를 들어가게 할 경우, 그러한 적용시에 동의하여 즐거움을 느끼고, 삽입시에 동의하여 즐거움을 느끼고, 유지시에

동의하여 즐거움을 느끼고, 인발시에 동의하여 즐거움을 느끼면, 추악죄를 범하는 것이다.

2) 수행승의 적대자들이, 죽어서 거의 파괴된 축생의 여성을 수행승의 앞으로 데리고 와서 그녀의 항문에 그의 성기를 들어가게 할 경우, 그러한 적용시에 동의하지 않아 즐거움을 느끼지 않아도, 삽입시에 동의하여 즐거움을 느끼고, 유지시에 동의하여 즐거움을 느끼고, 인발시에 동의하여 즐거움을 느끼면, 추악죄를 범하는 것이다.

3) 수행승의 적대자들이, 죽어서 거의 파괴된 축생의 여성을 수행승의 앞으로 데리고 와서 그녀의 항문에 그의 성기를 들어가게 할 경우, 그러한 적용시에 동의하지 않아 즐거움을 느끼지 않고, 삽입시에 동의하지 않아 즐거움을 느끼지 않아도, 유지시에 동의하여 즐거움을 느끼고, 인발시에 동의하여 즐거움을 느끼면, 추악죄를 범하는 것이다

4) 수행승의 적대자들이, 죽어서 거의 파괴된 축생의 여성을 수행승의 앞으로 데리고 와서 그녀의 항문에 그의 성기를 들어가게 할 경우, 그러한 적용시에 동의하지 않아 즐거움을 느끼지 않고, 삽입시에 동의하지 않아 즐거움을 느끼지 않고, 유지시에 동의하지 않아 즐거움을 느끼지 않아도, 인발시에 동의하여 즐거움을 느끼면, 추악죄를 범하는 것이다.

5) 수행승의 적대자들이, 죽어서 거의 파괴된 축생의 여성을 수행승의 앞으로 데리고 와서 그녀의 항문에 그의 성기를 들어가게 할 경우, 그러한 적용시에 동의하지 않아 즐거움을 느끼지 않고, 삽입시에 동의하지 않아 즐거움을 느끼지 않고, 유지시에 동의하지 않아 즐거움을 느끼지 않고, 인발시에도 동의하지 않아 즐거움을 느끼지 않으면, 무죄이다.

6) 수행승의 적대자들이, 죽어서 거의 파괴된 축생의 여성을 수행승의 앞으로 데리고 와서 그녀의 성기에 그의 성기를 들어가게 할 경우, 그러한 적용시에 동의하여 즐거움을 느끼고, 삽입시에 동의하여 즐거움을 느끼고, 유지시에 동의하여 즐거움을 느끼고, 인발시에 동의하여 즐거움을 느끼면, 추악죄를 범하는 것이다.

7) 수행승의 적대자들이, 죽어서 거의 파괴된 축생의 여성을 수행승의 앞으로 데리고 와서 그녀의 성기에 그의 성기를 들어가게 할 경우, 그러한 적용시에 동의하지 않아 즐거움을 느끼지 않아도, 삽입시에 동의하여 즐거움을 느끼고, 유지시에 동의하여 즐거움을 느끼고, 인발시에 동의하여 즐거움을 느끼면,

추악죄를 범하는 것이다.

8) 수행승의 적대자들이, 죽어서 거의 파괴된 축생의 여성을 수행승의 앞으로 데리고 와서 그녀의 성기에 그의 성기를 들어가게 할 경우, 그러한 적용시에 동의하지 않아 즐거움을 느끼지 않고, 삽입시에 동의하지 않아 즐거움을 느끼지 않아도, 유지시에 동의하여 즐거움을 느끼고, 인발시에 동의하여 즐거움을 느끼면, 추악죄를 범하는 것이다.

9) 수행승의 적대자들이, 죽어서 거의 파괴된 축생의 여성을 수행승의 앞으로 데리고 와서 그녀의 성기에 그의 성기를 들어가게 할 경우, 그러한 적용시에 동의하지 않아 즐거움을 느끼지 않고, 삽입시에 동의하지 않아 즐거움을 느끼지 않고, 유지시에 동의하지 않아 즐거움을 느끼지 않아도, 인발시에 동의하여 즐거움을 느끼면, 추악죄를 범하는 것이다.

10) 수행승의 적대자들이, 죽어서 거의 파괴된 축생의 여성을 수행승의 앞으로 데리고 와서 그녀의 성기에 그의 성기를 들어가게 할 경우, 그러한 적용시에 동의하지 않아 즐거움을 느끼지 않고, 삽입시에 동의하지 않아 즐거움을 느끼지 않고, 유지시에 동의하지 않아 즐거움을 느끼지 않고, 인발시에도 동의하지 않아 즐거움을 느끼지 않으면, 무죄이다.

11) 수행승의 적대자들이, 죽어서 거의 파괴된 축생의 여성을 수행승의 앞으로 데리고 와서 그녀의 구강에 그의 성기를 들어가게 할 경우, 그러한 적용시에 동의하여 즐거움을 느끼고, 삽입시에 동의하여 즐거움을 느끼고, 유지시에 동의하여 즐거움을 느끼고, 인발시에 동의하여 즐거움을 느끼면, 추악죄를 범하는 것이다.

12) 수행승의 적대자들이, 죽어서 거의 파괴된 축생의 여성을 수행승의 앞으로 데리고 와서 그녀의 구강에 그의 성기를 들어가게 할 경우, 그러한 적용시에 동의하지 않아 즐거움을 느끼지 않아도, 삽입시에 동의하여 즐거움을 느끼고, 유지시에 동의하여 즐거움을 느끼고, 인발시에 동의하여 즐거움을 느끼면, 추악죄를 범하는 것이다.

13) 수행승의 적대자들이, 죽어서 거의 파괴된 축생의 여성을 수행승의 앞으로 데리고 와서 그녀의 구강에 그의 성기를 들어가게 할 경우, 그러한 적용시에 동의하지 않아 즐거움을 느끼지 않고, 삽입시에 동의하지 않아 즐거움을 느끼지 않아도, 유지시에 동의하여 즐거움을 느끼고, 인발시에 동의하여 즐거움을 느끼면, 추악죄를 범하는 것이다.

14) 수행승의 적대자들이, 죽어서 거의 파괴된 축생의 여성을 수행승의 앞으로 데리고 와서 그녀의 구강에 그의 성기를 들어가게 할 경우, 그러한 적용시에 동의하지 않아 즐거움을 느끼지 않고, 삽입시에 동의하지 않아 즐거움을 느끼지 않고, 유지시에 동의하지 않아 즐거움을 느끼지 않아도, 인발시에 동의하여 즐거움을 느끼면, 추악죄를 범하는 것이다.

15) 수행승의 적대자들이, 죽어서 거의 파괴된 축생의 여성을 수행승의 앞으로 데리고 와서 그녀의 구강에 그의 성기를 들어가게 할 경우, 그러한 적용시에 동의하지 않아 즐거움을 느끼지 않고, 삽입시에 동의하지 않아 즐거움을 느끼지 않고, 유지시에 동의하지 않아 즐거움을 느끼지 않고, 인발시에도 동의하지 않아 즐거움을 느끼지 않으면, 무죄이다.

9-6₁.

1) 수행승의 적대자들이 인간의 양성을 수행승의 앞으로 데리고 와서 그의 항문에 그의 성기를 들어가게 할 경우, 그러한 적용시에 동의하여 즐거움을 느끼고, 삽입시에 동의하여 즐거움을 느끼고, 유지시에 동의하여 즐거움을 느끼고, 인발시에 동의하여 즐거움을 느끼면, 승단추방죄를 범하는 것이다.

2) 수행승의 적대자들이 인간의 양성을 수행승의 앞으로 데리고 와서 그의 항문에 그의 성기를 들어가게 할 경우, 그러한 적용시에 동의하지 않아 즐거움을 느끼지 않아도, 삽입시에 동의하여 즐거움을 느끼고, 유지시에 동의하여 즐거움을 느끼고, 인발시에 동의하여 즐거움을 느끼면, 승단추방죄를 범하는 것이다.

3) 수행승의 적대자들이 인간의 양성을 수행승의 앞으로 데리고 와서 그의 항문에 그의 성기를 들어가게 할 경우, 그러한 적용시에 동의하지 않아 즐거움을 느끼지 않고, 삽입시에 동의하지 않아 즐거움을 느끼지 않아도, 유지시에 동의하여 즐거움을 느끼고, 인발시에 동의하여 즐거움을 느끼면, 승단추방죄를 범하는 것이다

4) 수행승의 적대자들이 인간의 양성을 수행승의 앞으로 데리고 와서 그의 항문에 그의 성기를 들어가게 할 경우, 그러한 적용시에 동의하지 않아 즐거움을 느끼지 않고, 삽입시에 동의하지 않아 즐거움을 느끼지 않고, 유지시에 동의하지 않아 즐거움을 느끼지 않아도, 인발시에 동의하여 즐거움을 느끼면, 승단추방죄를 범하는 것이다.

5) 수행승의 적대자들이 인간의 양성을 수행승의 앞으로 데리고 와서 그의 항문에 그의 성기를 들어가게 할 경우, 그러한 적용시에 동의하지 않아 즐거움을 느끼

지 않고, 삽입시에 동의하지 않아 즐거움을 느끼지 않고, 유지시에 동의하지 않아 즐거움을 느끼지 않고, 인발시에도 동의하지 않아 즐거움을 느끼지 않으면, 무죄이다.

6) 수행승의 적대자들이 인간의 양성을 수행승의 앞으로 데리고 와서 그의 성기에 그의 성기를 들어가게 할 경우, 그러한 적용시에 동의하여 즐거움을 느끼고, 삽입시에 동의하여 즐거움을 느끼고, 유지시에 동의하여 즐거움을 느끼고, 인발시에 동의하여 즐거움을 느끼면, 승단추방죄를 범하는 것이다.

7) 수행승의 적대자들이 인간의 양성을 수행승의 앞으로 데리고 와서 그의 성기에 그의 성기를 들어가게 할 경우, 그러한 적용시에 동의하지 않아 즐거움을 느끼지 않아도, 삽입시에 동의하여 즐거움을 느끼고, 유지시에 동의하여 즐거움을 느끼고, 인발시에 동의하여 즐거움을 느끼면, 승단추방죄를 범하는 것이다.

8) 수행승의 적대자들이 인간의 양성을 수행승의 앞으로 데리고 와서 그의 성기에 그의 성기를 들어가게 할 경우, 그러한 적용시에 동의하지 않아 즐거움을 느끼지 않고, 삽입시에 동의하지 않아 즐거움을 느끼지 않아도, 유지시에 동의하여 즐거움을 느끼고, 인발시에 동의하여 즐거움을 느끼면, 승단추방죄를 범하는 것이다.

9) 수행승의 적대자들이 인간의 양성을 수행승의 앞으로 데리고 와서 그의 성기에 그의 성기를 들어가게 할 경우, 그러한 적용시에 동의하지 않아 즐거움을 느끼지 않고, 삽입시에 동의하지 않아 즐거움을 느끼지 않고, 유지시에 동의하지 않아 즐거움을 느끼지 않아도, 인발시에 동의하여 즐거움을 느끼면, 승단추방죄를 범하는 것이다.

10) 수행승의 적대자들이 인간의 양성을 수행승의 앞으로 데리고 와서 그의 성기에 그의 성기를 들어가게 할 경우, 그러한 적용시에 동의하지 않아 즐거움을 느끼지 않고, 삽입시에 동의하지 않아 즐거움을 느끼지 않고, 유지시에 동의하지 않아 즐거움을 느끼지 않고, 인발시에도 동의하지 않아 즐거움을 느끼지 않으면, 무죄이다.

11) 수행승의 적대자들이 인간의 양성을 수행승의 앞으로 데리고 와서 그의 구강에 그의 성기를 들어가게 할 경우, 그러한 적용시에 동의하여 즐거움을 느끼고, 삽입시에 동의하여 즐거움을 느끼고, 유지시에 동의하여 즐거움을 느끼고, 인발시에 동의하여 즐거움을 느끼면, 승단추방죄를 범하는 것이다.

12) 수행승의 적대자들이 인간의 양성을 수행승의 앞으로 데리고 와서 그의 구강에

그의 성기를 들어가게 할 경우, 그러한 적용시에 동의하지 않아 즐거움을 느끼지 않아도, 삽입시에 동의하여 즐거움을 느끼고, 유지시에 동의하여 즐거움을 느끼고, 인발시에 동의하여 즐거움을 느끼면, 승단추방죄를 범하는 것이다.

13) 수행승의 적대자들이 인간의 양성을 수행승의 앞으로 데리고 와서 그의 구강에 그의 성기를 들어가게 할 경우, 그러한 적용시에 동의하지 않아 즐거움을 느끼지 않고, 삽입시에 동의하지 않아 즐거움을 느끼지 않아도, 유지시에 동의하여 즐거움을 느끼고, 인발시에 동의하여 즐거움을 느끼면, 승단추방죄를 범하는 것이다.

14) 수행승의 적대자들이 인간의 양성을 수행승의 앞으로 데리고 와서 그의 구강에 그의 성기를 들어가게 할 경우, 그러한 적용시에 동의하지 않아 즐거움을 느끼지 않고, 삽입시에 동의하지 않아 즐거움을 느끼지 않고, 유지시에 동의하지 않아 즐거움을 느끼지 않아도, 인발시에 동의하여 즐거움을 느끼면, 승단추방죄를 범하는 것이다.

15) 수행승의 적대자들이 인간의 양성을 수행승의 앞으로 데리고 와서 그의 구강에 그의 성기를 들어가게 할 경우, 그러한 적용시에 동의하지 않아 즐거움을 느끼지 않고, 삽입시에 동의하지 않아 즐거움을 느끼지 않고, 유지시에 동의하지 않아 즐거움을 느끼지 않고, 인발시에도 동의하지 않아 즐거움을 느끼지 않으면, 무죄이다.

9-6₂.

1) 수행승의 적대자들이 깨어있는 인간의 양성을 수행승의 앞으로 데리고 와서 그의 항문에 그의 성기를 들어가게 할 경우, 그러한 적용시에 동의하여 즐거움을 느끼고, 삽입시에 동의하여 즐거움을 느끼고, 유지시에 동의하여 즐거움을 느끼고, 인발시에 동의하여 즐거움을 느끼면, 승단추방죄를 범하는 것이다.

2) 수행승의 적대자들이 깨어있는 인간의 양성을 수행승의 앞으로 데리고 와서 그의 항문에 그의 성기를 들어가게 할 경우, 그러한 적용시에 동의하지 않아 즐거움을 느끼지 않아도, 삽입시에 동의하여 즐거움을 느끼고, 유지시에 동의하여 즐거움을 느끼고, 인발시에 동의하여 즐거움을 느끼면, 승단추방죄를 범하는 것이다.

3) 수행승의 적대자들이 깨어있는 인간의 양성을 수행승의 앞으로 데리고 와서 그의 항문에 그의 성기를 들어가게 할 경우, 그러한 적용시에 동의하지 않아 즐거움을 느끼지 않고, 삽입시에 동의하지 않아 즐거움을 느끼지 않아도, 유지

시에 동의하여 즐거움을 느끼고, 인발시에 동의하여 즐거움을 느끼면, 승단추방죄를 범하는 것이다

4) 수행승의 적대자들이 깨어있는 인간의 양성을 수행승의 앞으로 데리고 와서 그의 항문에 그의 성기를 들어가게 할 경우, 그러한 적용시에 동의하지 않아 즐거움을 느끼지 않고, 삽입시에 동의하지 않아 즐거움을 느끼지 않고, 유지시에 동의하지 않아 즐거움을 느끼지 않아도, 인발시에 동의하여 즐거움을 느끼면, 승단추방죄를 범하는 것이다.

5) 수행승의 적대자들이 깨어있는 인간의 양성을 수행승의 앞으로 데리고 와서 그의 항문에 그의 성기를 들어가게 할 경우, 그러한 적용시에 동의하지 않아 즐거움을 느끼지 않고, 삽입시에 동의하지 않아 즐거움을 느끼지 않고, 유지시에 동의하지 않아 즐거움을 느끼지 않고, 인발시에도 동의하지 않아 즐거움을 느끼지 않으면, 무죄이다.

6) 수행승의 적대자들이 깨어있는 인간의 양성을 수행승의 앞으로 데리고 와서 그의 성기에 그의 성기를 들어가게 할 경우, 그러한 적용시에 동의하여 즐거움을 느끼고, 삽입시에 동의하여 즐거움을 느끼고, 유지시에 동의하여 즐거움을 느끼고, 인발시에 동의하여 즐거움을 느끼면, 승단추방죄를 범하는 것이다.

7) 수행승의 적대자들이 깨어있는 인간의 양성을 수행승의 앞으로 데리고 와서 그의 성기에 그의 성기를 들어가게 할 경우, 그러한 적용시에 동의하지 않아 즐거움을 느끼지 않아도, 삽입시에 동의하여 즐거움을 느끼고, 유지시에 동의하여 즐거움을 느끼고, 인발시에 동의하여 즐거움을 느끼면, 승단추방죄를 범하는 것이다.

8) 수행승의 적대자들이 깨어있는 인간의 양성을 수행승의 앞으로 데리고 와서 그의 성기에 그의 성기를 들어가게 할 경우, 그러한 적용시에 동의하지 않아 즐거움을 느끼지 않고, 삽입시에 동의하지 않아 즐거움을 느끼지 않아도, 유지시에 동의하여 즐거움을 느끼고, 인발시에 동의하여 즐거움을 느끼면, 승단추방죄를 범하는 것이다.

9) 수행승의 적대자들이 깨어있는 인간의 양성을 수행승의 앞으로 데리고 와서 그의 성기에 그의 성기를 들어가게 할 경우, 그러한 적용시에 동의하지 않아 즐거움을 느끼지 않고, 삽입시에 동의하지 않아 즐거움을 느끼지 않고, 유지시에 동의하지 않아 즐거움을 느끼지 않아도, 인발시에 동의하여 즐거움을 느끼면, 승단추방죄를 범하는 것이다.

10) 수행승의 적대자들이 깨어있는 인간의 양성을 수행승의 앞으로 데리고 와서 그의 성기에 그의 성기를 들어가게 할 경우, 그러한 적용시에 동의하지 않아 즐거움을 느끼지 않고, 삽입시에 동의하지 않아 즐거움을 느끼지 않고, 유지시에 동의하지 않아 즐거움을 느끼지 않고, 인발시에도 동의하지 않아 즐거움을 느끼지 않으면, 무죄이다.

11) 수행승의 적대자들이 깨어있는 인간의 양성을 수행승의 앞으로 데리고 와서 그의 구강에 그의 성기를 들어가게 할 경우, 그러한 적용시에 동의하여 즐거움을 느끼고, 삽입시에 동의하여 즐거움을 느끼고, 유지시에 동의하여 즐거움을 느끼고, 인발시에 동의하여 즐거움을 느끼면, 승단추방죄를 범하는 것이다.

12) 수행승의 적대자들이 깨어있는 인간의 양성을 수행승의 앞으로 데리고 와서 그의 구강에 그의 성기를 들어가게 할 경우, 그러한 적용시에 동의하지 않아 즐거움을 느끼지 않아도, 삽입시에 동의하여 즐거움을 느끼고, 유지시에 동의하여 즐거움을 느끼고, 인발시에 동의하여 즐거움을 느끼면, 승단추방죄를 범하는 것이다.

13) 수행승의 적대자들이 깨어있는 인간의 양성을 수행승의 앞으로 데리고 와서 그의 구강에 그의 성기를 들어가게 할 경우, 그러한 적용시에 동의하지 않아 즐거움을 느끼지 않고, 삽입시에 동의하지 않아 즐거움을 느끼지 않아도, 유지시에 동의하여 즐거움을 느끼고, 인발시에 동의하여 즐거움을 느끼면, 승단추방죄를 범하는 것이다.

14) 수행승의 적대자들이 깨어있는 인간의 양성을 수행승의 앞으로 데리고 와서 그의 구강에 그의 성기를 들어가게 할 경우, 그러한 적용시에 동의하지 않아 즐거움을 느끼지 않고, 삽입시에 동의하지 않아 즐거움을 느끼지 않고, 유지시에 동의하지 않아 즐거움을 느끼지 않아도, 인발시에 동의하여 즐거움을 느끼면, 승단추방죄를 범하는 것이다.

15) 수행승의 적대자들이 깨어있는 인간의 양성을 수행승의 앞으로 데리고 와서 그의 구강에 그의 성기를 들어가게 할 경우, 그러한 적용시에 동의하지 않아 즐거움을 느끼지 않고, 삽입시에 동의하지 않아 즐거움을 느끼지 않고, 유지시에 동의하지 않아 즐거움을 느끼지 않고, 인발시에도 동의하지 않아 즐거움을 느끼지 않으면, 무죄이다.

9-6₃.

1) 수행승의 적대자들이 잠든 인간의 양성을 수행승의 앞으로 데리고 와서 그의

항문에 그의 성기를 들어가게 할 경우, 그러한 적용시에 동의하여 즐거움을 느끼고, 삽입시에 동의하여 즐거움을 느끼고, 유지시에 동의하여 즐거움을 느끼고, 인발시에 동의하여 즐거움을 느끼면, 승단추방죄를 범하는 것이다.

2) 수행승의 적대자들이 잠든 인간의 양성을 수행승의 앞으로 데리고 와서 그의 항문에 그의 성기를 들어가게 할 경우, 그러한 적용시에 동의하지 않아 즐거움을 느끼지 않아도, 삽입시에 동의하여 즐거움을 느끼고, 유지시에 동의하여 즐거움을 느끼고, 인발시에 동의하여 즐거움을 느끼면, 승단추방죄를 범하는 것이다.

3) 수행승의 적대자들이 잠든 인간의 양성을 수행승의 앞으로 데리고 와서 그의 항문에 그의 성기를 들어가게 할 경우, 그러한 적용시에 동의하지 않아 즐거움을 느끼지 않고, 삽입시에 동의하지 않아 즐거움을 느끼지 않아도, 유지시에 동의하여 즐거움을 느끼고, 인발시에 동의하여 즐거움을 느끼면, 승단추방죄를 범하는 것이다

4) 수행승의 적대자들이 잠든 인간의 양성을 수행승의 앞으로 데리고 와서 그의 항문에 그의 성기를 들어가게 할 경우, 그러한 적용시에 동의하지 않아 즐거움을 느끼지 않고, 삽입시에 동의하지 않아 즐거움을 느끼지 않고, 유지시에 동의하지 않아 즐거움을 느끼지 않아도, 인발시에 동의하여 즐거움을 느끼면, 승단추방죄를 범하는 것이다.

5) 수행승의 적대자들이 잠든 인간의 양성을 수행승의 앞으로 데리고 와서 그의 항문에 그의 성기를 들어가게 할 경우, 그러한 적용시에 동의하지 않아 즐거움을 느끼지 않고, 삽입시에 동의하지 않아 즐거움을 느끼지 않고, 유지시에 동의하지 않아 즐거움을 느끼지 않고, 인발시에도 동의하지 않아 즐거움을 느끼지 않으면, 무죄이다.

6) 수행승의 적대자들이 잠든 인간의 양성을 수행승의 앞으로 데리고 와서 그의 성기에 그의 성기를 들어가게 할 경우, 그러한 적용시에 동의하여 즐거움을 느끼고, 삽입시에 동의하여 즐거움을 느끼고, 유지시에 동의하여 즐거움을 느끼고, 인발시에 동의하여 즐거움을 느끼면, 승단추방죄를 범하는 것이다.

7) 수행승의 적대자들이 잠든 인간의 양성을 수행승의 앞으로 데리고 와서 그의 성기에 그의 성기를 들어가게 할 경우, 그러한 적용시에 동의하지 않아 즐거움을 느끼지 않아도, 삽입시에 동의하여 즐거움을 느끼고, 유지시에 동의하여 즐거움을 느끼고, 인발시에 동의하여 즐거움을 느끼면, 승단추방죄를 범하는

것이다.

8) 수행승의 적대자들이 잠든 인간의 양성을 수행승의 앞으로 데리고 와서 그의 성기에 그의 성기를 들어가게 할 경우, 그러한 적용시에 동의하지 않아 즐거움을 느끼지 않고, 삽입시에 동의하지 않아 즐거움을 느끼지 않아도, 유지시에 동의하여 즐거움을 느끼고, 인발시에 동의하여 즐거움을 느끼면, 승단추방죄를 범하는 것이다.

9) 수행승의 적대자들이 잠든 인간의 양성을 수행승의 앞으로 데리고 와서 그의 성기에 그의 성기를 들어가게 할 경우, 그러한 적용시에 동의하지 않아 즐거움을 느끼지 않고, 삽입시에 동의하지 않아 즐거움을 느끼지 않고, 유지시에 동의하지 않아 즐거움을 느끼지 않아도, 인발시에 동의하여 즐거움을 느끼면, 승단추방죄를 범하는 것이다.

10) 수행승의 적대자들이 잠든 인간의 양성을 수행승의 앞으로 데리고 와서 그의 성기에 그의 성기를 들어가게 할 경우, 그러한 적용시에 동의하지 않아 즐거움을 느끼지 않고, 삽입시에 동의하지 않아 즐거움을 느끼지 않고, 유지시에 동의하지 않아 즐거움을 느끼지 않고, 인발시에도 동의하지 않아 즐거움을 느끼지 않으면, 무죄이다.

11) 수행승의 적대자들이 잠든 인간의 양성을 수행승의 앞으로 데리고 와서 그의 구강에 그의 성기를 들어가게 할 경우, 그러한 적용시에 동의하여 즐거움을 느끼고, 삽입시에 동의하여 즐거움을 느끼고, 유지시에 동의하여 즐거움을 느끼고, 인발시에 동의하여 즐거움을 느끼면, 승단추방죄를 범하는 것이다.

12) 수행승의 적대자들이 잠든 인간의 양성을 수행승의 앞으로 데리고 와서 그의 구강에 그의 성기를 들어가게 할 경우, 그러한 적용시에 동의하지 않아 즐거움을 느끼지 않아도, 삽입시에 동의하여 즐거움을 느끼고, 유지시에 동의하여 즐거움을 느끼고, 인발시에 동의하여 즐거움을 느끼면, 승단추방죄를 범하는 것이다.

13) 수행승의 적대자들이 잠든 인간의 양성을 수행승의 앞으로 데리고 와서 그의 구강에 그의 성기를 들어가게 할 경우, 그러한 적용시에 동의하지 않아 즐거움을 느끼지 않고, 삽입시에 동의하지 않아 즐거움을 느끼지 않아도, 유지시에 동의하여 즐거움을 느끼고, 인발시에 동의하여 즐거움을 느끼면, 승단추방죄를 범하는 것이다.

14) 수행승의 적대자들이 잠든 인간의 양성을 수행승의 앞으로 데리고 와서 그의

구강에 그의 성기를 들어가게 할 경우, 그러한 적용시에 동의하지 않아 즐거움을 느끼지 않고, 삽입시에 동의하지 않아 즐거움을 느끼지 않고, 유지시에 동의하지 않아 즐거움을 느끼지 않아도, 인발시에 동의하여 즐거움을 느끼면, 승단추방죄를 범하는 것이다.

15) 수행승의 적대자들이 잠든 인간의 양성을 수행승의 앞으로 데리고 와서 그의 구강에 그의 성기를 들어가게 할 경우, 그러한 적용시에 동의하지 않아 즐거움을 느끼지 않고, 삽입시에 동의하지 않아 즐거움을 느끼지 않고, 유지시에 동의하지 않아 즐거움을 느끼지 않고, 인발시에도 동의하지 않아 즐거움을 느끼지 않으면, 무죄이다.

9-64.

1) 수행승의 적대자들이 술취한 인간의 양성을 수행승의 앞으로 데리고 와서 그의 항문에 그의 성기를 들어가게 할 경우, 그러한 적용시에 동의하여 즐거움을 느끼고, 삽입시에 동의하여 즐거움을 느끼고, 유지시에 동의하여 즐거움을 느끼고, 인발시에 동의하여 즐거움을 느끼면, 승단추방죄를 범하는 것이다.

2) 수행승의 적대자들이 술취한 인간의 양성을 수행승의 앞으로 데리고 와서 그의 항문에 그의 성기를 들어가게 할 경우, 그러한 적용시에 동의하지 않아 즐거움을 느끼지 않아도, 삽입시에 동의하여 즐거움을 느끼고, 유지시에 동의하여 즐거움을 느끼고, 인발시에 동의하여 즐거움을 느끼면, 승단추방죄를 범하는 것이다.

3) 수행승의 적대자들이 술취한 인간의 양성을 수행승의 앞으로 데리고 와서 그의 항문에 그의 성기를 들어가게 할 경우, 그러한 적용시에 동의하지 않아 즐거움을 느끼지 않고, 삽입시에 동의하지 않아 즐거움을 느끼지 않아도, 유지시에 동의하여 즐거움을 느끼고, 인발시에 동의하여 즐거움을 느끼면, 승단추방죄를 범하는 것이다

4) 수행승의 적대자들이 술취한 인간의 양성을 수행승의 앞으로 데리고 와서 그의 항문에 그의 성기를 들어가게 할 경우, 그러한 적용시에 동의하지 않아 즐거움을 느끼지 않고, 삽입시에 동의하지 않아 즐거움을 느끼지 않고, 유지시에 동의하지 않아 즐거움을 느끼지 않아도, 인발시에 동의하여 즐거움을 느끼면, 승단추방죄를 범하는 것이다.

5) 수행승의 적대자들이 술취한 인간의 양성을 수행승의 앞으로 데리고 와서 그의 항문에 그의 성기를 들어가게 할 경우, 그러한 적용시에 동의하지 않아

즐거움을 느끼지 않고, 삽입시에 동의하지 않아 즐거움을 느끼지 않고, 유지시에 동의하지 않아 즐거움을 느끼지 않고, 인발시에도 동의하지 않아 즐거움을 느끼지 않으면, 무죄이다.

6) 수행승의 적대자들이 술취한 인간의 양성을 수행승의 앞으로 데리고 와서 그의 성기에 그의 성기를 들어가게 할 경우, 그러한 적용시에 동의하여 즐거움을 느끼고, 삽입시에 동의하여 즐거움을 느끼고, 유지시에 동의하여 즐거움을 느끼고, 인발시에 동의하여 즐거움을 느끼면, 승단추방죄를 범하는 것이다.

7) 수행승의 적대자들이 술취한 인간의 양성을 수행승의 앞으로 데리고 와서 그의 성기에 그의 성기를 들어가게 할 경우, 그러한 적용시에 동의하지 않아 즐거움을 느끼지 않아도, 삽입시에 동의하여 즐거움을 느끼고, 유지시에 동의하여 즐거움을 느끼고, 인발시에 동의하여 즐거움을 느끼면, 승단추방죄를 범하는 것이다.

8) 수행승의 적대자들이 술취한 인간의 양성을 수행승의 앞으로 데리고 와서 그의 성기에 그의 성기를 들어가게 할 경우, 그러한 적용시에 동의하지 않아 즐거움을 느끼지 않고, 삽입시에 동의하지 않아 즐거움을 느끼지 않아도, 유지시에 동의하여 즐거움을 느끼고, 인발시에 동의하여 즐거움을 느끼면, 승단추방죄를 범하는 것이다.

9) 수행승의 적대자들이 술취한 인간의 양성을 수행승의 앞으로 데리고 와서 그의 성기에 그의 성기를 들어가게 할 경우, 그러한 적용시에 동의하지 않아 즐거움을 느끼지 않고, 삽입시에 동의하지 않아 즐거움을 느끼지 않고, 유지시에 동의하지 않아 즐거움을 느끼지 않아도, 인발시에 동의하여 즐거움을 느끼면, 승단추방죄를 범하는 것이다.

10) 수행승의 적대자들이 술취한 인간의 양성을 수행승의 앞으로 데리고 와서 그의 성기에 그의 성기를 들어가게 할 경우, 그러한 적용시에 동의하지 않아 즐거움을 느끼지 않고, 삽입시에 동의하지 않아 즐거움을 느끼지 않고, 유지시에 동의하지 않아 즐거움을 느끼지 않고, 인발시에도 동의하지 않아 즐거움을 느끼지 않으면, 무죄이다.

11) 수행승의 적대자들이 술취한 인간의 양성을 수행승의 앞으로 데리고 와서 그의 구강에 그의 성기를 들어가게 할 경우, 그러한 적용시에 동의하여 즐거움을 느끼고, 삽입시에 동의하여 즐거움을 느끼고, 유지시에 동의하여 즐거움을 느끼고, 인발시에 동의하여 즐거움을 느끼면, 승단추방죄를 범하는 것이다.

12) 수행승의 적대자들이 술취한 인간의 양성을 수행승의 앞으로 데리고 와서 그의 구강에 그의 성기를 들어가게 할 경우, 그러한 적용시에 동의하지 않아 즐거움을 느끼지 않아도, 삽입시에 동의하여 즐거움을 느끼고, 유지시에 동의하여 즐거움을 느끼고, 인발시에 동의하여 즐거움을 느끼면, 승단추방죄를 범하는 것이다.
13) 수행승의 적대자들이 술취한 인간의 양성을 수행승의 앞으로 데리고 와서 그의 구강에 그의 성기를 들어가게 할 경우, 그러한 적용시에 동의하지 않아 즐거움을 느끼지 않고, 삽입시에 동의하지 않아 즐거움을 느끼지 않아도, 유지시에 동의하여 즐거움을 느끼고, 인발시에 동의하여 즐거움을 느끼면, 승단추방죄를 범하는 것이다.
14) 수행승의 적대자들이 술취한 인간의 양성을 수행승의 앞으로 데리고 와서 그의 구강에 그의 성기를 들어가게 할 경우, 그러한 적용시에 동의하지 않아 즐거움을 느끼지 않고, 삽입시에 동의하지 않아 즐거움을 느끼지 않고, 유지시에 동의하지 않아 즐거움을 느끼지 않아도, 인발시에 동의하여 즐거움을 느끼면, 승단추방죄를 범하는 것이다.
15) 수행승의 적대자들이 술취한 인간의 양성을 수행승의 앞으로 데리고 와서 그의 구강에 그의 성기를 들어가게 할 경우, 그러한 적용시에 동의하지 않아 즐거움을 느끼지 않고, 삽입시에 동의하지 않아 즐거움을 느끼지 않고, 유지시에 동의하지 않아 즐거움을 느끼지 않고, 인발시에도 동의하지 않아 즐거움을 느끼지 않으면, 무죄이다.

9-6₅.

1) 수행승의 적대자들이 정신착란된 인간의 양성을 수행승의 앞으로 데리고 와서 그의 항문에 그의 성기를 들어가게 할 경우, 그러한 적용시에 동의하여 즐거움을 느끼고, 삽입시에 동의하여 즐거움을 느끼고, 유지시에 동의하여 즐거움을 느끼고, 인발시에 동의하여 즐거움을 느끼면, 승단추방죄를 범하는 것이다.
2) 수행승의 적대자들이 정신착란된 인간의 양성을 수행승의 앞으로 데리고 와서 그의 항문에 그의 성기를 들어가게 할 경우, 그러한 적용시에 동의하지 않아 즐거움을 느끼지 않아도, 삽입시에 동의하여 즐거움을 느끼고, 유지시에 동의하여 즐거움을 느끼고, 인발시에 동의하여 즐거움을 느끼면, 승단추방죄를 범하는 것이다.
3) 수행승의 적대자들이 정신착란된 인간의 양성을 수행승의 앞으로 데리고 와서

그의 항문에 그의 성기를 들어가게 할 경우, 그러한 적용시에 동의하지 않아 즐거움을 느끼지 않고, 삽입시에 동의하지 않아 즐거움을 느끼지 않아도, 유지시에 동의하여 즐거움을 느끼고, 인발시에 동의하여 즐거움을 느끼면, 승단추방죄를 범하는 것이다

4) 수행승의 적대자들이 정신착란된 인간의 양성을 수행승의 앞으로 데리고 와서 그의 항문에 그의 성기를 들어가게 할 경우, 그러한 적용시에 동의하지 않아 즐거움을 느끼지 않고, 삽입시에 동의하지 않아 즐거움을 느끼지 않고, 유지시에 동의하지 않아 즐거움을 느끼지 않아도, 인발시에 동의하여 즐거움을 느끼면, 승단추방죄를 범하는 것이다.

5) 수행승의 적대자들이 정신착란된 인간의 양성을 수행승의 앞으로 데리고 와서 그의 항문에 그의 성기를 들어가게 할 경우, 그러한 적용시에 동의하지 않아 즐거움을 느끼지 않고, 삽입시에 동의하지 않아 즐거움을 느끼지 않고, 유지시에 동의하지 않아 즐거움을 느끼지 않고, 인발시에도 동의하지 않아 즐거움을 느끼지 않으면, 무죄이다.

6) 수행승의 적대자들이 정신착란된 인간의 양성을 수행승의 앞으로 데리고 와서 그의 성기에 그의 성기를 들어가게 할 경우, 그러한 적용시에 동의하여 즐거움을 느끼고, 삽입시에 동의하여 즐거움을 느끼고, 유지시에 동의하여 즐거움을 느끼고, 인발시에 동의하여 즐거움을 느끼면, 승단추방죄를 범하는 것이다.

7) 수행승의 적대자들이 정신착란된 인간의 양성을 수행승의 앞으로 데리고 와서 그의 성기에 그의 성기를 들어가게 할 경우, 그러한 적용시에 동의하지 않아 즐거움을 느끼지 않아도, 삽입시에 동의하여 즐거움을 느끼고, 유지시에 동의하여 즐거움을 느끼고, 인발시에 동의하여 즐거움을 느끼면, 승단추방죄를 범하는 것이다.

8) 수행승의 적대자들이 정신착란된 인간의 양성을 수행승의 앞으로 데리고 와서 그의 성기에 그의 성기를 들어가게 할 경우, 그러한 적용시에 동의하지 않아 즐거움을 느끼지 않고, 삽입시에 동의하지 않아 즐거움을 느끼지 않아도, 유지시에 동의하여 즐거움을 느끼고, 인발시에 동의하여 즐거움을 느끼면, 승단추방죄를 범하는 것이다.

9) 수행승의 적대자들이 정신착란된 인간의 양성을 수행승의 앞으로 데리고 와서 그의 성기에 그의 성기를 들어가게 할 경우, 그러한 적용시에 동의하지 않아 즐거움을 느끼지 않고, 삽입시에 동의하지 않아 즐거움을 느끼지 않고, 유지시

에 동의하지 않아 즐거움을 느끼지 않아도, 인발시에 동의하여 즐거움을 느끼면, 승단추방죄를 범하는 것이다.

10) 수행승의 적대자들이 정신착란된 인간의 양성을 수행승의 앞으로 데리고 와서 그의 성기에 그의 성기를 들어가게 할 경우, 그러한 적용시에 동의하지 않아 즐거움을 느끼지 않고, 삽입시에 동의하지 않아 즐거움을 느끼지 않고, 유지시에 동의하지 않아 즐거움을 느끼지 않고, 인발시에도 동의하지 않아 즐거움을 느끼지 않으면, 무죄이다.

11) 수행승의 적대자들이 정신착란된 인간의 양성을 수행승의 앞으로 데리고 와서 그의 구강에 그의 성기를 들어가게 할 경우, 그러한 적용시에 동의하여 즐거움을 느끼고, 삽입시에 동의하여 즐거움을 느끼고, 유지시에 동의하여 즐거움을 느끼고, 인발시에 동의하여 즐거움을 느끼면, 승단추방죄를 범하는 것이다.

12) 수행승의 적대자들이 정신착란된 인간의 양성을 수행승의 앞으로 데리고 와서 그의 구강에 그의 성기를 들어가게 할 경우, 그러한 적용시에 동의하지 않아 즐거움을 느끼지 않아도, 삽입시에 동의하여 즐거움을 느끼고, 유지시에 동의하여 즐거움을 느끼고, 인발시에 동의하여 즐거움을 느끼면, 승단추방죄를 범하는 것이다.

13) 수행승의 적대자들이 정신착란된 인간의 양성을 수행승의 앞으로 데리고 와서 그의 구강에 그의 성기를 들어가게 할 경우, 그러한 적용시에 동의하지 않아 즐거움을 느끼지 않고, 삽입시에 동의하지 않아 즐거움을 느끼지 않아도, 유지시에 동의하여 즐거움을 느끼고, 인발시에 동의하여 즐거움을 느끼면, 승단추방죄를 범하는 것이다.

14) 수행승의 적대자들이 정신착란된 인간의 양성을 수행승의 앞으로 데리고 와서 그의 구강에 그의 성기를 들어가게 할 경우, 그러한 적용시에 동의하지 않아 즐거움을 느끼지 않고, 삽입시에 동의하지 않아 즐거움을 느끼지 않고, 유지시에 동의하지 않아 즐거움을 느끼지 않아도, 인발시에 동의하여 즐거움을 느끼면, 승단추방죄를 범하는 것이다.

15) 수행승의 적대자들이 정신착란된 인간의 양성을 수행승의 앞으로 데리고 와서 그의 구강에 그의 성기를 들어가게 할 경우, 그러한 적용시에 동의하지 않아 즐거움을 느끼지 않고, 삽입시에 동의하지 않아 즐거움을 느끼지 않고, 유지시에 동의하지 않아 즐거움을 느끼지 않고, 인발시에도 동의하지 않아

즐거움을 느끼지 않으면, 무죄이다.

9-6₆.

1) 수행승의 적대자들이 방일한 인간의 양성을 수행승의 앞으로 데리고 와서 그의 항문에 그의 성기를 들어가게 할 경우, 그러한 적용시에 동의하여 즐거움을 느끼고, 삽입시에 동의하여 즐거움을 느끼고, 유지시에 동의하여 즐거움을 느끼고, 인발시에 동의하여 즐거움을 느끼면, 승단추방죄를 범하는 것이다.
2) 수행승의 적대자들이 방일한 인간의 양성을 수행승의 앞으로 데리고 와서 그의 항문에 그의 성기를 들어가게 할 경우, 그러한 적용시에 동의하지 않아 즐거움을 느끼지 않아도, 삽입시에 동의하여 즐거움을 느끼고, 유지시에 동의하여 즐거움을 느끼고, 인발시에 동의하여 즐거움을 느끼면, 승단추방죄를 범하는 것이다.
3) 수행승의 적대자들이 방일한 인간의 양성을 수행승의 앞으로 데리고 와서 그의 항문에 그의 성기를 들어가게 할 경우, 그러한 적용시에 동의하지 않아 즐거움을 느끼지 않고, 삽입시에 동의하지 않아 즐거움을 느끼지 않아도, 유지시에 동의하여 즐거움을 느끼고, 인발시에 동의하여 즐거움을 느끼면, 승단추방죄를 범하는 것이다
4) 수행승의 적대자들이 방일한 인간의 양성을 수행승의 앞으로 데리고 와서 그의 항문에 그의 성기를 들어가게 할 경우, 그러한 적용시에 동의하지 않아 즐거움을 느끼지 않고, 삽입시에 동의하지 않아 즐거움을 느끼지 않고, 유지시에 동의하지 않아 즐거움을 느끼지 않아도, 인발시에 동의하여 즐거움을 느끼면, 승단추방죄를 범하는 것이다.
5) 수행승의 적대자들이 방일한 인간의 양성을 수행승의 앞으로 데리고 와서 그의 항문에 그의 성기를 들어가게 할 경우, 그러한 적용시에 동의하지 않아 즐거움을 느끼지 않고, 삽입시에 동의하지 않아 즐거움을 느끼지 않고, 유지시에 동의하지 않아 즐거움을 느끼지 않고, 인발시에도 동의하지 않아 즐거움을 느끼지 않으면, 무죄이다.
6) 수행승의 적대자들이 방일한 인간의 양성을 수행승의 앞으로 데리고 와서 그의 성기에 그의 성기를 들어가게 할 경우, 그러한 적용시에 동의하여 즐거움을 느끼고, 삽입시에 동의하여 즐거움을 느끼고, 유지시에 동의하여 즐거움을 느끼고, 인발시에 동의하여 즐거움을 느끼면, 승단추방죄를 범하는 것이다.
7) 수행승의 적대자들이 방일한 인간의 양성을 수행승의 앞으로 데리고 와서

그의 성기에 그의 성기를 들어가게 할 경우, 그러한 적용시에 동의하지 않아 즐거움을 느끼지 않아도, 삽입시에 동의하여 즐거움을 느끼고, 유지시에 동의하여 즐거움을 느끼고, 인발시에 동의하여 즐거움을 느끼면, 승단추방죄를 범하는 것이다.

8) 수행승의 적대자들이 방일한 인간의 양성을 수행승의 앞으로 데리고 와서 그의 성기에 그의 성기를 들어가게 할 경우, 그러한 적용시에 동의하지 않아 즐거움을 느끼지 않고, 삽입시에 동의하지 않아 즐거움을 느끼지 않아도, 유지시에 동의하여 즐거움을 느끼고, 인발시에 동의하여 즐거움을 느끼면, 승단추방죄를 범하는 것이다.

9) 수행승의 적대자들이 방일한 인간의 양성을 수행승의 앞으로 데리고 와서 그의 성기에 그의 성기를 들어가게 할 경우, 그러한 적용시에 동의하지 않아 즐거움을 느끼지 않고, 삽입시에 동의하지 않아 즐거움을 느끼지 않고, 유지시에 동의하지 않아 즐거움을 느끼지 않아도, 인발시에 동의하여 즐거움을 느끼면, 승단추방죄를 범하는 것이다.

10) 수행승의 적대자들이 방일한 인간의 양성을 수행승의 앞으로 데리고 와서 그의 성기에 그의 성기를 들어가게 할 경우, 그러한 적용시에 동의하지 않아 즐거움을 느끼지 않고, 삽입시에 동의하지 않아 즐거움을 느끼지 않고, 유지시에 동의하지 않아 즐거움을 느끼지 않고, 인발시에도 동의하지 않아 즐거움을 느끼지 않으면, 무죄이다.

11) 수행승의 적대자들이 방일한 인간의 양성을 수행승의 앞으로 데리고 와서 그의 구강에 그의 성기를 들어가게 할 경우, 그러한 적용시에 동의하여 즐거움을 느끼고, 삽입시에 동의하여 즐거움을 느끼고, 유지시에 동의하여 즐거움을 느끼고, 인발시에 동의하여 즐거움을 느끼면, 승단추방죄를 범하는 것이다.

12) 수행승의 적대자들이 방일한 인간의 양성을 수행승의 앞으로 데리고 와서 그의 구강에 그의 성기를 들어가게 할 경우, 그러한 적용시에 동의하지 않아 즐거움을 느끼지 않아도, 삽입시에 동의하여 즐거움을 느끼고, 유지시에 동의하여 즐거움을 느끼고, 인발시에 동의하여 즐거움을 느끼면, 승단추방죄를 범하는 것이다.

13) 수행승의 적대자들이 방일한 인간의 양성을 수행승의 앞으로 데리고 와서 그의 구강에 그의 성기를 들어가게 할 경우, 그러한 적용시에 동의하지 않아 즐거움을 느끼지 않고, 삽입시에 동의하지 않아 즐거움을 느끼지 않아도, 유지

시에 동의하여 즐거움을 느끼고, 인발시에 동의하여 즐거움을 느끼면, 승단추방죄를 범하는 것이다.

14) 수행승의 적대자들이 방일한 인간의 양성을 수행승의 앞으로 데리고 와서 그의 구강에 그의 성기를 들어가게 할 경우, 그러한 적용시에 동의하지 않아 즐거움을 느끼지 않고, 삽입시에 동의하지 않아 즐거움을 느끼지 않고, 유지시에 동의하지 않아 즐거움을 느끼지 않아도, 인발시에 동의하여 즐거움을 느끼면, 승단추방죄를 범하는 것이다.

15) 수행승의 적대자들이 방일한 인간의 양성을 수행승의 앞으로 데리고 와서 그의 구강에 그의 성기를 들어가게 할 경우, 그러한 적용시에 동의하지 않아 즐거움을 느끼지 않고, 삽입시에 동의하지 않아 즐거움을 느끼지 않고, 유지시에 동의하지 않아 즐거움을 느끼지 않고, 인발시에도 동의하지 않아 즐거움을 느끼지 않으면, 무죄이다.

9-6가.

1) 수행승의 적대자들이, 죽었지만 아직 파괴되지 않은 인간의 양성을 수행승의 앞으로 데리고 와서 그의 항문에 그의 성기를 들어가게 할 경우, 그러한 적용시에 동의하여 즐거움을 느끼고, 삽입시에 동의하여 즐거움을 느끼고, 유지시에 동의하여 즐거움을 느끼고, 인발시에 동의하여 즐거움을 느끼면, 승단추방죄를 범하는 것이다.

2) 수행승의 적대자들이, 죽었지만 아직 파괴되지 않은 인간의 양성을 수행승의 앞으로 데리고 와서 그의 항문에 그의 성기를 들어가게 할 경우, 그러한 적용시에 동의하지 않아 즐거움을 느끼지 않아도, 삽입시에 동의하여 즐거움을 느끼고, 유지시에 동의하여 즐거움을 느끼고, 인발시에 동의하여 즐거움을 느끼면, 승단추방죄를 범하는 것이다.

3) 수행승의 적대자들이, 죽었지만 아직 파괴되지 않은 인간의 양성을 수행승의 앞으로 데리고 와서 그의 항문에 그의 성기를 들어가게 할 경우, 그러한 적용시에 동의하지 않아 즐거움을 느끼지 않고, 삽입시에 동의하지 않아 즐거움을 느끼지 않아도, 유지시에 동의하여 즐거움을 느끼고, 인발시에 동의하여 즐거움을 느끼면, 승단추방죄를 범하는 것이다

4) 수행승의 적대자들이, 죽었지만 아직 파괴되지 않은 인간의 양성을 수행승의 앞으로 데리고 와서 그의 항문에 그의 성기를 들어가게 할 경우, 그러한 적용시에 동의하지 않아 즐거움을 느끼지 않고, 삽입시에 동의하지 않아 즐거움을

느끼지 않고, 유지시에 동의하지 않아 즐거움을 느끼지 않아도, 인발시에 동의하여 즐거움을 느끼면, 승단추방죄를 범하는 것이다.

5) 수행승의 적대자들이, 죽었지만 아직 파괴되지 않은 인간의 양성을 수행승의 앞으로 데리고 와서 그의 항문에 그의 성기를 들어가게 할 경우, 그러한 적용시에 동의하지 않아 즐거움을 느끼지 않고, 삽입시에 동의하지 않아 즐거움을 느끼지 않고, 유지시에 동의하지 않아 즐거움을 느끼지 않고, 인발시에도 동의하지 않아 즐거움을 느끼지 않으면, 무죄이다.

6) 수행승의 적대자들이, 죽었지만 아직 파괴되지 않은 인간의 양성을 수행승의 앞으로 데리고 와서 그의 성기에 그의 성기를 들어가게 할 경우, 그러한 적용시에 동의하여 즐거움을 느끼고, 삽입시에 동의하여 즐거움을 느끼고, 유지시에 동의하여 즐거움을 느끼고, 인발시에 동의하여 즐거움을 느끼면, 승단추방죄를 범하는 것이다.

7) 수행승의 적대자들이, 죽었지만 아직 파괴되지 않은 인간의 양성을 수행승의 앞으로 데리고 와서 그의 성기에 그의 성기를 들어가게 할 경우, 그러한 적용시에 동의하지 않아 즐거움을 느끼지 않아도, 삽입시에 동의하여 즐거움을 느끼고, 유지시에 동의하여 즐거움을 느끼고, 인발시에 동의하여 즐거움을 느끼면, 승단추방죄를 범하는 것이다.

8) 수행승의 적대자들이, 죽었지만 아직 파괴되지 않은 인간의 양성을 수행승의 앞으로 데리고 와서 그의 성기에 그의 성기를 들어가게 할 경우, 그러한 적용시에 동의하지 않아 즐거움을 느끼지 않고, 삽입시에 동의하지 않아 즐거움을 느끼지 않아도, 유지시에 동의하여 즐거움을 느끼고, 인발시에 동의하여 즐거움을 느끼면, 승단추방죄를 범하는 것이다.

9) 수행승의 적대자들이, 죽었지만 아직 파괴되지 않은 인간의 양성을 수행승의 앞으로 데리고 와서 그의 성기에 그의 성기를 들어가게 할 경우, 그러한 적용시에 동의하지 않아 즐거움을 느끼지 않고, 삽입시에 동의하지 않아 즐거움을 느끼지 않고, 유지시에 동의하지 않아 즐거움을 느끼지 않아도, 인발시에 동의하여 즐거움을 느끼면, 승단추방죄를 범하는 것이다.

10) 수행승의 적대자들이, 죽었지만 아직 파괴되지 않은 인간의 양성을 수행승의 앞으로 데리고 와서 그의 성기에 그의 성기를 들어가게 할 경우, 그러한 적용시에 동의하지 않아 즐거움을 느끼지 않고, 삽입시에 동의하지 않아 즐거움을 느끼지 않고, 유지시에 동의하지 않아 즐거움을 느끼지 않고, 인발시에도 동의

하지 않아 즐거움을 느끼지 않으면, 무죄이다.

11) 수행승의 적대자들이, 죽었지만 아직 파괴되지 않은 인간의 양성을 수행승의 앞으로 데리고 와서 그의 구강에 그의 성기를 들어가게 할 경우, 그러한 적용시에 동의하여 즐거움을 느끼고, 삽입시에 동의하여 즐거움을 느끼고, 유지시에 동의하여 즐거움을 느끼고, 인발시에 동의하여 즐거움을 느끼면, 승단추방죄를 범하는 것이다.

12) 수행승의 적대자들이, 죽었지만 아직 파괴되지 않은 인간의 양성을 수행승의 앞으로 데리고 와서 그의 구강에 그의 성기를 들어가게 할 경우, 그러한 적용시에 동의하지 않아 즐거움을 느끼지 않아도, 삽입시에 동의하여 즐거움을 느끼고, 유지시에 동의하여 즐거움을 느끼고, 인발시에 동의하여 즐거움을 느끼면, 승단추방죄를 범하는 것이다.

13) 수행승의 적대자들이, 죽었지만 아직 파괴되지 않은 인간의 양성을 수행승의 앞으로 데리고 와서 그의 구강에 그의 성기를 들어가게 할 경우, 그러한 적용시에 동의하지 않아 즐거움을 느끼지 않고, 삽입시에 동의하지 않아 즐거움을 느끼지 않아도, 유지시에 동의하여 즐거움을 느끼고, 인발시에 동의하여 즐거움을 느끼면, 승단추방죄를 범하는 것이다.

14) 수행승의 적대자들이, 죽었지만 아직 파괴되지 않은 인간의 양성을 수행승의 앞으로 데리고 와서 그의 구강에 그의 성기를 들어가게 할 경우, 그러한 적용시에 동의하지 않아 즐거움을 느끼지 않고, 삽입시에 동의하지 않아 즐거움을 느끼지 않고, 유지시에 동의하지 않아 즐거움을 느끼지 않아도, 인발시에 동의하여 즐거움을 느끼면, 승단추방죄를 범하는 것이다.

15) 수행승의 적대자들이, 죽었지만 아직 파괴되지 않은 인간의 양성을 수행승의 앞으로 데리고 와서 그의 구강에 그의 성기를 들어가게 할 경우, 그러한 적용시에 동의하지 않아 즐거움을 느끼지 않고, 삽입시에 동의하지 않아 즐거움을 느끼지 않고, 유지시에 동의하지 않아 즐거움을 느끼지 않고, 인발시에도 동의하지 않아 즐거움을 느끼지 않으면, 무죄이다.

9-6s.

1) 수행승의 적대자들이, 죽었지만 대체로 파괴되지 않은 인간의 양성을 수행승의 앞으로 데리고 와서 그의 항문에 그의 성기를 들어가게 할 경우, 그러한 적용시에 동의하여 즐거움을 느끼고, 삽입시에 동의하여 즐거움을 느끼고, 유지시에 동의하여 즐거움을 느끼고, 인발시에 동의하여 즐거움을 느끼면,

승단추방죄를 범하는 것이다.

2) 수행승의 적대자들이, 죽었지만 대체로 파괴되지 않은 인간의 양성을 수행승의 앞으로 데리고 와서 그의 항문에 그의 성기를 들어가게 할 경우, 그러한 적용시에 동의하지 않아 즐거움을 느끼지 않아도, 삽입시에 동의하여 즐거움을 느끼고, 유지시에 동의하여 즐거움을 느끼고, 인발시에 동의하여 즐거움을 느끼면, 승단추방죄를 범하는 것이다.

3) 수행승의 적대자들이, 죽었지만 대체로 파괴되지 않은 인간의 양성을 수행승의 앞으로 데리고 와서 그의 항문에 그의 성기를 들어가게 할 경우, 그러한 적용시에 동의하지 않아 즐거움을 느끼지 않고, 삽입시에 동의하지 않아 즐거움을 느끼지 않아도, 유지시에 동의하여 즐거움을 느끼고, 인발시에 동의하여 즐거움을 느끼면, 승단추방죄를 범하는 것이다

4) 수행승의 적대자들이, 죽었지만 대체로 파괴되지 않은 인간의 양성을 수행승의 앞으로 데리고 와서 그의 항문에 그의 성기를 들어가게 할 경우, 그러한 적용시에 동의하지 않아 즐거움을 느끼지 않고, 삽입시에 동의하지 않아 즐거움을 느끼지 않고, 유지시에 동의하지 않아 즐거움을 느끼지 않아도, 인발시에 동의하여 즐거움을 느끼면, 승단추방죄를 범하는 것이다.

5) 수행승의 적대자들이, 죽었지만 대체로 파괴되지 않은 인간의 양성을 수행승의 앞으로 데리고 와서 그의 항문에 그의 성기를 들어가게 할 경우, 그러한 적용시에 동의하지 않아 즐거움을 느끼지 않고, 삽입시에 동의하지 않아 즐거움을 느끼지 않고, 유지시에 동의하지 않아 즐거움을 느끼지 않고, 인발시에도 동의하지 않아 즐거움을 느끼지 않으면, 무죄이다.

6) 수행승의 적대자들이, 죽었지만 대체로 파괴되지 않은 인간의 양성을 수행승의 앞으로 데리고 와서 그의 성기에 그의 성기를 들어가게 할 경우, 그러한 적용시에 동의하여 즐거움을 느끼고, 삽입시에 동의하여 즐거움을 느끼고, 유지시에 동의하여 즐거움을 느끼고, 인발시에 동의하여 즐거움을 느끼면, 승단추방죄를 범하는 것이다.

7) 수행승의 적대자들이, 죽었지만 대체로 파괴되지 않은 인간의 양성을 수행승의 앞으로 데리고 와서 그의 성기에 그의 성기를 들어가게 할 경우, 그러한 적용시에 동의하지 않아 즐거움을 느끼지 않아도, 삽입시에 동의하여 즐거움을 느끼고, 유지시에 동의하여 즐거움을 느끼고, 인발시에 동의하여 즐거움을 느끼면, 승단추방죄를 범하는 것이다.

8) 수행승의 적대자들이, 죽었지만 대체로 파괴되지 않은 인간의 양성을 수행승의 앞으로 데리고 와서 그의 성기에 그의 성기를 들어가게 할 경우, 그러한 적용시에 동의하지 않아 즐거움을 느끼지 않고, 삽입시에 동의하지 않아 즐거움을 느끼지 않아도, 유지시에 동의하여 즐거움을 느끼고, 인발시에 동의하여 즐거움을 느끼면, 승단추방죄를 범하는 것이다.
9) 수행승의 적대자들이, 죽었지만 대체로 파괴되지 않은 인간의 양성을 수행승의 앞으로 데리고 와서 그의 성기에 그의 성기를 들어가게 할 경우, 그러한 적용시에 동의하지 않아 즐거움을 느끼지 않고, 삽입시에 동의하지 않아 즐거움을 느끼지 않고, 유지시에 동의하지 않아 즐거움을 느끼지 않아도, 인발시에 동의하여 즐거움을 느끼면, 승단추방죄를 범하는 것이다.
10) 수행승의 적대자들이, 죽었지만 대체로 파괴되지 않은 인간의 양성을 수행승의 앞으로 데리고 와서 그의 성기에 그의 성기를 들어가게 할 경우, 그러한 적용시에 동의하지 않아 즐거움을 느끼지 않고, 삽입시에 동의하지 않아 즐거움을 느끼지 않고, 유지시에 동의하지 않아 즐거움을 느끼지 않고, 인발시에도 동의하지 않아 즐거움을 느끼지 않으면, 무죄이다.
11) 수행승의 적대자들이, 죽었지만 대체로 파괴되지 않은 인간의 양성을 수행승의 앞으로 데리고 와서 그의 구강에 그의 성기를 들어가게 할 경우, 그러한 적용시에 동의하여 즐거움을 느끼고, 삽입시에 동의하여 즐거움을 느끼고, 유지시에 동의하여 즐거움을 느끼고, 인발시에 동의하여 즐거움을 느끼면, 승단추방죄를 범하는 것이다.
12) 수행승의 적대자들이, 죽었지만 대체로 파괴되지 않은 인간의 양성을 수행승의 앞으로 데리고 와서 그의 구강에 그의 성기를 들어가게 할 경우, 그러한 적용시에 동의하지 않아 즐거움을 느끼지 않아도, 삽입시에 동의하여 즐거움을 느끼고, 유지시에 동의하여 즐거움을 느끼고, 인발시에 동의하여 즐거움을 느끼면, 승단추방죄를 범하는 것이다.
13) 수행승의 적대자들이, 죽었지만 대체로 파괴되지 않은 인간의 양성을 수행승의 앞으로 데리고 와서 그의 구강에 그의 성기를 들어가게 할 경우, 그러한 적용시에 동의하지 않아 즐거움을 느끼지 않고, 삽입시에 동의하지 않아 즐거움을 느끼지 않아도, 유지시에 동의하여 즐거움을 느끼고, 인발시에 동의하여 즐거움을 느끼면, 승단추방죄를 범하는 것이다.
14) 수행승의 적대자들이, 죽었지만 대체로 파괴되지 않은 인간의 양성을 수행승

의 앞으로 데리고 와서 그의 구강에 그의 성기를 들어가게 할 경우, 그러한 적용시에 동의하지 않아 즐거움을 느끼지 않고, 삽입시에 동의하지 않아 즐거움을 느끼지 않고, 유지시에 동의하지 않아 즐거움을 느끼지 않아도, 인발시에 동의하여 즐거움을 느끼면, 승단추방죄를 범하는 것이다.

15) 수행승의 적대자들이, 죽었지만 대체로 파괴되지 않은 인간의 양성을 수행승의 앞으로 데리고 와서 그의 구강에 그의 성기를 들어가게 할 경우, 그러한 적용시에 동의하지 않아 즐거움을 느끼지 않고, 삽입시에 동의하지 않아 즐거움을 느끼지 않고, 유지시에 동의하지 않아 즐거움을 느끼지 않고, 인발시에도 동의하지 않아 즐거움을 느끼지 않으면, 무죄이다.

9-6₉.

1) 수행승의 적대자들이, 죽어서 거의 파괴된 인간의 양성을 수행승의 앞으로 데리고 와서 그의 항문에 그의 성기를 들어가게 할 경우, 그러한 적용시에 동의하여 즐거움을 느끼고, 삽입시에 동의하여 즐거움을 느끼고, 유지시에 동의하여 즐거움을 느끼고, 인발시에 동의하여 즐거움을 느끼면, 추악죄를 범하는 것이다.

2) 수행승의 적대자들이, 죽어서 거의 파괴된 인간의 양성을 수행승의 앞으로 데리고 와서 그의 항문에 그의 성기를 들어가게 할 경우, 그러한 적용시에 동의하지 않아 즐거움을 느끼지 않아도, 삽입시에 동의하여 즐거움을 느끼고, 유지시에 동의하여 즐거움을 느끼고, 인발시에 동의하여 즐거움을 느끼면, 추악죄를 범하는 것이다.

3) 수행승의 적대자들이, 죽어서 거의 파괴된 인간의 양성을 수행승의 앞으로 데리고 와서 그의 항문에 그의 성기를 들어가게 할 경우, 그러한 적용시에 동의하지 않아 즐거움을 느끼지 않고, 삽입시에 동의하지 않아 즐거움을 느끼지 않아도, 유지시에 동의하여 즐거움을 느끼고, 인발시에 동의하여 즐거움을 느끼면, 추악죄를 범하는 것이다

4) 수행승의 적대자들이, 죽어서 거의 파괴된 인간의 양성을 수행승의 앞으로 데리고 와서 그의 항문에 그의 성기를 들어가게 할 경우, 그러한 적용시에 동의하지 않아 즐거움을 느끼지 않고, 삽입시에 동의하지 않아 즐거움을 느끼지 않고, 유지시에 동의하지 않아 즐거움을 느끼지 않아도, 인발시에 동의하여 즐거움을 느끼면, 추악죄를 범하는 것이다.

5) 수행승의 적대자들이, 죽어서 거의 파괴된 인간의 양성을 수행승의 앞으로

데리고 와서 그의 항문에 그의 성기를 들어가게 할 경우, 그러한 적용시에 동의하지 않아 즐거움을 느끼지 않고, 삽입시에 동의하지 않아 즐거움을 느끼지 않고, 유지시에 동의하지 않아 즐거움을 느끼지 않고, 인발시에도 동의하지 않아 즐거움을 느끼지 않으면, 무죄이다.

6) 수행승의 적대자들이, 죽어서 거의 파괴된 인간의 양성을 수행승의 앞으로 데리고 와서 그의 성기에 그의 성기를 들어가게 할 경우, 그러한 적용시에 동의하여 즐거움을 느끼고, 삽입시에 동의하여 즐거움을 느끼고, 유지시에 동의하여 즐거움을 느끼고, 인발시에 동의하여 즐거움을 느끼면, 추악죄를 범하는 것이다.

7) 수행승의 적대자들이, 죽어서 거의 파괴된 인간의 양성을 수행승의 앞으로 데리고 와서 그의 성기에 그의 성기를 들어가게 할 경우, 그러한 적용시에 동의하지 않아 즐거움을 느끼지 않아도, 삽입시에 동의하여 즐거움을 느끼고, 유지시에 동의하여 즐거움을 느끼고, 인발시에 동의하여 즐거움을 느끼면, 추악죄를 범하는 것이다.

8) 수행승의 적대자들이, 죽어서 거의 파괴된 인간의 양성을 수행승의 앞으로 데리고 와서 그의 성기에 그의 성기를 들어가게 할 경우, 그러한 적용시에 동의하지 않아 즐거움을 느끼지 않고, 삽입시에 동의하지 않아 즐거움을 느끼지 않아도, 유지시에 동의하여 즐거움을 느끼고, 인발시에 동의하여 즐거움을 느끼면, 추악죄를 범하는 것이다.

9) 수행승의 적대자들이, 죽어서 거의 파괴된 인간의 양성을 수행승의 앞으로 데리고 와서 그의 성기에 그의 성기를 들어가게 할 경우, 그러한 적용시에 동의하지 않아 즐거움을 느끼지 않고, 삽입시에 동의하지 않아 즐거움을 느끼지 않고, 유지시에 동의하지 않아 즐거움을 느끼지 않아도, 인발시에 동의하여 즐거움을 느끼면, 추악죄를 범하는 것이다.

10) 수행승의 적대자들이, 죽어서 거의 파괴된 인간의 양성을 수행승의 앞으로 데리고 와서 그의 성기에 그의 성기를 들어가게 할 경우, 그러한 적용시에 동의하지 않아 즐거움을 느끼지 않고, 삽입시에 동의하지 않아 즐거움을 느끼지 않고, 유지시에 동의하지 않아 즐거움을 느끼지 않고, 인발시에도 동의하지 않아 즐거움을 느끼지 않으면, 무죄이다.

11) 수행승의 적대자들이, 죽어서 거의 파괴된 인간의 양성을 수행승의 앞으로 데리고 와서 그의 구강에 그의 성기를 들어가게 할 경우, 그러한 적용시에

동의하여 즐거움을 느끼고, 삽입시에 동의하여 즐거움을 느끼고, 유지시에 동의하여 즐거움을 느끼고, 인발시에 동의하여 즐거움을 느끼면, 추악죄를 범하는 것이다.

12) 수행승의 적대자들이, 죽어서 거의 파괴된 인간의 양성을 수행승의 앞으로 데리고 와서 그의 구강에 그의 성기를 들어가게 할 경우, 그러한 적용시에 동의하지 않아 즐거움을 느끼지 않아도, 삽입시에 동의하여 즐거움을 느끼고, 유지시에 동의하여 즐거움을 느끼고, 인발시에 동의하여 즐거움을 느끼면, 추악죄를 범하는 것이다.

13) 수행승의 적대자들이, 죽어서 거의 파괴된 인간의 양성을 수행승의 앞으로 데리고 와서 그의 구강에 그의 성기를 들어가게 할 경우, 그러한 적용시에 동의하지 않아 즐거움을 느끼지 않고, 삽입시에 동의하지 않아 즐거움을 느끼지 않아도, 유지시에 동의하여 즐거움을 느끼고, 인발시에 동의하여 즐거움을 느끼면, 추악죄를 범하는 것이다.

14) 수행승의 적대자들이, 죽어서 거의 파괴된 인간의 양성을 수행승의 앞으로 데리고 와서 그의 구강에 그의 성기를 들어가게 할 경우, 그러한 적용시에 동의하지 않아 즐거움을 느끼지 않고, 삽입시에 동의하지 않아 즐거움을 느끼지 않고, 유지시에 동의하지 않아 즐거움을 느끼지 않아도, 인발시에 동의하여 즐거움을 느끼면, 추악죄를 범하는 것이다.

15) 수행승의 적대자들이, 죽어서 거의 파괴된 인간의 양성을 수행승의 앞으로 데리고 와서 그의 구강에 그의 성기를 들어가게 할 경우, 그러한 적용시에 동의하지 않아 즐거움을 느끼지 않고, 삽입시에 동의하지 않아 즐거움을 느끼지 않고, 유지시에 동의하지 않아 즐거움을 느끼지 않고, 인발시에도 동의하지 않아 즐거움을 느끼지 않으면, 무죄이다.

9-7₁.

1) 수행승의 적대자들이 비인간의 양성을 수행승의 앞으로 데리고 와서 그의 항문에 그의 성기를 들어가게 할 경우, 그러한 적용시에 동의하여 즐거움을 느끼고, 삽입시에 동의하여 즐거움을 느끼고, 유지시에 동의하여 즐거움을 느끼고, 인발시에 동의하여 즐거움을 느끼면, 승단추방죄를 범하는 것이다.

2) 수행승의 적대자들이 비인간의 양성을 수행승의 앞으로 데리고 와서 그의 항문에 그의 성기를 들어가게 할 경우, 그러한 적용시에 동의하지 않아 즐거움을 느끼지 않아도, 삽입시에 동의하여 즐거움을 느끼고, 유지시에 동의하여

즐거움을 느끼고, 인발시에 동의하여 즐거움을 느끼면, 승단추방죄를 범하는 것이다.

3) 수행승의 적대자들이 비인간의 양성을 수행승의 앞으로 데리고 와서 그의 항문에 그의 성기를 들어가게 할 경우, 그러한 적용시에 동의하지 않아 즐거움을 느끼지 않고, 삽입시에 동의하지 않아 즐거움을 느끼지 않아도, 유지시에 동의하여 즐거움을 느끼고, 인발시에 동의하여 즐거움을 느끼면, 승단추방죄를 범하는 것이다

4) 수행승의 적대자들이 비인간의 양성을 수행승의 앞으로 데리고 와서 그의 항문에 그의 성기를 들어가게 할 경우, 그러한 적용시에 동의하지 않아 즐거움을 느끼지 않고, 삽입시에 동의하지 않아 즐거움을 느끼지 않고, 유지시에 동의하지 않아 즐거움을 느끼지 않아도, 인발시에 동의하여 즐거움을 느끼면, 승단추방죄를 범하는 것이다.

5) 수행승의 적대자들이 비인간의 양성을 수행승의 앞으로 데리고 와서 그의 항문에 그의 성기를 들어가게 할 경우, 그러한 적용시에 동의하지 않아 즐거움을 느끼지 않고, 삽입시에 동의하지 않아 즐거움을 느끼지 않고, 유지시에 동의하지 않아 즐거움을 느끼지 않고, 인발시에도 동의하지 않아 즐거움을 느끼지 않으면, 무죄이다.

6) 수행승의 적대자들이 비인간의 양성을 수행승의 앞으로 데리고 와서 그의 성기에 그의 성기를 들어가게 할 경우, 그러한 적용시에 동의하여 즐거움을 느끼고, 삽입시에 동의하여 즐거움을 느끼고, 유지시에 동의하여 즐거움을 느끼고, 인발시에 동의하여 즐거움을 느끼면, 승단추방죄를 범하는 것이다.

7) 수행승의 적대자들이 비인간의 양성을 수행승의 앞으로 데리고 와서 그의 성기에 그의 성기를 들어가게 할 경우, 그러한 적용시에 동의하지 않아 즐거움을 느끼지 않아도, 삽입시에 동의하여 즐거움을 느끼고, 유지시에 동의하여 즐거움을 느끼고, 인발시에 동의하여 즐거움을 느끼면, 승단추방죄를 범하는 것이다.

8) 수행승의 적대자들이 비인간의 양성을 수행승의 앞으로 데리고 와서 그의 성기에 그의 성기를 들어가게 할 경우, 그러한 적용시에 동의하지 않아 즐거움을 느끼지 않고, 삽입시에 동의하지 않아 즐거움을 느끼지 않아도, 유지시에 동의하여 즐거움을 느끼고, 인발시에 동의하여 즐거움을 느끼면, 승단추방죄를 범하는 것이다.

9) 수행승의 적대자들이 비인간의 양성을 수행승의 앞으로 데리고 와서 그의 성기에 그의 성기를 들어가게 할 경우, 그러한 적용시에 동의하지 않아 즐거움을 느끼지 않고, 삽입시에 동의하지 않아 즐거움을 느끼지 않고, 유지시에 동의하지 않아 즐거움을 느끼지 않아도, 인발시에 동의하여 즐거움을 느끼면, 승단추방죄를 범하는 것이다.

10) 수행승의 적대자들이 비인간의 양성을 수행승의 앞으로 데리고 와서 그의 성기에 그의 성기를 들어가게 할 경우, 그러한 적용시에 동의하지 않아 즐거움을 느끼지 않고, 삽입시에 동의하지 않아 즐거움을 느끼지 않고, 유지시에 동의하지 않아 즐거움을 느끼지 않고, 인발시에도 동의하지 않아 즐거움을 느끼지 않으면, 무죄이다.

11) 수행승의 적대자들이 비인간의 양성을 수행승의 앞으로 데리고 와서 그의 구강에 그의 성기를 들어가게 할 경우, 그러한 적용시에 동의하여 즐거움을 느끼고, 삽입시에 동의하여 즐거움을 느끼고, 유지시에 동의하여 즐거움을 느끼고, 인발시에 동의하여 즐거움을 느끼면, 승단추방죄를 범하는 것이다.

12) 수행승의 적대자들이 비인간의 양성을 수행승의 앞으로 데리고 와서 그의 구강에 그의 성기를 들어가게 할 경우, 그러한 적용시에 동의하지 않아 즐거움을 느끼지 않아도, 삽입시에 동의하여 즐거움을 느끼고, 유지시에 동의하여 즐거움을 느끼고, 인발시에 동의하여 즐거움을 느끼면, 승단추방죄를 범하는 것이다.

13) 수행승의 적대자들이 비인간의 양성을 수행승의 앞으로 데리고 와서 그의 구강에 그의 성기를 들어가게 할 경우, 그러한 적용시에 동의하지 않아 즐거움을 느끼지 않고, 삽입시에 동의하지 않아 즐거움을 느끼지 않아도, 유지시에 동의하여 즐거움을 느끼고, 인발시에 동의하여 즐거움을 느끼면, 승단추방죄를 범하는 것이다.

14) 수행승의 적대자들이 비인간의 양성을 수행승의 앞으로 데리고 와서 그의 구강에 그의 성기를 들어가게 할 경우, 그러한 적용시에 동의하지 않아 즐거움을 느끼지 않고, 삽입시에 동의하지 않아 즐거움을 느끼지 않고, 유지시에 동의하지 않아 즐거움을 느끼지 않아도, 인발시에 동의하여 즐거움을 느끼면, 승단추방죄를 범하는 것이다.

15) 수행승의 적대자들이 비인간의 양성을 수행승의 앞으로 데리고 와서 그의 구강에 그의 성기를 들어가게 할 경우, 그러한 적용시에 동의하지 않아 즐거움

을 느끼지 않고, 삽입시에 동의하지 않아 즐거움을 느끼지 않고, 유지시에 동의하지 않아 즐거움을 느끼지 않고, 인발시에도 동의하지 않아 즐거움을 느끼지 않으면, 무죄이다.

9-7₂.

1) 수행승의 적대자들이 깨어있는 비인간의 양성을 수행승의 앞으로 데리고 와서 그의 항문에 그의 성기를 들어가게 할 경우, 그러한 적용시에 동의하여 즐거움을 느끼고, 삽입시에 동의하여 즐거움을 느끼고, 유지시에 동의하여 즐거움을 느끼고, 인발시에 동의하여 즐거움을 느끼면, 승단추방죄를 범하는 것이다.

2) 수행승의 적대자들이 깨어있는 비인간의 양성을 수행승의 앞으로 데리고 와서 그의 항문에 그의 성기를 들어가게 할 경우, 그러한 적용시에 동의하지 않아 즐거움을 느끼지 않아도, 삽입시에 동의하여 즐거움을 느끼고, 유지시에 동의하여 즐거움을 느끼고, 인발시에 동의하여 즐거움을 느끼면, 승단추방죄를 범하는 것이다.

3) 수행승의 적대자들이 깨어있는 비인간의 양성을 수행승의 앞으로 데리고 와서 그의 항문에 그의 성기를 들어가게 할 경우, 그러한 적용시에 동의하지 않아 즐거움을 느끼지 않고, 삽입시에 동의하지 않아 즐거움을 느끼지 않아도, 유지시에 동의하여 즐거움을 느끼고, 인발시에 동의하여 즐거움을 느끼면, 승단추방죄를 범하는 것이다

4) 수행승의 적대자들이 깨어있는 비인간의 양성을 수행승의 앞으로 데리고 와서 그의 항문에 그의 성기를 들어가게 할 경우, 그러한 적용시에 동의하지 않아 즐거움을 느끼지 않고, 삽입시에 동의하지 않아 즐거움을 느끼지 않고, 유지시에 동의하지 않아 즐거움을 느끼지 않아도, 인발시에 동의하여 즐거움을 느끼면, 승단추방죄를 범하는 것이다.

5) 수행승의 적대자들이 깨어있는 비인간의 양성을 수행승의 앞으로 데리고 와서 그의 항문에 그의 성기를 들어가게 할 경우, 그러한 적용시에 동의하지 않아 즐거움을 느끼지 않고, 삽입시에 동의하지 않아 즐거움을 느끼지 않고, 유지시에 동의하지 않아 즐거움을 느끼지 않고, 인발시에도 동의하지 않아 즐거움을 느끼지 않으면, 무죄이다.

6) 수행승의 적대자들이 깨어있는 비인간의 양성을 수행승의 앞으로 데리고 와서 그의 성기에 그의 성기를 들어가게 할 경우, 그러한 적용시에 동의하여 즐거움을 느끼고, 삽입시에 동의하여 즐거움을 느끼고, 유지시에 동의하여 즐거움을

느끼고, 인발시에 동의하여 즐거움을 느끼면, 승단추방죄를 범하는 것이다.

7) 수행승의 적대자들이 깨어있는 비인간의 양성을 수행승의 앞으로 데리고 와서 그의 성기에 그의 성기를 들어가게 할 경우, 그러한 적용시에 동의하지 않아 즐거움을 느끼지 않아도, 삽입시에 동의하여 즐거움을 느끼고, 유지시에 동의하여 즐거움을 느끼고, 인발시에 동의하여 즐거움을 느끼면, 승단추방죄를 범하는 것이다.

8) 수행승의 적대자들이 깨어있는 비인간의 양성을 수행승의 앞으로 데리고 와서 그의 성기에 그의 성기를 들어가게 할 경우, 그러한 적용시에 동의하지 않아 즐거움을 느끼지 않고, 삽입시에 동의하지 않아 즐거움을 느끼지 않아도, 유지시에 동의하여 즐거움을 느끼고, 인발시에 동의하여 즐거움을 느끼면, 승단추방죄를 범하는 것이다.

9) 수행승의 적대자들이 깨어있는 비인간의 양성을 수행승의 앞으로 데리고 와서 그의 성기에 그의 성기를 들어가게 할 경우, 그러한 적용시에 동의하지 않아 즐거움을 느끼지 않고, 삽입시에 동의하지 않아 즐거움을 느끼지 않고, 유지시에 동의하지 않아 즐거움을 느끼지 않아도, 인발시에 동의하여 즐거움을 느끼면, 승단추방죄를 범하는 것이다.

10) 수행승의 적대자들이 깨어있는 비인간의 양성을 수행승의 앞으로 데리고 와서 그의 성기에 그의 성기를 들어가게 할 경우, 그러한 적용시에 동의하지 않아 즐거움을 느끼지 않고, 삽입시에 동의하지 않아 즐거움을 느끼지 않고, 유지시에 동의하지 않아 즐거움을 느끼지 않고, 인발시에도 동의하지 않아 즐거움을 느끼지 않으면, 무죄이다.

11) 수행승의 적대자들이 깨어있는 비인간의 양성을 수행승의 앞으로 데리고 와서 그의 구강에 그의 성기를 들어가게 할 경우, 그러한 적용시에 동의하여 즐거움을 느끼고, 삽입시에 동의하여 즐거움을 느끼고, 유지시에 동의하여 즐거움을 느끼고, 인발시에 동의하여 즐거움을 느끼면, 승단추방죄를 범하는 것이다.

12) 수행승의 적대자들이 깨어있는 비인간의 양성을 수행승의 앞으로 데리고 와서 그의 구강에 그의 성기를 들어가게 할 경우, 그러한 적용시에 동의하지 않아 즐거움을 느끼지 않아도, 삽입시에 동의하여 즐거움을 느끼고, 유지시에 동의하여 즐거움을 느끼고, 인발시에 동의하여 즐거움을 느끼면, 승단추방죄를 범하는 것이다.

13) 수행승의 적대자들이 깨어있는 비인간의 양성을 수행승의 앞으로 데리고 와서 그의 구강에 그의 성기를 들어가게 할 경우, 그러한 적용시에 동의하지 않아 즐거움을 느끼지 않고, 삽입시에 동의하지 않아 즐거움을 느끼지 않아도, 유지시에 동의하여 즐거움을 느끼고, 인발시에 동의하여 즐거움을 느끼면, 승단추방죄를 범하는 것이다.

14) 수행승의 적대자들이 깨어있는 비인간의 양성을 수행승의 앞으로 데리고 와서 그의 구강에 그의 성기를 들어가게 할 경우, 그러한 적용시에 동의하지 않아 즐거움을 느끼지 않고, 삽입시에 동의하지 않아 즐거움을 느끼지 않고, 유지시에 동의하지 않아 즐거움을 느끼지 않아도, 인발시에 동의하여 즐거움을 느끼면, 승단추방죄를 범하는 것이다.

15) 수행승의 적대자들이 깨어있는 비인간의 양성을 수행승의 앞으로 데리고 와서 그의 구강에 그의 성기를 들어가게 할 경우, 그러한 적용시에 동의하지 않아 즐거움을 느끼지 않고, 삽입시에 동의하지 않아 즐거움을 느끼지 않고, 유지시에 동의하지 않아 즐거움을 느끼지 않고, 인발시에도 동의하지 않아 즐거움을 느끼지 않으면, 무죄이다.

9-7₃.

1) 수행승의 적대자들이 잠든 비인간의 양성을 수행승의 앞으로 데리고 와서 그의 항문에 그의 성기를 들어가게 할 경우, 그러한 적용시에 동의하여 즐거움을 느끼고, 삽입시에 동의하여 즐거움을 느끼고, 유지시에 동의하여 즐거움을 느끼고, 인발시에 동의하여 즐거움을 느끼면, 승단추방죄를 범하는 것이다.

2) 수행승의 적대자들이 잠든 비인간의 양성을 수행승의 앞으로 데리고 와서 그의 항문에 그의 성기를 들어가게 할 경우, 그러한 적용시에 동의하지 않아 즐거움을 느끼지 않아도, 삽입시에 동의하여 즐거움을 느끼고, 유지시에 동의하여 즐거움을 느끼고, 인발시에 동의하여 즐거움을 느끼면, 승단추방죄를 범하는 것이다.

3) 수행승의 적대자들이 잠든 비인간의 양성을 수행승의 앞으로 데리고 와서 그의 항문에 그의 성기를 들어가게 할 경우, 그러한 적용시에 동의하지 않아 즐거움을 느끼지 않고, 삽입시에 동의하지 않아 즐거움을 느끼지 않아도, 유지시에 동의하여 즐거움을 느끼고, 인발시에 동의하여 즐거움을 느끼면, 승단추방죄를 범하는 것이다

4) 수행승의 적대자들이 잠든 비인간의 양성을 수행승의 앞으로 데리고 와서

그의 항문에 그의 성기를 들어가게 할 경우, 그러한 적용시에 동의하지 않아 즐거움을 느끼지 않고, 삽입시에 동의하지 않아 즐거움을 느끼지 않고, 유지시에 동의하지 않아 즐거움을 느끼지 않아도, 인발시에 동의하여 즐거움을 느끼면, 승단추방죄를 범하는 것이다.

5) 수행승의 적대자들이 잠든 비인간의 양성을 수행승의 앞으로 데리고 와서 그의 항문에 그의 성기를 들어가게 할 경우, 그러한 적용시에 동의하지 않아 즐거움을 느끼지 않고, 삽입시에 동의하지 않아 즐거움을 느끼지 않고, 유지시에 동의하지 않아 즐거움을 느끼지 않고, 인발시에도 동의하지 않아 즐거움을 느끼지 않으면, 무죄이다.

6) 수행승의 적대자들이 잠든 비인간의 양성을 수행승의 앞으로 데리고 와서 그의 성기에 그의 성기를 들어가게 할 경우, 그러한 적용시에 동의하여 즐거움을 느끼고, 삽입시에 동의하여 즐거움을 느끼고, 유지시에 동의하여 즐거움을 느끼고, 인발시에 동의하여 즐거움을 느끼면, 승단추방죄를 범하는 것이다.

7) 수행승의 적대자들이 잠든 비인간의 양성을 수행승의 앞으로 데리고 와서 그의 성기에 그의 성기를 들어가게 할 경우, 그러한 적용시에 동의하지 않아 즐거움을 느끼지 않아도, 삽입시에 동의하여 즐거움을 느끼고, 유지시에 동의하여 즐거움을 느끼고, 인발시에 동의하여 즐거움을 느끼면, 승단추방죄를 범하는 것이다.

8) 수행승의 적대자들이 잠든 비인간의 양성을 수행승의 앞으로 데리고 와서 그의 성기에 그의 성기를 들어가게 할 경우, 그러한 적용시에 동의하지 않아 즐거움을 느끼지 않고, 삽입시에 동의하지 않아 즐거움을 느끼지 않아도, 유지시에 동의하여 즐거움을 느끼고, 인발시에 동의하여 즐거움을 느끼면, 승단추방죄를 범하는 것이다.

9) 수행승의 적대자들이 잠든 비인간의 양성을 수행승의 앞으로 데리고 와서 그의 성기에 그의 성기를 들어가게 할 경우, 그러한 적용시에 동의하지 않아 즐거움을 느끼지 않고, 삽입시에 동의하지 않아 즐거움을 느끼지 않고, 유지시에 동의하지 않아 즐거움을 느끼지 않아도, 인발시에 동의하여 즐거움을 느끼면, 승단추방죄를 범하는 것이다.

10) 수행승의 적대자들이 잠든 비인간의 양성을 수행승의 앞으로 데리고 와서 그의 성기에 그의 성기를 들어가게 할 경우, 그러한 적용시에 동의하지 않아 즐거움을 느끼지 않고, 삽입시에 동의하지 않아 즐거움을 느끼지 않고, 유지시

에 동의하지 않아 즐거움을 느끼지 않고, 인발시에도 동의하지 않아 즐거움을 느끼지 않으면, 무죄이다.

11) 수행승의 적대자들이 잠든 비인간의 양성을 수행승의 앞으로 데리고 와서 그의 구강에 그의 성기를 들어가게 할 경우, 그러한 적용시에 동의하여 즐거움을 느끼고, 삽입시에 동의하여 즐거움을 느끼고, 유지시에 동의하여 즐거움을 느끼고, 인발시에 동의하여 즐거움을 느끼면, 승단추방죄를 범하는 것이다.

12) 수행승의 적대자들이 잠든 비인간의 양성을 수행승의 앞으로 데리고 와서 그의 구강에 그의 성기를 들어가게 할 경우, 그러한 적용시에 동의하지 않아 즐거움을 느끼지 않아도, 삽입시에 동의하여 즐거움을 느끼고, 유지시에 동의하여 즐거움을 느끼고, 인발시에 동의하여 즐거움을 느끼면, 승단추방죄를 범하는 것이다.

13) 수행승의 적대자들이 잠든 비인간의 양성을 수행승의 앞으로 데리고 와서 그의 구강에 그의 성기를 들어가게 할 경우, 그러한 적용시에 동의하지 않아 즐거움을 느끼지 않고, 삽입시에 동의하지 않아 즐거움을 느끼지 않아도, 유지시에 동의하여 즐거움을 느끼고, 인발시에 동의하여 즐거움을 느끼면, 승단추방죄를 범하는 것이다.

14) 수행승의 적대자들이 잠든 비인간의 양성을 수행승의 앞으로 데리고 와서 그의 구강에 그의 성기를 들어가게 할 경우, 그러한 적용시에 동의하지 않아 즐거움을 느끼지 않고, 삽입시에 동의하지 않아 즐거움을 느끼지 않고, 유지시에 동의하지 않아 즐거움을 느끼지 않아도, 인발시에 동의하여 즐거움을 느끼면, 승단추방죄를 범하는 것이다.

15) 수행승의 적대자들이 잠든 비인간의 양성을 수행승의 앞으로 데리고 와서 그의 구강에 그의 성기를 들어가게 할 경우, 그러한 적용시에 동의하지 않아 즐거움을 느끼지 않고, 삽입시에 동의하지 않아 즐거움을 느끼지 않고, 유지시에 동의하지 않아 즐거움을 느끼지 않고, 인발시에도 동의하지 않아 즐거움을 느끼지 않으면, 무죄이다.

9-7₄.

1) 수행승의 적대자들이 술취한 비인간의 양성을 수행승의 앞으로 데리고 와서 그의 항문에 그의 성기를 들어가게 할 경우, 그러한 적용시에 동의하여 즐거움을 느끼고, 삽입시에 동의하여 즐거움을 느끼고, 유지시에 동의하여 즐거움을 느끼고, 인발시에 동의하여 즐거움을 느끼면, 승단추방죄를 범하는 것이다.

2) 수행승의 적대자들이 술취한 비인간의 양성을 수행승의 앞으로 데리고 와서 그의 항문에 그의 성기를 들어가게 할 경우, 그러한 적용시에 동의하지 않아 즐거움을 느끼지 않아도, 삽입시에 동의하여 즐거움을 느끼고, 유지시에 동의하여 즐거움을 느끼고, 인발시에 동의하여 즐거움을 느끼면, 승단추방죄를 범하는 것이다.
3) 수행승의 적대자들이 술취한 비인간의 양성을 수행승의 앞으로 데리고 와서 그의 항문에 그의 성기를 들어가게 할 경우, 그러한 적용시에 동의하지 않아 즐거움을 느끼지 않고, 삽입시에 동의하지 않아 즐거움을 느끼지 않아도, 유지시에 동의하여 즐거움을 느끼고, 인발시에 동의하여 즐거움을 느끼면, 승단추방죄를 범하는 것이다
4) 수행승의 적대자들이 술취한 비인간의 양성을 수행승의 앞으로 데리고 와서 그의 항문에 그의 성기를 들어가게 할 경우, 그러한 적용시에 동의하지 않아 즐거움을 느끼지 않고, 삽입시에 동의하지 않아 즐거움을 느끼지 않고, 유지시에 동의하지 않아 즐거움을 느끼지 않아도, 인발시에 동의하여 즐거움을 느끼면, 승단추방죄를 범하는 것이다.
5) 수행승의 적대자들이 술취한 비인간의 양성을 수행승의 앞으로 데리고 와서 그의 항문에 그의 성기를 들어가게 할 경우, 그러한 적용시에 동의하지 않아 즐거움을 느끼지 않고, 삽입시에 동의하지 않아 즐거움을 느끼지 않고, 유지시에 동의하지 않아 즐거움을 느끼지 않고, 인발시에도 동의하지 않아 즐거움을 느끼지 않으면, 무죄이다.
6) 수행승의 적대자들이 술취한 비인간의 양성을 수행승의 앞으로 데리고 와서 그의 성기에 그의 성기를 들어가게 할 경우, 그러한 적용시에 동의하여 즐거움을 느끼고, 삽입시에 동의하여 즐거움을 느끼고, 유지시에 동의하여 즐거움을 느끼고, 인발시에 동의하여 즐거움을 느끼면, 승단추방죄를 범하는 것이다.
7) 수행승의 적대자들이 술취한 비인간의 양성을 수행승의 앞으로 데리고 와서 그의 성기에 그의 성기를 들어가게 할 경우, 그러한 적용시에 동의하지 않아 즐거움을 느끼지 않아도, 삽입시에 동의하여 즐거움을 느끼고, 유지시에 동의하여 즐거움을 느끼고, 인발시에 동의하여 즐거움을 느끼면, 승단추방죄를 범하는 것이다.
8) 수행승의 적대자들이 술취한 비인간의 양성을 수행승의 앞으로 데리고 와서 그의 성기에 그의 성기를 들어가게 할 경우, 그러한 적용시에 동의하지 않아

즐거움을 느끼지 않고, 삽입시에 동의하지 않아 즐거움을 느끼지 않아도, 유지시에 동의하여 즐거움을 느끼고, 인발시에 동의하여 즐거움을 느끼면, 승단추방죄를 범하는 것이다.

9) 수행승의 적대자들이 술취한 비인간의 양성을 수행승의 앞으로 데리고 와서 그의 성기에 그의 성기를 들어가게 할 경우, 그러한 적용시에 동의하지 않아 즐거움을 느끼지 않고, 삽입시에 동의하지 않아 즐거움을 느끼지 않고, 유지시에 동의하지 않아 즐거움을 느끼지 않아도, 인발시에 동의하여 즐거움을 느끼면, 승단추방죄를 범하는 것이다.

10) 수행승의 적대자들이 술취한 비인간의 양성을 수행승의 앞으로 데리고 와서 그의 성기에 그의 성기를 들어가게 할 경우, 그러한 적용시에 동의하지 않아 즐거움을 느끼지 않고, 삽입시에 동의하지 않아 즐거움을 느끼지 않고, 유지시에 동의하지 않아 즐거움을 느끼지 않고, 인발시에도 동의하지 않아 즐거움을 느끼지 않으면, 무죄이다.

11) 수행승의 적대자들이 술취한 비인간의 양성을 수행승의 앞으로 데리고 와서 그의 구강에 그의 성기를 들어가게 할 경우, 그러한 적용시에 동의하여 즐거움을 느끼고, 삽입시에 동의하여 즐거움을 느끼고, 유지시에 동의하여 즐거움을 느끼고, 인발시에 동의하여 즐거움을 느끼면, 승단추방죄를 범하는 것이다.

12) 수행승의 적대자들이 술취한 비인간의 양성을 수행승의 앞으로 데리고 와서 그의 구강에 그의 성기를 들어가게 할 경우, 그러한 적용시에 동의하지 않아 즐거움을 느끼지 않아도, 삽입시에 동의하여 즐거움을 느끼고, 유지시에 동의하여 즐거움을 느끼고, 인발시에 동의하여 즐거움을 느끼면, 승단추방죄를 범하는 것이다.

13) 수행승의 적대자들이 술취한 비인간의 양성을 수행승의 앞으로 데리고 와서 그의 구강에 그의 성기를 들어가게 할 경우, 그러한 적용시에 동의하지 않아 즐거움을 느끼지 않고, 삽입시에 동의하지 않아 즐거움을 느끼지 않아도, 유지시에 동의하여 즐거움을 느끼고, 인발시에 동의하여 즐거움을 느끼면, 승단추방죄를 범하는 것이다.

14) 수행승의 적대자들이 술취한 비인간의 양성을 수행승의 앞으로 데리고 와서 그의 구강에 그의 성기를 들어가게 할 경우, 그러한 적용시에 동의하지 않아 즐거움을 느끼지 않고, 삽입시에 동의하지 않아 즐거움을 느끼지 않고, 유지시에 동의하지 않아 즐거움을 느끼지 않아도, 인발시에 동의하여 즐거움을 느끼

면, 승단추방죄를 범하는 것이다.

15) 수행승의 적대자들이 술취한 비인간의 양성을 수행승의 앞으로 데리고 와서 그의 구강에 그의 성기를 들어가게 할 경우, 그러한 적용시에 동의하지 않아 즐거움을 느끼지 않고, 삽입시에 동의하지 않아 즐거움을 느끼지 않고, 유지시에 동의하지 않아 즐거움을 느끼지 않고, 인발시에도 동의하지 않아 즐거움을 느끼지 않으면, 무죄이다.

9-7₅.

1) 수행승의 적대자들이 정신착란된 비인간의 양성을 수행승의 앞으로 데리고 와서 그의 항문에 그의 성기를 들어가게 할 경우, 그러한 적용시에 동의하여 즐거움을 느끼고, 삽입시에 동의하여 즐거움을 느끼고, 유지시에 동의하여 즐거움을 느끼고, 인발시에 동의하여 즐거움을 느끼면, 승단추방죄를 범하는 것이다.

2) 수행승의 적대자들이 정신착란된 비인간의 양성을 수행승의 앞으로 데리고 와서 그의 항문에 그의 성기를 들어가게 할 경우, 그러한 적용시에 동의하지 않아 즐거움을 느끼지 않아도, 삽입시에 동의하여 즐거움을 느끼고, 유지시에 동의하여 즐거움을 느끼고, 인발시에 동의하여 즐거움을 느끼면, 승단추방죄를 범하는 것이다.

3) 수행승의 적대자들이 정신착란된 비인간의 양성을 수행승의 앞으로 데리고 와서 그의 항문에 그의 성기를 들어가게 할 경우, 그러한 적용시에 동의하지 않아 즐거움을 느끼지 않고, 삽입시에 동의하지 않아 즐거움을 느끼지 않아도, 유지시에 동의하여 즐거움을 느끼고, 인발시에 동의하여 즐거움을 느끼면, 승단추방죄를 범하는 것이다

4) 수행승의 적대자들이 정신착란된 비인간의 양성을 수행승의 앞으로 데리고 와서 그의 항문에 그의 성기를 들어가게 할 경우, 그러한 적용시에 동의하지 않아 즐거움을 느끼지 않고, 삽입시에 동의하지 않아 즐거움을 느끼지 않고, 유지시에 동의하지 않아 즐거움을 느끼지 않아도, 인발시에 동의하여 즐거움을 느끼면, 승단추방죄를 범하는 것이다.

5) 수행승의 적대자들이 정신착란된 비인간의 양성을 수행승의 앞으로 데리고 와서 그의 항문에 그의 성기를 들어가게 할 경우, 그러한 적용시에 동의하지 않아 즐거움을 느끼지 않고, 삽입시에 동의하지 않아 즐거움을 느끼지 않고, 유지시에 동의하지 않아 즐거움을 느끼지 않고, 인발시에도 동의하지 않아

즐거움을 느끼지 않으면, 무죄이다.

6) 수행승의 적대자들이 정신착란된 비인간의 양성을 수행승의 앞으로 데리고 와서 그의 성기에 그의 성기를 들어가게 할 경우, 그러한 적용시에 동의하여 즐거움을 느끼고, 삽입시에 동의하여 즐거움을 느끼고, 유지시에 동의하여 즐거움을 느끼고, 인발시에 동의하여 즐거움을 느끼면, 승단추방죄를 범하는 것이다.

7) 수행승의 적대자들이 정신착란된 비인간의 양성을 수행승의 앞으로 데리고 와서 그의 성기에 그의 성기를 들어가게 할 경우, 그러한 적용시에 동의하지 않아 즐거움을 느끼지 않아도, 삽입시에 동의하여 즐거움을 느끼고, 유지시에 동의하여 즐거움을 느끼고, 인발시에 동의하여 즐거움을 느끼면, 승단추방죄를 범하는 것이다.

8) 수행승의 적대자들이 정신착란된 비인간의 양성을 수행승의 앞으로 데리고 와서 그의 성기에 그의 성기를 들어가게 할 경우, 그러한 적용시에 동의하지 않아 즐거움을 느끼지 않고, 삽입시에 동의하지 않아 즐거움을 느끼지 않아도, 유지시에 동의하여 즐거움을 느끼고, 인발시에 동의하여 즐거움을 느끼면, 승단추방죄를 범하는 것이다.

9) 수행승의 적대자들이 정신착란된 비인간의 양성을 수행승의 앞으로 데리고 와서 그의 성기에 그의 성기를 들어가게 할 경우, 그러한 적용시에 동의하지 않아 즐거움을 느끼지 않고, 삽입시에 동의하지 않아 즐거움을 느끼지 않고, 유지시에 동의하지 않아 즐거움을 느끼지 않아도, 인발시에 동의하여 즐거움을 느끼면, 승단추방죄를 범하는 것이다.

10) 수행승의 적대자들이 정신착란된 비인간의 양성을 수행승의 앞으로 데리고 와서 그의 성기에 그의 성기를 들어가게 할 경우, 그러한 적용시에 동의하지 않아 즐거움을 느끼지 않고, 삽입시에 동의하지 않아 즐거움을 느끼지 않고, 유지시에 동의하지 않아 즐거움을 느끼지 않고, 인발시에도 동의하지 않아 즐거움을 느끼지 않으면, 무죄이다.

11) 수행승의 적대자들이 정신착란된 비인간의 양성을 수행승의 앞으로 데리고 와서 그의 구강에 그의 성기를 들어가게 할 경우, 그러한 적용시에 동의하여 즐거움을 느끼고, 삽입시에 동의하여 즐거움을 느끼고, 유지시에 동의하여 즐거움을 느끼고, 인발시에 동의하여 즐거움을 느끼면, 승단추방죄를 범하는 것이다.

12) 수행승의 적대자들이 정신착란된 비인간의 양성을 수행승의 앞으로 데리고 와서 그의 구강에 그의 성기를 들어가게 할 경우, 그러한 적용시에 동의하지 않아 즐거움을 느끼지 않아도, 삽입시에 동의하여 즐거움을 느끼고, 유지시에 동의하여 즐거움을 느끼고, 인발시에 동의하여 즐거움을 느끼면, 승단추방죄를 범하는 것이다.

13) 수행승의 적대자들이 정신착란된 비인간의 양성을 수행승의 앞으로 데리고 와서 그의 구강에 그의 성기를 들어가게 할 경우, 그러한 적용시에 동의하지 않아 즐거움을 느끼지 않고, 삽입시에 동의하지 않아 즐거움을 느끼지 않아도, 유지시에 동의하여 즐거움을 느끼고, 인발시에 동의하여 즐거움을 느끼면, 승단추방죄를 범하는 것이다.

14) 수행승의 적대자들이 정신착란된 비인간의 양성을 수행승의 앞으로 데리고 와서 그의 구강에 그의 성기를 들어가게 할 경우, 그러한 적용시에 동의하지 않아 즐거움을 느끼지 않고, 삽입시에 동의하지 않아 즐거움을 느끼지 않고, 유지시에 동의하지 않아 즐거움을 느끼지 않아도, 인발시에 동의하여 즐거움을 느끼면, 승단추방죄를 범하는 것이다.

15) 수행승의 적대자들이 정신착란된 비인간의 양성을 수행승의 앞으로 데리고 와서 그의 구강에 그의 성기를 들어가게 할 경우, 그러한 적용시에 동의하지 않아 즐거움을 느끼지 않고, 삽입시에 동의하지 않아 즐거움을 느끼지 않고, 유지시에 동의하지 않아 즐거움을 느끼지 않고, 인발시에도 동의하지 않아 즐거움을 느끼지 않으면, 무죄이다.

9-7₆.

1) 수행승의 적대자들이 방일한 비인간의 양성을 수행승의 앞으로 데리고 와서 그의 항문에 그의 성기를 들어가게 할 경우, 그러한 적용시에 동의하여 즐거움을 느끼고, 삽입시에 동의하여 즐거움을 느끼고, 유지시에 동의하여 즐거움을 느끼고, 인발시에 동의하여 즐거움을 느끼면, 승단추방죄를 범하는 것이다.

2) 수행승의 적대자들이 방일한 비인간의 양성을 수행승의 앞으로 데리고 와서 그의 항문에 그의 성기를 들어가게 할 경우, 그러한 적용시에 동의하지 않아 즐거움을 느끼지 않아도, 삽입시에 동의하여 즐거움을 느끼고, 유지시에 동의하여 즐거움을 느끼고, 인발시에 동의하여 즐거움을 느끼면, 승단추방죄를 범하는 것이다.

3) 수행승의 적대자들이 방일한 비인간의 양성을 수행승의 앞으로 데리고 와서

그의 항문에 그의 성기를 들어가게 할 경우, 그러한 적용시에 동의하지 않아 즐거움을 느끼지 않고, 삽입시에 동의하지 않아 즐거움을 느끼지 않아도, 유지시에 동의하여 즐거움을 느끼고, 인발시에 동의하여 즐거움을 느끼면, 승단추방죄를 범하는 것이다

4) 수행승의 적대자들이 방일한 비인간의 양성을 수행승의 앞으로 데리고 와서 그의 항문에 그의 성기를 들어가게 할 경우, 그러한 적용시에 동의하지 않아 즐거움을 느끼지 않고, 삽입시에 동의하지 않아 즐거움을 느끼지 않고, 유지시에 동의하지 않아 즐거움을 느끼지 않아도, 인발시에 동의하여 즐거움을 느끼면, 승단추방죄를 범하는 것이다.

5) 수행승의 적대자들이 방일한 비인간의 양성을 수행승의 앞으로 데리고 와서 그의 항문에 그의 성기를 들어가게 할 경우, 그러한 적용시에 동의하지 않아 즐거움을 느끼지 않고, 삽입시에 동의하지 않아 즐거움을 느끼지 않고, 유지시에 동의하지 않아 즐거움을 느끼지 않고, 인발시에도 동의하지 않아 즐거움을 느끼지 않으면, 무죄이다.

6) 수행승의 적대자들이 방일한 비인간의 양성을 수행승의 앞으로 데리고 와서 그의 성기에 그의 성기를 들어가게 할 경우, 그러한 적용시에 동의하여 즐거움을 느끼고, 삽입시에 동의하여 즐거움을 느끼고, 유지시에 동의하여 즐거움을 느끼고, 인발시에 동의하여 즐거움을 느끼면, 승단추방죄를 범하는 것이다.

7) 수행승의 적대자들이 방일한 비인간의 양성을 수행승의 앞으로 데리고 와서 그의 성기에 그의 성기를 들어가게 할 경우, 그러한 적용시에 동의하지 않아 즐거움을 느끼지 않아도, 삽입시에 동의하여 즐거움을 느끼고, 유지시에 동의하여 즐거움을 느끼고, 인발시에 동의하여 즐거움을 느끼면, 승단추방죄를 범하는 것이다.

8) 수행승의 적대자들이 방일한 비인간의 양성을 수행승의 앞으로 데리고 와서 그의 성기에 그의 성기를 들어가게 할 경우, 그러한 적용시에 동의하지 않아 즐거움을 느끼지 않고, 삽입시에 동의하지 않아 즐거움을 느끼지 않아도, 유지시에 동의하여 즐거움을 느끼고, 인발시에 동의하여 즐거움을 느끼면, 승단추방죄를 범하는 것이다.

9) 수행승의 적대자들이 방일한 비인간의 양성을 수행승의 앞으로 데리고 와서 그의 성기에 그의 성기를 들어가게 할 경우, 그러한 적용시에 동의하지 않아 즐거움을 느끼지 않고, 삽입시에 동의하지 않아 즐거움을 느끼지 않고, 유지시

에 동의하지 않아 즐거움을 느끼지 않아도, 인발시에 동의하여 즐거움을 느끼면, 승단추방죄를 범하는 것이다.

10) 수행승의 적대자들이 방일한 비인간의 양성을 수행승의 앞으로 데리고 와서 그의 성기에 그의 성기를 들어가게 할 경우, 그러한 적용시에 동의하지 않아 즐거움을 느끼지 않고, 삽입시에 동의하지 않아 즐거움을 느끼지 않고, 유지시에 동의하지 않아 즐거움을 느끼지 않고, 인발시에도 동의하지 않아 즐거움을 느끼지 않으면, 무죄이다.

11) 수행승의 적대자들이 방일한 비인간의 양성을 수행승의 앞으로 데리고 와서 그의 구강에 그의 성기를 들어가게 할 경우, 그러한 적용시에 동의하여 즐거움을 느끼고, 삽입시에 동의하여 즐거움을 느끼고, 유지시에 동의하여 즐거움을 느끼고, 인발시에 동의하여 즐거움을 느끼면, 승단추방죄를 범하는 것이다.

12) 수행승의 적대자들이 방일한 비인간의 양성을 수행승의 앞으로 데리고 와서 그의 구강에 그의 성기를 들어가게 할 경우, 그러한 적용시에 동의하지 않아 즐거움을 느끼지 않아도, 삽입시에 동의하여 즐거움을 느끼고, 유지시에 동의하여 즐거움을 느끼고, 인발시에 동의하여 즐거움을 느끼면, 승단추방죄를 범하는 것이다.

13) 수행승의 적대자들이 방일한 비인간의 양성을 수행승의 앞으로 데리고 와서 그의 구강에 그의 성기를 들어가게 할 경우, 그러한 적용시에 동의하지 않아 즐거움을 느끼지 않고, 삽입시에 동의하지 않아 즐거움을 느끼지 않아도, 유지시에 동의하여 즐거움을 느끼고, 인발시에 동의하여 즐거움을 느끼면, 승단추방죄를 범하는 것이다.

14) 수행승의 적대자들이 방일한 비인간의 양성을 수행승의 앞으로 데리고 와서 그의 구강에 그의 성기를 들어가게 할 경우, 그러한 적용시에 동의하지 않아 즐거움을 느끼지 않고, 삽입시에 동의하지 않아 즐거움을 느끼지 않고, 유지시에 동의하지 않아 즐거움을 느끼지 않아도, 인발시에 동의하여 즐거움을 느끼면, 승단추방죄를 범하는 것이다.

15) 수행승의 적대자들이 방일한 비인간의 양성을 수행승의 앞으로 데리고 와서 그의 구강에 그의 성기를 들어가게 할 경우, 그러한 적용시에 동의하지 않아 즐거움을 느끼지 않고, 삽입시에 동의하지 않아 즐거움을 느끼지 않고, 유지시에 동의하지 않아 즐거움을 느끼지 않고, 인발시에도 동의하지 않아 즐거움을 느끼지 않으면, 무죄이다.

9-7.

1) 수행승의 적대자들이, 죽었지만 아직 파괴되지 않은 비인간의 양성을 수행승의 앞으로 데리고 와서 그의 항문에 그의 성기를 들어가게 할 경우, 그러한 적용시에 동의하여 즐거움을 느끼고, 삽입시에 동의하여 즐거움을 느끼고, 유지시에 동의하여 즐거움을 느끼고, 인발시에 동의하여 즐거움을 느끼면, 승단추방죄를 범하는 것이다.

2) 수행승의 적대자들이, 죽었지만 아직 파괴되지 않은 비인간의 양성을 수행승의 앞으로 데리고 와서 그의 항문에 그의 성기를 들어가게 할 경우, 그러한 적용시에 동의하지 않아 즐거움을 느끼지 않아도, 삽입시에 동의하여 즐거움을 느끼고, 유지시에 동의하여 즐거움을 느끼고, 인발시에 동의하여 즐거움을 느끼면, 승단추방죄를 범하는 것이다.

3) 수행승의 적대자들이, 죽었지만 아직 파괴되지 않은 비인간의 양성을 수행승의 앞으로 데리고 와서 그의 항문에 그의 성기를 들어가게 할 경우, 그러한 적용시에 동의하지 않아 즐거움을 느끼지 않고, 삽입시에 동의하지 않아 즐거움을 느끼지 않아도, 유지시에 동의하여 즐거움을 느끼고, 인발시에 동의하여 즐거움을 느끼면, 승단추방죄를 범하는 것이다

4) 수행승의 적대자들이, 죽었지만 아직 파괴되지 않은 비인간의 양성을 수행승의 앞으로 데리고 와서 그의 항문에 그의 성기를 들어가게 할 경우, 그러한 적용시에 동의하지 않아 즐거움을 느끼지 않고, 삽입시에 동의하지 않아 즐거움을 느끼지 않고, 유지시에 동의하지 않아 즐거움을 느끼지 않아도, 인발시에 동의하여 즐거움을 느끼면, 승단추방죄를 범하는 것이다.

5) 수행승의 적대자들이, 죽었지만 아직 파괴되지 않은 비인간의 양성을 수행승의 앞으로 데리고 와서 그의 항문에 그의 성기를 들어가게 할 경우, 그러한 적용시에 동의하지 않아 즐거움을 느끼지 않고, 삽입시에 동의하지 않아 즐거움을 느끼지 않고, 유지시에 동의하지 않아 즐거움을 느끼지 않고, 인발시에도 동의하지 않아 즐거움을 느끼지 않으면, 무죄이다.

6) 수행승의 적대자들이, 죽었지만 아직 파괴되지 않은 비인간의 양성을 수행승의 앞으로 데리고 와서 그의 성기에 그의 성기를 들어가게 할 경우, 그러한 적용시에 동의하여 즐거움을 느끼고, 삽입시에 동의하여 즐거움을 느끼고, 유지시에 동의하여 즐거움을 느끼고, 인발시에 동의하여 즐거움을 느끼면, 승단추방죄를 범하는 것이다.

7) 수행승의 적대자들이, 죽었지만 아직 파괴되지 않은 비인간의 양성을 수행승의 앞으로 데리고 와서 그의 성기에 그의 성기를 들어가게 할 경우, 그러한 적용시에 동의하지 않아 즐거움을 느끼지 않아도, 삽입시에 동의하여 즐거움을 느끼고, 유지시에 동의하여 즐거움을 느끼고, 인발시에 동의하여 즐거움을 느끼면, 승단추방죄를 범하는 것이다.

8) 수행승의 적대자들이, 죽었지만 아직 파괴되지 않은 비인간의 양성을 수행승의 앞으로 데리고 와서 그의 성기에 그의 성기를 들어가게 할 경우, 그러한 적용시에 동의하지 않아 즐거움을 느끼지 않고, 삽입시에 동의하지 않아 즐거움을 느끼지 않아도, 유지시에 동의하여 즐거움을 느끼고, 인발시에 동의하여 즐거움을 느끼면, 승단추방죄를 범하는 것이다.

9) 수행승의 적대자들이, 죽었지만 아직 파괴되지 않은 비인간의 양성을 수행승의 앞으로 데리고 와서 그의 성기에 그의 성기를 들어가게 할 경우, 그러한 적용시에 동의하지 않아 즐거움을 느끼지 않고, 삽입시에 동의하지 않아 즐거움을 느끼지 않고, 유지시에 동의하지 않아 즐거움을 느끼지 않아도, 인발시에 동의하여 즐거움을 느끼면, 승단추방죄를 범하는 것이다.

10) 수행승의 적대자들이, 죽었지만 아직 파괴되지 않은 비인간의 양성을 수행승의 앞으로 데리고 와서 그의 성기에 그의 성기를 들어가게 할 경우, 그러한 적용시에 동의하지 않아 즐거움을 느끼지 않고, 삽입시에 동의하지 않아 즐거움을 느끼지 않고, 유지시에 동의하지 않아 즐거움을 느끼지 않고, 인발시에도 동의하지 않아 즐거움을 느끼지 않으면, 무죄이다.

11) 수행승의 적대자들이, 죽었지만 아직 파괴되지 않은 비인간의 양성을 수행승의 앞으로 데리고 와서 그의 구강에 그의 성기를 들어가게 할 경우, 그러한 적용시에 동의하여 즐거움을 느끼고, 삽입시에 동의하여 즐거움을 느끼고, 유지시에 동의하여 즐거움을 느끼고, 인발시에 동의하여 즐거움을 느끼면, 승단추방죄를 범하는 것이다.

12) 수행승의 적대자들이, 죽었지만 아직 파괴되지 않은 비인간의 양성을 수행승의 앞으로 데리고 와서 그의 구강에 그의 성기를 들어가게 할 경우, 그러한 적용시에 동의하지 않아 즐거움을 느끼지 않아도, 삽입시에 동의하여 즐거움을 느끼고, 유지시에 동의하여 즐거움을 느끼고, 인발시에 동의하여 즐거움을 느끼면, 승단추방죄를 범하는 것이다.

13) 수행승의 적대자들이, 죽었지만 아직 파괴되지 않은 비인간의 양성을 수행승

의 앞으로 데리고 와서 그의 구강에 그의 성기를 들어가게 할 경우, 그러한 적용시에 동의하지 않아 즐거움을 느끼지 않고, 삽입시에 동의하지 않아 즐거움을 느끼지 않아도, 유지시에 동의하여 즐거움을 느끼고, 인발시에 동의하여 즐거움을 느끼면, 승단추방죄를 범하는 것이다.

14) 수행승의 적대자들이, 죽었지만 아직 파괴되지 않은 비인간의 양성을 수행승의 앞으로 데리고 와서 그의 구강에 그의 성기를 들어가게 할 경우, 그러한 적용시에 동의하지 않아 즐거움을 느끼지 않고, 삽입시에 동의하지 않아 즐거움을 느끼지 않고, 유지시에 동의하지 않아 즐거움을 느끼지 않아도, 인발시에 동의하여 즐거움을 느끼면, 승단추방죄를 범하는 것이다.

15) 수행승의 적대자들이, 죽었지만 아직 파괴되지 않은 비인간의 양성을 수행승의 앞으로 데리고 와서 그의 구강에 그의 성기를 들어가게 할 경우, 그러한 적용시에 동의하지 않아 즐거움을 느끼지 않고, 삽입시에 동의하지 않아 즐거움을 느끼지 않고, 유지시에 동의하지 않아 즐거움을 느끼지 않고, 인발시에도 동의하지 않아 즐거움을 느끼지 않으면, 무죄이다.

9-7₈.

1) 수행승의 적대자들이, 죽었지만 대체로 파괴되지 않은 비인간의 양성을 수행승의 앞으로 데리고 와서 그의 항문에 그의 성기를 들어가게 할 경우, 그러한 적용시에 동의하여 즐거움을 느끼고, 삽입시에 동의하여 즐거움을 느끼고, 유지시에 동의하여 즐거움을 느끼고, 인발시에 동의하여 즐거움을 느끼면, 승단추방죄를 범하는 것이다.

2) 수행승의 적대자들이, 죽었지만 대체로 파괴되지 않은 비인간의 양성을 수행승의 앞으로 데리고 와서 그의 항문에 그의 성기를 들어가게 할 경우, 그러한 적용시에 동의하지 않아 즐거움을 느끼지 않아도, 삽입시에 동의하여 즐거움을 느끼고, 유지시에 동의하여 즐거움을 느끼고, 인발시에 동의하여 즐거움을 느끼면, 승단추방죄를 범하는 것이다.

3) 수행승의 적대자들이, 죽었지만 대체로 파괴되지 않은 비인간의 양성을 수행승의 앞으로 데리고 와서 그의 항문에 그의 성기를 들어가게 할 경우, 그러한 적용시에 동의하지 않아 즐거움을 느끼지 않고, 삽입시에 동의하지 않아 즐거움을 느끼지 않아도, 유지시에 동의하여 즐거움을 느끼고, 인발시에 동의하여 즐거움을 느끼면, 승단추방죄를 범하는 것이다

4) 수행승의 적대자들이, 죽었지만 대체로 파괴되지 않은 비인간의 양성을 수행

승의 앞으로 데리고 와서 그의 항문에 그의 성기를 들어가게 할 경우, 그러한 적용시에 동의하지 않아 즐거움을 느끼지 않고, 삽입시에 동의하지 않아 즐거움을 느끼지 않고, 유지시에 동의하지 않아 즐거움을 느끼지 않아도, 인발시에 동의하여 즐거움을 느끼면, 승단추방죄를 범하는 것이다.

5) 수행승의 적대자들이, 죽었지만 대체로 파괴되지 않은 비인간의 양성을 수행승의 앞으로 데리고 와서 그의 항문에 그의 성기를 들어가게 할 경우, 그러한 적용시에 동의하지 않아 즐거움을 느끼지 않고, 삽입시에 동의하지 않아 즐거움을 느끼지 않고, 유지시에 동의하지 않아 즐거움을 느끼지 않고, 인발시에도 동의하지 않아 즐거움을 느끼지 않으면, 무죄이다.

6) 수행승의 적대자들이, 죽었지만 대체로 파괴되지 않은 비인간의 양성을 수행승의 앞으로 데리고 와서 그의 성기에 그의 성기를 들어가게 할 경우, 그러한 적용시에 동의하여 즐거움을 느끼고, 삽입시에 동의하여 즐거움을 느끼고, 유지시에 동의하여 즐거움을 느끼고, 인발시에 동의하여 즐거움을 느끼면, 승단추방죄를 범하는 것이다.

7) 수행승의 적대자들이, 죽었지만 대체로 파괴되지 않은 비인간의 양성을 수행승의 앞으로 데리고 와서 그의 성기에 그의 성기를 들어가게 할 경우, 그러한 적용시에 동의하지 않아 즐거움을 느끼지 않아도, 삽입시에 동의하여 즐거움을 느끼고, 유지시에 동의하여 즐거움을 느끼고, 인발시에 동의하여 즐거움을 느끼면, 승단추방죄를 범하는 것이다.

8) 수행승의 적대자들이, 죽었지만 대체로 파괴되지 않은 비인간의 양성을 수행승의 앞으로 데리고 와서 그의 성기에 그의 성기를 들어가게 할 경우, 그러한 적용시에 동의하지 않아 즐거움을 느끼지 않고, 삽입시에 동의하지 않아 즐거움을 느끼지 않아도, 유지시에 동의하여 즐거움을 느끼고, 인발시에 동의하여 즐거움을 느끼면, 승단추방죄를 범하는 것이다.

9) 수행승의 적대자들이, 죽었지만 대체로 파괴되지 않은 비인간의 양성을 수행승의 앞으로 데리고 와서 그의 성기에 그의 성기를 들어가게 할 경우, 그러한 적용시에 동의하지 않아 즐거움을 느끼지 않고, 삽입시에 동의하지 않아 즐거움을 느끼지 않고, 유지시에 동의하지 않아 즐거움을 느끼지 않아도, 인발시에 동의하여 즐거움을 느끼면, 승단추방죄를 범하는 것이다.

10) 수행승의 적대자들이, 죽었지만 대체로 파괴되지 않은 비인간의 양성을 수행승의 앞으로 데리고 와서 그의 성기에 그의 성기를 들어가게 할 경우, 그러한

적용시에 동의하지 않아 즐거움을 느끼지 않고, 삽입시에 동의하지 않아 즐거움을 느끼지 않고, 유지시에 동의하지 않아 즐거움을 느끼지 않고, 인발시에도 동의하지 않아 즐거움을 느끼지 않으면, 무죄이다.

11) 수행승의 적대자들이, 죽었지만 대체로 파괴되지 않은 비인간의 양성을 수행승의 앞으로 데리고 와서 그의 구강에 그의 성기를 들어가게 할 경우, 그러한 적용시에 동의하여 즐거움을 느끼고, 삽입시에 동의하여 즐거움을 느끼고, 유지시에 동의하여 즐거움을 느끼고, 인발시에 동의하여 즐거움을 느끼면, 승단추방죄를 범하는 것이다.

12) 수행승의 적대자들이, 죽었지만 대체로 파괴되지 않은 비인간의 양성을 수행승의 앞으로 데리고 와서 그의 구강에 그의 성기를 들어가게 할 경우, 그러한 적용시에 동의하지 않아 즐거움을 느끼지 않아도, 삽입시에 동의하여 즐거움을 느끼고, 유지시에 동의하여 즐거움을 느끼고, 인발시에 동의하여 즐거움을 느끼면, 승단추방죄를 범하는 것이다.

13) 수행승의 적대자들이, 죽었지만 대체로 파괴되지 않은 비인간의 양성을 수행승의 앞으로 데리고 와서 그의 구강에 그의 성기를 들어가게 할 경우, 그러한 적용시에 동의하지 않아 즐거움을 느끼지 않고, 삽입시에 동의하지 않아 즐거움을 느끼지 않아도, 유지시에 동의하여 즐거움을 느끼고, 인발시에 동의하여 즐거움을 느끼면, 승단추방죄를 범하는 것이다.

14) 수행승의 적대자들이, 죽었지만 대체로 파괴되지 않은 비인간의 양성을 수행승의 앞으로 데리고 와서 그의 구강에 그의 성기를 들어가게 할 경우, 그러한 적용시에 동의하지 않아 즐거움을 느끼지 않고, 삽입시에 동의하지 않아 즐거움을 느끼지 않고, 유지시에 동의하지 않아 즐거움을 느끼지 않아도, 인발시에 동의하여 즐거움을 느끼면, 승단추방죄를 범하는 것이다.

15) 수행승의 적대자들이, 죽었지만 대체로 파괴되지 않은 비인간의 양성을 수행승의 앞으로 데리고 와서 그의 구강에 그의 성기를 들어가게 할 경우, 그러한 적용시에 동의하지 않아 즐거움을 느끼지 않고, 삽입시에 동의하지 않아 즐거움을 느끼지 않고, 유지시에 동의하지 않아 즐거움을 느끼지 않고, 인발시에도 동의하지 않아 즐거움을 느끼지 않으면, 무죄이다.

9-7₉.

1) 수행승의 적대자들이, 죽어서 거의 파괴된 비인간의 양성을 수행승의 앞으로 데리고 와서 그의 항문에 그의 성기를 들어가게 할 경우, 그러한 적용시에

동의하여 즐거움을 느끼고, 삽입시에 동의하여 즐거움을 느끼고, 유지시에 동의하여 즐거움을 느끼고, 인발시에 동의하여 즐거움을 느끼면, 추악죄를 범하는 것이다.

2) 수행승의 적대자들이, 죽어서 거의 파괴된 비인간의 양성을 수행승의 앞으로 데리고 와서 그의 항문에 그의 성기를 들어가게 할 경우, 그러한 적용시에 동의하지 않아 즐거움을 느끼지 않아도, 삽입시에 동의하여 즐거움을 느끼고, 유지시에 동의하여 즐거움을 느끼고, 인발시에 동의하여 즐거움을 느끼면, 추악죄를 범하는 것이다.

3) 수행승의 적대자들이, 죽어서 거의 파괴된 비인간의 양성을 수행승의 앞으로 데리고 와서 그의 항문에 그의 성기를 들어가게 할 경우, 그러한 적용시에 동의하지 않아 즐거움을 느끼지 않고, 삽입시에 동의하지 않아 즐거움을 느끼지 않아도, 유지시에 동의하여 즐거움을 느끼고, 인발시에 동의하여 즐거움을 느끼면, 추악죄를 범하는 것이다

4) 수행승의 적대자들이, 죽어서 거의 파괴된 비인간의 양성을 수행승의 앞으로 데리고 와서 그의 항문에 그의 성기를 들어가게 할 경우, 그러한 적용시에 동의하지 않아 즐거움을 느끼지 않고, 삽입시에 동의하지 않아 즐거움을 느끼지 않고, 유지시에 동의하지 않아 즐거움을 느끼지 않아도, 인발시에 동의하여 즐거움을 느끼면, 추악죄를 범하는 것이다.

5) 수행승의 적대자들이, 죽어서 거의 파괴된 비인간의 양성을 수행승의 앞으로 데리고 와서 그의 항문에 그의 성기를 들어가게 할 경우, 그러한 적용시에 동의하지 않아 즐거움을 느끼지 않고, 삽입시에 동의하지 않아 즐거움을 느끼지 않고, 유지시에 동의하지 않아 즐거움을 느끼지 않고, 인발시에도 동의하지 않아 즐거움을 느끼지 않으면, 무죄이다.

6) 수행승의 적대자들이, 죽어서 거의 파괴된 비인간의 양성을 수행승의 앞으로 데리고 와서 그의 성기에 그의 성기를 들어가게 할 경우, 그러한 적용시에 동의하여 즐거움을 느끼고, 삽입시에 동의하여 즐거움을 느끼고, 유지시에 동의하여 즐거움을 느끼고, 인발시에 동의하여 즐거움을 느끼면, 추악죄를 범하는 것이다.

7) 수행승의 적대자들이, 죽어서 거의 파괴된 비인간의 양성을 수행승의 앞으로 데리고 와서 그의 성기에 그의 성기를 들어가게 할 경우, 그러한 적용시에 동의하지 않아 즐거움을 느끼지 않아도, 삽입시에 동의하여 즐거움을 느끼고,

유지시에 동의하여 즐거움을 느끼고, 인발시에 동의하여 즐거움을 느끼면, 추악죄를 범하는 것이다.

8) 수행승의 적대자들이, 죽어서 거의 파괴된 비인간의 양성을 수행승의 앞으로 데리고 와서 그의 성기에 그의 성기를 들어가게 할 경우, 그러한 적용시에 동의하지 않아 즐거움을 느끼지 않고, 삽입시에 동의하지 않아 즐거움을 느끼지 않아도, 유지시에 동의하여 즐거움을 느끼고, 인발시에 동의하여 즐거움을 느끼면, 추악죄를 범하는 것이다.

9) 수행승의 적대자들이, 죽어서 거의 파괴된 비인간의 양성을 수행승의 앞으로 데리고 와서 그의 성기에 그의 성기를 들어가게 할 경우, 그러한 적용시에 동의하지 않아 즐거움을 느끼지 않고, 삽입시에 동의하지 않아 즐거움을 느끼지 않고, 유지시에 동의하지 않아 즐거움을 느끼지 않아도, 인발시에 동의하여 즐거움을 느끼면, 추악죄를 범하는 것이다.

10) 수행승의 적대자들이, 죽어서 거의 파괴된 비인간의 양성을 수행승의 앞으로 데리고 와서 그의 성기에 그의 성기를 들어가게 할 경우, 그러한 적용시에 동의하지 않아 즐거움을 느끼지 않고, 삽입시에 동의하지 않아 즐거움을 느끼지 않고, 유지시에 동의하지 않아 즐거움을 느끼지 않고, 인발시에도 동의하지 않아 즐거움을 느끼지 않으면, 무죄이다.

11) 수행승의 적대자들이, 죽어서 거의 파괴된 비인간의 양성을 수행승의 앞으로 데리고 와서 그의 구강에 그의 성기를 들어가게 할 경우, 그러한 적용시에 동의하여 즐거움을 느끼고, 삽입시에 동의하여 즐거움을 느끼고, 유지시에 동의하여 즐거움을 느끼고, 인발시에 동의하여 즐거움을 느끼면, 추악죄를 범하는 것이다.

12) 수행승의 적대자들이, 죽어서 거의 파괴된 비인간의 양성을 수행승의 앞으로 데리고 와서 그의 구강에 그의 성기를 들어가게 할 경우, 그러한 적용시에 동의하지 않아 즐거움을 느끼지 않아도, 삽입시에 동의하여 즐거움을 느끼고, 유지시에 동의하여 즐거움을 느끼고, 인발시에 동의하여 즐거움을 느끼면, 추악죄를 범하는 것이다.

13) 수행승의 적대자들이, 죽어서 거의 파괴된 비인간의 양성을 수행승의 앞으로 데리고 와서 그의 구강에 그의 성기를 들어가게 할 경우, 그러한 적용시에 동의하지 않아 즐거움을 느끼지 않고, 삽입시에 동의하지 않아 즐거움을 느끼지 않아도, 유지시에 동의하여 즐거움을 느끼고, 인발시에 동의하여 즐거움을

느끼면, 추악죄를 범하는 것이다.

14) 수행승의 적대자들이, 죽어서 거의 파괴된 비인간의 양성을 수행승의 앞으로 데리고 와서 그의 구강에 그의 성기를 들어가게 할 경우, 그러한 적용시에 동의하지 않아 즐거움을 느끼지 않고, 삽입시에 동의하지 않아 즐거움을 느끼지 않고, 유지시에 동의하지 않아 즐거움을 느끼지 않아도, 인발시에 동의하여 즐거움을 느끼면, 추악죄를 범하는 것이다.

15) 수행승의 적대자들이, 죽어서 거의 파괴된 비인간의 양성을 수행승의 앞으로 데리고 와서 그의 구강에 그의 성기를 들어가게 할 경우, 그러한 적용시에 동의하지 않아 즐거움을 느끼지 않고, 삽입시에 동의하지 않아 즐거움을 느끼지 않고, 유지시에 동의하지 않아 즐거움을 느끼지 않고, 인발시에도 동의하지 않아 즐거움을 느끼지 않으면, 무죄이다.

9-8₁.

1) 수행승의 적대자들이 축생의 양성을 수행승의 앞으로 데리고 와서 그의 항문에 그의 성기를 들어가게 할 경우, 그러한 적용시에 동의하여 즐거움을 느끼고, 삽입시에 동의하여 즐거움을 느끼고, 유지시에 동의하여 즐거움을 느끼고, 인발시에 동의하여 즐거움을 느끼면, 승단추방죄를 범하는 것이다.

2) 수행승의 적대자들이 축생의 양성을 수행승의 앞으로 데리고 와서 그의 항문에 그의 성기를 들어가게 할 경우, 그러한 적용시에 동의하지 않아 즐거움을 느끼지 않아도, 삽입시에 동의하여 즐거움을 느끼고, 유지시에 동의하여 즐거움을 느끼고, 인발시에 동의하여 즐거움을 느끼면, 승단추방죄를 범하는 것이다.

3) 수행승의 적대자들이 축생의 양성을 수행승의 앞으로 데리고 와서 그의 항문에 그의 성기를 들어가게 할 경우, 그러한 적용시에 동의하지 않아 즐거움을 느끼지 않고, 삽입시에 동의하지 않아 즐거움을 느끼지 않아도, 유지시에 동의하여 즐거움을 느끼고, 인발시에 동의하여 즐거움을 느끼면, 승단추방죄를 범하는 것이다

4) 수행승의 적대자들이 축생의 양성을 수행승의 앞으로 데리고 와서 그의 항문에 그의 성기를 들어가게 할 경우, 그러한 적용시에 동의하지 않아 즐거움을 느끼지 않고, 삽입시에 동의하지 않아 즐거움을 느끼지 않고, 유지시에 동의하지 않아 즐거움을 느끼지 않아도, 인발시에 동의하여 즐거움을 느끼면, 승단추방죄를 범하는 것이다.

5) 수행승의 적대자들이 축생의 양성을 수행승의 앞으로 데리고 와서 그의 항문에

그의 성기를 들어가게 할 경우, 그러한 적용시에 동의하지 않아 즐거움을 느끼지 않고, 삽입시에 동의하지 않아 즐거움을 느끼지 않고, 유지시에 동의하지 않아 즐거움을 느끼지 않고, 인발시에도 동의하지 않아 즐거움을 느끼지 않으면, 무죄이다.

6) 수행승의 적대자들이 축생의 양성을 수행승의 앞으로 데리고 와서 그의 성기에 그의 성기를 들어가게 할 경우, 그러한 적용시에 동의하여 즐거움을 느끼고, 삽입시에 동의하여 즐거움을 느끼고, 유지시에 동의하여 즐거움을 느끼고, 인발시에 동의하여 즐거움을 느끼면, 승단추방죄를 범하는 것이다.

7) 수행승의 적대자들이 축생의 양성을 수행승의 앞으로 데리고 와서 그의 성기에 그의 성기를 들어가게 할 경우, 그러한 적용시에 동의하지 않아 즐거움을 느끼지 않아도, 삽입시에 동의하여 즐거움을 느끼고, 유지시에 동의하여 즐거움을 느끼고, 인발시에 동의하여 즐거움을 느끼면, 승단추방죄를 범하는 것이다.

8) 수행승의 적대자들이 축생의 양성을 수행승의 앞으로 데리고 와서 그의 성기에 그의 성기를 들어가게 할 경우, 그러한 적용시에 동의하지 않아 즐거움을 느끼지 않고, 삽입시에 동의하지 않아 즐거움을 느끼지 않아도, 유지시에 동의하여 즐거움을 느끼고, 인발시에 동의하여 즐거움을 느끼면, 승단추방죄를 범하는 것이다.

9) 수행승의 적대자들이 축생의 양성을 수행승의 앞으로 데리고 와서 그의 성기에 그의 성기를 들어가게 할 경우, 그러한 적용시에 동의하지 않아 즐거움을 느끼지 않고, 삽입시에 동의하지 않아 즐거움을 느끼지 않고, 유지시에 동의하지 않아 즐거움을 느끼지 않아도, 인발시에 동의하여 즐거움을 느끼면, 승단추방죄를 범하는 것이다.

10) 수행승의 적대자들이 축생의 양성을 수행승의 앞으로 데리고 와서 그의 성기에 그의 성기를 들어가게 할 경우, 그러한 적용시에 동의하지 않아 즐거움을 느끼지 않고, 삽입시에 동의하지 않아 즐거움을 느끼지 않고, 유지시에 동의하지 않아 즐거움을 느끼지 않고, 인발시에도 동의하지 않아 즐거움을 느끼지 않으면, 무죄이다.

11) 수행승의 적대자들이 축생의 양성을 수행승의 앞으로 데리고 와서 그의 구강에 그의 성기를 들어가게 할 경우, 그러한 적용시에 동의하여 즐거움을 느끼고, 삽입시에 동의하여 즐거움을 느끼고, 유지시에 동의하여 즐거움을 느끼고, 인발시에 동의하여 즐거움을 느끼면, 승단추방죄를 범하는 것이다.

12) 수행승의 적대자들이 축생의 양성을 수행승의 앞으로 데리고 와서 그의 구강에 그의 성기를 들어가게 할 경우, 그러한 적용시에 동의하지 않아 즐거움을 느끼지 않아도, 삽입시에 동의하여 즐거움을 느끼고, 유지시에 동의하여 즐거움을 느끼고, 인발시에 동의하여 즐거움을 느끼면, 승단추방죄를 범하는 것이다.
13) 수행승의 적대자들이 축생의 양성을 수행승의 앞으로 데리고 와서 그의 구강에 그의 성기를 들어가게 할 경우, 그러한 적용시에 동의하지 않아 즐거움을 느끼지 않고, 삽입시에 동의하지 않아 즐거움을 느끼지 않아도, 유지시에 동의하여 즐거움을 느끼고, 인발시에 동의하여 즐거움을 느끼면, 승단추방죄를 범하는 것이다.
14) 수행승의 적대자들이 축생의 양성을 수행승의 앞으로 데리고 와서 그의 구강에 그의 성기를 들어가게 할 경우, 그러한 적용시에 동의하지 않아 즐거움을 느끼지 않고, 삽입시에 동의하지 않아 즐거움을 느끼지 않고, 유지시에 동의하지 않아 즐거움을 느끼지 않아도, 인발시에 동의하여 즐거움을 느끼면, 승단추방죄를 범하는 것이다.
15) 수행승의 적대자들이 축생의 양성을 수행승의 앞으로 데리고 와서 그의 구강에 그의 성기를 들어가게 할 경우, 그러한 적용시에 동의하지 않아 즐거움을 느끼지 않고, 삽입시에 동의하지 않아 즐거움을 느끼지 않고, 유지시에 동의하지 않아 즐거움을 느끼지 않고, 인발시에도 동의하지 않아 즐거움을 느끼지 않으면, 무죄이다.

9-8₂.

1) 수행승의 적대자들이 깨어있는 축생의 양성을 수행승의 앞으로 데리고 와서 그의 항문에 그의 성기를 들어가게 할 경우, 그러한 적용시에 동의하여 즐거움을 느끼고, 삽입시에 동의하여 즐거움을 느끼고, 유지시에 동의하여 즐거움을 느끼고, 인발시에 동의하여 즐거움을 느끼면, 승단추방죄를 범하는 것이다.
2) 수행승의 적대자들이 깨어있는 축생의 양성을 수행승의 앞으로 데리고 와서 그의 항문에 그의 성기를 들어가게 할 경우, 그러한 적용시에 동의하지 않아 즐거움을 느끼지 않아도, 삽입시에 동의하여 즐거움을 느끼고, 유지시에 동의하여 즐거움을 느끼고, 인발시에 동의하여 즐거움을 느끼면, 승단추방죄를 범하는 것이다.
3) 수행승의 적대자들이 깨어있는 축생의 양성을 수행승의 앞으로 데리고 와서

그의 항문에 그의 성기를 들어가게 할 경우, 그러한 적용시에 동의하지 않아 즐거움을 느끼지 않고, 삽입시에 동의하지 않아 즐거움을 느끼지 않아도, 유지시에 동의하여 즐거움을 느끼고, 인발시에 동의하여 즐거움을 느끼면, 승단추방죄를 범하는 것이다

4) 수행승의 적대자들이 깨어있는 축생의 양성을 수행승의 앞으로 데리고 와서 그의 항문에 그의 성기를 들어가게 할 경우, 그러한 적용시에 동의하지 않아 즐거움을 느끼지 않고, 삽입시에 동의하지 않아 즐거움을 느끼지 않고, 유지시에 동의하지 않아 즐거움을 느끼지 않아도, 인발시에 동의하여 즐거움을 느끼면, 승단추방죄를 범하는 것이다.

5) 수행승의 적대자들이 깨어있는 축생의 양성을 수행승의 앞으로 데리고 와서 그의 항문에 그의 성기를 들어가게 할 경우, 그러한 적용시에 동의하지 않아 즐거움을 느끼지 않고, 삽입시에 동의하지 않아 즐거움을 느끼지 않고, 유지시에 동의하지 않아 즐거움을 느끼지 않고, 인발시에도 동의하지 않아 즐거움을 느끼지 않으면, 무죄이다.

6) 수행승의 적대자들이 깨어있는 축생의 양성을 수행승의 앞으로 데리고 와서 그의 성기에 그의 성기를 들어가게 할 경우, 그러한 적용시에 동의하여 즐거움을 느끼고, 삽입시에 동의하여 즐거움을 느끼고, 유지시에 동의하여 즐거움을 느끼고, 인발시에 동의하여 즐거움을 느끼면, 승단추방죄를 범하는 것이다.

7) 수행승의 적대자들이 깨어있는 축생의 양성을 수행승의 앞으로 데리고 와서 그의 성기에 그의 성기를 들어가게 할 경우, 그러한 적용시에 동의하지 않아 즐거움을 느끼지 않아도, 삽입시에 동의하여 즐거움을 느끼고, 유지시에 동의하여 즐거움을 느끼고, 인발시에 동의하여 즐거움을 느끼면, 승단추방죄를 범하는 것이다.

8) 수행승의 적대자들이 깨어있는 축생의 양성을 수행승의 앞으로 데리고 와서 그의 성기에 그의 성기를 들어가게 할 경우, 그러한 적용시에 동의하지 않아 즐거움을 느끼지 않고, 삽입시에 동의하지 않아 즐거움을 느끼지 않아도, 유지시에 동의하여 즐거움을 느끼고, 인발시에 동의하여 즐거움을 느끼면, 승단추방죄를 범하는 것이다.

9) 수행승의 적대자들이 깨어있는 축생의 양성을 수행승의 앞으로 데리고 와서 그의 성기에 그의 성기를 들어가게 할 경우, 그러한 적용시에 동의하지 않아 즐거움을 느끼지 않고, 삽입시에 동의하지 않아 즐거움을 느끼지 않고, 유지시

에 동의하지 않아 즐거움을 느끼지 않아도, 인발시에 동의하여 즐거움을 느끼면, 승단추방죄를 범하는 것이다.

10) 수행승의 적대자들이 깨어있는 축생의 양성을 수행승의 앞으로 데리고 와서 그의 성기에 그의 성기를 들어가게 할 경우, 그러한 적용시에 동의하지 않아 즐거움을 느끼지 않고, 삽입시에 동의하지 않아 즐거움을 느끼지 않고, 유지시에 동의하지 않아 즐거움을 느끼지 않고, 인발시에도 동의하지 않아 즐거움을 느끼지 않으면, 무죄이다.

11) 수행승의 적대자들이 깨어있는 축생의 양성을 수행승의 앞으로 데리고 와서 그의 구강에 그의 성기를 들어가게 할 경우, 그러한 적용시에 동의하여 즐거움을 느끼고, 삽입시에 동의하여 즐거움을 느끼고, 유지시에 동의하여 즐거움을 느끼고, 인발시에 동의하여 즐거움을 느끼면, 승단추방죄를 범하는 것이다.

12) 수행승의 적대자들이 깨어있는 축생의 양성을 수행승의 앞으로 데리고 와서 그의 구강에 그의 성기를 들어가게 할 경우, 그러한 적용시에 동의하지 않아 즐거움을 느끼지 않아도, 삽입시에 동의하여 즐거움을 느끼고, 유지시에 동의하여 즐거움을 느끼고, 인발시에 동의하여 즐거움을 느끼면, 승단추방죄를 범하는 것이다.

13) 수행승의 적대자들이 깨어있는 축생의 양성을 수행승의 앞으로 데리고 와서 그의 구강에 그의 성기를 들어가게 할 경우, 그러한 적용시에 동의하지 않아 즐거움을 느끼지 않고, 삽입시에 동의하지 않아 즐거움을 느끼지 않아도, 유지시에 동의하여 즐거움을 느끼고, 인발시에 동의하여 즐거움을 느끼면, 승단추방죄를 범하는 것이다.

14) 수행승의 적대자들이 깨어있는 축생의 양성을 수행승의 앞으로 데리고 와서 그의 구강에 그의 성기를 들어가게 할 경우, 그러한 적용시에 동의하지 않아 즐거움을 느끼지 않고, 삽입시에 동의하지 않아 즐거움을 느끼지 않고, 유지시에 동의하지 않아 즐거움을 느끼지 않아도, 인발시에 동의하여 즐거움을 느끼면, 승단추방죄를 범하는 것이다.

15) 수행승의 적대자들이 깨어있는 축생의 양성을 수행승의 앞으로 데리고 와서 그의 구강에 그의 성기를 들어가게 할 경우, 그러한 적용시에 동의하지 않아 즐거움을 느끼지 않고, 삽입시에 동의하지 않아 즐거움을 느끼지 않고, 유지시에 동의하지 않아 즐거움을 느끼지 않고, 인발시에도 동의하지 않아 즐거움을 느끼지 않으면, 무죄이다.”

9-8₃.

1) 수행승의 적대자들이 잠든 축생의 양성을 수행승의 앞으로 데리고 와서 그의 항문에 그의 성기를 들어가게 할 경우, 그러한 적용시에 동의하여 즐거움을 느끼고, 삽입시에 동의하여 즐거움을 느끼고, 유지시에 동의하여 즐거움을 느끼고, 인발시에 동의하여 즐거움을 느끼면, 승단추방죄를 범하는 것이다.
2) 수행승의 적대자들이 잠든 축생의 양성을 수행승의 앞으로 데리고 와서 그의 항문에 그의 성기를 들어가게 할 경우, 그러한 적용시에 동의하지 않아 즐거움을 느끼지 않아도, 삽입시에 동의하여 즐거움을 느끼고, 유지시에 동의하여 즐거움을 느끼고, 인발시에 동의하여 즐거움을 느끼면, 승단추방죄를 범하는 것이다.
3) 수행승의 적대자들이 잠든 축생의 양성을 수행승의 앞으로 데리고 와서 그의 항문에 그의 성기를 들어가게 할 경우, 그러한 적용시에 동의하지 않아 즐거움을 느끼지 않고, 삽입시에 동의하지 않아 즐거움을 느끼지 않아도, 유지시에 동의하여 즐거움을 느끼고, 인발시에 동의하여 즐거움을 느끼면, 승단추방죄를 범하는 것이다
4) 수행승의 적대자들이 잠든 축생의 양성을 수행승의 앞으로 데리고 와서 그의 항문에 그의 성기를 들어가게 할 경우, 그러한 적용시에 동의하지 않아 즐거움을 느끼지 않고, 삽입시에 동의하지 않아 즐거움을 느끼지 않고, 유지시에 동의하지 않아 즐거움을 느끼지 않아도, 인발시에 동의하여 즐거움을 느끼면, 승단추방죄를 범하는 것이다.
5) 수행승의 적대자들이 잠든 축생의 양성을 수행승의 앞으로 데리고 와서 그의 항문에 그의 성기를 들어가게 할 경우, 그러한 적용시에 동의하지 않아 즐거움을 느끼지 않고, 삽입시에 동의하지 않아 즐거움을 느끼지 않고, 유지시에 동의하지 않아 즐거움을 느끼지 않고, 인발시에도 동의하지 않아 즐거움을 느끼지 않으면, 무죄이다.
6) 수행승의 적대자들이 잠든 축생의 양성을 수행승의 앞으로 데리고 와서 그의 성기에 그의 성기를 들어가게 할 경우, 그러한 적용시에 동의하여 즐거움을 느끼고, 삽입시에 동의하여 즐거움을 느끼고, 유지시에 동의하여 즐거움을 느끼고, 인발시에 동의하여 즐거움을 느끼면, 승단추방죄를 범하는 것이다.
7) 수행승의 적대자들이 잠든 축생의 양성을 수행승의 앞으로 데리고 와서 그의 성기에 그의 성기를 들어가게 할 경우, 그러한 적용시에 동의하지 않아 즐거움

을 느끼지 않아도, 삽입시에 동의하여 즐거움을 느끼고, 유지시에 동의하여 즐거움을 느끼고, 인발시에 동의하여 즐거움을 느끼면, 승단추방죄를 범하는 것이다.

8) 수행승의 적대자들이 잠든 축생의 양성을 수행승의 앞으로 데리고 와서 그의 성기에 그의 성기를 들어가게 할 경우, 그러한 적용시에 동의하지 않아 즐거움을 느끼지 않고, 삽입시에 동의하지 않아 즐거움을 느끼지 않아도, 유지시에 동의하여 즐거움을 느끼고, 인발시에 동의하여 즐거움을 느끼면, 승단추방죄를 범하는 것이다.

9) 수행승의 적대자들이 잠든 축생의 양성을 수행승의 앞으로 데리고 와서 그의 성기에 그의 성기를 들어가게 할 경우, 그러한 적용시에 동의하지 않아 즐거움을 느끼지 않고, 삽입시에 동의하지 않아 즐거움을 느끼지 않고, 유지시에 동의하지 않아 즐거움을 느끼지 않아도, 인발시에 동의하여 즐거움을 느끼면, 승단추방죄를 범하는 것이다.

10) 수행승의 적대자들이 잠든 축생의 양성을 수행승의 앞으로 데리고 와서 그의 성기에 그의 성기를 들어가게 할 경우, 그러한 적용시에 동의하지 않아 즐거움을 느끼지 않고, 삽입시에 동의하지 않아 즐거움을 느끼지 않고, 유지시에 동의하지 않아 즐거움을 느끼지 않고, 인발시에도 동의하지 않아 즐거움을 느끼지 않으면, 무죄이다.

11) 수행승의 적대자들이 잠든 축생의 양성을 수행승의 앞으로 데리고 와서 그의 구강에 그의 성기를 들어가게 할 경우, 그러한 적용시에 동의하여 즐거움을 느끼고, 삽입시에 동의하여 즐거움을 느끼고, 유지시에 동의하여 즐거움을 느끼고, 인발시에 동의하여 즐거움을 느끼면, 승단추방죄를 범하는 것이다.

12) 수행승의 적대자들이 잠든 축생의 양성을 수행승의 앞으로 데리고 와서 그의 구강에 그의 성기를 들어가게 할 경우, 그러한 적용시에 동의하지 않아 즐거움을 느끼지 않아도, 삽입시에 동의하여 즐거움을 느끼고, 유지시에 동의하여 즐거움을 느끼고, 인발시에 동의하여 즐거움을 느끼면, 승단추방죄를 범하는 것이다.

13) 수행승의 적대자들이 잠든 축생의 양성을 수행승의 앞으로 데리고 와서 그의 구강에 그의 성기를 들어가게 할 경우, 그러한 적용시에 동의하지 않아 즐거움을 느끼지 않고, 삽입시에 동의하지 않아 즐거움을 느끼지 않아도, 유지시에 동의하여 즐거움을 느끼고, 인발시에 동의하여 즐거움을 느끼면, 승단추방죄

를 범하는 것이다.

14) 수행승의 적대자들이 잠든 축생의 양성을 수행승의 앞으로 데리고 와서 그의 구강에 그의 성기를 들어가게 할 경우, 그러한 적용시에 동의하지 않아 즐거움을 느끼지 않고, 삽입시에 동의하지 않아 즐거움을 느끼지 않고, 유지시에 동의하지 않아 즐거움을 느끼지 않아도, 인발시에 동의하여 즐거움을 느끼면, 승단추방죄를 범하는 것이다.

15) 수행승의 적대자들이 잠든 축생의 양성을 수행승의 앞으로 데리고 와서 그의 구강에 그의 성기를 들어가게 할 경우, 그러한 적용시에 동의하지 않아 즐거움을 느끼지 않고, 삽입시에 동의하지 않아 즐거움을 느끼지 않고, 유지시에 동의하지 않아 즐거움을 느끼지 않고, 인발시에도 동의하지 않아 즐거움을 느끼지 않으면, 무죄이다.

9-8₄.

1) 수행승의 적대자들이 술취한 축생의 양성을 수행승의 앞으로 데리고 와서 그의 항문에 그의 성기를 들어가게 할 경우, 그러한 적용시에 동의하여 즐거움을 느끼고, 삽입시에 동의하여 즐거움을 느끼고, 유지시에 동의하여 즐거움을 느끼고, 인발시에 동의하여 즐거움을 느끼면, 승단추방죄를 범하는 것이다.

2) 수행승의 적대자들이 술취한 축생의 양성을 수행승의 앞으로 데리고 와서 그의 항문에 그의 성기를 들어가게 할 경우, 그러한 적용시에 동의하지 않아 즐거움을 느끼지 않아도, 삽입시에 동의하여 즐거움을 느끼고, 유지시에 동의하여 즐거움을 느끼고, 인발시에 동의하여 즐거움을 느끼면, 승단추방죄를 범하는 것이다.

3) 수행승의 적대자들이 술취한 축생의 양성을 수행승의 앞으로 데리고 와서 그의 항문에 그의 성기를 들어가게 할 경우, 그러한 적용시에 동의하지 않아 즐거움을 느끼지 않고, 삽입시에 동의하지 않아 즐거움을 느끼지 않아도, 유지시에 동의하여 즐거움을 느끼고, 인발시에 동의하여 즐거움을 느끼면, 승단추방죄를 범하는 것이다

4) 수행승의 적대자들이 술취한 축생의 양성을 수행승의 앞으로 데리고 와서 그의 항문에 그의 성기를 들어가게 할 경우, 그러한 적용시에 동의하지 않아 즐거움을 느끼지 않고, 삽입시에 동의하지 않아 즐거움을 느끼지 않고, 유지시에 동의하지 않아 즐거움을 느끼지 않아도, 인발시에 동의하여 즐거움을 느끼면, 승단추방죄를 범하는 것이다.

5) 수행승의 적대자들이 술취한 축생의 양성을 수행승의 앞으로 데리고 와서 그의 항문에 그의 성기를 들어가게 할 경우, 그러한 적용시에 동의하지 않아 즐거움을 느끼지 않고, 삽입시에 동의하지 않아 즐거움을 느끼지 않고, 유지시에 동의하지 않아 즐거움을 느끼지 않고, 인발시에도 동의하지 않아 즐거움을 느끼지 않으면, 무죄이다.

6) 수행승의 적대자들이 술취한 축생의 양성을 수행승의 앞으로 데리고 와서 그의 성기에 그의 성기를 들어가게 할 경우, 그러한 적용시에 동의하여 즐거움을 느끼고, 삽입시에 동의하여 즐거움을 느끼고, 유지시에 동의하여 즐거움을 느끼고, 인발시에 동의하여 즐거움을 느끼면, 승단추방죄를 범하는 것이다.

7) 수행승의 적대자들이 술취한 축생의 양성을 수행승의 앞으로 데리고 와서 그의 성기에 그의 성기를 들어가게 할 경우, 그러한 적용시에 동의하지 않아 즐거움을 느끼지 않아도, 삽입시에 동의하여 즐거움을 느끼고, 유지시에 동의하여 즐거움을 느끼고, 인발시에 동의하여 즐거움을 느끼면, 승단추방죄를 범하는 것이다.

8) 수행승의 적대자들이 술취한 축생의 양성을 수행승의 앞으로 데리고 와서 그의 성기에 그의 성기를 들어가게 할 경우, 그러한 적용시에 동의하지 않아 즐거움을 느끼지 않고, 삽입시에 동의하지 않아 즐거움을 느끼지 않아도, 유지시에 동의하여 즐거움을 느끼고, 인발시에 동의하여 즐거움을 느끼면, 승단추방죄를 범하는 것이다.

9) 수행승의 적대자들이 술취한 축생의 양성을 수행승의 앞으로 데리고 와서 그의 성기에 그의 성기를 들어가게 할 경우, 그러한 적용시에 동의하지 않아 즐거움을 느끼지 않고, 삽입시에 동의하지 않아 즐거움을 느끼지 않고, 유지시에 동의하지 않아 즐거움을 느끼지 않아도, 인발시에 동의하여 즐거움을 느끼면, 승단추방죄를 범하는 것이다.

10) 수행승의 적대자들이 술취한 축생의 양성을 수행승의 앞으로 데리고 와서 그의 성기에 그의 성기를 들어가게 할 경우, 그러한 적용시에 동의하지 않아 즐거움을 느끼지 않고, 삽입시에 동의하지 않아 즐거움을 느끼지 않고, 유지시에 동의하지 않아 즐거움을 느끼지 않고, 인발시에도 동의하지 않아 즐거움을 느끼지 않으면, 무죄이다.

11) 수행승의 적대자들이 술취한 축생의 양성을 수행승의 앞으로 데리고 와서 그의 구강에 그의 성기를 들어가게 할 경우, 그러한 적용시에 동의하여 즐거움

을 느끼고, 삽입시에 동의하여 즐거움을 느끼고, 유지시에 동의하여 즐거움을 느끼고, 인발시에 동의하여 즐거움을 느끼면, 승단추방죄를 범하는 것이다.

12) 수행승의 적대자들이 술취한 축생의 양성을 수행승의 앞으로 데리고 와서 그의 구강에 그의 성기를 들어가게 할 경우, 그러한 적용시에 동의하지 않아 즐거움을 느끼지 않아도, 삽입시에 동의하여 즐거움을 느끼고, 유지시에 동의하여 즐거움을 느끼고, 인발시에 동의하여 즐거움을 느끼면, 승단추방죄를 범하는 것이다.

13) 수행승의 적대자들이 술취한 축생의 양성을 수행승의 앞으로 데리고 와서 그의 구강에 그의 성기를 들어가게 할 경우, 그러한 적용시에 동의하지 않아 즐거움을 느끼지 않고, 삽입시에 동의하지 않아 즐거움을 느끼지 않아도, 유지시에 동의하여 즐거움을 느끼고, 인발시에 동의하여 즐거움을 느끼면, 승단추방죄를 범하는 것이다.

14) 수행승의 적대자들이 술취한 축생의 양성을 수행승의 앞으로 데리고 와서 그의 구강에 그의 성기를 들어가게 할 경우, 그러한 적용시에 동의하지 않아 즐거움을 느끼지 않고, 삽입시에 동의하지 않아 즐거움을 느끼지 않고, 유지시에 동의하지 않아 즐거움을 느끼지 않아도, 인발시에 동의하여 즐거움을 느끼면, 승단추방죄를 범하는 것이다.

15) 수행승의 적대자들이 술취한 축생의 양성을 수행승의 앞으로 데리고 와서 그의 구강에 그의 성기를 들어가게 할 경우, 그러한 적용시에 동의하지 않아 즐거움을 느끼지 않고, 삽입시에 동의하지 않아 즐거움을 느끼지 않고, 유지시에 동의하지 않아 즐거움을 느끼지 않고, 인발시에도 동의하지 않아 즐거움을 느끼지 않으면, 무죄이다.

9-8₅.

1) 수행승의 적대자들이 정신착란된 축생의 양성을 수행승의 앞으로 데리고 와서 그의 항문에 그의 성기를 들어가게 할 경우, 그러한 적용시에 동의하여 즐거움을 느끼고, 삽입시에 동의하여 즐거움을 느끼고, 유지시에 동의하여 즐거움을 느끼고, 인발시에 동의하여 즐거움을 느끼면, 승단추방죄를 범하는 것이다.

2) 수행승의 적대자들이 정신착란된 축생의 양성을 수행승의 앞으로 데리고 와서 그의 항문에 그의 성기를 들어가게 할 경우, 그러한 적용시에 동의하지 않아 즐거움을 느끼지 않아도, 삽입시에 동의하여 즐거움을 느끼고, 유지시에 동의하여 즐거움을 느끼고, 인발시에 동의하여 즐거움을 느끼면, 승단추방죄를

범하는 것이다.

3) 수행승의 적대자들이 정신착란된 축생의 양성을 수행승의 앞으로 데리고 와서 그의 항문에 그의 성기를 들어가게 할 경우, 그러한 적용시에 동의하지 않아 즐거움을 느끼지 않고, 삽입시에 동의하지 않아 즐거움을 느끼지 않아도, 유지시에 동의하여 즐거움을 느끼고, 인발시에 동의하여 즐거움을 느끼면, 승단추방죄를 범하는 것이다

4) 수행승의 적대자들이 정신착란된 축생의 양성을 수행승의 앞으로 데리고 와서 그의 항문에 그의 성기를 들어가게 할 경우, 그러한 적용시에 동의하지 않아 즐거움을 느끼지 않고, 삽입시에 동의하지 않아 즐거움을 느끼지 않고, 유지시에 동의하지 않아 즐거움을 느끼지 않아도, 인발시에 동의하여 즐거움을 느끼면, 승단추방죄를 범하는 것이다.

5) 수행승의 적대자들이 정신착란된 축생의 양성을 수행승의 앞으로 데리고 와서 그의 항문에 그의 성기를 들어가게 할 경우, 그러한 적용시에 동의하지 않아 즐거움을 느끼지 않고, 삽입시에 동의하지 않아 즐거움을 느끼지 않고, 유지시에 동의하지 않아 즐거움을 느끼지 않고, 인발시에도 동의하지 않아 즐거움을 느끼지 않으면, 무죄이다.

6) 수행승의 적대자들이 정신착란된 축생의 양성을 수행승의 앞으로 데리고 와서 그의 성기에 그의 성기를 들어가게 할 경우, 그러한 적용시에 동의하여 즐거움을 느끼고, 삽입시에 동의하여 즐거움을 느끼고, 유지시에 동의하여 즐거움을 느끼고, 인발시에 동의하여 즐거움을 느끼면, 승단추방죄를 범하는 것이다.

7) 수행승의 적대자들이 정신착란된 축생의 양성을 수행승의 앞으로 데리고 와서 그의 성기에 그의 성기를 들어가게 할 경우, 그러한 적용시에 동의하지 않아 즐거움을 느끼지 않아도, 삽입시에 동의하여 즐거움을 느끼고, 유지시에 동의하여 즐거움을 느끼고, 인발시에 동의하여 즐거움을 느끼면, 승단추방죄를 범하는 것이다.

8) 수행승의 적대자들이 정신착란된 축생의 양성을 수행승의 앞으로 데리고 와서 그의 성기에 그의 성기를 들어가게 할 경우, 그러한 적용시에 동의하지 않아 즐거움을 느끼지 않고, 삽입시에 동의하지 않아 즐거움을 느끼지 않아도, 유지시에 동의하여 즐거움을 느끼고, 인발시에 동의하여 즐거움을 느끼면, 승단추방죄를 범하는 것이다.

9) 수행승의 적대자들이 정신착란된 축생의 양성을 수행승의 앞으로 데리고 와서

그의 성기에 그의 성기를 들어가게 할 경우, 그러한 적용시에 동의하지 않아 즐거움을 느끼지 않고, 삽입시에 동의하지 않아 즐거움을 느끼지 않고, 유지시에 동의하지 않아 즐거움을 느끼지 않아도, 인발시에 동의하여 즐거움을 느끼면, 승단추방죄를 범하는 것이다.

10) 수행승의 적대자들이 정신착란된 축생의 양성을 수행승의 앞으로 데리고 와서 그의 성기에 그의 성기를 들어가게 할 경우, 그러한 적용시에 동의하지 않아 즐거움을 느끼지 않고, 삽입시에 동의하지 않아 즐거움을 느끼지 않고, 유지시에 동의하지 않아 즐거움을 느끼지 않고, 인발시에도 동의하지 않아 즐거움을 느끼지 않으면, 무죄이다.

11) 수행승의 적대자들이 정신착란된 축생의 양성을 수행승의 앞으로 데리고 와서 그의 구강에 그의 성기를 들어가게 할 경우, 그러한 적용시에 동의하여 즐거움을 느끼고, 삽입시에 동의하여 즐거움을 느끼고, 유지시에 동의하여 즐거움을 느끼고, 인발시에 동의하여 즐거움을 느끼면, 승단추방죄를 범하는 것이다.

12) 수행승의 적대자들이 정신착란된 축생의 양성을 수행승의 앞으로 데리고 와서 그의 구강에 그의 성기를 들어가게 할 경우, 그러한 적용시에 동의하지 않아 즐거움을 느끼지 않아도, 삽입시에 동의하여 즐거움을 느끼고, 유지시에 동의하여 즐거움을 느끼고, 인발시에 동의하여 즐거움을 느끼면, 승단추방죄를 범하는 것이다.

13) 수행승의 적대자들이 정신착란된 축생의 양성을 수행승의 앞으로 데리고 와서 그의 구강에 그의 성기를 들어가게 할 경우, 그러한 적용시에 동의하지 않아 즐거움을 느끼지 않고, 삽입시에 동의하지 않아 즐거움을 느끼지 않아도, 유지시에 동의하여 즐거움을 느끼고, 인발시에 동의하여 즐거움을 느끼면, 승단추방죄를 범하는 것이다.

14) 수행승의 적대자들이 정신착란된 축생의 양성을 수행승의 앞으로 데리고 와서 그의 구강에 그의 성기를 들어가게 할 경우, 그러한 적용시에 동의하지 않아 즐거움을 느끼지 않고, 삽입시에 동의하지 않아 즐거움을 느끼지 않고, 유지시에 동의하지 않아 즐거움을 느끼지 않아도, 인발시에 동의하여 즐거움을 느끼면, 승단추방죄를 범하는 것이다.

15) 수행승의 적대자들이 정신착란된 축생의 양성을 수행승의 앞으로 데리고 와서 그의 구강에 그의 성기를 들어가게 할 경우, 그러한 적용시에 동의하지

않아 즐거움을 느끼지 않고, 삽입시에 동의하지 않아 즐거움을 느끼지 않고, 유지시에 동의하지 않아 즐거움을 느끼지 않고, 인발시에도 동의하지 않아 즐거움을 느끼지 않으면, 무죄이다.

9-8₆.

1) 수행승의 적대자들이 방일한 축생의 양성을 수행승의 앞으로 데리고 와서 그의 항문에 그의 성기를 들어가게 할 경우, 그러한 적용시에 동의하여 즐거움을 느끼고, 삽입시에 동의하여 즐거움을 느끼고, 유지시에 동의하여 즐거움을 느끼고, 인발시에 동의하여 즐거움을 느끼면, 승단추방죄를 범하는 것이다.
2) 수행승의 적대자들이 방일한 축생의 양성을 수행승의 앞으로 데리고 와서 그의 항문에 그의 성기를 들어가게 할 경우, 그러한 적용시에 동의하지 않아 즐거움을 느끼지 않아도, 삽입시에 동의하여 즐거움을 느끼고, 유지시에 동의하여 즐거움을 느끼고, 인발시에 동의하여 즐거움을 느끼면, 승단추방죄를 범하는 것이다.
3) 수행승의 적대자들이 방일한 축생의 양성을 수행승의 앞으로 데리고 와서 그의 항문에 그의 성기를 들어가게 할 경우, 그러한 적용시에 동의하지 않아 즐거움을 느끼지 않고, 삽입시에 동의하지 않아 즐거움을 느끼지 않아도, 유지시에 동의하여 즐거움을 느끼고, 인발시에 동의하여 즐거움을 느끼면, 승단추방죄를 범하는 것이다
4) 수행승의 적대자들이 방일한 축생의 양성을 수행승의 앞으로 데리고 와서 그의 항문에 그의 성기를 들어가게 할 경우, 그러한 적용시에 동의하지 않아 즐거움을 느끼지 않고, 삽입시에 동의하지 않아 즐거움을 느끼지 않고, 유지시에 동의하지 않아 즐거움을 느끼지 않아도, 인발시에 동의하여 즐거움을 느끼면, 승단추방죄를 범하는 것이다.
5) 수행승의 적대자들이 방일한 축생의 양성을 수행승의 앞으로 데리고 와서 그의 항문에 그의 성기를 들어가게 할 경우, 그러한 적용시에 동의하지 않아 즐거움을 느끼지 않고, 삽입시에 동의하지 않아 즐거움을 느끼지 않고, 유지시에 동의하지 않아 즐거움을 느끼지 않고, 인발시에도 동의하지 않아 즐거움을 느끼지 않으면, 무죄이다.
6) 수행승의 적대자들이 방일한 축생의 양성을 수행승의 앞으로 데리고 와서 그의 성기에 그의 성기를 들어가게 할 경우, 그러한 적용시에 동의하여 즐거움을 느끼고, 삽입시에 동의하여 즐거움을 느끼고, 유지시에 동의하여 즐거움을

느끼고, 인발시에 동의하여 즐거움을 느끼면, 승단추방죄를 범하는 것이다.

7) 수행승의 적대자들이 방일한 축생의 양성을 수행승의 앞으로 데리고 와서 그의 성기에 그의 성기를 들어가게 할 경우, 그러한 적용시에 동의하지 않아 즐거움을 느끼지 않아도, 삽입시에 동의하여 즐거움을 느끼고, 유지시에 동의하여 즐거움을 느끼고, 인발시에 동의하여 즐거움을 느끼면, 승단추방죄를 범하는 것이다.

8) 수행승의 적대자들이 방일한 축생의 양성을 수행승의 앞으로 데리고 와서 그의 성기에 그의 성기를 들어가게 할 경우, 그러한 적용시에 동의하지 않아 즐거움을 느끼지 않고, 삽입시에 동의하지 않아 즐거움을 느끼지 않아도, 유지시에 동의하여 즐거움을 느끼고, 인발시에 동의하여 즐거움을 느끼면, 승단추방죄를 범하는 것이다.

9) 수행승의 적대자들이 방일한 축생의 양성을 수행승의 앞으로 데리고 와서 그의 성기에 그의 성기를 들어가게 할 경우, 그러한 적용시에 동의하지 않아 즐거움을 느끼지 않고, 삽입시에 동의하지 않아 즐거움을 느끼지 않고, 유지시에 동의하지 않아 즐거움을 느끼지 않아도, 인발시에 동의하여 즐거움을 느끼면, 승단추방죄를 범하는 것이다.

10) 수행승의 적대자들이 방일한 축생의 양성을 수행승의 앞으로 데리고 와서 그의 성기에 그의 성기를 들어가게 할 경우, 그러한 적용시에 동의하지 않아 즐거움을 느끼지 않고, 삽입시에 동의하지 않아 즐거움을 느끼지 않고, 유지시에 동의하지 않아 즐거움을 느끼지 않고, 인발시에도 동의하지 않아 즐거움을 느끼지 않으면, 무죄이다.

11) 수행승의 적대자들이 방일한 축생의 양성을 수행승의 앞으로 데리고 와서 그의 구강에 그의 성기를 들어가게 할 경우, 그러한 적용시에 동의하여 즐거움을 느끼고, 삽입시에 동의하여 즐거움을 느끼고, 유지시에 동의하여 즐거움을 느끼고, 인발시에 동의하여 즐거움을 느끼면, 승단추방죄를 범하는 것이다.

12) 수행승의 적대자들이 방일한 축생의 양성을 수행승의 앞으로 데리고 와서 그의 구강에 그의 성기를 들어가게 할 경우, 그러한 적용시에 동의하지 않아 즐거움을 느끼지 않아도, 삽입시에 동의하여 즐거움을 느끼고, 유지시에 동의하여 즐거움을 느끼고, 인발시에 동의하여 즐거움을 느끼면, 승단추방죄를 범하는 것이다.

13) 수행승의 적대자들이 방일한 축생의 양성을 수행승의 앞으로 데리고 와서

그의 구강에 그의 성기를 들어가게 할 경우, 그러한 적용시에 동의하지 않아 즐거움을 느끼지 않고, 삽입시에 동의하지 않아 즐거움을 느끼지 않아도, 유지시에 동의하여 즐거움을 느끼고, 인발시에 동의하여 즐거움을 느끼면, 승단추방죄를 범하는 것이다.

14) 수행승의 적대자들이 방일한 축생의 양성을 수행승의 앞으로 데리고 와서 그의 구강에 그의 성기를 들어가게 할 경우, 그러한 적용시에 동의하지 않아 즐거움을 느끼지 않고, 삽입시에 동의하지 않아 즐거움을 느끼지 않고, 유지시에 동의하지 않아 즐거움을 느끼지 않아도, 인발시에 동의하여 즐거움을 느끼면, 승단추방죄를 범하는 것이다.

15) 수행승의 적대자들이 방일한 축생의 양성을 수행승의 앞으로 데리고 와서 그의 구강에 그의 성기를 들어가게 할 경우, 그러한 적용시에 동의하지 않아 즐거움을 느끼지 않고, 삽입시에 동의하지 않아 즐거움을 느끼지 않고, 유지시에 동의하지 않아 즐거움을 느끼지 않고, 인발시에도 동의하지 않아 즐거움을 느끼지 않으면, 무죄이다.

9-8₇.

1) 수행승의 적대자들이, 죽었지만 아직 파괴되지 않은 축생의 양성을 수행승의 앞으로 데리고 와서 그의 항문에 그의 성기를 들어가게 할 경우, 그러한 적용시에 동의하여 즐거움을 느끼고, 삽입시에 동의하여 즐거움을 느끼고, 유지시에 동의하여 즐거움을 느끼고, 인발시에 동의하여 즐거움을 느끼면, 승단추방죄를 범하는 것이다.

2) 수행승의 적대자들이, 죽었지만 아직 파괴되지 않은 축생의 양성을 수행승의 앞으로 데리고 와서 그의 항문에 그의 성기를 들어가게 할 경우, 그러한 적용시에 동의하지 않아 즐거움을 느끼지 않아도, 삽입시에 동의하여 즐거움을 느끼고, 유지시에 동의하여 즐거움을 느끼고, 인발시에 동의하여 즐거움을 느끼면, 승단추방죄를 범하는 것이다.

3) 수행승의 적대자들이, 죽었지만 아직 파괴되지 않은 축생의 양성을 수행승의 앞으로 데리고 와서 그의 항문에 그의 성기를 들어가게 할 경우, 그러한 적용시에 동의하지 않아 즐거움을 느끼지 않고, 삽입시에 동의하지 않아 즐거움을 느끼지 않아도, 유지시에 동의하여 즐거움을 느끼고, 인발시에 동의하여 즐거움을 느끼면, 승단추방죄를 범하는 것이다

4) 수행승의 적대자들이, 죽었지만 아직 파괴되지 않은 축생의 양성을 수행승의

앞으로 데리고 와서 그의 항문에 그의 성기를 들어가게 할 경우, 그러한 적용시에 동의하지 않아 즐거움을 느끼지 않고, 삽입시에 동의하지 않아 즐거움을 느끼지 않고, 유지시에 동의하지 않아 즐거움을 느끼지 않아도, 인발시에 동의하여 즐거움을 느끼면, 승단추방죄를 범하는 것이다.

5) 수행승의 적대자들이, 죽었지만 아직 파괴되지 않은 축생의 양성을 수행승의 앞으로 데리고 와서 그의 항문에 그의 성기를 들어가게 할 경우, 그러한 적용시에 동의하지 않아 즐거움을 느끼지 않고, 삽입시에 동의하지 않아 즐거움을 느끼지 않고, 유지시에 동의하지 않아 즐거움을 느끼지 않고, 인발시에도 동의하지 않아 즐거움을 느끼지 않으면, 무죄이다.

6) 수행승의 적대자들이, 죽었지만 아직 파괴되지 않은 축생의 양성을 수행승의 앞으로 데리고 와서 그의 성기에 그의 성기를 들어가게 할 경우, 그러한 적용시에 동의하여 즐거움을 느끼고, 삽입시에 동의하여 즐거움을 느끼고, 유지시에 동의하여 즐거움을 느끼고, 인발시에 동의하여 즐거움을 느끼면, 승단추방죄를 범하는 것이다.

7) 수행승의 적대자들이, 죽었지만 아직 파괴되지 않은 축생의 양성을 수행승의 앞으로 데리고 와서 그의 성기에 그의 성기를 들어가게 할 경우, 그러한 적용시에 동의하지 않아 즐거움을 느끼지 않아도, 삽입시에 동의하여 즐거움을 느끼고, 유지시에 동의하여 즐거움을 느끼고, 인발시에 동의하여 즐거움을 느끼면, 승단추방죄를 범하는 것이다.

8) 수행승의 적대자들이, 죽었지만 아직 파괴되지 않은 축생의 양성을 수행승의 앞으로 데리고 와서 그의 성기에 그의 성기를 들어가게 할 경우, 그러한 적용시에 동의하지 않아 즐거움을 느끼지 않고, 삽입시에 동의하지 않아 즐거움을 느끼지 않아도, 유지시에 동의하여 즐거움을 느끼고, 인발시에 동의하여 즐거움을 느끼면, 승단추방죄를 범하는 것이다.

9) 수행승의 적대자들이, 죽었지만 아직 파괴되지 않은 축생의 양성을 수행승의 앞으로 데리고 와서 그의 성기에 그의 성기를 들어가게 할 경우, 그러한 적용시에 동의하지 않아 즐거움을 느끼지 않고, 삽입시에 동의하지 않아 즐거움을 느끼지 않고, 유지시에 동의하지 않아 즐거움을 느끼지 않아도, 인발시에 동의하여 즐거움을 느끼면, 승단추방죄를 범하는 것이다.

10) 수행승의 적대자들이, 죽었지만 아직 파괴되지 않은 축생의 양성을 수행승의 앞으로 데리고 와서 그의 성기에 그의 성기를 들어가게 할 경우, 그러한 적용시

에 동의하지 않아 즐거움을 느끼지 않고, 삽입시에 동의하지 않아 즐거움을 느끼지 않고, 유지시에 동의하지 않아 즐거움을 느끼지 않고, 인발시에도 동의하지 않아 즐거움을 느끼지 않으면, 무죄이다.

11) 수행승의 적대자들이, 죽었지만 아직 파괴되지 않은 축생의 양성을 수행승의 앞으로 데리고 와서 그의 구강에 그의 성기를 들어가게 할 경우, 그러한 적용시에 동의하여 즐거움을 느끼고, 삽입시에 동의하여 즐거움을 느끼고, 유지시에 동의하여 즐거움을 느끼고, 인발시에 동의하여 즐거움을 느끼면, 승단추방죄를 범하는 것이다.

12) 수행승의 적대자들이, 죽었지만 아직 파괴되지 않은 축생의 양성을 수행승의 앞으로 데리고 와서 그의 구강에 그의 성기를 들어가게 할 경우, 그러한 적용시에 동의하지 않아 즐거움을 느끼지 않아도, 삽입시에 동의하여 즐거움을 느끼고, 유지시에 동의하여 즐거움을 느끼고, 인발시에 동의하여 즐거움을 느끼면, 승단추방죄를 범하는 것이다.

13) 수행승의 적대자들이, 죽었지만 아직 파괴되지 않은 축생의 양성을 수행승의 앞으로 데리고 와서 그의 구강에 그의 성기를 들어가게 할 경우, 그러한 적용시에 동의하지 않아 즐거움을 느끼지 않고, 삽입시에 동의하지 않아 즐거움을 느끼지 않아도, 유지시에 동의하여 즐거움을 느끼고, 인발시에 동의하여 즐거움을 느끼면, 승단추방죄를 범하는 것이다.

14) 수행승의 적대자들이, 죽었지만 아직 파괴되지 않은 축생의 양성을 수행승의 앞으로 데리고 와서 그의 구강에 그의 성기를 들어가게 할 경우, 그러한 적용시에 동의하지 않아 즐거움을 느끼지 않고, 삽입시에 동의하지 않아 즐거움을 느끼지 않고, 유지시에 동의하지 않아 즐거움을 느끼지 않아도, 인발시에 동의하여 즐거움을 느끼면, 승단추방죄를 범하는 것이다.

15) 수행승의 적대자들이, 죽었지만 아직 파괴되지 않은 축생의 양성을 수행승의 앞으로 데리고 와서 그의 구강에 그의 성기를 들어가게 할 경우, 그러한 적용시에 동의하지 않아 즐거움을 느끼지 않고, 삽입시에 동의하지 않아 즐거움을 느끼지 않고, 유지시에 동의하지 않아 즐거움을 느끼지 않고, 인발시에도 동의하지 않아 즐거움을 느끼지 않으면, 무죄이다.

9-8$_8$.

1) 수행승의 적대자들이, 죽었지만 대체로 파괴되지 않은 축생의 양성을 수행승의 앞으로 데리고 와서 그의 항문에 그의 성기를 들어가게 할 경우, 그러한

적용시에 동의하여 즐거움을 느끼고, 삽입시에 동의하여 즐거움을 느끼고, 유지시에 동의하여 즐거움을 느끼고, 인발시에 동의하여 즐거움을 느끼면, 승단추방죄를 범하는 것이다.

2) 수행승의 적대자들이, 죽었지만 대체로 파괴되지 않은 축생의 양성을 수행승의 앞으로 데리고 와서 그의 항문에 그의 성기를 들어가게 할 경우, 그러한 적용시에 동의하지 않아 즐거움을 느끼지 않아도, 삽입시에 동의하여 즐거움을 느끼고, 유지시에 동의하여 즐거움을 느끼고, 인발시에 동의하여 즐거움을 느끼면, 승단추방죄를 범하는 것이다.

3) 수행승의 적대자들이, 죽었지만 대체로 파괴되지 않은 축생의 양성을 수행승의 앞으로 데리고 와서 그의 항문에 그의 성기를 들어가게 할 경우, 그러한 적용시에 동의하지 않아 즐거움을 느끼지 않고, 삽입시에 동의하지 않아 즐거움을 느끼지 않아도, 유지시에 동의하여 즐거움을 느끼고, 인발시에 동의하여 즐거움을 느끼면, 승단추방죄를 범하는 것이다

4) 수행승의 적대자들이, 죽었지만 대체로 파괴되지 않은 축생의 양성을 수행승의 앞으로 데리고 와서 그의 항문에 그의 성기를 들어가게 할 경우, 그러한 적용시에 동의하지 않아 즐거움을 느끼지 않고, 삽입시에 동의하지 않아 즐거움을 느끼지 않고, 유지시에 동의하지 않아 즐거움을 느끼지 않아도, 인발시에 동의하여 즐거움을 느끼면, 승단추방죄를 범하는 것이다.

5) 수행승의 적대자들이, 죽었지만 대체로 파괴되지 않은 축생의 양성을 수행승의 앞으로 데리고 와서 그의 항문에 그의 성기를 들어가게 할 경우, 그러한 적용시에 동의하지 않아 즐거움을 느끼지 않고, 삽입시에 동의하지 않아 즐거움을 느끼지 않고, 유지시에 동의하지 않아 즐거움을 느끼지 않고, 인발시에도 동의하지 않아 즐거움을 느끼지 않으면, 무죄이다.

6) 수행승의 적대자들이, 죽었지만 대체로 파괴되지 않은 축생의 양성을 수행승의 앞으로 데리고 와서 그의 성기에 그의 성기를 들어가게 할 경우, 그러한 적용시에 동의하여 즐거움을 느끼고, 삽입시에 동의하여 즐거움을 느끼고, 유지시에 동의하여 즐거움을 느끼고, 인발시에 동의하여 즐거움을 느끼면, 승단추방죄를 범하는 것이다.

7) 수행승의 적대자들이, 죽었지만 대체로 파괴되지 않은 축생의 양성을 수행승의 앞으로 데리고 와서 그의 성기에 그의 성기를 들어가게 할 경우, 그러한 적용시에 동의하지 않아 즐거움을 느끼지 않아도, 삽입시에 동의하여 즐거움

을 느끼고, 유지시에 동의하여 즐거움을 느끼고, 인발시에 동의하여 즐거움을 느끼면, 승단추방죄를 범하는 것이다.

8) 수행승의 적대자들이, 죽었지만 대체로 파괴되지 않은 축생의 양성을 수행승의 앞으로 데리고 와서 그의 성기에 그의 성기를 들어가게 할 경우, 그러한 적용시에 동의하지 않아 즐거움을 느끼지 않고, 삽입시에 동의하지 않아 즐거움을 느끼지 않아도, 유지시에 동의하여 즐거움을 느끼고, 인발시에 동의하여 즐거움을 느끼면, 승단추방죄를 범하는 것이다.

9) 수행승의 적대자들이, 죽었지만 대체로 파괴되지 않은 축생의 양성을 수행승의 앞으로 데리고 와서 그의 성기에 그의 성기를 들어가게 할 경우, 그러한 적용시에 동의하지 않아 즐거움을 느끼지 않고, 삽입시에 동의하지 않아 즐거움을 느끼지 않고, 유지시에 동의하지 않아 즐거움을 느끼지 않아도, 인발시에 동의하여 즐거움을 느끼면, 승단추방죄를 범하는 것이다.

10) 수행승의 적대자들이, 죽었지만 대체로 파괴되지 않은 축생의 양성을 수행승의 앞으로 데리고 와서 그의 성기에 그의 성기를 들어가게 할 경우, 그러한 적용시에 동의하지 않아 즐거움을 느끼지 않고, 삽입시에 동의하지 않아 즐거움을 느끼지 않고, 유지시에 동의하지 않아 즐거움을 느끼지 않고, 인발시에도 동의하지 않아 즐거움을 느끼지 않으면, 무죄이다.

11) 수행승의 적대자들이, 죽었지만 대체로 파괴되지 않은 축생의 양성을 수행승의 앞으로 데리고 와서 그의 구강에 그의 성기를 들어가게 할 경우, 그러한 적용시에 동의하여 즐거움을 느끼고, 삽입시에 동의하여 즐거움을 느끼고, 유지시에 동의하여 즐거움을 느끼고, 인발시에 동의하여 즐거움을 느끼면, 승단추방죄를 범하는 것이다.

12) 수행승의 적대자들이, 죽었지만 대체로 파괴되지 않은 축생의 양성을 수행승의 앞으로 데리고 와서 그의 구강에 그의 성기를 들어가게 할 경우, 그러한 적용시에 동의하지 않아 즐거움을 느끼지 않아도, 삽입시에 동의하여 즐거움을 느끼고, 유지시에 동의하여 즐거움을 느끼고, 인발시에 동의하여 즐거움을 느끼면, 승단추방죄를 범하는 것이다.

13) 수행승의 적대자들이, 죽었지만 대체로 파괴되지 않은 축생의 양성을 수행승의 앞으로 데리고 와서 그의 구강에 그의 성기를 들어가게 할 경우, 그러한 적용시에 동의하지 않아 즐거움을 느끼지 않고, 삽입시에 동의하지 않아 즐거움을 느끼지 않아도, 유지시에 동의하여 즐거움을 느끼고, 인발시에 동의하여

즐거움을 느끼면, 승단추방죄를 범하는 것이다.

14) 수행승의 적대자들이, 죽었지만 대체로 파괴되지 않은 축생의 양성을 수행승의 앞으로 데리고 와서 그의 구강에 그의 성기를 들어가게 할 경우, 그러한 적용시에 동의하지 않아 즐거움을 느끼지 않고, 삽입시에 동의하지 않아 즐거움을 느끼지 않고, 유지시에 동의하지 않아 즐거움을 느끼지 않아도, 인발시에 동의하여 즐거움을 느끼면, 승단추방죄를 범하는 것이다.

15) 수행승의 적대자들이, 죽었지만 대체로 파괴되지 않은 축생의 양성을 수행승의 앞으로 데리고 와서 그의 구강에 그의 성기를 들어가게 할 경우, 그러한 적용시에 동의하지 않아 즐거움을 느끼지 않고, 삽입시에 동의하지 않아 즐거움을 느끼지 않고, 유지시에 동의하지 않아 즐거움을 느끼지 않고, 인발시에도 동의하지 않아 즐거움을 느끼지 않으면, 무죄이다.

9-8₉.

1) 수행승의 적대자들이, 죽어서 거의 파괴된 축생의 양성을 수행승의 앞으로 데리고 와서 그의 항문에 그의 성기를 들어가게 할 경우, 그러한 적용시에 동의하여 즐거움을 느끼고, 삽입시에 동의하여 즐거움을 느끼고, 유지시에 동의하여 즐거움을 느끼고, 인발시에 동의하여 즐거움을 느끼면, 추악죄를 범하는 것이다.

2) 수행승의 적대자들이, 죽어서 거의 파괴된 축생의 양성을 수행승의 앞으로 데리고 와서 그의 항문에 그의 성기를 들어가게 할 경우, 그러한 적용시에 동의하지 않아 즐거움을 느끼지 않아도, 삽입시에 동의하여 즐거움을 느끼고, 유지시에 동의하여 즐거움을 느끼고, 인발시에 동의하여 즐거움을 느끼면, 추악죄를 범하는 것이다.

3) 수행승의 적대자들이, 죽어서 거의 파괴된 축생의 양성을 수행승의 앞으로 데리고 와서 그의 항문에 그의 성기를 들어가게 할 경우, 그러한 적용시에 동의하지 않아 즐거움을 느끼지 않고, 삽입시에 동의하지 않아 즐거움을 느끼지 않아도, 유지시에 동의하여 즐거움을 느끼고, 인발시에 동의하여 즐거움을 느끼면, 추악죄를 범하는 것이다

4) 수행승의 적대자들이, 죽어서 거의 파괴된 축생의 양성을 수행승의 앞으로 데리고 와서 그의 항문에 그의 성기를 들어가게 할 경우, 그러한 적용시에 동의하지 않아 즐거움을 느끼지 않고, 삽입시에 동의하지 않아 즐거움을 느끼지 않고, 유지시에 동의하지 않아 즐거움을 느끼지 않아도, 인발시에 동의하여

즐거움을 느끼면, 추악죄를 범하는 것이다.

5) 수행승의 적대자들이, 죽어서 거의 파괴된 축생의 양성을 수행승의 앞으로 데리고 와서 그의 항문에 그의 성기를 들어가게 할 경우, 그러한 적용시에 동의하지 않아 즐거움을 느끼지 않고, 삽입시에 동의하지 않아 즐거움을 느끼지 않고, 유지시에 동의하지 않아 즐거움을 느끼지 않고, 인발시에도 동의하지 않아 즐거움을 느끼지 않으면, 무죄이다.

6) 수행승의 적대자들이, 죽어서 거의 파괴된 축생의 양성을 수행승의 앞으로 데리고 와서 그의 성기에 그의 성기를 들어가게 할 경우, 그러한 적용시에 동의하여 즐거움을 느끼고, 삽입시에 동의하여 즐거움을 느끼고, 유지시에 동의하여 즐거움을 느끼고, 인발시에 동의하여 즐거움을 느끼면, 추악죄를 범하는 것이다.

7) 수행승의 적대자들이, 죽어서 거의 파괴된 축생의 양성을 수행승의 앞으로 데리고 와서 그의 성기에 그의 성기를 들어가게 할 경우, 그러한 적용시에 동의하지 않아 즐거움을 느끼지 않아도, 삽입시에 동의하여 즐거움을 느끼고, 유지시에 동의하여 즐거움을 느끼고, 인발시에 동의하여 즐거움을 느끼면, 추악죄를 범하는 것이다.

8) 수행승의 적대자들이, 죽어서 거의 파괴된 축생의 양성을 수행승의 앞으로 데리고 와서 그의 성기에 그의 성기를 들어가게 할 경우, 그러한 적용시에 동의하지 않아 즐거움을 느끼지 않고, 삽입시에 동의하지 않아 즐거움을 느끼지 않아도, 유지시에 동의하여 즐거움을 느끼고, 인발시에 동의하여 즐거움을 느끼면, 추악죄를 범하는 것이다.

9) 수행승의 적대자들이, 죽어서 거의 파괴된 축생의 양성을 수행승의 앞으로 데리고 와서 그의 성기에 그의 성기를 들어가게 할 경우, 그러한 적용시에 동의하지 않아 즐거움을 느끼지 않고, 삽입시에 동의하지 않아 즐거움을 느끼지 않고, 유지시에 동의하지 않아 즐거움을 느끼지 않아도, 인발시에 동의하여 즐거움을 느끼면, 추악죄를 범하는 것이다.

10) 수행승의 적대자들이, 죽어서 거의 파괴된 축생의 양성을 수행승의 앞으로 데리고 와서 그의 성기에 그의 성기를 들어가게 할 경우, 그러한 적용시에 동의하지 않아 즐거움을 느끼지 않고, 삽입시에 동의하지 않아 즐거움을 느끼지 않고, 유지시에 동의하지 않아 즐거움을 느끼지 않고, 인발시에도 동의하지 않아 즐거움을 느끼지 않으면, 무죄이다.

11) 수행승의 적대자들이, 죽어서 거의 파괴된 축생의 양성을 수행승의 앞으로 데리고 와서 그의 구강에 그의 성기를 들어가게 할 경우, 그러한 적용시에 동의하여 즐거움을 느끼고, 삽입시에 동의하여 즐거움을 느끼고, 유지시에 동의하여 즐거움을 느끼고, 인발시에 동의하여 즐거움을 느끼면, 추악죄를 범하는 것이다.

12) 수행승의 적대자들이, 죽어서 거의 파괴된 축생의 양성을 수행승의 앞으로 데리고 와서 그의 구강에 그의 성기를 들어가게 할 경우, 그러한 적용시에 동의하지 않아 즐거움을 느끼지 않아도, 삽입시에 동의하여 즐거움을 느끼고, 유지시에 동의하여 즐거움을 느끼고, 인발시에 동의하여 즐거움을 느끼면, 추악죄를 범하는 것이다.

13) 수행승의 적대자들이, 죽어서 거의 파괴된 축생의 양성을 수행승의 앞으로 데리고 와서 그의 구강에 그의 성기를 들어가게 할 경우, 그러한 적용시에 동의하지 않아 즐거움을 느끼지 않고, 삽입시에 동의하지 않아 즐거움을 느끼지 않아도, 유지시에 동의하여 즐거움을 느끼고, 인발시에 동의하여 즐거움을 느끼면, 추악죄를 범하는 것이다.

14) 수행승의 적대자들이, 죽어서 거의 파괴된 축생의 양성을 수행승의 앞으로 데리고 와서 그의 구강에 그의 성기를 들어가게 할 경우, 그러한 적용시에 동의하지 않아 즐거움을 느끼지 않고, 삽입시에 동의하지 않아 즐거움을 느끼지 않고, 유지시에 동의하지 않아 즐거움을 느끼지 않아도, 인발시에 동의하여 즐거움을 느끼면, 추악죄를 범하는 것이다.

15) 수행승의 적대자들이, 죽어서 거의 파괴된 축생의 양성을 수행승의 앞으로 데리고 와서 그의 구강에 그의 성기를 들어가게 할 경우, 그러한 적용시에 동의하지 않아 즐거움을 느끼지 않고, 삽입시에 동의하지 않아 즐거움을 느끼지 않고, 유지시에 동의하지 않아 즐거움을 느끼지 않고, 인발시에도 동의하지 않아 즐거움을 느끼지 않으면, 무죄이다.

9-9₁.

1) 수행승의 적대자들이 인간의 빤다까를 수행승의 앞으로 데리고 와서 그의 항문에 그의 성기를 들어가게 할 경우, 그러한 적용시에 동의하여 즐거움을 느끼고, 삽입시에 동의하여 즐거움을 느끼고, 유지시에 동의하여 즐거움을 느끼고, 인발시에 동의하여 즐거움을 느끼면, 승단추방죄를 범하는 것이다.

2) 수행승의 적대자들이 인간의 빤다까를 수행승의 앞으로 데리고 와서 그의

항문에 그의 성기를 들어가게 할 경우, 그러한 적용시에 동의하지 않아 즐거움을 느끼지 않아도, 삽입시에 동의하여 즐거움을 느끼고, 유지시에 동의하여 즐거움을 느끼고, 인발시에 동의하여 즐거움을 느끼면, 승단추방죄를 범하는 것이다.

3) 수행승의 적대자들이 인간의 빤다까를 수행승의 앞으로 데리고 와서 그의 항문에 그의 성기를 들어가게 할 경우, 그러한 적용시에 동의하지 않아 즐거움을 느끼지 않고, 삽입시에 동의하지 않아 즐거움을 느끼지 않아도, 유지시에 동의하여 즐거움을 느끼고, 인발시에 동의하여 즐거움을 느끼면, 승단추방죄를 범하는 것이다

4) 수행승의 적대자들이 인간의 빤다까를 수행승의 앞으로 데리고 와서 그의 항문에 그의 성기를 들어가게 할 경우, 그러한 적용시에 동의하지 않아 즐거움을 느끼지 않고, 삽입시에 동의하지 않아 즐거움을 느끼지 않고, 유지시에 동의하지 않아 즐거움을 느끼지 않아도, 인발시에 동의하여 즐거움을 느끼면, 승단추방죄를 범하는 것이다.

5) 수행승의 적대자들이 인간의 빤다까를 수행승의 앞으로 데리고 와서 그의 항문에 그의 성기를 들어가게 할 경우, 그러한 적용시에 동의하지 않아 즐거움을 느끼지 않고, 삽입시에 동의하지 않아 즐거움을 느끼지 않고, 유지시에 동의하지 않아 즐거움을 느끼지 않고, 인발시에도 동의하지 않아 즐거움을 느끼지 않으면, 무죄이다.

6) 수행승의 적대자들이 인간의 빤다까를 수행승의 앞으로 데리고 와서 그의 구강에 그의 성기를 들어가게 할 경우, 그러한 적용시에 동의하여 즐거움을 느끼고, 삽입시에 동의하여 즐거움을 느끼고, 유지시에 동의하여 즐거움을 느끼고, 인발시에 동의하여 즐거움을 느끼면, 승단추방죄를 범하는 것이다.

7) 수행승의 적대자들이 인간의 빤다까를 수행승의 앞으로 데리고 와서 그의 구강에 그의 성기를 들어가게 할 경우, 그러한 적용시에 동의하지 않아 즐거움을 느끼지 않아도, 삽입시에 동의하여 즐거움을 느끼고, 유지시에 동의하여 즐거움을 느끼고, 인발시에 동의하여 즐거움을 느끼면, 승단추방죄를 범하는 것이다.

8) 수행승의 적대자들이 인간의 빤다까를 수행승의 앞으로 데리고 와서 그의 구강에 그의 성기를 들어가게 할 경우, 그러한 적용시에 동의하지 않아 즐거움을 느끼지 않고, 삽입시에 동의하지 않아 즐거움을 느끼지 않아도, 유지시에

동의하여 즐거움을 느끼고, 인발시에 동의하여 즐거움을 느끼면, 승단추방죄를 범하는 것이다.

9) 수행승의 적대자들이 인간의 빤다까를 수행승의 앞으로 데리고 와서 그의 구강에 그의 성기를 들어가게 할 경우, 그러한 적용시에 동의하지 않아 즐거움을 느끼지 않고, 삽입시에 동의하지 않아 즐거움을 느끼지 않고, 유지시에 동의하지 않아 즐거움을 느끼지 않아도, 인발시에 동의하여 즐거움을 느끼면, 승단추방죄를 범하는 것이다.

10) 수행승의 적대자들이 인간의 빤다까를 수행승의 앞으로 데리고 와서 그의 구강에 그의 성기를 들어가게 할 경우, 그러한 적용시에 동의하지 않아 즐거움을 느끼지 않고, 삽입시에 동의하지 않아 즐거움을 느끼지 않고, 유지시에 동의하지 않아 즐거움을 느끼지 않고, 인발시에도 동의하지 않아 즐거움을 느끼지 않으면, 무죄이다.

9-9₂.

1) 수행승의 적대자들이 깨어있는 인간의 빤다까를 수행승의 앞으로 데리고 와서 그의 항문에 그의 성기를 들어가게 할 경우, 그러한 적용시에 동의하여 즐거움을 느끼고, 삽입시에 동의하여 즐거움을 느끼고, 유지시에 동의하여 즐거움을 느끼고, 인발시에 동의하여 즐거움을 느끼면, 승단추방죄를 범하는 것이다.

2) 수행승의 적대자들이 깨어있는 인간의 빤다까를 수행승의 앞으로 데리고 와서 그의 항문에 그의 성기를 들어가게 할 경우, 그러한 적용시에 동의하지 않아 즐거움을 느끼지 않아도, 삽입시에 동의하여 즐거움을 느끼고, 유지시에 동의하여 즐거움을 느끼고, 인발시에 동의하여 즐거움을 느끼면, 승단추방죄를 범하는 것이다.

3) 수행승의 적대자들이 깨어있는 인간의 빤다까를 수행승의 앞으로 데리고 와서 그의 항문에 그의 성기를 들어가게 할 경우, 그러한 적용시에 동의하지 않아 즐거움을 느끼지 않고, 삽입시에 동의하지 않아 즐거움을 느끼지 않아도, 유지시에 동의하여 즐거움을 느끼고, 인발시에 동의하여 즐거움을 느끼면, 승단추방죄를 범하는 것이다

4) 수행승의 적대자들이 깨어있는 인간의 빤다까를 수행승의 앞으로 데리고 와서 그의 항문에 그의 성기를 들어가게 할 경우, 그러한 적용시에 동의하지 않아 즐거움을 느끼지 않고, 삽입시에 동의하지 않아 즐거움을 느끼지 않고, 유지시에 동의하지 않아 즐거움을 느끼지 않아도, 인발시에 동의하여 즐거움을 느끼

면, 승단추방죄를 범하는 것이다.

5) 수행승의 적대자들이 깨어있는 인간의 빤다까를 수행승의 앞으로 데리고 와서 그의 항문에 그의 성기를 들어가게 할 경우, 그러한 적용시에 동의하지 않아 즐거움을 느끼지 않고, 삽입시에 동의하지 않아 즐거움을 느끼지 않고, 유지시에 동의하지 않아 즐거움을 느끼지 않고, 인발시에도 동의하지 않아 즐거움을 느끼지 않으면, 무죄이다.

6) 수행승의 적대자들이 깨어있는 인간의 빤다까를 수행승의 앞으로 데리고 와서 그의 구강에 그의 성기를 들어가게 할 경우, 그러한 적용시에 동의하여 즐거움을 느끼고, 삽입시에 동의하여 즐거움을 느끼고, 유지시에 동의하여 즐거움을 느끼고, 인발시에 동의하여 즐거움을 느끼면, 승단추방죄를 범하는 것이다.

7) 수행승의 적대자들이 깨어있는 인간의 빤다까를 수행승의 앞으로 데리고 와서 그의 구강에 그의 성기를 들어가게 할 경우, 그러한 적용시에 동의하지 않아 즐거움을 느끼지 않아도, 삽입시에 동의하여 즐거움을 느끼고, 유지시에 동의하여 즐거움을 느끼고, 인발시에 동의하여 즐거움을 느끼면, 승단추방죄를 범하는 것이다.

8) 수행승의 적대자들이 깨어있는 인간의 빤다까를 수행승의 앞으로 데리고 와서 그의 구강에 그의 성기를 들어가게 할 경우, 그러한 적용시에 동의하지 않아 즐거움을 느끼지 않고, 삽입시에 동의하지 않아 즐거움을 느끼지 않아도, 유지시에 동의하여 즐거움을 느끼고, 인발시에 동의하여 즐거움을 느끼면, 승단추방죄를 범하는 것이다.

9) 수행승의 적대자들이 깨어있는 인간의 빤다까를 수행승의 앞으로 데리고 와서 그의 구강에 그의 성기를 들어가게 할 경우, 그러한 적용시에 동의하지 않아 즐거움을 느끼지 않고, 삽입시에 동의하지 않아 즐거움을 느끼지 않고, 유지시에 동의하지 않아 즐거움을 느끼지 않아도, 인발시에 동의하여 즐거움을 느끼면, 승단추방죄를 범하는 것이다.

10) 수행승의 적대자들이 깨어있는 인간의 빤다까를 수행승의 앞으로 데리고 와서 그의 구강에 그의 성기를 들어가게 할 경우, 그러한 적용시에 동의하지 않아 즐거움을 느끼지 않고, 삽입시에 동의하지 않아 즐거움을 느끼지 않고, 유지시에 동의하지 않아 즐거움을 느끼지 않고, 인발시에도 동의하지 않아 즐거움을 느끼지 않으면, 무죄이다.

9-9₃.

1) 수행승의 적대자들이 잠든 인간의 빤다까를 수행승의 앞으로 데리고 와서 그의 항문에 그의 성기를 들어가게 할 경우, 그러한 적용시에 동의하여 즐거움을 느끼고, 삽입시에 동의하여 즐거움을 느끼고, 유지시에 동의하여 즐거움을 느끼고, 인발시에 동의하여 즐거움을 느끼면, 승단추방죄를 범하는 것이다.
2) 수행승의 적대자들이 잠든 인간의 빤다까를 수행승의 앞으로 데리고 와서 그의 항문에 그의 성기를 들어가게 할 경우, 그러한 적용시에 동의하지 않아 즐거움을 느끼지 않아도, 삽입시에 동의하여 즐거움을 느끼고, 유지시에 동의하여 즐거움을 느끼고, 인발시에 동의하여 즐거움을 느끼면, 승단추방죄를 범하는 것이다.
3) 수행승의 적대자들이 잠든 인간의 빤다까를 수행승의 앞으로 데리고 와서 그의 항문에 그의 성기를 들어가게 할 경우, 그러한 적용시에 동의하지 않아 즐거움을 느끼지 않고, 삽입시에 동의하지 않아 즐거움을 느끼지 않아도, 유지시에 동의하여 즐거움을 느끼고, 인발시에 동의하여 즐거움을 느끼면, 승단추방죄를 범하는 것이다
4) 수행승의 적대자들이 잠든 인간의 빤다까를 수행승의 앞으로 데리고 와서 그의 항문에 그의 성기를 들어가게 할 경우, 그러한 적용시에 동의하지 않아 즐거움을 느끼지 않고, 삽입시에 동의하지 않아 즐거움을 느끼지 않고, 유지시에 동의하지 않아 즐거움을 느끼지 않아도, 인발시에 동의하여 즐거움을 느끼면, 승단추방죄를 범하는 것이다.
5) 수행승의 적대자들이 잠든 인간의 빤다까를 수행승의 앞으로 데리고 와서 그의 항문에 그의 성기를 들어가게 할 경우, 그러한 적용시에 동의하지 않아 즐거움을 느끼지 않고, 삽입시에 동의하지 않아 즐거움을 느끼지 않고, 유지시에 동의하지 않아 즐거움을 느끼지 않고, 인발시에도 동의하지 않아 즐거움을 느끼지 않으면, 무죄이다.
6) 수행승의 적대자들이 잠든 인간의 빤다까를 수행승의 앞으로 데리고 와서 그의 구강에 그의 성기를 들어가게 할 경우, 그러한 적용시에 동의하여 즐거움을 느끼고, 삽입시에 동의하여 즐거움을 느끼고, 유지시에 동의하여 즐거움을 느끼고, 인발시에 동의하여 즐거움을 느끼면, 승단추방죄를 범하는 것이다.
7) 수행승의 적대자들이 잠든 인간의 빤다까를 수행승의 앞으로 데리고 와서 그의 구강에 그의 성기를 들어가게 할 경우, 그러한 적용시에 동의하지 않아 즐거움을 느끼지 않아도, 삽입시에 동의하여 즐거움을 느끼고, 유지시에 동의

하여 즐거움을 느끼고, 인발시에 동의하여 즐거움을 느끼면, 승단추방죄를 범하는 것이다.

8) 수행승의 적대자들이 잠든 인간의 빤다까를 수행승의 앞으로 데리고 와서 그의 구강에 그의 성기를 들어가게 할 경우, 그러한 적용시에 동의하지 않아 즐거움을 느끼지 않고, 삽입시에 동의하지 않아 즐거움을 느끼지 않아도, 유지시에 동의하여 즐거움을 느끼고, 인발시에 동의하여 즐거움을 느끼면, 승단추방죄를 범하는 것이다.

9) 수행승의 적대자들이 잠든 인간의 빤다까를 수행승의 앞으로 데리고 와서 그의 구강에 그의 성기를 들어가게 할 경우, 그러한 적용시에 동의하지 않아 즐거움을 느끼지 않고, 삽입시에 동의하지 않아 즐거움을 느끼지 않고, 유지시에 동의하지 않아 즐거움을 느끼지 않아도, 인발시에 동의하여 즐거움을 느끼면, 승단추방죄를 범하는 것이다.

10) 수행승의 적대자들이 잠든 인간의 빤다까를 수행승의 앞으로 데리고 와서 그의 구강에 그의 성기를 들어가게 할 경우, 그러한 적용시에 동의하지 않아 즐거움을 느끼지 않고, 삽입시에 동의하지 않아 즐거움을 느끼지 않고, 유지시에 동의하지 않아 즐거움을 느끼지 않고, 인발시에도 동의하지 않아 즐거움을 느끼지 않으면, 무죄이다.

$9\text{-}9_4$.

1) 수행승의 적대자들이 술취한 인간의 빤다까를 수행승의 앞으로 데리고 와서 그의 항문에 그의 성기를 들어가게 할 경우, 그러한 적용시에 동의하여 즐거움을 느끼고, 삽입시에 동의하여 즐거움을 느끼고, 유지시에 동의하여 즐거움을 느끼고, 인발시에 동의하여 즐거움을 느끼면, 승단추방죄를 범하는 것이다.

2) 수행승의 적대자들이 술취한 인간의 빤다까를 수행승의 앞으로 데리고 와서 그의 항문에 그의 성기를 들어가게 할 경우, 그러한 적용시에 동의하지 않아 즐거움을 느끼지 않아도, 삽입시에 동의하여 즐거움을 느끼고, 유지시에 동의하여 즐거움을 느끼고, 인발시에 동의하여 즐거움을 느끼면, 승단추방죄를 범하는 것이다.

3) 수행승의 적대자들이 술취한 인간의 빤다까를 수행승의 앞으로 데리고 와서 그의 항문에 그의 성기를 들어가게 할 경우, 그러한 적용시에 동의하지 않아 즐거움을 느끼지 않고, 삽입시에 동의하지 않아 즐거움을 느끼지 않아도, 유지시에 동의하여 즐거움을 느끼고, 인발시에 동의하여 즐거움을 느끼면, 승단추

방죄를 범하는 것이다

4) 수행승의 적대자들이 술취한 인간의 빤다까를 수행승의 앞으로 데리고 와서 그의 항문에 그의 성기를 들어가게 할 경우, 그러한 적용시에 동의하지 않아 즐거움을 느끼지 않고, 삽입시에 동의하지 않아 즐거움을 느끼지 않고, 유지시에 동의하지 않아 즐거움을 느끼지 않아도, 인발시에 동의하여 즐거움을 느끼면, 승단추방죄를 범하는 것이다.

5) 수행승의 적대자들이 술취한 인간의 빤다까를 수행승의 앞으로 데리고 와서 그의 항문에 그의 성기를 들어가게 할 경우, 그러한 적용시에 동의하지 않아 즐거움을 느끼지 않고, 삽입시에 동의하지 않아 즐거움을 느끼지 않고, 유지시에 동의하지 않아 즐거움을 느끼지 않고, 인발시에도 동의하지 않아 즐거움을 느끼지 않으면, 무죄이다.

6) 수행승의 적대자들이 술취한 인간의 빤다까를 수행승의 앞으로 데리고 와서 그의 구강에 그의 성기를 들어가게 할 경우, 그러한 적용시에 동의하여 즐거움을 느끼고, 삽입시에 동의하여 즐거움을 느끼고, 유지시에 동의하여 즐거움을 느끼고, 인발시에 동의하여 즐거움을 느끼면, 승단추방죄를 범하는 것이다.

7) 수행승의 적대자들이 술취한 인간의 빤다까를 수행승의 앞으로 데리고 와서 그의 구강에 그의 성기를 들어가게 할 경우, 그러한 적용시에 동의하지 않아 즐거움을 느끼지 않아도, 삽입시에 동의하여 즐거움을 느끼고, 유지시에 동의하여 즐거움을 느끼고, 인발시에 동의하여 즐거움을 느끼면, 승단추방죄를 범하는 것이다.

8) 수행승의 적대자들이 술취한 인간의 빤다까를 수행승의 앞으로 데리고 와서 그의 구강에 그의 성기를 들어가게 할 경우, 그러한 적용시에 동의하지 않아 즐거움을 느끼지 않고, 삽입시에 동의하지 않아 즐거움을 느끼지 않아도, 유지시에 동의하여 즐거움을 느끼고, 인발시에 동의하여 즐거움을 느끼면, 승단추방죄를 범하는 것이다.

9) 수행승의 적대자들이 술취한 인간의 빤다까를 수행승의 앞으로 데리고 와서 그의 구강에 그의 성기를 들어가게 할 경우, 그러한 적용시에 동의하지 않아 즐거움을 느끼지 않고, 삽입시에 동의하지 않아 즐거움을 느끼지 않고, 유지시에 동의하지 않아 즐거움을 느끼지 않아도, 인발시에 동의하여 즐거움을 느끼면, 승단추방죄를 범하는 것이다.

10) 수행승의 적대자들이 술취한 인간의 빤다까를 수행승의 앞으로 데리고 와서

그의 구강에 그의 성기를 들어가게 할 경우, 그러한 적용시에 동의하지 않아 즐거움을 느끼지 않고, 삽입시에 동의하지 않아 즐거움을 느끼지 않고, 유지시에 동의하지 않아 즐거움을 느끼지 않고, 인발시에도 동의하지 않아 즐거움을 느끼지 않으면, 무죄이다.

9-9₅.

1) 수행승의 적대자들이 정신착란된 인간의 빤다까를 수행승의 앞으로 데리고 와서 그의 항문에 그의 성기를 들어가게 할 경우, 그러한 적용시에 동의하여 즐거움을 느끼고, 삽입시에 동의하여 즐거움을 느끼고, 유지시에 동의하여 즐거움을 느끼고, 인발시에 동의하여 즐거움을 느끼면, 승단추방죄를 범하는 것이다.

2) 수행승의 적대자들이 정신착란된 인간의 빤다까를 수행승의 앞으로 데리고 와서 그의 항문에 그의 성기를 들어가게 할 경우, 그러한 적용시에 동의하지 않아 즐거움을 느끼지 않아도, 삽입시에 동의하여 즐거움을 느끼고, 유지시에 동의하여 즐거움을 느끼고, 인발시에 동의하여 즐거움을 느끼면, 승단추방죄를 범하는 것이다.

3) 수행승의 적대자들이 정신착란된 인간의 빤다까를 수행승의 앞으로 데리고 와서 그의 항문에 그의 성기를 들어가게 할 경우, 그러한 적용시에 동의하지 않아 즐거움을 느끼지 않고, 삽입시에 동의하지 않아 즐거움을 느끼지 않아도, 유지시에 동의하여 즐거움을 느끼고, 인발시에 동의하여 즐거움을 느끼면, 승단추방죄를 범하는 것이다

4) 수행승의 적대자들이 정신착란된 인간의 빤다까를 수행승의 앞으로 데리고 와서 그의 항문에 그의 성기를 들어가게 할 경우, 그러한 적용시에 동의하지 않아 즐거움을 느끼지 않고, 삽입시에 동의하지 않아 즐거움을 느끼지 않고, 유지시에 동의하지 않아 즐거움을 느끼지 않아도, 인발시에 동의하여 즐거움을 느끼면, 승단추방죄를 범하는 것이다.

5) 수행승의 적대자들이 정신착란된 인간의 빤다까를 수행승의 앞으로 데리고 와서 그의 항문에 그의 성기를 들어가게 할 경우, 그러한 적용시에 동의하지 않아 즐거움을 느끼지 않고, 삽입시에 동의하지 않아 즐거움을 느끼지 않고, 유지시에 동의하지 않아 즐거움을 느끼지 않고, 인발시에도 동의하지 않아 즐거움을 느끼지 않으면, 무죄이다.

6) 수행승의 적대자들이 정신착란된 인간의 빤다까를 수행승의 앞으로 데리고

와서 그의 구강에 그의 성기를 들어가게 할 경우, 그러한 적용시에 동의하여 즐거움을 느끼고, 삽입시에 동의하여 즐거움을 느끼고, 유지시에 동의하여 즐거움을 느끼고, 인발시에 동의하여 즐거움을 느끼면, 승단추방죄를 범하는 것이다.

7) 수행승의 적대자들이 정신착란된 인간의 빤다까를 수행승의 앞으로 데리고 와서 그의 구강에 그의 성기를 들어가게 할 경우, 그러한 적용시에 동의하지 않아 즐거움을 느끼지 않아도, 삽입시에 동의하여 즐거움을 느끼고, 유지시에 동의하여 즐거움을 느끼고, 인발시에 동의하여 즐거움을 느끼면, 승단추방죄를 범하는 것이다.

8) 수행승의 적대자들이 정신착란된 인간의 빤다까를 수행승의 앞으로 데리고 와서 그의 구강에 그의 성기를 들어가게 할 경우, 그러한 적용시에 동의하지 않아 즐거움을 느끼지 않고, 삽입시에 동의하지 않아 즐거움을 느끼지 않아도, 유지시에 동의하여 즐거움을 느끼고, 인발시에 동의하여 즐거움을 느끼면, 승단추방죄를 범하는 것이다.

9) 수행승의 적대자들이 정신착란된 인간의 빤다까를 수행승의 앞으로 데리고 와서 그의 구강에 그의 성기를 들어가게 할 경우, 그러한 적용시에 동의하지 않아 즐거움을 느끼지 않고, 삽입시에 동의하지 않아 즐거움을 느끼지 않고, 유지시에 동의하지 않아 즐거움을 느끼지 않아도, 인발시에 동의하여 즐거움을 느끼면, 승단추방죄를 범하는 것이다.

10) 수행승의 적대자들이 정신착란된 인간의 빤다까를 수행승의 앞으로 데리고 와서 그의 구강에 그의 성기를 들어가게 할 경우, 그러한 적용시에 동의하지 않아 즐거움을 느끼지 않고, 삽입시에 동의하지 않아 즐거움을 느끼지 않고, 유지시에 동의하지 않아 즐거움을 느끼지 않고, 인발시에도 동의하지 않아 즐거움을 느끼지 않으면, 무죄이다.

9-9$_{6}$.

1) 수행승의 적대자들이 방일한 인간의 빤다까를 수행승의 앞으로 데리고 와서 그의 항문에 그의 성기를 들어가게 할 경우, 그러한 적용시에 동의하여 즐거움을 느끼고, 삽입시에 동의하여 즐거움을 느끼고, 유지시에 동의하여 즐거움을 느끼고, 인발시에 동의하여 즐거움을 느끼면, 승단추방죄를 범하는 것이다.

2) 수행승의 적대자들이 방일한 인간의 빤다까를 수행승의 앞으로 데리고 와서 그의 항문에 그의 성기를 들어가게 할 경우, 그러한 적용시에 동의하지 않아

즐거움을 느끼지 않아도, 삽입시에 동의하여 즐거움을 느끼고, 유지시에 동의하여 즐거움을 느끼고, 인발시에 동의하여 즐거움을 느끼면, 승단추방죄를 범하는 것이다.

3) 수행승의 적대자들이 방일한 인간의 빤다까를 수행승의 앞으로 데리고 와서 그의 항문에 그의 성기를 들어가게 할 경우, 그러한 적용시에 동의하지 않아 즐거움을 느끼지 않고, 삽입시에 동의하지 않아 즐거움을 느끼지 않아도, 유지시에 동의하여 즐거움을 느끼고, 인발시에 동의하여 즐거움을 느끼면, 승단추방죄를 범하는 것이다

4) 수행승의 적대자들이 방일한 인간의 빤다까를 수행승의 앞으로 데리고 와서 그의 항문에 그의 성기를 들어가게 할 경우, 그러한 적용시에 동의하지 않아 즐거움을 느끼지 않고, 삽입시에 동의하지 않아 즐거움을 느끼지 않고, 유지시에 동의하지 않아 즐거움을 느끼지 않아도, 인발시에 동의하여 즐거움을 느끼면, 승단추방죄를 범하는 것이다.

5) 수행승의 적대자들이 방일한 인간의 빤다까를 수행승의 앞으로 데리고 와서 그의 항문에 그의 성기를 들어가게 할 경우, 그러한 적용시에 동의하지 않아 즐거움을 느끼지 않고, 삽입시에 동의하지 않아 즐거움을 느끼지 않고, 유지시에 동의하지 않아 즐거움을 느끼지 않고, 인발시에도 동의하지 않아 즐거움을 느끼지 않으면, 무죄이다.

6) 수행승의 적대자들이 방일한 인간의 빤다까를 수행승의 앞으로 데리고 와서 그의 구강에 그의 성기를 들어가게 할 경우, 그러한 적용시에 동의하여 즐거움을 느끼고, 삽입시에 동의하여 즐거움을 느끼고, 유지시에 동의하여 즐거움을 느끼고, 인발시에 동의하여 즐거움을 느끼면, 승단추방죄를 범하는 것이다.

7) 수행승의 적대자들이 방일한 인간의 빤다까를 수행승의 앞으로 데리고 와서 그의 구강에 그의 성기를 들어가게 할 경우, 그러한 적용시에 동의하지 않아 즐거움을 느끼지 않아도, 삽입시에 동의하여 즐거움을 느끼고, 유지시에 동의하여 즐거움을 느끼고, 인발시에 동의하여 즐거움을 느끼면, 승단추방죄를 범하는 것이다.

8) 수행승의 적대자들이 방일한 인간의 빤다까를 수행승의 앞으로 데리고 와서 그의 구강에 그의 성기를 들어가게 할 경우, 그러한 적용시에 동의하지 않아 즐거움을 느끼지 않고, 삽입시에 동의하지 않아 즐거움을 느끼지 않아도, 유지시에 동의하여 즐거움을 느끼고, 인발시에 동의하여 즐거움을 느끼면, 승단추

방죄를 범하는 것이다.

9) 수행승의 적대자들이 방일한 인간의 빤다까를 수행승의 앞으로 데리고 와서 그의 구강에 그의 성기를 들어가게 할 경우, 그러한 적용시에 동의하지 않아 즐거움을 느끼지 않고, 삽입시에 동의하지 않아 즐거움을 느끼지 않고, 유지시에 동의하지 않아 즐거움을 느끼지 않아도, 인발시에 동의하여 즐거움을 느끼면, 승단추방죄를 범하는 것이다.

10) 수행승의 적대자들이 방일한 인간의 빤다까를 수행승의 앞으로 데리고 와서 그의 구강에 그의 성기를 들어가게 할 경우, 그러한 적용시에 동의하지 않아 즐거움을 느끼지 않고, 삽입시에 동의하지 않아 즐거움을 느끼지 않고, 유지시에 동의하지 않아 즐거움을 느끼지 않고, 인발시에도 동의하지 않아 즐거움을 느끼지 않으면, 무죄이다.

*9-9*₇.

1) 수행승의 적대자들이, 죽었지만 아직 파괴되지 않은 인간의 빤다까를 수행승의 앞으로 데리고 와서 그의 항문에 그의 성기를 들어가게 할 경우, 그러한 적용시에 동의하여 즐거움을 느끼고, 삽입시에 동의하여 즐거움을 느끼고, 유지시에 동의하여 즐거움을 느끼고, 인발시에 동의하여 즐거움을 느끼면, 승단추방죄를 범하는 것이다.

2) 수행승의 적대자들이, 죽었지만 아직 파괴되지 않은 인간의 빤다까를 수행승의 앞으로 데리고 와서 그의 항문에 그의 성기를 들어가게 할 경우, 그러한 적용시에 동의하지 않아 즐거움을 느끼지 않아도, 삽입시에 동의하여 즐거움을 느끼고, 유지시에 동의하여 즐거움을 느끼고, 인발시에 동의하여 즐거움을 느끼면, 승단추방죄를 범하는 것이다.

3) 수행승의 적대자들이, 죽었지만 아직 파괴되지 않은 인간의 빤다까를 수행승의 앞으로 데리고 와서 그의 항문에 그의 성기를 들어가게 할 경우, 그러한 적용시에 동의하지 않아 즐거움을 느끼지 않고, 삽입시에 동의하지 않아 즐거움을 느끼지 않아도, 유지시에 동의하여 즐거움을 느끼고, 인발시에 동의하여 즐거움을 느끼면, 승단추방죄를 범하는 것이다

4) 수행승의 적대자들이, 죽었지만 아직 파괴되지 않은 인간의 빤다까를 수행승의 앞으로 데리고 와서 그의 항문에 그의 성기를 들어가게 할 경우, 그러한 적용시에 동의하지 않아 즐거움을 느끼지 않고, 삽입시에 동의하지 않아 즐거움을 느끼지 않고, 유지시에 동의하지 않아 즐거움을 느끼지 않아도, 인발시에

동의하여 즐거움을 느끼면, 승단추방죄를 범하는 것이다.

5) 수행승의 적대자들이, 죽었지만 아직 파괴되지 않은 인간의 빤다까를 수행승의 앞으로 데리고 와서 그의 항문에 그의 성기를 들어가게 할 경우, 그러한 적용시에 동의하지 않아 즐거움을 느끼지 않고, 삽입시에 동의하지 않아 즐거움을 느끼지 않고, 유지시에 동의하지 않아 즐거움을 느끼지 않고, 인발시에도 동의하지 않아 즐거움을 느끼지 않으면, 무죄이다.

6) 수행승의 적대자들이, 죽었지만 아직 파괴되지 않은 인간의 빤다까를 수행승의 앞으로 데리고 와서 그의 구강에 그의 성기를 들어가게 할 경우, 그러한 적용시에 동의하여 즐거움을 느끼고, 삽입시에 동의하여 즐거움을 느끼고, 유지시에 동의하여 즐거움을 느끼고, 인발시에 동의하여 즐거움을 느끼면, 승단추방죄를 범하는 것이다.

7) 수행승의 적대자들이, 죽었지만 아직 파괴되지 않은 인간의 빤다까를 수행승의 앞으로 데리고 와서 그의 구강에 그의 성기를 들어가게 할 경우, 그러한 적용시에 동의하지 않아 즐거움을 느끼지 않아도, 삽입시에 동의하여 즐거움을 느끼고, 유지시에 동의하여 즐거움을 느끼고, 인발시에 동의하여 즐거움을 느끼면, 승단추방죄를 범하는 것이다.

8) 수행승의 적대자들이, 죽었지만 아직 파괴되지 않은 인간의 빤다까를 수행승의 앞으로 데리고 와서 그의 구강에 그의 성기를 들어가게 할 경우, 그러한 적용시에 동의하지 않아 즐거움을 느끼지 않고, 삽입시에 동의하지 않아 즐거움을 느끼지 않아도, 유지시에 동의하여 즐거움을 느끼고, 인발시에 동의하여 즐거움을 느끼면, 승단추방죄를 범하는 것이다.

9) 수행승의 적대자들이, 죽었지만 아직 파괴되지 않은 인간의 빤다까를 수행승의 앞으로 데리고 와서 그의 구강에 그의 성기를 들어가게 할 경우, 그러한 적용시에 동의하지 않아 즐거움을 느끼지 않고, 삽입시에 동의하지 않아 즐거움을 느끼지 않고, 유지시에 동의하지 않아 즐거움을 느끼지 않아도, 인발시에 동의하여 즐거움을 느끼면, 승단추방죄를 범하는 것이다.

10) 수행승의 적대자들이, 죽었지만 아직 파괴되지 않은 인간의 빤다까를 수행승의 앞으로 데리고 와서 그의 구강에 그의 성기를 들어가게 할 경우, 그러한 적용시에 동의하지 않아 즐거움을 느끼지 않고, 삽입시에 동의하지 않아 즐거움을 느끼지 않고, 유지시에 동의하지 않아 즐거움을 느끼지 않고, 인발시에도 동의하지 않아 즐거움을 느끼지 않으면, 무죄이다.

9-9₈.

1) 수행승의 적대자들이, 죽었지만 대체로 파괴되지 않은 인간의 빤다까를 수행승의 앞으로 데리고 와서 그의 항문에 그의 성기를 들어가게 할 경우, 그러한 적용시에 동의하여 즐거움을 느끼고, 삽입시에 동의하여 즐거움을 느끼고, 유지시에 동의하여 즐거움을 느끼고, 인발시에 동의하여 즐거움을 느끼면, 승단추방죄를 범하는 것이다.
2) 수행승의 적대자들이, 죽었지만 대체로 파괴되지 않은 인간의 빤다까를 수행승의 앞으로 데리고 와서 그의 항문에 그의 성기를 들어가게 할 경우, 그러한 적용시에 동의하지 않아 즐거움을 느끼지 않아도, 삽입시에 동의하여 즐거움을 느끼고, 유지시에 동의하여 즐거움을 느끼고, 인발시에 동의하여 즐거움을 느끼면, 승단추방죄를 범하는 것이다.
3) 수행승의 적대자들이, 죽었지만 대체로 파괴되지 않은 인간의 빤다까를 수행승의 앞으로 데리고 와서 그의 항문에 그의 성기를 들어가게 할 경우, 그러한 적용시에 동의하지 않아 즐거움을 느끼지 않고, 삽입시에 동의하지 않아 즐거움을 느끼지 않아도, 유지시에 동의하여 즐거움을 느끼고, 인발시에 동의하여 즐거움을 느끼면, 승단추방죄를 범하는 것이다
4) 수행승의 적대자들이, 죽었지만 대체로 파괴되지 않은 인간의 빤다까를 수행승의 앞으로 데리고 와서 그의 항문에 그의 성기를 들어가게 할 경우, 그러한 적용시에 동의하지 않아 즐거움을 느끼지 않고, 삽입시에 동의하지 않아 즐거움을 느끼지 않고, 유지시에 동의하지 않아 즐거움을 느끼지 않아도, 인발시에 동의하여 즐거움을 느끼면, 승단추방죄를 범하는 것이다.
5) 수행승의 적대자들이, 죽었지만 대체로 파괴되지 않은 인간의 빤다까를 수행승의 앞으로 데리고 와서 그의 항문에 그의 성기를 들어가게 할 경우, 그러한 적용시에 동의하지 않아 즐거움을 느끼지 않고, 삽입시에 동의하지 않아 즐거움을 느끼지 않고, 유지시에 동의하지 않아 즐거움을 느끼지 않고, 인발시에도 동의하지 않아 즐거움을 느끼지 않으면, 무죄이다.
6) 수행승의 적대자들이, 죽었지만 대체로 파괴되지 않은 인간의 빤다까를 수행승의 앞으로 데리고 와서 그의 구강에 그의 성기를 들어가게 할 경우, 그러한 적용시에 동의하여 즐거움을 느끼고, 삽입시에 동의하여 즐거움을 느끼고, 유지시에 동의하여 즐거움을 느끼고, 인발시에 동의하여 즐거움을 느끼면, 승단추방죄를 범하는 것이다.

7) 수행승의 적대자들이, 죽었지만 대체로 파괴되지 않은 인간의 빤다까를 수행승의 앞으로 데리고 와서 그의 구강에 그의 성기를 들어가게 할 경우, 그러한 적용시에 동의하지 않아 즐거움을 느끼지 않아도, 삽입시에 동의하여 즐거움을 느끼고, 유지시에 동의하여 즐거움을 느끼고, 인발시에 동의하여 즐거움을 느끼면, 승단추방죄를 범하는 것이다.

8) 수행승의 적대자들이, 죽었지만 대체로 파괴되지 않은 인간의 빤다까를 수행승의 앞으로 데리고 와서 그의 구강에 그의 성기를 들어가게 할 경우, 그러한 적용시에 동의하지 않아 즐거움을 느끼지 않고, 삽입시에 동의하지 않아 즐거움을 느끼지 않아도, 유지시에 동의하여 즐거움을 느끼고, 인발시에 동의하여 즐거움을 느끼면, 승단추방죄를 범하는 것이다.

9) 수행승의 적대자들이, 죽었지만 대체로 파괴되지 않은 인간의 빤다까를 수행승의 앞으로 데리고 와서 그의 구강에 그의 성기를 들어가게 할 경우, 그러한 적용시에 동의하지 않아 즐거움을 느끼지 않고, 삽입시에 동의하지 않아 즐거움을 느끼지 않고, 유지시에 동의하지 않아 즐거움을 느끼지 않아도, 인발시에 동의하여 즐거움을 느끼면, 승단추방죄를 범하는 것이다.

10) 수행승의 적대자들이, 죽었지만 대체로 파괴되지 않은 인간의 빤다까를 수행승의 앞으로 데리고 와서 그의 구강에 그의 성기를 들어가게 할 경우, 그러한 적용시에 동의하지 않아 즐거움을 느끼지 않고, 삽입시에 동의하지 않아 즐거움을 느끼지 않고, 유지시에 동의하지 않아 즐거움을 느끼지 않고, 인발시에도 동의하지 않아 즐거움을 느끼지 않으면, 무죄이다.

9-9₉.

1) 수행승의 적대자들이, 죽어서 거의 파괴된 인간의 빤다까를 수행승의 앞으로 데리고 와서 그의 항문에 그의 성기를 들어가게 할 경우, 그러한 적용시에 동의하여 즐거움을 느끼고, 삽입시에 동의하여 즐거움을 느끼고, 유지시에 동의하여 즐거움을 느끼고, 인발시에 동의하여 즐거움을 느끼면, 추악죄를 범하는 것이다.

2) 수행승의 적대자들이, 죽어서 거의 파괴된 인간의 빤다까를 수행승의 앞으로 데리고 와서 그의 항문에 그의 성기를 들어가게 할 경우, 그러한 적용시에 동의하지 않아 즐거움을 느끼지 않아도, 삽입시에 동의하여 즐거움을 느끼고, 유지시에 동의하여 즐거움을 느끼고, 인발시에 동의하여 즐거움을 느끼면, 추악죄를 범하는 것이다.

3) 수행승의 적대자들이, 죽어서 거의 파괴된 인간의 빤다까를 수행승의 앞으로 데리고 와서 그의 항문에 그의 성기를 들어가게 할 경우, 그러한 적용시에 동의하지 않아 즐거움을 느끼지 않고, 삽입시에 동의하지 않아 즐거움을 느끼지 않아도, 유지시에 동의하여 즐거움을 느끼고, 인발시에 동의하여 즐거움을 느끼면, 추악죄를 범하는 것이다

4) 수행승의 적대자들이, 죽어서 거의 파괴된 인간의 빤다까를 수행승의 앞으로 데리고 와서 그의 항문에 그의 성기를 들어가게 할 경우, 그러한 적용시에 동의하지 않아 즐거움을 느끼지 않고, 삽입시에 동의하지 않아 즐거움을 느끼지 않고, 유지시에 동의하지 않아 즐거움을 느끼지 않아도, 인발시에 동의하여 즐거움을 느끼면, 추악죄를 범하는 것이다.

5) 수행승의 적대자들이, 죽어서 거의 파괴된 인간의 빤다까를 수행승의 앞으로 데리고 와서 그의 항문에 그의 성기를 들어가게 할 경우, 그러한 적용시에 동의하지 않아 즐거움을 느끼지 않고, 삽입시에 동의하지 않아 즐거움을 느끼지 않고, 유지시에 동의하지 않아 즐거움을 느끼지 않고, 인발시에도 동의하지 않아 즐거움을 느끼지 않으면, 무죄이다.

6) 수행승의 적대자들이, 죽어서 거의 파괴된 인간의 빤다까를 수행승의 앞으로 데리고 와서 그의 구강에 그의 성기를 들어가게 할 경우, 그러한 적용시에 동의하여 즐거움을 느끼고, 삽입시에 동의하여 즐거움을 느끼고, 유지시에 동의하여 즐거움을 느끼고, 인발시에 동의하여 즐거움을 느끼면, 추악죄를 범하는 것이다.

7) 수행승의 적대자들이, 죽어서 거의 파괴된 인간의 빤다까를 수행승의 앞으로 데리고 와서 그의 구강에 그의 성기를 들어가게 할 경우, 그러한 적용시에 동의하지 않아 즐거움을 느끼지 않아도, 삽입시에 동의하여 즐거움을 느끼고, 유지시에 동의하여 즐거움을 느끼고, 인발시에 동의하여 즐거움을 느끼면, 추악죄를 범하는 것이다.

8) 수행승의 적대자들이, 죽어서 거의 파괴된 인간의 빤다까를 수행승의 앞으로 데리고 와서 그의 구강에 그의 성기를 들어가게 할 경우, 그러한 적용시에 동의하지 않아 즐거움을 느끼지 않고, 삽입시에 동의하지 않아 즐거움을 느끼지 않아도, 유지시에 동의하여 즐거움을 느끼고, 인발시에 동의하여 즐거움을 느끼면, 추악죄를 범하는 것이다.

9) 수행승의 적대자들이, 죽어서 거의 파괴된 인간의 빤다까를 수행승의 앞으로

데리고 와서 그의 구강에 그의 성기를 들어가게 할 경우, 그러한 적용시에 동의하지 않아 즐거움을 느끼지 않고, 삽입시에 동의하지 않아 즐거움을 느끼지 않고, 유지시에 동의하지 않아 즐거움을 느끼지 않아도, 인발시에 동의하여 즐거움을 느끼면, 추악죄를 범하는 것이다.

10) 수행승의 적대자들이, 죽어서 거의 파괴된 인간의 빤다까를 수행승의 앞으로 데리고 와서 그의 구강에 그의 성기를 들어가게 할 경우, 그러한 적용시에 동의하지 않아 즐거움을 느끼지 않고, 삽입시에 동의하지 않아 즐거움을 느끼지 않고, 유지시에 동의하지 않아 즐거움을 느끼지 않고, 인발시에도 동의하지 않아 즐거움을 느끼지 않으면, 무죄이다.

9-10₁.

1) 수행승의 적대자들이 비인간의 빤다까를 수행승의 앞으로 데리고 와서 그의 항문에 그의 성기를 들어가게 할 경우, 그러한 적용시에 동의하여 즐거움을 느끼고, 삽입시에 동의하여 즐거움을 느끼고, 유지시에 동의하여 즐거움을 느끼고, 인발시에 동의하여 즐거움을 느끼면, 승단추방죄를 범하는 것이다.
2) 수행승의 적대자들이 비인간의 빤다까를 수행승의 앞으로 데리고 와서 그의 항문에 그의 성기를 들어가게 할 경우, 그러한 적용시에 동의하지 않아 즐거움을 느끼지 않아도, 삽입시에 동의하여 즐거움을 느끼고, 유지시에 동의하여 즐거움을 느끼고, 인발시에 동의하여 즐거움을 느끼면, 승단추방죄를 범하는 것이다.
3) 수행승의 적대자들이 비인간의 빤다까를 수행승의 앞으로 데리고 와서 그의 항문에 그의 성기를 들어가게 할 경우, 그러한 적용시에 동의하지 않아 즐거움을 느끼지 않고, 삽입시에 동의하지 않아 즐거움을 느끼지 않아도, 유지시에 동의하여 즐거움을 느끼고, 인발시에 동의하여 즐거움을 느끼면, 승단추방죄를 범하는 것이다
4) 수행승의 적대자들이 비인간의 빤다까를 수행승의 앞으로 데리고 와서 그의 항문에 그의 성기를 들어가게 할 경우, 그러한 적용시에 동의하지 않아 즐거움을 느끼지 않고, 삽입시에 동의하지 않아 즐거움을 느끼지 않고, 유지시에 동의하지 않아 즐거움을 느끼지 않아도, 인발시에 동의하여 즐거움을 느끼면, 승단추방죄를 범하는 것이다.
5) 수행승의 적대자들이 비인간의 빤다까를 수행승의 앞으로 데리고 와서 그의 항문에 그의 성기를 들어가게 할 경우, 그러한 적용시에 동의하지 않아 즐거움

을 느끼지 않고, 삽입시에 동의하지 않아 즐거움을 느끼지 않고, 유지시에 동의하지 않아 즐거움을 느끼지 않고, 인발시에도 동의하지 않아 즐거움을 느끼지 않으면, 무죄이다.

6) 수행승의 적대자들이 비인간의 빤다까를 수행승의 앞으로 데리고 와서 그의 구강에 그의 성기를 들어가게 할 경우, 그러한 적용시에 동의하여 즐거움을 느끼고, 삽입시에 동의하여 즐거움을 느끼고, 유지시에 동의하여 즐거움을 느끼고, 인발시에 동의하여 즐거움을 느끼면, 승단추방죄를 범하는 것이다.

7) 수행승의 적대자들이 비인간의 빤다까를 수행승의 앞으로 데리고 와서 그의 구강에 그의 성기를 들어가게 할 경우, 그러한 적용시에 동의하지 않아 즐거움을 느끼지 않아도, 삽입시에 동의하여 즐거움을 느끼고, 유지시에 동의하여 즐거움을 느끼고, 인발시에 동의하여 즐거움을 느끼면, 승단추방죄를 범하는 것이다.

8) 수행승의 적대자들이 비인간의 빤다까를 수행승의 앞으로 데리고 와서 그의 구강에 그의 성기를 들어가게 할 경우, 그러한 적용시에 동의하지 않아 즐거움을 느끼지 않고, 삽입시에 동의하지 않아 즐거움을 느끼지 않아도, 유지시에 동의하여 즐거움을 느끼고, 인발시에 동의하여 즐거움을 느끼면, 승단추방죄를 범하는 것이다.

9) 수행승의 적대자들이 비인간의 빤다까를 수행승의 앞으로 데리고 와서 그의 구강에 그의 성기를 들어가게 할 경우, 그러한 적용시에 동의하지 않아 즐거움을 느끼지 않고, 삽입시에 동의하지 않아 즐거움을 느끼지 않고, 유지시에 동의하지 않아 즐거움을 느끼지 않아도, 인발시에 동의하여 즐거움을 느끼면, 승단추방죄를 범하는 것이다.

10) 수행승의 적대자들이 비인간의 빤다까를 수행승의 앞으로 데리고 와서 그의 구강에 그의 성기를 들어가게 할 경우, 그러한 적용시에 동의하지 않아 즐거움을 느끼지 않고, 삽입시에 동의하지 않아 즐거움을 느끼지 않고, 유지시에 동의하지 않아 즐거움을 느끼지 않고, 인발시에도 동의하지 않아 즐거움을 느끼지 않으면, 무죄이다.

9-10₂.

1) 수행승의 적대자들이 깨어있는 비인간의 빤다까를 수행승의 앞으로 데리고 와서 그의 항문에 그의 성기를 들어가게 할 경우, 그러한 적용시에 동의하여 즐거움을 느끼고, 삽입시에 동의하여 즐거움을 느끼고, 유지시에 동의하여

즐거움을 느끼고, 인발시에 동의하여 즐거움을 느끼면, 승단추방죄를 범하는 것이다.

2) 수행승의 적대자들이 깨어있는 비인간의 빤다까를 수행승의 앞으로 데리고 와서 그의 항문에 그의 성기를 들어가게 할 경우, 그러한 적용시에 동의하지 않아 즐거움을 느끼지 않아도, 삽입시에 동의하여 즐거움을 느끼고, 유지시에 동의하여 즐거움을 느끼고, 인발시에 동의하여 즐거움을 느끼면, 승단추방죄를 범하는 것이다.

3) 수행승의 적대자들이 깨어있는 비인간의 빤다까를 수행승의 앞으로 데리고 와서 그의 항문에 그의 성기를 들어가게 할 경우, 그러한 적용시에 동의하지 않아 즐거움을 느끼지 않고, 삽입시에 동의하지 않아 즐거움을 느끼지 않아도, 유지시에 동의하여 즐거움을 느끼고, 인발시에 동의하여 즐거움을 느끼면, 승단추방죄를 범하는 것이다

4) 수행승의 적대자들이 깨어있는 비인간의 빤다까를 수행승의 앞으로 데리고 와서 그의 항문에 그의 성기를 들어가게 할 경우, 그러한 적용시에 동의하지 않아 즐거움을 느끼지 않고, 삽입시에 동의하지 않아 즐거움을 느끼지 않고, 유지시에 동의하지 않아 즐거움을 느끼지 않아도, 인발시에 동의하여 즐거움을 느끼면, 승단추방죄를 범하는 것이다.

5) 수행승의 적대자들이 깨어있는 비인간의 빤다까를 수행승의 앞으로 데리고 와서 그의 항문에 그의 성기를 들어가게 할 경우, 그러한 적용시에 동의하지 않아 즐거움을 느끼지 않고, 삽입시에 동의하지 않아 즐거움을 느끼지 않고, 유지시에 동의하지 않아 즐거움을 느끼지 않고, 인발시에도 동의하지 않아 즐거움을 느끼지 않으면, 무죄이다.

6) 수행승의 적대자들이 깨어있는 비인간의 빤다까를 수행승의 앞으로 데리고 와서 그의 구강에 그의 성기를 들어가게 할 경우, 그러한 적용시에 동의하여 즐거움을 느끼고, 삽입시에 동의하여 즐거움을 느끼고, 유지시에 동의하여 즐거움을 느끼고, 인발시에 동의하여 즐거움을 느끼면, 승단추방죄를 범하는 것이다.

7) 수행승의 적대자들이 깨어있는 비인간의 빤다까를 수행승의 앞으로 데리고 와서 그의 구강에 그의 성기를 들어가게 할 경우, 그러한 적용시에 동의하지 않아 즐거움을 느끼지 않아도, 삽입시에 동의하여 즐거움을 느끼고, 유지시에 동의하여 즐거움을 느끼고, 인발시에 동의하여 즐거움을 느끼면, 승단추방죄

를 범하는 것이다.

8) 수행승의 적대자들이 깨어있는 비인간의 빤다까를 수행승의 앞으로 데리고 와서 그의 구강에 그의 성기를 들어가게 할 경우, 그러한 적용시에 동의하지 않아 즐거움을 느끼지 않고, 삽입시에 동의하지 않아 즐거움을 느끼지 않아도, 유지시에 동의하여 즐거움을 느끼고, 인발시에 동의하여 즐거움을 느끼면, 승단추방죄를 범하는 것이다.

9) 수행승의 적대자들이 깨어있는 비인간의 빤다까를 수행승의 앞으로 데리고 와서 그의 구강에 그의 성기를 들어가게 할 경우, 그러한 적용시에 동의하지 않아 즐거움을 느끼지 않고, 삽입시에 동의하지 않아 즐거움을 느끼지 않고, 유지시에 동의하지 않아 즐거움을 느끼지 않아도, 인발시에 동의하여 즐거움을 느끼면, 승단추방죄를 범하는 것이다.

10) 수행승의 적대자들이 깨어있는 비인간의 빤다까를 수행승의 앞으로 데리고 와서 그의 구강에 그의 성기를 들어가게 할 경우, 그러한 적용시에 동의하지 않아 즐거움을 느끼지 않고, 삽입시에 동의하지 않아 즐거움을 느끼지 않고, 유지시에 동의하지 않아 즐거움을 느끼지 않고, 인발시에도 동의하지 않아 즐거움을 느끼지 않으면, 무죄이다.

9-10₃.

1) 수행승의 적대자들이 잠든 비인간의 빤다까를 수행승의 앞으로 데리고 와서 그의 항문에 그의 성기를 들어가게 할 경우, 그러한 적용시에 동의하여 즐거움을 느끼고, 삽입시에 동의하여 즐거움을 느끼고, 유지시에 동의하여 즐거움을 느끼고, 인발시에 동의하여 즐거움을 느끼면, 승단추방죄를 범하는 것이다.

2) 수행승의 적대자들이 잠든 비인간의 빤다까를 수행승의 앞으로 데리고 와서 그의 항문에 그의 성기를 들어가게 할 경우, 그러한 적용시에 동의하지 않아 즐거움을 느끼지 않아도, 삽입시에 동의하여 즐거움을 느끼고, 유지시에 동의하여 즐거움을 느끼고, 인발시에 동의하여 즐거움을 느끼면, 승단추방죄를 범하는 것이다.

3) 수행승의 적대자들이 잠든 비인간의 빤다까를 수행승의 앞으로 데리고 와서 그의 항문에 그의 성기를 들어가게 할 경우, 그러한 적용시에 동의하지 않아 즐거움을 느끼지 않고, 삽입시에 동의하지 않아 즐거움을 느끼지 않아도, 유지시에 동의하여 즐거움을 느끼고, 인발시에 동의하여 즐거움을 느끼면, 승단추방죄를 범하는 것이다

4) 수행승의 적대자들이 잠든 비인간의 빤다까를 수행승의 앞으로 데리고 와서 그의 항문에 그의 성기를 들어가게 할 경우, 그러한 적용시에 동의하지 않아 즐거움을 느끼지 않고, 삽입시에 동의하지 않아 즐거움을 느끼지 않고, 유지시에 동의하지 않아 즐거움을 느끼지 않아도, 인발시에 동의하여 즐거움을 느끼면, 승단추방죄를 범하는 것이다.
5) 수행승의 적대자들이 잠든 비인간의 빤다까를 수행승의 앞으로 데리고 와서 그의 항문에 그의 성기를 들어가게 할 경우, 그러한 적용시에 동의하지 않아 즐거움을 느끼지 않고, 삽입시에 동의하지 않아 즐거움을 느끼지 않고, 유지시에 동의하지 않아 즐거움을 느끼지 않고, 인발시에도 동의하지 않아 즐거움을 느끼지 않으면, 무죄이다.
6) 수행승의 적대자들이 잠든 비인간의 빤다까를 수행승의 앞으로 데리고 와서 그의 구강에 그의 성기를 들어가게 할 경우, 그러한 적용시에 동의하여 즐거움을 느끼고, 삽입시에 동의하여 즐거움을 느끼고, 유지시에 동의하여 즐거움을 느끼고, 인발시에 동의하여 즐거움을 느끼면, 승단추방죄를 범하는 것이다.
7) 수행승의 적대자들이 잠든 비인간의 빤다까를 수행승의 앞으로 데리고 와서 그의 구강에 그의 성기를 들어가게 할 경우, 그러한 적용시에 동의하지 않아 즐거움을 느끼지 않아도, 삽입시에 동의하여 즐거움을 느끼고, 유지시에 동의하여 즐거움을 느끼고, 인발시에 동의하여 즐거움을 느끼면, 승단추방죄를 범하는 것이다.
8) 수행승의 적대자들이 잠든 비인간의 빤다까를 수행승의 앞으로 데리고 와서 그의 구강에 그의 성기를 들어가게 할 경우, 그러한 적용시에 동의하지 않아 즐거움을 느끼지 않고, 삽입시에 동의하지 않아 즐거움을 느끼지 않아도, 유지시에 동의하여 즐거움을 느끼고, 인발시에 동의하여 즐거움을 느끼면, 승단추방죄를 범하는 것이다.
9) 수행승의 적대자들이 잠든 비인간의 빤다까를 수행승의 앞으로 데리고 와서 그의 구강에 그의 성기를 들어가게 할 경우, 그러한 적용시에 동의하지 않아 즐거움을 느끼지 않고, 삽입시에 동의하지 않아 즐거움을 느끼지 않고, 유지시에 동의하지 않아 즐거움을 느끼지 않아도, 인발시에 동의하여 즐거움을 느끼면, 승단추방죄를 범하는 것이다.
10) 수행승의 적대자들이 잠든 비인간의 빤다까를 수행승의 앞으로 데리고 와서 그의 구강에 그의 성기를 들어가게 할 경우, 그러한 적용시에 동의하지 않아

즐거움을 느끼지 않고, 삽입시에 동의하지 않아 즐거움을 느끼지 않고, 유지시에 동의하지 않아 즐거움을 느끼지 않고, 인발시에도 동의하지 않아 즐거움을 느끼지 않으면, 무죄이다.

9-104.

1) 수행승의 적대자들이 술취한 비인간의 빤다까를 수행승의 앞으로 데리고 와서 그의 항문에 그의 성기를 들어가게 할 경우, 그러한 적용시에 동의하여 즐거움을 느끼고, 삽입시에 동의하여 즐거움을 느끼고, 유지시에 동의하여 즐거움을 느끼고, 인발시에 동의하여 즐거움을 느끼면, 승단추방죄를 범하는 것이다.
2) 수행승의 적대자들이 술취한 비인간의 빤다까를 수행승의 앞으로 데리고 와서 그의 항문에 그의 성기를 들어가게 할 경우, 그러한 적용시에 동의하지 않아 즐거움을 느끼지 않아도, 삽입시에 동의하여 즐거움을 느끼고, 유지시에 동의하여 즐거움을 느끼고, 인발시에 동의하여 즐거움을 느끼면, 승단추방죄를 범하는 것이다.
3) 수행승의 적대자들이 술취한 비인간의 빤다까를 수행승의 앞으로 데리고 와서 그의 항문에 그의 성기를 들어가게 할 경우, 그러한 적용시에 동의하지 않아 즐거움을 느끼지 않고, 삽입시에 동의하지 않아 즐거움을 느끼지 않아도, 유지시에 동의하여 즐거움을 느끼고, 인발시에 동의하여 즐거움을 느끼면, 승단추방죄를 범하는 것이다
4) 수행승의 적대자들이 술취한 비인간의 빤다까를 수행승의 앞으로 데리고 와서 그의 항문에 그의 성기를 들어가게 할 경우, 그러한 적용시에 동의하지 않아 즐거움을 느끼지 않고, 삽입시에 동의하지 않아 즐거움을 느끼지 않고, 유지시에 동의하지 않아 즐거움을 느끼지 않아도, 인발시에 동의하여 즐거움을 느끼면, 승단추방죄를 범하는 것이다.
5) 수행승의 적대자들이 술취한 비인간의 빤다까를 수행승의 앞으로 데리고 와서 그의 항문에 그의 성기를 들어가게 할 경우, 그러한 적용시에 동의하지 않아 즐거움을 느끼지 않고, 삽입시에 동의하지 않아 즐거움을 느끼지 않고, 유지시에 동의하지 않아 즐거움을 느끼지 않고, 인발시에도 동의하지 않아 즐거움을 느끼지 않으면, 무죄이다.
6) 수행승의 적대자들이 술취한 비인간의 빤다까를 수행승의 앞으로 데리고 와서 그의 구강에 그의 성기를 들어가게 할 경우, 그러한 적용시에 동의하여 즐거움을 느끼고, 삽입시에 동의하여 즐거움을 느끼고, 유지시에 동의하여 즐거움을

느끼고, 인발시에 동의하여 즐거움을 느끼면, 승단추방죄를 범하는 것이다.

7) 수행승의 적대자들이 술취한 비인간의 빤다까를 수행승의 앞으로 데리고 와서 그의 구강에 그의 성기를 들어가게 할 경우, 그러한 적용시에 동의하지 않아 즐거움을 느끼지 않아도, 삽입시에 동의하여 즐거움을 느끼고, 유지시에 동의하여 즐거움을 느끼고, 인발시에 동의하여 즐거움을 느끼면, 승단추방죄를 범하는 것이다.

8) 수행승의 적대자들이 술취한 비인간의 빤다까를 수행승의 앞으로 데리고 와서 그의 구강에 그의 성기를 들어가게 할 경우, 그러한 적용시에 동의하지 않아 즐거움을 느끼지 않고, 삽입시에 동의하지 않아 즐거움을 느끼지 않아도, 유지시에 동의하여 즐거움을 느끼고, 인발시에 동의하여 즐거움을 느끼면, 승단추방죄를 범하는 것이다.

9) 수행승의 적대자들이 술취한 비인간의 빤다까를 수행승의 앞으로 데리고 와서 그의 구강에 그의 성기를 들어가게 할 경우, 그러한 적용시에 동의하지 않아 즐거움을 느끼지 않고, 삽입시에 동의하지 않아 즐거움을 느끼지 않고, 유지시에 동의하지 않아 즐거움을 느끼지 않아도, 인발시에 동의하여 즐거움을 느끼면, 승단추방죄를 범하는 것이다.

10) 수행승의 적대자들이 술취한 비인간의 빤다까를 수행승의 앞으로 데리고 와서 그의 구강에 그의 성기를 들어가게 할 경우, 그러한 적용시에 동의하지 않아 즐거움을 느끼지 않고, 삽입시에 동의하지 않아 즐거움을 느끼지 않고, 유지시에 동의하지 않아 즐거움을 느끼지 않고, 인발시에도 동의하지 않아 즐거움을 느끼지 않으면, 무죄이다.

9-10₅.

1) 수행승의 적대자들이 정신착란된 비인간의 빤다까를 수행승의 앞으로 데리고 와서 그의 항문에 그의 성기를 들어가게 할 경우, 그러한 적용시에 동의하여 즐거움을 느끼고, 삽입시에 동의하여 즐거움을 느끼고, 유지시에 동의하여 즐거움을 느끼고, 인발시에 동의하여 즐거움을 느끼면, 승단추방죄를 범하는 것이다.

2) 수행승의 적대자들이 정신착란된 비인간의 빤다까를 수행승의 앞으로 데리고 와서 그의 항문에 그의 성기를 들어가게 할 경우, 그러한 적용시에 동의하지 않아 즐거움을 느끼지 않아도, 삽입시에 동의하여 즐거움을 느끼고, 유지시에 동의하여 즐거움을 느끼고, 인발시에 동의하여 즐거움을 느끼면, 승단추방죄

를 범하는 것이다.

3) 수행승의 적대자들이 정신착란된 비인간의 빤다까를 수행승의 앞으로 데리고 와서 그의 항문에 그의 성기를 들어가게 할 경우, 그러한 적용시에 동의하지 않아 즐거움을 느끼지 않고, 삽입시에 동의하지 않아 즐거움을 느끼지 않아도, 유지시에 동의하여 즐거움을 느끼고, 인발시에 동의하여 즐거움을 느끼면, 승단추방죄를 범하는 것이다

4) 수행승의 적대자들이 정신착란된 비인간의 빤다까를 수행승의 앞으로 데리고 와서 그의 항문에 그의 성기를 들어가게 할 경우, 그러한 적용시에 동의하지 않아 즐거움을 느끼지 않고, 삽입시에 동의하지 않아 즐거움을 느끼지 않고, 유지시에 동의하지 않아 즐거움을 느끼지 않아도, 인발시에 동의하여 즐거움을 느끼면, 승단추방죄를 범하는 것이다.

5) 수행승의 적대자들이 정신착란된 비인간의 빤다까를 수행승의 앞으로 데리고 와서 그의 항문에 그의 성기를 들어가게 할 경우, 그러한 적용시에 동의하지 않아 즐거움을 느끼지 않고, 삽입시에 동의하지 않아 즐거움을 느끼지 않고, 유지시에 동의하지 않아 즐거움을 느끼지 않고, 인발시에도 동의하지 않아 즐거움을 느끼지 않으면, 무죄이다.

6) 수행승의 적대자들이 정신착란된 비인간의 빤다까를 수행승의 앞으로 데리고 와서 그의 구강에 그의 성기를 들어가게 할 경우, 그러한 적용시에 동의하여 즐거움을 느끼고, 삽입시에 동의하여 즐거움을 느끼고, 유지시에 동의하여 즐거움을 느끼고, 인발시에 동의하여 즐거움을 느끼면, 승단추방죄를 범하는 것이다.

7) 수행승의 적대자들이 정신착란된 비인간의 빤다까를 수행승의 앞으로 데리고 와서 그의 구강에 그의 성기를 들어가게 할 경우, 그러한 적용시에 동의하지 않아 즐거움을 느끼지 않아도, 삽입시에 동의하여 즐거움을 느끼고, 유지시에 동의하여 즐거움을 느끼고, 인발시에 동의하여 즐거움을 느끼면, 승단추방죄를 범하는 것이다.

8) 수행승의 적대자들이 정신착란된 비인간의 빤다까를 수행승의 앞으로 데리고 와서 그의 구강에 그의 성기를 들어가게 할 경우, 그러한 적용시에 동의하지 않아 즐거움을 느끼지 않고, 삽입시에 동의하지 않아 즐거움을 느끼지 않아도, 유지시에 동의하여 즐거움을 느끼고, 인발시에 동의하여 즐거움을 느끼면, 승단추방죄를 범하는 것이다.

9) 수행승의 적대자들이 정신착란된 비인간의 빤다까를 수행승의 앞으로 데리고 와서 그의 구강에 그의 성기를 들어가게 할 경우, 그러한 적용시에 동의하지 않아 즐거움을 느끼지 않고, 삽입시에 동의하지 않아 즐거움을 느끼지 않고, 유지시에 동의하지 않아 즐거움을 느끼지 않아도, 인발시에 동의하여 즐거움을 느끼면, 승단추방죄를 범하는 것이다.

10) 수행승의 적대자들이 정신착란된 비인간의 빤다까를 수행승의 앞으로 데리고 와서 그의 구강에 그의 성기를 들어가게 할 경우, 그러한 적용시에 동의하지 않아 즐거움을 느끼지 않고, 삽입시에 동의하지 않아 즐거움을 느끼지 않고, 유지시에 동의하지 않아 즐거움을 느끼지 않고, 인발시에도 동의하지 않아 즐거움을 느끼지 않으면, 무죄이다.

9-10₆.

1) 수행승의 적대자들이 방일한 비인간의 빤다까를 수행승의 앞으로 데리고 와서 그의 항문에 그의 성기를 들어가게 할 경우, 그러한 적용시에 동의하여 즐거움을 느끼고, 삽입시에 동의하여 즐거움을 느끼고, 유지시에 동의하여 즐거움을 느끼고, 인발시에 동의하여 즐거움을 느끼면, 승단추방죄를 범하는 것이다.

2) 수행승의 적대자들이 방일한 비인간의 빤다까를 수행승의 앞으로 데리고 와서 그의 항문에 그의 성기를 들어가게 할 경우, 그러한 적용시에 동의하지 않아 즐거움을 느끼지 않아도, 삽입시에 동의하여 즐거움을 느끼고, 유지시에 동의하여 즐거움을 느끼고, 인발시에 동의하여 즐거움을 느끼면, 승단추방죄를 범하는 것이다.

3) 수행승의 적대자들이 방일한 비인간의 빤다까를 수행승의 앞으로 데리고 와서 그의 항문에 그의 성기를 들어가게 할 경우, 그러한 적용시에 동의하지 않아 즐거움을 느끼지 않고, 삽입시에 동의하지 않아 즐거움을 느끼지 않아도, 유지시에 동의하여 즐거움을 느끼고, 인발시에 동의하여 즐거움을 느끼면, 승단추방죄를 범하는 것이다

4) 수행승의 적대자들이 방일한 비인간의 빤다까를 수행승의 앞으로 데리고 와서 그의 항문에 그의 성기를 들어가게 할 경우, 그러한 적용시에 동의하지 않아 즐거움을 느끼지 않고, 삽입시에 동의하지 않아 즐거움을 느끼지 않고, 유지시에 동의하지 않아 즐거움을 느끼지 않아도, 인발시에 동의하여 즐거움을 느끼면, 승단추방죄를 범하는 것이다.

5) 수행승의 적대자들이 방일한 비인간의 빤다까를 수행승의 앞으로 데리고 와서

그의 항문에 그의 성기를 들어가게 할 경우, 그러한 적용시에 동의하지 않아 즐거움을 느끼지 않고, 삽입시에 동의하지 않아 즐거움을 느끼지 않고, 유지시에 동의하지 않아 즐거움을 느끼지 않고, 인발시에도 동의하지 않아 즐거움을 느끼지 않으면, 무죄이다.

6) 수행승의 적대자들이 방일한 비인간의 빤다까를 수행승의 앞으로 데리고 와서 그의 구강에 그의 성기를 들어가게 할 경우, 그러한 적용시에 동의하여 즐거움을 느끼고, 삽입시에 동의하여 즐거움을 느끼고, 유지시에 동의하여 즐거움을 느끼고, 인발시에 동의하여 즐거움을 느끼면, 승단추방죄를 범하는 것이다.

7) 수행승의 적대자들이 방일한 비인간의 빤다까를 수행승의 앞으로 데리고 와서 그의 구강에 그의 성기를 들어가게 할 경우, 그러한 적용시에 동의하지 않아 즐거움을 느끼지 않아도, 삽입시에 동의하여 즐거움을 느끼고, 유지시에 동의하여 즐거움을 느끼고, 인발시에 동의하여 즐거움을 느끼면, 승단추방죄를 범하는 것이다.

8) 수행승의 적대자들이 방일한 비인간의 빤다까를 수행승의 앞으로 데리고 와서 그의 구강에 그의 성기를 들어가게 할 경우, 그러한 적용시에 동의하지 않아 즐거움을 느끼지 않고, 삽입시에 동의하지 않아 즐거움을 느끼지 않아도, 유지시에 동의하여 즐거움을 느끼고, 인발시에 동의하여 즐거움을 느끼면, 승단추방죄를 범하는 것이다.

9) 수행승의 적대자들이 방일한 비인간의 빤다까를 수행승의 앞으로 데리고 와서 그의 구강에 그의 성기를 들어가게 할 경우, 그러한 적용시에 동의하지 않아 즐거움을 느끼지 않고, 삽입시에 동의하지 않아 즐거움을 느끼지 않고, 유지시에 동의하지 않아 즐거움을 느끼지 않아도, 인발시에 동의하여 즐거움을 느끼면, 승단추방죄를 범하는 것이다.

10) 수행승의 적대자들이 방일한 비인간의 빤다까를 수행승의 앞으로 데리고 와서 그의 구강에 그의 성기를 들어가게 할 경우, 그러한 적용시에 동의하지 않아 즐거움을 느끼지 않고, 삽입시에 동의하지 않아 즐거움을 느끼지 않고, 유지시에 동의하지 않아 즐거움을 느끼지 않고, 인발시에도 동의하지 않아 즐거움을 느끼지 않으면, 무죄이다.

9-10ㄱ.

1) 수행승의 적대자들이, 죽었지만 아직 파괴되지 않은 비인간의 빤다까를 수행승의 앞으로 데리고 와서 그의 항문에 그의 성기를 들어가게 할 경우, 그러한

적용시에 동의하여 즐거움을 느끼고, 삽입시에 동의하여 즐거움을 느끼고, 유지시에 동의하여 즐거움을 느끼고, 인발시에 동의하여 즐거움을 느끼면, 승단추방죄를 범하는 것이다.

2) 수행승의 적대자들이, 죽었지만 아직 파괴되지 않은 비인간의 빤다까를 수행승의 앞으로 데리고 와서 그의 항문에 그의 성기를 들어가게 할 경우, 그러한 적용시에 동의하지 않아 즐거움을 느끼지 않아도, 삽입시에 동의하여 즐거움을 느끼고, 유지시에 동의하여 즐거움을 느끼고, 인발시에 동의하여 즐거움을 느끼면, 승단추방죄를 범하는 것이다.

3) 수행승의 적대자들이, 죽었지만 아직 파괴되지 않은 비인간의 빤다까를 수행승의 앞으로 데리고 와서 그의 항문에 그의 성기를 들어가게 할 경우, 그러한 적용시에 동의하지 않아 즐거움을 느끼지 않고, 삽입시에 동의하지 않아 즐거움을 느끼지 않아도, 유지시에 동의하여 즐거움을 느끼고, 인발시에 동의하여 즐거움을 느끼면, 승단추방죄를 범하는 것이다

4) 수행승의 적대자들이, 죽었지만 아직 파괴되지 않은 비인간의 빤다까를 수행승의 앞으로 데리고 와서 그의 항문에 그의 성기를 들어가게 할 경우, 그러한 적용시에 동의하지 않아 즐거움을 느끼지 않고, 삽입시에 동의하지 않아 즐거움을 느끼지 않고, 유지시에 동의하지 않아 즐거움을 느끼지 않아도, 인발시에 동의하여 즐거움을 느끼면, 승단추방죄를 범하는 것이다.

5) 수행승의 적대자들이, 죽었지만 아직 파괴되지 않은 비인간의 빤다까를 수행승의 앞으로 데리고 와서 그의 항문에 그의 성기를 들어가게 할 경우, 그러한 적용시에 동의하지 않아 즐거움을 느끼지 않고, 삽입시에 동의하지 않아 즐거움을 느끼지 않고, 유지시에 동의하지 않아 즐거움을 느끼지 않고, 인발시에도 동의하지 않아 즐거움을 느끼지 않으면, 무죄이다.

6) 수행승의 적대자들이, 죽었지만 아직 파괴되지 않은 비인간의 빤다까를 수행승의 앞으로 데리고 와서 그의 구강에 그의 성기를 들어가게 할 경우, 그러한 적용시에 동의하여 즐거움을 느끼고, 삽입시에 동의하여 즐거움을 느끼고, 유지시에 동의하여 즐거움을 느끼고, 인발시에 동의하여 즐거움을 느끼면, 승단추방죄를 범하는 것이다.

7) 수행승의 적대자들이, 죽었지만 아직 파괴되지 않은 비인간의 빤다까를 수행승의 앞으로 데리고 와서 그의 구강에 그의 성기를 들어가게 할 경우, 그러한 적용시에 동의하지 않아 즐거움을 느끼지 않아도, 삽입시에 동의하여 즐거움

을 느끼고, 유지시에 동의하여 즐거움을 느끼고, 인발시에 동의하여 즐거움을 느끼면, 승단추방죄를 범하는 것이다.

8) 수행승의 적대자들이, 죽었지만 아직 파괴되지 않은 비인간의 빤다까를 수행승의 앞으로 데리고 와서 그의 구강에 그의 성기를 들어가게 할 경우, 그러한 적용시에 동의하지 않아 즐거움을 느끼지 않고, 삽입시에 동의하지 않아 즐거움을 느끼지 않아도, 유지시에 동의하여 즐거움을 느끼고, 인발시에 동의하여 즐거움을 느끼면, 승단추방죄를 범하는 것이다.

9) 수행승의 적대자들이, 죽었지만 아직 파괴되지 않은 비인간의 빤다까를 수행승의 앞으로 데리고 와서 그의 구강에 그의 성기를 들어가게 할 경우, 그러한 적용시에 동의하지 않아 즐거움을 느끼지 않고, 삽입시에 동의하지 않아 즐거움을 느끼지 않고, 유지시에 동의하지 않아 즐거움을 느끼지 않아도, 인발시에 동의하여 즐거움을 느끼면, 승단추방죄를 범하는 것이다.

10) 수행승의 적대자들이, 죽었지만 아직 파괴되지 않은 비인간의 빤다까를 수행승의 앞으로 데리고 와서 그의 구강에 그의 성기를 들어가게 할 경우, 그러한 적용시에 동의하지 않아 즐거움을 느끼지 않고, 삽입시에 동의하지 않아 즐거움을 느끼지 않고, 유지시에 동의하지 않아 즐거움을 느끼지 않고, 인발시에도 동의하지 않아 즐거움을 느끼지 않으면, 무죄이다.

9-10₈.

1) 수행승의 적대자들이, 죽었지만 대체로 파괴되지 않은 비인간의 빤다까를 수행승의 앞으로 데리고 와서 그의 항문에 그의 성기를 들어가게 할 경우, 그러한 적용시에 동의하여 즐거움을 느끼고, 삽입시에 동의하여 즐거움을 느끼고, 유지시에 동의하여 즐거움을 느끼고, 인발시에 동의하여 즐거움을 느끼면, 승단추방죄를 범하는 것이다.

2) 수행승의 적대자들이, 죽었지만 대체로 파괴되지 않은 비인간의 빤다까를 수행승의 앞으로 데리고 와서 그의 항문에 그의 성기를 들어가게 할 경우, 그러한 적용시에 동의하지 않아 즐거움을 느끼지 않아도, 삽입시에 동의하여 즐거움을 느끼고, 유지시에 동의하여 즐거움을 느끼고, 인발시에 동의하여 즐거움을 느끼면, 승단추방죄를 범하는 것이다.

3) 수행승의 적대자들이, 죽었지만 대체로 파괴되지 않은 비인간의 빤다까를 수행승의 앞으로 데리고 와서 그의 항문에 그의 성기를 들어가게 할 경우, 그러한 적용시에 동의하지 않아 즐거움을 느끼지 않고, 삽입시에 동의하지 않아 즐거

움을 느끼지 않아도, 유지시에 동의하여 즐거움을 느끼고, 인발시에 동의하여 즐거움을 느끼면, 승단추방죄를 범하는 것이다

4) 수행승의 적대자들이, 죽었지만 대체로 파괴되지 않은 비인간의 빤다까를 수행승의 앞으로 데리고 와서 그의 항문에 그의 성기를 들어가게 할 경우, 그러한 적용시에 동의하지 않아 즐거움을 느끼지 않고, 삽입시에 동의하지 않아 즐거움을 느끼지 않고, 유지시에 동의하지 않아 즐거움을 느끼지 않아도, 인발시에 동의하여 즐거움을 느끼면, 승단추방죄를 범하는 것이다.

5) 수행승의 적대자들이, 죽었지만 대체로 파괴되지 않은 비인간의 빤다까를 수행승의 앞으로 데리고 와서 그의 항문에 그의 성기를 들어가게 할 경우, 그러한 적용시에 동의하지 않아 즐거움을 느끼지 않고, 삽입시에 동의하지 않아 즐거움을 느끼지 않고, 유지시에 동의하지 않아 즐거움을 느끼지 않고, 인발시에도 동의하지 않아 즐거움을 느끼지 않으면, 무죄이다.

6) 수행승의 적대자들이, 죽었지만 대체로 파괴되지 않은 비인간의 빤다까를 수행승의 앞으로 데리고 와서 그의 구강에 그의 성기를 들어가게 할 경우, 그러한 적용시에 동의하여 즐거움을 느끼고, 삽입시에 동의하여 즐거움을 느끼고, 유지시에 동의하여 즐거움을 느끼고, 인발시에 동의하여 즐거움을 느끼면, 승단추방죄를 범하는 것이다.

7) 수행승의 적대자들이, 죽었지만 대체로 파괴되지 않은 비인간의 빤다까를 수행승의 앞으로 데리고 와서 그의 구강에 그의 성기를 들어가게 할 경우, 그러한 적용시에 동의하지 않아 즐거움을 느끼지 않아도, 삽입시에 동의하여 즐거움을 느끼고, 유지시에 동의하여 즐거움을 느끼고, 인발시에 동의하여 즐거움을 느끼면, 승단추방죄를 범하는 것이다.

8) 수행승의 적대자들이, 죽었지만 대체로 파괴되지 않은 비인간의 빤다까를 수행승의 앞으로 데리고 와서 그의 구강에 그의 성기를 들어가게 할 경우, 그러한 적용시에 동의하지 않아 즐거움을 느끼지 않고, 삽입시에 동의하지 않아 즐거움을 느끼지 않아도, 유지시에 동의하여 즐거움을 느끼고, 인발시에 동의하여 즐거움을 느끼면, 승단추방죄를 범하는 것이다.

9) 수행승의 적대자들이, 죽었지만 대체로 파괴되지 않은 비인간의 빤다까를 수행승의 앞으로 데리고 와서 그의 구강에 그의 성기를 들어가게 할 경우, 그러한 적용시에 동의하지 않아 즐거움을 느끼지 않고, 삽입시에 동의하지 않아 즐거움을 느끼지 않고, 유지시에 동의하지 않아 즐거움을 느끼지 않아도, 인발시에

동의하여 즐거움을 느끼면, 승단추방죄를 범하는 것이다.

10) 수행승의 적대자들이, 죽었지만 대체로 파괴되지 않은 비인간의 빤다까를 수행승의 앞으로 데리고 와서 그의 구강에 그의 성기를 들어가게 할 경우, 그러한 적용시에 동의하지 않아 즐거움을 느끼지 않고, 삽입시에 동의하지 않아 즐거움을 느끼지 않고, 유지시에 동의하지 않아 즐거움을 느끼지 않고, 인발시에도 동의하지 않아 즐거움을 느끼지 않으면, 무죄이다.

9-10₉.

1) 수행승의 적대자들이, 죽어서 거의 파괴된 비인간의 빤다까를 수행승의 앞으로 데리고 와서 그의 항문에 그의 성기를 들어가게 할 경우, 그러한 적용시에 동의하여 즐거움을 느끼고, 삽입시에 동의하여 즐거움을 느끼고, 유지시에 동의하여 즐거움을 느끼고, 인발시에 동의하여 즐거움을 느끼면, 추악죄를 범하는 것이다.

2) 수행승의 적대자들이, 죽어서 거의 파괴된 비인간의 빤다까를 수행승의 앞으로 데리고 와서 그의 항문에 그의 성기를 들어가게 할 경우, 그러한 적용시에 동의하지 않아 즐거움을 느끼지 않아도, 삽입시에 동의하여 즐거움을 느끼고, 유지시에 동의하여 즐거움을 느끼고, 인발시에 동의하여 즐거움을 느끼면, 추악죄를 범하는 것이다.

3) 수행승의 적대자들이, 죽어서 거의 파괴된 비인간의 빤다까를 수행승의 앞으로 데리고 와서 그의 항문에 그의 성기를 들어가게 할 경우, 그러한 적용시에 동의하지 않아 즐거움을 느끼지 않고, 삽입시에 동의하지 않아 즐거움을 느끼지 않아도, 유지시에 동의하여 즐거움을 느끼고, 인발시에 동의하여 즐거움을 느끼면, 추악죄를 범하는 것이다

4) 수행승의 적대자들이, 죽어서 거의 파괴된 비인간의 빤다까를 수행승의 앞으로 데리고 와서 그의 항문에 그의 성기를 들어가게 할 경우, 그러한 적용시에 동의하지 않아 즐거움을 느끼지 않고, 삽입시에 동의하지 않아 즐거움을 느끼지 않고, 유지시에 동의하지 않아 즐거움을 느끼지 않아도, 인발시에 동의하여 즐거움을 느끼면, 추악죄를 범하는 것이다.

5) 수행승의 적대자들이, 죽어서 거의 파괴된 비인간의 빤다까를 수행승의 앞으로 데리고 와서 그의 항문에 그의 성기를 들어가게 할 경우, 그러한 적용시에 동의하지 않아 즐거움을 느끼지 않고, 삽입시에 동의하지 않아 즐거움을 느끼지 않고, 유지시에 동의하지 않아 즐거움을 느끼지 않고, 인발시에도 동의하지

않아 즐거움을 느끼지 않으면, 무죄이다.

6) 수행승의 적대자들이, 죽어서 거의 파괴된 비인간의 빤다까를 수행승의 앞으로 데리고 와서 그의 구강에 그의 성기를 들어가게 할 경우, 그러한 적용시에 동의하여 즐거움을 느끼고, 삽입시에 동의하여 즐거움을 느끼고, 유지시에 동의하여 즐거움을 느끼고, 인발시에 동의하여 즐거움을 느끼면, 추악죄를 범하는 것이다.

7) 수행승의 적대자들이, 죽어서 거의 파괴된 비인간의 빤다까를 수행승의 앞으로 데리고 와서 그의 구강에 그의 성기를 들어가게 할 경우, 그러한 적용시에 동의하지 않아 즐거움을 느끼지 않아도, 삽입시에 동의하여 즐거움을 느끼고, 유지시에 동의하여 즐거움을 느끼고, 인발시에 동의하여 즐거움을 느끼면, 추악죄를 범하는 것이다.

8) 수행승의 적대자들이, 죽어서 거의 파괴된 비인간의 빤다까를 수행승의 앞으로 데리고 와서 그의 구강에 그의 성기를 들어가게 할 경우, 그러한 적용시에 동의하지 않아 즐거움을 느끼지 않고, 삽입시에 동의하지 않아 즐거움을 느끼지 않아도, 유지시에 동의하여 즐거움을 느끼고, 인발시에 동의하여 즐거움을 느끼면, 추악죄를 범하는 것이다.

9) 수행승의 적대자들이, 죽어서 거의 파괴된 비인간의 빤다까를 수행승의 앞으로 데리고 와서 그의 구강에 그의 성기를 들어가게 할 경우, 그러한 적용시에 동의하지 않아 즐거움을 느끼지 않고, 삽입시에 동의하지 않아 즐거움을 느끼지 않고, 유지시에 동의하지 않아 즐거움을 느끼지 않아도, 인발시에 동의하여 즐거움을 느끼면, 추악죄를 범하는 것이다.

10) 수행승의 적대자들이, 죽어서 거의 파괴된 비인간의 빤다까를 수행승의 앞으로 데리고 와서 그의 구강에 그의 성기를 들어가게 할 경우, 그러한 적용시에 동의하지 않아 즐거움을 느끼지 않고, 삽입시에 동의하지 않아 즐거움을 느끼지 않고, 유지시에 동의하지 않아 즐거움을 느끼지 않고, 인발시에도 동의하지 않아 즐거움을 느끼지 않으면, 무죄이다.

9-11₁.

1) 수행승의 적대자들이 축생의 빤다까를 수행승의 앞으로 데리고 와서 그의 항문에 그의 성기를 들어가게 할 경우, 그러한 적용시에 동의하여 즐거움을 느끼고, 삽입시에 동의하여 즐거움을 느끼고, 유지시에 동의하여 즐거움을 느끼고, 인발시에 동의하여 즐거움을 느끼면, 승단추방죄를 범하는 것이다.

2) 수행승의 적대자들이 축생의 빤다까를 수행승의 앞으로 데리고 와서 그의 항문에 그의 성기를 들어가게 할 경우, 그러한 적용시에 동의하지 않아 즐거움을 느끼지 않아도, 삽입시에 동의하여 즐거움을 느끼고, 유지시에 동의하여 즐거움을 느끼고, 인발시에 동의하여 즐거움을 느끼면, 승단추방죄를 범하는 것이다.
3) 수행승의 적대자들이 축생의 빤다까를 수행승의 앞으로 데리고 와서 그의 항문에 그의 성기를 들어가게 할 경우, 그러한 적용시에 동의하지 않아 즐거움을 느끼지 않고, 삽입시에 동의하지 않아 즐거움을 느끼지 않아도, 유지시에 동의하여 즐거움을 느끼고, 인발시에 동의하여 즐거움을 느끼면, 승단추방죄를 범하는 것이다
4) 수행승의 적대자들이 축생의 빤다까를 수행승의 앞으로 데리고 와서 그의 항문에 그의 성기를 들어가게 할 경우, 그러한 적용시에 동의하지 않아 즐거움을 느끼지 않고, 삽입시에 동의하지 않아 즐거움을 느끼지 않고, 유지시에 동의하지 않아 즐거움을 느끼지 않아도, 인발시에 동의하여 즐거움을 느끼면, 승단추방죄를 범하는 것이다.
5) 수행승의 적대자들이 축생의 빤다까를 수행승의 앞으로 데리고 와서 그의 항문에 그의 성기를 들어가게 할 경우, 그러한 적용시에 동의하지 않아 즐거움을 느끼지 않고, 삽입시에 동의하지 않아 즐거움을 느끼지 않고, 유지시에 동의하지 않아 즐거움을 느끼지 않고, 인발시에도 동의하지 않아 즐거움을 느끼지 않으면, 무죄이다.
6) 수행승의 적대자들이 축생의 빤다까를 수행승의 앞으로 데리고 와서 그의 구강에 그의 성기를 들어가게 할 경우, 그러한 적용시에 동의하여 즐거움을 느끼고, 삽입시에 동의하여 즐거움을 느끼고, 유지시에 동의하여 즐거움을 느끼고, 인발시에 동의하여 즐거움을 느끼면, 승단추방죄를 범하는 것이다.
7) 수행승의 적대자들이 축생의 빤다까를 수행승의 앞으로 데리고 와서 그의 구강에 그의 성기를 들어가게 할 경우, 그러한 적용시에 동의하지 않아 즐거움을 느끼지 않아도, 삽입시에 동의하여 즐거움을 느끼고, 유지시에 동의하여 즐거움을 느끼고, 인발시에 동의하여 즐거움을 느끼면, 승단추방죄를 범하는 것이다.
8) 수행승의 적대자들이 축생의 빤다까를 수행승의 앞으로 데리고 와서 그의 구강에 그의 성기를 들어가게 할 경우, 그러한 적용시에 동의하지 않아 즐거움

을 느끼지 않고, 삽입시에 동의하지 않아 즐거움을 느끼지 않아도, 유지시에 동의하여 즐거움을 느끼고, 인발시에 동의하여 즐거움을 느끼면, 승단추방죄를 범하는 것이다.

9) 수행승의 적대자들이 축생의 빤다까를 수행승의 앞으로 데리고 와서 그의 구강에 그의 성기를 들어가게 할 경우, 그러한 적용시에 동의하지 않아 즐거움을 느끼지 않고, 삽입시에 동의하지 않아 즐거움을 느끼지 않고, 유지시에 동의하지 않아 즐거움을 느끼지 않아도, 인발시에 동의하여 즐거움을 느끼면, 승단추방죄를 범하는 것이다.

10) 수행승의 적대자들이 축생의 빤다까를 수행승의 앞으로 데리고 와서 그의 구강에 그의 성기를 들어가게 할 경우, 그러한 적용시에 동의하지 않아 즐거움을 느끼지 않고, 삽입시에 동의하지 않아 즐거움을 느끼지 않고, 유지시에 동의하지 않아 즐거움을 느끼지 않고, 인발시에도 동의하지 않아 즐거움을 느끼지 않으면, 무죄이다.

9-11₂.

1) 수행승의 적대자들이 깨어있는 축생의 빤다까를 수행승의 앞으로 데리고 와서 그의 항문에 그의 성기를 들어가게 할 경우, 그러한 적용시에 동의하여 즐거움을 느끼고, 삽입시에 동의하여 즐거움을 느끼고, 유지시에 동의하여 즐거움을 느끼고, 인발시에 동의하여 즐거움을 느끼면, 승단추방죄를 범하는 것이다.

2) 수행승의 적대자들이 깨어있는 축생의 빤다까를 수행승의 앞으로 데리고 와서 그의 항문에 그의 성기를 들어가게 할 경우, 그러한 적용시에 동의하지 않아 즐거움을 느끼지 않아도, 삽입시에 동의하여 즐거움을 느끼고, 유지시에 동의하여 즐거움을 느끼고, 인발시에 동의하여 즐거움을 느끼면, 승단추방죄를 범하는 것이다.

3) 수행승의 적대자들이 깨어있는 축생의 빤다까를 수행승의 앞으로 데리고 와서 그의 항문에 그의 성기를 들어가게 할 경우, 그러한 적용시에 동의하지 않아 즐거움을 느끼지 않고, 삽입시에 동의하지 않아 즐거움을 느끼지 않아도, 유지시에 동의하여 즐거움을 느끼고, 인발시에 동의하여 즐거움을 느끼면, 승단추방죄를 범하는 것이다

4) 수행승의 적대자들이 깨어있는 축생의 빤다까를 수행승의 앞으로 데리고 와서 그의 항문에 그의 성기를 들어가게 할 경우, 그러한 적용시에 동의하지 않아 즐거움을 느끼지 않고, 삽입시에 동의하지 않아 즐거움을 느끼지 않고, 유지시

에 동의하지 않아 즐거움을 느끼지 않아도, 인발시에 동의하여 즐거움을 느끼면, 승단추방죄를 범하는 것이다.

5) 수행승의 적대자들이 깨어있는 축생의 빤다까를 수행승의 앞으로 데리고 와서 그의 항문에 그의 성기를 들어가게 할 경우, 그러한 적용시에 동의하지 않아 즐거움을 느끼지 않고, 삽입시에 동의하지 않아 즐거움을 느끼지 않고, 유지시에 동의하지 않아 즐거움을 느끼지 않고, 인발시에도 동의하지 않아 즐거움을 느끼지 않으면, 무죄이다.

6) 수행승의 적대자들이 깨어있는 축생의 빤다까를 수행승의 앞으로 데리고 와서 그의 구강에 그의 성기를 들어가게 할 경우, 그러한 적용시에 동의하여 즐거움을 느끼고, 삽입시에 동의하여 즐거움을 느끼고, 유지시에 동의하여 즐거움을 느끼고, 인발시에 동의하여 즐거움을 느끼면, 승단추방죄를 범하는 것이다.

7) 수행승의 적대자들이 깨어있는 축생의 빤다까를 수행승의 앞으로 데리고 와서 그의 구강에 그의 성기를 들어가게 할 경우, 그러한 적용시에 동의하지 않아 즐거움을 느끼지 않아도, 삽입시에 동의하여 즐거움을 느끼고, 유지시에 동의하여 즐거움을 느끼고, 인발시에 동의하여 즐거움을 느끼면, 승단추방죄를 범하는 것이다.

8) 수행승의 적대자들이 깨어있는 축생의 빤다까를 수행승의 앞으로 데리고 와서 그의 구강에 그의 성기를 들어가게 할 경우, 그러한 적용시에 동의하지 않아 즐거움을 느끼지 않고, 삽입시에 동의하지 않아 즐거움을 느끼지 않아도, 유지시에 동의하여 즐거움을 느끼고, 인발시에 동의하여 즐거움을 느끼면, 승단추방죄를 범하는 것이다.

9) 수행승의 적대자들이 깨어있는 축생의 빤다까를 수행승의 앞으로 데리고 와서 그의 구강에 그의 성기를 들어가게 할 경우, 그러한 적용시에 동의하지 않아 즐거움을 느끼지 않고, 삽입시에 동의하지 않아 즐거움을 느끼지 않고, 유지시에 동의하지 않아 즐거움을 느끼지 않아도, 인발시에 동의하여 즐거움을 느끼면, 승단추방죄를 범하는 것이다.

10) 수행승의 적대자들이 깨어있는 축생의 빤다까를 수행승의 앞으로 데리고 와서 그의 구강에 그의 성기를 들어가게 할 경우, 그러한 적용시에 동의하지 않아 즐거움을 느끼지 않고, 삽입시에 동의하지 않아 즐거움을 느끼지 않고, 유지시에 동의하지 않아 즐거움을 느끼지 않고, 인발시에도 동의하지 않아 즐거움을 느끼지 않으면, 무죄이다.

9-11₃.

1) 수행승의 적대자들이 잠든 축생의 빤다까를 수행승의 앞으로 데리고 와서 그의 항문에 그의 성기를 들어가게 할 경우, 그러한 적용시에 동의하여 즐거움을 느끼고, 삽입시에 동의하여 즐거움을 느끼고, 유지시에 동의하여 즐거움을 느끼고, 인발시에 동의하여 즐거움을 느끼면, 승단추방죄를 범하는 것이다.

2) 수행승의 적대자들이 잠든 축생의 빤다까를 수행승의 앞으로 데리고 와서 그의 항문에 그의 성기를 들어가게 할 경우, 그러한 적용시에 동의하지 않아 즐거움을 느끼지 않아도, 삽입시에 동의하여 즐거움을 느끼고, 유지시에 동의하여 즐거움을 느끼고, 인발시에 동의하여 즐거움을 느끼면, 승단추방죄를 범하는 것이다.

3) 수행승의 적대자들이 잠든 축생의 빤다까를 수행승의 앞으로 데리고 와서 그의 항문에 그의 성기를 들어가게 할 경우, 그러한 적용시에 동의하지 않아 즐거움을 느끼지 않고, 삽입시에 동의하지 않아 즐거움을 느끼지 않아도, 유지시에 동의하여 즐거움을 느끼고, 인발시에 동의하여 즐거움을 느끼면, 승단추방죄를 범하는 것이다

4) 수행승의 적대자들이 잠든 축생의 빤다까를 수행승의 앞으로 데리고 와서 그의 항문에 그의 성기를 들어가게 할 경우, 그러한 적용시에 동의하지 않아 즐거움을 느끼지 않고, 삽입시에 동의하지 않아 즐거움을 느끼지 않고, 유지시에 동의하지 않아 즐거움을 느끼지 않아도, 인발시에 동의하여 즐거움을 느끼면, 승단추방죄를 범하는 것이다.

5) 수행승의 적대자들이 잠든 축생의 빤다까를 수행승의 앞으로 데리고 와서 그의 항문에 그의 성기를 들어가게 할 경우, 그러한 적용시에 동의하지 않아 즐거움을 느끼지 않고, 삽입시에 동의하지 않아 즐거움을 느끼지 않고, 유지시에 동의하지 않아 즐거움을 느끼지 않고, 인발시에도 동의하지 않아 즐거움을 느끼지 않으면, 무죄이다.

6) 수행승의 적대자들이 잠든 축생의 빤다까를 수행승의 앞으로 데리고 와서 그의 구강에 그의 성기를 들어가게 할 경우, 그러한 적용시에 동의하여 즐거움을 느끼고, 삽입시에 동의하여 즐거움을 느끼고, 유지시에 동의하여 즐거움을 느끼고, 인발시에 동의하여 즐거움을 느끼면, 승단추방죄를 범하는 것이다.

7) 수행승의 적대자들이 잠든 축생의 빤다까를 수행승의 앞으로 데리고 와서 그의 구강에 그의 성기를 들어가게 할 경우, 그러한 적용시에 동의하지 않아

즐거움을 느끼지 않아도, 삽입시에 동의하여 즐거움을 느끼고, 유지시에 동의하여 즐거움을 느끼고, 인발시에 동의하여 즐거움을 느끼면, 승단추방죄를 범하는 것이다.

8) 수행승의 적대자들이 잠든 축생의 빤다까를 수행승의 앞으로 데리고 와서 그의 구강에 그의 성기를 들어가게 할 경우, 그러한 적용시에 동의하지 않아 즐거움을 느끼지 않고, 삽입시에 동의하지 않아 즐거움을 느끼지 않아도, 유지시에 동의하여 즐거움을 느끼고, 인발시에 동의하여 즐거움을 느끼면, 승단추방죄를 범하는 것이다.

9) 수행승의 적대자들이 잠든 축생의 빤다까를 수행승의 앞으로 데리고 와서 그의 구강에 그의 성기를 들어가게 할 경우, 그러한 적용시에 동의하지 않아 즐거움을 느끼지 않고, 삽입시에 동의하지 않아 즐거움을 느끼지 않고, 유지시에 동의하지 않아 즐거움을 느끼지 않아도, 인발시에 동의하여 즐거움을 느끼면, 승단추방죄를 범하는 것이다.

10) 수행승의 적대자들이 잠든 축생의 빤다까를 수행승의 앞으로 데리고 와서 그의 구강에 그의 성기를 들어가게 할 경우, 그러한 적용시에 동의하지 않아 즐거움을 느끼지 않고, 삽입시에 동의하지 않아 즐거움을 느끼지 않고, 유지시에 동의하지 않아 즐거움을 느끼지 않고, 인발시에도 동의하지 않아 즐거움을 느끼지 않으면, 무죄이다.

9-11₄.

1) 수행승의 적대자들이 술취한 축생의 빤다까를 수행승의 앞으로 데리고 와서 그의 항문에 그의 성기를 들어가게 할 경우, 그러한 적용시에 동의하여 즐거움을 느끼고, 삽입시에 동의하여 즐거움을 느끼고, 유지시에 동의하여 즐거움을 느끼고, 인발시에 동의하여 즐거움을 느끼면, 승단추방죄를 범하는 것이다.

2) 수행승의 적대자들이 술취한 축생의 빤다까를 수행승의 앞으로 데리고 와서 그의 항문에 그의 성기를 들어가게 할 경우, 그러한 적용시에 동의하지 않아 즐거움을 느끼지 않아도, 삽입시에 동의하여 즐거움을 느끼고, 유지시에 동의하여 즐거움을 느끼고, 인발시에 동의하여 즐거움을 느끼면, 승단추방죄를 범하는 것이다.

3) 수행승의 적대자들이 술취한 축생의 빤다까를 수행승의 앞으로 데리고 와서 그의 항문에 그의 성기를 들어가게 할 경우, 그러한 적용시에 동의하지 않아 즐거움을 느끼지 않고, 삽입시에 동의하지 않아 즐거움을 느끼지 않아도, 유지

시에 동의하여 즐거움을 느끼고, 인발시에 동의하여 즐거움을 느끼면, 승단추방죄를 범하는 것이다

4) 수행승의 적대자들이 술취한 축생의 빤다까를 수행승의 앞으로 데리고 와서 그의 항문에 그의 성기를 들어가게 할 경우, 그러한 적용시에 동의하지 않아 즐거움을 느끼지 않고, 삽입시에 동의하지 않아 즐거움을 느끼지 않고, 유지시에 동의하지 않아 즐거움을 느끼지 않아도, 인발시에 동의하여 즐거움을 느끼면, 승단추방죄를 범하는 것이다.

5) 수행승의 적대자들이 술취한 축생의 빤다까를 수행승의 앞으로 데리고 와서 그의 항문에 그의 성기를 들어가게 할 경우, 그러한 적용시에 동의하지 않아 즐거움을 느끼지 않고, 삽입시에 동의하지 않아 즐거움을 느끼지 않고, 유지시에 동의하지 않아 즐거움을 느끼지 않고, 인발시에도 동의하지 않아 즐거움을 느끼지 않으면, 무죄이다.

6) 수행승의 적대자들이 술취한 축생의 빤다까를 수행승의 앞으로 데리고 와서 그의 구강에 그의 성기를 들어가게 할 경우, 그러한 적용시에 동의하여 즐거움을 느끼고, 삽입시에 동의하여 즐거움을 느끼고, 유지시에 동의하여 즐거움을 느끼고, 인발시에 동의하여 즐거움을 느끼면, 승단추방죄를 범하는 것이다.

7) 수행승의 적대자들이 술취한 축생의 빤다까를 수행승의 앞으로 데리고 와서 그의 구강에 그의 성기를 들어가게 할 경우, 그러한 적용시에 동의하지 않아 즐거움을 느끼지 않아도, 삽입시에 동의하여 즐거움을 느끼고, 유지시에 동의하여 즐거움을 느끼고, 인발시에 동의하여 즐거움을 느끼면, 승단추방죄를 범하는 것이다.

8) 수행승의 적대자들이 술취한 축생의 빤다까를 수행승의 앞으로 데리고 와서 그의 구강에 그의 성기를 들어가게 할 경우, 그러한 적용시에 동의하지 않아 즐거움을 느끼지 않고, 삽입시에 동의하지 않아 즐거움을 느끼지 않아도, 유지시에 동의하여 즐거움을 느끼고, 인발시에 동의하여 즐거움을 느끼면, 승단추방죄를 범하는 것이다.

9) 수행승의 적대자들이 술취한 축생의 빤다까를 수행승의 앞으로 데리고 와서 그의 구강에 그의 성기를 들어가게 할 경우, 그러한 적용시에 동의하지 않아 즐거움을 느끼지 않고, 삽입시에 동의하지 않아 즐거움을 느끼지 않고, 유지시에 동의하지 않아 즐거움을 느끼지 않아도, 인발시에 동의하여 즐거움을 느끼면, 승단추방죄를 범하는 것이다.

10) 수행승의 적대자들이 술취한 축생의 빤다까를 수행승의 앞으로 데리고 와서 그의 구강에 그의 성기를 들어가게 할 경우, 그러한 적용시에 동의하지 않아 즐거움을 느끼지 않고, 삽입시에 동의하지 않아 즐거움을 느끼지 않고, 유지시에 동의하지 않아 즐거움을 느끼지 않고, 인발시에도 동의하지 않아 즐거움을 느끼지 않으면, 무죄이다.

9-11₅.

1) 수행승의 적대자들이 정신착란된 축생의 빤다까를 수행승의 앞으로 데리고 와서 그의 항문에 그의 성기를 들어가게 할 경우, 그러한 적용시에 동의하여 즐거움을 느끼고, 삽입시에 동의하여 즐거움을 느끼고, 유지시에 동의하여 즐거움을 느끼고, 인발시에 동의하여 즐거움을 느끼면, 승단추방죄를 범하는 것이다.
2) 수행승의 적대자들이 정신착란된 축생의 빤다까를 수행승의 앞으로 데리고 와서 그의 항문에 그의 성기를 들어가게 할 경우, 그러한 적용시에 동의하지 않아 즐거움을 느끼지 않아도, 삽입시에 동의하여 즐거움을 느끼고, 유지시에 동의하여 즐거움을 느끼고, 인발시에 동의하여 즐거움을 느끼면, 승단추방죄를 범하는 것이다.
3) 수행승의 적대자들이 정신착란된 축생의 빤다까를 수행승의 앞으로 데리고 와서 그의 항문에 그의 성기를 들어가게 할 경우, 그러한 적용시에 동의하지 않아 즐거움을 느끼지 않고, 삽입시에 동의하지 않아 즐거움을 느끼지 않아도, 유지시에 동의하여 즐거움을 느끼고, 인발시에 동의하여 즐거움을 느끼면, 승단추방죄를 범하는 것이다
4) 수행승의 적대자들이 정신착란된 축생의 빤다까를 수행승의 앞으로 데리고 와서 그의 항문에 그의 성기를 들어가게 할 경우, 그러한 적용시에 동의하지 않아 즐거움을 느끼지 않고, 삽입시에 동의하지 않아 즐거움을 느끼지 않고, 유지시에 동의하지 않아 즐거움을 느끼지 않아도, 인발시에 동의하여 즐거움을 느끼면, 승단추방죄를 범하는 것이다.
5) 수행승의 적대자들이 정신착란된 축생의 빤다까를 수행승의 앞으로 데리고 와서 그의 항문에 그의 성기를 들어가게 할 경우, 그러한 적용시에 동의하지 않아 즐거움을 느끼지 않고, 삽입시에 동의하지 않아 즐거움을 느끼지 않고, 유지시에 동의하지 않아 즐거움을 느끼지 않고, 인발시에도 동의하지 않아 즐거움을 느끼지 않으면, 무죄이다.

6) 수행승의 적대자들이 정신착란된 축생의 빤다까를 수행승의 앞으로 데리고 와서 그의 구강에 그의 성기를 들어가게 할 경우, 그러한 적용시에 동의하여 즐거움을 느끼고, 삽입시에 동의하여 즐거움을 느끼고, 유지시에 동의하여 즐거움을 느끼고, 인발시에 동의하여 즐거움을 느끼면, 승단추방죄를 범하는 것이다.
7) 수행승의 적대자들이 정신착란된 축생의 빤다까를 수행승의 앞으로 데리고 와서 그의 구강에 그의 성기를 들어가게 할 경우, 그러한 적용시에 동의하지 않아 즐거움을 느끼지 않아도, 삽입시에 동의하여 즐거움을 느끼고, 유지시에 동의하여 즐거움을 느끼고, 인발시에 동의하여 즐거움을 느끼면, 승단추방죄를 범하는 것이다.
8) 수행승의 적대자들이 정신착란된 축생의 빤다까를 수행승의 앞으로 데리고 와서 그의 구강에 그의 성기를 들어가게 할 경우, 그러한 적용시에 동의하지 않아 즐거움을 느끼지 않고, 삽입시에 동의하지 않아 즐거움을 느끼지 않아도, 유지시에 동의하여 즐거움을 느끼고, 인발시에 동의하여 즐거움을 느끼면, 승단추방죄를 범하는 것이다.
9) 수행승의 적대자들이 정신착란된 축생의 빤다까를 수행승의 앞으로 데리고 와서 그의 구강에 그의 성기를 들어가게 할 경우, 그러한 적용시에 동의하지 않아 즐거움을 느끼지 않고, 삽입시에 동의하지 않아 즐거움을 느끼지 않고, 유지시에 동의하지 않아 즐거움을 느끼지 않아도, 인발시에 동의하여 즐거움을 느끼면, 승단추방죄를 범하는 것이다.
10) 수행승의 적대자들이 정신착란된 축생의 빤다까를 수행승의 앞으로 데리고 와서 그의 구강에 그의 성기를 들어가게 할 경우, 그러한 적용시에 동의하지 않아 즐거움을 느끼지 않고, 삽입시에 동의하지 않아 즐거움을 느끼지 않고, 유지시에 동의하지 않아 즐거움을 느끼지 않고, 인발시에도 동의하지 않아 즐거움을 느끼지 않으면, 무죄이다.

9-11₆.

1) 수행승의 적대자들이 방일한 축생의 빤다까를 수행승의 앞으로 데리고 와서 그의 항문에 그의 성기를 들어가게 할 경우, 그러한 적용시에 동의하여 즐거움을 느끼고, 삽입시에 동의하여 즐거움을 느끼고, 유지시에 동의하여 즐거움을 느끼고, 인발시에 동의하여 즐거움을 느끼면, 승단추방죄를 범하는 것이다.
2) 수행승의 적대자들이 방일한 축생의 빤다까를 수행승의 앞으로 데리고 와서

그의 항문에 그의 성기를 들어가게 할 경우, 그러한 적용시에 동의하지 않아 즐거움을 느끼지 않아도, 삽입시에 동의하여 즐거움을 느끼고, 유지시에 동의하여 즐거움을 느끼고, 인발시에 동의하여 즐거움을 느끼면, 승단추방죄를 범하는 것이다.

3) 수행승의 적대자들이 방일한 축생의 빤다까를 수행승의 앞으로 데리고 와서 그의 항문에 그의 성기를 들어가게 할 경우, 그러한 적용시에 동의하지 않아 즐거움을 느끼지 않고, 삽입시에 동의하지 않아 즐거움을 느끼지 않아도, 유지시에 동의하여 즐거움을 느끼고, 인발시에 동의하여 즐거움을 느끼면, 승단추방죄를 범하는 것이다

4) 수행승의 적대자들이 방일한 축생의 빤다까를 수행승의 앞으로 데리고 와서 그의 항문에 그의 성기를 들어가게 할 경우, 그러한 적용시에 동의하지 않아 즐거움을 느끼지 않고, 삽입시에 동의하지 않아 즐거움을 느끼지 않고, 유지시에 동의하지 않아 즐거움을 느끼지 않아도, 인발시에 동의하여 즐거움을 느끼면, 승단추방죄를 범하는 것이다.

5) 수행승의 적대자들이 방일한 축생의 빤다까를 수행승의 앞으로 데리고 와서 그의 항문에 그의 성기를 들어가게 할 경우, 그러한 적용시에 동의하지 않아 즐거움을 느끼지 않고, 삽입시에 동의하지 않아 즐거움을 느끼지 않고, 유지시에 동의하지 않아 즐거움을 느끼지 않고, 인발시에도 동의하지 않아 즐거움을 느끼지 않으면, 무죄이다.

6) 수행승의 적대자들이 방일한 축생의 빤다까를 수행승의 앞으로 데리고 와서 그의 구강에 그의 성기를 들어가게 할 경우, 그러한 적용시에 동의하여 즐거움을 느끼고, 삽입시에 동의하여 즐거움을 느끼고, 유지시에 동의하여 즐거움을 느끼고, 인발시에 동의하여 즐거움을 느끼면, 승단추방죄를 범하는 것이다.

7) 수행승의 적대자들이 방일한 축생의 빤다까를 수행승의 앞으로 데리고 와서 그의 구강에 그의 성기를 들어가게 할 경우, 그러한 적용시에 동의하지 않아 즐거움을 느끼지 않아도, 삽입시에 동의하여 즐거움을 느끼고, 유지시에 동의하여 즐거움을 느끼고, 인발시에 동의하여 즐거움을 느끼면, 승단추방죄를 범하는 것이다.

8) 수행승의 적대자들이 방일한 축생의 빤다까를 수행승의 앞으로 데리고 와서 그의 구강에 그의 성기를 들어가게 할 경우, 그러한 적용시에 동의하지 않아 즐거움을 느끼지 않고, 삽입시에 동의하지 않아 즐거움을 느끼지 않아도, 유지

시에 동의하여 즐거움을 느끼고, 인발시에 동의하여 즐거움을 느끼면, 승단추방죄를 범하는 것이다.

9) 수행승의 적대자들이 방일한 축생의 빤다까를 수행승의 앞으로 데리고 와서 그의 구강에 그의 성기를 들어가게 할 경우, 그러한 적용시에 동의하지 않아 즐거움을 느끼지 않고, 삽입시에 동의하지 않아 즐거움을 느끼지 않고, 유지시에 동의하지 않아 즐거움을 느끼지 않아도, 인발시에 동의하여 즐거움을 느끼면, 승단추방죄를 범하는 것이다.

10) 수행승의 적대자들이 방일한 축생의 빤다까를 수행승의 앞으로 데리고 와서 그의 구강에 그의 성기를 들어가게 할 경우, 그러한 적용시에 동의하지 않아 즐거움을 느끼지 않고, 삽입시에 동의하지 않아 즐거움을 느끼지 않고, 유지시에 동의하지 않아 즐거움을 느끼지 않고, 인발시에도 동의하지 않아 즐거움을 느끼지 않으면, 무죄이다.

9-11ㄱ.

1) 수행승의 적대자들이, 죽었지만 아직 파괴되지 않은 축생의 빤다까를 수행승의 앞으로 데리고 와서 그의 항문에 그의 성기를 들어가게 할 경우, 그러한 적용시에 동의하여 즐거움을 느끼고, 삽입시에 동의하여 즐거움을 느끼고, 유지시에 동의하여 즐거움을 느끼고, 인발시에 동의하여 즐거움을 느끼면, 승단추방죄를 범하는 것이다.

2) 수행승의 적대자들이, 죽었지만 아직 파괴되지 않은 축생의 빤다까를 수행승의 앞으로 데리고 와서 그의 항문에 그의 성기를 들어가게 할 경우, 그러한 적용시에 동의하지 않아 즐거움을 느끼지 않아도, 삽입시에 동의하여 즐거움을 느끼고, 유지시에 동의하여 즐거움을 느끼고, 인발시에 동의하여 즐거움을 느끼면, 승단추방죄를 범하는 것이다.

3) 수행승의 적대자들이, 죽었지만 아직 파괴되지 않은 축생의 빤다까를 수행승의 앞으로 데리고 와서 그의 항문에 그의 성기를 들어가게 할 경우, 그러한 적용시에 동의하지 않아 즐거움을 느끼지 않고, 삽입시에 동의하지 않아 즐거움을 느끼지 않아도, 유지시에 동의하여 즐거움을 느끼고, 인발시에 동의하여 즐거움을 느끼면, 승단추방죄를 범하는 것이다

4) 수행승의 적대자들이, 죽었지만 아직 파괴되지 않은 축생의 빤다까를 수행승의 앞으로 데리고 와서 그의 항문에 그의 성기를 들어가게 할 경우, 그러한 적용시에 동의하지 않아 즐거움을 느끼지 않고, 삽입시에 동의하지 않아 즐거

움을 느끼지 않고, 유지시에 동의하지 않아 즐거움을 느끼지 않아도, 인발시에 동의하여 즐거움을 느끼면, 승단추방죄를 범하는 것이다.

5) 수행승의 적대자들이, 죽었지만 아직 파괴되지 않은 축생의 빤다까를 수행승의 앞으로 데리고 와서 그의 항문에 그의 성기를 들어가게 할 경우, 그러한 적용시에 동의하지 않아 즐거움을 느끼지 않고, 삽입시에 동의하지 않아 즐거움을 느끼지 않고, 유지시에 동의하지 않아 즐거움을 느끼지 않고, 인발시에도 동의하지 않아 즐거움을 느끼지 않으면, 무죄이다.

6) 수행승의 적대자들이, 죽었지만 아직 파괴되지 않은 축생의 빤다까를 수행승의 앞으로 데리고 와서 그의 구강에 그의 성기를 들어가게 할 경우, 그러한 적용시에 동의하여 즐거움을 느끼고, 삽입시에 동의하여 즐거움을 느끼고, 유지시에 동의하여 즐거움을 느끼고, 인발시에 동의하여 즐거움을 느끼면, 승단추방죄를 범하는 것이다.

7) 수행승의 적대자들이, 죽었지만 아직 파괴되지 않은 축생의 빤다까를 수행승의 앞으로 데리고 와서 그의 구강에 그의 성기를 들어가게 할 경우, 그러한 적용시에 동의하지 않아 즐거움을 느끼지 않아도, 삽입시에 동의하여 즐거움을 느끼고, 유지시에 동의하여 즐거움을 느끼고, 인발시에 동의하여 즐거움을 느끼면, 승단추방죄를 범하는 것이다.

8) 수행승의 적대자들이, 죽었지만 아직 파괴되지 않은 축생의 빤다까를 수행승의 앞으로 데리고 와서 그의 구강에 그의 성기를 들어가게 할 경우, 그러한 적용시에 동의하지 않아 즐거움을 느끼지 않고, 삽입시에 동의하지 않아 즐거움을 느끼지 않아도, 유지시에 동의하여 즐거움을 느끼고, 인발시에 동의하여 즐거움을 느끼면, 승단추방죄를 범하는 것이다.

9) 수행승의 적대자들이, 죽었지만 아직 파괴되지 않은 축생의 빤다까를 수행승의 앞으로 데리고 와서 그의 구강에 그의 성기를 들어가게 할 경우, 그러한 적용시에 동의하지 않아 즐거움을 느끼지 않고, 삽입시에 동의하지 않아 즐거움을 느끼지 않고, 유지시에 동의하지 않아 즐거움을 느끼지 않아도, 인발시에 동의하여 즐거움을 느끼면, 승단추방죄를 범하는 것이다.

10) 수행승의 적대자들이, 죽었지만 아직 파괴되지 않은 축생의 빤다까를 수행승의 앞으로 데리고 와서 그의 구강에 그의 성기를 들어가게 할 경우, 그러한 적용시에 동의하지 않아 즐거움을 느끼지 않고, 삽입시에 동의하지 않아 즐거움을 느끼지 않고, 유지시에 동의하지 않아 즐거움을 느끼지 않고, 인발시에도

동의하지 않아 즐거움을 느끼지 않으면, 무죄이다.

9-11₈.

1) 수행승의 적대자들이, 죽었지만 대체로 파괴되지 않은 축생의 빤다까를 수행승의 앞으로 데리고 와서 그의 항문에 그의 성기를 들어가게 할 경우, 그러한 적용시에 동의하여 즐거움을 느끼고, 삽입시에 동의하여 즐거움을 느끼고, 유지시에 동의하여 즐거움을 느끼고, 인발시에 동의하여 즐거움을 느끼면, 승단추방죄를 범하는 것이다.
2) 수행승의 적대자들이, 죽었지만 대체로 파괴되지 않은 축생의 빤다까를 수행승의 앞으로 데리고 와서 그의 항문에 그의 성기를 들어가게 할 경우, 그러한 적용시에 동의하지 않아 즐거움을 느끼지 않아도, 삽입시에 동의하여 즐거움을 느끼고, 유지시에 동의하여 즐거움을 느끼고, 인발시에 동의하여 즐거움을 느끼면, 승단추방죄를 범하는 것이다.
3) 수행승의 적대자들이, 죽었지만 대체로 파괴되지 않은 축생의 빤다까를 수행승의 앞으로 데리고 와서 그의 항문에 그의 성기를 들어가게 할 경우, 그러한 적용시에 동의하지 않아 즐거움을 느끼지 않고, 삽입시에 동의하지 않아 즐거움을 느끼지 않아도, 유지시에 동의하여 즐거움을 느끼고, 인발시에 동의하여 즐거움을 느끼면, 승단추방죄를 범하는 것이다
4) 수행승의 적대자들이, 죽었지만 대체로 파괴되지 않은 축생의 빤다까를 수행승의 앞으로 데리고 와서 그의 항문에 그의 성기를 들어가게 할 경우, 그러한 적용시에 동의하지 않아 즐거움을 느끼지 않고, 삽입시에 동의하지 않아 즐거움을 느끼지 않고, 유지시에 동의하지 않아 즐거움을 느끼지 않아도, 인발시에 동의하여 즐거움을 느끼면, 승단추방죄를 범하는 것이다.
5) 수행승의 적대자들이, 죽었지만 대체로 파괴되지 않은 축생의 빤다까를 수행승의 앞으로 데리고 와서 그의 항문에 그의 성기를 들어가게 할 경우, 그러한 적용시에 동의하지 않아 즐거움을 느끼지 않고, 삽입시에 동의하지 않아 즐거움을 느끼지 않고, 유지시에 동의하지 않아 즐거움을 느끼지 않고, 인발시에도 동의하지 않아 즐거움을 느끼지 않으면, 무죄이다.
6) 수행승의 적대자들이, 죽었지만 대체로 파괴되지 않은 축생의 빤다까를 수행승의 앞으로 데리고 와서 그의 구강에 그의 성기를 들어가게 할 경우, 그러한 적용시에 동의하여 즐거움을 느끼고, 삽입시에 동의하여 즐거움을 느끼고, 유지시에 동의하여 즐거움을 느끼고, 인발시에 동의하여 즐거움을 느끼면,

승단추방죄를 범하는 것이다.

7) 수행승의 적대자들이, 죽었지만 대체로 파괴되지 않은 축생의 빤다까를 수행승의 앞으로 데리고 와서 그의 구강에 그의 성기를 들어가게 할 경우, 그러한 적용시에 동의하지 않아 즐거움을 느끼지 않아도, 삽입시에 동의하여 즐거움을 느끼고, 유지시에 동의하여 즐거움을 느끼고, 인발시에 동의하여 즐거움을 느끼면, 승단추방죄를 범하는 것이다.

8) 수행승의 적대자들이, 죽었지만 대체로 파괴되지 않은 축생의 빤다까를 수행승의 앞으로 데리고 와서 그의 구강에 그의 성기를 들어가게 할 경우, 그러한 적용시에 동의하지 않아 즐거움을 느끼지 않고, 삽입시에 동의하지 않아 즐거움을 느끼지 않아도, 유지시에 동의하여 즐거움을 느끼고, 인발시에 동의하여 즐거움을 느끼면, 승단추방죄를 범하는 것이다.

9) 수행승의 적대자들이, 죽었지만 대체로 파괴되지 않은 축생의 빤다까를 수행승의 앞으로 데리고 와서 그의 구강에 그의 성기를 들어가게 할 경우, 그러한 적용시에 동의하지 않아 즐거움을 느끼지 않고, 삽입시에 동의하지 않아 즐거움을 느끼지 않고, 유지시에 동의하지 않아 즐거움을 느끼지 않아도, 인발시에 동의하여 즐거움을 느끼면, 승단추방죄를 범하는 것이다.

10) 수행승의 적대자들이, 죽었지만 대체로 파괴되지 않은 축생의 빤다까를 수행승의 앞으로 데리고 와서 그의 구강에 그의 성기를 들어가게 할 경우, 그러한 적용시에 동의하지 않아 즐거움을 느끼지 않고, 삽입시에 동의하지 않아 즐거움을 느끼지 않고, 유지시에 동의하지 않아 즐거움을 느끼지 않고, 인발시에도 동의하지 않아 즐거움을 느끼지 않으면, 무죄이다.

9-11$_{9}$.

1) 수행승의 적대자들이, 죽어서 거의 파괴된 축생의 빤다까를 수행승의 앞으로 데리고 와서 그의 항문에 그의 성기를 들어가게 할 경우, 그러한 적용시에 동의하여 즐거움을 느끼고, 삽입시에 동의하여 즐거움을 느끼고, 유지시에 동의하여 즐거움을 느끼고, 인발시에 동의하여 즐거움을 느끼면, 추악죄를 범하는 것이다.

2) 수행승의 적대자들이, 죽어서 거의 파괴된 축생의 빤다까를 수행승의 앞으로 데리고 와서 그의 항문에 그의 성기를 들어가게 할 경우, 그러한 적용시에 동의하지 않아 즐거움을 느끼지 않아도, 삽입시에 동의하여 즐거움을 느끼고, 유지시에 동의하여 즐거움을 느끼고, 인발시에 동의하여 즐거움을 느끼면,

추악죄를 범하는 것이다.

3) 수행승의 적대자들이, 죽어서 거의 파괴된 축생의 빤다까를 수행승의 앞으로 데리고 와서 그의 항문에 그의 성기를 들어가게 할 경우, 그러한 적용시에 동의하지 않아 즐거움을 느끼지 않고, 삽입시에 동의하지 않아 즐거움을 느끼지 않아도, 유지시에 동의하여 즐거움을 느끼고, 인발시에 동의하여 즐거움을 느끼면, 추악죄를 범하는 것이다

4) 수행승의 적대자들이, 죽어서 거의 파괴된 축생의 빤다까를 수행승의 앞으로 데리고 와서 그의 항문에 그의 성기를 들어가게 할 경우, 그러한 적용시에 동의하지 않아 즐거움을 느끼지 않고, 삽입시에 동의하지 않아 즐거움을 느끼지 않고, 유지시에 동의하지 않아 즐거움을 느끼지 않아도, 인발시에 동의하여 즐거움을 느끼면, 추악죄를 범하는 것이다.

5) 수행승의 적대자들이, 죽어서 거의 파괴된 축생의 빤다까를 수행승의 앞으로 데리고 와서 그의 항문에 그의 성기를 들어가게 할 경우, 그러한 적용시에 동의하지 않아 즐거움을 느끼지 않고, 삽입시에 동의하지 않아 즐거움을 느끼지 않고, 유지시에 동의하지 않아 즐거움을 느끼지 않고, 인발시에도 동의하지 않아 즐거움을 느끼지 않으면, 무죄이다.

6) 수행승의 적대자들이, 죽어서 거의 파괴된 축생의 빤다까를 수행승의 앞으로 데리고 와서 그의 구강에 그의 성기를 들어가게 할 경우, 그러한 적용시에 동의하여 즐거움을 느끼고, 삽입시에 동의하여 즐거움을 느끼고, 유지시에 동의하여 즐거움을 느끼고, 인발시에 동의하여 즐거움을 느끼면, 추악죄를 범하는 것이다.

7) 수행승의 적대자들이, 죽어서 거의 파괴된 축생의 빤다까를 수행승의 앞으로 데리고 와서 그의 구강에 그의 성기를 들어가게 할 경우, 그러한 적용시에 동의하지 않아 즐거움을 느끼지 않아도, 삽입시에 동의하여 즐거움을 느끼고, 유지시에 동의하여 즐거움을 느끼고, 인발시에 동의하여 즐거움을 느끼면, 추악죄를 범하는 것이다.

8) 수행승의 적대자들이, 죽어서 거의 파괴된 축생의 빤다까를 수행승의 앞으로 데리고 와서 그의 구강에 그의 성기를 들어가게 할 경우, 그러한 적용시에 동의하지 않아 즐거움을 느끼지 않고, 삽입시에 동의하지 않아 즐거움을 느끼지 않아도, 유지시에 동의하여 즐거움을 느끼고, 인발시에 동의하여 즐거움을 느끼면, 추악죄를 범하는 것이다.

9) 수행승의 적대자들이, 죽어서 거의 파괴된 축생의 빤다까를 수행승의 앞으로 데리고 와서 그의 구강에 그의 성기를 들어가게 할 경우, 그러한 적용시에 동의하지 않아 즐거움을 느끼지 않고, 삽입시에 동의하지 않아 즐거움을 느끼지 않고, 유지시에 동의하지 않아 즐거움을 느끼지 않아도, 인발시에 동의하여 즐거움을 느끼면, 추악죄를 범하는 것이다.

10) 수행승의 적대자들이, 죽어서 거의 파괴된 축생의 빤다까를 수행승의 앞으로 데리고 와서 그의 구강에 그의 성기를 들어가게 할 경우, 그러한 적용시에 동의하지 않아 즐거움을 느끼지 않고, 삽입시에 동의하지 않아 즐거움을 느끼지 않고, 유지시에 동의하지 않아 즐거움을 느끼지 않고, 인발시에도 동의하지 않아 즐거움을 느끼지 않으면, 무죄이다.

9-12/.

1) 수행승의 적대자들이 인간의 남성을 수행승의 앞으로 데리고 와서 그의 항문에 그의 성기를 들어가게 할 경우, 그러한 적용시에 동의하여 즐거움을 느끼고, 삽입시에 동의하여 즐거움을 느끼고, 유지시에 동의하여 즐거움을 느끼고, 인발시에 동의하여 즐거움을 느끼면, 승단추방죄를 범하는 것이다.

2) 수행승의 적대자들이 인간의 남성을 수행승의 앞으로 데리고 와서 그의 항문에 그의 성기를 들어가게 할 경우, 그러한 적용시에 동의하지 않아 즐거움을 느끼지 않아도, 삽입시에 동의하여 즐거움을 느끼고, 유지시에 동의하여 즐거움을 느끼고, 인발시에 동의하여 즐거움을 느끼면, 승단추방죄를 범하는 것이다.

3) 수행승의 적대자들이 인간의 남성을 수행승의 앞으로 데리고 와서 그의 항문에 그의 성기를 들어가게 할 경우, 그러한 적용시에 동의하지 않아 즐거움을 느끼지 않고, 삽입시에 동의하지 않아 즐거움을 느끼지 않아도, 유지시에 동의하여 즐거움을 느끼고, 인발시에 동의하여 즐거움을 느끼면, 승단추방죄를 범하는 것이다

4) 수행승의 적대자들이 인간의 남성을 수행승의 앞으로 데리고 와서 그의 항문에 그의 성기를 들어가게 할 경우, 그러한 적용시에 동의하지 않아 즐거움을 느끼지 않고, 삽입시에 동의하지 않아 즐거움을 느끼지 않고, 유지시에 동의하지 않아 즐거움을 느끼지 않아도, 인발시에 동의하여 즐거움을 느끼면, 승단추방죄를 범하는 것이다.

5) 수행승의 적대자들이 인간의 남성을 수행승의 앞으로 데리고 와서 그의 항문에 그의 성기를 들어가게 할 경우, 그러한 적용시에 동의하지 않아 즐거움을 느끼

지 않고, 삽입시에 동의하지 않아 즐거움을 느끼지 않고, 유지시에 동의하지 않아 즐거움을 느끼지 않고, 인발시에도 동의하지 않아 즐거움을 느끼지 않으면, 무죄이다.

6) 수행승의 적대자들이 인간의 남성을 수행승의 앞으로 데리고 와서 그의 구강에 그의 성기를 들어가게 할 경우, 그러한 적용시에 동의하여 즐거움을 느끼고, 삽입시에 동의하여 즐거움을 느끼고, 유지시에 동의하여 즐거움을 느끼고, 인발시에 동의하여 즐거움을 느끼면, 승단추방죄를 범하는 것이다.

7) 수행승의 적대자들이 인간의 남성을 수행승의 앞으로 데리고 와서 그의 구강에 그의 성기를 들어가게 할 경우, 그러한 적용시에 동의하지 않아 즐거움을 느끼지 않아도, 삽입시에 동의하여 즐거움을 느끼고, 유지시에 동의하여 즐거움을 느끼고, 인발시에 동의하여 즐거움을 느끼면, 승단추방죄를 범하는 것이다.

8) 수행승의 적대자들이 인간의 남성을 수행승의 앞으로 데리고 와서 그의 구강에 그의 성기를 들어가게 할 경우, 그러한 적용시에 동의하지 않아 즐거움을 느끼지 않고, 삽입시에 동의하지 않아 즐거움을 느끼지 않아도, 유지시에 동의하여 즐거움을 느끼고, 인발시에 동의하여 즐거움을 느끼면, 승단추방죄를 범하는 것이다.

9) 수행승의 적대자들이 인간의 남성을 수행승의 앞으로 데리고 와서 그의 구강에 그의 성기를 들어가게 할 경우, 그러한 적용시에 동의하지 않아 즐거움을 느끼지 않고, 삽입시에 동의하지 않아 즐거움을 느끼지 않고, 유지시에 동의하지 않아 즐거움을 느끼지 않아도, 인발시에 동의하여 즐거움을 느끼면, 승단추방죄를 범하는 것이다.

10) 수행승의 적대자들이 인간의 남성을 수행승의 앞으로 데리고 와서 그의 구강에 그의 성기를 들어가게 할 경우, 그러한 적용시에 동의하지 않아 즐거움을 느끼지 않고, 삽입시에 동의하지 않아 즐거움을 느끼지 않고, 유지시에 동의하지 않아 즐거움을 느끼지 않고, 인발시에도 동의하지 않아 즐거움을 느끼지 않으면, 무죄이다.

9-12₂.

1) 수행승의 적대자들이 깨어있는 인간의 남성을 수행승의 앞으로 데리고 와서 그의 항문에 그의 성기를 들어가게 할 경우, 그러한 적용시에 동의하여 즐거움을 느끼고, 삽입시에 동의하여 즐거움을 느끼고, 유지시에 동의하여 즐거움을 느끼고, 인발시에 동의하여 즐거움을 느끼면, 승단추방죄를 범하는 것이다.

2) 수행승의 적대자들이 깨어있는 인간의 남성을 수행승의 앞으로 데리고 와서 그의 항문에 그의 성기를 들어가게 할 경우, 그러한 적용시에 동의하지 않아 즐거움을 느끼지 않아도, 삽입시에 동의하여 즐거움을 느끼고, 유지시에 동의하여 즐거움을 느끼고, 인발시에 동의하여 즐거움을 느끼면, 승단추방죄를 범하는 것이다.
3) 수행승의 적대자들이 깨어있는 인간의 남성을 수행승의 앞으로 데리고 와서 그의 항문에 그의 성기를 들어가게 할 경우, 그러한 적용시에 동의하지 않아 즐거움을 느끼지 않고, 삽입시에 동의하지 않아 즐거움을 느끼지 않아도, 유지시에 동의하여 즐거움을 느끼고, 인발시에 동의하여 즐거움을 느끼면, 승단추방죄를 범하는 것이다
4) 수행승의 적대자들이 깨어있는 인간의 남성을 수행승의 앞으로 데리고 와서 그의 항문에 그의 성기를 들어가게 할 경우, 그러한 적용시에 동의하지 않아 즐거움을 느끼지 않고, 삽입시에 동의하지 않아 즐거움을 느끼지 않고, 유지시에 동의하지 않아 즐거움을 느끼지 않아도, 인발시에 동의하여 즐거움을 느끼면, 승단추방죄를 범하는 것이다.
5) 수행승의 적대자들이 깨어있는 인간의 남성을 수행승의 앞으로 데리고 와서 그의 항문에 그의 성기를 들어가게 할 경우, 그러한 적용시에 동의하지 않아 즐거움을 느끼지 않고, 삽입시에 동의하지 않아 즐거움을 느끼지 않고, 유지시에 동의하지 않아 즐거움을 느끼지 않고, 인발시에도 동의하지 않아 즐거움을 느끼지 않으면, 무죄이다.
6) 수행승의 적대자들이 깨어있는 인간의 남성을 수행승의 앞으로 데리고 와서 그의 구강에 그의 성기를 들어가게 할 경우, 그러한 적용시에 동의하여 즐거움을 느끼고, 삽입시에 동의하여 즐거움을 느끼고, 유지시에 동의하여 즐거움을 느끼고, 인발시에 동의하여 즐거움을 느끼면, 승단추방죄를 범하는 것이다.
7) 수행승의 적대자들이 깨어있는 인간의 남성을 수행승의 앞으로 데리고 와서 그의 구강에 그의 성기를 들어가게 할 경우, 그러한 적용시에 동의하지 않아 즐거움을 느끼지 않아도, 삽입시에 동의하여 즐거움을 느끼고, 유지시에 동의하여 즐거움을 느끼고, 인발시에 동의하여 즐거움을 느끼면, 승단추방죄를 범하는 것이다.
8) 수행승의 적대자들이 깨어있는 인간의 남성을 수행승의 앞으로 데리고 와서 그의 구강에 그의 성기를 들어가게 할 경우, 그러한 적용시에 동의하지 않아

즐거움을 느끼지 않고, 삽입시에 동의하지 않아 즐거움을 느끼지 않아도, 유지시에 동의하여 즐거움을 느끼고, 인발시에 동의하여 즐거움을 느끼면, 승단추방죄를 범하는 것이다.

9) 수행승의 적대자들이 깨어있는 인간의 남성을 수행승의 앞으로 데리고 와서 그의 구강에 그의 성기를 들어가게 할 경우, 그러한 적용시에 동의하지 않아 즐거움을 느끼지 않고, 삽입시에 동의하지 않아 즐거움을 느끼지 않고, 유지시에 동의하지 않아 즐거움을 느끼지 않아도, 인발시에 동의하여 즐거움을 느끼면, 승단추방죄를 범하는 것이다.

10) 수행승의 적대자들이 깨어있는 인간의 남성을 수행승의 앞으로 데리고 와서 그의 구강에 그의 성기를 들어가게 할 경우, 그러한 적용시에 동의하지 않아 즐거움을 느끼지 않고, 삽입시에 동의하지 않아 즐거움을 느끼지 않고, 유지시에 동의하지 않아 즐거움을 느끼지 않고, 인발시에도 동의하지 않아 즐거움을 느끼지 않으면, 무죄이다.

9-12₃.

1) 수행승의 적대자들이 잠든 인간의 남성을 수행승의 앞으로 데리고 와서 그의 항문에 그의 성기를 들어가게 할 경우, 그러한 적용시에 동의하여 즐거움을 느끼고, 삽입시에 동의하여 즐거움을 느끼고, 유지시에 동의하여 즐거움을 느끼고, 인발시에 동의하여 즐거움을 느끼면, 승단추방죄를 범하는 것이다.

2) 수행승의 적대자들이 잠든 인간의 남성을 수행승의 앞으로 데리고 와서 그의 항문에 그의 성기를 들어가게 할 경우, 그러한 적용시에 동의하지 않아 즐거움을 느끼지 않아도, 삽입시에 동의하여 즐거움을 느끼고, 유지시에 동의하여 즐거움을 느끼고, 인발시에 동의하여 즐거움을 느끼면, 승단추방죄를 범하는 것이다.

3) 수행승의 적대자들이 잠든 인간의 남성을 수행승의 앞으로 데리고 와서 그의 항문에 그의 성기를 들어가게 할 경우, 그러한 적용시에 동의하지 않아 즐거움을 느끼지 않고, 삽입시에 동의하지 않아 즐거움을 느끼지 않아도, 유지시에 동의하여 즐거움을 느끼고, 인발시에 동의하여 즐거움을 느끼면, 승단추방죄를 범하는 것이다

4) 수행승의 적대자들이 잠든 인간의 남성을 수행승의 앞으로 데리고 와서 그의 항문에 그의 성기를 들어가게 할 경우, 그러한 적용시에 동의하지 않아 즐거움을 느끼지 않고, 삽입시에 동의하지 않아 즐거움을 느끼지 않고, 유지시에

동의하지 않아 즐거움을 느끼지 않아도, 인발시에 동의하여 즐거움을 느끼면, 승단추방죄를 범하는 것이다.

5) 수행승의 적대자들이 잠든 인간의 남성을 수행승의 앞으로 데리고 와서 그의 항문에 그의 성기를 들어가게 할 경우, 그러한 적용시에 동의하지 않아 즐거움을 느끼지 않고, 삽입시에 동의하지 않아 즐거움을 느끼지 않고, 유지시에 동의하지 않아 즐거움을 느끼지 않고, 인발시에도 동의하지 않아 즐거움을 느끼지 않으면, 무죄이다.

6) 수행승의 적대자들이 잠든 인간의 남성을 수행승의 앞으로 데리고 와서 그의 구강에 그의 성기를 들어가게 할 경우, 그러한 적용시에 동의하여 즐거움을 느끼고, 삽입시에 동의하여 즐거움을 느끼고, 유지시에 동의하여 즐거움을 느끼고, 인발시에 동의하여 즐거움을 느끼면, 승단추방죄를 범하는 것이다.

7) 수행승의 적대자들이 잠든 인간의 남성을 수행승의 앞으로 데리고 와서 그의 구강에 그의 성기를 들어가게 할 경우, 그러한 적용시에 동의하지 않아 즐거움을 느끼지 않아도, 삽입시에 동의하여 즐거움을 느끼고, 유지시에 동의하여 즐거움을 느끼고, 인발시에 동의하여 즐거움을 느끼면, 승단추방죄를 범하는 것이다.

8) 수행승의 적대자들이 잠든 인간의 남성을 수행승의 앞으로 데리고 와서 그의 구강에 그의 성기를 들어가게 할 경우, 그러한 적용시에 동의하지 않아 즐거움을 느끼지 않고, 삽입시에 동의하지 않아 즐거움을 느끼지 않아도, 유지시에 동의하여 즐거움을 느끼고, 인발시에 동의하여 즐거움을 느끼면, 승단추방죄를 범하는 것이다.

9) 수행승의 적대자들이 잠든 인간의 남성을 수행승의 앞으로 데리고 와서 그의 구강에 그의 성기를 들어가게 할 경우, 그러한 적용시에 동의하지 않아 즐거움을 느끼지 않고, 삽입시에 동의하지 않아 즐거움을 느끼지 않고, 유지시에 동의하지 않아 즐거움을 느끼지 않아도, 인발시에 동의하여 즐거움을 느끼면, 승단추방죄를 범하는 것이다.

10) 수행승의 적대자들이 잠든 인간의 남성을 수행승의 앞으로 데리고 와서 그의 구강에 그의 성기를 들어가게 할 경우, 그러한 적용시에 동의하지 않아 즐거움을 느끼지 않고, 삽입시에 동의하지 않아 즐거움을 느끼지 않고, 유지시에 동의하지 않아 즐거움을 느끼지 않고, 인발시에도 동의하지 않아 즐거움을 느끼지 않으면, 무죄이다.

9-12₄.

1) 수행승의 적대자들이 술취한 인간의 남성을 수행승의 앞으로 데리고 와서 그의 항문에 그의 성기를 들어가게 할 경우, 그러한 적용시에 동의하여 즐거움을 느끼고, 삽입시에 동의하여 즐거움을 느끼고, 유지시에 동의하여 즐거움을 느끼고, 인발시에 동의하여 즐거움을 느끼면, 승단추방죄를 범하는 것이다.

2) 수행승의 적대자들이 술취한 인간의 남성을 수행승의 앞으로 데리고 와서 그의 항문에 그의 성기를 들어가게 할 경우, 그러한 적용시에 동의하지 않아 즐거움을 느끼지 않아도, 삽입시에 동의하여 즐거움을 느끼고, 유지시에 동의하여 즐거움을 느끼고, 인발시에 동의하여 즐거움을 느끼면, 승단추방죄를 범하는 것이다.

3) 수행승의 적대자들이 술취한 인간의 남성을 수행승의 앞으로 데리고 와서 그의 항문에 그의 성기를 들어가게 할 경우, 그러한 적용시에 동의하지 않아 즐거움을 느끼지 않고, 삽입시에 동의하지 않아 즐거움을 느끼지 않아도, 유지시에 동의하여 즐거움을 느끼고, 인발시에 동의하여 즐거움을 느끼면, 승단추방죄를 범하는 것이다

4) 수행승의 적대자들이 술취한 인간의 남성을 수행승의 앞으로 데리고 와서 그의 항문에 그의 성기를 들어가게 할 경우, 그러한 적용시에 동의하지 않아 즐거움을 느끼지 않고, 삽입시에 동의하지 않아 즐거움을 느끼지 않고, 유지시에 동의하지 않아 즐거움을 느끼지 않아도, 인발시에 동의하여 즐거움을 느끼면, 승단추방죄를 범하는 것이다.

5) 수행승의 적대자들이 술취한 인간의 남성을 수행승의 앞으로 데리고 와서 그의 항문에 그의 성기를 들어가게 할 경우, 그러한 적용시에 동의하지 않아 즐거움을 느끼지 않고, 삽입시에 동의하지 않아 즐거움을 느끼지 않고, 유지시에 동의하지 않아 즐거움을 느끼지 않고, 인발시에도 동의하지 않아 즐거움을 느끼지 않으면, 무죄이다.

6) 수행승의 적대자들이 술취한 인간의 남성을 수행승의 앞으로 데리고 와서 그의 구강에 그의 성기를 들어가게 할 경우, 그러한 적용시에 동의하여 즐거움을 느끼고, 삽입시에 동의하여 즐거움을 느끼고, 유지시에 동의하여 즐거움을 느끼고, 인발시에 동의하여 즐거움을 느끼면, 승단추방죄를 범하는 것이다.

7) 수행승의 적대자들이 술취한 인간의 남성을 수행승의 앞으로 데리고 와서 그의 구강에 그의 성기를 들어가게 할 경우, 그러한 적용시에 동의하지 않아

즐거움을 느끼지 않아도, 삽입시에 동의하여 즐거움을 느끼고, 유지시에 동의하여 즐거움을 느끼고, 인발시에 동의하여 즐거움을 느끼면, 승단추방죄를 범하는 것이다.

8) 수행승의 적대자들이 술취한 인간의 남성을 수행승의 앞으로 데리고 와서 그의 구강에 그의 성기를 들어가게 할 경우, 그러한 적용시에 동의하지 않아 즐거움을 느끼지 않고, 삽입시에 동의하지 않아 즐거움을 느끼지 않아도, 유지시에 동의하여 즐거움을 느끼고, 인발시에 동의하여 즐거움을 느끼면, 승단추방죄를 범하는 것이다.

9) 수행승의 적대자들이 술취한 인간의 남성을 수행승의 앞으로 데리고 와서 그의 구강에 그의 성기를 들어가게 할 경우, 그러한 적용시에 동의하지 않아 즐거움을 느끼지 않고, 삽입시에 동의하지 않아 즐거움을 느끼지 않고, 유지시에 동의하지 않아 즐거움을 느끼지 않아도, 인발시에 동의하여 즐거움을 느끼면, 승단추방죄를 범하는 것이다.

10) 수행승의 적대자들이 술취한 인간의 남성을 수행승의 앞으로 데리고 와서 그의 구강에 그의 성기를 들어가게 할 경우, 그러한 적용시에 동의하지 않아 즐거움을 느끼지 않고, 삽입시에 동의하지 않아 즐거움을 느끼지 않고, 유지시에 동의하지 않아 즐거움을 느끼지 않고, 인발시에도 동의하지 않아 즐거움을 느끼지 않으면, 무죄이다.

9-12$_5$.

1) 수행승의 적대자들이 정신착란된 인간의 남성을 수행승의 앞으로 데리고 와서 그의 항문에 그의 성기를 들어가게 할 경우, 그러한 적용시에 동의하여 즐거움을 느끼고, 삽입시에 동의하여 즐거움을 느끼고, 유지시에 동의하여 즐거움을 느끼고, 인발시에 동의하여 즐거움을 느끼면, 승단추방죄를 범하는 것이다.

2) 수행승의 적대자들이 정신착란된 인간의 남성을 수행승의 앞으로 데리고 와서 그의 항문에 그의 성기를 들어가게 할 경우, 그러한 적용시에 동의하지 않아 즐거움을 느끼지 않아도, 삽입시에 동의하여 즐거움을 느끼고, 유지시에 동의하여 즐거움을 느끼고, 인발시에 동의하여 즐거움을 느끼면, 승단추방죄를 범하는 것이다.

3) 수행승의 적대자들이 정신착란된 인간의 남성을 수행승의 앞으로 데리고 와서 그의 항문에 그의 성기를 들어가게 할 경우, 그러한 적용시에 동의하지 않아 즐거움을 느끼지 않고, 삽입시에 동의하지 않아 즐거움을 느끼지 않아도, 유지

시에 동의하여 즐거움을 느끼고, 인발시에 동의하여 즐거움을 느끼면, 승단추방죄를 범하는 것이다

4) 수행승의 적대자들이 정신착란된 인간의 남성을 수행승의 앞으로 데리고 와서 그의 항문에 그의 성기를 들어가게 할 경우, 그러한 적용시에 동의하지 않아 즐거움을 느끼지 않고, 삽입시에 동의하지 않아 즐거움을 느끼지 않고, 유지시에 동의하지 않아 즐거움을 느끼지 않아도, 인발시에 동의하여 즐거움을 느끼면, 승단추방죄를 범하는 것이다.

5) 수행승의 적대자들이 정신착란된 인간의 남성을 수행승의 앞으로 데리고 와서 그의 항문에 그의 성기를 들어가게 할 경우, 그러한 적용시에 동의하지 않아 즐거움을 느끼지 않고, 삽입시에 동의하지 않아 즐거움을 느끼지 않고, 유지시에 동의하지 않아 즐거움을 느끼지 않고, 인발시에도 동의하지 않아 즐거움을 느끼지 않으면, 무죄이다.

6) 수행승의 적대자들이 정신착란된 인간의 남성을 수행승의 앞으로 데리고 와서 그의 구강에 그의 성기를 들어가게 할 경우, 그러한 적용시에 동의하여 즐거움을 느끼고, 삽입시에 동의하여 즐거움을 느끼고, 유지시에 동의하여 즐거움을 느끼고, 인발시에 동의하여 즐거움을 느끼면, 승단추방죄를 범하는 것이다.

7) 수행승의 적대자들이 정신착란된 인간의 남성을 수행승의 앞으로 데리고 와서 그의 구강에 그의 성기를 들어가게 할 경우, 그러한 적용시에 동의하지 않아 즐거움을 느끼지 않아도, 삽입시에 동의하여 즐거움을 느끼고, 유지시에 동의하여 즐거움을 느끼고, 인발시에 동의하여 즐거움을 느끼면, 승단추방죄를 범하는 것이다.

8) 수행승의 적대자들이 정신착란된 인간의 남성을 수행승의 앞으로 데리고 와서 그의 구강에 그의 성기를 들어가게 할 경우, 그러한 적용시에 동의하지 않아 즐거움을 느끼지 않고, 삽입시에 동의하지 않아 즐거움을 느끼지 않아도, 유지시에 동의하여 즐거움을 느끼고, 인발시에 동의하여 즐거움을 느끼면, 승단추방죄를 범하는 것이다.

9) 수행승의 적대자들이 정신착란된 인간의 남성을 수행승의 앞으로 데리고 와서 그의 구강에 그의 성기를 들어가게 할 경우, 그러한 적용시에 동의하지 않아 즐거움을 느끼지 않고, 삽입시에 동의하지 않아 즐거움을 느끼지 않고, 유지시에 동의하지 않아 즐거움을 느끼지 않아도, 인발시에 동의하여 즐거움을 느끼면, 승단추방죄를 범하는 것이다.

10) 수행승의 적대자들이 정신착란된 인간의 남성을 수행승의 앞으로 데리고 와서 그의 구강에 그의 성기를 들어가게 할 경우, 그러한 적용시에 동의하지 않아 즐거움을 느끼지 않고, 삽입시에 동의하지 않아 즐거움을 느끼지 않고, 유지시에 동의하지 않아 즐거움을 느끼지 않고, 인발시에도 동의하지 않아 즐거움을 느끼지 않으면, 무죄이다.

9-12₆.

1) 수행승의 적대자들이 방일한 인간의 남성을 수행승의 앞으로 데리고 와서 그의 항문에 그의 성기를 들어가게 할 경우, 그러한 적용시에 동의하여 즐거움을 느끼고, 삽입시에 동의하여 즐거움을 느끼고, 유지시에 동의하여 즐거움을 느끼고, 인발시에 동의하여 즐거움을 느끼면, 승단추방죄를 범하는 것이다.
2) 수행승의 적대자들이 방일한 인간의 남성을 수행승의 앞으로 데리고 와서 그의 항문에 그의 성기를 들어가게 할 경우, 그러한 적용시에 동의하지 않아 즐거움을 느끼지 않아도, 삽입시에 동의하여 즐거움을 느끼고, 유지시에 동의하여 즐거움을 느끼고, 인발시에 동의하여 즐거움을 느끼면, 승단추방죄를 범하는 것이다.
3) 수행승의 적대자들이 방일한 인간의 남성을 수행승의 앞으로 데리고 와서 그의 항문에 그의 성기를 들어가게 할 경우, 그러한 적용시에 동의하지 않아 즐거움을 느끼지 않고, 삽입시에 동의하지 않아 즐거움을 느끼지 않아도, 유지시에 동의하여 즐거움을 느끼고, 인발시에 동의하여 즐거움을 느끼면, 승단추방죄를 범하는 것이다
4) 수행승의 적대자들이 방일한 인간의 남성을 수행승의 앞으로 데리고 와서 그의 항문에 그의 성기를 들어가게 할 경우, 그러한 적용시에 동의하지 않아 즐거움을 느끼지 않고, 삽입시에 동의하지 않아 즐거움을 느끼지 않고, 유지시에 동의하지 않아 즐거움을 느끼지 않아도, 인발시에 동의하여 즐거움을 느끼면, 승단추방죄를 범하는 것이다.
5) 수행승의 적대자들이 방일한 인간의 남성을 수행승의 앞으로 데리고 와서 그의 항문에 그의 성기를 들어가게 할 경우, 그러한 적용시에 동의하지 않아 즐거움을 느끼지 않고, 삽입시에 동의하지 않아 즐거움을 느끼지 않고, 유지시에 동의하지 않아 즐거움을 느끼지 않고, 인발시에도 동의하지 않아 즐거움을 느끼지 않으면, 무죄이다.
6) 수행승의 적대자들이 방일한 인간의 남성을 수행승의 앞으로 데리고 와서

그의 구강에 그의 성기를 들어가게 할 경우, 그러한 적용시에 동의하여 즐거움을 느끼고, 삽입시에 동의하여 즐거움을 느끼고, 유지시에 동의하여 즐거움을 느끼고, 인발시에 동의하여 즐거움을 느끼면, 승단추방죄를 범하는 것이다.

7) 수행승의 적대자들이 방일한 인간의 남성을 수행승의 앞으로 데리고 와서 그의 구강에 그의 성기를 들어가게 할 경우, 그러한 적용시에 동의하지 않아 즐거움을 느끼지 않아도, 삽입시에 동의하여 즐거움을 느끼고, 유지시에 동의하여 즐거움을 느끼고, 인발시에 동의하여 즐거움을 느끼면, 승단추방죄를 범하는 것이다.

8) 수행승의 적대자들이 방일한 인간의 남성을 수행승의 앞으로 데리고 와서 그의 구강에 그의 성기를 들어가게 할 경우, 그러한 적용시에 동의하지 않아 즐거움을 느끼지 않고, 삽입시에 동의하지 않아 즐거움을 느끼지 않아도, 유지시에 동의하여 즐거움을 느끼고, 인발시에 동의하여 즐거움을 느끼면, 승단추방죄를 범하는 것이다.

9) 수행승의 적대자들이 방일한 인간의 남성을 수행승의 앞으로 데리고 와서 그의 구강에 그의 성기를 들어가게 할 경우, 그러한 적용시에 동의하지 않아 즐거움을 느끼지 않고, 삽입시에 동의하지 않아 즐거움을 느끼지 않고, 유지시에 동의하지 않아 즐거움을 느끼지 않아도, 인발시에 동의하여 즐거움을 느끼면, 승단추방죄를 범하는 것이다.

10) 수행승의 적대자들이 방일한 인간의 남성을 수행승의 앞으로 데리고 와서 그의 구강에 그의 성기를 들어가게 할 경우, 그러한 적용시에 동의하지 않아 즐거움을 느끼지 않고, 삽입시에 동의하지 않아 즐거움을 느끼지 않고, 유지시에 동의하지 않아 즐거움을 느끼지 않고, 인발시에도 동의하지 않아 즐거움을 느끼지 않으면, 무죄이다.

9-12.

1) 수행승의 적대자들이, 죽었지만 아직 파괴되지 않은 인간의 남성을 수행승의 앞으로 데리고 와서 그의 항문에 그의 성기를 들어가게 할 경우, 그러한 적용시에 동의하여 즐거움을 느끼고, 삽입시에 동의하여 즐거움을 느끼고, 유지시에 동의하여 즐거움을 느끼고, 인발시에 동의하여 즐거움을 느끼면, 승단추방죄를 범하는 것이다.

2) 수행승의 적대자들이, 죽었지만 아직 파괴되지 않은 인간의 남성을 수행승의 앞으로 데리고 와서 그의 항문에 그의 성기를 들어가게 할 경우, 그러한 적용시

에 동의하지 않아 즐거움을 느끼지 않아도, 삽입시에 동의하여 즐거움을 느끼고, 유지시에 동의하여 즐거움을 느끼고, 인발시에 동의하여 즐거움을 느끼면, 승단추방죄를 범하는 것이다.

3) 수행승의 적대자들이, 죽었지만 아직 파괴되지 않은 인간의 남성을 수행승의 앞으로 데리고 와서 그의 항문에 그의 성기를 들어가게 할 경우, 그러한 적용시에 동의하지 않아 즐거움을 느끼지 않고, 삽입시에 동의하지 않아 즐거움을 느끼지 않아도, 유지시에 동의하여 즐거움을 느끼고, 인발시에 동의하여 즐거움을 느끼면, 승단추방죄를 범하는 것이다

4) 수행승의 적대자들이, 죽었지만 아직 파괴되지 않은 인간의 남성을 수행승의 앞으로 데리고 와서 그의 항문에 그의 성기를 들어가게 할 경우, 그러한 적용시에 동의하지 않아 즐거움을 느끼지 않고, 삽입시에 동의하지 않아 즐거움을 느끼지 않고, 유지시에 동의하지 않아 즐거움을 느끼지 않아도, 인발시에 동의하여 즐거움을 느끼면, 승단추방죄를 범하는 것이다.

5) 수행승의 적대자들이, 죽었지만 아직 파괴되지 않은 인간의 남성을 수행승의 앞으로 데리고 와서 그의 항문에 그의 성기를 들어가게 할 경우, 그러한 적용시에 동의하지 않아 즐거움을 느끼지 않고, 삽입시에 동의하지 않아 즐거움을 느끼지 않고, 유지시에 동의하지 않아 즐거움을 느끼지 않고, 인발시에도 동의하지 않아 즐거움을 느끼지 않으면, 무죄이다.

6) 수행승의 적대자들이, 죽었지만 아직 파괴되지 않은 인간의 남성을 수행승의 앞으로 데리고 와서 그의 구강에 그의 성기를 들어가게 할 경우, 그러한 적용시에 동의하여 즐거움을 느끼고, 삽입시에 동의하여 즐거움을 느끼고, 유지시에 동의하여 즐거움을 느끼고, 인발시에 동의하여 즐거움을 느끼면, 승단추방죄를 범하는 것이다.

7) 수행승의 적대자들이, 죽었지만 아직 파괴되지 않은 인간의 남성을 수행승의 앞으로 데리고 와서 그의 구강에 그의 성기를 들어가게 할 경우, 그러한 적용시에 동의하지 않아 즐거움을 느끼지 않아도, 삽입시에 동의하여 즐거움을 느끼고, 유지시에 동의하여 즐거움을 느끼고, 인발시에 동의하여 즐거움을 느끼면, 승단추방죄를 범하는 것이다.

8) 수행승의 적대자들이, 죽었지만 아직 파괴되지 않은 인간의 남성을 수행승의 앞으로 데리고 와서 그의 구강에 그의 성기를 들어가게 할 경우, 그러한 적용시에 동의하지 않아 즐거움을 느끼지 않고, 삽입시에 동의하지 않아 즐거움을

느끼지 않아도, 유지시에 동의하여 즐거움을 느끼고, 인발시에 동의하여 즐거움을 느끼면, 승단추방죄를 범하는 것이다.

9) 수행승의 적대자들이, 죽었지만 아직 파괴되지 않은 인간의 남성을 수행승의 앞으로 데리고 와서 그의 구강에 그의 성기를 들어가게 할 경우, 그러한 적용시에 동의하지 않아 즐거움을 느끼지 않고, 삽입시에 동의하지 않아 즐거움을 느끼지 않고, 유지시에 동의하지 않아 즐거움을 느끼지 않아도, 인발시에 동의하여 즐거움을 느끼면, 승단추방죄를 범하는 것이다.

10) 수행승의 적대자들이, 죽었지만 아직 파괴되지 않은 인간의 남성을 수행승의 앞으로 데리고 와서 그의 구강에 그의 성기를 들어가게 할 경우, 그러한 적용시에 동의하지 않아 즐거움을 느끼지 않고, 삽입시에 동의하지 않아 즐거움을 느끼지 않고, 유지시에 동의하지 않아 즐거움을 느끼지 않고, 인발시에도 동의하지 않아 즐거움을 느끼지 않으면, 무죄이다.

9-12₈.

1) 수행승의 적대자들이, 죽었지만 대체로 파괴되지 않은 인간의 남성을 수행승의 앞으로 데리고 와서 그의 항문에 그의 성기를 들어가게 할 경우, 그러한 적용시에 동의하여 즐거움을 느끼고, 삽입시에 동의하여 즐거움을 느끼고, 유지시에 동의하여 즐거움을 느끼고, 인발시에 동의하여 즐거움을 느끼면, 승단추방죄를 범하는 것이다.

2) 수행승의 적대자들이, 죽었지만 대체로 파괴되지 않은 인간의 남성을 수행승의 앞으로 데리고 와서 그의 항문에 그의 성기를 들어가게 할 경우, 그러한 적용시에 동의하지 않아 즐거움을 느끼지 않아도, 삽입시에 동의하여 즐거움을 느끼고, 유지시에 동의하여 즐거움을 느끼고, 인발시에 동의하여 즐거움을 느끼면, 승단추방죄를 범하는 것이다.

3) 수행승의 적대자들이, 죽었지만 대체로 파괴되지 않은 인간의 남성을 수행승의 앞으로 데리고 와서 그의 항문에 그의 성기를 들어가게 할 경우, 그러한 적용시에 동의하지 않아 즐거움을 느끼지 않고, 삽입시에 동의하지 않아 즐거움을 느끼지 않아도, 유지시에 동의하여 즐거움을 느끼고, 인발시에 동의하여 즐거움을 느끼면, 승단추방죄를 범하는 것이다

4) 수행승의 적대자들이, 죽었지만 대체로 파괴되지 않은 인간의 남성을 수행승의 앞으로 데리고 와서 그의 항문에 그의 성기를 들어가게 할 경우, 그러한 적용시에 동의하지 않아 즐거움을 느끼지 않고, 삽입시에 동의하지 않아 즐거

움을 느끼지 않고, 유지시에 동의하지 않아 즐거움을 느끼지 않아도, 인발시에 동의하여 즐거움을 느끼면, 승단추방죄를 범하는 것이다.

5) 수행승의 적대자들이, 죽었지만 대체로 파괴되지 않은 인간의 남성을 수행승의 앞으로 데리고 와서 그의 항문에 그의 성기를 들어가게 할 경우, 그러한 적용시에 동의하지 않아 즐거움을 느끼지 않고, 삽입시에 동의하지 않아 즐거움을 느끼지 않고, 유지시에 동의하지 않아 즐거움을 느끼지 않고, 인발시에도 동의하지 않아 즐거움을 느끼지 않으면, 무죄이다.

6) 수행승의 적대자들이, 죽었지만 대체로 파괴되지 않은 인간의 남성을 수행승의 앞으로 데리고 와서 그의 구강에 그의 성기를 들어가게 할 경우, 그러한 적용시에 동의하여 즐거움을 느끼고, 삽입시에 동의하여 즐거움을 느끼고, 유지시에 동의하여 즐거움을 느끼고, 인발시에 동의하여 즐거움을 느끼면, 승단추방죄를 범하는 것이다.

7) 수행승의 적대자들이, 죽었지만 대체로 파괴되지 않은 인간의 남성을 수행승의 앞으로 데리고 와서 그의 구강에 그의 성기를 들어가게 할 경우, 그러한 적용시에 동의하지 않아 즐거움을 느끼지 않아도, 삽입시에 동의하여 즐거움을 느끼고, 유지시에 동의하여 즐거움을 느끼고, 인발시에 동의하여 즐거움을 느끼면, 승단추방죄를 범하는 것이다.

8) 수행승의 적대자들이, 죽었지만 대체로 파괴되지 않은 인간의 남성을 수행승의 앞으로 데리고 와서 그의 구강에 그의 성기를 들어가게 할 경우, 그러한 적용시에 동의하지 않아 즐거움을 느끼지 않고, 삽입시에 동의하지 않아 즐거움을 느끼지 않아도, 유지시에 동의하여 즐거움을 느끼고, 인발시에 동의하여 즐거움을 느끼면, 승단추방죄를 범하는 것이다.

9) 수행승의 적대자들이, 죽었지만 대체로 파괴되지 않은 인간의 남성을 수행승의 앞으로 데리고 와서 그의 구강에 그의 성기를 들어가게 할 경우, 그러한 적용시에 동의하지 않아 즐거움을 느끼지 않고, 삽입시에 동의하지 않아 즐거움을 느끼지 않고, 유지시에 동의하지 않아 즐거움을 느끼지 않아도, 인발시에 동의하여 즐거움을 느끼면, 승단추방죄를 범하는 것이다.

10) 수행승의 적대자들이, 죽었지만 대체로 파괴되지 않은 인간의 남성을 수행승의 앞으로 데리고 와서 그의 구강에 그의 성기를 들어가게 할 경우, 그러한 적용시에 동의하지 않아 즐거움을 느끼지 않고, 삽입시에 동의하지 않아 즐거움을 느끼지 않고, 유지시에 동의하지 않아 즐거움을 느끼지 않고, 인발시에도

동의하지 않아 즐거움을 느끼지 않으면, 무죄이다.

9-12₉.

1) 수행승의 적대자들이, 죽어서 거의 파괴된 인간의 남성을 수행승의 앞으로 데리고 와서 그의 항문에 그의 성기를 들어가게 할 경우, 그러한 적용시에 동의하여 즐거움을 느끼고, 삽입시에 동의하여 즐거움을 느끼고, 유지시에 동의하여 즐거움을 느끼고, 인발시에 동의하여 즐거움을 느끼면, 추악죄를 범하는 것이다.
2) 수행승의 적대자들이, 죽어서 거의 파괴된 인간의 남성을 수행승의 앞으로 데리고 와서 그의 항문에 그의 성기를 들어가게 할 경우, 그러한 적용시에 동의하지 않아 즐거움을 느끼지 않아도, 삽입시에 동의하여 즐거움을 느끼고, 유지시에 동의하여 즐거움을 느끼고, 인발시에 동의하여 즐거움을 느끼면, 추악죄를 범하는 것이다.
3) 수행승의 적대자들이, 죽어서 거의 파괴된 인간의 남성을 수행승의 앞으로 데리고 와서 그의 항문에 그의 성기를 들어가게 할 경우, 그러한 적용시에 동의하지 않아 즐거움을 느끼지 않고, 삽입시에 동의하지 않아 즐거움을 느끼지 않아도, 유지시에 동의하여 즐거움을 느끼고, 인발시에 동의하여 즐거움을 느끼면, 추악죄를 범하는 것이다
4) 수행승의 적대자들이, 죽어서 거의 파괴된 인간의 남성을 수행승의 앞으로 데리고 와서 그의 항문에 그의 성기를 들어가게 할 경우, 그러한 적용시에 동의하지 않아 즐거움을 느끼지 않고, 삽입시에 동의하지 않아 즐거움을 느끼지 않고, 유지시에 동의하지 않아 즐거움을 느끼지 않아도, 인발시에 동의하여 즐거움을 느끼면, 추악죄를 범하는 것이다.
5) 수행승의 적대자들이, 죽어서 거의 파괴된 인간의 남성을 수행승의 앞으로 데리고 와서 그의 항문에 그의 성기를 들어가게 할 경우, 그러한 적용시에 동의하지 않아 즐거움을 느끼지 않고, 삽입시에 동의하지 않아 즐거움을 느끼지 않고, 유지시에 동의하지 않아 즐거움을 느끼지 않고, 인발시에도 동의하지 않아 즐거움을 느끼지 않으면, 무죄이다.
6) 수행승의 적대자들이, 죽어서 거의 파괴된 인간의 남성을 수행승의 앞으로 데리고 와서 그의 구강에 그의 성기를 들어가게 할 경우, 그러한 적용시에 동의하여 즐거움을 느끼고, 삽입시에 동의하여 즐거움을 느끼고, 유지시에 동의하여 즐거움을 느끼고, 인발시에 동의하여 즐거움을 느끼면, 추악죄를

범하는 것이다.

7) 수행승의 적대자들이, 죽어서 거의 파괴된 인간의 남성을 수행승의 앞으로 데리고 와서 그의 구강에 그의 성기를 들어가게 할 경우, 그러한 적용시에 동의하지 않아 즐거움을 느끼지 않아도, 삽입시에 동의하여 즐거움을 느끼고, 유지시에 동의하여 즐거움을 느끼고, 인발시에 동의하여 즐거움을 느끼면, 추악죄를 범하는 것이다.

8) 수행승의 적대자들이, 죽어서 거의 파괴된 인간의 남성을 수행승의 앞으로 데리고 와서 그의 구강에 그의 성기를 들어가게 할 경우, 그러한 적용시에 동의하지 않아 즐거움을 느끼지 않고, 삽입시에 동의하지 않아 즐거움을 느끼지 않아도, 유지시에 동의하여 즐거움을 느끼고, 인발시에 동의하여 즐거움을 느끼면, 추악죄를 범하는 것이다.

9) 수행승의 적대자들이, 죽어서 거의 파괴된 인간의 남성을 수행승의 앞으로 데리고 와서 그의 구강에 그의 성기를 들어가게 할 경우, 그러한 적용시에 동의하지 않아 즐거움을 느끼지 않고, 삽입시에 동의하지 않아 즐거움을 느끼지 않고, 유지시에 동의하지 않아 즐거움을 느끼지 않아도, 인발시에 동의하여 즐거움을 느끼면, 추악죄를 범하는 것이다.

10) 수행승의 적대자들이, 죽어서 거의 파괴된 인간의 남성을 수행승의 앞으로 데리고 와서 그의 구강에 그의 성기를 들어가게 할 경우, 그러한 적용시에 동의하지 않아 즐거움을 느끼지 않고, 삽입시에 동의하지 않아 즐거움을 느끼지 않고, 유지시에 동의하지 않아 즐거움을 느끼지 않고, 인발시에도 동의하지 않아 즐거움을 느끼지 않으면, 무죄이다.

9-13₁.

1) 수행승의 적대자들이 비인간의 남성을 수행승의 앞으로 데리고 와서 그의 항문에 그의 성기를 들어가게 할 경우, 그러한 적용시에 동의하여 즐거움을 느끼고, 삽입시에 동의하여 즐거움을 느끼고, 유지시에 동의하여 즐거움을 느끼고, 인발시에 동의하여 즐거움을 느끼면, 승단추방죄를 범하는 것이다.

2) 수행승의 적대자들이 비인간의 남성을 수행승의 앞으로 데리고 와서 그의 항문에 그의 성기를 들어가게 할 경우, 그러한 적용시에 동의하지 않아 즐거움을 느끼지 않아도, 삽입시에 동의하여 즐거움을 느끼고, 유지시에 동의하여 즐거움을 느끼고, 인발시에 동의하여 즐거움을 느끼면, 승단추방죄를 범하는 것이다.

3) 수행승의 적대자들이 비인간의 남성을 수행승의 앞으로 데리고 와서 그의 항문에 그의 성기를 들어가게 할 경우, 그러한 적용시에 동의하지 않아 즐거움을 느끼지 않고, 삽입시에 동의하지 않아 즐거움을 느끼지 않아도, 유지시에 동의하여 즐거움을 느끼고, 인발시에 동의하여 즐거움을 느끼면, 승단추방죄를 범하는 것이다

4) 수행승의 적대자들이 비인간의 남성을 수행승의 앞으로 데리고 와서 그의 항문에 그의 성기를 들어가게 할 경우, 그러한 적용시에 동의하지 않아 즐거움을 느끼지 않고, 삽입시에 동의하지 않아 즐거움을 느끼지 않고, 유지시에 동의하지 않아 즐거움을 느끼지 않아도, 인발시에 동의하여 즐거움을 느끼면, 승단추방죄를 범하는 것이다.

5) 수행승의 적대자들이 비인간의 남성을 수행승의 앞으로 데리고 와서 그의 항문에 그의 성기를 들어가게 할 경우, 그러한 적용시에 동의하지 않아 즐거움을 느끼지 않고, 삽입시에 동의하지 않아 즐거움을 느끼지 않고, 유지시에 동의하지 않아 즐거움을 느끼지 않고, 인발시에도 동의하지 않아 즐거움을 느끼지 않으면, 무죄이다.

6) 수행승의 적대자들이 비인간의 남성을 수행승의 앞으로 데리고 와서 그의 구강에 그의 성기를 들어가게 할 경우, 그러한 적용시에 동의하여 즐거움을 느끼고, 삽입시에 동의하여 즐거움을 느끼고, 유지시에 동의하여 즐거움을 느끼고, 인발시에 동의하여 즐거움을 느끼면, 승단추방죄를 범하는 것이다.

7) 수행승의 적대자들이 비인간의 남성을 수행승의 앞으로 데리고 와서 그의 구강에 그의 성기를 들어가게 할 경우, 그러한 적용시에 동의하지 않아 즐거움을 느끼지 않아도, 삽입시에 동의하여 즐거움을 느끼고, 유지시에 동의하여 즐거움을 느끼고, 인발시에 동의하여 즐거움을 느끼면, 승단추방죄를 범하는 것이다.

8) 수행승의 적대자들이 비인간의 남성을 수행승의 앞으로 데리고 와서 그의 구강에 그의 성기를 들어가게 할 경우, 그러한 적용시에 동의하지 않아 즐거움을 느끼지 않고, 삽입시에 동의하지 않아 즐거움을 느끼지 않아도, 유지시에 동의하여 즐거움을 느끼고, 인발시에 동의하여 즐거움을 느끼면, 승단추방죄를 범하는 것이다.

9) 수행승의 적대자들이 비인간의 남성을 수행승의 앞으로 데리고 와서 그의 구강에 그의 성기를 들어가게 할 경우, 그러한 적용시에 동의하지 않아 즐거움

을 느끼지 않고, 삽입시에 동의하지 않아 즐거움을 느끼지 않고, 유지시에 동의하지 않아 즐거움을 느끼지 않아도, 인발시에 동의하여 즐거움을 느끼면, 승단추방죄를 범하는 것이다.

10) 수행승의 적대자들이 비인간의 남성을 수행승의 앞으로 데리고 와서 그의 구강에 그의 성기를 들어가게 할 경우, 그러한 적용시에 동의하지 않아 즐거움을 느끼지 않고, 삽입시에 동의하지 않아 즐거움을 느끼지 않고, 유지시에 동의하지 않아 즐거움을 느끼지 않고, 인발시에도 동의하지 않아 즐거움을 느끼지 않으면, 무죄이다.

9-13₂.

1) 수행승의 적대자들이 깨어있는 비인간의 남성을 수행승의 앞으로 데리고 와서 그의 항문에 그의 성기를 들어가게 할 경우, 그러한 적용시에 동의하여 즐거움을 느끼고, 삽입시에 동의하여 즐거움을 느끼고, 유지시에 동의하여 즐거움을 느끼고, 인발시에 동의하여 즐거움을 느끼면, 승단추방죄를 범하는 것이다.

2) 수행승의 적대자들이 깨어있는 비인간의 남성을 수행승의 앞으로 데리고 와서 그의 항문에 그의 성기를 들어가게 할 경우, 그러한 적용시에 동의하지 않아 즐거움을 느끼지 않아도, 삽입시에 동의하여 즐거움을 느끼고, 유지시에 동의하여 즐거움을 느끼고, 인발시에 동의하여 즐거움을 느끼면, 승단추방죄를 범하는 것이다.

3) 수행승의 적대자들이 깨어있는 비인간의 남성을 수행승의 앞으로 데리고 와서 그의 항문에 그의 성기를 들어가게 할 경우, 그러한 적용시에 동의하지 않아 즐거움을 느끼지 않고, 삽입시에 동의하지 않아 즐거움을 느끼지 않아도, 유지시에 동의하여 즐거움을 느끼고, 인발시에 동의하여 즐거움을 느끼면, 승단추방죄를 범하는 것이다

4) 수행승의 적대자들이 깨어있는 비인간의 남성을 수행승의 앞으로 데리고 와서 그의 항문에 그의 성기를 들어가게 할 경우, 그러한 적용시에 동의하지 않아 즐거움을 느끼지 않고, 삽입시에 동의하지 않아 즐거움을 느끼지 않고, 유지시에 동의하지 않아 즐거움을 느끼지 않아도, 인발시에 동의하여 즐거움을 느끼면, 승단추방죄를 범하는 것이다.

5) 수행승의 적대자들이 깨어있는 비인간의 남성을 수행승의 앞으로 데리고 와서 그의 항문에 그의 성기를 들어가게 할 경우, 그러한 적용시에 동의하지 않아 즐거움을 느끼지 않고, 삽입시에 동의하지 않아 즐거움을 느끼지 않고, 유지시

에 동의하지 않아 즐거움을 느끼지 않고, 인발시에도 동의하지 않아 즐거움을 느끼지 않으면, 무죄이다.

6) 수행승의 적대자들이 깨어있는 비인간의 남성을 수행승의 앞으로 데리고 와서 그의 구강에 그의 성기를 들어가게 할 경우, 그러한 적용시에 동의하여 즐거움을 느끼고, 삽입시에 동의하여 즐거움을 느끼고, 유지시에 동의하여 즐거움을 느끼고, 인발시에 동의하여 즐거움을 느끼면, 승단추방죄를 범하는 것이다.

7) 수행승의 적대자들이 깨어있는 비인간의 남성을 수행승의 앞으로 데리고 와서 그의 구강에 그의 성기를 들어가게 할 경우, 그러한 적용시에 동의하지 않아 즐거움을 느끼지 않아도, 삽입시에 동의하여 즐거움을 느끼고, 유지시에 동의하여 즐거움을 느끼고, 인발시에 동의하여 즐거움을 느끼면, 승단추방죄를 범하는 것이다.

8) 수행승의 적대자들이 깨어있는 비인간의 남성을 수행승의 앞으로 데리고 와서 그의 구강에 그의 성기를 들어가게 할 경우, 그러한 적용시에 동의하지 않아 즐거움을 느끼지 않고, 삽입시에 동의하지 않아 즐거움을 느끼지 않아도, 유지시에 동의하여 즐거움을 느끼고, 인발시에 동의하여 즐거움을 느끼면, 승단추방죄를 범하는 것이다.

9) 수행승의 적대자들이 깨어있는 비인간의 남성을 수행승의 앞으로 데리고 와서 그의 구강에 그의 성기를 들어가게 할 경우, 그러한 적용시에 동의하지 않아 즐거움을 느끼지 않고, 삽입시에 동의하지 않아 즐거움을 느끼지 않고, 유지시에 동의하지 않아 즐거움을 느끼지 않아도, 인발시에 동의하여 즐거움을 느끼면, 승단추방죄를 범하는 것이다.

10) 수행승의 적대자들이 깨어있는 비인간의 남성을 수행승의 앞으로 데리고 와서 그의 구강에 그의 성기를 들어가게 할 경우, 그러한 적용시에 동의하지 않아 즐거움을 느끼지 않고, 삽입시에 동의하지 않아 즐거움을 느끼지 않고, 유지시에 동의하지 않아 즐거움을 느끼지 않고, 인발시에도 동의하지 않아 즐거움을 느끼지 않으면, 무죄이다.

9-13₃.

1) 수행승의 적대자들이 잠든 비인간의 남성을 수행승의 앞으로 데리고 와서 그의 항문에 그의 성기를 들어가게 할 경우, 그러한 적용시에 동의하여 즐거움을 느끼고, 삽입시에 동의하여 즐거움을 느끼고, 유지시에 동의하여 즐거움을 느끼고, 인발시에 동의하여 즐거움을 느끼면, 승단추방죄를 범하는 것이다.

2) 수행승의 적대자들이 잠든 비인간의 남성을 수행승의 앞으로 데리고 와서 그의 항문에 그의 성기를 들어가게 할 경우, 그러한 적용시에 동의하지 않아 즐거움을 느끼지 않아도, 삽입시에 동의하여 즐거움을 느끼고, 유지시에 동의하여 즐거움을 느끼고, 인발시에 동의하여 즐거움을 느끼면, 승단추방죄를 범하는 것이다.
3) 수행승의 적대자들이 잠든 비인간의 남성을 수행승의 앞으로 데리고 와서 그의 항문에 그의 성기를 들어가게 할 경우, 그러한 적용시에 동의하지 않아 즐거움을 느끼지 않고, 삽입시에 동의하지 않아 즐거움을 느끼지 않아도, 유지시에 동의하여 즐거움을 느끼고, 인발시에 동의하여 즐거움을 느끼면, 승단추방죄를 범하는 것이다
4) 수행승의 적대자들이 잠든 비인간의 남성을 수행승의 앞으로 데리고 와서 그의 항문에 그의 성기를 들어가게 할 경우, 그러한 적용시에 동의하지 않아 즐거움을 느끼지 않고, 삽입시에 동의하지 않아 즐거움을 느끼지 않고, 유지시에 동의하지 않아 즐거움을 느끼지 않아도, 인발시에 동의하여 즐거움을 느끼면, 승단추방죄를 범하는 것이다.
5) 수행승의 적대자들이 잠든 비인간의 남성을 수행승의 앞으로 데리고 와서 그의 항문에 그의 성기를 들어가게 할 경우, 그러한 적용시에 동의하지 않아 즐거움을 느끼지 않고, 삽입시에 동의하지 않아 즐거움을 느끼지 않고, 유지시에 동의하지 않아 즐거움을 느끼지 않고, 인발시에도 동의하지 않아 즐거움을 느끼지 않으면, 무죄이다.
6) 수행승의 적대자들이 잠든 비인간의 남성을 수행승의 앞으로 데리고 와서 그의 구강에 그의 성기를 들어가게 할 경우, 그러한 적용시에 동의하여 즐거움을 느끼고, 삽입시에 동의하여 즐거움을 느끼고, 유지시에 동의하여 즐거움을 느끼고, 인발시에 동의하여 즐거움을 느끼면, 승단추방죄를 범하는 것이다.
7) 수행승의 적대자들이 잠든 비인간의 남성을 수행승의 앞으로 데리고 와서 그의 구강에 그의 성기를 들어가게 할 경우, 그러한 적용시에 동의하지 않아 즐거움을 느끼지 않아도, 삽입시에 동의하여 즐거움을 느끼고, 유지시에 동의하여 즐거움을 느끼고, 인발시에 동의하여 즐거움을 느끼면, 승단추방죄를 범하는 것이다.
8) 수행승의 적대자들이 잠든 비인간의 남성을 수행승의 앞으로 데리고 와서 그의 구강에 그의 성기를 들어가게 할 경우, 그러한 적용시에 동의하지 않아

즐거움을 느끼지 않고, 삽입시에 동의하지 않아 즐거움을 느끼지 않아도, 유지시에 동의하여 즐거움을 느끼고, 인발시에 동의하여 즐거움을 느끼면, 승단추방죄를 범하는 것이다.

9) 수행승의 적대자들이 잠든 비인간의 남성을 수행승의 앞으로 데리고 와서 그의 구강에 그의 성기를 들어가게 할 경우, 그러한 적용시에 동의하지 않아 즐거움을 느끼지 않고, 삽입시에 동의하지 않아 즐거움을 느끼지 않고, 유지시에 동의하지 않아 즐거움을 느끼지 않아도, 인발시에 동의하여 즐거움을 느끼면, 승단추방죄를 범하는 것이다.

10) 수행승의 적대자들이 잠든 비인간의 남성을 수행승의 앞으로 데리고 와서 그의 구강에 그의 성기를 들어가게 할 경우, 그러한 적용시에 동의하지 않아 즐거움을 느끼지 않고, 삽입시에 동의하지 않아 즐거움을 느끼지 않고, 유지시에 동의하지 않아 즐거움을 느끼지 않고, 인발시에도 동의하지 않아 즐거움을 느끼지 않으면, 무죄이다.

9-13₄.

1) 수행승의 적대자들이 술취한 비인간의 남성을 수행승의 앞으로 데리고 와서 그의 항문에 그의 성기를 들어가게 할 경우, 그러한 적용시에 동의하여 즐거움을 느끼고, 삽입시에 동의하여 즐거움을 느끼고, 유지시에 동의하여 즐거움을 느끼고, 인발시에 동의하여 즐거움을 느끼면, 승단추방죄를 범하는 것이다.

2) 수행승의 적대자들이 술취한 비인간의 남성을 수행승의 앞으로 데리고 와서 그의 항문에 그의 성기를 들어가게 할 경우, 그러한 적용시에 동의하지 않아 즐거움을 느끼지 않아도, 삽입시에 동의하여 즐거움을 느끼고, 유지시에 동의하여 즐거움을 느끼고, 인발시에 동의하여 즐거움을 느끼면, 승단추방죄를 범하는 것이다.

3) 수행승의 적대자들이 술취한 비인간의 남성을 수행승의 앞으로 데리고 와서 그의 항문에 그의 성기를 들어가게 할 경우, 그러한 적용시에 동의하지 않아 즐거움을 느끼지 않고, 삽입시에 동의하지 않아 즐거움을 느끼지 않아도, 유지시에 동의하여 즐거움을 느끼고, 인발시에 동의하여 즐거움을 느끼면, 승단추방죄를 범하는 것이다

4) 수행승의 적대자들이 술취한 비인간의 남성을 수행승의 앞으로 데리고 와서 그의 항문에 그의 성기를 들어가게 할 경우, 그러한 적용시에 동의하지 않아 즐거움을 느끼지 않고, 삽입시에 동의하지 않아 즐거움을 느끼지 않고, 유지시

에 동의하지 않아 즐거움을 느끼지 않아도, 인발시에 동의하여 즐거움을 느끼면, 승단추방죄를 범하는 것이다.

5) 수행승의 적대자들이 술취한 비인간의 남성을 수행승의 앞으로 데리고 와서 그의 항문에 그의 성기를 들어가게 할 경우, 그러한 적용시에 동의하지 않아 즐거움을 느끼지 않고, 삽입시에 동의하지 않아 즐거움을 느끼지 않고, 유지시에 동의하지 않아 즐거움을 느끼지 않고, 인발시에도 동의하지 않아 즐거움을 느끼지 않으면, 무죄이다.

6) 수행승의 적대자들이 술취한 비인간의 남성을 수행승의 앞으로 데리고 와서 그의 구강에 그의 성기를 들어가게 할 경우, 그러한 적용시에 동의하여 즐거움을 느끼고, 삽입시에 동의하여 즐거움을 느끼고, 유지시에 동의하여 즐거움을 느끼고, 인발시에 동의하여 즐거움을 느끼면, 승단추방죄를 범하는 것이다.

7) 수행승의 적대자들이 술취한 비인간의 남성을 수행승의 앞으로 데리고 와서 그의 구강에 그의 성기를 들어가게 할 경우, 그러한 적용시에 동의하지 않아 즐거움을 느끼지 않아도, 삽입시에 동의하여 즐거움을 느끼고, 유지시에 동의하여 즐거움을 느끼고, 인발시에 동의하여 즐거움을 느끼면, 승단추방죄를 범하는 것이다.

8) 수행승의 적대자들이 술취한 비인간의 남성을 수행승의 앞으로 데리고 와서 그의 구강에 그의 성기를 들어가게 할 경우, 그러한 적용시에 동의하지 않아 즐거움을 느끼지 않고, 삽입시에 동의하지 않아 즐거움을 느끼지 않아도, 유지시에 동의하여 즐거움을 느끼고, 인발시에 동의하여 즐거움을 느끼면, 승단추방죄를 범하는 것이다.

9) 수행승의 적대자들이 술취한 비인간의 남성을 수행승의 앞으로 데리고 와서 그의 구강에 그의 성기를 들어가게 할 경우, 그러한 적용시에 동의하지 않아 즐거움을 느끼지 않고, 삽입시에 동의하지 않아 즐거움을 느끼지 않고, 유지시에 동의하지 않아 즐거움을 느끼지 않아도, 인발시에 동의하여 즐거움을 느끼면, 승단추방죄를 범하는 것이다.

10) 수행승의 적대자들이 술취한 비인간의 남성을 수행승의 앞으로 데리고 와서 그의 구강에 그의 성기를 들어가게 할 경우, 그러한 적용시에 동의하지 않아 즐거움을 느끼지 않고, 삽입시에 동의하지 않아 즐거움을 느끼지 않고, 유지시에 동의하지 않아 즐거움을 느끼지 않고, 인발시에도 동의하지 않아 즐거움을 느끼지 않으면, 무죄이다.

9-13$_{5}$.

1) 수행승의 적대자들이 정신착란된 비인간의 남성을 수행승의 앞으로 데리고 와서 그의 항문에 그의 성기를 들어가게 할 경우, 그러한 적용시에 동의하여 즐거움을 느끼고, 삽입시에 동의하여 즐거움을 느끼고, 유지시에 동의하여 즐거움을 느끼고, 인발시에 동의하여 즐거움을 느끼면, 승단추방죄를 범하는 것이다.
2) 수행승의 적대자들이 정신착란된 비인간의 남성을 수행승의 앞으로 데리고 와서 그의 항문에 그의 성기를 들어가게 할 경우, 그러한 적용시에 동의하지 않아 즐거움을 느끼지 않아도, 삽입시에 동의하여 즐거움을 느끼고, 유지시에 동의하여 즐거움을 느끼고, 인발시에 동의하여 즐거움을 느끼면, 승단추방죄를 범하는 것이다.
3) 수행승의 적대자들이 정신착란된 비인간의 남성을 수행승의 앞으로 데리고 와서 그의 항문에 그의 성기를 들어가게 할 경우, 그러한 적용시에 동의하지 않아 즐거움을 느끼지 않고, 삽입시에 동의하지 않아 즐거움을 느끼지 않아도, 유지시에 동의하여 즐거움을 느끼고, 인발시에 동의하여 즐거움을 느끼면, 승단추방죄를 범하는 것이다
4) 수행승의 적대자들이 정신착란된 비인간의 남성을 수행승의 앞으로 데리고 와서 그의 항문에 그의 성기를 들어가게 할 경우, 그러한 적용시에 동의하지 않아 즐거움을 느끼지 않고, 삽입시에 동의하지 않아 즐거움을 느끼지 않고, 유지시에 동의하지 않아 즐거움을 느끼지 않아도, 인발시에 동의하여 즐거움을 느끼면, 승단추방죄를 범하는 것이다.
5) 수행승의 적대자들이 정신착란된 비인간의 남성을 수행승의 앞으로 데리고 와서 그의 항문에 그의 성기를 들어가게 할 경우, 그러한 적용시에 동의하지 않아 즐거움을 느끼지 않고, 삽입시에 동의하지 않아 즐거움을 느끼지 않고, 유지시에 동의하지 않아 즐거움을 느끼지 않고, 인발시에도 동의하지 않아 즐거움을 느끼지 않으면, 무죄이다.
6) 수행승의 적대자들이 정신착란된 비인간의 남성을 수행승의 앞으로 데리고 와서 그의 구강에 그의 성기를 들어가게 할 경우, 그러한 적용시에 동의하여 즐거움을 느끼고, 삽입시에 동의하여 즐거움을 느끼고, 유지시에 동의하여 즐거움을 느끼고, 인발시에 동의하여 즐거움을 느끼면, 승단추방죄를 범하는 것이다.

7) 수행승의 적대자들이 정신착란된 비인간의 남성을 수행승의 앞으로 데리고 와서 그의 구강에 그의 성기를 들어가게 할 경우, 그러한 적용시에 동의하지 않아 즐거움을 느끼지 않아도, 삽입시에 동의하여 즐거움을 느끼고, 유지시에 동의하여 즐거움을 느끼고, 인발시에 동의하여 즐거움을 느끼면, 승단추방죄를 범하는 것이다.

8) 수행승의 적대자들이 정신착란된 비인간의 남성을 수행승의 앞으로 데리고 와서 그의 구강에 그의 성기를 들어가게 할 경우, 그러한 적용시에 동의하지 않아 즐거움을 느끼지 않고, 삽입시에 동의하지 않아 즐거움을 느끼지 않아도, 유지시에 동의하여 즐거움을 느끼고, 인발시에 동의하여 즐거움을 느끼면, 승단추방죄를 범하는 것이다.

9) 수행승의 적대자들이 정신착란된 비인간의 남성을 수행승의 앞으로 데리고 와서 그의 구강에 그의 성기를 들어가게 할 경우, 그러한 적용시에 동의하지 않아 즐거움을 느끼지 않고, 삽입시에 동의하지 않아 즐거움을 느끼지 않고, 유지시에 동의하지 않아 즐거움을 느끼지 않아도, 인발시에 동의하여 즐거움을 느끼면, 승단추방죄를 범하는 것이다.

10) 수행승의 적대자들이 정신착란된 비인간의 남성을 수행승의 앞으로 데리고 와서 그의 구강에 그의 성기를 들어가게 할 경우, 그러한 적용시에 동의하지 않아 즐거움을 느끼지 않고, 삽입시에 동의하지 않아 즐거움을 느끼지 않고, 유지시에 동의하지 않아 즐거움을 느끼지 않고, 인발시에도 동의하지 않아 즐거움을 느끼지 않으면, 무죄이다.

9-13₆.

1) 수행승의 적대자들이 방일한 비인간의 남성을 수행승의 앞으로 데리고 와서 그의 항문에 그의 성기를 들어가게 할 경우, 그러한 적용시에 동의하여 즐거움을 느끼고, 삽입시에 동의하여 즐거움을 느끼고, 유지시에 동의하여 즐거움을 느끼고, 인발시에 동의하여 즐거움을 느끼면, 승단추방죄를 범하는 것이다.

2) 수행승의 적대자들이 방일한 비인간의 남성을 수행승의 앞으로 데리고 와서 그의 항문에 그의 성기를 들어가게 할 경우, 그러한 적용시에 동의하지 않아 즐거움을 느끼지 않아도, 삽입시에 동의하여 즐거움을 느끼고, 유지시에 동의하여 즐거움을 느끼고, 인발시에 동의하여 즐거움을 느끼면, 승단추방죄를 범하는 것이다.

3) 수행승의 적대자들이 방일한 비인간의 남성을 수행승의 앞으로 데리고 와서

그의 항문에 그의 성기를 들어가게 할 경우, 그러한 적용시에 동의하지 않아 즐거움을 느끼지 않고, 삽입시에 동의하지 않아 즐거움을 느끼지 않아도, 유지시에 동의하여 즐거움을 느끼고, 인발시에 동의하여 즐거움을 느끼면, 승단추방죄를 범하는 것이다

4) 수행승의 적대자들이 방일한 비인간의 남성을 수행승의 앞으로 데리고 와서 그의 항문에 그의 성기를 들어가게 할 경우, 그러한 적용시에 동의하지 않아 즐거움을 느끼지 않고, 삽입시에 동의하지 않아 즐거움을 느끼지 않고, 유지시에 동의하지 않아 즐거움을 느끼지 않아도, 인발시에 동의하여 즐거움을 느끼면, 승단추방죄를 범하는 것이다.

5) 수행승의 적대자들이 방일한 비인간의 남성을 수행승의 앞으로 데리고 와서 그의 항문에 그의 성기를 들어가게 할 경우, 그러한 적용시에 동의하지 않아 즐거움을 느끼지 않고, 삽입시에 동의하지 않아 즐거움을 느끼지 않고, 유지시에 동의하지 않아 즐거움을 느끼지 않고, 인발시에도 동의하지 않아 즐거움을 느끼지 않으면, 무죄이다.

6) 수행승의 적대자들이 방일한 비인간의 남성을 수행승의 앞으로 데리고 와서 그의 구강에 그의 성기를 들어가게 할 경우, 그러한 적용시에 동의하여 즐거움을 느끼고, 삽입시에 동의하여 즐거움을 느끼고, 유지시에 동의하여 즐거움을 느끼고, 인발시에 동의하여 즐거움을 느끼면, 승단추방죄를 범하는 것이다.

7) 수행승의 적대자들이 방일한 비인간의 남성을 수행승의 앞으로 데리고 와서 그의 구강에 그의 성기를 들어가게 할 경우, 그러한 적용시에 동의하지 않아 즐거움을 느끼지 않아도, 삽입시에 동의하여 즐거움을 느끼고, 유지시에 동의하여 즐거움을 느끼고, 인발시에 동의하여 즐거움을 느끼면, 승단추방죄를 범하는 것이다.

8) 수행승의 적대자들이 방일한 비인간의 남성을 수행승의 앞으로 데리고 와서 그의 구강에 그의 성기를 들어가게 할 경우, 그러한 적용시에 동의하지 않아 즐거움을 느끼지 않고, 삽입시에 동의하지 않아 즐거움을 느끼지 않아도, 유지시에 동의하여 즐거움을 느끼고, 인발시에 동의하여 즐거움을 느끼면, 승단추방죄를 범하는 것이다.

9) 수행승의 적대자들이 방일한 비인간의 남성을 수행승의 앞으로 데리고 와서 그의 구강에 그의 성기를 들어가게 할 경우, 그러한 적용시에 동의하지 않아 즐거움을 느끼지 않고, 삽입시에 동의하지 않아 즐거움을 느끼지 않고, 유지시

에 동의하지 않아 즐거움을 느끼지 않아도, 인발시에 동의하여 즐거움을 느끼면, 승단추방죄를 범하는 것이다.

10) 수행승의 적대자들이 방일한 비인간의 남성을 수행승의 앞으로 데리고 와서 그의 구강에 그의 성기를 들어가게 할 경우, 그러한 적용시에 동의하지 않아 즐거움을 느끼지 않고, 삽입시에 동의하지 않아 즐거움을 느끼지 않고, 유지시에 동의하지 않아 즐거움을 느끼지 않고, 인발시에도 동의하지 않아 즐거움을 느끼지 않으면, 무죄이다.

9-13ㄱ.

1) 수행승의 적대자들이, 죽었지만 아직 파괴되지 않은 비인간의 남성을 수행승의 앞으로 데리고 와서 그의 항문에 그의 성기를 들어가게 할 경우, 그러한 적용시에 동의하여 즐거움을 느끼고, 삽입시에 동의하여 즐거움을 느끼고, 유지시에 동의하여 즐거움을 느끼고, 인발시에 동의하여 즐거움을 느끼면, 승단추방죄를 범하는 것이다.

2) 수행승의 적대자들이, 죽었지만 아직 파괴되지 않은 비인간의 남성을 수행승의 앞으로 데리고 와서 그의 항문에 그의 성기를 들어가게 할 경우, 그러한 적용시에 동의하지 않아 즐거움을 느끼지 않아도, 삽입시에 동의하여 즐거움을 느끼고, 유지시에 동의하여 즐거움을 느끼고, 인발시에 동의하여 즐거움을 느끼면, 승단추방죄를 범하는 것이다.

3) 수행승의 적대자들이, 죽었지만 아직 파괴되지 않은 비인간의 남성을 수행승의 앞으로 데리고 와서 그의 항문에 그의 성기를 들어가게 할 경우, 그러한 적용시에 동의하지 않아 즐거움을 느끼지 않고, 삽입시에 동의하지 않아 즐거움을 느끼지 않아도, 유지시에 동의하여 즐거움을 느끼고, 인발시에 동의하여 즐거움을 느끼면, 승단추방죄를 범하는 것이다

4) 수행승의 적대자들이, 죽었지만 아직 파괴되지 않은 비인간의 남성을 수행승의 앞으로 데리고 와서 그의 항문에 그의 성기를 들어가게 할 경우, 그러한 적용시에 동의하지 않아 즐거움을 느끼지 않고, 삽입시에 동의하지 않아 즐거움을 느끼지 않고, 유지시에 동의하지 않아 즐거움을 느끼지 않아도, 인발시에 동의하여 즐거움을 느끼면, 승단추방죄를 범하는 것이다.

5) 수행승의 적대자들이, 죽었지만 아직 파괴되지 않은 비인간의 남성을 수행승의 앞으로 데리고 와서 그의 항문에 그의 성기를 들어가게 할 경우, 그러한 적용시에 동의하지 않아 즐거움을 느끼지 않고, 삽입시에 동의하지 않아 즐거움을 느끼지 않아 즐거

움을 느끼지 않고, 유지시에 동의하지 않아 즐거움을 느끼지 않고, 인발시에도 동의하지 않아 즐거움을 느끼지 않으면, 무죄이다.

6) 수행승의 적대자들이, 죽었지만 아직 파괴되지 않은 비인간의 남성을 수행승의 앞으로 데리고 와서 그의 구강에 그의 성기를 들어가게 할 경우, 그러한 적용시에 동의하여 즐거움을 느끼고, 삽입시에 동의하여 즐거움을 느끼고, 유지시에 동의하여 즐거움을 느끼고, 인발시에 동의하여 즐거움을 느끼면, 승단추방죄를 범하는 것이다.

7) 수행승의 적대자들이, 죽었지만 아직 파괴되지 않은 비인간의 남성을 수행승의 앞으로 데리고 와서 그의 구강에 그의 성기를 들어가게 할 경우, 그러한 적용시에 동의하지 않아 즐거움을 느끼지 않아도, 삽입시에 동의하여 즐거움을 느끼고, 유지시에 동의하여 즐거움을 느끼고, 인발시에 동의하여 즐거움을 느끼면, 승단추방죄를 범하는 것이다.

8) 수행승의 적대자들이, 죽었지만 아직 파괴되지 않은 비인간의 남성을 수행승의 앞으로 데리고 와서 그의 구강에 그의 성기를 들어가게 할 경우, 그러한 적용시에 동의하지 않아 즐거움을 느끼지 않고, 삽입시에 동의하지 않아 즐거움을 느끼지 않아도, 유지시에 동의하여 즐거움을 느끼고, 인발시에 동의하여 즐거움을 느끼면, 승단추방죄를 범하는 것이다.

9) 수행승의 적대자들이, 죽었지만 아직 파괴되지 않은 비인간의 남성을 수행승의 앞으로 데리고 와서 그의 구강에 그의 성기를 들어가게 할 경우, 그러한 적용시에 동의하지 않아 즐거움을 느끼지 않고, 삽입시에 동의하지 않아 즐거움을 느끼지 않고, 유지시에 동의하지 않아 즐거움을 느끼지 않아도, 인발시에 동의하여 즐거움을 느끼면, 승단추방죄를 범하는 것이다.

10) 수행승의 적대자들이, 죽었지만 아직 파괴되지 않은 비인간의 남성을 수행승의 앞으로 데리고 와서 그의 구강에 그의 성기를 들어가게 할 경우, 그러한 적용시에 동의하지 않아 즐거움을 느끼지 않고, 삽입시에 동의하지 않아 즐거움을 느끼지 않고, 유지시에 동의하지 않아 즐거움을 느끼지 않고, 인발시에도 동의하지 않아 즐거움을 느끼지 않으면, 무죄이다.

9-13₈.

1) 수행승의 적대자들이, 죽었지만 대체로 파괴되지 않은 비인간의 남성을 수행승의 앞으로 데리고 와서 그의 항문에 그의 성기를 들어가게 할 경우, 그러한 적용시에 동의하여 즐거움을 느끼고, 삽입시에 동의하여 즐거움을 느끼고,

유지시에 동의하여 즐거움을 느끼고, 인발시에 동의하여 즐거움을 느끼면, 승단추방죄를 범하는 것이다.

2) 수행승의 적대자들이, 죽었지만 대체로 파괴되지 않은 비인간의 남성을 수행승의 앞으로 데리고 와서 그의 항문에 그의 성기를 들어가게 할 경우, 그러한 적용시에 동의하지 않아 즐거움을 느끼지 않아도, 삽입시에 동의하여 즐거움을 느끼고, 유지시에 동의하여 즐거움을 느끼고, 인발시에 동의하여 즐거움을 느끼면, 승단추방죄를 범하는 것이다.

3) 수행승의 적대자들이, 죽었지만 대체로 파괴되지 않은 비인간의 남성을 수행승의 앞으로 데리고 와서 그의 항문에 그의 성기를 들어가게 할 경우, 그러한 적용시에 동의하지 않아 즐거움을 느끼지 않고, 삽입시에 동의하지 않아 즐거움을 느끼지 않아도, 유지시에 동의하여 즐거움을 느끼고, 인발시에 동의하여 즐거움을 느끼면, 승단추방죄를 범하는 것이다

4) 수행승의 적대자들이, 죽었지만 대체로 파괴되지 않은 비인간의 남성을 수행승의 앞으로 데리고 와서 그의 항문에 그의 성기를 들어가게 할 경우, 그러한 적용시에 동의하지 않아 즐거움을 느끼지 않고, 삽입시에 동의하지 않아 즐거움을 느끼지 않고, 유지시에 동의하지 않아 즐거움을 느끼지 않아도, 인발시에 동의하여 즐거움을 느끼면, 승단추방죄를 범하는 것이다.

5) 수행승의 적대자들이, 죽었지만 대체로 파괴되지 않은 비인간의 남성을 수행승의 앞으로 데리고 와서 그의 항문에 그의 성기를 들어가게 할 경우, 그러한 적용시에 동의하지 않아 즐거움을 느끼지 않고, 삽입시에 동의하지 않아 즐거움을 느끼지 않고, 유지시에 동의하지 않아 즐거움을 느끼지 않고, 인발시에도 동의하지 않아 즐거움을 느끼지 않으면, 무죄이다.

6) 수행승의 적대자들이, 죽었지만 대체로 파괴되지 않은 비인간의 남성을 수행승의 앞으로 데리고 와서 그의 구강에 그의 성기를 들어가게 할 경우, 그러한 적용시에 동의하여 즐거움을 느끼고, 삽입시에 동의하여 즐거움을 느끼고, 유지시에 동의하여 즐거움을 느끼고, 인발시에 동의하여 즐거움을 느끼면, 승단추방죄를 범하는 것이다.

7) 수행승의 적대자들이, 죽었지만 대체로 파괴되지 않은 비인간의 남성을 수행승의 앞으로 데리고 와서 그의 구강에 그의 성기를 들어가게 할 경우, 그러한 적용시에 동의하지 않아 즐거움을 느끼지 않아도, 삽입시에 동의하여 즐거움을 느끼고, 유지시에 동의하여 즐거움을 느끼고, 인발시에 동의하여 즐거움을

느끼면, 승단추방죄를 범하는 것이다.

8) 수행승의 적대자들이, 죽었지만 대체로 파괴되지 않은 비인간의 남성을 수행승의 앞으로 데리고 와서 그의 구강에 그의 성기를 들어가게 할 경우, 그러한 적용시에 동의하지 않아 즐거움을 느끼지 않고, 삽입시에 동의하지 않아 즐거움을 느끼지 않아도, 유지시에 동의하여 즐거움을 느끼고, 인발시에 동의하여 즐거움을 느끼면, 승단추방죄를 범하는 것이다.

9) 수행승의 적대자들이, 죽었지만 대체로 파괴되지 않은 비인간의 남성을 수행승의 앞으로 데리고 와서 그의 구강에 그의 성기를 들어가게 할 경우, 그러한 적용시에 동의하지 않아 즐거움을 느끼지 않고, 삽입시에 동의하지 않아 즐거움을 느끼지 않고, 유지시에 동의하지 않아 즐거움을 느끼지 않아도, 인발시에 동의하여 즐거움을 느끼면, 승단추방죄를 범하는 것이다.

10) 수행승의 적대자들이, 죽었지만 대체로 파괴되지 않은 비인간의 남성을 수행승의 앞으로 데리고 와서 그의 구강에 그의 성기를 들어가게 할 경우, 그러한 적용시에 동의하지 않아 즐거움을 느끼지 않고, 삽입시에 동의하지 않아 즐거움을 느끼지 않고, 유지시에 동의하지 않아 즐거움을 느끼지 않고, 인발시에도 동의하지 않아 즐거움을 느끼지 않으면, 무죄이다.

9-13₉.

1) 수행승의 적대자들이, 죽어서 거의 파괴된 비인간의 남성을 수행승의 앞으로 데리고 와서 그의 항문에 그의 성기를 들어가게 할 경우, 그러한 적용시에 동의하여 즐거움을 느끼고, 삽입시에 동의하여 즐거움을 느끼고, 유지시에 동의하여 즐거움을 느끼고, 인발시에 동의하여 즐거움을 느끼면, 추악죄를 범하는 것이다.

2) 수행승의 적대자들이, 죽어서 거의 파괴된 비인간의 남성을 수행승의 앞으로 데리고 와서 그의 항문에 그의 성기를 들어가게 할 경우, 그러한 적용시에 동의하지 않아 즐거움을 느끼지 않아도, 삽입시에 동의하여 즐거움을 느끼고, 유지시에 동의하여 즐거움을 느끼고, 인발시에 동의하여 즐거움을 느끼면, 추악죄를 범하는 것이다.

3) 수행승의 적대자들이, 죽어서 거의 파괴된 비인간의 남성을 수행승의 앞으로 데리고 와서 그의 항문에 그의 성기를 들어가게 할 경우, 그러한 적용시에 동의하지 않아 즐거움을 느끼지 않고, 삽입시에 동의하지 않아 즐거움을 느끼지 않아도, 유지시에 동의하여 즐거움을 느끼고, 인발시에 동의하여 즐거움을

느끼면, 추악죄를 범하는 것이다

4) 수행승의 적대자들이, 죽어서 거의 파괴된 비인간의 남성을 수행승의 앞으로 데리고 와서 그의 항문에 그의 성기를 들어가게 할 경우, 그러한 적용시에 동의하지 않아 즐거움을 느끼지 않고, 삽입시에 동의하지 않아 즐거움을 느끼지 않고, 유지시에 동의하지 않아 즐거움을 느끼지 않아도, 인발시에 동의하여 즐거움을 느끼면, 추악죄를 범하는 것이다.

5) 수행승의 적대자들이, 죽어서 거의 파괴된 비인간의 남성을 수행승의 앞으로 데리고 와서 그의 항문에 그의 성기를 들어가게 할 경우, 그러한 적용시에 동의하지 않아 즐거움을 느끼지 않고, 삽입시에 동의하지 않아 즐거움을 느끼지 않고, 유지시에 동의하지 않아 즐거움을 느끼지 않고, 인발시에도 동의하지 않아 즐거움을 느끼지 않으면, 무죄이다.

6) 수행승의 적대자들이, 죽어서 거의 파괴된 비인간의 남성을 수행승의 앞으로 데리고 와서 그의 구강에 그의 성기를 들어가게 할 경우, 그러한 적용시에 동의하여 즐거움을 느끼고, 삽입시에 동의하여 즐거움을 느끼고, 유지시에 동의하여 즐거움을 느끼고, 인발시에 동의하여 즐거움을 느끼면, 추악죄를 범하는 것이다.

7) 수행승의 적대자들이, 죽어서 거의 파괴된 비인간의 남성을 수행승의 앞으로 데리고 와서 그의 구강에 그의 성기를 들어가게 할 경우, 그러한 적용시에 동의하지 않아 즐거움을 느끼지 않아도, 삽입시에 동의하여 즐거움을 느끼고, 유지시에 동의하여 즐거움을 느끼고, 인발시에 동의하여 즐거움을 느끼면, 추악죄를 범하는 것이다.

8) 수행승의 적대자들이, 죽어서 거의 파괴된 비인간의 남성을 수행승의 앞으로 데리고 와서 그의 구강에 그의 성기를 들어가게 할 경우, 그러한 적용시에 동의하지 않아 즐거움을 느끼지 않고, 삽입시에 동의하지 않아 즐거움을 느끼지 않아도, 유지시에 동의하여 즐거움을 느끼고, 인발시에 동의하여 즐거움을 느끼면, 추악죄를 범하는 것이다.

9) 수행승의 적대자들이, 죽어서 거의 파괴된 비인간의 남성을 수행승의 앞으로 데리고 와서 그의 구강에 그의 성기를 들어가게 할 경우, 그러한 적용시에 동의하지 않아 즐거움을 느끼지 않고, 삽입시에 동의하지 않아 즐거움을 느끼지 않고, 유지시에 동의하지 않아 즐거움을 느끼지 않아도, 인발시에 동의하여 즐거움을 느끼면, 추악죄를 범하는 것이다.

10) 수행승의 적대자들이, 죽어서 거의 파괴된 비인간의 남성을 수행승의 앞으로 데리고 와서 그의 구강에 그의 성기를 들어가게 할 경우, 그러한 적용시에 동의하지 않아 즐거움을 느끼지 않고, 삽입시에 동의하지 않아 즐거움을 느끼지 않고, 유지시에 동의하지 않아 즐거움을 느끼지 않고, 인발시에도 동의하지 않아 즐거움을 느끼지 않으면, 무죄이다.

9-14₁.

1) 수행승의 적대자들이 축생의 남성을 수행승의 앞으로 데리고 와서 그의 항문에 그의 성기를 들어가게 할 경우, 그러한 적용시에 동의하여 즐거움을 느끼고, 삽입시에 동의하여 즐거움을 느끼고, 유지시에 동의하여 즐거움을 느끼고, 인발시에 동의하여 즐거움을 느끼면, 승단추방죄를 범하는 것이다.
2) 수행승의 적대자들이 축생의 남성을 수행승의 앞으로 데리고 와서 그의 항문에 그의 성기를 들어가게 할 경우, 그러한 적용시에 동의하지 않아 즐거움을 느끼지 않아도, 삽입시에 동의하여 즐거움을 느끼고, 유지시에 동의하여 즐거움을 느끼고, 인발시에 동의하여 즐거움을 느끼면, 승단추방죄를 범하는 것이다.
3) 수행승의 적대자들이 축생의 남성을 수행승의 앞으로 데리고 와서 그의 항문에 그의 성기를 들어가게 할 경우, 그러한 적용시에 동의하지 않아 즐거움을 느끼지 않고, 삽입시에 동의하지 않아 즐거움을 느끼지 않아도, 유지시에 동의하여 즐거움을 느끼고, 인발시에 동의하여 즐거움을 느끼면, 승단추방죄를 범하는 것이다
4) 수행승의 적대자들이 축생의 남성을 수행승의 앞으로 데리고 와서 그의 항문에 그의 성기를 들어가게 할 경우, 그러한 적용시에 동의하지 않아 즐거움을 느끼지 않고, 삽입시에 동의하지 않아 즐거움을 느끼지 않고, 유지시에 동의하지 않아 즐거움을 느끼지 않아도, 인발시에 동의하여 즐거움을 느끼면, 승단추방죄를 범하는 것이다.
5) 수행승의 적대자들이 축생의 남성을 수행승의 앞으로 데리고 와서 그의 항문에 그의 성기를 들어가게 할 경우, 그러한 적용시에 동의하지 않아 즐거움을 느끼지 않고, 삽입시에 동의하지 않아 즐거움을 느끼지 않고, 유지시에 동의하지 않아 즐거움을 느끼지 않고, 인발시에도 동의하지 않아 즐거움을 느끼지 않으면, 무죄이다.
6) 수행승의 적대자들이 축생의 남성을 수행승의 앞으로 데리고 와서 그의 구강에 그의 성기를 들어가게 할 경우, 그러한 적용시에 동의하여 즐거움을 느끼고,

삽입시에 동의하여 즐거움을 느끼고, 유지시에 동의하여 즐거움을 느끼고, 인발시에 동의하여 즐거움을 느끼면, 승단추방죄를 범하는 것이다.

7) 수행승의 적대자들이 축생의 남성을 수행승의 앞으로 데리고 와서 그의 구강에 그의 성기를 들어가게 할 경우, 그러한 적용시에 동의하지 않아 즐거움을 느끼지 않아도, 삽입시에 동의하여 즐거움을 느끼고, 유지시에 동의하여 즐거움을 느끼고, 인발시에 동의하여 즐거움을 느끼면, 승단추방죄를 범하는 것이다.

8) 수행승의 적대자들이 축생의 남성을 수행승의 앞으로 데리고 와서 그의 구강에 그의 성기를 들어가게 할 경우, 그러한 적용시에 동의하지 않아 즐거움을 느끼지 않고, 삽입시에 동의하지 않아 즐거움을 느끼지 않아도, 유지시에 동의하여 즐거움을 느끼고, 인발시에 동의하여 즐거움을 느끼면, 승단추방죄를 범하는 것이다.

9) 수행승의 적대자들이 축생의 남성을 수행승의 앞으로 데리고 와서 그의 구강에 그의 성기를 들어가게 할 경우, 그러한 적용시에 동의하지 않아 즐거움을 느끼지 않고, 삽입시에 동의하지 않아 즐거움을 느끼지 않고, 유지시에 동의하지 않아 즐거움을 느끼지 않아도, 인발시에 동의하여 즐거움을 느끼면, 승단추방죄를 범하는 것이다.

10) 수행승의 적대자들이 축생의 남성을 수행승의 앞으로 데리고 와서 그의 구강에 그의 성기를 들어가게 할 경우, 그러한 적용시에 동의하지 않아 즐거움을 느끼지 않고, 삽입시에 동의하지 않아 즐거움을 느끼지 않고, 유지시에 동의하지 않아 즐거움을 느끼지 않고, 인발시에도 동의하지 않아 즐거움을 느끼지 않으면, 무죄이다.

9-14₂.

1) 수행승의 적대자들이 깨어있는 축생의 남성을 수행승의 앞으로 데리고 와서 그의 항문에 그의 성기를 들어가게 할 경우, 그러한 적용시에 동의하여 즐거움을 느끼고, 삽입시에 동의하여 즐거움을 느끼고, 유지시에 동의하여 즐거움을 느끼고, 인발시에 동의하여 즐거움을 느끼면, 승단추방죄를 범하는 것이다.

2) 수행승의 적대자들이 깨어있는 축생의 남성을 수행승의 앞으로 데리고 와서 그의 항문에 그의 성기를 들어가게 할 경우, 그러한 적용시에 동의하지 않아 즐거움을 느끼지 않아도, 삽입시에 동의하여 즐거움을 느끼고, 유지시에 동의하여 즐거움을 느끼고, 인발시에 동의하여 즐거움을 느끼면, 승단추방죄를 범하는 것이다.

3) 수행승의 적대자들이 깨어있는 축생의 남성을 수행승의 앞으로 데리고 와서 그의 항문에 그의 성기를 들어가게 할 경우, 그러한 적용시에 동의하지 않아 즐거움을 느끼지 않고, 삽입시에 동의하지 않아 즐거움을 느끼지 않아도, 유지시에 동의하여 즐거움을 느끼고, 인발시에 동의하여 즐거움을 느끼면, 승단추방죄를 범하는 것이다

4) 수행승의 적대자들이 깨어있는 축생의 남성을 수행승의 앞으로 데리고 와서 그의 항문에 그의 성기를 들어가게 할 경우, 그러한 적용시에 동의하지 않아 즐거움을 느끼지 않고, 삽입시에 동의하지 않아 즐거움을 느끼지 않고, 유지시에 동의하지 않아 즐거움을 느끼지 않아도, 인발시에 동의하여 즐거움을 느끼면, 승단추방죄를 범하는 것이다.

5) 수행승의 적대자들이 깨어있는 축생의 남성을 수행승의 앞으로 데리고 와서 그의 항문에 그의 성기를 들어가게 할 경우, 그러한 적용시에 동의하지 않아 즐거움을 느끼지 않고, 삽입시에 동의하지 않아 즐거움을 느끼지 않고, 유지시에 동의하지 않아 즐거움을 느끼지 않고, 인발시에도 동의하지 않아 즐거움을 느끼지 않으면, 무죄이다.

6) 수행승의 적대자들이 깨어있는 축생의 남성을 수행승의 앞으로 데리고 와서 그의 구강에 그의 성기를 들어가게 할 경우, 그러한 적용시에 동의하여 즐거움을 느끼고, 삽입시에 동의하여 즐거움을 느끼고, 유지시에 동의하여 즐거움을 느끼고, 인발시에 동의하여 즐거움을 느끼면, 승단추방죄를 범하는 것이다.

7) 수행승의 적대자들이 깨어있는 축생의 남성을 수행승의 앞으로 데리고 와서 그의 구강에 그의 성기를 들어가게 할 경우, 그러한 적용시에 동의하지 않아 즐거움을 느끼지 않아도, 삽입시에 동의하여 즐거움을 느끼고, 유지시에 동의하여 즐거움을 느끼고, 인발시에 동의하여 즐거움을 느끼면, 승단추방죄를 범하는 것이다.

8) 수행승의 적대자들이 깨어있는 축생의 남성을 수행승의 앞으로 데리고 와서 그의 구강에 그의 성기를 들어가게 할 경우, 그러한 적용시에 동의하지 않아 즐거움을 느끼지 않고, 삽입시에 동의하지 않아 즐거움을 느끼지 않아도, 유지시에 동의하여 즐거움을 느끼고, 인발시에 동의하여 즐거움을 느끼면, 승단추방죄를 범하는 것이다.

9) 수행승의 적대자들이 깨어있는 축생의 남성을 수행승의 앞으로 데리고 와서 그의 구강에 그의 성기를 들어가게 할 경우, 그러한 적용시에 동의하지 않아

즐거움을 느끼지 않고, 삽입시에 동의하지 않아 즐거움을 느끼지 않고, 유지시에 동의하지 않아 즐거움을 느끼지 않아도, 인발시에 동의하여 즐거움을 느끼면, 승단추방죄를 범하는 것이다.

10) 수행승의 적대자들이 깨어있는 축생의 남성을 수행승의 앞으로 데리고 와서 그의 구강에 그의 성기를 들어가게 할 경우, 그러한 적용시에 동의하지 않아 즐거움을 느끼지 않고, 삽입시에 동의하지 않아 즐거움을 느끼지 않고, 유지시에 동의하지 않아 즐거움을 느끼지 않고, 인발시에도 동의하지 않아 즐거움을 느끼지 않으면, 무죄이다.

9-14₃.

1) 수행승의 적대자들이 잠든 축생의 남성을 수행승의 앞으로 데리고 와서 그의 항문에 그의 성기를 들어가게 할 경우, 그러한 적용시에 동의하여 즐거움을 느끼고, 삽입시에 동의하여 즐거움을 느끼고, 유지시에 동의하여 즐거움을 느끼고, 인발시에 동의하여 즐거움을 느끼면, 승단추방죄를 범하는 것이다.

2) 수행승의 적대자들이 잠든 축생의 남성을 수행승의 앞으로 데리고 와서 그의 항문에 그의 성기를 들어가게 할 경우, 그러한 적용시에 동의하지 않아 즐거움을 느끼지 않아도, 삽입시에 동의하여 즐거움을 느끼고, 유지시에 동의하여 즐거움을 느끼고, 인발시에 동의하여 즐거움을 느끼면, 승단추방죄를 범하는 것이다.

3) 수행승의 적대자들이 잠든 축생의 남성을 수행승의 앞으로 데리고 와서 그의 항문에 그의 성기를 들어가게 할 경우, 그러한 적용시에 동의하지 않아 즐거움을 느끼지 않고, 삽입시에 동의하지 않아 즐거움을 느끼지 않아도, 유지시에 동의하여 즐거움을 느끼고, 인발시에 동의하여 즐거움을 느끼면, 승단추방죄를 범하는 것이다

4) 수행승의 적대자들이 잠든 축생의 남성을 수행승의 앞으로 데리고 와서 그의 항문에 그의 성기를 들어가게 할 경우, 그러한 적용시에 동의하지 않아 즐거움을 느끼지 않고, 삽입시에 동의하지 않아 즐거움을 느끼지 않고, 유지시에 동의하지 않아 즐거움을 느끼지 않아도, 인발시에 동의하여 즐거움을 느끼면, 승단추방죄를 범하는 것이다.

5) 수행승의 적대자들이 잠든 축생의 남성을 수행승의 앞으로 데리고 와서 그의 항문에 그의 성기를 들어가게 할 경우, 그러한 적용시에 동의하지 않아 즐거움을 느끼지 않고, 삽입시에 동의하지 않아 즐거움을 느끼지 않고, 유지시에

동의하지 않아 즐거움을 느끼지 않고, 인발시에도 동의하지 않아 즐거움을 느끼지 않으면, 무죄이다.

6) 수행승의 적대자들이 잠든 축생의 남성을 수행승의 앞으로 데리고 와서 그의 구강에 그의 성기를 들어가게 할 경우, 그러한 적용시에 동의하여 즐거움을 느끼고, 삽입시에 동의하여 즐거움을 느끼고, 유지시에 동의하여 즐거움을 느끼고, 인발시에 동의하여 즐거움을 느끼면, 승단추방죄를 범하는 것이다.

7) 수행승의 적대자들이 잠든 축생의 남성을 수행승의 앞으로 데리고 와서 그의 구강에 그의 성기를 들어가게 할 경우, 그러한 적용시에 동의하지 않아 즐거움을 느끼지 않아도, 삽입시에 동의하여 즐거움을 느끼고, 유지시에 동의하여 즐거움을 느끼고, 인발시에 동의하여 즐거움을 느끼면, 승단추방죄를 범하는 것이다.

8) 수행승의 적대자들이 잠든 축생의 남성을 수행승의 앞으로 데리고 와서 그의 구강에 그의 성기를 들어가게 할 경우, 그러한 적용시에 동의하지 않아 즐거움을 느끼지 않고, 삽입시에 동의하지 않아 즐거움을 느끼지 않아도, 유지시에 동의하여 즐거움을 느끼고, 인발시에 동의하여 즐거움을 느끼면, 승단추방죄를 범하는 것이다.

9) 수행승의 적대자들이 잠든 축생의 남성을 수행승의 앞으로 데리고 와서 그의 구강에 그의 성기를 들어가게 할 경우, 그러한 적용시에 동의하지 않아 즐거움을 느끼지 않고, 삽입시에 동의하지 않아 즐거움을 느끼지 않고, 유지시에 동의하지 않아 즐거움을 느끼지 않아도, 인발시에 동의하여 즐거움을 느끼면, 승단추방죄를 범하는 것이다.

10) 수행승의 적대자들이 잠든 축생의 남성을 수행승의 앞으로 데리고 와서 그의 구강에 그의 성기를 들어가게 할 경우, 그러한 적용시에 동의하지 않아 즐거움을 느끼지 않고, 삽입시에 동의하지 않아 즐거움을 느끼지 않고, 유지시에 동의하지 않아 즐거움을 느끼지 않고, 인발시에도 동의하지 않아 즐거움을 느끼지 않으면, 무죄이다.

9-14₄.

1) 수행승의 적대자들이 술취한 축생의 남성을 수행승의 앞으로 데리고 와서 그의 항문에 그의 성기를 들어가게 할 경우, 그러한 적용시에 동의하여 즐거움을 느끼고, 삽입시에 동의하여 즐거움을 느끼고, 유지시에 동의하여 즐거움을 느끼고, 인발시에 동의하여 즐거움을 느끼면, 승단추방죄를 범하는 것이다.

2) 수행승의 적대자들이 술취한 축생의 남성을 수행승의 앞으로 데리고 와서 그의 항문에 그의 성기를 들어가게 할 경우, 그러한 적용시에 동의하지 않아 즐거움을 느끼지 않아도, 삽입시에 동의하여 즐거움을 느끼고, 유지시에 동의하여 즐거움을 느끼고, 인발시에 동의하여 즐거움을 느끼면, 승단추방죄를 범하는 것이다.

3) 수행승의 적대자들이 술취한 축생의 남성을 수행승의 앞으로 데리고 와서 그의 항문에 그의 성기를 들어가게 할 경우, 그러한 적용시에 동의하지 않아 즐거움을 느끼지 않고, 삽입시에 동의하지 않아 즐거움을 느끼지 않아도, 유지시에 동의하여 즐거움을 느끼고, 인발시에 동의하여 즐거움을 느끼면, 승단추방죄를 범하는 것이다

4) 수행승의 적대자들이 술취한 축생의 남성을 수행승의 앞으로 데리고 와서 그의 항문에 그의 성기를 들어가게 할 경우, 그러한 적용시에 동의하지 않아 즐거움을 느끼지 않고, 삽입시에 동의하지 않아 즐거움을 느끼지 않고, 유지시에 동의하지 않아 즐거움을 느끼지 않아도, 인발시에 동의하여 즐거움을 느끼면, 승단추방죄를 범하는 것이다.

5) 수행승의 적대자들이 술취한 축생의 남성을 수행승의 앞으로 데리고 와서 그의 항문에 그의 성기를 들어가게 할 경우, 그러한 적용시에 동의하지 않아 즐거움을 느끼지 않고, 삽입시에 동의하지 않아 즐거움을 느끼지 않고, 유지시에 동의하지 않아 즐거움을 느끼지 않고, 인발시에도 동의하지 않아 즐거움을 느끼지 않으면, 무죄이다.

6) 수행승의 적대자들이 술취한 축생의 남성을 수행승의 앞으로 데리고 와서 그의 구강에 그의 성기를 들어가게 할 경우, 그러한 적용시에 동의하여 즐거움을 느끼고, 삽입시에 동의하여 즐거움을 느끼고, 유지시에 동의하여 즐거움을 느끼고, 인발시에 동의하여 즐거움을 느끼면, 승단추방죄를 범하는 것이다.

7) 수행승의 적대자들이 술취한 축생의 남성을 수행승의 앞으로 데리고 와서 그의 구강에 그의 성기를 들어가게 할 경우, 그러한 적용시에 동의하지 않아 즐거움을 느끼지 않아도, 삽입시에 동의하여 즐거움을 느끼고, 유지시에 동의하여 즐거움을 느끼고, 인발시에 동의하여 즐거움을 느끼면, 승단추방죄를 범하는 것이다.

8) 수행승의 적대자들이 술취한 축생의 남성을 수행승의 앞으로 데리고 와서 그의 구강에 그의 성기를 들어가게 할 경우, 그러한 적용시에 동의하지 않아

즐거움을 느끼지 않고, 삽입시에 동의하지 않아 즐거움을 느끼지 않아도, 유지시에 동의하여 즐거움을 느끼고, 인발시에 동의하여 즐거움을 느끼면, 승단추방죄를 범하는 것이다.

9) 수행승의 적대자들이 술취한 축생의 남성을 수행승의 앞으로 데리고 와서 그의 구강에 그의 성기를 들어가게 할 경우, 그러한 적용시에 동의하지 않아 즐거움을 느끼지 않고, 삽입시에 동의하지 않아 즐거움을 느끼지 않고, 유지시에 동의하지 않아 즐거움을 느끼지 않아도, 인발시에 동의하여 즐거움을 느끼면, 승단추방죄를 범하는 것이다.

10) 수행승의 적대자들이 술취한 축생의 남성을 수행승의 앞으로 데리고 와서 그의 구강에 그의 성기를 들어가게 할 경우, 그러한 적용시에 동의하지 않아 즐거움을 느끼지 않고, 삽입시에 동의하지 않아 즐거움을 느끼지 않고, 유지시에 동의하지 않아 즐거움을 느끼지 않고, 인발시에도 동의하지 않아 즐거움을 느끼지 않으면, 무죄이다.

9-14₅.

1) 수행승의 적대자들이 정신착란된 축생의 남성을 수행승의 앞으로 데리고 와서 그의 항문에 그의 성기를 들어가게 할 경우, 그러한 적용시에 동의하여 즐거움을 느끼고, 삽입시에 동의하여 즐거움을 느끼고, 유지시에 동의하여 즐거움을 느끼고, 인발시에 동의하여 즐거움을 느끼면, 승단추방죄를 범하는 것이다.

2) 수행승의 적대자들이 정신착란된 축생의 남성을 수행승의 앞으로 데리고 와서 그의 항문에 그의 성기를 들어가게 할 경우, 그러한 적용시에 동의하지 않아 즐거움을 느끼지 않아도, 삽입시에 동의하여 즐거움을 느끼고, 유지시에 동의하여 즐거움을 느끼고, 인발시에 동의하여 즐거움을 느끼면, 승단추방죄를 범하는 것이다.

3) 수행승의 적대자들이 정신착란된 축생의 남성을 수행승의 앞으로 데리고 와서 그의 항문에 그의 성기를 들어가게 할 경우, 그러한 적용시에 동의하지 않아 즐거움을 느끼지 않고, 삽입시에 동의하지 않아 즐거움을 느끼지 않아도, 유지시에 동의하여 즐거움을 느끼고, 인발시에 동의하여 즐거움을 느끼면, 승단추방죄를 범하는 것이다

4) 수행승의 적대자들이 정신착란된 축생의 남성을 수행승의 앞으로 데리고 와서 그의 항문에 그의 성기를 들어가게 할 경우, 그러한 적용시에 동의하지 않아 즐거움을 느끼지 않고, 삽입시에 동의하지 않아 즐거움을 느끼지 않고, 유지시

에 동의하지 않아 즐거움을 느끼지 않아도, 인발시에 동의하여 즐거움을 느끼면, 승단추방죄를 범하는 것이다.

5) 수행승의 적대자들이 정신착란된 축생의 남성을 수행승의 앞으로 데리고 와서 그의 항문에 그의 성기를 들어가게 할 경우, 그러한 적용시에 동의하지 않아 즐거움을 느끼지 않고, 삽입시에 동의하지 않아 즐거움을 느끼지 않고, 유지시에 동의하지 않아 즐거움을 느끼지 않고, 인발시에도 동의하지 않아 즐거움을 느끼지 않으면, 무죄이다.

6) 수행승의 적대자들이 정신착란된 축생의 남성을 수행승의 앞으로 데리고 와서 그의 구강에 그의 성기를 들어가게 할 경우, 그러한 적용시에 동의하여 즐거움을 느끼고, 삽입시에 동의하여 즐거움을 느끼고, 유지시에 동의하여 즐거움을 느끼고, 인발시에 동의하여 즐거움을 느끼면, 승단추방죄를 범하는 것이다.

7) 수행승의 적대자들이 정신착란된 축생의 남성을 수행승의 앞으로 데리고 와서 그의 구강에 그의 성기를 들어가게 할 경우, 그러한 적용시에 동의하지 않아 즐거움을 느끼지 않아도, 삽입시에 동의하여 즐거움을 느끼고, 유지시에 동의하여 즐거움을 느끼고, 인발시에 동의하여 즐거움을 느끼면, 승단추방죄를 범하는 것이다.

8) 수행승의 적대자들이 정신착란된 축생의 남성을 수행승의 앞으로 데리고 와서 그의 구강에 그의 성기를 들어가게 할 경우, 그러한 적용시에 동의하지 않아 즐거움을 느끼지 않고, 삽입시에 동의하지 않아 즐거움을 느끼지 않아도, 유지시에 동의하여 즐거움을 느끼고, 인발시에 동의하여 즐거움을 느끼면, 승단추방죄를 범하는 것이다.

9) 수행승의 적대자들이 정신착란된 축생의 남성을 수행승의 앞으로 데리고 와서 그의 구강에 그의 성기를 들어가게 할 경우, 그러한 적용시에 동의하지 않아 즐거움을 느끼지 않고, 삽입시에 동의하지 않아 즐거움을 느끼지 않고, 유지시에 동의하지 않아 즐거움을 느끼지 않아도, 인발시에 동의하여 즐거움을 느끼면, 승단추방죄를 범하는 것이다.

10) 수행승의 적대자들이 정신착란된 축생의 남성을 수행승의 앞으로 데리고 와서 그의 구강에 그의 성기를 들어가게 할 경우, 그러한 적용시에 동의하지 않아 즐거움을 느끼지 않고, 삽입시에 동의하지 않아 즐거움을 느끼지 않고, 유지시에 동의하지 않아 즐거움을 느끼지 않고, 인발시에도 동의하지 않아 즐거움을 느끼지 않으면, 무죄이다.

$9\text{-}14_{6}$.

1) 수행승의 적대자들이 방일한 축생의 남성을 수행승의 앞으로 데리고 와서 그의 항문에 그의 성기를 들어가게 할 경우, 그러한 적용시에 동의하여 즐거움을 느끼고, 삽입시에 동의하여 즐거움을 느끼고, 유지시에 동의하여 즐거움을 느끼고, 인발시에 동의하여 즐거움을 느끼면, 승단추방죄를 범하는 것이다.

2) 수행승의 적대자들이 방일한 축생의 남성을 수행승의 앞으로 데리고 와서 그의 항문에 그의 성기를 들어가게 할 경우, 그러한 적용시에 동의하지 않아 즐거움을 느끼지 않아도, 삽입시에 동의하여 즐거움을 느끼고, 유지시에 동의하여 즐거움을 느끼고, 인발시에 동의하여 즐거움을 느끼면, 승단추방죄를 범하는 것이다.

3) 수행승의 적대자들이 방일한 축생의 남성을 수행승의 앞으로 데리고 와서 그의 항문에 그의 성기를 들어가게 할 경우, 그러한 적용시에 동의하지 않아 즐거움을 느끼지 않고, 삽입시에 동의하지 않아 즐거움을 느끼지 않아도, 유지시에 동의하여 즐거움을 느끼고, 인발시에 동의하여 즐거움을 느끼면, 승단추방죄를 범하는 것이다

4) 수행승의 적대자들이 방일한 축생의 남성을 수행승의 앞으로 데리고 와서 그의 항문에 그의 성기를 들어가게 할 경우, 그러한 적용시에 동의하지 않아 즐거움을 느끼지 않고, 삽입시에 동의하지 않아 즐거움을 느끼지 않고, 유지시에 동의하지 않아 즐거움을 느끼지 않아도, 인발시에 동의하여 즐거움을 느끼면, 승단추방죄를 범하는 것이다.

5) 수행승의 적대자들이 방일한 축생의 남성을 수행승의 앞으로 데리고 와서 그의 항문에 그의 성기를 들어가게 할 경우, 그러한 적용시에 동의하지 않아 즐거움을 느끼지 않고, 삽입시에 동의하지 않아 즐거움을 느끼지 않고, 유지시에 동의하지 않아 즐거움을 느끼지 않고, 인발시에도 동의하지 않아 즐거움을 느끼지 않으면, 무죄이다.

6) 수행승의 적대자들이 방일한 축생의 남성을 수행승의 앞으로 데리고 와서 그의 구강에 그의 성기를 들어가게 할 경우, 그러한 적용시에 동의하여 즐거움을 느끼고, 삽입시에 동의하여 즐거움을 느끼고, 유지시에 동의하여 즐거움을 느끼고, 인발시에 동의하여 즐거움을 느끼면, 승단추방죄를 범하는 것이다.

7) 수행승의 적대자들이 방일한 축생의 남성을 수행승의 앞으로 데리고 와서 그의 구강에 그의 성기를 들어가게 할 경우, 그러한 적용시에 동의하지 않아

즐거움을 느끼지 않아도, 삽입시에 동의하여 즐거움을 느끼고, 유지시에 동의하여 즐거움을 느끼고, 인발시에 동의하여 즐거움을 느끼면, 승단추방죄를 범하는 것이다.

8) 수행승의 적대자들이 방일한 축생의 남성을 수행승의 앞으로 데리고 와서 그의 구강에 그의 성기를 들어가게 할 경우, 그러한 적용시에 동의하지 않아 즐거움을 느끼지 않고, 삽입시에 동의하지 않아 즐거움을 느끼지 않아도, 유지시에 동의하여 즐거움을 느끼고, 인발시에 동의하여 즐거움을 느끼면, 승단추방죄를 범하는 것이다.

9) 수행승의 적대자들이 방일한 축생의 남성을 수행승의 앞으로 데리고 와서 그의 구강에 그의 성기를 들어가게 할 경우, 그러한 적용시에 동의하지 않아 즐거움을 느끼지 않고, 삽입시에 동의하지 않아 즐거움을 느끼지 않고, 유지시에 동의하지 않아 즐거움을 느끼지 않아도, 인발시에 동의하여 즐거움을 느끼면, 승단추방죄를 범하는 것이다.

10) 수행승의 적대자들이 방일한 축생의 남성을 수행승의 앞으로 데리고 와서 그의 구강에 그의 성기를 들어가게 할 경우, 그러한 적용시에 동의하지 않아 즐거움을 느끼지 않고, 삽입시에 동의하지 않아 즐거움을 느끼지 않고, 유지시에 동의하지 않아 즐거움을 느끼지 않고, 인발시에도 동의하지 않아 즐거움을 느끼지 않으면, 무죄이다.

9-14$_7$.

1) 수행승의 적대자들이, 죽었지만 아직 파괴되지 않은 축생의 남성을 수행승의 앞으로 데리고 와서 그의 항문에 그의 성기를 들어가게 할 경우, 그러한 적용시에 동의하여 즐거움을 느끼고, 삽입시에 동의하여 즐거움을 느끼고, 유지시에 동의하여 즐거움을 느끼고, 인발시에 동의하여 즐거움을 느끼면, 승단추방죄를 범하는 것이다.

2) 수행승의 적대자들이, 죽었지만 아직 파괴되지 않은 축생의 남성을 수행승의 앞으로 데리고 와서 그의 항문에 그의 성기를 들어가게 할 경우, 그러한 적용시에 동의하지 않아 즐거움을 느끼지 않아도, 삽입시에 동의하여 즐거움을 느끼고, 유지시에 동의하여 즐거움을 느끼고, 인발시에 동의하여 즐거움을 느끼면, 승단추방죄를 범하는 것이다.

3) 수행승의 적대자들이, 죽었지만 아직 파괴되지 않은 축생의 남성을 수행승의 앞으로 데리고 와서 그의 항문에 그의 성기를 들어가게 할 경우, 그러한 적용시

에 동의하지 않아 즐거움을 느끼지 않고, 삽입시에 동의하지 않아 즐거움을 느끼지 않아도, 유지시에 동의하여 즐거움을 느끼고, 인발시에 동의하여 즐거움을 느끼면, 승단추방죄를 범하는 것이다

4) 수행승의 적대자들이, 죽었지만 아직 파괴되지 않은 축생의 남성을 수행승의 앞으로 데리고 와서 그의 항문에 그의 성기를 들어가게 할 경우, 그러한 적용시에 동의하지 않아 즐거움을 느끼지 않고, 삽입시에 동의하지 않아 즐거움을 느끼지 않고, 유지시에 동의하지 않아 즐거움을 느끼지 않아도, 인발시에 동의하여 즐거움을 느끼면, 승단추방죄를 범하는 것이다.

5) 수행승의 적대자들이, 죽었지만 아직 파괴되지 않은 축생의 남성을 수행승의 앞으로 데리고 와서 그의 항문에 그의 성기를 들어가게 할 경우, 그러한 적용시에 동의하지 않아 즐거움을 느끼지 않고, 삽입시에 동의하지 않아 즐거움을 느끼지 않고, 유지시에 동의하지 않아 즐거움을 느끼지 않고, 인발시에도 동의하지 않아 즐거움을 느끼지 않으면, 무죄이다.

6) 수행승의 적대자들이, 죽었지만 아직 파괴되지 않은 축생의 남성을 수행승의 앞으로 데리고 와서 그의 구강에 그의 성기를 들어가게 할 경우, 그러한 적용시에 동의하여 즐거움을 느끼고, 삽입시에 동의하여 즐거움을 느끼고, 유지시에 동의하여 즐거움을 느끼고, 인발시에 동의하여 즐거움을 느끼면, 승단추방죄를 범하는 것이다.

7) 수행승의 적대자들이, 죽었지만 아직 파괴되지 않은 축생의 남성을 수행승의 앞으로 데리고 와서 그의 구강에 그의 성기를 들어가게 할 경우, 그러한 적용시에 동의하지 않아 즐거움을 느끼지 않아도, 삽입시에 동의하여 즐거움을 느끼고, 유지시에 동의하여 즐거움을 느끼고, 인발시에 동의하여 즐거움을 느끼면, 승단추방죄를 범하는 것이다.

8) 수행승의 적대자들이, 죽었지만 아직 파괴되지 않은 축생의 남성을 수행승의 앞으로 데리고 와서 그의 구강에 그의 성기를 들어가게 할 경우, 그러한 적용시에 동의하지 않아 즐거움을 느끼지 않고, 삽입시에 동의하지 않아 즐거움을 느끼지 않아도, 유지시에 동의하여 즐거움을 느끼고, 인발시에 동의하여 즐거움을 느끼면, 승단추방죄를 범하는 것이다.

9) 수행승의 적대자들이, 죽었지만 아직 파괴되지 않은 축생의 남성을 수행승의 앞으로 데리고 와서 그의 구강에 그의 성기를 들어가게 할 경우, 그러한 적용시에 동의하지 않아 즐거움을 느끼지 않고, 삽입시에 동의하지 않아 즐거움을

느끼지 않고, 유지시에 동의하지 않아 즐거움을 느끼지 않아도, 인발시에 동의하여 즐거움을 느끼면, 승단추방죄를 범하는 것이다.

10) 수행승의 적대자들이, 죽었지만 아직 파괴되지 않은 축생의 남성을 수행승의 앞으로 데리고 와서 그의 구강에 그의 성기를 들어가게 할 경우, 그러한 적용시에 동의하지 않아 즐거움을 느끼지 않고, 삽입시에 동의하지 않아 즐거움을 느끼지 않고, 유지시에 동의하지 않아 즐거움을 느끼지 않고, 인발시에도 동의하지 않아 즐거움을 느끼지 않으면, 무죄이다.

9-14₈.

1) 수행승의 적대자들이, 죽었지만 대체로 파괴되지 않은 축생의 남성을 수행승의 앞으로 데리고 와서 그의 항문에 그의 성기를 들어가게 할 경우, 그러한 적용시에 동의하여 즐거움을 느끼고, 삽입시에 동의하여 즐거움을 느끼고, 유지시에 동의하여 즐거움을 느끼고, 인발시에 동의하여 즐거움을 느끼면, 승단추방죄를 범하는 것이다.
2) 수행승의 적대자들이, 죽었지만 대체로 파괴되지 않은 축생의 남성을 수행승의 앞으로 데리고 와서 그의 항문에 그의 성기를 들어가게 할 경우, 그러한 적용시에 동의하지 않아 즐거움을 느끼지 않아도, 삽입시에 동의하여 즐거움을 느끼고, 유지시에 동의하여 즐거움을 느끼고, 인발시에 동의하여 즐거움을 느끼면, 승단추방죄를 범하는 것이다.
3) 수행승의 적대자들이, 죽었지만 대체로 파괴되지 않은 축생의 남성을 수행승의 앞으로 데리고 와서 그의 항문에 그의 성기를 들어가게 할 경우, 그러한 적용시에 동의하지 않아 즐거움을 느끼지 않고, 삽입시에 동의하지 않아 즐거움을 느끼지 않아도, 유지시에 동의하여 즐거움을 느끼고, 인발시에 동의하여 즐거움을 느끼면, 승단추방죄를 범하는 것이다
4) 수행승의 적대자들이, 죽었지만 대체로 파괴되지 않은 축생의 남성을 수행승의 앞으로 데리고 와서 그의 항문에 그의 성기를 들어가게 할 경우, 그러한 적용시에 동의하지 않아 즐거움을 느끼지 않고, 삽입시에 동의하지 않아 즐거움을 느끼지 않고, 유지시에 동의하지 않아 즐거움을 느끼지 않아도, 인발시에 동의하여 즐거움을 느끼면, 승단추방죄를 범하는 것이다.
5) 수행승의 적대자들이, 죽었지만 대체로 파괴되지 않은 축생의 남성을 수행승의 앞으로 데리고 와서 그의 항문에 그의 성기를 들어가게 할 경우, 그러한 적용시에 동의하지 않아 즐거움을 느끼지 않고, 삽입시에 동의하지 않아 즐거

움을 느끼지 않고, 유지시에 동의하지 않아 즐거움을 느끼지 않고, 인발시에도 동의하지 않아 즐거움을 느끼지 않으면, 무죄이다.

6) 수행승의 적대자들이, 죽었지만 대체로 파괴되지 않은 축생의 남성을 수행승의 앞으로 데리고 와서 그의 구강에 그의 성기를 들어가게 할 경우, 그러한 적용시에 동의하여 즐거움을 느끼고, 삽입시에 동의하여 즐거움을 느끼고, 유지시에 동의하여 즐거움을 느끼고, 인발시에 동의하여 즐거움을 느끼면, 승단추방죄를 범하는 것이다.

7) 수행승의 적대자들이, 죽었지만 대체로 파괴되지 않은 축생의 남성을 수행승의 앞으로 데리고 와서 그의 구강에 그의 성기를 들어가게 할 경우, 그러한 적용시에 동의하지 않아 즐거움을 느끼지 않아도, 삽입시에 동의하여 즐거움을 느끼고, 유지시에 동의하여 즐거움을 느끼고, 인발시에 동의하여 즐거움을 느끼면, 승단추방죄를 범하는 것이다.

8) 수행승의 적대자들이, 죽었지만 대체로 파괴되지 않은 축생의 남성을 수행승의 앞으로 데리고 와서 그의 구강에 그의 성기를 들어가게 할 경우, 그러한 적용시에 동의하지 않아 즐거움을 느끼지 않고, 삽입시에 동의하지 않아 즐거움을 느끼지 않아도, 유지시에 동의하여 즐거움을 느끼고, 인발시에 동의하여 즐거움을 느끼면, 승단추방죄를 범하는 것이다.

9) 수행승의 적대자들이, 죽었지만 대체로 파괴되지 않은 축생의 남성을 수행승의 앞으로 데리고 와서 그의 구강에 그의 성기를 들어가게 할 경우, 그러한 적용시에 동의하지 않아 즐거움을 느끼지 않고, 삽입시에 동의하지 않아 즐거움을 느끼지 않고, 유지시에 동의하지 않아 즐거움을 느끼지 않아도, 인발시에 동의하여 즐거움을 느끼면, 승단추방죄를 범하는 것이다.

10) 수행승의 적대자들이, 죽었지만 대체로 파괴되지 않은 축생의 남성을 수행승의 앞으로 데리고 와서 그의 구강에 그의 성기를 들어가게 할 경우, 그러한 적용시에 동의하지 않아 즐거움을 느끼지 않고, 삽입시에 동의하지 않아 즐거움을 느끼지 않고, 유지시에 동의하지 않아 즐거움을 느끼지 않고, 인발시에도 동의하지 않아 즐거움을 느끼지 않으면, 무죄이다.

9-14₉.

1) 수행승의 적대자들이, 죽어서 거의 파괴된 축생의 남성을 수행승의 앞으로 데리고 와서 그의 항문에 그의 성기를 들어가게 할 경우, 그러한 적용시에 동의하여 즐거움을 느끼고, 삽입시에 동의하여 즐거움을 느끼고, 유지시에

동의하여 즐거움을 느끼고, 인발시에 동의하여 즐거움을 느끼면, 추악죄를 범하는 것이다.

2) 수행승의 적대자들이, 죽어서 거의 파괴된 축생의 남성을 수행승의 앞으로 데리고 와서 그의 항문에 그의 성기를 들어가게 할 경우, 그러한 적용시에 동의하지 않아 즐거움을 느끼지 않아도, 삽입시에 동의하여 즐거움을 느끼고, 유지시에 동의하여 즐거움을 느끼고, 인발시에 동의하여 즐거움을 느끼면, 추악죄를 범하는 것이다.

3) 수행승의 적대자들이, 죽어서 거의 파괴된 축생의 남성을 수행승의 앞으로 데리고 와서 그의 항문에 그의 성기를 들어가게 할 경우, 그러한 적용시에 동의하지 않아 즐거움을 느끼지 않고, 삽입시에 동의하지 않아 즐거움을 느끼지 않아도, 유지시에 동의하여 즐거움을 느끼고, 인발시에 동의하여 즐거움을 느끼면, 추악죄를 범하는 것이다

4) 수행승의 적대자들이, 죽어서 거의 파괴된 축생의 남성을 수행승의 앞으로 데리고 와서 그의 항문에 그의 성기를 들어가게 할 경우, 그러한 적용시에 동의하지 않아 즐거움을 느끼지 않고, 삽입시에 동의하지 않아 즐거움을 느끼지 않고, 유지시에 동의하지 않아 즐거움을 느끼지 않아도, 인발시에 동의하여 즐거움을 느끼면, 추악죄를 범하는 것이다.

5) 수행승의 적대자들이, 죽어서 거의 파괴된 축생의 남성을 수행승의 앞으로 데리고 와서 그의 항문에 그의 성기를 들어가게 할 경우, 그러한 적용시에 동의하지 않아 즐거움을 느끼지 않고, 삽입시에 동의하지 않아 즐거움을 느끼지 않고, 유지시에 동의하지 않아 즐거움을 느끼지 않고, 인발시에도 동의하지 않아 즐거움을 느끼지 않으면, 무죄이다.

6) 수행승의 적대자들이, 죽어서 거의 파괴된 축생의 남성을 수행승의 앞으로 데리고 와서 그의 구강에 그의 성기를 들어가게 할 경우, 그러한 적용시에 동의하여 즐거움을 느끼고, 삽입시에 동의하여 즐거움을 느끼고, 유지시에 동의하여 즐거움을 느끼고, 인발시에 동의하여 즐거움을 느끼면, 추악죄를 범하는 것이다.

7) 수행승의 적대자들이, 죽어서 거의 파괴된 축생의 남성을 수행승의 앞으로 데리고 와서 그의 구강에 그의 성기를 들어가게 할 경우, 그러한 적용시에 동의하지 않아 즐거움을 느끼지 않아도, 삽입시에 동의하여 즐거움을 느끼고, 유지시에 동의하여 즐거움을 느끼고, 인발시에 동의하여 즐거움을 느끼면,

추악죄를 범하는 것이다.

8) 수행승의 적대자들이, 죽어서 거의 파괴된 축생의 남성을 수행승의 앞으로 데리고 와서 그의 구강에 그의 성기를 들어가게 할 경우, 그러한 적용시에 동의하지 않아 즐거움을 느끼지 않고, 삽입시에 동의하지 않아 즐거움을 느끼지 않아도, 유지시에 동의하여 즐거움을 느끼고, 인발시에 동의하여 즐거움을 느끼면, 추악죄를 범하는 것이다.

9) 수행승의 적대자들이, 죽어서 거의 파괴된 축생의 남성을 수행승의 앞으로 데리고 와서 그의 구강에 그의 성기를 들어가게 할 경우, 그러한 적용시에 동의하지 않아 즐거움을 느끼지 않고, 삽입시에 동의하지 않아 즐거움을 느끼지 않고, 유지시에 동의하지 않아 즐거움을 느끼지 않아도, 인발시에 동의하여 즐거움을 느끼면, 추악죄를 범하는 것이다.

10) 수행승의 적대자들이, 죽어서 거의 파괴된 축생의 남성을 수행승의 앞으로 데리고 와서 그의 구강에 그의 성기를 들어가게 할 경우, 그러한 적용시에 동의하지 않아 즐거움을 느끼지 않고, 삽입시에 동의하지 않아 즐거움을 느끼지 않고, 유지시에 동의하지 않아 즐거움을 느끼지 않고, 인발시에도 동의하지 않아 즐거움을 느끼지 않으면, 무죄이다.

9-15$_1$.

1) 수행승의[*31] 적대자들 … 적대자인 왕들 … 적대자인 도적들 … 적대자인 건달들 … 적대자인 갱단들이[135] 인간의 여성을 수행승의 앞으로 데리고 와서 그녀의 항문 … 그녀의 성기 … 그녀의 구강에 그의 성기를 들어가게 할 경우 … 그녀는 유격(有隔)이고 수행승은 무격(無隔)이고,[136] … 그녀는 무격이고 수행승은 유격이고 … 그녀도 유격이고 수행승도 유격이고 … 그녀도 무격이고 수행승도 무격이고 간에, 그러한 적용시에 동의하여 즐거움을 느끼고, 삽입시에 동의하여 즐거움을 느끼고, 유지시에 동의하여 즐거움을 느끼고, 인발시에 동의하여 즐거움을 느끼면, 승단추방죄를 범하는 것이다.

2) 수행승의 적대자들 … 적대자인 왕들 … 적대자인 도적들 … 적대자인 건달들 … 적대자인 갱단들이 인간의 여성을 수행승의 앞으로 데리고 와서 그녀의

135) uppalagandhapaccatthikā : '연꽃향기'라는 뜻을 갖고 있는 갱단으로 Smp. 268에 따르면, 인간의 심장을 요구하는 갱단인데, 수행승들은 살해하지 않고 여성을 데려다 정신적으로 방황하게 만든다.

136) santhatāya asanthatassa : 한역에서는 유격(有隔)과 무격(無隔)이라고 번역한다. 유격은 '성기를 감싼 것'을 뜻하고, '무격'은 '성기를 드러낸 것'을 뜻한다.

항문 … 그녀의 성기 … 그녀의 구강에 그의 성기를 들어가게 할 경우 … 그녀는 유격이고 수행승은 무격이고 … 그녀는 무격이고 수행승은 유격이고 … 그녀도 유격이고 수행승도 유격이고 … 그녀도 무격이고 수행승도 무격이고 간에, 그러한 적용시에 동의하지 않아 즐거움을 느끼지 않아도, 삽입시에 동의하여 즐거움을 느끼고, 유지시에 동의하여 즐거움을 느끼고, 인발시에 동의하여 즐거움을 느끼면, 승단추방죄를 범하는 것이다.

3) 수행승의 적대자들 … 적대자인 왕들 … 적대자인 도적들 … 적대자인 건달들 … 적대자인 갱단들이 인간의 여성을 수행승의 앞으로 데리고 와서 그녀의 항문 … 그녀의 성기 … 그녀의 구강에 그의 성기를 들어가게 할 경우 … 그녀는 유격이고 수행승은 무격이고 … 그녀는 무격이고 수행승은 유격이고 … 그녀도 유격이고 수행승도 유격이고 … 그녀도 무격이고 수행승도 무격이고 간에, 그러한 적용시에 동의하지 않아 즐거움을 느끼지 않고, 삽입시에 동의하지 않아 즐거움을 느끼지 않아도, 유지시에 동의하여 즐거움을 느끼고, 인발시에 동의하여 즐거움을 느끼면, 승단추방죄를 범하는 것이다.

4) 수행승의 적대자들 … 적대자인 왕들 … 적대자인 도적들 … 적대자인 건달들 … 적대자인 갱단들이 인간의 여성을 수행승의 앞으로 데리고 와서 그녀의 항문 … 그녀의 성기 … 그녀의 구강에 그의 성기를 들어가게 할 경우 … 그녀는 유격이고 수행승은 무격이고 … 그녀는 무격이고 수행승은 유격이고 … 그녀도 유격이고 수행승도 유격이고 … 그녀도 무격이고 수행승도 무격이고 간에, 그러한 적용시에 동의하지 않아 즐거움을 느끼지 않고, 삽입시에 동의하지 않아 즐거움을 느끼지 않고, 유지시에 동의하지 않아 즐거움을 느끼지 않아도, 인발시에 동의하여 즐거움을 느끼면, 승단추방죄를 범하는 것이다.

5) 수행승의 적대자들 … 적대자인 왕들 … 적대자인 도적들 … 적대자인 건달들 … 적대자인 갱단들이 인간의 여성을 수행승의 앞으로 데리고 와서 그녀의 항문 … 그녀의 성기 … 그녀의 구강에 그의 성기를 들어가게 할 경우 … 그녀는 유격이고 수행승은 무격이고 … 그녀는 무격이고 수행승은 유격이고 … 그녀도 유격이고 수행승도 유격이고 … 그녀도 무격이고 수행승도 무격이고 간에, 그러한 적용시에 동의하지 않아 즐거움을 느끼지 않고, 삽입시에 동의하지 않아 즐거움을 느끼지 않고, 유지시에 동의하지 않아 즐거움을 느끼지 않고, 인발시에도 동의하지 않아 즐거움을 느끼지 않으면, 무죄이다.

9-15₂.

1) 수행승의 적대자들 … 적대자인 왕들 … 적대자인 도적들 … 적대자인 건달들 … 적대자인 갱단들이 깨어있는 인간의 여성을 수행승의 앞으로 데리고 와서 그녀의 항문 … 그녀의 성기 … 그녀의 구강에 그의 성기를 들어가게 할 경우 … 그녀는 유격이고 수행승은 무격이고 … 그녀는 무격이고 수행승은 유격이고 … 그녀도 유격이고 수행승도 유격이고 … 그녀도 무격이고 수행승도 무격이고 간에, 그러한 적용시에 동의하여 즐거움을 느끼고, 삽입시에 동의하여 즐거움을 느끼고, 유지시에 동의하여 즐거움을 느끼고, 인발시에 동의하여 즐거움을 느끼면, 승단추방죄를 범하는 것이다.

2) 수행승의 적대자들 … 적대자인 왕들 … 적대자인 도적들 … 적대자인 건달들 … 적대자인 갱단들이 깨어있는 인간의 여성을 수행승의 앞으로 데리고 와서 그녀의 항문 … 그녀의 성기 … 그녀의 구강에 그의 성기를 들어가게 할 경우 … 그녀는 유격이고 수행승은 무격이고 … 그녀는 무격이고 수행승은 유격이고 … 그녀도 유격이고 수행승도 유격이고 … 그녀도 무격이고 수행승도 무격이고 간에, 그러한 적용시에 동의하지 않아 즐거움을 느끼지 않아도, 삽입시에 동의하여 즐거움을 느끼고, 유지시에 동의하여 즐거움을 느끼고, 인발시에 동의하여 즐거움을 느끼면, 승단추방죄를 범하는 것이다.

3) 수행승의 적대자들 … 적대자인 왕들 … 적대자인 도적들 … 적대자인 건달들 … 적대자인 갱단들이 깨어있는 인간의 여성을 수행승의 앞으로 데리고 와서 그녀의 항문 … 그녀의 성기 … 그녀의 구강에 그의 성기를 들어가게 할 경우 … 그녀는 유격이고 수행승은 무격이고 … 그녀는 무격이고 수행승은 유격이고 … 그녀도 유격이고 수행승도 유격이고 … 그녀도 무격이고 수행승도 무격이고 간에, 그러한 적용시에 동의하지 않아 즐거움을 느끼지 않고, 삽입시에 동의하지 않아 즐거움을 느끼지 않아도, 유지시에 동의하여 즐거움을 느끼고, 인발시에 동의하여 즐거움을 느끼면, 승단추방죄를 범하는 것이다.

4) 수행승의 적대자들 … 적대자인 왕들 … 적대자인 도적들 … 적대자인 건달들 … 적대자인 갱단들이 깨어있는 인간의 여성을 수행승의 앞으로 데리고 와서 그녀의 항문 … 그녀의 성기 … 그녀의 구강에 그의 성기를 들어가게 할 경우 … 그녀는 유격이고 수행승은 무격이고 … 그녀는 무격이고 수행승은 유격이고 … 그녀도 유격이고 수행승도 유격이고 … 그녀도 무격이고 수행승도 무격이고 간에, 그러한 적용시에 동의하지 않아 즐거움을 느끼지 않고, 삽입시에 동의하지 않아 즐거움을 느끼지 않고, 유지시에 동의하지 않아 즐거

움을 느끼지 않아도, 인발시에 동의하여 즐거움을 느끼면, 승단추방죄를 범하는 것이다.

5) 수행승의 적대자들 … 적대자인 왕들 … 적대자인 도적들 … 적대자인 건달들 … 적대자인 갱단들이 깨어있는 인간의 여성을 수행승의 앞으로 데리고 와서 그녀의 항문 … 그녀의 성기 … 그녀의 구강에 그의 성기를 들어가게 할 경우 … 그녀는 유격이고 수행승은 무격이고 … 그녀는 무격이고 수행승은 유격이고 … 그녀도 유격이고 수행승도 유격이고 … 그녀도 무격이고 수행승도 무격이고 간에, 그러한 적용시에 동의하지 않아 즐거움을 느끼지 않고, 삽입시에 동의하지 않아 즐거움을 느끼지 않고, 유지시에 동의하지 않아 즐거움을 느끼지 않고, 인발시에도 동의하지 않아 즐거움을 느끼지 않으면, 무죄이다.

9-15₃.

1) 수행승의 적대자들 … 적대자인 왕들 … 적대자인 도적들 … 적대자인 건달들 … 적대자인 갱단들이 잠든 인간의 여성을 수행승의 앞으로 데리고 와서 그녀의 항문 … 그녀의 성기 … 그녀의 구강에 그의 성기를 들어가게 할 경우 … 그녀는 유격이고 수행승은 무격이고 … 그녀는 무격이고 수행승은 유격이고 … 그녀도 유격이고 수행승도 유격이고 … 그녀도 무격이고 수행승도 무격이고 간에, 그러한 적용시에 동의하여 즐거움을 느끼고, 삽입시에 동의하여 즐거움을 느끼고, 유지시에 동의하여 즐거움을 느끼고, 인발시에 동의하여 즐거움을 느끼면, 승단추방죄를 범하는 것이다.

2) 수행승의 적대자들 … 적대자인 왕들 … 적대자인 도적들 … 적대자인 건달들 … 적대자인 갱단들이 잠든 인간의 여성을 수행승의 앞으로 데리고 와서 그녀의 항문 … 그녀의 성기 … 그녀의 구강에 그의 성기를 들어가게 할 경우 … 그녀는 유격이고 수행승은 무격이고 … 그녀는 무격이고 수행승은 유격이고 … 그녀도 유격이고 수행승도 유격이고 … 그녀도 무격이고 수행승도 무격이고 간에, 그러한 적용시에 동의하지 않아 즐거움을 느끼지 않아도, 삽입시에 동의하여 즐거움을 느끼고, 유지시에 동의하여 즐거움을 느끼고, 인발시에 동의하여 즐거움을 느끼면, 승단추방죄를 범하는 것이다.

3) 수행승의 적대자들 … 적대자인 왕들 … 적대자인 도적들 … 적대자인 건달들 … 적대자인 갱단들이 잠든 인간의 여성을 수행승의 앞으로 데리고 와서 그녀의 항문 … 그녀의 성기 … 그녀의 구강에 그의 성기를 들어가게 할 경우

… 그녀는 유격이고 수행승은 무격이고 … 그녀는 무격이고 수행승은 유격이고 … 그녀도 유격이고 수행승도 유격이고 … 그녀도 무격이고 수행승도 무격이고 간에, 그러한 적용시에 동의하지 않아 즐거움을 느끼지 않고, 삽입시에 동의하지 않아 즐거움을 느끼지 않아도, 유지시에 동의하여 즐거움을 느끼고, 인발시에 동의하여 즐거움을 느끼면, 승단추방죄를 범하는 것이다.

4) 수행승의 적대자들 … 적대자인 왕들 … 적대자인 도적들 … 적대자인 건달들 … 적대자인 갱단들이 잠든 인간의 여성을 수행승의 앞으로 데리고 와서 그녀의 항문 … 그녀의 성기 … 그녀의 구강에 그의 성기를 들어가게 할 경우 … 그녀는 유격이고 수행승은 무격이고 … 그녀는 무격이고 수행승은 유격이고 … 그녀도 유격이고 수행승도 유격이고 … 그녀도 무격이고 수행승도 무격이고 간에, 그러한 적용시에 동의하지 않아 즐거움을 느끼지 않고, 삽입시에 동의하지 않아 즐거움을 느끼지 않고, 유지시에 동의하지 않아 즐거움을 느끼지 않아도, 인발시에 동의하여 즐거움을 느끼면, 승단추방죄를 범하는 것이다.

5) 수행승의 적대자들 … 적대자인 왕들 … 적대자인 도적들 … 적대자인 건달들 … 적대자인 갱단들이 잠든 인간의 여성을 수행승의 앞으로 데리고 와서 그녀의 항문 … 그녀의 성기 … 그녀의 구강에 그의 성기를 들어가게 할 경우 … 그녀는 유격이고 수행승은 무격이고 … 그녀는 무격이고 수행승은 유격이고 … 그녀도 유격이고 수행승도 유격이고 … 그녀도 무격이고 수행승도 무격이고 간에, 그러한 적용시에 동의하지 않아 즐거움을 느끼지 않고, 삽입시에 동의하지 않아 즐거움을 느끼지 않고, 유지시에 동의하지 않아 즐거움을 느끼지 않고, 인발시에도 동의하지 않아 즐거움을 느끼지 않으면, 무죄이다.

9-15₄.

1) 수행승의 적대자들 … 적대자인 왕들 … 적대자인 도적들 … 적대자인 건달들 … 적대자인 갱단들이 술취한 인간의 여성을 수행승의 앞으로 데리고 와서 그녀의 항문 … 그녀의 성기 … 그녀의 구강에 그의 성기를 들어가게 할 경우 … 그녀는 유격이고 수행승은 무격이고 … 그녀는 무격이고 수행승은 유격이고 … 그녀도 유격이고 수행승도 유격이고 … 그녀도 무격이고 수행승도 무격이고 간에, 그러한 적용시에 동의하여 즐거움을 느끼고, 삽입시에 동의하여 즐거움을 느끼고, 유지시에 동의하여 즐거움을 느끼고, 인발시에 동의하여 즐거움을 느끼면, 승단추방죄를 범하는 것이다.

2) 수행승의 적대자들 … 적대자인 왕들 … 적대자인 도적들 … 적대자인 건달들 … 적대자인 갱단들이 술취한 인간의 여성을 수행승의 앞으로 데리고 와서 그녀의 항문 … 그녀의 성기 … 그녀의 구강에 그의 성기를 들어가게 할 경우 … 그녀는 유격이고 수행승은 무격이고 … 그녀는 무격이고 수행승은 유격이고 … 그녀도 유격이고 수행승도 유격이고 … 그녀도 무격이고 수행승도 무격이고 간에, 그러한 적용시에 동의하지 않아 즐거움을 느끼지 않아도, 삽입시에 동의하여 즐거움을 느끼고, 유지시에 동의하여 즐거움을 느끼고, 인발시에 동의하여 즐거움을 느끼면, 승단추방죄를 범하는 것이다.

3) 수행승의 적대자들 … 적대자인 왕들 … 적대자인 도적들 … 적대자인 건달들 … 적대자인 갱단들이 술취한 인간의 여성을 수행승의 앞으로 데리고 와서 그녀의 항문 … 그녀의 성기 … 그녀의 구강에 그의 성기를 들어가게 할 경우 … 그녀는 유격이고 수행승은 무격이고 … 그녀는 무격이고 수행승은 유격이고 … 그녀도 유격이고 수행승도 유격이고 … 그녀도 무격이고 수행승도 무격이고 간에, 그러한 적용시에 동의하지 않아 즐거움을 느끼지 않고, 삽입시에 동의하지 않아 즐거움을 느끼지 않아도, 유지시에 동의하여 즐거움을 느끼고, 인발시에 동의하여 즐거움을 느끼면, 승단추방죄를 범하는 것이다.

4) 수행승의 적대자들 … 적대자인 왕들 … 적대자인 도적들 … 적대자인 건달들 … 적대자인 갱단들이 술취한 인간의 여성을 수행승의 앞으로 데리고 와서 그녀의 항문 … 그녀의 성기 … 그녀의 구강에 그의 성기를 들어가게 할 경우 … 그녀는 유격이고 수행승은 무격이고 … 그녀는 무격이고 수행승은 유격이고 … 그녀도 유격이고 수행승도 유격이고 … 그녀도 무격이고 수행승도 무격이고 간에, 그러한 적용시에 동의하지 않아 즐거움을 느끼지 않고, 삽입시에 동의하지 않아 즐거움을 느끼지 않고, 유지시에 동의하지 않아 즐거움을 느끼지 않아도, 인발시에 동의하여 즐거움을 느끼면, 승단추방죄를 범하는 것이다.

5) 수행승의 적대자들 … 적대자인 왕들 … 적대자인 도적들 … 적대자인 건달들 … 적대자인 갱단들이 술취한 인간의 여성을 수행승의 앞으로 데리고 와서 그녀의 항문 … 그녀의 성기 … 그녀의 구강에 그의 성기를 들어가게 할 경우 … 그녀는 유격이고 수행승은 무격이고 … 그녀는 무격이고 수행승은 유격이고 … 그녀도 유격이고 수행승도 유격이고 … 그녀도 무격이고 수행승도 무격이고 간에, 그러한 적용시에 동의하지 않아 즐거움을 느끼지 않고,

삽입시에 동의하지 않아 즐거움을 느끼지 않고, 유지시에 동의하지 않아 즐거움을 느끼지 않고, 인발시에도 동의하지 않아 즐거움을 느끼지 않으면, 무죄이다.

9-15₅.

1) 수행승의 적대자들 … 적대자인 왕들 … 적대자인 도적들 … 적대자인 건달들 … 적대자인 갱단들이 정신착란된 인간의 여성을 수행승의 앞으로 데리고 와서 그녀의 항문 … 그녀의 성기 … 그녀의 구강에 그의 성기를 들어가게 할 경우 … 그녀는 유격이고 수행승은 무격이고 … 그녀는 무격이고 수행승은 유격이고 … 그녀도 유격이고 수행승도 유격이고 … 그녀도 무격이고 수행승도 무격이고 간에, 그러한 적용시에 동의하여 즐거움을 느끼고, 삽입시에 동의하여 즐거움을 느끼고, 유지시에 동의하여 즐거움을 느끼고, 인발시에 동의하여 즐거움을 느끼면, 승단추방죄를 범하는 것이다.

2) 수행승의 적대자들 … 적대자인 왕들 … 적대자인 도적들 … 적대자인 건달들 … 적대자인 갱단들이 정신착란된 인간의 여성을 수행승의 앞으로 데리고 와서 그녀의 항문 … 그녀의 성기 … 그녀의 구강에 그의 성기를 들어가게 할 경우 … 그녀는 유격이고 수행승은 무격이고 … 그녀는 무격이고 수행승은 유격이고 … 그녀도 유격이고 수행승도 유격이고 … 그녀도 무격이고 수행승도 무격이고 간에, 그러한 적용시에 동의하지 않아 즐거움을 느끼지 않아도, 삽입시에 동의하여 즐거움을 느끼고, 유지시에 동의하여 즐거움을 느끼고, 인발시에 동의하여 즐거움을 느끼면, 승단추방죄를 범하는 것이다.

3) 수행승의 적대자들 … 적대자인 왕들 … 적대자인 도적들 … 적대자인 건달들 … 적대자인 갱단들이 정신착란된 인간의 여성을 수행승의 앞으로 데리고 와서 그녀의 항문 … 그녀의 성기 … 그녀의 구강에 그의 성기를 들어가게 할 경우 … 그녀는 유격이고 수행승은 무격이고 … 그녀는 무격이고 수행승은 유격이고 … 그녀도 유격이고 수행승도 유격이고 … 그녀도 무격이고 수행승도 무격이고 간에, 그러한 적용시에 동의하지 않아 즐거움을 느끼지 않고, 삽입시에 동의하지 않아 즐거움을 느끼지 않아도, 유지시에 동의하여 즐거움을 느끼고, 인발시에 동의하여 즐거움을 느끼면, 승단추방죄를 범하는 것이다.

4) 수행승의 적대자들 … 적대자인 왕들 … 적대자인 도적들 … 적대자인 건달들 … 적대자인 갱단들이 정신착란된 인간의 여성을 수행승의 앞으로 데리고 와서 그녀의 항문 … 그녀의 성기 … 그녀의 구강에 그의 성기를 들어가게 할

경우 … 그녀는 유격이고 수행승은 무격이고 … 그녀는 무격이고 수행승은 유격이고 … 그녀도 유격이고 수행승도 유격이고 … 그녀도 무격이고 수행승도 무격이고 간에, 그러한 적용시에 동의하지 않아 즐거움을 느끼지 않고, 삽입시에 동의하지 않아 즐거움을 느끼지 않고, 유지시에 동의하지 않아 즐거움을 느끼지 않아도, 인발시에 동의하여 즐거움을 느끼면, 승단추방죄를 범하는 것이다.

5) 수행승의 적대자들 … 적대자인 왕들 … 적대자인 도적들 … 적대자인 건달들 … 적대자인 갱단들이 정신착란된 인간의 여성을 수행승의 앞으로 데리고 와서 그녀의 항문 … 그녀의 성기 … 그녀의 구강에 그의 성기를 들어가게 할 경우 … 그녀는 유격이고 수행승은 무격이고 … 그녀는 무격이고 수행승은 유격이고 … 그녀도 유격이고 수행승도 유격이고 … 그녀도 무격이고 수행승도 무격이고 간에, 그러한 적용시에 동의하지 않아 즐거움을 느끼지 않고, 삽입시에 동의하지 않아 즐거움을 느끼지 않고, 유지시에 동의하지 않아 즐거움을 느끼지 않고, 인발시에도 동의하지 않아 즐거움을 느끼지 않으면, 무죄이다.

9-15₆.

1) 수행승의 적대자들 … 적대자인 왕들 … 적대자인 도적들 … 적대자인 건달들 … 적대자인 갱단들이 방일한 인간의 여성을 수행승의 앞으로 데리고 와서 그녀의 항문 … 그녀의 성기 … 그녀의 구강에 그의 성기를 들어가게 할 경우 … 그녀는 유격이고 수행승은 무격이고 … 그녀는 무격이고 수행승은 유격이고 … 그녀도 유격이고 수행승도 유격이고 … 그녀도 무격이고 수행승도 무격이고 간에, 그러한 적용시에 동의하여 즐거움을 느끼고, 삽입시에 동의하여 즐거움을 느끼고, 유지시에 동의하여 즐거움을 느끼고, 인발시에 동의하여 즐거움을 느끼면, 승단추방죄를 범하는 것이다.

2) 수행승의 적대자들 … 적대자인 왕들 … 적대자인 도적들 … 적대자인 건달들 … 적대자인 갱단들이 방일한 인간의 여성을 수행승의 앞으로 데리고 와서 그녀의 항문 … 그녀의 성기 … 그녀의 구강에 그의 성기를 들어가게 할 경우 … 그녀는 유격이고 수행승은 무격이고 … 그녀는 무격이고 수행승은 유격이고 … 그녀도 유격이고 수행승도 유격이고 … 그녀도 무격이고 수행승도 무격이고 간에, 그러한 적용시에 동의하지 않아 즐거움을 느끼지 않아도, 삽입시에 동의하여 즐거움을 느끼고, 유지시에 동의하여 즐거움을 느끼고,

인발시에 동의하여 즐거움을 느끼면, 승단추방죄를 범하는 것이다.

3) 수행승의 적대자들 … 적대자인 왕들 … 적대자인 도적들 … 적대자인 건달들 … 적대자인 갱단들이 방일한 인간의 여성을 수행승의 앞으로 데리고 와서 그녀의 항문 … 그녀의 성기 … 그녀의 구강에 그의 성기를 들어가게 할 경우 … 그녀는 유격이고 수행승은 무격이고 … 그녀는 무격이고 수행승은 유격이고 … 그녀도 유격이고 수행승도 유격이고 … 그녀도 무격이고 수행승도 무격이고 간에, 그러한 적용시에 동의하지 않아 즐거움을 느끼지 않고, 삽입시에 동의하지 않아 즐거움을 느끼지 않아도, 유지시에 동의하여 즐거움을 느끼고, 인발시에 동의하여 즐거움을 느끼면, 승단추방죄를 범하는 것이다.

4) 수행승의 적대자들 … 적대자인 왕들 … 적대자인 도적들 … 적대자인 건달들 … 적대자인 갱단들이 방일한 인간의 여성을 수행승의 앞으로 데리고 와서 그녀의 항문 … 그녀의 성기 … 그녀의 구강에 그의 성기를 들어가게 할 경우 … 그녀는 유격이고 수행승은 무격이고 … 그녀는 무격이고 수행승은 유격이고 … 그녀도 유격이고 수행승도 유격이고 … 그녀도 무격이고 수행승도 무격이고 간에, 그러한 적용시에 동의하지 않아 즐거움을 느끼지 않고, 삽입시에 동의하지 않아 즐거움을 느끼지 않고, 유지시에 동의하지 않아 즐거움을 느끼지 않아도, 인발시에 동의하여 즐거움을 느끼면, 승단추방죄를 범하는 것이다.

5) 수행승의 적대자들 … 적대자인 왕들 … 적대자인 도적들 … 적대자인 건달들 … 적대자인 갱단들이 방일한 인간의 여성을 수행승의 앞으로 데리고 와서 그녀의 항문 … 그녀의 성기 … 그녀의 구강에 그의 성기를 들어가게 할 경우 … 그녀는 유격이고 수행승은 무격이고 … 그녀는 무격이고 수행승은 유격이고 … 그녀도 유격이고 수행승도 유격이고 … 그녀도 무격이고 수행승도 무격이고 간에, 그러한 적용시에 동의하지 않아 즐거움을 느끼지 않고, 삽입시에 동의하지 않아 즐거움을 느끼지 않고, 유지시에 동의하지 않아 즐거움을 느끼지 않고, 인발시에도 동의하지 않아 즐거움을 느끼지 않으면, 무죄이다.

9-15₇.

1) 수행승의 적대자들 … 적대자인 왕들 … 적대자인 도적들 … 적대자인 건달들 … 적대자인 갱단들이, 죽었지만 파괴되지 않은 인간의 여성을 수행승의 앞으로 데리고 와서 그녀의 항문 … 그녀의 성기 … 그녀의 구강에 그의 성기를

들어가게 할 경우 … 그녀는 유격이고 수행승은 무격이고 … 그녀는 무격이고 수행승은 유격이고 … 그녀도 유격이고 수행승도 유격이고 … 그녀도 무격이고 수행승도 무격이고 간에, 그러한 적용시에 동의하여 즐거움을 느끼고, 삽입시에 동의하여 즐거움을 느끼고, 유지시에 동의하여 즐거움을 느끼고, 인발시에 동의하여 즐거움을 느끼면, 승단추방죄를 범하는 것이다.

2) 수행승의 적대자들 … 적대자인 왕들 … 적대자인 도적들 … 적대자인 건달들 … 적대자인 갱단들이, 죽었지만 파괴되지 않은 인간의 여성을 수행승의 앞으로 데리고 와서 그녀의 항문 … 그녀의 성기 … 그녀의 구강에 그의 성기를 들어가게 할 경우 … 그녀는 유격이고 수행승은 무격이고 … 그녀는 무격이고 수행승은 유격이고 … 그녀도 유격이고 수행승도 유격이고 … 그녀도 무격이고 수행승도 무격이고 간에, 그러한 적용시에 동의하지 않아 즐거움을 느끼지 않아도, 삽입시에 동의하여 즐거움을 느끼고, 유지시에 동의하여 즐거움을 느끼고, 인발시에 동의하여 즐거움을 느끼면, 승단추방죄를 범하는 것이다.

3) 수행승의 적대자들 … 적대자인 왕들 … 적대자인 도적들 … 적대자인 건달들 … 적대자인 갱단들이, 죽었지만 파괴되지 않은 인간의 여성을 수행승의 앞으로 데리고 와서 그녀의 항문 … 그녀의 성기 … 그녀의 구강에 그의 성기를 들어가게 할 경우 … ** 그녀는 유격이고 수행승은 무격이고 … 그녀는 무격이고 수행승은 유격이고 … 그녀도 유격이고 수행승도 유격이고 … 그녀도 무격이고 수행승도 무격이고 간에, 그러한 적용시에 동의하지 않아 즐거움을 느끼지 않고, 삽입시에 동의하지 않아 즐거움을 느끼지 않아도, 유지시에 동의하여 즐거움을 느끼고, 인발시에 동의하여 즐거움을 느끼면, 승단추방죄를 범하는 것이다.

4) 수행승의 적대자들 … 적대자인 왕들 … 적대자인 도적들 … 적대자인 건달들 … 적대자인 갱단들이, 죽었지만 파괴되지 않은 인간의 여성을 수행승의 앞으로 데리고 와서 그녀의 항문 … 그녀의 성기 … 그녀의 구강에 그의 성기를 들어가게 할 경우 … 그녀는 유격이고 수행승은 무격이고 … 그녀는 무격이고 수행승은 유격이고 … 그녀도 유격이고 수행승도 유격이고 … 그녀도 무격이고 수행승도 무격이고 간에, 그러한 적용시에 동의하지 않아 즐거움을 느끼지 않고, 삽입시에 동의하지 않아 즐거움을 느끼지 않고, 유지시에 동의하지 않아 즐거움을 느끼지 않아도, 인발시에 동의하여 즐거움을 느끼면, 승단추방죄를 범하는 것이다.

5) 수행승의 적대자들 … 적대자인 왕들 … 적대자인 도적들 … 적대자인 건달들 … 적대자인 갱단들이, 죽었지만 파괴되지 않은 인간의 여성을 수행승의 앞으로 데리고 와서 그녀의 항문 … 그녀의 성기 … 그녀의 구강에 그의 성기를 들어가게 할 경우 … 그녀는 유격이고 수행승은 무격이고 … 그녀는 무격이고 수행승은 유격이고 … 그녀도 유격이고 수행승도 유격이고 … 그녀도 무격이고 수행승도 무격이고 간에, 그러한 적용시에 동의하지 않아 즐거움을 느끼지 않고, 삽입시에 동의하지 않아 즐거움을 느끼지 않고, 유지시에 동의하지 않아 즐거움을 느끼지 않고, 인발시에도 동의하지 않아 즐거움을 느끼지 않으면, 무죄이다.

9-15$_{8}$*.*

1) 수행승의 적대자들 … 적대자인 왕들 … 적대자인 도적들 … 적대자인 건달들 … 적대자인 갱단들이, 죽었지만 대체로 파괴되지 않은 인간의 여성을 수행승의 앞으로 데리고 와서 그녀의 항문 … 그녀의 성기 … 그녀의 구강에 그의 성기를 들어가게 할 경우 … 그녀는 유격이고 수행승은 무격이고 … 그녀는 무격이고 수행승은 유격이고 … 그녀도 유격이고 수행승도 유격이고 … 그녀도 무격이고 수행승도 무격이고 간에, 그러한 적용시에 동의하여 즐거움을 느끼고, 삽입시에 동의하여 즐거움을 느끼고, 유지시에 동의하여 즐거움을 느끼고, 인발시에 동의하여 즐거움을 느끼면, 승단추방죄를 범하는 것이다.

2) 수행승의 적대자들 … 적대자인 왕들 … 적대자인 도적들 … 적대자인 건달들 … 적대자인 갱단들이, 죽었지만 대체로 파괴되지 않은 인간의 여성을 수행승의 앞으로 데리고 와서 그녀의 항문 … 그녀의 성기 … 그녀의 구강에 그의 성기를 들어가게 할 경우 … 그녀는 유격이고 수행승은 무격이고 … 그녀는 무격이고 수행승은 유격이고 … 그녀도 유격이고 수행승도 유격이고 … 그녀도 무격이고 수행승도 무격이고 간에, 그러한 적용시에 동의하지 않아 즐거움을 느끼지 않아도, 삽입시에 동의하여 즐거움을 느끼고, 유지시에 동의하여 즐거움을 느끼고, 인발시에 동의하여 즐거움을 느끼면, 승단추방죄를 범하는 것이다.

3) 수행승의 적대자들 … 적대자인 왕들 … 적대자인 도적들 … 적대자인 건달들 … 적대자인 갱단들이, 죽었지만 대체로 파괴되지 않은 인간의 여성을 수행승의 앞으로 데리고 와서 그녀의 항문 … 그녀의 성기 … 그녀의 구강에 그의 성기를 들어가게 할 경우 … 그녀는 유격이고 수행승은 무격이고 … 그녀는 무격이고 수행승은 유격이고 … 그녀도 유격이고 수행승도 유격이고 … 그녀

도 무격이고 수행승도 무격이고 간에, 그러한 적용시에 동의하지 않아 즐거움을 느끼지 않고, 삽입시에 동의하지 않아 즐거움을 느끼지 않아도, 유지시에 동의하여 즐거움을 느끼고, 인발시에 동의하여 즐거움을 느끼면, 승단추방죄를 범하는 것이다.

4) 수행승의 적대자들 … 적대자인 왕들 … 적대자인 도적들 … 적대자인 건달들 … 적대자인 갱단들이, 죽었지만 대체로 파괴되지 않은 인간의 여성을 수행승의 앞으로 데리고 와서 그녀의 항문 … 그녀의 성기 … 그녀의 구강에 그의 성기를 들어가게 할 경우 … 그녀는 유격이고 수행승은 무격이고 … 그녀는 무격이고 수행승은 유격이고 … 그녀도 유격이고 수행승도 유격이고 … 그녀도 무격이고 수행승도 무격이고 간에, 그러한 적용시에 동의하지 않아 즐거움을 느끼지 않고, 삽입시에 동의하지 않아 즐거움을 느끼지 않고, 유지시에 동의하지 않아 즐거움을 느끼지 않아도, 인발시에 동의하여 즐거움을 느끼면, 승단추방죄를 범하는 것이다.

5) 수행승의 적대자들 … 적대자인 왕들 … 적대자인 도적들 … 적대자인 건달들 … 적대자인 갱단들이, 죽었지만 대체로 파괴되지 않은 인간의 여성을 수행승의 앞으로 데리고 와서 그녀의 항문 … 그녀의 성기 … 그녀의 구강에 그의 성기를 들어가게 할 경우 … 그녀는 유격이고 수행승은 무격이고 … 그녀는 무격이고 수행승은 유격이고 … 그녀도 유격이고 수행승도 유격이고 … 그녀도 무격이고 수행승도 무격이고 간에, 그러한 적용시에 동의하지 않아 즐거움을 느끼지 않고, 삽입시에 동의하지 않아 즐거움을 느끼지 않고, 유지시에 동의하지 않아 즐거움을 느끼지 않고, 인발시에도 동의하지 않아 즐거움을 느끼지 않으면, 무죄이다.

9-15₉.

1) 수행승의 적대자들 … 적대자인 왕들 … 적대자인 도적들 … 적대자인 건달들 … 적대자인 갱단들이, 죽어서 거의 파괴된 인간의 여성을 수행승의 앞으로 데리고 와서 그녀의 항문 … 그녀의 성기 … 그녀의 구강에 그의 성기를 들어가게 할 경우 … 그녀는 유격이고 수행승은 무격이고 … 그녀는 무격이고 수행승은 유격이고 … 그녀도 유격이고 수행승도 유격이고 … 그녀도 무격이고 수행승도 무격이고 간에, 그러한 적용시에 동의하여 즐거움을 느끼고, 삽입시에 동의하여 즐거움을 느끼고, 유지시에 동의하여 즐거움을 느끼고, 인발시에 동의하여 즐거움을 느끼면,[*32] 추악죄를 범하는 것이다.

2) 수행승의 적대자들 … 적대자인 왕들 … 적대자인 도적들 … 적대자인 건달들 … 적대자인 갱단들이, 죽어서 거의 파괴된 인간의 여성을 수행승의 앞으로 데리고 와서 그녀의 항문 … 그녀의 성기 … 그녀의 구강에 그의 성기를 들어가게 할 경우 … 그녀는 유격이고 수행승은 무격이고 … 그녀는 무격이고 수행승은 유격이고 … 그녀도 유격이고 수행승도 유격이고 … 그녀도 무격이고 수행승도 무격이고 간에, 그러한 적용시에 동의하지 않아 즐거움을 느끼지 않아도, 삽입시에 동의하여 즐거움을 느끼고, 유지시에 동의하여 즐거움을 느끼고, 인발시에 동의하여 즐거움을 느끼면, 추악죄를 범하는 것이다.

3) 수행승의 적대자들 … 적대자인 왕들 … 적대자인 도적들 … 적대자인 건달들 … 적대자인 갱단들이, 죽어서 거의 파괴된 인간의 여성을 수행승의 앞으로 데리고 와서 그녀의 항문 … 그녀의 성기 … 그녀의 구강에 그의 성기를 들어가게 할 경우 … 그녀는 유격이고 수행승은 무격이고 … 그녀는 무격이고 수행승은 유격이고 … 그녀도 유격이고 수행승도 유격이고 … 그녀도 무격이고 수행승도 무격이고 간에, 그러한 적용시에 동의하지 않아 즐거움을 느끼지 않고, 삽입시에 동의하지 않아 즐거움을 느끼지 않아도, 유지시에 동의하여 즐거움을 느끼고, 인발시에 동의하여 즐거움을 느끼면, 추악죄를 범하는 것이다.

4) 수행승의 적대자들 … 적대자인 왕들 … 적대자인 도적들 … 적대자인 건달들 … 적대자인 갱단들이, 죽어서 거의 파괴된 인간의 여성을 수행승의 앞으로 데리고 와서 그녀의 항문 … 그녀의 성기 … 그녀의 구강에 그의 성기를 들어가게 할 경우 … 그녀는 유격이고 수행승은 무격이고 … 그녀는 무격이고 수행승은 유격이고 … 그녀도 유격이고 수행승도 유격이고 … 그녀도 무격이고 수행승도 무격이고 간에, 그러한 적용시에 동의하지 않아 즐거움을 느끼지 않고, 삽입시에 동의하지 않아 즐거움을 느끼지 않고, 유지시에 동의하지 않아 즐거움을 느끼지 않아도, 인발시에 동의하여 즐거움을 느끼면, 추악죄를 범하는 것이다.

5) 수행승의 적대자들 … 적대자인 왕들 … 적대자인 도적들 … 적대자인 건달들 … 적대자인 갱단들이, 죽어서 거의 파괴된 인간의 여성을 수행승의 앞으로 데리고 와서 그녀의 항문 … 그녀의 성기 … 그녀의 구강에 그의 성기를 들어가게 할 경우 … 그녀는 유격이고 수행승은 무격이고 … 그녀는 무격이고 수행승은 유격이고 … 그녀도 유격이고 수행승도 유격이고 … 그녀도 무격이고 수행승도

무격이고 간에, 그러한 적용시에 동의하지 않아 즐거움을 느끼지 않고, 삽입시에 동의하지 않아 즐거움을 느끼지 않고, 유지시에 동의하지 않아 즐거움을 느끼지 않고, 인발시에도 동의하지 않아 즐거움을 느끼지 않으면, 무죄이다.

9-16₁.

1) 수행승의 적대자들 … 적대자인 왕들 … 적대자인 도적들 … 적대자인 건달들 … 적대자인 갱단들이 비인간의 여성을 수행승의 앞으로 데리고 와서 그녀의 항문 … 그녀의 성기 … 그녀의 구강에 그의 성기를 들어가게 할 경우 … 그녀는 유격이고 수행승은 무격이고 … 그녀는 무격이고 수행승은 유격이고 … 그녀도 유격이고 수행승도 유격이고 … 그녀도 무격이고 수행승도 무격이고 간에, 그러한 적용시에 동의하여 즐거움을 느끼고, 삽입시에 동의하여 즐거움을 느끼고, 유지시에 동의하여 즐거움을 느끼고, 인발시에 동의하여 즐거움을 느끼면, 승단추방죄를 범하는 것이다.

2) 수행승의 적대자들 … 적대자인 왕들 … 적대자인 도적들 … 적대자인 건달들 … 적대자인 갱단들이 비인간의 여성을 수행승의 앞으로 데리고 와서 그녀의 항문 … 그녀의 성기 … 그녀의 구강에 그의 성기를 들어가게 할 경우 … 그녀는 유격이고 수행승은 무격이고 … 그녀는 무격이고 수행승은 유격이고 … 그녀도 유격이고 수행승도 유격이고 … 그녀도 무격이고 수행승도 무격이고 간에, 그러한 적용시에 동의하지 않아 즐거움을 느끼지 않아도, 삽입시에 동의하여 즐거움을 느끼고, 유지시에 동의하여 즐거움을 느끼고, 인발시에 동의하여 즐거움을 느끼면, 승단추방죄를 범하는 것이다.

3) 수행승의 적대자들 … 적대자인 왕들 … 적대자인 도적들 … 적대자인 건달들 … 적대자인 갱단들이 비인간의 여성을 수행승의 앞으로 데리고 와서 그녀의 항문 … 그녀의 성기 … 그녀의 구강에 그의 성기를 들어가게 할 경우 … 그녀는 유격이고 수행승은 무격이고 … 그녀는 무격이고 수행승은 유격이고 … 그녀도 유격이고 수행승도 유격이고 … 그녀도 무격이고 수행승도 무격이고 간에, 그러한 적용시에 동의하지 않아 즐거움을 느끼지 않고, 삽입시에 동의하지 않아 즐거움을 느끼지 않아도, 유지시에 동의하여 즐거움을 느끼고, 인발시에 동의하여 즐거움을 느끼면, 승단추방죄를 범하는 것이다.

4) 수행승의 적대자들 … 적대자인 왕들 … 적대자인 도적들 … 적대자인 건달들 … 적대자인 갱단들이 비인간의 여성을 수행승의 앞으로 데리고 와서 그녀의 항문 … 그녀의 성기 … 그녀의 구강에 그의 성기를 들어가게 할 경우 …

그녀는 유격이고 수행승은 무격이고 … 그녀는 무격이고 수행승은 유격이고 … 그녀도 유격이고 수행승도 유격이고 … 그녀도 무격이고 수행승도 무격이고 간에, 그러한 적용시에 동의하지 않아 즐거움을 느끼지 않고, 삽입시에 동의하지 않아 즐거움을 느끼지 않고, 유지시에 동의하지 않아 즐거움을 느끼지 않아도, 인발시에 동의하여 즐거움을 느끼면, 승단추방죄를 범하는 것이다.

5) 수행승의 적대자들 … 적대자인 왕들 … 적대자인 도적들 … 적대자인 건달들 … 적대자인 갱단들이 비인간의 여성을 수행승의 앞으로 데리고 와서 그녀의 항문 … 그녀의 성기 … 그녀의 구강에 그의 성기를 들어가게 할 경우 … 그녀는 유격이고 수행승은 무격이고 … 그녀는 무격이고 수행승은 유격이고 … 그녀도 유격이고 수행승도 유격이고 … 그녀도 무격이고 수행승도 무격이고 간에, 그러한 적용시에 동의하지 않아 즐거움을 느끼지 않고, 삽입시에 동의하지 않아 즐거움을 느끼지 않고, 유지시에 동의하지 않아 즐거움을 느끼지 않고, 인발시에도 동의하지 않아 즐거움을 느끼지 않으면, 무죄이다.

9-16₂.

1) 수행승의 적대자들 … 적대자인 왕들 … 적대자인 도적들 … 적대자인 건달들 … 적대자인 갱단들이 깨어있는 비인간의 여성을 수행승의 앞으로 데리고 와서 그녀의 항문 … 그녀의 성기 … 그녀의 구강에 그의 성기를 들어가게 할 경우 … 그녀는 유격이고 수행승은 무격이고 … 그녀는 무격이고 수행승은 유격이고 … 그녀도 유격이고 수행승도 유격이고 … 그녀도 무격이고 수행승도 무격이고 간에, 그러한 적용시에 동의하여 즐거움을 느끼고, 삽입시에 동의하여 즐거움을 느끼고, 유지시에 동의하여 즐거움을 느끼고, 인발시에 동의하여 즐거움을 느끼면, 승단추방죄를 범하는 것이다.

2) 수행승의 적대자들 … 적대자인 왕들 … 적대자인 도적들 … 적대자인 건달들 … 적대자인 갱단들이 깨어있는 비인간의 여성을 수행승의 앞으로 데리고 와서 그녀의 항문 … 그녀의 성기 … 그녀의 구강에 그의 성기를 들어가게 할 경우 … 그녀는 유격이고 수행승은 무격이고 … 그녀는 무격이고 수행승은 유격이고 … 그녀도 유격이고 수행승도 유격이고 … 그녀도 무격이고 수행승도 무격이고 간에, 그러한 적용시에 동의하지 않아 즐거움을 느끼지 않아도, 삽입시에 동의하여 즐거움을 느끼고, 유지시에 동의하여 즐거움을 느끼고, 인발시에 동의하여 즐거움을 느끼면, 승단추방죄를 범하는 것이다.

3) 수행승의 적대자들 … 적대자인 왕들 … 적대자인 도적들 … 적대자인 건달들

… 적대자인 갱단들이 깨어있는 비인간의 여성을 수행승의 앞으로 데리고 와서 그녀의 항문 … 그녀의 성기 … 그녀의 구강에 그의 성기를 들어가게 할 경우 … 그녀는 유격이고 수행승은 무격이고 … 그녀는 무격이고 수행승은 유격이고 … 그녀도 유격이고 수행승도 유격이고 … 그녀도 무격이고 수행승도 무격이고 간에, 그러한 적용시에 동의하지 않아 즐거움을 느끼지 않고, 삽입시에 동의하지 않아 즐거움을 느끼지 않아도, 유지시에 동의하여 즐거움을 느끼고, 인발시에 동의하여 즐거움을 느끼면, 승단추방죄를 범하는 것이다.

4) 수행승의 적대자들 … 적대자인 왕들 … 적대자인 도적들 … 적대자인 건달들 … 적대자인 갱단들이 깨어있는 비인간의 여성을 수행승의 앞으로 데리고 와서 그녀의 항문 … 그녀의 성기 … 그녀의 구강에 그의 성기를 들어가게 할 경우 … 그녀는 유격이고 수행승은 무격이고 … 그녀는 무격이고 수행승은 유격이고 … 그녀도 유격이고 수행승도 유격이고 … 그녀도 무격이고 수행승도 무격이고 간에, 그러한 적용시에 동의하지 않아 즐거움을 느끼지 않고, 삽입시에 동의하지 않아 즐거움을 느끼지 않고, 유지시에 동의하지 않아 즐거움을 느끼지 않아도, 인발시에 동의하여 즐거움을 느끼면, 승단추방죄를 범하는 것이다.

5) 수행승의 적대자들 … 적대자인 왕들 … 적대자인 도적들 … 적대자인 건달들 … 적대자인 갱단들이 깨어있는 비인간의 여성을 수행승의 앞으로 데리고 와서 그녀의 항문 … 그녀의 성기 … 그녀의 구강에 그의 성기를 들어가게 할 경우 … 그녀는 유격이고 수행승은 무격이고 … 그녀는 무격이고 수행승은 유격이고 … 그녀도 유격이고 수행승도 유격이고 … 그녀도 무격이고 수행승도 무격이고 간에, 그러한 적용시에 동의하지 않아 즐거움을 느끼지 않고, 삽입시에 동의하지 않아 즐거움을 느끼지 않고, 유지시에 동의하지 않아 즐거움을 느끼지 않고, 인발시에도 동의하지 않아 즐거움을 느끼지 않으면, 무죄이다.

9-16₃.

1) 수행승의 적대자들 … 적대자인 왕들 … 적대자인 도적들 … 적대자인 건달들 … 적대자인 갱단들이 잠든 비인간의 여성을 수행승의 앞으로 데리고 와서 그녀의 항문 … 그녀의 성기 … 그녀의 구강에 그의 성기를 들어가게 할 경우 … 그녀는 유격이고 수행승은 무격이고 … 그녀는 무격이고 수행승은 유격이고 … 그녀도 유격이고 수행승도 유격이고 … 그녀도 무격이고 수행승

도 무격이고 간에, 그러한 적용시에 동의하여 즐거움을 느끼고, 삽입시에 동의하여 즐거움을 느끼고, 유지시에 동의하여 즐거움을 느끼고, 인발시에 동의하여 즐거움을 느끼면, 승단추방죄를 범하는 것이다.

2) 수행승의 적대자들 … 적대자인 왕들 … 적대자인 도적들 … 적대자인 건달들 … 적대자인 갱단들이 잠든 비인간의 여성을 수행승의 앞으로 데리고 와서 그녀의 항문 … 그녀의 성기 … 그녀의 구강에 그의 성기를 들어가게 할 경우 … 그녀는 유격이고 수행승은 무격이고 … 그녀는 무격이고 수행승은 유격이고 … 그녀도 유격이고 수행승도 유격이고 … 그녀도 무격이고 수행승도 무격이고 간에, 그러한 적용시에 동의하지 않아 즐거움을 느끼지 않아도, 삽입시에 동의하여 즐거움을 느끼고, 유지시에 동의하여 즐거움을 느끼고, 인발시에 동의하여 즐거움을 느끼면, 승단추방죄를 범하는 것이다.

3) 수행승의 적대자들 … 적대자인 왕들 … 적대자인 도적들 … 적대자인 건달들 … 적대자인 갱단들이 잠든 비인간의 여성을 수행승의 앞으로 데리고 와서 그녀의 항문 … 그녀의 성기 … 그녀의 구강에 그의 성기를 들어가게 할 경우 … 그녀는 유격이고 수행승은 무격이고 … 그녀는 무격이고 수행승은 유격이고 … 그녀도 유격이고 수행승도 유격이고 … 그녀도 무격이고 수행승도 무격이고 간에, 그러한 적용시에 동의하지 않아 즐거움을 느끼지 않고, 삽입시에 동의하지 않아 즐거움을 느끼지 않아도, 유지시에 동의하여 즐거움을 느끼고, 인발시에 동의하여 즐거움을 느끼면, 승단추방죄를 범하는 것이다.

4) 수행승의 적대자들 … 적대자인 왕들 … 적대자인 도적들 … 적대자인 건달들 … 적대자인 갱단들이 잠든 비인간의 여성을 수행승의 앞으로 데리고 와서 그녀의 항문 … 그녀의 성기 … 그녀의 구강에 그의 성기를 들어가게 할 경우 … 그녀는 유격이고 수행승은 무격이고 … 그녀는 무격이고 수행승은 유격이고 … 그녀도 유격이고 수행승도 유격이고 … 그녀도 무격이고 수행승도 무격이고 간에, 그러한 적용시에 동의하지 않아 즐거움을 느끼지 않고, 삽입시에 동의하지 않아 즐거움을 느끼지 않고, 유지시에 동의하지 않아 즐거움을 느끼지 않아도, 인발시에 동의하여 즐거움을 느끼면, 승단추방죄를 범하는 것이다.

5) 수행승의 적대자들 … 적대자인 왕들 … 적대자인 도적들 … 적대자인 건달들 … 적대자인 갱단들이 잠든 비인간의 여성을 수행승의 앞으로 데리고 와서 그녀의 항문 … 그녀의 성기 … 그녀의 구강에 그의 성기를 들어가게 할

경우 … 그녀는 유격이고 수행승은 무격이고 … 그녀는 무격이고 수행승은 유격이고 … 그녀도 유격이고 수행승도 유격이고 … 그녀도 무격이고 수행승도 무격이고 간에, 그러한 적용시에 동의하지 않아 즐거움을 느끼지 않고, 삽입시에 동의하지 않아 즐거움을 느끼지 않고, 유지시에 동의하지 않아 즐거움을 느끼지 않고, 인발시에도 동의하지 않아 즐거움을 느끼지 않으면, 무죄이다.

9-16₄.

1) 수행승의 적대자들 … 적대자인 왕들 … 적대자인 도적들 … 적대자인 건달들 … 적대자인 갱단들이 술취한 비인간의 여성을 수행승의 앞으로 데리고 와서 그녀의 항문 … 그녀의 성기 … 그녀의 구강에 그의 성기를 들어가게 할 경우 … 그녀는 유격이고 수행승은 무격이고 … 그녀는 무격이고 수행승은 유격이고 … 그녀도 유격이고 수행승도 유격이고 … 그녀도 무격이고 수행승도 무격이고 간에, 그러한 적용시에 동의하여 즐거움을 느끼고, 삽입시에 동의하여 즐거움을 느끼고, 유지시에 동의하여 즐거움을 느끼고, 인발시에 동의하여 즐거움을 느끼면, 승단추방죄를 범하는 것이다.

2) 수행승의 적대자들 … 적대자인 왕들 … 적대자인 도적들 … 적대자인 건달들 … 적대자인 갱단들이 술취한 비인간의 여성을 수행승의 앞으로 데리고 와서 그녀의 항문 … 그녀의 성기 … 그녀의 구강에 그의 성기를 들어가게 할 경우 … 그녀는 유격이고 수행승은 무격이고 … 그녀는 무격이고 수행승은 유격이고 … 그녀도 유격이고 수행승도 유격이고 … 그녀도 무격이고 수행승도 무격이고 간에, 그러한 적용시에 동의하지 않아 즐거움을 느끼지 않아도, 삽입시에 동의하여 즐거움을 느끼고, 유지시에 동의하여 즐거움을 느끼고, 인발시에 동의하여 즐거움을 느끼면, 승단추방죄를 범하는 것이다.

3) 수행승의 적대자들 … 적대자인 왕들 … 적대자인 도적들 … 적대자인 건달들 … 적대자인 갱단들이 술취한 비인간의 여성을 수행승의 앞으로 데리고 와서 그녀의 항문 … 그녀의 성기 … 그녀의 구강에 그의 성기를 들어가게 할 경우 … 그녀는 유격이고 수행승은 무격이고 … 그녀는 무격이고 수행승은 유격이고 … 그녀도 유격이고 수행승도 유격이고 … 그녀도 무격이고 수행승도 무격이고 간에, 그러한 적용시에 동의하지 않아 즐거움을 느끼지 않고, 삽입시에 동의하지 않아 즐거움을 느끼지 않아도, 유지시에 동의하여 즐거움을 느끼고, 인발시에 동의하여 즐거움을 느끼면, 승단추방죄를 범하는 것이다.

4) 수행승의 적대자들 … 적대자인 왕들 … 적대자인 도적들 … 적대자인 건달들 … 적대자인 갱단들이 술취한 비인간의 여성을 수행승의 앞으로 데리고 와서 그녀의 항문 … 그녀의 성기 … 그녀의 구강에 그의 성기를 들어가게 할 경우 … 그녀는 유격이고 수행승은 무격이고 … 그녀는 무격이고 수행승은 유격이고 … 그녀도 유격이고 수행승도 유격이고 … 그녀도 무격이고 수행승도 무격이고 간에, 그러한 적용시에 동의하지 않아 즐거움을 느끼지 않고, 삽입시에 동의하지 않아 즐거움을 느끼지 않고, 유지시에 동의하지 않아 즐거움을 느끼지 않아도, 인발시에 동의하여 즐거움을 느끼면, 승단추방죄를 범하는 것이다.

5) 수행승의 적대자들 … 적대자인 왕들 … 적대자인 도적들 … 적대자인 건달들 … 적대자인 갱단들이 술취한 비인간의 여성을 수행승의 앞으로 데리고 와서 그녀의 항문 … 그녀의 성기 … 그녀의 구강에 그의 성기를 들어가게 할 경우 … 그녀는 유격이고 수행승은 무격이고 … 그녀는 무격이고 수행승은 유격이고 … 그녀도 유격이고 수행승도 유격이고 … 그녀도 무격이고 수행승도 무격이고 간에, 그러한 적용시에 동의하지 않아 즐거움을 느끼지 않고, 삽입시에 동의하지 않아 즐거움을 느끼지 않고, 유지시에 동의하지 않아 즐거움을 느끼지 않고, 인발시에도 동의하지 않아 즐거움을 느끼지 않으면, 무죄이다.

9-16₅.

1) 수행승의 적대자들 … 적대자인 왕들 … 적대자인 도적들 … 적대자인 건달들 … 적대자인 갱단들이 정신착란된 비인간의 여성을 수행승의 앞으로 데리고 와서 그녀의 항문 … 그녀의 성기 … 그녀의 구강에 그의 성기를 들어가게 할 경우 … 그녀는 유격이고 수행승은 무격이고 … 그녀는 무격이고 수행승은 유격이고 … 그녀도 유격이고 수행승도 유격이고 … 그녀도 무격이고 수행승도 무격이고 간에, 그러한 적용시에 동의하여 즐거움을 느끼고, 삽입시에 동의하여 즐거움을 느끼고, 유지시에 동의하여 즐거움을 느끼고, 인발시에 동의하여 즐거움을 느끼면, 승단추방죄를 범하는 것이다.

2) 수행승의 적대자들 … 적대자인 왕들 … 적대자인 도적들 … 적대자인 건달들 … 적대자인 갱단들이 정신착란된 비인간의 여성을 수행승의 앞으로 데리고 와서 그녀의 항문 … 그녀의 성기 … 그녀의 구강에 그의 성기를 들어가게 할 경우 … 그녀는 유격이고 수행승은 무격이고 … 그녀는 무격이고 수행승은

유격이고 … 그녀도 유격이고 수행승도 유격이고 … 그녀도 무격이고 수행승도 무격이고 간에, 그러한 적용시에 동의하지 않아 즐거움을 느끼지 않아도, 삽입시에 동의하여 즐거움을 느끼고, 유지시에 동의하여 즐거움을 느끼고, 인발시에 동의하여 즐거움을 느끼면, 승단추방죄를 범하는 것이다.

3) 수행승의 적대자들 … 적대자인 왕들 … 적대자인 도적들 … 적대자인 건달들 … 적대자인 갱단들이 정신착란된 비인간의 여성을 수행승의 앞으로 데리고 와서 그녀의 항문 … 그녀의 성기 … 그녀의 구강에 그의 성기를 들어가게 할 경우 … 그녀는 유격이고 수행승은 무격이고 … 그녀는 무격이고 수행승은 유격이고 … 그녀도 유격이고 수행승도 유격이고 … 그녀도 무격이고 수행승도 무격이고 간에, 그러한 적용시에 동의하지 않아 즐거움을 느끼지 않고, 삽입시에 동의하지 않아 즐거움을 느끼지 않아도, 유지시에 동의하여 즐거움을 느끼고, 인발시에 동의하여 즐거움을 느끼면, 승단추방죄를 범하는 것이다.

4) 수행승의 적대자들 … 적대자인 왕들 … 적대자인 도적들 … 적대자인 건달들 … 적대자인 갱단들이 정신착란된 비인간의 여성을 수행승의 앞으로 데리고 와서 그녀의 항문 … 그녀의 성기 … 그녀의 구강에 그의 성기를 들어가게 할 경우 … 그녀는 유격이고 수행승은 무격이고 … 그녀는 무격이고 수행승은 유격이고 … 그녀도 유격이고 수행승도 유격이고 … 그녀도 무격이고 수행승도 무격이고 간에, 그러한 적용시에 동의하지 않아 즐거움을 느끼지 않고, 삽입시에 동의하지 않아 즐거움을 느끼지 않고, 유지시에 동의하지 않아 즐거움을 느끼지 않아도, 인발시에 동의하여 즐거움을 느끼면, 승단추방죄를 범하는 것이다.

5) 수행승의 적대자들 … 적대자인 왕들 … 적대자인 도적들 … 적대자인 건달들 … 적대자인 갱단들이 정신착란된 비인간의 여성을 수행승의 앞으로 데리고 와서 그녀의 항문 … 그녀의 성기 … 그녀의 구강에 그의 성기를 들어가게 할 경우 … 그녀는 유격이고 수행승은 무격이고 … 그녀는 무격이고 수행승은 유격이고 … 그녀도 유격이고 수행승도 유격이고 … 그녀도 무격이고 수행승도 무격이고 간에, 그러한 적용시에 동의하지 않아 즐거움을 느끼지 않고, 삽입시에 동의하지 않아 즐거움을 느끼지 않고, 유지시에 동의하지 않아 즐거움을 느끼지 않고, 인발시에도 동의하지 않아 즐거움을 느끼지 않으면, 무죄이다.

9-16₆.

1) 수행승의 적대자들 … 적대자인 왕들 … 적대자인 도적들 … 적대자인 건달들

… 적대자인 갱단들이 방일한 비인간의 여성을 수행승의 앞으로 데리고 와서 그녀의 항문 … 그녀의 성기 … 그녀의 구강에 그의 성기를 들어가게 할 경우 … 그녀는 유격이고 수행승은 무격이고 … 그녀는 무격이고 수행승은 유격이고 … 그녀도 유격이고 수행승도 유격이고 … 그녀도 무격이고 수행승도 무격이고 간에, 그러한 적용시에 동의하여 즐거움을 느끼고, 삽입시에 동의하여 즐거움을 느끼고, 유지시에 동의하여 즐거움을 느끼고, 인발시에 동의하여 즐거움을 느끼면, 승단추방죄를 범하는 것이다.

2) 수행승의 적대자들 … 적대자인 왕들 … 적대자인 도적들 … 적대자인 건달들 … 적대자인 갱단들이 방일한 비인간의 여성을 수행승의 앞으로 데리고 와서 그녀의 항문 … 그녀의 성기 … 그녀의 구강에 그의 성기를 들어가게 할 경우 … 그녀는 유격이고 수행승은 무격이고 … 그녀는 무격이고 수행승은 유격이고 … 그녀도 유격이고 수행승도 유격이고 … 그녀도 무격이고 수행승도 무격이고 간에, 그러한 적용시에 동의하지 않아 즐거움을 느끼지 않아도, 삽입시에 동의하여 즐거움을 느끼고, 유지시에 동의하여 즐거움을 느끼고, 인발시에 동의하여 즐거움을 느끼면, 승단추방죄를 범하는 것이다.

3) 수행승의 적대자들 … 적대자인 왕들 … 적대자인 도적들 … 적대자인 건달들 … 적대자인 갱단들이 방일한 비인간의 여성을 수행승의 앞으로 데리고 와서 그녀의 항문 … 그녀의 성기 … 그녀의 구강에 그의 성기를 들어가게 할 경우 … 그녀는 유격이고 수행승은 무격이고 … 그녀는 무격이고 수행승은 유격이고 … 그녀도 유격이고 수행승도 유격이고 … 그녀도 무격이고 수행승도 무격이고 간에, 그러한 적용시에 동의하지 않아 즐거움을 느끼지 않고, 삽입시에 동의하지 않아 즐거움을 느끼지 않아도, 유지시에 동의하여 즐거움을 느끼고, 인발시에 동의하여 즐거움을 느끼면, 승단추방죄를 범하는 것이다.

4) 수행승의 적대자들 … 적대자인 왕들 … 적대자인 도적들 … 적대자인 건달들 … 적대자인 갱단들이 방일한 비인간의 여성을 수행승의 앞으로 데리고 와서 그녀의 항문 … 그녀의 성기 … 그녀의 구강에 그의 성기를 들어가게 할 경우 … 그녀는 유격이고 수행승은 무격이고 … 그녀는 무격이고 수행승은 유격이고 … 그녀도 유격이고 수행승도 유격이고 … 그녀도 무격이고 수행승도 무격이고 간에, 그러한 적용시에 동의하지 않아 즐거움을 느끼지 않고, 삽입시에 동의하지 않아 즐거움을 느끼지 않고, 유지시에 동의하지 않아 즐거움을 느끼지 않아도, 인발시에 동의하여 즐거움을 느끼면, 승단추방죄를 범하

는 것이다.

5) 수행승의 적대자들 … 적대자인 왕들 … 적대자인 도적들 … 적대자인 건달들 … 적대자인 갱단들이 방일한 비인간의 여성을 수행승의 앞으로 데리고 와서 그녀의 항문 … 그녀의 성기 … 그녀의 구강에 그의 성기를 들어가게 할 경우 … 그녀는 유격이고 수행승은 무격이고 … 그녀는 무격이고 수행승은 유격이고 … 그녀도 유격이고 수행승도 유격이고 … 그녀도 무격이고 수행승도 무격이고 간에, 그러한 적용시에 동의하지 않아 즐거움을 느끼지 않고, 삽입시에 동의하지 않아 즐거움을 느끼지 않고, 유지시에 동의하지 않아 즐거움을 느끼지 않고, 인발시에도 동의하지 않아 즐거움을 느끼지 않으면, 무죄이다.

9-16₇.

1) 수행승의 적대자들 … 적대자인 왕들 … 적대자인 도적들 … 적대자인 건달들 … 적대자인 갱단들이, 죽었지만 파괴되지 않은 비인간의 여성을 수행승의 앞으로 데리고 와서 그녀의 항문 … 그녀의 성기 … 그녀의 구강에 그의 성기를 들어가게 할 경우 … 그녀는 유격이고 수행승은 무격이고 … 그녀는 무격이고 수행승은 유격이고 … 그녀도 유격이고 수행승도 유격이고 … 그녀도 무격이고 수행승도 무격이고 간에, 그러한 적용시에 동의하여 즐거움을 느끼고, 삽입시에 동의하여 즐거움을 느끼고, 유지시에 동의하여 즐거움을 느끼고, 인발시에 동의하여 즐거움을 느끼면, 승단추방죄를 범하는 것이다.

2) 수행승의 적대자들 … 적대자인 왕들 … 적대자인 도적들 … 적대자인 건달들 … 적대자인 갱단들이, 죽었지만 파괴되지 않은 비인간의 여성을 수행승의 앞으로 데리고 와서 그녀의 항문 … 그녀의 성기 … 그녀의 구강에 그의 성기를 들어가게 할 경우 … 그녀는 유격이고 수행승은 무격이고 … 그녀는 무격이고 수행승은 유격이고 … 그녀도 유격이고 수행승도 유격이고 … 그녀도 무격이고 수행승도 무격이고 간에, 그러한 적용시에 동의하지 않아 즐거움을 느끼지 않아도, 삽입시에 동의하여 즐거움을 느끼고, 유지시에 동의하여 즐거움을 느끼고, 인발시에 동의하여 즐거움을 느끼면, 승단추방죄를 범하는 것이다.

3) 수행승의 적대자들 … 적대자인 왕들 … 적대자인 도적들 … 적대자인 건달들 … 적대자인 갱단들이, 죽었지만 파괴되지 않은 비인간의 여성을 수행승의 앞으로 데리고 와서 그녀의 항문 … 그녀의 성기 … 그녀의 구강에 그의

성기를 들어가게 할 경우 … 그녀는 유격이고 수행승은 무격이고 … 그녀는 무격이고 수행승은 유격이고 … 그녀도 유격이고 수행승도 유격이고 … 그녀도 무격이고 수행승도 무격이고 간에, 그러한 적용시에 동의하지 않아 즐거움을 느끼지 않고, 삽입시에 동의하지 않아 즐거움을 느끼지 않아도, 유지시에 동의하여 즐거움을 느끼고, 인발시에 동의하여 즐거움을 느끼면, 승단추방죄를 범하는 것이다.

4) 수행승의 적대자들 … 적대자인 왕들 … 적대자인 도적들 … 적대자인 건달들 … 적대자인 갱단들이, 죽었지만 파괴되지 않은 비인간의 여성을 수행승의 앞으로 데리고 와서 그녀의 항문 … 그녀의 성기 … 그녀의 구강에 그의 성기를 들어가게 할 경우 … 그녀는 유격이고 수행승은 무격이고 … 그녀는 무격이고 수행승은 유격이고 … 그녀도 유격이고 수행승도 유격이고 … 그녀도 무격이고 수행승도 무격이고 간에, 그러한 적용시에 동의하지 않아 즐거움을 느끼지 않고, 삽입시에 동의하지 않아 즐거움을 느끼지 않고, 유지시에 동의하지 않아 즐거움을 느끼지 않아도, 인발시에 동의하여 즐거움을 느끼면, 승단추방죄를 범하는 것이다.

5) 수행승의 적대자들 … 적대자인 왕들 … 적대자인 도적들 … 적대자인 건달들 … 적대자인 갱단들이, 죽었지만 파괴되지 않은 비인간의 여성을 수행승의 앞으로 데리고 와서 그녀의 항문 … 그녀의 성기 … 그녀의 구강에 그의 성기를 들어가게 할 경우 … 그녀는 유격이고 수행승은 무격이고 … 그녀는 무격이고 수행승은 유격이고 … 그녀도 유격이고 수행승도 유격이고 … 그녀도 무격이고 수행승도 무격이고 간에, 그러한 적용시에 동의하지 않아 즐거움을 느끼지 않고, 삽입시에 동의하지 않아 즐거움을 느끼지 않고, 유지시에 동의하지 않아 즐거움을 느끼지 않고, 인발시에도 동의하지 않아 즐거움을 느끼지 않으면, 무죄이다.

9-16₈.

1) 수행승의 적대자들 … 적대자인 왕들 … 적대자인 도적들 … 적대자인 건달들 … 적대자인 갱단들이, 죽었지만 대체로 파괴되지 않은 비인간의 여성을 수행승의 앞으로 데리고 와서 그녀의 항문 … 그녀의 성기 … 그녀의 구강에 그의 성기를 들어가게 할 경우 … 그녀는 유격이고 수행승은 무격이고 … 그녀는 무격이고 수행승은 유격이고 … 그녀도 유격이고 수행승도 유격이고 … 그녀도 무격이고 수행승도 무격이고 간에, 그러한 적용시에 동의하여 즐거

움을 느끼고, 삽입시에 동의하여 즐거움을 느끼고, 유지시에 동의하여 즐거움을 느끼고, 인발시에 동의하여 즐거움을 느끼면, 승단추방죄를 범하는 것이다.

2) 수행승의 적대자들 … 적대자인 왕들 … 적대자인 도적들 … 적대자인 건달들 … 적대자인 갱단들이, 죽었지만 대체로 파괴되지 않은 비인간의 여성을 수행승의 앞으로 데리고 와서 그녀의 항문 … 그녀의 성기 … 그녀의 구강에 그의 성기를 들어가게 할 경우 … 그녀는 유격이고 수행승은 무격이고 … 그녀는 무격이고 수행승은 유격이고 … 그녀도 유격이고 수행승도 유격이고 … 그녀도 무격이고 수행승도 무격이고 간에, 그러한 적용시에 동의하지 않아 즐거움을 느끼지 않아도, 삽입시에 동의하여 즐거움을 느끼고, 유지시에 동의하여 즐거움을 느끼고, 인발시에 동의하여 즐거움을 느끼면, 승단추방죄를 범하는 것이다.

3) 수행승의 적대자들 … 적대자인 왕들 … 적대자인 도적들 … 적대자인 건달들 … 적대자인 갱단들이, 죽었지만 대체로 파괴되지 않은 비인간의 여성을 수행승의 앞으로 데리고 와서 그녀의 항문 … 그녀의 성기 … 그녀의 구강에 그의 성기를 들어가게 할 경우 … 그녀는 유격이고 수행승은 무격이고 … 그녀는 무격이고 수행승은 유격이고 … 그녀도 유격이고 수행승도 유격이고 … 그녀도 무격이고 수행승도 무격이고 간에, 그러한 적용시에 동의하지 않아 즐거움을 느끼지 않고, 삽입시에 동의하지 않아 즐거움을 느끼지 않아도, 유지시에 동의하여 즐거움을 느끼고, 인발시에 동의하여 즐거움을 느끼면, 승단추방죄를 범하는 것이다.

4) 수행승의 적대자들 … 적대자인 왕들 … 적대자인 도적들 … 적대자인 건달들 … 적대자인 갱단들이, 죽었지만 대체로 파괴되지 않은 비인간의 여성을 수행승의 앞으로 데리고 와서 그녀의 항문 … 그녀의 성기 … 그녀의 구강에 그의 성기를 들어가게 할 경우 … 그녀는 유격이고 수행승은 무격이고 … 그녀는 무격이고 수행승은 유격이고 … 그녀도 유격이고 수행승도 유격이고 … 그녀도 무격이고 수행승도 무격이고 간에, 그러한 적용시에 동의하지 않아 즐거움을 느끼지 않고, 삽입시에 동의하지 않아 즐거움을 느끼지 않고, 유지시에 동의하지 않아 즐거움을 느끼지 않아도, 인발시에 동의하여 즐거움을 느끼면, 승단추방죄를 범하는 것이다.

5) 수행승의 적대자들 … 적대자인 왕들 … 적대자인 도적들 … 적대자인 건달들 … 적대자인 갱단들이, 죽었지만 대체로 파괴되지 않은 비인간의 여성을 수행

승의 앞으로 데리고 와서 그녀의 항문 … 그녀의 성기 … 그녀의 구강에 그의 성기를 들어가게 할 경우 … 그녀는 유격이고 수행승은 무격이고 … 그녀는 무격이고 수행승은 유격이고 … 그녀도 유격이고 수행승도 유격이고 … 그녀도 무격이고 수행승도 무격이고 간에, 그러한 적용시에 동의하지 않아 즐거움을 느끼지 않고, 삽입시에 동의하지 않아 즐거움을 느끼지 않고, 유지시에 동의하지 않아 즐거움을 느끼지 않고, 인발시에도 동의하지 않아 즐거움을 느끼지 않으면, 무죄이다.

9-169.

1) 수행승의 적대자들 … 적대자인 왕들 … 적대자인 도적들 … 적대자인 건달들 … 적대자인 갱단들이, 죽어서 거의 파괴된 비인간의 여성을 수행승의 앞으로 데리고 와서[*33] 그녀의 항문 … 그녀의 성기 … 그녀의 구강에 그의 성기를 들어가게 할 경우 … 그녀는 유격이고 수행승은 무격이고 … 그녀는 무격이고 수행승은 유격이고 … 그녀도 유격이고 수행승도 유격이고 … 그녀도 무격이고 수행승도 무격이고 간에, 그러한 적용시에 동의하여 즐거움을 느끼고, 삽입시에 동의하여 즐거움을 느끼고, 유지시에 동의하여 즐거움을 느끼고, 인발시에 동의하여 즐거움을 느끼면, 추악죄를 범하는 것이다.

2) 수행승의 적대자들 … 적대자인 왕들 … 적대자인 도적들 … 적대자인 건달들 … 적대자인 갱단들이, 죽어서 거의 파괴된 비인간의 여성을 수행승의 앞으로 데리고 와서 그녀의 항문 … 그녀의 성기 … 그녀의 구강에 그의 성기를 들어가게 할 경우 … 그녀는 유격이고 수행승은 무격이고 … 그녀는 무격이고 수행승은 유격이고 … 그녀도 유격이고 수행승도 유격이고 … 그녀도 무격이고 수행승도 무격이고 간에, 그러한 적용시에 동의하지 않아 즐거움을 느끼지 않아도, 삽입시에 동의하여 즐거움을 느끼고, 유지시에 동의하여 즐거움을 느끼고, 인발시에 동의하여 즐거움을 느끼면, 추악죄를 범하는 것이다.

3) 수행승의 적대자들 … 적대자인 왕들 … 적대자인 도적들 … 적대자인 건달들 … 적대자인 갱단들이, 죽어서 거의 파괴된 비인간의 여성을 수행승의 앞으로 데리고 와서 그녀의 항문 … 그녀의 성기 … 그녀의 구강에 그의 성기를 들어가게 할 경우 … 그녀는 유격이고 수행승은 무격이고 … 그녀는 무격이고 수행승은 유격이고 … 그녀도 유격이고 수행승도 유격이고 … 그녀도 무격이고 수행승도 무격이고 간에, 그러한 적용시에 동의하지 않아 즐거움을 느끼지 않고, 삽입시에 동의하지 않아 즐거움을 느끼지 않아도, 유지시에 동의하여

즐거움을 느끼고, 인발시에 동의하여 즐거움을 느끼면, 추악죄를 범하는 것이다.

4) 수행승의 적대자들 … 적대자인 왕들 … 적대자인 도적들 … 적대자인 건달들 … 적대자인 갱단들이, 죽어서 거의 파괴된 비인간의 여성을 수행승의 앞으로 데리고 와서 그녀의 항문 … 그녀의 성기 … 그녀의 구강에 그의 성기를 들어가게 할 경우 … 그녀는 유격이고 수행승은 무격이고 … 그녀는 무격이고 수행승은 유격이고 … 그녀도 유격이고 수행승도 유격이고 … 그녀도 무격이고 수행승도 무격이고 간에, 그러한 적용시에 동의하지 않아 즐거움을 느끼지 않고, 삽입시에 동의하지 않아 즐거움을 느끼지 않고, 유지시에 동의하지 않아 즐거움을 느끼지 않아도, 인발시에 동의하여 즐거움을 느끼면, 추악죄를 범하는 것이다.

5) 수행승의 적대자들 … 적대자인 왕들 … 적대자인 도적들 … 적대자인 건달들 … 적대자인 갱단들이, 죽어서 거의 파괴된 비인간의 여성을 수행승의 앞으로 데리고 와서 그녀의 항문 … 그녀의 성기 … 그녀의 구강에 그의 성기를 들어가게 할 경우 … 그녀는 유격이고 수행승은 무격이고 … 그녀는 무격이고 수행승은 유격이고 … 그녀도 유격이고 수행승도 유격이고 … 그녀도 무격이고 수행승도 무격이고 간에, 그러한 적용시에 동의하지 않아 즐거움을 느끼지 않고, 삽입시에 동의하지 않아 즐거움을 느끼지 않고, 유지시에 동의하지 않아 즐거움을 느끼지 않고, 인발시에도 동의하지 않아 즐거움을 느끼지 않으면, 무죄이다.

9-17₁.

1) 수행승의 적대자들 … 적대자인 왕들 … 적대자인 도적들 … 적대자인 건달들 … 적대자인 갱단들이 축생의 여성을 수행승의 앞으로 데리고 와서 그녀의 항문 … 그녀의 성기 … 그녀의 구강에 그의 성기를 들어가게 할 경우 … 그녀는 유격이고 수행승은 무격이고 … 그녀는 무격이고 수행승은 유격이고 … 그녀도 유격이고 수행승도 유격이고 … 그녀도 무격이고 수행승도 무격이고 간에, 그러한 적용시에 동의하여 즐거움을 느끼고, 삽입시에 동의하여 즐거움을 느끼고, 유지시에 동의하여 즐거움을 느끼고, 인발시에 동의하여 즐거움을 느끼면, 승단추방죄를 범하는 것이다.

2) 수행승의 적대자들 … 적대자인 왕들 … 적대자인 도적들 … 적대자인 건달들 … 적대자인 갱단들이 축생의 여성을 수행승의 앞으로 데리고 와서 그녀의 항문 … 그녀의 성기 … 그녀의 구강에 그의 성기를 들어가게 할 경우 …

그녀는 유격이고 수행승은 무격이고 … 그녀는 무격이고 수행승은 유격이고 … 그녀도 유격이고 수행승도 유격이고 … 그녀도 무격이고 수행승도 무격이고 간에, 그러한 적용시에 동의하지 않아 즐거움을 느끼지 않아도, 삽입시에 동의하여 즐거움을 느끼고, 유지시에 동의하여 즐거움을 느끼고, 인발시에 동의하여 즐거움을 느끼면, 승단추방죄를 범하는 것이다.

3) 수행승의 적대자들 … 적대자인 왕들 … 적대자인 도적들 … 적대자인 건달들 … 적대자인 갱단들이 축생의 여성을 수행승의 앞으로 데리고 와서 그녀의 항문 … 그녀의 성기 … 그녀의 구강에 그의 성기를 들어가게 할 경우 … 그녀는 유격이고 수행승은 무격이고 … 그녀는 무격이고 수행승은 유격이고 … 그녀도 유격이고 수행승도 유격이고 … 그녀도 무격이고 수행승도 무격이고 간에, 그러한 적용시에 동의하지 않아 즐거움을 느끼지 않고, 삽입시에 동의하지 않아 즐거움을 느끼지 않아도, 유지시에 동의하여 즐거움을 느끼고, 인발시에 동의하여 즐거움을 느끼면, 승단추방죄를 범하는 것이다.

4) 수행승의 적대자들 … 적대자인 왕들 … 적대자인 도적들 … 적대자인 건달들 … 적대자인 갱단들이 축생의 여성을 수행승의 앞으로 데리고 와서 그녀의 항문 … 그녀의 성기 … 그녀의 구강에 그의 성기를 들어가게 할 경우 … 그녀는 유격이고 수행승은 무격이고 … 그녀는 무격이고 수행승은 유격이고 … 그녀도 유격이고 수행승도 유격이고 … 그녀도 무격이고 수행승도 무격이고 간에, 그러한 적용시에 동의하지 않아 즐거움을 느끼지 않고, 삽입시에 동의하지 않아 즐거움을 느끼지 않고, 유지시에 동의하지 않아 즐거움을 느끼지 않아도, 인발시에 동의하여 즐거움을 느끼면, 승단추방죄를 범하는 것이다.

5) 수행승의 적대자들 … 적대자인 왕들 … 적대자인 도적들 … 적대자인 건달들 … 적대자인 갱단들이 축생의 여성을 수행승의 앞으로 데리고 와서 그녀의 항문 … 그녀의 성기 … 그녀의 구강에 그의 성기를 들어가게 할 경우 … 그녀는 유격이고 수행승은 무격이고 … 그녀는 무격이고 수행승은 유격이고 … 그녀도 유격이고 수행승도 유격이고 … 그녀도 무격이고 수행승도 무격이고 간에, 그러한 적용시에 동의하지 않아 즐거움을 느끼지 않고, 삽입시에 동의하지 않아 즐거움을 느끼지 않고, 유지시에 동의하지 않아 즐거움을 느끼지 않고, 인발시에도 동의하지 않아 즐거움을 느끼지 않으면, 무죄이다.

9-17₂.

1) 수행승의 적대자들 … 적대자인 왕들 … 적대자인 도적들 … 적대자인 건달들

… 적대자인 갱단들이 깨어있는 축생의 여성을 수행승의 앞으로 데리고 와서 그녀의 항문 … 그녀의 성기 … 그녀의 구강에 그의 성기를 들어가게 할 경우 … 그녀는 유격이고 수행승은 무격이고 … 그녀는 무격이고 수행승은 유격이고 … 그녀도 유격이고 수행승도 유격이고 … 그녀도 무격이고 수행승도 무격이고 간에, 그러한 적용시에 동의하여 즐거움을 느끼고, 삽입시에 동의하여 즐거움을 느끼고, 유지시에 동의하여 즐거움을 느끼고, 인발시에 동의하여 즐거움을 느끼면, 승단추방죄를 범하는 것이다.

2) 수행승의 적대자들 … 적대자인 왕들 … 적대자인 도적들 … 적대자인 건달들 … 적대자인 갱단들이 깨어있는 축생의 여성을 수행승의 앞으로 데리고 와서 그녀의 항문 … 그녀의 성기 … 그녀의 구강에 그의 성기를 들어가게 할 경우 … 그녀는 유격이고 수행승은 무격이고 … 그녀는 무격이고 수행승은 유격이고 … 그녀도 유격이고 수행승도 유격이고 … 그녀도 무격이고 수행승도 무격이고 간에, 그러한 적용시에 동의하지 않아 즐거움을 느끼지 않아도, 삽입시에 동의하여 즐거움을 느끼고, 유지시에 동의하여 즐거움을 느끼고, 인발시에 동의하여 즐거움을 느끼면, 승단추방죄를 범하는 것이다.

3) 수행승의 적대자들 … 적대자인 왕들 … 적대자인 도적들 … 적대자인 건달들 … 적대자인 갱단들이 깨어있는 축생의 여성을 수행승의 앞으로 데리고 와서 그녀의 항문 … 그녀의 성기 … 그녀의 구강에 그의 성기를 들어가게 할 경우 … 그녀는 유격이고 수행승은 무격이고 … 그녀는 무격이고 수행승은 유격이고 … 그녀도 유격이고 수행승도 유격이고 … 그녀도 무격이고 수행승도 무격이고 간에, 그러한 적용시에 동의하지 않아 즐거움을 느끼지 않고, 삽입시에 동의하지 않아 즐거움을 느끼지 않아도, 유지시에 동의하여 즐거움을 느끼고, 인발시에 동의하여 즐거움을 느끼면, 승단추방죄를 범하는 것이다.

4) 수행승의 적대자들 … 적대자인 왕들 … 적대자인 도적들 … 적대자인 건달들 … 적대자인 갱단들이 깨어있는 축생의 여성을 수행승의 앞으로 데리고 와서 그녀의 항문 … 그녀의 성기 … 그녀의 구강에 그의 성기를 들어가게 할 경우 … 그녀는 유격이고 수행승은 무격이고 … 그녀는 무격이고 수행승은 유격이고 … 그녀도 유격이고 수행승도 유격이고 … 그녀도 무격이고 수행승도 무격이고 간에, 그러한 적용시에 동의하지 않아 즐거움을 느끼지 않고, 삽입시에 동의하지 않아 즐거움을 느끼지 않고, 유지시에 동의하지 않아 즐거움을 느끼지 않아도, 인발시에 동의하여 즐거움을 느끼면, 승단추방죄를 범하

는 것이다.

5) 수행승의 적대자들 … 적대자인 왕들 … 적대자인 도적들 … 적대자인 건달들 … 적대자인 갱단들이 깨어있는 축생의 여성을 수행승의 앞으로 데리고 와서 그녀의 항문 … 그녀의 성기 … 그녀의 구강에 그의 성기를 들어가게 할 경우 … 그녀는 유격이고 수행승은 무격이고 … 그녀는 무격이고 수행승은 유격이고 … 그녀도 유격이고 수행승도 유격이고 … 그녀도 무격이고 수행승도 무격이고 간에, 그러한 적용시에 동의하지 않아 즐거움을 느끼지 않고, 삽입시에 동의하지 않아 즐거움을 느끼지 않고, 유지시에 동의하지 않아 즐거움을 느끼지 않고, 인발시에도 동의하지 않아 즐거움을 느끼지 않으면, 무죄이다.

9-17₃.

1) 수행승의 적대자들 … 적대자인 왕들 … 적대자인 도적들 … 적대자인 건달들 … 적대자인 갱단들이 잠든 축생의 여성을 수행승의 앞으로 데리고 와서 그녀의 항문 … 그녀의 성기 … 그녀의 구강에 그의 성기를 들어가게 할 경우 … 그녀는 유격이고 수행승은 무격이고 … 그녀는 무격이고 수행승은 유격이고 … 그녀도 유격이고 수행승도 유격이고 … 그녀도 무격이고 수행승도 무격이고 간에, 그러한 적용시에 동의하여 즐거움을 느끼고, 삽입시에 동의하여 즐거움을 느끼고, 유지시에 동의하여 즐거움을 느끼고, 인발시에 동의하여 즐거움을 느끼면, 승단추방죄를 범하는 것이다.

2) 수행승의 적대자들 … 적대자인 왕들 … 적대자인 도적들 … 적대자인 건달들 … 적대자인 갱단들이 잠든 축생의 여성을 수행승의 앞으로 데리고 와서 그녀의 항문 … 그녀의 성기 … 그녀의 구강에 그의 성기를 들어가게 할 경우 … 그녀는 유격이고 수행승은 무격이고 … 그녀는 무격이고 수행승은 유격이고 … 그녀도 유격이고 수행승도 유격이고 … 그녀도 무격이고 수행승도 무격이고 간에, 그러한 적용시에 동의하지 않아 즐거움을 느끼지 않아도, 삽입시에 동의하여 즐거움을 느끼고, 유지시에 동의하여 즐거움을 느끼고, 인발시에 동의하여 즐거움을 느끼면, 승단추방죄를 범하는 것이다.

3) 수행승의 적대자들 … 적대자인 왕들 … 적대자인 도적들 … 적대자인 건달들 … 적대자인 갱단들이 잠든 축생의 여성을 수행승의 앞으로 데리고 와서 그녀의 항문 … 그녀의 성기 … 그녀의 구강에 그의 성기를 들어가게 할 경우 … 그녀는 유격이고 수행승은 무격이고 … 그녀는 무격이고 수행승은 유격이

고 … 그녀도 유격이고 수행승도 유격이고 … 그녀도 무격이고 수행승도 무격이고 간에, 그러한 적용시에 동의하지 않아 즐거움을 느끼지 않고, 삽입시에 동의하지 않아 즐거움을 느끼지 않아도, 유지시에 동의하여 즐거움을 느끼고, 인발시에 동의하여 즐거움을 느끼면, 승단추방죄를 범하는 것이다.

4) 수행승의 적대자들 … 적대자인 왕들 … 적대자인 도적들 … 적대자인 건달들 … 적대자인 갱단들이 잠든 축생의 여성을 수행승의 앞으로 데리고 와서 그녀의 항문 … 그녀의 성기 … 그녀의 구강에 그의 성기를 들어가게 할 경우 … 그녀는 유격이고 수행승은 무격이고 … 그녀는 무격이고 수행승은 유격이고 … 그녀도 유격이고 수행승도 유격이고 … 그녀도 무격이고 수행승도 무격이고 간에, 그러한 적용시에 동의하지 않아 즐거움을 느끼지 않고, 삽입시에 동의하지 않아 즐거움을 느끼지 않고, 유지시에 동의하지 않아 즐거움을 느끼지 않아도, 인발시에 동의하여 즐거움을 느끼면, 승단추방죄를 범하는 것이다.

5) 수행승의 적대자들 … 적대자인 왕들 … 적대자인 도적들 … 적대자인 건달들 … 적대자인 갱단들이 잠든 축생의 여성을 수행승의 앞으로 데리고 와서 그녀의 항문 … 그녀의 성기 … 그녀의 구강에 그의 성기를 들어가게 할 경우 … 그녀는 유격이고 수행승은 무격이고 … 그녀는 무격이고 수행승은 유격이고 … 그녀도 유격이고 수행승도 유격이고 … 그녀도 무격이고 수행승도 무격이고 간에, 그러한 적용시에 동의하지 않아 즐거움을 느끼지 않고, 삽입시에 동의하지 않아 즐거움을 느끼지 않고, 유지시에 동의하지 않아 즐거움을 느끼지 않고, 인발시에도 동의하지 않아 즐거움을 느끼지 않으면, 무죄이다.

9-17₄.

1) 수행승의 적대자들 … 적대자인 왕들 … 적대자인 도적들 … 적대자인 건달들 … 적대자인 갱단들이 술취한 축생의 여성을 수행승의 앞으로 데리고 와서 그녀의 항문 … 그녀의 성기 … 그녀의 구강에 그의 성기를 들어가게 할 경우 … 그녀는 유격이고 수행승은 무격이고 … 그녀는 무격이고 수행승은 유격이고 … 그녀도 유격이고 수행승도 유격이고 … 그녀도 무격이고 수행승도 무격이고 간에, 그러한 적용시에 동의하여 즐거움을 느끼고, 삽입시에 동의하여 즐거움을 느끼고, 유지시에 동의하여 즐거움을 느끼고, 인발시에 동의하여 즐거움을 느끼면, 승단추방죄를 범하는 것이다.

2) 수행승의 적대자들 … 적대자인 왕들 … 적대자인 도적들 … 적대자인 건달들

… 적대자인 갱단들이 술취한 축생의 여성을 수행승의 앞으로 데리고 와서 그녀의 항문 … 그녀의 성기 … 그녀의 구강에 그의 성기를 들어가게 할 경우 … 그녀는 유격이고 수행승은 무격이고 … 그녀는 무격이고 수행승은 유격이고 … 그녀도 유격이고 수행승도 유격이고 … 그녀도 무격이고 수행승도 무격이고 간에, 그러한 적용시에 동의하지 않아 즐거움을 느끼지 않아도, 삽입시에 동의하여 즐거움을 느끼고, 유지시에 동의하여 즐거움을 느끼고, 인발시에 동의하여 즐거움을 느끼면, 승단추방죄를 범하는 것이다.

3) 수행승의 적대자들 … 적대자인 왕들 … 적대자인 도적들 … 적대자인 건달들 … 적대자인 갱단들이 술취한 축생의 여성을 수행승의 앞으로 데리고 와서 그녀의 항문 … 그녀의 성기 … 그녀의 구강에 그의 성기를 들어가게 할 경우 … 그녀는 유격이고 수행승은 무격이고 … 그녀는 무격이고 수행승은 유격이고 … 그녀도 유격이고 수행승도 유격이고 … 그녀도 무격이고 수행승도 무격이고 간에, 그러한 적용시에 동의하지 않아 즐거움을 느끼지 않고, 삽입시에 동의하지 않아 즐거움을 느끼지 않아도, 유지시에 동의하여 즐거움을 느끼고, 인발시에 동의하여 즐거움을 느끼면, 승단추방죄를 범하는 것이다.

4) 수행승의 적대자들 … 적대자인 왕들 … 적대자인 도적들 … 적대자인 건달들 … 적대자인 갱단들이 술취한 축생의 여성을 수행승의 앞으로 데리고 와서 그녀의 항문 … 그녀의 성기 … 그녀의 구강에 그의 성기를 들어가게 할 경우 … 그녀는 유격이고 수행승은 무격이고 … 그녀는 무격이고 수행승은 유격이고 … 그녀도 유격이고 수행승도 유격이고 … 그녀도 무격이고 수행승도 무격이고 간에, 그러한 적용시에 동의하지 않아 즐거움을 느끼지 않고, 삽입시에 동의하지 않아 즐거움을 느끼지 않고, 유지시에 동의하지 않아 즐거움을 느끼지 않아도, 인발시에 동의하여 즐거움을 느끼면, 승단추방죄를 범하는 것이다.

5) 수행승의 적대자들 … 적대자인 왕들 … 적대자인 도적들 … 적대자인 건달들 … 적대자인 갱단들이 술취한 축생의 여성을 수행승의 앞으로 데리고 와서 그녀의 항문 … 그녀의 성기 … 그녀의 구강에 그의 성기를 들어가게 할 경우 … 그녀는 유격이고 수행승은 무격이고 … 그녀는 무격이고 수행승은 유격이고 … 그녀도 유격이고 수행승도 유격이고 … 그녀도 무격이고 수행승도 무격이고 간에, 그러한 적용시에 동의하지 않아 즐거움을 느끼지 않고, 삽입시에 동의하지 않아 즐거움을 느끼지 않고, 유지시에 동의하지 않아 즐거움

움을 느끼지 않고, 인발시에도 동의하지 않아 즐거움을 느끼지 않으면, 무죄이다.

9-17₅.

1) 수행승의 적대자들 … 적대자인 왕들 … 적대자인 도적들 … 적대자인 건달들 … 적대자인 갱단들이 정신착란된 축생의 여성을 수행승의 앞으로 데리고 와서 그녀의 항문 … 그녀의 성기 … 그녀의 구강에 그의 성기를 들어가게 할 경우 … 그녀는 유격이고 수행승은 무격이고 … 그녀는 무격이고 수행승은 유격이고 … 그녀도 유격이고 수행승도 유격이고 … 그녀도 무격이고 수행승도 무격이고 간에, 그러한 적용시에 동의하여 즐거움을 느끼고, 삽입시에 동의하여 즐거움을 느끼고, 유지시에 동의하여 즐거움을 느끼고, 인발시에 동의하여 즐거움을 느끼면, 승단추방죄를 범하는 것이다.

2) 수행승의 적대자들 … 적대자인 왕들 … 적대자인 도적들 … 적대자인 건달들 … 적대자인 갱단들이 정신착란된 축생의 여성을 수행승의 앞으로 데리고 와서 그녀의 항문 … 그녀의 성기 … 그녀의 구강에 그의 성기를 들어가게 할 경우 … 그녀는 유격이고 수행승은 무격이고 … 그녀는 무격이고 수행승은 유격이고 … 그녀도 유격이고 수행승도 유격이고 … 그녀도 무격이고 수행승도 무격이고 간에, 그러한 적용시에 동의하지 않아 즐거움을 느끼지 않아도, 삽입시에 동의하여 즐거움을 느끼고, 유지시에 동의하여 즐거움을 느끼고, 인발시에 동의하여 즐거움을 느끼면, 승단추방죄를 범하는 것이다.

3) 수행승의 적대자들 … 적대자인 왕들 … 적대자인 도적들 … 적대자인 건달들 … 적대자인 갱단들이 정신착란된 축생의 여성을 수행승의 앞으로 데리고 와서 그녀의 항문 … 그녀의 성기 … 그녀의 구강에 그의 성기를 들어가게 할 경우 … 그녀는 유격이고 수행승은 무격이고 … 그녀는 무격이고 수행승은 유격이고 … 그녀도 유격이고 수행승도 유격이고 … 그녀도 무격이고 수행승도 무격이고 간에, 그러한 적용시에 동의하지 않아 즐거움을 느끼지 않고, 삽입시에 동의하지 않아 즐거움을 느끼지 않아도, 유지시에 동의하여 즐거움을 느끼고, 인발시에 동의하여 즐거움을 느끼면, 승단추방죄를 범하는 것이다.

4) 수행승의 적대자들 … 적대자인 왕들 … 적대자인 도적들 … 적대자인 건달들 … 적대자인 갱단들이 정신착란된 축생의 여성을 수행승의 앞으로 데리고 와서 그녀의 항문 … 그녀의 성기 … 그녀의 구강에 그의 성기를 들어가게 할 경우 … 그녀는 유격이고 수행승은 무격이고 … 그녀는 무격이고 수행승은

유격이고 … 그녀도 유격이고 수행승도 유격이고 … 그녀도 무격이고 수행승도 무격이고 간에, 그러한 적용시에 동의하지 않아 즐거움을 느끼지 않고, 삽입시에 동의하지 않아 즐거움을 느끼지 않고, 유지시에 동의하지 않아 즐거움을 느끼지 않아도, 인발시에 동의하여 즐거움을 느끼면, 승단추방죄를 범하는 것이다.

5) 수행승의 적대자들 … 적대자인 왕들 … 적대자인 도적들 … 적대자인 건달들 … 적대자인 갱단들이 정신착란된 축생의 여성을 수행승의 앞으로 데리고 와서 그녀의 항문 … 그녀의 성기 … 그녀의 구강에 그의 성기를 들어가게 할 경우 … 그녀는 유격이고 수행승은 무격이고 … 그녀는 무격이고 수행승은 유격이고 … 그녀도 유격이고 수행승도 유격이고 … 그녀도 무격이고 수행승도 무격이고 간에, 그러한 적용시에 동의하지 않아 즐거움을 느끼지 않고, 삽입시에 동의하지 않아 즐거움을 느끼지 않고, 유지시에 동의하지 않아 즐거움을 느끼지 않고, 인발시에도 동의하지 않아 즐거움을 느끼지 않으면, 무죄이다.

9-17₆.

1) 수행승의 적대자들 … 적대자인 왕들 … 적대자인 도적들 … 적대자인 건달들 … 적대자인 갱단들이 방일한 축생의 여성을 수행승의 앞으로 데리고 와서 그녀의 항문 … 그녀의 성기 … 그녀의 구강에 그의 성기를 들어가게 할 경우 … 그녀는 유격이고 수행승은 무격이고 … 그녀는 무격이고 수행승은 유격이고 … 그녀도 유격이고 수행승도 유격이고 … 그녀도 무격이고 수행승도 무격이고 간에, 그러한 적용시에 동의하여 즐거움을 느끼고, 삽입시에 동의하여 즐거움을 느끼고, 유지시에 동의하여 즐거움을 느끼고, 인발시에 동의하여 즐거움을 느끼면, 승단추방죄를 범하는 것이다.

2) 수행승의 적대자들 … 적대자인 왕들 … 적대자인 도적들 … 적대자인 건달들 … 적대자인 갱단들이 방일한 축생의 여성을 수행승의 앞으로 데리고 와서 그녀의 항문 … 그녀의 성기 … 그녀의 구강에 그의 성기를 들어가게 할 경우 … 그녀는 유격이고 수행승은 무격이고 … 그녀는 무격이고 수행승은 유격이고 … 그녀도 유격이고 수행승도 유격이고 … 그녀도 무격이고 수행승도 무격이고 간에, 그러한 적용시에 동의하지 않아 즐거움을 느끼지 않아도, 삽입시에 동의하여 즐거움을 느끼고, 유지시에 동의하여 즐거움을 느끼고, 인발시에 동의하여 즐거움을 느끼면, 승단추방죄를 범하는 것이다.

3) 수행승의 적대자들 … 적대자인 왕들 … 적대자인 도적들 … 적대자인 건달들 … 적대자인 갱단들이 방일한 축생의 여성을 수행승의 앞으로 데리고 와서 그녀의 항문 … 그녀의 성기 … 그녀의 구강에 그의 성기를 들어가게 할 경우 … 그녀는 유격이고 수행승은 무격이고 … 그녀는 무격이고 수행승은 유격이고 … 그녀도 유격이고 수행승도 유격이고 … 그녀도 무격이고 수행승도 무격이고 간에, 그러한 적용시에 동의하지 않아 즐거움을 느끼지 않고, 삽입시에 동의하지 않아 즐거움을 느끼지 않아도, 유지시에 동의하여 즐거움을 느끼고, 인발시에 동의하여 즐거움을 느끼면, 승단추방죄를 범하는 것이다.

4) 수행승의 적대자들 … 적대자인 왕들 … 적대자인 도적들 … 적대자인 건달들 … 적대자인 갱단들이 방일한 축생의 여성을 수행승의 앞으로 데리고 와서 그녀의 항문 … 그녀의 성기 … 그녀의 구강에 그의 성기를 들어가게 할 경우 … 그녀는 유격이고 수행승은 무격이고 … 그녀는 무격이고 수행승은 유격이고 … 그녀도 유격이고 수행승도 유격이고 … 그녀도 무격이고 수행승도 무격이고 간에, 그러한 적용시에 동의하지 않아 즐거움을 느끼지 않고, 삽입시에 동의하지 않아 즐거움을 느끼지 않고, 유지시에 동의하지 않아 즐거움을 느끼지 않아도, 인발시에 동의하여 즐거움을 느끼면, 승단추방죄를 범하는 것이다.

5) 수행승의 적대자들 … 적대자인 왕들 … 적대자인 도적들 … 적대자인 건달들 … 적대자인 갱단들이 방일한 축생의 여성을 수행승의 앞으로 데리고 와서 그녀의 항문 … 그녀의 성기 … 그녀의 구강에 그의 성기를 들어가게 할 경우 … 그녀는 유격이고 수행승은 무격이고 … 그녀는 무격이고 수행승은 유격이고 … 그녀도 유격이고 수행승도 유격이고 … 그녀도 무격이고 수행승도 무격이고 간에, 그러한 적용시에 동의하지 않아 즐거움을 느끼지 않고, 삽입시에 동의하지 않아 즐거움을 느끼지 않고, 유지시에 동의하지 않아 즐거움을 느끼지 않고, 인발시에도 동의하지 않아 즐거움을 느끼지 않으면, 무죄이다.

9-17ₛ.

1) 수행승의 적대자들 … 적대자인 왕들 … 적대자인 도적들 … 적대자인 건달들 … 적대자인 갱단들이, 죽었지만 파괴되지 않은 축생의 여성을 수행승의 앞으로 데리고 와서 그녀의 항문 … 그녀의 성기 … 그녀의 구강에 그의 성기를 들어가게 할 경우 … 그녀는 유격이고 수행승은 무격이고 … 그녀는 무격이고

수행승은 유격이고 … 그녀도 유격이고 수행승도 유격이고 … 그녀도 무격이고 수행승도 무격이고 간에, 그러한 적용시에 동의하여 즐거움을 느끼고, 삽입시에 동의하여 즐거움을 느끼고, 유지시에 동의하여 즐거움을 느끼고, 인발시에 동의하여 즐거움을 느끼면, 승단추방죄를 범하는 것이다.

2) 수행승의 적대자들 … 적대자인 왕들 … 적대자인 도적들 … 적대자인 건달들 … 적대자인 갱단들이, 죽었지만 파괴되지 않은 축생의 여성을 수행승의 앞으로 데리고 와서 그녀의 항문 … 그녀의 성기 … 그녀의 구강에 그의 성기를 들어가게 할 경우 … 그녀는 유격이고 수행승은 무격이고 … 그녀는 무격이고 수행승은 유격이고 … 그녀도 유격이고 수행승도 유격이고 … 그녀도 무격이고 수행승도 무격이고 간에, 그러한 적용시에 동의하지 않아 즐거움을 느끼지 않아도, 삽입시에 동의하여 즐거움을 느끼고, 유지시에 동의하여 즐거움을 느끼고, 인발시에 동의하여 즐거움을 느끼면, 승단추방죄를 범하는 것이다.

3) 수행승의 적대자들 … 적대자인 왕들 … 적대자인 도적들 … 적대자인 건달들 … 적대자인 갱단들이, 죽었지만 파괴되지 않은 축생의 여성을 수행승의 앞으로 데리고 와서 그녀의 항문 … 그녀의 성기 … 그녀의 구강에 그의 성기를 들어가게 할 경우 … 그녀는 유격이고 수행승은 무격이고 … 그녀는 무격이고 수행승은 유격이고 … 그녀도 유격이고 수행승도 유격이고 … 그녀도 무격이고 수행승도 무격이고 간에, 그러한 적용시에 동의하지 않아 즐거움을 느끼지 않고, 삽입시에 동의하지 않아 즐거움을 느끼지 않아도, 유지시에 동의하여 즐거움을 느끼고, 인발시에 동의하여 즐거움을 느끼면, 승단추방죄를 범하는 것이다.

4) 수행승의 적대자들 … 적대자인 왕들 … 적대자인 도적들 … 적대자인 건달들 … 적대자인 갱단들이, 죽었지만 파괴되지 않은 축생의 여성을 수행승의 앞으로 데리고 와서 그녀의 항문 … 그녀의 성기 … 그녀의 구강에 그의 성기를 들어가게 할 경우 … 그녀는 유격이고 수행승은 무격이고 … 그녀는 무격이고 수행승은 유격이고 … 그녀도 유격이고 수행승도 유격이고 … 그녀도 무격이고 수행승도 무격이고 간에, 그러한 적용시에 동의하지 않아 즐거움을 느끼지 않고, 삽입시에 동의하지 않아 즐거움을 느끼지 않고, 유지시에 동의하지 않아 즐거움을 느끼지 않아도, 인발시에 동의하여 즐거움을 느끼면, 승단추방죄를 범하는 것이다.

5) 수행승의 적대자들 … 적대자인 왕들 … 적대자인 도적들 … 적대자인 건달들

… 적대자인 갱단들이, 죽었지만 파괴되지 않은 축생의 여성을 수행승의 앞으로 데리고 와서 그녀의 항문 … 그녀의 성기 … 그녀의 구강에 그의 성기를 들어가게 할 경우 … 그녀는 유격이고 수행승은 무격이고 … 그녀는 무격이고 수행승은 유격이고 … 그녀도 유격이고 수행승도 유격이고 … 그녀도 무격이고 수행승도 무격이고 간에, 그러한 적용시에 동의하지 않아 즐거움을 느끼지 않고, 삽입시에 동의하지 않아 즐거움을 느끼지 않고, 유지시에 동의하지 않아 즐거움을 느끼지 않고, 인발시에도 동의하지 않아 즐거움을 느끼지 않으면, 무죄이다.

9-17₈.

1) 수행승의 적대자들 … 적대자인 왕들 … 적대자인 도적들 … 적대자인 건달들 … 적대자인 갱단들이, 죽었지만 대체로 파괴되지 않은 축생의 여성을 수행승의 앞으로 데리고 와서 그녀의 항문 … 그녀의 성기 … 그녀의 구강에 그의 성기를 들어가게 할 경우 … 그녀는 유격이고 수행승은 무격이고 … 그녀는 무격이고 수행승은 유격이고 … 그녀도 유격이고 수행승도 유격이고 … 그녀도 무격이고 수행승도 무격이고 간에, 그러한 적용시에 동의하여 즐거움을 느끼고, 삽입시에 동의하여 즐거움을 느끼고, 유지시에 동의하여 즐거움을 느끼고, 인발시에 동의하여 즐거움을 느끼면, 승단추방죄를 범하는 것이다.

2) 수행승의 적대자들 … 적대자인 왕들 … 적대자인 도적들 … 적대자인 건달들 … 적대자인 갱단들이, 죽었지만 대체로 파괴되지 않은 축생의 여성을 수행승의 앞으로 데리고 와서 그녀의 항문 … 그녀의 성기 … 그녀의 구강에 그의 성기를 들어가게 할 경우 … 그녀는 유격이고 수행승은 무격이고 … 그녀는 무격이고 수행승은 유격이고 … 그녀도 유격이고 수행승도 유격이고 … 그녀도 무격이고 수행승도 무격이고 간에, 그러한 적용시에 동의하지 않아 즐거움을 느끼지 않아도, 삽입시에 동의하여 즐거움을 느끼고, 유지시에 동의하여 즐거움을 느끼고, 인발시에 동의하여 즐거움을 느끼면, 승단추방죄를 범하는 것이다.

3) 수행승의 적대자들 … 적대자인 왕들 … 적대자인 도적들 … 적대자인 건달들 … 적대자인 갱단들이, 죽었지만 대체로 파괴되지 않은 축생의 여성을 수행승의 앞으로 데리고 와서 그녀의 항문 … 그녀의 성기 … 그녀의 구강에 그의 성기를 들어가게 할 경우 … 그녀는 유격이고 수행승은 무격이고 … 그녀는 무격이고 수행승은 유격이고 … 그녀도 유격이고 수행승도 유격이고 … 그녀도 무격이고 수행승도 무격이고 간에, 그러한 적용시에 동의하지 않아 즐거움

을 느끼지 않고, 삽입시에 동의하지 않아 즐거움을 느끼지 않아도, 유지시에 동의하여 즐거움을 느끼고, 인발시에 동의하여 즐거움을 느끼면, 승단추방죄를 범하는 것이다.

4) 수행승의 적대자들 … 적대자인 왕들 … 적대자인 도적들 … 적대자인 건달들 … 적대자인 갱단들이, 죽었지만 대체로 파괴되지 않은 축생의 여성을 수행승의 앞으로 데리고 와서 그녀의 항문 … 그녀의 성기 … 그녀의 구강에 그의 성기를 들어가게 할 경우 … 그녀는 유격이고 수행승은 무격이고 … 그녀는 무격이고 수행승은 유격이고 … 그녀도 유격이고 수행승도 유격이고 … 그녀도 무격이고 수행승도 무격이고 간에, 그러한 적용시에 동의하지 않아 즐거움을 느끼지 않고, 삽입시에 동의하지 않아 즐거움을 느끼지 않고, 유지시에 동의하지 않아 즐거움을 느끼지 않아도, 인발시에 동의하여 즐거움을 느끼면, 승단추방죄를 범하는 것이다.

5) 수행승의 적대자들 … 적대자인 왕들 … 적대자인 도적들 … 적대자인 건달들 … 적대자인 갱단들이, 죽었지만 대체로 파괴되지 않은 축생의 여성을 수행승의 앞으로 데리고 와서 그녀의 항문 … 그녀의 성기 … 그녀의 구강에 그의 성기를 들어가게 할 경우 … 그녀는 유격이고 수행승은 무격이고 … 그녀는 무격이고 수행승은 유격이고 … 그녀도 유격이고 수행승도 유격이고 … 그녀도 무격이고 수행승도 무격이고 간에, 그러한 적용시에 동의하지 않아 즐거움을 느끼지 않고, 삽입시에 동의하지 않아 즐거움을 느끼지 않고, 유지시에 동의하지 않아 즐거움을 느끼지 않고, 인발시에도 동의하지 않아 즐거움을 느끼지 않으면, 무죄이다.

9-17₉.

1) 수행승의 적대자들 … 적대자인 왕들 … 적대자인 도적들 … 적대자인 건달들 … 적대자인 갱단들이, 죽어서 거의 파괴된 축생의 여성을 수행승의 앞으로 데리고 와서 그녀의 항문 … 그녀의 성기 … 그녀의 구강에 그의 성기를 들어가게 할 경우 … 그녀는 유격이고 수행승은 무격이고 … 그녀는 무격이고 수행승은 유격이고 … 그녀도 유격이고 수행승도 유격이고 … 그녀도 무격이고 수행승도 무격이고 간에, 그러한 적용시에 동의하여 즐거움을 느끼고, 삽입시에 동의하여 즐거움을 느끼고, 유지시에 동의하여 즐거움을 느끼고, 인발시에 동의하여 즐거움을 느끼면, 추악죄를 범하는 것이다.

2) 수행승의 적대자들 … 적대자인 왕들 … 적대자인 도적들 … 적대자인 건달들

… 적대자인 갱단들이, 죽어서 거의 파괴된 축생의 여성을 수행승의 앞으로 데리고 와서 그녀의 항문 … 그녀의 성기 … 그녀의 구강에 그의 성기를 들어가게 할 경우 … 그녀는 유격이고 수행승은 무격이고 … 그녀는 무격이고 수행승은 유격이고 … 그녀도 유격이고 수행승도 유격이고 … 그녀도 무격이고 수행승도 무격이고 간에, 그러한 적용시에 동의하지 않아 즐거움을 느끼지 않아도, 삽입시에 동의하여 즐거움을 느끼고, 유지시에 동의하여 즐거움을 느끼고, 인발시에 동의하여 즐거움을 느끼면, 추악죄를 범하는 것이다.

3) 수행승의 적대자들 … 적대자인 왕들 … 적대자인 도적들 … 적대자인 건달들 … 적대자인 갱단들이, 죽어서 거의 파괴된 축생의 여성을 수행승의 앞으로 데리고 와서 그녀의 항문 … 그녀의 성기 … 그녀의 구강에 그의 성기를 들어가게 할 경우 … 그녀는 유격이고 수행승은 무격이고 … 그녀는 무격이고 수행승은 유격이고 … 그녀도 유격이고 수행승도 유격이고 … 그녀도 무격이고 수행승도 무격이고 간에, 그러한 적용시에 동의하지 않아 즐거움을 느끼지 않고, 삽입시에 동의하지 않아 즐거움을 느끼지 않아도, 유지시에 동의하여 즐거움을 느끼고, 인발시에 동의하여 즐거움을 느끼면, 추악죄를 범하는 것이다.

4) 수행승의 적대자들 … 적대자인 왕들 … 적대자인 도적들 … 적대자인 건달들 … 적대자인 갱단들이, 죽어서 거의 파괴된 축생의 여성을 수행승의 앞으로 데리고 와서 그녀의 항문 … 그녀의 성기 … 그녀의 구강에 그의 성기를 들어가게 할 경우 … 그녀는 유격이고 수행승은 무격이고 … 그녀는 무격이고 수행승은 유격이고 … 그녀도 유격이고 수행승도 유격이고 … 그녀도 무격이고 수행승도 무격이고 간에, 그러한 적용시에 동의하지 않아 즐거움을 느끼지 않고, 삽입시에 동의하지 않아 즐거움을 느끼지 않고, 유지시에 동의하지 않아 즐거움을 느끼지 않아도, 인발시에 동의하여 즐거움을 느끼면, 추악죄를 범하는 것이다.

5) 수행승의 적대자들 … 적대자인 왕들 … 적대자인 도적들 … 적대자인 건달들 … 적대자인 갱단들이, 죽어서 거의 파괴된 축생의 여성을 수행승의 앞으로 데리고 와서 그녀의 항문 … 그녀의 성기 … 그녀의 구강에 그의 성기를 들어가게 할 경우 … 그녀는 유격이고 수행승은 무격이고 … 그녀는 무격이고 수행승은 유격이고 … 그녀도 유격이고 수행승도 유격이고 … 그녀도 무격이고 수행승도 무격이고 간에, 그러한 적용시에 동의하지 않아 즐거움을 느끼지 않고, 삽입시에

동의하지 않아 즐거움을 느끼지 않고, 유지시에 동의하지 않아 즐거움을 느끼지 않고, 인발시에도 동의하지 않아 즐거움을 느끼지 않으면, 무죄이다.

9-18₁.

1) 수행승의 적대자들 … 적대자인 왕들 … 적대자인 도적들 … 적대자인 건달들 … 적대자인 갱단들이 인간의 양성을 수행승의 앞으로 데리고 와서 그의 항문 … 그의 성기 … 그의 구강에 그의 성기를 들어가게 할 경우 … 그는 유격이고 수행승은 무격이고 … 그는 무격이고 수행승은 유격이고 … 그도 유격이고 수행승도 유격이고 … 그도 무격이고 수행승도 무격이고 간에, 그러한 적용시에 동의하여 즐거움을 느끼고, 삽입시에 동의하여 즐거움을 느끼고, 유지시에 동의하여 즐거움을 느끼고, 인발시에 동의하여 즐거움을 느끼면, 승단추방죄를 범하는 것이다.

2) 수행승의 적대자들 … 적대자인 왕들 … 적대자인 도적들 … 적대자인 건달들 … 적대자인 갱단들이 인간의 양성을 수행승의 앞으로 데리고 와서 그의 항문 … 그의 성기 … 그의 구강에 그의 성기를 들어가게 할 경우 … 그는 유격이고 수행승은 무격이고 … 그는 무격이고 수행승은 유격이고 … 그도 유격이고 수행승도 유격이고 … 그도 무격이고 수행승도 무격이고 간에, 그러한 적용시에 동의하지 않아 즐거움을 느끼지 않아도, 삽입시에 동의하여 즐거움을 느끼고, 유지시에 동의하여 즐거움을 느끼고, 인발시에 동의하여 즐거움을 느끼면, 승단추방죄를 범하는 것이다.

3) 수행승의 적대자들 … 적대자인 왕들 … 적대자인 도적들 … 적대자인 건달들 … 적대자인 갱단들이 인간의 양성을 수행승의 앞으로 데리고 와서 그의 항문 … 그의 성기 … 그의 구강에 그의 성기를 들어가게 할 경우 … 그는 유격이고 수행승은 무격이고 … 그는 무격이고 수행승은 유격이고 … 그도 유격이고 수행승도 유격이고 … 그도 무격이고 수행승도 무격이고 간에, 그러한 적용시에 동의하지 않아 즐거움을 느끼지 않고, 삽입시에 동의하지 않아 즐거움을 느끼지 않아도, 유지시에 동의하여 즐거움을 느끼고, 인발시에 동의하여 즐거움을 느끼면, 승단추방죄를 범하는 것이다.

4) 수행승의 적대자들 … 적대자인 왕들 … 적대자인 도적들 … 적대자인 건달들 … 적대자인 갱단들이 인간의 양성을 수행승의 앞으로 데리고 와서 그의 항문 … 그의 성기 … 그의 구강에 그의 성기를 들어가게 할 경우 … 그는 유격이고 수행승은 무격이고 … 그는 무격이고 수행승은 유격이고 … 그도 유격이고

수행승도 유격이고 … 그도 무격이고 수행승도 무격이고 간에, 그러한 적용시에 동의하지 않아 즐거움을 느끼지 않고, 삽입시에 동의하지 않아 즐거움을 느끼지 않고, 유지시에 동의하지 않아 즐거움을 느끼지 않아도, 인발시에 동의하여 즐거움을 느끼면, 승단추방죄를 범하는 것이다.

5) 수행승의 적대자들 … 적대자인 왕들 … 적대자인 도적들 … 적대자인 건달들 … 적대자인 갱단들이 인간의 양성을 수행승의 앞으로 데리고 와서 그의 항문 … 그의 성기 … 그의 구강에 그의 성기를 들어가게 할 경우 … 그는 유격이고 수행승은 무격이고 … 그는 무격이고 수행승은 유격이고 … 그도 유격이고 수행승도 유격이고 … 그도 무격이고 수행승도 무격이고 간에, 그러한 적용시에 동의하지 않아 즐거움을 느끼지 않고, 삽입시에 동의하지 않아 즐거움을 느끼지 않고, 유지시에 동의하지 않아 즐거움을 느끼지 않고, 인발시에도 동의하지 않아 즐거움을 느끼지 않으면, 무죄이다.

9-18₂.

1) 수행승의 적대자들 … 적대자인 왕들 … 적대자인 도적들 … 적대자인 건달들 … 적대자인 갱단들이 깨어있는 인간의 양성을 수행승의 앞으로 데리고 와서 그의 항문 … 그의 성기 … 그의 구강에 그의 성기를 들어가게 할 경우 … 그는 유격이고 수행승은 무격이고 … 그는 무격이고 수행승은 유격이고 … 그도 유격이고 수행승도 유격이고 … 그도 무격이고 수행승도 무격이고 간에, 그러한 적용시에 동의하여 즐거움을 느끼고, 삽입시에 동의하여 즐거움을 느끼고, 유지시에 동의하여 즐거움을 느끼고, 인발시에 동의하여 즐거움을 느끼면, 승단추방죄를 범하는 것이다.

2) 수행승의 적대자들 … 적대자인 왕들 … 적대자인 도적들 … 적대자인 건달들 … 적대자인 갱단들이 깨어있는 인간의 양성을 수행승의 앞으로 데리고 와서 그의 항문 … 그의 성기 … 그의 구강에 그의 성기를 들어가게 할 경우 … 그는 유격이고 수행승은 무격이고 … 그는 무격이고 수행승은 유격이고 … 그도 유격이고 수행승도 유격이고 … 그도 무격이고 수행승도 무격이고 간에, 그러한 적용시에 동의하지 않아 즐거움을 느끼지 않아도, 삽입시에 동의하여 즐거움을 느끼고, 유지시에 동의하여 즐거움을 느끼고, 인발시에 동의하여 즐거움을 느끼면, 승단추방죄를 범하는 것이다.

3) 수행승의 적대자들 … 적대자인 왕들 … 적대자인 도적들 … 적대자인 건달들 … 적대자인 갱단들이 깨어있는 인간의 양성을 수행승의 앞으로 데리고 와서

그의 항문 … 그의 성기 … 그의 구강에 그의 성기를 들어가게 할 경우 … 그는 유격이고 수행승은 무격이고 … 그는 무격이고 수행승은 유격이고 … 그도 유격이고 수행승도 유격이고 … 그도 무격이고 수행승도 무격이고 간에, 그러한 적용시에 동의하지 않아 즐거움을 느끼지 않고, 삽입시에 동의하지 않아 즐거움을 느끼지 않아도, 유지시에 동의하여 즐거움을 느끼고, 인발시에 동의하여 즐거움을 느끼면, 승단추방죄를 범하는 것이다.

4) 수행승의 적대자들 … 적대자인 왕들 … 적대자인 도적들 … 적대자인 건달들 … 적대자인 갱단들이 깨어있는 인간의 양성을 수행승의 앞으로 데리고 와서 그의 항문 … 그의 성기 … 그의 구강에 그의 성기를 들어가게 할 경우 … 그는 유격이고 수행승은 무격이고 … 그는 무격이고 수행승은 유격이고 … 그도 유격이고 수행승도 유격이고 … 그도 무격이고 수행승도 무격이고 간에, 그러한 적용시에 동의하지 않아 즐거움을 느끼지 않고, 삽입시에 동의하지 않아 즐거움을 느끼지 않고, 유지시에 동의하지 않아 즐거움을 느끼지 않아도, 인발시에 동의하여 즐거움을 느끼면, 승단추방죄를 범하는 것이다.

5) 수행승의 적대자들 … 적대자인 왕들 … 적대자인 도적들 … 적대자인 건달들 … 적대자인 갱단들이 깨어있는 인간의 양성을 수행승의 앞으로 데리고 와서 그의 항문 … 그의 성기 … 그의 구강에 그의 성기를 들어가게 할 경우 … 그는 유격이고 수행승은 무격이고 … 그는 무격이고 수행승은 유격이고 … 그도 유격이고 수행승도 유격이고 … 그도 무격이고 수행승도 무격이고 간에, 그러한 적용시에 동의하지 않아 즐거움을 느끼지 않고, 삽입시에 동의하지 않아 즐거움을 느끼지 않고, 유지시에 동의하지 않아 즐거움을 느끼지 않고, 인발시에도 동의하지 않아 즐거움을 느끼지 않으면, 무죄이다.

9-18₃.

1) 수행승의 적대자들 … 적대자인 왕들 … 적대자인 도적들 … 적대자인 건달들 … 적대자인 갱단들이 잠든 인간의 양성을 수행승의 앞으로 데리고 와서 그의 항문 … 그의 성기 … 그의 구강에 그의 성기를 들어가게 할 경우 … 그는 유격이고 수행승은 무격이고 … 그는 무격이고 수행승은 유격이고 … 그도 유격이고 수행승도 유격이고 … 그도 무격이고 수행승도 무격이고 간에, 그러한 적용시에 동의하여 즐거움을 느끼고, 삽입시에 동의하여 즐거움을 느끼고, 유지시에 동의하여 즐거움을 느끼고, 인발시에 동의하여 즐거움을 느끼면, 승단추방죄를 범하는 것이다.

2) 수행승의 적대자들 … 적대자인 왕들 … 적대자인 도적들 … 적대자인 건달들 … 적대자인 갱단들이 잠든 인간의 양성을 수행승의 앞으로 데리고 와서 그의 항문 … 그의 성기 … 그의 구강에 그의 성기를 들어가게 할 경우 … 그는 유격이고 수행승은 무격이고 … 그는 무격이고 수행승은 유격이고 … 그도 유격이고 수행승도 유격이고 … 그도 무격이고 수행승도 무격이고 간에, 그러한 적용시에 동의하지 않아 즐거움을 느끼지 않아도, 삽입시에 동의하여 즐거움을 느끼고, 유지시에 동의하여 즐거움을 느끼고, 인발시에 동의하여 즐거움을 느끼면, 승단추방죄를 범하는 것이다.
3) 수행승의 적대자들 … 적대자인 왕들 … 적대자인 도적들 … 적대자인 건달들 … 적대자인 갱단들이 잠든 인간의 양성을 수행승의 앞으로 데리고 와서 그의 항문 … 그의 성기 … 그의 구강에 그의 성기를 들어가게 할 경우 … 그는 유격이고 수행승은 무격이고 … 그는 무격이고 수행승은 유격이고 … 그도 유격이고 수행승도 유격이고 … 그도 무격이고 수행승도 무격이고 간에, 그러한 적용시에 동의하지 않아 즐거움을 느끼지 않고, 삽입시에 동의하지 않아 즐거움을 느끼지 않아도, 유지시에 동의하여 즐거움을 느끼고, 인발시에 동의하여 즐거움을 느끼면, 승단추방죄를 범하는 것이다.
4) 수행승의 적대자들 … 적대자인 왕들 … 적대자인 도적들 … 적대자인 건달들 … 적대자인 갱단들이 잠든 인간의 양성을 수행승의 앞으로 데리고 와서 그의 항문 … 그의 성기 … 그의 구강에 그의 성기를 들어가게 할 경우 … 그는 유격이고 수행승은 무격이고 … 그는 무격이고 수행승은 유격이고 … 그도 유격이고 수행승도 유격이고 … 그도 무격이고 수행승도 무격이고 간에, 그러한 적용시에 동의하지 않아 즐거움을 느끼지 않고, 삽입시에 동의하지 않아 즐거움을 느끼지 않고, 유지시에 동의하지 않아 즐거움을 느끼지 않아도, 인발시에 동의하여 즐거움을 느끼면, 승단추방죄를 범하는 것이다.
5) 수행승의 적대자들 … 적대자인 왕들 … 적대자인 도적들 … 적대자인 건달들 … 적대자인 갱단들이 잠든 인간의 양성을 수행승의 앞으로 데리고 와서 그의 항문 … 그의 성기 … 그의 구강에 그의 성기를 들어가게 할 경우 … 그는 유격이고 수행승은 무격이고 … 그는 무격이고 수행승은 유격이고 … 그도 유격이고 수행승도 유격이고 … 그도 무격이고 수행승도 무격이고 간에, 그러한 적용시에 동의하지 않아 즐거움을 느끼지 않고, 삽입시에 동의하지 않아 즐거움을 느끼지 않고, 유지시에 동의하지 않아 즐거움을 느끼지 않고, 인발시

에도 동의하지 않아 즐거움을 느끼지 않으면, 무죄이다.

9-18₄.

1) 수행승의 적대자들 … 적대자인 왕들 … 적대자인 도적들 … 적대자인 건달들 … 적대자인 갱단들이 술취한 인간의 양성을 수행승의 앞으로 데리고 와서 그의 항문 … 그의 성기 … 그의 구강에 그의 성기를 들어가게 할 경우 … 그는 유격이고 수행승은 무격이고 … 그는 무격이고 수행승은 유격이고 … 그도 유격이고 수행승도 유격이고 … 그도 무격이고 수행승도 무격이고 간에, 그러한 적용시에 동의하여 즐거움을 느끼고, 삽입시에 동의하여 즐거움을 느끼고, 유지시에 동의하여 즐거움을 느끼고, 인발시에 동의하여 즐거움을 느끼면, 승단추방죄를 범하는 것이다.

2) 수행승의 적대자들 … 적대자인 왕들 … 적대자인 도적들 … 적대자인 건달들 … 적대자인 갱단들이 술취한 인간의 양성을 수행승의 앞으로 데리고 와서 그의 항문 … 그의 성기 … 그의 구강에 그의 성기를 들어가게 할 경우 … 그는 유격이고 수행승은 무격이고 … 그는 무격이고 수행승은 유격이고 … 그도 유격이고 수행승도 유격이고 … 그도 무격이고 수행승도 무격이고 간에, 그러한 적용시에 동의하지 않아 즐거움을 느끼지 않아도, 삽입시에 동의하여 즐거움을 느끼고, 유지시에 동의하여 즐거움을 느끼고, 인발시에 동의하여 즐거움을 느끼면, 승단추방죄를 범하는 것이다.

3) 수행승의 적대자들 … 적대자인 왕들 … 적대자인 도적들 … 적대자인 건달들 … 적대자인 갱단들이 술취한 인간의 양성을 수행승의 앞으로 데리고 와서 그의 항문 … 그의 성기 … 그의 구강에 그의 성기를 들어가게 할 경우 … 그는 유격이고 수행승은 무격이고 … 그는 무격이고 수행승은 유격이고 … 그도 유격이고 수행승도 유격이고 … 그도 무격이고 수행승도 무격이고 간에, 그러한 적용시에 동의하지 않아 즐거움을 느끼지 않고, 삽입시에 동의하지 않아 즐거움을 느끼지 않아도, 유지시에 동의하여 즐거움을 느끼고, 인발시에 동의하여 즐거움을 느끼면, 승단추방죄를 범하는 것이다.

4) 수행승의 적대자들 … 적대자인 왕들 … 적대자인 도적들 … 적대자인 건달들 … 적대자인 갱단들이 술취한 인간의 양성을 수행승의 앞으로 데리고 와서 그의 항문 … 그의 성기 … 그의 구강에 그의 성기를 들어가게 할 경우 … 그는 유격이고 수행승은 무격이고 … 그는 무격이고 수행승은 유격이고 … 그도 유격이고 수행승도 유격이고 … 그도 무격이고 수행승도 무격이고 간에,

그러한 적용시에 동의하지 않아 즐거움을 느끼지 않고, 삽입시에 동의하지 않아 즐거움을 느끼지 않고, 유지시에 동의하지 않아 즐거움을 느끼지 않아도, 인발시에 동의하여 즐거움을 느끼면, 승단추방죄를 범하는 것이다.

5) 수행승의 적대자들 … 적대자인 왕들 … 적대자인 도적들 … 적대자인 건달들 … 적대자인 갱단들이 술취한 인간의 양성을 수행승의 앞으로 데리고 와서 그의 항문 … 그의 성기 … 그의 구강에 그의 성기를 들어가게 할 경우 … 그는 유격이고 수행승은 무격이고 … 그는 무격이고 수행승은 유격이고 … 그도 유격이고 수행승도 유격이고 … 그도 무격이고 수행승도 무격이고 간에, 그러한 적용시에 동의하지 않아 즐거움을 느끼지 않고, 삽입시에 동의하지 않아 즐거움을 느끼지 않고, 유지시에 동의하지 않아 즐거움을 느끼지 않고, 인발시에도 동의하지 않아 즐거움을 느끼지 않으면, 무죄이다.

9-18$_5$.

1) 수행승의 적대자들 … 적대자인 왕들 … 적대자인 도적들 … 적대자인 건달들 … 적대자인 갱단들이 정신착란된 인간의 양성을 수행승의 앞으로 데리고 와서 그의 항문 … 그의 성기 … 그의 구강에 그의 성기를 들어가게 할 경우 … 그는 유격이고 수행승은 무격이고 … 그는 무격이고 수행승은 유격이고 … 그도 유격이고 수행승도 유격이고 … 그도 무격이고 수행승도 무격이고 간에, 그러한 적용시에 동의하여 즐거움을 느끼고, 삽입시에 동의하여 즐거움을 느끼고, 유지시에 동의하여 즐거움을 느끼고, 인발시에 동의하여 즐거움을 느끼면, 승단추방죄를 범하는 것이다.

2) 수행승의 적대자들 … 적대자인 왕들 … 적대자인 도적들 … 적대자인 건달들 … 적대자인 갱단들이 정신착란된 인간의 양성을 수행승의 앞으로 데리고 와서 그의 항문 … 그의 성기 … 그의 구강에 그의 성기를 들어가게 할 경우 … 그는 유격이고 수행승은 무격이고 … 그는 무격이고 수행승은 유격이고 … 그도 유격이고 수행승도 유격이고 … 그도 무격이고 수행승도 무격이고 간에, 그러한 적용시에 동의하지 않아 즐거움을 느끼지 않아도, 삽입시에 동의하여 즐거움을 느끼고, 유지시에 동의하여 즐거움을 느끼고, 인발시에 동의하여 즐거움을 느끼면, 승단추방죄를 범하는 것이다.

3) 수행승의 적대자들 … 적대자인 왕들 … 적대자인 도적들 … 적대자인 건달들 … 적대자인 갱단들이 정신착란된 인간의 양성을 수행승의 앞으로 데리고 와서 그의 항문 … 그의 성기 … 그의 구강에 그의 성기를 들어가게 할 경우 …

그는 유격이고 수행승은 무격이고 … 그는 무격이고 수행승은 유격이고 … 그도 유격이고 수행승도 유격이고 … 그도 무격이고 수행승도 무격이고 간에, 그러한 적용시에 동의하지 않아 즐거움을 느끼지 않고, 삽입시에 동의하지 않아 즐거움을 느끼지 않아도, 유지시에 동의하여 즐거움을 느끼고, 인발시에 동의하여 즐거움을 느끼면, 승단추방죄를 범하는 것이다.

4) 수행승의 적대자들 … 적대자인 왕들 … 적대자인 도적들 … 적대자인 건달들 … 적대자인 갱단들이 정신착란된 인간의 양성을 수행승의 앞으로 데리고 와서 그의 항문 … 그의 성기 … 그의 구강에 그의 성기를 들어가게 할 경우 … 그는 유격이고 수행승은 무격이고 … 그는 무격이고 수행승은 유격이고 … 그도 유격이고 수행승도 유격이고 … 그도 무격이고 수행승도 무격이고 간에, 그러한 적용시에 동의하지 않아 즐거움을 느끼지 않고, 삽입시에 동의하지 않아 즐거움을 느끼지 않고, 유지시에 동의하지 않아 즐거움을 느끼지 않아도, 인발시에 동의하여 즐거움을 느끼면, 승단추방죄를 범하는 것이다.

5) 수행승의 적대자들 … 적대자인 왕들 … 적대자인 도적들 … 적대자인 건달들 … 적대자인 갱단들이 정신착란된 인간의 양성을 수행승의 앞으로 데리고 와서 그의 항문 … 그의 성기 … 그의 구강에 그의 성기를 들어가게 할 경우 … 그는 유격이고 수행승은 무격이고 … 그는 무격이고 수행승은 유격이고 … 그도 유격이고 수행승도 유격이고 … 그도 무격이고 수행승도 무격이고 간에, 그러한 적용시에 동의하지 않아 즐거움을 느끼지 않고, 삽입시에 동의하지 않아 즐거움을 느끼지 않고, 유지시에 동의하지 않아 즐거움을 느끼지 않고, 인발시에도 동의하지 않아 즐거움을 느끼지 않으면, 무죄이다.

9-18$_6$.

1) 수행승의 적대자들 … 적대자인 왕들 … 적대자인 도적들 … 적대자인 건달들 … 적대자인 갱단들이 방일한 인간의 양성을 수행승의 앞으로 데리고 와서 그의 항문 … 그의 성기 … 그의 구강에 그의 성기를 들어가게 할 경우 … 그는 유격이고 수행승은 무격이고 … 그는 무격이고 수행승은 유격이고 … 그도 유격이고 수행승도 유격이고 … 그도 무격이고 수행승도 무격이고 간에, 그러한 적용시에 동의하여 즐거움을 느끼고, 삽입시에 동의하여 즐거움을 느끼고, 유지시에 동의하여 즐거움을 느끼고, 인발시에 동의하여 즐거움을 느끼면, 승단추방죄를 범하는 것이다.

2) 수행승의 적대자들 … 적대자인 왕들 … 적대자인 도적들 … 적대자인 건달들

… 적대자인 갱단들이 방일한 인간의 양성을 수행승의 앞으로 데리고 와서 그의 항문 … 그의 성기 … 그의 구강에 그의 성기를 들어가게 할 경우 … 그는 유격이고 수행승은 무격이고 … 그는 무격이고 수행승은 유격이고 … 그도 유격이고 수행승도 유격이고 … 그도 무격이고 수행승도 무격이고 간에, 그러한 적용시에 동의하지 않아 즐거움을 느끼지 않아도, 삽입시에 동의하여 즐거움을 느끼고, 유지시에 동의하여 즐거움을 느끼고, 인발시에 동의하여 즐거움을 느끼면, 승단추방죄를 범하는 것이다.

3) 수행승의 적대자들 … 적대자인 왕들 … 적대자인 도적들 … 적대자인 건달들 … 적대자인 갱단들이 방일한 인간의 양성을 수행승의 앞으로 데리고 와서 그의 항문 … 그의 성기 … 그의 구강에 그의 성기를 들어가게 할 경우 … 그는 유격이고 수행승은 무격이고 … 그는 무격이고 수행승은 유격이고 … 그도 유격이고 수행승도 유격이고 … 그도 무격이고 수행승도 무격이고 간에, 그러한 적용시에 동의하지 않아 즐거움을 느끼지 않고, 삽입시에 동의하지 않아 즐거움을 느끼지 않아도, 유지시에 동의하여 즐거움을 느끼고, 인발시에 동의하여 즐거움을 느끼면, 승단추방죄를 범하는 것이다.

4) 수행승의 적대자들 … 적대자인 왕들 … 적대자인 도적들 … 적대자인 건달들 … 적대자인 갱단들이 방일한 인간의 양성을 수행승의 앞으로 데리고 와서 그의 항문 … 그의 성기 … 그의 구강에 그의 성기를 들어가게 할 경우 … 그는 유격이고 수행승은 무격이고 … 그는 무격이고 수행승은 유격이고 … 그도 유격이고 수행승도 유격이고 … 그도 무격이고 수행승도 무격이고 간에, 그러한 적용시에 동의하지 않아 즐거움을 느끼지 않고, 삽입시에 동의하지 않아 즐거움을 느끼지 않고, 유지시에 동의하지 않아 즐거움을 느끼지 않아도, 인발시에 동의하여 즐거움을 느끼면, 승단추방죄를 범하는 것이다.

5) 수행승의 적대자들 … 적대자인 왕들 … 적대자인 도적들 … 적대자인 건달들 … 적대자인 갱단들이 방일한 인간의 양성을 수행승의 앞으로 데리고 와서 그의 항문 … 그의 성기 … 그의 구강에 그의 성기를 들어가게 할 경우 … 그는 유격이고 수행승은 무격이고 … 그는 무격이고 수행승은 유격이고 … 그도 유격이고 수행승도 유격이고 … 그도 무격이고 수행승도 무격이고 간에, 그러한 적용시에 동의하지 않아 즐거움을 느끼지 않고, 삽입시에 동의하지 않아 즐거움을 느끼지 않고, 유지시에 동의하지 않아 즐거움을 느끼지 않고, 인발시에도 동의하지 않아 즐거움을 느끼지 않으면, 무죄이다.

9-18ㄱ.

1) 수행승의 적대자들 … 적대자인 왕들 … 적대자인 도적들 … 적대자인 건달들 … 적대자인 갱단들이, 죽었지만 파괴되지 않은 인간의 양성을 수행승의 앞으로 데리고 와서 그의 항문 … 그의 성기 … 그의 구강에 그의 성기를 들어가게 할 경우 … 그는 유격이고 수행승은 무격이고 … 그는 무격이고 수행승은 유격이고 … 그도 유격이고 수행승도 유격이고 … 그도 무격이고 수행승도 무격이고 간에, 그러한 적용시에 동의하여 즐거움을 느끼고, 삽입시에 동의하여 즐거움을 느끼고, 유지시에 동의하여 즐거움을 느끼고, 인발시에 동의하여 즐거움을 느끼면, 승단추방죄를 범하는 것이다.

2) 수행승의 적대자들 … 적대자인 왕들 … 적대자인 도적들 … 적대자인 건달들 … 적대자인 갱단들이, 죽었지만 파괴되지 않은 인간의 양성을 수행승의 앞으로 데리고 와서 그의 항문 … 그의 성기 … 그의 구강에 그의 성기를 들어가게 할 경우 … 그는 유격이고 수행승은 무격이고 … 그는 무격이고 수행승은 유격이고 … 그도 유격이고 수행승도 유격이고 … 그도 무격이고 수행승도 무격이고 간에, 그러한 적용시에 동의하지 않아 즐거움을 느끼지 않아도, 삽입시에 동의하여 즐거움을 느끼고, 유지시에 동의하여 즐거움을 느끼고, 인발시에 동의하여 즐거움을 느끼면, 승단추방죄를 범하는 것이다.

3) 수행승의 적대자들 … 적대자인 왕들 … 적대자인 도적들 … 적대자인 건달들 … 적대자인 갱단들이, 죽었지만 파괴되지 않은 인간의 양성을 수행승의 앞으로 데리고 와서 그의 항문 … 그의 성기 … 그의 구강에 그의 성기를 들어가게 할 경우 … 그는 유격이고 수행승은 무격이고 … 그는 무격이고 수행승은 유격이고 … 그도 유격이고 수행승도 유격이고 … 그도 무격이고 수행승도 무격이고 간에, 그러한 적용시에 동의하지 않아 즐거움을 느끼지 않고, 삽입시에 동의하지 않아 즐거움을 느끼지 않아도, 유지시에 동의하여 즐거움을 느끼고, 인발시에 동의하여 즐거움을 느끼면, 승단추방죄를 범하는 것이다.

4) 수행승의 적대자들 … 적대자인 왕들 … 적대자인 도적들 … 적대자인 건달들 … 적대자인 갱단들이, 죽었지만 파괴되지 않은 인간의 양성을 수행승의 앞으로 데리고 와서 그의 항문 … 그의 성기 … 그의 구강에 그의 성기를 들어가게 할 경우 … 그는 유격이고 수행승은 무격이고 … 그는 무격이고 수행승은 유격이고 … 그도 유격이고 수행승도 유격이고 … 그도 무격이고 수행승도 무격이고 간에, 그러한 적용시에 동의하지 않아 즐거움을 느끼지 않고, 삽입시

에 동의하지 않아 즐거움을 느끼지 않고, 유지시에 동의하지 않아 즐거움을 느끼지 않아도, 인발시에 동의하여 즐거움을 느끼면, 승단추방죄를 범하는 것이다.

5) 수행승의 적대자들 … 적대자인 왕들 … 적대자인 도적들 … 적대자인 건달들 … 적대자인 갱단들이, 죽었지만 파괴되지 않은 인간의 양성을 수행승의 앞으로 데리고 와서 그의 항문 … 그의 성기 … 그의 구강에 그의 성기를 들어가게 할 경우 … 그는 유격이고 수행승은 무격이고 … 그는 무격이고 수행승은 유격이고 … 그도 유격이고 수행승도 유격이고 … 그도 무격이고 수행승도 무격이고 간에, 그러한 적용시에 동의하지 않아 즐거움을 느끼지 않고, 삽입시에 동의하지 않아 즐거움을 느끼지 않고, 유지시에 동의하지 않아 즐거움을 느끼지 않고, 인발시에도 동의하지 않아 즐거움을 느끼지 않으면, 무죄이다.

9-18₈.

1) 수행승의 적대자들 … 적대자인 왕들 … 적대자인 도적들 … 적대자인 건달들 … 적대자인 갱단들이, 죽었지만 대체로 파괴되지 않은 인간의 양성을 수행승의 앞으로 데리고 와서 그의 항문 … 그의 성기 … 그의 구강에 그의 성기를 들어가게 할 경우 … 그는 유격이고 수행승은 무격이고 … 그는 무격이고 수행승은 유격이고 … 그도 유격이고 수행승도 유격이고 … 그도 무격이고 수행승도 무격이고 간에, 그러한 적용시에 동의하여 즐거움을 느끼고, 삽입시에 동의하여 즐거움을 느끼고, 유지시에 동의하여 즐거움을 느끼고, 인발시에 동의하여 즐거움을 느끼면, 승단추방죄를 범하는 것이다.

2) 수행승의 적대자들 … 적대자인 왕들 … 적대자인 도적들 … 적대자인 건달들 … 적대자인 갱단들이, 죽었지만 대체로 파괴되지 않은 인간의 양성을 수행승의 앞으로 데리고 와서 그의 항문 … 그의 성기 … 그의 구강에 그의 성기를 들어가게 할 경우 … 그는 유격이고 수행승은 무격이고 … 그는 무격이고 수행승은 유격이고 … 그도 유격이고 수행승도 유격이고 … 그도 무격이고 수행승도 무격이고 간에, 그러한 적용시에 동의하지 않아 즐거움을 느끼지 않아도, 삽입시에 동의하여 즐거움을 느끼고, 유지시에 동의하여 즐거움을 느끼고, 인발시에 동의하여 즐거움을 느끼면, 승단추방죄를 범하는 것이다.

3) 수행승의 적대자들 … 적대자인 왕들 … 적대자인 도적들 … 적대자인 건달들 … 적대자인 갱단들이, 죽었지만 대체로 파괴되지 않은 인간의 양성을 수행승의 앞으로 데리고 와서 그의 항문 … 그의 성기 … 그의 구강에 그의 성기를

들어가게 할 경우 … 그는 유격이고 수행승은 무격이고 … 그는 무격이고 수행승은 유격이고 … 그도 유격이고 수행승도 유격이고 … 그도 무격이고 수행승도 무격이고 간에, 그러한 적용시에 동의하지 않아 즐거움을 느끼지 않고, 삽입시에 동의하지 않아 즐거움을 느끼지 않아도, 유지시에 동의하여 즐거움을 느끼고, 인발시에 동의하여 즐거움을 느끼면, 승단추방죄를 범하는 것이다.

4) 수행승의 적대자들 … 적대자인 왕들 … 적대자인 도적들 … 적대자인 건달들 … 적대자인 갱단들이, 죽었지만 대체로 파괴되지 않은 인간의 양성을 수행승의 앞으로 데리고 와서 그의 항문 … 그의 성기 … 그의 구강에 그의 성기를 들어가게 할 경우 … 그는 유격이고 수행승은 무격이고 … 그는 무격이고 수행승은 유격이고 … 그도 유격이고 수행승도 유격이고 … 그도 무격이고 수행승도 무격이고 간에, 그러한 적용시에 동의하지 않아 즐거움을 느끼지 않고, 삽입시에 동의하지 않아 즐거움을 느끼지 않고, 유지시에 동의하지 않아 즐거움을 느끼지 않아도, 인발시에 동의하여 즐거움을 느끼면, 승단추방죄를 범하는 것이다.

5) 수행승의 적대자들 … 적대자인 왕들 … 적대자인 도적들 … 적대자인 건달들 … 적대자인 갱단들이, 죽었지만 대체로 파괴되지 않은 인간의 양성을 수행승의 앞으로 데리고 와서 그의 항문 … 그의 성기 … 그의 구강에 그의 성기를 들어가게 할 경우 … 그는 유격이고 수행승은 무격이고 … 그는 무격이고 수행승은 유격이고 … 그도 유격이고 수행승도 유격이고 … 그도 무격이고 수행승도 무격이고 간에, 그러한 적용시에 동의하지 않아 즐거움을 느끼지 않고, 삽입시에 동의하지 않아 즐거움을 느끼지 않고, 유지시에 동의하지 않아 즐거움을 느끼지 않고, 인발시에도 동의하지 않아 즐거움을 느끼지 않으면, 무죄이다.

9-18₉.

1) 수행승의 적대자들 … 적대자인 왕들 … 적대자인 도적들 … 적대자인 건달들 … 적대자인 갱단들이, 죽어서 거의 파괴된 인간의 양성을 수행승의 앞으로 데리고 와서 그의 항문 … 그의 성기 … 그의 구강에 그의 성기를 들어가게 할 경우 … 그는 유격이고 수행승은 무격이고 … 그는 무격이고 수행승은 유격이고 … 그도 유격이고 수행승도 유격이고 … 그도 무격이고 수행승도 무격이고 간에, 그러한 적용시에 동의하여 즐거움을 느끼고, 삽입시에 동의하

여 즐거움을 느끼고, 유지시에 동의하여 즐거움을 느끼고, 인발시에 동의하여 즐거움을 느끼면, 추악죄를 범하는 것이다.

2) 수행승의 적대자들 … 적대자인 왕들 … 적대자인 도적들 … 적대자인 건달들 … 적대자인 갱단들이, 죽어서 거의 파괴된 인간의 양성을 수행승의 앞으로 데리고 와서 그의 항문 … 그의 성기 … 그의 구강에 그의 성기를 들어가게 할 경우 … 그는 유격이고 수행승은 무격이고 … 그는 무격이고 수행승은 유격이고 … 그도 유격이고 수행승도 유격이고 … 그도 무격이고 수행승도 무격이고 간에, 그러한 적용시에 동의하지 않아 즐거움을 느끼지 않아도, 삽입시에 동의하여 즐거움을 느끼고, 유지시에 동의하여 즐거움을 느끼고, 인발시에 동의하여 즐거움을 느끼면, 추악죄를 범하는 것이다.

3) 수행승의 적대자들 … 적대자인 왕들 … 적대자인 도적들 … 적대자인 건달들 … 적대자인 갱단들이, 죽어서 거의 파괴된 인간의 양성을 수행승의 앞으로 데리고 와서 그의 항문 … 그의 성기 … 그의 구강에 그의 성기를 들어가게 할 경우 … 그는 유격이고 수행승은 무격이고 … 그는 무격이고 수행승은 유격이고 … 그도 유격이고 수행승도 유격이고 … 그도 무격이고 수행승도 무격이고 간에, 그러한 적용시에 동의하지 않아 즐거움을 느끼지 않고, 삽입시에 동의하지 않아 즐거움을 느끼지 않아도, 유지시에 동의하여 즐거움을 느끼고, 인발시에 동의하여 즐거움을 느끼면, 추악죄를 범하는 것이다.

4) 수행승의 적대자들 … 적대자인 왕들 … 적대자인 도적들 … 적대자인 건달들 … 적대자인 갱단들이, 죽어서 거의 파괴된 인간의 양성을 수행승의 앞으로 데리고 와서 그의 항문 … 그의 성기 … 그의 구강에 그의 성기를 들어가게 할 경우 … 그는 유격이고 수행승은 무격이고 … 그는 무격이고 수행승은 유격이고 … 그도 유격이고 수행승도 유격이고 … 그도 무격이고 수행승도 무격이고 간에, 그러한 적용시에 동의하지 않아 즐거움을 느끼지 않고, 삽입시에 동의하지 않아 즐거움을 느끼지 않고, 유지시에 동의하지 않아 즐거움을 느끼지 않아도, 인발시에 동의하여 즐거움을 느끼면, 추악죄를 범하는 것이다.

5) 수행승의 적대자들 … 적대자인 왕들 … 적대자인 도적들 … 적대자인 건달들 … 적대자인 갱단들이, 죽어서 거의 파괴된 인간의 양성을 수행승의 앞으로 데리고 와서 그의 항문 … 그의 성기 … 그의 구강에 그의 성기를 들어가게 할 경우 … 그는 유격이고 수행승은 무격이고 … 그는 무격이고 수행승은 유격이고 … 그도 유격이고 수행승도 유격이고 … 그도 무격이고 수행승도

무격이고 간에, 그러한 적용시에 동의하지 않아 즐거움을 느끼지 않고, 삽입시에 동의하지 않아 즐거움을 느끼지 않고, 유지시에 동의하지 않아 즐거움을 느끼지 않고, 인발시에도 동의하지 않아 즐거움을 느끼지 않으면, 무죄이다.

9-19₁.

1) 수행승의 적대자들 … 적대자인 왕들 … 적대자인 도적들 … 적대자인 건달들 … 적대자인 갱단들이 비인간의 양성을 수행승의 앞으로 데리고 와서 그의 항문 … 그의 성기 … 그의 구강에 그의 성기를 들어가게 할 경우 … 그는 유격이고 수행승은 무격이고 … 그는 무격이고 수행승은 유격이고 … 그도 유격이고 수행승도 유격이고 … 그도 무격이고 수행승도 무격이고 간에, 그러한 적용시에 동의하여 즐거움을 느끼고, 삽입시에 동의하여 즐거움을 느끼고, 유지시에 동의하여 즐거움을 느끼고, 인발시에 동의하여 즐거움을 느끼면, 승단추방죄를 범하는 것이다.

2) 수행승의 적대자들 … 적대자인 왕들 … 적대자인 도적들 … 적대자인 건달들 … 적대자인 갱단들이 비인간의 양성을 수행승의 앞으로 데리고 와서 그의 항문 … 그의 성기 … 그의 구강에 그의 성기를 들어가게 할 경우 … 그는 유격이고 수행승은 무격이고 … 그는 무격이고 수행승은 유격이고 … 그도 유격이고 수행승도 유격이고 … 그도 무격이고 수행승도 무격이고 간에, 그러한 적용시에 동의하지 않아 즐거움을 느끼지 않아도, 삽입시에 동의하여 즐거움을 느끼고, 유지시에 동의하여 즐거움을 느끼고, 인발시에 동의하여 즐거움을 느끼면, 승단추방죄를 범하는 것이다.

3) 수행승의 적대자들 … 적대자인 왕들 … 적대자인 도적들 … 적대자인 건달들 … 적대자인 갱단들이 비인간의 양성을 수행승의 앞으로 데리고 와서 그의 항문 … 그의 성기 … 그의 구강에 그의 성기를 들어가게 할 경우 … 그는 유격이고 수행승은 무격이고 … 그는 무격이고 수행승은 유격이고 … 그도 유격이고 수행승도 유격이고 … 그도 무격이고 수행승도 무격이고 간에, 그러한 적용시에 동의하지 않아 즐거움을 느끼지 않고, 삽입시에 동의하지 않아 즐거움을 느끼지 않아도, 유지시에 동의하여 즐거움을 느끼고, 인발시에 동의하여 즐거움을 느끼면, 승단추방죄를 범하는 것이다.

4) 수행승의 적대자들 … 적대자인 왕들 … 적대자인 도적들 … 적대자인 건달들 … 적대자인 갱단들이 비인간의 양성을 수행승의 앞으로 데리고 와서 그의 항문 … 그의 성기 … 그의 구강에 그의 성기를 들어가게 할 경우 … 그는

유격이고 수행승은 무격이고 … 그는 무격이고 수행승은 유격이고 … 그도 유격이고 수행승도 유격이고 … 그도 무격이고 수행승도 무격이고 간에, 그러한 적용시에 동의하지 않아 즐거움을 느끼지 않고, 삽입시에 동의하지 않아 즐거움을 느끼지 않고, 유지시에 동의하지 않아 즐거움을 느끼지 않아도, 인발시에 동의하여 즐거움을 느끼면, 승단추방죄를 범하는 것이다.

5) 수행승의 적대자들 … 적대자인 왕들 … 적대자인 도적들 … 적대자인 건달들 … 적대자인 갱단들이 비인간의 양성을 수행승의 앞으로 데리고 와서 그의 항문 … 그의 성기 … 그의 구강에 그의 성기를 들어가게 할 경우 … 그는 유격이고 수행승은 무격이고 … 그는 무격이고 수행승은 유격이고 … 그도 유격이고 수행승도 유격이고 … 그도 무격이고 수행승도 무격이고 간에, 그러한 적용시에 동의하지 않아 즐거움을 느끼지 않고, 삽입시에 동의하지 않아 즐거움을 느끼지 않고, 유지시에 동의하지 않아 즐거움을 느끼지 않고, 인발시에도 동의하지 않아 즐거움을 느끼지 않으면, 무죄이다.

9-19₂.

1) 수행승의 적대자들 … 적대자인 왕들 … 적대자인 도적들 … 적대자인 건달들 … 적대자인 갱단들이 깨어있는 비인간의 양성을 수행승의 앞으로 데리고 와서 그의 항문 … 그의 성기 … 그의 구강에 그의 성기를 들어가게 할 경우 … 그는 유격이고 수행승은 무격이고 … 그는 무격이고 수행승은 유격이고 … 그도 유격이고 수행승도 유격이고 … 그도 무격이고 수행승도 무격이고 간에, 그러한 적용시에 동의하여 즐거움을 느끼고, 삽입시에 동의하여 즐거움을 느끼고, 유지시에 동의하여 즐거움을 느끼고, 인발시에 동의하여 즐거움을 느끼면, 승단추방죄를 범하는 것이다.

2) 수행승의 적대자들 … 적대자인 왕들 … 적대자인 도적들 … 적대자인 건달들 … 적대자인 갱단들이 깨어있는 비인간의 양성을 수행승의 앞으로 데리고 와서 그의 항문 … 그의 성기 … 그의 구강에 그의 성기를 들어가게 할 경우 … 그는 유격이고 수행승은 무격이고 … 그는 무격이고 수행승은 유격이고 … 그도 유격이고 수행승도 유격이고 … 그도 무격이고 수행승도 무격이고 간에, 그러한 적용시에 동의하지 않아 즐거움을 느끼지 않아도, 삽입시에 동의하여 즐거움을 느끼고, 유지시에 동의하여 즐거움을 느끼고, 인발시에 동의하여 즐거움을 느끼면, 승단추방죄를 범하는 것이다.

3) 수행승의 적대자들 … 적대자인 왕들 … 적대자인 도적들 … 적대자인 건달들

… 적대자인 갱단들이 깨어있는 비인간의 양성을 수행승의 앞으로 데리고 와서 그의 항문 … 그의 성기 … 그의 구강에 그의 성기를 들어가게 할 경우 … 그는 유격이고 수행승은 무격이고 … 그는 무격이고 수행승은 유격이고 … 그도 유격이고 수행승도 유격이고 … 그도 무격이고 수행승도 무격이고 간에, 그러한 적용시에 동의하지 않아 즐거움을 느끼지 않고, 삽입시에 동의하지 않아 즐거움을 느끼지 않아도, 유지시에 동의하여 즐거움을 느끼고, 인발시에 동의하여 즐거움을 느끼면, 승단추방죄를 범하는 것이다.

4) 수행승의 적대자들 … 적대자인 왕들 … 적대자인 도적들 … 적대자인 건달들 … 적대자인 갱단들이 깨어있는 비인간의 양성을 수행승의 앞으로 데리고 와서 그의 항문 … 그의 성기 … 그의 구강에 그의 성기를 들어가게 할 경우 … 그는 유격이고 수행승은 무격이고 … 그는 무격이고 수행승은 유격이고 … 그도 유격이고 수행승도 유격이고 … 그도 무격이고 수행승도 무격이고 간에, 그러한 적용시에 동의하지 않아 즐거움을 느끼지 않고, 삽입시에 동의하지 않아 즐거움을 느끼지 않고, 유지시에 동의하지 않아 즐거움을 느끼지 않아도, 인발시에 동의하여 즐거움을 느끼면, 승단추방죄를 범하는 것이다.

5) 수행승의 적대자들 … 적대자인 왕들 … 적대자인 도적들 … 적대자인 건달들 … 적대자인 갱단들이 깨어있는 비인간의 양성을 수행승의 앞으로 데리고 와서 그의 항문 … 그의 성기 … 그의 구강에 그의 성기를 들어가게 할 경우 … 그는 유격이고 수행승은 무격이고 … 그는 무격이고 수행승은 유격이고 … 그도 유격이고 수행승도 유격이고 … 그도 무격이고 수행승도 무격이고 간에, 그러한 적용시에 동의하지 않아 즐거움을 느끼지 않고, 삽입시에 동의하지 않아 즐거움을 느끼지 않고, 유지시에 동의하지 않아 즐거움을 느끼지 않고, 인발시에도 동의하지 않아 즐거움을 느끼지 않으면, 무죄이다.

9-19$_3$.

1) 수행승의 적대자들 … 적대자인 왕들 … 적대자인 도적들 … 적대자인 건달들 … 적대자인 갱단들이 잠든 비인간의 양성을 수행승의 앞으로 데리고 와서 그의 항문 … 그의 성기 … 그의 구강에 그의 성기를 들어가게 할 경우 … 그는 유격이고 수행승은 무격이고 … 그는 무격이고 수행승은 유격이고 … 그도 유격이고 수행승도 유격이고 … 그도 무격이고 수행승도 무격이고 간에, 그러한 적용시에 동의하여 즐거움을 느끼고, 삽입시에 동의하여 즐거움을 느끼고, 유지시에 동의하여 즐거움을 느끼고, 인발시에 동의하여 즐거움을 느끼

면, 승단추방죄를 범하는 것이다.

2) 수행승의 적대자들 … 적대자인 왕들 … 적대자인 도적들 … 적대자인 건달들 … 적대자인 갱단들이 잠든 비인간의 양성을 수행승의 앞으로 데리고 와서 그의 항문 … 그의 성기 … 그의 구강에 그의 성기를 들어가게 할 경우 … 그는 유격이고 수행승은 무격이고 … 그는 무격이고 수행승은 유격이고 … 그도 유격이고 수행승도 유격이고 … 그도 무격이고 수행승도 무격이고 간에, 그러한 적용시에 동의하지 않아 즐거움을 느끼지 않아도, 삽입시에 동의하여 즐거움을 느끼고, 유지시에 동의하여 즐거움을 느끼고, 인발시에 동의하여 즐거움을 느끼면, 승단추방죄를 범하는 것이다.

3) 수행승의 적대자들 … 적대자인 왕들 … 적대자인 도적들 … 적대자인 건달들 … 적대자인 갱단들이 잠든 비인간의 양성을 수행승의 앞으로 데리고 와서 그의 항문 … 그의 성기 … 그의 구강에 그의 성기를 들어가게 할 경우 … 그는 유격이고 수행승은 무격이고 … 그는 무격이고 수행승은 유격이고 … 그도 유격이고 수행승도 유격이고 … 그도 무격이고 수행승도 무격이고 간에, 그러한 적용시에 동의하지 않아 즐거움을 느끼지 않고, 삽입시에 동의하지 않아 즐거움을 느끼지 않아도, 유지시에 동의하여 즐거움을 느끼고, 인발시에 동의하여 즐거움을 느끼면, 승단추방죄를 범하는 것이다.

4) 수행승의 적대자들 … 적대자인 왕들 … 적대자인 도적들 … 적대자인 건달들 … 적대자인 갱단들이 잠든 비인간의 양성을 수행승의 앞으로 데리고 와서 그의 항문 … 그의 성기 … 그의 구강에 그의 성기를 들어가게 할 경우 … 그는 유격이고 수행승은 무격이고 … 그는 무격이고 수행승은 유격이고 … 그도 유격이고 수행승도 유격이고 … 그도 무격이고 수행승도 무격이고 간에, 그러한 적용시에 동의하지 않아 즐거움을 느끼지 않고, 삽입시에 동의하지 않아 즐거움을 느끼지 않고, 유지시에 동의하지 않아 즐거움을 느끼지 않아도, 인발시에 동의하여 즐거움을 느끼면, 승단추방죄를 범하는 것이다.

5) 수행승의 적대자들 … 적대자인 왕들 … 적대자인 도적들 … 적대자인 건달들 … 적대자인 갱단들이 잠든 비인간의 양성을 수행승의 앞으로 데리고 와서 그의 항문 … 그의 성기 … 그의 구강에 그의 성기를 들어가게 할 경우 … 그는 유격이고 수행승은 무격이고 … 그는 무격이고 수행승은 유격이고 … 그도 유격이고 수행승도 유격이고 … 그도 무격이고 수행승도 무격이고 간에, 그러한 적용시에 동의하지 않아 즐거움을 느끼지 않고, 삽입시에 동의하지

않아 즐거움을 느끼지 않고, 유지시에 동의하지 않아 즐거움을 느끼지 않고, 인발시에도 동의하지 않아 즐거움을 느끼지 않으면, 무죄이다.

9-19₄.

1) 수행승의 적대자들 … 적대자인 왕들 … 적대자인 도적들 … 적대자인 건달들 … 적대자인 갱단들이 술취한 비인간의 양성을 수행승의 앞으로 데리고 와서 그의 항문 … 그의 성기 … 그의 구강에 그의 성기를 들어가게 할 경우 … 그는 유격이고 수행승은 무격이고 … 그는 무격이고 수행승은 유격이고 … 그도 유격이고 수행승도 유격이고 … 그도 무격이고 수행승도 무격이고 간에, 그러한 적용시에 동의하여 즐거움을 느끼고, 삽입시에 동의하여 즐거움을 느끼고, 유지시에 동의하여 즐거움을 느끼고, 인발시에 동의하여 즐거움을 느끼면, 승단추방죄를 범하는 것이다.

2) 수행승의 적대자들 … 적대자인 왕들 … 적대자인 도적들 … 적대자인 건달들 … 적대자인 갱단들이 술취한 비인간의 양성을 수행승의 앞으로 데리고 와서 그의 항문 … 그의 성기 … 그의 구강에 그의 성기를 들어가게 할 경우 … 그는 유격이고 수행승은 무격이고 … 그는 무격이고 수행승은 유격이고 … 그도 유격이고 수행승도 유격이고 … 그도 무격이고 수행승도 무격이고 간에, 그러한 적용시에 동의하지 않아 즐거움을 느끼지 않아도, 삽입시에 동의하여 즐거움을 느끼고, 유지시에 동의하여 즐거움을 느끼고, 인발시에 동의하여 즐거움을 느끼면, 승단추방죄를 범하는 것이다.

3) 수행승의 적대자들 … 적대자인 왕들 … 적대자인 도적들 … 적대자인 건달들 … 적대자인 갱단들이 술취한 비인간의 양성을 수행승의 앞으로 데리고 와서 그의 항문 … 그의 성기 … 그의 구강에 그의 성기를 들어가게 할 경우 … 그는 유격이고 수행승은 무격이고 … 그는 무격이고 수행승은 유격이고 … 그도 유격이고 수행승도 유격이고 … 그도 무격이고 수행승도 무격이고 간에, 그러한 적용시에 동의하지 않아 즐거움을 느끼지 않고, 삽입시에 동의하지 않아 즐거움을 느끼지 않아도, 유지시에 동의하여 즐거움을 느끼고, 인발시에 동의하여 즐거움을 느끼면, 승단추방죄를 범하는 것이다.

4) 수행승의 적대자들 … 적대자인 왕들 … 적대자인 도적들 … 적대자인 건달들 … 적대자인 갱단들이 술취한 비인간의 양성을 수행승의 앞으로 데리고 와서 그의 항문 … 그의 성기 … 그의 구강에 그의 성기를 들어가게 할 경우 … 그는 유격이고 수행승은 무격이고 … 그는 무격이고 수행승은 유격이고 …

그도 유격이고 수행승도 유격이고 … 그도 무격이고 수행승도 무격이고 간에, 그러한 적용시에 동의하지 않아 즐거움을 느끼지 않고, 삽입시에 동의하지 않아 즐거움을 느끼지 않고, 유지시에 동의하지 않아 즐거움을 느끼지 않아도, 인발시에 동의하여 즐거움을 느끼면, 승단추방죄를 범하는 것이다.

5) 수행승의 적대자들 … 적대자인 왕들 … 적대자인 도적들 … 적대자인 건달들 … 적대자인 갱단들이 술취한 비인간의 양성을 수행승의 앞으로 데리고 와서 그의 항문 … 그의 성기 … 그의 구강에 그의 성기를 들어가게 할 경우 … 그는 유격이고 수행승은 무격이고 … 그는 무격이고 수행승은 유격이고 … 그도 유격이고 수행승도 유격이고 … 그도 무격이고 수행승도 무격이고 간에, 그러한 적용시에 동의하지 않아 즐거움을 느끼지 않고, 삽입시에 동의하지 않아 즐거움을 느끼지 않고, 유지시에 동의하지 않아 즐거움을 느끼지 않고, 인발시에도 동의하지 않아 즐거움을 느끼지 않으면, 무죄이다.

9-19₅.

1) 수행승의 적대자들 … 적대자인 왕들 … 적대자인 도적들 … 적대자인 건달들 … 적대자인 갱단들이 정신착란된 비인간의 양성을 수행승의 앞으로 데리고 와서 그의 항문 … 그의 성기 … 그의 구강에 그의 성기를 들어가게 할 경우 … 그는 유격이고 수행승은 무격이고 … 그는 무격이고 수행승은 유격이고 … 그도 유격이고 수행승도 유격이고 … 그도 무격이고 수행승도 무격이고 간에, 그러한 적용시에 동의하여 즐거움을 느끼고, 삽입시에 동의하여 즐거움을 느끼고, 유지시에 동의하여 즐거움을 느끼고, 인발시에 동의하여 즐거움을 느끼면, 승단추방죄를 범하는 것이다.

2) 수행승의 적대자들 … 적대자인 왕들 … 적대자인 도적들 … 적대자인 건달들 … 적대자인 갱단들이 정신착란된 비인간의 양성을 수행승의 앞으로 데리고 와서 그의 항문 … 그의 성기 … 그의 구강에 그의 성기를 들어가게 할 경우 … 그는 유격이고 수행승은 무격이고 … 그는 무격이고 수행승은 유격이고 … 그도 유격이고 수행승도 유격이고 … 그도 무격이고 수행승도 무격이고 간에, 그러한 적용시에 동의하지 않아 즐거움을 느끼지 않아도, 삽입시에 동의하여 즐거움을 느끼고, 유지시에 동의하여 즐거움을 느끼고, 인발시에 동의하여 즐거움을 느끼면, 승단추방죄를 범하는 것이다.

3) 수행승의 적대자들 … 적대자인 왕들 … 적대자인 도적들 … 적대자인 건달들 … 적대자인 갱단들이 정신착란된 비인간의 양성을 수행승의 앞으로 데리고

와서 그의 항문 … 그의 성기 … 그의 구강에 그의 성기를 들어가게 할 경우 … 그는 유격이고 수행승은 무격이고 … 그는 무격이고 수행승은 유격이고 … 그도 유격이고 수행승도 유격이고 … 그도 무격이고 수행승도 무격이고 간에, 그러한 적용시에 동의하지 않아 즐거움을 느끼지 않고, 삽입시에 동의하지 않아 즐거움을 느끼지 않아도, 유지시에 동의하여 즐거움을 느끼고, 인발시에 동의하여 즐거움을 느끼면, 승단추방죄를 범하는 것이다.

4) 수행승의 적대자들 … 적대자인 왕들 … 적대자인 도적들 … 적대자인 건달들 … 적대자인 갱단들이 정신착란된 비인간의 양성을 수행승의 앞으로 데리고 와서 그의 항문 … 그의 성기 … 그의 구강에 그의 성기를 들어가게 할 경우 … 그는 유격이고 수행승은 무격이고 … 그는 무격이고 수행승은 유격이고 … 그도 유격이고 수행승도 유격이고 … 그도 무격이고 수행승도 무격이고 간에, 그러한 적용시에 동의하지 않아 즐거움을 느끼지 않고, 삽입시에 동의하지 않아 즐거움을 느끼지 않고, 유지시에 동의하지 않아 즐거움을 느끼지 않아도, 인발시에 동의하여 즐거움을 느끼면, 승단추방죄를 범하는 것이다.

5) 수행승의 적대자들 … 적대자인 왕들 … 적대자인 도적들 … 적대자인 건달들 … 적대자인 갱단들이 정신착란된 비인간의 양성을 수행승의 앞으로 데리고 와서 그의 항문 … 그의 성기 … 그의 구강에 그의 성기를 들어가게 할 경우 … 그는 유격이고 수행승은 무격이고 … 그는 무격이고 수행승은 유격이고 … 그도 유격이고 수행승도 유격이고 … 그도 무격이고 수행승도 무격이고 간에, 그러한 적용시에 동의하지 않아 즐거움을 느끼지 않고, 삽입시에 동의하지 않아 즐거움을 느끼지 않고, 유지시에 동의하지 않아 즐거움을 느끼지 않고, 인발시에도 동의하지 않아 즐거움을 느끼지 않으면, 무죄이다.

9-19₆.

1) 수행승의 적대자들 … 적대자인 왕들 … 적대자인 도적들 … 적대자인 건달들 … 적대자인 갱단들이 방일한 비인간의 양성을 수행승의 앞으로 데리고 와서 그의 항문 … 그의 성기 … 그의 구강에 그의 성기를 들어가게 할 경우 … 그는 유격이고 수행승은 무격이고 … 그는 무격이고 수행승은 유격이고 … 그도 유격이고 수행승도 유격이고 … 그도 무격이고 수행승도 무격이고 간에, 그러한 적용시에 동의하여 즐거움을 느끼고, 삽입시에 동의하여 즐거움을 느끼고, 유지시에 동의하여 즐거움을 느끼고, 인발시에 동의하여 즐거움을 느끼면, 승단추방죄를 범하는 것이다.

2) 수행승의 적대자들 … 적대자인 왕들 … 적대자인 도적들 … 적대자인 건달들 … 적대자인 갱단들이 방일한 비인간의 양성을 수행승의 앞으로 데리고 와서 그의 항문 … 그의 성기 … 그의 구강에 그의 성기를 들어가게 할 경우 … 그는 유격이고 수행승은 무격이고 … 그는 무격이고 수행승은 유격이고 … 그도 유격이고 수행승도 유격이고 … 그도 무격이고 수행승도 무격이고 간에, 그러한 적용시에 동의하지 않아 즐거움을 느끼지 않아도, 삽입시에 동의하여 즐거움을 느끼고, 유지시에 동의하여 즐거움을 느끼고, 인발시에 동의하여 즐거움을 느끼면, 승단추방죄를 범하는 것이다.

3) 수행승의 적대자들 … 적대자인 왕들 … 적대자인 도적들 … 적대자인 건달들 … 적대자인 갱단들이 방일한 비인간의 양성을 수행승의 앞으로 데리고 와서 그의 항문 … 그의 성기 … 그의 구강에 그의 성기를 들어가게 할 경우 … 그는 유격이고 수행승은 무격이고 … 그는 무격이고 수행승은 유격이고 … 그도 유격이고 수행승도 유격이고 … 그도 무격이고 수행승도 무격이고 간에, 그러한 적용시에 동의하지 않아 즐거움을 느끼지 않고, 삽입시에 동의하지 않아 즐거움을 느끼지 않아도, 유지시에 동의하여 즐거움을 느끼고, 인발시에 동의하여 즐거움을 느끼면, 승단추방죄를 범하는 것이다.

4) 수행승의 적대자들 … 적대자인 왕들 … 적대자인 도적들 … 적대자인 건달들 … 적대자인 갱단들이 방일한 비인간의 양성을 수행승의 앞으로 데리고 와서 그의 항문 … 그의 성기 … 그의 구강에 그의 성기를 들어가게 할 경우 … 그는 유격이고 수행승은 무격이고 … 그는 무격이고 수행승은 유격이고 … 그도 유격이고 수행승도 유격이고 … 그도 무격이고 수행승도 무격이고 간에, 그러한 적용시에 동의하지 않아 즐거움을 느끼지 않고, 삽입시에 동의하지 않아 즐거움을 느끼지 않고, 유지시에 동의하지 않아 즐거움을 느끼지 않아도, 인발시에 동의하여 즐거움을 느끼면, 승단추방죄를 범하는 것이다.

5) 수행승의 적대자들 … 적대자인 왕들 … 적대자인 도적들 … 적대자인 건달들 … 적대자인 갱단들이 방일한 비인간의 양성을 수행승의 앞으로 데리고 와서 그의 항문 … 그의 성기 … 그의 구강에 그의 성기를 들어가게 할 경우 … 그는 유격이고 수행승은 무격이고 … 그는 무격이고 수행승은 유격이고 … 그도 유격이고 수행승도 유격이고 … 그도 무격이고 수행승도 무격이고 간에, 그러한 적용시에 동의하지 않아 즐거움을 느끼지 않고, 삽입시에 동의하지 않아 즐거움을 느끼지 않고, 유지시에 동의하지 않아 즐거움을 느끼지 않고,

인발시에도 동의하지 않아 즐거움을 느끼지 않으면, 무죄이다.

9-19ㄱ.

1) 수행승의 적대자들 … 적대자인 왕들 … 적대자인 도적들 … 적대자인 건달들 … 적대자인 갱단들이, 죽었지만 파괴되지 않은 비인간의 양성을 수행승의 앞으로 데리고 와서 그의 항문 … 그의 성기 … 그의 구강에 그의 성기를 들어가게 할 경우 … 그는 유격이고 수행승은 무격이고 … 그는 무격이고 수행승은 유격이고 … 그도 유격이고 수행승도 유격이고 … 그도 무격이고 수행승도 무격이고 간에, 그러한 적용시에 동의하여 즐거움을 느끼고, 삽입시에 동의하여 즐거움을 느끼고, 유지시에 동의하여 즐거움을 느끼고, 인발시에 동의하여 즐거움을 느끼면, 승단추방죄를 범하는 것이다.

2) 수행승의 적대자들 … 적대자인 왕들 … 적대자인 도적들 … 적대자인 건달들 … 적대자인 갱단들이, 죽었지만 파괴되지 않은 비인간의 양성을 수행승의 앞으로 데리고 와서 그의 항문 … 그의 성기 … 그의 구강에 그의 성기를 들어가게 할 경우 … 그는 유격이고 수행승은 무격이고 … 그는 무격이고 수행승은 유격이고 … 그도 유격이고 수행승도 유격이고 … 그도 무격이고 수행승도 무격이고 간에, 그러한 적용시에 동의하지 않아 즐거움을 느끼지 않아도, 삽입시에 동의하여 즐거움을 느끼고, 유지시에 동의하여 즐거움을 느끼고, 인발시에 동의하여 즐거움을 느끼면, 승단추방죄를 범하는 것이다.

3) 수행승의 적대자들 … 적대자인 왕들 … 적대자인 도적들 … 적대자인 건달들 … 적대자인 갱단들이, 죽었지만 파괴되지 않은 비인간의 양성을 수행승의 앞으로 데리고 와서 그의 항문 … 그의 성기 … 그의 구강에 그의 성기를 들어가게 할 경우 … 그는 유격이고 수행승은 무격이고 … 그는 무격이고 수행승은 유격이고 … 그도 유격이고 수행승도 유격이고 … 그도 무격이고 수행승도 무격이고 간에, 그러한 적용시에 동의하지 않아 즐거움을 느끼지 않고, 삽입시에 동의하지 않아 즐거움을 느끼지 않아도, 유지시에 동의하여 즐거움을 느끼고, 인발시에 동의하여 즐거움을 느끼면, 승단추방죄를 범하는 것이다.

4) 수행승의 적대자들 … 적대자인 왕들 … 적대자인 도적들 … 적대자인 건달들 … 적대자인 갱단들이, 죽었지만 파괴되지 않은 비인간의 양성을 수행승의 앞으로 데리고 와서 그의 항문 … 그의 성기 … 그의 구강에 그의 성기를 들어가게 할 경우 … 그는 유격이고 수행승은 무격이고 … 그는 무격이고

수행승은 유격이고 … 그도 유격이고 수행승도 유격이고 … 그도 무격이고 수행승도 무격이고 간에, 그러한 적용시에 동의하지 않아 즐거움을 느끼지 않고, 삽입시에 동의하지 않아 즐거움을 느끼지 않고, 유지시에 동의하지 않아 즐거움을 느끼지 않아도, 인발시에 동의하여 즐거움을 느끼면, 승단추방죄를 범하는 것이다.

5) 수행승의 적대자들 … 적대자인 왕들 … 적대자인 도적들 … 적대자인 건달들 … 적대자인 갱단들이, 죽었지만 파괴되지 않은 비인간의 양성을 수행승의 앞으로 데리고 와서 그의 항문 … 그의 성기 … 그의 구강에 그의 성기를 들어가게 할 경우 … 그는 유격이고 수행승은 무격이고 … 그는 무격이고 수행승은 유격이고 … 그도 유격이고 수행승도 유격이고 … 그도 무격이고 수행승도 무격이고 간에, 그러한 적용시에 동의하지 않아 즐거움을 느끼지 않고, 삽입시에 동의하지 않아 즐거움을 느끼지 않고, 유지시에 동의하지 않아 즐거움을 느끼지 않고, 인발시에도 동의하지 않아 즐거움을 느끼지 않으면, 무죄이다.

9-19$_8$.

1) 수행승의 적대자들 … 적대자인 왕들 … 적대자인 도적들 … 적대자인 건달들 … 적대자인 갱단들이, 죽었지만 대체로 파괴되지 않은 비인간의 양성을 수행승의 앞으로 데리고 와서 그의 항문 … 그의 성기 … 그의 구강에 그의 성기를 들어가게 할 경우 … 그는 유격이고 수행승은 무격이고 … 그는 무격이고 수행승은 유격이고 … 그도 유격이고 수행승도 유격이고 … 그도 무격이고 수행승도 무격이고 간에, 그러한 적용시에 동의하여 즐거움을 느끼고, 삽입시에 동의하여 즐거움을 느끼고, 유지시에 동의하여 즐거움을 느끼고, 인발시에 동의하여 즐거움을 느끼면, 승단추방죄를 범하는 것이다.

2) 수행승의 적대자들 … 적대자인 왕들 … 적대자인 도적들 … 적대자인 건달들 … 적대자인 갱단들이, 죽었지만 대체로 파괴되지 않은 비인간의 양성을 수행승의 앞으로 데리고 와서 그의 항문 … 그의 성기 … 그의 구강에 그의 성기를 들어가게 할 경우 … 그는 유격이고 수행승은 무격이고 … 그는 무격이고 수행승은 유격이고 … 그도 유격이고 수행승도 유격이고 … 그도 무격이고 수행승도 무격이고 간에, 그러한 적용시에 동의하지 않아 즐거움을 느끼지 않아도, 삽입시에 동의하여 즐거움을 느끼고, 유지시에 동의하여 즐거움을 느끼고, 인발시에 동의하여 즐거움을 느끼면, 승단추방죄를 범하는 것이다.

3) 수행승의 적대자들 … 적대자인 왕들 … 적대자인 도적들 … 적대자인 건달들 … 적대자인 갱단들이, 죽었지만 대체로 파괴되지 않은 비인간의 양성을 수행승의 앞으로 데리고 와서 그의 항문 … 그의 성기 … 그의 구강에 그의 성기를 들어가게 할 경우 … 그는 유격이고 수행승은 무격이고 … 그는 무격이고 수행승은 유격이고 … 그도 유격이고 수행승도 유격이고 … 그도 무격이고 수행승도 무격이고 간에, 그러한 적용시에 동의하지 않아 즐거움을 느끼지 않고, 삽입시에 동의하지 않아 즐거움을 느끼지 않아도, 유지시에 동의하여 즐거움을 느끼고, 인발시에 동의하여 즐거움을 느끼면, 승단추방죄를 범하는 것이다.

4) 수행승의 적대자들 … 적대자인 왕들 … 적대자인 도적들 … 적대자인 건달들 … 적대자인 갱단들이, 죽었지만 대체로 파괴되지 않은 비인간의 양성을 수행승의 앞으로 데리고 와서 그의 항문 … 그의 성기 … 그의 구강에 그의 성기를 들어가게 할 경우 … 그는 유격이고 수행승은 무격이고 … 그는 무격이고 수행승은 유격이고 … 그도 유격이고 수행승도 유격이고 … 그도 무격이고 수행승도 무격이고 간에, 그러한 적용시에 동의하지 않아 즐거움을 느끼지 않고, 삽입시에 동의하지 않아 즐거움을 느끼지 않고, 유지시에 동의하지 않아 즐거움을 느끼지 않아도, 인발시에 동의하여 즐거움을 느끼면, 승단추방죄를 범하는 것이다.

5) 수행승의 적대자들 … 적대자인 왕들 … 적대자인 도적들 … 적대자인 건달들 … 적대자인 갱단들이, 죽었지만 대체로 파괴되지 않은 비인간의 양성을 수행승의 앞으로 데리고 와서 그의 항문 … 그의 성기 … 그의 구강에 그의 성기를 들어가게 할 경우 … 그는 유격이고 수행승은 무격이고 … 그는 무격이고 수행승은 유격이고 … 그도 유격이고 수행승도 유격이고 … 그도 무격이고 수행승도 무격이고 간에, 그러한 적용시에 동의하지 않아 즐거움을 느끼지 않고, 삽입시에 동의하지 않아 즐거움을 느끼지 않고, 유지시에 동의하지 않아 즐거움을 느끼지 않고, 인발시에도 동의하지 않아 즐거움을 느끼지 않으면, 무죄이다.

9-19₉.

1) 수행승의 적대자들 … 적대자인 왕들 … 적대자인 도적들 … 적대자인 건달들 … 적대자인 갱단들이, 죽어서 거의 파괴된 비인간의 양성을 수행승의 앞으로 데리고 와서 그의 항문 … 그의 성기 … 그의 구강에 그의 성기를 들어가게

할 경우 … 그는 유격이고 수행승은 무격이고 … 그는 무격이고 수행승은 유격이고 … 그도 유격이고 수행승도 유격이고 … 그도 무격이고 수행승도 무격이고 간에, 그러한 적용시에 동의하여 즐거움을 느끼고, 삽입시에 동의하여 즐거움을 느끼고, 유지시에 동의하여 즐거움을 느끼고, 인발시에 동의하여 즐거움을 느끼면, 추악죄를 범하는 것이다.

2) 수행승의 적대자들 … 적대자인 왕들 … 적대자인 도적들 … 적대자인 건달들 … 적대자인 갱단들이, 죽어서 거의 파괴된 비인간의 양성을 수행승의 앞으로 데리고 와서 그의 항문 … 그의 성기 … 그의 구강에 그의 성기를 들어가게 할 경우 … 그는 유격이고 수행승은 무격이고 … 그는 무격이고 수행승은 유격이고 … 그도 유격이고 수행승도 유격이고 … 그도 무격이고 수행승도 무격이고 간에, 그러한 적용시에 동의하지 않아 즐거움을 느끼지 않아도, 삽입시에 동의하여 즐거움을 느끼고, 유지시에 동의하여 즐거움을 느끼고, 인발시에 동의하여 즐거움을 느끼면, 추악죄를 범하는 것이다.

3) 수행승의 적대자들 … 적대자인 왕들 … 적대자인 도적들 … 적대자인 건달들 … 적대자인 갱단들이, 죽어서 거의 파괴된 비인간의 양성을 수행승의 앞으로 데리고 와서 그의 항문 … 그의 성기 … 그의 구강에 그의 성기를 들어가게 할 경우 … 그는 유격이고 수행승은 무격이고 … 그는 무격이고 수행승은 유격이고 … 그도 유격이고 수행승도 유격이고 … 그도 무격이고 수행승도 무격이고 간에, 그러한 적용시에 동의하지 않아 즐거움을 느끼지 않고, 삽입시에 동의하지 않아 즐거움을 느끼지 않아도, 유지시에 동의하여 즐거움을 느끼고, 인발시에 동의하여 즐거움을 느끼면, 추악죄를 범하는 것이다.

4) 수행승의 적대자들 … 적대자인 왕들 … 적대자인 도적들 … 적대자인 건달들 … 적대자인 갱단들이, 죽어서 거의 파괴된 비인간의 양성을 수행승의 앞으로 데리고 와서 그의 항문 … 그의 성기 … 그의 구강에 그의 성기를 들어가게 할 경우 … 그는 유격이고 수행승은 무격이고 … 그는 무격이고 수행승은 유격이고 … 그도 유격이고 수행승도 유격이고 … 그도 무격이고 수행승도 무격이고 간에, 그러한 적용시에 동의하지 않아 즐거움을 느끼지 않고, 삽입시에 동의하지 않아 즐거움을 느끼지 않고, 유지시에 동의하지 않아 즐거움을 느끼지 않아도, 인발시에 동의하여 즐거움을 느끼면, 추악죄를 범하는 것이다.

5) 수행승의 적대자들 … 적대자인 왕들 … 적대자인 도적들 … 적대자인 건달들 … 적대자인 갱단들이, 죽어서 거의 파괴된 비인간의 양성을 수행승의 앞으로

데리고 와서 그의 항문 … 그의 성기 … 그의 구강에 그의 성기를 들어가게 할 경우 … 그는 유격이고 수행승은 무격이고 … 그는 무격이고 수행승은 유격이고 … 그도 유격이고 수행승도 유격이고 … 그도 무격이고 수행승도 무격이고 간에, 그러한 적용시에 동의하지 않아 즐거움을 느끼지 않고, 삽입시에 동의하지 않아 즐거움을 느끼지 않고, 유지시에 동의하지 않아 즐거움을 느끼지 않고, 인발시에도 동의하지 않아 즐거움을 느끼지 않으면, 무죄이다.

9-20₁.

1) 수행승의 적대자들 … 적대자인 왕들 … 적대자인 도적들 … 적대자인 건달들 … 적대자인 갱단들이 축생의 양성을 수행승의 앞으로 데리고 와서 그의 항문 … 그의 성기 … 그의 구강에 그의 성기를 들어가게 할 경우 … 그는 유격이고 수행승은 무격이고 … 그는 무격이고 수행승은 유격이고 … 그도 유격이고 수행승도 유격이고 … 그도 무격이고 수행승도 무격이고 간에, 그러한 적용시에 동의하여 즐거움을 느끼고, 삽입시에 동의하여 즐거움을 느끼고, 유지시에 동의하여 즐거움을 느끼고, 인발시에 동의하여 즐거움을 느끼면, 승단추방죄를 범하는 것이다.

2) 수행승의 적대자들 … 적대자인 왕들 … 적대자인 도적들 … 적대자인 건달들 … 적대자인 갱단들이 축생의 양성을 수행승의 앞으로 데리고 와서 그의 항문 … 그의 성기 … 그의 구강에 그의 성기를 들어가게 할 경우 … 그는 유격이고 수행승은 무격이고 … 그는 무격이고 수행승은 유격이고 … 그도 유격이고 수행승도 유격이고 … 그도 무격이고 수행승도 무격이고 간에, 그러한 적용시에 동의하지 않아 즐거움을 느끼지 않아도, 삽입시에 동의하여 즐거움을 느끼고, 유지시에 동의하여 즐거움을 느끼고, 인발시에 동의하여 즐거움을 느끼면, 승단추방죄를 범하는 것이다.

3) 수행승의 적대자들 … 적대자인 왕들 … 적대자인 도적들 … 적대자인 건달들 … 적대자인 갱단들이 축생의 양성을 수행승의 앞으로 데리고 와서 그의 항문 … 그의 성기 … 그의 구강에 그의 성기를 들어가게 할 경우 … 그는 유격이고 수행승은 무격이고 … 그는 무격이고 수행승은 유격이고 … 그도 유격이고 수행승도 유격이고 … 그도 무격이고 수행승도 무격이고 간에, 그러한 적용시에 동의하지 않아 즐거움을 느끼지 않고, 삽입시에 동의하지 않아 즐거움을 느끼지 않아도, 유지시에 동의하여 즐거움을 느끼고, 인발시에 동의하여 즐거움을 느끼면, 승단추방죄를 범하는 것이다.

4) 수행승의 적대자들 … 적대자인 왕들 … 적대자인 도적들 … 적대자인 건달들 … 적대자인 갱단들이 축생의 양성을 수행승의 앞으로 데리고 와서 그의 항문 … 그의 성기 … 그의 구강에 그의 성기를 들어가게 할 경우 … 그는 유격이고 수행승은 무격이고 … 그는 무격이고 수행승은 유격이고 … 그도 유격이고 수행승도 유격이고 … 그도 무격이고 수행승도 무격이고 간에, 그러한 적용시에 동의하지 않아 즐거움을 느끼지 않고, 삽입시에 동의하지 않아 즐거움을 느끼지 않고, 유지시에 동의하지 않아 즐거움을 느끼지 않아도, 인발시에 동의하여 즐거움을 느끼면, 승단추방죄를 범하는 것이다.

5) 수행승의 적대자들 … 적대자인 왕들 … 적대자인 도적들 … 적대자인 건달들 … 적대자인 갱단들이 축생의 양성을 수행승의 앞으로 데리고 와서 그의 항문 … 그의 성기 … 그의 구강에 그의 성기를 들어가게 할 경우 … 그는 유격이고 수행승은 무격이고 … 그는 무격이고 수행승은 유격이고 … 그도 유격이고 수행승도 유격이고 … 그도 무격이고 수행승도 무격이고 간에, 그러한 적용시에 동의하지 않아 즐거움을 느끼지 않고, 삽입시에 동의하지 않아 즐거움을 느끼지 않고, 유지시에 동의하지 않아 즐거움을 느끼지 않고, 인발시에도 동의하지 않아 즐거움을 느끼지 않으면, 무죄이다.

9-20₂.

1) 수행승의 적대자들 … 적대자인 왕들 … 적대자인 도적들 … 적대자인 건달들 … 적대자인 갱단들이 깨어있는 축생의 양성을 수행승의 앞으로 데리고 와서 그의 항문 … 그의 성기 … 그의 구강에 그의 성기를 들어가게 할 경우 … 그는 유격이고 수행승은 무격이고 … 그는 무격이고 수행승은 유격이고 … 그도 유격이고 수행승도 유격이고 … 그도 무격이고 수행승도 무격이고 간에, 그러한 적용시에 동의하여 즐거움을 느끼고, 삽입시에 동의하여 즐거움을 느끼고, 유지시에 동의하여 즐거움을 느끼고, 인발시에 동의하여 즐거움을 느끼면, 승단추방죄를 범하는 것이다.

2) 수행승의 적대자들 … 적대자인 왕들 … 적대자인 도적들 … 적대자인 건달들 … 적대자인 갱단들이 깨어있는 축생의 양성을 수행승의 앞으로 데리고 와서 그의 항문 … 그의 성기 … 그의 구강에 그의 성기를 들어가게 할 경우 … 그는 유격이고 수행승은 무격이고 … 그는 무격이고 수행승은 유격이고 … 그도 유격이고 수행승도 유격이고 … 그도 무격이고 수행승도 무격이고 간에, 그러한 적용시에 동의하지 않아 즐거움을 느끼지 않아도, 삽입시에 동의하여

즐거움을 느끼고, 유지시에 동의하여 즐거움을 느끼고, 인발시에 동의하여 즐거움을 느끼면, 승단추방죄를 범하는 것이다.

3) 수행승의 적대자들 … 적대자인 왕들 … 적대자인 도적들 … 적대자인 건달들 … 적대자인 갱단들이 깨어있는 축생의 양성을 수행승의 앞으로 데리고 와서 그의 항문 … 그의 성기 … 그의 구강에 그의 성기를 들어가게 할 경우 … 그는 유격이고 수행승은 무격이고 … 그는 무격이고 수행승은 유격이고 … 그도 유격이고 수행승도 유격이고 … 그도 무격이고 수행승도 무격이고 간에, 그러한 적용시에 동의하지 않아 즐거움을 느끼지 않고, 삽입시에 동의하지 않아 즐거움을 느끼지 않아도, 유지시에 동의하여 즐거움을 느끼고, 인발시에 동의하여 즐거움을 느끼면, 승단추방죄를 범하는 것이다.

4) 수행승의 적대자들 … 적대자인 왕들 … 적대자인 도적들 … 적대자인 건달들 … 적대자인 갱단들이 깨어있는 축생의 양성을 수행승의 앞으로 데리고 와서 그의 항문 … 그의 성기 … 그의 구강에 그의 성기를 들어가게 할 경우 … 그는 유격이고 수행승은 무격이고 … 그는 무격이고 수행승은 유격이고 … 그도 유격이고 수행승도 유격이고 … 그도 무격이고 수행승도 무격이고 간에, 그러한 적용시에 동의하지 않아 즐거움을 느끼지 않고, 삽입시에 동의하지 않아 즐거움을 느끼지 않고, 유지시에 동의하지 않아 즐거움을 느끼지 않아도, 인발시에 동의하여 즐거움을 느끼면, 승단추방죄를 범하는 것이다.

5) 수행승의 적대자들 … 적대자인 왕들 … 적대자인 도적들 … 적대자인 건달들 … 적대자인 갱단들이 깨어있는 축생의 양성을 수행승의 앞으로 데리고 와서 그의 항문 … 그의 성기 … 그의 구강에 그의 성기를 들어가게 할 경우 … 그는 유격이고 수행승은 무격이고 … 그는 무격이고 수행승은 유격이고 … 그도 유격이고 수행승도 유격이고 … 그도 무격이고 수행승도 무격이고 간에, 그러한 적용시에 동의하지 않아 즐거움을 느끼지 않고, 삽입시에 동의하지 않아 즐거움을 느끼지 않고, 유지시에 동의하지 않아 즐거움을 느끼지 않고, 인발시에도 동의하지 않아 즐거움을 느끼지 않으면, 무죄이다.

9-20₃.

1) 수행승의 적대자들 … 적대자인 왕들 … 적대자인 도적들 … 적대자인 건달들 … 적대자인 갱단들이 잠든 축생의 양성을 수행승의 앞으로 데리고 와서 그의 항문 … 그의 성기 … 그의 구강에 그의 성기를 들어가게 할 경우 … 그는 유격이고 수행승은 무격이고 … 그는 무격이고 수행승은 유격이고 … 그도

유격이고 수행승도 유격이고 … 그도 무격이고 수행승도 무격이고 간에, 그러한 적용시에 동의하여 즐거움을 느끼고, 삽입시에 동의하여 즐거움을 느끼고, 유지시에 동의하여 즐거움을 느끼고, 인발시에 동의하여 즐거움을 느끼면, 승단추방죄를 범하는 것이다.

2) 수행승의 적대자들 … 적대자인 왕들 … 적대자인 도적들 … 적대자인 건달들 … 적대자인 갱단들이 잠든 축생의 양성을 수행승의 앞으로 데리고 와서 그의 항문 … 그의 성기 … 그의 구강에 그의 성기를 들어가게 할 경우 … 그는 유격이고 수행승은 무격이고 … 그는 무격이고 수행승은 유격이고 … 그도 유격이고 수행승도 유격이고 … 그도 무격이고 수행승도 무격이고 간에, 그러한 적용시에 동의하지 않아 즐거움을 느끼지 않아도, 삽입시에 동의하여 즐거움을 느끼고, 유지시에 동의하여 즐거움을 느끼고, 인발시에 동의하여 즐거움을 느끼면, 승단추방죄를 범하는 것이다.

3) 수행승의 적대자들 … 적대자인 왕들 … 적대자인 도적들 … 적대자인 건달들 … 적대자인 갱단들이 잠든 축생의 양성을 수행승의 앞으로 데리고 와서 그의 항문 … 그의 성기 … 그의 구강에 그의 성기를 들어가게 할 경우 … 그는 유격이고 수행승은 무격이고 … 그는 무격이고 수행승은 유격이고 … 그도 유격이고 수행승도 유격이고 … 그도 무격이고 수행승도 무격이고 간에, 그러한 적용시에 동의하지 않아 즐거움을 느끼지 않고, 삽입시에 동의하지 않아 즐거움을 느끼지 않아도, 유지시에 동의하여 즐거움을 느끼고, 인발시에 동의하여 즐거움을 느끼면, 승단추방죄를 범하는 것이다.

4) 수행승의 적대자들 … 적대자인 왕들 … 적대자인 도적들 … 적대자인 건달들 … 적대자인 갱단들이 잠든 축생의 양성을 수행승의 앞으로 데리고 와서 그의 항문 … 그의 성기 … 그의 구강에 그의 성기를 들어가게 할 경우 … 그는 유격이고 수행승은 무격이고 … 그는 무격이고 수행승은 유격이고 … 그도 유격이고 수행승도 유격이고 … 그도 무격이고 수행승도 무격이고 간에, 그러한 적용시에 동의하지 않아 즐거움을 느끼지 않고, 삽입시에 동의하지 않아 즐거움을 느끼지 않고, 유지시에 동의하지 않아 즐거움을 느끼지 않아도, 인발시에 동의하여 즐거움을 느끼면, 승단추방죄를 범하는 것이다.

5) 수행승의 적대자들 … 적대자인 왕들 … 적대자인 도적들 … 적대자인 건달들 … 적대자인 갱단들이 잠든 축생의 양성을 수행승의 앞으로 데리고 와서 그의 항문 … 그의 성기 … 그의 구강에 그의 성기를 들어가게 할 경우 … 그는

유격이고 수행승은 무격이고 … 그는 무격이고 수행승은 유격이고 … 그도 유격이고 수행승도 유격이고 … 그도 무격이고 수행승도 무격이고 간에, 그러한 적용시에 동의하지 않아 즐거움을 느끼지 않고, 삽입시에 동의하지 않아 즐거움을 느끼지 않고, 유지시에 동의하지 않아 즐거움을 느끼지 않고, 인발시에도 동의하지 않아 즐거움을 느끼지 않으면, 무죄이다.

9-20₄.

1) 수행승의 적대자들 … 적대자인 왕들 … 적대자인 도적들 … 적대자인 건달들 … 적대자인 갱단들이 술취한 축생의 양성을 수행승의 앞으로 데리고 와서 그의 항문 … 그의 성기 … 그의 구강에 그의 성기를 들어가게 할 경우 … 그는 유격이고 수행승은 무격이고 … 그는 무격이고 수행승은 유격이고 … 그도 유격이고 수행승도 유격이고 … 그도 무격이고 수행승도 무격이고 간에, 그러한 적용시에 동의하여 즐거움을 느끼고, 삽입시에 동의하여 즐거움을 느끼고, 유지시에 동의하여 즐거움을 느끼고, 인발시에 동의하여 즐거움을 느끼면, 승단추방죄를 범하는 것이다.

2) 수행승의 적대자들 … 적대자인 왕들 … 적대자인 도적들 … 적대자인 건달들 … 적대자인 갱단들이 술취한 축생의 양성을 수행승의 앞으로 데리고 와서 그의 항문 … 그의 성기 … 그의 구강에 그의 성기를 들어가게 할 경우 … 그는 유격이고 수행승은 무격이고 … 그는 무격이고 수행승은 유격이고 … 그도 유격이고 수행승도 유격이고 … 그도 무격이고 수행승도 무격이고 간에, 그러한 적용시에 동의하지 않아 즐거움을 느끼지 않아도, 삽입시에 동의하여 즐거움을 느끼고, 유지시에 동의하여 즐거움을 느끼고, 인발시에 동의하여 즐거움을 느끼면, 승단추방죄를 범하는 것이다.

3) 수행승의 적대자들 … 적대자인 왕들 … 적대자인 도적들 … 적대자인 건달들 … 적대자인 갱단들이 술취한 축생의 양성을 수행승의 앞으로 데리고 와서 그의 항문 … 그의 성기 … 그의 구강에 그의 성기를 들어가게 할 경우 … 그는 유격이고 수행승은 무격이고 … 그는 무격이고 수행승은 유격이고 … 그도 유격이고 수행승도 유격이고 … 그도 무격이고 수행승도 무격이고 간에, 그러한 적용시에 동의하지 않아 즐거움을 느끼지 않고, 삽입시에 동의하지 않아 즐거움을 느끼지 않아도, 유지시에 동의하여 즐거움을 느끼고, 인발시에 동의하여 즐거움을 느끼면, 승단추방죄를 범하는 것이다.

4) 수행승의 적대자들 … 적대자인 왕들 … 적대자인 도적들 … 적대자인 건달들

… 적대자인 갱단들이 술취한 축생의 양성을 수행승의 앞으로 데리고 와서 그의 항문 … 그의 성기 … 그의 구강에 그의 성기를 들어가게 할 경우 … 그는 유격이고 수행승은 무격이고 … 그는 무격이고 수행승은 유격이고 … 그도 유격이고 수행승도 유격이고 … 그도 무격이고 수행승도 무격이고 간에, 그러한 적용시에 동의하지 않아 즐거움을 느끼지 않고, 삽입시에 동의하지 않아 즐거움을 느끼지 않고, 유지시에 동의하지 않아 즐거움을 느끼지 않아도, 인발시에 동의하여 즐거움을 느끼면, 승단추방죄를 범하는 것이다.

5) 수행승의 적대자들 … 적대자인 왕들 … 적대자인 도적들 … 적대자인 건달들 … 적대자인 갱단들이 술취한 축생의 양성을 수행승의 앞으로 데리고 와서 그의 항문 … 그의 성기 … 그의 구강에 그의 성기를 들어가게 할 경우 … 그는 유격이고 수행승은 무격이고 … 그는 무격이고 수행승은 유격이고 … 그도 유격이고 수행승도 유격이고 … 그도 무격이고 수행승도 무격이고 간에, 그러한 적용시에 동의하지 않아 즐거움을 느끼지 않고, 삽입시에 동의하지 않아 즐거움을 느끼지 않고, 유지시에 동의하지 않아 즐거움을 느끼지 않고, 인발시에도 동의하지 않아 즐거움을 느끼지 않으면, 무죄이다.

9-20₅.

1) 수행승의 적대자들 … 적대자인 왕들 … 적대자인 도적들 … 적대자인 건달들 … 적대자인 갱단들이 정신착란된 축생의 양성을 수행승의 앞으로 데리고 와서 그의 항문 … 그의 성기 … 그의 구강에 그의 성기를 들어가게 할 경우 … 그는 유격이고 수행승은 무격이고 … 그는 무격이고 수행승은 유격이고 … 그도 유격이고 수행승도 유격이고 … 그도 무격이고 수행승도 무격이고 간에, 그러한 적용시에 동의하여 즐거움을 느끼고, 삽입시에 동의하여 즐거움을 느끼고, 유지시에 동의하여 즐거움을 느끼고, 인발시에 동의하여 즐거움을 느끼면, 승단추방죄를 범하는 것이다.

2) 수행승의 적대자들 … 적대자인 왕들 … 적대자인 도적들 … 적대자인 건달들 … 적대자인 갱단들이 정신착란된 축생의 양성을 수행승의 앞으로 데리고 와서 그의 항문 … 그의 성기 … 그의 구강에 그의 성기를 들어가게 할 경우 … 그는 유격이고 수행승은 무격이고 … 그는 무격이고 수행승은 유격이고 … 그도 유격이고 수행승도 유격이고 … 그도 무격이고 수행승도 무격이고 간에, 그러한 적용시에 동의하지 않아 즐거움을 느끼지 않아도, 삽입시에 동의하여 즐거움을 느끼고, 유지시에 동의하여 즐거움을 느끼고, 인발시에 동의하여

즐거움을 느끼면, 승단추방죄를 범하는 것이다.

3) 수행승의 적대자들 … 적대자인 왕들 … 적대자인 도적들 … 적대자인 건달들 … 적대자인 갱단들이 정신착란된 축생의 양성을 수행승의 앞으로 데리고 와서 그의 항문 … 그의 성기 … 그의 구강에 그의 성기를 들어가게 할 경우 … 그는 유격이고 수행승은 무격이고 … 그는 무격이고 수행승은 유격이고 … 그도 유격이고 수행승도 유격이고 … 그도 무격이고 수행승도 무격이고 간에, 그러한 적용시에 동의하지 않아 즐거움을 느끼지 않고, 삽입시에 동의하지 않아 즐거움을 느끼지 않아도, 유지시에 동의하여 즐거움을 느끼고, 인발시에 동의하여 즐거움을 느끼면, 승단추방죄를 범하는 것이다.

4) 수행승의 적대자들 … 적대자인 왕들 … 적대자인 도적들 … 적대자인 건달들 … 적대자인 갱단들이 정신착란된 축생의 양성을 수행승의 앞으로 데리고 와서 그의 항문 … 그의 성기 … 그의 구강에 그의 성기를 들어가게 할 경우 … 그는 유격이고 수행승은 무격이고 … 그는 무격이고 수행승은 유격이고 … 그도 유격이고 수행승도 유격이고 … 그도 무격이고 수행승도 무격이고 간에, 그러한 적용시에 동의하지 않아 즐거움을 느끼지 않고, 삽입시에 동의하지 않아 즐거움을 느끼지 않고, 유지시에 동의하지 않아 즐거움을 느끼지 않아도, 인발시에 동의하여 즐거움을 느끼면, 승단추방죄를 범하는 것이다.

5) 수행승의 적대자들 … 적대자인 왕들 … 적대자인 도적들 … 적대자인 건달들 … 적대자인 갱단들이 정신착란된 축생의 양성을 수행승의 앞으로 데리고 와서 그의 항문 … 그의 성기 … 그의 구강에 그의 성기를 들어가게 할 경우 … 그는 유격이고 수행승은 무격이고 … 그는 무격이고 수행승은 유격이고 … 그도 유격이고 수행승도 유격이고 … 그도 무격이고 수행승도 무격이고 간에, 그러한 적용시에 동의하지 않아 즐거움을 느끼지 않고, 삽입시에 동의하지 않아 즐거움을 느끼지 않고, 유지시에 동의하지 않아 즐거움을 느끼지 않고, 인발시에도 동의하지 않아 즐거움을 느끼지 않으면, 무죄이다.

9-20₆.

1) 수행승의 적대자들 … 적대자인 왕들 … 적대자인 도적들 … 적대자인 건달들 … 적대자인 갱단들이 방일한 축생의 양성을 수행승의 앞으로 데리고 와서 그의 항문 … 그의 성기 … 그의 구강에 그의 성기를 들어가게 할 경우 … 그는 유격이고 수행승은 무격이고 … 그는 무격이고 수행승은 유격이고 … 그도 유격이고 수행승도 유격이고 … 그도 무격이고 수행승도 무격이고 간에,

그러한 적용시에 동의하여 즐거움을 느끼고, 삽입시에 동의하여 즐거움을 느끼고, 유지시에 동의하여 즐거움을 느끼고, 인발시에 동의하여 즐거움을 느끼면, 승단추방죄를 범하는 것이다.

2) 수행승의 적대자들 … 적대자인 왕들 … 적대자인 도적들 … 적대자인 건달들 … 적대자인 갱단들이 방일한 축생의 양성을 수행승의 앞으로 데리고 와서 그의 항문 … 그의 성기 … 그의 구강에 그의 성기를 들어가게 할 경우 … 그는 유격이고 수행승은 무격이고 … 그는 무격이고 수행승은 유격이고 … 그도 유격이고 수행승도 유격이고 … 그도 무격이고 수행승도 무격이고 간에, 그러한 적용시에 동의하지 않아 즐거움을 느끼지 않아도, 삽입시에 동의하여 즐거움을 느끼고, 유지시에 동의하여 즐거움을 느끼고, 인발시에 동의하여 즐거움을 느끼면, 승단추방죄를 범하는 것이다.

3) 수행승의 적대자들 … 적대자인 왕들 … 적대자인 도적들 … 적대자인 건달들 … 적대자인 갱단들이 방일한 축생의 양성을 수행승의 앞으로 데리고 와서 그의 항문 … 그의 성기 … 그의 구강에 그의 성기를 들어가게 할 경우 … 그는 유격이고 수행승은 무격이고 … 그는 무격이고 수행승은 유격이고 … 그도 유격이고 수행승도 유격이고 … 그도 무격이고 수행승도 무격이고 간에, 그러한 적용시에 동의하지 않아 즐거움을 느끼지 않고, 삽입시에 동의하지 않아 즐거움을 느끼지 않아도, 유지시에 동의하여 즐거움을 느끼고, 인발시에 동의하여 즐거움을 느끼면, 승단추방죄를 범하는 것이다.

4) 수행승의 적대자들 … 적대자인 왕들 … 적대자인 도적들 … 적대자인 건달들 … 적대자인 갱단들이 방일한 축생의 양성을 수행승의 앞으로 데리고 와서 그의 항문 … 그의 성기 … 그의 구강에 그의 성기를 들어가게 할 경우 … 그는 유격이고 수행승은 무격이고 … 그는 무격이고 수행승은 유격이고 … 그도 유격이고 수행승도 유격이고 … 그도 무격이고 수행승도 무격이고 간에, 그러한 적용시에 동의하지 않아 즐거움을 느끼지 않고, 삽입시에 동의하지 않아 즐거움을 느끼지 않고, 유지시에 동의하지 않아 즐거움을 느끼지 않아도, 인발시에 동의하여 즐거움을 느끼면, 승단추방죄를 범하는 것이다.

5) 수행승의 적대자들 … 적대자인 왕들 … 적대자인 도적들 … 적대자인 건달들 … 적대자인 갱단들이 방일한 축생의 양성을 수행승의 앞으로 데리고 와서 그의 항문 … 그의 성기 … 그의 구강에 그의 성기를 들어가게 할 경우 … 그는 유격이고 수행승은 무격이고 … 그는 무격이고 수행승은 유격이고 …

그도 유격이고 수행승도 유격이고 … 그도 무격이고 수행승도 무격이고 간에, 그러한 적용시에 동의하지 않아 즐거움을 느끼지 않고, 삽입시에 동의하지 않아 즐거움을 느끼지 않고, 유지시에 동의하지 않아 즐거움을 느끼지 않고, 인발시에도 동의하지 않아 즐거움을 느끼지 않으면, 무죄이다.

9-20₇.

1) 수행승의 적대자들 … 적대자인 왕들 … 적대자인 도적들 … 적대자인 건달들 … 적대자인 갱단들이, 죽었지만 파괴되지 않은 축생의 양성을 수행승의 앞으로 데리고 와서 그의 항문 … 그의 성기 … 그의 구강에 그의 성기를 들어가게 할 경우 … 그는 유격이고 수행승은 무격이고 … 그는 무격이고 수행승은 유격이고 … 그도 유격이고 수행승도 유격이고 … 그도 무격이고 수행승도 무격이고 간에, 그러한 적용시에 동의하여 즐거움을 느끼고, 삽입시에 동의하여 즐거움을 느끼고, 유지시에 동의하여 즐거움을 느끼고, 인발시에 동의하여 즐거움을 느끼면, 승단추방죄를 범하는 것이다.

2) 수행승의 적대자들 … 적대자인 왕들 … 적대자인 도적들 … 적대자인 건달들 … 적대자인 갱단들이, 죽었지만 파괴되지 않은 축생의 양성을 수행승의 앞으로 데리고 와서 그의 항문 … 그의 성기 … 그의 구강에 그의 성기를 들어가게 할 경우 … 그는 유격이고 수행승은 무격이고 … 그는 무격이고 수행승은 유격이고 … 그도 유격이고 수행승도 유격이고 … 그도 무격이고 수행승도 무격이고 간에, 그러한 적용시에 동의하지 않아 즐거움을 느끼지 않아도, 삽입시에 동의하여 즐거움을 느끼고, 유지시에 동의하여 즐거움을 느끼고, 인발시에 동의하여 즐거움을 느끼면, 승단추방죄를 범하는 것이다.

3) 수행승의 적대자들 … 적대자인 왕들 … 적대자인 도적들 … 적대자인 건달들 … 적대자인 갱단들이, 죽었지만 파괴되지 않은 축생의 양성을 수행승의 앞으로 데리고 와서 그의 항문 … 그의 성기 … 그의 구강에 그의 성기를 들어가게 할 경우 … 그는 유격이고 수행승은 무격이고 … 그는 무격이고 수행승은 유격이고 … 그도 유격이고 수행승도 유격이고 … 그도 무격이고 수행승도 무격이고 간에, 그러한 적용시에 동의하지 않아 즐거움을 느끼지 않고, 삽입시에 동의하지 않아 즐거움을 느끼지 않아도, 유지시에 동의하여 즐거움을 느끼고, 인발시에 동의하여 즐거움을 느끼면, 승단추방죄를 범하는 것이다.

4) 수행승의 적대자들 … 적대자인 왕들 … 적대자인 도적들 … 적대자인 건달들 … 적대자인 갱단들이, 죽었지만 파괴되지 않은 축생의 양성을 수행승의 앞으

로 데리고 와서 그의 항문 … 그의 성기 … 그의 구강에 그의 성기를 들어가게 할 경우 … 그는 유격이고 수행승은 무격이고 … 그는 무격이고 수행승은 유격이고 … 그도 유격이고 수행승도 유격이고 … 그도 무격이고 수행승도 무격이고 간에, 그러한 적용시에 동의하지 않아 즐거움을 느끼지 않고, 삽입시에 동의하지 않아 즐거움을 느끼지 않고, 유지시에 동의하지 않아 즐거움을 느끼지 않아도, 인발시에 동의하여 즐거움을 느끼면, 승단추방죄를 범하는 것이다.

5) 수행승의 적대자들 … 적대자인 왕들 … 적대자인 도적들 … 적대자인 건달들 … 적대자인 갱단들이, 죽었지만 파괴되지 않은 축생의 양성을 수행승의 앞으로 데리고 와서 그의 항문 … 그의 성기 … 그의 구강에 그의 성기를 들어가게 할 경우 … 그는 유격이고 수행승은 무격이고 … 그는 무격이고 수행승은 유격이고 … 그도 유격이고 수행승도 유격이고 … 그도 무격이고 수행승도 무격이고 간에, 그러한 적용시에 동의하지 않아 즐거움을 느끼지 않고, 삽입시에 동의하지 않아 즐거움을 느끼지 않고, 유지시에 동의하지 않아 즐거움을 느끼지 않고, 인발시에도 동의하지 않아 즐거움을 느끼지 않으면, 무죄이다.

9-20₈.

1) 수행승의 적대자들 … 적대자인 왕들 … 적대자인 도적들 … 적대자인 건달들 … 적대자인 갱단들이, 죽었지만 대체로 파괴되지 않은 축생의 양성을 수행승의 앞으로 데리고 와서 그의 항문 … 그의 성기 … 그의 구강에 그의 성기를 들어가게 할 경우 … 그는 유격이고 수행승은 무격이고 … 그는 무격이고 수행승은 유격이고 … 그도 유격이고 수행승도 유격이고 … 그도 무격이고 수행승도 무격이고 간에, 그러한 적용시에 동의하여 즐거움을 느끼고, 삽입시에 동의하여 즐거움을 느끼고, 유지시에 동의하여 즐거움을 느끼고, 인발시에 동의하여 즐거움을 느끼면, 승단추방죄를 범하는 것이다.

2) 수행승의 적대자들 … 적대자인 왕들 … 적대자인 도적들 … 적대자인 건달들 … 적대자인 갱단들이, 죽었지만 대체로 파괴되지 않은 축생의 양성을 수행승의 앞으로 데리고 와서 그의 항문 … 그의 성기 … 그의 구강에 그의 성기를 들어가게 할 경우 … 그는 유격이고 수행승은 무격이고 … 그는 무격이고 수행승은 유격이고 … 그도 유격이고 수행승도 유격이고 … 그도 무격이고 수행승도 무격이고 간에, 그러한 적용시에 동의하지 않아 즐거움을 느끼지 않아도, 삽입시에 동의하여 즐거움을 느끼고, 유지시에 동의하여 즐거움을

느끼고, 인발시에 동의하여 즐거움을 느끼면, 승단추방죄를 범하는 것이다.

3) 수행승의 적대자들 … 적대자인 왕들 … 적대자인 도적들 … 적대자인 건달들 … 적대자인 갱단들이, 죽었지만 대체로 파괴되지 않은 축생의 양성을 수행승의 앞으로 데리고 와서 그의 항문 … 그의 성기 … 그의 구강에 그의 성기를 들어가게 할 경우 … 그는 유격이고 수행승은 무격이고 … 그는 무격이고 수행승은 유격이고 … 그도 유격이고 수행승도 유격이고 … 그도 무격이고 수행승도 무격이고 간에, 그러한 적용시에 동의하지 않아 즐거움을 느끼지 않고, 삽입시에 동의하지 않아 즐거움을 느끼지 않아도, 유지시에 동의하여 즐거움을 느끼고, 인발시에 동의하여 즐거움을 느끼면, 승단추방죄를 범하는 것이다.

4) 수행승의 적대자들 … 적대자인 왕들 … 적대자인 도적들 … 적대자인 건달들 … 적대자인 갱단들이, 죽었지만 대체로 파괴되지 않은 축생의 양성을 수행승의 앞으로 데리고 와서 그의 항문 … 그의 성기 … 그의 구강에 그의 성기를 들어가게 할 경우 … 그는 유격이고 수행승은 무격이고 … 그는 무격이고 수행승은 유격이고 … 그도 유격이고 수행승도 유격이고 … 그도 무격이고 수행승도 무격이고 간에, 그러한 적용시에 동의하지 않아 즐거움을 느끼지 않고, 삽입시에 동의하지 않아 즐거움을 느끼지 않고, 유지시에 동의하지 않아 즐거움을 느끼지 않아도, 인발시에 동의하여 즐거움을 느끼면, 승단추방죄를 범하는 것이다.

5) 수행승의 적대자들 … 적대자인 왕들 … 적대자인 도적들 … 적대자인 건달들 … 적대자인 갱단들이, 죽었지만 대체로 파괴되지 않은 축생의 양성을 수행승의 앞으로 데리고 와서 그의 항문 … 그의 성기 … 그의 구강에 그의 성기를 들어가게 할 경우 … 그는 유격이고 수행승은 무격이고 … 그는 무격이고 수행승은 유격이고 … 그도 유격이고 수행승도 유격이고 … 그도 무격이고 수행승도 무격이고 간에, 그러한 적용시에 동의하지 않아 즐거움을 느끼지 않고, 삽입시에 동의하지 않아 즐거움을 느끼지 않고, 유지시에 동의하지 않아 즐거움을 느끼지 않고, 인발시에도 동의하지 않아 즐거움을 느끼지 않으면, 무죄이다.

9-20₉.

1) 수행승의 적대자들 … 적대자인 왕들 … 적대자인 도적들 … 적대자인 건달들 … 적대자인 갱단들이, 죽어서 거의 파괴된 축생의 양성을 수행승의 앞으로

데리고 와서 그의 항문 … 그의 성기 … 그의 구강에 그의 성기를 들어가게 할 경우 … 그는 유격이고 수행승은 무격이고 … 그는 무격이고 수행승은 유격이고 … 그도 유격이고 수행승도 유격이고 … 그도 무격이고 수행승도 무격이고 간에, 그러한 적용시에 동의하여 즐거움을 느끼고, 삽입시에 동의하여 즐거움을 느끼고, 유지시에 동의하여 즐거움을 느끼고, 인발시에 동의하여 즐거움을 느끼면, 추악죄를 범하는 것이다.

2) 수행승의 적대자들 … 적대자인 왕들 … 적대자인 도적들 … 적대자인 건달들 … 적대자인 갱단들이, 죽어서 거의 파괴된 축생의 양성을 수행승의 앞으로 데리고 와서 그의 항문 … 그의 성기 … 그의 구강에 그의 성기를 들어가게 할 경우 … 그는 유격이고 수행승은 무격이고 … 그는 무격이고 수행승은 유격이고 … 그도 유격이고 수행승도 유격이고 … 그도 무격이고 수행승도 무격이고 간에, 그러한 적용시에 동의하지 않아 즐거움을 느끼지 않아도, 삽입시에 동의하여 즐거움을 느끼고, 유지시에 동의하여 즐거움을 느끼고, 인발시에 동의하여 즐거움을 느끼면, 추악죄를 범하는 것이다.

3) 수행승의 적대자들 … 적대자인 왕들 … 적대자인 도적들 … 적대자인 건달들 … 적대자인 갱단들이, 죽어서 거의 파괴된 축생의 양성을 수행승의 앞으로 데리고 와서 그의 항문 … 그의 성기 … 그의 구강에 그의 성기를 들어가게 할 경우 … 그는 유격이고 수행승은 무격이고 … 그는 무격이고 수행승은 유격이고 … 그도 유격이고 수행승도 유격이고 … 그도 무격이고 수행승도 무격이고 간에, 그러한 적용시에 동의하지 않아 즐거움을 느끼지 않고, 삽입시에 동의하지 않아 즐거움을 느끼지 않아도, 유지시에 동의하여 즐거움을 느끼고, 인발시에 동의하여 즐거움을 느끼면, 추악죄를 범하는 것이다.

4) 수행승의 적대자들 … 적대자인 왕들 … 적대자인 도적들 … 적대자인 건달들 … 적대자인 갱단들이, 죽어서 거의 파괴된 축생의 양성을 수행승의 앞으로 데리고 와서 그의 항문 … 그의 성기 … 그의 구강에 그의 성기를 들어가게 할 경우 … 그는 유격이고 수행승은 무격이고 … 그는 무격이고 수행승은 유격이고 … 그도 유격이고 수행승도 유격이고 … 그도 무격이고 수행승도 무격이고 간에, 그러한 적용시에 동의하지 않아 즐거움을 느끼지 않고, 삽입시에 동의하지 않아 즐거움을 느끼지 않고, 유지시에 동의하지 않아 즐거움을 느끼지 않아도, 인발시에 동의하여 즐거움을 느끼면, 추악죄를 범하는 것이다.

5) 수행승의 적대자들 … 적대자인 왕들 … 적대자인 도적들 … 적대자인 건달들

… 적대자인 갱단들이, 죽어서 거의 파괴된 축생의 양성을 수행승의 앞으로 데리고 와서 그의 항문 … 그의 성기 … 그의 구강에 그의 성기를 들어가게 할 경우 … 그는 유격이고 수행승은 무격이고 … 그는 무격이고 수행승은 유격이고 … 그도 유격이고 수행승도 유격이고 … 그도 무격이고 수행승도 무격이고 간에, 그러한 적용시에 동의하지 않아 즐거움을 느끼지 않고, 삽입시에 동의하지 않아 즐거움을 느끼지 않고, 유지시에 동의하지 않아 즐거움을 느끼지 않고, 인발시에도 동의하지 않아 즐거움을 느끼지 않으면, 무죄이다.

9-21₁.

1) 수행승의 적대자들 … 적대자인 왕들 … 적대자인 도적들 … 적대자인 건달들 … 적대자인 갱단들이 인간의 빤다까를 수행승의 앞으로 데리고 와서 그의 항문 … 그의 구강에 그의 성기를 들어가게 할 경우 … 그는 유격이고 수행승은 무격이고 … 그는 무격이고 수행승은 유격이고 … 그도 유격이고 수행승도 유격이고 … 그도 무격이고 수행승도 무격이고 간에, 그러한 적용시에 동의하여 즐거움을 느끼고, 삽입시에 동의하여 즐거움을 느끼고, 유지시에 동의하여 즐거움을 느끼고, 인발시에 동의하여 즐거움을 느끼면, 승단추방죄를 범하는 것이다.

2) 수행승의 적대자들 … 적대자인 왕들 … 적대자인 도적들 … 적대자인 건달들 … 적대자인 갱단들이 인간의 빤다까를 수행승의 앞으로 데리고 와서 그의 항문 … 그의 구강에 그의 성기를 들어가게 할 경우 … 그는 유격이고 수행승은 무격이고 … 그는 무격이고 수행승은 유격이고 … 그도 유격이고 수행승도 유격이고 … 그도 무격이고 수행승도 무격이고 간에, 그러한 적용시에 동의하지 않아 즐거움을 느끼지 않아도, 삽입시에 동의하여 즐거움을 느끼고, 유지시에 동의하여 즐거움을 느끼고, 인발시에 동의하여 즐거움을 느끼면, 승단추방죄를 범하는 것이다.

3) 수행승의 적대자들 … 적대자인 왕들 … 적대자인 도적들 … 적대자인 건달들 … 적대자인 갱단들이 인간의 빤다까를 수행승의 앞으로 데리고 와서 그의 항문 … 그의 구강에 그의 성기를 들어가게 할 경우 … 그는 유격이고 수행승은 무격이고 … 그는 무격이고 수행승은 유격이고 … 그도 유격이고 수행승도 유격이고 … 그도 무격이고 수행승도 무격이고 간에, 그러한 적용시에 동의하지 않아 즐거움을 느끼지 않고, 삽입시에 동의하지 않아 즐거움을 느끼지 않아도, 유지시에 동의하여 즐거움을 느끼고, 인발시에 동의하여 즐거움을 느끼면,

승단추방죄를 범하는 것이다.

4) 수행승의 적대자들 … 적대자인 왕들 … 적대자인 도적들 … 적대자인 건달들 … 적대자인 갱단들이 인간의 빤다까를 수행승의 앞으로 데리고 와서 그의 항문 … 그의 구강에 그의 성기를 들어가게 할 경우 … 그는 유격이고 수행승은 무격이고 … 그는 무격이고 수행승은 유격이고 … 그도 유격이고 수행승도 유격이고 … 그도 무격이고 수행승도 무격이고 간에, 그러한 적용시에 동의하지 않아 즐거움을 느끼지 않고, 삽입시에 동의하지 않아 즐거움을 느끼지 않고, 유지시에 동의하지 않아 즐거움을 느끼지 않아도, 인발시에 동의하여 즐거움을 느끼면, 승단추방죄를 범하는 것이다.

5) 수행승의 적대자들 … 적대자인 왕들 … 적대자인 도적들 … 적대자인 건달들 … 적대자인 갱단들이 인간의 빤다까를 수행승의 앞으로 데리고 와서 그의 항문 … 그의 구강에 그의 성기를 들어가게 할 경우 … 그는 유격이고 수행승은 무격이고 … 그는 무격이고 수행승은 유격이고 … 그도 유격이고 수행승도 유격이고 … 그도 무격이고 수행승도 무격이고 간에, 그러한 적용시에 동의하지 않아 즐거움을 느끼지 않고, 삽입시에 동의하지 않아 즐거움을 느끼지 않고, 유지시에 동의하지 않아 즐거움을 느끼지 않고, 인발시에도 동의하지 않아 즐거움을 느끼지 않으면, 무죄이다."

9-21₂.

1) 수행승의 적대자들 … 적대자인 왕들 … 적대자인 도적들 … 적대자인 건달들 … 적대자인 갱단들이 깨어있는 인간의 빤다까를 수행승의 앞으로 데리고 와서 그의 항문 … 그의 구강에 그의 성기를 들어가게 할 경우 … 그는 유격이고 수행승은 무격이고 … 그는 무격이고 수행승은 유격이고 … 그도 유격이고 수행승도 유격이고 … 그도 무격이고 수행승도 무격이고 간에, 그러한 적용시에 동의하여 즐거움을 느끼고, 삽입시에 동의하여 즐거움을 느끼고, 유지시에 동의하여 즐거움을 느끼고, 인발시에 동의하여 즐거움을 느끼면, 승단추방죄를 범하는 것이다.

2) 수행승의 적대자들 … 적대자인 왕들 … 적대자인 도적들 … 적대자인 건달들 … 적대자인 갱단들이 깨어있는 인간의 빤다까를 수행승의 앞으로 데리고 와서 그의 항문 … 그의 구강에 그의 성기를 들어가게 할 경우 … 그는 유격이고 수행승은 무격이고 … 그는 무격이고 수행승은 유격이고 … 그도 유격이고 수행승도 유격이고 … 그도 무격이고 수행승도 무격이고 간에, 그러한 적용시

에 동의하지 않아 즐거움을 느끼지 않아도, 삽입시에 동의하여 즐거움을 느끼고, 유지시에 동의하여 즐거움을 느끼고, 인발시에 동의하여 즐거움을 느끼면, 승단추방죄를 범하는 것이다.

3) 수행승의 적대자들 … 적대자인 왕들 … 적대자인 도적들 … 적대자인 건달들 … 적대자인 갱단들이 깨어있는 인간의 빤다까를 수행승의 앞으로 데리고 와서 그의 항문 … 그의 구강에 그의 성기를 들어가게 할 경우 … 그는 유격이고 수행승은 무격이고 … 그는 무격이고 수행승은 유격이고 … 그도 유격이고 수행승도 유격이고 … 그도 무격이고 수행승도 무격이고 간에, 그러한 적용시에 동의하지 않아 즐거움을 느끼지 않고, 삽입시에 동의하지 않아 즐거움을 느끼지 않아도, 유지시에 동의하여 즐거움을 느끼고, 인발시에 동의하여 즐거움을 느끼면, 승단추방죄를 범하는 것이다.

4) 수행승의 적대자들 … 적대자인 왕들 … 적대자인 도적들 … 적대자인 건달들 … 적대자인 갱단들이 깨어있는 인간의 빤다까를 수행승의 앞으로 데리고 와서 그의 항문 … 그의 구강에 그의 성기를 들어가게 할 경우 … 그는 유격이고 수행승은 무격이고 … 그는 무격이고 수행승은 유격이고 … 그도 유격이고 수행승도 유격이고 … 그도 무격이고 수행승도 무격이고 간에, 그러한 적용시에 동의하지 않아 즐거움을 느끼지 않고, 삽입시에 동의하지 않아 즐거움을 느끼지 않고, 유지시에 동의하지 않아 즐거움을 느끼지 않아도, 인발시에 동의하여 즐거움을 느끼면, 승단추방죄를 범하는 것이다.

5) 수행승의 적대자들 … 적대자인 왕들 … 적대자인 도적들 … 적대자인 건달들 … 적대자인 갱단들이 깨어있는 인간의 빤다까를 수행승의 앞으로 데리고 와서 그의 항문 … 그의 구강에 그의 성기를 들어가게 할 경우 … 그는 유격이고 수행승은 무격이고 … 그는 무격이고 수행승은 유격이고 … 그도 유격이고 수행승도 유격이고 … 그도 무격이고 수행승도 무격이고 간에, 그러한 적용시에 동의하지 않아 즐거움을 느끼지 않고, 삽입시에 동의하지 않아 즐거움을 느끼지 않고, 유지시에 동의하지 않아 즐거움을 느끼지 않고, 인발시에도 동의하지 않아 즐거움을 느끼지 않으면, 무죄이다.

9-21₃.

1) 수행승의 적대자들 … 적대자인 왕들 … 적대자인 도적들 … 적대자인 건달들 … 적대자인 갱단들이 잠든 인간의 빤다까를 수행승의 앞으로 데리고 와서 그의 항문 … 그의 구강에 그의 성기를 들어가게 할 경우 … 그는 유격이고

수행승은 무격이고 … 그는 무격이고 수행승은 유격이고 … 그도 유격이고 수행승도 유격이고 … 그도 무격이고 수행승도 무격이고 간에, 그러한 적용시에 동의하여 즐거움을 느끼고, 삽입시에 동의하여 즐거움을 느끼고, 유지시에 동의하여 즐거움을 느끼고, 인발시에 동의하여 즐거움을 느끼면, 승단추방죄를 범하는 것이다.

2) 수행승의 적대자들 … 적대자인 왕들 … 적대자인 도적들 … 적대자인 건달들 … 적대자인 갱단들이 잠든 인간의 빤다까를 수행승의 앞으로 데리고 와서 그의 항문 … 그의 구강에 그의 성기를 들어가게 할 경우 … 그는 유격이고 수행승은 무격이고 … 그는 무격이고 수행승은 유격이고 … 그도 유격이고 수행승도 유격이고 … 그도 무격이고 수행승도 무격이고 간에, 그러한 적용시에 동의하지 않아 즐거움을 느끼지 않아도, 삽입시에 동의하여 즐거움을 느끼고, 유지시에 동의하여 즐거움을 느끼고, 인발시에 동의하여 즐거움을 느끼면, 승단추방죄를 범하는 것이다.

3) 수행승의 적대자들 … 적대자인 왕들 … 적대자인 도적들 … 적대자인 건달들 … 적대자인 갱단들이 잠든 인간의 빤다까를 수행승의 앞으로 데리고 와서 그의 항문 … 그의 구강에 그의 성기를 들어가게 할 경우 … 그는 유격이고 수행승은 무격이고 … 그는 무격이고 수행승은 유격이고 … 그도 유격이고 수행승도 유격이고 … 그도 무격이고 수행승도 무격이고 간에, 그러한 적용시에 동의하지 않아 즐거움을 느끼지 않고, 삽입시에 동의하지 않아 즐거움을 느끼지 않아도, 유지시에 동의하여 즐거움을 느끼고, 인발시에 동의하여 즐거움을 느끼면, 승단추방죄를 범하는 것이다.

4) 수행승의 적대자들 … 적대자인 왕들 … 적대자인 도적들 … 적대자인 건달들 … 적대자인 갱단들이 잠든 인간의 빤다까를 수행승의 앞으로 데리고 와서 그의 항문 … 그의 구강에 그의 성기를 들어가게 할 경우 … 그는 유격이고 수행승은 무격이고 … 그는 무격이고 수행승은 유격이고 … 그도 유격이고 수행승도 유격이고 … 그도 무격이고 수행승도 무격이고 간에, 그러한 적용시에 동의하지 않아 즐거움을 느끼지 않고, 삽입시에 동의하지 않아 즐거움을 느끼지 않고, 유지시에 동의하지 않아 즐거움을 느끼지 않아도, 인발시에 동의하여 즐거움을 느끼면, 승단추방죄를 범하는 것이다.

5) 수행승의 적대자들 … 적대자인 왕들 … 적대자인 도적들 … 적대자인 건달들 … 적대자인 갱단들이 잠든 인간의 빤다까를 수행승의 앞으로 데리고 와서

그의 항문 … 그의 구강에 그의 성기를 들어가게 할 경우 … 그는 유격이고 수행승은 무격이고 … 그는 무격이고 수행승은 유격이고 … 그도 유격이고 수행승도 유격이고 … 그도 무격이고 수행승도 무격이고 간에, 그러한 적용시에 동의하지 않아 즐거움을 느끼지 않고, 삽입시에 동의하지 않아 즐거움을 느끼지 않고, 유지시에 동의하지 않아 즐거움을 느끼지 않고, 인발시에도 동의하지 않아 즐거움을 느끼지 않으면, 무죄이다.

9-21₄.

1) 수행승의 적대자들 … 적대자인 왕들 … 적대자인 도적들 … 적대자인 건달들 … 적대자인 갱단들이 술취한 인간의 빤다까를 수행승의 앞으로 데리고 와서 그의 항문 … 그의 구강에 그의 성기를 들어가게 할 경우 … 그는 유격이고 수행승은 무격이고 … 그는 무격이고 수행승은 유격이고 … 그도 유격이고 수행승도 유격이고 … 그도 무격이고 수행승도 무격이고 간에, 그러한 적용시에 동의하여 즐거움을 느끼고, 삽입시에 동의하여 즐거움을 느끼고, 유지시에 동의하여 즐거움을 느끼고, 인발시에 동의하여 즐거움을 느끼면, 승단추방죄를 범하는 것이다.

2) 수행승의 적대자들 … 적대자인 왕들 … 적대자인 도적들 … 적대자인 건달들 … 적대자인 갱단들이 술취한 인간의 빤다까를 수행승의 앞으로 데리고 와서 그의 항문 … 그의 구강에 그의 성기를 들어가게 할 경우 … 그는 유격이고 수행승은 무격이고 … 그는 무격이고 수행승은 유격이고 … 그도 유격이고 수행승도 유격이고 … 그도 무격이고 수행승도 무격이고 간에, 그러한 적용시에 동의하지 않아 즐거움을 느끼지 않아도, 삽입시에 동의하여 즐거움을 느끼고, 유지시에 동의하여 즐거움을 느끼고, 인발시에 동의하여 즐거움을 느끼면, 승단추방죄를 범하는 것이다.

3) 수행승의 적대자들 … 적대자인 왕들 … 적대자인 도적들 … 적대자인 건달들 … 적대자인 갱단들이 술취한 인간의 빤다까를 수행승의 앞으로 데리고 와서 그의 항문 … 그의 구강에 그의 성기를 들어가게 할 경우 … 그는 유격이고 수행승은 무격이고 … 그는 무격이고 수행승은 유격이고 … 그도 유격이고 수행승도 유격이고 … 그도 무격이고 수행승도 무격이고 간에, 그러한 적용시에 동의하지 않아 즐거움을 느끼지 않고, 삽입시에 동의하지 않아 즐거움을 느끼지 않아도, 유지시에 동의하여 즐거움을 느끼고, 인발시에 동의하여 즐거움을 느끼면, 승단추방죄를 범하는 것이다.

4) 수행승의 적대자들 … 적대자인 왕들 … 적대자인 도적들 … 적대자인 건달들 … 적대자인 갱단들이 술취한 인간의 빤다까를 수행승의 앞으로 데리고 와서 그의 항문 … 그의 구강에 그의 성기를 들어가게 할 경우 … 그는 유격이고 수행승은 무격이고 … 그는 무격이고 수행승은 유격이고 … 그도 유격이고 수행승도 유격이고 … 그도 무격이고 수행승도 무격이고 간에, 그러한 적용시에 동의하지 않아 즐거움을 느끼지 않고, 삽입시에 동의하지 않아 즐거움을 느끼지 않고, 유지시에 동의하지 않아 즐거움을 느끼지 않아도, 인발시에 동의하여 즐거움을 느끼면, 승단추방죄를 범하는 것이다.

5) 수행승의 적대자들 … 적대자인 왕들 … 적대자인 도적들 … 적대자인 건달들 … 적대자인 갱단들이 술취한 인간의 빤다까를 수행승의 앞으로 데리고 와서 그의 항문 … 그의 구강에 그의 성기를 들어가게 할 경우 … 그는 유격이고 수행승은 무격이고 … 그는 무격이고 수행승은 유격이고 … 그도 유격이고 수행승도 유격이고 … 그도 무격이고 수행승도 무격이고 간에, 그러한 적용시에 동의하지 않아 즐거움을 느끼지 않고, 삽입시에 동의하지 않아 즐거움을 느끼지 않고, 유지시에 동의하지 않아 즐거움을 느끼지 않고, 인발시에도 동의하지 않아 즐거움을 느끼지 않으면, 무죄이다.

9-21$_5$.

1) 수행승의 적대자들 … 적대자인 왕들 … 적대자인 도적들 … 적대자인 건달들 … 적대자인 갱단들이 정신착란된 인간의 빤다까를 수행승의 앞으로 데리고 와서 그의 항문 … 그의 구강에 그의 성기를 들어가게 할 경우 … 그는 유격이고 수행승은 무격이고 … 그는 무격이고 수행승은 유격이고 … 그도 유격이고 수행승도 유격이고 … 그도 무격이고 수행승도 무격이고 간에, 그러한 적용시에 동의하여 즐거움을 느끼고, 삽입시에 동의하여 즐거움을 느끼고, 유지시에 동의하여 즐거움을 느끼고, 인발시에 동의하여 즐거움을 느끼면, 승단추방죄를 범하는 것이다.

2) 수행승의 적대자들 … 적대자인 왕들 … 적대자인 도적들 … 적대자인 건달들 … 적대자인 갱단들이 정신착란된 인간의 빤다까를 수행승의 앞으로 데리고 와서 그의 항문 … 그의 구강에 그의 성기를 들어가게 할 경우 … 그는 유격이고 수행승은 무격이고 … 그는 무격이고 수행승은 유격이고 … 그도 유격이고 수행승도 유격이고 … 그도 무격이고 수행승도 무격이고 간에, 그러한 적용시에 동의하지 않아 즐거움을 느끼지 않아도, 삽입시에 동의하여 즐거움을 느끼

고, 유지시에 동의하여 즐거움을 느끼고, 인발시에 동의하여 즐거움을 느끼면, 승단추방죄를 범하는 것이다.

3) 수행승의 적대자들 … 적대자인 왕들 … 적대자인 도적들 … 적대자인 건달들 … 적대자인 갱단들이 정신착란된 인간의 빤다까를 수행승의 앞으로 데리고 와서 그의 항문 … 그의 구강에 그의 성기를 들어가게 할 경우 … 그는 유격이고 수행승은 무격이고 … 그는 무격이고 수행승은 유격이고 … 그도 유격이고 수행승도 유격이고 … 그도 무격이고 수행승도 무격이고 간에, 그러한 적용시에 동의하지 않아 즐거움을 느끼지 않고, 삽입시에 동의하지 않아 즐거움을 느끼지 않아도, 유지시에 동의하여 즐거움을 느끼고, 인발시에 동의하여 즐거움을 느끼면, 승단추방죄를 범하는 것이다.

4) 수행승의 적대자들 … 적대자인 왕들 … 적대자인 도적들 … 적대자인 건달들 … 적대자인 갱단들이 정신착란된 인간의 빤다까를 수행승의 앞으로 데리고 와서 그의 항문 … 그의 구강에 그의 성기를 들어가게 할 경우 … 그는 유격이고 수행승은 무격이고 … 그는 무격이고 수행승은 유격이고 … 그도 유격이고 수행승도 유격이고 … 그도 무격이고 수행승도 무격이고 간에, 그러한 적용시에 동의하지 않아 즐거움을 느끼지 않고, 삽입시에 동의하지 않아 즐거움을 느끼지 않고, 유지시에 동의하지 않아 즐거움을 느끼지 않아도, 인발시에 동의하여 즐거움을 느끼면, 승단추방죄를 범하는 것이다.

5) 수행승의 적대자들 … 적대자인 왕들 … 적대자인 도적들 … 적대자인 건달들 … 적대자인 갱단들이 정신착란된 인간의 빤다까를 수행승의 앞으로 데리고 와서 그의 항문 … 그의 구강에 그의 성기를 들어가게 할 경우 … 그는 유격이고 수행승은 무격이고 … 그는 무격이고 수행승은 유격이고 … 그도 유격이고 수행승도 유격이고 … 그도 무격이고 수행승도 무격이고 간에, 그러한 적용시에 동의하지 않아 즐거움을 느끼지 않고, 삽입시에 동의하지 않아 즐거움을 느끼지 않고, 유지시에 동의하지 않아 즐거움을 느끼지 않고, 인발시에도 동의하지 않아 즐거움을 느끼지 않으면, 무죄이다.

9-21$_6$.

1) 수행승의 적대자들 … 적대자인 왕들 … 적대자인 도적들 … 적대자인 건달들 … 적대자인 갱단들이 방일한 인간의 빤다까를 수행승의 앞으로 데리고 와서 그의 항문 … 그의 구강에 그의 성기를 들어가게 할 경우 … 그는 유격이고 수행승은 무격이고 … 그는 무격이고 수행승은 유격이고 … 그도 유격이고

수행승도 유격이고 … 그도 무격이고 수행승도 무격이고 간에, 그러한 적용시에 동의하여 즐거움을 느끼고, 삽입시에 동의하여 즐거움을 느끼고, 유지시에 동의하여 즐거움을 느끼고, 인발시에 동의하여 즐거움을 느끼면, 승단추방죄를 범하는 것이다.

2) 수행승의 적대자들 … 적대자인 왕들 … 적대자인 도적들 … 적대자인 건달들 … 적대자인 갱단들이 방일한 인간의 빤다까를 수행승의 앞으로 데리고 와서 그의 항문 … 그의 구강에 그의 성기를 들어가게 할 경우 … 그는 유격이고 수행승은 무격이고 … 그는 무격이고 수행승은 유격이고 … 그도 유격이고 수행승도 유격이고 … 그도 무격이고 수행승도 무격이고 간에, 그러한 적용시에 동의하지 않아 즐거움을 느끼지 않아도, 삽입시에 동의하여 즐거움을 느끼고, 유지시에 동의하여 즐거움을 느끼고, 인발시에 동의하여 즐거움을 느끼면, 승단추방죄를 범하는 것이다.

3) 수행승의 적대자들 … 적대자인 왕들 … 적대자인 도적들 … 적대자인 건달들 … 적대자인 갱단들이 방일한 인간의 빤다까를 수행승의 앞으로 데리고 와서 그의 항문 … 그의 구강에 그의 성기를 들어가게 할 경우 … 그는 유격이고 수행승은 무격이고 … 그는 무격이고 수행승은 유격이고 … 그도 유격이고 수행승도 유격이고 … 그도 무격이고 수행승도 무격이고 간에, 그러한 적용시에 동의하지 않아 즐거움을 느끼지 않고, 삽입시에 동의하지 않아 즐거움을 느끼지 않아도, 유지시에 동의하여 즐거움을 느끼고, 인발시에 동의하여 즐거움을 느끼면, 승단추방죄를 범하는 것이다.

4) 수행승의 적대자들 … 적대자인 왕들 … 적대자인 도적들 … 적대자인 건달들 … 적대자인 갱단들이 방일한 인간의 빤다까를 수행승의 앞으로 데리고 와서 그의 항문 … 그의 구강에 그의 성기를 들어가게 할 경우 … 그는 유격이고 수행승은 무격이고 … 그는 무격이고 수행승은 유격이고 … 그도 유격이고 수행승도 유격이고 … 그도 무격이고 수행승도 무격이고 간에, 그러한 적용시에 동의하지 않아 즐거움을 느끼지 않고, 삽입시에 동의하지 않아 즐거움을 느끼지 않고, 유지시에 동의하지 않아 즐거움을 느끼지 않아도, 인발시에 동의하여 즐거움을 느끼면, 승단추방죄를 범하는 것이다.

5) 수행승의 적대자들 … 적대자인 왕들 … 적대자인 도적들 … 적대자인 건달들 … 적대자인 갱단들이 방일한 인간의 빤다까를 수행승의 앞으로 데리고 와서 그의 항문 … 그의 구강에 그의 성기를 들어가게 할 경우 … 그는 유격이고

수행승은 무격이고 … 그는 무격이고 수행승은 유격이고 … 그도 유격이고 수행승도 유격이고 … 그도 무격이고 수행승도 무격이고 간에, 그러한 적용시에 동의하지 않아 즐거움을 느끼지 않고, 삽입시에 동의하지 않아 즐거움을 느끼지 않고, 유지시에 동의하지 않아 즐거움을 느끼지 않고, 인발시에도 동의하지 않아 즐거움을 느끼지 않으면, 무죄이다.

9-21ㄱ.

1) 수행승의 적대자들 … 적대자인 왕들 … 적대자인 도적들 … 적대자인 건달들 … 적대자인 갱단들이, 죽었지만 파괴되지 않은 인간의 빤다까를 수행승의 앞으로 데리고 와서 그의 항문 … 그의 구강에 그의 성기를 들어가게 할 경우 … 그는 유격이고 수행승은 무격이고 … 그는 무격이고 수행승은 유격이고 … 그도 유격이고 수행승도 유격이고 … 그도 무격이고 수행승도 무격이고 간에, 그러한 적용시에 동의하여 즐거움을 느끼고, 삽입시에 동의하여 즐거움을 느끼고, 유지시에 동의하여 즐거움을 느끼고, 인발시에 동의하여 즐거움을 느끼면, 승단추방죄를 범하는 것이다.

2) 수행승의 적대자들 … 적대자인 왕들 … 적대자인 도적들 … 적대자인 건달들 … 적대자인 갱단들이, 죽었지만 파괴되지 않은 인간의 빤다까를 수행승의 앞으로 데리고 와서 그의 항문 … 그의 구강에 그의 성기를 들어가게 할 경우 … 그는 유격이고 수행승은 무격이고 … 그는 무격이고 수행승은 유격이고 … 그도 유격이고 수행승도 유격이고 … 그도 무격이고 수행승도 무격이고 간에, 그러한 적용시에 동의하지 않아 즐거움을 느끼지 않아도, 삽입시에 동의하여 즐거움을 느끼고, 유지시에 동의하여 즐거움을 느끼고, 인발시에 동의하여 즐거움을 느끼면, 승단추방죄를 범하는 것이다.

3) 수행승의 적대자들 … 적대자인 왕들 … 적대자인 도적들 … 적대자인 건달들 … 적대자인 갱단들이, 죽었지만 파괴되지 않은 인간의 빤다까를 수행승의 앞으로 데리고 와서 그의 항문 … 그의 구강에 그의 성기를 들어가게 할 경우 … 그는 유격이고 수행승은 무격이고 … 그는 무격이고 수행승은 유격이고 … 그도 유격이고 수행승도 유격이고 … 그도 무격이고 수행승도 무격이고 간에, 그러한 적용시에 동의하지 않아 즐거움을 느끼지 않고, 삽입시에 동의하지 않아 즐거움을 느끼지 않아도, 유지시에 동의하여 즐거움을 느끼고, 인발시에 동의하여 즐거움을 느끼면, 승단추방죄를 범하는 것이다.

4) 수행승의 적대자들 … 적대자인 왕들 … 적대자인 도적들 … 적대자인 건달들

… 적대자인 갱단들이, 죽었지만 파괴되지 않은 인간의 빤다까를 수행승의 앞으로 데리고 와서 그의 항문 … 그의 구강에 그의 성기를 들어가게 할 경우 … 그는 유격이고 수행승은 무격이고 … 그는 무격이고 수행승은 유격이고 … 그도 유격이고 수행승도 유격이고 … 그도 무격이고 수행승도 무격이고 간에, 그러한 적용시에 동의하지 않아 즐거움을 느끼지 않고, 삽입시에 동의하지 않아 즐거움을 느끼지 않고, 유지시에 동의하지 않아 즐거움을 느끼지 않아도, 인발시에 동의하여 즐거움을 느끼면, 승단추방죄를 범하는 것이다.

5) 수행승의 적대자들 … 적대자인 왕들 … 적대자인 도적들 … 적대자인 건달들 … 적대자인 갱단들이, 죽었지만 파괴되지 않은 인간의 빤다까를 수행승의 앞으로 데리고 와서 그의 항문 … 그의 구강에 그의 성기를 들어가게 할 경우 … 그는 유격이고 수행승은 무격이고 … 그는 무격이고 수행승은 유격이고 … 그도 유격이고 수행승도 유격이고 … 그도 무격이고 수행승도 무격이고 간에, 그러한 적용시에 동의하지 않아 즐거움을 느끼지 않고, 삽입시에 동의하지 않아 즐거움을 느끼지 않고, 유지시에 동의하지 않아 즐거움을 느끼지 않고, 인발시에도 동의하지 않아 즐거움을 느끼지 않으면, 무죄이다.

9-21₈.

1) 수행승의 적대자들 … 적대자인 왕들 … 적대자인 도적들 … 적대자인 건달들 … 적대자인 갱단들이, 죽었지만 대체로 파괴되지 않은 인간의 빤다까를 수행승의 앞으로 데리고 와서 그의 항문 … 그의 구강에 그의 성기를 들어가게 할 경우 … 그는 유격이고 수행승은 무격이고 … 그는 무격이고 수행승은 유격이고 … 그도 유격이고 수행승도 유격이고 … 그도 무격이고 수행승도 무격이고 간에, 그러한 적용시에 동의하여 즐거움을 느끼고, 삽입시에 동의하여 즐거움을 느끼고, 유지시에 동의하여 즐거움을 느끼고, 인발시에 동의하여 즐거움을 느끼면, 승단추방죄를 범하는 것이다.

2) 수행승의 적대자들 … 적대자인 왕들 … 적대자인 도적들 … 적대자인 건달들 … 적대자인 갱단들이, 죽었지만 대체로 파괴되지 않은 인간의 빤다까를 수행승의 앞으로 데리고 와서 그의 항문 … 그의 구강에 그의 성기를 들어가게 할 경우 … 그는 유격이고 수행승은 무격이고 … 그는 무격이고 수행승은 유격이고 … 그도 유격이고 수행승도 유격이고 … 그도 무격이고 수행승도 무격이고 간에, 그러한 적용시에 동의하지 않아 즐거움을 느끼지 않아도, 삽입시에 동의하여 즐거움을 느끼고, 유지시에 동의하여 즐거움을 느끼고, 인발시

에 동의하여 즐거움을 느끼면, 승단추방죄를 범하는 것이다.

3) 수행승의 적대자들 … 적대자인 왕들 … 적대자인 도적들 … 적대자인 건달들 … 적대자인 갱단들이, 죽었지만 대체로 파괴되지 않은 인간의 빤다까를 수행승의 앞으로 데리고 와서 그의 항문 … 그의 구강에 그의 성기를 들어가게 할 경우 … 그는 유격이고 수행승은 무격이고 … 그는 무격이고 수행승은 유격이고 … 그도 유격이고 수행승도 유격이고 … 그도 무격이고 수행승도 무격이고 간에, 그러한 적용시에 동의하지 않아 즐거움을 느끼지 않고, 삽입시에 동의하지 않아 즐거움을 느끼지 않아도, 유지시에 동의하여 즐거움을 느끼고, 인발시에 동의하여 즐거움을 느끼면, 승단추방죄를 범하는 것이다.

4) 수행승의 적대자들 … 적대자인 왕들 … 적대자인 도적들 … 적대자인 건달들 … 적대자인 갱단들이, 죽었지만 대체로 파괴되지 않은 인간의 빤다까를 수행승의 앞으로 데리고 와서 그의 항문 … 그의 구강에 그의 성기를 들어가게 할 경우 … 그는 유격이고 수행승은 무격이고 … 그는 무격이고 수행승은 유격이고 … 그도 유격이고 수행승도 유격이고 … 그도 무격이고 수행승도 무격이고 간에, 그러한 적용시에 동의하지 않아 즐거움을 느끼지 않고, 삽입시에 동의하지 않아 즐거움을 느끼지 않고, 유지시에 동의하지 않아 즐거움을 느끼지 않아도, 인발시에 동의하여 즐거움을 느끼면, 승단추방죄를 범하는 것이다.

5) 수행승의 적대자들 … 적대자인 왕들 … 적대자인 도적들 … 적대자인 건달들 … 적대자인 갱단들이, 죽었지만 대체로 파괴되지 않은 인간의 빤다까를 수행승의 앞으로 데리고 와서 그의 항문 … 그의 구강에 그의 성기를 들어가게 할 경우 … 그는 유격이고 수행승은 무격이고 … 그는 무격이고 수행승은 유격이고 … 그도 유격이고 수행승도 유격이고 … 그도 무격이고 수행승도 무격이고 간에, 그러한 적용시에 동의하지 않아 즐거움을 느끼지 않고, 삽입시에 동의하지 않아 즐거움을 느끼지 않고, 유지시에 동의하지 않아 즐거움을 느끼지 않고, 인발시에도 동의하지 않아 즐거움을 느끼지 않으면, 무죄이다.

9-21₉.

1) 수행승의 적대자들 … 적대자인 왕들 … 적대자인 도적들 … 적대자인 건달들 … 적대자인 갱단들이, 죽어서 거의 파괴된 인간의 빤다까를 수행승의 앞으로 데리고 와서 그의 항문 … 그의 구강에 그의 성기를 들어가게 할 경우 … 그는 유격이고 수행승은 무격이고 … 그는 무격이고 수행승은 유격이고 …

그도 유격이고 수행승도 유격이고 … 그도 무격이고 수행승도 무격이고 간에, 그러한 적용시에 동의하여 즐거움을 느끼고, 삽입시에 동의하여 즐거움을 느끼고, 유지시에 동의하여 즐거움을 느끼고, 인발시에 동의하여 즐거움을 느끼면, 추악죄를 범하는 것이다.

2) 수행승의 적대자들 … 적대자인 왕들 … 적대자인 도적들 … 적대자인 건달들 … 적대자인 갱단들이, 죽어서 거의 파괴된 인간의 빤다까를 수행승의 앞으로 데리고 와서 그의 항문 … 그의 구강에 그의 성기를 들어가게 할 경우 … 그는 유격이고 수행승은 무격이고 … 그는 무격이고 수행승은 유격이고 … 그도 유격이고 수행승도 유격이고 … 그도 무격이고 수행승도 무격이고 간에, 그러한 적용시에 동의하지 않아 즐거움을 느끼지 않아도, 삽입시에 동의하여 즐거움을 느끼고, 유지시에 동의하여 즐거움을 느끼고, 인발시에 동의하여 즐거움을 느끼면, 추악죄를 범하는 것이다.

3) 수행승의 적대자들 … 적대자인 왕들 … 적대자인 도적들 … 적대자인 건달들 … 적대자인 갱단들이, 죽어서 거의 파괴된 인간의 빤다까를 수행승의 앞으로 데리고 와서 그의 항문 … 그의 구강에 그의 성기를 들어가게 할 경우 … 그는 유격이고 수행승은 무격이고 … 그는 무격이고 수행승은 유격이고 … 그도 유격이고 수행승도 유격이고 … 그도 무격이고 수행승도 무격이고 간에, 그러한 적용시에 동의하지 않아 즐거움을 느끼지 않고, 삽입시에 동의하지 않아 즐거움을 느끼지 않아도, 유지시에 동의하여 즐거움을 느끼고, 인발시에 동의하여 즐거움을 느끼면, 추악죄를 범하는 것이다.

4) 수행승의 적대자들 … 적대자인 왕들 … 적대자인 도적들 … 적대자인 건달들 … 적대자인 갱단들이, 죽어서 거의 파괴된 인간의 빤다까를 수행승의 앞으로 데리고 와서 그의 항문 … 그의 구강에 그의 성기를 들어가게 할 경우 … 그는 유격이고 수행승은 무격이고 … 그는 무격이고 수행승은 유격이고 … 그도 유격이고 수행승도 유격이고 … 그도 무격이고 수행승도 무격이고 간에, 그러한 적용시에 동의하지 않아 즐거움을 느끼지 않고, 삽입시에 동의하지 않아 즐거움을 느끼지 않고, 유지시에 동의하지 않아 즐거움을 느끼지 않아도, 인발시에 동의하여 즐거움을 느끼면, 추악죄를 범하는 것이다.

5) 수행승의 적대자들 … 적대자인 왕들 … 적대자인 도적들 … 적대자인 건달들 … 적대자인 갱단들이, 죽어서 거의 파괴된 인간의 빤다까를 수행승의 앞으로 데리고 와서 그의 항문 … 그의 구강에 그의 성기를 들어가게 할 경우 …

그는 유격이고 수행승은 무격이고 … 그는 무격이고 수행승은 유격이고 … 그도 유격이고 수행승도 유격이고 … 그도 무격이고 수행승도 무격이고 간에, 그러한 적용시에 동의하지 않아 즐거움을 느끼지 않고, 삽입시에 동의하지 않아 즐거움을 느끼지 않고, 유지시에 동의하지 않아 즐거움을 느끼지 않고, 인발시에도 동의하지 않아 즐거움을 느끼지 않으면, 무죄이다.

9-22₁.

1) 수행승의 적대자들 … 적대자인 왕들 … 적대자인 도적들 … 적대자인 건달들 … 적대자인 갱단들이 비인간의 빤다까를 수행승의 앞으로 데리고 와서 그의 항문 … 그의 구강에 그의 성기를 들어가게 할 경우 … 그는 유격이고 수행승은 무격이고 … 그는 무격이고 수행승은 유격이고 … 그도 유격이고 수행승도 유격이고 … 그도 무격이고 수행승도 무격이고 간에, 그러한 적용시에 동의하여 즐거움을 느끼고, 삽입시에 동의하여 즐거움을 느끼고, 유지시에 동의하여 즐거움을 느끼고, 인발시에 동의하여 즐거움을 느끼면, 승단추방죄를 범하는 것이다.

2) 수행승의 적대자들 … 적대자인 왕들 … 적대자인 도적들 … 적대자인 건달들 … 적대자인 갱단들이 비인간의 빤다까를 수행승의 앞으로 데리고 와서 그의 항문 … 그의 구강에 그의 성기를 들어가게 할 경우 … 그는 유격이고 수행승은 무격이고 … 그는 무격이고 수행승은 유격이고 … 그도 유격이고 수행승도 유격이고 … 그도 무격이고 수행승도 무격이고 간에, 그러한 적용시에 동의하지 않아 즐거움을 느끼지 않아도, 삽입시에 동의하여 즐거움을 느끼고, 유지시에 동의하여 즐거움을 느끼고, 인발시에 동의하여 즐거움을 느끼면, 승단추방죄를 범하는 것이다.

3) 수행승의 적대자들 … 적대자인 왕들 … 적대자인 도적들 … 적대자인 건달들 … 적대자인 갱단들이 비인간의 빤다까를 수행승의 앞으로 데리고 와서 그의 항문 … 그의 구강에 그의 성기를 들어가게 할 경우 … 그는 유격이고 수행승은 무격이고 … 그는 무격이고 수행승은 유격이고 … 그도 유격이고 수행승도 유격이고 … 그도 무격이고 수행승도 무격이고 간에, 그러한 적용시에 동의하지 않아 즐거움을 느끼지 않고, 삽입시에 동의하지 않아 즐거움을 느끼지 않아도, 유지시에 동의하여 즐거움을 느끼고, 인발시에 동의하여 즐거움을 느끼면, 승단추방죄를 범하는 것이다.

4) 수행승의 적대자들 … 적대자인 왕들 … 적대자인 도적들 … 적대자인 건달들

… 적대자인 갱단들이 비인간의 빤다까를 수행승의 앞으로 데리고 와서 그의 항문 … 그의 구강에 그의 성기를 들어가게 할 경우 … 그는 유격이고 수행승은 무격이고 … 그는 무격이고 수행승은 유격이고 … 그도 유격이고 수행승도 유격이고 … 그도 무격이고 수행승도 무격이고 간에, 그러한 적용시에 동의하지 않아 즐거움을 느끼지 않고, 삽입시에 동의하지 않아 즐거움을 느끼지 않고, 유지시에 동의하지 않아 즐거움을 느끼지 않아도, 인발시에 동의하여 즐거움을 느끼면, 승단추방죄를 범하는 것이다.

5) 수행승의 적대자들 … 적대자인 왕들 … 적대자인 도적들 … 적대자인 건달들 … 적대자인 갱단들이 비인간의 빤다까를 수행승의 앞으로 데리고 와서 그의 항문 … 그의 구강에 그의 성기를 들어가게 할 경우 … 그는 유격이고 수행승은 무격이고 … 그는 무격이고 수행승은 유격이고 … 그도 유격이고 수행승도 유격이고 … 그도 무격이고 수행승도 무격이고 간에, 그러한 적용시에 동의하지 않아 즐거움을 느끼지 않고, 삽입시에 동의하지 않아 즐거움을 느끼지 않고, 유지시에 동의하지 않아 즐거움을 느끼지 않고, 인발시에도 동의하지 않아 즐거움을 느끼지 않으면, 무죄이다.

9-22₂.

1) 수행승의 적대자들 … 적대자인 왕들 … 적대자인 도적들 … 적대자인 건달들 … 적대자인 갱단들이 깨어있는 비인간의 빤다까를 수행승의 앞으로 데리고 와서 그의 항문 … 그의 구강에 그의 성기를 들어가게 할 경우 … 그는 유격이고 수행승은 무격이고 … 그는 무격이고 수행승은 유격이고 … 그도 유격이고 수행승도 유격이고 … 그도 무격이고 수행승도 무격이고 간에, 그러한 적용시에 동의하여 즐거움을 느끼고, 삽입시에 동의하여 즐거움을 느끼고, 유지시에 동의하여 즐거움을 느끼고, 인발시에 동의하여 즐거움을 느끼면, 승단추방죄를 범하는 것이다.

2) 수행승의 적대자들 … 적대자인 왕들 … 적대자인 도적들 … 적대자인 건달들 … 적대자인 갱단들이 깨어있는 비인간의 빤다까를 수행승의 앞으로 데리고 와서 그의 항문 … 그의 구강에 그의 성기를 들어가게 할 경우 … 그는 유격이고 수행승은 무격이고 … 그는 무격이고 수행승은 유격이고 … 그도 유격이고 수행승도 유격이고 … 그도 무격이고 수행승도 무격이고 간에, 그러한 적용시에 동의하지 않아 즐거움을 느끼지 않아도, 삽입시에 동의하여 즐거움을 느끼고, 유지시에 동의하여 즐거움을 느끼고, 인발시에 동의하여 즐거움을 느끼면,

승단추방죄를 범하는 것이다.

3) 수행승의 적대자들 … 적대자인 왕들 … 적대자인 도적들 … 적대자인 건달들 … 적대자인 갱단들이 깨어있는 비인간의 빤다까를 수행승의 앞으로 데리고 와서 그의 항문 … 그의 구강에 그의 성기를 들어가게 할 경우 … 그는 유격이고 수행승은 무격이고 … 그는 무격이고 수행승은 유격이고 … 그도 유격이고 수행승도 유격이고 … 그도 무격이고 수행승도 무격이고 간에, 그러한 적용시에 동의하지 않아 즐거움을 느끼지 않고, 삽입시에 동의하지 않아 즐거움을 느끼지 않아도, 유지시에 동의하여 즐거움을 느끼고, 인발시에 동의하여 즐거움을 느끼면, 승단추방죄를 범하는 것이다.

4) 수행승의 적대자들 … 적대자인 왕들 … 적대자인 도적들 … 적대자인 건달들 … 적대자인 갱단들이 깨어있는 비인간의 빤다까를 수행승의 앞으로 데리고 와서 그의 항문 … 그의 구강에 그의 성기를 들어가게 할 경우 … 그는 유격이고 수행승은 무격이고 … 그는 무격이고 수행승은 유격이고 … 그도 유격이고 수행승도 유격이고 … 그도 무격이고 수행승도 무격이고 간에, 그러한 적용시에 동의하지 않아 즐거움을 느끼지 않고, 삽입시에 동의하지 않아 즐거움을 느끼지 않고, 유지시에 동의하지 않아 즐거움을 느끼지 않아도, 인발시에 동의하여 즐거움을 느끼면, 승단추방죄를 범하는 것이다.

5) 수행승의 적대자들 … 적대자인 왕들 … 적대자인 도적들 … 적대자인 건달들 … 적대자인 갱단들이 깨어있는 비인간의 빤다까를 수행승의 앞으로 데리고 와서 그의 항문 … 그의 구강에 그의 성기를 들어가게 할 경우 … 그는 유격이고 수행승은 무격이고 … 그는 무격이고 수행승은 유격이고 … 그도 유격이고 수행승도 유격이고 … 그도 무격이고 수행승도 무격이고 간에, 그러한 적용시에 동의하지 않아 즐거움을 느끼지 않고, 삽입시에 동의하지 않아 즐거움을 느끼지 않고, 유지시에 동의하지 않아 즐거움을 느끼지 않고, 인발시에도 동의하지 않아 즐거움을 느끼지 않으면, 무죄이다.

$9\text{-}22_3$.

1) 수행승의 적대자들 … 적대자인 왕들 … 적대자인 도적들 … 적대자인 건달들 … 적대자인 갱단들이 잠든 비인간의 빤다까를 수행승의 앞으로 데리고 와서 그의 항문 … 그의 구강에 그의 성기를 들어가게 할 경우 … 그는 유격이고 수행승은 무격이고 … 그는 무격이고 수행승은 유격이고 … 그도 유격이고 수행승도 유격이고 … 그도 무격이고 수행승도 무격이고 간에, 그러한 적용시

에 동의하여 즐거움을 느끼고, 삽입시에 동의하여 즐거움을 느끼고, 유지시에 동의하여 즐거움을 느끼고, 인발시에 동의하여 즐거움을 느끼면, 승단추방죄를 범하는 것이다.

2) 수행승의 적대자들 … 적대자인 왕들 … 적대자인 도적들 … 적대자인 건달들 … 적대자인 갱단들이 잠든 비인간의 빤다까를 수행승의 앞으로 데리고 와서 그의 항문 … 그의 구강에 그의 성기를 들어가게 할 경우 … 그는 유격이고 수행승은 무격이고 … 그는 무격이고 수행승은 유격이고 … 그도 유격이고 수행승도 유격이고 … 그도 무격이고 수행승도 무격이고 간에, 그러한 적용시에 동의하지 않아 즐거움을 느끼지 않아도, 삽입시에 동의하여 즐거움을 느끼고, 유지시에 동의하여 즐거움을 느끼고, 인발시에 동의하여 즐거움을 느끼면, 승단추방죄를 범하는 것이다.

3) 수행승의 적대자들 … 적대자인 왕들 … 적대자인 도적들 … 적대자인 건달들 … 적대자인 갱단들이 잠든 비인간의 빤다까를 수행승의 앞으로 데리고 와서 그의 항문 … 그의 구강에 그의 성기를 들어가게 할 경우 … 그는 유격이고 수행승은 무격이고 … 그는 무격이고 수행승은 유격이고 … 그도 유격이고 수행승도 유격이고 … 그도 무격이고 수행승도 무격이고 간에, 그러한 적용시에 동의하지 않아 즐거움을 느끼지 않고, 삽입시에 동의하지 않아 즐거움을 느끼지 않아도, 유지시에 동의하여 즐거움을 느끼고, 인발시에 동의하여 즐거움을 느끼면, 승단추방죄를 범하는 것이다.

4) 수행승의 적대자들 … 적대자인 왕들 … 적대자인 도적들 … 적대자인 건달들 … 적대자인 갱단들이 잠든 비인간의 빤다까를 수행승의 앞으로 데리고 와서 그의 항문 … 그의 구강에 그의 성기를 들어가게 할 경우 … 그는 유격이고 수행승은 무격이고 … 그는 무격이고 수행승은 유격이고 … 그도 유격이고 수행승도 유격이고 … 그도 무격이고 수행승도 무격이고 간에, 그러한 적용시에 동의하지 않아 즐거움을 느끼지 않고, 삽입시에 동의하지 않아 즐거움을 느끼지 않고, 유지시에 동의하지 않아 즐거움을 느끼지 않아도, 인발시에 동의하여 즐거움을 느끼면, 승단추방죄를 범하는 것이다.

5) 수행승의 적대자들 … 적대자인 왕들 … 적대자인 도적들 … 적대자인 건달들 … 적대자인 갱단들이 잠든 비인간의 빤다까를 수행승의 앞으로 데리고 와서 그의 항문 … 그의 구강에 그의 성기를 들어가게 할 경우 … 그는 유격이고 수행승은 무격이고 … 그는 무격이고 수행승은 유격이고 … 그도 유격이고

수행승도 유격이고 … 그도 무격이고 수행승도 무격이고 간에, 그러한 적용시에 동의하지 않아 즐거움을 느끼지 않고, 삽입시에 동의하지 않아 즐거움을 느끼지 않고, 유지시에 동의하지 않아 즐거움을 느끼지 않고, 인발시에도 동의하지 않아 즐거움을 느끼지 않으면, 무죄이다.

9-22₄.

1) 수행승의 적대자들 … 적대자인 왕들 … 적대자인 도적들 … 적대자인 건달들 … 적대자인 갱단들이 술취한 비인간의 빤다까를 수행승의 앞으로 데리고 와서 그의 항문 … 그의 구강에 그의 성기를 들어가게 할 경우 … 그는 유격이고 수행승은 무격이고 … 그는 무격이고 수행승은 유격이고 … 그도 유격이고 수행승도 유격이고 … 그도 무격이고 수행승도 무격이고 간에, 그러한 적용시에 동의하여 즐거움을 느끼고, 삽입시에 동의하여 즐거움을 느끼고, 유지시에 동의하여 즐거움을 느끼고, 인발시에 동의하여 즐거움을 느끼면, 승단추방죄를 범하는 것이다.

2) 수행승의 적대자들 … 적대자인 왕들 … 적대자인 도적들 … 적대자인 건달들 … 적대자인 갱단들이 술취한 비인간의 빤다까를 수행승의 앞으로 데리고 와서 그의 항문 … 그의 구강에 그의 성기를 들어가게 할 경우 … 그는 유격이고 수행승은 무격이고 … 그는 무격이고 수행승은 유격이고 … 그도 유격이고 수행승도 유격이고 … 그도 무격이고 수행승도 무격이고 간에, 그러한 적용시에 동의하지 않아 즐거움을 느끼지 않아도, 삽입시에 동의하여 즐거움을 느끼고, 유지시에 동의하여 즐거움을 느끼고, 인발시에 동의하여 즐거움을 느끼면, 승단추방죄를 범하는 것이다.

3) 수행승의 적대자들 … 적대자인 왕들 … 적대자인 도적들 … 적대자인 건달들 … 적대자인 갱단들이 술취한 비인간의 빤다까를 수행승의 앞으로 데리고 와서 그의 항문 … 그의 구강에 그의 성기를 들어가게 할 경우 … 그는 유격이고 수행승은 무격이고 … 그는 무격이고 수행승은 유격이고 … 그도 유격이고 수행승도 유격이고 … 그도 무격이고 수행승도 무격이고 간에, 그러한 적용시에 동의하지 않아 즐거움을 느끼지 않고, 삽입시에 동의하지 않아 즐거움을 느끼지 않아도, 유지시에 동의하여 즐거움을 느끼고, 인발시에 동의하여 즐거움을 느끼면, 승단추방죄를 범하는 것이다.

4) 수행승의 적대자들 … 적대자인 왕들 … 적대자인 도적들 … 적대자인 건달들 … 적대자인 갱단들이 술취한 비인간의 빤다까를 수행승의 앞으로 데리고 와서

그의 항문 … 그의 구강에 그의 성기를 들어가게 할 경우 … 그는 유격이고 수행승은 무격이고 … 그는 무격이고 수행승은 유격이고 … 그도 유격이고 수행승도 유격이고 … 그도 무격이고 수행승도 무격이고 간에, 그러한 적용시에 동의하지 않아 즐거움을 느끼지 않고, 삽입시에 동의하지 않아 즐거움을 느끼지 않고, 유지시에 동의하지 않아 즐거움을 느끼지 않아도, 인발시에 동의하여 즐거움을 느끼면, 승단추방죄를 범하는 것이다.

5) 수행승의 적대자들 … 적대자인 왕들 … 적대자인 도적들 … 적대자인 건달들 … 적대자인 갱단들이 술취한 비인간의 빤다까를 수행승의 앞으로 데리고 와서 그의 항문 … 그의 구강에 그의 성기를 들어가게 할 경우 … 그는 유격이고 수행승은 무격이고 … 그는 무격이고 수행승은 유격이고 … 그도 유격이고 수행승도 유격이고 … 그도 무격이고 수행승도 무격이고 간에, 그러한 적용시에 동의하지 않아 즐거움을 느끼지 않고, 삽입시에 동의하지 않아 즐거움을 느끼지 않고, 유지시에 동의하지 않아 즐거움을 느끼지 않고, 인발시에도 동의하지 않아 즐거움을 느끼지 않으면, 무죄이다.

9-22₅.

1) 수행승의 적대자들 … 적대자인 왕들 … 적대자인 도적들 … 적대자인 건달들 … 적대자인 갱단들이 정신착란된 비인간의 빤다까를 수행승의 앞으로 데리고 와서 그의 항문 … 그의 구강에 그의 성기를 들어가게 할 경우 … 그는 유격이고 수행승은 무격이고 … 그는 무격이고 수행승은 유격이고 … 그도 유격이고 수행승도 유격이고 … 그도 무격이고 수행승도 무격이고 간에, 그러한 적용시에 동의하여 즐거움을 느끼고, 삽입시에 동의하여 즐거움을 느끼고, 유지시에 동의하여 즐거움을 느끼고, 인발시에 동의하여 즐거움을 느끼면, 승단추방죄를 범하는 것이다.

2) 수행승의 적대자들 … 적대자인 왕들 … 적대자인 도적들 … 적대자인 건달들 … 적대자인 갱단들이 정신착란된 비인간의 빤다까를 수행승의 앞으로 데리고 와서 그의 항문 … 그의 구강에 그의 성기를 들어가게 할 경우 … 그는 유격이고 수행승은 무격이고 … 그는 무격이고 수행승은 유격이고 … 그도 유격이고 수행승도 유격이고 … 그도 무격이고 수행승도 무격이고 간에, 그러한 적용시에 동의하지 않아 즐거움을 느끼지 않아도, 삽입시에 동의하여 즐거움을 느끼고, 유지시에 동의하여 즐거움을 느끼고, 인발시에 동의하여 즐거움을 느끼면, 승단추방죄를 범하는 것이다.

3) 수행승의 적대자들 … 적대자인 왕들 … 적대자인 도적들 … 적대자인 건달들 … 적대자인 갱단들이 정신착란된 비인간의 빤다까를 수행승의 앞으로 데리고 와서 그의 항문 … 그의 구강에 그의 성기를 들어가게 할 경우 … 그는 유격이고 수행승은 무격이고 … 그는 무격이고 수행승은 유격이고 … 그도 유격이고 수행승도 유격이고 … 그도 무격이고 수행승도 무격이고 간에, 그러한 적용시에 동의하지 않아 즐거움을 느끼지 않고, 삽입시에 동의하지 않아 즐거움을 느끼지 않아도, 유지시에 동의하여 즐거움을 느끼고, 인발시에 동의하여 즐거움을 느끼면, 승단추방죄를 범하는 것이다.
4) 수행승의 적대자들 … 적대자인 왕들 … 적대자인 도적들 … 적대자인 건달들 … 적대자인 갱단들이 정신착란된 비인간의 빤다까를 수행승의 앞으로 데리고 와서 그의 항문 … 그의 구강에 그의 성기를 들어가게 할 경우 … 그는 유격이고 수행승은 무격이고 … 그는 무격이고 수행승은 유격이고 … 그도 유격이고 수행승도 유격이고 … 그도 무격이고 수행승도 무격이고 간에, 그러한 적용시에 동의하지 않아 즐거움을 느끼지 않고, 삽입시에 동의하지 않아 즐거움을 느끼지 않고, 유지시에 동의하지 않아 즐거움을 느끼지 않아도, 인발시에 동의하여 즐거움을 느끼면, 승단추방죄를 범하는 것이다.
5) 수행승의 적대자들 … 적대자인 왕들 … 적대자인 도적들 … 적대자인 건달들 … 적대자인 갱단들이 정신착란된 비인간의 빤다까를 수행승의 앞으로 데리고 와서 그의 항문 … 그의 구강에 그의 성기를 들어가게 할 경우 … 그는 유격이고 수행승은 무격이고 … 그는 무격이고 수행승은 유격이고 … 그도 유격이고 수행승도 유격이고 … 그도 무격이고 수행승도 무격이고 간에, 그러한 적용시에 동의하지 않아 즐거움을 느끼지 않고, 삽입시에 동의하지 않아 즐거움을 느끼지 않고, 유지시에 동의하지 않아 즐거움을 느끼지 않고, 인발시에도 동의하지 않아 즐거움을 느끼지 않으면, 무죄이다.

9-22₆.

1) 수행승의 적대자들 … 적대자인 왕들 … 적대자인 도적들 … 적대자인 건달들 … 적대자인 갱단들이 방일한 비인간의 빤다까를 수행승의 앞으로 데리고 와서 그의 항문 … 그의 구강에 그의 성기를 들어가게 할 경우 … 그는 유격이고 수행승은 무격이고 … 그는 무격이고 수행승은 유격이고 … 그도 유격이고 수행승도 유격이고 … 그도 무격이고 수행승도 무격이고 간에, 그러한 적용시에 동의하여 즐거움을 느끼고, 삽입시에 동의하여 즐거움을 느끼고, 유지시에

동의하여 즐거움을 느끼고, 인발시에 동의하여 즐거움을 느끼면, 승단추방죄를 범하는 것이다.

2) 수행승의 적대자들 … 적대자인 왕들 … 적대자인 도적들 … 적대자인 건달들 … 적대자인 갱단들이 방일한 비인간의 빤다까를 수행승의 앞으로 데리고 와서 그의 항문 … 그의 구강에 그의 성기를 들어가게 할 경우 … 그는 유격이고 수행승은 무격이고 … 그는 무격이고 수행승은 유격이고 … 그도 유격이고 수행승도 유격이고 … 그도 무격이고 수행승도 무격이고 간에, 그러한 적용시에 동의하지 않아 즐거움을 느끼지 않아도, 삽입시에 동의하여 즐거움을 느끼고, 유지시에 동의하여 즐거움을 느끼고, 인발시에 동의하여 즐거움을 느끼면, 승단추방죄를 범하는 것이다.

3) 수행승의 적대자들 … 적대자인 왕들 … 적대자인 도적들 … 적대자인 건달들 … 적대자인 갱단들이 방일한 비인간의 빤다까를 수행승의 앞으로 데리고 와서 그의 항문 … 그의 구강에 그의 성기를 들어가게 할 경우 … 그는 유격이고 수행승은 무격이고 … 그는 무격이고 수행승은 유격이고 … 그도 유격이고 수행승도 유격이고 … 그도 무격이고 수행승도 무격이고 간에, 그러한 적용시에 동의하지 않아 즐거움을 느끼지 않고, 삽입시에 동의하지 않아 즐거움을 느끼지 않아도, 유지시에 동의하여 즐거움을 느끼고, 인발시에 동의하여 즐거움을 느끼면, 승단추방죄를 범하는 것이다.

4) 수행승의 적대자들 … 적대자인 왕들 … 적대자인 도적들 … 적대자인 건달들 … 적대자인 갱단들이 방일한 비인간의 빤다까를 수행승의 앞으로 데리고 와서 그의 항문 … 그의 구강에 그의 성기를 들어가게 할 경우 … 그는 유격이고 수행승은 무격이고 … 그는 무격이고 수행승은 유격이고 … 그도 유격이고 수행승도 유격이고 … 그도 무격이고 수행승도 무격이고 간에, 그러한 적용시에 동의하지 않아 즐거움을 느끼지 않고, 삽입시에 동의하지 않아 즐거움을 느끼지 않고, 유지시에 동의하지 않아 즐거움을 느끼지 않아도, 인발시에 동의하여 즐거움을 느끼면, 승단추방죄를 범하는 것이다.

5) 수행승의 적대자들 … 적대자인 왕들 … 적대자인 도적들 … 적대자인 건달들 … 적대자인 갱단들이 방일한 비인간의 빤다까를 수행승의 앞으로 데리고 와서 그의 항문 … 그의 구강에 그의 성기를 들어가게 할 경우 … 그는 유격이고 수행승은 무격이고 … 그는 무격이고 수행승은 유격이고 … 그도 유격이고 수행승도 유격이고 … 그도 무격이고 수행승도 무격이고 간에, 그러한 적용시

에 동의하지 않아 즐거움을 느끼지 않고, 삽입시에 동의하지 않아 즐거움을 느끼지 않고, 유지시에 동의하지 않아 즐거움을 느끼지 않고, 인발시에도 동의하지 않아 즐거움을 느끼지 않으면, 무죄이다.

9-22ㄱ.

1) 수행승의 적대자들 … 적대자인 왕들 … 적대자인 도적들 … 적대자인 건달들 … 적대자인 갱단들이, 죽었지만 파괴되지 않은 비인간의 빤다까를 수행승의 앞으로 데리고 와서 그의 항문 … 그의 구강에 그의 성기를 들어가게 할 경우 … 그는 유격이고 수행승은 무격이고 … 그는 무격이고 수행승은 유격이고 … 그도 유격이고 수행승도 유격이고 … 그도 무격이고 수행승도 무격이고 간에, 그러한 적용시에 동의하여 즐거움을 느끼고, 삽입시에 동의하여 즐거움을 느끼고, 유지시에 동의하여 즐거움을 느끼고, 인발시에 동의하여 즐거움을 느끼면, 승단추방죄를 범하는 것이다.

2) 수행승의 적대자들 … 적대자인 왕들 … 적대자인 도적들 … 적대자인 건달들 … 적대자인 갱단들이, 죽었지만 파괴되지 않은 비인간의 빤다까를 수행승의 앞으로 데리고 와서 그의 항문 … 그의 구강에 그의 성기를 들어가게 할 경우 … 그는 유격이고 수행승은 무격이고 … 그는 무격이고 수행승은 유격이고 … 그도 유격이고 수행승도 유격이고 … 그도 무격이고 수행승도 무격이고 간에, 그러한 적용시에 동의하지 않아 즐거움을 느끼지 않아도, 삽입시에 동의하여 즐거움을 느끼고, 유지시에 동의하여 즐거움을 느끼고, 인발시에 동의하여 즐거움을 느끼면, 승단추방죄를 범하는 것이다.

3) 수행승의 적대자들 … 적대자인 왕들 … 적대자인 도적들 … 적대자인 건달들 … 적대자인 갱단들이, 죽었지만 파괴되지 않은 비인간의 빤다까를 수행승의 앞으로 데리고 와서 그의 항문 … 그의 구강에 그의 성기를 들어가게 할 경우 … 그는 유격이고 수행승은 무격이고 … 그는 무격이고 수행승은 유격이고 … 그도 유격이고 수행승도 유격이고 … 그도 무격이고 수행승도 무격이고 간에, 그러한 적용시에 동의하지 않아 즐거움을 느끼지 않고, 삽입시에 동의하지 않아 즐거움을 느끼지 않아도, 유지시에 동의하여 즐거움을 느끼고, 인발시에 동의하여 즐거움을 느끼면, 승단추방죄를 범하는 것이다.

4) 수행승의 적대자들 … 적대자인 왕들 … 적대자인 도적들 … 적대자인 건달들 … 적대자인 갱단들이, 죽었지만 파괴되지 않은 비인간의 빤다까를 수행승의 앞으로 데리고 와서 그의 항문 … 그의 구강에 그의 성기를 들어가게 할 경우

… 그는 유격이고 수행승은 무격이고 … 그는 무격이고 수행승은 유격이고 … 그도 유격이고 수행승도 유격이고 … 그도 무격이고 수행승도 무격이고 간에, 그러한 적용시에 동의하지 않아 즐거움을 느끼지 않고, 삽입시에 동의하지 않아 즐거움을 느끼지 않고, 유지시에 동의하지 않아 즐거움을 느끼지 않아도, 인발시에 동의하여 즐거움을 느끼면, 승단추방죄를 범하는 것이다.

5) 수행승의 적대자들 … 적대자인 왕들 … 적대자인 도적들 … 적대자인 건달들 … 적대자인 갱단들이, 죽었지만 파괴되지 않은 비인간의 빤다까를 수행승의 앞으로 데리고 와서 그의 항문 … 그의 구강에 그의 성기를 들어가게 할 경우 … 그는 유격이고 수행승은 무격이고 … 그는 무격이고 수행승은 유격이고 … 그도 유격이고 수행승도 유격이고 … 그도 무격이고 수행승도 무격이고 간에, 그러한 적용시에 동의하지 않아 즐거움을 느끼지 않고, 삽입시에 동의하지 않아 즐거움을 느끼지 않고, 유지시에 동의하지 않아 즐거움을 느끼지 않고, 인발시에도 동의하지 않아 즐거움을 느끼지 않으면, 무죄이다.

9-22₈.

1) 수행승의 적대자들 … 적대자인 왕들 … 적대자인 도적들 … 적대자인 건달들 … 적대자인 갱단들이, 죽었지만 대체로 파괴되지 않은 비인간의 빤다까를 수행승의 앞으로 데리고 와서 그의 항문 … 그의 구강에 그의 성기를 들어가게 할 경우 … 그는 유격이고 수행승은 무격이고 … 그는 무격이고 수행승은 유격이고 … 그도 유격이고 수행승도 유격이고 … 그도 무격이고 수행승도 무격이고 간에, 그러한 적용시에 동의하여 즐거움을 느끼고, 삽입시에 동의하여 즐거움을 느끼고, 유지시에 동의하여 즐거움을 느끼고, 인발시에 동의하여 즐거움을 느끼면, 승단추방죄를 범하는 것이다.

2) 수행승의 적대자들 … 적대자인 왕들 … 적대자인 도적들 … 적대자인 건달들 … 적대자인 갱단들이, 죽었지만 대체로 파괴되지 않은 비인간의 빤다까를 수행승의 앞으로 데리고 와서 그의 항문 … 그의 구강에 그의 성기를 들어가게 할 경우 … 그는 유격이고 수행승은 무격이고 … 그는 무격이고 수행승은 유격이고 … 그도 유격이고 수행승도 유격이고 … 그도 무격이고 수행승도 무격이고 간에, 그러한 적용시에 동의하지 않아 즐거움을 느끼지 않아도, 삽입시에 동의하여 즐거움을 느끼고, 유지시에 동의하여 즐거움을 느끼고, 인발시에 동의하여 즐거움을 느끼면, 승단추방죄를 범하는 것이다.

3) 수행승의 적대자들 … 적대자인 왕들 … 적대자인 도적들 … 적대자인 건달들

··· 적대자인 갱단들이, 죽었지만 대체로 파괴되지 않은 비인간의 빤다까를 수행승의 앞으로 데리고 와서 그의 항문 ··· 그의 구강에 그의 성기를 들어가게 할 경우 ··· 그는 유격이고 수행승은 무격이고 ··· 그는 무격이고 수행승은 유격이고 ··· 그도 유격이고 수행승도 유격이고 ··· 그도 무격이고 수행승도 무격이고 간에, 그러한 적용시에 동의하지 않아 즐거움을 느끼지 않고, 삽입시에 동의하지 않아 즐거움을 느끼지 않아도, 유지시에 동의하여 즐거움을 느끼고, 인발시에 동의하여 즐거움을 느끼면, 승단추방죄를 범하는 것이다.

4) 수행승의 적대자들 ··· 적대자인 왕들 ··· 적대자인 도적들 ··· 적대자인 건달들 ··· 적대자인 갱단들이, 죽었지만 대체로 파괴되지 않은 비인간의 빤다까를 수행승의 앞으로 데리고 와서 그의 항문 ··· 그의 구강에 그의 성기를 들어가게 할 경우 ··· 그는 유격이고 수행승은 무격이고 ··· 그는 무격이고 수행승은 유격이고 ··· 그도 유격이고 수행승도 유격이고 ··· 그도 무격이고 수행승도 무격이고 간에, 그러한 적용시에 동의하지 않아 즐거움을 느끼지 않고, 삽입시에 동의하지 않아 즐거움을 느끼지 않고, 유지시에 동의하지 않아 즐거움을 느끼지 않아도, 인발시에 동의하여 즐거움을 느끼면, 승단추방죄를 범하는 것이다.

5) 수행승의 적대자들 ··· 적대자인 왕들 ··· 적대자인 도적들 ··· 적대자인 건달들 ··· 적대자인 갱단들이, 죽었지만 대체로 파괴되지 않은 비인간의 빤다까를 수행승의 앞으로 데리고 와서 그의 항문 ··· 그의 구강에 그의 성기를 들어가게 할 경우 ··· 그는 유격이고 수행승은 무격이고 ··· 그는 무격이고 수행승은 유격이고 ··· 그도 유격이고 수행승도 유격이고 ··· 그도 무격이고 수행승도 무격이고 간에, 그러한 적용시에 동의하지 않아 즐거움을 느끼지 않고, 삽입시에 동의하지 않아 즐거움을 느끼지 않고, 유지시에 동의하지 않아 즐거움을 느끼지 않고, 인발시에도 동의하지 않아 즐거움을 느끼지 않으면, 무죄이다.

9-22₉.

1) 수행승의 적대자들 ··· 적대자인 왕들 ··· 적대자인 도적들 ··· 적대자인 건달들 ··· 적대자인 갱단들이, 죽어서 거의 파괴된 비인간의 빤다까를 수행승의 앞으로 데리고 와서 그의 항문 ··· 그의 구강에 그의 성기를 들어가게 할 경우 ··· 그는 유격이고 수행승은 무격이고 ··· 그는 무격이고 수행승은 유격이고 ··· 그도 유격이고 수행승도 유격이고 ··· 그도 무격이고 수행승도 무격이고 간에, 그러한 적용시에 동의하여 즐거움을 느끼고, 삽입시에 동의하여 즐거움

을 느끼고, 유지시에 동의하여 즐거움을 느끼고, 인발시에 동의하여 즐거움을 느끼면, 추악죄를 범하는 것이다.

2) 수행승의 적대자들 … 적대자인 왕들 … 적대자인 도적들 … 적대자인 건달들 … 적대자인 갱단들이, 죽어서 거의 파괴된 비인간의 빤다까를 수행승의 앞으로 데리고 와서 그의 항문 … 그의 구강에 그의 성기를 들어가게 할 경우 … 그는 유격이고 수행승은 무격이고 … 그는 무격이고 수행승은 유격이고 … 그도 유격이고 수행승도 유격이고 … 그도 무격이고 수행승도 무격이고 간에, 그러한 적용시에 동의하지 않아 즐거움을 느끼지 않아도, 삽입시에 동의하여 즐거움을 느끼고, 유지시에 동의하여 즐거움을 느끼고, 인발시에 동의하여 즐거움을 느끼면, 추악죄를 범하는 것이다.

3) 수행승의 적대자들 … 적대자인 왕들 … 적대자인 도적들 … 적대자인 건달들 … 적대자인 갱단들이, 죽어서 거의 파괴된 비인간의 빤다까를 수행승의 앞으로 데리고 와서 그의 항문 … 그의 구강에 그의 성기를 들어가게 할 경우 … 그는 유격이고 수행승은 무격이고 … 그는 무격이고 수행승은 유격이고 … 그도 유격이고 수행승도 유격이고 … 그도 무격이고 수행승도 무격이고 간에, 그러한 적용시에 동의하지 않아 즐거움을 느끼지 않고, 삽입시에 동의하지 않아 즐거움을 느끼지 않아도, 유지시에 동의하여 즐거움을 느끼고, 인발시에 동의하여 즐거움을 느끼면, 추악죄를 범하는 것이다.

4) 수행승의 적대자들 … 적대자인 왕들 … 적대자인 도적들 … 적대자인 건달들 … 적대자인 갱단들이, 죽어서 거의 파괴된 비인간의 빤다까를 수행승의 앞으로 데리고 와서 그의 항문 … 그의 구강에 그의 성기를 들어가게 할 경우 … 그는 유격이고 수행승은 무격이고 … 그는 무격이고 수행승은 유격이고 … 그도 유격이고 수행승도 유격이고 … 그도 무격이고 수행승도 무격이고 간에, 그러한 적용시에 동의하지 않아 즐거움을 느끼지 않고, 삽입시에 동의하지 않아 즐거움을 느끼지 않고, 유지시에 동의하지 않아 즐거움을 느끼지 않아도, 인발시에 동의하여 즐거움을 느끼면, 추악죄를 범하는 것이다.

5) 수행승의 적대자들 … 적대자인 왕들 … 적대자인 도적들 … 적대자인 건달들 … 적대자인 갱단들이, 죽어서 거의 파괴된 비인간의 빤다까를 수행승의 앞으로 데리고 와서 그의 항문 … 그의 구강에 그의 성기를 들어가게 할 경우 … 그는 유격이고 수행승은 무격이고 … 그는 무격이고 수행승은 유격이고 … 그도 유격이고 수행승도 유격이고 … 그도 무격이고 수행승도 무격이고

간에, 그러한 적용시에 동의하지 않아 즐거움을 느끼지 않고, 삽입시에 동의하지 않아 즐거움을 느끼지 않고, 유지시에 동의하지 않아 즐거움을 느끼지 않고, 인발시에도 동의하지 않아 즐거움을 느끼지 않으면, 무죄이다.

9-23₁.

1) 수행승의 적대자들 … 적대자인 왕들 … 적대자인 도적들 … 적대자인 건달들 … 적대자인 갱단들이 축생의 빤다까를 수행승의 앞으로 데리고 와서 그의 항문 … 그의 구강에 그의 성기를 들어가게 할 경우 … 그는 유격이고 수행승은 무격이고 … 그는 무격이고 수행승은 유격이고 … 그도 유격이고 수행승도 유격이고 … 그도 무격이고 수행승도 무격이고 간에, 그러한 적용시에 동의하여 즐거움을 느끼고, 삽입시에 동의하여 즐거움을 느끼고, 유지시에 동의하여 즐거움을 느끼고, 인발시에 동의하여 즐거움을 느끼면, 승단추방죄를 범하는 것이다.

2) 수행승의 적대자들 … 적대자인 왕들 … 적대자인 도적들 … 적대자인 건달들 … 적대자인 갱단들이 축생의 빤다까를 수행승의 앞으로 데리고 와서 그의 항문 … 그의 구강에 그의 성기를 들어가게 할 경우 … 그는 유격이고 수행승은 무격이고 … 그는 무격이고 수행승은 유격이고 … 그도 유격이고 수행승도 유격이고 … 그도 무격이고 수행승도 무격이고 간에, 그러한 적용시에 동의하지 않아 즐거움을 느끼지 않아도, 삽입시에 동의하여 즐거움을 느끼고, 유지시에 동의하여 즐거움을 느끼고, 인발시에 동의하여 즐거움을 느끼면, 승단추방죄를 범하는 것이다.

3) 수행승의 적대자들 … 적대자인 왕들 … 적대자인 도적들 … 적대자인 건달들 … 적대자인 갱단들이 축생의 빤다까를 수행승의 앞으로 데리고 와서 그의 항문 … 그의 구강에 그의 성기를 들어가게 할 경우 … 그는 유격이고 수행승은 무격이고 … 그는 무격이고 수행승은 유격이고 … 그도 유격이고 수행승도 유격이고 … 그도 무격이고 수행승도 무격이고 간에, 그러한 적용시에 동의하지 않아 즐거움을 느끼지 않고, 삽입시에 동의하지 않아 즐거움을 느끼지 않아도, 유지시에 동의하여 즐거움을 느끼고, 인발시에 동의하여 즐거움을 느끼면, 승단추방죄를 범하는 것이다.

4) 수행승의 적대자들 … 적대자인 왕들 … 적대자인 도적들 … 적대자인 건달들 … 적대자인 갱단들이 축생의 빤다까를 수행승의 앞으로 데리고 와서 그의 항문 … 그의 구강에 그의 성기를 들어가게 할 경우 … 그는 유격이고 수행승은

무격이고 … 그는 무격이고 수행승은 유격이고 … 그도 유격이고 수행승도 유격이고 … 그도 무격이고 수행승도 무격이고 간에, 그러한 적용시에 동의하지 않아 즐거움을 느끼지 않고, 삽입시에 동의하지 않아 즐거움을 느끼지 않고, 유지시에 동의하지 않아 즐거움을 느끼지 않아도, 인발시에 동의하여 즐거움을 느끼면, 승단추방죄를 범하는 것이다.

5) 수행승의 적대자들 … 적대자인 왕들 … 적대자인 도적들 … 적대자인 건달들 … 적대자인 갱단들이 축생의 빤다까를 수행승의 앞으로 데리고 와서 그의 항문 … 그의 구강에 그의 성기를 들어가게 할 경우 … 그는 유격이고 수행승은 무격이고 … 그는 무격이고 수행승은 유격이고 … 그도 유격이고 수행승도 유격이고 … 그도 무격이고 수행승도 무격이고 간에, 그러한 적용시에 동의하지 않아 즐거움을 느끼지 않고, 삽입시에 동의하지 않아 즐거움을 느끼지 않고, 유지시에 동의하지 않아 즐거움을 느끼지 않고, 인발시에도 동의하지 않아 즐거움을 느끼지 않으면, 무죄이다.

9-23₂.

1) 수행승의 적대자들 … 적대자인 왕들 … 적대자인 도적들 … 적대자인 건달들 … 적대자인 갱단들이 깨어있는 축생의 빤다까를 수행승의 앞으로 데리고 와서 그의 항문 … 그의 구강에 그의 성기를 들어가게 할 경우 … 그는 유격이고 수행승은 무격이고 … 그는 무격이고 수행승은 유격이고 … 그도 유격이고 수행승도 유격이고 … 그도 무격이고 수행승도 무격이고 간에, 그러한 적용시에 동의하여 즐거움을 느끼고, 삽입시에 동의하여 즐거움을 느끼고, 유지시에 동의하여 즐거움을 느끼고, 인발시에 동의하여 즐거움을 느끼면, 승단추방죄를 범하는 것이다.

2) 수행승의 적대자들 … 적대자인 왕들 … 적대자인 도적들 … 적대자인 건달들 … 적대자인 갱단들이 깨어있는 축생의 빤다까를 수행승의 앞으로 데리고 와서 그의 항문 … 그의 구강에 그의 성기를 들어가게 할 경우 … 그는 유격이고 수행승은 무격이고 … 그는 무격이고 수행승은 유격이고 … 그도 유격이고 수행승도 유격이고 … 그도 무격이고 수행승도 무격이고 간에, 그러한 적용시에 동의하지 않아 즐거움을 느끼지 않아도, 삽입시에 동의하여 즐거움을 느끼고, 유지시에 동의하여 즐거움을 느끼고, 인발시에 동의하여 즐거움을 느끼면, 승단추방죄를 범하는 것이다.

3) 수행승의 적대자들 … 적대자인 왕들 … 적대자인 도적들 … 적대자인 건달들

… 적대자인 갱단들이 깨어있는 축생의 빤다까를 수행승의 앞으로 데리고 와서 그의 항문 … 그의 구강에 그의 성기를 들어가게 할 경우 … 그는 유격이고 수행승은 무격이고 … 그는 무격이고 수행승은 유격이고 … 그도 유격이고 수행승도 유격이고 … 그도 무격이고 수행승도 무격이고 간에, 그러한 적용시에 동의하지 않아 즐거움을 느끼지 않고, 삽입시에 동의하지 않아 즐거움을 느끼지 않아도, 유지시에 동의하여 즐거움을 느끼고, 인발시에 동의하여 즐거움을 느끼면, 승단추방죄를 범하는 것이다.

4) 수행승의 적대자들 … 적대자인 왕들 … 적대자인 도적들 … 적대자인 건달들 … 적대자인 갱단들이 깨어있는 축생의 빤다까를 수행승의 앞으로 데리고 와서 그의 항문 … 그의 구강에 그의 성기를 들어가게 할 경우 … 그는 유격이고 수행승은 무격이고 … 그는 무격이고 수행승은 유격이고 … 그도 유격이고 수행승도 유격이고 … 그도 무격이고 수행승도 무격이고 간에, 그러한 적용시에 동의하지 않아 즐거움을 느끼지 않고, 삽입시에 동의하지 않아 즐거움을 느끼지 않고, 유지시에 동의하지 않아 즐거움을 느끼지 않아도, 인발시에 동의하여 즐거움을 느끼면, 승단추방죄를 범하는 것이다.

5) 수행승의 적대자들 … 적대자인 왕들 … 적대자인 도적들 … 적대자인 건달들 … 적대자인 갱단들이 깨어있는 축생의 빤다까를 수행승의 앞으로 데리고 와서 그의 항문 … 그의 구강에 그의 성기를 들어가게 할 경우 … 그는 유격이고 수행승은 무격이고 … 그는 무격이고 수행승은 유격이고 … 그도 유격이고 수행승도 유격이고 … 그도 무격이고 수행승도 무격이고 간에, 그러한 적용시에 동의하지 않아 즐거움을 느끼지 않고, 삽입시에 동의하지 않아 즐거움을 느끼지 않고, 유지시에 동의하지 않아 즐거움을 느끼지 않고, 인발시에도 동의하지 않아 즐거움을 느끼지 않으면, 무죄이다.”

9-23₃.

1) 수행승의 적대자들 … 적대자인 왕들 … 적대자인 도적들 … 적대자인 건달들 … 적대자인 갱단들이 잠든 축생의 빤다까를 수행승의 앞으로 데리고 와서 그의 항문 … 그의 구강에 그의 성기를 들어가게 할 경우 … 그는 유격이고 수행승은 무격이고 … 그는 무격이고 수행승은 유격이고 … 그도 유격이고 수행승도 유격이고 … 그도 무격이고 수행승도 무격이고 간에, 그러한 적용시에 동의하여 즐거움을 느끼고, 삽입시에 동의하여 즐거움을 느끼고, 유지시에 동의하여 즐거움을 느끼고, 인발시에 동의하여 즐거움을 느끼면, 승단추방죄

를 범하는 것이다.

2) 수행승의 적대자들 … 적대자인 왕들 … 적대자인 도적들 … 적대자인 건달들 … 적대자인 갱단들이 잠든 축생의 빤다까를 수행승의 앞으로 데리고 와서 그의 항문 … 그의 구강에 그의 성기를 들어가게 할 경우 … 그는 유격이고 수행승은 무격이고 … 그는 무격이고 수행승은 유격이고 … 그도 유격이고 수행승도 유격이고 … 그도 무격이고 수행승도 무격이고 간에, 그러한 적용시에 동의하지 않아 즐거움을 느끼지 않아도, 삽입시에 동의하여 즐거움을 느끼고, 유지시에 동의하여 즐거움을 느끼고, 인발시에 동의하여 즐거움을 느끼면, 승단추방죄를 범하는 것이다.

3) 수행승의 적대자들 … 적대자인 왕들 … 적대자인 도적들 … 적대자인 건달들 … 적대자인 갱단들이 잠든 축생의 빤다까를 수행승의 앞으로 데리고 와서 그의 항문 … 그의 구강에 그의 성기를 들어가게 할 경우 … 그는 유격이고 수행승은 무격이고 … 그는 무격이고 수행승은 유격이고 … 그도 유격이고 수행승도 유격이고 … 그도 무격이고 수행승도 무격이고 간에, 그러한 적용시에 동의하지 않아 즐거움을 느끼지 않고, 삽입시에 동의하지 않아 즐거움을 느끼지 않아도, 유지시에 동의하여 즐거움을 느끼고, 인발시에 동의하여 즐거움을 느끼면, 승단추방죄를 범하는 것이다.

4) 수행승의 적대자들 … 적대자인 왕들 … 적대자인 도적들 … 적대자인 건달들 … 적대자인 갱단들이 잠든 축생의 빤다까를 수행승의 앞으로 데리고 와서 그의 항문 … 그의 구강에 그의 성기를 들어가게 할 경우 … 그는 유격이고 수행승은 무격이고 … 그는 무격이고 수행승은 유격이고 … 그도 유격이고 수행승도 유격이고 … 그도 무격이고 수행승도 무격이고 간에, 그러한 적용시에 동의하지 않아 즐거움을 느끼지 않고, 삽입시에 동의하지 않아 즐거움을 느끼지 않고, 유지시에 동의하지 않아 즐거움을 느끼지 않아도, 인발시에 동의하여 즐거움을 느끼면, 승단추방죄를 범하는 것이다.

5) 수행승의 적대자들 … 적대자인 왕들 … 적대자인 도적들 … 적대자인 건달들 … 적대자인 갱단들이 잠든 축생의 빤다까를 수행승의 앞으로 데리고 와서 그의 항문 … 그의 구강에 그의 성기를 들어가게 할 경우 … 그는 유격이고 수행승은 무격이고 … 그는 무격이고 수행승은 유격이고 … 그도 유격이고 수행승도 유격이고 … 그도 무격이고 수행승도 무격이고 간에, 그러한 적용시에 동의하지 않아 즐거움을 느끼지 않고, 삽입시에 동의하지 않아 즐거움을

느끼지 않고, 유지시에 동의하지 않아 즐거움을 느끼지 않고, 인발시에도 동의하지 않아 즐거움을 느끼지 않으면, 무죄이다.

9-23₄.

1) 수행승의 적대자들 … 적대자인 왕들 … 적대자인 도적들 … 적대자인 건달들 … 적대자인 갱단들이 술취한 축생의 빤다까를 수행승의 앞으로 데리고 와서 그의 항문 … 그의 구강에 그의 성기를 들어가게 할 경우 … 그는 유격이고 수행승은 무격이고 … 그는 무격이고 수행승은 유격이고 … 그도 유격이고 수행승도 유격이고 … 그도 무격이고 수행승도 무격이고 간에, 그러한 적용시에 동의하여 즐거움을 느끼고, 삽입시에 동의하여 즐거움을 느끼고, 유지시에 동의하여 즐거움을 느끼고, 인발시에 동의하여 즐거움을 느끼면, 승단추방죄를 범하는 것이다.

2) 수행승의 적대자들 … 적대자인 왕들 … 적대자인 도적들 … 적대자인 건달들 … 적대자인 갱단들이 술취한 축생의 빤다까를 수행승의 앞으로 데리고 와서 그의 항문 … 그의 구강에 그의 성기를 들어가게 할 경우 … 그는 유격이고 수행승은 무격이고 … 그는 무격이고 수행승은 유격이고 … 그도 유격이고 수행승도 유격이고 … 그도 무격이고 수행승도 무격이고 간에, 그러한 적용시에 동의하지 않아 즐거움을 느끼지 않아도, 삽입시에 동의하여 즐거움을 느끼고, 유지시에 동의하여 즐거움을 느끼고, 인발시에 동의하여 즐거움을 느끼면, 승단추방죄를 범하는 것이다.

3) 수행승의 적대자들 … 적대자인 왕들 … 적대자인 도적들 … 적대자인 건달들 … 적대자인 갱단들이 술취한 축생의 빤다까를 수행승의 앞으로 데리고 와서 그의 항문 … 그의 구강에 그의 성기를 들어가게 할 경우 … 그는 유격이고 수행승은 무격이고 … 그는 무격이고 수행승은 유격이고 … 그도 유격이고 수행승도 유격이고 … 그도 무격이고 수행승도 무격이고 간에, 그러한 적용시에 동의하지 않아 즐거움을 느끼지 않고, 삽입시에 동의하지 않아 즐거움을 느끼지 않아도, 유지시에 동의하여 즐거움을 느끼고, 인발시에 동의하여 즐거움을 느끼면, 승단추방죄를 범하는 것이다.

4) 수행승의 적대자들 … 적대자인 왕들 … 적대자인 도적들 … 적대자인 건달들 … 적대자인 갱단들이 술취한 축생의 빤다까를 수행승의 앞으로 데리고 와서 그의 항문 … 그의 구강에 그의 성기를 들어가게 할 경우 … 그는 유격이고 수행승은 무격이고 … 그는 무격이고 수행승은 유격이고 … 그도 유격이고

수행승도 유격이고 … 그도 무격이고 수행승도 무격이고 간에, 그러한 적용시에 동의하지 않아 즐거움을 느끼지 않고, 삽입시에 동의하지 않아 즐거움을 느끼지 않고, 유지시에 동의하지 않아 즐거움을 느끼지 않아도, 인발시에 동의하여 즐거움을 느끼면, 승단추방죄를 범하는 것이다.

5) 수행승의 적대자들 … 적대자인 왕들 … 적대자인 도적들 … 적대자인 건달들 … 적대자인 갱단들이 술취한 축생의 빤다까를 수행승의 앞으로 데리고 와서 그의 항문 … 그의 구강에 그의 성기를 들어가게 할 경우 … 그는 유격이고 수행승은 무격이고 … 그는 무격이고 수행승은 유격이고 … 그도 유격이고 수행승도 유격이고 … 그도 무격이고 수행승도 무격이고 간에, 그러한 적용시에 동의하지 않아 즐거움을 느끼지 않고, 삽입시에 동의하지 않아 즐거움을 느끼지 않고, 유지시에 동의하지 않아 즐거움을 느끼지 않고, 인발시에도 동의하지 않아 즐거움을 느끼지 않으면, 무죄이다.

9-23₅.

1) 수행승의 적대자들 … 적대자인 왕들 … 적대자인 도적들 … 적대자인 건달들 … 적대자인 갱단들이 정신착란된 축생의 빤다까를 수행승의 앞으로 데리고 와서 그의 항문 … 그의 구강에 그의 성기를 들어가게 할 경우 … 그는 유격이고 수행승은 무격이고 … 그는 무격이고 수행승은 유격이고 … 그도 유격이고 수행승도 유격이고 … 그도 무격이고 수행승도 무격이고 간에, 그러한 적용시에 동의하여 즐거움을 느끼고, 삽입시에 동의하여 즐거움을 느끼고, 유지시에 동의하여 즐거움을 느끼고, 인발시에 동의하여 즐거움을 느끼면, 승단추방죄를 범하는 것이다.

2) 수행승의 적대자들 … 적대자인 왕들 … 적대자인 도적들 … 적대자인 건달들 … 적대자인 갱단들이 정신착란된 축생의 빤다까를 수행승의 앞으로 데리고 와서 그의 항문 … 그의 구강에 그의 성기를 들어가게 할 경우 … 그는 유격이고 수행승은 무격이고 … 그는 무격이고 수행승은 유격이고 … 그도 유격이고 수행승도 유격이고 … 그도 무격이고 수행승도 무격이고 간에, 그러한 적용시에 동의하지 않아 즐거움을 느끼지 않아도, 삽입시에 동의하여 즐거움을 느끼고, 유지시에 동의하여 즐거움을 느끼고, 인발시에 동의하여 즐거움을 느끼면, 승단추방죄를 범하는 것이다.

3) 수행승의 적대자들 … 적대자인 왕들 … 적대자인 도적들 … 적대자인 건달들 … 적대자인 갱단들이 정신착란된 축생의 빤다까를 수행승의 앞으로 데리고

와서 그의 항문 … 그의 구강에 그의 성기를 들어가게 할 경우 … 그는 유격이고 수행승은 무격이고 … 그는 무격이고 수행승은 유격이고 … 그도 유격이고 수행승도 유격이고 … 그도 무격이고 수행승도 무격이고 간에, 그러한 적용시에 동의하지 않아 즐거움을 느끼지 않고, 삽입시에 동의하지 않아 즐거움을 느끼지 않아도, 유지시에 동의하여 즐거움을 느끼고, 인발시에 동의하여 즐거움을 느끼면, 승단추방죄를 범하는 것이다.

4) 수행승의 적대자들 … 적대자인 왕들 … 적대자인 도적들 … 적대자인 건달들 … 적대자인 갱단들이 정신착란된 축생의 빤다까를 수행승의 앞으로 데리고 와서 그의 항문 … 그의 구강에 그의 성기를 들어가게 할 경우 … 그는 유격이고 수행승은 무격이고 … 그는 무격이고 수행승은 유격이고 … 그도 유격이고 수행승도 유격이고 … 그도 무격이고 수행승도 무격이고 간에, 그러한 적용시에 동의하지 않아 즐거움을 느끼지 않고, 삽입시에 동의하지 않아 즐거움을 느끼지 않고, 유지시에 동의하지 않아 즐거움을 느끼지 않아도, 인발시에 동의하여 즐거움을 느끼면, 승단추방죄를 범하는 것이다.

5) 수행승의 적대자들 … 적대자인 왕들 … 적대자인 도적들 … 적대자인 건달들 … 적대자인 갱단들이 정신착란된 축생의 빤다까를 수행승의 앞으로 데리고 와서 그의 항문 … 그의 구강에 그의 성기를 들어가게 할 경우 … 그는 유격이고 수행승은 무격이고 … 그는 무격이고 수행승은 유격이고 … 그도 유격이고 수행승도 유격이고 … 그도 무격이고 수행승도 무격이고 간에, 그러한 적용시에 동의하지 않아 즐거움을 느끼지 않고, 삽입시에 동의하지 않아 즐거움을 느끼지 않고, 유지시에 동의하지 않아 즐거움을 느끼지 않고, 인발시에도 동의하지 않아 즐거움을 느끼지 않으면, 무죄이다.

9-23$_6$.

1) 수행승의 적대자들 … 적대자인 왕들 … 적대자인 도적들 … 적대자인 건달들 … 적대자인 갱단들이 방일한 축생의 빤다까를 수행승의 앞으로 데리고 와서 그의 항문 … 그의 구강에 그의 성기를 들어가게 할 경우 … 그는 유격이고 수행승은 무격이고 … 그는 무격이고 수행승은 유격이고 … 그도 유격이고 수행승도 유격이고 … 그도 무격이고 수행승도 무격이고 간에, 그러한 적용시에 동의하여 즐거움을 느끼고, 삽입시에 동의하여 즐거움을 느끼고, 유지시에 동의하여 즐거움을 느끼고, 인발시에 동의하여 즐거움을 느끼면, 승단추방죄를 범하는 것이다.

2) 수행승의 적대자들 … 적대자인 왕들 … 적대자인 도적들 … 적대자인 건달들 … 적대자인 갱단들이 방일한 축생의 빤다까를 수행승의 앞으로 데리고 와서 그의 항문 … 그의 구강에 그의 성기를 들어가게 할 경우 … 그는 유격이고 수행승은 무격이고 … 그는 무격이고 수행승은 유격이고 … 그도 유격이고 수행승도 유격이고 … 그도 무격이고 수행승도 무격이고 간에, 그러한 적용시에 동의하지 않아 즐거움을 느끼지 않아도, 삽입시에 동의하여 즐거움을 느끼고, 유지시에 동의하여 즐거움을 느끼고, 인발시에 동의하여 즐거움을 느끼면, 승단추방죄를 범하는 것이다.
3) 수행승의 적대자들 … 적대자인 왕들 … 적대자인 도적들 … 적대자인 건달들 … 적대자인 갱단들이 방일한 축생의 빤다까를 수행승의 앞으로 데리고 와서 그의 항문 … 그의 구강에 그의 성기를 들어가게 할 경우 … 그는 유격이고 수행승은 무격이고 … 그는 무격이고 수행승은 유격이고 … 그도 유격이고 수행승도 유격이고 … 그도 무격이고 수행승도 무격이고 간에, 그러한 적용시에 동의하지 않아 즐거움을 느끼지 않고, 삽입시에 동의하지 않아 즐거움을 느끼지 않아도, 유지시에 동의하여 즐거움을 느끼고, 인발시에 동의하여 즐거움을 느끼면, 승단추방죄를 범하는 것이다.
4) 수행승의 적대자들 … 적대자인 왕들 … 적대자인 도적들 … 적대자인 건달들 … 적대자인 갱단들이 방일한 축생의 빤다까를 수행승의 앞으로 데리고 와서 그의 항문 … 그의 구강에 그의 성기를 들어가게 할 경우 … 그는 유격이고 수행승은 무격이고 … 그는 무격이고 수행승은 유격이고 … 그도 유격이고 수행승도 유격이고 … 그도 무격이고 수행승도 무격이고 간에, 그러한 적용시에 동의하지 않아 즐거움을 느끼지 않고, 삽입시에 동의하지 않아 즐거움을 느끼지 않고, 유지시에 동의하지 않아 즐거움을 느끼지 않아도, 인발시에 동의하여 즐거움을 느끼면, 승단추방죄를 범하는 것이다.
5) 수행승의 적대자들 … 적대자인 왕들 … 적대자인 도적들 … 적대자인 건달들 … 적대자인 갱단들이 방일한 축생의 빤다까를 수행승의 앞으로 데리고 와서 그의 항문 … 그의 구강에 그의 성기를 들어가게 할 경우 … 그는 유격이고 수행승은 무격이고 … 그는 무격이고 수행승은 유격이고 … 그도 유격이고 수행승도 유격이고 … 그도 무격이고 수행승도 무격이고 간에, 그러한 적용시에 동의하지 않아 즐거움을 느끼지 않고, 삽입시에 동의하지 않아 즐거움을 느끼지 않고, 유지시에 동의하지 않아 즐거움을 느끼지 않고, 인발시에도 동의

하지 않아 즐거움을 느끼지 않으면, 무죄이다.

9-23₇.

1) 수행승의 적대자들 … 적대자인 왕들 … 적대자인 도적들 … 적대자인 건달들 … 적대자인 갱단들이, 죽었지만 파괴되지 않은 축생의 빤다까를 수행승의 앞으로 데리고 와서 그의 항문 … 그의 구강에 그의 성기를 들어가게 할 경우 … 그는 유격이고 수행승은 무격이고 … 그는 무격이고 수행승은 유격이고 … 그도 유격이고 수행승도 유격이고 … 그도 무격이고 수행승도 무격이고 간에, 그러한 적용시에 동의하여 즐거움을 느끼고, 삽입시에 동의하여 즐거움을 느끼고, 유지시에 동의하여 즐거움을 느끼고, 인발시에 동의하여 즐거움을 느끼면, 승단추방죄를 범하는 것이다.

2) 수행승의 적대자들 … 적대자인 왕들 … 적대자인 도적들 … 적대자인 건달들 … 적대자인 갱단들이, 죽었지만 파괴되지 않은 축생의 빤다까를 수행승의 앞으로 데리고 와서 그의 항문 … 그의 구강에 그의 성기를 들어가게 할 경우 … 그는 유격이고 수행승은 무격이고 … 그는 무격이고 수행승은 유격이고 … 그도 유격이고 수행승도 유격이고 … 그도 무격이고 수행승도 무격이고 간에, 그러한 적용시에 동의하지 않아 즐거움을 느끼지 않아도, 삽입시에 동의하여 즐거움을 느끼고, 유지시에 동의하여 즐거움을 느끼고, 인발시에 동의하여 즐거움을 느끼면, 승단추방죄를 범하는 것이다.

3) 수행승의 적대자들 … 적대자인 왕들 … 적대자인 도적들 … 적대자인 건달들 … 적대자인 갱단들이, 죽었지만 파괴되지 않은 축생의 빤다까를 수행승의 앞으로 데리고 와서 그의 항문 … 그의 구강에 그의 성기를 들어가게 할 경우 … 그는 유격이고 수행승은 무격이고 … 그는 무격이고 수행승은 유격이고 … 그도 유격이고 수행승도 유격이고 … 그도 무격이고 수행승도 무격이고 간에, 그러한 적용시에 동의하지 않아 즐거움을 느끼지 않고, 삽입시에 동의하지 않아 즐거움을 느끼지 않아도, 유지시에 동의하여 즐거움을 느끼고, 인발시에 동의하여 즐거움을 느끼면, 승단추방죄를 범하는 것이다.

4) 수행승의 적대자들 … 적대자인 왕들 … 적대자인 도적들 … 적대자인 건달들 … 적대자인 갱단들이, 죽었지만 파괴되지 않은 축생의 빤다까를 수행승의 앞으로 데리고 와서 그의 항문 … 그의 구강에 그의 성기를 들어가게 할 경우 … 그는 유격이고 수행승은 무격이고 … 그는 무격이고 수행승은 유격이고 … 그도 유격이고 수행승도 유격이고 … 그도 무격이고 수행승도 무격이고

간에, 그러한 적용시에 동의하지 않아 즐거움을 느끼지 않고, 삽입시에 동의하지 않아 즐거움을 느끼지 않고, 유지시에 동의하지 않아 즐거움을 느끼지 않아도, 인발시에 동의하여 즐거움을 느끼면, 승단추방죄를 범하는 것이다.

5) 수행승의 적대자들 … 적대자인 왕들 … 적대자인 도적들 … 적대자인 건달들 … 적대자인 갱단들이, 죽었지만 파괴되지 않은 축생의 빤다까를 수행승의 앞으로 데리고 와서 그의 항문 … 그의 구강에 그의 성기를 들어가게 할 경우 … 그는 유격이고 수행승은 무격이고 … 그는 무격이고 수행승은 유격이고 … 그도 유격이고 수행승도 유격이고 … 그도 무격이고 수행승도 무격이고 간에, 그러한 적용시에 동의하지 않아 즐거움을 느끼지 않고, 삽입시에 동의하지 않아 즐거움을 느끼지 않고, 유지시에 동의하지 않아 즐거움을 느끼지 않고, 인발시에도 동의하지 않아 즐거움을 느끼지 않으면, 무죄이다.

9-23₈.

1) 수행승의 적대자들 … 적대자인 왕들 … 적대자인 도적들 … 적대자인 건달들 … 적대자인 갱단들이, 죽었지만 대체로 파괴되지 않은 축생의 빤다까를 수행승의 앞으로 데리고 와서 그의 항문 … 그의 구강에 그의 성기를 들어가게 할 경우 … 그는 유격이고 수행승은 무격이고 … 그는 무격이고 수행승은 유격이고 … 그도 유격이고 수행승도 유격이고 … 그도 무격이고 수행승도 무격이고 간에, 그러한 적용시에 동의하여 즐거움을 느끼고, 삽입시에 동의하여 즐거움을 느끼고, 유지시에 동의하여 즐거움을 느끼고, 인발시에 동의하여 즐거움을 느끼면, 승단추방죄를 범하는 것이다.

2) 수행승의 적대자들 … 적대자인 왕들 … 적대자인 도적들 … 적대자인 건달들 … 적대자인 갱단들이, 죽었지만 대체로 파괴되지 않은 축생의 빤다까를 수행승의 앞으로 데리고 와서 그의 항문 … 그의 구강에 그의 성기를 들어가게 할 경우 … 그는 유격이고 수행승은 무격이고 … 그는 무격이고 수행승은 유격이고 … 그도 유격이고 수행승도 유격이고 … 그도 무격이고 수행승도 무격이고 간에, 그러한 적용시에 동의하지 않아 즐거움을 느끼지 않아도, 삽입시에 동의하여 즐거움을 느끼고, 유지시에 동의하여 즐거움을 느끼고, 인발시에 동의하여 즐거움을 느끼면, 승단추방죄를 범하는 것이다.

3) 수행승의 적대자들 … 적대자인 왕들 … 적대자인 도적들 … 적대자인 건달들 … 적대자인 갱단들이, 죽었지만 대체로 파괴되지 않은 축생의 빤다까를 수행승의 앞으로 데리고 와서 그의 항문 … 그의 구강에 그의 성기를 들어가게

할 경우 … 그는 유격이고 수행승은 무격이고 … 그는 무격이고 수행승은 유격이고 … 그도 유격이고 수행승도 유격이고 … 그도 무격이고 수행승도 무격이고 간에, 그러한 적용시에 동의하지 않아 즐거움을 느끼지 않고, 삽입시에 동의하지 않아 즐거움을 느끼지 않아도, 유지시에 동의하여 즐거움을 느끼고, 인발시에 동의하여 즐거움을 느끼면, 승단추방죄를 범하는 것이다.

4) 수행승의 적대자들 … 적대자인 왕들 … 적대자인 도적들 … 적대자인 건달들 … 적대자인 갱단들이, 죽었지만 대체로 파괴되지 않은 축생의 빤다까를 수행승의 앞으로 데리고 와서 그의 항문 … 그의 구강에 그의 성기를 들어가게 할 경우 … 그는 유격이고 수행승은 무격이고 … 그는 무격이고 수행승은 유격이고 … 그도 유격이고 수행승도 유격이고 … 그도 무격이고 수행승도 무격이고 간에, 그러한 적용시에 동의하지 않아 즐거움을 느끼지 않고, 삽입시에 동의하지 않아 즐거움을 느끼지 않고, 유지시에 동의하지 않아 즐거움을 느끼지 않아도, 인발시에 동의하여 즐거움을 느끼면, 승단추방죄를 범하는 것이다.

5) 수행승의 적대자들 … 적대자인 왕들 … 적대자인 도적들 … 적대자인 건달들 … 적대자인 갱단들이, 죽었지만 대체로 파괴되지 않은 축생의 빤다까를 수행승의 앞으로 데리고 와서 그의 항문 … 그의 구강에 그의 성기를 들어가게 할 경우 … 그는 유격이고 수행승은 무격이고 … 그는 무격이고 수행승은 유격이고 … 그도 유격이고 수행승도 유격이고 … 그도 무격이고 수행승도 무격이고 간에, 그러한 적용시에 동의하지 않아 즐거움을 느끼지 않고, 삽입시에 동의하지 않아 즐거움을 느끼지 않고, 유지시에 동의하지 않아 즐거움을 느끼지 않고, 인발시에도 동의하지 않아 즐거움을 느끼지 않으면, 무죄이다.

9-23₉.

1) 수행승의 적대자들 … 적대자인 왕들 … 적대자인 도적들 … 적대자인 건달들 … 적대자인 갱단들이, 죽어서 거의 파괴된 축생의 빤다까를 수행승의 앞으로 데리고 와서 그의 항문 … 그의 구강에 그의 성기를 들어가게 할 경우 … 그는 유격이고 수행승은 무격이고 … 그는 무격이고 수행승은 유격이고 … 그도 유격이고 수행승도 유격이고 … 그도 무격이고 수행승도 무격이고 간에, 그러한 적용시에 동의하여 즐거움을 느끼고, 삽입시에 동의하여 즐거움을 느끼고, 유지시에 동의하여 즐거움을 느끼고, 인발시에 동의하여 즐거움을 느끼면, 추악죄를 범하는 것이다.

2) 수행승의 적대자들 … 적대자인 왕들 … 적대자인 도적들 … 적대자인 건달들 … 적대자인 갱단들이, 죽어서 거의 파괴된 축생의 빤다까를 수행승의 앞으로 데리고 와서 그의 항문 … 그의 구강에 그의 성기를 들어가게 할 경우 … 그는 유격이고 수행승은 무격이고 … 그는 무격이고 수행승은 유격이고 … 그도 유격이고 수행승도 유격이고 … 그도 무격이고 수행승도 무격이고 간에, 그러한 적용시에 동의하지 않아 즐거움을 느끼지 않아도, 삽입시에 동의하여 즐거움을 느끼고, 유지시에 동의하여 즐거움을 느끼고, 인발시에 동의하여 즐거움을 느끼면, 추악죄를 범하는 것이다.

3) 수행승의 적대자들 … 적대자인 왕들 … 적대자인 도적들 … 적대자인 건달들 … 적대자인 갱단들이, 죽어서 거의 파괴된 축생의 빤다까를 수행승의 앞으로 데리고 와서 그의 항문 … 그의 구강에 그의 성기를 들어가게 할 경우 … 그는 유격이고 수행승은 무격이고 … 그는 무격이고 수행승은 유격이고 … 그도 유격이고 수행승도 유격이고 … 그도 무격이고 수행승도 무격이고 간에, 그러한 적용시에 동의하지 않아 즐거움을 느끼지 않고, 삽입시에 동의하지 않아 즐거움을 느끼지 않아도, 유지시에 동의하여 즐거움을 느끼고, 인발시에 동의하여 즐거움을 느끼면, 추악죄를 범하는 것이다.

4) 수행승의 적대자들 … 적대자인 왕들 … 적대자인 도적들 … 적대자인 건달들 … 적대자인 갱단들이, 죽어서 거의 파괴된 축생의 빤다까를 수행승의 앞으로 데리고 와서 그의 항문 … 그의 구강에 그의 성기를 들어가게 할 경우 … 그는 유격이고 수행승은 무격이고 … 그는 무격이고 수행승은 유격이고 … 그도 유격이고 수행승도 유격이고 … 그도 무격이고 수행승도 무격이고 간에, 그러한 적용시에 동의하지 않아 즐거움을 느끼지 않고, 삽입시에 동의하지 않아 즐거움을 느끼지 않고, 유지시에 동의하지 않아 즐거움을 느끼지 않아도, 인발시에 동의하여 즐거움을 느끼면, 추악죄를 범하는 것이다.

5) 수행승의 적대자들 … 적대자인 왕들 … 적대자인 도적들 … 적대자인 건달들 … 적대자인 갱단들이, 죽어서 거의 파괴된 축생의 빤다까를 수행승의 앞으로 데리고 와서 그의 항문 … 그의 구강에 그의 성기를 들어가게 할 경우 … 그는 유격이고 수행승은 무격이고 … 그는 무격이고 수행승은 유격이고 … 그도 유격이고 수행승도 유격이고 … 그도 무격이고 수행승도 무격이고 간에, 그러한 적용시에 동의하지 않아 즐거움을 느끼지 않고, 삽입시에 동의하지 않아 즐거움을 느끼지 않고, 유지시에 동의하지 않아 즐거움을 느끼지 않고,

인발시에도 동의하지 않아 즐거움을 느끼지 않으면, 무죄이다.

9-24₁.

1) 수행승의 적대자들 … 적대자인 왕들 … 적대자인 도적들 … 적대자인 건달들 … 적대자인 갱단들이 인간의 남성을 수행승의 앞으로 데리고 와서 그의 항문 … 그의 구강에 그의 성기를 들어가게 할 경우 … 그는 유격이고 수행승은 무격이고 … 그는 무격이고 수행승은 유격이고 … 그도 유격이고 수행승도 유격이고 … 그도 무격이고 수행승도 무격이고 간에, 그러한 적용시에 동의하여 즐거움을 느끼고, 삽입시에 동의하여 즐거움을 느끼고, 유지시에 동의하여 즐거움을 느끼고, 인발시에 동의하여 즐거움을 느끼면, 승단추방죄를 범하는 것이다.

2) 수행승의 적대자들 … 적대자인 왕들 … 적대자인 도적들 … 적대자인 건달들 … 적대자인 갱단들이 인간의 남성을 수행승의 앞으로 데리고 와서 그의 항문 … 그의 구강에 그의 성기를 들어가게 할 경우 … 그는 유격이고 수행승은 무격이고 … 그는 무격이고 수행승은 유격이고 … 그도 유격이고 수행승도 유격이고 … 그도 무격이고 수행승도 무격이고 간에, 그러한 적용시에 동의하지 않아 즐거움을 느끼지 않아도, 삽입시에 동의하여 즐거움을 느끼고, 유지시에 동의하여 즐거움을 느끼고, 인발시에 동의하여 즐거움을 느끼면, 승단추방죄를 범하는 것이다.

3) 수행승의 적대자들 … 적대자인 왕들 … 적대자인 도적들 … 적대자인 건달들 … 적대자인 갱단들이 인간의 남성을 수행승의 앞으로 데리고 와서 그의 항문 … 그의 구강에 그의 성기를 들어가게 할 경우 … 그는 유격이고 수행승은 무격이고 … 그는 무격이고 수행승은 유격이고 … 그도 유격이고 수행승도 유격이고 … 그도 무격이고 수행승도 무격이고 간에, 그러한 적용시에 동의하지 않아 즐거움을 느끼지 않고, 삽입시에 동의하지 않아 즐거움을 느끼지 않아도, 유지시에 동의하여 즐거움을 느끼고, 인발시에 동의하여 즐거움을 느끼면, 승단추방죄를 범하는 것이다.

4) 수행승의 적대자들 … 적대자인 왕들 … 적대자인 도적들 … 적대자인 건달들 … 적대자인 갱단들이 인간의 남성을 수행승의 앞으로 데리고 와서 그의 항문 … 그의 구강에 그의 성기를 들어가게 할 경우 … 그는 유격이고 수행승은 무격이고 … 그는 무격이고 수행승은 유격이고 … 그도 유격이고 수행승도 유격이고 … 그도 무격이고 수행승도 무격이고 간에, 그러한 적용시에 동의하

지 않아 즐거움을 느끼지 않고, 삽입시에 동의하지 않아 즐거움을 느끼지 않고, 유지시에 동의하지 않아 즐거움을 느끼지 않아도, 인발시에 동의하여 즐거움을 느끼면, 승단추방죄를 범하는 것이다.

5) 수행승의 적대자들 … 적대자인 왕들 … 적대자인 도적들 … 적대자인 건달들 … 적대자인 갱단들이 인간의 남성을 수행승의 앞으로 데리고 와서 그의 항문 … 그의 구강에 그의 성기를 들어가게 할 경우 … 그는 유격이고 수행승은 무격이고 … 그는 무격이고 수행승은 유격이고 … 그도 유격이고 수행승도 유격이고 … 그도 무격이고 수행승도 무격이고 간에, 그러한 적용시에 동의하지 않아 즐거움을 느끼지 않고, 삽입시에 동의하지 않아 즐거움을 느끼지 않고, 유지시에 동의하지 않아 즐거움을 느끼지 않고, 인발시에도 동의하지 않아 즐거움을 느끼지 않으면, 무죄이다.

9-24₂.

1) 수행승의 적대자들 … 적대자인 왕들 … 적대자인 도적들 … 적대자인 건달들 … 적대자인 갱단들이 깨어있는 인간의 남성을 수행승의 앞으로 데리고 와서 그의 항문 … 그의 구강에 그의 성기를 들어가게 할 경우 … 그는 유격이고 수행승은 무격이고 … 그는 무격이고 수행승은 유격이고 … 그도 유격이고 수행승도 유격이고 … 그도 무격이고 수행승도 무격이고 간에, 그러한 적용시에 동의하여 즐거움을 느끼고, 삽입시에 동의하여 즐거움을 느끼고, 유지시에 동의하여 즐거움을 느끼고, 인발시에 동의하여 즐거움을 느끼면, 승단추방죄를 범하는 것이다.

2) 수행승의 적대자들 … 적대자인 왕들 … 적대자인 도적들 … 적대자인 건달들 … 적대자인 갱단들이 깨어있는 인간의 남성을 수행승의 앞으로 데리고 와서 그의 항문 … 그의 구강에 그의 성기를 들어가게 할 경우 … 그는 유격이고 수행승은 무격이고 … 그는 무격이고 수행승은 유격이고 … 그도 유격이고 수행승도 유격이고 … 그도 무격이고 수행승도 무격이고 간에, 그러한 적용시에 동의하지 않아 즐거움을 느끼지 않아도, 삽입시에 동의하여 즐거움을 느끼고, 유지시에 동의하여 즐거움을 느끼고, 인발시에 동의하여 즐거움을 느끼면, 승단추방죄를 범하는 것이다.

3) 수행승의 적대자들 … 적대자인 왕들 … 적대자인 도적들 … 적대자인 건달들 … 적대자인 갱단들이 깨어있는 인간의 남성을 수행승의 앞으로 데리고 와서 그의 항문 … 그의 구강에 그의 성기를 들어가게 할 경우 … 그는 유격이고

수행승은 무격이고 … 그는 무격이고 수행승은 유격이고 … 그도 유격이고 수행승도 유격이고 … 그도 무격이고 수행승도 무격이고 간에, 그러한 적용시에 동의하지 않아 즐거움을 느끼지 않고, 삽입시에 동의하지 않아 즐거움을 느끼지 않아도, 유지시에 동의하여 즐거움을 느끼고, 인발시에 동의하여 즐거움을 느끼면, 승단추방죄를 범하는 것이다.

4) 수행승의 적대자들 … 적대자인 왕들 … 적대자인 도적들 … 적대자인 건달들 … 적대자인 갱단들이 깨어있는 인간의 남성을 수행승의 앞으로 데리고 와서 그의 항문 … 그의 구강에 그의 성기를 들어가게 할 경우 … 그는 유격이고 수행승은 무격이고 … 그는 무격이고 수행승은 유격이고 … 그도 유격이고 수행승도 유격이고 … 그도 무격이고 수행승도 무격이고 간에, 그러한 적용시에 동의하지 않아 즐거움을 느끼지 않고, 삽입시에 동의하지 않아 즐거움을 느끼지 않고, 유지시에 동의하지 않아 즐거움을 느끼지 않아도, 인발시에 동의하여 즐거움을 느끼면, 승단추방죄를 범하는 것이다.

5) 수행승의 적대자들 … 적대자인 왕들 … 적대자인 도적들 … 적대자인 건달들 … 적대자인 갱단들이 깨어있는 인간의 남성을 수행승의 앞으로 데리고 와서 그의 항문 … 그의 구강에 그의 성기를 들어가게 할 경우 … 그는 유격이고 수행승은 무격이고 … 그는 무격이고 수행승은 유격이고 … 그도 유격이고 수행승도 유격이고 … 그도 무격이고 수행승도 무격이고 간에, 그러한 적용시에 동의하지 않아 즐거움을 느끼지 않고, 삽입시에 동의하지 않아 즐거움을 느끼지 않고, 유지시에 동의하지 않아 즐거움을 느끼지 않고, 인발시에도 동의하지 않아 즐거움을 느끼지 않으면, 무죄이다.

9-24₃.

1) 수행승의 적대자들 … 적대자인 왕들 … 적대자인 도적들 … 적대자인 건달들 … 적대자인 갱단들이 잠든 인간의 남성을 수행승의 앞으로 데리고 와서 그의 항문 … 그의 구강에 그의 성기를 들어가게 할 경우 … 그는 유격이고 수행승은 무격이고 … 그는 무격이고 수행승은 유격이고 … 그도 유격이고 수행승도 유격이고 … 그도 무격이고 수행승도 무격이고 간에, 그러한 적용시에 동의하여 즐거움을 느끼고, 삽입시에 동의하여 즐거움을 느끼고, 유지시에 동의하여 즐거움을 느끼고, 인발시에 동의하여 즐거움을 느끼면, 승단추방죄를 범하는 것이다.

2) 수행승의 적대자들 … 적대자인 왕들 … 적대자인 도적들 … 적대자인 건달들

… 적대자인 갱단들이 잠든 인간의 남성을 수행승의 앞으로 데리고 와서 그의 항문 … 그의 구강에 그의 성기를 들어가게 할 경우 … 그는 유격이고 수행승은 무격이고 … 그는 무격이고 수행승은 유격이고 … 그도 유격이고 수행승도 유격이고 … 그도 무격이고 수행승도 무격이고 간에, 그러한 적용시에 동의하지 않아 즐거움을 느끼지 않아도, 삽입시에 동의하여 즐거움을 느끼고, 유지시에 동의하여 즐거움을 느끼고, 인발시에 동의하여 즐거움을 느끼면, 승단추방죄를 범하는 것이다.

3) 수행승의 적대자들 … 적대자인 왕들 … 적대자인 도적들 … 적대자인 건달들 … 적대자인 갱단들이 잠든 인간의 남성을 수행승의 앞으로 데리고 와서 그의 항문 … 그의 구강에 그의 성기를 들어가게 할 경우 … 그는 유격이고 수행승은 무격이고 … 그는 무격이고 수행승은 유격이고 … 그도 유격이고 수행승도 유격이고 … 그도 무격이고 수행승도 무격이고 간에, 그러한 적용시에 동의하지 않아 즐거움을 느끼지 않고, 삽입시에 동의하지 않아 즐거움을 느끼지 않아도, 유지시에 동의하여 즐거움을 느끼고, 인발시에 동의하여 즐거움을 느끼면, 승단추방죄를 범하는 것이다.

4) 수행승의 적대자들 … 적대자인 왕들 … 적대자인 도적들 … 적대자인 건달들 … 적대자인 갱단들이 잠든 인간의 남성을 수행승의 앞으로 데리고 와서 그의 항문 … 그의 구강에 그의 성기를 들어가게 할 경우 … 그는 유격이고 수행승은 무격이고 … 그는 무격이고 수행승은 유격이고 … 그도 유격이고 수행승도 유격이고 … 그도 무격이고 수행승도 무격이고 간에, 그러한 적용시에 동의하지 않아 즐거움을 느끼지 않고, 삽입시에 동의하지 않아 즐거움을 느끼지 않고, 유지시에 동의하지 않아 즐거움을 느끼지 않아도, 인발시에 동의하여 즐거움을 느끼면, 승단추방죄를 범하는 것이다.

5) 수행승의 적대자들 … 적대자인 왕들 … 적대자인 도적들 … 적대자인 건달들 … 적대자인 갱단들이 잠든 인간의 남성을 수행승의 앞으로 데리고 와서 그의 항문 … 그의 구강에 그의 성기를 들어가게 할 경우 … 그는 유격이고 수행승은 무격이고 … 그는 무격이고 수행승은 유격이고 … 그도 유격이고 수행승도 유격이고 … 그도 무격이고 수행승도 무격이고 간에, 그러한 적용시에 동의하지 않아 즐거움을 느끼지 않고, 삽입시에 동의하지 않아 즐거움을 느끼지 않고, 유지시에 동의하지 않아 즐거움을 느끼지 않고, 인발시에도 동의하지 않아 즐거움을 느끼지 않으면, 무죄이다.

9-24₄.

1) 수행승의 적대자들 … 적대자인 왕들 … 적대자인 도적들 … 적대자인 건달들 … 적대자인 갱단들이 술취한 인간의 남성을 수행승의 앞으로 데리고 와서 그의 항문 … 그의 구강에 그의 성기를 들어가게 할 경우 … 그는 유격이고 수행승은 무격이고 … 그는 무격이고 수행승은 유격이고 … 그도 유격이고 수행승도 유격이고 … 그도 무격이고 수행승도 무격이고 간에, 그러한 적용시에 동의하여 즐거움을 느끼고, 삽입시에 동의하여 즐거움을 느끼고, 유지시에 동의하여 즐거움을 느끼고, 인발시에 동의하여 즐거움을 느끼면, 승단추방죄를 범하는 것이다.

2) 수행승의 적대자들 … 적대자인 왕들 … 적대자인 도적들 … 적대자인 건달들 … 적대자인 갱단들이 술취한 인간의 남성을 수행승의 앞으로 데리고 와서 그의 항문 … 그의 구강에 그의 성기를 들어가게 할 경우 … 그는 유격이고 수행승은 무격이고 … 그는 무격이고 수행승은 유격이고 … 그도 유격이고 수행승도 유격이고 … 그도 무격이고 수행승도 무격이고 간에, 그러한 적용시에 동의하지 않아 즐거움을 느끼지 않아도, 삽입시에 동의하여 즐거움을 느끼고, 유지시에 동의하여 즐거움을 느끼고, 인발시에 동의하여 즐거움을 느끼면, 승단추방죄를 범하는 것이다.

3) 수행승의 적대자들 … 적대자인 왕들 … 적대자인 도적들 … 적대자인 건달들 … 적대자인 갱단들이 술취한 인간의 남성을 수행승의 앞으로 데리고 와서 그의 항문 … 그의 구강에 그의 성기를 들어가게 할 경우 … 그는 유격이고 수행승은 무격이고 … 그는 무격이고 수행승은 유격이고 … 그도 유격이고 수행승도 유격이고 … 그도 무격이고 수행승도 무격이고 간에, 그러한 적용시에 동의하지 않아 즐거움을 느끼지 않고, 삽입시에 동의하지 않아 즐거움을 느끼지 않아도, 유지시에 동의하여 즐거움을 느끼고, 인발시에 동의하여 즐거움을 느끼면, 승단추방죄를 범하는 것이다.

4) 수행승의 적대자들 … 적대자인 왕들 … 적대자인 도적들 … 적대자인 건달들 … 적대자인 갱단들이 술취한 인간의 남성을 수행승의 앞으로 데리고 와서 그의 항문 … 그의 구강에 그의 성기를 들어가게 할 경우 … 그는 유격이고 수행승은 무격이고 … 그는 무격이고 수행승은 유격이고 … 그도 유격이고 수행승도 유격이고 … 그도 무격이고 수행승도 무격이고 간에, 그러한 적용시에 동의하지 않아 즐거움을 느끼지 않고, 삽입시에 동의하지 않아 즐거움을

느끼지 않고, 유지시에 동의하지 않아 즐거움을 느끼지 않아도, 인발시에 동의하여 즐거움을 느끼면, 승단추방죄를 범하는 것이다.

5) 수행승의 적대자들 … 적대자인 왕들 … 적대자인 도적들 … 적대자인 건달들 … 적대자인 갱단들이 술취한 인간의 남성을 수행승의 앞으로 데리고 와서 그의 항문 … 그의 구강에 그의 성기를 들어가게 할 경우 … 그는 유격이고 수행승은 무격이고 … 그는 무격이고 수행승은 유격이고 … 그도 유격이고 수행승도 유격이고 … 그도 무격이고 수행승도 무격이고 간에, 그러한 적용시에 동의하지 않아 즐거움을 느끼지 않고, 삽입시에 동의하지 않아 즐거움을 느끼지 않고, 유지시에 동의하지 않아 즐거움을 느끼지 않고, 인발시에도 동의하지 않아 즐거움을 느끼지 않으면, 무죄이다.

9-24$_5$.

1) 수행승의 적대자들 … 적대자인 왕들 … 적대자인 도적들 … 적대자인 건달들 … 적대자인 갱단들이 정신착란된 인간의 남성을 수행승의 앞으로 데리고 와서 그의 항문 … 그의 구강에 그의 성기를 들어가게 할 경우 … 그는 유격이고 수행승은 무격이고 … 그는 무격이고 수행승은 유격이고 … 그도 유격이고 수행승도 유격이고 … 그도 무격이고 수행승도 무격이고 간에, 그러한 적용시에 동의하여 즐거움을 느끼고, 삽입시에 동의하여 즐거움을 느끼고, 유지시에 동의하여 즐거움을 느끼고, 인발시에 동의하여 즐거움을 느끼면, 승단추방죄를 범하는 것이다.

2) 수행승의 적대자들 … 적대자인 왕들 … 적대자인 도적들 … 적대자인 건달들 … 적대자인 갱단들이 정신착란된 인간의 남성을 수행승의 앞으로 데리고 와서 그의 항문 … 그의 구강에 그의 성기를 들어가게 할 경우 … 그는 유격이고 수행승은 무격이고 … 그는 무격이고 수행승은 유격이고 … 그도 유격이고 수행승도 유격이고 … 그도 무격이고 수행승도 무격이고 간에, 그러한 적용시에 동의하지 않아 즐거움을 느끼지 않아도, 삽입시에 동의하여 즐거움을 느끼고, 유지시에 동의하여 즐거움을 느끼고, 인발시에 동의하여 즐거움을 느끼면, 승단추방죄를 범하는 것이다.

3) 수행승의 적대자들 … 적대자인 왕들 … 적대자인 도적들 … 적대자인 건달들 … 적대자인 갱단들이 정신착란된 인간의 남성을 수행승의 앞으로 데리고 와서 그의 항문 … 그의 구강에 그의 성기를 들어가게 할 경우 … 그는 유격이고 수행승은 무격이고 … 그는 무격이고 수행승은 유격이고 … 그도 유격이고

수행승도 유격이고 … 그도 무격이고 수행승도 무격이고 간에, 그러한 적용시에 동의하지 않아 즐거움을 느끼지 않고, 삽입시에 동의하지 않아 즐거움을 느끼지 않아도, 유지시에 동의하여 즐거움을 느끼고, 인발시에 동의하여 즐거움을 느끼면, 승단추방죄를 범하는 것이다.

4) 수행승의 적대자들 … 적대자인 왕들 … 적대자인 도적들 … 적대자인 건달들 … 적대자인 갱단들이 정신착란된 인간의 남성을 수행승의 앞으로 데리고 와서 그의 항문 … 그의 구강에 그의 성기를 들어가게 할 경우 … 그는 유격이고 수행승은 무격이고 … 그는 무격이고 수행승은 유격이고 … 그도 유격이고 수행승도 유격이고 … 그도 무격이고 수행승도 무격이고 간에, 그러한 적용시에 동의하지 않아 즐거움을 느끼지 않고, 삽입시에 동의하지 않아 즐거움을 느끼지 않고, 유지시에 동의하지 않아 즐거움을 느끼지 않아도, 인발시에 동의하여 즐거움을 느끼면, 승단추방죄를 범하는 것이다.

5) 수행승의 적대자들 … 적대자인 왕들 … 적대자인 도적들 … 적대자인 건달들 … 적대자인 갱단들이 정신착란된 인간의 남성을 수행승의 앞으로 데리고 와서 그의 항문 … 그의 구강에 그의 성기를 들어가게 할 경우 … 그는 유격이고 수행승은 무격이고 … 그는 무격이고 수행승은 유격이고 … 그도 유격이고 수행승도 유격이고 … 그도 무격이고 수행승도 무격이고 간에, 그러한 적용시에 동의하지 않아 즐거움을 느끼지 않고, 삽입시에 동의하지 않아 즐거움을 느끼지 않고, 유지시에 동의하지 않아 즐거움을 느끼지 않고, 인발시에도 동의하지 않아 즐거움을 느끼지 않으면, 무죄이다.

9-24₆.

1) 수행승의 적대자들 … 적대자인 왕들 … 적대자인 도적들 … 적대자인 건달들 … 적대자인 갱단들이 방일한 인간의 남성을 수행승의 앞으로 데리고 와서 그의 항문 … 그의 구강에 그의 성기를 들어가게 할 경우 … 그는 유격이고 수행승은 무격이고 … 그는 무격이고 수행승은 유격이고 … 그도 유격이고 수행승도 유격이고 … 그도 무격이고 수행승도 무격이고 간에, 그러한 적용시에 동의하여 즐거움을 느끼고, 삽입시에 동의하여 즐거움을 느끼고, 유지시에 동의하여 즐거움을 느끼고, 인발시에 동의하여 즐거움을 느끼면, 승단추방죄를 범하는 것이다.

2) 수행승의 적대자들 … 적대자인 왕들 … 적대자인 도적들 … 적대자인 건달들 … 적대자인 갱단들이 방일한 인간의 남성을 수행승의 앞으로 데리고 와서

그의 항문 … 그의 구강에 그의 성기를 들어가게 할 경우 … 그는 유격이고 수행승은 무격이고 … 그는 무격이고 수행승은 유격이고 … 그도 유격이고 수행승도 유격이고 … 그도 무격이고 수행승도 무격이고 간에, 그러한 적용시에 동의하지 않아 즐거움을 느끼지 않아도, 삽입시에 동의하여 즐거움을 느끼고, 유지시에 동의하여 즐거움을 느끼고, 인발시에 동의하여 즐거움을 느끼면, 승단추방죄를 범하는 것이다.

3) 수행승의 적대자들 … 적대자인 왕들 … 적대자인 도적들 … 적대자인 건달들 … 적대자인 갱단들이 방일한 인간의 남성을 수행승의 앞으로 데리고 와서 그의 항문 … 그의 구강에 그의 성기를 들어가게 할 경우 … 그는 유격이고 수행승은 무격이고 … 그는 무격이고 수행승은 유격이고 … 그도 유격이고 수행승도 유격이고 … 그도 무격이고 수행승도 무격이고 간에, 그러한 적용시에 동의하지 않아 즐거움을 느끼지 않고, 삽입시에 동의하지 않아 즐거움을 느끼지 않아도, 유지시에 동의하여 즐거움을 느끼고, 인발시에 동의하여 즐거움을 느끼면, 승단추방죄를 범하는 것이다.

4) 수행승의 적대자들 … 적대자인 왕들 … 적대자인 도적들 … 적대자인 건달들 … 적대자인 갱단들이 방일한 인간의 남성을 수행승의 앞으로 데리고 와서 그의 항문 … 그의 구강에 그의 성기를 들어가게 할 경우 … 그는 유격이고 수행승은 무격이고 … 그는 무격이고 수행승은 유격이고 … 그도 유격이고 수행승도 유격이고 … 그도 무격이고 수행승도 무격이고 간에, 그러한 적용시에 동의하지 않아 즐거움을 느끼지 않고, 삽입시에 동의하지 않아 즐거움을 느끼지 않고, 유지시에 동의하지 않아 즐거움을 느끼지 않아도, 인발시에 동의하여 즐거움을 느끼면, 승단추방죄를 범하는 것이다.

5) 수행승의 적대자들 … 적대자인 왕들 … 적대자인 도적들 … 적대자인 건달들 … 적대자인 갱단들이 방일한 인간의 남성을 수행승의 앞으로 데리고 와서 그의 항문 … 그의 구강에 그의 성기를 들어가게 할 경우 … 그는 유격이고 수행승은 무격이고 … 그는 무격이고 수행승은 유격이고 … 그도 유격이고 수행승도 유격이고 … 그도 무격이고 수행승도 무격이고 간에, 그러한 적용시에 동의하지 않아 즐거움을 느끼지 않고, 삽입시에 동의하지 않아 즐거움을 느끼지 않고, 유지시에 동의하지 않아 즐거움을 느끼지 않고, 인발시에도 동의하지 않아 즐거움을 느끼지 않으면, 무죄이다.

9-24$_{7}$.

1) 수행승의 적대자들 … 적대자인 왕들 … 적대자인 도적들 … 적대자인 건달들 … 적대자인 갱단들이, 죽었지만 파괴되지 않은 인간의 남성을 수행승의 앞으로 데리고 와서 그의 항문 … 그의 구강에 그의 성기를 들어가게 할 경우 … 그는 유격이고 수행승은 무격이고 … 그는 무격이고 수행승은 유격이고 … 그도 유격이고 수행승도 유격이고 … 그도 무격이고 수행승도 무격이고 간에, 그러한 적용시에 동의하여 즐거움을 느끼고, 삽입시에 동의하여 즐거움을 느끼고, 유지시에 동의하여 즐거움을 느끼고, 인발시에 동의하여 즐거움을 느끼면, 승단추방죄를 범하는 것이다.

2) 수행승의 적대자들 … 적대자인 왕들 … 적대자인 도적들 … 적대자인 건달들 … 적대자인 갱단들이, 죽었지만 파괴되지 않은 인간의 남성을 수행승의 앞으로 데리고 와서 그의 항문 … 그의 구강에 그의 성기를 들어가게 할 경우 … 그는 유격이고 수행승은 무격이고 … 그는 무격이고 수행승은 유격이고 … 그도 유격이고 수행승도 유격이고 … 그도 무격이고 수행승도 무격이고 간에, 그러한 적용시에 동의하지 않아 즐거움을 느끼지 않아도, 삽입시에 동의하여 즐거움을 느끼고, 유지시에 동의하여 즐거움을 느끼고, 인발시에 동의하여 즐거움을 느끼면, 승단추방죄를 범하는 것이다.

3) 수행승의 적대자들 … 적대자인 왕들 … 적대자인 도적들 … 적대자인 건달들 … 적대자인 갱단들이, 죽었지만 파괴되지 않은 인간의 남성을 수행승의 앞으로 데리고 와서 그의 항문 … 그의 구강에 그의 성기를 들어가게 할 경우 … 그는 유격이고 수행승은 무격이고 … 그는 무격이고 수행승은 유격이고 … 그도 유격이고 수행승도 유격이고 … 그도 무격이고 수행승도 무격이고 간에, 그러한 적용시에 동의하지 않아 즐거움을 느끼지 않고, 삽입시에 동의하지 않아 즐거움을 느끼지 않아도, 유지시에 동의하여 즐거움을 느끼고, 인발시에 동의하여 즐거움을 느끼면, 승단추방죄를 범하는 것이다.

4) 수행승의 적대자들 … 적대자인 왕들 … 적대자인 도적들 … 적대자인 건달들 … 적대자인 갱단들이, 죽었지만 파괴되지 않은 인간의 남성을 수행승의 앞으로 데리고 와서 그의 항문 … 그의 구강에 그의 성기를 들어가게 할 경우 … 그는 유격이고 수행승은 무격이고 … 그는 무격이고 수행승은 유격이고 … 그도 유격이고 수행승도 유격이고 … 그도 무격이고 수행승도 무격이고 간에, 그러한 적용시에 동의하지 않아 즐거움을 느끼지 않고, 삽입시에 동의하지 않아 즐거움을 느끼지 않고, 유지시에 동의하지 않아 즐거움을 느끼지 않아

도, 인발시에 동의하여 즐거움을 느끼면, 승단추방죄를 범하는 것이다.

5) 수행승의 적대자들 … 적대자인 왕들 … 적대자인 도적들 … 적대자인 건달들 … 적대자인 갱단들이, 죽었지만 파괴되지 않은 인간의 남성을 수행승의 앞으로 데리고 와서 그의 항문 … 그의 구강에 그의 성기를 들어가게 할 경우 … 그는 유격이고 수행승은 무격이고 … 그는 무격이고 수행승은 유격이고 … 그도 유격이고 수행승도 유격이고 … 그도 무격이고 수행승도 무격이고 간에, 그러한 적용시에 동의하지 않아 즐거움을 느끼지 않고, 삽입시에 동의하지 않아 즐거움을 느끼지 않고, 유지시에 동의하지 않아 즐거움을 느끼지 않고, 인발시에도 동의하지 않아 즐거움을 느끼지 않으면, 무죄이다.

9-24₈.

1) 수행승의 적대자들 … 적대자인 왕들 … 적대자인 도적들 … 적대자인 건달들 … 적대자인 갱단들이, 죽었지만 대체로 파괴되지 않은 인간의 남성을 수행승의 앞으로 데리고 와서 그의 항문 … 그의 구강에 그의 성기를 들어가게 할 경우 … 그는 유격이고 수행승은 무격이고 … 그는 무격이고 수행승은 유격이고 … 그도 유격이고 수행승도 유격이고 … 그도 무격이고 수행승도 무격이고 간에, 그러한 적용시에 동의하여 즐거움을 느끼고, 삽입시에 동의하여 즐거움을 느끼고, 유지시에 동의하여 즐거움을 느끼고, 인발시에 동의하여 즐거움을 느끼면, 승단추방죄를 범하는 것이다.

2) 수행승의 적대자들 … 적대자인 왕들 … 적대자인 도적들 … 적대자인 건달들 … 적대자인 갱단들이, 죽었지만 대체로 파괴되지 않은 인간의 남성을 수행승의 앞으로 데리고 와서 그의 항문 … 그의 구강에 그의 성기를 들어가게 할 경우 … 그는 유격이고 수행승은 무격이고 … 그는 무격이고 수행승은 유격이고 … 그도 유격이고 수행승도 유격이고 … 그도 무격이고 수행승도 무격이고 간에, 그러한 적용시에 동의하지 않아 즐거움을 느끼지 않아도, 삽입시에 동의하여 즐거움을 느끼고, 유지시에 동의하여 즐거움을 느끼고, 인발시에 동의하여 즐거움을 느끼면, 승단추방죄를 범하는 것이다.

3) 수행승의 적대자들 … 적대자인 왕들 … 적대자인 도적들 … 적대자인 건달들 … 적대자인 갱단들이, 죽었지만 대체로 파괴되지 않은 인간의 남성을 수행승의 앞으로 데리고 와서 그의 항문 … 그의 구강에 그의 성기를 들어가게 할 경우 … 그는 유격이고 수행승은 무격이고 … 그는 무격이고 수행승은 유격이고 … 그도 유격이고 수행승도 유격이고 … 그도 무격이고 수행승도 무격이고

간에, 그러한 적용시에 동의하지 않아 즐거움을 느끼지 않고, 삽입시에 동의하지 않아 즐거움을 느끼지 않아도, 유지시에 동의하여 즐거움을 느끼고, 인발시에 동의하여 즐거움을 느끼면, 승단추방죄를 범하는 것이다.

4) 수행승의 적대자들 … 적대자인 왕들 … 적대자인 도적들 … 적대자인 건달들 … 적대자인 갱단들이, 죽었지만 대체로 파괴되지 않은 인간의 남성을 수행승의 앞으로 데리고 와서 그의 항문 … 그의 구강에 그의 성기를 들어가게 할 경우 … 그는 유격이고 수행승은 무격이고 … 그는 무격이고 수행승은 유격이고 … 그도 유격이고 수행승도 유격이고 … 그도 무격이고 수행승도 무격이고 간에, 그러한 적용시에 동의하지 않아 즐거움을 느끼지 않고, 삽입시에 동의하지 않아 즐거움을 느끼지 않고, 유지시에 동의하지 않아 즐거움을 느끼지 않아도, 인발시에 동의하여 즐거움을 느끼면, 승단추방죄를 범하는 것이다.

5) 수행승의 적대자들 … 적대자인 왕들 … 적대자인 도적들 … 적대자인 건달들 … 적대자인 갱단들이, 죽었지만 대체로 파괴되지 않은 인간의 남성을 수행승의 앞으로 데리고 와서 그의 항문 … 그의 구강에 그의 성기를 들어가게 할 경우 … 그는 유격이고 수행승은 무격이고 … 그는 무격이고 수행승은 유격이고 … 그도 유격이고 수행승도 유격이고 … 그도 무격이고 수행승도 무격이고 간에, 그러한 적용시에 동의하지 않아 즐거움을 느끼지 않고, 삽입시에 동의하지 않아 즐거움을 느끼지 않고, 유지시에 동의하지 않아 즐거움을 느끼지 않고, 인발시에도 동의하지 않아 즐거움을 느끼지 않으면, 무죄이다.

9-24₉.

1) 수행승의 적대자들 … 적대자인 왕들 … 적대자인 도적들 … 적대자인 건달들 … 적대자인 갱단들이, 죽어서 거의 파괴된 인간의 남성을 수행승의 앞으로 데리고 와서 그의 항문 … 그의 구강에 그의 성기를 들어가게 할 경우 … 그는 유격이고 수행승은 무격이고 … 그는 무격이고 수행승은 유격이고 … 그도 유격이고 수행승도 유격이고 … 그도 무격이고 수행승도 무격이고 간에, 그러한 적용시에 동의하여 즐거움을 느끼고, 삽입시에 동의하여 즐거움을 느끼고, 유지시에 동의하여 즐거움을 느끼고, 인발시에 동의하여 즐거움을 느끼면, 추악죄를 범하는 것이다.

2) 수행승의 적대자들 … 적대자인 왕들 … 적대자인 도적들 … 적대자인 건달들 … 적대자인 갱단들이, 죽어서 거의 파괴된 인간의 남성을 수행승의 앞으로 데리고 와서 그의 항문 … 그의 구강에 그의 성기를 들어가게 할 경우 …

그는 유격이고 수행승은 무격이고 … 그는 무격이고 수행승은 유격이고 … 그도 유격이고 수행승도 유격이고 … 그도 무격이고 수행승도 무격이고 간에, 그러한 적용시에 동의하지 않아 즐거움을 느끼지 않아도, 삽입시에 동의하여 즐거움을 느끼고, 유지시에 동의하여 즐거움을 느끼고, 인발시에 동의하여 즐거움을 느끼면, 추악죄를 범하는 것이다.

3) 수행승의 적대자들 … 적대자인 왕들 … 적대자인 도적들 … 적대자인 건달들 … 적대자인 갱단들이, 죽어서 거의 파괴된 인간의 남성을 수행승의 앞으로 데리고 와서 그의 항문 … 그의 구강에 그의 성기를 들어가게 할 경우 … 그는 유격이고 수행승은 무격이고 … 그는 무격이고 수행승은 유격이고 … 그도 유격이고 수행승도 유격이고 … 그도 무격이고 수행승도 무격이고 간에, 그러한 적용시에 동의하지 않아 즐거움을 느끼지 않고, 삽입시에 동의하지 않아 즐거움을 느끼지 않아도, 유지시에 동의하여 즐거움을 느끼고, 인발시에 동의하여 즐거움을 느끼면, 추악죄를 범하는 것이다.

4) 수행승의 적대자들 … 적대자인 왕들 … 적대자인 도적들 … 적대자인 건달들 … 적대자인 갱단들이, 죽어서 거의 파괴된 인간의 남성을 수행승의 앞으로 데리고 와서 그의 항문 … 그의 구강에 그의 성기를 들어가게 할 경우 … 그는 유격이고 수행승은 무격이고 … 그는 무격이고 수행승은 유격이고 … 그도 유격이고 수행승도 유격이고 … 그도 무격이고 수행승도 무격이고 간에, 그러한 적용시에 동의하지 않아 즐거움을 느끼지 않고, 삽입시에 동의하지 않아 즐거움을 느끼지 않고, 유지시에 동의하지 않아 즐거움을 느끼지 않아도, 인발시에 동의하여 즐거움을 느끼면, 추악죄를 범하는 것이다.

5) 수행승의 적대자들 … 적대자인 왕들 … 적대자인 도적들 … 적대자인 건달들 … 적대자인 갱단들이, 죽어서 거의 파괴된 인간의 남성을 수행승의 앞으로 데리고 와서 그의 항문 … 그의 구강에 그의 성기를 들어가게 할 경우 … 그는 유격이고 수행승은 무격이고 … 그는 무격이고 수행승은 유격이고 … 그도 유격이고 수행승도 유격이고 … 그도 무격이고 수행승도 무격이고 간에, 그러한 적용시에 동의하지 않아 즐거움을 느끼지 않고, 삽입시에 동의하지 않아 즐거움을 느끼지 않고, 유지시에 동의하지 않아 즐거움을 느끼지 않고, 인발시에도 동의하지 않아 즐거움을 느끼지 않으면, 무죄이다.

9-25₁.

1) 수행승의 적대자들 … 적대자인 왕들 … 적대자인 도적들 … 적대자인 건달들

… 적대자인 갱단들이 비인간의 남성을 수행승의 앞으로 데리고 와서 그의 항문 … 그의 구강에 그의 성기를 들어가게 할 경우 … 그는 유격이고 수행승은 무격이고 … 그는 무격이고 수행승은 유격이고 … 그도 유격이고 수행승도 유격이고 … 그도 무격이고 수행승도 무격이고 간에, 그러한 적용시에 동의하여 즐거움을 느끼고, 삽입시에 동의하여 즐거움을 느끼고, 유지시에 동의하여 즐거움을 느끼고, 인발시에 동의하여 즐거움을 느끼면, 승단추방죄를 범하는 것이다.

2) 수행승의 적대자들 … 적대자인 왕들 … 적대자인 도적들 … 적대자인 건달들 … 적대자인 갱단들이 비인간의 남성을 수행승의 앞으로 데리고 와서 그의 항문 … 그의 구강에 그의 성기를 들어가게 할 경우 … 그는 유격이고 수행승은 무격이고 … 그는 무격이고 수행승은 유격이고 … 그도 유격이고 수행승도 유격이고 … 그도 무격이고 수행승도 무격이고 간에, 그러한 적용시에 동의하지 않아 즐거움을 느끼지 않아도, 삽입시에 동의하여 즐거움을 느끼고, 유지시에 동의하여 즐거움을 느끼고, 인발시에 동의하여 즐거움을 느끼면, 승단추방죄를 범하는 것이다.

3) 수행승의 적대자들 … 적대자인 왕들 … 적대자인 도적들 … 적대자인 건달들 … 적대자인 갱단들이 비인간의 남성을 수행승의 앞으로 데리고 와서 그의 항문 … 그의 구강에 그의 성기를 들어가게 할 경우 … 그는 유격이고 수행승은 무격이고 … 그는 무격이고 수행승은 유격이고 … 그도 유격이고 수행승도 유격이고 … 그도 무격이고 수행승도 무격이고 간에, 그러한 적용시에 동의하지 않아 즐거움을 느끼지 않고, 삽입시에 동의하지 않아 즐거움을 느끼지 않아도, 유지시에 동의하여 즐거움을 느끼고, 인발시에 동의하여 즐거움을 느끼면, 승단추방죄를 범하는 것이다.

4) 수행승의 적대자들 … 적대자인 왕들 … 적대자인 도적들 … 적대자인 건달들 … 적대자인 갱단들이 비인간의 남성을 수행승의 앞으로 데리고 와서 그의 항문 … 그의 구강에 그의 성기를 들어가게 할 경우 … 그는 유격이고 수행승은 무격이고 … 그는 무격이고 수행승은 유격이고 … 그도 유격이고 수행승도 유격이고 … 그도 무격이고 수행승도 무격이고 간에, 그러한 적용시에 동의하지 않아 즐거움을 느끼지 않고, 삽입시에 동의하지 않아 즐거움을 느끼지 않고, 유지시에 동의하지 않아 즐거움을 느끼지 않아도, 인발시에 동의하여 즐거움을 느끼면, 승단추방죄를 범하는 것이다.

5) 수행승의 적대자들 … 적대자인 왕들 … 적대자인 도적들 … 적대자인 건달들 … 적대자인 갱단들이 비인간의 남성을 수행승의 앞으로 데리고 와서 그의 항문 … 그의 구강에 그의 성기를 들어가게 할 경우 … 그는 유격이고 수행승은 무격이고 … 그는 무격이고 수행승은 유격이고 … 그도 유격이고 수행승도 유격이고 … 그도 무격이고 수행승도 무격이고 간에, 그러한 적용시에 동의하지 않아 즐거움을 느끼지 않고, 삽입시에 동의하지 않아 즐거움을 느끼지 않고, 유지시에 동의하지 않아 즐거움을 느끼지 않고, 인발시에도 동의하지 않아 즐거움을 느끼지 않으면, 무죄이다.

$9\text{-}25_2$.

1) 수행승의 적대자들 … 적대자인 왕들 … 적대자인 도적들 … 적대자인 건달들 … 적대자인 갱단들이 깨어있는 비인간의 남성을 수행승의 앞으로 데리고 와서 그의 항문 … 그의 구강에 그의 성기를 들어가게 할 경우 … 그는 유격이고 수행승은 무격이고 … 그는 무격이고 수행승은 유격이고 … 그도 유격이고 수행승도 유격이고 … 그도 무격이고 수행승도 무격이고 간에, 그러한 적용시에 동의하여 즐거움을 느끼고, 삽입시에 동의하여 즐거움을 느끼고, 유지시에 동의하여 즐거움을 느끼고, 인발시에 동의하여 즐거움을 느끼면, 승단추방죄를 범하는 것이다.

2) 수행승의 적대자들 … 적대자인 왕들 … 적대자인 도적들 … 적대자인 건달들 … 적대자인 갱단들이 깨어있는 비인간의 남성을 수행승의 앞으로 데리고 와서 그의 항문 … 그의 구강에 그의 성기를 들어가게 할 경우 … 그는 유격이고 수행승은 무격이고 … 그는 무격이고 수행승은 유격이고 … 그도 유격이고 수행승도 유격이고 … 그도 무격이고 수행승도 무격이고 간에, 그러한 적용시에 동의하지 않아 즐거움을 느끼지 않아도, 삽입시에 동의하여 즐거움을 느끼고, 유지시에 동의하여 즐거움을 느끼고, 인발시에 동의하여 즐거움을 느끼면, 승단추방죄를 범하는 것이다.

3) 수행승의 적대자들 … 적대자인 왕들 … 적대자인 도적들 … 적대자인 건달들 … 적대자인 갱단들이 깨어있는 비인간의 남성을 수행승의 앞으로 데리고 와서 그의 항문 … 그의 구강에 그의 성기를 들어가게 할 경우 … 그는 유격이고 수행승은 무격이고 … 그는 무격이고 수행승은 유격이고 … 그도 유격이고 수행승도 유격이고 … 그도 무격이고 수행승도 무격이고 간에, 그러한 적용시에 동의하지 않아 즐거움을 느끼지 않고, 삽입시에 동의하지 않아 즐거움을

느끼지 않아도, 유지시에 동의하여 즐거움을 느끼고, 인발시에 동의하여 즐거움을 느끼면, 승단추방죄를 범하는 것이다.

4) 수행승의 적대자들 … 적대자인 왕들 … 적대자인 도적들 … 적대자인 건달들 … 적대자인 갱단들이 깨어있는 비인간의 남성을 수행승의 앞으로 데리고 와서 그의 항문 … 그의 구강에 그의 성기를 들어가게 할 경우 … 그는 유격이고 수행승은 무격이고 … 그는 무격이고 수행승은 유격이고 … 그도 유격이고 수행승도 유격이고 … 그도 무격이고 수행승도 무격이고 간에, 그러한 적용시에 동의하지 않아 즐거움을 느끼지 않고, 삽입시에 동의하지 않아 즐거움을 느끼지 않고, 유지시에 동의하지 않아 즐거움을 느끼지 않아도, 인발시에 동의하여 즐거움을 느끼면, 승단추방죄를 범하는 것이다.

5) 수행승의 적대자들 … 적대자인 왕들 … 적대자인 도적들 … 적대자인 건달들 … 적대자인 갱단들이 깨어있는 비인간의 남성을 수행승의 앞으로 데리고 와서 그의 항문 … 그의 구강에 그의 성기를 들어가게 할 경우 … 그는 유격이고 수행승은 무격이고 … 그는 무격이고 수행승은 유격이고 … 그도 유격이고 수행승도 유격이고 … 그도 무격이고 수행승도 무격이고 간에, 그러한 적용시에 동의하지 않아 즐거움을 느끼지 않고, 삽입시에 동의하지 않아 즐거움을 느끼지 않고, 유지시에 동의하지 않아 즐거움을 느끼지 않고, 인발시에도 동의하지 않아 즐거움을 느끼지 않으면, 무죄이다.

9-25$_3$.

1) 수행승의 적대자들 … 적대자인 왕들 … 적대자인 도적들 … 적대자인 건달들 … 적대자인 갱단들이 잠든 비인간의 남성을 수행승의 앞으로 데리고 와서 그의 항문 … 그의 구강에 그의 성기를 들어가게 할 경우 … 그는 유격이고 수행승은 무격이고 … 그는 무격이고 수행승은 유격이고 … 그도 유격이고 수행승도 유격이고 … 그도 무격이고 수행승도 무격이고 간에, 그러한 적용시에 동의하여 즐거움을 느끼고, 삽입시에 동의하여 즐거움을 느끼고, 유지시에 동의하여 즐거움을 느끼고, 인발시에 동의하여 즐거움을 느끼면, 승단추방죄를 범하는 것이다.

2) 수행승의 적대자들 … 적대자인 왕들 … 적대자인 도적들 … 적대자인 건달들 … 적대자인 갱단들이 잠든 비인간의 남성을 수행승의 앞으로 데리고 와서 그의 항문 … 그의 구강에 그의 성기를 들어가게 할 경우 … 그는 유격이고 수행승은 무격이고 … 그는 무격이고 수행승은 유격이고 … 그도 유격이고

수행승도 유격이고 … 그도 무격이고 수행승도 무격이고 간에, 그러한 적용시에 동의하지 않아 즐거움을 느끼지 않아도, 삽입시에 동의하여 즐거움을 느끼고, 유지시에 동의하여 즐거움을 느끼고, 인발시에 동의하여 즐거움을 느끼면, 승단추방죄를 범하는 것이다.

3) 수행승의 적대자들 … 적대자인 왕들 … 적대자인 도적들 … 적대자인 건달들 … 적대자인 갱단들이 잠든 비인간의 남성을 수행승의 앞으로 데리고 와서 그의 항문 … 그의 구강에 그의 성기를 들어가게 할 경우 … 그는 유격이고 수행승은 무격이고 … 그는 무격이고 수행승은 유격이고 … 그도 유격이고 수행승도 유격이고 … 그도 무격이고 수행승도 무격이고 간에, 그러한 적용시에 동의하지 않아 즐거움을 느끼지 않고, 삽입시에 동의하지 않아 즐거움을 느끼지 않아도, 유지시에 동의하여 즐거움을 느끼고, 인발시에 동의하여 즐거움을 느끼면, 승단추방죄를 범하는 것이다.

4) 수행승의 적대자들 … 적대자인 왕들 … 적대자인 도적들 … 적대자인 건달들 … 적대자인 갱단들이 잠든 비인간의 남성을 수행승의 앞으로 데리고 와서 그의 항문 … 그의 구강에 그의 성기를 들어가게 할 경우 … 그는 유격이고 수행승은 무격이고 … 그는 무격이고 수행승은 유격이고 … 그도 유격이고 수행승도 유격이고 … 그도 무격이고 수행승도 무격이고 간에, 그러한 적용시에 동의하지 않아 즐거움을 느끼지 않고, 삽입시에 동의하지 않아 즐거움을 느끼지 않고, 유지시에 동의하지 않아 즐거움을 느끼지 않아도, 인발시에 동의하여 즐거움을 느끼면, 승단추방죄를 범하는 것이다.

5) 수행승의 적대자들 … 적대자인 왕들 … 적대자인 도적들 … 적대자인 건달들 … 적대자인 갱단들이 잠든 비인간의 남성을 수행승의 앞으로 데리고 와서 그의 항문 … 그의 구강에 그의 성기를 들어가게 할 경우 … 그는 유격이고 수행승은 무격이고 … 그는 무격이고 수행승은 유격이고 … 그도 유격이고 수행승도 유격이고 … 그도 무격이고 수행승도 무격이고 간에, 그러한 적용시에 동의하지 않아 즐거움을 느끼지 않고, 삽입시에 동의하지 않아 즐거움을 느끼지 않고, 유지시에 동의하지 않아 즐거움을 느끼지 않고, 인발시에도 동의하지 않아 즐거움을 느끼지 않으면, 무죄이다.

9-25₄.

1) 수행승의 적대자들 … 적대자인 왕들 … 적대자인 도적들 … 적대자인 건달들 … 적대자인 갱단들이 술취한 비인간의 남성을 수행승의 앞으로 데리고 와서

그의 항문 … 그의 구강에 그의 성기를 들어가게 할 경우 … 그는 유격이고 수행승은 무격이고 … 그는 무격이고 수행승은 유격이고 … 그도 유격이고 수행승도 유격이고 … 그도 무격이고 수행승도 무격이고 간에, 그러한 적용시에 동의하여 즐거움을 느끼고, 삽입시에 동의하여 즐거움을 느끼고, 유지시에 동의하여 즐거움을 느끼고, 인발시에 동의하여 즐거움을 느끼면, 승단추방죄를 범하는 것이다.

2) 수행승의 적대자들 … 적대자인 왕들 … 적대자인 도적들 … 적대자인 건달들 … 적대자인 갱단들이 술취한 비인간의 남성을 수행승의 앞으로 데리고 와서 그의 항문 … 그의 구강에 그의 성기를 들어가게 할 경우 … 그는 유격이고 수행승은 무격이고 … 그는 무격이고 수행승은 유격이고 … 그도 유격이고 수행승도 유격이고 … 그도 무격이고 수행승도 무격이고 간에, 그러한 적용시에 동의하지 않아 즐거움을 느끼지 않아도, 삽입시에 동의하여 즐거움을 느끼고, 유지시에 동의하여 즐거움을 느끼고, 인발시에 동의하여 즐거움을 느끼면, 승단추방죄를 범하는 것이다.

3) 수행승의 적대자들 … 적대자인 왕들 … 적대자인 도적들 … 적대자인 건달들 … 적대자인 갱단들이 술취한 비인간의 남성을 수행승의 앞으로 데리고 와서 그의 항문 … 그의 구강에 그의 성기를 들어가게 할 경우 … 그는 유격이고 수행승은 무격이고 … 그는 무격이고 수행승은 유격이고 … 그도 유격이고 수행승도 유격이고 … 그도 무격이고 수행승도 무격이고 간에, 그러한 적용시에 동의하지 않아 즐거움을 느끼지 않고, 삽입시에 동의하지 않아 즐거움을 느끼지 않아도, 유지시에 동의하여 즐거움을 느끼고, 인발시에 동의하여 즐거움을 느끼면, 승단추방죄를 범하는 것이다.

4) 수행승의 적대자들 … 적대자인 왕들 … 적대자인 도적들 … 적대자인 건달들 … 적대자인 갱단들이 술취한 비인간의 남성을 수행승의 앞으로 데리고 와서 그의 항문 … 그의 구강에 그의 성기를 들어가게 할 경우 … 그는 유격이고 수행승은 무격이고 … 그는 무격이고 수행승은 유격이고 … 그도 유격이고 수행승도 유격이고 … 그도 무격이고 수행승도 무격이고 간에, 그러한 적용시에 동의하지 않아 즐거움을 느끼지 않고, 삽입시에 동의하지 않아 즐거움을 느끼지 않고, 유지시에 동의하지 않아 즐거움을 느끼지 않아도, 인발시에 동의하여 즐거움을 느끼면, 승단추방죄를 범하는 것이다.

5) 수행승의 적대자들 … 적대자인 왕들 … 적대자인 도적들 … 적대자인 건달들

… 적대자인 갱단들이 술취한 비인간의 남성을 수행승의 앞으로 데리고 와서 그의 항문 … 그의 구강에 그의 성기를 들어가게 할 경우 … 그는 유격이고 수행승은 무격이고 … 그는 무격이고 수행승은 유격이고 … 그도 유격이고 수행승도 유격이고 … 그도 무격이고 수행승도 무격이고 간에, 그러한 적용시에 동의하지 않아 즐거움을 느끼지 않고, 삽입시에 동의하지 않아 즐거움을 느끼지 않고, 유지시에 동의하지 않아 즐거움을 느끼지 않고, 인발시에도 동의하지 않아 즐거움을 느끼지 않으면, 무죄이다.

9-25₅.

1) 수행승의 적대자들 … 적대자인 왕들 … 적대자인 도적들 … 적대자인 건달들 … 적대자인 갱단들이 정신착란된 비인간의 남성을 수행승의 앞으로 데리고 와서 그의 항문 … 그의 구강에 그의 성기를 들어가게 할 경우 … 그는 유격이고 수행승은 무격이고 … 그는 무격이고 수행승은 유격이고 … 그도 유격이고 수행승도 유격이고 … 그도 무격이고 수행승도 무격이고 간에, 그러한 적용시에 동의하여 즐거움을 느끼고, 삽입시에 동의하여 즐거움을 느끼고, 유지시에 동의하여 즐거움을 느끼고, 인발시에 동의하여 즐거움을 느끼면, 승단추방죄를 범하는 것이다.

2) 수행승의 적대자들 … 적대자인 왕들 … 적대자인 도적들 … 적대자인 건달들 … 적대자인 갱단들이 정신착란된 비인간의 남성을 수행승의 앞으로 데리고 와서 그의 항문 … 그의 구강에 그의 성기를 들어가게 할 경우 … 그는 유격이고 수행승은 무격이고 … 그는 무격이고 수행승은 유격이고 … 그도 유격이고 수행승도 유격이고 … 그도 무격이고 수행승도 무격이고 간에, 그러한 적용시에 동의하지 않아 즐거움을 느끼지 않아도, 삽입시에 동의하여 즐거움을 느끼고, 유지시에 동의하여 즐거움을 느끼고, 인발시에 동의하여 즐거움을 느끼면, 승단추방죄를 범하는 것이다.

3) 수행승의 적대자들 … 적대자인 왕들 … 적대자인 도적들 … 적대자인 건달들 … 적대자인 갱단들이 정신착란된 비인간의 남성을 수행승의 앞으로 데리고 와서 그의 항문 … 그의 구강에 그의 성기를 들어가게 할 경우 … 그는 유격이고 수행승은 무격이고 … 그는 무격이고 수행승은 유격이고 … 그도 유격이고 수행승도 유격이고 … 그도 무격이고 수행승도 무격이고 간에, 그러한 적용시에 동의하지 않아 즐거움을 느끼지 않고, 삽입시에 동의하지 않아 즐거움을 느끼지 않아도, 유지시에 동의하여 즐거움을 느끼고, 인발시에 동의하여 즐거

움을 느끼면, 승단추방죄를 범하는 것이다.

4) 수행승의 적대자들 … 적대자인 왕들 … 적대자인 도적들 … 적대자인 건달들 … 적대자인 갱단들이 정신착란된 비인간의 남성을 수행승의 앞으로 데리고 와서 그의 항문 … 그의 구강에 그의 성기를 들어가게 할 경우 … 그는 유격이고 수행승은 무격이고 … 그는 무격이고 수행승은 유격이고 … 그도 유격이고 수행승도 유격이고 … 그도 무격이고 수행승도 무격이고 간에, 그러한 적용시에 동의하지 않아 즐거움을 느끼지 않고, 삽입시에 동의하지 않아 즐거움을 느끼지 않고, 유지시에 동의하지 않아 즐거움을 느끼지 않아도, 인발시에 동의하여 즐거움을 느끼면, 승단추방죄를 범하는 것이다.

5) 수행승의 적대자들 … 적대자인 왕들 … 적대자인 도적들 … 적대자인 건달들 … 적대자인 갱단들이 정신착란된 비인간의 남성을 수행승의 앞으로 데리고 와서 그의 항문 … 그의 구강에 그의 성기를 들어가게 할 경우 … 그는 유격이고 수행승은 무격이고 … 그는 무격이고 수행승은 유격이고 … 그도 유격이고 수행승도 유격이고 … 그도 무격이고 수행승도 무격이고 간에, 그러한 적용시에 동의하지 않아 즐거움을 느끼지 않고, 삽입시에 동의하지 않아 즐거움을 느끼지 않고, 유지시에 동의하지 않아 즐거움을 느끼지 않고, 인발시에도 동의하지 않아 즐거움을 느끼지 않으면, 무죄이다.

9-25₆.

1) 수행승의 적대자들 … 적대자인 왕들 … 적대자인 도적들 … 적대자인 건달들 … 적대자인 갱단들이 방일한 비인간의 남성을 수행승의 앞으로 데리고 와서 그의 항문 … 그의 구강에 그의 성기를 들어가게 할 경우 … 그는 유격이고 수행승은 무격이고 … 그는 무격이고 수행승은 유격이고 … 그도 유격이고 수행승도 유격이고 … 그도 무격이고 수행승도 무격이고 간에, 그러한 적용시에 동의하여 즐거움을 느끼고, 삽입시에 동의하여 즐거움을 느끼고, 유지시에 동의하여 즐거움을 느끼고, 인발시에 동의하여 즐거움을 느끼면, 승단추방죄를 범하는 것이다.

2) 수행승의 적대자들 … 적대자인 왕들 … 적대자인 도적들 … 적대자인 건달들 … 적대자인 갱단들이 방일한 비인간의 남성을 수행승의 앞으로 데리고 와서 그의 항문 … 그의 구강에 그의 성기를 들어가게 할 경우 … 그는 유격이고 수행승은 무격이고 … 그는 무격이고 수행승은 유격이고 … 그도 유격이고 수행승도 유격이고 … 그도 무격이고 수행승도 무격이고 간에, 그러한 적용시

에 동의하지 않아 즐거움을 느끼지 않아도, 삽입시에 동의하여 즐거움을 느끼고, 유지시에 동의하여 즐거움을 느끼고, 인발시에 동의하여 즐거움을 느끼면, 승단추방죄를 범하는 것이다.

3) 수행승의 적대자들 … 적대자인 왕들 … 적대자인 도적들 … 적대자인 건달들 … 적대자인 갱단들이 방일한 비인간의 남성을 수행승의 앞으로 데리고 와서 그의 항문 … 그의 구강에 그의 성기를 들어가게 할 경우 … 그는 유격이고 수행승은 무격이고 … 그는 무격이고 수행승은 유격이고 … 그도 유격이고 수행승도 유격이고 … 그도 무격이고 수행승도 무격이고 간에, 그러한 적용시에 동의하지 않아 즐거움을 느끼지 않고, 삽입시에 동의하지 않아 즐거움을 느끼지 않아도, 유지시에 동의하여 즐거움을 느끼고, 인발시에 동의하여 즐거움을 느끼면, 승단추방죄를 범하는 것이다.

4) 수행승의 적대자들 … 적대자인 왕들 … 적대자인 도적들 … 적대자인 건달들 … 적대자인 갱단들이 방일한 비인간의 남성을 수행승의 앞으로 데리고 와서 그의 항문 … 그의 구강에 그의 성기를 들어가게 할 경우 … 그는 유격이고 수행승은 무격이고 … 그는 무격이고 수행승은 유격이고 … 그도 유격이고 수행승도 유격이고 … 그도 무격이고 수행승도 무격이고 간에, 그러한 적용시에 동의하지 않아 즐거움을 느끼지 않고, 삽입시에 동의하지 않아 즐거움을 느끼지 않고, 유지시에 동의하지 않아 즐거움을 느끼지 않아도, 인발시에 동의하여 즐거움을 느끼면, 승단추방죄를 범하는 것이다.

5) 수행승의 적대자들 … 적대자인 왕들 … 적대자인 도적들 … 적대자인 건달들 … 적대자인 갱단들이 방일한 비인간의 남성을 수행승의 앞으로 데리고 와서 그의 항문 … 그의 구강에 그의 성기를 들어가게 할 경우 … 그는 유격이고 수행승은 무격이고 … 그는 무격이고 수행승은 유격이고 … 그도 유격이고 수행승도 유격이고 … 그도 무격이고 수행승도 무격이고 간에, 그러한 적용시에 동의하지 않아 즐거움을 느끼지 않고, 삽입시에 동의하지 않아 즐거움을 느끼지 않고, 유지시에 동의하지 않아 즐거움을 느끼지 않고, 인발시에도 동의하지 않아 즐거움을 느끼지 않으면, 무죄이다.

9-25$_7$.

1) 수행승의 적대자들 … 적대자인 왕들 … 적대자인 도적들 … 적대자인 건달들 … 적대자인 갱단들이, 죽었지만 파괴되지 않은 비인간의 남성을 수행승의 앞으로 데리고 와서 그의 항문 … 그의 구강에 그의 성기를 들어가게 할 경우

… 그는 유격이고 수행승은 무격이고 … 그는 무격이고 수행승은 유격이고 … 그도 유격이고 수행승도 유격이고 … 그도 무격이고 수행승도 무격이고 간에, 그러한 적용시에 동의하여 즐거움을 느끼고, 삽입시에 동의하여 즐거움을 느끼고, 유지시에 동의하여 즐거움을 느끼고, 인발시에 동의하여 즐거움을 느끼면, 승단추방죄를 범하는 것이다.

2) 수행승의 적대자들 … 적대자인 왕들 … 적대자인 도적들 … 적대자인 건달들 … 적대자인 갱단들이, 죽었지만 파괴되지 않은 비인간의 남성을 수행승의 앞으로 데리고 와서 그의 항문 … 그의 구강에 그의 성기를 들어가게 할 경우 … 그는 유격이고 수행승은 무격이고 … 그는 무격이고 수행승은 유격이고 … 그도 유격이고 수행승도 유격이고 … 그도 무격이고 수행승도 무격이고 간에, 그러한 적용시에 동의하지 않아 즐거움을 느끼지 않아도, 삽입시에 동의하여 즐거움을 느끼고, 유지시에 동의하여 즐거움을 느끼고, 인발시에 동의하여 즐거움을 느끼면, 승단추방죄를 범하는 것이다.

3) 수행승의 적대자들 … 적대자인 왕들 … 적대자인 도적들 … 적대자인 건달들 … 적대자인 갱단들이, 죽었지만 파괴되지 않은 비인간의 남성을 수행승의 앞으로 데리고 와서 그의 항문 … 그의 구강에 그의 성기를 들어가게 할 경우 … 그는 유격이고 수행승은 무격이고 … 그는 무격이고 수행승은 유격이고 … 그도 유격이고 수행승도 유격이고 … 그도 무격이고 수행승도 무격이고 간에, 그러한 적용시에 동의하지 않아 즐거움을 느끼지 않고, 삽입시에 동의하지 않아 즐거움을 느끼지 않아도, 유지시에 동의하여 즐거움을 느끼고, 인발시에 동의하여 즐거움을 느끼면, 승단추방죄를 범하는 것이다.

4) 수행승의 적대자들 … 적대자인 왕들 … 적대자인 도적들 … 적대자인 건달들 … 적대자인 갱단들이, 죽었지만 파괴되지 않은 비인간의 남성을 수행승의 앞으로 데리고 와서 그의 항문 … 그의 구강에 그의 성기를 들어가게 할 경우 … 그는 유격이고 수행승은 무격이고 … 그는 무격이고 수행승은 유격이고 … 그도 유격이고 수행승도 유격이고 … 그도 무격이고 수행승도 무격이고 간에, 그러한 적용시에 동의하지 않아 즐거움을 느끼지 않고, 삽입시에 동의하지 않아 즐거움을 느끼지 않고, 유지시에 동의하지 않아 즐거움을 느끼지 않아도, 인발시에 동의하여 즐거움을 느끼면, 승단추방죄를 범하는 것이다.

5) 수행승의 적대자들 … 적대자인 왕들 … 적대자인 도적들 … 적대자인 건달들 … 적대자인 갱단들이, 죽었지만 파괴되지 않은 비인간의 남성을 수행승의

앞으로 데리고 와서 그의 항문 … 그의 구강에 그의 성기를 들어가게 할 경우 … 그는 유격이고 수행승은 무격이고 … 그는 무격이고 수행승은 유격이고 … 그도 유격이고 수행승도 유격이고 … 그도 무격이고 수행승도 무격이고 간에, 그러한 적용시에 동의하지 않아 즐거움을 느끼지 않고, 삽입시에 동의하지 않아 즐거움을 느끼지 않고, 유지시에 동의하지 않아 즐거움을 느끼지 않고, 인발시에도 동의하지 않아 즐거움을 느끼지 않으면, 무죄이다.

9-25₈.

1) 수행승의 적대자들 … 적대자인 왕들 … 적대자인 도적들 … 적대자인 건달들 … 적대자인 갱단들이, 죽었지만 대체로 파괴되지 않은 비인간의 남성을 수행승의 앞으로 데리고 와서 그의 항문 … 그의 구강에 그의 성기를 들어가게 할 경우 … 그는 유격이고 수행승은 무격이고 … 그는 무격이고 수행승은 유격이고 … 그도 유격이고 수행승도 유격이고 … 그도 무격이고 수행승도 무격이고 간에, 그러한 적용시에 동의하여 즐거움을 느끼고, 삽입시에 동의하여 즐거움을 느끼고, 유지시에 동의하여 즐거움을 느끼고, 인발시에 동의하여 즐거움을 느끼면, 승단추방죄를 범하는 것이다.

2) 수행승의 적대자들 … 적대자인 왕들 … 적대자인 도적들 … 적대자인 건달들 … 적대자인 갱단들이, 죽었지만 대체로 파괴되지 않은 비인간의 남성을 수행승의 앞으로 데리고 와서 그의 항문 … 그의 구강에 그의 성기를 들어가게 할 경우 … 그는 유격이고 수행승은 무격이고 … 그는 무격이고 수행승은 유격이고 … 그도 유격이고 수행승도 유격이고 … 그도 무격이고 수행승도 무격이고 간에, 그러한 적용시에 동의하지 않아 즐거움을 느끼지 않아도, 삽입시에 동의하여 즐거움을 느끼고, 유지시에 동의하여 즐거움을 느끼고, 인발시에 동의하여 즐거움을 느끼면, 승단추방죄를 범하는 것이다.

3) 수행승의 적대자들 … 적대자인 왕들 … 적대자인 도적들 … 적대자인 건달들 … 적대자인 갱단들이, 죽었지만 대체로 파괴되지 않은 비인간의 남성을 수행승의 앞으로 데리고 와서 그의 항문 … 그의 구강에 그의 성기를 들어가게 할 경우 … 그는 유격이고 수행승은 무격이고 … 그는 무격이고 수행승은 유격이고 … 그도 유격이고 수행승도 유격이고 … 그도 무격이고 수행승도 무격이고 간에, 그러한 적용시에 동의하지 않아 즐거움을 느끼지 않고, 삽입시에 동의하지 않아 즐거움을 느끼지 않아도, 유지시에 동의하여 즐거움을 느끼고, 인발시에 동의하여 즐거움을 느끼면, 승단추방죄를 범하는 것이다.

4) 수행승의 적대자들 … 적대자인 왕들 … 적대자인 도적들 … 적대자인 건달들 … 적대자인 갱단들이, 죽었지만 대체로 파괴되지 않은 비인간의 남성을 수행승의 앞으로 데리고 와서 그의 항문 … 그의 구강에 그의 성기를 들어가게 할 경우 … 그는 유격이고 수행승은 무격이고 … 그는 무격이고 수행승은 유격이고 … 그도 유격이고 수행승도 유격이고 … 그도 무격이고 수행승도 무격이고 간에, 그러한 적용시에 동의하지 않아 즐거움을 느끼지 않고, 삽입시에 동의하지 않아 즐거움을 느끼지 않고, 유지시에 동의하지 않아 즐거움을 느끼지 않아도, 인발시에 동의하여 즐거움을 느끼면, 승단추방죄를 범하는 것이다.

5) 수행승의 적대자들 … 적대자인 왕들 … 적대자인 도적들 … 적대자인 건달들 … 적대자인 갱단들이, 죽었지만 대체로 파괴되지 않은 비인간의 남성을 수행승의 앞으로 데리고 와서 그의 항문 … 그의 구강에 그의 성기를 들어가게 할 경우 … 그는 유격이고 수행승은 무격이고 … 그는 무격이고 수행승은 유격이고 … 그도 유격이고 수행승도 유격이고 … 그도 무격이고 수행승도 무격이고 간에, 그러한 적용시에 동의하지 않아 즐거움을 느끼지 않고, 삽입시에 동의하지 않아 즐거움을 느끼지 않고, 유지시에 동의하지 않아 즐거움을 느끼지 않고, 인발시에도 동의하지 않아 즐거움을 느끼지 않으면, 무죄이다.

9-25₉.

1) 수행승의 적대자들 … 적대자인 왕들 … 적대자인 도적들 … 적대자인 건달들 … 적대자인 갱단들이, 죽어서 거의 파괴된 비인간의 남성을 수행승의 앞으로 데리고 와서 그의 항문 … 그의 구강에 그의 성기를 들어가게 할 경우 … 그는 유격이고 수행승은 무격이고 … 그는 무격이고 수행승은 유격이고 … 그도 유격이고 수행승도 유격이고 … 그도 무격이고 수행승도 무격이고 간에, 그러한 적용시에 동의하여 즐거움을 느끼고, 삽입시에 동의하여 즐거움을 느끼고, 유지시에 동의하여 즐거움을 느끼고, 인발시에 동의하여 즐거움을 느끼면, 추악죄를 범하는 것이다.

2) 수행승의 적대자들 … 적대자인 왕들 … 적대자인 도적들 … 적대자인 건달들 … 적대자인 갱단들이, 죽어서 거의 파괴된 비인간의 남성을 수행승의 앞으로 데리고 와서 그의 항문 … 그의 구강에 그의 성기를 들어가게 할 경우 … 그는 유격이고 수행승은 무격이고 … 그는 무격이고 수행승은 유격이고 … 그도 유격이고 수행승도 유격이고 … 그도 무격이고 수행승도 무격이고 간에,

그러한 적용시에 동의하지 않아 즐거움을 느끼지 않아도, 삽입시에 동의하여 즐거움을 느끼고, 유지시에 동의하여 즐거움을 느끼고, 인발시에 동의하여 즐거움을 느끼면, 추악죄를 범하는 것이다.

3) 수행승의 적대자들 … 적대자인 왕들 … 적대자인 도적들 … 적대자인 건달들 … 적대자인 갱단들이, 죽어서 거의 파괴된 비인간의 남성을 수행승의 앞으로 데리고 와서 그의 항문 … 그의 구강에 그의 성기를 들어가게 할 경우 … 그는 유격이고 수행승은 무격이고 … 그는 무격이고 수행승은 유격이고 … 그도 유격이고 수행승도 유격이고 … 그도 무격이고 수행승도 무격이고 간에, 그러한 적용시에 동의하지 않아 즐거움을 느끼지 않고, 삽입시에 동의하지 않아 즐거움을 느끼지 않아도, 유지시에 동의하여 즐거움을 느끼고, 인발시에 동의하여 즐거움을 느끼면, 추악죄를 범하는 것이다.

4) 수행승의 적대자들 … 적대자인 왕들 … 적대자인 도적들 … 적대자인 건달들 … 적대자인 갱단들이, 죽어서 거의 파괴된 비인간의 남성을 수행승의 앞으로 데리고 와서 그의 항문 … 그의 구강에 그의 성기를 들어가게 할 경우 … 그는 유격이고 수행승은 무격이고 … 그는 무격이고 수행승은 유격이고 … 그도 유격이고 수행승도 유격이고 … 그도 무격이고 수행승도 무격이고 간에, 그러한 적용시에 동의하지 않아 즐거움을 느끼지 않고, 삽입시에 동의하지 않아 즐거움을 느끼지 않고, 유지시에 동의하지 않아 즐거움을 느끼지 않아도, 인발시에 동의하여 즐거움을 느끼면, 추악죄를 범하는 것이다.

5) 수행승의 적대자들 … 적대자인 왕들 … 적대자인 도적들 … 적대자인 건달들 … 적대자인 갱단들이, 죽어서 거의 파괴된 비인간의 남성을 수행승의 앞으로 데리고 와서 그의 항문 … 그의 구강에 그의 성기를 들어가게 할 경우 … 그는 유격이고 수행승은 무격이고 … 그는 무격이고 수행승은 유격이고 … 그도 유격이고 수행승도 유격이고 … 그도 무격이고 수행승도 무격이고 간에, 그러한 적용시에 동의하지 않아 즐거움을 느끼지 않고, 삽입시에 동의하지 않아 즐거움을 느끼지 않고, 유지시에 동의하지 않아 즐거움을 느끼지 않고, 인발시에도 동의하지 않아 즐거움을 느끼지 않으면, 무죄이다.

9-26$_1$.

1) 수행승의 적대자들 … 적대자인 왕들 … 적대자인 도적들 … 적대자인 건달들 … 적대자인 갱단들이 축생의 남성을 수행승의 앞으로 데리고 와서 그의 항문 … 그의 구강에 그의 성기를 들어가게 할 경우 … 그는 유격이고 수행승은

무격이고 … 그는 무격이고 수행승은 유격이고 … 그도 유격이고 수행승도 유격이고 … 그도 무격이고 수행승도 무격이고 간에, 그러한 적용시에 동의하여 즐거움을 느끼고, 삽입시에 동의하여 즐거움을 느끼고, 유지시에 동의하여 즐거움을 느끼고, 인발시에 동의하여 즐거움을 느끼면, 승단추방죄를 범하는 것이다.

2) 수행승의 적대자들 … 적대자인 왕들 … 적대자인 도적들 … 적대자인 건달들 … 적대자인 갱단들이 축생의 남성을 수행승의 앞으로 데리고 와서 그의 항문 … 그의 구강에 그의 성기를 들어가게 할 경우 … 그는 유격이고 수행승은 무격이고 … 그는 무격이고 수행승은 유격이고 … 그도 유격이고 수행승도 유격이고 … 그도 무격이고 수행승도 무격이고 간에, 그러한 적용시에 동의하지 않아 즐거움을 느끼지 않아도, 삽입시에 동의하여 즐거움을 느끼고, 유지시에 동의하여 즐거움을 느끼고, 인발시에 동의하여 즐거움을 느끼면, 승단추방죄를 범하는 것이다.

3) 수행승의 적대자들 … 적대자인 왕들 … 적대자인 도적들 … 적대자인 건달들 … 적대자인 갱단들이 축생의 남성을 수행승의 앞으로 데리고 와서 그의 항문 … 그의 구강에 그의 성기를 들어가게 할 경우 … 그는 유격이고 수행승은 무격이고 … 그는 무격이고 수행승은 유격이고 … 그도 유격이고 수행승도 유격이고 … 그도 무격이고 수행승도 무격이고 간에, 그러한 적용시에 동의하지 않아 즐거움을 느끼지 않고, 삽입시에 동의하지 않아 즐거움을 느끼지 않아도, 유지시에 동의하여 즐거움을 느끼고, 인발시에 동의하여 즐거움을 느끼면, 승단추방죄를 범하는 것이다.

4) 수행승의 적대자들 … 적대자인 왕들 … 적대자인 도적들 … 적대자인 건달들 … 적대자인 갱단들이 축생의 남성을 수행승의 앞으로 데리고 와서 그의 항문 … 그의 구강에 그의 성기를 들어가게 할 경우 … 그는 유격이고 수행승은 무격이고 … 그는 무격이고 수행승은 유격이고 … 그도 유격이고 수행승도 유격이고 … 그도 무격이고 수행승도 무격이고 간에, 그러한 적용시에 동의하지 않아 즐거움을 느끼지 않고, 삽입시에 동의하지 않아 즐거움을 느끼지 않고, 유지시에 동의하지 않아 즐거움을 느끼지 않아도, 인발시에 동의하여 즐거움을 느끼면, 승단추방죄를 범하는 것이다.

5) 수행승의 적대자들 … 적대자인 왕들 … 적대자인 도적들 … 적대자인 건달들 … 적대자인 갱단들이 축생의 남성을 수행승의 앞으로 데리고 와서 그의 항문

… 그의 구강에 그의 성기를 들어가게 할 경우 … 그는 유격이고 수행승은 무격이고 … 그는 무격이고 수행승은 유격이고 … 그도 유격이고 수행승도 유격이고 … 그도 무격이고 수행승도 무격이고 간에, 그러한 적용시에 동의하지 않아 즐거움을 느끼지 않고, 삽입시에 동의하지 않아 즐거움을 느끼지 않고, 유지시에 동의하지 않아 즐거움을 느끼지 않고, 인발시에도 동의하지 않아 즐거움을 느끼지 않으면, 무죄이다.

9-26₂.

1) 수행승의 적대자들 … 적대자인 왕들 … 적대자인 도적들 … 적대자인 건달들 … 적대자인 갱단들이 깨어있는 축생의 남성을 수행승의 앞으로 데리고 와서 그의 항문 … 그의 구강에 그의 성기를 들어가게 할 경우 … 그는 유격이고 수행승은 무격이고 … 그는 무격이고 수행승은 유격이고 … 그도 유격이고 수행승도 유격이고 … 그도 무격이고 수행승도 무격이고 간에, 그러한 적용시에 동의하여 즐거움을 느끼고, 삽입시에 동의하여 즐거움을 느끼고, 유지시에 동의하여 즐거움을 느끼고, 인발시에 동의하여 즐거움을 느끼면, 승단추방죄를 범하는 것이다.

2) 수행승의 적대자들 … 적대자인 왕들 … 적대자인 도적들 … 적대자인 건달들 … 적대자인 갱단들이 깨어있는 축생의 남성을 수행승의 앞으로 데리고 와서 그의 항문 … 그의 구강에 그의 성기를 들어가게 할 경우 … 그는 유격이고 수행승은 무격이고 … 그는 무격이고 수행승은 유격이고 … 그도 유격이고 수행승도 유격이고 … 그도 무격이고 수행승도 무격이고 간에, 그러한 적용시에 동의하지 않아 즐거움을 느끼지 않아도, 삽입시에 동의하여 즐거움을 느끼고, 유지시에 동의하여 즐거움을 느끼고, 인발시에 동의하여 즐거움을 느끼면, 승단추방죄를 범하는 것이다.

3) 수행승의 적대자들 … 적대자인 왕들 … 적대자인 도적들 … 적대자인 건달들 … 적대자인 갱단들이 깨어있는 축생의 남성을 수행승의 앞으로 데리고 와서 그의 항문 … 그의 구강에 그의 성기를 들어가게 할 경우 … 그는 유격이고 수행승은 무격이고 … 그는 무격이고 수행승은 유격이고 … 그도 유격이고 수행승도 유격이고 … 그도 무격이고 수행승도 무격이고 간에, 그러한 적용시에 동의하지 않아 즐거움을 느끼지 않고, 삽입시에 동의하지 않아 즐거움을 느끼지 않아도, 유지시에 동의하여 즐거움을 느끼고, 인발시에 동의하여 즐거움을 느끼면, 승단추방죄를 범하는 것이다.

4) 수행승의 적대자들 … 적대자인 왕들 … 적대자인 도적들 … 적대자인 건달들 … 적대자인 갱단들이 깨어있는 축생의 남성을 수행승의 앞으로 데리고 와서 그의 항문 … 그의 구강에 그의 성기를 들어가게 할 경우 … 그는 유격이고 수행승은 무격이고 … 그는 무격이고 수행승은 유격이고 … 그도 유격이고 수행승도 유격이고 … 그도 무격이고 수행승도 무격이고 간에, 그러한 적용시에 동의하지 않아 즐거움을 느끼지 않고, 삽입시에 동의하지 않아 즐거움을 느끼지 않고, 유지시에 동의하지 않아 즐거움을 느끼지 않아도, 인발시에 동의하여 즐거움을 느끼면, 승단추방죄를 범하는 것이다.

5) 수행승의 적대자들 … 적대자인 왕들 … 적대자인 도적들 … 적대자인 건달들 … 적대자인 갱단들이 깨어있는 축생의 남성을 수행승의 앞으로 데리고 와서 그의 항문 … 그의 구강에 그의 성기를 들어가게 할 경우 … 그는 유격이고 수행승은 무격이고 … 그는 무격이고 수행승은 유격이고 … 그도 유격이고 수행승도 유격이고 … 그도 무격이고 수행승도 무격이고 간에, 그러한 적용시에 동의하지 않아 즐거움을 느끼지 않고, 삽입시에 동의하지 않아 즐거움을 느끼지 않고, 유지시에 동의하지 않아 즐거움을 느끼지 않고, 인발시에도 동의하지 않아 즐거움을 느끼지 않으면, 무죄이다.

9-26₃.

1) 수행승의 적대자들 … 적대자인 왕들 … 적대자인 도적들 … 적대자인 건달들 … 적대자인 갱단들이 잠든 축생의 남성을 수행승의 앞으로 데리고 와서 그의 항문 … 그의 구강에 그의 성기를 들어가게 할 경우 … 그는 유격이고 수행승은 무격이고 … 그는 무격이고 수행승은 유격이고 … 그도 유격이고 수행승도 유격이고 … 그도 무격이고 수행승도 무격이고 간에, 그러한 적용시에 동의하여 즐거움을 느끼고, 삽입시에 동의하여 즐거움을 느끼고, 유지시에 동의하여 즐거움을 느끼고, 인발시에 동의하여 즐거움을 느끼면, 승단추방죄를 범하는 것이다.

2) 수행승의 적대자들 … 적대자인 왕들 … 적대자인 도적들 … 적대자인 건달들 … 적대자인 갱단들이 잠든 축생의 남성을 수행승의 앞으로 데리고 와서 그의 항문 … 그의 구강에 그의 성기를 들어가게 할 경우 … 그는 유격이고 수행승은 무격이고 … 그는 무격이고 수행승은 유격이고 … 그도 유격이고 수행승도 유격이고 … 그도 무격이고 수행승도 무격이고 간에, 그러한 적용시에 동의하지 않아 즐거움을 느끼지 않아도, 삽입시에 동의하여 즐거움을 느끼고, 유지시

에 동의하여 즐거움을 느끼고, 인발시에 동의하여 즐거움을 느끼면, 승단추방죄를 범하는 것이다.

3) 수행승의 적대자들 … 적대자인 왕들 … 적대자인 도적들 … 적대자인 건달들 … 적대자인 갱단들이 잠든 축생의 남성을 수행승의 앞으로 데리고 와서 그의 항문 … 그의 구강에 그의 성기를 들어가게 할 경우 … 그는 유격이고 수행승은 무격이고 … 그는 무격이고 수행승은 유격이고 … 그도 유격이고 수행승도 유격이고 … 그도 무격이고 수행승도 무격이고 간에, 그러한 적용시에 동의하지 않아 즐거움을 느끼지 않고, 삽입시에 동의하지 않아 즐거움을 느끼지 않아도, 유지시에 동의하여 즐거움을 느끼고, 인발시에 동의하여 즐거움을 느끼면, 승단추방죄를 범하는 것이다.

4) 수행승의 적대자들 … 적대자인 왕들 … 적대자인 도적들 … 적대자인 건달들 … 적대자인 갱단들이 잠든 축생의 남성을 수행승의 앞으로 데리고 와서 그의 항문 … 그의 구강에 그의 성기를 들어가게 할 경우 … 그는 유격이고 수행승은 무격이고 … 그는 무격이고 수행승은 유격이고 … 그도 유격이고 수행승도 유격이고 … 그도 무격이고 수행승도 무격이고 간에, 그러한 적용시에 동의하지 않아 즐거움을 느끼지 않고, 삽입시에 동의하지 않아 즐거움을 느끼지 않고, 유지시에 동의하지 않아 즐거움을 느끼지 않아도, 인발시에 동의하여 즐거움을 느끼면, 승단추방죄를 범하는 것이다.

5) 수행승의 적대자들 … 적대자인 왕들 … 적대자인 도적들 … 적대자인 건달들 … 적대자인 갱단들이 잠든 축생의 남성을 수행승의 앞으로 데리고 와서 그의 항문 … 그의 구강에 그의 성기를 들어가게 할 경우 … 그는 유격이고 수행승은 무격이고 … 그는 무격이고 수행승은 유격이고 … 그도 유격이고 수행승도 유격이고 … 그도 무격이고 수행승도 무격이고 간에, 그러한 적용시에 동의하지 않아 즐거움을 느끼지 않고, 삽입시에 동의하지 않아 즐거움을 느끼지 않고, 유지시에 동의하지 않아 즐거움을 느끼지 않고, 인발시에도 동의하지 않아 즐거움을 느끼지 않으면, 무죄이다.

9-26$_4$.

1) 수행승의 적대자들 … 적대자인 왕들 … 적대자인 도적들 … 적대자인 건달들 … 적대자인 갱단들이 술취한 축생의 남성을 수행승의 앞으로 데리고 와서 그의 항문 … 그의 구강에 그의 성기를 들어가게 할 경우 … 그는 유격이고 수행승은 무격이고 … 그는 무격이고 수행승은 유격이고 … 그도 유격이고

수행승도 유격이고 … 그도 무격이고 수행승도 무격이고 간에, 그러한 적용시에 동의하여 즐거움을 느끼고, 삽입시에 동의하여 즐거움을 느끼고, 유지시에 동의하여 즐거움을 느끼고, 인발시에 동의하여 즐거움을 느끼면, 승단추방죄를 범하는 것이다.

2) 수행승의 적대자들 … 적대자인 왕들 … 적대자인 도적들 … 적대자인 건달들 … 적대자인 갱단들이 술취한 축생의 남성을 수행승의 앞으로 데리고 와서 그의 항문 … 그의 구강에 그의 성기를 들어가게 할 경우 … 그는 유격이고 수행승은 무격이고 … 그는 무격이고 수행승은 유격이고 … 그도 유격이고 수행승도 유격이고 … 그도 무격이고 수행승도 무격이고 간에, 그러한 적용시에 동의하지 않아 즐거움을 느끼지 않아도, 삽입시에 동의하여 즐거움을 느끼고, 유지시에 동의하여 즐거움을 느끼고, 인발시에 동의하여 즐거움을 느끼면, 승단추방죄를 범하는 것이다.

3) 수행승의 적대자들 … 적대자인 왕들 … 적대자인 도적들 … 적대자인 건달들 … 적대자인 갱단들이 술취한 축생의 남성을 수행승의 앞으로 데리고 와서 그의 항문 … 그의 구강에 그의 성기를 들어가게 할 경우 … 그는 유격이고 수행승은 무격이고 … 그는 무격이고 수행승은 유격이고 … 그도 유격이고 수행승도 유격이고 … 그도 무격이고 수행승도 무격이고 간에, 그러한 적용시에 동의하지 않아 즐거움을 느끼지 않고, 삽입시에 동의하지 않아 즐거움을 느끼지 않아도, 유지시에 동의하여 즐거움을 느끼고, 인발시에 동의하여 즐거움을 느끼면, 승단추방죄를 범하는 것이다.

4) 수행승의 적대자들 … 적대자인 왕들 … 적대자인 도적들 … 적대자인 건달들 … 적대자인 갱단들이 술취한 축생의 남성을 수행승의 앞으로 데리고 와서 그의 항문 … 그의 구강에 그의 성기를 들어가게 할 경우 … 그는 유격이고 수행승은 무격이고 … 그는 무격이고 수행승은 유격이고 … 그도 유격이고 수행승도 유격이고 … 그도 무격이고 수행승도 무격이고 간에, 그러한 적용시에 동의하지 않아 즐거움을 느끼지 않고, 삽입시에 동의하지 않아 즐거움을 느끼지 않고, 유지시에 동의하지 않아 즐거움을 느끼지 않아도, 인발시에 동의하여 즐거움을 느끼면, 승단추방죄를 범하는 것이다.

5) 수행승의 적대자들 … 적대자인 왕들 … 적대자인 도적들 … 적대자인 건달들 … 적대자인 갱단들이 술취한 축생의 남성을 수행승의 앞으로 데리고 와서 그의 항문 … 그의 구강에 그의 성기를 들어가게 할 경우 … 그는 유격이고

수행승은 무격이고 … 그는 무격이고 수행승은 유격이고 … 그도 유격이고 수행승도 유격이고 … 그도 무격이고 수행승도 무격이고 간에, 그러한 적용시에 동의하지 않아 즐거움을 느끼지 않고, 삽입시에 동의하지 않아 즐거움을 느끼지 않고, 유지시에 동의하지 않아 즐거움을 느끼지 않고, 인발시에도 동의하지 않아 즐거움을 느끼지 않으면, 무죄이다.

9-26₅.

1) 수행승의 적대자들 … 적대자인 왕들 … 적대자인 도적들 … 적대자인 건달들 … 적대자인 갱단들이 정신착란된 축생의 남성을 수행승의 앞으로 데리고 와서 그의 항문 … 그의 구강에 그의 성기를 들어가게 할 경우 … 그는 유격이고 수행승은 무격이고 … 그는 무격이고 수행승은 유격이고 … 그도 유격이고 수행승도 유격이고 … 그도 무격이고 수행승도 무격이고 간에, 그러한 적용시에 동의하여 즐거움을 느끼고, 삽입시에 동의하여 즐거움을 느끼고, 유지시에 동의하여 즐거움을 느끼고, 인발시에 동의하여 즐거움을 느끼면, 승단추방죄를 범하는 것이다.

2) 수행승의 적대자들 … 적대자인 왕들 … 적대자인 도적들 … 적대자인 건달들 … 적대자인 갱단들이 정신착란된 축생의 남성을 수행승의 앞으로 데리고 와서 그의 항문 … 그의 구강에 그의 성기를 들어가게 할 경우 … 그는 유격이고 수행승은 무격이고 … 그는 무격이고 수행승은 유격이고 … 그도 유격이고 수행승도 유격이고 … 그도 무격이고 수행승도 무격이고 간에, 그러한 적용시에 동의하지 않아 즐거움을 느끼지 않아도, 삽입시에 동의하여 즐거움을 느끼고, 유지시에 동의하여 즐거움을 느끼고, 인발시에 동의하여 즐거움을 느끼면, 승단추방죄를 범하는 것이다.

3) 수행승의 적대자들 … 적대자인 왕들 … 적대자인 도적들 … 적대자인 건달들 … 적대자인 갱단들이 정신착란된 축생의 남성을 수행승의 앞으로 데리고 와서 그의 항문 … 그의 구강에 그의 성기를 들어가게 할 경우 … 그는 유격이고 수행승은 무격이고 … 그는 무격이고 수행승은 유격이고 … 그도 유격이고 수행승도 유격이고 … 그도 무격이고 수행승도 무격이고 간에, 그러한 적용시에 동의하지 않아 즐거움을 느끼지 않고, 삽입시에 동의하지 않아 즐거움을 느끼지 않아도, 유지시에 동의하여 즐거움을 느끼고, 인발시에 동의하여 즐거움을 느끼면, 승단추방죄를 범하는 것이다.

4) 수행승의 적대자들 … 적대자인 왕들 … 적대자인 도적들 … 적대자인 건달들

… 적대자인 갱단들이 정신착란된 축생의 남성을 수행승의 앞으로 데리고 와서 그의 항문 … 그의 구강에 그의 성기를 들어가게 할 경우 … 그는 유격이고 수행승은 무격이고 … 그는 무격이고 수행승은 유격이고 … 그도 유격이고 수행승도 유격이고 … 그도 무격이고 수행승도 무격이고 간에, 그러한 적용시에 동의하지 않아 즐거움을 느끼지 않고, 삽입시에 동의하지 않아 즐거움을 느끼지 않고, 유지시에 동의하지 않아 즐거움을 느끼지 않아도, 인발시에 동의하여 즐거움을 느끼면, 승단추방죄를 범하는 것이다.

5) 수행승의 적대자들 … 적대자인 왕들 … 적대자인 도적들 … 적대자인 건달들 … 적대자인 갱단들이 정신착란된 축생의 남성을 수행승의 앞으로 데리고 와서 그의 항문 … 그의 구강에 그의 성기를 들어가게 할 경우 … 그는 유격이고 수행승은 무격이고 … 그는 무격이고 수행승은 유격이고 … 그도 유격이고 수행승도 유격이고 … 그도 무격이고 수행승도 무격이고 간에, 그러한 적용시에 동의하지 않아 즐거움을 느끼지 않고, 삽입시에 동의하지 않아 즐거움을 느끼지 않고, 유지시에 동의하지 않아 즐거움을 느끼지 않고, 인발시에도 동의하지 않아 즐거움을 느끼지 않으면, 무죄이다.

9-26$_6$.

1) 수행승의 적대자들 … 적대자인 왕들 … 적대자인 도적들 … 적대자인 건달들 … 적대자인 갱단들이 방일한 축생의 남성을 수행승의 앞으로 데리고 와서 그의 항문 … 그의 구강에 그의 성기를 들어가게 할 경우 … 그는 유격이고 수행승은 무격이고 … 그는 무격이고 수행승은 유격이고 … 그도 유격이고 수행승도 유격이고 … 그도 무격이고 수행승도 무격이고 간에, 그러한 적용시에 동의하여 즐거움을 느끼고, 삽입시에 동의하여 즐거움을 느끼고, 유지시에 동의하여 즐거움을 느끼고, 인발시에 동의하여 즐거움을 느끼면, 승단추방죄를 범하는 것이다.

2) 수행승의 적대자들 … 적대자인 왕들 … 적대자인 도적들 … 적대자인 건달들 … 적대자인 갱단들이 방일한 축생의 남성을 수행승의 앞으로 데리고 와서 그의 항문 … 그의 구강에 그의 성기를 들어가게 할 경우 … 그는 유격이고 수행승은 무격이고 … 그는 무격이고 수행승은 유격이고 … 그도 유격이고 수행승도 유격이고 … 그도 무격이고 수행승도 무격이고 간에, 그러한 적용시에 동의하지 않아 즐거움을 느끼지 않아도, 삽입시에 동의하여 즐거움을 느끼고, 유지시에 동의하여 즐거움을 느끼고, 인발시에 동의하여 즐거움을 느끼면,

승단추방죄를 범하는 것이다.

3) 수행승의 적대자들 … 적대자인 왕들 … 적대자인 도적들 … 적대자인 건달들 … 적대자인 갱단들이 방일한 축생의 남성을 수행승의 앞으로 데리고 와서 그의 항문 … 그의 구강에 그의 성기를 들어가게 할 경우 … 그는 유격이고 수행승은 무격이고 … 그는 무격이고 수행승은 유격이고 … 그도 유격이고 수행승도 유격이고 … 그도 무격이고 수행승도 무격이고 간에, 그러한 적용시에 동의하지 않아 즐거움을 느끼지 않고, 삽입시에 동의하지 않아 즐거움을 느끼지 않아도, 유지시에 동의하여 즐거움을 느끼고, 인발시에 동의하여 즐거움을 느끼면, 승단추방죄를 범하는 것이다.

4) 수행승의 적대자들 … 적대자인 왕들 … 적대자인 도적들 … 적대자인 건달들 … 적대자인 갱단들이 방일한 축생의 남성을 수행승의 앞으로 데리고 와서 그의 항문 … 그의 구강에 그의 성기를 들어가게 할 경우 … 그는 유격이고 수행승은 무격이고 … 그는 무격이고 수행승은 유격이고 … 그도 유격이고 수행승도 유격이고 … 그도 무격이고 수행승도 무격이고 간에, 그러한 적용시에 동의하지 않아 즐거움을 느끼지 않고, 삽입시에 동의하지 않아 즐거움을 느끼지 않고, 유지시에 동의하지 않아 즐거움을 느끼지 않아도, 인발시에 동의하여 즐거움을 느끼면, 승단추방죄를 범하는 것이다.

5) 수행승의 적대자들 … 적대자인 왕들 … 적대자인 도적들 … 적대자인 건달들 … 적대자인 갱단들이 방일한 축생의 남성을 수행승의 앞으로 데리고 와서 그의 항문 … 그의 구강에 그의 성기를 들어가게 할 경우 … 그는 유격이고 수행승은 무격이고 … 그는 무격이고 수행승은 유격이고 … 그도 유격이고 수행승도 유격이고 … 그도 무격이고 수행승도 무격이고 간에, 그러한 적용시에 동의하지 않아 즐거움을 느끼지 않고, 삽입시에 동의하지 않아 즐거움을 느끼지 않고, 유지시에 동의하지 않아 즐거움을 느끼지 않고, 인발시에도 동의하지 않아 즐거움을 느끼지 않으면, 무죄이다.

9-26₇.

1) 수행승의 적대자들 … 적대자인 왕들 … 적대자인 도적들 … 적대자인 건달들 … 적대자인 갱단들이, 죽었지만 파괴되지 않은 축생의 남성을 수행승의 앞으로 데리고 와서 그의 항문 … 그의 구강에 그의 성기를 들어가게 할 경우 … 그는 유격이고 수행승은 무격이고 … 그는 무격이고 수행승은 유격이고 … 그도 유격이고 수행승도 유격이고 … 그도 무격이고 수행승도 무격이고

간에, 그러한 적용시에 동의하여 즐거움을 느끼고, 삽입시에 동의하여 즐거움을 느끼고, 유지시에 동의하여 즐거움을 느끼고, 인발시에 동의하여 즐거움을 느끼면, 승단추방죄를 범하는 것이다.

2) 수행승의 적대자들 … 적대자인 왕들 … 적대자인 도적들 … 적대자인 건달들 … 적대자인 갱단들이, 죽었지만 파괴되지 않은 축생의 남성을 수행승의 앞으로 데리고 와서 그의 항문 … 그의 구강에 그의 성기를 들어가게 할 경우 … 그는 유격이고 수행승은 무격이고 … 그는 무격이고 수행승은 유격이고 … 그도 유격이고 수행승도 유격이고 … 그도 무격이고 수행승도 무격이고 간에, 그러한 적용시에 동의하지 않아 즐거움을 느끼지 않아도, 삽입시에 동의하여 즐거움을 느끼고, 유지시에 동의하여 즐거움을 느끼고, 인발시에 동의하여 즐거움을 느끼면, 승단추방죄를 범하는 것이다.

3) 수행승의 적대자들 … 적대자인 왕들 … 적대자인 도적들 … 적대자인 건달들 … 적대자인 갱단들이, 죽었지만 파괴되지 않은 축생의 남성을 수행승의 앞으로 데리고 와서 그의 항문 … 그의 구강에 그의 성기를 들어가게 할 경우 … 그는 유격이고 수행승은 무격이고 … 그는 무격이고 수행승은 유격이고 … 그도 유격이고 수행승도 유격이고 … 그도 무격이고 수행승도 무격이고 간에, 그러한 적용시에 동의하지 않아 즐거움을 느끼지 않고, 삽입시에 동의하지 않아 즐거움을 느끼지 않아도, 유지시에 동의하여 즐거움을 느끼고, 인발시에 동의하여 즐거움을 느끼면, 승단추방죄를 범하는 것이다.

4) 수행승의 적대자들 … 적대자인 왕들 … 적대자인 도적들 … 적대자인 건달들 … 적대자인 갱단들이, 죽었지만 파괴되지 않은 축생의 남성을 수행승의 앞으로 데리고 와서 그의 항문 … 그의 구강에 그의 성기를 들어가게 할 경우 … 그는 유격이고 수행승은 무격이고 … 그는 무격이고 수행승은 유격이고 … 그도 유격이고 수행승도 유격이고 … 그도 무격이고 수행승도 무격이고 간에, 그러한 적용시에 동의하지 않아 즐거움을 느끼지 않고, 삽입시에 동의하지 않아 즐거움을 느끼지 않고, 유지시에 동의하지 않아 즐거움을 느끼지 않아도, 인발시에 동의하여 즐거움을 느끼면, 승단추방죄를 범하는 것이다.

5) 수행승의 적대자들 … 적대자인 왕들 … 적대자인 도적들 … 적대자인 건달들 … 적대자인 갱단들이, 죽었지만 파괴되지 않은 축생의 남성을 수행승의 앞으로 데리고 와서 그의 항문 … 그의 구강에 그의 성기를 들어가게 할 경우 … 그는 유격이고 수행승은 무격이고 … 그는 무격이고 수행승은 유격이고

… 그도 유격이고 수행승도 유격이고 … 그도 무격이고 수행승도 무격이고 간에, 그러한 적용시에 동의하지 않아 즐거움을 느끼지 않고, 삽입시에 동의하지 않아 즐거움을 느끼지 않고, 유지시에 동의하지 않아 즐거움을 느끼지 않고, 인발시에도 동의하지 않아 즐거움을 느끼지 않으면, 무죄이다.

9-26s.

1) 수행승의 적대자들 … 적대자인 왕들 … 적대자인 도적들 … 적대자인 건달들 … 적대자인 갱단들이, 죽었지만 대체로 파괴되지 않은 축생의 남성을 수행승의 앞으로 데리고 와서 그의 항문 … 그의 구강에 그의 성기를 들어가게 할 경우 … 그는 유격이고 수행승은 무격이고 … 그는 무격이고 수행승은 유격이고 … 그도 유격이고 수행승도 유격이고 … 그도 무격이고 수행승도 무격이고 간에, 그러한 적용시에 동의하여 즐거움을 느끼고, 삽입시에 동의하여 즐거움을 느끼고, 유지시에 동의하여 즐거움을 느끼고, 인발시에 동의하여 즐거움을 느끼면, 승단추방죄를 범하는 것이다.

2) 수행승의 적대자들 … 적대자인 왕들 … 적대자인 도적들 … 적대자인 건달들 … 적대자인 갱단들이, 죽었지만 대체로 파괴되지 않은 축생의 남성을 수행승의 앞으로 데리고 와서 그의 항문 … 그의 구강에 그의 성기를 들어가게 할 경우 … 그는 유격이고 수행승은 무격이고 … 그는 무격이고 수행승은 유격이고 … 그도 유격이고 수행승도 유격이고 … 그도 무격이고 수행승도 무격이고 간에, 그러한 적용시에 동의하지 않아 즐거움을 느끼지 않아도, 삽입시에 동의하여 즐거움을 느끼고, 유지시에 동의하여 즐거움을 느끼고, 인발시에 동의하여 즐거움을 느끼면, 승단추방죄를 범하는 것이다.

3) 수행승의 적대자들 … 적대자인 왕들 … 적대자인 도적들 … 적대자인 건달들 … 적대자인 갱단들이, 죽었지만 대체로 파괴되지 않은 축생의 남성을 수행승의 앞으로 데리고 와서 그의 항문 … 그의 구강에 그의 성기를 들어가게 할 경우 … 그는 유격이고 수행승은 무격이고 … 그는 무격이고 수행승은 유격이고 … 그도 유격이고 수행승도 유격이고 … 그도 무격이고 수행승도 무격이고 간에, 그러한 적용시에 동의하지 않아 즐거움을 느끼지 않고, 삽입시에 동의하지 않아 즐거움을 느끼지 않아도, 유지시에 동의하여 즐거움을 느끼고, 인발시에 동의하여 즐거움을 느끼면, 승단추방죄를 범하는 것이다.

4) 수행승의 적대자들 … 적대자인 왕들 … 적대자인 도적들 … 적대자인 건달들 … 적대자인 갱단들이, 죽었지만 대체로 파괴되지 않은 축생의 남성을 수행승

의 앞으로 데리고 와서 그의 항문 … 그의 구강에 그의 성기를 들어가게 할 경우 … 그는 유격이고 수행승은 무격이고 … 그는 무격이고 수행승은 유격이고 … 그도 유격이고 수행승도 유격이고 … 그도 무격이고 수행승도 무격이고 간에, 그러한 적용시에 동의하지 않아 즐거움을 느끼지 않고, 삽입시에 동의하지 않아 즐거움을 느끼지 않고, 유지시에 동의하지 않아 즐거움을 느끼지 않아도, 인발시에 동의하여 즐거움을 느끼면, 승단추방죄를 범하는 것이다.

5) 수행승의 적대자들 … 적대자인 왕들 … 적대자인 도적들 … 적대자인 건달들 … 적대자인 갱단들이, 죽었지만 대체로 파괴되지 않은 축생의 남성을 수행승의 앞으로 데리고 와서 그의 항문 … 그의 구강에 그의 성기를 들어가게 할 경우 … 그는 유격이고 수행승은 무격이고 … 그는 무격이고 수행승은 유격이고 … 그도 유격이고 수행승도 유격이고 … 그도 무격이고 수행승도 무격이고 간에, 그러한 적용시에 동의하지 않아 즐거움을 느끼지 않고, 삽입시에 동의하지 않아 즐거움을 느끼지 않고, 유지시에 동의하지 않아 즐거움을 느끼지 않고, 인발시에도 동의하지 않아 즐거움을 느끼지 않으면, 무죄이다.

9-26₉.

1) 수행승의 적대자들 … 적대자인 왕들 … 적대자인 도적들 … 적대자인 건달들 … 적대자인 갱단들이, 죽어서 거의 파괴된 축생의 남성을 수행승의 앞으로 데리고 와서 그의 항문 … 그의 구강에 그의 성기를 들어가게 할 경우 … 그는 유격이고 수행승은 무격이고 … 그는 무격이고 수행승은 유격이고 … 그도 유격이고 수행승도 유격이고 … 그도 무격이고 수행승도 무격이고 간에, 그러한 적용시에 동의하여 즐거움을 느끼고, 삽입시에 동의하여 즐거움을 느끼고, 유지시에 동의하여 즐거움을 느끼고, 인발시에 동의하여 즐거움을 느끼면, 추악죄를 범하는 것이다.

2) 수행승의 적대자들 … 적대자인 왕들 … 적대자인 도적들 … 적대자인 건달들 … 적대자인 갱단들이, 죽어서 거의 파괴된 축생의 남성을 수행승의 앞으로 데리고 와서 그의 항문 … 그의 구강에 그의 성기를 들어가게 할 경우 … 그는 유격이고 수행승은 무격이고 … 그는 무격이고 수행승은 유격이고 … 그도 유격이고 수행승도 유격이고 … 그도 무격이고 수행승도 무격이고 간에, 그러한 적용시에 동의하지 않아 즐거움을 느끼지 않아도, 삽입시에 동의하여 즐거움을 느끼고, 유지시에 동의하여 즐거움을 느끼고, 인발시에 동의하여 즐거움을 느끼면, 추악죄를 범하는 것이다.

3) 수행승의 적대자들 … 적대자인 왕들 … 적대자인 도적들 … 적대자인 건달들 … 적대자인 갱단들이, 죽어서 거의 파괴된 축생의 남성을 수행승의 앞으로 데리고 와서 그의 항문 … 그의 구강에 그의 성기를 들어가게 할 경우 … 그는 유격이고 수행승은 무격이고 … 그는 무격이고 수행승은 유격이고 … 그도 유격이고 수행승도 유격이고 … 그도 무격이고 수행승도 무격이고 간에, 그러한 적용시에 동의하지 않아 즐거움을 느끼지 않고, 삽입시에 동의하지 않아 즐거움을 느끼지 않아도, 유지시에 동의하여 즐거움을 느끼고, 인발시에 동의하여 즐거움을 느끼면, 추악죄를 범하는 것이다.

4) 수행승의 적대자들 … 적대자인 왕들 … 적대자인 도적들 … 적대자인 건달들 … 적대자인 갱단들이, 죽어서 거의 파괴된 축생의 남성을 수행승의 앞으로 데리고 와서 그의 항문 … 그의 구강에 그의 성기를 들어가게 할 경우 … 그는 유격이고 수행승은 무격이고 … 그는 무격이고 수행승은 유격이고 … 그도 유격이고 수행승도 유격이고 … 그도 무격이고 수행승도 무격이고 간에, 그러한 적용시에 동의하지 않아 즐거움을 느끼지 않고, 삽입시에 동의하지 않아 즐거움을 느끼지 않고, 유지시에 동의하지 않아 즐거움을 느끼지 않아도, 인발시에 동의하여 즐거움을 느끼면, 추악죄를 범하는 것이다.

5) 수행승의 적대자들 … 적대자인 왕들 … 적대자인 도적들 … 적대자인 건달들 … 적대자인 갱단들이, 죽어서 거의 파괴된 축생의 남성을 수행승의 앞으로 데리고 와서 그의 항문 … 그의 구강에 그의 성기를 들어가게 할 경우 … 그는 유격이고 수행승은 무격이고 … 그는 무격이고 수행승은 유격이고 … 그도 유격이고 수행승도 유격이고 … 그도 무격이고 수행승도 무격이고 간에, 그러한 적용시에 동의하지 않아 즐거움을 느끼지 않고, 삽입시에 동의하지 않아 즐거움을 느끼지 않고, 유지시에 동의하지 않아 즐거움을 느끼지 않고, 인발시에도 동의하지 않아 즐거움을 느끼지 않으면, 무죄이다.

9-27. 가능한 길을 통해서 가능한 길에 들게 하면, 승단추방죄를 범하는 것이다. 가능한 길을 통해서 길 아닌 길에 들게 해도, 승단추방죄를 범하는 것이다. 길 아닌 길을 통해서 가능한 길에 들게 해도, 승단추방죄를 범하는 것이다. 길 아닌 길을 통해서 길 아닌 길에 들게 하면, 추악죄를 범하는 것이다.[137)]

---

137) maggena maggaṃ paveseti, āpatti pārājikassa. maggena amaggaṃ paveseti, āpatti pārājikassa. amaggena maggaṃ paveseti, āpatti pārājikassa. amaggena amaggaṃ paveseti, āpatti thullaccayassa : Smp. 263에 따르면, 가능한 길로써 가능한 길에 들게 한다는 것은 여성의 세 가지 길, 항문, 성기(尿道), 구강의 셋 가운데 어느

9-28.

1) 수행승이 잠자는 수행승을 범하는데, 깨어난 자가 동의하여 즐거움을 느낀다면, 양자가 멸빈되어야 하고, 깨어난 자가 동의하지 않아 즐거움을 느끼지 않는다면, 폭행자가 멸빈되어야 한다.138)

2) 수행승이 잠자는 사미를 범하는데, 깨어난 자가 동의하여 즐거움을 느낀다면, 양자가 멸빈되어야 하고, 깨어난 자가 동의하지 않아 즐거움을 느끼지 않는다면, 폭행자가 멸빈되어야 한다.

3) 사미가 잠자는 수행승을 범하는데, 깨어난 자가 동의하여 즐거움을 느낀다면, 양자가 멸빈되어야 하고, 깨어난 자가 동의하지 않아 즐거움을 느끼지 않는다면, 폭행자가 멸빈되어야 한다.

4) 사미가 잠자는 사미를 범하는데, 깨어난 자가 동의하여 즐거움을 느낀다면, 양자가 멸빈되어야 하고, 깨어난 자가 동의하지 않아 즐거움을 느끼지 않는다면, 폭행자가 멸빈되어야 한다.

9-29. 알지 못했거나, 동의하지 않아 즐거움을 느끼지 않은 경우이거나, 정신이 착란된 자이거나, 마음이 심란한 자이거나, 애통해 하는 자이거나, 초범자의 경우는 무죄이다.139)

교도인연담 그 요약서시는 다음과 같다.

암원숭이, 밧지 족, 재가자, 벌거벗은, 이교도.
소녀, 우빨라반나, 특징에 관한 두 가지.140)
어머니, 딸, 자매, 처, 유연한, 늘어진,

하나를 통해서 자신의 성기를 들어가게 하거나, 두 길이 혼합되어 있을 경우에는(?) 요도를 통해 항문으로 들어가게 하거나 항문을 통해서 요도로 들어가게 하는 것을 뜻한다. '가능한 길을 통해 길 아닌 길에 들게 한다.'라는 것은 요도 등을 통해서 집어넣었다가 성기 주위의 상처 등을 통해서 삐져나오게 하는 것을 뜻한다. '길 아닌 길로써 가능한 길에 들게 한다.'라는 것은 성기 주위의 상처 등을 통해서 집어넣었다가 가능한 길을 통해 삐져나오게 하는 것을 뜻한다. 길 아닌 길로써 길 아닌 길에 들게 한다는 것은 성기 주위의 상처 등을 통해서 다른 성기 주위의 상처 등을 통해 삐져나오게 하는 것을 뜻한다. 여기서 상처 등에 관해서는 §10 이하의 교도인연담을 보면, 시신(屍身)와의 성적인 관계에서 시신에 난 상처를 의미한다.

138) nāsetabbo : '사라지게 해야 한다. 끝장내게 해야 한다.'라는 뜻이다.

139) anāpatti ajānantassa asādiyantassa ummattakassa khittacittassa vedanaṭṭassa ādikammikassāti : Smp. 269에 따르면, '정신이 착란된 자'는 담즙 등의 이상으로 약물로 치료해야 하는 기질적 정신환자를 말하고, '마음이 심란한 자'는 야차 등의 귀신이 들려 불이나 황금이나 똥도 똑같이 짓밟으며 돌아다니는 분열적 정신환자를 말한다. '애통해 하는 자'라는 것은 정도를 넘는 고통으로 아파해서 아무것도 모르는 자를 말한다.

140) makkaṭī vajjiputtā ca | gihī naggo va titthiyā | dārikuppalavaṇṇā ca | vyañjanehi'pare duve ||

두 개의 상처,[*34] 테라코타여인상, 나무조각여인상,[141]
쑨다라와 함께 다섯 가지, 다섯 가지 묘지와 해골들,
용녀, 야차녀, 아귀녀, 그리고 빤다까, 불구, 접촉.[142]
밧디야 시에서 누워 있는 거룩한 님, 더욱이 싸밧 티 시의 네 이야기,
베쌀리 시의 세 이야기, 화환, 꿈속에 발우깟차까.[143]
쑤빱바, 쌋다, 수행녀, 정학녀, 사미니,
기녀, 빤다까, 재가자, 서로, 노년의 출가자, 사슴.[144]

10-1. 한때 어떤 수행승이 암원숭이와 성적 교섭을 행했다. 그에게 이와 같이 '세존께서는 학습계율을 시설하셨다. 내가 승단추방죄를 범한 것이 아닐까?'라고 후회가 생겨났다. 세존께 그 사실을 알렸다.

[세존] "수행승이여, 그대는 승단추방죄를 범한 것이다."

10-2. 그때 많은 베쌀리 시의 밧지 족 출신의 수행승들이 학습계율을 부인하지도 않을 뿐만 아니라 학습계율에 대한 취약을 밝히지도 않고 성적 교섭에 빠져들었다. 그들에게 이와 같이 '세존께서는 학습계율을 시설하셨다. 내가 승단추방죄를 범한 것이 아닐까?'라고 후회가 생겨났다. 세존께 그 사실을 알렸다.

[세존] "수행승이여, 그대는 승단추방죄를 범한 것이다."

10-3. 그런데

1) 한때 어떤 수행승이 '이와 같이 하면 나에게 죄가 되지 않을 것이다.'라고 지각하고 재가자의 모습을 하고 성적 교섭을 행했다. 그에게 이와 같이 '세존께서는 학습계율을 시설하셨다. 내가 승단추방죄를 범한 것이 아닐까?'라고 후회가 생겨났다. 세존께 그 사실을 알렸다.

[세존] "수행승이여, 그대는 승단추방죄를 범한 것이다."

---

141) mātā dhītā bhaginī ca | jāyā ca mudu lambinā | dve vaṇā lepacittañ ca | dārudhītalikāya ca ||

142) sundarena saha pañca | pañca sīvathik'aṭṭhikā | nāgī yakkhī ca petī ca | paṇḍako upahato chupe || 쑨다라와 함께 다섯 가지(sundarena saha pañca)라와 관련된 이야기는 아래에서 하나만 언급된다. 여기서 다섯 가지는 여인의 두 마디 '존자여, 잠시 기다리십시오. 절을 올리겠습니다.'와 여인의 세 가지 행동 '절을 올리면서 하의를 들추어내어 자신의 입에 그의 성기를 집어넣는 것'을 의미하는 것이든지 아니면, 후술되는 기타의 네 가지 여인의 행동 관련된 이야기를 지칭한다.

143) bhaddiye arahaṃ sutto | sāvatthiyaṃ caturo'pare | vesāliyā tayo mallā | supine bhārukacchako || 여기서 mallā는 말라족과 관련하여 언급된 것이 아니고 화환(mālā)과 관계된 것이다.

144) supabbā saddhā bhikkhunī sikkhamānā sāmaṇerī ca | vesiyā paṇḍako gihī aññamaññaṃ buḍḍhapabbajito migo'ti ||

2) 한때 어떤 수행승이 '이와 같이 하면 나에게 죄가 되지 않을 것이다.'라고 지각하고 벌거벗고 성적 교섭을 행했다. 그에게 이와 같이 '세존께서는 학습계율을 시설하셨다. 내가 승단추방죄를 범한 것이 아닐까?'라고 후회가 생겨났다. 세존께 그 사실을 알렸다.
[세존] "수행승이여, 그대는 승단추방죄를 범한 것이다."

3) 한때 어떤 수행승이 '이와 같이 하면 나에게 죄가 되지 않을 것이다.'라고 지각하고 꾸싸풀옷을 입고[145] 성적 교섭을 행했다. 그에게 이와 같이 '세존께서는 학습계율을 시설하셨다. 내가 승단추방죄를 범한 것이 아닐까?'라고 후회가 생겨났다. 세존께 그 사실을 알렸다.
[세존] "수행승이여, 그대는 승단추방죄를 범한 것이다."

4) 한때 어떤 수행승이 '이와 같이 하면 나에게 죄가 되지 않을 것이다.'라고 지각하고 나무껍질옷을 입고 성적 교섭을 행했다. 그에게 이와 같이 '세존께서는 학습계율을 시설하셨다. 내가 승단추방죄를 범한 것이 아닐까?'라고 후회가 생겨났다. 세존께 그 사실을 알렸다.
[세존] "수행승이여, 그대는 승단추방죄를 범한 것이다."

5) 한때 어떤 수행승이 '이와 같이 하면 나에게 죄가 되지 않을 것이다.'라고 지각하고 목판옷을 입고 성적 교섭을 행했다. 그에게 이와 같이 '세존께서는 학습계율을 시설하셨다. 내가 승단추방죄를 범한 것이 아닐까?'라고 후회가 생겨났다. 세존께 그 사실을 알렸다.
[세존] "수행승이여, 그대는 승단추방죄를 범한 것이다."

6) 한때 어떤 수행승이 '이와 같이 하면 나에게 죄가 되지 않을 것이다.'라고 지각하고 머리카락옷을 입고 성적 교섭을 행했다. 그에게 이와 같이 '세존께서는 학습계율을 시설하셨다. 내가 승단추방죄를 범한 것이 아닐까?'라고 후회가 생겨났다. 세존께 그 사실을 알렸다.
[세존] "수행승이여, 그대는 승단추방죄를 범한 것이다."

7) 한때 어떤 수행승이 '이와 같이 하면 나에게 죄가 되지 않을 것이다.'라고 지각하고 양모옷을 입고 성적 교섭을 행했다. 그에게 이와 같이 '세존께서는 학습계율을 시설하셨다. 내가 승단추방죄를 범한 것이 아닐까?'라고 후회가 생겨났

---

145) kusacīraṃ nivāsetvā -pe- vākacīraṃ nivāsetvā -pe- phalakacīraṃ nivāsetvā -pe- kesakambalaṃ nivāsetvā -pe- vālakambalaṃ nivāsetvā -pe- ulūkapakkhaṃ nivāsetvā -pe- ajinakkhipaṃ nivāsetvā : 이하의 옷들에 대한 원어이다. AN. I. 240; 295; II. 206; Vin. I. 305; DN. I. 167에도 동일한 순서로 옷들이 언급된다.

다. 세존께 그 사실을 알렸다.

[세존] "수행승이여, 그대는 승단추방죄를 범한 것이다."

8) 한때 어떤 수행승이 '이와 같이 하면 나에게 죄가 되지 않을 것이다.'라고 지각하고 올빼미날개옷을 입고 성적 교섭을 행했다. 그에게 이와 같이 '세존께서는 학습계율을 시설하셨다. 내가 승단추방죄를 범한 것이 아닐까?'라고 후회가 생겨났다. 세존께 그 사실을 알렸다.

[세존] "수행승이여, 그대는 승단추방죄를 범한 것이다."

9) 한때 어떤 수행승이 '이와 같이 하면 나에게 죄가 되지 않을 것이다.'라고 지각하고 검은 영양의 가죽 끈을 그물처럼 짜서 만든 옷을 입고 성적 교섭을 행했다. 그에게 이와 같이 '세존께서는 학습계율을 시설하셨다. 내가 승단추방죄를 범한 것이 아닐까?'라고 후회가 생겨났다. 세존께 그 사실을 알렸다.

[세존] "수행승이여, 그대는 승단추방죄를 범한 것이다."

10-4. 한때 어떤 탁발수행승이 의자에 앉아서 소녀를 보고 욕망을 일으켜 엄지손가락을 성기에 집어넣어 그녀가 죽었다. 그에게 이와 같이 '세존께서는 학습계율을 시설하셨다. 내가 승단추방죄를 범한 것이 아닐까?'라고 후회가 생겨났다. 세존께 그 사실을 알렸다.

[세존] "수행승이여, 그대는 승단추방죄를 범한 것이다."

10-5. 한때[*35] 어떤 바라문 청년이 수행녀 우빨라반나146)에게 마음이 묶였다. 그래서 그 바라문 청년은 수행녀 우빨라반나의 마을로 탁발하러 들어가 초옥에 들어가 숨어 살았다. 수행녀 우빨라반나는 식후에 탁발에서 돌아와 발을 씻고 초옥에 들어와 침상에 누웠다. 그러자 그 바라문 청년은 수행녀 우빨라반나를 붙잡아 능욕했다. 수행녀 우빨라반나는 수행녀들에게 그 사실을 말했다. 수행녀들은 수행승들에게 그 사실을 알렸다.147) 수행승들은 세존께 그 사실을 알렸다.

[세존] "수행승들이여, 그녀가 동의하지 않아 즐거움을 느끼지 않았으면, 무죄이다."

---

146) Uppalavaṇṇā : 부처님의 여제자수행녀 가운데 '신통을 지닌 님 가운데 제일(iddhimantīnaṃ aggaṃ : 神通第一)'이다. 그녀는 싸밧티에서 부호의 딸로 태어났는데, 피부가 푸른 연꽃처럼 청정해서 우빨라반나라고 불렸다. 그녀가 성장하자 왕과 제후들이 다투어 청혼했다. 그러나 그녀는 아버지의 청을 받아들여 수행녀가 되었다. 그녀는 포살일에 등불을 밝히고 방을 쓸다가 등불을 관찰하는 불의 두루채움[火遍處 : tejokasiṇa]의 선정에 들어 마침내 거룩한 님[阿羅漢]이 되었다. 그녀는 특히 초월적 능력인 신변에 능했다.

147) Bhikkhuniyo bhikkhūnaṃ ekamatthaṃ ārocesuṃ : 수행녀들은 결코 세존께 직접 사실을 보고하지 않았다. 언제나 수행승들을 통해서 간접적으로 사실을 전달했다. 단, 부처님의 이모이자 양모였던, 마하빠자빠띠 고따미의 경우는 예외였다.

10-6. 그런데

1) 한때 어떤 수행승에게 여성의 특징이 드러났다.[148] 세존께 그 사실을 알렸다.

[세존] "수행승들이여, 그러한 친교사, 그러한 구족계, 그러한 법랍을 지닌 수행녀들과 만나는 것을 허용한다.[149] 수행승에 대한 죄로써 수행녀와 공통되는 그러한 죄는 수행녀에게도 죄이다. 수행승에 대한 죄로써 수행녀와 공통되지 않는 그러한 죄는 죄가 아니다."

2) 한때 어떤 수행녀가 남성의 특징을 드러내었다.[150] 세존께 그 사실을 알렸다.

[세존] "수행승들이여, 그러한 친교사, 그러한 구족계, 그러한 법랍을 지닌 수행승들과 만나는 것을 허용한다. 수행녀에 대한 죄로써 수행승과 공통되는 그러한 죄는 수행승에게도 죄이다. 수행녀에 대한 죄로써 수행승과 공통되지 않는 그러한 죄는 죄가 아니다."

10-7. 그런데

1) 한때 어떤 수행승이 '이와 같이 하면 나에게 죄가 되지 않을 것이다.'라고 지각하고 어머니와 성적 교섭을 행했다. 그에게 이와 같이 '세존께서는 학습계율을 시설하셨다. 내가 승단추방죄를 범한 것이 아닐까?'라고 후회가 생겨났다. 세존께 그 사실을 알렸다.

[세존] "수행승이여, 그대는 승단추방죄를 범한 것이다."

2) 한때 어떤 수행승이 '이와 같이 하면 나에게 죄가 되지 않을 것이다.'라고 지각하고 딸과 성적 교섭을 행했다. 그에게 이와 같이 '세존께서는 학습계율을 시설하셨다. 내가 승단추방죄를 범한 것이 아닐까?'라고 후회가 생겨났다. 세존께 그 사실을 알렸다.

[세존] "수행승이여, 그대는 승단추방죄를 범한 것이다."

3) 한때 어떤 수행승이 '이와 같이 하면 나에게 죄가 되지 않을 것이다.'라고 지각하고 자매와 성적 교섭을 행했다. 그에게 이와 같이 '세존께서는 학습계율을 시설하셨다. 내가 승단추방죄를 범한 것이 아닐까?'라고 후회가 생겨났다. 세존께 그 사실을 알렸다.

---

148) itthiliṅgaṃ pātubhūtaṃ hoti : 남전1권55의 여근생기(女根生起)라는 번역은 오해의 소지가 있다.

149) anujānāmi bhikkhave taññeva upajjhaṃ, tameva upasampadaṃ, tāni vassāni, bhikkhunīhi saṅkamituṃ : Smp. 273에 따르면, '그러한 친교사, 그러한 구족계'라는 것은 예전에 선택한 친교사, 예전에 부여받은 구족계를 말한다.

150) purisaliṅgaṃ pātubhūtaṃ hoti : 남전1권55의 남근생기(男根生起)라는 번역도 오해의 소지가 있다.

[세존] "수행승이여, 그대는 승단추방죄를 범한 것이다."

4) 한때 어떤 수행승이 '이와 같이 하면 나에게 죄가 되지 않을 것이다.'라고 지각하고 예전의 처와 성적 교섭을 행했다. 그에게 이와 같이 '세존께서는 학습계율을 시설하셨다. 내가 승단추방죄를 범한 것이 아닐까?'라고 후회가 생겨났다. 세존께 그 사실을 알렸다.

[세존] "수행승이여, 그대는 승단추방죄를 범한 것이다."

10-8. 그런데

1) 한때 어떤 수행승이 유연한 허리[151]를 갖고 있었다. 그는 욕구불만에 괴로워하다가[152] 자신의 성기를 입에 넣었다. 그에게 이와 같이 '세존께서는 학습계율을 시설하셨다. 내가 승단추방죄를 범한 것이 아닐까?'라고 후회가 생겨났다. 세존께 그 사실을 알렸다.

[세존] "수행승이여, 그대는 승단추방죄를 범한 것이다."

2) 한때 어떤 수행승이 성기가 길었다. 그는 욕구불만에 괴로워하다가 자신의 성기를 항문에 넣었다. 그에게 이와 같이 '세존께서는 학습계율을 시설하셨다. 내가 승단추방죄를 범한 것이 아닐까?'라고 후회가 생겨났다. 세존께 그 사실을 알렸다.

[세존] "수행승이여, 그대는 승단추방죄를 범한 것이다."

10-9. 그런데

1) 한때[*36] 어떤 수행승이 시신[153]을 보았다. 그 시신의 성기주변에 상처가 났다. 그는 이와 같이 '나에게 죄가 되지 않을 것이다.'라고 생각하여 그 시신의 성기를 통해서 자신의 성기를 집어넣고 그 시신의 상처로 삐져나오게 했다. 그에게 이와 같이 '세존께서는 학습계율을 시설하셨다. 내가 승단추방죄를 범한 것이 아닐까?'라고 후회가 생겨났다. 세존께 그 사실을 알렸다.

[세존] "수행승이여, 그대는 승단추방죄를 범한 것이다."

2) 한때 어떤 수행승이 시신을 보았다. 그 시신의 성기주변에 상처가 났다. 그는 이와 같이 '나에게 죄가 되지 않을 것이다.'라고 생각하여 그 시신의 상처를

---

151) mudupiṭṭhika : Smp. 177에 따르면, 그는 이전에 댄서였다.

152) anabhiratiyā pīḷito : 욕구불만이란 율장전체로 볼 때, 단지 명상수행에 대한 혐오를 의미하는 것이 아니라 좀더 구체적으로 성적인 욕구불만을 의미하는 것이다. 광의로 보면, 명상수행을 통해 성적인 욕구불만을 효과적으로 승화시키지 못해서 발생하는 것이라 볼 수 있다. 여기서도 욕구불만은 환속과 관련되어 설명되고 있다.

153) matasarīra : 죽은 인간의 시체를 말한다.

통해 자신의 성기를 집어넣고 그 시신의 성기로 삐벼나오게 했다. 그에게 이와 같이 '세존께서는 학습계율을 시설하셨다. 내가 승단추방죄를 범한 것이 아닐까?'라고 후회가 생겨났다. 세존께 그 사실을 알렸다.

[세존] "수행승이여, 그대는 승단추방죄를 범한 것이다."

10-10. 그런데

1) 한때 어떤 수행승이 욕망을 일으켜 테라코타상의 성기[154]에 자신의 성기를 접촉했다. 그에게 이와 같이 '세존께서는 학습계율을 시설하셨다. 내가 승단추방죄를 범한 것이 아닐까?'라고 후회가 생겨났다. 세존께 그 사실을 알렸다.

[세존] "수행승이여, 그대는 승단추방죄가 아니라 악작죄를 범한 것이다."

2) 한때 어떤 수행승이 욕망을 일으켜 목녀상의 성기에[155] 자신의 성기를 접촉했다. 그에게 이와 같이 '세존께서는 학습계율을 시설하셨다. 내가 승단추방죄를 범한 것이 아닐까?'라고 후회가 생겨났다. 세존께 그 사실을 알렸다.

[세존] "수행승이여, 그대는 승단추방죄가 아니라 악작죄를 범한 것이다."

10-11. 한때 라자가하[156] 시에서 출가한 쑨다라[157]라는 수행승이 차도를 따라 갔다. 어떤 여인이 말했는데, '존자여, 잠시 기다리십시오. 절을 올리겠습니다.'라고 말했다. 그녀는 절을 올리면서 하의를 들추어내어 자신의 입에 그의 성기를 집어넣었다. 그에게 이와 같이 '세존께서는 학습계율을 시설하셨다. 내가 승단추방죄를 범한 것이 아닐까?'라고 후회가 생겨났다. 세존께 그 사실을 알렸다.

[세존] "수행승이여, 그대는 동의하지 않아 즐거움을 느꼈는가?"

[수행승] "세존이시여, 저는 동의하지 않아 즐거움을 느끼지 않았습니다."[158]

[세존] "수행승이여, 동의하지 않아 즐거움을 느끼지 않았다면 무죄이다."

10-12. 그런데

1) 한때 어떤 여인이 수행승을 보고 이와 같이 말했다.

[여인] "존자여, 와서 성적 교섭을 합시다."

---

154) lepacittassa nimittaṃ : Smp. 278에 따르면, 조각상(cittakammarūpa)을 의미한다.

155) dārudhītalikāya nimittaṃ : Smp. 278에 따르면, 목조각(kaṭṭharūpa)를 의미한다.

156) Rājagaha : 한역으로 왕립 왕사성(王舍城)이라 하며 부처님 당시 마가다(Magadha) 국의 수도였다. 지금은 라즈기르(Rājgir)라고 불리며 비하르(Bihār)의 남쪽에 위치하고 있다.

157) Sundara : 율장의 이 곳에만 등장하는 인물이다. Smp. 278에 따르면, 그녀는 흐름에 든 님이었기 때문에 성교에 동의하여 즐거움을 느끼지 않았다.

158) nāhaṃ bhagavā sādiyin'ti : Smp. 278에 따르면, 그는 돌아오지 않는 님(不還者)이었기 때문에, 동의하지 않아 즐거움을 느끼지 않았다.

[수행승] "자매여, 그것은 나에게 불가합니다."

[여인] "존자여, 자 내가 애써 노력할 테니, 그대는 가만있으십시오. 그러면 죄가 되지 않을 것입니다."

그 수행승은 그렇게 했다. 그에게 이와 같이 '세존께서는 학습계율을 시설하셨다. 내가 승단추방죄를 범한 것이 아닐까?'라고 후회가 생겨났다. 세존께 그 사실을 알렸다.

[세존] "수행승이여, 그대는 승단추방죄를 범한 것이다."

2) 한때 어떤 여인이 수행승을 보고 이와 같이 말했다.

[여인] "존자여, 와서 성적 교섭을 합시다."

[수행승] "자매여, 그것은 나에게 불가합니다."

[여인] "존자여, 자 그대는 애써 노력하십시오, 내가 가만있을 것입니다. 그러면 죄가 되지 않을 것입니다."

그 수행승은 그렇게 했다. 그에게 이와 같이 '세존께서는 학습계율을 시설하셨다. 내가 승단추방죄를 범한 것이 아닐까?'라고 후회가 생겨났다. 세존께 그 사실을 알렸다.

[세존] "수행승이여, 그대는 승단추방죄를 범한 것이다."

3) 한때 어떤 여인이 수행승을 보고 이와 같이 말했다.

[여인] "존자여, 와서 성적 교섭을 합시다."

[수행승] "자매여, 그것은 나에게 불가합니다."

[여인] "존자여, 안쪽에서 문질러서 밖으로 사정하시오. 그러면 죄가 되지 않을 것입니다."

그 수행승은 그렇게 했다. 그에게 이와 같이 '세존께서는 학습계율을 시설하셨다. 내가 승단추방죄를 범한 것이 아닐까?'라고 후회가 생겨났다. 세존께 그 사실을 알렸다.

[세존] "수행승이여, 그대는 승단추방죄를 범한 것이다."

4) 한때 어떤 여인이 수행승을 보고 이와 같이 말했다.

[여인] "존자여, 와서 성적 교섭을 합시다."

[수행승] "자매여, 그것은 나에게 불가합니다."

[여인] "존자여, 바깥에서 문질러서 안으로 사정하시오. 그러면 죄가 되지 않을 것입니다."

그 수행승은 그렇게 했다. 그에게 이와 같이 '세존께서는 학습계율을 시설하셨다. 내가 승단추방죄를 범한 것이 아닐까?'라고 후회가 생겨났다. 세존께 그 사실을 알렸다.

[세존] "수행승이여, 그대는 승단추방죄를 범한 것이다."

10-13. 그런데

1) 한때 어떤 수행승이 묘지로 가서 파괴되지 않은 시신을 보고 그것과 성적 교섭[*37]을 행했다. 그에게 이와 같이 '세존께서는 학습계율을 시설하셨다. 내가 승단추방죄를 범한 것이 아닐까?'라고 후회가 생겨났다. 세존께 그 사실을 알렸다.

[세존] "수행승이여, 그대는 승단추방죄를 범한 것이다."

2) 한때 어떤 수행승이 묘지로 가서 대체로 파괴되지 않은 시신을 보고 그것과 성적 교섭을 행했다. 그에게 이와 같이 '세존께서는 학습계율을 시설하셨다. 내가 승단추방죄를 범한 것이 아닐까?'라고 후회가 생겨났다. 세존께 그 사실을 알렸다.

[세존] "수행승이여, 그대는 승단추방죄를 범한 것이다."

3) 한때 어떤 수행승이 묘지로 가서 대체로 파괴된 시신을 보고 그것과 성적 교섭을 행했다. 그에게 이와 같이 '세존께서는 학습계율을 시설하셨다. 내가 승단추방죄를 범한 것이 아닐까?'라고 후회가 생겨났다. 세존께 그 사실을 알렸다.

[세존] "수행승이여, 그대는 승단추방죄를 범한 것이다."

4) 한때 어떤 수행승이 묘지로 가서 목이 잘린 머리를 보고 그 열린 입안으로 자신의 성기를 마찰하며 넣었다. 그에게 이와 같이 '세존께서는 학습계율을 시설하셨다. 내가 승단추방죄를 범한 것이 아닐까?'라고 후회가 생겨났다. 세존께 그 사실을 알렸다.

[세존] "수행승이여, 그대는 승단추방죄를 범한 것이다."

5) 한때 어떤 수행승이 묘지로 가서 목이 잘린 머리를 보고 그 열린 입안으로 자신의 성기를 건드리지 않고 넣었다. 그에게 이와 같이 '세존께서는 학습계율을 시설하셨다. 내가 승단추방죄를 범한 것이 아닐까?'라고 후회가 생겨났다. 세존께 그 사실을 알렸다.

[세존] "수행승이여, 그대는 승단추방죄가 아니라 악작죄를 범한 것이다."

6) 한때 어떤 수행승이 한 여인에게 마음이 사로잡혔다. 그런데 그 여인이 죽어서 묘지에 버려졌는데, 뼈조각이 흩어졌다. 그후 그 수행승은 묘지에 가서 뼈조각

을 주워모아 여근을 만들어 자신의 성기를 삽입했다. 그에게 이와 같이 '세존께서는 학습계율을 시설하셨다. 내가 승단추방죄를 범한 것이 아닐까?'라고 후회가 생겨났다. 세존께 그 사실을 알렸다.

[세존] "수행승이여, 그대는 승단추방죄를 범한 것이다."

10-14. 그런데

1) 한때 어떤 수행승이 용녀와[159] 성적 교섭을 행했다. 그에게 이와 같이 '세존께서는 학습계율을 시설하셨다. 내가 승단추방죄를 범한 것이 아닐까?'라고 후회가 생겨났다. 세존께 그 사실을 알렸다.

[세존] "수행승이여, 그대는 승단추방죄를 범한 것이다."

2) 한때 어떤 수행승이 야차녀와[160] 성적 교섭을 행했다. 그에게 이와 같이 '세존께서는 학습계율을 시설하셨다. 내가 승단추방죄를 범한 것이 아닐까?'라고 후회가 생겨났다. 세존께 그 사실을 알렸다.

[세존] "수행승이여, 그대는 승단추방죄를 범한 것이다."

3) 한때 어떤 수행승이 아귀녀와[161] 성적 교섭을 행했다. 그에게 이와 같이 '세존께서는 학습계율을 시설하셨다. 내가 승단추방죄를 범한 것이 아닐까?'라고 후회가 생겨났다. 세존께 그 사실을 알렸다.

[세존] "수행승이여, 그대는 승단추방죄를 범한 것이다."

4) 한때 어떤 수행승이 빤다까와 성적 교섭을 행했다. 그에게 이와 같이 '세존께서는 학습계율을 시설하셨다. 내가 승단추방죄를 범한 것이 아닐까?'라고 후회가 생겨났다. 세존께 그 사실을 알렸다.

[세존] "수행승이여, 그대는 승단추방죄를 범한 것이다."

10-15. 한때 어떤 수행승이 감관들이 망가졌다.[162] 그는 '내가 즐거움이나 괴로움을 느끼지 못한다. 나에게 죄가 되지 않을 것이다.'라고 성적 교섭을 행했다. 그에게 이와 같이 '세존께서는 학습계율을 시설하셨다. 내가 승단추방죄를 범한 것이 아닐까?'라고 후회가 생겨났다. 세존께 그 사실을 알렸다.

[세존] "수행승이여, 그 어리석은 자는 느끼건 느끼지 않았건 간에 승단추방죄

---

159) nāgiyā : Smp. 279에 따르면, '젊은 용녀'(小女龍女: nāgamāṇavikā)를 의미한다.

160) yakkhiyā : Smp. 279에 따르면, 야차녀는 모두가 하늘여인들(天女: devatā)이다.

161) petiyā : Smp. 279에서는 다음과 같이 기술하고 있다. 타는 듯한 갈증의 아귀(nijjhamataṇhikapetī) 등에 접근해서는 안 된다. 천궁에 사는 아귀도 있다. 그들에게 한 달의 흑분의 기간에는 악하고 불건전한 것이 성숙하고 백분의 기간에는 하늘사람들(天神)처럼 성취를 체험한다.

162) upahatindriyo : 한역에서 패근(敗根)이라고 한다.

를 범한 것이다."

10-16. 한때 어떤 수행승이 '여인과 성적 교섭을 행해야지.'라고 지각하고 접촉하는 찰나에 후회가 생겨났다. 그에게 이와 같이 '세존께서는 학습계율을 시설하셨다. 내가 승단추방죄를 범한 것이 아닐까?'라고 후회가 생겨났다. 세존께 그 사실을 알렸다.

[세존] "수행승이여, 승단추방죄가 아니라 승단잔류죄를 범한 것이다."

10-17. 한때 어떤 수행승이 밧디야[163] 시의 자띠야바나[164] 숲에서 대낮을 보내려고 누었다. 그의 사지가 바람에 요동하고 있었다. 한 여인이 그것을 보고 성기 위에 올라 하고 싶은 대로 하고 떠났다. 수행승들이 누정된 것을 보고는 세존께 그 사실을 알렸다.

[세존] "수행승들이여,[*38] 다섯 가지 요인에 의해서 성기가 발기된다. 탐욕에 의해서, 대변에 의해서, 소변에 의해서, 바람에 의해서, '웃짜링가'라는 벌레에 물림에 의해서이다.[165] 수행승들이여, 이러한 다섯 가지 요인에 의해서 성기가 발기된다. 수행승들이여, 그 수행승이 탐욕에 의해서 성기가 발기한다는 것은 경우가 아니고 도리가 아니다. 수행승들이여, 그 수행승은 거룩한 님이다. 수행승들이여, 그 수행승은 무죄이다."

10-18. 그런데

1) 한때 어떤 수행승이 싸밧티[166] 시에 안다바나[167] 숲에 대낮을 보내려고 누워 있었다. 그때 어떤 소치는 여인이 그것을 보고 그의 성기 위에 앉았다. 그

---

163) Bhaddiya : 앙가(Aṅga) 국의 도시 이름이다. Vin. I. 190에 따르면, 이곳에서 승려들이 샌달을 신는 것을 금하는 계율이 제정되었다.

164) Jātiyāvana : 자띠야는 내용적으로 원시림을 지칭한다. Mrp. III. 245에 따르면, 이 원시림은 히말라야 산으로 통하는 총림의 일부였다.

165) pañcahi bhikkhave ākārehi aṅgajātaṃ kammaniyaṃ hoti: rāgena vaccena passāvena vātena uccāliṅgapāṇakadaṭṭhena : 웃짜링가(uccāliṅga)는 일종의 쐐기벌레를 말한다.

166) Sāvatthī : 부처님 당시 꼬쌀라(Kosala) 국의 수도로 사위성(舍衛城)이라 한역한다. 네팔 국경지역에 있는 오늘날의 고락뿌르(Gorakhpur)의 북서쪽에 위치하고 있다. 이 도시의 이름은 성자 싸밧타(Sāvattha)가 살았던 데서 유래한다고도 하고, 상업도시이므로 대상(隊商)들이 만나서 '어떤 상품이 있는가(kim bhandan atthi)'라고 물으면 '사밤앗티(sabham atthi : 모든 것이 있다)'라고 대답한 데서 유래한다고도 한다. 부처님께서는 승원생활의 대부분을 이곳에서 보내셨다.

167) Andhavana : '눈먼 숲'이란 뜻이다. Srp. I. 189에 따르면, 이곳에 500명의 도적들이 살고 있었다. 과거불인 깟싸빠 붓다가 열반에 들었을 때, 재가신자이자 전법사인 야쏘다라는 탑묘를 세울 돈을 모아서 가져오다가 그들의 습격을 받아 눈이 멀게 되었다. 이 도적들은 야쏘다라를 맹인으로 만든 과보로 모두 눈이 멀었다. 이 눈먼 맹인들의 이름을 따서 눈먼 숲이라고 한다. 이 숲은 싸밧티에서 남쪽으로 3.5km[1gāvuta] 떨어진 지점에 있다.

수행승은 적용에 동의하여 즐거움을 느끼고, 삽입에 동의하여 즐거움을 느끼고, 유지에 동의하여 즐거움을 느끼고, 인발시에 동의하지 않아 즐거움을 느꼈다. 그에게 이와 같이 '세존께서는 학습계율을 시설하셨다. 내가 승단추방죄를 범한 것이 아닐까?'라고 후회가 생겨났다. 세존께 그 사실을 알렸다.

[세존] "수행승이여, 그대는 승단추방죄를 범한 것이다."

2) 한때 어떤 수행승이 싸밧티 시에 안다바나 숲에 대낮을 보내려고 누워 있었다. 그때 어떤 양치는 여인이 그것을 보고 그의 성기 위에 앉았다. 그 수행승은 적용에 동의하여 즐거움을 느끼고, 삽입에 동의하여 즐거움을 느끼고, 유지에 동의하여 즐거움을 느끼고, 인발시에 동의하지 않아 즐거움을 느꼈다. 그에게 이와 같이 '세존께서는 학습계율을 시설하셨다. 내가 승단추방죄를 범한 것이 아닐까?'라고 후회가 생겨났다. 세존께 그 사실을 알렸다.

[세존] "수행승이여, 그대는 승단추방죄를 범한 것이다."

3) 한때 어떤 수행승이 싸밧티 시에 안다바나 숲에 대낮을 보내려고 누워 있었다. 그때 어떤 땔감줍는 여인이 그것을 보고 그의 성기 위에 앉았다. 그 수행승은 적용에 동의하여 즐거움을 느끼고, 삽입에 동의하여 즐거움을 느끼고, 유지에 동의하여 즐거움을 느끼고, 인발시에 동의하지 않아 즐거움을 느꼈다. 그에게 이와 같이 '세존께서는 학습계율을 시설하셨다. 내가 승단추방죄를 범한 것이 아닐까?'라고 후회가 생겨났다. 세존께 그 사실을 알렸다.

[세존] "수행승이여, 그대는 승단추방죄를 범한 것이다."

4) 한때 어떤 수행승이 싸밧티 시에 안다바나 숲에 대낮을 보내려고 누워 있었다. 그때 어떤 쇠똥줍는 여인이 그것을 보고 그의 성기 위에 앉았다. 그 수행승은 적용에 동의하여 즐거움을 느끼고, 삽입에 동의하여 즐거움을 느끼고, 유지에 동의하여 즐거움을 느끼고, 인발시에 동의하지 않아 즐거움을 느꼈다. 그에게 이와 같이 '세존께서는 학습계율을 시설하셨다. 내가 승단추방죄를 범한 것이 아닐까?'라고 후회가 생겨났다. 세존께 그 사실을 알렸다.

[세존] "수행승이여, 그대는 승단추방죄를 범한 것이다."

10-19. 한때 어떤 수행승이 베쌀리 시에 마하바나 숲에 대낮을 보내려고 누워서 자고 있었다. 그때 어떤 소치는 여인이 그것을 보고 그의 성기 위에 앉아서 하고 싶은 대로 한 뒤에 근처에서 웃으면서 서 있었다. 그 수행승은 깨어나자 그 여인에게 이와 같이 말했다.

[수행승] "그대가 한 짓입니까?"

[소치는 여인] "예, 제가 했습니다."

그에게 이와 같이 '세존께서는 학습계율을 시설하셨다. 내가 승단추방죄를 범한 것이 아닐까?'라고 후회가 생겨났다. 세존께 그 사실을 알렸다.

[세존] "수행승이여, 그대는 동의하지 않아 즐거움을 느꼈는가?"

[수행승] "세존이시여, 저는 알지 못했습니다."

[세존] "수행승이여, 알지 못했다면 무죄이다."

10-20. 그런데

1) 한때 어떤 수행승이 베쌀리 시에 있는 마하바나 숲에서 대낮을 보내기 위해서 나무밑에 의지해서 누워 있었다. 어떤 여인이 그것을 보고 그의 성기 위에 앉았다. 그 수행승은 놀라서 일어났다. 그에게 이와 같이 '세존께서는 학습계율을 시설하셨다. 내가 승단추방죄를 범한 것이 아닐까?'라고 후회가 생겨났다. 세존께 그 사실을 알렸다.

[세존] "수행승이여, 그대는 동의하지 않아 즐거움을 느꼈는가?"

[수행승] "세존이시여, 저는 동의하지 않아 즐거움을 느끼지 않았습니다."

[세존] "수행승이여, 동의하지 않아 즐거움을 느끼지 않았다면 무죄이다."

2) 한때 어떤 수행승이 베쌀리 시에 있는 마하바나 숲에서 대낮을 보내기 위해서 나무밑에 의지해서 누워 있었다. 어떤 여인이 그것을 보고 그의 성기 위에 앉았다. 그 수행승은 일어나 쫓아 보냈다. 그에게 이와 같이 '세존께서는 학습계율을 시설하셨다. 내가 승단추방죄를 범한 것이 아닐까?'라고 후회가 생겨났다. 세존께 그 사실을 알렸다.

[세존] "수행승이여, 그대는 동의하지 않아 즐거움을 느꼈는가?"

[수행승] "세존이시여, 저는 동의하지 않아 즐거움을 느끼지 않았습니다."

[세존] "수행승이여, 동의하지 않아 즐거움을 느끼지 않았다면 무죄이다."

10-21. 한때 어떤 수행승이 베쌀리 시에 있는 마하바나 숲에의 꾸따가라쌀라 강당에서 대낮을 보내려고 문을 열고 누워 있었다. 그의 사지가 바람에 의해서 요동하고 있었다. 그런데 그때 많은 여인들이 향[*39]과 화환을 가지고 승원에 와서 정사를 둘러보고 있었다. 그러다가 그 여인들은 그 수행승을 보고 그의 성기 위에 앉아 하고 싶은 대로 하고 '참으로 대장부이다.'라고 말하고 향과 화환을 주고는 떠났다. 수행승들이 누정된 것을 보고는 세존께 그 사실을 알렸다.

[세존] "수행승들이여, 다섯 가지 요인에 의해서 성기가 발기된다. 탐욕에 의해서, 대변에 의해서, 소변에 의해서, 바람에 의해서, '웃짜링가'라는 벌레에 물림에

의해서이다. 수행승들이여, 이러한 다섯 가지 요인에 의해서 성기가 발기된다. 수행승들이여, 그 수행승이 탐욕에 의해서 성기가 발기한다면, 그것은 경우가 아니고 도리가 아니다. 수행승들이여, 그 수행승은 거룩한 님이다. 수행승들이여, 그 수행승은 무죄이다. 수행승들이여, 대낮에 명상에 드는 자는 문을 닫고 명상에 드는 것을 허용한다."

10-22. 한때 어떤 바루깟차 출신의[168] 수행승이 꿈을 꾸면서 예전의 아내와 성적 교섭을 하다가 '나는 수행자에서 벗어났으니 환속해야겠다.'라고 바루깟차 시로 가다가 도중에 존자 우빨리[169]를 보고 그 사실을 알렸다. 존자 우빨리는 이와 같이 말했다.

[우빨리] "벗이여, 꿈을 꾼 것은 죄가 되지 않습니다."

10-23. 그런데

1) 한때 라자가하 시에 부처님을 믿는 재가의 여신도 쑤빱바[170]가 있었다. 그녀는 이와 같이 '성적 교섭을 베푸는 것이 최상의 보시이다.'라는 사견을 갖고 있었다. 그녀는 수행승을 보고 이와 같이 말했다.

[쑤빱바] "존자여, 와서 성적 교섭을 행합시다."

[수행승] "자매여, 그것은 불가합니다."

[쑤빱바] "존자여, 자, 가슴 안쪽으로 만지세요. 그러면 죄가 되지 않을 것입니다."

그 수행승은 그렇게 행했다. 그에게 이와 같이 '세존께서는 학습계율을 시설하셨다. 내가 승단추방죄를 범한 것이 아닐까?'라고 후회가 생겨났다. 세존께 그 사실을 알렸다.

[세존] "수행승이여, 승단추방죄가 아니라 승단잔류죄를 범한 것이다."

---

168) Bhārukacchaka : Jāt. III. 188; IV. 137에 따르면, 바루깟차(Bharukaccha) 시는 바루 국의 항구도시로 상인들이 쑤반나부미(Suvaṇṇabhūmi)로 가는 관문이었다.

169) Upāli : 부처님의 제자 수행승 가운데 '계율을 지키는 님 가운데 제일(vinayadharānaṃ aggaṃ)'이다. 그는 싸끼야 족의 궁중이발사였다. 아누룻다와 그의 조카들이 아누삐야(Anupiyā) 숲에서 부처님의 가르침을 따라 출가할 때 동행했는데, 왕자들이 값비싼 패물을 모두 그에게 넘겨주었으나 그는 거절하고 함께 출가하여 수행승이 되었다. 그가 거절한 사유는 그 패물을 받아 돌아가면 싸끼야 족의 왕자들을 살해하고 패물을 훔쳐왔다는 혐의를 받을까 두려워서였다. 부처님은 왕자들과 함께 천한 신분인 우빨리의 출가를 허락했기 때문에 왕자들은 자존심이 상했으나 어쩔 수 없었다. 우빨리의 친교사는 깝삐따까(Kappitaka)였다. 우빨리는 선정수행을 위해 숲속에서만 살길 원했으나 부처님은 가르침도 함께 배워야 한다고 충고했다. 그래서 우빨리는 다른 수행승들과 함께 수행해서 거룩한 님이 되었다. 부처님은 특히 우빨리에게 율장 전부를 가르쳤다. 계율에 관련된 우빨리와 부처님의 질의응답은 율장부수(Parivāra)의 우빨리빤짜까(Upāli-Pañcaka)에 나온다. 라자가하의 결집에서 우빨리는 율장의 결집을 주도했다. 그의 시는 Thag. 249-251에 실려 있다.

170) Supabbā : 쑤빱바는 라자가하 시의 재가의 여자신도로 이곳에만 등장한다.

2) 한때 라자가하 시에 부처님을 믿는 재가의 여신도 쑤빱바가 있었다. 그녀는 이와 같이 '성적 교섭을 베푸는 것이 최상의 보시이다.'라는 사견을 갖고 있었다. 그녀는 수행승을 보고 이와 같이 말했다.

[쑤빱바] "존자여, 와서 성적 교섭을 행합시다."

[수행승] "자매여, 그것은 불가합니다."

[쑤빱바] "존자여, 자, 배꼽을 만지세요. 그러면 죄가 되지 않을 것입니다."

그 수행승은 그렇게 행했다. 그에게 이와 같이 '세존께서는 학습계율을 시설하셨다. 내가 승단추방죄를 범한 것이 아닐까?'라고 후회가 생겨났다. 세존께 그 사실을 알렸다.

[세존] "수행승이여, 승단추방죄가 아니라 승단잔류죄를 범한 것이다."

3) 한때 라자가하 시에 부처님을 믿는 재가의 여신도 쑤빱바가 있었다. 그녀는 이와 같이 '성적 교섭을 베푸는 것이 최상의 보시이다.'라는 사견을 갖고 있었다. 그녀는 수행승을 보고 이와 같이 말했다.

[쑤빱바] "존자여, 와서 성적 교섭을 행합시다."

[수행승] "자매여, 그것은 불가합니다."

[쑤빱바] "존자여, 자, 배를 만지세요. 그러면 죄가 되지 않을 것입니다."

그 수행승은 그렇게 행했다. 그에게 이와 같이 '세존께서는 학습계율을 시설하셨다. 내가 승단추방죄를 범한 것이 아닐까?'라고 후회가 생겨났다. 세존께 그 사실을 알렸다.

[세존] "수행승이여, 승단추방죄가 아니라 승단잔류죄를 범한 것이다."

4) 한때 라자가하 시에 부처님을 믿는 재가의 여신도 쑤빱바가 있었다. 그녀는 이와 같이 '성적 교섭을 베푸는 것이 최상의 보시이다.'라는 사견을 갖고 있었다. 그녀는 수행승을 보고 이와 같이 말했다.

[쑤빱바] "존자여, 와서 성적 교섭을 행합시다."

[수행승] "자매여, 그것은 불가합니다."

[쑤빱바] "존자여, 자, 허리를 만지세요. 그러면 죄가 되지 않을 것입니다."

그 수행승은 그렇게 행했다. 그에게 이와 같이 '세존께서는 학습계율을 시설하셨다. 내가 승단추방죄를 범한 것이 아닐까?'라고 후회가 생겨났다. 세존께 그 사실을 알렸다.

[세존] "수행승이여, 승단추방죄가 아니라 승단잔류죄를 범한 것이다."

5) 한때 라자가하 시에 부처님을 믿는 재가의 여신도 쑤빱바가 있었다. 그녀는

이와 같이 '성적 교섭을 베푸는 것이 최상의 보시이다.'라는 사견을 갖고 있었다. 그녀는 수행승을 보고 이와 같이 말했다.

[쑤빱바] "존자여, 와서 성적 교섭을 행합시다."

[수행승] "자매여, 그것은 불가합니다."

[쑤빱바] "존자여, 자, 목을 만지세요. 그러면 죄가 되지 않을 것입니다."

그 수행승은 그렇게 행했다. 그에게 이와 같이 '세존께서는 학습계율을 시설하셨다. 내가 승단추방죄를 범한 것이 아닐까?'라고 후회가 생겨났다. 세존께 그 사실을 알렸다.

[세존] "수행승이여, 승단추방죄가 아니라 승단잔류죄를 범한 것이다."

6) 한때 라자가하 시에 부처님을 믿는 재가의 여신도 쑤빱바가 있었다. 그녀는 이와 같이 '성적 교섭을 베푸는 것이 최상의 보시이다.'라는 사견을 갖고 있었다. 그녀는 수행승을 보고 이와 같이 말했다.

[쑤빱바] "존자여, 와서 성적 교섭을 행합시다."

[수행승] "자매여, 그것은 불가합니다."

[쑤빱바] "존자여, 자, 귓구멍을 만지세요. 그러면 죄가 되지 않을 것입니다."

그 수행승은 그렇게 행했다. 그에게 이와 같이 '세존께서는 학습계율을 시설하셨다. 내가 승단추방죄를 범한 것이 아닐까?'라고 후회가 생겨났다. 세존께 그 사실을 알렸다.

[세존] "수행승이여, 승단추방죄가 아니라 승단잔류죄를 범한 것이다."

7) 한때 라자가하 시에 부처님을 믿는 재가의 여신도 쑤빱바가 있었다. 그녀는 이와 같이 '성적 교섭을 베푸는 것이 최상의 보시이다.'라는 사견을 갖고 있었다. 그녀는 수행승을 보고 이와 같이 말했다.

[쑤빱바] "존자여, 와서 성적 교섭을 행합시다."

[수행승] "자매여, 그것은 불가합니다."

[쑤빱바] "존자여, 자, 머리카락을 만지세요. 그러면 죄가 되지 않을 것입니다."

그 수행승은 그렇게 행했다. 그에게 이와 같이 '세존께서는 학습계율을 시설하셨다. 내가 승단추방죄를 범한 것이 아닐까?'라고 후회가 생겨났다. 세존께 그 사실을 알렸다.

[세존] "수행승이여, 승단추방죄가 아니라 승단잔류죄를 범한 것이다."

8) 한때 라자가하 시에 부처님을 믿는 재가의 여신도 쑤빱바가 있었다. 그녀는 이와 같이 '성적 교섭을 베푸는 것이 최상의 보시이다.'라는 사견을 갖고 있었

다. 그녀는 수행승을 보고 이와 같이 말했다.

[쑤빱바] "존자여, 와서 성적 교섭을 행합시다."

[수행승] "자매여, 그것은 불가합니다."

[쑤빱바] "존자여, 자, 손가락사이를 만지세요. 그러면 죄가 되지 않을 것입니다."

그 수행승은 그렇게 행했다. 그에게 이와 같이 '세존께서는 학습계율을 시설하셨다. 내가 승단추방죄를 범한 것이 아닐까?'라고 후회가 생겨났다. 세존께 그 사실을 알렸다.

[세존] "수행승이여, 승단추방죄가 아니라 승단잔류죄를 범한 것이다."

10-24. 그런데

1) 한때 싸밧티 시 부처님을 믿는 재가의 여신도 쌋다[171]가 있었다. 그녀는 이와 같이 '성적 교섭을 베푸는 것이 최상의 보시이다.'라는 사견을 갖고 있었다. 그녀는 수행승을 보고 이와 같이 말했다.

[쌋다] "존자여, 와서 성적 교섭을 행합시다."

[수행승] "자매여, 그것은 불가합니다."

[쌋다] "존자여, 자, 가슴 안쪽을 만지세요. 존자여, 제가 손으로 조작하여 누정시키겠습니다. 그러면 죄가 되지 않을 것입니다."

그 수행승은 그렇게 행했다. 그에게 이와 같이 '세존께서는 학습계율을 시설하셨다. 내가 승단추방죄를 범한 것이 아닐까?'라고 후회가 생겨났다. 세존께 그 사실을 알렸다.

[세존] "수행승이여, 승단추방죄가 아니라 승단잔류죄를 범한 것이다."

2) 한때 싸밧티 시 부처님을 믿는 재가의 여신도 쌋다가 있었다. 그녀는 이와 같이 '성적 교섭을 베푸는 것이 최상의 보시이다.'라는 사견을 갖고 있었다. 그녀는 수행승을 보고 이와 같이 말했다.

[쌋다] "존자여, 와서 성적 교섭을 행합시다."

[수행승] "자매여, 그것은 불가합니다."

[쌋다] "존자여, 자, 배꼽을 만지세요. 존자여, 제가 손으로 조작하여 누정시키겠습니다. 그러면 죄가 되지 않을 것입니다."

그 수행승은 그렇게 행했다. 그에게 이와 같이 '세존께서는 학습계율을 시설하

---

171) Saddhā : 싸밧티 시의 재가의 여신도로 이곳에만 등장한다.

셨다. 내가 승단추방죄를 범한 것이 아닐까?'라고 후회가 생겨났다. 세존께 그 사실을 알렸다.

[세존] "수행승이여, 승단추방죄가 아니라 승단잔류죄를 범한 것이다."

3) 한때 싸밧티 시 부처님을 믿는 재가의 여신도 쌋다가 있었다. 그녀는 이와 같이 '성적 교섭을 베푸는 것이 최상의 보시이다.'라는 사견을 갖고 있었다. 그녀는 수행승을 보고 이와 같이 말했다.

[쌋다] "존자여, 와서 성적 교섭을 행합시다."

[수행승] "자매여, 그것은 불가합니다."

[쌋다] "존자여, 자, 배를 만지세요. 존자여, 제가 손으로 조작하여 누정시키겠습니다. 그러면 죄가 되지 않을 것입니다."

그 수행승은 그렇게 행했다. 그에게 이와 같이 '세존께서는 학습계율을 시설하셨다. 내가 승단추방죄를 범한 것이 아닐까?'라고 후회가 생겨났다. 세존께 그 사실을 알렸다.

[세존] "수행승이여, 승단추방죄가 아니라 승단잔류죄를 범한 것이다."

4) 한때 싸밧티 시 부처님을 믿는 재가의 여신도 쌋다가 있었다. 그녀는 이와 같이 '성적 교섭을 베푸는 것이 최상의 보시이다.'라는 사견을 갖고 있었다. 그녀는 수행승을 보고 이와 같이 말했다.

[쌋다] "존자여, 와서 성적 교섭을 행합시다."

[수행승] "자매여, 그것은 불가합니다."

[쌋다] "존자여, 자, 허리를 만지세요. 존자여, 제가 손으로 조작하여 누정시키겠습니다. 그러면 죄가 되지 않을 것입니다."

그 수행승은 그렇게 행했다. 그에게 이와 같이 '세존께서는 학습계율을 시설하셨다. 내가 승단추방죄를 범한 것이 아닐까?'라고 후회가 생겨났다. 세존께 그 사실을 알렸다.

[세존] "수행승이여, 승단추방죄가 아니라 승단잔류죄를 범한 것이다."

5) 한때 싸밧티 시 부처님을 믿는 재가의 여신도 쌋다가 있었다. 그녀는 이와 같이 '성적 교섭을 베푸는 것이 최상의 보시이다.'라는 사견을 갖고 있었다. 그녀는 수행승을 보고 이와 같이 말했다.

[쌋다] "존자여, 와서 성적 교섭을 행합시다."

[수행승] "자매여, 그것은 불가합니다."

[쌋다] "존자여, 자, 목을 만지세요. 존자여, 제가 손으로 조작하여 누정시키겠

습니다. 그러면 죄가 되지 않을 것입니다."

그 수행승은 그렇게 행했다. 그에게 이와 같이 '세존께서는 학습계율을 시설하셨다. 내가 승단추방죄를 범한 것이 아닐까?'라고 후회가 생겨났다. 세존께 그 사실을 알렸다.

[세존] "수행승이여, 승단추방죄가 아니라 승단잔류죄를 범한 것이다."

6) 한때 싸밧티 시 부처님을 믿는 재가의 여신도 쌋다가 있었다. 그녀는 이와 같이 '성적 교섭을 베푸는 것이 최상의 보시이다.'라는 사견을 갖고 있었다. 그녀는 수행승을 보고 이와 같이 말했다.

[쌋다] "존자여, 와서 성적 교섭을 행합시다."

[수행승] "자매여, 그것은 불가합니다."

[쌋다] "존자여, 자, 귓구멍을 만지세요. 존자여, 제가 손으로 조작하여 누정시키겠습니다. 그러면 죄가 되지 않을 것입니다."

그 수행승은 그렇게 행했다. 그에게 이와 같이 '세존께서는 학습계율을 시설하셨다. 내가 승단추방죄를 범한 것이 아닐까?'라고 후회가 생겨났다. 세존께 그 사실을 알렸다.

[세존] "수행승이여, 승단추방죄가 아니라 승단잔류죄를 범한 것이다."

7) 한때 싸밧티 시 부처님을 믿는 재가의 여신도 쌋다가 있었다. 그녀는 이와 같이 '성적 교섭을 베푸는 것이 최상의 보시이다.'라는 사견을 갖고 있었다. 그녀는 수행승을 보고 이와 같이 말했다.

[쌋다] "존자여, 와서 성적 교섭을 행합시다."

[수행승] "자매여, 그것은 불가합니다."

[쌋다] "존자여, 자, 머리카락을 만지세요. 존자여, 제가 손으로 조작하여 누정시키겠습니다. 그러면 죄가 되지 않을 것입니다."

그 수행승은 그렇게 행했다. 그에게 이와 같이 '세존께서는 학습계율을 시설하셨다. 내가 승단추방죄를 범한 것이 아닐까?'라고 후회가 생겨났다. 세존께 그 사실을 알렸다.

[세존] "수행승이여, 승단추방죄가 아니라 승단잔류죄를 범한 것이다."

8) 한때 싸밧티 시 부처님을 믿는 재가의 여신도 쌋다가 있었다. 그녀는 이와 같이 '성적 교섭을 베푸는 것이 최상의 보시이다.'라는 사견을 갖고 있었다. 그녀는 수행승을 보고 이와 같이 말했다.

[쌋다] "존자여, 와서 성적 교섭을 행합시다."

[수행승] "자매여, 그것은 불가합니다."

[쌋다] "존자여, 자, 손가락사이를 만지세요. 존자여, 제가 손으로 조작하여 누정시키겠습니다. 그러면 죄가 되지 않을 것입니다."

그 수행승은 그렇게 행했다. 그에게 이와 같이 '세존께서는 학습계율을 시설하셨다. 내가 승단추방죄를 범한 것이 아닐까?'라고 후회가 생겨났다. 세존께 그 사실을 알렸다.

[세존] "수행승이여, 승단추방죄가 아니라 승단잔류죄를 범한 것이다."

10-25. 그런데

1) 한때 베쌀리 시에 릿차비 족 청년들이 수행승을 붙잡아 수행녀[172]와 행음하게 했다.[173] 양자가[*40] 함께 동의하여 즐거움을 느꼈다면, 양자가 멸빈되어야 한다. 양자가 모두 동의하지 않아 즐거움을 느끼지 않았다면, 양자가 무죄이다.

2) 한때 베쌀리 시에 릿차비 족 청년들이 수행승을 붙잡아 정학녀[174]와 행음하게 했다. 양자가 함께 동의하여 즐거움을 느꼈다면, 양자가 멸빈되어야 한다. 양자가 모두 동의하지 않아 즐거움을 느끼지 않았다면, 양자가 무죄이다.

3) 한때 베쌀리 시에 릿차비 족 청년들이 수행승을 붙잡아 사미니[175]와 행음하게 했다. 양자가 함께 동의하여 즐거움을 느꼈다면, 양자가 멸빈되어야 한다. 양자가 모두 동의하지 않아 즐거움을 느끼지 않았다면, 양자가 무죄이다.

4) 한때 베쌀리 시에 릿차비 족 청년들이 수행승을 붙잡아 기녀[176]와 행음하게 했다. 양자가 함께 동의하여 즐거움을 느꼈다면, 수행승은 멸빈되어야 한다. 수행승이 동의하지 않아 즐거움을 느끼지 않았다면, 수행승은 무죄이다.

5) 한때 베쌀리 시에 릿차비 족 청년들이 수행승을 붙잡아 빤다까와 행음하게 했다. 양자가 함께 동의하여 즐거움을 느꼈다면, 수행승은 멸빈되어야 한다. 수행승이 동의하지 않아 즐거움을 느끼지 않았다면, 수행승은 무죄이다.

6) 한때 베쌀리 시에 릿차비 족 청년들이 수행승을 붙잡아 유부녀와 행음하게

---

172) bhikkhunī : 산스크리트어로 빅슈니(bhikṣuṇī)로 한역에는 걸사녀(乞士女), 근사녀(勤事女)라고 하고 음사해서 필추니(苾芻尼)라고 한다. 출가하여 20 세 이상이 되어 구족계(具足戒)를 받은 여자를 뜻한다.

173) vippaṭipādesuṃ : 원의는 '죄를 저지르게 했다.'는 의미이다.

174) sikkhamānā : 한역의 정학녀(淨學女) 또는 식차마나(式叉摩那)이다. 20세 이전의 여자 출가자 가운데 20세 이전의 2년간은 정학녀라고 하고 그 이전은 사미니라고 한다. 만약에 여자출가자가 20세 이후에 출가해도 구족계를 받기 전에 2년간 견습하는 기간을 거쳐야 한다. 이 기간의 출가여인을 말한다.

175) sāmaṇerī : 산스크리트어도 동일하며, 한역에서는 근책녀(勤策女)라고 하고 음사해서 사미니(沙彌尼)라고 한다. 20세 이전의 여자 출가자 가운데 20세 이전의 2년간은 정학녀라고 하고 그 이전은 사미니라고 한다.

176) vesī : 하층계급에 속하는 여자이다.

했다. 양자가 함께 동의하여 즐거움을 느꼈다면, 수행승은 멸빈되어야 한다. 수행승이 동의하지 않아 즐거움을 느끼지 않았다면, 수행승은 무죄이다.
7) 한때 베쌀리 시에 릿차비 족 청년들이 수행승들을 붙잡아 서로서로 행음하게 했다. 양자가 함께 동의하여 즐거움을 느꼈다면, 양자가 멸빈되어야 한다. 양자가 모두 동의하지 않아 즐거움을 느끼지 않았다면, 양자가 무죄이다.

10-26. 그런데 한때 어떤 나이가 들어 출가한 수행승이 예전의 아내를 보러갔다. 그녀는 '존자여, 자 속퇴하십시오.'라고 그를 붙잡았다. 그 수행승은 물러나다가 엉덩방아를 찧었다.177) 그녀는 굽혀서 성기 위에 앉았다. 그에게 후회가 생겨났다. 세존께 그 사실을 알렸다.

[세존] "수행승이여, 동의하지 않아 즐거움을 느끼지 않았다면 무죄이다."

10-27. 그런데 한때 어떤 수행승이 숲속에서 살았다. 어린 사슴이 그의 소변을 먹고자 다가와서 소변을 볼 때 입으로 그의 성기를 핥았다. 그 수행승은 동의하여 즐거움을 느꼈다. 그에게 후회가 생겨났다. 세존께 그 사실을 알렸다.

[세존] "수행승이여, 그대는 승단추방죄를 범한 것이다."178)

1. 2. 승단추방죄법 제2조

주지 않은 것을 빼앗음에 대한 학습계율[Adinnādānasikkhāpada]

1-1. 한때[*41] 존귀한 부처님께서 라자가하 시에 있는 깃자꾸따179) 산에 계셨다. 그런데 그때 많은 도반이자 친구들인 수행승들이 이씨길리180) 산록에 오두막을 만들고 안거에 들어갔다. 존자 다니야 꿈바까라뿟따181)도 오두막을 만들고 안거에 들어갔다. 그런데 그 수행승들은 안거 삼개월을 지나 오두막을 부수고

177) so bhikkhu paṭikkamanto uttāno paripati : Smp. 284에 따르면, 그는 뒷걸음치다가 나이들어 허약한 것 때문에 넘어졌다. 그러나 그는 감각적 쾌락의 욕망을 여읜 돌아오지 않는 님이었기 때문에, 동의하지 않아 즐거움을 느끼지 않았다.

178) āpattiṃ tvaṃ bhikkhu āpanno pārājikan'ti : 남전1권63에서는 '승단추방죄를 범한 것이 아니다.'로 잘못 오기되었다.

179) Gijjhakūṭa : 라자가하 시를 둘러 싼 다섯 개의 산들의 하나. 한역은 영취산(靈鷲山)이다. 라자가하 시에서는 수행을 하기에는 가장 좋은 산이었다. 부처님은 이곳을 찾아 명상하시기를 좋아했는데, 어둠 속에서나 비가 내리는 가운데도 이곳에서 명상했다. 그러나 데바닷따가 굴린 돌에 발을 상한 것도 이곳 산기슭에서였다.

180) Isigili : 이씨길리는 '선인(仙人)이 사는 산'이란 뜻인데, 라자가하 시를 둘러싼 오악(五嶽) 가운데 하나이다.

181) Dhaniyo Kumbhakāraputto : 옹기장이의 아들 다니야라는 뜻이다. Thag. V. 228-230에 그의 시가 등장한다. 그의 에피소드는 율장에 이곳에 주로 등장한다.

풀과 나무를 정리하고 지방순례를 떠났다.

그러나 존자 다니야 꿈바까라뿟따는 그곳에서 우기를 지내고 겨울도 지내고 여름도 지냈다. 그런데 존자 다니야 꿈바까라뿟따가 마을로 탁발하러 들어간 사이에 풀을 수집하고 나무를 수집하는 사람이 오두막을 부수고 풀과 나무를 가지고 가버렸다. 두 번째에도 존자 다니야 꿈바까라뿟따는 풀과 나무를 모아서 오두막을 만들었다. 두 번째에도 존자 다니야 꿈바까라뿟따는 마을로 탁발하러 들어간 사이에 풀을 수집하고 나무를 수집하는 사람이 오두막을 부수고 풀과 나무를 가지고 가버렸다. 세 번째에도 존자 다니야 꿈바까라뿟따는 풀과 나무를 모아서 오두막을 만들었다. 세 번째에도 존자 다니야 꿈바까라뿟따는 마을로 탁발하러 들어간 사이에 풀을 수집하고 나무를 수집하는 사람이 오두막을 부수고 풀과 나무를 가지고 가버렸다.

그러자 존자 다니야 꿈바까라뿟따는 이와 같이 생각했다.

[다니야] '세 번에 걸쳐서 내가 마을로 들어가 탁발하는 사이에 풀을 수집하고 나무를 수집하는 사람이 오두막을 부수고 풀과 나무를 가지고 가버렸다. 나는 나의 스승의 도자를 만드는 기술에 숙달되어 있고 정련되어 있다. 내가 스스로 진흙을 이겨서 순전히 진흙으로 만든 오두막을 만들면 어떨까?'

그래서 존자 다니야 꿈바까라뿟따는 스스로 진흙을 이겨서[*42] 순전히 진흙으로 만든 집을 만들고, 풀과 나무와 쇠똥을 모아서 그 오두막을 구웠다. 그 오두막은 무당벌레[182]처럼 아름답고 보기에 좋고 쾌적하고 붉은 색을 띠었고, 그 오두막의 소리는 작은 종의 소리처럼 울렸다.

1-2. 마침 세존께서 많은 수행승들과 함께 깃자꾸따 산에서 내려와 그 아름답고 보기에 좋고 쾌적하고 붉은 색을 띤 오두막을 보았다. 보고나서 수행승들에게 일렀다.

[세존] "수행승들이여, 무당벌레처럼 아름답고 보기에 좋고 쾌적하고 붉은 색을 띤 저 오두막은 무엇인가?"

그 수행승들은 세존께 그 사실을 알렸다. 존귀한 부처님께서는 견책했다.

[세존] "수행승들이여, 그 어리석은 자는 적절하지 않고, 자연스럽지 않고, 알맞지 않고, 수행자의 삶이 아니고, 부당하고, 해서는 안 될 일을 한 것이다. 수행승들이여, 어찌 그 어리석은 자가 순전히 진흙으로 만든 오두막을 지을 수 있단

182) indagopaka : 글자 그대로 하자면. '인드라 신의 목자(牧者)'라는 뜻이다.

말인가? 수행승들이여, 그 어리석은 자에게 뭇삶에 대한 자애와 연민과 불상해가 없는 것이 아닌가.[183] 수행승들이여, 가서 그 오두막을 부수어라. 뒤에 오는 자들은 뭇삶에 대하여 상해하지 말게 하라. 수행승들이여, 순전히 진흙으로 만든 오두막을 지어서는 안 된다. 짓는다면, 악작죄를 범하는 것이다."[184]

[수행승들] "세존이시여, 알겠습니다."

그 수행승들은 세존께 대답하고 그 오두막이 있는 곳을 찾아갔다. 가까이 다가가서 그 오두막을 부수었다. 그러자 존자 다니야 꿈바까라뿟따는 그 수행승들에게 이와 같이 말했다.

[다니야] "벗들이여, 어찌 그대들은 오두막을 부수는가?"

[수행승들] "벗이여, 세존께서 부수라고 하신 것입니다."

[다니야] "벗들이여, 만약에 진리의 주인[185]께서 부수라고 시키셨다면, 부수십시오."

1-3. 그후 존자 다니야 꿈바까라뿟따는 이와 같이 생각했다.

[다니야] '세 번에 걸쳐서 내가 마을로 들어가 탁발하는 사이에 풀을 수집하고 나무를 수집하는 사람이 오두막을 부수고 풀과 나무를 가지고 가버렸다. 내가 스스로 진흙을 이겨서 순전히 진흙으로 오두막을 만들었는데, 그것도 세존에 의해서 부수어졌다. 목재소의 주재관은 나와 잘 안다. 만약 내가 목재소의 주재관에게 목재를 구해서 나무로 만든 오두막을 지으면 어떨까?'

그래서 존자 다니야 꿈바까라뿟따는 목재소의 주재관이 있는 곳을 찾아갔다. 가까이 다가가서 목재소의 주재관에게 이와 같이 말했다.

[다니야] "벗이여, 세 번에 걸쳐서 내가 마을로 들어가 탁발하는 사이에 풀을 수집하고 나무를 수집하는 사람이 오두막을 부수고 풀과 나무를 가지고 가버렸습니다. 내가 스스로 진흙을 이겨서 순전히 진흙으로 오두막을 만들었는데, 그것도 세존에 의해서 부수어졌습니다. 벗이여, 나에게 나무를 좀 주시오. 나무로 만든 오두막을 짓고자 합니다."

---

183) na hi nāma bhikkhave tassa moghapurisassa pāṇesu anuddayā anukampā avihesā bhavissati : 부처님은 진흙이 구워질 때 죽을 수 있는 진흙속의 작은 벌레까지 자애와 연민을 가져야 한다고 언급한 것이다.

184) yo kareyya āpatti dukkaṭassā'ti : Smp. 289에 따르면, 초범자이기 때문에 다니야에게는 죄가 없다.

185) dhammassāmī : AN. V. 226에 진리의 주인이 등장한다: '세존께서는 아는 것을 알고 보는 것을 봅니다. 그는 눈을 갖춘 님이고 지혜로운 님이고 가르침을 베푸는 님이고 위없는 님이고 선언하는 님이고 설명하는 님이고 목표로 이끄는 님이고 불사를 베푸는 님이고 진리의 주인이고 여래이십니다. 그렇지만 존자 아난다는 스승께서 칭찬하고 청정한 삶을 사는 지혜로운 자로서 존경받고 계십니다.

[목재소의 주재관] "존자여, 제가 존자에게 줄 목재가 없습니다.[*43] 존자여, 왕립목재로서 재해용으로 저장된 성곽수리목재가 있습니다. 존자여, 왕께서 그것을 주신다면, 가져가십시오."

[다니야] "벗이여, 왕께서 주신 것입니다."

그러자 목재소의 주재관은 이와 같이 '이 수행자 싸끼야의 아들들은 진리에 따라 행하고 평화롭게 행하고 청정하게 행하고 진실을 말하고 계행을 지키고 선한 원리를 지닌 자이다. 왕도 역시 이들에 대하여 청정한 믿음을 갖고 있다. 준 것을 주지 않은 것이라고 하는 것은 옳지 않다.'라고 지각하고 존자 다니야 꿈바까라뿟따에게 이와 같이 말했다.

[목재소의 주재관] "존자여, 가져가십시오."

그래서 존자 다니야 꿈바까라뿟따는 그 목재를 조각조각으로 잘라서 수레에 싣고 운반해서 목재로 만든 오두막을 지었다.

1-4. 그때 마가다[186] 국의 대신 바라문 밧싸까라[187]는 라자가하 시에서 국사를 감찰하면서 목재소의 주재관이 있는 곳을 찾아왔다. 가까이 다가와서 목재소의 주재관에게 이와 같이 말했다.

[밧싸까라] "이보시오, 왕립목재로서 재해용으로 저장된 성곽수리목재가 있는데, 그 목재는 어디에 있는가?"

[목재소의 주재관] "대신이여, 그 목재는 왕에 의해서 존자 다니야 꿈마까라뿟따에게 주어졌습니다."

그러자 마가다 국의 대신 바라문 '밧싸까라'는 불쾌해 했다.

[밧싸까라] "어찌 폐하께서 왕립목재로서 재해용으로 저장된 성곽수리목재를 존자 다니야 꿈마까라뿟따에게 주겠습니까?"

---

186) Magadha : 부처님 당시의 인도의 꼬쌀라(Kosala), 방싸(Vaṃsa), 아반띠(Avanti)와 더불어 사대강국의 하나. 수도는 라자가하(Rājagaha) – 나중에 빠딸리뿟따(Pāṭaliputta)로 천도되었다. – 였고 당시의 왕은 빔비싸라(Bimbisāra)와 그의 아들 아자따쌋뚜(Ajātasattu)였다. 앙가(Aṅga) 국은 빔비싸라 왕 당시에 마가다 국에 합병되어 있었다. 당시 마가다(Magadha)는 팔만 개의 마을로 구성되었고 약 1500km에 걸쳐 크기를 자랑했다. 그후 아자따삿투 왕은 꼬쌀라(Kosala)라는 대국을 병합하였다. 나중에 아쏘까(Asoka) 대왕의 등장으로 이어진다. 마가다 국은 불교의 진정한 발생지로 삼차결집 이후에 이곳에서 불교가 전세계로 퍼져나간다. 부처님의 수제자 싸리뿟따(Sāriputta)와 목갈라나(Moggallāna)도 이곳 출신이었다.

187) Vassakāra : 마가다 국의 빔비싸라 왕과 그의 아들 아자따쌋뚜 왕의 대신이었다. Vin. I. 228; DN. II. 82; Ud. 87에 따르면, 그와 대신 쑤니다(Sunidha)는 밧지족에 대항해서 빠딸리가마에 요새를 세웠다. DN. II. 72에 따르면, 아자따쌋뚜 왕은 밧지 족을 정복하기 위해 밧싸까라를 파견하여 부처님의 고견을 물었다. 그러자 부처님께서는 밧지 족이 전통과 도덕을 중시하는 한, 정복될 수 없다고 그에게 충고한다. 그러나 부처님이 열반에 드신 이후에, 아자따쌋뚜 왕은 대신 밧싸까라(Vassakāra)의 도움으로 밧지 족을 이간질해서 그 나라를 정복했다.

마가다 국의 대신 바라문 '밧싸까라'는 마가다 국의 왕 쎄니야 빔비싸라[188)]가 있는 곳을 찾아갔다. 가까이 다가가서 마가다 국의 왕 쎄니야 빔비싸라에게 이와 같이 말했다.

[밧싸까라] "폐하, 왕립목재로서 재해용으로 저장된 성곽수리목재를 존자 다니야 꿈마까라뿟따에게 주었습니까?"

[빔비싸라] "누가 그러던가?"

[밧싸까라] "폐하, 목재소의 주재관입니다."

[빔비싸라] "바라문이여, 그렇다면 그 목재소의 주재관을 잡아오라."

그러자 마가다국의 대신 바라문 '바싸까라'는 목재소의 주재관을 묶어서 잡아왔다. 존자 다니야 꿈바까라뿟따는 목재소의 주재관이 묶여서 끌려가는 것을 보았다. 보고나서 목재소의 주재관에게 이와 같이 말했다.

[다니야] "벗이여, 그대는 왜 묶여서 끌려 가는가?"

[목재소의 주재관] "그 목재에 대한 의무 때문입니다."

[다니야] "벗이여, 가십시오. 나도 가겠습니다."

[목재소의 주재관] "존자여, 내가 처형되기 전에 와야 합니다."

1-5. 그래서 존자 다니야 꿈바까라뿟따는 마가다 국의 왕 쎄니야 빔비싸라의 처소가 있는 곳을 찾아갔다. 가까이 다가가서 마련된 자리에 앉았다. 그러자 마가다 국의 왕 쎄니야 빔비싸라가 존자 다니야 꿈바까라뿟따가 있는 곳으로[*44] 다가왔다. 가까이 다가와서 존자 다니야 꿈바까라뿟따에게 인사를 하고 한쪽에 앉았다. 한쪽에 앉아서 마가다 국의 왕 쎄니야 빔비싸라는 존자 다니야 꿈바까라뿟따에게 이와 같이 말했다.

[빔비싸라] "존자여, 내가 왕립목재로서 재해용으로 저장된 성곽수리목재를 존자에게 주었다는 것이 사실입니까?"

[다니야] "폐하, 그렇습니다."

[빔비싸라] "존자여, 우리 왕들은 다망하여 할 일 많아, 주었다고 해도 기억을 하지 못합니다. 존자여, 부디 그것을 상기시켜주시오."

[다니야] "폐하, 최초로 왕위에 즉위할 때 이와 같이 '수행자와 성직자에게 풀과 나무와 물이 주어졌으니 사용하십시오.'라고 말했습니다."

---

188) Seniyo Bimbisāro : 마가다 국의 왕으로 부처님의 후원자였다. 그는 라자가하 시에서 15살에 왕위를 물려받아 52년 간을 통치했다. 부처님은 빔비싸라 왕보다 5살이 많았다. 그들은 그들의 부모 사이에 있었던 우정 때문에 젊었을 때부터 서로 친구가 되었다.

[빔비싸라] "존자여, 나는 기억합니다. 존자여, 부끄러움을 알고 창피함을 알고 학습계율을 지키고자 하는 수행자들이나 성직자들이 있습니다. 그들을 위하여 내가 말한 것입니다. 그러나 그것은 숲속에서 타인에 의해 소유되지 않은 것들입니다.[189] 존자여, 그대는 그 구실로 주지 않은 목재를 훔치려고 생각했습니다. 어떻게 나와 같은 사람이 이 왕국에 사는 수행자들이나 성직자들을 죽이거나 체포하거나 추방시키겠습니까? 존자여, 가십시오. 그대는 옷 때문에[190] 방면된 것입니다. 다시는 이런 짓을 하지 마십시오."

1-6. 사람들은 혐책하고 분개하고 비난했다.[191]

[사람들] "이 수행자들 싸끼야의 아들들은 부끄러움을 모르고 계행을 지키지 않고 거짓말을 한다. 이 수행자 싸끼야의 아들들은 진리에 따라 행하고 평화롭게 행하고 청정하게 행하고 진실을 말하고 계행을 지키고 선한 원리를 지닌 자라고 자칭한다. 이들에게는 수행자의 덕성도 없고, 이들에게는 성직자의 덕성도 없고, 이들에게는 수행자의 덕성도 상실되었고, 이들에게는 성직자의 덕성도 상실되었다. 어디에 수행자의 덕성이 있고, 어디에 성직자의 덕성이 있는가? 이들은 수행자의 덕성에서 떠났고, 이들은 성직자의 덕성에서 떠났다. 이들은 왕도 속이는데, 다른 사람들은 말해무엇하겠는가?"

수행승들은 그 사람들이 혐책하고 분개하고 비난하는 것을 들었다. 수행승들 가운데 욕망을 여의고, 만족을 알고, 부끄러움을 알고, 후회할 줄 알고, 배움을 원하는 자들이 있는데, 그들도 혐책하고 분개하고 비난했다.

[욕망을 여읜 수행승들] "어찌 존자 다니야 꿈바까라뿟따가 왕립목재를 훔칠 수 있단 말인가?"

그래서 그 수행승들은 세존께 그 사실을 알렸다. 그러자 세존께서는 그것을 인연으로 그것을 기회로 수행승들의 참모임을 불러 모으게 하고 존자 다니야 꿈바까라뿟따에게 이와 같이 물었다.

---

189) tañca kho araññe aparaggahitaṃ : Smp. 295에 따르면, '타인에 의해 소유되지 않은 것들'은 왕이 마음대로 할 수 있다는 뜻이다.

190) lomena : '털 때문에'라는 뜻이지만 의역한다. Smp. 295에 따르면, 털은 옷을 의미하며 출가자의 특징이다. 악한 마음을 먹은 사람들이 육고기를 먹기 위해 염소를 부드러운 옷으로 덮었다. 현명한 사람이 와서 염소의 옷이 값비싼 것이라고 생각했다. 그래서 염소 두 마리를 주고 그 값비싼 옷을 샀다. 그래서 그 염소는 그 옷 또는 털 때문에 방면되었다.

191) manussā ujjhāyanti khīyanti vipācenti : Smp. 296에 따르면, '혐책하고(ujjhāyanti)'는 경멸하고 무시하고 화내고 저열하다고 생각하는 것을 의미한다. '분개하고(khīyanti)'는 헐뜯고, 비난하고, 폭로하는 것을 의미한다. '비난하다(vipācenti)'라는 것은 '널리 퍼뜨리고 사방에 퍼뜨리는 것'을 뜻한다.

[세존] "다니야여, 그대가 왕립목재를 훔친 것이 사실인가?"

[다니야] "세존이시여, 사실입니다."

존귀한 부처님께서는 견책했다.

[세존] "어리석은 자여, 그것은 적절하지 않고, 자연스럽지 않고, 알맞지 않고, 수행자의 삶이 아니고, 부당하고, 해서는 안 될 일이다. 어리석은 자여,[*45] 어찌 그대가 왕립목재를 훔칠 수 있단 말인가? 어리석은 자여, 그것은 아직 청정한 믿음이 없는 자를 청정한 믿음으로 이끌고, 이미 청정한 믿음이 있는 자를 더욱더 청정한 믿음으로 이끄는 것이 아니다. 어리석은 자여, 그것은 오히려, 아직 청정한 믿음이 없는 자를 불신으로 이끌고, 이미 청정한 믿음이 있는 자 가운데 어떤 자들을 타락시키는 것이다."

그런데 그때 예전의 법무대신이었던 한 수행승이 수행승들 가운데 출가하여 세존에게서 멀지 않은 곳에 앉아 있었다. 그때 세존께서는 그 수행승에게 이와 같이 말했다.

[세존] "수행승이여, 마가다 국의 왕 쎄니야 빔비싸라는 얼마나 많은 도둑을 붙잡아 처형하거나 포박하거나 추방하였는가?"

[수행승] "세존이시여, 빠다192)에 해당하거나 '빠다'남짓합니다."

그 당시에 라자가하 시에서는 5 마싸까193)가 1 빠다에 해당했다. 그때 세존께서는 존자 다니야 꿈바까라뿟다에게 여러 가지 방편으로 견책하여 키우기 어렵고 부양하기 어렵고 탐욕이 많고 만족을 모르고 교제를 좋아하고 나태한 것에 대해 질책하고, 여러 가지 법문으로 고무하여 키우기 쉽고 부양하기 쉽고 욕심을 여의고, 만족을 알고, 버리고 없애는 삶, 악을 제거하는 삶, 청정한 믿음의 삶, 쌓아 모우지 않는 삶, 용맹정진의 삶을 칭찬하고, 수행승들을 위하여 그에 알맞고 그에 걸맞게 경책하여 법문을 하고 수행승들에게 일렀다.

[세존] "수행승들이여, 그러므로 수행승들을 위하여 열 가지 이유에 기초하여, 즉 참모임의 수승을 위하여, 참모임의 안락을 위하여, 악한 수행승의 조복을 위하

---

192) pāda : Smp. 297에 따르면, 라자가하 시에서 1 까하빠나(kahāpaṇa)는 20 마싸까(māsaka)의 가치를 지니고 있었고 1 빠다(pāda)는 5 마싸까의 가치를 지니고 있었다. 이것들은 리스 데이비드(Ancient Coin, 2)에 의하면, 고대 인도의 동전들이라는 확증은 없지만 동전으로 추측되는 것들이다. 참고로 당시 인도에서는 황소 한 마리 값이 12 까하빠나였다. 5 마싸까는 오늘날의 우리 화폐로 계산하자면, 약 10만 정도의 가치를 지닌다. 역자는 '빠다'를 한 푼, 두 푼의 '푼'으로 번역한다. 미얀마에서는 1 빠다는 5 마싸까에 해당하고 쌀 20알의 무게(1.6그램)에 해당하는 금(1/24온스)로 보고 있다.

193) māsaka : 위의 빠다(pāda)에 대한 주석을 참조하라. Smp. 689-690에서는 도장이 찍힌 가죽, 뼈, 나무의 과일이나 씨앗으로 만든 마싸까와 금은으로 만든 마싸까에 대해서 언급한다.

여, 품행이 바른 수행승의 평안한 삶을 위하여, 지금 여기에서의 번뇌의 제어를 위하여, 다가오는 번뇌를 물리치기 위하여, 청정한 믿음이 없는 자에게 청정한 믿음을 주기 위하여, 청정한 믿음이 있는 자에게 청정한 믿음을 증대시키기 위하여, 올바른 가르침을 지속시키기 위하여, 계율을 수호하기 위하여 학습계율을 시설하니, 수행승들이여, 그대들은 이와 같이 학습계율을 송출해야 한다."

〔세존〕 "어떠한 수행승이든, 주지 않은 것을 훔칠 의도로 빼앗는다면, 이와 같이 훔치는 경우에 예를 들어 왕들은 도적을 붙잡아서 '그대는 도적이다. 그대는 어리석은 자이다. 그대는 혼미한 자이다. 그대는 절도범이다.'라고 구타하거나 구속하거나 추방할 것이다. 수행승이여, 이와 마찬가지로 주지 않은 것을 빼앗는다면, 그는 승단추방죄를 범하는 것이고, 함께 살 수 없게 된다."[194]

이와 같이 세존께서는 수행승들을 위하여 학습계율을 시설했다.

2-1. 한때 여섯무리의 수행승들[195]이 빨래하는 장소에 도달해서 빨래하는 사람들의 옷을 훔쳐서 승원에 가져와서 나누어주었다.

[수행승들] "벗들이여, 그대들은 크나큰 복이 있다. 그대들에게 많은 옷이 생겨났다."

[여섯무리의 수행승들] "벗들이여, 어떻게 우리에게 복이 있습니까? 지금 우리가 빨래하는 장소에 가서 빨래하는 사람들의 옷을 훔친 것입니다."

[수행승들] "벗들이여, 세존께서는 학습계율을 시설하지 않았습니까? 벗들이여 그대들은 어찌 빨래하는 사람들의 옷을 훔칩니까?"

[여섯무리의 수행승들] "벗들이여, 세존께서는 학습계율을 시설했습니다. 그러나 마을에서이지 숲속에서는 아닙니다."

[수행승들] "벗들이여, 그것은 그렇기는 합니다. 벗들이여, 그러나 그것은 적절하지 않고, 자연스럽지 않고, 알맞지 않고, 수행자의 삶이 아니고, 부당하고, 해서는 안 될 일입니다. 벗들이여, 어찌 그대들은 빨래하는 사람들의 옷을 훔칠 수 있습니까? 어리석은 자여, 그것은 아직 청정한 믿음이 없는 자를 청정한 믿음으로 이끌고, 이미 청정한 믿음이 있는 자를 더욱더 청정한 믿음으로 이끄는 것이 아닙니다. 어리석은 자여, 그것은 오히려, 아직 청정한 믿음이 없는 자를 불신으

194) yo pana bhikkhu adinnaṃ theyyasaṅkhātaṃ ādiyeyya, yathārūpe adinnādāne rājāno coraṃ gahetvā haneyyuṃ vā bandheyyuṃ vā pabbājeyyaṃ vā, coro'si bālo'si mulho'si theno'sīti, tathārūpaṃ bhikkhu adinnaṃ ādiyamāno ayampi pārājiko hoti asaṃvāso'ti.

195) chabbaggiyā bhikkhū : 한역에서는 육군비구(六群比丘)라고 한다. 항상 여섯 명이 한 무리가 되어 수행자에게 어울리지 않는 일을 하는 수행승들을 말한다. 앗싸지(Assaji), 뿌납바쑤(Punabbasu), 빤두까(Paṇḍuka), 로히따까(Lohitaka), 멧띠야(Mettiya), 붐마자까(Bhummajaka)가 있었다.

로 이끌고, 이미 청정한 믿음이 있는 자 가운데 어떤 자들을 타락시키는 것입니다.

2-2. 그래서 그 수행승들은 여섯무리의 수행승들을 여러 가지 방편으로 꾸짖고 질책하고[*46] 세존께 그 사실을 알렸다. 그러자 세존께서는 이러한 인연으로 이러한 기회에 수행승들의 참모임을 불러 모으게 하고 여섯무리의 수행승들에게 물었다.

[세존] "수행승들이여, 그대들이 빨래하는 장소에 가서 빨래하는 사람들의 옷을 훔친 것이 사실인가?"

[여섯무리의 수행승들] "세존이시여, 사실입니다."

존귀한 부처님께서는 견책했다.

[세존] "어리석은 자들이여, 그대들은 적절하지 않고, 자연스럽지 않고, 알맞지 않고, 수행자의 삶이 아니고, 부당하고, 해서는 안 될 일을 행한 것이다. 어리석은 자들이여, 어찌 그대들은 빨래하는 장소에 가서 빨래하는 사람들의 옷을 훔칠 수 있단 말인가? 어리석은 자여, 그것은 아직 청정한 믿음이 없는 자를 청정한 믿음으로 이끌고, 이미 청정한 믿음이 있는 자를 더욱더 청정한 믿음으로 이끄는 것이 아니다. 어리석은 자여, 그것은 오히려, 아직 청정한 믿음이 없는 자를 불신으로 이끌고, 이미 청정한 믿음이 있는 자 가운데 어떤 자들을 타락시키는 것이다."

2-3. 그리고 세존께서는 그 수행승에 대하여 여러 가지 방편으로 견책하여, 키우기 어렵고 부양하기 어렵고 탐욕이 많고 만족을 모르고 교제를 좋아하고 나태한 것에 대해 질책하고, 여러 가지 법문으로 고무하여 키우기 쉽고 부양하기 쉽고 욕심을 여의고, 만족을 알고, 버리고 없애는 삶, 악을 제거하는 삶, 청정한 믿음의 삶, 쌓아 모우지 않는 삶, 용맹정진의 삶을 칭찬하고, 수행승들을 위하여 그에 알맞고 그에 걸맞게 경책하여 법문을 하고 수행승들에게 일렀다.

[세존] "수행승들이여, 그러므로 수행승들을 위하여 열 가지 이유에 기초하여, 즉 참모임의 수승을 위하여, 참모임의 안락을 위하여, 악한 수행승의 조복을 위하여, 품행이 바른 수행승의 평안한 삶을 위하여, 지금 여기에서의 번뇌의 제어를 위하여, 다가오는 번뇌를 물리치기 위하여, 청정한 믿음이 없는 자에게 청정한 믿음을 주기 위하여, 청정한 믿음이 있는 자에게 청정한 믿음을 증대시키기 위하여, 올바른 가르침을 지속시키기 위하여, 계율을 수호하기 위하여 학습계율을 시설하니, 수행승들이여, 그대들은 이와 같이 학습계율을 송출해야 한다."

[세존] "어떠한 수행승이든, 마을로부터나 정글로부터 주지 않은 것을 훔칠 의도

로 빼앗는다면, 이와 같이 훔치는 경우에 예를 들어 왕들은 도적을 붙잡아서 '그대는 도적이다. 그대는 어리석은 자이다. 그대는 혼미한 자이다. 그대는 절도범이다.'라고 구타하거나 구속하거나 추방할 것이다. 수행승이여, 이와 마찬가지로 주지 않는 것을 빼앗는다면, 그는 승단추방죄를 범하는 것이고, 함께 살 수 없게 된다."196)

이와 같이 세존께서는 수행승들을 위하여 학습계율을 시설했다.

3-1. '어떠한'이라는 것은 어떠한 관계, 어떠한 태생, 어떠한 이름, 어떠한 성씨, 어떠한 계행, 어떠한 주거, 어떠한 활동영역에서 이든지, 장로이든지, 신참이든지, 중참이든지, 이러한 자들을 형용하는 것으로 '어떠한 자이든'이라는 뜻이다. '수행승'이라고 하는 것은 '탁발하는 자'로서의 수행승, 탁발을 위해 돌아다니는 자로서의 수행승, 분소의를 입은 자로서의 수행승, 사미로서의 수행승, 자칭에 의한 수행승, '오라! 수행승이여!'에 의한 수행승, 삼귀의에 의해 구족계를 받은 수행승, 현선한 수행승, 진실한 수행승, 배울 것이 있는 학인인 수행승, 배울 것이 없는 무학인 수행승, 화합참모임과 한번제안세번제청의 갈마와 부동의 거룩한 님의 속성을 갖춘 자로서의 수행승이 있는데, 그들 가운데 화합참모임과 한번제안세번제청의 갈마와 부동의 거룩한 님의 속성을 갖춘 수행승을 두고, 그러한 의미에서의 수행승을 뜻한다.

3-2. '마을'이라는 것은 '한 오두막의 마을도 있고, 두 오두막의 마을도 있고, 세 오두막의 마을도 있고, 네 오두막의 마을도 있고, 사람이 사는 마을도 있고, 사람이 살지 않는 마을도 있고,197) 울타리가 있는 마을도 있고, 울타리가 없는 마을도 있고, 소떼를 따라 만들어지는 마을도 있고, 대상이 사개월 이상 체류하여 만들어진 마을이 있는데, 그러한 마을'을 뜻한다. '마을의 경계'는 '울타리가 있는 마을에서는 마을의 문에 서 있는 중간 크기의 사람이 흙덩이를 던지면 미치는 장소까지 이고, 울타리가 없는 마을에서는 집의 난간에 서 있는 중간 크기의 사람이 돌덩이를 던지면 미치는 장소까지'를 뜻한다. '숲속'이라는 것은 '마을과 마을경계를 제외한 나머지의 숲속'을 뜻한다. '주지 않은 것'이란 '시여되지 않은 것, 버려지지 않은 것, 포기되지 않은 것, 수호된 것, 보호된 것, 자기 것으로

---

196) 도계(盜戒) | Bhikkhunī Pār. 2 : yo pana bhikkhu gāmā vā araññā vā adinnaṃ theyyasaṅkhātaṃ ādiyeyya, yathārūpe adinnādāne rājāno coraṃ gahetvā haneyyuṃ vā bandheyyuṃ vā pabbājeyyaṃ vā, coro'si bālo'si muḷho'si theno'sīti, tathārūpaṃ bhikkhu adinnaṃ ādiyamāno ayampi pārājiko hoti asaṃvāso'ti.
197) amanusso'pi gāmo : 비인이 사는 마을이 아니라, '사람이 살지 않는 마을'을 뜻한다.

남에게 소유된 것이 있는데, 이러한 주어지지 않은 것'을 뜻한다. '훔칠 의도로'라는 것은 '도둑질의 마음으로, 훔치려는 마음으로'을 뜻한다. '빼앗는다면'이라는 것은 '가지려면, 빼앗으려면, 훔치려면, 위의로[198]를 벗어나면, 장소에서 벗어나면, 만남을[199] 기다린다면'이라는 뜻이다. '이와 같이'라는 것은 '빠다'나 '빠다'의 가치가 있는 것이나 '빠다' 이상의 가치를 뜻한다. '왕들'이란[*47] '세계의 왕, 지방의 왕, 군주, 촌주, 법관, 대신으로 형벌을 관장하는 자들이 있는데, 그러한 왕들'을 뜻한다. '도둑'이란 '오 마싸까 내지는 오 마싸까 이상의 가치가 있는 주어지지 않은 것을 훔칠 의도로 취하는 자가 있는데, 그러한 도둑'을 뜻한다. '구타하거나'라는 것은 '손이나 발이나 채찍이나 지팡이나 몽둥이나 고문으로 구타하는 것'을 뜻한다. '구속하거나'라는 것은 '밧줄로 묶거나 족쇄로 묶거나 사슬로 묶거나 옥사에 묶거나 시에 억류하거나 마을에 억류하거나 소도시에 억류하거나 사람에 대한 감시를 행하는 것'을 뜻한다. '추방할 것이다'라는 것은 '마을이나 소도시나 도시나 국가나 지방으로 추방하려는 것'을 뜻한다. '그대는 도적이다. 그대는 어리석은 자이다. 그대는 혼미한 자이다. 그대는 절도범이다.'라는 것은 비난을 뜻한다. '이와 마찬가지로'라는 것은 '빠다'나 '빠다'의 가치가 있거나 '빠다' 이상의 것을 뜻한다. '빼앗는다면'이라는 것은 '가지려면, 빼앗으려면, 훔치려면, 위의로를 벗어나면, 장소에서 벗어나면, 만나려고 기다린다면'이라는 말이다. '이것도'라는 것은 '이전의 것과 관련해서 말한 것'을 뜻한다. '승단추방죄를 범하는 것으로'라는 것은 '예를 들어 시든 잎이 묶인 곳에서 떨어지면 파랗게 되는 것이 불가능하다. 수행승이여, 이와 마찬가지로 빠다나 빠다의 가치가 있거나 빠다가 넘어서는 주지 않는 것을 훔칠 생각으로 취하면, 그는 수행자가 아니고 싸끼야의 아들도 되지 못한다.[200] 그러므로 승단추방죄를 범하는 것으로'라는 뜻이다. '함께 살지 않는 것'이란 '함께 삶이라는 것은 동일한 갈마 동일한 설계를 지니고 함께 사는 것을 함께 삶이라고 하는데, 그것과 함께 하지 않는 까닭에 함께 살지 않는 것'을 뜻한다.

4-1. [표제적 논의의 주제][201]

---

198) iriyāpatha : '위의로(威儀路)'는 수행승의 행주좌와(行住坐臥)에서의 행동규범을 말한다.

199) saṃketaṃ : Pār. II. 4. 30을 참조하라.

200) evameva bhikkhu pādaṃ vā pādārahaṃ vā atirekapādaṃ vā adinnaṃ theyyasaṅkhātaṃ ādiyitvā assamaṇo hoti asakyaputtiyo : Vin. I. 96에 따르면, '구족계를 받은 수행승은, 심지어 풀잎이라도, 주지 않은 것을 훔칠 목적으로 갖지 말아야 한다.'

201) nayamātikā : 앞으로 논의할 주제를 미리 선정한 것이다. 다음 패러그래프에서 판례로 논의된다.

지하에 있는 것, 지상에 있는 것, 허공에 있는 것, 공중에 있는 것, 물속에 있는 것, 배위에 있는 것, 수레위에 있는 것, 짐으로 있는 것, 승원에 있는 것, 정사에 있는 것, 밭에 있는 것, 택지위에 있는 것, 마을에 있는 것, 숲속에 있는 것, 물, 이쑤시개, 수목, 하물, 기탁물, 세관. 뭇삶, 다리가 없는 존재, 다리가 둘인 존재, 다리가 넷인 존재, 다리가 많은 존재, 간색, 파수꾼, 연루자, 밀회, 신호.[202]

4-2. '지하에 있는 것'이란 땅속에 감추어진, 매장된, 복장된 것을 뜻한다. 지하에 있는 물건을 '내가 훔치겠다.'라고 훔칠 마음으로 혹은 대리자를 구하여 혹은 스스로 삽이나 소쿠리를 구하여 가면, 악작죄를 범하는 것이다.[203] 거기서[*48] 생겨난 나무 또는 덩굴을 자르면, 악작죄를 범하는 것이다. 흙을 파거나 옮기거나 쌓으면, 악작죄를 범하는 것이다. 항아리를 건드리면, 악작죄를 범하는 것이다. 흔들면, 추악죄를 범하는 것이다. 장소에서 옮기면, 승단추방죄를 범하는 것이다. 자신의 발우를 집어넣어 오 마싸까 내지 오 마싸까 이상의 가치가 있는 것인데 훔칠 의도로 만진다면, 악작죄를 범하는 것이다. 흔들면, 추악죄를 범하는 것이다. 자신의 발우를 대고 한 주먹이라도 떼어내면, 승단추방죄를 범하는 것이다. 혹은 인끈[204]이나 귀고리[205]나 목장식[206]이나 허리띠[207] 혹은 외투나 두건을 훔칠 마음으로 건드리면, 악작죄를 범하는 것이다. 흔들면, 추악죄를 범하는 것이다. 꼭지를 붙잡아 들어올리면, 추악죄를 범하는 것이다. 닦아서 꺼내면, 추악죄이다. 안쪽에서 머리카락만큼이라도 항아리에서 물건을 꺼내면, 승단추방죄를 범하는 것이다. 버터기름이나 기름이나 꿀이나 당밀을 오 마싸까 또는 오 마싸까 이상의 가치있는 만큼 훔칠 의도로 단번에 마시면, 승단추방죄를 범하는 것이다. 그것들을 부수거나, 버리

---

202) bhummaṭṭhaṃ thalaṭṭhaṃ ākāsaṭṭhaṃ vehāsaṭṭhaṃ udakaṭṭhaṃ nāvaṭṭhaṃ yānaṭṭhaṃ bhāraṭṭhaṃ ārāmaṭṭhaṃ vihāraṭṭhaṃ khettaṭṭhaṃ vatthuṭṭhaṃ gāmaṭṭhaṃ araññaṭṭhaṃ udakaṃ dantaponaṃ vanaspati haraṇakaṃ upanidhi suṅkaghātaṃ pāṇo apadaṃ dipadaṃ catuppadaṃ bahuppadaṃ ocarako onirakkho saṃvidāvahāro saṃketakammaṃ nimittakammanti.

203) dutiyaṃ vā pariyesati kuddālaṃ vā piṭakaṃ vā pariyesati gacchati vā, , āpatti dukkaṭassa : Smp. 311에 따르면, '그가 혹은 대리자를 구하여 혹은 스스로 삽이나 소쿠리를 구하여 보물이 있는 장소로 가면'이라는 뜻이다. Smp. 312에서는 여덟 가지 악작죄를 분류한다: 예전의 적용과 관계된 악작죄(pubbapayogadukkaṭa), 동시적용과 관계된 악작죄(sahapayogadukkaṭa), 금지된 것을 만지는 악작죄(anāmāsadukkaṭa), 물건을 잘못 다루는 악작죄(durūpaciṇṇadukkaṭa), 계율과 관계된 악작죄(vinayadukkaṭa), 친척과 관계된 악작죄(ñātadukkaṭa), 제안과 관계된 악작죄(ñattidukkaṭa), 복종과 관계된 악작죄(paṭissavadukkaṭa)가 있다.

204) suttārūḷha : Smp. 316에 따르면, '사슬로 묶은 것, 사슬로 엮인 것'을 의미한다.

205) pāmaṅga : Smp. 316에 따르면, '금으로 만들어진 것, 은으로 만들어진 것, 사슬로 마들어진 것, 진주 등으로 만들어진 것'이 있다.

206) kaṇṇasuttaka : Vin. I. 286에서는 옷의 귀퉁이실을 의미한다.

207) kaṭisuttaka : Vin. II. 136에서는 특별한 거들을 의미하는데, 수행승들에게 착용이 금지되었다.

거나, 태우거나, 못쓰게 만든다면, 악작죄를 범하는 것이다.

4-3. '지상에 있는 것'[208]이라는 것은 지상에 놓여 있는 것을 뜻한다. 지상에 있는 물건을 '내가 훔치겠다.'는 훔칠 마음을 갖는다던가 또는 대리자를 구하거나 또는 그것을 향해 간다면 악작죄를 범하는 것이다. 만져도, 악작죄를 범하는 것이다. 흔들면, 추악죄를 범하는 것이다. 장소에서 옮기면, 승단추방죄를 범하는 것이다.

4-4. '허공에 있는 것'이란 허공중에 있는 것으로서 공작새나 까삔자라새[209]나 자고새나 메추라기나 외투나 터번이나 장신구나 황금이 조각나 날거나 떨어지는 것을 뜻한다. 허공에 있는 물건을 '내가 훔치겠다.'는 훔칠 마음을 갖는다던가 또는 대리자를 구하거나 또는 그것을 향해 간다면 악작죄를 범하는 것이다. 가는 것을 정지해도 악작죄를 범하는 것이다. 만져도, 악작죄를 범하는 것이다. 흔들면, 추악죄를 범하는 것이다. 장소에서 옮기면, 승단추방죄를 범하는 것이다.

4-5. '공중에 있는 것'이란 공중에 있는 물건으로 침상위에나 의자위에나 옷시렁[210] 위에나 옷걸망에나 벽걸이못[211] 위에나 용이빨[212]위에나 나무 위에나 심지어 발우의 지지대[213]에 걸려있는 물건을 뜻한다. 공중에 있는 물건을 '내가 훔치겠다.'는 훔칠 마음을 갖는다던가 또는 대리자를 구하거나 또는 그것을 향해 간다면 악작죄를 범하는 것이다. 가는 것을 정지해도 악작죄를 범하는 것이다. 만져도, 악작죄를 범하는 것이다. 흔들면, 추악죄를 범하는 것이다. 장소에서 옮기면, 승단추방죄를 범하는 것이다.

4-6. '물속에 있는 것'이란[*49] 물속에 놓여있는 물건을 뜻한다. 물속에 있는 물건을 '내가 훔치겠다.'는 훔칠 마음을 갖는다던가 또는 대리자를 구하거나 또는 그것을 향해 간다면 악작죄를 범하는 것이다. 뛰어들거나 올라오면, 악작죄이고, 만져도, 악작죄를 범하는 것이다. 흔들면, 추악죄를 범하는 것이다. 장소에서 옮기면, 승단추방죄를 범하는 것이다. 거기에 자라는 청련화나 홍련화나 백련화나[214] 연꽃싹이나 물고기나 거북이를 오 마싸까나 오 마싸까 이상의 가치가

---

208) thalaṭṭha : Smp. 322에 따르면, 지면과 상층면과 산의 지면 등에 있는 것을 의미한다.
209) kapiñjara : 특별한 자고새의 일종이다.
210) cīvaravaṃsa : 대나무옷걸이를 말한다.
211) bhittikhīla : Smp. 327에 따르면, 벽에 수직으로 쳐서 박은 못을 뜻한다.
212) nāgadanta : Smp. 327에 따르면, 구부러뜨린 못을 뜻한다.
213) antamaso pattādhārake'pi : Smp. 327에 따르면, 발우지지대는 나무위나 울타리나 장대 위의 지지대를 말한다.
214) tattha jātakaṃ uppalaṃ vā padumaṃ vā puṇḍarīkaṃ : 땃타자따까(tatthajātaka)는 문헌적으로 여기서 생겨

있는 것인데 훔칠 마음으로 만지면, 악작죄를 범하는 것이다. 흔들면, 추악죄를 범하는 것이다. 장소에서 옮기면, 승단추방죄를 범하는 것이다.

4-7. '배위에 있는 것'이란 '배'는 '그것으로 건너는 것'으로 배위에 놓여 있는 물건을 뜻한다. 배위에 있는 물건을 '내가 훔치겠다.'는 훔칠 마음을 갖는다던가 또는 대리자를 구하거나 또는 그것을 향해 간다면 악작죄를 범하는 것이다. 만져도, 악작죄를 범하는 것이다. 흔들면, 추악죄를 범하는 것이다. 장소에서 옮기면, 승단추방죄를 범하는 것이다. 배를 '내가 훔치겠다.'는 훔칠 마음을 갖는다던가 또는 대리자를 구하거나 또는 그것을 향해 간다면 악작죄를 범하는 것이다. 만져도, 악작죄를 범하는 것이다. 흔들면, 추악죄를 범하는 것이다. 줄을 풀면, 악작죄를 범하는 것이고, 줄을 풀고 만져도, 악작죄를 범하는 것이고, 흔들면, 추악죄를 범하는 것이고, 위로, 아래로, 옆으로, 머리카락끝만큼이라도 옮기면, 승단추방죄를 범하는 것이다.

4-8. '수레위에 있는 것'이란 '수레'215)는 가마, 수레, 마차, 전차로, 수레위에 놓여 있는 물건을 뜻한다. 수레위에 있는 물건을 '내가 훔치겠다.'는 훔칠 마음을 갖는다던가 또는 대리자를 구하거나 또는 그것을 향해 간다면 악작죄를 범하는 것이다. 만져도, 악작죄를 범하는 것이다. 흔들면, 추악죄를 범하는 것이다. 장소에서 옮기면, 승단추방죄를 범하는 것이다. 수레를 '내가 훔치겠다.'는 훔칠 마음을 갖는다던가 또는 대리자를 구하거나 또는 그것을 향해 간다면 악작죄를 범하는 것이다. 만져도, 악작죄를 범하는 것이다. 흔들면, 추악죄를 범하는 것이다. 장소에서 옮기면, 승단추방죄를 범하는 것이다.

4-9. '짐으로 있는 것'이란 머리에 인 짐, 등에 진 짐, 허리에 걸친 짐, 손에 건 짐을 뜻한다. 머리에 인 짐을 훔칠 마음으로 만지면, 악작죄를 범하는 것이다. 흔들면, 추악죄를 범하는 것이다. 어깨로 내리면, 승단추방죄를 범하는 것이다. 등에 진 짐을 훔칠 마음으로 만지면, 악작죄를 범하는 것이다. 흔들면, 추악죄를 범하는 것이다. 허리로 내리면, 승단추방죄를 범하는 것이다. 허리에 걸친 짐을 훔칠 마음으로 만지면, 악작죄를 범하는 것이다. 흔들면, 추악죄를 범하는 것이다. 손으로 내리면, 승단추방죄를 범하는 것이다. 손에 든 짐을 훔칠 마음으로 땅에 놓으면, 승단추방죄를 범하는 것이다. 훔칠 마음으로 땅에서 집으면, 승단추

난 것이다.

215) yāna : '길'이나 '가는 행위' 또는 '탈것, 수레'를 의미한다. 일찍이 브리흐마나 문헌이나 우파니샤드 문헌에서는 길이라는 의미로 사용되었다. 그 대표적인 것인 신들의 길(天道: devayāna)와 조상의 길(祖道: pitṛyāna)이다.

방죄를 범하는 것이다.

4-10. '승원에 있는 것'이란 '승원'에는 꽃이 피는 승원과 열매가 열리는 승원이 있는데, 그러한 승원의 네 가지 곳 즉, 지하에, 지상에, 허공에, 공중에 놓여 있는 것을 뜻한다. 승원에 있는 물건을[*50] '내가 훔치겠다.'는 훔칠 마음을 갖는다던가 또는 대리자를 구하거나 또는 그것을 향해 간다면 악작죄를 범하는 것이다. 만져도, 악작죄를 범하는 것이다. 흔들면, 추악죄를 범하는 것이다. 장소에서 옮기면, 승단추방죄를 범하는 것이다. 거기서 생겨나는 뿌리나 껍질이나 잎사귀나 꽃이나 열매를 오 마싸까나 오 마싸까 이상의 가치가 있는 것인데 훔칠 마음으로 만지면, 악작죄를 범하는 것이다. 흔들면, 추악죄를 범하는 것이다. 장소에서 옮기면, 승단추방죄를 범하는 것이다. 승원에 대하여 권리를 주장하면,216) 악작죄를 범하는 것이다. 관리자에 대해서 의심을 제기하면, 추악죄를 범하는 것이다. 관리자가 '이것은 나를 위한 것이 아닐 것이다.'라고 책임을 버린다면, 승단추방죄를 범하는 것이다. 소송해서 관리자에 대하여 이기면, 승단추방죄를 범하는 것이고, 소송해서 지면, 추악죄를 범하는 것이다.217)

4-11. '정사에 있는 것'이란 정사(精舍)의 네 가지 곳 즉, 지하에, 지상에, 허공에, 공중에 놓여 있는 물건을 뜻한다. 정사에 있는 물건을 '내가 훔치겠다.'는 훔칠 마음을 갖는다던가 또는 대리자를 구하거나 또는 그것을 향해 간다면 악작죄를 범하는 것이다. 만져도, 악작죄를 범하는 것이다. 흔들면, 추악죄를 범하는 것이다. 장소에서 옮기면, 승단추방죄를 범하는 것이다. 정사를 자기 것이라고 주장하면, 악작죄를 범하는 것이다. 관리자에 대해서 의심을 제기하면, 추악죄를 범하는 것이다. 관리자가 '이것은 나를 위한 것이 아닐 것이다.'라고 책임감을 버린다면, 승단추방죄를 범하는 것이다. 소송해서 관리자에 대하여 이기변, 승단추방죄를 범하는 것이고, 소송해서 지면, 추악죄를 범하는 것이다.

4-12. '밭에 있는 것'이란 '밭'은 곡식218)이나 야채219)가 생겨나는 곳인데,

---

216) ārāmaṃ abhiyuñjati : Smp. 338에 따르면, 권리를 주장한다는 것은 '주지 않은 것을 빼앗으려고 다른 사람에게 속하는 대로 '그것은 나의 것이다.'라고 주장하는 것을 뜻한다.

217) dhammaṃ caranto sāmikaṃ parājeti, āpatti pārājikassa. dhammaṃ caranto parajjati, āpatti thullaccayassa : Smp. 339에 따르면, 결정하는 자가 체신을 떨어뜨리고 잘못된 증인을 내세워 정의를 왜곡하고 관리자를 이기는 것은 승단추방죄를 범하는 것이고, 계율과 원칙과 스승의 가르침에 따라 조사를 진행하여, 스스로 패배를 얻으면, 관리자를 거짓말로 괴롭힌 것으로 추악죄를 범하는 것이다.

218) pubbaṇṇa : 칠종의 곡식 즉, 칠곡(七穀)을 말한다. 곡식(dhañña)이라고 불리고 거기에는 쌀종류(sāli와 vīhi), 보리(yava), 밀(godūma), 수수(kaṅga), 바라까(varaka), 호밀(kudrūsaka)의 일곱 종류가 있다.

밭의 네 가지 곳 즉, 지하에, 지상에, 허공에, 공중에 있는 것을 뜻한다. 밭에 있는 물건을 '내가 훔치겠다.'는 훔칠 마음을 갖는다던가 또는 대리자를 구하거나 또는 그것을 향해 간다면 악작죄를 범하는 것이다. 만져도, 악작죄를 범하는 것이다. 흔들면, 추악죄를 범하는 것이다. 장소에서 옮기면, 승단추방죄를 범하는 것이다. 거기서 생겨나는 곡식이나 콩류를 오 마싸까나 오 마싸까 이상의 가치가 있는 것인데 훔칠 마음으로 만지면, 악작죄를 범하는 것이다. 흔들면, 추악죄를 범하는 것이다. 장소에서 옮기면, 승단추방죄를 범하는 것이다. 밭을 자기 것이라고 주장하면, 악작죄를 범하는 것이다. 관리자에 대해서 의심을 제기하면, 추악죄를 범하는 것이다. 관리자가 '이것은 나를 위한 것이 아닐 것이다.'라고 책임감을 버린다면, 승단추방죄를 범하는 것이다. 소송해서 관리자에 대하여 이기면, 승단추방죄를 범하는 것이고, 소송해서 지면, 추악죄를 범하는 것이다. 기둥이나 줄이나 울타리나 경계에 침입하면, 악작죄를 범하는 것이다. 끝내기 전에는 추악죄를 범하는 것이다. 끝낸 후에는 승단추방죄를 범하는 것이다.220)

4-13. '택지에 있는 것'이란 '택지'에는 승원의 대지와 정사의 대지가 있는데, 그 택지의 네 가지 곳 즉, 지하에, 지상에, 허공에, 공중에 있는 것을 뜻한다. 택지에 있는 물건을 '내가 훔치겠다.'는 훔칠 마음을 갖는다던가 또는 대리자를 구하거나 또는 그것을 향해 간다면 악작죄를 범하는 것이다. 만져도, 악작죄를 범하는 것이다. 흔들면, 추악죄를 범하는 것이다. 장소에서 옮기면, 승단추방죄를 범하는 것이다.택지를 자기 것이라고 주장하면, 악작죄를 범하는 것이다. 관리자에 대해서 의심을 제기하면, 추악죄를 범하는 것이다. 관리자가 '이것은 나를 위한 것이 아닐 것이다.'라고 책임감을 버린다면, 승단추방죄를 범하는 것이다. 소송해서 관리자에 대하여 이기면, 승단추방죄를 범하는 것이고, 소송해서 지면, 추악죄를 범하는 것이다. 기둥이나 줄이나 울타리나 경계에 침입하면, 악작죄를 범하는 것이다. 끝내기 전에는 추악죄를 범하는 것이다. 끝낸 후에는 승단추방죄를 범하는 것이다.

4-14. '마을에 있는 것'이란 마을의 네 가지 곳 즉, 지하에, 지상에, 허공에, 공중에 있는 것을 뜻한다. 마을에 있는 물건을 '내가 훔치겠다.'는 훔칠 마음을

---

219) aparaṇṇa : 칠종의 야채 즉, 콩, 감자 등의 칠채(七菜)를 의미한다.

220) ekaṃ payogaṃ anāgate, āpatti thullaccayassa. tasmiṃ payoge āgate, āpatti pārājikassa : Smp. 341에 따르면, 다른 사람의 밭을 울타리를 쳐서 자신을 위해 사용하기 위해서 나무들을 파내면, 그것을 실행할 때마다 악작죄를 범하는 것이고 완성되지 않았을 때는 추악죄, 완성되었을 때는 승단추방죄를 범하는 것이다.

갖는다던가 또는 대리자를 구하거나 또는 그것을 향해 간다면 악작죄를 범하는 것이다. 만져도, 악작죄를 범하는 것이다. 흔들면, 추악죄를 범하는 것이다. 장소에서 옮기면, 승단추방죄를 범하는 것이다.

4-15. '숲속에 있는 것'이란 '숲속'은[*51] 인간의 소유인 숲인데, 그 숲속의 네 가지 곳 즉, 지하에, 지상에, 허공에, 공중에 있는 것을 뜻한다. 숲속에 있는 물건을 '내가 훔치겠다.'는 훔칠 마음을 갖는다던가 또는 대리자를 구하거나 또는 그것을 향해 간다면 악작죄를 범하는 것이다. 만져도, 악작죄를 범하는 것이다. 흔들면, 추악죄를 범하는 것이다. 장소에서 옮기면, 승단추방죄를 범하는 것이다. 거기서 생겨나는 나무나 넝쿨이나 풀을, 오 마싸까나 오 마싸까 이상의 가치가 있는 것인데 훔칠 마음으로 만지면, 악작죄를 범하는 것이다. 흔들면, 추악죄를 범하는 것이다. 장소에서 옮기면, 승단추방죄를 범하는 것이다.

4-16. '물'이라는 것은 그릇에 들어있거나 수조에 있거나 연못에 있는 것이다. 그것을 훔칠 마음으로 만지면, 악작죄를 범하는 것이다. 흔들면, 추악죄를 범하는 것이다. 장소에서 옮기면, 승단추방죄를 범하는 것이다. 자신의 그릇을 넣어서 오 마싸까나 오 마싸까 이상의 가치가 있는 물을 훔칠 마음으로 만지면, 악작죄를 범하는 것이다. 흔들면, 추악죄를 범하는 것이다. 자기의 그릇에 넣어서 가지면, 승단추방죄를 범하는 것이다. 두둑을 자르면, 악작죄를 범하는 것이고, 두둑을 잘라서 오 마싸까나 오 마싸까 이상의 가치가 있는 물을 내보내면, 승단추방죄를 범하는 것이다. 일 마싸까 이상 오 마싸까 이하의 가치있는 물을 내보내면, 추악죄를 범하는 것이다. 일 마싸까 또는 일 마싸까 이하의 가치있는 물을 내보내면, 악작죄를 범하는 것이다.

4-17. '이쑤시개'라는 것은 잘려진 것이나 잘려지지 않은 것이 있다. 오 마싸까나 오 마싸까 이상의 가치가 있는 것인데 훔칠 마음으로 만지면, 악작죄를 범하는 것이다. 흔들면, 추악죄를 범하는 것이다. 장소에서 옮기면, 승단추방죄를 범하는 것이다.

4-18. '수목'이라는 것은 사람들이 소유하여 사용하는 나무이다. 훔칠 마음으로 자르면, 한번 타격할 때마다 악작죄를 범하는 것이다. 아직 최후의 타격이 이루어지지 않았으면, 추악죄를 범하는 것이다. 최후의 타격이 이루졌으면, 승단추방죄를 범하는 것이다.

4-19. '하물'은 타인이 가지고 가는 물건이다. 훔칠 마음으로 만지면, 악작죄를

범하는 것이다. 흔들면, 추악죄를 범하는 것이다. 장소에서 옮기면, 승단추방죄를 범하는 것이다. '물건과 함께 운반자를 데려가겠다.'라고 첫 번째 발을 내디디면, 추악죄를 범하는 것이고, 두 번째 발을 내디디면, 승단추방죄를 범하는 것이다. '떨어진 물건을 가지겠다.'라고 떨어뜨리면, 악작죄를 범하는 것이다. 떨어진 물건을, 오 마싸까나 오 마싸까 이상의 가치가 있는 것인데 훔칠 마음으로 만지면, 악작죄를 범하는 것이다. 흔들면, 추악죄를 범하는 것이다. 장소에서 옮기면, 승단추방죄를 범하는 것이다.

4-20. '기탁물'은 맡겨진 물건이다. '나의 물건을 달라.'라고 소유자가 말하는데, '나는 받지 않았다.'라고 한다면, 악작죄를 범하는 것이다. 소유자가 의심을 일으키면, 추악죄를 범하는 것이다.[*52] '소유자가 나에게 주지 않았을 것이다.'라고 그가 책무를 회피하면, 승단추방죄를 범하는 것이다. 소송해서 그가 소유자에 대하여 이기면, 승단추방죄를 범하는 것이고, 그가 소송해서 지면, 추악죄를 범하는 것이다.

4-21. '세관'이라는 것은 왕에 의해서 혹은 산의 파면이나 강의 나룻터나 마을의 입구에 '여기에 들어오는 자에게 세금을 받아야 한다.'라고 설립된 곳을 뜻한다. 거기에 들어가서 왕에게 가치 있는 물건을, 오 마싸까나 오 마싸까 이상의 가치가 있는 것인데 훔칠 마음으로 만지면, 악작죄를 범하는 것이다. 흔들면, 추악죄를 범하는 것이다. 세관을 한 걸음 벗어나면, 추악죄를 범하는 것이고, 두 걸음 벗어나면, 승단추방죄를 범하는 것이다. 세관 안에 서서 세관 밖으로 떨어뜨리면, 승단추방죄를 범하는 것이다. 세금을 은닉하면, 악작죄를 범하는 것이다.

4-22. '뭇삶'이란 인간의 뭇삶을 뜻한다. 훔치려는 마음으로 만지면, 악작죄를 범하는 것이다. 흔들면, 추악죄를 범하는 것이다. 장소에서 옮기면, 승단추방죄를 범하는 것이다. '걸음으로 걸려서 데려가겠다.'라고 첫 번째 걸음을 옮기면, 추악죄를 범하는 것이고, 두 번째 걸음을 옮기면, 승단추방죄를 범하는 것이다.

4-23. '발이 없는 존재'라는 것은 뱀과 물고기를 뜻한다. 오 마싸까나 오 마싸까 이상의 가치가 있는 것을 훔칠 마음으로 만지면, 악작죄를 범하는 것이다. 흔들면, 추악죄를 범하는 것이다. 장소에서 옮기면, 승단추방죄를 범하는 것이다.

4-24. '두 발이 달린 존재'[221]라는 것은 사람들과 새들을 뜻한다. 훔치려는 마음으로 만지면, 악작죄를 범하는 것이다. 흔들면, 추악죄를 범하는 것이다.

장소에서 옮기면, 승단추방죄를 범하는 것이다. '걸어서 데려가겠다.'라고 첫 번째 걸음을 옮기면, 추악죄를 범하는 것이고, 두 번째 걸음을 옮기면, 승단추방죄를 범하는 것이다.

4-25. '네 발 달린 존재'라는 것은 코끼리와 말과 낙타와 소와 당나귀와 가축을 뜻한다. 훔치려는 마음으로 만지면, 악작죄를 범하는 것이다. 흔들면, 추악죄를 범하는 것이다. 장소에서 옮기면, 승단추방죄를 범하는 것이다. '걸어서 데려가겠다.'라고 첫 번째 걸음을 옮기면, 추악죄를 범하는 것이고, 두 번째 걸음을 옮겨도, 추악죄를 범하는 것이고, 세 번째 걸음을 옮겨도, 추악죄를 범하는 것이고, 네 번째 걸음을 옮기면, 승단추방죄를 범하는 것이다.

4-26. '많은 발이 달린 존재'라는 것은 전갈, 지네, 모충을 뜻한다. 훔치려는 마음으로 만지면, 악작죄를 범하는 것이다. 흔들면, 추악죄를 범하는 것이다. 장소에서 옮기면, 승단추방죄를 범하는 것이다. '걸어서 데려가겠다.'라고 옮기면, 걸음마다 추악죄를 범하는 것이고, 마지막 걸음을 옮기면, 승단추방죄를 범하는 것이다.

4-27. '간색'이라는 것은 물건을 조사하는 자를 뜻한다. '이러이러한 물건을 가져가라.'라고 말하면, 악작죄를 범하는 것이다. 그가 그 물건을 취하면, 모두 이중으로 승단추방죄를 범하는 것이다.[222]

4-28. '파수꾼'이라는 것은[*53] 가져온 물건을 수호하는 자를 뜻한다. 오 마싸까나 오 마싸까 이상의 가치가 있는 것을 훔칠 마음으로 만지면, 악작죄를 범하는 것이다. 흔들면, 추악죄를 범하는 것이다. 장소에서 옮기면, 승단추방죄를 범하는 것이다.

4-29. '연루자'라는 것은 많은 함께 연관된 도둑무리인데, 한 사람이 물건을 훔치면, 그들 모두가 승단추방죄를 범하는 것이다.

4-30. '밀회'이라는 것은 식전이나 식후나 밤이나 낮이나 밀회를 통해서 '이 물건을 훔쳐라.'라고 말하면, 악작죄를 범하는 것이다. 그 밀회를 통해서 그 물건을 훔친다면, 양자가 모두 승단추방죄를 범하는 것이다. 그 밀회의 전이나 후에

---

221) dvipada : Smp. 363에 따르면, 날개를 달고 나온 존재에는 세 종류가 있다. 공작새나 자고새처럼 털이 아래로 난 날개를 가진 것들(lomapakkhā) 박쥐처럼 가죽으로 이루어진 날개를 가진 것들(cammapakkhā), 벌처럼 뼈로 만들어진 날개를 가진 것들(aṭṭhipakkhā)이다.

222) so taṃ bhaṇḍaṃ avaharati, āpatti ubhinnaṃ pārājikassa : 그가 다른 사람을 권유할 뿐만 아니라 그 자신이 도둑질을 돕는 것이기 때문이다.

그 물건을 훔친다면, 주동자는 무죄지만, 훔친자는 승단추방죄를 범하는 것이다.

4-31. '신호하기'라는 것은 '눈을 감거나, 눈썹을 치켜세우거나 머리를 들거나 하면, 그 신호로 물건을 훔쳐라.'라고 신호를 하는 것인데, 악작죄를 범하는 것이다. 그 신호로 물건을 훔치면, 양자가 모두 승단추방죄를 범하는 것이다. 그 신호의 전이나 후에 그 물건을 훔친다면, 주동자는 무죄이지만, 훔친자는 승단추방죄를 범하는 것이다.

5-1.

1) 수행승이 수행승에게 '이러한 물건을 훔쳐라.'라고 시키면, 악작죄를 범하는 것이다. 그가 그것을 생각하고 그것을 훔치면, 양자가 모두 승단추방죄를 범하는 것이다.
2) 수행승이 수행승에게 '이러한 물건을 훔쳐라.'라고 시키면, 악작죄를 범하는 것이다. 그가 그것을 생각하고 다른 것을 훔치면, 주동자는 무죄이고, 훔친자는 승단추방죄를 범하는 것이다.
3) 수행승이 수행승에게 '이러한 물건을 훔쳐라.'라고 시키면, 악작죄를 범하는 것이다. 그가 다른 것을 생각하고 그것을 훔치면, 양자는 모두 승단추방죄를 범하는 것이다.
4) 수행승이 수행승에게 '이러한 물건을 훔쳐라.'라고 시키면, 악작죄를 범하는 것이다. 그가 다른 것을 생각하고 다른 것을 훔치면, 주동자는 무죄이고, 훔친자는 승단추방죄를 범하는 것이다.

5-2.

1) 수행승(갑)이 수행승(을)에게 ''이러이러한 자(정)가 이러이러한 물건을 훔쳐라.'라고 이러이러한 자(병)로 하여금 이러이러한 자(정)에게 말하라.'라고 이러이러한 일에 대해 말하라고 시키면, 악작죄(갑)를 범하는 것이 된다. 그(을)가 그 자(병)에게 알리면, 악작죄(을)를 범하는 것이 된다. 훔치는 자(정)가 응낙하면, 주동자(갑)는 추악죄를 범하는 것이다. 그(정)가 그 물건을 훔치면, 모두(갑을병정)가 승단추방죄를 범하는 것이다.
2) 수행승(갑)이 수행승(을)에게 ''이러이러한 자(정)가 이러이러한 물건을 훔쳐라.'라고 이러이러한 자(병)로 하여금 이러이러한 자(정)에게 말하라.'라고 이러이러한 일에 대해 말하라고 시키면, 악작죄(갑)를 범하는 것이 된다. 그(을)가 다른 자(무)에게 시키면, 악작죄(을)를 범하는 것이 된다. 훔치는 자

(무)가 응낙하면, 악작죄(무)를 범하는 것이 된다. 그(무)가 그 물건을 훔치면, 주동자(갑)는 무죄이지만, 시킨 자(을)와 훔친 자(무)가 승단추방죄를 범하는 것이다.

5-3. 한 수행승(갑)이[*54] 다른 수행승(을)에게 '이러이러한 물건을 훔쳐라.' 라고 시키면, 악작죄(갑)를 범하는 것이 된다. 그(을)가 가다가 '나는 그 물건을 훔칠 수 없다.'라고 되돌아오는데, 그(갑)가 다시 '그러면 가능할 때에 그 물건을 훔쳐오라.'라고 시켜도, 악작죄(갑)를 범하는 것이 된다. 그가 그 물건을 훔치면, 양자(갑을)가 모두 승단추방죄를 범하는 것이다.

5-4.

1) 한 수행승(갑)이 다른 수행승(을)에게 '이러이러한 물건을 훔쳐라.'라고 시키면, 악작죄(갑)를 범하는 것이 된다. 그(갑)가 명령을 하고 나서 후회가 되었지만 '훔치지 말라.'라고 말하지 않아, 그(을)가 그 물건을 훔치면, 양자(갑을)가 모두 승단추방죄를 범하는 것이다.

2) 한 수행승(갑)이 다른 수행승(을)에게 '이러이러한 물건을 훔쳐라.'라고 시키면, 악작죄(갑)를 범하는 것이 된다. 그(갑)가 명령을 하고 나서 후회가 되어 '훔치지 말라.'라고 말했는데도, 그(을)가 '나는 그대의 말을 듣지 않겠다.'라고 그 물건을 훔치면, 주동자(갑)는 무죄를 범하는 것이고, 훔친 자는 승단추방죄를 범하는 것이다.

3) 한 수행승(갑)이 다른 수행승(을)에게 '이러이러한 물건을 훔쳐라.'라고 시키면, 악작죄(갑)를 범하는 것이 된다. 그(갑)가 명령을 하고 나서 후회가 되어 '훔치지 말라.'라고 말하자, 그(을)가 '좋습니다.'라고 그만두면, 양자가 모두 무죄이다.

6-1.

1) 다섯 가지 유형에 의해서 주지 않은 것을 빼앗는다면, 승단추방죄를 범하는 것이다. ① 타인의 소유물일 것, ② 타인의 소유물이라고 알 것 ③ 중요한 것일 것 ④ 오 마싸까 또는 오 마싸까 이상의 값어치가 있을 것 ⑤ 훔칠 의도가 있을 것이다. 만지면, 악작죄를 범하는 것이고, 흔들면, 추악죄를 범하는 것이고, 장소에서 옮기면, 승단추방죄를 범하는 것이다.

2) 다섯 가지 유형에 의해서 주지 않은 것을 빼앗는다면, 추악죄를 범하는 것이다. ① 타인의 소유물일 것, ② 타인의 소유물이라고 알 것 ③ 중요하지 않은 것일

것 ④ 일 마싸까 이상 오 마싸까 미만의 값어치가 있을 것 ⑤ 훔칠 의도가 있을 것이다. 만지면, 악작죄를 범하는 것이고, 움직여도, 악작죄를 범하는 것이고, 장소에서 옮기면, 추악죄를 범하는 것이다.

3) 다섯 가지 유형에 의해서 주지 않은 것을 빼앗는다면, 악작죄를 범하는 것이다. ① 타인의 소유물일 것, ② 타인의 소유물이라고 알 것 ③ 중요하지 않은 것일 것 ④ 일 마싸까 또는 일 마싸까 미만의 값어치가 있을 것 ⑤ 훔칠 의도가 있을 것이다. 만지면, 악작죄를 범하는 것이고, 움직여도, 악작죄를 범하는 것이고, 장소에서 옮기도, 악작죄를 범하는 것이다.

6-2.

1) 여섯 가지 유형에 의해서 주지 않은 것을 빼앗는다면, 승단추방죄를 범하는 것이다. ① 자기의 것이 아닌 것을 알 것 ② 친밀한 자의 소유가 아닐 것 ③ 잠시 빌린 것이 아닐 것 ④ 중요한 것일 것 ⑤ 오 마싸까 또는 오 마싸까 이상의 값어치가 있을 것, ⑥ 훔칠 의도가 있을 것이다. 만지면, 악작죄를 범하는 것이고, 흔들면, 추악죄를 범하는 것이고, 장소에서 옮기면, 승단추방죄를 범하는 것이다.

2) 여섯 가지 유형에 의해서 주지 않은 것을 빼앗는다면, 추악죄를 범하는 것이다. ① 자기 것이 아닌 것을 알 것 ② 친밀한 자의 소유가 아닐 것 ③ 잠시 빌린 것이 아닐 것 ④ 중요하지 않은 것일 것 ⑤ 일 마싸까 이상 오 마싸까 미만의 [*55] 값어치가 있을 것 ⑥ 훔칠 의도가 있을 것이다. 만지면, 악작죄를 범하는 것이고, 움직여도, 악작죄를 범하는 것이고, 장소에서 옮기면, 추악죄를 범하는 것이다.

3) 여섯 가지 유형에 의해서 주지 않은 것을 빼앗는다면, 악작죄를 범하는 것이다. ① 자기 것이 아닌 것을 알 것 ② 친밀한 자의 소유가 아닐 것 ③ 잠시 빌린 것이 아닐 것 ④ 중요하지 않은 것일 것 ⑤ 일 마싸까나 일 마싸까 미만의 값어치가 있을 것 ⑥ 훔칠 의도가 있을 것이다. 만지면, 악작죄를 범하는 것이고, 움직여도, 악작죄를 범하는 것이고, 장소에서 옮겨도, 악작죄를 범하는 것이다.

6-3.

1) 다섯 가지 유형에 의해서 주지 않은 것을 빼앗는다면, 악작죄를 범하는 것이다. ① 타인의 소유물이 아닐 것 ② 타인의 소유물이라고 알 것 ③ 중요한 것일 것 ④ 오 마싸까 또는 오 마싸까 이상의 값어치가 있을 것 ⑤ 훔칠 의도가

있을 것이다. 만지면, 악작죄를 범하는 것이고, 움직여도, 악작죄를 범하는 것이고, 장소에서 옮겨도, 악작죄를 범하는 것이다.

2) 다섯 가지 유형에 의해서 주지 않은 것을 빼앗는다면, 악작죄를 범하는 것이다. ① 타인의 소유물이 아닐 것 ② 타인의 소유물이라고 알 것 ③ 중요하지 않은 것일 것 ④ 일 마싸까 이상 오 마싸까 미만의 값어치가 있을 것 ⑤ 훔칠 의도가 있을 것이다. 만지면, 악작죄를 범하는 것이고, 움직여도, 악작죄를 범하는 것이고, 장소에서 옮겨도, 악작죄를 범하는 것이다.

3) 다섯 가지 유형에 의해서 주지 않은 것을 빼앗는다면, 악작죄를 범하는 것이다. ① 타인의 소유물이 아닐 것 ② 타인의 소유물이라고 알 것 ③ 중요하지 않은 것일 것 ④ 일 마싸까나 일 마싸까 미만의 값어치가 있을 것 ⑤ 훔칠 의도가 있을 것이다. 만지면, 악작죄를 범하는 것이고, 움직여도, 악작죄를 범하는 것이고, 장소에서 옮겨도, 악작죄를 범하는 것이다.

6-4. 자신의 것임을 알았거나, 신뢰에 입각하여 취한 것이거나, 잠시 빌린 것이나,[223] 아귀의 영역으로 간 자의 소유이거나,[224] 축생계로 간 자의 소유이거나, 쓰레기더미인 것을 알거나,[225] 정신이 착란된 자이거나, 마음이 심란한 자이거나, 애통해 하는 자이거나, 초범자일 경우는 무죄이다.

교도인연담 그 요약서시는 아래와 같다.

빨래하는 자에 관한 다섯 이야기, 덮개에 대한 네 이야기
어두운 밤의 다섯 이야기, 운반에 의한 다섯 이야기.[226]

말습관과 관련된 다섯 이야기, 그리고 바람에 의한 두 이야기
파괴되지 않은 시신, 꾸싸 풀 던지기, 욕실에 의해서 열 번째.[227]

잔식에 대한 다섯 이야기, 근거없는 것에 대한 다섯 이야기
기근 중에 밥, 육고기, 과자, 당과, 환희환.[228]

---

223) tāvakālike : Smp. 372에 따르면, '나는 다시 돌려줄 것이다.'라고 잠시 빌린 것을 의미한다.

224) petapariggahe : Smp. 372에 따르면, 아귀의 영역에 있는 자(pittivisaye)의 소유를 말한다. 아귀 즉, 뻬따(peta)란 말은 '이전에 가버린 자'를 뜻하는 것으로 보다 고대형태의 언어인 조상(pitṛ)과 유사언어학적으로 동일하다. Smp. 372에 따르면, 그가 태어나 존재하는 저 아귀의 세상에서 시간을 보내고, 네 하늘나라 대왕의 신들의 세계 등의 모든 신들도 아귀의 영역에서 파괴된다. 그 영역에서 그의 소유는 무죄이다.

225) paṃsukūlasaññissa : Smp. 373에 따르면, 넝마에 소유자가 없다는 것을 안다면, 그것을 갖더라도 무죄이다. 그러나 소유자가 있다면, 그것을 꺼내서 소유자에게 돌려주어야 한다.

226) rajakehi pañca akkhātā | caturo attharaṇehi ca | andhakārena ce pañca | pañcahāraṇakena ca ‖

227) niruttiyā pañca akkhātā | vātehi apare duve | asambhinne kusāpāto | jantaggena sahā dasa ‖

필수품, 가방, 덧배게, 옷시렁, 나가지 않음,
단단한 음식, 신뢰, 그리고 자신의 것인 줄 안 것에 대한 두 이야기.[229)]

일곱 번 '우리는 훔치지 않는다.' 일곱 번 훔쳤다,
일곱 번 참모임에 속한 것을 훔치는 것, 그리고 꽃에 대한 두 이야기.[230)]

세 가지 전언의 이야기, 세 보석과 탈세,
멧돼지, 사슴, 물고기, 그리고 수레를 굴리다.[231)]

고깃조각 둘, 뗏목 둘, 쓰레기더미, 강 둘,
조금씩,[*56] 공모에 의해서, 그 밖에 미치지 못함.[232)]

싸밧티 시에서의 네 주먹, 남은 음식 둘, 꾸싸풀 둘,
참모임소유의 분배에 대한 일곱, 비소유자에 대해서도 일곱.[233)]

목재, 물, 흙, 건초 둘, 훔칠 생각으로 취하는 일곱,
주인이 있는 것은 사용하지 말아야, 주인이 있는 것은 잠시 옮길 수 있다.[234)]

짬빠 시, 라자가하 시, 베쌀리 시의 앗주까,
그리고 바라나씨, 꼬쌈비, 싸갈라와 달리까에 의한.[235)]

7-1. 한때 여섯무리의 수행승들이 빨래하는 장소에 가서 빨래하는 사람들의 옷을 훔쳤다. 그들에게 후회가 생겨났다.

[여섯무리의 수행승들] "세존께서는 학습계율을 시설하셨다. 우리가 승단추방죄를 범한 것이 아닐까?"

세존께 그 사실을 알렸다.

[세존] "수행승이여, 그대는 승단추방죄를 범한 것이다."

7-2. 그런데

---

228) vighāsehi pañca akkhātā | pañca ceva amūlakā | dubbhikkhe kuramaṃsañ ca | pūvasakkhalimodakā ‖ PTS. III. 55의 kurumaṃsa와 Bd. I. 93의 'Kuru-meat'는 각각 오타와 오역이다. 'kuramaṃsa'라고 읽어야 하고 그 뜻은 '밥과 육고기'를 뜻한다.

229) saparikkhārathavikā | bhisivaṃsā na nikkhame | khādanīyañ ca vissāsaṃ | sasaññāya apare duve ‖

230) satta nāvaharāmāti | satta ceva avāharuṃ | saṅghassa avaharuṃ satta | pupphehi apare duve ‖

231) tayo ca vuttavādino | maṇi tīṇi atikkame | sūkarā ca migā macchā | yānañ cāpi pavaṭṭhayi ‖

232) duve pesī duve dārū | paṃsukūlaṃ duve'dakā | anupubbavidhānena | tadañño na paripūrayi ‖

233) sāvatthiyā caturo muṭṭhī | dve vighāsā duve tiṇā | saṅghassa bhājaye satta | satta ceva asāmikā ‖

234) dāru dakā mattikā dve tiṇāni | saṅghassa satta avahāsiseyyuṃ | sassāmikaṃ na cāpi nīhareyya | hareyya sassāmikaṃ tāvakālikaṃ ‖

235) campā rājagahe ceva | vesāliyā ca ajjuko | bārāṇasī ca kosambī | sāgalā daḷhikena cāti ‖

1) 한때 어떤 수행승이 빨래하는 장소에 가서 값비싼 옷을 보고 훔칠 마음이 생겨났다. 그에게 후회가 생겨났다.

[수행승] "세존께서는 학습계율을 시설하셨다. 우리가 승단추방죄를 범한 것이 아닐까?"

세존께 그 사실을 알렸다.

[세존] "수행승이여, 마음이 일어난 것만으로는 무죄이다."

2) 한때 어떤 수행승이 빨래하는 장소에 가서 값비싼 옷을 보고 훔칠 마음으로 그것을 만졌다. 그에게 후회가 생겨났다.

[수행승] "세존께서는 학습계율을 시설하셨다. 우리가 승단추방죄를 범한 것이 아닐까?"

세존께 그 사실을 알렸다.

[세존] "수행승이여, 승단추방죄가 아니라 악작죄를 범한 것이다."

3) 한때 어떤 수행승이 빨래하는 장소에 가서 값비싼 옷을 보고 훔칠 마음으로 그것을 흔들었다. 그에게 후회가 생겨났다.

[수행승] "세존께서는 학습계율을 시설하셨다. 우리가 승단추방죄를 범한 것이 아닐까?"

세존께 그 사실을 알렸다.

[세존] "수행승이여, 승단추방죄가 아니라 추악죄를 범한 것이다."

4) 한때 어떤 수행승이 빨래하는 장소에 가서 값비싼 옷을 보고 훔칠 마음으로 그것을 그 장소에서 옮겼다. 그에게 후회가 생겨났다.

[수행승] "세존께서는 학습계율을 시설하셨다. 우리가 승단추방죄를 범한 것이 아닐까?"

세존께 그 사실을 알렸다.

[세존] "수행승이여, 승단추방죄를 범한 것이다."

7-3. 그런데

1) 한때 어떤 탁발하는 수행승이 값비싼 덮개[236]를 보고 훔칠 마음이 생겨났다. 그에게 후회가 생겨났다.

[수행승] "세존께서는 학습계율을 시설하셨다. 우리가 승단추방죄를 범한 것이 아닐까?"

---

236) uttarattharaṇa : 한역의 부포(敷布)를 말한다. 외부덮개와 같은 것이다.

세존께 그 사실을 알렸다.

[세존] "수행승이여, 마음이 일어난 것만으로는 무죄이다."

2) 한때 어떤 탁발하는 수행승이 값비싼 덮개를 보고 훔칠 마음으로 그것을 만졌다. 그에게 후회가 생겨났다.

[수행승] "세존께서는 학습계율을 시설하셨다. 우리가 승단추방죄를 범한 것이 아닐까?"

세존께 그 사실을 알렸다.

[세존] "수행승이여, 승단추방죄가 아니라 악작죄를 범한 것이다."

3) 한때 어떤 수행승이 빨래하는 장소에 가서 값비싼 덮개를 보고 훔칠 마음으로 그것을 흔들었다. 그에게 후회가 생겨났다.

[수행승] "세존께서는 학습계율을 시설하셨다. 우리가 승단추방죄를 범한 것이 아닐까?"

세존께 그 사실을 알렸다.

[세존] "수행승이여, 승단추방죄가 아니라 추악죄를 범한 것이다."

4) 한때 어떤 수행승이 빨래하는 장소에 가서 값비싼 덮개를 보고 훔칠 마음으로 그것을 그 장소에서 옮겼다. 그에게 후회가 생겨났다.

[수행승] "세존께서는 학습계율을 시설하셨다. 우리가 승단추방죄를 범한 것이 아닐까?"

세존께 그 사실을 알렸다.

[세존] "수행승이여, 승단추방죄를 범한 것이다."

7-4. 그런데

1) 한때 어떤 수행승이 대낮에 물건을 보고 '밤에 훔쳐야지.'라고 점을 찍어 놓았다. 그는 그것을 생각하고 그것을 훔쳤다. 그에게 후회가 생겨났다.

[수행승] "세존께서는 학습계율을 시설하셨다. 우리가 승단추방죄를 범한 것이 아닐까?"

세존께 그 사실을 알렸다.

[세존] "수행승이여, 승단추방죄를 범한 것이다."

2) 한때 어떤 수행승이 대낮에 물건을 보고 '밤에 훔쳐야지.'라고 점을 찍어 놓았다. 그가 그것을 생각하고 다른 것을 훔쳤다. 그에게 후회가 생겨났다.

[수행승] "세존께서는 학습계율을 시설하셨다. 우리가 승단추방죄를 범한 것이 아닐까?"

세존께 그 사실을 알렸다.

[세존] "수행승이여, 승단추방죄를 범한 것이다."

3) 한때 어떤 수행승이 대낮에 물건을 보고 '밤에 훔쳐야지.'라고 점을 찍어 놓았다. 그가 다른 것을 생각하고 그것을 훔쳤다. 그에게 후회가 생겨났다.

[수행승] "세존께서는 학습계율을 시설하셨다. 우리가 승단추방죄를 범한 것이 아닐까?"

세존께 그 사실을 알렸다.

[세존] "수행승이여, 승단추방죄를 범한 것이다."

4) 한때 어떤 수행승이 대낮에 물건을 보고 '밤에 훔쳐야지.'라고 점을 찍어 놓았다. 그가 다른 것을 생각하고 다른 것을 훔쳤다. 그에게 후회가 생겨났다.

[수행승] "세존께서는 학습계율을 시설하셨다. 우리가 승단추방죄를 범한 것이 아닐까?"

세존께 그 사실을 알렸다.

[세존] "수행승이여, 승단추방죄를 범한 것이다."

5) 한때[*57] 어떤 수행승이 대낮에 물건을 보고 '밤에 훔쳐야지.'라고 점을 찍어 놓았다. 그가 그것이라고 지각하고는 자신의 물건을 훔쳤다.[237] 그에게 후회가 생겨났다.

[수행승] "세존께서는 학습계율을 시설하셨다. 우리가 승단추방죄를 범한 것이 아닐까?"

세존께 그 사실을 알렸다.

[세존] "수행승이여, 승단추방죄가 아니라 악작죄를 범한 것이다."

7-5₁. 그런데

1) 한때 어떤 수행승이 타인이 물건을 운반할 때 머리위의 물건을 훔칠 마음으로 만졌다. 그에게 후회가 생겨났다.

[수행승] "세존께서는 학습계율을 시설하셨다. 우리가 승단추방죄를 범한 것이 아닐까?"

세존께 그 사실을 알렸다.

[세존] "수행승이여, 승단추방죄를 범한 것이다."

2) 한때 어떤 수행승이 타인이 물건을 운반할 때 머리위의 물건을 훔칠 마음으로

---

237) so taṃ maññamāno attano bhaṇḍaṃ avahari : Bd. I. 95에 따르면, 대낮에 점찍어 놓았던 남의 물건을 훔치려다 밤에 다른 것을 그것이라고 지각하고 자기 물건을 훔친 것이다.

흔들었다. 그에게 후회가 생겨났다.

[수행승] "세존께서는 학습계율을 시설하셨다. 우리가 승단추방죄를 범한 것이 아닐까?"

세존께 그 사실을 알렸다.

[세존] "수행승이여, 승단추방죄를 범한 것이다."

3) 한때 어떤 수행승이 타인이 물건을 운반할 때 머리위의 물건을 훔칠 마음으로 어깨위에 내려놓았다. 그에게 후회가 생겨났다.

[수행승] "세존께서는 학습계율을 시설하셨다. 우리가 승단추방죄를 범한 것이 아닐까?"

세존께 그 사실을 알렸다.

[세존] "수행승이여, 승단추방죄를 범한 것이다."

7-5₂.

1) 한때 어떤 수행승이 타인이 물건을 운반할 때 어깨위의 물건을 훔칠 마음으로 만졌다. 그에게 후회가 생겨났다.

[수행승] "세존께서는 학습계율을 시설하셨다. 우리가 승단추방죄를 범한 것이 아닐까?"

세존께 그 사실을 알렸다.

[세존] "수행승이여, 승단추방죄를 범한 것이다."

2) 한때 어떤 수행승이 타인이 물건을 운반할 때 어깨위의 물건을 훔칠 마음으로 흔들었다. 그에게 후회가 생겨났다.

[수행승] "세존께서는 학습계율을 시설하셨다. 우리가 승단추방죄를 범한 것이 아닐까?"

세존께 그 사실을 알렸다.

[세존] "수행승이여, 승단추방죄를 범한 것이다."

3) 한때 어떤 수행승이 타인이 물건을 운반할 때 어깨위의 물건을 훔칠 마음으로 허리춤에 내려놓았다. 그에게 후회가 생겨났다.

[수행승] "세존께서는 학습계율을 시설하셨다. 우리가 승단추방죄를 범한 것이 아닐까?"

세존께 그 사실을 알렸다.

[세존] "수행승이여, 승단추방죄를 범한 것이다."

7-5₃.

1) 한때 어떤 수행승이 타인이 물건을 운반할 때 허리춤의 물건을 훔칠 마음으로 만졌다. 그에게 후회가 생겨났다.

[수행승] "세존께서는 학습계율을 시설하셨다. 우리가 승단추방죄를 범한 것이 아닐까?"

세존께 그 사실을 알렸다.

[세존] "수행승이여, 승단추방죄를 범한 것이다."

2) 한때 어떤 수행승이 타인이 물건을 운반할 때 허리춤의 물건을 훔칠 마음으로 흔들었다. 그에게 후회가 생겨났다.

[수행승] "세존께서는 학습계율을 시설하셨다. 우리가 승단추방죄를 범한 것이 아닐까?"

세존께 그 사실을 알렸다.

[세존] "수행승이여, 승단추방죄를 범한 것이다."

3) 한때 어떤 수행승이 타인이 물건을 운반할 때 허리춤의 물건을 훔칠 마음으로 손으로 붙잡았다. 그에게 후회가 생겨났다.

[수행승] "세존께서는 학습계율을 시설하셨다. 우리가 승단추방죄를 범한 것이 아닐까?"

세존께 그 사실을 알렸다.

[세존] "수행승이여, 승단추방죄를 범한 것이다."

7-5₄.

1) 한때 어떤 수행승이 타인이 물건을 운반할 때 손의 물건을 훔칠 마음으로 땅위에 내려놓았다. 그에게 후회가 생겨났다.

[수행승] '내가 승단추방죄를 범한 것이 아닐까?'

세존께 그 사실을 알렸다.

[세존] "수행승이여, 승단추방죄를 범한 것이다."

2) 한때 어떤 수행승이 타인이 물건을 운반할 때 손의 물건을 훔칠 마음으로 땅위에서 집었다. 그에게 후회가 생겨났다.

[수행승] '내가 승단추방죄를 범한 것이 아닐까?'

세존께 그 사실을 알렸다.

[세존] "수행승이여, 승단추방죄를 범한 것이다."

7-6. 그런데

1) 한때 어떤 수행승이 노지에 옷을 펼쳐놓고 정사로 들어갔다. 어떤 수행승이

'이 옷을 잃어버리게 해서는 안 된다.'라고 생각하여 거두었다. 그가 나와서 그에게 물었다.

[수행승A] "벗이여, 내 옷을 누가 가져갔습니까?"

그는 이와 같이 말했다.

[수행승B] "내가 가져갔습니다."

그가 그를 붙잡고 말했다.

[수행승A] "그대는 수행자가 아닙니다."

그에게 후회가 생겨났다. 세존께 그 사실을 알렸다.

[세존] "수행승이여, 그대는 무엇을 생각을 하고 있었는가?"

[수행승B] "세존이시여, 그것은 저의 말습관일뿐입니다."238)

[세존] "수행승이여, 말습관에는 죄가 없다."

2) 한때 어떤 수행승이 침상위에 옷을 던져놓고 정사로 들어갔다. 어떤 수행승이 '이 옷을 잃어버리게 해서는 안 된다.'라고 생각하여 거두었다. 그가 나와서 그에게 물었다.

[수행승A] "벗이여, 내 옷을 누가 가져갔습니까?"

그는 이와 같이 말했다.

[수행승B] "내가 가져갔습니다."

그가 그를 붙잡고 말했다.

[수행승A] "그대는 수행자가 아닙니다."

그에게 후회가 생겨났다. 세존께 그 사실을 알렸다.

[세존] "수행승이여, 그대는 무엇을 생각을 하고 있었는가?"

[수행승B] "세존이시여, 그것은 저의 말습관일뿐입니다."

[세존] "수행승이여, 말습관에는 죄가 없다."

3) 한때 어떤 수행승이 의자위에 깔개를 내려놓고 정사로 들어갔다. 어떤 수행승이 '이 깔개를 잃어버리게 해서는 안 된다.'라고 생각하여 거두었다. 그가 나와서 그에게 물었다.

[수행승A] "벗이여, 내 깔개를 누가 가져갔습니까?"

그는 이와 같이 말했다.

[수행승B] "내가 가져갔습니다."

238) niruttipatho ahaṃ bhagavā'ti : '내가 가져갔습니다.'라는 말이 훔쳐갔다는 말인데 단지 '습관적인 말'일뿐이라는 뜻이다.

그가 그를 붙잡고 말했다.

[수행승A] "그대는 수행자가 아닙니다."

그에게 후회가 생겨났다. 세존께 그 사실을 알렸다.

[세존] "수행승이여, 그대는 무엇을 생각을 하고 있었는가?"

[수행승B] "세존이시여, 그것은 저의 말습관일뿐입니다."

[세존] "수행승이여, 말습관에는 죄가 없다."

4) 한때 어떤 수행승이 의자밑에 발우를 내려놓고 정사로 들어갔다. 어떤 수행승이 '이 발우를 잃어버리게 해서는 안 된다.'라고 생각하여 거두었다. 그가 나와서 그에게 물었다.

[수행승A] "벗이여, 내 발우를 누가 가져갔습니까?"

그는 이와 같이 말했다.

[수행승B] "내가 가져갔습니다."

그가 그를 붙잡고 말했다.

[수행승A] "그대는 수행자가 아닙니다."

그에게 후회가 생겨났다. 세존께 그 사실을 알렸다.

[세존] "수행승이여, 그대는 무엇을 생각을 하고 있었는가?"

[수행승B] "세존이시여, 그것은 저의 말습관일뿐입니다."

[세존] "수행승이여, 말습관에는 죄가 없다."

5) 한때 어떤 수행녀가 울타리에 옷을 펼쳐놓고 정사로 들어갔다. 어떤 수행녀가 '이 옷을 잃어버리게 해서는 안 된다.'라고 생각하여 거두었다. 그녀가 나와서 그녀에게 물었다.

[수행녀A] "벗이여, 내 옷을 누가 가져갔습니까?"

그녀는 이와 같이 말했다.

[수행녀B] "내가 가져갔습니다."

그녀가 그녀를 붙잡고 말했다.

[수행녀A] "그대는 수행자가 아닙니다."

그녀에게 후회가 생겨났다. 그래서 그 수행녀는 수행녀들에게 그 사실을 알렸다. 수행녀들은 수행승들에게 그 사실을 알렸다. 수행승들은 세존께 그 사실을 알렸다.

[세존] "수행승들이여, 그 수행녀는 무엇을 생각을 하고 있었는가?"

[수행승B] "세존이시여, 그것은 수행녀의 말습관일뿐입니다."

[세존] "수행승들이여, 그 수행녀의 말습관에는 죄가 없다."

7-7. 그런데

1) 한때[*58] 어떤 수행승이 회오리바람이 불 때 날리는 외투들을 보고 '주인들에게 갖다 주어야지.'라고 지각하고 거두었다. 주인들이 그 수행승을 꾸짖었다.

[주인들] "그대는 수행자가 아닙니다."

그에게 후회가 생겨났다. 세존께 그 사실을 알렸다.

[세존] "수행승이여, 그대는 어떠한 생각을 하고 있었는가?"

[수행승] "세존이시여, 훔칠 생각은 없었습니다."

[세존] "수행승이여, 훔칠 생각이 없었다면, 무죄이다."

2) 한때 어떤 수행승이 회오리바람이 불 때 날리는 터번을 보고 '주인들에게 들키기 전에.'라고 훔칠 생각으로 가졌다. 주인들이 그 수행승을 꾸짖었다.

[주인들] "그대는 수행자가 아닙니다."

그에게 후회가 생겨났다. 세존께 그 사실을 알렸다.

[세존] "수행승이여, 그대는 어떠한 생각을 하고 있었는가?"

[수행승] "세존이시여, 훔칠 생각이었습니다."

[세존] "수행승이여, 그대는 승단추방죄를 범한 것이다."

7-8. 한때 어떤 수행승이 묘지로 가서 아직 파괴되지 않은 시신에서 누더기를 붙잡았다. 그런데 그 시신에는 망자가 살고 있었다.239) 그 망자가 그 수행승에게 이와 같이 말했다.

[망자] "존자여, 나의 외투를 가져가지 마십시오."

그 수행승은 갖지 않고 가버렸다. 그러자 그 시신이 일어나240) 그 수행승의 뒤를 바싹 따라왔다. 그러자 그 수행승은 정사로 들어가서 문을 잠갔다. 그러자 그 시신은 바로 그곳에 쓰러졌다.241) 그에게 후회가 생겨났다. 세존께 그 사실을 알렸다.

[세존] "수행승이여, 승단추방죄를 범한 것이 아니다. 그러나 수행승은 아직 파괴되지 않은 시신에서242) 누더기를 취해서는 안 된다. 취하면, 악작죄를 범한

---

239) tasmiṃ ca sarīre peto adhivattho hoti : Smp. 374에 따르면, 아마도 벌거벗고 있었고 외투를 필요로 하고 있었다.

240) atha kho taṃ sarīraṃ uṭṭhahitvā : Smp. 374에 따르면, 망자(peta)의 자신의 힘으로 일어난 것이다.

241) atha kho taṃ sarīraṃ tattheva paripati : Smp. 374에 따르면, 닫힌 문에서 망자는 외투에 대한 욕구가 사라지면서 몸을 떠나 그 업을 조차 가버렸다.

242) abhinne sarīre : Smp. 374에 따르면, 아직 따듯한 시신을 말한다.

것이다.”

7-9. 한때 어떤 수행승이 참모임에 옷을 나누어 주면서 훔칠 생각으로 꾸싸 풀을 던져서 옷을 가로챘다. 그에게 후회가 생겨났다. 세존께 그 사실을 알렸다.

[세존] “수행승이여, 그대는 승단추방죄를 범한 것이다.”

7-10. 한때 존자 아난다가 욕실243)에서 다른 수행승의 하의를 자신의 것이라고 생각하고 입었다. 그러자 그 수행승은 존자 아난다에게 이와 같이 말했다.

[수행승] “벗이여 아난다여, 왜 그대는 나의 하의를 입었습니까?”

[아난다] “벗이여, 나는 나의 것인 줄 알았습니다.”

세존께 그 사실을 알렸다.

[세존] “수행승들이여, 자신의 것이라고 생각한 것은 무죄이다.”

7-11. 그런데

1) 한때 많은 수행승들이 깃자꾸따 산에서 내려와 사자가 먹다 남은 잔식244)을 보고 그것을 요리해서 먹었다. 그들에게 후회가 생겨났다. 세존께 그 사실을 알렸다.

[세존] “수행승들이여, 사자가 먹다 남은 잔식을 먹는 것은 무죄이다.”

2) 한때 많은 수행승들이 깃자꾸따 산에서 내려와 호랑이가 먹다 남은 잔식을 보고 그것을 요리해서 먹었다. 그들에게 후회가 생겨났다. 세존께 그 사실을 알렸다.

[세존] “수행승들이여, 호랑이가 먹다 남은 잔식을 먹는 것은 무죄이다.”

3) 한때 많은 수행승들이 깃자꾸따 산에서 내려와 표범이 먹다 남은 잔식을 보고 그것을 요리해서 먹었다. 그들에게 후회가 생겨났다. 세존께 그 사실을 알렸다.

[세존] “수행승들이여, 표범이 먹다 남은 잔식을 먹는 것은 무죄이다.”

4) 한때 많은 수행승들이 깃자꾸따 산에서 내려와 승냥이가 먹다 남은 잔식을 보고 그것을 요리해서 먹었다. 그들에게 후회가 생겨났다. 세존께 그 사실을 알렸다.

[세존] “수행승들이여, 승냥이가 먹다 남은 잔식을 먹는 것은 무죄이다.”

5) 한때 많은 수행승들이 깃자꾸따 산에서 내려와 늑대가 먹다 남은 잔식을 보고 그것을 요리해서 먹었다. 그들에게 후회가 생겨났다. 세존께 그 사실을 알렸다.

---

243) jantāghara : Dutt, Early Buddhist Monachism. 183에 따르면, 'jantāghara'는 '일반적인 욕탕'을 말하고 'jantāgharasālā'는 욕실(浴室)을 말한다.

244) sīhavighāsa : 이것을 통해 당시에 채식주의는 강요되지 않았다는 사실을 알 수 있다.

[세존] "수행승들이여, 늑대가 먹다 남은 잔식을 먹는 것은 무죄이다."

7-12. 그런데

1) 한때[*59] 어떤 수행승이 참모임에 밥을 나누어 주다가 '다른 수행승을 위해 몫을 주십시오.'라고 근거 없는 몫[245]을 취했다. 그에게 후회가 생겨났다. 세존께 그 사실을 알렸다.

[세존] "수행승이여, 승단추방죄가 아니라 의도적인 거짓말에 대한 속죄죄를 범한 것이다."

2) 한때 어떤 수행승이 참모임에 단단한 음식을 나누어 주다가 '다른 수행승을 위해 몫을 주십시오.'라고 근거 없는 몫을 취했다. 그에게 후회가 생겨났다. 세존께 그 사실을 알렸다.

[세존] "수행승이여, 승단추방죄가 아니라 의도적인 거짓말에 대한 속죄죄를 범한 것이다."

3) 한때 어떤 수행승이 참모임에 과자를 나누어 주다가 '다른 수행승을 위해 몫을 주십시오.'라고 근거 없는 몫을 취했다. 그에게 후회가 생겨났다. 세존께 그 사실을 알렸다.

[세존] "수행승이여, 승단추방죄가 아니라 의도적인 거짓말에 대한 속죄죄를 범한 것이다."

4) 한때 어떤 수행승이 참모임에 사탕을 나누어 주다가 '다른 수행승을 위해 몫을 주십시오.'라고 근거 없는 몫을 취했다. 그에게 후회가 생겨났다. 세존께 그 사실을 알렸다.

[세존] "수행승이여, 승단추방죄가 아니라 의도적인 거짓말에 대한 속죄죄를 범한 것이다."

5) 한때 어떤 수행승이 참모임에 띰바루열매[246]를 나누어 주다가 '다른 수행승을 위해 몫을 주십시오.'라고 근거 없는 몫을 취했다. 그에게 후회가 생겨났다. 세존께 그 사실을 알렸다.

[세존] "수행승이여, 승단추방죄가 아니라 의도적인 거짓말에 대한 속죄죄를 범한 것이다."

7-13. 그런데

---

245) amūlaka : Bd. I. 98에 따르면, '존재하지 않는 수행승을 위한 몫'을 의미한다.

246) timbarūsaka : 띰바루나무(Strychnos nux vomica 또는 Diospyros)의 열매는 여자의 유방에 비유되는 탐스러운 과일이다.

1) 한때 어떤 수행승이 기근이 들자 밥을 저장한 부엌에 들어가 밥 한 그릇을 훔칠 생각으로 집었다. 그에게 후회가 생겨났다. 세존께 그 사실을 알렸다.
[세존] "수행승이여, 승단추방죄를 범한 것이다."
2) 한때 어떤 수행승이 기근이 들자 도축장에 들어가 육고기 한 그릇을 훔칠 생각으로 집었다. 그에게 후회가 생겨났다. 세존께 그 사실을 알렸다.
[세존] "수행승이여, 승단추방죄를 범한 것이다."
3) 한때 어떤 수행승이 기근이 들자 제과점에 들어가 과자 한 그릇을 훔칠 생각으로 집었다. 그에게 후회가 생겨났다. 세존께 그 사실을 알렸다.
[세존] "수행승이여, 승단추방죄를 범한 것이다."
4) 한때 어떤 수행승이 기근이 들자 제과점에 들어가 당과 한 그릇을 훔칠 생각으로 집었다. 그에게 후회가 생겨났다. 세존께 그 사실을 알렸다.
[세존] "수행승이여, 승단추방죄를 범한 것이다."
5) 한때 어떤 수행승이 기근이 들자 제과점에 들어가 환희환(歡喜丸)[247] 한 그릇을 훔칠 생각으로 집었다. 그에게 후회가 생겨났다. 세존께 그 사실을 알렸다.
[세존] "수행승이여, 승단추방죄를 범한 것이다."

7-14. 그런데

1) 한때 어떤 수행승이 대낮에 필수품를 보고 '밤에 훔쳐야지.'라고 점을 찍어 놓았다. 그가 그것을 생각하며 그것을 훔쳤다. 그에게 후회가 생겨났다. '내가 승단추방죄를 범한 것이 아닐까?' 세존께 그 사실을 알렸다.
[세존] "수행승이여, 승단추방죄를 범한 것이다."
2) 한때 어떤 수행승이 대낮에 필수품을 보고 '밤에 훔쳐야지.'라고 점을 찍어 놓았다. 그가 그것을 생각하고 다른 것을 훔쳤다. 그에게 후회가 생겨났다. '내가 승단추방죄를 범한 것이 아닐까?' 세존께 그 사실을 알렸다.
[세존] "수행승이여, 승단추방죄를 범한 것이다."
3) 한때 어떤 수행승이 대낮에 필수품을 보고 '밤에 훔쳐야지.'라고 점을 찍어 놓았다. 그가 다른 것을 생각하고 그것을 훔쳤다. 그에게 후회가 생겨났다. '내가 승단추방죄를 범한 것이 아닐까?' 세존께 그 사실을 알렸다.
[세존] "수행승이여, 승단추방죄를 범한 것이다."

247) modaka : 한역의 환희환(歡喜丸)인데. 달콤한 음식인데 아마도 사탕이나 엿과 같은 것일 것이다.

4) 한때 어떤 수행승이 대낮에 필수품을 보고 '밤에 훔쳐야지.'라고 점을 찍어 놓았다. 그가 다른 것을 생각하고 다른 것을 훔쳤다. 그에게 후회가 생겨났다. '내가 승단추방죄를 범한 것이 아닐까?' 세존께 그 사실을 알렸다.

[세존] "수행승이여, 승단추방죄를 범한 것이다."

5) 한때 어떤 수행승이 대낮에 필수품을 보고 '밤에 훔쳐야지.'라고 점을 찍어 놓았다. 그가 그것이라고 지각하고는 자신의 물건을 훔쳤다.248) 그에게 후회가 생겨났다. '내가 승단추방죄를 범한 것이 아닐까?' 세존께 그 사실을 알렸다.

[세존] "수행승이여, 승단추방죄가 아니라 악작죄를 범한 것이다."

7-15. 한때 어떤 수행승이 의자위의 가방을 보고 '여기서 내가 가지면 승단추방죄를 범하겠지.'라고 의자를 접근해서 가방을 취했다. 그에게 후회가 생겨났다. 세존께 그 사실을 알렸다.

[세존] "수행승이여, 그대는 승단추방죄를 범한 것이다."

7-16. 한때 어떤 수행승이 참모임에 속한 덧베개를 훔쳤다. 그에게 후회가 생겨났다. 세존께 그 사실을 알렸다.

[세존] "수행승이여, 그대는 승단추방죄를 범한 것이다."

7-17. 한때 어떤 수행승이 옷시렁[*60]에서 옷을 훔칠 생각으로 집었다. 그에게 후회가 생겨났다. 세존께 그 사실을 알렸다.

[세존] "수행승이여, 그대는 승단추방죄를 범한 것이다."

7-18. 한때 어떤 수행승이 정사에서 옷을 훔치고 '여기서 밖으로 나가면 승단추방죄가 되겠지.'라고 지각하고 정사에서 밖으로 나가지 않았다. 수행승들은 그 사실을 세존께 알렸다.

[세존] "수행승들이여, 그 어리석은 자는 밖으로 나가건 밖으로 나가지 않건 승단추방죄를 범한 것이다."

7-19. 한때 두 수행승이 도반이었다. 한 수행승이 마을로 탁발하러 들어갔다. 다른 수행승이 참모임에서 단단한 음식을 나누어줄 때 도반의 몫을 취해서 그와의 신뢰에 입각하여 먹어버렸다. 그가 알고 그를 꾸짖었다.

[수행승] "그대는 수행자가 아닙니다."

그에게 후회가 생겨났다. 세존께 그 사실을 알렸다.

---

248) so taṃ maññamāno attano bhaṇḍaṃ avahari : Bd. I. 95에 따르면, 대낮에 점찍어 놓았던 남의 물건을 훔치려다 밤에 다른 것을 그것이라고 지각하고 자기 물건을 훔친 것이다.

[세존] "수행승이여, 그대는 어떠한 생각을 했는가?"
[수행승] "세존이시여, 신뢰에 입각하여 취한 것입니다."
[세존] "수행승이여, 신뢰에 입각하여 취한 것은 무죄이다."

7-20. 그런데

1) 한때 많은 수행승들이 옷을 만들고 있었다. 참모임에 단단한 음식이 분배될 때, 모두가 그 몫을 가져다가 곁에 두었다. 어떤 수행승이 다른 수행승의 몫을 자신의 것이라고 생각하여 먹어버렸다. 그는 그것을 알고 꾸짖었다.
[수행승] "그대는 수행자가 아닙니다."
그에게 후회가 생겨났다. 세존께 그 사실을 알렸다.
[세존] "수행승이여, 그대는 어떠한 생각을 했는가?"
[수행승] "세존이시여, 제 것인 줄 안 것입니다."
[세존] "수행승이여, 자기의 것인 줄 안 것은 무죄이다."

2) 한때 많은 수행승들이 옷을 만들고 있었다. 참모임에 단단한 음식이 분배될 때, 한 수행승이 다른 수행승의 발우에 자신의 몫을 가져다가 곁에 두었다. 발우의 주인인 수행승은 자신의 것이라고 생각하여 먹어버렸다. 그는 그것을 알고 꾸짖었다.
[수행승] "그대는 수행자가 아닙니다."
그에게 후회가 생겨났다. 세존께 그 사실을 알렸다.
[세존] "수행승이여, 그대는 어떠한 생각을 했는가?"
[수행승] "세존이시여, 제 것인 줄 안 것입니다."
[세존] "수행승이여, 자기의 것인 줄 안 것은 무죄이다."

7-21. 그런데

1) 한때 망고도둑들이 망고나무에서 망고를 떨어뜨려서 더미로 만들어 가지고 갔다. 주인들이 그 도둑들을 추격했다. 도둑들은 주인들을 보고 망고더미를 떨어뜨리고 도망갔다. 수행승들이 쓰레기더미인 줄 알고 집어서 먹었다. 주인들이 그 수행승들을 꾸짖었다.
[수행승들] "그대들은 수행자가 아닙니다."
그에게 후회가 생겨났다. 세존께 그 사실을 알렸다.
[세존] "수행승이여, 그대들은 어떠한 생각을 했는가?"
[수행승들] "세존이시여, 쓰레기더미인 줄 안 것입니다."
[세존] "수행승이여, 쓰레기더미인 줄 안 것은 무죄이다."

2) 한때 장미사과도둑들이 장미사과나무에서 장미사과를 떨어뜨려서 더미로 만들어 가지고 갔다. 주인들이 그 도둑들을 추격했다. 도둑들은 주인들을 보고 장미사과더미를 떨어뜨리고 도망갔다. 수행승들이 쓰레기더미인 줄 알고 집어서 먹었다. 주인들이 그 수행승들을 꾸짖었다.
[수행승들] "그대들은 수행자가 아닙니다."
그에게 후회가 생겨났다. 세존께 그 사실을 알렸다.
[세존] "수행승이여, 그대들은 어떠한 생각을 했는가?"
[수행승들] "세존이시여, 쓰레기더미인 줄 안 것입니다."
[세존] "수행승이여, 쓰레기더미인 줄 안 것은 무죄이다."

3) 한때 라부자[249]열매도둑들이 라부자나무에서 라부자열매를 떨어뜨려서 더미로 만들어 가지고 갔다. 주인들이 그 도둑들을 추격했다. 도둑들은 주인들을 보고 라부자열매더미를 떨어뜨리고 도망갔다. 수행승들이 쓰레기더미인 줄 알고 집어서 먹었다. 주인들이 그 수행승들을 꾸짖었다.
[수행승들] "그대들은 수행자가 아닙니다."
그에게 후회가 생겨났다. 세존께 그 사실을 알렸다.
[세존] "수행승이여, 그대들은 어떠한 생각을 했는가?"
[수행승들] "세존이시여, 쓰레기더미인 줄 안 것입니다."
[세존] "수행승이여, 쓰레기더미인 줄 안 것은 무죄이다."

4) 한때 빠나싸[250]열매도둑들이 빠나싸나무에서 빠나싸열매를 떨어뜨려서 더미로 만들어 가지고 갔다. 주인들이 그 도둑들을 추격했다. 도둑들은 주인들을 보고 빠나싸열매더미를 떨어뜨리고 도망갔다. 수행승들이 쓰레기더미인 줄 알고 집어서 먹었다. 주인들이 그 수행승들을 꾸짖었다.
[수행승들] "그대들은 수행자가 아닙니다."
그에게 후회가 생겨났다. 세존께 그 사실을 알렸다.
[세존] "수행승이여, 그대들은 어떠한 생각을 했는가?"
[수행승들] "세존이시여, 쓰레기더미인 줄 안 것입니다."
[세존] "수행승이여, 쓰레기더미인 줄 안 것은 무죄이다."

5) 한때 야자도둑들이 야자나무에서 야자를 떨어뜨려서 더미로 만들어 가지고 갔다. 주인들이 그 도둑들을 추격했다. 도둑들은 주인들을 보고 야자더미를

---

249) labuja : 빵나무. 나부자(羅浮闍)[Artocarpus lacucha].
250) panasa m. [〃] 동인도 산 빵나무. 면과수(麵果樹)[Artocarpus integrifolia].

떨어뜨리고 도망갔다. 수행승들이 쓰레기더미인 줄 알고 집어서 먹었다. 주인들이 그 수행승들을 꾸짖었다.

[수행승들] "그대들은 수행자가 아닙니다."

그에게 후회가 생겨났다. 세존께 그 사실을 알렸다.

[세존] "수행승이여, 그대들은 어떠한 생각을 했는가?"

[수행승들] "세존이시여, 쓰레기더미인 줄 안 것입니다."

[세존] "수행승이여, 쓰레기더미인 줄 안 것은 무죄이다."

6) 한때 사탕수수도둑들이 사탕수수에서 줄기를 잘라서 더미로 만들어 가지고 갔다. 주인들이 그 도둑들을 추격했다. 도둑들은 주인들을 보고 사탕수수줄기 더미를 떨어뜨리고 도망갔다. 수행승들이 쓰레기더미인 줄 알고 집어서 먹었다. 주인들이 그 수행승들을 꾸짖었다.

[수행승들] "그대들은 수행자가 아닙니다."

그에게 후회가 생겨났다. 세존께 그 사실을 알렸다.

[세존] "수행승이여, 그대들은 어떠한 생각을 했는가?"

[수행승들] "세존이시여, 쓰레기더미인 줄 안 것입니다."

[세존] "수행승이여, 쓰레기더미인 줄 안 것은 무죄이다."

7) 한때 띰바루열매도둑들이[*61] 띰바루나무에서 띰바루열매를 떨어뜨려서 더미로 만들어 가지고 갔다. 주인들이 그 도둑들을 추격했다. 도둑들은 주인들을 보고 띰바루열매더미를 떨어뜨리고 도망갔다. 수행승들이 쓰레기더미인 줄 알고 집어서 먹었다. 주인들이 그 수행승들을 꾸짖었다.

[수행승들] "그대들은 수행자가 아닙니다."

그에게 후회가 생겨났다. 세존께 그 사실을 알렸다.

[세존] "수행승이여, 그대들은 어떠한 생각을 했는가?"

[수행승들] "세존이시여, 쓰레기더미인 줄 안 것입니다."

[세존] "수행승이여, 쓰레기더미인 줄 안 것은 무죄이다."

7-22. 그런데

1) 한때 망고도둑들이 망고나무에서 망고를 떨어뜨려서 더미로 만들어 가지고 갔다. 주인들이 그 도둑들을 추격했다. 도둑들은 주인들을 보고 망고더미를 떨어뜨리고 도망갔다. 수행승들이 '주인들이 보기 전에'라고 훔칠 생각으로 먹어치웠다. 주인들이 그 수행승들을 꾸짖었다.

[주인들] "그대들은 수행자가 아닙니다."

그들에게 후회가 생겨났다. 세존께 그 사실을 알렸다.

[세존] "수행승들이여, 그대들은 어떠한 생각을 하고 있었는가?"

[수행승들] "세존이시여, 훔칠 생각이었습니다."

[세존] "수행승이여, 그대들은 승단추방죄를 범한 것이다."

2) 한때 장미사과도둑들이 장미사과나무에서 장미사과를 떨어뜨려서 더미로 만들어 가지고 갔다. 주인들이 그 도둑들을 추격했다. 도둑들은 주인들을 보고 장미사과더미를 떨어뜨리고 도망갔다. 수행승들이 '주인들이 보기 전에'라고 훔칠 생각으로 먹어치웠다. 주인들이 그 수행승들을 꾸짖었다.

[주인들] "그대들은 수행자가 아닙니다."

그들에게 후회가 생겨났다. 세존께 그 사실을 알렸다.

[세존] "수행승들이여, 그대들은 어떠한 생각을 하고 있었는가?"

[수행승들] "세존이시여, 훔칠 생각이었습니다."

[세존] "수행승이여, 그대들은 승단추방죄를 범한 것이다."

3) 한때 라부자열매도둑들이 라부자나무에서 라부자열매를 떨어뜨려서 더미로 만들어 가지고 갔다. 주인들이 그 도둑들을 추격했다. 도둑들은 주인들을 보고 라부자열매더미를 떨어뜨리고 도망갔다. 수행승들이 '주인들이 보기 전에'라고 훔칠 생각으로 먹어치웠다. 주인들이 그 수행승들을 꾸짖었다.

[주인들] "그대들은 수행자가 아닙니다."

그들에게 후회가 생겨났다. 세존께 그 사실을 알렸다.

[세존] "수행승들이여, 그대들은 어떠한 생각을 하고 있었는가?"

[수행승들] "세존이시여, 훔칠 생각이었습니다."

[세존] "수행승이여, 그대들은 승단추방죄를 범한 것이다."

4) 한때 빠나싸열매도둑들이 빠나싸나무에서 빠나싸열매를 떨어뜨려서 더미로 만들어 가지고 갔다. 주인들이 그 도둑들을 추격했다. 도둑들은 주인들을 보고 빠나싸열매더미를 떨어뜨리고 도망갔다. 수행승들이 '주인들이 보기 전에'라고 훔칠 생각으로 먹어치웠다. 주인들이 그 수행승들을 꾸짖었다.

[주인들] "그대들은 수행자가 아닙니다."

그들에게 후회가 생겨났다. 세존께 그 사실을 알렸다.

[세존] "수행승들이여, 그대들은 어떠한 생각을 하고 있었는가?"

[수행승들] "세존이시여, 훔칠 생각이었습니다."

[세존] "수행승이여, 그대들은 승단추방죄를 범한 것이다."

5) 한때 야자도둑들이 야자나무에서 야자를 떨어뜨려서 더미로 만들어 가지고 갔다. 주인들이 그 도둑들을 추격했다. 도둑들은 주인들을 보고 야자더미를 떨어뜨리고 도망갔다. 수행승들이 '주인들이 보기 전에'라고 훔칠 생각으로 먹어치웠다. 주인들이 그 수행승들을 꾸짖었다.

[주인들] "그대들은 수행자가 아닙니다."

그들에게 후회가 생겨났다. 세존께 그 사실을 알렸다.

[세존] "수행승들이여, 그대들은 어떠한 생각을 하고 있었는가?"

[수행승들] "세존이시여, 훔칠 생각이었습니다."

[세존] "수행승이여, 그대들은 승단추방죄를 범한 것이다."

6) 한때 사탕수수도둑들이 사탕수수나무에서 사탕수수줄기를 잘라서 더미로 만들어 가지고 갔다. 주인들이 그 도둑들을 추격했다. 도둑들은 주인들을 보고 사탕수수더미를 떨어뜨리고 도망갔다. 수행승들이 '주인들이 보기 전에'라고 훔칠 생각으로 먹어치웠다. 주인들이 그 수행승들을 꾸짖었다.

[주인들] "그대들은 수행자가 아닙니다."

그들에게 후회가 생겨났다. 세존께 그 사실을 알렸다.

[세존] "수행승들이여, 그대들은 어떠한 생각을 하고 있었는가?"

[수행승들] "세존이시여, 훔칠 생각이었습니다."

[세존] "수행승이여, 그대들은 승단추방죄를 범한 것이다."

7) 한때 띰바루열매도둑들이 띰바루나무에서 띰바루열매를 떨어뜨려서 더미로 만들어 가지고 갔다. 주인들이 그 도둑들을 추격했다. 도둑들은 주인들을 보고 띰바루열매더미를 떨어뜨리고 도망갔다. 수행승들이 '주인들이 보기 전에'라고 훔칠 생각으로 먹어치웠다. 주인들이 그 수행승들을 꾸짖었다.

[주인들] "그대들은 수행자가 아닙니다."

그들에게 후회가 생겨났다. 세존께 그 사실을 알렸다.

[세존] "수행승들이여, 그대들은 어떠한 생각을 하고 있었는가?"

[수행승들] "세존이시여, 훔칠 생각이었습니다."

[세존] "수행승이여, 그대들은 승단추방죄를 범한 것이다."

7-23. 그런데

1) 한때 어떤 수행승이 참모임에 속한 망고를 훔칠 생각으로 집었다. 그에게 후회가 생겨났다. 세존께 그 사실을 알렸다.

[세존] "수행승이여, 그대는 승단추방죄를 범한 것이다."

2) 한때 어떤 수행승이 참모임에 속한 장미사과를 훔칠 생각으로 집었다. 그에게 후회가 생겨났다. 세존께 그 사실을 알렸다.
[세존] "수행승이여, 그대는 승단추방죄를 범한 것이다."
3) 한때 어떤 수행승이 참모임에 속한 라부자열매를 훔칠 생각으로 집었다. 그에게 후회가 생겨났다. 세존께 그 사실을 알렸다.
[세존] "수행승이여, 그대는 승단추방죄를 범한 것이다."
4) 한때 어떤 수행승이 참모임에 속한 빠나싸열매를 훔칠 생각으로 집었다. 그에게 후회가 생겨났다. 세존께 그 사실을 알렸다.
[세존] "수행승이여, 그대는 승단추방죄를 범한 것이다."
5) 한때 어떤 수행승이 참모임에 속한 야자열매를 훔칠 생각으로 집었다. 그에게 후회가 생겨났다. 세존께 그 사실을 알렸다.
[세존] "수행승이여, 그대는 승단추방죄를 범한 것이다."
6) 한때 어떤 수행승이 참모임에 속한 사탕수수를 훔칠 생각으로 집었다. 그에게 후회가 생겨났다. 세존께 그 사실을 알렸다.
[세존] "수행승이여, 그대는 승단추방죄를 범한 것이다."
7) 한때 어떤 수행승이 참모임에 속한 띰바루열매를 훔칠 생각으로 집었다. 그에게 후회가 생겨났다. 세존께 그 사실을 알렸다.
[세존] "수행승이여, 그대는 승단추방죄를 범한 것이다."

7-24. 한때 어떤 수행승이 화원으로 가서 오 마싸까의 값어치가 있는 이미 따놓은 꽃을 훔칠 생각으로 집었다. 그에게 후회가 생겨났다. 세존께 그 사실을 알렸다.
[세존] "수행승이여, 그대는 승단추방죄를 범한 것이다."
한때 어떤 수행승이 화원으로 가서 꽃들을 따서 오 마싸까의 값어치에 해당하는 것을 훔칠 생각으로 집었다. 그에게 후회가 생겨났다. 세존께 그 사실을 알렸다.
[세존] "수행승이여, 그대는 승단추방죄를 범한 것이다."

7-25. 그런데
1) 한때 한 수행승[A]이 마을로 가서 어떤 수행승[B]에게 이와 같이 말했다.
[수행승A] "벗이여, 내가 그대의 단월가정251)에 그대의 인사를 전할 수 있습니까?"
그[A]는 가서 한 외투를 가져다가 스스로 입었다. 그[B]는 알고 나서 그[A]를

251) upaṭṭhākakula : 한역의 단월가(檀越家)를 말한다. 수행승이 자주 방문하며 의존하는 가정을 말한다.

꾸짖었다.

[수행승B] "그대는 수행자가 아니다."

그[A]에게 후회가 생겨났다. 세존께 그 사실을 알렸다.

[세존] "수행승이여, 승단추방죄를 범한 것은 아니다. 그러나 수행승들이여, 그대[A]는 '내[A]가 그대[B]의 인사를 전할 수 있습니까?'라고 말해서는 안 된다. 말하면, 악작죄를 범한 것이다."

2) 그때 한 수행승[A]이 마을로 가서 어떤 수행승[B]에게 이와 같이 말했다.

[수행승A] "벗이여, 그대가 나의 단월가정에 나의 인사를 전할 수 있습니까?"

그[B]는 가서 두벌 외투를 가져다가 하나는 스스로 입고 다른 하나는 그 수행승[A]에게 주었다.

그[A]는 알고 나서 그[B]를 꾸짖었다.

[수행승A] "그대는 수행자가 아니다."

그[B]에게 후회가 생겨났다. 세존께 그 사실을 알렸다.

[세존] "수행승이여, 승단추방죄를 범한 것은 아니다. 그러나 수행승들이여, 그대[B]는 '그대[A]가 나[A]의 인사를 전할 수 있습니까?'라고 말해서는 안 된다. 말하면, 악작죄를 범한 것이다."

3) 한때 한 수행승[A]이 마을로[*62] 가면서 어떤 수행승[B]에게 이와 같이 말했다.

[수행승A] "벗이여, 내가 그대의 단월가정에 그대의 인사를 전할 수 있습니까?"

그[B]는 이와 같이 말했다.

[수행승B] '그대가 나의 인사를 전할 수 있습니까?'

그[A]는 가서 버터기름 한 됫박,[252] 밀환 한 뚤라,[253] 쌀 한 도나[254]를 가져다가 스스로 먹었다. 그[B]는 알고 나서 그[A]를 꾸짖었다.

[수행승B] "그대는 수행자가 아니다."

그[A]에게 후회가 생겨났다. 세존께 그 사실을 알렸다.

[세존] "수행승이여, 승단추방죄를 범한 것은 아니다. 그러나 수행승이여, 그대[A]는 '내[A]가 그대[B]의 인사를 전할 수 있습니까?'라고 말해서는 안 된다. 말하면, 악작죄를 범한 것이다."

7-26.

252) āḷhaka : 계산단위로 약 1리터 들이 정도의 됫박에 해당한다. 1 āḷhaka=4 patthā, 1 doṇa=4 āḷhakā이다.

253) tulā : 무게의 단위로 100 pala = phala에 해당하는데 얼마의 무게인지는 알 수 가 없다.

254) doṇa : 약 1리터 들이 정도의 됫박으로 4 됫박에 해당한다. 1 doṇa= 4 āḷhakā

1) 한때 한 사람이 값비싼 보석을 가지고 어떤 수행승과 함께 여행을 가고 있었다. 그때 그 사람은 세관을 보고 수행승이 알지 못하게 그의 바랑에 보석을 넣고 세관을 통과한 뒤에 받았다. 그에게 후회가 생겨났다. 세존께 그 사실을 알렸다.
[세존] "수행승들이여, 그대들은 어떠한 생각을 하고 있었는가?"
[수행승] "세존이시여, 저는 알지 못했습니다."
[세존] "수행승이여, 알지 못한 것은 무죄이다."

2) 한때 어떤 사람이 값비싼 보석을 가지고 어떤 수행승과 함께 여행을 가고 있었다. 그때 그 사람은 세관을 보고 아픈 것처럼 하고 자신의 물건을 그 수행승에게 맡겼다. 그리고 그 사람은 세관을 통과한 뒤에 그 수행승에게 이와 같이 말했다.
[어떤 사람] "존자여, 나의 물건을 주시오. 나는 아픈 것이 아닙니다."
[수행승] "벗이여, 왜 그랬습니까?"
그래서 그 사람은 그 사실을 수행승에게 말했다. 그에게 후회가 생겨났다. 세존께 그 사실을 알렸다.
[세존] "수행승들이여, 그대들은 어떠한 생각을 하고 있었는가?"
[수행승] "세존이시여, 저는 알지 못했습니다."
[세존] "수행승이여, 알지 못한 것은 무죄이다."

3) 한때 어떤 수행승이 카라반과 함께 여행을 가고 있었다. 어떤 사람이 그 수행승을 재물로 매수해서 세관을 보고 값비싼 보석을 그 수행승에게 주었다.
[어떤 사람] "존자여, 이 보석이 세관을 통과하도록 해주십시오."
그래서 그 수행승은 그 보석이 세관을 통과하도록 했다. 그에게 후회가 생겨났다. 세존께 그 사실을 알렸다.
[세존] "수행승이여, 그대는 승단추방죄를 범한 것이다."

7-27.

1) 한때 어떤 수행승이 밧줄에 묶인 멧돼지를 연민으로 인해 풀어주었다. 그에게 후회가 생겨났다. 세존께 그 사실을 알렸다.
[세존] "수행승들이여, 그대들은 어떠한 생각을 하고 있었는가?"
[수행승] "세존이시여, 저는 연민의 동기를 갖고 있었습니다."
[세존] "수행승이여, 연민을 동기로 한 것은 무죄이다."

2) 한때 어떤 수행승이 밧줄에 묶인 멧돼지를 '주인이 보기 전에'라고 지각하고 훔칠 생각으로 풀어주었다. 그에게 후회가 생겨났다. 세존께 그 사실을 알렸다.

[세존] "수행승이여, 승단추방죄를 범한 것이다."

3) 한때 어떤 수행승이 밧줄에 묶인 사슴을 연민으로 인해 풀어주었다. 그에게 후회가 생겨났다. 세존께 그 사실을 알렸다.

[세존] "수행승들이여, 그대들은 어떠한 생각을 하고 있었는가?"

[수행승] "세존이시여, 저는 연민의 동기를 갖고 있었습니다."

[세존] "수행승이여, 연민을 동기로 한 것은 무죄이다."

4) 한때 어떤 수행승이 밧줄에 묶인 사슴을 '주인이 보기 전에'라고 지각하고 훔칠 생각으로 풀어주었다. 그에게 후회가 생겨났다. 세존께 그 사실을 알렸다.

[세존] "수행승이여, 승단추방죄를 범한 것이다."

5) 한때 어떤 수행승이[*63] 그물에 묶인 물고기를 연민으로 인해 풀어주었다. 그에게 후회가 생겨났다. 세존께 그 사실을 알렸다.

[세존] "수행승들이여, 그대들은 어떠한 생각을 하고 있었는가?"

[수행승] "세존이시여, 저는 연민의 동기를 갖고 있었습니다."

[세존] "수행승이여, 연민을 동기로 한 것은 무죄이다."

6) 한때 어떤 수행승이 그물에 묶인 물고기를 '주인이 보기 전에'라고 지각하고 훔칠 생각으로 풀어주었다. 그에게 후회가 생겨났다. 세존께 그 사실을 알렸다.

[세존] "수행승이여, 승단추방죄를 범한 것이다."

7-28. 한때 어떤 수행승이 수레에 있는 물건을 보고 '여기서 취하면 승단추방죄를 범한 것이리라.'라고 지각하고 나아가 구르게 해서 취했다. 그에게 후회가 생겨났다. 세존께 그 사실을 알렸다.

[세존] "수행승이여, 승단추방죄를 범한 것이다."

7-29.

1) 한때 어떤 수행승이 매가 낚아채간 고깃조각을 '주인에게 돌려주어야지.'라고 지각하고 취했다. 주인이 그 수행승을 꾸짖었다.

[주인] "그대는 수행자가 아니다."

그에게 후회가 생겨났다. 세존께 그 사실을 알렸다.

[세존] "수행승이여, 훔칠 생각이 없었다면, 무죄이다."

2) 한때 어떤 수행승이 매가 낚아채간 고깃조각을 '주인에게 들키기 전에'라고 지각하고 훔칠 생각으로 집었다. 주인이 그 수행승을 꾸짖었다.

[주인] "그대는 수행자가 아니다."

그에게 후회가 생겨났다. 세존께 그 사실을 알렸다.

[세존] "수행승이여, 승단추방죄를 범한 것이다."

7-30.

1) 한때 사람들이 뗏목을 엮어서 아찌라바띠[255] 강으로 띄웠다. 엮은 것이 끊어지자 나무조각들이 흩어져 떠내려갔다. 수행승들은 쓰레기더미라고 지각하고 꺼냈다. 주인들이 그 수행승들에게 꾸짖었다.

[주인들] "그대들은 수행자가 아니다."

그들에게 후회가 생겨났다. 세존께 그 사실을 알렸다.

[세존] "수행승들이여, 그대들은 어떠한 생각을 하고 있었는가?"

[수행승들] "세존이시여, 저희들은 쓰레기더미라고 생각했습니다."

[세존] "수행승들이여, 쓰레기더미라고 생각했다면, 무죄이다."

2) 한때 사람들이 뗏목을 엮어서 아찌라바띠 강으로 띄웠다. 엮은 것이 끊어지자 나무조각들이 흩어져 떠내려갔다. 수행승들은 '주인들에게 들키기 전에'라고 생각하며 훔칠 생각으로 꺼냈다. 주인들이 그 수행승들에게 꾸짖었다.

[주인들] "그대들은 수행자가 아니다."

그들에게 후회가 생겨났다. 세존께 그 사실을 알렸다.

[세존] "수행승들이여, 그대들은 승단추방죄를 범한 것이다."

7-31. 한때 어떤 소치기가 나무 위에 외투를 걸어놓고 변을 보러 갔다. 어떤 수행승이 쓰레기더미라고 지각하고 집어 들었다. 그런데 그 소치기가 그 수행승에게 말했다.

[소치기 "그대는 수행자가 아니다."

그에게 후회가 생겨났다. 세존께 그 사실을 알렸다.

[세존] "수행승이여, 그대는 어떠한 생각을 하고 있었는가?"

[수행승] "세존이시여, 저는 쓰레기더미라고 생각했습니다."

[세존] "수행승들이여, 쓰레기더미라고 생각했다면, 무죄이다."

7-32.

1) 한때 어떤 수행승이 강을 건너면서 빨래하는 사람들이 손에서 놓친 외투가 발에 걸렸다. 그 수행승은 '주인에게 주어야지.'라고 생각하면서 그것을 건졌

255) Aciravatī : 북인도의 오대강(五大江 : pañcamahānadā; Gaṅgā, Yamunā, Aciravatī, Sarabhū Mahī) 가운데 하나다. 야무나(Yamuna) 강은 꼬쌈비(Kosambī) 시를 지나 갠지스(Gāṅgā) 강으로 흘러들고, 히말라야에서 흘러오는 아찌라바띠(Aciravatī) 강은 싸라부(Sarabhū) 강과 만나 북 꼬쌀라와 남 꼬쌀라를 사이를 가르면서 흐르다가 갠지스 강에 합류한다. 마히(Mahī) 강은 아라발리(Aravalli) 산맥에서 기원하여 캠베이(Cambay) 만에 도달하는 강의 이름이다.

다. 주인들이 그 수행승을 꾸짖었다.

[주인들] "그대는 수행자가 아니다."

그에게 후회가 생겨났다. 세존께 그 사실을 알렸다.

[세존] "수행승이여, 그대는 어떠한 생각을 하고 있었는가?"

[수행승] "세존이시여, 저는 주인에게 주어야지라고 생각했습니다."

[세존] "수행승이여, 훔칠 생각이 아니였다면, 무죄이다."

2) 한때 어떤 수행승이 강을 건너면서 빨래하는 사람들이 손에서 놓친 외투가 발에 걸렸다.[*64] 그 수행승은 '주인에게 들키기 전에.'라고 생각하면서 훔칠 생각으로 그것을 가졌다. 주인들이 그 수행승을 꾸짖었다.

[주인들] "그대는 수행자가 아니다."

그에게 후회가 생겨났다. 세존께 그 사실을 알렸다.

[세존] "수행승들이여, 그대는 승단추방죄를 범한 것이다."

7-33. 한때 어떤 수행승이 버터기름병을 발견하고 조금씩 먹었다. 그에게 후회가 생겨났다. 세존께 그 사실을 알렸다.

[세존] "수행승이여, 그대들은 승단추방죄를 범한 것이 아니라, 악작죄를 범한 것이다."

7-34.

1) 한때 많은 수행승이 공모하여 '물건을 훔치자.'라고 갔다. 한 수행승이 물건을 훔쳤다. 다른 수행승들은 이와 같이 말했다.

[다른 수행승들] "우리는 승단추방죄를 범하지 않았다. 훔친 자가 승단추방죄를 범한 것이다."

세존께 그 사실을 알렸다.

[세존] "수행승들이여, 그대들은 모두 승단추방죄를 범한 것이다."

2) 한때 많은 수행승이 공모하여 물건을 훔쳐 분배했다. 그들이 분배할 때 각자의 몫이 오 마싸까에 미치지 않았다. 그들은 이와 같이 말했다.

[수행승들] "우리는 승단추방죄를 범한 것이 아니다."

세존께 그 사실을 알렸다.

[세존] "수행승들이여, 그대들은 모두 승단추방죄를 범한 것이다."

7-35.

1) 한때 어떤 수행승이 싸밧티 시에 기근이 들었을 때, 상인에게서 한 주먹의 쌀을

훔칠 생각으로 집었다. 그에게 후회가 생겨났다. 세존께 그 사실을 알렸다.
[세존] "수행승들이여, 그대는 승단추방죄를 범한 것이다."

2) 한때 어떤 수행승이 싸밧티 시에 기근이 들었을 때, 상인에게서 한 주먹의 강낭콩을 훔칠 생각으로 집었다. 그에게 후회가 생겨났다. 세존께 그 사실을 알렸다.
[세존] "수행승들이여, 그대는 승단추방죄를 범한 것이다."

3) 한때 어떤 수행승이 싸밧티 시에 기근이 들었을 때, 상인에게서 한 주먹의 콩을 훔칠 생각으로 집었다. 그에게 후회가 생겨났다. 세존께 그 사실을 알렸다.
[세존] "수행승들이여, 그대는 승단추방죄를 범한 것이다."

4) 한때 어떤 수행승이 싸밧티 시에 기근이 들었을 때, 상인에게서 한 주먹의 깨를 훔칠 생각으로 집었다. 그에게 후회가 생겨났다. 세존께 그 사실을 알렸다.
[세존] "수행승들이여, 그대는 승단추방죄를 범한 것이다."

7-36.

1) 한때 싸밧티 시에 안다바나 숲에서 도둑들이 소를 죽여서 육고기를 먹고 남은 것을 묶어 놓고 갔다. 수행승들이 쓰레기더미인줄 알고 취해서 먹었다. 도둑들은 그 수행승들을 꾸짖었다.
[도둑들] "그대들은 수행자가 아니다."
그들에게 후회가 생겨났다. 세존께 그 사실을 알렸다.
[세존] "수행승들이여, 쓰레기더미인줄 알았다면, 무죄이다."

2) 한때 싸밧티 시에 안다바나 숲에서 도둑들이 멧돼지를 죽여서 육고기를 먹고 남은 것을 묶어 놓고 갔다. 수행승들이 쓰레기더미인줄 알고 취해서 먹었다. 도둑들은 그 수행승들을 꾸짖었다.
[도둑들] "그대들은 수행자가 아니다."
그들에게 후회가 생겨났다. 세존께 그 사실을 알렸다.
[세존] "수행승들이여, 쓰레기더미인줄 알았다면, 무죄이다."

7-37.

1) 한때 어떤 수행승이 꾸싸풀 밭에 가서 이미 베어 놓은 꾸싸풀을 오 마싸까에 해당하는 것을 훔칠 생각으로 집었다. 그에게 후회가 생겨났다. 세존께 그 사실을 알렸다.
[세존] "수행승이여, 그대는 승단추방죄를 범한 것이다."

2) 한때 어떤 수행승이 꾸싸풀 밭에 가서 꾸싸풀을 베어 오 마싸까에 해당하는 것을 훔칠 생각으로 집었다. 그에게 후회가 생겨났다. 세존께 그 사실을 알렸다.

[세존] "수행승이여, 그대는 승단추방죄를 범한 것이다."

7-38.

1) 한때[*65] 객수행승들이 거주수행승의 참모임에 속한 망고를 나누어서 먹었다. 거주수행승들이 그 수행승들을 꾸짖었다.

[거주수행승들] "그대들은 수행자가 아니다."

그들에게 후회가 생겨났다. 세존께 그 사실을 알렸다.

[세존] "수행승들이여, 그대들은 어떠한 생각을 하고 있었는가?"

[객수행승들] "세존이시여, 저희들은 먹기 위한 것이었습니다."

[세존] "수행승들이여, 먹기 위한 것이었다면, 무죄이다."

2) 한때 객수행승들이 거주수행승의 참모임에 속한 장미사과를 나누어서 먹었다. 거주수행승들이 그 수행승들을 꾸짖었다.

[거주수행승들] "그대들은 수행자가 아니다."

그들에게 후회가 생겨났다. 세존께 그 사실을 알렸다.

[세존] "수행승들이여, 그대들은 어떠한 생각을 하고 있었는가?"

[객수행승들] "세존이시여, 저희들은 먹기 위한 것이었습니다."

[세존] "수행승들이여, 먹기 위한 것이었다면, 무죄이다."

3) 한때 객수행승들이 거주수행승의 참모임에 속한 라부자열매를 나누어서 먹었다. 거주수행승들이 그 수행승들을 꾸짖었다.

[거주수행승들] "그대들은 수행자가 아니다."

그들에게 후회가 생겨났다. 세존께 그 사실을 알렸다.

[세존] "수행승들이여, 그대들은 어떠한 생각을 하고 있었는가?"

[객수행승들] "세존이시여, 저희들은 먹기 위한 것이었습니다."

[세존] "수행승들이여, 먹기 위한 것이었다면, 무죄이다."

4) 한때 객수행승들이 거주수행승의 참모임에 속한 빠나싸열매를 나누어서 먹었다. 거주수행승들이 그 수행승들을 꾸짖었다.

[거주수행승들] "그대들은 수행자가 아니다."

그들에게 후회가 생겨났다. 세존께 그 사실을 알렸다.

[세존] "수행승들이여, 그대들은 어떠한 생각을 하고 있었는가?"

[객수행승들] "세존이시여, 저희들은 먹기 위한 것이었습니다."

[세존] "수행승들이여, 먹기 위한 것이었다면, 무죄이다."

5) 한때 객수행승들이 거주수행승의 참모임에 속한 야자열매를 나누어서 먹었다.

거주수행승들이 그 수행승들을 꾸짖었다.

[거주수행승들] "그대들은 수행자가 아니다."

그들에게 후회가 생겨났다. 세존께 그 사실을 알렸다.

[세존] "수행승들이여, 그대들은 어떠한 생각을 하고 있었는가?"

[객수행승들] "세존이시여, 저희들은 먹기 위한 것이었습니다."

[세존] "수행승들이여, 먹기 위한 것이었다면, 무죄이다."

6) 한때 객수행승들이 거주수행승의 참모임에 속한 사탕수수를 나누어서 먹었다. 거주수행승들이 그 수행승들을 꾸짖었다.

[거주수행승들] "그대들은 수행자가 아니다."

그들에게 후회가 생겨났다. 세존께 그 사실을 알렸다.

[세존] "수행승들이여, 그대들은 어떠한 생각을 하고 있었는가?"

[객수행승들] "세존이시여, 저희들은 먹기 위한 것이었습니다."

[세존] "수행승들이여, 먹기 위한 것이었다면, 무죄이다."

7) 한때 객수행승들이 거주수행승의 참모임에 속한 띰바루열매를 나누어서 먹었다. 거주수행승들이 그 수행승들을 꾸짖었다.

[거주수행승들] "그대들은 수행자가 아니다."

그들에게 후회가 생겨났다. 세존께 그 사실을 알렸다.

[세존] "수행승들이여, 그대들은 어떠한 생각을 하고 있었는가?"

[객수행승들] "세존이시여, 저희들은 먹기 위한 것이었습니다."

[세존] "수행승들이여, 먹기 위한 것이었다면, 무죄이다."

7-39.

1) 한때 망고농원지기들이 수행승들에게 망고를 주었다. 수행승들은 '주인들이 지키도록 했는데, 이것들을 주어서는 안 된다.'라고 생각하여 주저하면서 받지 않았다. 세존께 그 사실을 알렸다.

[세존] "수행승들이여, 망고농원지기가 준다면, 무죄이다."

2) 한때 장미사과농원지기들이 수행승들에게 장미사과를 주었다. 수행승들은 '주인들이 지키도록 했는데, 이것들을 주어서는 안 된다.'라고 생각하여 주저하면서 받지 않았다. 세존께 그 사실을 알렸다.

[세존] "수행승들이여, 장미사과농원지기가 준다면, 무죄이다."

3) 한때 라부자농원지기들이 수행승들에게 라부자열매를 주었다. 수행승들은 '주인들이 지키도록 했는데, 이것들을 주어서는 안 된다.'라고 생각하여 주저하면서

서 받지 않았다. 세존께 그 사실을 알렸다.

[세존] "수행승들이여, 라부자농원지기가 준다면, 무죄이다."

4) 한때 빠나싸농원지기들이 수행승들에게 빠나싸열매를 주었다. 수행승들은 '주인들이 지키도록 했는데, 이것들을 주어서는 안 된다.'라고 생각하여 주저하면서 받지 않았다. 세존께 그 사실을 알렸다.

[세존] "수행승들이여, 빠나싸농원지기가 준다면, 무죄이다."

5) 한때 야자농원지기들이 수행승들에게 야자열매를 주었다. 수행승들은 '주인들이 지키도록 했는데, 이것들을 주어서는 안 된다.'라고 생각하여 주저하면서 받지 않았다. 세존께 그 사실을 알렸다.

[세존] "수행승들이여, 야자농원지기가 준다면, 무죄이다."

6) 한때 사탕수수농원지기들이 수행승들에게 사탕수수를 주었다. 수행승들은 '주인들이 지키도록 했는데, 이것들을 주어서는 안 된다.'라고 생각하여 주저하면서 받지 않았다. 세존께 그 사실을 알렸다.

[세존] "수행승들이여, 사탕수수농원지기가 준다면, 무죄이다."

7) 한때 띰바루농원지기들이 수행승들에게 띰바루열매를 주었다. 수행승들은 '주인들이 지키도록 했는데, 이것들을 주어서는 안 된다.'라고 생각하여 주저하면서 받지 않았다. 세존께 그 사실을 알렸다.

[세존] "수행승들이여, 농원지기가 준다면, 무죄이다."

7-40. 한때 어떤 수행승이 참모임의 목재를 잠시 가져와서 자신의 정사의 벽에 세워두었다. 수행승들이 그 수행승을 꾸짖었다.

[수행승들] "그대는 수행자가 아니다."

그에게 후회가 생겨났다. 세존께 그 사실을 알렸다.

[세존] "수행승이여, 그대는 어떠한 생각을 하고 있었는가?"

[수행승] "세존이시여, 저는 잠시 빌리려했습니다."

[세존] "수행승이여, 잠시 빌리려한다면, 무죄이다."

7-41.

1) 한때 어떤 수행승이 참모임 소유의 물을 훔칠 생각으로 집었다. 수행승들이 그 수행승을 꾸짖었다.

[수행승들] "그대는 수행자가 아니다."

그에게 후회가 생겨났다. 세존께 그 사실을 알렸다.

[세존] "수행승이여, 그대는 승단추방죄를 범한 것이다."

2) 한때 어떤 수행승이 참모임 소유의 흙을 훔칠 생각으로 집었다. 수행승들이 그 수행승을 꾸짖었다.

[수행승들] "그대는 수행자가 아니다."

그에게 후회가 생겨났다. 세존께 그 사실을 알렸다.

[세존] "수행승이여, 그대는 승단추방죄를 범한 것이다."

3) 한때 어떤 수행승이 참모임 소유의 건초더미를 훔칠 생각으로 집었다. 수행승들이 그 수행승을 꾸짖었다.

[수행승들] "그대는 수행자가 아니다."

그에게 후회가 생겨났다. 세존께 그 사실을 알렸다.

[세존] "수행승이여, 그대는 승단추방죄를 범한 것이다."

4) 한때 어떤 수행승이 참모임 소유의 건초더미를 훔칠 생각을 하다가 불태웠다. 수행승들이 그 수행승을 꾸짖었다.

[수행승들] "그대는 수행자가 아니다."

그에게 후회가 생겨났다. 세존께 그 사실을 알렸다.

[세존] "수행승이여, 그대는 승단추방죄가 아니라 악작죄를 범한 것이다."

7-42.

1) 한때 어떤 수행승이 참모임 소유의 침상를 훔칠 생각으로 집었다. 수행승들이 그 수행승을 꾸짖었다.

[수행승들] "그대는 수행자가 아니다."

그에게 후회가 생겨났다. 세존께 그 사실을 알렸다.

[세존] "수행승이여, 그대는 승단추방죄를 범한 것이다."

2) 한때 어떤 수행승이 참모임 소유의 의자를 훔칠 생각으로 집었다. 수행승들이 그 수행승을 꾸짖었다.

[수행승들] "그대는 수행자가 아니다."

그에게 후회가 생겨났다. 세존께 그 사실을 알렸다.

[세존] "수행승이여, 그대는 승단추방죄를 범한 것이다."

3) 한때 어떤 수행승이 참모임 소유의 매트리스를 훔칠 생각으로 집었다. 수행승들이 그 수행승을 꾸짖었다.

[수행승들] "그대는 수행자가 아니다."

그에게 후회가 생겨났다. 세존께 그 사실을 알렸다.

[세존] "수행승이여, 그대는 승단추방죄를 범한 것이다."

4) 한때 어떤 수행승이 참모임 소유의 베개를 훔칠 생각으로 집었다. 수행승들이 그 수행승을 꾸짖었다.

[수행승들] "그대는 수행자가 아니다."

그에게 후회가 생겨났다. 세존께 그 사실을 알렸다.

[세존] "수행승이여, 그대는 승단추방죄를 범한 것이다."

5) 한때 어떤 수행승이 참모임 소유의 문짝을 훔칠 생각으로 집었다. 수행승들이 그 수행승을 꾸짖었다.

[수행승들] "그대는 수행자가 아니다."

그에게 후회가 생겨났다. 세존께 그 사실을 알렸다.

[세존] "수행승이여, 그대는 승단추방죄를 범한 것이다."

6) 한때 어떤 수행승이 참모임 소유의 창문을 훔칠 생각으로 집었다. 수행승들이 그 수행승을 꾸짖었다.

[수행승들] "그대는 수행자가 아니다."

그에게 후회가 생겨났다. 세존께 그 사실을 알렸다.

[세존] "수행승이여, 그대는 승단추방죄를 범한 것이다."

7) 한때 어떤 수행승이 참모임 소유의 서까래를 훔칠 생각으로 집었다. 수행승들이 그 수행승을 꾸짖었다.

[수행승들] "그대는 수행자가 아니다."

그에게 후회가 생겨났다. 세존께 그 사실을 알렸다.

[세존] "수행승이여, 그대는 승단추방죄를 범한 것이다."

7-43. 한때 수행승들이 어떤 재가의 남자신도가[*66] 정사에서 사용하는 음식과 처소를 다른 곳에 사용하였다. 그러자 그 재가의 남자신도는 혐책하고 분개하고 비난했다.

[재가의 남자신도] "존자들이여, 어찌 달리 사용할 데가 있는 것을 다른 곳에 사용할 수 있습니까?"

세존께 그 사실을 알렸다.

[세존] "수행승들이여, 달리 사용할 데가 있는 것을 다른 곳에 사용하지 말라. 사용하면, 악작죄를 범하는 것이다."

7-44. 한때 수행승이 포살당 뿐만 아니라 집회당으로도 기물을 옮기는 것을 후회하여 땅바닥에 주저앉았다. 몸과 옷이 흙투성이가 되었다. 세존께 그 사실을 알렸다.

[세존] "수행승이여, 잠시 옮기는 것을 허용한다."

7-45.

1) 한때 짬빠[256] 시에 수행녀 툴라난다[257]의 제자인 수행녀가 수행녀 툴라난다의 단월가정에 가서 "존귀한 자매께서 삼미죽[258]을 원하십니다."라고 말하여 요리하게 해서 가져와서 자신이 먹었다. 그녀가 그것을 알고 그녀를 꾸짖었다.

[툴라난다] "그대는 수행자가 아니다."

그녀에게 후회가 생겨났다. 그래서 그 수행녀는 수행녀들에게 그 사실을 알렸다. 수행녀들은 수행승들에게 그 사실을 알렸다. 수행승들은 세존께 그 사실을 알렸다.

[세존] "수행승들이여, 승단추방죄는 아니지만, 알면서도 거짓말을 한 것은 속죄죄를 범한 것이다."

2) 한때 라자가하 시에 수행녀 툴라난다의 제자인 수행녀가 수행녀 툴라난다의 단월가정에 가서 "존귀한 자매께서 꿀사탕[259]을 원하십니다."라고 말하여 요리하게 해서 가져와서 자신이 먹었다. 그녀가 그것을 알고 그녀를 꾸짖었다.

[툴라난다] "그대는 수행자가 아니다."

그녀에게 후회가 생겨났다. 그래서 그 수행녀는 수행녀들에게 그 사실을 알렸다. 수행녀들은 수행승들에게 그 사실을 알렸다. 수행승들은 세존께 그 사실을 알렸다.

[세존] "수행승들이여, 승단추방죄는 아니지만, 알면서도 거짓말을 한 것은 속죄죄를 범한 것이다."

7-46. 한때 베쌀리 시에 존자 앗주까[260]의 단월가정의 장자에게 두 아이, 아들과 조카가 있었다. 그 장자가 존자 앗주까에게 이와 같이 말했다.[261]

---

256) Campa : 앙가(Aṅga) 국의 수도로, 동쪽에 마가다 국이 있었다. 오늘날의 바갈뿌르(Bhagalpur)에 해당한다. 부처님 당시에 앙가 국은 마가다 국에 병합된다.

257) Thullanandā : 모두 승단에 들어간 네 자매 — Thullanandā, Nandā, Nandavatī, Sundarīnandā — 가운데 한 수행녀이다. 율장에서는 그녀가 많은 수행승들을 거느렸으나 여러 가지 사소한 위법행위를 저지른 수행녀로 등장한다. 그러나 그녀는 가르침을 잘 알고 있었고 영리한 설법사였다. 빠쎄나디 왕조자 그녀의 설법을 듣고자 원했다. 그러나 그녀는 재물욕과 명예욕이 많았다. 그녀는 심지어 댄서와 가수에게 뇌물을 주고 자신을 찬양할 것을 사주하기도 했다.

258) tekaṭulayāgu : 한역으로 삼미죽(三味粥)이다. Smp. 391에 따르면, 깨, 쌀, 강낭콩 또는 깨, 쌀, 콩 또는 깨, 쌀, 잠두로 만든 죽을 뜻한다.

259) madhugoḷaka : Smp. 391에 따르면, 아주 맛있는 과자를 말한다.

260) Ajjuka : 율장의 이 곳에만 등장하는 인물이다.

261) atha kho so gahapati āyasmantaṃ ajjukaṃ etadavoca : 장자가 병들어 이와 같이 유언을 한 것이다.

[장자] "존자여, 이 두 아이 중에 신앙심이 깊은 자에게 그 장소를 알려주시오."262)

그런데 그때 그 장자의 조카가 신앙심이 깊었다. 존자 앗주까는 그 장소를 그 아이에게 알려주었다. 그 아이는 그 재산으로 가정을 세우고 보시도 행했다. 그러자 그 장자의 아들이 존자 아난다에게 이와 같이 말했다.

[장자의 아들] "존자여, 누가 아버지의 상속자입니까 아들입니까 조카입니까?"

[아난다] "벗이여, 아버지의 아들이 상속자입니다."

[장자의 아들] "존자 앗주까가 저의 재산을 저와 사귀는 자에게 주었습니다."

[아난다] "벗이여, 존자 앗주까는 수행자가 아닙니다."

그러자 존자 앗주까는 존자 아난다에게 이와 같이 말했다.

[앗주까] "존자 아난다여, 나에게 판정을 해주십시오."

그런데[*67] 존자 우빨리가 존자 앗주까의 편이었다. 존자 우빨리가 존자 아난다에게 이와 같이 말했다.

[우빨리] "벗이여 아난다여, 주인이 '이 장소를 이러이러한 자에게 알려주라.'라고 말한 그 자에게 알려준 자가 어떠한 잘못이 있습니까?"

[아난다] "존자여, 어떠한 잘못도 없습니다. 악작죄조차도 없습니다."

[우빨리] "벗이여 존자 앗주까는 주인이 '이 장소를 이러이러한 자에게 알려주라.'라고 말한 그 자에게 알려주었습니다. 벗이여, 존자 앗주까는 무죄입니다."

7-47. 한때 바라나씨 시에 존자 삘린다 밧차263)의 단월가정이 도적에게 약탈당했다. 두 아이가 납치당했다. 그러자 존자 삘린다 밧차는 그 아이들을 신통력으로 데려와 전각에 두었다. 사람들이 그 아이들을 보고 '존자 삘린다 밧차에게 신통력이 있다.'라고 존자 삘린다 밧차에게 청정한 믿음을 내었다. 수행승들이 혐책하고 분개하고 비난했다.

[수행승들] "어찌 존자 삘린다 밧차가 도적에게 납치된 아이들을 데려올 수 있단 말인가?"

세존께 그 사실을 알렸다.

---

262) imaṃ bhante okāsaṃ yo imesaṃ dvinnaṃ dārakānaṃ saddho hoti pasanno tassa ācikkheyyāsiti : 재보를 숨겨둔 장소를 알려주라는 뜻이다.

263) Pilinda Vaccha, Pilindi Vaccha, Pilindiya Vaccha : 부처님의 제자 수행승 가운데 '신들이 좋아하고 사랑하는 님 가운데 제일(devatānaṃ piyamanāpānaṃ aggaṃ)'이다. 그는 싸밧티 시의 바라문 가문에서 태어나서 수행자가 되었다. 그는 간다라지방의 신비한 소주문(Cūla-Gandhāravijjā)을 배웠는데, 부처님을 만나자 그 주문의 효력이 정지되었다. 그래서 그는 대주문을 배우기 위해 부처님에게 출가했다가 가르침을 받고 거룩한 님이 되었다. 전생에서 그의 지도를 받아 천상에 태어난 천신들이 감사의 뜻으로 아침저녁 그를 섬겼다.

[세존] "수행승들이여, 신통을 지닌 자가 신통의 영역에서 활동하는 것은 무죄이다."[264)]

7-48. 한때 빤두까[265)]와 까삘라[266)]라는 두 수행승이 도반이었다. 한 사람은 촌락에 살고 한 사람은 꼬쌈비[267)] 시에 살았다. 그런데 그 수행승이 촌락에서 꼬쌈비 시로 가다가 도중에 강을 건너다가 멧돼지수렵자의 손에서 떨어진 지방덩어리가 발이 걸렸다. 그 수행승은 '주인에게 주어야지.'라고 그것을 챙겼다. 주인이 그 수행승을 꾸짖었다.

[주인] "그대는 수행자가 아니다."

어떤 소치는 여인이 둔덕위에 올라간 있는 그를 보고 이와 같이 말했다.

[소치는 여인] "존자여, 성적 교섭을 행합시다."

그는 '나는 본래 수행자가 아니다.'라고 생각하고 그녀와 성적 교섭을 행하고 꼬쌈비 시로 가서 수행승들에게 그 사실을 알렸다. 수행승들은 세존께 그 사실을 알렸다.

[세존] "수행승들이여, 주어지지 않은 것을 취한 것은 승단추방죄를 범한 것이 아니지만, 성적 교섭을 행한 것은 승단추방죄를 범한 것이다."[268)]

7-49. 한때 싸갈라[269)] 시에 존자 달리까[270)]의 제자인 수행승이 욕구불만에 괴로워하다가 상인의 두건을 훔치고 존자 달리까에게 이와 같이 말했다.

[수행승] "존자여, 나는 수행자가 아니니 환속을 할 것입니다."

[달리까] "벗이여, 그대는 무슨 짓을 한 것인가?"

---

264) anāpatti bhikkhave iddhimato iddhivisaye'ti : 신통을 보여주거나 자랑해서는 안 되지만, 그 영역에서 활동하는 것은 무죄이다.

265) Paṇḍuka : 율장의 이곳에서만 언급되는 인물이다.

266) Kapila : 주석서에는 많은 동명이인들이 있으나, 율장의 이곳에서만 언급되는 인물은 Pps. I. 91에 등장하는 부패한 수행승일 가능성이 있다.

267) Kosambī : 방싸(Vaṁsa) 국 또는 바뜨싸(Vatsa) 족의 수도로 부처님 당시에는 빠란따빠(Parantapa) 왕이 다스렸고 그의 후계자는 우데나(Udena) 였다. 아난다는 이곳을 부처님이 열반하시기에 좋은 장소라고 언급한 적이 있다. 서쪽이나 남쪽 지방에서 꼬쌀라(Kosala) 국이나 마가다(Magadha) 국으로 가는 길목에 위치하고 있으며 바라나씨에서 강을 따라 150Km정도의 거리에 있었다. 갠지스 강과 야무나 강이 만나는 지점에 위치하고 있으며 오늘날의 카가(Khāga) 지역이다.

268) anāpatti bhikkhave adinnādāne pārājikassa, āpatti methunadhammasamāyoge pārājikassā : 빤두까와 까삘라는 주인에게 돌려주어야지라고 주운 물건을 챙겼으므로 그 측면에서는 무죄이지만, 잘못된 판단에 의해서 승려의 신분임에도 불구하고 자의적으로 '수행자가 아니다.'라고 생각하여 성적 교섭을 행했으므로 그 측면에서는 유죄인 것이다.

269) Sāgalā : Miln. 1에 따르면, 맛다(Madda) 족의 수도이다.

270) Daḷhika : 율장의 이곳에서만 언급되는 인물이다.

그는 그 사실을 알리고 터번을 가져와서 값을 가늠했다. 가늠하자 오 마싸까가 되지 않았다. 그는 결론지었다.

[달리까] "벗이여, 승단추방죄가 아니다."

그 수행승은 기뻐했다.

1. 3 승단추방죄법 제3조

인체의 살해에 대한 학습계율[Manussaviggahajīvitāvoropanasikkhāpada]

1-1. 한때[*68] 귀한 부처님께서 베쌀리 시의 마하바나 숲에서 꾸따가라쌀라 강당에 계셨다.271) 그때 세존께서는 수행승들에게 여러 가지 방편으로 부정(不淨)272)에 관한 법문을 하셨다. 부정을 찬탄하고 부정에 대한 명상수행을 찬탄하셨다. 거듭해서 부정삼매를 찬탄하셨다. 그리고 세존께서는 수행승들에게 일렀다.

[세존] "수행승들이여, 나는 보름기간 동안 홀로 명상하고자 한다. 한 번의 끼니를 가져오는 자를 제외하고는 아무도 내가 있는 곳으로 들여보내지 말라."

[수행승들] "세존이시여, 알겠습니다."

그 수행승들은 세존께 대답하고 한 번의 끼니를 가져오는 자를 제외하고는 아무도 세존께서 계신 곳으로 들여보내지 않았다.

1-2. 한편 수행승들은 '세존께서는 수행승들에게 여러 가지 방편으로 부정(不淨)에 관한 법문을 하셨다. 부정을 찬탄하고 부정에 대한 명상수행을 찬탄하셨다. 거듭해서 부정삼매를 찬탄하셨다.'라고 여러 다양한 관점에서 부정에 대한 명상수행에 전념하였다. 그들은 자신의 몸에 대하여 곤혹스러워하고 수치스러워하고 혐오했다. 마치 장식을 좋아하는 여인이나 남자나 젊은이가 머리를 씻었는데, 뱀의 시신나 개의 시신나 사람의 시신이 목에 걸리면, 곤혹스러워하고 수치스러

---

271) tena samayena buddho bhagavā vesāliyaṃ viharati mahāvane kūṭāgārasālāyaṃ : 이하의 에피소드는 SN. V. 320에도 등장하지만, 율장의 이곳이 훨씬 상세하다.

272) asubha : 부정관(不淨觀)의 명상을 말한다. 주로 경전에서 많이 언급되는 것은 열 가지 부정(十不淨 : dasa asubhā)에 대한 명상[Vism. 110]이다. 우리 자신도 몸이 파괴되어 죽으면, 이와 같다고 명상하는 것이다: ① 부풀어 오른 시체에 대한 지각[膨脹想 : uddhumātakasaññā] ② 푸르게 멍든 어혈을 지닌 시체에 대한 지각[青瘀想 : vinīlakasaññā] ③ 고름이 가득 찬 시체에 대한 지각[膿爛想 : vipubbakasaññā] ④ 부패해서 갈라진 시체에 대한 지각(斷壞想 : vicchiddakasaññā) ⑤ 축생이 먹고 남은 시체에 대한 지각(食殘想 vikkhāyitakasaññā) ⑥ 흩어진 시체에 대한 지각(散亂想 : vikkhittakasaññā) ⑦ 살해되어 사지가 흩어진 시체에 대한 지각(斬斫離散想 : hatavikkhittakasaññā) ⑧ 피로 물든 시체에 대한 지각(血塗想 : lohitakasaññā) ⑨ 벌레들이 모여 우글거리는 시체에 대한 지각(蟲聚想 : puḷuvakasaññā) ⑩ 해골과 뼈만 남은 시체에 대한 지각(骸骨想 : aṭṭhikasaññā).

워하고 혐오하는 것처럼, 이와 같이 그 수행승들은 자신의 몸에 대하여 곤혹스러워하고 수치스러워하고 혐오하면서, 스스로 자신의 목숨을 끊고, 서로서로 목숨을 끊어주고,273) 사이비수행자 미갈란디까274)에게 이와 같이 말했다.

[수행승들] "벗이여, 우리의 목숨을 끊어주면 감사하겠습니다. 이 발우들과 옷들이 그대의 것이 될 것입니다."

1-3. 그래서 사이비수행자 미갈란디까는 발우와 옷을 받고 많은 수행승들의 목숨을 끊고, 피묻은 칼을 가지고 박구무다275) 강을 찾아갔다. 거기서 사이비수행자 미갈란디까는 피묻은 칼을 씻었는데, 그에게 후회와 회한이 생겨났다.

[미갈란디까] "아, 내가 계행을 지키고 선법을 지닌 수행승들의 목숨을 빼앗았다니, 아, 참으로 나에게 이익이 되지 않는다.[*69] 아, 참으로 나에게 무익하다. 참으로 나에게 최악의 불익이지 최선의 유익은 아니다. 나는 참으로 많은 악덕을 쌓은 것이다."

1-4. 그런데 그때 어떤 악마의 추종자인 하늘사람276)이 물위에서도 가라앉지 않고 와서277) 사이비수행자 미갈란디까에게 이와 같이 말했다.

[하늘사람] "참사람이여, 그대가 도탈하지 못한 자를 도탈시킨 것은278) 참으로 잘한 일입니다. 참으로 잘한 일입니다. 참사람이여, 그대에게 유익한 일입니다. 그대에게 아주 유익한 일입니다. 참사람이여, 그대는 많은 공덕을 쌓은 것입니다."

그러자 사이비수행자 미갈란디까는 '내가 도탈하지 못한 자를 도탈시킨 것은 참으로 나에게 이익이 되는 일이다. 참으로 나에게 아주 유익한 일이다. 참으로 나는 많은 공덕을 쌓은 것이다.'라고 날타로운 칼을 들고 정사에서 정사로 방사에

---

273) attanāpi attānaṃ jīvitā voropenti, aññamaññampi jīvitā voropenti : Smp. 399에 따르면, 수행승들은 시신에 대하여 아무런 욕망도 없는 사람처럼, 수행승들은 자신의 몸에 대한 욕망을 버리려고 칼을 들어 자결했다. 그리고 또한 '그대가 나의 목숨을 빼앗으면, 내가 그대의 목숨을 빼앗겠다.'라고 서로 목숨을 빼앗은 것이다.

274) Migalaṇḍika : 한역에서는 녹장사문(鹿杖沙門)이라고 하는데, 사이비수행자로서 가사를 입고 승원에 들어가 살며 수행승들이 남긴 잔식을 얻어먹고 살아간 자이다. 오직 율장의 이곳과 Smp. 399에만 등장하며, SN. V. 320에서는 이 수행자에 대한 언급이 없다.

275) Vaggumudā : 밧지 국에 있던 강으로 밧따무다(Vattamudā)라고도 한다. Smp. 399에 따르면, 이 강은 사람들이 사랑하고 공덕으로 유명해서 그는 '그곳에서 나는 나의 죄를 씻겠다.'라고 말하며 간 것이다.

276) mārakāyikā devatā : Smp. 400에 따르면, 잘 알려진 지상의 하늘사람이 아니라 사견을 지닌 자로써 악마의 편에서 있는 하늘사람을 뜻한다.

277) abhijjamāne udake āgantvā : '파괴되지 않는 물위로 와서'라는 뜻인데, Smp. 400에 따르면, '물위의 표면으로 걸어와서'라는 뜻이다.

278) yaṃ tvaṃ atiṇṇe tāresī'ti : 도탈(度脫)은 윤회를 건너서 벗어나는 것을 뜻한다. Smp. 401에 따르면, '그대는 윤회에서 벗어났다. 죽지 않은 자는 윤회에서 벗어나지 못하지만, 죽은 자들은 벗어난 것이다.'이기 때문이다.

서 방사로 다니면서 이와 같이 말했다.

[미갈란디까] "누구든지 도탈하지 못한 자를 내가 도탈시켜주겠습니다."

그러자 수행승들 가운데 탐욕을 떠나지 못한 자들이 있었는데, 그때 그들은 두려워하고 전율하고 털을 곤두세웠다.

1-5. 그러나 수행승들 가운데 탐욕을 떠난 자들이 있었는데, 그때 그들은 두려워하지 않았고 전율하지 않았고 털을 곤두세우지 않았다. 그래서 사이비수행자 미갈란디까는 한 수행승의 목숨을 하루에 빼앗았고, 두 수행승의 목숨을 하루에 빼앗았고, 세 수행승의 목숨을 하루에 빼앗았고, 네 수행승의 목숨을 하루에 빼앗았고, 다섯 수행승의 목숨을 하루에 빼앗았고, 열 수행승의 목숨을 하루에 빼앗았고, 스무 수행승의 목숨을 하루에 빼앗았고, 서른 수행승의 목숨을 하루에 빼앗았고, 마흔 수행승의 목숨을 하루에 빼앗았고, 쉰 수행승의 목숨을 하루에 빼앗았고, 예순 수행승의 목숨을 하루에 빼앗았다.

1-6. 그런데 세존께서 보름 기간이 지나자 명상수행에서 일어나 존자 아난다에게 일렀다.

[세존] "아난다여, 왜 수행승들의 무리가 이렇게 적은가?"

[아난다] "세존이시여, 세존께서는 수행승들에게 여러 가지 방편으로 부정(不淨)에 관한 법문을 하셨습니다. 부정을 찬탄하고 부정에 대한 명상수행을 찬탄하셨고, 거듭해서 부정삼매에 드는 것을 찬탄하셨습니다. 수행승들은 '세존께서는 수행승들에게 여러 가지 방편으로 부정에 관한 법문을 하셨다. 부정을 찬탄하고 부정에 대한 명상수행을 찬탄하셨다. 거듭해서 부정삼매를 찬탄하셨다.'라고 여러 다양한 관점에서 부정에 대한 명상수행에 전념하였습니다. 그들은 자신의 몸에 대하여 곤혹스러워하고 수치스러워하고 혐오했습니다. 마치 장식을 좋아하는 여인이나 남자나 젊은이가 머리를 씻고 뱀의 시신나 개의 시신나 사람의 시신을 목에 걸어주면, 곤혹스러워하고 수치스러워하고 혐오하는 것처럼, 이와 같이 그 수행승들은 자신의 몸에 대하여 곤혹스러워하고 수치스러워하고 혐오하면서, 스스로 자신의 목숨을 끊고,[*70] 서로서로 목숨을 끊어주고, 사이비수행자 미갈란디까에게 이와 같이 '벗이여, 우리의 목숨을 끊어주면 감사하겠습니다. 이 발우들과 옷들이 그대의 것이 될 것입니다.'라고 말했습니다. 그래서 사이비수행자 미갈란디까는 발우와 옷을 받고 한 수행승의 목숨을 하루에 빼앗았고, 두 수행승의 목숨을 하루에 빼앗았고, 세 수행승의 목숨을 하루에 빼앗았고, 네 수행승의 목숨을 하루에 빼앗았고, 다섯 수행승의 목숨을 하루에 빼앗았고, 열 수행승의

목숨을 하루에 빼앗았고, 스무 수행승의 목숨을 하루에 빼앗았고, 서른 수행승의 목숨을 하루에 빼앗았고, 마흔 수행승의 목숨을 하루에 빼앗았고, 쉰 수행승의 목숨을 하루에 빼앗았고, 예순 수행승의 목숨을 하루에 빼앗았습니다. 세존이시여, 세존께서는 수행승들의 무리가 궁극적인 앎을 얻도록 다른 법문을 설해주시면 감사하겠습니다."

[세존] "아난다여, 그렇다면 베쌀리 시 근처에 사는 모든 수행승들을 강당에 모이게 하라."279)

[아난다] "세존이시여, 그렇게 하겠습니다."

존자 아난다는 세존께 대답하고 베쌀리 시 근처에 사는 모든 수행승들을 강당에 모이게 하고 세존께서 계신 곳으로 찾아왔다. 가까이 다가와서 세존께 이와 같이 말씀드렸다.

[아난다] "세존이시여, 수행승의 무리가 모였으니 세존께서는 지금이 적당한 때라고 생각하시면 설법해주십시오."

그래서 세존께서는 강당이 있는 곳으로 찾아가셨다. 그리고 마련된 자리에 앉으셨다. 앉아서 세존께서는 수행승들에게 말씀하셨다.

1-7. [세존] "수행승들이여, 호흡새김280)에 의한 집중을 닦고 호흡새김에 의한 집중을 익히면,281) 고요하고 승묘한 감로의282) 지복에 들어, 악하고 불건전한 현상이 생겨날 때마다283) 즉시284) 사라지게 하고 그치게 한다. 수행승들이여, 예를 들어 한여름의 마지막 달에285) 먼지와 진흙이 흩날릴 때, 때 아닌 때의 커다란 비구름이 몰아닥치면, 그것들을 홀연히 사라지게 하고 그치게 한다. 수행

---

279) tenahānanda yāvatikā bhikkhū vesāliṃ upanissāya viharanti, te sabbe upaṭṭhānasālāyaṃ santipātehī'ti : 이하의 이야기와 호흡새김에 대한 법문은 SN. V. 321과 병행한다.

280) ānāpānasati : 날숨과 들숨에 대한 새김 또는 음사하여 안반념(安般念), 번역해서 호흡관(呼吸觀)이나 수식관(數息觀)이라고 한다. 이에 대해서 여기서도 비교적 상세히 언급되지만, 더욱 상세한 것은 본 협회발행의 ≪쌍윳따니까야≫의 「호흡쌍윳따」를 보라.

281) bhāvito bahulīkato : Srp. III. 269에 따르면, '닦고(bhāvito)'라는 뜻은 '발생시키고 증가시키고(uppādito, vaḍḍhito)'의 뜻이고; '익히고(bahulīkato)'의 뜻은 '반복하고(punappunaṁ kato)'의 뜻이다. 여기서 필자는 수동의 뜻을 능동으로 표현한다.

282) asecanako : Srp. III. 270에 따르면, '젖지 않은(anāsittako), 방해 없는(abhokiṇṇo), 단일한(paṭiyekko), 유일한(āveṇiko)'의 뜻이다. Vism. I. 291 참조

283) uppann'uppanno : Srp. III. 270에 따르면, '파괴되지 않을 때(avikkhambhite)'라는 뜻 이다.

284) ṭhānaso : '즉시, 순간적으로(khaṇen'eva)'의 뜻이다.

285) gimhānaṃ pacchime māse : Smp. 404에 따르면, 아쌀하(Āsāḷha) 즉, 칠월(七月 : 양력 6월 16일 ~ 7월 15일) [남방음력 3월 16일 ~ 4월 15일]을 말한다.

승들이여, 이와 같이 수행승이 호흡새김에 의한 집중을 닦고 익히면, 고요하고 승묘한 감로의 지복에 들어, 악하고 불건전한 현상이 생겨날 때마다 즉시 그것을 사라지게 하고 그치게 한다. 수행승들이여, 어떻게 호흡새김에 의한 집중을 닦고 호흡새김에 의한 집중을 익히면, 고요하고 승묘한 감로의 지복에 들어, 악하고 불건전한 현상이 생겨날 때마다 즉시 그것을 사라지게 하고 그치게 하는가?

수행승들이여, 세상에 수행승은 숲으로 가고 나무 밑으로 가고 빈 집으로 가서 가부좌를 한 채 몸을 곧게 세우고 주의를 기울이며 새김을 확립하고,[286] 진실로 새김을 확립하여 숨을 들이쉬고 새김을 확립하여 숨을 내쉰다.[287]

1) 길게 숨을 들이쉴 때는 나는 길게 숨을 들이쉰다고 분명히 알고 길게 숨을 내쉴 때는 나는 길게 숨을 내쉰다고 분명히 안다.

2) 짧게 숨을 들이쉴 때는 나는 짧게 숨을 들이쉰다고 분명히 알고 짧게 숨을 내쉴 때는 나는 짧게 숨을 내쉰다고 분명히 안다.

3) 신체의 전신을 경험하면서[288][*71] 나는 숨을 들이쉰다고 전념하고[289] 신체의 전신을 경험하면서 나는 숨을 내쉰다고 전념한다.

4) 신체의 형성을 그치면서[290] 나는 숨을 들이쉰다고 전념하고 신체의 형성을 그치면서 나는 숨을 내쉰다고 전념한다.

5) 희열을 경험하면서[291] 나는 숨을 들이쉰다고 전념하고 희열을 경험하면서 나는 숨을 내쉰다고 전념한다.

---

286) parimukhaṁ satiṁ upaṭṭhapetvā : Vibh. 252에 따르면, '새김이 확립되었는데, 코끝이나 윗입술의 가운데 잘 정립된 것'을 뜻한다. 역자가 '주의를 기울이며'라고 번역한 'parimukhaṁ'을 '얼굴 앞으로' '그 자신의 앞으로'라고 번역하기도 하지만, 원래 의미는 '얼굴 주위로'라는 뜻인데, 어떠한 번역도 부적확하므로 '주의를 기울이며'라고 한 것이다.

287) so sato'va assasati. sato passasati. : 부처님의 호흡에 관하여 설명할 때에는 '진실로(va)'가 필요가 없고 이하의 호흡새김에서 '전념한다(sikhati)'가 '분명히 안다'로 바뀐다. 이 경전에서는 16가지의 호흡의 단계에 관해서 설명하고 있는데 안반념경(按搬念經 : Ānāpānasati Sutta MN. III. 78)에도 등장하며 Vism. 267-291에 더욱 상세한 설명이 있다. 이 호흡에 관해서는 냐나몰리(Ñāṇamoli)의 책 '호흡에 대한 새김(Mindfulness of breathing)'을 보라. 그는 Vism.와 Paṭis. 및 빠알리 경전을 대조하여 잘 설명하고 있다. 이 경전의 16가지 호흡의 단계는 네 가지 새김의 토대와 연관된 네 가지의 방식으로 분류된다.

288) sabbakāyapaṭisaṁvedī : SN. IV. 293에 따르면, '숨을 들이쉬고 내쉬는 것이 신체적 형성이다.(assāsapassāsā kho gahapati kāyasaṅkhāro)' Vism. 273에 따르면, 경험하며(paṭisaṁvedī)의 뜻은 '지혜를 수반하는 마음으로, 알려지게 하고, 명백히 하며(viditaṁ karonto, pākaṭaṁ karonto ñāṇasampayuttacittena)'의 뜻이다.

289) sikkhati : Vism. 274에 의하면, '전념하다, 노력하다(ghaṭati, vāyamati)'의 뜻이다.

290) passambhayaṁ kāyasaṅkhāraṁ : 호흡을 고요히 해서 그치는 것을 뜻한다.

291) pītipaṭisaṁvedī : Vism. 287~291에 따르면, 희열은 낮은 단계의 두 선정에 들어섰을 때에 체험되고, 그 각각의 선정에서 나올 때에 선정에 수반되는 희열이 사라지는 것이 통찰된다.

6) 행복을 경험하면서[292] 나는 숨을 들이쉰다고 전념하고 행복을 경험하면서 나는 숨을 내쉰다고 전념한다.

7) 마음의 형성을 경험하면서[293] 나는 숨을 들이쉰다고 전념하고 마음의 형성을 경험하면서 나는 숨을 내쉰다고 전념한다.

8) 마음의 형성을 그치면서[294] 나는 숨을 들이쉰다고 전념하고 마음의 형성을 그치면서 나는 숨을 내쉰다고 전념한다.

9) 마음을 경험하면서[295] 나는 숨을 들이쉰다고 전념하고 마음을 경험하면서 나는 숨을 내쉰다고 전념한다.

10) 마음을 기쁘게 하면서[296] 나는 숨을 들이쉰다고 전념하고 마음을 기쁘게 하면서 나는 숨을 내쉰다고 전념한다.

11) 마음을 집중시키면서[297] 나는 숨을 들이쉰다고 전념하고 마음을 집중시키면서 나는 숨을 내쉰다고 전념한다.

12) 마음을 해탈시키면서[298] 나는 숨을 들이쉰다고 전념하고 마음을 해탈시키면서 나는 숨을 내쉰다고 전념한다.

13) 무상함을 관찰하면서[299] 나는 숨을 들이쉰다고 전념하고 무상함을 관찰하면서 나는 숨을 내쉰다고 전념한다.

---

292) sukhapaṭisaṁvedī : Vism. 287~291에 따르면, '행복이나 지복'(sukha)은 낮은 단계의 세 가지 선정에 들었을 때에 체험되고 그 각각의 선정에서 나올 때에 선정에 수반되는 행복이 사라지는 것이 통찰된다.

293) cittasaṅkhārapaṭisaṁvedī : 마음의 형성은 네 가지 선정에서 체험되는 느낌과 지각을 뜻한다. Vism. 288에 따르면, 마음의 형성은 '느낌 등의 두 가지 다발(vedanādayo dve khandhā)'을 의미하는데 곧 '느낌(受)과 지각(想)'을 의미한다.

294) passambhayaṁ cittasaṅkhāraṁ : Vism. 289에 따르면, 여기서 거친 마음의 형성(olārikaṁ cittasaṅkhāraṁ)을 그치는 것으로, 거친 마음의 작용인 지각과 느낌(saññā ca vedanā ca cetasikā)을 그치는 것을 뜻한다.

295) cittapaṭisaṁvedī : Vism. 289에 따르면, 마음의 체험하면서라는 것은 네 가지 선정을 통해서(catunnaṁ jhānānaṁ vasena) 이해되어야 한다는 것을 뜻한다.

296) abhippamodayaṁ cittaṁ : Vism. 289에 따르면, 집중과 통찰을 통해서이다. 어떻게 집중을 통해서 하는가? 희열을 갖춘 두 선정에 들어 성취의 순간과 일치하는 기쁨을 통해 마음을 기쁘게 한다. 어떻게 통찰을 통해 기쁘게 하는가? 희열을 갖춘 두 선정에서 나올 때에 성취의 순간과 일치하는 기쁨이 부서지고 사라지는 것을 새겨서 그것을 통찰하는 순간에 선정과 일치했던 기쁨을 대상으로 삼아 마음을 기쁘게 하고 즐겁게 한다.

297) samādahaṁ cittaṁ : Vism. 289에 따르면, 첫 번째 선정 등을 통해서 대상에 마음을 바로 모으고 바로 정초하여 그 선정들에 들었다가 나올 때에 선정과 일치하는 마음이 부서지고 사라지는 것을 보면서 통찰의 순간에 특징을 꿰뚫으면, 순간적인 마음의 통일이 생겨난다. 여기서 마음을 집중하는 것은 이와 같은 의미이다.

298) vimocayaṁ cittaṁ : Vism. 289에 따르면, '첫 번째 선정에서 장애로부터 마음을 해탈시키고 두 번째 선정에서는 사유와 숙고로부터 마음을 해탈시키고 세 번째의 선정에서는 희열로부터 마음을 해탈시키고 네 번째의 선정에서는 고락으로부터 마음을 해탈시킨다.'

299) aniccānupassī : Vism. 290에 따르면, '여기서 무상한 것은 다섯 가지존재의 다발이다. 왜? 생겨나고 사라지고 달라지기 때문이다.'

14) 사라짐을 관찰하면서[300] 나는 숨을 들이쉰다고 전념하고 사라짐을 관찰하면서 나는 숨을 내쉰다고 전념한다.

15) 소멸함을 관찰하면서[301] 나는 숨을 들이쉰다고 전념하고 소멸함을 관찰하면서 나는 숨을 내쉰다고 전념한다.

16) 완전히 버림을 관찰하면서[302] 나는 숨을 들이쉰다고 전념하고 완전히 버림을 관찰하면서 나는 숨을 내쉰다고 전념한다.

수행승들이여, 이와 같이 호흡새김에 의한 집중을 닦고 호흡새김에 의한 집중을 익히면, 고요하고 승묘한 감로의 지복에 들어, 악하고 불건전한 현상이 생겨날 때마다 즉시 그것을 사라지게 하고 그치게 한다.

1-8. 그리고 세존께서는 이러한 인연으로 이러한 기회에 수행승들의 참모임을 불러 모으게 하고 수행승들에게 물었다.

[세존] "수행승들이여, 수행승들이 스스로 자신의 목숨을 끊고, 서로서로 목숨을 끊어주고, 사이비수행자 미갈란디까를 찾아가서 이와 같이 '벗이여, 우리의 목숨을 끊어주면 감사하겠습니다. 이 발우들과 옷들이 그대의 것이 될 것입니다.' 라고 말한 것이 사실이란 말인가?"

[수행승들] "세존이시여, 사실입니다."

존귀한 부처님께서는 견책했다.

[세존] "수행승들이여, 그 수행승들은 적절하지 않고, 자연스럽지 않고, 알맞지 않고, 수행자의 삶이 아니고, 부당하고, 해서는 안 될 일을 행한 것이다. 수행승들이여, 수행승들이 스스로 자신의 목숨을 끊고, 서로서로 목숨을 끊어주고, 사이비수행자 미갈란디까를 찾아가서 이와 같이 '벗이여, 우리의 목숨을 끊어주면 감사하겠다. 이 발우들과 옷들이 그대의 것이 될 것이다.'라고 말할 수 있단 말인가? 수행승들이여, 그것은 아직 청정한 믿음이 없는 자를 청정한 믿음으로 이끌고, 이미 청정한 믿음이 있는 자를 더욱더 청정한 믿음으로 이끄는 것이 아니다. 수행승들이여, 그것은 오히려, 아직 청정한 믿음이 없는 자를 불신으로 이끌고,

---

300) virāgānupassī : Vism. 290에 따르면, '여기에 두 가지 사라짐이 있다. 소멸적 사라짐(khayavirāga)과 궁극적 사라짐(accantavirāga)이다. 소멸적 사라짐은 형성의 파괴이고, 궁극적 사라짐은 열반이다.'

301) nirodhānupassī : Vism. 290에 따르면, '여기에 두 가지 소멸이 있다. 소멸적 소멸(khayanirodho)과 궁극적 소멸(accantanirodho)이다. 소멸적 소멸은 형성의 파괴이고, 궁극적 소멸은 열반이다.'

302) paṭinissagānupassī : Vism. 290에 따르면, '존재의 다발[五蘊]의 유위적 형성에서 오는 번뇌를 버리는 포기에 의한 완전한 버림(pariccāgapaṭinissaga)과 유위의 잘못을 관하여 그 반대인 열반을 향하여 뛰어드는 도입(跳入)에 의한 완전한 버림(pakkhandhapaṭinissaga)이 있다.'

이미 청정한 믿음이 있는 자 가운데 어떤 자들을 타락시키는 것이다."

1-9. 그리고 세존께서는 수행승들에 대하여 여러 가지 방편으로 견책하여, 키우기 어렵고 부양하기 어렵고 탐욕이 많고 만족을 모르고 교제를 좋아하고 나태한 것에 대해 질책하고, 여러 가지 법문으로 고무하여, 키우기 쉽고 부양하기 쉽고 욕심을 여의고, 만족을 알고, 버리고 없애는 삶, 악을 제거하는 삶, 청정한 믿음의 삶, 쌓아 모우지 않는 삶, 용맹정진의 삶을 칭찬하고, 수행승들을 위하여 그에 알맞고 그에 걸맞게 경책하여 법문을 하고 수행승들에게 일렀다.

[세존] "수행승들이여, 그러므로 수행승들을 위하여 열 가지 이유에 기초하여, 즉 참모임의 수승을 위하여, 참모임의 안락을 위하여, 악한 수행승의 조복을 위하여, 품행이 바른 수행승의 평안한 삶을 위하여, 지금 여기에서의 번뇌의 제어를 위하여, 다가오는 번뇌를 물리치기 위하여, 청정한 믿음이 없는 자에게 청정한 믿음을 주기 위하여, 청정한 믿음이 있는 자에게 청정한 믿음을 증대시키기 위하여, 올바른 가르침을 지속시키기 위하여, 계율을 수호하기 위하여 학습계율을 시설하니, 수행승들이여, 그대들은 이와 같이 학습계율을 송출해야 한다."

〔세존〕 "어떠한 수행승이든 의도적으로 인체의 목숨을 빼앗거나, 무기를 가진 자를 구한다면, 그는 승단추방죄를 범하는 것으로 함께 살 수 없다."[303)]

이와 같이 세존께서는 수행승들을 위하여 학습계율을 시설했다.

2-1. 한때 어떤 재가의 남자신도가 병들었다. 그의 부인이 아름답고 미려하고 단정했다. 여섯무리의 수행승들이 그 부인에 애착을 갖게 되었다. 그래서 그 여섯무리의 수행승들은 이와 같이 생각했다.

[여섯무리의 수행승들] '벗들이여,[*72] 만약에 그 재가의 남자신도가 살아있으면, 우리가 그 부인을 얻을 수가 없다. 벗이여, 우리가 저 재가의 남자신도에게 죽음을 찬미하면 어떨까?'

그래서 여섯무리의 수행승들은 그 재가의 남자신도가 있는 곳을 찾아갔다. 가까이 다가가서 그 재가의 남자신도에게 이와 같이 말했다.

[여섯무리의 수행승들] "재가의 남자신도여, 그대는 선한 일을 행했고, 착하고 건전한 일을 했고, 확실한 피난처를 구했고,[304)] 악한 일을 하지 않았고, 잔혹한

---

303) yo pana bhikkhu sañcicca manussaviggahaṃ jīvitā voropeyya, satthahārakaṃ vāssa pariyeseyya, ayampi pārājiko hoti asaṃvāso'ti.

304) katabhīruttāṇa : Smp. 436에 따르면, 죽을 때에 무서운 존재에 대하여 수호를 얻은 것을 의미한다. 아마도 수호주(parittā)를 통한 것일 수 있다.

일을 하지 않았고, 죄과를 짓지 않았습니다. 그대는 선한 일을 했고, 악한 일은 하지 않았습니다. 이 악한 고통스러운 삶이 그대에게 무슨 의미가 있습니까? 그대의 목숨은 죽은 것이 낫습니다. 여기서 그대가 죽으면, 몸이 파괴되고 죽은 후에 좋은 곳, 하늘세계에 태어날 것입니다. 거기서 천상의 다섯 가지 감각적 쾌락에 대한 욕망을 성취하여305) 갖추어 즐길 것입니다."

그러자 그 재가의 남자신도는 '존자께서 말한 것은 사실이다. 나는 선한 일을 행했고, 착하고 건전한 일을 했고, 확실한 피난처를 구했고, 악한 일을 하지 않았고, 잔혹한 일을 하지 않았고, 죄과를 짓지 않았다. 나는 선한 일을 했고, 악한 일은 하지 않았다. 이 악한 고통의 삶이 저에게 무슨 의미가 있겠는가? 나의 목숨은 죽은 것이 낫다. 여기서 내가 죽으면, 몸이 파괴되고 죽은 후에 좋은 곳, 하늘세계에 태어날 것이다. 거기서 천상의 감각적 쾌락에 대한 욕망을 성취하여 갖추어 즐길 것이다.'라고 생각했다. 그는 불건전한 음식을 먹고, 불건전한 단단한 음식을 먹고, 불건전한 맛있는 음식을 먹고, 불건전한 물을 마셨다. 그는 불건전한 음식을 먹고, 불건전한 단단한 음식을 먹고, 불건전한 맛있는 음식을 먹고, 불건전한 물을 마셨기 때문에 중병들었다. 그는 그 중병으로 죽었다.

2-2. 그의 아내가 혐책하고 분개하고 비난했다.

[재가의 남자신도의 아내] "이 싸끼야의 아들들은 부끄러움을 모르고 계행을 지키지 않고 거짓말을 일삼는다. 진리에 따라 행하고 평화롭게 행하고 청정하게 행하고 진실을 말하고 계행을 지키고 선한 원리를 지닌 자라고 자칭한다. 그들에게는 수행자의 삶이 없고, 그들에게는 성직자의 삶이 없다. 그들에게는 수행자의 삶이 상실되었고, 그들에게는 성직자의 삶이 상실되었다. 어찌 그들에게 수행자의 삶이 있고, 아찌 그들에게는 성직자의 삶이 있겠는가? 그들은 수행자의 삶을 떠났고, 그들은 성직자의 삶을 떠났다. 이들은 나의 남편에게 죽음에 대하여 찬탄했다. 그들에 의해서 나의 남편이 죽은 것이다."

다른 사람들도 혐책하고 분개하고 비난했다.

[다른 사람들] "이 싸끼야의 아들들은 부끄러움을 모르고 계행을 지키지 않고 거짓말을 일삼는다. 진리에 따라 행하고 평화롭게 행하고 청정하게 행하고 진실

---

305) dibbehi pañcahi kāmaguṇehi samappito : AN. IV. 239에 따르면, 보시로 태어나는 하늘세계에는 '하늘수명, 하늘용모, 하늘안락, 하늘명예, 하늘주권, 하늘형상, 하늘소리, 하늘향기, 하늘맛, 하늘감촉'을 갖춘다. 이 가운데 다섯 가지는 후자의 천상계의 다섯 가지 감각적 쾌락의 종류 즉, 하늘형상, 하늘소리, 하늘향기, 하늘맛, 하늘감촉을 말한다.

을 말하고 계행을 지키고 선한 원리를 지닌 자라고 자칭한다. 그들에게는 수행자의 삶이 없고, 그들에게는 성직자의 삶이 없다. 그들에게는 수행자의 삶이 상실되었고, 그들에게는 성직자의 삶이 상실되었다. 어찌 그들에게 수행자의 삶이 있고, 어찌 그들에게는 성직자의 삶이 있겠는가? 그들은 수행자의 삶을 떠났고, 그들은 성직자의 삶을 떠났다. 그들이 재가의 남자신도에게 죽음에 대하여 찬탄했다. 그들에 의해서 재가의 남자신도가 죽은 것이다."

2-3. 수행승들은 그 사람들이 혐책하고 분개하고 비난하는 것을 들었다. 수행승들 가운데 욕망을 여의고, 만족을 알고, 부끄러움을 알고, 후회할 줄 알고, 배움을 원하는 자들이 있는데, 그들도 혐책하고 분개하고 비난했다.

[욕망을 여읜 수행승들] "어찌 여섯무리의 수행승들이 재가의 남자신도에게 죽음에 대하여 찬탄할 수 있단 말인가?"

2-4. 그래서[*73] 그 수행승들은 세존께 그 사실을 알렸다. 그러자 세존께서는 이러한 인연으로 이러한 기회에 수행승들의 참모임을 불러 모으게 하고 여섯무리의 수행승들에게 물었다.

[세존] "수행승들이여, 그대들이 재가의 남자신도에게 죽음에 대하여 찬탄한 것이 사실인가?"

[여섯무리의 수행승들] "세존이시여, 사실입니다."

존귀한 부처님께서는 견책했다.

[세존] "어리석은 자들이여, 그대들은 적절하지 않고, 자연스럽지 않고, 알맞지 않고, 수행자의 삶이 아니고, 부당하고, 해서는 안 될 일을 행한 것이다. 어리석은 자들이여, 어찌 그대들은 재가의 남자신도에게 죽음에 대하여 찬탄할 수 있단 말인가? 어리석은 자들이여, 그것은 아직 청정한 믿음이 없는 자를 청정한 믿음으로 이끌고, 이미 청정한 믿음이 있는 자를 더욱더 청정한 믿음으로 이끄는 것이 아니다. 어리석은 자들이여, 그것은 오히려, 아직 청정한 믿음이 없는 자를 불신으로 이끌고, 이미 청정한 믿음이 있는 자 가운데 어떤 자들을 타락시키는 것이다."

2-5. 그리고 세존께서는 여섯무리의 수행승들에 대하여 여러 가지 방편으로 견책하여, 키우기 어렵고 부양하기 어렵고 탐욕이 많고 만족을 모르고 교제를 좋아하고 나태한 것에 대해 질책하고, 여러 가지 법문으로 고무하여, 키우기 쉽고 부양하기 쉽고 욕심을 여의고, 만족을 알고, 버리고 없애는 삶, 악을 제거하는 삶, 청정한 믿음의 삶, 쌓아 모우지 않는 삶, 용맹정진의 삶을 칭찬하고, 수행승들

을 위하여 그에 알맞고 그에 걸맞게 경책하여 법문을 하고 수행승들에게 일렀다.

[세존] "수행승들이여, 그러므로 수행승들을 위하여 열 가지 이유에 기초하여, 즉 참모임의 수승을 위하여, 참모임의 안락을 위하여, 악한 수행승의 조복을 위하여, 품행이 바른 수행승의 평안한 삶을 위하여, 지금 여기에서의 번뇌의 제어를 위하여, 다가오는 번뇌를 물리치기 위하여, 청정한 믿음이 없는 자에게 청정한 믿음을 주기 위하여, 청정한 믿음이 있는 자에게 청정한 믿음을 증대시키기 위하여, 올바른 가르침을 지속시키기 위하여, 계율을 수호하기 위하여 학습계율을 시설하니, 수행승들이여, 그대들은 이와 같이 학습계율을 송출해야 한다."

[세존] "어떠한 수행승이든 의도적으로 인체의 목숨을 빼앗거나, 무기를 가진 자를 구하거나 죽음에 대하여 찬미하거나 죽음을 권유하면서, '이보시오, 그대에게 이러한 악한 고통스러운 삶이 무슨 의미가 있는가, 그대는 살기보다는 죽는 것이 낫다.'라고 일부로 의도적으로 여러 가지 방편으로 죽음에 대하여 찬미하거나 죽음을 권유하면, 그도 승단추방죄를 범하는 것으로 함께 살 수 없다."306)

3-1. '어떠한'이라는 것은 어떠한 관계, 어떠한 태생, 어떠한 이름, 어떠한 성씨, 어떠한 계행, 어떠한 주거, 어떠한 활동영역에서 이든지, 장로이든지, 신참이든지, 중참이든지, 이러한 자들을 형용하는 것으로 '어떠한 자이든'이라는 뜻이다. '수행승'이라고 하는 것은 '탁발하는 자'로서의 수행승, 탁발을 위해 돌아다니는 자로서의 수행승, 분소의를 입은 자로서의 수행승, 사미로서의 수행승, 자칭에 의한 수행승, '오라! 수행승이여!'에 의한 수행승, 삼귀의에 의해 구족계를 받은 수행승, 현선한 수행승, 진실한 수행승, 배울 것이 있는 학인인 수행승, 배울 것이 없는 무학인 수행승, 화합참모임과 한번제안세번제청의 갈마와 부동의 거룩한 님의 속성을 갖춘 자로서의 수행승이 있는데, 그들 가운데 화합참모임과 한번제안세번제청의 갈마와 부동의 거룩한 님의 속성을 갖춘 수행승을 두고, 그러한 의미에서의 수행승을 뜻한다.

3-2. '의도적으로'라는 것은 '알고 인지하고 목적을 가지고 고찰하여 행하는 것'이다. '인체'라는 것은 '어머니의 자궁에서 첫 번째 마음이 생겨나고 첫 번째 의식이 나타나서 죽음에 이르기까지 그 사이의 것을 인체'라고 한다. '목숨을 빼앗는

306) 살인계(殺人戒) | Bhikkhunī Pār. 3 : yo pana bhikkhu sañcicca manussaviggahaṃ jīvitā voropeyya, satthahārakaṃ vāssa pariyeseyya, maraṇavaṇṇaṃ vā saṃvaṇṇeyya, maraṇāya vā samādapeyya: 'ambho purisa kiṃ tuyhaminā pāpakena dujjīvitena, matante jīvitā seyyo'ti iti cittamano cittasaṅkappo anekapariyāyena maraṇavaṇṇaṃ vā saṃvaṇṇeyya maraṇāya vā samādapeyya, ayampī pārājiko hoti asaṃvāso'ti.

다면'이라는 것은 '명근을 끊고 중지시키고 상속을 부수는 것'을 뜻한다. '무기를 가져오는 자를 구한다면'이라는 것은 '검이나 창이나 투창이나 곤봉이나 돌이나 칼이나 독약이나 밧줄을 가져오는 자를 구한다.'는 뜻이다. '죽음에 대하여 찬탄한다면'이라는 것은 '삶에 재난이 있음을 보여주고 죽음에 대해서 찬탄하는 것'을 뜻한다. '죽음을 권한다면'이라는 것은 '칼을 가져오라.'고 말하거나 '독약을 먹어라.'라고 말하거나 '밧줄로 묶어서 죽어라.'라고 말하는 것이다. '이보시오'라는 것은 부르는 호칭으로 '이보시오 남자여'라는 뜻이다. '그대에게 이러한 악한 고통스러운 삶이 무슨 의미가 있는가?'라는 것은 '삶이 악하다는 것으로 부자의 삶에 비하면, 빈자의 삶이 악하고, 부유한 자의 삶에 비하면 궁핍한 자의 삶이 악하고, 신들의 삶에 비하면 인간의 삶이[*74] 악하다.'라는 뜻이다. '고통스러운 삶'이란 '손이 잘린 자, 발이 잘린 자, 손발이 잘린 자, 귀가 잘린 자, 코가 잘린 자, 귀와 코가 잘린 자의 삶으로, 이러한 악하고 고통스러운 삶 보다는 죽음이 낫다.'라는 뜻이다. '일부러'라는 것은 '그 마음에 그 생각, 그 생각에 그 마음'이라는 뜻이다.

3-3. '의도적으로'라는 것은 '죽음을 인지하고, 죽음을 의도하고, 죽음을 지향하고'라는 뜻이다. '여러 가지 방편으로'라는 것은 '여러 가지 형태로,'라는 뜻이다. '죽음을 찬미한다면'이라는 것은 '삶에 재난을 보여주고, 죽음에 대하여 찬미한다.'는 뜻이다. '여기서 그대가 죽으면, 몸이 파괴되고 죽은 후에 좋은 곳, 하늘세계에 태어날 것이다.'라는 것은 '거기서 천상계에서 다섯 가지 감각적 쾌락의 욕망을 갖추고 구족하여 즐길 것이다.'라는 뜻이다. '죽음을 권한다면'이라는 것은 '칼을 가져오라.'고 말하거나, '독약을 먹어라.'라고 말하거나, '밧줄로 묶어서 죽어라.'라고 말하거나, '물구덩이나 수렁이나 절벽에 떨어져라.'라고 말하는 것을 뜻한다. '그도'라는 것은 '앞선 자와 관계하여 말한 것'을 뜻한다.307) '승단추방죄'라는 것은 '예를 들어 광대한 돌을 두 조각으로 자르면 합칠 수 없는 것과 같이, 수행승이 의도적으로 인체의 목숨을 빼앗으면, 수행자가 되지 못하고 싸끼야의 아들이 되지 못한다. 그러므로 승단추방죄를 범하는 것이다.'라는 뜻이다. '함께 살 수 없다.'는 것은 함께 삶이라면 동일한 갈마 동일한 설계를 지니고 함께 사는 것을 함께 삶이라고 하는데, 그것과 함께 하지 않는 까닭에 '함께 살 수 없다.'라는 뜻이다.

---

307) ayampīti purime upādāya vuccati : Smp. 443에 따르면, 성적 교섭을 범하고 주지 않은 것은 빼앗는 승단추방죄를 범하여 비난받는 사람과 같다.

4-1. [표제적 논의의 주제]

자살, 교살, 청부살인, 이중청부살인, 전전청부살인, 왕래청부살인에 의한 것,[308] 홀로 있지 않은데 홀로 있다고 지각하는 것, 홀로 있는데 홀로 있지 않다고 지각하는 것, 홀로 있지 않으므로 홀로 있지 않다고 지각하는 것, 홀로 있으므로 홀로 있다고 지각하는 것,[309] 신체에 의한 찬미, 언어에 의한 찬미, 신체와 언어에 의한 찬미, 사자에 의한 찬미, 문서에 의한 찬미,[310] 함정, 지지, 안살구, 의약, 형상의 제공, 소리의 제공, 냄새의 제공, 맛의 제공, 감촉의 제공, 사실의 제공, 설시, 교시, 지정, 신호.[311]

4-2₁. '자살'이라는 것은 몸으로 혹은 몸에 부착된 것으로 혹은 던져질 수 있는 것으로 자신을 죽이는 것을 뜻한다.

4-2₂. '교살'이라는 것은 '이와 같이 찔러라, 이와 같이 때려라, 이와 같이 죽여라.'라고 결정하여 명령하는 것을 뜻한다.

4-2₃. '청부살인'[312]이라는 것은 다음과 같다.

1) '한 수행승(갑)이[*75] 다른 수행승(을)에게 명령하여, '이러이러한 자(병)의 목숨을 빼앗아라.'라고 하면, 그(갑)는 악작죄를 범하는 것이고, 그(을)가 그것을 생각하고 그(병)의 목숨을 빼앗으면, 양자(갑을)가 승단추방죄를 범하는 것이다.

2) 한 수행승(갑)이 다른 수행승(을)에게 명령하여, '이러이러한 자(병)의 목숨을 빼앗아라.'라고 하면, 그(갑)는 악작죄를 범하는 것이다. 그(을)가 그것을 생각하고 다른 자(정)의 목숨을 빼앗으면, 주동자(갑)는 무죄이고 죽인 자(을)는 승단추방죄를 범하는 것이다.

2) 한 수행승(갑)이 다른 수행승(을)에게 명령하여, '이러이러한 자(병)의 목숨을 빼앗아라.'라고 하면, 그(갑)는 악작죄를 범하는 것이다. 그(을)가 다른 자(정)를 생각하고 그 자(병)의 목숨을 빼앗아도, 양자(갑을)는 모두 승단추방죄를 범하는 것이다.

---

308) sāmaṃ adhiṭṭhāya dūtena, dūtaparamparāya, visakkiyena dūtena, gatapaccāgatena dūtena.

309) araho rahosaññi, raho arahosaññi, araho arahosaññi, raho rahosaññi.

310) kāyena saṃvaṇṇeti, vācāya saṃvaṇṇeti, kāyena vācāya saṃvaṇṇeti, dutena saṃvaṇṇeti, lekhāya saṃvaṇṇeti.

311) opātaṃ, apassenaṃ upanikkhipanaṃ, bhesajjaṃ, rūpūpahāro, saddūpahāro, gandhūpahāro, rasūpahāro, phoṭṭhabbūpahāro, dhammūpahāro, ācikkhanā, anusāsanī, saṃketakammaṃ, nimittakammanti.

312) dūtena [manussaviggahajīvitāvoropana] : 한역에서는 사살(使殺)이라고 한다.

3) 한 수행승(갑)이 다른 수행승(을)에게 명령하여, '이러이러한 자(병)의 목숨을 빼앗아라.'라고 하면, 그(갑)는 악작죄를 범하는 것이다. 그(을)가 다른 자(정)를 생각하고 다른 자(무)의 목숨을 빼앗으면, 주동자(갑)는 무죄이고 죽인 자(을)는 승단추방죄를 범하는 것이다.

4-2₄. '이중청부살인'313)이라는 것은 다음과 같다.

한 수행승(갑)이 다른 수행승(을)에게 명령하여, '이러이러한 자(병)에게 말하되, '이러이러한 자(정)가 이러이러한 자(무)의 목숨을 빼앗게 하라.'라고 이러이러한 자(정)에게 말하게 하라.'라고 하면, 그(갑)는 악작죄를 범하는 것이다. 그(을)가 그 자(병)에게 알리면, 그(을)도 악작죄를 범하는 것이다. 죽이는 자(정)가 승낙하면, 주동자(갑)는 추악죄를 범하는 것이고, 그(정)가 그(무)를 죽이면, 모두(갑을병정)가 승단추방죄를 범하는 것이다.

4-2₅. '전전청부살인'314)이라는 것은 다음과 같다.

한 수행승(갑)이 다른 수행승(을)에게 명령하여, '이러이러한 자(병)에게 말하되, '이러이러한 자(정)가 이러이러한 자(무)의 목숨을 빼앗게 하라.'라고 이러이러한 자(정)에게 말하게 하라.'라고 하면, 그(갑)은 악작죄를 범하는 것이다. 그(을)가 다른 자(기)에게 명령하면, 그(을)는 악작죄를 범하는 것이다. 죽이는 자(기)가 승낙하면, 그(기)는 악작죄를 범하는 것이고, 그(가)가 그(무)를 죽이면, 주동자(갑)는 무죄이고, 명령한 자(을)와 죽인 자(기)가 승단추방죄를 범하는 것이다.

4-2₆. '왕래청부살인'315)이라는 것은 다음과 같다.

1) 한 수행승(갑)이 다른 수행승(을)에게 명령하여 '이러이러한 자(병)의 목숨을 빼앗아라.'라고 하면, 그(갑)는 악작죄를 범하는 것이다. 그(을)가 갔다가 다시 와서 '나(을)는 그 자(병)의 목숨을 빼앗을 수 없다.'라고 말해서, 그(갑)가 다시 '가능할 때에 그(병)의 목숨을 빼앗아라.'라고 해도, 그(갑)는 악작죄를 범하는 것이다. 그(을)가 그(병)를 죽이면, 양자(갑을) 모두가 승단추방죄를 범하는 것이다.

2) 한 수행승(갑)이 다른 수행승(을)에게 명령하여 '이러이러한 자(병)의 목숨을 빼앗아라.'라고 하면, 그(갑)는 악작죄를 범하는 것이다. 그(갑)가 명령한 뒤에

---

313) dūtaparamparāya [manussaviggahajīvitāvoropana] : 한역에서는 중사살(重使殺)이라고 한다.

314) visakkiyena dūtena [manussaviggahajīvitāvoropana] : 한역에서는 전전사살(展轉使殺)이라고 한다.

315) gatapaccāgatena dūtena [manussaviggahajīvitāvoropana] : 한역에서는 왕래사살(往來使殺)이라고 한다.

후회가 생겨났다. 그러나 그(갑)는 '그(병)를 죽이지 말라.'라고 말하지 않는다. 그(을)가 그(병)를 죽이면, 양자(갑을) 모두가 승단추방죄를 범하는 것이다.

3) 한 수행승(갑)이 다른 수행승(을)에게 명령하여 '이러이러한 자(병)의 목숨을 빼앗아라.'라고 하면, 그(갑)는 악작죄를 범하는 것이다. 그(갑)가 명령한 뒤에 후회가 생겨났다. 그(갑)가 '그(병)를 죽이지 말라.'라고 말한다. 그(을)가 '나는 이미 그대에게 명령을 받았다.'라고 그(병)를 죽이면, 주동자(갑)는 무죄이고 죽인 자(을)는 승단추방죄를 범하는 것이다.

4) 한 수행승(갑)이 다른 수행승(을)에게 명령하여 '이러이러한 자(병)의 목숨을 빼앗아라.'라고 하면, 그(갑)는 악작죄를 범하는 것이다. 그(갑)가 명령한 뒤에 후회가 생겨났다. 그(갑)는 '그(병)를 죽이지 말라.'라고 말한다. 그(을)가 '좋습니다.'라고 중지한다면, 양자(갑을)는 모두 무죄이다.

4-3.

1) 홀로 있지 않은데 홀로 있다고 지각하고 '이러이러한 자가 죽었으면!'이라고 외친다면, 악작죄를 범하는 것이다.

2) 홀로 있는데 홀로 있지 않다고 지각하고 '이러이러한 자가 죽었으면!'이라고 외친다면, 악작죄를 범하는 것이다.

3) 홀로 있지 않으므로 홀로 있지 않다고 지각하고[*76] '이러이러한 자가 죽었으면!'이라고 외친다면, 악작죄를 범하는 것이다.

4) 홀로 있으므로 홀로 있다고 지각하고 '이러이러한 자가 죽었으면!'이라고 외친다면, 악작죄를 범하는 것이다.

4-4.

1) '신체에 의한 찬미'라는 것은 '이와 같이 죽으면, 재산을 얻고, 명성을 얻고, 하늘나라에 간다.'라고 신체로 몸짓하는 것인데, 악작죄를 범하는 것이다. 그 찬탄에 의해서 '나는 죽어야겠다.'라고 괴로운 느낌을 일으키면, 추악죄를 범하는 것이고, 죽으면, 승단추방죄를 범하는 것이다.

2) '언어에 의한 찬미'라는 것은 '이와 같이 죽으면, 재산을 얻고, 명성을 얻고, 하늘나라에 간다.'라고 언어로 표현하는 것인데, 악작죄를 범하는 것이다. 그 찬탄에 의해서 '나는 죽어야겠다.'라고 괴로운 느낌을 일으키면, 추악죄를 범하는 것이고, 죽으면, 승단추방죄를 범하는 것이다.

3) '신체 · 언어에 의한 찬미'라는 것은 '이와 같이 죽으면, 재산을 얻고, 명성을 얻고, 하늘나라에 간다.'라고 신체적으로 몸짓하고 언어적으로 표현하는 것인데,

악작죄를 범하는 것이다. 그 찬탄에 의해서 '나는 죽어야겠다.'라고 괴로운 느낌을 일으키면, 추악죄를 범하는 것이고, 죽으면, 승단추방죄를 범하는 것이다.

4) '사자(使者)에 의한 찬미'라는 것은 '이와 같이 죽으면, 재산을 얻고, 명성을 얻고, 하늘나라에 간다.'라고 사자에게 가르침을 일러주는 것인데, 악작죄를 범하는 것이다. 사자의 가르침을 듣고 '나는 죽어야겠다.'라고 괴로운 느낌을 일으키면, 추악죄를 범하는 것이고, 죽으면, 승단추방죄를 범하는 것이다.

5) '문서에 의한 찬미'라는 것은 '이와 같이 죽으면, 재산을 얻고, 명성을 얻고, 하늘나라에 간다.'라고 글을 쓴다면,[316] 철자마다 악작죄를 범하는 것이다. 글을 보고 '나는 죽어야겠다.'라고 괴로운 느낌을 일으키면, 추악죄를 범하는 것이고, 죽으면, 승단추방죄를 범하는 것이다.

4-5. '함정'이라는 것은 다음과 같다.

1) 사람을 지정해서 '떨어지면 죽을 것이다.'라고 함정을 파는 것인데, 악작죄를 범하는 것이다. 떨어져서 그에게 괴로운 느낌이 생겨나면, 추악죄를 범하는 것이고, 그가 죽으면, 승단추방죄를 범하는 것이다.

2) 사람을 지정하지 않고 '누구든지 떨어지면 죽을 것이다.'라고 함정을 파는 것인데, 사람이 거기에 빠지면, 악작죄를 범하는 것이다. 떨어져서 그에게 괴로운 느낌이 생겨나면, 추악죄를 범하는 것이고, 그가 죽으면, 승단추방죄를 범하는 것이다. 야차나 아귀나 축생으로서 인간의 모습을 한 요괴[317]가 그곳에 떨어지면, 악작죄를 범하는 것이고,[318] 떨어져서 그에게 괴로운 느낌이 생겨나면, 악작죄를 범하는 것이고, 그가 죽으면, 추악죄를 범하는 것이다. 축생이 그곳에 떨어지면, 악작죄를 범하는 것이고, 떨어져서 그에게 괴로운 느낌이 생겨나도, 악작죄를 범하는 것이고, 그가 죽으면, 속죄죄를 범하는 것이다.

4-6. '의발'[319]이라는 것은 의지물[320]에 무기를 장치하거나, 독을 바르거나, 헛점을 만들거나, '떨어지면 죽을 것이다.'라고 생각하여 물구덩이나 수렁이나 절벽에

316) lekhaṃ chindati : Smp. 452에 따르면, '패엽이나 책에 철자를 조각하는 것'을 말한다.

317) tiracchānagatamanussaviggaha : 축생이지만 사람의 형상을 취한 사람을 뜻한다. 이 생에서 인간의 형상을 취할 수 있는 힘을 가진 축생을 뜻한다.

318) yakkho vā peto vā tiracchānagatamanussaviggaho vā tasmiṃ papatati, āpatti dukkaṭassa : Smp. 455에 따르면, 그것은 인간을 위해 파진 것이기 때문에 그는 거기에 떨어진 야차 등의 죽음에 책임이 없다.

319) apassena : 한역에서는 의발(倚發)이라고 한다. Smp. 455에 따르면, 우리가 항상 사용하는 침대나 의자와 같은 기대거나 의지하는 물건 또는 그것을 통한 범죄를 뜻한다.

320) apassena : 앞과 동일한 단어이지만 여기서는 내용상의 논리 때문에 의지물이라고 번역한다.

의지물을 연루시키면, 악작죄를 범하는 것이다. 무기나 독약이나 떨어짐에 의해서 그에게 괴로운 느낌이 생겨나면, 추악죄를 범하는 것이고,[*77] 그가 죽으면, 승단추방죄를 범하는 것이다.

4-7. '안살구(按殺具)'라는 것은 검이나 창이나 투창이나 곤봉이나 돌이나 칼이나 독약이나 밧줄을 '이것으로 죽을 것이다.'라고 생각하여 장치하는 것인데, 악작죄를 범하는 것이다. 그 때문에 그에게 '내가 죽을 것 같다.'라고 괴로운 느낌이 생겨나면, 추악죄를 범하는 것이다. 그가 죽으면, 승단추방죄를 범하는 것이다.

4-8. '의약'이라고 하는 것은 버터기름이나 버터나 기름이나 꿀이나 당밀과 같은 약을[321] '이것을 맛보면, 죽을 것이다.'라고 주는 것인데, 악작죄를 범하는 것이다. 그것을 맛보고 그에게 괴로운 느낌이 생겨나면, 추악죄를 범하는 것이다. 그가 죽으면, 승단추방죄를 범하는 것이다.

4-9.

1) '형상의 제공'[322]이라는 것은 '이것을 보고 놀라서 죽을 것이다.'라고 불쾌하고 무섭고 공포를 일으키는 형상을 상대에게 제공하는 것인데, 악작죄를 범하는 것이다. 그것을 보고 그가 놀라면, 추악죄를 범하는 것이다. 그가 죽으면, 승단추방죄를 범하는 것이다. 그리고 '이것을 보고 매혹되어 수척해지고 죽을 것이다.'라고 매혹적인 형상을 제공하면, 악작죄를 범하는 것이다. 그것을 보고 그가 매혹되어 수척해진다면, 추악죄를 범하는 것이다. 그가 죽는다면, 승단추방죄를 범하는 것이다.

2) '소리의 제공'이라는 것은 '이것을 듣고 놀라서 죽을 것이다.'라고 불쾌하고 무섭고 공포를 일으키는 소리를 상대에게 제공하는 것인데, 악작죄를 범하는 것이다. 그것을 듣고 그가 놀라면, 추악죄를 범하는 것이다. 그가 죽으면, 승단추방죄를 범하는 것이다. 그리고 '이것을 듣고 매혹되어 수척해지고 죽을 것이다.'라고 매혹적이고 사랑스럽고 고혹적인[323] 소리를 제공하면, 악작죄를 범하는 것이다. 그것을 보고 그가 매혹되어 수척해진다면, 추악죄를 범하는 것이

---

321) sappīṃ vā navanītaṃ vā telaṃ vā madhuṃ vā phāṇitaṃ vā : 이것이 다섯 종류의 의약인데, Vin. III. 251을 참조하라. 그리고 사용방법에 따라 Vin. I. 251의 분류를 참조하라.

322) rūpūpahāra … saddupahāra … gandhūpahāra … rasūpahāra … phoṭṭhabbūpahāra … dhammūpahāra : 한역에서는 색·성·향·미·촉·법지현(色·聲·香·味·觸·法持現)이라고 한다. Bd. I. 133에서는 이하에서 다섯 가지 감관과 정신적 대상이 모두 죽음을 유발하는 동일한 힘이 될 수 있다고 역설하는 것에 의문을 제기하고 있다.

323) hadayaṅgamaṃ : '심장을 울리는'이라는 것인데 '유쾌한, 고혹적인' 등의 뜻을 지닌다.

다. 그가 죽는다면, 승단추방죄를 범하는 것이다.

3) '냄새의 제공'이라는 것은 '이것을 냄새맡고 혐오스럽고 못마땅하여 죽을 것이다.'라고 혐오스럽고 못마땅한 지독한 향기를 상대에게 제공하는 것인데, 악작죄를 범하는 것이다. 그것을 냄새맡을 때 그에게 혐오스럽고 못마땅한 괴로운 느낌이 생겨나면, 추악죄를 범하는 것이다. 그가 죽으면, 승단추방죄를 범하는 것이다. 그리고 '이것을 냄새맡고 매혹되어 수척해져서 죽을 것이다.'라고 매혹적인 향기를 제공하면, 악작죄를 범하는 것이다. 그것을 냄새맡고 그가 매혹되어 수척해진다면, 추악죄를 범하는 것이다. 그가 죽으면, 승단추방죄를 범하는 것이다.

4) '맛의 제공'이라는 것은 '이것을 맛보고 혐오스럽고 못마땅해서 죽을 것이다.'라고 혐오스럽고 못마땅한 불쾌한 맛을 상대에게 제공하는 것인데, 악작죄를 범하는 것이다. 그것을 맛볼 때 그에게 혐오스럽고 못마땅한 지독한 괴로운 느낌이 생겨나면, 추악죄를 범하는 것이다. 그가 죽으면, 승단추방죄를 범하는 것이다. 그리고 '이것을 맛보고 매혹되어 수척해져서 죽을 것이다.'라고 매혹적인 맛을 제공하면, 악작죄를 범하는 것이다. 그것을 맛보고 그가 매혹되어 수척해진다면, 추악죄를 범하는 것이다. 그가 죽으면, 승단추방죄를 범하는 것이다.

5) '감촉의 제공'이라는 것은[*78] '이것을 촉지하면 죽을 것이다.'라고 고통스럽고 심히 아픈 불쾌한 촉지를 상대에게 제공하는 것인데, 악작죄를 범하는 것이다. 그것을 촉지할 때 괴로운 느낌을 일으키면, 추악죄를 범하는 것이다. 죽으면 승단추방죄를 범하는 것이다. 그리고 '이것을 촉지하면 죽을 것이다.'라고 매혹적이고 즐겁고 부드러운 촉지를 제공하면, 악작죄를 범하는 것이다. 그것을 접촉하고 그가 매혹되어 수척해진다면, 추악죄를 범하는 것이다. 그가 죽으면, 승단추방죄를 범하는 것이다.

6) '사실의 제공'이란 지옥에 떨어질 자에게 '이것을 듣고 놀라서 죽을 것이다.'라고[324] 지옥에 대한 이야기를 하면, 악작죄를 범하는 것이다. 그것을 듣고 그가 놀라면, 추악죄를 범하는 것이다. 그가 죽으면, 승단추방죄를 범하는 것이다. 선업을 지은 자에게 '이것을 듣고 몰두하여 죽을 것이다.'라고 천상의 이야기를 하면,

324) imaṃ sutvā uttasitvā marissatī'ti : 지옥 등은 마음에서 홀연히 생겨난 세계의 사실이다. 그러나 그것에 관한 이야기는 청각을 통해서 전해질 수 밖에 없기 때문에 여기서 '듣고'라는 용어가 사용되었다. '듣고 나서 정신적으로 인식한 뒤에 놀라서 죽을 것이다.'라는 뜻이다.

악작죄를 범하는 것이다. 그것을 듣고 몰두하여 '내가 죽을 것 같다.'라고 그에게 괴로운 느낌이 생겨나면, 추악죄를 범하는 것이다. 그가 죽으면, 승단추방죄를 범하는 것이다.

4-10.

1) '설시'[325]라는 것은 질문을 받고, '그대는 이와 같이 죽을 것이다.'라고 말하는 것이다. '이와 같이 죽으면, 재물을 얻거나, 명성을 얻거나, 하늘나라에 태어날 것이다.'라고 말하면, 악작죄를 범하는 것이다. 그러한 설시에 의해서 '내가 죽을 것 같다.'라고 괴로운 느낌이 생겨나면, 추악죄를 범하는 것이다. 죽으면, 승단추방죄를 범하는 것이다.

2) '교시'[326]라는 것은 질문을 받지 않아도 '그대는 이와 같이 죽을 것이다.'라고 말하는 것이다. '이와 같이 죽으면, 재물을 얻거나, 명성을 얻거나, 하늘나라에 태어날 것이다.'라고 말하면, 악작죄를 범하는 것이다. 그러한 교시에 의해서 '내가 죽을 것 같다.'라고 괴로운 느낌이 생겨나면, 추악죄를 범하는 것이다. 죽으면, 승단추방죄를 범하는 것이다.

3) '지정'[327]이라는 것은 '오전이나 오후나 밤이나 낮이나 그것의 지정에 의해서 그의 목숨을 빼앗아라.'라고 말하면, 악작죄를 범하는 것이다. 그 지정에 따라 그의 목숨을 빼앗으면, 양자가 모두 승단추방죄를 범하는 것이다. 그 지정의 전이나 후에 그의 목숨을 빼앗으면, 주동자는 무죄이고 죽인 자는 승단추방죄를 범하는 것이다.

4) '신호'[328]라는 것은 '눈을 감거나, 눈썹을 치켜세우거나 머리를 들거나 하면, 그 신호로 물건을 훔쳐라.'라고 신호를 하는 것인데, 악작죄를 범하는 것이다. 그 신호로 물건을 훔치면, 양자가 모두 승단추방죄를 범하는 것이다. 그 신호의 전이나 후에 그 물건을 훔친다면, 주동자는 무죄이지만, 훔친자는 승단추방죄를 범하는 것이다.

4-11. 의도하지 않았거나, 알지 못했거나, 살의가 없는 경우나, 정신이 착란된 자이거나, 마음이 심란한 자이거나, 애통해 하는 자이거나, 초범자는 무죄이다.

---

325) ācikkhanā : 설시(說示)
326) anusāsanī : 교시(教示)
327) saṅketakamma : 지정(指定)
328) nimittakamma : 신호(信號)

교도인연담 그 요약서시는 아래와 같다.

찬미,[*79] 앉기, 공이와 절구,
연로한 자의 출가, 채움,[329] 먼저 맛, 시독(試毒),[330]

세 가지 기초공사, 다음으로 담장의 셋,
도끼, 서까래, 전망대, 내려옴, 투척.[331]

찜질, 관비, 안마, 목욕, 기름 바르기,
일으키기, 눕히기, 음식에 의한 죽음.[332]

정부의 아이, 첩, 어머니와 아이 양자가 죽었고,
양자가 죽지 않음. 짓이김, 찜질, 무아녀, 유아녀.[333]

간지럼, 골려줌, 야차, 포악한 야차에게 보냄,
그를 생각하면서, 구타, 천상과 지옥을 설함.[334]

알라비 시의 나무 셋, 그리고 방화 셋,
괴롭히지 마시오, 버터밀크와 산죽.[335]

5-1. 한때 한 수행승이 병들었는데, 수행승들이 연민의 마음으로 그에게 죽음을 찬미했다. 그 수행승이 죽었다. 그들에게 후회가 생겨났다.

[수행승들] '우리들이 승단추방죄를 범한 것은 아닐까?'

그래서 그 수행승들은 세존께 그 사실을 알렸다.

[세존] "수행승들이여, 그대들은 승단추방죄를 범한 것이다."

5-2. 한때 어떤 탁발수행승이 의자위에 포에 싸인 유아를 깔고 앉아서 압사되어 죽었다. 그에게 후회가 생겨났다.

[수행승] '내가 승단추방죄를 범한 것은 아닐까?'

그래서 그 수행승은 세존께 그 사실을 알렸다.

[세존] "수행승이여, 승단추방죄를 범한 것은 아니다. 그러나 수행승들이여, 살펴

---

329) bhisanno : 남전1. 130에서 충새(充塞)라고 번역했는데, Bd. I. 136에서 '채움(abhisanno)'이라고 해석한 것과 같다. 이것은 올데베르크는 Vin. III. 271에서 'bhisanno'와 다른 판본의 'sinno'를 어떻게 해석해야 할지 모른다고 했는데, 미얀마본에는 'santo'라고 되어 있다. 그러나 이 단어는 하기의 본문에는 등장하지 않는다.

330) saṃvaṇṇanā nisīdanto | mūsalodukkhalena ca | vuḍḍhapabbajitā bhisinno | aggaṃ vīmaṃsanā visaṃ ||

331) tayo ca vatthukammehi | iṭṭhakāhi'pare tayo | vāsī gopānasī ceva | aṭṭak'otāraṇam pati ||

332) sedanatthuñ ca sambāho | nhāpan'abbhañjanena ca | uṭṭhāpento nipātento | annapānena maraṇaṃ ||

333) jāragabbho sapattī ca | mātāputtaṃ ubho vadhi | ubho na miyyare maddā | tāpaṃ vañjhā vijāyinī ||

334) patodaṃ niggahe yakkho | vāḷayakkhañca pāhinī | taṃ maññamāno pahari | saggañca nirayaṃ bhaṇe ||

335) āḷaviyā tayo rukkhā | dāyehi apare tayo | mā kilamesi na tuyhaṃ | takkasuvīrakena cā'ti ||

보지 않고 자리에 앉아서는 안 된다. 자리에 앉는다면, 악작죄를 범하는 것이다."

5-3. 그런데

1) 한때 어떤 수행승이 내실의 식당에서 자리를 준비하면서 절굿공이들을 들다가 한 절굿공이를 붙잡았는데, 다른 절굿공이를 떨어뜨려 어린아이가 죽었다.

[수행승] '내가 승단추방죄를 범한 것은 아닐까?'

그래서 그 수행승은 세존께 그 사실을 알렸다.

[세존] "수행승이여, 그대는 어떠한 생각을 하고 있었는가?"

[수행승] "세존이시여, 저는 의도적으로 한 것이 아닙니다."

[세존] "수행승이여, 의도적이 아니라면, 무죄이다."

2) 한때 어떤 수행승이 내실의 식당에서 자리를 마련하면서 절구장치를 밟아서 넘어뜨렸는데, 한 어린아이를 압사시켰다.

[수행승] '내가 승단추방죄를 범한 것은 아닐까?'

그래서 그 수행승은 세존께 그 사실을 알렸다.

[세존] "수행승이여, 그대는 어떠한 생각을 하고 있었는가?"

[수행승] "세존이시여, 저는 의도적으로 한 것이 아닙니다."

[세존] "수행승이여, 의도적이 아니라면, 무죄이다."

5-4. 그런데

1) 한때 아버지와 아들이 수행승 가운데 출가했다. 시간을 알릴 때에 아들이 아버지에게 이와 같이 '존자여, 가세요. 참모임에서 기다립니다.'라고 말하며, 뒤에서 붙잡아 밀었다. 그는 넘어져서 죽었다. 그에게 후회가 생겨났다. 세존께 그 사실을 알렸다.

[세존] "수행승이여,[*80] 그대는 무슨 생각을 하고 있었는가?"

[수행승] "세존이시여, 저에게는 죽일 의도가 없었습니다."

[세존] "수행승이여, 죽일 의도가 없었다면, 무죄이다."

2) 한때 아버지와 아들이 수행승 가운데 출가했다. 시간을 알릴 때에 아들은 아버지에게 이와 같이 '존자여, 가세요. 참모임에서 기다립니다.'라고 말하며, 죽일 의도로 뒤에서 붙잡아 밀었다. 그는 넘어져서 죽었다. 그에게 후회가 생겨났다. 세존께 그 사실을 알렸다.

[세존] "수행승이여, 그대는 승단추방죄를 범한 것이다."

3) 한때 아버지와 아들이 수행승 가운데 출가했다. 시간을 알릴 때에 아들은 아버지에게 이와 같이 '존자여, 가세요. 참모임에서 기다립니다.'라고 말하며, 죽일

의도로 뒤에서 붙잡아 밀었다. 그는 넘어졌으나 죽지 않았다. 그에게 후회가 생겨났다. 세존께 그 사실을 알렸다.

[세존] "수행승이여, 그대는 승단추방죄를 범한 것이 아니라, 추악죄를 범한 것이다."

5-5. 그런데

1) 한때 어떤 수행승이 식사할 때에 육고기가 목에 걸렸다.[336] 다른 수행승이 그 수행승의 목을 쳤다. 피와 함께 육고기가 떨어졌다. 그 수행승은 죽었다. 그에게 후회가 생겨났다. 세존께 그 사실을 알렸다.

[세존] "수행승이여, 죽일 의도가 없었다면, 무죄이다."

2) 한때 어떤 수행승이 식사할 때에 육고기가 목에 걸렸다. 다른 수행승이 죽일 의도로 그 수행승의 목을 쳤다. 피와 함께 육고기가 떨어졌다. 그 수행승은 죽었다. 그에게 후회가 생겨났다. 세존께 그 사실을 알렸다.

[세존] "수행승이여, 그대는 승단추방죄를 범한 것이다."

3) 한때 식사할 때에 육고기가 목에 걸렸다. 다른 수행승이 죽일 의도로 그 수행승의 목을 쳤다. 피와 함께 육고기가 떨어졌다. 그 수행승은 죽지 않았다. 그에게 후회가 생겨났다. 세존께 그 사실을 알렸다.

[세존] "수행승이여, 승단추방죄는 아니지만, 추악죄를 범한 것이다."

5-6. 그런데

1) 한때 어떤 탁발수행승이 독이 든 탁발음식을 얻어서 돌아와서 수행승들 가운데 먼저 맛을 보려는 자들에게 주었다. 그들 수행승들이 죽었다. 그에게 후회가 생겨났다. 세존께 그 사실을 알렸다.

[세존] "수행승이여, 그대는 어떠한 생각을 하고 있었는가?"

[탁발수행승] "세존이시여, 저는 알지 못했습니다."

[세존] "수행승이여, 알지 못했다면, 무죄이다."

2) 한때 어떤 수행승이 실험할 목적으로 어떤 수행승에게 독을 주었다. 그 수행승은 죽었다. 그에게 후회가 생겨났다. 세존께 그 사실을 알렸다.

[세존] "수행승이여, 그대는 어떠한 생각을 하고 있었는가?"

[수행승] "세존이시여, 저는 실험할 목적이었습니다."

---

336) tena kho pana samayena aññatarassa bhikkhuno bhuñjantassa maṃsaṃ kaṇṭhe vilaggaṃ hoti : 이것은 초기불교 당시에 수행승들이 채식주의자가 아니었다는 명백한 증거이다.

[세존] "수행승이여, 승단추방죄는 아니지만, 추악죄를 범하는 것이다."

5-7. 그런데

1) 한때 알라비[337] 시의 수행승들이 정사의 기초를[*81] 만들고 있었다. 어떤 수행승이 아래에 있다가 머리를 들어 올렸는데, 위에 있는 수행승이 잘못 잡은 돌이 아래에 있는 수행승의 머리에 떨어져 그 수행승이 죽었다. 그에게 후회가 생겨났다. 세존께 그 사실을 알렸다.

[세존] "수행승이여, 그대는 무슨 생각을 하고 있었는가?"

[수행승] "세존이시여, 저에게는 죽일 의도가 없었습니다."

[세존] "수행승이여, 죽일 의도가 없었다면, 무죄이다."

2) 한때 알라바 시의 수행승들이 정사의 기초를 만들고 있었다. 어떤 수행승이 아래에 있다가 머리를 들어 올렸는데, 위에 있는 수행승이 죽일 의도로 아래에 있는 수행승의 머리에 돌을 떨어뜨려 그 수행승이 죽었다. 그에게 후회가 생겨났다. 세존께 그 사실을 알렸다.

[세존] "수행승이여, 그대는 승단추방죄를 범한 것이다."

3) 한때 알라바 시의 수행승들이 정사의 기초를 만들고 있었다. 어떤 수행승이 아래에 있다가 머리를 들어 올렸는데, 위에 있는 수행승이 죽일 의도로 아래에 있는 수행승의 머리에 돌을 떨어뜨렸으나 그 수행승이 죽지 않았다. 그에게 후회가 생겨났다. 세존께 그 사실을 알렸다.

[세존] "수행승이여, 승단추방죄가 아니라 추악죄를 범한 것이다."

5-8. 그런데

1) 한때 알라비 시의 수행승들이 정사의 담장[338]을 세우고 있었다. 어떤 수행승이 밑에 있다가 벽돌을 들어올렸는데, 위쪽에 있는 수행승이 잘못 잡은 벽돌이 아래에 있는 수행승의 머리에 떨어져 그 수행승이 죽었다. 그에게 후회가 생겨났다. 세존께 그 사실을 알렸다.

[세존] "수행승이여, 그대는 무슨 생각을 하고 있었는가?"

---

337) Āḷavī : Ppn. I. 295에 따르면, 싸밧티 시에서 30 요자나 베나레스에서 12 요자나 떨어진 도시 또는 나라의 이름이다. 싸밧티와 라자가하 시의 중간에 놓여 있었다. 이 도시의 왕과 주민은 모두 알라바까(Āḷavaka)라고 불렸고, 나중에 거기에 살던 야차도 알라바까(Āḷavaka)라고 불렸다. 이 도시에는 많은 수행승들이 살았고 승원도 있었다. 알라비는 컨닝햄(Cunningham)과 회른레(Hoernle)에 의하면, 오늘날 우라오(Urao) 지방의 네왈(Newal)을 말하고, 난달랄 데이(Nandalal Dey)에 의하면, 에뜨와(Etwah)의 북동쪽 27마일 지점에 있는 아비와(Aviwa)를 뜻한다.

338) kuḍḍa : Vin. IV. 122에 따르면, 세 가지 담장 즉, 벽돌담장, 돌담장, 나무담장을 설치하는 것이 허용되었다.

[수행승] "세존이시여, 저에게는 죽일 의도가 없었습니다."

[세존] "수행승이여, 죽일 의도가 없었다면, 무죄이다."

2) 한때 알라비 시의 수행승들이 정사의 담장을 세우고 있었다. 어떤 수행승이 밑에 있다가 벽돌을 들어 올렸는데, 위쪽에 있는 수행승이 죽일 의도로 아래에 있는 수행승의 머리에 벽돌을 떨어뜨려 그 수행승이 죽었다. 그에게 후회가 생겨났다. 세존께 그 사실을 알렸다.

[세존] "수행승이여, 그대는 승단추방죄를 범한 것이다."

3) 한때 알라비 시의 수행승들이 정사의 담장을 세우고 있었다. 어떤 수행승이 밑에 있다가 벽돌을 들어 올렸는데, 위쪽에 있는 수행승이 죽일 의도로 아래에 있는 수행승의 머리에 벽돌을 떨어뜨렸으나 그 수행승이 죽지 않았다. 그에게 후회가 생겨났다. 세존께 그 사실을 알렸다.

[세존] "수행승이여, 그대는 승단추방죄가 아니라 추악죄를 범한 것이다."

5-9. 그런데

1) 한때 알라비 시의 수행승들이 수리일을 하고 있었다. 어떤 수행승이 밑에 있다가 도끼를 들어 올렸는데, 위쪽에 있는 수행승이 잘못 잡은 도끼가 아래에 있는 수행승의 머리에 떨어져 그 수행승이 죽었다. 그에게 후회가 생겨났다. 세존께 그 사실을 알렸다.

[세존] "수행승이여, 그대는 무슨 생각을 하고 있었는가?"

[수행승] "세존이시여, 저에게는 죽일 의도가 없었습니다."

[세존] "수행승이여, 죽일 의도가 없었다면, 무죄이다."

2) 한때 알라비 시의 수행승들이 수리일을 하고 있었다. 어떤 수행승이 밑에 있다가 도끼를 들어 올렸는데, 위쪽에 있는 수행승이 죽일 의도로 아래에 있는 수행승의 머리에 도끼를 떨어뜨려 수행승이 죽었다. 그에게 후회가 생겨났다. 세존께 그 사실을 알렸다.

[세존] "수행승이여, 그대는 승단추방죄를 범한 것이다."

3) 한때 알라비 시의 수행승들이 수리일을 하고 있었다. 어떤 수행승이 밑에 있다가 도끼를 들어 올렸는데, 위쪽에 있는 수행승이 죽일 의도로 아래에 있는 수행승의 머리에 도끼를 떨어뜨렸으나 그 수행승이 죽지 않았다. 그에게 후회가 생겨났다. 세존께 그 사실을 알렸다.

[세존] "수행승이여, 그대는 승단추방죄는 아니지만 추악죄를 범한 것이다."

5-10. 그런데

1) 한때 알라비 시의 수행승들이 수리일을 하고 있었다. 어떤 수행승이 밑에 있다가 서까래를 들어 올렸는데, 위쪽에 있는 수행승이 잘못 잡은 서까래가 아래에 있는 수행승의 머리에 떨어져 그 수행승이 죽었다. 그에게 후회가 생겨났다. 세존께 그 사실을 알렸다.

[세존] "수행승이여, 그대는 무슨 생각을 하고 있었는가?"

[수행승] "세존이시여, 저에게는 죽일 의도가 없었습니다."

[세존] "수행승이여, 죽일 의도가 없었다면, 무죄이다."

2) 한때 알라비 시의 수행승들이 수리일을 하고 있었다. 어떤 수행승이 밑에 있다가 서까래를 들어 올렸는데, 위쪽에 있는 수행승이 죽일 의도로 아래에 있는 수행승의 머리에 서까래를 떨어뜨려 수행승이 죽었다. 그에게 후회가 생겨났다. 세존께 그 사실을 알렸다.

[세존] "수행승이여, 그대는 승단추방죄를 범한 것이다."

3) 한때 알라비 시의 수행승들이 수리일을 하고 있었다. 어떤 수행승이 밑에 있다가 서까래를 들어 올렸는데, 위쪽에 있는 수행승이 죽일 의도로 아래에 있는 수행승의 머리에 서까래를 떨어뜨렸으나 그 수행승이 죽지 않았다. 그에게 후회가 생겨났다. 세존께 그 사실을 알렸다.

[세존] "수행승이여, 그대는 승단추방죄는 아니지만 추악죄를 범한 것이다."

5-11. 그런데

1) 한때 알라비 시의 수행승들이 수리일을 하면서 전망대339)를 연결했다. 어떤 수행승이 다른 수행승에게 이와 같이 '벗이여, 여기에 서서 연결하시오.'라고 말했다. 그는 거기에 서서 연결하다가 떨어져서 죽었다.[*82] 그에게 후회가 생겨났다. 세존께 그 사실을 알렸다.

[세존] "수행승이여, 그대는 무슨 생각을 하고 있었는가?"

[수행승] "세존이시여, 저에게는 죽일 의도가 없었습니다."

[세존] "수행승이여, 죽일 의도가 없었다면, 무죄이다."

2) 한때 알라비 시의 수행승들이 수리일을 하면서 전망대를 연결했다. 어떤 수행승이 죽일 의도로 다른 수행승에게 이와 같이 '벗이여, 여기에 서서 연결하시오.'라고 말했다. 그는 거기에 서서 연결하다가 떨어져서 죽었다. 그에게 후회가 생겨났다. 세존께 그 사실을 알렸다.

---

339) aṭṭaka : 한역에서는 고대(高臺)라고 한다.

[세존] "수행승이여, 그대는 승단추방죄를 범한 것이다."

3) 한때 알라비 시의 수행승들이 수리일을 하면서 전망대를 엮었다. 어떤 수행승이 죽일 의도로 다른 수행승에게 이와 같이 '벗이여, 여기에 서서 연결하시오.' 라고 말했다. 그는 거기에 서서 엮다가 떨어졌지만 죽지 않았다. 그에게 후회가 생겨났다. 세존께 그 사실을 알렸다.

[세존] "수행승이여, 그대는 승단추방죄는 아니지만 추악죄를 범한 것이다."

5-12. 그런데

1) 한때 어떤 수행승이 정사에 지붕을 잇다가 내려오고 있었다. 어떤 수행승이 그 수행승에게 이와 같이 '벗이여, 거기서 내려오라.'라고 말했다. 그는 내려오면서 떨어져 죽었다. 그에게 후회가 생겨났다. 세존께 그 사실을 알렸다.

[세존] "수행승이여, 그대는 무슨 생각을 하고 있었는가?"

[수행승] "세존이시여, 저에게는 죽일 의도가 없었습니다."

[세존] "수행승이여, 죽일 의도가 없었다면, 무죄이다."

2) 한때 어떤 수행승이 정사에 지붕을 잇다가 내려오고 있었다. 어떤 수행승이 죽일 의도로 그 수행승에게 이와 같이 '벗이여, 거기서 내려오라.'라고 말했다. 그는 내려오면서 떨어져 죽었다. 그에게 후회가 생겨났다. 세존께 그 사실을 알렸다.

[세존] "수행승이여, 그대는 승단추방죄를 범한 것이다."

3) 한때 어떤 수행승이 정사에 지붕을 잇다가 내려오고 있었다. 어떤 수행승이 죽일 의도로 그 수행승에게 이와 같이 '벗이여, 거기서 내려오라.'라고 말했다. 그는 내려오면서 떨어졌으나 죽지 않았다. 그에게 후회가 생겨났다. 세존께 그 사실을 알렸다.

[세존] "수행승이여, 승단추방죄가 아니라 추악죄를 범한 것이다."

5-13. 그런데

1) 한때 어떤 수행승이 욕구불만으로 괴로워하다가 깃자꾸따 산에 올랐다가 절벽에서 자신을 투척했는데, 어떤 죽세공인을 덥쳐서 죽게 했다. 그에게 후회가 생겨났다. 세존께 그 사실을 알렸다.

[세존] "수행승이여, 그대는 무슨 생각을 하고 있었는가?"

[수행승] "세존이시여, 저에게는 죽일 의도가 없었습니다."

[세존] "수행승이여, 죽일 의도가 없었다면, 무죄이다. 그러나 수행승들이여, 자신을 투척하지 말라. 자신을 투척하면, 악작죄를 범하는 것이다."

2) 한때 여섯무리의 수행승들이 깃자꾸따 산에 올라 장난으로 돌을 던졌다. 어떤 목우자가 맞아서 죽었다. 그들에게 후회가 생겨났다. 세존께 그 사실을 알렸다.

[세존] "수행승들이여, 승단추방죄는 아니지만 수행승들이여, 장난으로 돌을 던져서는 안 된다.340) 던지면, 악작죄를 범하는 것이다."

5-14. 그런데

1) 한때 어떤 수행승이 병들었다. 수행승들이 그에게 찜질을 했다. 그 수행승이 죽었다. 그들에게 후회가 생겨났다. 세존께 그 사실을 알렸다.

[세존] "수행승이여, 그대는 무슨 생각을 하고 있었는가?"

[수행승] "세존이시여, 저에게는 죽일 의도가 없었습니다."

[세존] "수행승이여, 죽일 의도가 없었다면, 무죄이다."

2) 한때 어떤 수행승이 병들었다. 수행승들이 그에게 죽일 의도로 찜질을 해서 그 수행승이 죽었다. 그들에게 후회가 생겨났다. 세존께 그 사실을 알렸다.

[세존] "수행승들이여, 그대들은 승단추방죄를 범한 것이다."

3) 한때 어떤 수행승이 병들었다. 수행승들이 그에게 죽일 의도로 찜질을 했으나, 그 수행승이 죽지 않았다. 그들에게 후회가 생겨났다. 세존께 그 사실을 알렸다.

[세존] "수행승들이여, 그대들은 승단추방죄는 아니지만, 추악죄를 범한 것이다."

5-15. 그런데

1) 한때[*83] 어떤 수행승에게 두통341)이 생겨났다. 수행승들은 그에게 관비(灌鼻)를 했는데,342) 그 수행승이 죽었다. 그들에게 후회가 생겨났다. 세존께 그 사실을 알렸다.

[세존] "수행승이여, 그대는 무슨 생각을 하고 있었는가?"

[수행승] "세존이시여, 저에게는 죽일 의도가 없었습니다."

[세존] "수행승이여, 죽일 의도가 없었다면, 무죄이다."

2) 한때 어떤 수행승에게 두통이 생겨났다. 수행승들은 죽일 의도로 그에게 관비를 해서, 그 수행승이 죽었다. 그들에게 후회가 생겨났다. 세존께 그 사실을 알렸다.

[세존] "수행승들이여, 그대들은 승단추방죄를 범한 것이다."

3) 한때 어떤 수행승에게 두통이 생겨났다. 수행승들은 죽일 의도로 그에게 관비

340) davāya silā pavijjhitabbā : 남전율장(1, 136)에서 '공중에 돌을 투척해서는 안 된다.'라는 번역은 오역이다.
341) sīsābhitāpa : 글자그대로 하자면, '머리에 생겨난 열'을 의미한다.
342) natthuṃ adaṃsu : Vin. I. 204에서는 관비(灌鼻)를 'natthukamma'라고 한다.

를 했지만, 그 수행승이 죽지 않았다. 그들에게 후회가 생겨났다. 세존께 그 사실을 알렸다.

[세존] "수행승들이여, 그대들은 승단추방죄가 아니라 추악죄를 범한 것이다."

5-16₁. 그런데

1) 한때 어떤 수행승이 병들었다. 수행승들이 그에게 안마를 했다. 그 수행승이 죽었다. 그들에게 후회가 생겨났다. 세존께 그 사실을 알렸다.

[세존] "수행승들이여, 그대들은 무슨 생각을 하고 있었는가?"

[수행승] "세존이시여, 저희들에게는 죽일 의도가 없었습니다."

[세존] "수행승들이여, 죽일 의도가 없었다면, 무죄이다."

2) 한때 어떤 수행승이 병들었다. 수행승들이 죽일 의도로 그에게 안마를 해서, 그 수행승이 죽었다. 그들에게 후회가 생겨났다. 세존께 그 사실을 알렸다.

[세존] "수행승들이여, 그대들은 승단추방죄를 범한 것이다."

3) 한때 어떤 수행승이 병들었다. 수행승들이 죽일 의도로 그에게 안마를 했으나, 그 수행승이 죽지 않았다. 그들에게 후회가 생겨났다. 세존께 그 사실을 알렸다.

[세존] "수행승들이여, 그대는 승단추방죄는 아니지만, 추악죄를 범한 것이다."

5-16₂.

1) 한때 어떤 수행승이 병들었다. 수행승들이 그에게 목욕을 시켰다. 그 수행승이 죽었다. 그들에게 후회가 생겨났다. 세존께 그 사실을 알렸다.

[세존] "수행승들이여, 그대들은 무슨 생각을 하고 있었는가?"

[수행승] "세존이시여, 저희들에게는 죽일 의도가 없었습니다."

[세존] "수행승들이여, 죽일 의도가 없었다면, 무죄이다."

2) 한때 어떤 수행승이 병들었다. 수행승들이 죽일 의도로 그에게 목욕을 시켜서 그 수행승이 죽었다. 그들에게 후회가 생겨났다. 세존께 그 사실을 알렸다.

[세존] "수행승들이여, 그대들은 승단추방죄를 범한 것이다."

3) 한때 어떤 수행승이 병들었다. 수행승들이 죽일 의도로 그에게 목욕을 시켰지만, 그 수행승이 죽지 않았다. 그들에게 후회가 생겨났다. 세존께 그 사실을 알렸다.

[세존] "수행승들이여, 그대들은 승단추방죄가 아니라 추악죄를 범한 것이다."

5-16₃.

1) 한때 어떤 수행승이 병들었다. 수행승들이 그에게 기름을 발랐다. 그 수행승이

죽었다. 그들에게 후회가 생겨났다. 세존께 그 사실을 알렸다.

[세존] "수행승들이여, 그대들은 무슨 생각을 하고 있었는가?"

[수행승] "세존이시여, 저희들에게는 죽일 의도가 없었습니다."

[세존] "수행승들이여, 죽일 의도가 없었다면, 무죄이다."

2) 한때 어떤 수행승이 병들었다. 수행승들이 죽일 의도로 그에게 기름을 발라서, 그 수행승이 죽었다. 그들에게 후회가 생겨났다. 세존께 그 사실을 알렸다.

[세존] "수행승들이여, 그대들은 승단추방죄를 범한 것이다."

3) 한때 어떤 수행승이 병들었다. 수행승들이 죽일 의도로 그에게 기름을 발랐으나, 그 수행승이 죽지 않았다. 그들에게 후회가 생겨났다. 세존께 그 사실을 알렸다.

[세존] "수행승들이여, 그대들은 승단추방죄가 아니라 추악죄를 범한 것이다."

5-16₄.

1) 한때 어떤 수행승이 병들었다. 수행승들이 그를 일으켜 세웠다. 그 수행승이 죽었다. 그들에게 후회가 생겨났다. 세존께 그 사실을 알렸다.

[세존] "수행승들이여, 그대들은 무슨 생각을 하고 있었는가?"

[수행승] "세존이시여, 저희들에게는 죽일 의도가 없었습니다."

[세존] "수행승들이여, 죽일 의도가 없었다면, 무죄이다."

2) 한때 어떤 수행승이 병들었다. 수행승들이 죽일 의도로 그를 일으켜 세워서, 그 수행승이 죽었다. 그들에게 후회가 생겨났다. 세존께 그 사실을 알렸다.

[세존] "수행승들이여, 그대들은 승단추방죄를 범한 것이다."

3) 한때 어떤 수행승이 병들었다. 수행승들이 죽일 의도로 그를 일으켜 세웠으나, 그 수행승이 죽지 않았다. 그들에게 후회가 생겨났다. 세존께 그 사실을 알렸다.

[세존] "수행승들이여, 그대들은 승단추방죄가 아니라 추악죄를 범한 것이다."

5-16₅.

1) 한때 어떤 수행승이 병들었다. 수행승들이 그를 눕혔다. 그 수행승이 죽었다. 그들에게 후회가 생겨났다. 세존께 그 사실을 알렸다.

[세존] "수행승들이여, 그대들은 무슨 생각을 하고 있었는가?"

[수행승] "세존이시여, 저희들에게는 죽일 의도가 없었습니다."

[세존] "수행승들이여, 죽일 의도가 없었다면, 무죄이다."

2) 한때 어떤 수행승이 병들었다. 수행승들이 죽일 의도로 그를 눕혀서, 그 수행승이 죽었다. 그들에게 후회가 생겨났다. 세존께 그 사실을 알렸다.

[세존] "수행승들이여, 그대들은 승단추방죄를 범한 것이다."

3) 한때 어떤 수행승이 병들었다. 수행승들이 죽일 의도로 그를 눕혔으나, 그 수행승이 죽지 않았다. 그들에게 후회가 생겨났다. 세존께 그 사실을 알렸다.

[세존] "수행승들이여, 그대들은 승단추방죄가 아니라 추악죄를 범한 것이다."

5-16₆.

1) 한때 어떤 수행승이 병들었다. 수행승들이 그에게 음식을 주었다. 그 수행승이 죽었다. 그들에게 후회가 생겨났다. 세존께 그 사실을 알렸다.

[세존] "수행승들이여, 그대들은 무슨 생각을 하고 있었는가?"

[수행승] "세존이시여, 저희들에게는 죽일 의도가 없었습니다."

[세존] "수행승들이여, 죽일 의도가 없었다면, 무죄이다."

2) 한때 어떤 수행승이 병들었다. 수행승들이 죽일 의도로 그에게 음식을 주어서, 그 수행승이 죽었다. 그들에게 후회가 생겨났다. 세존께 그 사실을 알렸다.

[세존] "수행승들이여, 그대들은 승단추방죄를 범한 것이다."

3) 한때 어떤 수행승이 병들었다. 수행승들이 죽일 의도로 그에게 음식을 주었으나, 그 수행승이 죽지 않았다. 그들에게 후회가 생겨났다. 세존께 그 사실을 알렸다.

[세존] "수행승들이여, 그대들은 승단추방죄가 아니라 추악죄를 범한 것이다."

5-16₇.

1) 한때 어떤 수행승이 병들었다. 수행승들이 그에게 물을 주었다. 그 수행승이 죽었다. 그들에게 후회가 생겨났다. 세존께 그 사실을 알렸다.

[세존] "수행승들이여, 그대들은 무슨 생각을 하고 있었는가?"

[수행승] "세존이시여, 저희들에게는 죽일 의도가 없었습니다."

[세존] "수행승들이여, 죽일 의도가 없었다면, 무죄이다."

2) 한때 어떤 수행승이 병들었다. 수행승들이 죽일 의도로 그에게 물을 주어서, 그 수행승이 죽었다. 그들에게 후회가 생겨났다. 세존께 그 사실을 알렸다.

[세존] "수행승들이여, 그대들은 승단추방죄를 범한 것이다."

3) 한때 어떤 수행승이 병들었다. 수행승들이 죽일 의도로 그에게 물을 주었으나, 그 수행승이 죽지 않았다. 그들에게 후회가 생겨났다. 세존께 그 사실을 알렸다.

[세존] "수행승들이여, 그대들은 승단추방죄가 아니라 추악죄를 범한 것이다."

5-17. 한때 어떤 여인이 남편이 집을 떠난 사이에 정부의 아이를 잉태했다. 그녀

가 집으로 탁발을 다니는 수행승에게 이와 같이 말했다.

[여인] "존자여, 제발 낙태를 시켜주십시오."

[수행승] "자매여, 좋습니다."

그녀에게 낙태를 시켜주었다. 아이가 죽었다. 그에게 후회가 생겨났다. 세존께 그 사실을 알렸다.

[세존] "수행승이여, 그대는 승단추방죄를 범한 것이다."

5-18.

1) 한때 어떤 사람에게 두 부인이 있었는데, 한 부인은 불임이고 한 부인은 임신을 할 수 있었다. 불임부인이 집으로 탁발을 다니는 수행승에게 이와 같이 말했다.

[불임부인] "존자여, 그녀가 아이를 낳으면, 그녀가 모든 자산의 여주인이 됩니다. 존자여, 제발 그녀를 낙태를 시켜주십시오."

[수행승] "자매여, 좋습니다."

그녀를 낙태를 시켰다. 아이가 죽었다. 어머니는 죽지 않았다. 그에게 후회가 생겨났다. 세존께 그 사실을 알렸다.

[세존] "수행승이여, 그대는 승단추방죄를 범한 것이다."

2) 한때 어떤 사람에게 두 부인이 있었는데, 한 부인은 불임이고 한 부인은 임신을 할 수 있었다. 불임인 부인이 집으로 탁발을 다니는 수행승에게 이와 같이 말했다.

[불임부인] "존자여, 그녀가 아이를 낳으면, 그녀가 모든 자산의 여주인이 됩니다. 존자여, 제발 그녀를 낙태를 시켜주십시오."

[수행승] "자매여, 좋습니다."

그녀를 낙태를 시켰다. 어머니가 죽었다. 아이는 죽지 않았다. 그에게 후회가 생겨났다. 세존께 그 사실을 알렸다.

[세존] "수행승이여, 그대는 승단추방죄가[*84] 아니라 추악죄를 범한 것이다."

3) 한때 어떤 사람에게 두 부인이 있었는데, 한 부인은 불임이고 한 부인은 임신을 할 수 있었다. 불임인 부인이 집으로 탁발을 다니는 수행승에게 이와 같이 말했다.

[불임부인] "존자여, 그녀가 아이를 낳으면, 그녀가 모든 자산의 여주인이 됩니다. 존자여, 제발 그녀를 낙태를 시켜주십시오."

[수행승] "자매여, 좋습니다."

그녀를 낙태를 시켰다. 어머니도 죽고 아이도 죽었다. 그에게 후회가 생겨났다.

세존께 그 사실을 알렸다.

[세존] "수행승이여, 그대는 승단추방죄를 범한 것이다."

4) 한때 어떤 사람에게 두 부인이 있었는데, 한 부인은 불임이고 한 부인은 임신을 할 수 있었다. 불임인 부인이 집으로 탁발을 다니는 수행승에게 이와 같이 말했다.

[불임부인] "존자여, 그녀가 아이를 낳으면, 그녀가 모든 자산의 여주인이 됩니다. 존자여, 제발 그녀를 낙태를 시켜주십시오."

[수행승] "자매여, 좋습니다."

그녀를 낙태를 시켰다. 어머니도 죽지 않았고 아이도 죽지 않았다. 그에게 후회가 생겨났다. 세존께 그 사실을 알렸다.

[세존] "수행승이여, 그대는 승단추방죄가 아니라 추악죄를 범한 것이다."

5-19.

1) 한때 어떤 임신부가 집에 탁발을 다니는 수행승에게 이와 같이 말했다.

[임신부] "존자여, 제발 낙태시켜주십시오."

[수행승] "그렇다면, 자매여, 짓이겨 버리시오."343)

그녀는 짓이겨 낙태를 했다. 그에게 후회가 생겨났다. 세존께 그 사실을 알렸다.

[세존] "수행승이여, 그대는 승단추방죄를 범한 것이다."

2) 한때 어떤 임신부가 집에 탁발을 다니는 수행승에게 이와 같이 말했다.

[임신부] "존자여, 제발 낙태시켜주십시오."

[수행승] "그렇다면, 자매여, 찜질을 하시오."

그녀는 찜질해서 낙태를 했다. 그에게 후회가 생겨났다. 세존께 그 사실을 알렸다.

[세존] "수행승이여, 그대는 승단추방죄를 범한 것이다."

5-20. 한때 어떤 아이가 없는 여인이 집에 탁발을 다니는 수행승에게 이와 같이 말했다.

[아이가 없는 여인] "존자여, 제발 아이를 낳을 수 있도록 약을 알려주십시오."

[수행승] "자매여, 좋습니다."

그녀에게 약을 주었다. 그녀가 죽었다. 그에게 후회가 생겨났다. 세존께 그 사실을 알렸다.

[세존] "수행승이여, 그대는 승단추방죄가 아니라 악작죄를 범한 것이다."

---

343) maddassu : '짓밟으시오. 으깨시오. 압착하시오.'라는 뜻이다. Jāt. III. 121을 참조하라.

5-21. 한때 어떤 아이가 있는 여인이 집에 탁발을 다니는 수행승에게 이와 같이 말했다.

[아이가 있는 여인] "존자여, 제발 아이를 낳을 수 없도록 약을 알려주십시오."

[수행승] "자매여, 좋습니다."

그녀에게 약을 주었다. 그녀가 죽었다. 그에게 후회가 생겨났다. 세존께 그 사실을 알렸다.

[세존] "수행승이여, 그대는 승단추방죄가 아니라 악작죄를 범한 것이다."

5-22. 한때 여섯무리의 수행승들이 열일곱무리의 수행승들[344] 가운데 한 명에게 손가락으로 간지럼을 태워 웃겼다.[345] 그 수행승은 기절하여 숨을 못쉬고 죽었다. 그들에게 후회가 생겨났다. 세존께 그 사실을 알렸다.

[세존] "수행승들이여, 승단추방죄와 관련하여 무죄이다."

5-23. 한때 열일곱무리의 수행승들이 여섯무리의 수행승들 가운데 한 명을 두고 '우리가 골려주자.'라고[346] 그를 밟아서 죽였다. 그들에게 후회가 생겨났다. 세존께 그 사실을 알렸다.

[세존] "수행승들이여, 승단추방죄와 관련하여 무죄이다."

5-24. 한때 어떤 귀신에 대한 주술을 다루는[347] 수행승이 야차의 목숨을 빼앗았다, 그에게 후회가 생겨났다. 세존께 그 사실을 알렸다.

[세존] "수행승이여, 승단추방죄가 아니지만, 추악죄를 범한 것이다."

5-25. 그런데

1) 한때 어떤 수행승이 다른 수행승을 포악한 야차[348]의 정사로 보냈다. 야차가

---

344) sattarasamaggiyā bhikkhū : 여섯무리의 수행승들 보다는 덜하지만 장난끼가 심하고 비행을 일삼는 열일곱명의 패거리 수행승들을 말한다. 속죄죄법 제15조(Bhikkhunī Pāc. 15)에 보면, 그들은 정사에서 잠자리를 펼쳐놓고 떠날 때에 그것을 거두지 않고 거두게 시키지도 않고 무단으로 떠났다. 와좌구가 흰개미에 먹혔다.

345) tena kho pana samayena chabbaggiyā bhikkhū sattarasavaggiyaṃ bhikkhuṃ aṅgulipatodakena hāsesuṃ : Vin. IV. 110에도 이 이야기가 병행한다. 손으로 간지럼을 태우는 것은 속죄죄를 범하는 것이다.

346) kammaṃ karissāmā'ti : '우리가 손을 보자.' 또는 '우리가 골려주자.'라는 뜻이다.

347) bhūtavejjaka : DN. I. 9에서 저속한 지식으로 '귀신에 대한 주술(bhūtavijjā)'을 들고 있다.

348) vāḷayakkha : Smp. 475에 따르면, 이 정사에는 약탈을 목적으로 하는 잔인한 야차들이 살고 있었다. 야차들은 숲이나 산록에나 버려진 동굴과 같은 멀리 떨어진 장소에서 사는 비인간(非人間)으로 아귀보다는 약간 높은 단계의 귀신으로 인간과 건달바(Gandhabba) 사이에 존재하는 무서운 귀신들을 말한다. 유령, 도깨비, 요정, 괴물이 여기에 속한다. 그들은 소름끼치는 얼굴을 하고 있으며, 때로는 야차들이 사람과 가축을 잡아 먹는다.(DN. II. 346) 그들은 화를 잘 내는 성격을 갖고 있지만, 제물을 그들에게 바치고 존경을 표시하면, 자비로워져서 사람을 해치기보다는 오히려 보호하기도 한다. 북인도의 지방에서는 사람들이 안녕을 보장받기 위해 그러한 야차를

그의 목숨을 빼앗았다. 그에게 후회가 생겨났다. 세존께 그 사실을 알렸다.

[세존] "수행승이여, 그대는 무슨 생각을 하고 있었는가?"

[수행승] "세존이시여, 저에게는 죽일 의도가 없었습니다."

[세존] "수행승이여, 죽일 의도가 없었다면, 무죄이다."

2) 한때 어떤 수행승이 죽일 의도로 다른 수행승을 포악한 야차의 정사로 보냈다. 야차가 그의 목숨을 빼앗았다. 그에게 후회가 생겨났다. 세존께 그 사실을 알렸다.

[세존] "수행승이여, 그대는 승단추방죄를 범한 것이다."

3) 한때 어떤 수행승이 죽일 의도로 다른 수행승을 포악한 야차의 정사로 보냈다. 야차가 그의 목숨을 빼앗지 못했다. 그에게 후회가 생겨났다. 세존께 그 사실을 알렸다.

[세존] "수행승이여, 승단추방죄가 아니라 추악죄를 범한 것이다."

5-26. 그런데

1) 한때[*85] 어떤 수행승이 다른 수행승을 맹수가 출몰하는 황야로349) 보냈다. 맹수들이 그의 목숨을 빼앗았다. 그에게 후회가 생겨났다. 세존께 그 사실을 알렸다.

[세존] "수행승이여, 그대는 무슨 생각을 하고 있었는가?"

[수행승] "세존이시여, 저에게는 죽일 의도가 없었습니다."

[세존] "수행승이여, 죽일 의도가 없었다면, 무죄이다."

2) 한때 어떤 수행승이 다른 수행승을 죽일 의도로 맹수가 출몰하는 황야로 보내서, 맹수들이 그의 목숨을 빼앗았다. 그에게 후회가 생겨났다. 세존께 그 사실을 알렸다.

[세존] "수행승이여, 그대는 승단추방죄를 범한 것이다."

3) 한때 어떤 수행승이 다른 수행승을 죽일 의도로 맹수가 출몰하는 황야로 보냈으나 맹수들이 그의 목숨을 빼앗지는 못했다. 그에게 후회가 생겨났다. 세존께

기리고 숭배하며 탑묘를 세우기도 한다. 비록 그들은 비참하게 살지만, 깨달음의 잠재적 가능성을 갖고 있고 길을 추구하여 정신적인 삶의 경지를 향유할 수 있다. 그러나 경에서 실제로는 초인적이고 신적인 또는 악마적 존재를 의미한다. 신들이나 제석천 또는 사천왕도 모두 야차로 불릴 수 있다.(MN. 37). 부처님조차도 때로는 야차라고 불리기도 한다(MN. 56)

349) vāḷakantāraṃ : Jāt. I. 99; Srp. II. 103에는 다섯 가지 황야 즉, ① 도적이 출몰하는 황야(carakantāra) ② 맹수가 출몰하는 황야(vāḷakantāra) ③ 비인간(非人間)이 출몰하는 황야(amanussakantāra) ④ 물 없는 황야(nirudakakantāra) ⑤ 먹을 것이 거의 없는 황야(appabhakkhakantāra).에는 다섯 가지 황야(kantāra)가 언급되고 있고, Nid. II. 630에는 네 가지 황야가 언급된다.

그 사실을 알렸다.

[세존] "수행승이여, 그대는 승단추방죄가 아니라 추악죄를 범한 것이다."

5-27. 그런데

1) 한때 어떤 수행승이 다른 수행승을 도둑이 출몰하는 험로로 보냈다. 맹수들이 그의 목숨을 빼앗았다. 그에게 후회가 생겨났다. 세존께 그 사실을 알렸다.

[세존] "수행승이여, 그대는 무슨 생각을 하고 있었는가?"

[수행승] "세존이시여, 저에게는 죽일 의도가 없었습니다."

[세존] "수행승이여, 죽일 의도가 없었다면, 무죄이다."

2) 한때 어떤 수행승이 다른 수행승을 죽일 의도로 도둑이 출몰하는 험로로 보내서, 맹수들이 그의 목숨을 빼앗았다. 그에게 후회가 생겨났다. 세존께 그 사실을 알렸다.

[세존] "수행승이여, 그대는 승단추방죄를 범한 것이다."

3) 한때 어떤 수행승이 다른 수행승을 죽일 의도로 도둑이 출몰하는 험로로 보냈으나 맹수들이 그의 목숨을 빼앗지는 못했다. 그에게 후회가 생겨났다. 세존께 그 사실을 알렸다.

[세존] "수행승이여, 그대는 승단추방죄가 아니라 추악죄를 범한 것이다."

5-27. 그런데

1) 한때 어떤 수행승이 그를 생각하면서 그의 목숨을 빼앗았다. 그에게 후회가 생겨났다. 세존께 그 사실을 알렸다.

[세존] "수행승이여, 그대는 승단추방죄를 범한 것이다."

2) 한때 어떤 수행승이 그를 생각하면서 다른 사람의 목숨을 빼앗았다. 그에게 후회가 생겨났다. 세존께 그 사실을 알렸다.

[세존] "수행승이여, 그대는 승단추방죄를 범한 것이다."

3) 한때 어떤 수행승이 다른 사람을 생각하면서 그의 목숨을 빼앗았다. 그에게 후회가 생겨났다. 세존께 그 사실을 알렸다.

[세존] "수행승이여, 그대는 승단추방죄를 범한 것이다."

4) 한때 어떤 수행승이 다른 사람을 생각하면서 다른 사람의 목숨을 빼앗았다. 그에게 후회가 생겨났다. 세존께 그 사실을 알렸다.

[세존] "수행승이여, 그대는 승단추방죄를 범한 것이다."

5-28. 그런데

1) 한때 어떤 수행승이 비인간[350]에 빙의되었다. 다른 수행승이 그 수행승을 구타해서 그 수행승이 죽었다.[351] 그에게 후회가 생겨났다. 세존께 그 사실을 알렸다.

[세존] "수행승이여, 그대는 무슨 생각을 하고 있었는가?"

[수행승] "세존이시여, 저에게는 죽일 의도가 없었습니다."

[세존] "수행승이여, 죽일 의도가 없었다면, 무죄이다."

2) 한때 어떤 수행승이 비인간에 빙의되었다. 다른 수행승이 죽일 의도로 그 수행승을 구타해서 그 수행승이 죽었다. 그에게 후회가 생겨났다. 세존께 그 사실을 알렸다.

[세존] "수행승이여, 그대는 승단추방죄를 범한 것이다."

3) 한때 어떤 수행승이 비인간에 빙의되었다. 다른 수행승이 죽일 의도로 그 수행승을 구타했으나 그 수행승이 죽지 않았다. 그에게 후회가 생겨났다. 세존께 그 사실을 알렸다.

[세존] "수행승이여, 그대는 승단추방죄가 아니라 추악죄를 범한 것이다."

5-29. 그런데

1) 한때 어떤 수행승이 선업을 행한 자에게 천상세계에 대한 설법을 하였다. 그가 그것을 믿고 죽었다. 그에게 후회가 생겨났다. 세존께 그 사실을 알렸다.

[세존] "수행승이여, 그대는 무슨 생각을 하고 있었는가?"

[수행승] "세존이시여, 저에게는 죽일 의도가 없었습니다."

[세존] "수행승이여, 죽일 의도가 없었다면, 무죄이다."

2) 한때 어떤 수행승이 죽일 의도로 천상세계에 대한 설법을 해서, 그가 그것을 믿고 죽었다. 그에게 후회가 생겨났다. 세존께 그 사실을 알렸다.

[세존] "수행승이여, 그대는 승단추방죄를 범한 것이다."

3) 한때 어떤 수행승이 죽일 의도로 천상세계에 대한 설법을 했는데, 그가 그것을 믿었으나 죽지 않았다. 그에게 후회가 생겨났다. 세존께 그 사실을 알렸다.

[세존] "수행승이여, 그대는 승단추방죄가 아니라 추악죄를 범한 것이다."

4) 한때 어떤 수행승이 지옥에 떨어져야 할 존재에게 지옥이야기를 설해서, 그가

---

350) amanussa : 비인간은 비인간를 말하는 것으로 비인간에는 신 · 야차 · 나찰 · 다나바 · 건달바 · 긴나라 · 마호라가(deva·rakkhasa·dānava·kinnara·mahoraga) 등이 있다.

351) aññataro bhikkhu tassa bhikkhuno pahāraṃ adāsi so bhikkhu kālamakāsi : Smp. 476에 따르면, '내가 야차를 몰아낼 것이다.'라고 생각하고 때린 것인데, 야차에 빙의된 자를 때려서는 안 되고, 종려나무잎이나 보호하는 끈으로 팔이나 다리를 묶어야 한다.

경악하여 죽었다. 그에게 후회가 생겨났다. 세존께 그 사실을 알렸다.

[세존] "수행승이여, 그대는 무슨 생각을 하고 있었는가?"

[수행승] "세존이시여, 저에게는 죽일 의도가 없었습니다."

[세존] "수행승이여, 죽일 의도가 없었다면, 무죄이다."

5) 한때 어떤 수행승이 죽일 의도로 지옥에 떨어져야 할 존재에게 지옥이야기를 설해서, 그가 경악하여 죽었다. 그에게 후회가 생겨났다. 세존께 그 사실을 알렸다.

[세존] "수행승이여, 그대는 승단추방죄를 범한 것이다."

6) 한때 어떤 수행승이 죽일 의도로 지옥에 떨어져야 할 존재에게 지옥이야기를 설해서, 그가 경악하였으나 죽지 않았다. 그에게 후회가 생겨났다. 세존께 그 사실을 알렸다.

[세존] "수행승이여, 그대는 승단추방죄가 아니라, 추악죄를 범한 것이다."

5-30. 그런데

1) 한때 알라비 시의 수행승들이 수리일을 하면서 나무를 잘랐다. 한 수행승이 다른 수행승에게 이와 같이 '벗이여, 여기에 서서 자르시오.'라고 말하자, 거기에 서서 자르던 자에게 나무가 덮쳐서 그가 죽었다. 그에게 후회가 생겨났다. 세존께 그 사실을 알렸다.

[세존] "수행승이여, 그대는 무슨 생각을 하고 있었는가?"

[수행승] "세존이시여, 저에게는 죽일 의도가 없었습니다."

[세존] "수행승이여, 죽일 의도가 없었다면, 무죄이다."

2) 한때 알라비 시의 수행승들이 수리일을 하면서 나무를 잘랐다. 한 수행승이 죽일 의도로 다른 수행승에게 이와 같이 '벗이여, 여기에 서서 자르시오.'라고 말하자, 거기에 서서 자르던 자에게 나무가 덮쳐서 그가 죽었다. 그에게 후회가 생겨났다. 세존께 그 사실을 알렸다.

[세존] "수행승이여, 그대는 승단추방죄를 범한 것이다."

3) 한때 알라비 시의 수행승들이 수리일을 하면서 나무를 잘랐다. 한 수행승이 죽일 의도로 다른 수행승에게 이와 같이 '벗이여, 여기에 서서 자르시오.'라고 말하자, 거기에 서서 자르던 자에게 나무가 덮쳤으나 그는 죽지 않았다. 그에게 후회가 생겨났다. 세존께 그 사실을 알렸다.

[세존] "수행승이여, 그대는 승단추방죄가 아니라 추악죄를 범한 것이다."

5-31. 그런데

1) 한때 여섯무리의 수행승들이 숲에 불을 질렀다. 사람들이 불타 죽었다. 그들에게 후회가 생겨났다. 세존께 그 사실을 알렸다.

[세존] "수행승이여, 그대는 무슨 생각을 하고 있었는가?"

[수행승] "세존이시여, 저에게는 죽일 의도가 없었습니다."

[세존] "수행승이여, 죽일 의도가 없었다면, 무죄이다."

2) 한때 여섯무리의 수행승들이 죽일 의도로 숲에 불을 질러서, 사람들이 불타 죽었다. 그들에게 후회가 생겨났다. 세존께 그 사실을 알렸다.

[세존] "수행승이여, 그대들은 승단추방죄를 범한 것이다."

3) 한때 여섯무리의 수행승들이 죽일 의도로 숲에 불을 질렀으나, 사람들이 불타 죽지 않았다. 그들에게 후회가 생겨났다. 세존께 그 사실을 알렸다.

[세존] "수행승이여, 그대들은 승단추방죄가 아니라 추악죄를 범한 것이다."

5-32. 그런데

1) 한때[*86] 어떤 수행승이 형장에 가서 도둑을 처단하는 형리에게 이와 같이 말했다.

[수행승] "벗이여, 이 자를 괴롭히지 마시오. 한 방에 목숨을 빼앗아버리시오."

[형리] "존자여, 좋습니다."

그는 한방에 목숨을 빼앗아버렸다. 그에게 후회가 생겨났다. 세존께 그 사실을 알렸다.

[세존] "수행승이여, 그대는 승단추방죄를 범한 것이다."

2) 한때 어떤 수행승이 형장에 가서 도둑을 처단하는 형리에게 이와 같이 말했다.

[수행승] "벗이여, 이 자를 괴롭히지 마시오. 한 방에 목숨을 빼앗아버리시오."

[형리] "존자여, 나는 그대의 말대로 하지 않겠소."

그러나 그는 목숨을 빼앗아버렸다. 그에게 후회가 생겨났다. 세존께 그 사실을 알렸다.

[세존] "수행승이여, 그대는 승단추방죄가 아니라 악작죄를 범한 것이다."

5-33. 그런데

1) 한때 어떤 사람이 수족이 잘린 채, 친족의 집에서 친족들에 둘러싸여 살고 있었다. 한 수행승이 그 사람들에게 이와 같이 말했다.

[수행승] "벗들이여, 그대들은 그의 죽음을 원하는가?"

[불구자의 친족들] "예, 존자여, 우리는 그것을 원합니다."

[수행승] "그렇다면, 버터밀크[352]를 먹이시오."

그들은 그에게 버터밀크를 먹였다. 그가 죽었다. 그에게 후회가 생겨났다. 세존께 그 사실을 알렸다.

[세존] "수행승이여, 그대는 승단추방죄를 범한 것이다."

2) 한때 어떤 사람이 수족이 잘린 채, 친족의 집에서 친족들에 둘러싸여 살고 있었다. 한 수행녀가 그 사람들에게 이와 같이 말했다.

[수행녀] "벗들이여, 그대들은 그의 죽음을 원하는가?"

[불구자의 친족들] "예, 존자여, 우리는 그것을 원합니다."

[수행녀] "그렇다면, 소금이 든 산죽353)을 먹이시오."

그들은 그에게 소금이 든 산죽을 먹였다. 그가 죽었다. 그녀에게 후회가 생겨났다. 그래서 그 수행녀는 수행녀들에게 그 사실을 알렸다. 수행녀들은 수행승들에게 그 사실을 알렸다. 수행승들은 세존께 그 사실을 알렸다.

[세존] "수행승들이여, 그 수행녀는 승단추방죄를 범한 것이다."

1. 4 승단추방죄법 제4조

인간을 뛰어넘는 상태에 대한 학습계율[Uttarimanussadhammasikhāpada]

1-1. 한때[*87] 존귀한 부처님께서 베쌀리 시의 마하바나 숲에 꾸따가라쌀라 강당에 계셨다.354) 그때 많은 도반이자 친구들인 수행승들이 박구무다 강변에서 안거를 보냈다. 당시에 밧지 족들은 기근이 들어 노균병이 돌고 음식을 얻기 어렵고 풀뿌리로 생활하고 이삭줍기나 호의로 연명하기도 쉽지 않았다.

그래서 그 수행승들은 이와 같이 생각했다.

[수행승들A] '지금 밧지 족은 기근이 들어 노균병이 돌고 음식을 얻기 어렵고 풀뿌리로 생활하고 이삭줍기나 호의로 연명하기도 쉽지 않다. 우리는 어떠한 방편으로 화합하고 일치하여 싸우지 않고 평안하게 안거를 보내고 탁발음식 때문에 걱정하지 않을 수 있을까?'

어떤 수행승들은 이와 같이 말했다.

---

352) takka : Smp. 478에 따르면, 암소, 물소, 염소의 버터밀크로 차거나 따듯하거나 풍미가 가미된 것과 풍미가 가미되지 않은 것이 있다.

353) loṇasuvīraka : Smp. 478에 따르면, '모든 맛들로 이루어진 약'이다.

354) tena samayena buddho bhagavā vesāliyaṃ viharati mahāvane kūṭāgārasālāyaṃ : 이하의 패러그래프는 Vin. IV. 23-25와 병행한다.

[수행승들B] "벗들이여, 우리가 재가자들을 위해 일을 하면, 그들이 우리에게 보시할 것을 생각할 것입니다. 그러면, 우리는 화합하고 일치하여 싸우지 않고 평안하게 안거를 보내고 탁발음식 때문에 걱정하지 않을 수 있습니다."

어떤 수행승들은 이와 같이 말했다.

[수행승들C] "벗들이여, 벗들이여, 그만두시오. 우리가 재가자들을 위해 일을 할 것이 무엇이 있겠습니까? 자, 우리가 재가자들을 위해 심부름을 하면, 그들이 우리에게 보시할 것을 생각할 것입니다. 그러면, 우리는 화합하고 일치하여 싸우지 않고 평안하게 안거를 보내고 탁발음식 때문에 걱정하지 않을 수 있습니다."

1-2. 그런데 어떤 수행승들은 이와 같이 말했다.

[수행승들D] "벗들이여, 그만두시오. 우리가 재가자들을 위해 일할 것이 무엇이 있겠고, 재가자들을 위해 심부름할 것이 무엇이 있겠습니까? 자, 우리가 재가자들에게 서로서로 인간을 뛰어넘는 상태[355]를 성취한 것에 대해 이와 같이 '저 수행승은 첫 번째 선정을 성취한 자이고, 저 수행승은 두 번째 선정을 성취한 자이고, 저 수행승은 세 번째 선정을 성취한 자이고, 저 수행승은 네 번째 선정을 성취한 자이고,[356] 저 수행승은 흐름에 든 경지를 성취한 자이고, 저 수행승은 한번 돌아오는 경지를 성취한 자이고, 저 수행승은 돌아오지 않는 경지를 성취한 자이고, 저 수행승은 거룩한 경지를 성취한 자이고,[357] 저 수행승은 세 가지 명지[358]를 성취한 자이고, 저 수행승은 여섯 가지 곧바른 앎[359]을 성취한 자이다.'라고 찬탄을 합시다. 이와 같이 하면, 그들이 우리에게 보시할 것을 생각할 것입니다. 그러면, 우리는 화합하고[*88] 일치하여 싸우지 않고 평안하게 안거를 보내고 탁발음식

355) uttarimanussadhamma : 한역에서는 상인법(上人法)이라고 한다.

356) asuko bhikkhu paṭhamassa jhānassa lābhī, asuko bhikkhu dutiyassa jhānassa lābhī, asuko bhikkhu tatiyassa jhānassa lābhi, asuko bhikkhu catutthassa jhānassa lābhī : 이 책(Vin. I. 4)과 그 주석을 보라.

357) asuko bhikkhu sotāpanno, asuko bhikkhu sakadāgāmī, asuko bhikkhu anāgāmī, asuko bhikkhu arahā : DN. III. 277에 따르면, ① 흐름에 든 경지(預流果: sotāpattiphala), ② 한번 돌아오는 경지(一來果: sakadāgāmiphala), ③돌아오지 않는 경지(不還果; anāgāmiphala) ④ 거룩한 경지(阿羅漢果: arahattaphala)는 네 가지 수행자의 경지(四沙門果: cattāri sāmaññaphalāni)라고 불린다. 상세한 설명은 이 책의 해제「쌉뿌리싸와 참사람」의 항목을 보라.

358) tevijja : 세 가지 명지(三明) – 자신의 전생에 대한 새김(pubbenivasānussati : 宿命通), 타인의 업과 과보를 아는 하늘눈(dibbacakkhu : 天眼通), 번뇌 부숨에 대한 궁극적인 앎(āsavakkhayañāṇa : 漏盡通) – 를 말한다.

359) chaḷabhiññā : 한역의 육신통(六神通)으로 ① 여덟 가지 종류의 초월적 능력(iddhi : 神足通) ② 멀고 가까운 소리를 들을 수 있는 하늘귀(dibbasota : 天耳通) ③ 타인의 마음을 읽는 앎(parassa cetopariyañāṇa : 他心通) ④ 자신의 전생에 대한 새김(pubbenivasānussati : 宿命通) ⑤ 타인의 업과 과보를 아는 하늘눈(dibbacakkhu : 天眼通) ⑥ 번뇌 부숨에 대한 궁극적인 앎(āsavakkhayañāṇa : 漏盡通) –의 상세한 것에 관해는 Vism. XII, XIII을 보라.

때문에 걱정하지 않을 수 있습니다. 벗들이여, 우리가 재가신자들에게 서로 서로 인간을 뛰어넘는 상태에 대하여 칭찬을 말하는 것이 더 나을 겁니다."

1-3. 그래서 그 수행승들은 재가자들에게 서로서로 인간을 뛰어넘는 상태를 성취한 것에 대해 이와 같이 '저 수행승은 첫 번째 선정을 성취한 자이고, 저 수행승은 두 번째 선정을 성취한 자이고, 저 수행승은 세 번째 선정을 성취한 자이고, 저 수행승은 네 번째 선정을 성취한 자이고, 저 수행승은 흐름에 든 경지를 성취한 자이고, 저 수행승은 한번 돌아오는 경지를 성취한 자이고, 저 수행승은 돌아오지 않는 경지를 성취한 자이고, 저 수행승은 거룩한 경지를 성취한 자이고, 저 수행승은 세 가지 명지를 성취한 자이고, 저 수행승은 여섯 가지 곧바른 앎을 성취한 자이다.'라고 찬탄했다.

1-4. 그러자 그 사람들은 이와 같이 생각했다.

[사람들] '이와 같은 수행승들이 우리를 위하여 안거에 든 것은 실로 우리에게 이익이 되는 일이고 실로 우리에게 아주 유익한 일이다. 이전에 실로 계행을 지키고 선한 성품을 지닌 이와 같은 수행승들이 안거에 든 적이 없다.'

그들은 스스로 부드러운 음식을 먹지 않고, 부모에게 주지 않고, 처자에게 주지 않고, 노비와 하인에게 주지 않고, 친구에게 주지 않고, 친척과 친족에게 주지 않고, 그러한 것을 수행승들에게 제공했다. 그들은 스스로 단단한 음식을 먹지 않고, 부모에게 주지 않고, 처자에게 주지 않고, 노비와 하인에게 주지 않고, 친구에게 주지 않고, 친척과 친족에게 주지 않고, 그러한 것을 수행승들에게 제공했다. 그들은 스스로 맛있는 음식을 먹지 않고, 부모에게 주지 않고, 처자에게 주지 않고, 노비와 하인에게 주지 않고, 친구에게 주지 않고, 친척과 친족에게 주지 않고, 그러한 것을 수행승들에게 제공했다. 그들은 스스로 음료를 먹지 않고, 부모에게 주지 않고, 처자에게 주지 않고, 노비와 하인에게 주지 않고, 친구에게 주지 않고, 친척과 친족에게 주지 않고, 그러한 것을 수행승들에게 제공했다. 그러자 그 수행승들은 풍모가 나고 감관이 비대해 지고 안색이 좋아지고 피부가 윤택해졌다.

1-5. 그런데 안거를 마친 수행승들이 세존을 친견하러 가는 것은 관례였다. 그래서 그 수행승들은 안거를 마치고 삼개월이 지나자 처소를 정돈하고 발우와 가사를 수하고 베쌀리 시로 출발했다. 점차로 베쌀리 시의 마하바나 숲에 있는 꾸따가라쌀라 강당에 계신 세존을 찾아갔다. 가까이 다가가서 세존께 인사를 드리고

한쪽으로 물러 앉았다.

1-6. 그때 베쌀리 지역에서 안거에 든 수행승들은 마르고 수척하고 초췌하고 누렇게 뜨고 혈관이 불거져 나왔다. 그러나 박구무다 강변에서 온 수행승들은 풍모가 나고 감관이 비대해 지고 안색이 좋아지고 피부가 윤택했다.

그런데 존귀한 부처님들이 객수행승들과 함께 인사를 나누는 것은 관례였다. 세존께서는 박구무다 강변에서 온 수행승들에게 이와 같이 말했다.

[세존] "수행승들이여, 그대들은 참아낼 만했는가, 견디어낼 만했는가? 화합하고 일치하여 싸우지 않고 평안하게 안거를 보내고 탁발음식 때문에 걱정하지 않았는가?"

[박구무다에서 온 수행승들] "세존이시여, 저희들은 참아낼 만했고, 견디어낼 만했습니다. 화합하고 일치하여 싸우지 않고 평안하게 안거를 보내고 탁발음식 때문에 걱정하지 않았습니다."

여래들은 알면서 질문하기도 하고[*89] 알면서 질문하지 않기도 한다. 때를 알아서 질문하기도 하고 때를 알아서 질문하지 않기도 한다. 의미있는 것에 대해서는 질문하고 의미없는 것에 대해서는 질문하지 않는다. 여래들에게는 의미없는 것은 교량의 파괴를 뜻한다. 존귀한 부처님들께서는 '가르침을 설할 것인가? 제자들을 위하여 학습계율을 시설할 것인가?'라고 수행승들에게 두 가지 형태로 반문한다.

1-7. 그래서 세존께서는 박구무다 강변에서 온 수행승들에게 이와 같이 말했다.

[세존] "수행승들이여, 어떻게 해서 그대들은 그와 같이 화합하고 일치하여 싸우지 않고 평안하게 안거를 보내고 탁발음식 때문에 걱정하지 않았는가?"

그러자 그 수행승들은 세존께 그 사실을 알렸다.

[세존] "수행승들이여, 그대들에게 인간을 뛰어넘는 상태가 있는가?"

[수행승들] "세존이시여, 없습니다."

존귀한 부처님께서는 견책했다.

[세존] "어리석은 자들이여, 그대들은 적절하지 않고, 자연스럽지 않고, 알맞지 않고, 수행자의 삶이 아니고, 부당하고, 해서는 안 될 일을 행한 것이다. 어리석은 자들이여, 어찌 그대들은 배를 채우기 위하여 재가자들에게 서로서로 인간을 뛰어넘는 상태를 성취한 것이라고 찬탄할 수 있단 말인가? 어리석은 자들이여, 그대들은 예리한 소잡는 칼로 배를 가를지언정, 결코 배를 채우기 위하여 재가자들에게 서로서로 인간을 뛰어넘는 상태를 성취한 것이라고 찬탄하지 말라. 그것

은 무슨 까닭인가? 어리석은 자들이여, 그것을 인연으로 죽음에 이르거나 죽음에 이르는 고통을 겪게 되기 때문이다. 뿐만 아니라 그 때문에 몸이 파괴되고 죽은 뒤에 괴로운 곳, 나쁜 곳, 타락한 곳, 지옥에 태어날 것이기 때문이다. 어리석은 자들이여, 이러한 이유로 그대는 몸이 파괴되고 죽은 뒤에 괴로운 곳, 나쁜 곳, 타락한 곳, 지옥에 태어날 것이다. 어리석은 자들이여, 그것은 아직 청정한 믿음이 없는 자를 청정한 믿음으로 이끌고, 이미 청정한 믿음이 있는 자를 더욱더 청정한 믿음으로 이끄는 것이 아니다. 어리석은 자들이여, 그것은 오히려, 아직 청정한 믿음이 없는 자를 불신으로 이끌고, 이미 청정한 믿음이 있는 자 가운데 어떤 자들을 타락시키는 것이다."

1-8. 그리고 세존께서는 그 수행승들에 대하여 여러 가지 방편으로 견책하여, 키우기 어렵고 부양하기 어렵고 탐욕이 많고 만족을 모르고 교제를 좋아하고 나태한 것에 대해 질책하고, 여러 가지 법문으로 고무하여, 키우기 쉽고 부양하기 쉽고 욕심을 여의고, 만족을 알고, 버리고 없애는 삶, 악을 제거하는 삶, 청정한 믿음의 삶, 쌓아 모우지 않는 삶, 용맹정진의 삶을 칭찬하고, 수행승들을 위하여 그에 알맞고 그에 걸맞게 경책하여 법문을 하고 수행승들에게 일렀다.

1-9. [세존] "수행승들이여, 세상에는 이러한 다섯 가지 큰 도둑이 있다.360) 다섯 가지란 무엇인가?

1) 수행승들이여, 세상에 어떤 큰 도둑들은 이와 같이 '나는 실로 백 또는 천의 대중에 둘러싸여 죽이고 죽게 하고 자르고 자르게 하고 괴롭히고 괴롭히면서 마을과 도시를 돌아다닐 것이다.'라고 생각한다. 그는 그 후에 백 또는 천의 대중에 둘러싸여 죽이고 죽게 하고 자르고 자르게 하고 괴롭히고 괴롭히면서 마을과 도시를 돌아다닌다. 수행승들이여, 이와 같이 세상에 어떤 악한 수행승들은 이와 같이 '나는 실로 백 또는 천의 대중에 둘러싸여 존경받고 존중받고 존숭받고 공경받고 숭앙받고[*90] 재가자들 내지 출가자들의 옷과 탁발음식과 와좌구와 필수약품을 얻으며 마을과 도시를 돌아다닐 것이다.'라고 생각한다. 그는 그 후에 백 또는 천의 대중에 둘러싸여 존경받고 존중받고 존숭받고 공경받고 숭앙받고 재가자들 내지 출가자들의 옷과 탁발음식과 와좌구와 필수약품을 얻으며 마을과 도시를 돌아다닌다. 수행승들이여, 이것이 세상에 존재하는 첫 번째 큰 도둑이다.

---

360) pañcime bhikkhave mahācorā santo saṃvijjamānā lokasmiṃ : 이하는 AN. III. 128을 참조하라.

2) 수행승들이여, 또한 세상에 어떤 악한 수행승들은 여래가 가르친 가르침과 계율을 배워서 자기의 것이라고 여긴다. 수행승들이여, 이것이 세상에 존재하는 두 번째 큰 도둑이다.

3) 수행승들이여, 또한 세상에 어떤 악한 수행승들은 완전한 청정행자로서 온전히 청정한 삶을 사는 자를 근거 없이 청정한 삶을 살지 않는 자라고 비난한다.[361] 수행승들이여, 이것이 세상에 존재하는 세 번째 큰 도둑이다.

4) 수행승들이여, 또한 세상에 어떤 악한 수행승들은 참모임의 중요한 이나 중요한 자구, 예를 들어, 승원, 승원의 터, 정사, 정사의 터, 침상, 의자, 매트리스, 배게, 구리병, 구리옹기, 구리단지, 구리용기, 까뀌, 도끼, 손도끼, 괭이, 삽, 담쟁이, 대나무, 문자풀,[362] 밥바자풀,[363] 건초풀, 진흙, 목재, 도자가 있는데,[364] 그것들로 재가자들에게 은혜를 베풀고 감언이설로 속인다. 수행승들이여, 이것이 세상에 존재하는 네 번째 큰 도둑이다.

5) 수행승들이여, 신들과 악마들과 하느님들의 세계에서, 성직자들과 수행자들, 그리고 왕들과 백성들과 그 후예들의 세계에서 존재하지 않고 생겨나지 않은 인간을 뛰어넘는 상태를 성취했다고 선언한다면, 그것이 최상의 큰 도둑이다. 그것은 무슨 까닭인가? 수행승들이여, 그들은 도둑의 마음으로 나라의 음식을 축내기 때문이다."

[세존]

1) "존재하는 것과는 달리
자신을 달리 선언하는 자는
도박꾼의 사기와 마찬가지로
도둑으로 먹을 것을 얻는 것이다.[365]

---

361) puna ca paraṃ bhikkhave idhekacco pāpabhikkhu suddhaṃ brahmacāriṃ parisuddhaṃ brahmacariyaṃ carantaṃ amūlakena abrahmacariyena anuddhaṃseti : Smp. 484에 따르면, '완전한 청정행자(suddhaṃ brahmacāriṃ)'라는 것은 '번뇌가 완전히 부수어진 자'를 말하고, '온전히 청정한 삶을 영위하는 자'는 '오염을 벗어난 최상의 삶을 영위하는 자'를 말한다. '근거 없이 청정한 삶을 살지 않는 자라고 비난하는 것'은 그가 그 사람을 승단추방죄를 범했다고 매도하고 비난하는 것을 말한다.

362) muñjapāduka : 한역에서는 문사초(文邪草 : muñja)라고 하는데, 돗자리를 만드는 데 쓰인다.

363) babbajapāduka : 한역에서는 등심초(燈心草 : babbaja *sk.* palbaja, Eleusine Indica)라고 하는데, 역시 돗자리를 만드는 데 쓰인다.

364) ārāmo ārāmavatthu vihāro vihāravatthu mañco pīṭhaṃ bhisī bimbohanaṃ lohakumbhī lohabhāṇako lohavārako lohakaṭāhaṃ vāsī pharasu kuṭhārī kuddālo nikhādanaṃ vallī veḷu muñjaṃ babbajaṃ tiṇaṃ mattikā dārubhaṇḍaṃ mattikābhaṇḍaṃ : Vin. II. 170에서는 이 모든 것을 다섯 가지를 분류하여 참모임이나 별중이나 개인이 처분해서는 안 되는 '다섯 가지 처분할 수 없는 것(pañca avissajjiyāni : 五不可捨物)'으로 분류하고 있다.

2) 많은 자가 목에 가사를 걸쳤어도
악한 원리를 따르고 자제되지 못했다면,
참으로 그들 악한 자들은
악한 행위에 의해서 지옥으로 끌려366)가리.367)

3) 계행을 지키지 않고 자제함이 없는 자가
나라의 음식을 축내는 것보다
불과 같은 뜨거운
쇳덩이를 먹는 것이 차라리368) 낫다.369)

그리고 세존께서는 박구무다 강변에서 온 수행승들에 대하여 여러 가지 방편으로 견책하여, 키우기 어렵고 부양하기 어렵고 탐욕이 많고 만족을 모르고 교제를 좋아하고 나태한 것에 대해 질책하고, 여러 가지 법문으로 고무하여, 키우기 쉽고

---

365) aññathā santam attānaṃ aññathā yo pavedaye | nikacca kitavasseva bhuttaṃ theyyena tassa taṃ ||

366) pāpā pāpehi kammehi nirayaṃ te upapajjare : DhpA. III. 480에 따르면, 악한 일을 한 사람들은 그들이 행한 악하고 불건전한 일 때문에 지옥에 태어난다. 거기서 고통을 겪고 거기서 나와서도, 그들의 악하고 불건전한 행위의 영향이 남아 있기 때문에, 아귀의 영역에 태어난다. Sds. I. 207에 따르면, 아귀(peta)는 삐쩍 마른 몸으로 침, 콧물, 가래, 배설물, 오줌, 시체를 먹으며 사는 굶주림과 기갈에 의해 고통받는 존재이다. 그들은 보기에도 끔찍해 바늘 구멍같은 아주 작은 입과 게 눈과 같은 불쑥 나온 눈을 갖고 있다. 그들은 서로 붉게 달군 무기로 싸우고 피를 마신다. 이 아귀들이 겪는 고통은 형언할 수가 없다. 오직 부처님만이 충분히 설명할 수 있다.

367) kāsāvakaṇṭhā bahavo | pāpadhammā asaññatā | pāpā pāpehi kammehi | nirayaṃ te upapajjare || 法衣在其身 爲惡不自禁 苟沒惡行者 終則墮地獄 (法句經地獄品) || Dhp. 307과 병행한다. 이 시가 설해진 데는 이와 같은 인연담이 있다 : DhpA. III. 479-480에 따르면, 부처님께서 라자가하 시의 벨루 숲에 계실 때, 악행의 과보를 받은 존재와 관련된 이야기(Duccaritaphalānubhavasattavatthu)이다. 존자 마하 목갈라나(Mahā Moggallāna)가 장로 락카나(Lakkhaṇa)와 함께 깃자꾸따 산을 내려오다가 해골로 이루어진 아귀들의 몸을 보고 미소를 지었다. 장로 락카나가 미소짓는 이유를 물었으나 적당한 때가 아니니 여래의 앞에서 내게 물어달라고 말했다. 그들은 부처님 앞에 왔을 때 장로 락카나는 다시 질문했다. 존자 마하 목갈라나는 그에게 해골로 이루어진 아귀의 몸을 보았다고 대답했다. 그리고 그는 '벗이여, 막 깃자꾸따 산을 내려오면서 공중에서 신음하는 수행승을 보았는데, 그의 몸은 불타고 있었다.'는 등의 방식으로 발우와 옷과 허리띠 등으로 불타는 다섯 도반에 대하여 언급했다. 그러자 부처님께서는 과거불인 깟싸빠 부처님의 가르침에 출가하여 출가자의 삶에 상응하는 삶을 살수 없었던 악한 성품을 지닌 자들에 대하여 설명했다. 그리고 그 순간에 그의 앞에 앉아 있는 수행승들에게 악한 행위의 과보를 지적하면서 부처님께서는 시로써 '많은 자가 목에 가사를 걸쳤어도 악한 원리를 따르고 자제되지 못했다면, 참으로 그들 악한 자들은 악한 행위에 의해서 지옥으로 끌려가리.'라고 가르쳤다. 이 가르침이 끝나자 많은 사람들이 흐름에 든 경지 등을 성취했다.

368) seyyo ayoguḷo bhutto tatto aggisikhūpamo : DhpA. III. 24에 따르면, 차라리 불타고 작열하는 쇠공을 먹는 것이 나은 이유는 무엇인가? 그 때문에 윤회하는 존재가 불에 의해서 삼켜진다. 반면에 믿음으로 주어진 음식을 먹은 뒤에 악하고 불건전한 자는 근심 속에서 수백의 생애를 괴로워한다.

369) seyyo ayoguḷo bhutto | tatto aggisikhūpamo | yañce bhūñjeyya dussīlo | raṭṭhapiṇḍaṃ asaññato || 寧啖燒石 呑飮鎔銅 不以無戒 食人信施 (法句經利養品, 中阿含3, 雜阿含38) || Dhp. 308과 병행한다. 이 시가 설해진 데는 이와 같은 인연담으로는 DhpA. III. 480-481에서 바로 이 율장(Vin. III. 87-91)의 이야기가 거론된다.

부양하기 쉽고 욕심을 여의고, 만족을 알고, 버리고 없애는 삶, 악을 제거하는 삶, 청정한 믿음의 삶, 쌓아 모우지 않는 삶, 용맹정진의 삶을 칭찬하고, 수행승들을 위하여 그에 알맞고 그에 걸맞게 경책하여 법문을 하고 수행승들에게 일렀다.

[세존] "수행승들이여, 그러므로 수행승들을 위하여 열 가지 이유에 기초하여, 즉 참모임의 수승을 위하여, 참모임의 안락을 위하여, 악한 수행승의 조복을 위하여, 품행이 바른 수행승의 평안한 삶을 위하여, 지금 여기에서의 번뇌의 제어를 위하여, 다가오는 번뇌를 물리치기 위하여, 청정한 믿음이 없는 자에게 청정한 믿음을 주기 위하여, 청정한 믿음이 있는 자에게 청정한 믿음을 증대시키기 위하여, 올바른 가르침을 지속시키기 위하여, 계율을 수호하기 위하여 학습계율을 시설하니, 수행승들이여, 그대들은 이와 같이 학습계율을 송출해야 한다."

[세존] "어떠한 수행승이든지 곧바로 알지 못하면서 인간을 뛰어넘는 상태에 대하여 자신과 관계하여 '나는 이와 같이 안다. 나는 이와 같이 본다.'라고 충분한 고귀한 앎과 봄[370]을 선언한다면, 그리고 나중에 규명되건 규명되지 않건 간에 타락하여,[371] 죄의 정화를 기대하고 이와 같이 '벗이여, 나는 알지 못하는 것을 알고[*91] 보지 못하는 것을 본다.'고 운운하며 허황한 말, 거짓된 말, 망언을 한 것이다.'라고 말한다고 하더라도, 이러한 자는 승단추방죄를 범하는 것으로, 함께 살 수 없다."[372]

이와 같이 세존께서는 수행승들을 위하여 학습계율을 시설했다.

2-1. 한때 많은 수행승들이 보지 못한 것을 보았다고 지각하고, 도달하지 못한 것을 도달했다고 지각하고, 통달하지 못한 것을 통달했다고 지각하고, 실현하지 못한 것을 실현했다고 지각하여 과도한 교만으로 타인에게 그것을 설했다. 그후 그들의 마음은 탐욕으로 기울고, 그들의 마음은 성냄으로 기울고, 그들의 마음은 어리석음으로 기울었다. 그들에게 후회가 생겨났다.

[많은 수행승들] '세존께서 학습계율을 시설했다. 그러나 우리는 보지 못한 것을 보았다고 지각하고, 도달하지 못한 것을 도달했다고 지각하고, 통달하지 못한 것을 통달했다고 지각하고, 실현하지 못한 것을 실현했다고 지각하여 과도한 교만으로 타인에게 그것을 설했으니, 우리가 승단추방죄를 범하는 것이 아닐까?'

---

370) alamariyañāṇadassanaṃ : Smp. 489에 따르면, 최상의 고귀한 청정은 앎과 봄이고, '충분한'이라는 것은 번뇌를 부수기 위한 충분한 고귀한 앎과 봄을 의도한 것이다.

371) āpanna : Smp. 492에 따르면, 그는 승단추방죄를 범한 것이므로, 그는 수행승의 상태에 있더라도 선정 등에 들어갈 수 없다.

372) yo pana bhikkhu anabhijānaṃ uttarimanussadhammaṃ attūpanāyikaṃ alamariyañāṇadassanaṃ samudācareyya 'iti jānāmi, iti passāmī'ti. tato aparena samayena samanuggāhiyamāno vā asamanuggāhiyamāno vā āpanno visuddhāpekkho evaṃ vadeyya: ajānamevāhaṃ āvuso avacaṃ jānāmi, apassaṃ passāmi, tucchaṃ musā vilapin'ti. ayampi pārājiko hoti asaṃvāso'ti.

2-2. 존자 아난다에게 그 사실을 알렸다. 존자 아난다는 세존께 그 사실을 알렸다.

[세존] "아난다여, 수행승들이 보지 못한 것을 보았다고 지각하고, 도달하지 못한 것을 도달했다고 지각하고, 통달하지 못한 것을 통달했다고 지각하고, 실현하지 못한 것을 실현했다고 지각하여 과도한 교만으로 타인에게 그것을 설했다고 하더라도, 그것이 중요한 것은 아니다.[373] 수행승들이여, 그대들은 이와 같이 학습계율을 송출해야 한다."

[세존] "어떠한 수행승이라도 곧바로 알지 못하면서 인간을 뛰어넘는 상태에 대하여 자신과 관계하여 '나는 이와 같이 안다. 나는 이와 같이 본다.'라고 충분한 고귀한 앎과 봄을 선언한다면, 그리고 나중에 규명되건 규명되지 않건 간에 타락하여, 죄의 정화를 기대하고 이와 같이 '벗이여, 나는 알지 못하는 것을 알고 보지 못하는 것을 본다.'고 운운하며 허황한 말, 거짓된 말, 망언을 한 것이다.'라고 말한다고 하더라도, 과도한 교만을 제외하고, 이러한 자도 역시 승단추방죄를 범하는 것이고, 함께 살 수 없다."[374]

3-1. '어떠한'이라는 것은 어떠한 관계, 어떠한 태생, 어떠한 이름, 어떠한 성씨, 어떠한 계행, 어떠한 주거, 어떠한 활동영역에서 이든지, 장로이든지, 신참이든지, 중참이든지, 이러한 자들을 형용하는 것으로 '어떠한 자이든'이라는 뜻이다. '수행승'이라고 하는 것은 '탁발하는 자'로서의 수행승, 탁발을 위해 돌아다니는 자로서의 수행승, 분소의를 입은 자로서의 수행승, 사미로서의 수행승, 자칭에 의한 수행승, '오라! 수행승이여!'에 의한 수행승, 삼귀의에 의해 구족계를 받은 수행승, 현선한 수행승, 진실한 수행승, 배울 것이 있는 학인인 수행승, 배울 것이 없는 무학인 수행승, 화합참모임과 한번제안세번제청의 갈마와 부동의 거룩한 님의 속성을 갖춘 자로서의 수행승이 있는데, 그들 가운데 화합참모임과 한번제안세번제청의 갈마와 부동의 거룩한 님의 속성을 갖춘 수행승을 두고, 그러한 의미에서의 수행승을 뜻한다.

3-2. '곧바로 알지 못하고서'라는 것은 '존재하지 않고 생겨나지 않고 발견되지

---

373) taṃ ca kho etaṃ abbohārikanti : Smp. 488에 따르면, 이 구절은 '그것은 일에 속하지 않고, 죄의 형태도 아니다.'라는 뜻이다. 그 구절은 고따마가 말한 것이고 수행승들이 말한 것은 아니다.

374) 대망어계(大妄語戒) | Bhikkhunī Pār. 4 : yo pana bhikkhu anabhijānaṃ uttarimanussadhammaṃ attūpanāyikaṃ alamariyañāṇadassanaṃ samudācareyya'iti jānāmi, iti passāmī'ti. tato aparena samayena samanuggāhiyamāno vā asamanuggāhiyamāno vā āpanno visuddhāpekkho evaṃ vadeyya: ajānamevāhaṃ āvuso avacaṃ jānāmi, apassaṃ passāmi, tucchaṃ musā vilapin'ti aññatra adhimānā. ayampi pārājiko hoti asaṃvāso'ti.

않는 자신 안에 착하고 건전한 상태를 알지 못하고 보지 못하고 자기에게 착하고 건전한 것이 있다.'라고 말하는 것이다. '인간을 뛰어넘는 상태'라는 것은 '선정, 해탈, 삼매, 성취, 앎과 봄, 길의 닦음, 경지의 성취, 오염의 여읨, 그리고 마음의 장애를 여의고 텅 빈 집에서 기뻐하는 것'이다.375) '자신과 관계하여'라는 것은 자신 안에 착하고 건전한 것들을 나타낸다든가 자신을 착하고 건전한 상태 안에서 드러내는 것이다. '앎'이라는 것은 '세 가지 명지'를 뜻한다. '봄'이라는 것은 '아는 것을 보는 것이고 보는 것을 아는 것'이다. '선언한다.'라는 것[*92]은 '여자나 남자나 재가자나 출가자에게 알린다.'라는 뜻이다. '이와 같이 알고 이와 같이 본다.'라는 것은 '나는 이 상태를 알고 나는 이 상태를 보고 이와 같은 상태가 나에게 있고, 나는 이와 같은 상태에 존재한다.'라는 뜻이다. '그 후에는'이라는 것은 그 시점에 몰입되는, 그 찰나, 그 경각, 그 순간이 지난 것이다. '규명되건'이라는 것은 사실이 알려져서 그와 관련되어 '그대가 얻은 것이 무엇인가. 그대가 얻은 것은 어떠한 것인가. 그대가 얻은 것은 언제인가. 그대가 얻은 것은 어디서인가. 얼마나 많은 번뇌가 그대에 의해서 부수어졌는가? 그대는 얼마나 많은 상태를 지니고 있는가?'라고 규명되는 것을 뜻한다. '규명되지 않건'은 '누구에 의해서도 아닌 것'라고 말해지는 것을 뜻한다. '타락하여'라는 것은 '악을 원하고 악을 원하기 때문에 존재하지 않고 생겨나지 않은 인간을 뛰어넘은 상태를 선언하여 승단추방죄를 범하는 것이다.'라는 뜻이다. '죄의 정화를 기대하고'라는 것은 재가자가 되길 바라고, 재가의 남자신도가 되길 바라고, 정인이 되길 바라고, 사미가 되길 바라는 것이다.376)

3-3. '나는 알지 못하는 것을 알고 보지 못하는 것을 본다.'라는 것은 '나는 그 상태를 알고, 나는 그 상태를 보고, 그러한 상태는 나에게 있고, 나는 그와 같은 상태에 있다.'라는 것이다. '허황한 말, 거짓된 말, 망언을 한 것'이란 '허황된 말이 나에 의해서 설해졌고, 거짓말이 나에 의해서 설해졌고, 진실이 아닌 말이 나에 의해서 설해졌고. 알지 못하는 것이 나에 의해서 설해졌다.'는 뜻이다.'과도

375) uttarimanussadhammo nāma: 선정(jhāna), 해탈(vimokkha), 삼매(samādhi), 성취(samāpatti), 앎과 봄(ñāṇadassana), 길의 닦음(maggabhāvanā), 경지의 실현(phalasacchikiriyā), 오염의 여읨(kilesappahāna), 그리고 마음의 장애를 여의고 텅 빈 집에서 기뻐하는 것(vinīvaraṇatā cittassa suññāgāre abhirati).

376) visuddhāpekkhoti gihī vā hotukāmo upāsako vā hotukāmo ārāmiko vā hotukāmo sāmaṇero vā hotukāmo : Smp. 492에 따르면, 재가자가 이고, 재가의 남자신도이고, 정인이고, 사미인 한, 보시, 귀의, 지계, 감관의 제어를 통해서, 또는 선정과 해탈을 통해서 천상세계에 갈 수 있기 때문에 재가자 등의 상태가 청정하다고 하는 것이고, 청정을 원한다는 의미에서 청정을 원하는 자라는 뜻이다.

한 교만을 제외하고'라는 것은 '과도한 교만은 예외로 두고'라는 것이다.'이러한 자도 역시'라는 것은 앞과 관련하여 말한 것이다. '승단추방죄를 범하는 것이다.'라는 것은 마치 종려나무를 꼭대기를 자르면, 다시는 성장할 수 없듯, 이와 같이 수행승이 악을 원하고 탐욕을 구하여, 존재하지 않고 생겨나지 않은 인간을 뛰어넘는 상태의 성취를 선언하면, 수행자가 되지 못하고 싸끼야의 아들이 되지 못한다는 뜻이다. 그러므로 승단추방죄라고 부른다. '함께 살 수 없다.'라는 것은 동일한 갈마 동일한 계율의 시설을 통해 함께 배우기 때문에 함께 사는 것이라고 하는데, 그것과 함께 할 수 없다면, 함께 살 수 없는 것이다.

4-1. '인간을 뛰어넘는 상태의 성취'라는 것은 '선정, 해탈, 삼매, 성취, 앎과 봄, 길의 닦음, 경지의 성취, 오염의 여읨, 그리고 장애를 여의고 마음이 텅빈 집에서 기뻐하는 것'이다.

1) '선정'이라는 것은 첫 번째 선정, 두 번째 선정, 세 번째 선정, 네 번째 선정을 뜻한다.377)

2) '해탈'이라는 것은 '있음의 여읨에 의한 해탈, 인상의 여읨에 의한 해탈, 바램없음에 의한 해탈'을 뜻한다.378)

3) '삼매'라는[*93] 것은 '있음의 여읨에 의한 삼매, 인상의 여읨에 의한 삼매, 바램없음에 의한 삼매'를 뜻한다.379)

---

377) jhānanti paṭhamaṃ jhānaṃ dutiyaṃ jhānaṃ tatiyaṃ jhānaṃ catutthaṃ jhānaṃ : 네 가지 선정(cattāri jhānāni : 四禪)은 MN. 39 등 무수한 경에 나온다. 그리고 네 가지 선정에 대해서 상세한 것은 Vism. 4장에서 붓다고싸가 땅의 두루채움(kasiṇa : 遍處)의 세계를 본삼매와 근접삼매와 연관시켜 설명하고 있다.

378) vimokkhoti suññato vimokkho animitto vimokkho appaṇihito vimokkho : 세 가지 해탈 즉, 공해탈(空解脫), 무상해탈(無相解脫), 무원해탈(無願解脫)을 뜻한다.

379) samādhīti suññato samādhi animitto samādhi appaṇihito samādhi : 삼삼매(三三昧) 또는 삼정(三定)으로 Smv. 1003에 따르면, 세 가지 관점 즉, 도래(到來 : āgamana)와 자성(自性 : saguṇa)과 소연(所緣 : āramaṇa)의 관점에서 논할 수 있다. 1) 도래의 관점 : ① 있음을 여읜 삼매(空三昧) : 무아(無我)에서 들어가서 무아로 나오는 통찰은 있음을 여읜 것(空)이라고 불린다. 있음(不空)의 자아를 만들어내는 오염(kilesa)이 없기 때문이다. 그러한 통찰의 도래에 의한 길의 삼매는 있음을 여읜 것이라고 불린다. 그러한 길의 도래에 의한 경지의 삼매도 있음을 여읜 것이라고 불린다. ② 인상을 여읜 삼매(無相三昧) : 무상(無相)에서 들어가서 무상으로 나오는 통찰은 인상을 여읜 것이라고 불린다. 인상을 만들어내는 오염이 없기 때문이다. 그러한 통찰의 도래에 의한 길의 삼매는 인상을 여읜 것이라고 불린다. 그러한 길의 도래에 의한 경지의 삼매도 인상을 여읜 것이라고 불린다. ③ 소망을 여읜 삼매(無願三昧) : 괴로움(苦)에서 들어가서 괴로움으로 나오는 통찰은 소망을 여읜 것이라고 불린다. 소망을 만들어내는 오염(kilesa)이 없기 때문이다. 그러한 통찰의 도래에 의한 길의 삼매는 소망을 여읜 것이라고 불린다. 그러한 길의 도래에 의한 경지의 삼매도 소망을 여읜 것이라고 불린다. 2) 자성의 관점 : 길의 삼매는 탐욕 등에 관해서 공한 것이기 때문에 있음 여읜 것이고 탐욕의 인상 등이 없기 때문에 인상을 여읜 것이고, 탐욕의 소망 등이 없기 때문에 소망을 여읜 것이다. 3) 소연의 관점 : 열반은 탐욕 등에 관하여 공한 것이고, 또한 탐욕의 인상과 소망이 없기 때문에 있음을 여읜 것이고, 인상을 여읜 것이고, 소망을 여읜 것이다. 그러한 것을 소연으로

4) '성취'라는 것은 '있음의 여읨에 의한 성취, 인상의 여읨에 의한 성취, 바램의 여읨에 의한 성취'를 뜻한다.[380]

5) '앎과 봄'은 세 가지 명지를 뜻한다.[381]

6) '길의 닦음'은 '네 가지 새김의 토대, 네 가지 올바른 노력, 네 가지 신통의 기초, 다섯 가지 능력, 다섯 가지 힘, 일곱 가지 깨달음 고리, 여덟 가지 고귀한 길'을 뜻한다.[382]

7) '경지의 실현'이라는 것은 '흐름에 든 경지의 실현, 한번 돌아오는 경지의 실현, 돌아오지 않는 경지의 실현, 거룩한 경지의 실현'을 뜻한다.[383]

8) '오염의 여읨'이라는 것은 '탐욕의 여읨, 성냄의 여읨, 어리석음의 여읨'을 뜻한다.[384]

9) '마음의 장애의 여읨'이라는 것은 '마음이 탐욕의 장애를 벗어남, 마음이 성냄의 장애를 벗어남, 마음이 어리석음의 장애를 벗어남'을 뜻한다.[385]

10) '홀로 지냄의 즐김'이라는 것은 '첫 번째 선정가운데 홀로 지냄의 즐김, 두 번째 선정가운데 홀로 지냄의 즐김, 세 번째 선정가운데 홀로 지냄의 즐김, 네 번째 선정가운데 홀로 지냄의 즐김'을 뜻한다.[386]

하는 길의 삼매도 있음을 여윈 것이고, 인상을 여윈 것이고, 소망을 여윈 것이다.

380) samāpattīti suññatā samāpatti animittā samāpatti appaṇihitā samāpatti : 한역의 공등지(空等至), 무상성등지(無相等至), 무원등지(無願等至)를 뜻한다.

381) ñāṇadassanan'ti tisso vijjā : 한역의 삼명(三明)으로 Smv. 1006에 따르면, 어둠을 관통하는 의미에서 명지(明 : vijjā)이고, 요지(了知 : viditakaraṇa)의 의미에서 명지이다. ① 전생의 삶을 기억에 대한 앎의 명지(宿命明: pubbenivāsānussatiñāṇa) : 생겨나고 있는, 과거세를 덮고 있는 암흑을 관통하여 과거세를 요지하는 것이다. ② 뭇삶의 생사에 대한 앎의 명지(天眼明: sattānaṃ cutūpapāte ñāṇa) : 뭇삶의 사몰과 결생을 덮고 있는 암흑을 관통하여 뭇삶의 생사를 요지하는 것이다. ③ 번뇌를 부숨에 대한 앎의 명지(漏盡明: āsavānaṃ khaye ñāṇa) : 네 가지 진리(四諦 : catusacca)를 덮고 있는 암흑을 관통하여 네 가지 진리를 요지하는 것이다.

382) maggabhāvanā'ti cattāro satipaṭṭhānā cattāro sammappadhānā cattāro iddhipādā pañcindriyāni pañca balāni satta bojjhaṅgā ariyo aṭṭhaṅgiko maggo : '길의 닦음(maggabhāvanā)'이라는 것은 서른일곱 가지 깨달음에 도움이 되는 원리(三十七助道品, 三十七菩提分法 : sattatiṁsa bodhipakkhiyā dhammā)를 닦는 것을 뜻한다. 한역에서는 각각 사념처(四念處: cattāro satipaṭṭhānā), 사정근(四正勤: cattāro sammappadhānā), 사신족(四神足: cattāro iddhipādā), 오근(五根: pañc'indriyāni), 오력(五力: pañca balāni). 칠각지(七覺支: satta bojjhaṅgā). 팔정도(八聖道: ariyo aṭṭhaṅgiko maggo)라고 한다. 상세한 것은 이 책의 해제를 참조하라.

383) phalasacchikiriyāti sotāpattiphalassa sacchikiriyā sakadāgāmiphalassa sacchikiriyā anāgāmiphalassa sacchikiriyā arahattassa sacchikiriyā : 이 책의 해제를 보라.

384) kilesappahānanti rāgassa pahānaṃ dosassa pahānaṃ mohassa pahānaṃ : 오염의 여읨은 '탐욕의 여읨(rāgaspahāna), 성냄의 여읨(dosapahāna), 어리석음의 여읨(mohapahāna)'을 말한다.

385) vinīvaraṇatā cittassāti rāgā cittaṃ vinīvaraṇatā dosā cittaṃ vinīvaraṇatā mohā cittaṃ vinīvaraṇatā : 마음이 탐욕의 장애로부터 벗어남(rāgā cittaṃ vinīvaraṇatā), 마음이 성냄의 장애부터 벗어남(dosā cittaṃ vinīvaraṇatā), 마음이 어리석음의 장애로부터 벗어남(mohā cittaṃ vinīvaraṇatā).

4-2₁. [선정을 얻었겠지]

1) 세 가지 형태로, '나는 첫 번째 선정을 얻었겠지.'[387]라고 고의적으로 망언을 하는 자는 승단추방죄를 범하는 것이다. ① 거짓말을 하기 전에 '나는 거짓말을 할 것이다.'라고 안다. ② 거짓말을 하면서 '나는 거짓말을 하고 있다.'라고 안다. ③ 거짓말을 하고 나서 '나는 거짓말을 했다.'라고 안다.

2) 네 가지 형태로, '나는 첫 번째 선정을 얻었겠지.'라고 고의적으로 망언을 하는 자는 승단추방죄를 범하는 것이다. ① 거짓말을 하기 전에 '나는 거짓말을 할 것이다.'라고 안다. ② 거짓말을 하면서 '나는 거짓말을 하고 있다.'라고 안다. ③ 거짓말을 하고 나서 '나는 거짓말을 했다.'라고 안다. ④ 견해를 잘못 대변한다.

3) 다섯 가지 형태로, '나는 첫 번째 선정을 얻었겠지.'라고 고의적으로 망언을 하는 자는 승단추방죄를 범하는 것이다. ① 거짓말을 하기 전에 '나는 거짓말을 할 것이다.'라고 안다. ② 거짓말을 하면서 '나는 거짓말을 하고 있다.'라고 안다. ③ 거짓말을 하고 나서 '나는 거짓말을 했다.'라고 안다. ④ 견해를 잘못 대변한다. ⑤ 동의를 잘못 대변한다.

4) 여섯 가지 형태로, '나는 첫 번째 선정을 얻었겠지.'라고 고의적으로 망언을 하는 자는 승단추방죄를 범하는 것이다. ① 거짓말을 하기 전에 '나는 거짓말을 할 것이다.'라고 안다. ② 거짓말을 하면서 '나는 거짓말을 하고 있다.'라고 안다. ③ 거짓말을 하고 나서 '나는 거짓말을 했다.'라고 안다. ④ 견해를 잘못 대변한다. ⑤ 동의를 잘못 대변한다. ⑥ 취향을 잘못 대변한다.

5) 일곱 가지 형태로, '나는 첫 번째 선정을 얻었겠지.'라고 고의적으로 망언을 하는 자는 승단추방죄를 범하는 것이다. ① 거짓말을 하기 전에 '나는 거짓말을 할 것이다.'라고 안다. ② 거짓말을 하면서 '나는 거짓말을 하고 있다.'라고 안다. ③ 거짓말을 하고 나서 '나는 거짓말을 했다.'라고 안다. ④ 견해를 잘못 대변한다. ⑤ 동의를 잘못 대변한다. ⑥ 취향을 잘못 대변한다. ⑦ 의도를 잘못 대변한다.[388]

---

386) suññāgāre abhiratīti paṭhamena jhānena suññāgāre abhirati, dutiyena jhānena suññāgāre abhirati, tatiyena jhānena suññāgāre abhirati, catutthena jhānena suññāgāre abhirati : 첫 번째 선정가운데 홀로 지냄의 즐김(paṭh amena jhānena suññāgāre abhirati), 두 번째 선정가운데 홀로 지냄의 즐김(dutiyena jhānena suññāgāre abhirati), 세 번째 선정가운데 홀로 지냄의 즐김(tatiyena jhānena suññāgāre abhirati), 네 번째 선정가운데 홀로 지냄의 즐김(catutthena jhānena suññāgāre abhirati). 여기서 '홀로 누리는'의 원어적 의미는 '텅빈 집에서 기뻐하는'이라는 의미이다. 네 가지 선정에 대해서는 이 책(Vin. III. 87)의 주석을 보라.

387) samāpajjiṃ : 이 형태는 문법적으로 부정과거에 속한다.

388) vinidhāya bhāvaṃ : Smp. 400에서는 Vin. V. 136과의 모순을 지적하고 있다. Vin. V. 136에 따르면, 여덟

4-2₂. [선정을 얻는다]

1) 세 가지 형태로, '나는 첫 번째 선정을 얻는다.'라고 고의적으로 망언을 하는 자는 승단추방죄를 범하는 것이다. ① 거짓말을 하기 전에 '나는 거짓말을 할 것이다.'라고 안다. ② 거짓말을 하면서 '나는 거짓말을 하고 있다.'라고 안다. ③ 거짓말을 하고 나서 '나는 거짓말을 했다.'라고 안다.
2) 네 가지 형태로, '나는 첫 번째 선정을 얻는다.'라고 고의적으로 망언을 하는 자는 승단추방죄를 범하는 것이다. ① 거짓말을 하기 전에 '나는 거짓말을 할 것이다.'라고 안다. ② 거짓말을 하면서 '나는 거짓말을 하고 있다.'라고 안다. ③ 거짓말을 하고 나서 '나는 거짓말을 했다.'라고 안다. ④ 견해를 잘못 대변한다.
3) 다섯 가지 형태로, '나는 첫 번째 선정을 얻는다.'라고 고의적으로 망언을 하는 자는 승단추방죄를 범하는 것이다. ① 거짓말을 하기 전에 '나는 거짓말을 할 것이다.'라고 안다. ② 거짓말을 하면서 '나는 거짓말을 하고 있다.'라고 안다. ③ 거짓말을 하고 나서 '나는 거짓말을 했다.'라고 안다. ④ 견해를 잘못 대변한다. ⑤ 동의를 잘못 대변한다.
4) 여섯 가지 형태로, '나는 첫 번째 선정을 얻는다.'라고 고의적으로 망언을 하는 자는 승단추방죄를 범하는 것이다. ① 거짓말을 하기 전에 '나는 거짓말을 할 것이다.'라고 안다. ② 거짓말을 하면서 '나는 거짓말을 하고 있다.'라고 안다. ③ 거짓말을 하고 나서 '나는 거짓말을 했다.'라고 안다. ④ 견해를 잘못 대변한다. ⑤ 동의를 잘못 대변한다. ⑥ 취향을 잘못 대변한다.
5) 일곱 가지 형태로, '나는 첫 번째 선정을 얻는다.'라고 고의적으로 망언을 하는 자는 승단추방죄를 범하는 것이다. ① 거짓말을 하기 전에 '나는 거짓말을 할 것이다.'라고 안다. ② 거짓말을 하면서 '나는 거짓말을 하고 있다.'라고 안다. ③ 거짓말을 하고 나서 '나는 거짓말을 했다.'라고 안다. ④ 견해를 잘못 대변한다. ⑤ 동의를 잘못 대변한다. ⑥ 취향을 잘못 대변한다. ⑦ 의도를 잘못 대변한다.

4-2₃. [선정을 얻었다]

1) 세 가지 형태로, '나는 첫 번째 선정을 얻었다.'라고 고의적으로 망언을 하는 자는 승단추방죄를 범하는 것이다. ① 거짓말을 하기 전에 '나는 거짓말을 할 것이다.'라고 안다. ② 거짓말을 하면서 '나는 거짓말을 하고 있다.'라고 안다.

번째 요소로서 지각(saññā)을 추가하고 있는데, Smp. 400에서는 일곱 번째 요소가 지각으로 되어 있어 그것에 따르면, '지각을 잘못 대변한다.'라고 해석할 수도 있다.

③ 거짓말을 하고 나서 '나는 거짓말을 했다.'라고 안다.

2) 네 가지 형태로, '나는 첫 번째 선정을 얻었다.'라고 고의적으로 망언을 하는 자는 승단추방죄를 범하는 것이다. ① 거짓말을 하기 전에 '나는 거짓말을 할 것이다.'라고 안다. ② 거짓말을 하면서 '나는 거짓말을 하고 있다.'라고 안다. ③ 거짓말을 하고 나서 '나는 거짓말을 했다.'라고 안다. ④ 견해를 잘못 대변한다.

3) 다섯 가지 형태로, '나는 첫 번째 선정을 얻었다.'라고 고의적으로 망언을 하는 자는 승단추방죄를 범하는 것이다. ① 거짓말을 하기 전에 '나는 거짓말을 할 것이다.'라고 안다. ② 거짓말을 하면서 '나는 거짓말을 하고 있다.'라고 안다. ③ 거짓말을 하고 나서 '나는 거짓말을 했다.'라고 안다. ④ 견해를 잘못 대변한다. ⑤ 동의를 잘못 대변한다.

4) 여섯 가지 형태로, '나는 첫 번째 선정을 얻었다.'라고 고의적으로 망언을 하는 자는 승단추방죄를 범하는 것이다. ① 거짓말을 하기 전에 '나는 거짓말을 할 것이다.'라고 안다. ② 거짓말을 하면서 '나는 거짓말을 하고 있다.'라고 안다. ③ 거짓말을 하고 나서 '나는 거짓말을 했다.'라고 안다. ④ 견해를 잘못 대변한다. ⑤ 동의를 잘못 대변한다. ⑥ 취향을 잘못 대변한다.

5) 일곱 가지 형태로, '나는 첫 번째 선정을 얻었다.'라고 고의적으로 망언을 하는 자는 승단추방죄를 범하는 것이다. ① 거짓말을 하기 전에 '나는 거짓말을 할 것이다.'라고 안다. ② 거짓말을 하면서 '나는 거짓말을 하고 있다.'라고 안다. ③ 거짓말을 하고 나서 '나는 거짓말을 했다.'라고 안다. ④ 견해를 잘못 대변한다. ⑤ 동의를 잘못 대변한다. ⑥ 취향을 잘못 대변한다. ⑦ 의도를 잘못 대변한다.

4-2₄. [선정을 얻은 자이다]

1) 세 가지 형태로, '나는 첫 번째 선정을 얻은 자이다.'라고 고의적으로 망언을 하는 자는 승단추방죄를 범하는 것이다. ① 거짓말을 하기 전에 '나는 거짓말을 할 것이다.'라고 안다. ② 거짓말을 하면서 '나는 거짓말을 하고 있다.'라고 안다. ③ 거짓말을 하고 나서 '나는 거짓말을 했다.'라고 안다.

2) 네 가지 형태로, '나는 첫 번째 선정을 얻은 자이다.'라고 고의적으로 망언을 하는 자는 승단추방죄를 범하는 것이다. ① 거짓말을 하기 전에 '나는 거짓말을 할 것이다.'라고 안다. ② 거짓말을 하면서 '나는 거짓말을 하고 있다.'라고 안다. ③ 거짓말을 하고 나서 '나는 거짓말을 했다.'라고 안다. ④ 견해를 잘못 대변한다.

3) 다섯 가지 형태로, '나는 첫 번째 선정을 얻은 자이다.'라고 고의적으로 망언을

하는 자는 승단추방죄를 범하는 것이다. ① 거짓말을 하기 전에 '나는 거짓말을 할 것이다.'라고 안다. ② 거짓말을 하면서 '나는 거짓말을 하고 있다.'라고 안다. ③ 거짓말을 하고 나서 '나는 거짓말을 했다.'라고 안다. ④ 견해를 잘못 대변한다. ⑤ 동의를 잘못 대변한다.

4) 여섯 가지 형태로, '나는 첫 번째 선정을 얻은 자이다.'라고 고의적으로 망언을 하는 자는 승단추방죄를 범하는 것이다. ① 거짓말을 하기 전에 '나는 거짓말을 할 것이다.'라고 안다. ② 거짓말을 하면서 '나는 거짓말을 하고 있다.'라고 안다. ③ 거짓말을 하고 나서 '나는 거짓말을 했다.'라고 안다. ④ 견해를 잘못 대변한다. ⑤ 동의를 잘못 대변한다. ⑥ 취향을 잘못 대변한다.

5) 일곱 가지 형태로, '나는 첫 번째 선정을 얻은 자이다.'라고 고의적으로 망언을 하는 자는 승단추방죄를 범하는 것이다. ① 거짓말을 하기 전에 '나는 거짓말을 할 것이다.'라고 안다. ② 거짓말을 하면서 '나는 거짓말을 하고 있다.'라고 안다. ③ 거짓말을 하고 나서 '나는 거짓말을 했다.'라고 안다. ④ 견해를 잘못 대변한다. ⑤ 동의를 잘못 대변한다. ⑥ 취향을 잘못 대변한다. ⑦ 의도를 잘못 대변한다.

4-2$_5$. [선정의 주인이다]

1) 세 가지 형태로, '나는 첫 번째 선정의 주인이다.'라고 고의적으로 망언을 하는 자는 승단추방죄를 범하는 것이다. ① 거짓말을 하기 전에 '나는 거짓말을 할 것이다.'라고 안다. ② 거짓말을 하면서 '나는 거짓말을 하고 있다.'라고 안다. ③ 거짓말을 하고 나서 '나는 거짓말을 했다.'라고 안다.

2) 네 가지 형태로, '나는 첫 번째 선정의 주인이다.'라고 고의적으로 망언을 하는 자는 승단추방죄를 범하는 것이다. ① 거짓말을 하기 전에 '나는 거짓말을 할 것이다.'라고 안다. ② 거짓말을 하면서 '나는 거짓말을 하고 있다.'라고 안다. ③ 거짓말을 하고 나서 '나는 거짓말을 했다.'라고 안다. ④ 견해를 잘못 대변한다.

3) 다섯 가지 형태로, '나는 첫 번째 선정의 주인이다.'라고 고의적으로 망언을 하는 자는 승단추방죄를 범하는 것이다. ① 거짓말을 하기 전에 '나는 거짓말을 할 것이다.'라고 안다. ② 거짓말을 하면서 '나는 거짓말을 하고 있다.'라고 안다. ③ 거짓말을 하고 나서 '나는 거짓말을 했다.'라고 안다. ④ 견해를 잘못 대변한다. ⑤ 동의를 잘못 대변한다.

4) 여섯 가지 형태로, '나는 첫 번째 선정의 주인이다.'라고 고의적으로 망언을 하는 자는 승단추방죄를 범하는 것이다. ① 거짓말을 하기 전에 '나는 거짓말을

할 것이다.'라고 안다. ② 거짓말을 하면서 '나는 거짓말을 하고 있다.'라고 안다. ③ 거짓말을 하고 나서 '나는 거짓말을 했다.'라고 안다. ④ 견해를 잘못 대변한다. ⑤ 동의를 잘못 대변한다. ⑥ 취향을 잘못 대변한다.

5) 일곱 가지 형태로, '나는 첫 번째 선정의 주인이다.'라고 고의적으로 망언을 하는 자는 승단추방죄를 범하는 것이다. ① 거짓말을 하기 전에 '나는 거짓말을 할 것이다.'라고 안다. ② 거짓말을 하면서 '나는 거짓말을 하고 있다.'라고 안다. ③ 거짓말을 하고 나서 '나는 거짓말을 했다.'라고 안다. ④ 견해를 잘못 대변한다. ⑤ 동의를 잘못 대변한다. ⑥ 취향을 잘못 대변한다. ⑦ 의도를 잘못 대변한다.

4-2₆. [선정을 실현했다]

1) 세 가지 형태로,[*94] '나는 첫 번째 선정을 실현했다.'라고 고의적으로 망언을 하는 자는 승단추방죄를 범하는 것이다. ① 거짓말을 하기 전에 '나는 거짓말을 할 것이다.'라고 안다. ② 거짓말을 하면서 '나는 거짓말을 하고 있다.'라고 안다. ③ 거짓말을 하고 나서 '나는 거짓말을 했다.'라고 안다.

2) 네 가지 형태로, '나는 첫 번째 선정을 실현했다.'라고 고의적으로 망언을 하는 자는 승단추방죄를 범하는 것이다. ① 거짓말을 하기 전에 '나는 거짓말을 할 것이다.'라고 안다. ② 거짓말을 하면서 '나는 거짓말을 하고 있다.'라고 안다. ③ 거짓말을 하고 나서 '나는 거짓말을 했다.'라고 안다. ④ 견해를 잘못 대변한다.

3) 다섯 가지 형태로, '나는 첫 번째 선정을 실현했다.'라고 고의적으로 망언을 하는 자는 승단추방죄를 범하는 것이다. ① 거짓말을 하기 전에 '나는 거짓말을 할 것이다.'라고 안다. ② 거짓말을 하면서 '나는 거짓말을 하고 있다.'라고 안다. ③ 거짓말을 하고 나서 '나는 거짓말을 했다.'라고 안다. ④ 견해를 잘못 대변한다. ⑤ 동의를 잘못 대변한다.

4) 여섯 가지 형태로, '나는 첫 번째 선정을 실현했다.'라고 고의적으로 망언을 하는 자는 승단추방죄를 범하는 것이다. ① 거짓말을 하기 전에 '나는 거짓말을 할 것이다.'라고 안다. ② 거짓말을 하면서 '나는 거짓말을 하고 있다.'라고 안다. ③ 거짓말을 하고 나서 '나는 거짓말을 했다.'라고 안다. ④ 견해를 잘못 대변한다. ⑤ 동의를 잘못 대변한다. ⑥ 취향을 잘못 대변한다.

5) 일곱 가지 형태로, '나는 첫 번째 선정을 실현했다.'라고 고의적으로 망언을 하는 자는 승단추방죄를 범하는 것이다. ① 거짓말을 하기 전에 '나는 거짓말을 할 것이다.'라고 안다. ② 거짓말을 하면서 '나는 거짓말을 하고 있다.'라고

안다. ③ 거짓말을 하고 나서 '나는 거짓말을 했다.'라고 안다. ④ 견해를 잘못 대변한다. ⑤ 동의를 잘못 대변한다. ⑥ 취향을 잘못 대변한다. ⑦ 의도를 잘못 대변한다.

4-3₁. [선정을 얻었겠지]

1) 세 가지 형태로, '나는 두 번째 선정이나 세 번째 선정이나 네 번째 선정을 얻었겠지.'라고 고의적으로 망언을 하는 자는 승단추방죄를 범하는 것이다. ① 거짓말을 하기 전에 '나는 거짓말을 할 것이다.'라고 안다. ② 거짓말을 하면서 '나는 거짓말을 하고 있다.'라고 안다. ③ 거짓말을 하고 나서 '나는 거짓말을 했다.'라고 안다.

2) 네 가지 형태로, '나는 두 번째 선정이나 세 번째 선정이나 네 번째 선정을 얻었겠지.'라고 고의적으로 망언을 하는 자는 승단추방죄를 범하는 것이다. ① 거짓말을 하기 전에 '나는 거짓말을 할 것이다.'라고 안다. ② 거짓말을 하면서 '나는 거짓말을 하고 있다.'라고 안다. ③ 거짓말을 하고 나서 '나는 거짓말을 했다.'라고 안다. ④ 견해를 잘못 대변한다.

3) 다섯 가지 형태로, '나는 두 번째 선정이나 세 번째 선정이나 네 번째 선정을 얻었겠지.'라고 고의적으로 망언을 하는 자는 승단추방죄를 범하는 것이다. ① 거짓말을 하기 전에 '나는 거짓말을 할 것이다.'라고 안다. ② 거짓말을 하면서 '나는 거짓말을 하고 있다.'라고 안다. ③ 거짓말을 하고 나서 '나는 거짓말을 했다.'라고 안다. ④ 견해를 잘못 대변한다. ⑤ 동의를 잘못 대변한다.

4) 여섯 가지 형태로, '나는 두 번째 선정이나 세 번째 선정이나 네 번째 선정을 얻었겠지.'라고 고의적으로 망언을 하는 자는 승단추방죄를 범하는 것이다. ① 거짓말을 하기 전에 '나는 거짓말을 할 것이다.'라고 안다. ② 거짓말을 하면서 '나는 거짓말을 하고 있다.'라고 안다. ③ 거짓말을 하고 나서 '나는 거짓말을 했다.'라고 안다. ④ 견해를 잘못 대변한다. ⑤ 동의를 잘못 대변한다. ⑥ 취향을 잘못 대변한다.

5) 일곱 가지 형태로, '나는 두 번째 선정이나 세 번째 선정이나 네 번째 선정을 얻었겠지.'라고 고의적으로 망언을 하는 자는 승단추방죄를 범하는 것이다. ① 거짓말을 하기 전에 '나는 거짓말을 할 것이다.'라고 안다. ② 거짓말을 하면서 '나는 거짓말을 하고 있다.'라고 안다. ③ 거짓말을 하고 나서 '나는 거짓말을 했다.'라고 안다. ④ 견해를 잘못 대변한다. ⑤ 동의를 잘못 대변한다. ⑥ 취향을 잘못 대변한다. ⑦ 의도를 잘못 대변한다.

4-3₂. [선정을 얻는다]

1) 세 가지 형태로, '나는 두 번째 선정이나 세 번째 선정이나 네 번째 선정을 얻는다.'라고 고의적으로 망언을 하는 자는 승단추방죄를 범하는 것이다. ① 거짓말을 하기 전에 '나는 거짓말을 할 것이다.'라고 안다. ② 거짓말을 하면서 '나는 거짓말을 하고 있다.'라고 안다. ③ 거짓말을 하고 나서 '나는 거짓말을 했다.'라고 안다.

2) 네 가지 형태로, '나는 두 번째 선정이나 세 번째 선정이나 네 번째 선정을 얻는다.'라고 고의적으로 망언을 하는 자는 승단추방죄를 범하는 것이다. ① 거짓말을 하기 전에 '나는 거짓말을 할 것이다.'라고 안다. ② 거짓말을 하면서 '나는 거짓말을 하고 있다.'라고 안다. ③ 거짓말을 하고 나서 '나는 거짓말을 했다.'라고 안다. ④ 견해를 잘못 대변한다.

3) 다섯 가지 형태로, '나는 두 번째 선정이나 세 번째 선정이나 네 번째 선정을 얻는다.'라고 고의적으로 망언을 하는 자는 승단추방죄를 범하는 것이다. ① 거짓말을 하기 전에 '나는 거짓말을 할 것이다.'라고 안다. ② 거짓말을 하면서 '나는 거짓말을 하고 있다.'라고 안다. ③ 거짓말을 하고 나서 '나는 거짓말을 했다.'라고 안다. ④ 견해를 잘못 대변한다. ⑤ 동의를 잘못 대변한다.

4) 여섯 가지 형태로, '나는 두 번째 선정이나 세 번째 선정이나 네 번째 선정을 얻는다.'라고 고의적으로 망언을 하는 자는 승단추방죄를 범하는 것이다. ① 거짓말을 하기 전에 '나는 거짓말을 할 것이다.'라고 안다. ② 거짓말을 하면서 '나는 거짓말을 하고 있다.'라고 안다. ③ 거짓말을 하고 나서 '나는 거짓말을 했다.'라고 안다. ④ 견해를 잘못 대변한다. ⑤ 동의를 잘못 대변한다. ⑥ 취향을 잘못 대변한다.

5) 일곱 가지 형태로, '나는 두 번째 선정이나 세 번째 선정이나 네 번째 선정을 얻는다.'라고 고의적으로 망언을 하는 자는 승단추방죄를 범하는 것이다. ① 거짓말을 하기 전에 '나는 거짓말을 할 것이다.'라고 안다. ② 거짓말을 하면서 '나는 거짓말을 하고 있다.'라고 안다. ③ 거짓말을 하고 나서 '나는 거짓말을 했다.'라고 안다. ④ 견해를 잘못 대변한다. ⑤ 동의를 잘못 대변한다. ⑥ 취향을 잘못 대변한다. ⑦ 의도를 잘못 대변한다.

4-3₃. [선정을 얻었다]

1) 세 가지 형태로, '나는 두 번째 선정이나 세 번째 선정이나 네 번째 선정을 얻었다.'라고 고의적으로 망언을 하는 자는 승단추방죄를 범하는 것이다. ①

거짓말을 하기 전에 '나는 거짓말을 할 것이다.'라고 안다. ② 거짓말을 하면서 '나는 거짓말을 하고 있다.'라고 안다. ③ 거짓말을 하고 나서 '나는 거짓말을 했다.'라고 안다.

2) 네 가지 형태로, '나는 두 번째 선정이나 세 번째 선정이나 네 번째 선정을 얻었다.'라고 고의적으로 망언을 하는 자는 승단추방죄를 범하는 것이다. ① 거짓말을 하기 전에 '나는 거짓말을 할 것이다.'라고 안다. ② 거짓말을 하면서 '나는 거짓말을 하고 있다.'라고 안다. ③ 거짓말을 하고 나서 '나는 거짓말을 했다.'라고 안다. ④ 견해를 잘못 대변한다.

3) 다섯 가지 형태로, '나는 두 번째 선정이나 세 번째 선정이나 네 번째 선정을 얻었다.'라고 고의적으로 망언을 하는 자는 승단추방죄를 범하는 것이다. ① 거짓말을 하기 전에 '나는 거짓말을 할 것이다.'라고 안다. ② 거짓말을 하면서 '나는 거짓말을 하고 있다.'라고 안다. ③ 거짓말을 하고 나서 '나는 거짓말을 했다.'라고 안다. ④ 견해를 잘못 대변한다. ⑤ 동의를 잘못 대변한다.

4) 여섯 가지 형태로, '나는 두 번째 선정이나 세 번째 선정이나 네 번째 선정을 얻었다.'라고 고의적으로 망언을 하는 자는 승단추방죄를 범하는 것이다. ① 거짓말을 하기 전에 '나는 거짓말을 할 것이다.'라고 안다. ② 거짓말을 하면서 '나는 거짓말을 하고 있다.'라고 안다. ③ 거짓말을 하고 나서 '나는 거짓말을 했다.'라고 안다. ④ 견해를 잘못 대변한다. ⑤ 동의를 잘못 대변한다. ⑥ 취향을 잘못 대변한다.

5) 일곱 가지 형태로, '나는 두 번째 선정이나 세 번째 선정이나 네 번째 선정을 얻었다.'라고 고의적으로 망언을 하는 자는 승단추방죄를 범하는 것이다. ① 거짓말을 하기 전에 '나는 거짓말을 할 것이다.'라고 안다. ② 거짓말을 하면서 '나는 거짓말을 하고 있다.'라고 안다. ③ 거짓말을 하고 나서 '나는 거짓말을 했다.'라고 안다. ④ 견해를 잘못 대변한다. ⑤ 동의를 잘못 대변한다. ⑥ 취향을 잘못 대변한다. ⑦ 의도를 잘못 대변한다.

4-3₄. [선정을 얻은 자이다]

1) 세 가지 형태로, '나는 두 번째 선정이나 세 번째 선정이나 네 번째 선정을 얻은 자이다.'라고 고의적으로 망언을 하는 자는 승단추방죄를 범하는 것이다. ① 거짓말을 하기 전에 '나는 거짓말을 할 것이다.'라고 안다. ② 거짓말을 하면서 '나는 거짓말을 하고 있다.'라고 안다. ③ 거짓말을 하고 나서 '나는 거짓말을 했다.'라고 안다.

2) 네 가지 형태로, '나는 두 번째 선정이나 세 번째 선정이나 네 번째 선정을 얻은 자이다.'라고 고의적으로 망언을 하는 자는 승단추방죄를 범하는 것이다. ① 거짓말을 하기 전에 '나는 거짓말을 할 것이다.'라고 안다. ② 거짓말을 하면서 '나는 거짓말을 하고 있다.'라고 안다. ③ 거짓말을 하고 나서 '나는 거짓말을 했다.'라고 안다. ④ 견해를 잘못 대변한다.

3) 다섯 가지 형태로, '나는 두 번째 선정이나 세 번째 선정이나 네 번째 선정을 얻은 자이다.'라고 고의적으로 망언을 하는 자는 승단추방죄를 범하는 것이다. ① 거짓말을 하기 전에 '나는 거짓말을 할 것이다.'라고 안다. ② 거짓말을 하면서 '나는 거짓말을 하고 있다.'라고 안다. ③ 거짓말을 하고 나서 '나는 거짓말을 했다.'라고 안다. ④ 견해를 잘못 대변한다. ⑤ 동의를 잘못 대변한다.

4) 여섯 가지 형태로, '나는 두 번째 선정이나 세 번째 선정이나 네 번째 선정을 얻은 자이다.'라고 고의적으로 망언을 하는 자는 승단추방죄를 범하는 것이다. ① 거짓말을 하기 전에 '나는 거짓말을 할 것이다.'라고 안다. ② 거짓말을 하면서 '나는 거짓말을 하고 있다.'라고 안다. ③ 거짓말을 하고 나서 '나는 거짓말을 했다.'라고 안다. ④ 견해를 잘못 대변한다. ⑤ 동의를 잘못 대변한다. ⑥ 취향을 잘못 대변한다.

5) 일곱 가지 형태로, '나는 두 번째 선정이나 세 번째 선정이나 네 번째 선정을 얻은 자이다.'라고 고의적으로 망언을 하는 자는 승단추방죄를 범하는 것이다. ① 거짓말을 하기 전에 '나는 거짓말을 할 것이다.'라고 안다. ② 거짓말을 하면서 '나는 거짓말을 하고 있다.'라고 안다. ③ 거짓말을 하고 나서 '나는 거짓말을 했다.'라고 안다. ④ 견해를 잘못 대변한다. ⑤ 동의를 잘못 대변한다. ⑥ 취향을 잘못 대변한다. ⑦ 의도를 잘못 대변한다.

4-3₅. [선정의 주인이다]

1) 세 가지 형태로, '나는 두 번째 선정이나 세 번째 선정이나 네 번째 선정의 주인이다.'라고 고의적으로 망언을 하는 자는 승단추방죄를 범하는 것이다. ① 거짓말을 하기 전에 '나는 거짓말을 할 것이다.'라고 안다. ② 거짓말을 하면서 '나는 거짓말을 하고 있다.'라고 안다. ③ 거짓말을 하고 나서 '나는 거짓말을 했다.'라고 안다.

2) 네 가지 형태로, '나는 두 번째 선정이나 세 번째 선정이나 네 번째 선정의 주인이다.'라고 고의적으로 망언을 하는 자는 승단추방죄를 범하는 것이다. ① 거짓말을 하기 전에 '나는 거짓말을 할 것이다.'라고 안다. ② 거짓말을

하면서 '나는 거짓말을 하고 있다.'라고 안다. ③ 거짓말을 하고 나서 '나는 거짓말을 했다.'라고 안다. ④ 견해를 잘못 대변한다.

3) 다섯 가지 형태로, '나는 두 번째 선정이나 세 번째 선정이나 네 번째 선정의 주인이다.'라고 고의적으로 망언을 하는 자는 승단추방죄를 범하는 것이다. ① 거짓말을 하기 전에 '나는 거짓말을 할 것이다.'라고 안다. ② 거짓말을 하면서 '나는 거짓말을 하고 있다.'라고 안다. ③ 거짓말을 하고 나서 '나는 거짓말을 했다.'라고 안다. ④ 견해를 잘못 대변한다. ⑤ 동의를 잘못 대변한다.

4) 여섯 가지 형태로, '나는 두 번째 선정이나 세 번째 선정이나 네 번째 선정의 주인이다.'라고 고의적으로 망언을 하는 자는 승단추방죄를 범하는 것이다. ① 거짓말을 하기 전에 '나는 거짓말을 할 것이다.'라고 안다. ② 거짓말을 하면서 '나는 거짓말을 하고 있다.'라고 안다. ③ 거짓말을 하고 나서 '나는 거짓말을 했다.'라고 안다. ④ 견해를 잘못 대변한다. ⑤ 동의를 잘못 대변한다. ⑥ 취향을 잘못 대변한다.

5) 일곱 가지 형태로, '나는 두 번째 선정이나 세 번째 선정이나 네 번째 선정의 주인이다.'라고 고의적으로 망언을 하는 자는 승단추방죄를 범하는 것이다. ① 거짓말을 하기 전에 '나는 거짓말을 할 것이다.'라고 안다. ② 거짓말을 하면서 '나는 거짓말을 하고 있다.'라고 안다. ③ 거짓말을 하고 나서 '나는 거짓말을 했다.'라고 안다. ④ 견해를 잘못 대변한다. ⑤ 동의를 잘못 대변한다. ⑥ 취향을 잘못 대변한다. ⑦ 의도를 잘못 대변한다.

4-3₆. [선정을 실현했다]

1) 세 가지 형태로, '나는 두 번째 선정이나 세 번째 선정이나 네 번째 선정을 실현했다.'라고 고의적으로 망언을 하는 자는 승단추방죄를 범하는 것이다. ① 거짓말을 하기 전에 '나는 거짓말을 할 것이다.'라고 안다. ② 거짓말을 하면서 '나는 거짓말을 하고 있다.'라고 안다. ③ 거짓말을 하고 나서 '나는 거짓말을 했다.'라고 안다.

2) 네 가지 형태로, '나는 두 번째 선정이나 세 번째 선정이나 네 번째 선정을 실현했다.'라고 고의적으로 망언을 하는 자는 승단추방죄를 범하는 것이다. ① 거짓말을 하기 전에 '나는 거짓말을 할 것이다.'라고 안다. ② 거짓말을 하면서 '나는 거짓말을 하고 있다.'라고 안다. ③ 거짓말을 하고 나서 '나는 거짓말을 했다.'라고 안다. ④ 견해를 잘못 대변한다.

3) 다섯 가지 형태로, '나는 두 번째 선정이나 세 번째 선정이나 네 번째 선정을

실현했다.'라고 고의적으로 망언을 하는 자는 승단추방죄를 범하는 것이다. ① 거짓말을 하기 전에 '나는 거짓말을 할 것이다.'라고 안다. ② 거짓말을 하면서 '나는 거짓말을 하고 있다.'라고 안다. ③ 거짓말을 하고 나서 '나는 거짓말을 했다.'라고 안다. ④ 견해를 잘못 대변한다. ⑤ 동의를 잘못 대변한다.

4) 여섯 가지 형태로, '나는 두 번째 선정이나 세 번째 선정이나 네 번째 선정을 실현했다.'라고 고의적으로 망언을 하는 자는 승단추방죄를 범하는 것이다. ① 거짓말을 하기 전에 '나는 거짓말을 할 것이다.'라고 안다. ② 거짓말을 하면서 '나는 거짓말을 하고 있다.'라고 안다. ③ 거짓말을 하고 나서 '나는 거짓말을 했다.'라고 안다. ④ 견해를 잘못 대변한다. ⑤ 동의를 잘못 대변한다. ⑥ 취향을 잘못 대변한다.

5) 일곱 가지 형태로, '나는 두 번째 선정이나 세 번째 선정이나 네 번째 선정을 실현했다.'라고 고의적으로 망언을 하는 자는 승단추방죄를 범하는 것이다. ① 거짓말을 하기 전에 '나는 거짓말을 할 것이다.'라고 안다. ② 거짓말을 하면서 '나는 거짓말을 하고 있다.'라고 안다. ③ 거짓말을 하고 나서 '나는 거짓말을 했다.'라고 안다. ④ 견해를 잘못 대변한다. ⑤ 동의를 잘못 대변한다. ⑥ 취향을 잘못 대변한다. ⑦ 의도를 잘못 대변한다.[389]

4-4₁. [있음의 여읨에 의한 해탈]

1) 세 가지 형태로, '나는 있음의 여읨에 의한 해탈을 얻었겠지라든가 해탈을 얻는다라든가 해탈을 얻었다라든가 해탈을 얻은 자이다라든가 해탈의 주인이다라든가 해탈을 실현했다.'라고 고의적으로 망언을 하는 자는 승단추방죄를 범하는 것이다. ① 거짓말을 하기 전에 '나는 거짓말을 할 것이다.'라고 안다. ② 거짓말을 하면서 '나는 거짓말을 하고 있다.'라고 안다. ③ 거짓말을 하고 나서 '나는 거짓말을 했다.'라고 안다.

2) 네 가지 형태로, '나는 있음의 여읨에 의한 해탈을 얻었겠지라든가 해탈을 얻는다라든가 해탈을 얻었다라든가 해탈을 얻은 자이다라든가 해탈의 주인이다라든가 해탈을 실현했다.'라고 고의적으로 망언을 하는 자는 승단추방죄를 범하는 것이다. ① 거짓말을 하기 전에 '나는 거짓말을 할 것이다.'라고 안다. ② 거짓말을 하면서 '나는 거짓말을 하고 있다.'라고 안다. ③ 거짓말을 하고 나서 '나는 거짓말을 했다.'라고 안다. ④ 견해를 잘못 대변한다.

---

389) yathā idaṃ paṭhamaṃ jhānaṃ vitthāritaṃ, evaṃ sabbaṃ vitthāretabbaṃ : 이러한 첫 번째 선정이 확장된 것처럼 모든 선정이 확장된 것이다.

3) 다섯 가지 형태로, '나는 있음의 여읨에 의한 해탈을 얻었겠지라든가 해탈을 얻는다라든가 해탈을 얻었다라든가 해탈을 얻은 자이다라든가 해탈의 주인이다라든가 해탈을 실현했다.'라고 고의적으로 망언을 하는 자는 승단추방죄를 범하는 것이다. ① 거짓말을 하기 전에 '나는 거짓말을 할 것이다.'라고 안다. ② 거짓말을 하면서 '나는 거짓말을 하고 있다.'라고 안다. ③ 거짓말을 하고 나서 '나는 거짓말을 했다.'라고 안다. ④ 견해를 잘못 대변한다. ⑤ 동의를 잘못 대변한다.

4) 여섯 가지 형태로, '나는 있음의 여읨에 의한 해탈을 얻었겠지라든가 해탈을 얻는다라든가 해탈을 얻었다라든가 해탈을 얻은 자이다라든가 해탈의 주인이다라든가 해탈을 실현했다.'라고 고의적으로 망언을 하는 자는 승단추방죄를 범하는 것이다. ① 거짓말을 하기 전에 '나는 거짓말을 할 것이다.'라고 안다. ② 거짓말을 하면서 '나는 거짓말을 하고 있다.'라고 안다. ③ 거짓말을 하고 나서 '나는 거짓말을 했다.'라고 안다. ④ 견해를 잘못 대변한다. ⑤ 동의를 잘못 대변한다. ⑥ 취향을 잘못 대변한다.

5) 일곱 가지 형태로, '나는 있음의 여읨에 의한 해탈을 얻었겠지라든가 해탈을 얻는다라든가 해탈을 얻었다라든가 해탈을 얻은 자이다라든가 해탈의 주인이다라든가 해탈을 실현했다.'라고 고의적으로 망언을 하는 자는 승단추방죄를 범하는 것이다. ① 거짓말을 하기 전에 '나는 거짓말을 할 것이다.'라고 안다. ② 거짓말을 하면서 '나는 거짓말을 하고 있다.'라고 안다. ③ 거짓말을 하고 나서 '나는 거짓말을 했다.'라고 안다. ④ 견해를 잘못 대변한다. ⑤ 동의를 잘못 대변한다. ⑥ 취향을 잘못 대변한다. ⑦ 의도를 잘못 대변한다.

$4\text{-}4_2$. [인상의 여읨에 의한 해탈]

1) 세 가지 형태로, '나는 인상의 여읨에 의한 해탈을 얻었겠지라든가 해탈을 얻는다라든가 해탈을 얻었다라든가 해탈을 얻은 자이다라든가 해탈의 주인이다라든가 해탈을 실현했다.'라고 고의적으로 망언을 하는 자는 승단추방죄를 범하는 것이다. ① 거짓말을 하기 전에 '나는 거짓말을 할 것이다.'라고 안다. ② 거짓말을 하면서 '나는 거짓말을 하고 있다.'라고 안다. ③ 거짓말을 하고 나서 '나는 거짓말을 했다.'라고 안다.

2) 네 가지 형태로, '나는 인상의 여읨에 의한 해탈을 얻었겠지라든가 해탈을 얻는다라든가 해탈을 얻었다라든가 해탈을 얻은 자이다라든가 해탈의 주인이다라든가 해탈을 실현했다.'라고 고의적으로 망언을 하는 자는 승단추방죄를

범하는 것이다. ① 거짓말을 하기 전에 '나는 거짓말을 할 것이다.'라고 안다. ② 거짓말을 하면서 '나는 거짓말을 하고 있다.'라고 안다. ③ 거짓말을 하고 나서 '나는 거짓말을 했다.'라고 안다. ④ 견해를 잘못 대변한다.

3) 다섯 가지 형태로, '나는 인상의 여읨에 의한 해탈을 얻었겠지라든가 해탈을 얻는다라든가 해탈을 얻었다라든가 해탈을 얻은 자이다라든가 해탈의 주인이다라든가 해탈을 실현했다.'라고 고의적으로 망언을 하는 자는 승단추방죄를 범하는 것이다. ① 거짓말을 하기 전에 '나는 거짓말을 할 것이다.'라고 안다. ② 거짓말을 하면서 '나는 거짓말을 하고 있다.'라고 안다. ③ 거짓말을 하고 나서 '나는 거짓말을 했다.'라고 안다. ④ 견해를 잘못 대변한다. ⑤ 동의를 잘못 대변한다.

4) 여섯 가지 형태로, '나는 인상의 여읨에 의한 해탈을 얻었겠지라든가 해탈을 얻는다라든가 해탈을 얻었다라든가 해탈을 얻은 자이다라든가 해탈의 주인이다라든가 해탈을 실현했다.'라고 고의적으로 망언을 하는 자는 승단추방죄를 범하는 것이다. ① 거짓말을 하기 전에 '나는 거짓말을 할 것이다.'라고 안다. ② 거짓말을 하면서 '나는 거짓말을 하고 있다.'라고 안다. ③ 거짓말을 하고 나서 '나는 거짓말을 했다.'라고 안다. ④ 견해를 잘못 대변한다. ⑤ 동의를 잘못 대변한다. ⑥ 취향을 잘못 대변한다.

5) 일곱 가지 형태로, '나는 인상의 여읨에 의한 해탈을 얻었겠지라든가 해탈을 얻는다라든가 해탈을 얻었다라든가 해탈을 얻은 자이다라든가 해탈의 주인이다라든가 해탈을 실현했다.'라고 고의적으로 망언을 하는 자는 승단추방죄를 범하는 것이다. ① 거짓말을 하기 전에 '나는 거짓말을 할 것이다.'라고 안다. ② 거짓말을 하면서 '나는 거짓말을 하고 있다.'라고 안다. ③ 거짓말을 하고 나서 '나는 거짓말을 했다.'라고 안다. ④ 견해를 잘못 대변한다. ⑤ 동의를 잘못 대변한다. ⑥ 취향을 잘못 대변한다. ⑦ 의도를 잘못 대변한다.

4-4₃. [바램의 여읨에 의한 해탈]

1) 세 가지 형태로, '나는 바램의 여읨에 의한 해탈을 얻었겠지라든가 해탈을 얻는다라든가 해탈을 얻었다라든가 해탈을 얻은 자이다라든가 해탈의 주인이다라든가 해탈을 실현했다.'라고 고의적으로 망언을 하는 자는 승단추방죄를 범하는 것이다. ① 거짓말을 하기 전에 '나는 거짓말을 할 것이다.'라고 안다. ② 거짓말을 하면서 '나는 거짓말을 하고 있다.'라고 안다. ③ 거짓말을 하고 나서 '나는 거짓말을 했다.'라고 안다.

2) 네 가지 형태로, '나는 바램의 여읨에 의한 해탈을 얻었겠지라든가 해탈을 얻는다라든가 해탈을 얻었다라든가 해탈을 얻은 자이다라든가 해탈의 주인이다라든가 해탈을 실현했다.'라고 고의적으로 망언을 하는 자는 승단추방죄를 범하는 것이다. ① 거짓말을 하기 전에 '나는 거짓말을 할 것이다.'라고 안다. ② 거짓말을 하면서 '나는 거짓말을 하고 있다.'라고 안다. ③ 거짓말을 하고 나서 '나는 거짓말을 했다.'라고 안다. ④ 견해를 잘못 대변한다.

3) 다섯 가지 형태로, '나는 바램의 여읨에 의한 해탈을 얻었겠지라든가 해탈을 얻는다라든가 해탈을 얻었다라든가 해탈을 얻은 자이다라든가 해탈의 주인이다라든가 해탈을 실현했다.'라고 고의적으로 망언을 하는 자는 승단추방죄를 범하는 것이다. ① 거짓말을 하기 전에 '나는 거짓말을 할 것이다.'라고 안다. ② 거짓말을 하면서 '나는 거짓말을 하고 있다.'라고 안다. ③ 거짓말을 하고 나서 '나는 거짓말을 했다.'라고 안다. ④ 견해를 잘못 대변한다. ⑤ 동의를 잘못 대변한다.

4) 여섯 가지 형태로, '나는 바램의 여읨에 의한 해탈을 얻었겠지라든가 해탈을 얻는다라든가 해탈을 얻었다라든가 해탈을 얻은 자이다라든가 해탈의 주인이다라든가 해탈을 실현했다.'라고 고의적으로 망언을 하는 자는 승단추방죄를 범하는 것이다. ① 거짓말을 하기 전에 '나는 거짓말을 할 것이다.'라고 안다. ② 거짓말을 하면서 '나는 거짓말을 하고 있다.'라고 안다. ③ 거짓말을 하고 나서 '나는 거짓말을 했다.'라고 안다. ④ 견해를 잘못 대변한다. ⑤ 동의를 잘못 대변한다. ⑥ 취향을 잘못 대변한다.

5) 일곱 가지 형태로, '나는 바램의 여읨에 의한 해탈을 얻었겠지라든가 해탈을 얻는다라든가 해탈을 얻었다라든가 해탈을 얻은 자이다라든가 해탈의 주인이다라든가 해탈을 실현했다.'라고 고의적으로 망언을 하는 자는 승단추방죄를 범하는 것이다. ① 거짓말을 하기 전에 '나는 거짓말을 할 것이다.'라고 안다. ② 거짓말을 하면서 '나는 거짓말을 하고 있다.'라고 안다. ③ 거짓말을 하고 나서 '나는 거짓말을 했다.'라고 안다. ④ 견해를 잘못 대변한다. ⑤ 동의를 잘못 대변한다. ⑥ 취향을 잘못 대변한다. ⑦ 의도를 잘못 대변한다.

4-4₄. [있음의 여읨에 의한 삼매]

1) 세 가지 형태로, '나는 있음의 여읨에 의한 삼매를 얻었겠지라든가 삼매를 얻는다라든가 삼매를 얻었다라든가 삼매를 얻은 자이다라든가 삼매의 주인이다라든가 삼매를 실현했다.'라고 고의적으로 망언을 하는 자는 승단추방죄를

범하는 것이다. ① 거짓말을 하기 전에 '나는 거짓말을 할 것이다.'라고 안다. ② 거짓말을 하면서 '나는 거짓말을 하고 있다.'라고 안다. ③ 거짓말을 하고 나서 '나는 거짓말을 했다.'라고 안다.

2) 네 가지 형태로, '나는 있음의 여읨에 의한 삼매를 얻었겠지라든가 삼매를 얻는다라든가 삼매를 얻었다라든가 삼매를 얻은 자이다라든가 삼매의 주인이다라든가 삼매를 실현했다.'라고 고의적으로 망언을 하는 자는 승단추방죄를 범하는 것이다. ① 거짓말을 하기 전에 '나는 거짓말을 할 것이다.'라고 안다. ② 거짓말을 하면서 '나는 거짓말을 하고 있다.'라고 안다. ③ 거짓말을 하고 나서 '나는 거짓말을 했다.'라고 안다. ④ 견해를 잘못 대변한다.

3) 다섯 가지 형태로, '나는 있음의 여읨에 의한 삼매를 얻었겠지라든가 삼매를 얻는다라든가 삼매를 얻었다라든가 삼매를 얻은 자이다라든가 삼매의 주인이다라든가 삼매를 실현했다.'라고 고의적으로 망언을 하는 자는 승단추방죄를 범하는 것이다. ① 거짓말을 하기 전에 '나는 거짓말을 할 것이다.'라고 안다. ② 거짓말을 하면서 '나는 거짓말을 하고 있다.'라고 안다. ③ 거짓말을 하고 나서 '나는 거짓말을 했다.'라고 안다. ④ 견해를 잘못 대변한다. ⑤ 동의를 잘못 대변한다.

4) 여섯 가지 형태로, '나는 있음의 여읨에 의한 삼매를 얻었겠지라든가 삼매를 얻는다라든가 삼매를 얻었다라든가 삼매를 얻은 자이다라든가 삼매의 주인이다라든가 삼매를 실현했다.'라고 고의적으로 망언을 하는 자는 승단추방죄를 범하는 것이다. ① 거짓말을 하기 전에 '나는 거짓말을 할 것이다.'라고 안다. ② 거짓말을 하면서 '나는 거짓말을 하고 있다.'라고 안다. ③ 거짓말을 하고 나서 '나는 거짓말을 했다.'라고 안다. ④ 견해를 잘못 대변한다. ⑤ 동의를 잘못 대변한다. ⑥ 취향을 잘못 대변한다.

5) 일곱 가지 형태로, '나는 있음의 여읨에 의한 삼매를 얻었겠지라든가 삼매를 얻는다라든가 삼매를 얻었다라든가 삼매를 얻은 자이다라든가 삼매의 주인이다라든가 삼매를 실현했다.'라고 고의적으로 망언을 하는 자는 승단추방죄를 범하는 것이다. ① 거짓말을 하기 전에 '나는 거짓말을 할 것이다.'라고 안다. ② 거짓말을 하면서 '나는 거짓말을 하고 있다.'라고 안다. ③ 거짓말을 하고 나서 '나는 거짓말을 했다.'라고 안다. ④ 견해를 잘못 대변한다. ⑤ 동의를 잘못 대변한다. ⑥ 취향을 잘못 대변한다. ⑦ 의도를 잘못 대변한다.

$4\text{-}4_5$. [인상의 여읨에 의한 삼매]

1) 세 가지 형태로, '나는 인상의 여읨에 의한 삼매를 얻었겠지라든가 삼매를 얻는다라든가 삼매를 얻었다라든가 삼매를 얻은 자이다라든가 삼매의 주인이다라든가 삼매를 실현했다.'라고 고의적으로 망언을 하는 자는 승단추방죄를 범하는 것이다. ① 거짓말을 하기 전에 '나는 거짓말을 할 것이다.'라고 안다. ② 거짓말을 하면서 '나는 거짓말을 하고 있다.'라고 안다. ③ 거짓말을 하고 나서 '나는 거짓말을 했다.'라고 안다.

2) 네 가지 형태로, '나는 인상의 여읨에 의한 삼매를 얻었겠지라든가 삼매를 얻는다라든가 삼매를 얻었다라든가 삼매를 얻은 자이다라든가 삼매의 주인이다라든가 삼매를 실현했다.'라고 고의적으로 망언을 하는 자는 승단추방죄를 범하는 것이다. ① 거짓말을 하기 전에 '나는 거짓말을 할 것이다.'라고 안다. ② 거짓말을 하면서 '나는 거짓말을 하고 있다.'라고 안다. ③ 거짓말을 하고 나서 '나는 거짓말을 했다.'라고 안다. ④ 견해를 잘못 대변한다.

3) 다섯 가지 형태로, '나는 인상의 여읨에 의한 삼매를 얻었겠지라든가 삼매를 얻는다라든가 삼매를 얻었다라든가 삼매를 얻은 자이다라든가 삼매의 주인이다라든가 삼매를 실현했다.'라고 고의적으로 망언을 하는 자는 승단추방죄를 범하는 것이다. ① 거짓말을 하기 전에 '나는 거짓말을 할 것이다.'라고 안다. ② 거짓말을 하면서 '나는 거짓말을 하고 있다.'라고 안다. ③ 거짓말을 하고 나서 '나는 거짓말을 했다.'라고 안다. ④ 견해를 잘못 대변한다. ⑤ 동의를 잘못 대변한다.

4) 여섯 가지 형태로, '나는 인상의 여읨에 의한 삼매를 얻었겠지라든가 삼매를 얻는다라든가 삼매를 얻었다라든가 삼매를 얻은 자이다라든가 삼매의 주인이다라든가 삼매를 실현했다.'라고 고의적으로 망언을 하는 자는 승단추방죄를 범하는 것이다. ① 거짓말을 하기 전에 '나는 거짓말을 할 것이다.'라고 안다. ② 거짓말을 하면서 '나는 거짓말을 하고 있다.'라고 안다. ③ 거짓말을 하고 나서 '나는 거짓말을 했다.'라고 안다. ④ 견해를 잘못 대변한다. ⑤ 동의를 잘못 대변한다. ⑥ 취향을 잘못 대변한다.

5) 일곱 가지 형태로, '나는 인상의 여읨에 의한 삼매를 얻었겠지라든가 삼매를 얻는다라든가 삼매를 얻었다라든가 삼매를 얻은 자이다라든가 삼매의 주인이다라든가 삼매를 실현했다.'라고 고의적으로 망언을 하는 자는 승단추방죄를 범하는 것이다. ① 거짓말을 하기 전에 '나는 거짓말을 할 것이다.'라고 안다. ② 거짓말을 하면서 '나는 거짓말을 하고 있다.'라고 안다. ③ 거짓말을 하고

나서 '나는 거짓말을 했다.'라고 안다. ④ 견해를 잘못 대변한다. ⑤ 동의를 잘못 대변한다. ⑥ 취향을 잘못 대변한다. ⑦ 의도를 잘못 대변한다.

4-4₆. [바램의 여읨에 의한 삼매]

1) 세 가지 형태로, '나는 바램의 여읨에 의한 삼매를 얻었겠지라든가 삼매를 얻는다라든가 삼매를 얻었다라든가 삼매를 얻은 자이다라든가 삼매의 주인이다라든가 삼매를 실현했다.'라고 고의적으로 망언을 하는 자는 승단추방죄를 범하는 것이다. ① 거짓말을 하기 전에 '나는 거짓말을 할 것이다.'라고 안다. ② 거짓말을 하면서 '나는 거짓말을 하고 있다.'라고 안다. ③ 거짓말을 하고 나서 '나는 거짓말을 했다.'라고 안다.

2) 네 가지 형태로, '나는 바램의 여읨에 의한 삼매를 얻었겠지라든가 삼매를 얻는다라든가 삼매를 얻었다라든가 삼매를 얻은 자이다라든가 삼매의 주인이다라든가 삼매를 실현했다.'라고 고의적으로 망언을 하는 자는 승단추방죄를 범하는 것이다. ① 거짓말을 하기 전에 '나는 거짓말을 할 것이다.'라고 안다. ② 거짓말을 하면서 '나는 거짓말을 하고 있다.'라고 안다. ③ 거짓말을 하고 나서 '나는 거짓말을 했다.'라고 안다. ④ 견해를 잘못 대변한다.

3) 다섯 가지 형태로, '나는 바램의 여읨에 의한 삼매를 얻었겠지라든가 삼매를 얻는다라든가 삼매를 얻었다라든가 삼매를 얻은 자이다라든가 삼매의 주인이다라든가 삼매를 실현했다.'라고 고의적으로 망언을 하는 자는 승단추방죄를 범하는 것이다. ① 거짓말을 하기 전에 '나는 거짓말을 할 것이다.'라고 안다. ② 거짓말을 하면서 '나는 거짓말을 하고 있다.'라고 안다. ③ 거짓말을 하고 나서 '나는 거짓말을 했다.'라고 안다. ④ 견해를 잘못 대변한다. ⑤ 동의를 잘못 대변한다.

4) 여섯 가지 형태로, '나는 바램의 여읨에 의한 삼매를 얻었겠지라든가 삼매를 얻는다라든가 삼매를 얻었다라든가 삼매를 얻은 자이다라든가 삼매의 주인이다라든가 삼매를 실현했다.'라고 고의적으로 망언을 하는 자는 승단추방죄를 범하는 것이다. ① 거짓말을 하기 전에 '나는 거짓말을 할 것이다.'라고 안다. ② 거짓말을 하면서 '나는 거짓말을 하고 있다.'라고 안다. ③ 거짓말을 하고 나서 '나는 거짓말을 했다.'라고 안다. ④ 견해를 잘못 대변한다. ⑤ 동의를 잘못 대변한다. ⑥ 취향을 잘못 대변한다.

5) 일곱 가지 형태로, '나는 바램의 여읨에 의한 삼매를 얻었겠지라든가 삼매를 얻는다라든가 삼매를 얻었다라든가 삼매를 얻은 자이다라든가 삼매의 주인이

다라든가 삼매를 실현했다.'라고 고의적으로 망언을 하는 자는 승단추방죄를 범하는 것이다. ① 거짓말을 하기 전에 '나는 거짓말을 할 것이다.'라고 안다. ② 거짓말을 하면서 '나는 거짓말을 하고 있다.'라고 안다. ③ 거짓말을 하고 나서 '나는 거짓말을 했다.'라고 안다. ④ 견해를 잘못 대변한다. ⑤ 동의를 잘못 대변한다. ⑥ 취향을 잘못 대변한다. ⑦ 의도를 잘못 대변한다.

4-4. [있음의 여읨에 의한 성취]

1) 세 가지 형태로, '나는 있음의 여읨에 의한 성취를 얻었겠지라든가 성취를 얻는다라든가 성취를 얻었다라든가 성취를 얻은 자이다라든가 성취의 주인이다라든가 성취를 실현했다.'라고 고의적으로 망언을 하는 자는 승단추방죄를 범하는 것이다. ① 거짓말을 하기 전에 '나는 거짓말을 할 것이다.'라고 안다. ② 거짓말을 하면서 '나는 거짓말을 하고 있다.'라고 안다. ③ 거짓말을 하고 나서 '나는 거짓말을 했다.'라고 안다.

2) 네 가지 형태로, '나는 있음의 여읨에 의한 성취를 얻었겠지라든가 성취를 얻는다라든가 성취를 얻었다라든가 성취를 얻은 자이다라든가 성취의 주인이다라든가 성취를 실현했다.'라고 고의적으로 망언을 하는 자는 승단추방죄를 범하는 것이다. ① 거짓말을 하기 전에 '나는 거짓말을 할 것이다.'라고 안다. ② 거짓말을 하면서 '나는 거짓말을 하고 있다.'라고 안다. ③ 거짓말을 하고 나서 '나는 거짓말을 했다.'라고 안다. ④ 견해를 잘못 대변한다.

3) 다섯 가지 형태로, '나는 있음의 여읨에 의한 성취를 얻었겠지라든가 성취를 얻는다라든가 성취를 얻었다라든가 성취를 얻은 자이다라든가 성취의 주인이다라든가 성취를 실현했다.'라고 고의적으로 망언을 하는 자는 승단추방죄를 범하는 것이다. ① 거짓말을 하기 전에 '나는 거짓말을 할 것이다.'라고 안다. ② 거짓말을 하면서 '나는 거짓말을 하고 있다.'라고 안다. ③ 거짓말을 하고 나서 '나는 거짓말을 했다.'라고 안다. ④ 견해를 잘못 대변한다. ⑤ 동의를 잘못 대변한다.

4) 여섯 가지 형태로, '나는 있음의 여읨에 의한 성취를 얻었겠지라든가 성취를 얻는다라든가 성취를 얻었다라든가 성취를 얻은 자이다라든가 성취의 주인이다라든가 성취를 실현했다.'라고 고의적으로 망언을 하는 자는 승단추방죄를 범하는 것이다. ① 거짓말을 하기 전에 '나는 거짓말을 할 것이다.'라고 안다. ② 거짓말을 하면서 '나는 거짓말을 하고 있다.'라고 안다. ③ 거짓말을 하고 나서 '나는 거짓말을 했다.'라고 안다. ④ 견해를 잘못 대변한다. ⑤ 동의를

잘못 대변한다. ⑥ 취향을 잘못 대변한다.

5) 일곱 가지 형태로, '나는 있음의 여읨에 의한 성취를 얻었겠지라든가 성취를 얻는다라든가 성취를 얻었다라든가 성취를 얻은 자이다라든가 성취의 주인이다라든가 성취를 실현했다.'라고 고의적으로 망언을 하는 자는 승단추방죄를 범하는 것이다. ① 거짓말을 하기 전에 '나는 거짓말을 할 것이다.'라고 안다. ② 거짓말을 하면서 '나는 거짓말을 하고 있다.'라고 안다. ③ 거짓말을 하고 나서 '나는 거짓말을 했다.'라고 안다. ④ 견해를 잘못 대변한다. ⑤ 동의를 잘못 대변한다. ⑥ 취향을 잘못 대변한다. ⑦ 의도를 잘못 대변한다.

4-4₈. [인상의 여읨에 의한 성취]

1) 세 가지 형태로, '나는 인상의 여읨에 의한 성취를 얻었겠지라든가 성취를 얻는다라든가 성취를 얻었다라든가 성취를 얻은 자이다라든가 성취의 주인이다라든가 성취를 실현했다.'라고 고의적으로 망언을 하는 자는 승단추방죄를 범하는 것이다. ① 거짓말을 하기 전에 '나는 거짓말을 할 것이다.'라고 안다. ② 거짓말을 하면서 '나는 거짓말을 하고 있다.'라고 안다. ③ 거짓말을 하고 나서 '나는 거짓말을 했다.'라고 안다.

2) 네 가지 형태로, '나는 인상의 여읨에 의한 성취를 얻었겠지라든가 성취를 얻는다라든가 성취를 얻었다라든가 성취를 얻은 자이다라든가 성취의 주인이다라든가 성취를 실현했다.'라고 고의적으로 망언을 하는 자는 승단추방죄를 범하는 것이다. ① 거짓말을 하기 전에 '나는 거짓말을 할 것이다.'라고 안다. ② 거짓말을 하면서 '나는 거짓말을 하고 있다.'라고 안다. ③ 거짓말을 하고 나서 '나는 거짓말을 했다.'라고 안다. ④ 견해를 잘못 대변한다.

3) 다섯 가지 형태로, '나는 인상의 여읨에 의한 성취를 얻었겠지라든가 성취를 얻는다라든가 성취를 얻었다라든가 성취를 얻은 자이다라든가 성취의 주인이다라든가 성취를 실현했다.'라고 고의적으로 망언을 하는 자는 승단추방죄를 범하는 것이다. ① 거짓말을 하기 전에 '나는 거짓말을 할 것이다.'라고 안다. ② 거짓말을 하면서 '나는 거짓말을 하고 있다.'라고 안다. ③ 거짓말을 하고 나서 '나는 거짓말을 했다.'라고 안다. ④ 견해를 잘못 대변한다. ⑤ 동의를 잘못 대변한다.

4) 여섯 가지 형태로, '나는 인상의 여읨에 의한 성취를 얻었겠지라든가 성취를 얻는다라든가 성취를 얻었다라든가 성취를 얻은 자이다라든가 성취의 주인이다라든가 성취를 실현했다.'라고 고의적으로 망언을 하는 자는 승단추방죄를

범하는 것이다. ① 거짓말을 하기 전에 '나는 거짓말을 할 것이다.'라고 안다. ② 거짓말을 하면서 '나는 거짓말을 하고 있다.'라고 안다. ③ 거짓말을 하고 나서 '나는 거짓말을 했다.'라고 안다. ④ 견해를 잘못 대변한다. ⑤ 동의를 잘못 대변한다. ⑥ 취향을 잘못 대변한다.

5) 일곱 가지 형태로, '나는 인상의 여읨에 의한 성취를 얻었겠지라든가 성취를 얻는다라든가 성취를 얻었다라든가 성취를 얻은 자이다라든가 성취의 주인이다라든가 성취를 실현했다.'라고 고의적으로 망언을 하는 자는 승단추방죄를 범하는 것이다. ① 거짓말을 하기 전에 '나는 거짓말을 할 것이다.'라고 안다. ② 거짓말을 하면서 '나는 거짓말을 하고 있다.'라고 안다. ③ 거짓말을 하고 나서 '나는 거짓말을 했다.'라고 안다. ④ 견해를 잘못 대변한다. ⑤ 동의를 잘못 대변한다. ⑥ 취향을 잘못 대변한다. ⑦ 의도를 잘못 대변한다.

4-4₉. [바램의 여읨에 의한 성취]

1) 세 가지 형태로, '나는 바램의 여읨에 의한 성취를 얻었겠지라든가 성취를 얻는다라든가 성취를 얻었다라든가 성취를 얻은 자이다라든가 성취의 주인이다라든가 성취를 실현했다.'라고 고의적으로 망언을 하는 자는 승단추방죄를 범하는 것이다. ① 거짓말을 하기 전에 '나는 거짓말을 할 것이다.'라고 안다. ② 거짓말을 하면서 '나는 거짓말을 하고 있다.'라고 안다. ③ 거짓말을 하고 나서 '나는 거짓말을 했다.'라고 안다.

2) 네 가지 형태로, '나는 바램의 여읨에 의한 성취를 얻었겠지라든가 성취를 얻는다라든가 성취를 얻었다라든가 성취를 얻은 자이다라든가 성취의 주인이다라든가 성취를 실현했다.'라고 고의적으로 망언을 하는 자는 승단추방죄를 범하는 것이다. ① 거짓말을 하기 전에 '나는 거짓말을 할 것이다.'라고 안다. ② 거짓말을 하면서 '나는 거짓말을 하고 있다.'라고 안다. ③ 거짓말을 하고 나서 '나는 거짓말을 했다.'라고 안다. ④ 견해를 잘못 대변한다.

3) 다섯 가지 형태로, '나는 바램의 여읨에 의한 성취를 얻었겠지라든가 성취를 얻는다라든가 성취를 얻었다라든가 성취를 얻은 자이다라든가 성취의 주인이다라든가 성취를 실현했다.'라고 고의적으로 망언을 하는 자는 승단추방죄를 범하는 것이다. ① 거짓말을 하기 전에 '나는 거짓말을 할 것이다.'라고 안다. ② 거짓말을 하면서 '나는 거짓말을 하고 있다.'라고 안다. ③ 거짓말을 하고 나서 '나는 거짓말을 했다.'라고 안다. ④ 견해를 잘못 대변한다. ⑤ 동의를 잘못 대변한다.

4) 여섯 가지 형태로, '나는 바램의 여읨에 의한 성취를 얻었겠지라든가 성취를 얻는다라든가 성취를 얻었다라든가 성취를 얻은 자이다라든가 성취의 주인이다라든가 성취를 실현했다.'라고 고의적으로 망언을 하는 자는 승단추방죄를 범하는 것이다. ① 거짓말을 하기 전에 '나는 거짓말을 할 것이다.'라고 안다. ② 거짓말을 하면서 '나는 거짓말을 하고 있다.'라고 안다. ③ 거짓말을 하고 나서 '나는 거짓말을 했다.'라고 안다. ④ 견해를 잘못 대변한다. ⑤ 동의를 잘못 대변한다. ⑥ 취향을 잘못 대변한다.

5) 일곱 가지 형태로, '나는 바램의 여읨에 의한 성취를 얻었겠지라든가 성취를 얻는다라든가 성취를 얻었다라든가 성취를 얻은 자이다라든가 성취의 주인이다라든가 성취를 실현했다.'라고 고의적으로 망언을 하는 자는 승단추방죄를 범하는 것이다. ① 거짓말을 하기 전에 '나는 거짓말을 할 것이다.'라고 안다. ② 거짓말을 하면서 '나는 거짓말을 하고 있다.'라고 안다. ③ 거짓말을 하고 나서 '나는 거짓말을 했다.'라고 안다. ④ 견해를 잘못 대변한다. ⑤ 동의를 잘못 대변한다. ⑥ 취향을 잘못 대변한다. ⑦ 의도를 잘못 대변한다.

4-4₁₀. [세 가지 명지]

1) 세 가지 형태로, '나는 세 가지 명지를 얻었겠지라든가 명지를 얻는다라든가 명지를 얻었다라든가 명지를 얻은 자이다라든가 명지의 주인이다라든가 명지를 실현했다.'라고 고의적으로 망언을 하는 자는 승단추방죄를 범하는 것이다. ① 거짓말을 하기 전에 '나는 거짓말을 할 것이다.'라고 안다. ② 거짓말을 하면서 '나는 거짓말을 하고 있다.'라고 안다. ③ 거짓말을 하고 나서 '나는 거짓말을 했다.'라고 안다.

2) 네 가지 형태로, '나는 세 가지 명지를 얻었겠지라든가 명지를 얻는다라든가 명지를 얻었다라든가 명지를 얻은 자이다라든가 명지의 주인이다라든가 명지를 실현했다.'라고 고의적으로 망언을 하는 자는 승단추방죄를 범하는 것이다. ① 거짓말을 하기 전에 '나는 거짓말을 할 것이다.'라고 안다. ② 거짓말을 하면서 '나는 거짓말을 하고 있다.'라고 안다. ③ 거짓말을 하고 나서 '나는 거짓말을 했다.'라고 안다. ④ 견해를 잘못 대변한다.

3) 다섯 가지 형태로, '나는 세 가지 명지를 얻었겠지라든가 명지를 얻는다라든가 명지를 얻었다라든가 명지를 얻은 자이다라든가 명지의 주인이다라든가 명지를 실현했다.'라고 고의적으로 망언을 하는 자는 승단추방죄를 범하는 것이다. ① 거짓말을 하기 전에 '나는 거짓말을 할 것이다.'라고 안다. ② 거짓말을

하면서 '나는 거짓말을 하고 있다.'라고 안다. ③ 거짓말을 하고 나서 '나는 거짓말을 했다.'라고 안다. ④ 견해를 잘못 대변한다. ⑤ 동의를 잘못 대변한다.

4) 여섯 가지 형태로, '나는 세 가지 명지를 얻었겠지라든가 명지를 얻는다라든가 명지를 얻었다라든가 명지를 얻은 자이다라든가 명지의 주인이다라든가 명지를 실현했다.'라고 고의적으로 망언을 하는 자는 승단추방죄를 범하는 것이다. ① 거짓말을 하기 전에 '나는 거짓말을 할 것이다.'라고 안다. ② 거짓말을 하면서 '나는 거짓말을 하고 있다.'라고 안다. ③ 거짓말을 하고 나서 '나는 거짓말을 했다.'라고 안다. ④ 견해를 잘못 대변한다. ⑤ 동의를 잘못 대변한다. ⑥ 취향을 잘못 대변한다.

5) 일곱 가지 형태로, '나는 세 가지 명지를 얻었겠지라든가 명지를 얻는다라든가 명지를 얻었다라든가 명지를 얻은 자이다라든가 명지의 주인이다라든가 명지를 실현했다.'라고 고의적으로 망언을 하는 자는 승단추방죄를 범하는 것이다. ① 거짓말을 하기 전에 '나는 거짓말을 할 것이다.'라고 안다. ② 거짓말을 하면서 '나는 거짓말을 하고 있다.'라고 안다. ③ 거짓말을 하고 나서 '나는 거짓말을 했다.'라고 안다. ④ 견해를 잘못 대변한다. ⑤ 동의를 잘못 대변한다. ⑥ 취향을 잘못 대변한다. ⑦ 의도를 잘못 대변한다.

4-4₁₁. [네 가지 새김의 토대]

1) 세 가지 형태로, '나는 네 가지 새김의 토대를 얻었겠지라든가 새김의 토대를 얻는다라든가 새김의 토대를 얻었다라든가 새김의 토대를 얻은 자이다라든가 새김의 토대의 주인이다라든가 새김의 토대를 실현했다.'라고 고의적으로 망언을 하는 자는 승단추방죄를 범하는 것이다. ① 거짓말을 하기 전에 '나는 거짓말을 할 것이다.'라고 안다. ② 거짓말을 하면서 '나는 거짓말을 하고 있다.'라고 안다. ③ 거짓말을 하고 나서 '나는 거짓말을 했다.'라고 안다.

2) 네 가지 형태로, '나는 네 가지 새김의 토대를 얻었겠지라든가 새김의 토대를 얻는다라든가 새김의 토대를 얻었다라든가 새김의 토대를 얻은 자이다라든가 새김의 토대의 주인이다라든가 새김의 토대를 실현했다.'라고 고의적으로 망언을 하는 자는 승단추방죄를 범하는 것이다. ① 거짓말을 하기 전에 '나는 거짓말을 할 것이다.'라고 안다. ② 거짓말을 하면서 '나는 거짓말을 하고 있다.'라고 안다. ③ 거짓말을 하고 나서 '나는 거짓말을 했다.'라고 안다. ④ 견해를 잘못 대변한다.

3) 다섯 가지 형태로, '나는 네 가지 새김의 토대를 얻었겠지라든가 새김의 토대를

얻는다라든가 새김의 토대를 얻었다라든가 새김의 토대를 얻은 자이다라든가 새김의 토대의 주인이다라든가 새김의 토대를 실현했다.'라고 고의적으로 망언을 하는 자는 승단추방죄를 범하는 것이다. ① 거짓말을 하기 전에 '나는 거짓말을 할 것이다.'라고 안다. ② 거짓말을 하면서 '나는 거짓말을 하고 있다.' 라고 안다. ③ 거짓말을 하고 나서 '나는 거짓말을 했다.'라고 안다. ④ 견해를 잘못 대변한다. ⑤ 동의를 잘못 대변한다.

4) 여섯 가지 형태로, '나는 네 가지 새김의 토대를 얻었겠지라든가 새김의 토대를 얻는다라든가 새김의 토대를 얻었다라든가 새김의 토대를 얻은 자이다라든가 새김의 토대의 주인이다라든가 새김의 토대를 실현했다.'라고 고의적으로 망언을 하는 자는 승단추방죄를 범하는 것이다. ① 거짓말을 하기 전에 '나는 거짓말을 할 것이다.'라고 안다. ② 거짓말을 하면서 '나는 거짓말을 하고 있다.' 라고 안다. ③ 거짓말을 하고 나서 '나는 거짓말을 했다.'라고 안다. ④ 견해를 잘못 대변한다. ⑤ 동의를 잘못 대변한다. ⑥ 취향을 잘못 대변한다.

5) 일곱 가지 형태로, '나는 네 가지 새김의 토대를 얻었겠지라든가 새김의 토대를 얻는다라든가 새김의 토대를 얻었다라든가 새김의 토대를 얻은 자이다라든가 새김의 토대의 주인이다라든가 새김의 토대를 실현했다.'라고 고의적으로 망언을 하는 자는 승단추방죄를 범하는 것이다. ① 거짓말을 하기 전에 '나는 거짓말을 할 것이다.'라고 안다. ② 거짓말을 하면서 '나는 거짓말을 하고 있다.' 라고 안다. ③ 거짓말을 하고 나서 '나는 거짓말을 했다.'라고 안다. ④ 견해를 잘못 대변한다. ⑤ 동의를 잘못 대변한다. ⑥ 취향을 잘못 대변한다. ⑦ 의도를 잘못 대변한다.

4-4₁₂. [네 가지 올바른 노력]

1) 세 가지 형태로, '나는 네 가지 올바른 노력을 얻었겠지라든가 올바른 노력을 얻는다라든가 올바른 노력을 얻었다라든가 올바른 노력을 얻은 자이다라든가 올바른 노력의 주인이다라든가 올바른 노력을 실현했다.'라고 고의적으로 망언을 하는 자는 승단추방죄를 범하는 것이다. ① 거짓말을 하기 전에 '나는 거짓말을 할 것이다.'라고 안다. ② 거짓말을 하면서 '나는 거짓말을 하고 있다.' 라고 안다. ③ 거짓말을 하고 나서 '나는 거짓말을 했다.'라고 안다.

2) 네 가지 형태로, '나는 네 가지 올바른 노력을 얻었겠지라든가 올바른 노력을 얻는다라든가 올바른 노력을 얻었다라든가 올바른 노력을 얻은 자이다라든가 올바른 노력의 주인이다라든가 올바른 노력을 실현했다.'라고 고의적으로 망

언을 하는 자는 승단추방죄를 범하는 것이다. ① 거짓말을 하기 전에 '나는 거짓말을 할 것이다.'라고 안다. ② 거짓말을 하면서 '나는 거짓말을 하고 있다.' 라고 안다. ③ 거짓말을 하고 나서 '나는 거짓말을 했다.'라고 안다. ④ 견해를 잘못 대변한다.

3) 다섯 가지 형태로, '나는 네 가지 올바른 노력을 얻었겠지라든가 올바른 노력을 얻는다라든가 올바른 노력을 얻었다라든가 올바른 노력을 얻은 자이다라든가 올바른 노력의 주인이다라든가 올바른 노력을 실현했다.'라고 고의적으로 망언을 하는 자는 승단추방죄를 범하는 것이다. ① 거짓말을 하기 전에 '나는 거짓말을 할 것이다.'라고 안다. ② 거짓말을 하면서 '나는 거짓말을 하고 있다.' 라고 안다. ③ 거짓말을 하고 나서 '나는 거짓말을 했다.'라고 안다. ④ 견해를 잘못 대변한다. ⑤ 동의를 잘못 대변한다.

4) 여섯 가지 형태로, '나는 네 가지 올바른 노력을 얻었겠지라든가 올바른 노력을 얻는다라든가 올바른 노력을 얻었다라든가 올바른 노력을 얻은 자이다라든가 올바른 노력의 주인이다라든가 올바른 노력을 실현했다.'라고 고의적으로 망언을 하는 자는 승단추방죄를 범하는 것이다. ① 거짓말을 하기 전에 '나는 거짓말을 할 것이다.'라고 안다. ② 거짓말을 하면서 '나는 거짓말을 하고 있다.' 라고 안다. ③ 거짓말을 하고 나서 '나는 거짓말을 했다.'라고 안다. ④ 견해를 잘못 대변한다. ⑤ 동의를 잘못 대변한다. ⑥ 취향을 잘못 대변한다.

5) 일곱 가지 형태로, '나는 네 가지 올바른 노력을 얻었겠지라든가 올바른 노력을 얻는다라든가 올바른 노력을 얻었다라든가 올바른 노력을 얻은 자이다라든가 올바른 노력의 주인이다라든가 올바른 노력을 실현했다.'라고 고의적으로 망언을 하는 자는 승단추방죄를 범하는 것이다. ① 거짓말을 하기 전에 '나는 거짓말을 할 것이다.'라고 안다. ② 거짓말을 하면서 '나는 거짓말을 하고 있다.' 라고 안다. ③ 거짓말을 하고 나서 '나는 거짓말을 했다.'라고 안다. ④ 견해를 잘못 대변한다. ⑤ 동의를 잘못 대변한다. ⑥ 취향을 잘못 대변한다. ⑦ 의도를 잘못 대변한다.

4-4[13]. [네 가지 신통의 기초]

1) 세 가지 형태로, '나는 네 가지 신통의 기초를 신통의 기초를 얻었겠지라든가 신통의 기초를 얻는다라든가 신통의 기초를 얻었다라든가 신통의 기초를 얻은 자이다라든가 신통의 기초의 주인이다라든가 신통의 기초를 실현했다.'라고 고의적으로 망언을 하는 자는 승단추방죄를 범하는 것이다. ① 거짓말을 하기

전에 '나는 거짓말을 할 것이다.'라고 안다. ② 거짓말을 하면서 '나는 거짓말을 하고 있다.'라고 안다. ③ 거짓말을 하고 나서 '나는 거짓말을 했다.'라고 안다.

2) 네 가지 형태로, '나는 네 가지 신통의 기초를 신통의 기초를 얻었겠지라든가 신통의 기초를 얻는다라든가 신통의 기초를 얻었다라든가 신통의 기초를 얻은 자이다라든가 신통의 기초의 주인이다라든가 신통의 기초를 실현했다.'라고 고의적으로 망언을 하는 자는 승단추방죄를 범하는 것이다. ① 거짓말을 하기 전에 '나는 거짓말을 할 것이다.'라고 안다. ② 거짓말을 하면서 '나는 거짓말을 하고 있다.'라고 안다. ③ 거짓말을 하고 나서 '나는 거짓말을 했다.'라고 안다. ④ 견해를 잘못 대변한다.

3) 다섯 가지 형태로, '나는 네 가지 신통의 기초를 신통의 기초를 얻었겠지라든가 신통의 기초를 얻는다라든가 신통의 기초를 얻었다라든가 신통의 기초를 얻은 자이다라든가 신통의 기초의 주인이다라든가 신통의 기초를 실현했다.'라고 고의적으로 망언을 하는 자는 승단추방죄를 범하는 것이다. ① 거짓말을 하기 전에 '나는 거짓말을 할 것이다.'라고 안다. ② 거짓말을 하면서 '나는 거짓말을 하고 있다.'라고 안다. ③ 거짓말을 하고 나서 '나는 거짓말을 했다.'라고 안다. ④ 견해를 잘못 대변한다. ⑤ 동의를 잘못 대변한다.

4) 여섯 가지 형태로, '나는 네 가지 신통의 기초를 신통의 기초를 얻었겠지라든가 신통의 기초를 얻는다라든가 신통의 기초를 얻었다라든가 신통의 기초를 얻은 자이다라든가 신통의 기초의 주인이다라든가 신통의 기초를 실현했다.'라고 고의적으로 망언을 하는 자는 승단추방죄를 범하는 것이다. ① 거짓말을 하기 전에 '나는 거짓말을 할 것이다.'라고 안다. ② 거짓말을 하면서 '나는 거짓말을 하고 있다.'라고 안다. ③ 거짓말을 하고 나서 '나는 거짓말을 했다.'라고 안다. ④ 견해를 잘못 대변한다. ⑤ 동의를 잘못 대변한다. ⑥ 취향을 잘못 대변한다.

5) 일곱 가지 형태로, '나는 네 가지 신통의 기초를 신통의 기초를 얻었겠지라든가 신통의 기초를 얻는다라든가 신통의 기초를 얻었다라든가 신통의 기초를 얻은 자이다라든가 신통의 기초의 주인이다라든가 신통의 기초를 실현했다.'라고 고의적으로 망언을 하는 자는 승단추방죄를 범하는 것이다. ① 거짓말을 하기 전에 '나는 거짓말을 할 것이다.'라고 안다. ② 거짓말을 하면서 '나는 거짓말을 하고 있다.'라고 안다. ③ 거짓말을 하고 나서 '나는 거짓말을 했다.'라고 안다. ④ 견해를 잘못 대변한다. ⑤ 동의를 잘못 대변한다. ⑥ 취향을 잘못 대변한다. ⑦ 의도를 잘못 대변한다.

4-4₁₄. [다섯 가지 능력]

1) 세 가지 형태로, '나는 다섯 가지 능력을 얻었겠지라든가 능력을 얻는다라든가 능력을 얻었다라든가 능력을 얻은 자이다라든가 능력의 주인이다라든가 능력을 실현했다.'라고 고의적으로 망언을 하는 자는 승단추방죄를 범하는 것이다. ① 거짓말을 하기 전에 '나는 거짓말을 할 것이다.'라고 안다. ② 거짓말을 하면서 '나는 거짓말을 하고 있다.'라고 안다. ③ 거짓말을 하고 나서 '나는 거짓말을 했다.'라고 안다.

2) 네 가지 형태로, '나는 다섯 가지 능력을 얻었겠지라든가 능력을 얻는다라든가 능력을 얻었다라든가 능력을 얻은 자이다라든가 능력의 주인이다라든가 능력을 실현했다.'라고 고의적으로 망언을 하는 자는 승단추방죄를 범하는 것이다. ① 거짓말을 하기 전에 '나는 거짓말을 할 것이다.'라고 안다. ② 거짓말을 하면서 '나는 거짓말을 하고 있다.'라고 안다. ③ 거짓말을 하고 나서 '나는 거짓말을 했다.'라고 안다. ④ 견해를 잘못 대변한다.

3) 다섯 가지 형태로, '나는 다섯 가지 능력을 얻었겠지라든가 능력을 얻는다라든가 능력을 얻었다라든가 능력을 얻은 자이다라든가 능력의 주인이다라든가 능력을 실현했다.'라고 고의적으로 망언을 하는 자는 승단추방죄를 범하는 것이다. ① 거짓말을 하기 전에 '나는 거짓말을 할 것이다.'라고 안다. ② 거짓말을 하면서 '나는 거짓말을 하고 있다.'라고 안다. ③ 거짓말을 하고 나서 '나는 거짓말을 했다.'라고 안다. ④ 견해를 잘못 대변한다. ⑤ 동의를 잘못 대변한다.

4) 여섯 가지 형태로, '나는 다섯 가지 능력을 얻었겠지라든가 능력을 얻는다라든가 능력을 얻었다라든가 능력을 얻은 자이다라든가 능력의 주인이다라든가 능력을 실현했다.'라고 고의적으로 망언을 하는 자는 승단추방죄를 범하는 것이다. ① 거짓말을 하기 전에 '나는 거짓말을 할 것이다.'라고 안다. ② 거짓말을 하면서 '나는 거짓말을 하고 있다.'라고 안다. ③ 거짓말을 하고 나서 '나는 거짓말을 했다.'라고 안다. ④ 견해를 잘못 대변한다. ⑤ 동의를 잘못 대변한다. ⑥ 취향을 잘못 대변한다.

5) 일곱 가지 형태로, '나는 다섯 가지 능력을 얻었겠지라든가 능력을 얻는다라든가 능력을 얻었다라든가 능력을 얻은 자이다라든가 능력의 주인이다라든가 능력을 실현했다.'라고 고의적으로 망언을 하는 자는 승단추방죄를 범하는 것이다. ① 거짓말을 하기 전에 '나는 거짓말을 할 것이다.'라고 안다. ② 거짓말을 하면서 '나는 거짓말을 하고 있다.'라고 안다. ③ 거짓말을 하고 나서 '나는

거짓말을 했다.'라고 안다. ④ 견해를 잘못 대변한다. ⑤ 동의를 잘못 대변한다. ⑥ 취향을 잘못 대변한다. ⑦ 의도를 잘못 대변한다.

4-4₁₅. [다섯 가지 힘]

1) 세 가지 형태로, '나는 다섯 가지 힘을 얻었겠지라든가 힘을 얻는다라든가 힘을 얻었다라든가 힘을 얻은 자이다라든가 힘의 주인이다라든가 힘을 실현했다.'라고 고의적으로 망언을 하는 자는 승단추방죄를 범하는 것이다. ① 거짓말을 하기 전에 '나는 거짓말을 할 것이다.'라고 안다. ② 거짓말을 하면서 '나는 거짓말을 하고 있다.'라고 안다. ③ 거짓말을 하고 나서 '나는 거짓말을 했다.'라고 안다.

2) 네 가지 형태로, '나는 다섯 가지 힘을 얻었겠지라든가 힘을 얻는다라든가 힘을 얻었다라든가 힘을 얻은 자이다라든가 힘의 주인이다라든가 힘을 실현했다.'라고 고의적으로 망언을 하는 자는 승단추방죄를 범하는 것이다. ① 거짓말을 하기 전에 '나는 거짓말을 할 것이다.'라고 안다. ② 거짓말을 하면서 '나는 거짓말을 하고 있다.'라고 안다. ③ 거짓말을 하고 나서 '나는 거짓말을 했다.'라고 안다. ④ 견해를 잘못 대변한다.

3) 다섯 가지 형태로, '나는 다섯 가지 힘을 얻었겠지라든가 힘을 얻는다라든가 힘을 얻었다라든가 힘을 얻은 자이다라든가 힘의 주인이다라든가 힘을 실현했다.'라고 고의적으로 망언을 하는 자는 승단추방죄를 범하는 것이다. ① 거짓말을 하기 전에 '나는 거짓말을 할 것이다.'라고 안다. ② 거짓말을 하면서 '나는 거짓말을 하고 있다.'라고 안다. ③ 거짓말을 하고 나서 '나는 거짓말을 했다.'라고 안다. ④ 견해를 잘못 대변한다. ⑤ 동의를 잘못 대변한다.

4) 여섯 가지 형태로, '나는 다섯 가지 힘을 얻었겠지라든가 힘을 얻는다라든가 힘을 얻었다라든가 힘을 얻은 자이다라든가 힘의 주인이다라든가 힘을 실현했다.'라고 고의적으로 망언을 하는 자는 승단추방죄를 범하는 것이다. ① 거짓말을 하기 전에 '나는 거짓말을 할 것이다.'라고 안다. ② 거짓말을 하면서 '나는 거짓말을 하고 있다.'라고 안다. ③ 거짓말을 하고 나서 '나는 거짓말을 했다.'라고 안다. ④ 견해를 잘못 대변한다. ⑤ 동의를 잘못 대변한다. ⑥ 취향을 잘못 대변한다.

5) 일곱 가지 형태로, '나는 다섯 가지 힘을 얻었겠지라든가 힘을 얻는다라든가 힘을 얻었다라든가 힘을 얻은 자이다라든가 힘의 주인이다라든가 힘을 실현했다.'라고 고의적으로 망언을 하는 자는 승단추방죄를 범하는 것이다. ① 거짓말

을 하기 전에 '나는 거짓말을 할 것이다.'라고 안다. ② 거짓말을 하면서 '나는 거짓말을 하고 있다.'라고 안다. ③ 거짓말을 하고 나서 '나는 거짓말을 했다.'라고 안다. ④ 견해를 잘못 대변한다. ⑤ 동의를 잘못 대변한다. ⑥ 취향을 잘못 대변한다. ⑦ 의도를 잘못 대변한다.

4-4₁₆. [일곱 가지 깨달음 고리]

1) 세 가지 형태로, '나는 일곱 가지 깨달음 고리를 얻었겠지라든가 깨달음 고리를 얻는다라든가 깨달음 고리를 얻었다라든가 깨달음 고리를 얻은 자이다라든가 깨달음 고리의 주인이다라든가 깨달음 고리를 실현했다.'라고 고의적으로 망언을 하는 자는 승단추방죄를 범하는 것이다. ① 거짓말을 하기 전에 '나는 거짓말을 할 것이다.'라고 안다. ② 거짓말을 하면서 '나는 거짓말을 하고 있다.'라고 안다. ③ 거짓말을 하고 나서 '나는 거짓말을 했다.'라고 안다.

2) 네 가지 형태로, '나는 일곱 가지 깨달음 고리를 얻었겠지라든가 깨달음 고리를 얻는다라든가 깨달음 고리를 얻었다라든가 깨달음 고리를 얻은 자이다라든가 깨달음 고리의 주인이다라든가 깨달음 고리를 실현했다.'라고 고의적으로 망언을 하는 자는 승단추방죄를 범하는 것이다. ① 거짓말을 하기 전에 '나는 거짓말을 할 것이다.'라고 안다. ② 거짓말을 하면서 '나는 거짓말을 하고 있다.'라고 안다. ③ 거짓말을 하고 나서 '나는 거짓말을 했다.'라고 안다. ④ 견해를 잘못 대변한다.

3) 다섯 가지 형태로, '나는 일곱 가지 깨달음 고리를 얻었겠지라든가 깨달음 고리를 얻는다라든가 깨달음 고리를 얻었다라든가 깨달음 고리를 얻은 자이다라든가 깨달음 고리의 주인이다라든가 깨달음 고리를 실현했다.'라고 고의적으로 망언을 하는 자는 승단추방죄를 범하는 것이다. ① 거짓말을 하기 전에 '나는 거짓말을 할 것이다.'라고 안다. ② 거짓말을 하면서 '나는 거짓말을 하고 있다.'라고 안다. ③ 거짓말을 하고 나서 '나는 거짓말을 했다.'라고 안다. ④ 견해를 잘못 대변한다. ⑤ 동의를 잘못 대변한다.

4) 여섯 가지 형태로, '나는 일곱 가지 깨달음 고리를 얻었겠지라든가 깨달음 고리를 얻는다라든가 깨달음 고리를 얻었다라든가 깨달음 고리를 얻은 자이다라든가 깨달음 고리의 주인이다라든가 깨달음 고리를 실현했다.'라고 고의적으로 망언을 하는 자는 승단추방죄를 범하는 것이다. ① 거짓말을 하기 전에 '나는 거짓말을 할 것이다.'라고 안다. ② 거짓말을 하면서 '나는 거짓말을 하고 있다.'라고 안다. ③ 거짓말을 하고 나서 '나는 거짓말을 했다.'라고 안다. ④

견해를 잘못 대변한다. ⑤ 동의를 잘못 대변한다. ⑥ 취향을 잘못 대변한다.

5) 일곱 가지 형태로, '나는 일곱 가지 깨달음 고리를 얻었겠지라든가 깨달음 고리를 얻는다라든가 깨달음 고리를 얻었다라든가 깨달음 고리를 얻은 자이다라든가 깨달음 고리의 주인이다라든가 깨달음 고리를 실현했다.'라고 고의적으로 망언을 하는 자는 승단추방죄를 범하는 것이다. ① 거짓말을 하기 전에 '나는 거짓말을 할 것이다.'라고 안다. ② 거짓말을 하면서 '나는 거짓말을 하고 있다.'라고 안다. ③ 거짓말을 하고 나서 '나는 거짓말을 했다.'라고 안다. ④ 견해를 잘못 대변한다. ⑤ 동의를 잘못 대변한다. ⑥ 취향을 잘못 대변한다. ⑦ 의도를 잘못 대변한다.

4-4₁₇. [여덟 가지 고귀한 길]

1) 세 가지 형태로, '나는 여덟 가지 고귀한 길을 얻었겠지라든가 고귀한 길을 얻는다라든가 고귀한 길을 얻었다라든가 고귀한 길을 얻은 자이다라든가 고귀한 길의 주인이다라든가 고귀한 길을 실현했다.'라고 고의적으로 망언을 하는 자는 승단추방죄를 범하는 것이다. ① 거짓말을 하기 전에 '나는 거짓말을 할 것이다.'라고 안다. ② 거짓말을 하면서 '나는 거짓말을 하고 있다.'라고 안다. ③ 거짓말을 하고 나서 '나는 거짓말을 했다.'라고 안다.

2) 네 가지 형태로, '나는 여덟 가지 고귀한 길을 얻었겠지라든가 고귀한 길을 얻는다라든가 고귀한 길을 얻었다라든가 고귀한 길을 얻은 자이다라든가 고귀한 길의 주인이다라든가 고귀한 길을 실현했다.'라고 고의적으로 망언을 하는 자는 승단추방죄를 범하는 것이다. ① 거짓말을 하기 전에 '나는 거짓말을 할 것이다.'라고 안다. ② 거짓말을 하면서 '나는 거짓말을 하고 있다.'라고 안다. ③ 거짓말을 하고 나서 '나는 거짓말을 했다.'라고 안다. ④ 견해를 잘못 대변한다.

3) 다섯 가지 형태로, '나는 여덟 가지 고귀한 길을 얻었겠지라든가 고귀한 길을 얻는다라든가 고귀한 길을 얻었다라든가 고귀한 길을 얻은 자이다라든가 고귀한 길의 주인이다라든가 고귀한 길을 실현했다.'라고 고의적으로 망언을 하는 자는 승단추방죄를 범하는 것이다. ① 거짓말을 하기 전에 '나는 거짓말을 할 것이다.'라고 안다. ② 거짓말을 하면서 '나는 거짓말을 하고 있다.'라고 안다. ③ 거짓말을 하고 나서 '나는 거짓말을 했다.'라고 안다. ④ 견해를 잘못 대변한다. ⑤ 동의를 잘못 대변한다.

4) 여섯 가지 형태로, '나는 여덟 가지 고귀한 길을 얻었겠지라든가 고귀한 길을

얻는다라든가 고귀한 길을 얻었다라든가 고귀한 길을 얻은 자이다라든가 고귀한 길의 주인이다라든가 고귀한 길을 실현했다.'라고 고의적으로 망언을 하는 자는 승단추방죄를 범하는 것이다. ① 거짓말을 하기 전에 '나는 거짓말을 할 것이다.'라고 안다. ② 거짓말을 하면서 '나는 거짓말을 하고 있다.'라고 안다. ③ 거짓말을 하고 나서 '나는 거짓말을 했다.'라고 안다. ④ 견해를 잘못 대변한다. ⑤ 동의를 잘못 대변한다. ⑥ 취향을 잘못 대변한다.

5) 일곱 가지 형태로, '나는 여덟 가지 고귀한 길을 얻었겠지라든가 고귀한 길을 얻는다라든가 고귀한 길을 얻었다라든가 고귀한 길을 얻은 자이다라든가 고귀한 길의 주인이다라든가 고귀한 길을 실현했다.'라고 고의적으로 망언을 하는 자는 승단추방죄를 범하는 것이다. ① 거짓말을 하기 전에 '나는 거짓말을 할 것이다.'라고 안다. ② 거짓말을 하면서 '나는 거짓말을 하고 있다.'라고 안다. ③ 거짓말을 하고 나서 '나는 거짓말을 했다.'라고 안다. ④ 견해를 잘못 대변한다. ⑤ 동의를 잘못 대변한다. ⑥ 취향을 잘못 대변한다. ⑦ 의도를 잘못 대변한다.

4-4$_{18}$. [흐름에 든 경지]

1) 세 가지 형태로, '나는 흐름에 든 경지를 얻었겠지라든가 흐름에 든 경지를 얻는다라든가 경지를 얻었다라든가 경지를 얻은 자이다라든가 경지의 주인이다라든가 경지를 실현했다.'라고 고의적으로 망언을 하는 자는 승단추방죄를 범하는 것이다. ① 거짓말을 하기 전에 '나는 거짓말을 할 것이다.'라고 안다. ② 거짓말을 하면서 '나는 거짓말을 하고 있다.'라고 안다. ③ 거짓말을 하고 나서 '나는 거짓말을 했다.'라고 안다.

2) 네 가지 형태로, '나는 흐름에 든 경지를 얻었겠지라든가 흐름에 든 경지를 얻는다라든가 경지를 얻었다라든가 경지를 얻은 자이다라든가 경지의 주인이다라든가 경지를 실현했다.'라고 고의적으로 망언을 하는 자는 승단추방죄를 범하는 것이다. ① 거짓말을 하기 전에 '나는 거짓말을 할 것이다.'라고 안다. ② 거짓말을 하면서 '나는 거짓말을 하고 있다.'라고 안다. ③ 거짓말을 하고 나서 '나는 거짓말을 했다.'라고 안다. ④ 견해를 잘못 대변한다.

3) 다섯 가지 형태로, '나는 흐름에 든 경지를 얻었겠지라든가 흐름에 든 경지를 얻는다라든가 경지를 얻었다라든가 경지를 얻은 자이다라든가 경지의 주인이다라든가 경지를 실현했다.'라고 고의적으로 망언을 하는 자는 승단추방죄를 범하는 것이다. ① 거짓말을 하기 전에 '나는 거짓말을 할 것이다.'라고 안다. ② 거짓말을 하면서 '나는 거짓말을 하고 있다.'라고 안다. ③ 거짓말을 하고

나서 '나는 거짓말을 했다.'라고 안다. ④ 견해를 잘못 대변한다. ⑤ 동의를 잘못 대변한다.

4) 여섯 가지 형태로, '나는 흐름에 든 경지를 얻었겠지라든가 흐름에 든 경지를 얻는다라든가 경지를 얻었다라든가 경지를 얻은 자이다라든가 경지의 주인이다라든가 경지를 실현했다.'라고 고의적으로 망언을 하는 자는 승단추방죄를 범하는 것이다. ① 거짓말을 하기 전에 '나는 거짓말을 할 것이다.'라고 안다. ② 거짓말을 하면서 '나는 거짓말을 하고 있다.'라고 안다. ③ 거짓말을 하고 나서 '나는 거짓말을 했다.'라고 안다. ④ 견해를 잘못 대변한다. ⑤ 동의를 잘못 대변한다. ⑥ 취향을 잘못 대변한다.

5) 일곱 가지 형태로, '나는 흐름에 든 경지를 얻었겠지라든가 흐름에 든 경지를 얻는다라든가 경지를 얻었다라든가 경지를 얻은 자이다라든가 경지의 주인이다라든가 경지를 실현했다.'라고 고의적으로 망언을 하는 자는 승단추방죄를 범하는 것이다. ① 거짓말을 하기 전에 '나는 거짓말을 할 것이다.'라고 안다. ② 거짓말을 하면서 '나는 거짓말을 하고 있다.'라고 안다. ③ 거짓말을 하고 나서 '나는 거짓말을 했다.'라고 안다. ④ 견해를 잘못 대변한다. ⑤ 동의를 잘못 대변한다. ⑥ 취향을 잘못 대변한다. ⑦ 의도를 잘못 대변한다.

4-4₁₉. [한번 돌아오는 경지]

1) 세 가지 형태로, '나는 한번 돌아오는 경지를 얻었겠지라든가 한번 돌아오는 경지를 얻는다라든가 경지를 얻었다라든가 경지를 얻은 자이다라든가 경지의 주인이다라든가 경지를 실현했다.'라고 고의적으로 망언을 하는 자는 승단추방죄를 범하는 것이다. ① 거짓말을 하기 전에 '나는 거짓말을 할 것이다.'라고 안다. ② 거짓말을 하면서 '나는 거짓말을 하고 있다.'라고 안다. ③ 거짓말을 하고 나서 '나는 거짓말을 했다.'라고 안다.

2) 네 가지 형태로, '나는 한번 돌아오는 경지를 얻었겠지라든가 한번 돌아오는 경지를 얻는다라든가 경지를 얻었다라든가 경지를 얻은 자이다라든가 경지의 주인이다라든가 경지를 실현했다.'라고 고의적으로 망언을 하는 자는 승단추방죄를 범하는 것이다. ① 거짓말을 하기 전에 '나는 거짓말을 할 것이다.'라고 안다. ② 거짓말을 하면서 '나는 거짓말을 하고 있다.'라고 안다. ③ 거짓말을 하고 나서 '나는 거짓말을 했다.'라고 안다. ④ 견해를 잘못 대변한다.

3) 다섯 가지 형태로, '나는 한번 돌아오는 경지를 얻었겠지라든가 한번 돌아오는 경지를 얻는다라든가 경지를 얻었다라든가 경지를 얻은 자이다라든가 경지의

주인이다라든가 경지를 실현했다.'라고 고의적으로 망언을 하는 자는 승단추방죄를 범하는 것이다. ① 거짓말을 하기 전에 '나는 거짓말을 할 것이다.'라고 안다. ② 거짓말을 하면서 '나는 거짓말을 하고 있다.'라고 안다. ③ 거짓말을 하고 나서 '나는 거짓말을 했다.'라고 안다. ④ 견해를 잘못 대변한다. ⑤ 동의를 잘못 대변한다.

4) 여섯 가지 형태로, '나는 한번 돌아오는 경지를 얻었겠지라든가 한번 돌아오는 경지를 얻는다라든가 경지를 얻었다라든가 경지를 얻은 자이다라든가 경지의 주인이다라든가 경지를 실현했다.'라고 고의적으로 망언을 하는 자는 승단추방죄를 범하는 것이다. ① 거짓말을 하기 전에 '나는 거짓말을 할 것이다.'라고 안다. ② 거짓말을 하면서 '나는 거짓말을 하고 있다.'라고 안다. ③ 거짓말을 하고 나서 '나는 거짓말을 했다.'라고 안다. ④ 견해를 잘못 대변한다. ⑤ 동의를 잘못 대변한다. ⑥ 취향을 잘못 대변한다.

5) 일곱 가지 형태로, '나는 한번 돌아오는 경지를 얻었겠지라든가 한번 돌아오는 경지를 얻는다라든가 경지를 얻었다라든가 경지를 얻은 자이다라든가 경지의 주인이다라든가 경지를 실현했다.'라고 고의적으로 망언을 하는 자는 승단추방죄를 범하는 것이다. ① 거짓말을 하기 전에 '나는 거짓말을 할 것이다.'라고 안다. ② 거짓말을 하면서 '나는 거짓말을 하고 있다.'라고 안다. ③ 거짓말을 하고 나서 '나는 거짓말을 했다.'라고 안다. ④ 견해를 잘못 대변한다. ⑤ 동의를 잘못 대변한다. ⑥ 취향을 잘못 대변한다. ⑦ 의도를 잘못 대변한다.

4-4₂₀. [돌아오지 않는 경지]

1) 세 가지 형태로, '나는 돌아오지 않는 경지를 얻었겠지라든가 돌아오지 않는 경지를 얻는다라든가 경지를 얻었다라든가 경지를 얻은 자이다라든가 경지의 주인이다라든가 경지를 실현했다.'라고 고의적으로 망언을 하는 자는 승단추방죄를 범하는 것이다. ① 거짓말을 하기 전에 '나는 거짓말을 할 것이다.'라고 안다. ② 거짓말을 하면서 '나는 거짓말을 하고 있다.'라고 안다. ③ 거짓말을 하고 나서 '나는 거짓말을 했다.'라고 안다.

2) 네 가지 형태로, '나는 돌아오지 않는 경지를 얻었겠지라든가 돌아오지 않는 경지를 얻는다라든가 경지를 얻었다라든가 경지를 얻은 자이다라든가 경지의 주인이다라든가 경지를 실현했다.'라고 고의적으로 망언을 하는 자는 승단추방죄를 범하는 것이다. ① 거짓말을 하기 전에 '나는 거짓말을 할 것이다.'라고 안다. ② 거짓말을 하면서 '나는 거짓말을 하고 있다.'라고 안다. ③ 거짓말을

하고 나서 '나는 거짓말을 했다.'라고 안다. ④ 견해를 잘못 대변한다.

3) 다섯 가지 형태로, '나는 돌아오지 않는 경지를 얻었겠지라든가 돌아오지 않는 경지를 얻는다라든가 경지를 얻었다라든가 경지를 얻은 자이다라든가 경지의 주인이다라든가 경지를 실현했다.'라고 고의적으로 망언을 하는 자는 승단추방죄를 범하는 것이다. ① 거짓말을 하기 전에 '나는 거짓말을 할 것이다.'라고 안다. ② 거짓말을 하면서 '나는 거짓말을 하고 있다.'라고 안다. ③ 거짓말을 하고 나서 '나는 거짓말을 했다.'라고 안다. ④ 견해를 잘못 대변한다. ⑤ 동의를 잘못 대변한다.

4) 여섯 가지 형태로, '나는 돌아오지 않는 경지를 얻었겠지라든가 돌아오지 않는 경지를 얻는다라든가 경지를 얻었다라든가 경지를 얻은 자이다라든가 경지의 주인이다라든가 경지를 실현했다.'라고 고의적으로 망언을 하는 자는 승단추방죄를 범하는 것이다. ① 거짓말을 하기 전에 '나는 거짓말을 할 것이다.'라고 안다. ② 거짓말을 하면서 '나는 거짓말을 하고 있다.'라고 안다. ③ 거짓말을 하고 나서 '나는 거짓말을 했다.'라고 안다. ④ 견해를 잘못 대변한다. ⑤ 동의를 잘못 대변한다. ⑥ 취향을 잘못 대변한다.

5) 일곱 가지 형태로, '나는 돌아오지 않는 경지를 얻었겠지라든가 돌아오지 않는 경지를 얻는다라든가 경지를 얻었다라든가 경지를 얻은 자이다라든가 경지의 주인이다라든가 경지를 실현했다.'라고 고의적으로 망언을 하는 자는 승단추방죄를 범하는 것이다. ① 거짓말을 하기 전에 '나는 거짓말을 할 것이다.'라고 안다. ② 거짓말을 하면서 '나는 거짓말을 하고 있다.'라고 안다. ③ 거짓말을 하고 나서 '나는 거짓말을 했다.'라고 안다. ④ 견해를 잘못 대변한다. ⑤ 동의를 잘못 대변한다. ⑥ 취향을 잘못 대변한다. ⑦ 의도를 잘못 대변한다.

4-4₂₁. [거룩한 경지]

1) 세 가지 형태로, '나는 거룩한 경지를 얻었겠지라든가 거룩한 경지를 얻는다라든가 경지를 얻었다라든가 경지를 얻은 자이다라든가 경지의 주인이다라든가 경지를 실현했다.'라고 고의적으로 망언을 하는 자는 승단추방죄를 범하는 것이다. ① 거짓말을 하기 전에 '나는 거짓말을 할 것이다.'라고 안다. ② 거짓말을 하면서 '나는 거짓말을 하고 있다.'라고 안다. ③ 거짓말을 하고 나서 '나는 거짓말을 했다.'라고 안다.

2) 네 가지 형태로, '나는 거룩한 경지를 얻었겠지라든가 거룩한 경지를 얻는다라든가 경지를 얻었다라든가 경지를 얻은 자이다라든가 경지의 주인이다라든가

경지를 실현했다.'라고 고의적으로 망언을 하는 자는 승단추방죄를 범하는 것이다. ① 거짓말을 하기 전에 '나는 거짓말을 할 것이다.'라고 안다. ② 거짓말을 하면서 '나는 거짓말을 하고 있다.'라고 안다. ③ 거짓말을 하고 나서 '나는 거짓말을 했다.'라고 안다. ④ 견해를 잘못 대변한다.

3) 다섯 가지 형태로, '나는 거룩한 경지를 얻었겠지라든가 거룩한 경지를 얻는다라든가 경지를 얻었다라든가 경지를 얻은 자이다라든가 경지의 주인이다라든가 경지를 실현했다.'라고 고의적으로 망언을 하는 자는 승단추방죄를 범하는 것이다. ① 거짓말을 하기 전에 '나는 거짓말을 할 것이다.'라고 안다. ② 거짓말을 하면서 '나는 거짓말을 하고 있다.'라고 안다. ③ 거짓말을 하고 나서 '나는 거짓말을 했다.'라고 안다. ④ 견해를 잘못 대변한다. ⑤ 동의를 잘못 대변한다.

4) 여섯 가지 형태로, '나는 거룩한 경지를 얻었겠지라든가 거룩한 경지를 얻는다라든가 경지를 얻었다라든가 경지를 얻은 자이다라든가 경지의 주인이다라든가 경지를 실현했다.'라고 고의적으로 망언을 하는 자는 승단추방죄를 범하는 것이다. ① 거짓말을 하기 전에 '나는 거짓말을 할 것이다.'라고 안다. ② 거짓말을 하면서 '나는 거짓말을 하고 있다.'라고 안다. ③ 거짓말을 하고 나서 '나는 거짓말을 했다.'라고 안다. ④ 견해를 잘못 대변한다. ⑤ 동의를 잘못 대변한다. ⑥ 취향을 잘못 대변한다.

5) 일곱 가지 형태로, '나는 거룩한 경지를 얻었겠지라든가 거룩한 경지를 얻는다라든가 경지를 얻었다라든가 경지를 얻은 자이다라든가 경지의 주인이다라든가 경지를 실현했다.'라고 고의적으로 망언을 하는 자는 승단추방죄를 범하는 것[*95]이다. ① 거짓말을 하기 전에 '나는 거짓말을 할 것이다.'라고 안다. ② 거짓말을 하면서 '나는 거짓말을 하고 있다.'라고 안다. ③ 거짓말을 하고 나서 '나는 거짓말을 했다.'라고 안다. ④ 견해를 잘못 대변한다. ⑤ 동의를 잘못 대변한다. ⑥ 취향을 잘못 대변한다. ⑦ 의도를 잘못 대변한다.

4-4$_{22}$. [탐욕의 여읨]

1) 세 가지 형태로, '나의 탐욕은 끊어졌거나, 쫓아버려졌거나, 놓아버려졌거나, 벗어버려졌거나, 버려버렸거나, 던져버려졌거나, 포기되어버렸다.'라고 고의적으로 망언을 하는 자는 승단추방죄를 범하는 것이다. ① 거짓말을 하기 전에 '나는 거짓말을 할 것이다.'라고 안다. ② 거짓말을 하면서 '나는 거짓말을 하고 있다.'라고 안다. ③ 거짓말을 하고 나서 '나는 거짓말을 했다.'라고 안다.

2) 네 가지 형태로, '나의 탐욕은 끊어졌거나, 쫓아버려졌거나, 놓아버려졌거나,

벗어버려졌거나, 버려버렸거나, 던져버려졌거나, 포기되어버렸다.'라고 고의적으로 망언을 하는 자는 승단추방죄를 범하는 것이다. ① 거짓말을 하기 전에 '나는 거짓말을 할 것이다.'라고 안다. ② 거짓말을 하면서 '나는 거짓말을 하고 있다.'라고 안다. ③ 거짓말을 하고 나서 '나는 거짓말을 했다.'라고 안다. ④ 견해를 잘못 대변한다.

3) 다섯 가지 형태로, '나의 탐욕은 끊어졌거나, 쫓아버려졌거나, 놓아버려졌거나, 벗어버려졌거나, 버려버렸거나, 던져버려졌거나, 포기되어버렸다.'라고 고의적으로 망언을 하는 자는 승단추방죄를 범하는 것이다. ① 거짓말을 하기 전에 '나는 거짓말을 할 것이다.'라고 안다. ② 거짓말을 하면서 '나는 거짓말을 하고 있다.'라고 안다. ③ 거짓말을 하고 나서 '나는 거짓말을 했다.'라고 안다. ④ 견해를 잘못 대변한다. ⑤ 동의를 잘못 대변한다.

4) 여섯 가지 형태로, '나의 탐욕은 끊어졌거나, 쫓아버려졌거나, 놓아버려졌거나, 벗어버려졌거나, 버려버렸거나, 던져버려졌거나, 포기되어버렸다.'라고 고의적으로 망언을 하는 자는 승단추방죄를 범하는 것이다. ① 거짓말을 하기 전에 '나는 거짓말을 할 것이다.'라고 안다. ② 거짓말을 하면서 '나는 거짓말을 하고 있다.'라고 안다. ③ 거짓말을 하고 나서 '나는 거짓말을 했다.'라고 안다. ④ 견해를 잘못 대변한다. ⑤ 동의를 잘못 대변한다. ⑥ 취향을 잘못 대변한다.

5) 일곱 가지 형태로, '나의 탐욕은 끊어졌거나, 쫓아버려졌거나, 놓아버려졌거나, 벗어버려졌거나, 버려버렸거나, 던져버려졌거나, 포기되어버렸다.'라고 고의적으로 망언을 하는 자는 승단추방죄를 범하는 것이다. ① 거짓말을 하기 전에 '나는 거짓말을 할 것이다.'라고 안다. ② 거짓말을 하면서 '나는 거짓말을 하고 있다.'라고 안다. ③ 거짓말을 하고 나서 '나는 거짓말을 했다.'라고 안다. ④ 견해를 잘못 대변한다. ⑤ 동의를 잘못 대변한다. ⑥ 취향을 잘못 대변한다. ⑦ 의도를 잘못 대변한다.

4-4₂₃. [성냄의 여읨]

1) 세 가지 형태로, '나의 성냄은 끊어졌거나, 쫓아버려졌거나, 놓아버려졌거나, 벗어버려졌거나, 버려버렸거나, 던져버려졌거나, 포기되어버렸다.'라고 고의적으로 망언을 하는 자는 승단추방죄를 범하는 것이다. ① 거짓말을 하기 전에 '나는 거짓말을 할 것이다.'라고 안다. ② 거짓말을 하면서 '나는 거짓말을 하고 있다.'라고 안다. ③ 거짓말을 하고 나서 '나는 거짓말을 했다.'라고 안다.

2) 네 가지 형태로, '나의 성냄은 끊어졌거나, 쫓아버려졌거나, 놓아버려졌거나,

벗어버려졌거나, 버려버렸거나, 던져버려졌거나, 포기되어버렸다.'라고 고의적으로 망언을 하는 자는 승단추방죄를 범하는 것이다. ① 거짓말을 하기 전에 '나는 거짓말을 할 것이다.'라고 안다. ② 거짓말을 하면서 '나는 거짓말을 하고 있다.'라고 안다. ③ 거짓말을 하고 나서 '나는 거짓말을 했다.'라고 안다. ④ 견해를 잘못 대변한다.

3) 다섯 가지 형태로, '나의 성냄은 끊어졌거나, 쫓아버려졌거나, 놓아버려졌거나, 벗어버려졌거나, 버려버렸거나, 던져버려졌거나, 포기되어버렸다.'라고 고의적으로 망언을 하는 자는 승단추방죄를 범하는 것이다. ① 거짓말을 하기 전에 '나는 거짓말을 할 것이다.'라고 안다. ② 거짓말을 하면서 '나는 거짓말을 하고 있다.'라고 안다. ③ 거짓말을 하고 나서 '나는 거짓말을 했다.'라고 안다. ④ 견해를 잘못 대변한다. ⑤ 동의를 잘못 대변한다.

4) 여섯 가지 형태로, '나의 성냄은 끊어졌거나, 쫓아버려졌거나, 놓아버려졌거나, 벗어버려졌거나, 버려버렸거나, 던져버려졌거나, 포기되어버렸다.'라고 고의적으로 망언을 하는 자는 승단추방죄를 범하는 것이다. ① 거짓말을 하기 전에 '나는 거짓말을 할 것이다.'라고 안다. ② 거짓말을 하면서 '나는 거짓말을 하고 있다.'라고 안다. ③ 거짓말을 하고 나서 '나는 거짓말을 했다.'라고 안다. ④ 견해를 잘못 대변한다. ⑤ 동의를 잘못 대변한다. ⑥ 취향을 잘못 대변한다.

5) 일곱 가지 형태로, '나의 성냄은 끊어졌거나, 쫓아버려졌거나, 놓아버려졌거나, 벗어버려졌거나, 버려버렸거나, 던져버려졌거나, 포기되어버렸다.'라고 고의적으로 망언을 하는 자는 승단추방죄를 범하는 것이다. ① 거짓말을 하기 전에 '나는 거짓말을 할 것이다.'라고 안다. ② 거짓말을 하면서 '나는 거짓말을 하고 있다.'라고 안다. ③ 거짓말을 하고 나서 '나는 거짓말을 했다.'라고 안다. ④ 견해를 잘못 대변한다. ⑤ 동의를 잘못 대변한다. ⑥ 취향을 잘못 대변한다. ⑦ 의도를 잘못 대변한다.

4-4 24. [어리석음의 여읨]

1) 세 가지 형태로, '나의 어리석음은 끊어졌거나, 쫓아버려졌거나, 놓아버려졌거나, 벗어버려졌거나, 버려버렸거나, 던져버려졌거나, 포기되어버렸다.'라고 고의적으로 망언을 하는 자는 승단추방죄를 범하는 것이다. ① 거짓말을 하기 전에 '나는 거짓말을 할 것이다.'라고 안다. ② 거짓말을 하면서 '나는 거짓말을 하고 있다.'라고 안다. ③ 거짓말을 하고 나서 '나는 거짓말을 했다.'라고 안다.

2) 네 가지 형태로, '나의 어리석음은 끊어졌거나, 쫓아버려졌거나, 놓아버려졌거

나, 벗어버려졌거나, 버려버렸거나, 던져버려졌거나, 포기되어버렸다.'라고 고의적으로 망언을 하는 자는 승단추방죄를 범하는 것이다. ① 거짓말을 하기 전에 '나는 거짓말을 할 것이다.'라고 안다. ② 거짓말을 하면서 '나는 거짓말을 하고 있다.'라고 안다. ③ 거짓말을 하고 나서 '나는 거짓말을 했다.'라고 안다. ④ 견해를 잘못 대변한다.

3) 다섯 가지 형태로, '나의 어리석음은 끊어졌거나, 쫒아버려졌거나, 놓아버려졌거나, 벗어버려졌거나, 버려버렸거나, 던져버려졌거나, 포기되어버렸다.'라고 고의적으로 망언을 하는 자는 승단추방죄를 범하는 것이다. ① 거짓말을 하기 전에 '나는 거짓말을 할 것이다.'라고 안다. ② 거짓말을 하면서 '나는 거짓말을 하고 있다.'라고 안다. ③ 거짓말을 하고 나서 '나는 거짓말을 했다.'라고 안다. ④ 견해를 잘못 대변한다. ⑤ 동의를 잘못 대변한다.

4) 여섯 가지 형태로, '나의 어리석음은 끊어졌거나, 쫒아버려졌거나, 놓아버려졌거나, 벗어버려졌거나, 버려버렸거나, 던져버려졌거나, 포기되어버렸다.'라고 고의적으로 망언을 하는 자는 승단추방죄를 범하는 것이다. ① 거짓말을 하기 전에 '나는 거짓말을 할 것이다.'라고 안다. ② 거짓말을 하면서 '나는 거짓말을 하고 있다.'라고 안다. ③ 거짓말을 하고 나서 '나는 거짓말을 했다.'라고 안다. ④ 견해를 잘못 대변한다. ⑤ 동의를 잘못 대변한다. ⑥ 취향을 잘못 대변한다.

5) 일곱 가지 형태로, '나의 어리석음은 끊어졌거나, 쫒아버려졌거나, 놓아버려졌거나, 벗어버려졌거나, 버려버렸거나, 던져버려졌거나, 포기되어버렸다.'라고 고의적으로 망언을 하는 자는 승단추방죄를 범하는 것이다. ① 거짓말을 하기 전에 '나는 거짓말을 할 것이다.'라고 안다. ② 거짓말을 하면서 '나는 거짓말을 하고 있다.'라고 안다. ③ 거짓말을 하고 나서 '나는 거짓말을 했다.'라고 안다. ④ 견해를 잘못 대변한다. ⑤ 동의를 잘못 대변한다. ⑥ 취향을 잘못 대변한다. ⑦ 의도를 잘못 대변한다.

4-4₂₅. [탐욕의 장애에서 벗어남]

1) 세 가지 형태로, '나의 마음은 탐욕의 장애로부터 벗어났다.'라고 고의적으로 망언을 하는 자는 승단추방죄를 범하는 것이다. ① 거짓말을 하기 전에 '나는 거짓말을 할 것이다.'라고 안다. ② 거짓말을 하면서 '나는 거짓말을 하고 있다.'라고 안다. ③ 거짓말을 하고 나서 '나는 거짓말을 했다.'라고 안다.

2) 네 가지 형태로, '나의 마음은 탐욕의 장애로부터 벗어났다.'라고 고의적으로 망언을 하는 자는 승단추방죄를 범하는 것이다. ① 거짓말을 하기 전에 '나는

거짓말을 할 것이다.'라고 안다. ② 거짓말을 하면서 '나는 거짓말을 하고 있다.' 라고 안다. ③ 거짓말을 하고 나서 '나는 거짓말을 했다.'라고 안다. ④ 견해를 잘못 대변한다.

3) 다섯 가지 형태로, '나의 마음은 탐욕의 장애로부터 벗어났다.'라고 고의적으로 망언을 하는 자는 승단추방죄를 범하는 것이다. ① 거짓말을 하기 전에 '나는 거짓말을 할 것이다.'라고 안다. ② 거짓말을 하면서 '나는 거짓말을 하고 있다.' 라고 안다. ③ 거짓말을 하고 나서 '나는 거짓말을 했다.'라고 안다. ④ 견해를 잘못 대변한다. ⑤ 동의를 잘못 대변한다.

4) 여섯 가지 형태로, '나의 마음은 탐욕의 장애로부터 벗어났다.'라고 고의적으로 망언을 하는 자는 승단추방죄를 범하는 것이다. ① 거짓말을 하기 전에 '나는 거짓말을 할 것이다.'라고 안다. ② 거짓말을 하면서 '나는 거짓말을 하고 있다.' 라고 안다. ③ 거짓말을 하고 나서 '나는 거짓말을 했다.'라고 안다. ④ 견해를 잘못 대변한다. ⑤ 동의를 잘못 대변한다. ⑥ 취향을 잘못 대변한다.

5) 일곱 가지 형태로, '나의 마음은 탐욕의 장애로부터 벗어났다.'라고 고의적으로 망언을 하는 자는 승단추방죄를 범하는 것이다. ① 거짓말을 하기 전에 '나는 거짓말을 할 것이다.'라고 안다. ② 거짓말을 하면서 '나는 거짓말을 하고 있다.' 라고 안다. ③ 거짓말을 하고 나서 '나는 거짓말을 했다.'라고 안다. ④ 견해를 잘못 대변한다. ⑤ 동의를 잘못 대변한다. ⑥ 취향을 잘못 대변한다. ⑦ 의도를 잘못 대변한다.

4-4[26]. [마음의 장애에서 벗어남]

1) 세 가지 형태로, '나의 마음은 성냄의 장애로부터 벗어났다.'라고 고의적으로 망언을 하는 자는 승단추방죄를 범하는 것이다. ① 거짓말을 하기 전에 '나는 거짓말을 할 것이다.'라고 안다. ② 거짓말을 하면서 '나는 거짓말을 하고 있다.' 라고 안다. ③ 거짓말을 하고 나서 '나는 거짓말을 했다.'라고 안다.

2) 네 가지 형태로, '나의 마음은 성냄의 장애로부터 벗어났다.'라고 고의적으로 망언을 하는 자는 승단추방죄를 범하는 것이다. ① 거짓말을 하기 전에 '나는 거짓말을 할 것이다.'라고 안다. ② 거짓말을 하면서 '나는 거짓말을 하고 있다.' 라고 안다. ③ 거짓말을 하고 나서 '나는 거짓말을 했다.'라고 안다. ④ 견해를 잘못 대변한다.

3) 다섯 가지 형태로, '나의 마음은 성냄의 장애로부터 벗어났다.'라고 고의적으로 망언을 하는 자는 승단추방죄를 범하는 것이다. ① 거짓말을 하기 전에 '나는

거짓말을 할 것이다.'라고 안다. ② 거짓말을 하면서 '나는 거짓말을 하고 있다.' 라고 안다. ③ 거짓말을 하고 나서 '나는 거짓말을 했다.'라고 안다. ④ 견해를 잘못 대변한다. ⑤ 동의를 잘못 대변한다.

4) 여섯 가지 형태로, '나의 마음은 성냄의 장애로부터 벗어났다.'라고 고의적으로 망언을 하는 자는 승단추방죄를 범하는 것이다. ① 거짓말을 하기 전에 '나는 거짓말을 할 것이다.'라고 안다. ② 거짓말을 하면서 '나는 거짓말을 하고 있다.' 라고 안다. ③ 거짓말을 하고 나서 '나는 거짓말을 했다.'라고 안다. ④ 견해를 잘못 대변한다. ⑤ 동의를 잘못 대변한다. ⑥ 취향을 잘못 대변한다.

5) 일곱 가지 형태로, '나의 마음은 성냄의 장애로부터 벗어났다.'라고 고의적으로 망언을 하는 자는 승단추방죄를 범하는 것이다. ① 거짓말을 하기 전에 '나는 거짓말을 할 것이다.'라고 안다. ② 거짓말을 하면서 '나는 거짓말을 하고 있다.' 라고 안다. ③ 거짓말을 하고 나서 '나는 거짓말을 했다.'라고 안다. ④ 견해를 잘못 대변한다. ⑤ 동의를 잘못 대변한다. ⑥ 취향을 잘못 대변한다. ⑦ 의도를 잘못 대변한다.

4-4₂₇. [어리석음의 장애에서 벗어남]

1) 세 가지 형태로, '나의 마음은 어리석음의 장애로부터 벗어났다.'라고 고의적으로 망언을 하는 자는 승단추방죄를 범하는 것이다. ① 거짓말을 하기 전에 '나는 거짓말을 할 것이다.'라고 안다. ② 거짓말을 하면서 '나는 거짓말을 하고 있다.'라고 안다. ③ 거짓말을 하고 나서 '나는 거짓말을 했다.'라고 안다.

2) 네 가지 형태로, '나의 마음은 어리석음의 장애로부터 벗어났다.'라고 고의적으로 망언을 하는 자는 승단추방죄를 범하는 것이다. ① 거짓말을 하기 전에 '나는 거짓말을 할 것이다.'라고 안다. ② 거짓말을 하면서 '나는 거짓말을 하고 있다.'라고 안다. ③ 거짓말을 하고 나서 '나는 거짓말을 했다.'라고 안다. ④ 견해를 잘못 대변한다.

3) 다섯 가지 형태로, '나의 마음은 어리석음의 장애로부터 벗어났다.'라고 고의적으로 망언을 하는 자는 승단추방죄를 범하는 것이다. ① 거짓말을 하기 전에 '나는 거짓말을 할 것이다.'라고 안다. ② 거짓말을 하면서 '나는 거짓말을 하고 있다.'라고 안다. ③ 거짓말을 하고 나서 '나는 거짓말을 했다.'라고 안다. ④ 견해를 잘못 대변한다. ⑤ 동의를 잘못 대변한다.

4) 여섯 가지 형태로, '나의 마음은 어리석음의 장애로부터 벗어났다.'라고 고의적으로 망언을 하는 자는 승단추방죄를 범하는 것이다. ① 거짓말을 하기 전에

'나는 거짓말을 할 것이다.'라고 안다. ② 거짓말을 하면서 '나는 거짓말을 하고 있다.'라고 안다. ③ 거짓말을 하고 나서 '나는 거짓말을 했다.'라고 안다. ④ 견해를 잘못 대변한다. ⑤ 동의를 잘못 대변한다. ⑥ 취향을 잘못 대변한다.

5) 일곱 가지 형태로, '나의 마음은 어리석음의 장애로부터 벗어났다.'라고 고의적으로 망언을 하는 자는 승단추방죄를 범하는 것이다. ① 거짓말을 하기 전에 '나는 거짓말을 할 것이다.'라고 안다. ② 거짓말을 하면서 '나는 거짓말을 하고 있다.'라고 안다. ③ 거짓말을 하고 나서 '나는 거짓말을 했다.'라고 안다. ④ 견해를 잘못 대변한다. ⑤ 동의를 잘못 대변한다. ⑥ 취향을 잘못 대변한다. ⑦ 의도를 잘못 대변한다.

4-5₁. [첫 번째 선정과 두 번째 선정]

1) 세 가지 형태로, '나는 첫 번째 선정과 두 번째 선정을 얻었겠지라든가 선정을 얻는다라든가 선정을 얻었다라든가 선정을 얻은 자이다라든가 선정의 주인이다라든가 선정을 실현했다.'라고 고의적으로 망언을 하는 자는 승단추방죄를 범하는 것이다. ① 거짓말을 하기 전에 '나는 거짓말을 할 것이다.'라고 안다. ② 거짓말을 하면서 '나는 거짓말을 하고 있다.'라고 안다. ③ 거짓말을 하고 나서 '나는 거짓말을 했다.'라고 안다.

2) 네 가지 형태로, '나는 첫 번째 선정과 두 번째 선정을 얻었겠지라든가 선정을 얻는다라든가 선정을 얻었다라든가 선정을 얻은 자이다라든가 선정의 주인이다라든가 선정을 실현했다.'라고 고의적으로 망언을 하는 자는 승단추방죄를 범하는 것이다. ① 거짓말을 하기 전에 '나는 거짓말을 할 것이다.'라고 안다. ② 거짓말을 하면서 '나는 거짓말을 하고 있다.'라고 안다. ③ 거짓말을 하고 나서 '나는 거짓말을 했다.'라고 안다. ④ 견해를 잘못 대변한다.

3) 다섯 가지 형태로, '나는 첫 번째 선정과 두 번째 선정을 얻었겠지라든가 선정을 얻는다라든가 선정을 얻었다라든가 선정을 얻은 자이다라든가 선정의 주인이다라든가 선정을 실현했다.'라고 고의적으로 망언을 하는 자는 승단추방죄를 범하는 것이다. ① 거짓말을 하기 전에 '나는 거짓말을 할 것이다.'라고 안다. ② 거짓말을 하면서 '나는 거짓말을 하고 있다.'라고 안다. ③ 거짓말을 하고 나서 '나는 거짓말을 했다.'라고 안다. ④ 견해를 잘못 대변한다. ⑤ 동의를 잘못 대변한다.

4) 여섯 가지 형태로, '나는 첫 번째 선정과 두 번째 선정을 얻었겠지라든가 선정을 얻는다라든가 선정을 얻었다라든가 선정을 얻은 자이다라든가 선정의 주인이

다라든가 선정을 실현했다.'라고 고의적으로 망언을 하는 자는 승단추방죄를 범하는 것이다. ① 거짓말을 하기 전에 '나는 거짓말을 할 것이다.'라고 안다. ② 거짓말을 하면서 '나는 거짓말을 하고 있다.'라고 안다. ③ 거짓말을 하고 나서 '나는 거짓말을 했다.'라고 안다. ④ 견해를 잘못 대변한다. ⑤ 동의를 잘못 대변한다. ⑥ 취향을 잘못 대변한다.

5) 일곱 가지 형태로, '나는 첫 번째 선정과 두 번째 선정을 얻었겠지라든가 선정을 얻는다라든가 선정을 얻었다라든가 선정을 얻은 자이다라든가 선정의 주인이다라든가 선정을 실현했다.'라고 고의적으로 망언을 하는 자는 승단추방죄를 범하는 것이다. ① 거짓말을 하기 전에 '나는 거짓말을 할 것이다.'라고 안다. ② 거짓말을 하면서 '나는 거짓말을 하고 있다.'라고 안다. ③ 거짓말을 하고 나서 '나는 거짓말을 했다.'라고 안다. ④ 견해를 잘못 대변한다. ⑤ 동의를 잘못 대변한다. ⑥ 취향을 잘못 대변한다. ⑦ 의도를 잘못 대변한다.

4-5₂. [첫 번째 선정과 세 번째 선정]

4-5₃. [첫 번째 선정과 네 번째 선정]

4-5₄. [첫 번째 선정과 있음의 여읨에 의한 해탈],

4-5₅. [첫 번째 선정과 인상의 여읨에 의한 해탈],

4-5₆. [첫 번째 선정과 바램의 여읨에 의한 해탈],

4-5₇. [첫 번째 선정과 있음의 여읨에 의한 삼매],

4-5₈. [첫 번째 선정과 인상의 여읨에 의한 삼매],

4-5₉. [첫 번째 선정과 바램의 여읨에 의한 삼매],

4-5₁₀. [첫 번째 선정과 있음의 여읨에 의한 성취],

4-5₁₁. [첫 번째 선정과 인상의 여읨에 의한 성취],

4-5₁₂. [첫 번째 선정과 바램의 여읨에 의한 성취],

4-5₁₃. [첫 번째 선정과 세 가지 명지],

4-5₁₄. [첫 번째 선정과 네 가지 새김의 토대],

4-5₁₅. [첫 번째 선정과 네 가지 올바른 노력],

4-5₁₆. [첫 번째 선정과 네 가지 신통의 기초],

4-5₁₇. [첫 번째 선정과 다섯 가지 능력],

4-5₁₈. [첫 번째 선정과 다섯 가지 힘][*96]

4-5₁₉. [첫 번째 선정과 일곱 가지 깨달음 고리],

4-5₂₀. [첫 번째 선정과 여덟 가지 고귀한 길],

4-5₂₁. [첫 번째 선정과 흐름에 든 경지],

4-5₂₂. [첫 번째 선정과 한번 돌아오는 경지],

4-5₂₃. [첫 번째 선정과 돌아오지 않는 경지],

4-5₂₄. [첫 번째 선정과 거룩한 경지]

4-5₂₅. [첫 번째 선정과 탐욕의 여읨]

1) 세 가지 형태로, '나는 첫 번째 선정을 얻었겠지라든가 선정을 얻는다라든가 선정을 얻었다라든가 선정을 얻은 자이다라든가 선정의 주인이다라든가 선정을 실현했다. 나의 탐욕은 끊어졌거나, 쫓아버려졌거나, 놓아버려졌거나, 벗어버려졌거나, 버려버렸거나, 던져버려졌거나, 포기되어버렸다.'라고 고의적으로 망언을 하는 자는 승단추방죄를 범하는 것이다. ① 거짓말을 하기 전에 '나는 거짓말을 할 것이다.'라고 안다. ② 거짓말을 하면서 '나는 거짓말을 하고 있다.'라고 안다. ③ 거짓말을 하고 나서 '나는 거짓말을 했다.'라고 안다.

2) 네 가지 형태로, '나는 첫 번째 선정과 두 번째 선정을 얻었겠지라든가 선정을 얻는다라든가 선정을 얻었다라든가 선정을 얻은 자이다라든가 선정의 주인이다라든가 선정을 실현했다. 나의 탐욕은 끊어졌거나, 쫓아버려졌거나, 놓아버려졌거나, 벗어버려졌거나, 버려버렸거나, 던져버려졌거나, 포기되어버렸다.'라고 고의적으로 망언을 하는 자는 승단추방죄를 범하는 것이다. ① 거짓말을 하기 전에 '나는 거짓말을 할 것이다.'라고 안다. ② 거짓말을 하면서 '나는 거짓말을 하고 있다.'라고 안다. ③ 거짓말을 하고 나서 '나는 거짓말을 했다.'라고 안다. ④ 견해를 잘못 대변한다.

3) 다섯 가지 형태로, '나는 첫 번째 선정과 두 번째 선정을 얻었겠지라든가 선정을 얻는다라든가 선정을 얻었다라든가 선정을 얻은 자이다라든가 선정의 주인이다라든가 선정을 실현했다. 나의 탐욕은 끊어졌거나, 쫓아버려졌거나, 놓아버려졌거나, 벗어버려졌거나, 버려버렸거나, 던져버려졌거나, 포기되어버렸다.'라고 고의적으로 망언을 하는 자는 승단추방죄를 범하는 것이다. ① 거짓말을

하기 전에 '나는 거짓말을 할 것이다.'라고 안다. ② 거짓말을 하면서 '나는 거짓말을 하고 있다.'라고 안다. ③ 거짓말을 하고 나서 '나는 거짓말을 했다.'라고 안다. ④ 견해를 잘못 대변한다. ⑤ 동의를 잘못 대변한다.

4) 여섯 가지 형태로, '나는 첫 번째 선정과 두 번째 선정을 얻었겠지라든가 선정을 얻는다라든가 선정을 얻었다라든가 선정을 얻은 자이다라든가 선정의 주인이다라든가 선정을 실현했다. 나의 탐욕은 끊어졌거나, 쫓아버려졌거나, 놓아버려졌거나, 벗어버려졌거나, 버려버렸거나, 던져버려졌거나, 포기되어버렸다.'라고 고의적으로 망언을 하는 자는 승단추방죄를 범하는 것이다. ① 거짓말을 하기 전에 '나는 거짓말을 할 것이다.'라고 안다. ② 거짓말을 하면서 '나는 거짓말을 하고 있다.'라고 안다. ③ 거짓말을 하고 나서 '나는 거짓말을 했다.'라고 안다. ④ 견해를 잘못 대변한다. ⑤ 동의를 잘못 대변한다. ⑥ 취향을 잘못 대변한다.

5) 일곱 가지 형태로, '나는 첫 번째 선정과 두 번째 선정을 얻었겠지라든가 선정을 얻는다라든가 선정을 얻었다라든가 선정을 얻은 자이다라든가 선정의 주인이다라든가 선정을 실현했다. 나의 탐욕은 끊어졌거나, 쫓아버려졌거나, 놓아버려졌거나, 벗어버려졌거나, 버려버렸거나, 던져버려졌거나, 포기되어버렸다.'라고 고의적으로 망언을 하는 자는 승단추방죄를 범하는 것이다. ① 거짓말을 하기 전에 '나는 거짓말을 할 것이다.'라고 안다. ② 거짓말을 하면서 '나는 거짓말을 하고 있다.'라고 안다. ③ 거짓말을 하고 나서 '나는 거짓말을 했다.'라고 안다. ④ 견해를 잘못 대변한다. ⑤ 동의를 잘못 대변한다. ⑥ 취향을 잘못 대변한다. ⑦ 의도를 잘못 대변한다.

4-5$_{26}$. [첫 번째 선정과 성냄의 여읨]

1) 세 가지 형태로, '나는 첫 번째 선정을 얻었겠지라든가 선정을 얻는다라든가 선정을 얻었다라든가 선정을 얻은 자이다라든가 선정의 주인이다라든가 선정을 실현했다. 나의 성냄은 끊어졌거나, 쫓아버려졌거나, 놓아버려졌거나, 벗어버려졌거나, 버려버렸거나, 던져버려졌거나, 포기되어버렸다.'라고 고의적으로 망언을 하는 자는 승단추방죄를 범하는 것이다. ① 거짓말을 하기 전에 '나는 거짓말을 할 것이다.'라고 안다. ② 거짓말을 하면서 '나는 거짓말을 하고 있다.'라고 안다. ③ 거짓말을 하고 나서 '나는 거짓말을 했다.'라고 안다.

2) 네 가지 형태로, '나는 첫 번째 선정과 두 번째 선정을 얻었겠지라든가 선정을 얻는다라든가 선정을 얻었다라든가 선정을 얻은 자이다라든가 선정의 주인이

다라든가 선정을 실현했다. 나의 성냄은 끊어졌거나, 쫓아버려졌거나, 놓아버려졌거나, 벗어버려졌거나, 버려버렸거나, 던져버려졌거나, 포기되어버렸다.' 라고 고의적으로 망언을 하는 자는 승단추방죄를 범하는 것이다. ① 거짓말을 하기 전에 '나는 거짓말을 할 것이다.'라고 안다. ② 거짓말을 하면서 '나는 거짓말을 하고 있다.'라고 안다. ③ 거짓말을 하고 나서 '나는 거짓말을 했다.'라고 안다. ④ 견해를 잘못 대변한다.

3) 다섯 가지 형태로, '나는 첫 번째 선정과 두 번째 선정을 얻었겠지라든가 선정을 얻는다라든가 선정을 얻었다라든가 선정을 얻은 자이다라든가 선정의 주인이다라든가 선정을 실현했다. 나의 성냄은 끊어졌거나, 쫓아버려졌거나, 놓아버려졌거나, 벗어버려졌거나, 버려버렸거나, 던져버려졌거나, 포기되어버렸다.' 라고 고의적으로 망언을 하는 자는 승단추방죄를 범하는 것이다. ① 거짓말을 하기 전에 '나는 거짓말을 할 것이다.'라고 안다. ② 거짓말을 하면서 '나는 거짓말을 하고 있다.'라고 안다. ③ 거짓말을 하고 나서 '나는 거짓말을 했다.'라고 안다. ④ 견해를 잘못 대변한다. ⑤ 동의를 잘못 대변한다.

4) 여섯 가지 형태로, '나는 첫 번째 선정과 두 번째 선정을 얻었겠지라든가 선정을 얻는다라든가 선정을 얻었다라든가 선정을 얻은 자이다라든가 선정의 주인이다라든가 선정을 실현했다. 나의 성냄은 끊어졌거나, 쫓아버려졌거나, 놓아버려졌거나, 벗어버려졌거나, 버려버렸거나, 던져버려졌거나, 포기되어버렸다.' 라고 고의적으로 망언을 하는 자는 승단추방죄를 범하는 것이다. ① 거짓말을 하기 전에 '나는 거짓말을 할 것이다.'라고 안다. ② 거짓말을 하면서 '나는 거짓말을 하고 있다.'라고 안다. ③ 거짓말을 하고 나서 '나는 거짓말을 했다.'라고 안다. ④ 견해를 잘못 대변한다. ⑤ 동의를 잘못 대변한다. ⑥ 취향을 잘못 대변한다.

5) 일곱 가지 형태로, '나는 첫 번째 선정과 두 번째 선정을 얻었겠지라든가 선정을 얻는다라든가 선정을 얻었다라든가 선정을 얻은 자이다라든가 선정의 주인이다라든가 선정을 실현했다. 나의 성냄은 끊어졌거나, 쫓아버려졌거나, 놓아버려졌거나, 벗어버려졌거나, 버려버렸거나, 던져버려졌거나, 포기되어버렸다.' 라고 고의적으로 망언을 하는 자는 승단추방죄를 범하는 것이다. ① 거짓말을 하기 전에 '나는 거짓말을 할 것이다.'라고 안다. ② 거짓말을 하면서 '나는 거짓말을 하고 있다.'라고 안다. ③ 거짓말을 하고 나서 '나는 거짓말을 했다.'라고 안다. ④ 견해를 잘못 대변한다. ⑤ 동의를 잘못 대변한다. ⑥ 취향을 잘못

대변한다. ⑦ 의도를 잘못 대변한다.

4-5₂₇. [첫 번째 선정과 어리석음의 여읨]

1) 세 가지 형태로, '나는 첫 번째 선정을 얻었겠지라든가 선정을 얻는다라든가 선정을 얻었다라든가 선정을 얻은 자이다라든가 선정의 주인이다라든가 선정을 실현했다. 나의 어리석음은 끊어졌거나, 쫒아버려졌거나, 놓아버려졌거나, 벗어버려졌거나, 버려버렸거나, 던져버려졌거나, 포기되어버렸다.'라고 고의적으로 망언을 하는 자는 승단추방죄를 범하는 것이다. ① 거짓말을 하기 전에 '나는 거짓말을 할 것이다.'라고 안다. ② 거짓말을 하면서 '나는 거짓말을 하고 있다.'라고 안다. ③ 거짓말을 하고 나서 '나는 거짓말을 했다.'라고 안다.

2) 네 가지 형태로, '나는 첫 번째 선정과 두 번째 선정을 얻었겠지라든가 선정을 얻는다라든가 선정을 얻었다라든가 선정을 얻은 자이다라든가 선정의 주인이다라든가 선정을 실현했다. 나의 어리석음은 끊어졌거나, 쫒아버려졌거나, 놓아버려졌거나, 벗어버려졌거나, 버려버렸거나, 던져버려졌거나, 포기되어버렸다.'라고 고의적으로 망언을 하는 자는 승단추방죄를 범하는 것이다. ① 거짓말을 하기 전에 '나는 거짓말을 할 것이다.'라고 안다. ② 거짓말을 하면서 '나는 거짓말을 하고 있다.'라고 안다. ③ 거짓말을 하고 나서 '나는 거짓말을 했다.'라고 안다. ④ 견해를 잘못 대변한다.

3) 다섯 가지 형태로, '나는 첫 번째 선정과 두 번째 선정을 얻었겠지라든가 선정을 얻는다라든가 선정을 얻었다라든가 선정을 얻은 자이다라든가 선정의 주인이다라든가 선정을 실현했다. 나의 어리석음은 끊어졌거나, 쫒아버려졌거나, 놓아버려졌거나, 벗어버려졌거나, 버려버렸거나, 던져버려졌거나, 포기되어버렸다.'라고 고의적으로 망언을 하는 자는 승단추방죄를 범하는 것이다. ① 거짓말을 하기 전에 '나는 거짓말을 할 것이다.'라고 안다. ② 거짓말을 하면서 '나는 거짓말을 하고 있다.'라고 안다. ③ 거짓말을 하고 나서 '나는 거짓말을 했다.'라고 안다. ④ 견해를 잘못 대변한다. ⑤ 동의를 잘못 대변한다.

4) 여섯 가지 형태로, '나는 첫 번째 선정과 두 번째 선정을 얻었겠지라든가 선정을 얻는다라든가 선정을 얻었다라든가 선정을 얻은 자이다라든가 선정의 주인이다라든가 선정을 실현했다. 나의 어리석음은 끊어졌거나, 쫒아버려졌거나, 놓아버려졌거나, 벗어버려졌거나, 버려버렸거나, 던져버려졌거나, 포기되어버렸다.'라고 고의적으로 망언을 하는 자는 승단추방죄를 범하는 것이다. ① 거짓말을 하기 전에 '나는 거짓말을 할 것이다.'라고 안다. ② 거짓말을 하면서

'나는 거짓말을 하고 있다.'라고 안다. ③ 거짓말을 하고 나서 '나는 거짓말을 했다.'라고 안다. ④ 견해를 잘못 대변한다. ⑤ 동의를 잘못 대변한다. ⑥ 취향을 잘못 대변한다.

5) 일곱 가지 형태로, '나는 첫 번째 선정과 두 번째 선정을 얻었겠지라든가 선정을 얻는다라든가 선정을 얻었다라든가 선정을 얻은 자이다라든가 선정의 주인이다라든가 선정을 실현했다. 나의 어리석음은 끊어졌거나, 쫒아버려졌거나, 놓아버려졌거나, 벗어버려졌거나, 버려버렸거나, 던져버려졌거나, 포기되어버렸다.'라고 고의적으로 망언을 하는 자는 승단추방죄를 범하는 것이다. ① 거짓말을 하기 전에 '나는 거짓말을 할 것이다.'라고 안다. ② 거짓말을 하면서 '나는 거짓말을 하고 있다.'라고 안다. ③ 거짓말을 하고 나서 '나는 거짓말을 했다.'라고 안다. ④ 견해를 잘못 대변한다. ⑤ 동의를 잘못 대변한다. ⑥ 취향을 잘못 대변한다. ⑦ 의도를 잘못 대변한다.

4-5$_{28}$. [첫 번째 선정과 탐욕의 장애에서 벗어남]

1) 세 가지 형태로, '나는 첫 번째 선정을 얻었겠지라든가 선정을 얻는다라든가 선정을 얻었다라든가 선정을 얻은 자이다라든가 선정의 주인이다라든가 선정을 실현했다. 나의 마음은 탐욕의 장애로부터 벗어났다.'라고 고의적으로 망언을 하는 자는 승단추방죄를 범하는 것이다. ① 거짓말을 하기 전에 '나는 거짓말을 할 것이다.'라고 안다. ② 거짓말을 하면서 '나는 거짓말을 하고 있다.'라고 안다. ③ 거짓말을 하고 나서 '나는 거짓말을 했다.'라고 안다.

2) 네 가지 형태로, '나는 첫 번째 선정과 두 번째 선정을 얻었겠지라든가 선정을 얻는다라든가 선정을 얻었다라든가 선정을 얻은 자이다라든가 선정의 주인이다라든가 선정을 실현했다. 나의 마음은 탐욕의 장애로부터 벗어났다.'라고 고의적으로 망언을 하는 자는 승단추방죄를 범하는 것이다. ① 거짓말을 하기 전에 '나는 거짓말을 할 것이다.'라고 안다. ② 거짓말을 하면서 '나는 거짓말을 하고 있다.'라고 안다. ③ 거짓말을 하고 나서 '나는 거짓말을 했다.'라고 안다. ④ 견해를 잘못 대변한다.

3) 다섯 가지 형태로, '나는 첫 번째 선정과 두 번째 선정을 얻었겠지라든가 선정을 얻는다라든가 선정을 얻었다라든가 선정을 얻은 자이다라든가 선정의 주인이다라든가 선정을 실현했다. 나의 마음은 탐욕의 장애로부터 벗어났다.'라고 고의적으로 망언을 하는 자는 승단추방죄를 범하는 것이다. ① 거짓말을 하기 전에 '나는 거짓말을 할 것이다.'라고 안다. ② 거짓말을 하면서 '나는 거짓말을

하고 있다.'라고 안다. ③ 거짓말을 하고 나서 '나는 거짓말을 했다.'라고 안다. ④ 견해를 잘못 대변한다. ⑤ 동의를 잘못 대변한다.

4) 여섯 가지 형태로, '나는 첫 번째 선정과 두 번째 선정을 얻었겠지라든가 선정을 얻는다라든가 선정을 얻었다라든가 선정을 얻은 자이다라든가 선정의 주인이다라든가 선정을 실현했다. 나의 마음은 탐욕의 장애로부터 벗어났다.'라고 고의적으로 망언을 하는 자는 승단추방죄를 범하는 것이다. ① 거짓말을 하기 전에 '나는 거짓말을 할 것이다.'라고 안다. ② 거짓말을 하면서 '나는 거짓말을 하고 있다.'라고 안다. ③ 거짓말을 하고 나서 '나는 거짓말을 했다.'라고 안다. ④ 견해를 잘못 대변한다. ⑤ 동의를 잘못 대변한다. ⑥ 취향을 잘못 대변한다.

5) 일곱 가지 형태로, '나는 첫 번째 선정과 두 번째 선정을 얻었겠지라든가 선정을 얻는다라든가 선정을 얻었다라든가 선정을 얻은 자이다라든가 선정의 주인이다라든가 선정을 실현했다. 나의 마음은 탐욕의 장애로부터 벗어났다.'라고 고의적으로 망언을 하는 자는 승단추방죄를 범하는 것이다. ① 거짓말을 하기 전에 '나는 거짓말을 할 것이다.'라고 안다. ② 거짓말을 하면서 '나는 거짓말을 하고 있다.'라고 안다. ③ 거짓말을 하고 나서 '나는 거짓말을 했다.'라고 안다. ④ 견해를 잘못 대변한다. ⑤ 동의를 잘못 대변한다. ⑥ 취향을 잘못 대변한다. ⑦ 의도를 잘못 대변한다.

4-5$_{29}$. [첫 번째 선정과 탐욕의 장애에서 벗어남]

1) 세 가지 형태로, '나는 첫 번째 선정을 얻었겠지라든가 선정을 얻는다라든가 선정을 얻었다라든가 선정을 얻은 자이다라든가 선정의 주인이다라든가 선정을 실현했다. 나의 마음은 탐욕의 장애로부터 벗어났다.'라고 고의적으로 망언을 하는 자는 승단추방죄를 범하는 것이다. ① 거짓말을 하기 전에 '나는 거짓말을 할 것이다.'라고 안다. ② 거짓말을 하면서 '나는 거짓말을 하고 있다.'라고 안다. ③ 거짓말을 하고 나서 '나는 거짓말을 했다.'라고 안다.

2) 네 가지 형태로, '나는 첫 번째 선정을 얻었겠지라든가 선정을 얻는다라든가 선정을 얻었다라든가 선정을 얻은 자이다라든가 선정의 주인이다라든가 선정을 실현했다. 나의 마음은 탐욕의 장애로부터 벗어났다.'라고 고의적으로 망언을 하는 자는 승단추방죄를 범하는 것이다. ① 거짓말을 하기 전에 '나는 거짓말을 할 것이다.'라고 안다. ② 거짓말을 하면서 '나는 거짓말을 하고 있다.'라고 안다. ③ 거짓말을 하고 나서 '나는 거짓말을 했다.'라고 안다. ④ 견해를 잘못 대변한다.

3) 다섯 가지 형태로, '나는 첫 번째 선정을 얻었겠지라든가 선정을 얻는다라든가 선정을 얻었다라든가 선정을 얻은 자이다라든가 선정의 주인이다라든가 선정을 실현했다. 나의 마음은 탐욕의 장애로부터 벗어났다.'라고 고의적으로 망언을 하는 자는 승단추방죄를 범하는 것이다. ① 거짓말을 하기 전에 '나는 거짓말을 할 것이다.'라고 안다. ② 거짓말을 하면서 '나는 거짓말을 하고 있다.'라고 안다. ③ 거짓말을 하고 나서 '나는 거짓말을 했다.'라고 안다. ④ 견해를 잘못 대변한다. ⑤ 동의를 잘못 대변한다.

4) 여섯 가지 형태로, '나는 첫 번째 선정을 얻었겠지라든가 선정을 얻는다라든가 선정을 얻었다라든가 선정을 얻은 자이다라든가 선정의 주인이다라든가 선정을 실현했다. 나의 마음은 탐욕의 장애로부터 벗어났다.'라고 고의적으로 망언을 하는 자는 승단추방죄를 범하는 것이다. ① 거짓말을 하기 전에 '나는 거짓말을 할 것이다.'라고 안다. ② 거짓말을 하면서 '나는 거짓말을 하고 있다.'라고 안다. ③ 거짓말을 하고 나서 '나는 거짓말을 했다.'라고 안다. ④ 견해를 잘못 대변한다. ⑤ 동의를 잘못 대변한다. ⑥ 취향을 잘못 대변한다.

5) 일곱 가지 형태로, '나는 첫 번째 선정을 얻었겠지라든가 선정을 얻는다라든가 선정을 얻었다라든가 선정을 얻은 자이다라든가 선정의 주인이다라든가 선정을 실현했다. 나의 마음은 탐욕의 장애로부터 벗어났다.'라고 고의적으로 망언을 하는 자는 승단추방죄를 범하는 것이다. ① 거짓말을 하기 전에 '나는 거짓말을 할 것이다.'라고 안다. ② 거짓말을 하면서 '나는 거짓말을 하고 있다.'라고 안다. ③ 거짓말을 하고 나서 '나는 거짓말을 했다.'라고 안다. ④ 견해를 잘못 대변한다. ⑤ 동의를 잘못 대변한다. ⑥ 취향을 잘못 대변한다. ⑦ 의도를 잘못 대변한다.

4-5₃₀. [첫 번째 선정과 성냄의 장애에서 벗어남]

1) 세 가지 형태로, '나는 첫 번째 선정을 얻었겠지라든가 선정을 얻는다라든가 선정을 얻었다라든가 선정을 얻은 자이다라든가 선정의 주인이다라든가 선정을 실현했다. 나의 마음은 성냄의 장애로부터 벗어났다.'라고 고의적으로 망언을 하는 자는 승단추방죄를 범하는 것이다. ① 거짓말을 하기 전에 '나는 거짓말을 할 것이다.'라고 안다. ② 거짓말을 하면서 '나는 거짓말을 하고 있다.'라고 안다. ③ 거짓말을 하고 나서 '나는 거짓말을 했다.'라고 안다.

2) 네 가지 형태로, '나는 첫 번째 선정을 얻었겠지라든가 선정을 얻는다라든가 선정을 얻었다라든가 선정을 얻은 자이다라든가 선정의 주인이다라든가 선정

을 실현했다. 나의 마음은 성냄의 장애로부터 벗어났다.'라고 고의적으로 망언을 하는 자는 승단추방죄를 범하는 것이다. ① 거짓말을 하기 전에 '나는 거짓말을 할 것이다.'라고 안다. ② 거짓말을 하면서 '나는 거짓말을 하고 있다.'라고 안다. ③ 거짓말을 하고 나서 '나는 거짓말을 했다.'라고 안다. ④ 견해를 잘못 대변한다.

3) 다섯 가지 형태로, '나는 첫 번째 선정을 얻었겠지라든가 선정을 얻는다라든가 선정을 얻었다라든가 선정을 얻은 자이다라든가 선정의 주인이다라든가 선정을 실현했다. 나의 마음은 성냄의 장애로부터 벗어났다.'라고 고의적으로 망언을 하는 자는 승단추방죄를 범하는 것이다. ① 거짓말을 하기 전에 '나는 거짓말을 할 것이다.'라고 안다. ② 거짓말을 하면서 '나는 거짓말을 하고 있다.'라고 안다. ③ 거짓말을 하고 나서 '나는 거짓말을 했다.'라고 안다. ④ 견해를 잘못 대변한다. ⑤ 동의를 잘못 대변한다.

4) 여섯 가지 형태로, '나는 첫 번째 선정을 얻었겠지라든가 선정을 얻는다라든가 선정을 얻었다라든가 선정을 얻은 자이다라든가 선정의 주인이다라든가 선정을 실현했다. 나의 마음은 성냄의 장애로부터 벗어났다.'라고 고의적으로 망언을 하는 자는 승단추방죄를 범하는 것이다. ① 거짓말을 하기 전에 '나는 거짓말을 할 것이다.'라고 안다. ② 거짓말을 하면서 '나는 거짓말을 하고 있다.'라고 안다. ③ 거짓말을 하고 나서 '나는 거짓말을 했다.'라고 안다. ④ 견해를 잘못 대변한다. ⑤ 동의를 잘못 대변한다. ⑥ 취향을 잘못 대변한다.

5) 일곱 가지 형태로, '나는 첫 번째 선정을 얻었겠지라든가 선정을 얻는다라든가 선정을 얻었다라든가 선정을 얻은 자이다라든가 선정의 주인이다라든가 선정을 실현했다. 나의 마음은 성냄의 장애로부터 벗어났다.'라고 고의적으로 망언을 하는 자는 승단추방죄를 범하는 것이다. ① 거짓말을 하기 전에 '나는 거짓말을 할 것이다.'라고 안다. ② 거짓말을 하면서 '나는 거짓말을 하고 있다.'라고 안다. ③ 거짓말을 하고 나서 '나는 거짓말을 했다.'라고 안다. ④ 견해를 잘못 대변한다. ⑤ 동의를 잘못 대변한다. ⑥ 취향을 잘못 대변한다. ⑦ 의도를 잘못 대변한다.

4-5₃₁. [첫 번째 선정과 어리석음의 장애에서 벗어남]

1) 세 가지 형태로, '나는 첫 번째 선정을 얻었겠지라든가 선정을 얻는다라든가 선정을 얻었다라든가 선정을 얻은 자이다라든가 선정의 주인이다라든가 선정을 실현했다. 나의 마음은 어리석음의 장애로부터 벗어났다.'라고 고의적으로

망언을 하는 자는 승단추방죄를 범하는 것이다. ① 거짓말을 하기 전에 '나는 거짓말을 할 것이다.'라고 안다. ② 거짓말을 하면서 '나는 거짓말을 하고 있다.' 라고 안다. ③ 거짓말을 하고 나서 '나는 거짓말을 했다.'라고 안다.

2) 네 가지 형태로, '나는 첫 번째 선정을 얻었겠지라든가 선정을 얻는다라든가 선정을 얻었다라든가 선정을 얻은 자이다라든가 선정의 주인이다라든가 선정을 실현했다. 나의 마음은 어리석음의 장애로부터 벗어났다.'라고 고의적으로 망언을 하는 자는 승단추방죄를 범하는 것이다. ① 거짓말을 하기 전에 '나는 거짓말을 할 것이다.'라고 안다. ② 거짓말을 하면서 '나는 거짓말을 하고 있다.' 라고 안다. ③ 거짓말을 하고 나서 '나는 거짓말을 했다.'라고 안다. ④ 견해를 잘못 대변한다.

3) 다섯 가지 형태로, '나는 첫 번째 선정을 얻었겠지라든가 선정을 얻는다라든가 선정을 얻었다라든가 선정을 얻은 자이다라든가 선정의 주인이다라든가 선정을 실현했다. 나의 마음은 어리석음의 장애로부터 벗어났다.'라고 고의적으로 망언을 하는 자는 승단추방죄를 범하는 것이다. ① 거짓말을 하기 전에 '나는 거짓말을 할 것이다.'라고 안다. ② 거짓말을 하면서 '나는 거짓말을 하고 있다.' 라고 안다. ③ 거짓말을 하고 나서 '나는 거짓말을 했다.'라고 안다. ④ 견해를 잘못 대변한다. ⑤ 동의를 잘못 대변한다.

4) 여섯 가지 형태로, '나는 첫 번째 선정을 얻었겠지라든가 선정을 얻는다라든가 선정을 얻었다라든가 선정을 얻은 자이다라든가 선정의 주인이다라든가 선정을 실현했다. 나의 마음은 어리석음의 장애로부터 벗어났다.'라고 고의적으로 망언을 하는 자는 승단추방죄를 범하는 것이다. ① 거짓말을 하기 전에 '나는 거짓말을 할 것이다.'라고 안다. ② 거짓말을 하면서 '나는 거짓말을 하고 있다.' 라고 안다. ③ 거짓말을 하고 나서 '나는 거짓말을 했다.'라고 안다. ④ 견해를 잘못 대변한다. ⑤ 동의를 잘못 대변한다. ⑥ 취향을 잘못 대변한다.

5) 일곱 가지 형태로, '나는 첫 번째 선정을 얻었겠지라든가 선정을 얻는다라든가 선정을 얻었다라든가 선정을 얻은 자이다라든가 선정의 주인이다라든가 선정을 실현했다. 나의 마음은 어리석음의 장애로부터 벗어났다.'라고 고의적으로 망언을 하는 자는 승단추방죄를 범하는 것이다. ① 거짓말을 하기 전에 '나는 거짓말을 할 것이다.'라고 안다. ② 거짓말을 하면서 '나는 거짓말을 하고 있다.' 라고 안다. ③ 거짓말을 하고 나서 '나는 거짓말을 했다.'라고 안다. ④ 견해를 잘못 대변한다. ⑤ 동의를 잘못 대변한다. ⑥ 취향을 잘못 대변한다. ⑦ 의도를

잘못 대변한다.

4-6₁. [두 번째 선정과 세 번째 선정]

1) 세 가지 형태로, '나는 두 번째 선정과 세 번째 선정을 얻었겠지라든가 해탈을 얻는다라든가 해탈을 얻었다라든가 해탈을 얻은 자이다라든가 해탈의 주인이다라든가 해탈을 실현했다.'라고 고의적으로 망언을 하는 자는 승단추방죄를 범하는 것이다. ① 거짓말을 하기 전에 '나는 거짓말을 할 것이다.'라고 안다. ② 거짓말을 하면서 '나는 거짓말을 하고 있다.'라고 안다. ③ 거짓말을 하고 나서 '나는 거짓말을 했다.'라고 안다.

2) 네 가지 형태로, '나는 두 번째 선정과 세 번째 선정을 얻었겠지라든가 해탈을 얻는다라든가 해탈을 얻었다라든가 해탈을 얻은 자이다라든가 해탈의 주인이다라든가 해탈을 실현했다.'라고 고의적으로 망언을 하는 자는 승단추방죄를 범하는 것이다. ① 거짓말을 하기 전에 '나는 거짓말을 할 것이다.'라고 안다. ② 거짓말을 하면서 '나는 거짓말을 하고 있다.'라고 안다. ③ 거짓말을 하고 나서 '나는 거짓말을 했다.'라고 안다. ④ 견해를 잘못 대변한다.

3) 다섯 가지 형태로, '나는 두 번째 선정과 세 번째 선정을 얻었겠지라든가 해탈을 얻는다라든가 해탈을 얻었다라든가 해탈을 얻은 자이다라든가 해탈의 주인이다라든가 해탈을 실현했다.'라고 고의적으로 망언을 하는 자는 승단추방죄를 범하는 것이다. ① 거짓말을 하기 전에 '나는 거짓말을 할 것이다.'라고 안다. ② 거짓말을 하면서 '나는 거짓말을 하고 있다.'라고 안다. ③ 거짓말을 하고 나서 '나는 거짓말을 했다.'라고 안다. ④ 견해를 잘못 대변한다. ⑤ 동의를 잘못 대변한다.

4) 여섯 가지 형태로, '나는 두 번째 선정과 세 번째 선정을 얻었겠지라든가 해탈을 얻는다라든가 해탈을 얻었다라든가 해탈을 얻은 자이다라든가 해탈의 주인이다라든가 해탈을 실현했다.'라고 고의적으로 망언을 하는 자는 승단추방죄를 범하는 것이다. ① 거짓말을 하기 전에 '나는 거짓말을 할 것이다.'라고 안다. ② 거짓말을 하면서 '나는 거짓말을 하고 있다.'라고 안다. ③ 거짓말을 하고 나서 '나는 거짓말을 했다.'라고 안다. ④ 견해를 잘못 대변한다. ⑤ 동의를 잘못 대변한다. ⑥ 취향을 잘못 대변한다.

5) 일곱 가지 형태로, '나는 두 번째 선정과 세 번째 선정을 얻었겠지라든가 해탈을 얻는다라든가 해탈을 얻었다라든가 해탈을 얻은 자이다라든가 해탈의 주인이다라든가 해탈을 실현했다.'라고 고의적으로 망언을 하는 자는 승단추방죄를

범하는 것이다. ① 거짓말을 하기 전에 '나는 거짓말을 할 것이다.'라고 안다. ② 거짓말을 하면서 '나는 거짓말을 하고 있다.'라고 안다. ③ 거짓말을 하고 나서 '나는 거짓말을 했다.'라고 안다. ④ 견해를 잘못 대변한다. ⑤ 동의를 잘못 대변한다. ⑥ 취향을 잘못 대변한다. ⑦ 의도를 잘못 대변한다.

4-6$_{2}$. [두 번째 선정과 네 번째 선정]

4-6$_{3}$. [두 번째 선정과 첫 번째 선정],

4-6$_{4}$. [두 번째 선정과 있음의 여읨에 의한 해탈],

4-6$_{5}$. [두 번째 선정과 인상의 여읨에 의한 해탈],

4-6$_{6}$. [두 번째 선정과 바램의 여읨에 의한 해탈],

4-6$_{7}$. [두 번째 선정과 있음의 여읨에 의한 삼매],

4-6$_{8}$. [두 번째 선정과 인상의 여읨에 의한 삼매],

4-6$_{9}$. [두 번째 선정과 바램의 여읨에 의한 삼매],

4-6$_{10}$. [두 번째 선정과 있음의 여읨에 의한 성취],

4-6$_{11}$. [두 번째 선정과 인상의 여읨에 의한 성취],

4-6$_{12}$. [두 번째 선정과 바램의 여읨에 의한 성취],

4-6$_{13}$. [두 번째 선정과 세 가지 명지],

4-6$_{14}$. [두 번째 선정과 네 가지 새김의 토대],

4-6$_{15}$. [두 번째 선정과 네 가지 올바른 노력],

4-6$_{16}$. [두 번째 선정과 네 가지 신통의 기초],

4-6$_{17}$. [두 번째 선정과 다섯 가지 능력],

4-6$_{18}$. [두 번째 선정과 다섯 가지 힘],

4-6$_{19}$. [두 번째 선정과 일곱 가지 깨달음 고리],

4-6$_{20}$. [두 번째 선정과 여덟 가지 고귀한 길],

4-6$_{21}$. [두 번째 선정과 흐름에 든 경지],

4-6$_{22}$. [두 번째 선정과 한번 돌아오는 경지],

4-6$_{23}$. [두 번째 선정과 돌아오지 않는 경지],

4-6₂₄. [두 번째 선정과 거룩한 경지]

4-6₂₅. [두 번째 선정과 탐욕의 여읨]

1) 세 가지 형태로, '나는 두 번째 선정을 얻었겠지라든가 선정을 얻는다라든가 선정을 얻었다라든가 선정을 얻은 자이다라든가 선정의 주인이다라든가 선정을 실현했다. 나의 탐욕은 끊어졌거나, 쫓아버려졌거나, 놓아버려졌거나, 벗어버려졌거나, 버려버렸거나, 던져버려졌거나, 포기되어버렸다.'라고 고의적으로 망언을 하는 자는 승단추방죄를 범하는 것이다. ① 거짓말을 하기 전에 '나는 거짓말을 할 것이다.'라고 안다. ② 거짓말을 하면서 '나는 거짓말을 하고 있다.'라고 안다. ③ 거짓말을 하고 나서 '나는 거짓말을 했다.'라고 안다.

2) 네 가지 형태로, '나는 두 번째 선정과 세 번째 선정을 얻었겠지라든가 선정을 얻는다라든가 선정을 얻었다라든가 선정을 얻은 자이다라든가 선정의 주인이다라든가 선정을 실현했다. 나의 탐욕은 끊어졌거나, 쫓아버려졌거나, 놓아버려졌거나, 벗어버려졌거나, 버려버렸거나, 던져버려졌거나, 포기되어버렸다.'라고 고의적으로 망언을 하는 자는 승단추방죄를 범하는 것이다. ① 거짓말을 하기 전에 '나는 거짓말을 할 것이다.'라고 안다. ② 거짓말을 하면서 '나는 거짓말을 하고 있다.'라고 안다. ③ 거짓말을 하고 나서 '나는 거짓말을 했다.'라고 안다. ④ 견해를 잘못 대변한다.

3) 다섯 가지 형태로, '나는 두 번째 선정과 세 번째 선정을 얻었겠지라든가 선정을 얻는다라든가 선정을 얻었다라든가 선정을 얻은 자이다라든가 선정의 주인이다라든가 선정을 실현했다. 나의 탐욕은 끊어졌거나, 쫓아버려졌거나, 놓아버려졌거나, 벗어버려졌거나, 버려버렸거나, 던져버려졌거나, 포기되어버렸다.'라고 고의적으로 망언을 하는 자는 승단추방죄를 범하는 것이다. ① 거짓말을 하기 전에 '나는 거짓말을 할 것이다.'라고 안다. ② 거짓말을 하면서 '나는 거짓말을 하고 있다.'라고 안다. ③ 거짓말을 하고 나서 '나는 거짓말을 했다.'라고 안다. ④ 견해를 잘못 대변한다. ⑤ 동의를 잘못 대변한다.

4) 여섯 가지 형태로, '나는 두 번째 선정과 세 번째 선정을 얻었겠지라든가 선정을 얻는다라든가 선정을 얻었다라든가 선정을 얻은 자이다라든가 선정의 주인이다라든가 선정을 실현했다. 나의 탐욕은 끊어졌거나, 쫓아버려졌거나, 놓아버려졌거나, 벗어버려졌거나, 버려버렸거나, 던져버려졌거나, 포기되어버렸다.'라고 고의적으로 망언을 하는 자는 승단추방죄를 범하는 것이다. ① 거짓말을 하기 전에 '나는 거짓말을 할 것이다.'라고 안다. ② 거짓말을 하면서 '나는

거짓말을 하고 있다.'라고 안다. ③ 거짓말을 하고 나서 '나는 거짓말을 했다.'라고 안다. ④ 견해를 잘못 대변한다. ⑤ 동의를 잘못 대변한다. ⑥ 취향을 잘못 대변한다.

5) 일곱 가지 형태로, '나는 두 번째 선정과 세 번째 선정을 얻었겠지라든가 선정을 얻는다라든가 선정을 얻었다라든가 선정을 얻은 자이다라든가 선정의 주인이다라든가 선정을 실현했다. 나의 탐욕은 끊어졌거나, 쫓아버려졌거나, 놓아버려졌거나, 벗어버려졌거나, 버려버렸거나, 던져버려졌거나, 포기되어버렸다.'라고 고의적으로 망언을 하는 자는 승단추방죄를 범하는 것이다. ① 거짓말을 하기 전에 '나는 거짓말을 할 것이다.'라고 안다. ② 거짓말을 하면서 '나는 거짓말을 하고 있다.'라고 안다. ③ 거짓말을 하고 나서 '나는 거짓말을 했다.'라고 안다. ④ 견해를 잘못 대변한다. ⑤ 동의를 잘못 대변한다. ⑥ 취향을 잘못 대변한다. ⑦ 의도를 잘못 대변한다.

4-6[26]. [두 번째 선정과 성냄의 여읨]

1) 세 가지 형태로, '나는 두 번째 선정을 얻었겠지라든가 선정을 얻는다라든가 선정을 얻었다라든가 선정을 얻은 자이다라든가 선정의 주인이다라든가 선정을 실현했다. 나의 성냄은 끊어졌거나, 쫓아버려졌거나, 놓아버려졌거나, 벗어버려졌거나, 버려버렸거나, 던져버려졌거나, 포기되어버렸다.'라고 고의적으로 망언을 하는 자는 승단추방죄를 범하는 것이다. ① 거짓말을 하기 전에 '나는 거짓말을 할 것이다.'라고 안다. ② 거짓말을 하면서 '나는 거짓말을 하고 있다.'라고 안다. ③ 거짓말을 하고 나서 '나는 거짓말을 했다.'라고 안다.

2) 네 가지 형태로, '나는 두 번째 선정과 세 번째 선정을 얻었겠지라든가 선정을 얻는다라든가 선정을 얻었다라든가 선정을 얻은 자이다라든가 선정의 주인이다라든가 선정을 실현했다. 나의 성냄은 끊어졌거나, 쫓아버려졌거나, 놓아버려졌거나, 벗어버려졌거나, 버려버렸거나, 던져버려졌거나, 포기되어버렸다.'라고 고의적으로 망언을 하는 자는 승단추방죄를 범하는 것이다. ① 거짓말을 하기 전에 '나는 거짓말을 할 것이다.'라고 안다. ② 거짓말을 하면서 '나는 거짓말을 하고 있다.'라고 안다. ③ 거짓말을 하고 나서 '나는 거짓말을 했다.'라고 안다. ④ 견해를 잘못 대변한다.

3) 다섯 가지 형태로, '나는 두 번째 선정과 세 번째 선정을 얻었겠지라든가 선정을 얻는다라든가 선정을 얻었다라든가 선정을 얻은 자이다라든가 선정의 주인이다라든가 선정을 실현했다. 나의 성냄은 끊어졌거나, 쫓아버려졌거나, 놓아버

려졌거나, 벗어버려졌거나, 버려버렸거나, 던져버려졌거나, 포기되어버렸다.' 라고 고의적으로 망언을 하는 자는 승단추방죄를 범하는 것이다. ① 거짓말을 하기 전에 '나는 거짓말을 할 것이다.'라고 안다. ② 거짓말을 하면서 '나는 거짓말을 하고 있다.'라고 안다. ③ 거짓말을 하고 나서 '나는 거짓말을 했다.'라고 안다. ④ 견해를 잘못 대변한다. ⑤ 동의를 잘못 대변한다.

4) 여섯 가지 형태로, '나는 두 번째 선정과 세 번째 선정을 얻었겠지라든가 선정을 얻는다라든가 선정을 얻었다라든가 선정을 얻은 자이다라든가 선정의 주인이다라든가 선정을 실현했다. 나의 성냄은 끊어졌거나, 쫓아버려졌거나, 놓아버려졌거나, 벗어버려졌거나, 버려버렸거나, 던져버려졌거나, 포기되어버렸다.' 라고 고의적으로 망언을 하는 자는 승단추방죄를 범하는 것이다. ① 거짓말을 하기 전에 '나는 거짓말을 할 것이다.'라고 안다. ② 거짓말을 하면서 '나는 거짓말을 하고 있다.'라고 안다. ③ 거짓말을 하고 나서 '나는 거짓말을 했다.'라고 안다. ④ 견해를 잘못 대변한다. ⑤ 동의를 잘못 대변한다. ⑥ 취향을 잘못 대변한다.

5) 일곱 가지 형태로, '나는 두 번째 선정과 세 번째 선정을 얻었겠지라든가 선정을 얻는다라든가 선정을 얻었다라든가 선정을 얻은 자이다라든가 선정의 주인이다라든가 선정을 실현했다. 나의 성냄은 끊어졌거나, 쫓아버려졌거나, 놓아버려졌거나, 벗어버려졌거나, 버려버렸거나, 던져버려졌거나, 포기되어버렸다.' 라고 고의적으로 망언을 하는 자는 승단추방죄를 범하는 것이다. ① 거짓말을 하기 전에 '나는 거짓말을 할 것이다.'라고 안다. ② 거짓말을 하면서 '나는 거짓말을 하고 있다.'라고 안다. ③ 거짓말을 하고 나서 '나는 거짓말을 했다.'라고 안다. ④ 견해를 잘못 대변한다. ⑤ 동의를 잘못 대변한다. ⑥ 취향을 잘못 대변한다. ⑦ 의도를 잘못 대변한다.

4-6₂₇. [두 번째 선정과 어리석음의 여읨]

1) 세 가지 형태로, '나는 두 번째 선정을 얻었겠지라든가 선정을 얻는다라든가 선정을 얻었다라든가 선정을 얻은 자이다라든가 선정의 주인이다라든가 선정을 실현했다. 나의 어리석음은 끊어졌거나, 쫓아버려졌거나, 놓아버려졌거나, 벗어버려졌거나, 버려버렸거나, 던져버려졌거나, 포기되어버렸다.'라고 고의적으로 망언을 하는 자는 승단추방죄를 범하는 것이다. ① 거짓말을 하기 전에 '나는 거짓말을 할 것이다.'라고 안다. ② 거짓말을 하면서 '나는 거짓말을 하고 있다.'라고 안다. ③ 거짓말을 하고 나서 '나는 거짓말을 했다.'라고 안다.

2) 네 가지 형태로, '나는 두 번째 선정과 세 번째 선정을 얻었겠지라든가 선정을 얻는다라든가 선정을 얻었다라든가 선정을 얻은 자이다라든가 선정의 주인이다라든가 선정을 실현했다. 나의 어리석음은 끊어졌거나, 쫓아버려졌거나, 놓아버려졌거나, 벗어버려졌거나, 버려버렸거나, 던져버려졌거나, 포기되어버렸다.'라고 고의적으로 망언을 하는 자는 승단추방죄를 범하는 것이다. ① 거짓말을 하기 전에 '나는 거짓말을 할 것이다.'라고 안다. ② 거짓말을 하면서 '나는 거짓말을 하고 있다.'라고 안다. ③ 거짓말을 하고 나서 '나는 거짓말을 했다.'라고 안다. ④ 견해를 잘못 대변한다.

3) 다섯 가지 형태로, '나는 두 번째 선정과 세 번째 선정을 얻었겠지라든가 선정을 얻는다라든가 선정을 얻었다라든가 선정을 얻은 자이다라든가 선정의 주인이다라든가 선정을 실현했다. 나의 어리석음은 끊어졌거나, 쫓아버려졌거나, 놓아버려졌거나, 벗어버려졌거나, 버려버렸거나, 던져버려졌거나, 포기되어버렸다.'라고 고의적으로 망언을 하는 자는 승단추방죄를 범하는 것이다. ① 거짓말을 하기 전에 '나는 거짓말을 할 것이다.'라고 안다. ② 거짓말을 하면서 '나는 거짓말을 하고 있다.'라고 안다. ③ 거짓말을 하고 나서 '나는 거짓말을 했다.'라고 안다. ④ 견해를 잘못 대변한다. ⑤ 동의를 잘못 대변한다.

4) 여섯 가지 형태로, '나는 두 번째 선정과 세 번째 선정을 얻었겠지라든가 선정을 얻는다라든가 선정을 얻었다라든가 선정을 얻은 자이다라든가 선정의 주인이다라든가 선정을 실현했다. 나의 어리석음은 끊어졌거나, 쫓아버려졌거나, 놓아버려졌거나, 벗어버려졌거나, 버려버렸거나, 던져버려졌거나, 포기되어버렸다.'라고 고의적으로 망언을 하는 자는 승단추방죄를 범하는 것이다. ① 거짓말을 하기 전에 '나는 거짓말을 할 것이다.'라고 안다. ② 거짓말을 하면서 '나는 거짓말을 하고 있다.'라고 안다. ③ 거짓말을 하고 나서 '나는 거짓말을 했다.'라고 안다. ④ 견해를 잘못 대변한다. ⑤ 동의를 잘못 대변한다. ⑥ 취향을 잘못 대변한다.

5) 일곱 가지 형태로, '나는 두 번째 선정과 세 번째 선정을 얻었겠지라든가 선정을 얻는다라든가 선정을 얻었다라든가 선정을 얻은 자이다라든가 선정의 주인이다라든가 선정을 실현했다. 나의 어리석음은 끊어졌거나, 쫓아버려졌거나, 놓아버려졌거나, 벗어버려졌거나, 버려버렸거나, 던져버려졌거나, 포기되어버렸다.'라고 고의적으로 망언을 하는 자는 승단추방죄를 범하는 것이다. ① 거짓말을 하기 전에 '나는 거짓말을 할 것이다.'라고 안다. ② 거짓말을 하면서

'나는 거짓말을 하고 있다.'라고 안다. ③ 거짓말을 하고 나서 '나는 거짓말을 했다.'라고 안다. ④ 견해를 잘못 대변한다. ⑤ 동의를 잘못 대변한다. ⑥ 취향을 잘못 대변한다. ⑦ 의도를 잘못 대변한다.

4-6$_{28}$. [두 번째 선정과 탐욕의 장애에서 벗어남]

1) 세 가지 형태로, '나는 두 번째 선정을 얻었겠지라든가 선정을 얻는다라든가 선정을 얻었다라든가 선정을 얻은 자이다라든가 선정의 주인이다라든가 선정을 실현했다. 나의 마음은 탐욕의 장애로부터 벗어났다.'라고 고의적으로 망언을 하는 자는 승단추방죄를 범하는 것이다. ① 거짓말을 하기 전에 '나는 거짓말을 할 것이다.'라고 안다. ② 거짓말을 하면서 '나는 거짓말을 하고 있다.'라고 안다. ③ 거짓말을 하고 나서 '나는 거짓말을 했다.'라고 안다.

2) 네 가지 형태로, '나는 두 번째 선정과 세 번째 선정을 얻었겠지라든가 선정을 얻는다라든가 선정을 얻었다라든가 선정을 얻은 자이다라든가 선정의 주인이다라든가 선정을 실현했다. 나의 마음은 탐욕의 장애로부터 벗어났다.'라고 고의적으로 망언을 하는 자는 승단추방죄를 범하는 것이다. ① 거짓말을 하기 전에 '나는 거짓말을 할 것이다.'라고 안다. ② 거짓말을 하면서 '나는 거짓말을 하고 있다.'라고 안다. ③ 거짓말을 하고 나서 '나는 거짓말을 했다.'라고 안다. ④ 견해를 잘못 대변한다.

3) 다섯 가지 형태로, '나는 두 번째 선정과 세 번째 선정을 얻었겠지라든가 선정을 얻는다라든가 선정을 얻었다라든가 선정을 얻은 자이다라든가 선정의 주인이다라든가 선정을 실현했다. 나의 마음은 탐욕의 장애로부터 벗어났다.'라고 고의적으로 망언을 하는 자는 승단추방죄를 범하는 것이다. ① 거짓말을 하기 전에 '나는 거짓말을 할 것이다.'라고 안다. ② 거짓말을 하면서 '나는 거짓말을 하고 있다.'라고 안다. ③ 거짓말을 하고 나서 '나는 거짓말을 했다.'라고 안다. ④ 견해를 잘못 대변한다. ⑤ 동의를 잘못 대변한다.

4) 여섯 가지 형태로, '나는 두 번째 선정과 세 번째 선정을 얻었겠지라든가 선정을 얻는다라든가 선정을 얻었다라든가 선정을 얻은 자이다라든가 선정의 주인이다라든가 선정을 실현했다. 나의 마음은 탐욕의 장애로부터 벗어났다.'라고 고의적으로 망언을 하는 자는 승단추방죄를 범하는 것이다. ① 거짓말을 하기 전에 '나는 거짓말을 할 것이다.'라고 안다. ② 거짓말을 하면서 '나는 거짓말을 하고 있다.'라고 안다. ③ 거짓말을 하고 나서 '나는 거짓말을 했다.'라고 안다. ④ 견해를 잘못 대변한다. ⑤ 동의를 잘못 대변한다. ⑥ 취향을 잘못 대변한다.

5) 일곱 가지 형태로, '나는 두 번째 선정과 세 번째 선정을 얻었겠지라든가 선정을 얻는다라든가 선정을 얻었다라든가 선정을 얻은 자이다라든가 선정의 주인이다라든가 선정을 실현했다. 나의 마음은 탐욕의 장애로부터 벗어났다.'라고 고의적으로 망언을 하는 자는 승단추방죄를 범하는 것이다. ① 거짓말을 하기 전에 '나는 거짓말을 할 것이다.'라고 안다. ② 거짓말을 하면서 '나는 거짓말을 하고 있다.'라고 안다. ③ 거짓말을 하고 나서 '나는 거짓말을 했다.'라고 안다. ④ 견해를 잘못 대변한다. ⑤ 동의를 잘못 대변한다. ⑥ 취향을 잘못 대변한다. ⑦ 의도를 잘못 대변한다.

4-6₂₉. [두 번째 선정과 성냄의 장애에서 벗어남]

1) 세 가지 형태로, '나는 두 번째 선정을 얻었겠지라든가 선정을 얻는다라든가 선정을 얻었다라든가 선정을 얻은 자이다라든가 선정의 주인이다라든가 선정을 실현했다. 나의 마음은 성냄의 장애로부터 벗어났다.'라고 고의적으로 망언을 하는 자는 승단추방죄를 범하는 것이다. ① 거짓말을 하기 전에 '나는 거짓말을 할 것이다.'라고 안다. ② 거짓말을 하면서 '나는 거짓말을 하고 있다.'라고 안다. ③ 거짓말을 하고 나서 '나는 거짓말을 했다.'라고 안다.

2) 네 가지 형태로, '나는 두 번째 선정을 얻었겠지라든가 선정을 얻는다라든가 선정을 얻었다라든가 선정을 얻은 자이다라든가 선정의 주인이다라든가 선정을 실현했다. 나의 마음은 성냄의 장애로부터 벗어났다.'라고 고의적으로 망언을 하는 자는 승단추방죄를 범하는 것이다. ① 거짓말을 하기 전에 '나는 거짓말을 할 것이다.'라고 안다. ② 거짓말을 하면서 '나는 거짓말을 하고 있다.'라고 안다. ③ 거짓말을 하고 나서 '나는 거짓말을 했다.'라고 안다. ④ 견해를 잘못 대변한다.

3) 다섯 가지 형태로, '나는 두 번째 선정을 얻었겠지라든가 선정을 얻는다라든가 선정을 얻었다라든가 선정을 얻은 자이다라든가 선정의 주인이다라든가 선정을 실현했다. 나의 마음은 성냄의 장애로부터 벗어났다.'라고 고의적으로 망언을 하는 자는 승단추방죄를 범하는 것이다. ① 거짓말을 하기 전에 '나는 거짓말을 할 것이다.'라고 안다. ② 거짓말을 하면서 '나는 거짓말을 하고 있다.'라고 안다. ③ 거짓말을 하고 나서 '나는 거짓말을 했다.'라고 안다. ④ 견해를 잘못 대변한다. ⑤ 동의를 잘못 대변한다.

4) 여섯 가지 형태로, '나는 두 번째 선정을 얻었겠지라든가 선정을 얻는다라든가 선정을 얻었다라든가 선정을 얻은 자이다라든가 선정의 주인이다라든가 선정

을 실현했다. 나의 마음은 성냄의 장애로부터 벗어났다.'라고 고의적으로 망언을 하는 자는 승단추방죄를 범하는 것이다. ① 거짓말을 하기 전에 '나는 거짓말을 할 것이다.'라고 안다. ② 거짓말을 하면서 '나는 거짓말을 하고 있다.'라고 안다. ③ 거짓말을 하고 나서 '나는 거짓말을 했다.'라고 안다. ④ 견해를 잘못 대변한다. ⑤ 동의를 잘못 대변한다. ⑥ 취향을 잘못 대변한다.

5) 일곱 가지 형태로, '나는 두 번째 선정을 얻었겠지라든가 선정을 얻는다라든가 선정을 얻었다라든가 선정을 얻은 자이다라든가 선정의 주인이다라든가 선정을 실현했다. 나의 마음은 성냄의 장애로부터 벗어났다.'라고 고의적으로 망언을 하는 자는 승단추방죄를 범하는 것이다. ① 거짓말을 하기 전에 '나는 거짓말을 할 것이다.'라고 안다. ② 거짓말을 하면서 '나는 거짓말을 하고 있다.'라고 안다. ③ 거짓말을 하고 나서 '나는 거짓말을 했다.'라고 안다. ④ 견해를 잘못 대변한다. ⑤ 동의를 잘못 대변한다. ⑥ 취향을 잘못 대변한다. ⑦ 의도를 잘못 대변한다.

4-6$_{30}$. [두 번째 선정과 어리석음의 장애에서 벗어남]

1) 세 가지 형태로, '나는 두 번째 선정을 얻었겠지라든가 선정을 얻는다라든가 선정을 얻었다라든가 선정을 얻은 자이다라든가 선정의 주인이다라든가 선정을 실현했다. 나의 마음은 어리석음의 장애로부터 벗어났다.'라고 고의적으로 망언을 하는 자는 승단추방죄를 범하는 것이다. ① 거짓말을 하기 전에 '나는 거짓말을 할 것이다.'라고 안다. ② 거짓말을 하면서 '나는 거짓말을 하고 있다.'라고 안다. ③ 거짓말을 하고 나서 '나는 거짓말을 했다.'라고 안다.

2) 네 가지 형태로, '나는 두 번째 선정을 얻었겠지라든가 선정을 얻는다라든가 선정을 얻었다라든가 선정을 얻은 자이다라든가 선정의 주인이다라든가 선정을 실현했다. 나의 마음은 어리석음의 장애로부터 벗어났다.'라고 고의적으로 망언을 하는 자는 승단추방죄를 범하는 것이다. ① 거짓말을 하기 전에 '나는 거짓말을 할 것이다.'라고 안다. ② 거짓말을 하면서 '나는 거짓말을 하고 있다.'라고 안다. ③ 거짓말을 하고 나서 '나는 거짓말을 했다.'라고 안다. ④ 견해를 잘못 대변한다.

3) 다섯 가지 형태로, '나는 두 번째 선정을 얻었겠지라든가 선정을 얻는다라든가 선정을 얻었다라든가 선정을 얻은 자이다라든가 선정의 주인이다라든가 선정을 실현했다. 나의 마음은 어리석음의 장애로부터 벗어났다.'라고 고의적으로 망언을 하는 자는 승단추방죄를 범하는 것이다. ① 거짓말을 하기 전에 '나는

거짓말을 할 것이다.'라고 안다. ② 거짓말을 하면서 '나는 거짓말을 하고 있다.'라고 안다. ③ 거짓말을 하고 나서 '나는 거짓말을 했다.'라고 안다. ④ 견해를 잘못 대변한다. ⑤ 동의를 잘못 대변한다.

4) 여섯 가지 형태로, '나는 두 번째 선정을 얻었겠지라든가 선정을 얻는다라든가 선정을 얻었다라든가 선정을 얻은 자이다라든가 선정의 주인이다라든가 선정을 실현했다. 나의 마음은 어리석음의 장애로부터 벗어났다.'라고 고의적으로 망언을 하는 자는 승단추방죄를 범하는 것이다. ① 거짓말을 하기 전에 '나는 거짓말을 할 것이다.'라고 안다. ② 거짓말을 하면서 '나는 거짓말을 하고 있다.'라고 안다. ③ 거짓말을 하고 나서 '나는 거짓말을 했다.'라고 안다. ④ 견해를 잘못 대변한다. ⑤ 동의를 잘못 대변한다. ⑥ 취향을 잘못 대변한다.

5) 일곱 가지 형태로, '나는 두 번째 선정을 얻었겠지라든가 선정을 얻는다라든가 선정을 얻었다라든가 선정을 얻은 자이다라든가 선정의 주인이다라든가 선정을 실현했다. 나의 마음은 어리석음의 장애로부터 벗어났다.'라고 고의적으로 망언을 하는 자는 승단추방죄를 범하는 것이다. ① 거짓말을 하기 전에 '나는 거짓말을 할 것이다.'라고 안다. ② 거짓말을 하면서 '나는 거짓말을 하고 있다.'라고 안다. ③ 거짓말을 하고 나서 '나는 거짓말을 했다.'라고 안다. ④ 견해를 잘못 대변한다. ⑤ 동의를 잘못 대변한다. ⑥ 취향을 잘못 대변한다. ⑦ 의도를 잘못 대변한다.

4-7f. 세 번째 선정과 네 번째 선정 … 세 번째 선정과 거룩한 경지 … 세 번째 선정과 '나의 탐욕은 끊어졌거나, 쫓아버려졌거나, 놓아버려졌거나, 벗어버려졌거나, 버려버렸거나, 던져버려졌거나, 포기되어버렸다.' … 세 번째 선정과 '나의 성냄은 끊어졌거나, 쫓아버려졌거나, 놓아버려졌거나, 벗어버려졌거나, 버려버렸거나, 던져버려졌거나, 포기되어버렸다.' … 세 번째 선정과 '나의 어리석음은 끊어졌거나, 쫓아버려졌거나, 놓아버려졌거나, 벗어버려졌거나, 버려버렸거나, 던져버려졌거나, 포기되어버렸다.' … 세 번째 선정과 첫 번째 선정 … 세 번째 선정과 두 번째 선정 … 고의적으로 망언을 하는 자는 승단추방죄를 범하는 것이다. ① 거짓말을 하기 전에 '나는 거짓말을 할 것이다.'라고 안다. ② 거짓말을 하면서 '나는 거짓말을 하고 있다.'라고 안다. ③ 거짓말을 하고 나서 '나는 거짓말을 했다.'라고 안다. ④ 견해를 잘못 대변한다. ⑤ 동의를 잘못 대변한다. ⑥ 취향을 잘못 대변한다. ⑦ 의도를 잘못 대변한다.[390]

4-7e. '마음이 어리석음의 장애에서 벗어났다.'와 첫 번째 선정 …, '마음이 어리

석음의 장애에서 벗어났다.'와 두 번째 선정 …, '마음이 어리석음의 장애에서 벗어났다.'와 세 번째 선정, '마음이 어리석음의 장애에서 벗어났다.'와 네 번째 선정 …, '마음이 어리석음의 장애에서 벗어났다.'와[*97] 있음의 여읨에 의한 해탈 …, '마음이 어리석음의 장애에서 벗어났다.'와 인상의 여읨에 의한 해탈 …, '마음이 어리석음의 장애에서 벗어났다.'와 바램의 여읨에 의한 해탈 …, '마음이 어리석음의 장애에서 벗어났다.'와 있음의 여읨에 의한 삼매 …, '마음이 어리석음의 장애에서 벗어났다.'와 인상의 여읨에 의한 삼매 …, '마음이 어리석음의 장애에서 벗어났다.'와 바램의 여읨에 의한 삼매 …,'마음이 어리석음의 장애에서 벗어났다.'와 있음의 여읨에 의한 성취 …, '마음이 어리석음의 장애에서 벗어났다.'와 인상의 여읨에 의한 성취 …, '마음이 어리석음의 장애에서 벗어났다.'와 바램의 여읨에 의한 성취 …, '마음이 어리석음의 장애에서 벗어났다.'와 세 가지 명지 …, '마음이 어리석음의 장애에서 벗어났다.'와 네 가지 새김의 토대 …, '마음이 어리석음의 장애에서 벗어났다.'와 네 가지 올바른 노력 …, '마음이 어리석음의 장애에서 벗어났다.'와 네 가지 신통의 기초 …, '마음이 어리석음의 장애에서 벗어났다.'와 다섯 가지 능력 …, '마음이 어리석음의 장애에서 벗어났다.'와 다섯 가지 힘 …, '마음이 어리석음의 장애에서 벗어났다.'와 일곱 가지 깨달음 고리 …, '마음이 어리석음의 장애에서 벗어났다.'와 여덟 가지 고귀한 길 …, '마음이 어리석음의 장애에서 벗어났다.'와 흐름에 든 경지 …, '마음이 어리석음의 장애에서 벗어났다.'와 한번 돌아오는 경지 …, '마음이 어리석음의 장애에서 벗어났다.'와 돌아오지 않는 경지 …, '마음이 어리석음의 장애에서 벗어났다.'와 거룩한 경지 … 고의적으로 망언을 하는 자는 승단추방죄를 범하는 것이다. ① 거짓말을 하기 전에 '나는 거짓말을 할 것이다.'라고 안다. ② 거짓말을 하면서 '나는 거짓말을 하고 있다.'라고 안다. ③ 거짓말을 하고 나서 '나는 거짓말을 했다.'라고 안다. ④ 견해를 잘못 대변한다. ⑤ 동의를 잘못 대변한다. ⑥ 취향을 잘못 대변한다. ⑦ 의도를 잘못 대변한다.

4-8. 둘에 토대를 두는 결합배열과, 셋에 토대를 두는 결합배열과, 넷에 토대를 두는 결합배열과, 다섯에 토대를 두는 결합배열과, 여섯에 토대를 두는 결합배열과, 일곱에 토대를 두는 결합배열과, 여덟에 토대를 두는 결합배열과, 아홉에 토대를 두는 결합배열과, 열에 토대를 두는 결합배열은 하나에 토대를 두는 결합

390) 이 §의 f.는 첫 번째(first)의 약자이고 그 다음 §의 e.는 확장의 끝(the end of extention)의 약자이다. 단편장의 확장처럼 간단하게 표시될 수 없으므로 부득이 처음과 그 확장의 끝만을 표시한다.

배열이 확장되듯, 상세히 확장되어야 한다. 세 가지 형태로 … 일곱 가지 형태로…, 첫 번째 선정과 두 번째 선정과 세 번째 선정과 네 번째 선정과 있음의 여읨에 의한 해탈, 인상의 여읨에 의한 해탈, 바램의 여읨에 의한 해탈, 있음의 여읨에 의한 삼매, 인상의 여읨에 의한 삼매, 바램의 여읨에 의한 삼매, 있음의 여읨에 의한 성취, 인상의 여읨에 의한 성취, 바램의 여읨에 의한 성취, 세 가지 명지, 네 가지 새김의 토대, 네 가지 올바른 노력, 네 가지 신통의 기초, 다섯 가지 능력, 다섯 가지 힘, 일곱 가지 깨달음 고리, 여덟 가지 고귀한 길, 흐름에 든 경지, 한번 돌아오는 경지, 돌아오지 않는 경지, 거룩한 경지 … 얻었겠지 … 얻는다 … 얻었다 … 얻은 자이다 … 주인이다 … 실현했다. '나의 탐욕 … 나의 성냄 … 나의 어리석음은 버려졌거나, 쫒아버려졌거나, 놓아버려졌거나, 벗어버려졌거나, 버려버려졌거나, 던져버려졌거나, 포기해버려졌다.' '나의 마음은 탐욕의 장애로부터 벗어났다.' '나의 마음은 성냄의 장애로부터 벗어났다.' '나의 마음은 어리석음의 장애로부터 벗어났다.'라고 고의적으로 망언을 하는 자는 승단추방죄를 범하는 것이다. ① 거짓말을 하기 전에 '나는 거짓말을 할 것이다.'라고 안다. ② 거짓말을 하면서 '나는 거짓말을 하고 있다.'라고 안다. ③ 거짓말을 하고 나서 '나는 거짓말을 했다.'라고 안다. ④ 견해를 잘못 대변한다. ⑤ 동의를 잘못 대변한다. ⑥ 취향을 잘못 대변한다. ⑦ 의도를 잘못 대변한다.

5-1₁. [말하고 싶어 하면서]

1) '나는 첫 번째 선정을 얻었겠지라든가 선정을 얻는다라든가 선정을 얻었다라든가 선정을 얻은 자이다라든가 선정의 주인이다라든가 선정을 실현했다.'라고 말하고 싶어 하면서 '나는 두 번째 선정을 얻었겠지라든가 선정을 얻는다라든가 선정을 얻었다라든가 선정을 얻은 자이다라든가 선정의 주인이다라든가 선정을 실현했다.'라고 고의적으로 망언을 하는데, 세 가지 형태에 의해서 즉, ① 거짓말을 하기 전에 '나는 거짓말을 할 것이다.'라는 것에 대해 ② 거짓말을 하면서 '나는 거짓말을 하고 있다.'라는 것에 대해 ③ 거짓말을 하고 나서 '나는 거짓말을 했다.'라는 것에 대해 알면, 승단추방죄를 범하는 것이고, 알지 못하면, 추악죄를 범하는 것이다.

2) '나는 첫 번째 선정을 얻었겠지라든가 선정을 얻는다라든가 선정을 얻었다라든가 선정을 얻은 자이다라든가 선정의 주인이다라든가 선정을 실현했다.'라고 말하고 싶어 하면서 '나는 세 번째 선정을 얻었겠지라든가 선정을 얻는다라든가 선정을 얻었다라든가 선정을 얻은 자이다라든가 선정의 주인이다라든가

선정을 실현했다.'라고 고의적으로 망언을 하는데, 세 가지 형태에 의해서 즉, ① 거짓말을 하기 전에 '나는 거짓말을 할 것이다.'라는 것에 대해 ② 거짓말을 하면서 '나는 거짓말을 하고 있다.'라는 것에 대해 ③ 거짓말을 하고 나서 '나는 거짓말을 했다.'라는 것에 대해 알면, 승단추방죄를 범하는 것이고, 알지 못하면, 추악죄를 범하는 것이다.

3) '나는 첫 번째 선정을 얻었겠지라든가 선정을 얻는다라든가 선정을 얻었다라든가 선정을 얻은 자이다라든가 선정의 주인이다라든가 선정을 실현했다.'라고 말하고 싶어 하면서 '나는 네 번째 선정을 얻었겠지라든가 선정을 얻는다라든가 선정을 얻었다라든가 선정을 얻은 자이다라든가 선정의 주인이다라든가 선정을 실현했다.'라고 고의적으로 망언을 하는데, 세 가지 형태에 의해서 즉, ① 거짓말을 하기 전에 '나는 거짓말을 할 것이다.'라는 것에 대해 ② 거짓말을 하면서 '나는 거짓말을 하고 있다.'라는 것에 대해 ③ 거짓말을 하고 나서 '나는 거짓말을 했다.'라는 것에 대해 알면, 승단추방죄를 범하는 것이고, 알지 못하면, 추악죄를 범하는 것이다.

4) '나는 첫 번째 선정을 얻었겠지라든가 선정을 얻는다라든가 선정을 얻었다라든가 선정을 얻은 자이다라든가 선정의 주인이다라든가 선정을 실현했다.'라고 말하고 싶어 하면서 '나는 있음의 여읨에 의한 해탈을 얻었겠지라든가 선정을 얻는다라든가 선정을 얻었다라든가 선정을 얻은 자이다라든가 선정의 주인이다라든가 선정을 실현했다.'라고 고의적으로 망언을 하는데, 세 가지 형태에 의해서 즉, ① 거짓말을 하기 전에 '나는 거짓말을 할 것이다.'라는 것에 대해 ② 거짓말을 하면서 '나는 거짓말을 하고 있다.'라는 것에 대해 ③ 거짓말을 하고 나서 '나는 거짓말을 했다.'라는 것에 대해 알면, 승단추방죄를 범하는 것이고, 알지 못하면, 추악죄를 범하는 것이다.

5) '나는 첫 번째 선정을 얻었겠지라든가 선정을 얻는다라든가 선정을 얻었다라든가 선정을 얻은 자이다라든가 선정의 주인이다라든가 선정을 실현했다.'라고 말하고 싶어 하면서 '나는 인상의 여읨에 의한 해탈을 얻었겠지라든가 선정을 얻는다라든가 선정을 얻었다라든가 선정을 얻은 자이다라든가 선정의 주인이다라든가 선정을 실현했다.'라고 고의적으로 망언을 하는데, 세 가지 형태에 의해서 즉, ① 거짓말을 하기 전에 '나는 거짓말을 할 것이다.'라는 것에 대해 ② 거짓말을 하면서 '나는 거짓말을 하고 있다.'라는 것에 대해 ③ 거짓말을 하고 나서 '나는 거짓말을 했다.'라는 것에 대해 알면, 승단추방죄를 범하는

것이고, 알지 못하면, 추악죄를 범하는 것이다.

6) '나는 첫 번째 선정을 얻었겠지라든가 선정을 얻는다라든가 선정을 얻었다라든가 선정을 얻은 자이다라든가 선정의 주인이다라든가 선정을 실현했다.'라고 말하고 싶어 하면서 '나는 바램의 여읨에 의한 해탈을 얻었겠지라든가 선정을 얻는다라든가 선정을 얻었다라든가 선정을 얻은 자이다라든가 선정의 주인이다라든가 선정을 실현했다.'라고 고의적으로 망언을 하는데, 세 가지 형태에 의해서 즉, ① 거짓말을 하기 전에 '나는 거짓말을 할 것이다.'라는 것에 대해 ② 거짓말을 하면서 '나는 거짓말을 하고 있다.'라는 것에 대해 ③ 거짓말을 하고 나서 '나는 거짓말을 했다.'라는 것에 대해 알면, 승단추방죄를 범하는 것이고, 알지 못하면, 추악죄를 범하는 것이다.

7) '나는 첫 번째 선정을 얻었겠지라든가 선정을 얻는다라든가 선정을 얻었다라든가 선정을 얻은 자이다라든가 선정의 주인이다라든가 선정을 실현했다.'라고 말하고 싶어 하면서 '나는 있음의 여읨에 의한 삼매를 얻었겠지라든가 선정을 얻는다라든가 선정을 얻었다라든가 선정을 얻은 자이다라든가 선정의 주인이다라든가 선정을 실현했다.'라고 고의적으로 망언을 하는데, 세 가지 형태에 의해서 즉, ① 거짓말을 하기 전에 '나는 거짓말을 할 것이다.'라는 것에 대해 ② 거짓말을 하면서 '나는 거짓말을 하고 있다.'라는 것에 대해 ③ 거짓말을 하고 나서 '나는 거짓말을 했다.'라는 것에 대해 알면, 승단추방죄를 범하는 것이고, 알지 못하면, 추악죄를 범하는 것이다.

8) '나는 첫 번째 선정을 얻었겠지라든가 선정을 얻는다라든가 선정을 얻었다라든가 선정을 얻은 자이다라든가 선정의 주인이다라든가 선정을 실현했다.'라고 말하고 싶어 하면서 '나는 인상의 여읨에 의한 삼매를 얻었겠지라든가 선정을 얻는다라든가 선정을 얻었다라든가 선정을 얻은 자이다라든가 선정의 주인이다라든가 선정을 실현했다.'라고 고의적으로 망언을 하는데, 세 가지 형태에 의해서 즉, ① 거짓말을 하기 전에 '나는 거짓말을 할 것이다.'라는 것에 대해 ② 거짓말을 하면서 '나는 거짓말을 하고 있다.'라는 것에 대해 ③ 거짓말을 하고 나서 '나는 거짓말을 했다.'라는 것에 대해 알면, 승단추방죄를 범하는 것이고, 알지 못하면, 추악죄를 범하는 것이다.

9) '나는 첫 번째 선정을 얻었겠지라든가 선정을 얻는다라든가 선정을 얻었다라든가 선정을 얻은 자이다라든가 선정의 주인이다라든가 선정을 실현했다.'라고 말하고 싶어 하면서 '나는 바램의 여읨에 의한 삼매를 얻었겠지라든가 선정을

얻는다라든가 선정을 얻었다라든가 선정을 얻은 자이다라든가 선정의 주인이다라든가 선정을 실현했다.'라고 고의적으로 망언을 하는데, 세 가지 형태에 의해서 즉, ① 거짓말을 하기 전에 '나는 거짓말을 할 것이다.'라는 것에 대해 ② 거짓말을 하면서 '나는 거짓말을 하고 있다.'라는 것에 대해 ③ 거짓말을 하고 나서 '나는 거짓말을 했다.'라는 것에 대해 알면, 승단추방죄를 범하는 것이고, 알지 못하면, 추악죄를 범하는 것이다.

10) '나는 첫 번째 선정을 얻었겠지라든가 선정을 얻는다라든가 선정을 얻었다라든가 선정을 얻은 자이다라든가 선정의 주인이다라든가 선정을 실현했다.'라고 말하고 싶어 하면서 '나는 있음의 여읨에 의한 성취를 얻었겠지라든가 선정을 얻는다라든가 선정을 얻었다라든가 선정을 얻은 자이다라든가 선정의 주인이다라든가 선정을 실현했다.'라고 고의적으로 망언을 하는데, 세 가지 형태에 의해서 즉, ① 거짓말을 하기 전에 '나는 거짓말을 할 것이다.'라는 것에 대해 ② 거짓말을 하면서 '나는 거짓말을 하고 있다.'라는 것에 대해 ③ 거짓말을 하고 나서 '나는 거짓말을 했다.'라는 것에 대해 알면, 승단추방죄를 범하는 것이고, 알지 못하면, 추악죄를 범하는 것이다.

11) '나는 첫 번째 선정을 얻었겠지라든가 선정을 얻는다라든가 선정을 얻었다라든가 선정을 얻은 자이다라든가 선정의 주인이다라든가 선정을 실현했다.'라고 말하고 싶어 하면서 '나는 인상의 여읨에 의한 성취를 얻었겠지라든가 선정을 얻는다라든가 선정을 얻었다라든가 선정을 얻은 자이다라든가 선정의 주인이다라든가 선정을 실현했다.'라고 고의적으로 망언을 하는데, 세 가지 형태에 의해서 즉, ① 거짓말을 하기 전에 '나는 거짓말을 할 것이다.'라는 것에 대해 ② 거짓말을 하면서 '나는 거짓말을 하고 있다.'라는 것에 대해 ③ 거짓말을 하고 나서 '나는 거짓말을 했다.'라는 것에 대해 알면, 승단추방죄를 범하는 것이고, 알지 못하면, 추악죄를 범하는 것이다.

12) '나는 첫 번째 선정을 얻었겠지라든가 선정을 얻는다라든가 선정을 얻었다라든가 선정을 얻은 자이다라든가 선정의 주인이다라든가 선정을 실현했다.'라고 말하고 싶어 하면서 '나는 바램의 여읨에 의한 성취를 얻었겠지라든가 선정을 얻는다라든가 선정을 얻었다라든가 선정을 얻은 자이다라든가 선정의 주인이다라든가 선정을 실현했다.'라고 고의적으로 망언을 하는데, 세 가지 형태에 의해서 즉, ① 거짓말을 하기 전에 '나는 거짓말을 할 것이다.'라는 것에 대해 ② 거짓말을 하면서 '나는 거짓말을 하고 있다.'라는 것에 대해 ③ 거짓말을

하고 나서 '나는 거짓말을 했다.'라는 것에 대해 알면, 승단추방죄를 범하는 것이고, 알지 못하면, 추악죄를 범하는 것이다.

13) '나는 첫 번째 선정을 얻었겠지라든가 선정을 얻는다라든가 선정을 얻었다라든가 선정을 얻은 자이다라든가 선정의 주인이다라든가 선정을 실현했다.'라고 말하고 싶어 하면서 '나는 세 가지 명지를 얻었겠지라든가 선정을 얻는다라든가 선정을 얻었다라든가 선정을 얻은 자이다라든가 선정의 주인이다라든가 선정을 실현했다.'라고 고의적으로 망언을 하는데, 세 가지 형태에 의해서 즉, ① 거짓말을 하기 전에 '나는 거짓말을 할 것이다.'라는 것에 대해 ② 거짓말을 하면서 '나는 거짓말을 하고 있다.'라는 것에 대해 ③ 거짓말을 하고 나서 '나는 거짓말을 했다.'라는 것에 대해 알면, 승단추방죄를 범하는 것이고, 알지 못하면, 추악죄를 범하는 것이다.

14) '나는 첫 번째 선정을 얻었겠지라든가 선정을 얻는다라든가 선정을 얻었다라든가 선정을 얻은 자이다라든가 선정의 주인이다라든가 선정을 실현했다.'라고 말하고 싶어 하면서 '나는 네 가지 새김의 토대를 얻었겠지라든가 선정을 얻는다라든가 선정을 얻었다라든가 선정을 얻은 자이다라든가 선정의 주인이다라든가 선정을 실현했다.'라고 고의적으로 망언을 하는데, 세 가지 형태에 의해서 즉, ① 거짓말을 하기 전에 '나는 거짓말을 할 것이다.'라는 것에 대해 ② 거짓말을 하면서 '나는 거짓말을 하고 있다.'라는 것에 대해 ③ 거짓말을 하고 나서 '나는 거짓말을 했다.'라는 것에 대해 알면, 승단추방죄를 범하는 것이고, 알지 못하면, 추악죄를 범하는 것이다.

15) '나는 첫 번째 선정을 얻었겠지라든가 선정을 얻는다라든가 선정을 얻었다라든가 선정을 얻은 자이다라든가 선정의 주인이다라든가 선정을 실현했다.'라고 말하고 싶어 하면서 '나는 네 가지 올바른 노력을 얻었겠지라든가 선정을 얻는다라든가 선정을 얻었다라든가 선정을 얻은 자이다라든가 선정의 주인이다라든가 선정을 실현했다.'라고 고의적으로 망언을 하는데, 세 가지 형태에 의해서 즉, ① 거짓말을 하기 전에 '나는 거짓말을 할 것이다.'라는 것에 대해 ② 거짓말을 하면서 '나는 거짓말을 하고 있다.'라는 것에 대해 ③ 거짓말을 하고 나서 '나는 거짓말을 했다.'라는 것에 대해 알면, 승단추방죄를 범하는 것이고, 알지 못하면, 추악죄를 범하는 것이다.

16) '나는 첫 번째 선정을 얻었겠지라든가 선정을 얻는다라든가 선정을 얻었다라든가 선정을 얻은 자이다라든가 선정의 주인이다라든가 선정을 실현했다.'라

고 말하고 싶어 하면서 '나는 네 가지 신통의 기초를 얻었겠지라든가 선정을 얻는다라든가 선정을 얻었다라든가 선정을 얻은 자이다라든가 선정의 주인이다라든가 선정을 실현했다.'라고 고의적으로 망언을 하는데, 세 가지 형태에 의해서 즉, ① 거짓말을 하기 전에 '나는 거짓말을 할 것이다.'라는 것에 대해 ② 거짓말을 하면서 '나는 거짓말을 하고 있다.'라는 것에 대해 ③ 거짓말을 하고 나서 '나는 거짓말을 했다.'라는 것에 대해 알면, 승단추방죄를 범하는 것이고, 알지 못하면, 추악죄를 범하는 것이다.

17) '나는 첫 번째 선정을 얻었겠지라든가 선정을 얻는다라든가 선정을 얻었다라든가 선정을 얻은 자이다라든가 선정의 주인이다라든가 선정을 실현했다.'라고 말하고 싶어 하면서 '나는 다섯 가지 능력을 얻었겠지라든가 선정을 얻는다라든가 선정을 얻었다라든가 선정을 얻은 자이다라든가 선정의 주인이다라든가 선정을 실현했다.'라고 고의적으로 망언을 하는데, 세 가지 형태에 의해서 즉, ① 거짓말을 하기 전에 '나는 거짓말을 할 것이다.'라는 것에 대해 ② 거짓말을 하면서 '나는 거짓말을 하고 있다.'라는 것에 대해 ③ 거짓말을 하고 나서 '나는 거짓말을 했다.'라는 것에 대해 알면, 승단추방죄를 범하는 것이고, 알지 못하면, 추악죄를 범하는 것이다.

18) '나는 첫 번째 선정을 얻었겠지라든가 선정을 얻는다라든가 선정을 얻었다라든가 선정을 얻은 자이다라든가 선정의 주인이다라든가 선정을 실현했다.'라고 말하고 싶어 하면서 '나는 다섯 가지 힘을 얻었겠지라든가 선정을 얻는다라든가 선정을 얻었다라든가 선정을 얻은 자이다라든가 선정의 주인이다라든가 선정을 실현했다.'라고 고의적으로 망언을 하는데, 세 가지 형태에 의해서 즉, ① 거짓말을 하기 전에 '나는 거짓말을 할 것이다.'라는 것에 대해 ② 거짓말을 하면서 '나는 거짓말을 하고 있다.'라는 것에 대해 ③ 거짓말을 하고 나서 '나는 거짓말을 했다.'라는 것에 대해 알면, 승단추방죄를 범하는 것이고, 알지 못하면, 추악죄를 범하는 것이다.

19) '나는 첫 번째 선정을 얻었겠지라든가 선정을 얻는다라든가 선정을 얻었다라든가 선정을 얻은 자이다라든가 선정의 주인이다라든가 선정을 실현했다.'라고 말하고 싶어 하면서 '나는 일곱 가지 깨달음 고리를 얻었겠지라든가 선정을 얻는다라든가 선정을 얻었다라든가 선정을 얻은 자이다라든가 선정의 주인이다라든가 선정을 실현했다.'라고 고의적으로 망언을 하는데, 세 가지 형태에 의해서 즉, ① 거짓말을 하기 전에 '나는 거짓말을 할 것이다.'라는 것에 대해

② 거짓말을 하면서 '나는 거짓말을 하고 있다.'라는 것에 대해 ③ 거짓말을 하고 나서 '나는 거짓말을 했다.'라는 것에 대해 알면, 승단추방죄를 범하는 것이고, 알지 못하면, 추악죄를 범하는 것이다.

20) '나는 첫 번째 선정을 얻었겠지라든가 선정을 얻는다라든가 선정을 얻었다라든가 선정을 얻은 자이다라든가 선정의 주인이다라든가 선정을 실현했다.'라고 말하고 싶어 하면서 '나는 여덟 가지 고귀한 길을 얻었겠지라든가 선정을 얻는다라든가 선정을 얻었다라든가 선정을 얻은 자이다라든가 선정의 주인이다라든가 선정을 실현했다.'라고 고의적으로 망언을 하는데, 세 가지 형태에 의해서 즉, ① 거짓말을 하기 전에 '나는 거짓말을 할 것이다.'라는 것에 대해 ② 거짓말을 하면서 '나는 거짓말을 하고 있다.'라는 것에 대해 ③ 거짓말을 하고 나서 '나는 거짓말을 했다.'라는 것에 대해 알면, 승단추방죄를 범하는 것이고, 알지 못하면, 추악죄를 범하는 것이다.

21) '나는 첫 번째 선정을 얻었겠지라든가 선정을 얻는다라든가 선정을 얻었다라든가 선정을 얻은 자이다라든가 선정의 주인이다라든가 선정을 실현했다.'라고 말하고 싶어 하면서 '나는 흐름에 든 경지를 얻었겠지라든가 선정을 얻는다라든가 선정을 얻었다라든가 선정을 얻은 자이다라든가 선정의 주인이다라든가 선정을 실현했다.'라고 고의적으로 망언을 하는데, 세 가지 형태에 의해서 즉, ① 거짓말을 하기 전에 '나는 거짓말을 할 것이다.'라는 것에 대해 ② 거짓말을 하면서 '나는 거짓말을 하고 있다.'라는 것에 대해 ③ 거짓말을 하고 나서 '나는 거짓말을 했다.'라는 것에 대해 알면, 승단추방죄를 범하는 것이고, 알지 못하면, 추악죄를 범하는 것이다.

22) '나는 첫 번째 선정을 얻었겠지라든가 선정을 얻는다라든가 선정을 얻었다라든가 선정을 얻은 자이다라든가 선정의 주인이다라든가 선정을 실현했다.'라고 말하고 싶어 하면서 '나는 한번 돌아오는 경지를 얻었겠지라든가 선정을 얻는다라든가 선정을 얻었다라든가 선정을 얻은 자이다라든가 선정의 주인이다라든가 선정을 실현했다.'라고 고의적으로 망언을 하는데, 세 가지 형태에 의해서 즉, ① 거짓말을 하기 전에 '나는 거짓말을 할 것이다.'라는 것에 대해 ② 거짓말을 하면서 '나는 거짓말을 하고 있다.'라는 것에 대해 ③ 거짓말을 하고 나서 '나는 거짓말을 했다.'라는 것에 대해 알면, 승단추방죄를 범하는 것이고, 알지 못하면, 추악죄를 범하는 것이다.

23) '나는 첫 번째 선정을 얻었겠지라든가 선정을 얻는다라든가 선정을 얻었다라

든가 선정을 얻은 자이다라든가 선정의 주인이다라든가 선정을 실현했다.'라고 말하고 싶어 하면서 '나는 돌아오지 않는 경지를 얻었겠지라든가 선정을 얻는다라든가 선정을 얻었다라든가 선정을 얻은 자이다라든가 선정의 주인이다라든가 선정을 실현했다.'라고 고의적으로 망언을 하는데, 세 가지 형태에 의해서 즉, ① 거짓말을 하기 전에 '나는 거짓말을 할 것이다.'라는 것에 대해 ② 거짓말을 하면서 '나는 거짓말을 하고 있다.'라는 것에 대해 ③ 거짓말을 하고 나서 '나는 거짓말을 했다.'라는 것에 대해 알면, 승단추방죄를 범하는 것이고, 알지 못하면, 추악죄를 범하는 것이다.

24) '나는 첫 번째 선정을 얻었겠지라든가 선정을 얻는다라든가 선정을 얻었다라든가 선정을 얻은 자이다라든가 선정의 주인이다라든가 선정을 실현했다.'라고 말하고 싶어 하면서 '나는 거룩한 경지를 얻었겠지라든가 선정을 얻는다라든가 선정을 얻었다라든가 선정을 얻은 자이다라든가 선정의 주인이다라든가 선정을 실현했다.'라고 고의적으로 망언을 하는데, 세 가지 형태에 의해서 즉, ① 거짓말을 하기 전에 '나는 거짓말을 할 것이다.'라는 것에 대해 ② 거짓말을 하면서 '나는 거짓말을 하고 있다.'라는 것에 대해 ③ 거짓말을 하고 나서 '나는 거짓말을 했다.'라는 것에 대해 알면, 승단추방죄를 범하는 것이고, 알지 못하면, 추악죄를 범하는 것이다.

25) '나는 첫 번째 선정을 얻었겠지라든가 선정을 얻는다라든가 선정을 얻었다라든가 선정을 얻은 자이다라든가 선정의 주인이다라든가 선정을 실현했다.'라고 말하고 싶어 하면서 '나의 탐욕은 끊어졌거나, 쫒아버려졌거나, 놓아버려졌거나, 벗어버려졌거나, 버려버렸거나, 던져버려졌거나, 포기되어버렸다.'라고 고의적으로 망언을 하는데, 세 가지 형태에 의해서 즉, ① 거짓말을 하기 전에 '나는 거짓말을 할 것이다.'라는 것에 대해 ② 거짓말을 하면서 '나는 거짓말을 하고 있다.'라는 것에 대해 ③ 거짓말을 하고 나서 '나는 거짓말을 했다.'라는 것에 대해 알면, 승단추방죄를 범하는 것이고, 알지 못하면, 추악죄를 범하는 것이다.

26) '나는 첫 번째 선정을 얻었겠지라든가 선정을 얻는다라든가 선정을 얻었다라든가 선정을 얻은 자이다라든가 선정의 주인이다라든가 선정을 실현했다.'라고 말하고 싶어 하면서 '나의 성냄는 끊어졌거나, 쫒아버려졌거나, 놓아버려졌거나, 벗어버려졌거나, 버려버렸거나, 던져버려졌거나, 포기되어버렸다.'라고 고의적으로 망언을 하는데, 세 가지 형태에 의해서 즉, ① 거짓말을 하기 전에 '나는

거짓말을 할 것이다.'라는 것에 대해 ② 거짓말을 하면서 '나는 거짓말을 하고 있다.'라는 것에 대해 ③ 거짓말을 하고 나서 '나는 거짓말을 했다.'라는 것에 대해 알면, 승단추방죄를 범하는 것이고, 알지 못하면, 추악죄를 범하는 것이다.

27) '나는 첫 번째 선정을 얻었겠지라든가 선정을 얻는다라든가 선정을 얻었다라든가 선정을 얻은 자이다라든가 선정의 주인이다라든가 선정을 실현했다.'라고 말하고 싶어 하면서 '나의 어리석음은 끊어졌거나, 쫓아버려졌거나, 놓아버려졌거나, 벗어버려졌거나, 버려버렸거나, 던져버려졌거나, 포기되어버렸다.' 라고 고의적으로 망언을 하는데, 세 가지 형태에 의해서 즉, ① 거짓말을 하기 전에 '나는 거짓말을 할 것이다.'라는 것에 대해 ② 거짓말을 하면서 '나는 거짓말을 하고 있다.'라는 것에 대해 ③ 거짓말을 하고 나서 '나는 거짓말을 했다.'라는 것에 대해 알면, 승단추방죄를 범하는 것이고, 알지 못하면, 추악죄를 범하는 것이다.

28) '나는 첫 번째 선정을 얻었겠지라든가 선정을 얻는다라든가 선정을 얻었다라든가 선정을 얻은 자이다라든가 선정의 주인이다라든가 선정을 실현했다.'라고 말하고 싶어 하면서 '나의 마음은 탐욕의 장애로부터 벗어났다.'라고 고의적으로 망언을 하는데, 세 가지 형태에 의해서 즉, ① 거짓말을 하기 전에 '나는 거짓말을 할 것이다.'라는 것에 대해 ② 거짓말을 하면서 '나는 거짓말을 하고 있다.'라는 것에 대해 ③ 거짓말을 하고 나서 '나는 거짓말을 했다.'라는 것에 대해 알면, 승단추방죄를 범하는 것이고, 알지 못하면, 추악죄를 범하는 것이다.

29) '나는 첫 번째 선정을 얻었겠지라든가 선정을 얻는다라든가 선정을 얻었다라든가 선정을 얻은 자이다라든가 선정의 주인이다라든가 선정을 실현했다.'라고 말하고 싶어 하면서 '나의 마음은 성냄의 장애로부터 벗어났다.'라고 고의적으로 망언을 하는데, 세 가지 형태에 의해서 즉, ① 거짓말을 하기 전에 '나는 거짓말을 할 것이다.'라는 것에 대해 ② 거짓말을 하면서 '나는 거짓말을 하고 있다.'라는 것에 대해 ③ 거짓말을 하고 나서 '나는 거짓말을 했다.'라는 것에 대해 알면, 승단추방죄를 범하는 것이고, 알지 못하면, 추악죄를 범하는 것이다.

30) '나는 첫 번째 선정을 얻었겠지라든가 선정을 얻는다라든가 선정을 얻었다라든가 선정을 얻은 자이다라든가 선정의 주인이다라든가 선정을 실현했다.'라고 말하고 싶어 하면서 '나의 마음은 어리석음의 장애로부터 벗어났다.'라고 고의적으로 망언을 하는데, 세 가지 형태에 의해서 즉, ① 거짓말을 하기 전에 '나는 거짓말을 할 것이다.'라는 것에 대해 ② 거짓말을 하면서 '나는 거짓말을

하고 있다.'라는 것에 대해 ③ 거짓말을 하고 나서 '나는 거짓말을 했다.'라는 것에 대해 알면, 승단추방죄를 범하는 것이고, 알지 못하면, 추악죄를 범하는 것이다.

5-1₂. 위와 같이 유형은 세 가지 형태는 … 네 가지 형태 … ① 거짓말을 하기 전에 '나는 거짓말을 할 것이다.'라고 안다. ② 거짓말을 하면서 '나는 거짓말을 하고 있다.'라고 안다. ③ 거짓말을 하고 나서 '나는 거짓말을 했다.'라고 안다. ④ 견해를 잘못 대변한다 … 다섯 가지 형태 … ① 거짓말을 하기 전에 '나는 거짓말을 할 것이다.'라고 안다. ② 거짓말을 하면서 '나는 거짓말을 하고 있다.'라고 안다. ③ 거짓말을 하고 나서 '나는 거짓말을 했다.'라고 안다. ④ 견해를 잘못 대변한다. ⑤ 동의를 잘못 대변한다 … 여섯 가지 형태 … ① 거짓말을 하기 전에 '나는 거짓말을 할 것이다.'라고 안다. ② 거짓말을 하면서 '나는 거짓말을 하고 있다.'라고 안다. ③ 거짓말을 하고 나서 '나는 거짓말을 했다.'라고 안다. ④ 견해를 잘못 대변한다. ⑤ 동의를 잘못 대변한다. ⑥ 취향을 잘못 대변한다 … 일곱 가지 형태 … ① 거짓말을 하기 전에 '나는 거짓말을 할 것이다.'라고 안다. ② 거짓말을 하면서 '나는 거짓말을 하고 있다.'라고 안다. ③ 거짓말을 하고 나서 '나는 거짓말을 했다.'라고 안다. ④ 견해를 잘못 대변한다. ⑤ 동의를 잘못 대변한다. ⑥ 취향을 잘못 대변한다. ⑦ 의도를 잘못 대변한다 … 로 확장되는데, 지면관계상 그 이하는 생략한다.

5-2₁.

1) '나는[*98] 두 번째 선정을 얻었겠지라든가 선정을 얻는다라든가 선정을 얻었다라든가 선정을 얻은 자이다라든가 선정의 주인이다라든가 선정을 실현했다.'라고 말하고 싶어 하면서 '나는 세 번째 선정을 얻었겠지라든가 선정을 얻는다라든가 선정을 얻었다라든가 선정을 얻은 자이다라든가 선정의 주인이다라든가 선정을 실현했다.'라고 고의적으로 망언을 하는데, 세 가지 형태에 의해서 즉, ① 거짓말을 하기 전에 '나는 거짓말을 할 것이다.'라는 것에 대해 ② 거짓말을 하면서 '나는 거짓말을 하고 있다.'라는 것에 대해 ③ 거짓말을 하고 나서 '나는 거짓말을 했다.'라는 것에 대해 알면, 승단추방죄를 범하는 것이고, 알지 못하면, 추악죄를 범하는 것이다.
2) '나는 두 번째 선정을 얻었겠지라든가 선정을 얻는다라든가 선정을 얻었다라든가 선정을 얻은 자이다라든가 선정의 주인이다라든가 선정을 실현했다.'라고 말하고 싶어 하면서 '나는 네 번째 선정을 얻었겠지라든가 선정을 얻는다라든

가 선정을 얻었다라든가 선정을 얻은 자이다라든가 선정의 주인이다라든가 선정을 실현했다.'라고 고의적으로 망언을 하는데, 세 가지 형태에 의해서 즉, ① 거짓말을 하기 전에 '나는 거짓말을 할 것이다.'라는 것에 대해 ② 거짓말을 하면서 '나는 거짓말을 하고 있다.'라는 것에 대해 ③ 거짓말을 하고 나서 '나는 거짓말을 했다.'라는 것에 대해 알면, 승단추방죄를 범하는 것이고, 알지 못하면, 추악죄를 범하는 것이다.

3) '나는 두 번째 선정을 얻었겠지라든가 선정을 얻는다라든가 선정을 얻었다라든가 선정을 얻은 자이다라든가 선정의 주인이다라든가 선정을 실현했다.'라고 말하고 싶어 하면서 '나는 첫 번째 선정을 얻었겠지라든가 선정을 얻는다라든가 선정을 얻었다라든가 선정을 얻은 자이다라든가 선정의 주인이다라든가 선정을 실현했다.'라고 고의적으로 망언을 하는데, 세 가지 형태에 의해서 즉, ① 거짓말을 하기 전에 '나는 거짓말을 할 것이다.'라는 것에 대해 ② 거짓말을 하면서 '나는 거짓말을 하고 있다.'라는 것에 대해 ③ 거짓말을 하고 나서 '나는 거짓말을 했다.'라는 것에 대해 알면, 승단추방죄를 범하는 것이고, 알지 못하면, 추악죄를 범하는 것이다.

4) '나는 두 번째 선정을 얻었겠지라든가 선정을 얻는다라든가 선정을 얻었다라든가 선정을 얻은 자이다라든가 선정의 주인이다라든가 선정을 실현했다.'라고 말하고 싶어 하면서 '나는 있음의 여읨에 의한 해탈을 얻었겠지라든가 선정을 얻는다라든가 선정을 얻었다라든가 선정을 얻은 자이다라든가 선정의 주인이다라든가 선정을 실현했다.'라고 고의적으로 망언을 하는데, 세 가지 형태에 의해서 즉, ① 거짓말을 하기 전에 '나는 거짓말을 할 것이다.'라는 것에 대해 ② 거짓말을 하면서 '나는 거짓말을 하고 있다.'라는 것에 대해 ③ 거짓말을 하고 나서 '나는 거짓말을 했다.'라는 것에 대해 알면, 승단추방죄를 범하는 것이고, 알지 못하면, 추악죄를 범하는 것이다.

5) '나는 두 번째 선정을 얻었겠지라든가 선정을 얻는다라든가 선정을 얻었다라든가 선정을 얻은 자이다라든가 선정의 주인이다라든가 선정을 실현했다.'라고 말하고 싶어 하면서 '나는 인상의 여읨에 의한 해탈을 얻었겠지라든가 선정을 얻는다라든가 선정을 얻었다라든가 선정을 얻은 자이다라든가 선정의 주인이다라든가 선정을 실현했다.'라고 고의적으로 망언을 하는데, 세 가지 형태에 의해서 즉, ① 거짓말을 하기 전에 '나는 거짓말을 할 것이다.'라는 것에 대해 ② 거짓말을 하면서 '나는 거짓말을 하고 있다.'라는 것에 대해 ③ 거짓말을

하고 나서 '나는 거짓말을 했다.'라는 것에 대해 알면, 승단추방죄를 범하는 것이고, 알지 못하면, 추악죄를 범하는 것이다.

6) '나는 두 번째 선정을 얻었겠지라든가 선정을 얻는다라든가 선정을 얻었다라든가 선정을 얻은 자이다라든가 선정의 주인이다라든가 선정을 실현했다.'라고 말하고 싶어 하면서 '나는 바램의 여읨에 의한 해탈을 얻었겠지라든가 선정을 얻는다라든가 선정을 얻었다라든가 선정을 얻은 자이다라든가 선정의 주인이다라든가 선정을 실현했다.'라고 고의적으로 망언을 하는데, 세 가지 형태에 의해서 즉, ① 거짓말을 하기 전에 '나는 거짓말을 할 것이다.'라는 것에 대해 ② 거짓말을 하면서 '나는 거짓말을 하고 있다.'라는 것에 대해 ③ 거짓말을 하고 나서 '나는 거짓말을 했다.'라는 것에 대해 알면, 승단추방죄를 범하는 것이고, 알지 못하면, 추악죄를 범하는 것이다.

7) '나는 두 번째 선정을 얻었겠지라든가 선정을 얻는다라든가 선정을 얻었다라든가 선정을 얻은 자이다라든가 선정의 주인이다라든가 선정을 실현했다.'라고 말하고 싶어 하면서 '나는 있음의 여읨에 의한 삼매를 얻었겠지라든가 선정을 얻는다라든가 선정을 얻었다라든가 선정을 얻은 자이다라든가 선정의 주인이다라든가 선정을 실현했다.'라고 고의적으로 망언을 하는데, 세 가지 형태에 의해서 즉, ① 거짓말을 하기 전에 '나는 거짓말을 할 것이다.'라는 것에 대해 ② 거짓말을 하면서 '나는 거짓말을 하고 있다.'라는 것에 대해 ③ 거짓말을 하고 나서 '나는 거짓말을 했다.'라는 것에 대해 알면, 승단추방죄를 범하는 것이고, 알지 못하면, 추악죄를 범하는 것이다.

8) '나는 두 번째 선정을 얻었겠지라든가 선정을 얻는다라든가 선정을 얻었다라든가 선정을 얻은 자이다라든가 선정의 주인이다라든가 선정을 실현했다.'라고 말하고 싶어 하면서 '나는 인상의 여읨에 의한 삼매를 얻었겠지라든가 선정을 얻는다라든가 선정을 얻었다라든가 선정을 얻은 자이다라든가 선정의 주인이다라든가 선정을 실현했다.'라고 고의적으로 망언을 하는데, 세 가지 형태에 의해서 즉, ① 거짓말을 하기 전에 '나는 거짓말을 할 것이다.'라는 것에 대해 ② 거짓말을 하면서 '나는 거짓말을 하고 있다.'라는 것에 대해 ③ 거짓말을 하고 나서 '나는 거짓말을 했다.'라는 것에 대해 알면, 승단추방죄를 범하는 것이고, 알지 못하면, 추악죄를 범하는 것이다.

9) '나는 두 번째 선정을 얻었겠지라든가 선정을 얻는다라든가 선정을 얻었다라든가 선정을 얻은 자이다라든가 선정의 주인이다라든가 선정을 실현했다.'라고

말하고 싶어 하면서 '나는 바램의 여읨에 의한 삼매를 얻었겠지라든가 선정을 얻는다라든가 선정을 얻었다라든가 선정을 얻은 자이다라든가 선정의 주인이다라든가 선정을 실현했다.'라고 고의적으로 망언을 하는데, 세 가지 형태에 의해서 즉, ① 거짓말을 하기 전에 '나는 거짓말을 할 것이다.'라는 것에 대해 ② 거짓말을 하면서 '나는 거짓말을 하고 있다.'라는 것에 대해 ③ 거짓말을 하고 나서 '나는 거짓말을 했다.'라는 것에 대해 알면, 승단추방죄를 범하는 것이고, 알지 못하면, 추악죄를 범하는 것이다.

10) '나는 두 번째 선정을 얻었겠지라든가 선정을 얻는다라든가 선정을 얻었다라든가 선정을 얻은 자이다라든가 선정의 주인이다라든가 선정을 실현했다.'라고 말하고 싶어 하면서 '나는 있음의 여읨에 의한 성취를 얻었겠지라든가 선정을 얻는다라든가 선정을 얻었다라든가 선정을 얻은 자이다라든가 선정의 주인이다라든가 선정을 실현했다.'라고 고의적으로 망언을 하는데, 세 가지 형태에 의해서 즉, ① 거짓말을 하기 전에 '나는 거짓말을 할 것이다.'라는 것에 대해 ② 거짓말을 하면서 '나는 거짓말을 하고 있다.'라는 것에 대해 ③ 거짓말을 하고 나서 '나는 거짓말을 했다.'라는 것에 대해 알면, 승단추방죄를 범하는 것이고, 알지 못하면, 추악죄를 범하는 것이다.

11) '나는 두 번째 선정을 얻었겠지라든가 선정을 얻는다라든가 선정을 얻었다라든가 선정을 얻은 자이다라든가 선정의 주인이다라든가 선정을 실현했다.'라고 말하고 싶어 하면서 '나는 인상의 여읨에 의한 성취를 얻었겠지라든가 선정을 얻는다라든가 선정을 얻었다라든가 선정을 얻은 자이다라든가 선정의 주인이다라든가 선정을 실현했다.'라고 고의적으로 망언을 하는데, 세 가지 형태에 의해서 즉, ① 거짓말을 하기 전에 '나는 거짓말을 할 것이다.'라는 것에 대해 ② 거짓말을 하면서 '나는 거짓말을 하고 있다.'라는 것에 대해 ③ 거짓말을 하고 나서 '나는 거짓말을 했다.'라는 것에 대해 알면, 승단추방죄를 범하는 것이고, 알지 못하면, 추악죄를 범하는 것이다.

12) '나는 두 번째 선정을 얻었겠지라든가 선정을 얻는다라든가 선정을 얻었다라든가 선정을 얻은 자이다라든가 선정의 주인이다라든가 선정을 실현했다.'라고 말하고 싶어 하면서 '나는 바램의 여읨에 의한 성취를 얻었겠지라든가 선정을 얻는다라든가 선정을 얻었다라든가 선정을 얻은 자이다라든가 선정의 주인이다라든가 선정을 실현했다.'라고 고의적으로 망언을 하는데, 세 가지 형태에 의해서 즉, ① 거짓말을 하기 전에 '나는 거짓말을 할 것이다.'라는 것에 대해

② 거짓말을 하면서 '나는 거짓말을 하고 있다.'라는 것에 대해 ③ 거짓말을 하고 나서 '나는 거짓말을 했다.'라는 것에 대해 알면, 승단추방죄를 범하는 것이고, 알지 못하면, 추악죄를 범하는 것이다.

13) '나는 두 번째 선정을 얻었겠지라든가 선정을 얻는다라든가 선정을 얻었다라든가 선정을 얻은 자이다라든가 선정의 주인이다라든가 선정을 실현했다.'라고 말하고 싶어 하면서 '나는 세 가지 명지를 얻었겠지라든가 선정을 얻는다라든가 선정을 얻었다라든가 선정을 얻은 자이다라든가 선정의 주인이다라든가 선정을 실현했다.'라고 고의적으로 망언을 하는데, 세 가지 형태에 의해서 즉, ① 거짓말을 하기 전에 '나는 거짓말을 할 것이다.'라는 것에 대해 ② 거짓말을 하면서 '나는 거짓말을 하고 있다.'라는 것에 대해 ③ 거짓말을 하고 나서 '나는 거짓말을 했다.'라는 것에 대해 알면, 승단추방죄를 범하는 것이고, 알지 못하면, 추악죄를 범하는 것이다.

14) '나는 두 번째 선정을 얻었겠지라든가 선정을 얻는다라든가 선정을 얻었다라든가 선정을 얻은 자이다라든가 선정의 주인이다라든가 선정을 실현했다.'라고 말하고 싶어 하면서 '나는 네 가지 새김의 토대를 얻었겠지라든가 선정을 얻는다라든가 선정을 얻었다라든가 선정을 얻은 자이다라든가 선정의 주인이다라든가 선정을 실현했다.'라고 고의적으로 망언을 하는데, 세 가지 형태에 의해서 즉, ① 거짓말을 하기 전에 '나는 거짓말을 할 것이다.'라는 것에 대해 ② 거짓말을 하면서 '나는 거짓말을 하고 있다.'라는 것에 대해 ③ 거짓말을 하고 나서 '나는 거짓말을 했다.'라는 것에 대해 알면, 승단추방죄를 범하는 것이고, 알지 못하면, 추악죄를 범하는 것이다.

15) '나는 두 번째 선정을 얻었겠지라든가 선정을 얻는다라든가 선정을 얻었다라든가 선정을 얻은 자이다라든가 선정의 주인이다라든가 선정을 실현했다.'라고 말하고 싶어 하면서 '나는 네 가지 올바른 노력을 얻었겠지라든가 선정을 얻는다라든가 선정을 얻었다라든가 선정을 얻은 자이다라든가 선정의 주인이다라든가 선정을 실현했다.'라고 고의적으로 망언을 하는데, 세 가지 형태에 의해서 즉, ① 거짓말을 하기 전에 '나는 거짓말을 할 것이다.'라는 것에 대해 ② 거짓말을 하면서 '나는 거짓말을 하고 있다.'라는 것에 대해 ③ 거짓말을 하고 나서 '나는 거짓말을 했다.'라는 것에 대해 알면, 승단추방죄를 범하는 것이고, 알지 못하면, 추악죄를 범하는 것이다.

16) '나는 두 번째 선정을 얻었겠지라든가 선정을 얻는다라든가 선정을 얻었다라

든가 선정을 얻은 자이다라든가 선정의 주인이다라든가 선정을 실현했다.'라고 말하고 싶어 하면서 '나는 네 가지 신통의 기초를 얻었겠지라든가 선정을 얻는다라든가 선정을 얻었다라든가 선정을 얻은 자이다라든가 선정의 주인이다라든가 선정을 실현했다.'라고 고의적으로 망언을 하는데, 세 가지 형태에 의해서 즉, ① 거짓말을 하기 전에 '나는 거짓말을 할 것이다.'라는 것에 대해 ② 거짓말을 하면서 '나는 거짓말을 하고 있다.'라는 것에 대해 ③ 거짓말을 하고 나서 '나는 거짓말을 했다.'라는 것에 대해 알면, 승단추방죄를 범하는 것이고, 알지 못하면, 추악죄를 범하는 것이다.

17) '나는 두 번째 선정을 얻었겠지라든가 선정을 얻는다라든가 선정을 얻었다라든가 선정을 얻은 자이다라든가 선정의 주인이다라든가 선정을 실현했다.'라고 말하고 싶어 하면서 '나는 다섯 가지 능력을 얻었겠지라든가 선정을 얻는다라든가 선정을 얻었다라든가 선정을 얻은 자이다라든가 선정의 주인이다라든가 선정을 실현했다.'라고 고의적으로 망언을 하는데, 세 가지 형태에 의해서 즉, ① 거짓말을 하기 전에 '나는 거짓말을 할 것이다.'라는 것에 대해 ② 거짓말을 하면서 '나는 거짓말을 하고 있다.'라는 것에 대해 ③ 거짓말을 하고 나서 '나는 거짓말을 했다.'라는 것에 대해 알면, 승단추방죄를 범하는 것이고, 알지 못하면, 추악죄를 범하는 것이다.

18) '나는 두 번째 선정을 얻었겠지라든가 선정을 얻는다라든가 선정을 얻었다라든가 선정을 얻은 자이다라든가 선정의 주인이다라든가 선정을 실현했다.'라고 말하고 싶어 하면서 '나는 다섯 가지 힘을 얻었겠지라든가 선정을 얻는다라든가 선정을 얻었다라든가 선정을 얻은 자이다라든가 선정의 주인이다라든가 선정을 실현했다.'라고 고의적으로 망언을 하는데, 세 가지 형태에 의해서 즉, ① 거짓말을 하기 전에 '나는 거짓말을 할 것이다.'라는 것에 대해 ② 거짓말을 하면서 '나는 거짓말을 하고 있다.'라는 것에 대해 ③ 거짓말을 하고 나서 '나는 거짓말을 했다.'라는 것에 대해 알면, 승단추방죄를 범하는 것이고, 알지 못하면, 추악죄를 범하는 것이다.

19) '나는 두 번째 선정을 얻었겠지라든가 선정을 얻는다라든가 선정을 얻었다라든가 선정을 얻은 자이다라든가 선정의 주인이다라든가 선정을 실현했다.'라고 말하고 싶어 하면서 '나는 일곱 가지 깨달음 고리를 얻었겠지라든가 선정을 얻는다라든가 선정을 얻었다라든가 선정을 얻은 자이다라든가 선정의 주인이다라든가 선정을 실현했다.'라고 고의적으로 망언을 하는데, 세 가지 형태에

의해서 즉, ① 거짓말을 하기 전에 '나는 거짓말을 할 것이다.'라는 것에 대해 ② 거짓말을 하면서 '나는 거짓말을 하고 있다.'라는 것에 대해 ③ 거짓말을 하고 나서 '나는 거짓말을 했다.'라는 것에 대해 알면, 승단추방죄를 범하는 것이고, 알지 못하면, 추악죄를 범하는 것이다.

20) '나는 두 번째 선정을 얻었겠지라든가 선정을 얻는다라든가 선정을 얻었다라든가 선정을 얻은 자이다라든가 선정의 주인이다라든가 선정을 실현했다.'라고 말하고 싶어 하면서 '나는 여덟 가지 고귀한 길을 얻었겠지라든가 선정을 얻는다라든가 선정을 얻었다라든가 선정을 얻은 자이다라든가 선정의 주인이다라든가 선정을 실현했다.'라고 고의적으로 망언을 하는데, 세 가지 형태에 의해서 즉, ① 거짓말을 하기 전에 '나는 거짓말을 할 것이다.'라는 것에 대해 ② 거짓말을 하면서 '나는 거짓말을 하고 있다.'라는 것에 대해 ③ 거짓말을 하고 나서 '나는 거짓말을 했다.'라는 것에 대해 알면, 승단추방죄를 범하는 것이고, 알지 못하면, 추악죄를 범하는 것이다.

21) '나는 두 번째 선정을 얻었겠지라든가 선정을 얻는다라든가 선정을 얻었다라든가 선정을 얻은 자이다라든가 선정의 주인이다라든가 선정을 실현했다.'라고 말하고 싶어 하면서 '나는 흐름에 든 경지를 얻었겠지라든가 선정을 얻는다라든가 선정을 얻었다라든가 선정을 얻은 자이다라든가 선정의 주인이다라든가 선정을 실현했다.'라고 고의적으로 망언을 하는데, 세 가지 형태에 의해서 즉, ① 거짓말을 하기 전에 '나는 거짓말을 할 것이다.'라는 것에 대해 ② 거짓말을 하면서 '나는 거짓말을 하고 있다.'라는 것에 대해 ③ 거짓말을 하고 나서 '나는 거짓말을 했다.'라는 것에 대해 알면, 승단추방죄를 범하는 것이고, 알지 못하면, 추악죄를 범하는 것이다.

22) '나는 두 번째 선정을 얻었겠지라든가 선정을 얻는다라든가 선정을 얻었다라든가 선정을 얻은 자이다라든가 선정의 주인이다라든가 선정을 실현했다.'라고 말하고 싶어 하면서 '나는 한번 돌아오는 경지를 얻었겠지라든가 선정을 얻는다라든가 선정을 얻었다라든가 선정을 얻은 자이다라든가 선정의 주인이다라든가 선정을 실현했다.'라고 고의적으로 망언을 하는데, 세 가지 형태에 의해서 즉, ① 거짓말을 하기 전에 '나는 거짓말을 할 것이다.'라는 것에 대해 ② 거짓말을 하면서 '나는 거짓말을 하고 있다.'라는 것에 대해 ③ 거짓말을 하고 나서 '나는 거짓말을 했다.'라는 것에 대해 알면, 승단추방죄를 범하는 것이고, 알지 못하면, 추악죄를 범하는 것이다.

23) '나는 두 번째 선정을 얻었겠지라든가 선정을 얻는다라든가 선정을 얻었다라든가 선정을 얻은 자이다라든가 선정의 주인이다라든가 선정을 실현했다.'라고 말하고 싶어 하면서 '나는 돌아오지 않는 경지를 얻었겠지라든가 선정을 얻는다라든가 선정을 얻었다라든가 선정을 얻은 자이다라든가 선정의 주인이다라든가 선정을 실현했다.'라고 고의적으로 망언을 하는데, 세 가지 형태에 의해서 즉, ① 거짓말을 하기 전에 '나는 거짓말을 할 것이다.'라는 것에 대해 ② 거짓말을 하면서 '나는 거짓말을 하고 있다.'라는 것에 대해 ③ 거짓말을 하고 나서 '나는 거짓말을 했다.'라는 것에 대해 알면, 승단추방죄를 범하는 것이고, 알지 못하면, 추악죄를 범하는 것이다.

24) '나는 두 번째 선정을 얻었겠지라든가 선정을 얻는다라든가 선정을 얻었다라든가 선정을 얻은 자이다라든가 선정의 주인이다라든가 선정을 실현했다.'라고 말하고 싶어 하면서 '나는 거룩한 경지를 얻었겠지라든가 선정을 얻는다라든가 선정을 얻었다라든가 선정을 얻은 자이다라든가 선정의 주인이다라든가 선정을 실현했다.'라고 고의적으로 망언을 하는데, 세 가지 형태에 의해서 즉, ① 거짓말을 하기 전에 '나는 거짓말을 할 것이다.'라는 것에 대해 ② 거짓말을 하면서 '나는 거짓말을 하고 있다.'라는 것에 대해 ③ 거짓말을 하고 나서 '나는 거짓말을 했다.'라는 것에 대해 알면, 승단추방죄를 범하는 것이고, 알지 못하면, 추악죄를 범하는 것이다.

25) '나는 두 번째 선정을 얻었겠지라든가 선정을 얻는다라든가 선정을 얻었다라든가 선정을 얻은 자이다라든가 선정의 주인이다라든가 선정을 실현했다.'라고 말하고 싶어 하면서 '나의 탐욕은 끊어졌거나, 쫓아버려졌거나, 놓아버려졌거나, 벗어버려졌거나, 버려버렸거나, 던져버려졌거나, 포기되어버렸다.'라고 고의적으로 망언을 하는데, 세 가지 형태에 의해서 즉, ① 거짓말을 하기 전에 '나는 거짓말을 할 것이다.'라는 것에 대해 ② 거짓말을 하면서 '나는 거짓말을 하고 있다.'라는 것에 대해 ③ 거짓말을 하고 나서 '나는 거짓말을 했다.'라는 것에 대해 알면, 승단추방죄를 범하는 것이고, 알지 못하면, 추악죄를 범하는 것이다.

26) '나는 두 번째 선정을 얻었겠지라든가 선정을 얻는다라든가 선정을 얻었다라든가 선정을 얻은 자이다라든가 선정의 주인이다라든가 선정을 실현했다.'라고 말하고 싶어 하면서 '나의 성냄는 끊어졌거나, 쫓아버려졌거나, 놓아버려졌거나, 벗어버려졌거나, 버려버렸거나, 던져버려졌거나, 포기되어버렸다.'라고 고

의적으로 망언을 하는데, 세 가지 형태에 의해서 즉, ① 거짓말을 하기 전에 '나는 거짓말을 할 것이다.'라는 것에 대해 ② 거짓말을 하면서 '나는 거짓말을 하고 있다.'라는 것에 대해 ③ 거짓말을 하고 나서 '나는 거짓말을 했다.'라는 것에 대해 알면, 승단추방죄를 범하는 것이고, 알지 못하면, 추악죄를 범하는 것이다.

27) '나는 두 번째 선정을 얻었겠지라든가 선정을 얻는다라든가 선정을 얻었다라든가 선정을 얻은 자이다라든가 선정의 주인이다라든가 선정을 실현했다.'라고 말하고 싶어 하면서 '나의 어리석음은 끊어졌거나, 쫓아버려졌거나, 놓아버려졌거나, 벗어버려졌거나, 버려버렸거나, 던져버려졌거나, 포기되어버렸다.'라고 고의적으로 망언을 하는데, 세 가지 형태에 의해서 즉, ① 거짓말을 하기 전에 '나는 거짓말을 할 것이다.'라는 것에 대해 ② 거짓말을 하면서 '나는 거짓말을 하고 있다.'라는 것에 대해 ③ 거짓말을 하고 나서 '나는 거짓말을 했다.'라는 것에 대해 알면, 승단추방죄를 범하는 것이고, 알지 못하면, 추악죄를 범하는 것이다.

28) '나는 두 번째 선정을 얻었겠지라든가 선정을 얻는다라든가 선정을 얻었다라든가 선정을 얻은 자이다라든가 선정의 주인이다라든가 선정을 실현했다.'라고 말하고 싶어 하면서 '나의 마음은 탐욕의 장애로부터 벗어났다.'라고 고의적으로 망언을 하는데, 세 가지 형태에 의해서 즉, ① 거짓말을 하기 전에 '나는 거짓말을 할 것이다.'라는 것에 대해 ② 거짓말을 하면서 '나는 거짓말을 하고 있다.'라는 것에 대해 ③ 거짓말을 하고 나서 '나는 거짓말을 했다.'라는 것에 대해 알면, 승단추방죄를 범하는 것이고, 알지 못하면, 추악죄를 범하는 것이다.

29) '나는 두 번째 선정을 얻었겠지라든가 선정을 얻는다라든가 선정을 얻었다라든가 선정을 얻은 자이다라든가 선정의 주인이다라든가 선정을 실현했다.'라고 말하고 싶어 하면서 '나의 마음은 성냄의 장애로부터 벗어났다.'라고 고의적으로 망언을 하는데, 세 가지 형태에 의해서 즉, ① 거짓말을 하기 전에 '나는 거짓말을 할 것이다.'라는 것에 대해 ② 거짓말을 하면서 '나는 거짓말을 하고 있다.'라는 것에 대해 ③ 거짓말을 하고 나서 '나는 거짓말을 했다.'라는 것에 대해 알면, 승단추방죄를 범하는 것이고, 알지 못하면, 추악죄를 범하는 것이다.

30) '나는 두 번째 선정을 얻었겠지라든가 선정을 얻는다라든가 선정을 얻었다라든가 선정을 얻은 자이다라든가 선정의 주인이다라든가 선정을 실현했다.'라고 말하고 싶어 하면서 '나의 마음은 어리석음의 장애로부터 벗어났다.'라고

고의적으로 망언을 하는데, 세 가지 형태에 의해서 즉, ① 거짓말을 하기 전에 '나는 거짓말을 할 것이다.'라는 것에 대해 ② 거짓말을 하면서 '나는 거짓말을 하고 있다.'라는 것에 대해 ③ 거짓말을 하고 나서 '나는 거짓말을 했다.'라는 것에 대해 알면, 승단추방죄를 범하는 것이고, 알지 못하면, 추악죄를 범하는 것이다.

5-2₂. 위와 같이 유형은 세 가지 형태는 … 네 가지 형태 … ① 거짓말을 하기 전에 '나는 거짓말을 할 것이다.'라고 안다. ② 거짓말을 하면서 '나는 거짓말을 하고 있다.'라고 안다. ③ 거짓말을 하고 나서 '나는 거짓말을 했다.'라고 안다. ④ 견해를 잘못 대변한다 … 다섯 가지 형태 … ① 거짓말을 하기 전에 '나는 거짓말을 할 것이다.'라고 안다. ② 거짓말을 하면서 '나는 거짓말을 하고 있다.'라고 안다. ③ 거짓말을 하고 나서 '나는 거짓말을 했다.'라고 안다. ④ 견해를 잘못 대변한다. ⑤ 동의를 잘못 대변한다 … 여섯 가지 형태 … ① 거짓말을 하기 전에 '나는 거짓말을 할 것이다.'라고 안다. ② 거짓말을 하면서 '나는 거짓말을 하고 있다.'라고 안다. ③ 거짓말을 하고 나서 '나는 거짓말을 했다.'라고 안다. ④ 견해를 잘못 대변한다. ⑤ 동의를 잘못 대변한다. ⑥ 취향을 잘못 대변한다 … 일곱 가지 형태 … ① 거짓말을 하기 전에 '나는 거짓말을 할 것이다.'라고 안다. ② 거짓말을 하면서 '나는 거짓말을 하고 있다.'라고 안다. ③ 거짓말을 하고 나서 '나는 거짓말을 했다.'라고 안다. ④ 견해를 잘못 대변한다. ⑤ 동의를 잘못 대변한다. ⑥ 취향을 잘못 대변한다. ⑦ 의도를 잘못 대변한다 … 로 확장될 뿐만 아니라, 두 번째 선정이 세 번째 선정 이하로 확대되는데, 지면관계상 그 이하는 아래 패러그래프의 항목 이전까지 생략한다.

5-3.

1) '나의 마음이 어리석음의 장애에서 벗어났다.'라고 말하고 싶어 하면서 '나는 첫 번째 선정을 얻었겠지라든가 선정을 얻는다라든가 선정을 얻었다라든가 선정을 얻은 자이다라든가 선정의 주인이다라든가 선정을 실현했다.'라고 고의적으로 망언을 하는데, 세 가지 형태에 의해서 즉, ① 거짓말을 하기 전에 '나는 거짓말을 할 것이다.'라는 것에 대해 ② 거짓말을 하면서 '나는 거짓말을 하고 있다.'라는 것에 대해 ③ 거짓말을 하고 나서 '나는 거짓말을 했다.'라는 것에 대해 알면, 승단추방죄를 범하는 것이고, 알지 못하면, 추악죄를 범하는 것이다.

2) '나의 마음이 어리석음의 장애에서 벗어났다.'라고 말하고 싶어 하면서 '나의

마음이 성냄의 장애에서 벗어났다.'라고 고의적으로 망언을 하는데, 세 가지 형태에 의해서 즉, ① 거짓말을 하기 전에 '나는 거짓말을 할 것이다.'라는 것에 대해 ② 거짓말을 하면서 '나는 거짓말을 하고 있다.'라는 것에 대해 ③ 거짓말을 하고 나서 '나는 거짓말을 했다.'라는 것에 대해 알면, 승단추방죄를 범하는 것이고, 알지 못하면, 추악죄를 범하는 것이다.

5-4₁. 둘에 토대를 두는 결합배열과, 셋에 토대를 두는 결합배열과, 넷에 토대를 두는 결합배열과, 다섯에 토대를 두는 결합배열과, 여섯에 토대를 두는 결합배열과, 일곱에 토대를 두는 결합배열과, 여덟에 토대를 두는 결합배열과, 아홉에 토대를 두는 결합배열과, 열에 토대를 두는 결합배열은 하나에 토대를 두는 결합배열이 확장되듯, 상세히 확장되어야 한다.

5-4₂.

1) 첫 번째 선정, 두 번째 선정, 세 번째 선정, 네 번째 선정, 있음의 여읨에 의한 해탈, 인상의 여읨에 의한 해탈, 바램의 여읨에 의한 해탈, 있음의 여읨에 의한 삼매, 인상의 여읨에 의한 삼매, 바램의 여읨에 의한 삼매, 있음의 여읨에 의한 성취, 인상의 여읨에 의한 성취, 바램의 여읨에 의한 성취, 세 가지 명지, 네 가지 새김의 토대, 네 가지 신통의 기초, 다섯 가지 능력, 다섯 가지 힘, 일곱 가지 깨달음 고리, 여덟 가지 고귀한 길, 흐름에 든 경지, 한번 돌아오는 경지, 돌아오지 않는 경지, 거룩한 경지, '나의 탐욕은 끊어졌고, 쫓아버려졌고, 놓아버려졌고, 벗어버려졌고, 버려버려졌고, 던져버려졌고, 포기되어버렸다.' '나의 성냄은 끊어졌고, 쫓아버려졌고, 놓아버려졌고, 벗어버려졌고, 버려버려졌고, 던져버려졌고, 포기되어버렸다.' '나의 어리석음은 끊어졌고, 쫓아버려졌고, 놓아버려졌고, 벗어버려졌고, 버려버려졌고, 던져버려졌고, 포기되어버렸다.' '나의 마음은 탐욕의 장애로부터 벗어났다.' '나의 마음은 성냄의 장애로부터 벗어났다.' 라고 말하고 싶어 하면서 '나의 마음은 어리석음의 장애로부터 벗어났다.'라고 고의적으로 망언을 하는데, 세 가지 형태, 네 가지 형태, 다섯 가지 형태, 여섯 가지 형태, 일곱 가지 형태로, 즉, ① 거짓말을 하기 전에 '나는 거짓말을 할 것이다.'라는 것에 대해 ② 거짓말을 하면서 '나는 거짓말을 하고 있다.'라는 것에 대해 ③ 거짓말을 하고 나서 '나는 거짓말을 했다.'라는 것에 대해 ④ 견해를 잘못 대변하는 것에 대해서 ⑤ 동의를 잘못 대변하는 것에 대해 ⑥ 취향을 잘못 대변하는 것에 대해 ⑦ 의도를 잘못 대변하는 것에 대해 알면, 승단추방죄를 범하는 것이고, 알지 못하면, 추악죄를 범하는 것이다.

2) '두 번째 선정, 세 번째 선정, 네 번째 선정, 있음의 여읨에 의한 해탈, 인상의 여읨에 의한 해탈, 바램의 여읨에 의한 해탈, 있음의 여읨에 의한 삼매, 인상의 여읨에 의한 삼매, 바램의 여읨에 의한 삼매, 있음의 여읨에 의한 성취, 인상의 여읨에 의한 성취, 바램의 여읨에 의한 성취, 세 가지 명지, 네 가지 새김의 토대, 네 가지 신통의 기초, 다섯 가지 능력, 다섯 가지 힘, 일곱 가지 깨달음 고리, 여덟 가지 고귀한 길, 흐름에 든 경지, 한번 돌아오는 경지, 돌아오지 않는 경지, 거룩한 경지, '나의 탐욕은 끊어졌고, 쫓아버려졌고, 놓아버려졌고, 벗어버려졌고, 버려버려졌고, 던져버려졌고, 포기되어버렸다.' '나의 성냄은 끊어졌고, 쫓아버려졌고, 놓아버려졌고, 벗어버려졌고, 버려버려졌고, 던져버려졌고, 포기되어버렸다.' '나의 어리석음은 끊어졌고, 쫓아버려졌고, 놓아버려졌고, 벗어버려졌고, 버려버려졌고, 던져버려졌고, 포기되어버렸다.', '나의 마음은 탐욕의 장애로부터 벗어났다.' '나의 마음은 성냄의 장애로부터 벗어났다.' '나의 마음은 어리석음의 장애로부터 벗어났다.'라고 말하고 싶어 하면서 '나는 첫 번째 선정 … 을 얻었겠지.'라고 고의적으로 망언을 하는데, 세 가지 형태, 네 가지 형태, 다섯 가지 형태, 여섯 가지 형태, 일곱 가지 형태로, 즉, ① 거짓말을 하기 전에 '나는 거짓말을 할 것이다.'라는 것에 대해 ② 거짓말을 하면서 '나는 거짓말을 하고 있다.'라는 것에 대해 ③ 거짓말을 하고 나서 '나는 거짓말을 했다.'라는 것에 대해 ④ 견해를 잘못 대변하는 것에 대해서 ⑤ 동의를 잘못 대변하는 것에 대해 ⑥ 취향을 잘못 대변하는 것에 대해 ⑦ 의도를 잘못 대변하는 것에 대해 알면, 승단추방죄를 범하는 것이고, 알지 못하면, 추악죄를 범하는 것이다.

3) '세 번째 선정, 네 번째 선정, 있음의 여읨에 의한 해탈, 인상의 여읨에 의한 해탈, 바램의 여읨에 의한 해탈, 있음의 여읨에 의한 삼매, 인상의 여읨에 의한 삼매, 바램의 여읨에 의한 삼매, 있음의 여읨에 의한 성취, 인상의 여읨에 의한 성취, 바램의 여읨에 의한 성취, 세 가지 명지, 네 가지 새김의 토대, 네 가지 신통의 기초, 다섯 가지 능력, 다섯 가지 힘, 일곱 가지 깨달음 고리, 여덟 가지 고귀한 길, 흐름에 든 경지, 한번 돌아오는 경지, 돌아오지 않는 경지, 거룩한 경지, '나의 탐욕은 끊어졌고, 쫓아버려졌고, 놓아버려졌고, 벗어버려졌고, 버려버려졌고, 던져버려졌고, 포기되어버렸다.' '나의 성냄은 끊어졌고, 쫓아버려졌고, 놓아버려졌고, 벗어버려졌고, 버려버려졌고, 던져버려졌고, 포기되어버렸다.' '나의 어리석음은 끊어졌고, 쫓아버려졌고, 놓아버려졌고, 벗어

버려졌고, 버려버려졌고, 던져버려졌고, 포기되어버렸다.' '나의 마음은 탐욕의 장애로부터 벗어났다.' '나의 마음은 성냄의 장애로부터 벗어났다.', '나의 마음은 어리석음의 장애로부터 벗어났다. 나는 첫 번째 선정을 얻었겠지.'라고 말하고 싶어 하면서 '나는 두 번째 선정 … 을 얻었겠지.'라고 고의적으로 망언을 하는데, 세 가지 형태, 네 가지 형태, 다섯 가지 형태, 여섯 가지 형태, 일곱 가지 형태로, 즉, ① 거짓말을 하기 전에 '나는 거짓말을 할 것이다.'라는 것에 대해 ② 거짓말을 하면서 '나는 거짓말을 하고 있다.'라는 것에 대해 ③ 거짓말을 하고 나서 '나는 거짓말을 했다.'라는 것에 대해 ④ 견해를 잘못 대변하는 것에 대해서 ⑤ 동의를 잘못 대변하는 것에 대해 ⑥ 취향을 잘못 대변하는 것에 대해 ⑦ 의도를 잘못 대변하는 것에 대해 알면, 승단추방죄를 범하는 것이고, 알지 못하면, 추악죄를 범하는 것이다.

4) '나의 마음은 어리석음의 장애로부터 벗어났다.' 첫 번째 선정, 두 번째 선정, 세 번째 선정, 네 번째 선정, 있음의 여읨에 의한 해탈, 인상의 여읨에 의한 해탈, 바램의 여읨에 의한 해탈, 있음의 여읨에 의한 삼매, 인상의 여읨에 의한 삼매, 바램의 여읨에 의한 삼매, 있음의 여읨에 의한 성취, 인상의 여읨에 의한 성취, 바램의 여읨에 의한 성취, 세 가지 명지, 네 가지 새김의 토대, 네 가지 신통의 기초, 다섯 가지 능력, 다섯 가지 힘, 일곱 가지 깨달음 고리, 여덟 가지 고귀한 길, 흐름에 든 경지, 한번 돌아오는 경지, 돌아오지 않는 경지, 거룩한 경지, '나의 탐욕은 끊어졌고, 쫓아버려졌고, 놓아버려졌고, 벗어버려졌고, 버려버려졌고, 던져버려졌고, 포기되어버렸다.' '나의 성냄은 끊어졌고, 쫓아버려졌고, 놓아버려졌고, 벗어버려졌고, 버려버려졌고, 던져버려졌고, 포기되어버렸다.' '나의 어리석음은 끊어졌고, 쫓아버려졌고, 놓아버려졌고, 벗어버려졌고, 버려버려졌고, 던져버려졌고, 포기되어버렸다.' '나의 마음은 어리석음의 장애로부터 벗어났다.'라고 말하고 싶어 하면서 '나의 마음은 성냄의 장애로부터 벗어났다.'라고 고의적으로 망언을 하는데, 세 가지 형태, 네 가지 형태, 다섯 가지 형태, 여섯 가지 형태, 일곱 가지 형태로, 즉, ① 거짓말을 하기 전에 '나는 거짓말을 할 것이다.'라는 것에 대해 ② 거짓말을 하면서 '나는 거짓말을 하고 있다.'라는 것에 대해 ③ 거짓말을 하고 나서 '나는 거짓말을 했다.'라는 것에 대해 ④ 견해를 잘못 대변하는 것에 대해서 ⑤ 동의를 잘못 대변하는 것에 대해 ⑥ 취향을 잘못 대변하는 것에 대해 ⑦ 의도를 잘못 대변하는 것에 대해 알면, 승단추방죄를 범하는 것이고, 알지 못하면, 추악죄를 범하

는 것이다.

6-1.

1) '그대의[*99] 정사에 사는 그 수행승은 첫 번째 선정을 … 얻었겠지 … 얻는다 … 얻었다. 내지 그 수행승은 첫 번째 선정을 … 얻은 자이다 … 의 주인이다. 그 수행승은 첫 번째 선정을 실현했다.'라고 고의적으로 망언을 하는데, 세 가지 형태, 네 가지 형태, 다섯 가지 형태, 여섯 가지 형태, 일곱 가지 형태로, 즉, ① 거짓말을 하기 전에 '나는 거짓말을 할 것이다.'라는 것에 대해 ② 거짓말을 하면서 '나는 거짓말을 하고 있다.'라는 것에 대해 ③ 거짓말을 하고 나서 '나는 거짓말을 했다.'라는 것에 대해 ④ 견해를 잘못 대변하는 것에 대해서 ⑤ 동의를 잘못 대변하는 것에 대해 ⑥ 취향을 잘못 대변하는 것에 대해 ⑦ 의도를 잘못 대변하는 것에 대해 알면, 승단추방죄를 범하는 것이고, 알지 못하면, 추악죄를 범하는 것이다.

2) '그대의 정사에 사는 그 수행승은 두 번째 선정, ― 세 번째 선정, 네 번째 선정, 있음의 여읨에 의한 해탈, 인상의 여읨에 의한 해탈, 바램의 여읨에 의한 해탈, 있음의 여읨에 의한 삼매, 인상의 여읨에 의한 삼매, 바램의 여읨에 의한 삼매, 있음의 여읨에 의한 성취, 인상의 여읨에 의한 성취, 바램의 여읨에 의한 성취, 세 가지 명지, 네 가지 새김의 토대, 네 가지 신통의 기초, 다섯 가지 능력, 다섯 가지 힘, 일곱 가지 깨달음 고리, 여덟 가지 고귀한 길, 흐름에 든 경지, 한번 돌아오는 경지, 돌아오지 않는 경지, 거룩한 경지, '그의 탐욕은 끊어졌거나, 쫓아버려졌거나, 놓아버려졌거나, 벗어버려졌거나, 버려버렸거나, 던져버려졌거나, 포기되어버렸다.' '그의 성냄은 끊어졌거나, 쫓아버려졌거나, 놓아버려졌거나, 벗어버려졌거나, 버려버렸거나, 던져버려졌거나, 포기되어버렸다.' '그의 어리석음은 끊어졌거나, 쫓아버려졌거나, 놓아버려졌거나, 벗어버려졌거나, 버려버렸거나, 던져버려졌거나, 포기되어버렸다.' '그의 마음은 탐욕의 장애로부터 벗어났다.' '그의 마음은 성냄의 장애로부터 벗어났다.' '그의 마음은 어리석음의 장애로부터 벗어났다.' ― 을 … 얻었겠지 … 얻는다 … 얻었다. 내지 그 수행승은 두 째 선정 등을 … 얻은 자이다 … 의 주인이다. 그 수행승은 두 째 선정 등을 실현했다.'라고 고의적으로 망언을 하는데, 세 가지 형태, 네 가지 형태, 다섯 가지 형태, 여섯 가지 형태, 일곱 가지 형태로, 즉, ① 거짓말을 하기 전에 '나는 거짓말을 할 것이다.'라는 것에 대해 ② 거짓말을 하면서 '나는 거짓말을 하고 있다.'라는 것에 대해 ③ 거짓말을 하고

나서 '나는 거짓말을 했다.'라는 것에 대해 ④ 견해를 잘못 대변하는 것에 대해서 ⑤ 동의를 잘못 대변하는 것에 대해 ⑥ 취향을 잘못 대변하는 것에 대해 ⑦ 의도를 잘못 대변하는 것에 대해 알면, 승단추방죄를 범하는 것이고, 알지 못하면, 추악죄를 범하는 것이다.

3) '그대의 정사에 사는 그 수행승은 공한처에서 첫 번째 선정 — 두 번째 선정, 세 번째 선정, 네 번째 선정, 있음의 여읨에 의한 해탈, 인상의 여읨에 의한 해탈, 바램의 여읨에 의한 해탈, 있음의 여읨에 의한 삼매, 인상의 여읨에 의한 삼매, 바램의 여읨에 의한 삼매, 있음의 여읨에 의한 성취, 인상의 여읨에 의한 성취, 바램의 여읨에 의한 성취, 세 가지 명지, 네 가지 새김의 토대, 네 가지 신통의 기초, 다섯 가지 능력, 다섯 가지 힘, 일곱 가지 깨달음 고리, 여덟 가지 고귀한 길, 흐름에 든 경지, 한번 돌아오는 경지, 돌아오지 않는 경지, 거룩한 경지, '그의 탐욕은 끊어졌거나, 쫓아버려졌거나, 놓아버려졌거나, 벗어버려졌거나, 버려버렸거나, 던져버려졌거나, 포기되어버렸다.' '그의 성냄은 끊어졌거나, 쫓아버려졌거나, 놓아버려졌거나, 벗어버려졌거나, 버려버렸거나, 던져버려졌거나, 포기되어버렸다.' '그의 어리석음은 끊어졌거나, 쫓아버려졌거나, 놓아버려졌거나, 벗어버려졌거나, 버려버렸거나, 던져버려졌거나, 포기되어버렸다.' '그의 마음은 탐욕의 장애로부터 벗어났다.' '그의 마음은 성냄의 장애로부터 벗어났다.' '그의 마음은 어리석음의 장애로부터 벗어났다.' —을 … 얻었겠지 … 얻는다 … 얻었다. 내지 그 수행승은 첫 번째 선정 등을 … 얻은 자이다 … 의 주인이다. 그 수행승은 첫 번째 선정 등을 실현했다.'라고 고의적으로 망언을 하는데, 세 가지 형태, 네 가지 형태, 다섯 가지 형태, 여섯 가지 형태, 일곱 가지 형태로, 즉, ① 거짓말을 하기 전에 '나는 거짓말을 할 것이다.'라는 것에 대해 ② 거짓말을 하면서 '나는 거짓말을 하고 있다.'라는 것에 대해 ③ 거짓말을 하고 나서 '나는 거짓말을 했다.'라는 것에 대해 ④ 견해를 잘못 대변하는 것에 대해서 ⑤ 동의를 잘못 대변하는 것에 대해 ⑥ 취향을 잘못 대변하는 것에 대해 ⑦ 의도를 잘못 대변하는 것에 대해 알면, 승단추방죄를 범하는 것이고, 알지 못하면, 추악죄를 범하는 것이다.

6-2.

1) '그대의 정사를 사용하거나, 그대의 옷을 착용하거나, 그대의 탁발음식을 먹거나, 그대의 와좌구를 사용하거나, 그대의 필수약품을 사용하는, 그러한 수행승이 공한처에서 네 번째 선정을 얻었겠지 … 얻는다 … 얻었다. 그 수행승이

공한처에서 네 번째 선정을 얻은 자이다. 그 수행승이 공한처에서 네 번째 선정을 실현했다.'라고 고의적으로 망언을 하는데, 세 가지 형태, 네 가지 형태, 다섯 가지 형태, 여섯 가지 형태, 일곱 가지 형태로, 즉, ① 거짓말을 하기 전에 '나는 거짓말을 할 것이다.'라는 것에 대해 ② 거짓말을 하면서 '나는 거짓말을 하고 있다.'라는 것에 대해 ③ 거짓말을 하고 나서 '나는 거짓말을 했다.'라는 것에 대해 ④ 견해를 잘못 대변하는 것에 대해서 ⑤ 동의를 잘못 대변하는 것에 대해 ⑥ 취향을 잘못 대변하는 것에 대해 ⑦ 의도를 잘못 대변하는 것에 대해 알면, 승단추방죄를 범하는 것이고, 알지 못하면, 추악죄를 범하는 것이다.

2) '그대의 정사를 사용하거나, 그대의 옷을 착용하거나, 그대의 탁발음식을 먹거나, 그대의 와좌구를 사용하거나, 그대의 필수약품을 사용하는 그러한 수행승이 공한처에서 네 번째 선정을 얻었겠지 … 얻는다 … 얻었다. 그 수행승이 공한처에서 네 번째 선정을 얻은 자이다. 그 수행승이 공한처에서 네 번째 선정을 실현했다.'라고 고의적으로 망언을 하는데, 세 가지 형태, 네 가지 형태, 다섯 가지 형태, 여섯 가지 형태, 일곱 가지 형태로, 즉, ① 거짓말을 하기 전에 '나는 거짓말을 할 것이다.'라는 것에 대해 ② 거짓말을 하면서 '나는 거짓말을 하고 있다.'라는 것에 대해 ③ 거짓말을 하고 나서 '나는 거짓말을 했다.'라는 것에 대해 ④ 견해를 잘못 대변하는 것에 대해서 ⑤ 동의를 잘못 대변하는 것에 대해 ⑥ 취향을 잘못 대변하는 것에 대해 ⑦ 의도를 잘못 대변하는 것에 대해 알면, 승단추방죄를 범하는 것이고, 알지 못하면, 추악죄를 범하는 것이다.

3) '그대를 위하여 정사를 보시하거, 옷을 보시하거나, 탁발음식을 보시하거나, 와좌구를 보시하거나, 필수약품을 보시하는, 그러한 수행승이 공한처에서 네 번째 선정을 얻었겠지 … 얻는다 … 얻었다. 그 수행승이 공한처에서 네 번째 선정을 얻은 자이다. 그 수행승이 공한처에서 네 번째 선정을 실현했다.'라고 고의적으로 망언을 하는데, 세 가지 형태, 네 가지 형태, 다섯 가지 형태, 여섯 가지 형태, 일곱 가지 형태로,[*100] 즉, ① 거짓말을 하기 전에 '나는 거짓말을 할 것이다.'라는 것에 대해 ② 거짓말을 하면서 '나는 거짓말을 하고 있다.'라는 것에 대해 ③ 거짓말을 하고 나서 '나는 거짓말을 했다.'라는 것에 대해 ④ 견해를 잘못 대변하는 것에 대해서 ⑤ 동의를 잘못 대변하는 것에 대해 ⑥ 취향을 잘못 대변하는 것에 대해 ⑦ 의도를 잘못 대변하는 것에 대해 알면,

추악죄를 범하는 것이고, 알지 못하면, 악작죄를 범하는 것이다.

7-1. 과도한 교만을 지녔거나, 망어를 의식하지 못하는 경우나, 정신이 착란된 자이거나 마음이 심란한 자이거나 애통해 하는 자이거나 초범자는 무죄이다.

교도인연담 그 요약서시는 아래와 같다.

과도한 자만으로, 숲속에, 탁발, 친교사, 행동양식,
결박들, 홀로, 상태, 정사에, 섬김.391)

어렵지 않음, 정진, 또한 죽음에 대한 두려움, 벗이여 가책, 올바름,
정진, 수행의 정착 그리고 다른 두 가지 고통,392)

바라문에 대한 다섯 이야기, 궁극적 앎에 대한 선언 셋.
집의 장애, 감각적 쾌락의 욕망, 즐거움, 나온다면.393)

해골과 고깃조각 둘은 도살업자, 살덩어리는 새사냥꾼,
껍질 벗겨진 자는 양도살업자. 칼날 털을 지닌 자는 돼지도살업자,
꼬챙이 털을 지닌 자는 사슴 도살업자.
화살 털을 지닌 자는 처형관, 바늘털을 지닌 자는 말몰이꾼.394)

꿰메어지는 자는 밀고자, 물동이고환을 지닌 자는 부패한 판관,
똥구덩이에 빠진 자는 간통자, 똥을 먹는 자는 악한 성직자.395)

껍질이 벗겨진 여인은 간통녀, 악취를 풍기는 여인은 여자 점쟁이,
검게 그을린 여인은 서로 첩에게 숯불을 던진 여인, 머리가 잘린 자는 망나니.396)

수행승, 수행녀, 정학녀, 사미, 그리고 사미니.
깟싸빠 부처님의 계율에 출가하였으나 그들은 곧바로 악한 업을 지었다.397)

라자가하 시의 따뽀다 온천, 전쟁, 코끼리의 뛰어듬.

---

391) adhimānena 'raññamhi | piṇḍopajjhāriyāpatho | saññojanā raho dhammā | vihāre paccupaṭṭhito ||

392) na dukkaraṃ viriyamathopi maccuno | bhāyāvuso vippaṭisārī sammā | viriyena yogena ārādhanāya | atha vedanāya apare duve ||

393) brāhmaṇe pañcavatthūni | aññaṃ byākaraṇā tayo | agārāvaraṇā kāmā | rati vāpi ca pakkamo ||

394) aṭṭhi pesi ubho gāvaghātakā | piṇḍo sākuṇiko nicchavi orabbhi | asi ca sūkariko satti māgavi | usu ca kāraṇiko sūci sārathi ||

395) yo ca sibbīyati sūcako hi | so aṇḍabhārī ahu gāmakūṭako | kūpe nimuggo hi so pāradāriko | guthakhādī ahu duṭṭhabrāhmaṇo ||

396) nicchavitthi aticārinī ahū | maṅgulitthi ahu ikkhaṇitthikā | okilinī sapattaṅgārokiri | sīsacchinno ahū corag hātako ||

397) bhikkhu Bhikkhunī sikkhamānā | sāmaṇero atha sāmaṇerikā | kassapassa vinayassa pabbajuṃ | pāpakam mam te akariṃsu tāvade ||

거룩한 님 쏘비따가 수행승에게 오백 겁을 기억한다.'[398]

8-1. 그런데 그때 어떤 수행승이 과도한 자만으로 궁극적인 앎을 선언했다.[399] 그에게 후회가 생겨났다.

[수행승] '세존께서는 학습계율을 시설하셨다. 내가 승단추방죄를 범한 것이 아닐까?'

세존께 그 사실을 알렸다.

[세존] "수행승이여, 과도한 자만에 의한 것은 무죄이다."

8-2.

1) 한때 어떤 수행승이 '이와 같이 하면 사람들이 나를 존경할 것이다.'라는 바램을 가지고[*101] 숲속에 살았다. 사람들이 그를 존경했다. 그에게 후회가 생겨났다.

[수행승] '세존께서는 학습계율을 시설하셨다. 내가 승단추방죄를 범한 것이 아닐까?' 세존께 그 사실을 알렸다.

[세존] "수행승이여, 과도한 자만에 의한 것은 무죄이다. 수행승들이여, 그러나 바램을 가지고 숲속에 살지 말라.[400] 살면, 악작죄를 범하는 것이다."

2) 한때 어떤 수행승이 '이와 같이 하면 사람들이 나를 존경할 것이다.'라는 바램을 가지고 탁발을 다녔다. 사람들이 그를 존경했다. 그에게 후회가 생겨났다.

[수행승] '세존께서는 학습계율을 시설하셨다. 내가 승단추방죄를 범한 것이 아닐까?'

세존께 그 사실을 알렸다.

[세존] "수행승이여, 과도한 자만에 의한 것은 무죄이다. 수행승들이여, 그러나 바램을 가지고 탁발을 다니지 말라. 다니면, 악작죄를 범하는 것이다."

8-3.

1) 한때 한 수행승이 다른 수행승에게 이와 같이 말했다.

[수행승] "벗이여, 우리의 친교사의 제자들은 실로 모두가 거룩한 님이다."

---

398) tapodā rājagahe yuddhaṃ | nāgānogāhanena ca | sobhito arahaṃ bhikkhu | pañcakappasataṃ sare'ti ||

399) aññaṃ vyākāsi : 남전율장1권 101에서는 '다른 사람에게 설했다.'라고 번역하고 있는데 이는 명백한 오류이다.

400) na ca bhikkhave paṇidhāya araññe vatthabbaṃ : Smp. 502에 따르면, '사람들이 숲속에서 사는 나를 아라한의 지위에 있는 자 또는 학인으로 평가할 것이다. 그러면, 나는 세상에서 존경을 받고 공경을 받고 숭앙를 받고 숭배를 받을 것이다.'라고 바램을 가져서는 안 된다.

그에게 후회가 생겨났다.

[수행승] '세존께서는 학습계율을 시설하셨다. 내가 승단추방죄를 범한 것이 아닐까?'

세존께 그 사실을 알렸다.

[세존] "수행승이여, 그대는 어떠한 생각을 하고 있었는가?"

[수행승] "세존이시여, 저는 주장의 의도를 갖고 있었습니다."

[세존] "수행승이여, 승단추방죄가 아니라 추악죄를 범한 것이다."

2) 한때 한 수행승이 다른 수행승에게 이와 같이 말했다.

[수행승] "벗이여, 우리의 친교사의 제자들은 실로 모두 위대한 신통과 위대한 능력을 지녔다."

그에게 후회가 생겨났다.

[수행승] '세존께서는 학습계율을 시설하셨다. 내가 승단추방죄를 범한 것이 아닐까?'

세존께 그 사실을 알렸다.

[세존] "수행승이여, 그대는 어떠한 생각을 하고 있었는가?"

[수행승] "세존이시여, 저는 주장의 의도를 갖고 있었습니다."

[세존] "수행승이여, 승단추방죄가 아니라 추악죄를 범한 것이다."

8-4.

1) 한때 어떤 수행승이 '이와 같이 하면 사람들이 나를 존경할 것이다.'라는 바램을 가지고 걸었다. 사람들이 그를 존경했다. 그에게 후회가 생겨났다.

[수행승] '세존께서는 학습계율을 시설하셨다. 내가 승단추방죄를 범한 것이 아닐까?'

세존께 그 사실을 알렸다.

[세존] "수행승이여, 승단추방죄가 아니다. 수행승들이여, 그러나 바램을 가지고 걷지 말라. 걸으면, 악작죄를 범하는 것이다."

2) 한때 어떤 수행승이 '이와 같이 하면 사람들이 나를 존경할 것이다.'라는 바램을 가지고 서 있었다. 그에게 후회가 생겨났다.

[수행승] '세존께서는 학습계율을 시설하셨다. 내가 승단추방죄를 범한 것이 아닐까?' 세존께 그 사실을 알렸다.

[세존] "수행승이여, 승단추방죄가 아니다. 수행승들이여, 그러나 바램을 가지고 서 있지 말라. 서 있으면, 악작죄를 범하는 것이다."

3) 한때 어떤 수행승이 '이와 같이 하면 사람들이 나를 존경할 것이다.'라는 바램을 가지고 앉았다. 사람들이 그를 존경했다. 그에게 후회가 생겨났다.

[수행승] '세존께서는 학습계율을 시설하셨다. 내가 승단추방죄를 범한 것이 아닐까?'

세존께 그 사실을 알렸다.

[세존] "수행승이여, 승단추방죄가 아니다. 수행승들이여, 그러나 바램을 가지고 앉지 말라. 앉으면, 악작죄를 범하는 것이다."

4) 한때 어떤 수행승이 '이와 같이 하면 사람들이 나를 존경할 것이다.'라는 바램을 가지고 누웠다. 사람들이 그를 존경했다. 그에게 후회가 생겨났다.

[수행승] '세존께서는 학습계율을 시설하셨다. 내가 승단추방죄를 범한 것이 아닐까?'

세존께 그 사실을 알렸다.

[세존] "수행승이여, 승단추방죄가 아니다. 수행승들이여, 그러나 바램을 가지고 눕지 말라. 누우면, 악작죄를 범하는 것이다."

8-5. 한때 한 수행승이 다른 수행승에게 인간을 뛰어넘는 상태에 도달했다고 선언했다. 또한 그는 이와 같이 말했다.

[수행승] "벗이여, 나의 결박들도 끊어졌다."

그에게 후회가 생겨났다.

[수행승] '세존께서는 학습계율을 시설하셨다. 내가 승단추방죄를 범한 것이 아닐까?'

세존께 그 사실을 알렸다.

[세존] "수행승이여, 그대는 승단추방죄를 범한 것이다."

8-6.

1) 한때 한 수행승이 홀로 살면서 인간을 뛰어넘는 상태에 도달했다고 선언했다.401) 타인의 마음을 읽는 수행승이 그를 질책했다.

[타인의 마음을 읽는 수행승] "벗이여, 그와 같이 말하지 말라. 그것이 그대에게 있는 것은 아니다."

그에게 후회가 생겨났다.

---

401) tena kho pana samayena aññataro bhikkhu rahogato uttarimanussadhammaṃ ullapati : Smp. 503에 따르면, 그는 나는 거룩한 님(阿羅漢)이라고 말했지만, 마음속에 실제로 믿지 않으면서 그렇게 말했다면, 악작죄이다.

[수행승] '세존께서는 학습계율을 시설하셨다. 내가 승단추방죄를 범한 것이 아닐까?'

세존께 그 사실을 알렸다.

[세존] "수행승이여, 그대는 승단추방죄가 아니라 악작죄를 범한 것이다."

2) 한때[*102] 한 수행승이 홀로 살면서 인간을 뛰어넘는 상태에 도달했다고 선언했다. 하늘사람들이 그를 질책했다.

[하늘사람] "벗이여, 그와 같이 말하지 말라. 그것이 그대에게 있는 것은 아니다."

그에게 후회가 생겨났다.

[수행승] '세존께서는 학습계율을 시설하셨다. 내가 승단추방죄를 범한 것이 아닐까?'

세존께 그 사실을 알렸다.

[세존] "수행승이여, 그대는 승단추방죄가 아니라 악작죄를 범한 것이다."

8-7.

1) 한때 한 수행승이 어떤 재가의 남자신도에게 말했다.

[수행승] "벗이여, 그대의 정사에[402] 사는 수행승은 거룩한 님이다."

그런데 그가 그의 정사에 살았다. 그에게 후회가 생겨났다.

[수행승] '세존께서는 학습계율을 시설하셨다. 내가 승단추방죄를 범한 것이 아닐까?' 세존께 그 사실을 알렸다.

[세존] "수행승이여, 그대는 어떠한 생각을 하고 있었는가?"

[수행승] "세존이시여, 저는 주장할 의도였습니다."

[세존] "수행승이여, 그대는 승단추방죄가 아니라 추악죄를 범한 것이다."

2) 한때 한 수행승이 어떤 재가의 남자신도에게 말했다.

[수행승] "벗이여, 그대가 옷과 탁발음식과 와좌구와 필수약품으로 섬기는 수행승은 거룩한 님이다."

그런데 그가 그의 정사에 살았다. 그에게 후회가 생겨났다.

[수행승] '세존께서는 학습계율을 시설하셨다. 내가 승단추방죄를 범한 것이 아닐까?'

세존께 그 사실을 알렸다.

[세존] "수행승이여, 그대는 어떠한 생각을 하고 있었는가?"

---

402) tuyhaṃ vihāre : '재가의 남자신도의 정사에'라는 뜻이다.

[수행승] "세존이시여, 저는 주장할 의도였습니다."

[세존] "수행승이여, 그대는 승단추방죄가 아니라 추악죄를 범한 것이다."

8-8.

1) 한때 어떤 수행승이 병들었다. 수행승들이 그에게 이와 같이 말했다.

[수행승들] "존자는 인간을 뛰어넘는 상태에 도달했습니다."

[환우수행승] "벗들이여, 얻는 것은 그렇게 어렵지 않습니다."

그에게 후회가 생겨났다.

[환우수행승] '진정한 세존의 제자들이야말로 그와 같이 말한다. 나는 진정한 세존의 제자가 아니다. 내가 승단추방죄를 범한 것일까?'403)

세존께 그 사실을 알렸다.

[세존] "수행승이여, 그대는 어떠한 생각을 하고 있었는가?"

[환우수행승] "세존이시여, 저는 주장할 의도가 없었습니다."404)

[세존] "수행승이여, 주장할 의도가 없었다면, 무죄이다."

2) 한때 어떤 수행승이 병들었다. 수행승들이 그에게 이와 같이 말했다.

[수행승들] "존자는 인간을 뛰어넘는 상태에 도달했습니다."

[환우수행승] "벗들이여, 궁극적 앎을 밝히는 것은 그렇게 어렵지 않습니다."

그에게 후회가 생겨났다.

[환우수행승] '진정한 세존의 제자들이 이와 같이 말했다. 나는 진정한 세존의 제자가 아니다. 내가 승단추방죄를 범한 것일까?'

세존께 그 사실을 알렸다.

[세존] "수행승이여, 그대는 어떠한 생각을 하고 있었는가?"

[환우수행승] "세존이시여, 저는 주장할 의도가 없었습니다."

[세존] "수행승이여, 주장할 의도가 없었다면, 무죄이다."

3) 한때 어떤 수행승이 병들었다. 수행승들이 그에게 이와 같이 말했다.

[수행승들] "존자는 인간을 뛰어넘는 상태에 도달했습니다."

[환우수행승] "벗들이여, 그 상태는 용맹정진을 통해서 성취되는 것입니다."

그에게 후회가 생겨났다.

[환우수행승] '진정한 세존의 제자들이 이와 같이 말했다. 나는 진정한 세존의

---

403) ahañcamhi na bhagavato sāvako kacci nu kho ahaṃ pārājikaṃ āpattiṃ āpanno'ti : 여기서 세존의 제자가 아니라고 한 것은 자신을 부정한 것이다.

404) anullapanādhippāyo : Smp. 502에 따르면, '그의 필요를 위선으로 채우려고 하지 않는 것'을 뜻한다.

제자가 아니다. 내가 승단추방죄를 범한 것일까?'

세존께 그 사실을 알렸다.

[세존] "수행승이여, 그대는 어떠한 생각을 하고 있었는가?"

[환우수행승] "세존이시여, 저는 주장할 의도가 없었습니다."

[세존] "수행승이여, 주장할 의도가 없었다면, 무죄이다."

4) 한때 어떤 수행승이 병들었다. 수행승들이 그에게 이와 같이 말했다.

[수행승들] "벗이여, 두려워하지 마시오."

[환우수행승] "벗들이여, 나는 죽음을 두려워하지 않습니다."

그에게 후회가 생겨났다.

[환우수행승] '진정한 세존의 제자들이 이와 같이 말했다. 나는 진정한 세존의 제자가 아니다. 내가 승단추방죄를 범한 것일까?'

세존께 그 사실을 알렸다.

[세존] "수행승이여, 그대는 어떠한 생각을 하고 있었는가?"

[환우수행승] "세존이시여, 저는 주장할 의도가 없었습니다."

[세존] "수행승이여, 주장할 의도가 없었다면, 무죄이다."

5) 한때[*103] 어떤 수행승이 병들었다. 수행승들이 그에게 이와 같이 말했다.

[수행승들] "벗이여, 두려워하지 마시오."

[환우수행승] "벗들이여, 아마도 가책이 있는 자라면, 두려워할 것입니다."405)

그에게 후회가 생겨났다.

[환우수행승] '진정한 세존의 제자들이 이와 같이 말했다. 나는 진정한 세존의 제자가 아니다. 내가 승단추방죄를 범한 것일까?'

세존께 그 사실을 알렸다.

[세존] "수행승이여, 그대는 어떠한 생각을 하고 있었는가?"

[환우수행승] "세존이시여, 저는 주장할 의도가 없었습니다."

[세존] "수행승이여, 주장할 의도가 없었다면, 무죄이다."

8-9.

1) 한때 어떤 수행승이 병들었다. 수행승들이 그에게 이와 같이 말했다.

[수행승들] "존자는 인간을 뛰어넘는 상태에 도달했습니다."

[환우수행승] "벗들이여, 그 상태는 올바른 적용을 통해서406) 성취되는 것입

---

405) yo nūnāvuso vippaṭisāri assa, so bhāyeyyā'ti : Smp. 504에 따르면, '후회가 생겨나는 자는 두려워할 수 있지만, 나는 후회하고 있지 않고, 계행이 완전히 청정한데, 왜 내가 죽음을 두려워해야 하는가?'라는 뜻이다.

니다."

그에게 후회가 생겨났다. 세존께 그 사실을 알렸다.

[세존] "수행승이여, 그대는 어떠한 생각을 하고 있었는가?"

[환우수행승] "세존이시여, 저는 주장할 의도가 없었습니다."

[세존] "수행승이여, 주장할 의도가 없었다면, 무죄이다."

2) 한때 어떤 수행승이 병들었다. 수행승들이 그에게 이와 같이 말했다.

[수행승들] "존자는 인간을 뛰어넘는 상태에 도달했습니다."

[환우수행승] "벗들이여, 그 상태는 용맹한 정진을 통해서[407] 성취되는 것입니다."

그에게 후회가 생겨났다. 세존께 그 사실을 알렸다.

[세존] "수행승이여, 그대는 어떠한 생각을 하고 있었는가?"

[환우수행승] "세존이시여, 저는 주장할 의도가 없었습니다."

[세존] "수행승이여, 주장할 의도가 없었다면, 무죄이다."

3) 한때 어떤 수행승이 병들었다. 수행승들이 그에게 이와 같이 말했다.

[수행승들] "존자는 인간을 뛰어넘는 상태에 도달했습니다."

[환우수행승] "벗들이여, 그 상태는 수행의 정착을 통해서[408] 성취되는 것입니다."

그에게 후회가 생겨났다. 세존께 그 사실을 알렸다.

[세존] "수행승이여, 그대는 어떠한 생각을 하고 있었는가?"

[환우수행승] "세존이시여, 저는 주장할 의도가 없었습니다."

[세존] "수행승이여, 주장할 의도가 없었다면, 무죄이다."

8-10.

1) 한때 어떤 수행승이 병들었다. 수행승들이 그에게 이와 같이 말했다.

[수행승들] "벗이여, 그대는 참아낼 만했는가, 견디어낼 만했는가?"

[환우수행승] "벗들이여, 어떠한 자도 참아낼 수 없습니다."[409]

그에게 후회가 생겨났다. 세존께 그 사실을 알렸다.

---

406) sammāpayuttena : '올바른 적용'은 올바른 노력, 올바른 계획, 올바른 실천 등을 뜻한다.

407) āraddhaviriyena : 열심히 노력을 기울이는 것으로 용맹정진(勇猛精進)을 뜻한다.

408) yuttayogena : 요가(yoga)는 원래 바라문교에서 '신과의 결합'을 의미하지만 불교에서는 수행, 노력의 의미로 쓰인다.

409) nāvuso sakkā yena vā tena vā adhivāsetun'ti : 어떠한 자도 참아낼 수 없지만 자신만이 참아내고 있다는 뜻이다.

[세존] "수행승이여, 그대는 어떠한 생각을 하고 있었는가?"

[환우수행승] "세존이시여, 저는 주장할 의도가 없었습니다."

[세존] "수행승이여, 주장할 의도가 없었다면, 무죄이다."

2) 한때 어떤 수행승이 병들었다. 수행승들이 그에게 이와 같이 말했다.

[수행승들] "벗이여, 그대는 참아낼 만했는가, 견디어낼 만했는가?"

[환우수행승] "벗들이여, 배우지 못한 일반사람들은 참아낼 수는 없습니다."

그에게 후회가 생겨났다. 세존께 그 사실을 알렸다.

[세존] "수행승이여, 그대는 어떠한 생각을 하고 있었는가?"

[환우수행승] "세존이시여, 저는 주장할 의도가 있었습니다."

[세존] "수행승이여, 승단추방죄가 아니라 추악죄를 범하는 것이다."

8-11.

1) 한때 어떤 바라문이 수행승들을 초대하여 이와 같이 말한 적이 있었다.

[바라문] "대덕이신 거룩한 님들이여, 어서 오십시오."410)

그들에게 후회가 생겨났다.

[수행승들] "우리는 거룩한 님이 아니다. 그러나 바라문이 우리를 거룩한 님이라고 불렀는데, 우리는 어떻게 해야 할까?"

세존께 그 사실을 알렸다.

[세존] "수행승들이여, 존경의 표시로 말한 것이므로 무죄이다."411)

2) 한때 어떤 바라문이 수행승들을 초대하여 이와 같이 말한 적이 있었다.

[바라문] "대덕이신 거룩한 님들이여, 앉으십시오."

그들에게 후회가 생겨났다.

[수행승들] "우리는 거룩한 님이 아니다. 그러나 바라문이 우리를 거룩한 님이라고 불렀는데, 우리는 어떻게 해야 할까?"

세존께 그 사실을 알렸다.

[세존] "수행승들이여, 존경의 표시로 말한 것이므로 무죄이다."

3) 한때 어떤 바라문이 수행승들을 초대하여 이와 같이 말한 적이 있었다.

[바라문] "대덕이신 거룩한 님들이여, 드십시오."

---

410) āyantu bhonto arahanto'ti : Smp. 504에 따르면, 이와 같이 말한 사람들은 또한 거룩한 님들을 위해 '자리를 준비하시오, 발씻을 물을 가져오시오, 발을 씻겨드리십시오'라고 또한 말한다.

411) anāpatti bhikkhave pasādabhaññe'ti : '청정한 믿음'이나 '존경의 표시'로 말한 것은 무죄이다. Smp. 504에 따르면, 청정한 믿음의 힘에 자극받아 말하는 것은 무죄이다.

그들에게 후회가 생겨났다.

[수행승들] "우리는 거룩한 님이 아니다. 그러나 바라문이 우리를 거룩한 님이라고 불렀는데, 우리는 어떻게 해야 할까?"

세존께 그 사실을 알렸다.

[세존] "수행승들이여, 존경의 표시로 말한 것이므로 무죄이다."

4) 한때 어떤 바라문이 수행승들을 초대하여 이와 같이 말한 적이 있었다.

[바라문] "대덕이신 거룩한 님들이여, 향응을 즐기십시오."

그들에게 후회가 생겨났다.

[수행승들] "우리는 거룩한 님이 아니다. 그러나 바라문이 우리를 거룩한 님이라고 불렀는데, 우리는 어떻게 해야 할까?"

세존께 그 사실을 알렸다.

[세존] "수행승들이여, 존경의 표시로 말한 것이므로 무죄이다."

5) 한때 어떤 바라문이 수행승들을 초대하여 이와 같이 말한 적이 있었다.

[바라문] "대덕이신 거룩한 님들이여, 가십시오."

그들에게 후회가 생겨났다.

[수행승들] "우리는 거룩한 님이 아니다. 그러나 바라문이 우리를 거룩한 님이라고 불렀는데, 우리는 어떻게 해야 할까?"

세존께 그 사실을 알렸다.

[세존] "수행승들이여, 존경의 표시로 말한 것이므로 무죄이다."

8-12.

1) 한때 한 수행승이 다른 수행승에게 인간을 뛰어넘는 상태에 도달했다고 주장했다. 그도 또한 이와 같이 말했다.

[수행승] "벗이여, 나도 또한 번뇌에서 벗어났다."

그에게 후회가 생겨났다. 세존께 그 사실을 알렸다.

[세존] "수행승이여, 그대는 승단추방죄를 범한 것이다."

2) 한때[*104] 한 수행승이 다른 수행승에게 인간을 뛰어넘는 상태에 도달했다고 주장했다. 그도 또한 이와 같이 말했다.

[수행승] "벗들이여, 나에게 또한 그러한 상태가 존재한다."

그에게 후회가 생겨났다. 세존께 그 사실을 알렸다.

[세존] "수행승이여, 그대는 승단추방죄를 범한 것이다."

3) 한때 한 수행승이 다른 수행승에게 인간을 뛰어넘는 상태에 도달했다고 주장했

다. 그도 또한 이와 같이 말했다.

[수행승] "벗들이여, 나에게도 또한 그러한 상태가 나타난다."

그에게 후회가 생겨났다. 세존께 그 사실을 알렸다.

[세존] "수행승이여, 그대는 승단추방죄를 범한 것이다."

8-13.

1) 한때 어떤 수행승에게 그의 친척이 이와 같이 말했다.

[친척] "존자여, 와서 집에서 사십시오."

[수행승] "벗이여, 나와 같은 사람은 집에서 살 수 없습니다."

그에게 후회가 생겨났다. 세존께 그 사실을 알렸다.

[세존] "수행승이여, 그대는 어떠한 생각을 하고 있었는가?"

[수행승] "세존이시여, 저는 주장할 의도가 없었습니다."

[세존] "수행승이여, 주장할 의도가 없었다면, 무죄이다."

2) 한때 어떤 수행승에게 그의 친척이 이와 같이 말했다.

[친척] "존자여, 와서 감각적 쾌락의 욕망을 즐기십시오."

[수행승] "벗들이여, 나는 감각적 쾌락의 욕망을 버렸습니다."412)

그에게 후회가 생겨났다. 세존께 그 사실을 알렸다.

[세존] "수행승이여, 그대는 어떠한 생각을 하고 있었는가?"

[수행승] "세존이시여, 저는 주장할 의도가 없었습니다."

[세존] "수행승이여, 주장할 의도가 없었다면, 무죄이다."

3) 한때 어떤 수행승에게 그의 친척이 이와 같이 말했다.

[친척] "존자여, 그대는 즐겁습니까?"

[수행승] "벗이여, 나는 최상의 즐거움을 누립니다."413)

그에게 후회가 생겨났다. 세존께 그 사실을 알렸다.

[수행승] "진정한 세존의 제자들이 그와 같이 말한다. 나는 진정한 세존의 제자가 아니다. 내가 승단추방죄를 범한 것일까?"

세존께 그 사실을 알렸다.

[세존] "수행승이여, 그대는 어떠한 생각을 하고 있었는가?"

---

412) āvaṭā me āvuso kāmā'ti : Smp. 505에 따르면, '감각적 쾌락의 욕망을 닫고, 금지하고, 배척했다.'라는 뜻이다. 그가 정말로 배척했다면, 그는 거룩한 님이었을 것이다.

413) abhirato ahaṃ āvuso paramāya abhiratiyā'ti : Smp. 505에 따르면, 가르침에 대한 이해의 부족이나 의문이 없기 때문에, 그리고 이러한 상태를 즐기기 때문에 '나는 최상의 즐거움을 누린다.'라고 말한 것이다.

[수행승] "세존이시여, 저는 주장할 의도가 없었습니다."

[세존] "수행승이여, 주장할 의도가 없었다면, 무죄이다."

8-14. 한때 많은 수행승들이 일치하여 이와 같이 '누구든지 이 처소에서 제일 먼저 나온다면, 우리는 그를 거룩한 님으로 알아봅시다.'라고 말하고 한 처소에서 안거에 들었다. 한 수행승이 그 처소에서 제일 먼저 나와서 말했다.

[수행승] "나를 거룩한 님이라고 아십시오."

그에게 후회가 생겨났다. 세존께 그 사실을 알렸다.

[세존] "수행승이여, 그대는 승단추방죄를 범한 것이다."

9-1. 한 때 존귀한 부처님께서 라자가하 시의 벨루바나[414] 숲에 있는 깔란다까니바빠[415] 공원에 계셨다.[416] 그런데 그 때 존자 락카나[417]와 존자 마하 목갈라나가 깃자꾸따 산에 있었다. 마침 존자 마하 목갈라나는 아침 일찍 옷을 입고 발우와 가사를 들고 존자 락카나가 있는 곳으로 찾아갔다. 존자 락카나에게 가까이 다가가서 이와 같이 말했다.

[목갈라나] "존자 락카나여, 이제 라자가하 시로 탁발을 하러 갑시다."

[락카나] "벗이여, 그렇게 합시다."

존자 락카나는 존자 마하 목갈라나에게 대답했다.

그런데 존자 마하 목갈라나는 깃자꾸따 산에서[*105] 내려와 어느 한 곳에 이르러 미소를 지었다. 그 때 존자 락카나는 존자 마하 목갈라나에게 말했다.

[락카나] "존자 목갈라나여, 어떠한 원인, 어떠한 연유로 미소를 짓습니까?"

[목갈라나] "벗이여 락카나여, 여기서 그 질문을 할 때가 아닙니다. 세존 앞에서 그 이야기를 합시다."

9-2. 그래서 존자 락카나와 존자 마하 목갈라나는 라자가하 시에서 탁발을 하고

---

414) Veḷuvana : 벨루 숲은 한역으로 죽림(竹林)이다. 마가다 국왕 빔비싸라(Bimbisāra) 왕이 부처님과 승단에 기증한 정사의 이름이다.

415) Kalandakanivāpa : 이 정사의 한 부분의 지명이 '다람쥐를 키우는 곳(栗鼠飼養處)'이란 뜻의 깔란다까니바빠(Kalandakanivāpa) 공원이 있었다.

416) tena samayena buddho bhagavā rājagahe viharati veḷuvane kalandakanivāpe: Vin. III. 104-108은 SN. II. 254-262과 병행적이다. 잡아함 19권 50(大正 2. 145a, 잡553)를 참조하라. 여기에 등장하는 야차는 등장하는 야차는 아귀(Peta)를 의미한다.

417) Lakkhaṇa : Srp. II. 216~217에 따르면, 락카나 장로는 부처님에 의해 승단에 들어오게 된 수천의 결발행자(Jaṭila)들 가운데 한 사람이었다. 그는 부처님으로부터 불(火)의 법문을 듣고 아라한이 되었다. 그는 범천(梵天)과 동일한 초월적 능력을 지니게 되었다고 해서 락카나라고 불렸다. 이 경에서 그가 아귀를 보지 못한 실수는 그에게 천안통이 없었기 때문이 아니라 주의를 기울이지 않았기(anāvajjento) 때문이다.

식사를 마친 뒤, 탁발에서 돌아와 세존께서 계신 곳으로 찾아왔다. 가까이 다가와서 세존께 인사를 드리고 한 쪽으로 물러나 앉았다. 한 쪽으로 물러나 앉아 존자 락카나는 존자 마하 목갈라나에게 이와 같이 말했다.

[락카나] "존자 마하 목갈라나는 깃자꾸따 산에서 내려와 어느 한 곳에 이르러 미소를 지었습니다. 벗이여 마하 목갈라나여, 어떠한 원인, 어떠한 연유로 미소를 지었습니까?"

[목갈라나] "벗이여, 나는 깃자꾸따 산에서 내려오면서 해골의 사슬이 하늘을 나는 것을 보았습니다. 그것을 독수리와 까마귀와 솔개가 서로 다투어 잡아채며 갈비뼈 사이를 쪼아418) 찢으니까 매우 고통스런 소리를 내는 것을 보았습니다. 벗이여, 나는 '이런 야차가 있나, 사람이 이런 모습을 취할 수 있다는 사실은 참으로 놀라운 일이고 일찍이 없었던 일이다.'라고 생각했습니다."

수행승들이 혐책하고 분개하고 비난했다.

[수행승들] "존자 마하 목갈라나는 '인간을 뛰어넘는 상태에 도달했다.'라고 주장하고 있다."419)

그러자 세존께서 모든 수행승에게 말씀하셨다.

[세존] "수행승들이여, 제자로서 여실한 눈을 지니고 수행승들이여, 제자로서 여실한 앎을 지니고 있다면,420) 이와 같이 알고 또한 보고 깨달아야 한다. 수행승들이여, 나는 일찍이 그 사람을 보았지만 그것에 관해 설명하지 않았다. 내가 그것에 관해 설명했어도 다른 사람들은 나를 믿지 않았을 것이다. 나를 믿지 않는 자에게는 오랜 세월 동안 불이익과 괴로움이 있을 것이다. 수행승들이여, 그 사람은 라자가하 시에 사는 소 도살업자421)였다. 그는 업보가 성숙하여 오랜 세월, 오랜 백 년의 세월, 오랜 천 년의 세월, 오랜 십만 년의 세월을 지옥에 떨어졌다가422) 그 업의 남은 과보에 의해 이와 같이 스스로 초래한 자기 자신의

418) vitacchenti : 미얀마본과 Srp. II. 217에 따르면, '찢다(vitacchenti)'는 '툭 치다, 밀치다, 쪼다(vitudenti)'로 읽어야 한다.

419) bhikkhū ujjhāyanti, khīyanti, vipācenti: 'uttarimanussadhammaṃ āyasmā mahāmoggallāno ullapatī'ti : 이 구절은 쌍윳따니까야에는 결여되어 있다.

420) cakkhubhūtā vata bhikkhave sāvakā viharanti, ñāṇabhūtā vata bhikkhave sāvakā viharanti : AN. V. 226에서 여래는 '여실한 눈을 지닌 자, 여실한 앎을 지닌 자(cakkhubhūto ñāṇabhūto)'라고 불린다.

421) goghātaka : Srp. II. 219에 따르면, 그는 오랜 세월 도축업자로서 소고기를 양념하여 말려서 팔았다. Smp. 508에 따르면, 그가 지옥을 통과했을 때 그의 모습은 해골의 사슬이었다. 그는 해골인 망자(peta)로서 태어난 것이다.

422) niraye paccitvā : 역자는 다소간 의역을 했다. Bd. I. 183에서는 '지옥에서 삶아지다가'라고 번역했고, 남전 I. 176에서는 '지옥에서 괴로워하다가'라고 번역했다.

몸을 경험하는 것이다. 수행승들이여, 목갈라나는 진실을 말한 것이다. 목갈라나는 무죄이다."423)

9-3₁. 존자 락카나는 존자 마하 목갈라나에게 이와 같이 말했다.424)

[락카나] "존자 마하 목갈라나는 깃자꾸따 산에서 내려와 어느 한 곳에 이르러 미소를 지었습니다. 벗이여 마하 목갈라나여, 어떠한 원인, 어떠한 연유로 미소를 지었습니까?"

[목갈라나] "벗이여, 나는 깃자꾸따 산에서 내려오면서 고기조각이 하늘을 나는 것을 보았습니다. 그것을 독수리와 까마귀와 솔개가 서로 다투어 잡아채며 쪼고 찢으니까 매우 고통스런 소리를[*106] 내는 것을 보았습니다.425) 벗이여, 나는 '이런 야차가 있나, 인간이 이런 모습을 취할 수 있다는 사실은 참으로 놀라운 일이고 일찍이 없었던 일이다.'라고 생각했습니다."

수행승들이 혐책하고 분개하고 비난했다.

[수행승들] "존자 마하 목갈라나는 '인간을 뛰어넘는 상태에 도달했다.'라고 주장하고 있다."426)

그 때 세존께서 모든 수행승에게 말씀하셨다.

[세존] "수행승들이여, 제자로서 여실한 눈을 지니고 수행승들이여, 제자로서 여실한 앎을 지니고 있다면 이와 같이 알고 또한 보고 깨달아야 한다. 수행승들이여, 나는 일찍이 그 사람을 보았지만 그것에 관해 설명하지 않았다. 내가 그것에 관해 설명했어도 다른 사람들은 나를 믿지 않았을 것이다. 나를 믿지 않는 자에게는 오랜 세월 동안 불이익과 괴로움이 있을 것이다. 수행승들이여, 그 사람은 라자가하 시에 사는 소 도살업자였다. 그는 업보가 성숙하여 오랜 세월, 오랜 백 년의 세월, 오랜 천 년의 세월, 오랜 십만 년의 세월을 지옥에 떨어졌다가 그 업의 남은 과보에

---

423) saccaṃ bhikkhave moggallāno āha. anāpatti bhikkhave moggallānassā'ti : 이 구절은 쌍윳따니까야에서는 결여되어 있다.

424) SN. II. 256 : 이하 잡아함 19권 6(大正 2. 135b, 잡509) 참조

425) idāhaṃ āvuso gijjhakūṭā pabbatā orohanto addasaṃ maṃsapiṇḍaṃ vehāsaṃ gacchantaṃ, tamenaṃ gijjhāpi kākāpi kulalāpi anupativā anupativā vitacchenti vibhajenti : 감각적 쾌락의 욕망에 대한 다음과 같은 비유는 이곳에서 취해진 것일 수 있다: '장자여, 한 마리의 독수리나 까마귀나 매가 고깃덩어리를 물고 나른다고 합시다. 그런데 다른 독수리들이나 까마귀들이나 매들이 뒤쫓아 날아가서 부리로 쪼고, 낚아챈다면, 장자여, 그대는 어떻게 생각합니까? 한 마리의 독수리나 까마귀나 매가 그 고깃덩어리를 재빨리 놓아버리지 않는다면, 그 때문에 죽음에 이르거나 죽을 정도의 고통에 시달리지 않겠습니까?'(MN. I. 364)

426) bhikkhū ujjhāyanti, khīyanti, vipācenti: 'uttarimanussadhammaṃ āyasmā mahāmoggallāno ullapatī'ti : 이 구절은 쌍윳따니까야에는 결여되어 있다.

의해 이와 같이 스스로 초래한 자기 자신의 몸을 경험하는 것이다. 수행승들이여, 목갈라나는 진실을 말한 것이다. 목갈라나는 무죄이다."427)

9-3₂. 존자 락카나는 존자 마하 목갈라나에게 이와 같이 말했다.

[락카나] "존자 마하 목갈라나는 깃자꾸따 산에서 내려와 어느 한 곳에 이르러 미소를 지었습니다. 벗이여 마하 목갈라나여, 어떠한 원인, 어떠한 연유로 미소를 지었습니까?"

[목갈라나] "벗이여, 나는 깃자꾸따 산에서 내려오면서 살덩어리가 하늘을 나는 것을 보았습니다. 그것을 독수리와 까마귀와 솔개가 서로 다투어 잡아채며 쪼고 찢으니까 매우 고통스런 소리를 내는 것을 보았습니다. 벗이여, 나는 '이런 야차가 있나, 인간이 이런 모습을 취할 수 있다는 사실은 참으로 놀라운 일이고 일찍이 없었던 일이다.'라고 생각했습니다."

수행승들이 혐책하고 분개하고 비난했다.

[수행승들] "존자 마하 목갈라나는 '인간을 뛰어넘는 상태에 도달했다.'라고 주장하고 있다."428)

그 때 세존께서 모든 수행승에게 말씀하셨다.

[세존] "수행승들이여, 제자로서 여실한 눈을 지니고 수행승들이여, 제자로서 여실한 앎을 지니고 있다면 이와 같이 알고 또한 보고 깨달아야 한다. 수행승들이여, 나는 일찍이 그 사람을 보았지만 그것에 관해 설명하지 않았다. 내가 그것에 관해 설명했어도 다른 사람들은 나를 믿지 않았을 것이다. 나를 믿지 않는 자에게는 오랜 세월 동안 불이익과 괴로움이 있을 것이다. 수행승들이여, 그 사람은 라자가하 시에 사는 새 사냥꾼429)이었다. 그는 업보가 성숙하여 오랜 세월, 오랜 백 년의 세월, 오랜 천 년의 세월, 오랜 십만 년의 세월을 지옥에 떨어졌다가 그 업의 남은 과보에 의해 이와 같이 스스로 초래한 자기 자신의 몸을 경험하는 것이다. 수행승들이여, 목갈라나는 진실을 말한 것이다. 목갈라나는 무죄이다."

9-3₃. 존자 락카나는 존자 마하 목갈라나에게 이와 같이 말했다.

[락카나] "존자 마하 목갈라나는 깃자꾸따 산에서 내려와 어느 한 곳에 이르러

---

427) saccaṃ bhikkhave moggallāno āha. anāpatti bhikkhave moggallānassā'ti : 이하 이 구절은 쌍윳따니까야에서는 결여되어 있다.

428) bhikkhū ujjhāyanti, khīyanti, vipācenti: 'uttarimanussadhammaṃ āyasmā mahāmoggallāno ullapatī'ti : 이 구절은 쌍윳따니까야에는 결여되어 있다.

429) sākuṇika : Smp. 509에 따르면, 그가 지옥을 통과했을 때 그의 모습은 살덩어리였다. 그는 살덩어리의 망자(pet a)로서 태어난 것이다.

미소를 지었습니다. 벗이여 마하 목갈라나여, 어떠한 원인, 어떠한 연유로 미소를 지었습니까?"

[목갈라나] "벗이여, 나는 깃자꾸따 산에서 내려오면서 껍질 벗겨진 사람이 하늘을 나는 것을 보았습니다. 그것을 독수리와 까마귀와 솔개가 서로 다투어 잡아채며 쪼고 찢으니까 매우 고통스런 소리를 내는 것을 보았습니다. 벗이여, 나는 '이런 야차가 있나, 인간이 이런 모습을 취할 수 있다는 사실은 참으로 놀라운 일이고 일찍이 없었던 일이다.'라고 생각했습니다."

수행승들이 혐책하고 분개하고 비난했다.

[수행승들] "존자 마하 목갈라나는 인간을 뛰어넘는 상태에 도달했다라고 주장하고 있다."430)

그 때 세존께서 모든 수행승에게 말씀하셨다.

[세존] "수행승들이여, 제자로서 여실한 눈을 지니고 수행승들이여, 제자로서 여실한 앎을 지니고 있다면 이와 같이 알고 또한 보고 깨달아야 한다. 수행승들이여, 나는 일찍이 그 사람을 보았지만 그것에 관해 설명하지 않았다. 내가 그것에 관해 설명했어도 다른 사람들은 나를 믿지 않았을 것이다. 나를 믿지 않는 자에게는 오랜 세월 동안 불이익과 괴로움이 있을 것이다. 수행승들이여, 그 사람은 라자가하시에 사는 양 도살업자431)였다. 그는 업보가 성숙하여 오랜 세월, 오랜 백 년의 세월, 오랜 천 년의 세월, 오랜 십만 년의 세월을 지옥에 떨어졌다가 그 업의 남은 과보에 의해 이와 같이 스스로 초래한 자기 자신의 몸을 경험하는 것이다. 수행승들이여, 목갈라나는 진실을 말한 것이다. 목갈라나는 무죄이다."

9-3₄. 존자 락카나는 존자 마하 목갈라나에게 이와 같이 말했다.

[락카나] "존자 마하 목갈라나는 깃자꾸따 산에서 내려와 어느 한 곳에 이르러 미소를 지었습니다. 벗이여 마하 목갈라나여, 어떠한 원인, 어떠한 연유로 미소를 지었습니까?"

[목갈라나] "벗이여, 나는 깃자꾸따 산에서 내려오면서 칼날 털을 지닌 사람이 하늘을 나는 것을 보았습니다. 그 칼들이 날아다니면서 그의 몸을 마구 찌르니까 그가 매우 고통스런 소리를 내는 것을 보았습니다. 벗이여, 나는 '이런 야차가

---

430) bhikkhū ujjhāyanti, khīyanti, vipācenti: 'uttarimanussadhammaṃ āyasmā mahāmoggallāno ullapatī'ti : 이 구절은 쌍윳따니까야에는 결여되어 있다.

431) orabbhika : Smp. 509에 따르면, 그가 살아생전에 양들의 껍질을 벗겨냈기 때문에 피부가 없는 양의 몸을 받았다가 껍질 벗겨진 망자로서 태어난 것이다.

있나, 인간이 이런 모습을 취할 수 있다는 사실은 참으로 놀라운 일이고 일찍이 없었던 일이다.'라고 생각했습니다."

수행승들이 혐책하고 분개하고 비난했다.

[수행승들] "존자 마하 목갈라나는 '인간을 뛰어넘는 상태에 도달했다.'라고 주장하고 있다."432)

그 때 세존께서 모든 수행승에게 말씀하셨다.

[세존] "수행승들이여, 제자로서 여실한 눈을 지니고 수행승들이여, 제자로서 여실한 앎을 지니고 있다면 이와 같이 알고 또한 보고 깨달아야 한다. 수행승들이여, 나는 일찍이 그 사람을 보았지만 그것에 관해 설명하지 않았다. 내가 그것에 관해 설명했어도 다른 사람들은 나를 믿지 않았을 것이다. 나를 믿지 않는 자에게는 오랜 세월 동안 불이익과 괴로움이 있을 것이다. 수행승들이여, 그 사람은 라자가하 시에 사는 돼지 도살업자433)였다. 그는 업보가 성숙하여 오랜 세월, 오랜 백 년의 세월, 오랜 천 년의 세월, 오랜 십만 년의 세월을 지옥에 떨어졌다가 그 업의 남은 과보에 의해 이와 같이 스스로 초래한 자기 자신의 몸을 경험하는 것이다. 수행승들이여, 목갈라나는 진실을 말한 것이다. 목갈라나는 무죄이다."

9-3₅. 존자 락카나는 존자 마하 목갈라나에게 이와 같이 말했다.

[락카나] "존자 마하 목갈라나는 깃자꾸따 산에서 내려와 어느 한 곳에 이르러 미소를 지었습니다. 벗이여 마하 목갈라나여, 어떠한 원인, 어떠한 연유로 미소를 지었습니까?"

[목갈라나] "벗이여, 나는 깃자꾸따 산에서 내려오면서 꼬챙이 털을 지닌 사람이 하늘을 나는 것을 보았습니다. 그 꼬챙이들이 날아다니면서 그의 몸을 마구 찌르니까 그가 매우 고통스런 소리를 내는 것을 보았습니다. 벗이여, 나는 '이런 야차가 있나, 인간이 이런 모습을 취할 수 있다는 사실은 참으로 놀라운 일이고 일찍이 없었던 일이다.'라고 생각했습니다."

수행승들이 혐책하고 분개하고 비난했다.

[수행승들] "존자 마하 목갈라나는 '인간을 뛰어넘는 상태에 도달했다.'라고 주장하고 있다."434)

---

432) bhikkhū ujjhāyanti, khīyanti, vipācenti: 'uttarimanussadhammaṃ āyasmā mahāmoggallāno ullapatī'ti : 이 구절은 쌍윳따니까야에는 결여되어 있다.

433) sūkarika : Smp. 509에 따르면, 그는 살아생전에 칼로 돼지를 죽여서 외관이 칼을 뽑아 지닌 모습을 지녔다가 컬날같은 털을 지닌 망자로서 태어난 것이다.

434) bhikkhū ujjhāyanti, khīyanti, vipācenti: 'uttarimanussadhammaṃ āyasmā mahāmoggallāno ullapatī'ti : 이

[세존] "수행승들이여, 제자로서 여실한 눈을 지니고 수행승들이여, 제자로서 여실한 앎을 지니고 있다면 이와 같이 알고 또한 보고 깨달아야 한다. 수행승들이여, 나는 일찍이 그 사람을 보았지만 그것에 관해 설명하지 않았다. 내가 그것에 관해 설명했어도 다른 사람들은 나를 믿지 않았을 것이다. 나를 믿지 않는 자에게는 오랜 세월 동안 불이익과 괴로움이 있을 것이다. 수행승들이여, 그 사람은 라자가하 시에 사는 사슴 도살업자[435]였다. 그는 업보가 성숙하여 오랜 세월, 오랜 백 년의 세월, 오랜 천 년의 세월, 오랜 십만 년의 세월을 지옥에 떨어졌다가 그 업의 남은 과보에 의해 이와 같이 스스로 초래한 자기 자신의 몸을 경험하는 것이다. 수행승들이여, 목갈라나는 진실을 말한 것이다. 목갈라나는 무죄이다."

9-3₆. 존자 락카나는 존자 마하 목갈라나에게 이와 같이 말했다.

[락카나] "존자 마하 목갈라나는 깃자꾸따 산에서 내려와 어느 한 곳에 이르러 미소를 지었습니다. 벗이여 마하 목갈라나여, 어떠한 원인, 어떠한 연유로 미소를 지었습니까?"

[목갈라나] "벗이여, 나는 깃자꾸따 산에서 내려오면서 화살 털을 지닌 사람이 하늘을 나는 것을 보았습니다. 그 화살들이 날아다니면서 그의 몸을 마구 찌르니까 그가 매우 고통스런 소리를 내는 것을 보았습니다. 벗이여, 나는 '이런 야차가 있나, 인간이 이런 모습을 취할 수 있다는 사실은 참으로 놀라운 일이고 일찍이 없었던 일이다.'라고 생각했습니다."

수행승들이 혐책하고 분개하고 비난했다.

[수행승들] "존자 마하 목갈라나는 '인간을 뛰어넘는 상태에 도달했다.'라고 주장하고 있다."[436]

그 때 세존께서 모든 수행승에게 말씀하셨다.

[세존] "수행승들이여, 제자로서 여실한 눈을 지니고 수행승들이여, 제자로서 여실한 앎을 지니고 있다면 이와 같이 알고 또한 보고 깨달아야 한다. 수행승들이여, 나는 일찍이 그 사람을 보았지만 그것에 관해 설명하지 않았다. 내가 그것에 관해 설명했어도 다른 사람들은 나를 믿지 않았을 것이다. 나를 믿지 않는 자에게는 오랜 세월 동안 불이익과 괴로움이 있을 것이다. 수행승들이여, 그 사람은

구절은 쌍윳따니까야에는 결여되어 있다.

435) māgavika : Smp. 509에 따르면, 그는 살아생전에 꼬챙이로 사슴을 찔러 죽여서 외관이 꼬챙이에 찔린 모습을 지녔다가 꼬챙이같은 털을 지닌 망자로서 태어난 것이다.

436) bhikkhū ujjhāyanti, khīyanti, vipācenti: 'uttarimanussadhammaṃ āyasmā mahāmoggallāno ullapatī'ti : 이 구절은 쌍윳따니까야에는 결여되어 있다.

라자가하 시에 사는 처형관437)이었다. 그는 업보가 성숙하여 오랜 세월, 오랜 백 년의 세월, 오랜 천 년의 세월, 오랜 십만 년의 세월을 지옥에 떨어졌다가 그 업의 남은 과보에 의해 이와 같이 스스로 초래한 자기 자신의 몸을 경험하는 것이다. 수행승들이여, 목갈라나는 진실을 말한 것이다. 목갈라나는 무죄이다."

9-3₇. 존자 락카나는 존자 마하 목갈라나에게 이와 같이 말했다.

[락카나] "존자 마하 목갈라나는 깃자꾸따 산에서 내려와 어느 한 곳에 이르러 미소를 지었습니다. 벗이여 마하 목갈라나여, 어떠한 원인, 어떠한 연유로 미소를 지었습니까?"

[목갈라나] "벗이여, 나는 깃자꾸따 산에서 내려오면서 바늘 털을 지닌 사람이 하늘을 나는 것을 보았습니다. 그 바늘들이 날아다니면서 그의 몸을 마구 찌르니까 그가 매우 고통스런 소리를 내는 것을 보았습니다. 벗이여, 나는 '이런 야차가 있나, 인간이 이런 모습을 취할 수 있다는 사실은 참으로 놀라운 일이고 일찍이 없었던 일이다.'라고 생각했습니다."

수행승들이 혐책하고 분개하고 비난했다.

[수행승들] "존자 마하 목갈라나는 '인간을 뛰어넘는 상태에 도달했다.'라고 주장하고 있다."438)

[세존] "수행승들이여, 제자로서 여실한 눈을 지니고 수행승들이여, 제자로서 여실한 앎을 지니고 있다면 이와 같이 알고 또한 보고 깨달아야 한다. 수행승들이여, 나는 일찍이 그 사람을 보았지만 그것에 관해 설명하지 않았다. 내가 그것에 관해 설명했어도 다른 사람들은 나를 믿지 않았을 것이다. 나를 믿지 않는 자에게는 오랜 세월 동안 불이익과 괴로움이 있을 것이다. 수행승들이여, 그 사람은 라자가하 시에 사는 말몰이꾼이었다.439) 그는 업보가 성숙하여 오랜 세월, 오랜 백 년의 세월, 오랜 천 년의 세월, 오랜 십만 년의 세월을 지옥에 떨어졌다가 그 업의 남은 과보에 의해 이와 같이 스스로 초래한 자기 자신의 몸을 경험하는 것이다. 수행승들이여, 목갈라나는 진실을 말한 것이다. 목갈라나는 무죄이다."

9-3₈. 존자 락카나는 존자 마하 목갈라나에게 이와 같이 말했다.

---

437) kāraṇika : Smp. 509에 따르면, 죄수를 화살을 쏘아 죽이는 처형관이었다. 그래서 외관이 꼬챙이에 찔린 모습을 지녔다가 화살 털을 지닌 망자로서 다시 태어났다.

438) bhikkhū ujjhāyanti, khīyanti, vipācenti: 'uttarimanussadhammaṃ āyasmā mahāmoggallāno ullapatī'ti : 이 구절은 쌍윳따니까야에는 결여되어 있다.

439) sārathiko : SN. Srp. II. 220에 따르면, 말몰이꾼(sūta)은 말조련사(assadammaka)이다.

[락카나] "존자 마하 목갈라나는 깃자꾸따 산에서 내려와 어느 한 곳에 이르러 미소를 지었습니다. 벗이여 마하 목갈라나여, 어떠한 원인, 어떠한 연유로 미소를 지었습니까?"

[목갈라나] "벗이여, 나는 깃자꾸따 산에서 내려오면서 바늘 털들을 지닌 사람이 하늘을 나는 것을 보았습니다. 그 바늘들이 날아다니면서 머리로 들어가서 입으로 나오고 입으로 들어가서 가슴으로 나오고 가슴으로 들어가서 위장으로 나오고 위장으로 들어가서 장딴지로 나오고 정강이로 들어가서 발로 나오니까 그가 매우 고통스런 소리를 내는 것을 보았습니다. 벗이여, 나는 '이런 야차가 있나, 인간이 이런 모습을 취할 수 있다는 사실은 참으로 놀라운 일이고 일찍이 없었던 일이다.'라고 생각했습니다."

수행승들이 혐책하고 분개하고 비난했다.

[수행승들] "존자 마하 목갈라나는 '인간을 뛰어넘는 상태에 도달했다.'라고 주장하고 있다."440)

[세존] "수행승들이여, 제자로서 여실한 눈을 지니고 수행승들이여, 제자로서 여실한 앎을 지니고 있다면 이와 같이 알고 또한 보고 깨달아야 한다. 수행승들이여, 나는 일찍이 그 사람을 보았지만 그것에 관해 설명하지 않았다. 내가 그것에 관해 설명했어도 다른 사람들은 나를 믿지 않았을 것이다. 나를 믿지 않는 자에게는 오랜 세월 동안 불이익과 괴로움이 있을 것이다. 수행승들이여, 그 사람은 라자가하 시에 사는 밀고자였다.441) 그는 업보가 성숙하여 오랜 세월, 오랜 백 년의 세월, 오랜 천 년의 세월, 오랜 십만 년의 세월을 지옥에 떨어졌다가 그 업의 남은 과보에 의해 이와 같이 스스로 초래한 자기 자신의 몸을 경험하는 것이다. 수행승들이여, 목갈라나는 진실을 말한 것이다. 목갈라나는 무죄이다."

9-3₉. 존자 락카나는 존자 마하 목갈라나에게 이와 같이 말했다.

[락카나] "존자 마하 목갈라나는 깃자꾸따 산에서 내려와 어느 한 곳에 이르러 미소를 지었습니다. 벗이여 마하 목갈라나여, 어떠한 원인, 어떠한 연유로 미소를 지었습니까?"

---

440) bhikkhū ujjhāyanti, khīyanti, vipācenti: 'uttarimanussadhammaṃ āyasmā mahāmoggallāno ullapatī'ti : 이 구절은 쌍윳따니까야에는 결여되어 있다.

441) eso bhikkhave, satto imasmiṁ yeva rājagahe sūcako ahosi : Srp. II. 220에 따르면, 그는 밀고해서 사람들을 가르고 파멸시키고 비참하게 만든다. 그래서 사람들은 그의 밀고로 나뉘어 지고 바늘에 찔리는 고통을 겪는다. 그 업 자체를 특징으로 하여 그는 바늘-머리의 야차가 된다. 이러한 설명은 '바늘(sūci)'과 '밀고하다(sūceti)'의 유사성에 입각한 언어적 유희이다.

[목갈라나] "벗이여, 나는 깃자꾸따 산에서 내려오면서 물동이와 같은 고환을 지닌 사람이 하늘을 나는 것을 보았습니다. 그는 날 때 고환 덩어리를 어깨에 메고서 날고, 앉을 때는 그 고환 위에 앉았습니다. 그것을 독수리와 까마귀와 솔개가 서로 다투어 잡아채며 쪼고 찢으니까 매우 고통스런 소리를 내는 것을 보았습니다. 벗이여, 나는 '이런 야차가 있나, 인간이 이런 모습을 취할 수 있다는 사실은 참으로 놀라운 일이고 일찍이 없었던 일이다.'라고 생각했습니다."

수행승들이 혐책하고 분개하고 비난했다.

[수행승들] "존자 마하 목갈라나는 '인간을 뛰어넘는 상태에 도달했다.'라고 주장하고 있다."442)

그 때 세존께서 모든 수행승에게 말씀하셨다.

[세존] "수행승들이여, 제자로서 여실한 눈을 지니고 수행승들이여, 제자로서 여실한 앎을 지니고 있다면 이와 같이 알고 또한 보고 깨달아야 한다. 수행승들이여, 나는 일찍이 그 사람을 보았지만 그것에 관해 설명하지 않았다. 내가 그것에 관해 설명했어도 다른 사람들은 나를 믿지 않았을 것이다. 나를 믿지 않는 자에게는 오랜 세월 동안 불이익과 괴로움이 있을 것이다. 수행승들이여, 그 사람은 라자가하 시에 사는 부패한 판관이었다.443) 그는 업보가 성숙하여 오랜 세월, 오랜 백 년의 세월, 오랜 천 년의 세월, 오랜 십만 년의 세월을 지옥에 떨어졌다가 그 업의 남은 과보에 의해 이와 같이 스스로 초래한 자기 자신의 몸을 경험하는 것이다. 수행승들이여, 목갈라나는 진실을 말한 것이다. 목갈라나는 무죄이다."

9-3₁₀. 존자 락카나는 존자 마하 목갈라나에게 이와 같이 말했다.

[락카나] "존자 마하 목갈라나는 깃자꾸따 산에서 내려와 어느 한 곳에 이르러 미소를 지었습니다. 벗이여 마하 목갈라나여, 어떠한 원인, 어떠한 연유로 미소를 지었습니까?"

[목갈라나] "벗이여, 나는 깃자꾸따 산에서 내려오면서 머리끝까지 똥구덩이에 빠진 사람을 보았습니다. 벗이여, 나는 '이런 야차가 있나, 인간이 이런 모습을 취할 수 있다는 사실은 참으로 놀라운 일이고 일찍이 없었던 일이다.'라고 생각했습니다."

---

442) bhikkhū ujjhāyanti, khīyanti, vipācenti: 'uttarimanussadhammaṃ āyasmā mahāmoggallāno ullapatī'ti : 이 구절은 쌍윳따니까야에는 결여되어 있다.

443) gāmakūṭa : Srp. II. 220에 따르면, 그는 몰래 뇌물을 받고 명백히 잘못된 사건을 옳다고 판결을 하여 다른 사람의 재산을 잘못 분배한 부정한 '판관(vinicchayāmaccho)'이었다.

수행승들이 혐책하고 분개하고 비난했다.

[수행승들] "존자 마하 목갈라나는 '인간을 뛰어넘는 상태에 도달했다.'라고 주장하고 있다."[444)]

그 때 세존께서 모든 수행승에게 말씀하셨다.

[세존] "수행승들이여, 제자로서 여실한 눈을 지니고 수행승들이여, 제자로서 여실한 앎을 지니고 있다면 이와 같이 알고 또한 보고 깨달아야 한다. 수행승들이여, 나는 일찍이 그 사람을 보았지만 그것에 관해 설명하지 않았다. 내가 그것에 관해 설명했어도 다른 사람들은 나를 믿지 않았을 것이다. 나를 믿지 않는 자에게는 오랜 세월 동안 불이익과 괴로움이 있을 것이다. 수행승들이여, 그 사람은 라자가하 시에 사는 간통자였다. 그는 업보가 성숙하여 오랜 세월, 오랜 백 년의 세월, 오랜 천 년의 세월, 오랜 십만 년의 세월을 지옥에 떨어졌다가 그 업의 남은 과보에 의해 이와 같이 스스로 초래한 자기 자신의 몸을 경험하는 것이다. 수행승들이여, 목갈라나는 진실을 말한 것이다. 목갈라나는 무죄이다.[445)]"

9-3₁₁. 존자 락카나는 존자 마하 목갈라나에게 이와 같이 말했다.[446)]

[락카나] "존자 마하 목갈라나는 깃자꾸따 산에서 내려와 어느 한 곳에 이르러 미소를 지었습니다. 벗이여 마하 목갈라나여, 어떠한 원인, 어떠한 연유로 미소를 지었습니까?"

[목갈라나] "벗이여, 나는 깃자꾸따 산에서 내려오면서[*107] 똥구덩이에 빠져서 양손으로 똥을 먹고 있는 성직자를 보았습니다. 벗이여, 나는 '이런 야차가 있나, 인간이 이런 모습을 취할 수 있다는 사실은 참으로 놀라운 일이고 일찍이 없었던 일이다.'라고 생각했습니다."

수행승들이 혐책하고 분개하고 비난했다.

[수행승들] "존자 마하 목갈라나는 '인간을 뛰어넘는 상태에 도달했다.'라고 주장하고 있다."[447)]

그 때 세존께서 모든 수행승에게 말씀하셨다.

---

444) bhikkhū ujjhāyanti, khīyanti, vipācenti: 'uttarimanussadhammaṃ āyasmā mahāmoggallāno ullapatī'ti : 이 구절은 쌍윳따니까야에는 결여되어 있다.

445) saccaṃ bhikkhave moggallāno āha. anāpatti bhikkhave moggallānassā'ti : 이 구절은 쌍윳따니까야에서는 결여되어 있다.

446) SN. II. 259 : 잡아함 19권 12(大正 2. 137c, 잡525) 참조

447) bhikkhū ujjhāyanti, khīyanti, vipācenti: 'uttarimanussadhammaṃ āyasmā mahāmoggallāno ullapatī'ti : 이 구절은 쌍윳따니까야에는 결여되어 있다.

[세존] "수행승들이여, 제자로서 여실한 눈을 지니고 수행승들이여, 제자로서 여실한 앎을 지니고 있다면 이와 같이 알고 또한 보고 깨달아야 한다. 수행승들이여, 나는 일찍이 그 사람을 보았지만 그것에 관해 설명하지 않았다. 내가 그것에 관해 설명했어도 다른 사람들은 나를 믿지 않았을 것이다. 나를 믿지 않는 자에게는 오랜 세월 동안 불이익과 괴로움이 있을 것이다. 수행승들이여, 그 사람은 라자가하 시에 사는 성직자였다. 그는 깟싸빠 부처님이 가르침을 설하실 때 수행승의 무리를 공양에 초대하여 솥에 똥을 가득 채워놓고 이와 같이 '자, 존자들이여, 필요한 만큼 먹고 가져가라.'라고 말했다. 그는 그 업보가 성숙하여 오랜 세월, 오랜 백 년의 세월, 오랜 천 년의 세월, 오랜 십만 년의 세월을 지옥에 떨어졌다가 그 업의 남은 과보에 의해 이와 같이 스스로 초래한 자기 자신의 몸을 경험하는 것이다. 수행승들이여, 목갈라나는 진실을 말한 것이다. 목갈라나는 무죄이다."

9-3₁₂. 존자 락카나는 존자 마하 목갈라나에게 이와 같이 말했다.

[락카나] "존자 마하 목갈라나는 깃자꾸따 산에서 내려와 어느 한 곳에 이르러 미소를 지었습니다. 벗이여 마하 목갈라나여, 어떠한 원인, 어떠한 연유로 미소를 지었습니까?"

[목갈라나] "벗이여, 나는 깃자꾸따 산에서 내려오면서 껍질 벗겨진 여인이 하늘을 나는 것을 보았습니다. 그것을 독수리와 까마귀와 솔개가 서로 다투어 잡아채며 쪼고 찢으니까 매우 고통스런 소리를 내는 것을 보았습니다. 벗이여, 나는 '이런 야차가 있나, 인간이 이런 모습을 취할 수 있다는 사실은 참으로 놀라운 일이고 일찍이 없었던 일이다.'라고 생각했습니다."

수행승들이 혐책하고 분개하고 비난했다.

[수행승들] "존자 마하 목갈라나는 '인간을 뛰어넘는 상태에 도달했다.'라고 주장하고 있다."

그 때 세존께서 모든 수행승에게 말씀하셨다.

[세존] "수행승들이여, 제자로서 여실한 눈을 지니고 수행승들이여, 제자로서 여실한 앎을 지니고 있다면 이와 같이 알고 또한 보고 깨달아야 한다. 수행승들이여, 나는 일찍이 그 여인을 보았지만 그것에 관해 설명하지 않았다. 내가 그것에 관해 설명했어도 다른 사람들은 나를 믿지 않았을 것이다. 나를 믿지 않는 자에게는 오랜 세월 동안 불이익과 괴로움이 있을 것이다. 수행승들이여, 그 여인은 라자가하 시에 사는 간통녀[448]였다. 그녀는 업보가 성숙하여 오랜 세월, 오랜

백 년의 세월, 오랜 천 년의 세월, 오랜 십만 년의 세월을 지옥에 떨어졌다가 그 업의 남은 과보에 의해 이와 같이 스스로 초래한 자기 자신의 몸을 경험하는 것이다. 수행승들이여, 목갈라나는 진실을 말한 것이다. 목갈라나는 무죄이다."

9-3₁₃. 존자 락카나는 존자 마하 목갈라나에게 이와 같이 말했다.

[락카나] "존자 마하 목갈라나는 깃자꾸따 산에서 내려와 어느 한 곳에 이르러 미소를 지었습니다. 벗이여 마하 목갈라나여, 어떠한 원인, 어떠한 연유로 미소를 지었습니까?"

[목갈라나] "벗이여, 나는 깃자꾸따 산에서 내려오면서 악취를 풍기는 추한 여인이 하늘을 나는 것을 보았습니다. 그것을 독수리와 까마귀와 솔개가 서로 다투어 잡아채며 쪼고 찢으니까 매우 고통스런 소리를 내는 것을 보았습니다. 벗이여, 나는 '이런 야차가 있나, 인간이 이런 모습을 취할 수 있다는 사실은 참으로 놀라운 일이고 일찍이 없었던 일이다.'라고 생각했습니다."

수행승들이 혐책하고 분개하고 비난했다.

[수행승들] "존자 마하 목갈라나는 인간을 뛰어넘는 상태에 도달했다라고 주장하고 있다."

그 때 세존께서 모든 수행승에게 말씀하셨다.

[세존] "수행승들이여, 제자로서 여실한 눈을 지니고 수행승들이여, 제자로서 여실한 앎을 지니고 있다면 이와 같이 알고 또한 보고 깨달아야 한다. 수행승들이여, 나는 일찍이 그 여인을 보았지만 그것에 관해 설명하지 않았다. 내가 그것에 관해 설명했어도 다른 사람들은 나를 믿지 않았을 것이다. 나를 믿지 않는 자에게는 오랜 세월 동안 불이익과 괴로움이 있을 것이다. 수행승들이여, 그 여인은 라자가하 시에 사는 여자 점쟁이449)였다. 그녀는 업보가 성숙하여 오랜 세월, 오랜 백 년의 세월, 오랜 천 년의 세월, 오랜 십만 년의 세월을 지옥에 떨어졌다가 그 업의 남은 과보에 의해 이와 같이 스스로 초래한 자기 자신의 몸을 경험하는 것이다. 수행승들이여, 목갈라나는 진실을 말한 것이다. 목갈라나는 무죄이다."

9-3₁₄. 존자 락카나는 존자 마하 목갈라나에게 이와 같이 말했다.

[락카나] "존자 마하 목갈라나는 깃자꾸따 산에서 내려와 어느 한 곳에 이르러 미소를 지었습니다. 벗이여 마하 목갈라나여, 어떠한 원인, 어떠한 연유로 미소를

---

448) aticārinī : Smp. 510에 따르면, 그녀가 남편이 아니라 다른 남자와 감각적 쾌락의 욕망을 즐기는 한, 그녀는 다시 태어나 유쾌한 경험은 박탈당하고 괴로운 경험을 하게 된다.

449) ikkhaṇikā : Smp. 511에 따르면, 그녀들은 꽃이나 향료를 선물을 받고 사람들을 현혹시켰다.

지었습니까?"

[목갈라나] "벗이여, 나는 깃자꾸따 산에서 내려오면서 바싹 구워지고 땀에 젖고 검게 그을린 여인이 하늘을 나는 것을 보았습니다.[450] 그것을 독수리와 까마귀와 솔개가 서로 다투어 잡아채며 쪼고 찢으니까 매우 고통스런 소리를 내는 것을 보았습니다. 벗이여, 나는 '이런 야차가 있나, 인간이 이런 모습을 취할 수 있다는 사실은 참으로 놀라운 일이고 일찍이 없었던 일이다.'라고 생각했습니다."

수행승들이 혐책하고 분개하고 비난했다.

[수행승들] "존자 마하 목갈라나는 '인간을 뛰어넘는 상태에 도달했다.'라고 주장하고 있다."

그 때 세존께서 모든 수행승에게 말씀하셨다.

[세존] "수행승들이여, 제자로서 여실한 눈을 지니고 수행승들이여, 제자로서 여실한 앎을 지니고 있다면 이와 같이 알고 또한 보고 깨달아야 한다. 수행승들이여, 나는 일찍이 그 여인을 보았지만 그것에 관해 설명하지 않았다. 내가 그것에 관해 설명했어도 다른 사람들은 나를 믿지 않았을 것이다. 나를 믿지 않는 자에게는 오랜 세월 동안 불이익과 괴로움이 있을 것이다. 수행승들이여, 그 여인은 까링까 왕의 왕비였다. 그녀는 질투 때문에 궁녀에게 숯불이 담긴 화로를 던졌다.[451] 그녀는 그 업보가 성숙하여 오랜 세월, 오랜 백 년의 세월, 오랜 천 년의 세월, 오랜 십만 년의 세월을 지옥에 떨어졌다가 그 업의 남은 과보에 의해 이와 같이 스스로 초래한 자기 자신의 몸을 경험하는 것이다. 수행승들이여, 목갈라나는 진실을 말한 것이다. 목갈라나는 무죄이다."

9-3₁₅. 존자 락카나는 존자 마하 목갈라나에게 이와 같이 말했다.

[락카나] "존자 마하 목갈라나는 깃자꾸따 산에서 내려와 어느 한 곳에 이르러 미소를 지었습니다. 벗이여 마하 목갈라나여, 어떠한 원인, 어떠한 연유로 미소를 지었습니까?"

[목갈라나] "벗이여, 나는 깃자꾸따 산에서 내려오면서 가슴에 눈과 입이 달린 머리 없는 몸뚱이가 하늘을 나는 것을 보았습니다. 그것을 독수리와 까마귀와

450) addasaṁ itthiṁ uppakkaṁ okiliniṁ okiriṇiṁ vehāsaṁ gacchantiṁ : Srp. II. 221에 따르면, 그녀는 숯불 침상에 누워 있었는데, 열기에 요리될 때에 흔들고 뒹굴면서, 구워지고(uppakkā), 몸이 땀에 젖고(okilinī), 검댕이가 묻어 그을렸다.(okirinī)

451) sā issāpakatā sapattiṃ aṅgārakaṭāhena okiri : 여기서 궁녀는 남편을 공유하는 아내(sapatti)인 경쟁자인 궁녀를 말한다. Smp. 511에 따르면, 그녀는 왕을 기쁘게 하는 댄서였다.

솔개가 서로 다투어 잡아채며 쪼고 찢으니까 매우 고통스런 소리를 내는 것을 보았습니다. 벗이여, 나는 '이런 야차가 있나, 인간이 이런 모습을 취할 수 있다는 사실은 참으로 놀라운 일이고 일찍이 없었던 일이다.'라고 생각했습니다."

수행승들이 혐책하고 분개하고 비난했다.

[수행승들] "존자 마하 목갈라나는 '인간을 뛰어넘는 상태에 도달했다.'라고 주장하고 있다."

그 때 세존께서 모든 수행승에게 말씀하셨다.

[세존] "수행승들이여, 제자로서 여실한 눈을 지니고 수행승들이여, 제자로서 여실한 앎을 지니고 있다면 이와 같이 알고 또한 보고 깨달아야 한다. 수행승들이여, 나는 일찍이 그 사람을 보았지만 그것에 관해 설명하지 않았다. 내가 그것에 관해 설명했어도 다른 사람들은 나를 믿지 않았을 것이다. 나를 믿지 않는 자에게는 오랜 세월 동안 불이익과 괴로움이 있을 것이다. 수행승들이여, 그 사람은 라자가하 시에 사는 '하리까'라고 하는 망나니452)였다. 그는 업보가 성숙하여 오랜 세월, 오랜 백 년의 세월, 오랜 천 년의 세월, 오랜 십만 년의 세월을 지옥에 떨어졌다가 그 업의 남은 과보에 의해 이와 같이 스스로 초래한 자기 자신의 몸을 경험하는 것이다. 수행승들이여, 목갈라나는 진실을 말한 것이다. 목갈라나는 무죄이다."

9-3₁₆. 존자 락카나는 존자 마하 목갈라나에게 이와 같이 말했다.

[락카나] "존자 마하 목갈라나는 깃자꾸따 산에서 내려와 어느 한 곳에 이르러 미소를 지었습니다. 벗이여 마하 목갈라나여, 어떠한 원인, 어떠한 연유로 미소를 지었습니까?"

[목갈라나] "벗이여, 나는 깃자꾸따 산에서 내려오면서 어떤 수행승이 하늘을 나는 것을 보았습니다. 그런데 그의 하의가 불타오르고 발우가 불타오르고 허리띠가 불타오르고 몸뚱이가 불타오르니까 매우 고통스런 소리를 내는 것을 보았습니다. 벗이여, 나는 '이런 야차가 있나, 인간이 이런 모습을 취할 수 있다는 사실은 참으로 놀라운 일이고 일찍이 없었던 일이다.'라고 생각했습니다."

수행승들이 혐책하고 분개하고 비난했다.

[수행승들] "존자 마하 목갈라나는 '인간을 뛰어넘는 상태에 도달했다.'라고 주장하고 있다."

---

452) hāriko nāma coraghātako : Smp. 512에 따르면, '하리까(Hārika)'는 오랫동안 왕의 명령으로 도둑들의 머리를 베었다.

그 때 세존께서 모든 수행승에게 말씀하셨다.

[세존] "수행승들이여, 제자로서 여실한 눈을 지니고 수행승들이여, 제자로서 여실한 앎을 지니고 있다면 이와 같이 알고 또한 보고 깨달아야 한다. 수행승들이여, 나는 일찍이 그 사람을 보았지만 그것에 관해 설명하지 않았다. 내가 그것에 관해 설명했어도 다른 사람들은 나를 믿지 않았을 것이다. 나를 믿지 않는 자에게는 오랜 세월 동안 불이익과 괴로움이 있을 것이다. 수행승들이여, 그 사람은 깟싸빠 부처님께서 가르침을 설하실 때의 나쁜 수행승이었다. 그는 업보가 성숙하여 오랜 세월, 오랜 백 년의 세월, 오랜 천 년의 세월, 오랜 십만 년의 세월을 지옥에 떨어졌다가 그 업의 남은 과보에 의해 이와 같이 스스로 초래한 자기 자신의 몸을 경험하는 것이다. 수행승들이여, 목갈라나는 진실을 말한 것이다. 목갈라나는 무죄이다."

9-3₁₇. 존자 락카나는 존자 마하 목갈라나에게 이와 같이 말했다.

[락카나] "존자 마하 목갈라나는 깃자꾸따 산에서 내려와 어느 한 곳에 이르러 미소를 지었습니다. 벗이여 마하 목갈라나여, 어떠한 원인, 어떠한 연유로 미소를 지었습니까?"

[목갈라나] "벗이여, 나는 깃자꾸따 산에서 내려오면서 어떤 수행녀가 하늘을 나는 것을 보았습니다. 그런데 그녀의 하의가 불타오르고 발우가 불타오르고 허리띠가 불타오르고 몸뚱이가 불타오르니까 매우 고통스런 소리를 내는 것을 보았습니다. 벗이여, 나는 '이런 야차가 있나, 인간이 이런 모습을 취할 수 있다는 사실은 참으로 놀라운 일이고 일찍이 없었던 일이다.'라고 생각했습니다."

수행승들이 혐책하고 분개하고 비난했다.

[수행승들] "존자 마하 목갈라나는 '인간을 뛰어넘는 상태에 도달했다.'라고 주장하고 있다."

그 때 세존께서 모든 수행승에게 말씀하셨다.

[세존] "수행승들이여, 제자로서 여실한 눈을 지니고 수행승들이여, 제자로서 여실한 앎을 지니고 있다면 이와 같이 알고 또한 보고 깨달아야 한다. 수행승들이여, 나는 일찍이 그 여인을 보았지만 그것에 관해 설명하지 않았다. 내가 그것에 관해 설명했어도 다른 사람들은 나를 믿지 않았을 것이다. 나를 믿지 않는 자에게는 오랜 세월 동안 불이익과 괴로움이 있을 것이다. 수행승들이여, 그 여인은 깟싸빠 부처님께서 가르침을 설하실 때의 나쁜 수행녀였다. 그녀는 업보가 성숙하여 오랜 세월, 오랜 백 년의 세월, 오랜 천 년의 세월, 오랜 십만 년의 세월을 지옥에

떨어졌다가 그 업의 남은 과보에 의해 이와 같이 스스로 초래한 자기 자신의 몸을 경험하는 것이다. 수행승들이여, 목갈라나는 진실을 말한 것이다. 목갈라나는 무죄이다."

9-3₁₈. 존자 락카나는 존자 마하 목갈라나에게 이와 같이 말했다.[453)]

[락카나] "존자 마하 목갈라나는 깃자꾸따 산에서 내려와 어느 한 곳에 이르러 미소를 지었습니다. 벗이여 마하 목갈라나여, 어떠한 원인, 어떠한 연유로 미소를 지었습니까?"

[목갈라나] "벗이여, 나는 깃자꾸따 산에서 내려오면서 어떤 정학녀가 하늘을 나는 것을 보았습니다. 그런데 그녀의 하의가 불타오르고 발우가 불타오르고 허리띠가 불타오르고 몸뚱이가 불타오르니까 매우 고통스런 소리를 내는 것을 보았습니다. 벗이여, 나는 '이런 야차가 있나, 인간이 이런 모습을 취할 수 있다는 사실은 참으로 놀라운 일이고 일찍이 없었던 일이다.'라고 생각했습니다."

수행승들이 혐책하고 분개하고 비난했다.

[수행승들] "존자 마하 목갈라나는 '인간을 뛰어넘는 상태에 도달했다.'라고 주장하고 있다."

그 때 세존께서 모든 수행승에게 말씀하셨다.

[세존] "수행승들이여, 제자로서 여실한 눈을 지니고 수행승들이여, 제자로서 여실한 앎을 지니고 있다면 이와 같이 알고 또한 보고 깨달아야 한다. 수행승들이여, 나는 일찍이 그 여인을 보았지만 그것에 관해 설명하지 않았다. 내가 그것에 관해 설명했어도 다른 사람들은 나를 믿지 않았을 것이다. 나를 믿지 않는 자에게는 오랜 세월 동안 불이익과 괴로움이 있을 것이다. 수행승들이여, 그 여인은 깟싸빠 부처님께서 가르침을 설하실 때의 나쁜 정학녀였다. 그녀는 업보가 성숙하여 오랜 세월, 오랜 백 년의 세월, 오랜 천 년의 세월, 오랜 십만 년의 세월을 지옥에 떨어졌다가 그 업의 남은 과보에 의해 이와 같이 스스로 초래한 자기 자신의 몸을 경험하는 것이다. 수행승들이여, 목갈라나는 진실을 말한 것이다. 목갈라나는 무죄이다."

9-3₁₉. 존자 락카나는 존자 마하 목갈라나에게 이와 같이 말했다.[454)]

[락카나] "존자 마하 목갈라나는 깃자꾸따 산에서 내려와 어느 한 곳에 이르러 미소를 지었습니다. 벗이여 마하 목갈라나여, 어떠한 원인, 어떠한 연유로 미소를

453) SN. II. 261
454) SN. II. 261

지었습니까?"

[목갈라나] "벗이여, 나는 깃자꾸따 산에서 내려오면서 어떤 사미가 하늘을 나는 것을 보았습니다. 그런데 그의 하의가 불타오르고 발우가 불타오르고 허리띠가 불타오르고 몸뚱이가 불타오르니까 매우 고통스런 소리를 내는 것을 보았습니다. 벗이여, 나는 '이런 야차가 있나, 인간이 이런 모습을 취할 수 있다는 사실은 참으로 놀라운 일이고 일찍이 없었던 일이다.'라고 생각했습니다."

수행승들이 혐책하고 분개하고 비난했다.

[수행승들] "존자 마하 목갈라나는 '인간을 뛰어넘는 상태에 도달했다.'라고 주장하고 있다."

그 때 세존께서 모든 수행승에게 말씀하셨다.

[세존] "수행승들이여, 제자로서 여실한 눈을 지니고 수행승들이여, 제자로서 여실한 앎을 지니고 있다면 이와 같이 알고 또한 보고 깨달아야 한다. 수행승들이여, 나는 일찍이 그 여인을 보았지만 그것에 관해 설명하지 않았다. 내가 그것에 관해 설명했어도 다른 사람들은 나를 믿지 않았을 것이다. 나를 믿지 않는 자에게는 오랜 세월 동안 불이익과 괴로움이 있을 것이다. 수행승들이여, 그는 깟싸빠 부처님께서 가르침을 설하실 때의 나쁜 사미였다. 그는 업보가 성숙하여 오랜 세월, 오랜 백 년의 세월, 오랜 천 년의 세월, 오랜 십만 년의 세월을 지옥에 떨어졌다가 그 업의 남은 과보에 의해 이와 같이 스스로 초래한 자기 자신의 몸을 경험하는 것이다. 수행승들이여, 목갈라나는 진실을 말한 것이다. 목갈라나는 무죄이다."

9-3$_{20}$. 존자 락카나는 존자 마하 목갈라나에게 이와 같이 말했다.

[락카나] "존자 마하 목갈라나는 깃자꾸따 산에서 내려와 어느 한 곳에 이르러 미소를 지었습니다. 벗이여 마하 목갈라나여, 어떠한 원인, 어떠한 연유로 미소를 지었습니까?"

[목갈라나] "벗이여, 나는 깃자꾸따 산에서 내려오면서 어떤 사미니가 하늘을 나는 것을 보았습니다. 그런데 그녀의 하의가 불타오르고 발우가 불타오르고 허리띠가 불타오르고 몸뚱이가 불타오르니까 매우 고통스런 소리를 내는 것을 보았습니다. 벗이여, 나는 '이런 야차가 있나, 인간이 이런 모습을 취할 수 있다는 사실은 참으로 놀라운 일이고 일찍이 없었던 일이다.'라고 생각했습니다."

수행승들이 혐책하고 분개하고 비난했다.

[수행승들] "존자 마하 목갈라나는 '인간을 뛰어넘는 상태에 도달했다.'라고 주장하고 있다."

그 때 세존께서 모든 수행승에게 말씀하셨다.

[세존] "수행승들이여, 제자로서 여실한 눈을 지니고 수행승들이여, 제자로서 여실한 앎을[*108] 지니고 있다면 이와 같이 알고 또한 보고 깨달아야 한다. 수행승들이여, 나는 일찍이 그 여인을 보았지만 그것에 관해 설명하지 않았다. 내가 그것에 관해 설명했어도 다른 사람들은 나를 믿지 않았을 것이다. 나를 믿지 않는 자에게는 오랜 세월 동안 불이익과 괴로움이 있을 것이다. 수행승들이여, 그 여인은 깟싸빠 부처님께서 가르침을 설하실 때의 나쁜 사미니였다. 그녀는 업보가 성숙하여 오랜 세월, 오랜 백 년의 세월, 오랜 천 년의 세월, 오랜 십만 년의 세월을 지옥에 떨어졌다가 그 업의 남은 과보에 의해 이와 같이 스스로 초래한 자기 자신의 몸을 경험하는 것이다. 수행승들이여, 목갈라나는 진실을 말한 것이다. 목갈라나는 무죄이다."

9-4. 존자 마하목갈라나는 수행승들에게 이와 같이 일렀다.

[목갈라나] "벗들이여, 따뽀다[455] 온천수가 흘러드는 그 호수에는 맑은 물, 시원한 물, 달콤한 물, 청정한 물이 있고, 아름답고 매력적인 여울이 있고, 많은 물고기와 거북이가 살고, 수레바퀴만한 연꽃들이 피어있습니다. 그러나 그 따뽀다 온천수는 비등하며 흐릅니다."

수행승들이 혐책하고 분개하고 비난했다.

[수행승들] "어찌 존자 마하 목갈라나는 이와 같이 '벗들이여, 따뽀다 온천수가 흘러드는 그 호수에는 맑은 물, 시원한 물, 달콤한 물, 청정한 물이 있고, 아름답고 매력적인 여울이 있고, 많은 물고기와 거북이가 살고, 수레바퀴만한 연꽃들이 피어있습니다. 그러나 그 따뽀다 온천수는 비등하며 흐릅니다.'라고 말할 수 있습니까? 존자 마하 목갈라나는 '인간을 뛰어넘는 상태에 도달했다.'고 주장한 것이다."

세존께 그 사실을 알렸다.

[세존] "수행승들이여, 이 따뽀다 온천수가 흘러드는 그 호수에는 맑은 물, 시원한 물, 달콤한 물, 청정한 물이 있고, 아름답고 매력적인 여울이 있고, 많은 물고기와 거북이가 살고, 수레바퀴만한 연꽃들이 피어있다. 그러나 그 따뽀다 온천수는 두 크나큰 지옥들의 사이를 흘러 온 것이다.[456] 그래서 그 따뽀다

---

455) Tapodārāma : Srp. I. 38에 따르면 온천(tattodaka)이라고 설명된다. 따뽀다는 베바라(Vebhāra) 산 – 지금의 바이발(Baibhār) –의 용들이 사는 호수의 물줄기였는데, 물이 따뜻한 것은 두 철과(Lohakumbhi : 鐵鍋)지옥 사이를 흐르기 때문이라고 한다.

456) tapodā dvinnaṃ mahānirayānaṃ antarikāya āgacchati : Smp. 512에 따르면, 라자가하 시는 망자의 세계의 근처에 있고, 따뽀다 온천수는 크나큰 두 홍련지옥의 사이에서 흘러온다.

온천수가 비등하며 흐른다. 수행승들이여, 목갈라나는 진실을 말 한 것이다. 수행승들이여, 목갈라나는 무죄이다.”

9-5. 한때 마가다 국의 왕 쎄니야 빔비싸라는 릿차비 족과 전쟁을 하면서 패했다. 그러나 왕은 나중에 군대를 동원하고 릿차비 족을 이겼다. 전장에서는 '왕은 릿차비 족을 쳐부수었다.'라고 환희의 북이 울렸다. 그러자 존자 마하 목갈라나는 수행승들에게 일렀다.

[목갈라나] “벗들이여, 왕은 릿차비 족을 쳐부수었다.”

수행승들이 혐책하고 분개하고 비난했다.

[수행승들] “어찌 존자 마하 목갈라나는 이와 같이 '벗들이여, 왕은 릿차비 족을 쳐부수었다.'라고 말할 수 있습니까? 존자 마하 목갈라나는 '인간을 뛰어넘는 상태에 도달했다.'고 주장한 것이다.”

세존께 그 사실을 알렸다.

[세존] “수행승들이여, 먼저 왕은 릿차비 족과 전쟁을 하면서 패했다.[*109] 그러나 왕은 나중에 군대를 동원하고 릿차비 족을 이겼다. 수행승들이여, 목갈라나는 진실을 말한 것이다. 수행승들이여, 목갈라나는 무죄이다.”

9-6. 한때 존자 마하 목갈라나는 수행승들에게 일렀다.

[목갈라나] “벗들이여, 여기 쌉삐니[457] 강변에서 부동삼매[458]에 들었는데, 코끼리들이 뛰어들어 강을 건너면서 울부짖는 소리를 들었다.”

수행승들이 혐책하고 분개하고 비난했다.

[수행승들] “어찌 존자 마하 목갈라나는 이와 같이 '벗들이여, 여기 쌉삐니 강변에서 부동삼매에 들었는데, 코끼리들이 뛰어들어 강을 건너면서 울부짖는 소리를 들었다.'고 주장할 수 있단 말인가? 존자 마하 목갈라나는 '인간을 뛰어넘는 상태에 도달했다.'고 주장한 것이다.”

세존께 그 사실을 알렸다.

[세존] “수행승들이여, 그러한 삼매가 있다. 그러나 그것은 완전히 청정해진 것은 아니다.[459] 수행승들이여, 목갈라나는 진실을 말한 것이다. 수행승들이여,

---

457) Sappinī 또는 Sappinikā : '뱀처럼 굽이치는'의 뜻이다. 깃자꾸따(Gijjhakūṭa) 산에서 발원하여 흐르는 라자가하 시의 강 이름이다. 예를 들면, Vin. III. 109와 SN. I. 153이나 AN. II. 29, 176에 나온다.

458) āneñjasamādhi : 부동삼매(不動三昧). Smp. 513에 따르면, 신체적 언어적인 동요가 없는 네 번째 선정(第四禪)을 의미한다.

459) so ca aparisuddho : Smp. 513에 따르면, 장로는 그가 출가한지 칠일 만에 거룩한 경지를 얻고 여덟 가지 성취를 이루었다. 그러나 명상의 장애 가운데 그 자신을 완전히 청정하게 정화시킨 것은 아니다. 그는 삼매에서

목갈라나는 무죄이다."

9-7. 한때 존자 쏘비따460)가 수행승들에게 일렀다.

[쏘비따] "벗들이여, 나는 오백 겁을 기억합니다."

수행승들이 혐책하고 분개하고 비난했다.

[수행승들] "어찌 존자 쏘비따가 이와 같이 '벗들이여, 나는 오백 겁을 기억합니다.'고 주장할 수 있단 말인가? 존자 쏘비따는 인간을 뛰어넘는 상태에 도달했다고 주장한 것이다."

세존께 그 사실을 알렸다.

[세존] "수행승들이여, 쏘비따에게는 그러한 것이 있다. 그러나 그것은 그의 일생이다. 수행승들이여, 쏘비따는 진실을 말한 것이다. 수행승들이여, 쏘비따는 무죄이다."

1. 5 승단추방죄법 제5조

무릎부터 위의 마촉에 대한 학습계율[Ubbhajāṇumaṇḍalikasikkhāpada]

1-1. 한때[211] 존귀한 부처님께서는 싸밧티 시의 제따바나 숲에 있는 아나타삔디까 승원에 계셨다. 그런데 그때 미가라의 손자인 쌀하461)가 수행녀의 참모임을 위하여 정사를 짓고자 했다. 그래서 미가라의 손자인 쌀하는 수행녀들을 찾아가서 이와 같이 말했다.

[쌀하] "존귀한 자매들이여, 제가 수행녀의 참모임을 위하여 정사를 짓고자 합니다. 저에게 건축감독을 맡을 수행녀를 보내주십시오."

그런데 당시에 네 명의 수행녀들 즉, 난다, 난다바띠, 쑨다리난다, 툴라난다462)가 수행녀들 가운데 출가했다. 그녀들 가운데 수행녀 쑨다리난다가 가장 어렸을 때 출가했으나 아름답고, 보기에 좋고, 매력적이고, 현명하고, 유능하고, 슬기롭

일어나 코끼리의 소리를 들었다. 삼매와 삼매 사이에서 성취와 성취 사이에서 그 소리를 들은 것이다.

460) Sobhita : AN. I. 25에 따르면, 부처님의 제자 수행승 가운데 '전생의 삶을 기억하는 님 가운데 제일(pubbe nivāsaṃ anussarantānaṃ aggaṃ)'이다. 그는 싸밧티 시의 바라문 가문에서 태어나 부처님의 가르침을 듣고 출가하여 거룩한 님이 되었다. 그의 시는 Thag. 165-166에 있다.

461) sāḷho migāranattā : Smp. 900에 따르면, 'Visākhā Migāramātā'의 손자인 쌀하를 말한다.

462) nandā nandavatī sundarīnandā thullanandā : 툴란나다는 율장의 곳곳에 등장하지만 나머지 세 명의 수행녀는 툴라난다의 자매인데 율장의 승단추방죄법, 승단잔류죄법에 등장하고 속죄죄법 제71조(Bhikkhunī Pāc. 71)에서는 그들의 전생담이 나온다.

고, 솜씨있고, 부지런하고, 건축과 관련하여 방법과 사려를 갖추어, 짓고 처리하기에 적임자였다. 그래서 수행녀의 참모임은 수행녀 쑨다리난다를 선임하여 미가라의 손자 쌀하에게 건축감독으로 파견했다. 그래서 수행녀 쑨다리난다는 미가라의 손자 쌀하의 처소를 항상 찾아가서 이와 같이 말하곤 했다.

[쑨다리난다] "까뀌를 주세요, 도끼를 주세요, 손도끼를 주세요, 괭이를 주세요, 삽을 주세요."

미가라의 손자 쌀하도 수행녀의 처소를 자주 찾아가서 경과를 확인하곤 했다. 그들은463) 자주 만나자 사랑에 빠져 마음이 묶였다. 그런데 미가라의 손자 쌀하는 수행녀 쑨다리난다를 능욕할 기회를 얻지 못하자 그것을 목적으로 수행녀의 참모임에 식사를 대접했다. 그리고 미가라의 손자 쌀하는 식당에 자리를 지정하고 '몇몇 존귀한 자매들은 쑨다리난다보다 나이가 들었다.'라고 생각하여 한쪽에 자리를 지정하고, '몇몇은 더 어리다.'라고 생각하여 다른 한쪽에 자리를 지정하고, 모퉁이의 가려진 장소에 수행녀 쑨다리난다의[212] 자리를 지정했다. 장로 수행녀들은 신참 수행녀들의 근처에 앉았다는 것을 알듯이, 신참 수행녀들은 장로 수행녀들의 근처에 앉았다는 것을 알도록 했다.

1-2. 이렇게 해서 미가라의 손자 쌀하는 수행녀의 참모임에 때가 되었음을 알렸다.

[쌀하] "존귀한 자매들이여, 때가 되어 식사가 준비되었습니다."

수행녀 쑨다리난다는 눈치체고 '미가라의 손자 쌀하가 공경하여 수행녀의 참모임에 식사를 제공하는 것이 아니다. 그는 나를 유혹하려고 한다. 만약에 내가 간다면, 난처해질 것이다.'라고 지각하고 제자수행녀에게 명령했다.

[쑨다리난다] "자매여, 그대가 가서 나의 식사를 가져오라. 만약에 누가 묻는다면, 아프다고 말하라."

[제자수행녀] "존귀한 자매여, 알겠습니다."

그 수행녀는 수행녀 쑨다리난다에게 대답했다.

1-3. 그런데 그때 미가라의 손자 쌀하는 문지방 밖에 서서 수행녀 쑨다리난다에 대하여 물었다.

[쌀하] "존귀한 자매들이여, 존귀한 자매 쑨다리난다는 어디에 있습니까? 존귀한 자매들이여, 존귀한 자매 쑨다리난다는 어디에 있습니까?"

이렇게 말하자 수행녀 쑨다리난다의 제자수행녀가 미가라의 손자 쌀하에게

463) te : 쑨다리난다와 쌀하를 의미한다.

이와 같이 말했다.

[제자수행녀] "거사여, 아프기 때문에 제가 음식을 가져가야 합니다."

그러자 쌀하는 '내가 수행녀의 참모임을 위해 식사를 제공하는 것은 수행녀 쑨다리난다 때문이다.'라고 지각하고 하인들에게 명령했다.

[쌀하] "이보게들, 너희들은 수행녀의 참모임에 식사를 제공하라."

그리고 그는 수행녀의 처소가 있는 곳을 찾아갔다.

1-4. 그런데 그때 수행녀 쑨다리난다는 미가라의 손자 쌀하를 사모하여 문지방 밖에 서있었다. 수행녀 쑨다리난다는 미가라의 손자 쌀하가 멀리서 오고 있는 것을 보았다. 보고나서 처소로 들어가서 머리까지 덮어 쓰고[464] 침대에 누웠다. 그러자 미가라의 손자 쌀하가 수행녀 쑨다리난다가 있는 곳을 찾아왔다. 가까이 다가와서 수행녀 쑨다리난다에게 이와 같이 말했다.

[쌀하] "존귀한 자매여, 어디가 불편합니까, 왜 누워있습니까?"

[쑨다리난다] "거사여, 원해서는 안 될 사람을 원하는 자는 이와 같습니다."

[쌀하] "존귀한 자매여, 내가 왜 그대를 원하지 않겠습니까? 나는 그대를 유혹할 기회를 얻지 못했습니다."

욕망에 물들어 그는 욕망으로 가득 찬 수행녀 쑨다리난다와 신체적인 마촉을 가졌다.

1-5. 그런데 그때 어떤 수행녀가 노약하여 다리가 아팠는데, 수행녀 쑨다리난다가 있는 곳에서 멀지 않은 곳에서 앉아 있었다. 그 수행녀가 미가라의 손자 쌀하가 욕망에 물들어 욕망으로 가득 찬 수행녀 쑨다리난다와 신체적인 마촉을 갖는 것을 보았다. 보고나서 혐책하고 분개하고 비난했다.

[어떤 수행녀] "어찌 존귀한 자매 존자 쑨다리난다가 욕망에 물들어 욕망으로 가득 찬 남자와 신체적인 마촉을 가질 수 있단 말인가?"

1-6. 그래서[213] 그 수행녀는 수행녀들에게 그 사실을 알렸다. 수행녀들 가운데 욕망을 여의고, 만족을 알고, 부끄러움을 알고, 후회할 줄 알고, 배움을 원하는 자들도 혐책하고 분개하고 비난했다.

[욕망을 여읜 수행녀들] "어찌 존귀한 자매 존자 쑨다리난다가 욕망에 물들어 욕망으로 가득 찬 남자와 신체적인 마촉을 가질 수 있단 말인가?"

그래서 그 수행녀들은 수행승들에게 그 사실을 알렸다. 수행승들 가운데 욕망

464) sasīsaṃ pārupitvā : 중학죄법 제23조, 제24조(Bhikkhunī Sekh. 23, 24)를 참조하라.

을 여의고, 만족을 알고, 부끄러움을 알고, 후회할 줄 알고, 배움을 원하는 자들도 혐책하고 분개하고 비난했다.

[욕망을 여읜 수행승들] "어찌 존귀한 자매 쑨다리난다가 욕망에 물들어 욕망으로 가득 찬 남자와 신체적인 마촉을 가질 수 있단 말인가?"

1-7. 그래서 그 수행승들은 세존께 그 사실을 알렸다. 그러자 세존께서는 이러한 인연으로 이러한 기회에 수행승들의 참모임을 불러 모으게 하고 연유를 설하고 수행승들에게 물었다.

[세존] "수행승들이여, 어찌 수행녀 쑨다리난다가 욕망에 물들어 욕망에 가득 찬 남자와 신체적인 마촉을 가진 것이 사실인가?"

[수행승들] "세존이시여, 사실입니다."

존귀한 부처님께서는 견책했다.

[세존] "수행승들이여, 수행녀 쑨다리난다는 적절하지 않고, 자연스럽지 않고, 알맞지 않고, 수행자의 삶이 아니고, 부당하고, 해서는 안 될 일을 행한 것이다. 수행승들이여, 어찌 수행녀 쑨다리난다가 욕망에 물들어 욕망에 가득 찬 남자와 신체적인 마촉을 가질 수 있단 말인가? 수행승들이여, 그것은 아직 청정한 믿음이 없는 자를 청정한 믿음으로 이끌고, 이미 청정한 믿음이 있는 자를 더욱더 청정한 믿음으로 이끄는 것이 아니다. 수행승들이여, 그것은 오히려, 아직 청정한 믿음이 없는 자를 불신으로 이끌고, 이미 청정한 믿음이 있는 자 가운데 어떤 자들을 타락시키는 것이다."

1-8. 그래서 세존께서는 수행녀 쑨다리난다에 대하여 여러 가지 방편으로 견책하여, 키우기 어렵고 부양하기 어렵고 탐욕이 많고 만족을 모르고 교제를 좋아하고 나태한 것에 대하여 질책하고, 여러 가지 법문으로 고무하여, 키우기 쉽고 부양하기 쉽고 욕심을 여의고, 만족을 알고, 버리고 없애는 삶, 악을 제거하는 삶, 청정한 믿음의 삶, 쌓아 모우지 않는 삶, 용맹정진의 삶을 칭찬하고, 수행승들을 위하여 그에 알맞고 그에 걸맞게 경책하여 법문을 하고 수행승들에게 일렀다.

[세존] "수행승들이여, 그러므로 수행녀들을 위하여 열 가지 이유에 기초하여, 즉 참모임의 수승을 위하여, 참모임의 안락을 위하여, 악한 수행녀들의 조복을 위하여, 품행이 바른 수행녀들의 평안한 삶을 위하여, 지금 여기에서의 번뇌의 제어를 위하여, 다가오는 번뇌를 물리치기 위하여, 청정한 믿음이 없는 자에게 청정한 믿음을 주기 위하여, 청정한 믿음이 있는 자에게 청정한 믿음을 증대시키기 위하여, 올바른 가르침을 지속시키기 위하여, 계율을 수호하기 위하여 학습계

율을 시설하니, 수행승들이여, 수행녀들은 이와 같이 학습계율을 송출해야 한다.”

[세존] “어떠한 수행녀이든지 욕망에 물들어 욕망에 가득 찬 남자의 경골부터 아래와 무릎부터 위를 마촉하거나 마찰하거나 붙잡거나 문지르거나 압박하는 것을 수용하면, 그녀 또한 무릎부터 위를 만지는 자로서 승단추방죄를 범한 것으로 함께 살 수 없다.”465)

2-1. ‘어떠한’이라는 것은[214] 어떠한 관계, 어떠한 태생, 어떠한 이름, 어떠한 성씨, 어떠한 계행, 어떠한 주거, 어떠한 활동영역에서 이든지, 장로이든지, 신참이든지, 중참이든지, 이러한 자들을 형용하는 것으로 ‘어떠한 자이든’이라는 뜻이다. ‘수행녀’이라고 하는 것은 ‘탁발하는 여자’로서의 수행녀, 탁발을 위해 돌아다니는 여자로서의 수행녀, 분소의를 입은 자로서의 수행녀, 사미니로서의 수행녀, 자칭에 의한 수행녀, ‘오라! 수행녀여!’에 의한 수행녀,466) 삼귀의에 의해 구족계를 받은 수행녀, 현선한 수행녀, 진실한 수행녀, 배울 것이 있는 학인인 수행녀, 배울 것이 없는 무학인 수행녀, 한번제안세번제청467)의 갈마와 부동의468) 거룩한 님의 속성을 갖춘469) 자로서의 수행녀가 있는데, 그녀들 가운데 화합참모임과 양쪽으로부터 구족계를 받은 자로서 한번제안세번제청의 갈마와 부동의 거룩한 님의 속성을 갖춘 수행녀, 그녀를 이러한 의미에서의 수행녀라고 하는 것이다.

2-2. ‘욕망에 물들어’라는 것은 여성이 욕망으로 감염되고 가득 차서 사랑에 빠진 것을 뜻한다. ‘욕망에 물든’이라는 것은 남성이 욕망으로 감염되고 가득 차서 사랑에 빠진 것을 뜻한다. ‘남자’라는 것은 사람의 남성으로 야차나 아귀나 축생

---

465) 마촉계○(摩觸戒) | Bhikkhunī Pār. 5 : yā pana bhikkhunī avassutā avassutassa purisapuggalassa adhakkhakaṃ ubbhajāṇumaṇaḍalaṃ āmasanaṃ vā parāmasanaṃ vā gahaṇaṃ vā chupanaṃ vā patipīḷanaṃ vā sādiyeyya, ayam pi pārājikā hoti asaṃvāsā, ubbhajāṇumaṇḍalikā'ti.

466) ehibhikkhunīti bhikkhunī : ‘오라! 수행녀!’에 의한 수행녀가 누구였는지는 불확실하지만, 역사적으로 분명히 존재했기 때문에 이와 같은 정의가 있었을 것이다.

467) ñatticatutthakamma : 한역은 백사갈마(白四羯磨)이다. 한 번 제안을 한 뒤에 다시 세 번 ‘찬성하면 침묵하고 이견이 있으면 말하라.’고 제청하는 것이다. 세 번의 제청을 통해 전원이 찬성하여 침묵하면, 사안이 결정된다. 이때 총명하고 유능한 수행승이 수행승들을 대표해서 제안과 제청을 모두 담당하고 결정을 내린다.

468) akuppena : 부동(不動) 즉 ‘흔들림 없음’의 의미는 다음과 같다. AN. I. 232에 따르면, ‘궁극의 앎으로 해탈한 님에게는 ‘나는 해탈은 흔들림이 없고 존재의 속박은 끊어졌다’라고 참으로 궁극의 앎이 생겨난다.(tato aññāvimuttassa | ñāṇaṃ ve hoti tādino | akuppā me vimuttī'ti | bhavasaññojanakkhaye'ti) Mrp. II. 346에 따르면, 궁극적인 앎에 의한 해탈은 거룩한 님의 경지를 실현한 것을 의미한다. 그런데 Bd. III. 161에 따르면, 갈마와 관련해서는 ‘갈마에서 재론될 수 없음’을 의미한다.

469) ṭhānārahena : 한역의 ‘주응공(住應供)’은 난해하다. ‘공양받을 만한 님’은 곧, ‘거룩한 님’을 말한다.

이 아닌, 신체적 마촉을 시도할 만큼, 양식 있고 자격 있는 존재를 뜻한다. '경골부터 아래'라는 것은 경골의 아래를 뜻한다. '무릎 위'라는 것은 무릎 이상을 뜻한다. '마촉하거나'라는 것은 접촉한다는 뜻이다. '마찰하거나'라는 것은 '여기저기 자극하는 것을 뜻한다. '붙잡거나'라는 것은 단지 쥐는 정도를 뜻한다. '문지르거나'라는 것은 마촉하면서 자극하는 것을 뜻한다. '압박하는 것을 받아들이면'이라는 것은 사지를 붙잡고 밀어 넣는 것을 받아들인다는 뜻이다. '그녀 또한'이라는 것은 선행하는 것과 관련해서 언급한 것이다.470) '승단추방죄를 범한 것'이라는 것은 예를 들어 남자가 목이 잘려 몸통으로 살 수 없는 것과 같이, 수행녀가 욕망에 물들어 욕망에 가득 찬 남자의 경골부터 아래와 무릎부터 위를 마촉하거나 마찰하거나 붙잡거나 문지르거나 압박하는 것을 수용하면, 수행녀가 되지 못하고 싸끼야의 딸이 되지 못한다는 뜻이다. 그러므로 승단추방죄라고 한다. '함께 살 수 없다.'는 것은 함께 삶이라는 것은 동일한 갈마 동일한 설계를 하면서 함께 사는 것을 함께 삶이라고 하는데, 그녀와 함께 하지 않는 까닭에 '함께 살 수 없다.'라고 한다.

2-3₁. 양자가 함께 욕망에 물들어 경골부터 아래와 무릎부터 위를
1) 몸으로 몸을 마촉하면, 승단추방죄를 범하는 것이다.
2) 몸으로 몸에 부착된 것을 마촉하면, 추악죄를 범하는 것이다.
3) 몸에 부착된 것으로 몸을 마촉하면, 추악죄를 범하는 것이다.
4) 몸에 부착된 것으로 몸에 부착된 것을 마촉하면, 악작죄를 범하는 것이다.
5) 몸에서 버려진 것으로 몸을[215] 마촉하면, 악작죄를 범하는 것이다.
6) 몸에서 버려진 것으로 몸에 부착된 것을 마촉하면, 악작죄를 범하는 것이다.
7) 몸에서 버려진 것으로 몸에서 버려진 것을 마촉하면, 악작죄를 범하는 것이다.

2-3₂. 양자가 함께 욕망에 물들어 경골로부터 위와 무릎으로부터 아래를
1) 몸으로 몸을 마촉하면, 추악죄를 범하는 것이다.
2) 몸으로 몸에 부착된 것을 마촉하면, 악작죄를 범하는 것이다.
3) 몸에 부착된 것으로 몸을 마촉하면, 악작죄를 범하는 것이다.
4) 몸에 부착된 것으로 몸에 부착된 것을 마촉하면, 악작죄를 범하는 것이다.
5) 몸에서 버려진 것으로 몸을 마촉하면, 악작죄를 범하는 것이다.

470) ayam pīti purimāyo upādāya vuccati : Smp. 901에 따르면, 선행하는 『빅쿠비방가』의 네 가지 승단추방죄와 관련하여 언급한 것이다.

6) 몸에서 버려진 것으로 몸에 부착된 것을 마촉하면, 악작죄를 범하는 것이다.
7) 몸에서 버려진 것으로 몸에서 버려진 것을 마촉하면, 악작죄를 범하는 것이다.

2-4₁. 혼자서 욕망에 물들어 경골부터 아래와 무릎부터 위를 몸으로 몸을 마촉하면, 추악죄를 범하는 것이다.

1) 몸으로 몸에 부착된 것을 마촉하면, 악작죄를 범하는 것이다.
2) 몸에 부착된 것으로 몸을 마촉하면, 악작죄를 범하는 것이다.
3) 몸에 부착된 것으로 몸에 부착된 것을 마촉하면, 악작죄를 범하는 것이다.
3) 몸에서 버려진 것으로 몸을 마촉하면, 악작죄를 범하는 것이다.
4) 몸에서 버려진 것으로 몸에 부착된 것을 마촉하면, 악작죄를 범하는 것이다.
5) 몸에서 버려진 것으로 몸에서 버려진 것을 마촉하면, 악작죄를 범하는 것이다.

2-4₂. 혼자서 욕망에 물들어 경골로부터 위와 무릎으로부터 아래를

1) 몸으로 몸을 마촉하면, 악작죄를 범하는 것이다.
2) 몸으로 몸에 부착된 것을 마촉하면, 악작죄를 범하는 것이다.
3) 몸에 부착된 것으로 몸을 마촉하면, 악작죄를 범하는 것이다.
4) 몸에 부착된 것으로 몸에 부착된 것을 마촉하면, 악작죄를 범하는 것이다.
5) 몸에서 버려진 것으로 몸을 마촉하면, 악작죄를 범하는 것이다.
6) 몸에서 버려진 것으로 몸에 부착된 것을 마촉하면, 악작죄를 범하는 것이다.
7) 몸에서 버려진 것으로 몸에서 버려진 것을 마촉하면, 악작죄를 범하는 것이다.

2-5₁. 양자가 함께 욕망에 물들어 야차나 아귀나 빤다까나 인간형상의 축생의 경골부터 아래와 무릎부터 위를

1) 몸으로 몸을 마촉하면, 추악죄를 범하는 것이다.
2) 몸으로 몸에 부착된 것을 마촉하면, 악작죄를 범하는 것이다.
3) 몸에 부착된 것으로 몸을 마촉하면, 악작죄를 범하는 것이다.
4) 몸에 부착된 것으로 몸에 부착된 것을 마촉하면, 악작죄를 범하는 것이다.
5) 몸에서 버려진 것으로 몸을 마촉하면, 악작죄를 범하는 것이다.
6) 몸에서 버려진 것으로 몸에 부착된 것을 마촉하면, 악작죄를 범하는 것이다.
7) 몸에서 버려진 것으로 몸에서 버려진 것을 마촉하면, 악작죄를 범하는 것이다.

2-5₂. 양자가 함께 욕망에 물들어 야차나 아귀나 빤다까나 인간형상의 축생의경골로부터 위와 무릎으로부터 아래를

1) 몸으로 몸을 마촉하면, 악작죄를 범하는 것이다.

2) 몸으로 몸에 부착된 것을 마촉하면, 악작죄를 범하는 것이다.
3) 몸에 부착된 것으로 몸을 마촉하면, 악작죄를 범하는 것이다.
4) 몸에 부착된 것으로 몸에 부착된 것을 마촉하면, 악작죄를 범하는 것이다.
5) 몸에서 버려진 것으로 몸을 마촉하면, 악작죄를 범하는 것이다.
6) 몸에서 버려진 것으로 몸에 부착된 것을 마촉하면, 악작죄를 범하는 것이다.
7) 몸에서 버려진 것으로 몸에서 버려진 것을 마촉하면, 악작죄를 범하는 것이다.

2-6₁. 혼자서 욕망에 물들어 야차나 아귀나 빤다까나 인간형상의 축생의 경골부터 아래와 무릎부터 위를
1) 몸으로 몸을 마촉하면, 악작죄를 범하는 것이다.
2) 몸으로 몸에 부착된 것을 마촉하면, 악작죄를 범하는 것이다.
3) 몸에 부착된 것으로 몸을 마촉하면, 악작죄를 범하는 것이다.
4) 몸에 부착된 것으로 몸에 부착된 것을 마촉하면, 악작죄를 범하는 것이다.
5) 몸에서 버려진 것으로 몸을 마촉하면, 악작죄를 범하는 것이다.
6) 몸에서 버려진 것으로 몸에 부착된 것을 마촉하면, 악작죄를 범하는 것이다.
7) 몸에서 버려진 것으로 몸에서 버려진 것을 마촉하면, 악작죄를 범하는 것이다.

2-6₁. 혼자서 욕망에 물들어 야차나 아귀나 빤다까나 인간형상의 축생의 경골부터 위와 무릎부터 아래를
1) 몸으로 몸을 마촉하면, 악작죄를 범하는 것이다.
2) 몸으로 몸에 부착된 것을 마촉하면, 악작죄를 범하는 것이다.
3) 몸에 부착된 것으로 몸을 마촉하면, 악작죄를 범하는 것이다.
4) 몸에 부착된 것으로 몸에 부착된 것을 마촉하면, 악작죄를 범하는 것이다.
5) 몸에서 버려진 것으로 몸을 마촉하면, 악작죄를 범하는 것이다.
6) 몸에서 버려진 것으로 몸에 부착된 것을 마촉하면, 악작죄를 범하는 것이다.
7) 몸에서 버려진 것으로 몸에서 버려진 것을 마촉하면, 악작죄를 범하는 것이다.

2-7. 의도가 없거나, 새김이 없거나, 알지 못하고 했거나, 향락하지 않은 경우이거나, 정신착란자이거나 심란한 자이거나 애통해하는 자이거나 초범자의 경우는 무죄이다.471)

---

471) anāpatti: asañcicca, asatiyā, ajānattiyā, asādiyantiyā, ummattikāya, khittacittāya, vedanaṭṭāya, ādikammikāyāti : Vin. III. 126을 참조하라.

1. 2 승단추방죄법 제6조

죄악을 덮어주는 자에 대한 학습계율[Vajjapaṭicchādikasikkhāpada]

1-1. 한때[216] 존귀한 부처님께서는 싸밧티 시의 제따바나 숲에 있는 아나타삔디까 승원에 계셨다. 그런데 그때 수행녀 쑨다리난다가 미가라의 손자 쌀하에 의해서 임신했다. 태아가 어렸을 때에는 숨겼으나 태아가 성숙하자 참모임을 떠나서 낳았다. 수행녀들이 수행녀 툴라난다에게 이와 같이 말했다.

[수행녀들] "존귀한 자매여, 쑨다리난다가 참모임을 떠난 지 오래지 않아 출산했습니다. 그녀가 수행녀로 있으면서 임신했던 것입니까?"

[툴라난다] "존귀한 자매들이여, 그렇습니다."

[수행녀들] "존귀한 자매여, 왜 그대는 수행녀가 승단추방죄법을 범한 것을[472] 알고도 스스로 죄를 꾸짖지 않고, 대중에게도 알리지 않았습니까?"

[툴라난다] "그녀에게 불명예인 것은 저에도 불명예입니다. 그녀에게 오명인 것은 저에도 오명입니다. 그녀에게 치욕인 것은 저에게도 치욕입니다. 그녀에게 불익인 것은 저에게도 불익입니다. 어떻게 저 자신에게 불명예, 오명, 치욕, 불익인 것을 타인에게 알립니까?"

1-2. 수행녀들 가운데 욕망을 여의고, 만족을 알고, 부끄러움을 알고, 후회할 줄 알고, 배움을 원하는 자들은 혐책하고 분개하고 비난했다.

[욕망을 여읜 수행승들] "어찌 존귀한 자매 툴라난다가 수행녀가 승단추방죄법을 범한 것을 알고도 스스로 죄를 꾸짖지 않고, 대중에게도 알리지 않을 수 있단 말인가?"

그래서 그 수행녀들은 수행승들에게 그 사실을 알렸다. 수행승들 가운데 욕망을 여의고, 만족을 알고, 부끄러움을 알고, 후회할 줄 알고, 배움을 원하는 자들도 혐책하고 분개하고 비난했다.

1-3. 그래서 그 수행승들은 세존께 그 사실을 알렸다. 그러자 세존께서는 그것을 원인으로 그것을 기회로 수행승의 참모임을 불러 모으게 하고 법문을 하고 수행승들에게 말했다.

[세존] "수행승들이여, 수행녀 툴라난다가 수행녀가 승단추방죄법을 범한 것을 알고도 스스로 죄를 꾸짖지 않고, 대중에게도 알리지 않은 것이 사실인가?"

---

472) pārājikaṃ dhammaṃ ajjhāpannaṃ : 남자와 육체적 마촉을 가진 것으로 승단추방죄법 제1조((Bhikkhunī Pār. 1)에 해당한다.

[수행승들] "세존이시여, 사실입니다."

존귀한 부처님께서는 견책했다.

[세존] "수행승들이여, 수행녀 툴라난다는 적절하지 않고, 자연스럽지 않고, 알맞지 않고, 수행자의 삶이 아니고, 부당하고, 해서는 안 될 일을 한 것이다. 수행승들이여, 어찌 수행녀 툴라난다가 수행녀가 승단추방죄법을 범한 것을 알고도 스스로 죄를 꾸짖지 않고, 대중에게도 알리지 않을 수 있단 말인가? 수행승들이여, 그것은 아직 청정한 믿음이 없는 자를 청정한 믿음으로 이끌고, 이미 청정한 믿음이 있는 자를 더욱더 청정한 믿음으로 이끄는 것이 아니다. 수행승들이여, 그것은 오히려, 아직 청정한 믿음이 없는 자를 불신으로 이끌고, 이미 청정한 믿음이 있는 자 가운데 어떤 자들을 타락시키는 것이다."

1-4. 그리고 세존께서는 수행녀 툴라난다에 대하여 여러 가지 방편으로 견책하고, 키우기 어렵고 부양하기 어렵고 탐욕이 많고 만족을 모르고 교제를 좋아하고 나태한 것에 대하여 질책하고, 여러 가지 법문으로 고무하여, 키우기 쉽고 부양하기 쉽고 욕심을 여의고, 만족을 알고, 버리고 없애는 삶, 악을 제거하는 삶, 청정한 믿음의 삶, 쌓아 모우지 않는 삶, 용맹정진의 삶을 칭찬하고, 수행승들을 위하여 그에 알맞고 그에 걸맞게 경책하여 법문을 하고 수행승들에게 일렀다.

[세존] "수행승들이여, 그러므로 수행녀들을 위하여 열 가지 이유에 기초하여, 즉 참모임의 수승을 위하여, 참모임의 안락을 위하여, 악한 수행녀들의 조복을 위하여, 품행이 바른 수행녀들의 평안한 삶을 위하여, 지금 여기에서의 번뇌의 제어를 위하여, 다가오는 번뇌를 물리치기 위하여, 청정한 믿음이 없는 자에게 청정한 믿음을 주기 위하여, 청정한 믿음이 있는 자에게 청정한 믿음을 증대시키기 위하여, 올바른 가르침을 지속시키기 위하여, 계율을 수호하기 위하여 학습계율을 시설하니, 수행승들이여, 수행녀들은 이와 같이 학습계율을 송출해야 한다."

[세존] "어떠한 수행녀이든지 수행녀가 승단추방죄법을 범한 것을 알고도 스스로 죄를 꾸짖지 않고, 대중에게도 알리지 않는다면, 그녀가 살거나, 죽거나, 추방되거나, 외도로 들어가거나, 나중에 이와 같이 '존귀한 자매들이여, 예전에 이 수행녀를 알았는데, 그 자매는 이러이러한 자매였습니다.[217] 스스로 죄를 꾸짖지도 않았고, 대중에게도 알리지 않았습니다. 그녀 또한 죄악을 덮어주는 자로서[473] 승단추방죄를 범하는 자이므로 함께 살 수가 없습니다.'말해야 한다."[474]

---

473) vajjapaṭicchādikā : 한역의 복죄(覆罪)로 승단추방죄에 속한다.

474) 복비구니중죄계○(覆比丘尼重罪戒) | Bhikkhunī Pār. 6 : yā pana bhikkhunī jānaṃ pārājikaṃ dhammaṃ

2-1. '어떠한'이라는 것은 어떠한 관계, 어떠한 태생, 어떠한 이름, 어떠한 성씨, 어떠한 계행, 어떠한 주거, 어떠한 활동영역에서 이든지, 장로이든지, 신참이든지, 중참이든지, 이러한 자들을 형용하는 것으로 '어떠한 자이든'이라는 뜻이다. '수행녀'이라고 하는 것은 '탁발하는 여자'로서의 수행녀, 탁발을 위해 돌아다니는 여자로서의 수행녀, 분소의를 입은 자로서의 수행녀, 사미니로서의 수행녀, 자칭에 의한 수행녀, '오라! 수행녀여!'에 의한 수행녀, 삼귀의에 의해 구족계를 받은 수행녀, 현선한 수행녀, 진실한 수행녀, 배울 것이 있는 학인인 수행녀, 배울 것이 없는 무학인 수행녀, 화합참모임과 한번제안세번제청의 갈마와 부동의 거룩한 님의 속성을 갖춘 자로서의 수행녀가 있는데, 그녀들 가운데 화합참모임과 양쪽으로부터 구족계를 받은 자로서 한번제안세번제청의 갈마와 부동의 거룩한 님의 속성을 갖춘 수행녀, 그녀를 이러한 의미에서의 수행녀라고 하는 것이다.

2-2. '알면서'라는 것은 '스스로 알거나, 타인이 그녀에게 알려주거나, 혹은 누군가가 그녀에게 알려주는' 것을 뜻한다. '승단추방죄법을 범한 것'이라는 것은 여덟 가지 승단추방죄법 가운데 어느 하나의 승단추방죄법을 어긴 것을 뜻한다. '스스로 죄를 꾸짖지 않고'라는 것은 '스스로 꾸짖지 않고'라는 뜻이다. '대중에게 알리지 않는다면'이라는 '다른 수행녀들에게 알리지 않는다면'이라는 뜻이다. '그녀가 살거나, 죽거나'라는 것은 다음과 같다. '살거나'라는 것은 그녀가 자신의 정체성을 갖고 산다는 뜻이고, '죽거나'라는 것은 사망하는 것을 뜻한다. '추방되거나'라는 것은 스스로 환속하거나 타인에 의해서 멸빈된 것을 뜻한다. '외도로 들어가거나'라는 것은 이교의 영역으로 넘어간 자를 뜻한다. '나중에 이와 같이 말해야 한다.'라는 것은 '존귀한 자매들이여, 예전에 이 수행녀를 알았는데, 그 자매는 이러이러한 자매이다.'라고 말하는 것이다. '스스로 죄를 꾸짖지 않고'라는 것은 '스스로 질책하지 않고'라는 뜻이다. '대중에게 알리지 않으면'이라는 것은 '다른 수행녀들에게 알리지 않으면'의 뜻이다. '그녀 또한'이라는 것은 선행하는 것과 관련해서 언급한 것이다. '승단추방죄이다'라는 것은 예를 들어 가지에서 떨어진 낙엽이 다시 파랗게 될 수 없는 것처럼, 이와 같이 수행녀가 승단추방죄

---

ajjhāpannaṃ bhikkhuniṃ n'ev'attanā paṭicodeyya na gaṇassa āroceyya, yadā ca sā ṭhitā vā assa cutā vā nāsitā vā avasaṭā vā sā pacchā evaṃ vadeyya: pubbevāhaṃ ayye aññāsiṃ etaṃ bhikkhuniṃ evarūpā ca evarūpā ca sā bhaginīti no ca kho attanā paṭicodessaṃ na gaṇassa ārocessanti. ayampi pārājikā hoti asaṃvāsā vajjapaṭicchādikā'ti.

법을 범한 것을 알고도 '스스로 죄를 꾸짖지 않고, 대중에게도 알리지 않겠다.'라고 책무를 던져버리면, 수행녀가 되지 못하고 싸끼야의 딸도 되지 못한다. 그러므로 승단추방죄라고 한다. '함께 살 수 없다.'는 것은 함께 삶이라는 것은 동일한 갈마 동일한 설계를 하면서 함께 사는 것을 함께 삶이라고 하는데, 그녀와 함께 하지 않는 까닭에 '함께 살 수 없다.'라고 한다.

2-3. '참모임의 다툼이나 싸움이나 쟁론이나 논쟁이 생겨날 것이다.'라고 생각하여 알리지 않거나, '참모임의 분열이나 참모임의 반목이 생겨날 것이다.'라고 생각하여 알리지 않거나 '이 자는 난폭하고 잔혹해서 목숨에 위해를 끼치거나 청정한 삶의 위험을 초래할 것이다.'고 생각하여 알리지 않거나, 다른 적당한 수행녀들을 보지 못해 알리지 않거나. 감출 의도가 없이 알리지 않거나, '자신의 행위로 밝혀질 것이다.'라고 생각하여 알리지 않는 경우이거나, 정신착란자와 마음이 심란한 자와 애통해 하는 자와 초범자의 경우는 무죄이다.

1. 7 승단추방죄법 제7조

세 번까지 충고의 학습계율[Yāvatatiyasamanubhāsanasikkhāpada]

1-1. 한때[218] 존귀한 부처님께서는 싸밧티 시의 제따바나 숲에 있는 아나타삔디까 승원에 계셨다. 그런데 그때 수행녀 툴라난다가 화합참모임에 의해서 권리정지된 예전에 독수리조련사였던 수행승 아릿타475)를 따랐다. 수행녀들 가운데 욕망을 여의고, 만족을 알고, 부끄러움을 알고, 후회할 줄 알고, 배움을 원하는 자들은 혐책하고 분개하고 비난했다.

[욕망을 여읜 수행녀들] "어찌 존귀한 자매 툴라난다가 화합참모임에 의해서 권리정지된 예전에 독수리조련사였던 수행승 아릿타를 따를 수 있단 말인가?"

그래서 그 수행녀들은 수행승들에게 그 사실을 알렸다. 수행승들 가운데 욕망을 여의고, 만족을 알고, 부끄러움을 알고, 후회할 줄 알고, 배움을 원하는 자들도 혐책하고 분개하고 비난했다.

[욕망을 여읜 수행승들] "어찌 존귀한 자매 툴라난다가 화합참모임에 의해서 권리정지된476) 예전에 독수리조련사였던 수행승 아릿타를 따를 수 있단 말인가?"

---

475) Ariṭṭha : 속죄죄법 제50조, 제51조((Bhikkhunī Pāc. 50, 51)를 참조하라.
476) samaggena saṅghena ukkhittaṃ : 속죄죄법 제51조(Pāc. 51)를 참조하라.

1-2. 그래서 그 수행승들은 세존께 그 사실을 알렸다. 그러자 세존께서는 이러한 인연으로 이러한 기회에 수행승들의 참모임을 불러 모으게 하고 연유를 설하고 수행승들에게 물었다.

[세존] "수행승들이여, 수행녀 툴라난다가 화합참모임에 의해서 권리정지된 예전에 독수리조련사였던 수행승 아릿타를 따른다는 것이 사실인가?"

[수행승들] "세존이시여, 사실입니다."

존귀한 부처님께서는 견책했다.

[세존] "수행승들이여, 수행녀 툴라난다는 적절하지 않고, 자연스럽지 않고, 알맞지 않고, 수행자의 삶이 아니고, 부당하고, 해서는 안 될 일을 행한 것이다. 수행승들이여, 어찌 수행녀 툴라난다가 화합참모임에 의해서 권리정지된 예전에 독수리조련사였던 수행승 아릿타를 따를 수 있단 말인가? 수행승들이여, 그것은 아직 청정한 믿음이 없는 자를 청정한 믿음으로 이끌고, 이미 청정한 믿음이 있는 자를 더욱더 청정한 믿음으로 이끄는 것이 아니다. 수행승들이여, 그것은 오히려, 아직 청정한 믿음이 없는 자를 불신으로 이끌고, 이미 청정한 믿음이 있는 자 가운데 어떤 자들을 타락시키는 것이다."

그래서 세존께서는 수행녀 툴라난다에 대하여 여러 가지 방편으로 견책하여, 키우기 어렵고 부양하기 어렵고 탐욕이 많고 만족을 모르고 교제를 좋아하고 나태한 것에 대하여 질책하고, 여러 가지 법문으로 고무하여, 키우기 쉽고 부양하기 쉽고 욕심을 여의고, 만족을 알고, 버리고 없애는 삶, 악을 제거하는 삶, 청정한 믿음의 삶, 쌓아 모우지 않는 삶, 용맹정진의 삶을 칭찬하고, 수행승들을 위하여 그에 알맞고 그에 걸맞게 경책하여 법문을 하고 수행승들에게 일렀다.

[세존] "수행승들이여, 그러므로 수행녀들을 위하여 열 가지 이유에 기초하여, 즉 참모임의 수승을 위하여, 참모임의 안락을 위하여, 악한 수행녀의 조복을 위하여, 품행이 바른 수행녀의 평안한 삶을 위하여, 지금 여기에서의 번뇌의 제어를 위하여, 다가오는 번뇌를 물리치기 위하여, 청정한 믿음이 없는 자에게 청정한 믿음을 주기 위하여, 청정한 믿음이 있는 자에게 청정한 믿음을 증대시키기 위하여, 올바른 가르침을 지속시키기 위하여, 계율을 수호하기 위하여 학습계율을 시설하니, 수행승들이여, 수행녀들은 이와 같이 학습계율을 송출해야 한다.

[세존] "어떠한 수행녀이든지 화합참모임에 의해서 원칙에 의해서나 계율에 의해서나 스승의 가르침에 의해서 권리정지된, 불경스럽고, 철면피하고, 도반이 될 수 없는 수행승을 따른다면,[477] 그 수행녀에게 수행녀들은 이와 같이 말해야

한다. '존귀한 자매여, 그 수행승은 화합참모임에 의해서 원칙에 의해서나 계율에 의해서나 스승의 가르침에 의해서 권리정지된, 불경스럽고, 철면피하고, 도반이 될 수 없는 수행승이다. 존귀한 자매여, 그 수행승을 따르지 말라.' 이와 같이 그 수행녀에게 수행녀들이 말했는데도 그것에 대해 고집한다면, 그 수행녀에게 수행녀들은 그것을 버리도록 세 번까지 충고해야 한다. 세 번까지 충고해서 그것을 버린다면, 좋은 일이다. 만약에 버리지 않는다면, 그녀 또한 권리정지된 자를 따르는 자로서 승단추방죄를 범하는 자이므로 함께 살 수 없다."[478]

2-1. '어떠한'이라는 것은 어떠한 관계, 어떠한 태생, 어떠한 이름, 어떠한 성씨, 어떠한 계행, 어떠한 주거, 어떠한 활동영역에서 이든지, 장로이든지, 신참이든지, 중참이든지, 이러한 자들을 형용하는 것으로 '어떠한 자이든'이라는 뜻이다. '수행녀'이라고 하는 것은 '탁발하는 여자'로서의 수행녀, 탁발을 위해 돌아다니는 여자로서의 수행녀, 분소의를 입은 자로서의 수행녀, 사미니로서의 수행녀, 자칭에 의한 수행녀, '오라! 수행녀여!'에 의한 수행녀, 삼귀의에 의해 구족계를 받은 수행녀, 현선한 수행녀, 진실한 수행녀, 배울 것이 있는 학인인 수행녀, 배울 것이 없는 무학인 수행녀, 화합참모임과 한번제안세번제청의 갈마와 부동의 거룩한 님의 속성을 갖춘 자로서의 수행녀가 있는데, 그녀들 가운데 화합참모임과 양쪽으로부터 구족계를 받은 자로서 한번제안세번제청의 갈마와 부동의 거룩한 님의 속성을 갖춘 수행녀, 그녀를 이러한 의미에서의 수행녀라고 하는 것이다.

2-2. '화합'이라는 것은 참모임이 동등하게 살고 동일한 결계 안에 있는 것을 뜻한다. '권리정지'라는 것은 죄를 인지하지 못하거나 참회하지 않거나 사견을

---

477) yā pana bhikkhunī samaggena saṅghena ukkhittaṃ bhikkhuṃ dhammena vinayena satthusāsanena anādaraṃ appatikāraṃ akatasahāyaṃ tamanuvatteyya : 남전2권 350에 따르면, '어떠한 수행녀이든지 화합참모임에 의해서 원칙에 의해서나 계율에 의해서나 스승의 가르침에 의해서 빈멸된, 불경스럽고, 철면피하고, 함께 살 수 없는 수행승을 따른다면'이라고 되어 있는데, 이는 명백한 오역이다. 이는 아릿타가 승단추방죄로 멸빈된 것을 뜻하는데, 삿된 견해를 갖고 있다고 아릿타가 멸빈된 것을 아니다. 그는 권리정리된 것뿐이지만, 그러한 권정지된 자를 따르는 수행녀는 멸빈의 대상이 될 수 있다.

478) 수순피거비구위니승삼간계○(隨順被擧比丘違尼僧三諫戒) | Bhikkhunī Pār. 7 : yā pana bhikkhunī samaggena saṅghena ukkhittaṃ bhikkhuṃ dhammena vinayena satthusāsanena anādaraṃ apaṭikāraṃ akatasahāyaṃ tam anuvatteyya, sā bhikkhunī bhikkhunīhi evam assa vacanīyā: eso kho ayye, bhikkhu samaggena saṅghena ukkhitto dhammena vinayena satthusāsanena, anādaro apaṭikāro akatasahāyo, māyye etaṃ bhikkhuṃ anuvattīti. evañca sā bhikkhunī bhikkhunīhi vuccamānā tath'eva paggaṇheyya. sā bhikkhunī bhikkhunīhi yāvatatiyaṃ samanubhāsitabbā tassa paṭinissaggāya. yāvatatiyañce samanubhāsiyamānā taṃ paṭinissajjeyya, icc etaṃ kusalaṃ, no ce paṭinissajjeyya, ayampi pārājikā hoti asaṃvāsā, ukkhittānuvattikā'ti.

버리지 못해 권리정지에 처해지는 것을 뜻한다. '원칙에 의해서나 계율에 의해서'는 '원칙인 것에 의해서나 계율인 것에 의해서'라는 뜻이다. '스승의 가르침에 의해서'라는 것은 '승리자의 가르침에 의해서, 부처님의 가르침에 의해서'라는 뜻이다.'불경하고'라는 것은 참모임이나 공동체나 사람이나 갈마를 무시하는 것을 뜻한다. '철면피하고'라는 것은 권리정지되어 사면복권되지 않은 것을 뜻한다. '도반이 될 수 없는'이라는[219] 것은 함께 사는 수행승들을 도반이라고 하는데, 그가 그들과 함께 있지 않으므로 도반이 될 수 없는 것이라고 한다. '그를 따르다면'이라는 것은 그 수행승이 이와 같이 보는 자이고 이와 같이 이해하는 자이고 이와 같이 즐기는 자인데, 그녀도 이와 같이 보는 자이고 이와 같이 이해하는 자이고 이와 같이 즐기는 자가 되는 것을 뜻한다. '그 수행녀'라는 것은 그 권리정지된 자를 따르는 수행녀를 뜻한다.

2-3. '수행녀들'이라는 것은 다른 수행녀들을 뜻하는데, 그녀들이 보고 들었다면, 이와 같이 말해야 한다.

[권유1] '존귀한 자매여, 그 수행승은 화합참모임에 의해서 원칙에 의해서나 계율에 의해서나 스승의 가르침에 의해서 권리정지된, 불경스럽고, 철면피하고, 도반이 될 수 없는 수행승입니다. 존귀한 자매여, 그 수행승을 따르지 마시오.'

두 번째에도 말해야 한다.

[권유2] '존귀한 자매여, 그 수행승은 화합참모임에 의해서 원칙에 의해서나 계율에 의해서나 스승의 가르침에 의해서 권리정지된, 불경스럽고, 철면피하고, 도반이 될 수 없는 수행승입니다. 존귀한 자매여, 그 수행승을 따르지 마시오.'

세 번째에도 말해야 한다.

[권유3] '존귀한 자매여, 그 수행승은 화합참모임에 의해서 원칙에 의해서나 계율에 의해서나 스승의 가르침에 의해서 권리정지된, 불경스럽고, 철면피하고, 도반이 될 수 없는 수행승입니다. 존귀한 자매여, 그 수행승을 따르지 마시오.'

만약에 버린다면, 그것을 좋은 일이고, 버리지 않는다면, 악작죄를 범하는 것이다. 듣고나서 말하지 않는다면, 악작죄를 범하는 것이다.

그 수행녀를 참모임 가운데로 인도하여 말해야 한다.

[권유1] '존귀한 자매여, 그 수행승은 화합참모임에 의해서 원칙에 의해서나 계율에 의해서나 스승의 가르침에 의해서 권리정지된, 불경스럽고, 철면피하고, 도반이 될 수 없는 수행승입니다. 존귀한 자매여, 그 수행승을 따르지 마시오.'

두 번째에도 말해야 한다.

[권유2] '존귀한 자매여, 그 수행승은 화합참모임에 의해서 원칙에 의해서나 계율에 의해서나 스승의 가르침에 의해서 권리정지된, 불경스럽고, 철면피하고, 도반이 될 수 없는 수행승입니다. 존귀한 자매여, 그 수행승을 따르지 마시오.'

세 번째에도 말해야 한다.

[권유3] '존귀한 자매여, 그 수행승은 화합참모임에 의해서 원칙에 의해서나 계율에 의해서나 스승의 가르침에 의해서 권리정지된, 불경스럽고, 철면피하고, 도반이 될 수 없는 수행승입니다. 존귀한 자매여, 그 수행승을 따르지 마시오.'

만약에 버린다면, 그것을 좋은 일이고, 버리지 않는다면, 악작죄를 범하는 것이다.

2-4. 그 수행녀에게 충고해야 한다. 수행승들이여, 그대들은 이와 같이 충고해야 한다. 총명하고 유능한 수행녀가 참모임에 알려야 한다.

[제안] '존귀한 자매들이여, 참모임은 제 말에 귀를 기울이십시오. 이러이러한 수행녀가 화합참모임에 의해서 원칙에 의해서나 계율에 의해서나 스승의 가르침에 의해서 권리정지된, 불경스럽고, 철면피하고, 도반이 될 수 없는 수행승을 따르고 있습니다. 그러나 그 수행녀는 그 일을 포기하지 않습니다. 만약에 참모임에 옳은 일이라면, 참모임은 이러이러한 수행녀가 그 일을 포기하도록 충고하겠습니다. 이것이 제안입니다.'

[제청1] '존귀한 자매들이여, 참모임은 제 말에 귀를 기울이십시오. 이러이러한 수행녀가 화합참모임에 의해서 원칙에 의해서나 계율에 의해서나 스승의 가르침에 의해서 권리정지된, 불경스럽고, 철면피하고, 도반이 될 수 없는 수행승을 따르고 있습니다. 그러나 그 수행녀는 그 일을 포기하지 않습니다. 참모임은 이러이러한 수행녀가 그 일을 포기하도록 충고합니다. 존귀한 자매들 가운데 누구든지 이러이러한 수행녀에게 그 일을 포기하도록 충고하는 것에 동의하면 침묵하시고, 이견이 있으시면 말씀하십시오.'

[제청2] '두 번째에도 나는 그 사실을 말합니다. 존귀한 자매들이여, 참모임은 제 말에 귀를 기울이십시오. 이러이러한 수행녀가 화합참모임에 의해서 원칙에 의해서나 계율에 의해서나 스승의 가르침에 의해서 권리정지된, 불경스럽고, 철면피하고, 도반이 될 수 없는 수행승을 따르고 있습니다. 그러나 그 수행녀는 그 일을 포기하지 않습니다. 참모임은 이러이러한 수행녀가 그 일을 포기하도록 충고합니다. 존귀한 자매들 가운데 누구든지 이러이러한 수행녀에게 그 일을 포기하도록 충고하는 것에 동의하면 침묵하시고, 이견이 있으시면 말씀하십시오.'

[제청3] '세 번째에도 나는 그 사실을 말합니다. 존귀한 자매들이여, 참모임은

제 말에 귀를 기울이십시오. 이러이러한 수행녀가 화합참모임에 의해서 원칙에 의해서나 계율에 의해서나 스승의 가르침에 의해서 권리정지된, 불경스럽고, 철면피하고, 도반이 될 수 없는 수행승을 따르고 있습니다. 그러나 그 수행녀는 그 일을 포기하지 않습니다. 참모임은 이러이러한 수행녀가 그 일을 포기하도록 충고합니다. 존귀한 자매들 가운데 누구든지 이러이러한 수행녀에게 그 일을 포기하도록 충고하는 것에 동의하면 침묵하시고, 이견이 있으시면 말씀하십시오.'

[결정] '참모임은 이러이러한 수행녀가 그 일을 포기하도록 충고했습니다. 참모임이 찬성하여 침묵했으므로, 저는 그와 같이 알겠습니다.'"

제안에 의해서 악작죄, 두 제청에 의해서 추악죄, 제청의 끝냄에 의해서 승단추방죄가 성립한다.

2-5. '그녀도'라는 것은 앞의 것과 관련해서 말해진 것이다. '승단추방죄를 범하는 것이다.'라는 것은 '마치 두 조각으로 갈라진 바윗조각을 다시 붙일 수 없듯, 이와 같이 수행녀가 세 번까지[220] 충고받고도 포기하지 않는다면, 수행녀가 되지 못하고 싸끼야의 딸이 되지 못하므로 승단추방죄를 범하는 것이라는 뜻이다. '함께 살 수 없다.'는 것은 함께 삶이라는 것은 동일한 갈마 동일한 설계를 하면서 함께 사는 것을 함께 삶이라고 하는데, 그녀와 함께 하지 않는 까닭에 '함께 살 수 없다.'라고 한다.

2-6₁.

1) 원칙에 입각한 갈마에 대하여 원칙에 입각한 갈마라고 지각하고 포기하지 않으면, 승단추방죄를 범하는 것이다.
2) 원칙에 입각한 갈마에 대하여 원칙에 입각한 갈마인지 의심하여 포기하지 않으면, 승단추방죄를 범하는 것이다.
3) 원칙에 입각한 갈마에 대하여 원칙에 입각하지 않은 갈마라고 지각하고 포기하지 않으면, 승단추방죄를 범하는 것이다.

2-6₂.

1) 원칙에 입각하지 않은 갈마에 대하여 원칙에 입각한 갈마라고 지각하면, 악작죄를 범하는 것이다.
2) 원칙에 입각하지 않은 갈마에 대하여 원칙에 입각하지 않은 갈마인지 의심하면, 악작죄를 범하는 것이다.
3) 원칙에 입각하지 않은 갈마에 대하여 원칙에 입각하지 않은 갈마라고 지각하

면, 악작죄를 범하는 것이다.

2-7. 충고받지 못했거나, 포기하는 경우이거나, 정신착란자이거나 초범자인 경우는 무죄이다.

1. 8 승단추방죄법 제8조

여덟 가지 사항에 의한 학습계율[Aṭṭhavatthukāsikkhāpada]

1-1. 한때 존귀한 부처님께서는 싸밧티 시의 제따바나 숲에 있는 아나타삔디까 승원에 계셨다. 그런데 그때 여섯무리의 수행녀들이 욕망에 물들어 욕망으로 가득 찬 남자가 손을 잡는 것, 옷을 잡는 것, 함께 서있는 것, 함께 대화하는 것, 만나러 가는 것, 남자가 다가오는 것을 수용하고 은폐된 장소에 들어가 그 부정한 것을 행하기 위해[479] 자세를 취했다.

1-2. 수행녀들 가운데 욕망을 여의고, 만족을 알고, 부끄러움을 알고, 후회할 줄 알고, 배움을 원하는 자들도 혐책하고 분개하고 비난했다.

[욕망을 여읜 수행녀들] "어찌 여섯무리의 수행녀들이 욕망에 물들어 욕망으로 가득 찬 남자가 손을 잡는 것, 옷을 잡는 것, 함께 서있는 것, 함께 대화하는 것, 만나러 가는 것, 남자가 다가오는 것을 수용하고 은폐된 장소에 들어가 그 부정한 것을 행하기 위해 자세를 취할 수가 있단 말인가?"

그래서 그 수행녀들은 수행승들에게 그 사실을 알렸다. 수행승들 가운데 욕망을 여의고, 만족을 알고, 부끄러움을 알고, 후회할 줄 알고, 배움을 원하는 자들도 혐책하고 분개하고 비난했다.

[욕망을 여읜 수행승들] "어찌 여섯무리의 수행녀들이 욕망에 물들어 욕망으로 가득 찬 남자가 손을 잡는 것, 옷을 잡는 것, 함께 서있는 것, 함께 대화하는 것, 만나러 가는 것, 남자가 다가오는 것을 수용하고 은폐된 장소에 들어가 그 부정한 것을 행하기 위해 자세를 취할 수가 있단 말인가?"

1-3. 그래서 그 수행승들은 세존께 그 사실을 알렸다. 그러자 세존께서는 이러한 인연으로 이러한 기회에 수행승들의 참모임을 불러 모으게 하고 연유를 설하고 수행승들에게 물었다.

---

479) etassa asaddhammassa patisevanatthāya : Smp. 904에 따르면, 성적 교섭을 위한 것이 아니라 육체적 마촉을 위해서이다.

[세존] "수행승들이여, 그 여섯무리의 수행녀들이 욕망에 물들어 욕망으로 가득 찬 남자가 손을 잡는 것, 옷을 잡는 것, 함께 서있는 것, 함께 대화하는 것, 만나러 가는 것, 남자가 다가오는 것을 수용하고 은폐된 장소에 들어가 그 부정한 것을 행하기 위해 자세를 취한 것이 사실인가?"

[수행승들] "세존이시여, 사실입니다."

존귀한 부처님께서는 견책했다.

[세존] "수행승들이여, 그 여섯무리의 수행녀들은 적절하지 않고, 자연스럽지 않고, 알맞지 않고, 수행자의 삶이 아니고, 부당하고, 해서는 안 될 일을 행한 것이다. 수행승들이여, 어찌 여섯무리의 수행녀들이 욕망에 물들어 욕망으로 가득 찬 남자가 손을 잡는 것, 옷을 잡는 것, 함께 서있는 것, 함께 대화하는 것, 만나러 가는 것, 남자가 다가오는 것을 수용하고 은폐된 장소에 들어가 그 부정한 것을 행하기 위해 자세를 취할 수가 있단 말인가? 수행승들이여, 그것은 아직 청정한 믿음이 없는 자를 청정한 믿음으로 이끌고, 이미 청정한 믿음이 있는 자를 더욱더 청정한 믿음으로 이끄는 것이 아니다. 수행승들이여, 그것은 오히려, 아직 청정한 믿음이 없는 자를 불신으로 이끌고, 이미 청정한 믿음이 있는 자 가운데 어떤 자들을 타락시키는 것이다."

1-4. 그래서 세존께서는 여섯무리의 수행녀들을 여러 가지 방편으로 견책하여, 키우기 어렵고 부양하기 어렵고 탐욕이 많고 만족을 모르고 교제를 좋아하고 나태한 것에 대하여 질책하고, 여러 가지 법문으로 고무하여, 키우기 쉽고 부양하기 쉽고 욕심을 여의고, 만족을 알고, 버리고 없애는 삶, 악을 제거하는 삶, 청정한 믿음의 삶, 쌓아 모우지 않는 삶, 용맹정진의 삶을 칭찬하고, 수행승들을 위하여 그에 알맞고 그에 걸맞게 경책하여 법문을 하고 수행승들에게 일렀다.

[세존] "수행승들이여, 그러므로 수행녀들을 위하여 열 가지 이유에 기초하여, 즉 참모임의 수승을 위하여, 참모임의 안락을 위하여, 악한 수행녀의 조복을 위하여, 품행이 바른 수행녀의 평안한 삶을 위하여, 지금 여기에서의 번뇌의 제어를 위하여, 다가오는 번뇌를 물리치기 위하여, 청정한 믿음이 없는 자에게 청정한 믿음을 주기 위하여, 청정한 믿음이 있는 자에게 청정한 믿음을 증대시키기 위하여, 올바른 가르침을 지속시키기 위하여, 계율을 수호하기 위하여 학습계율을 시설하니, 수행승들이여, 수행녀들은 이와 같이 학습계율을 송출해야 한다."

[세존] "어떠한 수행녀이든지 욕망에 물들어 욕망으로 가득 찬 남자가 손을 잡는 것, 옷을 잡는 것, 함께 서있는 것, 함께 이야기하는 것, 만나러 가는 것,[221]

남자가 다가오는 것을 수용하고, 은폐된 장소에 들어가고, 부정한 것을 행하기 위해 몸의 자세를 취하면, 그녀 또한 여덟 가지 일을 저지른 자로서[480] 승단추방죄를 범하는 자이므로 함께 살 수 없다."[481]

2-1. '어떠한'이라는 것은 어떠한 관계, 어떠한 태생, 어떠한 이름, 어떠한 성씨, 어떠한 계행, 어떠한 주거, 어떠한 활동영역에서 이든지, 장로이든지, 신참이든지, 중참이든지, 이러한 자들을 형용하는 것으로 '어떠한 자이든'이라는 뜻이다. '수행녀'이라고 하는 것은 '탁발하는 여자'로서의 수행녀, 탁발을 위해 돌아다니는 여자로서의 수행녀, 분소의를 입은 자로서의 수행녀, 사미니로서의 수행녀, 자칭에 의한 수행녀, '오라! 수행녀여!'에 의한 수행녀, 삼귀의에 의해 구족계를 받은 수행녀, 현선한 수행녀, 진실한 수행녀, 배울 것이 있는 학인인 수행녀, 배울 것이 없는 무학인 수행녀, 화합참모임과 한번제안세번제청의 갈마와 부동의 거룩한 님의 속성을 갖춘 자로서의 수행녀가 있는데, 그녀들 가운데 화합참모임과 양쪽으로부터 구족계를 받은 자로서 한번제안세번제청의 갈마와 부동의 거룩한 님의 속성을 갖춘 수행녀, 그녀를 이러한 의미에서의 수행녀라고 하는 것이다.

2-2. '욕망에 물들어'라는 것은 욕망으로 감염되고 가득 차서 사랑에 빠진 것을 뜻한다. '욕망으로 가득 찬'이라는 것은 욕망으로 감염되고 가득 차서 사랑에 빠진 것을 뜻한다. '남자'라는 것은 사람의 남성으로 야차나 아귀나 축생이 아닌, 신체적 마촉을 시도할 만큼, 양식 있고 자격 있는 존재를 뜻한다.

1) '손을 잡는 것을 수용하면'이라는 것은 손이라는 것은 팔꿈치부너 손톱끝까지를 뜻하는데, 그녀가 부정한 것을 행하기 위하여, 경골부터 아래, 무릎부터 위로 잡는 것을 수용하면, 추악죄를 범하는 것이다.
2) '옷을 잡거나'이라는 것은 '부정한 것을 행하기 위하여 입은 하의나 걸친 외투를 붙잡는 것을 수용하면, 추악죄를 범하는 것이다.'라는 뜻이다.
3) '함께 서있거나'이라는 것은 '부정한 것을 행하기 위하여 남자의 손이 닿는

---

480) aṭṭhavatthukā : 남자가 손을 잡는 것, 옷을 잡는 것, 함께 서있는 것, 함께 대화하는 것, 만나러 가는 것, 남자가 다가오는 것을 수용하고, 은폐된 장소에 들어가고, 부정한 것을 행하기 위해 몸의 자세를 취하는 것의 여덟 가지를 의미한다.

481) 팔사성중계○(八事成重戒) | Bhikkhunī Pār. 8 : yā pana bhikkhunī avassutā avassutassa purisapuggalassa hatthagahaṇaṃ vā sādiyeyya saṃghāṭikaṇṇagahaṇaṃ vā sādiyeyya santiṭṭheyya vā sallapeyya vā saṃketaṃ vā gaccheyya purisassa vā abbhāgamanaṃ sādiyeyya channaṃ vā anupaviseyya kāyaṃ vā tadatthāya upasaṃhareyya etassa asaddhammassa paṭisevanatthāya ayampi pārājikā hoti asaṃvāsā aṭṭhavatthukā'ti.

거리에 서있으면, 추악죄를 범하는 것이다.'라는 뜻이다.

4) '함께 이야기하거나'이라는 것은 '부정한 것을 행하기 위하여 남자의 손이 닿는 거리에 서서 이야기하면, 추악죄를 범하는 것이다.'라는 뜻이다.

5) '만나러 가거나'라는 것은 '부정한 것을 행하기 위하여 남자가 '이러이러한 곳으로 오라.'라고 말해서 그곳에 가면, 걸음걸이 마다 악작죄를 범하는 것이고, 남자의 손이 닿는 곳까지 가면, 추악죄를 범하는 것이다.'라는 뜻이다.

6) '남자가 다가오는 것을 수용하면'이라는 곳은 '부정한 것을 행하기 위해서 남자의 다가오는 것을 수용하면, 악작죄를 범하는 것이고, 손이 닿는 곳까지 다가오게 하면, 추악죄를 범하는 것이다.'라는 뜻이다.

7) '은폐된 장소에 들어가고'라는 것은 '부정한 것을 행하기 위해서 어떠한 은폐된 장소이든지 들어가기만 하면, 추악죄를 범하는 것이다.'라는 뜻이다.

8) '몸의 자세를 취하면'이라는 것은 '부정한 것을 행하기 위하여 남자의 손이 닿는 거리에 서서 몸의 자세를 취하면, 추악죄를 범하는 것이다.'라는 뜻이다.

2-3. '그녀 또한'이라는 것은 선행하는 것과 관련해서 언급한 것이다. '승단추방죄를 범하는 것이다.'라는 것은 '마치 종려나무가 꼭대기가 잘리면 더 이상 살 수 없는 것과 같이, 이와 같이 수행녀가 여덟 가지 사항을[222] 범하면, 수행자가 되지 못하고 싸끼야의 딸이 되지 못하므로 승단추방죄를 범하는 것이다.'라는 뜻이다. '함께 살 수 없다.'는 것은 함께 삶이라는 것인데, 동일한 갈마 동일한 설계를 지니고 함께 사는 것을 함께 삶이라고 하는데, 그와 함께 살지 않는 까닭에 '함께 살 수 없다.'라고 한다.

2-4. 의도하지 않거나, 새김을 잃었거나, 알지 못했거나, 수용하지 않았거나, 정신착란자나 마음이 심란한 자나, 애통해 하는 자나, 초범자의 경우는 무죄이다.

제1장 승단추방죄법 그 후렴시482)는 다음과 같다.

성적인 교섭, 주지 않은 것을 빼앗는 것, 인간의 신체, 인간을 뛰어넘은 상태,
마촉, 죄악을 덮어주기, 세 번 까지, 여덟 가지 사항.483)

존귀한 자매들이여,

482) uddāna : 각 계율의 내용을 이끄는 중요한 단어를 골라 송출할 때에 기억하기 쉽게 만든 게송이다.

483) methunādinnadānañca | manussaviggahuttari | āmasanapaṭicchanā | yāvatatiyaṭṭhavatthukā'ti ‖ 이 후렴시는 원래 없던 것으로 복원과정에서 『빅쿠비방가』의 승단추방죄법 후렴시를 차용하여 역자가 만든 것이다.

이와 같이 8개 조항의 승단추방죄법을 송출했습니다.484)
만약 수행녀가 그 가운데 어떠한 것이라도 범하면,
예전과 마찬가지로 이후에도 승단추방죄에 저촉을 받아 수행녀들과 함께 살 수 없습니다.
저는 지금 존귀한 자매들에게 묻겠습니다.
그대들은 이 점에 관하여 완전히 청정합니까?
두 번째에도 저는 존귀한 자매들에게 묻겠습니다. 그대들은 이 점에 관하여 완전히 청정합니까?
세 번째에도 저는 존귀한 자매들에게 묻겠습니다. 그대들은 이 점에 관하여 완전히 청정합니까?
존귀한 자매들께서는 완전히 청정한 까닭에 침묵했으므로,
저는 그와 같이 알겠습니다.

484) aṭṭha pārājikā dhammā : 이것은 역자가 네 가지 빅쿠니고유의 승단잔류죄법(Bhikkhunī Pār. 5, 6, 7, 8)에 네 가지 빅쿠승단추방죄법(Bhikkhu Pār. 1, 2, 3, 4)를 추가하여 완전복원한 것이다.

제2장 승단잔류죄법
(Saṅghādisesakaṇḍa: 僧殘罪章)

존자들이여, 이제 이와 같은 17개 조항의 승단잔류죄법을 송출하겠습니다.

2. 1 승단잔류죄법 제1조

중매에 대한 학습계율[Sañcarittasikkhāpada]

1-1. 한때[*135] 존귀한 부처님께서는 싸밧티 시의 제따바나 숲에 있는 아나타삔디까 승원에 계셨다. 그때 장로 우다인485)은 싸밧티 시에 단월가정이 있어 자주 방문하곤 했다. 그런데 그는 미혼의 소년이나 미혼의 소녀를 보고 소년의 부모앞에서 소녀를 찬탄하여, 이와 같이 말했다.

[우다인] "이러이러한 집안의 소녀는 아름답고 우아하고 화사하고 현명하고 영리하고 총명하고 슬기롭고 유능하고 부지런하다. 그 소녀는 이 소년과 잘 어울립니다."

그들은 이와 같이 말했다.

[소년의 부모들] "존자여, 그들은 우리가 어떠한 자인지 모르고, 어떠한 집안인지 모릅니다. 존자여, 만약 존자가 알려주신다면 우리가 그 소녀를 이 소년에게 데려오겠습니다."

그리고 소녀의 부모 앞에서 소년을 찬탄하여, 이와 같이 말했다.

[우다인] "이러이런 집안의 소년은 아름답고 우아하고 화사하고 현명하고 영리하고 총명하고 슬기롭고 유능하고 부지런하다. 그 소년은 이 소녀와 잘 어울립니다."

그들은 이와 같이 말했다.

[소녀의 부모] "존자여, 그들은 우리가 어떠한 자인지 모르고, 어떠한 집안인지 모릅니다. 존자여, 언제 소녀를 위하여 말해주겠습니까? 존자여, 만약 존자가 청해주신다면 우리가 이 소녀를 그 소년에게 주겠습니다."

이러한 수단으로 장가들고 시집을 가게 해서 혼사를 성립시켰다.

---

485) Udāyin : 여기 율장의 승단잔류죄의 주인공으로 등장하는 우다인은 아마도 Smp. 517에서 언급하는 랄루다인(Lāḷudāyin)을 말한다. 그는 부처님의 시자였던 우다인과는 다른 인물이다.

1-2. 한때 예전에 기녀였던 여인에게 아름답고 우아하고 화사한 딸이 있었다. 마을 밖의 사명외도의 제자들이 와서 그 기녀에게 이와 같이 말했다.

[사명외도의 제자들] "자매여, 그대의 딸을 우리의 아들에게 주시오."

그녀는 이와 같이 말했다.

[기녀] "존자들이여, 나는 누구이고 어떤 집안에 있는지 모르지만, 나에게 외동딸이 있긴 한데, 마을 밖으로 보내야 하니, 나는 줄 수가 없습니다."

사람들이 그 사명외도의 제자들에게 이와 같이 말했다.

[사람들] "존자들이여, 그대들은 무슨 까닭에 왔는가?"

[사명외도의 제자들] "벗들이여, 여기 우리는 예전에 기녀였던 여인에게 와서 그녀의 딸을 우리 아들에게 요청했는데, 그 기녀는 이와 같이 '존자들이여, 나는 누구이고 어떤 집안에 있는지 모르지만, 내가 외동딸이 있긴한데, 마을 밖으로 보내야 하니, 나는 줄 수가 없소.'라고 말했소."

[사람들] "존자들이여, 그대들은 누구에게 그 기녀의 딸을 요청합니까? 존자 우다인이 아닙니까? 존자 우다인이 주게 할 것입니다."

그래서[*136] 그 사명외도의 제자들은 존자 우다인이 있는 곳을 찾았다. 가까이 다가가서 존자 우다인에게 말했다.

[사명외도의 제자들] "존자여, 여기 우리는 모 기녀의 딸을 우리 아들에게 요청합니다. 그녀가 말하길 '나는 누구인지 어떤 가문에 속하는지 모르지만, 외동딸을 마을 밖으로 보내야하므로 줄 수가 없습니다.'고 했습니다. 존자여, 존자께서 그 기녀의 딸을 우리 아들에게 주게 하시면 감사하겠습니다."

그러자 존자 우다인은 그 기녀가 있는 곳을 찾았다. 가까이 다가가서 그 기녀에게 이와 같이 말했다.

[우다인] "왜 그들에게 딸을 주지 않습니까?"

[기녀] "존자여, 나는 누구인지 어떤 가문에 속하는지 모르지만, 외동딸을 마을 밖으로 보내야하므로 줄 수가 없습니다."

[우다인] "그들에게 주십시오, 내가 그들을 압니다."

[기녀] "존자여, 존자께서 아신다면, 제가 주겠습니다."

그래서 그 기녀는 사명외도의 제자들에게 딸을 주었다.

1-3. 그래서 그들 사명외도의 제자들은 딸을 데리고 갔다. 한 달은 가사일을 시켰고, 그 다음 달부터는 하인일을 시켰다. 그래서 그 딸은 어머니에게 사자를 보냈다.

[기녀의 딸] "나는 힘들고 괴로워서 즐거움이 없습니다. 한 달은 가사일을 했고

그 후에는 하인일을 했습니다. 어머니가 와서 저를 데려가 주세요."

그러자 그 기녀는 사명외도의 제자들이 있는 곳으로 와서 사명외도의 제자들에게 이와 같이 말했다.

[기녀] "존자들이여, 이 딸에게 하인일을 시키지 마십시오. 가사일을 시키십시오."

그들은 이와 같이 말했다.

[사명외도의 제자들] "우리는 당신과 관계하는 것을 원하지 않습니다. 우리는 수행자와 관계하길 원합니다. 그대는 가십시오, 우리는 알지 못합니다."

그래서 그 기녀는 그 사명외도의 제자들에게 질책을 받고 다시 싸밧티 시로 돌아왔다.

두 번째에도 그 딸은 어머니에게 사자를 보냈다.

[기녀의 딸] "나는 힘들고 괴로워서 즐거움이 없습니다. 한 달은 가사일을 했고 그 후에는 하인일을 했습니다. 어머니가 와서 저를 데려가 주세요."

그러자 그 기녀는 존자 우다인이 있는 곳을 찾아갔다. 가까이 다가가서 존자 우다인에게 이와 같이 말했다.

[기녀] "존자여, 우리 딸은 힘들고 괴로워서 즐거움이 없습니다. 한 달은 가사일을 했고 그 후에는 하인일을 했습니다. 존자여, '여보시게들, 이 딸아이에게 하인일을 시키지 마시고, 가사일만 시키십시오.'라고 말해주십시오."

그래서 존자 우다인은 사명외도의 제자들이 있는 곳을 찾아갔다. 가까이 다가가서 그 사명외도의 제자들에게 이와 같이 말했다.

[우다인] "존자들이여, 이 딸아이에게 하인일을 시키지 마시고, 가사일만 시키십시오."

그들은 이와 같이 말했다.

[사명외도의 제자들] "우리는 당신과 관계하는 것을 원하지 않습니다. 우리는 기녀와 관계하길 원합니다. 수행자는 일에 종사하지 않습니다.[*137] 수행자는 좋은 수행자여야 합니다.486) 그대는 가십시오. 우리는 그대를 알지 못합니다."

그러자 존자 우다인은 그 사명외도의 제자들에게 비난을 받고 다시 싸밧티 시로 돌아왔다.

세 번째에도 그 딸은 어머니에게 사자를 보냈다.

[기녀의 딸] "나는 힘들고 괴로워서 즐거움이 없습니다. 한 달은 가사일을 했고

---

486) samaṇena bhavitabbaṃ, abyāvaṭena samaṇo assa sumaṇo : PTS본은 오류이고 Smp. 553에 따르면, 싱할리본과 같이 다음과 같이 읽어야 한다: 'samaṇena bhavitabbaṃ abyāvaṭena. samaṇo assa sussamaṇo'

그 후에는 하인일을 했습니다. 어머니가 와서 저를 데려가 주세요."

세 번째에도 그 기녀는 존자 우다인이 있는 곳을 찾아갔다. 가까이 다가가서 존자 우다인에게 이와 같이 말했다.

[기녀] "존자여, 우리 딸은 힘들고 괴로워서 즐거움이 없습니다. 한 달은 가사일을 했고 그 후에는 하인일을 했습니다. 존자여, '여보시게들, 이 딸아이에게 하인일을 시키지 마시고, 가사일만 시키십시오.'라고 말해주십시오."

[우다인] "자매여, 먼저 갔을 때, 나는 그 사명외도의 제자들에게 비난을 받았다. 그대가 가십시오. 나는 가지 않을 것입니다."

1-4. 그러자 그 기녀는 혐책하고 분개하고 비난했다.

[기녀] "내 딸이 악한 시어머니 악한 시아버지 악한 남편에게 힘들어하고 괴로워하고 즐거움을 얻지 못하는 것처럼, 존자 우다인도 이처럼 힘들어해야 하고 이처럼 괴로워해야 하고 이처럼 즐거움을 얻지 못해야 하리라."

그 딸도 혐책하고 분개하고 비난했다.

[기녀의 딸] "내가 악한 시어머니 악한 시아버지 악한 남편에게 힘들어하고 괴로워하고 즐거움을 얻지 못하는 것처럼, 존자 우다인도 이처럼 힘들어해야 하고 이처럼 괴로워해야 하고 이처럼 즐거움을 얻지 못해야 하리라."

그러자 다른 시어머니나 시아버지나 남편에게 불만족한 여인들도 이와 같이 저주했다.

[불만족한 여인들] "우리가 악한 시어머니 악한 시아버지 악한 남편에게 힘들어하고 괴로워하고 즐거움을 얻지 못하는 것처럼, 존자 우다인도 이처럼 힘들어해야 하고 이처럼 괴로워해야 하고 이처럼 즐거움을 얻지 못해야 하리라."

그러나 시어머니나 시아버지나 남편에게 만족한 여인들은 이와 같이 기원했다.

[만족한 여인들] "우리가 착한 시어머니 착한 시아버지 착한 남편에게 행복하고 편안하고 즐거움을 누리는 것처럼, 존자 우다인도 이처럼 행복해야 하고 이처럼 편안해야 하고 이처럼 즐거움을 누려야 하리라."

1-5. 수행승들은 어떤 여인들이 저주하고 어떤 여인들은 칭송하는 것을 들었다. 수행승들 가운데 욕망을 여읜 자들도 혐책하고 분개하고 비난했다.

[욕망을 여읜 수행승들] "어찌 존자 우다인이 중매를 설 수 있단 말인가?"

그래서 수행승들은 세존께 그 사실을 알렸다. 그러자 세존께서는 이러한 인연으로 이러한 기회에 수행승들의 참모임을 불러 모으게 하고 존자 우다인에게 물었다.

[세존] "우다인이여, 그대가 중매를 선 것이 사실인가?"

[우다인] "세존이시여, 사실입니다."

존귀한 부처님께서는 견책했다.

[세존] "어리석은 자여, 그것은 적절하지 않고, 자연스럽지 않고, 알맞지 않고, 수행자의 삶이 아니고, 부당하고, 해서는 안 될 일이다. 어리석은 자여, 어찌 그대는 어찌 중매를 설 수 있단 말인가? 어리석은 자여, 내가 여러 가지 법문으로 가르침을 설한 것은 탐욕의 여읨을 위해서지 탐욕의 갖춤을 위한 것은 아니지 않는가? 가르침을 설한 것은 결박의 여읨을 위해서지 결박의 갖춤을 위한 것은 아니지 않는가? 가르침을 설한 것은 집착의 여읨을 위해서지 집착의 갖춤을 위한 것은 아니지 않는가? 어리석은 자여, 그런데 그대는 내가 탐욕의 여읨을 위하여 가르침을 설할 때에 탐욕의 갖춤을 위해 애쓸 수 있는가? 결박의 여읨을 위하여 가르침을 설할 때에 결박의 갖춤을 위해 애쓸 수 있는가? 집착의 여읨을 위하여 가르침을 설할 때에 집착의 갖춤을 위해 애쓸 수 있는가? 어리석은 자여, 내가 여러 가지 방편으로 탐욕의 여읨을 위하여, 교만을 부수기 위하여, 갈증을 제거하기 위하여, 경향을 제거하기 위하여, 윤회를 끊기 위하여, 갈애를 부수기 위해서, 사라지기 위해서, 지멸에 들기 위해서, 열반에 들기 위해서 가르침을 설하지 않았는가? 어리석은 자여, 내가 여러 가지 방편으로 감각적 쾌락의 욕망에 대한 끊음에 관하여 설명하지 않았는가? 감각적 쾌락의 욕망에 의한 지각에 대한 완전한 앎에 관하여 설명하지 않았는가? 감각적 쾌락의 욕망에 의한 갈증의 제어에 관하여 설명하지 않았는가? 감각적 쾌락의 욕망에 의한 사유의 제거에 관하여 설명하지 않았는가? 감각적 쾌락의 욕망에 의한 열뇌의 지멸에 관하여 설명하지 않았는가? 어리석은 자여, 그것은 아직 청정한 믿음이 없는 자를 청정한 믿음으로 이끌고, 이미 청정한 믿음이 있는 자를 더욱더 청정한 믿음으로 이끄는 것이 아니다. 어리석은 자여, 그것은 오히려, 아직 청정한 믿음이 없는 자를 불신으로 이끌고, 이미 청정한 믿음이 있는 자 가운데 어떤 자들을 타락시키는 것이다."

1-6. 그리고 세존께서는 존자 우다인에 대하여 여러 가지 방편으로 견책하여, 키우기 어렵고 부양하기 어렵고 탐욕이 많고 만족을 모르고 교제를 좋아하고 나태한 것에 대해 질책하고, 여러 가지 법문으로 고무하여, 키우기 쉽고 부양하기 쉽고 욕심을 여의고, 만족을 알고, 버리고 없애는 삶, 악을 제거하는 삶, 청정한 믿음의 삶, 쌓아 모우지 않는 삶, 용맹정진의 삶을 칭찬하고, 수행승들을 위하여 그에 알맞고 그에 걸맞게 경책하여 법문을 하고 수행승들에게 일렀다.

[세존] "수행승들이여, 그러므로 수행승들을 위하여 열 가지 이유에 기초하여, 즉 참모임의 수승을 위하여, 참모임의 안락을 위하여, 악한 수행승의 조복을 위하여, 품행이 바른 수행승의 평안한 삶을 위하여, 지금 여기에서의 번뇌의 제어를 위하여, 다가오는 번뇌를 물리치기 위하여, 청정한 믿음이 없는 자에게 청정한 믿음을 주기 위하여, 청정한 믿음이 있는 자에게 청정한 믿음을 증대시키기 위하여, 올바른 가르침을 지속시키기 위하여, 계율을 수호하기 위하여 학습계율을 시설하니, 수행승들이여, 그대들은 이와 같이 학습계율을 송출해야 한다."

〔세존〕"어떠한〔*138〕 수행승이든 중매를 통해서 여인에 대한 남자의 의중을 또는 남자에 대한 여인의 의중을 알려서 부부관계를 맺게 하거나 정인관계를 맺게 하면, 승단잔류죄를 범하는 것이다."487)

이와 같이 세존께서는 수행승들을 위하여 학습계율을 시설했다.

2-1. 그때 많은 건달들488)이 유원에서 즐기면서 어떤 기녀에게 심부름꾼을 보냈다.

[건달들] "오십시오, 우리가 유원에서 즐겨봅시다."

그녀는 이와 같이 말했다.

[기녀] "나는 그대들이 누구이고 어떤 가문의 사람인지 모릅니다. 나에게는 많은 용품과 도구가 있어 시외로 나갈 수 없습니다. 가지 않겠습니다."

그래서 그 심부름꾼은 그들 건달들에게 전했다. 그러자 어떤 사람이 그 건달들에게 말했다.

[어떤 사람] "여보게들, 그대들은 누구에게 이 기녀를 요청합니까? 존자 우다인에게 말해보십시오. 존자 우다인이 보내줄 것입니다."

이렇게 말하자 어떤 재가의 남자신도가 그 사람에 말했다.

[재가의 남자신도] "이보시오들, 그렇게 말하지 마십시오. 수행자 싸끼야의 아들이 그러한 일을 하는 것은 옳은 일이 아닙니다. 존자 우다인이 그렇게 해서는 안 됩니다."

그렇게 말하자 그들은 '그렇게 할 것이다. 그렇게 하지 않을 것이다.'라고 내기를 걸었다. 그리고 그들 건달들도 존자 우다인이 '그렇게 할 것이다. 그렇게 하지 않을 것이다.'라고 내기를 걸었다. 그래서 그들 건달들은 존자 우다인이 있는 곳을 찾아갔다. 가까이 다가가서 존자 우다인에게 이와 같이 말했다.

---

487) yo pana bhikkhu sañcarittaṃ samāpajjeyya itthiyā vā purisamatiṃ purisassa vā itthimatiṃ jāyattane vā jārattane vā, saṅghādiseso'ti

488) dhuttā : Smp. 533에 따르면, 여인과 관계하는 건달(itthīdhutta)을 의미한다.

[건달들] “존자여, 여기 우리는 유원에서 즐기면서 어떤 기녀에게 심부름꾼을 보냈습니다. ‘오십시오, 우리가 유원에서 즐겨봅시다.’ 그녀는 이와 같이 말했습니다. ‘나는 그대들이 누구이고 어떤 가문의 사람인지 모릅니다. 나에게는 많은 용품과 도구가 있어 시외로 나갈 수 없습니다. 가지 않겠습니다.’ 존자여, 존자께서 그 기녀를 보내주시면 감사하겠습니다.”

그러자 존자 우다인은 그 기녀가 사는 곳을 찾아갔다, 가까이 다가가서 그 기녀에게 이와 같이 말했다.

[우다인] “그대는 왜 가지 않았습니까?”

[기녀] “존자여, 저는 그들이 누구이고 어떤 가문의 사람인지 모릅니다. 나에게는 많은 용품과 도구가 있어 시외로 나갈 수 없습니다. 가지 않겠습니다.”

[우다인] “그들이 있는 곳으로 가시게. 내가 그들을 압니다.”

[기녀] “존자여, 그대가 그들을 안다면, 제가 가겠습니다.”

그래서 그들 건달들은 그 기녀를 데리고 유원으로 갔다.

2-2. 그러자 그 재가의 남자신도는 혐책하고 분개하고 비난했다.

[재가의 남자신도] “어찌 존자 우다인이 일시적인 아내를 구하도록 중매를 설 수 있단 말인가?”489)

수행승들 가운데 욕망을 여읜 수행승들도 혐책하고 분개하고 비난했다.

[욕망을 여읜 수행승들] “어찌 존자 우다인이 일시적인 아내를 구하도록 중매를 설 수 있단 말인가?”

2-3. 그래서 그 수행승들은 세존께[*139] 그 사실을 알렸다. 그러자 세존께서는 이러한 인연으로 이러한 기회에 수행승들의 참모임을 불러 모으게 하고 존자 우다인에게 물었다.

[세존] “우다인이여, 그대가 일시적인 아내를 구하도록 중매를 선 것이 사실인가?”

[우다인] “세존이시여, 사실입니다.”

존귀한 부처님께서는 견책했다.

[세존] “어리석은 자여, 그것은 적절하지 않고, 자연스럽지 않고, 알맞지 않고, 수행자의 삶이 아니고, 부당하고, 해서는 안 될 일이다. 어리석은 자여, 어찌 그대가 일시적인 아내를 구하도록 중매를 설 수 있단 말인가? 어리석은 자여,

489) kathaṃ hi nāma āyasmā udāyī taṃkhaṇikaṃ sañcarittaṃ samāpajjissatī'ti : Smp. 553-554에 따르면, taṃkhaṇikaṃ는 ‘짧은 시간’을 의미한다. 일시적인 아내를 위해 중매를 선 것은 ‘일시적인 아내를 알선한 것’을 의미한다.

내가 여러 가지 법문으로 가르침을 설한 것은 탐욕의 여읨을 위해서지 탐욕의 갖춤을 위한 것은 아니지 않는가? 가르침을 설한 것은 결박의 여읨을 위해서지 결박의 갖춤을 위한 것은 아니지 않는가? 가르침을 설한 것은 집착의 여읨을 위해서지 집착의 갖춤을 위한 것은 아니지 않는가? 어리석은 자여, 그런데 그대는 내가 탐욕의 여읨을 위하여 가르침을 설할 때에 탐욕의 갖춤을 위해 애쓸 수 있는가? 결박의 여읨을 위하여 가르침을 설할 때에 결박의 갖춤을 위해 애쓸 수 있는가? 집착의 여읨을 위하여 가르침을 설할 때에 집착의 갖춤을 위해 애쓸 수 있는가? 어리석은 자여, 내가 여러 가지 방편으로 탐욕의 여읨을 위하여, 교만을 부수기 위하여, 갈증을 제거하기 위하여, 경향을 제거하기 위하여, 윤회를 끊기 위하여, 갈애를 부수기 위해서, 사라지기 위해서, 지멸에 들기 위해서, 열반에 들기 위해서 가르침을 설하지 않았는가? 어리석은 자여, 내가 여러 가지 방편으로 감각적 쾌락의 욕망에 대한 끊음에 관하여 설명하지 않았는가? 감각적 쾌락의 욕망에 의한 지각에 대한 완전한 앎에 관하여 설명하지 않았는가? 감각적 쾌락의 욕망에 의한 갈증의 제어에 관하여 설명하지 않았는가? 감각적 쾌락의 욕망에 의한 사유의 제거에 관하여 설명하지 않았는가? 감각적 쾌락의 욕망에 의한 열뇌의 지멸에 관하여 설명하지 않았는가? 어리석은 자여, 그것은 아직 청정한 믿음이 없는 자를 청정한 믿음으로 이끌고, 이미 청정한 믿음이 있는 자를 더욱더 청정한 믿음으로 이끄는 것이 아니다. 어리석은 자여, 그것은 오히려, 아직 청정한 믿음이 없는 자를 불신으로 이끌고, 이미 청정한 믿음이 있는 자 가운데 어떤 자들을 타락시키는 것이다."

2-4. 그리고 세존께서는 존자 우다인에 대하여 여러 가지 방편으로 견책하여, 키우기 어렵고 부양하기 어렵고 탐욕이 많고 만족을 모르고 교제를 좋아하고 나태한 것에 대해 질책하고, 여러 가지 법문으로 고무하여, 키우기 쉽고 부양하기 쉽고 욕심을 여의고, 만족을 알고, 버리고 없애는 삶, 악을 제거하는 삶, 청정한 믿음의 삶, 쌓아 모우지 않는 삶, 용맹정진의 삶을 칭찬하고, 수행승들을 위하여 그에 알맞고 그에 걸맞게 경책하여 법문을 하고 수행승들에게 일렀다.

[세존] "수행승들이여, 그러므로 수행승들을 위하여[*139] 열 가지 이유에 기초하여, 즉 참모임의 수승을 위하여, 참모임의 안락을 위하여, 악한 수행승의 조복을 위하여, 품행이 바른 수행승의 평안한 삶을 위하여, 지금 여기에서의 번뇌의 제어를 위하여, 다가오는 번뇌를 물리치기 위하여, 청정한 믿음이 없는 자에게 청정한 믿음을 주기 위하여, 청정한 믿음이 있는 자에게 청정한 믿음을 증대시키

기 위하여, 올바른 가르침을 지속시키기 위하여, 계율을 수호하기 위하여 학습계율을 시설하니, 수행승들이여, 그대들은 이와 같이 학습계율을 송출해야 한다."

[세존] "어떠한 수행승이든 여인에 대한 남자의 의중을 또는 남자에 대한 여인의 의중을 중매해서 부부관계를 맺게 하거나 애인관계를 맺게 하면, 그것이 일시적인 관계라도, 승단잔류죄를 범하는 것이다."[490)]

3-1. '어떠한'이라는 것은 어떠한 관계, 어떠한 태생, 어떠한 이름, 어떠한 성씨, 어떠한 계행, 어떠한 주거, 어떠한 활동영역에서 이든지, 장로이든지, 신참이든지, 중참이든지, 이러한 자들을 형용하는 것으로 '어떠한 자이든'이라는 뜻이다. '수행승'이라고 하는 것은 '탁발하는 자'로서의 수행승, 탁발을 위해 돌아다니는 자로서의 수행승, 분소의를 입은 자로서의 수행승, 사미로서의 수행승, 자칭에 의한 수행승, '오라! 수행승이여!'에 의한 수행승, 삼귀의에 의해 구족계를 받은 수행승, 현선한 수행승, 진실한 수행승, 배울 것이 있는 학인인 수행승, 배울 것이 없는 무학인 수행승, 화합참모임과 한번제안세번제청의 갈마와 부동의 거룩한 님의 속성을 갖춘 자로서의 수행승이 있는데, 그들 가운데 화합참모임과 한번제안세번제청의 갈마와 부동의 거룩한 님의 속성을 갖춘 수행승을 두고, 그러한 의미에서의 수행승을 뜻한다.

3-2. '중매해서 맺게 한다면'이라는 것은 '여자가 파견되어 남자 앞에 간다든가 남자가 파견되어 여자 앞에 가는 것'을 뜻한다. '여인에 대한 남자의 의중'이라는 것은 '남자의 의중을 여인에게 알린다.'는 뜻이다. '남자에 대한 여인의 의중'이라는 것은 '여인의 의중을 남자에게 알린다.'는 뜻이다. '부부관계나'라는 것은 '그대가 아내가 될 것이다.'는 뜻이다. '애인관계나'라는 것은 '그대가 연인이 될 것이다.'는 뜻이다. '승단잔류죄'라는 것은 '참모임이 그 잘못에 대하여 격리처벌을 주고, 가중처벌을 주고, 참회처벌을 주고, 출죄복귀시키는 것'을 뜻하며, 몇몇 사람이나 한 사람의 일이 아니기 때문에 승단잔류죄라고도 하고 그 죄의 다발에 대한 갈마와 관련하여 승단잔류죄라고도 한다.

4-1. 열 가지 여인 즉, 어머니의 보호를 받는 여인(母護女), 아버지의 보호를 받는 여인(父護女), 부모의 보호를 받는 여인(父母護女), 형제의 보호를 받는 여인(兄護女), 자매의 보호를 받는 여인(姉護女), 친척의 보호를 받는 여인(宗親

---

490) 매인계(媒人戒) | Bhikkhunī Saṅgh. 1 : yo pana bhikkhu sañcarittaṃ samāpajjeyya itthiyā vā purisamatiṃ purisassa vā itthimatiṃ, jāyattane vā jārattane vā, antamaso taṅkhaṇikāya pi, saṅghādiseso'ti.

護女), 종친의 보호를 받는 여인(姓護女), 동료의 보호를 받는 여인(法護女), 자신의 보호를 받는 여인(自護女), 무기의 보호를 받는 여인(罰護女)이 있고, 열 가지 아내 즉, 돈으로 얻은 아내(買得婦), 애욕으로 얻은 아내(樂住婦), 재물로 얻은 아내(雇住婦), 옷으로 얻은 아내(衣物住婦), 물그릇에 손을 담가 얻은 아내(水得婦), 짐받침을 내려놓아 얻은 아내(鐶得婦), 하녀로 얻은 아내(婢取婦), 일꾼으로 얻은 아내(執作婦), 깃발로 얻은 아내(與旗婦), 잠시동안 얻은 아내(暫婦)가 있다.491)

4-2. '어머니의 보호를 받는 여인'이라는 것은 '어머니가 보호하고 감독하여 지배하고 제어하는 여인'을 뜻한다. '아버지의 보호를 받는 여인'이라는 것은 '아버지가 보호하고 감독하여 지배하고 제어하는 여인'을 뜻한다. '부모의 보호를 받는 여인'이라는 것은 '부모가 보호하고 감독하여 지배하고 제어하는 여인'을 뜻한다. '형제의 보호를 받는 여인'이라는 것은 '형제가 보호하고 감독하여 지배하고 제어하는 여인'을 뜻한다. '자매의 보호를 받는 여인'이라는 것은 '자매가 보호하고 감독하여 지배하고 제어하는 여인'을 뜻한다.'친척의 보호를 받는 여인'이라는 것은 '친척이 보호하고 감독하여 지배하고 제어하는 여인'을 뜻한다. '종친의 보호를 받는 여인'이라는 것은 '종친이 보호하고 감독하여 지배하고 제어하는 여인'을 뜻한다. '동료의 보호를 받는 여인'이라는 것은 '동료가 보호하고 감독하여 지배하고 제어하는 여인'을 뜻한다. '자신의 보호를 받는 여인'이라는 것은 '설사 약혼했더라도 '그녀는 나의 것이다.'라고 내실에 데리고 들어가 점찍은 여인'이라는 뜻한다. '무기의 보호를 받는 여인'이라는 것은 '어떠한 몽둥이라도 가지고 이러이러한 여인을 공격하면, 누구나 거기에 상응하는 처벌을 받게 되는 그 여인'이라고 하는 뜻이다.

4-3. '돈으로 얻은 아내'라는[*140] 것은 '돈으로 사서 살게 한 아내'를 뜻한다. '애욕으로 얻은 아내'라는 것은 '애인관계로 살게 한 아내'를 뜻한다.492) '재물로 얻은 아내'라는 것은 '재물을 주고 살게 한 아내'를 뜻한다. '옷으로 얻은 아내'라

---

491) dasa bhariyāyo: dhanakkītā, chandavāsinī, bhogavāsinī, paṭavāsinī, odapattakinī, obhatacumbaṭā, dāsī ca bhariyā ca, kammakārī ca bhariyā ca, dhajābhaṭā, muhuttikā : 각각의 설명은 다음 패러그래프를 보라. MN. I. 286에서는 사음에 관하여 이와 같이 정의한다: '사랑을 나눔에 잘못된 행위를 합니다. 어머니의 보호를 받고 있고, 아버지의 보호를 받고 있고, 부모의 보호를 받고 있고, 형제의 보호를 받고 있고, 자매의 보호를 받고 있고, 친족의 보호를 받고 있고, 이미 혼인했거나, 주인이 있거나, 법의 보호를 받거나, 심지어 약혼의 표시로 꽃다발을 쓴 여인과 관계합니다.'

492) chandavāsinī nāma: piyo piyaṃ vāseti : Smp. 555에 따르면, 자신의 자유로운 욕망으로 얻은 아내를 뜻한다.

는 것은 '의복을 주고 살게 한 아내'를 뜻한다. '물그릇에 손을 담가 얻은 아내'라는 것은 '물그릇에 손을 담가 살게 한 아내'를 뜻한다.[493] '짐받침을 내려놓아 얻은 아내'이라는 것은 '짐받침을 내려놓게 해서 살게 한 아내'를 뜻한다.[494] '하녀로서 얻은 아내'라는 것은 '하녀이자 또한 아내가 된 아내'를 뜻한다. '일꾼으로서 얻은 아내'라는 것은 '일꾼이자 또한 아내가 된 아내'를 뜻한다.[495] '깃발로 얻은 아내'라는 것은 '포로로 끌려온 아내'를 뜻한다.[496] '잠시 동안의 아내'라는 것은 '일시적인 아내'를 뜻한다.

4-4₁.

1) 어떤 사람이 수행승을 파견하면서 "존자여, 가서 이러이러한 어머니의 보호를 받는 여인에게 말해서 '그대가 이러이러한 돈으로 얻은 아내 또는 애욕으로 얻은 아내 또는 재물로 얻은 아내 또는 옷으로 얻은 아내 또는 물그릇에 손을 담가 얻은 아내 또는 짐받침을 내려놓아 얻은 아내 또는 하녀로 얻은 아내 또는 일꾼으로 얻은 아내 또는 깃발로 얻은 아내 또는 잠시동안 얻은 아내가 되는 것이 좋겠다.'라고 말해주시오."라고 말할 때, 수행승이 그것을 받아서 전언하여 보고하면, 승단잔류죄를 범하는 것이다.
2) 어떤 사람이 수행승을 파견하면서 "존자여, 가서 이러이러한 아버지의 보호를 받는 여인에게 말해서 '그대가 이러이러한 돈으로 얻은 아내 또는 애욕으로 얻은 아내 또는 재물로 얻은 아내 또는 옷으로 얻은 아내 또는 물그릇에 손을 담가 얻은 아내 또는 짐받침을 내려놓아 얻은 아내 또는 하녀로 얻은 아내 또는 일꾼으로 얻은 아내 또는 깃발로 얻은 아내 또는 잠시동안 얻은 아내가 되는 것이 좋겠다.'라고 말해주시오."라고 말할 때, 수행승이 그것을 받아서 전언하여 보고하면, 승단잔류죄를 범하는 것이다.
3) 어떤 사람이 수행승을 파견하면서 "존자여, 가서 이러이러한 부모의 보호를 받는 여인에게 말해서 '그대가 이러이러한 돈으로 얻은 아내 또는 애욕으로

493) odapattakinī nāma: udapattaṃ āmasitvā vāseti : Smp. 555에 따르면, 물그릇에 두 손들을 담그고 '이 물처럼 결합하여 헤어지지 말지어다.'라고 말하여 얻은 아내를 말한다.

494) obhatacumbaṭā nāma: cumbaṭaṃ oropetvā vāseti : Smp. 555에 따르면, 누군가가 땔나무 등을 모아가지고 오면, 그 짐받침을 머리에서 놓게 하여, 집안에서 지내게 하는 것이다. 인도에서는 과거 우리나라의 시골아낙네와 마찬가지로 머리위에 무명천이나 건초 등으로 만든 짐받침을 이고 머리위에 놓인 짐의 균형을 잡았다.

495) kammakārī nāma: kammakārī ceva hoti bhariyā ca : Smp. 555에 따르면, 그녀는 집안에서 임금을 받고 일한다. 어떤 사람은 자신의 아내에 만족하지 않아서 그녀와 가정을 꾸린다.

496) dhajābhaṭā nāma: karamarānītā vuccati : Smp. 555에 따르면, 깃발을 들고 군대와 함께 가서 다른 지방을 약탈하고 포로로 데리고 온 여자를 누군가가 아내로 삼는다면, 깃발로 얻은 아내라고 한다.

얻은 아내 또는 재물로 얻은 아내 또는 옷으로 얻은 아내 또는 물그릇에 손을 담가 얻은 아내 또는 짐받침을 내려놓아 얻은 아내 또는 하녀로 얻은 아내 또는 일꾼으로 얻은 아내 또는 깃발로 얻은 아내 또는 잠시동안 얻은 아내가 되는 것이 좋겠다.'라고 말해주시오."라고 받아서 전언하여 보고하면, 승단잔류죄를 범하는 것이다.

4) 어떤 사람이 수행승을 파견하면서 "존자여, 가서 이러이러한 형제의 보호를 받는 여인에게 말해서 '그대가 이러이러한 돈으로 얻은 아내 또는 애욕으로 얻은 아내 또는 재물로 얻은 아내 또는 옷으로 얻은 아내 또는 물그릇에 손을 담가 얻은 아내 또는 짐받침을 내려놓아 얻은 아내 또는 하녀로 얻은 아내 또는 일꾼으로 얻은 아내 또는 깃발로 얻은 아내 또는 잠시동안 얻은 아내가 되는 것이 좋겠다.'라고 말해주시오."라고 받아서 전언하여 보고하면, 승단잔류죄를 범하는 것이다.

5) 어떤 사람이 수행승을 파견하면서 "존자여, 가서 이러이러한 자매의 보호를 받는 여인에게 말해서 '그대가 이러이러한 돈으로 얻은 아내 또는 애욕으로 얻은 아내 또는 재물로 얻은 아내 또는 옷으로 얻은 아내 또는 물그릇에 손을 담가 얻은 아내 또는 짐받침을 내려놓아 얻은 아내 또는 하녀로 얻은 아내 또는 일꾼으로 얻은 아내 또는 깃발로 얻은 아내 또는 잠시동안 얻은 아내가 되는 것이 좋겠다.'라고 말해주시오."라고 받아서 전언하여 보고하면, 승단잔류죄를 범하는 것이다.

6) 어떤 사람이 수행승을 파견하면서 "존자여, 가서 이러이러한 친척의 보호를 받는 여인에게 말해서 '그대가 이러이러한 돈으로 얻은 아내 또는 애욕으로 얻은 아내 또는 재물로 얻은 아내 또는 옷으로 얻은 아내 또는 물그릇에 손을 담가 얻은 아내 또는 짐받침을 내려놓아 얻은 아내 또는 하녀로 얻은 아내 또는 일꾼으로 얻은 아내 또는 깃발로 얻은 아내 또는 잠시동안 얻은 아내가 되는 것이 좋겠다.'라고 말해주시오."라고 받아서 전언하여 보고하면, 승단잔류죄를 범하는 것이다.

7) 어떤 사람이 수행승을 파견하면서 "존자여, 가서 이러이러한 종친의 보호를 받는 여인에게 말해서 '그대가 이러이러한 돈으로 얻은 아내 또는 애욕으로 얻은 아내 또는 재물로 얻은 아내 또는 옷으로 얻은 아내 또는 물그릇에 손을 담가 얻은 아내 또는 짐받침을 내려놓아 얻은 아내 또는 하녀로 얻은 아내 또는 일꾼으로 얻은 아내 또는 깃발로 얻은 아내 또는 잠시동안 얻은 아내가

되는 것이 좋겠다.'라고 말해주시오."라고 받아서 전언하여 보고하면, 승단잔류죄를 범하는 것이다.

8) 어떤 사람이 수행승을 파견하면서 "존자여, 가서 이러이러한 동료의 보호를 받는 여인에게 말해서 '그대가 이러이러한 돈으로 얻은 아내 또는 애욕으로 얻은 아내 또는 재물로 얻은 아내 또는 옷으로 얻은 아내 또는 물그릇에 손을 담가 얻은 아내 또는 짐받침을 내려놓아 얻은 아내 또는 하녀로 얻은 아내 또는 일꾼으로 얻은 아내 또는 깃발로 얻은 아내 또는 잠시동안 얻은 아내가 되는 것이 좋겠다.'라고 말해주시오."라고 받아서 전언하여 보고하면, 승단잔류죄를 범하는 것이다.

9) 어떤 사람이 수행승을 파견하면서 "존자여, 가서 이러이러한 자신의 보호를 받는 여인에게 말해서 '그대가 이러이러한 돈으로 얻은 아내 또는 애욕으로 얻은 아내 또는 재물로 얻은 아내 또는 옷으로 얻은 아내 또는 물그릇에 손을 담가 얻은 아내 또는 짐받침을 내려놓아 얻은 아내 또는 하녀로 얻은 아내 또는 일꾼으로 얻은 아내 또는 깃발로 얻은 아내 또는 잠시동안 얻은 아내가 되는 것이 좋겠다.'라고 말해주시오."라고 받아서 전언하여 보고하면, 승단잔류죄를 범하는 것이다.

10) 어떤 사람이 수행승을 파견하면서 "존자여, 가서 이러이러한 무기의 보호를 받는 여인에게 말해서 '그대가 이러이러한 돈으로 얻은 아내 또는 애욕으로 얻은 아내 또는 재물로 얻은 아내 또는 옷으로 얻은 아내 또는 물그릇에 손을 담가 얻은 아내 또는 짐받침을 내려놓아 얻은 아내 또는 하녀로 얻은 아내 또는 일꾼으로 얻은 아내 또는 깃발로 얻은 아내 또는 잠시동안 얻은 아내가 되는 것이 좋겠다.'라고 말해주시오."라고 받아서 전언하여 보고하면, 승단잔류죄를 범하는 것이다.

4-4₂.

1) 어떤 사람이 수행승을 파견하면서 "존자여, 가서 이러이러한 어머니의 보호를 받는 여인과 아버지의 보호를 받는 여인에게 말해서 '그대들이 이러이러한 돈으로 얻은 아내가 되는 것이 좋겠다.'라고 말해주시오."라고 받아서 전언하여 보고하면, 승단잔류죄를 범하는 것이다.

2) 어떤 사람이 수행승을 파견하면서 "존자여, 가서 이러이러한 어머니의 보호를 받는 여인과 부모의 보호를 받는 여인에게 말해서 '그대들이 이러이러한 돈으로 얻은 아내가 되는 것이 좋겠다.'라고 말해주시오."라고 받아서 전언하여

보고하면, 승단잔류죄를 범하는 것이다.

3) 어떤 사람이 수행승을 파견하면서 "존자여, 가서 이러이러한 어머니의 보호를 받는 여인과 형제의 보호를 받는 여인에게 말해서 '그대들이 이러이러한 돈으로 얻은 아내가 되는 것이 좋겠다.'라고 말해주시오."라고 받아서 전언하여 보고하면, 승단잔류죄를 범하는 것이다.

4) 어떤 사람이 수행승을 파견하면서 "존자여, 가서 이러이러한 어머니의 보호를 받는 여인과 자매의 보호를 받는 여인에게 말해서 '그대들이 이러이러한 돈으로 얻은 아내가 되는 것이 좋겠다.'라고 말해주시오."라고 받아서 전언하여 보고하면, 승단잔류죄를 범하는 것이다.

5) 어떤 사람이 수행승을 파견하면서 "존자여, 가서 이러이러한 어머니의 보호를 받는 여인과 친척의 보호를 받는 여인에게 말해서 '그대들이 이러이러한 돈으로 얻은 아내가 되는 것이 좋겠다.'라고 말해주시오."라고 받아서 전언하여 보고하면, 승단잔류죄를 범하는 것이다.

6) 어떤 사람이 수행승을 파견하면서 "존자여, 가서 이러이러한 어머니의 보호를 받는 여인과 종친의 보호를 받는 여인에게 말해서 '그대들이 이러이러한 돈으로 얻은 아내가 되는 것이 좋겠다.'라고 말해주시오."라고 받아서 전언하여 보고하면, 승단잔류죄를 범하는 것이다.

7) 어떤 사람이 수행승을 파견하면서 "존자여, 가서 이러이러한 어머니의 보호를 받는 여인과 동료의 보호를 받는 여인에게 말해서 '그대들이 이러이러한 돈으로 얻은 아내가 되는 것이 좋겠다.'라고 말해주시오."라고 받아서 전언하여 보고하면, 승단잔류죄를 범하는 것이다.

8) 어떤 사람이 수행승을 파견하면서 "존자여, 가서 이러이러한 어머니의 보호를 받는 여인과 자신의 보호를 받는 여인에게 말해서 '그대들이 이러이러한 돈으로 얻은 아내가 되는 것이 좋겠다.'라고 말해주시오."라고 받아서 전언하여 보고하면, 승단잔류죄를 범하는 것이다.

9) 어떤 사람이 수행승을 파견하면서 "존자여, 가서 이러이러한 어머니의 보호를 받는 여인과 무기의 보호를 받는 여인에게 말해서 '그대들이 이러이러한 돈으로 얻은 아내가 되는 것이 좋겠다.'라고 말해주시오."라고 받아서 전언하여 보고하면, 승단잔류죄를 범하는 것이다.

4-4₃.

1) 어떤 사람이 수행승을 파견하면서 "존자여, 가서 이러이러한 아버지의 보호를

받는 여인과 부모의 보호를 받는 여인에게 말해서 '그대들이 이러이러한 돈으로 얻은 아내가 되는 것이 좋겠다.'라고 말해주시오."라고 받아서 전언하여 보고하면, 승단잔류죄를 범하는 것이다.

2) 어떤 사람이 수행승을 파견하면서 "존자여, 가서 이러이러한 아버지의 보호를 받는 여인과 형제의 보호를 받는 여인에게 말해서 '그대들이 이러이러한 돈으로 얻은 아내가 되는 것이 좋겠다.'라고 말해주시오."라고 받아서 전언하여 보고하면, 승단잔류죄를 범하는 것이다.

3) 어떤 사람이 수행승을 파견하면서 "존자여, 가서 이러이러한 아버지의 보호를 받는 여인과 자매의 보호를 받는 여인에게 말해서 '그대들이 이러이러한 돈으로 얻은 아내가 되는 것이 좋겠다.'라고 말해주시오."라고 받아서 전언하여 보고하면, 승단잔류죄를 범하는 것이다.

4) 어떤 사람이 수행승을 파견하면서 "존자여, 가서 이러이러한 아버지의 보호를 받는 여인과 친척의 보호를 받는 여인에게 말해서 '그대들이 이러이러한 돈으로 얻은 아내가 되는 것이 좋겠다.'라고 말해주시오."라고 받아서 전언하여 보고하면, 승단잔류죄를 범하는 것이다.

5) 어떤 사람이 수행승을 파견하면서 "존자여, 가서 이러이러한 아버지의 보호를 받는 여인과 종친의 보호를 받는 여인에게 말해서 '그대들이 이러이러한 돈으로 얻은 아내가 되는 것이 좋겠다.'라고 말해주시오."라고 받아서 전언하여 보고하면, 승단잔류죄를 범하는 것이다.

6) 어떤 사람이 수행승을 파견하면서 "존자여, 가서 이러이러한 아버지의 보호를 받는 여인과 동료의 보호를 받는 여인에게 말해서 '그대들이 이러이러한 돈으로 얻은 아내가 되는 것이 좋겠다.'라고 말해주시오."라고 받아서 전언하여 보고하면, 승단잔류죄를 범하는 것이다.

7) 어떤 사람이 수행승을 파견하면서 "존자여, 가서 이러이러한 아버지의 보호를 받는 여인과 자신의 보호를 받는 여인에게 말해서 '그대들이 이러이러한 돈으로 얻은 아내가 되는 것이 좋겠다.'라고 말해주시오."라고 받아서 전언하여 보고하면, 승단잔류죄를 범하는 것이다.

8) 어떤 사람이 수행승을 파견하면서 "존자여, 가서 이러이러한 아버지의 보호를 받는 여인과 무기의 보호를 받는 여인에게 말해서 '그대들이 이러이러한 돈으로 얻은 아내가 되는 것이 좋겠다.'라고 말해주시오."라고 받아서 전언하여 보고하면, 승단잔류죄를 범하는 것이다.

9) 어떤 사람이 수행승을 파견하면서 "존자여, 가서 이러이러한 아버지의 보호를 받는 여인과 어머니의 보호를 받는 여인에게 말해서 '그대들이 이러이러한 돈으로 얻은 아내가 되는 것이 좋겠다.'라고 말해주시오."라고 받아서 전언하여 보고하면, 승단잔류죄를 범하는 것이다.

4-4₄.

1) 어떤 사람이 수행승을 파견하면서 "존자여, 가서 이러이러한 무기의 보호를 받는 여인과 어머니의 보호를 받는 여인에게 말해서 '그대들이 이러이러한 돈으로 얻은 아내가 되는 것이 좋겠다.'라고 말해주시오."라고 받아서 전언하여 보고하면, 승단잔류죄를 범하는 것이다.

2) 어떤 사람이 수행승을 파견하면서 "존자여, 가서 이러이러한 무기의 보호를 받는 여인과 아버지의 보호를 받는 여인에게 말해서 '그대들이 이러이러한 돈으로 얻은 아내가 되는 것이 좋겠다.'라고 말해주시오."라고 받아서 전언하여 보고하면, 승단잔류죄를 범하는 것이다.

3) 어떤 사람이 수행승을 파견하면서 "존자여, 가서 이러이러한 무기의 보호를 받는 여인과 부모의 보호를 받는 여인에게 말해서 '그대들이 이러이러한 돈으로 얻은 아내가 되는 것이 좋겠다.'라고 말해주시오."라고 받아서 전언하여 보고하면, 승단잔류죄를 범하는 것이다.

4) 어떤 사람이 수행승을 파견하면서 "존자여, 가서 이러이러한 무기의 보호를 받는 여인과 형제의 보호를 받는 여인에게 말해서 '그대들이 이러이러한 돈으로 얻은 아내가 되는 것이 좋겠다.'라고 말해주시오."라고 받아서 전언하여 보고하면, 승단잔류죄를 범하는 것이다.

5) 어떤 사람이 수행승을 파견하면서 "존자여, 가서 이러이러한 무기의 보호를 받는 여인과 자매의 보호를 받는 여인에게 말해서 '그대들이 이러이러한 돈으로 얻은 아내가 되는 것이 좋겠다.'라고 말해주시오."라고 받아서 전언하여 보고하면, 승단잔류죄를 범하는 것이다.

6) 어떤 사람이 수행승을 파견하면서 "존자여, 가서 이러이러한 무기의 보호를 받는 여인과 친척의 보호를 받는 여인에게 말해서 '그대들이 이러이러한 돈으로 얻은 아내가 되는 것이 좋겠다.'라고 말해주시오."라고 받아서 전언하여 보고하면, 승단잔류죄를 범하는 것이다.

7) 어떤 사람이 수행승을 파견하면서 "존자여, 가서 이러이러한 무기의 보호를 받는 여인과 종친의 보호를 받는 여인에게 말해서 '그대들이 이러이러한 돈으

로 얻은 아내가 되는 것이 좋겠다.'라고 말해주시오."라고 받아서 전언하여 보고하면, 승단잔류죄를 범하는 것이다.

8) 어떤 사람이 수행승을 파견하면서 "존자여, 가서 이러이러한 무기의 보호를 받는 여인과 동료의 보호를 받는 여인에게 말해서 '그대들이 이러이러한 돈으로 얻은 아내가 되는 것이 좋겠다.'라고 말해주시오."라고 받아서 전언하여 보고하면, 승단잔류죄를 범하는 것이다.

9) 어떤 사람이 수행승을 파견하면서 "존자여, 가서 이러이러한 무기의 보호를 받는 여인과 자신의 보호를 받는 여인에게 말해서 '그대들이 이러이러한 돈으로 얻은 아내가 되는 것이 좋겠다.'라고 말해주시오."라고 받아서 전언하여 보고하면, 승단잔류죄를 범하는 것이다.

4-4₅. 둘에 토대를 두는 결합배열과, 셋에 토대를 두는 결합배열과, 넷에 토대를 두는 결합배열과, 다섯에 토대를 두는 결합배열과, 여섯에 토대를 두는 결합배열과, 일곱에 토대를 두는 결합배열과, 여덟에 토대를 두는 결합배열과, 아홉에 토대를 두는 결합배열과, 열에 토대를 두는 결합배열은 하나를 근본으로 하는 것이 확장되듯, 상세히 확장되어야 한다.

4-5.

1) 어떤 사람이 수행승을 파견하면서 "존자여, 가서 이러이러한 어머니의 보호를 받는 여인과 아버지의 보호를 받는 여인과 부모의 보호를 받는 여인과 형제의 보호를 받는 여인과 자매의 보호를 받는 여인과 친척의 보호를 받는 여인과 종친의 보호를 받는 여인과 동료의 보호를 받는 여인과 자신의 보호를 받는 여인과 무기의 보호를 받는 여인에게 말해서 '그대가 이러이러한 돈으로 얻은 아내가 되는 것이 좋겠다.'라고 말해주시오."라고 말할 때, 수행승이 그것을 받아서 전언하여 보고하면, 승단잔류죄를 범하는 것이다.

2) 어떤 사람이 수행승을 파견하면서 "존자여, 가서 이러이러한 어머니의 보호를 받는 여인과 아버지의 보호를 받는 여인과 부모의 보호를 받는 여인과 형제의 보호를 받는 여인과 자매의 보호를 받는 여인과 친척의 보호를 받는 여인과 종친의 보호를 받는 여인과 동료의 보호를 받는 여인과 자신의 보호를 받는 여인과 무기의 보호를 받는 여인에게 말해서 '그대가 이러이러한 자의 애욕으로 얻은 아내가 되는 것이 좋겠다.'라고 말해주시오."라고 말할 때, 수행승이 그것을 받아서 전언하여 보고하면, 승단잔류죄를 범하는 것이다.

3) 어떤 사람이 수행승을 파견하면서 "존자여, 존자여, 가서 이러이러한 어머니의

보호를 받는 여인과 아버지의 보호를 받는 여인과 부모의 보호를 받는 여인과 형제의 보호를 받는 여인과 자매의 보호를 받는 여인과 친척의 보호를 받는 여인과 종친의 보호를 받는 여인과 동료의 보호를 받는 여인과 자신의 보호를 받는 여인과 무기의 보호를 받는 여인에게 말해서 '그대가 이러이러한 자의 재물로 얻은 아내가 되는 것이 좋겠다.'라고 말해주시오."라고 말할 때, 수행승이 그것을 받아서 전언하여 보고하면, 승단잔류죄를 범하는 것이다.

4) 어떤 사람이 수행승을 파견하면서 "존자여, 가서 이러이러한 어머니의 보호를 받는 여인과 아버지의 보호를 받는 여인과 부모의 보호를 받는 여인과 형제의 보호를 받는 여인과 자매의 보호를 받는 여인과 친척의 보호를 받는 여인과 종친의 보호를 받는 여인과 동료의 보호를 받는 여인과 자신의 보호를 받는 여인과 무기의 보호를 받는 여인에게 말해서 '그대가 이러이러한 자의 옷으로 얻은 아내가 되는 것이 좋겠다.'라고 말해주시오."라고 말할 때, 수행승이 그것을 받아서 전언하여 보고하면, 승단잔류죄를 범하는 것이다.

5) 어떤 사람이 수행승을 파견하면서 "존자여, 가서 이러이러한 어머니의 보호를 받는 여인과 아버지의 보호를 받는 여인과 부모의 보호를 받는 여인과 형제의 보호를 받는 여인과 자매의 보호를 받는 여인과 친척의 보호를 받는 여인과 종친의 보호를 받는 여인과 동료의 보호를 받는 여인과 자신의 보호를 받는 여인과 무기의 보호를 받는 여인에게 말해서 '그대가 이러이러한 자의 물그릇에 손을 담가 얻은 아내가 되는 것이 좋겠다.'라고 말해주시오."라고 말할 때, 수행승이 그것을 받아서 전언하여 보고하면, 승단잔류죄를 범하는 것이다.

6) 어떤 사람이 수행승을 파견하면서 "존자여, 가서 이러이러한 어머니의 보호를 받는 여인과 아버지의 보호를 받는 여인과 부모의 보호를 받는 여인과 형제의 보호를 받는 여인과 자매의 보호를 받는 여인과 친척의 보호를 받는 여인과 종친의 보호를 받는 여인과 동료의 보호를 받는 여인과 자신의 보호를 받는 여인과 무기의 보호를 받는 여인에게 말해서 '그대가 이러이러한 짐받침을 내려놓아 얻은 아내가 되는 것이 좋겠다.'라고 말해주시오."라고 말할 때, 수행승이 그것을 받아서 전언하여 보고하면, 승단잔류죄를 범하는 것이다.

7) 어떤 사람이 수행승을 파견하면서 "존자여, 가서 이러이러한 어머니의 보호를 받는 여인과 아버지의 보호를 받는 여인과 부모의 보호를 받는 여인과 형제의 보호를 받는 여인과 자매의 보호를 받는 여인과 친척의 보호를 받는 여인과 종친의 보호를 받는 여인과 동료의 보호를 받는 여인과 자신의 보호를 받는

여인과 무기의 보호를 받는 여인에게 말해서 '그대가 이러이러한 하녀로 얻은 아내가 되는 것이 좋겠다.'라고 말해주시오."라고 말할 때, 수행승이 그것을 받아서 전언하여 보고하면, 승단잔류죄를 범하는 것이다.

8) 어떤 사람이 수행승을 파견하면서 "존자여, 가서 이러이러한 어머니의 보호를 받는 여인과 아버지의 보호를 받는 여인과 부모의 보호를 받는 여인과 형제의 보호를 받는 여인과 자매의 보호를 받는 여인과 친척의 보호를 받는 여인과 종친의 보호를 받는 여인과 동료의 보호를 받는 여인과 자신의 보호를 받는 여인과 무기의 보호를 받는 여인에게 말해서 '그대가 이러이러한 일꾼으로 얻은 아내가 되는 것이 좋겠다.'라고 말해주시오."라고 말할 때, 수행승이 그것을 받아서 전언하여 보고하면, 승단잔류죄를 범하는 것이다.

9) 어떤 사람이 수행승을 파견하면서 "존자여, 가서 이러이러한 어머니의 보호를 받는 여인과 아버지의 보호를 받는 여인과 부모의 보호를 받는 여인과 형제의 보호를 받는 여인과 자매의 보호를 받는 여인과 친척의 보호를 받는 여인과 종친의 보호를 받는 여인과 동료의 보호를 받는 여인과 자신의 보호를 받는 여인과 무기의 보호를 받는 여인에게 말해서 '그대가 이러이러한 깃발로 얻은 아내가 되는 것이 좋겠다.'라고 말해주시오."라고 말할 때, 수행승이 그것을 받아서 전언하여 보고하면, 승단잔류죄를 범하는 것이다.

10) 어떤 사람이[*141] 수행승을 파견하면서 "존자여, 가서 이러이러한 어머니의 보호를 받는 여인과 아버지의 보호를 받는 여인과 부모의 보호를 받는 여인과 형제의 보호를 받는 여인과 자매의 보호를 받는 여인과 친척의 보호를 받는 여인과 종친의 보호를 받는 여인과 동료의 보호를 받는 여인과 자신의 보호를 받는 여인과 무기의 보호를 받는 여인에게 말해서 '그대가 이러이러한 잠시동안 얻은 아내가 되는 것이 좋겠다.'라고 말해주시오."라고 말할 때, 수행승이 그것을 받아서 전언하여 보고하면, 승단잔류죄를 범하는 것이다.

4-6. 어떤 사람이 수행승을 파견하면서 "존자여, 가서 이러이러한 어머니의 보호를 받는 여인이나 아버지의 보호를 받는 여인이나 부모의 보호를 받는 여인이나 형제의 보호를 받는 여인이나 자매의 보호를 받는 여인이나 친척의 보호를 받는 여인이나 종친의 보호를 받는 여인이나 동료의 보호를 받는 여인이나 자신의 보호를 받는 여인이나 무기의 보호를 받는 여인에게 말해서 '그대가 이러이러한 자의 돈으로 얻은 아내와 애욕으로 얻은 아내와 재물로 얻은 아내와 옷으로 얻은 아내와 물그릇에 손을 담가 얻은 아내와 짐받침을 내려놓아 얻은 아내와 하녀로

얻은 아내와 일꾼으로 얻은 아내와 깃발로 얻은 아내와 잠시동안 얻은 아내가 되는 것이 좋겠다.'라고 말해주시오."라고 말할 때, 수행승이 그것을 받아서 전언하여 보고하면, 승단잔류죄를 범하는 것이다.

4-7.

1) 어떤 사람이 수행승을 파견하면서 "존자여, 가서 어머니의 보호를 받는 여인이나 아버지의 보호를 받는 여인이나 부모의 보호를 받는 여인이나 형제의 보호를 받는 여인이나 자매의 보호를 받는 여인이나 친척의 보호를 받는 여인이나 종친의 보호를 받는 여인이나 동료의 보호를 받는 여인이나 자신의 보호를 받는 여인이나 무기의 보호를 받는 여인에게 말해서 '그대가 이러이러한 자의 돈으로 얻은 아내가 되는 것이 좋겠다.'라고 말해주시오."라고 말할 때, 수행승이 그것을 받아서 전언하여 보고하면, 승단잔류죄를 범하는 것이다.
2) 어떤 사람이 수행승을 파견하면서 "존자여, 가서 어머니의 보호를 받는 여인이나 아버지의 보호를 받는 여인이나 부모의 보호를 받는 여인이나 형제의 보호를 받는 여인이나 자매의 보호를 받는 여인이나 친척의 보호를 받는 여인이나 종친의 보호를 받는 여인이나 동료의 보호를 받는 여인이나 자신의 보호를 받는 여인이나 무기의 보호를 받는 여인에게 말해서 '그대가 이러이러한 자의 애욕으로 얻은 아내가 되는 것이 좋겠다.'라고 말해주시오."라고 말할 때, 수행승이 그것을 받아서 전언하여 보고하면, 승단잔류죄를 범하는 것이다.
3) 어떤 사람이 수행승을 파견하면서 "존자여, 가서 이러이러한 어머니의 보호를 받는 여인이나 아버지의 보호를 받는 여인이나 부모의 보호를 받는 여인이나 형제의 보호를 받는 여인이나 자매의 보호를 받는 여인이나 친척의 보호를 받는 여인이나 종친의 보호를 받는 여인이나 동료의 보호를 받는 여인이나 자신의 보호를 받는 여인이나 무기의 보호를 받는 여인에게 말해서 '그대가 이러이러한 자의 재물로 얻은 아내가 되는 것이 좋겠다.'라고 말해주시오."라고 말할 때, 수행승이 그것을 받아서 전언하여 보고하면, 승단잔류죄를 범하는 것이다.
4) 어떤 사람이 수행승을 파견하면서 "존자여, 가서 이러이러한 어머니의 보호와 아버지의 보호를 받는 여인에게 말해서 '그대가 이러이러한 자의 옷으로 얻은 아내가 되는 것이 좋겠다.'라고 말해주시오."라고 말할 때, 수행승이 그것을 받아서 전언하여 보고하면, 승단잔류죄를 범하는 것이다.
5) 어떤 사람이 수행승을 파견하면서 "존자여, 가서 이러이러한 어머니의 보호를

받는 여인이나 아버지의 보호를 받는 여인이나 부모의 보호를 받는 여인이나 형제의 보호를 받는 여인이나 자매의 보호를 받는 여인이나 친척의 보호를 받는 여인이나 종친의 보호를 받는 여인이나 동료의 보호를 받는 여인이나 자신의 보호를 받는 여인이나 무기의 보호를 받는 여인에게 말해서 '그대가 이러이러한 자의 물그릇에 손을 담가 얻은 아내가 되는 것이 좋겠다.'라고 말해 주시오."라고 말할 때, 수행승이 그것을 받아서 전언하여 보고하면, 승단잔류죄를 범하는 것이다.

6) 어떤 사람이 수행승을 파견하면서 "존자여, 가서 이러이러한 어머니의 보호를 받는 여인이나 아버지의 보호를 받는 여인이나 부모의 보호를 받는 여인이나 형제의 보호를 받는 여인이나 자매의 보호를 받는 여인이나 친척의 보호를 받는 여인이나 종친의 보호를 받는 여인이나 동료의 보호를 받는 여인이나 자신의 보호를 받는 여인이나 무기의 보호를 받는 여인에게 말해서 '그대가 이러이러한 자의 짐받침을 내려놓아 얻은 아내가 되는 것이 좋겠다.'라고 말해 주시오."라고 말할 때, 수행승이 그것을 받아서 전언하여 보고하면, 승단잔류죄를 범하는 것이다.

7) 어떤 사람이 수행승을 파견하면서 "존자여, 가서 이러이러한 어머니의 보호를 받는 여인이나 아버지의 보호를 받는 여인이나 부모의 보호를 받는 여인이나 형제의 보호를 받는 여인이나 자매의 보호를 받는 여인이나 친척의 보호를 받는 여인이나 종친의 보호를 받는 여인이나 동료의 보호를 받는 여인이나 자신의 보호를 받는 여인이나 무기의 보호를 받는 여인에게 말해서 '그대가 이러이러한 자의 하녀로 얻은 아내가 되는 것이 좋겠다.'라고 말해주시오."라고 말할 때, 수행승이 그것을 받아서 전언하여 보고하면, 승단잔류죄를 범하는 것이다.

8) 어떤 사람이 수행승을 파견하면서 "존자여, 가서 이러이러한 어머니의 보호를 받는 여인이나 아버지의 보호를 받는 여인이나 부모의 보호를 받는 여인이나 형제의 보호를 받는 여인이나 자매의 보호를 받는 여인이나 친척의 보호를 받는 여인이나 종친의 보호를 받는 여인이나 동료의 보호를 받는 여인이나 자신의 보호를 받는 여인이나 무기의 보호를 받는 여인에게 말해서 '그대가 이러이러한 자의 일꾼으로 얻은 아내가 되는 것이 좋겠다.'라고 말해주시오."라고 말할 때, 수행승이 그것을 받아서 전언하여 보고하면, 승단잔류죄를 범하는 것이다.

9) 어떤 사람이 수행승을 파견하면서 "존자여, 가서 이러이러한 어머니의 보호를 받는 여인이나 아버지의 보호를 받는 여인이나 부모의 보호를 받는 여인이나 형제의 보호를 받는 여인이나 자매의 보호를 받는 여인이나 친척의 보호를 받는 여인이나 종친의 보호를 받는 여인이나 동료의 보호를 받는 여인이나 자신의 보호를 받는 여인이나 무기의 보호를 받는 여인에게 말해서 '그대가 이러이러한 자의 깃발로 얻은 아내가 되는 것이 좋겠다.'라고 말해주시오."라고 말할 때, 수행승이 그것을 받아서 전언하여 보고하면, 승단잔류죄를 범하는 것이다.

10) 어떤 사람이 수행승을 파견하면서 "존자여, 가서 이러이러한 어머니의 보호를 받는 여인이나 아버지의 보호를 받는 여인이나 부모의 보호를 받는 여인이나 형제의 보호를 받는 여인이나 자매의 보호를 받는 여인이나 친척의 보호를 받는 여인이나 종친의 보호를 받는 여인이나 동료의 보호를 받는 여인이나 자신의 보호를 받는 여인이나 무기의 보호를 받는 여인에게 말해서 '그대가 이러이러한 자의 잠시동안 얻은 아내가 되는 것이 좋겠다.'라고 말해주시오."라고 말할 때, 수행승이 그것을 받아서 전언하여 보고하면, 승단잔류죄를 범하는 것이다.

4-7₂.

1) 어떤 사람이 수행승을 파견하면서 "존자여, 가서 이러이러한 어머니의 보호와 부모의 보호를 받는 여인에게 말해서 '그대가 이러이러한 자의 돈으로 얻고 애욕으로 얻은 아내가 되는 것이 좋겠다.'라고 말해주시오."라고 말할 때, 수행승이 그것을 받아서 전언하여 보고하면, 승단잔류죄를 범하는 것이다.

2) 어떤 사람이 수행승을 파견하면서 "존자여, 가서 이러이러한 어머니의 보호와 부모의 보호를 받는 여인에게 말해서 '그대가 이러이러한 자의 애욕으로 얻고 재물로 얻은 아내가 되는 것이 좋겠다.'라고 말해주시오."라고 말할 때, 수행승이 그것을 받아서 전언하여 보고하면, 승단잔류죄를 범하는 것이다.

3) 어떤 사람이 수행승을 파견하면서 "존자여, 가서 이러이러한 어머니의 보호와 부모의 보호를 받는 여인에게 말해서 '그대가 이러이러한 자의 재물로 얻고 옷으로 얻은 아내가 되는 것이 좋겠다.'라고 말해주시오."라고 말할 때, 수행승이 그것을 받아서 전언하여 보고하면, 승단잔류죄를 범하는 것이다.

4) 어떤 사람이 수행승을 파견하면서 "존자여, 가서 이러이러한 어머니의 보호와 부모의 보호를 받는 여인에게 말해서 '그대가 이러이러한 자의 옷으로 얻고

물그릇에 손을 담가 얻은 아내가 되는 것이 좋겠다.'라고 말해주시오."라고 말할 때, 수행승이 그것을 받아서 전언하여 보고하면, 승단잔류죄를 범하는 것이다.

5) 어떤 사람이 수행승을 파견하면서 "존자여, 가서 이러이러한 어머니의 보호와 부모의 보호를 받는 여인에게 말해서 '그대가 이러이러한 자의 물그릇에 손을 담가 얻고 짐받침을 내려놓아 얻은 아내가 되는 것이 좋겠다.'라고 말해주시오."라고 말할 때, 수행승이 그것을 받아서 전언하여 보고하면, 승단잔류죄를 범하는 것이다.

6) 어떤 사람이 수행승을 파견하면서 "존자여, 가서 이러이러한 어머니의 보호와 부모의 보호를 받는 여인에게 말해서 '그대가 이러이러한 자의 짐받침을 내려놓고 하녀로 얻은 아내가 되는 것이 좋겠다.'라고 말해주시오."라고 말할 때, 수행승이 그것을 받아서 전언하여 보고하면, 승단잔류죄를 범하는 것이다.

7) 어떤 사람이 수행승을 파견하면서 "존자여, 가서 이러이러한 어머니의 보호와 부모의 보호를 받는 여인에게 말해서 '그대가 이러이러한 자의 하녀로 얻고 일꾼으로 얻은 아내가 되는 것이 좋겠다.'라고 말해주시오."라고 말할 때, 수행승이 그것을 받아서 전언하여 보고하면, 승단잔류죄를 범하는 것이다.

8) 어떤 사람이 수행승을 파견하면서 "존자여, 가서 이러이러한 어머니의 보호와 부모의 보호를 받는 여인에게 말해서 '그대가 이러이러한 자의 일꾼으로 얻고 깃발로 얻은 아내가 되는 것이 좋겠다.'라고 말해주시오."라고 말할 때, 수행승이 그것을 받아서 전언하여 보고하면, 승단잔류죄를 범하는 것이다.

9) 어떤 사람이 수행승을 파견하면서 "존자여, 가서 이러이러한 어머니의 보호와 부모의 보호를 받는 여인에게 말해서 '그대가 이러이러한 자의 포로로 얻고 잠시동안 얻은 아내가 되는 것이 좋겠다.'라고 말해주시오."라고 말할 때, 수행승이 그것을 받아서 전언하여 보고하면, 승단잔류죄를 범하는 것이다.

4-7₃. 이와 같이 하나에 토대를 두는 결합배열은 계속 확장되어야 한다.

4-7₄.

1) 어떤 사람이 수행승을 파견하면서 "존자여, 가서 이러이러한 어머니의 보호와 아버지의 보호를 받는 여인과 부모의 보호를 받는 여인에게 말해서 '그대가 이러이러한 자의 돈으로 얻고 애욕으로 얻고 재물로 얻은 아내가 되는 것이 좋겠다.'라고 말해주시오."라고 말할 때, 수행승이 그것을 받아서 전언하여 보고하면, 승단잔류죄를 범하는 것이다.

2) 어떤 사람이 수행승을 파견하면서 “존자여, 가서 이러이러한 어머니의 보호와 아버지의 보호를 받는 여인과 부모의 보호를 받는 여인에게 말해서 ‘그대가 이러이러한 자의 애욕으로 얻고 재물로 얻고 옷으로 얻은 아내가 되는 것이 좋겠다.’라고 말해주시오.”라고 말할 때, 수행승이 그것을 받아서 전언하여 보고하면, 승단잔류죄를 범하는 것이다.
3) 어떤 사람이 수행승을 파견하면서 “존자여, 가서 이러이러한 어머니의 보호와 아버지의 보호를 받는 여인과 부모의 보호를 받는 여인에게 말해서 ‘그대가 이러이러한 자의 재물로 얻고 옷으로 얻고 물그릇에 손을 담가 얻은 아내가 되는 것이 좋겠다.’라고 말해주시오.”라고 말할 때, 수행승이 그것을 받아서 전언하여 보고하면, 승단잔류죄를 범하는 것이다.
4) 어떤 사람이 수행승을 파견하면서 “존자여, 가서 이러이러한 어머니의 보호와 아버지의 보호를 받는 여인과 부모의 보호를 받는 여인에게 말해서 ‘그대가 이러이러한 자의 옷으로 얻고 물그릇에 손을 담가 얻고 짐받침을 내려놓아 얻은 아내가 되는 것이 좋겠다.’라고 말해주시오.”라고 말할 때, 수행승이 그것을 받아서 전언하여 보고하면, 승단잔류죄를 범하는 것이다.
5) 어떤 사람이 수행승을 파견하면서 “존자여, 가서 이러이러한 어머니의 보호와 아버지의 보호를 받는 여인과 부모의 보호를 받는 여인에게 말해서 ‘그대가 이러이러한 자의 물그릇에 손을 담가 얻고 짐받침을 내려놓아 얻고 하녀로 얻은 아내가 되는 것이 좋겠다.’라고 말해주시오.”라고 말할 때, 수행승이 그것을 받아서 전언하여 보고하면, 승단잔류죄를 범하는 것이다.
6) 어떤 사람이 수행승을 파견하면서 “존자여, 가서 이러이러한 어머니의 보호와 아버지의 보호를 받는 여인과 부모의 보호를 받는 여인에게 말해서 ‘그대가 이러이러한 자의 짐받침을 내려놓아 얻고 하녀로 얻고 일꾼으로 얻은 아내가 되는 것이 좋겠다.’라고 말해주시오.”라고 말할 때, 수행승이 그것을 받아서 전언하여 보고하면, 승단잔류죄를 범하는 것이다.
7) 어떤 사람이 수행승을 파견하면서 “존자여, 가서 이러이러한 어머니의 보호와 아버지의 보호를 받는 여인과 부모의 보호를 받는 여인에게 말해서 ‘그대가 이러이러한 자의 하녀로 얻고 일꾼으로 얻고 포로로 얻은 아내가 되는 것이 좋겠다.’라고 말해주시오.”라고 말할 때, 수행승이 그것을 받아서 전언하여 보고하면, 승단잔류죄를 범하는 것이다.
8) 어떤 사람이 수행승을 파견하면서 “존자여, 가서 이러이러한 어머니의 보호와

아버지의 보호를 받는 여인과 부모의 보호를 받는 여인에게 말해서 '그대가 이러이러한 자의 일꾼으로 얻고 포로로 얻고 잠시동안 얻은 아내가 되는 것이 좋겠다.'라고 말해주시오."라고 말할 때, 수행승이 그것을 받아서 전언하여 보고하면, 승단잔류죄를 범하는 것이다.

9) 어떤 사람이 수행승을 파견하면서 "존자여, 가서 이러이러한 어머니의 보호와 아버지의 보호를 받는 여인과 부모의 보호를 받는 여인에게 말해서 '그대가 이러이러한 자의 포로로 얻고 잠시동안 얻고 돈으로 얻은 아내가 되는 것이 좋겠다.'라고 말해주시오."라고 말할 때, 수행승이 그것을 받아서 전언하여 보고하면, 승단잔류죄를 범하는 것이다.

4-7$_{5}$. 이와 같이 둘에 토대를 두는 결합배열은 계속 확장되어야 하고 셋에 토대를 두는 결합배열과, 넷에 토대를 두는 결합배열과, 다섯에 토대를 두는 결합배열과, 여섯에 토대를 두는 결합배열과, 일곱에 토대를 두는 결합배열과, 여덟에 토대를 두는 결합배열과, 아홉에 토대를 두는 결합배열이 둘에 토대를 두는 결합배열처럼 확장되어야 한다.

4-7$_{6}$.

1) 어떤 사람이 수행승을 파견하면서 "존자여, 가서 이러이러한 무기의 보호와 어머니의 보호를 받는 여인에게 말해서 '그대가 이러이러한 자의 돈으로 얻은 아내가 되는 것이 좋겠다.'라고 말해주시오."라고 말할 때, 수행승이 그것을 받아서 전언하여 보고하면, 승단잔류죄를 범하는 것이다.

2) 어떤 사람이 수행승을 파견하면서 "존자여, 가서 이러이러한 무기의 보호와 어머니의 보호를 받는 여인에게 말해서 '그대가 이러이러한 자의 애욕으로 얻은 아내가 되는 것이 좋겠다.'라고 말해주시오."라고 말할 때, 수행승이 그것을 받아서 전언하여 보고하면, 승단잔류죄를 범하는 것이다.

3) 어떤 사람이 수행승을 파견하면서 "존자여, 가서 이러이러한 무기의 보호와 어머니의 보호를 받는 여인에게 말해서 '그대가 이러이러한 자의 재물로 얻은 아내가 되는 것이 좋겠다.'라고 말해주시오."라고 말할 때, 수행승이 그것을 받아서 전언하여 보고하면, 승단잔류죄를 범하는 것이다.

4) 어떤 사람이 수행승을 파견하면서 "존자여, 가서 이러이러한 무기의 보호와 어머니의 보호를 받는 여인에게 말해서 '그대가 이러이러한 자의 옷으로 얻은 아내가 되는 것이 좋겠다.'라고 말해주시오."라고 말할 때, 수행승이 그것을 받아서 전언하여 보고하면, 승단잔류죄를 범하는 것이다.

5) 어떤 사람이 수행승을 파견하면서 "존자여, 가서 이러이러한 무기의 보호와 어머니의 보호를 받는 여인에게 말해서 '그대가 이러이러한 자의 물그릇에 손을 담가 얻은 아내가 되는 것이 좋겠다.'라고 말해주시오."라고 말할 때, 수행승이 그것을 받아서 전언하여 보고하면, 승단잔류죄를 범하는 것이다.

6) 어떤 사람이 수행승을 파견하면서 "존자여, 가서 이러이러한 무기의 보호와 어머니의 보호를 받는 여인에게 말해서 '그대가 이러이러한 자의 짐받침을 내려놓아 얻은 아내가 되는 것이 좋겠다.'라고 말해주시오."라고 말할 때, 수행승이 그것을 받아서 전언하여 보고하면, 승단잔류죄를 범하는 것이다.

7) 어떤 사람이 수행승을 파견하면서 "존자여, 가서 이러이러한 무기의 보호와 어머니의 보호를 받는 여인에게 말해서 '그대가 이러이러한 자의 하녀로 얻은 아내가 되는 것이 좋겠다.'라고 말해주시오."라고 말할 때, 수행승이 그것을 받아서 전언하여 보고하면, 승단잔류죄를 범하는 것이다.

8) 어떤 사람이 수행승을 파견하면서 "존자여, 가서 이러이러한 무기의 보호와 어머니의 보호를 받는 여인에게 말해서 '그대가 이러이러한 자의 일꾼으로 얻은 아내가 되는 것이 좋겠다.'라고 말해주시오."라고 말할 때, 수행승이 그것을 받아서 전언하여 보고하면, 승단잔류죄를 범하는 것이다.

9) 어떤 사람이 수행승을 파견하면서 "존자여, 가서 이러이러한 무기의 보호와 어머니의 보호를 받는 여인에게 말해서 '그대가 이러이러한 자의 깃발로 얻은 아내가 되는 것이 좋겠다.'라고 말해주시오."라고 말할 때, 수행승이 그것을 받아서 전언하여 보고하면, 승단잔류죄를 범하는 것이다.

10) 어떤 사람이 수행승을 파견하면서 "존자여, 가서 이러이러한 무기의 보호와 어머니의 보호를 받는 여인에게 말해서 '그대가 이러이러한 자의 잠시동안 얻은 아내가 되는 것이 좋겠다.'라고 말해주시오."라고 말할 때, 수행승이 그것을 받아서 전언하여 보고하면, 승단잔류죄를 범하는 것이다.

4-7₇. 둘에 토대를 두는 결합배열과, 셋에 토대를 두는 결합배열과, 넷에 토대를 두는 결합배열과, 다섯에 토대를 두는 결합배열과, 여섯에 토대를 두는 결합배열과, 일곱에 토대를 두는 결합배열과, 여덟에 토대를 두는 결합배열과, 아홉에 토대를 두는 결합배열과, 열에 토대를 두는 결합배열은 하나를 근본으로 하는 것이 확장되듯, 상세히 확장되어야 한다.

4-7₈. 어떤 사람이 수행승을 파견하면서 "존자여, 가서 이러이러한 어머니의 보호를 받는 여인과 아버지의 보호를 받는 여인과 부모의 보호를 받는 여인과

형제의 보호를 받는 여인과 자매의 보호를 받는 여인과 친척의 보호를 받는 여인과 종친의 보호를 받는 여인과 동료의 보호를 받는 여인과 자신의 보호를 받는 여인과 무기의 보호를 받는 여인에게 말해서 '그대가 이러이러한 자의 잠시동안 얻은 아내가 되는 것이 좋겠다.'라고 말해주시오."라고 말할 때, 수행승이 그것을 받아서 전언하여 보고하면, 승단잔류죄를 범하는 것이다.

4-7₉. 이와 같이 둘을 토대로 하는 것에서부터 아홉을 토대로 하는 것까지 확장되어야 한다.

4-7₁₀. 어떤 사람이 수행승을 파견하면서 "존자여, 가서 이러이러한 어머니의 보호를 받는 여인에게 말해서 '그대가 이러이러한 자의 돈으로 얻은 아내나 애욕으로 얻은 아내나 재물로 얻은 아내나 옷으로 얻은 아내나 물그릇에 손을 담가 얻은 아내나 짐받침을 내려놓아 얻은 아내나 하녀로 얻은 아내나 일꾼으로 얻은 아내나 깃발로 얻은 아내나 잠시동안 얻은 아내가 되는 것이 좋겠다.'라고 말해주시오."라고 말할 때, 수행승이 그것을 받아서 전언하여 보고하면, 승단잔류죄를 범하는 것이다.

4-7₁₁.

1) 어떤 사람이 수행승을 파견하면서 "존자여, 가서 이러이러한 어머니의 보호를 받는 여인에게 말해서 '그대가 이러이러한 자의 돈으로 얻은 아내와 애욕으로 얻은 아내가 되는 것이 좋겠다.'라고 말해주시오."라고 말할 때, 수행승이 그것을 받아서 전언하여 보고하면, 승단잔류죄를 범하는 것이다.
2) 어떤 사람이 수행승을 파견하면서 "존자여, 가서 이러이러한 어머니의 보호를 받는 여인에게 말해서 '그대가 이러이러한 자의 돈으로 얻은 아내와 재물로 얻은 아내가 되는 것이 좋겠다.'라고 말해주시오."라고 말할 때, 수행승이 그것을 받아서 전언하여 보고하면, 승단잔류죄를 범하는 것이다.
3) 어떤 사람이 수행승을 파견하면서 "존자여, 가서 이러이러한 어머니의 보호를 받는 여인에게 말해서 '그대가 이러이러한 자의 돈으로 얻은 아내와 옷으로 얻은 아내가 되는 것이 좋겠다.'라고 말해주시오."라고 말할 때, 수행승이 그것을 받아서 전언하여 보고하면, 승단잔류죄를 범하는 것이다.
4) 어떤 사람이 수행승을 파견하면서 "존자여, 가서 이러이러한 어머니의 보호를 받는 여인에게 말해서 '그대가 이러이러한 자의 돈으로 얻은 아내와 물그릇에 손을 감가 얻은 아내가 되는 것이 좋겠다.'라고 말해주시오."라고 말할 때, 수행

승이 그것을 받아서 전언하여 보고하면, 승단잔류죄를 범하는 것이다.

5) 어떤 사람이 수행승을 파견하면서 "존자여, 가서 이러이러한 어머니의 보호를 받는 여인에게 말해서 '그대가 이러이러한 자의 돈으로 얻은 아내와 짐받침을 내려놓아 얻은 아내가 되는 것이 좋겠다.'라고 말해주시오."라고 말할 때, 수행승이 그것을 받아서 전언하여 보고하면, 승단잔류죄를 범하는 것이다.

6) 어떤 사람이 수행승을 파견하면서 "존자여, 가서 이러이러한 어머니의 보호를 받는 여인에게 말해서 '그대가 이러이러한 자의 돈으로 얻은 아내와 하녀로 얻은 아내가 되는 것이 좋겠다.'라고 말해주시오."라고 말할 때, 수행승이 그것을 받아서 전언하여 보고하면, 승단잔류죄를 범하는 것이다.

7) 어떤 사람이 수행승을 파견하면서 "존자여, 가서 이러이러한 어머니의 보호를 받는 여인에게 말해서 '그대가 이러이러한 자의 돈으로 얻은 아내와 일꾼으로 얻은 아내가 되는 것이 좋겠다.'라고 말해주시오."라고 말할 때, 수행승이 그것을 받아서 전언하여 보고하면, 승단잔류죄를 범하는 것이다.

8) 어떤 사람이 수행승을 파견하면서 "존자여, 가서 이러이러한 어머니의 보호를 받는 여인에게 말해서 '그대가 이러이러한 자의 돈으로 얻은 아내와 깃발로 얻은 아내가 되는 것이 좋겠다.'라고 말해주시오."라고 말할 때, 수행승이 그것을 받아서 전언하여 보고하면, 승단잔류죄를 범하는 것이다.

9) 어떤 사람이 수행승을 파견하면서 "존자여, 가서 이러이러한 어머니의 보호를 받는 여인에게 말해서 '그대가 이러이러한 자의 돈으로 얻은 아내와 잠시동안 얻은 아내가 되는 것이 좋겠다.'라고 말해주시오."라고 말할 때, 수행승이 그것을 받아서 전언하여 보고하면, 승단잔류죄를 범하는 것이다.

4-7₁₂.

1) 어떤 사람이 수행승을 파견하면서 "존자여, 가서 이러이러한 어머니의 보호를 받는 여인에게 말해서 '그대가 이러이러한 자의 애욕으로 얻은 아내와 재물로 얻은 아내가 되는 것이 좋겠다.'라고 말해주시오."라고 말할 때, 수행승이 그것을 받아서 전언하여 보고하면, 승단잔류죄를 범하는 것이다.

2) 어떤 사람이 수행승을 파견하면서 "존자여, 가서 이러이러한 어머니의 보호를 받는 여인에게 말해서 '그대가 이러이러한 자의 애욕으로 얻은 아내와 옷으로 얻은 아내가 되는 것이 좋겠다.'라고 말해주시오."라고 말할 때, 수행승이 그것을 받아서 전언하여 보고하면, 승단잔류죄를 범하는 것이다.

3) 어떤 사람이 수행승을 파견하면서 "존자여, 가서 이러이러한 어머니의 보호를 받는

받는 여인에게 말해서 '그대가 이러이러한 자의 애욕으로 얻은 아내와 물그릇에 손을 담가 얻은 아내가 되는 것이 좋겠다.'라고 말해주시오."라고 말할 때, 수행승이 그것을 받아서 전언하여 보고하면, 승단잔류죄를 범하는 것이다.

4) 어떤 사람이 수행승을 파견하면서 "존자여, 가서 이러이러한 어머니의 보호를 받는 여인에게 말해서 '그대가 이러이러한 자의 애욕으로 얻은 아내와 짐받침을 내려놓아 얻은 아내가 되는 것이 좋겠다.'라고 말해주시오."라고 말할 때, 수행승이 그것을 받아서 전언하여 보고하면, 승단잔류죄를 범하는 것이다.

5) 어떤 사람이 수행승을 파견하면서 "존자여, 가서 이러이러한 어머니의 보호를 받는 여인에게 말해서 '그대가 이러이러한 자의 애욕으로 얻은 아내와 하녀로 얻은 아내가 되는 것이 좋겠다.'라고 말해주시오."라고 말할 때, 수행승이 그것을 받아서 전언하여 보고하면, 승단잔류죄를 범하는 것이다.

6) 어떤 사람이 수행승을 파견하면서 "존자여, 가서 이러이러한 어머니의 보호를 받는 여인에게 말해서 '그대가 이러이러한 자의 애욕으로 얻은 아내와 일꾼으로 얻은 아내가 되는 것이 좋겠다.'라고 말해주시오."라고 말할 때, 수행승이 그것을 받아서 전언하여 보고하면, 승단잔류죄를 범하는 것이다.

7) 어떤 사람이 수행승을 파견하면서 "존자여, 가서 이러이러한 어머니의 보호를 받는 여인에게 말해서 '그대가 이러이러한 자의 애욕으로 얻은 아내와 깃발로 얻은 아내가 되는 것이 좋겠다.'라고 말해주시오."라고 말할 때, 수행승이 그것을 받아서 전언하여 보고하면, 승단잔류죄를 범하는 것이다.

8) 어떤 사람이 수행승을 파견하면서 "존자여, 가서 이러이러한 어머니의 보호를 받는 여인에게 말해서 '그대가 이러이러한 자의 애욕으로 얻은 아내와 잠시동안 얻은 아내가 되는 것이 좋겠다.'라고 말해주시오."라고 말할 때, 수행승이 그것을 받아서 전언하여 보고하면, 승단잔류죄를 범하는 것이다.

9) 어떤 사람이 수행승을 파견하면서 "존자여, 가서 이러이러한 어머니의 보호를 받는 여인에게 말해서 '그대가 이러이러한 자의 애욕으로 얻은 아내와 돈으로 얻은 아내가 되는 것이 좋겠다.'라고 말해주시오."라고 말할 때, 수행승이 그것을 받아서 전언하여 보고하면, 승단잔류죄를 범하는 것이다.

4-7₁₃.

1) 어떤 사람이 수행승을 파견하면서 "존자여, 가서 이러이러한 어머니의 보호를 받는 여인에게 말해서 '그대가 이러이러한 자의 잠시동안 얻은 아내와 돈으로 얻은 아내가 되는 것이 좋겠다.'라고 말해주시오."라고 말할 때, 수행승이 그것

을 받아서 전언하여 보고하면, 승단잔류죄를 범하는 것이다.

2) 어떤 사람이 수행승을 파견하면서 "존자여, 가서 이러이러한 어머니의 보호를 받는 여인에게 말해서 '그대가 이러이러한 자의 잠시동안 얻은 아내와 애욕으로 얻은 아내가 되는 것이 좋겠다.'라고 말해주시오."라고 말할 때, 수행승이 그것을 받아서 전언하여 보고하면, 승단잔류죄를 범하는 것이다.

3) 어떤 사람이 수행승을 파견하면서 "존자여, 가서 이러이러한 어머니의 보호를 받는 여인에게 말해서 '그대가 이러이러한 자의 잠시동안 얻은 아내와 재물로 얻은 아내가 되는 것이 좋겠다.'라고 말해주시오."라고 말할 때, 수행승이 그것을 받아서 전언하여 보고하면, 승단잔류죄를 범하는 것이다.

4) 어떤 사람이 수행승을 파견하면서 "존자여, 가서 이러이러한 어머니의 보호를 받는 여인에게 말해서 '그대가 이러이러한 자의 잠시동안 얻은 아내와 옷으로 얻은 아내가 되는 것이 좋겠다.'라고 말해주시오."라고 말할 때, 수행승이 그것을 받아서 전언하여 보고하면, 승단잔류죄를 범하는 것이다.

5) 어떤 사람이 수행승을 파견하면서 "존자여, 가서 이러이러한 어머니의 보호를 받는 여인에게 말해서 '그대가 이러이러한 자의 잠시동안 얻은 아내와 물그릇에 손을 담가 얻은 아내가 되는 것이 좋겠다.'라고 말해주시오."라고 말할 때, 수행승이 그것을 받아서 전언하여 보고하면, 승단잔류죄를 범하는 것이다.

6) 어떤 사람이 수행승을 파견하면서 "존자여, 가서 이러이러한 어머니의 보호를 받는 여인에게 말해서 '그대가 이러이러한 자의 잠시동안 얻은 아내와 짐받침을 내려놓아 얻은 아내가 되는 것이 좋겠다.'라고 말해주시오."라고 말할 때, 수행승이 그것을 받아서 전언하여 보고하면, 승단잔류죄를 범하는 것이다.

7) 어떤 사람이 수행승을 파견하면서 "존자여, 가서 이러이러한 어머니의 보호를 받는 여인에게 말해서 '그대가 이러이러한 자의 잠시동안 얻은 아내와 하녀로 얻은 아내가 되는 것이 좋겠다.'라고 말해주시오."라고 말할 때, 수행승이 그것을 받아서 전언하여 보고하면, 승단잔류죄를 범하는 것이다.

8) 어떤 사람이 수행승을 파견하면서 "존자여, 가서 이러이러한 어머니의 보호를 받는 여인에게 말해서 '그대가 이러이러한 자의 잠시동안 얻은 아내와 일꾼으로 얻은 아내가 되는 것이 좋겠다.'라고 말해주시오."라고 말할 때, 수행승이 그것을 받아서 전언하여 보고하면, 승단잔류죄를 범하는 것이다.

9) 어떤 사람이 수행승을 파견하면서 "존자여, 가서 이러이러한 어머니의 보호를 받는 여인에게 말해서 '그대가 이러이러한 자의 잠시동안 얻은 아내와 깃발로

얻은 아내가 되는 것이 좋겠다.'라고 말해주시오."라고 말할 때, 수행승이 그것을 받아서 전언하여 보고하면, 승단잔류죄를 범하는 것이다.

*4-7*15. 이와 같이 둘을 근본으로 하는 장이 아홉을 근본으로 하는 장까지 확대되어야 한다.

*4-7*16. 어떤 사람이 수행승을 파견하면서 "존자여, 가서 이러이러한 어머니의 보호를 받는 여인에게 말해서 '그대가 이러이러한 자의 돈으로 얻은 아내와 애욕으로 얻은 아내와 재물로 얻은 아내와 옷으로 얻은 아내와 물그릇에 손을 담가 얻은 아내와 짐받침을 내려놓아 얻은 아내와 하녀로 얻은 아내와 일꾼으로 얻은 아내와 깃발로 얻은 아내와 잠시동안 얻은 아내가 되는 것이 좋겠다.'라고 말해주시오."라고 말할 때, 수행승이 그것을 받아서 전언하여 보고하면, 승단잔류죄를 범하는 것이다.

*4-7*17.

1) 어떤 사람이 수행승을 파견하면서 "존자여, 가서 이러이러한 아버지의 보호를 받는 여인에게 말해서 '그대가 이러이러한 자의 돈으로 얻은 아내가 되는 것이 좋겠다.'라고 말해주시오."라고 말할 때, 수행승이 그것을 받아서 전언하여 보고하면, 승단잔류죄를 범하는 것이다.
2) 어떤 사람이 수행승을 파견하면서 "존자여, 가서 이러이러한 부모의 보호를 받는 여인에게 말해서 '그대가 이러이러한 자의 돈으로 얻은 아내가 되는 것이 좋겠다.'라고 말해주시오."라고 말할 때, 수행승이 그것을 받아서 전언하여 보고하면, 승단잔류죄를 범하는 것이다.
3) 어떤 사람이 수행승을 파견하면서 "존자여, 가서 이러이러한 형제의 보호를 받는 여인에게 말해서 '그대가 이러이러한 자의 돈으로 얻은 아내가 되는 것이 좋겠다.'라고 말해주시오."라고 말할 때, 수행승이 그것을 받아서 전언하여 보고하면, 승단잔류죄를 범하는 것이다.
4) 어떤 사람이 수행승을 파견하면서 "존자여, 가서 이러이러한 자매의 보호를 받는 여인에게 말해서 '그대가 이러이러한 자의 돈으로 얻은 아내가 되는 것이 좋겠다.'라고 말해주시오."라고 말할 때, 수행승이 그것을 받아서 전언하여 보고하면, 승단잔류죄를 범하는 것이다.
5) 어떤 사람이 수행승을 파견하면서 "존자여, 가서 이러이러한 친척의 보호를 받는 여인에게 말해서 '그대가 이러이러한 자의 돈으로 얻은 아내가 되는 것이

좋겠다.'라고 말해주시오."라고 말할 때, 수행승이 그것을 받아서 전언하여 보고하면, 승단잔류죄를 범하는 것이다.

6) 어떤 사람이 수행승을 파견하면서 "존자여, 가서 이러이러한 종친의 보호를 받는 여인에게 말해서 '그대가 이러이러한 자의 돈으로 얻은 아내가 되는 것이 좋겠다.'라고 말해주시오."라고 말할 때, 수행승이 그것을 받아서 전언하여 보고하면, 승단잔류죄를 범하는 것이다.

7) 어떤 사람이 수행승을 파견하면서 "존자여, 가서 이러이러한 동료의 보호를 받는 여인에게 말해서 '그대가 이러이러한 자의 돈으로 얻은 아내가 되는 것이 좋겠다.'라고 말해주시오."라고 말할 때, 수행승이 그것을 받아서 전언하여 보고하면, 승단잔류죄를 범하는 것이다.

8) 어떤 사람이 수행승을 파견하면서 "존자여, 가서 이러이러한 자신의 보호를 받는 여인에게 말해서 '그대가 이러이러한 자의 돈으로 얻은 아내가 되는 것이 좋겠다.'라고 말해주시오."라고 말할 때, 수행승이 그것을 받아서 전언하여 보고하면, 승단잔류죄를 범하는 것이다.

9) 어떤 사람이 수행승을 파견하면서 "존자여, 가서 이러이러한 무기의 보호를 받는 여인에게 말해서 '그대가 이러이러한 자의 돈으로 얻은 아내가 되는 것이 좋겠다.'라고 말해주시오."라고 말할 때, 수행승이 그것을 받아서 전언하여 보고하면, 승단잔류죄를 범하는 것이다.

4-7₁₈.

1) 어떤 사람이 수행승을 파견하면서 "존자여, 가서 이러이러한 무기의 보호를 받는 여인에게 말해서 '그대가 이러이러한 자의 애욕으로 얻은 아내가 되는 것이 좋겠다.'라고 말해주시오."라고 말할 때, 수행승이 그것을 받아서 전언하여 보고하면, 승단잔류죄를 범하는 것이다.

2) 어떤 사람이 수행승을 파견하면서 "존자여, 가서 이러이러한 무기의 보호를 받는 여인에게 말해서 '그대가 이러이러한 자의 재물로 얻은 아내가 되는 것이 좋겠다.'라고 말해주시오."라고 말할 때, 수행승이 그것을 받아서 전언하여 보고하면, 승단잔류죄를 범하는 것이다.

3) 어떤 사람이 수행승을 파견하면서 "존자여, 가서 이러이러한 무기의 보호를 받는 여인에게 말해서 '그대가 이러이러한 자의 옷으로 얻은 아내가 되는 것이 좋겠다.'라고 말해주시오."라고 말할 때, 수행승이 그것을 받아서 전언하여 보고하면, 승단잔류죄를 범하는 것이다.

4) 어떤 사람이 수행승을 파견하면서 "존자여, 가서 이러이러한 무기의 보호를 받는 여인에게 말해서 '그대가 이러이러한 자의 물그릇에 손을 담가 얻은 아내가 되는 것이 좋겠다.'라고 말해주시오."라고 말할 때, 수행승이 그것을 받아서 전언하여 보고하면, 승단잔류죄를 범하는 것이다.

5) 어떤 사람이 수행승을 파견하면서 "존자여, 가서 이러이러한 짐받침을 내려놓아 얻은 아내가 되는 것이 좋겠다.'라고 말해주시오."라고 말할 때, 수행승이 그것을 받아서 전언하여 보고하면, 승단잔류죄를 범하는 것이다.

6) 어떤 사람이 수행승을 파견하면서 "존자여, 가서 이러이러한 무기의 보호를 받는 여인에게 말해서 '그대가 이러이러한 자의 하녀로 얻은 아내가 되는 것이 좋겠다.'라고 말해주시오."라고 말할 때, 수행승이 그것을 받아서 전언하여 보고하면, 승단잔류죄를 범하는 것이다.

7) 어떤 사람이 수행승을 파견하면서 "존자여, 가서 이러이러한 무기의 보호를 받는 여인에게 말해서 '그대가 이러이러한 자의 일꾼으로 얻은 아내가 되는 것이 좋겠다.'라고 말해주시오."라고 말할 때, 수행승이 그것을 받아서 전언하여 보고하면, 승단잔류죄를 범하는 것이다.

8) 어떤 사람이 수행승을 파견하면서 "존자여, 가서 이러이러한 무기의 보호를 받는 여인에게 말해서 '그대가 이러이러한 자의 깃발로 얻은 아내가 되는 것이 좋겠다.'라고 말해주시오."라고 말할 때, 수행승이 그것을 받아서 전언하여 보고하면, 승단잔류죄를 범하는 것이다.

9) 어떤 사람이 수행승을 파견하면서 "존자여, 가서 이러이러한 무기의 보호를 받는 여인에게 말해서 '그대가 이러이러한 자의 잠시동안 얻은 아내가 되는 것이 좋겠다.'라고 말해주시오."라고 말할 때, 수행승이 그것을 받아서 전언하여 보고하면, 승단잔류죄를 범하는 것이다.

4-7₁₉.

1) 어떤 사람이 수행승을 파견하면서 "존자여, 가서 이러이러한 무기의 보호를 받는 여인에게 말해서 '그대가 이러이러한 자의 돈으로 얻은 아내와 애욕으로 얻은 아내가 되는 것이 좋겠다.'라고 말해주시오."라고 말할 때, 수행승이 그것을 받아서 전언하여 보고하면, 승단잔류죄를 범하는 것이다.

2) 어떤 사람이 수행승을 파견하면서 "존자여, 가서 이러이러한 무기의 보호를 받는 여인에게 말해서 '그대가 이러이러한 자의 돈으로 얻은 아내와 재물로 얻은 아내가 되는 것이 좋겠다.'라고 말해주시오."라고 말할 때, 수행승이 그것

을 받아서 전언하여 보고하면, 승단잔류죄를 범하는 것이다.

3) 어떤 사람이 수행승을 파견하면서 "존자여, 가서 이러이러한 무기의 보호를 받는 여인에게 말해서 '그대가 이러이러한 자의 돈으로 얻은 아내와 옷으로 얻은 아내가 되는 것이 좋겠다.'라고 말해주시오."라고 말할 때, 수행승이 그것을 받아서 전언하여 보고하면, 승단잔류죄를 범하는 것이다.

4) 어떤 사람이 수행승을 파견하면서 "존자여, 가서 이러이러한 무기의 보호를 받는 여인에게 말해서 '그대가 이러이러한 자의 돈으로 얻은 아내와 물그릇에 손을 담가 얻은 아내가 되는 것이 좋겠다.'라고 말해주시오."라고 말할 때, 수행승이 그것을 받아서 전언하여 보고하면, 승단잔류죄를 범하는 것이다.

5) 어떤 사람이 수행승을 파견하면서 "존자여, 가서 이러이러한 무기의 보호를 받는 여인에게 말해서 '그대가 이러이러한 자의 돈으로 얻은 아내와 짐받침을 내려놓아 얻은 아내가 되는 것이 좋겠다.'라고 말해주시오."라고 말할 때, 수행승이 그것을 받아서 전언하여 보고하면, 승단잔류죄를 범하는 것이다.

6) 어떤 사람이 수행승을 파견하면서 "존자여, 가서 이러이러한 무기의 보호를 받는 여인에게 말해서 '그대가 이러이러한 자의 돈으로 얻은 아내와 하녀로 얻은 아내가 되는 것이 좋겠다.'라고 말해주시오."라고 말할 때, 수행승이 그것을 받아서 전언하여 보고하면, 승단잔류죄를 범하는 것이다.

7) 어떤 사람이 수행승을 파견하면서 "존자여, 가서 이러이러한 무기의 보호를 받는 여인에게 말해서 '그대가 이러이러한 자의 돈으로 얻은 아내와 일꾼으로 얻은 아내가 되는 것이 좋겠다.'라고 말해주시오."라고 말할 때, 수행승이 그것을 받아서 전언하여 보고하면, 승단잔류죄를 범하는 것이다.

8) 어떤 사람이 수행승을 파견하면서 "존자여, 가서 이러이러한 무기의 보호를 받는 여인에게 말해서 '그대가 이러이러한 자의 돈으로 얻은 아내와 깃발로 얻은 아내가 되는 것이 좋겠다.'라고 말해주시오."라고 말할 때, 수행승이 그것을 받아서 전언하여 보고하면, 승단잔류죄를 범하는 것이다.

9) 어떤 사람이 수행승을 파견하면서 "존자여, 가서 이러이러한 무기의 보호를 받는 여인에게 말해서 '그대가 이러이러한 자의 돈으로 얻은 아내와 잠시동안 얻은 아내가 되는 것이 좋겠다.'라고 말해주시오."라고 말할 때, 수행승이 그것을 받아서 전언하여 보고하면, 승단잔류죄를 범하는 것이다.

4-7$_{20}$.

1) 어떤 사람이 수행승을 파견하면서 "존자여, 가서 이러이러한 무기의 보호를

받는 여인에게 말해서 '그대가 이러이러한 자의 애욕으로 얻은 아내와 재물로 얻은 아내가 되는 것이 좋겠다.'라고 말해주시오."라고 말할 때, 수행승이 그것을 받아서 전언하여 보고하면, 승단잔류죄를 범하는 것이다.

2) 어떤 사람이 수행승을 파견하면서 "존자여, 가서 이러이러한 무기의 보호를 받는 여인에게 말해서 '그대가 이러이러한 자의 애욕으로 얻은 아내와 옷으로 얻은 아내가 되는 것이 좋겠다.'라고 말해주시오."라고 말할 때, 수행승이 그것을 받아서 전언하여 보고하면, 승단잔류죄를 범하는 것이다.

3) 어떤 사람이 수행승을 파견하면서 "존자여, 가서 이러이러한 무기의 보호를 받는 여인에게 말해서 '그대가 이러이러한 자의 애욕으로 얻은 아내와 물그릇에 손을 담가 얻은 아내가 되는 것이 좋겠다.'라고 말해주시오."라고 말할 때, 수행승이 그것을 받아서 전언하여 보고하면, 승단잔류죄를 범하는 것이다.

4) 어떤 사람이 수행승을 파견하면서 "존자여, 가서 이러이러한 무기의 보호를 받는 여인에게 말해서 '그대가 이러이러한 자의 애욕으로 얻은 아내와 짐받침을 내려놓아 얻은 아내가 되는 것이 좋겠다.'라고 말해주시오."라고 말할 때, 수행승이 그것을 받아서 전언하여 보고하면, 승단잔류죄를 범하는 것이다.

5) 어떤 사람이 수행승을 파견하면서 "존자여, 가서 이러이러한 무기의 보호를 받는 여인에게 말해서 '그대가 이러이러한 자의 애욕으로 얻은 아내와 하녀로 얻은 아내가 되는 것이 좋겠다.'라고 말해주시오."라고 말할 때, 수행승이 그것을 받아서 전언하여 보고하면, 승단잔류죄를 범하는 것이다.

6) 어떤 사람이 수행승을 파견하면서 "존자여, 가서 이러이러한 무기의 보호를 받는 여인에게 말해서 '그대가 이러이러한 자의 애욕으로 얻은 아내와 일꾼으로 얻은 아내가 되는 것이 좋겠다.'라고 말해주시오."라고 말할 때, 수행승이 그것을 받아서 전언하여 보고하면, 승단잔류죄를 범하는 것이다.

7) 어떤 사람이 수행승을 파견하면서 "존자여, 가서 이러이러한 무기의 보호를 받는 여인에게 말해서 '그대가 이러이러한 자의 애욕으로 얻은 아내와 깃발로 얻은 아내가 되는 것이 좋겠다.'라고 말해주시오."라고 말할 때, 수행승이 그것을 받아서 전언하여 보고하면, 승단잔류죄를 범하는 것이다.

8) 어떤 사람이 수행승을 파견하면서 "존자여, 가서 이러이러한 무기의 보호를 받는 여인에게 말해서 '그대가 이러이러한 자의 애욕으로 얻은 아내와 잠시동안 얻은 아내가 되는 것이 좋겠다.'라고 말해주시오."라고 말할 때, 수행승이 그것을 받아서 전언하여 보고하면, 승단잔류죄를 범하는 것이다.

9) 어떤 사람이 수행승을 파견하면서 "존자여, 가서 이러이러한 무기의 보호를 받는 여인에게 말해서 '그대가 이러이러한 자의 애욕으로 얻은 아내와 돈으로 얻은 아내가 되는 것이 좋겠다.'라고 말해주시오."라고 말할 때, 수행승이 그것을 받아서 전언하여 보고하면, 승단잔류죄를 범하는 것이다.

*4-7*21.

1) 어떤 사람이 수행승을 파견하면서 "존자여, 가서 이러이러한 무기의 보호를 받는 여인에게 말해서 '그대가 이러이러한 자의 잠시동안 얻은 아내와 돈으로 얻은 아내가 되는 것이 좋겠다.'라고 말해주시오."라고 말할 때, 수행승이 그것을 받아서 전언하여 보고하면, 승단잔류죄를 범하는 것이다.
2) 어떤 사람이 수행승을 파견하면서 "존자여, 가서 이러이러한 무기의 보호를 받는 여인에게 말해서 '그대가 이러이러한 자의 잠시동안 얻은 아내와 애욕으로 얻은 아내가 되는 것이 좋겠다.'라고 말해주시오."라고 말할 때, 수행승이 그것을 받아서 전언하여 보고하면, 승단잔류죄를 범하는 것이다.
3) 어떤 사람이 수행승을 파견하면서 "존자여, 가서 이러이러한 무기의 보호를 받는 여인에게 말해서 '그대가 이러이러한 자의 잠시동안 얻은 아내와 재물로 얻은 아내가 되는 것이 좋겠다.'라고 말해주시오."라고 말할 때, 수행승이 그것을 받아서 전언하여 보고하면, 승단잔류죄를 범하는 것이다.
4) 어떤 사람이 수행승을 파견하면서 "존자여, 가서 이러이러한 무기의 보호를 받는 여인에게 말해서 '그대가 이러이러한 자의 잠시동안 얻은 아내와 옷으로 얻은 아내가 되는 것이 좋겠다.'라고 말해주시오."라고 말할 때, 수행승이 그것을 받아서 전언하여 보고하면, 승단잔류죄를 범하는 것이다.
5) 어떤 사람이 수행승을 파견하면서 "존자여, 가서 이러이러한 무기의 보호를 받는 여인에게 말해서 '그대가 이러이러한 자의 잠시동안 얻은 아내와 물그릇에 손을 담가 얻은 아내가 되는 것이 좋겠다.'라고 말해주시오."라고 말할 때, 수행승이 그것을 받아서 전언하여 보고하면, 승단잔류죄를 범하는 것이다.
6) 어떤 사람이 수행승을 파견하면서 "존자여, 가서 이러이러한 무기의 보호를 받는 여인에게 말해서 '그대가 이러이러한 자의 잠시동안 얻은 아내와 짐받침을 내려놓아 얻은 아내가 되는 것이 좋겠다.'라고 말해주시오."라고 말할 때, 수행승이 그것을 받아서 전언하여 보고하면, 승단잔류죄를 범하는 것이다.
7) 어떤 사람이 수행승을 파견하면서 "존자여, 가서 이러이러한 무기의 보호를 받는 여인에게 말해서 '그대가 이러이러한 자의 잠시동안 얻은 아내와 하녀로

얻은 아내가 되는 것이 좋겠다.'라고 말해주시오."라고 말할 때, 수행승이 그것을 받아서 전언하여 보고하면, 승단잔류죄를 범하는 것이다.

8) 어떤 사람이 수행승을 파견하면서 "존자여, 가서 이러이러한 무기의 보호를 받는 여인에게 말해서 '그대가 이러이러한 자의 잠시동안 얻은 아내와 일꾼으로 얻은 아내가 되는 것이 좋겠다.'라고 말해주시오."라고 말할 때, 수행승이 그것을 받아서 전언하여 보고하면, 승단잔류죄를 범하는 것이다.

9) 어떤 사람이 수행승을 파견하면서 "존자여, 가서 이러이러한 무기의 보호를 받는 여인에게 말해서 '그대가 이러이러한 자의 잠시동안 얻은 아내와 깃발로 얻은 아내가 되는 것이 좋겠다.'라고 말해주시오."라고 말할 때, 수행승이 그것을 받아서 전언하여 보고하면, 승단잔류죄를 범하는 것이다.

4-7₂₂. 이와 같이 둘을 근본으로 하는 장에서 아홉을 근본으로 하는 장까지 확대되어야 한다.

4-7₂₃. 어떤 사람이 수행승을 파견하면서 "존자여, 가서 이러이러한 무기의 보호를 받는 여인에게 말해서 '그대가 이러이러한 자의 돈으로 얻은 아내와 애욕으로 얻은 아내와 재물로 얻은 아내와 옷으로 얻은 아내와 물그릇에 손을 담가 얻은 아내와 짐받침을 내려놓아 얻은 아내와 하녀로 얻은 아내와 일꾼으로 얻은 아내와 깃발로 얻은 아내와 잠시동안 얻은 아내가 되는 것이 좋겠다.'라고 말해주시오."라고 말할 때, 수행승이 그것을 받아서 전언하여 보고하면, 승단잔류죄를 범하는 것이다.

4-7₂₄.

1) 어떤 사람이 수행승을 파견하면서 "존자여, 가서 이러이러한 어머니의 보호를 받는 여인에게 말해서 '그대가 이러이러한 자의 돈으로 얻은 아내와 깃발로 얻은 아내가 되는 것이 좋겠다.'라고 말해주시오."라고 말할 때, 수행승이 그것을 받아서 전언하여 보고하면, 승단잔류죄를 범하는 것이다.

2) 어떤 사람이 수행승을 파견하면서 "존자여, 가서 이러이러한 어머니의 보호를 받는 여인과 아버지의 보호를 받는 여인에게 말해서 '그대가 이러이러한 자의 돈으로 얻은 아내와 애욕으로 얻은 아내가 되는 것이 좋겠다.'라고 말해주시오."라고 말할 때, 수행승이 그것을 받아서 전언하여 보고하면, 승단잔류죄를 범하는 것이다.

3) 어떤 사람이 수행승을 파견하면서 "존자여, 가서 이러이러한 어머니의 보호를

받는 여인과 아버지의 보호를 받는 여인과 부모의 보호를 받는 여인에게 말해서 '그대가 이러이러한 자의 돈으로 얻은 아내와 애욕으로 얻은 아내와 재물로 얻은 아내가 되는 것이 좋겠다.'라고 말해주시오."라고 말할 때, 수행승이 그것을 받아서 전언하여 보고하면, 승단잔류죄를 범하는 것이다 … 이와 같이 양자로부터의 확장이 이루어져야 한다.

4-7[22]. 어떤 사람이 수행승을 파견하면서 "존자여, 가서 이러이러한 어머니의 보호를 받는 여인과 아버지의 보호를 받는 여인과 부모의 보호를 받는 여인과 형제의 보호를 받는 여인과 자매의 보호를 받는 여인과 친척의 보호를 받는 여인과 종친의 보호를 받는 여인과 동료의 보호를 받는 여인과 자신의 보호를 받는 여인과 무기의 보호를 받는 여인에게 말해서 '그대가 이러이러한 자의 돈으로 얻은 아내와 애욕으로 얻은 아내와 재물로 얻은 아내와 옷으로 얻은 아내와 물그릇에 손을 담가 얻은 아내와 짐받침을 내려놓아 얻은 아내와 하녀로 얻은 아내와 일꾼으로 얻은 아내와 깃발로 얻은 아내와 잠시동안 얻은 아내가 되는 것이 좋겠다.'라고 말해주시오."라고 말할 때, 수행승이 그것을 받아서 전언하여 보고하면, 승단잔류죄를 범하는 것이다.

4-8. 어떤 사람의 어머니가 수행승을 파견하면서 … 어떤 사람의 아버지가 수행승을 파견하면서 … 어떤 사람의 부모가 수행승을 파견하면서 … 어떤 사람의 형제가 수행승을 파견하면서 … 어떤 사람의 자매가 수행승을 파견하면서 … 어떤 사람의 친척이 수행승을 파견하면서 … 어떤 사람의 종친이 수행승을 파견하면서[*142] … 어떤 사람의 동료가 수행승을 파견하면서 … 사람의 생략이 확장되어야 한다. 선행하는 것처럼 모든 결합배열이 확장되어야 한다.

4-9. 어머니의 보호를 받는 여인의 어머니가 수행승을 파견하면서 "존자여, 가서 이러이러한 여인에게 말해서 '그녀가 이러이러한 자의 돈으로 얻은 아내가 되는 것이 좋겠다.'라고 말해주시오."라고 말할 때, 수행승이 그것을 받아서 전언하여 보고하면, 승단잔류죄를 범하는 것이다 … 이하 선행하는 것처럼 모든 결합배열이 확장되어야 한다.

4-10.

1) 아버지의 보호를 받는 여인의 아버지가 수행승을 파견하면서 "존자여, 가서 이러이러한 여인에게 말해서 '그녀가 이러이러한 자의 돈으로 얻은 아내가 되는 것이 좋겠다.'라고 말해주시오."라고 말할 때, 수행승이 그것을 받아서

전언하여 보고하면, 승단잔류죄를 범하는 것이다.

2) 부모의 보호를 받는 여인의 부모가 수행승을 파견하면서 "존자여, 가서 이러이러한 여인에게 말해서 '그녀가 이러이러한 자의 돈으로 얻은 아내가 되는 것이 좋겠다.'라고 말해주시오."라고 말할 때, 수행승이 그것을 받아서 전언하여 보고하면, 승단잔류죄를 범하는 것이다.

3) 형제의 보호를 받는 여인의 형제가 수행승을 파견하면서 "존자여, 가서 이러이러한 여인에게 말해서 '그녀가 이러이러한 자의 돈으로 얻은 아내가 되는 것이 좋겠다.'라고 말해주시오."라고 말할 때, 수행승이 그것을 받아서 전언하여 보고하면, 승단잔류죄를 범하는 것이다.

4) 자매의 보호를 받는 여인의 자매가 수행승을 파견하면서 "존자여, 가서 이러이러한 여인에게 말해서 '그녀가 이러이러한 자의 돈으로 얻은 아내가 되는 것이 좋겠다.'라고 말해주시오."라고 말할 때, 수행승이 그것을 받아서 전언하여 보고하면, 승단잔류죄를 범하는 것이다.

5) 친척의 보호를 받는 여인의 친척이 수행승을 파견하면서 "존자여, 가서 이러이러한 여인에게 말해서 '그녀가 이러이러한 자의 돈으로 얻은 아내가 되는 것이 좋겠다.'라고 말해주시오."라고 말할 때, 수행승이 그것을 받아서 전언하여 보고하면, 승단잔류죄를 범하는 것이다.

6) 종친의 보호를 받는 여인의 종친이 수행승을 파견하면서 "존자여, 가서 이러이러한 여인에게 말해서 '그녀가 이러이러한 자의 돈으로 얻은 아내가 되는 것이 좋겠다.'라고 말해주시오."라고 말할 때, 수행승이 그것을 받아서 전언하여 보고하면, 승단잔류죄를 범하는 것이다.

7) 동료의 보호를 받는 여인의 동료가 수행승을 파견하면서 "존자여, 가서 이러이러한 여인에게 말해서 '그녀가 이러이러한 자의 돈으로 얻은 아내가 되는 것이 좋겠다.'라고 말해주시오."라고 말할 때, 수행승이 그것을 받아서 전언하여 보고하면, 승단잔류죄를 범하는 것이다.

8) 자신의 보호를 받는 여인의 고용자가 수행승을 파견하면서 "존자여, 가서 이러이러한 여인에게 말해서 '그녀가 이러이러한 자의 돈으로 얻은 아내가 되는 것이 좋겠다.'라고 말해주시오."라고 말할 때, 수행승이 그것을 받아서 전언하여 보고하면, 승단잔류죄를 범하는 것이다.

9) 무기의 보호를 받는 여인의 무기제공자가 수행승을 파견하면서 "존자여, 가서 이러이러한 여인에게 말해서 '그녀가 이러이러한 자의 돈으로 얻은 아내가

되는 것이 좋겠다.'라고 말해주시오."라고 말할 때, 수행승이 그것을 받아서 전언하여 보고하면, 승단잔류죄를 범하는 것이다.

4-10₂. 이와 같이 둘을 근본으로 하는 결합배열에서부터 아홉을 근본으로 하는 결합배열까지 확대되어야 한다. 열에 토대를 두는 결합배열은 다음과 같다.

4-10₃. 무기의 보호를 받는 여인의 무기제공자가 수행승을 파견하면서 "존자여, 가서 이러이러한 여인에게 말해서 '그녀가 이러이러한 자의 돈으로 얻은 아내와 애욕으로 얻은 아내와 재물로 얻은 아내와 옷으로 얻은 아내와 물그릇에 손을 담가 얻은 아내와 짐받침을 내려놓아 얻은 아내와 하녀로 얻은 아내와 일꾼으로 얻은 아내와 깃발로 얻은 아내와 잠시동안 얻은 아내가 되는 것이 좋겠다.'라고 말해주시오."라고 말할 때, 수행승이 그것을 받아서 전언하여 보고하면, 승단잔류죄를 범하는 것이다.

4-11.

1) 어머니의 보호를 받는 여인이 수행승을 파견하면서 "존자여, 가서 이러이러한 여인에게 말해서 '내가 이러이러한 자의 돈으로 얻은 아내가 되겠다.'라고 말해주시오."라고 말할 때, 수행승이 그것을 받아서 전언하여 보고하면, 승단잔류죄를 범하는 것이다.
2) 어머니의 보호를 받는 여인이 수행승을 파견하면서 "존자여, 가서 이러이러한 여인에게 말해서 '내가 이러이러한 자의 애욕으로 얻은 아내가 되겠다.'라고 말해주시오."라고 말할 때, 수행승이 그것을 받아서 전언하여 보고하면, 승단잔류죄를 범하는 것이다.
3) 어머니의 보호를 받는 여인이 수행승을 파견하면서 "존자여, 가서 이러이러한 여인에게 말해서 '내가 이러이러한 자의 재물로 얻은 아내가 되겠다.'라고 말해주시오."라고 말할 때, 수행승이 그것을 받아서 전언하여 보고하면, 승단잔류죄를 범하는 것이다.
4) 어머니의 보호를 받는 여인이 수행승을 파견하면서 "존자여, 가서 이러이러한 여인에게 말해서 '내가 이러이러한 자의 옷으로 얻은 아내가 되겠다.'라고 말해주시오."라고 말할 때, 수행승이 그것을 받아서 전언하여 보고하면, 승단잔류죄를 범하는 것이다.
5) 어머니의 보호를 받는 여인이 수행승을 파견하면서 "존자여, 가서 이러이러한 여인에게 말해서 '내가 이러이러한 자의 물그릇에 손을 담가 얻은 아내가 되겠

다.'라고 말해주시오."라고 말할 때, 수행승이 그것을 받아서 전언하여 보고하면, 승단잔류죄를 범하는 것이다.

6) 어머니의 보호를 받는 여인이 수행승을 파견하면서 "존자여, 가서 이러이러한 여인에게 말해서 '내가 이러이러한 자의 짐받침을 내려놓아 얻은 아내가 되겠다.'라고 말해주시오."라고 말할 때, 수행승이 그것을 받아서 전언하여 보고하면, 승단잔류죄를 범하는 것이다.

7) 어머니의 보호를 받는 여인이 수행승을 파견하면서 "존자여, 가서 이러이러한 여인에게 말해서 '내가 이러이러한 자의 하녀로 얻은 아내가 되겠다.'라고 말해주시오."라고 말할 때, 수행승이 그것을 받아서 전언하여 보고하면, 승단잔류죄를 범하는 것이다.

8) 어머니의 보호를 받는 여인이 수행승을 파견하면서 "존자여, 가서 이러이러한 여인에게 말해서 '내가 이러이러한 자의 일꾼으로 얻은 아내가 되겠다.'라고 말해주시오."라고 말할 때, 수행승이 그것을 받아서 전언하여 보고하면, 승단잔류죄를 범하는 것이다.

9) 어머니의 보호를 받는 여인이 수행승을 파견하면서 "존자여, 가서 이러이러한 여인에게 말해서 '내가 이러이러한 자의 깃발로 얻은 아내가 되겠다.'라고 말해주시오."라고 말할 때, 수행승이 그것을 받아서 전언하여 보고하면, 승단잔류죄를 범하는 것이다.

10) 어머니의 보호를 받는 여인이 수행승을 파견하면서 "존자여, 가서 이러이러한 여인에게 말해서 '내가 이러이러한 자의 잠시동안 얻은 아내가 되겠다.'라고 말해주시오."라고 말할 때, 수행승이 그것을 받아서 전언하여 보고하면, 승단잔류죄를 범하는 것이다.

4-11₂.

1) 어머니의 보호를 받는 여인이 수행승을 파견하면서 "존자여, 가서 이러이러한 여인에게 말해서 '내가 이러이러한 자의 돈으로 얻고 애욕으로 얻은 아내가 되겠다.'라고 말해주시오."라고 말할 때, 수행승이 그것을 받아서 전언하여 보고하면, 승단잔류죄를 범하는 것이다.

2) 어머니의 보호를 받는 여인이 수행승을 파견하면서 "존자여, 가서 이러이러한 여인에게 말해서 '내가 이러이러한 자의 돈으로 얻고 재물로 얻은 아내가 되겠다.'라고 말해주시오."라고 말할 때, 수행승이 그것을 받아서 전언하여 보고하면, 승단잔류죄를 범하는 것이다.

3) 어머니의 보호를 받는 여인이 수행승을 파견하면서 "존자여, 가서 이러이러한 여인에게 말해서 '내가 이러이러한 자의 돈으로 얻고 옷으로 얻은 아내가 되겠다.'라고 말해주시오."라고 말할 때, 수행승이 그것을 받아서 전언하여 보고하면, 승단잔류죄를 범하는 것이다.
4) 어머니의 보호를 받는 여인이 수행승을 파견하면서 "존자여, 가서 이러이러한 여인에게 말해서 '내가 이러이러한 자의 돈으로 얻고 물그릇에 손을 담가 얻은 아내가 되겠다.'라고 말해주시오."라고 말할 때, 수행승이 그것을 받아서 전언하여 보고하면, 승단잔류죄를 범하는 것이다.
5) 어머니의 보호를 받는 여인이 수행승을 파견하면서 "존자여, 가서 이러이러한 여인에게 말해서 '내가 이러이러한 자의 돈으로 얻고 짐받침을 내려놓아 얻은 아내가 되겠다.'라고 말해주시오."라고 말할 때, 수행승이 그것을 받아서 전언하여 보고하면, 승단잔류죄를 범하는 것이다.
6) 어머니의 보호를 받는 여인이 수행승을 파견하면서 "존자여, 가서 이러이러한 여인에게 말해서 '내가 이러이러한 자의 돈으로 얻고 하녀로 얻은 아내가 되겠다.'라고 말해주시오."라고 말할 때, 수행승이 그것을 받아서 전언하여 보고하면, 승단잔류죄를 범하는 것이다.
7) 어머니의 보호를 받는 여인이 수행승을 파견하면서 "존자여, 가서 이러이러한 여인에게 말해서 '내가 이러이러한 자의 돈으로 얻고 일꾼으로 얻은 아내가 되겠다.'라고 말해주시오."라고 말할 때, 수행승이 그것을 받아서 전언하여 보고하면, 승단잔류죄를 범하는 것이다.
8) 어머니의 보호를 받는 여인이 수행승을 파견하면서 "존자여, 가서 이러이러한 여인에게 말해서 '내가 이러이러한 자의 돈으로 얻고 깃발로 얻은 아내가 되겠다.'라고 말해주시오."라고 말할 때, 수행승이 그것을 받아서 전언하여 보고하면, 승단잔류죄를 범하는 것이다.
9) 어머니의 보호를 받는 여인이 수행승을 파견하면서 "존자여, 가서 이러이러한 여인에게 말해서 '내가 이러이러한 자의 돈으로 얻고 잠시동안 얻은 아내가 되겠다.'라고 말해주시오."라고 말할 때, 수행승이 그것을 받아서 전언하여 보고하면, 승단잔류죄를 범하는 것이다.

4-11₃.

1) 어머니의 보호를 받는 여인이 수행승을 파견하면서 "존자여, 가서 이러이러한 여인에게 말해서 '내가 이러이러한 자의 잠시동안 얻고 돈으로 얻은 아내가

되겠다.'라고 말해주시오."라고 말할 때, 수행승이 그것을 받아서 전언하여 보고하면, 승단잔류죄를 범하는 것이다.

2) 어머니의 보호를 받는 여인이 수행승을 파견하면서 "존자여, 가서 이러이러한 여인에게 말해서 '내가 이러이러한 자의 잠시동안 얻고 애욕으로 얻은 아내가 되겠다.'라고 말해주시오."라고 말할 때, 수행승이 그것을 받아서 전언하여 보고하면, 승단잔류죄를 범하는 것이다.

3) 어머니의 보호를 받는 여인이 수행승을 파견하면서 "존자여, 가서 이러이러한 여인에게 말해서 '내가 이러이러한 자의 잠시동안 얻고 재물로 얻은 아내가 되겠다.'라고 말해주시오."라고 말할 때, 수행승이 그것을 받아서 전언하여 보고하면, 승단잔류죄를 범하는 것이다.

4) 어머니의 보호를 받는 여인이 수행승을 파견하면서 "존자여, 가서 이러이러한 여인에게 말해서 '내가 이러이러한 자의 잠시동안 얻고 옷으로 얻은 아내가 되겠다.'라고 말해주시오."라고 말할 때, 수행승이 그것을 받아서 전언하여 보고하면, 승단잔류죄를 범하는 것이다.

5) 어머니의 보호를 받는 여인이 수행승을 파견하면서 "존자여, 가서 이러이러한 여인에게 말해서 '내가 이러이러한 자의 잠시동안 얻고 물그릇에 손을 담가 얻은 아내가 되겠다.'라고 말해주시오."라고 말할 때, 수행승이 그것을 받아서 전언하여 보고하면, 승단잔류죄를 범하는 것이다.

6) 어머니의 보호를 받는 여인이 수행승을 파견하면서 "존자여, 가서 이러이러한 여인에게 말해서 '내가 이러이러한 자의 잠시동안 얻고 짐받침을 내려놓아 얻은 아내가 되겠다.'라고 말해주시오."라고 말할 때, 수행승이 그것을 받아서 전언하여 보고하면, 승단잔류죄를 범하는 것이다.

7) 어머니의 보호를 받는 여인이 수행승을 파견하면서 "존자여, 가서 이러이러한 여인에게 말해서 '내가 이러이러한 자의 잠시동안 얻고 하녀로 얻은 아내가 되겠다.'라고 말해주시오."라고 말할 때, 수행승이 그것을 받아서 전언하여 보고하면, 승단잔류죄를 범하는 것이다.

8) 어머니의 보호를 받는 여인이 수행승을 파견하면서 "존자여, 가서 이러이러한 여인에게 말해서 '내가 이러이러한 자의 잠시동안 얻고 일꾼으로 얻은 아내가 되겠다.'라고 말해주시오."라고 말할 때, 수행승이 그것을 받아서 전언하여 보고하면, 승단잔류죄를 범하는 것이다.

9) 어머니의 보호를 받는 여인이 수행승을 파견하면서 "존자여, 가서 이러이러한

여인에게 말해서 '내가 이러이러한 자의 잠시동안 얻고 깃발로 얻은 아내가 되겠다.'라고 말해주시오."라고 말할 때, 수행승이 그것을 받아서 전언하여 보고하면, 승단잔류죄를 범하는 것이다.

4-11₄. 둘에 근본을 두는 결합배열에서 아홉에 근본을 두는 결합배열까지 확장되어야 한다. 열에 토대를 두는 결합배열은 다음과 같다.

4-11₅. 어머니의 보호를 받는 여인이 수행승을 파견하면서 "존자여, 가서 이러이러한 여인에게 말해서 '내가 이러이러한 자의 돈으로 얻고 애욕으로 얻고 재물로 얻고 옷으로 얻고 물그릇에 손을 담가 얻고 짐받침을 내려놓아 얻고 하녀로 얻고 일꾼으로 얻고 포로로 얻고 잠시동안 얻은 아내가 되겠다.'라고 말해주시오."라고 말할 때, 수행승이 그것을 받아서 전언하여 보고하면, 승단잔류죄를 범하는 것이다.

4-11₅.

1) 아버지의 보호를 받는 여인 … 부모의 보호를 받는 여인 … 형제의 보호를 받는 여인 … 자매의 보호를 받는 여인 … 친척의 보호를 받는 여인 … 종친의 보호를 받는 여인 … 동료의 보호를 받는 여인 … 자신의 보호를 받는 여인 … 무기의 보호를 받는 여인이 수행승을 파견하면서 "존자여, 가서 이러이러한 여인에게 말해서 '내가 이러이러한 자의 돈으로 얻은 아내가 되겠다.'라고 말해주시오."라고 말할 때, 수행승이 그것을 받아서 전언하여 보고하면, 승단잔류죄를 범하는 것이다.
2) 무기의 보호를 받는 여인이 수행승을 파견하면서 "존자여, 가서 이러이러한 여인에게 말해서 '내가 이러이러한 자의 애욕으로 얻은 아내나 재물로 얻은 아내, 옷으로 얻은 아내나 물그릇에 손을 담가 얻은 아내나 짐받침을 내려놓아 얻은 아내나 하녀로 얻은 아내나 일꾼으로 얻은 아내나 깃발로 얻은 아내, 잠시동안 얻은 아내가 되는 것이 좋겠다.'라고 말해주시오."라고 말할 때, 수행승이 그것을 받아서 전언하여 보고하면, 승단잔류죄를 범하는 것이다.
3) 무기의 보호를 받는 여인이 수행승을 파견하면서 "존자여, 가서 이러이러한 여인에게 말해서 '내가 이러이러한 자의 돈으로 얻고 애욕으로 얻은 아내 … 돈으로 얻고 잠시동안 얻은 아내가 되겠다.'라고 말해주시오."라고 말할 때, 수행승이 그것을 받아서 전언하여 보고하면, 승단잔류죄를 범하는 것이다.
4) 무기의 보호를 받는 여인이 수행승을 파견하면서 "존자여, 가서 이러이러한

여인에게 말해서 '내가 이러이러한 자의 애욕으로 얻고 재물로 얻은 아내 … 애욕으로 얻고 잠시동안 얻은 아내가 되겠다.'라고 말해주시오."라고 말할 때, 수행승이 그것을 받아서 전언하여 보고하면, 승단잔류죄를 범하는 것이다.

5) 무기의 보호를 받는 여인이 수행승을 파견하면서 "존자여, 가서 이러이러한 여인에게 말해서 '내가 이러이러한 자의 잠시동안 얻고 돈으로 얻은 아내 … 잠시동안 얻고 깃발로 얻은 아내가 되겠다.'라고 말해주시오."라고 말할 때, 수행승이 그것을 받아서 전언하여 보고하면, 승단잔류죄를 범하는 것이다 … 이와 같이 확장되어야 한다.

6) 무기의 보호를 받는 여인이 수행승을 파견하면서 "존자여, 가서 이러이러한 여인에게 말해서 '내가 이러이러한 자의 돈으로 얻고 애욕으로 얻고 재물로 얻고 옷으로 얻고 물그릇에 손을 담가 얻고 짐받침을 내려놓아 얻고 하녀로 얻고 일꾼으로 얻고 포로로 얻고 잠시동안 얻은 아내가 되겠다.'라고 말해주시오."라고 말할 때, 수행승이 그것을 받아서 전언하여 보고하면, 승단잔류죄를 범하는 것이다.

4-12. 받아서 전언하고 보고하면,497) 승단잔류죄를 범하는 것이다. 받아서 전언했으나[*143] 보고하지 않으면 추악죄를 범하는 것이다. 받아서 전언하지 않고 보고하지 않으면, 악작죄를 범하는 것이다. 받지 않고 전언하고 보고하면, 추악죄를 범하는 것이다. 받지 않고 전언했으나 보고하지 않으면, 악작죄를 범하는 것이다. 받지 않고 전언하지 않았으나 보고하면, 악작죄를 범하는 것이다. 받지 않고 전언하지 않고 보고하지 않았으면, 무죄이다.

4-13.

1) 한 남자가 많은 수행승들에게 부탁하여, '존자들이여, 가서 이러이러한 여인에게 전해주시오.'말할 때, 모두가 받아서 모두가 전언하고 모두가 보고하면, 모두가 승단잔류죄를 범하는 것이다.

2) 한 남자가 많은 수행승들에게 부탁하여, '존자들이여, 가서 이러이러한 여인에게 전해주시오.'말할 때, 모두가 받아서 모두가 전언하고 한 사람이 보고하면, 모두가 승단잔류죄를 범하는 것이다.

3) 한 남자가 많은 수행승들에게 부탁하여, '존자들이여, 가서 이러이러한 여인에

---

497) patigaṇhāti vīmaṃsati paccāharati : '받아서(전언의 부탁에 동의해서) 다른 사람에게 전하고 다시 말을 준 사람에게 보고하면'이라는 뜻이다.

게 전해주시오.'말할 때, 모두가 받아서 한 사람이 전언하고 모두가 보고하면, 모두가 승단잔류죄를 범하는 것이다.

4) 한 남자가 많은 수행승들에게 부탁하여, '존자들이여, 가서 이러이러한 여인에게 전해주시오.'말할 때, 모두가 받아서 한 사람이 전언하고 한 사람이 보고하면, 모두가 승단잔류죄를 범하는 것이다.

4-14.

1) 한 남자가 한 수행승들에게 부탁하여, '존자여, 가서 이러이러한 여인에게 전해주시오.'말할 때, 그가 받아서 전언하고 보고하면, 승단잔류죄를 범하는 것이다.

2) 한 남자가 한 수행승들에게 부탁하여, '존자여, 가서 이러이러한 여인에게 전해주시오.'말할 때, 그가 받아서 전언하고 제자를 시켜 보고하게 하면, 승단잔류죄를 범하는 것이다.

3) 한 남자가 한 수행승들에게 부탁하여, '존자여, 가서 이러이러한 여인에게 전해주시오.'말할 때, 그가 받아서 제자에게 전언하게 하고 스스로 보고하면, 승단잔류죄를 범하는 것이다.

4) 한 남자가 한 수행승에게 부탁하여, '존자여, 가서 이러이러한 여인에게 전해주시오.'말할 때, 그가 받아서 제자에게 전언하게 하고, 제자가 전언한 뒤에 혼자서 보고하면,[498] 양자가 승단잔류죄를 범하는 것이다.

4-15. 가면서 주선하고, 오면서 속이면, 추악죄를 범하는 것이다. 가면서 속이고, 오면서 주선하면, 추악죄를 범하는 것이다. 가면서 주선하고 오면서 주선하면, 승단잔류죄를 범하는 것이다.

4-16. 참모임을 위한 것이거나, 탑묘를 위한 것이거나, 환자를 위하여 일을 보기 위해 가는 경우이거나. 정신이 착란된 자이거나, 초범자의 경우는 무죄이다.

교도인연담 그 요약서시는 다음과 같다

잠자는 여인, 죽은 여인, 외출, 성불구녀, 여자빤다까.
싸움 후에 화해한 여인, 그리고 빤다까를 중매하는 것.[499]

---

498) bahiddhā paccāharati : 스승에게 보고하지 않고 밖으로 보고한다는 것은 혼자서 보고한다는 뜻이다.
499) suttā matā ca nikkhantā | anitthi itthipaṇḍakā | kalahaṃ katvāna sammodi | sañcarittañca paṇḍake'ti ||

5-1. 한때 한 남자가 어떤 수행승에게 부탁하여 '존자여,[*144] 가서 이러이러한 여인에게 전하시오.'라고 말하자, 그는 가서 사람들에게 물었다.

[수행승] "이러이러한 여인이 어디에 있습니까?"

[사람들] "존자여, 잠들었습니다."

그에게 후회가 생겨났다.

[수행승] '나는 승단잔류죄를 범한 것이 아닐까?'

세존께 그 사실을 알렸다.

[세존] "수행승이여, 승단잔류죄가 아니라 악작죄를 범한 것이다."

5-2.

1) 한때 한 남자가 어떤 수행승에게 부탁하여 '존자여, 가서 이러이러한 여인에게 전하시오.'라고 말하자, 그는 가서 사람들에게 물었다.

[수행승] "이러이러한 여인이 어디에 있습니까?"

[사람들] "존자여, 죽었습니다."

그에게 후회가 생겨났다.

[수행승] '나는 승단잔류죄를 범한 것이 아닐까?'

세존께 그 사실을 알렸다.

[세존] "수행승이여, 승단잔류죄가 아니라 악작죄를 범한 것이다."

2) 한때 한 남자가 어떤 수행승에게 부탁하여 '존자여, 가서 이러이러한 여인에게 전하시오.'라고 말하자, 그는 가서 사람들에게 물었다.

[수행승] "이러이러한 여인이 어디에 있습니까?"

[사람들] "존자여, 외출했습니다."

그에게 후회가 생겨났다.

[수행승] '나는 승단잔류죄를 범한 것이 아닐까?'

세존께 그 사실을 알렸다.

[세존] "수행승이여, 승단잔류죄가 아니라 악작죄를 범한 것이다."

3) 한때 한 남자가 어떤 수행승에게 부탁하여 '존자여, 가서 이러이러한 여인에게 전하시오.'라고 말하자, 그는 가서 사람들에게 물었다.

[수행승] "이러이러한 여인이 어디에 있습니까?"

[사람들] "존자여, 성불구녀말입니까."

그에게 후회가 생겨났다.

[수행승] '나는 승단잔류죄를 범한 것이 아닐까?'

세존께 그 사실을 알렸다.

[세존] "수행승이여, 승단잔류죄가 아니라 악작죄를 범한 것이다."

4) 한때 한 남자가 어떤 수행승에게 부탁하여 '존자여, 가서 이러이러한 여인에게 전하시오.'라고 말하자, 그는 가서 사람들에게 물었다.

[수행승] "이러이러한 여인이 어디에 있습니까?"

[사람들] "존자여, 여자빤다까[500] 말입니까?"

그에게 후회가 생겨났다.

[수행승] '나는 승단잔류죄를 범한 것이 아닐까?'

세존께 그 사실을 알렸다.

[세존] "수행승이여, 승단잔류죄가 아니라 악작죄를 범한 것이다."

5-3. 한때 어떤 여인이 남편과 싸우고 친정집에 왔다. 집에 탁발을 다니는 수행승이 중재를 도모했다. 그에게 후회가 생겨났다.

[수행승] '나는 승단잔류죄를 범한 것이 아닐까?'

세존께 그 사실을 알렸다.

[세존] "수행승이여, '그만'이라고 말하려고 한 것은 아닌가?"[501]

[수행승] "세존이시여, '그만'이라고 말하려 한 것은 아닙니다."

[세존] "수행승이여, '그만'이라고 말하려 한 것이 아니라면, 무죄이다."

5-4. 한때 어떤 수행승이 빤다까를 위해서 중매를 섰다. 그에게 후회가 생겨났다.

[수행승] '나는 승단잔류죄를 범한 것이 아닐까?'

세존께 그 사실을 알렸다.

[세존] "수행승이여, 승단잔류죄가 아니라 추악죄을 범한 것이다."

2. 2 승단잔류죄법 제2조

악의와 분노에 대한 학습계율①[Paṭhamaduṭṭhadosasikkhāpada]

1-1. 한때[502][*158] 존귀하신 부처님께서는 라자가하 시의 벨루바나 숲에 있는

---

500) itthipaṇḍakā : Bd. I. 244에서는 일종의 불구자에 대한 호칭이라고 보고 있다.

501) alaṃvacanīyā bhikkhu'ti : Smp. 551에 따르면, 그녀는 남편에 버려지지 않았다. 인도에서 각지방의 습관에 따라 버려진 여자는 아내가 될 수 없고 '그만이라고 말해져야 할 여자(alaṃvacanīyā)'라고 불리운다. 그러므로 여기서 '그만'이라는 것은 이혼을 의미한다.

502) tena samayena : 이하의 §9까지의 내용들은 Vin. III. 74-79와 병행한다.

깔란다까니바빠 공원에 계셨다. 그런데 그때 존자 답바 말라뿟따[503]는 태어난 지 칠 세밖에 되지 않았지만 거룩한 경지를 얻었다.[504] 제자로써 이루어야 할 모든 것을 이루었다.[505] 더 이상 해야 할 일이나 더 보태야 할 것이 아무것도 없었다. 한때 존자 답바 말라뿟따는 홀로 떨어져서 명상을 하다가 마음속으로 이와 같이 생각했다.

[답바] '나는 태어난 지 일곱 살밖에 되지 않았지만 거룩한 경지를 얻었다. 제자로써 이루어야 할 모든 것을 이루었다. 더 이상 해야 할 일이나 더 보태야 할 것이 아무것도 없다. 내가 어떻게 참모임을 섬길 수 있을까?'

그래서 존자 답바 말라뿟따는 이와 같이 생각했다.

[답바] '내가 참모임에 처소를 배당하고 식사를 나눠주면 어떨까?'

1-2. 그래서 존자 답바 말라뿟따는 저녁 무렵 명상에서 일어나 세존께서 계신 곳을 찾아갔다. 가까이 다가가서 세존께 인사를 드리고 한쪽으로 물러나 앉았다. 한쪽으로 물러나 앉은 존자 답바 말라뿟따는 세존께 이와 같이 말했다.

[답바] "세존이시여, 여기 저는 홀로 명상하다가 마음속으로 이와 같이 생각했

---

503) Dabba Mallaputta : 부처님의 제자 수행승 가운데 '처소를 배정하는 님 가운데 제일(senāsanapaññāpakānaṃ aggaṃ)'이다. 그는 말라 족이 사는 아눕삐야(Anupiya)에서 태어났다. 그가 태어날 때 어머니는 돌아가시고 할머니의 손에 컸다. 일곱 살이었을 때, 부처님이 말라 국을 방문하였는데, 그때 그는 할머니에게 부탁하여 승단에 들어갔는데, Smp. 576에 따르면, 그는 말라 족의 왕자였는데, 채 삭발이 끝나기도 전에 거룩한 님의 경지를 얻었다. 그는 부처님과 함께 라자가하로 돌아와 유행하는 수행자들을 위한 숙소의 배정을 담당했는데 그 일을 훌륭하게 해냈다. 그의 시는 Thag. 5에 있다. UdA. 430에 따르면, 존자 답바는 말라 족의 왕자로 과거불인 빠두뭇따라(Padumuttara) 부처님의 양발에 서원하여 십만 우주기(劫)의 세월을 공덕을 쌓아 우리 부처님 시대에 말라 왕비의 자궁에 잉태되어 태어났다. 그는 소정의 의무를 다하고 일곱 살이 되자 부모에게 출가를 요청했다. 그들은 '출가해서 공부를 배우라. 만약에 거기서 기쁨을 발견하지 못하면, 여기로 돌아오라.'라고 말하며 출가를 허락했다. 그는 부처님을 찾아가 출가를 구했다. 부처님도 그의 필요조건의 갖춘 것을 보고 출가를 허락했다. 그가 출가할 때 주어진 가르침으로 존재의 세 가지 특징이 작렬하듯 그의 앞에 나타났다.

504) jātiyā sattavassena arahattā sacchikataṃ hoti : Smp. 576에 따르면, 삭발하는 순간에 거룩한 님의 경지를 얻었다.

505) yaṃ kiñci sāvakena pattabbaṃ, sabbaṃ tena anuppattaṃ hoti : Smp. 576에 따르면, 세 가지 명지[三明 : tisso vijjā : 三明; 자신의 전생에 대한 새김(pubbenivasānussati : 宿命通), 타인의 업과 과보를 아는 하늘눈(dibbacakkhu : 天眼通), 번뇌 부숨에 대한 궁극적인 앎(āsavakkhayañāṇa : 漏盡通)], 네 가지 분석적인 앎[四無碍解 : catuppaṭisambhidā; ① 대상의 분석(義無碍解 : atthadhammapaṭisambhidā) ② 조건의 분석(法無碍解 : dhammapaṭisambhidā) ③ 언어의 분석(詞無碍解 : niruttipaṭisambhidā) ④ 맥락의 분석(辨無碍解 : paṭibhānapaṭisambhidā)] 여섯 가지 곧바른 앎[六神通 : chaḷabhiññā; ① 여덟 가지 종류의 초월적 능력(iddhi : 神足通) ② 멀고 가까운 소리를 들을 수 있는 하늘귀(dibbasota : 天耳通) ③ 타인의 마음을 읽는 앎(parassa cetopariyañāṇa : 他心通) ④ 자신의 전생에 대한 새김(pubbenivasānussati : 宿命通) ⑤ 타인의 업과 과보를 아는 하늘눈(dibbacakkhu : 天眼通) ⑥ 번뇌 부숨에 대한 궁극적인 앎(āsavakkhayañāṇa : 漏盡通)], 아홉 가지 출세간의 원리[九出世間法 : nava lokuttaradhamma; 四向四果와 涅槃]의 원리를 얻었다.

습니다. '나는 태어난 지 일곱 살밖에 되지 않았지만 거룩한 경지를 얻었다. 제자로써 이루어야 할 모든 것을 이루었다. 더 이상 해야 할 일이나 더 보태야 할 것이 아무것도 없다. 내가 어떻게 참모임을 섬길 수 있을까?' 그런데 저에게 이와 같이 '내가 참모임에 처소를 배당하고 식사를 나눠주면 어떨까?'라는 생각이 떠올랐습니다."

[세존] "답바여, 훌륭하다. 훌륭하다. 그렇다면, 답바여, 그대가 참모임에 처소를 배당하고 식사를 나눠주어라."

[답바] "세존이시여, 알겠습니다."

존자 답바 말라뿟따는 세존께 대답했다.

1-3. 그러자 세존께서는 이러한 인연으로 이러한 기회에 법문을 말씀하시고 수행승들에게 일렀다.

[세존] "수행승들이여, 그렇다면 참모임은 답바 말라뿟따를 처소배당인과 식사배식인으로 선정하라. 수행승들이여. 그런데 이와 같이 선정하여야 한다. 먼저 답바가 청원해야 한다. 청원한 뒤에 총명하고 유능한 수행승이 참모임에 알려야 한다.

[제안] '존자들이여, 참모임은 제 말에 귀를 기울이십시오. 만약에 참모임에 옳은 일이라면, 참모임이 답바 말라뿟따를 처소배당인과 식사배식인으로[*159] 선정하겠습니다. 이것이 제안입니다.'

[제청] '존자들이여, 참모임은 제 말에 귀를 기울이십시오. 참모임이 답바 말라뿟따를 처소배당인과 식사배식인으로 선정합니다. 답바 말라뿟따를 처소배당인과 식사배식인으로 선정하는 것에 동의하면 침묵하시고, 이견이 있으면 말씀하십시오.'

[결정] '참모임은 답바 말라뿟따를 처소배당인과 식사배식인으로 선정하였습니다. 참모임이 찬성하여 침묵했으므로, 저는 그와 같이 알겠습니다.'"

1-4. 그후 존자 답바 말라뿟따는 동일한 부류에 속하는 수행승들마다 동일한 곳의 처소를 배당했다. 수행승들이 송출자들이면, '그들은 서로 경전을 송출할 것이다.'라고 생각하여 그들에게 동일한 곳의 처소를 배당하고, 수행승들이 율사들이면 '그들은 서로 계율에 따라 판단할 것이다'라고 생각하여 그들에게 동일한 곳의 처소를 배당하고, 수행승들이 법문하는 자들이면 '그들은 서로 법문을 논의할 것이다'라고 생각하여 그들에게 동일한 곳의 처소를 배당하고, 수행승들이 선정을 즐기는 자들이면 '그들은 서로 방해하지 않을 것이다'라고 생각하여 그들

에게 동일한 곳의 처소를 배당하고, 수행승들이 비속한 것을 이야기하고506) 신체적 단련을 즐기는507) 자들이면 '이러한 존자들은 자신들의 즐김에 따라 살 것이다.'라고 생각하여 그들에게 동일한 곳의 처소를 배당하고, 수행승들이라도 부득이 때 아닌 때에 오는 자들이면,508) 화광삼매에 들었다가509) 그 빛으로 처소를 배당했다. 또한 수행승들이 고의로 때 아닌 때에 '우리는 존자 답바 말라뿟따의 신통변화를 보겠다.'라고 와서 존자 답바 말라뿟따에게 다가와서 이와 같이 '벗이여 답바여, 우리에게 처소를 배당해 주시오.'라고 말하면, 그들에게 답바 말라뿟따는 이와 같이 말하곤 했다.

[답바] "존자들은 어디를 원합니까? 내가 어디에 배당시켜 줄까요?"

그들은 고의로 먼 곳을 지적했다.

[수행승들A] "답바여 벗이여, 우리에게는 깃자꾸따 산에 처소를 마련해 주시오."

[수행승들B] "벗이여, 우리에게는 이씨길리510) 협곡의 쪼라빠빠따511) 절벽에 처소를 마련해 주시오."

[수행승들C] "벗이여, 우리에게는 흑요석512) 바위에 처소를 마련해 주시오."

[수행승들D] "벗이여, 우리에게는 베바라513) 산록의 칠엽굴514)에 처소를 마련해 주시오."

[수행승들E] "벗이여, 우리에게는 씨따바나515) 숲의 쌉빠쏜디까516) 동굴에

---

506) tiracchānakathikā : 축생에 대한 이야기는 '비속하고 유치한 주제에 대하여 이야기하는 것'을 뜻한다.

507) kāyadaḍḍhibahulā : Smp. 579에 따르면, 몸을 견고한 상태로 만드는 것을 익히고 몸을 양육시키는 것을 익히는 것을 뜻한다.

508) yepi te bhikkhū vikāle āgacchanti : 때 아닌 때에 온다는 것은 여기서 밤늦게 온다는 뜻이다.

509) tejodhātuṃ samāpajjitvā : '불의 세계[火界]에 들어서'라는 뜻이다. Smp. 579; UdA. 432에 따르면, '불에 대한 두루채움(tejokasiṇa) 속에서 네 번째 선정에 들었다가 나오면, 여섯 가지 곧바른 앎의 결과로 그의 손가락들이 강열하게 빛났다.'라는 뜻이다. 신통력의 힘은 여섯 가지 곧바른 앎의 하나였다.

510) Isigili(*sk.* ṛṣigiri) : 이씨길리는 '선인(仙人)이 사는 산'이란 뜻인데, 라자가하 시를 둘러싼 오악(五嶽) 가운데 하나이다.

511) Corapapāta : '도둑의 절벽'이라는 뜻을 지닌 이씨길리 산의 협곡이다.

512) kālāsilā : 이씨길리 산의 검은 바위를 말한다. 깔라씰라(kālāsilā)는 지명이 아니고 흑요석(黑曜石)을 뜻한다. Srp. I. 182는 '검은 색의 바위'라고 해석하고 있다.

513) Vebhāra : 베바라 산은 라자가하 시를 둘러싼 오악(五嶽) 가운데 하나이다.

514) Sattapaṇṇiguha : 베바라 산의 산협에 칠엽굴(七葉窟) 밖에 아자따쌋뚜 왕이 건설한 전당이 있었고 그곳에서 제일결집이 행해졌다.

515) Sītavana : SN. IV. 40과 AN. III. 374에도 언급되어 있다. 씨따 숲은 아나타삔디까가 처음 부처님을 만난 곳이다. 씨따 숲은 한림(寒林)이라는 뜻이다. ThagA. I. 47에 따르면, 거기에 '두려움과 공포(bhayabherava)'라고 묘사되는 묘지가 있었다.

516) Sappasoṇḍika : 씨타바나 숲에 있는 동굴로 쌉빠쏜디까는 뱀의 후드와 비슷한 동굴이라서 그렇게 불린

처소를 마련해 주시오."

[수행승들F] "벗이여, 우리에게는 고따마깐다라[517] 협곡에 처소를 마련해 주시오."

[수행승들G] "벗이여, 우리에게는 띤두까깐다라[518] 협곡에 처소를 마련해 주시오."

[수행승들H] "벗이여, 우리에게는 따뽀다깐다라[519] 협곡에 처소를 마련해 주시오."

[수행승들I] "벗이여, 우리에게는 따뽀다[520] 온천에 처소를 마련해 주시오."

[수행승들J] "벗이여, 우리에게는 지바깜바바나[521] 숲에[*160] 처소를 마련해 주시오."

[수행승들K] "벗이여, 우리에게는 맛다꿋치[522] 숲에 있는 미가다야[523] 처소를 마련해 주시오."

그들을 위하여 존자 답바 말라뿟따는 화광삼매에 들었다가 손가락에 불을 붙여 앞으로 나아갔다. 그래서 그들 또한 그 불빛을 통해서 존자 답바 말라뿟따의 뒤로 따라갔다. 그들을 위하여 존자 답바 말라뿟따는 이와 같이 처소를 배당했다.

[답바] "이것이 침상이고, 이것이 의자이고, 이것이 매트리스이고, 이것이 베개

것이다.

517) Gotamakandarā : 라자가하 시 교외의 협곡으로 이 율장에만 등장한다.

518) Tindukakandarā : 라자가하 시 교외의 협곡으로 이 율장에만 등장한다.

519) Tapodakandarā : 베바라(Vebhāra) 산에서 발원하는 온천수가 흐르는 따뽀다(Tapodā) 강의 협곡을 뜻한다. SN. I. 8에 따르면, 싸밋디(Samiddhi)가 이곳에서 목욕할 때에 하늘사람의 유혹을 받는다.

520) Tapodā : Srp. I. 38에 따르면, 온천(溫泉 : tattodaka)이다. 따뽀다는 베바라(Vebhāra)[지금의 Baibhār] 산의 용들이 사는 호수의 물줄기였는데, 물이 따뜻한 것은 두 철과지옥(鐵鍋地獄 : Lohakumbhi) 사이를 흐르기 때문이라고 한다. 따뽀다 온천 승원(Tapodārāma)은 또한 DN II. 116과 AN. V. 196에 나온다. Swb.에 의하면 하리방싸(Harivaṁsa)에서는 따뽀다를 성스러운 나루터(tīrtha)라고 불렀다.

521) Jīvakambavana : 지바까(Jīvaka)는 마가다 국의 빔비싸라 왕의 주치의였다. 지바깜바바나는 빔비싸라 왕과 부처님의 주치의였던 지바까 꼬마라밧짜의 망고 숲을 뜻한다.

522) Maddakucchi : 깃자꾸따(Gijjhakūṭa) 산록에 위치한 라자가하 근처의 공원이다. DhA. II. 164; Vin. II. 193에 따르면, 데바닷따가 깃자꾸따 산에서 부처님의 살해하려고 바위를 굴렸는데, 바위가 부처님 앞에서 멈추었으나 돌조각에 부처님의 발에 떨어져 상처가 났을 때, 수행승들이 부처님을 임시로 들것으로 옮긴 곳이 맛다꿋치 공원이다. 거기서 지바까 숲으로 옮겨져 명의 지바까의 치료를 받았다. Srp. I. 77에는 맛다꾸치 숲에 관해 아자따쌋뚜 왕의 어머니이자 빔비싸라 왕의 비인 맛다(Madda)와 관련된 비극적 전설이 나온다. 투싸자따까(Thusajātaka : Ja. III. 121)에 따르면, 맛다꿋치(Maddakucchi)는 맛다 왕비의 자궁[胎]이란 뜻이다. 그녀는 자신이 잉태한 어린 아이가 아버지를 살해할 것이라는 예언을 듣고 낙태를 결심하고 숲을 찾아가 칼로 배를 찔렀으나 실패했다.

523) Migadāye : 미가다야(Migadāya)의 한역은 녹야원(鹿野園)이다. 맛다꿋치 숲의 미가다야는 사슴과 사냥으로 잡은 축생들이 안전하게 뛰어놀 수 있도록 만든 동물원과 같은 곳이었다.

이고, 이것이 대변소이고, 이것이 소변소이고, 이것이 음용수이고, 이것이 용수이고, 이것이 지팡이이고, 이것이 승가의 규칙이고, 이것이 회의장이고, 이러한 시간에 들어가야 하고, 이러한 시간에 나와야 합니다."

그들을 위하여 존자 답바 말라뿟따는 이와 같이 처소를 배당하고 다시 벨루바나로 돌아왔다.

1-5. 그런데 마침 멧띠야와 붐마자까를 추종하는 수행승들[524]이 새내기 수행승들이자 공덕을 쌓지 못해 참모임으로부터 조악한 방사를 배정받고 조악한 식사를 분배받았다.[525] 그때 라자가하의 사람들은 장로수행승들에게 특별한 기원식[526] 즉, 버터·기름·조미료를 보시했다. 그러나 멧띠야와 붐마자까를 추종하는 수행승들에게는 설미반(屑米飯)에 산죽(酸粥)을 첨가한[527] 충분한 평상시의 음식만을 주었다. 그들은 식후에 걸식에서 돌아와 장로 수행승들에게 여쭈었다.

[멧띠야와 붐마자까의 추종자들] "벗이여, 식당에서 그대들은 무얼 얻었는가? 그대들은 무얼 얻었는가?"

몇몇 장로들이 말했다.

[장로들] "벗이여, 우리는 버터를 얻었고, 참기름을 얻었고, 조미료를 얻었다."

그러나 멧띠야와 붐마자까를 추종하는 수행승들은 이와 같이 말했다.

[멧띠야와 붐마자까의 추종자들] "우리들은 아무 것도 얻지 못했다. 설미반에 산죽을 첨가한, 충분한 평상시의 음식뿐입니다."

1-6. 그런데 그때 좋은 음식을 지닌 장자가 승단에 네 가지 음식이 포함된 일상음식을 보시하고 있었다. 그는 식당에서 처자와 함께 섬기고 봉사했다. 어떤 자에게는 밥을 제공하고, 어떤 자에게는 죽을 제공하고, 어떤 자에게는 기름을 제공하고, 어떤 자에게는 조미료를 제공했다. 그런데 그때 좋은 음식을 지닌 장자의 음식은 그 다음 날을 위하여 멧띠야와 붐마자까를 추종하는 수행승들에게 배당된 것이었다. 마침 좋은 음식을 지닌 장자는 무언가 볼일이 있어 승원을 들렀다. 그는 존자

---

524) mettiyabhummajakā : Smp. 579에 따르면, 멧띠야와 붐마자까가 여섯무리의 수행승들의 우두머리였다. 여섯무리의 수행승들은 부처님 재세시에 항상 말썽을 피운 수행승들로 앗싸지(Assaji), 뿌납바쑤(Punabbasu), 빤두까(Paṇḍuka), 로히따까(Lohitaka), 멧띠야(Mettiya), 붐마자까(Bhummajaka)를 말한다.

525) navakā ceva honti appapuññaca yāni saṃghassa lāmakāni senāsanāni tesaṃ pāpuṇanti. lāmakāni ca bhattāni : Vin. IV. 37을 참조하라.

526) abhisaṅkhārika : 기원식(祈願食)은 '특별한 공덕으로 형성된 음식' 즉, 특별히 준비된 음식을 뜻한다.

527) kaṇājakaṃ bilaṅgadutiyaṃ : 설미반(屑米飯 : kaṇājaka)는 쌀이나 쌀겨를 갈아 만든 덩어리음식이고 산죽(酸粥 : bilaṅga)은 시큼한 죽을 뜻한다.

답바 말라뿟따가 있는 곳을 찾았다. 다가가서 존자 답바 말라뿟따에게 인사하고 한쪽에 앉았다. 존자 답바 말라뿟따는 한쪽에 앉은 좋은 음식을 지닌 장자를 [*161] 법문으로 교화하고 격려하고 북돋우고 기쁘게 했다. 그러자 좋은 음식을 지닌 장자는 존자 답바 말라뿟따에 의해서 법문으로 교화받고 격려받고 북돋아져서 기뻐하며, 존자 답바 말라뿟따에게 이와 같이 말했다.

[장자] "존자여, 우리 집에 내일의 음식은 누구를 위해 배당된 것입니까?"

[답바] "장자여, 그대의 집에 내일의 음식은 멧띠야와 붐마자까를 추종하는 수행승들을 위해 배당되었습니다."

그러자 좋은 음식을 지닌 장자는 즐거워하지 않고, 이와 같이 생각했다.

[장자] "어떻게 악한 수행승들이528) 우리 집에서 식사를 하겠는가?"

집으로 가서 하녀에게 명령했다.

[장자] '내일 식사하러 오는 자들이 오면, 그들을 현관창고529)의 자리에 앉히고 설미반에 산죽을 첨가해서 드려라.'

[하녀] '주인님, 알겠습니다.'

그 하녀는 좋은 음식을 지닌 장자에게 대답했다.

1-7. 그때 멧띠야와 붐마자까를 추종하는 수행승들은 이와 같이 생각했다.

[멧띠야와 붐마자까의 추종자들] '벗들이여, 어제 우리를 위해 좋은 음식을 지닌 거사는 식사를 배당했습니다. 내일 좋은 음식을 지닌 거사는 우리를 위해 처자와 함께 시중들고 공양할 것입니다. 어떤 자에게는 쌀밥을 주고, 어떤 자에게는 수프를 주고, 어떤 자에게는 기름을 주고, 어떤 자에게는 조미료를 줄 것입니다.'

그들은 이렇게 기뻐한 까닭에 마음이 설레어 잠을 이루지 못했다.

그래서 멧띠야와 붐마자까를 추종하는 수행승들은 아침 일찍 옷을 입고 발우와 가사를 수하고 좋은 음식을 지닌 장자의 처소를 찾아갔다. 하녀가 멧띠야와 붐마자까를 추종하는 수행승들이 멀리서부터 오고 있는 것을 보았다. 보고나서 현관의 자리를 마련하고 멧띠야와 붐마자까를 추종하는 수행승들에게 이와 같이 말했다.

[하녀] "존자들이여, 앉으십시오."

그러자 멧띠야와 붐마자까를 추종하는 수행승들은 이와 같이 생각했다.

[멧띠야와 붐마자까의 추종자들] "우리를 현관창고에 앉히다니 아직 식사가 요리되지 않은 것이 틀림없다."

---

528) pāpabhikkhū : 계율을 지키려고 노력하지 않는 수행승을 뜻한다.
529) koṭṭhaka : 여러 가지 물건을 저장하는 창고로 보통 출입구에 지었다.

그러자 하녀가 설미반에 산죽을 첨가해서 말했다.

[하녀] "존자들이여, 드십시오."

[멧띠야와 붐마자까의 추종자들] "자매여, 우리는 일상음식을 받습니다."

[하녀] "저는 존자들께서 일상음식을 드시는 것을 압니다. 그러나 어제 장자께서 '내일 음식을 받는 자들이 오면, 그들을 현관창고에 앉히고 설미반에 산죽을 첨가해서 드려라.'라고 명령했습니다. 존자들이여, 드십시오."

그때 멧띠야와 붐마자까를 추종하는 수행승들은 이와 같이 생각했다.

[멧띠야와 붐마자까의 추종자들] '벗들이여, 좋은 음식을 지닌 장자가 승원으로 답바 말라뿟따에게 왔었다. 답바 말라뿟따가 우리를 거사로부터 이간시킨 것이 틀림없다.'

그들은 그 때문에 불쾌하여 마음껏 먹지 못했다. 그래서 그 멧띠야와 붐마자까를 추종하는 수행승들은 식후에[*162] 탁발에서 돌아와 승원으로 와서 발우와 가사를 놓아두고 승원의 현관창고 밖에서 대의(大衣)를 감아 웅크린 채 흐트러진 자세로 앉아530) 말없이 수치스러워하고 어깨를 떨구고 고개를 숙이고 생각에 잠겨 곤혹해 했다.

1-8. 그후 수행녀 멧띠야531)가 멧띠야와 붐마자까를 추종하는 수행승들이 있는 곳을 찾아왔다. 가까이 다가와서 멧띠야와 붐마자까를 추종하는 수행승들에게 이와 같이 말했다.

[수행녀 멧띠야] "존자들이여, 인사를 드립니다."

이와 같이 말했으나 멧띠야와 붐마자까를 추종하는 수행승들은 대꾸하지 않았다. 두 번째에도 수행녀 멧띠야는 멧띠야와 붐마자까를 추종하는 수행승들에게 이와 같이 말했다.

[수행녀 멧띠야] "존자들이여, 인사를 드립니다."

이와 같이 말했으나 멧띠야와 붐마자까를 추종하는 수행승들은 대꾸하지 않았다. 세 번째에도 수행녀 멧띠야는 멧띠야와 붐마자까를 추종하는 수행승들에게 이와 같이 말했다.

[수행녀 멧띠야] "존자들이여, 인사를 드립니다."

---

530) saṅghāṭipallatthikāya : 매우 흥미 있는 표현인데, 대의(大衣)를 감아서 웅크린 채 흐트러진 자세로 앉아 있는 것을 말한다.

531) Mettiyā : 이 율장에만 등장하는 수행녀로 답바 말라뿟따에게 순결을 빼앗겼다고 무고하여 그 죄로 승단에서 추방당했다. 그리고 이 이하의 이야기는 앞의 이야기와 더불어 Vin. II. 124-127에서 병행하듯, Vin. II. 78-79에서도 정확히 병행한다.

이와 같이 말했으나 멧띠야와 붐마자까를 추종하는 수행승들은 대꾸하지 않았다.

[수행녀 멧띠야] "제가 존자들에게 무엇을 잘못했습니까? 왜 존자들께서는 저에게 대꾸하지 않습니까?"

[멧띠야와 붐마자까의 추종자들] "자매여, 우리가 답바 말라뿟따에게 괴롭힘을 당하는데, 그대는 무관심합니다."

[수행녀 멧띠야] "존자들이여, 제가 어떻게 하면 됩니까?"

[멧띠야와 붐마자까의 추종자들] "자매여, 만약 그대가 원한다면, 오늘 세존께서 존자 답바 말라뿟따를 멸빈시켜버리게 하시오."

[수행녀 멧띠야] "존자들이여, 제가 어떻게 하면 됩니까? 나에게 가능한 일입니까?"

[멧띠야와 붐마자까의 추종자들] "자매여, 그대는 가서 세존께서 계신 곳을 찾으시오. 찾아가서 세존께 이와 같이 '세존이시여, 이것은 옳지 않고 적당하지 않습니다. 두려움이 없고, 안전하고, 재난이 없는 곳이 두려움이 있고, 불안하고, 재난이 있는 곳이 되었습니다. 바람이 없는 곳에 바람이 일어납니다. 생각건대 물이 불타는 것과 같습니다. 저는 답바 말라뿟따에게 능욕당했습니다.'라고 말하십시오."

[수행녀 멧띠야] "존자들이여, 알겠습니다."

수행녀 멧띠야는 멧띠야와 붐마자까를 추종하는 수행승들에게 대답하고 세존께서 세존께서 계신 곳을 찾아갔다. 가까이 다가가서 세존께 인사를 하고 한쪽으로 물러나 섰다. 한쪽으로 물러나 서서 세존께 이와 같이 말했다.

[수행녀 멧띠야] "세존이시여, 이것은 옳지 않고 적당하지 않습니다. 두려움이 없고, 안전하고, 재난이 없는 곳이 두려움이 있고, 불안하고, 재난이 있는 곳이 되었습니다. 바람이 없는 곳에 바람이 일어납니다. 생각건대 물이 불타는 것과 같습니다. 저는 존자 답바 말라뿟따에게 능욕당했습니다."

1-9. 그러자 세존께서는 이러한 인연으로 이러한 기회에 수행승들의 참모임을 불러 모은 뒤에 존자 답바 말라뿟따에게 물었다.

[세존] "답바여, 그대는 이 수행녀가 말한 것처럼, 그와 같이 기억하는가?"

[답바] "세존이시여, 저에 관한 한 세존께서 아시는 대로입니다."

두 번째에도 세존께서는 존자 답바 말라뿟따에게 물었다.

[세존] "답바여, 그대는 이 수행녀가 말한 것처럼, 그와 같이 기억하는가?"

[답바] "세존이시여, 저에 관한 한 세존께서 아시는 대로입니다."

세 번째에도 세존께서는 존자 답바 말라뿟따에게 물었다.

[세존] "답바여, 그대는 이 수행녀가 말한 것처럼, 그와 같이 기억하는가?"

[답바] "세존이시여, 저에 관한 한 세존께서 아시는 대로입니다."

[세존] "답바여, 답바들은 그처럼 둘러대지 않는다.[532] 만약 그대가 했으면, 했다라고 말하고, 하지 않았으면, 하지 않았다라고 말하라."

[답바] "세존이시여, 저는 태어난 이래 꿈속에서 조차 성적 교섭을 한 적이 없는데, 하물며 깨어서 했겠습니까?"

그러자 세존께서는 수행승들에게 일렀다.

[세존] "수행승들이여, 그렇다면, 수행녀 멧띠야를[*163] 멸빈하라.[533] 그리고 그 수행승들을 힐문하라."

이와 같이 말씀하시고 세존께서는 자리에서 일어나 정사로 들어갔다.

그래서 그 수행승들은 수행녀 멧띠야를 멸빈했다.

그러자 멧띠야와 붐마자까를 추종하는 수행승들은 이와 같이 말했다.

[멧띠야와 붐마자까의 추종자들] "벗들이여, 수행녀 멧띠야를 멸빈하지 마십시오. 그녀는 아무런 잘못도 짓지 않았습니다. 우리가 분노하고 불쾌하여 쫓아내길 원하여 그녀를 사주한 것입니다."

[수행승들] "벗들이여, 그대들은 존자 답바 말라뿟따를 근거 없이 계율을 파괴했다고 비방한 것인가?"[534]

[멧띠야와 붐마자까의 추종자들] "벗들이여, 그렇습니다."

수행승들 가운데 욕망을 여의고 만족을 알고 부끄러움을 알고 참회할 줄 알고 배움을 원하는 자들은 그것에 대해 혐책하고 분개하고 비난했다.

[수행승들] "어찌 멧띠야와 붐마자까를 추종하는 수행승들은 존자 답바 말라뿟따를 근거 없이 계율을 파괴했다고 비방할 수 있단 말인가?"

그래서 그 수행승들은 세존께 그 사실을 알렸다.

---

532) na kho dabba, dabbā evaṃ nibbeṭhenti : 답바는 어떤 가문의 명칭인 것 같다. Smp. 581에 따르면, 답바들은 현명하다.

533) tena hi bhikkhave, mettiyā bhikkhuniṃ nāsetha : Bd. I. 280에서 호너(I. B. Horner)는 이것은 분명히 수행승의 남성중심적 해석이다. 부처님은 모든 잘못된 행위에서 가정된 잘못을 범한 자에게 질문을 했다. '그것은 사실인가?'라고 아무도 처음 듣고 누구도 저주하거나 비방한 적이 없었다. 잘못을 범하는 것에 여인이 관여되었을 때 변명의 기회를 주지 않은 것은 지극히 의심스러운 것이다. 자세한 것은 Woman under Primitive Buddhism, p. 206을 참조하라.

534) kiṃ pana tumhe āvuso, āyasmantaṃ dabbaṃ mallaputtaṃ amūlikāya sīlavipattiyā anuddhaṃsethā'ti : Saṅgh. 8은 근거 없이 승단추방죄를 가지고 힐문하는 것을 승단잔류죄로 규정하고 있다.

그러자 세존께서는 이러한 인연으로 이러한 기회에 수행승들의 무리를 불러 모으게 하고 멧띠야와 붐마자까를 추종하는 수행승들에게 물었다.

[세존] "수행승들이여, 그대들이 존자 답바 말라뿟따를 근거 없이 계율을 파괴했다고 비방한 것이 사실인가?"

[수행승들] "세존이시여, 사실입니다."

존귀하신 부처님께서는 견책하셨다.

[세존] "수행승들이여, 그 어리석은 자들은 적절하지 않고, 자연스럽지 않고, 알맞지 않고, 수행자의 삶이 아니고, 부당하고, 해서는 안 될 일을 행한 것이다. 수행승들이여, 어찌 그대들이 존자 답바 말라뿟따를 근거 없이 계율을 파괴했다고 비방할 수 있단 말인가? 수행승들이여, 그것은 아직 청정한 믿음이 없는 자를 청정한 믿음으로 이끌고, 이미 청정한 믿음이 있는 자를 더욱더 청정한 믿음으로 이끄는 것이 아니다. 수행승들이여, 그것은 오히려, 아직 청정한 믿음이 없는 자를 불신으로 이끌고, 이미 청정한 믿음이 있는 자 가운데 어떤 자들을 타락시키는 것이다."

1-10. 그리고 세존께서는 멧띠야와 붐마자까를 추종하는 수행승들에 대하여 여러 가지 방편으로 견책하여, 키우기 어렵고 부양하기 어렵고 탐욕이 많고 만족을 모르고 교제를 좋아하고 나태한 것에 대해 질책하고, 여러 가지 법문으로 고무하여, 키우기 쉽고 부양하기 쉽고 욕심을 여의고, 만족을 알고, 버리고 없애는 삶, 악을 제거하는 삶, 청정한 믿음의 삶, 쌓아 모우지 않는 삶, 용맹정진의 삶을 칭찬하고, 수행승들을 위하여 그에 알맞고 그에 걸맞게 경책하여 법문을 하고 수행승들에게 일렀다.

[세존] "수행승들이여, 그러므로 수행승들을 위하여 열 가지 이유에 기초하여, 즉 참모임의 수승을 위하여, 참모임의 안락을 위하여, 악한 수행승의 조복을 위하여, 품행이 바른 수행승의 평안한 삶을 위하여, 지금 여기에서의 번뇌의 제어를 위하여, 다가오는 번뇌를 물리치기 위하여, 청정한 믿음이 없는 자에게 청정한 믿음을 주기 위하여, 청정한 믿음이 있는 자에게 청정한 믿음을 증대시키기 위하여, 올바른 가르침을 지속시키기 위하여, 계율을 수호하기 위하여 학습계율을 시설하겠으니, 수행승들이여, 그대들은 이와 같이 학습계율을 송출해야 한다."

[세존] "어떠한 수행승이라도 다른 수행승을 악의나 분노나 불만으로 '아마도 그를 내가 이러한 청정한 삶에서 몰아낼 수 있다.'라고 근거 없이 승단추방죄법에 해당한다고 비방한다면, 나중에 그가 조사를 받건 조사를 받지 않건, 그 쟁사가

근거 없음이 밝혀지고, 수행승이 자신의 악함을 고백하면, 승단잔류죄를 범하는 것이다."535)

2-1. '어떠한'이라는 것은 어떠한 관계, 어떠한 태생, 어떠한 이름, 어떠한 성씨, 어떠한 계행, 어떠한 주거, 어떠한 활동영역에서 이든지, 장로이든지, 신참이든지, 중참이든지, 이러한 자들을 형용하는 것으로 '어떠한 자이든'이라는 뜻이다. '수행승'이라고 하는 것은 '탁발하는 자'로서의 수행승, 탁발을 위해 돌아다니는 자로서의 수행승, 분소의를 입은 자로서의 수행승, 사미로서의 수행승, 자칭에 의한 수행승, '오라! 수행승이여!'에 의한 수행승, 삼귀의에 의해 구족계를 받은 수행승, 현선한 수행승, 진실한 수행승, 배울 것이 있는 학인인 수행승, 배울 것이 없는 무학인 수행승, 화합참모임과 한번제안세번제청의 갈마와 부동의 거룩한 님의 속성을 갖춘 자로서의 수행승이 있는데, 그들 가운데 화합참모임과 한번제안세번제청의 갈마와 부동의 거룩한 님의 속성을 갖춘 수행승을 두고, 그러한 의미에서의 수행승을 뜻한다.

2-2. '수행승을'이라는 '다른 수행승을'이라는 뜻이다. '악의나 분노나'라는 것은 '화나서, 불쾌하고, 불만족스럽고, 격분하고, 완고해지는 것'을 뜻한다. '불만하여'라는 것은 화가 나고 분노하여 만족함이 없고 불쾌하여 불만인 것을 뜻한다. '근거 없이'라는 것은 '보지 못하고 듣지 못하고 의혹의 제기도 없이'라는 뜻이다. '승단추방죄'라는 것은 네 가지 가운데 어느 하나인 것을 뜻한다. '비방하면,'이라는 것은 '비난하거나 비난하게 하는 것'을 뜻한다. '아마도 그를 내가 이러한 청정한 삶에서 몰아낼 수 있다.'라는 것은[*164] '내가 수행승의 신분에서 몰아낼 수 있고, 수행자의 상태에서 몰아낼 수 있고, 계행의 다발에서 몰아낼 수 있고, 고행의 덕성에서 몰아낼 수 있다.'는 뜻이다. '나중에'라는 것은 '그가 비방받는 그 찰나 그 시점 그 순간이 지나간 그 때에'라는 뜻이다. '조사를 받거나'라는 것은 그가 비방받은 그 일 때문에 조사를 당하는 것을 뜻한다.'조사를 받지 않거나'라는 것은 아무에 의해서도 언급되지 않는 것을 뜻한다. '쟁사'라는 것은 '네 가지 쟁사 즉, 논쟁에 의한 쟁사, 비방에 의한 쟁사, 죄악에 의한 쟁사, 절차로 인한 쟁사'를 뜻한다. '수행승이 자신의 악함을 고백하면'이라는 것은 '나는 공허

---

535) 무근중죄방타계(無根重罪謗他戒) | Bhikkhunī Saṅgh. 2 : yo pana bhikkhu bhikkhuṃ duṭṭho doso appatīto amūlakena pārājikena dhammena anuddhaṃseyya appeva nāma naṃ imamhā brahmacariyā cāveyyan'ti. tato aparena samayena samanuggāhiyamāno vā asamanuggāhiyamāno vā amūlakañceva taṃ adhikaraṇaṃ hoti bhikkhu ca dosaṃ patiṭṭhāti, saṅghādiseso'ti.

한 말을 진술했다. 나는 거짓말을 진술했다. 나는 알지 못하는 것을 진술했다.'라고 하는 것을 뜻한다. '승단잔류죄'라는 것은 '참모임이 그 잘못에 대하여 격리처벌을 주고, 가중처벌을 주고, 참회처벌을 주고, 출죄복귀시키는 것'을 뜻하며, 몇몇 사람이나 한 사람의 일이 아니기 때문에 승단잔류죄라고도 하고 그 죄의 다발에 대한 갈마와 관련하여 승단잔류죄라고도 한다.

3-1.

1) 그가 승단추방죄를 범한 것에 대해 보지 않고서 그를 비방한다. '나는 그대가 승단추방죄를 범하는 것을 보았다. 그대는 수행자가 아니고, 싸끼야의 아들이 아니고, 그대와 함께 포살이나 자자나 참모임의 갈마를 할 수 없다.'라고 말한다면, 그 말 한마디 마다 승단잔류죄를 범하는 것이다.

2) 그가 승단추방죄를 범한 것에 대해서 듣지 않고서 그를 비방한다. '나는 그대가 승단추방죄를 범한 것에 대해서 들었다. 그대는 수행자가 아니고, 싸끼야의 아들이 아니고, 그대와 함께 포살이나 자자나 참모임의 갈마를 할 수 없다.'라고 말한다면, 그 말 한마디 마다 승단잔류죄를 범하는 것이다.

3) 그가 승단추방죄를 범하는 것을 의혹을 제기하지 않고서 그를 비방한다. '나는 그대가 승단추방죄를 범한 것에 대해서 의혹을 제기했다. 그대는 수행자가 아니고, 싸끼야의 아들이 아니고, 그대와 함께 포살이나 자자나 참모임의 갈마를 할 수 없다.'라고 말한다면, 그 말 한마디 마다 승단잔류죄를 범하는 것이다.

3-2₁.

1) 그가 승단추방죄를 범한 것에 대해 보지 않고서 그를 비방한다. '나는 그대가 승단추방죄를 범한 것에 대해 보았고 또한 들었다. 그대는 수행자가 아니고, 싸끼야의 아들이 아니고, 그대와 함께 포살이나 자자나 참모임의 갈마를 할 수 없다.'라고 말한다면, 그 말 한마디 마다 승단잔류죄를 범하는 것이다.

2) 그가 승단추방죄를 범한 것에 대해 보지 않고서 그를 비방한다. '나는 그대가 승단추방죄를 범한 것에 대해 보았고 또한 의혹을 제기했다. 그대는 수행자가 아니고, 싸끼야의 아들이 아니고, 그대와 함께 포살이나 자자나 참모임의 갈마를 할 수 없다.'라고 말한다면, 그 말 한마디 마다 승단잔류죄를 범하는 것이다.

3) 그가 승단추방죄를 범한 것에 대해 보지 않고서 그를 비방한다. '나는 그대가 승단추방죄를 범한 것에 대해 보았고 또한 들었고 또한 의혹을 제기했다. 그대는 수행자가 아니고, 싸끼야의 아들이 아니고, 그대와 함께 포살이나 자자나 참모임의 갈마를 할 수 없다.'라고 말한다면, 그 말 한마디 마다 승단잔류죄를

범하는 것이다.

3-2₂.

1) 그가 승단추방죄를 범한 것에 대해 듣지 않고서 그를 비방한다. '나는 그대가 승단추방죄를 범한 것에 대해 들었고 또한 의혹을 제기했다. 그대는 수행자가 아니고, 싸끼야의 아들이 아니고, 그대와 함께 포살이나 자자나 참모임의 갈마를 할 수 없다.'라고 말한다면, 그 말 한마디 마다 승단잔류죄를 범하는 것이다.

2) 그가 승단추방죄를 범한 것에 대해 듣지 않고서 그를 비방한다. '나는 그대가 승단추방죄를 범한 것에 대해 들었고 또한 보았다. 그대는 수행자가 아니고, 싸끼야의 아들이 아니고, 그대와 함께 포살이나 자자나 참모임의 갈마를 할 수 없다.'라고 말한다면, 그 말 한마디 마다 승단잔류죄를 범하는 것이다.

3) 그가 승단추방죄를 범한 것에 대해 듣지 않고서 그를 비방한다. '나는 그대가 승단추방죄를 범한 것에 대해 들었고 또한 의심했고 또한 보았다. 그대는 수행자가 아니고, 싸끼야의 아들이 아니고, 그대와 함께 포살이나 자자나 참모임의 갈마를 할 수 없다.'라고 말한다면, 그 말 한마디 마다 승단잔류죄를 범하는 것이다.

3-2₃.

1) 그가 승단추방죄를 범한 것에 대해서 의혹을 제기하지 않고서 그를 비방한다. '나는 그대가 승단추방죄를 범한 것에 대해서 의혹을 제기했고 또한 보았다. 그대는 수행자가 아니고, 싸끼야의 아들이 아니고, 그대와 함께 포살이나 자자나 참모임의 갈마를 할 수 없다.'라고 말한다면, 그 말 한마디 마다 승단잔류죄를 범하는 것이다.

2) 그가 승단추방죄를 범한 것에 대해서 의혹을 제기하지 않고서 그를 비방한다. '나는 그대가 승단추방죄를 범한 것에 대해서 의혹을 제기했고 또한 들었다. 그대는 수행자가 아니고, 싸끼야의 아들이 아니고, 그대와 함께 포살이나 자자나 참모임의 갈마를 할 수 없다.'라고 말한다면, 그 말 한마디 마다 승단잔류죄를 범하는 것이다.

3) 그가 승단추방죄를 범한 것에 대해서 의혹을 제기하지 않고서 그를 비방한다. '나는 그대가 승단추방죄를 범한 것에 대해서 의혹을 제기했고 또한 보았고 또한 들었다. 그대는 수행자가 아니고, 싸끼야의 아들이 아니고, 그대와 함께 포살이나 자자나 참모임의 갈마를 할 수 없다.'라고 말한다면, 그 말 한마디 마다 승단잔류죄를 범하는 것이다.

3-3₁.

1) 그가[*165] 승단추방죄를 범하는 것을 보고서 그를 비방한다. '나는 그대가 승단추방죄를 범한 것에 대해 들었다. 그대는 수행자가 아니고, 싸끼야의 아들이 아니고, 그대와 함께 포살이나 자자나 참모임의 갈마를 할 수 없다.'라고 말한다면, 그 말 한마디 마다 승단잔류죄를 범하는 것이다.

2) 그가 승단추방죄를 범하는 것을 보고서 그를 비방한다. '나는 그대가 승단추방죄를 범한 것에 대해서 의혹을 제기했다. 그대는 수행자가 아니고, 싸끼야의 아들이 아니고, 그대와 함께 포살이나 자자나 참모임의 갈마를 할 수 없다.'라고 말한다면, 그 말 한마디 마다 승단잔류죄를 범하는 것이다.

3) 그가 승단추방죄를 범하는 것을 보고서 그를 비방한다. '나는 그대가 승단추방죄를 범한 것에 대해 들었고 또한 의혹을 제기했다. 그대는 수행자가 아니고, 싸끼야의 아들이 아니고, 그대와 함께 포살이나 자자나 참모임의 갈마를 할 수 없다.'라고 말한다면, 그 말 한마디 마다 승단잔류죄를 범하는 것이다.

3-3₂.

1) 그가 승단추방죄를 범한 것에 대해 듣고서 그를 비방한다. '나는 그대가 승단추방죄를 범한 것에 대해서 의혹을 제기했다. 그대는 수행자가 아니고, 싸끼야의 아들이 아니고, 그대와 함께 포살이나 자자나 참모임의 갈마를 할 수 없다.'라고 말한다면, 그 말 한마디 마다 승단잔류죄를 범하는 것이다.

2) 그가 승단추방죄를 범한 것에 대해 듣고서 그를 비방한다. '나는 그대가 승단추방죄를 범하는 것을 보았다. 그대는 수행자가 아니고, 싸끼야의 아들이 아니고, 그대와 함께 포살이나 자자나 참모임의 갈마를 할 수 없다.'라고 말한다면, 그 말 한마디 마다 승단잔류죄를 범하는 것이다.

3) 그가 승단추방죄를 범한 것에 대해 듣고서 그를 비방한다. '나는 그대가 승단추방죄를 범한 것에 대해서 의혹을 제기했고 또한 보았다. 그대는 수행자가 아니고, 싸끼야의 아들이 아니고, 그대와 함께 포살이나 자자나 참모임의 갈마를 할 수 없다.'라고 말한다면, 그 말 한마디 마다 승단잔류죄를 범하는 것이다.

3-3₃.

1) 그가 승단추방죄를 범한 것에 대해서 의혹을 제기하고서 그를 비방한다. '나는 그대가 승단추방죄를 범하는 것을 보았다. 그대는 수행자가 아니고, 싸끼야의 아들이 아니고, 그대와 함께 포살이나 자자나 참모임의 갈마를 할 수 없다.'라

고 말한다면, 그 말 한마디 마다 승단잔류죄를 범하는 것이다.

2) 그가 승단추방죄를 범한 것에 대해서 의혹을 제기하고서 그를 비방한다. '나는 그대가 승단추방죄를 범한 것에 대해 들었다. 그대는 수행자가 아니고, 싸끼야의 아들이 아니고, 그대와 함께 포살이나 자자나 참모임의 갈마를 할 수 없다.' 라고 말한다면, 그 말 한마디 마다 승단잔류죄를 범하는 것이다.

3) 그가 승단추방죄를 범한 것에 대해서 의혹을 제기하고서 그를 비방한다. '나는 그대가 승단추방죄를 범한 것에 대해 보았고 또한 들었다. 그대는 수행자가 아니고, 싸끼야의 아들이 아니고, 그대와 함께 포살이나 자자나 참모임의 갈마를 할 수 없다.'라고 말한다면, 그 말 한마디 마다 승단잔류죄를 범하는 것이다.

$3\text{-}4_1$.

1) 그가 승단추방죄를 범하는 것을 보고, 본 것에 대해 의혹을 제기하고, 본 것을 믿지 않고, 본 것을 기억하지 못하고, 본 것에 혼란을 일으켜, 그를 비방한다. '나는 그대가 승단추방죄를 범하는 것을 보았거나, 들었거나, 의혹을 제기했다. 그대는 수행자가 아니고, 싸끼야의 아들이 아니고, 그대와 함께 포살이나 자자나 참모임의 갈마를 할 수 없다.'라고 말한다면, 그 말 한마디 마다 승단잔류죄를 범하는 것이다.

2) 그가 승단추방죄를 범하는 것을 보고, 본 것에 대해 의혹을 제기하고, 본 것을 믿지 않고, 본 것을 기억하지 못하고, 본 것에 혼란을 일으켜, 그를 비방한다. '나는 그대가 승단추방죄를 범하는 것을 보았고 또한 들었거나, 들었고 또한 의혹을 제기했거나, 의혹을 제기했고 또한 보았다. 그대는 수행자가 아니고, 싸끼야의 아들이 아니고, 그대와 함께 포살이나 자자나 참모임의 갈마를 할 수 없다.'라고 말한다면, 그 말 한마디 마다 승단잔류죄를 범하는 것이다.

3) 그가 승단추방죄를 범하는 것을 보고, 본 것에 대해 의혹을 제기하고, 본 것을 믿지 않고, 본 것을 기억하지 못하고, 본 것에 혼란을 일으켜, 그를 비방한다. '나는 그대가 승단추방죄를 범하는 것을 보았고 또한 들었고 또한 의혹을 제기했다. 그대는 수행자가 아니고, 싸끼야의 아들이 아니고, 그대와 함께 포살이나 자자나 참모임의 갈마를 할 수 없다.'라고 말한다면, 그 말 한마디 마다 승단잔류죄를 범하는 것이다.

$3\text{-}4_2$.

1) 그가 승단추방죄를 범한 것에 대해 듣고, 들은 것에 대해 의혹을 제기하고, 들은 것을 믿지 않고, 들은 것을 기억하지 못하고, 들은 것에 혼란을 일으켜,

그를 비방한다. '나는 그대가 승단추방죄를 범한 것에 대해 들었거나, 의혹을 제기했거나, 보았다. 그대는 수행자가 아니고, 싸끼야의 아들이 아니고, 그대와 함께 포살이나 자자나 참모임의 갈마를 할 수 없다.'라고 말한다면, 그 말 한마디 마다 승단잔류죄를 범하는 것이다.

2) 그가 승단추방죄를 범한 것에 대해 듣고, 들은 것에 대해 의혹을 제기하고, 들은 것을 믿지 않고, 들은 것을 기억하지 못하고, 들은 것에 혼란을 일으켜, 그를 비방한다. '나는 그대가 승단추방죄를 범한 것에 대해 들었고 또한 의혹을 제기했거나, 의혹을 제기했고 또한 보았거나, 보았고 또한 들었다. 그대는 수행자가 아니고, 싸끼야의 아들이 아니고, 그대와 함께 포살이나 자자나 참모임의 갈마를 할 수 없다.'라고 말한다면, 그 말 한마디 마다 승단잔류죄를 범하는 것이다.

3) 그가 승단추방죄를 범한 것에 대해 듣고, 들은 것에 대해 의혹을 제기하고, 들은 것을 믿지 않고, 들은 것을 기억하지 못하고, 들은 것에 혼란을 일으켜, 그를 비방한다. '나는 그대가 승단추방죄를 범한 것에 대해 들었고 또한 의혹을 제기했고 또한 보았다. 그대는 수행자가 아니고, 싸끼야의 아들이 아니고, 그대와 함께 포살이나 자자나 참모임의 갈마를 할 수 없다.'라고 말한다면, 그 말 한마디 마다 승단잔류죄를 범하는 것이다.

3-4₃.

1) 그가 승단추방죄를 범한 것에 대해서 의혹을 제기하고, 의혹에 대해 의혹을 제기하고, 의혹을 제기한 것을 믿지 않고, 의혹을 제기한 것을 기억하지 못하고, 의혹을 제기한 것에 혼란을 일으켜, 그를 비방한다. '나는 그대가 승단추방죄를 범한 것에 대해서 의혹을 제기했거나, 보았거나, 들었다. 그대는 수행자가 아니고, 싸끼야의 아들이 아니고, 그대와 함께 포살이나 자자나 참모임의 갈마를 할 수 없다.'라고 말한다면, 그 말 한마디 마다 승단잔류죄를 범하는 것이다.

2) 그가 승단추방죄를 범한 것에 대해서 의혹을 제기하고, 의혹에 대해 의혹을 제기하고, 의혹을 제기한 것을 믿지 않고, 의혹을 제기한 것을 기억하지 못하고, 의혹을 제기헌 것에 혼란을 일으켜, 그를 비방한다. '나는 그대가 승단추방죄를 범한 것에 대해서 의혹을 제기했고 또한 보았거나, 보았고 또한 들었거나, 들었고 또한 의혹을 제기했다. 그대는 수행자가 아니고, 싸끼야의 아들이 아니고, 그대와 함께 포살이나 자자나 참모임의 갈마를 할 수 없다.'라고 말한다면, 그 말 한마디 마다 승단잔류죄를 범하는 것이다.

3) 그가 승단추방죄를 범한 것에 대해서 의혹을 제기하고, 의혹에 대해 의혹을 제기하고, 의혹을 제기한 것을 믿지 않고, 의혹을 제기한 것을 기억하지 못하고, 의혹을 제기한 것에 혼란을 일으켜, 그를 비방한다. '나는 그대가 승단추방죄를 범한 것에 대해 의혹을 제기했고 또한 보았고 또한 들었다. 그대는 수행자가 아니고, 싸끼야의 아들이 아니고, 그대와 함께 포살이나 자자나 참모임의 갈마를 할 수 없다.'라고 말한다면, 그 말 한마디 마다 승단잔류죄를 범하는 것이다.

3-5.

1) 그가 승단추방죄를 범한 것에 대해 보지 않고서 그를 비방하게 한다. '그대가 승단추방죄를 범한 것에 대해 보였다. 그대는 수행자가 아니고, 싸끼야의 아들이 아니고, 그대와 함께 포살이나 자자나 참모임의 갈마를 할 수 없다.'라고 말한다면, 그 말 한마디 마다 승단잔류죄를 범하는 것이다.
2) 그가 승단추방죄를 범한 것에 대해 듣지 않고서 그를 비방하게 한다. '그대가 승단추방죄를 범한 것에 대해 들렸다. 그대는 수행자가 아니고, 싸끼야의 아들이 아니고, 그대와 함께 포살이나 자자나 참모임의 갈마를 할 수 없다.'라고 말한다면, 그 말 한마디 마다 승단잔류죄를 범하는 것이다.
3) 그가 승단추방죄를 범한 것에 대해서 의혹을 제기하지 않고서 그를 비방하게 한다. '그대가 승단추방죄를 범한 것에 대해 의혹이 제기되었다. 그대는 수행자가 아니고, 싸끼야의 아들이 아니고, 그대와 함께 포살이나 자자나 참모임의 갈마를 할 수 없다.'라고 말한다면, 그 말 한마디 마다 승단잔류죄를 범하는 것이다.

3-6₁.

1) 그가 승단추방죄를 범한 것에 대해 보지 않고서 그를 비방하게 한다. '그대가 승단추방죄를 범한 것에 대해 보였고 또한 들렸다. 그대는 수행자가 아니고, 싸끼야의 아들이 아니고, 그대와 함께 포살이나 자자나 참모임의 갈마를 할 수 없다.'라고 말한다면, 그 말 한마디 마다 승단잔류죄를 범하는 것이다.
2) 그가 승단추방죄를 범한 것에 대해 보지 않고서 그를 비방하게 한다. '그대가 승단추방죄를 범한 것에 대해 보였고 또한 의혹이 제기되었다. 그대는 수행자가 아니고, 싸끼야의 아들이 아니고, 그대와 함께 포살이나 자자나 참모임의 갈마를 할 수 없다.'라고 말한다면, 그 말 한마디 마다 승단잔류죄를 범하는 것이다.

3) 그가 승단추방죄를 범한 것에 대해 보지 않고서 그를 비방하게 한다. '그대가 승단추방죄를 범한 것에 대해 보였고 또한 들렸고 또한 의혹이 제기되었다. 그대는 수행자가 아니고, 싸끼야의 아들이 아니고, 그대와 함께 포살이나 자자나 참모임의 갈마를 할 수 없다.'라고 말한다면, 그 말 한마디 마다 승단잔류죄를 범하는 것이다.

3-6₂.

1) 그가 승단추방죄를 범한 것에 대해 듣지 않고서 그를 비방하게 한다. '그대가 승단추방죄를 범한 것에 대해 들렸고 또한 의혹이 제기되었다. 그대는 수행자가 아니고, 싸끼야의 아들이 아니고, 그대와 함께 포살이나 자자나 참모임의 갈마를 할 수 없다.'라고 말한다면, 그 말 한마디 마다 승단잔류죄를 범하는 것이다.
2) 그가 승단추방죄를 범한 것에 대해 듣지 않고서 그를 비방하게 한다. '그대가 승단추방죄를 범한 것에 대해 들렸고 또한 보였다. 그대는 수행자가 아니고, 싸끼야의 아들이 아니고, 그대와 함께 포살이나 자자나 참모임의 갈마를 할 수 없다.'라고 말한다면, 그 말 한마디 마다 승단잔류죄를 범하는 것이다.
3) 그가 승단추방죄를 범한 것에 대해 듣지 않고서 그를 비방하게 한다. '그대가 승단추방죄를 범한 것에 대해 들렸고 또한 의혹이 제기되었고 또한 보였다. 그대는 수행자가 아니고, 싸끼야의 아들이 아니고, 그대와 함께 포살이나 자자나 참모임의 갈마를 할 수 없다.'라고 말한다면, 그 말 한마디 마다 승단잔류죄를 범하는 것이다.

3-6₃.

1) 그가 승단추방죄를 범한 것에 대해서 의혹을 제기하지 않고서 그를 비방하게 한다. '그대가 승단추방죄를 범한 것에 대해 의혹이 제기되었고 또한 보였다. 그대는 수행자가 아니고, 싸끼야의 아들이 아니고, 그대와 함께 포살이나 자자나 참모임의 갈마를 할 수 없다.'라고 말한다면, 그 말 한마디 마다 승단잔류죄를 범하는 것이다.
2) 그가 승단추방죄를 범한 것에 대해서 의혹을 제기하지 않고서 그를 비방하게 한다. '그대가 승단추방죄를 범한 것에 대해 의혹이 제기되었고 또한 들렸다. 그대는 수행자가 아니고, 싸끼야의 아들이 아니고, 그대와 함께 포살이나 자자나 참모임의 갈마를 할 수 없다.'라고 말한다면, 그 말 한마디 마다 승단잔류죄를 범하는 것이다.

3) 그가 승단추방죄를 범한 것에 대해서 의혹을 제기하지 않고서 그를 비방하게 한다. '그대가 승단추방죄를 범한 것에 대해 의혹이 제기되었고 또한 보였고 또한 들렸다. 그대는 수행자가 아니고, 싸끼야의 아들이 아니고, 그대와 함께 포살이나 자자나 참모임의 갈마를 할 수 없다.'라고 말한다면, 그 말 한마디 마다 승단잔류죄를 범하는 것이다.

3-7₁.

1) 그가 승단추방죄를 범하는 것을 보고서 그를 비방하게 한다. '그대가 승단추방죄를 범한 것에 대해 들렸다. 그대는 수행자가 아니고, 싸끼야의 아들이 아니고, 그대와 함께 포살이나 자자나 참모임의 갈마를 할 수 없다.'라고 말한다면, 그 말 한마디 마다 승단잔류죄를 범하는 것이다.

2) 그가 승단추방죄를 범하는 것을 보고서 그를 비방하게 한다. '그대가 승단추방죄를 범한 것에 대해 의혹이 제기되었다. 그대는 수행자가 아니고, 싸끼야의 아들이 아니고, 그대와 함께 포살이나 자자나 참모임의 갈마를 할 수 없다.'라고 말한다면, 그 말 한마디 마다 승단잔류죄를 범하는 것이다.

3) 그가 승단추방죄를 범하는 것을 보고서 그를 비방하게 한다. '그대가 승단추방죄를 범한 것에 대해 들렸고 또한 의혹이 제기되었다. 그대는 수행자가 아니고, 싸끼야의 아들이 아니고, 그대와 함께 포살이나 자자나 참모임의 갈마를 할 수 없다.'라고 말한다면, 그 말 한마디 마다 승단잔류죄를 범하는 것이다.

3-7₂.

1) 그가 승단추방죄를 범한 것에 대해 듣고서 그를 비방하게 한다. '그대가 승단추방죄를 범한 것에 대해 의혹이 제기되었다. 그대는 수행자가 아니고, 싸끼야의 아들이 아니고, 그대와 함께 포살이나 자자나 참모임의 갈마를 할 수 없다.'라고 말한다면, 그 말 한마디 마다 승단잔류죄를 범하는 것이다.

2) 그가 승단추방죄를 범한 것에 대해 듣고서 그를 비방하게 한다. '그대가 승단추방죄를 범한 것에 대해 보였다. 그대는 수행자가 아니고, 싸끼야의 아들이 아니고, 그대와 함께 포살이나 자자나 참모임의 갈마를 할 수 없다.'라고 말한다면, 그 말 한마디 마다 승단잔류죄를 범하는 것이다.

3) 그가 승단추방죄를 범한 것에 대해 듣고서 그를 비방하게 한다. '그대가 승단추방죄를 범한 것에 대해 보였고 또한 의혹이 제기되었다. 그대는 수행자가 아니고, 싸끼야의 아들이 아니고, 그대와 함께 포살이나 자자나 참모임의 갈마를 할 수 없다.'라고 말한다면, 그 말 한마디 마다 승단잔류죄를 범하는 것이다.

3-7₃.

1) 그가 승단추방죄를 범한 것에 대해서 의혹을 제기해서 그를 비방하게 한다. '그대가 승단추방죄를 범한 것에 대해 보였다. 그대는 수행자가 아니고, 싸끼야의 아들이 아니고, 그대와 함께 포살이나 자자나 참모임의 갈마를 할 수 없다.' 라고 말한다면, 그 말 한마디 마다 승단잔류죄를 범하는 것이다.
2) 그가 승단추방죄를 범한 것에 대해서 의혹을 제기해서 그를 비방하게 한다. '그대가 승단추방죄를 범한 것에 대해 들렸다. 그대는 수행자가 아니고, 싸끼야의 아들이 아니고, 그대와 함께 포살이나 자자나 참모임의 갈마를 할 수 없다.' 라고 말한다면, 그 말 한마디 마다 승단잔류죄를 범하는 것이다.
3) 그가 승단추방죄를 범한 것에 대해서 의혹을 제기해서 그를 비방하게 한다. '그대가 승단추방죄를 범한 것에 대해 보였고 또한 들렸다. 그대는 수행자가 아니고, 싸끼야의 아들이 아니고, 그대와 함께 포살이나 자자나 참모임의 갈마를 할 수 없다.'라고 말한다면, 그 말 한마디 마다 승단잔류죄를 범하는 것이다.

3-8₁.

1) 그가 승단추방죄를 범하는 것을 보고, 본 것에 대해 의혹을 제기하고, 본 것을 믿지 않고, 본 것을 기억하지 못하고, 본 것에 혼란을 일으켜, 그를 비방하게 한다. '그대가 승단추방죄를 범한 것에 대해 보였거나, 들렸거나, 의혹이 제기되었다. 그대는 수행자가 아니고, 싸끼야의 아들이 아니고, 그대와 함께 포살이나 자자나 참모임의 갈마를 할 수 없다.'라고 말한다면, 그 말 한마디 마다 승단잔류죄를 범하는 것이다.
2) 그가 승단추방죄를 범하는 것을 보고, 본 것에 대해 의혹을 제기하고, 본 것을 믿지 않고, 본 것을 기억하지 못하고, 본 것에 혼란을 일으켜, 그를 비방하게 한다. '그대가 승단추방죄를 범한 것에 대해 보였고 또한 들렸거나, 들렸고 또한 의혹이 제기되었거나, 의혹이 제기되었고 또한 보였다. 그대는 수행자가 아니고, 싸끼야의 아들이 아니고, 그대와 함께 포살이나 자자나 참모임의 갈마를 할 수 없다.'라고 말한다면, 그 말 한마디 마다 승단잔류죄를 범하는 것이다.
3) 그가 승단추방죄를 범하는 것을 보고, 본 것에 대해 의혹을 제기하고, 본 것을 믿지 않고, 본 것을 기억하지 못하고, 본 것에 혼란을 일으켜, 그를 비방하게 한다. '그대가 승단추방죄를 범한 것에 대해 보였고 또한 들렸고 또한 의혹이 제기되었다. 그대는 수행자가 아니고, 싸끼야의 아들이 아니고, 그대와 함께 포살이나 자자나 참모임의 갈마를 할 수 없다.'라고 말한다면, 그 말 한마디

마다 승단잔류죄를 범하는 것이다.

3-8₂.

1) 그가 승단추방죄를 범한 것에 대해 듣고, 들은 것에 대해 의혹을 제기하고, 들은 것을 믿지 않고, 들은 것을 기억하지 못하고, 들은 것에 혼란을 일으켜, 그를 비방하게 한다. '그대가 승단추방죄를 범한 것에 대해 들렸거나, 의혹이 제기되었거나, 보였다. 그대는 수행자가 아니고, 싸끼야의 아들이 아니고, 그대와 함께 포살이나 자자나 참모임의 갈마를 할 수 없다.'라고 말한다면, 그 말 한마디 마다 승단잔류죄를 범하는 것이다.

2) 그가 승단추방죄를 범한 것에 대해 듣고, 들은 것에 대해 의혹을 제기하고, 들은 것을 믿지 않고, 들은 것을 기억하지 못하고, 들은 것에 혼란을 일으켜, 그를 비방하게 한다. '그대가 승단추방죄를 범한 것에 대해 들렸고 또한 의혹이 제기되었거나, 의혹이 제기되었고 또한 보였거나, 보였고 또한 들렸다. 그대는 수행자가 아니고, 싸끼야의 아들이 아니고, 그대와 함께 포살이나 자자나 참모임의 갈마를 할 수 없다.'라고 말한다면, 그 말 한마디 마다 승단잔류죄를 범하는 것이다.

3) 그가 승단추방죄를 범한 것에 대해 듣고, 들은 것에 대해 의혹을 제기하고, 들은 것을 믿지 않고, 들은 것을 기억하지 못하고, 들은 것에 혼란을 일으켜, 그를 비방하게 한다. '그대가 승단추방죄를 범한 것에 대해 들렸고 또한 의혹이 제기되었고 또한 보였다. 그대는 수행자가 아니고, 싸끼야의 아들이 아니고, 그대와 함께 포살이나 자자나 참모임의 갈마를 할 수 없다.'라고 말한다면, 그 말 한마디 마다 승단잔류죄를 범하는 것이다.

3-8₃.

1) 그가 승단추방죄를 범한 것에 대해서 의혹을 제기하고, 의혹에 대해 의혹을 제기하고, 의혹을 제기한 것을 믿지 않고, 의혹을 제기한 것을 기억하지 못하고, 의혹을 제기헌 것에 혼란을 일으켜, 그를 비방하게 한다. '그대가 승단추방죄를 범한 것에 대해 의혹이 제기되었거나, 보였거나, 들렸다. 그대는 수행자가 아니고, 싸끼야의 아들이 아니고, 그대와 함께 포살이나 자자나 참모임의 갈마를 할 수 없다.'라고 말한다면, 그 말 한마디 마다 승단잔류죄를 범하는 것이다.

2) 그가 승단추방죄를 범한 것에 대해서 의혹을 제기하고, 의혹에 대해 의혹을 제기하고, 의혹을 제기한 것을 믿지 않고, 의혹을 제기한 것을 기억하지 못하고, 의혹을 제기헌 것에 혼란을 일으켜, 그를 비방하게 한다. '그대가 승단추방

죄를 범한 것에 대해 의혹이 제기되었고 또한 보였거나, 보였고 또한 들렸거나, 들렸고 또한 의혹이 제기되었다. 그대는 수행자가 아니고, 싸끼야의 아들이 아니고, 그대와 함께 포살이나 자자나 참모임의 갈마를 할 수 없다.'라고 말한다면, 그 말 한마디 마다 승단잔류죄를 범하는 것이다.

3) 그가 승단추방죄를 범한 것에 대해서 의혹을 제기하고, 의혹에 대해 의혹을 제기하고, 의혹을 제기한 것을 믿지 않고, 의혹을 제기한 것을 기억하지 못하고, 의혹을 제기헌 것에 혼란을 일으켜, 그를 비방하게 한다. '그대가 승단추방죄를 범한 것에 대해 의혹이 제기되었고 또한 보였고 또한 들렸다. 그대는 수행자가 아니고, 싸끼야의 아들이 아니고, 그대와 함께 포살이나 자자나 참모임의 갈마를 할 수 없다.'라고 말한다면, 그 말 한마디 마다 승단잔류죄를 범하는 것이다.

4-1. 청정하지 않은 것에 대해[*166] 청정하다고 보는 것, 청정한 것에 대해 청정하지 않다고 보는 것, 청정하지 않은 것을 청정하지 않은 것이라고 보는 것, 청정한 것을 청정한 것이라고 보는 것이 있다.

4-2.

1) 사람이 청정하지 못하고, 어떤 승단추방죄를 범했는데, 그에 대하여 청정하다고 보았더라도 동의를 구하지 않고 추방의 의도로 말하면, 한 승단잔류죄와 한 악작죄를 범하는 것이다.

2) 사람이 청정하지 못하고, 어떤 승단추방죄를 범했는데, 그에 대하여 청정하다고 보았더라도 동의를 구하고 추방의 의도로 말하면, 한 승단잔류죄를 범하는 것이다.

3) 사람이 청정하지 못하고, 어떤 승단추방죄를 범했는데, 그에 대하여 청정하다고 보았더라도 동의를 구하지 않고 비방의 의도로 말하면, 한 모욕어죄[536]와 한 악작죄를 범하는 것이다.

4) 사람이 청정하지 못하고, 어떤 승단추방죄를 범했는데, 그에 대하여 청정하다고 보았더라도 동의를 구하고 비방의 의도로 말하면, 한 모욕어죄를 범하는 것이다.

4-3.

---

536) omasavāda : 품위를 손상시키는 모욕적인 언사는 속죄죄를 범하기 쉽다. 욕지거리에 속하는 말로 속죄죄에 속하는 것으로 보아야 한다. 속죄죄법 제2조(Bhikkhunī Pāc. 2)를 참조하라.

1) 사람이 청정하고, 어떠한 승단추방죄도 범하지 않았는데, 그에 대하여 청정하지 못하다고 보았더라도 동의를 구하지 않고 추방의 의도로 말하면, 한 악작죄를 범하는 것이다.
2) 사람이 청정하고, 어떠한 승단추방죄도 범하지 않았는데, 그에 대하여 청정하지 못하다고 보아서 동의를 구하고 추방의 의도로 말하면, 무죄이다.
3) 사람이 청정하고, 어떠한 승단추방죄도 범하지 않았는데, 그에 대하여 청정하지 못하다고 보았더라도 동의를 구하지 않고 비방의 의도로 말하면, 한 모욕어죄와 한 악작죄를 범하는 것이다.
4) 사람이 청정하고, 어떠한 승단추방죄도 범하지 않았는데, 그에 대하여 청정하지 못하다고 보아서 동의를 구하고 비방의 의도로 말하면, 한 모욕어죄를 범하는 것이 된다.

4-4.

1) 사람이 청정하지 못하고, 어떤 승단추방죄를 범했는데, 그에 대하여 청정하지 못하다고 보았더라도 동의를 구하지 않고 추방의 의도로 말하면, 한 악작죄를 범하는 것이다.
2) 사람이 청정하지 못하고, 어떤 승단추방죄를 범했는데, 그에 대하여 청정하지 못하다고 보아서 동의를 구하고 추방의 의도로 말하면, 무죄이다.
3) 사람이 청정하지 못하고, 어떤 승단추방죄를 범했는데, 그에 대하여 청정하지 못하다고 보았더라도 동의를 구하지 않고 비방의 의도로 말하면, 한 모욕어죄와 한 악작죄를 범하는 것이다.
4) 사람이 청정하지 못하고, 어떤 승단추방죄를 범했는데, 그에 대하여 청정하지 못하다고 보아서 동의를 구하고 비방의 의도로 말하면, 한 모욕어죄를 범하는 것이다.

4-5.

1) 사람이 청정하고, 어떠한 승단추방죄도 범하지 않았는데, 그에 대하여 청정하다고 보았더라도 동의를 구하지 않고 추방의 의도로 말하면, 한 승단잔류죄와 한 악작죄를 범하는 것이다.
2) 사람이 청정하고, 어떠한 승단추방죄도 범하지 않았는데, 그에 대하여 청정하다고 보았더라도 동의를 구하고 추방의 의도로 말하면, 한 승단잔류죄를 범하는 것이다.
3) 사람이 청정하고, 어떠한 승단추방죄도 범하지 않았는데, 그에 대하여 청정하

다고 보았더라도 동의를 구하지 않고 비방의 의도로 말하면, 한모욕어죄와 한 악작죄를 범하는 것이다.

4) 사람이 청정하고, 어떠한 승단추방죄도 범하지 않았는데, 그에 대하여 청정하다고 보았더라도 동의를 구하고 비방의 의도로 말하면, 한 모욕어죄를 범하는 것이다.

4-6. 청정한 것에 대해 청정하지 않다고 보거나, 청정하지 않은 것에 대해 청정하지 않다고 보는 경우이거나, 정신찬란자이거나 초범자의 경우는 무죄이다.

2. 3 승단잔류죄법 제3조

악의와 분노에 대한 학습계율②[Dutiyaduṭṭhadosasikkhāpada]

1-1. 한때 존귀한 부처님께서는 라자가하 시에 있는 벨루바나 숲에서 깔란다까니바빠 공원에 계셨다. 그런데 그때 멧띠야와 붐마자까를 추종하는 수행승들이 깃자꾸따 산에서 내려와 숫염소가 암염소와 교미하는 것을 보았다.[*167] 보고 나서 이와 같이 말했다.

[멧띠야와 붐마자까를 추종하는 수행승들] "벗들이여, 우리는 이 숫염소를 답바 말라뿟따라고 이름짓고, 이 암염소를 '수행녀 멧띠야'라고 이름짓고, 이와 같이 '벗들이여, 앞서 우리는 답바 말라뿟따에 대해서 들은 것으로 비방했습니다. 그러나 지금 우리 자신들이 그가 수행녀 멧띠야와 성적 교섭하는 것을 보았습니다.'라고 말합시다."

그들은 그 숫염소를 답바 말라뿟따라고 이름짓고, 그 암염소를 수행녀 멧띠야라고 이름지었습니다. 그들은 이와 같이 말했다.

[멧띠야와 붐마자까를 추종하는 수행승들] "벗들이여, 앞서 우리는 답바 말라뿟따에 대해서 들은 것으로 비방했습니다. 그러나 지금 우리 자신들이 그가 수행녀 멧띠야와 성적 교섭하는 것을 보았습니다."

수행승들은 이와 같이 말했다.

[수행승들] "벗들이여, 그와 같이 말하지 마시오. 존자 답바 말라뿟따가 그럴 리가 없습니다."

1-2. 그래서 그 수행승들은 세존께 그 사실을 알렸다. 그러자 세존께서는 이러한 인연으로 이러한 기회에 수행승들의 참모임을 불러 모으게 하고 존자 답바 말라

뿟따에게 물었다.

[세존] "답바여, 수행승들이 말한 대로 한 일을 기억하는가?"537)

[답바] "세존이시여, 저에 관한 한 세존께서 아시는 대로입니다."

두 번째에도 세존께서는 존자 답바 말라뿟따에게 물었다.

[세존] "답바여, 수행승들이 말한 대로 한 일을 기억하는가?"

[답바] "세존이시여, 저에 관한 한 세존께서 아시는 대로입니다."

세 번째에도 세존께서는 존자 답바 말라뿟따에게 물었다.

[세존] "답바여, 수행승들이 말한 대로 한 일을 기억하는가?"

[답바] "세존이시여, 저에 관한 한 세존께서 아시는 대로입니다."

[세존] "답바여, 답바들은 그처럼 둘러대지 않는다. 만약 그대가 했으면, 했다라고 말하고, 하지 않았으면, 하지 않았다라고 말하라."

[답바] "세존이시여, 저는 태어난 이래 꿈속에서 조차 성적 교섭을 한 적이 없는데, 하물며 깨어서 했겠습니까?"

그러자 세존께서는 수행승들에게 일렀다.

[세존] "수행승들이여, 그렇다면, 그 수행승들을 힐문하라."

이와 같이 말씀하시고 세존께서는 자리에서 일어나 정사로 들어갔다.

1-3. 그러자 그 수행승들은 멧띠야와 붐마자까를 추종하는 수행승들을 힐문했다.538)

[수행승들] "벗들이여, 그대들은 존자 답바 말라뿟따를 다른 일 가운데 어떤 유사한 일을 관련시켜 승단추방죄를 범하는 것이라고 비방했습니까?"

[멧띠야와 붐마자까를 추종하는 수행승들] "벗들이여, 그렇습니다."

수행승들 가운데 욕망을 여의고 만족을 알고 부끄러움을 알고 참회할 줄 알고 배움을 원하는 자들은 그것에 대해 혐책하고 분개하고 비난했다.

[수행승들] "어찌 멧띠야와 붐마자까를 추종하는 수행승들은 존자 답바 말라뿟따를 다른 일 가운데 어떤 유사한 일을 관련시켜 승단추방죄를 범하는 것이라고 비방할 수 있단 말인가?"

1-4. 그래서 그 수행승들은 세존께 그 사실을 알렸다. 그러자 세존께서는 이러한 인연으로 이러한 기회에 수행승들의 무리를 불러 모으게 하고 수행승들에게 물었다.

[세존] "수행승들이여, 멧띠야와 붐마자까를 추종하는 수행승들이 존자 답바

537) sarasi tvaṃ dabba evarūpa kattā, yathayime bhikkhu āhaṃsū'ti : 위의 Vin. III. 162를 참조하라.

538) atha kho te bhikkhū mettiyabhummajake bhikkhū anuyuñjiṃsu : Smp. 598에 따르면, '그대들은 답바를 멧띵냐와 함께 보았는가? 언제? 어디로 갔었는가?' 등을 질문했다.

말라뿟따를 다른 일 가운데 어떤 유사한 일을 관련시켜 승단추방죄를 범하는 것이라고 비방한 것이 사실인가?"

[수행승들] "세존이시여, 사실입니다."

존귀하신 부처님께서는 견책하셨다.

[세존] "수행승들이여, 그 어리석은 자들은 적절하지 않고, 자연스럽지 않고, 알맞지 않고, 수행자의 삶이 아니고, 부당하고, 해서는 안 될 일을 행한 것이다. 수행승들이여, 멧띠야와 붐마자까를 추종하는 수행승들이 존자 답바 말라뿟따를 다른 일 가운데 어떤 유사한 일을 관련시켜 승단추방죄를 범하는 것이라고 비방할 수 있단 말인가? 수행승들이여, 그것은 아직 청정한 믿음이 없는 자를 청정한 믿음으로 이끌고, 이미 청정한 믿음이 있는 자를 더욱더 청정한 믿음으로 이끄는 것이 아니다. 수행승들이여, 그것은 오히려, 아직 청정한 믿음이 없는 자를 불신으로 이끌고, 이미 청정한 믿음이 있는 자 가운데 어떤 자들을 타락시키는 것이다."

1-6. 그리고 세존께서는 멧띠야와 붐마자까를 추종하는 수행승들에 대하여 여러 가지 방편으로 견책하여, 키우기 어렵고 부양하기 어렵고 탐욕이 많고 만족을 모르고 교제를 좋아하고 나태한 것에 대해 질책하고, 여러 가지 법문으로 고무하여, 키우기 쉽고 부양하기 쉽고 욕심을 여의고, 만족을 알고, 버리고 없애는 삶, 악을 제거하는 삶, 청정한 믿음의 삶, 쌓아 모우지 않는 삶, 용맹정진의 삶을 칭찬하고, 수행승들을 위하여 그에 알맞고 그에 걸맞게 경책하여 법문을 하고 수행승들에게 일렀다.

[세존] "수행승들이여, 그러므로 수행승들을 위하여 열 가지 이유에 기초하여, 즉 참모임의 수승을 위하여, 참모임의 안락을 위하여, 악한 수행승의 조복을 위하여, 품행이 바른 수행승의 평안한 삶을 위하여, 지금 여기에서의 번뇌의 제어를 위하여, 다가오는 번뇌를 물리치기 위하여, 청정한 믿음이 없는 자에게 청정한 믿음을 주기 위하여, 청정한 믿음이 있는 자에게 청정한 믿음을 증대시키기 위하여, 올바른 가르침을 지속시키기 위하여, 계율을 수호하기 위하여 학습계율을 시설하겠으니, 수행승들이여, 그대들은 이와 같이 학습계율을 송출해야 한다."

[세존] "어떠한 수행승이라도 악의나 분노나 불만으로 다른 종류의 일 가운데 [*168] 어떤 유사한 일을 관련시켜 '아마도 그를 내가 이러한 청정한 삶에서 몰아낼 수 있겠다.'라고 말하며 승단추방죄를 범하는 것이라고 비방하면, 나중에 그가 조사를 받건 조사를 받지 않건, 그 쟁사가 다른 쟁사에 속한 것으로 드러나고, 어떤 점을 유사한 것으로 취하고, 수행승이 자신의 악함을 고백하면, 승단잔

류죄를 범하는 것이다."[539]

2-1 '어떠한'이라는 것은 어떠한 관계, 어떠한 태생, 어떠한 이름, 어떠한 성씨, 어떠한 계행, 어떠한 주거, 어떠한 활동영역에서 이든지, 장로이든지, 신참이든지, 중참이든지, 이러한 자들을 형용하는 것으로 '어떠한 자이든'이라는 뜻이다. '수행승'이라고 하는 것은 '탁발하는 자'로서의 수행승, 탁발을 위해 돌아다니는 자로서의 수행승, 분소의를 입은 자로서의 수행승, 사미로서의 수행승, 자칭에 의한 수행승, '오라! 수행승이여!'에 의한 수행승, 삼귀의에 의해 구족계를 받은 수행승, 현선한 수행승, 진실한 수행승, 배울 것이 있는 학인인 수행승, 배울 것이 없는 무학인 수행승, 화합참모임과 한번제안세번제청의 갈마와 부동의 거룩한 님의 속성을 갖춘 자로서의 수행승이 있는데, 그들 가운데 화합참모임과 한번제안세번제청의 갈마와 부동의 거룩한 님의 속성을 갖춘 수행승을 두고, 그러한 의미에서의 수행승을 뜻한다. '수행승을'이라는 것은 '다른 수행승을'이라는 뜻이다. '악의나 분노나'라는 것은 '화나서, 불쾌하고, 불만족스럽고, 격분하고, 완고해지는 것'을 뜻한다. '불만으로'라는 것은 화가 나고 분노하여 만족함이 없고 불쾌하여 불만인 것을 뜻한다.

2-2. '다른 종류의 일 가운데'라는 것은 다른 종류의 죄나 혹은 다른 종류의 쟁사를 뜻한다.

1) 어떻게 쟁사가 쟁사와 다른 종류로 관계하는가? ① 논쟁으로 인한 쟁사는 비난으로 인한 쟁사, 범죄로 인한 쟁사, 절차로 인한 쟁사와는 다른 쟁사이다.[540] ② 비난으로 인한 쟁사는 논쟁으로 인한 쟁사, 범죄로 인한 쟁사, 절차로 인한 쟁사와는 다른 쟁사이다. ③ 범죄로 인한 쟁사는 절차로 인한 쟁사, 논쟁으로 인한 쟁사, 비난으로 인한 쟁사와는 다른 쟁사이다. ④ 절차로 인한 쟁사는 논쟁으로 인한 쟁사, 비난으로 인한 쟁사, 범죄로 인한 쟁사와는 다른

---

539) 가근방계(假根謗戒) | Bhikkhunī Saṅgh. 3 : yo pana bhikkhu bhikkhuṃ duṭṭho deso appatīto aññabhāgiyassa adhikaraṇassa kiñci desaṃ lesamattaṃ upādāya pārājikena dhammena anuddhaṃseyya, appeva nāma naṃ imamhā brahmacariyā cāveyyan'ti. tato aparena samayena samanuggāhiyamāno vā asamanuggāhiyamāno vā aññabhāgiyañceva taṃ adhikaraṇaṃ hoti, koci deso lesamatto upādinno, bhikkhu ca dosaṃ patiṭṭhāti, saṅghādiseso'ti.

540) vivādādhikaraṇaṃ anuvādādhikaraṇassa āpattādhikaraṇassa kiccādhikaraṇassa aññabhāgiyaṃ : 쟁사에는 네 가지 쟁사(cattāri adhikaraṇāni) 즉, 사쟁사(四諍事)가 있다. 그 네 가지는 ① 논쟁으로 인한 쟁사(vivādādhikaraṇa) 즉, 논쟁사(論爭事) ② 비난으로 인한 쟁사(anuvādādhikaraṇa) 즉, 비난사(非難事), ③ 범죄로 인한 쟁사(āpattādhikaraṇa) 즉, 죄쟁사(罪諍事) ④ 절차로 인한 쟁사(kiccādhikaraṇa) 즉, 행쟁사(行諍事)가 있다. 상세한 것은 Vin. II. 87; Vin. III. 163; MN. II. 247-250; AN. I. 99를 참조하라.

쟁사이다. 이와 같이 쟁사는 쟁사와 다른 종류로 관계한다.

2) 어떻게 쟁사가 쟁사와 동일한 종류로 관계하는가?

① 논쟁으로 인한 쟁사는 논쟁으로 인한 쟁사와 동일한 종류로 관계한다. ② 비난으로 인한 쟁사는 비난으로 인한 쟁사와 동일한 종류로 관계한다. ③ 범죄로 인한 쟁사는 범죄로 인한 쟁사와 동일한 종류로 관계하기도 하고 다른 종류로 관계하기도 한다. 어떻게 범죄로 인한 쟁사가 범죄로 인한 쟁사와 다른 종류로 관계하는가? 성적 교섭에 의한 승단추방죄는 투도에 의한 승단추방죄, 살인에 의한 승단추방죄, 인간을 초월하는 상태의 주장에 의한 승단추방죄와 다른 종류로 관계한다. 투도에 의한 승단추방죄는 살인에 의한 승단추방죄, 인간을 초월하는 상태의 주장에 의한 승단추방죄, 성적 교섭에 의한 승단추방죄와 다른 종류로 관계한다. 살인에 의한 승단추방죄는 인간을 초월하는 상태의 주장에 의한 승단추방죄, 성적 교섭에 의한 승단추방죄, 투도에 의한 승단추방죄와 다른 종류로 관계한다. 인간을 초월하는 상태의 주장에 의한 승단추방죄는 성적 교섭에 의한 승단추방죄, 투도에 의한 승단추방죄, 살인에 의한 승단추방죄와 다른 종류로 관계한다. 이와 같이 범죄로 인한 쟁사는 범죄로 인한 쟁사와 다른 종류로 관계한다. 어떻게 범죄로 인한 쟁사가 범죄로 인한 쟁사와 동일한 종류로 관계하는가? 성적 교섭에 의한 승단추방죄는 성적 교섭에 의한 승단추방죄와 동일한 종류로 관계한다. 투도에 의한 승단추방죄는 투도에 의한 승단추방죄와 동일한 종류로 관계한다. 살인에 의한 승단추방죄는 살인에 의한 승단추방죄와 동일한 종류로 관계한다. 인간을 초월하는 상태의 주장에 의한 승단추방죄는 인간을 초월하는 상태의 주장에 의한 승단추방죄와 동일한 종류로 관계한다. ④ 절차로 인한 쟁사는 절차로 인한 쟁사와 동일한 종류로 관계한다. 이와 같이 일은 쟁사와 동일한 종류로 관계한다.

2-3. '어떤 유사한 일을 관련시켜'라는 것은 유사한 것이란[*169] 열 가지 유사한 일이 있는데, 계급의 유사, 이름의 유사, 성씨의 유사, 특징의 유사, 죄악의 유사, 발우의 유사, 옷의 유사, 친교사의 유사, 궤범사의 유사, 처소의 유사이다.

1) '계급의 유사'라는 것은 다음과 같다. ① 한 왕족계급이 승단추방죄를 범하는 것을 보고, 다른 왕족계급을 보고 비방하여, '나는 왕족계급이 승단추방죄를 범하는 것을 보았다. 그대는 수행자가 아니고, 싸끼야의 아들이 아니고, 그대와 함께 포살이나 자자나 참모임의 갈마를 할 수 없다.'라고 말한다면, 그 말 한마디 마다 승단잔류죄를 범하는 것이다. ② 한 바라문계급이 승단추방죄를 범하

는 것을 보고, 다른 바라문계급을 보고 비방하여, '나는 바라문계급이 승단추방죄를 범하는 것을 보았다. 그대는 수행자가 아니고, 싸끼야의 아들이 아니고, 그대와 함께 포살이나 자자나 참모임의 갈마를 할 수 없다.'라고 말한다면, 그 말 한마디 마다 승단잔류죄를 범하는 것이다. ③ 한 평민계급이 승단추방죄를 범하는 것을 보고, 다른 평민계급을 보고 비방하여, '나는 평민계급이 승단추방죄를 범하는 것을 보았다. 그대는 수행자가 아니고, 싸끼야의 아들이 아니고, 그대와 함께 포살이나 자자나 참모임의 갈마를 할 수 없다.'라고 말한다면, 그 말 한마디 마다 승단잔류죄를 범하는 것이다. ④ 한 노예계급이 승단추방죄를 범하는 것을 보고, 다른 노예계급을 보고 비방하여, '나는 노예계급이 승단추방죄를 범하는 것을 보았다. 그대는 수행자가 아니고, 싸끼야의 아들이 아니고, 그대와 함께 포살이나 자자나 참모임의 갈마를 할 수 없다.'라고 말한다면, 그 말 한마디 마다 승단잔류죄를 범하는 것이다.

2) '이름의 유사'라는 것은 다음과 같다. ① 붓다락키따가 승단추방죄를 범하는 것을 보고, 다른 붓다락키따를 보고 비방하여, '나는 붓다락키따가 승단추방죄를 범하는 것을 보았다. 그대는 수행자가 아니고, 싸끼야의 아들이 아니고, 그대와 함께 포살이나 자자나 참모임의 갈마를 할 수 없다.'라고 말한다면, 그 말 한마디 마다 승단잔류죄를 범하는 것이다. ② 담마락키따가 승단추방죄를 범하는 것을 보고, 다른 담마락키따를 보고 비방하여, '나는 담마락키따가 승단추방죄를 범하는 것을 보았다. 그대는 수행자가 아니고, 싸끼야의 아들이 아니고, 그대와 함께 포살이나 자자나 참모임의 갈마를 할 수 없다.'라고 말한다면, 그 말 한마디 마다 승단잔류죄를 범하는 것이다. ③ 쌍가락키따가 승단추방죄를 범하는 것을 보고, 다른 쌍가락키따를 보고 비방하여, '나는 쌍가락키따가 승단추방죄를 범하는 것을 보았다. 그대는 수행자가 아니고, 싸끼야의 아들이 아니고, 그대와 함께 포살이나 자자나 참모임의 갈마를 할 수 없다.'라고 말한다면, 그 말 한마디 마다 승단잔류죄를 범하는 것이다.

3) '성씨의 유사'는 다음과 같다. ① 고따마가 승단추방죄를 범하는 것을 보고, 다른 고따마를 보고 비방하여, '나는 고따마가 승단추방죄를 범하는 것을 보았다. 그대는 수행자가 아니고, 싸끼야의 아들이 아니고, 그대와 함께 포살이나 자자나 참모임의 갈마를 할 수 없다.'라고 말한다면, 그 말 한마디 마다 승단잔류죄를 범하는 것이다. ② 목갈라나가 승단추방죄를 범하는 것을 보고, 다른 목갈라나를 보고 비방하여, '나는 목갈라나가 승단추방죄를 범하는 것을 보았

다. 그대는 수행자가 아니고, 싸끼야의 아들이 아니고, 그대와 함께 포살이나 자자나 참모임의 갈마를 할 수 없다.'라고 말한다면, 그 말 한마디 마다 승단잔류죄를 범하는 것이다. ③ 깟짜야나가 승단추방죄를 범하는 것을 보고, 다른 깟짜야나를 보고 비방하여, '나는 깟짜야나가 승단추방죄를 범하는 것을 보았다. 그대는 수행자가 아니고, 싸끼야의 아들이 아니고, 그대와 함께 포살이나 자자나 참모임의 갈마를 할 수 없다.'라고 말한다면, 그 말 한마디 마다 승단잔류죄를 범하는 것이다. ④ 바쎗타가 승단추방죄를 범하는 것을 보고, 다른 바쎗타를 보고 비방하여, '나는 바쎗타가 승단추방죄를 범하는 것을 보았다. 그대는 수행자가 아니고, 싸끼야의 아들이 아니고, 그대와 함께 포살이나 자자나 참모임의 갈마를 할 수 없다.'라고 말한다면, 그 말 한마디 마다 승단잔류죄를 범하는 것이다.

4) '특징의 유사'라는 것은 다음과 같다. ① 키가 큰 사람이 승단추방죄를 범하는 것을 보고, 다른 키가 큰 사람을 보고 비방하여, '나는 키가 큰 사람이 승단추방죄를 범하는 것을 보았다. 그대는 수행자가 아니고, 싸끼야의 아들이 아니고, 그대와 함께 포살이나 자자나 참모임의 갈마를 할 수 없다.'라고 말한다면, 그 말 한마디 마다 승단잔류죄를 범하는 것이다. ② 키가 작은 사람이 승단추방죄를 범하는 것을 보고, 다른 키가 작은 사람을 보고 비방하여, '나는 키가 작은 사람이 승단추방죄를 범하는 것을 보았다. 그대는 수행자가 아니고, 싸끼야의 아들이 아니고, 그대와 함께 포살이나 자자나 참모임의 갈마를 할 수 없다.'라고 말한다면, 그 말 한마디 마다 승단잔류죄를 범하는 것이다. ③ 깜둥이가 승단추방죄를 범하는 것을 보고, 다른 깜둥이를 보고 비방하여, '나는 깜둥이가 승단추방죄를 범하는 것을 보았다. 그대는 수행자가 아니고, 싸끼야의 아들이 아니고, 그대와 함께 포살이나 자자나 참모임의 갈마를 할 수 없다.'라고 말한다면, 그 말 한마디 마다 승단잔류죄를 범하는 것이다. ④ 흰둥이가 승단추방죄를 범하는 것을 보고, 다른 흰둥이를 보고 비방하여, '나는 흰둥이가 승단추방죄를 범하는 것을 보았다. 그대는 수행자가 아니고, 싸끼야의 아들이 아니고, 그대와 함께 포살이나 자자나 참모임의 갈마를 할 수 없다.'라고 말한다면, 그 말 한마디 마다 승단잔류죄를 범하는 것이다.

5) '죄악의 유사'란 다음과 같다. 가벼운 죄악을 범한 사람을 보고, 그에 대하여 승단추방죄로서 비방하여 '그대는 수행자가 아니고, 싸끼야의 아들이 아니고, 그대와 함께 포살이나 자자나 참모임의 갈마를 할 수 없다.'라고 말한다면,

그 말 한마디 마다 승단잔류죄를 범하는 것이다.

6) '발우의 유사'란 다음과 같다. ① 철발우를 지닌 사람이 승단추방죄를 범하는 것을 보고, 다른 철발우를 지닌 사람을 보고 비방하여, '나는 철발우를 지닌 사람이 승단추방죄를 범하는 것을 보았다. 그대는 수행자가 아니고, 싸끼야의 아들이 아니고, 그대와 함께 포살이나 자자나 참모임의 갈마를 할 수 없다.'라고 말한다면, 그 말 한마디 마다 승단잔류죄를 범하는 것이다. ② 천발우[541]를 지닌 사람이 승단추방죄를 범하는 것을 보고, 다른 천발우를 지닌 사람을 보고 비방하여, '나는 천발우를 지닌 사람이 승단추방죄를 범하는 것을 보았다. 그대는 수행자가 아니고, 싸끼야의 아들이 아니고, 그대와 함께 포살이나 자자나 참모임의 갈마를 할 수 없다.'라고 말한다면, 그 말 한마디 마다 승단잔류죄를 범하는 것이다. ③ 금간 발우[542]를 지닌 사람이 승단추방죄를 범하는 것을 보고, 다른 금간 발우를 지닌 사람을 보고 비방하여, '나는 금간 발우를 지닌 사람이 승단추방죄를 범하는 것을 보았다. 그대는 수행자가 아니고, 싸끼야의 아들이 아니고, 그대와 함께 포살이나 자자나 참모임의 갈마를 할 수 없다.'라고 말한다면, 그 말 한마디 마다 승단잔류죄를 범하는 것이다.

7) '옷의 유사'란 다음과 같다. ① 분소의를 입은 사람이 승단추방죄를 범하는 것을 보고, 다른 분소의를 입은 사람을 보고 비방하여, '나는 분소의를 입은 사람이 승단추방죄를 범하는 것을 보았다. 그대는 수행자가 아니고, 싸끼야의 아들이 아니고, 그대와 함께 포살이나 자자나 참모임의 갈마를 할 수 없다.'라고 말한다면, 그 말 한마디 마다 승단잔류죄를 범하는 것이다. ② 장자옷을 입은 사람이 승단추방죄를 범하는 것을 보고, 다른 장자옷을 입은 사람을 보고 비방하여, '나는 장자옷을 입은 사람이 승단추방죄를 범하는 것을 보았다. 그대는 수행자가 아니고, 싸끼야의 아들이 아니고, 그대와 함께 포살이나 자자나 참모임의 갈마를 할 수 없다.'라고 말한다면, 그 말 한마디 마다 승단잔류죄를 범하는 것이다.

8) '친교사의 유사'란 다음과 같다. 이러이러한 제자가 승단추방죄를 범하는 것을 보고, 다른 이러이러한 제자를 보고 비방하여, '나는 이러이러한 제자가 승단추방죄를 범하는 것을 보았다. 그대는 수행자가 아니고, 싸끼야의 아들이 아니고,

---

541) sāṭakapatta : 한역에는 포발(布鉢)이라고 되어 있으나 Smp. 602에 따르면, 구리발우처럼 잘 다듬어지고 아름다운 피부를 갖고 있고, 광택나고 검은 색깔로서 옹기발우(mattikāpatta?)라고도 불렸다. Bd. I. 292에서는 가죽발우(a bowl of hide)라고 번역하고 있다.

542) sumbhakapatta : Smp. 602에 따르면, 원래 일반적인 옹기발우(mattikāpatta)였다.

그대와 함께 포살이나 자자나 참모임의 갈마를 할 수 없다.'라고 말한다면, 그 말 한마디 마다 승단잔류죄를 범하는 것이다.

9) '궤범사의 유사'란 다음과 같다. 이러이러한 학인이 승단추방죄를 범하는 것을 보고, 다른 이러이러한 학인을 보고 비방하여, '나는 이러이러한 학인이 승단추방죄를 범하는 것을 보았다. 그대는 수행자가 아니고, 싸끼야의 아들이 아니고, 그대와 함께 포살이나 자자나 참모임의 갈마를 할 수 없다.'라고 말한다면, 그 말 한마디 마다 승단잔류죄를 범하는 것이다.

10) '처소의 유사'란 다음과 같다. 이러이러한 처소에 사는 자가[*170] 승단추방죄를 범하는 것을 보고, 다른 이러이러한 처소에 사는 자를 보고 비방하여, '나는 이러이러한 처소에 사는 자가 승단추방죄를 범하는 것을 보았다. 그대는 수행자가 아니고, 싸끼야의 아들이 아니고, 그대와 함께 포살이나 자자나 참모임의 갈마를 할 수 없다.'라고 말한다면, 그 말 한마디 마다 승단잔류죄를 범하는 것이다.

2-4. '승단추방죄'라는 것은 네 가지 가운데 어느 하나를 뜻한다. '비방하면,'이라는 것은 '비난하거나 비난하게 하는 것'을 뜻한다. '아마도 그를 내가 이러한 청정한 삶에서 몰아낼 수 있다.'라는 것은 '내가 수행승의 신분에서 몰아낼 수 있고, 수행자의 상태에서 몰아낼 수 있고, 계행의 다발에서 몰아낼 수 있고, 고행의 덕성에서 몰아낼 수 있다.'는 뜻이다. '나중에'라는 것은 '그가 비방받는 그 찰나 그 시점 그 순간이 지나간 그 때에'라는 뜻이다. '조사를 받거나'라는 것은 그가 비방받은 그 일 때문에 조사를 당하는 것을 뜻한다. '조사를 받지 않거나'라는 것은 아무에 의해서도 언급되지 않는 것을 뜻한다. '쟁사'라는 것은 '네 가지 쟁사 즉, 논쟁에 의한 쟁사, 비방에 의한 쟁사, 범죄로 인한 쟁사, 절차로 인한 쟁사'를 뜻한다. '어떤 점을 유사한 것으로 취한 것'이란 이러한 유사들 가운데 어떤 점을 취하는 것을 뜻한다. '수행승이 자신의 악함을 고백하면'이라는 것은 '나는 공허한 말을 진술했다. 나는 거짓말을 진술했다. 나는 알지 못하는 것을 진술했다.'라고 하는 것을 뜻한다. '승단잔류죄'라는 것은 '참모임이 그 잘못에 대하여 격리처벌을 주고, 가중처벌을 주고, 참회처벌을 주고, 출죄복귀시키는 것'을 뜻하며, 몇몇 사람이나 한 사람의 일이 아니기 때문에 승단잔류죄라고도 하고 그 죄의 다발에 대한 갈마와 관련하여 승단잔류죄라고도 한다.

3-1₁.

1) 수행승이 승단잔류죄를 범하는 것을 보고, 승단잔류죄에 대하여 승단잔류죄라

고 보고, 그를 승단추방죄로 비방하여, '그대는 수행자가 아니고, 싸끼야의 아들이 아니고, 그대와 함께 포살이나 자자나 참모임의 갈마를 할 수 없다.'라고 다른 죄악의 종류에 속하는 것으로서 유사한 것을 취한다면, 그 말 한마디 마다 승단잔류죄를 범하는 것이다.

2 수행승이 승단잔류죄를 범하는 것을 보고, 승단잔류죄에 대하여 추악죄라고 보고, 그를 승단추방죄로 비방하여, '그대는 수행자가 아니고, 싸끼야의 아들이 아니고, 그대와 함께 포살이나 자자나 참모임의 갈마를 할 수 없다.'라고 다른 죄악의 종류에 속하는 것으로서 유사한 것을 취한다면, 그 말 한마디 마다 승단잔류죄를 범하는 것이다.

3 수행승이 승단잔류죄를 범하는 것을 보고, 승단잔류죄에 대하여 속죄죄라고 보고, 그를 승단추방죄로 비방하여, '그대는 수행자가 아니고, 싸끼야의 아들이 아니고, 그대와 함께 포살이나 자자나 참모임의 갈마를 할 수 없다.'라고 다른 죄악의 종류에 속하는 것으로서 유사한 것을 취한다면, 그 말 한마디 마다 승단잔류죄를 범하는 것이다.

4 수행승이 승단잔류죄를 범하는 것을 보고, 승단잔류죄에 대하여 고백죄라고 보고, 그를 승단추방죄로 비방하여, '그대는 수행자가 아니고, 싸끼야의 아들이 아니고, 그대와 함께 포살이나 자자나 참모임의 갈마를 할 수 없다.'라고 다른 죄악의 종류에 속하는 것으로서 유사한 것을 취한다면, 그 말 한마디 마다 승단잔류죄를 범하는 것이다.

5 수행승이 승단잔류죄를 범하는 것을 보고, 승단잔류죄에 대하여 악작죄라고 보고, 그를 승단추방죄로 비방하여, '그대는 수행자가 아니고, 싸끼야의 아들이 아니고, 그대와 함께 포살이나 자자나 참모임의 갈마를 할 수 없다.'라고 다른 죄악의 종류에 속하는 것으로서 유사한 것을 취한다면, 그 말 한마디 마다 승단잔류죄를 범하는 것이다.

6) 수행승이 승단잔류죄를 범하는 것을 보고, 승단잔류죄에 대하여 악설죄라고 보고, 그를 승단추방죄로 비방하여, '그대는 수행자가 아니고, 싸끼야의 아들이 아니고, 그대와 함께 포살이나 자자나 참모임의 갈마를 할 수 없다.'라고 다른 죄악의 종류에 속하는 것으로서 유사한 것을 취한다면, 그 말 한마디 마다 승단잔류죄를 범하는 것이다.

3-1₂.

1) 수행승이 추악죄를 범하는 것을 보고, 추악죄에 대하여 추악죄라고 보고, 그를

승단추방죄로 비방하여, '그대는 수행자가 아니고, 싸끼야의 아들이 아니고, 그대와 함께 포살이나 자자나 참모임의 갈마를 할 수 없다.'라고 다른 죄악의 종류에 속하는 것으로서 유사한 것을 취한다면, 그 말 한마디 마다 승단잔류죄를 범하는 것이다.

2) 수행승이 추악죄를 범하는 것을 보고, 추악죄에 대하여 승단잔류죄라고 보고, 그를 승단추방죄로 비방하여, '그대는 수행자가 아니고, 싸끼야의 아들이 아니고, 그대와 함께 포살이나 자자나 참모임의 갈마를 할 수 없다.'라고 다른 죄악의 종류에 속하는 것으로서 유사한 것을 취한다면, 그 말 한마디 마다 승단잔류죄를 범하는 것이다.

3) 수행승이 추악죄를 범하는 것을 보고, 추악죄에 대하여 속죄죄라고 보고, 그를 승단추방죄로 비방하여, '그대는 수행자가 아니고, 싸끼야의 아들이 아니고, 그대와 함께 포살이나 자자나 참모임의 갈마를 할 수 없다.'라고 다른 죄악의 종류에 속하는 것으로서 유사한 것을 취한다면, 그 말 한마디 마다 승단잔류죄를 범하는 것이다.

4) 수행승이 추악죄를 범하는 것을 보고, 추악죄에 대하여 고백죄라고 보고, 그를 승단추방죄로 비방하여, '그대는 수행자가 아니고, 싸끼야의 아들이 아니고, 그대와 함께 포살이나 자자나 참모임의 갈마를 할 수 없다.'라고 다른 죄악의 종류에 속하는 것으로서 유사한 것을 취한다면, 그 말 한마디 마다 승단잔류죄를 범하는 것이다.

5) 수행승이 추악죄를 범하는 것을 보고, 추악죄에 대하여 악작죄라고 보고, 그를 승단추방죄로 비방하여, '그대는 수행자가 아니고, 싸끼야의 아들이 아니고, 그대와 함께 포살이나 자자나 참모임의 갈마를 할 수 없다.'라고 다른 죄악의 종류에 속하는 것으로서 유사한 것을 취한다면, 그 말 한마디 마다 승단잔류죄를 범하는 것이다.

6) 수행승이 추악죄를 범하는 것을 보고, 추악죄에 대하여 악설죄라고 보고, 그를 승단추방죄로 비방하여, '그대는 수행자가 아니고, 싸끼야의 아들이 아니고, 그대와 함께 포살이나 자자나 참모임의 갈마를 할 수 없다.'라고 다른 죄악의 종류에 속하는 것으로서 유사한 것을 취한다면, 그 말 한마디 마다 승단잔류죄를 범하는 것이다.

3-1₃.

1) 수행승이 속죄죄를 범하는 것을 보고, 속죄죄에 대하여 속죄죄라고 보고, 그를

승단추방죄로 비방하여, '그대는 수행자가 아니고, 싸끼야의 아들이 아니고, 그대와 함께 포살이나 자자나 참모임의 갈마를 할 수 없다.'라고 다른 죄악의 종류에 속하는 것으로서 유사한 것을 취한다면, 그 말 한마디 마다 승단잔류죄를 범하는 것이다.

2) 수행승이 속죄죄를 범하는 것을 보고, 속죄죄에 대하여 승단잔류죄라고 보고, 그를 승단추방죄로 비방하여, '그대는 수행자가 아니고, 싸끼야의 아들이 아니고, 그대와 함께 포살이나 자자나 참모임의 갈마를 할 수 없다.'라고 다른 죄악의 종류에 속하는 것으로서 유사한 것을 취한다면, 그 말 한마디 마다 승단잔류죄를 범하는 것이다.

3) 수행승이 속죄죄를 범하는 것을 보고, 속죄죄에 대하여 추악죄라고 보고, 그를 승단추방죄로 비방하여, '그대는 수행자가 아니고, 싸끼야의 아들이 아니고, 그대와 함께 포살이나 자자나 참모임의 갈마를 할 수 없다.'라고 다른 죄악의 종류에 속하는 것으로서 유사한 것을 취한다면, 그 말 한마디 마다 승단잔류죄를 범하는 것이다.

4) 수행승이 속죄죄를 범하는 것을 보고, 속죄죄에 대하여 고백죄라고 보고, 그를 승단추방죄로 비방하여, '그대는 수행자가 아니고, 싸끼야의 아들이 아니고, 그대와 함께 포살이나 자자나 참모임의 갈마를 할 수 없다.'라고 다른 죄악의 종류에 속하는 것으로서 유사한 것을 취한다면, 그 말 한마디 마다 승단잔류죄를 범하는 것이다.

5) 수행승이 속죄죄를 범하는 것을 보고, 속죄죄에 대하여 악작죄라고 보고, 그를 승단추방죄로 비방하여, '그대는 수행자가 아니고, 싸끼야의 아들이 아니고, 그대와 함께 포살이나 자자나 참모임의 갈마를 할 수 없다.'라고 다른 죄악의 종류에 속하는 것으로서 유사한 것을 취한다면, 그 말 한마디 마다 승단잔류죄를 범하는 것이다.

6) 수행승이 속죄죄를 범하는 것을 보고, 속죄죄에 대하여 악설죄라고 보고, 그를 승단추방죄로 비방하여, '그대는 수행자가 아니고, 싸끼야의 아들이 아니고, 그대와 함께 포살이나 자자나 참모임의 갈마를 할 수 없다.'라고 다른 죄악의 종류에 속하는 것으로서 유사한 것을 취한다면, 그 말 한마디 마다 승단잔류죄를 범하는 것이다.

3-1₄.

1) 수행승이 고백죄를 범하는 것을 보고, 고백죄에 대하여 고백죄라고 보고, 그를

승단추방죄로 비방하여, '그대는 수행자가 아니고, 싸끼야의 아들이 아니고, 그대와 함께 포살이나 자자나 참모임의 갈마를 할 수 없다.'라고 다른 죄악의 종류에 속하는 것으로서 유사한 것을 취한다면, 그 말 한마디 마다 승단잔류죄를 범하는 것이다.

2) 수행승이 고백죄를 범하는 것을 보고, 고백죄에 대하여 승단잔류죄라고 보고, 그를 승단추방죄로 비방하여, '그대는 수행자가 아니고, 싸끼야의 아들이 아니고, 그대와 함께 포살이나 자자나 참모임의 갈마를 할 수 없다.'라고 다른 죄악의 종류에 속하는 것으로서 유사한 것을 취한다면, 그 말 한마디 마다 승단잔류죄를 범하는 것이다.

3) 수행승이 고백죄를 범하는 것을 보고, 고백죄에 대하여 추악죄라고 보고, 그를 승단추방죄로 비방하여, '그대는 수행자가 아니고, 싸끼야의 아들이 아니고, 그대와 함께 포살이나 자자나 참모임의 갈마를 할 수 없다.'라고 다른 죄악의 종류에 속하는 것으로서 유사한 것을 취한다면, 그 말 한마디 마다 승단잔류죄를 범하는 것이다.

4) 수행승이 고백죄를 범하는 것을 보고, 고백죄에 대하여 고백죄라고 보고, 그를 승단추방죄로 비방하여, '그대는 수행자가 아니고, 싸끼야의 아들이 아니고, 그대와 함께 포살이나 자자나 참모임의 갈마를 할 수 없다.'라고 다른 죄악의 종류에 속하는 것으로서 유사한 것을 취한다면, 그 말 한마디 마다 승단잔류죄를 범하는 것이다.

5) 수행승이 고백죄를 범하는 것을 보고, 고백죄에 대하여 악작죄라고 보고, 그를 승단추방죄로 비방하여, '그대는 수행자가 아니고, 싸끼야의 아들이 아니고, 그대와 함께 포살이나 자자나 참모임의 갈마를 할 수 없다.'라고 다른 죄악의 종류에 속하는 것으로서 유사한 것을 취한다면, 그 말 한마디 마다 승단잔류죄를 범하는 것이다.

6) 수행승이 고백죄를 범하는 것을 보고, 고백죄에 대하여 악설죄라고 보고, 그를 승단추방죄로 비방하여, '그대는 수행자가 아니고, 싸끼야의 아들이 아니고, 그대와 함께 포살이나 자자나 참모임의 갈마를 할 수 없다.'라고 다른 죄악의 종류에 속하는 것으로서 유사한 것을 취한다면, 그 말 한마디 마다 승단잔류죄를 범하는 것이다.

$3\text{-}1_5$.

1) 수행승이 악작죄를 범하는 것을 보고, 악작죄에 대하여 악작죄라고 보고, 그를

승단추방죄로 비방하여, '그대는 수행자가 아니고, 싸끼야의 아들이 아니고, 그대와 함께 포살이나 자자나 참모임의 갈마를 할 수 없다.'라고 다른 죄악의 종류에 속하는 것으로서 유사한 것을 취한다면, 그 말 한마디 마다 승단잔류죄를 범하는 것이다.

2) 수행승이 악작죄를 범하는 것을 보고, 악작죄에 대하여 승단잔류죄라고 보고, 그를 승단추방죄로 비방하여, '그대는 수행자가 아니고, 싸끼야의 아들이 아니고, 그대와 함께 포살이나 자자나 참모임의 갈마를 할 수 없다.'라고 다른 죄악의 종류에 속하는 것으로서 유사한 것을 취한다면, 그 말 한마디 마다 승단잔류죄를 범하는 것이다.

3) 수행승이 악작죄를 범하는 것을 보고, 악작죄에 대하여 추악죄라고 보고, 그를 승단추방죄로 비방하여, '그대는 수행자가 아니고, 싸끼야의 아들이 아니고, 그대와 함께 포살이나 자자나 참모임의 갈마를 할 수 없다.'라고 다른 죄악의 종류에 속하는 것으로서 유사한 것을 취한다면, 그 말 한마디 마다 승단잔류죄를 범하는 것이다.

4) 수행승이 악작죄를 범하는 것을 보고, 악작죄에 대하여 속죄죄라고 보고, 그를 승단추방죄로 비방하여, '그대는 수행자가 아니고, 싸끼야의 아들이 아니고, 그대와 함께 포살이나 자자나 참모임의 갈마를 할 수 없다.'라고 다른 죄악의 종류에 속하는 것으로서 유사한 것을 취한다면, 그 말 한마디 마다 승단잔류죄를 범하는 것이다.

5) 수행승이 악작죄를 범하는 것을 보고, 악작죄에 대하여 고백죄라고 보고, 그를 승단추방죄로 비방하여, '그대는 수행자가 아니고, 싸끼야의 아들이 아니고, 그대와 함께 포살이나 자자나 참모임의 갈마를 할 수 없다.'라고 다른 죄악의 종류에 속하는 것으로서 유사한 것을 취한다면, 그 말 한마디 마다 승단잔류죄를 범하는 것이다.

6) 수행승이 악작죄를 범하는 것을 보고, 악작죄에 대하여 악설죄라고 보고, 그를 승단추방죄로 비방하여, '그대는 수행자가 아니고, 싸끼야의 아들이 아니고, 그대와 함께 포살이나 자자나 참모임의 갈마를 할 수 없다.'라고 다른 죄악의 종류에 속하는 것으로서 유사한 것을 취한다면, 그 말 한마디 마다 승단잔류죄를 범하는 것이다.

$3\text{-}1_6$.

1) 수행승이 악설죄를 범하는 것을 보고, 악설죄에 대하여 악설죄라고 보고, 그를

승단추방죄로 비방하여, '그대는 수행자가 아니고, 싸끼야의 아들이 아니고, 그대와 함께 포살이나 자자나 참모임의 갈마를 할 수 없다.'라고 다른 죄악의 종류에 속하는 것으로서 유사한 것을 취한다면, 그 말 한마디 마다 승단잔류죄를 범하는 것이다.

2) 수행승이 악설죄를 범하는 것을 보고, 악설죄에 대하여 승단잔류죄라고 보고, 그를 승단추방죄로 비방하여, '그대는 수행자가 아니고, 싸끼야의 아들이 아니고, 그대와 함께 포살이나 자자나 참모임의 갈마를 할 수 없다.'라고 다른 죄악의 종류에 속하는 것으로서 유사한 것을 취한다면, 그 말 한마디 마다 승단잔류죄를 범하는 것이다.

3) 수행승이 악설죄를 범하는 것을 보고, 악설죄에 대하여 추악죄라고 보고, 그를 승단추방죄로 비방하여, '그대는 수행자가 아니고, 싸끼야의 아들이 아니고, 그대와 함께 포살이나 자자나 참모임의 갈마를 할 수 없다.'라고 다른 죄악의 종류에 속하는 것으로서 유사한 것을 취한다면, 그 말 한마디 마다 승단잔류죄를 범하는 것이다.

4) 수행승이 악설죄를 범하는 것을 보고, 악설죄에 대하여 속죄죄라고 보고, 그를 승단추방죄로 비방하여, '그대는 수행자가 아니고, 싸끼야의 아들이 아니고, 그대와 함께 포살이나 자자나 참모임의 갈마를 할 수 없다.'라고 다른 죄악의 종류에 속하는 것으로서 유사한 것을 취한다면, 그 말 한마디 마다 승단잔류죄를 범하는 것이다.

5) 수행승이 악설죄를 범하는 것을 보고, 악설죄에 대하여 고백죄라고 보고, 그를 승단추방죄로 비방하여, '그대는 수행자가 아니고, 싸끼야의 아들이 아니고, 그대와 함께 포살이나 자자나 참모임의 갈마를 할 수 없다.'라고 다른 죄악의 종류에 속하는 것으로서 유사한 것을 취한다면, 그 말 한마디 마다 승단잔류죄를 범하는 것이다.

6) 수행승이 악설죄를 범하는 것을 보고, 악설죄에 대하여 악작죄라고 보고, 그를 승단추방죄로 비방하여, '그대는 수행자가 아니고, 싸끼야의 아들이 아니고, 그대와 함께 포살이나 자자나 참모임의 갈마를 할 수 없다.'라고 다른 죄악의 종류에 속하는 것으로서 유사한 것을 취한다면, 그 말 한마디 마다 승단잔류죄를 범하는 것이다.

3-2₁.

1) 수행승이 승단잔류죄를 범하는 것을 보고, 승단잔류죄에 대하여 승단잔류죄라

고 보고, 그를 승단추방죄로 비방하게 하여,543) '그대는 수행자가 아니고, 싸끼야의 아들이 아니고, 그대와 함께 포살이나 자자나 참모임의 갈마를 할 수 없다.'라고 다른 죄악의 종류에 속하는 것으로서 유사한 것을 취한다면, 그 말 한마디 마다 승단잔류죄를 범하는 것이다.

2) 수행승이 승단잔류죄를 범하는 것을 보고, 승단잔류죄에 대하여 추악죄라고 보고, 그를 승단추방죄로 비방하게 하여, '그대는 수행자가 아니고, 싸끼야의 아들이 아니고, 그대와 함께 포살이나 자자나 참모임의 갈마를 할 수 없다.'라고 다른 죄악의 종류에 속하는 것으로서 유사한 것을 취한다면, 그 말 한마디 마다 승단잔류죄를 범하는 것이다.

3) 수행승이 승단잔류죄를 범하는 것을 보고, 승단잔류죄에 대하여 속죄죄라고 보고, 그를 승단추방죄로 비방하게 하여, '그대는 수행자가 아니고, 싸끼야의 아들이 아니고, 그대와 함께 포살이나 자자나 참모임의 갈마를 할 수 없다.'라고 다른 죄악의 종류에 속하는 것으로서 유사한 것을 취한다면, 그 말 한마디 마다 승단잔류죄를 범하는 것이다.

4) 수행승이 승단잔류죄를 범하는 것을 보고, 승단잔류죄에 대하여 고백죄라고 보고, 그를 승단추방죄로 비방하게 하여, '그대는 수행자가 아니고, 싸끼야의 아들이 아니고, 그대와 함께 포살이나 자자나 참모임의 갈마를 할 수 없다.'라고 다른 죄악의 종류에 속하는 것으로서 유사한 것을 취한다면, 그 말 한마디 마다 승단잔류죄를 범하는 것이다.

5) 수행승이 승단잔류죄를 범하는 것을 보고, 승단잔류죄에 대하여 악작죄라고 보고, 그를 승단추방죄로 비방하게 하여, '그대는 수행자가 아니고, 싸끼야의 아들이 아니고, 그대와 함께 포살이나 자자나 참모임의 갈마를 할 수 없다.'라고 다른 죄악의 종류에 속하는 것으로서 유사한 것을 취한다면, 그 말 한마디 마다 승단잔류죄를 범하는 것이다.

6) 수행승이 승단잔류죄를 범하는 것을 보고, 승단잔류죄에 대하여 악설죄라고 보고, 그를 승단추방죄로 비방하게 하여, '그대는 수행자가 아니고, 싸끼야의 아들이 아니고, 그대와 함께 포살이나 자자나 참모임의 갈마를 할 수 없다.'라고 다른 죄악의 종류에 속하는 것으로서 유사한 것을 취한다면, 그 말 한마디 마다 승단잔류죄를 범하는 것이다.

---

543) tañce pārājikena codāpeti : 앞의 §3-1은 비방하여(codeti) 이고 여기의 §3-2는 비방하게 하여(codāpeti)의 차이뿐이 다른 것이 없다.

3-2₂.

1) 수행승이 추악죄를 범하는 것을 보고, 추악죄에 대하여 추악죄라고 보고, 그를 승단추방죄로 비방하게 하여, '그대는 수행자가 아니고, 싸끼야의 아들이 아니고, 그대와 함께 포살이나 자자나 참모임의 갈마를 할 수 없다.'라고 다른 죄악의 종류에 속하는 것으로서 유사한 것을 취한다면, 그 말 한마디 마다 승단잔류죄를 범하는 것이다.

2) 수행승이 추악죄를 범하는 것을 보고, 추악죄에 대하여 승단잔류죄라고 보고, 그를 승단추방죄로 비방하게 하여, '그대는 수행자가 아니고, 싸끼야의 아들이 아니고, 그대와 함께 포살이나 자자나 참모임의 갈마를 할 수 없다.'라고 다른 죄악의 종류에 속하는 것으로서 유사한 것을 취한다면, 그 말 한마디 마다 승단잔류죄를 범하는 것이다.

3) 수행승이 추악죄를 범하는 것을 보고, 추악죄에 대하여 속죄죄라고 보고, 그를 승단추방죄로 비방하게 하여, '그대는 수행자가 아니고, 싸끼야의 아들이 아니고, 그대와 함께 포살이나 자자나 참모임의 갈마를 할 수 없다.'라고 다른 죄악의 종류에 속하는 것으로서 유사한 것을 취한다면, 그 말 한마디 마다 승단잔류죄를 범하는 것이다.

4) 수행승이 추악죄를 범하는 것을 보고, 추악죄에 대하여 고백죄라고 보고, 그를 승단추방죄로 비방하게 하여, '그대는 수행자가 아니고, 싸끼야의 아들이 아니고, 그대와 함께 포살이나 자자나 참모임의 갈마를 할 수 없다.'라고 다른 죄악의 종류에 속하는 것으로서 유사한 것을 취한다면, 그 말 한마디 마다 승단잔류죄를 범하는 것이다.

5) 수행승이 추악죄를 범하는 것을 보고, 추악죄에 대하여 악작죄라고 보고, 그를 승단추방죄로 비방하게 하여, '그대는 수행자가 아니고, 싸끼야의 아들이 아니고, 그대와 함께 포살이나 자자나 참모임의 갈마를 할 수 없다.'라고 다른 죄악의 종류에 속하는 것으로서 유사한 것을 취한다면, 그 말 한마디 마다 승단잔류죄를 범하는 것이다.

6) 수행승이 추악죄를 범하는 것을 보고, 추악죄에 대하여 악설죄라고 보고, 그를 승단추방죄로 비방하게 하여, '그대는 수행자가 아니고, 싸끼야의 아들이 아니고, 그대와 함께 포살이나 자자나 참모임의 갈마를 할 수 없다.'라고 다른 죄악의 종류에 속하는 것으로서 유사한 것을 취한다면, 그 말 한마디 마다 승단잔류죄를 범하는 것이다.

3-2₃.

1) 수행승이 속죄죄를 범하는 것을 보고, 속죄죄에 대하여 속죄죄라고 보고, 그를 승단추방죄로 비방하게 하여, '그대는 수행자가 아니고, 싸끼야의 아들이 아니고, 그대와 함께 포살이나 자자나 참모임의 갈마를 할 수 없다.'라고 다른 죄악의 종류에 속하는 것으로서 유사한 것을 취한다면, 그 말 한마디 마다 승단잔류죄를 범하는 것이다.

2) 수행승이 속죄죄를 범하는 것을 보고, 속죄죄에 대하여 승단잔류죄라고 보고, 그를 승단추방죄로 비방하게 하여, '그대는 수행자가 아니고, 싸끼야의 아들이 아니고, 그대와 함께 포살이나 자자나 참모임의 갈마를 할 수 없다.'라고 다른 죄악의 종류에 속하는 것으로서 유사한 것을 취한다면, 그 말 한마디 마다 승단잔류죄를 범하는 것이다.

3) 수행승이 속죄죄를 범하는 것을 보고, 속죄죄에 대하여 추악죄라고 보고, 그를 승단추방죄로 비방하게 하여, '그대는 수행자가 아니고, 싸끼야의 아들이 아니고, 그대와 함께 포살이나 자자나 참모임의 갈마를 할 수 없다.'라고 다른 죄악의 종류에 속하는 것으로서 유사한 것을 취한다면, 그 말 한마디 마다 승단잔류죄를 범하는 것이다.

4) 수행승이 속죄죄를 범하는 것을 보고, 속죄죄에 대하여 고백죄라고 보고, 그를 승단추방죄로 비방하게 하여, '그대는 수행자가 아니고, 싸끼야의 아들이 아니고, 그대와 함께 포살이나 자자나 참모임의 갈마를 할 수 없다.'라고 다른 죄악의 종류에 속하는 것으로서 유사한 것을 취한다면, 그 말 한마디 마다 승단잔류죄를 범하는 것이다.

5) 수행승이 속죄죄를 범하는 것을 보고, 속죄죄에 대하여 악작죄라고 보고, 그를 승단추방죄로 비방하게 하여, '그대는 수행자가 아니고, 싸끼야의 아들이 아니고, 그대와 함께 포살이나 자자나 참모임의 갈마를 할 수 없다.'라고 다른 죄악의 종류에 속하는 것으로서 유사한 것을 취한다면, 그 말 한마디 마다 승단잔류죄를 범하는 것이다.

6) 수행승이 속죄죄를 범하는 것을 보고, 속죄죄에 대하여 악설죄라고 보고, 그를 승단추방죄로 비방하게 하여, '그대는 수행자가 아니고, 싸끼야의 아들이 아니고, 그대와 함께 포살이나 자자나 참모임의 갈마를 할 수 없다.'라고 다른 죄악의 종류에 속하는 것으로서 유사한 것을 취한다면, 그 말 한마디 마다 승단잔류죄를 범하는 것이다.

3-2₄.

1) 수행승이 고백죄를 범하는 것을 보고, 고백죄에 대하여 고백죄라고 보고, 그를 승단추방죄로 비방하게 하여, '그대는 수행자가 아니고, 싸끼야의 아들이 아니고, 그대와 함께 포살이나 자자나 참모임의 갈마를 할 수 없다.'라고 다른 죄악의 종류에 속하는 것으로서 유사한 것을 취한다면, 그 말 한마디 마다 승단잔류죄를 범하는 것이다.

2) 수행승이 고백죄를 범하는 것을 보고, 고백죄에 대하여 승단잔류죄라고 보고, 그를 승단추방죄로 비방하게 하여, '그대는 수행자가 아니고, 싸끼야의 아들이 아니고, 그대와 함께 포살이나 자자나 참모임의 갈마를 할 수 없다.'라고 다른 죄악의 종류에 속하는 것으로서 유사한 것을 취한다면, 그 말 한마디 마다 승단잔류죄를 범하는 것이다.

3) 수행승이 고백죄를 범하는 것을 보고, 고백죄에 대하여 추악죄라고 보고, 그를 승단추방죄로 비방하게 하여, '그대는 수행자가 아니고, 싸끼야의 아들이 아니고, 그대와 함께 포살이나 자자나 참모임의 갈마를 할 수 없다.'라고 다른 죄악의 종류에 속하는 것으로서 유사한 것을 취한다면, 그 말 한마디 마다 승단잔류죄를 범하는 것이다.

4) 수행승이 고백죄를 범하는 것을 보고, 고백죄에 대하여 고백죄라고 보고, 그를 승단추방죄로 비방하게 하여, '그대는 수행자가 아니고, 싸끼야의 아들이 아니고, 그대와 함께 포살이나 자자나 참모임의 갈마를 할 수 없다.'라고 다른 죄악의 종류에 속하는 것으로서 유사한 것을 취한다면, 그 말 한마디 마다 승단잔류죄를 범하는 것이다.

5) 수행승이 고백죄를 범하는 것을 보고, 고백죄에 대하여 악작죄라고 보고, 그를 승단추방죄로 비방하게 하여, '그대는 수행자가 아니고, 싸끼야의 아들이 아니고, 그대와 함께 포살이나 자자나 참모임의 갈마를 할 수 없다.'라고 다른 죄악의 종류에 속하는 것으로서 유사한 것을 취한다면, 그 말 한마디 마다 승단잔류죄를 범하는 것이다.

6) 수행승이 고백죄를 범하는 것을 보고, 고백죄에 대하여 악설죄라고 보고, 그를 승단추방죄로 비방하게 하여, '그대는 수행자가 아니고, 싸끼야의 아들이 아니고, 그대와 함께 포살이나 자자나 참모임의 갈마를 할 수 없다.'라고 다른 죄악의 종류에 속하는 것으로서 유사한 것을 취한다면, 그 말 한마디 마다 승단잔류죄를 범하는 것이다.

3-2₅.

1) 수행승이 악작죄를 범하는 것을 보고, 악작죄에 대하여 악작죄라고 보고, 그를 승단추방죄로 비방하게 하여, '그대는 수행자가 아니고, 싸끼야의 아들이 아니고, 그대와 함께 포살이나 자자나 참모임의 갈마를 할 수 없다.'라고 다른 죄악의 종류에 속하는 것으로서 유사한 것을 취한다면, 그 말 한마디 마다 승단잔류죄를 범하는 것이다.

2) 수행승이 악작죄를 범하는 것을 보고, 악작죄에 대하여 승단잔류죄라고 보고, 그를 승단추방죄로 비방하게 하여, '그대는 수행자가 아니고, 싸끼야의 아들이 아니고, 그대와 함께 포살이나 자자나 참모임의 갈마를 할 수 없다.'라고 다른 죄악의 종류에 속하는 것으로서 유사한 것을 취한다면, 그 말 한마디 마다 승단잔류죄를 범하는 것이다.

3) 수행승이 악작죄를 범하는 것을 보고, 악작죄에 대하여 추악죄라고 보고, 그를 승단추방죄로 비방하게 하여, '그대는 수행자가 아니고, 싸끼야의 아들이 아니고, 그대와 함께 포살이나 자자나 참모임의 갈마를 할 수 없다.'라고 다른 죄악의 종류에 속하는 것으로서 유사한 것을 취한다면, 그 말 한마디 마다 승단잔류죄를 범하는 것이다.

4) 수행승이 악작죄를 범하는 것을 보고, 악작죄에 대하여 속죄죄라고 보고, 그를 승단추방죄로 비방하게 하여, '그대는 수행자가 아니고, 싸끼야의 아들이 아니고, 그대와 함께 포살이나 자자나 참모임의 갈마를 할 수 없다.'라고 다른 죄악의 종류에 속하는 것으로서 유사한 것을 취한다면, 그 말 한마디 마다 승단잔류죄를 범하는 것이다.

5) 수행승이 악작죄를 범하는 것을 보고, 악작죄에 대하여 고백죄라고 보고, 그를 승단추방죄로 비방하게 하여, '그대는 수행자가 아니고, 싸끼야의 아들이 아니고, 그대와 함께 포살이나 자자나 참모임의 갈마를 할 수 없다.'라고 다른 죄악의 종류에 속하는 것으로서 유사한 것을 취한다면, 그 말 한마디 마다 승단잔류죄를 범하는 것이다.

6) 수행승이 악작죄를 범하는 것을 보고, 악작죄에 대하여 악설죄라고 보고, 그를 승단추방죄로 비방하게 하여, '그대는 수행자가 아니고, 싸끼야의 아들이 아니고, 그대와 함께 포살이나 자자나 참모임의 갈마를 할 수 없다.'라고 다른 죄악의 종류에 속하는 것으로서 유사한 것을 취한다면, 그 말 한마디 마다 승단잔류죄를 범하는 것이다.

3-2₆.

1) 수행승이 악설죄를 범하는 것을 보고, 악설죄에 대하여 악설죄라고 보고, 그를 승단추방죄로 비방하게 하여, '그대는 수행자가 아니고, 싸끼야의 아들이 아니고, 그대와 함께 포살이나 자자나 참모임의 갈마를 할 수 없다.'라고 다른 죄악의 종류에 속하는 것으로서 유사한 것을 취한다면, 그 말 한마디 마다 승단잔류죄를 범하는 것이다.

2) 수행승이 악설죄를 범하는 것을 보고, 악설죄에 대하여 승단잔류죄라고 보고, 그를 승단추방죄로 비방하게 하여, '그대는 수행자가 아니고, 싸끼야의 아들이 아니고, 그대와 함께 포살이나 자자나 참모임의 갈마를 할 수 없다.'라고 다른 죄악의 종류에 속하는 것으로서 유사한 것을 취한다면, 그 말 한마디 마다 승단잔류죄를 범하는 것이다.

3) 수행승이 악설죄를 범하는 것을 보고, 악설죄에 대하여 추악죄라고 보고, 그를 승단추방죄로 비방하게 하여, '그대는 수행자가 아니고, 싸끼야의 아들이 아니고, 그대와 함께 포살이나 자자나 참모임의 갈마를 할 수 없다.'라고 다른 죄악의 종류에 속하는 것으로서 유사한 것을 취한다면, 그 말 한마디 마다 승단잔류죄를 범하는 것이다.

4) 수행승이 악설죄를 범하는 것을 보고, 악설죄에 대하여 속죄죄라고 보고, 그를 승단추방죄로 비방하게 하여, '그대는 수행자가 아니고, 싸끼야의 아들이 아니고, 그대와 함께 포살이나 자자나 참모임의 갈마를 할 수 없다.'라고 다른 죄악의 종류에 속하는 것으로서 유사한 것을 취한다면, 그 말 한마디 마다 승단잔류죄를 범하는 것이다.

5) 수행승이 악설죄를 범하는 것을 보고, 악설죄에 대하여 고백죄라고 보고, 그를 승단추방죄로 비방하게 하여, '그대는 수행자가 아니고, 싸끼야의 아들이 아니고, 그대와 함께 포살이나 자자나 참모임의 갈마를 할 수 없다.'라고 다른 죄악의 종류에 속하는 것으로서 유사한 것을 취한다면, 그 말 한마디 마다 승단잔류죄를 범하는 것이다.

6) 수행승이 악설죄를 범하는 것을 보고, 악설죄에 대하여 악작죄라고 보고, 그를 승단추방죄로 비방하게 하여, '그대는 수행자가 아니고, 싸끼야의 아들이 아니고, 그대와 함께 포살이나 자자나 참모임의 갈마를 할 수 없다.'라고 다른 죄악의 종류에 속하는 것으로서 유사한 것을 취한다면, 그 말 한마디 마다 승단잔류죄를 범하는 것이다.

3-3. 여실하게 지각하여 비방하거나 비방하게 하는 경우이거나, 정신이 착란된 자이거나, 초범자의 경우는 무죄이다.

2. 4 승단잔류죄법 제4조

소송에 대한 학습계율[Ussayavādasikkhāpada]

1-1. 한때 존귀한 부처님께서는 싸밧티 시의 제따바나 숲에 있는 아나타삔디까 승원에 계셨다. 그런데 그때 한 재가의 남자신도가 수행녀의 참모임에 창고를 보시하고 죽었다. 그에게 두 아들이 있었는데, 하나는 믿음이 없고 신심도 없었고 하나는 믿음도 있고 신심도 있었다. 그들은 아버지의 유산을 나누었다. 그 믿음도 없고 신심도 없는 자가 믿음도 있고 신심도 있는 자에게 이와 같이 말했다.

[믿음없는 아들] "우리에게 창고가 있는데, 그것을 처분하자."

이와 같이 말하자 그 믿음이 있고 신심도 있는 자가 그 믿음도 없고 신심도 없는 자에게 이와 같이 말했다.

[믿음있는 아들] "형제여, 그와 같이 말하지 말라. 아버지께서 수행녀의 참모임에 보시했다."

두 번째에도 그 믿음도 없고 신심도 없는 자가 믿음도 있고 신심도 있는 자에게 이와 같이 말했다.

[믿음없는 아들] "우리에게 창고가 있는데, 그것을 처분하자."

두 번째에도 그 믿음이 있고 신심도 있는 자가 그 믿음도 없고 신심도 없는 자에게 이와 같이 말했다.

[믿음있는 아들] "형제여, 그와 같이 말하지 말라. 아버지께서 수행녀의 참모임에 보시했다."

세 번째에도 그 믿음도 없고 신심도 없는 자가 믿음도 있고 신심도 있는 자에게 이와 같이 말했다.

[믿음없는 아들] "우리에게 창고가 있는데, 그것을 처분하자."

세 번째에는 그 믿음이 있고 신심도 있는 자가 '만약 나의 것이라면, 나는 수행녀의 참모임에 보시할 것이다.'라고 생각하고 그 믿음도 없고 신심도 없는 자에게 이와 같이 말했다.

[믿음있는 아들] "형제여, 처분하자."

1-2. 그런데 그 창고는 그들이 처분하면서 그 믿음이 없고 신심도 없는 자에게 돌아갔다. 그러자 그 믿음도 없고 신심도 없는 자는 수행녀들에게 찾아가서 이와 같이 말했다.

[믿음없는 아들] "존귀한 자매들이여, 나가주십시오, 저의 창고입니다."

이와 같이 말하자 수행녀 툴라난다가 그 사람에게 말했다.

[툴라난다] "당신은 그와 같이 말하지 마세요. 당신의 아버지가 수행녀의 참모임에 보시한 것입니다."

그들은 '보시한 것인지 보시하지 않은 것이지.'를 사법대신들에게 물었다.

대신들이 이와 같이 말했다.

[사법대신] "존귀한 자매들이여, 수행녀에게 보시했다면, 누가 알고 있는가?"

이와 같이 말하자 수행녀 툴라난다가 이와 같이 그 대신들에게 말했다.

[툴라난다] "대신들이여,[224] 당신이 증인을 세워서 보시를 했다는 사실을 당신이 보고 들은 적이 있습니까?"

그러자 그 대신들은 '존귀한 자매가 말한 것이 옳다.'라고 지각하고 그 창고를 수행녀의 참모임의 것으로 결론지었다.

1-3. 그러자 그 남자는 패소하여, 분개하고 비난했다.

[믿음없는 아들] "이 빡빡 깍은 악한 여인은 수행녀가 아니다. 어찌 우리의 창고를 탈취할 수 있단 말인가?"

수행녀 툴라난다는 대신들에게 그 사실을 알렸다. 대신들은 그 사람에게 장형을 내렸다. 그러자 그 사람은 장형을 처벌받고 수행녀의 처소에서 멀지 않은 곳에 사명외도의 숙소를 만들고 사명외도들을 선동했다.

[믿음없는 아들] "이 수행녀들을 꾀어내시오."

수행녀 툴라난다는 그 대신들에게 그 사실을 알렸다. 대신들은 그 사람을 체포했다. 사람들이 혐책하고 분개하고 비난했다.

[사람들] "어찌 수행녀들이 창고를 빼앗고, 두 번째로 장형을 내리게 하고, 세 번째로 체포하게 할 수 있단 말인가? 이제는 살해하게 할 것이다."

수행녀들은 사람들이 혐책하고 분개하고 비난하는 것을 들었다.

1-4. 수행녀들 가운데 욕망을 여의고, 만족을 알고, 부끄러움을 알고, 후회할 줄 알고, 배움을 원하는 자들은 혐책하고 분개하고 비난했다.

[욕망을 여읜 수행녀들] "어찌 존귀한 자매 툴라난다가 소송을 할 수 있단

말인가?"

그래서 그 수행녀들은 수행승들에게 그 사실을 알렸다. 수행승들 가운데 욕망을 여의고, 만족을 알고, 부끄러움을 알고, 후회할 줄 알고, 배움을 원하는 자들도 혐책하고 분개하고 비난했다.

[욕망을 여읜 수행승들] "어찌 존귀한 자매 툴라난다가 소송을 할 수 있단 말인가?"

1-5. 그래서 그 수행승들은 세존께 그 사실을 알렸다. 그러자 세존께서는 이러한 인연으로 이러한 기회에 수행승들의 참모임을 불러 모으게 하고 연유를 설하고 수행승들에게 물었다.

[세존] "수행승들이여, 수행녀 툴라난다가 소송을 한 것이 사실인가?"

[수행승들] "세존이시여, 사실입니다."

존귀한 부처님께서는 견책했다.

[세존] "수행승들이여, 수행녀 툴라난다는 적절하지 않고, 자연스럽지 않고, 알맞지 않고, 수행자의 삶이 아니고, 부당하고, 해서는 안 될 일을 행한 것이다. 수행승들이여, 어찌 수행녀 툴라난다가 소송을 할 수 있단 말인가? 수행승들이여, 그것은 아직 청정한 믿음이 없는 자를 청정한 믿음으로 이끌고, 이미 청정한 믿음이 있는 자를 더욱더 청정한 믿음으로 이끄는 것이 아니다. 수행승들이여, 그것은 오히려, 아직 청정한 믿음이 없는 자를 불신으로 이끌고, 이미 청정한 믿음이 있는 자 가운데 어떤 자들을 타락시키는 것이다."

1-6. 그래서 세존께서는 수행녀 툴라난다를 여러 가지 방편으로 견책하여, 키우기 어렵고 부양하기 어렵고 탐욕이 많고 만족을 모르고 교제를 좋아하고 나태한 것에 대하여 질책하고, 여러 가지 법문으로 고무하여, 키우기 쉽고 부양하기 쉽고 욕심을 여의고, 만족을 알고, 버리고 없애는 삶, 악을 제거하는 삶, 청정한 믿음의 삶, 쌓아 모우지 않는 삶, 용맹정진의 삶을 칭찬하고, 수행승들을 위하여 그에 알맞고 그에 걸맞게 경책하여 법문을 하고 수행승들에게 일렀다.

[세존] "수행승들이여, 그러므로 수행녀들을 위하여 열 가지 이유에 기초하여, 즉 참모임의 수승을 위하여, 참모임의 안락을 위하여, 악한 수행녀들의 조복을 위하여, 품행이 바른 수행녀들의 평안한 삶을 위하여, 지금 여기에서의 번뇌의 제어를 위하여, 다가오는 번뇌를 물리치기 위하여, 청정한 믿음이 없는 자에게 청정한 믿음을 주기 위하여, 청정한 믿음이 있는 자에게 청정한 믿음을 증대시키기 위하여, 올바른 가르침을 지속시키기 위하여, 계율을 수호하기 위하여 학습계

율을 시설하니, 수행승들이여, 수행녀들은 이와 같이 학습계율을 송출해야 한다.”

[세존] “어떠한 수행녀이든지 장자와 또는 장자의 아들과 혹은 노비와 혹은 일꾼과 혹은 수행자나 출가자와도 소송을 하면, 그 수행녀도 처음부터 죄가 되는[544] 승단잔류죄를 범한 것으로 참모임을 떠나서 참회해야 한다.”[545]

2-1. ‘어떠한’이라는 것은 어떠한 관계, 어떠한 태생, 어떠한 이름, 어떠한 성씨, 어떠한 계행, 어떠한 주거, 어떠한 활동영역에서 이든지, 장로이든지, 신참이든지, 중참이든지, 이러한 자들을 형용하는 것으로 ‘어떠한 자이든’이라는 뜻이다. ‘수행녀’이라고 하는 것은 ‘탁발하는 여자’로서의 수행녀, 탁발을 위해 돌아다니는 여자로서의 수행녀, 분소의를 입은 자로서의 수행녀, 사미니로서의 수행녀, 자칭에 의한 수행녀, ‘오라! 수행녀여!’에 의한 수행녀, 삼귀의에 의해 구족계를 받은 수행녀, 현선한 수행녀, 진실한 수행녀, 배울 것이 있는 학인인 수행녀, 배울 것이 없는 무학인 수행녀, 화합참모임과 한번제안세번제청의 갈마와 부동의 거룩한 님의 속성을 갖춘 자로서의 수행녀가 있는데, 그녀들 가운데 화합참모임과 양쪽으로부터 구족계를 받은 자로서 한번제안세번제청의 갈마와 부동의 거룩한 님의 속성을 갖춘 수행녀, 그녀를 이러한 의미에서의 수행녀라고 하는 것이다.

2-2. ‘소송’이라는 것은 ‘법정에 가져가는 것’을 뜻한다. ‘장자’라는 것은 누구든지 집에 사는 자를 뜻한다. ‘장자의 아들’은 누구든지 아들과 형제를 뜻한다. ‘노비’라는 것은 태어날 때부터 노비, 돈으로 팔린 노비, 포로로 잡힌 노비를 뜻한다. ‘일꾼’이라는 것은 피고용자나 노동자를 뜻한다. ‘수행자나 출가자’라는 것은 수행승과 수행녀와 정학녀, 사미, 사미니를 제외한 누구든지 출가를 획득한 자를 뜻한다. ‘내가 소송을 하겠다.’라고[225] 조력자를 구하거나 혹은 법정으로 간다면, 악작죄를 범하는 것이다.[546] 한 사람에게라도 알린다면, 악작죄를 범하는 것이다. 두 번째 사람에게 알린다면, 추악죄를 범하는 것이다. 소송을 끝내면,

---

544) paṭhamāpattika : 빅쿠니승단잔류죄법(Bhikkhunī Saṅgh. 4~9)안에 있는 것으로 ‘세 번 충고로서 죄가 되는 것(yāvatatiyaka)’과는 반대가 된다.

545) 소송계○(訴訟戒) | Bhikkhunī Saṅgh. 4 : yā pana bhikkhunī ussayavādikā vihareyya gahapatinā vā gahapatiputtena vā dāsena vā kammakarena vā antamaso samaṇaparibbājakenāpi, ayaṃ bhikkhunī paṭhamāpattikaṃ dhammaṃ āpannā nissāraṇīyaṃ saṅghādisesan'ti.

546) aṭṭaṃ karissāmīti dutiyaṃ vā pariyesati gacchati vā āpatti dukkaṭassa : Smp. 907에 따르면, 증인이나 친구를 찾는다던가 승원에 서서나 탁발길에서 ‘나는 소송하겠다.’라고 생각하고, 거기서 법정으로 가면, 그녀가 취하는 한 걸음마다 악작죄를 범하는 것이다.

승단잔류죄를 범하는 것이다.

2-3. '처음부터 죄가 되는'이라는 것은 일을 행하는 것과 동시에 죄를 범한 것으로 충고가 필요 없는 것을 뜻한다. '참모임을 떠나서 참회해야 한다.'라는 것은 참모임에서 떠나는 것을 뜻한다. '승단잔류죄'라고 하는 것은 참모임이 그 죄에 대하여 참회처벌을 주고 가중처벌을 주고, 출죄복귀를 시키는 것으로, 몇몇 수행녀나 한 명의 수행녀가 행하는 것이 아니라서 승단잔류죄라고 하고, 그러한 죄의 무리에 대한 갈마의 특정한 이름인 까닭에 승단잔류죄라고 하는 것이다.

2-4. 사람에게 끌려가거나, 보호를 청하거나, 지정하지 않고 호소하는 경우이거나, 정신착란자이거나 초범자인 경우는 무죄이다.

2. 5 승단잔류죄법 제5조

도적인 여인에 대한 학습계율[Corīsikkhāpada]

1-1. 한때 존귀한 부처님께서는 싸밧티 시의 제따바나 숲에 있는 아나타삔디까 승원에 계셨다. 그런데 그때 베쌀리 시의 어떤 릿차비인의 부인이 간통을 했다. 그러자 그 릿차비인은 그 여인에게 이와 같이 말했다.

[릿차비인] "제발 그만두시오. 우리가 그대를 해칠 수 있소."

이와 같이 말했는데도 그녀는 받아들이지 않았다. 그런데 그때 베쌀리 시에는 릿차비족의 무리가 어떤 해야 할 일이 있어 모였다. 그러자 그 릿차비인은 그 릿차비족에게 이와 같이 말했다.

[릿차비인] "여러분, 제가 한 여인을 처단하도록 해주십시오."

[릿차비족] "그녀의 이름이 무엇입니까?"

[릿차비인] "저의 처가 간통을 했습니다. 제가 그녀를 죽이겠습니다."

[릿차비족] "그대가 그 권리를 압니다."547)

1-2. 그 여인은 '남편이 참으로 나를 죽이려고 한다.'라고 듣고, 귀중한 재보를 가지고 싸밧티 시로 가서 이교도들을 찾아가서 출가를 청했다. 이교도들이 출가를 시켜주려고 하지 않았다. 수행녀들을 찾아가서 출가를 청했다. 수행녀들도 출가를 시켜주려고 하지 않았다. 그래서 그녀는 수행녀 툴라난다를 찾아가서

---

547) jānāhi : '권리를 행사하십시오.'라는 뜻이다.

재보를 보여주고 출가를 청했다. 수행녀 툴라난다는 재보를 보고는 출가시켰다. 그러자 그 릿차비인은 그 여인을 찾아서 싸밧티 시로 가서 수행녀들 가운데 출가한 것을 보고 꼬쌀라548) 국의 왕 빠쎄나디549)를 찾아갔다. 가까이[226] 다가가서 꼬쌀라 국의 왕 빠쎄나디에게 이와 같이 말했다.

[릿차비인] "폐하, 제 처가 귀중한 재보를 가지고 싸밧티 시에 왔는데, 폐하께서 그녀를 처단해 주십시오."

[빠쎄나디] "그렇다면, 이보게, 찾은 뒤에 보고하라."

[릿차비인] "폐하, 그녀가 수행녀 가운데 출가한 것을 보았습니다."

[빠쎄나디] "이보게, 만약 수행녀 가운데 출가했다면, 그녀에게 아무것도 할 수 없다. 세존께서는 가르침을 잘 설했으니, 올바로 괴로움을 종식시키기 위하여 청정한 삶을 살아야 할 것이다."

1-4. 그러자 그 릿차비인은 혐책하고 분개하고 비난했다.

[릿차비인] "어찌 수행녀들이 도적인 여인을 출가시킬 수 있단 말인가?"

수행녀들은 그 릿차비인이 혐책하고 분개하고 비난하는 것을 들었다. 수행녀들 들 가운데 욕망을 여의고, 만족을 알고, 부끄러움을 알고, 후회할 줄 알고, 배움을 원하는 자들도 혐책하고 분개하고 비난했다.

[욕망을 여읜 수행녀들] "어찌 존귀한 자매 툴라난다가 도적인 여인을 출가시

---

548) Kosala : Ppn. I. 695에 따르면, 꼬쌀라(Kosalā) 인들이 사는 국가로 중부 갠지스 강 지역에 위치하고 마가다 국의 서북쪽에 놓여 있었다. 사대공화국[Magadha, Kosala, Vaṁsa, Avanti] 가운데, 그리고 십육대국(十六大國 : Mahājanapada : 사대공화국과 Kāsi, Aṅga, Vajjī, Malla, Cetiya, Kuru, Pañcala, Maccha, Sūrasena, Assaka, Gandhara, Kamboja) 가운데 두 번째 강대국이었고 수도는 당시 인도의 무역의 중심지였던 싸밧티(Sāvatthī)였다. 그 밖의 주요한 도시로 싸께따(Saketa) 시와 아욧자(Ayojjha) 시가 있었다. 싸라부(Sarabhū) 강이 꼬쌀라 국을 북-꼬쌀라와 남-꼬쌀라로 나누며 흘렀다. 부처님 당시에는 빠쎄나디(Pasenadi)라는 강력한 왕과 그의 아들 비두다바(Viḍūḍabha)가 통치하고 있었다. 빠쎄나디 왕의 누이인 꼬쌀라데비(Kosalsdevī)는 당시의 제일의 강대국이었던 마가다의 왕 빔비싸라(Bimbisāra)와 결혼하였는데 지참금으로 까씨 국의 한 마을을 바친 것(Ja. II. 237)으로 보아 그 결혼은 정략적인 것이었고 당시의 강대국의 하나였던 까씨(Kāsī) 국은 꼬쌀라 국의 속국이었다는 사실을 알 수 있다. 빠쎄나디 왕과 빔비싸라 왕의 아들인 아자따쌋뚜(Ajātasattu) 왕 사이에 전쟁이 있어서 일승일패하다가 빠쎄나디 왕이 아자따쌋뚜 왕을 사로잡았으나 조카의 목숨을 살려주고 자신의 딸인 바지라(Vajirā)를 왕비로 주었다. 한편 비두다바는 아버지 빠쎄나디 왕을 추방하여 왕위를 물려받은 후에 싸끼야 족을 멸망시킨다. 그리고 부처님의 입적한 이후에 아자따쌋뚜 왕은 릿차비(Licchavi) 족을 멸망시키고 꼬쌀라 국마저도 병합해 버린다.

549) Pasenadi : 꼬쌀라(Kosala) 국의 왕이며 부처님과 동시대인이다. 그는 마하 꼬쌀라(Mahā Kosala)의 아들이고 딱까씰라(Takkasilā) 시에서 자랐다. 그는 대규모 축생의 희생제를 준비했으나 왕비 말리까(Mallika)의 제안으로 부처님을 찾아뵙고는 희생제를 포기했다. 그는 자주 부처님을 찾아뵙고 여러 가지 주제로 토론했다. 그의 아들 비두다바는 싸끼야 족을 멸망시켰다. 상세한 것은 앞의 꼬쌀라 국에 대한 주석을 보라. 그의 아들에 얽힌 좀더 상세한 이야기는 DhpA. I. 337-361에 언급된 '급류에 휩쓸려가 죽은 비두다바와 관련된 이야기(Viḍūḍabhavatthu)'를 보라.

킬 수 있단 말인가?"

그래서 그 수행녀들은 수행승들에게 그 사실을 알렸다. 수행승들 가운데 욕망을 여의고, 만족을 알고, 부끄러움을 알고, 후회할 줄 알고, 배움을 원하는 자들도 혐책하고 분개하고 비난했다.

[욕망을 여읜 수행승들] "어찌 존귀한 자매 툴라난다가 도적인 여인을 출가시킬 수 있단 말인가?"

1-5. 그래서 그 수행승들은 세존께 그 사실을 알렸다. 그러자 세존께서는 이러한 인연으로 이러한 기회에 수행승들의 참모임을 불러 모으게 하고 연유를 설하고 수행승들에게 물었다.

[세존] "수행승들이여, 수행녀 툴라난다가 도적인 여인을 출가시킨 것이 사실인가?"

[수행승들] "세존이시여, 사실입니다."

존귀한 부처님께서는 견책했다.

[세존] "수행승들이여, 수행녀 툴라난다는 적절하지 않고, 자연스럽지 않고, 알맞지 않고, 수행자의 삶이 아니고, 부당하고, 해서는 안 될 일을 한 것이다. 수행승들이여, 어찌 수행녀 툴라난다가 도적인 여인을 출가시킬 수 있단 말인가? 수행승들이여, 그것은 아직 청정한 믿음이 없는 자를 청정한 믿음으로 이끌고, 이미 청정한 믿음이 있는 자를 더욱더 청정한 믿음으로 이끄는 것이 아니다. 수행승들이여, 그것은 오히려, 아직 청정한 믿음이 없는 자를 불신으로 이끌고, 이미 청정한 믿음이 있는 자 가운데 어떤 자들을 타락시키는 것이다."

1-6. 그리고 세존께서는 수행녀 툴라난다에 대하여 여러 가지 방편으로 견책하고, 키우기 어렵고 부양하기 어렵고 탐욕이 많고 만족을 모르고 교제를 좋아하고 나태한 것에 대하여 질책하고, 여러 가지 법문으로 고무하여, 키우기 쉽고 부양하기 쉽고 욕심을 여의고, 만족을 알고, 버리고 없애는 삶, 악을 제거하는 삶, 청정한 믿음의 삶, 쌓아 모우지 않는 삶, 용맹정진의 삶을 칭찬하고, 수행승들을 위하여 그에 알맞고 그에 걸맞게 경책하여 법문을 하고 수행승들에게 일렀다.

[세존] "수행승들이여, 그러므로 수행녀들을 위하여 열 가지 이유에 기초하여, 즉 참모임의 수승을 위하여, 참모임의 안락을 위하여, 악한 수행녀의 조복을 위하여, 품행이 바른 수행녀의 평안한 삶을 위하여, 지금 여기에서의 번뇌의 제어를 위하여, 다가오는 번뇌를 물리치기 위하여, 청정한 믿음이 없는 자에게 청정한 믿음을 주기 위하여, 청정한 믿음이 있는 자에게 청정한 믿음을 증대시키기 위하여, 올바른 가르

침을 지속시키기 위하여, 계율을 수호하기 위하여 학습계율을 시설하니, 수행승들이여, 수행녀들은 이와 같이 학습계율을 송출해야 한다."

[세존] "어떠한 수행녀든지 도적인 여인이 죽을 만한 죄를 지은 것이 알려졌는데, 알면서 왕이나 참모임이나 단체[550]나 조합[551]이나 협회[552]에 허락을 얻지 않고, 구족계를 주면, 면죄자에게 주는 것을 제외하고, 그 수행녀 또한 처음부터 죄가 되는 승단잔류죄를 범한 것으로 참모임을 떠나서 참회해야 한다."[553]

2-1. '어떠한'이라는 것은 어떠한 관계, 어떠한 태생, 어떠한 이름, 어떠한 성씨, 어떠한 계행, 어떠한 주거, 어떠한 활동영역에서 이든지, 장로이든지, 신참이든지, 중참이든지, 이러한 자들을 형용하는 것으로 '어떠한 자이든'이라는 뜻이다. '수행녀'이라고 하는 것은 '탁발하는 여자'로서의 수행녀, 탁발을 위해 돌아다니는 여자로서의 수행녀, 분소의를 입은 자로서의 수행녀, 사미니로서의 수행녀, 자칭에 의한 수행녀, '오라! 수행녀여!'에 의한 수행녀, 삼귀의에 의해 구족계를 받은 수행녀, 현선한 수행녀, 진실한 수행녀, 배울 것이 있는 학인인 수행녀, 배울 것이 없는 무학인 수행녀, 화합참모임과 한번제안세번제청의 갈마와 부동의 거룩한 님의 속성을 갖춘 자로서의 수행녀가 있는데, 그녀들 가운데 화합참모임과 양쪽으로부터 구족계를 받은 자로서 한번제안세번제청의 갈마와 부동의 거룩한 님의 속성을 갖춘 수행녀, 그녀를 이러한 의미에서의 수행녀라고 하는 것이다.

2-2. '도둑인 여자'라는 것은 오 마싸까[554] 혹은 오 마싸까 이상의 가치가 있는 주어지지 않은 것을 훔칠 의도로 취하면, 그녀를 도둑인 여자라고 한다. '죽을 만한 죄'라는 것은 그 행위를 하고서 죽을 정도의 죄를 얻는 것을 뜻한다. '알려졌는데'라는 것은 '다른 사람에 의해서 그녀가 죽을 만한 죄를 지은 자라고 알려졌는데.'라는 뜻이다. '알면서'라는 것은 '스스로 알았거나, 타인이 알려주었거나, 혹은

---

550) gaṇa : 여기서는 두서너 명의 수행승의 무리를 지칭할 수도 있고 세상 사람들의 단체를 뜻할 수도 있다.
551) pūga : 동일한 규율에 의해 지배되는 길드를 말한다.
552) seṇi : 동일한 물품을 취급하거나 동일한 업무를 보는 장인들이나 상인들의 협회를 말한다.
553) 도적녀계○(盜賊女戒) | Bhikkhunī Saṅgh. 5 : yā pana bhikkhunī jānaṃ coriṃ vajjhaṃ viditaṃ anapaloketvā rājānaṃ vā saṅghaṃ vā gaṇaṃ vā pūgaṃ vā seṇiṃ vā aññatra kappā vuṭṭhāpeyya, ayampi bhikkhunī paṭhamāpattikaṃ dhammaṃ āpannā nissāraṇīyaṃ saṅghādisesan'ti.
554) māsakarūpa : 마싸까(māsaka)는 1/20 까하빠나(kahāpaṇa)로 마싸까루빠(māsakarūpa)는 소인이 찍힌 마싸까이다. 당시 인도에서는 황소 한 마리 값이 12까하빠나였다. 현재 미얀마에서는 마싸까가 쌀4알의 무게의 금의 가치라고 계산하여, 5마싸까를 쌀20알의 무게(1.06그램)에 해당하는 금(1/24온스)으로 보고 있다.

누군가가 알려준 것'을 뜻한다. '왕'이라는 것은 왕이 지배하는 곳에서는 왕의 허락을 구해야 한다는 뜻이다.

2-3. '참모임'이라는 것은 수행녀의 참모임을 뜻하는데, 수행녀의 참모임에 허락을 구해야 한다는 뜻이다. '단체'라는 것은 단체가 지배하는 곳에서는 단체의 허락을 구해야 한다는 뜻이다. '조합'라는 것은 조합이 지배하는 곳에서는 조합의 허락을 구해야 한다는 뜻이다. '협회'라는 것은 협회가 지배하는 곳에서는 협회의 허락을 구해야 한다는 뜻이다. '허락을 얻지 않고'라는 것은 '허락을 묻지 않고'라는 뜻이다. '면죄자에게 구족계를 주는 것을 제외하고'라는 것은[227] '면죄자(免罪者)에게 구족계를 주는 것을 이외에'라는 뜻이다. 면죄자에는 두 종류가 있는데, 이교도에 출가한 자들이거나, 다른 수행녀들 가운데 출가한 자들[555]을 뜻한다. '내가 면죄자에게 주는 것을 제외하고 구족계를 주겠다.'라고 생각하여 대중 혹은 여궤범사를 구하거나 혹은 발우나 옷을 구하고 결계[556]를 정하면, 악작죄를 범하는 것이다. 제안에 의해서 악작죄를 범하는 것이고, 두 제청에 의해서 추악죄를 범하는 것이고, 제청의 끝냄에 의해서, 친교사는 승단잔류죄를 범하는 것이고, 무리와 궤범사는 악작죄를 범하는 것이다.

2-4. '그 수행녀 또한'이라는 것은 선행하는 것과 관련하여 언급한 것이다. '처음부터 죄가 되는'이라는 것은 일을 행하는 것과 동시에 죄를 범한 것으로 충고가 필요 없는 것을 뜻한다. '참모임을 떠나서 참회해야 한다.'라는 것은 참모임에서 떠나는 것을 뜻한다. 승단잔류죄라고 하는 것은 참모임이 그 죄에 대하여 참회처벌을 주고 가중처벌을 주고, 출죄복귀를 시키는 것으로, 몇몇 수행녀나 한 명의 수행녀가 행하는 것이 아니라서 승단잔류죄라고 하고, 그러한 죄의 무리에 대한 갈마의 특정한 이름인 까닭에 승단잔류죄라고 하는 것이다.

2-5₁.

1) 도적인 여자에 대하여 도적인 여자라고 지각하고 면죄자를 제외하고 받아들이면, 승단잔류죄를 범하는 것이다.
2) 도적인 여자에 대하여 도적인 여자인지 의심하고 면죄자를 제외하고 받아들이면, 악작죄를 범하는 것이다.
3) 도적인 여자에 대하여 도적이 아닌 여자라고 지각하고 면죄자를 제외하고

555) aññāsu vā bhikkhunīsu pabbajitā : 수행녀는 불교에 고유한 것이므로 Bd. III. 184에 따르면, 이교도가 아니라 허락을 구하지 않고 출가한 자들을 말할 것이다.
556) sīma : 결계를 정하는 방법에 대해서는 Vin. I. 106을 보라.

받아들이면, 무죄이다.

2-5₂.

1) 도적이 아닌 여자에 대하여 도적인 여자라고 지각하면, 악작죄를 범하는 것이다.
2) 도적이 아닌 여자에 대하여 도적이 아닌 여자인지 의심하면, 악작죄를 범하는 것이다.
3) 도적이 아닌 여자에 대하여 도적이 아닌 여자라고 지각하면, 무죄이다.

2-6. 알지 못하고 받아들이거나, 허락을 받고 받아들이거나, 면죄자가 된 후에 받아들이거나, 정신착란자이거나 초범자인 경우는 무죄이다.

2. 6 승단잔류죄법 제6조

네 가지 홀로에 대한 학습계율[Caturekāsikkhāpada]

1-1. 한때 존귀한 부처님께서는 싸밧티 시의 제따바나 숲에 있는 아나타삔디까 승원에 계셨다. 그런데 그때 밧다 까삘라니[557]의 제자수행녀가 수행녀들과 함께 다투고 마을의 친척의 집으로 갔다. 밧다 까삘라니는 그 수행녀가 보이지 않자 수행녀들에게 물었다.

[밧다 까삘라니] "이러이러한 수행녀가 왜 보이지 않습니까?"

[수행녀들] "존귀한 자매여, 수행녀들과 다툰 뒤로 보이지 않습니다."

[밧다 까삘라니] "자매들이여, 어떤 마을에 그녀의 친척집이 있는데, 그곳에 가서 찾아보십시오."

수행녀들은 그곳에 가서 그 수행녀를 보고 이와 같이 말했다.

[수행녀들] "존귀한 자매여, 그대는 왜 혼자 왔습니까? 잘못을 범한 것이 아닙니까?"

[수행녀] "존귀한 자매들이여, 저는 잘못을 범하지 않았습니다."

1-2. 수행녀들 가운데 욕망을 여의고, 만족을 알고, 부끄러움을 알고, 후회할

---

557) Bhaddā Kāpilānī : 부처님의 여제자수행녀 가운데 '전생의 삶을 기억하는 님 가운데 제일(pubbenivāsaṃ anussarantīnaṃ aggaṃ)'이다. 맛다(Madda) 국의 싸갈라(Sāgala) 시의 꼬씨야곳따(Kosiyagotta) 바라문가문의 딸이었다. 그녀는 마하 깟싸빠가 출가이전에 그의 아내였다. 출가전의 그녀의 이야기는 마하 깟싸빠 항목을 참조하라. 그녀는 마하 깟싸빠와 함께 집을 떠나 제따바나 숲 근처의 띳티야라마(Titthiyārāma)에 머물다 나중에 비구니 승단이 생기자 출가하여 구족계를 받고 곧 거룩한 님이 되었다. Vin. IV. 290, 292에서는 수행녀 툴라난다와 함께 언급되고 있다. 그녀의 시들은 Thig. 63-66에 등장한다.

줄 알고, 배움을 원하는 자들도 혐책하고 분개하고 비난했다.

[욕망을 여읜 수행녀들] "어찌 수행녀가 홀로 시정으로 들어갈 수 있단 말인가?"

그래서 그 수행녀들은 수행승들에게 그 사실을 알렸다. 수행승들 가운데 욕망을 여의고, 만족을 알고, 부끄러움을 알고, 후회할 줄 알고, 배움을 원하는 자들도 혐책하고 분개하고 비난했다.

[욕망을 여읜 수행승들] "어찌 수행녀가 홀로 시정으로 들어갈 수 있단 말인가?"

1-3. 그래서 그 수행승들은 세존께 그 사실을 알렸다. 그러자 세존께서는 이러한 인연으로 이러한 기회에 수행승들의 참모임을 불러 모으게 하고 연유를 설하고 수행승들에게 물었다.

[세존] "수행승들이여, 수행녀가 홀로 시정으로 들어간 것이 사실인가?"

[수행승들] "세존이시여, 사실입니다."

존귀한 부처님께서는 견책했다.

[세존] "수행승들이여, 그 수행녀는 적절하지 않고, 자연스럽지 않고, 알맞지 않고, 수행자의 삶이 아니고, 부당하고, 해서는 안 될 일을 한 것이다. 수행승들이여,[228] 어찌 수행녀가 홀로 시정으로 들어갈 수 있단 말인가? 수행승들이여, 그것은 아직 청정한 믿음이 없는 자를 청정한 믿음으로 이끌고, 이미 청정한 믿음이 있는 자를 더욱더 청정한 믿음으로 이끄는 것이 아니다. 수행승들이여, 그것은 오히려, 아직 청정한 믿음이 없는 자를 불신으로 이끌고, 이미 청정한 믿음이 있는 자 가운데 어떤 자들을 타락시키는 것이다."

1-4. 그리고 세존께서는 그 수행녀에 대하여 여러 가지 방편으로 견책하고, 키우기 어렵고 부양하기 어렵고 탐욕이 많고 만족을 모르고 교제를 좋아하고 나태한 것에 대하여 질책하고, 여러 가지 법문으로 고무하여, 키우기 쉽고 부양하기 쉽고 욕심을 여의고, 만족을 알고, 버리고 없애는 삶, 악을 제거하는 삶, 청정한 믿음의 삶, 쌓아 모우지 않는 삶, 용맹정진의 삶을 칭찬하고, 수행승들을 위하여 그에 알맞고 그에 걸맞게 경책하여 법문을 하고 수행승들에게 일렀다.

[세존] "수행승들이여, 그러므로 수행녀들을 위하여 열 가지 이유에 기초하여, 즉 참모임의 수승을 위하여, 참모임의 안락을 위하여, 악한 수행녀의 조복을 위하여, 품행이 바른 수행녀의 평안한 삶을 위하여, 지금 여기에서의 번뇌의 제어를 위하여, 다가오는 번뇌를 물리치기 위하여, 청정한 믿음이 없는 자에게 청정한 믿음을 주기 위하여, 청정한 믿음이 있는 자에게 청정한 믿음을 증대시키기 위하여, 올바른 가르침을 지속시키기 위하여, 계율을 수호하기 위하여 학습계율을

시설하니, 수행승들이여, 수행녀들은 이와 같이 학습계율을 송출해야 한다."

〔세존〕 "어떠한 수행녀이든지 홀로 시정으로 들어가면, 그 수행녀 또한 처음부터 죄가 되고, 승단잔류죄를 범하는 것으로 참모임을 떠나서 참회해야 한다."558)

이와 같이 이 학습계율은 세존께서 수행녀들을 위하여 시설한 것이다.

2-1. 그런데 한때 두 수행녀들이 싸께따559) 시에서 싸밧티 시로 여정을 가는 도중이었다. 도중에 강을 건너야 했다. 그러자 그 수행녀들은 배에 가까이 가서 이와 같이 말했다.

[수행녀들] "여보시오, 우리를 건네주시오."

[뱃사공] "존귀한 자매들이여, 둘을 한 번에 건너게 해 줄 수 없습니다."

홀로 각각 건너게 해 주었다. 건너게 해 주는 자가 건너는 자를 능욕했다. 건너게 해 주지 않는 자는 건너지 않는 자를 능욕했다. 그들은 나중에 함께 가면서 물었다.

[수행녀A] "존귀한 자매여, 치욕을 당했습니까?"

[수행녀B] "존귀한 자매여, 치욕을 당했습니다. 존귀한 자매여, 그대도 치욕을 당했습니까?"

[수행녀C] "존귀한 자매여, 저도 치욕을 당했습니다."

2-2. 그 수행녀들은 싸밧티 시에 도착해서 수행녀들에게 그 사실을 알렸다. 수행녀들 가운데 욕망을 여의고, 만족을 알고, 부끄러움을 알고, 후회할 줄 알고, 배움을 원하는 자들도 혐책하고 분개하고 비난했다.

[욕망을 여읜 수행녀들] "어찌 수행녀가 홀로 강의 다른 편으로 건널 수 있단 말인가?"

그래서 그 수행녀들은 수행승들에게 그 사실을 알렸다. 수행승들 가운데 욕망을 여의고, 만족을 알고, 부끄러움을 알고, 후회할 줄 알고, 배움을 원하는 자들도 혐책하고 분개하고 비난했다.

[욕망을 여읜 수행승들] "어찌 수행녀가 홀로 강의 다른 편으로 건널 수 있단

---

558) yā pana bhikkhunī ekā gāmantaraṃ gaccheyya, ayampi bhikkhunī paṭhamāpattikaṃ dhammaṃ āpannā nissāraṇīyaṃ saṅghādisesan'ti.

559) Sāketa : 고그라(Gogra) 강가에 있는 꼬쌀라 국의 도시 아요디아(Ayodhyā)의 옛 이름이다. 부처님 당시에 짬빠(Campā), 라자가하(Rajāgaha), 싸밧티(Sāvatthi), 꼬쌈비(Kosambī), 바라나씨(Bārāṇasī)와 더불어 육대도시 가운데 하나였다. 현재의 아요디야 도시는 바라나씨 북부 동쪽 160km 가량에 있는데 한 때 주변 38km의 큰 도시였던 싸께따 시의 한 구석에 해당한다.

말인가?"

2-3. 그래서 그 수행승들은 세존께 그 사실을 알렸다. 그러자 세존께서는 이러한 인연으로 이러한 기회에 수행승들의 참모임을 불러 모으게 하고 연유를 설하고 수행승들에게 물었다.

[세존] "수행승들이여, 수행녀가 홀로 강의 다른 편으로 건넌 것이 사실인가?"

[수행승들] "세존이시여, 사실입니다."

존귀한 부처님께서는 견책했다.

[세존] "수행승들이여, 그 수행녀들은 적절하지 않고, 자연스럽지 않고, 알맞지 않고, 수행자의 삶이 아니고, 부당하고, 해서는 안 될 일을 행한 것이다. 수행승들이여, 어찌 수행녀가 홀로 강의 다른 편으로 건널 수 있단 말인가? 수행승들이여, 그것은 아직 청정한 믿음이 없는 자를 청정한 믿음으로 이끌고, 이미 청정한 믿음이 있는 자를 더욱더 청정한 믿음으로 이끄는 것이 아니다. 수행승들이여, 그것은 오히려, 아직 청정한 믿음이 없는 자를 불신으로 이끌고, 이미 청정한 믿음이 있는 자 가운데 어떤 자들을 타락시키는 것이다."

2-4. 그래서 세존께서는 그 수행녀들에 대하여 여러 가지 방편으로 견책하여, 키우기 어렵고 부양하기 어렵고 탐욕이 많고 만족을 모르고 교제를 좋아하고 나태한 것에 대하여 질책하고, 여러 가지 법문으로 고무하여, 키우기 쉽고 부양하기 쉽고 욕심을 여의고, 만족을 알고, 버리고 없애는 삶, 악을 제거하는 삶, 청정한 믿음의 삶, 쌓아 모우지 않는 삶, 용맹정진의 삶을 칭찬하고, 수행승들을 위하여 그에 알맞고 그에 걸맞게 경책하여 법문을 하고 수행승들에게 일렀다.

[세존] "수행승들이여, 그러므로 수행녀들을 위하여 열 가지 이유에 기초하여, 즉 참모임의 수승을 위하여, 참모임의 안락을 위하여, 악한 수행녀의 조복을 위하여, 품행이 바른 수행녀의 평안한 삶을 위하여, 지금 여기에서의 번뇌의 제어를 위하여, 다가오는 번뇌를 물리치기 위하여, 청정한 믿음이 없는 자에게 청정한 믿음을 주기 위하여, 청정한 믿음이 있는 자에게 청정한 믿음을 증대시키기 위하여, 올바른 가르침을 지속시키기 위하여, 계율을 수호하기 위하여 학습계율을 시설하니, 수행승들이여, 수행녀들은 이와 같이 학습계율을 송출해야 한다.

〔세존〕 "어떠한 수행녀이든지 홀로 시정으로 들어가거나 홀로 강의 저 편으로 건너가면, 그 수행녀 또한 처음부터 죄가 되고, 승단잔류죄를 범하는 것으로 참모임을 떠나서 참회해야 한다."[560]

---

560) yā pana bhikkhunī ekā vā gāmantaraṃ gaccheyya, ekā vā nadīpāraṃ gaccheyya, ayampi bhikkhunī paṭhamā pattikaṃ dhammaṃ āpannā nissāraṇīyaṃ saṅghādisesanti.

이와 같이 세존께서는 수행승들을 위하여 학습계율을 시설했다.

3-1. 그런데 한때 다수의 수행녀들이 꼬쌀라 국에서 싸밧티 시로 오면서 저녁무렵에 한 마을에 도착했다. 그때 한 수행녀가 아름답고, 우아하고, 매력적이었다. 한 남자가 그 수행녀를 보자마자 사랑에 빠져 마음이 묶였다. 그래서 그 남자는 그 수행녀들에게 침상을 마련하면서 그 수행녀의[229] 침상은 한쪽 모퉁이에 마련했다. 그러자 그 수행녀는 눈치를 채고 '이 남자가 나에게 사로잡혀 밤이 오면 내가 곤란해질 것이다.'라고 생각하고 수행녀들에게 허락을 구하지 않고 한 가정으로 가서 잠을 잤다. 그러자 그 남자는 밤이 되자 그 수행녀를 찾으면서 수행녀들을 깨웠다. 수행녀들은 그 수행녀가 보지지 않자 이와 같이 말했다.

[수행녀들] "틀림없이 그 수행녀는 남자와 함께 나간 것이다."

그런데 그 수행녀는 그날 밤이 지나자 그 수행녀들이 있는 곳으로 왔다. 수행녀들은 그 수행녀에게 이와 같이 말했다.

[수행녀들] "존귀한 자매여, 어찌 그대가 남자와 함께 나갔습니까?"

[수행녀] "존귀한 자매들이여, 나는 남자와 함께 나가지 않았습니다."

3-2. 그녀는 수행녀들에게 그 사실을 알렸다. 수행녀들 가운데 욕망을 여의고, 만족을 알고, 부끄러움을 알고, 후회할 줄 알고, 배움을 원하는 자들은 혐책하고 분개하고 비난했다.

[욕망을 여읜 수행녀들] "어찌 수행녀가 홀로 밤에 외출할 수 있단 말인가?"

그래서 그 수행녀들은 수행승들에게 그 사실을 알렸다. 수행승들 가운데 욕망을 여의고, 만족을 알고, 부끄러움을 알고, 후회할 줄 알고, 배움을 원하는 자들도 혐책하고 분개하고 비난했다.

[욕망을 여읜 수행승들] "어찌 수행녀가 홀로 밤에 외출할 수 있단 말인가?"

3-3. 그래서 그 수행승들은 세존께 그 사실을 알렸다. 그러자 세존께서는 그것을 원인으로 그것을 기회로 수행승의 참모임을 불러 모으게 하고 법문을 하고 수행승들에게 말했다.

[세존] "수행승들이여, 수행녀가 홀로 밤에 외출한 것이 사실인가?"

[수행승들] "세존이시여, 사실입니다."

존귀한 부처님께서는 견책했다.

[세존] "수행승들이여, 그 수행녀는 적절하지 않고, 자연스럽지 않고, 알맞지 않고, 수행자의 삶이 아니고, 부당하고, 해서는 안 될 일을 한 것이다. 수행승들이

여, 어찌 수행녀가 수행녀가 홀로 밤에 외출할 수 있단 말인가? 수행승들이여, 그것은 아직 청정한 믿음이 없는 자를 청정한 믿음으로 이끌고, 이미 청정한 믿음이 있는 자를 더욱더 청정한 믿음으로 이끄는 것이 아니다. 수행승들이여, 그것은 오히려, 아직 청정한 믿음이 없는 자를 불신으로 이끌고, 이미 청정한 믿음이 있는 자 가운데 어떤 자들을 타락시키는 것이다."

3-4. 그래서 세존께서는 그 수행녀에 대하여 여러 가지 방편으로 견책하여, 키우기 어렵고 부양하기 어렵고 탐욕이 많고 만족을 모르고 교제를 좋아하고 나태한 것에 대하여 질책하고, 여러 가지 법문으로 고무하여, 키우기 쉽고 부양하기 쉽고 욕심을 여의고, 만족을 알고, 버리고 없애는 삶, 악을 제거하는 삶, 청정한 믿음의 삶, 쌓아 모우지 않는 삶, 용맹정진의 삶을 칭찬하고, 수행승들을 위하여 그에 알맞고 그에 걸맞게 경책하여 법문을 하고 수행승들에게 일렀다.

[세존] "수행승들이여, 그러므로 수행녀들을 위하여 열 가지 이유에 기초하여, 즉 참모임의 수승을 위하여, 참모임의 안락을 위하여, 악한 수행녀의 조복을 위하여, 품행이 바른 수행녀의 평안한 삶을 위하여, 지금 여기에서의 번뇌의 제어를 위하여, 다가오는 번뇌를 물리치기 위하여, 청정한 믿음이 없는 자에게 청정한 믿음을 주기 위하여, 청정한 믿음이 있는 자에게 청정한 믿음을 증대시키기 위하여, 올바른 가르침을 지속시키기 위하여, 계율을 수호하기 위하여 학습계율을 시설하니, 수행승들이여, 수행녀들은 이와 같이 학습계율을 송출해야 한다."

〔세존〕 "어떠한 수행녀이든지 홀로 시정으로 들어가거나 홀로 강의 저 편으로 건너가거나 홀로 밤에 외출하면, 그 수행녀 또한 처음부터 죄가 되고, 승단잔류죄를 범하는 것으로 참모임을 떠나서 참회해야 한다."561)

이와 같이 세존께서는 수행승들을 위하여 학습계율을 시설했다.

4-1. 그런데 한때 다수의 수행녀들이 꼬쌀라 국에서 싸밧티 시를 향해서 여정의 길을 가고 있었다. 그런데 어떤 수행녀가 대변이 마려워 홀로 남았다가 나중에 길을 갔다. 사람들이 그녀를 보고 능욕했다. 그런데 그 수행녀가 수행녀들이 있는 곳을 찾아갔다. 수행녀들은 그 수행녀에게 이와 같이 말했다.

[수행녀들] "존귀한 자매여, 그대는 홀로 남았는데, 치욕을 당하지 않았는가?"

[수행녀] "존귀한 자매들이여, 치욕을 당했습니다."

---

561) yā pana bhikkhunī ekā vā gāmantaraṃ gaccheyya ekā vā nadīpāraṃ gaccheyya ekā vā rattiṃ vippavaseyya, ayampi bhikkhunī paṭhamāpattikaṃ dhammaṃ āpannā nissāraṇīyaṃ saṅghādisesan'ti.

4-2. 수행녀들 가운데 욕망을 여의고, 만족을 알고, 부끄러움을 알고, 후회할 줄 알고, 배움을 원하는 자들은 혐책하고 분개하고 비난했다.

[욕망을 여읜 수행녀들] "어찌 수행녀가 무리에서 떨어져 홀로 남을 수 있단 말인가?"

그래서 그 수행녀들은 수행승들에게 그 사실을 알렸다. 수행승들 가운데 욕망을 여의고, 만족을 알고, 부끄러움을 알고, 후회할 줄 알고, 배움을 원하는 자들도 혐책하고 분개하고 비난했다.

[욕망을 여읜 수행승들] "어찌 수행녀가 무리에서 떨어져 홀로 남을 수 있단 말인가?"

4-3. 그래서 그 수행승들은 세존께 그 사실을 알렸다. 그러자 세존께서는 이러한 인연으로 이러한 기회에 수행승들의 참모임을 불러 모으게 하고 연유를 설하고 수행승들에게 물었다.

[세존] "수행승들이여, 수행녀가 무리에서 떨어져 홀로 남은 것이 사실인가?"

[수행승들] "세존이시여, 사실입니다."

존귀한 부처님께서는 견책했다.

[세존] "수행승들이여, 그 수행녀는 적절하지 않고, 자연스럽지 않고, 알맞지 않고, 수행자의 삶이 아니고, 부당하고, 해서는 안 될 일을 행한 것이다. 수행승들이여, 어찌 수행녀가 무리에서 떨어져 홀로 남을 수 있단 말인가? 수행승들이여, 그것은 아직 청정한 믿음이 없는 자를 청정한 믿음으로 이끌고, 이미 청정한 믿음이 있는 자를 더욱더 청정한 믿음으로 이끄는 것이 아니다. 수행승들이여, 그것은 오히려, 아직 청정한 믿음이 없는 자를 불신으로 이끌고, 이미 청정한 믿음이 있는 자 가운데 어떤 자들을 타락시키는 것이다."

4-4. 그래서 세존께서는 그 수행녀에 대하여 여러 가지 방편으로 견책하여, 키우기 어렵고 부양하기 어렵고 탐욕이 많고 만족을 모르고 교제를 좋아하고 나태한 것에 대하여 질책하고, 여러 가지 법문으로 고무하여, 키우기 쉽고 부양하기 쉽고 욕심을 여의고, 만족을 알고, 버리고 없애는 삶, 악을 제거하는 삶, 청정한 믿음의 삶, 쌓아 모우지 않는 삶, 용맹정진의 삶을 칭찬하고, 수행승들을 위하여 그에 알맞고 그에 걸맞게 경책하여 법문을 하고 수행승들에게 일렀다.

[세존] "수행승들이여, 그러므로 수행녀들을 위하여 열 가지 이유에 기초하여, 즉 참모임의 수승을 위하여, 참모임의 안락을 위하여, 악한 수행녀의 조복을 위하

여, 품행이 바른 수행녀의 평안한 삶을 위하여, 지금 여기에서의 번뇌의 제어를 위하여, 다가오는 번뇌를 물리치기 위하여, 청정한 믿음이 없는 자에게 청정한 믿음을 주기 위하여, 청정한 믿음이 있는 자에게 청정한 믿음을 증대시키기 위하여, 올바른 가르침을 지속시키기 위하여, 계율을 수호하기 위하여 학습계율을 시설하니, 수행승들이여, 수행녀들은 이와 같이 학습계율을 송출해야 한다."

[세존] "어떠한 수행녀이든지 홀로 시정으로 들어가거나 홀로 강의 저 편으로 건너가거나 홀로 밤에 외출하거나 무리에서 떨어져 홀로 남으면, 그 수행녀 또한 처음부터 죄가 되고, 승단잔류죄를 범하는 것으로 참모임을 떠나서 참회해야 한다."562)

5-1. '어떠한'이라는 것은 어떠한 관계, 어떠한 태생, 어떠한 이름, 어떠한 성씨, 어떠한 계행, 어떠한 주거, 어떠한 활동영역에서 이든지,[230] 장로이든지, 신참이든지, 중참이든지, 이러한 자들을 형용하는 것으로 '어떠한 자이든'이라는 뜻이다. '수행녀'이라고 하는 것은 '탁발하는 여자'로서의 수행녀, 탁발을 위해 돌아다니는 여자로서의 수행녀, 분소의를 입은 자로서의 수행녀, 사미니로서의 수행녀, 자칭에 의한 수행녀, '오라! 수행녀여!'에 의한 수행녀, 삼귀의에 의해 구족계를 받은 수행녀, 현선한 수행녀, 진실한 수행녀, 배울 것이 있는 학인인 수행녀, 배울 것이 없는 무학인 수행녀, 화합참모임과 한번제안세번제청의 갈마와 부동의 거룩한 님의 속성을 갖춘 자로서의 수행녀가 있는데, 그녀들 가운데 화합참모임과 양쪽으로부터 구족계를 받은 자로서 한번제안세번제청의 갈마와 부동의 거룩한 님의 속성을 갖춘 수행녀, 그녀를 이러한 의미에서의 수행녀라고 하는 것이다.

5-2.

1) '홀로 시정으로 들어가거나'라는 것은 울타리가 쳐진 마을의 울타리에 첫 번째 발을 넘어가게 하면, 추악죄를 범하는 것이고, 두 번째 발을 넘어가게 하면, 승단잔류죄를 범하는 것이고, 울타리가 없는 마을의 경계에 첫 번째 발을 넘어가게 하면, 추악죄를 범하는 것이고, 두 번째 발을 넘어가게 하면, 승단잔류죄를 범하는 것이라는 뜻이다.

562) 사독계○(四獨戒) | Bhikkhunī Saṅgh. 6 : yā pana bhikkhunī ekā vā gāmantaraṃ gaccheyya ekā vā nadīpāraṃ gaccheyya ekā vā rattiṃ vippavaseyya, ekā vā gaṇamhā ohīyeyya, ayampi bhikkhunī paṭhamāpattikaṃ dhammaṃ āpannā nissāraṇīyaṃ saṅghādisesan'ti.

2) '홀로 강의 저편으로 건너면'이라는 것은 다음과 같다. 강이라는 것은 세 가지 원반[563])을 덮고 어디에서도 건너는 수행녀가 하의를 적시는 곳인데, 첫 발을 내디디면, 추악죄를 범하는 것이고, 두 번째 발을 내디디면, 승단잔류죄를 범하는 것이다.
3) '홀로 밤에 외출하면'이라는 것은 해가 뜰 때에 도반인 수행녀가 손이 닿는 거리를 떠나서 있으면, 추악죄를 범하는 것이고, 그보다 멀리 떠나서 있다면, 승단잔류죄를 범하는 것이다.
4) '홀로 무리에서 떨어져 남는다면'이라는 것은 마을이 없는 숲속에서 도반인 수행녀가 볼 수 있는 곳이나 들을 수 있는 곳으로 떠나 있으면, 추악죄를 범하는 것이고, 그 보다 멀리 떠나서 있으면, 승단잔류죄를 범하는 것이다.

5-3. '그 수행녀 또한'이라는 것은 선행하는 것과 관련해서 말해진 것이다. '처음부터 죄가 되고'이라는 것은 일을 행하는 것과 동시에 죄를 범한 것으로 충고가 필요 없는 것을 뜻한다. '참모임을 떠나서 참회해야 한다.'라는 것은 참모임에서 한시적으로 떠나는 것을 뜻한다. '승단잔류죄'라고 하는 것은 참모임이 그 죄에 대하여 참회처벌을 주고 가중처벌을 주고, 출죄복귀를 시키는 것으로, 몇몇 수행녀나 한 명의 수행녀가 행하는 것이 아니라, 승단잔류죄라고 하고, 그러한 죄의 무리에 대한 갈마의 특정한 이름인 까닭에 승단잔류죄라고 하는 것이다.

5-4. 도반인 수행녀가 떠났거나 환속했거나 죽었거나 혹은 이교도가 되었거나,[564]) 사고가 일어난 경우이거나, 정신착란자이거나 초범자인 경우는 무죄이다.

2. 7 승단잔류죄법 제7조

무단사면복권에 대한 학습계율[Anapalokitosāraṇīyasikkhāpada]

1-1. 한때 존귀한 부처님께서는 싸밧티 시의 제따바나 숲에 있는 아나타삔디까 승원에 계셨다. 그런데 그때 수행녀 짠다깔리[565])가 참모임에서 다투고 싸우고

---

563) timaṇḍala : 배꼽(臍)과 양 무릎(膝)의 세 바퀴를 뜻한다.
564) pakkhasaṃkantā vā : 원래는 '다른 쪽으로 갔거나'라는 표현인데, Smp. 913에 따르면, '이교도가 되었거나'라는 의미이다. 그러나 Bd. III. 190에 따르면, 꼭 그러한 분열적 양상을 의미하는 것이 아니라, 그것과 상관없이 다른 쪽으로 간 것을 의미할 수도 있다.
565) Caṇḍakāḷi : 율장(Vin. IV. 230, 276, 293, 309, 333)에만 등장하며, 수행녀 툴라난다의 도반인데, 여기에 언급되어 있듯, 다투고 싸우고 언쟁하고 분쟁을 일으키고 쟁사를 일으키는 수행녀였다.

언쟁하고 분쟁을 일으키고 쟁사를 일으켰다. 그런데 수행녀 툴라난다가 그녀에 대한 갈마를 행할 때에 항의했다. 그런데 수행녀 툴라난다가 무언가 할 일이 있어 마을로 갔다. 그래서 수행녀의 참모임은 '수행녀 툴라난다가 그곳을 떠났다.'라고[231] 생각하고 수행녀 짠다깔리를 죄를 인지하지 못한 것 때문에 권리정지시켰다. 그런데 수행녀 툴라난다는 마을에서 해야 일을 끝낸 뒤에 다시 싸밧티 시로 돌아왔다. 수행녀 짠다깔리는 수행녀 툴라난다가 왔는데, 자리를 마련하지 않고, 발씻을 물, 발받침의자, 발받침대를 놓지 않았다. 일어나 맞이하지 않고, 발우를 받지도 않고 마실 물에 대해서도 묻지 않았다. 수행녀 툴라난다는 수행녀 짠다깔리에게 이와 같이 말했다.

[툴라난다] "존귀한 자매여, 그대는 왜 내가 왔는데, 자리를 마련하지 마련하지 않고, 발씻을 물, 발받침의자, 발받침대를 놓지 않고 일어나 맞이하지 않고, 발우를 받지도 않고 마실 물에 대해서도 묻지 않았습니까?"

[짠다깔리] "존귀한 자매여, 비호자가 없으면 그와 같습니다."

[툴라난다] "존귀한 자매여, 왜 비호자가 없습니까?"

[짠다깔리] "존귀한 자매여, 이 수행녀들이 나에 대하여 '그녀는 비호자가 없고 알려지지 않았고, 어떠한 일도 할 수 없다.'라고 생각하고 죄를 인지하지 못한 것 때문에 권리정지를 시킨 것입니다."

그러자 수행녀 툴라난다는 '이들은 어리석다. 이들은 무능하다. 이들은 갈마를 모르고, 갈마의 결함을 모르고, 갈마의 불성립을 모르고, 갈마의 성립을 모른다. 우리는 갈마를 알고, 갈마의 결함을 알고, 갈마의 불성립을 알고, 갈마의 성립을 안다. 우리가 아직 이루어지지 않은 갈마를 성립시키고 이미 이루어진 갈마를 결함을 지적하자.'라고 생각하고 아주 신속하게 수행녀의 참모임을 불러 모으게 하여 수행녀 짠다깔리를 사면복권시켰다.

1-2. 수행녀들 가운데 욕망을 여의고, 만족을 알고, 부끄러움을 알고, 후회할 줄 알고, 배움을 원하는 자들도 혐책하고 분개하고 비난했다.

[욕망을 여읜 수행녀들] "어찌 존귀한 자매 툴라난다는 화합참모임에 의해서, 원칙에 의해서, 계율에 의해서, 스승의 가르침에 의해서 권리정지된 수행녀를 처벌한 참모임의 허락을 받지 않고, 대중의 청정동의를 무시하고, 사면복권시킬 수 있단 말인가?"

그래서 그 수행녀들은 수행승들에게 그 사실을 알렸다. 수행승들 가운데 욕망을 여의고, 만족을 알고, 부끄러움을 알고, 후회할 줄 알고, 배움을 원하는 자들도

혐책하고 분개하고 비난했다.

[욕망을 여읜 수행승들] "어찌 존귀한 자매 툴라난다는 화합참모임에 의해서, 원칙에 의해서, 계율에 의해서, 스승의 가르침에 의해서 권리정지된 수행녀를 처벌한 참모임의 허락을 받지 않고, 대중의 청정동의를 무시하고, 사면복권시킬 수 있단 말인가?"

1-3. 그래서 그 수행승들은 세존께 그 사실을 알렸다. 그러자 세존께서는 이러한 인연으로 이러한 기회에 수행승들의 참모임을 불러 모으게 하고 연유를 설하고 수행승들에게 물었다.

[세존] "수행승들이여, 수행녀 툴라난다가 화합참모임에 의해서, 원칙에 의해서, 계율에 의해서, 스승의 가르침에 의해서 권리정지된 수행녀를 처벌한 참모임의 허락을 받지 않고, 대중의 청정동의를 무시하고, 사면복권시킨 것이 사실인가?"

[수행승들] "세존이시여, 사실입니다."

존귀한 부처님께서는 견책했다.

[세존] "수행승들이여, 수행녀 툴라난다는 적절하지 않고, 자연스럽지 않고, 알맞지 않고, 수행자의 삶이 아니고, 부당하고, 해서는 안 될 일을 행한 것이다. 수행승들이여, 어찌 수행녀 툴라난다는 화합참모임에 의해서, 원칙에 의해서, 계율에 의해서, 스승의 가르침에 의해서 권리정지된 수행녀를 처벌한 참모임의 허락을 받지 않고, 대중의 청정동의를 무시하고, 사면복권시킬수 있단 말인가? 수행승들이여, 그것은 아직 청정한 믿음이 없는 자를 청정한 믿음으로 이끌고, 이미 청정한 믿음이 있는 자를 더욱더 청정한 믿음으로 이끄는 것이 아니다. 수행승들이여, 그것은 오히려, 아직 청정한 믿음이 없는 자를 불신으로 이끌고, 이미 청정한 믿음이 있는 자 가운데 어떤 자들을 타락시키는 것이다."

1-4. 그래서 세존께서는 수행녀 툴라난다에 대하여 여러 가지 방편으로 견책하여, 키우기 어렵고 부양하기 어렵고 탐욕이 많고 만족을 모르고 교제를 좋아하고 나태한 것에 대하여 질책하고, 여러 가지 법문으로 고무하여, 키우기 쉽고 부양하기 쉽고 욕심을 여의고, 만족을 알고, 버리고 없애는 삶, 악을 제거하는 삶, 청정한 믿음의 삶, 쌓아 모우지 않는 삶, 용맹정진의 삶을 칭찬하고, 수행승들을 위하여 그에 알맞고 그에 걸맞게 경책하여 법문을 하고 수행승들에게 일렀다.

[세존] "수행승들이여, 그러므로 수행녀들을 위하여 열 가지 이유에 기초하여, 즉 참모임의 수승을 위하여, 참모임의 안락을 위하여, 악한 수행녀의 조복을 위하여, 품행이 바른 수행녀의 평안한 삶을 위하여, 지금 여기에서의 번뇌의 제어를

위하여, 다가오는 번뇌를 물리치기 위하여, 청정한 믿음이 없는 자에게 청정한 믿음을 주기 위하여, 청정한 믿음이 있는 자에게 청정한 믿음을 증대시키기 위하여, 올바른 가르침을 지속시키기 위하여, 계율을 수호하기 위하여 학습계율을 시설하니, 수행승들이여, 수행녀들은 이와 같이 학습계율을 송출해야 한다."

[세존] "어떠한 수행녀이든지 화합참모임에 의해서, 원칙에 의해서, 계율에 의해서, 스승의 가르침에 의해서 권리정지된 수행녀를, 처벌한 참모임의 허락을 받지 않고, 대중의 청정동의를 무시하고, 사면복권시킨다면, 그 수행녀 또한 처음부터 죄가 되고, 승단잔류죄를 범하는 것으로 참모임을 떠나서 참회해야 한다."566)

2-1. '어떠한'이라는 것은 어떠한 관계, 어떠한 태생, 어떠한 이름, 어떠한 성씨, 어떠한 계행, 어떠한 주거, 어떠한 활동영역에서 이든지, 장로이든지, 신참이든지, 중참이든지, 이러한 자들을 형용하는 것으로 '어떠한 자이든'이라는 뜻이다. '수행녀'이라고 하는 것은 '탁발하는 여자'로서의 수행녀, 탁발을 위해 돌아다니는 여자로서의 수행녀, 분소의를 입은 자로서의 수행녀, 사미니로서의 수행녀, 자칭에 의한 수행녀, '오라! 수행녀여!'에 의한 수행녀, 삼귀의에 의해 구족계를 받은 수행녀, 현선한 수행녀, 진실한 수행녀, 배울 것이 있는 학인인 수행녀, 배울 것이 없는 무학인 수행녀, 화합참모임과 한번제안세번제청의 갈마와 부동의 거룩한 님의 속성을 갖춘 자로서의 수행녀가 있는데, 그녀들 가운데 화합참모임과 양쪽으로부터 구족계를 받은 자로서 한번제안세번제청의 갈마와 부동의 거룩한 님의 속성을 갖춘 수행녀, 그녀를 이러한 의미에서의 수행녀라고 하는 것이다.

2-2. '화합'이라는 것은 참모임이 동등하게 살고 동일한 결계 안에 있는 것을 뜻한다. '권리정지된'이라는 것은[232] 죄를 인지하지 못하거나 참회하지 않거나 사견을 버리지 못해 자격정지에 처해지는 것을 뜻한다. '원칙에 의해서나 계율에 의해서'는 '원칙인 것에 의해서나 계율인 것에 의해서'라는 뜻이다. '스승의 가르침에 의해서'라는 것은 '승리자의 가르침에 의해서, 부처님의 가르침에 의해서'라는 뜻이다. '처벌한 참모임의 허락을 받지 않고'라는 것은 '갈마를 행한 참모임에 허락을 얻지 않고'라는 뜻이다. '대중의 청정동의를 무시하고'라는 것은 '무

566) 계외해거계○(界外解擧戒) | Bhikkhunī Saṅgh. 7 : yā pana bhikkhunī samaggena saṅghena ukkhittaṃ bhikkhuniṃ dhammena vinayena satthusāsanena anapaloketvā kārakasaṅghaṃ anaññāya gaṇassa chandaṃ osāreyya, ayampi bhikkhunī paṭhamāpattikaṃ dhammaṃ āpannā nissāraṇīyaṃ saṅghādisesan'ti.

리의 청정동의를 알지 못하는 것을 뜻한다. '내가 사면복권시키겠다.'라고 무리를 구하거나, 결계를 정하면, 악작죄를 범하는 것이다. 제안에 의해서 악작죄를 범하는 것이고, 두 제청에 의해서 추악죄를 범하는 것이고, 제청의 끝냄에 의해서 승단잔류죄를 범하는 것이다.

2-3. '그 수행녀 또한'이라는 것은 선행하는 것과 관련해서 언급한 것이다. '처음부터 죄가 되는'이라는 것은 일을 행하는 것과 동시에 죄를 범한 것으로 충고가 필요 없는 것을 뜻한다. '참모임을 떠나서 참회해야 한다.'라는 것은 참모임에서 한시적으로 떠나는 것을 뜻한다. '승단잔류죄'라고 하는 것은 참모임이 그 죄에 대하여 참회처벌을 주고 가중처벌을 주고, 출죄복귀를 시키는 것으로, 몇몇 수행녀나 한 명의 수행녀가 행하는 것이 아니라, 승단잔류죄라고 하고, 그러한 죄의 무리에 대한 갈마의 특정한 이름인 까닭에 승단잔류죄라고 하는 것이다.

2-4₁.

1) 원칙에 입각한 갈마에 대하여 원칙에 입각한 갈마라고 지각하여 사면복권시키면, 승단잔류죄를 범하는 것이다.
2) 원칙에 입각한 갈마에 대하여 원칙에 입각한 갈마인지 의심하여 사면복권시키면, 승단잔류죄를 범하는 것이다.
3) 원칙에 입각한 갈마에 대하여 원칙에 입각하지 않은 갈마라고 지각하여 사면복권시키면, 승단잔류죄를 범하는 것이다.

2-4₂.

1) 원칙에 입각하지 않은 갈마에 대하여 원칙에 입각한 갈마라고 지각하면, 악작죄를 범하는 것이다.
2) 원칙에 입각하지 않은 갈마에 대하여 원칙에 입각하지 않은 갈마인지 의심하면, 악작죄를 범하는 것이다.
3) 원칙에 입각하지 않은 갈마에 대하여 원칙에 입각하지 않은 갈마라고 지각하면, 악작죄를 범하는 것이다.

2-5. 갈마를 수행하는 참모임에 허락을 구하고 사면복권시키거나, 대중의 청정동의를 알고 사면복권시키거나, 행해진 일에 대한 조치를 끝낸 자에게 사면복권시키거나, 갈마를 수행할 참모임이 없을 때 사면복권시키는 경우이거나, 정신착란자이거나 초범자인 경우는 무죄이다.

2. 8 승단잔류죄법 제8조

남자가 주는 식사에 대한 학습계율[Purisahatthatobhojanasikkhāpada]

1-1. 한때 존귀한 부처님께서는 싸밧티 시의 제따바나 숲에 있는 아나타삔디까 승원에 계셨다. 그런데 그때 수행녀 쑨다리난다가 아름답고, 우아하고, 매력적이었다. 사람들이 식당에서 수행녀 쑨다리난다를 보고 욕망에 물들어 욕망에 물든 수행녀 쑨다리난다에게 최상의 식사를 제공했다. 수행녀 쑨다리난다는 원하는 만큼 먹었지만, 다른 수행녀들은 마음껏 먹지 못했다.

1-2. 수행녀들 가운데 욕망을 여의고, 만족을 알고, 부끄러움을 알고, 후회할 줄 알고, 배움을 원하는 자들도 혐책하고 분개하고 비난했다.

[욕망을 여읜 수행녀들] "어찌 존귀한 자매 쑨다리난다는 욕망에 가득 찬 남자의 손에서 단단하거나 부드러운 음식을[233] 자신의 손으로 받아서 맛보고 먹을 수 있단 말인가?"

그래서 그 수행녀들은 수행승들에게 그 사실을 알렸다. 수행승들 가운데 욕망을 여의고, 만족을 알고, 부끄러움을 알고, 후회할 줄 알고, 배움을 원하는 자들도 혐책하고 분개하고 비난했다.

[욕망을 여읜 수행승들] "어찌 존귀한 자매 쑨다리난다는 욕망에 가득 찬 남자의 손에서 단단하거나 부드러운 음식을 자신의 손으로 받아서 맛보고 먹을 수 있단 말인가?"

1-3. 그래서 그 수행승들은 세존께 그 사실을 알렸다. 그러자 세존께서는 이러한 인연으로 이러한 기회에 수행승들의 참모임을 불러 모으게 하고 연유를 설하고 수행승들에게 물었다.

[세존] "수행승들이여, 수행녀 쑨다리난다가 욕망에 가득 찬 남자의 손에서 단단하거나 부드러운 음식을 자신의 손으로 받아서 맛보고 먹은 것이 사실인가?"

[수행승들] "세존이시여, 사실입니다."

존귀한 부처님께서는 견책했다.

[세존] "수행승들이여, 수행녀 쑨다리난다는 적절하지 않고, 자연스럽지 않고, 알맞지 않고, 수행자의 삶이 아니고, 부당하고, 해서는 안 될 일을 행한 것이다. 수행승들이여, 어찌 수행녀 쑨다리난다가 욕망에 가득 찬 남자의 손에서 단단하거나 부드러운 음식을 자신의 손으로 받아서 맛보고 먹을 수 있단 말인가? 수행승들이여, 그것은 아직 청정한 믿음이 없는 자를 청정한 믿음으로 이끌고, 이미

청정한 믿음이 있는 자를 더욱더 청정한 믿음으로 이끄는 것이 아니다. 수행승들이여, 그것은 오히려, 아직 청정한 믿음이 없는 자를 불신으로 이끌고, 이미 청정한 믿음이 있는 자 가운데 어떤 자들을 타락시키는 것이다."

1-4. 그래서 세존께서는 수행녀 쑨다리난다에 대하여 여러 가지 방편으로 견책하여, 키우기 어렵고 부양하기 어렵고 탐욕이 많고 만족을 모르고 교제를 좋아하고 나태한 것에 대하여 질책하고, 여러 가지 법문으로 고무하여, 키우기 쉽고 부양하기 쉽고 욕심을 여의고, 만족을 알고, 버리고 없애는 삶, 악을 제거하는 삶, 청정한 믿음의 삶, 쌓아 모우지 않는 삶, 용맹정진의 삶을 칭찬하고, 수행승들을 위하여 그에 알맞고 그에 걸맞게 경책하여 법문을 하고 수행승들에게 일렀다.

[세존] "수행승들이여, 그러므로 수행녀들을 위하여 열 가지 이유에 기초하여, 즉 참모임의 수승을 위하여, 참모임의 안락을 위하여, 악한 수행녀의 조복을 위하여, 품행이 바른 수행녀의 평안한 삶을 위하여, 지금 여기에서의 번뇌의 제어를 위하여, 다가오는 번뇌를 물리치기 위하여, 청정한 믿음이 없는 자에게 청정한 믿음을 주기 위하여, 청정한 믿음이 있는 자에게 청정한 믿음을 증대시키기 위하여, 올바른 가르침을 지속시키기 위하여, 계율을 수호하기 위하여 학습계율을 시설하니, 수행승들이여, 수행녀들은 이와 같이 학습계율을 송출해야 한다."

[세존] "어떠한 수행녀이든지 욕망에 물들어 욕망에 가득 찬 남자의 손에서 단단하거나 부드러운 음식을 자신의 손으로 받아서 씹어 들거나 삼켜 든다면, 그 수행녀 또한 처음부터 죄가 되고, 승단잔류죄를 범하는 것으로 참모임을 떠나서 참회해야 한다."567)

2-1. '어떠한'이라는 것은 어떠한 관계, 어떠한 태생, 어떠한 이름, 어떠한 성씨, 어떠한 계행, 어떠한 주거, 어떠한 활동영역에서 이든지, 장로이든지, 신참이든지, 중참이든지, 이러한 자들을 형용하는 것으로 '어떠한 자이든'이라는 뜻이다. '수행녀'이라고 하는 것은 '탁발하는 여자'로서의 수행녀, 탁발을 위해 돌아다니는 여자로서의 수행녀, 분소의를 입은 자로서의 수행녀, 사미니로서의 수행녀, 자칭에 의한 수행녀, '오라! 수행녀여!'에 의한 수행녀, 삼귀의에 의해 구족계를 받은 수행녀, 현선한 수행녀, 진실한 수행녀, 배울 것이 있는 학인인 수행녀,

---

567) 수염심남자식계○(隨染心男子食戒) | Bhikkhunī Saṅgh. 8 : yā pana bhikkhunī avassutā avassutassa purisa puggalassa hatthato khādanīyaṃ vā bhojanīyaṃ vā sahatthā paṭiggahetvā khādeyya vā bhuñjeyya vā ayampi bhikkhunī paṭhāmāpattikaṃ dhammaṃ āpannā nissāraṇīyaṃ saṃghādisesan'ti.

배울 것이 없는 무학인 수행녀, 화합참모임과 한번제안세번제청의 갈마와 부동의 거룩한 님의 속성을 갖춘 자로서의 수행녀가 있는데, 그녀들 가운데 화합참모임과 양쪽으로부터 구족계를 받은 자로서 한번제안세번제청의 갈마와 부동의 거룩한 님의 속성을 갖춘 수행녀, 그녀를 이러한 의미에서의 수행녀라고 하는 것이다.

2-2. '욕망에 물들어'라는 것은 수행녀가 욕망으로 감염되고 가득 차서 사랑에 빠진 것을 뜻한다. '욕망에 가득 찬'이라는 것은 남자가 욕망으로 감염되고 가득 차서 사랑에 빠진 것을 뜻한다. '남자'라는 것은 사람의 남성으로 야차나 아귀나 축생이 아닌, 신체적 마촉을 시도할 만큼, 양식 있고 자격 있는 존재를 뜻한다. '단단한 음식'이라는 것은 다섯 가지 정식과 시분약(時分藥)[568]과 칠일약(七日藥)[569]과 진형수약(盡形壽藥)[570]을 제외한 나머지가 단단한 음식이다. '부드러운 음식'은 다섯 가지 정식 즉, 밥, 죽, 보릿가루, 물고기, 육고기를 뜻한다. '내가 씹어 들겠다. 내가 삼켜 들겠다.'라고 받으면, 추악죄를 범하는 것이고, 삼키면 삼킬 때 마다 승단잔류죄를 범하는 것이다.

2-3. '그 수행녀 또한'이라는 것은 선행하는 것과 관련해서 언급한 것이다. '처음부터 죄가 되는'이라는 것은 일을 행하는 것과 동시에 죄를 범한 것으로 충고가 필요 없는 것을 뜻한다. '참모임을 떠나서 참회해야 한다.'라는 것은 참모임에서 한시적으로 떠나는 것을 뜻한다. '승단잔류죄'라고 하는 것은 참모임이 그 죄에 대하여 참회처벌을 주고 가중처벌을 주고, 출죄복귀를 시키는 것으로, 몇몇 수행녀나 한 명의 수행녀가 행하는 것이 아니라, 승단잔류죄라고 하고, 그러한 죄의 무리에 대한 갈마의 특정한 이름인 까닭에 승단잔류죄라고 하는 것이다.

2-4. 물과 버들가지를 받으면, 악작죄를 범하는 것이다.

1) 일방적으로 욕망에 물들어 '내가 씹어 들겠다. 삼켜 들겠다.'라고 받으면, 악작죄를 범하는 것이다. 삼키면 삼킬 때만다 추악죄를 범하는 것이다. 물과 버들가지를 받으면, 악작죄를 범하는 것이다.

568) yāmakālika : 한역의 시분약(時分藥)으로 일정시간 안에 먹어야 하는 약 또는 때 아닌 때(정오에서 일출무렵)에 먹을 수 있는 약을 뜻한다. Smp. 859에 따르면, '밤의 후야(後夜) 까지'라는 뜻이다. Vin. II. 144; Vin. I. 199에 언급되는 다섯 가지 약들이 이에 해당되는 약들이 있다.

569) sattāhakālika : 칠일 동안에 먹어야 하는 약을 뜻한다. Vin. II. 144; Vin. I. 199에 언급된 약들이다.

570) yāvajīvika : 한역으로 진형수약(盡形壽藥)이라고 한다. 평생 동안에 먹을 수 있는 약을 뜻한다. Smp. 833에 따르면, '보관해도 악화되지 않는 평생 동안 지속하는'이라는 뜻이다. Vin. I. 199에 언급된 '목숨이 끝나는 날까지 보관하여, 조건이 되면, 복용할 수 있는 약'을 뜻한다.

2) 양자가 욕망에 물들어 야차나 아귀나 빤다까나 인간형상의 축생의 손에서 단단하거나 부드러운 음식을 '내가 씹어 들겠다. 삼켜 들겠다.'라고 받으면, 악작죄를 범하는 것이다. 삼키면 삼킬 때마다 추악죄를 범하는 것이다. 물과 버들가지를 받으면, 악작죄를 범하는 것이다.

3) 한쪽이 욕망에 물들어571) '내가 씹어 들겠다. 삼켜 들겠다.'라고 받으면, 악작죄를 범하는 것이다. 삼키면 삼킬 때마다 악작죄를 범하는 것이다. 물과 버들가지를 받으면, 악작죄를 범하는 것이다.

2-5. 양자가[234] 욕망에 물들지 않았거나, 욕망에 물들지 않았다고 알고 받는 경우이거나, 정신착란자나 초범자인 경우는 무죄이다.

2. 9 승단잔류죄법 제9조

남자가 주는 식사의 권유에 대한 학습계율[Purisabhojananiyojanasikkhāpada]

1-1. 한때 존귀한 부처님께서는 싸밧티 시의 제따바나 숲에 있는 아나타삔디까 승원에 계셨다. 그런데 그때 아름답고 우아하고 매력적이었다. 사람들이 식당에서 수행녀 쑨다리난다를 보고 욕망에 물들어 수행녀 쑨다리난다에게 최상의 식사를 제공했다. 수행녀 쑨다리난다는 주저하면서 받지 않았다. 바로 뒤에 있던 수행녀가 수행녀 쑨다리난다에게 이와 같이 말했다.

[수행녀] "존귀한 자매여, 왜 받지 않습니까?"

[쑨다리난다] "자매여, 그가 욕망에 물들었습니다."

[수행녀] "존귀한 자매여, 그대도 욕망에 물들었습니까?"

[쑨다리난다] "존귀한 자매여, 나는 욕망에 물들지 않았습니다."

[수행녀] "존귀한 자매여, 그대가 욕망에 물들지 않았다면, 그 남자가 욕망에 물들었든 물들지 않았든 어떻게 하겠습니까? 존귀한 자매여, 그 남자가 주는 단단하거나 부드러운 음식을 주면, 그것을 자신의 손으로 받아서 먹거나 드십시오."

1-2. 수행녀들 가운데 욕망을 여의고, 만족을 알고, 부끄러움을 알고, 후회할 줄 알고, 배움을 원하는 자들은 혐책하고 분개하고 비난했다.

---

571) ekato avassute : 1) '혼자서 욕망에 물들어'와 4) '한쪽이 욕망에 물들어'는 빠알리 표현이 같은데, 내용상 어떤 차이가 있는지 불분명하다. '혼자서'는 주체인 수행녀를 의미하고 '한쪽'은 남성이나 여성 둘 중의 하나를 의미하도록, 단지 번역을 달리해 본다.

[욕망을 여읜 수행녀들] "어찌 수행녀가 '존귀한 자매여, 그대가 욕망에 물들지 않았다면, 그 남자가 욕망에 물들었든 물들지 않았든 어떻게 하겠습니까? 존귀한 자매여, 그 남자가 주는 단단하거나 부드러운 음식을 주면, 그것을 자신의 손으로 받아서 먹거나 드십시오.'라고 말할 수 있단 말인가?"

그래서 그 수행녀들은 수행승들에게 그 사실을 알렸다. 수행승들 가운데 욕망을 여의고, 만족을 알고, 부끄러움을 알고, 후회할 줄 알고, 배움을 원하는 자들도 혐책하고 분개하고 비난했다.

[욕망을 여읜 수행승들] "어찌 수행녀가 '존귀한 자매여, 그대가 욕망에 물들지 않았다면, 그 남자가 욕망에 물들었든 물들지 않았든 어떻게 하겠습니까? 존귀한 자매여, 그 남자가 주는 단단하거나 부드러운 음식을 주면, 그것을 자신의 손으로 받아서 먹거나 드십시오.'라고 말할 수 있단 말인가?"

1-3. 그래서 그 수행승들은 세존께 그 사실을 알렸다. 그러자 세존께서는 이러한 인연으로 이러한 기회에 수행승들의 참모임을 불러 모으게 하고 연유를 설하고 수행승들에게 물었다.

[세존] "수행승들이여, 수행녀가 '존귀한 자매여, 그대가 욕망에 물들지 않았다면, 그 남자가 욕망에 물들었든 물들지 않았든 어떻게 하겠습니까? 존귀한 자매여, 그 남자가 주는 단단하거나 부드러운 음식을 주면, 그것을 자신의 손으로 받아서 먹거나 드십시오.'라고 말한 것이 사실인가?"

[수행승들] "세존이시여, 사실입니다."

존귀한 부처님께서는 견책했다.

[세존] "수행승들이여, 그 수행녀는 적절하지 않고, 자연스럽지 않고, 알맞지 않고, 수행자의 삶이 아니고, 부당하고, 해서는 안 될 일을 행한 것이다. 수행승들이여, 어찌 수행녀가 '존귀한 자매여, 그대가 욕망에 물들지 않았다면, 그 남자가 욕망에 물들었든 물들지 않았든 어떻게 하겠습니까? 존귀한 자매여, 그 남자가 주는 단단하거나 부드러운 음식을 주면, 그것을 자신의 손으로 받아서 먹거나 드십시오.'라고 말할 수 있단 말인가? 수행승들이여, 그것은 아직 청정한 믿음이 없는 자를 청정한 믿음으로 이끌고, 이미 청정한 믿음이 있는 자를 더욱더 청정한 믿음으로 이끄는 것이 아니다. 수행승들이여, 그것은 오히려, 아직 청정한 믿음이 없는 자를 불신으로 이끌고, 이미 청정한 믿음이 있는 자 가운데 어떤 자들을 타락시키는 것이다."

1-4. 그래서 세존께서는 그 수행녀에 대하여 여러 가지 방편으로 견책하여, 키우

기 어렵고 부양하기 어렵고 탐욕이 많고 만족을 모르고 교제를 좋아하고 나태한 것에 대하여 질책하고, 여러 가지 법문으로 고무하여, 키우기 쉽고 부양하기 쉽고 욕심을 여의고, 만족을 알고, 버리고 없애는 삶, 악을 제거하는 삶, 청정한 믿음의 삶, 쌓아 모우지 않는 삶, 용맹정진의 삶을 칭찬하고, 수행승들을 위하여 그에 알맞고 그에 걸맞게 경책하여 법문을 하고 수행승들에게 일렀다.

[세존] "수행승들이여, 그러므로 수행녀들을 위하여 열 가지 이유에 기초하여, 즉 참모임의 수승을 위하여, 참모임의 안락을 위하여, 악한 수행녀의 조복을 위하여, 품행이 바른 수행녀의 평안한 삶을 위하여, 지금 여기에서의 번뇌의 제어를 위하여, 다가오는 번뇌를 물리치기 위하여, 청정한 믿음이 없는 자에게 청정한 믿음을 주기 위하여, 청정한 믿음이 있는 자에게 청정한 믿음을 증대시키기 위하여, 올바른 가르침을 지속시키기 위하여, 계율을 수호하기 위하여 학습계율을 시설하니, 수행승들이여, 수행녀들은 이와 같이 학습계율을 송출해야 한다."

> [세존] "어떠한 수행녀이든지 '존귀한 자매여, 그대가 욕망에 물들지 않았다면, 그 남자가 욕망에 물들었든 물들지 않았든 어떻게 하겠습니까? 존귀한 자매여, 그 남자가 주는 단단하거나 부드러운 음식을 주면, 그것을 자신의 손으로 받아서 먹거나 드십시오.'라고 이와 같이 말한다면, 그 수행녀 또한 처음부터 죄가 되고, 승단잔류죄를 범하는 것으로 참모임을 떠나서 참회해야 한다."572)

2-1. '어떠한'이라는 것은 어떠한 관계, 어떠한 태생, 어떠한 이름, 어떠한 성씨, 어떠한 계행, 어떠한 주거, 어떠한 활동영역에서 이든지, 장로이든지, 신참이든지, 중참이든지, 이러한 자들을 형용하는 것으로 '어떠한 자이든'이라는 뜻이다. '수행녀'이라고 하는 것은 '탁발하는 여자'로서의 수행녀, 탁발을 위해 돌아다니는 여자로서의 수행녀, 분소의를 입은 자로서의 수행녀, 사미니로서의 수행녀, 자칭에 의한 수행녀, '오라! 수행녀여!'에 의한 수행녀, 삼귀의에 의해 구족계를 받은 수행녀, 현선한 수행녀, 진실한 수행녀, 배울 것이 있는 학인인 수행녀, 배울 것이 없는 무학인 수행녀, 화합참모임과 한번제안세번제청의 갈마와 부동의 거룩한 님의 속성을 갖춘 자로서의 수행녀가 있는데, 그녀들 가운데 화합참모

572) 권수염심남자식계○(勸受染心男子食戒) | Bhikkhunī Saṅgh. 9 : yā pana bhikkhunī evaṃ vadeyya: kiṃ te ayye eso purisapuggalo karissati avassuto vā anavassuto vā yato tvaṃ anavassutā, iṅghayye yaṃ te eso purisapuggalo deti khādanīyaṃ vā bhojanīyaṃ vā taṃ tvaṃ sahatthā paṭiggahetvā khāda vā bhuñja vā'ti. ayampi bhikkhunī paṭhamāpattikaṃ dhammaṃ āpannā nissāraṇīyaṃ saṅghādisesan'ti.

임과 양쪽으로부터 구족계를 받은 자로서 한번제안세번제청의 갈마와 부동의 거룩한 님의 속성을 갖춘 수행녀, 그녀를 이러한 의미에서의 수행녀라고 하는 것이다.

2-2. '이와 같이 말한다면'이라는 것은 '존귀한 자매여, 그대가 욕망에 물들지 않았다면, 그 남자가 욕망에 물들었든 물들지 않았든 어떻게 하겠습니까? 존귀한 자매여, 그 남자가 주는 단단하거나 부드러운 음식을 주면, 그것을 자신의 손으로 받아서 먹거나 드십시오.'라고 권한다면, 악작죄를 범하는 것이고, 그 말에 의해서 '나는 먹고 들겠다.'라고 받으면, 악작죄를 범하는 것이고, 삼키면 [235] 삼킬 때 마다 추악죄를 범하는 것이고, 식사를 끝내면, 승단잔류죄를 범하는 것이다.

2-3. '그 수행녀 또한'이라는 것은 선행하는 것과 관련해서 언급한 것이다. '처음부터 죄가 되는'이라는 것은 일을 행하는 것과 동시에 죄를 범한 것으로 충고가 필요 없는 것을 뜻한다. '참모임을 떠나서 참회해야 한다.'라는 것은 참모임에서 한시적으로 떠나는 것을 뜻한다. '승단잔류죄'라고 하는 것은 참모임이 그 죄에 대하여 참회처벌을 주고 가중처벌을 주고, 출죄복귀를 시키는 것으로, 몇몇 수행녀나 한 명의 수행녀가 행하는 것이 아니라, 승단잔류죄라고 하고, 그러한 죄의 무리에 대한 갈마의 특정한 이름인 까닭에 승단잔류죄라고 하는 것이다.

2-4. '물과 버들가지를 받으라.'고 권하면, 악작죄를 범하는 것이다. 그 말에 의해서 '나는 씹어 들겠다, 삼켜 들겠다.'라고 받으면, 악작죄를 범하는 것이다. 한쪽이 욕망에 물들었을 때 야차나 아귀나 빤다까나 인간형상의 축생의 손으로부터 단단하거나 부드러운 음식을 받아서 '씹어 들어라, 삼켜 들어라.'라고 권하면, 악작죄를 범하는 것이다. 그 말에 의해서 '나는 씹어 들겠다, 삼켜 들겠다.'라고 받으면, 악작죄를 범하는 것이다. 삼키면 삼킬 때 마다 악작죄를 범하는 것이고, 식사를 끝내면, 추악죄를 범하는 것이다. '물과 버들가지를 받으라.'라고 권하면, 악작죄를 범하는 것이고, 그 말에 의해서 '나는 씹어 들겠다, 삼켜 들겠다.'라고 받으면, 악작죄를 범하는 것이다.

2-5. 욕망에 물들지 않았다고 알면서 권하거나, '화가 나서 받지 않는다.'라고 지각하고 권하거나, '가정에 대한 연민 때문에 받지 않는다.'라고 생각하며 권하는 경우이거나, 정신착란자이거나 초범자인 경우는 무죄이다.

2. 10 승단잔류죄법 제10조

참모임분열에 대한 학습계율①[Paṭhamasaṅghabhedasikkhāpada]

1-1. 한때[*171] 존귀한 부처님께서 라자가하 시의 벨루바나 숲에서 깔란다까니바빠 숲에 계셨다.573) 그때 데바닷따574)는 꼬깔리까,575) 까따모라까띳

---

573) tena samayena buddho bhagavā rājagahe viharati veḷuvane kalandakanivāpe : 이 에피소드는 Vin. II. 196에도 등장한다.

574) Devadatta : Ppn. I. 1107에 따르면, 싸끼야 족의 쑵빠붓다(Suppabuddha)와 그의 아내 아미따(Amitā)의 아들이었다. 그에게는 왕자 씻닷타(Siddhattha)와 결혼한 누이 밧다깟짜나(Bhaddakaccānā)가 있었다. 부처님이 깨달은 직후 까삘라밧투를 방문해서 싸끼야(Sākya) 족에게 설법했을 때 데바닷따는 아난다, 바구(Bhagu), 낌빌라(Kimbala), 밧디야(Bhaddiya), 아누룻다와 이발사 우빨리와 함께 출가를 결심했고 아누삐야(Anupiyā)에 계신 부처님을 방문해서 수행승이 되었다. 그 해 우기가 닥치자 신통력[凡夫의 神通 : puthujjanikaiddhi]을 얻었다. 한동안 그는 교단에서 커다란 존경을 받았고 부처님이 칭찬한 11 번째의 장로였다. 그러나 그는 사악한 마음 때문에 의심을 받기 시작했다. 부처님께서 열반에 들기 8년 전, 부처님을 질투하고 이익과 명예를 위해 아자따쌋뚜 왕자를 자기편으로 끌어들였다. 뱀들로 장식된 띠를 차고 어린 아이 모습으로 변해 아자따쌋뚜의 무릎 위에 나타나 그를 놀라게 했다. 그리고는 자신의 모습을 다시 취했다. 아자따쌋뚜는 아주 깊은 인상을 받아 그에게 존경을 표시했고 아침 저녁으로 오백 대의 수레에 음식을 채워 그를 방문했다. 데바닷따는 거기에 고무되어 자신이 승단의 지도자가 되어야 한다는 야심을 품게 되었다. 그러나 그런 생각을 품게 되자 그의 신통의 힘은 사라졌다. 데바닷따가 아자따쌋뚜로 하여금 아버지 빔비싸라 왕을 죽이게 한 것도 그 무렵이며, 자신은 부처님을 살해할 계획을 세웠고 아자따쌋뚜는 이에 동의했다. 꼴리야(Koliya) 족의 까꾸다(Kakudha)는 목갈라나의 추종자인데, 그는 신으로 태어나서 데바닷따의 계획을 점치고 목갈라나에게 알렸다. 목갈라나가 부처님께 그 계획을 알렸으나, 부처님은 그런 이야기는 불필요하다고 했다. 그 후 데바닷따는 직접 부처님을 찾아가 부처님은 연로하니 승단의 지도권을 자신에게 물려달라고 했으나, 부처님은 그를 꾸짖었다. 복수를 맹세한 데바닷따는 16명의 궁술사로 부처님을 살해하려고 했으나 모두 부처님에게 교화되었다. 그래서 데바닷따는 부처님이 깃자꾸따(Gijjhakūṭa) 산기슭을 지나갈 때 커다란 바위를 굴렸는데, 두 개의 바위조각이 튕겨 나와 그 중 한 조각으로 인해 부처님 발에서 피가 났다. 부처님은 맛다꿋치(Maddakucchi)로 자리를 옮겨 의사 지바까(Jīvaka)의 치료를 받았다. 그 후 데바닷따는 사나운 코끼리를 취하게 하여 부처님이 지나는 길목에 풀어놓았으나, 부처님은 자비로운 마음으로 난폭한 코끼리의 이마를 쓰다듬었다. 데바닷따는 연이은 야비한 행동으로 사람들의 비난을 받게 되었고, 마침내 아자따쌋뚜의 마음도 그를 떠나 이익과 명예가 실추되었다. 종권 장악에 실패하자 이번에는 꼬깔리까(Kokālika), 까따모라까띳싸(Kaṭamorakatissa), 칸나데비야뿟따(Khaṇṇadeviyāputta), 싸뭇닷따(Samuddatta) 등과 음모하여 교단을 분열시켰다. 그는 이와 같은 계율을 만들었다. ① 수행승들은 숲에서만 살아야 한다. ② 탁발에만 의존하고 식사에 초대받아서는 안 된다. ③ 분소의를 입어야지 선물받은 가사를 입어서는 안 된다. ④ 나무 밑에서 자야지 지붕 밑에서 자서는 안 된다. ⑤ 물고기나 육고기를 먹어서는 안 된다. 부처님은 이와 같은 주장에 대하여 우기에 나무 밑에서 잠자는 것을 예외로 한다면, 그렇게 살기로 작정한 사람은 그 계율을 따라도 좋다고 했다. 그러자 데바닷따는 부처님이 사치와 쾌락을 좇으려 한다고 비난했다. 부처님이 승단의 분열에 대하여 경고했음에도 불구하고, 데바닷따는 부처님과는 별도로 포살일을 지내겠다고 하고 새로 수행승이 된 오백 명을 데리고 가야씨싸(Gayāsīsa)로 갔다. 그러자 부처님은 싸리뿟따와 목갈라나를 가야씨싸에 보내 어리석은 자들을 데려오게 했다. 꼬깔리까가 눈치 채고 경고했으나, 데바닷따는 싸리뿟따와 목갈라나를 환영했다. 밤늦게 싸리뿟따와 목갈라나는 오백 명의 수행승들을 설득해서 돌아가게 만들었는데, 꼬깔리까가 잠자는 데바닷따를 깨우자 무슨 일이 일어났는지를 안 데바닷따는 입에서 피를 토하고 그로부터 아홉 달 동안 심하게 앓았다. 자신의 죽음이

싸,576) 칸다데비야뿟따577) 그리고 싸뭇다닷따578)가 있는 곳을 찾아 갔다. 가까이 다가가서 꼬깔리까, 까따모라까띳싸, 칸다데비야뿟따 그리고 싸뭇다닷따에게 이와 같이 말했다.

[데바닷따] "벗들이여, 오십시오. 우리는 수행자 고따마의 참모임을 분열시키고 그 화합을 파괴합시다."

이와 같이 말하자 꼬깔리까는 이와 같이 말했다.

[꼬깔리까] "벗들이여, 수행자 고따마는 광대한 신통과 광대한 능력을 갖고 있습니다. 어떻게 우리가 수행자 고따마의 참모임을 분열시키고 그 화합을 파괴할 수 있겠습니까?"

가까워지자 부처님을 뵙기를 원했으나, 부처님은 이 생에는 볼 수 없다고 거부했다. 그러나 데바닷따는 들것에 실려 여행을 시도했다. 그가 들것에 실려 제따바나 숲에 도착했을 때, 들것이 연못가에서 멈추자 물속으로 빨려 들어갔고 땅이 열려 아비지옥에 떨어지게 되었다. 그러나 그는 마지막에는 '부처님 외에는 귀의처가 없다.'고 고백했다.

575) Kokālika : 꼬깔리까(Kokālika)와 꼬깔리야(Kokāliya)는 동일 인물이다. 쭐라 꼬깔리까와 마하 꼬깔리까가 있다. Prj. II. 473에서는 꼬깔리까의 경(Kokālikasutta)으로 표기된다. Stn. p. 123에서는 꼬깔리까라고 표기한다. 한역 경전으로는 잡아함 48권 16(大正 2. 351b, 잡1282)을 참조하기 바란다. 한역 경전에서 꼬깔리까를 데바닷따의 제자로 표현한 곳은 대지도론(大智度論 13권 : 大正 4. 664b),비나야(毘那耶 14권 : 大正 24, 876b), 출요경(出曜經 10권 : 大正 4 664b), 데바닷따의 친구라고 표현한 곳은 잡아함 48권(大正 2, 351b), 별역잡 5권(大正 2, 411b)이 있다. Prj. II. 473에서 붓다고싸도 꼬깔리까가 바라문으로 데바닷따의 친구였다고 주석을 달았는데, 이것은 모두 마하 꼬깔리까를 언급한 것이다. 반면에 쭐라 꼬깔리까는 Prj. II. 473에 따르면, 그는 부호 꼬깔리의 아들로 자신이 세운 승원에서 살았다. 한 때 싸리뿟따와 목갈라나 장로가 그와 함께 조용히 우기를 보내기로 했는데, 아무한테도 그들이 온 것을 알리지 않기로 약속했다. 우기가 끝나자 꼬깔리까는 두 위대한 제자들의 존재를 주민들에게 알리지 않고, 그러면서 그들에게 호의를 베풀지 않았다고 주민들을 비난했다. 주민들은 꼬깔리까가 자신들에게 알리지도 않았으면서 나무라는 것에 대해 항의했으나 서둘러 두 장로들에게 버터와 사탕과 의복으로 공양을 올렸다. 그러나 장로들은 이 공양이 꼬깔리까의 권유로 주어진 것을 알고는 받기를 거절했다. 그러자 자기에게도 공양이 올려지길 기대했던 꼬깔리까는 '스스로 취하지도 않고 나에게도 주지 않았다.'고 두 제자들에게 실망했다. 그 후 두 제자는 세존께 갔다가 안거가 지난 후 오백 명 정도의 수행승들과 함께 많은 사람의 이익을 위해 순차적으로 여러 나라를 유행하다가 그곳으로 돌아왔다. 주민들이 존경을 표하면서 많은 공양을 올리자 이번에는 모두 받아서 승단에 나눠주었다. 이것을 본 꼬깔리까는 장로들이 예전에는 소욕지족이었으나 지금은 탐욕에 사로잡혀 악한 욕망을 가진 자들이라고 생각했다. 그는 장로들을 직접 비난하고 분노에 쌓인 채 싸밧티 시에 계신 부처님을 찾아갔다. 꼬깔리까의 경(SN. I. 150)은 꼬깔리까가 부처님의 경고에도 불구하고 두 위대한 제자들에 대하여 험담을 하는 것으로 시작한다.

576) Kaṭamorakatissa : 율장에만 등장하며. 데바닷따가 참모임의 분열시키려고 설득했던 자 가운데 한 수행승으로 '뚱뚱한 난다'라는 뜻을 갖고 있고 승단의 말썽꾼으로 자주 등장하는 수행녀 툴라난다(Thullanandā)의 존경을 받고 있던 인물이었다.

577) Khaṇḍadeviyāputta : 율장에만 등장하며. 데바닷따가 참모임의 분열시키려고 설득했던 자 가운데 한 수행승으로 데바닷따를 변호했고, 역시 승단의 말썽꾼으로 자주 등장하는 수행녀 툴라난다(Thullanandā)의 존경을 받고 있던 인물이었다.

578) Samuddadatta : 율장에만 등장하며. 데바닷따가 참모임의 분열시키려고 설득했던 자 가운데 한 수행승으로, 역시 승단의 말썽꾼으로 자주 등장하는 수행녀 툴라난다(Thullanandā)가 가장 좋아하는 인물이었다.

[데바닷따] "벗들이여, 자아, 우리가 수행자 고따마에게 다가가서 다섯 가지 사항을 요구합시다. '세존이시여, 세존께서는 무수한 방법으로 욕망의 여읨, 만족, 버리고 없애는 삶, 두타행, 청정한 믿음, 쌓아 모우지 않음, 용맹정진을 칭찬하였는데, 세존이시여, 이러한 다섯 가지 사항은 무수한 방법으로 욕망의 여읨, 만족, 버리고 없애는 삶, 두타행, 청정한 믿음, 쌓아 모우지 않음, 용맹정진에 도움이 됩니다. 세존이시여, 수행승들은

1) 목숨이 붙어 있는 한, 숲속에 거주해야 합니다. 마을에 들어가면 죄를 범하는 것입니다.579)
2) 목숨이 붙어 있는 한, 탁발식을 해야 합니다. 초대에 응한다면, 죄를 범하는 것입니다.
3) 목숨이 붙어 있는 한, 분소의를 착용하여야 합니다. 장자의 옷을 착용한다면, 죄를 범하는 것입니다.580)
4) 목숨이 붙어 있는 한, 나무 밑에서 지내야 합니다. 지붕 밑으로 간다면, 죄를 범하는 것입니다.581)
5) 목숨이 붙어 있는 한, 어류와 육류를 먹지 말아야 합니다. 어류와 육류를 먹는다면, 죄를 범하는 것입니다.582)

수행자 고따마는 이러한 다섯 가지 사항을 허용하지 않을 것이다. 그러면 우리는 이 다섯 가지 사항을 사람들에게 알립시다. 우리는 이 다섯 가지 사항으로 수행자 고따마의 참모임을 분열시키고, 그 조화를 파괴할 수 있습니다. 벗들이여, 사람들은 고행을 신뢰할 것입니다."583)

---

579) yo gāmantaṃ osareyya, vajjaṃ naṃ phuseyya : 원래는 '마을로 들어가면, 죄악이 그를 건드릴 것입니다.'라는 뜻이다. Smp. 603에 따르면, '그 수행승이 사악해지도록 내버려두고, 세존께서 처벌하게 하자.'는 의도가 들어 있다.

580) yāvajīvaṃ paṃsukulikā assu, yo gahapaticīvaraṃ sādiseyya vajjaṃ naṃ phuseyya : Vin. I. 280에 따르면, 수행승들은 분소의를 입거나 그들이 좋다면 재가자의 옷을 입을 수 있다: "수행승들이여, 나는 그대들에게 장자의 옷을 허용한다. 원한다면 분소의를 착용하고, 원한다면 장자의 옷을 받으라. 수행승들이여, 나는 어떤 것이든지 그것에 만족한 것을 찬탄한다."

581) yāvajīvaṃ rukkhamūlikā assu, yo channaṃ upagaccheyya vajjaṃ naṃ phuseyya : Vin. I. 152에서 어떤 수행승들이 노천에서 안거에 들었다. 그래서 비가 내리면, 나무 밑으로 피하거나 님바 나무의 울타리로 피했다. 세존께 그 사실을 알리자 세존께서는 학습계율을 시설했다: '수행승들이여, 노천에서 안거에 들어서는 안 된다. 들면, 악작죄를 범하는 것이다.'

582) yāvajīvaṃ macchamaṃsaṃ na khādeyyuṃ, yo macchamaṃsaṃ khādeyya vajjaṃ naṃ phuseyyā'ti : Vin. I. 238: '수행승들이여, 자기를 위하여 살생된 것임을 알고 육고기를 먹어서는 안 된다. 먹으면, 악작죄를 범하는 것이다. 수행승들이여, 자기를 위하여 살생된 것이라고 보지 못했거나 듣지 못했거나 의혹이 없는 세 가지 관점에서 청정한 물고기와 육고기는 허용한다.'

1-2. 그래서 데바닷따는 무리지어 세존께서 계신 곳을 찾아갔다. 가까이 다가가서 세존께 인사를 하고 한쪽으로 물러나 앉았다. 한쪽으로 물러나 앉은 데바닷따는 세존께 이와 같이 말했다.

[수행승들] "세존이시여, 세존께서는 여러 가지 법문으로 욕망의 여읨, 만족, 버리고 없애는 삶, 두타행, 청정한 믿음, 쌓아 모우지 않음, 용맹정진을 칭찬하였는데, 세존이시여, 이러한 다섯 가지 사항은 여러 가지 법문으로 욕망의 여읨, 만족, 버리고 없애는 삶, 두타행, 청정한 믿음, 쌓아 모우지 않음, 용맹정진에 도움이 됩니다.

세존이시여, 수행승들은

1) 목숨이 붙어 있는 한, 숲속에 거주해야 합니다. 마을에 들어가면 죄를 범하는 것입니다.
2) 목숨이 붙어 있는 한, 탁발식을 해야 합니다. 초대에 응한다면, 죄를 범하는 것입니다.
3) 목숨이 붙어 있는 한, 분소의를 착용하여야 합니다. 장자의 옷을 착용한다면, 죄를 범하는 것입니다.
4) 목숨이 붙어 있는 한, 나무 밑에서 지내야 합니다. 지붕 밑으로 간다면, 죄를 범하는 것입니다.
5) 목숨이 붙어 있는 한, 어류와 육류를 먹지 말아야 합니다. 어류와 육류를 먹는다면, 죄를 범하는 것입니다."

[세존] "데바닷따여, 그만두어라.

1) 원한다면, 숲속에 거주해도 되고, 원한다면, 마을에서 거주해도 된다.
2) 원한다면,[*172] 탁발식을 해도 되고, 원한다면, 초대에 응해도 된다.
3) 원한다면, 분소의를 입어도 되고, 원한다면, 장자의 옷을 입어도 된다.
4) 데바닷따여, 나는 팔개월 동안에는 나무 밑의 거처를 허용한다.[584]
5) 보지 못했고, 듣지 못했고, 의혹이 없는 그러한 세 가지 청정을 지닌 물고기나 육고기라면, 허용한다."[585]

---

583) lukhappasannā : AN. II. 71에 따르면, 그들은 네 종류의 사람들 가운데 하나이다: '수행승들이여, 세상에는 네 종류의 사람이 있다. 네 가지란 무엇인가? 외모를 척도로 하고 외모를 신뢰하는 사람, 소리를 척도로 하고 소리를 신뢰하는 사람, 고행을 척도로 하고 고행을 신뢰하는 사람, 원리를 척도로 하고 원리를 신뢰하는 사람이 있다.'

584) aṭṭhamāse kho mayā devadatta, rukkhamūlasenāsanaṃ anuññātaṃ : 우기를 제외한 팔개월간에 나무밑에 거처하는 것을 허용한다는 뜻이다.

그러자 데바닷따는 '세존께서 이 다섯 가지 사항을 허용하지 않는다.'라고 기뻐하고 환희하여 무리지어 자리에서 일어나 세존께 인사를 하고 오른쪽으로 돌아 그곳을 떠났다.

그리고 데바닷따는 대중을 데리고 라자가하 시에 들어가 다섯 가지 사항을 사람들에게 알렸다.

[데바닷따] "벗들이여, 우리는 수행자 고따마에게 다가가서 다섯 가지 사항을 요구했습니다. '세존이시여, 세존께서는 여러 가지 법문으로 욕망의 여읨, 만족, 버리고 없애는 삶, 두타행, 청정한 믿음, 쌓아 모우지 않음, 용맹정진을 칭찬하였는데, 세존이시여, 이러한 다섯 가지 사항은 여러 가지 법문으로 욕망의 여읨, 만족, 버리고 없애는 삶, 두타행, 청정한 믿음, 쌓아 모우지 않음, 용맹정진에 도움이 됩니다.

세존이시여, 수행승들은

1) 목숨이 붙어 있는 한, 숲속에 거주해야 합니다. 마을에 들어가면 죄를 범하는 것입니다.
2) 목숨이 붙어 있는 한, 탁발식을 해야 합니다. 초대에 응한다면, 죄를 범하는 것입니다.
3) 목숨이 붙어 있는 한, 분소의를 착용하여야 합니다. 장자의 옷을 착용한다면, 죄를 범하는 것입니다.
4) 목숨이 붙어 있는 한, 나무 밑에서 지내야 합니다. 지붕 밑으로 간다면, 죄를 범하는 것입니다.
5) 목숨이 붙어 있는 한, 어류와 육류를 먹지 말아야 합니다. 어류와 육류를 먹는다면, 죄를 범하는 것입니다.'

그런데 이러한 다섯 가지 사항을 수행자 고따마는 허용하지 않았습니다. 우리

---

585) anuññātaṃ tikoṭiparisuddhaṃ macchamaṃsaṃ adiṭṭhaṃ asutaṃ aparisaṅkitan'ti : Vin. I. 238을 참조하라. Smp. 604에 따르면, '보지 못했고'라는 것은 짐승이나 물고기를 수행승들을 위하여 죽이거나 잡는 것을 보지 못한 것을 뜻하고, '듣지 못했고'라는 것은 짐승이나 물고기를 수행승들을 위하여 죽이거나 잡는 것을 듣지 못했고, '의혹이 없는'이라는 것은 수행승들이 사람들이 마을에서 그물과 올가미를 가지고 숲속에 들어가는 것을 보았는데, 그 다음날 마을에서 물고기나 육고기를 탁발음식으로 받고는 '이것이 수행승들을 위해 잡은 것이 아닐까?'라고 의혹이 생기는 경우이다. 수행승들은 사람들에게 질문하여 그들이 부정하고, 자신들을 위하여 잡은 것이라고 하면, 탁발음식을 수용해도 된다. 또는 수행승들이 사람들이 마을에서 그물과 올가미를 가지고 숲속에 들어가는 것을 듣기만 하고 보지 못했더라도, 탁발음식으로 물고기나 육고기를 받아서 동일한 의혹이 들면, 그들은 자신들을 위하여 죽이거나 잡은 것이 아닌지를 물어야 한다. 수행승들을 위하여 특별히 잡은 것이 아니라면, 탁발음식을 받아도 된다.

가 그 다섯 가지 사항을 실천하며 살고 있습니다."

1-3. 그러자 믿음이 없고, 청정한 마음이 없고, 이해력이 부족한 사람들이 이와 같이 말했다.

[믿음 없는 사람들] "이 수행자들은 두타행을 하고 버리고 없애는 삶을 살고 있다. 그러나 수행자 고따마는 사치스럽고 사치스럽게 살려고 한다."

그러나 믿음이 있고, 청정한 마음이 있고, 이해력이 있는 사람들이 그들에 대하여 혐책하고 분개하고 비난했다.

[믿음 있는 사람들] "어찌 데바닷따는 세존의 참모임을 분열시키고 그 화합을 파괴할 수 있단 말인가?"

수행승들은 그 사람들이 혐책하고 분개하고 비난하는 것을 들었다. 수행승들 가운데 욕망을 여의고, 만족을 알고, 부끄러움을 알고, 후회할 줄 알고, 배움을 원하는 자들이 있는데, 그들도 혐책하고 분개하고 비난했다.

[수행승들] "어찌 데바닷따는 세존의 참모임을 분열시키고 그 화합을 파괴할 수 있단 말인가?"

1-4. 그래서 그 수행승들은 세존께 그 사실을 알렸다.

[세존] "데바닷따여, 그대가 참모임을 분열시키고 그 화합을 파괴한 것이 사실인가?"

[데바닷따] "세존이시여, 사실입니다."

존귀한 부처님께서는 견책했다.

[세존] "어리석은 자여, 어찌 그대는 참모임을 분열시키고 그 화합을 파괴할 수 있단 말인가? 어리석은 자여, 그것은 아직 청정한 믿음이 없는 자를 청정한 믿음으로 이끌고, 이미 청정한 믿음이 있는 자를 더욱더 청정한 믿음으로 이끄는 것이 아니다. 어리석은 자여, 그것은 오히려, 아직 청정한 믿음이 없는 자를 불신으로 이끌고, 이미 청정한 믿음이 있는 자 가운데 어떤 자들을 타락시키는 것이다."

1-5. 그리고 세존께서는 데바닷따에 대하여 여러 가지 방편으로 견책하여, 키우기 어렵고 부양하기 어렵고 탐욕이 많고 만족을 모르고 교제를 좋아하고 나태한 것에 대해 질책하고, 여러 가지 법문으로 고무하여, 키우기 쉽고 부양하기 쉽고 욕심을 여의고, 만족을 알고, 버리고 없애는 삶, 악을 제거하는 삶, 청정한 믿음의 삶, 쌓아 모우지 않는 삶, 용맹정진의 삶을 칭찬하고, 수행승들을 위하여 그에 알맞고 그에 걸맞게 경책하여 법문을 하고 수행승들에게 일렀다.

[세존] "수행승들이여, 그러므로 수행승들을 위하여 열 가지 이유에 기초하여, 즉 참모임의 수승을 위하여, 참모임의 안락을 위하여, 악한 수행승의 조복을 위하여, 품행이 바른 수행승의 평안한 삶을 위하여, 지금 여기에서의 번뇌의 제어를 위하여, 다가오는 번뇌를 물리치기 위하여, 청정한 믿음이 없는 자에게 청정한 믿음을 주기 위하여, 청정한 믿음이 있는 자에게 청정한 믿음을 증대시키기 위하여, 올바른 가르침을 지속시키기 위하여, 계율을 수호하기 위하여 학습계율을 시설하겠으니, 수행승들이여, 그대들은 이와 같이 학습계율을 송출해야 한다."

[세존] "어떠한 수행승이라도 화합참모임을 파괴하려고 기도하거나, 분열로 이끄는 쟁사를 취하여 공개하여 지지하면, 그 수행승에 대하여 수행승들은 이와 같이 말해야 한다. '존자는 조화로운 참모임을 파괴하려고 기도하거나, 분열로 이끄는 쟁사를 취하여 공개하여 지지하지 마시오. 존자는 참모임과 화합하여야 합니다. 그래야 비로소 참모임이 조화롭고, 친절하고, 다투지 않고, 동일한 가르침 아래 평안하게 지내기 때문입니다.' 이와 같이 그 수행승에 대하여 수행승들이 말하는데도 그와 같이[*173] 고집하면, 그 수행승에 대하여 수행승들은 그가 그것을 그만두도록 세 번까지 충고해야 한다. 세 번까지 충고해서 그가 그만둔다면, 그것은 훌륭한 것이다. 그가 포기하지 않으면, 승단잔류죄를 범하는 것이다."586)

2-1. '어떠한'이라는 것은 어떠한 관계, 어떠한 태생, 어떠한 이름, 어떠한 성씨, 어떠한 계행, 어떠한 주거, 어떠한 활동영역에서 이든지, 장로이든지, 신참이든지, 중참이든지, 이러한 자들을 형용하는 것으로 '어떠한 자이든'이라는 뜻이다. '수행승이라고 하는 것은 '탁발하는 자'로서의 수행승, 탁발을 위해 돌아다니는 자로서의 수행승, 분소의를 입은 자로서의 수행승, 사미로서의 수행승, 자칭에 의한 수행승, '오라! 수행승이여!'에 의한 수행승, 삼귀의에 의해 구족계를 받은 수행승, 현선한 수행승, 진실한 수행승, 배울 것이 있는 학인인 수행승, 배울 것이 없는 무학인 수행승, 화합참모임과 한번제안세번제청의 갈마와 부동의 거룩한 님의 속성을 갖춘 자로서의 수행승이 있는데, 그들 가운데 화합참모임과

---

586) 파승위간계(破僧違諫戒) | Bhikkhunī Saṅgh. 10 : yo pana bhikkhu samaggassa saṅghassa bhedāya parakkameyya, bhedanasaṃvattanikaṃ vā adhikaraṇaṃ samādāya paggayha tiṭṭheyya, so bhikkhu bhikkhūhi evamassa vacanīyo: mā āyasmā samaggassa saṅghassa bhedāya parakkami, bhedanasaṃvattanikaṃ vā adhikaraṇaṃ samādāya paggayha aṭṭhāsi, samet'āyasmā saṅghena samaggo hi saṅgho sammodamāno avivadamāno ekuddeso phāsu viharatī'ti. evañca so bhikkhu bhikkhūhi vuccamāno tath'eva pagganheyya, so bhikkhu bhikkhūhi yāvatatiyaṃ samanubhāsitabbo tassa paṭinissaggāya, yāvatatiyañc'eva samanubhāsiyamāno taṃ paṭinissajeyya, iccetaṃ kusalaṃ. no ce paṭinissajeyya, saṅghādiseso'ti.

한번제안세번제청의 갈마와 부동의 거룩한 님의 속성을 갖춘 수행승을 두고, 그러한 의미에서의 수행승을 뜻한다. '화합'이라는 것은 참모임이 동등하게 살고 동일한 결계 안에 있는 것을 뜻한다. '분열을 기도하면'이라는 것은 '어떻게 이들이 분열되고, 달라지고, 불화될 수 있는가.'라고 분단을 찾고, 무리를 결속하는 것을 뜻한다. '분열로 이끄는 쟁사'라는 것은 열여덟 가지 사항[587]을 뜻한다. '취하여'라는 것은 '가지고'라는 뜻이다. '공개하여'라는 것은 '밝히고자 하면'이라는 뜻이다. '지지하면'이라는 것은 '포기하지 않으면'이라는 뜻이다. '그 수행승에 대하여'라는 것은 '참모임을 분열시키는 수행승'을 뜻한다.

2-2₁. '수행승들'은 보거나 혹은 들은 다른 수행승들을 뜻하는데, 그들이 그에게 말해야 한다.

[권유1] '존자는 조화로운 참모임을 파괴하려고 기도하거나, 분열로 이끄는 쟁사를 취하여 공개하여 지지하지 마시오. 존자는 참모임과 화합하여야 합니다. 그래야 비로소 참모임은 조화롭고, 친절하고, 다투지 않고, 동일한 가르침 아래 평안하게 지내기 때문입니다.'

두 번째에도 그들이 그에게 말해야 한다.

[권유2] '존자는 조화로운 참모임을 파괴하려고 기도하거나, 분열로 이끄는 쟁사를 취하여 공개하여 지지하지 마시오. 존자는 참모임과 화합하여야 합니다. 그래야 비로소 참모임은 조화롭고, 친절하고, 다투지 않고, 동일한 가르침 아래 평안하게 지내기 때문입니다.'

세 번째에도 그들이 그에게 말해야 한다.

[권유3] '존자는 조화로운 참모임을 파괴하려고 기도하거나, 분열로 이끄는 쟁사를 취하여 공개하여 지지하지 마시오. 존자는 참모임과 화합하여야 합니다. 그래야 비로소 참모임은 조화롭고, 친절하고, 다투지 않고, 동일한 가르침 아래

---

587) aṭṭhārasabhedakaravatthūni : Vin. II. 204에도 주어져 있다. *1)* 원칙이 아닌 것을 원칙이라고 밝히고 *2)* 원칙을 원칙이 아닌 것이라고 밝히고, *3)* 계율이 아닌 것을 계율이라고 밝히고, *4)* 계율을 계율이 아닌 것이라고 밝히고, *5)* 여래가 설하거나 말한 것이 아닌 것을 여래가 설하거나 말한 것이라고 밝히고 *6)* 여래가 설하거나 말한 것을 여래가 설하거나 말한 것이 아닌 것이라고 밝히고, *7)* 여래가 행한 것이 아닌 것을 여래가 행한 것이라고 밝히고 *8)* 여래가 행한 것을 여래가 행한 것이 아닌 것이라고 밝히고, *9)* 여래가 시설한 것이 아닌 것을 여래가 시설한 것이라고 밝히고 *10)* 여래가 시설한 것을 여래가 시설한 것이 아닌 것이라고 밝히고, *11)* 죄가 아닌 것을 죄인 것이라고 밝히고 *12)* 죄인 것을 죄가 아닌 것이라고 밝히고, *13)* 가벼운 죄를 무거운 죄라고 밝히고 *14)* 무거운 죄를 가벼운 죄라고 밝히고, *15)* 용서할 수 있는 죄를 용서할 수 없는 죄라고 밝히고, *16)* 용서할 수 없는 것을 용서할 수 있는 죄라고 밝히고, *17)* 거칠지 않은 죄를 거친 죄라고 밝히고, *18)* 거친 죄를 거칠지 않은 죄라고 밝힌다. 이 가운데, 첫 열 가지 사항은 AN. I. 19에도 등장한다.

평안하게 지내기 때문입니다.'

2-2₂. 만약에 그가 그것을 그만둔다면, 훌륭한 일이지만, 그만두지 않는다면, 악작죄를 범하는 것이다. 듣고도 말하지 않으면, 악작죄를 범하는 것이다. 그 수행승을 참모임 가운데에로 인도한 뒤에, 그에게 이와 같이 말해야 한다.

[권유1] '존자는 조화로운 참모임을 파괴하려고 기도하거나, 분열로 이끄는 쟁사를 취하여 공개하여 지지하지 마시오. 존자는 참모임과 화합하여야 합니다. 그래야 비로소 참모임은 조화롭고, 친절하고, 다투지 않고, 동일한 가르침 아래 평안하게 지내기 때문입니다.'

두 번째에도 그에게 이와 같이 말해야 한다.

[권유2] '존자는 조화로운 참모임을 파괴하려고 기도하거나, 분열로 이끄는 쟁사를 취하여 공개하여 지지하지 마시오. 존자는 참모임과 화합하여야 합니다. 그래야 비로소 참모임은 조화롭고, 친절하고, 다투지 않고, 동일한 가르침 아래 평안하게 지내기 때문입니다.'

세 번째에도 그에게 이와 같이 말해야 한다.

[권유3] '존자는 조화로운 참모임을 파괴하려고 기도하거나, 분열로 이끄는 쟁사를 취하여 공개하여 지지하지 마시오. 존자는 참모임과 화합하여야 합니다. 그래야 비로소 참모임은 조화롭고, 친절하고, 다투지 않고, 동일한 가르침 아래 평안하게 지내기 때문입니다.'

2-2₃. 만약에 그가 그것을 그만둔다면, 훌륭한 일이지만, 그만두지 않는다면, 악작죄를 범하는 것이다. 그 수행승에 대하여 수행승들은 충고해야 한다. 수행승들이여, 이와 같이 충고해야 한다. 총명하고 유능한 수행승이 참모임에 알려야 한다.

[제안] '존자들이여, 참모임은 저의 말을 들으십시오. 여기 이러이러한 수행승이 조화로운 참모임의 분열을 기도합니다. 그가 그 일을 그만두지 않습니다. 만약에 참모임에 옳은 일이라면, 참모임은 이러이러한 수행승에 대하여, 그가 그 일을 그만두도록 충고하겠습니다. 이것이 제안입니다.'

[제청1] "존자들이여, 참모임은 저의 말을 들으십시오. 여기 이러이러한 수행승이 조화로운 참모임의 분열을 기도합니다. 그가 그 일을 그만두지 않습니다. 참모임이[*174] 이러이러한 수행승에 대하여, 그가 그 일을 그만두도록 충고합니다. 존자들 가운데 누구든지 이러이러한 수행승에 대하여, 그가 그 일을 그만두도록 충고하는 것에 동의하면 침묵하시고, 이견이 있으시면 말씀하십시오.'

[제청2] “두 번째에도 그 사실을 저는 말합니다. 존자들이여, 참모임은 저의 말을 들으십시오. 여기 이러이러한 수행승이 조화로운 참모임의 분열을 기도합니다. 그가 그 일을 그만두지 않습니다. 참모임이 이러이러한 수행승에 대하여, 그가 그 일을 그만두도록 충고합니다. 존자들 가운데 누구든지 이러이러한 수행승에 대하여, 그가 그 일을 그만두도록 충고하는 것에 동의하면 침묵하시고, 이견이 있으시면 말씀하십시오.’

[제청3] “세 번째에도 그 사실을 저는 말합니다. 존자들이여, 참모임은 저의 말을 들으십시오. 여기 이러이러한 수행승이 조화로운 참모임의 분열을 기도합니다. 그가 그 일을 그만두지 않습니다. 참모임이 이러이러한 수행승에 대하여, 그가 그 일을 그만두도록 충고합니다. 존자들 가운데 누구든지 이러이러한 수행승에 대하여, 그가 그 일을 그만두도록 충고하는 것에 동의하면 침묵하시고, 이견이 있으시면 말씀하십시오.’

[결정] ‘이러이러한 수행승에 대하여, 그가 그 일을 그만두도록 충고했습니다. 참모임이 찬성하여 침묵했으므로, 저는 그와 같이 알겠습니다.’”

2-3. 제안에 의해서 악작죄, 두 제청[588]에 의해서 추악죄, 제청의 끝냄에 의해서 승단잔류죄가 성립한다. 승단잔류죄를 범하는 자에게는 제안에 의한 악작죄, 두 제청에 의한 추악죄는 제외된다. ‘승단잔류죄’라는 것은 ‘참모임이 그 잘못에 대하여 격리처벌을 주고, 가중처벌을 주고, 참회처벌을 주고, 출죄복귀시키는 것’을 뜻하며, 몇몇 사람이나 한 사람의 일이 아니기 때문에 승단잔류죄라고도 하고 그 죄의 다발에 대한 갈마와 관련하여 승단잔류죄라고도 한다.

3-1₁.

1) 원칙에 입각한 갈마에 대하여 원칙에 입각한 갈마라고 지각하고[589] 그만두지 않으면, 승단잔류죄를 범하는 것이다.
2) 원칙에 입각한 갈마에 대하여 의심하여 그만두지 않으면, 승단잔류죄를 범하는 것이다.
3) 원칙에 입각한 갈마에 대하여 원칙에 입각하지 않은 갈마라고 지각하고 그만두

---

588) dvīhi kammavācāhi : 한역을 빌면, ‘두 갈마어(羯磨語)에 의해서’라는 뜻인데, 갈마어는 Vin. I. 317에서의 결의(決議 anussāvanā)를 말한다. 따라서 결의는 역자의 번역에서는 제청을 의미한다. 한번제안세번제청갈마에서 ‘두 결의 즉, 두 제청에 의해서’라는 뜻이다.

589) dhammakamme dhammakammasaññī : Vin. I. 37에서 원칙에 입각한 갈마는 갈마가 행해질 조건을 갖춘 갈마를 말하며, 원칙에 입각하지 않은 갈마에 대해서는 제안과 제청에 관계된 12가지 갈마가 열거된다.

지 않으면, 승단잔류죄를 범하는 것이다.

3-1₂.

1) 원칙에 입각하지 않은 갈마에 대하여 원칙에 입각한 갈마라고 지각하면, 악작죄를 범하는 것이다.
2) 원칙에 입각하지 않은 갈마에 대하여 원칙에 입각하지 않은 갈마인지 의심하면, 악작죄를 범하는 것이다.
3) 원칙에 입각하지 않은 갈마에 대하여 원칙에 입각하지 않은 갈마라고 지각하지 않으면, 악작죄를 범하는 것이다.

3-2. 충고받지 못했거나, 포기하는 경우이거나, 정신이 착란된 자이거나, 마음이 심란한 자이거나, 애통해 하는 자이거나, 초범자인 경우는 무죄이다.

2. 11 승단잔류죄법 제11조

참모임분열에 대한 학습계율②[Dutiyasaṅghabhedasikkhāpada]

1-1. 한때 존귀한 부처님께서는 라자가하 시에 있는 벨루바나 숲의 깔란다까니바빠 공원에 계셨다. 그런데 그때 데바닷따가 조화로운 참모임을 파괴하려고 기도했다. 수행승들이 이와 같이 말했다.

[수행승들] "데바닷따는 가르침이 아닌 것을 말하고, 계율이 아닌 것을 말합니다. 어찌 데바닷따가 조화로운 참모임을 파괴하려고 기도할 수 있단 말입니까?"

이와 같이 말하자, 꼬깔리까와 까따모라까띳싸와 칸다데비야뿟따와 싸무다닷따가 이 수행승들에게 말했다.

[꼬깔리까 등] "존자들이여, 그렇게 말하지 마십시오.[*175] 데바닷따는 가르침을 말하고, 계율을 말합니다. 데바닷따는 우리의 의도와 취향을 취하여 표현하고, 우리를 위해 말하는 것이 우리에게 알맞은 것인가를 압니다."590)

수행승들 가운데 욕망을 여읜 자들은 혐책하고 분개하고 비난했다.

[욕망을 여읜 수행승들] "어찌 수행승들이 데바닷따가 참모임의 분열을 도모하는 것을 따르고 편들 수가 있단 말인가?"591)

---

590) jānāti. no bhāsati, ambhākampetaṃ khamatī'ti : Smp. 611에 따르면, '그는 우리의 욕망 등을 압니다.'라는 뜻이다.

591) kathaṃ hi nāma bhikkhū devadattassa saṅghabhedāya parakkamantassa anuvattakā bhavissanti vaggavādakā'ti : Smp. 611에 따르면, '따른다'는 것은 그의 의견, 취향, 동의를 따른다는 뜻이고 '편을 든다'는 것은 적의

1-2. 그래서 그 수행승들은 세존께 그 사실을 알렸다. 그러자 세존께서는 이러한 인연으로 이러한 기회에 수행승들의 참모임을 불러 모으게 하고 여섯무리의 수행승들에게 물었다.

[세존] "수행승들이여, 수행승들이 데바닷따가 참모임의 분열을 도모하는 것을 따르고 편든 것이 사실인가?"

[수행승들] "세존이시여, 사실입니다."

존귀한 부처님께서는 견책했다.

[세존] "수행승들이여, 그 어리석은 자들은 적절하지 않고, 자연스럽지 않고, 알맞지 않고, 수행자의 삶이 아니고, 부당하고, 해서는 안 될 일을 행한 것이다. 수행승들이여, 어찌 그 어리석은 자들이 데바닷따가 참모임의 분열을 도모하는 것을 따르고 편들 수 있단 말인가? 수행승들이여, 그것은 아직 청정한 믿음이 없는 자를 청정한 믿음으로 이끌고, 이미 청정한 믿음이 있는 자를 더욱더 청정한 믿음으로 이끄는 것이 아니다. 수행승들이여, 그것은 오히려, 아직 청정한 믿음이 없는 자를 불신으로 이끌고, 이미 청정한 믿음이 있는 자 가운데 어떤 자들을 타락시키는 것이다."

1-3. 그리고 세존께서는 그 수행승들에 대하여 여러 가지 방편으로 견책하여, 키우기 어렵고 부양하기 어렵고 탐욕이 많고 만족을 모르고 교제를 좋아하고 나태한 것에 대해 질책하고, 여러 가지 법문으로 고무하여, 키우기 쉽고 부양하기 쉽고 욕심을 여의고, 만족을 알고, 버리고 없애는 삶, 악을 제거하는 삶, 청정한 믿음의 삶, 쌓아 모우지 않는 삶, 용맹정진의 삶을 칭찬하고, 수행승들을 위하여 그에 알맞고 그에 걸맞게 경책하여 법문을 하고 수행승들에게 일렀다.

[세존] "수행승들이여, 그러므로 수행승들을 위하여 열 가지 이유에 기초하여, 즉 참모임의 수승을 위하여, 참모임의 안락을 위하여, 악한 수행승의 조복을 위하여, 품행이 바른 수행승의 평안한 삶을 위하여, 지금 여기에서의 번뇌의 제어를 위하여, 다가오는 번뇌를 물리치기 위하여, 청정한 믿음이 없는 자에게 청정한 믿음을 주기 위하여, 청정한 믿음이 있는 자에게 청정한 믿음을 증대시키기 위하여, 올바른 가르침을 지속시키기 위하여, 계율을 수호하기 위하여 학습계율을 시설하니, 수행승들이여, 그대들은 이와 같이 학습계율을 송출해야 한다."

[세존] "만약 수행승이 수행승들을 하나나 둘이나 셋이나 거느리고 있는데, 그들

편을 따르지 않는다는 뜻이다.

이 그를 따르고 편을 들고 말하길 '존자들이여, 그 수행승에 대하여 어떠한 것이든 말하지 마십시오. 그 수행승은 가르침을 말하고, 계율을 말합니다. 그 수행승은 우리의 의도와 취향을 취하여 표현하고, 우리를 위해 말하는 것이 우리에게 알맞은 것인가를 압니다.'라고 말하면, 수행승들은 그 수행승들에게 이와 같이 말해야 한다. '존자들이여, 그렇게 말하지 마시오. 그 수행승은 가르침을 말하지 않고, 계율을 말하지 않습니다. 존자들도 승단의 분열을 좋아하지 마십시오. 존자들께서는 참모임과 화합하여야 합니다. 그래야 비로소 참모임이 조화롭고, 친절하고, 다투지 않고, 동일한 가르침 아래 평안하게 지내기 때문입니다.' 이와 같이 그 수행승들이 그 수행승들에게 말하는데도 그대로 고집하면, 그 수행승들이 그 수행승들에게 그것을 그만두도록 세 번까지 충고하여야 한다. 세 번까지 충고하여 그것을 그만둔다면, 훌륭한 일이지만, 만약에 그만두지 않는다면, 승단잔류죄를 범하는 것이다."592)

2-1. '수행승'이라는 것은 그 참모임의 분열을 야기하는 수행승을 뜻한다. '수행승들을 거느린다.'라는 것은 다른 수행승들을 거느린다는 뜻이다. '따르고'라는 것은 어떤 견해, 어떤 이해, 어떤 경향이 있는데, 그들도 그러한 견해, 그러한 이해, 그러한 경향을 갖는 것을 뜻한다. '편들고'라는 것은 그러한 종류에 속하고 편에 서 있다는 뜻이다. '하나나 둘이나 셋'이라는 것은 하나나 둘이나 셋이 있다는 뜻이다. '그들이 이와 같이 말한다면'이라는 것은 "'존자들이여, 그 수행승에 대하여 어떠한 것이든 말하지 마십시오. 그 수행승은 가르침을 말하고, 계율을 말합니다. 그 수행승은 우리의 의도와 취향을 취하여[*176] 표현하고, 우리를 위해 말하는 것이 우리에게 알맞은 것인가를 압니다.'라고 말한다면"이라는 뜻이다. '그 수행승들에게'라는 것은 그 따르는 수행승들을 뜻한다.

2-2₁. '그 수행승들은'이라는 것은 보고 또한 들은 다른 수행승들을 뜻하는데,

592) 조파승위간계(助破僧違諫戒) | Bhikkhunī Saṅgh. 11 : tasseva kho pana bhikkhussa bhikkhū honti anuvattakā vaggavādakā eko vā dve vā tayo vā, te evaṃ vadeyyuṃ: mā āyasmanto etaṃ bhikkhuṃ kiñci avacuttha, dhammavādī ceso bhikkhū vinayavādī ceso bhikkhu amhākaṃ ceso bhikkhu chandañca ruciñca ādāya voharati, jānāti no bhāsati, amhākampetaṃ khamatī'ti. te bhikkhu bhikkhūhi evamassu vacanīyā: mā āyasmanto evaṃ avacuttha, na ceso bhikkhu dhammavādī, na ceso bhikkhu vinayavādī, mā āyasmantānampi saṅghabhedo ruccittha. smet'āyasmantānaṃ saṅghena, samaggo hi saṅgho sammodamāno avivadamāno ekuddeso phāsu viharatī'ti. evañca te bhikkhu bhikkhūhi vuccamānā tatheva paggaṇheyyuṃ, te bhikkhu bhikkhūhi yāvatatiyaṃ samanubhāsitabbā tassa paṭinissaggāya. yāva tatiyañce samanubhāsiyamānā taṃ paṭinissajeyyuṃ, iccetuṃ kusalaṃ, no ce paṭinissajeyyuṃ, saṅghādiseso'ti.

그들은 이와 같이 말해야 한다.

[권유1] '존자들이여, 그렇게 말하지 마시오. 그 수행승은 가르침을 말하지 않고, 계율을 말하지 않습니다. 존자들도 승단의 분열을 좋아하지 마십시오. 존자들께서는 참모임과 화합하여야 합니다. 그래야 비로소 참모임이 조화롭고, 친절하고, 다투지 않고, 동일한 가르침 아래 평안하게 지내기 때문입니다.'

두 번째에도 그들은 이와 같이 말해야 한다.

[권유2] '존자들이여, 그렇게 말하지 마시오. 그 수행승은 가르침을 말하지 않고, 계율을 말하지 않습니다. 존자들도 승단의 분열을 좋아하지 마십시오. 존자들께서는 참모임과 화합하여야 합니다. 그래야 비로소 참모임이 조화롭고, 친절하고, 다투지 않고, 동일한 가르침 아래 평안하게 지내기 때문입니다.'

세 번째에도 그들은 이와 같이 말해야 한다.

[권유3] '존자들이여, 그렇게 말하지 마시오. 그 수행승은 가르침을 말하지 않고, 계율을 말하지 않습니다. 존자들도 승단의 분열을 좋아하지 마십시오. 존자들께서는 참모임과 화합하여야 합니다. 그래야 비로소 참모임이 조화롭고, 친절하고, 다투지 않고, 동일한 가르침 아래 평안하게 지내기 때문입니다.'

2-2₂. 만약에 그들이 그것을 그만둔다면, 훌륭한 일이지만, 그만두지 않으면, 악작죄를 범하는 것이다. 듣고 말하지 않으면, 악작죄를 범하는 것이다. 그 수행승들을 참모임 가운데로 인도하여 그들에게 이와 같이 말해야 한다.

[권유1] '존자들이여, 그렇게 말하지 마시오. 그 수행승은 가르침을 말하지 않고, 계율을 말하지 않습니다. 존자들도 승단의 분열을 좋아하지 마십시오. 존자들께서는 참모임과 화합하여야 합니다. 그래야 비로소 참모임이 조화롭고, 친절하고, 다투지 않고, 동일한 가르침 아래 평안하게 지내기 때문입니다.'

두 번째에도 그들은 이와 같이 말해야 한다.

[권유2] '존자들이여, 그렇게 말하지 마시오. 그 수행승은 가르침을 말하지 않고, 계율을 말하지 않습니다. 존자들도 승단의 분열을 좋아하지 마십시오. 존자들께서는 참모임과 화합하여야 합니다. 그래야 비로소 참모임이 조화롭고, 친절하고, 다투지 않고, 동일한 가르침 아래 평안하게 지내기 때문입니다.'

세 번째에도 그들은 이와 같이 말해야 한다.

[권유3] '존자들이여, 그렇게 말하지 마시오. 그 수행승은 가르침을 말하지 않고, 계율을 말하지 않습니다. 존자들도 승단의 분열을 좋아하지 마십시오. 존자들께서는 참모임과 화합하여야 합니다. 그래야 비로소 참모임이 조화롭고, 친절

하고, 다투지 않고, 동일한 가르침 아래 평안하게 지내기 때문입니다.'

만약에 그들이 그것을 그만둔다면, 훌륭한 일이지만, 그만두지 않으면, 악작죄를 범하는 것이다.

2-3. '그 수행승들은 그 수행승들을 충고해야 한다.'라는 것은 다음과 같다. 수행승들이여, 이와 같이 충고해야 한다. 총명하고 유능한 수행승이 참모임에 알려야 한다.

[제안] '존자들이여, 참모임은 저의 말을 들으십시오. 여기 이러이러하고 이러이러한 수행승들이 참모임의 분열을 기도하는 자를 따르고 편듭니다. 그들이 그 일을 그만두지 않습니다. 만약에 참모임에 옳은 일이라면, 참모임은 이러이러하고 이러이러한 수행승들에 대하여, 그들이 그 일을 그만두도록 충고하겠습니다. 이것이 제안입니다.'

[제청1] '존자들이여, 참모임은 저의 말을 들으십시오. 여기 이러이러하고 이러이러한 수행승들이 참모임의 분열을 기도하는 자를 따르고 편듭니다. 그들이 그 일을 그만두지 않습니다. 참모임은 이러이러하고 이러이러한 수행승들에 대하여, 그들이 그 일을 그만두도록 충고합니다. 존자들 가운데 누구든지 이러이러하고 이러이러한 수행승들에 대하여, 그들이 그 일을 그만두도록 충고하는 것에 동의하면 침묵하시고, 이견이 있으시면 말씀하십시오.'

[제청2] '두 번째에도 그 사실을 저는 말합니다. 존자들이여, 참모임은 저의 말을 들으십시오. 여기 이러이러하고 이러이러한 수행승들이 참모임의 분열을 기도하는 자를 따르고 편듭니다. 그들이 그 일을 그만두지 않습니다. 참모임은 이러이러하고 이러이러한 수행승들에 대하여, 그들이 그 일을 그만두도록 충고합니다. 존자들 가운데 누구든지 이러이러하고 이러이러한 수행승들에 대하여, 그들이 그 일을 그만두도록 충고하는 것에 동의하면 침묵하시고, 이견이 있으시면 말씀하십시오.'

[제청3] '세 번째에도 그 사실을 저는 말합니다. 존자들이여, 참모임은 저의 말을 들으십시오. 여기 이러이러하고 이러이러한 수행승들이 참모임의 분열을 기도하는 자를 따르고 편듭니다. 그들이 그 일을 그만두지 않습니다. 참모임은 이러이러하고 이러이러한 수행승들에 대하여, 그들이 그 일을 그만두도록 충고합니다. 존자들 가운데 누구든지 이러이러하고 이러이러한 수행승들에 대하여, 그들이 그 일을 그만두도록 충고하는 것에 동의하면 침묵하시고, 이견이 있으시면 말씀하십시오.'

[결정] '이러이러하고 이러이러한 수행승들에 대하여, 그들이 그 일을 그만두도록 충고했습니다. 참모임이 찬성하여 침묵했으므로, 저는 그와 같이 알겠습니다.'"

2-4. 제안에 의해서 악작죄, 두 제청에 의해서 추악죄, 제청의 끝냄에 의해서 승단잔류죄가 성립한다 승단잔류죄를 범하는 자에게는 제안에 의한 악작죄, 두 제청에 의한 추악죄는 제외된다. 두 명이나 세 명은 한 곳에서 충고 받을 수 있다. 그 이상은 한 곳에서 충고 받아서는 안 된다. '승단잔류죄'라는 것은 '참모임이 그 잘못에 대하여 격리처벌을 주고, 가중처벌을 주고, 참회처벌을 주고, 출죄복귀시키는 것'을 뜻하며, 몇몇 사람이나 한 사람의 일이 아니기 때문에 승단잔류죄라고도 하고 그 죄의 다발에 대한 갈마와 관련하여 승단잔류죄라고도 한다.

2-5₁.

1) 원칙에 입각한 갈마에 대하여[*177] 원칙에 입각한 갈마라고 지각하고 그만두지 않으면, 승단잔류죄를 범하는 것이다.
2) 원칙에 입각한 갈마에 대하여 의심하여 그만두지 않으면, 승단잔류죄를 범하는 것이다.
3) 원칙에 입각한 갈마에 대하여 원칙에 입각하지 않은 갈마라고 지각하고 그만두지 않으면, 승단잔류죄를 범하는 것이다.

2-5₂.

1) 원칙에 입각하지 않은 갈마에 대하여 원칙에 입각한 갈마라고 지각하면, 악작죄를 범하는 것이다.
2) 원칙에 입각하지 않은 갈마에 대하여 원칙에 입각하지 않은 갈마인지 의심하면, 악작죄를 범하는 것이다.
3) 원칙에 입각하지 않은 갈마에 대하여 원칙에 입각하지 않은 갈마라고 지각하지 않으면, 악작죄를 범하는 것이다.

2-6. 충고받지 못했거나, 포기하는 경우이거나, 정신이 착란된 자이거나, 마음이 심란한 자이거나, 애통해 하는 자이거나, 초범자의 경우는 무죄이다.

2. 12 승단잔류죄법 제12조

남이 충고할 수 없는 것에 대한 학습계율[Dubbacasikkhāpada]

1-1. 한때 존귀한 부처님께서 꼬쌈비 시에 있는 고씨따라마[593] 승원에 계셨다.

그런데 그때 존자 찬나[594]가 비행을 저질렀다. 수행승들이 이와 같이 말했다.

[수행승들] "벗이여 찬나여, 그와 같은 짓을 하지 마시오. 그것은 옳지 않습니다."[595]

그는 이와 같이 말했다.

[찬나] "벗들이여, 어찌 그대들은 나에게 충고해야 한다고 생각합니까? 나야말로 그대들에게 충고해야 합니다.[596] 부처님도 우리를 위해서, 가르침도 우리를 위해서, 진리도 우리를 위해서 스승께서 꿰뚫어 보신 것[597]입니다. 예를 들어, 큰 바람이 불어 풀과 나무의 잎사귀의 쓰레기들을 한꺼번에 생겨나게 하듯, 강이 산상으로부터 흘러내려[598] 여러 가지 수초[599]를 한꺼번에 생겨나게 하듯, 이와 같이 그대들은 여러 가지 이름, 여러 가지 성, 여러 가지 출생, 여러 가지 가문에서 출가하여 한곳에 생겨나게 하는 것과 같습니다. 벗들이여, 어찌 그대들은 나에게 말을 걸어야 한다고 생각합니까? 나야말로 그대들에게 말을 걸어야 합니다. 부처님도 우리를 위해서, 가르침도 우리를 위해서, 진리도 우리를 위해서 스승께서 꿰뚫어 보신 것입니다."

수행승들 가운데 욕망을 여읜 자들은 혐책하고 분개하고 비난했다.

[욕망을 여읜 수행승들] "어찌 존자 찬나는, 수행승들이 원칙에 맞게 충고하는데도 자신은 충고를 받아서는 안 된다고 할 수 있단 말인가?"

---

593) Ghositārāma : 한역에서는 미음정사(美音精舍)라고 한다. 부처님과 수행승들을 위해 고씨따라마(Ghosita)가 지은 승원이다. 부처님께서 꼬쌈비(Kosambī) 시를 방문할 때면 자주 머물던 곳이다. 이 승원에는 가르침에 정통한 한 승려와 계율에 정통한 한 승려가 있었는데, 그들의 첫 번째 승단분열의 논쟁을 일으킨 곳으로 유명하다.

594) Channa : Srp. II. 317에 따르면, 그는 여래와 한 날 한 시에 태어나 위대한 유성출가의 날에(mahābhinikkhammadivase) 함께 했고 나중에 스승 앞에 출가하여 청정한 수행승들에게 '나의 부처님, 나의 가르침'이라고 하면서 무례하고 악의적으로 욕지거리를 해서 그들과 충돌한 수행승이다. Vin. II. 21에서 그는 죄를 짓고도 인지하려 하지 않아서 권리정지조치를 받았다. Vin. II. 88에서 수행녀들의 편을 들어 수행승들과 충돌했다. Vin. II. 290에서는 부처님께서 완전한 열반에 드실 때에 수행승들이 찬나에게 '하느님의 처벌(梵罰 : brahmadaṇḍa)로서 대화의 차단을 의미하는 침묵으로 대할 것을 지시했다. 그러나 그는 DN. II. 154에 따르면, 거룩한 님[阿羅漢]이 되었다.

595) mā āvuso channa, evarūpaṃ akāsi. netaṃ kappatī'ti : 승단잔류죄 7에서도 찬나는 저촉되었다.

596) ahaṃ kho nāma tumhe vadeyyaṃ : Smp. 512에 따르면, "부처님께서 애마 깐타까를 타고 나와 함께 집을 떠나 출가했기 때문에 나야말로 그대에게 '이것은 하라. 이것은 하지 말라.'라고 말해야 합니다."라는 뜻이다.

597) amhākaṃ buddho amhākaṃ dhammo amhākaṃ ayyaputtena dhammo abhisamito : Smp. 512에 따르면, '네 가지 거룩한 가르침과 진리는 고귀한 님(ayyaputta)에 의해서 우리를 위하여 꿰뚫어졌다.'는 뜻이며, 수행승들은 그에게 적대적이었으므로 '참모임도 우리를 위해서'라는 말은 하지 않았다.

598) nadī pabbateyyā : Smp. 512에 따르면, '근원이 산상에 있는 강'이라는 뜻이다.

599) saṅkhasevālapaṇaka : Smp. 512에 따르면, 'saṅkha'는 긴 뿌리를 가진 잎과 이끼를 말하고, 'sevāla'는 검은 이끼를 말하고, 'paṇaka'는 갖가지 수초를 말한다.

1-2. 그래서 그 수행승들은 세존께 그 사실을 알렸다. 그러자 세존께서는 이러한 인연으로 이러한 기회에 수행승들의 참모임을 불러 모으게 하고 존자 찬나에게 물었다.

[세존] "찬나여, 수행승들이 원칙에 맞게 충고하는 데도, 그대는 충고를 받아서는 안 된다고 한 것이 사실인가?"

[찬나] "세존이시여, 사실입니다."

존귀한 부처님께서는 견책했다.

[세존] "어리석은 자여, 어찌 그대는 수행승들이 원칙에 맞게 충고하는 데도 자신은 충고를 받아서는 안 된다고 할 수 있단 말인가? 어리석은 자여, 그것은 아직[*178] 청정한 믿음이 없는 자를 청정한 믿음으로 이끌고, 이미 청정한 믿음이 있는 자를 더욱더 청정한 믿음으로 이끄는 것이 아니다. 어리석은 자여, 그것은 오히려, 아직 청정한 믿음이 없는 자를 불신으로 이끌고, 이미 청정한 믿음이 있는 자 가운데 어떤 자들을 타락시키는 것이다."

1-3. 그리고 세존께서는 존자 찬나에 대하여 여러 가지 방편으로 견책하여, 키우기 어렵고 부양하기 어렵고 탐욕이 많고 만족을 모르고 교제를 좋아하고 나태한 것에 대해 질책하고, 여러 가지 법문으로 고무하여, 키우기 쉽고 부양하기 쉽고 욕심을 여의고, 만족을 알고, 버리고 없애는 삶, 악을 제거하는 삶, 청정한 믿음의 삶, 쌓아 모우지 않는 삶, 용맹정진의 삶을 칭찬하고, 수행승들을 위하여 그에 알맞고 그에 걸맞게 경책하여 법문을 하고 수행승들에게 일렀다.

[세존] "수행승들이여, 그러므로 수행승들을 위하여 열 가지 이유에 기초하여, 즉 참모임의 수승을 위하여, 참모임의 안락을 위하여, 악한 수행승의 조복을 위하여, 품행이 바른 수행승의 평안한 삶을 위하여, 지금 여기에서의 번뇌의 제어를 위하여, 다가오는 번뇌를 물리치기 위하여, 청정한 믿음이 없는 자에게 청정한 믿음을 주기 위하여, 청정한 믿음이 있는 자에게 청정한 믿음을 증대시키기 위하여, 올바른 가르침을 지속시키기 위하여, 계율을 수호하기 위하여 학습계율을 시설하니, 수행승들이여, 그대들은 이와 같이 학습계율을 송출해야 한다."

[세존] "만약에 수행승이 남이 충고할 수 없는 자로서600) 교계에 포함된601)

600) dubbacajātiko : Smp. 612에 따르면, '그에게 말을 거는 것이 불가능한 자'를 뜻한다.

601) uddesapariyāpannesu : 여기서 교계라는 것은 의무계율(pāṭimokkha)을 말한다.

학습계율 가운데 수행승들이 원칙에 맞게602) 충고하는 데도 자신은 충고를 받아서는 안 된다고 '존자들이여, 나에게 선이건 악이건 어떠한 충고도 하지 말라. 나도 또한 존자들에게 선이건 악이건 어떠한 충고도 하지 않겠다. 존자들은 나에게 충고하지 말라.'라고 한다면, 수행승들은 그 수행승에게 이와 같이 '존자여, 자신을 남이 충고할 수 없는 자로 만들지 마십시오. 존자여, 자신을 남이 충고할 수 있는 자로 만드십시오. 존자도 원칙에 맞게 수행승에게 충고할 수 있어야 하고 수행승들도 존자에게 원칙에 맞게 충고할 수 있어야 합니다. 이와 같이 하면, 서로서로 말하고 서로서로 돕는 세존의 제자의 무리들이 증가하는 것입니다.' 이와 같이 그 수행승에 대하여 수행승들이 충고하는 데도 그와 같이 고집하면, 그 수행승에 대하여 수행승들은 그가 그것을 그만두도록 세 번까지 충고해야 한다. 세 번까지 충고해서 그가 그만둔다면, 그것은 훌륭한 것이다. 그가 그만두지 않으면, 승단잔류죄를 범하는 것이다."603)

2-1. '수행승이 남이 충고할 수 없는 자로서'라는 것은 남이 충고하기 어려운 자로서 남이 충고하기 어려운 성격을 갖추고, 이해가 없고, 가르침에 대해 서투른 파악을 하는 자를 뜻한다.604) '교계에 포함된 학습계율에 대하여'이라는 것은 의무계율에 포함된 학습계율에 대한 것을 뜻한다. '수행승들'이라는 것은 다른 수행승들을 뜻한다. '원칙에 맞게'라는 것은 세존에 의해서 시설된 학습계율이 있는데, '그 원칙에 맞게'라는 뜻이다. '충고하는 데도 자신은 충고를 받아서는 안 된다고 '존자들이여, 나에게 선이건 악이건 어떠한 충고도 하지 말라. 나도

602) sahadhammikaṃ : Smp. 612에 따르면, '부처님께서 가르친 학습계율에 맞게'라는 뜻이다.

603) 악성거승위간계(惡性拒僧違諫戒) | Bhikkhunī Saṅgh. 12 : bhikkhu paneva dubbacajātiko hoti, uddesapariyāpannesu sikkhāpadesu bhikkhūhi sahadhammikaṃ vuccamāno attānaṃ avacaniyaṃ karoti, 'mā maṃ āyasmanto kiñci avacuttha, kalyāṇaṃ vā pāpakaṃ vā, ahampāyasmante na kiñci vakkhāmi kalyāṇaṃ vā pāpakaṃ vā, viramathāyasmanto mama vacanāyā'ti. so bhikkhu bhikkhūhi evamassa vacanīyo: 'mā āyasmā attānaṃ avacanīyaṃ akāsi. vacanīyamevāyasmā attānaṃ karotu. āyasmāpi bhikkhu vadetu sahadhammena. bhikkhūpi āyasmantaṃ vakkhanti sahadhammena. evaṃ saṃvaddhā hi tassa bhagavato parisā, yadidaṃ aññamaññavacanena aññamaññavuṭṭhāpanenā'ti. evañca so bhikkhu bhikkhūhi vuccamāno tatheva paggaṇheyya, so bhikkhu bhikkhūhi yāvatatiyaṃ samanubhāsitabbo tassa paṭinissaggāya. yāvatatiyañce samanubhāsiyamāno taṃ paṭinissajeyya, iccetaṃ kusalaṃ no ce paṭinissajeyya, saṅghādiseso'ti.

604) dovacassakaraṇehi dhammehi samannāgato akkhamo appadakkhiṇaggāhī anusāsaniṃ : Smp. 613에 따르면, '남이 충고하기 어려운 성격을 갖추고'에 대해서 19가지(Pps. II. 66에서 16가지)를 열거하고 있다. 그리고 '이해가 없고', '이해가 없고(akkhamo)'라는 것은 '말을 듣지 않고 교계를 이해하지 못하고'라는 뜻이다. '가르침에 대해 서투른 파악을 하는 자(appadakkhiṇaggāhī)라는 것은 원래 '왼손잡이'라는 뜻인데 스승의 가르침을 다르게 파악하고 함부로 파악하는 자를 뜻한다. AN. II. 147; III. 178; V. 152에도 이러한 표현이 등장한다.

또한 존자들에게 선이건 악이건 어떠한 충고도 하지 않겠다. 존자들은 나에게 충고하지 말라.'라고 한다면,' 바로 '그 수행승'이라는 것은 남이 충고하기 어려운 수행승을 뜻한다.

2-2₁. '수행승들이'라는 것은 보거나 혹은 들은 다른 '수행승들'을 뜻하는데, 그들이 그에게 이와 같이 말해야 한다.

[권유1] '존자여, 자신을 남이 충고할 수 없는 자로 만들지 마십시오. 존자여, 자신을 남이 충고할 수 있는 자로 만드십시오. 존자도 원칙에 맞게 수행승에게 충고할 수 있어야 하고 수행승들도 존자에게 원칙에 맞게 충고할 수 있어야 합니다. 이와 같이 하면, 서로서로 말하고 서로서로 돕는 세존의 제자의 무리들이 증가하는 것입니다.'

두 번째에도 그들은 그에게 이와 같이 말해야 한다.

[권유2] '존자여, 자신을 남이 충고할 수 없는 자로 만들지 마십시오. 존자여, 자신을 남이 충고할 수 있는 자로 만드십시오. 존자도 원칙에 맞게 수행승에게 충고할 수 있어야 하고 수행승들도 존자에게 원칙에 맞게 충고할 수 있어야 합니다. 이와 같이 하면, 서로서로 말하고 서로서로 돕는 세존의 제자의 무리들이 증가하는 것입니다.'

세 번째에도 그들은 그에게 이와 같이 말해야 한다.

[권유3] '존자여, 자신을 남이 충고할 수 없는 자로 만들지 마십시오. 존자여, 자신을 남이 충고할 수 있는 자로 만드십시오. 존자도 원칙에 맞게 수행승에게 충고할 수 있어야 하고 수행승들도 존자에게 원칙에 맞게 충고할 수 있어야 합니다. 이와 같이 하면, 서로서로 말하고 서로서로 돕는 세존의 제자의 무리들이 증가하는 것입니다.'

2-2₂. 만약에[*179] 그가 그것을 그만둔다면, 훌륭한 일이지만, 그만두지 않는다면, 악작죄를 범하는 것이다. 듣고도 말하지 않으면, 악작죄를 범하는 것이다. 그 수행승을 참모임 가운데로 인도하여, 그에게 이와 같이 말해야 한다.

[권유1] '존자여, 자신을 남이 충고할 수 없는 자로 만들지 마십시오. 존자여, 자신을 남이 충고할 수 있는 자로 만드십시오. 존자도 원칙에 맞게 수행승에게 충고할 수 있어야 하고 수행승들도 존자에게 원칙에 맞게 충고할 수 있어야 합니다. 이와 같이 하면, 서로서로 말하고 서로서로 돕는 세존의 제자의 무리들이 증가하는 것입니다.'

두 번째에도 그에게 이와 같이 말해야 한다.

[권유2] '존자여, 자신을 남이 충고할 수 없는 자로 만들지 마십시오. 존자여, 자신을 남이 충고할 수 있는 자로 만드십시오. 존자도 원칙에 맞게 수행승에게 충고할 수 있어야 하고 수행승들도 존자에게 원칙에 맞게 충고할 수 있어야 합니다. 이와 같이 하면, 서로서로 말하고 서로서로 돕는 세존의 제자의 무리들이 증가하는 것입니다.'

세 번째에도 그에게 이와 같이 말해야 한다.

[권유3] '존자여, 자신을 남이 충고할 수 없는 자로 만들지 마십시오. 존자여, 자신을 남이 충고할 수 있는 자로 만드십시오. 존자도 원칙에 맞게 수행승에게 충고할 수 있어야 하고 수행승들도 존자에게 원칙에 맞게 충고할 수 있어야 합니다. 이와 같이 하면, 서로서로 말하고 서로서로 돕는 세존의 제자의 무리들이 증가하는 것입니다.'

만약에 그가 그것을 그만둔다면, 훌륭한 일이지만, 그만두지 않는다면, 악작죄를 범하는 것이다.

2-3. 그 수행승은 참모임 가운데서 충고를 받아야 한다. 수행승들이여, 그런데 이와 같이 충고를 받아야 한다. 총명하고 유능한 수행승이 참모임에 알려야 한다.

[제안] '존자들이여, 참모임은 저의 말을 들으십시오. 여기 이러이러한 수행승을 수행승들이 원칙에 맞게 충고하는데도 자신을 남이 충고할 수 없는 자로 만듭니다. 그는 그 일을 그만두지 않습니다. 만약에 참모임에 옳은 일이라면, 참모임은 이러이러한 수행승들에 대하여, 그들이 그 일을 그만두도록 충고하겠습니다. 이것이 제안입니다.'

[제청1] '존자들이여, 참모임은 저의 말을 들으십시오. 여기 이러이러한 수행승을 수행승들이 원칙에 맞게 충고하는데도 자신을 남이 충고할 수 없는 자로 만듭니다. 그는 그 일을 그만두지 않습니다. 참모임은 이러이러한 수행승들에 대하여, 그들이 그 일을 그만두도록 충고합니다. 존자들 가운데 누구든지 이러이러한 수행승들에 대하여, 그들이 그 일을 그만두도록 충고하는 것에 동의하면 침묵하시고, 이견이 있으시면 말씀하십시오.'

[제청2] '두 번째에도 저는 이 사실을 말합니다. 존자들이여, 참모임은 저의 말을 들으십시오. 여기 이러이러한 수행승을 수행승들이 원칙에 맞게 충고하는데도 자신을 남이 충고할 수 없는 자로 만듭니다. 그는 그 일을 그만두지 않습니다. 참모임은 이러이러한 수행승들에 대하여, 그들이 그 일을 그만두도록 충고합니다. 존자들 가운데 누구든지 이러이러한 수행승들에 대하여, 그들이 그 일을 그만두도록 충고하

는 것에 동의하면 침묵하시고, 이견이 있으시면 말씀하십시오.'

[제청3] '세 번째에도 저는 이 사실을 말합니다. 존자들이여, 참모임은 저의 말을 들으십시오. 여기 이러이러한 수행승을 수행승들이 원칙에 맞게 충고하는데도 자신을 남이 충고할 수 없는 자로 만듭니다. 그는 그 일을 그만두지 않습니다. 참모임은 이러이러한 수행승들에 대하여, 그들이 그 일을 그만두도록 충고합니다. 존자들 가운데 누구든지 이러이러한 수행승들에 대하여, 그들이 그 일을 그만두도록 충고하는 것에 동의하면 침묵하시고, 이견이 있으시면 말씀하십시오.'

[결정] '이러이러한 수행승에 대하여, 그가 그 일을 그만두도록 충고했습니다. 참모임이 찬성하여 침묵했으므로, 저는 그와 같이 알겠습니다.'"

2-4. 제안에 의해서 악작죄, 두 제청에 의해서 추악죄, 제청의 끝냄에 의해서 승단잔류죄가 성립한다 승단잔류죄를 범하는 자에게는 제안에 의한 악작죄, 두 제청에 의한 추악죄가 제외된다. '승단잔류죄'라는 것은 '참모임이 그 잘못에 대하여 격리처벌을 주고, 가중처벌을 주고, 참회처벌을 주고, 출죄복귀시키는 것'을 뜻하며, 몇몇 사람이나 한 사람의 일이 아니기 때문에 승단잔류죄라고도 하고 그 죄의 다발에 대한 갈마와 관련하여 승단잔류죄라고도 한다.

2-5.

1) 원칙에 입각한 갈마에 대하여 원칙에 입각한 갈마라고 지각하고 그만두지 않으면, 승단잔류죄를 범하는 것이다.
2) 원칙에 입각한 갈마에 대하여 의심하여 그만두지 않으면, 승단잔류죄를 범하는 것이다.
3) 원칙에 입각한 갈마에 대하여 원칙에 입각하지 않은 갈마라고 지각하고 그만두지 않으면, 승단잔류죄를 범하는 것이다.
4) 원칙에 입각하지 않은 갈마에 대하여 원칙에 입각한 갈마라고 지각하면, 악작죄를 범하는 것이다.
5) 원칙에 입각하지 않은 갈마에 대하여 원칙에 입각하지 않은 갈마인지 의심하면, 악작죄를 범하는 것이다.
6) 원칙에 입각하지 않은 갈마에 대하여 원칙에 입각하지 않은 갈마라고 지각하면, 악작죄를 범하는 것이다.

2-6. 충고받지 못했거나, 포기하는 경우이거나, 정신이 착란된 자이거나, 초범자의 경우는 무죄이다.

2. 13 승단잔류죄법 제13조

가정의 오염에 대한 학습계율[Kuladūsakasikkhāpada]

1-1. 한때[605] 앗싸지와 뿌납바쑤를 추종하는 자들[606]이라고 불리는, 부끄러움을 모르는 악한 수행승들이 끼따기리[607] 마을의 처소에 거주했다.[608] 그들은 이와 같은 비행을 저질렀다.

1) 그들은 스스로 꽃나무도 심고 남에게도 심게 하고, 스스로 물도 주고[*180] 남에게도 물을 주게 하고, 스스로 꽃도 따모으고 남에게 따모으게 하고, 스스로 꽃도 엮고 남에게도 엮게 하고, 스스로 꽃줄기를 한쪽으로 엮은 꽃다발[609]도 만들고 남에게도 만들게 하고, 스스로 꽃줄기를 양쪽으로 엮은 꽃다발[610]도 만들고 남에게도 만들게 하고, 스스로 꽃송이다발[611]도 만들고 남에게도 만들게 하고, 스스로 꽃화살[612]도 만들고 남에게도 만들게 하고, 스스로 머리장식[613]도 만들고 남에게도 만들게 하고, 스스로 귀장식[614]도 만들고 남에게도 만들게 하고, 스스로 가슴장식[615]도 만들고 남에게도 만들게 했다.

2) 그들은 훌륭한 가문의 여인, 훌륭한 가문의 딸, 훌륭한 가문의 소녀, 훌륭한 가문의 며느리, 훌륭한 가문의 하녀를 위하여 꽃줄기를 한쪽으로 엮은 꽃다발을 운반하거나 운반하게 하고, 꽃줄기를 양쪽으로 엮은 꽃다발을 운반하거나 운반하게 하고, 꽃송이다발을 운반하거나 운반하게 하고, 꽃화살을 운반하거

---

605) tena kho pana samayena : 이 경전 전체가 Vin. II. 10에서 병행한다.

606) assajipunabbasukā : 항상 여섯 명이 한 무리가 되어 수행자에게 어울리지 않는 일을 하는 여섯무리의 수행승들 즉, 육군비구(六群比丘) 가운데 가장 먼저 등장한다. 여섯무리의 수행승들은 앗싸지(Assaji), 뿌납바쑤(Punabbasu), 빤두까(Paṇḍuka), 로히따까(Lohitaka), 멧띠야(Mettiya), 붐마자까(Bhummajaka)를 말한다. Smp. 579에 따르면, 멧띠야와 붐마자까가 그들의 우두머리였다.

607) Kīṭāgiri : 끼따기리(Kiṭāgiri)라고도 쓰며, 까씨(Kāsi) 국의 마을로 싸밧티(Sāvatthi) 시로 가는 길목에 있었다.

608) āvāsikā honti : '거주했다'라고 번역한 것은 '거주자였다'는 뜻이다. Smp. 613에 따르면, 처소(āvāsa)는 정사(vihāra)를 말하고, 거주자(āvāsikā)는 거기에 살면서 새로 짓거나 낡은 것은 수리하는 거주자를 뜻한다. 정사에 머물기만 하는 자는 비거주자(nevāsika)이지만, 이들은 거주자(āvāsikā)이다.

609) ekatovaṇṭikamāla : Smp. 617에 따르면, 꽃들의 줄기를 한쪽으로 만든 꽃다발을 뜻한다.

610) ubhatovaṇṭikamāla : Smp. 617에 따르면, 꽃들의 줄기를 양쪽으로 만든 꽃다발을 뜻한다.

611) mañjarika : Smp. 617에 따르면, 꽃송이처럼 만든 꽃의 종류를 말한다.

612) vidhūtika : 한역의 화전(花箭)으로 Smp. 617에 따르면, 침이나 화살로서 신두파리(辛頭波羅)의 꽃 등을 꿰뚫어 만드는 화만(華蔓)이다.

613) vaṭaṃsaka : Smp. 617에서는 동어반복적 설명을 하기 때문에 쓸모가 없고, 아마도 이마 주위를 두르는 화환을 말한다.

614) āveḷa : Smp. 617에 따르면, 귀장식을 의미한다.

615) uracchada : Smp. 617에 따르면, 가슴에 다는 하라(hāra)와 같은 꽃무늬의 화환을 뜻한다.

나 운반하게 하고, 머리장식을 운반하거나 운반하게 하고, 귀장식을 운반하거나 운반하게 하고, 가슴장식을 운반하거나 운반하게 했다.

3) 그들은 훌륭한 가문의 여인, 훌륭한 가문의 딸, 훌륭한 가문의 소녀, 훌륭한 가문의 며느리, 훌륭한 가문의 하녀와 함께 한 그릇으로도 밥을 먹고, 한 사발로도 마시고, 한 자리에도 앉고, 한 침상도 나누고, 한 깔개도 나누고, 한 덮개도 나누고, 한 깔개와 덮개도 나누었다.

4) 그들은 때 아닌 때[616]에도 먹고, 술도 먹고, 꽃다발과 향수와 도유을[617] 사용했다. 그들은 춤도 추고, 노래도 하고, 연주도 하고, 놀이도 즐겼다. 그녀가 춤출 때 춤도 추고, 그녀가 춤출 때 노래도 하고, 그녀가 춤출 때 연주도 하고, 그녀가 춤출 때 놀이도 즐겼다. 그녀가 노래할 때 춤도 추고, 그녀가 노래할 때 노래도 하고, 그녀가 노래할 때 연주도 하고, 그녀가 노래할 때 놀이도 즐겼다. 그녀가 연주할 때 춤도 추고, 그녀가 연주할 때 노래도 하고, 그녀가 연주할 때 연주도 하고, 그녀가 연주할 때 놀이도 즐겼다. 그녀가 놀이를 즐길 때 춤도 추고, 그녀가 놀이를 즐길 때 노래도 하고, 그녀가 놀이를 즐길 때 연주도 하고, 그녀가 놀이를 즐길 때 놀이도 즐겼다.

5) 팔목장기[618]도 즐기고, 십목장기[619]도 즐기고, 허공장기[620]도 즐기고, 도형밟기[621]도 즐기고, 조각건드리기놀이[622]도 즐기고, 주사위놀이[623]도 즐기고, 자치기[624]도 즐기고, 산가지손던지기[625]도 즐기고, 공놀이[626]도 즐기고, 풀피리[627]도 즐기고, 쟁기놀이[628]도 즐기고, 재주넘기[629]도 즐기고, 바

---

616) vikāle : 일반적으로 올바른 때는 식전이고 때 아닌 때는 식후이다. 정확히 말하자면, 올바른 때는 일출 무렵에서 정오 무렵까지이고, 때 아닌 때는 정오 무렵에서 다음 날 일출 무렵까지 의미한다.

617) mālāgandhavilepanam : 회환(花環)과 향수(香水)와 도유(塗油)를 의미한다.

618) aṭṭhapada : Smp. 620에 따르면, 팔목바둑판에서 주사위로 노는 놀이이다.

619) dasapada : Smp. 620에 따르면, 십목바둑판에서 주사위로 노는 놀이이다.

620) ākāsa : Smp. 621에 따르면, 팔목장기나 십목장기처럼 허공에서도 하는 놀이이다.

621) parihārapatha : Smp. 621에 따르면, 지면에 여러 가지 길이나 원을 그리고 그것을 뛰어넘는 놀이이다.

622) santika : Smp. 621에 따르면, 체스의 말이나 작은 돌을 한 장소에 놓아두고 움직이면서 손톱만으로 가져가거나 가져오면서, 만약 거기에 무엇인가 움직임이 있다면, 지게 되는 놀이를 말한다.

623) khalika : Smp. 621에 따르면, 도박대에서의 주사위놀이이다.

624) ghaṭika : Smp. 621에 따르면, 긴 막대로 짧은 막대를 때리는 놀이이다.

625) salākahattha : Smp. 621에 따르면, 락 등의 액체에 산가지손을 적셔서 '무엇이 될까'라고 지면이나 벽에 던져 코끼리나 말의 형상 등을 보는 놀이이다. 또는 많은 산가지 가운데 특징이 없는 하나의 산가지를 뽑아 그것을 그 가운데로 던져 다시 그것만을 뽑는 놀이이다.

626) akkha : Smp. 621에 따르면, 공놀이다.

627) paṅgacīra : Smp. 621에 따르면, 풀잎으로 만든 피리를 부는 놀이이다.

628) vaṅkaka : Smp. 621에 따르면, 마을 아이들이 작은 쟁기를 가지고 노는 놀이이다.

람개비놀이[630]도 즐기고, 대롱놀이[631]도 즐기고, 수레놀이[632]도 즐기고, 활쏘기놀이[633]도 즐기고, 철자맞추기놀이[634]도 즐기고, 생각맞히기놀이[635]도 즐기고, 불구자흉내놀이[636]도 즐겼다.

6) 그들은 코끼리도 배우고,[637] 말도 배우고, 수레도 배우고, 활도 배우고, 칼도 배우고, 코끼리 앞으로도 달려가고, 말 앞으로도 달려가고, 수레 앞으로도 달려가고, 되돌아오고, 휘파람을 불기도 하고, 박수를 치기도 하고, 씨름을 하기도 하고, 주먹으로 때리기도 하고, 무대 위로 외투를 펼쳐서 무녀에게 '자매여, 여기서 춤을 추시오.'라고 말하며 갈채하면서 여러 가지 비행을 저질렀다.

1-2. 그런데 그때 어떤 수행승이 까씨[638] 국에서 안거[639]를 보내고 싸밧티 시로 가서 세존을 친견하기 위해 끼따기리 마을에[*181] 도착했다. 그리고 그 수행승은 아침 일찍 옷을 입고 발우와 가사를 수하고 끼따기리 마을로 탁발하러 가는데, 나아가거나 물러서거나 바라보거나 돌아보거나 굽히거나 펴거나 단정하게 눈을 아래로 하고 위의를 갖추고 들어갔다. 사람들은 그 수행승을 보고 이와 같이 말했다.

[사람들] "실로 이 자는 어리석은 자 가운데 어리석은 자와 같고, 아둔한 자

629) mokkhacika : Smp. 621에 따르면, 뒹구는 놀이로 공중에 막대를 짚고 머리를 땅으로 향해서 뒤집는 놀이이다.

630) ciṅgulaka : Smp. 621에 따르면, 야자잎과 같은 것으로 만든 바람개비의 수레를 바람의 타격으로 돌리는 놀이다.

631) pattāḷhaka : Smp. 621에 따르면, 나뭇잎으로 만든 대롱으로 모래 등을 재면서 노는 놀이이다.

632) rathaka : Smp. 621에 따르면, 작은 수레를 가지고 노는 놀이이다.

633) dhanuka : Smp. 621에 따르면, 작은 활을 가지고 노는 놀이이다.

634) akkharika : Smp. 621에 따르면, 허공이나 등에서 철자를 알아맞히기 놀이이다.

635) manesika : Smp. 621에 따르면, 마음과 생각을 알아맞히기 놀이이다.

636) yathāvajja : Smp. 621에 따르면, 봉사나 절름발이, 불구자 등의 불구를 흉내내는 놀이이다.

637) hatthismimpi sikkhanti : Smp. 621에 따르면, 코끼리점(象占: hatthinimitta)과 그 기술(sippa)에 대해서 배운다는 것으로 이하의 말 등에 대해서도 마찬가지다.

638) Kāsi : 부처님 당시에 16대국(Mahājanapada) 가운데 하나. 이 까씨 국은 부처님 당시에 꼬쌀라(Kosala)국에 병합되어 있었다. 수도는 바라나씨 시(Bārāṇasī)였는데, 지금의 베나레스(Benares)를 말한다.

639) vassa : 산스크리트어로는 바르샤(varṣa)라고 하고 빠알리어로는 밧싸(vassa)라고 하는데, 어원적으로는 비(雨)나 우기(雨氣)를 지칭하는 단어이다. 한역으로는 안거(安居), 하행(夏行), 하서(夏書), 하경(夏經), 하단(夏斷), 하농(夏籠), 좌하(坐夏), 좌랍(坐臘)이라고 한다. 인도에서 우기는 아쌀히월(āsaḷhī) 즉, 7월[양력 6월 16일 — 7월 15일(남방음력 3월 16일 — 4월 15일)]에서 깟띠까월(kattika) 즉, 11월[양력 10월 16일 — 11월 15일(남방음력 7월 16일 — 8월 15일)]의 4개월 동안이다. 그 가운데 불교적인 수행성찰기간으로서의 안거(安居)는 선행하는 3개월 동안 즉, 7월(āsaḷhī)에서 10월(assayuja)까지나 후행하는 3개월 동안 즉, 8월(sāvaṇa)에서 11월(kattika)까지를 택해서 일 년에 3개월 동안만 안거에 들었다. 지금 우리나라를 비롯한 북방불교에서는 하안거로서 북방음력 4월 15일 — 7월 15일의 삼개월 동안, 동안거로서 남방음력 10월 16일 — 다음해 1월 15일의 삼개월 동안의 일 년에 육개월 간을 안거에 든다.

가운데 아둔한 자와 같고, 눈살을 찌푸리는 자 가운데 눈살을 찌푸리는 자와 같다. 누가 그에게 다가가서 탁발음식을 주겠는가? 우리의 존자인 앗싸지와 뿌납바쑤를 추종하는 자들은 부드럽고 온화하여 말하기 즐겁고 미소를 띄우고 '어서 오십시오. 잘 오셨습니다.'라고 말하고, 눈쌀을 찌푸리지 않고, 명료하게 말하고, 먼저 말한다. 그러므로 그들에게 탁발음식을 주어야 한다."

한 재가의 남자신도640)가 그 수행승이 끼따기리 마을에서 탁발하러 다니는 것을 보았다. 보고나서 그 수행승이 있는 곳으로 다가갔다. 가까이 다가가서 그 수행승에게 인사를 하고 이와 같이 말했다.

[재가의 남자신도] "존자여, 탁발음식을 얻었습니까?"

[수행승] "벗이여, 탁발음식을 얻지 못했습니다."

[재가의 남자신도] "존자여, 오십시오. 집으로 갑시다."

1-3. 그래서 그 재가의 남자신도는 그 수행승을 집으로 데리고 가서 음식을 대접하고 이와 같이 말했다.

[재가의 남자신도] "존자여, 그대는 어디로 갑니까?"

[수행승] "벗이여, 나는 싸밧티 시에 세존으로 뵈러 갑니다."

[재가의 남자신도] "존자여, 그렇다면, 나의 이름으로 세존의 두 발에 머리를 조아리고 이와 같이 말해 주시오. '세존이시여, 끼따기리 마을의 처소는 오염되었습니다. 앗싸지와 뿌납바쑤를 추종하는 자들이라고 불리는, 부끄러움을 모르는 악한 수행승들이 살고 있습니다. 그들은 이와 같은 비행을 저지르고 있습니다.

1) 그들은 스스로 꽃나무도 심고 남에게도 심게 하고, 스스로 물도 주고 남에게도 물을 주게 하고, 스스로 꽃도 따모으고 남에게 따모으게 하고, 스스로 꽃도 엮고 남에게도 엮게 하고, 스스로 꽃줄기를 한쪽으로 엮은 꽃다발도 만들고, 남에게도 만들게 하고, 스스로 꽃줄기를 양쪽으로 엮은 꽃다발도 만들고, 남에게도 만들게 하고, 스스로 꽃송이다발 만들고 남에게도 만들게 하고, 스스로 꽃화살도 만들고 남에게도 만들게 하고, 스스로 머리장식도 만들고 남에게도 만들게 하고, 스스로 귀장식도 만들고 남에게도 만들게 하고, 스스로 가슴장식도 만들고 남에게도 만들게 합니다.

2) 그들은 훌륭한 가문의 여인, 훌륭한 가문의 딸, 훌륭한 가문의 소녀, 훌륭한 가문의 며느리, 훌륭한 가문의 하녀를 위하여 꽃줄기를 한쪽으로 엮은 꽃다발

---

640) upāsaka : 우바새(優婆塞)이다. 상세한 것은 이 책(Vin. II. 204)의 주석을 보라.

을 운반하거나 운반하게 하고, 꽃줄기를 양쪽으로 엮은 꽃다발을 운반하거나 운반하게 하고, 꽃송이다발을 운반하거나 운반하게 하고, 꽃화살을 운반하거나 운반하게 하고, 머리장식을 운반하거나 운반하게 하고, 귀장식을 운반하거나 운반하게 하고, 가슴장식을 운반하거나 운반하게 합니다.

3) 그들은 훌륭한 가문의 여인, 훌륭한 가문의 딸, 훌륭한 가문의 소녀, 훌륭한 가문의 며느리, 훌륭한 가문의 하녀와 함께 한 그릇으로도 밥을 먹고, 한 사발로도 마시고, 한 자리에도 앉고, 한 침상도 나누고, 한 깔개도 나누고, 한 덮개도 나누고, 한 깔개와 덮개도 나눕니다.

4) 그들은 때 아닌 때에도 먹고, 술도 먹고, 꽃다발과 향수와 도유을 사용합니다. 춤도 추고, 노래도 하고, 연주도 하고, 놀이도 즐깁니다. 그들은 그녀가 춤출 때 춤도 추고, 그녀가 춤출 때 노래도 하고, 그녀가 춤출 때 연주도 하고, 그녀가 춤출 때 놀이도 즐깁니다. 그녀가 노래할 때 춤도 추고, 그녀가 노래할 때 노래도 하고, 그녀가 노래할 때 연주도 하고, 그녀가 노래할 때 놀이도 즐깁니다. 그녀가 연주할 때 춤도 추고, 그녀가 연주할 때 노래도 하고, 그녀가 연주할 때 연주도 하고, 그녀가 연주할 때 놀이도 즐깁니다. 그녀가 놀이를 즐길 때 춤도 추고, 그녀가 놀이를 즐길 때 노래도 하고, 그녀가 놀이를 즐길 때 연주도 하고, 그녀가 놀이를 즐길 때 놀이도 즐깁니다.

5) 그들은 팔목장기도 즐기고, 십목장기도 즐기고, 허공장기도 즐기고, 도형밟기도 즐기고, 조각건드리기놀이도 즐기고, 주사위도 즐기고, 자치기도 즐기고, 산가지손도 즐기고, 공놀이도 즐기고, 풀피리도 즐기고, 쟁기놀이도 즐기고, 재주넘기도 즐기고, 바람개비도 즐기고, 대롱재기놀이도 즐기고, 수레놀이도 즐기고, 활쏘기놀이도 즐기고, 철자맞추기놀이도 즐기고, 생각맞히기놀이도 즐기고, 불구자흉내놀이도 즐깁니다.

6) 그들은 코끼리도 배우고, 말도 배우고, 수레도 배우고, 활도 배우고, 칼도 배웁니다. 그들은 코끼리 앞으로도 달려가고, 말 앞으로도 달려가고, 수레 앞으로도 달려가고, 되돌아오고, 휘파람을 불기도 하고, 박수를 치기도 하고, 씨름을 하기도 하고, 주먹으로 때리기도 하고, 무대 위로 외투를 펼쳐서 무녀에게 '자매여, 여기서 춤을 추시오.'라고 말하며 갈채하면서 여러 가지 비행을 저지릅니다.

세존이시여, 예전에는 신심이 있고 청정한 믿음이 있었던 사람들도 지금은 신심이 없고 청정한 믿음이 없어졌습니다. 예전에는 참모임에 보시의 통로들이 있었으나 지금은 끊어졌습니다. 품행이 방정한 수행승들은 떠나버리고 악한 수행승들이 살고 있습니다. 세존이시여, 세존께서는 끼따기리 마을에 수행승들을 보내서 그 끼따기리 마을의 처소를 안정시켜주시면 감사하겠습니다.'라고 말해 주시오."

1-4. [수행승] "벗이여, 알겠습니다."

그 수행승은 그 재가신자에게 대답하고 자리에서 일어나 싸밧티 시로 떠났다. 점차로 싸밧티 시의 제따바나 숲에 있는 아나타삔디까 승원에 도착해서 세존께서 계신 곳을 찾아갔다. 가까이 다가가서 세존께 인사를 하고 한쪽으로 물러나 앉았다. 존귀한 부처님들께서는 객수행승들과 함께 안부를 나누는 것이 관행이었다. 그래서 세존께서는 그 수행승에게 이와 같이 말했다.

[세존] "수행승이여, 나는 그대가 잘 지내기를 바란다. 나는 그대가 평안하길 바란다. 길을 오는데 어려움은 없었는가?"

[수행승] "세존이시여, 저는 잘 지냅니다. 세존이시여, 저는 평안합니다. 세존이시여, 길을 오는데[*182] 어려움은 없었습니다."

[수행승] "세존이시여, 여기 저는 까씨 국에서 안거를 보내고 싸밧티 시로 가서 세존을 친견하기 위해 끼따기리 마을에 도착했습니다. 세존이시여, 그때 저는 아침 일찍 옷을 입고 발우와 가사를 수하고 끼따기리 마을로 탁발하러 가는데, 나아가거나 물러서거나 바라보거나 돌아보거나 굽히거나 펴거나 단정하게 눈을 아래로 하고 위의를 갖추고 들어갔습니다. 세존이시여, 한 재가의 남자신도가 제가 끼따기리 마을에서 탁발하러 다니는 것을 보았습니다. 보고나서 제가 있는 곳으로 다가왔습니다. 가까이 다가와서 저에게 인사를 하고 이와 같이 말했습니다.

[재가의 남자신도] '존자여, 탁발음식을 얻었습니까?'

[수행승] '벗이여, 탁발음식을 얻지 못했습니다.'

[재가의 남자신도] '존자여, 오십시오. 집으로 갑시다.'

그래서 그 재가의 남자신도는 저를 집으로 데리고 가서 음식을 대접하고 이와 같이 말했습니다.

[재가의 남자신도] '존자여, 그대는 어디로 갑니까?'

[수행승] '벗이여, 나는 싸밧티 시에 세존으로 뵈러 갑니다.'

[재가의 남자신도] '존자여, 그렇다면, 나의 이름으로 세존의 두 발에 머리를 조아리고 이와 같이 말해 주시오. '세존이시여, 끼따기리 마을의 처소는 오염되었습니다. 앗싸지와 뿌납바쑤를 추종하는 자들이라고 불리는, 부끄러움을 모르는

악한 수행승들이 살고 있습니다. 그들은 이와 같은 비행을 저지르고 있습니다.

1) 그들은 스스로 꽃나무도 심고 남에게도 심게 하고, 스스로 물도 주고 남에게도 물을 주게 하고, 스스로 꽃도 따모으고 남에게 따모으게 하고, 스스로 꽃도 엮고 남에게도 엮게 하고, 스스로 꽃줄기를 한쪽으로 엮은 꽃다발도 만들고, 남에게도 만들게 하고, 스스로 꽃줄기를 양쪽으로 엮은 꽃다발도 만들고, 남에게도 만들게 하고, 스스로 꽃송이다발 만들고 남에게도 만들게 하고, 스스로 꽃화살도 만들고 남에게도 만들게 하고, 스스로 머리장식도 만들고 남에게도 만들게 하고, 스스로 귀장식도 만들고 남에게도 만들게 하고, 스스로 가슴장식도 만들고 남에게도 만들게 합니다.

2) 그들은 훌륭한 가문의 여인, 훌륭한 가문의 딸, 훌륭한 가문의 소녀, 훌륭한 가문의 며느리, 훌륭한 가문의 하녀를 위하여 꽃줄기를 한쪽으로 엮은 꽃다발을 운반하거나 운반하게 하고, 꽃줄기를 양쪽으로 엮은 꽃다발을 운반하거나 운반하게 하고, 꽃송이다발을 운반하거나 운반하게 하고, 꽃화살을 운반하거나 운반하게 하고, 머리장식을 운반하거나 운반하게 하고, 귀장식을 운반하거나 운반하게 하고, 가슴장식을 운반하거나 운반하게 합니다.

3) 그들은 훌륭한 가문의 여인, 훌륭한 가문의 딸, 훌륭한 가문의 소녀, 훌륭한 가문의 며느리, 훌륭한 가문의 하녀와 함께 한 그릇으로도 밥을 먹고, 한 사발로도 마시고, 한 자리에도 앉고, 한 침상도 나누고, 한 깔개도 나누고, 한 덮개도 나누고, 한 깔개와 덮개도 나눕니다.

4) 그들은 때 아닌 때에도 먹고, 술도 먹고, 꽃다발과 향수와 도유을 사용합니다. 춤도 추고, 노래도 하고, 연주도 하고, 놀이도 즐깁니다. 그들은 그녀가 춤출 때 춤도 추고, 그녀가 춤출 때 노래도 하고, 그녀가 춤출 때 연주도 하고, 그녀가 춤출 때 놀이도 즐깁니다. 그녀가 노래할 때 춤도 추고, 그녀가 노래할 때 노래도 하고, 그녀가 노래할 때 연주도 하고, 그녀가 노래할 때 놀이도 즐깁니다. 그녀가 연주할 때 춤도 추고, 그녀가 연주할 때 노래도 하고, 그녀가 연주할 때 연주도 하고, 그녀가 연주할 때 놀이도 즐깁니다. 그녀가 놀이를 즐길 때 춤도 추고, 그녀가 놀이를 즐길 때 노래도 하고, 그녀가 놀이를 즐길 때 연주도 하고, 그녀가 놀이를 즐길 때 놀이도 즐깁니다.

5) 그들은 팔목장기도 즐기고, 십목장기도 즐기고, 허공장기도 즐기고, 도형밟기도 즐기고, 조각건드리기놀이도 즐기고, 주사위도 즐기고, 자치기도 즐기고, 산가지손도 즐기고, 공놀이도 즐기고, 풀피리도 즐기고, 쟁기놀이도 즐기고,

재주넘기도 즐기고, 바람개비도 즐기고, 대롱재기놀이도 즐기고, 수레놀이도 즐기고, 활쏘기놀이도 즐기고, 철자맞추기놀이도 즐기고, 생각맞히기놀이도 즐기고, 불구자흉내놀이도 즐깁니다.

6) 그들은 코끼리도 배우고, 말도 배우고, 수레도 배우고, 활도 배우고, 칼도 배웁니다. 그들은 코끼리 앞으로도 달려가고, 말 앞으로도 달려가고, 수레 앞으로도 달려가고, 되돌아오고, 휘파람을 불기도 하고, 박수를 치기도 하고, 씨름을 하기도 하고, 주먹으로 때리기도 하고, 무대 위로 외투를 펼쳐서 무녀에게 '자매여, 여기서 춤을 추시오.'라고 말하며 갈채하면서 여러 가지 비행을 저지릅니다.'라고 말해 주시오.'

세존이시여, 그래서 저는 왔습니다."

1-5. 그러자 세존께서 이러한 인연으로 이러한 기회에 수행승들의 참모임을 불러 모으게 하고 수행승들에게 물었다.

[세존] "수행승들이여, 앗싸지와 뿌납비쑤를 추종하는 자들이라고 불리는, 부끄러움을 모르는 악한 수행승들이 살고 있는데, 그들이 이와 같은 비행을 저지르고 있는 것이 사실인가?"

1) 그들은 스스로 꽃나무도 심고 남에게도 심게 하고, 스스로 물도 주고 남에게도 물을 주게 하고, 스스로 꽃도 따모으고 남에게 따모으게 하고, 스스로 꽃도 엮고 남에게도 엮게 하고, 스스로 꽃줄기를 한쪽으로 엮은 꽃다발도 만들고, 남에게도 만들게 하고, 스스로 꽃줄기를 양쪽으로 엮은 꽃다발도 만들고, 남에게도 만들게 하고, 스스로 꽃송이다발 만들고 남에게도 만들게 하고, 스스로 꽃화살도 만들고 남에게도 만들게 하고, 스스로 머리장식도 만들고 남에게도 만들게 하고, 스스로 귀장식도 만들고 남에게도 만들게 하고, 스스로 가슴장식도 만들고 남에게도 만들게 하고,

2) 또한 그들은 훌륭한 가문의 여인, 훌륭한 가문의 딸, 훌륭한 가문의 소녀, 훌륭한 가문의 며느리, 훌륭한 가문의 하녀를 위하여 꽃줄기를 한쪽으로 엮은 꽃다발을 운반하거나 운반하게 하고, 꽃줄기를 양쪽으로 엮은 꽃다발을 운반하거나 운반하게 하고, 꽃송이다발을 운반하거나 운반하게 하고, 꽃화살을 운반하거나 운반하게 하고, 머리장식을 운반하거나 운반하게 하고, 귀장식을 운반하거나 운반하게 하고, 가슴장식을 운반하거나 운반하게 하고,

3) 또한 그들은 훌륭한 가문의 여인, 훌륭한 가문의 딸, 훌륭한 가문의 소녀, 훌륭한 가문의 며느리, 훌륭한 가문의 하녀와 함께 한 그릇으로도 밥을 먹고,

한 사발로도 마시고, 한 자리에도 앉고, 한 침상도 나누고, 한 깔개도 나누고, 한 덮개도 나누고, 한 깔개와 덮개도 나누고,

4) 또한 그들은 때 아닌 때에도 먹고, 술도 먹고, 꽃다발과 향수와 도유을 사용하고, 춤도 추고, 노래도 하고, 연주도 하고, 놀이도 즐기고, 또한 그들은 그녀가 춤출 때 춤도 추고, 그녀가 춤출 때 노래도 하고, 그녀가 춤출 때 연주도 하고, 그녀가 춤출 때 놀이도 즐기고, 그녀가 노래할 때 춤도 추고, 그녀가 노래할 때 노래도 하고, 그녀가 노래할 때 연주도 하고, 그녀가 노래할 때 놀이도 즐기고, 그녀가 연주할 때 춤도 추고, 그녀가 연주할 때 노래도 하고, 그녀가 연주할 때 연주도 하고, 그녀가 연주할 때 놀이도 즐기고, 그녀가 놀이를 즐길 때 춤도 추고, 그녀가 놀이를 즐길 때 노래도 하고, 그녀가 놀이를 즐길 때 연주도 하고, 그녀가 놀이를 즐길 때 놀이도 즐기고,

5) 그들은 팔목장기도 즐기고, 십목장기도 즐기고, 허공장기도 즐기고, 도형밟기도 즐기고, 조각건드리기놀이도 즐기고, 주사위도 즐기고, 자치기도 즐기고, 산가지손도 즐기고, 공놀이도 즐기고, 풀피리도 즐기고, 쟁기놀이도 즐기고, 재주넘기도 즐기고, 바람개비도 즐기고, 대롱재기놀이도 즐기고, 수레놀이도 즐기고, 활쏘기놀이도 즐기고, 철자맞추기놀이도 즐기고, 생각맞히기놀이도 즐기고, 불구자흉내놀이도 즐기고,

6) 또한 그들은 코끼리도 배우고, 말도 배우고, 수레도 배우고, 활도 배우고, 칼도 배우고, 또한 그들은 코끼리 앞으로도 달려가고, 말 앞으로도 달려가고, 수레 앞으로도 달려가고, 되돌아오고, 휘파람을 불기도 하고, 박수를 치기도 하고, 씨름을 하기도 하고, 주먹으로 때리기도 하고, 무대 위로 외투를 펼쳐서 무녀에게 '자매여, 여기서 춤을 추시오.'라고 말하며 갈채하면서 여러 가지 비행을 저지르는 것이 사실인가?"

또한 예전에는 신심이 있고 청정한 믿음이 있었던 사람들도 지금은 신심이 없고 청정한 믿음이 없어졌고, 예전에는 참모임에 보시의 통로들이 있었으나 지금은 끊어졌고, 품행이 방정한 수행승들은 떠나버리고 악한 수행승들이 살고 있는 것이 사실인가?"

[수행승들] "세존이시여, 사실입니다."

1-6. 존귀하신 부처님께서는 견책하셨다.

[세존] "수행승들이여, 그 어리석은 자들은 적절하지 않고, 자연스럽지 않고, 알맞지 않고, 수행자의 삶이 아니고, 부당하고, 해서는 안 될 일을 행한 것이다.

수행승들이여, 어찌 어리석은 자들이 이와 같은 비행을 저지른단 말인가?

1) 그들은 스스로 꽃나무도 심고 남에게도 심게 하고, 스스로 물도 주고 남에게도 물을 주게 하고, 스스로 꽃도 따모으고 남에게 따모으게 하고, 스스로 꽃도 엮고 남에게도 엮게 하고, 스스로 꽃줄기를 한쪽으로 엮은 꽃다발도 만들고, 남에게도 만들게 하고, 스스로 꽃줄기를 양쪽으로 엮은 꽃다발도 만들고, 남에게도 만들게 하고, 스스로 꽃송이다발 만들고 남에게도 만들게 하고, 스스로 꽃화살도 만들고 남에게도 만들게 하고, 스스로 머리장식도 만들고 남에게도 만들게 하고, 스스로 귀장식도 만들고 남에게도 만들게 하고, 스스로 가슴장식도 만들고 남에게도 만들게 하고,

2) 또한 그들은 훌륭한 가문의 여인, 훌륭한 가문의 딸, 훌륭한 가문의 소녀, 훌륭한 가문의 며느리, 훌륭한 가문의 하녀를 위하여 꽃줄기를 한쪽으로 엮은 꽃다발을 운반하거나 운반하게 하고, 꽃줄기를 양쪽으로 엮은 꽃다발을 운반하거나 운반하게 하고, 꽃송이다발을 운반하거나 운반하게 하고, 꽃화살을 운반하거나 운반하게 하고, 머리장식을 운반하거나 운반하게 하고, 귀장식을 운반하거나 운반하게 하고, 가슴장식을 운반하거나 운반하게 하고,

3) 또한 그들은 훌륭한 가문의 여인, 훌륭한 가문의 딸, 훌륭한 가문의 소녀, 훌륭한 가문의 며느리, 훌륭한 가문의 하녀와 함께 한 그릇으로도 밥을 먹고, 한 사발로도 마시고, 한 자리에도 앉고, 한 침상도 나누고, 한 깔개도 나누고, 한 덮개도 나누고, 한 깔개와 덮개도 나누고,

4) 또한 그들은 때 아닌 때에도 먹고, 술도 먹고, 꽃다발과 향수와 도유을 사용하고, 춤도 추고, 노래도 하고, 연주도 하고, 놀이도 즐기고, 또한 그들은 그녀가 춤출 때 춤도 추고, 그녀가 춤출 때 노래도 하고, 그녀가 춤출 때 연주도 하고, 그녀가 춤출 때 놀이도 즐기고, 그녀가 노래할 때 춤도 추고, 그녀가 노래할 때 노래도 하고, 그녀가 노래할 때 연주도 하고, 그녀가 노래할 때 놀이도 즐기고, 그녀가 연주할 때 춤도 추고, 그녀가 연주할 때 노래도 하고, 그녀가 연주할 때 연주도 하고, 그녀가 연주할 때 놀이도 즐기고, 그녀가 놀이를 즐길 때 춤도 추고, 그녀가 놀이를 즐길 때 노래도 하고, 그녀가 놀이를 즐길 때 연주도 하고, 그녀가 놀이를 즐길 때 놀이도 즐기고,

5) 그들은 팔목장기도 즐기고, 십목장기도 즐기고, 허공장기도 즐기고, 도형밟기도 즐기고, 조각건드리기놀이도 즐기고, 주사위도 즐기고, 자치기도 즐기고, 산가지손도 즐기고, 공놀이도 즐기고, 풀피리도 즐기고, 쟁기놀이도 즐기고,

재주넘기도 즐기고, 바람개비도 즐기고, 대롱재기놀이도 즐기고, 수레놀이도 즐기고, 활쏘기놀이도 즐기고, 철자맞추기놀이도 즐기고, 생각맞히기놀이도 즐기고, 불구자흉내놀이도 즐기고,

6) 또한 그들은 코끼리도 배우고, 말도 배우고, 수레도 배우고, 활도 배우고, 칼도 배우고, 또한 그들은 코끼리 앞으로도 달려가고, 말 앞으로도 달려가고, 수레 앞으로도 달려가고, 되돌아오고, 휘파람을 불기도 하고, 박수를 치기도 하고, 씨름을 하기도 하고, 주먹으로 때리기도 하고, 무대 위로 외투를 펼쳐서 무녀에게 '자매여, 여기서 춤을 추시오.'라고 말하며 갈채하면서 여러 가지 비행을 저지른단 말인가?

수행승들이여, 그것은 아직 청정한 믿음이 없는 자를 청정한 믿음으로 이끌고, 이미 청정한 믿음이 있는 자를 더욱더 청정한 믿음으로 이끄는 것이 아니다. 수행승들이여, 그것은 오히려, 아직 청정한 믿음이 없는 자를 불신으로 이끌고, 이미 청정한 믿음이 있는 자 가운데 어떤 자들을 타락시키는 것이다."

1-7. 그리고 세존께서는 앗싸지와 뿌납비쑤를 추종하는 수행승들에 대하여 여러 가지 방편으로 견책하여, 키우기 어렵고 부양하기 어렵고 탐욕이 많고 만족을 모르고 교제를 좋아하고 나태한 것에 대해 질책하고, 여러 가지 법문으로 고무하여, 키우기 쉽고 부양하기 쉽고 욕심을 여의고, 만족을 알고, 버리고 없애는 삶, 악을 제거하는 삶, 청정한 믿음의 삶, 쌓아 모우지 않는 삶, 용맹정진의 삶을 칭찬하고, 수행승들을 위하여 그에 알맞고 그에 걸맞게 경책하여 법문을 하고 싸리뿟따와 목갈라나에게 일렀다.

[세존] "싸리뿟따와 목갈라나여, 그대들은 끼따기리 마을로 가라. 가서 앗싸지와 뿌납비쑤를 추종하는 수행승들을 끼따기리 마을로부터 쫓아내는 한시퇴출조치641)의 갈마를 행하라. 그들은 그대들의 제자이다."642)

[싸리뿟따와 목갈라나] "세존이시여, 어떻게 앗싸지와 뿌납비쑤를 추종하는 수행승들을[*183] 끼따기리 마을로부터 쫓아내는 한시퇴출조치의 갈마를 행합니까? 그 수행승들은 포악하고 거칩니다."

[세존] "그렇다면, 싸리뿟따와 목갈라나여, 많은 수행승들과 함께 가라."

641) pabbājanīya : 한역은 구출(驅出) 또는 구출갈마(驅出羯磨) 또는 빈출(頻出) 또는 빈출갈마(頻出羯磨)이다. 상세한 것은 이 책의 율장해제와 Vin. I. 49; CV. I. 13을 참조하라.

642) tumhākaṃ ete saddhivihārino'ti : Vin. II. 171에서 앗싸지와 뿌납비쑤는 악한 의도를 지닌 자라고 말하며, 싸리뿟따와 목갈라나를 위해 와좌구를 준비하는 것을 거절했다. 이 앗싸지는 싸리뿟따와 목갈라나를 부처님에게 인도한 존자 앗싸지가 아니다.

[싸리뿟따와 목갈라나] "세존이시여, 알겠습니다."

싸리뿟따와 목갈라나는 세존께 대답했다.

1-8. [세존] "수행승들이여, 그런데 이와 같이 행해야 한다. 먼저 앗싸지와 뿌납바쑤를 추종하는 수행승들은 비난받아야 하고, 비난받은 후에 기억이 확인되어야 하고, 기억이 확인된 후에 죄가 추징되어야 하고, 죄가 추징된 후에 총명하고 유능한 수행승이 참모임에 알려야 한다.

[제안] '존자들이여, 참모임은 제 말에 귀를 기울이십시오. 이 앗싸지와 뿌납바쑤를 추종하는 수행승들은 가정을 더럽히고 악행을 합니다. 이들의 악행도 보이고 들리고, 더럽혀진 가정도 보이고 들립니다. 만약 참모임에 옳은 일이라면, 참모임은 이 앗싸지와 뿌납바쑤를 추종하는 수행승들에 대하여 끼따기리 마을로부터 쫓아내는 한시퇴출조치의 갈마를 행하겠습니다. 앗싸지와 뿌납바쑤를 추종하는 수행승들은 끼따기리 마을에 살아서는 안 됩니다. 이것이 제안입니다.'

[제청1] '존자들이여, 참모임은 제 말에 귀를 기울이십시오. 이 앗싸지와 뿌납바쑤를 추종하는 수행승들은 가정을 더럽히고 악행을 합니다. 이들의 악행도 보이고 들리고, 더럽혀진 가정도 보이고 들립니다. 참모임은 이 앗싸지와 뿌납바쑤를 추종하는 수행승들에 대하여 끼따기리 마을로부터 쫓아내는 한시퇴출조치의 갈마를 행합니다. 앗싸지와 뿌납바쑤를 추종하는 수행승들은 끼따기리 마을에 살아서는 안 됩니다. 존자들 가운데 누구든지 이 앗싸지와 뿌납바쑤를 추종하는 수행승들에 대하여 끼따기리 마을로부터 쫓아내는 한시퇴출조치의 갈마를 행하여 앗싸지와 뿌납바쑤를 추종하는 수행승들은 끼따기리 마을에 살아서는 안 된다는 것에 동의하면 침묵하시고, 이견이 있으면 말씀하십시오.'

[제청2] '두 번째에도 저는 이 사실을 말합니다. 존자들이여, 참모임은 제 말에 귀를 기울이십시오. 이 앗싸지와 뿌납바쑤를 추종하는 수행승들은 가정을 더럽히고 악행을 합니다. 이들의 악행도 보이고 들리고, 더럽혀진 가정도 보이고 들립니다. 참모임은 이 앗싸지와 뿌납바쑤를 추종하는 수행승들에 대하여 끼따기리 마을로부터 쫓아내는 한시퇴출조치의 갈마를 행합니다. 앗싸지와 뿌납바쑤를 추종하는 수행승들은 끼따기리 마을에 살아서는 안 됩니다. 존자들 가운데 누구든지 이 앗싸지와 뿌납바쑤를 추종하는 수행승들에 대하여 끼따기리 마을로부터 쫓아내는 한시퇴출조치의 갈마를 행하여 앗싸지와 뿌납바쑤를 추종하는 수행승들은 끼따기리 마을에 살아서는 안 된다는 것에 동의하면 침묵하시고, 이견이 있으면 말씀하십시오.'

[제청3] '세 번째에도 저는 이 사실을 말합니다. 존자들이여, 참모임은 제 말에 귀를 기울이십시오. 이 앗싸지와 뿌납바쑤를 추종하는 수행승들은 가정을 더럽히고 악행을 합니다. 이들의 악행도 보이고 들리고, 더럽혀진 가정도 보이고 들립니다. 참모임은 이 앗싸지와 뿌납바쑤를 추종하는 수행승들에 대하여 끼따기리 마을로부터 쫓아내는 한시퇴출조치의 갈마를 행합니다. 앗싸지와 뿌납바쑤를 추종하는 수행승들은 끼따기리 마을에 살아서는 안 됩니다. 존자들 가운데 누구든지 이 앗싸지와 뿌납바쑤를 추종하는 수행승들에 대하여 끼따기리 마을로부터 쫓아내는 한시퇴출조치의 갈마를 행하여 앗싸지와 뿌납바쑤를 추종하는 수행승들은 끼따기리 마을에 살아서는 안 된다는 것에 동의하면 침묵하시고, 이견이 있으면 말씀하십시오.'

[결정] '참모임은 앗싸지와 뿌납바쑤를 추종하는 수행승들에 대하여 끼따기리 마을로부터 쫓아내는 한시퇴출조치의 갈마를 행했습니다. 앗싸지와 뿌납바쑤를 추종하는 수행승들은 끼따기리 마을에 살아서는 안 됩니다. 참모임이 찬성하여 침묵했으므로, 저는 그와 같이 알겠습니다.'"

1-9. 그후[643] 싸리뿟따와 목갈라나를 비롯한 수행승들의 무리가 끼따기리 마을로 가서 앗싸지와 뿌납바쑤를 추종하는 수행승들에게 끼따기리 마을로부터 쫓아내는 한시퇴출조치의 갈마를 행했다.

[수행승들] '앗싸지와 뿌납바쑤를 추종하는 수행승들은 끼따기리 마을에서 살아서는 안 된다.'

그러나 그들은 참모임으로부터 한시퇴출조치의 갈마를 받고 올바로 처신하지 않고,[644] 근신하지 않고,[645] 속죄하지 않았다.[646] 그들은 수행승들에게 용서를 구하지 않고,[647] 매도하고,[648] 모욕하고,[649] 욕망에 의해 삿된 길을 가고, 분노

---

643) atha kho : Vin. II. 13에서는 Vin. III. 183에서는 주어지지 않은 일을 여기서 갖고 있다. 그러나 에피소드는 Vin. II. 14에서 연결된다.

644) na sammā vattanti : Smp. 625에 따르면, 열여덟 가지 의무를 잘 하지 않았다.

645) na lomaṃ pātenti : 순모(順毛)가 아닌 것을 뜻한다. Smp. 625에 따르면, '털을 내리지 않는다.'라는 뜻으로 제압되지 않았다는 뜻이다.

646) na netthāraṃ vattanti : Smp. 625에 따르면, '자기를 극복하는 길을 따르지 않는다.'라는 뜻이다.

647) bhikkhū na khamāpenti : Smp. 625에 따르면, '우리가 잘못했습니다. 다시는 하지 않겠습니다. 용서해 주십시오.'라고 하는 것이다.

648) akkosanti : Smp. 625에 따르면, 열 가지 매도의 토대(dasa akkosavatthūni)를 가지고 매도하는 것이다. DhpA. I. 211-212에 따르면, 열 가지 매도의 토대란 '그대는 도적이다. 그대는 바보이다. 그대는 어리석은 자이다. 그대는 낙타이다. 그대는 황소이다. 그대는 당나귀이다. 그대는 지옥중생이다. 그대는 축생계의 중생이다. 그대에게 천상은 없다. 그대를 지옥만이 기다린다.'라고 말하는 것이다.

에 의해 삿된 길을 가고, 어리석음에 의해 삿된 길을 가고, 두려움에 의해 삿된 길을 가기도 했고,650) 떠나버리기도 했고, 환속하기도 했다.

수행승들 가운데 욕망을 여의고 만족을 알고 부끄러움을 알고 참회할 줄 알고 배움을 원하는 자들은 혐책하고 분개하고 비난했다.

[수행승들] "어찌 앗싸지와 뿌납바쑤를 추종하는 수행승들은 참모임으로부터 한시퇴출조치의 갈마를 받고 올바로 처신하지 않고, 근신하지 않고, 속죄하지 않고, 수행승들에게 용서를 구하지 않고, 매도하고, 모욕하고, 욕망에 의해 삿된 길을 가고,[*184] 분노에 의해 삿된 길을 가고, 어리석음에 의해 삿된 길을 가고, 두려움에 의해 삿된 길을 가기도 하고, 떠나버리기도 하고, 환속하기도 한단 말인가?"

1-11. 그래서 수행승들은 세존께 그 사실을 알렸다. 그러자 세존께서는 이러한 인연으로 이러한 기회에 수행승들의 무리를 불러 모으게 하고 수행승들에게 물었다.

[세존] "수행승들이여, 앗싸지와 뿌납바쑤를 추종하는 수행승들은 참모임으로부터 한시퇴출조치의 갈마를 받고 올바로 처신하지 않고, 근신하지 않고, 속죄하지 않고, 수행승들에게 용서를 구하지 않고, 매도하고, 모욕하고, 욕망에 의해 삿된 길을 가고, 분노에 의해 삿된 길을 가고, 어리석음에 의해 삿된 길을 가고, 두려움에 의해 삿된 길을 가기도 하고, 떠나버리기도 하고, 환속하기도 한다는 것이 사실인가?"

[수행승들] "세존이시여, 사실입니다."

1-12. 존귀하신 부처님께서는 견책하셨다.

[세존] "수행승들이여, 어리석은 자들이 적절하지 않고, 자연스럽지 않고, 알맞지 않고, 수행자의 삶이 아니고, 부당하고, 해서는 안 될 일을 행한 것이다. 수행승들이여, 어찌 그 어리석은 자들이 참모임으로부터 한시퇴출조치의 갈마를 받고 올바로 처신하지 않고, 근신하지 않고, 속죄하지 않고, 수행승들에게 용서를 구하

---

649) paribhāsanti : '비방하다.'의 뜻이지만, 여기서 '협박하다.'는 뜻이다. Smp. 625에 따르면, 공포를 보여 주는 것이다.

650) chandagāmitā dosagāmitā mohagāmitā bhayagāmitā pāpentipi : 네 가지 비도(cattāri agatigamanāni : DN. III. 228)를 행하는 것이다. DN. III. 133; AN. IV. 370의 아홉 가지 불가능(abhabbaṭṭhāna) 가운데 네 가지에 속한다 : '수행승이 거룩한 님으로 모든 번뇌를 부수고, 수행이 완성되고, 해야 할 일을 해 마치고, 짐을 버리고, 참다운 목표에 도달하고, 존재의 결박을 끊고, 올바른 지혜로 해탈했다면, 그가 욕망에 의한 삿된 길을 걷는 것은 불가능하다. 그가 성냄에 의한 삿된 길을 걷는 것은 불가능하다. 그가 어리석음에 의한 삿된 길을 걷는 것은 불가능하다. 그가 두려움에 의한 삿된 길을 걷는 것은 불가능하다.'

지 않고, 매도하고, 모욕하고, 욕망에 의해 삿된 길을 가고, 분노에 의해 삿된 길을 가고, 어리석음에 의해 삿된 길을 가고, 두려움에 의해 삿된 길을 가기도 하고, 떠나버리기도 하고, 환속하기도 한단 말인가? 수행승들이여, 그것은 아직 청정한 믿음이 없는 자를 청정한 믿음으로 이끌고, 이미 청정한 믿음이 있는 자를 더욱더 청정한 믿음으로 이끄는 것이 아니다. 수행승들이여, 그것은 오히려, 아직 청정한 믿음이 없는 자를 불신으로 이끌고, 이미 청정한 믿음이 있는 자 가운데 어떤 자들을 타락시키는 것이다."

1-13. 그리고 세존께서는 앗싸지와 뿌납바쑤를 추종하는 수행승들에 대하여 여러 가지 방편으로 견책하여, 키우기 어렵고 부양하기 어렵고 탐욕이 많고 만족을 모르고 교제를 좋아하고 나태한 것에 대해 질책하고, 여러 가지 법문으로 고무하여, 키우기 쉽고 부양하기 쉽고 욕심을 여의고, 만족을 알고, 버리고 없애는 삶, 악을 제거하는 삶, 청정한 믿음의 삶, 쌓아 모우지 않는 삶, 용맹정진의 삶을 칭찬하고, 수행승들을 위하여 그에 알맞고 그에 걸맞게 경책하여 법문을 하고 수행승들에게 일렀다.

[세존] "수행승들이여, 그러므로 수행승들을 위하여 열 가지 이유에 기초하여, 즉 참모임의 수승을 위하여, 참모임의 안락을 위하여, 악한 수행승의 조복을 위하여, 품행이 바른 수행승의 평안한 삶을 위하여, 지금 여기에서의 번뇌의 제어를 위하여, 다가오는 번뇌를 물리치기 위하여, 청정한 믿음이 없는 자에게 청정한 믿음을 주기 위하여, 청정한 믿음이 있는 자에게 청정한 믿음을 증대시키기 위하여, 올바른 가르침을 지속시키기 위하여, 계율을 수호하기 위하여 학습계율을 시설하니, 수행승들이여, 그대들은 이와 같이 학습계율을 송출해야 한다."

[세존] "만약 수행승이 어떤 마을이나 소도시에 의지하여 가정을 오염시키고 악행을 행하는데, 그가 악행하는 것이 보이고 또한 들리고, 그가 가정을 오염시키는 것이 보이고 들린다면, 수행승들은 그 수행승에 대해서 이와 같이 말해야 합니다. '존자는 가정을 오염시키고 악행을 행하는데, 존자가 악행을 행하는 것이 보이고 또한 들리고, 존자가 가정을 오염시키는 것이 보이고 또한 들립니다. 존자는 이 처소를 떠나십시오. 여기서 이처럼 살지 마십시오.' 이와 같이 수행승들이 그 수행승에게 말하면, 그 수행승은 그 수행승들에게 이와 같이 말할 것이다. '수행승들은 욕망을 따르는 자들이고, 수행승들은 성냄을 따르는 자들이고, 수행승들은 어리석음을 따르는 자들이고, 수행승들은 두려움을 따르는 자들인데, 이

와 같은 죄악에 대하여 그 수행승들은 어떤 자들은 한시퇴출시키고 어떤 자들은 한시퇴출시키지 않습니다.' 수행승들은 그 수행승에게 이와 같이 말해야 한다. '존자는 이와 같이 말하지 마십시오. 수행승들은 욕망을 따르는 자들이 아니고, 수행승들은 성냄을 따르는 자들이 아니고, 수행승들은 어리석음을 따르는 자들이 아니고, 수행승들은 두려움을 따르는 자들이 아닙니다. 존자는 가정을 오염시키고 악행을 행하는데, 존자가 악행을 행하는 것이 보이고 또한 들리고, 존자가 가정을 오염시키는 것이 보이고 또한 들립니다. 존자는 이 처소를 떠나십시오. 여기서 이처럼 살지 마십시오.' 이와 같이 그 수행승에 대하여 수행승들이 말하는데도 그와 같이 고집하면, 그 수행승에 대하여 수행승들은 그가 그것을 그만두도록 세 번까지 충고해야 한다. 세 번까지 충고해서 그가 그만둔다면, 그것은 훌륭한 것이다. 그가 그만두지 않으면, 승단잔류죄를 범하는 것이다."651)

2-1. '만약 수행승이 어떤 마을이나 소도시에'라는 것은 마을과 소도시와 도시 또는 마을과 소도시를 뜻한다. '의지하여'라는 것은 그것과 관련하여 옷과 탁발음식과 처소와 필수약품이 생겨난다는 뜻이다. '가정'이라는 것은 네 가지 가정이 있다. 왕족의 가정, 바라문의 가정,[*185] 평민의 가정, 노예의 가정이다. '가정의 오염'이라는 것은 꽃을 통해서나652) 열매를 통해서나653) 가루약을 통해서나 진흙을 통해서나 버들가지를 통해서나 대나무를 통해서나 의약을 통해서나654)

---

651) 오가빈방위간계(汚家擯謗違諫戒) | Bhikkhunī Saṅgh. 13 : bhikkhu paneva aññataraṃ gāmaṃ vā nigamaṃ vā upanissāya viharati kuladūsako pāpasamācāro, tassa kho pāpakā samācārā dissanti ceva suyyanti ca, kulāni ca tena duṭṭhāni dissanti ceva suyyanti ca, so bhikkhu bhikkhūhi evam assa vacanīyo: āyasmā kho kuladūsako pāpasamācāro, āyasmato kho pāpakā samācārā dissanti ceva suyyanti ca, kulāni cāyasmatā duṭṭhāni dissanti ceva suyyanti ca, pakkamat'āyasmā imamhā āvāsā, alaṃ te idha vāsenā'ti, evañca so bhikkhu bhikkhūhi vuccamāno te bhikkhū evaṃ vadeyya: chandagāmino ca bhikkhū dosagāmino ca bhikkhū mohagāmino ca bhikkhū bhayagāmino ca bhikkhū, tādisikāya āpattiyā ekaccaṃ pabbājenti: ekaccaṃ na pabbājentī'ti. so bhikkhu bhikkhūhi evamassa vacanīyo: mā āyasmā evaṃ avaca, na ca bhikkhū chandagāmino na ca bhikkhū dosagāmino na ca bhikkhū mohagāmino na ca bhikkhū bhayagāmino, āyasmā kho kuladūsako pāpasamācāro, āyasmato kho pāpakā samācārā dissanti ceva suyyanti ca′ kulāni cāyasmatā duṭṭhāni dissanti ceva suyyanti ca pakkamat āyasmā imamhā āvāsā, alaṃ te idha vāsenā'ti. evañca so bhikkhu bhikkhūhi vuccamāno tatheva paggaṇheyya, so bhikkhu bhikkhūhi yāva tatiyaṃ samanubhāsitabbo tassa paṭinissaggāya, yāvatatiyañceva samanubhāsiyamāno taṃ paṭinissajeyya, iccetaṃ kusalaṃ, no ce paṭinissajjeyya saṅghādiseso'ti.

652) pupphena : Smp. 626에 따르면, 수행승은 꽃을 보시하기 위해서나 제단에 꽃을 바치기 위해 또는 사람들의 신앙에 사용하기 위해서 재가신자로부터 꽃을 훔쳐서는 안 된다. 사람들의 신앙심을 위해 꽃을 사용하도록 강요하는 것은 옳은 일이 아니다.

653) phalena : Smp. 626에 따르면, 여기서 열매는 부모나 친척들에게 줄 수 있는 자신의 재산이다. 그러나 그는 친척들의 호응을 받기 위해서 재산을 줄 필요는 없지만, 환자에게나 도착한 왕에게나 벌이가 끊어진 자에게 줄 수 있다.

걸어서 전갈을 보내는 것을 통해서,[655] 가정의 믿음을 오염시키는 것을 뜻한다. '악행하는 것'이란 작은 꽃나무를 심고 꽃나무를 심게 하고, 물을 주고 물을 주게 하고, 꽃을 꺾고 꽃을 꺾게 하고, 꽃다발을 만들고 꽃다발을 만들게 하는 것을 뜻한다. '보이고 또한 들리고'라는 것은 현전자는 보이고, 부재자는 들린다라는 뜻이다. '그가 가정을 오염시키는 것'이란 예전에는 믿음을 있었는데, 그 때문에 믿음이 없게 되는 것, 청정한 믿음이 있었으나 청정한 믿음이 없어진 것을 뜻한다. '보이고 또한 들리고'라는 것은 현전하는 자들은 보이고, 부재자들은 들린다는 뜻이다. '그 수행승'이라는 것은 그 가정을 오염시키는 수행승을 뜻한다. '수행승들'이라는 것은 '다른 수행승들'을 뜻한다. 그들은 이와 같이 말해야 한다. '존자는 가정을 오염시키고 악행을 행하는데, 존자가 악행을 행하는 것이 보이고 또한 들리고, 존자가 가정을 오염시키는 것이 보이고 또한 들립니다. 존자는 이 처소를 떠나십시오. 여기서 이처럼 살지 마십시오.' 이와 같이 수행승들이 그 수행승에게 말하면, 그 수행승은 수행승들에게 이와 같이 말할 것이다. '수행승들은 욕망을 따르는 자들이고, 수행승들은 성냄을 따르는 자들이고, 수행승들은 어리석음을 따르는 자들이고, 수행승들은 두려움을 따르는 자들인데, 이와 같은 죄악에 대하여 그들은 어떤 자들은 한시퇴출시키고 어떤 자들은 한시퇴출시키지 않습니다.' '그 수행승'이라는 것은 갈마의 대상이 된 수행승을 뜻한다.

2-2₁. '수행승들'이라는 것은 보고 또한 들은 다른 '수행승들'을 뜻한다. 그들이 말해야 한다.

[권유1] '존자는 이와 같이 말하지 마십시오. 수행승들은 욕망을 따르는 자들이 아니고, 수행승들은 성냄을 따르는 자들이 아니고, 수행승들은 어리석음을 따르는 자들이 아니고, 수행승들은 두려움을 따르는 자들이 아닙니다. 존자는 가정을 오염시키고 악행을 행하는데, 존자가 악행을 행하는 것이 보이고 또한 들리고, 존자가 가정을 오염시키는 것이 보이고 또한 들립니다. 존자는 이 처소를 떠나십시오. 여기서 이처럼 살지 마십시오.'

두 번째에도 보고 또한 듣는 자들이 말해야 한다.

[권유2] '존자는 이와 같이 말하지 마십시오. 수행승들은 욕망을 따르는 자들이 아니고, 수행승들은 성냄을 따르는 자들이 아니고, 수행승들은 어리석음을 따르

---

654) vejjikāya : Smp. 626에 따르면, 세 번째 승단추방죄의 주석에서 언급한 의약처방을 뜻한다.

655) jaṅghapesanikena : Smp. 626에 따르면, 재가신자의 부탁을 받고 그것을 이행해서는 안 된다. 그것을 받아서 가면, 각각의 걸음마다 악작죄를 범하는 것이다.

는 자들이 아니고, 수행승들은 두려움을 따르는 자들이 아닙니다. 존자는 가정을 오염시키고 악행을 행하는데, 존자가 악행을 행하는 것이 보이고 또한 들리고, 존자가 가정을 오염시키는 것이 보이고 또한 들립니다. 존자는 이 처소를 떠나십시오. 여기서 이처럼 살지 마십시오.'

세 번째에도 보고 또한 듣는 자들이 말해야 한다.

[권유3] '존자는 이와 같이 말하지 마십시오. 수행승들은 욕망을 따르는 자들이 아니고, 수행승들은 성냄을 따르는 자들이 아니고, 수행승들은 어리석음을 따르는 자들이 아니고, 수행승들은 두려움을 따르는 자들이 아닙니다. 존자는 가정을 오염시키고 악행을 행하는데, 존자가 악행을 행하는 것이 보이고 또한 들리고, 존자가 가정을 오염시키는 것이 보이고 또한 들립니다. 존자는 이 처소를 떠나십시오. 여기서 이처럼 살지 마십시오.'

2-2₂. 만약에 그가 그것을 그만둔다면, 훌륭한 일이지만, 그만두지 않는다면, 악작죄를 범하는 것이다. 듣고도 말하지 않으면, 악작죄를 범하는 것이다. 그 수행승을 참모임 가운데에로 인도하여, 그에게 이와 같이 말해야 한다.

[권유1] '존자는 이와 같이 말하지 마십시오. 수행승들은 욕망을 따르는 자들이 아니고, 수행승들은 성냄을 따르는 자들이 아니고, 수행승들은 어리석음을 따르는 자들이 아니고, 수행승들은 두려움을 따르는 자들이 아닙니다. 존자는 가정을 오염시키고 악행을 행하는데, 존자가 악행을 행하는 것이 보이고 또한 들리고, 존자가 가정을 오염시키는 것이 보이고 또한 들립니다. 존자는 이 처소를 떠나십시오. 여기서 이처럼 살지 마십시오.'

두 번째에도 그에게 이와 같이 말해야 한다.

[권유2] '존자는 이와 같이 말하지 마십시오. 수행승들은 욕망을 따르는 자들이 아니고, 수행승들은 성냄을 따르는 자들이 아니고, 수행승들은 어리석음을 따르는 자들이 아니고, 수행승들은 두려움을 따르는 자들이 아닙니다. 존자는 가정을 오염시키고 악행을 행하는데, 존자가 악행을 행하는 것이 보이고 또한 들리고, 존자가 가정을 오염시키는 것이 보이고 또한 들립니다. 존자는 이 처소를 떠나십시오. 여기서 이처럼 살지 마십시오.'

세 번째에도 그에게 이와 같이 말해야 한다.

[권유3] '존자는 이와 같이 말하지 마십시오. 수행승들은 욕망을 따르는 자들이 아니고, 수행승들은 성냄을 따르는 자들이 아니고, 수행승들은 어리석음을 따르는 자들이 아니고, 수행승들은 두려움을 따르는 자들이 아닙니다. 존자는 가정을

오염시키고 악행을 행하는데, 존자가 악행을 행하는 것이 보이고 또한 들리고, 존자가 가정을 오염시키는 것이 보이고 또한 들립니다. 존자는 이 처소를 떠나십시오. 여기서 이처럼 살지 마십시오.'

2-3. 만약에 그가 그만둔다면, 훌륭한 일이지만, 그만두지 않는다면, 악작죄를 범하는 것이다. 그 수행승은 참모임에서 충고를 받아야 한다. 수행승들이여, 그런데 이와 같이 충고를 받아야 한다. 총명하고 유능한 수행승이 참모임에 알려야 한다.

[제안] '존자들이여, 참모임은 저의 말을 들으십시오. 여기 이러이러한 수행승은 참모임으로부터 한시퇴출조치의 갈마를 받고, 수행승들을 욕망에 의해 삿된 길을 가게 하고, 분노에 의해 삿된 길을 가게 하고, 어리석음에 의해 삿된 길을 가게 하고, 두려움에 의해 삿된 길을 가게 하며, 그는 그 일을 그만두지 않습니다. 만약에 참모임에 옳은 일이라면, 참모임은 이러이러한 수행승들에 대하여, 그들이 그 일을 그만두도록 충고하겠습니다. 이것이 제안입니다.'

[제청1] '존자들이여, 참모임은 저의 말을 들으십시오. 여기 이러이러한 수행승은 참모임으로부터 한시퇴출조치의 갈마를 받고, 수행승들을 욕망에 의해 삿된 길을 가게 하고, 분노에 의해 삿된 길을 가게 하고, 어리석음에 의해 삿된 길을 가게 하고, 두려움에 의해 삿된 길을 가게 하며, 그는 그 일을 그만두지 않습니다. 참모임은 이러이러한 수행승에 대하여, 그가 그 일을 그만두도록 충고합니다. 존자들 가운데 누구든지 이러이러한 수행승에 대하여, 그가 그 일을 그만두도록 충고하는 것에 동의하면 침묵하시고, 이견이 있으시면 말씀하십시오.'

[제청2] '두 번째에도 그 사실을 저는 말합니다. 존자들이여, 참모임은 저의 말을 들으십시오. 여기 이러이러한 수행승은 참모임으로부터 한시퇴출조치의 갈마를 받고, 수행승들을 욕망에 의해 삿된 길을 가게 하고, 분노에 의해 삿된 길을 가게 하고, 어리석음에 의해 삿된 길을 가게 하고, 두려움에 의해 삿된 길을 가게 하며, 그는 그 일을 그만두지 않습니다. 참모임은 이러이러한 수행승에 대하여, 그가 그 일을 그만두도록 충고합니다. 존자들 가운데 누구든지 이러이러한 수행승에 대하여, 그가 그 일을 그만두도록 충고하는 것에 동의하면 침묵하시고, 이견이 있으시면 말씀하십시오.'

[제청3] '세 번째에도 그 사실을 저는 말합니다. 존자들이여, 참모임은 저의 말을 들으십시오. 여기 이러이러한 수행승은 참모임으로부터 한시퇴출조치의

갈마를 받고, 수행승들을 욕망에 의해 삿된 길을 가게 하고, 분노에 의해 삿된 길을 가게 하고, 어리석음에 의해 삿된 길을 가게 하고, 두려움에 의해 삿된 길을 가게 하며, 그는 그 일을 그만두지 않습니다. 참모임은 이러이러한 수행승에 대하여, 그가 그 일을 그만두도록 충고합니다. 존자들 가운데 누구든지 이러이러한 수행승에 대하여, 그가 그 일을 그만두도록 충고하는 것에 동의하면 침묵하시고, 이견이 있으시면 말씀하십시오.'

[결정] '참모임은 이러이러한 수행승에 대하여, 그가 그 일을 그만두도록 충고했습니다. 참모임이 찬성하여 침묵했으므로, 저는 그와 같이 알겠습니다.'"

제안에 의해서 악작죄, 두 제청에 의해서 추악죄, 제청의 끝냄에 의해서 승단잔류죄가 성립한다 승단잔류죄를 범하는 자에게는 제안에 의한 악작죄, 두 제청에 의한 추악죄가 제외된다.

2-3. '승단잔류죄'라는 것은 '참모임이 그 잘못에 대하여 격리처벌을 주고, 가중처벌을 주고, 참회처벌을 주고, 출죄복귀시키는 것'을 뜻하며, 몇몇 사람이나 [*186] 한 사람의 일이 아니기 때문에 승단잔류죄라고도 하고 그 죄의 다발에 대한 갈마와 관련하여 승단잔류죄라고도 한다.

3-1.

1) 원칙에 입각한 갈마에 대하여 원칙에 입각한 갈마라고 지각하고 그만두지 않으면, 승단잔류죄를 범하는 것이다.
2) 원칙에 입각한 갈마에 대하여 의심하여 그만두지 않으면, 승단잔류죄를 범하는 것이다.
3) 원칙에 입각한 갈마에 대하여 원칙에 입각하지 않은 갈마라고 지각하고 그만두지 않으면, 승단잔류죄를 범하는 것이다.
4) 원칙에 입각하지 않은 갈마에 대하여 원칙에 입각한 갈마라고 지각하면, 악작죄를 범하는 것이다.
5) 원칙에 입각하지 않은 갈마에 대하여 원칙에 입각하지 않은 갈마인지 의심하면, 악작죄를 범하는 것이다.
6) 원칙에 입각하지 않은 갈마에 대하여 원칙에 입각하지 않은 갈마라고 지각하지 않으면, 악작죄를 범하는 것이다.

3-2. 충고받지 못했거나, 포기하는 경우이거나, 정신이 착란된 자이거나, 초범자의 경우는 무죄이다.

2. 14 승단잔류죄법 제14조

삼보의 거부에 대한 학습계율[Tiratanapaccakkhānasikkhāpada]

1-1. 한때 존귀한 부처님께서는 싸밧티 시의 제따바나 숲에 있는 아나타삔디까 승원에 계셨다. 그런데 그때 수행녀 짠다깔리가 수행녀들과 함께 다투어 화를 내고 불쾌해 하며 이와 같이 말했다.

[짠다깔리] "나는 부처님을 거부하고 가르침을 거부하고 참모임을 거부하고 학습계율을 거부한다. 어찌 싸끼야의 딸들인 여수행자만이 여수행자인가? 다른 부끄러움을 알고 후회를 알고 학습계율을 좋아하는 여수행자들이 있다. 나는 그녀들 가운데 청정한 삶을 영위하겠다."

1-2. 수행녀들 가운데 욕망을 여의고, 만족을 알고, 부끄러움을 알고, 후회할 줄 알고, 배움을 원하는 자들은 혐책하고 분개하고 비난했다.

[욕망을 여읜 수행녀들] "어찌 수행녀 짠다깔리가 화가 나고 불쾌하다고 '나는 부처님을 거부하고 가르침을 거부하고 참모임을 거부하고 학습계율을 거부한다. 어찌 싸끼야의 딸들인 여수행자만이 여수행자인가? 다른 부끄러움을 알고 후회를 알고 학습계율을 좋아하는 여수행자들이 있다. 나는 그녀들 가운데 청정한 삶을 영위하겠다.'라고 이와 같이 말할 수 있는가?"

그래서 그 수행녀들은 수행승들에게 그 사실을 알렸다. 수행승들 가운데 욕망을 여의고, 만족을 알고, 부끄러움을 알고, 후회할 줄 알고, 배움을 원하는 자들도 혐책하고 분개하고 비난했다.

[욕망을 여읜 수행승들] "어찌 수행녀 짠다깔리가 화가 나고 불쾌하다고 '나는 부처님을 거부하고 가르침을 거부하고 참모임을 거부하고 학습계율을 거부한다. 어찌 싸끼야의 딸들인 여수행자만이 여수행자인가? 다른 부끄러움을 알고 후회를 알고 학습계율을 좋아하는 여수행자들이 있다. 나는 그녀들 가운데 청정한 삶을 영위하겠다.'라고 이와 같이 말할 수 있는가?"

1-3. 그래서 그 수행승들은 세존께 그 사실을 알렸다. 그러자 세존께서는 그것을 원인으로 그것을 기회로 수행승의 참모임을 불러 모으게 하고 법문을 하고 수행승들에게 말했다.

[세존] "수행승들이여, 수행녀 짠다깔리가 화가 나고 불쾌하다고 '나는 부처님을 거부하고 가르침을 거부하고 참모임을 거부하고 학습계율을 거부한다. 어찌 싸끼야의 딸들인 여수행자만이 여수행자인가? 다른 부끄러움을 알고 후회를 알

고 학습계율을 좋아하는 여수행자들이 있다. 나는 그녀들 가운데 청정한 삶을 영위하겠다.'라고 이와 같이 말한 것이 사실인가?"

[수행승들] "세존이시여, 사실입니다."

존귀한 부처님께서는 견책했다.

[세존] "수행승들이여, 수행녀 짠다깔리는 적절하지 않고, 자연스럽지 않고, 알맞지 않고, 수행자의 삶이 아니고, 부당하고, 해서는 안 될 일을 한 것이다. 수행승들이여, 어찌 수행녀 짠다깔리가 화가 나고 불쾌하다고[236] '나는 부처님을 거부하고 가르침을 거부하고 참모임을 거부하고 학습계율을 거부한다. 어찌 싸끼야의 딸들인 여수행자만이 여수행자인가? 다른 부끄러움을 알고 후회를 알고 학습계율을 좋아하는 여수행자들이 있다. 나는 그녀들 가운데 청정한 삶을 영위하겠다.'라고 이와 같이 말할 수 있단 말인가? 수행승들이여, 그것은 아직 청정한 믿음이 없는 자를 청정한 믿음으로 이끌고, 이미 청정한 믿음이 있는 자를 더욱더 청정한 믿음으로 이끄는 것이 아니다. 수행승들이여, 그것은 오히려, 아직 청정한 믿음이 없는 자를 불신으로 이끌고, 이미 청정한 믿음이 있는 자 가운데 어떤 자들을 타락시키는 것이다."

1-4. 그리고 세존께서는 수행녀 짠다깔리에 대하여 여러 가지 방편으로 견책하고, 키우기 어렵고 부양하기 어렵고 탐욕이 많고 만족을 모르고 교제를 좋아하고 나태한 것에 대하여 질책하고, 여러 가지 법문으로 고무하여, 키우기 쉽고 부양하기 쉽고 욕심을 여의고, 만족을 알고, 버리고 없애는 삶, 악을 제거하는 삶, 청정한 믿음의 삶, 쌓아 모우지 않는 삶, 용맹정진의 삶을 칭찬하고, 수행승들을 위하여 그에 알맞고 그에 걸맞게 경책하여 법문을 하고 수행승들에게 일렀다.

[세존] "수행승들이여, 그러므로 수행녀들을 위하여 열 가지 이유에 기초하여, 즉 참모임의 수승을 위하여, 참모임의 안락을 위하여, 악한 수행녀의 조복을 위하여, 품행이 바른 수행녀의 평안한 삶을 위하여, 지금 여기에서의 번뇌의 제어를 위하여, 다가오는 번뇌를 물리치기 위하여, 청정한 믿음이 없는 자에게 청정한 믿음을 주기 위하여, 청정한 믿음이 있는 자에게 청정한 믿음을 증대시키기 위하여, 올바른 가르침을 지속시키기 위하여, 계율을 수호하기 위하여 학습계율을 시설하니, 수행승들이여, 수행녀들은 이와 같이 학습계율을 송출해야 한다."

[세존] "어떠한 수행녀이든지 화가 나고 불쾌하다고 '나는 부처님을 거부하고 가르침을 거부하고 참모임을 거부하고 학습계율을 거부한다. 어찌 싸끼야의 딸

들인 여수행자만이 여수행자인가? 다른 부끄러움을 알고 후회를 알고 학습계율을 좋아하는 여수행자들이 있다. 나는 그녀들 가운데 청정한 삶을 영위하겠다.'라고 이와 같이 말한다면, 수행녀들은 그 수행녀에게 '존귀한 자매여, 화가 나고 불쾌하다고 '나는 부처님을 거부하고 가르침을 거부하고 참모임을 거부하고 학습계율을 거부한다. 어찌 싸끼야의 딸들인 여수행자만이 여수행자인가? 다른 부끄러움을 알고 후회를 알고 학습계율을 좋아하는 여수행자들이 있다. 나는 그녀들 가운데 청정한 삶을 영위하겠다.'라고 말하지 마십시오. 존귀한 자매여, 기뻐하십시오, 가르침은 잘 설해져 있으니, 올바로 괴로움을 종식시키기 위해 청정한 삶을 영위하시오.'라고 이와 같이 충고해야 한다. 수행녀들이 그 수행녀에게 이와 같이 말해주더라도 오히려 고집하면, 수행녀들은 그 수행녀에게 그것을 버리게 하기 위하여 세 번까지 충고를 해야 한다. 세 번까지 충고하여 만약 그것을 버리면 좋은 일이고, 만약 그것을 버리지 못하면, 그 수행녀 또한 세 번으로 죄가 되고, 승단잔류죄를 범하는 것으로 참모임을 떠나서 참회해야 한다."656)

2-1. '어떠한'이라는 것은 어떠한 관계, 어떠한 태생, 어떠한 이름, 어떠한 성씨, 어떠한 계행, 어떠한 주거, 어떠한 활동영역에서 이든지, 장로이든지, 신참이든지, 중참이든지, 이러한 자들을 형용하는 것으로 '어떠한 자이든'이라는 뜻이다. '수행녀'이라고 하는 것은 '탁발하는 여자'로서의 수행녀, 탁발을 위해 돌아다니는 여자로서의 수행녀, 분소의를 입은 자로서의 수행녀, 사미니로서의 수행녀, 자칭에 의한 수행녀, '오라! 수행녀여!'에 의한 수행녀, 삼귀의에 의해 구족계를 받은 수행녀, 현선한 수행녀, 진실한 수행녀, 배울 것이 있는 학인인 수행녀, 배울 것이 없는 무학인 수행녀, 화합참모임과 한번제안세번제청의 갈마와 부동의 거룩한 님의 속성을 갖춘 자로서의 수행녀가 있는데, 그녀들 가운데 화합참모

656) 진심사삼보위간계○(瞋心捨三寶違諫戒) | Bhikkhunī Saṅgh. 14 : yā pana bhikkhunī kupitā anattamanā evaṃ vadeyya: buddhaṃ paccakkhāmi dhammaṃ paccakkhāmi saṅghaṃ paccakkhāmi sikkhaṃ paccakkhāmi; kin nu'mā'va samaṇiyo yā samaṇiyo sakyadhītaro sant'aññāpi samaṇiyo lajjiniyo kukkuvacikā sikkhākāmā tas'āhaṃ santike brahmacariyaṃ carissāmī'ti: sā bhikkhunī bhikkhunīhi evamassa vacanīyā: māyye kupitā anattamanā evaṃ avaca, buddhaṃ paccakkhāmi dhammaṃ paccakkhāmi saṅghaṃ paccakkhāmi sikkhaṃ paccakkhāmi kin nu'mā'va samaṇiyo yā samaṇiyo sakyadhītaro santaññāpi samaṇiyo lajjiniyo kukkucavikā sikkhākāmā tas'āhaṃ santike brahmacariyaṃ carissāmī'ti. abhiram'ayye svākkhāto dhammo, cara brahmacariyaṃ sammā dukkhassa antakiriyāyā'ti. evañca sā bhikkhunī bhikkhunīhi vuccamānā tatheva paggaṇheyya, sā bhikkhunī bhikkhunīhi yāvatatiyaṃ samanubhāsitabbā, tassa paṭinissaggāya. yāvatatiyañce samanubhāsiyamānā taṃ paṭinissajjeyya, icc etaṃ kusalaṃ. no ce paṭinissajjeyya, ayampi bhikkhunī yāvatatiyakaṃ dhammaṃ āpannā nissāraṇīyaṃ saṅghādisesan'ti.

임과 양쪽으로부터 구족계를 받은 자로서 한번제안세번제청의 갈마와 부동의 거룩한 님의 속성을 갖춘 수행녀, 그녀를 이러한 의미에서의 수행녀라고 하는 것이다. '화가 나고 불쾌하다고'라는 것은 '불만스럽고 격분하고 완고한 것'을 뜻한다.

2-2. '이와 같이 말한다면'이라는 것은 '나는 부처님을 거부하고 가르침을 거부하고 참모임을 거부하고 학습계율을 거부한다. 어찌 싸끼야의 딸들인 여수행자만이 여수행자인가? 다른 부끄러움을 알고 후회를 알고 학습계율을 좋아하는 여수행자들이 있다. 나는 그녀들 가운데 청정한 삶을 영위하겠다.'라고 말하는 것을 뜻한다. '그 수행녀'라는 것은 이와 같이 말하는 수행녀를 뜻한다. '수행녀들'이라는 것은 다른 수행녀들을 뜻하는데, 그녀들이 보고 들었다면, 이와 같이 말해야 한다.

[권유1] '존귀한 자매여, 화가 나고 불쾌하다고 '나는 부처님을 거부하고 가르침을 거부하고 참모임을 거부하고 학습계율을 거부한다. 어찌 싸끼야의 딸들인 여수행자만이 여수행자인가? 다른 부끄러움을 알고 후회를 알고 학습계율을 좋아하는 여수행자들이 있다. 나는 그녀들 가운데 청정한 삶을 영위하겠다.'라고 말하지 마십시오오. 존귀한 자매여, 기뻐하십시오, 가르침은 잘 설해져 있으니, 올바로 괴로움을 종식시키기 위해 청정한 삶을 영위하시오.'

두 번째에도 이와 같이 말해야 한다.

[권유2] '존귀한 자매여, 화가 나고 불쾌하다고 '나는 부처님을 거부하고 가르침을 거부하고 참모임을 거부하고 학습계율을 거부한다. 어찌 싸끼야의 딸들인 여수행자만이 여수행자인가? 다른 부끄러움을 알고 후회를 알고 학습계율을 좋아하는 여수행자들이 있다. 나는 그녀들 가운데 청정한 삶을 영위하겠다.'라고 말하지 마십시오. 존귀한 자매여, 기뻐하십시오, 가르침은 잘 설해져 있으니, 올바로 괴로움을 종식시키기 위해 청정한 삶을 영위하시오.'

세 번째에도 이와 같이 말해야 한다.

[권유3] '존귀한 자매여, 화가 나고 불쾌하다고 '나는 부처님을 거부하고 가르침을 거부하고 참모임을 거부하고 학습계율을 거부한다. 어찌 싸끼야의 딸들인 여수행자만이 여수행자인가? 다른 부끄러움을 알고 후회를 알고 학습계율을 좋아하는 여수행자들이 있다. 나는 그녀들 가운데 청정한 삶을 영위하겠다.'라고 말하지 마십시오. 존귀한 자매여, 기뻐하십시오, 가르침은 잘 설해져 있으니, 올바로 괴로움을 종식시키기 위해 청정한 삶을 영위하시오.'

만약 그것을 버리면 좋은 일이고, 버리지 못하면, 악작죄를 범하는 것이다. 듣고서 그들이 말하지 않으면, 악작죄를 범하는 것이다. 그 수행녀를 참모임 가운데 데려와서 그녀에게 이와 같이 말해야 한다.

[권유1] '존귀한 자매여, 화가 나고 불쾌하다고 '나는 부처님을 거부하고 가르침을 거부하고 참모임을 거부하고 학습계율을 거부한다. 어찌 싸끼야의 딸들인 여수행자만이 여수행자인가? 다른 부끄러움을 알고 후회를 알고 학습계율을 좋아하는 여수행자들이 있다. 나는 그녀들 가운데 청정한 삶을 영위하겠다.'라고 말하지 마십시오. 존귀한 자매여, 기뻐하십시오, 가르침은 잘 설해져 있으니, 올바로 괴로움을 종식시키기 위해 청정한 삶을 영위하시오.'

두 번째에도 이와 같이 말해야 한다.

[권유2] '존귀한 자매여, 화가 나고 불쾌하다고 '나는 부처님을 거부하고 가르침을 거부하고 참모임을 거부하고 학습계율을 거부한다. 어찌 싸끼야의 딸들인 여수행자만이 여수행자인가? 다른 부끄러움을 알고 후회를 알고 학습계율을 좋아하는 여수행자들이 있다. 나는 그녀들 가운데 청정한 삶을 영위하겠다.'라고 말하지 마십시오. 존귀한 자매여, 기뻐하십시오, 가르침은 잘 설해져 있으니, 올바로 괴로움을 종식시키기 위해 청정한 삶을 영위하시오.'

세 번째에도 이와 같이 말해야 한다.

[권유3] '존귀한 자매여, 화가 나고 불쾌하다고 '나는 부처님을 거부하고 가르침을 거부하고 참모임을 거부하고 학습계율을 거부한다. 어찌 싸끼야의 딸들인 여수행자만이 여수행자인가? 다른 부끄러움을 알고 후회를 알고 학습계율을 좋아하는 여수행자들이 있다. 나는 그녀들 가운데 청정한 삶을 영위하겠다.'라고 말하지 마십시오. 존귀한 자매여, 기뻐하십시오, 가르침은 잘 설해져 있으니, 올바로 괴로움을 종식시키기 위해 청정한 삶을 영위하시오.'

만약 그것을 버리면 좋은 일이고, 버리지 못하면, 악작죄를 범하는 것이다. 듣고서 그들이 말하지 않으면, 악작죄를 범하는 것이다.

2-3. '그 수행녀에 대하여 충고해야 한다.' 수행승들이여, 이와 같이 충고해야 한다. 총명하고 유능한 수행녀가 참모임에 알려야 한다.

[제안] '존귀한 자매들이여, 참모임은 저의 말을 들으십시오. 여기 이러이러한 수행녀가 화가 나고 불쾌하다고 '나는 부처님을 거부하고 가르침을 거부하고 참모임을 거부하고 학습계율을 거부한다. 어찌 싸끼야의 딸들인 여수행자만이 여수행자인가? 다른 부끄러움을 알고 후회를 알고 학습계율을 좋아하는 여수행

자들이 있다. 나는 그녀들 가운데 청정한 삶을 영위하겠다.'라고 말했습니다. 그녀가 그 일을 포기하지 않습니다. 만약에 참모임에 옳은 일이라면, 참모임은 이러이러한 수행녀에 대하여,[237] 그녀가 그 일을 포기하도록, 충고하겠습니다. 이것이 제안입니다.'

[제청1] "존귀한 자매들이여, 참모임은 저의 말을 들으십시오. 여기 여기 이러이러한 수행녀가 화가 나고 불쾌하다고 '나는 부처님을 거부하고 가르침을 거부하고 참모임을 거부하고 학습계율을 거부한다. 어찌 싸끼야의 딸들인 여수행자만이 여수행자인가? 다른 부끄러움을 알고 후회를 알고 학습계율을 좋아하는 여수행자들이 있다. 나는 그녀들 가운데 청정한 삶을 영위하겠다.'라고 말했습니다. 그녀가 그 일을 포기하지 않고 있습니다. 참모임은 이러이러한 수행녀에 대하여, 그녀가 그 일을 포기하도록, 충고합니다. 존자들 가운데 누구든지 이러이러한 수행녀에 대하여, 그가 그 일을 포기하도록 충고하는 것에 동의하면 침묵하시고, 이견이 있으시면 말씀하십시오."

[제청2] "두 번째에도 그 사실을 나는 말합니다. 존귀한 자매들이여, 참모임은 저의 말을 들으십시오. 여기 여기 이러이러한 수행녀가 화가 나고 불쾌하다고 '나는 부처님을 거부하고 가르침을 거부하고 참모임을 거부하고 학습계율을 거부한다. 어찌 싸끼야의 딸들인 여수행자만이 여수행자인가? 다른 부끄러움을 알고 후회를 알고 학습계율을 좋아하는 여수행자들이 있다. 나는 그녀들 가운데 청정한 삶을 영위하겠다.'라고 말했습니다. 그녀가 그 일을 포기하지 않고 있습니다. 참모임은 이러이러한 수행녀에 대하여, 그녀가 그 일을 포기하도록, 충고합니다. 존자들 가운데 누구든지 이러이러한 수행녀에 대하여, 그가 그 일을 포기하도록 충고하는 것에 동의하면 침묵하시고, 이견이 있으시면 말씀하십시오."

[제청3] "세 번째에도 그 사실을 나는 말합니다. 존귀한 자매들이여, 참모임은 저의 말을 들으십시오. 여기 이러이러한 수행녀가 화가 나고 불쾌하다고 '나는 부처님을 거부하고 가르침을 거부하고 참모임을 거부하고 학습계율을 거부한다. 어찌 싸끼야의 딸들인 여수행자만이 여수행자인가? 다른 부끄러움을 알고 후회를 알고 학습계율을 좋아하는 여수행자들이 있다. 나는 그녀들 가운데 청정한 삶을 영위하겠다.'라고 말했습니다. 그녀가 그 일을 포기하지 않고 있습니다. 참모임은 이러이러한 수행녀에 대하여, 그녀가 그 일을 포기하도록, 충고합니다. 존자들 가운데 누구든지 이러이러한 수행녀에 대하여, 그가 그 일을 포기하도록

충고하는 것에 동의하면 침묵하시고, 이견이 있으시면 말씀하십시오.”

[결정] ‘이러이러한 수행녀에 대하여, 그가 그 일을 포기하도록 충고했습니다. 참모임이 찬성하여 침묵했으므로, 저는 그와 같이 알겠습니다.’”

제안에 의해서 악작죄, 두 제청에 의해서 추악죄, 제청의 끝냄에 의해서 승단잔류죄가 성립한다. 승단잔류죄를 범하는 자에게는 제안에 의한 악작죄, 두 제청에 의한 추악죄가 제외된다.

2-4. ‘그 수행녀 또한’이라는 것은 선행하는 것과 관련해서 언급한 것이다. ‘세 번으로 죄가 되는’이라는 것은 ‘세 번 충고하여 죄가 되는 것으로 일을 행하는 것과 더불어 죄가 되지 않는 것’을 뜻한다. ‘참모임을 떠나서 참회해야 한다.’라는 것은 참모임에서 한시적으로 떠나는 것을 뜻한다. ‘승단잔류죄’라고 하는 것은 참모임이 그 죄에 대하여 참회처벌을 주고 가중처벌을 주고, 출죄복귀를 시키는 것으로, 몇몇 수행녀나 한 명의 수행녀가 행하는 것이 아니라, 승단잔류죄라고 하고, 그러한 죄의 무리에 대한 갈마의 특정한 이름인 까닭에 승단잔류죄라고 하는 것이다.

2-5₁.

1) 원칙에 입각한 갈마에 대하여 원칙에 입각한 갈마라고 지각하고 포기하지 않으면, 승단잔류죄를 범하는 것이다.
2) 원칙에 입각한 갈마에 대하여 원칙에 입각한 갈마인지 의심하여 포기하지 않으면, 승단잔류죄를 범하는 것이다.
3) 원칙에 입각한 갈마에 대하여 원칙에 입각하지 않은 갈마라고 지각하고 포기하지 않으면, 승단잔류죄를 범하는 것이다.

2-5₂.

1) 원칙에 입각하지 않은 갈마에 대하여 원칙에 입각한 갈마라고 지각하면, 악작죄를 범하는 것이다.
2) 원칙에 입각하지 않은 갈마에 대하여 원칙에 입각하지 않은 갈마인지 의심하면, 악작죄를 범하는 것이다.
3) 원칙에 입각하지 않은 갈마에 대하여 원칙에 입각하지 않은 갈마라고 지각하면, 악작죄를 범하는 것이다.

2-6. 충고받지 않았거나, 포기했거나, 정신착란자이거나 초범자인 경우는 무죄이다.

2. 15 승단잔류죄법 제15조

쟁사에서의 패소에 대한 학습계율[Adhikaraṇepaccākatasikkhāpada]

1-1. 한때 존귀한 부처님께서는 싸밧티 시의 제따바나 숲에 있는 아나타삔디까 승원에 계셨다. 그런데 그때 수행녀 짠다깔리가 어떤 쟁사에서 패소하여 화를 내고 불쾌해 하며 이와 같이 말했다.

[짠다깔리] "수행녀들이 탐욕의 길을 가고,[238] 수행녀들이 분노의 길을 가고, 수행녀들이 어리석음의 길을 가고, 수행녀들이 두려움의 길을 간다."

1-2. 수행녀들 가운데 욕망을 여의고, 만족을 알고, 부끄러움을 알고, 후회할 줄 알고, 배움을 원하는 자들도 혐책하고 분개하고 비난했다.

[욕망을 여읜 수행녀들] "어찌 수행녀 짠다깔리는 어떤 쟁사에서 패소했다고 화를 내고 불쾌해 하며 '수행녀들이 탐욕의 길을 가고, 수행녀들이 분노의 길을 가고, 수행녀들이 어리석음의 길을 가고, 수행녀들이 두려움의 길을 간다.'라고 말할 수 있단 말인가?"

그래서 그 수행녀들은 수행승들에게 그 사실을 알렸다. 수행승들 가운데 욕망을 여의고, 만족을 알고, 부끄러움을 알고, 후회할 줄 알고, 배움을 원하는 자들도 혐책하고 분개하고 비난했다.

[욕망을 여읜 수행승들] "어찌 수행녀 짠다깔리는 어떤 쟁사에서 패소했다고 화를 내고 불쾌해 하며 '수행녀들이 탐욕의 길을 가고, 수행녀들이 분노의 길을 가고, 수행녀들이 어리석음의 길을 가고, 수행녀들이 두려움의 길을 간다.'라고 말할 수 있단 말인가?"

1-3. 그래서 그 수행승들은 세존께 그 사실을 알렸다. 그러자 세존께서는 이러한 인연으로 이러한 기회에 수행승들의 참모임을 불러 모으게 하고 연유를 설하고 수행승들에게 물었다.

[세존] "수행승들이여, 수행녀 짠다깔리가 어떤 쟁사에서 패소했다고 화를 내고 불쾌해 하며 '수행녀들이 탐욕의 길을 가고, 수행녀들이 분노의 길을 가고, 수행녀들이 어리석음의 길을 가고, 수행녀들이 두려움의 길을 간다.'라고 말한 것이 사실인가?"

[수행승들] "세존이시여, 사실입니다."

존귀한 부처님께서는 견책했다.

[세존] "수행승들이여, 수행녀 짠다깔리는 적절하지 않고, 자연스럽지 않고,

알맞지 않고, 수행자의 삶이 아니고, 부당하고, 해서는 안 될 일을 행한 것이다. 수행승들이여, 수행녀 짠다깔리가 어떤 쟁사에서 패소했다고 화를 내고 불쾌해하며 '수행녀들이 탐욕의 길을 가고, 수행녀들이 분노의 길을 가고, 수행녀들이 어리석음의 길을 가고, 수행녀들이 두려움의 길을 간다.'라고 말할 수 있단 말인가? 수행승들이여, 그것은 아직 청정한 믿음이 없는 자를 청정한 믿음으로 이끌고, 이미 청정한 믿음이 있는 자를 더욱더 청정한 믿음으로 이끄는 것이 아니다. 수행승들이여, 그것은 오히려, 아직 청정한 믿음이 없는 자를 불신으로 이끌고, 이미 청정한 믿음이 있는 자 가운데 어떤 자들을 타락시키는 것이다."

1-4. 그래서 세존께서는 수행녀 짠다깔리에 대하여 여러 가지 방편으로 견책하여, 키우기 어렵고 부양하기 어렵고 탐욕이 많고 만족을 모르고 교제를 좋아하고 나태한 것에 대하여 질책하고, 여러 가지 법문으로 고무하여, 키우기 쉽고 부양하기 쉽고 욕심을 여의고, 만족을 알고, 버리고 없애는 삶, 악을 제거하는 삶, 청정한 믿음의 삶, 쌓아 모우지 않는 삶, 용맹정진의 삶을 칭찬하고, 수행승들을 위하여 그에 알맞고 그에 걸맞게 경책하여 법문을 하고 수행승들에게 일렀다.

[세존] "수행승들이여, 그러므로 수행녀들을 위하여 열 가지 이유에 기초하여, 즉 참모임의 수승을 위하여, 참모임의 안락을 위하여, 악한 수행녀의 조복을 위하여, 품행이 바른 수행녀의 평안한 삶을 위하여, 지금 여기에서의 번뇌의 제어를 위하여, 다가오는 번뇌를 물리치기 위하여, 청정한 믿음이 없는 자에게 청정한 믿음을 주기 위하여, 청정한 믿음이 있는 자에게 청정한 믿음을 증대시키기 위하여, 올바른 가르침을 지속시키기 위하여, 계율을 수호하기 위하여 학습계율을 시설하니, 수행승들이여, 수행녀들은 이와 같이 학습계율을 송출해야 한다."

[세존] "어떠한 수행녀이든지 어떤 쟁사에서라도 패소했다고 화를 내고 불쾌해하며 '수행녀들이 탐욕의 길을 가고, 수행녀들이 분노의 길을 가고, 수행녀들이 어리석음의 길을 가고, 수행녀들이 두려움의 길을 간다.'라고 말한다고 하자. 수행녀들은 그 수행녀에게 이와 같이 말해야 한다. '존귀한 자매여, 화가 나고 불쾌하다고 '수행녀들이 탐욕의 길을 가고, 수행녀들이 분노의 길을 가고, 수행녀들이 어리석음의 길을 가고, 수행녀들이 두려움의 길을 간다.'라고 말하지 마시오. 존귀한 자매께서 탐욕의 길을 가고, 분노의 길을 가고, 어리석음의 길을 가고 두려움의 길을 가는 것인지 모릅니다.' 수행녀들이 그 수행녀에게 이와 같이 말해주더라도 오히려 고집하면, 수행녀들은 그 수행녀에게 그것을 버리게 하기 위하여 세 번까지 충고를 해야 한다. 세 번까지 충고하여 만약 그것을 버리면 좋은 일이고,

만약 그것을 버리지 못하면, 그 수행녀 또한 세 번으로 죄가 되고, 승단잔류죄를 범하는 것으로 참모임을 떠나서 참회해야 한다."657)

2-1. '어떠한'이라는 것은 어떠한 관계, 어떠한 태생, 어떠한 이름, 어떠한 성씨, 어떠한 계행, 어떠한 주거, 어떠한 활동영역에서 이든지, 장로이든지, 신참이든지, 중참이든지, 이러한 자들을 형용하는 것으로 '어떠한 자이든'이라는 뜻이다. '수행녀'이라고 하는 것은 '탁발하는 여자'로서의 수행녀, 탁발을 위해 돌아다니는 여자로서의 수행녀, 분소의를 입은 자로서의 수행녀, 사미니로서의 수행녀, 자칭에 의한 수행녀, '오라! 수행녀여!'에 의한 수행녀, 삼귀의에 의해 구족계를 받은 수행녀, 현선한 수행녀, 진실한 수행녀, 배울 것이 있는 학인인 수행녀, 배울 것이 없는 무학인 수행녀, 화합참모임과 한번제안세번제청의 갈마와 부동의 거룩한 님의 속성을 갖춘 자로서의 수행녀가 있는데, 그녀들 가운데 화합참모임과 양쪽으로부터 구족계를 받은 자로서 한번제안세번제청의 갈마와 부동의 거룩한 님의 속성을 갖춘 수행녀, 그녀를 이러한 의미에서의 수행녀라고 하는 것이다.

2-2. '어떠한 쟁사일지라도'라는 것은 쟁사인데, 네 가지 쟁사 즉, 논쟁으로 인한 쟁사, 비난으로 인한 쟁사, 범죄로 인한 쟁사, 절차로 인한 쟁사658)를 뜻한다. '패소하여'라는 것은 진 것을 뜻한다. '화가 나고 불쾌하여'라는 것은 '불쾌하고 격분하여 완고해진 것'을 뜻한다. '이와 같이 말한다면'이라는 것은 '수행녀들이 탐욕의 길을 가고, 수행녀들이 분노의 길을 가고, 수행녀들이 어리석음의 길을 가고, 수행녀들이 두려움의 길을 간다.'라고 말하는 것을 뜻한다. '그 수행녀'라는

---

657) 발기사쟁방승위간계○(發起四諍謗僧違諫戒) | Bhikkhunī Saṅgh. 15 : yā pana bhikkhunī kismiñcid eva adhi karaṇe paccākatā kupitā anattamanā evaṃ vadeyya: chandagāminiyo ca bhikkhuniyo dosagāminiyo ca bhikkhu niyo mohagāminiyo ca bhikkhuniyo bhayagāminiyo ca bhikkhuniyo'ti, sā bhikkhunī bhikkhunīhi evamassa vacanīyā: māyye kismiñcid eva adhikaraṇe paccākatā kupitā anattamanā evaṃ avaca: chandagāminiyo ca bhikkhuniyo dosagāminiyo ca bhikkhuniyo mohagāminiyo ca bhikkhuniyo bhayagāminiyo ca bhikkhuniyo'ti'. ayyā kho chandāpi gaccheyya dosāpi gaccheyya mohāpi gaccheyya bhayāpi gaccheyyā'ti. evañca sā bhikkhunī bhikkhunīhi vuccamānā tatheva paggaṇheyya, sā bhikkhunī bhikkhunīhi yāvatatiyaṃ samanubhāsitabbā, tassa paṭinissaggāya. yāvatatiyañce samanubhāsiyamānā taṃ paṭinissajjeyya icc etaṃ kusalaṃ. no ce paṭinissajjeyy a, ayampi bhikkhunī yāvatatiyakaṃ dhammaṃ āpannā nissāraṇīyaṃ saṅghādisesan'ti.

658) cattāri adhikaraṇāni: vivādādhikaraṇaṃ anuvādādhikaraṇaṃ āpattādhikaraṇaṃ kiccādhikaraṇaṃ. : 네 가지 쟁사(四諍事) 즉, ① 논쟁으로 인한 쟁사(vivādādhikaraṇa) 즉, 논쟁사(論爭事) ② 비난으로 인한 쟁사(anuvādādhi karaṇa) 즉, 비난사(非難事), ③ 범죄로 인한 쟁사(āpattādhikaraṇa) 즉, 죄쟁사(罪諍事) ④ 절차로 인한 쟁사(kiccā dhikaraṇa) 즉, 행쟁사(行諍事)가 있다.

것은 이와 같이 말하는 수행녀를 뜻한다. '수행녀들'이라는 것은 다른 수행녀들을 뜻하는데, 그녀들이 보고 들었다면, 이와 같이 말해야 한다.

[권유1] '존귀한 자매여, 화가 나고 불쾌하다고 '수행녀들이 탐욕의 길을 가고, 수행녀들이 분노의 길을 가고, 수행녀들이 어리석음의 길을 가고, 수행녀들이 두려움의 길을 간다.'라고 말하지 마십시오. 존귀한 자매께서 탐욕의 길을 여의고, 분노의 길을 여의고, 어리석음의 길을 여의십시오.'

두 번째에도 이와 같이 말해야 한다.

[권유2] '존귀한 자매여,[239] 화가 나고 불쾌하다고 '수행녀들이 탐욕의 길을 가고, 수행녀들이 분노의 길을 가고, 수행녀들이 어리석음의 길을 가고, 수행녀들이 두려움의 길을 간다.'라고 말하지 마십시오. 존귀한 자매께서 탐욕의 길을 여의고, 분노의 길을 여의고, 어리석음의 길을 여의십시오.'

세 번째에도 이와 같이 말했다.

[권유3] '존귀한 자매여, 화가 나고 불쾌하다고 '수행녀들이 탐욕의 길을 가고, 수행녀들이 분노의 길을 가고, 수행녀들이 어리석음의 길을 가고, 수행녀들이 두려움의 길을 간다.'라고 말하지 마십시오. 존귀한 자매께서 탐욕의 길을 여의고, 분노의 길을 여의고, 어리석음의 길을 여의십시오.'

만약 그것을 버리면 좋은 일이고, 버리지 못하면, 악작죄를 범하는 것이다. 듣고서 그들이 말하지 않으면, 악작죄를 범하는 것이다.

2-3. 그 수행녀를 참모임 가운데 데려와서 그녀에게 이와 같이 말해야 한다.

[권유1] '존귀한 자매여, 화가 나고 불쾌하다고 '수행녀들이 탐욕의 길을 가고, 수행녀들이 분노의 길을 가고, 수행녀들이 어리석음의 길을 가고, 수행녀들이 두려움의 길을 간다.'라고 말하지 마십시오. 존귀한 자매께서 탐욕의 길을 여의고, 분노의 길을 여의고, 어리석음의 길을 여의십시오.'

두 번째에도 이와 같이 말해야 한다.

[권유2] '존귀한 자매여, 화가 나고 불쾌하다고 '수행녀들이 탐욕의 길을 가고, 수행녀들이 분노의 길을 가고, 수행녀들이 어리석음의 길을 가고, 수행녀들이 두려움의 길을 간다.'라고 말하지 마십시오. 존귀한 자매께서 탐욕의 길을 여의고, 분노의 길을 여의고, 어리석음의 길을 여의십시오.'

세 번째에도 이와 같이 말해야 한다.

[권유3] '존귀한 자매여, 화가 나고 불쾌하다고 '수행녀들이 탐욕의 길을 가고, 수행녀들이 분노의 길을 가고, 수행녀들이 어리석음의 길을 가고, 수행녀들이

두려움의 길을 간다.'라고 말하지 마십시오. 존귀한 자매께서 탐욕의 길을 여의고, 분노의 길을 여의고, 어리석음의 길을 여의십시오.'

만약 그것을 버리면 좋은 일이고, 버리지 못하면, 악작죄를 범하는 것이다. 듣고서 그들이 말하지 않으면, 악작죄를 범하는 것이다.

2-4. 그 수행녀에 대하여 충고해야 한다. 수행승들이여, 이와 같이 충고해야 한다. 총명하고 유능한 수행녀가 참모임에 알려야 한다.

[제안] '존귀한 자매들이여, 참모임은 저의 말을 들으십시오. 여기 이러이러한 수행녀가 화가 나고 불쾌하다고 '수행녀들이 탐욕의 길을 가고, 수행녀들이 분노의 길을 가고, 수행녀들이 어리석음의 길을 가고, 수행녀들이 두려움의 길을 간다.'라고 말했습니다. 그녀가 그 일을 포기하지 않습니다. 만약에 참모임에 옳은 일이라면, 참모임은 이러이러한 수행녀에 대하여, 그녀가 그 일을 포기하도록, 충고하겠습니다. 이것이 제안입니다.'

[제청1] "존귀한 자매들이여, 참모임은 저의 말을 들으십시오. 여기 여기 이러이러한 수행녀가 화가 나고 불쾌하다고 '수행녀들이 탐욕의 길을 가고, 수행녀들이 분노의 길을 가고, 수행녀들이 어리석음의 길을 가고, 수행녀들이 두려움의 길을 간다.'라고 말했습니다. 그녀가 그 일을 포기하지 않고 있습니다. 참모임은 이러이러한 수행녀에 대하여, 그녀가 그 일을 포기하도록, 충고합니다. 존자들 가운데 누구든지 이러이러한 수행녀에 대하여, 그가 그 일을 포기하도록 충고하는 것에 동의하면 침묵하시고, 이견이 있으시면 말씀하십시오."

[제청2] "두 번째에도 그 사실을 나는 말합니다. 존귀한 자매들이여, 참모임은 저의 말을 들으십시오. 여기 여기 이러이러한 수행녀가 화가 나고 불쾌하다고 '수행녀들이 탐욕의 길을 가고, 수행녀들이 분노의 길을 가고, 수행녀들이 어리석음의 길을 가고, 수행녀들이 두려움의 길을 간다.'라고 말했습니다. 그녀가 그 일을 포기하지 않고 있습니다. 참모임은 이러이러한 수행녀에 대하여, 그녀가 그 일을 포기하도록, 충고합니다. 존자들 가운데 누구든지 이러이러한 수행녀에 대하여, 그가 그 일을 포기하도록 충고하는 것에 동의하면 침묵하시고, 이견이 있으시면 말씀하십시오."

[제청3] "세 번째에도 그 사실을 나는 말합니다. 존귀한 자매들이여, 참모임은 저의 말을 들으십시오. 여기 여기 이러이러한 수행녀가 화가 나고 불쾌하다고 '수행녀들이 탐욕의 길을 가고, 수행녀들이 분노의 길을 가고, 수행녀들이 어리석음의 길을 가고, 수행녀들이 두려움의 길을 간다.'라고 말했습니다. 그녀가 그

일을 포기하지 않고 있습니다. 참모임은 이러이러한 수행녀에 대하여, 그녀가 그 일을 포기하도록, 충고합니다. 존자들 가운데 누구든지 이러이러한 수행녀에 대하여, 그가 그 일을 포기하도록 충고하는 것에 동의하면 침묵하시고, 이견이 있으시면 말씀하십시오."

[결정] '이러이러한 수행녀에 대하여, 그가 그 일을 포기하도록 충고했습니다. 참모임이 찬성하여 침묵했으므로, 저는 그와 같이 알겠습니다.'"

제안에 의해서 악작죄, 두 제청에 의해서 추악죄, 제청의 끝냄에 의해서 승단잔류죄가 성립한다. 승단잔류죄를 범하는 자에게는 제안에 의한 악작죄, 두 제청에 의한 추악죄가 제외된다.

2-5. '그 수행녀 또한'이라는 것은 선행하는 것과 관련해서 언급한 것이다. '세 번으로 죄가 되는'이라는 것은 '세 번 충고하여 죄가 되는 것으로 일을 행하는 것과 더불어 죄가 되지 않는 것'을 뜻한다. '참모임을 떠나서 참회해애 한다.'라는 것은 참모임에서 떠나는 것을 뜻한다. '승단잔류죄'라고 하는 것은 참모임이 그 죄에 대하여 참회처벌을 주고 가중처벌을 주고, 출죄복귀를 시키는 것으로, 몇몇 수행녀나 한 명의 수행녀가 행하는 것이 아니라, 승단잔류죄라고 하고, 그러한 죄의 무리에 대한 갈마의 특정한 이름인 까닭에 승단잔류죄라고 하는 것이다.

2-6₁.

1) 원칙에 입각한 갈마에 대하여 원칙에 입각한 갈마라고 지각하고 포기하지 않으면, 승단잔류죄를 범하는 것이다.
2) 원칙에 입각한 갈마에 대하여 원칙에 입각한 갈마인지 의심하여 포기하지 않으면, 승단잔류죄를 범하는 것이다.
3) 원칙에 입각한 갈마에 대하여 원칙에 입각하지 않은 갈마라고 지각하고 포기하지 않으면, 승단잔류죄를 범하는 것이다.

2-6₁.

1) 원칙에 입각하지 않은 갈마에 대하여 원칙에 입각한 갈마라고 지각하면, 악작죄를 범하는 것이다.
2) 원칙에 입각하지 않은 갈마에 대하여 원칙에 입각하지 않은 갈마인지 의심하면, 악작죄를 범하는 것이다.
3) 원칙에 입각하지 않은 갈마에 대하여 원칙에 입각하지 않은 갈마라고 지각하면, 악작죄를 범하는 것이다.

2-7. 충고받지 않았거나, 포기한 경우이거나, 정신착란자이거나 초범자인 경우는 무죄이다.

2. 16 승단잔류죄법 제16조

잘못을 덮어주는 것에 대한 학습계율①[Pathamavajjapaṭicchādikasikkhāpada]

1-1. 한때 존귀한 부처님께서는 싸밧티 시의 제따바나 숲에 있는 아나타삔디까 승원에 계셨다. 그런데 그때 수행녀 툴라난다의 제자수행녀들이 떼거리로 지내며659) 악한 행동을 하고, 악한 명성을 날리고, 악한 생활을 영위하며, 수행녀의 참모임을 성가시게 하고 서로서로 잘못을 덮어주었다.

1-2. 수행녀들 가운데 욕망을 여의고, 만족을 알고, 부끄러움을 알고, 후회할 줄 알고, 배움을 원하는 자들은 혐책하고 분개하고 비난했다.

[욕망을 여읜 수행녀들] "어찌 수행녀들이 떼거리로 지내며 악한 행동을 하고, 악한 명성을 날리고, 악한 생활을 영위하며, 수행녀의 참모임을 성가시게 하고 서로서로 잘못을 덮어줄 수 있단 말인가?"

그래서 그 수행녀들은 수행승들에게 그 사실을 알렸다. 수행승들 가운데 욕망을 여의고, 만족을 알고, 부끄러움을 알고, 후회할 줄 알고, 배움을 원하는 자들도 혐책하고 분개하고 비난했다.

[욕망을 여읜 수행승들] "어찌 수행녀들이 떼거리로 지내며 악한 행동을 하고, 악한 명성을 날리고, 악한 생활을 영위하며, 수행녀의 참모임을 성가시게 하고 서로서로 잘못을 덮어줄 수 있단 말인가?"

1-3. 그래서 그 수행승들은 세존께 그 사실을 알렸다. 그래서 그 수행승들은 세존께 그 사실을 알렸다. 그러자 세존께서는 이러한 인연으로 이러한 기회에 수행승들의 참모임을 불러 모으게 하고 연유를 설하고 수행승들에게 물었다.

[세존] "수행승들이여, 수행녀들이 떼거리로 지내며 악한 행동을 하고, 악한 명성을 날리고, 악한 생활을 영위하며, 수행녀의 참모임을 성가시게 하고 서로서로 잘못을 덮어준 것이 사실인가?"

[수행승들] "세존이시여, 사실입니다."

---

659) saṃsaṭṭhā viharanti : Smp. 915에 따르면, 그녀들은 세속과 뒤섞여 지냈다. 재가자들을 위하여 신체적으로는 빻고 요리하고, 향료를 사용하고, 화만 등으로 치장하고, 언어적으로도 주선하고 전언하고 응답하는 행위를 했다.

존귀한 부처님께서는 견책했다.

[세존] "수행승들이여, 그 수행녀들은 적절하지 않고, 자연스럽지 않고, 알맞지 않고, 수행자의 삶이 아니고, 부당하고, 해서는 안 될 일을 행한 것이다. 수행승들이여, 어찌 수행녀들이 떼거리로 지내며 악한 행동을 하고, 악한 명성을 날리고, 악한 생활을 영위하며, 수행녀의 참모임을 성가시게 하고 서로서로 잘못을 덮어줄 수 있단 말인가? 수행승들이여, 그것은 아직 청정한 믿음이 없는 자를 청정한 믿음으로 이끌고, 이미 청정한 믿음이 있는 자를 더욱더 청정한 믿음으로 이끄는 것이 아니다. 수행승들이여, 그것은 오히려, 아직 청정한 믿음이 없는 자를 불신으로 이끌고, 이미 청정한 믿음이 있는 자 가운데 어떤 자들을 타락시키는 것이다."

1-4. 그래서 세존께서는 그 수행녀들에 대하여 여러 가지 방편으로 견책하여, 키우기 어렵고 부양하기 어렵고 탐욕이 많고 만족을 모르고 교제를 좋아하고 나태한 것에 대하여 질책하고, 여러 가지 법문으로 고무하여, 키우기 쉽고 부양하기 쉽고 욕심을 여의고, 만족을 알고, 버리고 없애는 삶, 악을 제거하는 삶, 청정한 믿음의 삶, 쌓아 모우지 않는 삶, 용맹정진의 삶을 칭찬하고, 수행승들을 위하여 그에 알맞고 그에 걸맞게 경책하여 법문을 하고 수행승들에게 일렀다.

[세존] "수행승들이여, 그러므로 수행녀들을 위하여 열 가지 이유에 기초하여, 즉 참모임의 수승을 위하여, 참모임의 안락을 위하여, 악한 수행녀의 조복을 위하여, 품행이 바른 수행녀의 평안한 삶을 위하여, 지금 여기에서의 번뇌의 제어를 위하여, 다가오는 번뇌를 물리치기 위하여, 청정한 믿음이 없는 자에게 청정한 믿음을 주기 위하여, 청정한 믿음이 있는 자에게 청정한 믿음을 증대시키기 위하여, 올바른 가르침을 지속시키기 위하여, 계율을 수호하기 위하여 학습계율을 시설하니, 수행승들이여, 수행녀들은 이와 같이 학습계율을 송출해야 한다."

[세존] "수행녀들이 떼거리로 지내며 악한 행동을 하고, 악한 명성을 날리고, 악한 생활을 영위하며, 수행녀의 참모임을 성가시게 하고 서로서로 잘못을 덮어준다면, 수행녀들은 그 수행녀들에게 '자매들은 떼거리로 지내며 악한 행동을 하고, 악한 명성을 날리고, 악한 생활을 영위하며, 수행녀의 참모임을 성가시게 하고 서로서로 잘못을 덮어주고 있다. 존귀한 자매들이여, 서로 멀리하라. 참모임은 자매들이 홀로 있는 것을 칭찬한다.'라고 이와 같이 말해야 한다. 수행녀들이 그 수행녀들에게 이와 같이 말해주더라도 오히려 고집하면, 수행녀들은 그 수행녀들에게 그것을 버리게 하기 위하여 세 번까지 충고를 해야 한다. 세 번까지 충고하여 만약 그것을 버리면 좋은 일이고, 만약 그것을 버리지 못하면, 그 수행녀들 또한 세 번으로

죄가 되고, 승단잔류죄를 범하는 것으로 참모임을 떠나서 참회해야 한다."[660]

2-1. '수행녀들'이라는 것은 구족계를 받은 여자들을 뜻한다. '떼거리로 지내며'라는 것은 '떼거리로' 즉, '몸과 마음으로 격에 맞지 않게' 지내는 것을 뜻한다. '악한 행동을 하고'라는 것은 악한 행위를 갖춘 것을 뜻한다. '악한 명성을 날리고'이라는 것은 악한 명성을 날리는 것을 뜻한다. '악한 생활을 영위하고'라는 것은 악한 잘못된 생활로 삶을 영위하는 것을 뜻한다. '수행녀의 참모임을 성가시게 하고'라는 것은 서로[240] 갈마를 행할 때에 그것을 방해하는 것을 뜻한다. '서로서로 잘못을 덮어준다.'라는 것은 서로서로 죄악을 은폐한다는 뜻이다.

2-2. '그 수행녀들'이라는 것은 그 때 지은 수행녀들을 뜻한다. '수행녀들'이라는 것은 다른 수행녀들을 뜻하는데, 그녀들이 보고 들었다면, 이와 같이 말해야 한다.

[권유1] '자매들은 떼거리로 지내며 악한 행동을 하고, 악한 명성을 날리고, 악한 생활을 영위하며, 수행녀의 참모임을 성가시게 하고 서로서로 잘못을 덮어주고 있습니다. 존귀한 자매들이여, 서로 멀리하십시오. 참모임은 자매들이 홀로 있는 것을 칭찬합니다.'

두 번째에도 이와같이 말해야 한다.

[권유2] '자매들이여, 자매들은 떼거리로 지내며 악한 행동을 하고, 악한 명성을 날리고, 악한 생활을 영위하며, 수행녀의 참모임을 성가시게 하고 서로서로 잘못을 덮어주고 있습니다. 존귀한 자매들이여, 서로 멀리하십시오. 참모임은 자매들이 홀로 있는 것을 칭찬합니다.'

세 번째에도 이와 같이 말해야 한다.

[권유3] '자매들이여, 자매들은 떼거리로 지내며 악한 행동을 하고, 악한 명성을 날리고, 악한 생활을 영위하며, 수행녀의 참모임을 성가시게 하고 서로서로 잘못을 덮어주고 있습니다. 존귀한 자매들이여, 서로 멀리하십시오. 참모임은 자매들이 홀로 있는 것을 칭찬합니다.'

---

660) 습근주위승삼간계○(習近住違僧三諫戒) | Bhikkhunī Saṅgh. 16 : bhikkhuniyo pan'eva saṃsaṭṭhā viharanti pāpācārā pāpasaddā pāpasilokā bhikkhunīsaṅghassa vihesikā aññamaññissā vajjapaṭicchādikā, tā bhikkhuniyo bhikkhunīhi evam assu vacanīyā, bhaginiyo kho saṃsaṭṭhā viharanti pāpācārā pāpasaddā pāpasilokā bhikkhunī saṅghassa vihesikā aññamaññissā vajjapaṭicchādikā viviccath'ayye vivekañ ñeva bhaginīnaṃ saṃgho vaṇṇetī' ti evañca tā bhikkhuniyo bhikkhunīhi vuccamānā tath'eva paggaṇheyyuṃ, tā bhikkhuniyo bhikkhunīhi yāvatati yaṃ samanubhāsitabbā tassa paṭinissaggāya, yāvatatiyañce samanubhāsiyamānā taṃ paṭinissajjeyyuṃ icc etaṃ kusalaṃ no ce paṭinissajjeyyuṃ, imāpi bhikkhuniyo yāvatatiyakaṃ dhammaṃ āpannā nissāraṇīyaṃ saṅghādisesan'ti.

만약에 버린다면, 그것을 좋은 일이고, 버리지 않는다면, 악작죄를 범하는 것이다. 듣고나서 말하지 않는다면, 악작죄를 범하는 것이다.

2-3. 그 수행녀를 참모임 가운데로 인도하여 말해야 한다.

[권유1] '자매들이여, 자매들은 떼거리로 지내며 악한 행동을 하고, 악한 명성을 날리고, 악한 생활을 영위하며, 수행녀의 참모임을 성가시게 하고 서로서로 잘못을 덮어주고 있습니다. 존귀한 자매들이여, 서로 멀리하십시오. 참모임은 자매들이 홀로 있는 것을 칭찬합니다.'

두번 째에도 이와 같이 말해야 한다.

[권유2] '자매들이여, 자매들은 떼거리로 지내며 악한 행동을 하고, 악한 명성을 날리고, 악한 생활을 영위하며, 수행녀의 참모임을 성가시게 하고 서로서로 잘못을 덮어주고 있습니다. 존귀한 자매들이여, 서로 멀리하십시오. 참모임은 자매들이 홀로 있는 것을 칭찬합니다.'

세번 째에도 이와 같이 말해야 한다.

[권유3] '자매들이여, 자매들은 떼거리로 지내며 악한 행동을 하고, 악한 명성을 날리고, 악한 생활을 영위하며, 수행녀의 참모임을 성가시게 하고 서로서로 잘못을 덮어주고 있습니다. 존귀한 자매들이여, 서로 멀리하십시오. 참모임은 자매들이 홀로 있는 것을 칭찬합니다.'

만약에 버린다면, 그것을 좋은 일이고, 버리지 않는다면, 악작죄를 범하는 것이다.

2-4. 그 수행녀들에게 충고해야 한다. 수행승들이여, 그대들은 이와 같이 충고해야한다. 총명하고 유능한 수행녀가 참모임에 알려야 한다.

[제안] '존귀한 자매들이여, 참모임은 제 말에 귀를 기울이십시오. 이러이러한 수행녀들이 떼거리로 지내며 악한 행동을 하고, 악한 명성을 날리고, 악한 생활을 영위하며, 수행녀의 참모임을 성가시게 하고 서로서로 잘못을 덮어주고 있습니다. 그러나 그 수행녀들은 일을 포기하지 않습니다. 만약에 참모임에 옳은 일이라면, 참모임은 이러이러한 수행녀가 그 일을 포기하도록 충고하겠습니다. 이것이 제안입니다.'

[제청1] '존귀한 자매들이여, 참모임은 제 말에 귀를 기울이십시오. 이러이러한 수행녀들이 떼거리로 지내며 악한 행동을 하고, 악한 명성을 날리고, 악한 생활을 영위하며, 수행녀의 참모임을 성가시게 하고 서로서로 잘못을 덮어주고 있습니다. 그러나 그 수행녀들은 일을 포기하지 않습니다. 참모임은 이러이러한 수행녀들이 그 일을 포기하도록 충고합니다. 존귀한 자매들 가운데 누구든지

이러이러한 수행녀에게 그 일을 포기하도록 충고하는 것에 동의하면 침묵하시고, 이견이 있으시면 말씀하십시오.'

[제청2] '두 번째에도 나는 그 사실을 말합니다. 존귀한 자매들이여, 참모임은 제 말에 귀를 기울이십시오. 이러이러한 수행녀들이 떼거리로 지내며 악한 행동을 하고, 악한 명성을 날리고, 악한 생활을 영위하며, 수행녀의 참모임을 성가시게 하고 서로서로 잘못을 덮어주고 있습니다. 그러나 그 수행녀들은 일을 포기하지 않습니다. 참모임은 이러이러한 수행녀들이 그 일을 포기하도록 충고합니다. 존귀한 자매들 가운데 누구든지 이러이러한 수행녀에게 그 일을 포기하도록 충고하는 것에 동의하면 침묵하시고, 이견이 있으시면 말씀하십시오.'

[제청3] '세 번째에도 나는 그 사실을 말합니다. 존귀한 자매들이여, 참모임은 제 말에 귀를 기울이십시오. 이러이러한 수행녀들이 떼거리로 지내며 악한 행동을 하고, 악한 명성을 날리고, 악한 생활을 영위하며, 수행녀의 참모임을 성가시게 하고 서로서로 잘못을 덮어주고 있습니다. 그러나 그 수행녀들은 일을 포기하지 않습니다. 참모임은 이러이러한 수행녀들이 그 일을 포기하도록 충고합니다. 존귀한 자매들 가운데 누구든지 이러이러한 수행녀에게 그 일을 포기하도록 충고하는 것에 동의하면 침묵하시고, 이견이 있으시면 말씀하십시오.'

[결정] "참모임은 이러이러한 수행녀가 그 일을 포기하도록 충고했습니다. 참모임이 찬성하여 침묵했으므로, 저는 그와 같이 알겠습니다.'"

제안에 의해서 악작죄, 두 제청에 의해서 추악죄, 제청의 끝냄에 의해서 승단잔류죄가 성립한다. 승단잔류죄를 범하는 자에게는 제안에 의한 악작죄, 두 제청에 의한 추악죄가 제외된다.

2-5. 둘이나 셋은 함께 충고 받아야 한다. 그 이상은 함께 충고 받아서는 안 된다. '그 수행녀들 또한'이라는 것은 선행하는 것과 관련해서 언급한 것이다. '세 번으로 죄가 되는'이라는 것은 세 번 충고하여 죄가 되는 것으로 일을 행하는 것과 더불어 죄가 되지 않는 것을 뜻한다. '한시퇴출되어야 하고'라는 것은 참모임에서 한시적으로 떠나는 것을 뜻한다. '승단잔류죄'라고 하는 것은 참모임이 그 죄에 대하여 참회처벌을 주고 가중처벌을 주고, 출죄복귀를 시키는 것으로, 몇몇 수행녀나 한 명의 수행녀가 행하는 것이 아니라, 승단잔류죄라고 하고, 그러한 죄의 무리에 대한 갈마의 특정한 이름인 까닭에 승단잔류죄라고 하는 것이다.

2-6₁.

1) 원칙에 입각한 갈마에 대하여 원칙에 입각한 갈마라고 지각하고 포기하지

않으면, 승단잔류죄를 범하는 것이다.

2) 원칙에 입각한 갈마에 대하여 원칙에 입각한 갈마인지 의심하여 포기하지 않으면, 승단잔류죄를 범하는 것이다.

3) 원칙에 입각하지 않은 갈마에 대하여 원칙에 입각한 갈마라고 지각하면, 악작죄를 범하는 것이다.

2-6₂.

1) 원칙에 입각하지 않은 갈마에 대하여 원칙에 입각하지 않은 갈마인지 의심하면, 악작죄를 범하는 것이다.

2) 원칙에 입각하지 않은 갈마에 대하여 원칙에 입각하지 않은 갈마라고 지각하면, 악작죄를 범하는 것이다.

3) 원칙에 입각하지 않은 갈마에 대하여 원칙에 입각하지 않은 갈마라고 지각하면, 악작죄를 범하는 것이다.

2-7. 충고받지 않았거나, 포기하는 경우이거나, 정신착란자이거나 초범자인 경우는 무죄이다.

2. 17 승단잔류죄법 제17조

잘못을 덮어주는 것에 대한 학습계율②[Dutiyavajjapaṭicchādikasikkhāpada]

1-1. 한때 존귀한 부처님께서는 싸밧티 시의 제따바나 숲에 있는 아나타삔디까 승원에 계셨다. 그런데 그때 수행녀 툴라난다가 참모임에 충고를 받은 수행녀들에게 이와 같이 말했다.

[툴라난다] “존귀한 자매들이여, 서로 무리지워 함께 지내시오. 달리 지내지 마시오. 참모임에는 이와 같이 행동을 하고, 이와 같이 명성을 날리고, 이와 같이 생활을 영위하며, 설사 수행녀의 참모임을 성가시게 하더라도[241] 서로서로 잘못을 덮어주는 다른 수행녀들도 있고, 그들에게 참모임은 아무것도 말하지 않기 때문입니다. 참모임은 그대들에게 경멸하고 모멸하고 참을성 없이[661] 수군거리며 근거도 없이 이와 같이 ‘수행녀들이 떼거리로 지내며 악한 행동을 하고,

---

661) akkhantiyā : AN. III. 254에 따르면, 참을성이 없는 자에게는 다섯 가지 재난이 있다: “수행승들이여, 참을성이 없는 자에게는 이와 같은 다섯 가지 재난이 있다. 다섯 가지란 무엇인가? 수행승들이여, 많은 사람에게 사랑받지 못하고 호감을 사지 못하고, 흉포하고, 후회가 있고, 미혹하게 죽고, 몸이 파괴되어 죽은 뒤에 괴로운 곳, 나쁜 곳, 비참한 곳, 지옥에 떨어지는 것이다.

악한 명성을 날리고, 악한 생활을 영위하며, 수행녀의 참모임을 성가시게 하고 서로서로 잘못을 덮어주고 있다. 존귀한 자매들이여, 서로 멀리하라. 참모임은 자매들이 홀로 있는 것을 칭찬한다.'라고 말합니다."

1-2. 수행녀들 가운데 욕망을 여의고, 만족을 알고, 부끄러움을 알고, 후회할 줄 알고, 배움을 원하는 자들은 혐책하고 분개하고 비난했다.

[욕망을 여읜 수행녀들] "어찌 존귀한 자매 툴라난다가 참모임에 충고를 받은 수행녀들에게 이와 같이 '존귀한 자매들이여, 서로 무리지워 함께 지내시오. 달리 지내지 마시오. 참모임에는 이와 같이 행동을 하고, 이와 같이 명성을 날리고, 이와 같이 생활을 영위하며, 설사 수행녀의 참모임을 성가시게 하더라도 서로서로 잘못을 덮어주는 다른 수행녀들도 있고, 그들에게 참모임은 아무것도 말하지 않기 때문입니다. 참모임은 그대들에게 경멸하고 모멸하고 참을성 없이 수군거리며 근거도 없이 이와 같이 '수행녀들이 떼거리로 지내며 악한 행동을 하고, 악한 명성을 날리고, 악한 생활을 영위하며, 수행녀의 참모임을 성가시게 하고 서로서로 잘못을 덮어주고 있다. 존귀한 자매들이여, 서로 멀리하라. 참모임은 자매들이 홀로 있는 것을 칭찬한다.'라고 말합니다.'라고 말할 수 있단 말인가?"

그래서 그 수행녀들은 수행승들에게 그 사실을 알렸다. 수행승들 가운데 욕망을 여의고, 만족을 알고, 부끄러움을 알고, 후회할 줄 알고, 배움을 원하는 자들도 혐책하고 분개하고 비난했다.

[욕망을 여읜 수행승들] "어찌 존귀한 자매 툴라난다가 참모임에 충고를 받은 수행녀들에게 이와 같이 '존귀한 자매들이여, 서로 무리지워 함께 지내시오. 달리 지내지 마시오. 참모임에는 이와 같이 행동을 하고, 이와 같이 명성을 날리고, 이와 같이 생활을 영위하며, 설사 수행녀의 참모임을 성가시게 하더라도 서로서로 잘못을 덮어주는 다른 수행녀들도 있고, 그들에게 참모임은 아무것도 말하지 않기 때문입니다. 참모임은 그대들에게 경멸하고 모멸하고 참을성 없이 수군거리며 근거도 없이 이와 같이 '수행녀들이 떼거리로 지내며 악한 행동을 하고, 악한 명성을 날리고, 악한 생활을 영위하며, 수행녀의 참모임을 성가시게 하고 서로서로 잘못을 덮어주고 있다. 존귀한 자매들이여, 서로 멀리하라. 참모임은 자매들이 홀로 있는 것을 칭찬한다.'라고 말합니다.'라고 말할 수 있단 말인가?"

1-3. 그래서 그 수행승들은 세존께 그 사실을 알렸다. 그러자 세존께서는 이러한 인연으로 이러한 기회에 수행승들의 참모임을 불러 모으게 하고 연유를 설하고 수행승들에게 물었다.

[세존] "수행승들이여, 수행녀 툴라난다가 참모임에 충고를 받은 수행녀들에게 이와 같이 '존귀한 자매들이여, 서로 무리지워 함께 지내시오. 달리 지내지 마시오. 참모임에는 이와 같이 행동을 하고, 이와 같이 명성을 날리고, 이와 같이 생활을 영위하며, 설사 수행녀의 참모임을 성가시게 하더라도 서로서로 잘못을 덮어주는 다른 수행녀들도 있고, 그들에게 참모임은 아무것도 말하지 않기 때문입니다. 참모임은 그대들에게 경멸하고 모멸하고 참을성 없이 수군거리며 근거도 없이 이와 같이 '수행녀들이 떼거리로 지내며 악한 행동을 하고, 악한 명성을 날리고, 악한 생활을 영위하며, 수행녀의 참모임을 성가시게 하고 서로서로 잘못을 덮어주고 있다. 존귀한 자매들이여, 서로 멀리하라. 참모임은 자매들이 홀로 있는 것을 칭찬한다.'라고 말합니다.'라고 말한 것이 사실인가?"

[수행승들] "세존이시여, 사실입니다."

존귀한 부처님께서는 견책했다.

[세존] "수행승들이여, 수행녀 툴라난다는 적절하지 않고, 자연스럽지 않고, 알맞지 않고, 수행자의 삶이 아니고, 부당하고, 해서는 안 될 일을 행한 것이다. 수행승들이여, 어찌 수행녀 툴라난다가 참모임에 충고를 받은 수행녀들에게 이와 같이 '존귀한 자매들이여, 서로 무리지워 함께 지내시오. 달리 지내지 마시오. 참모임에는 이와 같이 행동을 하고, 이와 같이 명성을 날리고, 이와 같이 생활을 영위하며, 설사 수행녀의 참모임을 성가시게 하더라도 서로서로 잘못을 덮어주는 다른 수행녀들도 있고, 그들에게 참모임은 아무것도 말하지 않기 때문입니다. 참모임은 그대들에게 경멸하고 모멸하고 참을성 없이 수군거리며 근거도 없이 이와 같이 '수행녀들이 떼거리로 지내며 악한 행동을 하고, 악한 명성을 날리고, 악한 생활을 영위하며, 수행녀의 참모임을 성가시게 하고 서로서로 잘못을 덮어주고 있다. 존귀한 자매들이여, 서로 멀리하라. 참모임은 자매들이 홀로 있는 것을 칭찬한다.'라고 말합니다.'라고 말할 수 있단 말인가? 수행승들이여, 그것은 아직 청정한 믿음이 없는 자를 청정한 믿음으로 이끌고, 이미 청정한 믿음이 있는 자를 더욱더 청정한 믿음으로 이끄는 것이 아니다. 수행승들이여, 그것은 오히려, 아직 청정한 믿음이 없는 자를 불신으로 이끌고, 이미 청정한 믿음이 있는 자 가운데 어떤 자들을 타락시키는 것이다."

1-4. 그래서 세존께서는 수행녀 툴라난다에 대하여 여러 가지 방편으로 견책하여, 키우기 어렵고 부양하기 어렵고 탐욕이 많고 만족을 모르고 교제를 좋아하고 나태한 것에 대하여 질책하고, 여러 가지 법문으로 고무하여, 키우기 쉽고 부양하

기 쉽고 욕심을 여의고, 만족을 알고, 버리고 없애는 삶, 악을 제거하는 삶, 청정한 믿음의 삶, 쌓아 모우지 않는 삶, 용맹정진의 삶을 칭찬하고, 수행승들을 위하여 그에 알맞고 그에 걸맞게 경책하여 법문을 하고 수행승들에게 일렀다.

[세존] "수행승들이여, 그러므로 수행녀들을 위하여 열 가지 이유에 기초하여, 즉 참모임의 수승을 위하여, 참모임의 안락을 위하여, 악한 수행녀의 조복을 위하여, 품행이 바른 수행녀의 평안한 삶을 위하여, 지금 여기에서의 번뇌의 제어를 위하여, 다가오는 번뇌를 물리치기 위하여, 청정한 믿음이 없는 자에게 청정한 믿음을 주기 위하여, 청정한 믿음이 있는 자에게 청정한 믿음을 증대시키기 위하여, 올바른 가르침을 지속시키기 위하여, 계율을 수호하기 위하여 학습계율을 시설하니, 수행승들이여, 수행녀들은 이와 같이 학습계율을 송출해야 한다."

[세존] "어떠한 수행녀이든지, 이와 같이 '존귀한 자매들이여, 서로 무리지워 함께 지내시오. 달리 지내지 마시오. 참모임에는 이와 같이 행동을 하고, 이와 같이 명성을 날리고, 이와 같이 생활을 영위하며, 설사 수행녀의 참모임을 성가시게 하더라도 서로서로 잘못을 덮어주는 다른 수행녀들도 있고, 그들에게 참모임은 아무것도 말하지 않기 때문입니다. 참모임은 그대들에게 경멸하고 모멸하고 참을성 없이 수군거리며 근거도 없이 이와 같이 '수행녀들이 떼거리로 지내며 악한 행동을 하고, 악한 명성을 날리고, 악한 생활을 영위하며, 수행녀의 참모임을 성가시게 하고 서로서로 잘못을 덮어주고 있다. 존귀한 자매들이여, 서로 멀리하라. 참모임은 자매들이 홀로 있는 것을 칭찬한다.'라고 말합니다.'라고 말한다면, 수행녀들은 그 수행녀에게 이와 같이 '존귀한 자매들이여, 서로 무리지워 함께 지내시오. 달리 지내지 마시오. 참모임에는 이와 같이 행동을 하고, 이와 같이 명성을 날리고, 이와 같이 생활을 영위하며, 설사 수행녀의 참모임을 성가시게 하더라도 서로서로 잘못을 덮어주는 다른 수행녀들도 있고, 그들에게 참모임은 아무것도 말하지 않기 때문입니다. 참모임은 그대들에게 경멸하고 모멸하고 참을성 없이 수군거리며 근거도 없이 이와 같이 '수행녀들이 떼거리로 지내며 악한 행동을 하고, 악한 명성을 날리고, 악한 생활을 영위하며, 수행녀의 참모임을 성가시게 하고 서로서로 잘못을 덮어주고 있다. 존귀한 자매들이여, 서로 멀리하라. 참모임은 자매들이 홀로 있는 것을 칭찬한다.'라고 말합니다.'라고 말하지 마시오.'라고 말해야 한다. 수행녀들이 그 수행녀에게 이와 같이 말해주더라도 오히려 고집하면, 수행녀들은 그 수행녀에게 그것을 버리게 하기 위하여 세 번까지 충고를 해야 한다. 세 번까지 충고하여 만약 그것을 버리면 좋은 일이고, 만약

그것을 버리지 못하면, 그 수행녀 또한 세 번으로 죄가 되는 승단잔류죄를 범한 것으로 참모임을 떠나서 참회해야 한다."662)

2-1. '어떠한'이라는 것은 어떠한 관계, 어떠한 태생, 어떠한 이름, 어떠한 성씨, 어떠한 계행, 어떠한 주거, 어떠한 활동영역에서 이든지, 장로이든지, 신참이든지, 중참이든지, 이러한 자들을 형용하는 것으로 '어떠한 자이든'이라는 뜻이다. '수행녀'이라고 하는 것은 '탁발하는 여자'로서의 수행녀, 탁발을 위해 돌아다니는 여자로서의 수행녀, 분소의를 입은 자로서의 수행녀, 사미니로서의 수행녀, 자칭에 의한 수행녀, '오라! 수행녀여!'에 의한 수행녀, 삼귀의에 의해 구족계를 받은 수행녀, 현선한 수행녀, 진실한 수행녀, 배울 것이 있는 학인인 수행녀, 배울 것이 없는 무학인 수행녀, 화합참모임과 한번제안세번제청의 갈마와 부동의 거룩한 님의 속성을 갖춘 자로서의 수행녀가 있는데, 그녀들 가운데 화합참모임과 양쪽으로부터 구족계를 받은 자로서 한번제안세번제청의 갈마와 부동의 거룩한 님의 속성을 갖춘 수행녀, 그녀를 이러한 의미에서의 수행녀라고 하는 것이다.

2-2. '이와 같이 말한다면'이라는 것은 '존귀한 자매들이여, 서로 무리지워 함께 지내시오. 달리 지내지 마시오. 참모임에는 이와 같이 행동을 하고, 이와 같이 명성을 날리고, 이와 같이 생활을 영위하며, 설사 수행녀의 참모임을 성가시게 하더라도 서로서로 잘못을 덮어주는 다른 수행녀들도 있고, 그들에게 참모임은 아무것도 말하지 않기 때문입니다. 참모임은 그대들에게 경멸하고 모멸하고 참을성 없이 수군거리며 근거도 없이 이와 같이 '수행녀들이 떼거리로 지내며 악한

---

662) 방승권습근주위승삼간계○(謗僧勸習近住違僧三諫戒) | Bhikkhunī Saṅgh. 17 : yā pana bhikkhunī evaṃ vadeyya: saṃsaṭṭhā'va ayye tumhe viharatha mā tumhe nānā viharittha; santi saṃghe aññā'pi bhikkhuniyo evācārā evaṃsaddā evaṃsilokā bhikkhunīsaṃghassa vihesikā aññamaññissā vajjapaṭicchādikā, tā saṃgho na kiñci āha; tumhañ ñeva saṃgho uññāya paribhavena akkhantiyā vebhassiyā dubbalyā evam āha: bhaginiyo kho saṃsaṭṭhā viharanti pāpācārā pāpasaddā pāpasilokā bhikkhunīsaṅghassa vihesikā aññamaññissā vajjapaṭicchādikā; viviccath'ayye vivekañ ñeva bhaginīnaṃ saṃgho vaṇṇetī'ti. sā bhikkhunī bhikkhunīhi evam assa vacanīyā: māyye evaṃ avaca saṃsaṭṭhā'va ayye tumhe viharatha, mā tumhe nānā viharittha, santi saṃghe aññā'pi bhikkhuniyo evācārā evaṃsaddā evaṃsilokā bhikkhunīsaṃghassa vihesikā aññamaññissā vajjapaṭicchādikā, tā saṃgho na kiñci āha. tumhañ ñeva saṃgho uññāya paribhavena akkhantiyā vebhassā dubbalyā evamāha. Bhaginiyo kho saṃsaṭṭhā viharanti pāpācārā pāpasaddā pāpasilokā bhikkhunīsaṅghassa vihesikā aññamaññissā vajjapaṭicchādikā, viviccathayye vivekaññeva bhaginīnaṃ saṃgho vaṇṇetī'ti. evañca sā bhikkhunī bhikkhunīhi cuccamānā tath'eva paggaṇheyya, sā bhikkhunī bhikkhunīhi yāvatatiyaṃ samanubhāsitabbā tassa paṭinissaggāya. yāvatatiyañce samanubhāsiyamānā taṃ paṭinissajjeyya, icc etaṃ kusalaṃ, no ce paṭinissajjeyya, ayampi bhikkhunī yāvatatiyakaṃ dhammaṃ āpannā nissāraṇīyaṃ saṅghādisesan'ti.

행동을 하고, 악한 명성을 날리고, 악한 생활을 영위하며, 수행녀의 참모임을 성가시게 하고 서로서로 잘못을 덮어주고 있다. 존귀한 자매들이여, 서로 멀리하라. 참모임은 자매들이 홀로 있는 것을 칭찬한다.'라고 말합니다.'라고 말하는 것을 뜻한다. '경멸하고'라는 것은 무시하는 것이고, '모멸하고'라는 것은 멸시하는 것이고,'참을성 없이'라는 것은 화를 내는 것이고, '수근거리며'라는 것은 잡담을 하는 것이고, '근거도 없이'라는 것[242]은 '찬성하는 것도 없이'라는 뜻이다. '이와 같이 말합니다.'라는 것은 '수행녀들이 떼거리로 지내며 악한 행동을 하고, 악한 명성을 날리고, 악한 생활을 영위하며, 수행녀의 참모임을 성가시게 하고 서로서로 잘못을 덮어주고 있다. 존귀한 자매들이여, 서로 멀리하라. 참모임은 자매들이 홀로 있는 것을 칭찬한다.'라고 말하는 것을 뜻한다. '그 수행녀들'이라는 것은 이와 같이 말하는 수행녀들을 뜻한다.

2-3. '수행녀들'이라는 것은 다른 수행녀들을 뜻하는데, 그녀들이 보고 들었다면, 이와 같이 말해야 한다.

[권유1] '존귀한 자매들이여, 그대들은 '존귀한 자매들이여, 서로 무리지워 함께 지내시오. 달리 지내지 마시오. 참모임에는 이와 같이 행동을 하고, 이와 같이 명성을 날리고, 이와 같이 생활을 영위하며, 설사 수행녀의 참모임을 성가시게 하더라도 서로서로 잘못을 덮어주는 다른 수행녀들도 있고, 그들에게 참모임은 아무것도 말하지 않기 때문입니다. 참모임은 그대들에게 경멸하고 모멸하고 참을성 없이 수군거리며 근거도 없이 이와 같이 '수행녀들이 떼거리로 지내며 악한 행동을 하고, 악한 명성을 날리고, 악한 생활을 영위하며, 수행녀의 참모임을 성가시게 하고 서로서로 잘못을 덮어주고 있다. 존귀한 자매들이여, 서로 멀리하라. 참모임은 자매들이 홀로 있는 것을 칭찬한다.'라고 말합니다.'라고 말하지 마시오.'

두 번째도 이와 같이 말해야 한다.

[권유2] '존귀한 자매들이여, 그대들은 '존귀한 자매들이여, 서로 무리지워 함께 지내시오. 달리 지내지 마시오. 참모임에는 이와 같이 행동을 하고, 이와 같이 명성을 날리고, 이와 같이 생활을 영위하며, 설사 수행녀의 참모임을 성가시게 하더라도 서로서로 잘못을 덮어주는 다른 수행녀들도 있고, 그들에게 참모임은 아무것도 말하지 않기 때문입니다. 참모임은 그대들에게 경멸하고 모멸하고 참을성 없이 수군거리며 근거도 없이 이와 같이 '수행녀들이 떼거리로 지내며 악한 행동을 하고, 악한 명성을 날리고, 악한 생활을 영위하며, 수행녀의 참모임을

성가시게 하고 서로서로 잘못을 덮어주고 있다. 존귀한 자매들이여, 서로 멀리하라. 참모임은 자매들이 홀로 있는 것을 칭찬한다.'라고 말합니다.'라고 말하지 마시오.'

세 번째도 이와 같이 말해야 한다.

[권유3] '존귀한 자매들이여, 그대들은 '존귀한 자매들이여, 서로 무리지워 함께 지내시오. 달리 지내지 마시오. 참모임에는 이와 같이 행동을 하고, 이와 같이 명성을 날리고, 이와 같이 생활을 영위하며, 설사 수행녀의 참모임을 성가시게 하더라도 서로서로 잘못을 덮어주는 다른 수행녀들도 있고, 그들에게 참모임은 아무것도 말하지 않기 때문입니다. 참모임은 그대들에게 경멸하고 모멸하고 참을성 없이 수군거리며 근거도 없이 이와 같이 '수행녀들이 떼거리로 지내며 악한 행동을 하고, 악한 명성을 날리고, 악한 생활을 영위하며, 수행녀의 참모임을 성가시게 하고 서로서로 잘못을 덮어주고 있다. 존귀한 자매들이여, 서로 멀리하라. 참모임은 자매들이 홀로 있는 것을 칭찬한다.'라고 말합니다.'라고 말하지 마시오.'

만약에 버린다면, 그것을 좋은 일이고, 버리지 않는다면, 악작죄를 범하는 것이다. 듣고나서 말하지 않는다면, 악작죄를 범하는 것이다.

2-4. 그 수행녀들을 참모임 가운데로 인도하여 말해야 한다.

[권유1] '존귀한 자매들이여, 그대들은 '존귀한 자매들이여, 서로 무리지워 함께 지내시오. 달리 지내지 마시오. 참모임에는 이와 같이 행동을 하고, 이와 같이 명성을 날리고, 이와 같이 생활을 영위하며, 설사 수행녀의 참모임을 성가시게 하더라도 서로서로 잘못을 덮어주는 다른 수행녀들도 있고, 그들에게 참모임은 아무것도 말하지 않기 때문입니다. 참모임은 그대들에게 경멸하고 모멸하고 참을성 없이 수군거리며 근거도 없이 이와 같이 '수행녀들이 떼거리로 지내며 악한 행동을 하고, 악한 명성을 날리고, 악한 생활을 영위하며, 수행녀의 참모임을 성가시게 하고 서로서로 잘못을 덮어주고 있다. 존귀한 자매들이여, 서로 멀리하라. 참모임은 자매들이 홀로 있는 것을 칭찬한다.'라고 말합니다.'라고 말하지 마시오.'

두 번째에도 이와 같이 말해야 한다.

[권유2] '존귀한 자매들이여, 그대들은 '존귀한 자매들이여, 서로 무리지워 함께 지내시오. 달리 지내지 마시오. 참모임에는 이와 같이 행동을 하고, 이와 같이 명성을 날리고, 이와 같이 생활을 영위하며, 설사 수행녀의 참모임을 성가시게

하더라도 서로서로 잘못을 덮어주는 다른 수행녀들도 있고, 그들에게 참모임은 아무것도 말하지 않기 때문입니다. 참모임은 그대들에게 경멸하고 모멸하고 참을성 없이 수군거리며 근거도 없이 이와 같이 '수행녀들이 떼거리로 지내며 악한 행동을 하고, 악한 명성을 날리고, 악한 생활을 영위하며, 수행녀의 참모임을 성가시게 하고 서로서로 잘못을 덮어주고 있다. 존귀한 자매들이여, 서로 멀리하라. 참모임은 자매들이 홀로 있는 것을 칭찬한다.'라고 말합니다.'라고 말하지 마시오.'

세 번째에도 이와 같이 말해야 한다.

[권유3] '존귀한 자매들이여, 그대들은 '존귀한 자매들이여, 서로 무리지워 함께 지내시오. 달리 지내지 마시오. 참모임에는 이와 같이 행동을 하고, 이와 같이 명성을 날리고, 이와 같이 생활을 영위하며, 설사 수행녀의 참모임을 성가시게 하더라도 서로서로 잘못을 덮어주는 다른 수행녀들도 있고, 그들에게 참모임은 아무것도 말하지 않기 때문입니다. 참모임은 그대들에게 경멸하고 모멸하고 참을성 없이 수군거리며 근거도 없이 이와 같이 '수행녀들이 떼거리로 지내며 악한 행동을 하고, 악한 명성을 날리고, 악한 생활을 영위하며, 수행녀의 참모임을 성가시게 하고 서로서로 잘못을 덮어주고 있다. 존귀한 자매들이여, 서로 멀리하라. 참모임은 자매들이 홀로 있는 것을 칭찬한다.'라고 말합니다.'라고 말하지 마시오.'

만약에 버린다면, 그것을 좋은 일이고, 버리지 않는다면, 악작죄를 범하는 것이다.

2-5. 그 수행녀에게 충고해야 한다. 수행승들이여, 그대들은 이와 같이 충고해야 한다. 총명하고 유능한 수행녀가 참모임에 알려야 한다.

[제안] '존귀한 자매들이여, 참모임은 제 말에 귀를 기울이십시오. 이러이러한 수행녀가 참모임에 의해서 충고받은 수행녀들에게 이와 같이 '존귀한 자매들이여, 서로 무리지워 함께 지내시오. 달리 지내지 마시오. 참모임에는 이와 같이 행동을 하고, 이와 같이 명성을 날리고, 이와 같이 생활을 영위하며, 설사 수행녀의 참모임을 성가시게 하더라도 서로서로 잘못을 덮어주는 다른 수행녀들도 있고, 그들에게 참모임은 아무것도 말하지 않기 때문입니다. 참모임은 그대들에게 경멸하고 모멸하고 참을성 없이 수군거리며 근거도 없이 이와 같이 '수행녀들이 떼거리로 지내며 악한 행동을 하고, 악한 명성을 날리고, 악한 생활을 영위하며, 수행녀의 참모임을 성가시게 하고 서로서로 잘못을 덮어주고 있다. 존귀한 자매들이여, 서로 멀리하라. 참모임은 자매들이 홀로 있는 것을 칭찬한다.'라고 말합

니다.'라고 말했습니다. 그녀는 그 일을 포기하지 않습니다. 만약에 참모임에 옳은 일이라면, 참모임은 이러이러한 수행녀가 그 일을 포기하도록 충고하겠습니다. 이것이 제안입니다.'

[제청1] '존귀한 자매들이여, 참모임은 제 말에 귀를 기울이십시오. 이러이러한 수행녀가 참모임에 의해서 충고받은 수행녀들에게 이와 같이 '존귀한 자매들이여, 서로 무리지워 함께 지내시오. 달리 지내지 마시오. 참모임에는 이와 같이 행동을 하고, 이와 같이 명성을 날리고, 이와 같이 생활을 영위하며, 설사 수행녀의 참모임을 성가시게 하더라도 서로서로 잘못을 덮어주는 다른 수행녀들도 있고, 그들에게 참모임은 아무것도 말하지 않기 때문입니다. 참모임은 그대들에게 경멸하고 모멸하고 참을성 없이 수군거리며 근거도 없이 이와 같이 '수행녀들이 떼거리로 지내며 악한 행동을 하고, 악한 명성을 날리고, 악한 생활을 영위하며, 수행녀의 참모임을 성가시게 하고 서로서로 잘못을 덮어주고 있다. 존귀한 자매들이여, 서로 멀리하라. 참모임은 자매들이 홀로 있는 것을 칭찬한다.'라고 말합니다.'라고 말했습니다. 그녀는 그 일을 포기하지 않습니다. 참모임은 이러이러한 수행녀가 그 일을 포기하도록 충고합니다. 존귀한 자매들 가운데 누구든지 이러이러한 수행녀에게 그 일을 포기하도록 충고하는 것에 동의하면 침묵하시고, 이견이 있으시면 말씀하십시오.'

[제청2] '두 번째에도 저는 그 사실을 말합니다. 존귀한 자매들이여, 참모임은 제 말에 귀를 기울이십시오. 이러이러한 수행녀가 참모임에 의해서 충고받은 수행녀들에게 이와 같이 '존귀한 자매들이여, 서로 무리지워 함께 지내시오. 달리 지내지 마시오. 참모임에는 이와 같이 행동을 하고, 이와 같이 명성을 날리고, 이와 같이 생활을 영위하며, 설사 수행녀의 참모임을 성가시게 하더라도 서로서로 잘못을 덮어주는 다른 수행녀들도 있고, 그들에게 참모임은 아무것도 말하지 않기 때문입니다. 참모임은 그대들에게 경멸하고 모멸하고 참을성 없이 수군거리며 근거도 없이 이와 같이 '수행녀들이 떼거리로 지내며 악한 행동을 하고, 악한 명성을 날리고, 악한 생활을 영위하며, 수행녀의 참모임을 성가시게 하고 서로서로 잘못을 덮어주고 있다. 존귀한 자매들이여, 서로 멀리하라. 참모임은 자매들이 홀로 있는 것을 칭찬한다.'라고 말합니다.'라고 말했습니다. 그녀는 그 일을 포기하지 않습니다. 참모임은 이러이러한 수행녀가 그 일을 포기하도록 충고합니다. 존귀한 자매들 가운데 누구든지 이러이러한 수행녀에게 그 일을 포기하도록 충고하는 것에 동의하면 침묵하시고, 이견이 있으시면 말씀하십시오.'

[제청3] '세 번째에도 저는 그 사실을 말합니다. 존귀한 자매들이여, 참모임은 제 말에 귀를 기울이십시오. 이러이러한 수행녀가 참모임에 의해서 충고받은 수행녀들에게 이와 같이 '존귀한 자매들이여, 서로 무리지워 함께 지내시오. 달리 지내지 마시오. 참모임에는 이와 같이 행동을 하고, 이와 같이 명성을 날리고, 이와 같이 생활을 영위하며, 설사 수행녀의 참모임을 성가시게 하더라도 서로서로 잘못을 덮어주는 다른 수행녀들도 있고, 그들에게 참모임은 아무것도 말하지 않기 때문입니다. 참모임은 그대들에게 경멸하고 모멸하고 참을성 없이 수군거리며 근거도 없이 이와 같이 '수행녀들이 떼거리로 지내며 악한 행동을 하고, 악한 명성을 날리고, 악한 생활을 영위하며, 수행녀의 참모임을 성가시게 하고 서로서로 잘못을 덮어주고 있다. 존귀한 자매들이여, 서로 멀리하라. 참모임은 자매들이 홀로 있는 것을 칭찬한다.'라고 말합니다.'라고 말했습니다. 그녀는 그 일을 포기하지 않습니다. 참모임은 이러이러한 수행녀가 그 일을 포기하도록 충고합니다. 존귀한 자매들 가운데 누구든지 이러이러한 수행녀에게 그 일을 포기하도록 충고하는 것에 동의하면 침묵하시고, 이견이 있으시면 말씀하십시오.'

[결정] "참모임은 이러이러한 수행녀가 그 일을 포기하도록 충고했습니다. 참모임이 찬성하여 침묵했으므로, 저는 그와 같이 알겠습니다.'"

제안에 의해서 악작죄, 두 제청에 의해서 추악죄, 제청의 끝냄에 의해서 승단잔류죄가 성립한다. 승단잔류죄를 범하는 자에게는 제안에 의한 악작죄, 두 제청에 의한 추악죄가 제외된다.

2-6. '그 수행녀 또한'이라는 것은 선행하는 것과 관련해서 언급한 것이다. '세 번으로 죄가 되는'이라는 것은 '세 번 충고하여 죄가 되는 것으로 일을 행하는 것과 더불어 죄가 되지 않는 것'을 뜻한다. '참모임을 떠나서 참회해야 한다.'라는 것은 참모임에서 떠나는 것을 뜻한다. '승단잔류죄'라고 하는 것은 참모임이 그 죄에 대하여 참회처벌을 주고 가중처벌을 주고, 출죄복귀를 시키는 것으로, 몇몇 수행녀나 한 명의 수행녀가 행하는 것이 아니라, 승단잔류죄라고 하고, 그러한 죄의 무리에 대한 갈마의 특정한 이름인 까닭에 승단잔류죄라고 하는 것이다.

2-7₁.

1) 원칙에 입각한 갈마에 대하여 원칙에 입각한 갈마라고 지각하고 포기하지 않으면, 승단잔류죄를 범하는 것이다.
2) 원칙에 입각한 갈마에 대하여 원칙에 입각한 갈마인지 의심하여 포기하지 않으면, 승단잔류죄를 범하는 것이다.

3) 원칙에 입각한 갈마에 대하여 원칙에 입각하지 않은 갈마라고 지각하고 포기하지 않으면, 승단잔류죄를 범하는 것이다.

2-7₂.

1) 원칙에 입각하지 않은 갈마에 대하여 원칙에 입각한 갈마라고 지각하면, 악작죄를 범하는 것이다.
2) 원칙에 입각하지 않은 갈마에 대하여 원칙에 입각하지 않은 갈마인지 의심하면, 악작죄를 범하는 것이다.
3) 원칙에 입각하지 않은 갈마에 대하여 원칙에 입각하지 않은 갈마라고 지각하면, 악작죄를 범하는 것이다.

2-7. 충고받지 않았거나, 포기하는 경우이거나, 정신착란자이거나 초범자인 경우는 무죄이다.

제2장 승단잔류죄법 그 후렴시는 다음과 같다

중매, 근본이 없이, 어떠한 일이든, 분열, 소송,
도적, 시정, 권리정지, 식사, 그대가 어떻게, 그것을 따름.[663]

남이 충고할 수 없는 자, 가정을 오염시키는 자, 화를 냄,
어떤 쟁사에라도, 떼거리, 경멸로 열일곱 조항이다.[664]

존귀한 자매들이여,
이와 같이 처음부터 죄가 되는 9개 조항과 세 번 충고로 죄가 되는 8개 조항의
17개 조항의 승단잔류죄법을 송출했습니다.[665]
수행녀가 이것들 가운데 어떤 하나라도 범하면,
그 수행녀는 양 참모임 가운데 보름간의 참회생활을 실행해야 하며,
참회생활을 마친 수행녀는 20명의 수행녀 참모임이 있다면,
그때 그 수행녀는 출죄복귀를 받아야 합니다.
그러나 수행녀의 참모임이 20명의 수행녀들보다 하나라도 적으면,
그 수행녀를 출죄복귀시켰더라도 출죄복귀된 것이 아니며, 그 수행녀들은 견책을 받아야 합니다.

---

663) sañcarittaṃ amūlakaṃ | kiñci desañca bhedo ca | ussayaṃ cori gāmantaṃ | ukkhittaṃ khādo ca kiṃte ||
664) tasseva anuvattakā | dubbacaṃ kuladusañca | kupitā kismiñci saṃsaṭṭh' | uññāya sattarasā'ti ||
665) uddiṭṭhā kho ayyāyo sattarasasaṅghādisesā dhammā nava paṭhamāpattikā aṭṭha yāvatatiyakā : 위에 빅쿠니 승단잔류죄는 역자가 복원한 것이다. Smp. 915에 따라 빅쿠니고유의 10개 조항의 승단잔류죄법을 17개 조항으로 확장한 것이다. 빅쿠니고유의 10개 조항에서 처음부터 죄가 되는 6개 조항의 승단잔류죄법 이외에, 『빅쿠비방가』에 속하는 승단잔류죄법 제5조, 제8조, 제9조(Bhikkhu Saṅgh. 5, 8, 9)의 3개 조항을 추가하고, 세 번 충고로 죄가 되는 이러한 4개 조항의 승단잔류죄법 이외에, 『빅쿠비방가』에 속하는 승단잔류죄법 제10조, 제11조, 베12조, 제13조(Bhikkhu Saṅgh. 10~13)를 추가한 것이다.

이것이 이 점에 관하여 원칙에 입각한 조치입니다.
저는 지금 존귀한 자매들에게 묻겠습니다.
그대들은 이 점에 관하여 완전히 청정합니까?
두 번째에도 저는 존귀한 자매들에게 묻습니다. 그대들은 이 점에 관하여 완전히 청정합니까?
세 번째에도 저는 존귀한 자매들에게 묻습니다. 그대들은 이 점에 관하여 완전히 청정합니까?
존귀한 자매들께서는 완전히 청정한 까닭에 침묵했으므로
저는 그와 같이 알겠습니다.

제3장 상실죄법

(Nissaggiyakaṇḍa: 捨墮章).

존귀한 자매들이여, 지금 이와 같은 30개 조항의 상실죄법을 송출하겠습니다.

제1품 옷(Cīvaravagga)

3. 1. 1 상실죄법 제1조

까티나옷에 대한 학습계율①[Paṭhamakaṭhinasikkhāpada]

1-1. 한때[*195] 존귀한 부처님께서 베쌀리 시에 있는 고따마까 탑묘[666]에 계셨다. 그때 세존께서는 수행승들에게 세벌 옷[667]을 허용했다. 여섯무리의 수행승들이 '세존께서는 수행승들에게 세벌 옷을 허용했다.'라고 지각하고 다른 세벌 옷을 착용하고 마을로 들어갔고, 다른 세벌 옷을 착용하고 승원으로 들어갔고, 다른 세벌 옷을 착용하고 목욕하러 들어갔다.

1-2. 수행승들 가운데 욕망을 여의고, 만족을 알고, 부끄러움을 알고, 후회할 줄 알고, 배움을 원하는 자들은 혐책하고 분개하고 비난했다.

[욕망을 여읜 수행승들] "어찌 여섯무리의 수행승들이 여분의 옷을 착용할 수가 있단 말인가?"

---

666) Gotamakacetiya : Ppn. I. 811에 따르면, 베쌀리 시 남쪽에 있는 탑으로 부처님은 몇 차례 이곳에 머물렀다. 이 탑은 고따마 붓다 이전에 고따마까라는 야차에게 받쳐진 것이다. SN. V. 258에서 부처님은 베쌀리 시의 여러 탑묘들을 찬양했는데, 그 가운데 하나였다.

667) ticīvara : 승단에서 개인의 소유를 허용한 삼의(三衣) 즉, 세벌 가사(袈裟)이다. ① saṅghāṭī : 한역음사는 승가리(僧伽梨)로 세벌 옷 가운데 가장 크므로 대의(大衣)라고 한다. 베 조각들을 거듭 이어서 만들므로 중의(重衣), 조(條)의 수가 가장 많으므로 잡쇄의(雜碎衣)라고 함. 직사각형의 베 조각들을 세로로 나란히 꿰맨 것을 1조(條)로 하여, 9조 내지 25조를 가로로 나란히 꿰맨 것. 설법할 때, 걸식하러 갈 때, 왕궁에 갈 때 입는다. ② uttarāsaṅga : 한역음사는 울다라승(鬱多羅僧)으로 윗도리로 입기 때문에 상의(上衣)·상착의(上著衣)라고 하며, 세벌 옷 가운데 그 가치가 중간이므로 중가의(中價衣)라고 한다. 대중이 모인 의식 때 입으므로 입중의(入衆衣)라고 한다. 직사각형의 베 조각들을 세로로 나란히 꿰맨 것을 1조(條)로 하여, 7조를 가로로 나란히 꿰맨 것. 의식을 행할 때 입는다. ③ antaravāsaka : 한역음사는 안타회(安陀會)로 하의(下衣)·내의(內衣)·중숙의(中宿衣)라고 한다. 직사각형의 베 조각들을 세로로 나란히 꿰맨 것을 1조(條)로 하여, 5조를 가로로 나란히 꿰맨 것이라서 오조가사(五條袈裟)라고도 하는데, 작업하거나 잠잘 때나 길을 갈 때나 사원의 실내에서 입는다.

1-3. 그래서 그 수행승들은 세존께 그 사실을 알렸다. 그러자 세존께서는 그것을 인연으로 그것을 기회로 수행승들의 참모임을 불러 모으게 하고 여섯무리의 수행승들에게 이와 같이 물었다.

[세존] "수행승들이여, 그대들이 여분의 옷을 착용한 것이 사실인가?"

[여섯무리의 수행승들] "세존이시여, 사실입니다."

존귀한 부처님께서는 견책했다.

[세존] "어리석은 자들이여, 그대들이 어찌 여분의 옷을 착용할 수 있단 말인가? 어리석은 자들이여, 그것은 아직 청정한 믿음이 없는 자를 청정한 믿음으로 이끌고, 이미 청정한 믿음이 있는 자를 더욱더 청정한 믿음으로 이끄는 것이 아니다. 어리석은 자들이여, 그것은 오히려, 아직 청정한 믿음이 없는 자를 불신으로 이끌고, 이미 청정한 믿음이 있는 자 가운데 어떤 자들을 타락시키는 것이다."

1-4. 그리고 세존께서는 그 여섯무리의 수행승들에 대하여 여러 가지 방편으로 견책하여, 키우기 어렵고 부양하기 어렵고 탐욕이 많고 만족을 모르고 교제를 좋아하고 나태한 것에 대해 질책하고, 여러 가지 법문으로 고무하여, 키우기 쉽고 부양하기 쉽고 욕심을 여의고, 만족을 알고, 버리고 없애는 삶, 악을 제거하는 삶, 청정한 믿음의 삶, 쌓아 모우지 않는 삶, 용맹정진의 삶을 칭찬하고, 수행승들을 위하여 그에 알맞고 그에 걸맞게 경책하여 법문을 하고 수행승들에게 일렀다.

[세존] "수행승들이여, 그러므로 수행승들을 위하여 열 가지 이유에 기초하여, 즉 참모임의 수승을 위하여, 참모임의 안락을 위하여, 악한 수행승의 조복을 위하여, 품행이 바른 수행승의 평안한 삶을 위하여, 지금 여기에서의 번뇌의 제어를 위하여, 다가오는 번뇌를 물리치기 위하여, 청정한 믿음이 없는 자에게 청정한 믿음을 주기 위하여, 청정한 믿음이 있는 자에게 청정한 믿음을 증대시키기 위하여, 올바른 가르침을 지속시키기 위하여, 계율을 수호하기 위하여 학습계율을 시설하겠으니, 수행승들이여, 그대들은 이와 같이 학습계율을 송출해야 한다."

〔세존〕 "어떠한 수행승이든 여분의 옷을 착용하면, 상실죄를 범하는 것이다."[668]

이와 같이 세존께서는 수행승들을 위하여 학습계율을 시설했다.

2-1. 한때 존자 아난다에게 여분의 옷이 생겨났다. 존자 아난다는 그 옷을 존자 싸리뿟따에게 주고자 했다. 존자 싸리뿟따는 싸께따 시에 있었다. 그래서 존자 아난다는 이와 같이 생각했다.

---

668) yo pana bhikkhu atirekacīvaraṃ dhāreyya nissaggiyaṃ pācittiyan'ti

[아난다] '세존께서는 여분의 옷을 지녀서는 안 된다고 학습계율을 시설하셨다. 그런데 나에게 여분의 옷이 생겨났다. 그 옷을 존자 싸리뿟따에게 주고자 한다. 그러나 존자 싸리뿟따는[*196] 싸께따 시에 있다. 내가 어떻게 하면 좋을까?'

2-2. 그래서 존자 아난다는 세존께 그 사실을 알렸다.

[세존] "아난다여, 싸리뿟따는 며칠이 지나야 돌아오는가?"

[아난다] "세존이시여, 아흐레나 열흘이 걸립니다."

그러자 세존께서는 이러한 인연으로 이러한 기회에 법문을[669] 하고 수행승들에게 일렀다.

[세존] "수행승들이여, 열흘까지 여분의 옷을 지니는 것을 허용한다. 수행승들이여, 그대들은 이와 같이 이 학습계율을 송출해야 한다."

[세존] "수행승의 옷이 정해졌고, 수행승의 까티나특권[670]이 제거되었으면,[671] 열흘까지는 여분의 옷을 지닐 수 있다. 그 기간이 지나면, 상실죄를 범하는 것이다."[672]

3-1. '수행승의 옷이 정해졌고'라는 것은 수행승을 위하여 옷이 만들어졌거나 망실되었거나 파괴되었거나 불타버렸거나 옷에 대한 기대가 상실된 것을 뜻한다. '수행승의 까티나특권이 제거되었으면'이라는 것은 여덟 가지 경로 가운데[673]

---

669) dhammī kathā : 당연히 여기서 법문이라는 것은 경전적 의미의 법문이 아니라 계율의 원인과 조건에 관계된 이야기를 말한다.

670) kaṭhina : 한역에서는 음사하여 가치나(迦郗那) 또는 갈치나(羯絺那)라고 하고, 번역하여 견의(堅依), 견고의(堅固衣) 또는 공덕의(功德依)라고 한다. 까티나옷은 안거기간 동안 열심히 정진수행한 수행승들 중 낡은 가사를 지닌 수행승들 가운데 법랍이 높은 수행승들에게 차제에 따라 상여로서 주어지며, 안거가 끝난 뒤에 사개월이나 오개월까지 착용하도록 특별히 허락된 일시적인 옷으로, 이 기간에 일부 계율이 완화된다. Vin. I. 254에 따르면, 다서 가지 까티나특권이 있다: "수행승들이여, 안거를 보낸 수행승들이 까티나옷을 성립시키는 것을 허용한다. 수행승들이여, 까티나옷이 성립되면, 그들에게 다섯 가지 까티나특권이 허용될 수 있다. *1)* 허락 없이도 다니는 것, *2)* 착의하지 않고 다니는 것, *3)* 별중(別衆)으로도 식사하는 것, *4)* 필요한 만큼의 옷을 받는 것, *5)* 어떤 옷이 생겨나든, 그들의 것이 된다. 수행승들이여, 까티나옷이 성립되는 경우에는 이와 같은 다섯 가지 까티나특권이 허용될 수 있다."

671) ubbhatasmiṃ kaṭhine : Vin. I. 254에 따르면, 까티나특권이 해제되는가? 수행승들이여, 까티나특권이 해제되는데 여덟 가지 경로(aṭṭha mātikā)가 있다. 이것에 대해서는 아래의 고주석에 대한 필자의 주석을 참조하라.

672) 장의과한계(長衣過限戒) | Bhikkhunī Nissag. 1 : niṭṭhitacīvarasmiṃ bhikkhunā ubbhatasmiṃ kaṭhine dasāhaparamaṃ atirekacīvaraṃ dhāretabbaṃ. taṃ atikkāmayato nissaggiyaṃ pācittiyan'ti.

673) aṭṭhannaṃ mātikānaṃ : Vin. I. 255와 Smp. 638을 참조하라. 수행승들이여, 어떻게 까티나특권이 해제되는가? 수행승들이여, 까티나특권이 해제되는데 여덟 가지 경로가 있다. *1)* 떠남에 의한 것, *2)* 완성에 의한 것, *3)* 결정에 의한 것, *4)* 망실에 의한 것, *5)* 청문에 의한 것, *6)* 희망의 단절에 의한 것, *7)* 결계의 벗어남에 의한 것, *8)* 까티나특권의 제거에 의한 것이다. 이것들에 대한 상세한 주석은 필자의 마하박가 608-609쪽의 주석을 참조하라. 여기서 경로(mātikā)라고 번역한 것은 경로나 논의의 주제를 뜻한다. MV. VII. 13과 긴밀하게 연관되어 있다.

하나의 경로에 의해서 제거되었거나 참모임에 의해서 중간에 제거된 것을 뜻한다. '열흘까지'라는 것은 최상으로 열흘까지 지닐 수 있다는 뜻이다. '여분의 옷'이라는 것은 배당되지 않았고[674] 지정되지 않은[675] 옷을 뜻한다. '옷'이라는 것은 배당을 위해 적당한[676] 최소한의 옷 이상으로 여섯 가지 옷 가운데[677] 어느 하나의 옷을 뜻한다.

3-2₁. '그 기간을 지나면, 상실죄'라는 것은 열하루째 날의 일출시가 되면, 상실죄를 범하는 것으로, 참모임이나 무리나 개인에게 넘겨주어야 한다는 뜻이다. 수행승들이여, 이와 같이 넘겨주어야 한다. 그 수행승은 참모임에 나아가 한쪽 어깨에 가사를 걸치고 장로 수행승들의 두 발에 머리를 조아리고 한쪽 무릎을 꿇고 합장하여 이와 같이 말해야 한다.

[수행승] '존자들이여, 이 옷은 제게서 열흘을 떠나 있었던 것으로 상실되어야 합니다. 저는 이것을 참모임에 넘겨주겠습니다.'

넘겨주고 나서 죄를 참회해야 한다.[678] 총명하고 유능한 수행승이 그 죄를 받아들이고, 넘겨받은 옷은 돌려주어야 한다.

[총명한 수행승] '존자들이여, 참모임은 저의 말을 들으십시오. 이 옷은 상실되어야 할 것으로 이러이러한 수행승이 참모임에게 넘겨준 것입니다. 만약에 참모임에 옳은 일이라면, 참모임은 이러이러한 수행승에게 이 옷을 돌려주겠습니다.'

3-2₂. 그 수행승은 두서너 명의[679] 수행승들에게 나아가 한쪽 어깨에 가사를

---

674) anadhiṭṭhitaṃ : 수행승이 사용한 옷을 뜻하는 것이 아니라 특정한 수행승에게 지정되어 할당되지 않은 것을 참모임에 배치되어 있는 것으로 처리되지 않고 할당되지 않은 것을 뜻한다.

675) avikappitaṁ : 다른 수행승에 주어져 보관되고 있는 것을 뜻한다.

676) vikappanūpagapacchimaṃ : 속죄죄법 제70조(Bhikkhunī Pāc. 70)에서는 '어떠한 수행승이든지 행복한 님의 옷과 같은 칫수의 옷이나 그 이상의 칫수의 옷을 입고 다니면, 잘라내는 것을 포함하여 속죄죄를 범하는 것이다. 여기 이러한 행복한 님의 옷의 칫수, 즉, 행복한 님의 뼘으로 길이 8 뼘, 폭 6뼘이 있으니, 그것이 행복한 님의 옷의 칫수이다.'라고 정의한다.

677) channaṃ cīvarānaṃ : Vin. I. 281에 따르면, 수행승들에게 여섯 종류의 옷이 허용되었다: "수행승들이여, 여섯 가지 옷을 허용한다. 아마옷, 면옷, 비단옷, 모직옷, 대마옷, 모시옷이다."

678) nissajitvā āpatti desetabbā : Smp. 640에 따르면, 참모임에 인사하고 나서 수행승은 이와 같이 말한다. '존자들이여, 나는 이러이러한 죄를 범했습니다. 그것을 나는 고백합니다. 상실속죄죄에 해당하는 한 벌 옷, 두벌 옷, 여러벌 옷이 있다면, 그러한 한 벌 옷, 두벌 옷, 여러벌 옷에 대하여 고백합니다.' 그는 '여기 열흘이 지나서 상실되어야 할 옷이 있습니다. 저는 그것을 참모임에 넘겨주겠습니다.'라고 말하며 옷을 내어놓아야 한다.

679) sambahulā bhikkhū : 경장에서는 '많은 수행승'을 의미하기도 하지만, 율장에서는 대부분, 무리(한역에서는 別衆: gaṇa)와 동일한 의미로 쓰이며, 소규모의 무리 또는 두 명 내지 네 명을 의미한다. 그러나 Vin. II. 15에서 '많은 장로 수행승들(sambahulā bhikkhū)'이라고 할 때, 17명의 장로를 의미하기도 한다. Vin. I. 300에서는 많은 장로라고 할 때, 다섯 명의 장로들을 의미하기도 한다.

걸치고 장로 수행승들의 발에 머리를 조아린 뒤에 한쪽 무릎을 꿇고 합장하여 이와 같이 말해야 한다.

[수행승] '존자들이여, 이 옷은 제게서 열흘을 떠나 있었던 것으로[*197] 상실되어야 합니다. 저는 이것을 존자들에게 넘겨주겠습니다.'

넘겨주고 나서 죄를 참회해야 한다. 총명하고 유능한 수행승은 그 죄를 받아들이고, 넘겨받은 옷은 돌려주어야 한다.

[총명한 수행승] '존자들이여, 저의 말을 들으십시오. 이 옷은 상실되어야 할 것으로 이러이러한 수행승이 존자들에게 넘겨준 것입니다. 만약에 존자들에게 옳은 일이라면, 존자들께서는 이러이러한 수행승에게 이 옷을 돌려주겠습니다.'

3-2₃. 또는 그 수행승은 한 수행승에게 나아가 한쪽 어깨에 가사를 걸치고 두 발에 머리를 조아린 뒤에 한쪽 무릎을 꿇고 합장하여 이와 같이 말해야 한다.

[수행승] "벗이여, 이 옷은 제게서 열흘을 떠나 있었던 것으로 상실되어야 합니다. 저는 이것을 존자에게 넘겨주겠습니다.'

넘겨주고 나서 그 죄를 참회해야 한다. 그 수행승은 죄를 받아들이고, 넘겨진 옷은 돌려주어야 한다.

[한 수행승] '저는 이 옷을 존자에게 돌려주겠습니다."

4-1₁.

1) 열흘이 지난 것에 대해 열흘이 지난 것이라고 지각하면, 상실죄를 범하는 것이다.
2) 열흘이 지난 것에 대해 열흘이 지난 것인지 의심하면, 상실죄를 범하는 것이다.
3) 열흘이 지난 것에 대해 열흘이 지난 것이 아니라고 지각하면, 상실죄를 범하는 것이다.

4-1₂.

1) 배당되지 않은 것에 대해 배당된 것이라고 지각하면, 상실죄를 범하는 것이다.
2) 지정되지 않은 것에 대해 지정된 것이라고 지각하면, 상실죄를 범하는 것이다.
3) 할당되지 않은 것에 대해서 할당된 것이라고 지각하면, 상실죄를 범하는 것이다.
4) 망실되지 않은 것에 대해서 망실된 것이라고 지각하면, 상실죄를 범하는 것이다.
5) 파괴되지 않은 것에 대해서 파괴된 것이라고 지각하면, 상실죄를 범하는 것이다.
6) 불태워지지 않은 것에 대해서 불태워진 것이라고 지각하면, 상실죄를 범하는 것이다.
7) 약탈되지 않은 것에 대해서 약탈된 것이라고 지각하면, 상실죄를 범하는 것이다.

4-1₃. 상실되어야 할 것을 넘겨주지 않고 사용하면, 악작죄를 범하는 것이다.

4-1₄.

1) 열흘이 지나지 않은 것에 대해 열흘이 지난 것이라고 지각하면, 악작죄를 범하는 것이다.
2) 열흘이 지나지 않은 것에 대해 열흘이 지나지 않은 것인지 의심하면, 악작죄를 범하는 것이다.
3) 열흘이 지나지 않은 것에 대해 열흘이 지나지 않은 것이라고 지각하면, 무죄이다.

4-2. 열흘 이내에 배당되거나, 지정되거나, 할당되거나, 망실되거나, 파괴되거나, 불태워진 경우이거나, 빼앗아 취해지거나,680) 신뢰로 취해지는 경우이거나,681) 정신이 착란된 자이거나, 초범자의 경우는 무죄이다.

4-3. 그런데 그때 여섯무리의 수행승들이 상실되어야 할 옷을 내어주지 않았다. 세존께 그 사실을 알렸다.

[세존] "수행승들이여, 상실되어야 할 옷을 내어주지 않아서는 안 된다. 내어주지 않는다면, 악작죄를 범하는 것이다.

3. 1. 2 상실죄법 제2조

까티나옷에 대한 학습계율②[Dutiyakaṭhinasikkhāpada]

1-1. 한때[*198] 존귀한 부처님은 싸밧티 시에 있는 제따바나 숲의 아나타삔디까 승원에 계셨다. 그런데 그때 수행승들은 다른 수행승들의 손에 가사들을 맡기고 하의와 상의만 입고682) 여러 지방으로 유행을 떠났다. 그 오랫동안 맡겨진 가사들은 손상되었다.683) 그 수행승들은 햇볕에 말렸다. 존자 아난다가 처소를 경행하며 돌아다니다가 그 수행승들이 그 가사들을 햇볕에 말리는 것을 보았다.

---

680) acchinditvā gaṇhanti : 위의 약탈(vilumpati)이라는 단어 대신에 쓰인 것이다.

681) vissāsaṃ gaṇhanti : Vin. I. 296에 따르면, 다섯 가지 특징을 갖춘 수행승으로부터 신뢰로 얻어질 수 있는 것은 허용된다: '수행승들이여, 다섯 가지 고리를 갖춘 자라면 그가 믿고 맡긴 것을 취할 것을 허용한다. 1) 지인이고, 2) 동료이고, 3) 대화자이고, 4) 살아 있는 자이고, 5) '내가 가져도 그가 나에 대하여 기뻐할 것이다.'라고 아는 자이다.'

682) santaruttarena : Smp. 651에 따르면, 외투인 대의를 입지 않고 하의와 상의만을 입은 것을 말한다.

683) kaṇṇakitāni : Smp. 651에 따르면, 땀과 닿은 장소위에 검거나 흰 원형 반점을 갖는 것을 의미한다.

보고나서 그 수행승들에게 다가갔다. 가까이 다가가서 이와 같이 말했다.

[아난다] "벗들이여, 이 손상된 옷들은 누구의 것들입니까?"

1-2. 그러자 그 수행승들은 존자 아난다에게 그 사실을 알렸다. 존자 아난다는 혐책하고 분개하고 비난했다.

[아난다] "어찌 수행승들이 다른 수행승들의 손에 가사를 맡기고 하의와 상의만으로 여러 지방으로 유행을 떠날 수 있단 말인가?"

1-3. 그래서 존자 아난다가 그 사실을 세존께 알렸다.

[세존] "수행승들이여, 수행승들이 다른 수행승들의 손에 가사를 맡기고 하의와 상의만으로 여러 지방으로 유행을 떠난 것이 사실인가?"

[수행승들] "세존이시여, 사실입니다."

존귀한 부처님께서는 견책했다.

[세존] "수행승들이여, 어찌 그 어리석은 자들이 다른 수행승들의 손에 가사들을 맡기고 하의와 상의만으로 여러 지방으로 유행을 떠날 수 있단 말인가? 수행승들이여, 그것은 아직 청정한 믿음이 없는 자를 청정한 믿음으로 이끌고, 이미 청정한 믿음이 있는 자를 더욱더 청정한 믿음으로 이끄는 것이 아니다. 수행승들이여, 그것은 오히려, 아직 청정한 믿음이 없는 자를 불신으로 이끌고, 이미 청정한 믿음이 있는 자 가운데 어떤 자들을 타락시키는 것이다."

1-4. 그리고 세존께서는 그 수행승들에 대하여 여러 가지 방편으로 견책하여, 키우기 어렵고 부양하기 어렵고 탐욕이 많고 만족을 모르고 교제를 좋아하고 나태한 것에 대해 질책하고, 여러 가지 법문으로 고무하여, 키우기 쉽고 부양하기 쉽고 욕심을 여의고, 만족을 알고, 버리고 없애는 삶, 악을 제거하는 삶, 청정한 믿음의 삶, 쌓아 모우지 않는 삶, 용맹정진의 삶을 칭찬하고, 수행승들을 위하여 그에 알맞고 그에 걸맞게 경책하여 법문을 하고 수행승들에게 일렀다.

[세존] "수행승들이여, 그러므로 수행승들을 위하여 열 가지 이유에 기초하여, 즉 참모임의 수승을 위하여, 참모임의 안락을 위하여, 악한 수행승의 조복을 위하여, 품행이 바른 수행승의 평안한 삶을 위하여, 지금 여기에서의 번뇌의 제어를 위하여, 다가오는 번뇌를 물리치기 위하여, 청정한 믿음이 없는 자에게 청정한 믿음을 주기 위하여, 청정한 믿음이 있는 자에게 청정한 믿음을 증대시키기 위하여, 올바른 가르침을 지속시키기 위하여, 계율을 수호하기 위하여 학습계율을 시설하니, 수행승들이여, 그대들은 이와 같이 학습계율을 송출해야 한다."

〔세존〕 "수행승의 옷이 정해지고, 까티나특권이 해제되었을 때, 만약에 단 하룻밤이라도 수행승이 세벌 옷을 떠나 지내면,[684] 상실죄를 범하는 것이다."[685]

이와 같이 이 학습계율이 세존에 의해서 수행승들에게 시설되었다.

2-1. 한때 어떤 수행승이 꼬쌈비 시에서 병들었다. 친척들이 그 수행승에게 사자를 파견했다.

[친척들] "존자께서는 오십시오. 우리가 보살피겠습니다."

수행승들도 이와 같이 말했다.

[수행승들] "벗이여, 가십시오. 친척들이 그대를 보살필 것입니다."

그는 이와 같이 말했다.

[환우수행승] "벗들이여, 세존께서는 세벌 옷을 떠나 지내서는 안 된다고 학습계율을 시설했습니다. 그런데 나는 병들어 세벌 옷을 가지고 떠날 수 없습니다. 나는[*199] 가지 않겠습니다."

2-2₁. 그래서 세존께서는 이러한 인연으로 이러한 기회에 법문을 설하고 수행승들에게 일렀다.

[세존] "수행승들이여, 환우수행승은 세벌 옷을 떠날 필요가 없다고 동의를 주는 것을[686] 허용한다. 수행승들이여, 이와 같이 주어야 한다. 그 환우수행승이 참모임에 나아가 한쪽 어깨에 가사를 걸치고 장로 수행승들의 발에 머리를 조아린 뒤에 한쪽 무릎을 꿇고 합장하여 이와 같이 말해야 한다.

[청원1] '존자들이여, 저는 병이 들어 세벌 옷을 가지고 떠날 수 없습니다. 존자들이여, 그러므로 제가 세벌 옷을 떠날 필요가 없다고 동의를 줄 것을 참모임에 요청합니다.'

[청원2] '존자들이여, 저는 병이 들어 세벌 옷을 가지고 떠날 수 없습니다. 존자들이여, 그러므로 제가 세벌 옷을 떠날 필요가 없다고 동의를 줄 것을 두 번째에도 참모임에 요청합니다.'

[청원3] '존자들이여, 저는 병이 들어 세벌 옷을 가지고 떠날 수 없습니다. 존자들이여, 그러므로 제가 세벌 옷을 떠날 필요가 없다고 동의를 줄 것을 세

---

684) ticīvarena vippavaseyya : Vin. II. 123에 따르면, 깔개를 여의고 살면, 악작죄에 해당한다: '수행승들이여, 사개월 동안 깔개를 여의고 살아서는 안 된다. 여의고 산다면, 악작죄를 범하는 것이다.'

685) niṭṭhitacīvarasmiṃ bhikkhunā ubbhatasmiṃ kaṭhine ekarattampi ce bhikkhu ticīvarena vippavaseyya, nissaggiyaṃ pācittiyan'ti

686) ticīvarena avippavāsasammutiṃ : 한역에서는 부실의(不失依)의 인가(認可)라고 한다.

번째에도 참모임에 요청합니다.'

2-2₂. 총명하고 유능한 수행승이 참모임에 알려야 한다.

[제안] '존자들이여, 참모임은 저의 말을 들으십시오. 이러이러한 수행승이 병들어 세벌 옷을 가지고 떠날 수 없어, 그가 세벌 옷을 떠날 필요가 없다고 동의를 줄 것을 요청했습니다. 만약 참모임에 옳은 일이라면, 참모임은 이러이러한 수행승이 세벌 옷을 떠날 필요가 없다고 동의를 주겠습니다. 이것이 제안입니다.'

[제청] '존자들이여, 참모임은 저의 말을 들으십시오. 이러이러한 수행승이 병들어 세벌 옷을 가지고 떠날 수 없어, 그가 세벌 옷을 떠날 필요가 없다고 동의를 줄 것을 요청했습니다. 참모임이 이러이러한 수행승이 세벌 옷을 떠날 필요가 없다고 동의를 주는 것에 찬성하면 침묵하시고, 이견이 있으시면 말씀하십시오.'

[결정] '참모임이 이러이러한 수행승이 세벌 옷을 떠날 필요가 없다고 동의를 주었습니다. 참모임이 찬성하여 침묵했으므로, 저는 그와 같이 알겠습니다.'"

수행승들이여, 이 학습계율은 이와 같이 송출되어야 한다.

[세존] "수행승의 옷이 정해지고, 까티나특권이 해제되었을 때, 만약에 단 하룻밤이라도 수행승이 세벌 옷을 떠나 지내면, 수행승의 동의를 제외하고, 상실죄를 범하는 것이다."687)

3-1. '수행승의 옷이 정해졌고'라는 것은 수행승을 위하여 옷이 이루어졌거나 망실되었거나 파괴되었거나 불타버렸거나 옷에 대한 기대가 상실된 것을 뜻한다.688) '수행승의 까티나특권이 제거되었으면'이라는 것은 여덟 가지 경로 가운데 하나의 경로에 의해서 제거되었거나 참모임에 의해서 중간에 제거된 것을 뜻한다. '하루만이라도 세벌 옷을 떠나면'이라는 것은 '대의나 상의나 하의'를 두고 하는 말이다. '수행승의 동의를 제외하고'라는 것은 '수행승의 동의 이외에'라는 뜻이다.

3-2₁. '상실'이라는 것은 일출시가 되면, 상실죄를 범하는 것으로, 참모임이나 무리나 개인에게 넘겨주어야 한다는 뜻이다. 수행승들이여, 이와 같이 넘겨주어

687) 이삼의숙계(離三衣宿戒) | Bhikkhunī Nissag. 2 : niṭṭhitacīvarasmiṃ bhikkhunā ubbhatasmiṃ kaṭhine ekarattampi ce bhikkhu ticīvarena vippavaseyya aññatra bhikkhusammutiyā, nissaggiyaṃ pācittiyan'ti.

688) niṭṭhitacīvarasminti bhikkhuno cīvaraṃ kataṃ vā hoti naṭṭhaṃ vā vinaṭṭhaṃ vā daḍḍhaṃ vā cīvarāsā vā upacchinnā : 상실죄법 29(Bhikkhu Nissag. 29)를 참조하라.

야 한다. 그 수행승은 참모임에 나아가 한쪽 어깨에 가사를 걸치고 장로 수행승들의 두 발에 머리를 조아리고 한쪽 무릎을 꿇고 합장하여 이와 같이 말해야 한다.

[수행승] '존자들이여, 이 옷은[*200] 하룻밤을 제게서 떠나 있었던 것으로 상실되어야 할 것입니다. 저는 이것을 참모임에 넘겨주겠습니다.'

넘겨주고 나서 죄를 참회해야 한다. 총명하고 유능한 수행승은 그 죄를 받아들이고, 넘겨받은 옷은 돌려주어야 한다.

[총명한 수행승] '존자들이여, 참모임은 저의 말을 들으십시오. 이 옷은 상실되어야 할 것으로 이러이러한 수행승이 참모임에 넘겨준 것입니다. 만약에 참모임에 옳은 일이라면, 참모임은 이러이러한 수행승에게 이 옷을 돌려주겠습니다.'

3-2₂. 또는 그 수행승은 두서너 명의 수행승들에게 나아가 한쪽 어깨에 가사를 걸치고 장로 수행승들의 발에 머리를 조아린 뒤에 한쪽 무릎을 꿇고 합장하여 이와 같이 말해야 한다.

[수행승] '존자들이여, 이 옷은 제게서 하룻밤을 떠나 있었던 것으로 상실되어야 합니다. 저는 이것을 존자들에게 넘겨주겠습니다.'

넘겨주고 나서 죄를 참회해야 한다. 총명하고 유능한 수행승은 그 죄를 받아들이고, 넘겨받은 옷은 돌려주어야 한다.

[총명한 수행승] '존자들이여, 저의 말을 들으십시오. 이 옷은 이러이러한 수행승의 상실되어야 할 것인데, 존자들에 넘겨진 것입니다. 만약에 존자들에 옳은 일이라면, 존자들께서는 이러이러한 수행승에게 이 옷을 돌려주겠습니다.'

3-2₃. 또는 그 수행승은 한 수행승에게 나아가 한쪽 어깨에 가사를 걸치고 두 발에 머리를 조아린 뒤에 한쪽 무릎을 꿇고 합장하여 이와 같이 말해야 한다.

[수행승] "벗이여, 이 옷은 제게서 하룻밤을 떠나 있었던 것으로 상실되어야 합니다. 저는 이것을 존자에게 넘겨주겠습니다.'

넘겨주고 나서 그 죄를 참회해야 한다. 그 수행승은 죄를 받아들이고, 넘겨진 옷은 돌려주어야 한다.

[한 수행승] '저는 이 옷을 존자에게 돌려주겠습니다.'

3-3. 하나의 구획과 다양한 구획을 가진 마을, 하나의 구획과 다양한 구획을 가진 처소, 하나의 구획과 다양한 구획을 가진 창고,689) 하나의 구획과 다양한 구획을 가진 망루,690) 하나의 구획과 다양한 구획을 가진 막사,691) 하나의 구획과 다양

689) uddosita : Smp. 654에 의하면, 수레 등과 같은 비품을 보관하는 방이다.

한 구획을 가진 전각,692) 하나의 구획과 다양한 구획을 가진 누옥,693) 하나의 구획과 다양한 구획을 가진 선박, 하나의 구획과 다양한 구획을 가진 카라반, 하나의 구획과 다양한 구획을 가진 밭, 하나의 구획과 다양한 구획을 가진 탈곡장, 하나의 구획과 다양한 구획을 가진 승원, 하나의 구획과 다양한 구획을 가진 정사, 하나의 구획과 다양한 구획을 가진 나무밑, 하나의 구획과 다양한 구획을 가진 노지가 있다.

3-4.

1) '하나의 구획을 가진 마을'694)이라는 것은 다음과 같다. 한 가문을 위한 마을로695) 울타리 쳐져 있는데,696) 마을 안에 옷을 두면 마을 안에서 지내야 한다. 울타리가 없다면, 한 집에 옷을 두어야 하는데, 그 집에서 지내야 한다. 또는 손이 닿는 거리697)를 떠나 지내서는 안 된다.

2) '다양한 구획을 가진 마을'698)이라는 것은 다음과 같다. 다양한 가문의 마을로,699) 울타리가 쳐져 있는데, 어떤 집안에 옷을 두면, 그 집 안이나 집회소 안이나 출입구에서 지내야 하고, 손이 닿는 거리를 떠나 지내서는 안 된다. 집회소에 가면, 손이 닿는 거리에 옷을 두고 집회소 안이나 출입구에서 지내야 하고, 손이 닿는 거리를 떠나 지내서는 안 된다. 집회소 안에 옷을 두면, 집회소 안이나 출입구에서 지내야 하고, 손이 닿는 거리를 떠나 지내서는 안 된다. 울타리가 없는데, 어떤 집에 옷을 두면, 그 집에서 지내야 하고, 손이 닿는 거리를 떠나 지내서는 안 된다.

---

690) aṭṭa : Smp. 654에 의하면, 적대적인 왕을 방어하기 위해 벽돌로 만든 것으로 두꺼운 옹벽으로 되어 있고 사오층 높이이다.

691) māla : Smp. 654에 의하면, 하나의 맨지붕 아래 있는 사각형의 건물을 말하는데, VbhA 366에 따르면, 식당이나 천막과 같은 곳이다.

692) pāsāda : Smp. 654에 의하면, 왕들의 대형건물을 뜻한다.

693) hammiya : Smp. 654에 의하면, 단지 하나의 지붕 아래 있는 긴 직사각형의 집을 말하는데, Bd. II. 16에 따르면, 건물의 최상층에 지어진 것인데, 때로는 누옥을 전각이라고 부르기도 한다.

694) gāmo ekūpacāro : 한역에서는 취락동계(聚落同界)라고 한다.

695) ekakulassa gāmo : 한역에서는 일족취락(一族聚落)이라고 한다. Smp. 652에 따르면, 하나의 지배자나 촌장이 있는 마을을 말한다.

696) parikkhitto : Smp. 652에 따르면, 벽이나 담장이나 해자로 울타리가 쳐진 것을 말한다.

697) hatthapāsā : Smp. 652에 의하면, 옷은 $2\frac{1}{2}$ 라따나[1ratana = 1hattha = 46-56cm]를 떠나 있어서는 안 된다. 그러나 남전1권 337에서는 척석소급처(擲石所及處) 즉, 손으로 돌을 던져 닿는 거리라고 해석하고 있다.

698) gāmo ekūpacāro nānūpacāro : 한역에서는 취락이계(聚落異界)라고 한다.

699) nānākulassa gāmo : 한역에서는 다족취락(多族聚落)이라고 한다. Smp. 652에 따르면, 여러의 지배자들이나 촌장들이 있는 마을을 말한다.

3-5.

1) '하나의 구획을 가진 처소'라는 것은 다음과 같다.[700] 동일한 가문의 처소가 있고, 울타리가 있을 경우, 다양한 방이 있고, 다양한 내실이 있다.[701] 처소 안에 옷을 두면 처소 안에서 지내야 한다. 울타리가 없을 경우, 방안에 옷을 두면, 그 방안에서 지내야 한다. 또는 손이 닿는 거리를 떠나 지내서는 안 된다.

2) '다양한 구획을 가진 처소'라는 것은 다음과 같다. 다양한 가문의 처소가 있고, 울타리가 있을 경우, 다양한 방과 다양한 내실이 있는데, 어떤 방에 옷을 두면 그 방이나 출입구에서 지내야 하며, 또는 손이 닿는 거리를 떠나 지내서는 안 된다. 울타리가 없을 경우, 어떤 방에 옷을 두면 그 방에서 지내야 하며, 또는 손이 닿는 거리를 떠나 지내서는 안 된다.

3-6.

1) '하나의 구획을 가진 창고'라는 것은 다음과 같다. 동일한 가문의 창고가 있고, 울타리가 있을 경우, 다양한 방이 있고, 다양한 내실이 있다.[*201] 창고 안에 옷을 두면 창고 안에서 지내야 한다. 울타리가 없을 경우, 창고안에 옷을 두면, 그 창고에서 지내야 한다. 또는 손이 닿는 거리를 떠나 지내서는 안 된다.

2) '다양한 구획을 가진 창고'라는 것은 다음과 같다. 다양한 가문의 창고가 있고, 울타리가 있을 경우, 다양한 방과 다양한 내실이 있는데, 어떤 창고에 옷을 두면 그 방이나 출입구에서 지내야 하며, 또는 손이 닿는 거리를 떠나 지내서는 안 된다. 울타리가 없을 경우, 어떤 창고에 옷을 두면 그 창고에서 지내야 하며, 또는 손이 닿는 거리를 떠나 지내서는 안 된다.

3-7.

1) '하나의 구획을 가진 망루'라는 것은 다음과 같다. 동일한 가문의 망루가 있고, 망루 안에 옷을 두면 망루 안에서 지내야 한다.

2) '다양한 구획을 가진 망루'라는 것은 다음과 같다. 다양한 가문의 망루가 있고, 다양한 방과 다양한 내실이 있는데, 어떤 방에 옷을 두면 그 방이나 출입구에서 지내야 하며, 또는 손이 닿는 거리를 떠나 지내서는 안 된다.

---

700) nivesanaṃ ekūpacāraṃ nāma : 이하의 이러한 설명표제어들은 빠알리 원문에서는 생략부호도 없이 생략되어 있는 것을 복원한 것이다.

701) nānāgabbhā nānāovarakā : 방(gabbha)과 내실(ovaraka)은 큰 차이가 없으나, 후자가 주로 침실로 쓰인다.

3-8.

1) '하나의 구획을 가진 막사'라는 것은 다음과 같다. 동일한 가문의 막사가 있고, 막사 안에 옷을 두면 막사 안에서 지내야 한다.

2) '다양한 구획을 가진 막사'라는 것은 다음과 같다. 다양한 가문의 막사가 있고, 다양한 방과 다양한 내실이 있는데, 어떤 방에 옷을 두면 그 방이나 출입구에서 지내야 하며, 또는 손이 닿는 거리를 떠나 지내서는 안 된다.

3-9.

1) '하나의 구획을 가진 전각'라는 것은 다음과 같다. 동일한 가문의 전각이 있고, 전각 안에 옷을 두면 전각 안에서 지내야 한다.

2) '다양한 구획을 가진 전각'라는 것은 다음과 같다. 다양한 가문의 전각이 있고, 다양한 방과 다양한 내실이 있는데, 어떤 방에 옷을 두면 그 방이나 출입구에서 지내야 하며, 또는 손이 닿는 거리를 떠나 지내서는 안 된다.

3-10.

1) '하나의 구획을 가진 누옥'라는 것은 다음과 같다. 동일한 가문의 누옥이 있고, 누옥 안에 옷을 두면 누옥 안에서 지내야 한다.

2) '다양한 구획을 가진 누옥'라는 것은 다음과 같다. 다양한 가문의 누옥이 있고, 다양한 방과 다양한 내실이 있는데, 어떤 방에 옷을 두면 그 방이나 출입구에서 지내야 하며, 또는 손이 닿는 거리를 떠나 지내서는 안 된다.

3-11.

1) '하나의 구획을 가진 선박'라는 것은 다음과 같다. 동일한 가문의 선박이 있고, 선박 안에 옷을 두면 선박 안에서 지내야 한다.

2) '다양한 구획을 가진 선박'라는 것은 다음과 같다. 다양한 가문의 선박이 있고, 다양한 방과 다양한 내실이 있는데, 어떤 방에 옷을 두면 그 방이나 출입구에서 지내야 하며, 또는 손이 닿는 거리를 떠나 지내서는 안 된다.

3-12.

1) '하나의 구획을 가진 카라반'라는 것은 다음과 같다. 동일한 가문의 카라반이 있고, 카라반 안에 옷을 두면 전후 7압반따라[702]를 떠나 지내서는 안 되고, 옆으로 1압반따라를 떠나 지내서는 안 된다.

---

702) abbhantarā : 길이의 단위로 1 압반따라가 28 완척(宛尺 : hattha)이므로 약 14미터에 해당한다. 참고로 포살결계가 확정되지 않았을 경우, 7압반따라는 동일포살결계의 단위가 된다.

2) '다양한 구획을 가진 카라반'라는 것은 다음과 같다. 다양한 가문의 카라반이 있을 경우, 카라반 안에 옷을 두면, 손이 닿는 거리를 떠나 지내서는 안 된다.

3-13.

1) '하나의 구획을 가진 밭'라는 것은 다음과 같다. 동일한 가문의 밭이 있고, 울타리가 있을 경우, 밭 안에 옷을 두면 밭 안에서 지내야 한다. 울타리가 없을 경우, 손이 닿는 거리를 떠나 지내서는 안 된다.

2) '다양한 구획을 가진 밭'라는 것은 다음과 같다. 다양한 가문의 밭이 있고, 울타리가 있을 경우, 밭 안에 옷을 두면 출입구 쪽에서 지내야 하고, 또는 손이 닿는 거리를 떠나 지내서는 안 된다. 울타리가 없을 경우 손이 닿는 거리를 떠나 지내서는 안 된다.

3-14.

1) '하나의 구획을 가진 탈곡장'라는 것은 다음과 같다. 동일한 가문의 탈곡장이 있고, 울타리가 있을 경우, 탈곡장 안에 옷을 두면, 탈곡장 안에서 지내야 한다. 울타리가 없을 경우, 손이 닿는 거리를 떠나 지내서는 안 된다.

2) '다양한 구획을 가진 탈곡장'라는 것은 다음과 같다. 다양한 가문의 탈곡장이 있고, 울타리가 있을 경우, 탈곡장 안에 옷을 두면 출입구 쪽에서 지내야 하고, 또는 손이 닿는 거리를 떠나 지내서는 안 된다. 울타리가 없을 경우, 손이 닿는 거리를 떠나 지내서는 안 된다.

3-15.

1) '하나의 구획을 가진 승원'라는 것은 다음과 같다. 동일한 가문의 승원이 있고, 울타리가 있을 경우, 승원 안에 옷을 두면, 승원 안에서 지내야 한다. 울타리가 없을 경우, 손이 닿는 거리를 떠나 지내서는 안 된다.

2) '하나의 구획을 가진 승원'라는 것은 다음과 같다. 다양한 가문의 승원이 있고, 울타리가 있을 경우, 승원 안에 옷을 두면 출입구 쪽에서 지내야 하고, 또는 손이 닿는 거리를 떠나 지내서는 안 된다. 울타리가 없을 경우, 손이 닿는 거리를 떠나 지내서는 안 된다.

3-16.

1) '하나의 구획을 가진 정사'라는 것은[*202] 다음과 같다. 동일한 가문의 정사가 있고, 울타리가 있을 경우, 정사 안에 옷을 두면, 정사 안에서 지내야 한다. 울타리가 없을 경우, 정사 안에 옷을 둔 그 정사 안에서 지내야 하거나 또는

손이 닿는 거리를 떠나 지내서는 안 된다.

2) '다양한 구획을 가진 정사'라는 것은 다음과 같다. 다양한 가문의 정사가 있고, 울타리가 있을 경우, 정사 안에 옷을 둔 그 정사 안에서 지내거나 출입구 쪽에서 지내거나, 또는 손이 닿는 거리를 떠나 지내서는 안 된다. 울타리가 없을 경우, 정사에 안에 옷을 둔 그 정사 안에서 지내거나, 또는 손이 닿는 거리를 떠나 지내서는 안 된다.

3-17.

1) '하나의 구획을 가진 나무밑'라는 것은 다음과 같다. 동일한 가문의 나무밑이 있고, 대낮에 그늘이 있을 경우, 그늘 안에 옷을 두면, 그늘 안에서 지내야 한다.

2) '다양한 구획을 가진 나무밑'라는 것은 다음과 같다. 다양한 가문의 나무밑이 있을 경우, 손이 닿는 거리를 떠나 지내서는 안 된다.

3-18.

1) '하나 구획을 가진 노지'라는 것은 다음과 같다. 마을이 없는 텅 빈 곳에서 사방으로 7 압반따라[703]가 동일한 구획이다.

2) '하나 구획을 가진 노지'라는 것은 다음과 같다. 마을이 없는 텅 빈 곳에서 사방으로 7 압반따라 이상은 다양한 구획이다.

3-19₁.

1) 떠나 지내는 것에 대해 떠나 지낸다고 지각하면, 수행승들의 동의를 제외하고 상실죄를 범하는 것이다.

2) 떠나 지내는 것에 대해 떠나 지내는지 의심하면, 수행승들의 동의를 제외하고 상실죄를 범하는 것이다.

3) 떠나 지내는 것에 대해 떠나 지나지 않는다고 지각하면, 수행승들의 동의를 제외하고 상실죄를 범하는 것이다.

3-19₂.

1) 배당되지 않은 것에 배당된 것이라고 지각하면, 수행승들의 동의를 제외하고, 상실죄를 범하는 것이다.

---

703) sattabbhantarā : Smp. 655에 따르면, '중앙에 서서 모든 방향으로 7압반따라의 거리인데, 중앙에 앉아서 그는 서쪽이나 동쪽의 경계에 놓인 옷을 수호한다. 그러나 일출시에 털끝만큼이라도 동쪽으로 가서 서쪽에 옷을 넘겨주어야 한다.

2) 할당되지 않은 것에 대해서 할당된 것이라고 지각하면, 수행승들의 동의를 제외하고, 상실죄를 범하는 것이다.
3) 망실되지 않은 것에 대해서 망실된 것이라고 지각하면, 수행승들의 동의를 제외하고, 상실죄를 범하는 것이다.
4) 파괴되지 않은 것에 대해서 파괴된 것이라고 지각하면, 수행승들의 동의를 제외하고, 상실죄를 범하는 것이다.
5) 불태워지지 않은 것에 대해서 불태워진 것이라고 지각하면, 수행승들의 동의를 제외하고, 상실죄를 범하는 것이다.
6) 약탈되지 않은 것에 대해서 약탈된 것이라고 지각하면, 수행승들의 동의를 제외하고, 상실죄를 범하는 것이다.

3-19₃. 상실되어야 할 옷을 넘겨주지 않고 사용하면, 악작죄를 범하는 것이다.

3-19₄.

1) 떠나 지내지 않는 것에 대해 떠나 지낸다고 지각하면, 악작죄를 범하는 것이다.
2) 떠나 지내지 않는 것에 대해 떠나 지내지 않는지 의심한면, 악작죄를 범하는 것이다.
3) 떠나 지내지 않는 것에 대해 떠나 지내지 않는다고 지각하면, 무죄이다.

3-20. 일출 전에 획득되거나 할당되거나 망실되거나 파괴되거나 불태워진 경우와 빼앗아 취해지거나, 신뢰로 취해지는 경우이거나, 수행승들이 동의한 경우이거나, 정신이 착란된 자이거나, 초범자인 경우는 무죄이다.

3. 1. 3 상실죄법 제3조

까티나옷에 대한 학습계율③[Tatiyakaṭhinasikkhāpada]

1-1. 한때 존귀한 부처님께서 싸밧티 시에 제따바나 숲에 있는 아나타삔디까 승원에 계셨다. 그런데 그때 어떤 수행승이 때 아닌 때의 옷[704]을 얻었다. 그런데 그 옷이 만들어지는 데는 충분하지 않았다. 그래서[*203] 그 수행승은 그 옷을 잡아당겨 거듭 부드럽게 늘렸다.[705] 세존께서는 처소를 경행하다가 그 수행승이

704) akālacīvara : Vin. IV. 245, 246, 284, 287를 참조하라.
705) ussāpetvā punappunaṃ vimajjati : Smp. 658에 따르면, '주름을 제거하면 나에게 충분히 클 것이다라고 생각하고 물을 뿌려서 발로 밟고 손으로 잡아당기고 붙잡아 엉덩이로 문지르는 등하다가 햇볕에 말려서 다시

그 옷을 잡아당겨 거듭 부드럽게 늘이는 것을 보았다. 보고나서 그 수행승이 있는 곳에 다가갔다. 가까이 다가가서 그 수행승에게 이와 같이 말했다.

[세존] "수행승이여, 왜 그대는 그 옷을 잡아당겨 거듭 부드럽게 늘이고 있는가?"

[수행승] "세존이시여, 저는 때 아닌 때에 옷을 얻었는데, 만들기에는 충분하지 않았습니다. 그래서 저는 그 옷을 잡아당겨 거듭 부드럽게 늘이고 있습니다."

[세존] "수행승이여, 그대에게 옷을 얻을 희망이 있는가?"

[수행승] "세존이시여, 있습니다."

그러자 세존께서는 이러한 인연으로 이러한 기회에 법문을 하고 수행승들에게 일렀다.

[세존] "수행승들이여, 때 아닌 때에 옷을 얻었는데, 옷을 얻을 희망이 있다면, 따로 두는 것을 허용한다."706)

1-2. 그때 수행승들은 세존께서 '수행승들이여, 때 아닌 때에 옷을 얻었는데, 옷을 얻을 희망이 있다면, 따로 두는 것을 허용한다.'라고 하자, 때 아닌 때에 옷을 얻어 일 개월 이상 따로 두었는데, 그 옷들을 꾸러미로 묶어 옷시렁 위에 걸어두었다. 존자 아난다가 처소를 경행하다가 그 수행승의 옷들이 꾸러미로 묶여 옷시렁 위에 걸려있는 것을 보았다. 보고나서 수행승들에게 말했다.

[아난다] "벗들이여, 누구의 옷들이 꾸러미로 묶여 옷시렁 위에 걸려있는 것입니까?"

[수행승들] "벗이여, 우리가 때 아닌 때에 얻은 옷들을 옷을 얻을 희망 때문에 따로 둔 것입니다."

[아난다] "그런데 벗들이여, 얼마나 오랫동안 이 옷들을 따로 둔 것입니까?"

[수행승들] "벗이여, 일 개월이 넘었습니다."

1-3. 존자 아난다는 혐책하고 분개하고 비난했다.

[아난다] "수행승들이여, 어찌 때 아닌 때에 얻어서 일 개월 이상 따로 둘 수 있단 말인가?"

그래서 존자 아난다는 세존께 그 사실을 알렸다.

[세존] "수행승들이여, 수행승들이 때 아닌 때에 얻어서 일 개월 이상 따로 둔 것이 사실인가?"

작아지면, 이것을 거듭 반복했다.

706) anujānāmi bhikkhave akālacīvaraṃ paṭiggahetvā cīvarapaccāsā nikkhipitun'ti : 상실죄법 제2조(Bhikkhunī Nissag. 2)에서 수행승들은 여분의 옷을 착용하는 것이 금지되었다.

[수행승들] "세존이시여, 사실입니다."

존귀한 부처님께서는 견책했다.

[세존] "수행승들이여, 어찌 그 어리석은 자들이 때 아닌 때에 얻어서 일 개월 이상 따로 둘 수 있단 말인가? 수행승들이여, 그것은 아직 청정한 믿음이 없는 자를 청정한 믿음으로 이끌고, 이미 청정한 믿음이 있는 자를 더욱더 청정한 믿음으로 이끄는 것이 아니다. 어리석은 자들이여, 그것은 오히려, 아직 청정한 믿음이 없는 자를 불신으로 이끌고, 이미 청정한 믿음이 있는 자 가운데 어떤 자들을 타락시키는 것이다."

1-4. 그리고 세존께서는 그 수행승들에게 여러 가지 방편으로 견책하여, 키우기 어렵고 부양하기 어렵고 탐욕이 많고 만족을 모르고 교제를 좋아하고 나태한 것에 대해 질책하고, 여러 가지 법문으로 고무하여, 키우기 쉽고 부양하기 쉽고 욕심을 여의고, 만족을 알고, 버리고 없애는 삶, 악을 제거하는 삶, 청정한 믿음의 삶, 쌓아 모우지 않는 삶, 용맹정진의 삶을 칭찬하고, 수행승들을 위하여 그에 알맞고 그에 걸맞게 경책하여 법문을 하고 수행승들에게 일렀다.

[세존] "수행승의 옷이 정해졌고, 수행승의 까티나특권이 제거되었지만, 때 아닌 때에 옷을 얻더라도, 희망한다면 수행승이 받을 수 있다. 받으면 빨리 옷을 만들어야 한다. 그러나 만약 그것이 그에게 충분하지 않다면, 최대한 일 개월까지는, 부족한 것이 채워지리라는 희망이 있다면, 그 수행승이 그 옷을 따로 둘 수 있다. 그 기간이 지나서 따로 두면, 희망이 있더라도, 상실죄를 범하는 것이다."[707]

2-1. '수행승의 옷이 정해졌고'라는 것은[*204] 수행승을 위하여 옷이 만들어졌거나 망실되었거나 파괴되었거나 불타버렸거나 옷에 대한 기대가 상실된 것을 뜻한다. '수행승의 까티나특권이 제거되었으면'이라는 것은 여덟 가지 경로 가운데[708] 하나의 경로에 의해서 제거되었거나 참모임에 의해서 중간에 제거된 것을

---

707) 월망의계(月望衣戒) | Bhikkhunī Nissag. 3 : niṭṭhitacīvarasmiṃ bhikkhunā ubbhatasmiṃ kaṭhine bhikkhuno pan'eva akālacīvaraṃ uppajjeyya, ākaṅkhamānena bhikkhunā paṭiggahetabbaṃ, paṭiggahetvā khippam eva kāretabbaṃ. no c'assa pāripūri, māsaparamaṃ tena bhikkhunā taṃ cīvaraṃ nikkhipitabbaṃ ūnassa pāripūriyā satiyā paccāsāya, tato ce uttariṃ nikkhipeyya satiyā'pi paccāsāya, nissaggiyaṃ pācittiyan'ti.

708) aṭṭhannaṃ mātikānaṃ : Vin. I. 255와 Smp. 638을 참조하라. 수행승들이여, 어떻게 까티나특권이 해제되는가? 수행승들이여, 까티나특권이 해제되는데 여덟 가지 경로가 있다. 1) 떠남에 의한 것, 2) 완성에 의한 것, 3) 결정에 의한 것, 4) 망실에 의한 것, 5) 청문에 의한 것, 6) 희망의 단절에 의한 것, 7) 결계의 벗어남에 의한 것, 8) 까티나특권의 제거에 의한 것이다. 이것들에 대한 상세한 주석은 필자의 마하박가 608-609쪽의 주석을 참조하라. 여기서 경로(mātikā)라고 번역한 것은 경로나 논의의 주제를 뜻한다. MV. VII. 13과 긴밀하게 연관되어 있다.

뜻한다. '때 아닌 때에 옷'이라는 것은 까티나옷으로 성립되지 않는 11개월 동안에 얻어진 것, 까티나옷으로 성립되는 7개월 동안에 얻어진 것,[709] 또는 올바른 때라도 때 아닌 때의 옷으로 지정되어 주어진 것을 때 아닌 때의 옷이라고 한다. '얻더라도'라는 것은 참모임이나 무리나 친척나 도반으로 부터나 분소의로 부터나 혹은 자신의 재물로부터 얻는 것을 뜻한다. '희망한다면'이라는 것은 '희망한다면, 받을 수 있다.'는 뜻이다. '받으면 빨리 만들어야 한다.'라는 것은 열흘 안에 만들어야 한다는 뜻이다. '만약 그것이 그에게 충분하지 않다면'이라는 것은 '사용하기에는 충분하지 않다.'는 뜻이다. '최대한 일개월까지는, 그 수행승이 그 옷을 따로 둘 수 있다.'라는 것은 최장 일개월간을 따로 둘 수 있다는 뜻이다. '부족한 것이 채워지리라는'는 '부족한 것이 채워지기 위해서'라는 뜻이다. '희망이 있다면'이라는 것은 '참모임이나 무리나 친척나 도반으로 부터나 분소의로 부터나 혹은 자신의 재물로부터 얻을 희망이 있다면'이라는 뜻이다.

2-2. '그 기간이 지나서 따로 두면, 희망이 있더라도'이라는 것은 다음과 같다.

1) 본 옷을 얻은 후 당일 날에 희망하는 옷이 생긴다면, 열흘 이내에 만들어야 한다.

2) 본 옷을 얻은 후 이튿 날에 희망하는 옷이 생긴다면, 열흘 이내에 만들어야 한다.

3) 본 옷을 얻은 후 사흘 날에 희망하는 옷이 생긴다면, 열흘 이내에 만들어야 한다.

4) 본 옷을 얻은 후 나흘 날에 희망하는 옷이 생긴다면, 열흘 이내에 만들어야 한다.

5) 본 옷을 얻은 후 닷새 날에 희망하는 옷이 생긴다면, 열흘 이내에 만들어야 한다.

6) 본 옷을 얻은 후 엿새 날에 희망하는 옷이 생긴다면, 열흘 이내에 만들어야 한다.

7) 본 옷을 얻은 후 이레 날에 희망하는 옷이 생긴다면, 열흘 이내에 만들어야 한다.

---

709) anatthate kaṭhine ekādasamāse uppannaṃ, atthate kaṭhine sattamāse uppannaṃ : 참모임 등에서 주어진 옷이 형식적으로 의례적으로 까티나옷으로 성립되는 때는 안거가 끝난 뒤의 한 달이다. 따라서 여기서 11개월은 그 달을 제외한 일 년을 뜻한다. 그리고 7개월은 우기의 기간인 4 개월을 뺀 일 년이다. 우기의 4 개월 동안은 옷을 만들 수 없는 기간이다. 따라서 나머지 7개월 동안은 특별한 경우에는 옷이 수행승들에게 지급되어 옷을 만들 수 있는 기간이다. Smp. 658에 따르면, 우기의 4 개월은 겨울철에 있다. 그래서 4 개월을 제하면, 7개월이다.

8) 본 옷을 얻은 후 여드레 날에 희망하는 옷이 생긴다면, 열흘 이내에 만들어야 한다.
9) 본 옷을 얻은 후 아흐레 날에 희망하는 옷이 생긴다면, 열흘 이내에 만들어야 한다.
10) 본 옷을 얻은 후 열흘 날에 희망하는 옷이 생긴다면, 열흘 이내에 만들어야 한다.
11) 본 옷을 얻은 후 열하루 날에 희망하는 옷이 생긴다면, 열흘 이내에 만들어야 한다.
12) 본 옷을 얻은 후 열이틀 날에 희망하는 옷이 생긴다면, 열흘 이내에 만들어야 한다.
13) 본 옷을 얻은 후 열사흘 날에 희망하는 옷이 생긴다면, 열흘 이내에 만들어야 한다.
14) 본 옷을 얻은 후 열나흘 날에 희망하는 옷이 생긴다면, 열흘 이내에 만들어야 한다.
15) 본 옷을 얻은 후 열닷새 날에 희망하는 옷이 생긴다면, 열흘 이내에 만들어야 한다.
16) 본 옷을 얻은 후 열엿새 날에 희망하는 옷이 생긴다면, 열흘 이내에 만들어야 한다.
17) 본 옷을 얻은 후 열이레 날에 희망하는 옷이 생긴다면, 열흘 이내에 만들어야 한다.
18) 본 옷을 얻은 후 열여드레 날에 희망하는 옷이 생긴다면, 열흘 이내에 만들어야 한다.
19) 본 옷을 얻은 후 열아흐레 날에 희망하는 옷이 생긴다면, 열흘 이내에 만들어야 한다.
20) 본 옷을 얻은 후 스무 날에 희망하는 옷이 생긴다면, 열흘 이내에 만들어야 한다.
21) 본 옷을 얻은 후 스무하루 날에 희망하는 옷이 생긴다면, 아흐레 이내에 만들어야 한다.
22) 본 옷을 얻은 후 스무이틀 날에 희망하는 옷이 생긴다면, 여드레 이내에 만들어야 한다.
23) 본 옷을 얻은 후 스무사흘 날에 희망하는 옷이 생긴다면, 이레 이내에 만들어

야 한다.

24) 본 옷을 얻은 후 스무나흘 날에 희망하는 옷이 생긴다면, 엿새 이내에 만들어야 한다.

25) 본 옷을 얻은 후 스무닷새 날에 희망하는 옷이 생긴다면, 닷새 이내에 만들어야 한다.

26) 본 옷을 얻은 후 스무엿새 날에 희망하는 옷이 생긴다면, 나흘 이내에 만들어야 한다.

27) 본 옷을 얻은 후 스무이레 날에 희망하는 옷이 생긴다면, 사흘 이내에 만들어야 한다.

28) 본 옷을 얻은 후 스무여드레 날에 희망하는 옷이 생긴다면, 이틀 이내에 만들어야 한다.

29) 본 옷을 얻은 후 스무아흐레 날에 희망하는 옷이 생긴다면, 하루 이내에 만들어야 한다.

2-3₁. 본 옷을 얻은 후 서른 번째 날에 희망하는 옷을 얻으면, 당일 날에 배당되고, 지정되고, 할당되어야 한다. 만약에 배당되고, 지정되고, 할당되지 않는다면, 31일 일출시에 상실되어야 하는데, 참모임이나[*205] 모임이나 개인에게 넘겨주어야 한다. 수행승들이여, 이와 같이 넘겨주어야 한다. 그 수행승은 참모임에 나아가 한쪽 어깨에 가사를 걸치고 장로 수행승들의 두 발에 머리를 조아리고 한쪽 무릎을 꿇고 합장하여 이와 같이 말해야 한다.

[수행승] '존자들이여, 제가 때 아닌 때에 얻은 이 옷은 한 달 이상 지나서 상실되어야 합니다. 저는 이것을 참모임에 넘겨주겠습니다.'

넘겨주고 나서 죄를 참회해야 한다. 총명하고 유능한 수행승은 그 죄를 받아들이고, 넘겨받은 옷은 돌려주어야 한다.

[총명한 수행승] '존자들이여, 참모임은 저의 말을 들으십시오. 이 옷은 상실되어야 할 것으로 이러이러한 수행승이 참모임에 넘겨준 것입니다. 만약에 참모임에 옳은 일이라면, 참모임은 이러이러한 수행승에게 이 옷을 돌려주겠습니다.'

2-3₂. 또는 그 수행승은 두서너 명의 수행승들에게 나아가 한쪽 어깨에 가사를 걸치고 장로 수행승들의 발에 머리를 조아린 뒤에 한쪽 무릎을 꿇고 합장하여 이와 같이 말해야 한다.

[수행승] '존자들이여, 제가 때 아닌 때에 얻은 이 옷은 한 달 이상 지나서 상실되어야 합니다. 저는 이것을 존자들에게 넘겨주겠습니다.'

넘겨주고 나서 죄를 참회해야 한다. 총명하고 유능한 수행승은 그 죄를 받아들이고, 넘겨받은 옷은 돌려주어야 한다.

[총명한 수행승] '존자들이여, 저의 말을 들으십시오. 이 옷은 이러이러한 수행승의 상실되어야 할 것인데, 존자들에 넘겨진 것입니다. 만약에 존자들에 옳은 일이라면, 존자들께서는 이러이러한 수행승에게 이 옷을 돌려주겠습니다.'

2-3₃. 또는 그 수행승은 한 수행승에게 나아가 한쪽 어깨에 가사를 걸치고 두 발에 머리를 조아린 뒤에 한쪽 무릎을 꿇고 합장하여 이와 같이 말해야 한다.

[수행승] "벗이여, 제가 때 아닌 때에 얻은 이 옷은 한 달 이상 지나서 상실되어야 합니다. 저는 이것을 존자에게 넘겨주겠습니다.'

넘겨주고 나서 그 죄를 참회해야 한다. 그 수행승은 죄를 받아들이고, 넘겨진 옷은 돌려주어야 한다.

[한 수행승] '저는 이 옷을 존자에게 돌려주겠습니다.'

2-4. 본 옷이 생겨난 것과는 다른 희망하는 옷이 생기고, 날들이 남아있어도,710) 희망하지 않는다면,711) 만들게 해서는 안 된다.

2-5₁.

1) 한 달이 지난 것에 대해 지난 것이라고 지각하면, 상실죄를 범하는 것이다.
2) 한 달이 지난 것에 대해 의심이 있으면, 상실죄를 범하는 것이다.
3) 한 달이 지난 것에 대해 지나지 않은 것이라고 지각하면, 상실죄를 범하는 것이다.

2-5₂.

1) 배당되지 않은 것에 대해 배당된 것이라고 지각하면, 상실죄를 범하는 것이다.
2) 지정되지 않은 것에 대해 지정된 것이라고 지각하면, 상실죄를 범하는 것이다.
3) 할당되지 않은 것에 대해서 할당된 것이라고 지각하면, 상실죄를 범하는 것이다.
4) 망실되지 않은 것에 대해서 망실된 것이라고 지각하면, 상실죄를 범하는 것이다.
5) 파괴되지 않은 것에 대해서 파괴된 것이라고 지각하면, 상실죄를 범하는 것이다.
6) 불태워지지 않은 것에 대해서 불태워진 것이라고 지각하면, 상실죄를 범하는 것이다.

---

710) rattiyo ca sesā honti : Smp. 659에 따르면, 한 달이 끝나지 않았으므로 날들이 남아있는 것이다.

711) akāmā : Smp. 659에 따르면, 본 옷이 부드럽고, 희망하는 옷이 거칠다면, 서로 혼합시킬 수 없으므로 한 달이 되지 않아 날들이 남아있고 내키지 않는다면, 옷을 만들지 않아도 된다. 그리고 다른 희망하는 옷을 얻어, 그 희망하는 옷은 여과낭을 위한 천으로 배당될 수 있다.

7) 약탈되지 않은 것에 대해서 약탈된 것이라고 지각하면, 상실죄를 범하는 것이다.

2-5₃. 상실되어야 할 옷을 넘겨주지 않고 사용하면, 악작죄를 범하는 것이다.

2-5₄.

2) 한 달이 지나지 않은 것에 대해 지났다는 지각이 있으면, 악작죄를 범하는 것이다.

3) 한 달이 지나지 않은 것에 대해 의심이 있으면, 악작죄를 범하는 것이다.

4) 한 달이 지나지 않은 것에 대해 지나지 않았다는 지각이 있으면, 무죄이다.

2-6. 한 달 이내에 배당되거나, 지정되거나, 할당되거나, 망실되거나, 파괴되거나, 불태워지거나, 빼앗아 취해지거나, 신뢰로 취해지는 경우이거나, 정신이 착란된 자, 초범자의 경우는 무죄이다.

3. 1. 4 상실죄법 제4조

친척아닌 자에의 부탁에 대한 학습계율[Aññātakaviññattisikkhāpada]

1-1. 한때 존귀한 부처님께서 싸밧티 시에 있는 제따바나 숲의 아나타삔디까 승원에 계셨다. 그때 싸끼야의 아들 존자 우빠난다712)가 설법을 유능하게 했다. 그러자 어떤 부호의 아들이 존자 우빠난다가 있는 곳을 찾아왔다. 가까이 다가와서 싸끼야의 아들 존자 우빠난다에게 인사를 하고 한쪽으로 물러나 앉았다. 한쪽으로 물러나 앉은 그 부호의 아들에게 싸끼야의 아들 존자 우빠난다는 법문으로 교화하고 북돋우고 고무시키고 기쁘게 했다. 그러자 그 부호의 아들은 싸끼야의 아들 존자 우빠난다에게 교화받고 북돋아지고 고무되고 기뻐하면서 싸끼야의 아들 존자 우빠난다에게 이와 같이 말했다.

[부호의 아들] "존자여, 원하는 것을 말씀하십시오. 저희들은[*211] 의복과 탁발음식과 처소와 필수약품을 존자께 드릴 수 있습니다."

[우빠난다] "벗이여, 나에게 주고자 원한다면, 그대가 입고 있는 것 가운데713)

---

712) Upananda : 주로 율장에 자주 등장하는 장로로 싸끼야 족 출신이다. Vin. I. 154에 따르면, 싸끼야의 아들 존자 우빠난다가 옷이 풍부한 곳에서 안거를 보내기 위해 꼬쌀라 국의 왕 빠쎄나디의 우기의 안거처에서 안거하기로 한 약속을 어겨서 왕의 노여움을 샀고, Vin. I. 300에 따르면, 그는 안거를 보내고 참모임에 기증된 옷을 분배할 때에 여기저기서 많이 받아 말썽을 부리기도 했다. 그는 여러 상실죄법(Bhikkhunī Nissag. 6, 7, 8, 11, 13, 23, 25)과 여러 속죄죄법에서 언급되고 있다.

713) ito : '이것으로부터'라는 뜻이지만, '그대가 입고 있는 것 가운데'라고 해석한다. 인도에서 사람들이 일반적으

외투 한 벌을 주십시오."

[부호의 아들] "존자여, 우리는 훌륭한 가문의 아들로서 외투 한 벌로 다니다니 그게 뭡니까?714) 우리가 집으로 돌아갈 때까지 기다려 주십시오. 집으로 가서 이 외투를 보내거나 이 보다 더욱 좋은 외투를 보내드리겠습니다."

두 번째에도 싸끼야의 아들 존자 우빠난다는 그 부호의 아들에게 이와 같이 말했다.

[우빠난다] "벗이여, 나에게 주고자 원한다면, 그대가 입고 있는 것 가운데 외투 한 벌을 주십시오."

[부호의 아들] "존자여, 우리는 훌륭한 가문의 아들로서 외투 한 벌로 다니다니 그게 뭡니까? 우리가 집으로 돌아갈 때까지 기다려 주십시오. 집으로 가서 이 외투를 보내거나 이 보다 더욱 좋은 외투를 보내드리겠습니다."

세 번째에도 싸끼야의 아들 존자 우빠난다는 그 부호의 아들에게 이와 같이 말했다.

[우빠난다] "벗이여, 나에게 주고자 원한다면, 그대가 입고 있는 것 가운데 외투 한 벌을 주십시오."

[부호의 아들] "존자여, 우리는 훌륭한 가문의 아들로서 외투 한 벌로 다니다니 그게 뭡니까? 우리가 집으로 돌아갈 때까지 기다려 주십시오. 집으로 가서 이 외투를 보내거나 이 보다 더욱 좋은 외투를 보내드리겠습니다."

[우빠난다] "그대가 시여에 초대하고 주지 않는다면, 줄 의향이 없는 그대의 시여에의 초대가 무엇이란 말입니까?"

그러자 그 부호의 아들은 싸끼야의 아들 존자 우빠난다에게 강요되어 외투 한 벌을 주고 그곳을 떠났다.

1-2. 그런데 사람들이 그 부호의 아들을 보고 이와 같이 말했다.

[사람들] "존귀한 자여, 왜 그대는 외투 한 벌을 입고 오는가?"

그러자 그 부호의 아들은 그 사람들에게 그 사실을 말했다. 사람들은 혐책하고 분개하고 비난했다.

[사람들] "싸끼야의 아들인 수행자들은 구하는 것이 많고 만족을 모른다. 이들을 원칙에 맞게 시여에 초대하는 것은 쉽지 않다. 어찌 부호의 아들에게 원칙에

로 입고 있는 옷은 두 조각으로 구성되어 있다.

714) kismiṃ viya ekasāṭakaṃ gantuṃ : Bd. I. 43에 따르면, '그게 뭡니까(kismiṃ viya)'는 '어색하다, 서툴다.'는 뜻이다.

맞게 시여에 초대받았음에도 불구하고 외투를 가져갈 수 있는가?”

수행승들은 그 사람들이 혐책하고 분개하고 비난하는 것을 들었다. 수행승들 가운데 욕망을 여의고, 만족을 알고, 부끄러움을 알고, 후회할 줄 알고, 배움을 원하는 자들이 있는데, 그들도 혐책하고 분개하고 비난했다.

[욕망을 여읜 수행승들] “어찌 싸끼야의 아들 존자 우빠난다는 그 부호의 아들에게 외투를 요구할 수 있단 말인가?”

1-3. 그러자 그 수행승들은 세존께 그 사실을 알렸다.

[세존] “우빠난다여, 그대가 그 부호의 아들에게 외투를 요구한 것이 사실인가?”

[우빠난다] “세존이시여, 사실입니다.”

[세존] “우빠난다여, 그가 친척인가 친척이 아닌가?”

[우빠난다] “세존이시여, 친척이 아닙니다.”

[세존] “어리석은 자여, 친척이 아닌 자는 친척이 아닌 자에 대하여 알맞은 것인지 알맞지 않은 것인지, 옳은 것인지 옳지 않은 것인지 알지 못한다. 어리석은 자여, 그런데 어찌 그대는 친척이 아닌 부호에게 외투를 요구할 수 있단 말인가? 어리석은 자여, 그것은 아직 청정한 믿음이 없는 자를 청정한 믿음으로 이끌고, 이미 청정한 믿음이 있는 자를 더욱더 청정한 믿음으로 이끄는 것이 아니다. 어리석은 자여, 그것은 오히려, 아직 청정한 믿음이 없는 자를 불신으로 이끌고, 이미 청정한 믿음이 있는 자 가운데 어떤 자들을 타락시키는 것이다.”

1-4. 그리고 세존께서는 존자 우빠난다를 여러 가지 방편으로 견책하여, 키우기 어렵고 부양하기 어렵고 탐욕이 많고 만족을 모르고 교제를 좋아하고 나태한 것에 대해 질책하고, 여러 가지 법문으로 고무하여, 키우기 쉽고 부양하기 쉽고 욕심을 여의고, 만족을 알고, 버리고 없애는 삶, 악을 제거하는 삶, 청정한 믿음의 삶, 쌓아 모우지 않는 삶, 용맹정진의 삶을 칭찬하고, 수행승들을 위하여 그에 알맞고 그에 걸맞게 경책하여 법문을 하고 수행승들에게 일렀다.

[세존] “수행승들이여, 그러므로 수행승들을 위하여 열 가지 이유에 기초하여, 즉 참모임의 수승을 위하여, 참모임의 안락을 위하여, 악한 수행승의 조복을 위하여, 품행이 바른 수행승의 평안한 삶을 위하여, 지금 여기에서의 번뇌의 제어를 위하여, 다가오는 번뇌를 물리치기 위하여, 청정한 믿음이 없는 자에게 청정한 믿음을 주기 위하여, 청정한 믿음이 있는 자에게 청정한 믿음을 증대시키기 위하여, 올바른 가르침을 지속시키기 위하여, 계율을 수호하기 위하여 학습계율을 시설하니, 수행승들이여, 그대들은 이와 같이 학습계율을 송출해야 한다.”

〔세존〕 "어떠한 수행승이든 친척이 아닌 장자나 여장자에게 옷을 부탁하면, 상실죄를 범하는 것이다."715)

이와 같이 세존께서는 수행승들을 위하여 학습계율을 시설했다.

2-1. 그런데 그때 많은 수행승들이 싸께따[*212] 시로부터 싸밧티 시로 여행길을 가고 있었다. 도중에 도적이 나타나서 그 수행승들을 약탈했다.716) 그러자 그 수행승들은 '세존께서 친척이 아닌 장자나 여장자에게 옷을 부탁하는 것을 금지했다.'라고 지각하고 주저하면서 옷을 부탁하지 않았다. 흡사 나체처럼 하고 싸밧티 시에 와서 수행승들에게 인사를 건냈다. 수행승들은 이와 같이 말했다.

[수행승들] "벗들이여 사명외도717)들이여, 우리 수행승들에게 인사를 건네다니 훌륭합니다."

그들은 이와 같이 말했다.

[나체의 수행승들] "벗들이여, 우리는 사명외도가 아니라 우리는 수행승들입니다."

수행승들은 존자 우빨리에게 이와 같이 말했다.

[수행승들] "벗이여 우빨리여, 그렇다면, 이들을 조사해주시오."718)

그들은 조사받으면서 그 사실을 알렸다.

---

715) yo pana bhikkhu aññātakaṃ gahapatiṃ vā gahapatāniṃ vā cīvaraṃ viññāpeyya, nissaggiyaṃ pācittiyan'ti.

716) corā te bhikkhu acchindiṃsu : Smp. 665에 따르면, 그들은 옷들과 발우들을 약탈했다.

717) ājīvaka : 사명외도(邪命外道 : ājīvika)의 스승은 막칼리 고쌀라(Makkhali Gosāla)였다. 그에 관해서는 DN. I. 53-54와 MN. I. 516-517에 잘 나타나 있다. 그는 결정론자로서 모든 존재는 결정과 종과 자연의 본성(niyatisaṅgatibhāvapariṇatā)에 의해 지배된다고 주장했다. '모든 축생, 모든 유정, 모든 존재, 모든 생명은 … 결정과 종과 자연의 본성에 의해서 서로 변이하여 여섯 가지 종류에 따라서 즐거움과 괴로움을 받는다.(sabbe sattā sabbe pāṇā sabbe bhūtā sabbe jīvā.… niyatisaṅgatibhāvapariṇatā chass evābhijātisu sukhadukkhaṁ paṭisaṁvedenti)' 고쌀라의 결정론이 유물론적이든 그렇지 않든 간에 고쌀라는 모든 사건의 원인과 결과들이 강하게 결정되어 있는 것을 너무 강조한 나머지 모든 사건들이 미리 결정되어 있으며 운명지어져 있다는 것을 강조했다. 운명은 신들의 힘과 권능뿐만 아니라 인간의 모든 노력을 넘어서는 것이다. 그러나 이러한 너무 극단적인 결정론은 무조건적 결정론으로 무인론(ahetuvāda)이며, 결과적으로 무인무연론(無因無緣論)이 될 수밖에 없었다. '유정의 염오(染汚)에는 원인도 없고 조건도 없다. 유정은 무원인, 무조건적으로 오염된다. 유정의 청정에도 원인도 없고 조건도 없다. 유정은 무원인, 무조건적으로 청정해진다.(n'atthi hetu n'atthi paccayo sattānaṁ saṁkilesāya, ahetuapccayā sattā saṁkilesanti. n'atthi hetu n'atthi paccayo sattānaṁ visuddhiyā, ahetupaccayā sa-ttā visujjhanti)' 그리고 그에 의하면 인간과 세계는 마치 실타래가 던져졌을 때 완전히 풀릴 때까지 풀려나가듯이(seyyathā pi nāma suttaguḷe khitte nibbeṭhiyamānaṁ eva phaleti) 가차없는 목적론과 일치하는 무자비한 과정의 산물이다. 고쌀라의 주장은 인과법칙의 가혹함에서 연원된 것이다. 그러나 이러한 숙명론은 결과적으로 정신적인 인과성에서 자명한 자유의지마저 부정할 수밖에 없었다.

718) iṅghāvuso upāli ime anuyuñjāhī'ti : Smp. 655에 따르면, '수행승들의 상태 즉, 출가, 구족계, 발우와 옷 등에 대해 알기위해 질문해 보시오'라는 뜻이다.

2-2. 그러자 존자 우빨리는 그들에 대한 조사를 끝내고 수행승들에게 그 사실을 알렸다.

[우빨리] "벗들이여, 이들은 수행승들입니다. 그들에게 옷을 주십시오."

수행승들 가운데 욕망을 여읜 자들은 혐책하고 분개하고 비난했다.

[욕망을 여읜 수행승들] "어찌 수행승들이 나체로 다닐 수 있단 말인가? 풀이나 나뭇잎으로 덮고 올 수 있지도 않은가?"

그래서 그 수행승들은 세존께 그 사실을 알렸다.

2-3. 그러자 세존께서는 이러한 인연으로 이러한 기회에 법문을 하고 수행승들에게 일렀다.

[세존] "수행승들이여, 옷을 약탈당했거나 옷을 망가졌을 경우 친척이 아닌 장자나 여장자에게 옷을 부탁하는 것을 허용한다. 첫 번째 처소719)에 도착하여 만약 그곳에 참모임에 승원복720)이나 침상덮개721)나 바닥깔개722) 혹은 침상포723)가 있다면, '얻으면 대체하겠다.'라고 지각하고 그것을 취해서 입어야 한다. 만약에 참모임에 승원옷이나 침상덮개나 바닥깔개 혹은 침상포가 없다면, 풀이나 나뭇잎으로 덮고 와야 한다. 나체로 와서는 안 된다. 온다면, 악작죄를 범하는 것이다.724) 수행승들이여, 이와 같이 학습계율을 송출해야 한다."

[세존] "어떠한 수행승이든 친척이 아닌 장자나 여장자에게 옷을 부탁하면, 특별한 상황을 제외하고, 상실죄를 범하는 것이다. 여기서 특별한 상황은 수행승의 옷이 약탈당했거나 망가졌을 경우에, 그러한 상황을 뜻한다."725)

---

719) āvāsa : 이 처소를 의미하는 아바싸(āvāsa)는 승원의 거주장소이고 재가신자들의 거주장소는 니베싸나(nivesana)라고 불렸다. 토지와 건물을 포함하는 승원 전체는 아라마(ārāma)라고 불렸으며, 수행승들이 사는 장소는 아바싸(āvāsa)라고 불렸다. 큰 아바싸에는 방들과 포살당, 식당, 휴게실, 온욕실, 정사(精舍: vihāra) 등이 포함되어 있었다.

720) vihāracīvara : 이 단어는 오직 이곳에만 등장한다. 역자는 승원복(僧院服)이라고 번역한다. Smp. 666에 따르면, '사람들이 처소를 세우고, '우리에게 속하는 필수품들을 수행승들에게 사용하게 하자. 그래서 세벌 옷을 만들고 그것들을 그들이 세운 처소에 보관하면, 그것을 승원복(僧院服)이라고 한다. 식당 등에 보관하지 않고 정사에 보관했기 때문에 '비하라찌바라(vihāracīvara)'라고 불린 것이다.

721) uttarattharaṇa : Smp. 666에 따르면, 침대나 의자 위에 덮는 시트를 말한다.

722) bhummattharaṇa : Smp. 666에 따르면, 바닥이 다져지면, 카펫의 섬유를 보존하기 위해서 바닥깔개를 덮는다. 그 위에 짚으로 만든 매트를 깔고 걷는다. 이 바닥깔개는 Smp. 776에 따르면, 앉거나 눕기 위한 매트를 말한다.

723) bhisicchavi : Smp. 666에 따르면, 침상을 위한 매트리스 또는 의자를 위한 매트리스의 바깥껍질(chavi)를 뜻한다.

724) yo āgaccheyya. āpatti dukkaṭassa : Vin. I. 35에 따르면, 수행승이 벌거벗은 상태를 받아들이거나 다른 이교의 회원을 채용하면, 추악죄를 범하는 것이다.

3-1. '어떠한'이라는 것은 어떠한 관계, 어떠한 태생, 어떠한 이름, 어떠한 성씨, 어떠한 계행, 어떠한 주거, 어떠한 활동영역에서이든지, 장로이든지, 신참이든지, 중참이든지, 이러한 자들을 형용하는 것으로 '어떠한 자이든'이라는 뜻이다. '수행승'이라고 하는 것은 '탁발하는 자'로서의 수행승, 탁발을 위해 돌아다니는 자로서의 수행승, 분소의를 입은 자로서의 수행승, 사미로서의 수행승, 자칭에 의한 수행승, '오라! 수행승이여!'에 의한 수행승, 삼귀의에 의해 구족계를 받은 수행승, 현선한 수행승, 진실한 수행승, 배울 것이 있는 학인인 수행승, 배울 것이 없는 무학인 수행승, 화합참모임과 한번제안세번제청의 갈마와 부동의 거룩한 님의 속성을 갖춘 자로서의 수행승이 있는데, 그들 가운데 화합참모임과 한번제안세번제청의 갈마와 부동의 거룩한 님의 속성을 갖춘 수행승을 두고, 그러한 의미에서의 수행승을 뜻한다.

3-2. '친척이 아닌'이라는 것은 부모와 아버지 쪽의 칠세대를 소급해서까지 관계가 없는 자를 뜻한다. '장자'라는 것은 어떠한 자든지 속가에서 거주하는 자를 뜻한다. '여장자'이라는 것은 속가에서 거주하는 여자를 뜻한다. '옷'이라는 것은 [*213] 배당을 위해 적당한 최소한의 옷을 포함하는 여섯 가지 옷 가운데 어느 하나의 옷을 뜻한다. '올바른 때를 제외하고'라는 것은 '올바른 때 이외에'라는 뜻이다. '옷이 약탈당했거나'라는 것은 수행승의 옷이 왕이나 도적이나 악한이나 어떤 누구에 의해서든지 약탈당한 것을 뜻한다. '옷이 망가졌거나'라는 것은 수행승의 옷이 불에 탔거나 물에 떠내려 갔거나 쥐나 개미에 먹혔거나 사용에 의해서 낡아진 것을 뜻한다.

3-3₁. 올바른 때를 제외하고, 부탁하면 그 경과는 악작죄를 범하는 것이다. 얻으면, 상실죄를 범하는 것이다. 참모임이나 무리나 개인에게 넘겨주어야 한다. 수행승들이여, 이와 같이 넘겨주어야 한다. 그 수행승은 참모임에 나아가 한쪽 어깨에 가사를 걸치고 장로 수행승들의 두 발에 머리를 조아리고 한쪽 무릎을 꿇고 합장하여 이와 같이 말해야 한다.

[수행승] '존자들이여, 이 옷은 친척이 아닌 장자에게 올바른 때를 제외하고 부탁했던 것으로 상실되어야 합니다. 저는 이것을 참모임에 넘겨주겠습니다.'

넘겨주고 나서 죄를 참회해야 한다. 총명하고 유능한 수행승은 그 죄를 받아들

725) 종비친속인걸의계(從非親俗人乞衣戒) | Bhikkhunī Nissag. 4 : yo pana bhikkhu aññātakaṃ gahapatiṃ vā gahapatāniṃ vā cīvaraṃ viññāpeyya aññatra samayā, nissaggiyaṃ pācittiyaṃ. tatthāyaṃ samayo: acchinnacīvaro vā hoti bhikkhu naṭṭhacīvaro vā. ayaṃ tattha samayo'ti.

이고, 넘겨받은 옷은 돌려주어야 한다.

[총명한 수행승] '존자들이여, 참모임은 저의 말을 들으십시오. 이 옷은 상실되어야 할 것으로 이러이러한 수행승이 참모임에 넘겨준 것입니다. 만약에 참모임에 옳은 일이라면, 참모임은 이러이러한 수행승에게 이 옷을 돌려주겠습니다.'

3-3₂. 또는 그 수행승은 두서너 명의 수행승들에게 나아가 한쪽 어깨에 가사를 걸치고 장로 수행승들의 발에 머리를 조아린 뒤에 한쪽 무릎을 꿇고 합장하여 이와 같이 말해야 한다.

[수행승] '존자들이여, 이 옷은 친척이 아닌 장자에게 올바른 때를 제외하고 부탁했던 것으로 상실되어야 합니다. 저는 이것을 존자들에게 넘겨주겠습니다.'

넘겨주고 나서 죄를 참회해야 한다. 총명하고 유능한 수행승은 그 죄를 받아들이고, 넘겨받은 옷은 돌려주어야 한다.

[총명한 수행승] '존자들이여, 저의 말을 들으십시오. 이 옷은 이러이러한 수행승의 상실되어야 할 것인데, 존자들에 넘겨진 것입니다. 만약에 존자들에 옳은 일이라면, 존자들께서는 이러이러한 수행승에게 이 옷을 돌려주겠습니다.'

3-3₃. 또는 그 수행승은 한 수행승에게 나아가 한쪽 어깨에 가사를 걸치고 두 발에 머리를 조아린 뒤에 한쪽 무릎을 꿇고 합장하여 이와 같이 말해야 한다.

[수행승] '벗이여, 이 옷은 친척이 아닌 장자에게 올바른 때를 제외하고 부탁했던 것으로 상실되어야 합니다. 저는 이것을 존자에게 넘겨주겠습니다.'

넘겨주고 나서 그 죄를 참회해야 한다. 그 수행승은 죄를 받아들이고, 넘겨진 옷은 돌려주어야 한다.

[한 수행승] '저는 이 옷을 존자에게 돌려주겠습니다.'

3-4₁.

1) 친척이 아닌 자에 대하여 친척이 아닌 자라고 지각하고 올바른 때를 제외하고 부탁하면, 상실죄를 범하는 것이다.
2) 친척이 아닌 자에 대하여 친척이 아닌지 의심하고 올바른 때를 제외하고 부탁하면, 상실죄를 범하는 것이다.
3) 친척이 아닌 자에 대하여 친척이라고 지각하고 올바른 때를 제외하고 부탁하면, 상실죄를 범하는 것이다.

3-4₂.

1) 친척인 자에 대하여 친척이 아닌 자라고 지각하고 부탁하면, 악작죄를 범하는

것이다.

2) 친척인 자에 대하여 친척인지 의심하고 부탁하면, 악작죄를 범하는 것이다.

3) 친척인 자에 대하여 친척이라고 지각하고 부탁하면, 무죄이다.

3-5. 올바른 때이거나, 친척인 자에게거나, 초대받았거나, 타인을 위한 것이거나 자신의 재물로 얻은 경우이거나, 정신이 착란된 자이거나, 초범자인 경우는 무죄이다.

3. 1. 5 상실죄법 제5조

과도한 수용에 대한 학습계율[Tatuttarisikkhāpada]

1-1. 한때 존귀한 부처님께서 싸밧티 시에 있는 제따바나 숲의 아나타삔디까 승원에 계셨다. 그때 여섯무리의 수행승들이 옷을 약탈당한 수행승들이 있는 곳을 찾아가서 이와 같이 말했다.

[여섯무리의 수행승들] "벗들이여, 세존께서는 옷이 약탈된 자나 옷이 망가진 자에게 친척이 아닌 장자나 여장자에게 옷을 부탁하는 것을 허용했습니다. 벗들이여, 옷을 부탁하십시오."

[옷을 약탈당한 수행승들] "벗들이여, 우리가 옷을 얻을 수는 없습니다."

[여섯무리의 수행승들] "우리가 존자들을 위하여 부탁해보겠습니다."

[옷을 약탈당한 수행승들] "벗들이여, 부탁해보십시오."

그래서 여섯무리의 수행승들은 친척이 아닌 장자들을 찾아가서 이와 같이 말했다.

[여섯무리의 수행승들] "장자들이여, 옷을 약탈당한 수행승들을 데리고 왔습니다. 그들에게 옷을 보시하십시오."

1-2. 그런데[*214] 어떤 사람이 집회에 앉아 있다가 다른 사람에게 이와 같이 말했다.

[어떤 사람] "존자여, 옷을 약탈당한 수행승들이 와서 나는 이미 그들에게 옷을 주었습니다."

그도 역시 말했다.

[다른 사람] "나도 주었습니다."

또 다른 자도 이와 같이 말했다.

[또다른 사람] "나도 역시 주었습니다."

1-3. 그들은 혐책하고 분개하고 비난했다.

[사람들] "어찌 싸끼야의 아들인 수행자들은 분수를 모르고 많은 옷을 부탁할 수 있단 말인가? 싸끼야의 아들인 수행자들은 옷장사를 하거나, 옷가게를 열 것인가?"

수행승들은 그 사람들이 혐책하고 분개하고 비난하는 것을 들었다. 수행승들 가운데 욕망을 여읜 자들도 혐책하고 분개하고 비난했다.

[욕망을 여읜 수행승들] "어찌 여섯무리의 수행승들은 분수를 모르고 많은 옷을 부탁할 수 있단 말인가?"

1-4. 그래서 그 수행승들은 세존께 그 사실을 알렸다.

[세존] "수행승들이여, 그대들은 분수를 모르고 많은 옷을 부탁한 것이 사실인가?"

[수행승들] "세존이시여, 사실입니다."

존귀한 부처님께서는 견책했다.

[세존] "어리석은 자들이여, 어찌 그대들은 분수를 모르고 많은 옷을 부탁할 수 있단 말인가? 어리석은 자들이여, 그것은 아직 청정한 믿음이 없는 자를 청정한 믿음으로 이끌고, 이미 청정한 믿음이 있는 자를 더욱더 청정한 믿음으로 이끄는 것이 아니다. 어리석은 자들이여, 그것은 오히려, 아직 청정한 믿음이 없는 자를 불신으로 이끌고, 이미 청정한 믿음이 있는 자 가운데 어떤 자들을 타락시키는 것이다."

1-5. 그리고 세존께서는 여섯무리의 수행승들에 대하여 여러 가지 방편으로 견책하여, 키우기 어렵고 부양하기 어렵고 탐욕이 많고 만족을 모르고 교제를 좋아하고 나태한 것에 대해 질책하고, 여러 가지 법문으로 고무하여, 키우기 쉽고 부양하기 쉽고 욕심을 여의고, 만족을 알고, 버리고 없애는 삶, 악을 제거하는 삶, 청정한 믿음의 삶, 쌓아 모우지 않는 삶, 용맹정진의 삶을 칭찬하고, 수행승들을 위하여 그에 알맞고 그에 걸맞게 경책하여 법문을 하고 수행승들에게 일렀다.

[세존] "수행승들이여, 그러므로 수행승들을 위하여 열 가지 이유에 기초하여, 즉 참모임의 수승을 위하여, 참모임의 안락을 위하여, 악한 수행승의 조복을 위하여, 품행이 바른 수행승의 평안한 삶을 위하여, 지금 여기에서의 번뇌의 제어를 위하여, 다가오는 번뇌를 물리치기 위하여, 청정한 믿음이 없는 자에게 청정한 믿음을 주기 위하여, 청정한 믿음이 있는 자에게 청정한 믿음을 증대시키기 위하여, 올바른 가르침을 지속시키기 위하여, 계율을 수호하기 위하여 학습계율을

시설하니, 수행승들이여, 그대들은 이와 같이 학습계율을 송출해야 한다.”

[세존] “만약에 그 수행승에게 친척이 아닌 장자나 여장자가 많은 옷들을 가져와서 바치면, 그 수행승은 최대한 하의와 상의[726]까지만 그 옷들로부터 수용해야 한다. 그 이상을 수용하면, 상실죄를 범하는 것이다.”[727]

2-1. ‘그 수행승’이라는 것은 옷이 약탈된 수행승을 뜻한다. ‘친척이 아닌’이라는 것은 부모와 아버지 쪽의 칠세대를 소급해서 관계가 없는 자를 뜻한다. ‘장자’라는 것은 어떠한 자든지 집에서 거주하는 자를 뜻한다. ‘여장자’이라는 것은 속가에서 거주하는 여자를 말한다. ‘많은 옷들을’이라는 것은 ‘다수의 옷들’을 뜻한다. ‘가져와서 바치면’이라는 것은 ‘그대가 원하는 만큼 가져가라.’라는 뜻이다.

2-2₁. ‘최대한 하의와 상의까지만 그 옷들로부터 수용해야 한다.’라는 것은 만약 세벌 옷을 잃어버렸다면, 두벌 옷을 수용해야 하며, 두벌 옷을 잃어버렸다면, 한 벌 옷을 수용해야 하며, 한 벌 옷을 잃어버렸다면 수용해서는 안 된다. ‘만약에 그 이상 수용하면’이라는 것은 그 이상 부탁하는 것이다. 그 경과는 악작죄이고, 얻으면 상실죄가 되어, 참모임이나 무리나 개인에게 넘겨주어야 한다. 수행승들이여, 이와 같이 넘겨주어야 한다.

그 수행승은 참모임에 나아가 한쪽 어깨에 가사를 걸치고 장로 수행승들의 두 발에 머리를 조아리고 한쪽 무릎을 꿇고 합장하여 이와 같이 말해야 한다.

[수행승] ‘존자들이여, 이 옷은 친척이 아닌 장자에게 그 이상 부탁하여 얻은 것으로[*215] 상실되어야 합니다. 저는 이것을 참모임에 넘겨주겠습니다.’

넘겨주고 나서 죄를 참회해야 한다. 총명하고 유능한 수행승은 그 죄를 받아들이고, 넘겨받은 옷은 돌려주어야 한다.

[총명한 수행승] ‘존자들이여, 참모임은 저의 말을 들으십시오. 이 옷은 상실되어야 할 것으로 이러이러한 수행승이 참모임에 넘겨준 것입니다. 만약에 참모임에 옳은 일이라면, 참모임은 이러이러한 수행승에게 이 옷을 돌려주겠습니다.’

2-2₂. 또는 그 수행승은 두서너 명의 수행승들에게 나아가 한쪽 어깨에 가사를 걸치고 장로 수행승들의 발에 머리를 조아린 뒤에 한쪽 무릎을 꿇고 합장하여

---

726) santaruttaraparamaṃ : 보통은 삼의 가운데 상의와 하의만 입어도 충분했고 외투인 대의는 필수적인 것은 아니었다.

727) 과분취의계(過分取衣戒) | Bhikkhunī Nissag. 5 : tañce aññātako gahapati vā gahapatānī vā bahūhi cīvarehi abhihaṭṭhuṃ pavāreyya, santaruttaraparamaṃ tena bhikkhunā tato cīvaraṃ sāditabbaṃ. tato ce uttariṃ sādiyeyya, nissaggiyaṃ pācittiyan'ti.

이와 같이 말해야 한다.

[수행승] '존자들이여, 이 옷은 친척이 아닌 장자에게 그 이상 부탁하여 얻은 것으로 상실되어야 합니다. 저는 이것을 존자들에게 넘겨주겠습니다.'

넘겨주고 나서 죄를 참회해야 한다. 총명하고 유능한 수행승은 그 죄를 받아들이고, 넘겨받은 옷은 돌려주어야 한다.

[총명한 수행승] '존자들이여, 저의 말을 들으십시오. 이 옷은 이러이러한 수행승의 상실되어야 할 것인데, 존자들에 넘겨진 것입니다. 만약에 존자들에 옳은 일이라면, 존자들께서는 이러이러한 수행승에게 이 옷을 돌려주겠습니다.'

2-2₃. 또는 그 수행승은 한 수행승에게 나아가 한쪽 어깨에 가사를 걸치고 두 발에 머리를 조아린 뒤에 한쪽 무릎을 꿇고 합장하여 이와 같이 말해야 한다.

[수행승] "벗이여, 이 옷은 친척이 아닌 장자에게 그 이상 부탁하여 얻은 것으로 상실되어야 합니다. 저는 이것을 존자에게 넘겨주겠습니다.'

넘겨주고 나서 그 죄를 참회해야 한다. 그 수행승은 죄를 받아들이고, 넘겨진 옷은 돌려주어야 한다.

[한 수행승] '저는 이 옷을 존자에게 돌려주겠습니다.'

2-3₁.

1) 친척이 아닌 자에 대하여 친척이 아닌 자라고 지각하고 그 이상 옷을 부탁하면, 상실죄를 범하는 것이다.
2) 친척이 아닌 자에 대하여 친척이 아닌지 의심하고 그 이상 옷을 부탁하면, 상실죄를 범하는 것이다.
3) 친척이 아닌 자에 대하여 친척이라고 지각하고 그 이상 옷을 부탁하면, 악작죄를 범하는 것이다.

2-3₂.

1) 친척인 자에 대하여 친척이라고 지각하고 그 이상 옷을 부탁하면, 악작죄를 범하는 것이다.
2) 친척인 자에 친척인지 의심하고 그 이상 옷을 부탁하면, 악작죄를 범하는 것이다.
3) 친척인 자에 대하여 친척이라고 지각하고 그 이상 옷을 부탁하면, 무죄이다.

2-4. '내가 남은 것을 가지겠다.'라고 가지고 가거나,[728] '남은 것은 그대의 것이다.'라고 주거나, 옷이 약탈되었기 때문에 주지 않거나, 옷이 망가졌기 때문에

---

728) sesakaṃ āharissāmīti haranto gacchati : '내가 남은 것을 가지겠다.'라는 양보이기 때문에 무죄이다.

주지 않거나, 친척이기 때문이거나, 초대되었기 때문이거나, 자신의 재물로 얻는 경우이거나, 정신이 착란된 자이거나, 초범자인 경우는 무죄이다.

3. 1. 6 상실죄법 제6조

개입에 대한 학습계율①[Paṭhamaupakkhaṭasikkhāpada]

1-1. 한때 존귀한 부처님께서 싸밧티 시에 있는 제따바나 숲의 아나타삔디까 승원에 계셨다. 그런데 그때[729] 어떤 사람이 그의 아내에게 이와 같이 말했다.

[어떤 사람] "나는 존자 우빠난다에게 옷을 보시하고 싶소."

다른 탁발수행승이 그 사람이 이와 같은 말을 하는 것을 들었다. 그래서 그 수행승은 싸끼야의 아들 존자 우빠난다가 있는 곳을 찾아갔다. 가까이 다가가서 싸끼야의 아들 존자 우빠난다에게 이와 같이 말했다.

[탁발수행승] "벗이여 우빠난다여, 그대는 공덕이 많습니다.[730] 어떤 경우의 말을 들었는데, 한 사람이 아내에게 이와 같이 '나는 존자 우빠난다에게 옷을 보시하고 싶소.'라고 말했습니다."

[우빠난다] "벗이여, 그는 나의 단월입니다."

그러자 싸끼야의 아들 존자 우빠난다는 그 사람이 있는 곳을 찾아갔다. 가까이 다가서 그 사람에게 이와 같이 말했다.

[우빠난다] "벗이여, 그대가 나에게 옷을 보시하고자 하는 것이 사실입니까?"

[단월] "존자여, 저는 이와 같이 '존자 우빠난다에게 옷을 보시하고 싶다.'라고 생각했습니다."

[우빠난다] "벗이여, 만약에 그대가 옷을 보시하고 싶다면, 이와 같은 옷으로 보시하시오. 내가 사용할 수 없는 옷으로 보시하면 무엇에 쓰겠습니까?"

1-2. 그러자 그 사람은 혐책하고 분개하고 비난했다.

[단월] "싸끼야의 아들인 수행자들은 구하는 것이 많고 만족을 모른다. 이들에 옷을 보시하는 것은 쉽지 않다. 어찌 존자 우빠난다가 아직 초대하지 않은 나를 찾아와서 옷에 대하여 왈가왈부할 수 있는가?"[731]

수행승들은 그 사람이 혐책하고 분개하고 비난하는 것을 들었다. 수행승들

---

729) tena kho pana samayena : 상실죄법 제7조(Bhikkhunī Nissag. 7)를 참조하라.
730) mahāpuñño'si tvaṃ āvuso upananda : 유사한 표현이 Vin. I. 300; III. 217, 257에도 등장한다.
731) cīvare vikappaṃ āpajjissatī'ti : Vin. III. 220에서도 우빠난다는 옷에 탐욕적이었다.

가운데 욕망을 여의고, 만족을 알고, 부끄러움을 알고, 후회할 줄 알고, 배움을 원하는 자들이 있는데, 그들도 혐책하고 분개하고 비난했다.

[욕망을 여읜 수행승들] "어찌 싸끼야의 아들 존자 우빠난다가 아직 초대하지 않은 장자를 찾아와서 옷에 대하여 왈가왈부할 수 있는가?"

1-3. 그러자 그 수행승들은 세존께 그 사실을[*216] 알렸다.

[세존] "우빠난다여, 그대가 아직 초대하지 않은 장자를 찾아가서 옷에 대하여 왈가왈부한 것이 사실인가?"

[우빠난다] "세존이시여, 사실입니다."

[세존] "우빠난다여, 그가 친척인가 친척이 아닌가?"

[우빠난다] "세존이시여, 친척이 아닙니다."

[세존] "어리석은 자여, 친척이 아닌 자는 친척이 아닌 자에 대하여 알맞은 것인지 알맞지 않은 것인지, 옳은 것인지 옳지 않은 것인지 알지 못한다. 어리석은 자여, 그런데 어찌 그대는 아직 초대하지 않은 장자를 찾아가서 옷에 대하여 왈가왈부할 수 있단 말인가? 어리석은 자여, 그것은 아직 청정한 믿음이 없는 자를 청정한 믿음으로 이끌고, 이미 청정한 믿음이 있는 자를 더욱더 청정한 믿음으로 이끄는 것이 아니다. 어리석은 자여, 그것은 오히려, 아직 청정한 믿음이 없는 자를 불신으로 이끌고, 이미 청정한 믿음이 있는 자 가운데 어떤 자들을 타락시키는 것이다."

1-4. 그리고 세존께서는 존자 우빠난다에 대하여 여러 가지 방편으로 견책하여, 키우기 어렵고 부양하기 어렵고 탐욕이 많고 만족을 모르고 교제를 좋아하고 나태한 것에 대해 질책하고, 여러 가지 법문으로 고무하여, 키우기 쉽고 부양하기 쉽고 욕심을 여의고, 만족을 알고, 버리고 없애는 삶, 악을 제거하는 삶, 청정한 믿음의 삶, 쌓아 모우지 않는 삶, 용맹정진의 삶을 칭찬하고, 수행승들을 위하여 그에 알맞고 그에 걸맞게 경책하여 법문을 하고 수행승들에게 일렀다.

[세존] "수행승들이여, 그러므로 수행승들을 위하여 열 가지 이유에 기초하여, 즉 참모임의 수승을 위하여, 참모임의 안락을 위하여, 악한 수행승의 조복을 위하여, 품행이 바른 수행승의 평안한 삶을 위하여, 지금 여기에서의 번뇌의 제어를 위하여, 다가오는 번뇌를 물리치기 위하여, 청정한 믿음이 없는 자에게 청정한 믿음을 주기 위하여, 청정한 믿음이 있는 자에게 청정한 믿음을 증대시키기 위하여, 올바른 가르침을 지속시키기 위하여, 계율을 수호하기 위하여 학습계율을 시설하니, 수행승들이여, 그대들은 이와 같이 학습계율을 송출해야 한다."

[세존] "수행승을 위하여 친척이 아닌 장자나 여장자가 옷의 자금[732]이 마련되었을 경우, 그 옷의 자금으로 옷을 교환해서 '이러이러한 수행승에게 옷을 보시하고 싶다.' 라고 생각했는데, 만약 그때 그 수행승이 아직 초대받지 않았는데도 보다 훌륭한 것을 원해서 찾아가서 이와 같이 '존귀한 분이여,[733] 이 옷의 자금으로 이러이러한 것이나 이러이러한 것을 교환해서 보시하십시오.'라고 옷에 대하여 왈가왈부하면, 상실죄를 범하는 것이다."[734]

2-1. '수행승을 위하여'라는 것은 '수행승을 위하여, 수행승을 대상으로 수행승에게 옷을 보시하려고'라는 뜻이다. '친척이 아닌'이라는 것은 부모와 아버지 쪽의 칠 세대를 소급해서까지도 관계가 없는 자를 뜻한다. '장자'라는 것은 어떠한 자든지 속가에서 거주하는 자를 뜻한다. '여장자'라는 것은 속가에서 거주하는 여자를 말한다. '옷의 자금'이라는 것은 '금화나 황금이나 진주나 보주나 산호나 수정이나 면포나 실이나 면을 뜻한다. '옷의 자금을 마련되었을 경우'는 '현존하는 경우'라는 뜻이다. '교환해서'라는 것은 '교환하여'라는 뜻이다.[735] '내가 보시할 것이다.'라는 것은 '줄 것이다.'라는 뜻이다. '만약 그때 그 수행승이'라는 것은 그 수행승을 위하여 옷의 자금을 준비하게 시키는 그 수행승을 뜻한다. '아직 초대받지 않았는데도'라는 것은 '존자여, 어떠한 옷을 원합니까?, 어떠한 옷을 내가 그대에게 구해주겠다.'라고 이전에 말하지 않았는데도라는 뜻이다. '찾아가서'라는 것은 '어떠한 곳이든 집으로 찾아가서'라는 뜻이다. '옷에 대하여 왈가왈부하면'이라는 것은 '길다거나 넓다거나 거칠다거나[736] 부드럽다던가'라고 한다는 뜻이다. '이 옷의 자금으로'[*217]라는 것은 '현존하는 자금으로'라는 뜻이다.[737] '이러이러한 것이나 이러이러한 것을'라는 것은 '긴 것이나 널따란 것이나 거친 것이나 부드러운 것이나'라는 뜻이다. '교환해서'라는 것은 '교환해서'라는 것이다. '보시하십시오'라는 것은 '주십시오.'라는 뜻이다.

---

732) cīvaracetāpana : 교환을 위한 옷의 자금을 뜻한다. Smp. 670에 따르면, 옷을 위한 돈(cīvaramūla)을 의미한다.
733) āyasmā : 여기서는 존칭의 칭호로서서 신사나 숙녀를 뜻한다.
734) 권증의가계(勸增衣價戒) | Bhikkhunī Nissag. 6 : bhikkhuṃ paneva uddissa aññātakassa gahapatissa vā gahapatāniyā vā cīvaracetāpannaṃ upakkhaṭaṃ hoti, iminā cīvaracetāpannena cīvaraṃ cetāpetvā itthannāmaṃ bhikkhuṃ cīvarena acchādessāmī'ti. tatra ceso bhikkhu pubbe appavārito upasaṅkamitvā cīvare vikappaṃ āpajjeyya. sādhu vata maṃ āyasmā iminā cīvaracetāpannena evarūpaṃ vā evarūpaṃ vā cīvaraṃ cetāpetvā acchādehī'ti kalyāṇakamyataṃ upādāya, nissaggiyaṃ pācittiyan'ti.
735) parivattetvā : '거래하거나, 매매하거나, 교환하는 것'을 뜻한다.
736) appitaṃ : Smp. 727에 따르면, 단단하고, 촘촘하고, 굳센 것을 뜻한다.
737) paccupaṭṭhitena : '현재 있는, 이미 준비된, 손에 있는 자금으로'라는 뜻이다.

2-2. '보다 훌륭한 것을 원해서'라는 것은 '좋은 것을 원하고, 비싼 것을 원해서'라는 뜻이다. 그 말에 의해서 긴 것이나 널따란 것이나 거친 것이나 부드러운 것을 구하는데, 그 경과는 악작죄를 범하는 것이고, 얻으면 상실죄를 범하는 것으로 참모임이나 무리나 개인에게 넘겨주어야 한다.

2-3₁. 수행승들이여, 이와 같이 넘겨주어야 한다. 그 수행승은 참모임에 나아가 한쪽 어깨에 가사를 걸치고 장로 수행승들의 두 발에 머리를 조아리고 한쪽 무릎을 꿇고 합장하여 이와 같이 말해야 한다.

[수행승] '존자들이여, 이 옷은 제가 아직 초대받지 않았는데도 어떤 장자를 찾아가서 옷에 대하여 왈가왈부한 것으로 상실되어야 합니다. 저는 이것을 참모임에 넘겨주겠습니다.'

넘겨주고 나서 죄를 참회해야 한다. 총명하고 유능한 수행승은 그 죄를 받아들이고, 넘겨받은 옷은 돌려주어야 한다.

[총명한 수행승] '존자들이여, 참모임은 저의 말을 들으십시오. 이 옷은 상실되어야 할 것으로 이러이러한 수행승이 참모임에 넘겨준 것입니다. 만약에 참모임에 옳은 일이라면, 참모임은 이러이러한 수행승에게 이 옷을 돌려주겠습니다.'

2-3₂. 또는 그 수행승은 두서너 명의 수행승들에게 나아가 한쪽 어깨에 가사를 걸치고 장로 수행승들의 발에 머리를 조아린 뒤에 한쪽 무릎을 꿇고 합장하여 이와 같이 말해야 한다.

[수행승] '존자들이여, 이 옷은 제가 아직 초대받지 않았는데도 어떤 장자를 찾아가서 옷에 대하여 왈가왈부한 것으로 상실되어야 합니다. 저는 이것을 존자들에게 넘겨주겠습니다.'

넘겨주고 나서 죄를 참회해야 한다. 총명하고 유능한 수행승은 그 죄를 받아들이고, 넘겨받은 옷은 돌려주어야 한다.

[총명한 수행승] '존자들이여, 저의 말을 들으십시오. 이 옷은 이러이러한 수행승의 상실되어야 할 것인데, 존자들에 넘겨진 것입니다. 만약에 존자들에 옳은 일이라면, 존자들께서는 이러이러한 수행승에게 이 옷을 돌려주겠습니다.'

2-3₃. 또는 그 수행승은 한 수행승에게 나아가 한쪽 어깨에 가사를 걸치고 두 발에 머리를 조아린 뒤에 한쪽 무릎을 꿇고 합장하여 이와 같이 말해야 한다.

[수행승] "벗이여, 이 옷은 제가 아직 초대받지 않았는데도 어떤 장자를 찾아가서 옷에 대하여 왈가왈부한 것으로 상실되어야 합니다. 저는 이것을 존자에게

넘겨주겠습니다.'

넘겨주고 나서 그 죄를 참회해야 한다. 그 수행승은 죄를 받아들이고, 넘겨진 옷은 돌려주어야 한다.

[한 수행승] '저는 이 옷을 존자에게 돌려주겠습니다.'

2-4₁.

1) 친척이 아닌 자에 대하여 친척이 아니라고 지각하고 아직 초대받지 않았는데도 어떤 장자를 찾아가서 옷에 대하여 왈가왈부하면, 상실죄를 범하는 것이다.
2) 친척이 아닌 자에 대하여 친척이 아닌지 의심하고 아직 초대받지 않았는데도 어떤 장자를 찾아가서 옷에 대하여 왈가왈부하면, 상실죄를 범하는 것이다.
3) 친척이 아닌 자에 대하여 친척이라고 지각하고 아직 초대받지 않았는데도 어떤 장자를 찾아가서 옷에 대하여 왈가왈부하면, 상실죄를 범하는 것이다.

2-4₂.

1) 친척인 자에 대하여 친척이 아닌 자라고 지각하고 아직 초대받지 않았는데도 어떤 장자를 찾아가서 옷에 대하여 왈가왈부하면, 악작죄를 범하는 것이다.
2) 친척인 자에 대하여 친척인지 의심하고 아직 초대받지 않았는데도 어떤 장자를 찾아가서 옷에 대하여 왈가왈부하면, 악작죄를 범하는 것이다.
3) 친척인 자에 대하여 친척이라고 지각하고 아직 초대받지 않았는데도 어떤 장자를 찾아가서 옷에 대하여 왈가왈부하면, 무죄이다.

2-5. 친척으로부터이거나, 초대받았거나, 타인을 위한 것이거나, 자신의 재물로 이거나, 비싼 것을 구하려고 했는데 싼 것을 구하는 경우나, 정신이 착란된 자이거나, 초범자인 경우는 무죄이다.

3. 1. 7 상실죄법 제7조

개입에 대한 학습계율②[Dutiyupakkhaṭasikkhāpada]

1-1. 한때 존귀한 세존께서 싸밧티 시에 있는 제따바나 숲의 아나타삔디까 승원에 계셨다. 그런데 그때[738] 어떤 사람[A]이 다른 사람[B]에게 이와 같이 말했다.

[어떤 사람] "나는 존자 우빠난다에게 옷을 보시하고 싶습니다."

---

738) tena kho pana samayena : 상실죄법 제6조(Bhikkhunī Nissag. 6)을 참조하라.

그러자 그[B]는 이와 같이 말했다.

[다른 사람] "나도 존자 우빠나다에게 옷을 보시하고 싶습니다."

어떤 탁발수행승이 그 사람들의 이러한 대화를 나누는 것을 들었다. 그래서 그 수행승은 싸끼야의 아들 존자 우빠난다가 있는 곳을 찾아갔다. 가까이 다가가서 싸끼야의 아들 존자 우빠난다에게 이와 같이 말했다.

[우빠난다] "벗이여 우빠난다여, 그대는 공덕이 많습니다. 어떤 경우인데,[*218] 한 사람이 다른 사람에게 이와 같이 '나는 존자 우빠난다에게 옷을 보시하고 싶습니다.'라고 말했습니다. 그러자 그도 이와 같이 '나도 존자 우빠난다에게 옷을 보시하고 싶습니다.'라고 말했습니다."

[우빠난다] "벗이여, 그들은 나의 단월들입니다."

1-2. 그러자 싸끼야의 아들 존자 우빠난다는 그 사람들이 있는 곳을 찾아갔다. 가까이 다가서 그 사람들에게 이와 같이 말했다.

[우빠난다] "벗들이여, 그대들이 나에게 옷을 보시하고자 하는 것이 사실입니까?"

[사람들] "존자여, 저희들 이와 같이 '존자 우빠난다에게 옷을 보시하고 싶다.'라고 생각했습니다."

[우빠난다] "벗이여, 만약에 그대들이 옷을 보시하고 싶다면, 이와 같은 옷으로 보시하시오. 내가 사용할 수 없는 옷으로 보시하면 무엇에 쓰겠습니까?"

1-3. 그러자 그 사람들은 혐책하고 분개하고 비난했다.

[사람들] "싸끼야의 아들인 수행자들은 구하는 것이 많고 만족을 모른다. 이들에 옷을 보시하는 것은 쉽지 않다. 어찌 존자 우빠난다가 아직 초대하지 않은 우리를 찾아와서 옷에 대하여 왈가왈부할 수 있는가?"

수행승들은 그 사람들이 혐책하고 분개하고 비난하는 것을 들었다. 수행승들 가운데 욕망을 여의고, 만족을 알고, 부끄러움을 알고, 후회할 줄 알고, 배움을 원하는 자들이 있는데, 그들도 혐책하고 분개하고 비난했다.

[욕망을 여읜 수행승들] "어찌 싸끼야의 아들 존자 우빠난다가 아직 초대하지 않은 장자들을 찾아와서 옷에 대하여 왈가왈부할 수 있는가?"

1-4. 그러자 그 수행승들은 세존께 그 사실을 알렸다.

[세존] "우빠난다여, 그대가 아직 초대하지 않은 장자들을 찾아가서 옷에 대하여 왈가왈부한 것이 사실인가?"

[우빠난다] "세존이시여, 사실입니다."

[세존] "우빠난다여, 그가 친척인가 친척이 아닌가?"

[우빠난다] "세존이시여, 친척이 아닙니다."

[세존] "어리석은 자여, 친척이 아닌 자는 친척이 아닌 자에 대하여 알맞은 것인지 알맞지 않은 것인지, 옳은 것인지 옳지 않은 것인지 알지 못한다. 어리석은 자여, 그런데 어찌 그대는 아직 초대하지 않은 장자들을 찾아가서 옷에 대하여 왈가왈부할 수 있단 말인가? 어리석은 자여, 그것은 아직 청정한 믿음이 없는 자를 청정한 믿음으로 이끌고, 이미 청정한 믿음이 있는 자를 더욱더 청정한 믿음으로 이끄는 것이 아니다. 어리석은 자여, 그것은 오히려, 아직 청정한 믿음이 없는 자를 불신으로 이끌고, 이미 청정한 믿음이 있는 자 가운데 어떤 자들을 타락시키는 것이다."

1-5. 그리고 세존께서는 존자 우빠난다에 대하여 여러 가지 방편으로 견책하여, 키우기 어렵고 부양하기 어렵고 탐욕이 많고 만족을 모르고 교제를 좋아하고 나태한 것에 대해 질책하고, 여러 가지 법문으로 고무하여, 키우기 쉽고 부양하기 쉽고 욕심을 여의고, 만족을 알고, 버리고 없애는 삶, 악을 제거하는 삶, 청정한 믿음의 삶, 쌓아 모우지 않는 삶, 용맹정진의 삶을 칭찬하고, 수행승들을 위하여 그에 알맞고 그에 걸맞게 경책하여 법문을 하고 수행승들에게 일렀다.

[세존] "수행승들이여, 그러므로 수행승들을 위하여 열 가지 이유에 기초하여, 즉 참모임의 수승을 위하여, 참모임의 안락을 위하여, 악한 수행승의 조복을 위하여, 품행이 바른 수행승의 평안한 삶을 위하여, 지금 여기에서의 번뇌의 제어를 위하여, 다가오는 번뇌를 물리치기 위하여, 청정한 믿음이 없는 자에게 청정한 믿음을 주기 위하여, 청정한 믿음이 있는 자에게 청정한 믿음을 증대시키기 위하여, 올바른 가르침을 지속시키기 위하여, 계율을 수호하기 위하여 학습계율을 시설하니, 수행승들이여, 그대들은 이와 같이 학습계율을 송출해야 한다."

[세존] "수행승을 위하여 친척이 아닌 두 장자들이나 여장자들이, 그들에게 옷의 자금이 마련되었을 경우, 그 옷의 자금으로 옷을 교환해서 '각자 옷의 자금으로서 각자 옷을 교환해서 이러이러한 수행승에게 옷을 보시하고 싶다.'라고 생각했는데, 만약 그때 그 수행승이 아직 초대받지 않았는데도 보다 훌륭한 것을 원해서 찾아가서 이와 같이 '존귀한 분들이여, 이 각자 옷의 자금으로 이러이러한 것이나 이러이러한 것을 둘이서 함께 교환해서 보시하십시오.'라고 옷에 대하여 왈가왈부하면, 상실죄를 범하는 것이다."[739]

2-1. '수행승을 위하여'라는 것은[*219] '수행승을 위하여, 수행승을 대상으로 수행승에게 옷을 보시하려고'라는 뜻이다. '친척이 아닌'이라는 것은 부모와 아버지 쪽의 칠세대를 소급해서까지 관계가 없는 자를 뜻한다. '두'이라는 것은 두 사람을 뜻한다. '장자'라는 것은 어떠한 자든지 속가에서 거주하는 자를 뜻한다. '여장자'이라는 것은 속가에서 거주하는 여자를 말한다. '옷의 자금'이라는 것은 '금화나 황금이나 진주나 보주나 산호나 수정이나 면포나 실이나 면을 뜻한다. '옷의 자금이 마련되었을 경우'는 '현존하는 경우'라는 뜻이다. '교환해서'라는 것은 '교환하여'라는 뜻이다. '내가 보시할 것이다.'라는 것은 '줄 것이다.'라는 뜻이다. '만약 그때 그 수행승이'라는 것은 그 수행승을 위하여 옷의 자금을 준비하게 시키는 그 수행승을 뜻한다. '아직 초대받지 않았는데도'라는 것은 '존자여, 어떠한 옷을 원합니까?, 어떠한 옷을 내가 그대에게 구해주겠다.'라고 이전에 말하지 않았는데도라는 뜻이다. '찾아가서'라는 것은 '어떠한 곳이든 집으로 찾아가서'라는 뜻이다. '옷에 대하여 왈가왈부하면'이라는 것은 '길다거나 넓다거나 거칠다거나 부드럽다던가.'라고 말한다는 뜻이다. '이 옷의 자금으로'라는 것은 '현존하는 것으로'라는 뜻이다. '이러이러한 것이나 이러이러한 것을'라는 것은 '긴 것이나 널따란 것이나 거친 것이나 부드러운 것이나'라는 뜻이다. '교환해서'라는 것은 '교환해서'라는 것이다. '보시하십시오'라는 것은 '주십시오.'라는 뜻이다. '둘이서 함께'라는 것은 '두 사람이 공동으로'라는 뜻이다.

2-2. '보다 훌륭한 것을 원해서'라는 것은 '좋은 것을 원하고, 비싼 것을 원해서'라는 뜻이다. 그 말에 의해서 긴 것이나 널따란 것이나 거친 것이나 부드러운 것을 구하는데, 그 경과는 악작죄를 범하는 것이고, 얻으면 상실죄를 범하는 것으로서, 참모임이나 무리나 개인에게 넘겨주어야 한다.

2-3₁. 수행승들이여, 이와 같이 넘겨주어야 한다. 그 수행승은 참모임에 나아가 한쪽 어깨에 가사를 걸치고 장로 수행승들의 두 발에 머리를 조아리고 한쪽 무릎을 꿇고 합장하여 이와 같이 말해야 한다.

---

739) 권이가증의가계(勸二家增衣價戒) | Bhikkhunī Nissag. 7 : bhikkhuṃ paneva uddissa ubhinnaṃ aññātakānaṃ gahapatīnaṃ vā gahapatānīnaṃ vā paccekacīvaracetāpannā upakkhaṭā honti: imehi mayaṃ paccekacīvaracetāpanehi paccekacīvarāni cetāpetvā itthannāmaṃ bhikkhuṃ cīvarehi acchādessāmā'ti. tatra ceso bhikkhu pubbe appavārito upasaṅkamitvā cīvare vikappaṃ āpajjeyya: sādhu vata maṃ āyasmanto imehi paccekacīvaracetāpannehi evarūpaṃ vā evarūpaṃ vā cīvaraṃ cetāpetvā acchādetha. ubho'va santā ekenā'ti, kalyāṇakamyataṃ upādāya, nissaggiyaṃ pācittiyan'ti.

[수행승] '존자들이여, 이 옷은 제가 아직 초대받지 않았는데도 어떤 장자들을 찾아가서 옷에 대하여 왈가왈부한 것으로 상실되어야 합니다. 저는 이것을 참모임에 넘겨주겠습니다.'

넘겨주고 나서 죄를 참회해야 한다. 총명하고 유능한 수행승은 그 죄를 받아들이고, 넘겨받은 옷은 돌려주어야 한다.

[총명한 수행승] '존자들이여, 참모임은 저의 말을 들으십시오. 이 옷은 상실되어야 할 것으로 이러이러한 수행승이 참모임에 넘겨준 것입니다. 만약에 참모임에 옳은 일이라면, 참모임은 이러이러한 수행승에게 이 옷을 돌려주겠습니다.'

2-3₂. 또는 그 수행승은 두서너 명의 수행승들에게 나아가 한쪽 어깨에 가사를 걸치고 장로 수행승들의 발에 머리를 조아린 뒤에 한쪽 무릎을 꿇고 합장하여 이와 같이 말해야 한다.

[수행승] '존자들이여, 이 옷은 제가 아직 초대받지 않았는데도 어떤 장자들을 찾아가서 옷에 대하여 왈가왈부한 것으로 상실되어야 합니다. 저는 이것을 존자들에게 넘겨주겠습니다.'

넘겨주고 나서 죄를 참회해야 한다. 총명하고 유능한 수행승은 그 죄를 받아들이고, 넘겨받은 옷은 돌려주어야 한다.

[총명한 수행승] '존자들이여, 저의 말을 들으십시오. 이 옷은 이러이러한 수행승의 상실되어야 할 것인데, 존자들에 넘겨진 것입니다. 만약에 존자들에 옳은 일이라면, 존자들께서는 이러이러한 수행승에게 이 옷을 돌려주겠습니다.'

2-3₃. 또는 그 수행승은 한 수행승에게 나아가 한쪽 어깨에 가사를 걸치고 두 발에 머리를 조아린 뒤에 한쪽 무릎을 꿇고 합장하여 이와 같이 말해야 한다.

[수행승] "벗이여, 이 옷은 제가 아직 초대받지 않았는데도 어떤 장자들을 찾아가서 옷에 대하여 왈가왈부한 것으로 상실되어야 합니다. 저는 이것을 존자에게 넘겨주겠습니다.'

넘겨주고 나서 그 죄를 참회해야 한다. 그 수행승은 죄를 받아들이고, 넘겨진 옷은 돌려주어야 한다.

[한 수행승] '저는 이 옷을 존자에게 돌려주겠습니다.'

2-4₁.

1) 친척이 아닌 자에 대하여 친척이 아닌 자라고 지각하고 아직 초대받지 않았는데도 어떤 장자들을 찾아가서 옷에 대하여 왈가왈부하면, 상실죄를 범하는

것이다.

2) 친척이 아닌 자에 대하여 친척이 아닌지 의심하고 아직 초대받지 않았는데도 어떤 장자들을 찾아가서 옷에 대하여 왈가왈부하면, 상실죄를 범하는 것이다.

3) 친척이 아닌 자에 대하여 친척이라고 지각하고 아직 초대받지 않았는데도 어떤 장자들을 찾아가서 옷에 대하여 왈가왈부하면, 상실죄를 범하는 것이다.

2-4₂.

1) 친척인 자에 대하여 친척이 아닌 자라고 지각하고 아직 초대받지 않았는데도 어떤 장자들을 찾아가서 옷에 대하여 왈가왈부하면, 악작죄를 범하는 것이다.

2) 친척인 자에 대하여 친척인지 의심하고 아직 초대받지 않았는데도 어떤 장자를 찾아가서 옷에 대하여 왈가왈부하면, 악작죄를 범하는 것이다.

3) 친척인 자에 대하여 친척이라고 지각하고 아직 초대받지 않았는데도 어떤 장자들을 찾아가서 옷에 대하여 왈가왈부하면, 무죄이다.

2-5. 친척으로부터이거나, 초대받았거나, 타인을 위한 것이거나, 자신의 재물로이거나, 비싼 것을 구하려고 했는데 싼 것을 구하는 경우이거나, 정신이 착란된 자이거나, 초범자인 경우는 무죄이다.

3. 1. 8 상실죄법 제8조

왕에 대한 학습계율[Rājasikkhāpada]

1-1. 한때 존귀한 부처님께서 싸밧티 시에 있는 제따바나 숲의 아나타삔디까 승원에 계셨다. 그때 싸끼야의 아들 존자 우빠난다의 단월인 대신이 싸끼야의 아들 존자 우빠난다에게 '이 옷의 자금으로 옷을 교환해서 존자 우빠난다에게 옷을 보시하라.'라고 사자를 통해 옷의 자금을 보냈다. 그러자 그 사자는 싸끼야의 아들 존자 우빠난다가 있는 곳을 찾아갔다. 가까이 다가가서 싸끼야의 아들 존자 우빠난다에게 이와 같이 말했다.

[대신의 사자] "존자여, 이 옷의 자금은 존자를 위하여 보낸 것입니다. 존자께서는 이 옷의 자금을 받아주십시오."

이와 같이[*220] 말하자 싸끼야의 아들 존자 우빠난다가 그 사자에게 말했다.

[우빠난다] "벗이여, 우리는 옷의 자금을 받지 않습니다. 우리는 올바른 때에 허용될 수 있는[740] 옷만을 받습니다."

이와 같이 말하자 그 사자는 싸끼야의 아들 존자 우빠난다에게 이와 같이 말했다.

[대신의 사자] "존자의 재가시봉인[741]이 누구라도 있습니까?"

그런데 어떤 재가의 남자신도가 승원으로 들어와 무엇인가 할 일을 하여고 했다. 그러자 싸끼야의 아들 존자 우빠난다는 그 사자에게 이와 같이 말했다.

[우빠난다] "벗이여, 이 재가의 남자신도가 수행승들의 재가시봉인입니다."

그러자 그 사자는 그 재가의 남자신도에게 사실을 알리고 싸끼야의 아들 존자 우빠난다에게 다가갔다. 가까이 다가가서 싸끼야의 아들 존자 우빠난다에게 이와 같이 말했다.

[대신의 사자] "존자여, 존자께서 재가시봉인이라고 지시한 자에게 제가 사실을 알려주었습니다. 존자께서는 때가 되면 찾아가십시오. 그가 그대에게 옷을 줄 것입니다."

1-2. 그후 그 대신은 존자 싸끼야의 아들 존자 우빠난다에게 사자를 파견했다.

[대신의 사자] "존자여, 이 옷을 사용하십시오. 우리는 존자께서 이 옷을 사용하길 바랍니다."

그러나 싸끼야의 아들 존자 우빠난다는 그 재가의 남자신도에게 어떠한 말도 하지 않았다. 두 번째에도 그 대신은 존자 싸끼야의 아들 존자 우빠난다에게 사자를 파견했다.

[대신의 사자] "존자여, 이 옷을 사용하십시오. 우리는 존자께서 이 옷을 사용하길 바랍니다."

두 번째에도 그러나 싸끼야의 아들 존자 우빠난다는 그 재가의 남자신도에게 어떠한 말도 하지 않았다. 세 번째에도 그 대신은 존자 싸끼야의 아들 존자 우빠난다에게 사자를 파견했다.

[대신의 사자] "존자여, 이 옷을 사용하십시오. 우리는 존자께서 이 옷을 사용하길 바랍니다."

1-3. 그때 시민의 집회[742]가 있었다. 시민에 의해서 만들어진 규율이 있었다.

---

740) kappiya : 주어진 것으로 원칙적으로 받을 수 있는 것을 말한다. 부처님은 계율과 관련하여 '나는 허용한다.'라는 말을 사용하여 너무 큰 긴장을 조성하는 계율의 본질적 엄격성과 그것을 적용할 때에 생겨날 수 있는 계율의 오류가능한 불확실성을 제거하고 계율시설상의 중도를 확립했다.

741) veyyāvaccakaro : 한역에서는 집사인(執事人)이라고 한다. 이 재가시봉인은 정인(淨人)보다는 조금 나은 위치에 있는 자로서 남방에서는 줄여서 '깝삐야'라고 부르기도 한다. Smp. 672에 따르면, '어떤 것을 수행승들에게 허용될 수 있는 것(kappiya)으로 만드는 자'를 뜻한다.

742) negamassa samayo : Bd. II. 63에 따르면, '시민의(negama)'라는 말은 도시를 의미하는 '니가마(nigama)'의

[시민규율] '나중에 참석하는 자는 오십 전을743) 지불한다.'

그때 싸끼야의 아들 존자 우빠난다가 그 재가의 남자신도가 있는 곳을 찾아갔다. 가까이 다가가서 그 재가의 남자신도에게 이와 같이 말했다.

[우빠난다] "벗이여, 나는 이 옷을 원합니다."

[재가의 남자신도] "존자여, 하루만 기다리십시오. 오늘은 시민의 집회가 있습니다. 시민에 의해서 만들어진 규율이 있는데, 나중에 참석하는 자는 오십 전을 지불합니다."

[우빠난다] "벗이여, 오늘 나에게 옷을 주십시오."

그는 허리띠를 붙잡았다. 그래서 그 재가의 남자신도는 싸끼야의 아들 존자 우빠난다에게 강요받아 옷을 교환해서 주고 나중에 참석했다.

사람들은 그 재가의 남자신도에게 이와 같이 말했다.

[사람들] "이보시오, 왜 그대는 나중에 왔습니까? 당신은 오십 전을 잃었습니다."

1-4. 그래서 그 재가의 남자신도는 그 사람들에게 그 사실을 알렸다. 사람들은 혐책하고 분개하고 비난했다.

[사람들] "싸끼야의 아들인 수행자들은 구하는 것이 많고 만족을 모른다. 이들을 위하여[*221] 시중을 드는 것이 쉽지가 않다. 어찌 존자 우빠난다는 재가의 남자신도가 '존자여, 하루만 기다리십시오.'라고 했는데, 기다리지 않을 수 있단 말인가?"

수행승들은 그 사람들이 혐책하고 분개하고 비난하는 것을 들었다. 수행승들 가운데 욕망을 여의고, 만족을 알고, 부끄러움을 알고, 후회할 줄 알고, 배움을 원하는 자들이 있는데, 그들도 혐책하고 분개하고 비난했다.

[욕망을 여읜 수행승들] "어찌 존자 우빠난다가 재가의 남자신도가 '존자여, 하루만 기다리십시오.'라고 했는데, 기다리지 않을 수 있단 말인가?"

그래서 그 수행승들은 세존께 그 사실을 알렸다. 그러자 세존께서는 그것을 인연으로 그것을 기회로 수행승들의 참모임을 불러 모으게 하고 싸끼야의 아들 존자 우빤난다에게 이와 같이 물었다.

[세존] "우빠난다여, 그대가 재가의 남자신도가 '존자여, 하루만 기다리십시오.'라고 했는데, 기다리지 않은 것이 사실인가?"

형용사적 형태인데, 이 '니가마'라는 말은 강변마을(nadigama)에서 유래된 것이다. 강변마을이 무역의 중심지가 되면서 도시가 형성된 것이다. 이 도시가 좀더 커지면 나가라(nagara), 더 커지면, 뿌라(Pura)라고 불렀다.

743) paññāsaṃ : 오십이라고만 되어 있지 화폐의 단위는 명시되어 있지 않다.

[우빠난다] "세존이시여, 사실입니다."

존귀한 부처님께서는 견책했다.

[세존] "어리석은 자여, 그것은 적절하지 않고, 자연스럽지 않고, 알맞지 않고, 수행자의 삶이 아니고, 부당하고, 해서는 안 될 일이다. 어리석은 자여, 어찌 그대가 재가의 남자신도가 '존자여, 하루만 기다리십시오.'라고 했는데, 기다리지 않을 수 있단 말인가? 어리석은 자여, 그것은 아직 청정한 믿음이 없는 자를 청정한 믿음으로 이끌고, 이미 청정한 믿음이 있는 자를 더욱더 청정한 믿음으로 이끄는 것이 아니다. 어리석은 자여, 그것은 오히려, 아직 청정한 믿음이 없는 자를 불신으로 이끌고, 이미 청정한 믿음이 있는 자 가운데 어떤 자들을 타락시키는 것이다."

1-5. 그리고 세존께서는 존자 우빠난다에 대하여 여러 가지 방편으로 견책하여, 키우기 어렵고 부양하기 어렵고 탐욕이 많고 만족을 모르고 교제를 좋아하고 나태한 것에 대해 질책하고, 여러 가지 법문으로 고무하여, 키우기 쉽고 부양하기 쉽고 욕심을 여의고, 만족을 알고, 버리고 없애는 삶, 악을 제거하는 삶, 청정한 믿음의 삶, 쌓아 모우지 않는 삶, 용맹정진의 삶을 칭찬하고, 수행승들을 위하여 그에 알맞고 그에 걸맞게 경책하여 법문을 하고 수행승들에게 일렀다.

[세존] "수행승들이여, 그러므로 수행승들을 위하여 열 가지 이유에 기초하여, 즉 참모임의 수승을 위하여, 참모임의 안락을 위하여, 악한 수행승의 조복을 위하여, 품행이 바른 수행승의 평안한 삶을 위하여, 지금 여기에서의 번뇌의 제어를 위하여, 다가오는 번뇌를 물리치기 위하여, 청정한 믿음이 없는 자에게 청정한 믿음을 주기 위하여, 청정한 믿음이 있는 자에게 청정한 믿음을 증대시키기 위하여, 올바른 가르침을 지속시키기 위하여, 계율을 수호하기 위하여 학습계율을 시설하니, 수행승들이여, 그대들은 이와 같이 학습계율을 송출해야 한다."

[세존] "만약 수행승을 위하여 왕이나 대신[744]이나 바라문이나 장자가 사자를 통해서 '이 옷의 자금으로 옷을 교환하여 이러이러한 수행승에게 옷을 보시하라.'라고 옷의 자금을 보내온다고 하자. 만약에 그 사신이 그 수행승에게 다가와서 '존자여, 이 옷의 자금은 존자를 위하여 보낸 것입니다. 존자께서는 이 옷의 자금을 받아주십시오.'라고 말한다면, 그 수행승은 그 사자에게 이와 같이 '벗이여, 우리는 옷의 자금을 받지 않습니다. 우리는 올바른 때에 허용될 수 있는 옷만을

---

744) rājabhogga : '왕의 위력을 지닌 자, 왕의 자리를 부여받은 자'를 의미하는데 '총리대신'이나 '대신'이라고도 볼 수 있다. 이 다음 패러그래프의 고주에서는 '왕으로부터 녹을 먹는 자'라고 규정하고 있다.

받습니다.'라고 할 경우, 그 사자는 그 수행승에게 이와 같이 '존자의 재가시봉인이 누구라도 있습니까?'라고 말할 것이다. 수행승들이여, 옷을 원하는 수행승은 재가시봉인이나 정인이나 재가의 남자신도에 대하여 '이 분이 수행승들의 재가시봉인입니다.'라고 지정해야 한다. 그 사자는 그 재가시봉인에게 사실을 알리고 그 수행승에게 다가가서 이와 같이 '존자여, 존자께서 재가시봉인라고 지시한 자에게 제가 사실을 알려주었습니다. 존자께서는 때가 되면 찾아가십시오. 그가 존자에게 옷을 줄 것입니다.'라고 말해야 한다. 수행승들이여, 옷을 원하는 수행승은 재가시봉인이 있는 곳을 찾아가서 두세 번 '벗이여 나는 옷을 원합니다.'라고 독촉하여 상기시켜야 한다. 두세 번 독촉하여 상기시켜서 그 옷을 얻는다면, 그것으로 훌륭한 것이다. 그러나 만약에 얻지 못한다면, 네 번, 다섯 번, 여섯 번까지 침묵하면서 그 옷을 위하여 서 있어야 한다. 네 번, 다섯 번, 여섯 번까지 침묵하면서 그 옷을 위하여 서 있다가[*222] 그 옷을 얻으면, 그것은 훌륭한 것이다. 그 이상 애써서 그 옷을 얻으면, 상실죄를 범하는 것이다. 만약에 얻지 못하면, 옷의 자금을 보낸 시주 앞에 스스로 가거나 사자를 파견해서[745] '존귀한 분들이여, 그대들이 수행승을 위하여 옷의 자금을 보냈는데, 그것이 그 수행승에게 아무런 이익이 되지 못했습니다. 존귀한 분들께서는 스스로 거두어들여 망실하게 하지 마십시오.''라고 말해야 한다. 이것이 그 경우의 올바른 조치이다."[746]

---

745) tattha sāmaṃ vā gantabbaṃ dūto vā pāhetabbo : Smp. 674에 따르면, 수행승이 스스로 가지 않거나 사자를 파견하지 않으면, 관행을 깨는 악작죄를 범하는 것이다.

746) 과근홀절색의가계(過根忽切索衣價戒) | Bhikkhunī Nissag. 8 : bhikkhuṃ paneva uddissa rājā vā rājabhogg o vā brāhmaṇo vā gahapatiko vā dūtena cīvaracetāpannaṃ pahiṇeyya: iminā cīvaracetāpannena cīvaraṃ cetāpet vā itthannāmaṃ bhikkhuṃ cīvarena acchādehī'ti. so ce dūto taṃ bhikkhuṃ upasaṅkamitvā evaṃ vadeyya: idaṃ kho bhante āyasmantaṃ uddissa cīvaracetāpanaṃ ābhataṃ. patigganhātu āyasmā cīvaracetāpanan' ti. tena bhikkhūnā so dūto evamassa vacanīyo: na kho mayaṃ āvuso cīvaracetāpanaṃ patiganhāma, cīvarañca kho mayaṃ patiganhāma kālena kappiyan'ti. so ce dūto taṃ bhikkhuṃ evaṃ vadeyya: atthi panāyasmato koci veyyāvaccakaro'ti cīvaratthikena bhikkhave bhikkhunā veyyāvaccakaro niddisitabbo ārāmiko vā upāsako vā, 'eso kho āvuso bhikkhūnaṃ veyyāvaccakaro'ti. so ce dūto taṃ veyyāvaccakaraṃ saññāpetvā taṃ bhikkhuṃ upasaṅkamitvā evaṃ vadeyya: yaṃ kho bhante āyasmā veyyāvaccakaraṃ niddisi, saññatto so mayā, upasaṅkamatu āyasmā kālena, cīvarena taṃ acchādessatī'ti. cīvaratthikena bhikkhave bhikkhunā veyyāvaccakaro upasaṅkamitvā dvattikkhattuṃ codetabbo sāretabbo: 'attho me āvuso cīvarenā'ti; dvattikkhattuṃ codayamāno sārayamāno taṃ cīvaraṃ abhinipphādeyya, icc etaṃ kusalaṃ. no ce abhinipphādeyya, catukkhattuṃ pañcakkhattuṃ chakkhattuparamaṃ tuṇhībhutena uddissa ṭhātabbaṃ. catukkhattuṃ pañcakkhattuṃ chakkhattuparamaṃ tuṇhībhuto uddissa tiṭṭhamāno taṃ cīvaraṃ abhinipphādeyya, iccetaṃ kusalaṃ. tato ce uttariṃ vāyamamāno taṃ cīvaraṃ abhinipphādeyya nissaggiyaṃ pācittiyaṃ. no ce abhinipphādeyya yat'assa cīvaracetāpanaṃ ābhataṃ, tattha sāmaṃ vā gantabbaṃ dūto vā pāhetabbo: yaṃ kho tumhe āyasmanto bhikkhuṃ uddissa cīvaracetāpanaṃ pahiṇittha, na taṃ tassa bhikkhuno kiñci atthaṃ anubhoti, yuñjantāyasmanto sakaṃ mā vo sakaṃ vinassā'ti. ayaṃ tatthi sāmicī'ti.

2-1. '수행승을 위하여'라는 것은 '수행승을 위하여, 수행승을 대상으로 수행승에게 옷을 보시하려고'라는 뜻이다. '왕'이라는 것은 누구든지 통치하는 자를 뜻한다. '대신'이라는 것은 누구든지 왕의 녹을 먹는 자를 뜻한다. '바라문'는 태어나면서부터 바라문계급인 자를 뜻한다. '장자'라는 것은 왕이나 대신이나 바라문을 제외한 나머지의 장자를 뜻한다. '옷의 자금'이라는 것은 '금화나 황금이나 진주나 보주를 뜻한다.747) '옷의 자금을 준비할 경우'는 '현존하는 것의 경우'라는 뜻이다. '교환해서'라는 것은 '교환하여'라는 뜻이다. '보시하라.'라는 것은 '주어라.'라는 뜻이다.

2-2. '만약에 그 사신이 그 수행승에게 다가와서 '존자여, 이 옷의 자금은 존자를 위하여 보낸 것입니다. 존자께서는 이 옷의 자금을 받아주십시오.'라고 말한다면, 그 수행승은 그 사자에게 이와 같이 '벗이여, 우리는 옷의 자금을 받지 않습니다. 우리는 올바른 때에 허용될 수 있는 옷만을 받습니다.'라고 할 경우, 그 사자는 그 수행승에게 이와 같이 '존자의 재가시봉인이 누구라도 있습니까?'라고 말할 것이다. 수행승들이여, 옷을 원하는 수행승은 재가시봉인나 정인이나 재가의 남자신도에 대하여 '이 분이 수행승들의 재가시봉인입니다.'라고 지정해야 한다.'라는 뜻은 다음과 같다. 그는 이와 같이 '그에게 주어야 한다.'나 '그가 저축할 것이다.'라든가 '그가 교환할 것이다.'라든가 '그가 구매할 것이다.'라고 말해서는 안 된다.

2-3. '그 사자는 그 재가시봉인에게 사실을 알리고 그 수행승에게 다가가서 이와 같이 '존자여, 존자께서 재가시봉인라고 지시한 자에게 제가 사실을 알려주었습니다. 존자께서는 때가 되면 찾아가십시오. 그가 존자에게 옷을 줄 것입니다.'라고 말해야 한다. 수행승들이여, 옷을 원하는 수행승은 재가시봉인이 있는 곳을 찾아가서 두세 번 '벗이여, 나는 옷을 원합니다.'라고 독촉하여 상기시켜야 한다. 두세 번 독촉하여 상기시켜서 그 옷을 얻는다면, 그것으로 훌륭한 것이다.'라는 것은 다음과 같은 뜻이다. 그는 이와 같이 '나에게 옷을 주시오. 나에게 옷을 가져오시오. 나를 위해 옷을 교환하시오. 나를 위해 옷을 구입하시오.'라고 말해서는 안 된다. 두 번째에도 말하고 세 번째에도 말해야 한다. 그래서 그 옷을 얻는다면, 그것으로 훌륭한 것이다.

747) hiraññaṃ vā suvaṇṇaṃ vā muttā vā maṇi vā : 앞의 문맥들에서는 '금화나 황금이나 진주나 보주나 산호나 수정이나 면포나 실이나 면을 뜻한다.'라고 다소 길게 정의했다.

2-4. '그러나 만약에 얻지 못한다면'이라는 것은 다음과 같은 뜻이다. 거기에 가서 침묵하면서 서 있어야 한다. 그는 자리 위에 앉거나 음식을 받거나 가르침을 말해서는 안 된다. '당신은 왜 오셨습니까?'라고 질문을 받으면, '그대가 알고 있습니다.'라고 대답해야 한다. 만약에 자리 위에 앉거나[*223] 음식을 받거나 가르침을 말하면, 그 기회를 잃는 것이다. 두 번째에도 서 있을 수 있고, 세 번째에도 서 있을 수 있다. 네 번째 독촉하고, 네 번째 서 있어야 한다. 다섯 번째 독촉하고, 다섯 번째 서 있어야 한다. 여섯 번째 독촉하고, 여섯 번째는 서 있지 않아도 된다.

2-5. '그 이상 말하여 그 옷을 얻으면'이라는 것은 다음과 같다. 그 과정은 악작죄를 범하는 것이고, 얻으면, 상실죄를 범하는 것으로 참모임이나 무리나 개인에게 넘겨주어야 한다는 뜻이다.

2-6₁. 수행승들이여, 이와 같이 넘겨주어야 한다. 그 수행승은 참모임에 나아가 한쪽 어깨에 가사를 걸치고 장로 수행승들의 두 발에 머리를 조아리고 한쪽 무릎을 꿇고 합장하여 이와 같이 말해야 한다.

[수행승] '존자들이여, 이 옷은 제가 세 번 이상 독촉하고 여섯 번 이상 서 있다가 얻은 것으로 상실되어야 합니다. 저는 이것을 참모임에 넘겨주겠습니다.'

넘겨주고 나서 죄를 참회해야 한다. 총명하고 유능한 수행승은 그 죄를 받아들이고, 넘겨받은 옷은 돌려주어야 한다.

[총명한 수행승] '존자들이여, 참모임은 저의 말을 들으십시오. 이 옷은 상실되어야 할 것으로 이러이러한 수행승이 참모임에 넘겨준 것입니다. 만약에 참모임에 옳은 일이라면, 참모임은 이러이러한 수행승에게 이 옷을 돌려주겠습니다.'

2-6₂. 또는 그 수행승은 두서너 명의 수행승들에게 나아가 한쪽 어깨에 가사를 걸치고 장로 수행승들의 발에 머리를 조아린 뒤에 한쪽 무릎을 꿇고 합장하여 이와 같이 말해야 한다.

[수행승] '존자들이여, 이 옷은 제가 세 번 이상 독촉하고 여섯 번 이상 서 있다가 얻은 것으로 상실되어야 합니다. 저는 이것을 존자들에게 넘겨주겠습니다.'

넘겨주고 나서 죄를 참회해야 한다. 총명하고 유능한 수행승은 그 죄를 받아들이고, 넘겨받은 옷은 돌려주어야 한다.

[총명한 수행승] '존자들이여, 저의 말을 들으십시오. 이 옷은 이러이러한 수행승의 상실되어야 할 것인데, 존자들에 넘겨진 것입니다. 만약에 존자들에 옳은

일이라면, 존자들께서는 이러이러한 수행승에게 이 옷을 돌려주겠습니다.'

2-6₃. 또는 그 수행승은 한 수행승에게 나아가 한쪽 어깨에 가사를 걸치고 두 발에 머리를 조아린 뒤에 한쪽 무릎을 꿇고 합장하여 이와 같이 말해야 한다.

[수행승] '벗이여, 이 옷은 제가 세 번 이상 독촉하고 여섯 번 이상 서 있다가 얻은 것으로 상실되어야 합니다. 저는 이것을 존자에게 넘겨주겠습니다.'

넘겨주고 나서 그 죄를 참회해야 한다. 그 수행승은 죄를 받아들이고, 넘겨진 옷은 돌려주어야 한다.

[한 수행승] '저는 이 옷을 존자에게 돌려주겠습니다.'

2-7. '만약에 얻지 못하면, 옷의 자금을 보낸 시주나 스스로 가거나 사자를 파견해서 '존귀한 분들이여, 그대들이 수행승을 위하여 옷의 자금을 보냈는데, 그것이 그 수행승에게 아무런 이익이 되지 못했습니다. 존귀한 분들께서는 스스로 거두어들여 망실하게 하지 마십시오.' '이것이 그 경우의 올바른 조치이다.'라는 것은 '이것이 그 경우에 여법하다.'는 뜻이다.

2-8₁.

1) 세 번 이상 독촉하고 여섯 번 이상 서 있고, 너무 많다는 지각을 가지고 얻으면, 상실죄를 범하는 것이다.
2) 세 번 이상 독촉하고 여섯 번 이상 서 있고, 의심을 가지고 얻으면, 상실죄를 범하는 것이다.
3) 세 번 이상 독촉하고 여섯 번 이상 서 있고, 너무 적다는 지각을 가지고 얻으면, 상실죄를 범하는 것이다.

2-8₂.

1) 세 번 이하 독촉하고 여섯 번 이하 서 있고, 너무 많다는 지각을 가지고 얻으면, 악작죄를 범하는 것이다.
2) 세 번 이하 독촉하고 여섯 번 이하 서 있고, 의심을 가지고 얻으면, 악작죄를 범하는 것이다.
3) 세 번 이하 독촉하고 여섯 번 이하 서 있고, 적다는 지각을 가지고 얻으면, 무죄이다.

2-9. 세 번 독촉하고 여섯 번 서 있거나, 세 번 이하 독촉하고 여섯 번 이하 서 있거나, 독촉하지 않고 주거나, 주인이 독촉하고 주거나, 정신이 착란된 자나 초범자의 경우는 무죄이다.

3. 1. 9 상실죄법 제9조

때 아닌 때의 옷에 대한 학습계율[Akālacīvarasikkhāpada]

1-1. 한때 존귀한 부처님께서는 싸밧티 시의 제따바나 숲에 있는 아나타삔디까 승원에 계셨다. 그런데 그때 다수의 수행녀들이 마을의 처소에서 안거를 마치고 싸밧티 시에, 관습을 갖추고 위의를 갖추었으나 헤진 옷 누추한 옷을 입고, 도착했다. 재가의 남자 신도들이 보고, '이 수행녀들이 관습을 갖추고 위의를 갖추었으나 헤진 옷 누추한 옷을 입고 있다. 이 수행녀들은 약탈당했다.'라고 생각하고 수행녀의 참모임에 때 아닌 때의 옷748)을 보시했다. 수행녀 툴라난다는 '우리에게 카티나 옷이 성립되었으니, 그것은 올바른 때의 옷이다.'라고 할당하여 분배하게 했다. 재가의 남자 신도들이 수행녀들을 보고 이와 같이 말했다.

[재가의 남자 신도들] "존귀한 자매들께서는 옷을 얻었습니까?"

[수행녀들] "벗들이여, 우리들은 얻지 못했습니다. 존귀한 자매 툴라난다가 '우리에게는 까티나옷이 성립되었으니, 그것은 올바른 때의 옷이다.'라고 할당하여 분배하게 했습니다."

재가의 남자 신도들은 혐책하고 분개하고 비난했다.

[재가의 남자 신도들] "어찌 존귀한 자매 수행녀 툴라난다는 때 아닌 때의 옷을 올바른 때의 옷으로 할당하여 분배할 수 있단 말인가?"

1-2. 수행녀들은 그 재가의 남자 신도들이 혐책하고 분개하고 비난하는 것을 들었다. 수행녀들 가운데 욕망을 여의고, 만족을 알고, 부끄러움을 알고, 후회할 줄 알고, 배움을 원하는 자들은 혐책하고 분개하고 비난했다.

[욕망을 여읜 수행녀들] "어찌 존귀한 자매 수행녀 툴라난다가 때 아닌 때의 옷을 올바른 때의 옷으로 할당하여 분배할 수 있단 말인가?"

그래서 그 수행녀들은 수행승들에게 그 사실을 알렸다. 수행승들 가운데 욕망을 여의고, 만족을 알고, 부끄러움을 알고, 후회할 줄 알고, 배움을 원하는 자들도 혐책하고 분개하고 비난했다.

[욕망을 여읜 수행승들] "어찌 존귀한 자매 수행녀 툴라난다가 때 아닌 때의 옷을 올바른 때의 옷으로 할당하여 분배할 수 있단 말인가?"

1-3. 그래서 그 수행승들은 세존께 그 사실을 알렸다.[246] 그러자 세존께서는

748) akālacīvara : Vin. IV. 245, 246, 284, 287를 참조하라.

그것을 원인으로 그것을 기회로 수행승의 참모임을 불러 모으게 하고 법문을 하고 수행승들에게 말했다.

[세존] "수행승들이여, 수행녀 툴라난다가 때 아닌 때의 옷을 올바른 때의 옷으로 할당하여 분배한 것이 사실인가?"

[수행승들] "세존이시여, 사실입니다."

존귀한 부처님께서는 견책했다.

[세존] "수행승들이여, 수행녀 툴라난다는 적절하지 않고, 자연스럽지 않고, 알맞지 않고, 수행자의 삶이 아니고, 부당하고, 해서는 안 될 일을 한 것이다. 수행승들이여, 어찌 수행녀 툴라난다가 때 아닌 때의 옷을 올바른 때의 옷으로 할당하여 분배할 수 있단 말인가? 수행승들이여, 그것은 아직 청정한 믿음이 없는 자를 청정한 믿음으로 이끌고, 이미 청정한 믿음이 있는 자를 더욱더 청정한 믿음으로 이끄는 것이 아니다. 수행승들이여, 그것은 오히려, 아직 청정한 믿음이 없는 자를 불신으로 이끌고, 이미 청정한 믿음이 있는 자 가운데 어떤 자들을 타락시키는 것이다."

1-4. 그리고 세존께서는 수행녀 툴라난다에 대하여 여러 가지 방편으로 견책하고, 키우기 어렵고 부양하기 어렵고 탐욕이 많고 만족을 모르고 교제를 좋아하고 나태한 것에 대하여 질책하고, 여러 가지 법문으로 고무하여, 키우기 쉽고 부양하기 쉽고 욕심을 여의고, 만족을 알고, 버리고 없애는 삶, 악을 제거하는 삶, 청정한 믿음의 삶, 쌓아 모우지 않는 삶, 용맹정진의 삶을 칭찬하고, 수행승들을 위하여 그에 알맞고 그에 걸맞게 경책하여 법문을 하고 수행승들에게 일렀다.

[세존] "수행승들이여, 그러므로 수행녀들을 위하여 열 가지 이유에 기초하여, 즉 참모임의 수승을 위하여, 참모임의 안락을 위하여, 악한 수행녀의 조복을 위하여, 품행이 바른 수행녀의 평안한 삶을 위하여, 지금 여기에서의 번뇌의 제어를 위하여, 다가오는 번뇌를 물리치기 위하여, 청정한 믿음이 없는 자에게 청정한 믿음을 주기 위하여, 청정한 믿음이 있는 자에게 청정한 믿음을 증대시키기 위하여, 올바른 가르침을 지속시키기 위하여, 계율을 수호하기 위하여 학습계율을 시설하니, 수행승들이여, 수행녀들은 이와 같이 학습계율을 송출해야 한다."

[세존] "어떠한 수행녀라도 때 아닌 때의 옷을 올바른 때의 옷으로 할당하여 분배하면, 상실죄를 범하는 것이다."[749]

749) 비시의계○(非時衣戒) | Bhikkhunī Nissag. 9 : yā pana bhikkhunī akālacīvaraṃ kālacīvaran'ti adhiṭṭhahitvā

2-1. '어떠한'이라는 것은 어떠한 관계, 어떠한 태생, 어떠한 이름, 어떠한 성씨, 어떠한 계행, 어떠한 주거, 어떠한 활동영역에서 이든지, 장로이든지, 신참이든지, 중참이든지, 이러한 자들을 형용하는 것으로 '어떠한 자이든'이라는 뜻이다. '수행녀'라고 하는 것은 '탁발하는 여자'로서의 수행녀, 탁발을 위해 돌아다니는 여자로서의 수행녀, 분소의를 입은 자로서의 수행녀, 사미니로서의 수행녀, 자칭에 의한 수행녀, '오라! 수행녀여!'에 의한 수행녀, 삼귀의에 의해 구족계를 받은 수행녀, 현선한 수행녀, 진실한 수행녀, 배울 것이 있는 학인인 수행녀, 배울 것이 없는 무학인 수행녀, 화합참모임과 한번제안세번제청의 갈마와 부동의 거룩한 님의 속성을 갖춘 자로서의 수행녀가 있는데, 그녀들 가운데 화합참모임과 양쪽으로부터 구족계를 받은 자로서 한번제안세번제청의 갈마와 부동의 거룩한 님의 속성을 갖춘 수행녀, 그녀를 이러한 의미에서의 수행녀라고 하는 것이다.

2-2. '때 아닌 때에 옷'[750]이라는 것은 까티나옷으로 성립되지 않는 11개월 동안에 얻어진 것, 까티나옷으로 성립되는 7개월 동안에 얻어진 것,[751] 또는 올바른 때라도 때 아닌 때의 옷으로 지정되어 주어진 것을 때 아닌 때의 옷이라고 한다. 때 아닌 때의 옷을 올바른 때의 옷으로 지정하여 배분하게 하면, 그 과정은 악작죄를 범하는 것이고 획득에 의해서 상실죄를 범한 것으로 참모임이나 모임이나 한 수행녀에게 넘겨주어야 한다.

2-3₁. 수행승들이여, 이와 같이 넘겨주어야 한다. 그 수행녀는 참모임에 나아가 한쪽 어깨에 가사를 걸치고 장로 수행녀들의 발에 머리를 조아리고 한쪽 무릎을 꿇고 합장하여 이와 같이 말해야 한다.

[수행녀] '존귀한 자매들이여, 이것이 제가 때 아닌 때의 옷을 올바른 때의 옷으로 지정하여 분배하게 한 옷으로 밤이 지나서 상실되어야 합니다. 저는 이것을 참모임에 넘겨주겠습니다.'

넘겨주고 나서 그 죄를 참회해야 한다. 총명한 유능한 수행녀는 죄를 받아들이고, 넘겨진 옷은 돌려주어야 한다.

---

bhājāpeyya, nissaggiyaṃ pācittiyan'ti.

750) akālacīvara : 상실죄법 제3조(Bhikkhunī Nissag. 3)를 참조하라.

751) anatthate kaṭhine ekādasamāse uppannaṃ, atthate kaṭhine sattamāse uppannaṃ : 참모임 등에서 주어진 옷이 형식적으로 의례적으로 까티나옷으로 성립되는 때는 안거가 끝난 뒤의 한 달이다. 따라서 여기서 11개월은 그 달을 제외한 일 년을 뜻한다. 그리고 7개월은 우기의 기간인 사 개월을 뺀 일 년이다. 우기의 사 개월 동안은 옷을 만들 수 없는 기간이다. 따라서 나머지 7개월 동안은 특별한 경우에는 옷이 수행승들에게 지급되어 옷을 만들 수 있는 기간이다. Smp. 658에 따르면, 우기의 사 개월을 겨울철이다. 그래서 사 개월을 제하면, 7개월이다.

[총명한 수행녀] "존귀한 자매들이여, 저의 말을 들으십시오. 이 옷은 상실되어야 할 것으로 이러이러한 수행녀가 참모임에 넘겨준 것입니다. 참모임에 옳은 일이라면, 참모임은 이 옷을 이러이러한 수행녀에게 돌려주겠습니다."

2-3₂. 또는 그 수행녀는 두서너 명의 수행녀들에게 나아가 한쪽 어깨에 가사를 걸치고 장로 수행녀들의 발에 머리를 조아리고 한쪽 무릎을 꿇고 합장하여 이와 같이 말해야 한다.

[수행녀] '존귀한 자매들이여, 이것이 제가 때 아닌 때의 옷을 올바른 때의 옷으로 지정하여 분배하게 한 옷으로 밤이 지나서 상실되어야 합니다. 저는 이것을 존귀한 자매들에 넘겨주겠습니다.'

넘겨주고 나서 그 죄를 참회해야 한다. 총명한 유능한 수행녀는 죄를 받아들이고, 넘겨진 발우는 돌려주어야 한다.

[총명한 수행녀] '존귀한 자매들이여, 저의 말을 들으십시오. 이 옷은 상실되어야 할 것으로 이러이러한 수행녀가 존귀한 자매들에게 넘겨준 것입니다. 존귀한 자매들에 옳은 일이라면, 존귀한 자매들께서는 이 옷을 이러이러한 수행녀에게 돌려주겠습니다.'

2-3₃. 또는 그 수행녀는 한 명의 수행녀에게 나아가 한쪽 어깨에 가사를 걸치고 한쪽 무릎을 꿇고 합장하여 이와 같이 말해야 한다.

[수행녀] "존귀한 자매들이여, 이것이 제가 때 아닌 때의 옷을 올바른 때의 옷으로 지정하여 분배하게 한 옷으로 밤이 지나서 상실되어야 합니다. 저는 이것을 존귀한 자매에게 넘겨주겠습니다."

넘겨주고 나서 그 죄를 참회해야 한다. 그 수행녀는 죄를 받아들여야 하고, 넘겨진 옷은 돌려주어야 한다.

[한 수행녀] '저는 이 옷을 존귀한 자매에게 돌려주겠습니다.'

2-4₁.

1) 때 아닌 때의 옷에 대하여 때 아닌 때의 옷이라고 지각하고 할당하여 분배하면 상실죄를 범하는 것이다.
2) 때 아닌 때의 옷에 대하여 때 아닌 때의 옷인지 의심하고 할당하여 분배하면 악작죄를 범하는 것이다.
3) 때 아닌 때의 옷에 대하여 올바른 때의 옷인이라고 지각하고 할당하여 분배하면 무죄이다.

2-4₂.
1) 올바른 때의 옷에 대하여 때 아닌 때라고 지각하면, 악작죄를 범하는 것이다.
2) 올바른 때의 옷에 대하여 올바른 때인지 의심하면, 악작죄를 범하는 것이다.
3) 올바른 때의 옷에 대하여 올바른 때라고 지각하면, 무죄이다.

2-4. 때 아닌 때의 옷을 올바른 때라고 지각하고 분배하게 하거나, 올바른 때의 옷을 올바른 때라고 지각하고 분배하게 하는 경우이거나, 정신착란자이거나 초범자인 경우는 무죄이다.

3. 1. 10 상실죄법 제10조

옷빼앗기에 대한 학습계율[Cīvaracchindanasikkhāpada]

1-1. 한때 존귀한 부처님께서는 싸밧티 시의 제따바나 숲에 있는 아나타삔디까 승원에 계셨다. 그런데 그때 수행녀 툴라난다가 어떤 수행녀와 함께 옷을 교환해서[752] 입었다. 그런데 그 수행녀가 그 옷을 접어서 두었다. 수행녀 툴라난다가 그 수행녀에게 이와 같이 말했다.

[툴라난다] "존귀한 자매여, 그대가 내 것과[247] 교환한 옷은 어디에 있습니까?"

그러자 그 수행녀는 그 옷을 가져와서 수행녀 툴라난다에게 보여주었다. 수행녀 툴라난다가 그 수행녀에게 이와 같이 말했다.

[수행녀] "존귀한 자매여, 그대의 옷을 가져오시오. 그대의 것은 그대의 것이고, 나의 것은 나의 것입니다. 나에게 주고 자신의 것을 가져가십시오."

그녀는 다시 빼앗았다.

1-2. 그러자 그 수행녀는 수행녀들에게 그 사실을 알렸다. 수행녀들 가운데 욕망을 여의고, 만족을 알고, 부끄러움을 알고, 후회할 줄 알고, 배움을 원하는 자들은 혐책하고 분개하고 비난했다.

[욕망을 여읜 수행녀들] "어찌 존귀한 자매 툴라난다가 수행녀와 옷을 교환했었다가 다시 빼앗을 수 있단 말인가?"

그래서 그 수행녀들은 수행승들에게 그 사실을 알렸다. 수행승들 가운데 욕망을 여의고, 만족을 알고, 부끄러움을 알고, 후회할 줄 알고, 배움을 원하는 자들도

752) cīvaraṃ parivattetvā : 빅쿠상실죄법 제5조(Bhikkhu Nissag. 5)에서 '수행승과 수행녀와 정학녀와 사미니와 사미가 교환하는 것을 받는 것이 허용되었다.

혐책하고 분개하고 비난했다.

[욕망을 여읜 수행승들] "어찌 존귀한 자매 툴라난다가 수 함께 옷을 교환했다가 다시 빼앗을 수 있단 말인가?"

1-3. 그래서 그 수행승들은 세존께 그 사실을 알렸다. 그러자 세존께서는 이러한 인연으로 이러한 기회에 수행승들의 참모임을 불러 모으게 하고 연유를 설하고 수행승들에게 물었다.

[세존] "수행승들이여, 수행녀 툴라난다가 수행녀와 옷을 교환했다가 다시 빼앗은 것이 사실인가?"

[수행승들] "세존이시여, 사실입니다."

존귀한 부처님께서는 견책했다.

[세존] "수행승들이여, 수행녀 툴라난다는 적절하지 않고, 자연스럽지 않고, 알맞지 않고, 수행자의 삶이 아니고, 부당하고, 해서는 안 될 일을 행한 것이다. 수행승들이여, 어찌 수행녀 툴라난다 수행녀와 옷을 교환했다가 다시 빼앗을 수 있단 말인가? 수행승들이여, 그것은 아직 청정한 믿음이 없는 자를 청정한 믿음으로 이끌고, 이미 청정한 믿음이 있는 자를 더욱더 청정한 믿음으로 이끄는 것이 아니다. 수행승들이여, 그것은 오히려, 아직 청정한 믿음이 없는 자를 불신으로 이끌고, 이미 청정한 믿음이 있는 자 가운데 어떤 자들을 타락시키는 것이다."

1-4. 그래서 세존께서는 수행녀 툴라난다에 대하여 여러 가지 방편으로 견책하여, 키우기 어렵고 부양하기 어렵고 탐욕이 많고 만족을 모르고 교제를 좋아하고 나태한 것에 대하여 질책하고, 여러 가지 법문으로 고무하여, 키우기 쉽고 부양하기 쉽고 욕심을 여의고, 만족을 알고, 버리고 없애는 삶, 악을 제거하는 삶, 청정한 믿음의 삶, 쌓아 모우지 않는 삶, 용맹정진의 삶을 칭찬하고, 수행승들을 위하여 그에 알맞고 그에 걸맞게 경책하여 법문을 하고 수행승들에게 일렀다.

[세존] "수행승들이여, 그러므로 수행녀들을 위하여 열 가지 이유에 기초하여, 즉 참모임의 수승을 위하여, 참모임의 안락을 위하여, 악한 수행녀의 조복을 위하여, 품행이 바른 수행녀의 평안한 삶을 위하여, 지금 여기에서의 번뇌의 제어를 위하여, 다가오는 번뇌를 물리치기 위하여, 청정한 믿음이 없는 자에게 청정한 믿음을 주기 위하여, 청정한 믿음이 있는 자에게 청정한 믿음을 증대시키기 위하여, 올바른 가르침을 지속시키기 위하여, 계율을 수호하기 위하여 학습계율을 시설하니, 수행승들이여, 수행녀들은 이와 같이 학습계율을 송출해야 한다."

[세존] "어떠한 수행녀이든지 수행녀와 옷을 교환했다가 '존귀한 자매여, 그대의 옷을 가져오시오. 나에게 그대의 옷을 달라. 그대의 것은 그대의 것이고, 나의 것은 나의 것이다. 나에게 그대의 옷을 주고, 그대는 자신의 것을 가져가라.'라고 빼앗거나 빼앗게 시킨다면, 상실죄를 범하는 것이다."[753]

2-1. '어떠한'이라는 것은 어떠한 관계, 어떠한 태생, 어떠한 이름, 어떠한 성씨, 어떠한 계행, 어떠한 주거, 어떠한 활동영역에서 이든지, 장로이든지, 신참이든지, 중참이든지, 이러한 자들을 형용하는 것으로 '어떠한 자이든'이라는 뜻이다. '수행녀'이라고 하는 것은 '탁발하는 여자'로서의 수행녀, 탁발을 위해 돌아다니는 여자로서의 수행녀, 분소의를 입은 자로서의 수행녀, 사미니로서의 수행녀, 자칭에 의한 수행녀, '오라! 수행녀여!'에 의한 수행녀, 삼귀의에 의해 구족계를 받은 수행녀, 현선한 수행녀, 진실한 수행녀, 배울 것이 있는 학인인 수행녀, 배울 것이 없는 무학인 수행녀, 화합참모임과 한번제안세번제청의 갈마와 부동의 거룩한 님의 속성을 갖춘 자로서의 수행녀가 있는데, 그녀들 가운데 화합참모임과 양쪽으로부터 구족계를 받은 자로서 한번제안세번제청의 갈마와 부동의 거룩한 님의 속성을 갖춘 수행녀, 그녀를 이러한 의미에서의 수행녀라고 하는 것이다.

2-2. '수행녀와'라는 것은 '다른 수행녀와'라는 뜻이다. '옷'이라는 것은 배당을 위해 적당한 최소한의 옷을 포함하는 여섯 가지 옷 가운데 어느 하나의 옷을 뜻한다. '교환했다가'라는 것은 작은 것을 큰 것으로 바꾸거나 큰 것을 작은 것으로 바꾸는 것을 뜻한다. '빼앗는다면'이라는 것은 '스스로 빼앗는다면, 상실죄를 범한 것이라는 뜻이다. '빼앗게 한다면'이라는 것은 타인에게 명령하는 것은 악작죄를 범하는 것이고, 한번 명령받은 자가 여러번 빼앗을 때마다, 상실죄를 범한 것으로, 참모임이나 모임이나 개인에게 넘겨주어야 한다는 뜻이다.

2-3₁. 수행승들이여, 이와 같이 넘겨주어야 한다. 그 수행녀는 참모임에 나아가 한쪽 어깨에 가사를 걸치고 장로 수행녀들의 발에 머리를 조아리고 한쪽 무릎을 꿇고 합장하여 이와 같이 말해야 한다.

---

753) 무의이후강탈계○(貿衣已後强奪戒) | Bhikkhunī Nissag. 10 : yā pana bhikkhunī bhikkhuniyā saddhiṃ cīvaraṃ parivattetvā sā pacchā evaṃ vadeyya: hand'ayye tuyhaṃ cīvaraṃ, āhara me taṃ cīvaraṃ, yaṃ tuyhaṃ tuyham ev'etaṃ yaṃ mayhaṃ mayham ev'etaṃ; āhara me taṃ sakaṃ paccāharā'ti acchindeyya vā acchindāpeyya vā, nissaggiyaṃ pācittiyan'ti : 상실죄법 제23조(Bhikkhunī Nissag. 23)와 비교하라: '어떠한 수행승이든지 스스로 옷을 주고 화가 나고 불쾌하다고 다시 빼앗거나 빼앗게 하면, 상실죄를 범하는 것이다.'

[수행녀] '존귀한 자매들이여, 이 옷은 교환했다가 빼앗은 것으로 상실되어야 합니다. 저는 이것을 참모임에 넘겨주겠습니다.'

넘겨주고 나서 그 죄를 참회해야 한다. 총명한 유능한 수행녀는 죄를 받아들이고, 넘겨진 옷은 돌려주어야 한다.

[총명한 수행녀] "존귀한 자매들이여, 저의 말을 들으십시오. 이 옷은 상실되어야 할 것으로 이러이러한 수행녀가 참모임에 넘겨준 것입니다. 참모임에 옳은 일이라면, 참모임은 이 옷을 이러이러한 수행녀에게 돌려주겠습니다."

2-3₂. 또는 그 수행녀는 두서너 명의 수행녀들에게 나아가 한쪽 어깨에 가사를 걸치고 장로 수행녀들의 발에 머리를 조아리고 한쪽 무릎을 꿇고 합장하여 이와 같이 말해야 한다.

[수행녀] '존귀한 자매들이여, 이 옷은 교환했다가 빼앗은 것으로 상실되어야 합니다. 저는 이것을 존귀한 자매들에게 넘겨주겠습니다.'

넘겨주고 나서 그 죄를 참회해야 한다. 총명한 유능한 수행녀는 죄를 받아들이고, 넘겨진 옷은 돌려주어야 한다.

[총명한 수행녀] '존귀한 자매들이여, 저의 말을 들으십시오. 이 옷은 상실되어야 할 것으로 이러이러한 수행녀가 존귀한 자매들에 넘겨준 것입니다. 존귀한 자매들에 옳은 일이라면, 존귀한 자매들께서는 이 옷을 이러이러한 수행녀에게 돌려주겠습니다.'

2-3₃. 또는 그 수행녀는 한 명의 수행녀에게 나아가 한쪽 어깨에 가사를 걸치고 한쪽 무릎을 꿇고 합장하여 이와 같이 말해야 한다.

[수행녀] '존귀한 자매들이여, 이 옷은 교환했다가 빼앗은 것으로 상실되어야 합니다. 저는 이것을 존귀한 자매에게 넘겨주겠습니다.'

넘겨주고 나서 그 죄를 참회해야 한다. 그 수행녀는 죄를 받아들여야 하고, 넘겨진 옷은 돌려주어야 한다.

[한 수행녀] '저는 이 옷을 존귀한 자매에게 돌려주겠습니다.'

2-4₁.

1) 구족계를 받은 자에 대하여 구족계를 받은 자라고 지각하고 교환했다가 빼앗거나 빼앗게 시키면, 상실죄를 범하는 것이다.
2) 구족계를 받은 자에 대하여[248] 구족계를 받은 자인지 의심하고 교환했다가 빼앗거나 빼앗게 시키면, 상실죄를 범하는 것이다.

3) 구족계를 받은 자에 대하여 구족계를 받지 않은 자라고 지각하고 교환했다가 빼앗거나 빼앗게 시키면, 상실죄를 범하는 것이다.

2-4₂. 다른 생필품을 교환했다가 빼앗거나 빼앗게 시키면, 악작죄를 범하는 것이다.

2-4₃.

1) 구족계를 받지 않은 자와 옷이나 다른 생필품을 교환했다가 빼앗거나 빼앗게 시키면, 악작죄를 범하는 것이다.
2) 구족계를 받지 않은 자에 대하여 구족계를 받은 자라고 지각하면 악작죄를 범하는 것이다.
3) 구족계를 받지 않은 자에 대하여 구족계를 받지 않은 자라고 지각하면, 악작죄를 범하는 것이다.

2-4. 그녀가 주거나, 그녀에게서 믿고 받는 경우이거나, 정신착란자이거나 초범자인 경우는 무죄이다.

제1품 옷[754] 그 후렴시는 다음과 같다

여분의 옷, 단 하룻밤, 때 아닌 때, 그것뿐만 아니라 부탁,
과도한 수용, 두 개의 초대받지 않음, 세 번 독촉, 때 아닌 때의, 교역.[755]

제2품 금전(Rūpiyavagga)

3. 2. 1 상실죄법 제11조

금전에 대한 학습계율[Rūpiyasikkhāpada]

1-1. 한때 존귀한 부처님께서 라자가하 시의 벨루바나 숲에 있는 깔란다까니바빠 공원에 계셨다. 그런데 그때[*237] 싸끼야의 아들 존자 우빠난다는 라자가하 시의 어떤 가정에서 일상음식을 들었다. 그 가정에서는 단단한 음식이거나 부드러운 음식으로 싸끼야의 아들 존자 우빠난다를 위해서 몫을 남겨두었다. 그런데 그때 저녁에 그 가정에 육고기가 생겨났다. 그래서 싸끼야의 아들 존자 우빠난다의 몫을 남겨두었다. 그 가정의 아이가 밤이지나 새벽녘에 일어나 울었다.

---

754) Atirekacīvaravagga : 이 후렴시는 빅구비방가의 모범에 따라 역자가 만든 것이다.

755) atirekekarattañca | akālaviññatti uttari | dve appavāritā ceva | ticodanākālaparivatte ca |

[어린아이] "고기 줘."

그러자 장자는 아내에게 이와 같이 말했다.

[장자] "존자의 몫을 아이에게 주시오. 별도로 교환해서 존자에게 주겠소."

그래서 그 아이에게 그것을 주었다.

1-2. 그런데 싸끼야의 아들 존자 우빠난다가 아침 일찍 옷을 입고 발우와 가사를 수하고 그 가정이 있는 곳을 찾아갔다. 가까이 다가가서 마련된 자리에 앉았다. 그러자 그 남편이 싸끼야의 아들 존자 우빠난다가 있는 곳으로 다가왔다. 가까이 다가와서 싸끼야의 아들 존자 우빠난다에게 인사를 하고 한쪽으로 물러나 앉았다. 한쪽으로 물러나 앉은 그 장자는 싸끼야의 아들 존자 우빠난다에게 이와 같이 말했다.

[장자] "존자여, 어제 저녁에 육고기가 생겨서 그 가운데 존자의 몫을 남겨두었습니다. 존자여, 그런데 아이가 밤이지나 새벽녘에 일어나 '고기 줘.'라고 울었습니다. 그래서 존자의 몫을 아이에게 주었습니다. 존자여, 일 까하빠나[756]로 존자께서 무엇을 얻을 수 있겠습니까?"

[우빠난다] "장자여, 나를 위해 일 까하빠나를 남겼습니까?"

[장자] "존자여, 그렇습니다. 남겨두었습니다."

[우빠난다] "벗이여, 그렇다면 나에게 그 일 까하빠나를 주시오."

1-3. 그러자 그 장자는 싸끼야의 아들 존자 우빠난다에게 일 까하빠나를 준 뒤에 혐책하고 분개하고 비난했다.

[장자] "우리가 금전[757]을 받는 것처럼, 마찬가지로 싸끼야의 아들들도 금전을 받는다."

수행승들은 그 장자가 혐책하고 분개하고 비난하는 것을 들었다. 수행승들 가운데 욕망을 여의고, 만족을 알고, 부끄러움을 알고, 후회할 줄 알고, 배움을 원하는 자들이 있는데, 그들도 혐책하고 분개하고 비난했다.

[욕망을 여읜 수행승들] "어찌 싸끼야의 아들 존자 우빤난다가 금전을 받을 수가 있단 말인가?"

---

756) kahāpaṇa : 당시 인도에서는 황소 한 마리 값이 12 까하빠나였다. Smp. 689에 따르면, 까하빠나는 세 종류가 있었는데, 황금으로 만들어진 것(suvaṇṇamaya)과 은으로 만들어진 것(rūpiyamaya)과 일반적인 금속(아마도 銅)으로 만들어진 것(pākatimaya)이 있었다. Smp. 297에 따르면, 1 까하빠나(kahāpaṇa)는 20 마싸까(māsaka)의 가치를 지니고 있었고 1 빠다(pāda)는 5 마싸까의 가치를 지니고 있었다.

757) rūpiya : 원래는 '은'을 의미하지만 나중에는 '금과 은(jātarūparajata)'의 뜻으로 금전(金錢)를 지칭하는 뜻으로 쓰였다.

그래서 그 수행승들은 세존께 그 사실을 알렸다. 그러자 세존께서는 이러한 인연으로 이러한 기회에 수행승들의 참모임을 불러 모으게 하고 싸끼야의 아들 존자 우빠난다에게 물었다.

[세존] "우빠난다여, 그대가 금전을 받은 것이 사실인가?"

[우빠난다] "세존이시여, 사실입니다."

세존께서는 견책하셨다.

[세존] "어리석은 자여, 어찌 그대가 금전을 받을 수가 있단 말인가? 어리석은 자여, 그것은 아직 청정한 믿음이 없는 자를 청정한 믿음으로 이끌고, 이미 청정한 믿음이 있는 자를 더욱더 청정한 믿음으로 이끄는 것이 아니다. 어리석은 자여, 그것은 오히려, 아직 청정한 믿음이 없는 자를 불신으로 이끌고, 이미 청정한 믿음이 있는 자 가운데 어떤 자들을 타락시키는 것이다."

그리고 세존께서는 싸끼야의 아들 존자 우빠난다를 여러 가지 방편으로 견책하여, 키우기 어렵고 부양하기 어렵고 탐욕이 많고 만족을 모르고 교제를 좋아하고 나태한 것에 대해 질책하고, 여러 가지 법문으로 고무하여, 키우기 쉽고 부양하기 쉽고 욕심을 여의고, 만족을 알고, 버리고 없애는 삶, 악을 제거하는 삶, 청정한 믿음의 삶, 쌓아 모우지 않는 삶, 용맹정진의 삶을 칭찬하고, 수행승들을 위하여 그에 알맞고 그에 걸맞게 경책하여 법문을 하고 수행승들에게 일렀다.

수행승들이여, 그러므로 수행승들을 위하여 열 가지 이유에 기초하여, 즉 참모임의 수승을 위하여, 참모임의 안락을 위하여, 악한 수행승의 조복을 위하여, 품행이 바른 수행승의 평안한 삶을 위하여, 지금 여기에서의 번뇌의 제어를 위하여, 다가오는 번뇌를 물리치기 위하여, 청정한 믿음이 없는 자에게 청정한 믿음을 주기 위하여, 청정한 믿음이 있는 자에게 청정한 믿음을 증대시키기 위하여, 올바른 가르침을 지속시키기 위하여, 계율을 수호하기 위하여 학습계율을 시설하니, 수행승들이여, 그대들은 이와 같이 학습계율을 송출해야 한다."

[세존] "어떠한 수행승이든지 금전[758]을 자신을 위해 받거나 받게 하거나 자신을 위해 보관하게 하는 것에 동의하면, 상실죄를 범하는 것이다."[759]

2-1. '어떠한'이라는 것은[*238] 어떠한 관계, 어떠한 태생, 어떠한 이름, 어떠한

---

758) jātarūparajata : 순순한 금속으로서의 금(jātarūpa)과 은(rajata)을 말하지만, 다음 패러그래프의 고주석을 보면 은(rajata)은 오히려 전(錢)을 의미한다.

759) 축전보계(畜錢寶戒) | Bhikkhunī Nissag. 11 : yo pana bhikkhu jātarūparajataṃ uggaṇaheyya vā uggaṇhāpeyya vā upanikkhittaṃ vā sādiyeyya, nissaggiyaṃ pācittiyan'ti.

성씨, 어떠한 계행, 어떠한 주거, 어떠한 활동영역에서 이든지, 장로이든지, 신참이든지, 중참이든지, 이러한 자들을 형용하는 것으로 '어떠한 자이든'이라는 뜻이다. '수행승'이라고 하는 것은 '탁발하는 자'로서의 수행승, 탁발을 위해 돌아다니는 자로서의 수행승, 분소의를 입은 자로서의 수행승, 사미로서의 수행승, 자칭에 의한 수행승, '오라! 수행승이여!'에 의한 수행승, 삼귀의에 의해 구족계를 받은 수행승, 현선한 수행승, 진실한 수행승, 배울 것이 있는 학인인 수행승, 배울 것이 없는 무학인 수행승, 화합참모임과 한번제안세번제청의 갈마와 부동의 거룩한 님의 속성을 갖춘 자로서의 수행승이 있는데, 그들 가운데 화합참모임과 한번제안세번제청의 갈마와 부동의 거룩한 님의 속성을 갖춘 수행승을 두고, 그러한 의미에서의 수행승을 뜻한다.

2-2. '금(金)'이라는 것은 '스승의 색깔을 지닌 것'을 뜻한다. '전(錢)'이라는 것은 상업에 사용하는 까하빠나, 구리로 만든 마싸까,760) 나무로 만든 마싸까,761) 수지로 만든 마싸까762)를 뜻한다. '받거나'라는 것은 스스로 받는 것을 뜻하고 상실죄를 범하는 것이다. '받게 하거나'라는 것은 타인이 갖게 하는 것을 뜻하고 상실죄를 범하는 것이다.

2-3. '보관하게 하는 것을 동의한다면'이라는 것은 '이것은 존자의 것입니다.'라고 보관하는 것에 동의하는 것으로 상실죄를 범하는 것으로 참모임 가운데 넘겨주어야 한다.

2-4₁. 수행승들이여, 이와 같이 넘겨주어야 한다. 그 수행승은 참모임에 나아가 한쪽 어깨에 가사를 걸치고 장로 수행승들의 두 발에 머리를 조아리고 한쪽 무릎을 꿇고 합장하여 이와 같이 말해야 한다.

[수행승] '존자들이여, 이 금전은 제가 받은 것으로 상실되어야 합니다. 저는 이것을 참모임에 넘겨주겠습니다.'

넘겨주고 나서 죄를 참회해야 한다. 총명하고 유능한 수행승이 그 죄를 수용해야 한다. 만약에 거기에 정인이나 재가의 남자신도가 오면, 그에게 '벗이여, 여기 금전이 있습니다.'라고763) 말해야 한다. 만약 그가 '이것으로 무엇을 가져올까

---

760) lohamāsaka : 까하빠나의 1/20의 가치를 지닌 화폐이다. Smp. 689에 따르면, 구리나 청동으로 만든 것이다.
761) dārumāsaka : Smp. 689에 따르면, 강하고 견고한 나무나 대나무 조각이나 종려나무잎으로 모양을 새겨 만든 것이다.
762) jatumāsaka : Smp. 689에 따르면, 락이나 수지로 도드라지게 무늬를 새겨서 만든 것이다.
763) āvuso imaṃ jānāhī'ti : 빠알리원문은 '이것에 대해 아십시오.'라고 되어 있다. 역자는 다소간 의역을 한다.

요?'라고 말해도, '이러저러한 것, 가져오라.'라고 말해서는 안 된다. 허용된 것인 버터기름, 기름, 꿀, 당밀에 대하여 말해야 한다. 만약에 그가 그것으로 교환하여 허용된 것을 가져오면, 금전을 받은 자를 제외하고 모두가 사용할 수 있다. 이와 같이 해서 얻을 수 있다면, 그것은 훌륭한 일이다. 그러나 얻을 수 없다면, 그에게 이와 같이 '벗이여, 그것을 버리시오.'라고 말해야 한다. 그가 그것을 버리면, 그것은 훌륭한 일이다.

2-4₂. 만약 버리지 못하면, 다섯 가지 고리를 갖춘 수행승을 금전제거자764)로 선임해야 한다. *1)* 욕망에 의해 삿된 길을 가지 말아야 하고, *2)* 분노에 의해 삿된 길을 가지 말아야 하고, *3)* 어리석음에 의해 삿된 길을 가지 말아야 하고, *4)* 두려움에 의해 삿된 길을 가지 말아야 하고, *5)* 버려져야 할 것과 버리지 말아야 할 것에 대해 알아야 한다.765)

수행승들이여, 그런데 이와 같이 선임해야 한다. 먼저 참모임은 수행승에게 요청해야 한다. 요청하고, 총명하고 유능한 수행승이 참모임에 알려야 한다.

[제안] '존자들이여, 참모임은 제 말에 귀를 기울이십시오. 참모임에 옳은 일이라면, 참모임은 이러이러한 수행승을 금전제거자로 선임하겠습니다. 이것이 제안입니다.'

[제청] '존자들이여, 참모임은 제 말에 귀를 기울이십시오. 참모임은 이러이러한 수행승을 금전제거자로 선임합니다. 이러이러한 수행승을 금전제거자로 선임하는 것에 동의하면 침묵하시고, 이견이 있으시면 말씀하십시오.'

[결정] '참모임은 이러이러한 수행승을 금전제거자로 선임하는 것에 동의했습니다. 참모임이 찬성하여 침묵했으므로, 저는 그와 같이 알겠습니다.'

그 선임된 수행승은 인상을 여의고766) 버려야 한다. 만약에 인상을 여의지 않고 버리면, 악작죄를 범하는 것이다.

2-5₁.

---

764) rūpiyachaḍḍaka : 한역에서는 사금전비구(捨金錢比丘)라고 한다.

765) yo na chandāgatiṃ gaccheyya, na dosāgatiṃ gaccheyya, na mohāgatiṃ gaccheyya, na bhayāgatiṃ gacchey ya, chaḍḍitāchaḍḍitañca jāneyya : 이 가운데 앞의 네 가지는 DN. III. 133; AN. IV. 370의 아홉 가지 불가능(abhabb aṭṭhāna) 가운데 네 가지에 속한다 : '수행승이 거룩한 님으로 모든 번뇌를 부수고, 수행이 완성되고, 해야 할 일을 해 마치고, 짐을 버리고, 참다운 목표에 도달하고, 존재의 결박을 끊고, 올바른 지혜로 해탈했다면, 그가 욕망에 의한 삿된 길을 걷는 것은 불가능하다. 그가 성냄에 의한 삿된 길을 걷는 것은 불가능하다. 그가 어리석음에 의한 삿된 길을 걷는 것은 불가능하다. 그가 두려움에 의한 삿된 길을 걷는 것은 불가능하다.'

766) animittaṃ katvā : Smp. 691에 따르면, 금전제거자는 눈을 감고 강이나 절벽이나 숲속 등에 그가 떨어뜨리는 장소를 의식하지 말고 버려야 한다.

1) 금전에[*239] 대하여 금전이라고 지각하고 받으면, 상실죄를 범하는 것이다.
2) 금전에 대하여 금전인지 의심하고 받으면, 상실죄를 범하는 것이다.
3) 금전에 대하여 금전이 아니라고 지각하고 받으면, 상실죄를 범하는 것이다.

2-5₂.

1) 금전이 아닌 것에 대해 금전이라고 지각하고 받으면, 악작죄를 범하는 것이다.
2) 금전이 아닌 것에 대해 금전이 아닌 것인지 의심하고 받으면, 악작죄를 범하는 것이다.
3) 금전이 아닌 것에 대해 금전이 아닌 것이라고 지각하고 받으면, 무죄이다.

2-6. 승원 안에서나 공공 휴게소 안에서 받거나 타인에게 받게 하거나, '소유자가 가져 갈 것이다.'라고 치워둔 경우이거나,767) 정신이 착란된 자이거나, 초범자인 경우는 무죄이다.

3. 2. 2 상실죄법 제12조

금전교환에 대한 학습계율[Rūpiyasaṃvohārasikkhāpada]

1-1. 한때 존귀한 부처님께서 싸밧티 시에 있는 제따바나 숲의 아나타삔디까 승원에 계셨다. 그때 여섯무리의 수행승들이 여러 종류의 금전으로 교환을 했다. 사람들이 혐책하고 분개하고 비난했다.

[사람들] "어찌 싸끼야의 아들인 수행자들이 여러 종류의 금전으로 교환을 할 수 있단 말인가? 마치 재가에서 감각적 쾌락의 욕망을 누리는 자와 같다."

1-2. 수행승들은 그 사람들이 혐책하고 분개하고 비난하는 것을 들었다. 수행승들 가운데 욕망을 여읜 자들도 혐책하고 분개하고 비난했다.

[욕망을 여읜 수행승들] "어찌 여섯무리의 수행승들이 여러 종류의 금전으로 교환을 할 수 있단 말인가?"

1-3. 그래서 그 수행승들은 세존께 그 사실을 알렸다. 그러자 세존께서는 이러한 인연으로 이러한 기회에 수행승들을 모아놓고 여섯무리의 수행승들에게 물었다.

[세존] "수행승들이여, 그대들이 여러 종류의 금전으로 교환을 한 것이 사실인가?"

[여섯무리의 수행승들] "세존이시여, 사실입니다."

---

767) nikkhipati yassa bhavissati so bharissati'ti : Bd. II. 105에 따르면, 승원을 방문한 재가신도나 방문한 재가신도의 가정에서 금전을 받은 경우, 그것을 치워두었다가 소유자가 다시 가져가도록 하는 것을 말할 것이다.

존귀한 부처님께서는 견책했다.

[세존] "어리석은 자들이여, 어찌 그대들이 여러 종류의 금전으로 교환을 할 수 있단 말인가? 어리석은 자들이여, 그것은 아직 청정한 믿음이 없는 자를 청정한 믿음으로 이끌고, 이미 청정한 믿음이 있는 자를 더욱더 청정한 믿음으로 이끄는 것이 아니다. 어리석은 자들이여, 그것은 오히려, 아직 청정한 믿음이 없는 자를 불신으로 이끌고, 이미 청정한 믿음이 있는 자 가운데 어떤 자들을 타락시키는 것이다."

1-4. 그리고 세존께서는 그 여섯무리의 수행승들에 대하여 여러 가지 방편으로 견책하여, 키우기 어렵고 부양하기 어렵고 탐욕이 많고 만족을 모르고 교제를 좋아하고 나태한 것에 대해 질책하고, 여러 가지 법문으로 고무하여, 키우기 쉽고 부양하기 쉽고 욕심을 여의고, 만족을 알고, 버리고 없애는 삶, 악을 제거하는 삶, 청정한 믿음의 삶, 쌓아 모우지 않는 삶, 용맹정진의 삶을 칭찬하고, 수행승들을 위하여 그에 알맞고 그에 걸맞게 경책하여 법문을 하고 수행승들에게 일렀다.

[세존] "수행승들이여, 그러므로 수행승들을 위하여 열 가지 이유에 기초하여, 즉 참모임의 수승을 위하여, 참모임의 안락을 위하여, 악한 수행승의 조복을 위하여, 품행이 바른 수행승의 평안한 삶을 위하여, 지금 여기에서의 번뇌의 제어를 위하여, 다가오는 번뇌를 물리치기 위하여, 청정한 믿음이 없는 자에게 청정한 믿음을 주기 위하여, 청정한 믿음이 있는 자에게 청정한 믿음을 증대시키기 위하여, 올바른 가르침을 지속시키기 위하여, 계율을 수호하기 위하여 학습계율을 시설하니, 수행승들이여, 그대들은 이와 같이 학습계율을 송출해야 한다.

[세존] "어떠한 수행승이든 여러 종류의 금전을 매매하면, 상실죄를 범하는 것이다."768)

2-1. '어떠한'이라는 것은 어떠한 관계, 어떠한 태생, 어떠한 이름, 어떠한 성씨, 어떠한 계행, 어떠한 주거, 어떠한 활동영역에서 이든지, 장로이든지, 신참이든지, 중참이든지, 이러한 자들을 형용하는 것으로 '어떠한 자이든'이라는 뜻이다. '수행승'이라고 하는 것은 '탁발하는 자'로서의 수행승, 탁발을 위해 돌아다니는 자로서의 수행승, 분소의를 입은 자로서의 수행승, 사미로서의 수행승, 자칭에 의한 수행승, '오라! 수행승이여!'에 의한 수행승, 삼귀의에 의해 구족계를 받은

768) 역보계(易寶戒) | Bhikkhunī Nissag. 12 : yo pana bhikkhu nānappakārakaṃ rūpiyasaṃvohāraṃ samāpajjeyya, nissaggiyaṃ pācittiyan'ti.

수행승, 현선한 수행승, 진실한 수행승, 배울 것이 있는 학인인 수행승, 배울 것이 없는 무학인 수행승, 화합참모임과 한번제안세번제청의 갈마와 부동의 거룩한 님의 속성을 갖춘 자로서의 수행승이 있는데, 그들 가운데 화합참모임과 한번제안세번제청의 갈마와 부동의 거룩한 님의 속성을 갖춘 수행승을 두고, 그러한 의미에서의 수행승을 뜻한다.

2-2. '여러 종류의'라는 것은 완성된 것과 미완된 것과 완성되기도 하고 미완되기도 한 것이 있다. '완성된 것'이란 머리장식이나 목장식이나 손장식이나 발장식이나 허리장식이 있다. '미완된 것'이란 덩어리로 되어 있는 것을 뜻한다. '완성되기도 하고 미완되기도 한 것'이란 그 양자를 뜻한다. '금전'이라는 것은[*240] '스승의 색깔을 지닌 것'과 까하빠나, 구리로 만든 마싸까, 나무로 만든 마싸까, 수지로 만든 마싸까를 뜻한다.

2-3. '매매하면'은 다음과 같다.

1) 완성된 것으로 완성된 것을 매매하면, 상실죄를 범하는 것이다.
2) 완성된 것으로 미완된 것을 매매하면, 상실죄를 범하는 것이다.
3) 완성된 것으로 완성되거나 미완된 것을 매매하면, 상실죄를 범하는 것이다.
4) 미완된 것으로 완성된 것을 매매하면, 상실죄를 범하는 것이다.
5) 미완된 것으로 미완된 것을 매매하면, 상실죄를 범하는 것이다.
6) 미완된 것으로 완성되거나 미완된 것을 매매하면, 상실죄를 범하는 것이다.
7) 완성되거나 미완된 것으로 완성된 것을 매매하면, 상실죄를 범하는 것이다.
8) 완성되거나 미완된 것으로 미완된 것을 매매하면, 상실죄를 범하는 것이다.
9) 완성되거나 미완된 것으로 완성되거나 미완된 것을 매매하면, 상실죄를 범하는 것이다.

2-4. 참모임 가운데 넘겨주어야 한다. 수행승들이여, 이와 같이 넘겨주어야 한다. 그 수행승은 참모임에 나아가 한쪽 어깨에 가사를 걸치고 장로 수행승들의 두 발에 머리를 조아리고 한쪽 무릎을 꿇고 합장하여 이와 같이 말해야 한다.

[수행승] '존자들이여, 이 금전은 제가 매매한 것으로 상실되어야 합니다. 저는 이것을 참모임에 넘겨주겠습니다.'

넘겨주고 나서 죄를 참회해야 한다. 총명하고 유능한 수행승이 그 죄를 수용해야 한다. 만약에 거기에 정인이나 재가의 남자신도가 오면, 그에게 이와 같이 '존귀한 자여, 이것에 대해 아십시오.'라고 말해야 한다. 만약 그가 '이것으로 무엇을 가져올까요?'라고 말한다면, '이러저러한 것, 가져오라.'라고 말해서는 안 된다. 허용된 것인 버터기름, 기름, 꿀, 당밀에 대하여 말해야 한다. 만약에 그가 그것으로 구입하여 허용된 것을 가져오면, 금전으로 매매한 수행승을 제외하고, 모두가 사용할 수 있다. 이와 같이 해서 얻을 수 있다면, 그것은 훌륭한 일이다. 그러나 얻을 수 없다면, 그에게 이와 같이 '벗이여, 그것을 버리시오.'라고 말해야 한다. 그가 그것을 버리면, 그것은 훌륭한 일이다. 만약 버리지 못하면, 다섯 가지 고리를 갖춘 수행승이 금전제거자로 선임되어야 한다: *1)* 욕망 의해 삿된 길을 가지 말아야 하고, *2)* 분노 의해 삿된 길을 가지 말아야 하고, *3)* 어리석음 의해 삿된 길을 가지 말아야 하고, *4)* 두려움 의해 삿된 길을 가지 말아야 하고, *5)* 버려져야 할 것과 버리지 말아야 할 것에 대해 알아야 한다.769) 수행승들이여, 그런데 이와 같이 선임되어야 한다. 수행승을 요청해야 한다. 요청하면, 총명하고 유능한 수행승이 참모임에 알려야 한다.

[제안] '존자들이여, 참모임은 제 말에 귀를 기울이십시오. 참모임에 옳은 일이라면, 참모임은 이러이러한 수행승을 금전제거자로 선임하겠습니다. 이것이 제안입니다.'

[제청] '존자들이여, 참모임은 제 말에 귀를 기울이십시오. 참모임은 이러이러한 수행승을 금전제거자로 선임합니다. 이러이러한 수행승을 금전제거자로 선임하는 것에 동의하면 침묵하시고, 이견이 있으시면 말씀하십시오.'

[결정] '참모임은 이러이러한 수행승을 금전제거자로 선임하는 것에 동의했습니다. 참모임이 찬성하여 침묵했으므로, 저는 그와 같이 알겠습니다.'

그 선임된 수행승은 인상을 여의고 버려야 한다. 만약에 인상을 여의지 않고 버리면, 악작죄를 범하는 것이다.

2-5₁.

1) 금전에 대하여 금전이라고 지각하고 금전을 매매하면, 상실죄를 범하는 것이다.
2) 금전에 대하여 금전인지 의심하고 금전을 매매하면, 상실죄를 범하는 것이다.
3) 금전에 대하여 금전이 아니라고 지각하고 금전을 매매하면, 상실죄를 범하는

---

769) yo na chandāgatiṃ gaccheyya, na dosāgatiṃ gaccheyya, na mohāgatiṃ gaccheyya, na bhayāgatiṃ gacchey ya, chaḍḍitāchaḍḍitañca jāneyya : 이 가운데 앞의 네 가지는 DN. III. 133; AN. IV. 370의 아홉 가지 불가능(abhabb aṭṭhāna) 가운데 네 가지에 속한다 : '수행승이 거룩한 님으로 모든 번뇌를 부수고, 수행이 완성되고, 해야 할 일을 해 마치고, 짐을 버리고, 참다운 목표에 도달하고, 존재의 결박을 끊고, 올바른 지혜로 해탈했다면, 그가 욕망에 의한 삿된 길을 걷는 것은 불가능하다. 그가 성냄에 의한 삿된 길을 걷는 것은 불가능하다. 그가 어리석음에 의한 삿된 길을 걷는 것은 불가능하다. 그가 두려움에 의한 삿된 길을 걷는 것은 불가능하다.'

것이다.

2-5₂.

1) 금전이 아닌 것에 대해 금전이라고 지각하고 금전을 매매하면, 상실죄를 범하는 것이다.
2) 금전이 아닌 것에 대해 금전이 아닌지 의심하고 금전을 매매하면, 상실죄를 범하는 것이다.
3) 금전이 아닌 것에 대해 금전이 아라고 지각하고 금전을 매매하면, 상실죄를 범하는 것이다.

2-5₃.

1) 금전이 아닌 것에 대해 금전이라고 지각하면, 악작죄를 범하는 것이다.
2) 금전이 아닌 것에 대해 금전이 아닌지 의심하면, 악작죄를 범하는 것이다.
3) 금전이 아닌 것에 대해 금전이 아니라고 지각하면, 무죄이다.

2-6. 정신이 착란된 자이거나, 초범자인 경우는 무죄이다.

3. 2. 3 상실죄법 제13조

물품교역에 대한 학습계율[Kayavikkayasikkhāpada]

1-1. 한때 존귀한 부처님께서 싸밧티 시에 있는 제따바나 숲의 아나타삔디까 승원에 계셨다. 그때 싸끼야의 아들 존자 우빠난다가 옷을 만드는 일에 능숙했다. 그는 천조각으로 대의를 만들어 잘 염색하여 잘 다듬어서 입었다. 그때 한 유행자가 고가의 외투를 입고 싸끼야의 아들 존자 우빠난다가 있는 곳을 찾아왔다. 가까이 다가와서 싸끼야의 아들 존자 우빠난다에게 이와 같이 말했다.

[유행자] "벗이여,[*241] 그대의 대의는 아름답습니다. 이 외투를 받고 그것을 나에게 주시오."

[우빠난다] "벗이여, 잘 살펴보시오."770)

[유행자] "벗이여, 잘 압니다."

[우빠난다] "벗이여, 좋습니다."

그는 그에게 주었다. 그러자 그 유행자는 그 대의를 입고 유행자의 사원771)으

770) jānāhi āvuso'ti : Smp. 699에 따르면, 낡은 천조각으로 만든 것이기 때문에 잘 살펴보라는 뜻이다.
771) paribbājakārāma : 유행자들이 서로 만나고 대화하는 편의시설로 만들어진 사원을 말한다.

로 갔다. 유행자들은 그 유행자에게 이와 같이 말했다.

[유행자들] "벗이여, 그대의 대의는 아름답습니다. 그대는 어디서 얻었습니까?"

[유행자] "벗이여, 나의 그 외투로 바꾼 것입니다."

[유행자들] "벗이여, 그 대의가 얼마나 오래 가겠습니까? 그 외투가 훨씬 나았습니다."

1-2. 그래서 그 유행자는 '유행자들이 옳게 말했다. 그 대의가 얼마나 오래 가겠는가? 그 외투가 훨씬 나았다.'라고 지각하고 싸끼야의 아들 존자 우빠난다가 있는 곳을 찾아갔다. 가까이 다가가서 싸끼야의 아들 존자 우빠난다에게 이와 같이 말했다.

[유행자] "벗이여, 자 그대의 대의입니다. 나의 외투를 돌려주십시오."

[우빠난다] "벗이여, 내가 그대에게 '잘 살펴보십시오.'라고 말하지 않았습니까? 나는 돌려줄 수 없습니다."

1-3. 그러자 유행자가 혐책하고 분개하고 비난했다.

[유행자] "재가자도 재가자가 후회하면, 그것을 돌려주는데, 왜 유행자가 유행자에게 돌려 줄 수 없단 말인가?"

수행승들은 그 유행자가 혐책하고 분개하고 비난하는 것을 들었다. 수행승들 가운데 욕망을 여읜 자들은 혐책하고 분개하고 비난했다.

[욕망을 여읜 수행승들] "어찌 싸끼야의 아들 존자 우빠난다가 유행자와 함께 거래를 할 수 있단 말인가?"

그래서 그 수행승들은 세존께 그 사실을 알렸다.

[세존] "우빠난다여, 그대가 유행자와 함께 물품교역을 한 것이 사실인가?"

[우빠난다] "세존이시여, 사실입니다."

조귀한 세존께서 견책했다.

[세존] "어리석은 자여, 어찌 그대가 유행자와 함께 물품교역을 할 수 있단 말인가? 어리석은 자여, 그것은 아직 청정한 믿음이 없는 자를 청정한 믿음으로 이끌고, 이미 청정한 믿음이 있는 자를 더욱더 청정한 믿음으로 이끄는 것이 아니다. 어리석은 자여, 그것은 오히려, 아직 청정한 믿음이 없는 자를 불신으로 이끌고, 이미 청정한 믿음이 있는 자 가운데 어떤 자들을 타락시키는 것이다."

1-4. 그리고 세존께서는 싸끼야의 아들 존자 우빠난다에 대하여 여러 가지 방편으로 견책하여, 키우기 어렵고 부양하기 어렵고 탐욕이 많고 만족을 모르고 교제를

좋아하고 나태한 것에 대해 질책하고, 여러 가지 법문으로 고무하여, 키우기 쉽고 부양하기 쉽고 욕심을 여의고, 만족을 알고, 버리고 없애는 삶, 악을 제거하는 삶, 청정한 믿음의 삶, 쌓아 모우지 않는 삶, 용맹정진의 삶을 칭찬하고, 수행승들을 위하여 그에 알맞고 그에 걸맞게 경책하여 법문을 하고 수행승들에게 일렀다.

[세존] "수행승들이여, 그러므로 수행승들을 위하여 열 가지 이유에 기초하여, 즉 참모임의 수승을 위하여, 참모임의 안락을 위하여, 악한 수행승의 조복을 위하여, 품행이 바른 수행승의 평안한 삶을 위하여, 지금 여기에서의 번뇌의 제어를 위하여, 다가오는 번뇌를 물리치기 위하여, 청정한 믿음이 없는 자에게 청정한 믿음을 주기 위하여, 청정한 믿음이 있는 자에게 청정한 믿음을 증대시키기 위하여, 올바른 가르침을 지속시키기 위하여, 계율을 수호하기 위하여 학습계율을 시설하니, 수행승들이여, 그대들은 이와 같이 학습계율을 송출해야 한다."

[세존] "어떠한 수행승이든지 여러 종류의 물품교역[772]을 하면, 상실죄를 범하는 것이다."[773]

2-1. '어떠한'이라는 것은 어떠한 관계, 어떠한 태생, 어떠한 이름, 어떠한 성씨, 어떠한 계행, 어떠한 주거, 어떠한 활동영역에서 이든지, 장로이든지, 신참이든지, 중참이든지, 이러한 자들을 형용하는 것으로 '어떠한 자이든'이라는 뜻이다. '수행승'이라고 하는 것은 '탁발하는 자'로서의 수행승, 탁발을 위해 돌아다니는 자로서의 수행승, 분소의를 입은 자로서의 수행승, 사미로서의 수행승, 자칭에 의한 수행승, '오라! 수행승이여!'에 의한 수행승, 삼귀의에 의해 구족계를 받은 수행승, 현선한 수행승, 진실한 수행승, 배울 것이 있는 학인인 수행승, 배울 것이 없는 무학인 수행승, 화합참모임과 한번제안세번제청의 갈마와 부동의 거룩한 님의 속성을 갖춘 자로서의 수행승이 있는데, 그들 가운데 화합참모임과 한번제안세번제청의 갈마와 부동의 거룩한 님의 속성을 갖춘 수행승을 두고, 그러한 의미에서의 수행승을 뜻한다.

2-2. '여러 종류'라는 것은 옷과 탁발음식과 와좌구와 필수약품 뿐만 아니라 가루단자, 버들가지, 실타래를 뜻한다. '물품교역을 하면'이라는 것은 다음과 같다. '이것을 받고 이것을 달라, 이것을 받고 이것을 가져가라. 이것과 이것을 바꾸자.

---

772) kayavikkaya : DN. I. 5에 따르면, 일반사람들은 여래에 대하여 '수행자 고따마는 사고 파는 것을 여의었다.'라고 칭찬했다.

773) 판매계(販賣戒) | Bhikkhunī Nissag. 13 : yo pana bhikkhu nānappakārakaṃ kayavikkayaṃ samāpajjeyya, nissaggiyaṃ pācittiyan'ti

이것으로 이것을 교환하자.'라고 말하면, 악작죄를 범하는 것이다. 사고 팔아서 자신의 물건이 다른 사람의 손에 가고 다른 사람의 물건이 자신의 손에 오면, 상실죄를 범하는 것으로 참모임이나 무리나[*242] 개인에게 넘겨주어야 한다.

2-3₁. 수행승들이여, 이와 같이 넘겨주어야 한다. 그 수행승은 참모임에 나아가 한쪽 어깨에 가사를 걸치고 장로 수행승들의 두 발에 머리를 조아리고 한쪽 무릎을 꿇고 합장하여 이와 같이 말해야 한다.

[수행승] '존자들이여, 저는 다양한 물품교역을 했는데, 이것은 상실되어야 합니다. 저는 이것을 참모임에 넘겨주겠습니다.'

넘겨주고 나서 죄를 참회해야 한다. 총명하고 유능한 수행승은 그 죄를 받아들이고, 넘겨진 물건은 돌려주어야 한다.

[총명한 수행승] '존자들이여, 참모임은 저의 말을 들으십시오. 이 물품은 상실되어야 할 것으로 이러이러한 수행승이 참모임에 넘겨준 것입니다. 만약에 참모임에 옳은 일이라면, 참모임은 이러이러한 수행승에게 이 물건을 돌려주겠습니다.'

2-3₂. 또는 그 수행승은 두서너 명의 수행승들에게 나아가 한쪽 어깨에 가사를 걸치고 장로 수행승들의 발에 머리를 조아린 뒤에 한쪽 무릎을 꿇고 합장하여 이와 같이 말해야 한다.

[수행승] '존자들이여, 저는 다양한 물품교역을 했는데, 이것은 상실되어야 합니다. 저는 이것을 존자들에게 넘겨주겠습니다.'

넘겨주고 나서 죄를 참회해야 한다. 총명하고 유능한 수행승은 그 죄를 받아들이고, 넘겨진 물건은 돌려주어야 한다.

[총명한 수행승] '존자들이여, 저의 말을 들으십시오. 이 물품은 이러이러한 수행승의 상실되어야 할 것인데, 존자들에 넘겨진 것입니다. 만약에 존자들에 옳은 일이라면, 존자들께서는 이러이러한 수행승에게 이 물건을 돌려주겠습니다.'

2-3₃. 또는 그 수행승은 한 수행승에게 나아가 한쪽 어깨에 가사를 걸치고 두 발에 머리를 조아린 뒤에 한쪽 무릎을 꿇고 합장하여 이와 같이 말해야 한다.

[수행승] '벗이여, 저는 다양한 물품교역을 했는데, 이것은 상실되어야 합니다. 저는 이것을 존자에게 넘겨주겠습니다.'

넘겨주고 나서 그 죄를 참회해야 한다. 그 수행승은 죄를 받아들이고, 넘겨진 물품은 돌려주어야 한다.

[한 수행승] '저는 이 물품을 존자에게 돌려주겠습니다.'

2-4₁.

1) 사고파는 것에 대해 사고판다고 지각하면, 상실죄를 범하는 것이다.
2) 사고파는 것에 대해 사고파는 것인지 의심하면, 상실죄를 범하는 것이다.
3) 사고파는 것에 대해 사고팔지 않는다고 지각하면, 상실죄를 범하는 것이다.

2-4₂.

1) 사고팔지 않는 것에 대해 사고판다고 지각하면, 악작죄를 범하는 것이다.
2) 사고팔지 않는 것에 대해 사고팔지 않는지 의심하면, 악작죄를 범하는 것이다.
3) 사고팔지 않는 것에 대해 사고팔지 않는다고 지각하면, 무죄이다.

2-5. 가격을 묻거나, 재가시봉인에게 지시하거나, '이것은 우리의 것이다. 우리는 이러저러한 것을 원한다.'라고 말하는 경우이거나, 정신이 착란된 자이거나, 초범자의 경우는 무죄이다.

3. 2. 4 상실죄법 제14조

다른 것의 요구에 대한 학습계율[Aññaviññāpanasikkhāpada]

1-1. 한때 존귀한 부처님께서는 싸밧티 시의 제따바나 숲에 있는 아나타삔디까 승원에 계셨다. 그런데 그때 수행녀 툴라난다가 병이 들었다. 그런데 어떤 재가의 남자신도가 수행녀 툴라난다가 있는 곳을 찾아와서 수행녀 툴라난다에게 이와 같이 말했다.

[재가의 남자신도] "존귀한 자매여, 어디 편찮으십니까? 무엇을 갖다드릴까요?"

[툴라난다] "벗이여, 저는 버터기름이 필요합니다."

그래서 그 재가의 남자신도는 한 상점주인의 가게에서 일 까하빠나의 버터기름을 가지고 와서 수행녀 툴라난다에게 주었다. 수행녀 툴라난다는 이와 같이 말했다.

[툴라난다] "벗이여, 저는 버터기름을 원하지 않았고 기름을 원했습니다."

그러자 그 재가의 남자신도는 그 상점주인이 있는 곳을 찾아갔다. 가까이 다가가서 상점주인에게 말했다.

[재가의 남자신도] "주인장, 존귀한 자매께서 버터기름을 원하지 않고, 기름을 원한다고 합니다. 부탁하건데, 버터기름을 돌려받고 내게 기름을 주십시오."

[상점주인] "손님, 제가 판 물건을 다시 돌려받는다면, 어떻게 저의 물건을 팔 수 있겠습니까? 버터기름을 구입해서 가져 가셨으니, 기름도 구입하면, 기름

을 가져갈 수 있습니다."

그러자 그 재가의 남자신도는 혐책하고 분개하고 비난했다.

[재가의 남자신도] "어찌 존귀한 자매 툴라난다가 어떤 것을 청하고 다른 것을 요구할 수 있단 말인가?"

1-2. 수행녀들은 그 재가의 남자 신도들이 혐책하고 분개하고 비난하는 것을 들었다. 수행녀들 가운데 욕망을 여의고, 만족을 알고, 부끄러움을 알고, 후회할 줄 알고, 배움을 원하는 자들은 혐책하고 분개하고 비난했다.

[욕망을 여읜 수행녀들] "어찌 존귀한 자매 툴라난다가 어떤 것을 청하고 다른 것을 요구할 수 있단 말인가?"

그래서 그 수행녀들은 수행승들에게 그 사실을 알렸다. 수행승들 가운데 욕망을 여의고, 만족을 알고, 부끄러움을 알고, 후회할 줄 알고, 배움을 원하는 자들도 혐책하고 분개하고 비난했다.

[욕망을 여읜 수행승들] "어찌 존귀한 자매 툴라난다가 어떤 것을 청하고 다른 것을 요구할 수 있단 말인가?"

1-3. 그래서 그 수행승들은 세존께 그 사실을 알렸다. 그러자 세존께서는 그것을 원인으로 그것을 기회로 수행승의 참모임을 불러 모으게 하고 법문을 하고 수행승들에게 말했다.

[세존] "수행승들이여, 수행녀 툴라난다가 어떤 것을 청하고 다른 것을 요구한 것이 사실인가?"

[수행승들] "세존이시여, 사실입니다."

존귀한 부처님께서는[249] 견책했다.

[세존] "수행승들이여, 수행녀 툴라난다는 적절하지 않고, 자연스럽지 않고, 알맞지 않고, 수행자의 삶이 아니고, 부당하고, 해서는 안 될 일을 한 것이다. 수행승들이여, 어찌 수행녀 툴라난다가 어떤 것을 청하고 다른 것을 요구할 수 있단 말인가? 수행승들이여, 그것은 아직 청정한 믿음이 없는 자를 청정한 믿음으로 이끌고, 이미 청정한 믿음이 있는 자를 더욱더 청정한 믿음으로 이끄는 것이 아니다. 수행승들이여, 그것은 오히려, 아직 청정한 믿음이 없는 자를 불신으로 이끌고, 이미 청정한 믿음이 있는 자 가운데 어떤 자들을 타락시키는 것이다."

1-4. 그리고 세존께서는 수행녀 툴라난다에 대하여 여러 가지 방편으로 견책하고, 키우기 어렵고 부양하기 어렵고 탐욕이 많고 만족을 모르고 교제를 좋아하고

나태한 것에 대하여 질책하고, 여러 가지 법문으로 고무하여, 키우기 쉽고 부양하기 쉽고 욕심을 여의고, 만족을 알고, 버리고 없애는 삶, 악을 제거하는 삶, 청정한 믿음의 삶, 쌓아 모우지 않는 삶, 용맹정진의 삶을 칭찬하고, 수행승들을 위하여 그에 알맞고 그에 걸맞게 경책하여 법문을 하고 수행승들에게 일렀다.

[세존] "수행승들이여, 그러므로 수행녀들을 위하여 열 가지 이유에 기초하여, 즉 참모임의 수승을 위하여, 참모임의 안락을 위하여, 악한 수행녀의 조복을 위하여, 품행이 바른 수행녀의 평안한 삶을 위하여, 지금 여기에서의 번뇌의 제어를 위하여, 다가오는 번뇌를 물리치기 위하여, 청정한 믿음이 없는 자에게 청정한 믿음을 주기 위하여, 청정한 믿음이 있는 자에게 청정한 믿음을 증대시키기 위하여, 올바른 가르침을 지속시키기 위하여, 계율을 수호하기 위하여 학습계율을 시설하니, 수행승들이여, 수행녀들은 이와 같이 학습계율을 송출해야 한다."

[세존] "어떠한 수행녀이든지 어떤 것을 청하고 다른 것을 요구하면, 상실죄를 범하는 것이다."774)

2-1. '어떠한'이라는 것은 어떠한 관계, 어떠한 태생, 어떠한 이름, 어떠한 성씨, 어떠한 계행, 어떠한 주거, 어떠한 활동영역에서 이든지, 장로이든지, 신참이든지, 중참이든지, 이러한 자들을 형용하는 것으로 '어떠한 자이든'이라는 뜻이다. '수행녀'라고 하는 것은 '탁발하는 여자'로서의 수행녀, 탁발을 위해 돌아다니는 여자로서의 수행녀, 분소의를 입은 자로서의 수행녀, 사미니로서의 수행녀, 자칭에 의한 수행녀, '오라! 수행녀여!'에 의한 수행녀, 삼귀의에 의해 구족계를 받은 수행녀, 현선한 수행녀, 진실한 수행녀, 배울 것이 있는 학인인 수행녀, 배울 것이 없는 무학인 수행녀, 화합참모임과 한번제안세번제청의 갈마와 부동의 거룩한 님의 속성을 갖춘 자로서의 수행녀가 있는데, 그녀들 가운데 화합참모임과 양쪽으로부터 구족계를 받은 자로서 한번제안세번제청의 갈마와 부동의 거룩한 님의 속성을 갖춘 수행녀, 그녀를 이러한 의미에서의 수행녀라고 하는 것이다.

2-2. '어떤 것을 청하고'라는 것은 '어떤 것을 구했다가'라는 뜻이다. '다른 것을 요구하면'이라는 것은 '그것을 관두고 다른 것을 구한다면, 그 과정은 악작죄이고, 그 획득은 상실죄를 범한 것으로, 참모임이나 모임이나 한 수행녀에게 넘겨주어야 한다.

774) 걸시후걸피계○(乞時後乞彼戒) | Bhikkhunī Nissag. 14 : yā pana bhikkhunī aññaṃ viññāpetvā aññaṃ viññāpeyya, nissaggiyaṃ pācittiyan'ti.

2-3₁. 수행승들이여, 이와 같이 넘겨주어야 한다. 그 수행녀는 참모임에 나아가 한쪽 어깨에 가사를 걸치고 장로 수행녀들의 발에 머리를 조아리고 한쪽 무릎을 꿇고 합장하여 이와 같이 말해야 한다.

[수행녀] '존귀한 자매들이여, 이것이 제가 어떤 것을 청하고 다른 것을 요구하여 얻은 것으로 상실되어야 합니다. 저는 이것을 참모임에 넘겨주겠습니다.'

넘겨주고 나서 그 죄를 참회해야 한다. 총명한 유능한 수행녀는 죄를 받아들이고, 넘겨진 것은 돌려주어야 한다.

[총명한 수행녀] '존귀한 자매들이여, 저의 말을 들으십시오. 이것은 상실되어야 할 것으로 이러이러한 수행녀가 참모임에 넘겨준 것입니다. 참모임에 옳은 일이라면, 참모임은 이것을 이러이러한 수행녀에게 돌려주겠습니다.'

2-3₂. 또는 그 수행녀는 두서너 명의 수행녀들에 다가가서 한쪽 어깨에 가사를 걸치고 장로 수행녀들의 발에 머리를 조아리고 한쪽 무릎을 꿇고 합장하여 이와 같이 말해야 한다.

[수행녀] '존귀한 자매들이여, 이것이 제가 어떤 것을 청하고 다른 것을 요구하여 얻은 것으로 상실되어야 합니다. 저는 이것을 존귀한 자매들에게 넘겨주겠습니다.'

넘겨주고 나서 그 죄를 참회해야 한다. 총명한 유능한 수행녀는 죄를 받아들이고, 넘겨진 것은 돌려주어야 한다.

[총명한 수행녀] '존귀한 자매들이여, 저의 말을 들으십시오. 이것은 상실되어야 할 것으로 이러이러한 수행녀가 존귀한 자매들에게 넘겨준 것입니다. 존귀한 자매들에 옳은 일이라면, 존귀한 자매들께서는 이것을 이러이러한 수행녀에게 돌려주겠습니다.'

2-3₃. 또는 그 수행녀는 한 명의 수행녀에게 나아가 한쪽 어깨에 가사를 걸치고 한쪽 무릎을 꿇고 합장하여 이와 같이 말해야 한다.

[수행녀] '존귀한 자매들이여, 이것이 어떤 것을 청하고 다른 것을 요구하여 얻은 것으로 밤이 지나서 상실되어야 합니다. 저는 이것을 존귀한 자매에게 넘겨주겠습니다.'

넘겨주고 나서 그 죄를 참회해야 한다. 그 수행녀는 죄를 받아들이고, 넘겨진 것은 돌려주어야 한다.

[한 수행녀] '저는 이것을 존귀한 자매에게 돌려주겠습니다.'

2-4₁.

1) 어떤 것에 대하여 다른 것이라고 지각하고 다른 것을 요구하면, 상실죄를 범하는 것이다.
2) 어떤 것에 대하여 다른 것인지 의심하고 다른 것을 요구하면, 상실죄를 범하는 것이다.
3) 어떤 것에 대하여 동일한 것이라고 지각하고 다른 것을 요구하면, 상실죄를 범하는 것이다.

2-4₂.

1) 동일한 것에 대하여 다른 것이라고 지각하고 동일한 것을 요구하면, 악작죄를 범하는 것이다.
2) 동일한 것에 대하여 동일한 것인지 의심하고 동일한 것을 요구하면, 악작죄를 범하는 것이다.
3) 동일한 것에 대하여 동일한 것이라고 지각하면, 무죄이다.

2-4. 이것도 요구했지만 다른 것도 필요해서 요구하거나,775) 이익을 보게 하고 요구하는 경우이거나,776) 정신착란자이거나 초범자인 경우는 무죄이다.

3. 2. 5 상실죄법 제15조

다른 것의 교환에 대한 학습계율[Aññacetāpanasikkhāpada]

1-1. 한때 존귀한 부처님께서는 싸밧티 시의 제따바나 숲에 있는 아나타삔디까 승원에 계셨다. 그런데 그때 수행녀 툴라난다가 병이 들었다. 그런데 어떤 재가의 남자신도가 수행녀 툴라난다가 있는 곳을 찾아와서 수행녀 툴라난다에게 이와 같이 말했다.

[재가의 남자신도] "존귀한 자매여, 참아낼 만하십니까, 견디어낼 만하십니까?"

[툴라난다] "벗이여, 참아내기 힘들고, 견디어내기 힘듭니다."

[재가의 남자신도] "존귀한 자매여, 제가 모 상점주인의 가게에 일 까하빠나를 맡겨 두었습니다. 그것으로 그대가 원하는 것을 가져오게 하십시오."

---

775) taññeva viññāpeti, aññañca viññāpeti : Smp. 917에 따르면, 그녀가 먼저 조금 요구한 것이 부족하여, 다시 그것을 더 요구하는 경우, 또는 버터기름이 구해서 끓였는데, 의사가 처방하여 기름을 필요했다면, 그녀는 그것도 필요하다고 다른 것을 요구하는 경우를 말한다.

776) ānisaṃsaṃ dassetvā viññāpeti : Smp. 917에 따르면, 돈을 내고 사는 것을 말한다.

1-2. 수행녀 툴라난다는 한 정학녀를 시켰다.

[툴라난다] "정학녀여, 가서 모 상점주인의 가게에서 일 까하빠나 어치의 기름을 가져오라."

그래서 그 정학녀는 모 상점주인의 가게에서 일 까하빠나 어치의 기름을 가져다가 수행녀 툴라난다에게 주었다.

수행녀 툴라난다는 이와 같이 말했다.

[툴라난다] "벗이여, 나는 기름을 원하지 않았고 버터기름을 원했다."

그러자 그 정학녀는 그 상점주인이 있는 곳을 찾아갔다. 가까이 다가가서 상점주인에게 말했다.

[정학녀] "주인장, 존귀한 자매께서 기름을 원하지 않고, 버터기름을 원한다고 합니다. 부탁하건데, 기름을 돌려받고 제게 버터기름을 주십시오."

[상점주인] "존귀한 자매여, 제가 판 물건을 다시 돌려받는다면, 어떻게 저의 물건을 팔 수 있겠습니까? 버터기름을 구입해서 가져 가셨으니, 기름도 구입하면, 기름을 가져갈 수 있습니다."

1-2. 그러자 그 정학녀는 울면서 서있었다. 수행녀들이 그 정학녀에게 이와 같이 말했다.

[수행녀들] "정학녀여, 그대는 어찌 웁니까?"

그러자 그 정학녀는 수행녀들에게 그 사실을 알렸다. 수행녀들 가운데 욕망을 여의고, 만족을 알고, 부끄러움을 알고, 후회할 줄 알고, 배움을 원하는 자들은 혐책하고 분개하고 비난했다.

[욕망을 여읜 수행녀들] "어찌 존귀한 자매 수행녀 툴라난다는 어떤 것을 교환하게 하고 다른 것을 교환하도록 시킬 수 있단 말인가?"

그래서 그 수행녀들은 수행승들에게 그 사실을 알렸다. 수행승들 가운데 욕망을 여의고, 만족을 알고, 부끄러움을 알고, 후회할 줄 알고, 배움을 원하는 자들도 혐책하고 분개하고 비난했다.

[욕망을 여읜 수행승들] "어찌 존귀한 자매 수행녀 툴라난다는 어떤 것을 교환하게 하고 다른 것을 교환하도록 시킬 수 있단 말인가?"

1-3. 그래서 그 수행승들은 세존께 그 사실을 알렸다. 그러자 세존께서는 그것을 원인으로 그것을 기회로 수행승의 참모임을 불러 모으게 하고 법문을 하고 수행승들에게 말했다.

[세존] "수행승들이여, 수행녀 툴라난다가 어떤 것을 교환하게 하고 다른 것을 교환하라고 시킨 것이 사실인가?"

[수행승들] "세존이시여, 사실입니다."

존귀한 부처님께서는 견책했다.

[세존] "수행승들이여, 수행녀 툴라난다는 적절하지 않고, 자연스럽지 않고, 알맞지 않고, 수행자의 삶이 아니고, 부당하고, 해서는 안 될 일을 한 것이다. 수행승들이여, 어찌 수행녀 툴라난다가 어떤 것을 교환하게 하고 다른 것을 교환하도록 시킬 수 있단 말인가? 수행승들이여, 그것은 아직 청정한 믿음이 없는 자를 청정한 믿음으로 이끌고, 이미 청정한 믿음이 있는 자를 더욱더 청정한 믿음으로 이끄는 것이 아니다. 수행승들이여, 그것은 오히려, 아직 청정한 믿음이 없는 자를 불신으로 이끌고, 이미 청정한 믿음이 있는 자 가운데 어떤 자들을 타락시키는 것이다."

1-4. 그리고 세존께서는 수행녀 툴라난다에 대하여 여러 가지 방편으로 견책하고, 키우기 어렵고 부양하기 어렵고 탐욕이 많고 만족을 모르고 교제를 좋아하고 나태한 것에 대하여 질책하고, 여러 가지 법문으로 고무하여, 키우기 쉽고 부양하기 쉽고 욕심을 여의고, 만족을 알고, 버리고 없애는 삶, 악을 제거하는 삶, 청정한 믿음의 삶, 쌓아 모우지 않는 삶, 용맹정진의 삶을 칭찬하고, 수행승들을 위하여 그에 알맞고 그에 걸맞게 경책하여 법문을 하고 수행승들에게 일렀다.

[세존] "수행승들이여, 그러므로 수행녀들을 위하여 열 가지 이유에 기초하여, 즉 참모임의 수승을 위하여, 참모임의 안락을 위하여, 악한 수행녀의 조복을 위하여, 품행이 바른 수행녀의 평안한 삶을 위하여, 지금 여기에서의 번뇌의 제어를 위하여, 다가오는 번뇌를 물리치기 위하여, 청정한 믿음이 없는 자에게 청정한 믿음을 주기 위하여, 청정한 믿음이 있는 자에게 청정한 믿음을 증대시키기 위하여, 올바른 가르침을 지속시키기 위하여, 계율을 수호하기 위하여 학습계율을 시설하니, 수행승들이여, 수행녀들은 이와 같이 학습계율을 송출해야 한다."

[세존] "어떠한 수행녀이든지 어떤 것을 교환하게 하고 다른 것을 교환하도록 시키면, 상실죄를 범하는 것이다."777)

2-1. '어떠한'이라는 것은 어떠한 관계, 어떠한 태생, 어떠한 이름, 어떠한 성씨,

---

777) 구시후구피계○(購時後購彼戒) | Bhikkhunī Nissag. 15 : yā pana bhikkhunī aññaṃ cetāpetvā aññaṃ cetāpeyya, nissaggiyaṃ pācittiyan'ti.

어떠한 계행, 어떠한 주거, 어떠한 활동영역에서 이든지, 장로이든지, 신참이든지, 중참이든지, 이러한 자들을 형용하는 것으로 '어떠한 자이든'이라는 뜻이다. '수행녀'라고 하는 것은 '탁발하는 여자'로서의 수행녀, 탁발을 위해 돌아다니는 여자로서의 수행녀, 분소의를 입은 자로서의 수행녀, 사미니로서의 수행녀, 자칭에 의한 수행녀, '오라! 수행녀여!'에 의한 수행녀, 삼귀의에 의해 구족계를 받은 수행녀, 현선한 수행녀, 진실한 수행녀, 배울 것이 있는 학인인 수행녀, 배울 것이 없는 무학인 수행녀, 화합참모임과 한번제안세번제청의 갈마와 부동의 거룩한 님의 속성을 갖춘 자로서의 수행녀가 있는데, 그녀들 가운데 화합참모임과 양쪽으로부터 구족계를 받은 자로서 한번제안세번제청의 갈마와 부동의 거룩한 님의 속성을 갖춘 수행녀, 그녀를 이러한 의미에서의 수행녀라고 하는 것이다.

2-2. '어떤 것을 교환하게 하고'라는 것은 '어떤 것을 교환하게 했다가'라는 뜻이다. '다른 것을 교환하도록 시킨다면'이라는 것을 '그것을 버리고 다른 것을 교환하게 하면, 그 과정은 악작죄를 범하는 것이고, 그 획득은 상실죄를 범한 것으로, 참모임이나 모임이나 한 수행녀에게 넘겨주어야 한다.

2-3₁. 수행승들이여, 이와 같이 넘겨주어야 한다. 그 수행녀는 참모임에 나아가 한쪽 어깨에 가사를 걸치고 장로 수행녀들의 발에 머리를 조아리고 한쪽 무릎을 꿇고 합장하여 이와 같이 말해야 한다.

[수행녀] '존귀한 자매들이여, 이것은 제가 어떤 것을 교환하게 하고 다른 것을 교환하도록 시킨 것으로 상실되어야 합니다. 저는 이것을 참모임에 넘겨주겠습니다.'

넘겨주고 나서 그 죄를 참회해야 한다. 총명한 유능한 수행녀는 죄를 받아들이고, 넘겨진 것은 돌려주어야 한다.

[총명한 수행녀] '존귀한 자매들이여, 저의 말을 들으십시오. 이것은 상실되어야 할 것으로 이러이러한 수행녀가 참모임에 넘겨준 것입니다. 참모임에 옳은 일이라면, 참모임은 이것을 이러이러한 수행녀에게 돌려주겠습니다.'

2-3₁. 또는 그 수행녀는 두서너 명의 수행녀들에 다가가서 한쪽 어깨에 가사를 걸치고 장로 수행녀들의 발에 머리를 조아리고 한쪽 무릎을 꿇고 합장하여 이와 같이 말해야 한다.

[수행녀] '존귀한 자매들이여, 이것은 제가 어떤 것을 교환하게 하고 다른 것을

교환하도록 시킨 것으로 상실되어야 합니다. 저는 이것을 존귀한 자매들에 넘겨주겠습니다.'

넘겨주고 나서 그 죄를 참회해야 한다. 총명한 유능한 수행녀는 죄를 받아들이고, 넘겨진 것은 돌려주어야 한다.

[총명한 수행녀] '존귀한 자매들이여, 저의 말을 들으십시오. 이것은 상실되어야 할 것으로 이러이러한 수행녀가 존귀한 자매들에게 넘겨준 것입니다. 존귀한 자매들에 옳은 일이라면, 존귀한 자매들께서는 이것을 이러이러한 수행녀에게 돌려주겠습니다.'

2-3₃. 또는 그 수행녀는 한 명의 수행녀에게 나아가 한쪽 어깨에 가사를 걸치고 한쪽 무릎을 꿇고 합장하여 이와 같이 말해야 한다.

[수행녀] '존귀한 자매들이여, 이것은 어떤 것을 교환하게 하고 다른 것을 교환하도록 시킨 것으로 상실되어야 합니다. 저는 이것을 존귀한 자매에게 넘겨주겠습니다.'

넘겨주고 나서 그 죄를 참회해야 한다. 그 수행녀는 죄를 받아들이고, 넘겨진 발우는 돌려주어야 한다.

[한 수행녀] '저는 이것을 존귀한 자매에게 돌려주겠습니다.'

2-4₁.

1) 어떤 것에 대하여 다른 것이라고 지각하고 다른 것을 교환하게 하면, 상실죄를 범하는 것이다.
2) 어떤 것에 대하여 다른 것인지 의심하고 다른 것을 교환하게 하면, 상실죄를 범하는 것이다.
3) 어떤 것에 대하여 동일한 것이라고 지각하고 다른 것을 교환하게 하면, 상실죄를 범하는 것이다.

2-4₂.

1) 동일한 것에 대하여[778] 다른 것이라고 지각하고 동일한 것을 교환하게 하면, 악작죄를 범하는 것이다.
2) 동일한 것에 대하여 동일한 것인지 의심하고 동일한 것을 교환하게 하면, 악작죄를 범하는 것이다.
3) 동일한 것에 대하여 동일한 것이라고 지각하면, 무죄이다.

---

778) Anaññe : 동일한 것을 뜻한다.

2-4. 이것도 교환하게 하고 다른 것도 교환하게 하거나, 공덕을 보여주고 교환하는 경우이거나, 정신착란자이거나 초범자인 경우는 무죄이다.

3. 2. 6 상실죄법 제16조

어떤 목적으로 지정된 것에 대한 학습계율[Aññadatthikasikkhāpada]

1-1. 한때 존귀한 부처님께서는 싸밧티 시의 제따바나 숲에 있는 아나타삔디까 승원에 계셨다. 그런데 그때 재가의 남자신도들이 수행녀의 참모임을 위하여 옷을 마들기 위한 자발적인 기부를 모아서 한 의류업자의 가게에 자재를 맡겨두고 수행녀들이 있는 곳을 찾아가서 이와 같이 말했다.

[재가의 남자신도] "존귀한 자매들이여, 모 의류업자의 가게에 옷을 위한 필요한 자재를 맡겨두었으니 그것으로 옷을 가져오게 해서 분배하십시오."

수행녀들은 그 옷을 만들기 위한 자재로 약을 교환하여 복용했다. 재가의 남자신도들들은 그것을 알고 혐책하고 분개하고 비난했다.

[재가의 남자신도] "어찌 수행녀들이 참모임에 속하고 어떤 것으로 지정되고 어떤 목적으로 준비된 자재로 다른 것을 교환할 수 있단 말인가?"

수행녀들은 그 재가의 남자신도들이 혐책하고 분개하고 비난하는 것을 들었다.

1-2. 수행녀들 가운데[251] 욕망을 여의고, 만족을 알고, 부끄러움을 알고, 후회할 줄 알고, 배움을 원하는 자들은 혐책하고 분개하고 비난했다.

[욕망을 여읜 수행녀들] "어찌 수행녀들이 참모임에 속하고 어떤 것으로 지정되고 어떤 목적으로 준비된 자재로 다른 것을 교환할 수 있단 말인가?"

그래서 그 수행녀들은 수행승들에게 그 사실을 알렸다. 수행승들 가운데 욕망을 여의고, 만족을 알고, 부끄러움을 알고, 후회할 줄 알고, 배움을 원하는 자들도 혐책하고 분개하고 비난했다.

[욕망을 여읜 수행승들] "어찌 수행녀들이 참모임에 속하고 어떤 것으로 지정되고 어떤 목적으로 준비된 자재로 다른 것을 교환할 수 있단 말인가?"

1-3. 그래서 그 수행승들은 세존께 그 사실을 알렸다. 그러자 세존께서는 그것을 원인으로 그것을 기회로 수행승의 참모임을 불러 모으게 하고 법문을 하고 수행승들에게 말했다.

[세존] "수행승들이여, 수행녀들이 참모임에 속하고 어떤 것으로 지정되고 어

떤 목적으로 준비된 자재로 다른 것을 교환한 것이 사실인가?"

[수행승들] "세존이시여, 사실입니다."

존귀한 부처님께서는 견책했다.

[세존] "수행승들이여, 수행녀들은 적절하지 않고, 자연스럽지 않고, 알맞지 않고, 수행자의 삶이 아니고, 부당하고, 해서는 안 될 일을 한 것이다. 수행승들이여, 어찌 수행녀들이 참모임에 속하고 어떤 것으로 지정되고 어떤 목적으로 준비된 자재로 다른 것을 교환할 수 있단 말인가? 수행승들이여, 그것은 아직 청정한 믿음이 없는 자를 청정한 믿음으로 이끌고, 이미 청정한 믿음이 있는 자를 더욱더 청정한 믿음으로 이끄는 것이 아니다. 수행승들이여, 그것은 오히려, 아직 청정한 믿음이 없는 자를 불신으로 이끌고, 이미 청정한 믿음이 있는 자 가운데 어떤 자들을 타락시키는 것이다."

1-4. 그리고 세존께서는 수행녀들에 대하여 여러 가지 방편으로 견책하고, 키우기 어렵고 부양하기 어렵고 탐욕이 많고 만족을 모르고 교제를 좋아하고 나태한 것에 대하여 질책하고, 여러 가지 법문으로 고무하여, 키우기 쉽고 부양하기 쉽고 욕심을 여의고, 만족을 알고, 버리고 없애는 삶, 악을 제거하는 삶, 청정한 믿음의 삶, 쌓아 모우지 않는 삶, 용맹정진의 삶을 칭찬하고, 수행승들을 위하여 그에 알맞고 그에 걸맞게 경책하여 법문을 하고 수행승들에게 일렀다.

[세존] "수행승들이여, 그러므로 수행녀들을 위하여 열 가지 이유에 기초하여, 즉 참모임의 수승을 위하여, 참모임의 안락을 위하여, 악한 수행녀의 조복을 위하여, 품행이 바른 수행녀의 평안한 삶을 위하여, 지금 여기에서의 번뇌의 제어를 위하여, 다가오는 번뇌를 물리치기 위하여, 청정한 믿음이 없는 자에게 청정한 믿음을 주기 위하여, 청정한 믿음이 있는 자에게 청정한 믿음을 증대시키기 위하여, 올바른 가르침을 지속시키기 위하여, 계율을 수호하기 위하여 학습계율을 시설하니, 수행승들이여, 수행녀들은 이와 같이 학습계율을 송출해야 한다."

[세존] "어떠한 수행녀이든지 참모임에 속하고 어떤 것으로 지정되고 어떤 목적으로 준비된 자재로 다른 것을 교환하면, 상실죄를 범하는 것이다."[779]

2-1. '어떠한'이라는 것은 어떠한 관계, 어떠한 태생, 어떠한 이름, 어떠한 성씨, 어떠한 계행, 어떠한 주거, 어떠한 활동영역에서 이든지, 장로이든지, 신참이든

779) 타용승가재계○(他用僧伽財戒) | Bhikkhunī Nissag. 16 : yā pana bhikkhunī aññadatthikena parikkhārena aññuddisikena saṅghikena aññaṃ cetāpeyya, nissaggiyaṃ pācittiyan'ti.

지, 중참이든지, 이러한 자들을 형용하는 것으로 '어떠한 자이든'이라는 뜻이다. '수행녀'라고 하는 것은 '탁발하는 여자'로서의 수행녀, 탁발을 위해 돌아다니는 여자로서의 수행녀, 분소의를 입은 자로서의 수행녀, 사미니로서의 수행녀, 자칭에 의한 수행녀, '오라! 수행녀여!'에 의한 수행녀, 삼귀의에 의해 구족계를 받은 수행녀, 현선한 수행녀, 진실한 수행녀, 배울 것이 있는 학인인 수행녀, 배울 것이 없는 무학인 수행녀, 화합참모임과 한번제안세번제청의 갈마와 부동의 거룩한 님의 속성을 갖춘 자로서의 수행녀가 있는데, 그녀들 가운데 화합참모임과 양쪽으로부터 구족계를 받은 자로서 한번제안세번제청의 갈마와 부동의 거룩한 님의 속성을 갖춘 수행녀, 그녀를 이러한 의미에서의 수행녀라고 하는 것이다.

2-2. '어떤 것으로 지정되고 어떤 목적으로 준비된 자재로'라는 것은 '어떤 특정한 목적을 위해 주어진 것으로'라는 뜻이다. '참모임에 속하고'라는 것은 '참모임에 속한 것으로 모임에 속한 것이 아니고 한 수행녀에게 속한 것이 아닌 것'이라는 뜻이다. '다른 것을 교환하면'이라는 것은 목적으로 주어진 것을 제외하고 다른 것을 교환하면, 그 과정은 악작죄를 범하는 것이고, 그 획득은 상실죄를 범한 것으로 참모임이나 모임이나 한 수행녀에게 넘겨주어야 한다.

2-3₁. 수행승들이여, 이와 같이 넘겨주어야 한다. 그 수행녀는 참모임에 나아가 한쪽 어깨에 가사를 걸치고 장로 수행녀들의 발에 머리를 조아리고 한쪽 무릎을 꿇고 합장하여 이와 같이 말해야 한다.

[수행녀] '존귀한 자매들이여, 이것이 참모임에 속하고 어떤 것으로 지정되고 어떤 목적으로 준비된 자재로 다른 것을 교환한 것으로 상실되어야 합니다. 저는 이것을 참모임에 넘겨주겠습니다.'

넘겨주고 나서 그 죄를 참회해야 한다. 총명한 유능한 수행녀는 죄를 받아들이고, 넘겨진 것은 돌려주어야 한다.

[총명한 수행녀] '존귀한 자매들이여, 저의 말을 들으십시오. 이것은 상실되어야 할 것으로 이러이러한 수행녀가 참모임에 넘겨준 것입니다. 참모임에 옳은 일이라면, 참모임은 이것을 이러이러한 수행녀에게 돌려주겠습니다.'

2-3₂. 또는 그 수행녀는 두서너 명의 수행녀들에 다가가서 한쪽 어깨에 가사를 걸치고 장로 수행녀들의 발에 머리를 조아리고 한쪽 무릎을 꿇고 합장하여 이와 같이 말해야 한다.

[수행녀] '존귀한 자매들이여, 이것이 참모임에 속하고 어떤 것으로 지정되고

어떤 목적으로 준비된 자재로 다른 것을 교환한 것으로 상실되어야 합니다. 저는 이것을 참모임에 넘겨주겠습니다.'

넘겨주고 나서 그 죄를 참회해야 한다. 총명한 유능한 수행녀는 죄를 받아들이고, 넘겨진 것은 돌려주어야 한다.

[총명한 수행녀] '존귀한 자매들이여, 저의 말을 들으십시오. 이것이 상실되어야 할 것으로 이러이러한 수행녀가 존귀한 자매들에게 넘겨준 것입니다. 참모임에 옳은 일이라면, 존귀한 자매들께서는 이것을 이러이러한 수행녀에게 돌려주겠습니다.'

2-3₃. 또는 그 수행녀는 한 명의 수행녀에게 나아가 한쪽 어깨에 가사를 걸치고 한쪽 무릎을 꿇고 합장하여 이와 같이 말해야 한다.

[수행녀] '존귀한 자매들이여, 이것이 참모임에 속하고 어떤 것으로 지정되고 어떤 목적으로 준비된 자재로 다른 것을 교환한 것으로 상실되어야 합니다. 저는 이것을 존귀한 자매에게 넘겨주겠습니다.'

넘겨주고 나서 그 죄를 참회해야 한다. 그 수행녀는 죄를 받아들이고, 넘겨진 것은 돌려주어야 한다.

[수행녀] '저는 이것을 존귀한 자매에게 돌려주겠습니다.'

2-4₁.

1) 어떤 목적으로 준비된 것에 대해서 어떤 목적으로 준비된 것이라고 지각하고 다른 것을 교환하게 하면, 상실죄를 범하는 것이다.
2) 어떤 목적으로 준비된 것에 대해서 어떤 목적으로 준비된 것인지 의심하고 다른 것을 교환하게 하면, 상실죄를 범하는 것이다.
3) 어떤 목적으로 준비된 것에 대해서 어떤 목적으로 준비되지 않은 것이라고 지각하고 다른 것을 교환하게 하면, 상실죄를 범하는 것이다.

2-4₂. 상실된 것을 얻으면, 보시된 것처럼 사용되어야 한다.[780)]

2-4₃.

1) 어떤 목적으로 준비되지 않은 것에 대해서 어떤 목적으로 준비된 것이라고 지각하면, 악작죄를 범하는 것이다.
2) 어떤 목적으로 준비되지 않은 것에 대해서 어떤 목적으로 준비되지 않은 것인지 의심하면, 악작죄를 범하는 것이다.

---

780) yathādāne upanetabbaṃ : '보시된 것처럼 간주되어 사용되어야 한다.'는 뜻이다.

3) 어떤 목적으로 준비되지 않은 것에 대해서 어떤 목적으로 준비되지 않은 것이라고 지각하면, 무죄이다.

2-4. 남은 것을 사용한다던가,781) 주인의 허락을 얻고 사용한다던가,782) 사고가 난 경우이거나, 정신착란자이거나 초범자인 경우는 무죄이다.

3. 2. 7 상실죄법 제17조

참모임에 속한 것에 대한 학습계율[Saṅghikasikkhāpada]

1-1. 한때 존귀한 부처님께서는 싸밧티 시의 제따바나 숲에 있는 아나타삔디까 승원에 계셨다. 그런데 그때 재가의 남자신도들이 수행녀의 참모임을 위하여 옷을 만들기 위한 자발적인 기부를 모아서 한 의류업자의 가게에 그 자재를 맡겨두고[252] 수행녀들이 있는 곳을 찾아가서 이와 같이 말했다.

[재가의 남자신도들] "존귀한 자매들이여, 모 의류업자의 가게에 옷을 만들기 위해 필요한 자재를 맡겼으니 그것으로 옷을 가져오게 해서 분배하십시오."

수행녀들은 그 자재와 함께 스스로 탁발한 것으로 약을 교환하여 복용했다. 재가의 남자신도들은 그것을 알고 혐책하고 분개하고 비난했다.

[재가의 남자신도들] "어찌 수행녀들이 참모임에 속하고 어떤 것으로 지정되고 어떤 목적으로 준비된 자재와 함께 스스로 탁발한 것으로 다른 것을 교환할 수 있단 말인가?"

1-2. 수행녀들 가운데 욕망을 여의고, 만족을 알고, 부끄러움을 알고, 후회할 줄 알고, 배움을 원하는 자들은 혐책하고 분개하고 비난했다.

[욕망을 여읜 수행녀들] "어찌 수행녀들이 참모임에 속하고 어떤 것으로 지정되고 어떤 목적으로 준비된 자재와 함께 스스로 탁발한 것으로 다른 것을 교환할 수 있단 말인가?"

그래서 그 수행녀들은 수행승들에게 그 사실을 알렸다. 수행승들 가운데 욕망을 여의고, 만족을 알고, 부끄러움을 알고, 후회할 줄 알고, 배움을 원하는 자들도 혐책하고 분개하고 비난했다.

---

781) sesakaṃ upaneti : '이것을 구입하여 남은 것을 다른 것으로 교환하던가'라는 뜻이다.

782) sāmike apaloketvā upaneti : Smp. 918에 따르면, 옷을 위해 주어진 것이지만 옷이 있고 기름이 필요할 때 주인의 허락을 얻고 교환하는 것은 무죄라는 뜻이다.

[욕망을 여읜 수행승들] "어찌 수행녀들이 참모임에 속하고 어떤 것으로 지정되고 어떤 목적으로 준비된 자재와 함께 스스로 탁발한 것으로 다른 것을 교환할 수 있단 말인가?"

1-3. 그래서 그 수행승들은 세존께 그 사실을 알렸다. 그러자 세존께서는 그것을 원인으로 그것을 기회로 수행승의 참모임을 불러 모으게 하고 법문을 하고 수행승들에게 말했다.

[세존] "수행승들이여, 수행녀들이 참모임에 속하고 어떤 것으로 지정되고 어떤 목적으로 준비된 자재와 함께 스스로 탁발한 것으로 다른 것을 교환한 것이 사실인가?"

[수행승들] "세존이시여, 사실입니다." . 존귀한 부처님께서는 견책했다.

[세존] "수행승들이여, 수행녀들은 적절하지 않고, 자연스럽지 않고, 알맞지 않고, 수행자의 삶이 아니고, 부당하고, 해서는 안 될 일을 한 것이다. 수행승들이여, 어찌 수행녀들이 참모임에 속하고 어떤 것으로 지정되고 어떤 목적으로 준비된 자재를 사용하고 그리고 스스로 탁발한 것으로 다른 것을 교환할 수 있단 말인가? 수행승들이여, 그것은 아직 청정한 믿음이 없는 자를 청정한 믿음으로 이끌고, 이미 청정한 믿음이 있는 자를 더욱더 청정한 믿음으로 이끄는 것이 아니다. 수행승들이여, 그것은 오히려, 아직 청정한 믿음이 없는 자를 불신으로 이끌고, 이미 청정한 믿음이 있는 자 가운데 어떤 자들을 타락시키는 것이다."

1-4. 그리고 세존께서는 수행녀들에 대하여 여러 가지 방편으로 견책하고, 키우기 어렵고 부양하기 어렵고 탐욕이 많고 만족을 모르고 교제를 좋아하고 나태한 것에 대하여 질책하고, 여러 가지 법문으로 고무하여, 키우기 쉽고 부양하기 쉽고 욕심을 여의고, 만족을 알고, 버리고 없애는 삶, 악을 제거하는 삶, 청정한 믿음의 삶, 쌓아 모우지 않는 삶, 용맹정진의 삶을 칭찬하고, 수행승들을 위하여 그에 알맞고 그에 걸맞게 경책하여 법문을 하고 수행승들에게 일렀다.

[세존] "수행승들이여, 그러므로 수행녀들을 위하여 열 가지 이유에 기초하여, 즉 참모임의 수승을 위하여, 참모임의 안락을 위하여, 악한 수행녀의 조복을 위하여, 품행이 바른 수행녀의 평안한 삶을 위하여, 지금 여기에서의 번뇌의 제어를 위하여, 다가오는 번뇌를 물리치기 위하여, 청정한 믿음이 없는 자에게 청정한 믿음을 주기 위하여, 청정한 믿음이 있는 자에게 청정한 믿음을 증대시키기 위하여, 올바른 가르침을 지속시키기 위하여, 계율을 수호하기 위하여 학습계율을 시설하니, 수행승들이여, 수행녀들은 이와 같이 학습계율을 송출해

야 한다."

[세존] "어떠한 수행녀이든지 참모임에 속하고 어떤 것으로 지정되고 어떤 목적으로 준비된 자재와 함께 스스로 탁발한 것으로 다른 것을 교환하면, 상실죄를 범하는 것이다."783)

2-1. '어떠한'이라는 것은 어떠한 관계, 어떠한 태생, 어떠한 이름, 어떠한 성씨, 어떠한 계행, 어떠한 주거, 어떠한 활동영역에서 이든지, 장로이든지, 신참이든지, 중참이든지, 이러한 자들을 형용하는 것으로 '어떠한 자이든'이라는 뜻이다. '수행녀'라고 하는 것은 '탁발하는 여자'로서의 수행녀, 탁발을 위해 돌아다니는 여자로서의 수행녀, 분소의를 입은 자로서의 수행녀, 사미니로서의 수행녀, 자칭에 의한 수행녀, '오라! 수행녀여!'에 의한 수행녀, 삼귀의에 의해 구족계를 받은 수행녀, 현선한 수행녀, 진실한 수행녀, 배울 것이 있는 학인인 수행녀, 배울 것이 없는 무학인 수행녀, 화합참모임과 한번제안세번제청의 갈마와 부동의 거룩한 님의 속성을 갖춘 자로서의 수행녀가 있는데, 그녀들 가운데 화합참모임과 양쪽으로부터 구족계를 받은 자로서 한번제안세번제청의 갈마와 부동의 거룩한 님의 속성을 갖춘 수행녀, 그녀를 이러한 의미에서의 수행녀라고 하는 것이다.

2-2. '어떤 것으로 지정되고 어떤 목적으로 준비된 자재로'라는 것은 '어떤 특정한 목적을 위해 주어진 것으로'라는 뜻이다. '참모임에 속하고'라는 것은 '참모임에 속하고 모임에 속하지 않고 한 수행녀에 속하지 않은 것'이라는 뜻이다. '스스로 탁발한 것으로'라는 것은 '스스로 요청하고'라는 뜻이다. '다른 것을 교환하면'이라는 것은 목적으로 주어진 것을 제외하고 다른 것을 교환하면, 그 과정은 악작죄를 범하는 것이고, 그 획득은 상실죄를 범한 것으로 참모임이나 모임이나 한 수행녀에게 넘겨주어야 한다.

2-3₁. 수행승들이여, 이와 같이 넘겨주어야 한다. 그 수행녀는 참모임에 나아가 한쪽 어깨에 가사를 걸치고 장로 수행녀들의 발에 머리를 조아리고 한쪽 무릎을 꿇고 합장하여 이와 같이 말해야 한다.

[수행녀] '존귀한 자매들이여, 이것은 참모임에 속하고 어떤 것으로 지정되고 어떤 목적으로 준비된 자재와 함께 스스로 탁발한 것으로 다른 것을 교환한 것으로 상실되어야 합니다. 저는 이것을 참모임에 넘겨주겠습니다.'

---

783) 타용자걸승가재계○(他用自乞僧伽財戒) | Bhikkhunī Nissag. 17 : yā pana bhikkhunī aññadatthikena parikkhārena aññuddisikena saṅghikena Saṃyācikena aññaṃ cetāpeyya, nissaggiyaṃ pācittiyan'ti.

넘겨주고 나서 그 죄를 참회해야 한다. 총명한 유능한 수행녀는 죄를 받아들이고, 넘겨진 것은 돌려주어야 한다.

[총명한 수행녀] '존귀한 자매들이여, 저의 말을 들으십시오. 이것은 상실되어야 할 것으로 이러이러한 수행녀가 참모임에 넘겨준 것입니다. 참모임에 옳은 일이라면, 참모임은 이것을 이러이러한 수행녀에게 돌려주겠습니다.'

2-3₂. 또는 그 수행녀는 두서너 명의 수행녀들에 다가가서 한쪽 어깨에 가사를 걸치고 장로 수행녀들의 발에 머리를 조아리고 한쪽 무릎을 꿇고 합장하여 이와 같이 말해야 한다.

[수행녀] '존귀한 자매들이여, 이것은 참모임에 속하고 어떤 것으로 지정되고 어떤 목적으로 준비된 자재와 함께 스스로 탁발한 것으로 다른 것을 교환한 것으로 상실되어야 합니다. 저는 이것을 존귀한 자매들에게 넘겨주겠습니다.'

넘겨주고 나서 그 죄를 참회해야 한다. 총명한 유능한 수행녀는 죄를 받아들이고, 넘겨진 것은 돌려주어야 한다.

[총명한 수행녀] '존귀한 자매들이여, 저의 말을 들으십시오. 이것은 상실되어야 할 것으로 이러이러한 수행녀가 존귀한 자매들에게 넘겨준 것입니다. 참모임에 옳은 일이라면, 존귀한 자매들께서는 이것을 이러이러한 수행녀에게 돌려주겠습니다.'

2-3₃. 또는 그 수행녀는 한 명의 수행녀에게 나아가 한쪽 어깨에 가사를 걸치고 한쪽 무릎을 꿇고 합장하여 이와 같이 말해야 한다.

[수행녀] '존귀한 자매들이여, 이것은 참모임에 속하고 어떤 것으로 지정되고 어떤 목적으로 준비된 자재와 함께 스스로 탁발한 것으로 다른 것을 교환한 것으로 상실되어야 합니다. 저는 이것을 존귀한 자매에게 넘겨주겠습니다.'

넘겨주고 나서 그 죄를 참회해야 한다. 그 수행녀는 죄를 받아들이고, 넘겨진 것은 돌려주어야 한다.

[한 수행녀] '저는 이것을 존귀한 자매에게 돌려주겠습니다.'

2-4₁.

1) 어떤 목적으로 준비된 것에 대해서 어떤 목적으로 준비된 것이라고 지각하고 다른 것을 교환하게 하면, 상실죄를 범하는 것이다.
2) 어떤 목적으로 준비된 것에 대해서 어떤 목적으로 준비된 것인지 의심하고 다른 것을 교환하게 하면, 상실죄를 범하는 것이다.

3) 어떤 목적으로 준비된 것에 대해서 어떤 목적으로 준비되지 않은 것이라고 지각하고 다른 것을 교환하게 하면, 상실죄를 범하는 것이다.

2-4₂. 상실된 것을 얻으면, 보시된 것처럼 사용되어야 한다.

2-4₃.

1) 어떤 목적으로 준비되지 않은 것에 대해서 어떤 목적으로 준비된 것이라고 지각하면, 악작죄를 범하는 것이다.
2) 어떤 목적으로 준비되지 않은 것에 대해서 어떤 목적으로 준비되지 않은 것인지 의심하면, 악작죄를 범하는 것이다.
3) 어떤 목적으로 준비되지 않은 것에 대해서 어떤 목적으로 준비되지 않은 것이라고 지각하면, 무죄이다.

2-4. 남은 것을 사용한다던가, 주인의 허락을 얻고 사용하던가, 사고가 난 경우이거나, 정신착란자이거나 초범자인 경우는 무죄이다.

3. 2. 8 상실죄법 제18조

대중에 속한 것에 대한 학습계율[Mahājanīsikkhāpada]

1-1. 한때 존귀한 부처님께서는 싸밧티 시의 제따바나 숲에 있는 아나타삔디까 승원에 계셨다. 그런데 그때 어떤 조합에 속한 방사에 거주하는 수행녀들에게 죽이 모자랐다. 그러자 그 조합은 수행녀들을 위하여 죽을 만들기 위한 자발적 기부를 모아서 어떤 상점주인의 가게에 그 자재를 맡기고 수행승들을 찾아가서 이와 같이 말했다.

[조합] "존귀한 자매들이여, 모 상점주인의 가게에 죽을 만들기 위한 자재를 맡겨 두었습니다. 그것으로 쌀을 가져오게 해서 죽을 쑤어 드십시오."

그러나 수행녀들은 그 자재로 약을 교환하여 복용했다. 그러자 그 조합은 그것을 알고 혐책하고 분개하고 비난했다.

[조합] "어찌 수행녀들이 대중에게 속하고[784] 어떤 것으로 지정되고 어떤 목적으로 준비된 자재로 다른 것을 교환할 수 있단 말인가?"

---

784) mahājanikena : 대중(大衆)을 의미하지만, Smp. 918에 따르면, 율장에서는 참모임(僧伽: saṅgha: 네 명 이상의 수행승), 별중(別中: gaṇa: 2~4명의 수행승), 개인(puggala: 1명의 수행승) 가운데 별중의 의미로 쓰인 것이다.

1-2. 수행녀들은 그 조합이 혐책하고 분개하고 비난하는 것을 들었다. 수행녀들 가운데 욕망을 여의고, 만족을 알고, 부끄러움을 알고, 후회할 줄 알고, 배움을 원하는 자들은 혐책하고 분개하고 비난했다.

[욕망을 여읜 수행녀들] "어찌 수행녀들이 대중에게 속하고 어떤 것으로 지정되고 어떤 목적으로 준비된 자재로 다른 것을 교환할 수 있단 말인가?"

그래서 그 수행녀들은 수행승들에게 그 사실을 알렸다. 수행승들 가운데 욕망을 여의고, 만족을 알고, 부끄러움을 알고, 후회할 줄 알고, 배움을 원하는 자들도 혐책하고 분개하고 비난했다.

[욕망을 여읜 수행승들] "어찌 수행녀들이 대중에게 속하고 어떤 것으로 지정되고 어떤 목적으로 준비된 자재로 다른 것을 교환할 수 있단 말인가?"

1-3. 그래서 그 수행승들은 세존께 그 사실을 알렸다. 그러자 세존께서는 그것을 원인으로 그것을 기회로 수행승의 참모임을 불러 모으게 하고 법문을 하고 수행승들에게 말했다.

[세존] "수행승들이여, 수행녀들이 대중에게 속하고 어떤 것으로 지정되고 어떤 목적으로 준비된 자재로 다른 것을 교환한 것이 사실인가?"

[수행승들] "세존이시여, 사실입니다."

존귀한 부처님께서는[253] 견책했다.

[세존] "수행승들이여, 수행녀들은 적절하지 않고, 자연스럽지 않고, 알맞지 않고, 수행자의 삶이 아니고, 부당하고, 해서는 안 될 일을 한 것이다. 수행승들이여, 어찌 수행녀들이 대중에게 속하고 어떤 것으로 지정되고 어떤 목적으로 준비된 자재로 다른 것을 교환할 수 있단 말인가? 수행승들이여, 그것은 아직 청정한 믿음이 없는 자를 청정한 믿음으로 이끌고, 이미 청정한 믿음이 있는 자를 더욱더 청정한 믿음으로 이끄는 것이 아니다. 수행승들이여, 그것은 오히려, 아직 청정한 믿음이 없는 자를 불신으로 이끌고, 이미 청정한 믿음이 있는 자 가운데 어떤 자들을 타락시키는 것이다."

1-4. 그리고 세존께서는 수행녀들에 대하여 여러 가지 방편으로 견책하고, 키우기 어렵고 부양하기 어렵고 탐욕이 많고 만족을 모르고 교제를 좋아하고 나태한 것에 대하여 질책하고, 여러 가지 법문으로 고무하여, 키우기 쉽고 부양하기 쉽고 욕심을 여의고, 만족을 알고, 버리고 없애는 삶, 악을 제거하는 삶, 청정한 믿음의 삶, 쌓아 모우지 않는 삶, 용맹정진의 삶을 칭찬하고, 수행승들을 위하여 그에

알맞고 그에 걸맞게 경책하여 법문을 하고 수행승들에게 일렀다.

[세존] "수행승들이여, 그러므로 수행녀들을 위하여 열 가지 이유에 기초하여, 즉 참모임의 수승을 위하여, 참모임의 안락을 위하여, 악한 수행녀의 조복을 위하여, 품행이 바른 수행녀의 평안한 삶을 위하여, 지금 여기에서의 번뇌의 제어를 위하여, 다가오는 번뇌를 물리치기 위하여, 청정한 믿음이 없는 자에게 청정한 믿음을 주기 위하여, 청정한 믿음이 있는 자에게 청정한 믿음을 증대시키기 위하여, 올바른 가르침을 지속시키기 위하여, 계율을 수호하기 위하여 학습계율을 시설하니, 수행승들이여, 수행녀들은 이와 같이 학습계율을 송출해야 한다."

[세존] "어떠한 수행녀이든지 대중에 속하고 어떤 것으로 지정되고 어떤 목적으로 준비된 자재로 다른 것을 교환하면, 상실죄를 범하는 것이다."[785]

2-1. '어떠한'이라는 것은 어떠한 관계, 어떠한 태생, 어떠한 이름, 어떠한 성씨, 어떠한 계행, 어떠한 주거, 어떠한 활동영역에서 이든지, 장로이든지, 신참이든지, 중참이든지, 이러한 자들을 형용하는 것으로 '어떠한 자이든'이라는 뜻이다. '수행녀'라고 하는 것은 '탁발하는 여자'로서의 수행녀, 탁발을 위해 돌아다니는 여자로서의 수행녀, 분소의를 입은 자로서의 수행녀, 사미니로서의 수행녀, 자칭에 의한 수행녀, '오라! 수행녀여!'에 의한 수행녀, 삼귀의에 의해 구족계를 받은 수행녀, 현선한 수행녀, 진실한 수행녀, 배울 것이 있는 학인인 수행녀, 배울 것이 없는 무학인 수행녀, 화합참모임과 한번제안세번제청의 갈마와 부동의 거룩한 님의 속성을 갖춘 자로서의 수행녀가 있는데, 그녀들 가운데 화합참모임과 양쪽으로부터 구족계를 받은 자로서 한번제안세번제청의 갈마와 부동의 거룩한 님의 속성을 갖춘 수행녀, 그녀를 이러한 의미에서의 수행녀라고 하는 것이다.

2-2. '어떤 것으로 지정되고 어떤 목적으로 준비된 자재로'라는 것은 '어떤 특정한 목적을 위해 주어진 것으로'라는 뜻이다. '대중에 속하고'라는 것은 '모임에 속하는 것으로 참모임에 속하지 않고 한 수행녀에게 속하지 않은 것'이라는 뜻이다. '다른 것을 교환하면'이라는 것은 목적으로 주어진 것을 제외하고 다른 것을 교환하면, 그 과정은 악작죄를 범하는 것이고, 그 획득은 상실죄를 범한 것으로 참모임이나 모임이나 한 수행녀에게 넘겨주어야 한다.

---

785) 타용별중재계○(他用別衆財戒) | Bhikkhunī Nissag. 18 : yā pana bhikkhunī aññadatthikena parikkhārena aññuddisikena mahājanikena aññaṃ cetāpeyya nissaggiyaṃ pācittiyan'ti.

2-3[1]. 수행승들이여, 이와 같이 넘겨주어야 한다. 그 수행녀는 참모임에 다가가서 한쪽 어깨에 가사를 걸치고 장로 수행녀들의 발에 머리를 조아리고 한쪽 무릎을 꿇고 합장하여 이와 같이 말해야 한다.

[수행녀] '존귀한 자매들이여, 이것이 대중에 속하고 어떤 것으로 지정되고 어떤 목적으로 준비된 자재로 다른 것을 교환한 것으로 상실되어야 합니다. 저는 이것을 참모임에 넘겨주겠습니다.'

넘겨주고 나서 그 죄를 참회해야 한다. 총명한 유능한 수행녀는 죄를 받아들이고, 넘겨진 것은 돌려주어야 한다.

[총명한 수행녀] '존귀한 자매들이여, 저의 말을 들으십시오. 이것은 상실되어야 할 것으로 이러이러한 수행녀가 참모임에 넘겨준 것입니다. 참모임에 옳은 일이라면, 참모임은 이것을 이러이러한 수행녀에게 돌려주겠습니다.'

2-3[1]. 또는 그 수행녀는 두서너 명의 수행녀들에 다가가서 한쪽 어깨에 가사를 걸치고 수행녀들의 발에 머리를 조아리고 한쪽 무릎을 꿇고 합장하여 이와 같이 말해야 한다.

[수행녀] '존귀한 자매들이여, 이것은 대중에 속하고 어떤 것으로 지정되고 어떤 목적으로 준비된 자재로 다른 것을 교환한 것으로 상실되어야 합니다. 저는 이것을 존귀한 자매들에게 넘겨주겠습니다.'

넘겨주고 나서 그 죄를 참회해야 한다. 총명한 유능한 수행녀는 죄를 받아들이고, 넘겨진 것은 돌려주어야 한다.

[총명한 수행녀] '존귀한 자매들이여, 저의 말을 들으십시오. 이것은 상실되어야 할 것으로 이러이러한 수행녀가 참모임에 넘겨준 것입니다. 존귀한 자매들에게 옳은 일이라면, 존귀한 자매들께서는 이것을 이러이러한 수행녀에게 돌려주겠습니다.'

2-3[3]. 또는 그 수행녀는 한 명의 수행녀에게 나아가 한쪽 어깨에 가사를 걸치고 한쪽 무릎을 꿇고 합장하여 이와 같이 말해야 한다.

[수행녀] '존귀한 자매들이여, 이것은 대중에 속하고 어떤 것으로 지정되고 어떤 목적으로 준비된 자재로 다른 것을 교환한 것으로 상실되어야 합니다. 저는 이것을 존귀한 자매에게 넘겨주겠습니다.'

넘겨주고 나서 그 죄를 참회해야 한다. 그 수행녀는 죄를 받아들이고, 넘겨진 것은 돌려주어야 한다.

[한 수행녀] '저는 이것을 존귀한 자매에게 돌려주겠습니다.'

2-4₁.

1) 어떤 목적으로 준비된 것에 대해서 어떤 목적으로 준비된 것이라고 지각하고 다른 것을 교환하게 하면, 상실죄를 범하는 것이다.
2) 어떤 목적으로 준비된 것에 대해서 어떤 목적으로 준비된 것인지 의심하고 다른 것을 교환하게 하면, 상실죄를 범하는 것이다.
3) 어떤 목적으로 준비된 것에 대해서 어떤 목적으로 준비되지 않은 것이라고 지각하고 다른 것을 교환하게 하면, 상실죄를 범하는 것이다.

2-4₂. 상실된 것을 얻으면, 보시된 것처럼 사용되어야 한다.

2-4₃.

1) 어떤 목적으로 준비되지 않은 것에 대해서 어떤 목적으로 준비된 것이라고 지각하면, 악작죄를 범하는 것이다.
2) 어떤 목적으로 준비되지 않은 것에 대해서 어떤 목적으로 준비되지 않은 것인지 의심하면, 악작죄를 범하는 것이다.
3) 어떤 목적으로 준비되지 않은 것에 대해서 어떤 목적으로 준비되지 않은 것이라고 지각하면, 무죄이다.

2-4. 남은 것을 사용한다던가, 주인의 허락을 얻고 사용하던가, 사고가 난 경우이거나, 정신착란자이거나 초범자인 경우는 무죄이다.

3. 2. 9 상실죄법 제19조

스스로 탁발 한 것에 대한 학습계율[Saṃyācikasikkhāpada]

1-1. 한때 존귀한 부처님께서는 싸밧티 시의 제따바나 숲에 있는 아나타삔디까 승원에 계셨다. 그런데 그때 어떤 조합에 속한 방사에 거주하는 수행녀들에게 죽이 모자랐다. 그러자 그 조합은 수행녀들을 위하여 죽을 만들기 위한 자발적 기부를 모아서 어떤 상점주인의 가게에 그 자재를 맡기고 수행승들을 찾아가서 이와 같이 말했다.

[조합] "존귀한 자매들이여, 모 상점주인의 가게에 죽을 만들기 위한 자재를 맡겨 두었습니다. 그것으로 쌀을 가져오게 해서 죽을 쑤어 드십시오."

그런데 수행녀들은 그 자재와 함께 스스로 탁발한 것으로 약을 교환하여 복용했다. 그러자 그 조합은 그것을 알고 혐책하고 분개하고 비난했다.

[조합] "어찌 수행녀들이 대중에게 속하고 어떤 것으로 지정되고 어떤 목적으로 준비된 자재와 함께 스스로 탁발한 것으로 다른 것을 교환할 수 있단 말인가?"

1-2. 수행녀들은 그 조합이 혐책하고 분개하고 비난하는 것을 들었다. 수행녀들 가운데 욕망을 여의고, 만족을 알고, 부끄러움을 알고, 후회할 줄 알고, 배움을 원하는 자들은 혐책하고 분개하고 비난했다.

[욕망을 여읜 수행녀들] "어찌 수행녀들이 대중에게 속하고 어떤 것으로 지정되고 어떤 목적으로 준비된 자재와 함께 스스로 탁발한 것으로 다른 것을 교환할 수 있단 말인가?"

그래서 그 수행녀들은 수행승들에게 그 사실을 알렸다. 수행승들 가운데 욕망을 여의고, 만족을 알고, 부끄러움을 알고, 후회할 줄 알고, 배움을 원하는 자들도 혐책하고 분개하고 비난했다.

[욕망을 여읜 수행승들] "어찌 수행녀들이 대중에게 속하고 어떤 것으로 지정되고 어떤 목적으로 준비된 자재와 함께 스스로 탁발한 것으로 다른 것을 교환할 수 있단 말인가?"

1-3. 그래서 그 수행승들은 세존께 그 사실을 알렸다. 그러자 세존께서는 그것을 원인으로 그것을 기회로 수행승의 참모임을 불러 모으게 하고 법문을 하고 수행승들에게 말했다.

[세존] "수행승들이여, 수행녀들이 대중에게 속하고 어떤 것으로 지정되고 어떤 목적으로 준비된 자재와 함께 스스로 탁발한 것으로 다른 것을 교환한 것이 사실인가?"

[수행승들] "세존이시여, 사실입니다."

존귀한 부처님께서는 견책했다.

[세존] "수행승들이여, 수행녀들은 적절하지 않고, 자연스럽지 않고, 알맞지 않고, 수행자의 삶이 아니고, 부당하고, 해서는 안 될 일을 한 것이다. 수행승들이여, 어찌 수행녀들이 대중에게 속하고 어떤 것으로 지정되고 어떤 목적으로 준비된 자재와 함께 스스로 탁발한 것으로 다른 것을 교환할 수 있단 말인가? 수행승들이여, 그것은 아직 청정한 믿음이 없는 자를 청정한 믿음으로 이끌고, 이미 청정한 믿음이 있는 자를 더욱더 청정한 믿음으로 이끄는 것이 아니다. 수행승들이여, 그것은 오히려, 아직 청정한 믿음이 없는 자를 불신으로 이끌고, 이미 청정한 믿음이 있는 자 가운데 어떤 자들을 타락시키는 것이다."

1-4. 그리고 세존께서는 수행녀들에 대하여 여러 가지 방편으로 견책하고, 키우기 어렵고 부양하기 어렵고 탐욕이 많고 만족을 모르고 교제를 좋아하고 나태한 것에 대하여 질책하고, 여러 가지 법문으로 고무하여, 키우기 쉽고 부양하기 쉽고 욕심을 여의고, 만족을 알고, 버리고 없애는 삶, 악을 제거하는 삶, 청정한 믿음의 삶, 쌓아 모우지 않는 삶, 용맹정진의 삶을 칭찬하고, 수행승들을 위하여 그에 알맞고 그에 걸맞게 경책하여 법문을 하고 수행승들에게 일렀다.

[세존] "수행승들이여, 그러므로 수행녀들을 위하여 열 가지 이유에 기초하여, 즉 참모임의 수승을 위하여, 참모임의 안락을 위하여, 악한 수행녀의 조복을 위하여, 품행이 바른 수행녀의 평안한 삶을 위하여, 지금 여기에서의 번뇌의 제어를 위하여, 다가오는 번뇌를 물리치기 위하여, 청정한 믿음이 없는 자에게 청정한 믿음을 주기 위하여, 청정한 믿음이 있는 자에게 청정한 믿음을 증대시키기 위하여, 올바른 가르침을 지속시키기 위하여, 계율을 수호하기 위하여 학습계율을 시설하니, 수행승들이여, 수행녀들은 이와 같이 학습계율을 송출해야 한다.

[세존] "어떠한 수행녀이든지 대중에 속하고 어떤 것으로 지정되고 어떤 목적으로 준비된 자재와 함께 스스로 탁발한 것으로 다른 것을 교환하면, 상실죄를 범하는 것이다."786)

2-1. '어떠한'이라는 것은 어떠한 관계, 어떠한 태생, 어떠한 이름, 어떠한 성씨, 어떠한 계행, 어떠한 주거, 어떠한 활동영역에서 이든지, 장로이든지, 신참이든지, 중참이든지, 이러한 자들을 형용하는 것으로 '어떠한 자이든'이라는 뜻이다. '수행녀'라고 하는 것은 '탁발하는 여자'로서의 수행녀, 탁발을 위해 돌아다니는 여자로서의 수행녀, 분소의를 입은 자로서의 수행녀, 사미니로서의 수행녀, 자칭에 의한 수행녀, '오라! 수행녀여!'에 의한 수행녀, 삼귀의에 의해 구족계를 받은 수행녀, 현선한 수행녀, 진실한 수행녀, 배울 것이 있는 학인인 수행녀, 배울 것이 없는 무학인 수행녀, 화합참모임과 한번제안세번제청의 갈마와 부동의 거룩한 님의 속성을 갖춘 자로서의 수행녀가 있는데, 그녀들 가운데 화합참모임과 양쪽으로부터 구족계를 받은 자로서 한번제안세번제청의 갈마와 부동의 거룩한 님의 속성을 갖춘 수행녀, 그녀를 이러한 의미에서의 수행녀라고 하는 것이다.

---

786) 타용자걸별중재계○(他用自乞別衆財戒) | Bhikkhunī Nissag. 19 : yā pana bhikkhunī aññadatthikena parikkhārena aññuddisikena mahājanikena Saṃyācikena aññaṃ cetāpeyya, nissaggiyaṃ pācittiyan'ti.

2-2. '어떤 것으로 지정되고 어떤 목적으로 준비된 자재로'라는 것은 '어떤 특정한 목적을 위해 주어진 것으로'라는 뜻이다. '대중에 속하고'라는 것은 '모임에 속한 것으로서 참모임에 속한 것이 아니고 한 명의 수행녀에 속한 것이 아닌 것'이라는 뜻이다. '스스로 탁발한 것으로'라는 것은 '스스로 요청하고'라는 뜻이다. '다른 것을 교환하면'이라는 것은 목적으로 주어진 것을 제외하고 다른 것을 교환하면, 그 과정은 악작죄를 범하는 것이고, 그 획득은 상실죄를 범한 것으로 참모임이나 모임이나 한 수행녀에게 넘겨주어야 한다.

2-3₁. 수행승들이여, 이와 같이 넘겨주어야 한다. 그 수행녀는 대중에 다가가서 한쪽 어깨에 가사를 걸치고 장로 수행녀들의 발에 머리를 조아리고 한쪽 무릎을 꿇고 합장하여 이와 같이 말해야 한다.

[수행녀] '존귀한 자매들이여, 이것이 대중에 속하고 어떤 것으로 지정되고 어떤 목적으로 준비된 자재와 함께 스스로 탁발한 것으로 다른 것을 교환한 것으로 상실되어야 합니다. 저는 이것을 참모임에 넘겨주겠습니다.'

넘겨주고 나서 그 죄를 참회해야 한다. 총명한 유능한 수행녀는 죄를 받아들이고, 넘겨진 것은 돌려주어야 한다.

[총명한 수행녀] "존귀한 자매들이여, 저의 말을 들으십시오. 이것은 상실되어야 할 것으로 이러이러한 수행녀가 참모임에 넘겨준 것입니다. 참모임에 옳은 일이라면, 참모임은 이것을 이러이러한 수행녀에게 돌려주겠습니다."

2-3₂. 또는 그 수행녀는 두서너 명의 수행녀들에 다가가서 한쪽 어깨에 가사를 걸치고 장로 수행녀들의 발에 머리를 조아리고 한쪽 무릎을 꿇고 합장하여 이와 같이 말해야 한다.

[수행녀] '존귀한 자매들이여, 이것이 대중에 속하고 어떤 것으로 지정되고 어떤 목적으로 준비된 자재와 함께 스스로 탁발한 것으로 다른 것을 교환한 것으로 상실되어야 합니다. 저는 이것을 존귀한 자매들에게 넘겨주겠습니다.'

넘겨주고 나서 그 죄를 참회해야 한다. 총명한 유능한 수행녀는 죄를 받아들이고, 넘겨진 것은 돌려주어야 한다.

[총명한 수행녀] '존귀한 자매들이여, 저의 말을 들으십시오. 이것은 상실되어야 할 것으로 이러이러한 수행녀가 존귀한 자매들에 넘겨준 것입니다. 존귀한 자매들에게 옳은 일이라면, 존귀한 자매들께서는 이것을 이러이러한 수행녀에게 돌려주겠습니다.'

2-3₃. 또는 그 수행녀는 한 명의 수행녀에게 나아가 한쪽 어깨에 가사를 걸치고 한쪽 무릎을 꿇고 합장하여 이와 같이 말해야 한다.

[수행녀] '존귀한 자매들이여, 이것이 대중에 속하고 어떤 것으로 지정되고 어떤 목적으로 준비된 자재와 함께 스스로 탁발한 것으로 다른 것을 교환한 것으로 상실되어야 합니다. 저는 이것을 존귀한 자매에게 넘겨주겠습니다.'

넘겨주고 나서 그 죄를 참회해야 한다. 그 수행녀는 죄를 받아들이고, 넘겨진 것은 돌려주어야 한다.

[한 수행녀] '저는 이것을 존귀한 자매에게 돌려주겠습니다.'

2-3₁.

1) 어떤 목적으로 준비된 것에 대해서 어떤 목적으로 준비된 것이라고 지각하고 다른 것을 교환하게 하면, 상실죄를 범하는 것이다.
2) 어떤 목적으로 준비된 것에 대해서 어떤 목적으로 준비된 것인지 의심하고 다른 것을 교환하게 하면, 상실죄를 범하는 것이다.
3) 어떤 목적으로 준비된 것에 대해서 어떤 목적으로 준비되지 않은 것이라고 지각하고 다른 것을 교환하게 하면, 상실죄를 범하는 것이다.

2-3₁.

1) 어떤 목적으로 준비되지 않은 것에 대해서 어떤 목적으로 준비된 것이라고 지각하면, 악작죄를 범하는 것이다.
2) 어떤 목적으로 준비되지 않은 것에 대해서 어떤 목적으로 준비되지 않은 것인지 의심하면, 악작죄를 범하는 것이다.
3) 어떤 목적으로 준비되지 않은 것에 대해서 어떤 목적으로 준비되지 않은 것이라고 지각하면, 무죄이다.

2-4. 남은 것을 사용한다던가, 주인의 허락을 얻고 사용하던가, 사고가 나는 경우이거나, 정신착란자이거나 초범자인 경우는 무죄이다.

3. 2. 10 상실죄법 제20조

개인에 속한 것에 대한 학습계율[Puggaliksikkhāpada]

1-1. 한때[254] 존귀한 부처님께서는 싸밧티 시의 제따바나 숲에 있는 아나타삔디까 승원에 계셨다. 그런데 그때 수행녀 툴라난다는 박학한 송출자이자 슬기로

운 선설법자였다. 많은 사람이 수행녀 툴라난다를 방문했다. 그런데 그때 수행녀 툴라난다의 방사가 무너졌다. 사람들이 수행녀 툴라난다에게 이와 같이 말했다.

[사람들] "존귀한 자매여, 왜 그대의 방사가 무너졌습니까?"

[툴라난다] "벗들이여, 보시자도 없고 일꾼도 없습니다."

그래서 그 사람들은 수행녀 툴라난다의 방사를 만들기 위하여 자발적인 기부를 모아서 수행녀 툴라난다에게 자재를 보시했다.

그러나 수행녀 툴라난다는 그 자재와 함께 스스로 탁발한 것으로 약을 교환해서 복용했다. 재가의 남자신도들들은 그것을 알고 혐책하고 분개하고 비난했다.

[재가의 남자신도들] "어찌 존귀한 자매 툴라난다가 개인에게 속하고 어떤 것으로 지정되고 어떤 목적으로 준비된 자재와 함께 탁발한 것으로 다른 것을 교환할 수 있단 말인가?"

1-2. 수행녀들은 그 재가의 남자신도들이 혐책하고 분개하고 비난하는 것을 들었다. 수행녀들 가운데 욕망을 여의고, 만족을 알고, 부끄러움을 알고, 후회할 줄 알고, 배움을 원하는 자들은 혐책하고 분개하고 비난했다.

[욕망을 여읜 수행녀들] "어찌 존귀한 자매 툴라난다가 개인에게 속하고 어떤 것으로 지정되고 어떤 목적으로 준비된 자재와 함께 탁발한 것으로 다른 것을 교환할 수 있단 말인가?"

그래서 그 수행녀들은 수행승들에게 그 사실을 알렸다. 수행승들 가운데 욕망을 여의고, 만족을 알고, 부끄러움을 알고, 후회할 줄 알고, 배움을 원하는 자들도 혐책하고 분개하고 비난했다.

[욕망을 여읜 수행승들] "어찌 존귀한 자매 툴라난다가 개인에게 속하고 어떤 것으로 지정되고 어떤 목적으로 준비된 자재와 함께 탁발한 것으로 다른 것을 교환할 수 있단 말인가?"

1-3. 그래서 그 수행승들은 세존께 그 사실을 알렸다. 그러자 세존께서는 그것을 원인으로 그것을 기회로 수행승의 참모임을 불러 모으게 하고 법문을 하고 수행승들에게 말했다.

[세존] "수행승들이여, 수행녀 툴라난다가 개인에게 속하고 어떤 것으로 지정되고 어떤 목적으로 준비된 자재와 함께 탁발한 것으로 다른 것을 교환한 것이 사실인가?"

[수행승들] "세존이시여, 사실입니다."

존귀한 부처님께서는 견책했다.

[세존] "수행승들이여, 수행녀 툴라난다는 적절하지 않고, 자연스럽지 않고, 알맞지 않고, 수행자의 삶이 아니고, 부당하고, 해서는 안 될 일을 한 것이다. 수행승들이여, 어찌 수행녀 툴라난다가 개인에게 속하고 어떤 것으로 지정되고 어떤 목적으로 준비된 자재와 함께 탁발한 것으로 다른 것을 교환할 수 있단 말인가? 수행승들이여, 그것은 아직 청정한 믿음이 없는 자를 청정한 믿음으로 이끌고, 이미 청정한 믿음이 있는 자를 더욱더 청정한 믿음으로 이끄는 것이 아니다. 수행승들이여, 그것은 오히려, 아직 청정한 믿음이 없는 자를 불신으로 이끌고, 이미 청정한 믿음이 있는 자 가운데 어떤 자들을 타락시키는 것이다."

1-4. 그리고 세존께서는 수행녀 툴라난다에 대하여 여러 가지 방편으로 견책하고, 키우기 어렵고 부양하기 어렵고 탐욕이 많고 만족을 모르고 교제를 좋아하고 나태한 것에 대하여 질책하고, 여러 가지 법문으로 고무하여, 키우기 쉽고 부양하기 쉽고 욕심을 여의고, 만족을 알고, 버리고 없애는 삶, 악을 제거하는 삶, 청정한 믿음의 삶, 쌓아 모우지 않는 삶, 용맹정진의 삶을 칭찬하고, 수행승들을 위하여 그에 알맞고 그에 걸맞게 경책하여 법문을 하고 수행승들에게 일렀다.

[세존] "수행승들이여, 그러므로 수행녀들을 위하여 열 가지 이유에 기초하여, 즉 참모임의 수승을 위하여, 참모임의 안락을 위하여, 악한 수행녀의 조복을 위하여, 품행이 바른 수행녀의 평안한 삶을 위하여, 지금 여기에서의 번뇌의 제어를 위하여, 다가오는 번뇌를 물리치기 위하여, 청정한 믿음이 없는 자에게 청정한 믿음을 주기 위하여, 청정한 믿음이 있는 자에게 청정한 믿음을 증대시키기 위하여, 올바른 가르침을 지속시키기 위하여, 계율을 수호하기 위하여 학습계율을 시설하니, 수행승들이여, 수행녀들은 이와 같이 학습계율을 송출해야 한다."

[세존] "어떠한 수행녀이든지 개인에 속하고 어떤 것으로 지정되고 어떤 목적으로 준비된 자재와 함께 스스로 탁발한 것으로 다른 것을 교환하면, 상실죄를 범하는 것이다."787)

2-1. '어떠한'이라는 것은 어떠한 관계, 어떠한 태생, 어떠한 이름, 어떠한 성씨, 어떠한 계행, 어떠한 주거, 어떠한 활동영역에서 이든지, 장로이든지, 신참이든지, 중참이든지, 이러한 자들을 형용하는 것으로 '어떠한 자이든'이라는 뜻이다. '수행녀'라고 하는 것은 '탁발하는 여자'로서의 수행녀, 탁발을 위해 돌아다니는

---

787) 타용자걸별인재계○(他用自乞別人財戒) | Bhikkhunī Nissag. 20 : yā pana bhikkhunī aññadatthikena parikkhārena aññuddisikena puggalikena Saṃyācikena aññaṃ cetāpeyya, nissaggiyaṃ pacittiyan'ti.

여자로서의 수행녀, 분소의를 입은 자로서의 수행녀, 사미니로서의 수행녀, 자칭에 의한 수행녀, '오라! 수행녀여!'에 의한 수행녀, 삼귀의에 의해 구족계를 받은 수행녀, 현선한 수행녀, 진실한 수행녀, 배울 것이 있는 학인인 수행녀, 배울 것이 없는 무학인 수행녀, 화합참모임과 한번제안세번제청의 갈마와 부동의 거룩한 님의 속성을 갖춘 자로서의 수행녀가 있는데, 그녀들 가운데 화합참모임과 양쪽으로부터 구족계를 받은 자로서 한번제안세번제청의 갈마와 부동의 거룩한 님의 속성을 갖춘 수행녀, 그녀를 이러한 의미에서의 수행녀라고 하는 것이다.

2-2. '어떤 것으로 지정되고 어떤 목적으로 준비된 자재로'라는 것은 '어떤 특정한 목적을 위해 주어진 것으로'라는 뜻이다. '개인에게 속하고'라는 것은 '한 수행녀에게 귀속된 것으로 참모임이나 몇 명의 무리에게 속한 것이 아닌 것'을 뜻한다. '스스로 탁발한 것으로'라는 것은 '스스로 요청하고'라는 뜻이다. '다른 것을 교환하면'이라는 것은 목적으로 주어진 것을 제외하고 다른 것을 교환하면, 그 과정은 악작죄를 범하는 것이고, 그 획득은 상실죄를 범한 것으로 참모임이나 모임이나 한 수행녀에게 넘겨주어야 한다.

2-3₁. 수행승들이여, 이와 같이 넘겨주어야 한다. 그 수행녀는 참모임에 나아가 한쪽 어깨에 가사를 걸치고 장로 수행녀들의 발에 머리를 조아리고 한쪽 무릎을 꿇고 합장하여 이와 같이 말해야 한다.

[수행녀] '존귀한 자매들이여, 이것은 개인에게 속하고 어떤 것으로 지정되고 어떤 목적으로 준비된 자재와 함께 스스로 탁발한 것으로 다른 것을 교환한 것으로 상실되어야 합니다. 저는 이것을 참모임에 넘겨주겠습니다.'

넘겨주고 나서 그 죄를 참회해야 한다. 총명한 유능한 수행녀는 죄를 받아들이고, 넘겨진 것은 돌려주어야 한다.

[총명한 수행녀] '존귀한 자매들이여, 저의 말을 들으십시오. 이것은 상실되어야 할 것으로 이러이러한 수행녀가 참모임에 넘겨준 것입니다. 참모임에 옳은 일이라면, 참모임은 이것을 이러이러한 수행녀에게 돌려주겠습니다.'

2-3₂. 또는 그 수행녀는 두서너 명의 수행녀들에게 다가가서 한쪽 어깨에 가사를 걸치고 장로 수행녀들의 발에 머리를 조아리고 한쪽 무릎을 꿇고 합장하여 이와 같이 말해야 한다.

[수행녀] '존귀한 자매들이여, 이것은 개인에게 속하고 어떤 것으로 지정되고 어떤 목적으로 준비된 자재와 함께 스스로 탁발한 것으로 다른 것을 교환한 것으

로 상실되어야 합니다. 저는 이것을 존귀한 자매들에게 넘겨주겠습니다.'

넘겨주고 나서 그 죄를 참회해야 한다. 총명한 유능한 수행녀는 죄를 받아들이고, 넘겨진 것은 돌려주어야 한다.

[총명한 수행녀] '존귀한 자매들이여, 저의 말을 들으십시오. 이것은 상실되어야 할 것으로 이러이러한 수행녀가 존귀한 자매들에 넘겨준 것입니다. 존귀한 자매들에게 옳은 일이라면, 존귀한 자매들께서는 이것을 이러이러한 수행녀에게 돌려주겠습니다.'

2-3₃. 또는 그 수행녀는 한 명의 수행녀에게 나아가 한쪽 어깨에 가사를 걸치고 한쪽 무릎을 꿇고 합장하여 이와 같이 말해야 한다.

[수행녀] '존귀한 자매들이여, 이것은 개인에 속하고 어떤 것으로 지정되고 어떤 목적으로 준비된 자재와 함께 스스로 탁발한 것으로 다른 것을 교환한 것으로 상실되어야 합니다. 저는 이것을 존귀한 자매에게 넘겨주겠습니다.'

넘겨주고 나서 그 죄를 참회해야 한다. 그 수행녀는 죄를 받아들이고, 넘겨진 것은 돌려주어야 한다.

[한 수행녀] '저는 이것을 존귀한 자매에게 돌려주겠습니다.'

2-4₁.

1) 어떤 목적으로 준비된 것에 대해서 어떤 목적으로 준비된 것이라고 지각하고 다른 것을 교환하게 하면, 상실죄를 범하는 것이다.
2) 어떤 목적으로 준비된 것에 대해서 어떤 목적으로 준비된 것인지 의심하고 다른 것을 교환하게 하면, 상실죄를 범하는 것이다.
3) 어떤 목적으로 준비된 것에 대해서 어떤 목적으로 준비되지 않은 것이라고 지각하고 다른 것을 교환하게 하면, 상실죄를 범하는 것이다.

2-4₂. 상실된 것을 얻으면, 보시된 것처럼 사용되어야 한다.

2-4₃.

1) 어떤 목적으로 준비되지 않은 것에 대해서 어떤 목적으로 준비된 것이라고 지각하면, 악작죄를 범하는 것이다.
2) 어떤 목적으로 준비되지 않은 것에 대해서 어떤 목적으로 준비되지 않은 것인지 의심하면, 악작죄를 범하는 것이다.
3) 어떤 목적으로 준비되지 않은 것에 대해서 어떤 목적으로 준비되지 않은 것이라고 지각하면, 무죄이다.

2-5. 남은 것을 사용한다던가, 주인의 허락을 얻고 사용하던가, 사고가 나는 경우이거나, 정신착란자이거나 초범자인 경우는 무죄이다.

제2품 금전 그 후렴시는 다음과 같다.

금전, 여러 종류의 둘. 부탁, 교환, 어떤 것으로 지정,

참모임의 것, 대중의 것, 스스로 탁발한 것, 개인에 속한 것788)

제3품 발우(Pattavagga)

3. 3. 1 상실죄법 제21조

다섯 번 수리 이하에 대한 학습계율[Napañcabandhanasikkhāpada]

1-1. 한때 존귀한 세존께서 싸끼야 국의 까삘라밧투789) 시에 있는 니그로다라마790) 승원에 계셨다. 그런데 그때 수행승들이 어떤 도공의 초대를 받았다.

[도공] "존자들에게 발우가 필요하면, 제가 발우를 제공하겠습니다."

그때 수행승들은 분수를 알지 못하고 많은 발우를 요청했다. 작은 발우를 가진 자들은 큰 발우를 요청하고, 작은 발우를 가진 자들은 큰 발우를 요청했다. 그래서 그 도공은 수행승들에게 많은 발우를 만들어 다른 팔 물건을 만들 수가 없고, 스스로 연명할 수가 없고, 처자들도 피곤해졌다. 사람들이 혐책하고 분개하고 비난했다.

[사람들] "어찌 싸끼야의 아들들인 수행자들이 분수를 알지 못하고 많은 발우를 요청할 수가 있단 말인가? 이 분은 많은 발우를 만드느라[*245] 다른 사람들에게 팔 물건을 만들 수가 없고, 스스로 연명할 수가 없고, 처자들도 피곤해졌다."

1-2. 수행승들은 그 사람들이 혐책하고 분개하고 비난하는 것을 들었다. 수행승들 가운데 욕망을 여의고, 만족을 알고, 부끄러움을 알고, 후회할 줄 알고, 배움을

---

788) rupiyañceva dve nānappakāro | viññatti cetāpetvā aññadatthi | saṅghikañca mahājanī | saññācikā puggalikā ||

789) Kapilavatthu : 고따마 부처님이 속한 싸끼야 족의 수도로 옥까까 왕의 후손들이 건설한 것이다. 근처에 룸비니(Lumbīnī) 숲에서 고따마 부처님이 태어났다. 이 도시는 고따마 부처님의 아버지 쑷도다나(Suddhodana) 왕이 다스리고 있었고, 그곳을 흐르던 로히니(Rohiṇī) 강을 사이에 두고 꼴리야 족의 왕국과 마주하고 있었다.

790) Nigrodārāma : 까삘라밧투 시에 있던 승원의 이름이다. 부처님이 정각을 이룬 지 일 년 뒤에 그곳을 방문했을 때에 니그로다라는 싸끼야 족의 한 사람이 부처님에게 기증한 숲이다. 여기서 많은 싸끼야 족들과의 대화가 이루어졌다. 마하빠자빠띠 고타미가 처음 출가의사를 밝혀서 거절된 곳이기도 하다.

원하는 자들이 있는데, 그들도 혐책하고 분개하고 비난했다.

[욕망을 여읜 수행승들] "어찌 수행승들이 분수를 알지 못하고 많은 발우를 요청할 수가 있단 말인가?"

1-3. 그래서 그 수행승들은 세존께 그 사실을 알렸다.

[세존] "수행승들이여, 수행승들이 분수를 알지 못하고 많은 발우를 요청한 것이 사실인가?"

[수행승들] "세존이시여, 사실입니다."

존귀한 부처님께서는 견책했다.

[세존] "수행승들이여, 어찌 어리석은 자들이 분수를 알지 못하고 많은 발우를 요청할 수 있단 말인가? 수행승들이여, 그것은 아직 청정한 믿음이 없는 자를 청정한 믿음으로 이끌고, 이미 청정한 믿음이 있는 자를 더욱더 청정한 믿음으로 이끄는 것이 아니다. 수행승들이여, 그것은 오히려, 아직 청정한 믿음이 없는 자를 불신으로 이끌고, 이미 청정한 믿음이 있는 자 가운데 어떤 자들을 타락시키는 것이다."

1-4. 그리고 세존께서는 그 수행승들에 대하여 여러 가지 방편으로 견책하여, 키우기 어렵고 부양하기 어렵고 탐욕이 많고 만족을 모르고 교제를 좋아하고 나태한 것에 대해 질책하고, 여러 가지 법문으로 고무하여, 키우기 쉽고 부양하기 쉽고 욕심을 여의고, 만족을 알고, 버리고 없애는 삶, 악을 제거하는 삶, 청정한 믿음의 삶, 쌓아 모우지 않는 삶, 용맹정진의 삶을 칭찬하고, 수행승들을 위하여 그에 알맞고 그에 걸맞게 경책하여 법문을 하고 수행승들에게 일렀다.

[세존] "수행승들이여, 발우를 요청하지 말라. 요청하면, 악작죄를 범하는 것이다."791)

1-5. 그런데 그때 어떤 수행승의 발우가 깨졌다. 그러자 그 수행승은 '세존께서 발우를 요청하는 것을 금지했다.'라고 지각하고 주저하며 요청하지 않았다. 두 손으로 탁발하러 다녔다. 사람들이 혐책하고 분개하고 비난했다.

[사람들] "어찌 싸끼야의 아들들인 수행자들이 양 손으로 탁발하러 다닐 수 있단 말인가? 마치 이교도와 같다."792)

---

791) na bhikkhave patto viññāpetabbo, yo viññāpeyya, āpatti dukkaṭassa'ti : Bd. II. 119에 따르면, 여기서 부처님은 상실죄를 적용하지 않고 악작죄를 적용했고, 그 다음 단계에서는 발우 없이 탁발하는 수행승을 보고 재가신자들이 비난하자 조건적으로 '허용한다.'라는 완곡한 표현을 했다. 그런데 여섯무리의 수행승들이 그 허용을 어기자 상실죄법을 적용하게 된다.

수행승들은 그 사람들이 혐책하고 분개하고 비난하는 것을 들었다. 그러자 그 수행승들은 세존께 그 사실을 알렸다. 세존께서는 그것을 원인으로 그것을 기회로 법문을 하고 수행승들에게 일렀다.

[세존] "수행승들이여, 발우를 잃어버린 자나 깨뜨린 자는 발우를 요청하는 것을 허용한다."

1-5. 그런데 그때 여섯무리의 수행승들이 '세존께서는 발우를 잃어버린 자나 깨뜨린 자에게 발우를 요청하는 것을 허용했다.'라고 지각하고 작은 깨짐, 작은 파괴, 작은 긁힘에도 많은 발우를 요청했다. 그러자 그 도공은 마찬가지로 많은 발우를 만드느라 다른 사람들에게 팔 물건을 만들 수가 없고, 스스로 연명할 수가 없고, 처자들도 피곤해졌다. 사람들도 마찬가지로 혐책하고 분개하고 비난했다.

[사람들] "어찌 싸끼야의 아들들인 수행자들이 분수를 알지 못하고 많은 발우를 요청할 수가 있단 말인가? 이 분은 많은 발우를 만드느라 다른 사람들에게 팔 물건을 만들 수가 없고, 스스로 연명할 수가 없고, 처자들도 피곤해졌다."

1-6. 수행승들은 그 사람들이 혐책하고 분개하고 비난하는 것을 들었다.

수행승들 가운데 욕망을 여읜 자들은 혐책하고 분개하고 비난했다.

[욕망을 여읜 수행승들] "어찌 여섯무리의 수행승들이 작은 깨짐,[*246] 작은 파괴, 작은 긁힘에도 많은 발우를 요청할 수가 있단 말인가?"

1-7. 그래서 그 수행승들은 세존께 그 사실을 알렸다. 그러자 세존께서는 이러한 인연으로 이러한 기회에 수행승들의 참모임을 불러 모으게 하고 여섯무리의 수행승들에게 물었다.

[세존] "수행승들이여, 그대들이 작은 깨짐, 작은 파괴, 작은 긁힘에도 많은 발우를 요청한 것이 사실인가?"

[여섯무리의 수행승들] "세존이시여, 사실입니다."

존귀한 부처님께서는 견책했다.

[세존] "어리석은 자들이여, 어찌 그대들이 작은 깨짐, 작은 파괴, 작은 긁힘에도 많은 발우를 요청할 수 있단 말인가? 어리석은 자들이여, 그것은 아직 청정한 믿음이 없는 자를 청정한 믿음으로 이끌고, 이미 청정한 믿음이 있는 자를 더욱더

---

792) kathaṃ hi nāma samaṇā sakyaputtiyā hatthesu piṇḍāya carissanti, seyyathāpi aññatitthiyā'ti : 이 표현으로 보아 이교도들은 맨손으로 탁발했던 것을 알 수 있다.

청정한 믿음으로 이끄는 것이 아니다. 어리석은 자들이여, 그것은 오히려, 아직 청정한 믿음이 없는 자를 불신으로 이끌고, 이미 청정한 믿음이 있는 자 가운데 어떤 자들을 타락시키는 것이다."

1-8. 그리고 세존께서는 여섯무리의 수행승들에 대하여 여러 가지 방편으로 견책하여, 키우기 어렵고 부양하기 어렵고 탐욕이 많고 만족을 모르고 교제를 좋아하고 나태한 것에 대해 질책하고, 여러 가지 법문으로 고무하여, 키우기 쉽고 부양하기 쉽고 욕심을 여의고, 만족을 알고, 버리고 없애는 삶, 악을 제거하는 삶, 청정한 믿음의 삶, 쌓아 모우지 않는 삶, 용맹정진의 삶을 칭찬하고, 수행승들을 위하여 그에 알맞고 그에 걸맞게 경책하여 법문을 하고 수행승들에게 일렀다.

[세존] "수행승들이여, 그러므로 수행승들을 위하여 열 가지 이유에 기초하여, 즉 참모임의 수승을 위하여, 참모임의 안락을 위하여, 악한 수행승의 조복을 위하여, 품행이 바른 수행승의 평안한 삶을 위하여, 지금 여기에서의 번뇌의 제어를 위하여, 다가오는 번뇌를 물리치기 위하여, 청정한 믿음이 없는 자에게 청정한 믿음을 주기 위하여, 청정한 믿음이 있는 자에게 청정한 믿음을 증대시키기 위하여, 올바른 가르침을 지속시키기 위하여, 계율을 수호하기 위하여 학습계율을 시설하니, 수행승들이여, 그대들은 이와 같이 학습계율을 송출해야 한다."

[세존] "어떠한 수행승이라도 다섯 곳보다 적게 수리된[793] 발우라는 이유로 다른 새로운 발우를 구한다면, 상실죄를 범하는 것이다. 그 수행승은 그 발우를 수행승들의 대중에게 넘겨주어야 한다. 그 수행승들의 대중에게 속하는 마지막 발우[794]가 있다면, 그것은 그 수행승에게 '수행승이여, 이것이 그대의 발우이다. 파괴되기까지 그대가 지녀라.'라고 주어져야 한다. 이것이 그 경우에 올바른 방법이다."[795]

2-1. '어떠한'이라는 것은 어떠한 관계, 어떠한 태생, 어떠한 이름, 어떠한 성씨, 어떠한 계행, 어떠한 주거, 어떠한 활동영역에서 이든지, 장로이든지, 신참이든지, 중참이든지, 이러한 자들을 형용하는 것으로 '어떠한 자이든'이라는 뜻이다.

793) bandhanena : 원래 '함께 묶는다.'에서 유래했으나, 균열이 생긴 곳을 함께 묶거나 결합시키는 것을 말한다.
794) pattapariyanta : Smp. 708에 따르면, 넘겨주고 나서 끝에 남은 발우를 뜻한다.
795) 걸발계(乞鉢戒) | Bhikkhunī Nissag. 21 : yo pana bhikkhu ūnapañcabandhanena pattena aññaṃ navaṃ pattaṃ cetāpeyya, nissaggiyaṃ pācittiyaṃ. tena bhikkhunā so patto bhikkhuparisāya nissajitabbo. yo ca tassā bhikkhuparisāya pattapariyanto so tassa bhikkhuno padātabbo 'ayaṃ te bhikkhu patto yāva bhedanāya dhāretabbo'ti. ayaṃ tattha sāmīcī'ti.

'수행승'이라고 하는 것은 '탁발하는 자'로서의 수행승, 탁발을 위해 돌아다니는 자로서의 수행승, 분소의를 입은 자로서의 수행승, 사미로서의 수행승, 자칭에 의한 수행승, '오라! 수행승이여!'에 의한 수행승, 삼귀의에 의해 구족계를 받은 수행승, 현선한 수행승, 진실한 수행승, 배울 것이 있는 학인인 수행승, 배울 것이 없는 무학인 수행승, 화합참모임과 한번제안세번제청의 갈마와 부동의 거룩한 님의 속성을 갖춘 자로서의 수행승이 있는데, 그들 가운데 화합참모임과 한번제안세번제청의 갈마와 부동의 거룩한 님의 속성을 갖춘 수행승을 두고, 그러한 의미에서의 수행승을 뜻한다.

2-2. '다섯 곳보다 적게 수리된 발우'라는 것은 수리한 곳이 없거나 한번 수리했거나, 두 번 수리했거나, 세 번 수리했거나, 네 번 수리한 것을 뜻한다. 수리하지 않은 경우의 발우는 두 손가락마디 크기의 균열이 없는 것이다. 수리하는 경우의 발우는 두 손가락마디 크기의 균열이 있는 것이다. '새로운 발우'는 '요청한 것'에 관하여 말한 것이다. '구한다면'이라는 것은 요청한다는 것을 뜻한다. 그 경과는 악작죄를 범하는 것이고, 얻으면 상실죄를 범하는 것으로 참모임 가운데 넘겨주어야 한다. 모두가 각자의 수지한 발우를 가지고 모여야 한다. 하열한 발우를 소지한 자가 '나는 값비싼 발우를 가져야지.'라고 원해서는 안 된다. 만약에 하열한 발우를 지닌 자가 '나는 값비싼 발우를 가져야지.'라고 원한다면, 악작죄를 범하는 것이다.

2-3. 수행승들이여, 이와 같이 넘겨주어야 한다. 그 수행승이 참모임에 나아가 한쪽 어깨에 가사를 걸치고 장로 수행승들의 발에 머리를 조아린 뒤에 한쪽 무릎을 꿇고 합장하여 이와 같이 말해야 한다.

[수행승] '존자들이여, 저의 이 발우는 다섯 번보다 적게 수리된 발우로서 교환된 것인데, 상실죄를 범한 것입니다. 저는 이것을 참모임에 넘겨주겠습니다.'

넘겨주고 나서 죄를 참회해야 한다. 총명하고 유능한 수행승이 그 죄를 승인해야 한다.

2-3. 다섯 가지 고리를 갖춘 수행승을 발우취급인으로 선임해야 한다. *1)* 욕망에 의해 삿된 길을 가지 않고 *2)* 분노에 의해 삿된 길을 가지 않고, *3)* 어리석음에 의해 삿된 길을 가지 않고, *4)* 두려움에 의해 삿된 길을 가지 않고, *5)* 수취한 것과 수취하지 않은 것을[*247] 아는 것이다.

수행승들이여, 이와 같이 선임해야 한다. 먼저 참모임은 수행승에게 요청해야 한다. 요청하고 참모임에 총명하고 유능한 수행승이 알려야 한다.

[제안] '존자들이여, 참모임은 들으십시오. 만약에 참모임에 옳은 일이라면, 이러이러한 수행승을 발우취급인으로 선임하겠습니다. 이것이 제안입니다.'

[제청] '존자들이여, 참모임은 들으십시오. 참모임은 이러이러한 수행승을 발우취급인으로 선임합니다. 만약에 참모임이 이러이러한 수행승을 발우취급인으로 선임하는 것에 동의하면 침묵하시고, 이견이 있으시면 말씀하십시오.'

[결정] '참모임은 이러이러한 수행승을 발우취급인으로 선임했습니다. 참모임이 찬성하여 침묵했으므로, 저는 그와 같이 알겠습니다.'"

2-4. 그 선임된 수행승이 발우를 할당해야 한다. 그는 장로에게 말해야 한다.[796] '존자여, 장로께서는 발우를 가지십시오.'[797] 만약에 그 장로가 발우를 취하면, 장로의 발우는 두 번째 장로에게 건네주어야 한다.[798] 그가 그에 대한 배려가 없이 취하지 않을 수 있다.[799] 취하지 않는다면, 악작죄를 범하는 것이다. 발우가 없는 자[800]에게 건네주어서는 안 된다. 이러한 방식으로 참모임의 새내기에 이르기까지 건네주어야 한다.[801] 수행승들의 대중의 최후의 발우가 있다면, 그것은 그 수행승에게[802] '수행승이여, 이것은 그대의 발우이다. 파괴될 때까지 지녀라.'라고[803] 주어져야 한다. 그 수행승은 그 발우를 올바르지 않은 장소에[804] 두어서는 안 되고, 잘못 사용[805]해서는 안 되고, '어떻게 하면 이것을 잃어버리거나 망가뜨리거나 부수어버릴 수 있을까?'라고 버려서도 안 된다. 만약에 올바르지 않은 장소에 두거나, 잘못 사용하거나, 버려버리면, 악작죄를 범하는 것이다. '이것이 그 경우에 올바른 조치이다.'라는 것은 이것이 그 경우에 원리에

---

796) gaṇhātu bhante thero pattan'ti : Smp. 708에 따르면, 발우에 대하여 추천할 만한 것을 지적하여 그는 이와 같이 '이 발우는 칫수가 맞고, 좋은 것이니 장로에게 알맞습니다.'라고 말해야 한다.

797) gaṇhātu bhante thero pattan'ti : 새로운 발우는 참모임의 처분에 맡겨진 것이다.

798) sace thero pattaṃ gaṇhāti, therassa patto dutiyassa gāhetabbo : 두 번째 장로는 법랍에 따른 것이다.

799) na ca tassa anuddayatāya na gahetabbo : Smp. 708에 따르면, 그러나 누구든지 만족해서 '다른 발우가 나에게 무엇이 좋을 것인가?'라고 말해서 그것을 취하지 않는다면, 무죄이다.

800) apattaka : 발우가 없는 자(無鉢者)에 대해서는 Nissag. XXI. 3을 보라. Vin. I. 90에 따르면, 발우가 없는 자는 참모임에 출가할 수 없다. 또는 이교도는 '손으로 음식을 받는' 등의 발우가 아닌 것을 사용하는 자이다.

801) eteneva upāyena yāva saṅghanavakā gāhāpetabbo : 새내기란 참모임의 신참자(新參者)를 말한다.

802) tassa bhikkhuno : 자신의 발우를 건네주어야 하는 수행승을 뜻한다.

803) ayaṃ te bhikkhu patto yāva bhedanāya dhāretabbo'ti : 발우의 할당자가 말하는 것이다.

804) adese : Smp. 709에 따르면, 침상이나 의자나 그늘진 곳의 걸이못 등을 말한다. Vin. II. 113에 따르면, 잘못된 방식이나 잘못된 곳에 발우를 놓아 두면, 악작죄를 범하는 것이다.

805) abhogena : Smp. 709에 따르면, 잘못 사용하는 것은 '요리하거나, 채색을 하거나, 밥을 짓는 것'을 뜻한다.

맞는 것이라는 뜻이다.

2-5₁.

1) 수리되지 않은 발우로써 수리되지 않은 발우를 교환하면, 상실죄를 범하는 것이다.
2) 수리되지 않은 발우로써 한번 수리된 발우를 교환하면, 상실죄를 범하는 것이다.
3) 수리되지 않은 발우로써 두번 수리된 발우를 교환하면, 상실죄를 범하는 것이다.
4) 수리되지 않은 발우로써 세번 수리된 발우를 교환하면, 상실죄를 범하는 것이다.
5) 수리되지 않은 발우로써 네번 수리된 발우를 교환하면, 상실죄를 범하는 것이다.

2-5₂.

1) 한번 수리된 발우로써 수리되지 않은 발우를 교환하면, 상실죄를 범하는 것이다.
2) 한번 수리된 발우로써 한번 수리된 발우를 교환하면, 상실죄를 범하는 것이다.
3) 한번 수리된 발우로써 두번 수리된 발우를 교환하면, 상실죄를 범하는 것이다.
4) 한번 수리된 발우로써 세번 수리된 발우를 교환하면, 상실죄를 범하는 것이다.
5) 한번 수리된 발우로써 네번 수리된 발우를 교환하면, 상실죄를 범하는 것이다.

2-5₃.

1) 두번 수리된 발우로써 수리되지 않은 발우를 교환하면, 상실죄를 범하는 것이다.
2) 두번 수리된 발우로써 한번 수리된 발우를 교환하면, 상실죄를 범하는 것이다.
3) 두번 수리된 발우로써 두번 수리된 발우를 교환하면, 상실죄를 범하는 것이다.
4) 두번 수리된 발우로써 세번 수리된 발우를 교환하면, 상실죄를 범하는 것이다.
5) 두번 수리된 발우로써 네번 수리된 발우를 교환하면, 상실죄를 범하는 것이다.

2-5₄.

1) 세번 수리된 발우로써 수리되지 않은 발우를 교환하면, 상실죄를 범하는 것이다.
2) 세번 수리된 발우로써 한번 수리된 발우를 교환하면, 상실죄를 범하는 것이다.
3) 세번 수리된 발우로써 두번 수리된 발우를 교환하면, 상실죄를 범하는 것이다.
4) 세번 수리된 발우로써 세번 수리된 발우를 교환하면, 상실죄를 범하는 것이다.
5) 세번 수리된 발우로써 네번 수리된 발우를 교환하면, 상실죄를 범하는 것이다.

2-5₅.

1) 네번 수리된 발우로써 수리되지 않은 발우를 교환하면, 상실죄를 범하는 것이다.
2) 네번 수리된 발우로써 한번 수리된 발우를 교환하면, 상실죄를 범하는 것이다.
3) 네번 수리된 발우로써 두번 수리된 발우를 교환하면, 상실죄를 범하는 것이다.

4) 네번 수리된 발우로써 세번 수리된 발우를 교환하면, 상실죄를 범하는 것이다.
5) 네번 수리된 발우로써 네번 수리된 발우를 교환하면, 상실죄를 범하는 것이다.

2-5₆.

1) 수리되지 않은 발우로 수리의 여지가 없는 발우를 교환하면, 상실죄를 범하는 것이다.
2) 수리되지 않은 발우로 한번의 수리의 여지가 있는 발우를 교환하면, 상실죄를 범하는 것이다.
3) 수리되지 않은 발우로 두번의 수리의 여지가 있는 발우를 교환하면, 상실죄를 범하는 것이다.
4) 수리되지 않은 발우로 세번의 수리의 여지가 있는 발우를 교환하면, 상실죄를 범하는 것이다.
5) 수리되지 않은 발우로 네번의 수리의 여지가 있는 발우를 교환하면, 상실죄를 범하는 것이다.

2-5₇.

1) 한번의 수리의 여지가 있는 발우로 수리의 여지가 없는 발우를 교환하면, 상실죄를 범하는 것이다.
2) 한번의 수리의 여지가 있는 발우로 한번 수리의 여지가 있는 발우를 교환하면, 상실죄를 범하는 것이다.
3) 한번의 수리의 여지가 있는 발우로 두번 수리의 여지가 있는 발우를 교환하면, 상실죄를 범하는 것이다.
4) 한번의 수리의 여지가 있는 발우로 세번 수리의 여지가 있는 발우를 교환하면, 상실죄를 범하는 것이다.
5) 한번의 수리의 여지가 있는 발우로 네번 수리의 여지가 있는 발우를 교환하면, 상실죄를 범하는 것이다.

2-5₈.

1) 두번의 수리의 여지가 있는 발우로 수리의 여지가 없는 발우를 교환하면, 상실죄를 범하는 것이다.
2) 두번의 수리의 여지가 있는 발우로 한번 수리의 여지가 있는 발우를 교환하면, 상실죄를 범하는 것이다.
3) 두번의 수리의 여지가 있는 발우로 두번 수리의 여지가 있는 발우를 교환하면,

상실죄를 범하는 것이다.

4) 세번의 수리의 여지가 있는 발우로 세번 수리의 여지가 있는 발우를 교환하면, 상실죄를 범하는 것이다.

5) 세번의 수리의 여지가 있는 발우로 네번 수리의 여지가 있는 발우를 교환하면, 상실죄를 범하는 것이다.

2-5₉.

1) 세번의 수리의 여지가 있는 발우로 수리의 여지가 없는 발우를 교환하면, 상실죄를 범하는 것이다.

2) 세번의 수리의 여지가 있는 발우로 세번 수리의 여지가 있는 발우를 교환하면, 상실죄를 범하는 것이다.

3) 세번의 수리의 여지가 있는 발우로 두번 수리의 여지가 있는 발우를 교환하면, 상실죄를 범하는 것이다.

4) 세번의 수리의 여지가 있는 발우로 세번 수리의 여지가 있는 발우를 교환하면, 상실죄를 범하는 것이다.

5) 세번의 수리의 여지가 있는 발우로 네번 수리의 여지가 있는 발우를 교환하면, 상실죄를 범하는 것이다.

2-5₁₀.

1) 네번의 수리의 여지가 있는 발우로 수리의 여지가 없는 발우를 교환하면, 상실죄를 범하는 것이다.

2) 네번의 수리의 여지가 있는 발우로 한번 수리의 여지가 있는 발우를 교환하면, 상실죄를 범하는 것이다.

3) 네번의 수리의 여지가 있는 발우로 두번 수리의 여지가 있는 발우를 교환하면, 상실죄를 범하는 것이다.

4) 네번의 수리의 여지가 있는 발우로 세번 수리의 여지가 있는 발우를 교환하면, 상실죄를 범하는 것이다.

5) 네번의 수리의 여지가 있는 발우로 네번 수리의 여지가 있는 발우를 교환하면, 상실죄를 범하는 것이다.

2-5₁₁.

1) 수리의[*248] 여지가 없는 발우로 수리되지 않은 발우를 교환하면, 상실죄를 범하는 것이다.

2) 수리의 여지가 없는 발우로 한번 수리된 발우를 교환하면, 상실죄를 범하는 것이다.
3) 수리의 여지가 없는 발우로 두번 수리된 발우를 교환하면, 상실죄를 범하는 것이다.
4) 수리의 여지가 없는 발우로 세번 수리된 발우를 교환하면, 상실죄를 범하는 것이다.
5) 수리의 여지가 없는 발우로 네번 수리된 발우를 교환하면, 상실죄를 범하는 것이다.

2-5₁₂.

1) 수리의 여지가 없는 발우로 수리의 여지가 없는 발우를 교환하면, 상실죄를 범하는 것이다.
2) 수리의 여지가 없는 발우로 한번 수리의 여지가 있는 발우를 교환하면, 상실죄를 범하는 것이다.
3) 수리의 여지가 없는 발우로 두번 수리의 여지가 있는 발우를 교환하면, 상실죄를 범하는 것이다.
4) 수리의 여지가 없는 발우로 세번 수리의 여지가 있는 발우를 교환하면, 상실죄를 범하는 것이다.
5) 수리의 여지가 없는 발우로 네번 수리의 여지가 있는 발우를 교환하면, 상실죄를 범하는 것이다.

2-5₁₃.

1) 한번 수리의 여지가 있는 발우로 수리의 여지가 없는 발우를 교환하면, 상실죄를 범하는 것이다.
2) 한번 수리의 여지가 있는 발우로 한번 수리의 여지가 있는 발우를 교환하면, 상실죄를 범하는 것이다.
3) 한번 수리의 여지가 있는 발우로 두번 수리의 여지가 있는 발우를 교환하면, 상실죄를 범하는 것이다.
4) 한번 수리의 여지가 있는 발우로 세 번 수리의 여지가 있는 발우를 교환하면, 상실죄를 범하는 것이다.
5) 한번 수리의 여지가 있는 발우로 네 번 수리의 여지가 있는 발우를 교환하면, 상실죄를 범하는 것이다.

2-5₁₄.

1) 두번 수리의 여지가 있는 발우로 수리의 여지가 없는 발우를 교환하면, 상실죄를 범하는 것이다.
2) 두번 수리의 여지가 있는 발우로 한번수리의 여지가 있는 발우를 교환하면, 상실죄를 범하는 것이다.
3) 두번 수리의 여지가 있는 발우로 두번 수리의 여지가 있는 발우를 교환하면, 상실죄를 범하는 것이다.
4) 두번 수리의 여지가 있는 발우로 세 번 수리의 여지가 있는 발우를 교환하면, 상실죄를 범하는 것이다.
5) 두번 수리의 여지가 있는 발우로 네 번 수리의 여지가 있는 발우를 교환하면, 상실죄를 범하는 것이다.

2-5₁₅.

1) 세번 수리의 여지가 있는 발우로 수리의 여지가 없는 발우를 교환하면, 상실죄를 범하는 것이다.
2) 세번 수리의 여지가 있는 발우로 한번수리의 여지가 있는 발우를 교환하면, 상실죄를 범하는 것이다.
3) 세번 수리의 여지가 있는 발우로 두번 수리의 여지가 있는 발우를 교환하면, 상실죄를 범하는 것이다.
4) 세번 수리의 여지가 있는 발우로 세 번 수리의 여지가 있는 발우를 교환하면, 상실죄를 범하는 것이다.
5) 세번 수리의 여지가 있는 발우로 네 번 수리의 여지가 있는 발우를 교환하면, 상실죄를 범하는 것이다.

2-5₁₆.

1) 네번 수리의 여지가 있는 발우로 수리의 여지가 없는 발우를 교환하면, 상실죄를 범하는 것이다.
2) 네번 수리의 여지가 있는 발우로 한번수리의 여지가 있는 발우를 교환하면, 상실죄를 범하는 것이다.
3) 네번 수리의 여지가 있는 발우로 두번 수리의 여지가 있는 발우를 교환하면, 상실죄를 범하는 것이다.
4) 네번 수리의 여지가 있는 발우로 세 번 수리의 여지가 있는 발우를 교환하면,

상실죄를 범하는 것이다.

5) 네번 수리의 여지가 있는 발우로 네 번 수리의 여지가 있는 발우를 교환하면, 상실죄를 범하는 것이다.

2-6. 발우를 잃어버렸거나, 발우가 부서졌거나, 친척의 것을 소유했거나, 초대받거나, 타인을 위해 탁발하거나, 자신의 재산에 의한 경우이거나, 정신이 착란된 자이거나, 초범자인 경우는 무죄이다.

3. 3. 2 상실죄법 제22조

약품에 대한 학습계율[Bhesajjasikkhāpada]

1-1. 한때 존귀한 부처님께서 싸밧티 시의 제따바나 숲에 있는 아나타삔디까 승원에 계셨다. 그런데 그때 존자 삘린다 밧차[806]는 라자가하 시 근처에 동굴을 만들려고 산자락을 청소하고 있었다.[807] 그런데 그때 마가다 국의 왕 쎄니야 빔비싸라가 존자 삘린다 밧차가 있는 곳을 찾았다. 가까이 다가가서 존자 삘린다 밧차에게 인사를 하고 한쪽으로 물러나 앉았다. 한쪽으로 물러나 앉은 마가다 국의 왕 쎄니야 빔비싸라는 존자 삘린다 밧차에게 이와 같이 말했다.

[빔비싸라] "존자여, 장로께서는 무엇을 하고 계십니까?"

[삘린다 밧차] "대왕이여, 동굴을 만들려고 산경사면을 청소하고 있습니다."

[빔비싸라] "존자여, 존자에게 정인이 필요합니까?"

[삘린다 밧차] "대왕이여, 세존께서는 정인을 허용하지 않았습니다."

[빔비싸라] "그렇다면, 존자여, 세존께 여쭌 뒤에 나에게 알려주십시오."

[삘린다 밧차] "대왕이여, 알겠습니다."

존자 삘린다 밧차는 마가다 국의 왕 쎄니야 빔비싸라에게 대답했다.

1-2. 그리고 존자 삘린다 밧차는 마가다 국의 왕 쎄니야 빔비싸라를 법문으로써

---

806) Pilinda Vaccha, Pilindi Vaccha, Pilindiya Vaccha : 부처님의 제자 수행승 가운데 '신들이 좋아하고 사랑하는 님 가운데 제일(devatānaṃ piyamanāpānaṃ aggaṃ)'이다. 그는 싸밧티 시의 바라문 가문에서 태어나서 수행자가 되었다. 그는 간다라지방의 신비한 소주문(Cūla-Gandhāravijjā)을 배웠는데, 부처님을 만나자 그 주문의 효력이 정지되었다. 그래서 그는 대주문을 배우기 위해 부처님에게 출가했다가 가르침을 받고 거룩한 님이 되었다. 전생에서 그의 지도를 받아 천상에 태어난 천신들이 감사의 뜻으로 아침저녁 그를 섬겼다.

807) tena kho pana samayena āyasmā pilindivaccho rājagahe pabbhāraṃ sodhāpeti leṇaṃ kattukāmo : 이하의 내용은 Vin. I. 206-209와 병행한다.

교화하고 격려하고 북돋우고 기쁘게 했다. 마가다 국의 왕 쎄니야 빔비싸라는 존자 삘린다 밧차로부터 법문으로 교화받고 격려받고 북돋아져서 기뻐하며, 자리에서 일어나 존자 삘린다 밧차에게 인사를 하고 오른쪽으로 돌아 그곳을 떠났다. 그후 존자 삘린다 밧차는 세존께 사자를 파견했다.

[삘린다 밧차] "세존이시여, 마가다 국의 왕 쎄니야 빔비싸라가 정인을 주려고 합니다. 세존이시여, 어떻게 해야 합니까?"

그러자 세존께서는 이것을 인연으로 이것을 기회로 수행승들에게 법문을 하고 수행승들에게 일렀다.

[세존] "수행승들이여, 정인을 허용한다."

1-3. 두 번째로 마가다 국의 왕[*249] 쎄니야 빔비싸라가 존자 삘린다 밧차가 있는 곳을 찾았다. 가까이 다가가서 존자 삘린다 밧차에게 인사를 하고 한쪽으로 물러나 앉았다. 한쪽으로 물러나 앉은 마가다 국의 왕 쎄니야 빔비싸라는 존자 삘린다 밧차에게 이와 같이 말했다.

[빔비싸라] "존자여, 세존께서 정인을 허용했습니까?"

[삘린다 밧차] "대왕이여, 그렇습니다."

[빔비싸라] "존자여, 그렇다면, 존자께 정인을 주겠습니다."

1-4. 그런데 마가다 국의 왕 쎄니야 빔비싸라는 존자 삘린다 밧차에게 정인을 주기로 미리 약속하고 잊어버려서 오랫동안 기억하지 못하다가 어떤 대신에게 일렀다.

[빔비싸라] "내가 존자에게 정인을 주기로 미리 약속했는데, 그 정인을 주었던가?"

[대신] "폐하. 존자에게 정인을 주지 않았습니다."

[빔비싸라] "지금부터 정확히 얼마나 오래된 일인가?"

그러자 그 대신은 날 수를 계산해서 마가다 국의 왕 쎄니야 빔비싸라에게 이와 같이 말했다.

[대신] "폐하, 오백 일 전입니다."

[빔비싸라] "그렇다면, 존자에게 정확히 오백 명의 정인을 하사하라."

[대신] "폐하, 알겠습니다."

그 대신은 마가다 국의 왕 쎄니야 빔비싸라에게 대답하고 존자 삘린다 밧차에게 오백 명의 정인을 주었다. 그래서 독자적인 마을이 형성되었는데, 정인 마을이라고도 했고, 삘린다가마 마을이라고도 했다.

1-5. 그후 존자 삘린다 밧차는 그 마을에 의지하여 살았다. 한때 존자 삘린다 밧차는 아침 일찍 옷을 입고 발우와 가사를 지니고 삘린다가마 마을로 들어갔다. 그런데 그때 그 마을에 축제가 있었다. 소녀들이 치장을 하고 화환을 쓰고 유희를 즐겼다. 마침 존자 삘린다 밧차는 삘린다가마 마을에 차례로 탁발하면서[808] 와서 어떤 정인의 처소를 찾았다. 가까이 다가가서 마련된 자리에 앉았다.

그런데 그때 정인아낙네의 딸이 다른 소녀들이 치장을 하고 화환을 쓰고 유희를 즐기는 것을 보고 울었다.

[정인아낙네의 딸] "내게도 화환을 줘요. 나도 치장해줘요."

그러자 존자 삘린다 밧차가 그 정인의 처에게 말했다.

[삘린다 밧차] "왜 이 소녀가 웁니까?"

[정인아낙네] "이 소녀는 다른 소녀들이 치장을 하고 화환을 쓰고 유희를 즐기는 것을 보고 '내게도 화환을 줘요. 나도 치장해줘요.'라고 우는 것입니다. 우리처럼 가난한 자가 어디서 화환을 얻고, 어떻게 치장을 도모하겠습니까?"

1-6. 그러자 그 존자 삘린다 밧차는 어떤 풀로 만든 화환[809]을 얻어서 그 정인의 처에게 말했다.

[삘린다 밧차] "자, 이 풀로 만든 화환을 그 소녀의 머리위에 놓으시오."

그래서 그 정인의 처가 그 풀로 만든 화환을 그 소녀의 머리위에 놓았다. 그것은 아름답고 보기에 좋고 훌륭한[*250] 황금의 화환[810]이 되었다. 왕의 후궁에도 이와 같은 황금의 화환이 없었다. 사람들은 마가다 국의 왕 쎄니야 빔비싸라에게 알렸다.

[사람들] "폐하, 이러이러한 정인의 집에 아름답고 보기에 좋고 훌륭한 황금의 화환이 있습니다. 왕의 후궁에도 그와 같은 황금의 화환이 없습니다. 그 가난한 자가 어디서 얻었을까요. 틀림없이 도둑질한 것입니다."

그래서 마가다 국의 왕 쎄니야 빔비싸라는 그 정인을 체포했다.

1-7. 두 번째로 존자 삘린다 밧차는 아침 일찍 옷을 입고 발우와 가사를 지니고 삘린다가마 마을로 들어갔다. 존자 삘린다 밧차는 삘린다가마 마을에 차례로

---

808) sapadānaṃ piṇḍāya caramāno : Sekhiya. 33. Smp. 893; Srp. I. 205; SnA. 118 부자의 집이건 가난한 자의 집이건 차별하지 않고 차례로 탁발을 하는 것을 뜻한다.

809) tiṇaṇḍupaka : Smp. 709에 따르면, 'tiṇacumbaṭaka'이다. 이것은 인도에서 아낙네들이 물동이나 양동이를 운반할 때에 머리에 놓는 풀이나 천으로 엮어 만든 둥근 짐받침을 말한다.

810) suvaṇṇamālā : Smp. 709에 따르면, 황금 연꽃의 화관을 뜻한다.

탁발하면서 와서 그 정인이 처소를 찾았다. 가까이 다가가서 이웃사람들에게 물었다.

[삘린다 밧차] "이 정인의 가족은 어디로 갔는가?"

[사람들] "존자여, 그 황금의 화환 때문에 왕에게 체포되었습니다."

그래서 존자 삘린다 밧차는 마가다 국의 왕 쎄니야빔비싸라의 처소로 다가갔다. 가까이 다가가서 마련된 자리에 앉았다. 그러자 마가다 국의 왕 쎄니야 빔비싸라는 존자 삘린다 밧차에게 다가 왔다. 가까이 다가와서 존자 삘린다 밧차에게 인사를 하고 한쪽으로 물러나 앉았다. 한쪽으로 물러나 앉은 마가다 국의 왕 쎄니야 빔비싸라에게 존자 삘린다 밧차는 이와 같이 말했다.

1-8. [삘린다 밧차] "대왕이여, 왜 정인을 체포했습니까?"

[빔비싸라] "존자여, 그 정인의 집에 아름답고 보기에 좋고 훌륭한 황금의 화환이 있습니다. 왕의 후궁에도 그와 같은 황금의 화환이 없습니다. 그 가난한 자가 어디서 얻었을까요. 틀림없이 도둑질한 것입니다."

그래서 존자 삘린다 밧차는 '마가다 국의 왕 쎄니야 빔비싸라의 궁전은 황금이다.'라고 마음속으로 다짐했다.[811] 그러자 궁전은 모두 황금으로 변했다.

[삘린다 밧차] "대왕이여, 이 수많은 황금은 어디서 얻은 것입니까?"

[빔비싸라] "존자여, 틀림없이 그것은 존자의 신통의 능력입니다."

그래서 그 정인의 가족을 풀어주었다.

1-9. 사람들은 '존자 삘린다 밧차는 왕을 포함한 그 무리에게 인간을 넘어서는 신통신변을 보여 주었다.'라고 환희하고 기뻐하며, 존자 삘린다 밧차에게 다섯 가지 약, 즉, 버터기름, 신선한 버터, 기름, 꿀, 당밀을 가져왔다. 원래 존자 삘린다 밧차는 다섯 가지 약을 갖고 있었으므로, 얻는 대로 대중들에게 나누어 주었다. 그의 대중들은 사치해져서 얻는 대로 단지와 주전자에 채워 보관하고, 녹수낭과 배낭에 채워 창에 걸어두었다. 그것들이 움츠러들거나 늘어났다. 들쥐들에 의해서[*251] 정사가 점령되어 산만했다. 사람들이 정사를 돌아다니다가 보고 혐책하고 분개하고 비난했다.

[사람들] "이 수행자 싸끼야 아들들은 집안에 재물을 모아둔 것이 마치 마가다 국의 왕 쎄니야 빔비싸라와 같다."

---

811) atha kho āyasmā pilindivaccho rañño māgadhassa seniyassa bimbisārassa pāsādaṃ suvaṇṇanti adhimucci : 결의(決意)했다는 뜻이다. 단어의 어원 'adhi-√muc'는 '믿음, 지향, 확신, 몰입, 신해(信解), 승해(勝解)'의 뜻을 지니고 있다.

1-10. 수행승들은 사람들이 혐책하고 분개하고 비난하는 것을 들었다. 수행승들 가운데 욕망을 여읜 자들도 혐책하고 분개하고 비난했다.

[수행승들] "어찌 수행승들이 이와 같이 사치를 도모할 수 있단 말인가?"

그래서 그 수행승들은 세존께 그 사실을 알렸다. 그러자 세존께서는 이러한 인연으로 이러한 기회에 수행승들의 참모임을 불러 모으게 하고 그 수행승들에게 물었다.

[세존] "수행승들이여, 그대들이 이와 같이 사치를 도모한 것이 사실인가?"

[수행승들] "세존이시여, 사실입니다."

[세존] "수행승들이여, 어찌 그대들이 이와 같이 사치를 도모할 수 있단 말인가? 수행승들이여, 그것은 아직 청정한 믿음이 없는 자를 청정한 믿음으로 이끌고, 이미 청정한 믿음이 있는 자를 더욱더 청정한 믿음으로 이끄는 것이 아니다. 수행승들이여, 그것은 오히려, 아직 청정한 믿음이 없는 자를 불신으로 이끌고, 이미 청정한 믿음이 있는 자 가운데 어떤 자들을 타락시키는 것이다."

1-11. 그리고 세존께서는 수행승들에 대하여 여러 가지 방편으로 견책하여, 키우기 어렵고 부양하기 어렵고 탐욕이 많고 만족을 모르고 교제를 좋아하고 나태한 것에 대해 질책하고, 여러 가지 법문으로 고무하여, 키우기 쉽고 부양하기 쉽고 욕심을 여의고, 만족을 알고, 버리고 없애는 삶, 악을 제거하는 삶, 청정한 믿음의 삶, 쌓아 모우지 않는 삶, 용맹정진의 삶을 칭찬하고, 수행승들을 위하여 그에 알맞고 그에 걸맞게 경책하여 법문을 하고 수행승들에게 일렀다.

[세존] "수행승들이여, 그러므로 수행승들을 위하여 열 가지 이유에 기초하여, 즉 참모임의 수승을 위하여, 참모임의 안락을 위하여, 악한 수행승의 조복을 위하여, 품행이 바른 수행승의 평안한 삶을 위하여, 지금 여기에서의 번뇌의 제어를 위하여, 다가오는 번뇌를 물리치기 위하여, 청정한 믿음이 없는 자에게 청정한 믿음을 주기 위하여, 청정한 믿음이 있는 자에게 청정한 믿음을 증대시키기 위하여, 올바른 가르침을 지속시키기 위하여, 계율을 수호하기 위하여 학습계율을 시설하니, 수행승들이여, 그대들은 이와 같이 학습계율을 송출해야 한다."

[세존] "환우수행승들이 복용해야 하는 약들, 즉, 버터기름, 신선한 버터, 기름, 꿀, 당밀을 받으면, 최대한 칠일까지 보관하여 사용해야 한다. 그것을 초과하면, 상실죄를 범하는 것이다."[812]

---

812) 축칠일약과한계(畜七日藥過限戒) | Bhikkhunī Nissag. 22 : yāni kho pana tāni gilānānaṃ bhikkhūnaṃ paṭis

2-1. '환우수행승들이 복용해야 하는 약들'은 다음과 같다. '버터기름'이라는 것은 소의 버터기름, 산양의 버터기름, 물소의 버터기름, 그 육고기에서 나온 버터기름을 뜻한다. '신선한 버터'는 그것들에세 나온 신선한 버터를 말한다. '기름'이라는 것은 참기름, 겨자씨기름, 꿀나무기름,813) 피마자기름, 수지(獸脂)기름,814) '꿀'이라는 것은 벌꿀을 뜻한다. '당밀'이라는 것은 사탕수수에서 생산된 것이다. '받으면 최대한 칠일까지 보관하여 사용해야 한다.'라는 것은 최장으로 칠일 간 사용할 수 있다는 뜻이다.

2-2. '그것을 초과하면, 상실죄를 범하는 것이다.'라는 것은 제8일의 일출시에 상실되어야 한다는 뜻이다. 참모임이나 무리나 개인에게 넘겨주어야 한다.

2-3₁. 수행승들이여, 이와 같이 넘겨주어야 한다. 그 수행승은 참모임에 나아가 한쪽 어깨에 가사를 걸치고 장로 수행승들의 두 발에 머리를 조아리고 한쪽 무릎을 꿇고 합장하여 이와 같이 말해야 한다.

[수행승] '존자들이여, 이 약품은 제게서 칠일이 지난 것으로 상실되어야 합니다. 저는 이것을 참모임에 넘겨주겠습니다.'

넘겨주고 나서 죄를 참회해야 한다. 총명하고 유능한 수행승은 그 죄를 받아들이고, 넘겨받은 옷은 돌려주어야 한다.

[총명한 수행승] '존자들이여, 참모임은 저의 말을 들으십시오. 이 약품은 상실되어야 할 것으로 이러이러한 수행승이 참모임에 넘겨준 것입니다. 만약에 참모임에 옳은 일이라면, 참모임은 이러이러한 수행승에게 이 약품을 돌려주겠습니다.'

2-3₂. 또는 그 수행승은 두서너 명의 수행승들에게 나아가 한쪽 어깨에 가사를 걸치고 장로 수행승들의 발에 머리를 조아린 뒤에 한쪽 무릎을 꿇고 합장하여 이와 같이 말해야 한다.

[수행승] '존자들이여, 이 약품은 제게서 칠일이 지난 것으로 상실되어야 합니다. 저는 이것을 존자들에게 넘겨주겠습니다.'

넘겨주고 나서 죄를 참회해야 한다. 총명하고 유능한 수행승은 그 죄를 받아들

āyanīyāni bhesajjāni seyyathīdaṃ: sappī navatītaṃ telaṃ madhu phāṇitaṃ, tāni paṭiggahetvā sattāhaparamaṃ sanatidhikārakaṃ paribhuñjitabbāni. taṃ atikkāmayato nissaggiyaṃ pācittiyan'ti: Vin. I. 209에는 '병든 수행승들이 복용해야 하는 약들, 즉, 버터기름, 신선한 버터, 기름, 꿀, 당밀을 받아서 최대한 칠일까지 보관하여 사용해야 한다. 그것을 초과하면, 원칙에 맞게 처리되어야 한다.'라고 되어 있는데, 여기서 '원칙에 따라'라는 것은 바로 이 상실죄법 제22조(Bhikkhunī Nissag. 22)을 의미한다.

813) madhukatela : 꿀나무(madhuka)의 기름을 말한다. 꿀나무의 학명은 Bassia latifolia이다.

814) vasātela : Smp. 714에 따르면, 지방에는 다섯 가지가 있다. 곰, 물고기, 악어, 돼지, 당나귀의 지방.

이고, 넘겨받은 옷은 돌려주어야 한다.

[총명한 수행승] '존자들이여, 저의 말을 들으십시오. 이 약품은 이러이러한 수행승의 상실되어야 할 것인데, 존자들에 넘겨진 것입니다. 만약에 존자들에 옳은 일이라면, 존자들께서는 이러이러한 수행승에게 이 약품을 돌려주겠습니다.'

2-3₃. 또는 그 수행승은 한 수행승에게 나아가 한쪽 어깨에 가사를 걸치고 두 발에 머리를 조아린 뒤에 한쪽 무릎을 꿇고 합장하여 이와 같이 말해야 한다.

[수행승] '벗이여, 이 약품은 제게서 칠일이 지난 것으로 상실되어야 합니다. 저는 이것을 존자에게 넘겨주겠습니다.'

넘겨주고 나서 그 죄를 참회해야 한다. 그 수행승은 죄를 받아들이고, 넘겨진 약품은 돌려주어야 한다.

[한 수행승] '저는 이 약품을 존자에게 돌려주겠습니다.'

2-4₁.

1) 칠일이 지난 것에 대해서 지난 것이라고 지각하면, 상실죄를 범하는 것이다.
2) 칠일이 지난 것에 대해 칠일이 지난 것인지 의심하면, 상실죄를 범하는 것이다.
3) 칠일이 지난 것에 대해 지나지 않은 것이라고 지각하면, 상실죄를 범하는 것이다.

2-4₂.

1) 배당되지 않은 것에 대해 배당된 것이라고 지각하면, 상실죄를 범하는 것이다.
2) 지정되지 않은 것에 대해 지정된 것이라고 지각하면, 상실죄를 범하는 것이다.
3) 할당되지 않은 것에 대해서 할당된 것이라고 지각하면, 상실죄를 범하는 것이다.
4) 망실되지 않은 것에 대해서 망실된 것이라고 지각하면,[*252] 상실죄를 범하는 것이다.
5) 파괴되지 않은 것에 대해서 파괴된 것이라고 지각하면, 상실죄를 범하는 것이다.
6) 불태워지지 않은 것에 대해서 불태워진 것이라고 지각하면, 상실죄를 범하는 것이다.
7) 약탈되지 않은 것에 대해서 약탈된 것이라고 지각하면, 상실죄를 범하는 것이다.

2-4₃. 상실된 것을 얻어서 신체에 바르는 용도로815) 사용해서는 안 되고 복용해서도 안 되지만, 등불이나 흑색에816) 사용될 수는 있다. 다른 수행승은 신체에

---

815) kāyikena paribhogena : 예를 들어 사지에 바르는 등의 행위를 말한다.
816) kālavaṇṇe : 이 흑색이라는 것이 무엇을 뜻하는지 분명하지 않다. ≪오분율≫에서는 '몸에 바르거나 발에 바르거나 연등유로 사용한다.'라고 되어 있다.

바르는 용도로 사용할 수 있으나, 복용해서는 안 된다.

2-4.

1) 칠일이 지나지 않은 것에 대해서 지난 것이라고 지각하면, 악작죄를 범하는 것이다.
2) 칠일이 지나지 않은 것에 대해 칠일이 지나지 않은 것인지 의심하면, 악작죄를 범하는 것이다.
3) 칠일이 지나지 않은 것에 대해서 지나지 않은 것이라고 지각하면, 무죄이다.

2-5. 칠일이내에 수지하거나, 넘겨주거나, 잃어버리거나, 망가지거나, 불타거나, 잘라 취하거나, 신뢰로 취하거나, 구족계를 받지 않은 자에게 바치거나, 버리거나, 방기하거나, 바램없이 주고 받거나 사용하는 경우이거나, 정신이 착란된 자이거나, 초범자인 경우는 무죄이다.

3. 3. 3 상실죄법 제23조

옷빼앗기에 대한 학습계율[Cīvaraacchindanasikkhāpada]

1-1. 한때 존귀한 세존께서 싸밧티 시의 제따바나 숲에 있는 아나타삔디까 승원에 계셨다. 그때 싸끼야의 아들 존자 우빠난다가 동학의 제자수행승에게[817] 이와 같이 말했다.

[우빠난다] "벗이여, 오시오. 우리 제방으로 유행을 떠납시다."

[동학의 제자수행승] "존자여, 저는 가지 않겠습니다. 저는 옷이 닳았습니다."

[우빠난다] "존자여, 오시오. 내가 옷을 주겠습니다."

그는 그에게 옷을 주었다. 그런데 그 수행승은 '세존께서 제방으로 유행을 떠날 것이다.'라고 들었다. 그러자 그 수행승은 이와 같이 생각했다.

[동학의 제자수행승] '나는 싸끼야의 아들 존자 우빠난다와 함께 제방으로 유행을 떠나지 않고, 세존과 함께 제방으로 유행을 떠나겠다.'

1-2. 그런데 싸끼야의 아들 존자 우빠난다는 그 수행승에게 이와 같이 말했다.

[우빠난다] "벗이여, 오시오. 제방으로 유행을 떠납시다."

[동학의 제자수행승] "존자여, 저는 그대와 함께 제방으로 유행을 떠나지 않겠

817) bhātuno saddhivihārikaṃ bhikkhuṃ : '형제(兄弟)의 공주비구(供住比丘)'라는 뜻이다.

습니다. 세존과 함께 제방으로 유행을 떠나겠습니다."

[우빠난다] "벗이여, 그대는 내가 준 옷을 착용했으므로 나와 함께 제방으로 유행을 떠나야 할 것입니다."

그는 화가 나고 불쾌하여 그 옷을 빼앗았다.

1-3. 그러자 그 수행승은 수행승들에게 그 사실을 알렸다. 수행승들 가운데 욕망을 여읜 자들은 혐책하고 분개하고 비난했다.

[수행승들] "어찌 싸끼야의 아들 존자 우빠난다가 수행승에게 자신의 옷을 주고 화가 나고 불쾌하다고 다시 빼앗을 수 있단 말인가?"

1-4. 그래서 그 수행승들은 세존께 그 사실을 알렸다.

[세존] "우빠난다여, 그대가 수행승에게 자신의 옷을 주고 화가 나고 불쾌하다고 다시 빼앗은 것이 사실인가?"

[우빠난다] "세존이시여, 사실입니다."

존귀한 부처님께서는 견책했다.

[세존] "어리석은 자여,[*255] 어찌 그대가 수행승에게 자신의 옷을 주고 화가 나고 불쾌하다고 다시 빼앗을 수 있단 말인가? 어리석은 자여, 그것은 아직 청정한 믿음이 없는 자를 청정한 믿음으로 이끌고, 이미 청정한 믿음이 있는 자를 더욱더 청정한 믿음으로 이끄는 것이 아니다. 어리석은 자여, 그것은 오히려, 아직 청정한 믿음이 없는 자를 불신으로 이끌고, 이미 청정한 믿음이 있는 자 가운데 어떤 자들을 타락시키는 것이다."

1-5. 그리고 세존께서는 그 싸끼야의 아들 존자 우빠난다에 대하여 여러 가지 방편으로 견책하여, 키우기 어렵고 부양하기 어렵고 탐욕이 많고 만족을 모르고 교제를 좋아하고 나태한 것에 대해 질책하고, 여러 가지 법문으로 고무하여, 키우기 쉽고 부양하기 쉽고 욕심을 여의고, 만족을 알고, 버리고 없애는 삶, 악을 제거하는 삶, 청정한 믿음의 삶, 쌓아 모우지 않는 삶, 용맹정진의 삶을 칭찬하고, 수행승들을 위하여 그에 알맞고 그에 걸맞게 경책하여 법문을 하고 수행승들에게 일렀다.

[세존] "수행승들이여, 그러므로 수행승들을 위하여 열 가지 이유에 기초하여, 즉 참모임의 수승을 위하여, 참모임의 안락을 위하여, 악한 수행승의 조복을 위하여, 품행이 바른 수행승의 평안한 삶을 위하여, 지금 여기에서의 번뇌의 제어를 위하여, 다가오는 번뇌를 물리치기 위하여, 청정한 믿음이 없는 자에게 청정한

믿음을 주기 위하여, 청정한 믿음이 있는 자에게 청정한 믿음을 증대시키기 위하여, 올바른 가르침을 지속시키기 위하여, 계율을 수호하기 위하여 학습계율을 시설하겠으니, 수행승들이여, 그대들은 이와 같이 학습계율을 송출해야 한다."

[세존] "어떠한 수행승이든지 스스로 옷을 주고 화가 나고 불쾌하다고 다시 빼앗거나 빼앗게 하면, 상실죄를 범하는 것이다."818)

2-1. '어떠한'이라는 것은 어떠한 관계, 어떠한 태생, 어떠한 이름, 어떠한 성씨, 어떠한 계행, 어떠한 주거, 어떠한 활동영역에서 이든지, 장로이든지, 신참이든지, 중참이든지, 이러한 자들을 형용하는 것으로 '어떠한 자이든'이라는 뜻이다. '수행승'이라고 하는 것은 '탁발하는 자'로서의 수행승, 탁발을 위해 돌아다니는 자로서의 수행승, 분소의를 입은 자로서의 수행승, 사미로서의 수행승, 자칭에 의한 수행승, '오라! 수행승이여!'에 의한 수행승, 삼귀의에 의해 구족계를 받은 수행승, 현선한 수행승, 진실한 수행승, 배울 것이 있는 학인인 수행승, 배울 것이 없는 무학인 수행승, 화합참모임과 한번제안세번제청의 갈마와 부동의 거룩한 님의 속성을 갖춘 자로서의 수행승이 있는데, 그들 가운데 화합참모임과 한번제안세번제청의 갈마와 부동의 거룩한 님의 속성을 갖춘 수행승을 두고, 그러한 의미에서의 수행승을 뜻한다.

2-2. '수행승에게'라는 것은 다른 수행승을 뜻하는 것이다. '스스로'라는 것을 '자신이 주는 것'을 뜻한다. '옷'이라는 것은 배당을 위해 적당한 최소한의 옷 이상으로 여섯 가지 옷 가운데819) 어느 하나의 옷을 뜻한다. '화가 나고 불쾌하여'라는 것은 '불쾌하고 격분하여 완고해진 것'을 뜻한다.820)

2-3. '빼앗거나'이라는 것은 스스로 빼앗는 것을 뜻하며, 상실죄를 범하는 것이다. '빼앗게 한다면'이라는 것은 타인에게 명령하는 것을 뜻하며, 악작죄를 범하는 것이다. 한번 명령하여 많은 것을 빼앗는다면, 상실죄를 범하는 것이다. 참모임이나 무리나 개인에게 넘겨주어야한다.

---

818) 탈의계(奪衣戒) | Bhikkhunī Nissag. 23 : yo pana bhikkhu bhikkhussa sāmaṃ cīvaraṃ datvā kupito anattamano acchindeyya vā acchindāpeyya vā nissaggiyaṃ pācittiyan'ti : Pāc. 81과 비교하라.

819) channaṃ cīvarānaṃ : 이 책(Vin. III. 196)의 주석과 Vin. I. 281을 참조하라.

820) kupito anattamanoti anabhiraddho āhatacitto khilajāto : Smp. 723에 따르면, 그가 '옷을 가져와라.'라고 명령하면, 악작죄를 범하는 것이다. 그가 명령한 뒤 '많이 가져와라.'고 하면, 속죄죄를 범하는 것이고, '외투와 상의와 하의를 가져와라.'라고 말하면, 각각의 말마다 악작죄를 범하는 것이고, '내가 준 모든 것을 가져와라.'라고 말하면, 말한 자에게는 많은 죄가 적용된다.

2-4₁. 수행승들이여, 이와 같이 넘겨주어야 한다. 그 수행승은 참모임에 나아가 한쪽 어깨에 가사를 걸치고 장로 수행승들의 두 발에 머리를 조아리고 한쪽 무릎을 꿇고 합장하여 이와 같이 말해야 한다.

[수행승] '존자들이여, 이 옷은 제가 스스로 주고 다시 빼앗은 것으로 상실되어야 합니다. 저는 이것을 참모임에 넘겨주겠습니다.'

넘겨주고 나서 죄를 참회해야 한다. 총명하고 유능한 수행승은 그 죄를 받아들이고, 넘겨받은 옷은 돌려주어야 한다.

[총명한 수행승] '존자들이여, 참모임은 저의 말을 들으십시오. 이 옷은 상실되어야 할 것으로 이러이러한 수행승이 참모임에 넘겨준 것입니다. 만약에 참모임에 옳은 일이라면, 참모임은 이러이러한 수행승에게 이 옷을 돌려주겠습니다.'

2-4₂. 또는 그 수행승은 두서너 명의 수행승들에게 나아가 한쪽 어깨에 가사를 걸치고 장로 수행승들의 발에 머리를 조아린 뒤에 한쪽 무릎을 꿇고 합장하여 이와 같이 말해야 한다.

[수행승] '존자들이여, 이 옷은 제가 스스로 주고 다시 빼앗은 것으로 상실되어야 합니다. 저는 이것을 존자들에게 넘겨주겠습니다.'

넘겨주고 나서 죄를 참회해야 한다. 총명하고 유능한 수행승은 그 죄를 받아들이고, 넘겨받은 옷은 돌려주어야 한다.

[총명한 수행승] '존자들이여, 저의 말을 들으십시오. 이 옷은 이러이러한 수행승의 상실되어야 할 것인데, 존자들에 넘겨진 것입니다. 만약에 존자들에 옳은 일이라면, 존자들께서는 이러이러한 수행승에게 이 옷을 돌려주겠습니다.'

2-4₃. 또는 그 수행승은 한 수행승에게 나아가 한쪽 어깨에 가사를 걸치고 두 발에 머리를 조아린 뒤에 한쪽 무릎을 꿇고 합장하여 이와 같이 말해야 한다.

[수행승] '벗이여, 이 옷은 제가 스스로 주고 다시 빼앗은 것으로 상실되어야 합니다. 저는 이것을 존자에게 넘겨주겠습니다.'

넘겨주고 나서 그 죄를 참회해야 한다. 그 수행승은 죄를 받아들이고, 넘겨진 옷은 돌려주어야 한다.

[한 수행승] '저는 이 옷을 존자에게 돌려주겠습니다."

2-5₁.

1) 구족계를 받은 자에 대해 구족계를 받은 자라고 지각하고 옷을 주고 화내고 불쾌하여 다시 빼앗거나 빼앗게 한다면, 상실죄를 범하는 것이다.

2) 구족계를 받은 자에 대해 구족계를 받은 자인지 의심하여 옷을 주고 화내고 불쾌하여 다시 빼앗거나 빼앗게 한다면, 상실죄를 범하는 것이다.
3) 구족계를 받은 자에 대해 구족계를 받지 않은 자라고 지각하고 옷을 주고 화내고 불쾌하여 다시 빼앗거나 빼앗게 한다면, 상실죄를 범하는 것이다.

2-5₂.

1) 다른 필수품을 주고 화내고 불쾌하여 다시 빼앗거나 빼앗게 한다면, 악작죄를 범하는 것이다.
2) 구족계를 받지 않은 자에게 옷이나 다른 필수품을 주고 화내고 불쾌하여 다시 빼앗거나 빼앗게 한다면, 악작죄를 범하는 것이다.

2-5₃.

1) 구족계를 받지 않은 자에 대하여 구족계를 받은 자라고 지각하면, 악작죄를 범하는 것이다.
2) 구족계를 받지 않은 자에 대해 구족계를 받은 자인지를 의심하면, 악작죄를 범하는 것이다.
3) 구족계를 받지 않은 자에 대하여 구족계를 받지 않은 자라고 지각하면, 악작죄를 범하는 것이다.821)

2-6. 그가 주거나, 그에 대하여 신뢰하여 취하거나, 정신이 착란된 자이거나, 초범자인 경우에는 무죄이다.

3. 3. 4 상실죄법 제24조

실의 탁발에 대한 학습계율[Suttaviññattisikkhāpada]

1-1. 한때[*256] 존귀한 부처님께서 라자가하 시의 벨루바나 숲에 있는 깔라란까니바빠 공원에 계셨다. 그때 여섯무리의 수행승들이 많은 실을 탁발하여 옷을 만들고도 많은 실이 남았다. 그러자 여섯무리의 수행승들은 이와 같이 생각했다.

[여섯무리의 수행승들] '자, 벗들이여, 우리는 다시 실을 탁발하여 직조사로하여금 옷을 짜게 합시다.'

그래서 여섯무리의 수행승들은 실을 탁발하여 직조사에게 옷을 짜게 했다.

---

821) Anupasampannasaññī, āpatti dukkaṭassa. : 이것은 Bd. II. 141에 따르면, 무죄가 되어야 한다.

옷을 짜고서도 많은 실이 남았다. 두 번째에도 여섯무리의 수행승들은 다른 실을 탁발하여 직조사에게 옷을 짜게 했다. 옷을 짜고서도 많은 실이 남았다. 세 번째에도 여섯무리의 수행승들은 또 다른 실을 탁발하여 직조사에게 옷을 짜게 했다. 옷을 짜고서도 많은 실이 남았다.

사람들이 혐책하고 분개하고 비난했다.

[사람들] "어찌 싸끼야의 아들인 수행자들이 스스로 실을 탁발하고는 직조사에게 옷을 짜게 할 수 있단 말인가?"

1-2. 수행승들은 그 사람들이 혐책하고 분개하고 비난하는 것을 들었다. 수행승들 가운데 욕망을 여의고, 만족을 알고, 부끄러움을 알고, 후회할 줄 알고, 배움을 원하는 자들이 있는데, 그들도 혐책하고 분개하고 비난했다.

[수행승들] "어찌 여섯무리의 수행승들이 스스로 실을 탁발하고는 직조사에게 옷을 짜게 할 수 있단 말인가?"

1-3. 그래서 그 수행승들은 세존께 그 사실을 알렸다.

[세존] "수행승들이여, 그대들이 스스로 실을 탁발하고는 직조사에게 옷을 짜게 한 것이 사실인가?"

[여섯무리의 수행승들] "세존이시여, 사실입니다."

존귀한 부처님께서는 꾸짖었다.

[세존] "어리석은 자들이여, 어찌 그대들이 스스로 실을 탁발하고는 직조사에게 옷을 짜게 할 수 있단 말인가? 어리석은 자들이여, 그것은 아직 청정한 믿음이 없는 자를 청정한 믿음으로 이끌고, 이미 청정한 믿음이 있는 자를 더욱더 청정한 믿음으로 이끄는 것이 아니다. 어리석은 자들이여, 그것은 오히려, 아직 청정한 믿음이 없는 자를 불신으로 이끌고, 이미 청정한 믿음이 있는 자 가운데 어떤 자들을 타락시키는 것이다."

1-4. 그리고 세존께서는 여섯무리의 수행승들에 대하여 여러 가지 방편으로 견책하여, 키우기 어렵고 부양하기 어렵고 탐욕이 많고 만족을 모르고 교제를 좋아하고 나태한 것에 대해 질책하고, 여러 가지 법문으로 고무하여, 키우기 쉽고 부양하기 쉽고 욕심을 여의고, 만족을 알고, 버리고 없애는 삶, 악을 제거하는 삶, 청정한 믿음의 삶, 쌓아 모우지 않는 삶, 용맹정진의 삶을 칭찬하고, 수행승들을 위하여 그에 알맞고 그에 걸맞게 경책하여 법문을 하고 수행승들에게 일렀다.

[세존] "수행승들이여, 그러므로 수행승들을 위하여 열 가지 이유에 기초하여,

즉 참모임의 수승을 위하여, 참모임의 안락을 위하여, 악한 수행승의 조복을 위하여, 품행이 바른 수행승의 평안한 삶을 위하여, 지금 여기에서의 번뇌의 제어를 위하여, 다가오는 번뇌를 물리치기 위하여, 청정한 믿음이 없는 자에게 청정한 믿음을 주기 위하여, 청정한 믿음이 있는 자에게 청정한 믿음을 증대시키기 위하여, 올바른 가르침을 지속시키기 위하여, 계율을 수호하기 위하여 학습계율을 시설하니, 수행승들이여, 그대들은 이와 같이 학습계율을 송출해야 한다."

[세존] "어떠한 수행승이든 스스로 실을 탁발하고는 직조사로 하여금 옷을 짜게 한다면, 상실죄를 범하는 것이다."[822]

2-1. '어떠한'이라는 것은 어떠한 관계, 어떠한 태생, 어떠한 이름, 어떠한 성씨, 어떠한 계행, 어떠한 주거, 어떠한 활동영역에서 이든지, 장로이든지, 신참이든지, 중참이든지, 이러한 자들을 형용하는 것으로 '어떠한 자이든'이라는 뜻이다. '수행승'이라고 하는 것은 '탁발하는 자'로서의 수행승, 탁발을 위해 돌아다니는 자로서의 수행승, 분소의를 입은 자로서의 수행승, 사미로서의 수행승, 자칭에 의한 수행승, '오라! 수행승이여!'에 의한 수행승, 삼귀의에 의해 구족계를 받은 수행승, 현선한 수행승, 진실한 수행승, 배울 것이 있는 학인인 수행승, 배울 것이 없는 무학인 수행승, 화합참모임과 한번제안세번제청의 갈마와 부동의 거룩한 님의 속성을 갖춘 자로서의 수행승이 있는데, 그들 가운데 화합참모임과 한번제안세번제청의 갈마와 부동의 거룩한 님의 속성을 갖춘 수행승을 두고, 그러한 의미에서의 수행승을 뜻한다. '스스로'라는 것은 스스로 탁발하는 것을 뜻한다. '실'이라는 것은 여섯 가지 실 즉, 아마실, 면실, 비단실, 털실, 대마실, 조마실을 뜻한다.[823]

2-2. '직조사로 하여금'이라는 것은 짜는 사람으로 하여금 짜게 하는데, 짤 때마다 악작죄를 범하는 것이고, 완성하면 상실죄를 범하는 것이다, 참모임이나 무리나 개인에게 넘겨주어야 한다.

---

822) 자걸루사비친직계(自乞縷使非親織戒) | Bhikkhunī Nissag. 24 : yo pana bhikkhu sāmaṃ suttaṃ viññāpetvā tantavāyehi cīvaraṃ vāyāpeyya, nissaggiyaṃ pācittiyan'ti

823) cha suttāni: khomaṃ kappāsikaṃ koseyyaṃ kambalaṃ sāṇaṃ bhaṅgaṃ : 여섯 가지 실은 수행승들에게 허용된 여섯 가지 옷을 만들기 위한 실을 말한다. Vin. I. 58=96; Vin. I. 281 참조; 여섯 가지 옷이나 옷에 대해서는 Vin. III. 210, 213을 보라. 여기서 kambala는 양털실을 말하고 bhaṅga에 대해서는 조마(粗麻)실이라고 번역했는데, Smp. 724, 1119에 따르면, 두 가지 의미가 있다. ① 나무껍질로 만든 실 ② 다른 다섯 가지 실을 합해서 꼰 실.

2-3₁. 수행승들이여, 이와 같이[*257] 넘겨주어야 한다. 그 수행승은 참모임에 나아가 한쪽 어깨에 가사를 걸치고 장로 수행승들의 두 발에 머리를 조아리고 한쪽 무릎을 꿇고 합장하여 이와 같이 말해야 한다.

[수행승] '세존이시여, 저의 이 옷은 스스로 실을 탁발하고는 직조사로 하여금 짜게 한 것으로 상실되어야 합니다. 저는 이것을 참모임에 넘겨주겠습니다.'

넘겨주고 나서 죄를 참회해야 한다. 총명하고 유능한 수행승은 그 죄를 받아들이고, 넘겨받은 옷은 돌려주어야 한다.

[총명한 수행승] '존자들이여, 참모임은 저의 말을 들으십시오. 이 옷은 상실되어야 할 것으로 이러이러한 수행승이 참모임에 넘겨준 것입니다. 만약에 참모임에 옳은 일이라면, 참모임은 이러이러한 수행승에게 이 옷을 돌려주겠습니다.'

2-3₂. 또는 그 수행승은 두서너 명의 수행승들에게 나아가 한쪽 어깨에 가사를 걸치고 장로 수행승들의 발에 머리를 조아린 뒤에 한쪽 무릎을 꿇고 합장하여 이와 같이 말해야 한다.

[수행승] '존자들이여, 저의 이 옷은 스스로 실을 탁발하고는 직조사로 하여금 짜게 한 것으로 상실되어야 합니다. 저는 이것을 존자들에게 넘겨주겠습니다.'

넘겨주고 나서 죄를 참회해야 한다. 총명하고 유능한 수행승은 그 죄를 받아들이고, 넘겨받은 옷은 돌려주어야 한다.

[총명한 수행승] '존자들이여, 저의 말을 들으십시오. 이 옷은 이러이러한 수행승의 상실되어야 할 것인데, 존자들에 넘겨진 것입니다. 만약에 존자들에 옳은 일이라면, 존자들께서는 이러이러한 수행승에게 이 옷을 돌려주겠습니다.'

2-3₃. 또는 그 수행승은 한 수행승에게 나아가 한쪽 어깨에 가사를 걸치고 두 발에 머리를 조아린 뒤에 한쪽 무릎을 꿇고 합장하여 이와 같이 말해야 한다.

[수행승] '벗이여, 저의 이 옷은 스스로 실을 탁발하고는 직조사로 하여금 짜게 한 것으로 상실되어야 합니다. 저는 이것을 존자에게 넘겨주겠습니다.'

넘겨주고 나서 그 죄를 참회해야 한다. 그 수행승은 죄를 받아들이고, 넘겨진 옷은 돌려주어야 한다.

[한 수행승] '저는 이 옷을 존자에게 돌려주겠습니다.''

2-4₁.

1) 직조된 것에 대해 직조된 것이라고 지각하면, 상실죄를 범하는 것이다.

2) 직조된 것인지에 대하여 직조된 것인지 의심하면, 상실죄를 범하는 것이다.

3) 직조된 것에 대해 직조된 것이 아니라고 지각하면, 상실죄를 범하는 것이다.

2-4₂.

1) 직조되지 않은 것에 대해 직조된 것이라고 지각하면, 악작죄를 범하는 것이다.
2) 직조되지 않은 것에 대해 직조되지 않은 것인지 의심하면, 악작죄를 범하는 것이다.
3) 직조되지 않은 것에 대해 직조되지 않은 것이라고 지각하면, 무죄이다.

2-5. 인끈에나, 허리띠에나, 어깨끈에나, 발우주머니에나, 여과낭에 천을 깁기 위한 것이거나,[824] 친척에게 속하거나, 초대받았거나, 남을 위해 탁발하거나, 자신의 재물로 얻은 경우이거나, 정신이 착란된 자이거나, 초범자인 경우는 무죄이다.

3. 3. 5 상실죄법 제25조

직조사에 대한 학습계율[Mahāpesakārasikkhāpada]

1-1. 한때 존귀한 부처님께서는 싸밧티 시의 제따바나 숲에 있는 아나타삔디까 승원에 계셨다. 그때 어떤 사람이 길을 떠나면서 아내에게 말했다.

[어떤 사람] "실을 무게를 달아서[825] 이러이러한 직조사에게 주시오. 옷을 만들어 두시오. 와서 내가 존자 우빠난다에게 선물할 것이오."

한 탁발수행승이 그 사람이 이와 같이 말하는 것을 들었다. 그리고 그 수행승은 싸끼야의 아들 존자 우빠난다를 찾아갔다. 가까이 다가가서 존자 우빠난다에게 이와 같이 말했다.

[수행승] "벗이여 우빠난다여, 그대는 큰 공덕을 지녔다. 저번에 어떤 사람이 먼 곳으로 가면서 아내에게 '실을 가지고 가서 이러이러한 직조사에게 주시오. 옷을 만들어 두시오. 와서 내가 존자 우빠난다에게 선물할 것이오.'라고 말했습니다."

[우빠난다] "벗이여, 그는 나의 단월입니다."

그 직조사도 싸끼야의 아들 존자 우빠난다의 단월였다.

1-2. 그래서 싸끼야의 아들 존자 우빠난다는 그 직조사를 찾아갔다. 가까이 다가

824) cīvaraṃ sibbetuṃ, āyoge, kāyabandhane, aṃsabandhake, pattatthavikāya, parissāvane : 허리띠(kāyabandhana)는 Vin. II. 136에서 허리띠는 수행승들에게 허용되었다. 어깨끈(aṃsabandhaka)은 Vin. I. 204에서 허용되었다. 발우주머니(pattatthavika)는 Vin. II. 114에서 허용된다. 여과낭(parissāvana)은 Vin. II. 18에서 허용된다.
825) suttaṃ dhārayitvā : Smp. 727에 따르면, 'tuleti'는 '무게를 달아서'라는 뜻이다.

가서 직조사에게 말했다.

[우빠난다] "이보시오, 이 옷은 나를 위해 짜는 것이오. 길게 짜고 넓게 짜고 두텁게 짜시오. 그리고 고르게 짜고, 반듯하게 짜고, 반반하게 짜고, 가다듬어 짜시오."826)

[직조사] "존자여, 그들은 이 실을 가져와서 '이 실로 옷을 짜주시오.'라고 주었습니다. 존자여, 저는 길게 짜거나 넓게 짜거나 두텁게 짤 수가 없습니다.[*258] 존자여, 저는 고르게 짜거나, 반듯하게 짜거나, 반반하게 짜거나, 가다듬어 짤 수는 있습니다."

[우빠난다] "벗이여, 그러나 제발 길게 짜고 넓게 짜고 두텁게 짜주시오. 실에 구애받지 않아도 될 것입니다."

1-3. 그러자 그 직조사는 가져온 대로의 실을 직조기에 넣고 그 부인이 있는 곳을 찾아갔다. 찾아가서 그 부인에게 이와 같이 말했다.

[직조사] "마님, 실이 필요합니다."

[부인] "선생님, 제가 '이 실로 옷을 짜주시오.'라고 말하지 않았습니까?"

[직조사] "마님, 마님이 '이 실로 옷을 짜주시오.'라고 말한 것은 사실이지만, 존자 우빠난다께서 '제발 길게 짜고 넓게 짜고 두텁게 짜주시오. 실에 구애받지 않아도 될 것입니다.'라고 말했습니다."

그래서 그 부인은 처음 준 것만큼의 많은 양을 이번에도 주었다.

1-4. 마침 싸끼야의 아들 존자 우빠난다는 이와 같이 '그 장자가 여행에서 돌아왔다.'라고 들었다. 그래서 싸끼야의 아들 존자 우빠난다는 그 장자가 사는 처소를 찾아갔다. 가까이 다가가서 마련된 자리에 앉았다. 그러자 그 장자는 싸끼야의 아들 존자 우빠난다가 있는 곳을 찾아 가까이 다가가서 싸끼야의 아들 존자 우빠난다에게 인사를 하고 한쪽으로 물러나 앉았다. 한쪽으로 앉은 그 장자는 부인에게 이와 같이 말했다.

[장자] "당신은 옷을 짰습니까?"

[부인] "여보, 그렇습니다. 그 옷을 짜도록 했습니다."

[장자] "여보, 가져오시오. 내가 존자 우빠난다에게 옷을 입혀드리겠습니다."

그러나 그 부인은 그 옷을 가져와서 남편에게 주고 그 사실을 말했다. 그러자 그

---

826) suvītañca suppavāyitañca suvilekhitañca suvitacchitañca karohi : Smp. 727에 따르면, '모든 곳에 평평하게, 베틀방에 고루 펴놓고, 실의 거친 부분을 제거하고, 빗으로 잘 빗어서'의 뜻이다.

장자는 싸끼야의 아들 존자 우빠난다에게 옷을 주고 혐책하고 분개하고 비난했다.

[장자] "이 수행자 싸끼야의 아들은 탐욕이 많고 만족을 모른다. 이 옷을 보시하는 것이 쉽지 않다. 어찌 존자 우빠난다가 내가 초대하기 전에 직조사를 찾아가서 옷에 대하여 조치를 할 수가 있단 말인가?"

1-5. 수행승들은 그 사람이 혐책하고 분개하고 비난하는 것을 들었다. 수행승들 가운데 욕망을 여의고, 만족을 알고, 부끄러움을 알고, 후회할 줄 알고, 배움을 원하는 자들은 혐책하고 분개하고 비난했다.

[욕망을 여읜 수행승들] "어찌 싸끼야의 아들 존자 우빠난다가 장자가 초대하기 전에 직조사를 찾아가서 옷에 대하여 조치를 할 수가 있단 말인가?"

그러자 그 수행승들은 세존께 그 사실을 알렸다.

[세존] "우빠난다여, 그대가 장자가 초대하기 전에 직조사를 찾아가서 옷에 대하여 조치를 취한 것이 사실인가?"

[우빠난다] "세존이시여, 사실입니다."

[세존] "우빠난다여, 그대의 친척인가 그대의 친척이 아닌가?"

[우빠난다] "세존이시여, 친척이 아닙니다."

[세존] "어리석은 자여, 친척이 아닌 자는 친척이 아닌 자에 대하여 적당한가 적당하지 않은가 올바른 것인지 올바르지 않은 것인지 잘 알지 못한다. 어리석은 자여, 그런데 그대는 친척이 아닌 장자에게서 초대받기 전에[*259] 직조사를 찾아가서 옷에 대하여 조치를 취했다. 어리석은 자여, 그것은 아직 청정한 믿음이 없는 자를 청정한 믿음으로 이끌고, 이미 청정한 믿음이 있는 자를 더욱더 청정한 믿음으로 이끄는 것이 아니다. 어리석은 자여, 그것은 오히려, 아직 청정한 믿음이 없는 자를 불신으로 이끌고, 이미 청정한 믿음이 있는 자 가운데 어떤 자들을 타락시키는 것이다."

1-6. 그리고 세존께서는 싸끼야의 아들 존자 우빠난다에 대하여 여러 가지 방편으로 견책하여, 키우기 어렵고 부양하기 어렵고 탐욕이 많고 만족을 모르고 교제를 좋아하고 나태한 것에 대해 질책하고, 여러 가지 법문으로 고무하여, 키우기 쉽고 부양하기 쉽고 욕심을 여의고, 만족을 알고, 버리고 없애는 삶, 악을 제거하는 삶, 청정한 믿음의 삶, 쌓아 모우지 않는 삶, 용맹정진의 삶을 칭찬하고, 수행승들을 위하여 그에 알맞고 그에 걸맞게 경책하여 법문을 하고 수행승들에게 일렀다.

[세존] "수행승들이여, 그러므로 수행승들을 위하여 열 가지 이유에 기초하여, 즉 참모임의 수승을 위하여, 참모임의 안락을 위하여, 악한 수행승의 조복을 위하

여, 품행이 바른 수행승의 평안한 삶을 위하여, 지금 여기에서의 번뇌의 제어를 위하여, 다가오는 번뇌를 물리치기 위하여, 청정한 믿음이 없는 자에게 청정한 믿음을 주기 위하여, 청정한 믿음이 있는 자에게 청정한 믿음을 증대시키기 위하여, 올바른 가르침을 지속시키기 위하여, 계율을 수호하기 위하여 학습계율을 시설하니, 수행승들이여, 그대들은 이와 같이 학습계율을 송출해야 한다."

[세존] "수행승을 위하여, 친척이 아닌 장자나 장자녀가 직조사에게 옷을 짜게 하면, 그때 그 수행승이 초대받기 전에 직조사를 찾아가서 옷에 대하여 지시하면서 '이보시오, 이 옷은 나를 위해 짜는 것이오. 길게 짜고 넓게 짜고 두텁게 짜시오. 그리고 고르게 짜고, 반듯하게 짜고, 반반하게 짜고, 가다듬어 짜시오. 혹시 우리가 그대에게[827] 무엇인가를 줄 수 있을지 어떻게 알겠소.'라고 말한다면, 그 수행승이 이와 같이 말해서 어떠한 것이라도 근소한 탁발물이라도 준다면, 상실죄를 범하는 것이다."[828]

2-1. '수행승을 위하여'라는 것은 '수행승을 위하여, 수행승을 대상으로 삼아, 수행승에게 주기 위하여'라는 뜻이다. '친척이 아닌 자'라는 것은 어머니나 아버지나 아버지쪽으로 칠세대 이내로 관련되지 않은 자를 말한다. '장자'라는 것은 집에서 사는 자를 뜻한다. '장자녀'이라는 것은 집에서 사는 여자를 뜻한다. '직조사에 의해서'라는 것은 옷을 짜는 자에 의해서라는 뜻이다. '옷'이라는 것은 배당을 위해 적당한 최소한의 옷 이상으로 여섯 가지 옷 가운데 어느 하나의 옷을 뜻한다. '짜게 하면'이라는 것을 짜게 시킨다는 뜻이다. '그때 만약 그 수행승'라는 것은 수행승을 위하여 옷을 짤 때의 그 수행승을 뜻한다. '초대받기 전에'라는 것은 "'존자여, 그대는 어떠한 옷을 원하십니까, 그대를 위해 어떠한 옷을 짤까요?'라고 말하기 전에"라는 뜻이다. '직조사를 찾아가서'라는 것은 '집으로 가서 어디에 있더라도 찾아서'라는 뜻이다. '옷에 대해서 조치를 취한다면'이라는 것은 '이보시오, 이 옷은 나를 위해 짜는 것이오. 길게 짜고 넓게 짜고 두텁게 짜시오.

---

827) āyasmantānaṃ : 원어는 '존자'라고 되어 있는데, 상대방에 대한 존칭으로 여기서는 감언으로 하는 정중한 말이다. 역자는 알기 쉽게 '그대'라고 번역한다.

828) 권직사증의루계(勸織師增衣縷戒) | Bhikkhunī Nissag. 25 : bhikkhuṃ paneva uddissa aññātako gahapati vā gahapatānī vā tantavāyehi cīvaraṃ vāyāpeyya, tatra ce so bhikkhu pubbe appavārito tantavāye upasaṅkamit vā cīvare vikappaṃ āpajjeyya: idaṃ kho āvuso cīvaraṃ maṃ uddissa viyyati, āyatañca karotha citthatañca appitañca suvītañca suppavāyitañca suvilekhitañca suvitacchitañca karotha, appeva nāma mayampi āyasmantā naṃ kiñcimattaṃ anupadajjeyyāmā'ti, evañca so bhikkhu vatvā kiñcimattaṃ anupadajjeyya antamaso piṇḍapāt amattampi, nissaggiyaṃ pācittiyan' ti.

그리고 고르게 짜고, 반듯하게 짜고, 반반하게 짜고, 가다듬어 짜시오. 혹시 우리가 그대에게 무엇인가를 줄 수 있을지 어떻게 알겠소.'라고 하는 것이다. '그 수행승이 이와 같이 말해서 어떠한 것이라도 근소한 탁발물이라도 준다면,'이라는 것은 다음과 같다: '탁발물'은 '죽이나, 밥이나, 단단한 음식이나,[*260] 분말덩이나 버들가지나 실타래뿐만 아니라 가르침을 설한 것까지를 뜻한다.[829]

2-2. 말한 것에 따라서 길게 짜고, 넓게 짜고, 두텁게 짠다면, 그 과정은 악작죄를 범하는 것이고, 달성하면 상실죄를 범하는 것이다. 참모임이나 무리나 개인에게 넘겨주어야 한다.

2-3₁. 수행승들이여, 이와 같이 넘겨주어야 한다. 그 수행승은 참모임에 나아가 한쪽 어깨에 가사를 걸치고 장로 수행승들의 두 발에 머리를 조아리고 한쪽 무릎을 꿇고 합장하여 이와 같이 말해야 한다.

[수행승] '존자들이여, 이 옷은 제가 어떤 장자에게 초대받기 전에 직조사를 찾아가서 옷에 대하여 조치를 취한 것으로 상실되어야 합니다. 저는 이것을 참모임에 넘겨주겠습니다.'

넘겨주고 나서 죄를 참회해야 한다. 총명하고 유능한 수행승은 그 죄를 받아들이고, 넘겨받은 옷은 돌려주어야 한다.

[총명한 수행승] '존자들이여, 참모임은 저의 말을 들으십시오. 이 옷은 상실되어야 할 것으로 이러이러한 수행승이 참모임에 넘겨준 것입니다. 만약에 참모임에 옳은 일이라면, 참모임은 이러이러한 수행승에게 이 옷을 돌려주겠습니다.'

2-3₂. 또는 그 수행승은 두서너 명의 수행승들에게 나아가 한쪽 어깨에 가사를 걸치고 장로 수행승들의 발에 머리를 조아린 뒤에 한쪽 무릎을 꿇고 합장하여 이와 같이 말해야 한다.

[수행승] '존자들이여, 저의 제가 어떤 장자에게 초대받기 전에 직조사를 찾아가서 옷에 대하여 조치를 취한 것으로 상실되어야 합니다. 저는 이것을 존자들에게 넘겨주겠습니다.'

넘겨주고 나서 죄를 참회해야 한다. 총명하고 유능한 수행승은 그 죄를 받아들이고, 넘겨받은 옷은 돌려주어야 한다.

[총명한 수행승] '존자들이여, 저의 말을 들으십시오. 이 옷은 이러이러한 수행

---

829) antamaso dhammampi bhaṇati : Smp. 728에 따르면, 그는 법문을 보시한다. AN. I. 91에 따르면, 물질적 보시(財施: āmisadāna)와 정신적 보시(法施: dhammadānañca)가 있다. Mrp. II. 159-160에 따르면, 이하의 경들에서 물질적이라는 것은 네 가지 필수품과 관계된 것을 말하고 정신적이라는 것은 가르침과 관계된 것을 말한다.

승의 상실되어야 할 것인데, 존자들에 넘겨진 것입니다. 만약에 존자들에 옳은 일이라면, 존자들께서는 이러이러한 수행승에게 이 옷을 돌려주겠습니다.'

2-3₃. 또는 그 수행승은 한 수행승에게 나아가 한쪽 어깨에 가사를 걸치고 두 발에 머리를 조아린 뒤에 한쪽 무릎을 꿇고 합장하여 이와 같이 말해야 한다.

[수행승] '벗이여, 이 옷은 제가 어떤 장자에게 초대받기 전에 직조사를 찾아가서 옷에 대하여 조치를 취한 것으로 상실되어야 합니다. 저는 이것을 존자에게 넘겨주겠습니다.'

넘겨주고 나서 그 죄를 참회해야 한다. 그 수행승은 죄를 받아들이고, 넘겨진 옷은 돌려주어야 한다.

[한 수행승] '저는 이 옷을 존자에게 돌려주겠습니다.'"

2-4₁.

1) 친척이 아닌 자에 대하여 친척이 아닌 자라고 지각하고 초대받기 전에 직조사를 찾아가서 옷에 대하여 조치를 취하면, 상실죄를 범하는 것이다.
2) 친척이 아닌 자에 대하여 친척이 아닌 자인지 의심하여 초대받기 전에 직조사를 찾아가서 옷에 대하여 조치를 취하면, 상실죄를 범하는 것이다.
3) 친척이 아닌 자에 대하여 친척이라고 지각하고 초대받기 전에 직조사를 찾아가서 옷에 대하여 조치를 취하면, 상실죄를 범하는 것이다.

2-4₂.

1) 친척인 자에 대하여 친척이 아닌 자라고 지각하면, 악작죄를 범하는 것이다.
2) 친척인 자에 대하여 친척인지를 의심하면, 악작죄를 범하는 것이다.
3) 친척인 자에 대하여 친척인 자라고 지각하면, 무죄이다.

2-5. 친척인 자이거나, 초대받았다거나, 타인을 위해서라거나, 자신의 재물을 수단으로 하거나, 값비싼 직물을 원하다가 값싼 직물을 짰다거나, 정신이 착란된 자이거나, 초범자일 경우는 무죄이다.

3. 3. 6 상실죄법 제26조

특별한 보시옷에 대한 학습계율[Accekacīvarasikkhāpada]

1-1. 한때 존귀한 부처님께서 싸밧티 시의 제따바나 숲에 있는 아나타삔디까 승원에 계셨다. 그런데 그때 어떤 대신이 여행을 가면서 수행승들 앞에 사자를

파견했다.

[대신의 사자] "존자들이여, 오십시오. 제가 안거시[830]를 보시하겠습니다."

수행승들은 우기가 끝날 무렵 세존께서는 안거시를 허용했는지[831]에 대하여 의심하면서 가지 않았다. 그러자 그 대신은 혐책하고 분개하고 비난했다.

[대신] "어찌 존자들이 내가 사자를 파견했는데, 오지 않을 수 있단 말인가? 나는 전장의 군대로 가야 한다. 삶도 알 수 없고, 죽음도 알 수 없다."

수행승들은 그 대신이 혐책하고 분개하고 비난하는 것을 들었다. 그래서 그 수행승들은 세존께 그 사실을 알렸다. 그러자 세존께서는 이러한 인연으로 이러한 기회에 법문을 하고 수행승들에게 일렀다.

[세존] "수행승들이여, 특별한 보시옷[832]을 받아 보관하는 것을 허용한다."

1-2. 그때 수행승들이 '세존께서 특별한 보시옷을 받아 보관하는 것을 허용했다.' 라고[*261] 생각했다. 그래서 특별한 보시옷들을 받았으나 옷처리시기[833]를 넘겼다. 그 옷들은 옷시렁에 묶음으로 엮여 있었다. 존자 아난다가 돌아다니다가 그 옷들은 옷시렁에 묶음으로 엮여 있는 것을 보았다. 보고 나서 이와 같이 말했다.

[아난다] "벗들이여, 누가 이 옷들을 옷시렁에 묶음으로 엮여 놓았습니까?"

[수행승들] "벗이여, 우리의 특별한 보시옷들입니다."

[아난다] "벗들이여, 그런데 얼마나 오래 이 옷들을 놓아두었습니까?"

그러자 그 수행승들은 존자 아난다에게 얼마나 오래 놓아두었는지를 알렸다. 존자 아난다는 혐책하고 분개하고 비난했다.

[아난다] "어찌 수행승들이 특별한 보시옷을 받아서 옷처리시기를 놓칠 수 있단 말인가?"

1-3. 그래서 존자 아난다는 세존께 그 사실을 알렸다.

[세존] "수행승들이여, 수행승들이 특별한 보시옷을 받아서 옷처리시기를 놓친 것이 사실이란 말인가?"

[수행승들] "세존이시여, 사실입니다."

---

830) vassāvāsika : 역자는 안거시(安居施)라고 번역한다. Bd. II. 151에 따르면, 이것은 안거 기간에 보시하는 어떤 것을 의미한다. 그것이 음식 뿐만 아니라 옷이나 처소가 될 수 있다.

831) bhagavatā vassāvāsikaṃ anuññātan'ti : Vin. I. 153을 참조하라.

832) accekacīvara : Smp. 729에 따르면, 긴급한 특별한 보시옷(accāyikacivāra)을 뜻한다. 긴급히 행해져야 할 일을 'accāyike karaṇīye'라고 한다. 대신은 전장에 나가서 생사를 모르는 상황이 전개될지 모르기 때문에 그 전에 옷을 보시하기를 원했다.

833) cīvarakālasamaya : Nissag. I. 참조. '옷처리시기'라는 것은 옷을 받고 분배하고 보관하는 시기를 말한다.

존귀한 부처님께서는 견책했다.

[세존] "수행승들이여, 어찌 그 어리석은 자들이 특별한 보시옷을 받아서 옷처리시기를 놓칠 수 있단 말인가? 수행승들이여, 그것은 아직 청정한 믿음이 없는 자를 청정한 믿음으로 이끌고, 이미 청정한 믿음이 있는 자를 더욱더 청정한 믿음으로 이끄는 것이 아니다. 수행승들이여, 그것은 오히려, 아직 청정한 믿음이 없는 자를 불신으로 이끌고, 이미 청정한 믿음이 있는 자 가운데 어떤 자들을 타락시키는 것이다."

1-4. 그리고 세존께서는 수행승들에 대하여 여러 가지 방편으로 견책하여, 키우기 어렵고 부양하기 어렵고 탐욕이 많고 만족을 모르고 교제를 좋아하고 나태한 것에 대해 질책하고, 여러 가지 법문으로 고무하여, 키우기 쉽고 부양하기 쉽고 욕심을 여의고, 만족을 알고, 버리고 없애는 삶, 악을 제거하는 삶, 청정한 믿음의 삶, 쌓아 모우지 않는 삶, 용맹정진의 삶을 칭찬하고, 수행승들을 위하여 그에 알맞고 그에 걸맞게 경책하여 법문을 하고 수행승들에게 일렀다.

[세존] "수행승들이여, 그러므로 수행승들을 위하여 열 가지 이유에 기초하여, 즉 참모임의 수승을 위하여, 참모임의 안락을 위하여, 악한 수행승의 조복을 위하여, 품행이 바른 수행승의 평안한 삶을 위하여, 지금 여기에서의 번뇌의 제어를 위하여, 다가오는 번뇌를 물리치기 위하여, 청정한 믿음이 없는 자에게 청정한 믿음을 주기 위하여, 청정한 믿음이 있는 자에게 청정한 믿음을 증대시키기 위하여, 올바른 가르침을 지속시키기 위하여, 계율을 수호하기 위하여 학습계율을 시설하니, 수행승들이여, 그대들은 이와 같이 학습계율을 송출해야 한다."

[세존] "깟띠까 월의 만월834)이 되기 전에 열흘 동안 특별한 보시옷을 얻으면, 그것이 특별한 것이라고 생각되면 수행승은 받아도 되고, 받아서 옷처리시기가 될 때까지 보관해둘 수 있다. 그러나 그것보다 오랫동안 보관하면, 상실죄를 범하는 것이다."835)

2-1. '열흘 동안'이라는 것은 안거의 자자836)가 열리기 전에 열흘을 뜻한다. '깟띠

---

834) komudī cātumāsinī : 깟띠까(Kattikā) 월의 보름날로 우기가 지속하는 사개월의 끝을 말한다. 깟띠까월은 한역에서 가제월(迦提月)이라고 하며, 십일월(十一月 : 양력10월 16일~11월15일)[남방음력 7월 16일 ~ 8월 15일]을 뜻한다.

835) 과전수급시의과후축계(過前受急施衣過後畜戒) | Bhikkhunī Nissag. 26 : dasāhānāgataṃ kattikatemāsikapuṇṇamaṃ bhikkhuno paneva accekacīvaraṃ uppajjeyya, accekaṃ maññamānena bhikkhunā paṭiggahetabbaṃ, paṭiggahetvā yāva cīvarakālasamayaṃ nikkhipitabbaṃ. tato ce uttariṃ nikkhipeyya, nissaggiyaṃ pācittiyan'ti.

까 월의 만월'이라는 것은 깟띠까 월의 자자일을 뜻한다. '특별한 보시옷'이라는 것은 군대를 가고자 하는 자나, 여행을 가고자 하는 자나, 환자나, 임산부인 자나, 신심이 없다가 신심이 생긴 자나, 청정한 믿음이 없다가 청정한 믿음이 생겨난 자가 있는데, 이러한 자들이 수행승들에게 '존자들이여, 오십시오. 안거시를 보시하겠습니다.'라고 사자를 파견하면, 그것을 특별한 보시옷이라고 한다. '그것이 특별한 것이라고 생각되면 수행승은 받아도 되고, 받아서 옷처리시기가 될 때까지 보관해둘 수 있다.'라는 것은 표시를 해서 둘 수 있다는 것인데, 그것이 특별한 보시옷이다. '옷처리시기'라는 것은 까티나옷이 성립되지 않았다면 안거의 마지막 일개월을 말하고, 까티나옷이 성립되었다면 오개월을 말한다.

2-2. '그러나 그것보다[*262] 오랫동안 보관하면'이라는 것은 까티나옷이 성립되지 않았을 때, 안거의 마지막 날을 지나치면, 상실죄를 범하는 것이라는 뜻이다. 까티나옷이 성립되었을 때, 까티나특권의 날을 지나치면, 상실죄를 범하는 것이다. 참모임이나 무리나 개인에게 넘겨주어야 한다.

2-3₁. 수행승들이여, 이와 같이 넘겨주어야 한다. 그 수행승은 참모임에 나아가 한쪽 어깨에 가사를 걸치고 장로 수행승들의 두 발에 머리를 조아리고 한쪽 무릎을 꿇고 합장하여 이와 같이 말해야 한다.

[수행승] '세존이시여, 이 특별한 보시옷은 제가 옷처리시기를 지나친 것으로 상실되어야 합니다. 저는 이것을 참모임에 넘겨주겠습니다.'

넘겨주고 나서 죄를 참회해야 한다. 총명하고 유능한 수행승은 그 죄를 받아들이고, 넘겨받은 옷은 돌려주어야 한다.

[총명한 수행승] '존자들이여, 참모임은 저의 말을 들으십시오. 이 특별한 보시옷은 상실되어야 할 것으로 이러이러한 수행승이 참모임에 넘겨준 것입니다. 만약에 참모임에 옳은 일이라면, 참모임은 이러이러한 수행승에게 이 옷을 돌려주겠습니다.'

2-3₂. 또는 그 수행승은 두서너 명의 수행승들에게 나아가 한쪽 어깨에 가사를 걸치고 장로 수행승들의 발에 머리를 조아린 뒤에 한쪽 무릎을 꿇고 합장하여 이와 같이 말해야 한다.

[수행승] '존자들이여, 이 특별한 보시옷은 제가 옷처리시기를 지나친 것으로

---

836) pāvāraṇā : 한역에서 자자(自恣)라고 한다. 매년 안거가 끝나는 날에 수행승들이 서로 안거 동안의 보인 것이나 들린 것이나 의심된 것으로서의 죄에 대해서 참모임 전체가 모인 가운데 충고해 주길 요청하는 것이 자자이다. 상세한 것에 대해서는 Vin. I. 157 이하를 참조하라.

상실되어야 합니다. 저는 이것을 존자들에게 넘겨주겠습니다.'

넘겨주고 나서 죄를 참회해야 한다. 총명하고 유능한 수행승은 그 죄를 받아들이고, 넘겨받은 옷은 돌려주어야 한다.

[총명한 수행승] '존자들이여, 저의 말을 들으십시오. 이 특별한 보시옷은 이러이러한 수행승의 상실되어야 할 것인데, 존자들에 넘겨진 것입니다. 만약에 존자들에 옳은 일이라면, 존자들께서는 이러이러한 수행승에게 이 특별한 보시옷을 돌려주겠습니다.'

2-3₃. 또는 그 수행승은 한 수행승에게 나아가 한쪽 어깨에 가사를 걸치고 두 발에 머리를 조아린 뒤에 한쪽 무릎을 꿇고 합장하여 이와 같이 말해야 한다.

[수행승] '벗이여, 이 특별한 보시옷은 제가 옷처리시기를 지나친 것으로 상실되어야 합니다. 저는 이것을 존자에게 넘겨주겠습니다.'

넘겨주고 나서 그 죄를 참회해야 한다. 그 수행승은 죄를 받아들이고, 넘겨진 옷은 돌려주어야 한다.

[한 수행승] '저는 이 옷을 존자에게 돌려주겠습니다.''

2-4₁.

1) 특별한 보시옷에 대하여 특별한 보시옷이라고 지각하고 옷처리시기를 어기면, 상실죄를 범하는 것이다.

2) 특별한 보시옷에 대하여 특별한 보시옷인지 의심하고 옷처리시기를 어기면, 상실죄를 범하는 것이다.

3) 특별한 보시옷에 대하여 특별한 보시옷이 아닌 것이라고 지각하고 옷처리시기를 어기면, 상실죄를 범하는 것이다.

2-4₂.

1) 배당되지 않은 것에 대해 배당된 것이라고 지각하고, 옷처리시기를 어기면, 상실죄를 범하는 것이다.

2) 지정되지 않은 것에 대해 지정된 것이라고 지각하고, 옷처리시기를 어기면, 상실죄를 범하는 것이다.

3) 할당되지 않은 것에 대해서 할당된 것이라고 지각하고, 옷처리시기를 어기면, 상실죄를 범하는 것이다.

4) 망실되지 않은 것에 대해서 망실된 것이라고 지각하고, 옷처리시기를 어기면, 상실죄를 범하는 것이다.

5) 파괴되지 않은 것에 대해서 파괴된 것이라고 지각하고, 옷처리시기를 어기면, 상실죄를 범하는 것이다.

6) 불태워지지 않은 것에 대해서 불태워진 것이라고 지각하고, 옷처리시기를 어기면, 상실죄를 범하는 것이다.

7) 약탈되지 않은 것에 대해서 약탈된 것이라고 지각하고, 옷처리시기를 어기면, 상실죄를 범하는 것이다.

2-5₃. 상실되어야 할 특별한 보시옷을 넘겨주지 않고 사용하면, 악작죄를 범하는 것이다.

2-5₄.

1) 특별하지 않은 보시옷에 대하여 특별한 보시옷이라고 지각하면, 악작죄를 범하는 것이다.

2) 특별하지 않은 보시옷에 대하여 특별하지 않은 보시옷인지를 의심하면, 악작죄를 범하는 것이다.

3) 특별하지 않은 보시옷에 대해 특별하지 않은 보시옷이라고 지각하면, 무죄이다.

2-6. 시기 이내에 배당되고, 지정되고, 할당되고, 망실되고, 파괴되고, 불태워지거나, 빼앗아 취해지거나, 신뢰로 취해지는 경우이거나, 정신이 착란된 자이거나, 초범자의 경우는 무죄이다.

3. 3. 7 상실죄법 제27조

기증된 것에 대한 학습계율[Pariṇatasikkhāpada]

1-1. 한때[*265] 존귀한 부처님께서 싸밧티 시의 제따바나 숲에 있는 아나타삔디까 승원에 계셨다. 그런데 그때 어떤 조합에서 승차식[837]을 제공하고 옷을 보시합시다.'라고 옷과 음식을 준비했다. 그러자 여섯무리의 수행승들이 그 조합이 있는 곳을 찾아갔다. 가까이 다가가서 그 조합에 말했다.

[여섯무리의 수행승들] "벗들이여, 우리에게 이 옷들을 주십시오."

[조합] "존자들이여, 드릴 수 없습니다. 우리는 참모임에 매년 옷과 음식을 보시하기 위해 준비한 것입니다."

---

837) saṅghabhatta : 한역에서는 승차식(僧次食)이라고 한다. 재가자가 특정한 수행승을 지정하지 않고 참모임에 고루 차례에 따라 보시하는 음식을 말한다.

[여섯무리의 수행승들] "벗들이여, 참모임에 보시하는 자는 많습니다. 참모임을 위한 신자들[838]은 많습니다. 여기서 우리는 그대들에게 의지하고 그대들을 보고 지냅니다. 그대들이 우리에게 주지 않는다면, 누가 우리에게 주겠습니까? 벗들이여, 우리에게 이 옷들을 주십시오."

그러자 그 조합은 여섯무리의 수행승들에게 강요받아 준비된 옷들을 여섯무리의 수행승들에게 주고 참모임에는 음식으로 보시했다.

1-2. 수행승들은 참모임을 위해 준비된 옷과 음식들이 여섯무리의 수행승들에게 주어진 것을 모르고 이와 같이 말했다.

[수행승들] "벗들이여, 참모임에 옷을 주십시오."

[조합] "존자들이여, 없습니다. 준비된 옷들은 여섯무리의 존자들이 자신들에게 빼돌렸습니다."

수행승들 가운데 욕망을 여읜 자들은 혐책하고 분개하고 비난했다.

[욕망을 여읜 수행승들] "어찌 여섯무리의 수행승들이 알면서 참모임에게 기증되는 소득을 자신의 것으로 빼돌릴 수 있단 말인가?"

1-3. 그래서 그 수행승들은 세존께 그 사실을 알렸다. 그러자 세존께서는 이러한 인연으로 이러한 기회에 수행승들의 참모임을 불러 모으게 하고 여섯무리의 수행승들에게 물었다.

[세존] "수행승들이여, 그대들이 알면서 참모임에게 기증되는 소득을 자신의 것으로 빼돌린 것이 사실인가?"

[여섯무리의 수행승들] "사실입니다."

존귀한 부처님께서는 견책했다.

[세존] "어리석은 자들이여, 어찌 그대들이 알면서 참모임에게 기증되는 소득을 자신의 것으로 빼돌릴 수 있단 말인가? 어리석은 자들이여, 그것은 아직 청정한 믿음이 없는 자를 청정한 믿음으로 이끌고, 이미 청정한 믿음이 있는 자를 더욱더 청정한 믿음으로 이끄는 것이 아니다. 어리석은 자여, 그것은 오히려, 아직 청정한 믿음이 없는 자를 불신으로 이끌고, 이미 청정한 믿음이 있는 자 가운데 어떤 자들을 타락시키는 것이다."

1-4. 그리고 세존께서는 여섯무리의 수행승들에 대하여 여러 가지 방편으로 견

838) bhattā : 싱할리 본(bhaddā)에 따르면, Smp. 732와 일치하고 입에 들어가는 것(lābhamukhāni) 즉 음식이라고 해석한다.

책하여, 키우기 어렵고 부양하기 어렵고 탐욕이 많고 만족을 모르고 교제를 좋아하고 나태한 것에 대해 질책하고, 여러 가지 법문으로 고무하여, 키우기 쉽고 부양하기 쉽고 욕심을 여의고, 만족을 알고, 버리고 없애는 삶, 악을 제거하는 삶, 청정한 믿음의 삶, 쌓아 모우지 않는 삶, 용맹정진의 삶을 칭찬하고, 수행승들을 위하여 그에 알맞고 그에 걸맞게 경책하여 법문을 하고 수행승들에게 일렀다.

[세존] "수행승들이여, 그러므로 수행승들을 위하여 열 가지 이유에 기초하여, 즉 참모임의 수승을 위하여, 참모임의 안락을 위하여, 악한 수행승의 조복을 위하여, 품행이 바른 수행승의 평안한 삶을 위하여, 지금 여기에서의 번뇌의 제어를 위하여, 다가오는 번뇌를 물리치기 위하여, 청정한 믿음이 없는 자에게 청정한 믿음을 주기 위하여, 청정한 믿음이 있는 자에게 청정한 믿음을 증대시키기 위하여, 올바른 가르침을 지속시키기 위하여, 계율을 수호하기 위하여 학습계율을 시설하니, 수행승들이여, 그대들은 이와 같이 학습계율을 송출해야 한다."

[세존] "어떠한 수행승이든지 알면서 참모임에 속하는 기증된 이득을 자신의 것으로 전용한다면, 상실죄를 범하는 것이다."[839)]

2-1. '어떠한'이라는 것은 어떠한 관계, 어떠한 태생, 어떠한 이름, 어떠한 성씨, 어떠한 계행, 어떠한 주거, 어떠한 활동영역에서 이든지, 장로이든지, 신참이든지, 중참이든지, 이러한 자들을 형용하는 것으로 '어떠한 자이든'이라는 뜻이다. '수행승'이라고 하는 것은 '탁발하는 자'로서의 수행승, 탁발을 위해 돌아다니는 자로서의 수행승, 분소의를 입은 자로서의 수행승, 사미로서의 수행승, 자칭에 의한 수행승, '오라! 수행승이여!'에 의한 수행승, 삼귀의에 의해 구족계를 받은 수행승, 현선한 수행승, 진실한 수행승, 배울 것이 있는 학인인 수행승, 배울 것이 없는 무학인 수행승, 화합참모임과 한번제안세번제청의 갈마와 부동의 거룩한 님의 속성을 갖춘 자로서의 수행승이 있는데, 그들 가운데 화합참모임과 한번제안세번제청의 갈마와 부동의 거룩한 님의 속성을 갖춘 수행승을 두고, 그러한 의미에서의 수행승을 뜻한다.

2-2. '알면서'라는 것은 '스스로 알았거나, 타인이 알려주었거나, 혹은 누군가가 알려준 것'을 뜻한다. '참모임에 속하는'[*266]이라는 것은 '참모임에 보시되거나 기부된 것'을 뜻한다.[840)] '이득'이라는 것은 옷과 탁발음식과 와좌구와 필수약

---

839) 회승물입이계(迴僧物入已戒) | Bhikkhunī Nissag. 27 : yo pana bhikkhu jānaṃ saṅghikaṃ lābhaṃ pariṇataṃ attano pariṇāmeyya, nissaggiyaṃ pācittiyan'ti.

품 뿐만 아니라 가루단자, 버들가지, 실타래를 뜻한다.[841] '기증되는'이라는 것은 '우리가 주겠다. 우리가 만들겠다.'라고 강조적으로 말해진 것이다.

2-3₁. 'ㅈ사신의 것으로 전용한다.'라는 것은 그렇게 애쓰면, 악작죄를 범하는 것이고, 성공하면, 상실죄를 범하는 것이다. 참모임이나 무리나 개인에게 넘겨주어야 한다. 그런데 이와 같이 넘겨주어야 한다.

[수행승] '존자들이여, 이 이득은 참모임에 기증된 것이지만, 자신의 것으로 전용한 것으로 상실되어야 합니다. 저는 이것을 참모임에 넘겨주겠습니다.'

넘겨주고 나서 죄를 참회해야 한다. 총명하고 유능한 수행승은 그 죄를 받아들이고, 넘겨진 물건은 돌려주어야 한다.

[총명한 수행승] '존자들이여, 참모임은 저의 말을 들으십시오. 이 이득은 상실되어야 할 것으로 이러이러한 수행승이 참모임에 넘겨준 것입니다. 만약에 참모임에 옳은 일이라면, 참모임은 이러이러한 수행승에게 이것을 돌려주겠습니다.'

2-3₂. 또는 그 수행승은 두서너 명의 수행승들에게 나아가 한쪽 어깨에 가사를 걸치고 장로 수행승들의 발에 머리를 조아린 뒤에 한쪽 무릎을 꿇고 합장하여 이와 같이 말해야 한다.

[수행승] '존자들이여, 이 이득은 참모임에 기증된 것이지만, 자신의 것으로 전용한 것으로 상실되어야 합니다. 저는 이것을 존자들에게 넘겨주겠습니다.'

넘겨주고 나서 죄를 참회해야 한다. 총명하고 유능한 수행승은 그 죄를 받아들이고, 넘겨진 물건은 돌려주어야 한다.

[총명한 수행승] '존자들이여, 저의 말을 들으십시오. 이 이득은 이러이러한 수행승의 상실되어야 할 것인데, 존자들에 넘겨진 것입니다. 만약에 존자들에 옳은 일이라면, 존자들께서는 이러이러한 수행승에게 이것을 돌려주겠습니다.'

2-3₃. 또는 그 수행승은 한 수행승에게 나아가 한쪽 어깨에 가사를 걸치고 두 발에 머리를 조아린 뒤에 한쪽 무릎을 꿇고 합장하여 이와 같이 말해야 한다.

[수행승] '벗이여, 이 이득은 참모임에 기증된 것이지만, 자신의 것으로 전용한 것으로 상실되어야 합니다. 저는 이것을 존자에게 넘겨주겠습니다.'

넘겨주고 나서 그 죄를 참회해야 한다. 그 수행승은 죄를 받아들이고, 넘겨진 이득은 돌려주어야 한다.

---

840) saṅghikaṃ nāma: saṅghassa dinnaṃ hoti pariccattaṃ : Vin. IV. 43을 참조하라.

841) lābho nāma: cīvarapiṇḍapātasenāsanagilānapaccayabhesajjaparikkhārā, antamaso cuṇṇapiṇḍopi dantakaṭṭhampi dasikasuttampi : Vin. IV. 154를 참조하라.

[한 수행승] '저는 이 이득을 존자에게 돌려주겠습니다.'

2-4₁.

1) 기증된 것에 대해 기증된 것이라고 지각하고 자신의 것으로 빼돌리면, 상실죄를 범하는 것이다.
2) 기증된 것에 대해 기증된 것인지를 의심하여 자신의 것으로 빼돌리면, 상실죄를 범하는 것이다.
3) 기증된 것에 대해 기증되지 않은 것이라고 지각하고 자신의 것으로 빼돌리면, 상실죄를 범하는 것이다.

2-4₂.

1) 참모임에 기증된 것을 다른 참모임이나 탑묘에 전용한다면, 악작죄를 범하는 것이다.[842)]
2) 탑묘에 기증된 것을 다른 탑묘나 참모임이나 개인을 위해 전용한다면, 악작죄를 범하는 것이다.
3) 개인에 기증된 것을 다른 개인이나 참모임이나 탑묘을 위해 전용한다면, 악작죄를 범하는 것이다.

2-4₃.

1) 기증되지 않은 것에 기증된 것이라고 지각하면, 악작죄를 범하는 것이다.
2) 기증되지 않은 것에 대해 기증되지 않은 것인지를 의심하면, 악작죄를 범하는 것이다.
3) 기증되지 않은 것에 대해 기증되지 않은 것이라고 지각하면, 무죄이다.

2-5. '어디에 줄까?'라고 자신이 질문하거나, 그대의 보시물이 사용되거나 수리되거나 오랫동안 유지되는 곳에, 또는 그대의 마음이 청정해지는 곳에 그곳에 주시오.'라고 말한 경우나, 정신이 착란된 자이거나 초심자인 경우는 무죄이다.

3. 3. 8. 상실죄법 제28조

발우모우기에 대한 학습계율[Pattasannicayasikkhāpada]

---

842) saṅghassa pariṇataṃ aññasaṅghassa vā cetiyassa vā pariṇāmeti, āpatti dukkaṭassa : Smp. 733에 따르면, 여기서 참모임(saṅgha)은 전체 승단을 의미하는 것이 아니라 여러 지방이나 여러 정사에서 한 정사에 있는 다섯 명 이상의 수행승을 의미한다.

1-1. 한때[243] 존귀한 부처님께서는 싸밧티 시의 제따바나 숲에 있는 아나타삔디까 승원에 계셨다. 그런데 그때 여섯무리의 수행녀들이 많은 발우를 쌓아 모았다.[843] 사람들이 정사를 순례하면서 그것들을 보고 혐책하고 분개하고 비난했다.

[사람들] "어찌 수행녀들이 많은 발우를 모을 수 있단 말인가? 수행녀들이 발우장사를 할 것인가, 도자기장사를 할 것인가?"

1-2. 수행녀들은 그 사람들이 혐책하고 분개하고 비난하는 것을 들었다. 수행녀들 가운데 욕망을 여의고, 만족을 알고, 부끄러움을 알고, 후회할 줄 알고, 배움을 원하는 자들은 혐책하고 분개하고 비난했다.

[욕망을 여읜 수행녀들] "어찌 여섯무리의 수행녀들이 많은 발우를 모을 수 있단 말인가?"

그래서 그 수행녀들은 수행승들에게 그 사실을 알렸다. 수행승들 가운데 욕망을 여의고, 만족을 알고, 부끄러움을 알고, 후회할 줄 알고, 배움을 원하는 자들도 혐책하고 분개하고 비난했다.

[욕망을 여읜 수행승들] "어찌 여섯무리의 수행녀들이 많은 발우를 모을 수 있단 말인가?"

1-3. 그래서 그 수행승들은 세존께 그 사실을 알렸다. 그러자 세존께서는 이러한 인연으로 이러한 기회에 수행승들의 참모임을 불러 모으게 하고 연유를 설하고 수행승들에게 물었다.

[세존] "수행승들이여, 그 여섯무리의 수행녀들이 많은 발우를 모은 것이 사실인가?"

[수행승들] "세존이시여, 사실입니다."

존귀한 부처님께서는 견책했다.

[세존] "수행승들이여, 그 여섯무리의 수행녀들은 적절하지 않고, 자연스럽지 않고, 알맞지 않고, 수행자의 삶이 아니고, 부당하고, 해서는 안 될 일을 행한 것이다. 수행승들이여, 어찌 여섯무리의 수행녀들이 많은 발우를 모을 수 있단 말인가? 수행승들이여, 그것은 아직 청정한 믿음이 없는 자를 청정한 믿음으로 이끌고, 이미 청정한 믿음이 있는 자를 더욱더 청정한 믿음으로 이끄는 것이 아니다. 수행승들이여, 그것은 오히려, 아직 청정한 믿음이 없는 자를 불신으로

---

843) tena kho pana samayena chabbaggiyā bhikkhuniyo bahū patte sannicayaṃ karonti : 빅쿠상실죄법 제21조(Bhikkhu Nissag. 21)을 참조하라.

이끌고, 이미 청정한 믿음이 있는 자 가운데 어떤 자들을 타락시키는 것이다."

1-4. 그래서 세존께서는 여섯무리의 수행녀들에 대하여 여러 가지 방편으로 견책하여, 키우기 어렵고 부양하기 어렵고 탐욕이 많고 만족을 모르고 교제를 좋아하고 나태한 것에 대하여 질책하고, 여러 가지 법문으로 고무하여, 키우기 쉽고 부양하기 쉽고 욕심을 여의고, 만족을 알고, 버리고 없애는 삶, 악을 제거하는 삶, 청정한 믿음의 삶, 쌓아 모우지 않는 삶, 용맹정진의 삶을 칭찬하고, 수행승들을 위하여 그에 알맞고 그에 걸맞게 경책하여 법문을 하고 수행승들에게 일렀다.

[세존] "수행승들이여, 그러므로 수행녀들을 위하여 열 가지 이유에 기초하여, 즉 참모임의 수승을 위하여, 참모임의 안락을 위하여, 악한 수행녀의 조복을 위하여, 품행이 바른 수행녀의 평안한 삶을 위하여, 지금 여기에서의 번뇌의 제어를 위하여, 다가오는 번뇌를 물리치기 위하여, 청정한 믿음이 없는 자에게 청정한 믿음을 주기 위하여, 청정한 믿음이 있는 자에게 청정한 믿음을 증대시키기 위하여, 올바른 가르침을 지속시키기 위하여, 계율을 수호하기 위하여 학습계율을 시설하니, 수행승들이여, 수행녀들은 이와 같이 학습계율을 송출해야 한다."

[세존] "어떠한 수행녀이든지 발우를 모우면, 상실죄를 범하는 것이다."844)

2-1. '어떠한'이라는 것은 어떠한 관계, 어떠한 태생, 어떠한 이름, 어떠한 성씨, 어떠한 계행, 어떠한 주거, 어떠한 활동영역에서 이든지, 장로이든지, 신참이든지, 중참이든지, 이러한 자들을 형용하는 것으로 '어떠한 자이든'이라는 뜻이다. '수행녀'이라고 하는 것은 '탁발하는 여자'로서의 수행녀, 탁발을 위해 돌아다니는 여자로서의 수행녀, 분소의를 입은 자로서의 수행녀, 사미니로서의 수행녀, 자칭에 의한 수행녀, '오라! 수행녀여!'에 의한 수행녀, 삼귀의에 의해 구족계를 받은 수행녀, 현선한 수행녀, 진실한 수행녀, 배울 것이 있는 학인인 수행녀, 배울 것이 없는 무학인 수행녀, 화합참모임과 한번제안세번제청의 갈마와 부동의 거룩한 님의 속성을 갖춘 자로서의 수행녀가 있는데, 그녀들 가운데 화합참모임과 양쪽으로부터 구족계를 받은 자로서 한번제안세번제청의 갈마와 부동의 거룩한 님의 속성을 갖춘 수행녀, 그녀를 이러한 의미에서의 수행녀라고 하는 것이다.

2-2. '발우'라는 것은 두 가지 발우가 있는데, 철발우와 흙발우이다. 세 가지 종류

---

844) 장발계○(長鉢戒) | Bhikkhunī Nissag. 28 : yā pana bhikkhunī pattasannicayaṃ kareyya, nissaggiyaṃ pācittiyan'ti.

의 발우가 있는데, 대발우, 중발우, 소발우가 있다. '대발우'는 반 알하까 량의 밥과 1/4 량의 쌀, 거기에 준하는 카레를 담는 것이다. 중발우는 날리까 양의 밥과 1/4 량의 쌀, 거기에 준하는 카레를 담는 것이다. 소발우라는 것은[244] 빳타 분량의 밥과 1/4분량의 쌀과 그에 준하는 카레를 담는 것이다. 그 보다 큰 것은 발우가 아니고 그보다 적은 것도 발우가 아니다. '모우면'이라는 것은 배정하거나 할당한 것이 아닌 것을 뜻한다. '상실'이라는 것은 일출시에 상실된다는 뜻이다. 참모임이나 무리나 한 수행녀에게 넘겨주어야 한다.

$2\text{-}3_1$. 수행승들이여, 이와 같이 넘겨주어야 한다. 그 수행녀는 참모임에 나아가 한쪽 어깨에 가사를 걸치고 장로 수행녀들의 발에 머리를 조아리고 한쪽 무릎을 꿇고 합장하여 이와 같이 말해야 한다.

[수행녀] "존귀한 자매들이여, 이 발우는 밤이 지나서 상실되어야 합니다. 저는 이것을 참모임에 넘겨주겠습니다."

넘겨주고 나서 그 죄를 참회해야 한다. 총명한 유능한 수행녀는 죄를 받아들이고, 넘겨진 발우는 돌려주어야 한다.

[총명한 수행녀] "존귀한 자매들이여, 저의 말을 들으십시오. 이 발우는 상실되어야 할 것으로 이러이러한 수행녀가 참모임에 넘겨준 것입니다. 참모임에 옳은 일이라면, 이 발우를 이러이러한 수행녀에게 돌려주겠습니다."

$2\text{-}3_2$. 또는 그 수행녀는 두서너 명의 수행녀들에게 나아가 한쪽 어깨에 가사를 걸치고 장로 수행녀들의 발에 머리를 조아리고 한쪽 무릎을 꿇고 합장하여 이와 같이 말해야 한다.

[수행녀] "존귀한 자매들이여, 이 발우는 밤이 지나서 상실되어야 합니다. 저는 이것을 존귀한 자매들에 넘겨주겠습니다."

넘겨주고 나서 그 죄를 참회해야 한다. 총명한 유능한 수행녀는 죄를 받아들이고, 넘겨진 발우는 돌려주어야 한다.

[총명한 수행녀] "존귀한 자매들이여, 저의 말을 들으십시오. 이 발우는 상실되어야 할 것으로 이러이러한 수행녀가 존귀한 자매들에 넘겨준 것입니다. 참모임에 옳은 일이라면, 이 발우를 이러이러한 수행녀에게 돌려주겠습니다."

$2\text{-}3_3$. 또는 그 수행녀는 한 명의 수행녀에게 나아가 한쪽 어깨에 가사를 걸치고 한쪽 무릎을 꿇고 합장하여 이와 같이 말해야 한다.

[수행녀] "존귀한 자매들이여, 이 발우는 밤이 지나서 상실되어야 합니다. 저는

이것을 이 발우를 존귀한 자매에게 넘겨주겠습니다.”

넘겨주고 나서 그 죄를 참회해야 한다. 그 수행녀는 죄를 받아들여야 하고, 넘겨진 발우는 돌려주어야 한다.

[한 수행녀] ‘저는 이 발우를 존귀한 자매에게 돌려주겠습니다.’

2-4₁.

1) 밤이 지난 것에 대하여 밤이 지난 것이라고 지각하면, 상실죄를 범하는 것이다.
2) 밤이 지난 것에 대하여 밤이 지난 것인지 의심하면, 상실죄를 범하는 것이다.
3) 밤이 지난 것에 대하여 밤이 지나지 않은 것이라고 지각하면, 상실죄를 범하는 것이다.

2-4₂.

1) 배당되지 않은 것에 대하여 배당된 것이라고 지각하면, 상실죄를 범하는 것이다.
2) 지정되지 않은 것에 대하여 지정된 것이라고 지각하면, 상실죄를 범하는 것이다.
3) 할당되지 않은 것에[245] 할당된 것이라는 지각이 있으면, 상실죄를 범하는 것이다.
4) 망실되지 않은 것에 망실된 것이라는 지각이 있으면, 상실죄를 범하는 것이다.
5) 파괴되지 않은 것에 파괴된 것이라는 지각이 있으면, 상실죄를 범하는 것이다.
6) 파열되지 않은 것에 파열된 것이라는 지각이 있으면, 상실죄를 범하는 것이다.
7) 약탈되지 않은 것에 약탈된 것이라는 지각이 있으면, 상실죄를 범하는 것이다.

2-4₃. 상실되어야 할 발우를 넘겨주지 않고 사용하면, 악작죄를 범하는 것이다.

2-4₄.

1) 밤이 지나지 않은 것에 대하여 지난 것이라고 지각하면, 악작죄를 범하는 것이다.
2) 밤이 지나지 않은 것에 대하여 지나지 않은 것인지 의심하면, 악작죄를 범하는 것이다.
3) 밤이 지나지 않은 것에 밤이 지나지 않은 것이라고 지각하면, 무죄이다.

2-5. 태양이 떠오르기 전에 배당되었거나, 지정되었거나, 할당되었거나, 망실되었거나, 파괴되었거나, 약탈된 경우나, 부숴진 뒤에 가지거나 신뢰로 가지는 경우이거나, 정신착란자이거나 초범자인 경우는 무죄이다.

3-1. 그런데 여섯무리의 수행녀들은 넘겨준 발우를 돌려주지 않았다. 수행녀들 가운데 욕망을 여의고, 만족을 알고, 부끄러움을 알고, 후회할 줄 알고, 배움을 원하는 자들은 혐책하고 분개하고 비난했다.

[욕망을 여읜 수행녀들] "어찌 여섯무리의 수행녀들이 넘겨진 발우를 돌려주지 않을 수 있단 말인가?"

그래서 그 수행녀들은 수행승들에게 그 사실을 알렸다. 수행승들 가운데 욕망을 여의고, 만족을 알고, 부끄러움을 알고, 후회할 줄 알고, 배움을 원하는 자들도 혐책하고 분개하고 비난했다.

[욕망을 여읜 수행승들] "어찌 여섯무리의 수행녀들이 넘겨진 발우를 돌려주지 않을 수 있단 말인가?"

3-2. 그래서 그 수행승들은 세존께 그 사실을 알렸다. 그러자 세존께서는 이러한 인연으로 이러한 기회에 수행승들의 참모임을 불러 모으게 하고 연유를 설하고 수행승들에게 일렀다.

[세존] "수행승들이여, 넘겨진 발우는 돌려주지 않으면 안 된다. 돌려주지 않는다면, 악작죄를 범하는 것이다."

3. 3. 9 상실죄법 제 29조

두터운 옷(重依)에 대한 학습계율[Garupāvuraṇasikkhāpada

1-1. 한때[255] 존귀한 부처님께서는 싸밧티 시의 제따바나 숲에 있는 아나타삔디까 승원에 계셨다. 그런데 그때 수행녀 툴라난다는 박학한 송출자이자 슬기로운 선설법자였다. 그런데 그때 꼬쌀라 국의 왕 빠쎄나디가 추운 날씨에 값비싼 털옷을 걸치고 수행녀 툴라난다가 있는 곳을 찾아왔다. 가까이 다가와서 수행녀 툴라난다에게 인사를 하고 한쪽으로 물러나 앉았다. 한쪽으로 물러나 앉은 꼬쌀라 국의 왕 빠쎄나디를 수행녀 툴라난다가 법문으로 교화하고 북돋우고 고무시키고 기쁘게 했다.845) 꼬쌀라 국의 왕 빠쎄나디는 수행녀 툴라난다에게 법문으로 교화받고 북돋아지고 고무되고 기뻐하면서 수행녀 툴라난다에게 이와 같이 말했다.

[빠쎄나디] "존귀한 자매여, 필요한 것이 있으면, 말해주십시오."

[툴라난다] "대왕이여, 주시려면, 그 털옷을 주십시오."

그러자 꼬쌀라 국의 왕 빠쎄나디는 수행녀 툴라난다에게 털옷을 주고, 자리에

---

845) ekamantaṃ nisinnaṃ kho rājānaṃ pasenadiṃ kosalaṃ thullanandā bhikkhunī dhammiyā kathāya sandassesi samādapesi samuttejesi sampahaṃsesi : SN. IV. 374에서 빠세나디 왕은 여래의 사후의 존재 등에 관한 질문을 하고 수행녀 케마가 그에 대한 심오한 답변을 들려주는데, 당시 수행녀들이 높은 의식수준의 법문을 할 수 있었다는 것을 대변한다. 아마도 툴라난다도 심오한 법문으로 빠세나디 왕을 만족시켰을 것이다.

서 일어나 수행녀 툴라난다에게 인사를 하고 오른 쪽으로 돌아 그곳을 떠났다. 사람들이 혐책하고 분개하고 비난했다.

[사람들] "이 수행녀는 탐욕이 많고 만족을 모른다. 어찌 왕의 털옷을 달라고 할 수 있는가?"

1-2. 수행녀들은 그 사람들이 혐책하고 분개하고 비난하는 것을 들었다. 수행녀들 가운데 욕망을 여의고, 만족을 알고, 부끄러움을 알고, 후회할 줄 알고, 배움을 원하는 자들은 혐책하고 분개하고 비난했다.

[욕망을 여읜 수행녀들] "어찌 수행녀 툴라난다가 왕의 털옷을 달라고 할 수 있는가?"

그래서 그 수행녀들은 수행승들에게 그 사실을 알렸다. 수행승들 가운데 욕망을 여의고, 만족을 알고, 부끄러움을 알고, 후회할 줄 알고, 배움을 원하는 자들도 혐책하고 분개하고 비난했다.

[욕망을 여읜 수행승들] "어찌 수행녀 툴라난다가 왕의 털옷을 달라고 할 수 있는가?"

1-3. 그래서 그 수행승들은 세존께 그 사실을 알렸다. 그러자 세존께서는 그것을 원인으로 그것을 기회로 수행승의 참모임을 불러 모으게 하고 법문을 하고 수행승들에게 말했다.

[세존] "수행승들이여, 수행녀 툴라난다가 왕의 털옷을 달라고 한 것이 사실인가?"

[수행승들] "세존이시여, 사실입니다."

존귀한 부처님께서는 견책했다.

[세존] "수행승들이여, 수행녀 툴라난다는 적절하지 않고, 자연스럽지 않고, 알맞지 않고, 수행자의 삶이 아니고, 부당하고, 해서는 안 될 일을 한 것이다. 수행승들이여, 어찌 수행녀 툴라난다가 왕의 털옷을 달라고 할 수 있는가? 수행승들이여, 그것은 아직 청정한 믿음이 없는 자를 청정한 믿음으로 이끌고, 이미 청정한 믿음이 있는 자를 더욱더 청정한 믿음으로 이끄는 것이 아니다. 수행승들이여, 그것은 오히려, 아직 청정한 믿음이 없는 자를 불신으로 이끌고, 이미 청정한 믿음이 있는 자 가운데 어떤 자들을 타락시키는 것이다."

1-4. 그리고 세존께서는 수행녀 툴라난다에 대하여 여러 가지 방편으로 견책하고, 키우기 어렵고 부양하기 어렵고 탐욕이 많고 만족을 모르고 교제를 좋아하고 나태한 것에 대하여 질책하고, 여러 가지 법문으로 고무하여, 키우기 쉽고 부양하

기 쉽고 욕심을 여의고, 만족을 알고, 버리고 없애는 삶, 악을 제거하는 삶, 청정한 믿음의 삶, 쌓아 모우지 않는 삶, 용맹정진의 삶을 칭찬하고, 수행승들을 위하여 그에 알맞고 그에 걸맞게 경책하여 법문을 하고 수행승들에게 일렀다.

[세존] "수행승들이여, 그러므로 수행녀들을 위하여 열 가지 이유에 기초하여, 즉 참모임의 수승을 위하여, 참모임의 안락을 위하여, 악한 수행녀의 조복을 위하여, 품행이 바른 수행녀의 평안한 삶을 위하여, 지금 여기에서의 번뇌의 제어를 위하여, 다가오는 번뇌를 물리치기 위하여, 청정한 믿음이 없는 자에게 청정한 믿음을 주기 위하여, 청정한 믿음이 있는 자에게 청정한 믿음을 증대시키기 위하여, 올바른 가르침을 지속시키기 위하여, 계율을 수호하기 위하여 학습계율을 시설하니, 수행승들이여, 수행녀들은 이와 같이 학습계율을 송출해야 한다."

[세존] "두터운 옷[846]을 구하는 수행녀라면, 최상으로 4 깡싸[847]의 것을 구해야 한다. 그 이상의 것을 구하면, 상실죄를 범하는 것이다."[848]

2-1. '두터운 옷'이라는 것은 추운 날씨에 입는 옷을 뜻한다. '구하는'이라는 것은 '요구하는'이라는 뜻이다. '최대한 4 깡싸의 것을 구해야 한다.'[256]라는 것은 최대한 16 까하빠나의 것을 구할 수 있다는 뜻이다. '그 이상을 구하면'이라는 것은 그 이상을 요구하면, 그 과정은 악작죄를 범하는 것이고, 그 획득은 상실죄를 범한 것으로, 참모임이나 모임이나 한 수행녀에게 넘겨주어야 한다.

2-2₁. 수행승들이여, 이와 같이 넘겨주어야 한다. 그 수행녀는 참모임에 나아가 한쪽 어깨에 가사를 걸치고 장로 수행녀들의 발에 머리를 조아리고 한쪽 무릎을 꿇고 합장하여 이와 같이 말해야 한다.

[수행녀] '존귀한 자매들이여, 이것이 제가 구한 최대한 4 깡싸를 넘는 두터운 옷으로 상실되어야 합니다. 저는 이것을 참모임에 넘겨주겠습니다.'

넘겨주고 나서 그 죄를 참회해야 한다. 총명한 유능한 수행녀는 죄를 받아들이고, 넘겨진 옷은 돌려주어야 한다.

[총명한 수행녀] '존귀한 자매들이여, 저의 말을 들으십시오. 이 옷은 상실되어야 할 것으로 이러이러한 수행녀가 참모임에 넘겨준 것입니다. 참모임에 옳은

---

846) garupāvuraṇa : 추울 날에 입는 두터운 외투로 한역에서는 중의(重衣)라고 번역한다.
847) kaṃsa : Smp. 919에 따르면, 1 깡싸는 4 까하빠나(kahāpaṇa)의 가치가 있다. 당시 인도에서는 황소 한 마리 값이 12 까하빠나였다.
848) 걸중의계⓪(乞重衣戒) | Bhikkhunī Nissag. 29 : garupāvuraṇaṃ pana bhikkhuniyā cetāpentiyā catukkaṃsa paramaṃ cetāpetabbaṃ, tato ce uttari cetāpeyya, nissaggiyaṃ pācittiyan'ti.

일이라면, 참모임은 이 옷을 이러이러한 수행녀에게 돌려주겠습니다.'

2-2₂. 또는 그 수행녀는 두서너 명의 수행녀들에 다가가서 한쪽 어깨에 가사를 걸치고 장로 수행녀들의 발에 머리를 조아리고 한쪽 무릎을 꿇고 합장하여 이와 같이 말해야 한다.

[수행녀] '존귀한 자매들이여, 이것이 제가 구한 최대한 4 깡싸를 넘는 두터운 옷으로 상실되어야 합니다. 저는 이것을 존귀한 자매들에게 넘겨주겠습니다.'

넘겨주고 나서 그 죄를 참회해야 한다. 총명한 유능한 수행녀는 죄를 받아들이고, 넘겨진 옷은 돌려주어야 한다.

[총명한 수행녀] '존귀한 자매들이여, 저의 말을 들으십시오. 이 옷은 상실되어야 할 것으로 이러이러한 수행녀가 존귀한 자매들에 넘겨준 것입니다. 존귀한 자매들에게 옳은 일이라면, 존귀한 자매들께서는 이 옷을 이러이러한 수행녀에게 돌려주겠습니다.'

2-2₃. 또는 그 수행녀는 한 명의 수행녀에게 나아가 한쪽 어깨에 가사를 걸치고 한쪽 무릎을 꿇고 합장하여 이와 같이 말해야 한다.

[수행녀] '존귀한 자매여, 이것이 제가 구한 최대한 4 깡싸를 넘는 두터운 옷으로 밤이 지나서 상실되어야 합니다. 저는 이것을 존귀한 자매에게 넘겨주겠습니다.'

넘겨주고 나서 그 죄를 참회해야 한다. 그 수행녀는 죄를 받아들이고, 넘겨진 옷은 돌려주어야 한다.

[한 수행녀] '저는 이 옷을 존귀한 자매에게 돌려주겠습니다.'

2-3₁.

1) 4 깡싸를 초과하는 것에 대하여 초과하는 것이라고 지각하고 구하면, 상실죄를 범하는 것이다.
2) 4 깡싸를 초과하는 것에 대하여 초과하는 것인지 의심하고 구하면, 상실죄를 범하는 것이다.
3) 4 깡싸를 초과하는 것에 대하여 미만인 것이라고 지각하고 구하면, 상실죄를 범하는 것이다.

2-3₂.

1) 4 깡싸 미만인 것에 대하여 초과하는 것이라고 지각하면, 악작죄를 범하는 것이다.
2) 4 깡싸 미만인 것에 대하여 미만인 것인지 의심하면, 악작죄를 범하는 것이다.

3) 4 깡싸 미만인 것에 대하여 미만인 것이라고 지각하면, 무죄이다.

2-4. 최대한 4 깡싸의 것을 구하거나, 최대한 4 깡싸 미만인 것을 구하거나, 친척의 것들이거나, 기부된 것이거나, 타인을 위한 것이거나, 자신의 자산에 의한 것이거나, 다른 자가 값비싼 것을 구하려 하는데 비해 값싼 것을 구하는 경우이거나, 정신착란자이거나 초범자인 경우는 무죄이다.

3. 3. 10 상실죄법 제30조

얇은 옷에 대한 학습계율[Lahupāvuraṇasikkhāpada]

1-1. 한때 존귀한 부처님께서는 싸밧티 시의 제따바나 숲에 있는 아나타삔디까 승원에 계셨다. 그런데 그때 수행녀 툴라난다는 박학한 송출자이자 슬기로운 선설법자였다. 그런데 그때 꼬쌀라 국의 왕 빠쎄나디가 더운 날씨에 삼베옷을 걸치고 수행녀 툴라난다가 있는 곳을 찾아왔다. 가까이 다가와서 수행녀 툴라난다에게 인사를 하고 한쪽으로 물러나 앉았다. 한쪽으로 물러나 앉은 꼬쌀라 국의 왕 빠쎄나디를 수행녀 툴라난다가 법문으로 교화하고 북돋우고 고무시키고 기쁘게 했다. 꼬쌀라 국의 왕 빠쎄나디는 수행녀 툴라난다에게 법문으로 교화받고 북돋아지고 고무되고 기뻐하면서 수행녀 툴라난다에게 이와 같이 말했다.

[빠쎄나디] "존귀한 자매여, 필요한 것이 있으면, 말해주십시오."

[툴라난다] "대왕이여, 주시려면, 그 삼베옷을 주십시오."

그러자 꼬쌀라 국의 왕 빠쎄나디는 수행녀 툴라난다에게 삼베옷을 주고, 자리에서 일어나 수행녀 툴라난다에게 인사를 하고 오른 쪽으로 돌아 그곳을 떠났다. 사람들이 혐책하고 분개하고 비난했다.

[사람들] "이 수행녀는 탐욕이 많고 만족을 모른다. 어찌 왕의 삼베옷을 달라고 할 수 있는가?"

1-2. 수행녀들은 그 사람들이 혐책하고 분개하고 비난하는 것을 들었다. 수행녀들 가운데 욕망을 여의고, 만족을 알고, 부끄러움을 알고, 후회할 줄 알고, 배움을 원하는 자들은 혐책하고 분개하고 비난했다.

[욕망을 여읜 수행녀들] "어찌 수행녀 툴라난다가 왕의 삼베옷을 달라고 할 수 있는가?"

그래서 그 수행녀들은 수행승들에게 그 사실을 알렸다. 수행승들 가운데 욕망을 여의고, 만족을 알고, 부끄러움을 알고, 후회할 줄 알고, 배움을 원하는 자들도 혐책하고 분개하고 비난했다.

[욕망을 여읜 수행승들] "어찌 수행녀 툴라난다가 왕의 삼베옷을 달라고 할 수 있는가?"

1-3. 그래서 그 수행승들은 세존께 그 사실을 알렸다. 그러자 세존께서는 그것을 원인으로 그것을 기회로 수행승의 참모임을 불러 모으게 하고 법문을 하고 수행승들에게 말했다.

[세존] "수행승들이여, 수행녀 툴라난다가 왕의 삼베옷을 달라고 한 것이 사실인가?"

[수행승들] "세존이시여, 사실입니다." .

존귀한 부처님께서는 견책했다.

[세존] "수행승들이여, 수행녀 툴라난다는 적절하지 않고, 자연스럽지 않고, 알맞지 않고, 수행자의 삶이 아니고, 부당하고, 해서는 안 될 일을 한 것이다. 수행승들이여, 어찌 수행녀 툴라난다가 왕의 삼베옷을 달라고 할 수 있는가? 수행승들이여, 그것은 아직 청정한 믿음이 없는 자를 청정한 믿음으로 이끌고, 이미 청정한 믿음이 있는 자를 더욱더 청정한 믿음으로 이끄는 것이 아니다. 수행승들이여, 그것은 오히려, 아직 청정한 믿음이 없는 자를 불신으로 이끌고, 이미 청정한 믿음이 있는 자 가운데 어떤 자들을 타락시키는 것이다."

1-4. 그리고 세존께서는 수행녀 툴라난다에 대하여 여러 가지 방편으로 견책하고, 키우기 어렵고 부양하기 어렵고 탐욕이 많고 만족을 모르고 교제를 좋아하고 나태한 것에 대하여 질책하고, 여러 가지 법문으로 고무하여, 키우기 쉽고 부양하기 쉽고 욕심을 여의고, 만족을 알고, 버리고 없애는 삶, 악을 제거하는 삶, 청정한 믿음의 삶, 쌓아 모우지 않는 삶, 용맹정진의 삶을 칭찬하고, 수행승들을 위하여 그에 알맞고 그에 걸맞게 경책하여 법문을 하고 수행승들에게 일렀다.

[세존] "수행승들이여, 그러므로 수행녀들을 위하여 열 가지 이유에 기초하여, 즉 참모임의 수승을 위하여, 참모임의 안락을 위하여, 악한 수행녀의 조복을 위하여, 품행이 바른 수행녀의 평안한 삶을 위하여, 지금 여기에서의 번뇌의 제어를 위하여, 다가오는 번뇌를 물리치기 위하여, 청정한 믿음이 없는 자에게 청정한 믿음을 주기 위하여, 청정한 믿음이 있는 자에게 청정한 믿음을 증대시키기 위하여, 올바른 가르침을 지속시키기 위하여, 계율을 수호하기 위하여 학습계율을 시설하니, 수행승들이여, 수행녀들은 이와 같이 학습계율을 송출해야 한다."

[세존] "얇은 옷[849]을 구하는 수행녀라면, 최대한 2½ 깡싸[850]의 것을 구해야 한다. 그 이상의 것을 구하면, 상실죄를 범하는 것이다."[851]

2-1. '얇은 옷'라는 것은 더운 날씨에 입는 것을 뜻한다. '구하는'이라는 것은 '요구하는'이라는 뜻이다. '최대한 2½ 깡싸[852]의 것을 구해야 한다.'라는 것은 최대한 10 까하빠나의 것을 구해야 한다는 뜻이다. '그 이상을 구하면'이라는 것은 그 이상을 요구하면, 그 과정은 악작죄를 범하는 것이고, 그 획득은 상실죄를 범한 것으로, 참모임이나 모임이나 한 수행녀에게 넘겨주어야 한다.

2-2₁. 수행승들이여, 이와 같이 넘겨주어야 한다. 그 수행녀는 참모임에 나아가 한쪽 어깨에 가사를 걸치고 장로 수행녀들의 발에 머리를 조아리고 한쪽 무릎을 꿇고 합장하여 이와 같이 말해야 한다.

[수행녀] '존귀한 자매들이여, 이것이 제가 구한 최대한 2½ 깡싸를 넘는 얇은 옷으로 상실되어야 합니다. 저는 이것을 참모임에 넘겨주겠습니다.'

넘겨주고 나서 그 죄를 참회해야 한다. 총명한 유능한 수행녀는 죄를 받아들이고, 넘겨진 옷은 돌려주어야 한다.

[총명한 수행녀] '존귀한 자매들이여, 저의 말을 들으십시오. 이 옷은 상실되어야 할 것으로 이러이러한 수행녀가 참모임에 넘겨준 것입니다. 참모임에 옳은 일이라면, 참모임은 이 옷을 이러이러한 수행녀에게 돌려주겠습니다.'

2-2₂. 또는 그 수행녀는 두서너 명의 수행녀들에 다가가서 한쪽 어깨에 가사를 걸치고 장로 수행녀들의 발에 머리를 조아리고 한쪽 무릎을 꿇고 합장하여 이와 같이 말해야 한다.

[수행녀] '존귀한 자매들이여, 이것이 제가 구한 최대한 2½ 깡싸를 넘는 얇은 옷으로 상실되어야 합니다. 저는 이것을 존귀한 자매들에게 넘겨주겠습니다.'

넘겨주고 나서 그 죄를 참회해야 한다. 총명한 유능한 수행녀는 죄를 받아들이고, 넘겨진 옷은 돌려주어야 한다.

[총명한 수행녀] '존귀한 자매들이여, 저의 말을 들으십시오. 이 옷은 상실되어야 할 것으로 이러이러한 수행녀가 존귀한 자매들에게 넘겨준 것입니다. 존귀한

---

849) lahupāvuraṇa : 여름에 입는 얇은 외투로 한역에서는 경의(輕衣)라고 한다.
850) kaṃsa : Smp. 919에 따르면, 1 깡싸는 4 까하빠나(kahāpaṇa)의 가치가 있다.
851) 걸경의계○(乞輕衣戒) | Bhikkhunī Nissag. 30 : lahupāvuraṇaṃ pana bhikkhuniyā cetāpentiyā aḍḍhateyyakaṃsaparamaṃ cetāpetabbaṃ. tato ce uttari cetāpeyya, nissaggiyaṃ pācittiyan'ti.
852) kaṃsa : Smp. 919에 따르면, 1 깡싸는 4 까하빠나(kahāpaṇa)의 가치가 있다.

자매들에게 옳은 일이라면, 존귀한 자매들께서는 이 옷을 이러이러한 수행녀에게 돌려주겠습니다.'

2-2₃. 또는 그 수행녀는 한 명의 수행녀에게 나아가 한쪽 어깨에 가사를 걸치고 한쪽 무릎을 꿇고 합장하여 이와 같이 말해야 한다.

[수행녀] '존귀한 자매여, 이것이 제가 구한 최대한 $2^1/_2$ 깡싸를 넘는 얇은 옷으로 밤이 지나서 상실되어야 합니다. 저는 이것을 존귀한 자매에게 넘겨주겠습니다.'

넘겨주고 나서 그 죄를 참회해야 한다. 그 수행녀는 죄를 받아들이고, 넘겨진 옷은 돌려주어야 한다.

[한 수행녀] '저는 이 옷을 존귀한 자매에게 돌려주겠습니다.'

2-3₁.

1) $2^1/_2$ 깡싸를 초과하는 것에 대하여 초과하는 것이라고 지각하고 구하면, 상실죄를 범하는 것이다.

2) $2^1/_2$ 깡싸를 초과하는 것에 대하여 초과하는 것인지 의심하고 구하면, 상실죄를 범하는 것이다.

3) $2^1/_2$ 깡싸를 초과하는 것에 대하여 미만인 것이라고 지각하고 구하면, 상실죄를 범하는 것이다.

2-3₂.

4) $2^1/_2$ 깡싸[257] 미만인 것에 대하여 초과하는 것이라고 지각하면, 악작죄를 범하는 것이다.

5) $2^1/_2$ 깡싸 미만인 것에 대하여 미만인 것인지 의심하면, 악작죄를 범하는 것이다.

6) $2^1/_2$ 깡싸 미만인 것에 대하여 미만인 것이라고 지각하면, 무죄이다.

2-4. 최대한 $2^1/_2$ 깡싸의 것을 구하거나, 최대한 $2^1/_2$ 깡싸 미만인 것을 구하거나, 친척의 것들이거나, 기부된 것이거나, 타인을 위한 것이거나, 자신의 자산에 의한 것이거나, 다른 자가 값비싼 것을 구하려 하는데 비해 값싼 것을 구하는 경우이거나, 정신착란자이거나 초범자인 경우는 무죄이다.

제3품 발우 그 후렴시는 다음과 같다.

적게 수리된 발우, 약품, 화가 나서 빼앗기. 직조사의 둘,
특별한 것, 자신의 것으로 전용, 발우, 4 깡싸, $2^1/_2$깡싸.[853]

제3장 상실죄법 그 후렴시는 다음과 같다.

여분의 옷,(1) 단 하룻밤,(2) 때 아닌 때,(3) 그것뿐만 아니라 부탁,(4=쿠6)
과도한 수용,(5=쿠7) 두 개의 초대받지 않음,(6, 7= 쿠8, 9)[854]

세 번 독촉,(8=쿠10) 때 아닌 때의 옷(9), 교역(10), 금전,(11=쿠18)
여러 종류의 둘.(12, 13=쿠19, 쿠20) 부탁,(14)[855]

교환(15), 어떤 것으로 지정(16), 참모임의 것(17), 대중의 것(18)
스스로 탁발한 것(19), 개인에 속한 것(20), 적게 수리된 발우,(21=쿠22)[856]

약품,(22=쿠23) 화가 나서 다시 빼앗기.(23=쿠25)
직조사의 둘,(24, 25=쿠26, 쿠27) 특별한 보시옷,(26=쿠28)
자신의 것으로 전용.(27=쿠30) 발우(28), 4 깡싸(29), $2^1/_2$깡싸(30)[857]

존귀한 자매들이여,
이와 같이 30 개 조항의 상실죄법을 송출했습니다.[858]
저는 지금 존귀한 자매들에게 묻겠습니다.
그대들은 이 점에 관하여 완전히 청정합니까?
두 번째에도 저는 존귀한 자매들에게 묻겠습니다. 그대들은 이 점에 관하여 완전히 청정합니까?
세 번째에도 저는 존귀한 자매들에게 묻겠습니다. 그대들은 이 점에 관하여 완전히 청정합니까?
존귀한 자매들께서는 완전히 청정한 까닭에 침묵했으므로
저는 그와 같이 알겠습니다.

---

853) ūnena bandhanena ca | bhesajjakupitacchindaṃ | dvetantavāyaccekaṃ | attapariṇāmapattaṃ | catukkaṃs aḍḍhateyyakā'ti ||

854) atirekekarattañca | akālacīvarantañceva | viññatti ca tatuttari | dve appavāritā ceva ||

855) tikkhattuṃ codanāya ca | akālañca parivatte ca | rupiyañceva dve ca | nānappakāro viññattī'ti ||

856) cetāpetvā aññadatthi | saṅghikañca mahājanī | saññācikā puggalikā | ūnena bandhanena ca ||

857) bhesajjaṃ kupitacchindanaṃ | dve tantavāyā caccekacīvaraṃ | attano pariṇāmanāti pattaṃ | catukkaṃsa ḍḍhateyyakā'ti ||

858) uddiṭṭhā kho āyasmanto tiṃsanissaggiyā pācittiyā dhammā : 여기에 필자가 복원한 빅쿠니상실죄법은 주석서에 따라서 빅쿠상실죄법의 공통계에서 18개 조항(Bhikkhu Nissag. 1-3, 6-10, 18-20, 22, 23, 25-27, 30)을 빌려와서 30개 조항으로 완성한 것이다. 상세한 것은 이 책의 해제나 부록을 보라.

제4장 속죄죄법

(Pācittiyakaṇḍa: 波逸提章)

존귀한 자매들이여, 이제 이와 같은 166개 조항의 속죄죄법을 송출하겠습니다.

제1품 거짓말(Musāvagga)

4. 1. 1 속죄죄법 제1조

거짓말에 대한 학습계율[Musāvādasikkhāpada]

1-1. 한때[*1] 존귀한 부처님께서는 싸밧티 시의 제따바나 숲에 있는 아나타삔디까 승원에 계셨다. 그런데 그때 싸끼야의 아들 핫타까[859]가 논쟁을 하고 있었다. 그는 이교도와 대론하면서 부정하고는 긍정하고, 긍정하고는 부정하고, 다른 것으로 엉뚱하게 답변하거나,[860] 고의로 거짓말을 하고, 예약을 해놓고 파기했다. 이교도들은 혐책하고 분개하고 비난했다.

[이교도들] "어찌 싸끼야의 아들 핫타까가 이교도와 대론하면서 부정하고는 긍정하고, 긍정하고는 부정하고, 다른 것으로 엉뚱하게 답변하거나, 고의로 거짓

---

859) Hatthaka : AN. I. 26에 등장하는 Hatthaka Ālavaka는 부처님의 제자인 재가의 남자 신자 가운데 '네 가지 섭수의 기초로 대중을 돕는 님 가운데 제일(catūhi saṅgahavatthūhi parisaṃ saṃgaṇhantānaṃ aggaṃ)'인데, 그와 동일 인물은 아닌 것으로 추측된다. 여기에 등장하는 핫타까(Hatthaka)는 Dhp. 264와 관련된 인물이다. DhpA. III. 390-391에 따르면, 부처님께서 싸밧티 시의 제따바나 숲에 계실 때, 핫타까와 관련된 이야기(Hatthakavatthu)이다. 핫타까는 논쟁에서 질 때마다 '그대들은 이러이러한 시간에 이러이러한 장소에 오라. 거기서 논쟁을 하자.'라고 말했다. 그러면 상대방보다 먼저 약속한 장소로 가서 '보라! 이교도들은 나를 무서워하여 만나러 오지 못했다. 이것이 그들의 패배가 아니고 무엇이냐?'라는 등 말하며, 논쟁에서 진 자가 이겼다고 우기며 돌아다녔다. 부처님께서 '핫타까가 이러이러하게 행동한다.'라는 말을 듣고 부르게 해서 그에게 '핫타까여, 그대가 이러이러하게 행동한다는 것이 사실인가?'라고 물었다. 핫타까가 '사실이다.'라고 대답하자, 부처님께서는 '왜 그렇게 행동하는가? 거짓말을 하는 자는 머리를 깎고 돌아다닌다고 해서 수행자라고 할 수 없다. 크고 작은 악을 제거한 자야말로 수행자이다.'라고 말했다. 그리고 이어서 시로써 '규범이 없고 거짓말을 하면 삭발했다고 수행자가 아니다. 욕망과 탐욕을 지닌다면, 어찌 그가 수행자가 되랴? 그러나 미세하거나 거칠거나 일체의 악한 것을 제거하면, 악한 것들이 제거된 까닭에 그가 바로 수행자라고 불린다.'라고 가르쳤다. 이 가르침이 끝나자 많은 사람들이 흐름에 든 경지 등을 성취했다.

860) aññena vā aññaṃ paṭicarissasi : Smv. 264에 따르면, 다른 말로 다른 말을 회피하는 것으로 '당신의 성이 무엇입니까?'라고 물으면 '나는 베다를 알고 있다.'는 등 회피하는 것이다.

말을 하고, 예약을 해놓고 파기할 수 있단 말인가?"

1-2. 수행승들은 그 이교도들이 혐책하고 분개하고 비난하는 것을 들었다. 그러자 그 수행승들은 싸끼야의 아들 핫타까가 있는 곳으로 다가갔다. 가까이 다가가서 싸끼야의 아들 핫타까에게 이와 같이 말했다.

[수행승들] "핫타까여, 그대가 이교도와 대론하면서 부정하고는 긍정하고, 긍정하고는 부정하고, 다른 것으로 엉뚱하게 답변하거나, 고의로 거짓말을 하고, 예약을 해놓고 파기한 것이 사실이란 말입니까?"

[핫타까] "벗들이여, 이 이교도들을 어떻게든 굴복시키고 결코 승리를 안겨주어서는 안 됩니다."

1-3. 수행승들 가운데 욕망을 여의고, 만족을 알고, 부끄러움을 알고, 후회할 줄 알고, 배움을 원하는 자들이 있는데, 그들도 혐책하고 분개하고 비난했다.

[욕망을 여읜 수행승들] "어찌 싸끼야의 아들 핫타까가 이교도와 대론하면서 부정하고는 긍정하고, 긍정하고는[*2] 부정하고, 다른 것으로 엉뚱하게 답변하거나, 고의로 거짓말을 하고, 예약을 해놓고 파기할 수 있단 말인가?"

1-4. 그래서 그 수행승들은 싸끼야의 아들 핫타까를 여러 가지 법문으로 꾸짖고 세존께 그 사실을 알렸다. 그러자 세존께서는 이러한 인연으로 이러한 기회에 수행승들의 참모임을 불러 모으게 하고 연유를 설하고 싸끼야의 아들 핫타까에게 물었다.

[세존] "핫타까여, 그대가 그대가 이교도와 대론하면서 부정하고는 긍정하고, 긍정하고는 부정하고, 다른 것으로 엉뚱하게 답변하거나, 고의로 거짓말을 하고, 예약을 해놓고 파기한 것이 사실인가?"

[핫타까] "세존이시여, 사실입니다."

존귀한 부처님께서는 견책했다.

[세존] "어리석은 자여, 그대는 적절하지 않고, 자연스럽지 않고, 알맞지 않고, 수행자의 삶이 아니고, 부당하고, 해서는 안 될 일을 행한 것이다. 어찌 그대가 이교도와 대론하면서 부정하고는 긍정하고, 긍정하고는 부정하고, 다른 것으로 엉뚱하게 답변하거나, 고의로 거짓말을 하고, 예약을 해놓고 파기할 수 있단 말인가? 어리석은 자여, 그것은 아직 청정한 믿음이 없는 자를 청정한 믿음으로 이끌고, 이미 청정한 믿음이 있는 자를 더욱더 청정한 믿음으로 이끄는 것이 아니다. 어리석은 자여, 그것은 오히려, 아직 청정한 믿음이 없는 자를 불신으로 이끌고,

이미 청정한 믿음이 있는 자 가운데 어떤 자들을 타락시키는 것이다."

1-5. 그리고 세존께서는 그 수행승에 대하여 여러 가지 방편으로 견책하여, 키우기 어렵고 부양하기 어렵고 탐욕이 많고 만족을 모르고 교제를 좋아하고 나태한 것에 대해 질책하고, 여러 가지 법문으로 고무하여, 키우기 쉽고 부양하기 쉽고 욕심을 여의고, 만족을 알고, 버리고 없애는 삶, 악을 제거하는 삶, 청정한 믿음의 삶, 쌓아 모우지 않는 삶, 용맹정진의 삶을 칭찬하고, 수행승들을 위하여 그에 알맞고 그에 걸맞게 경책하여 법문을 하고 수행승들에게 일렀다.

[세존] "수행승들이여, 그러므로 수행승들을 위하여 열 가지 이유에 기초하여, 즉 참모임의 수승을 위하여, 참모임의 안락을 위하여, 악한 수행승의 조복을 위하여, 품행이 바른 수행승의 평안한 삶을 위하여, 지금 여기에서의 번뇌의 제어를 위하여, 다가오는 번뇌를 물리치기 위하여, 청정한 믿음이 없는 자에게 청정한 믿음을 주기 위하여, 청정한 믿음이 있는 자에게 청정한 믿음을 증대시키기 위하여, 올바른 가르침을 지속시키기 위하여, 계율을 수호하기 위하여 학습계율을 시설하니, 수행승들이여, 그대들은 이와 같이 학습계율을 송출해야 한다."

[세존] "고의로 거짓말을 하면,[861] 속죄죄를 범하는 것이다."[862]

2-1. '고의로 거짓말을 하는 것'은 '속임을 선구로 하는 말, 발언, 언로, 대화, 언어, 알림이다. 그것은 곧 여덟 가지 고귀하지 못한 언행[863] 즉, 보지 않은 것을 보았다고 말하고, 듣지 않은 것을 들었다고 말하고, 인지하지 않은 것을 인지했다고 말하고, 의식하지 않은 것을 의식했다고 말하고, 본 것을 보지 않았다고 말하고, 들은 것을 듣지 않았다고 말하고, 인지한 것을 인지하지 않았다고 말하고, 의식한 것을 의식하지 않았다고 말하는 것이다. '보지 않았다.'는 것은 눈으로 보지 않은 것이고 '듣지 않았다.'는 것은 귀로 듣지 않았다는 것이고 '인지하지 않았다.'는 것은 코로 냄새맡

861) sampajānamusāvāde : Vin. III. 59, 66, 93을 참조하라. 여기서는 모든 고의적인 거짓말이 속죄죄인 것처럼 서술되고 있다. 그러나 인간을 뛰어넘는 상태의 성취했다고 의도적으로 거짓말하면 승단추방죄에 해당하고,(Pār. 4) 누군가를 승단추방죄라고 의도적으로 거짓말하면 승단잔류죄에 해당하고,(Saṅgh. 8) 누군가를 승단잔류죄라고 의도적으로 거짓말하면 속죄죄에 해당하고,(Pāc. 76) 누군가가 계행을 지키지 않는다고 의도적으로 거짓말하면, 악작죄에 해당한다.(Vin IV. 148)

862) 소망어계(小妄語戒) | Bhikkhunī Pāc. 1 : sampajānamusāvāde pācittiyan'ti.

863) aṭṭha anariyavohārā: adiṭṭhaṃ diṭṭhaṃ meti, asutaṃ sutaṃ meti, amutaṃ mutaṃ meti, aviññātaṃ viññātaṃ meti, diṭṭhaṃ adiṭṭhaṃ meti, sutaṃ asutaṃ meti, mutaṃ amutaṃ meti, viññātaṃ aviññātaṃ meti : 한역에서는 팔비성어(八非聖語)라고 한다. 이 여덟 가지의 항목들은 Vin. V. 125; DN. III. 232; AN. II. 246, Vibh. 376에도 등장한다.

지 않았고, 혀로 맛보지 않았고, 몸으로 감촉을 느끼지 않았다는 뜻이다. '의식하지 않았다'는 것은 정신으로 의식하지 않았다는 것이다.

2-2₁.

1) 세 가지 형태로, 보지 않은 것을 나는 보았다라고 고의로 거짓말을 하면, 속죄죄를 범하는 것이다.① 말하기 전에 '나는 거짓말을 할 것이다.'라고 생각하고, ② 말할 때에 '나는 거짓말을 하고 있다.'라고 생각하고, ③ 말한 뒤에 '나는 거짓말을 했다.'라고 생각하는 것이다.

2) 네 가지 형태로, 보지 않은 것을 나는 보았다라고 고의로 거짓말을 하면, 속죄죄를 범하는 것이다. ① 말하기 전에 '나는 거짓말을 할 것이다.'라고 생각하고, ② 말할 때에 '나는 거짓말을 하고 있다.'라고 생각하고, ③ 말한 뒤에 '나는 거짓말을 했다.'라고 생각하는 것이다. ④ 견해를 잘못 대변하는 것이다.

3) 다섯 가지 형태로, 보지 않은 것을 나는 보았다라고 고의로 거짓말을 하면, 속죄죄를 범하는 것이다. ① 말하기 전에 '나는 거짓말을 할 것이다.'라고 생각하고, ② 말할 때에 '나는 거짓말을 하고 있다.'라고 생각하고, ③ 말한 뒤에 '나는 거짓말을 했다.'라고 생각하는 것이다. ④ 견해를 잘못 대변하는 것이다. ⑤ 이해를 잘못 대변하는 것이다.

4) 여섯 가지 형태로,[*3] 보지 않은 것을 나는 보았다라고 고의로 거짓말을 하면, 속죄죄를 범하는 것이다. ① 말하기 전에 '나는 거짓말을 할 것이다.'라고 생각하고, ② 말할 때에 '나는 거짓말을 하고 있다.'라고 생각하고, ③ 말한 뒤에 '나는 거짓말을 했다.'라고 생각하는 것이다. ④ 견해를 잘못 대변하는 것이다. ⑤ 이해를 잘못 대변하는 것이다. ⑥ 선호를 잘못 대변하는 것이다.

5) 일곱 가지 형태로, 보지 않은 것을 나는 보았다라고 고의로 거짓말을 하면, 속죄죄를 범하는 것이다. ① 말하기 전에 '나는 거짓말을 할 것이다.'라고 생각하고, ② 말할 때에 '나는 거짓말을 하고 있다.'라고 생각하고, ③ 말한 뒤에 '나는 거짓말을 했다.'라고 생각하는 것이다. ④ 견해를 잘못 대변하는 것이다. ⑤ 이해를 잘못 대변하는 것이다. ⑥ 선호를 잘못 대변하는 것이다. ⑦ 상태를 잘못 대변하는 것이다.

2-2₂.

1) 세 가지 형태로, 듣지 않은 것을 나는 들었다라고 고의로 거짓말을 하면, 속죄죄를 범하는 것이다. ① 말하기 전에 '나는 거짓말을 할 것이다.'라고 생각하고, ② 말할 때에 '나는 거짓말을 하고 있다.'라고 생각하고, ③ 말한 뒤에 '나는

거짓말을 했다.'라고 생각하는 것이다.

2) 네 가지 형태로, 듣지 않은 것을 나는 들었다라고 고의로 거짓말을 하면, 속죄죄를 범하는 것이다. ① 말하기 전에 '나는 거짓말을 할 것이다.'라고 생각하고, ② 말할 때에 '나는 거짓말을 하고 있다.'라고 생각하고, ③ 말한 뒤에 '나는 거짓말을 했다.'라고 생각하는 것이다. ④ 견해를 잘못 대변하는 것이다.

3) 다섯 가지 형태로, 듣지 않은 것을 나는 들었다라고 고의로 거짓말을 하면, 속죄죄를 범하는 것이다. ① 말하기 전에 '나는 거짓말을 할 것이다.'라고 생각하고, ② 말할 때에 '나는 거짓말을 하고 있다.'라고 생각하고, ③ 말한 뒤에 '나는 거짓말을 했다.'라고 생각하는 것이다. ④ 견해를 잘못 대변하는 것이다. ⑤ 이해를 잘못 대변하는 것이다.

4) 여섯 가지 형태로, 듣지 않은 것을 나는 들었다라고 고의로 거짓말을 하면, 속죄죄를 범하는 것이다. ① 말하기 전에 '나는 거짓말을 할 것이다.'라고 생각하고, ② 말할 때에 '나는 거짓말을 하고 있다.'라고 생각하고, ③ 말한 뒤에 '나는 거짓말을 했다.'라고 생각하는 것이다. ④ 견해를 잘못 대변하는 것이다. ⑤ 이해를 잘못 대변하는 것이다. ⑥ 선호를 잘못 대변하는 것이다.

5) 일곱 가지 형태로, 듣지 않은 것을 나는 들었다라고 고의로 거짓말을 하면, 속죄죄를 범하는 것이다. ① 말하기 전에 '나는 거짓말을 할 것이다.'라고 생각하고, ② 말할 때에 '나는 거짓말을 하고 있다.'라고 생각하고, ③ 말한 뒤에 '나는 거짓말을 했다.'라고 생각하는 것이다. ④ 견해를 잘못 대변하는 것이다. ⑤ 이해를 잘못 대변하는 것이다. ⑥ 선호를 잘못 대변하는 것이다. ⑦ 상태를 잘못 대변하는 것이다.

2-2₃.

1) 세 가지 형태로, 인지하지 않은 것을 나는 인지했다라고 고의로 거짓말을 하면, 속죄죄를 범하는 것이다. ① 말하기 전에 '나는 거짓말을 할 것이다.'라고 생각하고, ② 말할 때에 '나는 거짓말을 하고 있다.'라고 생각하고, ③ 말한 뒤에 '나는 거짓말을 했다.'라고 생각하는 것이다.

2) 네 가지 형태로, 인지하지 않은 것을 나는 인지했다라고 고의로 거짓말을 하면, 속죄죄를 범하는 것이다. ① 말하기 전에 '나는 거짓말을 할 것이다.'라고 생각하고, ② 말할 때에 '나는 거짓말을 하고 있다.'라고 생각하고, ③ 말한 뒤에 '나는 거짓말을 했다.'라고 생각하는 것이다. ④ 견해를 잘못 대변하는 것이다.

3) 다섯 가지 형태로, 인지하지 않은 것을 나는 인지했다라고 고의로 거짓말을

하면, 속죄죄를 범하는 것이다. ① 말하기 전에 '나는 거짓말을 할 것이다.'라고 생각하고, ② 말할 때에 '나는 거짓말을 하고 있다.'라고 생각하고, ③ 말한 뒤에 '나는 거짓말을 했다.'라고 생각하는 것이다. ④ 견해를 잘못 대변하는 것이다. ⑤ 이해를 잘못 대변하는 것이다.

4) 여섯 가지 형태로, 인지하지 않은 것을 나는 인지했다라고 고의로 거짓말을 하면, 속죄죄를 범하는 것이다. ① 말하기 전에 '나는 거짓말을 할 것이다.'라고 생각하고, ② 말할 때에 '나는 거짓말을 하고 있다.'라고 생각하고, ③ 말한 뒤에 '나는 거짓말을 했다.'라고 생각하는 것이다. ④ 견해를 잘못 대변하는 것이다. ⑤ 이해를 잘못 대변하는 것이다. ⑥ 선호를 잘못 대변하는 것이다.

5) 일곱 가지 형태로, 인지하지 않은 것을 나는 인지했다라고 고의로 거짓말을 하면, 속죄죄를 범하는 것이다. ① 말하기 전에 '나는 거짓말을 할 것이다.'라고 생각하고, ② 말할 때에 '나는 거짓말을 하고 있다.'라고 생각하고, ③ 말한 뒤에 '나는 거짓말을 했다.'라고 생각하는 것이다. ④ 견해를 잘못 대변하는 것이다. ⑤ 이해를 잘못 대변하는 것이다. ⑥ 선호를 잘못 대변하는 것이다. ⑦ 상태를 잘못 대변하는 것이다.

2-2₄.

1) 세 가지 형태로, 의식하지 않은 것을 나는 의식했다라고 고의로 거짓말을 하면, 속죄죄를 범하는 것이다. ① 말하기 전에 '나는 거짓말을 할 것이다.'라고 생각하고, ② 말할 때에 '나는 거짓말을 하고 있다.'라고 생각하고, ③ 말한 뒤에 '나는 거짓말을 했다.'라고 생각하는 것이다.

2) 네 가지 형태로, 의식하지 않은 것을 나는 의식했다라고 고의로 거짓말을 하면, 속죄죄를 범하는 것이다. ① 말하기 전에 '나는 거짓말을 할 것이다.'라고 생각하고, ② 말할 때에 '나는 거짓말을 하고 있다.'라고 생각하고, ③ 말한 뒤에 '나는 거짓말을 했다.'라고 생각하는 것이다. ④ 견해를 잘못 대변하는 것이다.

3) 다섯 가지 형태로, 의식하지 않은 것을 나는 의식했다라고 고의로 거짓말을 하면, 속죄죄를 범하는 것이다. ① 말하기 전에 '나는 거짓말을 할 것이다.'라고 생각하고, ② 말할 때에 '나는 거짓말을 하고 있다.'라고 생각하고, ③ 말한 뒤에 '나는 거짓말을 했다.'라고 생각하는 것이다. ④ 견해를 잘못 대변하는 것이다. ⑤ 이해를 잘못 대변하는 것이다.

4) 여섯 가지 형태로, 의식하지 않은 것을 나는 의식했다라고 고의로 거짓말을 하면, 속죄죄를 범하는 것이다. ① 말하기 전에 '나는 거짓말을 할 것이다.'라고

생각하고, ② 말할 때에 '나는 거짓말을 하고 있다.'라고 생각하고, ③ 말한 뒤에 '나는 거짓말을 했다.'라고 생각하는 것이다. ④ 견해를 잘못 대변하는 것이다. ⑤ 이해를 잘못 대변하는 것이다. ⑥ 선호를 잘못 대변하는 것이다.

5) 일곱 가지 형태로, 의식하지 않은 것을 나는 의식했다라고 고의로 거짓말을 하면, 속죄죄를 범하는 것이다. ① 말하기 전에 '나는 거짓말을 할 것이다.'라고 생각하고, ② 말할 때에 '나는 거짓말을 하고 있다.'라고 생각하고, ③ 말한 뒤에 '나는 거짓말을 했다.'라고 생각하는 것이다. ④ 견해를 잘못 대변하는 것이다. ⑤ 이해를 잘못 대변하는 것이다. ⑥ 선호를 잘못 대변하는 것이다. ⑦ 상태를 잘못 대변하는 것이다.

2-3₁.

1) 세 가지 형태로, 보지 않은 것을 나는 보고 들었다라고 고의로 거짓말을 하면, 속죄죄를 범하는 것이다.① 말하기 전에 '나는 거짓말을 할 것이다.'라고 생각하고, ② 말할 때에 '나는 거짓말을 하고 있다.'라고 생각하고, ③ 말한 뒤에 '나는 거짓말을 했다.'라고 생각하는 것이다.

2) 네 가지 형태로, 보지 않은 것을 나는 보고 들었다라고 고의로 거짓말을 하면, 속죄죄를 범하는 것이다. ① 말하기 전에 '나는 거짓말을 할 것이다.'라고 생각하고, ② 말할 때에 '나는 거짓말을 하고 있다.'라고 생각하고, ③ 말한 뒤에 '나는 거짓말을 했다.'라고 생각하는 것이다. ④ 견해를 잘못 대변하는 것이다.

3) 다섯 가지 형태로, 보지 않은 것을 나는 보고 들었다라고 고의로 거짓말을 하면, 속죄죄를 범하는 것이다. ① 말하기 전에 '나는 거짓말을 할 것이다.'라고 생각하고, ② 말할 때에 '나는 거짓말을 하고 있다.'라고 생각하고, ③ 말한 뒤에 '나는 거짓말을 했다.'라고 생각하는 것이다. ④ 견해를 잘못 대변하는 것이다. ⑤ 이해를 잘못 대변하는 것이다.[864)]

4) 여섯 가지 형태로, 보지 않은 것을 나는 보고 들었다라고 고의로 거짓말을 하면, 속죄죄를 범하는 것이다. ① 말하기 전에 '나는 거짓말을 할 것이다.'라고 생각하고, ② 말할 때에 '나는 거짓말을 하고 있다.'라고 생각하고, ③ 말한 뒤에 '나는 거짓말을 했다.'라고 생각하는 것이다. ④ 견해를 잘못 대변하는 것이다. ⑤ 이해를 잘못 대변하는 것이다. ⑥ 선호를 잘못 대변하는 것이다.

5) 일곱 가지 형태로, 보지 않은 것을 나는 보고 들었다라고 고의로 거짓말을

---

864) vinidhāya khantiṃ : 남전Ⅱ. 4는 소인(所忍), Bd. Ⅱ. 16에서는 동의(同意)라고 되어 있다. 그러나 역자는 이해(理解)라고 번역한다. 그것은 동의나 승인을 포함하는 견해에 대한 이해를 뜻한다.

하면, 속죄죄를 범하는 것이다. ① 말하기 전에 '나는 거짓말을 할 것이다.'라고 생각하고, ② 말할 때에 '나는 거짓말을 하고 있다.'라고 생각하고, ③ 말한 뒤에 '나는 거짓말을 했다.'라고 생각하는 것이다. ④ 견해를 잘못 대변하는 것이다. ⑤ 이해를 잘못 대변하는 것이다. ⑥ 선호를 잘못 대변하는 것이다. ⑦ 상태를 잘못 대변하는 것이다.

2-3₂.

1) 세 가지 형태로, 보지 않은 것을 나는 보고 인지했다라고 고의로 거짓말을 하면, 속죄죄를 범하는 것이다.① 말하기 전에 '나는 거짓말을 할 것이다.'라고 생각하고, ② 말할 때에 '나는 거짓말을 하고 있다.'라고 생각하고, ③ 말한 뒤에 '나는 거짓말을 했다.'라고 생각하는 것이다.

2) 네 가지 형태로, 보지 않은 것을 나는 보고 인지했다라고 고의로 거짓말을 하면, 속죄죄를 범하는 것이다. ① 말하기 전에 '나는 거짓말을 할 것이다.'라고 생각하고, ② 말할 때에 '나는 거짓말을 하고 있다.'라고 생각하고, ③ 말한 뒤에 '나는 거짓말을 했다.'라고 생각하는 것이다. ④ 견해를 잘못 대변하는 것이다.

3) 다섯 가지 형태로, 보지 않은 것을 나는 보고 인지했다라고 고의로 거짓말을 하면, 속죄죄를 범하는 것이다. ① 말하기 전에 '나는 거짓말을 할 것이다.'라고 생각하고, ② 말할 때에 '나는 거짓말을 하고 있다.'라고 생각하고, ③ 말한 뒤에 '나는 거짓말을 했다.'라고 생각하는 것이다. ④ 견해를 잘못 대변하는 것이다. ⑤ 이해를 잘못 대변하는 것이다.

4) 여섯 가지 형태로, 보지 않은 것을 나는 보고 인지했다라고 고의로 거짓말을 하면, 속죄죄를 범하는 것이다. ① 말하기 전에 '나는 거짓말을 할 것이다.'라고 생각하고, ② 말할 때에 '나는 거짓말을 하고 있다.'라고 생각하고, ③ 말한 뒤에 '나는 거짓말을 했다.'라고 생각하는 것이다. ④ 견해를 잘못 대변하는 것이다. ⑤ 이해를 잘못 대변하는 것이다. ⑥ 선호를 잘못 대변하는 것이다.

5) 일곱 가지 형태로, 보지 않은 것을 나는 보고 인지했다라고 고의로 거짓말을 하면, 속죄죄를 범하는 것이다. ① 말하기 전에 '나는 거짓말을 할 것이다.'라고 생각하고, ② 말할 때에 '나는 거짓말을 하고 있다.'라고 생각하고, ③ 말한 뒤에 '나는 거짓말을 했다.'라고 생각하는 것이다. ④ 견해를 잘못 대변하는 것이다. ⑤ 이해를 잘못 대변하는 것이다. ⑥ 선호를 잘못 대변하는 것이다. ⑦ 상태를 잘못 대변하는 것이다.

2-3₃.

1) 세 가지 형태로, 보지 않은 것을 나는 보고 의식했다라고 고의로 거짓말을 하면, 속죄죄를 범하는 것이다.① 말하기 전에 '나는 거짓말을 할 것이다.'라고 생각하고, ② 말할 때에 '나는 거짓말을 하고 있다.'라고 생각하고, ③ 말한 뒤에 '나는 거짓말을 했다.'라고 생각하는 것이다.

2) 네 가지 형태로, 보지 않은 것을 나는 보고 의식했다라고 고의로 거짓말을 하면, 속죄죄를 범하는 것이다. ① 말하기 전에 '나는 거짓말을 할 것이다.'라고 생각하고, ② 말할 때에 '나는 거짓말을 하고 있다.'라고 생각하고, ③ 말한 뒤에 '나는 거짓말을 했다.'라고 생각하는 것이다. ④ 견해를 잘못 대변하는 것이다.

3) 다섯 가지 형태로, 보지 않은 것을 나는 보고 의식했다라고 고의로 거짓말을 하면, 속죄죄를 범하는 것이다. ① 말하기 전에 '나는 거짓말을 할 것이다.'라고 생각하고, ② 말할 때에 '나는 거짓말을 하고 있다.'라고 생각하고, ③ 말한 뒤에 '나는 거짓말을 했다.'라고 생각하는 것이다. ④ 견해를 잘못 대변하는 것이다. ⑤ 이해를 잘못 대변하는 것이다.

4) 여섯 가지 형태로, 보지 않은 것을 나는 보고 의식했다라고 고의로 거짓말을 하면, 속죄죄를 범하는 것이다. ① 말하기 전에 '나는 거짓말을 할 것이다.'라고 생각하고, ② 말할 때에 '나는 거짓말을 하고 있다.'라고 생각하고, ③ 말한 뒤에 '나는 거짓말을 했다.'라고 생각하는 것이다. ④ 견해를 잘못 대변하는 것이다. ⑤ 이해를 잘못 대변하는 것이다. ⑥ 선호를 잘못 대변하는 것이다.

5) 일곱 가지 형태로, 보지 않은 것을 나는 보고 의식했다라고 고의로 거짓말을 하면, 속죄죄를 범하는 것이다. ① 말하기 전에 '나는 거짓말을 할 것이다.'라고 생각하고, ② 말할 때에 '나는 거짓말을 하고 있다.'라고 생각하고, ③ 말한 뒤에 '나는 거짓말을 했다.'라고 생각하는 것이다. ④ 견해를 잘못 대변하는 것이다. ⑤ 이해를 잘못 대변하는 것이다. ⑥ 선호를 잘못 대변하는 것이다. ⑦ 상태를 잘못 대변하는 것이다.

2-3₄.

1) 세 가지 형태로, 보지 않은 것을 나는 보고 듣고 인지했다라고 고의로 거짓말을 하면, 속죄죄를 범하는 것이다.① 말하기 전에 '나는 거짓말을 할 것이다.'라고 생각하고, ② 말할 때에 '나는 거짓말을 하고 있다.'라고 생각하고, ③ 말한 뒤에 '나는 거짓말을 했다.'라고 생각하는 것이다.

2) 네 가지 형태로, 보지 않은 것을 나는 보고 듣고 인지했다라고 고의로 거짓말을 하면, 속죄죄를 범하는 것이다. ① 말하기 전에 '나는 거짓말을 할 것이다.'라고 생각하고, ② 말할 때에 '나는 거짓말을 하고 있다.'라고 생각하고, ③ 말한 뒤에 '나는 거짓말을 했다.'라고 생각하는 것이다. ④ 견해를 잘못 대변하는 것이다.

3) 다섯 가지 형태로, 보지 않은 것을 나는 보고 듣고 인지했다라고 고의로 거짓말을 하면, 속죄죄를 범하는 것이다. ① 말하기 전에 '나는 거짓말을 할 것이다.'라고 생각하고, ② 말할 때에 '나는 거짓말을 하고 있다.'라고 생각하고, ③ 말한 뒤에 '나는 거짓말을 했다.'라고 생각하는 것이다. ④ 견해를 잘못 대변하는 것이다. ⑤ 이해를 잘못 대변하는 것이다.

4) 여섯 가지 형태로, 보지 않은 것을 나는 보고 듣고 인지했다라고 고의로 거짓말을 하면, 속죄죄를 범하는 것이다. ① 말하기 전에 '나는 거짓말을 할 것이다.'라고 생각하고, ② 말할 때에 '나는 거짓말을 하고 있다.'라고 생각하고, ③ 말한 뒤에 '나는 거짓말을 했다.'라고 생각하는 것이다. ④ 견해를 잘못 대변하는 것이다. ⑤ 이해를 잘못 대변하는 것이다. ⑥ 선호를 잘못 대변하는 것이다.

5) 일곱 가지 형태로, 보지 않은 것을 나는 보고 듣고 인지했다라고 고의로 거짓말을 하면, 속죄죄를 범하는 것이다. ① 말하기 전에 '나는 거짓말을 할 것이다.'라고 생각하고, ② 말할 때에 '나는 거짓말을 하고 있다.'라고 생각하고, ③ 말한 뒤에 '나는 거짓말을 했다.'라고 생각하는 것이다. ④ 견해를 잘못 대변하는 것이다. ⑤ 이해를 잘못 대변하는 것이다. ⑥ 선호를 잘못 대변하는 것이다. ⑦ 상태를 잘못 대변하는 것이다.

2-3$_5$.

1) 세 가지 형태로, 보지 않은 것을 나는 보고 듣고 의식했다라고 고의로 거짓말을 하면, 속죄죄를 범하는 것이다.① 말하기 전에 '나는 거짓말을 할 것이다.'라고 생각하고, ② 말할 때에 '나는 거짓말을 하고 있다.'라고 생각하고, ③ 말한 뒤에 '나는 거짓말을 했다.'라고 생각하는 것이다.

2) 네 가지 형태로, 보지 않은 것을 나는 보고 듣고 의식했다라고 고의로 거짓말을 하면, 속죄죄를 범하는 것이다. ① 말하기 전에 '나는 거짓말을 할 것이다.'라고 생각하고, ② 말할 때에 '나는 거짓말을 하고 있다.'라고 생각하고, ③ 말한 뒤에 '나는 거짓말을 했다.'라고 생각하는 것이다. ④ 견해를 잘못 대변하는 것이다.

3) 다섯 가지 형태로, 보지 않은 것을 나는 보고 듣고 의식했다라고 고의로 거짓말을 하면, 속죄죄를 범하는 것이다. ① 말하기 전에 '나는 거짓말을 할 것이다.'라고 생각하고, ② 말할 때에 '나는 거짓말을 하고 있다.'라고 생각하고, ③ 말한 뒤에 '나는 거짓말을 했다.'라고 생각하는 것이다. ④ 견해를 잘못 대변하는 것이다. ⑤ 이해를 잘못 대변하는 것이다.

4) 여섯 가지 형태로, 보지 않은 것을 나는 보고 듣고 의식했다라고 고의로 거짓말을 하면, 속죄죄를 범하는 것이다. ① 말하기 전에 '나는 거짓말을 할 것이다.'라고 생각하고, ② 말할 때에 '나는 거짓말을 하고 있다.'라고 생각하고, ③ 말한 뒤에 '나는 거짓말을 했다.'라고 생각하는 것이다. ④ 견해를 잘못 대변하는 것이다. ⑤ 이해를 잘못 대변하는 것이다. ⑥ 선호를 잘못 대변하는 것이다.

5) 일곱 가지 형태로, 보지 않은 것을 나는 보고 듣고 의식했다라고 고의로 거짓말을 하면, 속죄죄를 범하는 것이다. ① 말하기 전에 '나는 거짓말을 할 것이다.'라고 생각하고, ② 말할 때에 '나는 거짓말을 하고 있다.'라고 생각하고, ③ 말한 뒤에 '나는 거짓말을 했다.'라고 생각하는 것이다. ④ 견해를 잘못 대변하는 것이다. ⑤ 이해를 잘못 대변하는 것이다. ⑥ 선호를 잘못 대변하는 것이다. ⑦ 상태를 잘못 대변하는 것이다.

2-3₆.

1) 세 가지 형태로, 보지 않은 것을 나는 보고 듣고 인지하고 의식했다라고 고의로 거짓말을 하면, 속죄죄를 범하는 것이다.① 말하기 전에 '나는 거짓말을 할 것이다.'라고 생각하고, ② 말할 때에 '나는 거짓말을 하고 있다.'라고 생각하고, ③ 말한 뒤에 '나는 거짓말을 했다.'라고 생각하는 것이다.

2) 네 가지 형태로, 보지 않은 것을 나는 보고 듣고 인지하고 의식했다라고 고의로 거짓말을 하면, 속죄죄를 범하는 것이다. ① 말하기 전에 '나는 거짓말을 할 것이다.'라고 생각하고, ② 말할 때에 '나는 거짓말을 하고 있다.'라고 생각하고, ③ 말한 뒤에 '나는 거짓말을 했다.'라고 생각하는 것이다. ④ 견해를 잘못 대변하는 것이다.

3) 다섯 가지 형태로, 보지 않은 것을 나는 보고 듣고 인지하고 의식했다라고 고의로 거짓말을 하면, 속죄죄를 범하는 것이다. ① 말하기 전에 '나는 거짓말을 할 것이다.'라고 생각하고, ② 말할 때에 '나는 거짓말을 하고 있다.'라고 생각하고, ③ 말한 뒤에 '나는 거짓말을 했다.'라고 생각하는 것이다. ④ 견해를 잘못 대변하는 것이다. ⑤ 이해를 잘못 대변하는 것이다.

4) 여섯 가지 형태로, 보지 않은 것을 나는 보고 듣고 인지하고 의식했다라고 고의로 거짓말을 하면, 속죄죄를 범하는 것이다. ① 말하기 전에 '나는 거짓말을 할 것이다.'라고 생각하고, ② 말할 때에 '나는 거짓말을 하고 있다.'라고 생각하고, ③ 말한 뒤에 '나는 거짓말을 했다.'라고 생각하는 것이다. ④ 견해를 잘못 대변하는 것이다. ⑤ 이해를 잘못 대변하는 것이다. ⑥ 선호를 잘못 대변하는 것이다.

5) 일곱 가지 형태로, 보지 않은 것을 나는 보고 듣고 인지하고 의식했다라고 고의로 거짓말을 하면, 속죄죄를 범하는 것이다. ① 말하기 전에 '나는 거짓말을 할 것이다.'라고 생각하고, ② 말할 때에 '나는 거짓말을 하고 있다.'라고 생각하고, ③ 말한 뒤에 '나는 거짓말을 했다.'라고 생각하는 것이다. ④ 견해를 잘못 대변하는 것이다. ⑤ 이해를 잘못 대변하는 것이다. ⑥ 선호를 잘못 대변하는 것이다. ⑦ 상태를 잘못 대변하는 것이다.

2-4.

1) 세 가지 형태로, 듣지 않은 것을 나는 듣고 보았다고 고의로 거짓말을 하면, 속죄죄를 범하는 것이다 … 네 가지 형태로, … 다섯 가지 형태로, … 여섯 가지 형태로, … 일곱 가지 형태로, …

2) 세 가지 형태로, 듣지 않은 것을 듣고 인지했다고 고의로 거짓말을 하면, 속죄죄를 범하는 것이다 … 네 가지 형태로, … 다섯 가지 형태로, … 여섯 가지 형태로, … 일곱 가지 형태로, …

3) 세 가지 형태로, 듣지 않은 것을 듣고 의식했다고 고의로 거짓말을 하면, 속죄죄를 범하는 것이다 … 네 가지 형태로, … 다섯 가지 형태로, … 여섯 가지 형태로, … 일곱 가지 형태로, …

4) 세 가지 형태로, 듣지 않은 것을 나는 듣고 인지하고 의식했다고 고의로 거짓말을 하면, 속죄죄를 범하는 것이다 … 네 가지 형태로, … 다섯 가지 형태로, … 여섯 가지 형태로, … 일곱 가지 형태로, …

5) 세 가지 형태로, 듣지 않은 것을 나는 듣고 의식하고 보았다고 고의로 거짓말을 하면, 속죄죄를 범하는 것이다 … 네 가지 형태로, … 다섯 가지 형태로, … 여섯 가지 형태로, … 일곱 가지 형태로, …

6) 세 가지 형태로, 듣지 않은 것을 나는 듣고 인지하고 의식하고 보았다고 고의로 거짓말을 하면, 속죄죄를 범하는 것이다 … 네 가지 형태로, … 다섯 가지 형태로, … 여섯 가지 형태로, … 일곱 가지 형태로, …

2-5.

1) 세 가지 형태로, 인지하지 않은 것을 나는 인지하고 의식했다고 고의로 거짓말을 하면, 속죄죄를 범하는 것이다 … 네 가지 형태로, … 다섯 가지 형태로, … 여섯 가지 형태로, … 일곱 가지 형태로, …
2) 세 가지 형태로, 인지하지 않은 것을 나는 인지하고 보았다고 고의로 거짓말을 하면, 속죄죄를 범하는 것이다 … 네 가지 형태로, … 다섯 가지 형태로, … 여섯 가지 형태로, … 일곱 가지 형태로, …
3) 세 가지 형태로, 인지하지 않은 것을 나는 인지하고 들었다고 고의로 거짓말을 하면, 속죄죄를 범하는 것이다 … 네 가지 형태로, … 다섯 가지 형태로, … 여섯 가지 형태로, … 일곱 가지 형태로, …
4) 세 가지 형태로, 인지하지 않은 것을 나는 인지하고 의식하고 보았다고 고의로 거짓말을 하면, 속죄죄를 범하는 것이다 … 네 가지 형태로, … 다섯 가지 형태로, … 여섯 가지 형태로, … 일곱 가지 형태로, …
5) 세 가지 형태로, 인지하지 않은 것을 나는 인지하고 의식하고 들었다고 고의로 거짓말을 하면, 속죄죄를 범하는 것이다 … 네 가지 형태로, … 다섯 가지 형태로, … 여섯 가지 형태로, … 일곱 가지 형태로, …
6) 세 가지 형태로, 인지하지 않은 것을 인지하고 의식하고 보고 들었다고 고의로 거짓말을 하면, 속죄죄를 범하는 것이다 … 네 가지 형태로, … 다섯 가지 형태로, … 여섯 가지 형태로, … 일곱 가지 형태로, …

2-6.

1) 세 가지 형태로, 의식하지 않은 것을 나는 의식하고 보았다고 고의로 거짓말을 하면, 속죄죄를 범하는 것이다 … 네 가지 형태로, … 다섯 가지 형태로, … 여섯 가지 형태로, … 일곱 가지 형태로, …
2) 세 가지 형태로, 의식하지 않은 것을 나는 의식하고 들었다고 고의로 거짓말을 하면, 속죄죄를 범하는 것이다 … 네 가지 형태로, … 다섯 가지 형태로, … 여섯 가지 형태로, … 일곱 가지 형태로, …
3) 세 가지 형태로, 의식하지 않은 것을 나는 의식하고 인지했다고 고의로 거짓말을 하면, 속죄죄를 범하는 것이다 … 네 가지 형태로, … 다섯 가지 형태로, … 여섯 가지 형태로, … 일곱 가지 형태로, …
4) 세 가지 형태로, 의식하지 않은 것을 나는 의식하고 보고 들었다고 고의로 거짓말을 하면, 속죄죄를 범하는 것이다 … 네 가지 형태로, … 다섯 가지

형태로, … 여섯 가지 형태로, … 일곱 가지 형태로, …

5) 세 가지 형태로, 의식하지 않은 것을 나는 의식하고 보고 인지했다고 고의로 거짓말을 하면, 속죄죄를 범하는 것이다 … 네 가지 형태로, … 다섯 가지 형태로, … 여섯 가지 형태로, … 일곱 가지 형태로, …

6) 세 가지 형태로, 의식하지 않은 것을 의식하고 보고 듣고 인지했다고 고의로 거짓말을 하면, 속죄죄를 범하는 것이다. 네 가지 형태로, … 다섯 가지 형태로, … 여섯 가지 형태로, … 일곱 가지 형태로, …

2-7₁.

1) 세 가지 형태로, 본 것을 나는 보지 않았다라고 고의로 거짓말을 하면, 속죄죄를 범하는 것이다.① 말하기 전에 '나는 거짓말을 할 것이다.'라고 생각하고, ② 말할 때에 '나는 거짓말을 하고 있다.'라고 생각하고, ③ 말한 뒤에 '나는 거짓말을 했다.'라고 생각하는 것이다.

2) 네 가지 형태로, 본 것을 나는 보지 않았다라고 고의로 거짓말을 하면, 속죄죄를 범하는 것이다. ① 말하기 전에 '나는 거짓말을 할 것이다.'라고 생각하고, ② 말할 때에 '나는 거짓말을 하고 있다.'라고 생각하고, ③ 말한 뒤에 '나는 거짓말을 했다.'라고 생각하는 것이다. ④ 견해를 잘못 대변하는 것이다.

3) 다섯 가지 형태로, 본 것을 나는 보지 않았다라고 고의로 거짓말을 하면, 속죄죄를 범하는 것이다. ① 말하기 전에 '나는 거짓말을 할 것이다.'라고 생각하고, ② 말할 때에 '나는 거짓말을 하고 있다.'라고 생각하고, ③ 말한 뒤에 '나는 거짓말을 했다.'라고 생각하는 것이다. ④ 견해를 잘못 대변하는 것이다. ⑤ 이해를 잘못 대변하는 것이다.

4) 여섯 가지 형태로, 본 것을 나는 보지 않았다라고 고의로 거짓말을 하면, 속죄죄를 범하는 것이다. ① 말하기 전에 '나는 거짓말을 할 것이다.'라고 생각하고, ② 말할 때에 '나는 거짓말을 하고 있다.'라고 생각하고, ③ 말한 뒤에 '나는 거짓말을 했다.'라고 생각하는 것이다. ④ 견해를 잘못 대변하는 것이다. ⑤ 이해를 잘못 대변하는 것이다. ⑥ 선호를 잘못 대변하는 것이다.

5) 일곱 가지 형태로, 본 것을 나는 보지 않았다라고 고의로 거짓말을 하면, 속죄죄를 범하는 것이다. ① 말하기 전에 '나는 거짓말을 할 것이다.'라고 생각하고, ② 말할 때에 '나는 거짓말을 하고 있다.'라고 생각하고, ③ 말한 뒤에 '나는 거짓말을 했다.'라고 생각하는 것이다. ④ 견해를 잘못 대변하는 것이다. ⑤ 이해를 잘못 대변하는 것이다. ⑥ 선호를 잘못 대변하는 것이다. ⑦ 상태를

잘못 대변하는 것이다.

2-7₂.

1) 세 가지 형태로, 들은 것을 나는 듣지 않았다라고 고의로 거짓말을 하면, 속죄죄를 범하는 것이다. ① 말하기 전에 '나는 거짓말을 할 것이다.'라고 생각하고, ② 말할 때에 '나는 거짓말을 하고 있다.'라고 생각하고, ③ 말한 뒤에 '나는 거짓말을 했다.'라고 생각하는 것이다.

2) 네 가지 형태로, 들은 것을 나는 듣지 않았다라고 고의로 거짓말을 하면, 속죄죄를 범하는 것이다. ① 말하기 전에 '나는 거짓말을 할 것이다.'라고 생각하고, ② 말할 때에 '나는 거짓말을 하고 있다.'라고 생각하고, ③ 말한 뒤에 '나는 거짓말을 했다.'라고 생각하는 것이다. ④ 견해를 잘못 대변하는 것이다.

3) 다섯 가지 형태로, 들은 것을 나는 듣지 않았다라고 고의로 거짓말을 하면, 속죄죄를 범하는 것이다. ① 말하기 전에 '나는 거짓말을 할 것이다.'라고 생각하고, ② 말할 때에 '나는 거짓말을 하고 있다.'라고 생각하고, ③ 말한 뒤에 '나는 거짓말을 했다.'라고 생각하는 것이다. ④ 견해를 잘못 대변하는 것이다. ⑤ 이해를 잘못 대변하는 것이다.

4) 여섯 가지 형태로, 들은 것을 나는 듣지 않았다라고 고의로 거짓말을 하면, 속죄죄를 범하는 것이다. ① 말하기 전에 '나는 거짓말을 할 것이다.'라고 생각하고, ② 말할 때에 '나는 거짓말을 하고 있다.'라고 생각하고, ③ 말한 뒤에 '나는 거짓말을 했다.'라고 생각하는 것이다. ④ 견해를 잘못 대변하는 것이다. ⑤ 이해를 잘못 대변하는 것이다. ⑥ 선호를 잘못 대변하는 것이다.

5) 일곱 가지 형태로, 들은 것을 나는 듣지 않았다라고 고의로 거짓말을 하면, 속죄죄를 범하는 것이다. ① 말하기 전에 '나는 거짓말을 할 것이다.'라고 생각하고, ② 말할 때에 '나는 거짓말을 하고 있다.'라고 생각하고, ③ 말한 뒤에 '나는 거짓말을 했다.'라고 생각하는 것이다. ④ 견해를 잘못 대변하는 것이다. ⑤ 이해를 잘못 대변하는 것이다. ⑥ 선호를 잘못 대변하는 것이다. ⑦ 상태를 잘못 대변하는 것이다.

2-7₃.

1) 세 가지 형태로, 인지한 것을 나는 인지하지 않았다라고 고의로 거짓말을 하면, 속죄죄를 범하는 것이다. ① 말하기 전에 '나는 거짓말을 할 것이다.'라고 생각하고, ② 말할 때에 '나는 거짓말을 하고 있다.'라고 생각하고, ③ 말한 뒤에 '나는 거짓말을 했다.'라고 생각하는 것이다.

2) 네 가지 형태로, 인지한 것을 나는 인지하지 않았다라고 고의로 거짓말을 하면, 속죄죄를 범하는 것이다. ① 말하기 전에 '나는 거짓말을 할 것이다.'라고 생각하고, ② 말할 때에 '나는 거짓말을 하고 있다.'라고 생각하고, ③ 말한 뒤에 '나는 거짓말을 했다.'라고 생각하는 것이다. ④ 견해를 잘못 대변하는 것이다.

3) 다섯 가지 형태로, 인지한 것을 나는 인지하지 않았다라고 고의로 거짓말을 하면, 속죄죄를 범하는 것이다. ① 말하기 전에 '나는 거짓말을 할 것이다.'라고 생각하고, ② 말할 때에 '나는 거짓말을 하고 있다.'라고 생각하고, ③ 말한 뒤에 '나는 거짓말을 했다.'라고 생각하는 것이다. ④ 견해를 잘못 대변하는 것이다. ⑤ 이해를 잘못 대변하는 것이다.

4) 여섯 가지 형태로, 인지한 것을 나는 인지하지 않았다라고 고의로 거짓말을 하면, 속죄죄를 범하는 것이다. ① 말하기 전에 '나는 거짓말을 할 것이다.'라고 생각하고, ② 말할 때에 '나는 거짓말을 하고 있다.'라고 생각하고, ③ 말한 뒤에 '나는 거짓말을 했다.'라고 생각하는 것이다. ④ 견해를 잘못 대변하는 것이다. ⑤ 이해를 잘못 대변하는 것이다. ⑥ 선호를 잘못 대변하는 것이다.

5) 일곱 가지 형태로, 인지한 것을 나는 인지하지 않았다라고 고의로 거짓말을 하면, 속죄죄를 범하는 것이다. ① 말하기 전에 '나는 거짓말을 할 것이다.'라고 생각하고, ② 말할 때에 '나는 거짓말을 하고 있다.'라고 생각하고, ③ 말한 뒤에 '나는 거짓말을 했다.'라고 생각하는 것이다. ④ 견해를 잘못 대변하는 것이다. ⑤ 이해를 잘못 대변하는 것이다. ⑥ 선호를 잘못 대변하는 것이다. ⑦ 상태를 잘못 대변하는 것이다.

2-7$_4$.

1) 세 가지 형태로, 의식한 것을 나는 의식하지 않았다라고 고의로 거짓말을 하면, 속죄죄를 범하는 것이다. ① 말하기 전에 '나는 거짓말을 할 것이다.'라고 생각하고, ② 말할 때에 '나는 거짓말을 하고 있다.'라고 생각하고, ③ 말한 뒤에 '나는 거짓말을 했다.'라고 생각하는 것이다.

2) 네 가지 형태로, 의식한 것을 나는 의식하지 않았다라고 고의로 거짓말을 하면, 속죄죄를 범하는 것이다. ① 말하기 전에 '나는 거짓말을 할 것이다.'라고 생각하고, ② 말할 때에 '나는 거짓말을 하고 있다.'라고 생각하고, ③ 말한 뒤에 '나는 거짓말을 했다.'라고 생각하는 것이다. ④ 견해를 잘못 대변하는 것이다.

3) 다섯 가지 형태로, 의식한 것을 나는 의식하지 않았다라고 고의로 거짓말을 하면, 속죄죄를 범하는 것이다. ① 말하기 전에 '나는 거짓말을 할 것이다.'라고

생각하고, ② 말할 때에 '나는 거짓말을 하고 있다.'라고 생각하고, ③ 말한 뒤에 '나는 거짓말을 했다.'라고 생각하는 것이다. ④ 견해를 잘못 대변하는 것이다. ⑤ 이해를 잘못 대변하는 것이다.

4) 여섯 가지 형태로, 의식한 것을 나는 의식하지 않았다라고 고의로 거짓말을 하면, 속죄죄를 범하는 것이다. ① 말하기 전에 '나는 거짓말을 할 것이다.'라고 생각하고, ② 말할 때에 '나는 거짓말을 하고 있다.'라고 생각하고, ③ 말한 뒤에 '나는 거짓말을 했다.'라고 생각하는 것이다. ④ 견해를 잘못 대변하는 것이다. ⑤ 이해를 잘못 대변하는 것이다. ⑥ 선호를 잘못 대변하는 것이다.

5) 일곱 가지 형태로, 의식한 것을 나는 의식하지 않았다라고 고의로 거짓말을 하면, 속죄죄를 범하는 것이다. ① 말하기 전에 '나는 거짓말을 할 것이다.'라고 생각하고, ② 말할 때에 '나는 거짓말을 하고 있다.'라고 생각하고, ③ 말한 뒤에 '나는 거짓말을 했다.'라고 생각하는 것이다. ④ 견해를 잘못 대변하는 것이다. ⑤ 이해를 잘못 대변하는 것이다. ⑥ 선호를 잘못 대변하는 것이다. ⑦ 상태를 잘못 대변하는 것이다.

2-8₁.

1) 세 가지 형태로, 본 것을 '나는 들었다.'라고 고의로 거짓말을 하면, 속죄죄를 범하는 것이다 … 네 가지 형태로, … 다섯 가지 형태로, … 여섯 가지 형태로, … 일곱 가지 형태로, …

2) 세 가지 형태로, 본 것을 '나는 인지했다.'라고 고의로 거짓말을 하면, 속죄죄를 범하는 것이다 … 네 가지 형태로, … 다섯 가지 형태로, … 여섯 가지 형태로, … 일곱 가지 형태로, …

3) 세 가지 형태로, 본 것을 '나는 의식했다.'라고 고의로 거짓말을 하면, 속죄죄를 범하는 것이다 … 네 가지 형태로, … 다섯 가지 형태로, … 여섯 가지 형태로, … 일곱 가지 형태로, …

4) 세 가지 형태로, 본 것을 '나는 듣고 인지했다.'라고 고의로 거짓말을 하면, 속죄죄를 범하는 것이다 … 네 가지 형태로, … 다섯 가지 형태로, … 여섯 가지 형태로, … 일곱 가지 형태로, …

5) 세 가지 형태로, 본 것을 '나는 듣고 의식했다.'라고 고의로 거짓말을 하면, 속죄죄를 범하는 것이다 … 네 가지 형태로, … 다섯 가지 형태로, … 여섯 가지 형태로, … 일곱 가지 형태로, …

6) 세 가지 형태로, 본 것을 '나는 듣고 인지하고 의식했다.'라고 고의로 거짓말을

하면, 속죄죄를 범하는 것이다 … 네 가지 형태로, … 다섯 가지 형태로, … 여섯 가지 형태로, … 일곱 가지 형태로, …

2-8₂.

1) 세 가지 형태로, 들은 것을 '나는 인지했다.'라고 고의로 거짓말을 하면, 속죄죄를 범하는 것이다 … 네 가지 형태로, … 다섯 가지 형태로, … 여섯 가지 형태로, … 일곱 가지 형태로, …

2) 세 가지 형태로, 들은 것을 '나는 의식했다.'라고 고의로 거짓말을 하면, 속죄죄를 범하는 것이다 … 네 가지 형태로, … 다섯 가지 형태로, … 여섯 가지 형태로, … 일곱 가지 형태로, …

3) 세 가지 형태로, 들은 것을 '나는 보았다.'라고 고의로 거짓말을 하면, 속죄죄를 범하는 것이다 … 네 가지 형태로, … 다섯 가지 형태로, … 여섯 가지 형태로, … 일곱 가지 형태로, …

4) 세 가지 형태로, 들은 것을 '나는 인지하고 의식했다.'라고 고의로 거짓말을 하면, 속죄죄를 범하는 것이다 … 네 가지 형태로, … 다섯 가지 형태로, … 여섯 가지 형태로, … 일곱 가지 형태로, …

5) 세 가지 형태로, 들은 것을 '나는 인지하고 보았다.'라고 고의로 거짓말을 하면, 속죄죄를 범하는 것이다 … 네 가지 형태로, … 다섯 가지 형태로, … 여섯 가지 형태로, … 일곱 가지 형태로, …

6) 세 가지 형태로, 들은 것을 '나는 인지하고 의식하고 보았다.'라고 고의로 거짓말을 하면, 속죄죄를 범하는 것이다 … 네 가지 형태로, … 다섯 가지 형태로, … 여섯 가지 형태로, … 일곱 가지 형태로, …

2-8₃.

1) 세 가지 형태로, 인지한 것을 '나는 의식했다.'라고 고의로 거짓말을 하면, 속죄죄를 범하는 것이다 … 네 가지 형태로, … 다섯 가지 형태로, … 여섯 가지 형태로, … 일곱 가지 형태로, …

2) 세 가지 형태로, 인지한 것을 '나는 보았다.'라고 고의로 거짓말을 하면, 속죄죄를 범하는 것이다 … 네 가지 형태로, … 다섯 가지 형태로, … 여섯 가지 형태로, … 일곱 가지 형태로, …

3) 세 가지 형태로, 인지한 것을 '나는 들었다.'라고 고의로 거짓말을 하면, 속죄죄를 범하는 것이다 … 네 가지 형태로, … 다섯 가지 형태로, … 여섯 가지 형태로, … 일곱 가지 형태로, …

4) 세 가지 형태로, 인지한 것을 '나는 의식하고 보았다.'라고 고의로 거짓말을 하면, 속죄죄를 범하는 것이다 … 네 가지 형태로, … 다섯 가지 형태로, … 여섯 가지 형태로, … 일곱 가지 형태로, …
5) 세 가지 형태로, 인지한 것을 '나는 의식하고 들었다.'고 고의로 거짓말을 하면, 속죄죄를 범하는 것이다 … 네 가지 형태로, … 다섯 가지 형태로, … 여섯 가지 형태로, … 일곱 가지 형태로, …
6) 세 가지 형태로, 인지한 것을 '나는 의식하고 보고 들었다.'고 고의로 거짓말을 하면, 속죄죄를 범하는 것이다 … 네 가지 형태로, … 다섯 가지 형태로, … 여섯 가지 형태로, … 일곱 가지 형태로, …

2-8$_4$.

1) 세 가지 형태로, 의식한 것을 '나는 보았다.'라고 고의로 거짓말을 하면, 속죄죄를 범하는 것이다 … 네 가지 형태로, … 다섯 가지 형태로, … 여섯 가지 형태로, … 일곱 가지 형태로, …
2) 세 가지 형태로, 의식한 것을 '나는 들었다.'고 고의로 거짓말을 하면, 속죄죄를 범하는 것이다 … 네 가지 형태로, … 다섯 가지 형태로, … 여섯 가지 형태로, … 일곱 가지 형태로, …
3) 세 가지 형태로, 의식한 것을 '나는 인지했다.'고 고의로 거짓말을 하면, 속죄죄를 범하는 것이다 … 네 가지 형태로, … 다섯 가지 형태로, … 여섯 가지 형태로, … 일곱 가지 형태로, …
4) 세 가지 형태로,[*4] 의식한 것을 '나는 보고 들었다.'고 고의로 거짓말을 하면, 속죄죄를 범하는 것이다 … 네 가지 형태로, … 다섯 가지 형태로, … 여섯 가지 형태로, … 일곱 가지 형태로, …
5) 세 가지 형태로, 의식한 것을 '나는 보고 인지했다.'고 고의로 거짓말을 하면, 속죄죄를 범하는 것이다 … 네 가지 형태로, … 다섯 가지 형태로, … 여섯 가지 형태로, … 일곱 가지 형태로, …
7) 세 가지 형태로, 의식한 것을 '나는 보고 인지하고 들었다.'고 고의로 거짓말을 하면, 속죄죄를 범하는 것이다 … 네 가지 형태로, … 다섯 가지 형태로, … 여섯 가지 형태로, … 일곱 가지 형태로, …

2-9$_1$.

1) 세 가지 형태로, 본 것을 의심하고, 본 것을 신뢰하지 않고, 본 것을 기억하지 못하고, 본 것에 혼란을 일으켜, '나는 보고 들었다.'라고 고의로 거짓말을 하면,

속죄죄를 범하는 것이다 … 네 가지 형태로, … 다섯 가지 형태로, … 여섯 가지 형태로, … 일곱 가지 형태로, …

2) 세 가지 형태로, 본 것을 의심하고, 본 것을 신뢰하지 않고, 본 것을 기억하지 못하고, 본 것에 혼란을 일으켜, '나는 보고 인지했다.'라고 고의로 거짓말을 하면, 속죄죄를 범하는 것이다 … 네 가지 형태로, … 다섯 가지 형태로, … 여섯 가지 형태로, … 일곱 가지 형태로, …

3) 세 가지 형태로, 본 것을 의심하고, 본 것을 신뢰하지 않고, 본 것을 기억하지 못하고, 본 것에 혼란을 일으켜, '나는 보고 인지하고 들었다.'라고 고의로 거짓말을 하면, 속죄죄를 범하는 것이다 … 네 가지 형태로, … 다섯 가지 형태로, … 여섯 가지 형태로, … 일곱 가지 형태로, …

4) 세 가지 형태로, 본 것을 의심하고, 본 것을 신뢰하지 않고, 본 것을 기억하지 못하고, 본 것에 혼란을 일으켜, '나는 보고 듣고 인지하고 의식했다.'라고 고의로 거짓말을 하면, 속죄죄를 범하는 것이다 … 네 가지 형태로, … 다섯 가지 형태로, … 여섯 가지 형태로, … 일곱 가지 형태로, …

2-9₂.

1) 세 가지 형태로, 들은 것을 의심하고, 들은 것을 신뢰하지 않고, 들은 것을 기억하지 못하고, 들은 것에 혼란을 일으켜, '나는 듣고 보았다.'라고 고의로 거짓말을 하면, 속죄죄를 범하는 것이다 … 네 가지 형태로, … 다섯 가지 형태로, … 여섯 가지 형태로, … 일곱 가지 형태로, …

2) 세 가지 형태로, 들은 것을 의심하고, 들은 것을 신뢰하지 않고, 들은 것을 기억하지 못하고, 들은 것에 혼란을 일으켜, '나는 듣고 인지했다.'라고 고의로 거짓말을 하면, 속죄죄를 범하는 것이다 … 네 가지 형태로, … 다섯 가지 형태로, … 여섯 가지 형태로, … 일곱 가지 형태로, …

3) 세 가지 형태로, 들은 것을 의심하고, 들은 것을 신뢰하지 않고, 들은 것을 기억하지 못하고, 들은 것에 혼란을 일으켜, '나는 듣고 인지하고 보았다.'라고 고의로 거짓말을 하면, 속죄죄를 범하는 것이다 … 네 가지 형태로, … 다섯 가지 형태로, … 여섯 가지 형태로, … 일곱 가지 형태로, …

4) 세 가지 형태로, 들은 것을 의심하고, 들은 것을 신뢰하지 않고, 들은 것을 기억하지 못하고, 들은 것에 혼란을 일으켜, '나는 듣고 인지하고 의식하고 보았다.'라고 고의로 거짓말을 하면, 속죄죄를 범하는 것이다 … 네 가지 형태로, … 다섯 가지 형태로, … 여섯 가지 형태로, … 일곱 가지 형태로, …

2-9₃.

1) 세 가지 형태로, 인지한 것을 의심하고, 인지한 것을 신뢰하지 않고, 인지한 것을 기억하지 못하고, 인지한 것에 혼란을 일으켜, '나는 인지하고 보았다.'라고 고의로 거짓말을 하면, 속죄죄를 범하는 것이다 … 네 가지 형태로, … 다섯 가지 형태로, … 여섯 가지 형태로, … 일곱 가지 형태로, …
2) 세 가지 형태로, 인지한 것을 의심하고, 인지한 것을 신뢰하지 않고, 인지한 것을 기억하지 못하고, 인지한 것에 혼란을 일으켜, '나는 인지하고 들었다.'고 고의로 거짓말을 하면, 속죄죄를 범하는 것이다 … 네 가지 형태로, … 다섯 가지 형태로, … 여섯 가지 형태로, … 일곱 가지 형태로, …
3) 세 가지 형태로, 인지한 것을 의심하고, 인지한 것을 신뢰하지 않고, 인지한 것을 기억하지 못하고, 인지한 것에 혼란을 일으켜, '나는 인지하고 보고 들었다.'고 고의로 거짓말을 하면, 속죄죄를 범하는 것이다 … 네 가지 형태로, … 다섯 가지 형태로, … 여섯 가지 형태로, … 일곱 가지 형태로, …
4) 세 가지 형태로, 인지한 것을 의심하고, 인지한 것을 신뢰하지 않고, 인지한 것을 기억하지 못하고, 인지한 것에 혼란을 일으켜, '나는 인지하고 보고 듣고 의식했다.'라고 고의로 거짓말을 하면, 속죄죄를 범하는 것이다 … 네 가지 형태로, … 다섯 가지 형태로, … 여섯 가지 형태로, … 일곱 가지 형태로, …

2-9₄.

1) 세 가지 형태로, 의식한 것을 의심하고, 의식한 것을 신뢰하지 않고, 의식한 것을 기억하지 못하고, 의식한 것에 혼란을 일으켜, '나는 의식하고 보았다.'고 고의로 거짓말을 하면, 속죄죄를 범하는 것이다 … 네 가지 형태로, … 다섯 가지 형태로, … 여섯 가지 형태로, … 일곱 가지 형태로, …
2) 세 가지 형태로, 의식한 것을 의심하고, 의식한 것을 신뢰하지 않고, 의식한 것을 기억하지 못하고, 의식한 것에 혼란을 일으켜, '나는 의식하고 인지했다.'고 고의로 거짓말을 하면, 속죄죄를 범하는 것이다 … 네 가지 형태로, … 다섯 가지 형태로, … 여섯 가지 형태로, … 일곱 가지 형태로, …
3) 세 가지 형태로, 의식한 것을 의심하고, 의식한 것을 신뢰하지 않고, 의식한 것을 기억하지 못하고, 의식한 것에 혼란을 일으켜, '나는 의식하고 보고 들었다.'고 고의로 거짓말을 하면, 속죄죄를 범하는 것이다 … 네 가지 형태로, … 다섯 가지 형태로, … 여섯 가지 형태로, … 일곱 가지 형태로, …
4) 세 가지 형태로, 의식한 것을 의심하고, 의식한 것을 신뢰하지 않고, 의식한 것을

것을 기억하지 못하고, 의식한 것에 혼란을 일으켜, '나는 의식하고 보고 듣고 인지했다.'고 고의로 거짓말을 하면, 속죄죄를 범하는 것이다 … 네 가지 형태로, … 다섯 가지 형태로, … 여섯 가지 형태로, … 일곱 가지 형태로, …

2-10. 농담으로 말하거나, 성급하게 말하거나 즉, '농담으로 말하거나'라는 것은 사려가 없이 말하는 것이고, '성급하게 말하거나' 라는 것은 '나는 이것을 말하겠다.'하고서 다른 것을 말하는 것인데, 그러한 경우이거나,865) 정신이 착란된 자이거나 초범자인 경우는 무죄이다.

4. 1. 2 속죄죄법 제2조

욕설에 대한 학습계율[Omasavādasikkhāpada]

1-1. 한때 존귀한 부처님께서 싸밧티 시의 제따바나 숲에 있는 아나타삔디까 승원에 계셨다. 그런데 그때 여섯무리의 수행승들이 단정한 수행승들과 쟁론하면서 단정한 수행승들을 모욕했다. 출생으로도, 이름으로도, 성으로도, 일로도, 기술로도, 질병으로도, 특징으로도, 오염으로도, 성취로도, 어법으로도 조롱하고 경멸했다.

1-2. 수행승들 가운데 욕망을 여의고, 만족을 알고, 부끄러움을 알고, 후회할 줄 알고, 배움을 원하는 자들이 있는데, 그들도 혐책하고 분개하고 비난했다.

[욕망을 여읜 수행승들] "어찌 여섯무리의 수행승들이 단정한 수행승들과 쟁론하면서 단정한 수행승들을[*5] 모욕하여, 출생으로도, 이름으로도, 성으로도, 일로도, 기술로도, 질병으로도, 특징으로도, 오염으로도, 성취로도, 어법으로도 조롱하고 경멸할 수 있단 말인가?"

1-3. 그러자 그 수행승들은 여섯무리의 수행승들을 여러 가지 법문으로 꾸짖고 세존께 그 사실을 알렸다. 그러자 세존께서는 이러한 인연으로 이러한 기회에 수행승들의 참모임을 불러 모으게 하고 연유를 설하고 여섯무리의 수행승들에게 물었다.

---

865) davā bhaṇati, ravā bhaṇati. davā bhaṇati nāma: sahasā bhaṇati. Ravā bhaṇati nāma: aññaṃ bhaṇissāmīti aññaṃ bhaṇati : 이 무죄에 대한 경우에 해당하는 법리 가운데 구절에 대한 주석이 들어가 있는 유일한 경우이다. '농담으로 말하거나'라는 뜻은 Smp. 737에 따르면, 조사도 없이 성찰도 없이(avīmaṃsitvā anupadhāretvā) 말하는 것이다.

[세존] "수행승들이여, 그대들이 단정한 수행승들과 쟁론하면서 단정한 수행승들을 모욕하여, 출생으로도, 이름으로도, 성으로도, 일로도, 기술로도, 질병으로도, 특징으로도, 오염으로도, 성취로도, 어법으로도 조롱하고 경멸한 것이 사실이란 말인가?"

[여섯무리의 수행승들] "세존이시여, 사실입니다."

존귀한 부처님께서는 견책했다.

[세존] "어리석은 자들여, 그대들은 적절하지 않고, 자연스럽지 않고, 알맞지 않고, 수행자의 삶이 아니고, 부당하고, 해서는 안 될 일을 행한 것이다. 어리석은 자들이여, 어찌 그대들이 단정한 수행승들과 쟁론하면서 단정한 수행승들을 모욕하여, 출생으로도, 이름으로도, 성으로도, 일로도, 기술로도, 질병으로도, 특징으로도, 오염으로도, 성취로도, 어법으로도 조롱하고 경멸할 수 있단 말인가? 어리석은 자들이여, 그것은 아직 청정한 믿음이 없는 자를 청정한 믿음으로 이끌고, 이미 청정한 믿음이 있는 자를 더욱더 청정한 믿음으로 이끄는 것이 아니다. 어리석은 자여, 그것은 오히려, 아직 청정한 믿음이 없는 자를 불신으로 이끌고, 이미 청정한 믿음이 있는 자 가운데 어떤 자들을 타락시키는 것이다."

1-4. 그리고 세존께서는 그 여섯무리의 수행승들에 대하여 여러 가지 방편으로 견책하여, 키우기 어렵고 부양하기 어렵고 탐욕이 많고 만족을 모르고 교제를 좋아하고 나태한 것에 대해 질책하고, 여러 가지 법문으로 고무하여, 키우기 쉽고 부양하기 쉽고 욕심을 여의고, 만족을 알고, 버리고 없애는 삶, 악을 제거하는 삶, 청정한 믿음의 삶, 쌓아 모우지 않는 삶, 용맹정진의 삶을 칭찬하고, 수행승들을 위하여 그에 알맞고 그에 걸맞게 경책하여 법문을 하고 수행승들에게 일렀다.

[세존] "수행승들이여, 옛날 딱까씰라[866] 시의 어떤 바라문에게 난디비쌀라[867]라고 하는 황소가 있었는데, 수행승들이여, 그런데 그 난디비쌀라라는 황소가 그 바라문에게 이와 같이 말했다.

[난디비쌀라] "바라문이여, 가서 '나의 황소가 단단히 묶인 백 대의 수레를

866) Takkasilā : 딱까씰라는 오늘날의 탁실라(Taxila)를 뜻하며, 간다라(Gandhāra) 국의 수도였다. 산스크리트어 딱샤실라(Takṣaśilā)로 더 잘 알려져 있다. 이곳에는 베다와 활쏘기, 검술, 코끼리조련 등의 18가지 학문을 가르치는 바라문대학이 있어서 교육의 도시로 유명했다. 비록 경장에는 등장하지 않지만, 이 율장과 주석서에는 자주 등장한다. DhpA. I. 337에 따르면, 꼬쌀라 국왕 빠세나디(Pasenadi), 릿차비 족의 왕 마할리(Mahāli), 말라 족의 왕자 반둘라(Bandhula)는 모두 딱까씰라 대학의 동창이었다. 지바까, 앙굴리말라 등도 이 대학의 졸업생이었다. 그러나 바라나씨에서 딱까씰라까지는 험난한 정글의 길로 멀리 떨어져 있었다.

867) Nandivisāla : 황소로 태어난 보살이다. Nandivisāla Jātaka(No. 28)가 있다.

끌 것이다.'라고 대부호와 천금으로 내기를 하시오."

수행승들이여, 그래서 그 바라문은 부호와 함께 천금으로 '나의 황소가 단단히 묶인 백 대의 수레를 끌 것이다.'라고 내기를 했다. 수행승들이여, 그래서 그 바라문은 백 대의 수레를 묶어 황소 난디비쌀라에게 이와 같이 말했다.

[바라문] "뿔 없는 자여,[868] 가라. 뿔 없는 자여, 끌어라"

수행승들이여, 그러나 황소 난디비쌀라는 그가 있던 곳에 서서 움직이지 않았다. 수행승들이여, 그래서 그 바라문은 천금을 잃고 슬픔에 잠겼다.

그러자 황소 난디비쌀라는 그 바라문에게 이와 같이 말했다.

[난디비쌀라] "바라문이여, 왜 슬픔에 잠겼습니까?"

[바라문] "이보게, 나는 실로 그대 때문에 천금을 잃었네."

[난디비쌀라] "바라문이여, 왜 그대는 나를 뿔 없는 자도 아닌데 뿔없는 자라는 말로 멸시했습니까? 바라문이여, 가서 부호와 함께 천금으로 '나의 황소가 단단히 묶인 백 대의 수레를 끌 것이다.'라고 내기를 하시오."

수행승들이여, 그래서 그 바라문은 백 대의 수레를 단단히 묶어 황소 난디비쌀라에게 이와 같이 말했다.

[바라문] "현선한 자여, 가라. 현선한 자여, 끌어라"

수행승들이여, 그러자 황소 난디비쌀라는 단단히 묶인 백 대의 수레를 끌었다.

[세존]

"친절하게 말하라. 결코 불친절하게 말하지 말라.
친절하게 말하는 자를 위하여 무거운 짊을 옮겼고,
재물도 얻게 해주었으니, 그로서 만족했다."[869]

[세존] "수행승들이여,[*6] 조롱하고 경멸하는 것이 나의 마음에 들지 않는데, 하물며 지금 조롱하고 경멸하는 것이 그의 마음에 들겠는가? 수행승들이여, 그것은 아직 청정한 믿음이 없는 자를 청정한 믿음으로 이끌고, 이미 청정한 믿음이 있는 자를 더욱더 청정한 믿음으로 이끄는 것이 아니다. 수행승들이여, 그것은 오히려, 아직 청정한 믿음이 없는 자를 불신으로 이끌고, 이미 청정한 믿음이 있는 자 가운데 어떤 자들을 타락시키는 것이다."

1-5. 그러자 세존께서는 여섯무리의 수행승들에 대하여 여러 가지 방편으로 견

---

868) kūṭa : '뿔이 잘린 자'라는 것으로 '해치지 않는 자'를 뜻한다. 그러나 불구자라는 뜻도 함축하는 말이다.

869) manāpameva bhāseyya | nāmanāpaṃ kudācanaṃ | manāpaṃ bhāsamānassa | garumbhāraṃ udabbahī | dhanañca naṃ alabbhesi | tena c'attamano ahū'ti ||

책하여, 키우기 어렵고 부양하기 어렵고 탐욕이 많고 만족을 모르고 교제를 좋아하고 나태한 것에 대해 질책하고, 여러 가지 법문으로 고무하여, 키우기 쉽고 부양하기 쉽고 욕심을 여의고, 만족을 알고, 버리고 없애는 삶, 악을 제거하는 삶, 청정한 믿음의 삶, 쌓아 모우지 않는 삶, 용맹정진의 삶을 칭찬하고, 수행승들을 위하여 그에 알맞고 그에 걸맞게 경책하여 법문을 하고 수행승들에게 일렀다.

[세존] "수행승들이여, 그러므로 수행승들을 위하여 열 가지 이유에 기초하여, 즉 참모임의 수승을 위하여, 참모임의 안락을 위하여, 악한 수행승의 조복을 위하여, 품행이 바른 수행승의 평안한 삶을 위하여, 지금 여기에서의 번뇌의 제어를 위하여, 다가오는 번뇌를 물리치기 위하여, 청정한 믿음이 없는 자에게 청정한 믿음을 주기 위하여, 청정한 믿음이 있는 자에게 청정한 믿음을 증대시키기 위하여, 올바른 가르침을 지속시키기 위하여, 계율을 수호하기 위하여 학습계율을 시설하니, 수행승들이여, 그대들은 이와 같이 학습계율을 송출해야 한다.

[세존] "욕설을 하면, 속죄죄를 범하는 것이다."[870)]

2-1. '욕설'이란 열 가지 형태로 즉, 출생으로도, 이름으로도, 성으로도, 일로도, 기술로도, 질병으로도, 특징으로도, 오염으로도, 성취로도, 어법으로도 경멸하는 것을 뜻한다.

2-2.

1) '출생'이라는 것은 두 가지 출생이 있는데, 저열한 출생과 고귀한 출생이 있다. '저열한 출생'이라는 것은 짠달라 출생, 죽세공 출생, 사냥꾼 출생, 수레공 출생, 청소부 출생이 있는데,[871)] 이것들을 저열한 출생이라고 한다. 고귀한 출생은 왕족 출생과 바라문 출생이 있는데, 이것들을 고귀한 출생이라고 한다.

2) '이름'이라는 것은 두 가지 이름이 있는데, 저열한 이름과 고귀한 이름이 있다. '저열한 이름'이라는 것은 아바깐나까, 자바깐나까, 다닛타까, 싸빗타까, 꿀라밧다까와 같은 이름으로,[872)] 각각의 지방에서 멸시받고, 무시되고, 조롱받고, 비난받고, 경멸받는 그러한 저열한 이름이 있는데, 이것들을 저열한 이름이라고 한다. '고귀한 이름'이라는 것은 깨달은 님과 관계되고, 가르침과 관계되고,

870) 매계(罵戒) | Bhikkhunī Pāc. 2 : omasavāde pācittiyan'ti.

871) hīnā nāma jāti: caṇḍālajāti veṇajāti nesādajāti rathakārajāti, pukkusajāti : 이 다섯 종류는 MN. II. 152, 183; II. 169; SN. I. 93; AN. I. 107; II. 85에도 등장한다.

872) hīnaṃ nāma nāmaṃ: avakaṇṇakaṃ javakaṇṇakaṃ dhaniṭṭhakaṃ saviṭṭhakaṃ kulavaḍḍhakaṃ : 이들 다섯 종류의 성들은 Smp. 738에 따르면, 노예계급에 속하는 자들의 성들이다.

참모임과 관계되는 이름으로,[873] 각각의 지방에서 멸시받지 않고, 무시되지 않고, 조롱받지 않고, 비난받지 않고, 경멸받지 않는 그러한 고귀한 이름이 있는데, 이것들을 고귀한 이름이라고 한다.

3) '성'이라는 것은 두 가지 성이 있는데, 저열한 성과 고귀한 성이 있다. '저열한 성'이라는 것은 꼬씨야 성이나 바라드와자 성와 같은 성으로,[874] 각각의 지방에서 멸시받고, 무시되고, 조롱받고, 비난받고, 경멸받는 그러한 저열한 성이 있는데, 이것들을 저열한 성이라고 한다. '고귀한 성'이라는 것은 고따마 성, 목갈라나 성, 깟짜나 성, 밧쎄타 성과 같은 성으로,[875] 각각의 지방에서 멸시받지 않고, 무시되지 않고, 조롱받지 않고, 비난받지 않고, 경멸받지 않는 그러한 고귀한 성이 있는데, 이것들을 고귀한 성이라고 한다.

4) '일'라는 것은 두 가지 일이 있는데, 저열한 일과 고귀한 일이 있다. '저열한 일'이라는 것은 창고일[876]이나 꽃청소일[877]과 같은 각각의 지방에서 멸시받고, 무시되고, 조롱받고, 비난받고, 경멸받는 그러한 저열한 일이 있는데, 이것들을 저열한 일이라고 한다. 고귀한 일이라는 것은 농사일, 상업일, 목축일과 같은 것으로 각각의 지방에서 멸시받지 않고, 무시되지 않고, 조롱받지 않고, 비난받지 않고, 경멸받지 않는 그러한 고귀한 일이 있는데, 이것들을 고귀한 일이라고 한다.

5) '기술'이라는 것은 두 가지 기술이 있는데, 저열한 기술과 고귀한[*7] 기술이 있다. '저열한 기술'이라는 것은 죽세공기술, 도예기술, 직조기술, 피혁기술, 이발기술[878]과 같은 것으로 각각의 지방에서 멸시받고, 무시되고, 조롱받고, 비난받고, 경멸받는 그러한 저열한 기술이 있는데, 이것들을 저열한 기술이라고 한다. '고귀한 기술'이라는 것은 회계, 계산, 서기와 같은 것으로[879] 각각의

---

873) ukkaṭṭhaṃ nāma nāmaṃ. buddhapaṭisaññuttaṃ dhammapaṭisaññuttaṃ saṅghapaṭisaññuttaṃ : Vin. III. 169에 나오는 'Buddharakkhita', 'Dhammarakkhita', 'Saṅgharakkhita'와 같은 사람들이다.

874) hīnaṃ nāma gottaṃ: kosiyagottaṃ bhāradvājagottaṃ : 그러나 Ppn. I. 699; II. 373에 따르면, 꼬씨야(Kosiya) 성과 바라드와자(Bhāradvāja)성씨는 바라문 족에 속한다. 바라드와자 가문의 몇몇 사람은 출가해서 거룩한 님이 되었고, 몇몇은 재가신자가 되었다.

875) ukkaṭṭhaṃ nāma gottaṃ: gotamagottaṃ moggallānagottaṃ kaccānagottaṃ vāseṭṭhagottaṃ : 이 네 명의 성씨는 Vin. III. 169에도 등장한다. 이 가운데 바쎗타는 바라문들이 베다(Veda)의 저작자들로 여기는 고대의 선인들 중의 한 사람에서 유래한 성씨이다.

876) koṭṭhakakamma : 원래 '창고일'을 뜻하는데, Smp. 739에 따르면, '창고일'을 뜻한다.

877) pupphachaḍḍakakamma : 신도들이 성소에 바친 꽃을 제거하는 일을 뜻한다.

878) nāḷakārasippaṃ kumbhakārasippaṃ, pesakārasippaṃ cammakārasippaṃ nahāpitasippaṃ : 여기서 죽세공기술(nāḷakārasippa)은 바구니를 만드는 기술을 뜻한다.

지방에서 멸시받지 않고, 무시되지 않고, 조롱받지 않고, 비난받지 않고, 경멸받지 않는 그러한 고귀한 기술이 있는데, 이것들을 고귀한 기술이라고 한다.

6) '질병'에 관한 한, 일체의 질병은 저열한 질병이지만, 당뇨병은 고귀한 질병이다.[880]

7) '특징'[881]이라는 것은 두 가지 특징이 있는데, 저열한 특징과 고귀한 특징이 있다. '저열한 특징'이라는 것은 지나치게 크거나 지나치게 작거나 지나치게 검거나 지나치게 흰 것으로 이러한 것이 저열한 특징이다. '고귀한 특징'이라는 것은 지나치게 크지 않고 지나치게 작지 않고 지나치게 검지 않고 지나치게 희지 않은 것으로 이러한 것이 고귀한 특징이다.

8) '오염'[882]에 관한 한, 일체의 오염은 저열한 것이다.

9) '성취'에 관한 한 일체의 범죄의 성취는 저열한 것이다. 그러나 흐름에 듦의 성취와 그 이상의 성취는 고귀한 것이다.[883]

10) '어법'라는 것은 두 가지 어법이 있는데, 저열한 어법과 고귀한 어법이 있다.[884] '저열한 어법'라는 것은 '그대는 낙타이다. 그대는 양이다. 그대는 소다. 그대는 당나귀다. 그대는 축생이다. 그대는 지옥에 갈 놈이다. 그대를 기다리는 것은 천상이 아니라 지옥이다.'라든가 이름의 뒤에 '야'나 '바'를 붙여[885] 말하거나 암놈이나 수놈이라고[886] 말한다면, 그것은 저열한 어법이다. '고귀한 어법'이라는 것은 '그대는 현명하다. 그대는 유능하다. 그대는 박학하다. 그대는 진리를 설하는 자이다. 그대를 기다리는 곳은 지옥이 아니라 천상이다.'라고 하면, 그것은 고귀한 어법이다.

---

879) muddā gaṇanā lekhā : 여기서 'muddā'는 원래 손으로 계산하는 것을 뜻한다.

880) sabbepi ābādhā hīnā, api ca madhumeho abādho ukkaṭṭho : 당뇨병이 왜 고귀한 질병인지는 알 수 없으나, 아마도 흰 쌀밥을 먹는 귀족층에서 걸리는 질병이라서 그렇게 불린 것 같다.

881) liṅga : 여기서는 키 등의 특징을 의미한다. Vin. III. 169를 참조하라.

882) kilesa : 오염은 한역에서는 주로 번뇌(煩惱)와 동일하게 번역되고 있다.

883) sabbāpi āpattiyo hīnā. api ca sotāpattisamāpatti ukkaṭṭhā : 이 문장은 사실상 번역이 불가능한 것이다. 왜냐하면 성취로 번역한 'āpatti는' 여기서 서로 다른 의미로 사용되었기 때문이다. 'āpatti'는 '범죄'와 '성취'의 두 가지 복합적인 뜻이 있다. 따라서 전자는 범죄의 성취로 후자는 경지의 성취로 사용된 것이다.

884) akkoso nāma: dve akkoso, hīno ca akkoso ukkaṭṭho ca akkoso : '악꼬싸(akkosa)'는 원래 '욕설'이나 '비난'을 뜻하는데, '저열한 욕설'과 '고귀한 욕설'이라는 표현이 어색하다. 그래서 Bd. II. 177에서는 악꼬싸를 '어법'이라고 번역하고 있다. 역자도 이 번역을 따른다.

885) yakārena vā bhakārena vā : 야(ya)나 바(bha)는 빠알리어의 축소사인데, 그 숙초사를 사용하여 경멸사로 사용하는 것이다.

886) kāṭakoṭavikāya vā : 원래 '남녀의 성기에 대한 천박한 욕'을 말한다.

2-3₁.

1) 구족계를 받은 자가 구족계를 받은 자를 조롱하고 경멸하고 능욕하고자 저열한 짠달라, 죽세공, 사냥꾼, 수레공, 청소부를 두고 '그대는 짠달라이다, 죽세공이다, 사냥꾼이다, 수레공이다, 청소부이다.'라고 저열한 말로 말하면, 말할 때마다 속죄죄를 범하는 것이다.

2) 구족계를 받은 자가 구족계를 받은 자를 조롱하고 경멸하고 능욕하고자 고귀한 왕족이나 바라문을 두고 '그대는 짠달라이다, 죽세공이다, 사냥꾼이다, 수레공이다, 청소부이다.'라고 저열한 말로 말하면, 말할 때마다 속죄죄를 범하는 것이다.

3) 구족계를 받은 자가 구족계를 받은 자를 조롱하고 경멸하고 능욕하고자 저열한 짠달라, 죽세공, 사냥꾼, 수레공, 청소부를 두고 '그대는 왕족이다, 바라문이다.'라고 고귀한 말로 말하면, 말할 때마다 속죄죄를 범하는 것이다.

4) 구족계를 받은 자가 구족계를 받은 자를 조롱하고 경멸하고 능욕하고자 왕족과 바라문을[*8] 두고 '그대는 왕족이다, 바라문이다.'라고 고귀한 말로 말하면, 말할 때마다 속죄죄를 범하는 것이다.

2-3₂.

1) 구족계를 받은 자가 구족계를 받은 자를 조롱하고 경멸하고 능욕하고자 저열한 이름인 아바깐나까, 자바깐나까, 다닛타까, 싸빗타까, 꿀라밧다까를 두고 '그대는 아바깐나까이다, 자바깐나까이다, 다닛타까이다, 싸빗타까이다, 꿀라밧다까이다.'라고 저열한 이름으로 말하면, 말할 때마다 속죄죄를 범하는 것이다.

2) 구족계를 받은 자가 구족계를 받은 자를 조롱하고 경멸하고 능욕하고자 고귀한 이름인 붓다락키따, 담마락키따, 쌍가락키따를 두고 '그대는 아바깐나까이다, 자바깐나까이다, 다닛타까이다, 싸빗타까이다, 꿀라밧다까이다.'라고 저열한 이름으로 말하면, 말할 때마다 속죄죄를 범하는 것이다.

3) 구족계를 받은 자가 구족계를 받은 자를 조롱하고 경멸하고 능욕하고자 저열한 이름인 아바깐나까, 자바깐나까, 다닛타까, 싸빗타까, 꿀라밧다까를 두고 '그대는 붓다락키따이다, 담마락키따이다, 쌍가락키따이다.'라고 고귀한 이름으로 말하면, 말할 때마다 속죄죄를 범하는 것이다.

4) 구족계를 받은 자가 구족계를 받은 자를 조롱하고 경멸하고 능욕하고자 고귀한 이름인 붓다락키따, 담마락키따, 쌍가락키따를 두고 '그대는 붓다락키따이다, 담마락키따이다, 쌍가락키따이다.'라고 고귀한 이름으로 말하면, 말할 때마다

속죄죄를 범하는 것이다.

2-3₃.

1) 구족계를 받은 자가 구족계를 받은 자를 조롱하고 경멸하고 능욕하고자 저열한 성인 꼬씨야와 바라드와자를 두고 '그대는 꼬씨야이다, 바라드와자이다.'라고 저열한 성으로 말하면, 말할 때마다 속죄죄를 범하는 것이다.
2) 구족계를 받은 자가 구족계를 받은 자를 조롱하고 경멸하고 능욕하고자 고귀한 성인 고따마, 목갈라나, 깟짜나, 밧쎄타를 두고 '그대는 꼬씨야이다, 바라드와자이다.'라고 저열한 성으로 말하면, 말할 때마다 속죄죄를 범하는 것이다.
3) 구족계를 받은 자가 구족계를 받은 자를 조롱하고 경멸하고 능욕하고자 저열한 성인 꼬씨야와 바라드와자를 두고 '그대는 고따마이다, 목갈라나이다, 깟짜나이다, 밧쎄타이다.'라고 고귀한 성으로 말하면, 말할 때마다 속죄죄를 범하는 것이다.
4) 구족계를 받은 자가 구족계를 받은 자를 조롱하고 경멸하고 능욕하고자 고귀한 성인 고따마, 목갈라나, 깟짜나, 밧쎄타를 두고 '그대는 고따마이다, 목갈라나이다, 깟짜나이다, 밧쎄타이다.'라고 고귀한 성으로 말하면, 말할 때마다 속죄죄를 범하는 것이다.

2-3₄.

1) 구족계를 받은 자가 구족계를 받은 자를 조롱하고 경멸하고 능욕하고자 저열한 일인 창고일이나 꽃청소일을 두고 '그대는 창고일을 한다, 꽃청소일을 한다.'라고 저열한 일로 말하면, 말할 때마다 속죄죄를 범하는 것이다.
2) 구족계를 받은 자가 구족계를 받은 자를 조롱하고 경멸하고 능욕하고자 고귀한 일인 농사일, 상업일, 목축일을 두고 '그대는 창고일을 한다, 꽃청소일을 한다.'라고 저열한 일로 말하면, 말할 때마다 속죄죄를 범하는 것이다.
3) 구족계를 받은 자가 구족계를 받은 자를 조롱하고 경멸하고 능욕하고자 저열한 일인 창고일, 꽃청소일을 두고 '그대는 농사일을 한다, 상업일을 한다, 목축일을 한다.'라고 고귀한 일로 말하면, 말할 때마다 속죄죄를 범하는 것이다.
4) 구족계를 받은 자가 구족계를 받은 자를 조롱하고 경멸하고 능욕하고자 고귀한 일인 농사일, 상업일, 목축일을 두고 '그대는 농사일을 한다, 상업일을 한다, 목축일을 한다.'라고 고귀한 일로 말하면, 말할 때마다 속죄죄를 범하는 것이다.

2-3₅.

1) 구족계를 받은 자가 구족계를 받은 자를 조롱하고 경멸하고 능욕하고자 저열한 기술인 죽세공기술, 도예기술, 직조기술, 피혁기술, 이발기술을 두고 '그대는 죽세공이다, 도예공이다, 피혁공이다, 직조공이다, 이발사이다.'라고 저열한 기술로 말하면, 말할 때마다 속죄죄를 범하는 것이다.
2) 구족계를 받은 자가 구족계를 받은 자를 조롱하고 경멸하고 능욕하고자 고귀한 기술인 회계, 계산, 서기를 두고 '그대는 죽세공이다, 도예공이다, 피혁공이다, 직조공이다, 이발사이다.'라고 저열한 기술로 말하면, 말할 때마다 속죄죄를 범하는 것이다.
3) 구족계를 받은 자가 구족계를 받은 자를 조롱하고 경멸하고 능욕하고자 저열한 기술인 죽세공기술, 도예기술, 직조기술, 피혁기술, 이발기술을 두고 '그대는 회계사이다, 계산자이다, 서기이다.'라고 고귀한 기술로 말하면, 말할 때마다 속죄죄를 범하는 것이다.
4) 구족계를 받은 자가 구족계를 받은 자를 조롱하고 경멸하고 능욕하고자 고귀한 기술인 회계, 계산, 서기를 두고 '그대는 회계사이다, 계산자이다, 서기이다.'라고 고귀한 기술로 말하면, 말할 때마다 속죄죄를 범하는 것이다.

2-3₆.

1) 구족계를 받은 자가 구족계를 받은 자를 조롱하고 경멸하고 능욕하고자 저열한 질병인 나병, 종기, 습진, 폐병, 간질을 두고 '그대는 나병환자이다, 종기환자이다, 습진환자이다, 폐병환자이다, 간질환자이다.'라고 저열한 질병으로 말하면, 말할 때마다 속죄죄를 범하는 것이다.
2) 구족계를 받은 자가 구족계를 받은 자를 조롱하고 경멸하고 능욕하고자 고귀한 질병인 당뇨병을 두고 '그대는 나병환자이다, 종기환자이다, 습진환자이다, 폐병환자이다, 간질환자이다.'라고 저열한 질병으로 말하면, 말할 때마다 속죄죄를 범하는 것이다.
3) 구족계를 받은 자가 구족계를 받은 자를 조롱하고 경멸하고 능욕하고자 저열한 질병인 나병, 종기, 습진, 폐병, 간질을 두고 '그대는 당뇨환자이다.'라고 고귀한 질병으로 말하면, 말할 때마다 속죄죄를 범하는 것이다.
4) 구족계를 받은 자가 구족계를 받은 자를 조롱하고 경멸하고 능욕하고자 고귀한 질병인 당뇨병을 두고 '그대는 당뇨환자이다.'라고 고귀한 질병으로 말하면, 말할 때마다 속죄죄를 범하는 것이다.

2-3₇.

1) 구족계를 받은 자가 구족계를 받은 자를 조롱하고 경멸하고 능욕하고자 저열한 특징인 지나치게 크거나 지나치게 작거나 지나치게 검거나 지나치게 흰 것을 두고 '그대는 지나치게 크다, 지나치게 작다, 지나치게 검다, 지나치게 희다.'라고 저열한 특징으로 말하면, 말할 때마다 속죄죄를 범하는 것이다.

2) 구족계를 받은 자가 구족계를 받은 자를 조롱하고 경멸하고 능욕하고자 고귀한 특징인 지나치게 크지 않고 지나치게 작지 않고[*9] 지나치게 검지 않고 지나치게 희지 않은 것을 두고 '그대는 지나치게 크다, 지나치게 작다, 지나치게 검다, 지나치게 희다.'라고 저열한 특징으로 말하면, 말할 때마다 속죄죄를 범하는 것이다.

3) 구족계를 받은 자가 구족계를 받은 자를 조롱하고 경멸하고 능욕하고자 저열한 특징인 지나치게 크거나 지나치게 작거나 지나치게 검거나 지나치게 흰 것을 두고 '그대는 지나치게 크지 않다, 지나치게 작지 않다, 지나치게 검지 않다, 지나치게 희지 않다.'라고 고귀한 특징으로 말하면, 말할 때마다 속죄죄를 범하는 것이다.

4) 구족계를 받은 자가 구족계를 받은 자를 조롱하고 경멸하고 능욕하고자 고귀한 특징인 지나치게 크지 않고 지나치게 작지 않고 지나치게 검지 않고 지나치게 희지 않은 것을 두고 '그대는 지나치게 크지 않다, 지나치게 작지 않다, 지나치게 검지 않다, 지나치게 희지 않다.'라고 고귀한 특징으로 말하면, 말할 때마다 속죄죄를 범하는 것이다.

2-3$_8$.

1) 구족계를 받은 자가 구족계를 받은 자를 조롱하고 경멸하고 능욕하고자 저열한 오염인 탐욕에 매이고, 분노에 매이고, 어리석음에 매인 것을 두고 '그대는 탐욕에 매였다, 분노에 매였다, 어리석음에 매였다.'라고 저열한 오염으로 말하면, 말할 때마다 속죄죄를 범하는 것이다.

2) 구족계를 받은 자가 구족계를 받은 자를 조롱하고 경멸하고 능욕하고자 고귀한 오염인 탐욕을 여의고, 분노를 여의고, 어리석음을 여읜 것을 두고 '그대는 탐욕에 매였다, 분노에 매였다, 어리석음에 매였다.'라고 저열한 오염으로 말하면, 말할 때마다 속죄죄를 범하는 것이다.

3) 구족계를 받은 자가 구족계를 받은 자를 조롱하고 경멸하고 능욕하고자 저열한 특징인 탐욕에 매이고, 분노에 매이고, 어리석음에 매인 것을 두고 '그대는 탐욕을 여의었다, 분노를 여의었다, 어리석음을 여의었다.'라고 고귀한 오염으

로 말하면, 말할 때마다 속죄죄를 범하는 것이다.

4) 구족계를 받은 자가 구족계를 받은 자를 조롱하고 경멸하고 능욕하고자 고귀한 특징인 탐욕을 여의고, 분노를 여의고, 어리석음을 여읜 것을 두고 '그대는 탐욕을 여의었다, 분노를 여의었다, 어리석음을 여의었다.'라고 고귀한 오염으로 말하면, 말할 때마다 속죄죄를 범하는 것이다.

2-3₉.

1) 구족계를 받은 자가 구족계를 받은 자를 조롱하고 경멸하고 능욕하고자 저열한 성취인 승단추방죄를 성취하고, 승단잔류죄를 성취하고, 추악죄를 성취하고, 속죄죄를 성취하고, 고백죄를 성취하고, 악작죄를 성취하고, 악설죄를 성취한 것을 두고 '그대는 승단추방죄를 성취했다, 승단잔류죄를 성취했다, 추악죄를 성취했다, 속죄죄를 성취했다, 고백죄를 성취했다, 악작죄를 성취했다, 악설죄를 성취했다.'라고 저열한 성취로 말하면, 말할 때마다 속죄죄를 범하는 것이다.

2) 구족계를 받은 자가 구족계를 받은 자를 조롱하고 경멸하고 능욕하고자 고귀한 성취인 흐름에 든 경지의 성취를 두고 '그대는 승단추방죄를 성취했다, 그대는 승단잔류죄를 성취했다, 추악죄를 성취했다, 속죄죄를 성취했다, 고백죄를 성취했다, 악작죄를 성취했다, 악설죄를 성취했다.'라고 저열한 범죄의 성취로 말하면, 말할 때마다 속죄죄를 범하는 것이다.

3) 구족계를 받은 자가 구족계를 받은 자를 조롱하고 경멸하고 능욕하고자 저열한 범죄의 성취인 승단추방죄를 성취하고, 승단잔류죄를 성취하고, 추악죄를 성취하고, 속죄죄를 성취하고, 고백죄를 성취하고, 악작죄를 성취하고, 악설죄를 성취한 것을 두고 '그대는 흐름에 든 경지를 성취했다.'라고 고귀한 성취로 말하면, 말할 때마다 속죄죄를 범하는 것이다.

4) 구족계를 받은 자가 구족계를 받은 자를 조롱하고 경멸하고 능욕하고자 고귀한 성취인 흐름에 든 경지의 성취를 두고 '그대는 흐름에 든 경지를 성취했다.'라고 고귀한 성취로 말하면, 말할 때마다 속죄죄를 범하는 것이다.

2-3₁₀.

1) 구족계를 받은 자가 구족계를 받은 자를 조롱하고 경멸하고 능욕하고자 저열한 어법인 '낙타, 양, 소, 당나귀, 축생, 지옥에 갈 놈'을 두고 '그대는 낙타이다. 양이다, 소다, 당나귀이다, 축생이다, 지옥에 갈 놈이다. 그대를 기다리는 것은 천상이 아니라 지옥이다.'라고 저열한 어법으로 말하면, 말할 때마다 속죄죄를 범하는 것이다.

2) 구족계를 받은 자가 구족계를 받은 자를 조롱하고 경멸하고 능욕하고자 고귀한 어법인 '현명한 자이고, 유능한 자이고, 총명한 자이고, 박학한 자이고, 진리를 설하는 자'를 두고 '그대는 낙타이다, 양이다, 소다, 그대는 당나귀다, 그대는 축생이다, 지옥에 갈 놈이다, 그대를 기다리는 것은 천상이 아니라 지옥이다.' 라고 저열한 어법으로 말하면, 말할 때마다 속죄죄를 범하는 것이다.

3) 구족계를 받은 자가 구족계를 받은 자를 조롱하고 경멸하고 능욕하고자 저열한 어법인 '낙타, 양, 소, 당나귀, 축생, 지옥에 갈 놈'을 두고 '그대는 현명한 자이다, 유능한 자이다, 총명한 자이다, 박학한 자이다, 진리를 설하는 자이다. 그대를 기다리는 것은 지옥이 아니라 천상이다.'라고 고귀한 어법으로 말하면, 말할 때마다 속죄죄를 범하는 것이다.

4) 구족계를 받은 자가 구족계를 받은 자를 조롱하고 경멸하고 능욕하고자 고귀한 어법인 현명한 자이고, 유능한 자이고, 총명한 자이고, 박학한 자이고, 진리를 설하는 자를 두고 '그대는 현명한 자이다, 유능한 자이다, 총명한 자이다, 박학한 자이다, 진리를 설하는 자이다. 그대를 기다리는 것은 지옥이 아니라 천상이다.'라고 고귀한 어법으로 말하면, 말할 때마다 속죄죄를 범하는 것이다.

$2\text{-}4_1$.

1) 구족계를 받은 자가 구족계를 받은 자를 조롱하고 경멸하고 능욕하고자 저열한 짠달라, 죽세공, 사냥꾼, 수레공, 청소부를 두고 '여기 어떤 자는 짠달라이다, 죽세공이다, 사냥꾼이다, 수레공이다, 청소부이다.'라고 저열한 말로 말하면, 말할 때마다 악작죄를 범하는 것이다.

2) 구족계를 받은 자가 구족계를 받은 자를 조롱하고 경멸하고 능욕하고자 고귀한 왕족이나 바라문을 두고 '여기 어떤 자는 짠달라이다, 죽세공이다, 사냥꾼이다, 수레공이다, 청소부이다.'라고 저열한 말로 말하면, 말할 때마다 악작죄를 범하는 것이다.

3) 구족계를 받은 자가 구족계를 받은 자를 조롱하고 경멸하고 능욕하고자 저열한 짠달라, 죽세공, 사냥꾼, 수레공, 청소부를 두고 '여기 어떤 자는 왕족이다, 바라문이다.'라고 고귀한 말로 말하면, 말할 때마다 악작죄를 범하는 것이다.

4) 구족계를 받은 자가 구족계를 받은 자를 조롱하고 경멸하고 능욕하고자 왕족과 바라문을 두고 '여기 어떤 자는 왕족이다, 바라문이다.'라고 고귀한 말로 말하면, 말할 때마다 악작죄를 범하는 것이다.

$2\text{-}4_2$.

1) 구족계를 받은 자가 구족계를 받은 자를 조롱하고 경멸하고 능욕하고자 저열한 이름인 아바깐나까, 자바깐나까, 다낏타까, 싸빗타까, 꿀라밧다까를 두고 '여기 어떤 자는 아바깐나까이다, 자바깐나까이다, 다낏타까이다, 싸빗타까이다, 꿀라밧다까이다.'라고 저열한 이름으로 말하면, 말할 때마다 악작죄를 범하는 것이다.

2) 구족계를 받은 자가 구족계를 받은 자를 조롱하고 경멸하고 능욕하고자 고귀한 이름인 붓다락키따, 담마락키따, 쌍가락키따를 두고 '여기 어떤 자는 아바깐나까이다, 자바깐나까이다, 다낏타까이다, 싸빗타까이다, 꿀라밧다까이다.'라고 저열한 이름으로 말하면, 말할 때마다 악작죄를 범하는 것이다.

3) 구족계를 받은 자가 구족계를 받은 자를 조롱하고 경멸하고 능욕하고자 저열한 이름인 아바깐나까, 자바깐나까, 다낏타까, 싸빗타까, 꿀라밧다까를 두고 '여기 어떤 자는 붓다락키따이다, 담마락키따이다, 쌍가락키따이다.'라고 고귀한 이름으로 말하면, 말할 때마다 악작죄를 범하는 것이다.

4) 구족계를 받은 자가 구족계를 받은 자를 조롱하고 경멸하고 능욕하고자 고귀한 이름인 붓다락키따, 담마락키따, 쌍가락키따를 두고 '여기 어떤 자는 붓다락키따이다, 담마락키따이다, 쌍가락키따이다.'라고 고귀한 이름으로 말하면, 말할 때마다 악작죄를 범하는 것이다.

2-4₃.

1) 구족계를 받은 자가 구족계를 받은 자를 조롱하고 경멸하고 능욕하고자 저열한 성인 꼬씨야와 바라드와자를 두고 '여기 어떤 자는 꼬씨야이다, 바라드와자이다.'라고 저열한 성으로 말하면, 말할 때마다 악작죄를 범하는 것이다.

2) 구족계를 받은 자가 구족계를 받은 자를 조롱하고 경멸하고 능욕하고자 고귀한 성인 고따마, 목갈라나, 깟짜나, 밧쎄타를 두고 '여기 어떤 자는 꼬씨야이다, 바라드와자이다.'라고 저열한 성으로 말하면, 말할 때마다 악작죄를 범하는 것이다.

3) 구족계를 받은 자가 구족계를 받은 자를 조롱하고 경멸하고 능욕하고자 저열한 성인 꼬씨야와 바라드와자를 두고 '그대는 고따마이다, 그대는 목갈라나이다, 그대는 깟짜나이다, 그대는 밧쎄타이다.'라고 고귀한 성으로 말하면, 말할 때마다 악작죄를 범하는 것이다.

4) 구족계를 받은 자가 구족계를 받은 자를 조롱하고 경멸하고 능욕하고자 고귀한 성인 고따마, 목갈라나, 깟짜나, 밧쎄타를 두고 '여기 어떤 자는 고따마이다,

목갈라나이다, 깟짜나이다, 밧쎄타이다.'라고 고귀한 성으로 말하면, 말할 때마다 악작죄를 범하는 것이다.

2-4₄.

1) 구족계를 받은 자가 구족계를 받은 자를 조롱하고 경멸하고 능욕하고자 저열한 일인 창고일이나 꽃청소일을 두고 '여기 어떤 자는 창고일을 한다, 꽃청소일을 한다.'라고 저열한 일로 말하면, 말할 때마다 악작죄를 범하는 것이다.

2) 구족계를 받은 자가 구족계를 받은 자를 조롱하고 경멸하고 능욕하고자 고귀한 일인 농사일, 상업일, 목축일을 두고 '여기 어떤 자는 창고일을 한다, 꽃청소일을 한다.'라고 저열한 일로 말하면, 말할 때마다 악작죄를 범하는 것이다.

3) 구족계를 받은 자가 구족계를 받은 자를 조롱하고 경멸하고 능욕하고자 저열한 일인 창고일, 꽃청소일을 두고 '여기 어떤 자는 농사일을 한다, 상업일을 한다, 목축일을 한다.'라고 고귀한 일로 말하면, 말할 때마다 악작죄를 범하는 것이다.

4) 구족계를 받은 자가 구족계를 받은 자를 조롱하고 경멸하고 능욕하고자 고귀한 일인 농사일, 상업일, 목축일을 두고 '여기 어떤 자는 농사일을 한다, 상업일을 한다, 목축일을 한다.'라고 고귀한 일로 말하면, 말할 때마다 악작죄를 범하는 것이다.

2-4₅.

1) 구족계를 받은 자가 구족계를 받은 자를 조롱하고 경멸하고 능욕하고자 저열한 기술인 죽세공기술, 도예기술, 직조기술, 피혁기술, 이발기술을 두고 '여기 어떤 자는 죽세공이다, 도예공이다, 피혁공이다, 직조공이다, 이발사이다.'라고 저열한 기술로 말하면, 말할 때마다 악작죄를 범하는 것이다.

2) 구족계를 받은 자가 구족계를 받은 자를 조롱하고 경멸하고 능욕하고자 고귀한 기술인 회계, 계산, 서기를 두고 '여기 어떤 자는 죽세공이다, 도예공이다, 피혁공이다, 직조공이다, 이발사이다.'라고 저열한 기술로 말하면, 말할 때마다 악작죄를 범하는 것이다.

3) 구족계를 받은 자가 구족계를 받은 자를 조롱하고 경멸하고 능욕하고자 저열한 기술인 죽세공기술, 도예기술, 직조기술, 피혁기술, 이발기술을 두고 '여기 어떤 자는 회계사이다, 계산자이다, 서기이다.'라고 고귀한 기술로 말하면, 말할 때마다 악작죄를 범하는 것이다.

4) 구족계를 받은 자가 구족계를 받은 자를 조롱하고 경멸하고 능욕하고자 고귀한 기술인 회계, 계산, 서기를 두고 '여기 어떤 자는 회계사이다, 계산자이다, 서기이

다.'라고 고귀한 기술로 말하면, 말할 때마다 악작죄를 범하는 것이다.

2-4$_{6}$.

1) 구족계를 받은 자가 구족계를 받은 자를 조롱하고 경멸하고 능욕하고자 저열한 질병인 나병, 종기, 습진, 폐병, 간질을 두고 '여기 어떤 자는 나병환자이다, 종기환자다, 습진환자이다, 폐병환자이다, 간질환자이다.'라고 저열한 질병으로 말하면, 말할 때마다 악작죄를 범하는 것이다.
2) 구족계를 받은 자가 구족계를 받은 자를 조롱하고 경멸하고 능욕하고자 고귀한 질병인 당뇨병을 두고 '여기 어떤 자는 나병환자이다, 종기환자이다, 습진환자이다, 폐병환자이다, 간질환자이다.'라고 저열한 질병으로 말하면, 말할 때마다 악작죄를 범하는 것이다.
3) 구족계를 받은 자가 구족계를 받은 자를 조롱하고 경멸하고 능욕하고자 저열한 질병인 나병, 종기, 습진, 폐병, 간질을 두고 '여기 어떤 자는 당뇨환자이다.'라고 고귀한 질병으로 말하면, 말할 때마다 악작죄를 범하는 것이다.
4) 구족계를 받은 자가 구족계를 받은 자를 조롱하고 경멸하고 능욕하고자 고귀한 질병인 당뇨병을 두고 '여기 어떤 자는 당뇨환자이다.'라고 고귀한 질병으로 말하면, 말할 때마다 악작죄를 범하는 것이다.

2-4$_{7}$.

1) 구족계를 받은 자가 구족계를 받은 자를 조롱하고 경멸하고 능욕하고자 저열한 특징인 지나치게 크거나 지나치게 작거나 지나치게 검거나 지나치게 흰 것을 두고 '여기 어떤 자는 지나치게 크다, 지나치게 작다, 지나치게 검다, 지나치게 희다.'라고 저열한 특징으로 말하면, 말할 때마다 악작죄를 범하는 것이다.
2) 구족계를 받은 자가 구족계를 받은 자를 조롱하고 경멸하고 능욕하고자 고귀한 특징인 지나치게 크지 않고 지나치게 작지 않고 지나치게 검지 않고 지나치게 희지 않은 것을 두고 '여기 어떤 자는 지나치게 크다, 지나치게 작다, 지나치게 검다, 지나치게 희다.'라고 저열한 특징으로 말하면, 말할 때마다 악작죄를 범하는 것이다.
3) 구족계를 받은 자가 구족계를 받은 자를 조롱하고 경멸하고 능욕하고자 저열한 특징인 지나치게 크거나 지나치게 작거나 지나치게 검거나 지나치게 흰 것을 두고 '여기 어떤 자는 지나치게 크지 않다, 지나치게 작지 않다, 지나치게 검지 않다, 지나치게 희지 않다.'라고 고귀한 특징으로 말하면, 말할 때마다 악작죄를 범하는 것이다.

4) 구족계를 받은 자가 구족계를 받은 자를 조롱하고 경멸하고 능욕하고자 고귀한 특징인 지나치게 크지 않고 지나치게 작지 않고 지나치게 검지 않고 지나치게 희지 않은 것을 두고 '여기 어떤 자는 지나치게 크지 않다, 지나치게 작지 않다, 지나치게 검지 않다, 지나치게 희지 않다.'라고 고귀한 특징으로 말하면, 말할 때마다 악작죄를 범하는 것이다.

2-4₈.

1) 구족계를 받은 자가 구족계를 받은 자를 조롱하고 경멸하고 능욕하고자 저열한 오염인 탐욕에 매이고, 분노에 매이고, 어리석음에 매인 것을 두고 '여기 어떤 자는 탐욕에 매였다, 그대는 분노에 매였다, 그대는 어리석음에 매였다.'라고 저열한 오염으로 말하면, 말할 때마다 악작죄를 범하는 것이다.
2) 구족계를 받은 자가 구족계를 받은 자를 조롱하고 경멸하고 능욕하고자 고귀한 오염인 탐욕을 여의고, 분노를 여의고, 어리석음을 여읜 것을 두고 '여기 어떤 자는 탐욕에 매였다, 분노에 매였다, 어리석음에 매였다.'라고 저열한 오염으로 말하면, 말할 때마다 악작죄를 범하는 것이다.
3) 구족계를 받은 자가 구족계를 받은 자를 조롱하고 경멸하고 능욕하고자 저열한 오염인 탐욕에 매이고, 분노에 매이고, 어리석음에 매인 것을 두고 '여기 어떤 자는 탐욕을 여의었다, 분노를 여의었다, 어리석음을 여의었다.'라고 고귀한 오염으로 말하면, 말할 때마다 악작죄를 범하는 것이다.
4) 구족계를 받은 자가 구족계를 받은 자를 조롱하고 경멸하고 능욕하고자 고귀한 오염인 탐욕을 여의고, 분노를 여의고, 어리석음을 여읜 것을 두고 '여기 어떤 자는 탐욕을 여의었다, 분노를 여의었다, 어리석음을 여의었다.'라고 고귀한 오염으로 말하면, 말할 때마다 악작죄를 범하는 것이다.

2-4₉.

1) 구족계를 받은 자가 구족계를 받은 자를 조롱하고 경멸하고 능욕하고자 저열한 성취인 승단추방죄를 성취하고, 승단잔류죄를 성취하고, 추악죄를 성취하고, 악작죄를 성취하고, 고백죄를 성취하고, 악작죄를 성취하고, 악설죄를 성취한 것을 두고 '여기 어떤 자는 승단추방죄를 성취했다, 승단잔류죄를 성취했다, 추악죄를 성취했다, 속죄죄를 성취했다, 고백죄를 성취했다, 악작죄를 성취했다, 악설죄를 성취했다.'라고 저열한 성취로 말하면, 말할 때마다 악작죄를 범하는 것이다.
2) 구족계를 받은 자가 구족계를 받은 자를 조롱하고 경멸하고 능욕하고자 고귀한

성취인 흐름에 든 경지의 성취를 두고 '여기 어떤 자는 승단추방죄를 성취했다, 승단잔류죄를 성취했다, 추악죄를 성취했다, 속죄죄를 성취했다, 고백죄를 성취했다, 악작죄를 성취했다, 악설죄를 성취했다.'라고 저열한 범죄의 성취로 말하면, 말할 때마다 악작죄를 범하는 것이다.

3) 구족계를 받은 자가 구족계를 받은 자를 조롱하고 경멸하고 능욕하고자 저열한 범죄의 성취인 승단추방죄를 성취하고, 승단잔류죄를 성취하고, 추악죄를 성취하고, 속죄죄를 성취하고, 고백죄를 성취하고, 악작죄를 성취하고, 악설죄를 성취한 것을 두고 '여기 어떤 자는 흐름에 든 경지를 성취했다.'라고 고귀한 성취로 말하면, 말할 때마다 악작죄를 범하는 것이다.

4) 구족계를 받은 자가 구족계를 받은 자를 조롱하고 경멸하고 능욕하고자 고귀한 성취인 흐름에 든 경지의 성취를 두고 '여기 어떤 자는 흐름에 든 경지를 성취했다.'라고 고귀한 성취로 말하면, 말할 때마다 악작죄를 범하는 것이다.

2-4₁₀.

1) 구족계를 받은 자가 구족계를 받은 자를 조롱하고 경멸하고 능욕하고자 저열한 어법인 '낙타, 양, 소, 당나귀, 축생, 지옥에 갈 놈'을 두고 '여기 어떤 자는 낙타이다, 양이다, 소다, 당나귀다, 축생이다, 지옥에 갈 놈이다, 여기 어떤 자를 기다리는 것은 천상이 아니라 지옥이다.'라고 저열한 어법으로 말하면, 말할 때마다 악작죄를 범하는 것이다.

2) 구족계를 받은 자가 구족계를 받은 자를 조롱하고 경멸하고 능욕하고자 고귀한 어법인 '현명한 자이고, 유능한 자이고, 총명한 자이고, 박학한 자이고, 진리를 설하는 자'를 두고 '여기 어떤 자는 낙타이다, 양이다, 소다, 당나귀다, 축생이다, 지옥에 갈 놈이다, 여기 어떤 자를 기다리는 것은 천상이 아니라 지옥이다.'라고 저열한 어법으로 말하면, 말할 때마다 악작죄를 범하는 것이다.

3) 구족계를 받은 자가 구족계를 받은 자를 조롱하고 경멸하고 능욕하고자 저열한 어법인 '낙타, 양, 소, 당나귀, 축생, 지옥에 갈 놈'을 두고 '여기 어떤 자는 현명한 자이다, 유능한 자이다, 총명한 자이다, 박학한 자이다, 진리를 설하는 자이다. 여기 어떤 자를 기다리는 것은 지옥이 아니라 천상이다.'라고 고귀한 어법으로 말하면, 말할 때마다 악작죄를 범하는 것이다.

4) 구족계를 받은 자가 구족계를 받은 자를 조롱하고 경멸하고 능욕하고자 고귀한 어법인 현명한 자이고, 유능한 자이고, 총명한 자이고, 박학한 자이고, 진리를 설하는 자를 두고 '여기 어떤 자는 현명한 자이다, 유능한 자이다, 총명한 자이

다, 박학한 자이다, 진리를 설하는 자이다. 여기 어떤 자를 기다리는 것은 지옥이 아니라 천상이다.'라고 고귀한 어법으로 말하면, 말할 때마다 악작죄를 범하는 것이다.

2-5₁.

1) 구족계를 받은 자가 구족계를 받은 자를 조롱하고 경멸하고 능욕하고자 저열한 짠달라, 죽세공, 사냥꾼, 수레공, 청소부를 두고 '그는 짠달라가 아닐까? 죽세공이 아닐까? 사냥꾼이 아닐까? 수레공이 아닐까? 청소부가 아닐까?'라고 저열한 말로 말하면, 말할 때마다 악작죄를 범하는 것이다.
2) 구족계를 받은 자가 구족계를 받은 자를 조롱하고 경멸하고 능욕하고자 고귀한 왕족이나 바라문을 두고 '그는 짠달라가 아닐까? 죽세공이 아닐까? 사냥꾼이 아닐까? 수레공이 아닐까? 청소부가 아닐까?'라고 저열한 말로 말하면, 말할 때마다 악작죄를 범하는 것이다.
3) 구족계를 받은 자가 구족계를 받은 자를 조롱하고 경멸하고 능욕하고자 저열한 짠달라, 죽세공, 사냥꾼, 수레공, 청소부를 두고 '그는 왕족이 아닐까? 바라문이 아닐까?'라고 고귀한 말로 말하면, 말할 때마다 악작죄를 범하는 것이다.
4) 구족계를 받은 자가 구족계를 받은 자를 조롱하고 경멸하고 능욕하고자 왕족과 바라문을 두고 '그는 왕족이 아닐까? 바라문이 아닐까?'라고 고귀한 말로 말하면, 말할 때마다 악작죄를 범하는 것이다.

2-5₂.

1) 구족계를 받은 자가 구족계를 받은 자를 조롱하고 경멸하고 능욕하고자 저열한 이름인 아바깐나까, 자바깐나까, 다닛타까, 싸빗타까, 꿀라밧다까를 두고 '그는 아바깐나까가 아닐까? 자바깐나까가 아닐까? 다닛타까가 아닐까? 싸빗타까가 아닐까? 꿀라밧다까가 아닐까?'라고 저열한 이름으로 말하면, 말할 때마다 악작죄를 범하는 것이다.
2) 구족계를 받은 자가 구족계를 받은 자를 조롱하고 경멸하고 능욕하고자 고귀한 이름인 붓다락키따, 담마락키따, 쌍가락키따를 두고 '그는 아바깐나까가 아닐까? 자바깐나까가 아닐까? 다닛타까가 아닐까? 싸빗타까가 아닐까? 꿀라밧다까가 아닐까?'라고 저열한 이름으로 말하면, 말할 때마다 악작죄를 범하는 것이다.
3) 구족계를 받은 자가 구족계를 받은 자를 조롱하고 경멸하고 능욕하고자 저열한 이름인 아바깐나까, 자바깐나까, 다닛타까, 싸빗타까, 꿀라밧다까를 두고 '그는

붓다락키따가 아닐까? 담마락키따가 아닐까? 쌍가락키따가 아닐까?'라고 고귀한 이름으로 말하면, 말할 때마다 악작죄를 범하는 것이다.

4) 구족계를 받은 자가 구족계를 받은 자를 조롱하고 경멸하고 능욕하고자 고귀한 이름인 붓다락키따, 담마락키따, 쌍가락키따를 두고 '그는 붓다락키따가 아닐까? 담마락키따가 아닐까? 쌍가락키따가 아닐까?'라고 고귀한 이름으로 말하면, 말할 때마다 악작죄를 범하는 것이다.

2-5₃.

1) 구족계를 받은 자가 구족계를 받은 자를 조롱하고 경멸하고 능욕하고자 저열한 성인 꼬씨야와 바라드와자를 두고 '그는 꼬씨야가 아닐까? 바라드와자가 아닐까?'라고 저열한 성으로 말하면, 말할 때마다 악작죄를 범하는 것이다.

2) 구족계를 받은 자가 구족계를 받은 자를 조롱하고 경멸하고 능욕하고자 고귀한 성인 고따마, 목갈라나, 깟짜나, 밧쎄타를 두고 '그는 꼬씨야가 아닐까? 바라드와자가 아닐까?'라고 저열한 성으로 말하면, 말할 때마다 악작죄를 범하는 것이다.

3) 구족계를 받은 자가 구족계를 받은 자를 조롱하고 경멸하고 능욕하고자 저열한 성인 꼬씨야와 바라드와자를 두고 '그대는 고따마가 아닐까? 그대는 목갈라나가 아닐까? 그대는 깟짜나가 아닐까? 그대는 밧쎄타가 아닐까?'라고 고귀한 성으로 말하면, 말할 때마다 악작죄를 범하는 것이다.

4) 구족계를 받은 자가 구족계를 받은 자를 조롱하고 경멸하고 능욕하고자 고귀한 성인 고따마, 목갈라나, 깟짜나, 밧쎄타를 두고 '그는 고따마가 아닐까? 목갈라나가 아닐까? 깟짜나가 아닐까? 밧쎄타가 아닐까?'라고 고귀한 성으로 말하면, 말할 때마다 악작죄를 범하는 것이다.

2-5₄.

1) 구족계를 받은 자가 구족계를 받은 자를 조롱하고 경멸하고 능욕하고자 저열한 일인 창고일이나 꽃청소일을 두고 '그는 창고일을 하지 않을까? 꽃청소일을 하지 않을까?'라고 저열한 일로 말하면, 말할 때마다 악작죄를 범하는 것이다.

2) 구족계를 받은 자가 구족계를 받은 자를 조롱하고 경멸하고 능욕하고자 고귀한 일인 농사일, 상업일, 목축일을 두고 '그는 창고일을 하지 않을까? 꽃청소일을 하지 않을까?'라고 저열한 일로 말하면, 말할 때마다 악작죄를 범하는 것이다.

3) 구족계를 받은 자가 구족계를 받은 자를 조롱하고 경멸하고 능욕하고자 저열한 일인 창고일, 꽃청소일을 두고 '그는 농사일을 하지 않을까? 상업일을 하지 않을

까? 목축일을 하지 않을까?'라고 고귀한 일로 말하면, 말할 때마다 악작죄를 범하는 것이다.

4) 구족계를 받은 자가 구족계를 받은 자를 조롱하고 경멸하고 능욕하고자 고귀한 일인 농사일, 상업일, 목축일을 두고 '그는 농사일을 하지 않을까? 상업일을 하지 않을까? 목축일을 하지 않을까?'라고 고귀한 일로 말하면, 말할 때마다 악작죄를 범하는 것이다.

2-5₅.

1) 구족계를 받은 자가 구족계를 받은 자를 조롱하고 경멸하고 능욕하고자 저열한 기술인 죽세공기술, 도예기술, 직조기술, 피혁기술, 이발기술을 두고 '그는 죽세공가 아닐까? 도예공가 아닐까? 피혁공가 아닐까? 직조공가 아닐까? 이발사가 아닐까?'라고 저열한 기술로 말하면, 말할 때마다 악작죄를 범하는 것이다.

2) 구족계를 받은 자가 구족계를 받은 자를 조롱하고 경멸하고 능욕하고자 고귀한 기술인 회계, 계산, 서기를 두고 '그는 죽세공가 아닐까? 도예공가 아닐까? 피혁공가 아닐까? 직조공가 아닐까? 이발사가 아닐까?'라고 저열한 기술로 말하면, 말할 때마다 악작죄를 범하는 것이다.

3) 구족계를 받은 자가 구족계를 받은 자를 조롱하고 경멸하고 능욕하고자 저열한 기술인 죽세공기술, 도예기술, 직조기술, 피혁기술, 이발기술을 두고 '그는 회계사가 아닐까? 계산자가 아닐까? 서기가 아닐까?'라고 고귀한 기술로 말하면, 말할 때마다 악작죄를 범하는 것이다.

4) 구족계를 받은 자가 구족계를 받은 자를 조롱하고 경멸하고 능욕하고자 고귀한 기술인 회계, 계산, 서기를 두고 '그는 회계사가 아닐까? 계산자가 아닐까? 서기가 아닐까?'라고 고귀한 기술로 말하면, 말할 때마다 악작죄를 범하는 것이다.

2-5₆.

1) 구족계를 받은 자가 구족계를 받은 자를 조롱하고 경멸하고 능욕하고자 저열한 질병인 나병, 종기, 습진, 폐병, 간질을 두고 '그는 나병환자가 아닐까? 종기환자다, 습진환자가 아닐까? 폐병환자가 아닐까? 간질환자가 아닐까?'라고 저열한 질병으로 말하면, 말할 때마다 악작죄를 범하는 것이다.

2) 구족계를 받은 자가 구족계를 받은 자를 조롱하고 경멸하고 능욕하고자 고귀한 질병인 당뇨병을 두고 '그는 나병환자가 아닐까? 종기환자가 아닐까? 습진환자가 아닐까? 폐병환자가 아닐까? 간질환자가 아닐까?'라고 저열한 질병으로 말하면, 말할 때마다 악작죄를 범하는 것이다.

3) 구족계를 받은 자가 구족계를 받은 자를 조롱하고 경멸하고 능욕하고자 저열한 질병인 나병, 종기, 습진, 폐병, 간질을 두고 '그는 당뇨병환자가 아닐까?'라고 고귀한 질병으로 말하면, 말할 때마다 악작죄를 범하는 것이다.
4) 구족계를 받은 자가 구족계를 받은 자를 조롱하고 경멸하고 능욕하고자 고귀한 질병인 당뇨병을 두고 '그는 당뇨병환자가 아닐까?'라고 고귀한 질병으로 말하면, 말할 때마다 악작죄를 범하는 것이다.

2-5₇.

1) 구족계를 받은 자가 구족계를 받은 자를 조롱하고 경멸하고 능욕하고자 저열한 특징인 지나치게 크거나 지나치게 작거나 지나치게 검거나 지나치게 흰 것을 두고 '그는 지나치게 크지 않을까? 지나치게 작지 않을까? 지나치게 검지 않을까? 지나치게 희지 않을까?'라고 저열한 특징으로 말하면, 말할 때마다 악작죄를 범하는 것이다.
2) 구족계를 받은 자가 구족계를 받은 자를 조롱하고 경멸하고 능욕하고자 고귀한 특징인 지나치게 크지 않고 지나치게 작지 않고 지나치게 검지 않고 지나치게 희지 않은 것을 두고 '그는 지나치게 크지 않을까? 그대는 지나치게 작지 않을까? 지나치게 검지 않을까? 지나치게 희지 않을까?'라고 저열한 특징으로 말하면, 말할 때마다 악작죄를 범하는 것이다.
3) 구족계를 받은 자가 구족계를 받은 자를 조롱하고 경멸하고 능욕하고자 저열한 특징인 지나치게 크거나 지나치게 작거나 지나치게 검거나 지나치게 흰 것을 두고 '그는 지나치게 크지 않지 않을까? 지나치게 작지 않지 않을까? 지나치게 검지 않지 않을까? 지나치게 희지 않지 않을까?'라고 고귀한 특징으로 말하면, 말할 때마다 악작죄를 범하는 것이다.
4) 구족계를 받은 자가 구족계를 받은 자를 조롱하고 경멸하고 능욕하고자 고귀한 특징인 지나치게 크지 않고 지나치게 작지 않고 지나치게 검지 않고 지나치게 희지 않은 것을 두고 '그는 지나치게 크지 않지 않을까? 지나치게 작지 않지 않을까? 지나치게 검지 않지 않을까? 지나치게 희지 않지 않을까?'라고 고귀한 특징으로 말하면, 말할 때마다 악작죄를 범하는 것이다.

2-5₈.

1) 구족계를 받은 자가 구족계를 받은 자를 조롱하고 경멸하고 능욕하고자 저열한 오염인 탐욕에 매이고, 분노에 매이고, 어리석음에 매인 것을 두고 '그는 탐욕에 매인 것이 아닐까? 그대는 분노에 매인 것이 아닐까? 그대는 어리석음에

매인 것이 아닐까?'라고 저열한 오염으로 말하면, 말할 때마다 악작죄를 범하는 것이다.

2) 구족계를 받은 자가 구족계를 받은 자를 조롱하고 경멸하고 능욕하고자 고귀한 오염인 탐욕을 여의고, 분노를 여의고, 어리석음을 여읜 것을 두고 '그는 탐욕에 매인 것이 아닐까? 분노에 매인 것이 아닐까? 어리석음에 매인 것이 아닐까?'라고 저열한 오염으로 말하면, 말할 때마다 악작죄를 범하는 것이다.

3) 구족계를 받은 자가 구족계를 받은 자를 조롱하고 경멸하고 능욕하고자 저열한 오염인 탐욕에 매이고, 분노에 매이고, 어리석음에 매인 것을 두고 '그는 탐욕을 여읜 것이 아닐까? 분노를 여읜 것이 아닐까? 어리석음을 여읜 것이 아닐까?'라고 고귀한 오염으로 말하면, 말할 때마다 악작죄를 범하는 것이다.

4) 구족계를 받은 자가 구족계를 받은 자를 조롱하고 경멸하고 능욕하고자 고귀한 오염인 탐욕을 여의고, 분노를 여의고, 어리석음을 여읜 것을 두고 '그는 탐욕을 여읜 것이 아닐까? 분노를 여읜 것이 아닐까? 어리석음을 여읜 것이 아닐까?'라고 고귀한 오염으로 말하면, 말할 때마다 악작죄를 범하는 것이다.

2-5₉.

1) 구족계를 받은 자가 구족계를 받은 자를 조롱하고 경멸하고 능욕하고자 저열한 성취인 승단추방죄를 성취하고, 승단잔류죄를 성취하고, 추악죄를 성취하고, 악작죄를 성취하고, 고백죄를 성취하고, 악작죄를 성취하고, 악설죄를 성취한 것을 두고 '그는 승단추방죄를 성취한 것일까? 승단잔류죄를 성취한 것일까? 추악죄를 성취한 것일까? 속죄죄를 성취한 것일까? 고백죄를 성취한 것일까? 악작죄를 성취한 것일까? 악설죄를 성취한 것일까?'라고 저열한 성취로 말하면, 말할 때마다 악작죄를 범하는 것이다.

2) 구족계를 받은 자가 구족계를 받은 자를 조롱하고 경멸하고 능욕하고자 고귀한 성취인 흐름에 든 경지의 성취를 두고 '그는 승단추방죄를 성취한 것일까? 승단잔류죄를 성취한 것일까? 추악죄를 성취한 것일까? 속죄죄를 성취한 것일까? 고백죄를 성취한 것일까? 악작죄를 성취한 것일까? 악설죄를 성취한 것일까?'라고 저열한 범죄의 성취로 말하면, 말할 때마다 악작죄를 범하는 것이다.

3) 구족계를 받은 자가 구족계를 받은 자를 조롱하고 경멸하고 능욕하고자 저열한 범죄의 성취인 승단추방죄를 성취하고, 승단잔류죄를 성취하고, 추악죄를 성취하고, 속죄죄를 성취하고, 고백죄를 성취하고, 악작죄를 성취하고, 악설죄를 성취한 것을 두고 '그는 흐름에 든 경지를 성취한 것일까?'라고 고귀한 성취로

말하면, 말할 때마다 악작죄를 범하는 것이다.

4) 구족계를 받은 자가 구족계를 받은 자를 조롱하고 경멸하고 능욕하고자 고귀한 성취인 흐름에 든 경지의 성취를 두고 '그는 흐름에 든 경지를 성취한 것일까?'라고 고귀한 성취로 말하면, 말할 때마다 악작죄를 범하는 것이다.

2-5$_{10}$.

1) 구족계를 받은 자가 구족계를 받은 자를 조롱하고 경멸하고 능욕하고자 저열한 어법인 '낙타, 양, 소, 당나귀, 축생, 지옥에 갈 놈'을 두고 '그는 낙타가 아닐까? 양이 아닐까? 소가 아닐까? 당나귀가 아닐까? 축생이 아닐까? 지옥에 갈 놈이 아닐까? 그를 기다리는 것은 천상이 아니라 지옥이 아닐까?'라고 저열한 어법으로 말하면, 말할 때마다 악작죄를 범하는 것이다.

2) 구족계를 받은 자가 구족계를 받은 자를 조롱하고 경멸하고 능욕하고자 고귀한 어법인 '현명한 자이고, 유능한 자이고, 총명한 자이고, 박학한 자이고, 진리를 설하는 자'를 두고 '그는 낙타가 아닐까? 양이 아닐까? 소가 아닐까? 당나귀가 아닐까? 축생이 아닐까? 지옥에 갈 놈이 아닐까? 그를 기다리는 것은 천상이 아니라 지옥이 아닐까?'라고 저열한 어법으로 말하면, 말할 때마다 악작죄를 범하는 것이다.

3) 구족계를 받은 자가 구족계를 받은 자를 조롱하고 경멸하고 능욕하고자 저열한 어법인 '낙타, 양, 소, 당나귀, 축생, 지옥에 갈 놈'을 두고 '그는 현명한 자가 아닐까? 유능한 자가 아닐까? 총명한 자가 아닐까? 박학한 자가 아닐까? 진리를 설하는 자가 아닐까? 그를 기다리는 것은 지옥이 아니라 천상이 아닐까?'라고 고귀한 어법으로 말하면, 말할 때마다 악작죄를 범하는 것이다.

4) 구족계를 받은 자가 구족계를 받은 자를 조롱하고 경멸하고 능욕하고자 고귀한 어법인 현명한 자이고, 유능한 자이고, 총명한 자이고, 박학한 자이고, 진리를 설하는 자를 두고 '그는 현명한 자가 아닐까? 유능한 자가 아닐까? 총명한 자가 아닐까? 박학한 자가 아닐까? 진리를 설하는 자가 아닐까? 그를 기다리는 것은 지옥이 아니라 천상이 아닐까?'라고 고귀한 어법으로 말하면, 말할 때마다 악작죄를 범하는 것이다.

2-6$_{1}$.

1) 구족계를 받은 자가 구족계를 받은 자를 조롱하고 경멸하고 능욕하고자 저열한 짠달라, 죽세공, 사냥꾼, 수레공, 청소부를 두고 '우리는 짠달라가 아니다, 죽세공이 아니다, 사냥꾼이 아니다, 수레공이 아니다, 청소부가 아니다.'라고 저열

한 말로 말하면, 말할 때마다 악작죄를 범하는 것이다.

2) 구족계를 받은 자가 구족계를 받은 자를 조롱하고 경멸하고 능욕하고자 고귀한 왕족이나 바라문을 두고 '우리는 짠달라가 아니다, 죽세공이 아니다, 사냥꾼이 아니다, 수레공이 아니다, 청소부가 아니다.'라고 저열한 말로 말하면, 말할 때마다 악작죄를 범하는 것이다.

3) 구족계를 받은 자가 구족계를 받은 자를 조롱하고 경멸하고 능욕하고자 저열한 짠달라, 죽세공, 사냥꾼, 수레공, 청소부를 두고 '우리는 왕족이 아니다, 바라문이 아니다.'라고 고귀한 말로 말하면, 말할 때마다 악작죄를 범하는 것이다.

4) 구족계를 받은 자가 구족계를 받은 자를 조롱하고 경멸하고 능욕하고자 왕족과 바라문을 두고 '우리는 왕족이 아니다, 바라문이 아니다.'라고 고귀한 말로 말하면, 말할 때마다 악작죄를 범하는 것이다.

2-6₂.

1) 구족계를 받은 자가 구족계를 받은 자를 조롱하고 경멸하고 능욕하고자 저열한 이름인 아바깐나까, 자바깐나까, 다닛타까, 싸빗타까, 꿀라밧다까를 두고 '우리는[*10] 아바깐나까가 아니다, 자바깐나까가 아니다, 다닛타까가 아니다, 싸빗타까가 아니다, 꿀라밧다까가 아니다.'라고 저열한 이름으로 말하면, 말할 때마다 악작죄를 범하는 것이다.

2) 구족계를 받은 자가 구족계를 받은 자를 조롱하고 경멸하고 능욕하고자 고귀한 이름인 붓다락키따, 담마락키따, 쌍가락키따를 두고 '우리는 아바깐나까가 아니다, 자바깐나까가 아니다, 다닛타까가 아니다, 싸빗타까가 아니다, 꿀라밧다까가 아니다.'라고 저열한 이름으로 말하면, 말할 때마다 악작죄를 범하는 것이다.

3) 구족계를 받은 자가 구족계를 받은 자를 조롱하고 경멸하고 능욕하고자 저열한 이름인 아바깐나까, 자바깐나까, 다닛타까, 싸빗타까, 꿀라밧다까를 두고 '우리는 붓다락키따가 아니다, 담마락키따가 아니다, 쌍가락키따가 아니다.'라고 고귀한 이름으로 말하면, 말할 때마다 악작죄를 범하는 것이다.

4) 구족계를 받은 자가 구족계를 받은 자를 조롱하고 경멸하고 능욕하고자 고귀한 이름인 붓다락키따, 담마락키따, 쌍가락키따를 두고 '우리는 붓다락키따가 아니다, 담마락키따가 아니다, 쌍가락키따가 아니다.'라고 고귀한 이름으로 말하면, 말할 때마다 악작죄를 범하는 것이다.

2-6₃.

1) 구족계를 받은 자가 구족계를 받은 자를 조롱하고 경멸하고 능욕하고자 저열한 성인 꼬씨야와 바라드와자를 두고 '우리는 꼬씨야가 아니다, 바라드와자가 아니다.'라고 저열한 성으로 말하면, 말할 때마다 악작죄를 범하는 것이다.
2) 구족계를 받은 자가 구족계를 받은 자를 조롱하고 경멸하고 능욕하고자 고귀한 성인 고따마, 목갈라나, 깟짜나, 밧쎄타를 두고 '우리는 꼬씨야가 아니다, 바라드와자가 아니다.'라고 저열한 성으로 말하면, 말할 때마다 악작죄를 범하는 것이다.
3) 구족계를 받은 자가 구족계를 받은 자를 조롱하고 경멸하고 능욕하고자 저열한 성인 꼬씨야와 바라드와자를 두고 '그대는 고따마가 아니다, 그대는 목갈라나가 아니다, 그대는 깟짜나가 아니다, 그대는 밧쎄타가 아니다.'라고 고귀한 성으로 말하면, 말할 때마다 악작죄를 범하는 것이다.
4) 구족계를 받은 자가 구족계를 받은 자를 조롱하고 경멸하고 능욕하고자 고귀한 성인 고따마, 목갈라나, 깟짜나, 밧쎄타를 두고 '우리는 고따마가 아니다, 목갈라나가 아니다, 깟짜나가 아니다, 밧쎄타가 아니다.'라고 고귀한 성으로 말하면, 말할 때마다 악작죄를 범하는 것이다.

2-6$_4$.

1) 구족계를 받은 자가 구족계를 받은 자를 조롱하고 경멸하고 능욕하고자 저열한 일인 창고일이나 꽃청소일을 두고 '우리는 창고일을 하지 않을까? 꽃청소일을 하지 않을까?'라고 저열한 일로 말하면, 말할 때마다 악작죄를 범하는 것이다.
2) 구족계를 받은 자가 구족계를 받은 자를 조롱하고 경멸하고 능욕하고자 고귀한 일인 농사일, 상업일, 목축일을 두고 '우리는 창고일을 하지 않을까? 꽃청소일을 하지 않을까?'라고 저열한 일로 말하면, 말할 때마다 악작죄를 범하는 것이다.
3) 구족계를 받은 자가 구족계를 받은 자를 조롱하고 경멸하고 능욕하고자 저열한 일인 창고일, 꽃청소일을 두고 '우리는 농사일을 하지 않을까? 상업일을 하지 않을까? 목축일을 하지 않을까?'라고 고귀한 일로 말하면, 말할 때마다 악작죄를 범하는 것이다.
4) 구족계를 받은 자가 구족계를 받은 자를 조롱하고 경멸하고 능욕하고자 고귀한 일인 농사일, 상업일, 목축일을 두고 '우리는 농사일을 하지 않을까? 상업일을 하지 않을까? 목축일을 하지 않을까?'라고 고귀한 일로 말하면, 말할 때마다 악작죄를 범하는 것이다.

2-6₅.

1) 구족계를 받은 자가 구족계를 받은 자를 조롱하고 경멸하고 능욕하고자 저열한 기술인 죽세공기술, 도예기술, 직조기술, 피혁기술, 이발기술을 두고 '우리는 죽세공가 아니다, 도예공가 아니다, 피혁공가 아니다, 직조공가 아니다, 이발사가 아니다.'라고 저열한 기술로 말하면, 말할 때마다 악작죄를 범하는 것이다.

2) 구족계를 받은 자가 구족계를 받은 자를 조롱하고 경멸하고 능욕하고자 고귀한 기술인 회계, 계산, 서기를 두고 '우리는 죽세공가 아니다, 도예공가 아니다, 피혁공가 아니다, 직조공가 아니다, 이발사가 아니다.'라고 저열한 기술로 말하면, 말할 때마다 악작죄를 범하는 것이다.

3) 구족계를 받은 자가 구족계를 받은 자를 조롱하고 경멸하고 능욕하고자 저열한 기술인 죽세공기술, 도예기술, 직조기술, 피혁기술, 이발기술을 두고 '우리는 회계사가 아니다, 계산자가 아니다, 서기가 아니다.'라고 고귀한 기술로 말하면, 말할 때마다 악작죄를 범하는 것이다.

4) 구족계를 받은 자가 구족계를 받은 자를 조롱하고 경멸하고 능욕하고자 고귀한 기술인 회계, 계산, 서기를 두고 '우리는 회계사가 아니다, 계산자가 아니다, 서기가 아니다.'라고 고귀한 기술로 말하면, 말할 때마다 악작죄를 범하는 것이다.

2-6₆.

1) 구족계를 받은 자가 구족계를 받은 자를 조롱하고 경멸하고 능욕하고자 저열한 질병인 나병, 종기, 습진, 폐병, 간질을 두고 '우리는 나병환자가 아니다, 종기환자다, 습진환자가 아니다, 폐병환자가 아니다, 간질환자가 아니다.'라고 저열한 질병으로 말하면, 말할 때마다 악작죄를 범하는 것이다.

2) 구족계를 받은 자가 구족계를 받은 자를 조롱하고 경멸하고 능욕하고자 고귀한 질병인 당뇨병을 두고 '우리는 나병환자가 아니다, 종기환자가 아니다, 습진환자가 아니다, 폐병환자가 아니다, 간질환자가 아니다.'라고 저열한 질병으로 말하면, 말할 때마다 악작죄를 범하는 것이다.

3) 구족계를 받은 자가 구족계를 받은 자를 조롱하고 경멸하고 능욕하고자 저열한 질병인 나병, 종기, 습진, 폐병, 간질을 두고 '우리는 당뇨환자가 아니다.'라고 고귀한 질병으로 말하면, 말할 때마다 악작죄를 범하는 것이다.

4) 구족계를 받은 자가 구족계를 받은 자를 조롱하고 경멸하고 능욕하고자 고귀한 질병인 당뇨병을 두고 '우리는 당뇨환자가 아니다.'라고 고귀한 질병으로 말하면, 말할 때마다 악작죄를 범하는 것이다.

2-6₇.

1) 구족계를 받은 자가 구족계를 받은 자를 조롱하고 경멸하고 능욕하고자 저열한 특징인 지나치게 크거나 지나치게 작거나 지나치게 검거나 지나치게 흰 것을 두고 '우리는 지나치게 크지 않을까? 지나치게 작지 않을까? 지나치게 검지 않을까? 지나치게 희지 않을까?'라고 저열한 특징으로 말하면, 말할 때마다 악작죄를 범하는 것이다.

2) 구족계를 받은 자가 구족계를 받은 자를 조롱하고 경멸하고 능욕하고자 고귀한 특징인 지나치게 크지 않고 지나치게 작지 않고 지나치게 검지 않고 지나치게 희지 않은 것을 두고 '우리는 지나치게 크지 않을까? 그대는 지나치게 작지 않을까? 지나치게 검지 않을까? 지나치게 희지 않을까?'라고 저열한 특징으로 말하면, 말할 때마다 악작죄를 범하는 것이다.

3) 구족계를 받은 자가 구족계를 받은 자를 조롱하고 경멸하고 능욕하고자 저열한 특징인 지나치게 크거나 지나치게 작거나 지나치게 검거나 지나치게 흰 것을 두고 '우리는 지나치게 크지 않지 않을까? 지나치게 작지 않지 않을까? 지나치게 검지 않지 않을까? 지나치게 희지 않지 않을까?'라고 고귀한 특징으로 말하면, 말할 때마다 악작죄를 범하는 것이다.

4) 구족계를 받은 자가 구족계를 받은 자를 조롱하고 경멸하고 능욕하고자 고귀한 특징인 지나치게 크지 않고 지나치게 작지 않고 지나치게 검지 않고 지나치게 희지 않은 것을 두고 '우리는 지나치게 크지 않지 않을까? 지나치게 작지 않지 않을까? 지나치게 검지 않지 않을까? 지나치게 희지 않지 않을까?'라고 고귀한 특징으로 말하면, 말할 때마다 악작죄를 범하는 것이다.

2-6₈.

1) 구족계를 받은 자가 구족계를 받은 자를 조롱하고 경멸하고 능욕하고자 저열한 오염인 탐욕에 매이고, 분노에 매이고, 어리석음에 매인 것을 두고 '우리는 탐욕에 매인 것이 아니다, 그대는 분노에 매인 것이 아니다, 그대는 어리석음에 매인 것이 아니다.'라고 저열한 오염으로 말하면, 말할 때마다 악작죄를 범하는 것이다.

2) 구족계를 받은 자가 구족계를 받은 자를 조롱하고 경멸하고 능욕하고자 고귀한 오염인 탐욕을 여의고, 분노를 여의고, 어리석음을 여읜 것을 두고 '우리는 탐욕에 매인 것이 아니다, 분노에 매인 것이 아니다, 어리석음에 매인 것이 아니다.'라고 저열한 오염으로 말하면, 말할 때마다 악작죄를 범하는 것이다.

3) 구족계를 받은 자가 구족계를 받은 자를 조롱하고 경멸하고 능욕하고자 저열한 오염인 탐욕에 매이고, 분노에 매이고, 어리석음에 매인 것을 두고 '우리는 탐욕을 여읜 것이 아니다, 분노를 여읜 것이 아니다, 어리석음을 여읜 것이 아니다.'라고 고귀한 오염으로 말하면, 말할 때마다 악작죄를 범하는 것이다.

4) 구족계를 받은 자가 구족계를 받은 자를 조롱하고 경멸하고 능욕하고자 고귀한 오염인 탐욕을 여의고, 분노를 여의고, 어리석음을 여읜 것을 두고 '우리는 탐욕을 여읜 것이 아니다, 분노를 여읜 것이 아니다, 어리석음을 여읜 것이 아니다.'라고 고귀한 오염으로 말하면, 말할 때마다 악작죄를 범하는 것이다.

2-6₉.

1) 구족계를 받은 자가 구족계를 받은 자를 조롱하고 경멸하고 능욕하고자 저열한 성취인 승단추방죄를 성취하고, 승단잔류죄를 성취하고, 추악죄를 성취하고, 악작죄를 성취하고, 고백죄를 성취하고, 악작죄를 성취하고, 악설죄를 성취한 것을 두고 '우리는 승단추방죄를 성취한 것일까? 승단잔류죄를 성취한 것일까? 추악죄를 성취한 것일까? 속죄죄를 성취한 것일까? 고백죄를 성취한 것일까? 악작죄를 성취한 것일까? 악설죄를 성취한 것일까?'라고 저열한 성취로 말하면, 말할 때마다 악작죄를 범하는 것이다.

2) 구족계를 받은 자가 구족계를 받은 자를 조롱하고 경멸하고 능욕하고자 고귀한 성취인 흐름에 든 경지의 성취를 두고 '우리는 승단추방죄를 성취한 것일까? 승단잔류죄를 성취한 것일까? 추악죄를 성취한 것일까? 속죄죄를 성취한 것일까? 고백죄를 성취한 것일까? 악작죄를 성취한 것일까? 악설죄를 성취한 것일까?'라고 저열한 범죄의 성취로 말하면, 말할 때마다 악작죄를 범하는 것이다.

3) 구족계를 받은 자가 구족계를 받은 자를 조롱하고 경멸하고 능욕하고자 저열한 범죄의 성취인 승단추방죄를 성취하고, 승단잔류죄를 성취하고, 추악죄를 성취하고, 속죄죄를 성취하고, 고백죄를 성취하고, 악작죄를 성취하고, 악설죄를 성취한 것을 두고 '우리는 흐름에 든 경지를 성취한 것일까?'라고 고귀한 성취로 말하면, 말할 때마다 악작죄를 범하는 것이다.

4) 구족계를 받은 자가 구족계를 받은 자를 조롱하고 경멸하고 능욕하고자 고귀한 성취인 흐름에 든 경지의 성취를 두고 '우리는 흐름에 든 경지를 성취한 것일까?'라고 고귀한 성취로 말하면, 말할 때마다 악작죄를 범하는 것이다.

2-6₁₀.

1) 구족계를 받은 자가 구족계를 받은 자를 조롱하고 경멸하고 능욕하고자 저열한

어법인 '낙타, 양, 소, 당나귀, 축생, 지옥에 갈 놈'을 두고 '우리는 낙타가 아니다, 양이 아니다, 소가 아니다, 당나귀가 아니다, 축생이 아니다, 지옥에 갈 놈이 아니다, 우리를 기다리는 것은 천상이 아니라 지옥이다.'라고 저열한 어법으로 말하면, 말할 때마다 악작죄를 범하는 것이다.

2) 구족계를 받은 자가 구족계를 받은 자를 조롱하고 경멸하고 능욕하고자 고귀한 어법인 '현명한 자이고, 유능한 자이고, 총명한 자이고, 박학한 자이고, 진리를 설하는 자'를 두고 '우리는 낙타가 아니다, 양이 아니다, 소가 아니다, 당나귀가 아니다, 축생이 아니다, 지옥에 갈 놈이 아니다, 우리를 기다리는 것은 천상이 아니라 지옥이다.'라고 저열한 어법으로 말하면, 말할 때마다 악작죄를 범하는 것이다.

3) 구족계를 받은 자가 구족계를 받은 자를 조롱하고 경멸하고 능욕하고자 저열한 어법인 '낙타, 양, 소, 당나귀, 축생, 지옥에 갈 놈'을 두고 '우리는 현명한 자가 아니다, 유능한 자가 아니다, 총명한 자가 아니다, 박학한 자가 아니다, 진리를 설하는 자가 아니다, 우리를 기다리는 것은 지옥이 아니라 천상이다.'라고 고귀한 어법으로 말하면, 말할 때마다 악작죄를 범하는 것이다.

4) 구족계를 받은 자가 구족계를 받은 자를 조롱하고 경멸하고 능욕하고자 고귀한 어법인 현명한 자이고, 유능한 자이고, 총명한 자이고, 박학한 자이고, 진리를 설하는 자를 두고 '우리는 현명한 자가 아니다, 유능한 자가 아니다, 총명한 자가 아니다, 박학한 자가 아니다, 진리를 설하는 자가 아니다, 우리를 기다리는 것은 지옥이 아니라 천상이다.'라고 고귀한 어법으로 말하면, 말할 때마다 악작죄를 범하는 것이다.

3-1₁.

1) 구족계를 받은 자가 구족계를 받지 않은 자를 조롱하고 경멸하고 능욕하고자 저열한 짠달라, 죽세공, 사냥꾼, 수레공, 청소부를 두고 '그대는 짠달라이다, 죽세공이다, 사냥꾼이다, 수레공이다, 청소부이다.'라고 저열한 말로 말하면, 말할 때마다 악작죄를 범하는 것이다.

2) 구족계를 받은 자가 구족계를 받지 않은 자를 조롱하고 경멸하고 능욕하고자 고귀한 왕족이나 바라문을 두고 '그대는 짠달라이다, 죽세공이다, 사냥꾼이다, 수레공이다, 청소부이다.'라고 저열한 말로 말하면, 말할 때마다 악작죄를 범하는 것이다.

3) 구족계를 받은 자가 구족계를 받지 않은 자를 조롱하고 경멸하고 능욕하고자

저열한 짠달라, 죽세공, 사냥꾼, 수레공, 청소부를 두고 '그대는 왕족이다, 바라문이다.'라고 고귀한 말로 말하면, 말할 때마다 악작죄를 범하는 것이다.

4) 구족계를 받은 자가 구족계를 받지 않은 자를 조롱하고 경멸하고 능욕하고자 왕족과 바라문을 두고 '그대는 왕족이다, 바라문이다.'라고 고귀한 말로 말하면, 말할 때마다 악작죄를 범하는 것이다.

3-1₂.

1) 구족계를 받은 자가 구족계를 받지 않은 자를 조롱하고 경멸하고 능욕하고자 저열한 이름인 아바깐나까, 자바깐나까, 다닛타까, 싸빗타까, 꿀라밧다까를 두고 '그대는 아바깐나까이다, 자바깐나까이다, 다닛타까이다, 싸빗타까이다, 꿀라밧다까이다.'라고 저열한 이름으로 말하면, 말할 때마다 악작죄를 범하는 것이다.

2) 구족계를 받은 자가 구족계를 받지 않은 자를 조롱하고 경멸하고 능욕하고자 고귀한 이름인 붓다락키따, 담마락키따, 쌍가락키따를 두고 '그대는 아바깐나까이다, 자바깐나까이다, 다닛타까이다, 싸빗타까이다, 꿀라밧다까이다.'라고 저열한 이름으로 말하면, 말할 때마다 악작죄를 범하는 것이다.

3) 구족계를 받은 자가 구족계를 받지 않은 자를 조롱하고 경멸하고 능욕하고자 저열한 이름인 아바깐나까, 자바깐나까, 다닛타까, 싸빗타까, 꿀라밧다까를 두고 '그대는 붓다락키따이다, 담마락키따이다, 쌍가락키따이다.'라고 고귀한 이름으로 말하면, 말할 때마다 악작죄를 범하는 것이다.

4) 구족계를 받은 자가 구족계를 받지 않은 자를 조롱하고 경멸하고 능욕하고자 고귀한 이름인 붓다락키따, 담마락키따, 쌍가락키따를 두고 '그대는 붓다락키따이다, 담마락키따이다, 쌍가락키따이다.'라고 고귀한 이름으로 말하면, 말할 때마다 악작죄를 범하는 것이다.

3-1₃.

1) 구족계를 받은 자가 구족계를 받지 않은 자를 조롱하고 경멸하고 능욕하고자 저열한 성인 꼬씨야와 바라드와자를 두고 '그대는 꼬씨야이다, 바라드와자이다.'라고 저열한 성으로 말하면, 말할 때마다 악작죄를 범하는 것이다.

2) 구족계를 받은 자가 구족계를 받지 않은 자를 조롱하고 경멸하고 능욕하고자 고귀한 성인 고따마, 목갈라나, 깟짜나, 밧쎄타를 두고 '그대는 꼬씨야이다, 바라드와자이다.'라고 저열한 성으로 말하면, 말할 때마다 악작죄를 범하는 것이다.

3) 구족계를 받은 자가 구족계를 받지 않은 자를 조롱하고 경멸하고 능욕하고자 저열한 성인 꼬씨야와 바라드와자를 두고 '그대는 고따마이다, 목갈라나이다, 깟짜나이다, 밧쎄타이다.'라고 고귀한 성으로 말하면, 말할 때마다 악작죄를 범하는 것이다.

4) 구족계를 받은 자가 구족계를 받지 않은 자를 조롱하고 경멸하고 능욕하고자 고귀한 성인 고따마, 목갈라나, 깟짜나, 밧쎄타를 두고 '그대는 고따마이다, 목갈라나이다, 깟짜나이다, 밧쎄타이다.'라고 고귀한 성으로 말하면, 말할 때마다 악작죄를 범하는 것이다.

3-1₄.

1) 구족계를 받은 자가 구족계를 받지 않은 자를 조롱하고 경멸하고 능욕하고자 저열한 일인 창고일이나 꽃청소일을 두고 '그대는 창고일을 한다, 꽃청소일을 한다.'라고 저열한 일로 말하면, 말할 때마다 악작죄를 범하는 것이다.

2) 구족계를 받은 자가 구족계를 받지 않은 자를 조롱하고 경멸하고 능욕하고자 고귀한 일인 농사일, 상업일, 목축일을 두고 '그대는 창고일을 한다, 꽃청소일을 한다.'라고 저열한 일로 말하면, 말할 때마다 악작죄를 범하는 것이다.

3) 구족계를 받은 자가 구족계를 받지 않은 자를 조롱하고 경멸하고 능욕하고자 저열한 일인 창고일, 꽃청소일을 두고 '그대는 농사일을 한다, 상업일을 한다, 목축일을 한다.'라고 고귀한 일로 말하면, 말할 때마다 악작죄를 범하는 것이다.

4) 구족계를 받은 자가 구족계를 받지 않은 자를 조롱하고 경멸하고 능욕하고자 고귀한 일인 농사일, 상업일, 목축일을 두고 '그대는 농사일을 한다, 상업일을 한다, 목축일을 한다.'라고 고귀한 일로 말하면, 말할 때마다 악작죄를 범하는 것이다.

3-1₅.

1) 구족계를 받은 자가 구족계를 받지 않은 자를 조롱하고 경멸하고 능욕하고자 저열한 기술인 죽세공기술, 도예기술, 직조기술, 피혁기술, 이발기술을 두고 '그대는 죽세공이다, 도예공이다, 피혁공이다, 직조공이다, 이발사이다.'라고 저열한 기술로 말하면, 말할 때마다 악작죄를 범하는 것이다.

2) 구족계를 받은 자가 구족계를 받지 않은 자를 조롱하고 경멸하고 능욕하고자 고귀한 기술인 회계, 계산, 서기를 두고 '그대는 죽세공이다, 도예공이다, 피혁공이다, 직조공이다, 이발사이다.'라고 저열한 기술로 말하면, 말할 때마다 악작죄를 범하는 것이다.

3) 구족계를 받은 자가 구족계를 받지 않은 자를 조롱하고 경멸하고 능욕하고자 저열한 기술인 죽세공기술, 도예기술, 직조기술, 피혁기술, 이발기술을 두고 '그대는 회계사이다, 계산자이다, 서기이다.'라고 고귀한 기술로 말하면, 말할 때마다 악작죄를 범하는 것이다.

4) 구족계를 받은 자가 구족계를 받지 않은 자를 조롱하고 경멸하고 능욕하고자 고귀한 기술인 회계, 계산, 서기를 두고 '그대는 회계사이다, 계산자이다, 서기이다.'라고 고귀한 기술로 말하면, 말할 때마다 악작죄를 범하는 것이다.

3-1₆.

1) 구족계를 받은 자가 구족계를 받지 않은 자를 조롱하고 경멸하고 능욕하고자 저열한 질병인 나병, 종기, 습진, 폐병, 간질을 두고 '그대는 나병환자이다, 종기환자이다, 습진환자이다, 폐병환자이다, 간질환자이다.'라고 저열한 질병으로 말하면, 말할 때마다 악작죄를 범하는 것이다.

2) 구족계를 받은 자가 구족계를 받지 않은 자를 조롱하고 경멸하고 능욕하고자 고귀한 질병인 당뇨병을 두고 '그대는 나병환자이다, 종기환자이다, 습진환자이다, 폐병환자이다, 간질환자이다.'라고 저열한 질병으로 말하면, 말할 때마다 악작죄를 범하는 것이다.

3) 구족계를 받은 자가 구족계를 받지 않은 자를 조롱하고 경멸하고 능욕하고자 저열한 질병인 나병, 종기, 습진, 폐병, 간질을 두고 '그대는 당뇨환자이다.'라고 고귀한 질병으로 말하면, 말할 때마다 악작죄를 범하는 것이다.

4) 구족계를 받은 자가 구족계를 받지 않은 자를 조롱하고 경멸하고 능욕하고자 고귀한 질병인 당뇨병을 두고 '그대는 당뇨환자이다.'라고 고귀한 질병으로 말하면, 말할 때마다 악작죄를 범하는 것이다.

3-1₇.

1) 구족계를 받은 자가 구족계를 받지 않은 자를 조롱하고 경멸하고 능욕하고자 저열한 특징인 지나치게 크거나 지나치게 작거나 지나치게 검거나 지나치게 흰 것을 두고 '그대는 지나치게 크다, 지나치게 작다, 지나치게 검다, 지나치게 희다.'라고 저열한 특징으로 말하면, 말할 때마다 악작죄를 범하는 것이다.

2) 구족계를 받은 자가 구족계를 받지 않은 자를 조롱하고 경멸하고 능욕하고자 고귀한 특징인 지나치게 크지 않고 지나치게 작지 않고 지나치게 검지 않고 지나치게 희지 않은 것을 두고 '그대는 지나치게 크다, 지나치게 작다, 지나치게 검다, 지나치게 희다.'라고 저열한 특징으로 말하면, 말할 때마다 악작죄를

범하는 것이다.

3) 구족계를 받은 자가 구족계를 받지 않은 자를 조롱하고 경멸하고 능욕하고자 저열한 특징인 지나치게 크거나 지나치게 작거나 지나치게 검거나 지나치게 흰 것을 두고 '그대는 지나치게 크지 않다, 지나치게 작지 않다, 지나치게 검지 않다, 지나치게 희지 않다.'라고 고귀한 특징으로 말하면, 말할 때마다 악작죄를 범하는 것이다.

4) 구족계를 받은 자가 구족계를 받지 않은 자를 조롱하고 경멸하고 능욕하고자 고귀한 특징인 지나치게 크지 않고 지나치게 작지 않고 지나치게 검지 않고 지나치게 희지 않은 것을 두고 '그대는 지나치게 크지 않다, 지나치게 작지 않다, 지나치게 검지 않다, 지나치게 희지 않다.'라고 고귀한 특징으로 말하면, 말할 때마다 악작죄를 범하는 것이다.

3-1₈.

1) 구족계를 받은 자가 구족계를 받지 않은 자를 조롱하고 경멸하고 능욕하고자 저열한 오염인 탐욕에 매이고, 분노에 매이고, 어리석음에 매인 것을 두고 '그대는 탐욕에 매였다, 분노에 매였다, 어리석음에 매였다.'라고 저열한 오염으로 말하면, 말할 때마다 악작죄를 범하는 것이다.

2) 구족계를 받은 자가 구족계를 받지 않은 자를 조롱하고 경멸하고 능욕하고자 고귀한 오염인 탐욕을 여의고, 분노를 여의고, 어리석음을 여읜 것을 두고 '그대는 탐욕에 매였다, 분노에 매였다, 어리석음에 매였다.'라고 저열한 오염으로 말하면, 말할 때마다 악작죄를 범하는 것이다.

3) 구족계를 받은 자가 구족계를 받지 않은 자를 조롱하고 경멸하고 능욕하고자 저열한 특징인 탐욕에 매이고, 분노에 매이고, 어리석음에 매인 것을 두고 '그대는 탐욕을 여의었다, 분노를 여의었다, 어리석음을 여의었다.'라고 고귀한 오염으로 말하면, 말할 때마다 악작죄를 범하는 것이다.

4) 구족계를 받은 자가 구족계를 받지 않은 자를 조롱하고 경멸하고 능욕하고자 고귀한 특징인 탐욕을 여의고, 분노를 여의고, 어리석음을 여읜 것을 두고 '그대는 탐욕을 여의었다, 분노를 여의었다, 어리석음을 여의었다.'라고 고귀한 오염으로 말하면, 말할 때마다 악작죄를 범하는 것이다.

3-1₉.

1) 구족계를 받은 자가 구족계를 받지 않은 자를 조롱하고 경멸하고 능욕하고자 저열한 성취인 승단추방죄를 성취하고, 승단잔류죄를 성취하고, 추악죄를 성취하

고, 속죄죄를 성취하고, 고백죄를 성취하고, 악작죄를 성취하고, 악설죄를 성취한 것을 두고 '그대는 승단추방죄를 성취했다, 승단잔류죄를 성취했다, 추악죄를 성취했다, 속죄죄를 성취했다, 고백죄를 성취했다, 악작죄를 성취했다, 악설죄를 성취했다.'라고 저열한 성취로 말하면, 말할 때마다 악작죄를 범하는 것이다.

2) 구족계를 받은 자가 구족계를 받지 않은 자를 조롱하고 경멸하고 능욕하고자 고귀한 성취인 흐름에 든 경지의 성취를 두고 '그대는 승단추방죄를 성취했다, 그대는 승단잔류죄를 성취했다, 추악죄를 성취했다, 속죄죄를 성취했다, 고백죄를 성취했다, 악작죄를 성취했다, 악설죄를 성취했다.'라고 저열한 범죄의 성취로 말하면, 말할 때마다 악작죄를 범하는 것이다.

3) 구족계를 받은 자가 구족계를 받지 않은 자를 조롱하고 경멸하고 능욕하고자 저열한 범죄의 성취인 승단추방죄를 성취하고, 승단잔류죄를 성취하고, 추악죄를 성취하고, 속죄죄를 성취하고, 고백죄를 성취하고, 악작죄를 성취하고, 악설죄를 성취한 것을 두고 '그대는 흐름에 든 경지를 성취했다.'라고 고귀한 성취로 말하면, 말할 때마다 악작죄를 범하는 것이다.

4) 구족계를 받은 자가 구족계를 받지 않은 자를 조롱하고 경멸하고 능욕하고자 고귀한 성취인 흐름에 든 경지의 성취를 두고 '그대는 흐름에 든 경지를 성취했다.'라고 고귀한 성취로 말하면, 말할 때마다 악작죄를 범하는 것이다.

3-1₁₀.

1) 구족계를 받은 자가 구족계를 받지 않은 자를 조롱하고 경멸하고 능욕하고자 저열한 어법인 '낙타, 양, 소, 당나귀, 축생, 지옥에 갈 놈'을 두고 '그대는 낙타이다. 양이다, 소다, 당나귀이다, 축생이다, 지옥에 갈 놈이다. 그대를 기다리는 것은 천상이 아니라 지옥이다.'라고 저열한 어법으로 말하면, 말할 때마다 악작죄를 범하는 것이다.

2) 구족계를 받은 자가 구족계를 받지 않은 자를 조롱하고 경멸하고 능욕하고자 고귀한 어법인 '현명한 자이고, 유능한 자이고, 총명한 자이고, 박학한 자이고, 진리를 설하는 자'를 두고 '그대는 낙타이다, 양이다, 소다, 그대는 당나귀다, 그대는 축생이다, 지옥에 갈 놈이다, 그대를 기다리는 것은 천상이 아니라 지옥이다.'라고 저열한 어법으로 말하면, 말할 때마다 악작죄를 범하는 것이다.

3) 구족계를 받은 자가 구족계를 받지 않은 자를 조롱하고 경멸하고 능욕하고자 저열한 어법인 '낙타, 양, 소, 당나귀, 축생, 지옥에 갈 놈'을 두고 '그대는 현명한 자이다, 유능한 자이다, 총명한 자이다, 박학한 자이다, 진리를 설하는 자이다.

그대를 기다리는 것은 지옥이 아니라 천상이다.'라고 고귀한 어법으로 말하면, 말할 때마다 악작죄를 범하는 것이다.

4) 구족계를 받은 자가 구족계를 받지 않은 자를 조롱하고 경멸하고 능욕하고자 고귀한 어법인 현명한 자이고, 유능한 자이고, 총명한 자이고, 박학한 자이고, 진리를 설하는 자를 두고 '그대는 현명한 자이다, 유능한 자이다, 총명한 자이다, 박학한 자이다, 진리를 설하는 자이다. 그대를 기다리는 것은 지옥이 아니라 천상이다.'라고 고귀한 어법으로 말하면, 말할 때마다 악작죄를 범하는 것이다.

3-2₁.

1) 구족계를 받은 자가 구족계를 받지 않은 자를 조롱하고 경멸하고 능욕하고자 저열한 짠달라, 죽세공, 사냥꾼, 수레공, 청소부를 두고 '여기 어떤 자는 짠달라이다, 죽세공이다, 사냥꾼이다, 수레공이다, 청소부이다.'라고 저열한 말로 말하면, 말할 때마다 악작죄를 범하는 것이다.

2) 구족계를 받은 자가 구족계를 받지 않은 자를 조롱하고 경멸하고 능욕하고자 고귀한 왕족이나 바라문을 두고 '여기 어떤 자는 짠달라이다, 죽세공이다, 사냥꾼이다, 수레공이다, 청소부이다.'라고 저열한 말로 말하면, 말할 때마다 악작죄를 범하는 것이다.

3) 구족계를 받은 자가 구족계를 받지 않은 자를 조롱하고 경멸하고 능욕하고자 저열한 짠달라, 죽세공, 사냥꾼, 수레공, 청소부를 두고 '여기 어떤 자는 왕족이다, 바라문이다.'라고 고귀한 말로 말하면, 말할 때마다 악작죄를 범하는 것이다.

4) 구족계를 받은 자가 구족계를 받지 않은 자를 조롱하고 경멸하고 능욕하고자 왕족과 바라문을 두고 '여기 어떤 자는 왕족이다, 바라문이다.'라고 고귀한 말로 말하면, 말할 때마다 악작죄를 범하는 것이다.

3-2₂.

1) 구족계를 받은 자가 구족계를 받지 않은 자를 조롱하고 경멸하고 능욕하고자 저열한 이름인 아바깐나까, 자바깐나까, 다닛타까, 싸빗타까, 꿀라밧다까를 두고 '여기 어떤 자는 아바깐나까이다, 자바깐나까이다, 다닛타까이다, 싸빗타까이다, 꿀라밧다까이다.'라고 저열한 이름으로 말하면, 말할 때마다 악작죄를 범하는 것이다.

2) 구족계를 받은 자가 구족계를 받지 않은 자를 조롱하고 경멸하고 능욕하고자

고귀한 이름인 붓다락키따, 담마락키따, 쌍가락키따를 두고 '여기 어떤 자는 아바깐나까이다, 자바깐나까이다, 다닛타까이다, 싸빗타까이다, 꿀라밧다까이다.'라고 저열한 이름으로 말하면, 말할 때마다 악작죄를 범하는 것이다.

3) 구족계를 받은 자가 구족계를 받지 않은 자를 조롱하고 경멸하고 능욕하고자 저열한 이름인 아바깐나까, 자바깐나까, 다닛타까, 싸빗타까, 꿀라밧다까를 두고 '여기 어떤 자는 붓다락키따이다, 담마락키따이다, 쌍가락키따이다.'라고 고귀한 이름으로 말하면, 말할 때마다 악작죄를 범하는 것이다.

4) 구족계를 받은 자가 구족계를 받지 않은 자를 조롱하고 경멸하고 능욕하고자 고귀한 이름인 붓다락키따, 담마락키따, 쌍가락키따를 두고 '여기 어떤 자는 붓다락키따이다, 담마락키따이다, 쌍가락키따이다.'라고 고귀한 이름으로 말하면, 말할 때마다 악작죄를 범하는 것이다.

3-2₃.

1) 구족계를 받은 자가 구족계를 받지 않은 자를 조롱하고 경멸하고 능욕하고자 저열한 성인 꼬씨야와 바라드와자를 두고 '여기 어떤 자는 꼬씨야이다, 바라드와자이다.'라고 저열한 성으로 말하면, 말할 때마다 악작죄를 범하는 것이다.

2) 구족계를 받은 자가 구족계를 받지 않은 자를 조롱하고 경멸하고 능욕하고자 고귀한 성인 고따마, 목갈라나, 깟짜나, 밧쎄타를 두고 '여기 어떤 자는 꼬씨야이다, 바라드와자이다.'라고 저열한 성으로 말하면, 말할 때마다 악작죄를 범하는 것이다.

3) 구족계를 받은 자가 구족계를 받지 않은 자를 조롱하고 경멸하고 능욕하고자 저열한 성인 꼬씨야와 바라드와자를 두고 '그대는 고따마이다, 그대는 목갈라나이다, 그대는 깟짜나이다, 그대는 밧쎄타이다.'라고 고귀한 성으로 말하면, 말할 때마다 악작죄를 범하는 것이다.

4) 구족계를 받은 자가 구족계를 받지 않은 자를 조롱하고 경멸하고 능욕하고자 고귀한 성인 고따마, 목갈라나, 깟짜나, 밧쎄타를 두고 '여기 어떤 자는 고따마이다, 목갈라나이다, 깟짜나이다, 밧쎄타이다.'라고 고귀한 성으로 말하면, 말할 때마다 악작죄를 범하는 것이다.

3-2₄.

1) 구족계를 받은 자가 구족계를 받지 않은 자를 조롱하고 경멸하고 능욕하고자 저열한 일인 창고일이나 꽃청소일을 두고 '여기 어떤 자는 창고일을 한다, 꽃청소일을 한다.'라고 저열한 일로 말하면, 말할 때마다 악작죄를 범하는 것이다.

2) 구족계를 받은 자가 구족계를 받지 않은 자를 조롱하고 경멸하고 능욕하고자 고귀한 일인 농사일, 상업일, 목축일을 두고 '여기 어떤 자는 창고일을 한다, 꽃청소일을 한다.'라고 저열한 일로 말하면, 말할 때마다 악작죄를 범하는 것이다.
3) 구족계를 받은 자가 구족계를 받지 않은 자를 조롱하고 경멸하고 능욕하고자 저열한 일인 창고일, 꽃청소일을 두고 '여기 어떤 자는 농사일을 한다, 상업일을 한다, 목축일을 한다.'라고 고귀한 일로 말하면, 말할 때마다 악작죄를 범하는 것이다.
4) 구족계를 받은 자가 구족계를 받지 않은 자를 조롱하고 경멸하고 능욕하고자 고귀한 일인 농사일, 상업일, 목축일을 두고 '여기 어떤 자는 농사일을 한다, 상업일을 한다, 목축일을 한다.'라고 고귀한 일로 말하면, 말할 때마다 악작죄를 범하는 것이다.

3-2₅.

1) 구족계를 받은 자가 구족계를 받지 않은 자를 조롱하고 경멸하고 능욕하고자 저열한 기술인 죽세공기술, 도예기술, 직조기술, 피혁기술, 이발기술을 두고 '여기 어떤 자는 죽세공이다, 도예공이다, 피혁공이다, 직조공이다, 이발사이다.'라고 저열한 기술로 말하면, 말할 때마다 악작죄를 범하는 것이다.
2) 구족계를 받은 자가 구족계를 받지 않은 자를 조롱하고 경멸하고 능욕하고자 고귀한 기술인 회계, 계산, 서기를 두고 '여기 어떤 자는 죽세공이다, 도예공이다, 피혁공이다, 직조공이다, 이발사이다.'라고 저열한 기술로 말하면, 말할 때마다 악작죄를 범하는 것이다.
3) 구족계를 받은 자가 구족계를 받지 않은 자를 조롱하고 경멸하고 능욕하고자 저열한 기술인 죽세공기술, 도예기술, 직조기술, 피혁기술, 이발기술을 두고 '여기 어떤 자는 회계사이다, 계산자이다, 서기이다.'라고 고귀한 기술로 말하면, 말할 때마다 악작죄를 범하는 것이다.
4) 구족계를 받은 자가 구족계를 받지 않은 자를 조롱하고 경멸하고 능욕하고자 고귀한 기술인 회계, 계산, 서기를 두고 '여기 어떤 자는 회계사이다, 계산자이다, 서기이다.'라고 고귀한 기술로 말하면, 말할 때마다 악작죄를 범하는 것이다.

3-2₆.

1) 구족계를 받은 자가 구족계를 받지 않은 자를 조롱하고 경멸하고 능욕하고자 저열한 질병인 나병, 종기, 습진, 폐병, 간질을 두고 '여기 어떤 자는 나병환자이다, 종기환자다, 습진환자이다, 폐병환자이다, 간질환자이다.'라고 저열한 질

병으로 말하면, 말할 때마다 악작죄를 범하는 것이다.

2) 구족계를 받은 자가 구족계를 받지 않은 자를 조롱하고 경멸하고 능욕하고자 고귀한 질병인 당뇨병을 두고 '여기 어떤 자는 나병환자이다, 종기환자이다, 습진환자이다, 폐병환자이다, 간질환자이다.'라고 저열한 질병으로 말하면, 말할 때마다 악작죄를 범하는 것이다.

3) 구족계를 받은 자가 구족계를 받지 않은 자를 조롱하고 경멸하고 능욕하고자 저열한 질병인 나병, 종기, 습진, 폐병, 간질을 두고 '여기 어떤 자는 당뇨환자이다.'라고 고귀한 질병으로 말하면, 말할 때마다 악작죄를 범하는 것이다.

4) 구족계를 받은 자가 구족계를 받지 않은 자를 조롱하고 경멸하고 능욕하고자 고귀한 질병인 당뇨병을 두고 '여기 어떤 자는 당뇨환자이다.'라고 고귀한 질병으로 말하면, 말할 때마다 악작죄를 범하는 것이다.

3-2ㄱ.

1) 구족계를 받은 자가 구족계를 받지 않은 자를 조롱하고 경멸하고 능욕하고자 저열한 특징인 지나치게 크거나 지나치게 작거나 지나치게 검거나 지나치게 흰 것을 두고 '여기 어떤 자는 지나치게 크다, 지나치게 작다, 지나치게 검다, 지나치게 희다.'라고 저열한 특징으로 말하면, 말할 때마다 악작죄를 범하는 것이다.

2) 구족계를 받은 자가 구족계를 받지 않은 자를 조롱하고 경멸하고 능욕하고자 고귀한 특징인 지나치게 크지 않고 지나치게 작지 않고 지나치게 검지 않고 지나치게 희지 않은 것을 두고 '여기 어떤 자는 지나치게 크다, 지나치게 작다, 지나치게 검다, 지나치게 희다.'라고 저열한 특징으로 말하면, 말할 때마다 악작죄를 범하는 것이다.

3) 구족계를 받은 자가 구족계를 받지 않은 자를 조롱하고 경멸하고 능욕하고자 저열한 특징인 지나치게 크거나 지나치게 작거나 지나치게 검거나 지나치게 흰 것을 두고 '여기 어떤 자는 지나치게 크지 않다, 지나치게 작지 않다, 지나치게 검지 않다, 지나치게 희지 않다.'라고 고귀한 특징으로 말하면, 말할 때마다 악작죄를 범하는 것이다.

4) 구족계를 받은 자가 구족계를 받지 않은 자를 조롱하고 경멸하고 능욕하고자 고귀한 특징인 지나치게 크지 않고 지나치게 작지 않고 지나치게 검지 않고 지나치게 희지 않은 것을 두고 '여기 어떤 자는 지나치게 크지 않다, 지나치게 작지 않다, 지나치게 검지 않다, 지나치게 희지 않다.'라고 고귀한 특징으로

말하면, 말할 때마다 악작죄를 범하는 것이다.

3-2₈.

1) 구족계를 받은 자가 구족계를 받지 않은 자를 조롱하고 경멸하고 능욕하고자 저열한 오염인 탐욕에 매이고, 분노에 매이고, 어리석음에 매인 것을 두고 '여기 어떤 자는 탐욕에 매였다, 그대는 분노에 매였다, 그대는 어리석음에 매였다.'라고 저열한 오염으로 말하면, 말할 때마다 악작죄를 범하는 것이다.
2) 구족계를 받은 자가 구족계를 받지 않은 자를 조롱하고 경멸하고 능욕하고자 고귀한 오염인 탐욕을 여의고, 분노를 여의고, 어리석음을 여읜 것을 두고 '여기 어떤 자는 탐욕에 매였다, 분노에 매였다, 어리석음에 매였다.'라고 저열한 오염으로 말하면, 말할 때마다 악작죄를 범하는 것이다.
3) 구족계를 받은 자가 구족계를 받지 않은 자를 조롱하고 경멸하고 능욕하고자 저열한 오염인 탐욕에 매이고, 분노에 매이고, 어리석음에 매인 것을 두고 '여기 어떤 자는 탐욕을 여의었다, 분노를 여의었다, 어리석음을 여의었다.'라고 고귀한 오염으로 말하면, 말할 때마다 악작죄를 범하는 것이다.
4) 구족계를 받은 자가 구족계를 받지 않은 자를 조롱하고 경멸하고 능욕하고자 고귀한 오염인 탐욕을 여의고, 분노를 여의고, 어리석음을 여읜 것을 두고 '여기 어떤 자는 탐욕을 여의었다, 분노를 여의었다, 어리석음을 여의었다.'라고 고귀한 오염으로 말하면, 말할 때마다 악작죄를 범하는 것이다.

3-2₉.

1) 구족계를 받은 자가 구족계를 받지 않은 자를 조롱하고 경멸하고 능욕하고자 저열한 성취인 승단추방죄를 성취하고, 승단잔류죄를 성취하고, 추악죄를 성취하고, 악작죄를 성취하고, 고백죄를 성취하고, 악작죄를 성취하고, 악설죄를 성취한 것을 두고 '여기 어떤 자는 승단추방죄를 성취했다, 승단잔류죄를 성취했다, 추악죄를 성취했다, 속죄죄를 성취했다, 고백죄를 성취했다, 악작죄를 성취했다, 악설죄를 성취했다.'라고 저열한 성취로 말하면, 말할 때마다 악작죄를 범하는 것이다.
2) 구족계를 받은 자가 구족계를 받지 않은 자를 조롱하고 경멸하고 능욕하고자 고귀한 성취인 흐름에 든 경지의 성취를 두고 '여기 어떤 자는 승단추방죄를 성취했다, 승단잔류죄를 성취했다, 추악죄를 성취했다, 속죄죄를 성취했다, 고백죄를 성취했다, 악작죄를 성취했다, 악설죄를 성취했다.'라고 저열한 범죄의 성취로 말하면, 말할 때마다 악작죄를 범하는 것이다.

3) 구족계를 받은 자가 구족계를 받지 않은 자를 조롱하고 경멸하고 능욕하고자 저열한 범죄의 성취인 승단추방죄를 성취하고, 승단잔류죄를 성취하고, 추악죄를 성취하고, 속죄죄를 성취하고, 고백죄를 성취하고, 악작죄를 성취하고, 악설죄를 성취한 것을 두고 '여기 어떤 자는 흐름에 든 경지를 성취했다.'라고 고귀한 성취로 말하면, 말할 때마다 악작죄를 범하는 것이다.

4) 구족계를 받은 자가 구족계를 받지 않은 자를 조롱하고 경멸하고 능욕하고자 고귀한 성취인 흐름에 든 경지의 성취를 두고 '여기 어떤 자는 흐름에 든 경지를 성취했다.'라고 고귀한 성취로 말하면, 말할 때마다 악작죄를 범하는 것이다.

3-2₁₀.

1) 구족계를 받은 자가 구족계를 받지 않은 자를 조롱하고 경멸하고 능욕하고자 저열한 어법인 '낙타, 양, 소, 당나귀, 축생, 지옥에 갈 놈'을 두고 '여기 어떤 자는 낙타이다, 양이다, 소다, 당나귀다, 축생이다, 지옥에 갈 놈이다, 여기 어떤 자를 기다리는 것은 천상이 아니라 지옥이다.'라고 저열한 어법으로 말하면, 말할 때마다 악작죄를 범하는 것이다.

2) 구족계를 받은 자가 구족계를 받지 않은 자를 조롱하고 경멸하고 능욕하고자 고귀한 어법인 '현명한 자이고, 유능한 자이고, 총명한 자이고, 박학한 자이고, 진리를 설하는 자'를 두고 '여기 어떤 자는 낙타이다, 양이다, 소다, 당나귀다, 축생이다, 지옥에 갈 놈이다, 여기 어떤 자를 기다리는 것은 천상이 아니라 지옥이다.'라고 저열한 어법으로 말하면, 말할 때마다 악작죄를 범하는 것이다.

3) 구족계를 받은 자가 구족계를 받지 않은 자를 조롱하고 경멸하고 능욕하고자 저열한 어법인 '낙타, 양, 소, 당나귀, 축생, 지옥에 갈 놈'을 두고 '여기 어떤 자는 현명한 자이다, 유능한 자이다, 총명한 자이다, 박학한 자이다, 진리를 설하는 자이다. 여기 어떤 자를 기다리는 것은 지옥이 아니라 천상이다.'라고 고귀한 어법으로 말하면, 말할 때마다 악작죄를 범하는 것이다.

4) 구족계를 받은 자가 구족계를 받지 않은 자를 조롱하고 경멸하고 능욕하고자 고귀한 어법인 현명한 자이고, 유능한 자이고, 총명한 자이고, 박학한 자이고, 진리를 설하는 자를 두고 '여기 어떤 자는 현명한 자이다, 유능한 자이다, 총명한 자이다, 박학한 자이다, 진리를 설하는 자이다. 여기 어떤 자를 기다리는 것은 지옥이 아니라 천상이다.'라고 고귀한 어법으로 말하면, 말할 때마다 악작죄를 범하는 것이다.

3-3₁.

1) 구족계를 받은 자가 구족계를 받지 않은 자를 조롱하고 경멸하고 능욕하고자 저열한 짠달라, 죽세공, 사냥꾼, 수레공, 청소부를 두고 '그는 짠달라가 아닐까? 죽세공이 아닐까? 사냥꾼이 아닐까? 수레공이 아닐까? 청소부가 아닐까?'라고 저열한 말로 말하면, 말할 때마다 악작죄를 범하는 것이다.
2) 구족계를 받은 자가 구족계를 받지 않은 자를 조롱하고 경멸하고 능욕하고자 고귀한 왕족이나 바라문을 두고 '그는 짠달라가 아닐까? 죽세공이 아닐까? 사냥꾼이 아닐까? 수레공이 아닐까? 청소부가 아닐까?'라고 저열한 말로 말하면, 말할 때마다 악작죄를 범하는 것이다.
3) 구족계를 받은 자가 구족계를 받지 않은 자를 조롱하고 경멸하고 능욕하고자 저열한 짠달라, 죽세공, 사냥꾼, 수레공, 청소부를 두고 '그는 왕족이 아닐까? 바라문이 아닐까?'라고 고귀한 말로 말하면, 말할 때마다 악작죄를 범하는 것이다.
4) 구족계를 받은 자가 구족계를 받지 않은 자를 조롱하고 경멸하고 능욕하고자 왕족과 바라문을 두고 '그는 왕족이 아닐까? 바라문이 아닐까?'라고 고귀한 말로 말하면, 말할 때마다 악작죄를 범하는 것이다.

3-3₂.

1) 구족계를 받은 자가 구족계를 받지 않은 자를 조롱하고 경멸하고 능욕하고자 저열한 이름인 아바깐나까, 자바깐나까, 다닛타까, 싸빗타까, 꿀라밧다까를 두고 '그는 아바깐나까가 아닐까? 자바깐나까가 아닐까? 다닛타까가 아닐까? 싸빗타까가 아닐까? 꿀라밧다까가 아닐까?'라고 저열한 이름으로 말하면, 말할 때마다 악작죄를 범하는 것이다.
2) 구족계를 받은 자가 구족계를 받지 않은 자를 조롱하고 경멸하고 능욕하고자 고귀한 이름인 붓다락키따, 담마락키따, 쌍가락키따를 두고 '그는 아바깐나까가 아닐까? 자바깐나까가 아닐까? 다닛타까가 아닐까? 싸빗타까가 아닐까? 꿀라밧다까가 아닐까?'라고 저열한 이름으로 말하면, 말할 때마다 악작죄를 범하는 것이다.
3) 구족계를 받은 자가 구족계를 받지 않은 자를 조롱하고 경멸하고 능욕하고자 저열한 이름인 아바깐나까, 자바깐나까, 다닛타까, 싸빗타까, 꿀라밧다까를 두고 '그는 붓다락키따가 아닐까? 담마락키따가 아닐까? 쌍가락키따가 아닐까?'라고 고귀한 이름으로 말하면, 말할 때마다 악작죄를 범하는 것이다.
4) 구족계를 받은 자가 구족계를 받지 않은 자를 조롱하고 경멸하고 능욕하고자

고귀한 이름인 붓다락키따, 담마락키따, 쌍가락키따를 두고 '그는 붓다락키따가 아닐까? 담마락키따가 아닐까? 쌍가락키따가 아닐까?'라고 고귀한 이름으로 말하면, 말할 때마다 악작죄를 범하는 것이다.

3-3₃.

1) 구족계를 받은 자가 구족계를 받지 않은 자를 조롱하고 경멸하고 능욕하고자 저열한 성인 꼬씨야와 바라드와자를 두고 '그는 꼬씨야가 아닐까? 바라드와자가 아닐까?'라고 저열한 성으로 말하면, 말할 때마다 악작죄를 범하는 것이다.
2) 구족계를 받은 자가 구족계를 받지 않은 자를 조롱하고 경멸하고 능욕하고자 고귀한 성인 고따마, 목갈라나, 깟짜나, 밧쎄타를 두고 '그는 꼬씨야가 아닐까? 바라드와자가 아닐까?'라고 저열한 성으로 말하면, 말할 때마다 악작죄를 범하는 것이다.
3) 구족계를 받은 자가 구족계를 받지 않은 자를 조롱하고 경멸하고 능욕하고자 저열한 성인 꼬씨야와 바라드와자를 두고 '그대는 고따마가 아닐까? 그대는 목갈라나가 아닐까? 그대는 깟짜나가 아닐까? 그대는 밧쎄타가 아닐까?'라고 고귀한 성으로 말하면, 말할 때마다 악작죄를 범하는 것이다.
4) 구족계를 받은 자가 구족계를 받지 않은 자를 조롱하고 경멸하고 능욕하고자 고귀한 성인 고따마, 목갈라나, 깟짜나, 밧쎄타를 두고 '그는 고따마가 아닐까? 목갈라나가 아닐까? 깟짜나가 아닐까? 밧쎄타가 아닐까?'라고 고귀한 성으로 말하면, 말할 때마다 악작죄를 범하는 것이다.

3-3₄.

1) 구족계를 받은 자가 구족계를 받지 않은 자를 조롱하고 경멸하고 능욕하고자 저열한 일인 창고일이나 꽃청소일을 두고 '그는 창고일을 하지 않을까? 꽃청소일을 하지 않을까?'라고 저열한 일로 말하면, 말할 때마다 악작죄를 범하는 것이다.
2) 구족계를 받은 자가 구족계를 받지 않은 자를 조롱하고 경멸하고 능욕하고자 고귀한 일인 농사일, 상업일, 목축일을 두고 '그는 창고일을 하지 않을까? 꽃청소일을 하지 않을까?'라고 저열한 일로 말하면, 말할 때마다 악작죄를 범하는 것이다.
3) 구족계를 받은 자가 구족계를 받지 않은 자를 조롱하고 경멸하고 능욕하고자 저열한 일인 창고일, 꽃청소일을 두고 '그는 농사일을 하지 않을까? 상업일을 하지 않을까? 목축일을 하지 않을까?'라고 고귀한 일로 말하면, 말할 때마다

악작죄를 범하는 것이다.

4) 구족계를 받은 자가 구족계를 받지 않은 자를 조롱하고 경멸하고 능욕하고자 고귀한 일인 농사일, 상업일, 목축일을 두고 '그는 농사일을 하지 않을까? 상업일을 하지 않을까? 목축일을 하지 않을까?'라고 고귀한 일로 말하면, 말할 때마다 악작죄를 범하는 것이다.

3-3₅.

1) 구족계를 받은 자가 구족계를 받지 않은 자를 조롱하고 경멸하고 능욕하고자 저열한 기술인 죽세공기술, 도예기술, 직조기술, 피혁기술, 이발기술을 두고 '그는 죽세공가 아닐까? 도예공가 아닐까? 피혁공가 아닐까? 직조공가 아닐까? 이발사가 아닐까?'라고 저열한 기술로 말하면, 말할 때마다 악작죄를 범하는 것이다.

2) 구족계를 받은 자가 구족계를 받지 않은 자를 조롱하고 경멸하고 능욕하고자 고귀한 기술인 회계, 계산, 서기를 두고 '그는 죽세공가 아닐까? 도예공가 아닐까? 피혁공가 아닐까? 직조공가 아닐까? 이발사가 아닐까?'라고 저열한 기술로 말하면, 말할 때마다 악작죄를 범하는 것이다.

3) 구족계를 받은 자가 구족계를 받지 않은 자를 조롱하고 경멸하고 능욕하고자 저열한 기술인 죽세공기술, 도예기술, 직조기술, 피혁기술, 이발기술을 두고 '그는 회계사가 아닐까? 계산자가 아닐까? 서기가 아닐까?'라고 고귀한 기술로 말하면, 말할 때마다 악작죄를 범하는 것이다.

4) 구족계를 받은 자가 구족계를 받지 않은 자를 조롱하고 경멸하고 능욕하고자 고귀한 기술인 회계, 계산, 서기를 두고 '그는 회계사가 아닐까? 계산자가 아닐까? 서기가 아닐까?'라고 고귀한 기술로 말하면, 말할 때마다 악작죄를 범하는 것이다.

3-3₆.

1) 구족계를 받은 자가 구족계를 받지 않은 자를 조롱하고 경멸하고 능욕하고자 저열한 질병인 나병, 종기, 습진, 폐병, 간질을 두고 '그는 나병환자가 아닐까? 종기환자다, 습진환자가 아닐까? 폐병환자가 아닐까? 간질환자가 아닐까?'라고 저열한 질병으로 말하면, 말할 때마다 악작죄를 범하는 것이다.

2) 구족계를 받은 자가 구족계를 받지 않은 자를 조롱하고 경멸하고 능욕하고자 고귀한 질병인 당뇨병을 두고 '그는 나병환자가 아닐까? 종기환자가 아닐까? 습진환자가 아닐까? 폐병환자가 아닐까? 간질환자가 아닐까?'라고 저열한 질

병으로 말하면, 말할 때마다 악작죄를 범하는 것이다.

3) 구족계를 받은 자가 구족계를 받지 않은 자를 조롱하고 경멸하고 능욕하고자 저열한 질병인 나병, 종기, 습진, 폐병, 간질을 두고 '그는 당뇨환자가 아닐까?'라고 고귀한 질병으로 말하면, 말할 때마다 악작죄를 범하는 것이다.

4) 구족계를 받은 자가 구족계를 받지 않은 자를 조롱하고 경멸하고 능욕하고자 고귀한 질병인 당뇨병을 두고 '그는 당뇨환자가 아닐까?'라고 고귀한 질병으로 말하면, 말할 때마다 악작죄를 범하는 것이다.

3-3ㅅ.

1) 구족계를 받은 자가 구족계를 받지 않은 자를 조롱하고 경멸하고 능욕하고자 저열한 특징인 지나치게 크거나 지나치게 작거나 지나치게 검거나 지나치게 흰 것을 두고 '그는 지나치게 크지 않을까? 지나치게 작지 않을까? 지나치게 검지 않을까? 지나치게 희지 않을까?'라고 저열한 특징으로 말하면, 말할 때마다 악작죄를 범하는 것이다.

2) 구족계를 받은 자가 구족계를 받지 않은 자를 조롱하고 경멸하고 능욕하고자 고귀한 특징인 지나치게 크지 않고 지나치게 작지 않고 지나치게 검지 않고 지나치게 희지 않은 것을 두고 '그는 지나치게 크지 않을까? 그대는 지나치게 작지 않을까? 지나치게 검지 않을까? 지나치게 희지 않을까?'라고 저열한 특징으로 말하면, 말할 때마다 악작죄를 범하는 것이다.

3) 구족계를 받은 자가 구족계를 받지 않은 자를 조롱하고 경멸하고 능욕하고자 저열한 특징인 지나치게 크거나 지나치게 작거나 지나치게 검거나 지나치게 흰 것을 두고 '그는 지나치게 크지 않지 않을까? 지나치게 작지 않지 않을까? 지나치게 검지 않지 않을까? 지나치게 희지 않지 않을까?'라고 고귀한 특징으로 말하면, 말할 때마다 악작죄를 범하는 것이다.

4) 구족계를 받은 자가 구족계를 받지 않은 자를 조롱하고 경멸하고 능욕하고자 고귀한 특징인 지나치게 크지 않고 지나치게 작지 않고 지나치게 검지 않고 지나치게 희지 않은 것을 두고 '그는 지나치게 크지 않지 않을까? 지나치게 작지 않지 않을까? 지나치게 검지 않지 않을까? 지나치게 희지 않지 않을까?'라고 고귀한 특징으로 말하면, 말할 때마다 악작죄를 범하는 것이다.

3-3ㅇ.

1) 구족계를 받은 자가 구족계를 받지 않은 자를 조롱하고 경멸하고 능욕하고자 저열한 오염인 탐욕에 매이고, 분노에 매이고, 어리석음에 매인 것을 두고

'그는 탐욕에 매인 것이 아닐까? 그대는 분노에 매인 것이 아닐까? 그대는 어리석음에 매인 것이 아닐까?'라고 저열한 오염으로 말하면, 말할 때마다 악작죄를 범하는 것이다.

2) 구족계를 받은 자가 구족계를 받지 않은 자를 조롱하고 경멸하고 능욕하고자 고귀한 오염인 탐욕을 여의고, 분노를 여의고, 어리석음을 여윈 것을 두고 '그는 탐욕에 매인 것이 아닐까? 분노에 매인 것이 아닐까? 어리석음에 매인 것이 아닐까?'라고 저열한 오염으로 말하면, 말할 때마다 악작죄를 범하는 것이다.

3) 구족계를 받은 자가 구족계를 받지 않은 자를 조롱하고 경멸하고 능욕하고자 저열한 오염인 탐욕에 매이고, 분노에 매이고, 어리석음에 매인 것을 두고 '그는 탐욕을 여윈 것이 아닐까? 분노를 여윈 것이 아닐까? 어리석음을 여윈 것이 아닐까?'라고 고귀한 오염으로 말하면, 말할 때마다 악작죄를 범하는 것이다.

4) 구족계를 받은 자가 구족계를 받지 않은 자를 조롱하고 경멸하고 능욕하고자 고귀한 오염인 탐욕을 여의고, 분노를 여의고, 어리석음을 여윈 것을 두고 '그는 탐욕을 여윈 것이 아닐까? 분노를 여윈 것이 아닐까? 어리석음을 여윈 것이 아닐까?'라고 고귀한 오염으로 말하면, 말할 때마다 악작죄를 범하는 것이다.

3-3₉.

1) 구족계를 받은 자가 구족계를 받지 않은 자를 조롱하고 경멸하고 능욕하고자 저열한 성취인 승단추방죄를 성취하고, 승단잔류죄를 성취하고, 추악죄를 성취하고, 악작죄를 성취하고, 고백죄를 성취하고, 악작죄를 성취하고, 악설죄를 성취한 것을 두고 '그는 승단추방죄를 성취한 것일까? 승단잔류죄를 성취한 것일까? 추악죄를 성취한 것일까? 속죄죄를 성취한 것일까? 고백죄를 성취한 것일까? 악작죄를 성취한 것일까? 악설죄를 성취한 것일까?'라고 저열한 성취로 말하면, 말할 때마다 악작죄를 범하는 것이다.

2) 구족계를 받은 자가 구족계를 받지 않은 자를 조롱하고 경멸하고 능욕하고자 고귀한 성취인 흐름에 든 경지의 성취를 두고 '그는 승단추방죄를 성취한 것일까? 승단잔류죄를 성취한 것일까? 추악죄를 성취한 것일까? 속죄죄를 성취한 것일까? 고백죄를 성취한 것일까? 악작죄를 성취한 것일까? 악설죄를 성취한 것일까?'라고 저열한 범죄의 성취로 말하면, 말할 때마다 악작죄를 범하는 것

이다.

3) 구족계를 받은 자가 구족계를 받지 않은 자를 조롱하고 경멸하고 능욕하고자 저열한 범죄의 성취인 승단추방죄를 성취하고, 승단잔류죄를 성취하고, 추악죄를 성취하고, 속죄죄를 성취하고, 고백죄를 성취하고, 악작죄를 성취하고, 악설죄를 성취한 것을 두고 '그는 흐름에 든 경지를 성취한 것일까?'라고 고귀한 성취로 말하면, 말할 때마다 악작죄를 범하는 것이다.

4) 구족계를 받은 자가 구족계를 받지 않은 자를 조롱하고 경멸하고 능욕하고자 고귀한 성취인 흐름에 든 경지의 성취를 두고 '그는 흐름에 든 경지를 성취한 것일까?'라고 고귀한 성취로 말하면, 말할 때마다 악작죄를 범하는 것이다.

3-3₁₀.

1) 구족계를 받은 자가 구족계를 받지 않은 자를 조롱하고 경멸하고 능욕하고자 저열한 어법인 '낙타, 양, 소, 당나귀, 축생, 지옥에 갈 놈'을 두고 '그는 낙타가 아닐까? 양이 아닐까? 소가 아닐까? 당나귀가 아닐까? 축생이 아닐까? 지옥에 갈 놈이 아닐까? 그를 기다리는 것은 천상이 아니라 지옥이 아닐까?'라고 저열한 어법으로 말하면, 말할 때마다 악작죄를 범하는 것이다.

2) 구족계를 받은 자가 구족계를 받지 않은 자를 조롱하고 경멸하고 능욕하고자 고귀한 어법인 '현명한 자이고, 유능한 자이고, 총명한 자이고, 박학한 자이고, 진리를 설하는 자'를 두고 '그는 낙타가 아닐까? 양이 아닐까? 소가 아닐까? 당나귀가 아닐까? 축생이 아닐까? 지옥에 갈 놈이 아닐까? 그를 기다리는 것은 천상이 아니라 지옥이 아닐까?'라고 저열한 어법으로 말하면, 말할 때마다 악작죄를 범하는 것이다.

3) 구족계를 받은 자가 구족계를 받지 않은 자를 조롱하고 경멸하고 능욕하고자 저열한 어법인 '낙타, 양, 소, 당나귀, 축생, 지옥에 갈 놈'을 두고 '그는 현명한 자가 아닐까? 유능한 자가 아닐까? 총명한 자가 아닐까? 박학한 자가 아닐까? 진리를 설하는 자가 아닐까? 그를 기다리는 것은 지옥이 아니라 천상이 아닐까?'라고 고귀한 어법으로 말하면, 말할 때마다 악작죄를 범하는 것이다.

4) 구족계를 받은 자가 구족계를 받지 않은 자를 조롱하고 경멸하고 능욕하고자 고귀한 어법인 현명한 자이고, 유능한 자이고, 총명한 자이고, 박학한 자이고, 진리를 설하는 자를 두고 '그는 현명한 자가 아닐까? 유능한 자가 아닐까? 총명한 자가 아닐까? 박학한 자가 아닐까? 진리를 설하는 자가 아닐까? 그를 기다리는 것은 지옥이 아니라 천상이 아닐까?'라고 고귀한 어법으로 말하면,

말할 때마다 악작죄를 범하는 것이다.

3-4₁.

1) 구족계를 받은 자가 구족계를 받지 않은 자를 조롱하고 경멸하고 능욕하고자 저열한 짠달라, 죽세공, 사냥꾼, 수레공, 청소부를 두고 '우리는 짠달라가 아니다, 죽세공이 아니다, 사냥꾼이 아니다, 수레공이 아니다, 청소부가 아니다.'라고 저열한 말로 말하면, 말할 때마다 악작죄를 범하는 것이다.
2) 구족계를 받은 자가 구족계를 받지 않은 자를 조롱하고 경멸하고 능욕하고자 고귀한 왕족이나 바라문을 두고 '우리는 짠달라가 아니다, 죽세공이 아니다, 사냥꾼이 아니다, 수레공이 아니다, 청소부가 아니다.'라고 저열한 말로 말하면, 말할 때마다 악작죄를 범하는 것이다.
3) 구족계를 받은 자가 구족계를 받지 않은 자를 조롱하고 경멸하고 능욕하고자 저열한 짠달라, 죽세공, 사냥꾼, 수레공, 청소부를 두고 '우리는 왕족이 아니다, 바라문이 아니다.'라고 고귀한 말로 말하면, 말할 때마다 악작죄를 범하는 것이다.
4) 구족계를 받은 자가 구족계를 받지 않은 자를 조롱하고 경멸하고 능욕하고자 왕족과 바라문을 두고 '우리는 왕족이 아니다, 바라문이 아니다.'라고 고귀한 말로 말하면, 말할 때마다 악작죄를 범하는 것이다.

3-4₂.

1) 구족계를 받은 자가 구족계를 받지 않은 자를 조롱하고 경멸하고 능욕하고자 저열한 이름인 아바깐나까, 자바깐나까, 다닛타까, 싸빗타까, 꿀라밧다까를 두고 '우리는 아바깐나까가 아니다, 자바깐나까가 아니다, 다닛타까가 아니다, 싸빗타까가 아니다, 꿀라밧다까가 아니다.'라고 저열한 이름으로 말하면, 말할 때마다 악작죄를 범하는 것이다.
2) 구족계를 받은 자가 구족계를 받지 않은 자를 조롱하고 경멸하고 능욕하고자 고귀한 이름인 붓다락키따, 담마락키따, 쌍가락키따를 두고 '우리는 아바깐나까가 아니다, 자바깐나까가 아니다, 다닛타까가 아니다, 싸빗타까가 아니다, 꿀라밧다까가 아니다.'라고 저열한 이름으로 말하면, 말할 때마다 악작죄를 범하는 것이다.
3) 구족계를 받은 자가 구족계를 받지 않은 자를 조롱하고 경멸하고 능욕하고자 저열한 이름인 아바깐나까, 자바깐나까, 다닛타까, 싸빗타까, 꿀라밧다까를 두고 '우리는 붓다락키따가 아니다, 담마락키따가 아니다, 쌍가락키따가 아니다.'라고 고귀한 이름으로 말하면, 말할 때마다 악작죄를 범하는 것이다.

4) 구족계를 받은 자가 구족계를 받지 않은 자를 조롱하고 경멸하고 능욕하고자 고귀한 이름인 붓다락키따, 담마락키따, 쌍가락키따를 두고 '우리는 붓다락키따가 아니다, 담마락키따가 아니다, 쌍가락키따가 아니다.'라고 고귀한 이름으로 말하면, 말할 때마다 악작죄를 범하는 것이다.

3-4₃.

1) 구족계를 받은 자가 구족계를 받지 않은 자를 조롱하고 경멸하고 능욕하고자 저열한 성인 꼬씨야와 바라드와자를 두고 '우리는 꼬씨야가 아니다, 바라드와자가 아니다.'라고 저열한 성으로 말하면, 말할 때마다 악작죄를 범하는 것이다.
2) 구족계를 받은 자가 구족계를 받지 않은 자를 조롱하고 경멸하고 능욕하고자 고귀한 성인 고따마, 목갈라나, 깟짜나, 밧쎄타를 두고 '우리는 꼬씨야가 아니다, 바라드와자가 아니다.'라고 저열한 성으로 말하면, 말할 때마다 악작죄를 범하는 것이다.
3) 구족계를 받은 자가 구족계를 받지 않은 자를 조롱하고 경멸하고 능욕하고자 저열한 성인 꼬씨야와 바라드와자를 두고 '그대는 고따마가 아니다, 그대는 목갈라나가 아니다, 그대는 깟짜나가 아니다, 그대는 밧쎄타가 아니다.'라고 고귀한 성으로 말하면, 말할 때마다 악작죄를 범하는 것이다.
4) 구족계를 받은 자가 구족계를 받지 않은 자를 조롱하고 경멸하고 능욕하고자 고귀한 성인 고따마, 목갈라나, 깟짜나, 밧쎄타를 두고 '우리는 고따마가 아니다, 목갈라나가 아니다, 깟짜나가 아니다, 밧쎄타가 아니다.'라고 고귀한 성으로 말하면, 말할 때마다 악작죄를 범하는 것이다.

3-4₄.

1) 구족계를 받은 자가 구족계를 받지 않은 자를 조롱하고 경멸하고 능욕하고자 저열한 일인 창고일이나 꽃청소일을 두고 '우리는 창고일을 하지 않을까? 꽃청소일을 하지 않을까?'라고 저열한 일로 말하면, 말할 때마다 악작죄를 범하는 것이다.
2) 구족계를 받은 자가 구족계를 받지 않은 자를 조롱하고 경멸하고 능욕하고자 고귀한 일인 농사일, 상업일, 목축일을 두고 '우리는 창고일을 하지 않을까? 꽃청소일을 하지 않을까?'라고 저열한 일로 말하면, 말할 때마다 악작죄를 범하는 것이다.
3) 구족계를 받은 자가 구족계를 받지 않은 자를 조롱하고 경멸하고 능욕하고자 저열한 일인 창고일, 꽃청소일을 두고 '우리는 농사일을 하지 않을까? 상업일을

하지 않을까? 목축일을 하지 않을까?'라고 고귀한 일로 말하면, 말할 때마다 악작죄를 범하는 것이다.

4) 구족계를 받은 자가 구족계를 받지 않은 자를 조롱하고 경멸하고 능욕하고자 고귀한 일인 농사일, 상업일, 목축일을 두고 '우리는 농사일을 하지 않을까? 상업일을 하지 않을까? 목축일을 하지 않을까?'라고 고귀한 일로 말하면, 말할 때마다 악작죄를 범하는 것이다.

3-4₅.

1) 구족계를 받은 자가 구족계를 받지 않은 자를 조롱하고 경멸하고 능욕하고자 저열한 기술인 죽세공기술, 도예기술, 직조기술, 피혁기술, 이발기술을 두고 '우리는 죽세공가 아니다, 도예공가 아니다, 피혁공가 아니다, 직조공가 아니다, 이발사가 아니다.'라고 저열한 기술로 말하면, 말할 때마다 악작죄를 범하는 것이다.

2) 구족계를 받은 자가 구족계를 받지 않은 자를 조롱하고 경멸하고 능욕하고자 고귀한 기술인 회계, 계산, 서기를 두고 '우리는 죽세공가 아니다, 도예공가 아니다, 피혁공가 아니다, 직조공가 아니다, 이발사가 아니다.'라고 저열한 기술로 말하면, 말할 때마다 악작죄를 범하는 것이다.

3) 구족계를 받은 자가 구족계를 받지 않은 자를 조롱하고 경멸하고 능욕하고자 저열한 기술인 죽세공기술, 도예기술, 직조기술, 피혁기술, 이발기술을 두고 '우리는 회계사가 아니다, 계산자가 아니다, 서기가 아니다.'라고 고귀한 기술로 말하면, 말할 때마다 악작죄를 범하는 것이다.

4) 구족계를 받은 자가 구족계를 받지 않은 자를 조롱하고 경멸하고 능욕하고자 고귀한 기술인 회계, 계산, 서기를 두고 '우리는 회계사가 아니다, 계산자가 아니다, 서기가 아니다.'라고 고귀한 기술로 말하면, 말할 때마다 악작죄를 범하는 것이다.

3-4₆.

1) 구족계를 받은 자가 구족계를 받지 않은 자를 조롱하고 경멸하고 능욕하고자 저열한 질병인 나병, 종기, 습진, 폐병, 간질을 두고 '우리는 나병환자가 아니다, 종기환자다, 습진환자가 아니다, 폐병환자가 아니다, 간질환자가 아니다.'라고 저열한 질병으로 말하면, 말할 때마다 악작죄를 범하는 것이다.

2) 구족계를 받은 자가 구족계를 받지 않은 자를 조롱하고 경멸하고 능욕하고자 고귀한 질병인 당뇨병을 두고 '우리는 나병환자가 아니다, 종기환자가 아니다,

습진환자가 아니다, 폐병환자가 아니다, 간질환자가 아니다.'라고 저열한 질병으로 말하면, 말할 때마다 악작죄를 범하는 것이다.

3) 구족계를 받은 자가 구족계를 받지 않은 자를 조롱하고 경멸하고 능욕하고자 저열한 질병인 나병, 종기, 습진, 폐병, 간질을 두고 '우리는 당뇨환자가 아니다.'라고 고귀한 질병으로 말하면, 말할 때마다 악작죄를 범하는 것이다.

4) 구족계를 받은 자가 구족계를 받지 않은 자를 조롱하고 경멸하고 능욕하고자 고귀한 질병인 당뇨병을 두고 '우리는 당뇨환자가 아니다.'라고 고귀한 질병으로 말하면, 말할 때마다 악작죄를 범하는 것이다.

3-4₇.

1) 구족계를 받은 자가 구족계를 받지 않은 자를 조롱하고 경멸하고 능욕하고자 저열한 특징인 지나치게 크거나 지나치게 작거나 지나치게 검거나 지나치게 흰 것을 두고 '우리는 지나치게 크지 않을까? 지나치게 작지 않을까? 지나치게 검지 않을까? 지나치게 희지 않을까?'라고 저열한 특징으로 말하면, 말할 때마다 악작죄를 범하는 것이다.

2) 구족계를 받은 자가 구족계를 받지 않은 자를 조롱하고 경멸하고 능욕하고자 고귀한 특징인 지나치게 크지 않고 지나치게 작지 않고 지나치게 검지 않고 지나치게 희지 않은 것을 두고 '우리는 지나치게 크지 않을까? 그대는 지나치게 작지 않을까? 지나치게 검지 않을까? 지나치게 희지 않을까?'라고 저열한 특징으로 말하면, 말할 때마다 악작죄를 범하는 것이다.

3) 구족계를 받은 자가 구족계를 받지 않은 자를 조롱하고 경멸하고 능욕하고자 저열한 특징인 지나치게 크거나 지나치게 작거나 지나치게 검거나 지나치게 흰 것을 두고 '우리는 지나치게 크지 않지 않을까? 지나치게 작지 않지 않을까? 지나치게 검지 않지 않을까? 지나치게 희지 않지 않을까?'라고 고귀한 특징으로 말하면, 말할 때마다 악작죄를 범하는 것이다.

4) 구족계를 받은 자가 구족계를 받지 않은 자를 조롱하고 경멸하고 능욕하고자 고귀한 특징인 지나치게 크지 않고 지나치게 작지 않고 지나치게 검지 않고 지나치게 희지 않은 것을 두고 '우리는 지나치게 크지 않지 않을까? 지나치게 작지 않지 않을까? 지나치게 검지 않지 않을까? 지나치게 희지 않지 않을까?'라고 고귀한 특징으로 말하면, 말할 때마다 악작죄를 범하는 것이다.

3-4₈.

1) 구족계를 받은 자가 구족계를 받지 않은 자를 조롱하고 경멸하고 능욕하고자

저열한 오염인 탐욕에 매이고, 분노에 매이고, 어리석음에 매인 것을 두고 '우리는 탐욕에 매인 것이 아니다, 그대는 분노에 매인 것이 아니다, 그대는 어리석음에 매인 것이 아니다.'라고 저열한 오염으로 말하면, 말할 때마다 악작죄를 범하는 것이다.

2) 구족계를 받은 자가 구족계를 받지 않은 자를 조롱하고 경멸하고 능욕하고자 고귀한 오염인 탐욕을 여의고, 분노를 여의고, 어리석음을 여읜 것을 두고 '우리는 탐욕에 매인 것이 아니다, 분노에 매인 것이 아니다, 어리석음에 매인 것이 아니다.'라고 저열한 오염으로 말하면, 말할 때마다 악작죄를 범하는 것이다.

3) 구족계를 받은 자가 구족계를 받지 않은 자를 조롱하고 경멸하고 능욕하고자 저열한 오염인 탐욕에 매이고, 분노에 매이고, 어리석음에 매인 것을 두고 '우리는 탐욕을 여읜 것이 아니다, 분노를 여읜 것이 아니다, 어리석음을 여읜 것이 아니다.'라고 고귀한 오염으로 말하면, 말할 때마다 악작죄를 범하는 것이다.

4) 구족계를 받은 자가 구족계를 받지 않은 자를 조롱하고 경멸하고 능욕하고자 고귀한 오염인 탐욕을 여의고, 분노를 여의고, 어리석음을 여읜 것을 두고 '우리는 탐욕을 여읜 것이 아니다, 분노를 여읜 것이 아니다, 어리석음을 여읜 것이 아니다.'라고 고귀한 오염으로 말하면, 말할 때마다 악작죄를 범하는 것이다.

3-4$_9$.

1) 구족계를 받은 자가 구족계를 받지 않은 자를 조롱하고 경멸하고 능욕하고자 저열한 성취인 승단추방죄를 성취하고, 승단잔류죄를 성취하고, 추악죄를 성취하고, 악작죄를 성취하고, 고백죄를 성취하고, 악작죄를 성취하고, 악설죄를 성취한 것을 두고 '우리는 승단추방죄를 성취한 것일까? 승단잔류죄를 성취한 것일까? 추악죄를 성취한 것일까? 속죄죄를 성취한 것일까? 고백죄를 성취한 것일까? 악작죄를 성취한 것일까? 악설죄를 성취한 것일까?'라고 저열한 성취로 말하면, 말할 때마다 악작죄를 범하는 것이다.

2) 구족계를 받은 자가 구족계를 받지 않은 자를 조롱하고 경멸하고 능욕하고자 고귀한 성취인 흐름에 든 경지의 성취를 두고 '우리는 승단추방죄를 성취한 것일까? 승단잔류죄를 성취한 것일까? 추악죄를 성취한 것일까? 속죄죄를 성취한 것일까? 고백죄를 성취한 것일까? 악작죄를 성취한 것일까? 악설죄를 성취한 것일까?'라고 저열한 범죄의 성취로 말하면, 말할 때마다 악작죄를 범하는 것이다.

3) 구족계를 받은 자가 구족계를 받지 않은 자를 조롱하고 경멸하고 능욕하고자

저열한 범죄의 성취인 승단추방죄를 성취하고, 승단잔류죄를 성취하고, 추악죄를 성취하고, 속죄죄를 성취하고, 고백죄를 성취하고, 악작죄를 성취하고, 악설죄를 성취한 것을 두고 '우리는 흐름에 든 경지를 성취한 것일까?'라고 고귀한 성취로 말하면, 말할 때마다 악작죄를 범하는 것이다.

4) 구족계를 받은 자가 구족계를 받지 않은 자를 조롱하고 경멸하고 능욕하고자 고귀한 성취인 흐름에 든 경지의 성취를 두고 '우리는 흐름에 든 경지를 성취한 것일까?'라고 고귀한 성취로 말하면, 말할 때마다 악작죄를 범하는 것이다.

3-4₁₀.

1) 구족계를 받은 자가 구족계를 받지 않은 자를 조롱하고 경멸하고 능욕하고자 저열한 어법인 '낙타, 양, 소, 당나귀, 축생, 지옥에 갈 놈'을 두고 '우리는 낙타가 아니다, 양이 아니다, 소가 아니다, 당나귀가 아니다, 축생이 아니다, 지옥에 갈 놈이 아니다, 우리를 기다리는 것은 천상이 아니라 지옥이다.'라고 저열한 어법으로 말하면, 말할 때마다 악작죄를 범하는 것이다.

2) 구족계를 받은 자가 구족계를 받지 않은 자를 조롱하고 경멸하고 능욕하고자 고귀한 어법인 '현명한 자이고, 유능한 자이고, 총명한 자이고, 박학한 자이고, 진리를 설하는 자'를 두고 '우리는 낙타가 아니다, 양이 아니다, 소가 아니다, 당나귀가 아니다, 축생이 아니다, 지옥에 갈 놈이 아니다, 우리를 기다리는 것은 천상이 아니라 지옥이다.'라고 저열한 어법으로 말하면, 말할 때마다 악작죄를 범하는 것이다.

3) 구족계를 받은 자가 구족계를 받지 않은 자를 조롱하고 경멸하고 능욕하고자 저열한 어법인 '낙타, 양, 소, 당나귀, 축생, 지옥에 갈 놈'을 두고 '우리는 현명한 자가 아니다, 유능한 자가 아니다, 총명한 자가 아니다, 박학한 자가 아니다, 진리를 설하는 자가 아니다, 우리를 기다리는 것은 지옥이 아니라 천상이다.'라고 고귀한 어법으로 말하면, 말할 때마다 악작죄를 범하는 것이다.

4) 구족계를 받은 자가 구족계를 받지 않은 자를 조롱하고 경멸하고 능욕하고자 고귀한 어법인 현명한 자이고, 유능한 자이고, 총명한 자이고, 박학한 자이고, 진리를 설하는 자를 두고 '우리는 현명한 자가 아니다, 유능한 자가 아니다, 총명한 자가 아니다, 박학한 자가 아니다, 진리를 설하는 자가 아니다,[*11] 우리를 기다리는 것은 지옥이 아니라 천상이다.'라고 고귀한 어법으로 말하면, 말할 때마다 악작죄를 범하는 것이다.

4-1₁.

1) 구족계를 받은 자가 구족계를 받은 자를 조롱하지 않고 경멸하지 않고 능욕하고자 하지 않지만 농담하고자 저열한 짠달라, 죽세공, 사냥꾼, 수레공, 청소부를 두고 '그대는 짠달라이다, 죽세공이다, 사냥꾼이다, 수레공이다, 청소부이다.'라고 저열한 말로 말하면, 말할 때마다 악설죄를 범하는 것이다.

2) 구족계를 받은 자가 구족계를 받은 자를 조롱하지 않고 경멸하지 않고 능욕하고자 하지 않지만 농담하고자 고귀한 왕족이나 바라문을 두고 '그대는 짠달라이다, 죽세공이다, 사냥꾼이다, 수레공이다, 청소부이다.'라고 저열한 말로 말하면, 말할 때마다 악설죄를 범하는 것이다.

3) 구족계를 받은 자가 구족계를 받은 자를 조롱하지 않고 경멸하지 않고 능욕하고자 하지 않지만 농담하고자 저열한 짠달라, 죽세공, 사냥꾼, 수레공, 청소부를 두고 '그대는 왕족이다, 바라문이다.'라고 고귀한 말로 말하면, 말할 때마다 악설죄를 범하는 것이다.

4) 구족계를 받은 자가 구족계를 받은 자를 조롱하지 않고 경멸하지 않고 능욕하고자 하지 않지만 농담하고자 왕족과 바라문을 두고 '그대는 왕족이다, 바라문이다.'라고 고귀한 말로 말하면, 말할 때마다 악설죄를 범하는 것이다.

4-1₂.

1) 구족계를 받은 자가 구족계를 받은 자를 조롱하지 않고 경멸하지 않고 능욕하고자 하지 않지만 농담하고자 저열한 이름인 아바깐나까, 자바깐나까, 다닛타까, 싸빗타까, 꿀라밧다까를 두고 '그대는 아바깐나까이다, 자바깐나까이다, 다닛타까이다, 싸빗타까이다, 꿀라밧다까이다.'라고 저열한 이름으로 말하면, 말할 때마다 악설죄를 범하는 것이다.

2) 구족계를 받은 자가 구족계를 받은 자를 조롱하지 않고 경멸하지 않고 능욕하고자 하지 않지만 농담하고자 고귀한 이름인 붓다락키따, 담마락키따, 쌍가락키따를 두고 '그대는 아바깐나까이다, 자바깐나까이다, 다닛타까이다, 싸빗타까이다, 꿀라밧다까이다.'라고 저열한 이름으로 말하면, 말할 때마다 악설죄를 범하는 것이다.

3) 구족계를 받은 자가 구족계를 받은 자를 조롱하지 않고 경멸하지 않고 능욕하고자 하지 않지만 농담하고자 저열한 이름인 아바깐나까, 자바깐나까, 다닛타까, 싸빗타까, 꿀라밧다까를 두고 '그대는 붓다락키따이다, 담마락키따이다, 쌍가락키따이다.'라고 고귀한 이름으로 말하면, 말할 때마다 악설죄를 범하는 것이다.

4) 구족계를 받은 자가 구족계를 받은 자를 조롱하지 않고 경멸하지 않고 능욕하고자 하지 않지만 농담하고자 고귀한 이름인 붓다락키따, 담마락키따, 쌍가락키따를 두고 '그대는 붓다락키따이다, 담마락키따이다, 쌍가락키따이다.'라고 고귀한 이름으로 말하면, 말할 때마다 악설죄를 범하는 것이다.

4-1₃.

1) 구족계를 받은 자가 구족계를 받은 자를 조롱하지 않고 경멸하지 않고 능욕하고자 하지 않지만 농담하고자 저열한 성인 꼬씨야와 바라드와자를 두고 '그대는 꼬씨야이다, 바라드와자이다.'라고 저열한 성으로 말하면, 말할 때마다 악설죄를 범하는 것이다.
2) 구족계를 받은 자가 구족계를 받은 자를 조롱하지 않고 경멸하지 않고 능욕하고자 하지 않지만 농담하고자 고귀한 성인 고따마, 목갈라나, 깟짜나, 밧쎄타를 두고 '그대는 꼬씨야이다, 바라드와자이다.'라고 저열한 성으로 말하면, 말할 때마다 악설죄를 범하는 것이다.
3) 구족계를 받은 자가 구족계를 받은 자를 조롱하지 않고 경멸하지 않고 능욕하고자 하지 않지만 농담하고자 저열한 성인 꼬씨야와 바라드와자를 두고 '그대는 고따마이다, 목갈라나이다, 깟짜나이다, 밧쎄타이다.'라고 고귀한 성으로 말하면, 말할 때마다 악설죄를 범하는 것이다.
4) 구족계를 받은 자가 구족계를 받은 자를 조롱하지 않고 경멸하지 않고 능욕하고자 하지 않지만 농담하고자 고귀한 성인 고따마, 목갈라나, 깟짜나, 밧쎄타를 두고 '그대는 고따마이다, 목갈라나이다, 깟짜나이다, 밧쎄타이다.'라고 고귀한 성으로 말하면, 말할 때마다 악설죄를 범하는 것이다.

4-1₄.

1) 구족계를 받은 자가 구족계를 받은 자를 조롱하지 않고 경멸하지 않고 능욕하고자 하지 않지만 농담하고자 저열한 일인 창고일이나 꽃청소일을 두고 '그대는 창고일을 한다, 꽃청소일을 한다.'라고 저열한 일로 말하면, 말할 때마다 악설죄를 범하는 것이다.
2) 구족계를 받은 자가 구족계를 받은 자를 조롱하지 않고 경멸하지 않고 능욕하고자 하지 않지만 농담하고자 고귀한 일인 농사일, 상업일, 목축일을 두고 '그대는 창고일을 한다, 꽃청소일을 한다.'라고 저열한 일로 말하면, 말할 때마다 악설죄를 범하는 것이다.
3) 구족계를 받은 자가 구족계를 받은 자를 조롱하지 않고 경멸하지 않고 능욕하

고자 하지 않지만 농담하고자 저열한 일인 창고일, 꽃청소일을 두고 '그대는 농사일을 한다, 상업일을 한다, 목축일을 한다.'라고 고귀한 일로 말하면, 말할 때마다 악설죄를 범하는 것이다.

4) 구족계를 받은 자가 구족계를 받은 자를 조롱하지 않고 경멸하지 않고 능욕하고자 하지 않지만 농담하고자 고귀한 일인 농사일, 상업일, 목축일을 두고 '그대는 농사일을 한다, 상업일을 한다, 목축일을 한다.'라고 고귀한 일로 말하면, 말할 때마다 악설죄를 범하는 것이다.

4-1₅.

1) 구족계를 받은 자가 구족계를 받은 자를 조롱하지 않고 경멸하지 않고 능욕하고자 하지 않지만 농담하고자 저열한 기술인 죽세공기술, 도예기술, 직조기술, 피혁기술, 이발기술을 두고 '그대는 죽세공이다, 도예공이다, 피혁공이다, 직조공이다, 이발사이다.'라고 저열한 기술로 말하면, 말할 때마다 악설죄를 범하는 것이다.

2) 구족계를 받은 자가 구족계를 받은 자를 조롱하지 않고 경멸하지 않고 능욕하고자 하지 않지만 농담하고자 고귀한 기술인 회계, 계산, 서기를 두고 '그대는 죽세공이다, 도예공이다, 피혁공이다, 직조공이다, 이발사이다.'라고 저열한 기술로 말하면, 말할 때마다 악설죄를 범하는 것이다.

3) 구족계를 받은 자가 구족계를 받은 자를 조롱하지 않고 경멸하지 않고 능욕하고자 하지 않지만 농담하고자 저열한 기술인 죽세공기술, 도예기술, 직조기술, 피혁기술, 이발기술을 두고 '그대는 회계사이다, 계산자이다, 서기이다.'라고 고귀한 기술로 말하면, 말할 때마다 악설죄를 범하는 것이다.

4) 구족계를 받은 자가 구족계를 받은 자를 조롱하지 않고 경멸하지 않고 능욕하고자 하지 않지만 농담하고자 고귀한 기술인 회계, 계산, 서기를 두고 '그대는 회계사이다, 계산자이다, 서기이다.'라고 고귀한 기술로 말하면, 말할 때마다 악설죄를 범하는 것이다.

4-1₆.

1) 구족계를 받은 자가 구족계를 받은 자를 조롱하지 않고 경멸하지 않고 능욕하고자 하지 않지만 농담하고자 저열한 질병인 나병, 종기, 습진, 폐병, 간질을 두고 '그대는 나병환자이다, 종기환자이다, 습진환자이다, 폐병환자이다, 간질환자이다.'라고 저열한 질병으로 말하면, 말할 때마다 악설죄를 범하는 것이다.

2) 구족계를 받은 자가 구족계를 받은 자를 조롱하지 않고 경멸하지 않고 능욕하

고자 하지 않지만 농담하고자 고귀한 질병인 당뇨병을 두고 '그대는 나병환자이다, 종기환자이다, 습진환자이다, 폐병환자이다, 간질환자이다.'라고 저열한 질병으로 말하면, 말할 때마다 악설죄를 범하는 것이다.

3) 구족계를 받은 자가 구족계를 받은 자를 조롱하지 않고 경멸하지 않고 능욕하고자 하지 않지만 농담하고자 저열한 질병인 나병, 종기, 습진, 폐병, 간질을 두고 '그대는 당뇨환자이다.'라고 고귀한 질병으로 말하면, 말할 때마다 악설죄를 범하는 것이다.

4) 구족계를 받은 자가 구족계를 받은 자를 조롱하지 않고 경멸하지 않고 능욕하고자 하지 않지만 농담하고자 고귀한 질병인 당뇨병을 두고 '그대는 당뇨환자이다.'라고 고귀한 질병으로 말하면, 말할 때마다 악설죄를 범하는 것이다.

4-1ㄱ.

1) 구족계를 받은 자가 구족계를 받은 자를 조롱하지 않고 경멸하지 않고 능욕하고자 하지 않지만 농담하고자 저열한 특징인 지나치게 크거나 지나치게 작거나 지나치게 검거나 지나치게 흰 것을 두고 '그대는 지나치게 크다, 지나치게 작다, 지나치게 검다, 지나치게 희다.'라고 저열한 특징으로 말하면, 말할 때마다 악설죄를 범하는 것이다.

2) 구족계를 받은 자가 구족계를 받은 자를 조롱하지 않고 경멸하지 않고 능욕하고자 하지 않지만 농담하고자 고귀한 특징인 지나치게 크지 않고 지나치게 작지 않고 지나치게 검지 않고 지나치게 희지 않은 것을 두고 '그대는 지나치게 크다, 지나치게 작다, 지나치게 검다, 지나치게 희다.'라고 저열한 특징으로 말하면, 말할 때마다 악설죄를 범하는 것이다.

3) 구족계를 받은 자가 구족계를 받은 자를 조롱하지 않고 경멸하지 않고 능욕하고자 하지 않지만 농담하고자 저열한 특징인 지나치게 크거나 지나치게 작거나 지나치게 검거나 지나치게 흰 것을 두고 '그대는 지나치게 크지 않다, 지나치게 작지 않다, 지나치게 검지 않다, 지나치게 희지 않다.'라고 고귀한 특징으로 말하면, 말할 때마다 악설죄를 범하는 것이다.

4) 구족계를 받은 자가 구족계를 받은 자를 조롱하지 않고 경멸하지 않고 능욕하고자 하지 않지만 농담하고자 고귀한 특징인 지나치게 크지 않고 지나치게 작지 않고 지나치게 검지 않고 지나치게 희지 않은 것을 두고 '그대는 지나치게 크지 않다, 지나치게 작지 않다, 지나치게 검지 않다, 지나치게 희지 않다.'라고 고귀한 특징으로 말하면, 말할 때마다 악설죄를 범하는 것이다.

4-1₈.

1) 구족계를 받은 자가 구족계를 받은 자를 조롱하지 않고 경멸하지 않고 능욕하고자 하지 않지만 농담하고자 저열한 오염인 탐욕에 매이고, 분노에 매이고, 어리석음에 매인 것을 두고 '그대는 탐욕에 매였다, 분노에 매였다, 어리석음에 매였다.'라고 저열한 오염으로 말하면, 말할 때마다 악설죄를 범하는 것이다.
2) 구족계를 받은 자가 구족계를 받은 자를 조롱하지 않고 경멸하지 않고 능욕하고자 하지 않지만 농담하고자 고귀한 오염인 탐욕을 여의고, 분노를 여의고, 어리석음을 여읜 것을 두고 '그대는 탐욕에 매였다, 분노에 매였다, 어리석음에 매였다.'라고 저열한 오염으로 말하면, 말할 때마다 악설죄를 범하는 것이다.
3) 구족계를 받은 자가 구족계를 받은 자를 조롱하지 않고 경멸하지 않고 능욕하고자 하지 않지만 농담하고자 저열한 특징인 탐욕에 매이고, 분노에 매이고, 어리석음에 매인 것을 두고 '그대는 탐욕을 여의었다, 분노를 여의었다, 어리석음을 여의었다.'라고 고귀한 오염으로 말하면, 말할 때마다 악설죄를 범하는 것이다.
4) 구족계를 받은 자가 구족계를 받은 자를 조롱하지 않고 경멸하지 않고 능욕하고자 하지 않지만 농담하고자 고귀한 특징인 탐욕을 여의고, 분노를 여의고, 어리석음을 여읜 것을 두고 '그대는 탐욕을 여의었다, 분노를 여의었다, 어리석음을 여의었다.'라고 고귀한 오염으로 말하면, 말할 때마다 악설죄를 범하는 것이다.

4-1₉.

1) 구족계를 받은 자가 구족계를 받은 자를 조롱하지 않고 경멸하지 않고 능욕하고자 하지 않지만 농담하고자 저열한 성취인 승단추방죄를 성취하고, 승단잔류죄를 성취하고, 추악죄를 성취하고, 속죄죄를 성취하고, 고백죄를 성취하고, 악작죄를 성취하고, 악설죄를 성취한 것을 두고 '그대는 승단추방죄를 성취했다, 승단잔류죄를 성취했다, 추악죄를 성취했다, 속죄죄를 성취했다, 고백죄를 성취했다, 악작죄를 성취했다, 악설죄를 성취했다.'라고 저열한 성취로 말하면, 말할 때마다 악설죄를 범하는 것이다.
2) 구족계를 받은 자가 구족계를 받은 자를 조롱하지 않고 경멸하지 않고 능욕하고자 하지 않지만 농담하고자 고귀한 성취인 흐름에 든 경지의 성취를 두고 '그대는 승단추방죄를 성취했다, 그대는 승단잔류죄를 성취했다, 추악죄를 성취했다, 속죄죄를 성취했다, 고백죄를 성취했다, 악작죄를 성취했다, 악설죄를

성취했다.'라고 저열한 범죄의 성취로 말하면, 말할 때마다 악설죄를 범하는 것이다.

3) 구족계를 받은 자가 구족계를 받은 자를 조롱하지 않고 경멸하지 않고 능욕하고자 하지 않지만 농담하고자 저열한 범죄의 성취인 승단추방죄를 성취하고, 승단잔류죄를 성취하고, 추악죄를 성취하고, 속죄죄를 성취하고, 고백죄를 성취하고, 악작죄를 성취하고, 악설죄를 성취한 것을 두고 '그대는 흐름에 든 경지를 성취했다.'라고 고귀한 성취로 말하면, 말할 때마다 악설죄를 범하는 것이다.

4) 구족계를 받은 자가 구족계를 받은 자를 조롱하지 않고 경멸하지 않고 능욕하고자 하지 않지만 농담하고자 고귀한 성취인 흐름에 든 경지의 성취를 두고 '그대는 흐름에 든 경지를 성취했다.'라고 고귀한 성취로 말하면, 말할 때마다 악설죄를 범하는 것이다.

4-1₁₀.

1) 구족계를 받은 자가 구족계를 받은 자를 조롱하지 않고 경멸하지 않고 능욕하고자 하지 않지만 농담하고자 저열한 어법인 '낙타, 양, 소, 당나귀, 축생, 지옥에 갈 놈'을 두고 '그대는 낙타이다. 양이다, 소다, 당나귀이다, 축생이다, 지옥에 갈 놈이다. 그대를 기다리는 것은 천상이 아니라 지옥이다.'라고 저열한 어법으로 말하면, 말할 때마다 악설죄를 범하는 것이다.

2) 구족계를 받은 자가 구족계를 받은 자를 조롱하지 않고 경멸하지 않고 능욕하고자 하지 않지만 농담하고자 고귀한 어법인 '현명한 자이고, 유능한 자이고, 총명한 자이고, 박학한 자이고, 진리를 설하는 자'를 두고 '그대는 낙타이다, 양이다, 소다, 그대는 당나귀다, 그대는 축생이다, 지옥에 갈 놈이다, 그대를 기다리는 것은 천상이 아니라 지옥이다.'라고 저열한 어법으로 말하면, 말할 때마다 악설죄를 범하는 것이다.

3) 구족계를 받은 자가 구족계를 받은 자를 조롱하지 않고 경멸하지 않고 능욕하고자 하지 않지만 농담하고자 저열한 어법인 '낙타, 양, 소, 당나귀, 축생, 지옥에 갈 놈'을 두고 '그대는 현명한 자이다, 유능한 자이다, 총명한 자이다, 박학한 자이다, 진리를 설하는 자이다. 그대를 기다리는 것은 지옥이 아니라 천상이다.'라고 고귀한 어법으로 말하면, 말할 때마다 악설죄를 범하는 것이다.

4) 구족계를 받은 자가 구족계를 받은 자를 조롱하지 않고 경멸하지 않고 능욕하고자 하지 않지만 농담하고자 고귀한 어법인 현명한 자이고, 유능한 자이고,

총명한 자이고, 박학한 자이고, 진리를 설하는 자를 두고 '그대는 현명한 자이다, 유능한 자이다, 총명한 자이다, 박학한 자이다, 진리를 설하는 자이다. 그대를 기다리는 것은 지옥이 아니라 천상이다.'라고 고귀한 어법으로 말하면, 말할 때마다 악설죄를 범하는 것이다.

4-2₁.

1) 구족계를 받은 자가 구족계를 받은 자를 조롱하지 않고 경멸하지 않고 능욕하고자 하지 않지만 농담하고자 저열한 짠달라, 죽세공, 사냥꾼, 수레공, 청소부를 두고 '여기 어떤 자는 짠달라이다, 죽세공이다, 사냥꾼이다, 수레공이다, 청소부이다.'라고 저열한 말로 말하면, 말할 때마다 악설죄를 범하는 것이다.
2) 구족계를 받은 자가 구족계를 받은 자를 조롱하지 않고 경멸하지 않고 능욕하고자 하지 않지만 농담하고자 고귀한 왕족이나 바라문을 두고 '여기 어떤 자는 짠달라이다, 죽세공이다, 사냥꾼이다, 수레공이다, 청소부이다.'라고 저열한 말로 말하면, 말할 때마다 악설죄를 범하는 것이다.
3) 구족계를 받은 자가 구족계를 받은 자를 조롱하지 않고 경멸하지 않고 능욕하고자 하지 않지만 농담하고자 저열한 짠달라, 죽세공, 사냥꾼, 수레공, 청소부를 두고 '여기 어떤 자는 왕족이다, 바라문이다.'라고 고귀한 말로 말하면, 말할 때마다 악설죄를 범하는 것이다.
4) 구족계를 받은 자가 구족계를 받은 자를 조롱하지 않고 경멸하지 않고 능욕하고자 하지 않지만 농담하고자 왕족과 바라문을 두고 '여기 어떤 자는 왕족이다, 바라문이다.'라고 고귀한 말로 말하면, 말할 때마다 악설죄를 범하는 것이다.

4-2₂.

1) 구족계를 받은 자가 구족계를 받은 자를 조롱하지 않고 경멸하지 않고 능욕하고자 하지 않지만 농담하고자 저열한 이름인 아바깐나까, 자바깐나까, 다닛타까, 싸빗타까, 꿀라밧다까를 두고 '여기 어떤 자는 아바깐나까이다, 자바깐나까이다, 다닛타까이다, 싸빗타까이다, 꿀라밧다까이다.'라고 저열한 이름으로 말하면, 말할 때마다 악설죄를 범하는 것이다.
2) 구족계를 받은 자가 구족계를 받은 자를 조롱하지 않고 경멸하지 않고 능욕하고자 하지 않지만 농담하고자 고귀한 이름인 붓다락키따, 담마락키따, 쌍가락키따를 두고 '여기 어떤 자는 아바깐나까이다, 자바깐나까이다, 다닛타까이다, 싸빗타까이다, 꿀라밧다까이다.'라고 저열한 이름으로 말하면, 말할 때마다 악설죄를 범하는 것이다.

3) 구족계를 받은 자가 구족계를 받은 자를 조롱하지 않고 경멸하지 않고 능욕하고자 하지 않지만 농담하고자 저열한 이름인 아바깐나까, 자바깐나까, 다닛타까, 싸빗타까, 꿀라밧다까를 두고 '여기 어떤 자는 붓다락키따이다, 담마락키따이다, 쌍가락키따이다.'라고 고귀한 이름으로 말하면, 말할 때마다 악설죄를 범하는 것이다.

4) 구족계를 받은 자가 구족계를 받은 자를 조롱하지 않고 경멸하지 않고 능욕하고자 하지 않지만 농담하고자 고귀한 이름인 붓다락키따, 담마락키따, 쌍가락키따를 두고 '여기 어떤 자는 붓다락키따이다, 담마락키따이다, 쌍가락키따이다.'라고 고귀한 이름으로 말하면, 말할 때마다 악설죄를 범하는 것이다.

4-2$_3$.

1) 구족계를 받은 자가 구족계를 받은 자를 조롱하지 않고 경멸하지 않고 능욕하고자 하지 않지만 농담하고자 저열한 성인 꼬씨야와 바라드와자를 두고 '여기 어떤 자는 꼬씨야이다, 바라드와자이다.'라고 저열한 성으로 말하면, 말할 때마다 악설죄를 범하는 것이다.

2) 구족계를 받은 자가 구족계를 받은 자를 조롱하지 않고 경멸하지 않고 능욕하고자 하지 않지만 농담하고자 고귀한 성인 고따마, 목갈라나, 깟짜나, 밧쎄타를 두고 '여기 어떤 자는 꼬씨야이다, 바라드와자이다.'라고 저열한 성으로 말하면, 말할 때마다 악설죄를 범하는 것이다.

3) 구족계를 받은 자가 구족계를 받은 자를 조롱하지 않고 경멸하지 않고 능욕하고자 하지 않지만 농담하고자 저열한 성인 꼬씨야와 바라드와자를 두고 '그대는 고따마이다, 그대는 목갈라나이다, 그대는 깟짜나이다, 그대는 밧쎄타이다.'라고 고귀한 성으로 말하면, 말할 때마다 악설죄를 범하는 것이다.

4) 구족계를 받은 자가 구족계를 받은 자를 조롱하지 않고 경멸하지 않고 능욕하고자 하지 않지만 농담하고자 고귀한 성인 고따마, 목갈라나, 깟짜나, 밧쎄타를 두고 '여기 어떤 자는 고따마이다, 목갈라나이다, 깟짜나이다, 밧쎄타이다.'라고 고귀한 성으로 말하면, 말할 때마다 악설죄를 범하는 것이다.

4-2$_4$.

1) 구족계를 받은 자가 구족계를 받은 자를 조롱하지 않고 경멸하지 않고 능욕하고자 하지 않지만 농담하고자 저열한 일인 창고일이나 꽃청소일을 두고 '여기 어떤 자는 창고일을 한다, 꽃청소일을 한다.'라고 저열한 일로 말하면, 말할 때마다 악설죄를 범하는 것이다.

2) 구족계를 받은 자가 구족계를 받은 자를 조롱하지 않고 경멸하지 않고 능욕하고자 하지 않지만 농담하고자 고귀한 일인 농사일, 상업일, 목축일을 두고 '여기 어떤 자는 창고일을 한다, 꽃청소일을 한다.'라고 저열한 일로 말하면, 말할 때마다 악설죄를 범하는 것이다.
3) 구족계를 받은 자가 구족계를 받은 자를 조롱하지 않고 경멸하지 않고 능욕하고자 하지 않지만 농담하고자 저열한 일인 창고일, 꽃청소일을 두고 '여기 어떤 자는 농사일을 한다, 상업일을 한다, 목축일을 한다.'라고 고귀한 일로 말하면, 말할 때마다 악설죄를 범하는 것이다.
4) 구족계를 받은 자가 구족계를 받은 자를 조롱하지 않고 경멸하지 않고 능욕하고자 하지 않지만 농담하고자 고귀한 일인 농사일, 상업일, 목축일을 두고 '여기 어떤 자는 농사일을 한다, 상업일을 한다, 목축일을 한다.'라고 고귀한 일로 말하면, 말할 때마다 악설죄를 범하는 것이다.

4-2₅.

1) 구족계를 받은 자가 구족계를 받은 자를 조롱하지 않고 경멸하지 않고 능욕하고자 하지 않지만 농담하고자 저열한 기술인 죽세공기술, 도예기술, 직조기술, 피혁기술, 이발기술을 두고 '여기 어떤 자는 죽세공이다, 도예공이다, 피혁공이다, 직조공이다, 이발사이다.'라고 저열한 기술로 말하면, 말할 때마다 악설죄를 범하는 것이다.
2) 구족계를 받은 자가 구족계를 받은 자를 조롱하지 않고 경멸하지 않고 능욕하고자 하지 않지만 농담하고자 고귀한 기술인 회계, 계산, 서기를 두고 '여기 어떤 자는 죽세공이다, 도예공이다, 피혁공이다, 직조공이다, 이발사이다.'라고 저열한 기술로 말하면, 말할 때마다 악설죄를 범하는 것이다.
3) 구족계를 받은 자가 구족계를 받은 자를 조롱하지 않고 경멸하지 않고 능욕하고자 하지 않지만 농담하고자 저열한 기술인 죽세공기술, 도예기술, 직조기술, 피혁기술, 이발기술을 두고 '여기 어떤 자는 회계사이다, 계산자이다, 서기이다.'라고 고귀한 기술로 말하면, 말할 때마다 악설죄를 범하는 것이다.
4) 구족계를 받은 자가 구족계를 받은 자를 조롱하지 않고 경멸하지 않고 능욕하고자 하지 않지만 농담하고자 고귀한 기술인 회계, 계산, 서기를 두고 '여기 어떤 자는 회계사이다, 계산자이다, 서기이다.'라고 고귀한 기술로 말하면, 말할 때마다 악설죄를 범하는 것이다.

4-2₆.

1) 구족계를 받은 자가 구족계를 받은 자를 조롱하지 않고 경멸하지 않고 능욕하고자 하지 않지만 농담하고자 저열한 질병인 나병, 종기, 습진, 폐병, 간질을 두고 '여기 어떤 자는 나병환자이다, 종기환자다, 습진환자이다, 폐병환자이다, 간질환자이다.'라고 저열한 질병으로 말하면, 말할 때마다 악설죄를 범하는 것이다.

2) 구족계를 받은 자가 구족계를 받은 자를 조롱하지 않고 경멸하지 않고 능욕하고자 하지 않지만 농담하고자 고귀한 질병인 당뇨병을 두고 '여기 어떤 자는 나병환자이다, 종기환자이다, 습진환자이다, 폐병환자이다, 간질환자이다.'라고 저열한 질병으로 말하면, 말할 때마다 악설죄를 범하는 것이다.

3) 구족계를 받은 자가 구족계를 받은 자를 조롱하지 않고 경멸하지 않고 능욕하고자 하지 않지만 농담하고자 저열한 질병인 나병, 종기, 습진, 폐병, 간질을 두고 '여기 어떤 자는 당뇨환자이다.'라고 고귀한 질병으로 말하면, 말할 때마다 악설죄를 범하는 것이다.

4) 구족계를 받은 자가 구족계를 받은 자를 조롱하지 않고 경멸하지 않고 능욕하고자 하지 않지만 농담하고자 고귀한 질병인 당뇨병을 두고 '여기 어떤 자는 당뇨환자이다.'라고 고귀한 질병으로 말하면, 말할 때마다 악설죄를 범하는 것이다.

4-2ㅊ.

1) 구족계를 받은 자가 구족계를 받은 자를 조롱하지 않고 경멸하지 않고 능욕하고자 하지 않지만 농담하고자 저열한 특징인 지나치게 크거나 지나치게 작거나 지나치게 검거나 지나치게 흰 것을 두고 '여기 어떤 자는 지나치게 크다, 지나치게 작다, 지나치게 검다, 지나치게 희다.'라고 저열한 특징으로 말하면, 말할 때마다 악설죄를 범하는 것이다.

2) 구족계를 받은 자가 구족계를 받은 자를 조롱하지 않고 경멸하지 않고 능욕하고자 하지 않지만 농담하고자 고귀한 특징인 지나치게 크지 않고 지나치게 작지 않고 지나치게 검지 않고 지나치게 희지 않은 것을 두고 '여기 어떤 자는 지나치게 크다, 지나치게 작다, 지나치게 검다, 지나치게 희다.'라고 저열한 특징으로 말하면, 말할 때마다 악설죄를 범하는 것이다.

3) 구족계를 받은 자가 구족계를 받은 자를 조롱하지 않고 경멸하지 않고 능욕하고자 하지 않지만 농담하고자 저열한 특징인 지나치게 크거나 지나치게 작거나 지나치게 검거나 지나치게 흰 것을 두고 '여기 어떤 자는 지나치게 크지

않다, 지나치게 작지 않다, 지나치게 검지 않다, 지나치게 희지 않다.'라고 고귀한 특징으로 말하면, 말할 때마다 악설죄를 범하는 것이다.

4) 구족계를 받은 자가 구족계를 받은 자를 조롱하지 않고 경멸하지 않고 능욕하고자 하지 않지만 농담하고자 고귀한 특징인 지나치게 크지 않고 지나치게 작지 않고 지나치게 검지 않고 지나치게 희지 않은 것을 두고 '여기 어떤 자는 지나치게 크지 않다, 지나치게 작지 않다, 지나치게 검지 않다, 지나치게 희지 않다.'라고 고귀한 특징으로 말하면, 말할 때마다 악설죄를 범하는 것이다.

4-2₈.

1) 구족계를 받은 자가 구족계를 받은 자를 조롱하지 않고 경멸하지 않고 능욕하고자 하지 않지만 농담하고자 저열한 오염인 탐욕에 매이고, 분노에 매이고, 어리석음에 매인 것을 두고 '여기 어떤 자는 탐욕에 매였다, 그대는 분노에 매였다, 그대는 어리석음에 매였다.'라고 저열한 오염으로 말하면, 말할 때마다 악설죄를 범하는 것이다.

2) 구족계를 받은 자가 구족계를 받은 자를 조롱하지 않고 경멸하지 않고 능욕하고자 하지 않지만 농담하고자 고귀한 오염인 탐욕을 여의고, 분노를 여의고, 어리석음을 여윈 것을 두고 '여기 어떤 자는 탐욕에 매였다, 분노에 매였다, 어리석음에 매였다.'라고 저열한 오염으로 말하면, 말할 때마다 악설죄를 범하는 것이다.

3) 구족계를 받은 자가 구족계를 받은 자를 조롱하지 않고 경멸하지 않고 능욕하고자 하지 않지만 농담하고자 저열한 오염인 탐욕에 매이고, 분노에 매이고, 어리석음에 매인 것을 두고 '여기 어떤 자는 탐욕을 여의었다, 분노를 여의었다, 어리석음을 여의었다.'라고 고귀한 오염으로 말하면, 말할 때마다 악설죄를 범하는 것이다.

4) 구족계를 받은 자가 구족계를 받은 자를 조롱하지 않고 경멸하지 않고 능욕하고자 하지 않지만 농담하고자 고귀한 오염인 탐욕을 여의고, 분노를 여의고, 어리석음을 여윈 것을 두고 '여기 어떤 자는 탐욕을 여의었다, 분노를 여의었다, 어리석음을 여의었다.'라고 고귀한 오염으로 말하면, 말할 때마다 악설죄를 범하는 것이다.

4-2₉.

1) 구족계를 받은 자가 구족계를 받은 자를 조롱하지 않고 경멸하지 않고 능욕하고자 하지 않지만 농담하고자 저열한 성취인 승단추방죄를 성취하고, 승단잔

류죄를 성취하고, 추악죄를 성취하고, 악작죄를 성취하고, 고백죄를 성취하고, 악작죄를 성취하고, 악설죄를 성취한 것을 두고 '여기 어떤 자는 승단추방죄를 성취했다, 승단잔류죄를 성취했다, 추악죄를 성취했다, 속죄죄를 성취했다, 고백죄를 성취했다, 악작죄를 성취했다, 악설죄를 성취했다.'라고 저열한 성취로 말하면, 말할 때마다 악설죄를 범하는 것이다.

2) 구족계를 받은 자가 구족계를 받은 자를 조롱하지 않고 경멸하지 않고 능욕하고자 하지 않지만 농담하고자 고귀한 성취인 흐름에 든 경지의 성취를 두고 '여기 어떤 자는 승단추방죄를 성취했다, 승단잔류죄를 성취했다, 추악죄를 성취했다, 속죄죄를 성취했다, 고백죄를 성취했다, 악작죄를 성취했다, 악설죄를 성취했다.'라고 저열한 범죄의 성취로 말하면, 말할 때마다 악설죄를 범하는 것이다.

3) 구족계를 받은 자가 구족계를 받은 자를 조롱하지 않고 경멸하지 않고 능욕하고자 하지 않지만 농담하고자 저열한 범죄의 성취인 승단추방죄를 성취하고, 승단잔류죄를 성취하고, 추악죄를 성취하고, 속죄죄를 성취하고, 고백죄를 성취하고, 악작죄를 성취하고, 악설죄를 성취한 것을 두고 '여기 어떤 자는 흐름에 든 경지를 성취했다.'라고 고귀한 성취로 말하면, 말할 때마다 악설죄를 범하는 것이다.

4) 구족계를 받은 자가 구족계를 받은 자를 조롱하지 않고 경멸하지 않고 능욕하고자 하지 않지만 농담하고자 고귀한 성취인 흐름에 든 경지의 성취를 두고 '여기 어떤 자는 흐름에 든 경지를 성취했다.'라고 고귀한 성취로 말하면, 말할 때마다 악설죄를 범하는 것이다.

4-2$_{10}$.

1) 구족계를 받은 자가 구족계를 받은 자를 조롱하지 않고 경멸하지 않고 능욕하고자 하지 않지만 농담하고자 저열한 어법인 '낙타, 양, 소, 당나귀, 축생, 지옥에 갈 놈'을 두고 '여기 어떤 자는 낙타이다, 양이다, 소다, 당나귀다, 축생이다, 지옥에 갈 놈이다, 여기 어떤 자를 기다리는 것은 천상이 아니라 지옥이다.'라고 저열한 어법으로 말하면, 말할 때마다 악설죄를 범하는 것이다.

2) 구족계를 받은 자가 구족계를 받은 자를 조롱하지 않고 경멸하지 않고 능욕하고자 하지 않지만 농담하고자 고귀한 어법인 '현명한 자이고, 유능한 자이고, 총명한 자이고, 박학한 자이고, 진리를 설하는 자'를 두고 '여기 어떤 자는 낙타이다, 양이다, 소다, 당나귀다, 축생이다, 지옥에 갈 놈이다, 여기 어떤

자를 기다리는 것은 천상이 아니라 지옥이다.'라고 저열한 어법으로 말하면, 말할 때마다 악설죄를 범하는 것이다.

3) 구족계를 받은 자가 구족계를 받은 자를 조롱하지 않고 경멸하지 않고 능욕하고자 하지 않지만 농담하고자 저열한 어법인 '낙타, 양, 소, 당나귀, 축생, 지옥에 갈 놈'을 두고 '여기 어떤 자는 현명한 자이다, 유능한 자이다, 총명한 자이다, 박학한 자이다, 진리를 설하는 자이다. 여기 어떤 자를 기다리는 것은 지옥이 아니라 천상이다.'라고 고귀한 어법으로 말하면, 말할 때마다 악설죄를 범하는 것이다.

4) 구족계를 받은 자가 구족계를 받은 자를 조롱하지 않고 경멸하지 않고 능욕하고자 하지 않지만 농담하고자 고귀한 어법인 현명한 자이고, 유능한 자이고, 총명한 자이고, 박학한 자이고, 진리를 설하는 자를 두고 '여기 어떤 자는 현명한 자이다, 유능한 자이다, 총명한 자이다, 박학한 자이다, 진리를 설하는 자이다. 여기 어떤 자를 기다리는 것은 지옥이 아니라 천상이다.'라고 고귀한 어법으로 말하면, 말할 때마다 악설죄를 범하는 것이다.

4-3₁.

1) 구족계를 받은 자가 구족계를 받은 자를 조롱하지 않고 경멸하지 않고 능욕하고자 하지 않지만 농담하고자 저열한 짠달라, 죽세공, 사냥꾼, 수레공, 청소부를 두고 '그는 짠달라가 아닐까? 죽세공이 아닐까? 사냥꾼이 아닐까? 수레공이 아닐까? 청소부가 아닐까?'라고 저열한 말로 말하면, 말할 때마다 악설죄를 범하는 것이다.

2) 구족계를 받은 자가 구족계를 받은 자를 조롱하지 않고 경멸하지 않고 능욕하고자 하지 않지만 농담하고자 고귀한 왕족이나 바라문을 두고 '그는 짠달라가 아닐까? 죽세공이 아닐까? 사냥꾼이 아닐까? 수레공이 아닐까? 청소부가 아닐까?'라고 저열한 말로 말하면, 말할 때마다 악설죄를 범하는 것이다.

3) 구족계를 받은 자가 구족계를 받은 자를 조롱하지 않고 경멸하지 않고 능욕하고자 하지 않지만 농담하고자 저열한 짠달라, 죽세공, 사냥꾼, 수레공, 청소부를 두고 '그는 왕족이 아닐까? 바라문이 아닐까?'라고 고귀한 말로 말하면, 말할 때마다 악설죄를 범하는 것이다.

4) 구족계를 받은 자가 구족계를 받은 자를 조롱하지 않고 경멸하지 않고 능욕하고자 하지 않지만 농담하고자 왕족과 바라문을 두고 '그는 왕족이 아닐까? 바라문이 아닐까?'라고 고귀한 말로 말하면, 말할 때마다 악설죄를 범하는 것

이다.

4-3₂.

1) 구족계를 받은 자가 구족계를 받은 자를 조롱하지 않고 경멸하지 않고 능욕하고자 하지 않지만 농담하고자 저열한 이름인 아바깐나까, 자바깐나까, 다닛타까, 싸빗타까, 꿀라밧다까를 두고 '그는 아바깐나까가 아닐까? 자바깐나까가 아닐까? 다닛타까가 아닐까? 싸빗타까가 아닐까? 꿀라밧다까가 아닐까?'라고 저열한 이름으로 말하면, 말할 때마다 악설죄를 범하는 것이다.

2) 구족계를 받은 자가 구족계를 받은 자를 조롱하지 않고 경멸하지 않고 능욕하고자 하지 않지만 농담하고자 고귀한 이름인 붓다락키따, 담마락키따, 쌍가락키따를 두고 '그는 아바깐나까가 아닐까? 자바깐나까가 아닐까? 다닛타까가 아닐까? 싸빗타까가 아닐까? 꿀라밧다까가 아닐까?'라고 저열한 이름으로 말하면, 말할 때마다 악설죄를 범하는 것이다.

3) 구족계를 받은 자가 구족계를 받은 자를 조롱하지 않고 경멸하지 않고 능욕하고자 하지 않지만 농담하고자 저열한 이름인 아바깐나까, 자바깐나까, 다닛타까, 싸빗타까, 꿀라밧다까를 두고 '그는 붓다락키따가 아닐까? 담마락키따가 아닐까? 쌍가락키따가 아닐까?'라고 고귀한 이름으로 말하면, 말할 때마다 악설죄를 범하는 것이다.

4) 구족계를 받은 자가 구족계를 받은 자를 조롱하지 않고 경멸하지 않고 능욕하고자 하지 않지만 농담하고자 고귀한 이름인 붓다락키따, 담마락키따, 쌍가락키따를 두고 '그는 붓다락키따가 아닐까? 담마락키따가 아닐까? 쌍가락키따가 아닐까?'라고 고귀한 이름으로 말하면, 말할 때마다 악설죄를 범하는 것이다.

4-3₃.

1) 구족계를 받은 자가 구족계를 받은 자를 조롱하지 않고 경멸하지 않고 능욕하고자 하지 않지만 농담하고자 저열한 성인 꼬씨야와 바라드와자를 두고 '그는 꼬씨야가 아닐까? 바라드와자가 아닐까?'라고 저열한 성으로 말하면, 말할 때마다 악설죄를 범하는 것이다.

2) 구족계를 받은 자가 구족계를 받은 자를 조롱하지 않고 경멸하지 않고 능욕하고자 하지 않지만 농담하고자 고귀한 성인 고따마, 목갈라나, 깟짜나, 밧쎄타를 두고 '그는 꼬씨야가 아닐까? 바라드와자가 아닐까?'라고 저열한 성으로 말하면, 말할 때마다 악설죄를 범하는 것이다.

3) 구족계를 받은 자가 구족계를 받은 자를 조롱하지 않고 경멸하지 않고 능욕하

고자 하지 않지만 농담하고자 저열한 성인 꼬씨야와 바라드와자를 두고 '그대는 고따마가 아닐까? 그대는 목갈라나가 아닐까? 그대는 깟짜나가 아닐까? 그대는 밧쎄타가 아닐까?'라고 고귀한 성으로 말하면, 말할 때마다 악설죄를 범하는 것이다.

4) 구족계를 받은 자가 구족계를 받은 자를 조롱하지 않고 경멸하지 않고 능욕하고자 하지 않지만 농담하고자 고귀한 성인 고따마, 목갈라나, 깟짜나, 밧쎄타를 두고 '그는 고따마가 아닐까? 목갈라나가 아닐까? 깟짜나가 아닐까? 밧쎄타가 아닐까?'라고 고귀한 성으로 말하면, 말할 때마다 악설죄를 범하는 것이다.

4-3₄.

1) 구족계를 받은 자가 구족계를 받은 자를 조롱하지 않고 경멸하지 않고 능욕하고자 하지 않지만 농담하고자 저열한 일인 창고일이나 꽃청소일을 두고 '그는 창고일을 하지 않을까? 꽃청소일을 하지 않을까?'라고 저열한 일로 말하면, 말할 때마다 악설죄를 범하는 것이다.

2) 구족계를 받은 자가 구족계를 받은 자를 조롱하지 않고 경멸하지 않고 능욕하고자 하지 않지만 농담하고자 고귀한 일인 농사일, 상업일, 목축일을 두고 '그는 창고일을 하지 않을까? 꽃청소일을 하지 않을까?'라고 저열한 일로 말하면, 말할 때마다 악설죄를 범하는 것이다.

3) 구족계를 받은 자가 구족계를 받은 자를 조롱하지 않고 경멸하지 않고 능욕하고자 하지 않지만 농담하고자 저열한 일인 창고일, 꽃청소일을 두고 '그는 농사일을 하지 않을까? 상업일을 하지 않을까? 목축일을 하지 않을까?'라고 고귀한 일로 말하면, 말할 때마다 악설죄를 범하는 것이다.

4) 구족계를 받은 자가 구족계를 받은 자를 조롱하지 않고 경멸하지 않고 능욕하고자 하지 않지만 농담하고자 고귀한 일인 농사일, 상업일, 목축일을 두고 '그는 농사일을 하지 않을까? 상업일을 하지 않을까? 목축일을 하지 않을까?'라고 고귀한 일로 말하면, 말할 때마다 악설죄를 범하는 것이다.

4-3₅.

1) 구족계를 받은 자가 구족계를 받은 자를 조롱하지 않고 경멸하지 않고 능욕하고자 하지 않지만 농담하고자 저열한 기술인 죽세공기술, 도예기술, 직조기술, 피혁기술, 이발기술을 두고 '그는 죽세공가 아닐까? 도예공가 아닐까? 피혁공가 아닐까? 직조공가 아닐까? 이발사가 아닐까?'라고 저열한 기술로 말하면, 말할 때마다 악설죄를 범하는 것이다.

2) 구족계를 받은 자가 구족계를 받은 자를 조롱하지 않고 경멸하지 않고 능욕하고자 하지 않지만 농담하고자 고귀한 기술인 회계, 계산, 서기를 두고 '그는 죽세공가 아닐까? 도예공가 아닐까? 피혁공가 아닐까? 직조공가 아닐까? 이발사가 아닐까?'라고 저열한 기술로 말하면, 말할 때마다 악설죄를 범하는 것이다.
3) 구족계를 받은 자가 구족계를 받은 자를 조롱하지 않고 경멸하지 않고 능욕하고자 하지 않지만 농담하고자 저열한 기술인 죽세공기술, 도예기술, 직조기술, 피혁기술, 이발기술을 두고 '그는 회계사가 아닐까? 계산자가 아닐까? 서기가 아닐까?'라고 고귀한 기술로 말하면, 말할 때마다 악설죄를 범하는 것이다.
4) 구족계를 받은 자가 구족계를 받은 자를 조롱하지 않고 경멸하지 않고 능욕하고자 하지 않지만 농담하고자 고귀한 기술인 회계, 계산, 서기를 두고 '그는 회계사가 아닐까? 계산자가 아닐까? 서기가 아닐까?'라고 고귀한 기술로 말하면, 말할 때마다 악설죄를 범하는 것이다.

4-3₆.

1) 구족계를 받은 자가 구족계를 받은 자를 조롱하지 않고 경멸하지 않고 능욕하고자 하지 않지만 농담하고자 저열한 질병인 나병, 종기, 습진, 폐병, 간질을 두고 '그는 나병환자가 아닐까? 종기환자다, 습진환자가 아닐까? 폐병환자가 아닐까? 간질환자가 아닐까?'라고 저열한 질병으로 말하면, 말할 때마다 악설죄를 범하는 것이다.
2) 구족계를 받은 자가 구족계를 받은 자를 조롱하지 않고 경멸하지 않고 능욕하고자 하지 않지만 농담하고자 고귀한 질병인 당뇨병을 두고 '그는 나병환자가 아닐까? 종기환자가 아닐까? 습진환자가 아닐까? 폐병환자가 아닐까? 간질환자가 아닐까?'라고 저열한 질병으로 말하면, 말할 때마다 악설죄를 범하는 것이다.
3) 구족계를 받은 자가 구족계를 받은 자를 조롱하지 않고 경멸하지 않고 능욕하고자 하지 않지만 농담하고자 저열한 질병인 나병, 종기, 습진, 폐병, 간질을 두고 '그는 당뇨환자가 아닐까?'라고 고귀한 질병으로 말하면, 말할 때마다 악설죄를 범하는 것이다.
4) 구족계를 받은 자가 구족계를 받은 자를 조롱하지 않고 경멸하지 않고 능욕하고자 하지 않지만 농담하고자 고귀한 질병인 당뇨병을 두고 '그는 당뇨환자가 아닐까?'라고 고귀한 질병으로 말하면, 말할 때마다 악설죄를 범하는 것이다.

4-3₇.

1) 구족계를 받은 자가 구족계를 받은 자를 조롱하지 않고 경멸하지 않고 능욕하고자 하지 않지만 농담하고자 저열한 특징인 지나치게 크거나 지나치게 작거나 지나치게 검거나 지나치게 흰 것을 두고 '그는 지나치게 크지 않을까? 지나치게 작지 않을까? 지나치게 검지 않을까? 지나치게 희지 않을까?'라고 저열한 특징으로 말하면, 말할 때마다 악설죄를 범하는 것이다.
2) 구족계를 받은 자가 구족계를 받은 자를 조롱하지 않고 경멸하지 않고 능욕하고자 하지 않지만 농담하고자 고귀한 특징인 지나치게 크지 않고 지나치게 작지 않고 지나치게 검지 않고 지나치게 희지 않은 것을 두고 '그는 지나치게 크지 않을까? 그대는 지나치게 작지 않을까? 지나치게 검지 않을까? 지나치게 희지 않을까?'라고 저열한 특징으로 말하면, 말할 때마다 악설죄를 범하는 것이다.
3) 구족계를 받은 자가 구족계를 받은 자를 조롱하지 않고 경멸하지 않고 능욕하고자 하지 않지만 농담하고자 저열한 특징인 지나치게 크거나 지나치게 작거나 지나치게 검거나 지나치게 흰 것을 두고 '그는 지나치게 크지 않지 않을까? 지나치게 작지 않지 않을까? 지나치게 검지 않지 않을까? 지나치게 희지 않지 않을까?'라고 고귀한 특징으로 말하면, 말할 때마다 악설죄를 범하는 것이다.
4) 구족계를 받은 자가 구족계를 받은 자를 조롱하지 않고 경멸하지 않고 능욕하고자 하지 않지만 농담하고자 고귀한 특징인 지나치게 크지 않고 지나치게 작지 않고 지나치게 검지 않고 지나치게 희지 않은 것을 두고 '그는 지나치게 크지 않지 않을까? 지나치게 작지 않지 않을까? 지나치게 검지 않지 않을까? 지나치게 희지 않지 않을까?'라고 고귀한 특징으로 말하면, 말할 때마다 악설죄를 범하는 것이다.

4-3₈.

1) 구족계를 받은 자가 구족계를 받은 자를 조롱하지 않고 경멸하지 않고 능욕하고자 하지 않지만 농담하고자 저열한 오염인 탐욕에 매이고, 분노에 매이고, 어리석음에 매인 것을 두고 '그는 탐욕에 매인 것이 아닐까? 그대는 분노에 매인 것이 아닐까? 그대는 어리석음에 매인 것이 아닐까?'라고 저열한 오염으로 말하면, 말할 때마다 악설죄를 범하는 것이다.
2) 구족계를 받은 자가 구족계를 받은 자를 조롱하지 않고 경멸하지 않고 능욕하고자 하지 않지만 농담하고자 고귀한 오염인 탐욕을 여의고, 분노를 여의고, 어리석음을 여읜 것을 두고 '그는 탐욕에 매인 것이 아닐까? 분노에 매인

것이 아닐까? 어리석음에 매인 것이 아닐까?'라고 저열한 오염으로 말하면, 말할 때마다 악설죄를 범하는 것이다.

3) 구족계를 받은 자가 구족계를 받은 자를 조롱하지 않고 경멸하지 않고 능욕하고자 하지 않지만 농담하고자 저열한 오염인 탐욕에 매이고, 분노에 매이고, 어리석음에 매인 것을 두고 '그는 탐욕을 여읜 것이 아닐까? 분노를 여읜 것이 아닐까? 어리석음을 여읜 것이 아닐까?'라고 고귀한 오염으로 말하면, 말할 때마다 악설죄를 범하는 것이다.

4) 구족계를 받은 자가 구족계를 받은 자를 조롱하지 않고 경멸하지 않고 능욕하고자 하지 않지만 농담하고자 고귀한 오염인 탐욕을 여의고, 분노를 여의고, 어리석음을 여읜 것을 두고 '그는 탐욕을 여읜 것이 아닐까? 분노를 여읜 것이 아닐까? 어리석음을 여읜 것이 아닐까?'라고 고귀한 오염으로 말하면, 말할 때마다 악설죄를 범하는 것이다.

4-3₉.

1) 구족계를 받은 자가 구족계를 받은 자를 조롱하지 않고 경멸하지 않고 능욕하고자 하지 않지만 농담하고자 저열한 성취인 승단추방죄를 성취하고, 승단잔류죄를 성취하고, 추악죄를 성취하고, 악작죄를 성취하고, 고백죄를 성취하고, 악작죄를 성취하고, 악설죄를 성취한 것을 두고 '그는 승단추방죄를 성취한 것일까? 승단잔류죄를 성취한 것일까? 추악죄를 성취한 것일까? 속죄죄를 성취한 것일까? 고백죄를 성취한 것일까? 악작죄를 성취한 것일까? 악설죄를 성취한 것일까?'라고 저열한 성취로 말하면, 말할 때마다 악설죄를 범하는 것이다.

2) 구족계를 받은 자가 구족계를 받은 자를 조롱하지 않고 경멸하지 않고 능욕하고자 하지 않지만 농담하고자 고귀한 성취인 흐름에 든 경지의 성취를 두고 '그는 승단추방죄를 성취한 것일까? 승단잔류죄를 성취한 것일까? 추악죄를 성취한 것일까? 속죄죄를 성취한 것일까? 고백죄를 성취한 것일까? 악작죄를 성취한 것일까? 악설죄를 성취한 것일까?'라고 저열한 범죄의 성취로 말하면, 말할 때마다 악설죄를 범하는 것이다.

3) 구족계를 받은 자가 구족계를 받은 자를 조롱하지 않고 경멸하지 않고 능욕하고자 하지 않지만 농담하고자 저열한 범죄의 성취인 승단추방죄를 성취하고, 승단잔류죄를 성취하고, 추악죄를 성취하고, 속죄죄를 성취하고, 고백죄를 성취하고, 악작죄를 성취하고, 악설죄를 성취한 것을 두고 '그는 흐름에 든 경지

를 성취한 것일까?'라고 고귀한 성취로 말하면, 말할 때마다 악설죄를 범하는 것이다.

4) 구족계를 받은 자가 구족계를 받은 자를 조롱하지 않고 경멸하지 않고 능욕하고자 하지 않지만 농담하고자 고귀한 성취인 흐름에 든 경지의 성취를 두고 '그는 흐름에 든 경지를 성취한 것일까?'라고 고귀한 성취로 말하면, 말할 때마다 악설죄를 범하는 것이다.

4-3$_{10}$.

1) 구족계를 받은 자가 구족계를 받은 자를 조롱하지 않고 경멸하지 않고 능욕하고자 하지 않지만 농담하고자 저열한 어법인 '낙타, 양, 소, 당나귀, 축생, 지옥에 갈 놈'을 두고 '그는 낙타가 아닐까? 양이 아닐까? 소가 아닐까? 당나귀가 아닐까? 축생이 아닐까? 지옥에 갈 놈이 아닐까? 그를 기다리는 것은 천상이 아니라 지옥이 아닐까?'라고 저열한 어법으로 말하면, 말할 때마다 악설죄를 범하는 것이다.

2) 구족계를 받은 자가 구족계를 받은 자를 조롱하지 않고 경멸하지 않고 능욕하고자 하지 않지만 농담하고자 고귀한 어법인 '현명한 자이고, 유능한 자이고, 총명한 자이고, 박학한 자이고, 진리를 설하는 자'를 두고 '그는 낙타가 아닐까? 양이 아닐까? 소가 아닐까? 당나귀가 아닐까? 축생이 아닐까? 지옥에 갈 놈이 아닐까? 그를 기다리는 것은 천상이 아니라 지옥이 아닐까?'라고 저열한 어법으로 말하면, 말할 때마다 악설죄를 범하는 것이다.

3) 구족계를 받은 자가 구족계를 받은 자를 조롱하지 않고 경멸하지 않고 능욕하고자 하지 않지만 농담하고자 저열한 어법인 '낙타, 양, 소, 당나귀, 축생, 지옥에 갈 놈'을 두고 '그는 현명한 자가 아닐까? 유능한 자가 아닐까? 총명한 자가 아닐까? 박학한 자가 아닐까? 진리를 설하는 자가 아닐까? 그를 기다리는 것은 지옥이 아니라 천상이 아닐까?'라고 고귀한 어법으로 말하면, 말할 때마다 악설죄를 범하는 것이다.

4) 구족계를 받은 자가 구족계를 받은 자를 조롱하지 않고 경멸하지 않고 능욕하고자 하지 않지만 농담하고자 고귀한 어법인 현명한 자이고, 유능한 자이고, 총명한 자이고, 박학한 자이고, 진리를 설하는 자를 두고 '그는 현명한 자가 아닐까? 유능한 자가 아닐까? 총명한 자가 아닐까? 박학한 자가 아닐까? 진리를 설하는 자가 아닐까? 그를 기다리는 것은 지옥이 아니라 천상이 아닐까?'라고 고귀한 어법으로 말하면, 말할 때마다 악설죄를 범하는 것이다.

4-4₁.

1) 구족계를 받은 자가 구족계를 받은 자를 조롱하지 않고 경멸하지 않고 능욕하고자 하지 않지만 농담하고자 저열한 짠달라, 죽세공, 사냥꾼, 수레공, 청소부를 두고 '우리는 짠달라가 아니다, 죽세공이 아니다, 사냥꾼이 아니다, 수레공이 아니다, 청소부가 아니다.'라고 저열한 말로 말하면, 말할 때마다 악설죄를 범하는 것이다.

2) 구족계를 받은 자가 구족계를 받은 자를 조롱하지 않고 경멸하지 않고 능욕하고자 하지 않지만 농담하고자 고귀한 왕족이나 바라문을 두고 '우리는 짠달라가 아니다, 죽세공이 아니다, 사냥꾼이 아니다, 수레공이 아니다, 청소부가 아니다.'라고 저열한 말로 말하면, 말할 때마다 악설죄를 범하는 것이다.

3) 구족계를 받은 자가 구족계를 받은 자를 조롱하지 않고 경멸하지 않고 능욕하고자 하지 않지만 농담하고자 저열한 짠달라, 죽세공, 사냥꾼, 수레공, 청소부를 두고 '우리는 왕족이 아니다, 바라문이 아니다.'라고 고귀한 말로 말하면, 말할 때마다 악설죄를 범하는 것이다.

4) 구족계를 받은 자가 구족계를 받은 자를 조롱하지 않고 경멸하지 않고 능욕하고자 하지 않지만 농담하고자 왕족과 바라문을 두고 '우리는 왕족이 아니다, 바라문이 아니다.'라고 고귀한 말로 말하면, 말할 때마다 악설죄를 범하는 것이다.

4-4₂.

1) 구족계를 받은 자가 구족계를 받은 자를 조롱하지 않고 경멸하지 않고 능욕하고자 하지 않지만 농담하고자 저열한 이름인 아바깐나까, 자바깐나까, 다닛타까, 싸빗타까, 꿀라밧다까를 두고 '우리는 아바깐나까가 아니다, 자바깐나까가 아니다, 다닛타까가 아니다, 싸빗타까가 아니다, 꿀라밧다까가 아니다.'라고 저열한 이름으로 말하면, 말할 때마다 악설죄를 범하는 것이다.

2) 구족계를 받은 자가 구족계를 받은 자를 조롱하지 않고 경멸하지 않고 능욕하고자 하지 않지만 농담하고자 고귀한 이름인 붓다락키따, 담마락키따, 쌍가락키따를 두고 '우리는 아바깐나까가 아니다, 자바깐나까가 아니다, 다닛타까가 아니다, 싸빗타까가 아니다, 꿀라밧다까가 아니다.'라고 저열한 이름으로 말하면, 말할 때마다 악설죄를 범하는 것이다.

3) 구족계를 받은 자가 구족계를 받은 자를 조롱하지 않고 경멸하지 않고 능욕하고자 하지 않지만 농담하고자 저열한 이름인 아바깐나까, 자바깐나까, 다닛타

까, 싸빗타까, 꿀라밧다까를 두고 '우리는 붓다락키따가 아니다, 담마락키따가 아니다, 쌍가락키따가 아니다.'라고 고귀한 이름으로 말하면, 말할 때마다 악설죄를 범하는 것이다.

4) 구족계를 받은 자가 구족계를 받은 자를 조롱하지 않고 경멸하지 않고 능욕하고자 하지 않지만 농담하고자 고귀한 이름인 붓다락키따, 담마락키따, 쌍가락키따를 두고 '우리는 붓다락키따가 아니다, 담마락키따가 아니다, 쌍가락키따가 아니다.'라고 고귀한 이름으로 말하면, 말할 때마다 악설죄를 범하는 것이다.

4-4₃.

1) 구족계를 받은 자가 구족계를 받은 자를 조롱하지 않고 경멸하지 않고 능욕하고자 하지 않지만 농담하고자 저열한 성인 꼬씨야와 바라드와자를 두고 '우리는 꼬씨야가 아니다, 바라드와자가 아니다.'라고 저열한 성으로 말하면, 말할 때마다 악설죄를 범하는 것이다.

2) 구족계를 받은 자가 구족계를 받은 자를 조롱하지 않고 경멸하지 않고 능욕하고자 하지 않지만 농담하고자 고귀한 성인 고따마, 목갈라나, 깟짜나, 밧쎄타를 두고 '우리는 꼬씨야가 아니다, 바라드와자가 아니다.'라고 저열한 성으로 말하면, 말할 때마다 악설죄를 범하는 것이다.

3) 구족계를 받은 자가 구족계를 받은 자를 조롱하지 않고 경멸하지 않고 능욕하고자 하지 않지만 농담하고자 저열한 성인 꼬씨야와 바라드와자를 두고 '그대는 고따마가 아니다, 그대는 목갈라나가 아니다, 그대는 깟짜나가 아니다, 그대는 밧쎄타가 아니다.'라고 고귀한 성으로 말하면, 말할 때마다 악설죄를 범하는 것이다.

4) 구족계를 받은 자가 구족계를 받은 자를 조롱하지 않고 경멸하지 않고 능욕하고자 하지 않지만 농담하고자 고귀한 성인 고따마, 목갈라나, 깟짜나, 밧쎄타를 두고 '우리는 고따마가 아니다, 목갈라나가 아니다, 깟짜나가 아니다, 밧쎄타가 아니다.'라고 고귀한 성으로 말하면, 말할 때마다 악설죄를 범하는 것이다.

4-4₄.

1) 구족계를 받은 자가 구족계를 받은 자를 조롱하지 않고 경멸하지 않고 능욕하고자 하지 않지만 농담하고자 저열한 일인 창고일이나 꽃청소일을 두고 '우리는 창고일을 하지 않을까? 꽃청소일을 하지 않을까?'라고 저열한 일로 말하면, 말할 때마다 악설죄를 범하는 것이다.

2) 구족계를 받은 자가 구족계를 받은 자를 조롱하지 않고 경멸하지 않고 능욕하

고자 하지 않지만 농담하고자 고귀한 일인 농사일, 상업일, 목축일을 두고 '우리는 창고일을 하지 않을까? 꽃청소일을 하지 않을까?'라고 저열한 일로 말하면, 말할 때마다 악설죄를 범하는 것이다.

3) 구족계를 받은 자가 구족계를 받은 자를 조롱하지 않고 경멸하지 않고 능욕하고자 하지 않지만 농담하고자 저열한 일인 창고일, 꽃청소일을 두고 '우리는 농사일을 하지 않을까? 상업일을 하지 않을까? 목축일을 하지 않을까?'라고 고귀한 일로 말하면, 말할 때마다 악설죄를 범하는 것이다.

4) 구족계를 받은 자가 구족계를 받은 자를 조롱하지 않고 경멸하지 않고 능욕하고자 하지 않지만 농담하고자 고귀한 일인 농사일, 상업일, 목축일을 두고 '우리는 농사일을 하지 않을까? 상업일을 하지 않을까? 목축일을 하지 않을까?'라고 고귀한 일로 말하면, 말할 때마다 악설죄를 범하는 것이다.

4-4₅.

1) 구족계를 받은 자가 구족계를 받은 자를 조롱하지 않고 경멸하지 않고 능욕하고자 하지 않지만 농담하고자 저열한 기술인 죽세공기술, 도예기술, 직조기술, 피혁기술, 이발기술을 두고 '우리는 죽세공가 아니다, 도예공가 아니다, 피혁공가 아니다, 직조공가 아니다, 이발사가 아니다.'라고 저열한 기술로 말하면, 말할 때마다 악설죄를 범하는 것이다.

2) 구족계를 받은 자가 구족계를 받은 자를 조롱하지 않고 경멸하지 않고 능욕하고자 하지 않지만 농담하고자 고귀한 기술인 회계, 계산, 서기를 두고 '우리는 죽세공가 아니다, 도예공가 아니다, 피혁공가 아니다, 직조공가 아니다, 이발사가 아니다.'라고 저열한 기술로 말하면, 말할 때마다 악설죄를 범하는 것이다.

3) 구족계를 받은 자가 구족계를 받은 자를 조롱하지 않고 경멸하지 않고 능욕하고자 하지 않지만 농담하고자 저열한 기술인 죽세공기술, 도예기술, 직조기술, 피혁기술, 이발기술을 두고 '우리는 회계사가 아니다, 계산자가 아니다, 서기가 아니다.'라고 고귀한 기술로 말하면, 말할 때마다 악설죄를 범하는 것이다.

4) 구족계를 받은 자가 구족계를 받은 자를 조롱하지 않고 경멸하지 않고 능욕하고자 하지 않지만 농담하고자 고귀한 기술인 회계, 계산, 서기를 두고 '우리는 회계사가 아니다, 계산자가 아니다, 서기가 아니다.'라고 고귀한 기술로 말하면, 말할 때마다 악설죄를 범하는 것이다.

4-4₆.

1) 구족계를 받은 자가 구족계를 받은 자를 조롱하지 않고 경멸하지 않고 능욕하

고자 하지 않지만 농담하고자 저열한 질병인 나병, 종기, 습진, 폐병, 간질을 두고 '우리는 나병환자가 아니다, 종기환자다, 습진환자가 아니다, 폐병환자가 아니다, 간질환자가 아니다.'라고 저열한 질병으로 말하면, 말할 때마다 악설죄를 범하는 것이다.

2) 구족계를 받은 자가 구족계를 받은 자를 조롱하지 않고 경멸하지 않고 능욕하고자 하지 않지만 농담하고자 고귀한 질병인 당뇨병을 두고 '우리는 나병환자가 아니다, 종기환자가 아니다, 습진환자가 아니다, 폐병환자가 아니다, 간질환자가 아니다.'라고 저열한 질병으로 말하면, 말할 때마다 악설죄를 범하는 것이다.

3) 구족계를 받은 자가 구족계를 받은 자를 조롱하지 않고 경멸하지 않고 능욕하고자 하지 않지만 농담하고자 저열한 질병인 나병, 종기, 습진, 폐병, 간질을 두고 '우리는 당뇨환자가 아니다.'라고 고귀한 질병으로 말하면, 말할 때마다 악설죄를 범하는 것이다.

4) 구족계를 받은 자가 구족계를 받은 자를 조롱하지 않고 경멸하지 않고 능욕하고자 하지 않지만 농담하고자 고귀한 질병인 당뇨병을 두고 '우리는 당뇨환자가 아니다.'라고 고귀한 질병으로 말하면, 말할 때마다 악설죄를 범하는 것이다.

4-4가.

1) 구족계를 받은 자가 구족계를 받은 자를 조롱하지 않고 경멸하지 않고 능욕하고자 하지 않지만 농담하고자 저열한 특징인 지나치게 크거나 지나치게 작거나 지나치게 검거나 지나치게 흰 것을 두고 '우리는 지나치게 크지 않을까? 지나치게 작지 않을까? 지나치게 검지 않을까? 지나치게 희지 않을까?'라고 저열한 특징으로 말하면, 말할 때마다 악설죄를 범하는 것이다.

2) 구족계를 받은 자가 구족계를 받은 자를 조롱하지 않고 경멸하지 않고 능욕하고자 하지 않지만 농담하고자 고귀한 특징인 지나치게 크지 않고 지나치게 작지 않고 지나치게 검지 않고 지나치게 희지 않은 것을 두고 '우리는 지나치게 크지 않을까? 그대는 지나치게 작지 않을까? 지나치게 검지 않을까? 지나치게 희지 않을까?'라고 저열한 특징으로 말하면, 말할 때마다 악설죄를 범하는 것이다.

3) 구족계를 받은 자가 구족계를 받은 자를 조롱하지 않고 경멸하지 않고 능욕하고자 하지 않지만 농담하고자 저열한 특징인 지나치게 크거나 지나치게 작거나 지나치게 검거나 지나치게 흰 것을 두고 '우리는 지나치게 크지 않지 않을까? 지나치게 작지 않지 않을까? 지나치게 검지 않지 않을까? 지나치게 희지

않지 않을까?'라고 고귀한 특징으로 말하면, 말할 때마다 악설죄를 범하는 것이다.

4) 구족계를 받은 자가 구족계를 받은 자를 조롱하지 않고 경멸하지 않고 능욕하고자 하지 않지만 농담하고자 고귀한 특징인 지나치게 크지 않고 지나치게 작지 않고 지나치게 검지 않고 지나치게 희지 않은 것을 두고 '우리는 지나치게 크지 않지 않을까? 지나치게 작지 않지 않을까? 지나치게 검지 않지 않을까? 지나치게 희지 않지 않을까?'라고 고귀한 특징으로 말하면, 말할 때마다 악설죄를 범하는 것이다.

4-4₈.

1) 구족계를 받은 자가 구족계를 받은 자를 조롱하지 않고 경멸하지 않고 능욕하고자 하지 않지만 농담하고자 저열한 오염인 탐욕에 매이고, 분노에 매이고, 어리석음에 매인 것을 두고 '우리는 탐욕에 매인 것이 아니다, 그대는 분노에 매인 것이 아니다, 그대는 어리석음에 매인 것이 아니다.'라고 저열한 오염으로 말하면, 말할 때마다 악설죄를 범하는 것이다.

2) 구족계를 받은 자가 구족계를 받은 자를 조롱하지 않고 경멸하지 않고 능욕하고자 하지 않지만 농담하고자 고귀한 오염인 탐욕을 여의고, 분노를 여의고, 어리석음을 여읜 것을 두고 '우리는 탐욕에 매인 것이 아니다, 분노에 매인 것이 아니다, 어리석음에 매인 것이 아니다.'라고 저열한 오염으로 말하면, 말할 때마다 악설죄를 범하는 것이다.

3) 구족계를 받은 자가 구족계를 받은 자를 조롱하지 않고 경멸하지 않고 능욕하고자 하지 않지만 농담하고자 저열한 오염인 탐욕에 매이고, 분노에 매이고, 어리석음에 매인 것을 두고 '우리는 탐욕을 여읜 것이 아니다, 분노를 여읜 것이 아니다, 어리석음을 여읜 것이 아니다.'라고 고귀한 오염으로 말하면, 말할 때마다 악설죄를 범하는 것이다.

4) 구족계를 받은 자가 구족계를 받은 자를 조롱하지 않고 경멸하지 않고 능욕하고자 하지 않지만 농담하고자 고귀한 오염인 탐욕을 여의고, 분노를 여의고, 어리석음을 여읜 것을 두고 '우리는 탐욕을 여읜 것이 아니다, 분노를 여읜 것이 아니다, 어리석음을 여읜 것이 아니다.'라고 고귀한 오염으로 말하면, 말할 때마다 악설죄를 범하는 것이다.

4-4₉.

1) 구족계를 받은 자가 구족계를 받은 자를 조롱하지 않고 경멸하지 않고 능욕하

고자 하지 않지만 농담하고자 저열한 성취인 승단추방죄를 성취하고, 승단잔류죄를 성취하고, 추악죄를 성취하고, 악작죄를 성취하고, 고백죄를 성취하고, 악작죄를 성취하고, 악설죄를 성취한 것을 두고 '우리는 승단추방죄를 성취한 것일까? 승단잔류죄를 성취한 것일까? 추악죄를 성취한 것일까? 속죄죄를 성취한 것일까? 고백죄를 성취한 것일까? 악작죄를 성취한 것일까? 악설죄를 성취한 것일까?'라고 저열한 성취로 말하면, 말할 때마다 악설죄를 범하는 것이다.

2) 구족계를 받은 자가 구족계를 받은 자를 조롱하지 않고 경멸하지 않고 능욕하고자 하지 않지만 농담하고자 고귀한 성취인 흐름에 든 경지의 성취를 두고 '우리는 승단추방죄를 성취한 것일까? 승단잔류죄를 성취한 것일까? 추악죄를 성취한 것일까? 속죄죄를 성취한 것일까? 고백죄를 성취한 것일까? 악작죄를 성취한 것일까? 악설죄를 성취한 것일까?'라고 저열한 범죄의 성취로 말하면, 말할 때마다 악설죄를 범하는 것이다.

3) 구족계를 받은 자가 구족계를 받은 자를 조롱하지 않고 경멸하지 않고 능욕하고자 하지 않지만 농담하고자 저열한 범죄의 성취인 승단추방죄를 성취하고, 승단잔류죄를 성취하고, 추악죄를 성취하고, 속죄죄를 성취하고, 고백죄를 성취하고, 악작죄를 성취하고, 악설죄를 성취한 것을 두고 '우리는 흐름에 든 경지를 성취한 것일까?'라고 고귀한 성취로 말하면, 말할 때마다 악설죄를 범하는 것이다.

4) 구족계를 받은 자가 구족계를 받은 자를 조롱하지 않고 경멸하지 않고 능욕하고자 하지 않지만 농담하고자 고귀한 성취인 흐름에 든 경지의 성취를 두고 '우리는 흐름에 든 경지를 성취한 것일까?'라고 고귀한 성취로 말하면, 말할 때마다 악설죄를 범하는 것이다.

4-4₁₀.

1) 구족계를 받은 자가 구족계를 받은 자를 조롱하지 않고 경멸하지 않고 능욕하고자 하지 않지만 농담하고자 저열한 어법인 '낙타, 양, 소, 당나귀, 축생, 지옥에 갈 놈'을 두고 '우리는 낙타가 아니다, 양이 아니다, 소가 아니다, 당나귀가 아니다, 축생이 아니다, 지옥에 갈 놈이 아니다, 우리를 기다리는 것은 천상이 아니라 지옥이다.'라고 저열한 어법으로 말하면, 말할 때마다 악설죄를 범하는 것이다.

2) 구족계를 받은 자가 구족계를 받은 자를 조롱하지 않고 경멸하지 않고 능욕하

고자 하지 않지만 농담하고자 고귀한 어법인 '현명한 자이고, 유능한 자이고, 총명한 자이고, 박학한 자이고, 진리를 설하는 자'를 두고 '우리는 낙타가 아니다, 양이 아니다, 소가 아니다, 당나귀가 아니다, 축생이 아니다, 지옥에 갈 놈이 아니다, 우리를 기다리는 것은 천상이 아니라 지옥이다.'라고 저열한 어법으로 말하면, 말할 때마다 악설죄를 범하는 것이다.

3) 구족계를 받은 자가 구족계를 받은 자를 조롱하지 않고 경멸하지 않고 능욕하고자 하지 않지만 농담하고자 저열한 어법인 '낙타, 양, 소, 당나귀, 축생, 지옥에 갈 놈'을 두고 '우리는 현명한 자가 아니다, 유능한 자가 아니다, 총명한 자가 아니다, 박학한 자가 아니다, 진리를 설하는 자가 아니다, 우리를 기다리는 것은 지옥이 아니라 천상이다.'라고 고귀한 어법으로 말하면, 말할 때마다 악설죄를 범하는 것이다.

4) 구족계를 받은 자가 구족계를 받은 자를 조롱하지 않고 경멸하지 않고 능욕하고자 하지 않지만 농담하고자 고귀한 어법인 현명한 자이고, 유능한 자이고, 총명한 자이고, 박학한 자이고, 진리를 설하는 자를 두고 '우리는 현명한 자가 아니다, 유능한 자가 아니다, 총명한 자가 아니다, 박학한 자가 아니다, 진리를 설하는 자가 아니다, 우리를 기다리는 것은 지옥이 아니라 천상이다.'라고 고귀한 어법으로 말하면, 말할 때마다 악설죄를 범하는 것이다.

5-1₁.

1) 구족계를 받은 자가 구족계를 받지 않은 자를 조롱하지 않고 경멸하지 않고 능욕하고자 하지 않지만 농담하고자 저열한 짠달라, 죽세공, 사냥꾼, 수레공, 청소부를 두고 '그대는 짠달라이다, 죽세공이다, 사냥꾼이다, 수레공이다, 청소부이다.'라고 저열한 말로 말하면, 말할 때마다 악설죄를 범하는 것이다.

2) 구족계를 받은 자가 구족계를 받지 않은 자를 조롱하지 않고 경멸하지 않고 능욕하고자 하지 않지만 농담하고자 고귀한 왕족이나 바라문을 두고 '그대는 짠달라이다, 죽세공이다, 사냥꾼이다, 수레공이다, 청소부이다.'라고 저열한 말로 말하면, 말할 때마다 악설죄를 범하는 것이다.

3) 구족계를 받은 자가 구족계를 받지 않은 자를 조롱하지 않고 경멸하지 않고 능욕하고자 하지 않지만 농담하고자 저열한 짠달라, 죽세공, 사냥꾼, 수레공, 청소부를 두고 '그대는 왕족이다, 바라문이다.'라고 고귀한 말로 말하면, 말할 때마다 악설죄를 범하는 것이다.

4) 구족계를 받은 자가 구족계를 받지 않은 자를 조롱하지 않고 경멸하지 않고 능욕

하고자 하지 않지만 농담하고자 왕족과 바라문을 두고 '그대는 왕족이다, 바라문이다.'라고 고귀한 말로 말하면, 말할 때마다 악설죄를 범하는 것이다.

5-1₂.

1) 구족계를 받은 자가 구족계를 받지 않은 자를 조롱하지 않고 경멸하지 않고 능욕하고자 하지 않지만 농담하고자 저열한 이름인 아바깐나까, 자바깐나까, 다닛타까, 싸빗타까, 꿀라밧다까를 두고 '그대는 아바깐나까이다, 자바깐나까이다, 다닛타까이다, 싸빗타까이다, 꿀라밧다까이다.'라고 저열한 이름으로 말하면, 말할 때마다 악설죄를 범하는 것이다.
2) 구족계를 받은 자가 구족계를 받지 않은 자를 조롱하지 않고 경멸하지 않고 능욕하고자 하지 않지만 농담하고자 고귀한 이름인 붓다락키따, 담마락키따, 쌍가락키따를 두고 '그대는 아바깐나까이다, 자바깐나까이다, 다닛타까이다, 싸빗타까이다, 꿀라밧다까이다.'라고 저열한 이름으로 말하면, 말할 때마다 악설죄를 범하는 것이다.
3) 구족계를 받은 자가 구족계를 받지 않은 자를 조롱하지 않고 경멸하지 않고 능욕하고자 하지 않지만 농담하고자 저열한 이름인 아바깐나까, 자바깐나까, 다닛타까, 싸빗타까, 꿀라밧다까를 두고 '그대는 붓다락키따이다, 담마락키따이다, 쌍가락키따이다.'라고 고귀한 이름으로 말하면, 말할 때마다 악설죄를 범하는 것이다.
4) 구족계를 받은 자가 구족계를 받지 않은 자를 조롱하지 않고 경멸하지 않고 능욕하고자 하지 않지만 농담하고자 고귀한 이름인 붓다락키따, 담마락키따, 쌍가락키따를 두고 '그대는 붓다락키따이다, 담마락키따이다, 쌍가락키따이다.'라고 고귀한 이름으로 말하면, 말할 때마다 악설죄를 범하는 것이다.

5-1₃.

1) 구족계를 받은 자가 구족계를 받지 않은 자를 조롱하지 않고 경멸하지 않고 능욕하고자 하지 않지만 농담하고자 저열한 성인 꼬씨야와 바라드와자를 두고 '그대는 꼬씨야이다, 바라드와자이다.'라고 저열한 성으로 말하면, 말할 때마다 악설죄를 범하는 것이다.
2) 구족계를 받은 자가 구족계를 받지 않은 자를 조롱하지 않고 경멸하지 않고 능욕하고자 하지 않지만 농담하고자 고귀한 성인 고따마, 목갈라나, 깟짜나, 밧쎄타를 두고 '그대는 꼬씨야이다, 바라드와자이다.'라고 저열한 성으로 말하면, 말할 때마다 악설죄를 범하는 것이다.

3) 구족계를 받은 자가 구족계를 받지 않은 자를 조롱하지 않고 경멸하지 않고 능욕하고자 하지 않지만 농담하고자 저열한 성인 꼬씨야와 바라드와자를 두고 '그대는 고따마이다, 목갈라나이다, 깟짜나이다, 밧쎄타이다.'라고 고귀한 성으로 말하면, 말할 때마다 악설죄를 범하는 것이다.

4) 구족계를 받은 자가 구족계를 받지 않은 자를 조롱하지 않고 경멸하지 않고 능욕하고자 하지 않지만 농담하고자 고귀한 성인 고따마, 목갈라나, 깟짜나, 밧쎄타를 두고 '그대는 고따마이다, 목갈라나이다, 깟짜나이다, 밧쎄타이다.' 라고 고귀한 성으로 말하면, 말할 때마다 악설죄를 범하는 것이다.

5-1₄.

1) 구족계를 받은 자가 구족계를 받지 않은 자를 조롱하지 않고 경멸하지 않고 능욕하고자 하지 않지만 농담하고자 저열한 일인 창고일이나 꽃청소일을 두고 '그대는 창고일을 한다, 꽃청소일을 한다.'라고 저열한 일로 말하면, 말할 때마다 악설죄를 범하는 것이다.

2) 구족계를 받은 자가 구족계를 받지 않은 자를 조롱하지 않고 경멸하지 않고 능욕하고자 하지 않지만 농담하고자 고귀한 일인 농사일, 상업일, 목축일을 두고 '그대는 창고일을 한다, 꽃청소일을 한다.'라고 저열한 일로 말하면, 말할 때마다 악설죄를 범하는 것이다.

3) 구족계를 받은 자가 구족계를 받지 않은 자를 조롱하지 않고 경멸하지 않고 능욕하고자 하지 않지만 농담하고자 저열한 일인 창고일, 꽃청소일을 두고 '그대는 농사일을 한다, 상업일을 한다, 목축일을 한다.'라고 고귀한 일로 말하면, 말할 때마다 악설죄를 범하는 것이다.

4) 구족계를 받은 자가 구족계를 받지 않은 자를 조롱하지 않고 경멸하지 않고 능욕하고자 하지 않지만 농담하고자 고귀한 일인 농사일, 상업일, 목축일을 두고 '그대는 농사일을 한다, 상업일을 한다, 목축일을 한다.'라고 고귀한 일로 말하면, 말할 때마다 악설죄를 범하는 것이다.

5-1₅.

1) 구족계를 받은 자가 구족계를 받지 않은 자를 조롱하지 않고 경멸하지 않고 능욕하고자 하지 않지만 농담하고자 저열한 기술인 죽세공기술, 도예기술, 직조기술, 피혁기술, 이발기술을 두고 '그대는 죽세공이다, 도예공이다, 피혁공이다, 직조공이다, 이발사이다.'라고 저열한 기술로 말하면, 말할 때마다 악설죄를 범하는 것이다.

2) 구족계를 받은 자가 구족계를 받지 않은 자를 조롱하지 않고 경멸하지 않고 능욕하고자 하지 않지만 농담하고자 고귀한 기술인 회계, 계산, 서기를 두고 '그대는 죽세공이다, 도예공이다, 피혁공이다, 직조공이다, 이발사이다.'라고 저열한 기술로 말하면, 말할 때마다 악설죄를 범하는 것이다.

3) 구족계를 받은 자가 구족계를 받지 않은 자를 조롱하지 않고 경멸하지 않고 능욕하고자 하지 않지만 농담하고자 저열한 기술인 죽세공기술, 도예기술, 직조기술, 피혁기술, 이발기술을 두고 '그대는 회계사이다, 계산자이다, 서기이다.'라고 고귀한 기술로 말하면, 말할 때마다 악설죄를 범하는 것이다.

4) 구족계를 받은 자가 구족계를 받지 않은 자를 조롱하지 않고 경멸하지 않고 능욕하고자 하지 않지만 농담하고자 고귀한 기술인 회계, 계산, 서기를 두고 '그대는 회계사이다, 계산자이다, 서기이다.'라고 고귀한 기술로 말하면, 말할 때마다 악설죄를 범하는 것이다.

5-1₆.

1) 구족계를 받은 자가 구족계를 받지 않은 자를 조롱하지 않고 경멸하지 않고 능욕하고자 하지 않지만 농담하고자 저열한 질병인 나병, 종기, 습진, 폐병, 간질을 두고 '그대는 나병환자이다, 종기환자이다, 습진환자이다, 폐병환자이다, 간질환자이다.'라고 저열한 질병으로 말하면, 말할 때마다 악설죄를 범하는 것이다.

2) 구족계를 받은 자가 구족계를 받지 않은 자를 조롱하지 않고 경멸하지 않고 능욕하고자 하지 않지만 농담하고자 고귀한 질병인 당뇨병을 두고 '그대는 나병환자이다, 종기환자이다, 습진환자이다, 폐병환자이다, 간질환자이다.'라고 저열한 질병으로 말하면, 말할 때마다 악설죄를 범하는 것이다.

3) 구족계를 받은 자가 구족계를 받지 않은 자를 조롱하지 않고 경멸하지 않고 능욕하고자 하지 않지만 농담하고자 저열한 질병인 나병, 종기, 습진, 폐병, 간질을 두고 '그대는 당뇨환자이다.'라고 고귀한 질병으로 말하면, 말할 때마다 악설죄를 범하는 것이다.

4) 구족계를 받은 자가 구족계를 받지 않은 자를 조롱하지 않고 경멸하지 않고 능욕하고자 하지 않지만 농담하고자 고귀한 질병인 당뇨병을 두고 '그대는 당뇨환자이다.'라고 고귀한 질병으로 말하면, 말할 때마다 악설죄를 범하는 것이다.

5-1₇.

1) 구족계를 받은 자가 구족계를 받지 않은 자를 조롱하지 않고 경멸하지 않고 능욕하고자 하지 않지만 농담하고자 저열한 특징인 지나치게 크거나 지나치게 작거나 지나치게 검거나 지나치게 흰 것을 두고 '그대는 지나치게 크다, 지나치게 작다, 지나치게 검다, 지나치게 희다.'라고 저열한 특징으로 말하면, 말할 때마다 악설죄를 범하는 것이다.

2) 구족계를 받은 자가 구족계를 받지 않은 자를 조롱하지 않고 경멸하지 않고 능욕하고자 하지 않지만 농담하고자 고귀한 특징인 지나치게 크지 않고 지나치게 작지 않고 지나치게 검지 않고 지나치게 희지 않은 것을 두고 '그대는 지나치게 크다, 지나치게 작다, 지나치게 검다, 지나치게 희다.'라고 저열한 특징으로 말하면, 말할 때마다 악설죄를 범하는 것이다.

3) 구족계를 받은 자가 구족계를 받지 않은 자를 조롱하지 않고 경멸하지 않고 능욕하고자 하지 않지만 농담하고자 저열한 특징인 지나치게 크거나 지나치게 작거나 지나치게 검거나 지나치게 흰 것을 두고 '그대는 지나치게 크지 않다, 지나치게 작지 않다, 지나치게 검지 않다, 지나치게 희지 않다.'라고 고귀한 특징으로 말하면, 말할 때마다 악설죄를 범하는 것이다.

4) 구족계를 받은 자가 구족계를 받지 않은 자를 조롱하지 않고 경멸하지 않고 능욕하고자 하지 않지만 농담하고자 고귀한 특징인 지나치게 크지 않고 지나치게 작지 않고 지나치게 검지 않고 지나치게 희지 않은 것을 두고 '그대는 지나치게 크지 않다, 지나치게 작지 않다, 지나치게 검지 않다, 지나치게 희지 않다.'라고 고귀한 특징으로 말하면, 말할 때마다 악설죄를 범하는 것이다.

5-1₈.

1) 구족계를 받은 자가 구족계를 받지 않은 자를 조롱하지 않고 경멸하지 않고 능욕하고자 하지 않지만 농담하고자 저열한 오염인 탐욕에 매이고, 분노에 매이고, 어리석음에 매인 것을 두고 '그대는 탐욕에 매였다, 분노에 매였다, 어리석음에 매였다.'라고 저열한 오염으로 말하면, 말할 때마다 악설죄를 범하는 것이다.

2) 구족계를 받은 자가 구족계를 받지 않은 자를 조롱하지 않고 경멸하지 않고 능욕하고자 하지 않지만 농담하고자 고귀한 오염인 탐욕을 여의고, 분노를 여의고, 어리석음을 여읜 것을 두고 '그대는 탐욕에 매였다, 분노에 매였다, 어리석음에 매였다.'라고 저열한 오염으로 말하면, 말할 때마다 악설죄를 범하는 것이다.

3) 구족계를 받은 자가 구족계를 받지 않은 자를 조롱하지 않고 경멸하지 않고 능욕하고자 하지 않지만 농담하고자 저열한 특징인 탐욕에 매이고, 분노에 매이고, 어리석음에 매인 것을 두고 '그대는 탐욕을 여의었다, 분노를 여의었다, 어리석음을 여의었다.'라고 고귀한 오염으로 말하면, 말할 때마다 악설죄를 범하는 것이다.

4) 구족계를 받은 자가 구족계를 받지 않은 자를 조롱하지 않고 경멸하지 않고 능욕하고자 하지 않지만 농담하고자 고귀한 특징인 탐욕을 여의고, 분노를 여의고, 어리석음을 여읜 것을 두고 '그대는 탐욕을 여의었다, 분노를 여의었다, 어리석음을 여의었다.'라고 고귀한 오염으로 말하면, 말할 때마다 악설죄를 범하는 것이다.

5-1₉.

1) 구족계를 받은 자가 구족계를 받지 않은 자를 조롱하지 않고 경멸하지 않고 능욕하고자 하지 않지만 농담하고자 저열한 성취인 승단추방죄를 성취하고, 승단잔류죄를 성취하고, 추악죄를 성취하고, 속죄죄를 성취하고, 고백죄를 성취하고, 악작죄를 성취하고, 악설죄를 성취한 것을 두고 '그대는 승단추방죄를 성취했다, 승단잔류죄를 성취했다, 추악죄를 성취했다, 속죄죄를 성취했다, 고백죄를 성취했다, 악작죄를 성취했다, 악설죄를 성취했다.'라고 저열한 성취로 말하면, 말할 때마다 악설죄를 범하는 것이다.

2) 구족계를 받은 자가 구족계를 받지 않은 자를 조롱하지 않고 경멸하지 않고 능욕하고자 하지 않지만 농담하고자 고귀한 성취인 흐름에 든 경지의 성취를 두고 '그대는 승단추방죄를 성취했다, 그대는 승단잔류죄를 성취했다, 추악죄를 성취했다, 속죄죄를 성취했다, 고백죄를 성취했다, 악작죄를 성취했다, 악설죄를 성취했다.'라고 저열한 범죄의 성취로 말하면, 말할 때마다 악설죄를 범하는 것이다.

3) 구족계를 받은 자가 구족계를 받지 않은 자를 조롱하지 않고 경멸하지 않고 능욕하고자 하지 않지만 농담하고자 저열한 범죄의 성취인 승단추방죄를 성취하고, 승단잔류죄를 성취하고, 추악죄를 성취하고, 속죄죄를 성취하고, 고백죄를 성취하고, 악작죄를 성취하고, 악설죄를 성취한 것을 두고 '그대는 흐름에 든 경지를 성취했다.'라고 고귀한 성취로 말하면, 말할 때마다 악설죄를 범하는 것이다.

4) 구족계를 받은 자가 구족계를 받지 않은 자를 조롱하지 않고 경멸하지 않고

능욕하고자 하지 않지만 농담하고자 고귀한 성취인 흐름에 든 경지의 성취를 두고 '그대는 흐름에 든 경지를 성취했다.'라고 고귀한 성취로 말하면, 말할 때마다 악설죄를 범하는 것이다.

5-1$_{10}$.

1) 구족계를 받은 자가 구족계를 받지 않은 자를 조롱하지 않고 경멸하지 않고 능욕하고자 하지 않지만 농담하고자 저열한 어법인 '낙타, 양, 소, 당나귀, 축생, 지옥에 갈 놈'을 두고 '그대는 낙타이다. 양이다, 소다, 당나귀이다, 축생이다, 지옥에 갈 놈이다. 그대를 기다리는 것은 천상이 아니라 지옥이다.'라고 저열한 어법으로 말하면, 말할 때마다 악설죄를 범하는 것이다.

2) 구족계를 받은 자가 구족계를 받지 않은 자를 조롱하지 않고 경멸하지 않고 능욕하고자 하지 않지만 농담하고자 고귀한 어법인 '현명한 자이고, 유능한 자이고, 총명한 자이고, 박학한 자이고, 진리를 설하는 자'를 두고 '그대는 낙타이다, 양이다, 소다, 그대는 당나귀다, 그대는 축생이다, 지옥에 갈 놈이다, 그대를 기다리는 것은 천상이 아니라 지옥이다.'라고 저열한 어법으로 말하면, 말할 때마다 악설죄를 범하는 것이다.

3) 구족계를 받은 자가 구족계를 받지 않은 자를 조롱하지 않고 경멸하지 않고 능욕하고자 하지 않지만 농담하고자 저열한 어법인 '낙타, 양, 소, 당나귀, 축생, 지옥에 갈 놈'을 두고 '그대는 현명한 자이다, 유능한 자이다, 총명한 자이다, 박학한 자이다, 진리를 설하는 자이다. 그대를 기다리는 것은 지옥이 아니라 천상이다.'라고 고귀한 어법으로 말하면, 말할 때마다 악설죄를 범하는 것이다.

4) 구족계를 받은 자가 구족계를 받지 않은 자를 조롱하지 않고 경멸하지 않고 능욕하고자 하지 않지만 농담하고자 고귀한 어법인 현명한 자이고, 유능한 자이고, 총명한 자이고, 박학한 자이고, 진리를 설하는 자를 두고 '그대는 현명한 자이다, 유능한 자이다, 총명한 자이다, 박학한 자이다, 진리를 설하는 자이다. 그대를 기다리는 것은 지옥이 아니라 천상이다.'라고 고귀한 어법으로 말하면, 말할 때마다 악설죄를 범하는 것이다.

5-2$_{1}$.

1) 구족계를 받은 자가 구족계를 받지 않은 자를 조롱하지 않고 경멸하지 않고 능욕하고자 하지 않지만 농담하고자 저열한 짠달라, 죽세공, 사냥꾼, 수레공, 청소부를 두고 '여기 어떤 자는 짠달라이다, 죽세공이다, 사냥꾼이다, 수레공이다, 청소부이다.'라고 저열한 말로 말하면, 말할 때마다 악설죄를 범하는 것이다.

2) 구족계를 받은 자가 구족계를 받지 않은 자를 조롱하지 않고 경멸하지 않고 능욕하고자 하지 않지만 농담하고자 고귀한 왕족이나 바라문을 두고 '여기 어떤 자는 짠달라이다, 죽세공이다, 사냥꾼이다, 수레공이다, 청소부이다.'라고 저열한 말로 말하면, 말할 때마다 악설죄를 범하는 것이다.

3) 구족계를 받은 자가 구족계를 받지 않은 자를 조롱하지 않고 경멸하지 않고 능욕하고자 하지 않지만 농담하고자 저열한 짠달라, 죽세공, 사냥꾼, 수레공, 청소부를 두고 '여기 어떤 자는 왕족이다, 바라문이다.'라고 고귀한 말로 말하면, 말할 때마다 악설죄를 범하는 것이다.

4) 구족계를 받은 자가 구족계를 받지 않은 자를 조롱하지 않고 경멸하지 않고 능욕하고자 하지 않지만 농담하고자 왕족과 바라문을 두고 '여기 어떤 자는 왕족이다, 바라문이다.'라고 고귀한 말로 말하면, 말할 때마다 악설죄를 범하는 것이다.

5-2₂.

1) 구족계를 받은 자가 구족계를 받지 않은 자를 조롱하지 않고 경멸하지 않고 능욕하고자 하지 않지만 농담하고자 저열한 이름인 아바깐나까, 자바깐나까, 다닛타까, 싸빗타까, 꿀라밧다까를 두고 '여기 어떤 자는 아바깐나까이다, 자바깐나까이다, 다닛타까이다, 싸빗타까이다, 꿀라밧다까이다.'라고 저열한 이름으로 말하면, 말할 때마다 악설죄를 범하는 것이다.

2) 구족계를 받은 자가 구족계를 받지 않은 자를 조롱하지 않고 경멸하지 않고 능욕하고자 하지 않지만 농담하고자 고귀한 이름인 붓다락키따, 담마락키따, 쌍가락키따를 두고 '여기 어떤 자는 아바깐나까이다, 자바깐나까이다, 다닛타까이다, 싸빗타까이다, 꿀라밧다까이다.'라고 저열한 이름으로 말하면, 말할 때마다 악설죄를 범하는 것이다.

3) 구족계를 받은 자가 구족계를 받지 않은 자를 조롱하지 않고 경멸하지 않고 능욕하고자 하지 않지만 농담하고자 저열한 이름인 아바깐나까, 자바깐나까, 다닛타까, 싸빗타까, 꿀라밧다까를 두고 '여기 어떤 자는 붓다락키따이다, 담마락키따이다, 쌍가락키따이다.'라고 고귀한 이름으로 말하면, 말할 때마다 악설죄를 범하는 것이다.

4) 구족계를 받은 자가 구족계를 받지 않은 자를 조롱하지 않고 경멸하지 않고 능욕하고자 하지 않지만 농담하고자 고귀한 이름인 붓다락키따, 담마락키따, 쌍가락키따를 두고 '여기 어떤 자는 붓다락키따이다, 담마락키따이다, 쌍가락

키따이다.'라고 고귀한 이름으로 말하면, 말할 때마다 악설죄를 범하는 것이다.

5-2₃.

1) 구족계를 받은 자가 구족계를 받지 않은 자를 조롱하지 않고 경멸하지 않고 능욕하고자 하지 않지만 농담하고자 저열한 성인 꼬씨야와 바라드와자를 두고 '여기 어떤 자는 꼬씨야이다, 바라드와자이다.'라고 저열한 성으로 말하면, 말할 때마다 악설죄를 범하는 것이다.

2) 구족계를 받은 자가 구족계를 받지 않은 자를 조롱하지 않고 경멸하지 않고 능욕하고자 하지 않지만 농담하고자 고귀한 성인 고따마, 목갈라나, 깟짜나, 밧쎄타를 두고 '여기 어떤 자는 꼬씨야이다, 바라드와자이다.'라고 저열한 성으로 말하면, 말할 때마다 악설죄를 범하는 것이다.

3) 구족계를 받은 자가 구족계를 받지 않은 자를 조롱하지 않고 경멸하지 않고 능욕하고자 하지 않지만 농담하고자 저열한 성인 꼬씨야와 바라드와자를 두고 '그대는 고따마이다, 그대는 목갈라나이다, 그대는 깟짜나이다, 그대는 밧쎄타이다.'라고 고귀한 성으로 말하면, 말할 때마다 악설죄를 범하는 것이다.

4) 구족계를 받은 자가 구족계를 받지 않은 자를 조롱하지 않고 경멸하지 않고 능욕하고자 하지 않지만 농담하고자 고귀한 성인 고따마, 목갈라나, 깟짜나, 밧쎄타를 두고 '여기 어떤 자는 고따마이다, 목갈라나이다, 깟짜나이다, 밧쎄타이다.'라고 고귀한 성으로 말하면, 말할 때마다 악설죄를 범하는 것이다.

5-2₄.

1) 구족계를 받은 자가 구족계를 받지 않은 자를 조롱하지 않고 경멸하지 않고 능욕하고자 하지 않지만 농담하고자 저열한 일인 창고일이나 꽃청소일을 두고 '여기 어떤 자는 창고일을 한다, 꽃청소일을 한다.'라고 저열한 일로 말하면, 말할 때마다 악설죄를 범하는 것이다.

2) 구족계를 받은 자가 구족계를 받지 않은 자를 조롱하지 않고 경멸하지 않고 능욕하고자 하지 않지만 농담하고자 고귀한 일인 농사일, 상업일, 목축일을 두고 '여기 어떤 자는 창고일을 한다, 꽃청소일을 한다.'라고 저열한 일로 말하면, 말할 때마다 악설죄를 범하는 것이다.

3) 구족계를 받은 자가 구족계를 받지 않은 자를 조롱하지 않고 경멸하지 않고 능욕하고자 하지 않지만 농담하고자 저열한 일인 창고일, 꽃청소일을 두고 '여기 어떤 자는 농사일을 한다, 상업일을 한다, 목축일을 한다.'라고 고귀한 일로 말하면, 말할 때마다 악설죄를 범하는 것이다.

4) 구족계를 받은 자가 구족계를 받지 않은 자를 조롱하지 않고 경멸하지 않고 능욕하고자 하지 않지만 농담하고자 고귀한 일인 농사일, 상업일, 목축일을 두고 '여기 어떤 자는 농사일을 한다, 상업일을 한다, 목축일을 한다.'라고 고귀한 일로 말하면, 말할 때마다 악설죄를 범하는 것이다.

5-2₅.

1) 구족계를 받은 자가 구족계를 받지 않은 자를 조롱하지 않고 경멸하지 않고 능욕하고자 하지 않지만 농담하고자 저열한 기술인 죽세공기술, 도예기술, 직조기술, 피혁기술, 이발기술을 두고 '여기 어떤 자는 죽세공이다, 도예공이다, 피혁공이다, 직조공이다, 이발사이다.'라고 저열한 기술로 말하면, 말할 때마다 악설죄를 범하는 것이다.
2) 구족계를 받은 자가 구족계를 받지 않은 자를 조롱하지 않고 경멸하지 않고 능욕하고자 하지 않지만 농담하고자 고귀한 기술인 회계, 계산, 서기를 두고 '여기 어떤 자는 죽세공이다, 도예공이다, 피혁공이다, 직조공이다, 이발사이다.'라고 저열한 기술로 말하면, 말할 때마다 악설죄를 범하는 것이다.
3) 구족계를 받은 자가 구족계를 받지 않은 자를 조롱하지 않고 경멸하지 않고 능욕하고자 하지 않지만 농담하고자 저열한 기술인 죽세공기술, 도예기술, 직조기술, 피혁기술, 이발기술을 두고 '여기 어떤 자는 회계사이다, 계산자이다, 서기이다.'라고 고귀한 기술로 말하면, 말할 때마다 악설죄를 범하는 것이다.
4) 구족계를 받은 자가 구족계를 받지 않은 자를 조롱하지 않고 경멸하지 않고 능욕하고자 하지 않지만 농담하고자 고귀한 기술인 회계, 계산, 서기를 두고 '여기 어떤 자는 회계사이다, 계산자이다, 서기이다.'라고 고귀한 기술로 말하면, 말할 때마다 악설죄를 범하는 것이다.

5-2₆.

1) 구족계를 받은 자가 구족계를 받지 않은 자를 조롱하지 않고 경멸하지 않고 능욕하고자 하지 않지만 농담하고자 저열한 질병인 나병, 종기, 습진, 폐병, 간질을 두고 '여기 어떤 자는 나병환자이다, 종기환자다, 습진환자이다, 폐병환자이다, 간질환자이다.'라고 저열한 질병으로 말하면, 말할 때마다 악설죄를 범하는 것이다.
2) 구족계를 받은 자가 구족계를 받지 않은 자를 조롱하지 않고 경멸하지 않고 능욕하고자 하지 않지만 농담하고자 고귀한 질병인 당뇨병을 두고 '여기 어떤

자는 나병환자이다, 종기환자이다, 습진환자이다, 폐병환자이다, 간질환자이다.'라고 저열한 질병으로 말하면, 말할 때마다 악설죄를 범하는 것이다.

3) 구족계를 받은 자가 구족계를 받지 않은 자를 조롱하지 않고 경멸하지 않고 능욕하고자 하지 않지만 농담하고자 저열한 질병인 나병, 종기, 습진, 폐병, 간질을 두고 '여기 어떤 자는 당뇨환자이다.'라고 고귀한 질병으로 말하면, 말할 때마다 악설죄를 범하는 것이다.

4) 구족계를 받은 자가 구족계를 받지 않은 자를 조롱하지 않고 경멸하지 않고 능욕하고자 하지 않지만 농담하고자 고귀한 질병인 당뇨병을 두고 '여기 어떤 자는 당뇨환자이다.'라고 고귀한 질병으로 말하면, 말할 때마다 악설죄를 범하는 것이다.

5-2ㄱ.

1) 구족계를 받은 자가 구족계를 받지 않은 자를 조롱하지 않고 경멸하지 않고 능욕하고자 하지 않지만 농담하고자 저열한 특징인 지나치게 크거나 지나치게 작거나 지나치게 검거나 지나치게 흰 것을 두고 '여기 어떤 자는 지나치게 크다, 지나치게 작다, 지나치게 검다, 지나치게 희다.'라고 저열한 특징으로 말하면, 말할 때마다 악설죄를 범하는 것이다.

2) 구족계를 받은 자가 구족계를 받지 않은 자를 조롱하지 않고 경멸하지 않고 능욕하고자 하지 않지만 농담하고자 고귀한 특징인 지나치게 크지 않고 지나치게 작지 않고 지나치게 검지 않고 지나치게 희지 않은 것을 두고 '여기 어떤 자는 지나치게 크다, 지나치게 작다, 지나치게 검다, 지나치게 희다.'라고 저열한 특징으로 말하면, 말할 때마다 악설죄를 범하는 것이다.

3) 구족계를 받은 자가 구족계를 받지 않은 자를 조롱하지 않고 경멸하지 않고 능욕하고자 하지 않지만 농담하고자 저열한 특징인 지나치게 크거나 지나치게 작거나 지나치게 검거나 지나치게 흰 것을 두고 '여기 어떤 자는 지나치게 크지 않다, 지나치게 작지 않다, 지나치게 검지 않다, 지나치게 희지 않다.'라고 고귀한 특징으로 말하면, 말할 때마다 악설죄를 범하는 것이다.

4) 구족계를 받은 자가 구족계를 받지 않은 자를 조롱하지 않고 경멸하지 않고 능욕하고자 하지 않지만 농담하고자 고귀한 특징인 지나치게 크지 않고 지나치게 작지 않고 지나치게 검지 않고 지나치게 희지 않은 것을 두고 '여기 어떤 자는 지나치게 크지 않다, 지나치게 작지 않다, 지나치게 검지 않다, 지나치게 희지 않다.'라고 고귀한 특징으로 말하면, 말할 때마다 악설죄를 범하는 것이다.

5-2₈.

1) 구족계를 받은 자가 구족계를 받지 않은 자를 조롱하지 않고 경멸하지 않고 능욕하고자 하지 않지만 농담하고자 저열한 오염인 탐욕에 매이고, 분노에 매이고, 어리석음에 매인 것을 두고 '여기 어떤 자는 탐욕에 매였다, 그대는 분노에 매였다, 그대는 어리석음에 매였다.'라고 저열한 오염으로 말하면, 말할 때마다 악설죄를 범하는 것이다.

2) 구족계를 받은 자가 구족계를 받지 않은 자를 조롱하지 않고 경멸하지 않고 능욕하고자 하지 않지만 농담하고자 고귀한 오염인 탐욕을 여의고, 분노를 여의고, 어리석음을 여읜 것을 두고 '여기 어떤 자는 탐욕에 매였다, 분노에 매였다, 어리석음에 매였다.'라고 저열한 오염으로 말하면, 말할 때마다 악설죄를 범하는 것이다.

3) 구족계를 받은 자가 구족계를 받지 않은 자를 조롱하지 않고 경멸하지 않고 능욕하고자 하지 않지만 농담하고자 저열한 오염인 탐욕에 매이고, 분노에 매이고, 어리석음에 매인 것을 두고 '여기 어떤 자는 탐욕을 여의었다, 분노를 여의었다, 어리석음을 여의었다.'라고 고귀한 오염으로 말하면, 말할 때마다 악설죄를 범하는 것이다.

4) 구족계를 받은 자가 구족계를 받지 않은 자를 조롱하지 않고 경멸하지 않고 능욕하고자 하지 않지만 농담하고자 고귀한 오염인 탐욕을 여의고, 분노를 여의고, 어리석음을 여읜 것을 두고 '여기 어떤 자는 탐욕을 여의었다, 분노를 여의었다, 어리석음을 여의었다.'라고 고귀한 오염으로 말하면, 말할 때마다 악설죄를 범하는 것이다.

5-2₉.

1) 구족계를 받은 자가 구족계를 받지 않은 자를 조롱하지 않고 경멸하지 않고 능욕하고자 하지 않지만 농담하고자 저열한 성취인 승단추방죄를 성취하고, 승단잔류죄를 성취하고, 추악죄를 성취하고, 악작죄를 성취하고, 고백죄를 성취하고, 악작죄를 성취하고, 악설죄를 성취한 것을 두고 '여기 어떤 자는 승단추방죄를 성취했다, 승단잔류죄를 성취했다, 추악죄를 성취했다, 속죄죄를 성취했다, 고백죄를 성취했다, 악작죄를 성취했다, 악설죄를 성취했다.'라고 저열한 성취로 말하면, 말할 때마다 악설죄를 범하는 것이다.

2) 구족계를 받은 자가 구족계를 받지 않은 자를 조롱하지 않고 경멸하지 않고 능욕하고자 하지 않지만 농담하고자 고귀한 성취인 흐름에 든 경지의 성취를

두고 '여기 어떤 자는 승단추방죄를 성취했다, 승단잔류죄를 성취했다, 추악죄를 성취했다, 속죄죄를 성취했다, 고백죄를 성취했다, 악작죄를 성취했다, 악설죄를 성취했다.'라고 저열한 범죄의 성취로 말하면, 말할 때마다 악설죄를 범하는 것이다.

3) 구족계를 받은 자가 구족계를 받지 않은 자를 조롱하지 않고 경멸하지 않고 능욕하고자 하지 않지만 농담하고자 저열한 범죄의 성취인 승단추방죄를 성취하고, 승단잔류죄를 성취하고, 추악죄를 성취하고, 속죄죄를 성취하고, 고백죄를 성취하고, 악작죄를 성취하고, 악설죄를 성취한 것을 두고 '여기 어떤 자는 흐름에 든 경지를 성취했다.'라고 고귀한 성취로 말하면, 말할 때마다 악설죄를 범하는 것이다.

4) 구족계를 받은 자가 구족계를 받지 않은 자를 조롱하지 않고 경멸하지 않고 능욕하고자 하지 않지만 농담하고자 고귀한 성취인 흐름에 든 경지의 성취를 두고 '여기 어떤 자는 흐름에 든 경지를 성취했다.'라고 고귀한 성취로 말하면, 말할 때마다 악설죄를 범하는 것이다.

5-2₁₀.

1) 구족계를 받은 자가 구족계를 받지 않은 자를 조롱하지 않고 경멸하지 않고 능욕하고자 하지 않지만 농담하고자 저열한 어법인 '낙타, 양, 소, 당나귀, 축생, 지옥에 갈 놈'을 두고 '여기 어떤 자는 낙타이다, 양이다, 소다, 당나귀다, 축생이다, 지옥에 갈 놈이다, 여기 어떤 자를 기다리는 것은 천상이 아니라 지옥이다.'라고 저열한 어법으로 말하면, 말할 때마다 악설죄를 범하는 것이다.

2) 구족계를 받은 자가 구족계를 받지 않은 자를 조롱하지 않고 경멸하지 않고 능욕하고자 하지 않지만 농담하고자 고귀한 어법인 '현명한 자이고, 유능한 자이고, 총명한 자이고, 박학한 자이고, 진리를 설하는 자'를 두고 '여기 어떤 자는 낙타이다, 양이다, 소다, 당나귀다, 축생이다, 지옥에 갈 놈이다, 여기 어떤 자를 기다리는 것은 천상이 아니라 지옥이다.'라고 저열한 어법으로 말하면, 말할 때마다 악설죄를 범하는 것이다.

3) 구족계를 받은 자가 구족계를 받지 않은 자를 조롱하지 않고 경멸하지 않고 능욕하고자 하지 않지만 농담하고자 저열한 어법인 '낙타, 양, 소, 당나귀, 축생, 지옥에 갈 놈'을 두고 '여기 어떤 자는 현명한 자이다, 유능한 자이다, 총명한 자이다, 박학한 자이다, 진리를 설하는 자이다. 여기 어떤 자를 기다리는 것은 지옥이 아니라 천상이다.'라고 고귀한 어법으로 말하면, 말할 때마다 악설죄를

범하는 것이다.

4) 구족계를 받은 자가 구족계를 받지 않은 자를 조롱하지 않고 경멸하지 않고 능욕하고자 하지 않지만 농담하고자 고귀한 어법인 현명한 자이고, 유능한 자이고, 총명한 자이고, 박학한 자이고, 진리를 설하는 자를 두고 '여기 어떤 자는 현명한 자이다, 유능한 자이다, 총명한 자이다, 박학한 자이다, 진리를 설하는 자이다. 여기 어떤 자를 기다리는 것은 지옥이 아니라 천상이다.'라고 고귀한 어법으로 말하면, 말할 때마다 악설죄를 범하는 것이다.

5-3₁.

1) 구족계를 받은 자가 구족계를 받지 않은 자를 조롱하지 않고 경멸하지 않고 능욕하고자 하지 않지만 농담하고자 저열한 짠달라, 죽세공, 사냥꾼, 수레공, 청소부를 두고 '그는 짠달라가 아닐까? 죽세공이 아닐까? 사냥꾼이 아닐까? 수레공이 아닐까? 청소부가 아닐까?'라고 저열한 말로 말하면, 말할 때마다 악설죄를 범하는 것이다.

2) 구족계를 받은 자가 구족계를 받지 않은 자를 조롱하지 않고 경멸하지 않고 능욕하고자 하지 않지만 농담하고자 고귀한 왕족이나 바라문을 두고 '그는 짠달라가 아닐까? 죽세공이 아닐까? 사냥꾼이 아닐까? 수레공이 아닐까? 청소부가 아닐까?'라고 저열한 말로 말하면, 말할 때마다 악설죄를 범하는 것이다.

3) 구족계를 받은 자가 구족계를 받지 않은 자를 조롱하지 않고 경멸하지 않고 능욕하고자 하지 않지만 농담하고자 저열한 짠달라, 죽세공, 사냥꾼, 수레공, 청소부를 두고 '그는 왕족이 아닐까? 바라문이 아닐까?'라고 고귀한 말로 말하면, 말할 때마다 악설죄를 범하는 것이다.

4) 구족계를 받은 자가 구족계를 받지 않은 자를 조롱하지 않고 경멸하지 않고 능욕하고자 하지 않지만 농담하고자 왕족과 바라문을 두고 '그는 왕족이 아닐까? 바라문이 아닐까?'라고 고귀한 말로 말하면, 말할 때마다 악설죄를 범하는 것이다.

5-3₂.

1) 구족계를 받은 자가 구족계를 받지 않은 자를 조롱하지 않고 경멸하지 않고 능욕하고자 하지 않지만 농담하고자 저열한 이름인 아바깐나까, 자바깐나까, 다닛타까, 싸빗타까, 꿀라밧다까를 두고 '그는 아바깐나까가 아닐까? 자바깐나까가 아닐까? 다닛타까가 아닐까? 싸빗타까가 아닐까? 꿀라밧다까가 아닐까?'라고 저열한 이름으로 말하면, 말할 때마다 악설죄를 범하는 것이다.

2) 구족계를 받은 자가 구족계를 받지 않은 자를 조롱하지 않고 경멸하지 않고 능욕하고자 하지 않지만 농담하고자 고귀한 이름인 붓다락키따, 담마락키따, 쌍가락키따를 두고 '그는 아바깐나까가 아닐까? 자바깐나까가 아닐까? 다닛타까가 아닐까? 싸빗타까가 아닐까? 꿀라밧다까가 아닐까?'라고 저열한 이름으로 말하면, 말할 때마다 악설죄를 범하는 것이다.
3) 구족계를 받은 자가 구족계를 받지 않은 자를 조롱하지 않고 경멸하지 않고 능욕하고자 하지 않지만 농담하고자 저열한 이름인 아바깐나까, 자바깐나까, 다닛타까, 싸빗타까, 꿀라밧다까를 두고 '그는 붓다락키따가 아닐까? 담마락키따가 아닐까? 쌍가락키따가 아닐까?'라고 고귀한 이름으로 말하면, 말할 때마다 악설죄를 범하는 것이다.
4) 구족계를 받은 자가 구족계를 받지 않은 자를 조롱하지 않고 경멸하지 않고 능욕하고자 하지 않지만 농담하고자 고귀한 이름인 붓다락키따, 담마락키따, 쌍가락키따를 두고 '그는 붓다락키따가 아닐까? 담마락키따가 아닐까? 쌍가락키따가 아닐까?'라고 고귀한 이름으로 말하면, 말할 때마다 악설죄를 범하는 것이다.

5-3₃.

1) 구족계를 받은 자가 구족계를 받지 않은 자를 조롱하지 않고 경멸하지 않고 능욕하고자 하지 않지만 농담하고자 저열한 성인 꼬씨야와 바라드와자를 두고 '그는 꼬씨야가 아닐까? 바라드와자가 아닐까?'라고 저열한 성으로 말하면, 말할 때마다 악설죄를 범하는 것이다.
2) 구족계를 받은 자가 구족계를 받지 않은 자를 조롱하지 않고 경멸하지 않고 능욕하고자 하지 않지만 농담하고자 고귀한 성인 고따마, 목갈라나, 깟짜나, 밧쎄타를 두고 '그는 꼬씨야가 아닐까? 바라드와자가 아닐까?'라고 저열한 성으로 말하면, 말할 때마다 악설죄를 범하는 것이다.
3) 구족계를 받은 자가 구족계를 받지 않은 자를 조롱하지 않고 경멸하지 않고 능욕하고자 하지 않지만 농담하고자 저열한 성인 꼬씨야와 바라드와자를 두고 '그대는 고따마가 아닐까? 그대는 목갈라나가 아닐까? 그대는 깟짜나가 아닐까? 그대는 밧쎄타가 아닐까?'라고 고귀한 성으로 말하면, 말할 때마다 악설죄를 범하는 것이다.
4) 구족계를 받은 자가 구족계를 받지 않은 자를 조롱하지 않고 경멸하지 않고 능욕하고자 하지 않지만 농담하고자 고귀한 성인 고따마, 목갈라나, 깟짜나,

밧쎄타를 두고 '그는 고따마가 아닐까? 목갈라나가 아닐까? 깟짜나가 아닐까? 밧쎄타가 아닐까?'라고 고귀한 성으로 말하면, 말할 때마다 악설죄를 범하는 것이다.

5-3₄.

1) 구족계를 받은 자가 구족계를 받지 않은 자를 조롱하지 않고 경멸하지 않고 능욕하고자 하지 않지만 농담하고자 저열한 일인 창고일이나 꽃청소일을 두고 '그는 창고일을 하지 않을까? 꽃청소일을 하지 않을까?'라고 저열한 일로 말하면, 말할 때마다 악설죄를 범하는 것이다.
2) 구족계를 받은 자가 구족계를 받지 않은 자를 조롱하지 않고 경멸하지 않고 능욕하고자 하지 않지만 농담하고자 고귀한 일인 농사일, 상업일, 목축일을 두고 '그는 창고일을 하지 않을까? 꽃청소일을 하지 않을까?'라고 저열한 일로 말하면, 말할 때마다 악설죄를 범하는 것이다.
3) 구족계를 받은 자가 구족계를 받지 않은 자를 조롱하지 않고 경멸하지 않고 능욕하고자 하지 않지만 농담하고자 저열한 일인 창고일, 꽃청소일을 두고 '그는 농사일을 하지 않을까? 상업일을 하지 않을까? 목축일을 하지 않을까?'라고 고귀한 일로 말하면, 말할 때마다 악설죄를 범하는 것이다.
4) 구족계를 받은 자가 구족계를 받지 않은 자를 조롱하지 않고 경멸하지 않고 능욕하고자 하지 않지만 농담하고자 고귀한 일인 농사일, 상업일, 목축일을 두고 '그는 농사일을 하지 않을까? 상업일을 하지 않을까? 목축일을 하지 않을까?'라고 고귀한 일로 말하면, 말할 때마다 악설죄를 범하는 것이다.

5-3₅.

1) 구족계를 받은 자가 구족계를 받지 않은 자를 조롱하지 않고 경멸하지 않고 능욕하고자 하지 않지만 농담하고자 저열한 기술인 죽세공기술, 도예기술, 직조기술, 피혁기술, 이발기술을 두고 '그는 죽세공가 아닐까? 도예공가 아닐까? 피혁공가 아닐까? 직조공가 아닐까? 이발사가 아닐까?'라고 저열한 기술로 말하면, 말할 때마다 악설죄를 범하는 것이다.
2) 구족계를 받은 자가 구족계를 받지 않은 자를 조롱하지 않고 경멸하지 않고 능욕하고자 하지 않지만 농담하고자 고귀한 기술인 회계, 계산, 서기를 두고 '그는 죽세공가 아닐까? 도예공가 아닐까? 피혁공가 아닐까? 직조공가 아닐까? 이발사가 아닐까?'라고 저열한 기술로 말하면, 말할 때마다 악설죄를 범하는 것이다.

3) 구족계를 받은 자가 구족계를 받지 않은 자를 조롱하지 않고 경멸하지 않고 능욕하고자 하지 않지만 농담하고자 저열한 기술인 죽세공기술, 도예기술, 직조기술, 피혁기술, 이발기술을 두고 '그는 회계사가 아닐까? 계산자가 아닐까? 서기가 아닐까?'라고 고귀한 기술로 말하면, 말할 때마다 악설죄를 범하는 것이다.

4) 구족계를 받은 자가 구족계를 받지 않은 자를 조롱하지 않고 경멸하지 않고 능욕하고자 하지 않지만 농담하고자 고귀한 기술인 회계, 계산, 서기를 두고 '그는 회계사가 아닐까? 계산자가 아닐까? 서기가 아닐까?'라고 고귀한 기술로 말하면, 말할 때마다 악설죄를 범하는 것이다.

5-3₆.

1) 구족계를 받은 자가 구족계를 받지 않은 자를 조롱하지 않고 경멸하지 않고 능욕하고자 하지 않지만 농담하고자 저열한 질병인 나병, 종기, 습진, 폐병, 간질을 두고 '그는 나병환자가 아닐까? 종기환자다, 습진환자가 아닐까? 폐병환자가 아닐까? 간질환자가 아닐까?'라고 저열한 질병으로 말하면, 말할 때마다 악설죄를 범하는 것이다.

2) 구족계를 받은 자가 구족계를 받지 않은 자를 조롱하지 않고 경멸하지 않고 능욕하고자 하지 않지만 농담하고자 고귀한 질병인 당뇨병을 두고 '그는 나병환자가 아닐까? 종기환자가 아닐까? 습진환자가 아닐까? 폐병환자가 아닐까? 간질환자가 아닐까?'라고 저열한 질병으로 말하면, 말할 때마다 악설죄를 범하는 것이다.

3) 구족계를 받은 자가 구족계를 받지 않은 자를 조롱하지 않고 경멸하지 않고 능욕하고자 하지 않지만 농담하고자 저열한 질병인 나병, 종기, 습진, 폐병, 간질을 두고 '그는 당뇨환자가 아닐까?'라고 고귀한 질병으로 말하면, 말할 때마다 악설죄를 범하는 것이다.

4) 구족계를 받은 자가 구족계를 받지 않은 자를 조롱하지 않고 경멸하지 않고 능욕하고자 하지 않지만 농담하고자 고귀한 질병인 당뇨병을 두고 '그는 당뇨환자가 아닐까?'라고 고귀한 질병으로 말하면, 말할 때마다 악설죄를 범하는 것이다.

5-3₇.

1) 구족계를 받은 자가 구족계를 받지 않은 자를 조롱하지 않고 경멸하지 않고 능욕하고자 하지 않지만 농담하고자 저열한 특징인 지나치게 크거나 지나치게

작거나 지나치게 검거나 지나치게 흰 것을 두고 '그는 지나치게 크지 않을까? 지나치게 작지 않을까? 지나치게 검지 않을까? 지나치게 희지 않을까?'라고 저열한 특징으로 말하면, 말할 때마다 악설죄를 범하는 것이다.

2) 구족계를 받은 자가 구족계를 받지 않은 자를 조롱하지 않고 경멸하지 않고 능욕하고자 하지 않지만 농담하고자 고귀한 특징인 지나치게 크지 않고 지나치게 작지 않고 지나치게 검지 않고 지나치게 희지 않은 것을 두고 '그는 지나치게 크지 않을까? 그대는 지나치게 작지 않을까? 지나치게 검지 않을까? 지나치게 희지 않을까?'라고 저열한 특징으로 말하면, 말할 때마다 악설죄를 범하는 것이다.

3) 구족계를 받은 자가 구족계를 받지 않은 자를 조롱하지 않고 경멸하지 않고 능욕하고자 하지 않지만 농담하고자 저열한 특징인 지나치게 크거나 지나치게 작거나 지나치게 검거나 지나치게 흰 것을 두고 '그는 지나치게 크지 않지 않을까? 지나치게 작지 않지 않을까? 지나치게 검지 않지 않을까? 지나치게 희지 않지 않을까?'라고 고귀한 특징으로 말하면, 말할 때마다 악설죄를 범하는 것이다.

4) 구족계를 받은 자가 구족계를 받지 않은 자를 조롱하지 않고 경멸하지 않고 능욕하고자 하지 않지만 농담하고자 고귀한 특징인 지나치게 크지 않고 지나치게 작지 않고 지나치게 검지 않고 지나치게 희지 않은 것을 두고 '그는 지나치게 크지 않지 않을까? 지나치게 작지 않지 않을까? 지나치게 검지 않지 않을까? 지나치게 희지 않지 않을까?'라고 고귀한 특징으로 말하면, 말할 때마다 악설죄를 범하는 것이다.

5-3$_8$.

1) 구족계를 받은 자가 구족계를 받지 않은 자를 조롱하지 않고 경멸하지 않고 능욕하고자 하지 않지만 농담하고자 저열한 오염인 탐욕에 매이고, 분노에 매이고, 어리석음에 매인 것을 두고 '그는 탐욕에 매인 것이 아닐까? 그대는 분노에 매인 것이 아닐까? 그대는 어리석음에 매인 것이 아닐까?'라고 저열한 오염으로 말하면, 말할 때마다 악설죄를 범하는 것이다.

2) 구족계를 받은 자가 구족계를 받지 않은 자를 조롱하지 않고 경멸하지 않고 능욕하고자 하지 않지만 농담하고자 고귀한 오염인 탐욕을 여의고, 분노를 여의고, 어리석음을 여읜 것을 두고 '그는 탐욕에 매인 것이 아닐까? 분노에 매인 것이 아닐까? 어리석음에 매인 것이 아닐까?'라고 저열한 오염으로 말하

면, 말할 때마다 악설죄를 범하는 것이다.

3) 구족계를 받은 자가 구족계를 받지 않은 자를 조롱하지 않고 경멸하지 않고 능욕하고자 하지 않지만 농담하고자 저열한 오염인 탐욕에 매이고, 분노에 매이고, 어리석음에 매인 것을 두고 '그는 탐욕을 여읜 것이 아닐까? 분노를 여읜 것이 아닐까? 어리석음을 여읜 것이 아닐까?'라고 고귀한 오염으로 말하면, 말할 때마다 악설죄를 범하는 것이다.

4) 구족계를 받은 자가 구족계를 받지 않은 자를 조롱하지 않고 경멸하지 않고 능욕하고자 하지 않지만 농담하고자 고귀한 오염인 탐욕을 여의고, 분노를 여의고, 어리석음을 여읜 것을 두고 '그는 탐욕을 여읜 것이 아닐까? 분노를 여읜 것이 아닐까? 어리석음을 여읜 것이 아닐까?'라고 고귀한 오염으로 말하면, 말할 때마다 악설죄를 범하는 것이다.

5-3₉.

1) 구족계를 받은 자가 구족계를 받지 않은 자를 조롱하지 않고 경멸하지 않고 능욕하고자 하지 않지만 농담하고자 저열한 성취인 승단추방죄를 성취하고, 승단잔류죄를 성취하고, 추악죄를 성취하고, 악작죄를 성취하고, 고백죄를 성취하고, 악작죄를 성취하고, 악설죄를 성취한 것을 두고 '그는 승단추방죄를 성취한 것일까? 승단잔류죄를 성취한 것일까? 추악죄를 성취한 것일까? 속죄죄를 성취한 것일까? 고백죄를 성취한 것일까? 악작죄를 성취한 것일까? 악설죄를 성취한 것일까?'라고 저열한 성취로 말하면, 말할 때마다 악설죄를 범하는 것이다.

2) 구족계를 받은 자가 구족계를 받지 않은 자를 조롱하지 않고 경멸하지 않고 능욕하고자 하지 않지만 농담하고자 고귀한 성취인 흐름에 든 경지의 성취를 두고 '그는 승단추방죄를 성취한 것일까? 승단잔류죄를 성취한 것일까? 추악죄를 성취한 것일까? 속죄죄를 성취한 것일까? 고백죄를 성취한 것일까? 악작죄를 성취한 것일까? 악설죄를 성취한 것일까?'라고 저열한 범죄의 성취로 말하면, 말할 때마다 악설죄를 범하는 것이다.

3) 구족계를 받은 자가 구족계를 받지 않은 자를 조롱하지 않고 경멸하지 않고 능욕하고자 하지 않지만 농담하고자 저열한 범죄의 성취인 승단추방죄를 성취하고, 승단잔류죄를 성취하고, 추악죄를 성취하고, 속죄죄를 성취하고, 고백죄를 성취하고, 악작죄를 성취하고, 악설죄를 성취한 것을 두고 '그는 흐름에 든 경지를 성취한 것일까?'라고 고귀한 성취로 말하면, 말할 때마다 악설죄를

범하는 것이다.

4) 구족계를 받은 자가 구족계를 받지 않은 자를 조롱하지 않고 경멸하지 않고 능욕하고자 하지 않지만 농담하고자 고귀한 성취인 흐름에 든 경지의 성취를 두고 '그는 흐름에 든 경지를 성취한 것일까?'라고 고귀한 성취로 말하면, 말할 때마다 악설죄를 범하는 것이다.

5-3₁₀.

1) 구족계를 받은 자가 구족계를 받지 않은 자를 조롱하지 않고 경멸하지 않고 능욕하고자 하지 않지만 농담하고자 저열한 어법인 '낙타, 양, 소, 당나귀, 축생, 지옥에 갈 놈'을 두고 '그는 낙타가 아닐까? 양이 아닐까? 소가 아닐까? 당나귀가 아닐까? 축생이 아닐까? 지옥에 갈 놈이 아닐까? 그를 기다리는 것은 천상이 아니라 지옥이 아닐까?'라고 저열한 어법으로 말하면, 말할 때마다 악설죄를 범하는 것이다.

2) 구족계를 받은 자가 구족계를 받지 않은 자를 조롱하지 않고 경멸하지 않고 능욕하고자 하지 않지만 농담하고자 고귀한 어법인 '현명한 자이고, 유능한 자이고, 총명한 자이고, 박학한 자이고, 진리를 설하는 자'를 두고 '그는 낙타가 아닐까? 양이 아닐까? 소가 아닐까? 당나귀가 아닐까? 축생이 아닐까? 지옥에 갈 놈이 아닐까? 그를 기다리는 것은 천상이 아니라 지옥이 아닐까?'라고 저열한 어법으로 말하면, 말할 때마다 악설죄를 범하는 것이다.

3) 구족계를 받은 자가 구족계를 받지 않은 자를 조롱하지 않고 경멸하지 않고 능욕하고자 하지 않지만 농담하고자 저열한 어법인 '낙타, 양, 소, 당나귀, 축생, 지옥에 갈 놈'을 두고 '그는 현명한 자가 아닐까? 유능한 자가 아닐까? 총명한 자가 아닐까? 박학한 자가 아닐까? 진리를 설하는 자가 아닐까? 그를 기다리는 것은 지옥이 아니라 천상이 아닐까?'라고 고귀한 어법으로 말하면, 말할 때마다 악설죄를 범하는 것이다.

4) 구족계를 받은 자가 구족계를 받지 않은 자를 조롱하지 않고 경멸하지 않고 능욕하고자 하지 않지만 농담하고자 고귀한 어법인 현명한 자이고, 유능한 자이고, 총명한 자이고, 박학한 자이고, 진리를 설하는 자를 두고 '그는 현명한 자가 아닐까? 유능한 자가 아닐까? 총명한 자가 아닐까? 박학한 자가 아닐까? 진리를 설하는 자가 아닐까? 그를 기다리는 것은 지옥이 아니라 천상이 아닐까?'라고 고귀한 어법으로 말하면, 말할 때마다 악설죄를 범하는 것이다.

5-4₁.

1) 구족계를 받은 자가 구족계를 받지 않은 자를 조롱하지 않고 경멸하지 않고 능욕하고자 하지 않지만 농담하고자 저열한 짠달라, 죽세공, 사냥꾼, 수레공, 청소부를 두고 '우리는 짠달라가 아니다, 죽세공이 아니다, 사냥꾼이 아니다, 수레공이 아니다, 청소부가 아니다.'라고 저열한 말로 말하면, 말할 때마다 악설죄를 범하는 것이다.

2) 구족계를 받은 자가 구족계를 받지 않은 자를 조롱하지 않고 경멸하지 않고 능욕하고자 하지 않지만 농담하고자 고귀한 왕족이나 바라문을 두고 '우리는 짠달라가 아니다, 죽세공이 아니다, 사냥꾼이 아니다, 수레공이 아니다, 청소부가 아니다.'라고 저열한 말로 말하면, 말할 때마다 악설죄를 범하는 것이다.

3) 구족계를 받은 자가 구족계를 받지 않은 자를 조롱하지 않고 경멸하지 않고 능욕하고자 하지 않지만 농담하고자 저열한 짠달라, 죽세공, 사냥꾼, 수레공, 청소부를 두고 '우리는 왕족이 아니다, 바라문이 아니다.'라고 고귀한 말로 말하면, 말할 때마다 악설죄를 범하는 것이다.

4) 구족계를 받은 자가 구족계를 받지 않은 자를 조롱하지 않고 경멸하지 않고 능욕하고자 하지 않지만 농담하고자 왕족과 바라문을 두고 '우리는 왕족이 아니다, 바라문이 아니다.'라고 고귀한 말로 말하면, 말할 때마다 악설죄를 범하는 것이다.

5-4₂.

1) 구족계를 받은 자가 구족계를 받지 않은 자를 조롱하지 않고 경멸하지 않고 능욕하고자 하지 않지만 농담하고자 저열한 이름인 아바깐나까, 자바깐나까, 다닛타까, 싸빗타까, 꿀라밧다까를 두고 '우리는 아바깐나까가 아니다, 자바깐나까가 아니다, 다닛타까가 아니다, 싸빗타까가 아니다, 꿀라밧다까가 아니다.'라고 저열한 이름으로 말하면, 말할 때마다 악설죄를 범하는 것이다.

2) 구족계를 받은 자가 구족계를 받지 않은 자를 조롱하지 않고 경멸하지 않고 능욕하고자 하지 않지만 농담하고자 고귀한 이름인 붓다락키따, 담마락키따, 쌍가락키따를 두고 '우리는 아바깐나까가 아니다, 자바깐나까가 아니다, 다닛타까가 아니다, 싸빗타까가 아니다, 꿀라밧다까가 아니다.'라고 저열한 이름으로 말하면, 말할 때마다 악설죄를 범하는 것이다.

3) 구족계를 받은 자가 구족계를 받지 않은 자를 조롱하지 않고 경멸하지 않고 능욕하고자 하지 않지만 농담하고자 저열한 이름인 아바깐나까, 자바깐나까, 다닛타까, 싸빗타까, 꿀라밧다까를 두고 '우리는 붓다락키따가 아니다, 담마락

키따가 아니다, 쌍가락키따가 아니다.'라고 고귀한 이름으로 말하면, 말할 때마다 악설죄를 범하는 것이다.

4) 구족계를 받은 자가 구족계를 받지 않은 자를 조롱하지 않고 경멸하지 않고 능욕하고자 하지 않지만 농담하고자 고귀한 이름인 붓다락키따, 담마락키따, 쌍가락키따를 두고 '우리는 붓다락키따가 아니다, 담마락키따가 아니다, 쌍가락키따가 아니다.'라고 고귀한 이름으로 말하면, 말할 때마다 악설죄를 범하는 것이다.

5-4₃.

1) 구족계를 받은 자가 구족계를 받지 않은 자를 조롱하지 않고 경멸하지 않고 능욕하고자 하지 않지만 농담하고자 저열한 성인 꼬씨야와 바라드와자를 두고 '우리는 꼬씨야가 아니다, 바라드와자가 아니다.'라고 저열한 성으로 말하면, 말할 때마다 악설죄를 범하는 것이다.

2) 구족계를 받은 자가 구족계를 받지 않은 자를 조롱하지 않고 경멸하지 않고 능욕하고자 하지 않지만 농담하고자 고귀한 성인 고따마, 목갈라나, 깟짜나, 밧쎄타를 두고 '우리는 꼬씨야가 아니다, 바라드와자가 아니다.'라고 저열한 성으로 말하면, 말할 때마다 악설죄를 범하는 것이다.

3) 구족계를 받은 자가 구족계를 받지 않은 자를 조롱하지 않고 경멸하지 않고 능욕하고자 하지 않지만 농담하고자 저열한 성인 꼬씨야와 바라드와자를 두고 '그대는 고따마가 아니다, 그대는 목갈라나가 아니다, 그대는 깟짜나가 아니다, 그대는 밧쎄타가 아니다.'라고 고귀한 성으로 말하면, 말할 때마다 악설죄를 범하는 것이다.

4) 구족계를 받은 자가 구족계를 받지 않은 자를 조롱하지 않고 경멸하지 않고 능욕하고자 하지 않지만 농담하고자 고귀한 성인 고따마, 목갈라나, 깟짜나, 밧쎄타를 두고 '우리는 고따마가 아니다, 목갈라나가 아니다, 깟짜나가 아니다, 밧쎄타가 아니다.'라고 고귀한 성으로 말하면, 말할 때마다 악설죄를 범하는 것이다.

5-4₄.

1) 구족계를 받은 자가 구족계를 받지 않은 자를 조롱하지 않고 경멸하지 않고 능욕하고자 하지 않지만 농담하고자 저열한 일인 창고일이나 꽃청소일을 두고 '우리는 창고일을 하지 않을까? 꽃청소일을 하지 않을까?'라고 저열한 일로 말하면, 말할 때마다 악설죄를 범하는 것이다.

2) 구족계를 받은 자가 구족계를 받지 않은 자를 조롱하지 않고 경멸하지 않고 능욕하고자 하지 않지만 농담하고자 고귀한 일인 농사일, 상업일, 목축일을 두고 '우리는 창고일을 하지 않을까? 꽃청소일을 하지 않을까?'라고 저열한 일로 말하면, 말할 때마다 악설죄를 범하는 것이다.
3) 구족계를 받은 자가 구족계를 받지 않은 자를 조롱하지 않고 경멸하지 않고 능욕하고자 하지 않지만 농담하고자 저열한 일인 창고일, 꽃청소일을 두고 '우리는 농사일을 하지 않을까? 상업일을 하지 않을까? 목축일을 하지 않을까?'라고 고귀한 일로 말하면, 말할 때마다 악설죄를 범하는 것이다.
4) 구족계를 받은 자가 구족계를 받지 않은 자를 조롱하지 않고 경멸하지 않고 능욕하고자 하지 않지만 농담하고자 고귀한 일인 농사일, 상업일, 목축일을 두고 '우리는 농사일을 하지 않을까? 상업일을 하지 않을까? 목축일을 하지 않을까?'라고 고귀한 일로 말하면, 말할 때마다 악설죄를 범하는 것이다.

5-4₅.

1) 구족계를 받은 자가 구족계를 받지 않은 자를 조롱하지 않고 경멸하지 않고 능욕하고자 하지 않지만 농담하고자 저열한 기술인 죽세공기술, 도예기술, 직조기술, 피혁기술, 이발기술을 두고 '우리는 죽세공가 아니다, 도예공가 아니다, 피혁공가 아니다, 직조공가 아니다, 이발사가 아니다.'라고 저열한 기술로 말하면, 말할 때마다 악설죄를 범하는 것이다.
2) 구족계를 받은 자가 구족계를 받지 않은 자를 조롱하지 않고 경멸하지 않고 능욕하고자 하지 않지만 농담하고자 고귀한 기술인 회계, 계산, 서기를 두고 '우리는 죽세공가 아니다, 도예공가 아니다, 피혁공가 아니다, 직조공가 아니다, 이발사가 아니다.'라고 저열한 기술로 말하면, 말할 때마다 악설죄를 범하는 것이다.
3) 구족계를 받은 자가 구족계를 받지 않은 자를 조롱하지 않고 경멸하지 않고 능욕하고자 하지 않지만 농담하고자 저열한 기술인 죽세공기술, 도예기술, 직조기술, 피혁기술, 이발기술을 두고 '우리는 회계사가 아니다, 계산자가 아니다, 서기가 아니다.'라고 고귀한 기술로 말하면, 말할 때마다 악설죄를 범하는 것이다.
4) 구족계를 받은 자가 구족계를 받지 않은 자를 조롱하지 않고 경멸하지 않고 능욕하고자 하지 않지만 농담하고자 고귀한 기술인 회계, 계산, 서기를 두고 '우리는 회계사가 아니다, 계산자가 아니다, 서기가 아니다.'라고 고귀한 기술로 말하면,

말할 때마다 악설죄를 범하는 것이다.

5-4₆.

1) 구족계를 받은 자가 구족계를 받지 않은 자를 조롱하지 않고 경멸하지 않고 능욕하고자 하지 않지만 농담하고자 저열한 질병인 나병, 종기, 습진, 폐병, 간질을 두고 '우리는 나병환자가 아니다, 종기환자다, 습진환자가 아니다, 폐병환자가 아니다, 간질환자가 아니다.'라고 저열한 질병으로 말하면, 말할 때마다 악설죄를 범하는 것이다.
2) 구족계를 받은 자가 구족계를 받지 않은 자를 조롱하지 않고 경멸하지 않고 능욕하고자 하지 않지만 농담하고자 고귀한 질병인 당뇨병을 두고 '우리는 나병환자가 아니다, 종기환자가 아니다, 습진환자가 아니다, 폐병환자가 아니다, 간질환자가 아니다.'라고 저열한 질병으로 말하면, 말할 때마다 악설죄를 범하는 것이다.
3) 구족계를 받은 자가 구족계를 받지 않은 자를 조롱하지 않고 경멸하지 않고 능욕하고자 하지 않지만 농담하고자 저열한 질병인 나병, 종기, 습진, 폐병, 간질을 두고 '우리는 당뇨환자가 아니다.'라고 고귀한 질병으로 말하면, 말할 때마다 악설죄를 범하는 것이다.
4) 구족계를 받은 자가 구족계를 받지 않은 자를 조롱하지 않고 경멸하지 않고 능욕하고자 하지 않지만 농담하고자 고귀한 질병인 당뇨병을 두고 '우리는 당뇨환자가 아니다.'라고 고귀한 질병으로 말하면, 말할 때마다 악설죄를 범하는 것이다.

5-4₇.

1) 구족계를 받은 자가 구족계를 받지 않은 자를 조롱하지 않고 경멸하지 않고 능욕하고자 하지 않지만 농담하고자 저열한 특징인 지나치게 크거나 지나치게 작거나 지나치게 검거나 지나치게 흰 것을 두고 '우리는 지나치게 크지 않을까? 지나치게 작지 않을까? 지나치게 검지 않을까? 지나치게 희지 않을까?'라고 저열한 특징으로 말하면, 말할 때마다 악설죄를 범하는 것이다.
2) 구족계를 받은 자가 구족계를 받지 않은 자를 조롱하지 않고 경멸하지 않고 능욕하고자 하지 않지만 농담하고자 고귀한 특징인 지나치게 크지 않고 지나치게 작지 않고 지나치게 검지 않고 지나치게 희지 않은 것을 두고 '우리는 지나치게 크지 않을까? 그대는 지나치게 작지 않을까? 지나치게 검지 않을까? 지나치게 희지 않을까?'라고 저열한 특징으로 말하면, 말할 때마다 악설죄를

범하는 것이다.

3) 구족계를 받은 자가 구족계를 받지 않은 자를 조롱하지 않고 경멸하지 않고 능욕하고자 하지 않지만 농담하고자 저열한 특징인 지나치게 크거나 지나치게 작거나 지나치게 검거나 지나치게 흰 것을 두고 '우리는 지나치게 크지 않지 않을까? 지나치게 작지 않지 않을까? 지나치게 검지 않지 않을까? 지나치게 희지 않지 않을까?'라고 고귀한 특징으로 말하면, 말할 때마다 악설죄를 범하는 것이다.

4) 구족계를 받은 자가 구족계를 받지 않은 자를 조롱하지 않고 경멸하지 않고 능욕하고자 하지 않지만 농담하고자 고귀한 특징인 지나치게 크지 않고 지나치게 작지 않고 지나치게 검지 않고 지나치게 희지 않은 것을 두고 '우리는 지나치게 크지 않지 않을까? 지나치게 작지 않지 않을까? 지나치게 검지 않지 않을까? 지나치게 희지 않지 않을까?'라고 고귀한 특징으로 말하면, 말할 때마다 악설죄를 범하는 것이다.

5-4₈.

1) 구족계를 받은 자가 구족계를 받지 않은 자를 조롱하지 않고 경멸하지 않고 능욕하고자 하지 않지만 농담하고자 저열한 오염인 탐욕에 매이고, 분노에 매이고, 어리석음에 매인 것을 두고 '우리는 탐욕에 매인 것이 아니다, 그대는 분노에 매인 것이 아니다, 그대는 어리석음에 매인 것이 아니다.'라고 저열한 오염으로 말하면, 말할 때마다 악설죄를 범하는 것이다.

2) 구족계를 받은 자가 구족계를 받지 않은 자를 조롱하지 않고 경멸하지 않고 능욕하고자 하지 않지만 농담하고자 고귀한 오염인 탐욕을 여의고, 분노를 여의고, 어리석음을 여읜 것을 두고 '우리는 탐욕에 매인 것이 아니다, 분노에 매인 것이 아니다, 어리석음에 매인 것이 아니다.'라고 저열한 오염으로 말하면, 말할 때마다 악설죄를 범하는 것이다.

3) 구족계를 받은 자가 구족계를 받지 않은 자를 조롱하지 않고 경멸하지 않고 능욕하고자 하지 않지만 농담하고자 저열한 오염인 탐욕에 매이고, 분노에 매이고, 어리석음에 매인 것을 두고 '우리는 탐욕을 여읜 것이 아니다, 분노를 여읜 것이 아니다, 어리석음을 여읜 것이 아니다.'라고 고귀한 오염으로 말하면, 말할 때마다 악설죄를 범하는 것이다.

4) 구족계를 받은 자가 구족계를 받지 않은 자를 조롱하지 않고 경멸하지 않고 능욕하고자 하지 않지만 농담하고자 고귀한 오염인 탐욕을 여의고, 분노를

여의고, 어리석음을 여읜 것을 두고 '우리는 탐욕을 여읜 것이 아니다, 분노를 여읜 것이 아니다, 어리석음을 여읜 것이 아니다.'라고 고귀한 오염으로 말하면, 말할 때마다 악설죄를 범하는 것이다.

5-4₉.

1) 구족계를 받은 자가 구족계를 받지 않은 자를 조롱하지 않고 경멸하지 않고 능욕하고자 하지 않지만 농담하고자 저열한 성취인 승단추방죄를 성취하고, 승단잔류죄를 성취하고, 추악죄를 성취하고, 악작죄를 성취하고, 고백죄를 성취하고, 악작죄를 성취하고, 악설죄를 성취한 것을 두고 '우리는 승단추방죄를 성취한 것일까? 승단잔류죄를 성취한 것일까? 추악죄를 성취한 것일까? 속죄죄를 성취한 것일까? 고백죄를 성취한 것일까? 악작죄를 성취한 것일까? 악설죄를 성취한 것일까?'라고 저열한 성취로 말하면, 말할 때마다 악설죄를 범하는 것이다.

2) 구족계를 받은 자가 구족계를 받지 않은 자를 조롱하지 않고 경멸하지 않고 능욕하고자 하지 않지만 농담하고자 고귀한 성취인 흐름에 든 경지의 성취를 두고 '우리는 승단추방죄를 성취한 것일까? 승단잔류죄를 성취한 것일까? 추악죄를 성취한 것일까? 속죄죄를 성취한 것일까? 고백죄를 성취한 것일까? 악작죄를 성취한 것일까? 악설죄를 성취한 것일까?'라고 저열한 범죄의 성취로 말하면, 말할 때마다 악설죄를 범하는 것이다.

3) 구족계를 받은 자가 구족계를 받지 않은 자를 조롱하지 않고 경멸하지 않고 능욕하고자 하지 않지만 농담하고자 저열한 범죄의 성취인 승단추방죄를 성취하고, 승단잔류죄를 성취하고, 추악죄를 성취하고, 속죄죄를 성취하고, 고백죄를 성취하고, 악작죄를 성취하고, 악설죄를 성취한 것을 두고 '우리는 흐름에 든 경지를 성취한 것일까?'라고 고귀한 성취로 말하면, 말할 때마다 악설죄를 범하는 것이다.

4) 구족계를 받은 자가 구족계를 받지 않은 자를 조롱하지 않고 경멸하지 않고 능욕하고자 하지 않지만 농담하고자 고귀한 성취인 흐름에 든 경지의 성취를 두고 '우리는 흐름에 든 경지를 성취한 것일까?'라고 고귀한 성취로 말하면, 말할 때마다 악설죄를 범하는 것이다.

5-4₁₀.

1) 구족계를 받은 자가 구족계를 받지 않은 자를 조롱하지 않고 경멸하지 않고 능욕하고자 하지 않지만 농담하고자 저열한 어법인 '낙타, 양, 소, 당나귀, 축생,

지옥에 갈 놈'을 두고 '우리는 낙타가 아니다, 양이 아니다, 소가 아니다, 당나귀가 아니다, 축생이 아니다, 지옥에 갈 놈이 아니다, 우리를 기다리는 것은 천상이 아니라 지옥이다.'라고 저열한 어법으로 말하면, 말할 때마다 악설죄를 범하는 것이다.

2) 구족계를 받은 자가 구족계를 받지 않은 자를 조롱하지 않고 경멸하지 않고 능욕하고자 하지 않지만 농담하고자 고귀한 어법인 '현명한 자이고, 유능한 자이고, 총명한 자이고, 박학한 자이고, 진리를 설하는 자'를 두고 '우리는 낙타가 아니다, 양이 아니다, 소가 아니다, 당나귀가 아니다, 축생이 아니다, 지옥에 갈 놈이 아니다, 우리를 기다리는 것은 천상이 아니라 지옥이다.'라고 저열한 어법으로 말하면, 말할 때마다 악설죄를 범하는 것이다.

3) 구족계를 받은 자가 구족계를 받지 않은 자를 조롱하지 않고 경멸하지 않고 능욕하고자 하지 않지만 농담하고자 저열한 어법인 '낙타, 양, 소, 당나귀, 축생, 지옥에 갈 놈'을 두고 '우리는 현명한 자가 아니다, 유능한 자가 아니다, 총명한 자가 아니다, 박학한 자가 아니다, 진리를 설하는 자가 아니다, 우리를 기다리는 것은 지옥이 아니라 천상이다.'라고 고귀한 어법으로 말하면, 말할 때마다 악설죄를 범하는 것이다.

4) 구족계를 받은 자가 구족계를 받지 않은 자를 조롱하지 않고 경멸하지 않고 능욕하고자 하지 않지만 농담하고자 고귀한 어법인 현명한 자이고, 유능한 자이고, 총명한 자이고, 박학한 자이고, 진리를 설하는 자를 두고 '우리는 현명한 자가 아니다, 유능한 자가 아니다, 총명한 자가 아니다, 박학한 자가 아니다, 진리를 설하는 자가 아니다, 우리를 기다리는 것은 지옥이 아니라 천상이다.'라고 고귀한 어법으로 말하면, 말할 때마다 악설죄를 범하는 것이다.

6-1. 의미를 설명하기 위한 것이거나, 진리를 설명하기 위한 것이거나, 가르침을 설명하기 위한 경우이거나, 정신이 착란된 자이거나, 초범자인 경우는 무죄이다.

4. 1. 3 속죄죄법 제3조

중상에 대한 학습계율[Pesuññasikkhāpada]

1-1. 한때[*12] 존귀한 부처님께서 싸밧티 시의 제따바나 숲에 있는 아나타삔디까 승원에 계셨다. 그런데 그때 여섯무리의 수행승들이 수행승들에게 다툼을

일으키고, 싸움을 일으키고, 쟁론을 일으키고 그들을 중상했다. 이 자에게 듣고 그 자와 이간시키기 위해 그 자에게 전언하고, 그 자에게 듣고 이 자와 이간시키기 위해 이 자에게 전언했다. 그 때문에 아직 생겨나지 않은 다툼이 생겨났고, 이미 생겨난 다툼은 점점 커지고 증대되었다.

1-2. 수행승들 가운데 욕망을 여의고, 만족을 알고, 부끄러움을 알고, 후회할 줄 알고, 배움을 원하는 자들은 혐책하고 분개하고 비난했다.

[욕망을 여읜 수행승들] "어찌 여섯무리의 수행승들이 수행승들에게 다툼을 일으키고, 싸움을 일으키고, 쟁론을 일으키고 그들을 중상할 수 있고, 이 자에게 듣고 그 자와 이간시키기 위해 그 자에게 전언하고, 그 자에게 듣고 이 자와 이간시키기 위해 이 자에게 전언할 수 있단 말인가, 그리고 그 때문에 아직 생겨나지 않은 다툼이 생겨나고, 이미 생겨난 다툼은 점점 커지고 증대되었단 말인가?"

1-3. 그래서 그 수행승들은 세존께 그 사실을 알렸다. 그러자 세존께서는 그것을 인연으로 그것을 기회로 수행승들의 참모임을 모아 놓고 여섯무리의 수행승들에게 이와 같이 물었다.

[세존] "수행승들이여, 그대들이 수행승들에게 다툼을 일으키고, 싸움을 일으키고, 쟁론을 일으키고 그들을 중상하고, 이 자에게 듣고 그 자와 이간시키기 위해 그 자에게 전언하고, 그 자에게 듣고 이 자와 이간시키기 위해 이 자에게 전언하고, 그리고 그 때문에 아직 생겨나지 않은 다툼이 생겨나고, 이미 생겨난 다툼은 점점 커지고 증대된 것이 사실이란 말인가?"

[여섯무리의 수행승들] "세존이시여, 사실입니다."

존귀한 부처님께서는 견책했다.

[세존] "어리석은 자들이여, 그것은 적절하지 않고, 자연스럽지 않고, 알맞지 않고, 수행자의 삶이 아니고, 부당하고, 해서는 안 될 일이다. 어리석은 자들이여, 어찌 여섯무리의 수행승들이 수행승들에게 다툼을 일으키고, 싸움을 일으키고, 쟁론을 일으키고 그들을 중상할 수 있고, 이 자에게 듣고 그 자와 이간시키기 위해 그 자에게 전언하고, 그 자에게 듣고 이 자와 이간시키기 위해 이 자에게 전언할 수 있단 말인가, 그리고 그 때문에 아직 생겨나지 않은 다툼이 생겨나고, 이미 생겨난 다툼은 점점 커지고 증대되었단 말인가? 어리석은 자들이여, 그것은 아직 청정한 믿음이 없는 자를 청정한 믿음으로 이끌고, 이미 청정한 믿음이 있는 자를 더욱더 청정한 믿음으로 이끄는 것이 아니다. 어리석은 자들이여, 그것은 오히려, 아직 청정한 믿음이 없는 자를 불신으로 이끌고, 이미 청정한 믿음이

있는 자 가운데 어떤 자들을 타락시키는 것이다."

1-4. 그리고 세존께서는 그 여섯무리의 수행승들에 대하여 여러 가지 방편으로 견책하여, 키우기 어렵고 부양하기 어렵고 탐욕이 많고 만족을 모르고 교제를 좋아하고 나태한 것에 대해 질책하고, 여러 가지 법문으로 고무하여, 키우기 쉽고 부양하기 쉽고 욕심을 여의고, 만족을 알고, 버리고 없애는 삶, 악을 제거하는 삶, 청정한 믿음의 삶, 쌓아 모우지 않는 삶, 용맹정진의 삶을 칭찬하고, 수행승들을 위하여 그에 알맞고 그에 걸맞게 경책하여 법문을 하고 수행승들에게 일렀다.

[세존] "수행승들이여, 그러므로 수행승들을 위하여 열 가지 이유에 기초하여, 즉 참모임의 수승을 위하여, 참모임의 안락을 위하여, 악한 수행승의 조복을 위하여, 품행이 바른 수행승의 평안한 삶을 위하여, 지금 여기에서의 번뇌의 제어를 위하여, 다가오는 번뇌를 물리치기 위하여, 청정한 믿음이 없는 자에게 청정한 믿음을 주기 위하여, 청정한 믿음이 있는 자에게 청정한 믿음을 증대시키기 위하여, 올바른 가르침을 지속시키기 위하여, 계율을 수호하기 위하여 학습계율을 시설하니, 수행승들이여, 그대들은 이와 같이 학습계율을 송출해야 한다."

[세존] "수행승이 중상하면, 속죄죄를 범하는 것이다."[887]

2-1. '중상'이라는 것은 두 가지 형태의 중상이 있는데, 사랑을 받기 위한 것이거나 이간을 의도한 것이다. 열 가지 형태로 즉, 출생으로도, 이름으로도, 성으로도, 일로도, 기술로도, 질병으로도, 특징으로도, 오염으로도, 성취로도, 어법으로도 중상하는 것을 뜻한다.[888]

2-2.

1) '출생'이라는 것은 두 가지 출생이 있는데, 저열한 출생과 고귀한 출생이 있다. '저열한 출생'이라는 것은 짠달라 출생, 죽세공 출생, 사냥꾼 출생, 수레공 출생, 청소부 출생이 있는데, 이것들을 저열한 출생이라고 한다. 고귀한 출생은 왕족 출생과 바라문 출생이 있는데, 이것들을 고귀한 출생이라고 한다.
2) '이름'이라는 것은 두 가지 이름이 있는데, 저열한 이름과 고귀한 이름이 있다. '저열한 이름'이라는 것은 아바깐나까, 자바깐나까, 다닛타까, 싸빗타까, 꿀라

887) 양설계(兩舌戒) | Bhikkhunī Pāc. 3 : bhikkhu pesuññe pācittiyan'ti

888) dasahākārehi pesuññaṃ upasaṃharati jātitopi nāmatopi gottatopi kammatopi sippatopi ābādhatopi liṅgatopi kilesatopi āpattitopi akkosatopi : 이하의 패러그래프에 대한 상세한 주석에 대해서는 이 책(Vin. IV. 6)의 그 주석을 참조하라.

밧다까와 같은 이름으로, 각각의 지방에서 멸시받고, 무시되고, 조롱받고, 비난받고, 경멸받는 그러한 저열한 이름이 있는데, 이것들을 저열한 이름이라고 한다. '고귀한 이름'이라는 것은 깨달은 님과 관계되고, 가르침과 관계되고, 참모임과 관계되는 이름으로, 각각의 지방에서 멸시받지 않고, 무시되지 않고, 조롱받지 않고, 비난받지 않고, 경멸받지 않는 그러한 고귀한 이름이 있는데, 이것들을 고귀한 이름이라고 한다.

3) '성'이라는 것은 두 가지 성이 있는데, 저열한 성과 고귀한 성이 있다. '저열한 성'이라는 것은 꼬씨야 성이나 바라드와자 성와 같은 성으로, 각각의 지방에서 멸시받고, 무시되고, 조롱받고, 비난받고, 경멸받는 그러한 저열한 성이 있는데, 이것들을 저열한 성이라고 한다. '고귀한 성'이라는 것은 고따마 성, 목갈라나 성, 깟짜나 성, 밧쎄타 성과 같은 성으로, 각각의 지방에서 멸시받지 않고, 무시되지 않고, 조롱받지 않고, 비난받지 않고, 경멸받지 않는 그러한 고귀한 성이 있는데, 이것들을 고귀한 성이라고 한다.

4) '일'라는 것은 두 가지 일이 있는데, 저열한 일과 고귀한 일이 있다. '저열한 일'이라는 것은 창고일이나 꽃청소일과 같은 각각의 지방에서 멸시받고, 무시되고, 조롱받고, 비난받고, 경멸받는 그러한 저열한 일이 있는데, 이것들을 저열한 일이라고 한다. 고귀한 일이라는 것은 농사일, 상업일, 목축일과 같은 것으로 각각의 지방에서 멸시받지 않고, 무시되지 않고, 조롱받지 않고, 비난받지 않고, 경멸받지 않는 그러한 고귀한 일이 있는데, 이것들을 고귀한 일이라고 한다.

5) '기술'이라는 것은 두 가지 기술이 있는데, 저열한 기술과 고귀한 기술이 있다. '저열한 기술'이라는 것은 죽세공기술, 도예기술, 직조기술, 피혁기술, 이발기술과 같은 것으로 각각의 지방에서 멸시받고, 무시되고, 조롱받고, 비난받고, 경멸받는 그러한 저열한 기술이 있는데, 이것들을 저열한 기술이라고 한다. '고귀한 기술'이라는 것은 회계, 계산, 서기와 같은 것으로 각각의 지방에서 멸시받지 않고, 무시되지 않고, 조롱받지 않고, 비난받지 않고, 경멸받지 않는 그러한 고귀한 기술이 있는데, 이것들을 고귀한 기술이라고 한다.

6) '질병'에 관한 한, 일체의 질병은 저열한 질병이지만, 당뇨병은 고귀한 질병이다.

7) '특징'이라는 것은 두 가지 특징이 있는데, 저열한 특징과 고귀한 특징이 있다. '저열한 특징'이라는 것은 지나치게 크거나 지나치게 작거나 지나치게 검거나

지나치게 흰 것으로 이러한 것이 저열한 특징이다. '고귀한 특징'이라는 것은 지나치게 크지 않고 지나치게 작지 않고 지나치게 검지 않고 지나치게 희지 않은 것으로 이러한 것이 고귀한 특징이다.

8) '오염'에 관한 한, 일체의 오염은 저열한 것이다.

9) '성취'에 관한 한 일체의 범죄의 성취는 저열한 것이다. 그러나 흐름에 듦의 성취와 그 이상의 성취는 고귀한 것이다.

10) '어법'라는 것은 두 가지 어법이 있는데, 저열한 어법과 고귀한 어법이 있다. '저열한 어법'라는 것은 '그대는 낙타이다. 그대는 양이다. 그대는 소다. 그대는 당나귀다. 그대는 축생이다. 그대는 지옥에 갈 놈이다. 그대를 기다리는 것은 천상이 아니라 지옥이다.'라든가 이름의 뒤에 '야'나 '바'를 붙여 말하거나 암놈이나 수놈이라고 말한다면, 그것은 저열한[*13] 어법이다. '고귀한 어법'이라는 것은 '그대는 현명하다. 그대는 유능하다. 그대는 박학하다. 그대는 진리를 설하는 자이다. 그대를 기다리는 곳은 지옥이 아니라 천상이다.'라고 하면, 그것은 고귀한 어법이다.

2-3₁.

1) 구족계를 받은 자가 구족계를 받은 자에게 듣고 구족계를 받은 자에게 중상하여 '이러이러한 자가 그를 두고 '그대는 짠달라이다, 죽세공이다, 사냥꾼이다, 수레공이다, 청소부이다.'라고 한다.'고 말한다면, 말할 때 마다 속죄죄를 범하는 것이다.

2) 구족계를 받은 자가 구족계를 받은 자에게 듣고 구족계를 받은 자에게 중상하여 '이러이러한 자가 그를 두고 '그대는 왕족이다, 바라문이다.'라고 한다.'고 말한다면, 말할 때 마다 속죄죄를 범하는 것이다.

3) 구족계를 받은 자가 구족계를 받은 자에게 듣고 구족계를 받은 자에게 중상하여 '이러이러한 자가 그를 두고 '그대는 아바깐나까이다, 자바깐나까이다, 다닛타까이다, 싸빗타까이다, 꿀라밧다까이다.'라고 한다.'고 말한다면, 말할 때 마다 속죄죄를 범하는 것이다.

4) 구족계를 받은 자가 구족계를 받은 자에게 듣고 구족계를 받은 자에게 중상하여 '이러이러한 자가 그를 두고 '그대는 붓다락키따이다, 담마락키따이다, 쌍가락키따이다.'라고 한다.'고 말한다면, 말할 때 마다 속죄죄를 범하는 것이다.

5) 구족계를 받은 자가 구족계를 받은 자에게 듣고 구족계를 받은 자에게 중상하여 '이러이러한 자가 그를 두고 '그대는 꼬씨야이다, 바라드와자이다.'라고 한

다.'고 말한다면, 말할 때 마다 속죄죄를 범하는 것이다.

6) 구족계를 받은 자가 구족계를 받은 자에게 듣고 구족계를 받은 자에게 중상하여 '이러이러한 자가 그를 두고 '그대는 고따마이다, 목갈라나이다, 깟짜나이다, 밧쎄타이다.'라고 한다.'고 말한다면, 말할 때 마다 속죄죄를 범하는 것이다.

7) 구족계를 받은 자가 구족계를 받은 자에게 듣고 구족계를 받은 자에게 중상하여 '이러이러한 자가 그를 두고 '그대는 창고일을 한다, 꽃청소일을 한다.'라고 한다.'고 말한다면, 말할 때 마다 속죄죄를 범하는 것이다.

8) 구족계를 받은 자가 구족계를 받은 자에게 듣고 구족계를 받은 자에게 중상하여 '이러이러한 자가 그를 두고 '그대는 농사일을 한다. 상업일을 한다, 목축일을 한다'라고 한다.'고 말한다면, 말할 때 마다 속죄죄를 범하는 것이다.

9) 구족계를 받은 자가 구족계를 받은 자에게 듣고 구족계를 받은 자에게 중상하여 '이러이러한 자가 그를 두고 '그대는 죽세공이다, 도예공이다, 피혁공이다, 직조공이다, 이발사이다.'라고 한다.'고 말한다면, 말할 때 마다 속죄죄를 범하는 것이다.

10) 구족계를 받은 자가 구족계를 받은 자에게 듣고 구족계를 받은 자에게 중상하여 '이러이러한 자가 그를 두고 '그대는 회계사, 계산자, 서기이다.'라고 한다.'고 말한다면, 말할 때 마다 속죄죄를 범하는 것이다.

11) 구족계를 받은 자가 구족계를 받은 자에게 듣고 구족계를 받은 자에게 중상하여 '이러이러한 자가 그를 두고 '그대는 나병환자이다, 종기환자다, 습진환자이다, 폐병환자이다, 간질환자이다'라고 한다.'고 말한다면, 말할 때 마다 속죄죄를 범하는 것이다.

12) 구족계를 받은 자가 구족계를 받은 자에게 듣고 구족계를 받은 자에게 중상하여 '이러이러한 자가 그를 두고 '그대는 당뇨병환자이다.'라고 한다.'고 말한다면, 말할 때 마다 속죄죄를 범하는 것이다.

13) 구족계를 받은 자가 구족계를 받은 자에게 듣고 구족계를 받은 자에게 중상하여 '이러이러한 자가 그를 두고 '그대는 지나치게 크다, 지나치게 작다, 지나치게 검다, 지나치게 희다.'라고 한다.'고 말한다면, 말할 때 마다 속죄죄를 범하는 것이다.

14) 구족계를 받은 자가 구족계를 받은 자에게 듣고 구족계를 받은 자에게 중상하여 '이러이러한 자가 그를 두고 '그대는 지나치게 크지 않다, 지나치게 작지 않다, 지나치게 검지 않다, 지나치게 희지 않다.'라고 한다.'고 말한다면, 말할

때 마다 속죄죄를 범하는 것이다.

15) 구족계를 받은 자가 구족계를 받은 자에게 듣고 구족계를 받은 자에게 중상하여 '이러이러한 자가 그를 두고 '그대는 탐욕에 매어있다, 분노에 매어있다, 어리석음에 매어있다.'라고 한다.'고 말한다면, 말할 때 마다 속죄죄를 범하는 것이다.

16) 구족계를 받은 자가 구족계를 받은 자에게 듣고 구족계를 받은 자에게 중상하여 '이러이러한 자가 그를 두고 '그대는 탐욕을 여의었다, 분노를 여의었다, 어리석음을 여의었다.'라고 한다.'고 말한다면, 말할 때 마다 속죄죄를 범하는 것이다.

17) 구족계를 받은 자가 구족계를 받은 자에게 듣고 구족계를 받은 자에게 중상하여 '이러이러한 자가 그를 두고 '그대는 승단추방죄를 성취했다, 승단잔류죄를 성취했다, 추악죄를 성취했다, 속죄죄를 성취했다, 고백죄를 성취했다, 악작죄를 성취했다, 악설죄를 성취했다.'라고 한다.'고 말한다면, 말할 때 마다 속죄죄를 범하는 것이다.

18) 구족계를 받은 자가 구족계를 받은 자에게 듣고 구족계를 받은 자에게 중상하여 '이러이러한 자가 그를 두고 '그대는 진리의 흐름을 성취했다.'라고 한다.'고 말한다면, 말할 때 마다 속죄죄를 범하는 것이다.

19) 구족계를 받은 자가 구족계를 받은 자에게 듣고 구족계를 받은 자에게 중상하여 '이러이러한 자가 그를 두고 '그대는 낙타이다, 양이다, 소다, 당나귀다, 축생이다, 지옥에 갈 놈이다, 그대를 기다리는 것은 천상이 아니라 지옥이다.'라고 한다.'고 말한다면, 말할 때 마다 속죄죄를 범하는 것이다.

20) 구족계를 받은 자가 구족계를 받은 자에게 듣고 구족계를 받은 자에게 중상하여 '이러이러한 자가 그를 두고 '그대는 현명한 자이다, 유능한 자이다, 총명한 자이다, 박학한 자이다, 진리를 설하는 자이다. 그대를 기다리는 것은 지옥이 아니라 천상이다.'라고 한다.'고 말한다면, 말할 때 마다 속죄죄를 범하는 것이다.

2-3$_2$.

1) 구족계를 받은 자가 구족계를 받은 자에게 듣고 구족계를 받은 자에게 중상하여 '이러이러한 자가 그를 두고 '여기 어떤 자는 짠달라이다, 죽세공이다, 사냥꾼이다, 수레공이다, 청소부이다.'라고 다른 것은 말하지 않고 그것만을 말한다.'라고 말한다면, 말할 때 마다 악작죄를 범하는 것이다.

2) 구족계를 받은 자가 구족계를 받은 자에게 듣고 구족계를 받은 자에게 중상하

여 '이러이러한 자가 그를 두고 '여기 어떤 자는 왕족이다, 바라문이다.'라고 다른 것은 말하지 않고 그것만을 말한다.'고 말한다면, 말할 때 마다 악작죄를 범하는 것이다.

3) 구족계를 받은 자가 구족계를 받은 자에게 듣고 구족계를 받은 자에게 중상하여 '이러이러한 자가 그를 두고 '여기 어떤 자는 아바깐나까이다, 자바깐나까이다, 다낫타까이다, 싸빗타까이다, 꿀라밧다까이다.'라고 다른 것은 말하지 않고 그것만을 말한다.'고 말한다면, 말할 때 마다 악작죄를 범하는 것이다.

4) 구족계를 받은 자가 구족계를 받은 자에게 듣고 구족계를 받은 자에게 중상하여 '이러이러한 자가 그를 두고 '여기 어떤 자는 붓다락키따이다, 그는 담마락키따이다, 그는 쌍가락키따이다.'라고 다른 것은 말하지 않고 그것만을 말한다.'고 말한다면, 말할 때 마다 악작죄를 범하는 것이다.

5) 구족계를 받은 자가 구족계를 받은 자에게 듣고 구족계를 받은 자에게 중상하여 '이러이러한 자가 그를 두고 '여기 어떤 자는 꼬씨야이다, 바라드와자이다.'라고 다른 것은 말하지 않고 그것만을 말한다.'고 말한다면, 말할 때 마다 악작죄를 범하는 것이다.

6) 구족계를 받은 자가 구족계를 받은 자에게 듣고 구족계를 받은 자에게 중상하여 '이러이러한 자가 그를 두고 '여기 어떤 자는 고따마이다, 목갈라나이다, 깟짜나이다, 밧쎄타이다.'라고 다른 것은 말하지 않고 그것만을 말한다.'고 말한다면, 말할 때 마다 악작죄를 범하는 것이다.

7) 구족계를 받은 자가 구족계를 받은 자에게 듣고 구족계를 받은 자에게 중상하여 '이러이러한 자가 그를 두고 '여기 어떤 자는 창고일을 한다, 꽃청소일을 한다.'라고 다른 것은 말하지 않고 그것만을 말한다.'고 말한다면, 말할 때 마다 악작죄를 범하는 것이다.

8) 구족계를 받은 자가 구족계를 받은 자에게 듣고 구족계를 받은 자에게 중상하여 '이러이러한 자가 그를 두고 '여기 어떤 자는 농사일을 한다. 상업일을 한다, 목축일을 한다'라고 다른 것은 말하지 않고 그것만을 말한다.'고 말한다면, 말할 때 마다 악작죄를 범하는 것이다.

9) 구족계를 받은 자가 구족계를 받은 자에게 듣고 구족계를 받은 자에게 중상하여 '이러이러한 자가 그를 두고 '여기 어떤 자는 죽세공이다, 도예공이다, 피혁공이다, 직조공이다, 이발사이다.'라고 다른 것은 말하지 않고 그것만을 말한다.'고 말한다면, 말할 때 마다 악작죄를 범하는 것이다.

10) 구족계를 받은 자가 구족계를 받은 자에게 듣고 구족계를 받은 자에게 중상하여 '이러이러한 자가 그를 두고 '여기 어떤 자는 회계사, 계산자, 서기이다.'라고 다른 것은 말하지 않고 그것만을 말한다.'고 말한다면, 말할 때 마다 악작죄를 범하는 것이다.

11) 구족계를 받은 자가 구족계를 받은 자에게 듣고 구족계를 받은 자에게 중상하여 '이러이러한 자가 그를 두고 '여기 어떤 자는 나병환자이다, 종기환자다, 습진환자이다, 폐병환자이다, 간질환자이다'라고 다른 것은 말하지 않고 그것만을 말한다.'고 말한다면, 말할 때 마다 악작죄를 범하는 것이다.

12) 구족계를 받은 자가 구족계를 받은 자에게 듣고 구족계를 받은 자에게 중상하여 '이러이러한 자가 그를 두고 '여기 어떤 자는 당뇨병환자이다.'라고 다른 것은 말하지 않고 그것만을 말한다.'고 말한다면, 말할 때 마다 악작죄를 범하는 것이다.

13) 구족계를 받은 자가 구족계를 받은 자에게 듣고 구족계를 받은 자에게 중상하여 '이러이러한 자가 그를 두고 '여기 어떤 자는 지나치게 크다, 지나치게 작다, 지나치게 검다, 지나치게 희다.'라고 다른 것은 말하지 않고 그것만을 말한다.'고 말한다면, 말할 때 마다 악작죄를 범하는 것이다.

14) 구족계를 받은 자가 구족계를 받은 자에게 듣고 구족계를 받은 자에게 중상하여 '이러이러한 자가 그를 두고 '여기 어떤 자는 지나치게 크지 않다, 지나치게 작지 않다, 지나치게 검지 않다, 지나치게 희지 않다.'라고 다른 것은 말하지 않고 그것만을 말한다.'고 말한다면, 말할 때 마다 악작죄를 범하는 것이다.

15) 구족계를 받은 자가 구족계를 받은 자에게 듣고 구족계를 받은 자에게 중상하여 '이러이러한 자가 그를 두고 '여기 어떤 자는 탐욕에 매어있다, 분노에 매어있다, 어리석음에 매어있다.'라고 다른 것은 말하지 않고 그것만을 말한다.'고 말한다면, 말할 때 마다 악작죄를 범하는 것이다.

16) 구족계를 받은 자가 구족계를 받은 자에게 듣고 구족계를 받은 자에게 중상하여 '이러이러한 자가 그를 두고 '여기 어떤 자는 탐욕을 여의었다, 분노를 여의었다, 어리석음을 여의었다.'라고 다른 것은 말하지 않고 그것만을 말한다.'고 말한다면, 말할 때 마다 악작죄를 범하는 것이다.

17) 구족계를 받은 자가 구족계를 받은 자에게 듣고 구족계를 받은 자에게 중상하여 '이러이러한 자가 그를 두고 '여기 어떤 자는 승단추방죄를 성취했다, 승단잔류죄를 성취했다, 추악죄를 성취했다, 속죄죄를 성취했다, 고백죄를 성취했

다, 악작죄를 성취했다, 악설죄를 성취했다.'라고 다른 것은 말하지 않고 그것만을 말한다.'고 말한다면, 말할 때 마다 악작죄를 범하는 것이다.

18) 구족계를 받은 자가 구족계를 받은 자에게 듣고 구족계를 받은 자에게 중상하여 '이러이러한 자가 그를 두고 '여기 어떤 자는 진리의 흐름을 성취했다.'라고 다른 것은 말하지 않고 그것만을 말한다.'고 말한다면, 말할 때 마다 악작죄를 범하는 것이다.

19) 구족계를 받은 자가 구족계를 받은 자에게 듣고 구족계를 받은 자에게 중상하여 '이러이러한 자가 그를 두고 '여기 어떤 자는 낙타이다, 양이다, 소다, 당나귀다, 축생이다, 지옥에 갈 놈이다, 그를 기다리는 것은 천상이 아니라 지옥이다.'라고 다른 것은 말하지 않고 그것만을 말한다.'고 말한다면, 말할 때 마다 악작죄를 범하는 것이다.

20) 구족계를 받은 자가 구족계를 받은 자에게 듣고 구족계를 받은 자에게 중상하여 '이러이러한 자가 그를 두고 '여기 어떤 자는 현명한 자이다, 유능한 자이다, 총명한 자이다, 박학한 자이다, 진리를 설하는 자이다. 그를 기다리는 것은 천상이 아니라 지옥이다.'라고 다른 것은 말하지 않고 그것만을 말한다.'고 말한다면, 말할 때 마다 악작죄를 범하는 것이다.

2-3₃.

1) 구족계를 받은 자가 구족계를 받은 자에게 듣고 구족계를 받은 자에게 중상하여 '이러이러한 자가 그를 두고 '그는 짠달라가 아닐까? 죽세공가 아닐까? 사냥꾼가 아닐까? 수레공가 아닐까? 청소부가 아닐까?'라고 다른 것은 말하지 않고 그것만을 말한다.'라고 말한다면, 말할 때 마다 악작죄를 범하는 것이다.

2) 구족계를 받은 자가 구족계를 받은 자에게 듣고 구족계를 받은 자에게 중상하여 '이러이러한 자가 그를 두고 '그는 어떤 자는 왕족가 아닐까? 바라문가 아닐까?'라고 다른 것은 말하지 않고 그것만을 말한다.'고 말한다면, 말할 때 마다 악작죄를 범하는 것이다.

3) 구족계를 받은 자가 구족계를 받은 자에게 듣고 구족계를 받은 자에게 중상하여 '이러이러한 자가 그를 두고 '그는 어떤 자는 아바깐나까가 아닐까? 자바깐나까가 아닐까? 다닛타까가 아닐까? 싸빗타까가 아닐까? 꿀라밧다까이다.'라고 다른 것은 말하지 않고 그것만을 말한다.'고 말한다면, 말할 때 마다 악작죄를 범하는 것이다.

4) 구족계를 받은 자가 구족계를 받은 자에게 듣고 구족계를 받은 자에게 중상하

여 '이러이러한 자가 그를 두고 '그는 붓다락키따가 아닐까? 그는 담마락키따가 아닐까? 그는 쌍가락키따이다.'라고 다른 것은 말하지 않고 그것만을 말한다.'고 말한다면, 말할 때 마다 악작죄를 범하는 것이다.

5) 구족계를 받은 자가 구족계를 받은 자에게 듣고 구족계를 받은 자에게 중상하여 '이러이러한 자가 그를 두고 '그는 꼬씨야가 아닐까? 바라드와자가 아닐까?' 라고 다른 것은 말하지 않고 그것만을 말한다.'고 말한다면, 말할 때 마다 악작죄를 범하는 것이다.

6) 구족계를 받은 자가 구족계를 받은 자에게 듣고 구족계를 받은 자에게 중상하여 '이러이러한 자가 그를 두고 '그는 고따마가 아닐까? 목갈라나가 아닐까? 깟짜나가 아닐까? 밧쩨타가 아닐까?'라고 다른 것은 말하지 않고 그것만을 말한다.'고 말한다면, 말할 때 마다 악작죄를 범하는 것이다.

7) 구족계를 받은 자가 구족계를 받은 자에게 듣고 구족계를 받은 자에게 중상하여 '이러이러한 자가 그를 두고 '그는 창고일을 하지 않을까? 꽃청소일을 하지 않을까?'라고 다른 것은 말하지 않고 그것만을 말한다.'고 말한다면, 말할 때 마다 악작죄를 범하는 것이다.

8) 구족계를 받은 자가 구족계를 받은 자에게 듣고 구족계를 받은 자에게 중상하여 '이러이러한 자가 그를 두고 '그는 농사일을 하지 않을까? 상업일을 하지 않을까? 목축일을 하지 않을까?'라고 다른 것은 말하지 않고 그것만을 말한다.' 고 말한다면, 말할 때 마다 악작죄를 범하는 것이다.

9) 구족계를 받은 자가 구족계를 받은 자에게 듣고 구족계를 받은 자에게 중상하여 '이러이러한 자가 그를 두고 '그는 죽세공가 아닐까? 도예공가 아닐까? 피혁공가 아닐까? 직조공가 아닐까? 이발사가 아닐까?'라고 다른 것은 말하지 않고 그것만을 말한다.'고 말한다면, 말할 때 마다 악작죄를 범하는 것이다.

10) 구족계를 받은 자가 구족계를 받은 자에게 듣고 구족계를 받은 자에게 중상하여 '이러이러한 자가 그를 두고 '그는 회계사가 아닐까? 계산자가 아닐까? 서기가 아닐까?'라고 다른 것은 말하지 않고 그것만을 말한다.'고 말한다면, 말할 때 마다 악작죄를 범하는 것이다.

11) 구족계를 받은 자가 구족계를 받은 자에게 듣고 구족계를 받은 자에게 중상하여 '이러이러한 자가 그를 두고 '그는 어떤 자는 나병환자가 아닐까? 종기환자다, 습진환자가 아닐까? 폐병환자가 아닐까? 간질환자가 아닐까?'라고 다른 것은 말하지 않고 그것만을 말한다.'고 말한다면, 말할 때 마다 악작죄를 범하

는 것이다.

12) 구족계를 받은 자가 구족계를 받은 자에게 듣고 구족계를 받은 자에게 중상하여 '이러이러한 자가 그를 두고 '그는 어떤 자는 당뇨병환자가 아닐까?'라고 다른 것은 말하지 않고 그것만을 말한다.'고 말한다면, 말할 때 마다 악작죄를 범하는 것이다.

13) 구족계를 받은 자가 구족계를 받은 자에게 듣고 구족계를 받은 자에게 중상하여 '이러이러한 자가 그를 두고 '그는 지나치게 크지 않을까? 그대는 지나치게 작지 않을까? 지나치게 검지 않을까? 지나치게 희지 않을까?'라고 다른 것은 말하지 않고 그것만을 말한다.'고 말한다면, 말할 때 마다 악작죄를 범하는 것이다.

14) 구족계를 받은 자가 구족계를 받은 자에게 듣고 구족계를 받은 자에게 중상하여 '이러이러한 자가 그를 두고 '그는 지나치게 크지 않지 않을까? 지나치게 작지 않지 않을까? 지나치게 검지 않지 않을까? 지나치게 희지 않지 않을까?'라고 다른 것은 말하지 않고 그것만을 말한다.'고 말한다면, 말할 때 마다 악작죄를 범하는 것이다.

15) 구족계를 받은 자가 구족계를 받은 자에게 듣고 구족계를 받은 자에게 중상하여 '이러이러한 자가 그를 두고 '그는 탐욕에 매인 것이 아닐까? 분노에 매인 것이 아닐까? 어리석음에 매인 것이 아닐까?'라고 다른 것은 말하지 않고 그것만을 말한다.'고 말한다면, 말할 때 마다 악작죄를 범하는 것이다.

16) 구족계를 받은 자가 구족계를 받은 자에게 듣고 구족계를 받은 자에게 중상하여 '이러이러한 자가 그를 두고 '그는 탐욕을 여윈 것이 아닐까? 분노를 여윈 것이 아닐까? 어리석음을 여윈 것이 아닐까?'라고 다른 것은 말하지 않고 그것만을 말한다.'고 말한다면, 말할 때 마다 악작죄를 범하는 것이다.

17) 구족계를 받은 자가 구족계를 받은 자에게 듣고 구족계를 받은 자에게 중상하여 '이러이러한 자가 그를 두고 '그는 승단추방죄를 성취한 것이 아닐까? 승단잔류죄를 성취한 것이 아닐까? 추악죄를 성취한 것이 아닐까? 속죄죄를 성취한 것이 아닐까? 고백죄를 성취한 것이 아닐까? 악작죄를 성취한 것이 아닐까? 악설죄를 성취한 것이 아닐까?'라고 다른 것은 말하지 않고 그것만을 말한다.'고 말한다면, 말할 때 마다 악작죄를 범하는 것이다.

18) 구족계를 받은 자가 구족계를 받은 자에게 듣고 구족계를 받은 자에게 중상하여 '이러이러한 자가 그를 두고 '그는 어떤 자는 흐름에 든 경지를 성취한 것이

아닐까?'라고 다른 것은 말하지 않고 그것만을 말한다.'고 말한다면, 말할 때 마다 악작죄를 범하는 것이다.

19) 구족계를 받은 자가 구족계를 받은 자에게 듣고 구족계를 받은 자에게 중상하여 '이러이러한 자가 그를 두고 '그는 어떤 자는 낙타가 아닐까? 양가 아닐까? 소다, 당나귀다, 축생가 아닐까? 지옥에 갈 놈이 아닐까? 그를 기다리는 것은 천상이 아니라 지옥가 아닐까?'라고 다른 것은 말하지 않고 그것만을 말한다.'고 말한다면, 말할 때 마다 악작죄를 범하는 것이다.

20) 구족계를 받은 자가 구족계를 받은 자에게 듣고 구족계를 받은 자에게 중상하여 '이러이러한 자가 그를 두고 '그는 현명한 자가 아닐까? 유능한 자가 아닐까? 총명한 자가 아닐까? 박학한 자가 아닐까? 진리를 설하는 자가 아닐까? 그를 기다리는 것은 지옥이 아니라 천상이 아닐까?'라고 다른 것은 말하지 않고 그것만을 말한다.'고 말한다면, 말할 때 마다 악작죄를 범하는 것이다.

2-3₄.

1) 구족계를 받은 자가 구족계를 받은 자에게 듣고 구족계를 받은 자에게 중상하여 '이러이러한 자가 그를 두고 '우리는 짠달라가 아니다, 죽세공가 아니다, 사냥꾼가 아니다, 수레공가 아니다, 청소부이다.'라고 다른 것은 말하지 않고 그것만을 말한다.'고 말한다면, 말할 때 마다 악작죄를 범하는 것이다.

2) 구족계를 받은 자가 구족계를 받은 자에게 듣고 구족계를 받은 자에게 중상하여 '이러이러한 자가 그를 두고 '우리는 왕족가 아니다, 바라문이다.'라고 다른 것은 말하지 않고 그것만을 말한다.'고 말한다면, 말할 때 마다 악작죄를 범하는 것이다.

3) 구족계를 받은 자가 구족계를 받은 자에게 듣고 구족계를 받은 자에게 중상하여 '이러이러한 자가 그를 두고 '우리는 아바깐나까가 아니다, 자바깐나까가 아니다, 다낫타까가 아니다, 싸빗타까가 아니다, 꿀라밧다까이다.'라고 다른 것은 말하지 않고 그것만을 말한다.'고 말한다면, 말할 때 마다 악작죄를 범하는 것이다.

4) 구족계를 받은 자가 구족계를 받은 자에게 듣고 구족계를 받은 자에게 중상하여 '이러이러한 자가 그를 두고 '우리는 붓다락키따가 아니다, 담마락키따가 아니다, 쌍가락키따이다.'라고 다른 것은 말하지 않고 그것만을 말한다.'고 말한다면, 말할 때 마다 악작죄를 범하는 것이다.

5) 구족계를 받은 자가 구족계를 받은 자에게 듣고 구족계를 받은 자에게 중상하

여 '이러이러한 자가 그를 두고 '우리는 꼬씨야가 아니다, 바라드와자이다.'라고 다른 것은 말하지 않고 그것만을 말한다.'고 말한다면, 말할 때 마다 악작죄를 범하는 것이다.

6) 구족계를 받은 자가 구족계를 받은 자에게 듣고 구족계를 받은 자에게 중상하여 '이러이러한 자가 그를 두고 '우리는 고따마가 아니다, 목갈라나가 아니다, 깟짜나가 아니다, 밧쎄타이다.'라고 다른 것은 말하지 않고 그것만을 말한다.'고 말한다면, 말할 때 마다 악작죄를 범하는 것이다.

7) 구족계를 받은 자가 구족계를 받은 자에게 듣고 구족계를 받은 자에게 중상하여 '이러이러한 자가 그를 두고 '우리는 창고일을 한다, 꽃청소일을 한다.'라고 다른 것은 말하지 않고 그것만을 말한다.'고 말한다면, 말할 때 마다 악작죄를 범하는 것이다.

8) 구족계를 받은 자가 구족계를 받은 자에게 듣고 구족계를 받은 자에게 중상하여 '이러이러한 자가 그를 두고 '우리는 농사일을 한다. 상업일을 한다, 목축일을 한다'라고 다른 것은 말하지 않고 그것만을 말한다.'고 말한다면, 말할 때 마다 악작죄를 범하는 것이다.

9) 구족계를 받은 자가 구족계를 받은 자에게 듣고 구족계를 받은 자에게 중상하여 '이러이러한 자가 그를 두고 '우리는 죽세공가 아니다, 도예공가 아니다, 피혁공가 아니다, 직조공가 아니다, 이발사이다.'라고 다른 것은 말하지 않고 그것만을 말한다.'고 말한다면, 말할 때 마다 악작죄를 범하는 것이다.

10) 구족계를 받은 자가 구족계를 받은 자에게 듣고 구족계를 받은 자에게 중상하여 '이러이러한 자가 그를 두고 '우리는 회계사, 계산자, 서기이다.'라고 다른 것은 말하지 않고 그것만을 말한다.'고 말한다면, 말할 때 마다 악작죄를 범하는 것이다.

11) 구족계를 받은 자가 구족계를 받은 자에게 듣고 구족계를 받은 자에게 중상하여 '이러이러한 자가 그를 두고 '우리는 나병환자가 아니다, 종기환자다, 습진환자가 아니다, 폐병환자가 아니다, 간질환자이다'라고 다른 것은 말하지 않고 그것만을 말한다.'고 말한다면, 말할 때 마다 악작죄를 범하는 것이다.

12) 구족계를 받은 자가 구족계를 받은 자에게 듣고 구족계를 받은 자에게 중상하여 '이러이러한 자가 그를 두고 '우리는 당뇨병환자이다.'라고 다른 것은 말하지 않고 그것만을 말한다.'고 말한다면, 말할 때 마다 악작죄를 범하는 것이다.

13) 구족계를 받은 자가 구족계를 받은 자에게 듣고 구족계를 받은 자에게 중상하

여 '이러이러한 자가 그를 두고 '우리는 지나치게 크다, 지나치게 작다, 지나치게 검다, 지나치게 희다.'라고 다른 것은 말하지 않고 그것만을 말한다.'고 말한다면, 말할 때 마다 악작죄를 범하는 것이다.

14) 구족계를 받은 자가 구족계를 받은 자에게 듣고 구족계를 받은 자에게 중상하여 '이러이러한 자가 그를 두고 '우리는 지나치게 크지 않다, 지나치게 작지 않다, 지나치게 검지 않다, 지나치게 희지 않다.'라고 다른 것은 말하지 않고 그것만을 말한다.'고 말한다면, 말할 때 마다 악작죄를 범하는 것이다.

15) 구족계를 받은 자가 구족계를 받은 자에게 듣고 구족계를 받은 자에게 중상하여 '이러이러한 자가 그를 두고 '우리는 탐욕에 매어있다, 분노에 매어있다, 어리석음에 매어있다.'라고 다른 것은 말하지 않고 그것만을 말한다.'고 말한다면, 말할 때 마다 악작죄를 범하는 것이다.

16) 구족계를 받은 자가 구족계를 받은 자에게 듣고 구족계를 받은 자에게 중상하여 '이러이러한 자가 그를 두고 '우리는 탐욕을 여의었다, 분노를 여의었다, 어리석음을 여의었다.'라고 다른 것은 말하지 않고 그것만을 말한다.'고 말한다면, 말할 때 마다 악작죄를 범하는 것이다.

17) 구족계를 받은 자가 구족계를 받은 자에게 듣고 구족계를 받은 자에게 중상하여 '이러이러한 자가 그를 두고 '우리는 승단추방죄를 성취했다, 승단잔류죄를 성취했다, 추악죄를 성취했다, 속죄죄를 성취했다, 고백죄를 성취했다, 악작죄를 성취했다, 악설죄를 성취했다.'라고 다른 것은 말하지 않고 그것만을 말한다.'고 말한다면, 말할 때 마다 악작죄를 범하는 것이다.

18) 구족계를 받은 자가 구족계를 받은 자에게 듣고 구족계를 받은 자에게 중상하여 '이러이러한 자가 그를 두고 '우리는 진리의 흐름을 성취했다.'라고 다른 것은 말하지 않고 그것만을 말한다.'고 말한다면, 말할 때 마다 악작죄를 범하는 것이다.

19) 구족계를 받은 자가 구족계를 받은 자에게 듣고 구족계를 받은 자에게 중상하여 '이러이러한 자가 그를 두고 '우리는 낙타가 아니다, 양이 아니다, 소가 아니다, 당나귀가 아니다, 축생이 아니다, 지옥에 갈 놈이 아니다, 우리를 기다리는 것은 천상이 아니라 지옥이다.'라고 다른 것은 말하지 않고 그것만을 말한다.'고 말한다면, 말할 때 마다 악작죄를 범하는 것이다.

20) 구족계를 받은 자가 구족계를 받은 자에게 듣고 구족계를 받은 자에게 중상하여 '이러이러한 자가 그를 두고 '우리는 현명한 자가 아니다, 유능한 자가 아니

다, 총명한 자가 아니다, 박학한 자가 아니다, 진리를 설하는 자가 아니다, 우리를 기다리는 것은 지옥이 아니라 천상이다.'라고 다른 것은[*14] 말하지 않고 그것만을 말한다.'고 말한다면, 말할 때 마다 악작죄를 범하는 것이다.

2-3₃.

1) 구족계를 받은 자가 구족계를 받은 자에게 듣고 구족계를 받은 자에게 중상하면, 말할 때마다 속죄죄를 범하는 것이다.
2) 구족계를 받은 자가 구족계를 받은 자에게 듣고 구족계를 받지 않은 자에게 중상하면, 악작죄를 범하는 것이다.
3) 구족계를 받은 자가 구족계를 받지 않은 자에게 듣고 구족계를 받은 자에게 중상하면, 악작죄를 범하는 것이다.
4) 구족계를 받은 자가 구족계를 받지 않은 자에게 듣고 구족계를 받지 않은 자에게 중상하면, 악작죄를 범하는 것이다.

2-4. 사랑을 받기 위한 것이 아니거나, 분열을 의도하지 않는 경우이거나, 정신이 착란된 자나, 초범자의 경우 무죄이다.

4. 1. 4 속죄죄법 제4조

가르침의 구절에 대한 학습계율[Padasodhammasikkhāpada]

1-1. 한때 존귀한 부처님께서 싸밧티 시의 제따바나 숲에 있는 아나타삔디까 승원에 계셨다. 그런데 그때 여섯무리의 수행승들이 재가의 남자신도들에게 가르침을 한 구절 한 구절[889] 말하게 시켰다. 재가의 남자신도들은 수행승들에 대해 존중이 없고 공경이 없고 예의를 지키지 않았다.[890]

1-2. 수행승들 가운데 욕망을 여의고, 만족을 알고, 부끄러움을 알고, 후회할

---

889) padaso : 한 구절(pada)이라는 것은 사행시인 게송(偈頌)의 한 시행을 뜻한다. 상세한 것은 아래 § 2-1의고주석을 보라.

890) upāsakā bhikkhūsu agāravā appatissā asabhāgavuttikā viharanti : AN. III. 14 : '수행승들이여, 참으로 수행승이 동료수행자에 대하여 존중이 없고 공경이 없고 화합이 없음에도 불구하고, 바르고 원만한 행위의 원칙을 충족시킨다는 것은 결코 있을 수 없다. 바르고 원만한 행위의 원칙을 충족시키지 못함에도 불구하고, 학인의 규칙을 충족시킨다는 것은 결코 있을 수 없다. 학인의 규칙을 충족시키지 못함에도 불구하고, 계행의 다발을 충족시킨다는 것은 결코 있을 수 없다. 계행의 다발을 충족시키지 못함에도 불구하고, 삼매의 다발을 충족시킨다는 것은 결코 있을 수 없다. 삼매의 다발을 충족시키지 못함에도 불구하고, 지혜의 다발을 충족시킨다는 것은 결코 있을 수 없다.'

줄 알고, 배움을 원하는 자들은 혐책하고 분개하고 비난했다.

[욕망을 여읜 수행승들] "어찌 여섯무리의 수행승들이 재가의 남자신도들에게 가르침을 한 구절 한 구절 말하게 시켜서 재가의 남자신도들이 수행승들에 대해 존중이 없고 공경이 없고 예의를 지키지 않게 할 수 있단 말인가?"

1-3. 그래서 그 수행승들은 세존께 그 사실을 알렸다. 그러자 세존께서는 그것을 인연으로 그것을 기회로 수행승들의 참모임을 모아 놓고 여섯무리의 수행승들에게 이와 같이 물었다.

[세존] "수행승들이여, 그대들이 재가의 남자신도들에게 가르침을 한 구절 한 구절 말하게 시켜서 재가신도들이 수행승들에 대해 존중이 없고 공경이 없고 예의를 지키지 않게 한 것이 사실이란 말인가?"

[여섯무리의 수행승들] "세존이시여, 사실입니다."

존귀한 부처님께서는 견책했다.

[세존] "어리석은 자들이여, 그것은 적절하지 않고, 자연스럽지 않고, 알맞지 않고, 수행자의 삶이 아니고, 부당하고, 해서는 안 될 일이다. 어리석은 자들이여, 어찌 그대들이 재가의 남자신도들에게 가르침을 한 구절 한 구절 말하게 시켜서 재가의 남자신도들이 수행승들에 대해 존중이 없고 공경이 없고 예의를 지키지 않을 수 있게 할 수 있단 말인가? 어리석은 자들이여, 그것은 아직 청정한 믿음이 없는 자를 청정한 믿음으로 이끌고, 이미 청정한 믿음이 있는 자를 더욱더 청정한 믿음으로 이끄는 것이 아니다. 어리석은 자들이여, 그것은 오히려, 아직 청정한 믿음이 없는 자를 불신으로 이끌고, 이미 청정한 믿음이 있는 자 가운데 어떤 자들을 타락시키는 것이다."

1-4. 그리고 세존께서는 그 수행승들에 대하여 여러 가지 방편으로 견책하여, 키우기 어렵고 부양하기 어렵고 탐욕이 많고 만족을 모르고 교제를 좋아하고 나태한 것에 대해 질책하고, 여러 가지 법문으로 고무하여, 키우기 쉽고 부양하기 쉽고 욕심을 여의고, 만족을 알고, 버리고 없애는 삶, 악을 제거하는 삶, 청정한 믿음의 삶, 쌓아 모우지 않는 삶, 용맹정진의 삶을 칭찬하고, 수행승들을 위하여 그에 알맞고 그에 걸맞게 경책하여 법문을 하고 수행승들에게 일렀다.

[세존] "수행승들이여, 그러므로 수행승들을 위하여 열 가지 이유에 기초하여, 즉 참모임의 수승을 위하여, 참모임의 안락을 위하여, 악한 수행승의 조복을 위하여, 품행이 바른 수행승의 평안한 삶을 위하여, 지금 여기에서의 번뇌의 제어를 위하여, 다가오는 번뇌를 물리치기 위하여, 청정한 믿음이 없는 자에게 청정한

믿음을 주기 위하여, 청정한 믿음이 있는 자에게 청정한 믿음을 증대시키기 위하여, 올바른 가르침을 지속시키기 위하여, 계율을 수호하기 위하여 학습계율을 시설하니, 수행승들이여, 그대들은 이와 같이 학습계율을 송출해야 한다.”

[세존] “어떠한 수행승이든지 구족계를 받지 않은 자에게 가르침을 한 구절 한 구절 말하게 시키면, 속죄죄를 범하는 것이다.”891)

2-1. ‘어떠한’이라는 것은 어떠한 관계, 어떠한 태생, 어떠한 이름, 어떠한 성씨, 어떠한 계행, 어떠한 주거, 어떠한 활동영역에서 이든지, 장로이든지, 신참이든지, 중참이든지, 이러한 자들을 형용하는 것으로 ‘어떠한 자이든’이라는 뜻이다. ‘수행승’이라고 하는 것은 ‘탁발하는 자’로서의 수행승, 탁발을 위해 돌아다니는 자로서의 수행승, 분소의를 입은 자로서의 수행승, 사미로서의 수행승, 자칭에 의한 수행승, ‘오라! 수행승이여!’에 의한 수행승, 삼귀의에 의해 구족계를 받은 수행승, 현선한 수행승, 진실한 수행승, 배울 것이 있는 학인인 수행승, 배울 것이 없는 무학인 수행승, 화합참모임과 한번제안세번제청의 갈마와 부동의 거룩한 님의 속성을 갖춘 자로서의 수행승이 있는데, 그들 가운데 화합참모임과 한번제안세번제청의 갈마와 부동의 거룩한 님의 속성을 갖춘 수행승을 두고, 그러한 의미에서의 수행승을 뜻한다.

2-2. ‘구족계를 받지 않은 자’라는 것은 수행승과 수행녀를 제외하고 남은 구족계를 받지 않은 자를 뜻한다. ‘한 구절 한 구절’이라는 것은[*15] 구절과 수반구절과 수반음절과 수반구절에 의한 방법을 뜻한다.892) ‘구절’이라는 것은 함께 출발하고 함께 끝나는 것을 뜻한다.893) ‘수반구절’라는 것은 단독으로 시작해서 함께 끝나는 것을 뜻한다.894) ‘수반음절’이라는 것은 ‘물질은 무상하다.’라고 말하면서 ‘물’을

---

891) 여미수구인동송계(與未受具人同誦戒) | Bhikkhunī Pāc. 4 : yo pana bhikkhu anupasampannaṃ padaso dhammaṃ vāceyya pācitatiyan’ti.

892) padaso nāma: padaṃ anupadaṃ anvakkharaṃ anubyañajanaṃ : Smp. 741에 따르면, 이것은 가르침의 구절에 대한 네 가지 송출방법을 뜻하는 것이다. ‘구절(pada)’은 사구게송(四句偈頌) 가운데 하나의 구절을 지칭하고, 그 ‘수반구절(隨句)’은 제이의 구절을, ‘수반음절(anvakkhara: 隨字)’은 하나하나의 음절을, ‘수반의미(anubyañajana: 隨味)’는 앞의 의미와는 다른 나중의 의미를 뜻한다. 하나하나의 음절과 수반음절과 음절집합에 의해서 수반의미가 형성되고, 음절과 의미의 집합에 의해서 구절이 형성된다. 수행승이 재가신자에게 송출하게 할 경우, 이러한 각 구절, 수반구절, 수반음절, 수반의미의 숫자만큼의 속죄죄가 성립된다.

893) padaṃ nāma: ekato paṭṭhapetvā ekato osāpenti : Smp. 741에 따르면, ‘정신이 사실들의 선구이고(Dhp. 1. manopubbaṅgamā dhammā)’라고 장로가 사미와 함께 한 구절 한 구절 함께 송출하는 것을 뜻한다.

894) anupadaṃ nāma: pāṭekkaṃ paṭṭhapetvā ekato osāpenti : Smp. 741에 따르면, 장로가 ‘정신이 사실들의 선구이고(Dhp. 1. manopubbaṅgamā dhammā)’라고 송출하면, 사미가 그 구절을 취하지 않고 ‘정신이 그것들의 최상이

말하면서 멈추는 것이다.[895] '수반의미'라는 것은 '물질은 무상하다.'라고 말할 때, 그가 '느낌은 무상하다.'라고 소리를 내는 것이다.[896] 구절이든, 수반구절이든, 수반음절이든, 수반구절이든 그 모두가 '한 구절 한 구절'을 뜻한다. '가르침'이라는 것은 부처님이 말씀한 것,[897] 제자들이 말한 것,[898] 선인들이 말한 것,[899] 천신들이 말한 것[900]으로 의미를 갖춘 것,[901] 진리를 갖춘 것[902]을 뜻한다. '말하게 시키면'이라는 것은 시행으로 말하게 시키면, 한 구절 한 구절 마다 속죄죄를 범하는 것이다. 음절로 말하게 하면, 한 음절 한 음절마다 속죄죄를 범하는 것이다.

2-2₁.

1) 구족계를 받지 않은 자에 대하여 구족계를 받지 않았다고 지각하고 한 구절 한 구절 가르침을 말하게 시키면, 속죄죄를 범하는 것이다.
2) 구족계를 받지 않은 자에 대하여 구족계를 받지 않았는지 의심하고 한 구절 한 구절 가르침을 말하게 시키면, 속죄죄를 범하는 것이다.
3) 구족계를 받지 않은 자에 대하여 구족계를 받았다고 지각하고 한 구절 한 구절 가르침을 말하게 시키면, 속죄죄를 범하는 것이다.

2-2₂.

1) 구족계를 받은 자에 대하여 구족계를 받지 않았다고 지각하면, 악작죄를 범하는 것이다.

고 그것들은 정신으로 이루어진 것이니(manoseṭṭhā manomayā)'라고 그 수반구절을 취해서 장로와 함께 송출하는 것을 뜻한다.

895) anvakkharaṃ nāma: rūpaṃ aniccan ti vuccamāno run ti opāteti : Smp. 741에 따르면, "사미여 '물질(rūpa)은 무상하다.'라고 송출하라."라고 하고 장로가 '물(rū)'만을 말하고 멈추면, 사미가 '물질은 무상하다.'라고 송출하는 것이다.

896) anubyañjanaṃ nāma: rūpaṃ aniccanti vuccamāno vedanā aniccā'ti saddaṃ nicchāreti : Smp. 741-742에 따르면, 수반의미라는 것은 '물질은 무상하다. 느낌은 무상하다.'라는 경을 송출할 경우, 장로가 '물질은 무상하다.'라고 송출하면, 사미는 곧바로 '느낌은 무상하다.'라고 송출하여 '무상하다.'라는 의미를 함께 송출하는 것을 뜻한다.

897) buddhabhāsito : Smp. 742에 따르면, Vinayapiṭaka, Abhidahammapiṭaka와 Dhammapada, Cariyāpiṭaka, Udāna, Itivuttaka, Jātaka, Suttanipāta, Vimānavatthu, Patavatthu 와 Brahamajāla 등의 경전을 의미한다.

898) sāvakabhāsito : Smp. 742에 따르면, 사부대중의 제자가 말한 Anaṅgaṇasutta, Sammādiṭṭhisutta, Anumānasutta(Bhikkhupātimokkha), Cūḷavedallasutta, Mahāvedallasutta 등이 있다. 이들 경들은 모두 ≪맛지마니까야≫에 포함된 경들이다.

899) isibhāsito : Smp. 742에 따르면, 이교도의 유행자들이 설한 것으로 유행자(Paribbājakavagga)에 포함된 경 등이다. 유행자의 품은 ≪맛지마니까야≫의 제3품을 말한다.

900) devabhāsito : Smp. 742에 따르면, Devatasaṃyutta, Devaputtasaṃyutta, Marasaṃyutta, Brahmasaṃyutta, Sakkasaṃyutta를 말한다. 이 모든 쌍윳따는 ≪쌍윳따니까야≫에 포함된 쌍윳따이다.

901) atthūpasaṃhito : Smp. 742에 따르면, 주석과 연관된 것을 말한다.

902) dhammūpasaṃhito : Smp. 742에 따르면, 빠알리경전과 연관된 것을 말한다.

2) 구족계를 받은 자에 대하여 구족계를 받았는지 의심하면, 악작죄를 범하는 것이다.

3) 구족계를 받은 자에 대하여 구족계를 받았다고 지각하면, 무죄이다.

2-3. 함께 독송하게 하거나,903) 함께 공부하거나,904) 말하면서 일반적으로 잘 아는 구절을 빠뜨렸거나, 설명하면서 빠뜨리는 경우이거나, 정신이 착란된 자이거나, 초범자인 경우는 무죄이다.

4. 1. 5 속죄죄법 제5조

동숙에 대한 학습계율①[Paṭhamasahaseyyasikkhāpada]

1-1. 한때 존귀한 부처님께서 알라비 시의 악갈라비905) 탑묘에서 지냈다. 그런데 그때 재가신도들이 가르침을 듣기 위해서 왔다. 설법이 끝나자 장로 수행승들이 각자의 정사로 돌아갔다. 새내기 수행승들이 그곳의 휴게당906)에서 재가의 남자신도들과 함께 새김을 잃고 올바로 알아차림이 없이907) 벌거벗고, 잠꼬대하고, 코를 골면서 잠을 잤다. 재가의 남자신도들이 혐책하고 분개하고 비난했다.

[재가의 남자신도들] "어찌 존자들이 새김을 잃고 올바로 알아차림이 없이 벌거벗고, 잠꼬대하고, 코를 골면서 잠을 잘 수 있단 말인가?"

1-2. 수행승들은 그 재가의 남자신도들이 혐책하고 분개하고 비난하는 것을 들었다. 수행승들 가운데 욕망을 여의고, 만족을 알고, 부끄러움을 알고, 후회할 줄 알고, 배움을 원하는 자들도 혐책하고 분개하고[*16] 비난했다.

[욕망을 여읜 수행승들] "어찌 수행승들이 구족계를 받지 않은 자와 함께 잠을 잘 수 있단 말인가?"

1-2. 그래서 그 수행승들은 세존께 그 사실을 알렸다. 그러자 세존께서는 이러한

903) ekato uddisāpento : Smp. 743에 따르면, '구족계를 받지 않은 사람과 함께 독송하게 하거나'라는 뜻이다.

904) ekato sajjhāyaṃ karonto : Smp. 743에 따르면, '구족계를 받지 않은 사람과 함께 공부하거나'라는 뜻이다.

905) Aggāḷava : Srp. I. 268에 따르면, 알라비(Āḷavī) 왕국에는 불교 이전 시대에 야차나 용 등을 숭배하는 많은 성소가 있었는데, 그 성소들이 있는 곳을 악갈라비(Aggāḷava) 또는 고따마까(Gotamaka) 등으로 불렀다. 부처님 이후에 사람들은 그것들을 제거하고 그곳에 정사를 세웠으나 예전의 이름을 그대로 붙였다.

906) upaṭṭhānasālā : 휴게당은 수행승이나 재가신자들이 하룻밤을 머물 수 있는 곳이다. 여기서 보시자가 있어 음식이나 잠자리 등의 도움이 주어진다. 오늘날 실론의 보시당(dānasālā)와 같다.

907) muṭṭhassatī asampajānā : '새김을 잃고'는 '부처님의 가르침에 대한 새김이 없이'라는 뜻이고, '올바로 알아차림이 없이'라는 것은 그 새김을 다시 현재에서 적용하는 것을 뜻한다.

인연으로 이러한 기회에 수행승들의 참모임을 불러 모으게 하고 연유를 설하고 그 새내기 수행승들에게 물었다.

[세존] "수행승들이여, 수행승들이 구족계를 받지 않은 자와 함께 잠을 잔 것이 사실이란 말인가?"

[새내기 수행승들] "세존이시여, 사실입니다."

[세존] "어리석은 자들여, 그대들은 적절하지 않고, 자연스럽지 않고, 알맞지 않고, 수행자의 삶이 아니고, 부당하고, 해서는 안 될 일을 행한 것이다. 어리석은 자들이여, 어찌 그대들이 구족계를 받지 않은 자와 함께 잠을 잘 수 있단 말인가? 어리석은 자들이여, 그것은 아직 청정한 믿음이 없는 자를 청정한 믿음으로 이끌고, 이미 청정한 믿음이 있는 자를 더욱더 청정한 믿음으로 이끄는 것이 아니다. 어리석은 자여, 그것은 오히려, 아직 청정한 믿음이 없는 자를 불신으로 이끌고, 이미 청정한 믿음이 있는 자 가운데 어떤 자들을 타락시키는 것이다."

1-4. 그리고 세존께서는 그 새내기 수행승들에 대하여 여러 가지 방편으로 견책하여, 키우기 어렵고 부양하기 어렵고 탐욕이 많고 만족을 모르고 교제를 좋아하고 나태한 것에 대해 질책하고, 여러 가지 법문으로 고무하여, 키우기 쉽고 부양하기 쉽고 욕심을 여의고, 만족을 알고, 버리고 없애는 삶, 악을 제거하는 삶, 청정한 믿음의 삶, 쌓아 모우지 않는 삶, 용맹정진의 삶을 칭찬하고, 수행승들을 위하여 그에 알맞고 그에 걸맞게 경책하여 법문을 하고 수행승들에게 일렀다.

[세존] "수행승들이여, 그러므로 수행승들을 위하여 열 가지 이유에 기초하여, 즉 참모임의 수승을 위하여, 참모임의 안락을 위하여, 악한 수행승의 조복을 위하여, 품행이 바른 수행승의 평안한 삶을 위하여, 지금 여기에서의 번뇌의 제어를 위하여, 다가오는 번뇌를 물리치기 위하여, 청정한 믿음이 없는 자에게 청정한 믿음을 주기 위하여, 청정한 믿음이 있는 자에게 청정한 믿음을 증대시키기 위하여, 올바른 가르침을 지속시키기 위하여, 계율을 수호하기 위하여 학습계율을 시설하니, 수행승들이여, 그대들은 이와 같이 학습계율을 송출해야 한다."

〔세존〕 "어떠한 수행승이든 구족계를 받지 않은 자와 함께 잠을 자면, 속죄죄를 범하는 것이다."[908]

이와 같이 세존께서는 수행승들을 위하여 학습계율을 시설했다.

---

908) yo pana bhikkhu anupasampannena sahaseyyaṃ kappeyya, pācittiyan'ti.

2-1. 그리고 세존께서는 알라비 시에서 체류할 만큼 지내다가 꼬쌈비[909] 시로 유행을 떠났다. 차례로 유행하면서 꼬쌈비 시에 도착했다. 세존께서는 거기서 꼬쌈비 시의 바다리까라마[910] 승원에 계셨다. 수행승들은 존자 라훌라[911]에게 이와 같이 말했다.

[수행승들] "벗이여 라훌라여, 세존께서는 구족계를 받지 않은 자와 동숙해서는 안 된다라고 학습계율을 시설했습니다. 벗이여 라훌라여, 잠자는 곳을 알아보십시오."[912]

그러자 존자 라훌라는 잠잘 곳을 알아보지 않고 변소에서 잠을 잤다. 세존께서는 밤이 지나 아침에 일어나서 변소가 있는 곳을 찾았다. 가까이 다가가서 기침을 했다. 존자 라훌라도 기침을 했다.

[세존] "누가 있는가?"

[라훌라] "세존이시여, 제가 있습니다. 라훌라입니다."

[세존] "라훌라여, 왜 여기에 앉아 있는가?"

2-2. 그러자 존자 라훌라는 세존께 그 사실을 알렸다. 그러자 세존께서는 이러한 인연으로 이러한 기회에 연유를 설하고[913] 수행승들에게 일렀다.

---

909) Kosambī : 방싸 국(Vaṁsa : 사대공화국이자 십육대국 가운데 하나) 또는 바뜨싸(Vatsa) 족의 수도로 부처님 당시에는 빠란따빠(Parantapa) 왕이 다스렸고 그의 후계자는 우데나(Udena) 였다. 아난다는 이곳을 부처님이 열반하시기에 좋은 장소라고 언급한 적이 있다. 서쪽이나 남쪽 지방에서 꼬쌀라(Kosala) 국이나 마가다(Magadh a) 국으로 가는 길목에 위치하고 있으며 바라나씨에서 강을 따라 150Km정도의 거리에 있었다. 갠지스 강과 야무나 강이 만나는 지점에 위치하고 있으며 오늘날의 카가(Khāga) 지역이다.

910) Badarikārāma : 꼬쌈비 시에 승단을 위해 세워진 네 개의 승원 가운데 하나였다. Ppn. II. 268에 따르면, 케마까(Khemaka)가 병들었을 때에 머물던 곳이다. 부처님은 두 개의 자따까를 이곳에서 설했다.

911) Rāhula : 부처님의 제자 수행승 가운데 '배움을 열망하는 님 가운데 제일(aggaṁ sikkhākāmānaṃ)'이다. Ppn. II. 737에 따르면, 고따마 붓다(Gotama Buddha)의 외아들이다. 아버지가 출가하던 날 태어났다. 부처님께서 깨달음을 성취한 뒤 쑷도다나(Suddhodana) 왕의 초청으로 까삘라밧투를 처음 방문했을 때 라훌라의 어머니는 아들을 부처님에게 보내서 유산의 승계를 요청했다. 부처님은 침묵한 채 공양을 들고 왕궁을 떠났다. 라훌라가 좇아 나서자 부처님은 마침내 싸리뿟따를 시켜 라훌라를 승단에 입단시켰다. 이 소식을 들은 왕은 어린 아이들의 출가는 부모의 허락을 맡아야 한다고 요청하자 부처님은 이에 동의했다. 그러나 라훌라는 이미 출가했고 부처님은 그에게 많은 가르침을 전했다. 어렸을 때 라훌라는 한 줌의 모래를 집어 들고 '오늘 내가 이 모래알처럼 많은 가르침을 얻기를 바란다.'고 기도했다. 라훌라가 일곱 살이었을 때 부처님은 Ambalatthikarāhulovādasutta(MN. I. 414)를 설해 농담으로라도 거짓말을 하지 말 것을 설했고, 라훌라가 열여덟 살 때 Mahārāhulovādasutta(MN. I. 420)를 통해 위빠싸나 명상을 가르쳤으며, 나중에 지혜가 무르익었을 때 Cūlarāhulovādasutta(MN. III. 277)를 설해 깨달음을 얻어 아라한이 되도록 했다. 라훌라는 밀행제일(密行第一)의 제자가 되었다.

912) seyyaṃ āvuso rāhula jānāhī'ti : Jāt. I. 161에 따르면, 이 학습계율이 제정되기 전에는 수행승들은 언제나 자신의 처소에 라훌라를 받아들이는 것을 환영했으나, 제정된 날부터는 계율을 어길까 보아 휴식처를 제공하지 않았다.

[세존] "수행승들이여, 구족계를 받지 않은 자와 이틀이나 삼일 동안 동숙하는 것을 허용한다."

수행승들이여, 이와 같이 이 학습계율을 송출해야 한다.

[세존] "어떠한 수행승이든지 구족계를 받지 않은 자와 이틀이나 삼일이 지나도록 동숙한다면, 속죄죄를 범하는 것이다."[914)]

3-1. '어떠한'이라는 것은 어떠한 관계, 어떠한 태생, 어떠한 이름, 어떠한 성씨, 어떠한 계행, 어떠한 주거, 어떠한 활동영역에서 이든지, 장로이든지, 신참이든지, 중참이든지, 이러한 자들을 형용하는 것으로 '어떠한 자이든'이라는 뜻이다. '수행승'이라고 하는 것은 '탁발하는 자'로서의 수행승, 탁발을 위해 돌아다니는 자로서의 수행승, 분소의를 입은 자로서의 수행승, 사미[915)]로서의 수행승, 자칭에 의한 수행승, '오라! 수행승이여!'에 의한 수행승, 삼귀의에 의해 구족계를 받은 수행승, 현선한 수행승, 진실한 수행승, 배울 것이 있는 학인인 수행승, 배울 것이 없는 무학인 수행승이 있고, 한번제안세번제청[916)]의 갈마와 부동의[917)] 거룩한 님의 속성을 갖춘[918)] 자로서의 수행승이 있는데, 그들 가운데 화합참모임과 한번제안세번제청의 갈마와 부동의 거룩한 님의 속성을 갖춘 수행승을 두고, 그러한 의미에서의 수행승을 뜻한다.

3-2. '구족계를 받지 않은 자'라는 것은 수행승과 수행녀를 제외하고 남은 자가 구족계를 받지 않은 자를 뜻한다. '이틀이나 삼일이 지나도록'이라는 것은 '이틀이나 삼일 밤이 지나서'라는 뜻이다. '동'이라는 것은[*17] '함께'라는 뜻이고,

---

913) dhammikaṃ kathaṃ katvā : Jāt. I. 161에 따르면, 세존은 싸리뿟따를 이와 같이 '그대가 라훌라에 대해서 몰랐다면, 다른 젊은이에 대해서는 어떻게 알 수 있었겠는가?'라고 견책했다.

914) 공미수구인숙과한계(共未受具人宿過限戒) | Bhikkhunī Pāc. 5 : yo pana bhikkhu anupasampannena uttarid virattatirattaṃ sahaseyyaṃ kappeyya pācittiyan'ti.

915) sāmaṇera : 산스크리트어도 동일하며, 한역에서는 음사해서 사미(沙彌)라고 한다. 수행승이 되기 이전의 도제승(徒弟僧)으로 10계를 받은 7세 이상 20세 미만의 출가한 남자를 말한다.

916) ñatticatutthakamma : 한역은 백사갈마(白四羯磨)이다. 한 번 제안을 한 뒤에 다시 세 번 '찬성하면 침묵하고 이견이 있으면 말하라.'고 제청하는 것이다. 세 번의 제청을 통해 전원이 찬성하여 침묵하면, 사안이 결정된다. 이때 총명하고 유능한 수행승이 수행승들을 대표해서 제안과 제청을 모두 담당하고 결정을 내린다.

917) akuppena : 부동(不動) 즉 '흔들림 없음'의 의미는 다음과 같다. AN. I. 232에 따르면, '궁극의 앎으로 해탈한 님에게는 '나는 해탈은 흔들림이 없고 존재의 속박은 끊어졌다'라고 참으로 궁극의 앎이 생겨난다.(tato aññāvimuttassa | ñāṇaṃ ve hoti tādino | akuppā me vimuttī'ti | bhavasaññojanakkhaye'ti) Mrp. II. 346에 따르면, 궁극적인 앎에 의한 해탈은 거룩한 님의 경지를 실현한 것을 의미한다. 그런데 Bd. III. 161에 따르면, 갈마와 관련해서는 '갈마에서 재론될 수 없음'을 의미한다.

918) ṭhānārahena : 한역의 '주응공(住應供)'은 난해하다. '공양받을 만한 님'은 곧, '거룩한 님'을 말한다.

'숙'이라는 것은 '완전히 덮은 장소, 완전히 둘러싼 장소, 부분적으로 덮은 장소, 부분적으로 둘러싼 장소'를 말한다.

3-3. '동숙하면'이라는 것은 다음과 같다. 나흘째 날에 석양에 구족계를 받지 않은 자가 누운 장소에 수행승이 눕는다면, 속죄죄를 범하는 것이다. 수행승이 누워 있는 장소에 구족계를 받지 않은 자가 누워도, 속죄죄를 범하는 것이다. 양자가 동시에 눕는다면, 속죄죄를 범하는 것이다. 일어났다가 그들이 다시 눕는다면, 속죄죄를 범하는 것이다.

3-4₁.

1) 구족계를 받지 않은 자에 대하여 구족계를 받지 않은 자라고 지각하고 이틀이나 삼일 지나도록 동숙하면, 속죄죄를 범하는 것이다.
2) 구족계를 받지 않은 자에 대하여 구족계를 받지 않은 자인지를 의심하고 이틀이나 삼일 지나도록 동숙해도, 속죄죄를 범하는 것이다.
3) 구족계를 받지 않은 자에 대하여 구족계를 받은 자라고 지각하고 이틀이나 삼일 지나도록 동숙해도, 속죄죄를 범하는 것이다.

3-4₂. 절반이 덮이고 절반이 칸막이되면, 악작죄를 범하는 것이다.

3-4₃.

1) 구족계를 받은 자에 대하여 구족계를 받지 않은 자라고 지각하면 악작죄를 범하는 것이다.
2) 구족계를 받은 자에 대하여 구족계를 받은 자인지 의심하면 악작죄를 범하는 것이다.
3) 구족계를 받은 자에 대하여 구족계를 받은 자라고 지각하면 무죄이다.

3-5. 이틀밤이나 삼일밤을 묵거나, 이틀밤이나 삼일밤보다 적은 날을 묵거나, 이틀밤을 묵고 삼일밤 일출 이전에 떠나서 다시 묵는 경우나, 완전히 덮였으나 완전히 둘러싸이지 않았거나, 완전히 둘러싸였으나 완전히 덮이지 않았거나, 부분적으로 덮이지 않았거나, 부분적으로 둘러싸이지 않은 경우나, 구족계를 받지 않은 자가 앉아 있을 때 수행승이 앉거나, 수행승이 앉아 있을 때 구족계를 받지 않은 자가 앉거나, 양자가 동시에 앉아 있을 경우이거나, 정신이 착란된 자이거나, 초범자인 경우는 무죄이다.

4. 1. 6 속죄죄법 제6조

동숙에 대한 학습계율②[Dutiyasahaseyyasikkhāpada]

1-1. 한때 존귀한 부처님께서는 싸밧티 시의 제따바나 숲에 있는 아나타삔디까 승원에 계셨다. 그런데 그때 존자 아누룻다[919]가 꼬쌀라 국에서 싸밧티 시로 가다가 홀로 어떤 마을에 다다랐다. 그런데 그때 그 마을에는 어떤 여인이 세운 휴게소[920]가 있었다. 그래서 존자 아누룻다은 그 여인이 있는 곳을 찾아갔다. 가까이 다가가서 그 여인에게 말했다.

[아누룻다] "자매여, 괜찮다면, 하룻밤 휴게소에서 묵고자 합니다."

[여인] "존자여, 지내도록 하십시오."

그런데 다른 여행객들도 그 여인이 있는 곳을 찾아갔다. 가까이 다가가서 그 여인에게 말했다.

[여행객] "마님, 괜찮다면, 하룻밤[*18] 휴게소에서 묵게 해주십시오."

[여인] "여보시오, 수행자가 먼저 도착했으므로 만약에 그가 허락한다면 묵으십시오."

그래서 그 여행객들은 존자 아누룻다가 있는 곳을 찾아갔다. 가까이 다가가서 존자 아누룻다에게 이와 같이 말했다.

[여행객들] "존자여, 괜찮다면, 하룻밤 휴게소에서 묵고자 합니다."

[아누룻다] "벗들이여, 지내도록 하십시오."

1-2. 그런데 그 여인은 존자 아누룻다에게 보자마자 마음이 사로잡혔다. 그래서 그 여인은 존자 아누룻다가 있는 곳을 찾아갔다. 가까이 다가가서 존자 아누룻다에게 이와 같이 말했다.

---

919) Anuruddha : AN. I. 23에 따르면, 부처님의 제자 수행승 가운데 '하늘눈을 지닌 자 가운데 제일(天眼第一 : dibbacakkhukānaṁ aggaṁ)'이다. Ppn. I. 85에 따르면, 부처님의 수제자 가운데 한 사람으로, 그는 부처님의 첫 번째 조카이기도 하다. 그는 싸끼야 족의 아미또다나(Amitodana)의 아들이자 마하나마(Mahānāma)의 동생이었다. 까삘라밧투의 싸끼야 족이 그들의 친지들을 승단에 가입시킬 때 마하나마는 동생인 아누룻다를 출가시키려 했다. 처음에는 아누룻다는 머뭇거렸다. 그는 성격이 섬세했고 음악과 광대극으로 둘러싸인 삼시전(三時殿)에서 호화롭게 살고 있었다. 그러나 그는 마하나마에게서 가정생활의 무한한 번뇌에 관한 이야기를 듣고 출가를 결심했다. 처음에는 어머니가 허용하지 않았으나 조카 밧디야(Bhaddiya)와 함께 출가한다고 하자 마침내 허용을 하여 출가할 수 있었다. 그들은 아난다, 바구(Bhagu), 낌빌라(Kimbila), 데바닷따와 그들의 이발사인 우빨리와 함께 아누삐야(Anupiya) 망고 숲으로 가서 세존을 뵙고 출가했다. 출가한 후 첫 우기가 되기 전에 아누룻다는 천안통(天眼通 : dibbacakkhu)을 얻었다. Thag. 904에 의하면, 그는 25년 동안 잠을 전혀 자지 않았고 마지막 30년간은 사경(四更)에만 잠깐 눈을 붙였다고 한다. 그의 시는 Thag. 892-919에 존재한다.

920) āvasathāgāra : 객들이 와서 묵는 곳을 말한다.

[여인] "존귀한 존자여, 사람들이 붐벼서 불편하실 것입니다. 존자여, 제가 존귀한 분을 위하여 침상을 안에 마련하도록 허락해주시면 감사하겠습니다."

존자 아누룻다는 침묵으로 허락했다. 그러자 그 여인은 존자 아누룻다를 위하여 침상을 안에 마련하고 치장을 하고 향료를 바르고 존자 아누룻다가 있는 곳을 찾아갔다. 가까이 다가가서 존자 아누룻다에게 이와 같이 말했다.

[여인] "존자여, 존자께서는 아름답고 보기에 좋고 단아합니다. 저도 역시 아름답고 보기에 좋고 단아합니다. 존자여, 제가 존자의 아내가 되겠습니다."

이와 같이 말하자 존자 아누룻다는 침묵했다.

두 번째에 그 여인은 존자 아누룻다에게 이와 같이 말했다.

[여인] "존자여, 존자께서는 아름답고 보기에 좋고 단아합니다. 저도 역시 아름답고 보기에 좋고 단아합니다. 존자여, 존자께서는 저 뿐만 아니라 저의 모든 것을 차지하셔도 좋습니다."921)

두 번째에도 존자 아누룻다는 침묵했다.

세 번째에도 그 여인은 존자 아누룻다에게 이와 같이 말했다.

[여인] "존자여, 존자께서는 아름답고 보기에 좋고 단아합니다. 저도 역시 아름답고 보기에 좋고 단아합니다. 존자여, 존자께서는 저 뿐만 아니라 저의 모든 것을 차지하셔도 좋습니다."

세 번째에도 존자 아누룻다는 침묵했다.

그러자 그 여인은 외투를 벗어 던지고 존자 아누룻다의 앞에서 걷기도 하고 서기도 하고 앉기도 하고 눕기도 했다. 그러자 존자 아누룻다는 감관을 제어하고 그 여인에 대하여 쳐다보지도 않고 말을 걸지도 않았다.

그러자 그 여인은 말했다.

[여인] "존자여, 참으로 놀라운 일입니다. 존자여, 예전에 없었던 일입니다. 많은 사람들이 나를 위해 백천 까하빠나를 보내는데, 이 수행자는 나의 요청을 받고도 나뿐만 아니라 나의 모든 것을 갖기를 원하지 않으시다니."

그녀는 외투를 입고 존자 아누룻다의 두 발에 머리를 조아리고 존자 아누룻다에게 이와 같이 말했다.

[여인] "존자여, 어리석고 혼미하고 악하고 불건전하여 잘못이 저를 사로잡았습니다. 미래를 수호하기 위해 제가 이와 같이 저지른 잘못을 존자께서는 잘못으

---

921) sādhu bhante ayyo mañceva paṭicchatu, sabbañca sāpateyyan'ti : 원문에는 '침상뿐만 아니라 모든 것을 가지십시오.'라고 되어 있다.

로 받아주십시오."

[아누룻다] "자매여, 실로 어리석고 혼미하고 악하고 불건전하여 잘못이 그대를 사로잡았습니다. 미래를 수호하기 위해 그대가 이와 같이 저지른 잘못을 내가 잘못으로 보고[*19] 원칙에 맞게 참회한다면, 그대를 위하여 그것을 받아들입니다. 자매여, 잘못을 잘못이라고 보고 원칙에 맞게 참회하는 것은 실로 고귀한 님의 계율에서의 성장이기 때문입니다."

1-4. 그래서 그 여인은 그날 밤이 지나자 존자 아누룻다에게 훌륭한 단단하고 부드러운 음식을 손수 제공하여 대접하고 존자 아누룻다가 식후에 발우에서 손을 떼자 인사를 하고 한쪽으로 물러나 앉았다. 한쪽으로 물러나 앉은 그 여인을 존자 아누룻다는 법문으로 교화하고 북돋우고 고무시키고 기쁘게 했다. 그러자 그 여인은 존자 아누룻다에게 법문으로 교화받고 북돋아지고 고무되고 기뻐하면서 존자 아누룻다에게 이와 같이 말했다.

[여인] "존자여, 훌륭하십니다. 존자여, 훌륭하십니다. 존자여, 마치 넘어진 것을 일으켜 세우듯, 가려진 것을 열어보이듯, 어리석은 자에게 길을 가리켜주듯, 눈 있는 자는 형상을 보라고 어둠 속에 등불을 들어 올리듯, 존자께서는 이와 같이 여러 가지 방법으로 진리를 밝혀주셨습니다. 그러므로 이제 그분 세존께 귀의합니다. 또한 그 가르침에 귀의합니다. 또한 그 수행승의 참모임에 귀의합니다. 세존이신 존자께서는 재가의 여자신도로서 저를 받아 주십시오. 오늘부터 목숨이 다하도록 귀의하겠습니다."

1-5. 그리고 나서 존자 아누룻다는 싸밧티 시로 가서 수행승들에게 그 사실을 알렸다. 수행승들 가운데 욕망을 여의고, 만족을 알고, 부끄러움을 알고, 후회할 줄 알고, 배움을 원하는 자들은 혐책하고 분개하고 비난했다.

[욕망을 여읜 수행승들] "어찌 존자 아누룻다가 여인과 동숙할 수 있단 말인가?"

그래서 그 수행승들은 세존께 그 사실을 알렸다. 그러자 세존께서는 이러한 인연으로 이러한 기회에 수행승들의 참모임을 불러 모으게 하고 연유를 설하고 존자 아누룻다에게 물었다.

[세존] "아누룻다여, 그대가 여인과 동숙한 것이 사실인가?"

[아누룻다] "세존이시여, 사실입니다."

존귀한 부처님께서는 견책했다.

[세존] "어리석은 자여, 그대들은 적절하지 않고, 자연스럽지 않고, 알맞지 않고, 수행자의 삶이 아니고, 부당하고, 해서는 안 될 일을 행한 것이다. 어찌 그대가

여인과 동숙할 수 있단 말인가? 어리석은 자여, 그것은 아직 청정한 믿음이 없는 자를 청정한 믿음으로 이끌고, 이미 청정한 믿음이 있는 자를 더욱더 청정한 믿음으로 이끄는 것이 아니다. 어리석은 자여, 그것은 오히려, 아직 청정한 믿음이 없는 자를 불신으로 이끌고, 이미 청정한 믿음이 있는 자 가운데 어떤 자들을 타락시키는 것이다."

1-6. 그리고 세존께서는 존자 아누룻다에 대하여 여러 가지 방편으로 견책하여, 키우기 어렵고 부양하기 어렵고 탐욕이 많고 만족을 모르고 교제를 좋아하고 나태한 것에 대해 질책하고, 여러 가지 법문으로 고무하여, 키우기 쉽고 부양하기 쉽고 욕심을 여의고, 만족을 알고, 버리고 없애는 삶, 악을 제거하는 삶, 청정한 믿음의 삶, 쌓아 모우지 않는 삶, 용맹정진의 삶을 칭찬하고, 수행승들을 위하여 그에 알맞고 그에 걸맞게 경책하여 법문을 하고 수행승들에게 일렀다.

[세존] "수행승들이여, 그러므로 수행승들을 위하여 열 가지 이유에 기초하여, 즉 참모임의 수승을 위하여, 참모임의 안락을 위하여, 악한 수행승의 조복을 위하여, 품행이 바른 수행승의 평안한 삶을 위하여, 지금 여기에서의 번뇌의 제어를 위하여, 다가오는 번뇌를 물리치기 위하여, 청정한 믿음이 없는 자에게 청정한 믿음을 주기 위하여, 청정한 믿음이 있는 자에게 청정한 믿음을 증대시키기 위하여, 올바른 가르침을 지속시키기 위하여, 계율을 수호하기 위하여 학습계율을 시설하니, 수행승들이여, 그대들은 이와 같이 학습계율을 송출해야 한다."

[세존] "어떠한 수행승이든 여인과 동숙하면, 속죄죄를 범하는 것이다."[922)]

2-1. '어떠한'이라는 것은 어떠한 관계, 어떠한 태생, 어떠한 이름, 어떠한 성씨, 어떠한 계행, 어떠한 주거, 어떠한 활동영역에서 이든지, 장로이든지, 신참이든지, 중참이든지, 이러한 자들을 형용하는 것으로 '어떠한 자이든'이라는 뜻이다. '수행승'이라고 하는 것은 '탁발하는 자'로서의 수행승, 탁발을 위해 돌아다니는 자로서의 수행승, 분소의를 입은 자로서의 수행승, 사미로서의 수행승, 자칭에 의한 수행승, '오라! 수행승이여!'에 의한 수행승, 삼귀의에 의해 구족계를 받은 수행승, 현선한 수행승, 진실한 수행승, 배울 것이 있는 학인인 수행승, 배울 것이 없는 무학인 수행승, 화합참모임과 한번제안세번제청의 갈마와 부동의 거룩한 님의 속성을 갖춘 자로서의 수행승이 있는데, 그들 가운데 화합참모임과

---

922) 공여인숙계(共女人宿戒) | Bhikkhunī Pāc. 6 : yo pana bhikkhu mātugāmena sahaseyyaṃ kappeyya pācittiyan'ti.

한번제안세번제청의 갈마와 부동의 거룩한 님의 속성을 갖춘 수행승을 두고, 그러한 의미에서의 수행승을 뜻한다. '여인'이라는 것은 '여인'이라는 것은 야차녀가 아니고, 아귀녀가 아니고, 축생녀가 아닌, 사람의 여인으로, 바로 오늘 태어난 여자아이까지이니, 그 이상의 나이든 여자는 말할 것도 없다는 뜻이다. '동'이라는 것은 '함께'라는 뜻이고, '숙'이라는 것은 '완전히 덮은 장소, 완전히 둘러싼 장소, 부분적으로 덮은 장소, 부분적으로 둘러싼 장소'를 말한다.

2-2. '동숙하면'이라는 것은[*20] 석양이 질 때 여인이 누워 있는 장소에 수행승이 누우면, 속죄죄를 범하는 것이다. 수행승이 누워 있는 장소에 여인이 누워도, 속죄죄를 범하는 것이다. 양자가 동시에 누워도, 속죄죄를 범하는 것이다. 일어섰다가 그들이 다시 누워도, 속죄죄를 범하는 것이다.

2-3.

1) 여인에 대하여 여인이라고 지각하고 동숙하면, 속죄죄를 범하는 것이다.
2) 여인에 대하여 여인인지 의심하고 동숙해도, 속죄죄를 범하는 것이다.
3) 여인에 대하여 여인이 아니라고 지각하고 동숙해도, 속죄죄를 범하는 것이다.
4) 절반이 덮이고 절반이 칸막이되면, 악작죄를 범하는 것이다.
5) 야차녀나 아귀녀나 빤다까나 축생녀와 동숙하면, 악작죄를 범하는 것이다.
6) 여인이 아닌 자에 대하여 여인이라고 지각하면, 악작죄를 범하는 것이다.
7) 여인이 아닌 자에 대하여 여인이지를 의심하면, 악작죄를 범하는 것이다.
8) 여인이 아닌 자에 대하여 여인이 아닌 자라고 생각하면 무죄이다.

2-4. 완전히 덮였으나 완전히 둘러싸이지 않았거나, 완전히 둘러싸였으나 완전히 덮이지 않았거나, 부분적으로 덮이지 않았거나, 부분적으로 둘러싸이지 않은 경우나, 여인이 앉아 있을 때 수행승이 앉거나, 수행승이 앉아 있을 때 여인이 앉거나, 양자가 동시에 앉아 있을 경우이거나, 정신이 착란된 자이거나, 초범자일 경우는 무죄이다.

4. 1. 7 속죄죄법 제7조

여인설법에 대한 학습계율[Mātugāmadesanāsikkhāpada]

1-1. 한때 존귀한 부처님께서 싸밧티 시의 제따바나 숲에 있는 아나타삔디까 승원에 계셨다. 그런데 그때 존자 우다인이 싸밧티 시에 단월가정이 있어서 자주

단월가정을 방문했다. 존자 우다인은 아침 일찍 옷을 입고 발우와 가사를 수하고 한 가정을 찾아갔다. 그런데 그때 여주인은 집의 입구에 앉아 있었고, 며느리는 내실의 입구에 앉아 있었다. 마침 존자 우다인이 여주인을 찾아갔다. 가까이 다가가서 여주인에게 몰래 가르침을 설했다. 그러자 그 며느리는 이와 같이 생각했다.

[며느리] '저 수행자는 시어머니의 정부인가 아니면 그녀를 능욕하는 것인가?'

1-2. 그후 존자 우다인은 여주인에게 몰래 가르침을 설한 뒤에 며느리에게 다가갔다. 가까이 다가가서 며느리에게 몰래 가르침을 설했다. 그러자 여주인은 이와 같이 생각했다.

[여주인] '저 수행자는 며느리의 정부인가 아니면[*21] 그녀를 능욕하는 것인가?'

1-3. 그후 존자 우다인은 며느리에게 몰래 가르침을 설한 뒤에 그곳을 떠났다. 그러자 여주인은 며느리에게 이와 같이 말했다.

[여주인] "얘야, 수행자가 무어라고 말했느냐?"

[며느리] "어머님, 저에게 가르침을 설했습니다. 어머님에게는 무어라고 말했습니까?"

[여주인] "내게도 가르침을 설했다."

그녀들은 혐책하고 분개하고 비난했다.

[여인들] "어찌 존자 우다인이 몰래 가르침을 설할 수 있단 말인가, 명료하고 공개적으로 가르침을 설해야 하지 않을까?"

1-4. 수행승들은 그 여인들이 혐책하고 분개하고 비난하는 것을 들었다. 수행승들 가운데 욕망을 여의고, 만족을 알고, 부끄러움을 알고, 후회할 줄 알고, 배움을 원하는 자들은 혐책하고 분개하고 비난했다.

[욕망을 여읜 수행승들] "어찌 존자 우다인이 여인에게 가르침을 설할 수 있단 말인가?"

1-5. 그래서 그 수행승들은 세존께 그 사실을 알렸다. 세존께서는 그것을 인연으로 그것을 기회로 수행승들의 참모임을 불러 모으게 하고 연유를 설하고 존자 우다인에게 물었다.

[세존] "우다인이여, 그대가 여인에게 가르침을 설한 것이 사실인가?"

[우다인] "세존이시여, 사실입니다."

존귀한 부처님께서는 견책했다.

[세존] "어리석은 자여, 그것은 적절하지 않고, 자연스럽지 않고, 알맞지 않고,

수행자의 삶이 아니고, 부당하고, 해서는 안 될 일이다. 어리석은 자여, 어찌 여인에게 가르침을 설할 수 있단 말인가? 어리석은 자여, 그것은 아직 청정한 믿음이 없는 자를 청정한 믿음으로 이끌고, 이미 청정한 믿음이 있는 자를 더욱더 청정한 믿음으로 이끄는 것이 아니다. 어리석은 자여, 그것은 오히려, 아직 청정한 믿음이 없는 자를 불신으로 이끌고, 이미 청정한 믿음이 있는 자 가운데 어떤 자들을 타락시키는 것이다."

1-6. 그리고 세존께서는 존자 우다인에 대하여 여러 가지 방편으로 견책하여, 키우기 어렵고 부양하기 어렵고 탐욕이 많고 만족을 모르고 교제를 좋아하고 나태한 것에 대해 질책하고, 여러 가지 법문으로 고무하여, 키우기 쉽고 부양하기 쉽고 욕심을 여의고, 만족을 알고, 버리고 없애는 삶, 악을 제거하는 삶, 청정한 믿음의 삶, 쌓아 모우지 않는 삶, 용맹정진의 삶을 칭찬하고, 수행승들을 위하여 그에 알맞고 그에 걸맞게 경책하여 법문을 하고 수행승들에게 일렀다.

[세존] "수행승들이여, 그러므로 수행승들을 위하여 열 가지 이유에 기초하여, 즉 참모임의 수승을 위하여, 참모임의 안락을 위하여, 악한 수행승의 조복을 위하여, 품행이 바른 수행승의 평안한 삶을 위하여, 지금 여기에서의 번뇌의 제어를 위하여, 다가오는 번뇌를 물리치기 위하여, 청정한 믿음이 없는 자에게 청정한 믿음을 주기 위하여, 청정한 믿음이 있는 자에게 청정한 믿음을 증대시키기 위하여, 올바른 가르침을 지속시키기 위하여, 계율을 수호하기 위하여 학습계율을 시설하겠으니, 수행승들이여, 그대들은 이와 같이 학습계율을 송출해야 한다."

〔세존〕 "어떠한 수행승이든 여인에게 가르침을 설하면, 속죄죄를 범하는 것이다."923)

이와 같이 세존께서는 수행승들을 위하여 학습계율을 시설했다.

2-1. 그런데 한때 재가의 여신도들이 수행승들을 보고 이와 같이 말했다.

[재가의 여신도들] "존자들이여, 제발 가르침을 설해주십시오."

[수행승들] "자매들이여, 여인에게 가르침을 설할 수 없습니다."

[재가의 여신도들] "존자들이여, 대여섯 구절이라도 가르침을 설해주십시오. 그 정도라면 허용할 수 있지 않습니까?"

[수행승들] "자매들이여, 여인에게 가르침을 설할 수 없습니다."

재가의 여신도들은 혐책하고 분개하고 비난했다.

[재가의 여신도들] "어찌 존자들이 우리가 요청하는데도 가르침을 설하지 않을

---

923) yo pana bhikkhu mātugāmassa dhammaṃ deseyya pācittiyan'ti.

수가 있단 말인가?"

수행승들은 그 재가의 여신도들이 혐책하고 분개하고 비난하는 것을 들었다.

2-2. 그래서 그 수행승들은 세존께 그 사실을 알렸다. 그러자 세존께서는 그것을 인연으로 그것을 기회로 수행승들의 참모임을 불러 모으게 하고 연유를 설하고 수행승들에게 알렸다.

[세존] "수행승들이여, 여인에게 대여섯 구절로 가르침을 설하는 것을 허용한다. 수행승들이여, 이와 같이 그 학습계율을 송출해야 한다."

〔세존〕 "어떠한 수행승이든지 여인에게 대여섯 구절 이상 가르침을 설하면, 속죄죄를 범하는 것이다."924)

이와 같이[*22] 이 학습계율은 세존께서 수행승들을 위하여 시설한 것이다.

3-1. 그런데 그때 여섯무리의 수행승들이 세존께서는 '여인에게 대여섯 구절로 가르침을 설하는 것을 허용했다.'라고 생각하여 무지한 남자를 배석시켜 여인에게 대여섯 구절 이상의 가르침을 설했다. 수행승들 가운데 욕망을 여의고, 만족을 알고, 부끄러움을 알고, 후회할 줄 알고, 배움을 원하는 자들이 있는데, 그들도 혐책하고 분개하고 비난했다.

[욕망을 여읜 수행승들] "어찌 여섯무리의 수행승들이 무지한 남자를 배석시켜 여인에게 대여섯 구절 이상의 가르침을 설할 수 있단 말인가?"

3-2. 그래서 그 수행승들은 세존께 그 사실을 알렸다. 그러자 세존께서는 이러한 인연으로 이러한 기회에 수행승들의 참모임을 불러 모으게 하고 연유를 설하고 여섯무리의 수행승들에게 물었다.

[세존] "수행승들이여, 그대들이 무지한 남자를 배석시켜 여인에게 대여섯 구절 이상의 가르침을 설한 것은 사실인가?"

[여섯무리의 수행승들] "세존이시여, 사실입니다."

존귀한 부처님께서는 견책했다.

[세존] "어리석은 자들이여, 그대들은 적절하지 않고, 자연스럽지 않고, 알맞지 않고, 수행자의 삶이 아니고, 부당하고, 해서는 안 될 일을 행한 것이다. 어리석은 자들이여, 어찌 그대들이 무지한 남자를 배석시켜 여인에게 대여섯 구절 이상의 가르침을 설할 수 있단 말인가? 어리석은 자들이여, 그것은 아직 청정한 믿음이 없는 자를 청정한 믿음으로 이끌고, 이미 청정한 믿음이 있는 자를 더욱더 청정한

---

924) yo pana bhikkhu mātugāmassa uttarichappañcavācāhi dhammaṃ deseyya, pācittiyan'ti.

믿음으로 이끄는 것이 아니다. 어리석은 자들이여, 그것은 오히려, 아직 청정한 믿음이 없는 자를 불신으로 이끌고, 이미 청정한 믿음이 있는 자 가운데 어떤 자들을 타락시키는 것이다."

3-3. 그리고 세존께서는 여섯무리의 수행승들에 대하여 여러 가지 방편으로 견책하여, 키우기 어렵고 부양하기 어렵고 탐욕이 많고 만족을 모르고 교제를 좋아하고 나태한 것에 대해 질책하고, 여러 가지 법문으로 고무하여, 키우기 쉽고 부양하기 쉽고 욕심을 여의고, 만족을 알고, 버리고 없애는 삶, 악을 제거하는 삶, 청정한 믿음의 삶, 쌓아 모우지 않는 삶, 용맹정진의 삶을 칭찬하고, 수행승들을 위하여 그에 알맞고 그에 걸맞게 경책하여 법문을 하고 수행승들에게 일렀다.

[세존] "수행승들이여, 그러므로 수행승들을 위하여 열 가지 이유에 기초하여, 즉 참모임의 수승을 위하여, 참모임의 안락을 위하여, 악한 수행승의 조복을 위하여, 품행이 바른 수행승의 평안한 삶을 위하여, 지금 여기에서의 번뇌의 제어를 위하여, 다가오는 번뇌를 물리치기 위하여, 청정한 믿음이 없는 자에게 청정한 믿음을 주기 위하여, 청정한 믿음이 있는 자에게 청정한 믿음을 증대시키기 위하여, 올바른 가르침을 지속시키기 위하여, 계율을 수호하기 위하여 학습계율을 시설하니, 수행승들이여, 그대들은 이와 같이 학습계율을 송출해야 한다."

[세존] "어떠한 수행승이든지 여인에게 대여섯 구절 이상으로 가르침을 설하면, 양식있는 남자의 배석을 제외하고, 속죄죄를 범하는 것이다."[925]

4-1. '어떠한'이라는 것은 어떠한 관계, 어떠한 태생, 어떠한 이름, 어떠한 성씨, 어떠한 계행, 어떠한 주거, 어떠한 활동영역에서 이든지, 장로이든지, 신참이든지, 중참이든지, 이러한 자들을 형용하는 것으로 '어떠한 자이든'이라는 뜻이다. '수행승'이라고 하는 것은 '탁발하는 자'로서의 수행승, 탁발을 위해 돌아다니는 자로서의 수행승, 분소의를 입은 자로서의 수행승, 사미로서의 수행승, 자칭에 의한 수행승, '오라! 수행승이여!'에 의한 수행승, 삼귀의에 의해 구족계를 받은 수행승, 현선한 수행승, 진실한 수행승, 배울 것이 있는 학인인 수행승, 배울 것이 없는 무학인 수행승, 화합참모임과 한번제안세번제청의 갈마와 부동의 거룩한 님의 속성을 갖춘 자로서의 수행승이 있는데, 그들 가운데 화합참모임과 한번제안세번제청의 갈마와 부동의 거룩한 님의 속성을 갖춘 수행승을 두고,

---

925) 여여인설법과한계(與女人說法過限戒) | Bhikkhunī Pāc. 7 : yo pana bhikkhu mātugāmassa uttarichappañca vācāhi dhammaṃ deseyya aññatra viññunā purisaviggahena pācittiyan'ti.

그러한 의미에서의 수행승을 뜻한다.

4-2. '여인'이라는 것은 야차녀가 아니고, 아귀녀가 아니고, 축생녀가 아닌, 양식있는 여인으로 선한 말과 악한 말, 추악한 말과 추악하지 않은 말을 식별하는데 유능한 여인을 뜻한다. '대여섯 구절 이상으로'라는 것은 대여섯 말귀 이상으로의 뜻이다. '가르침'이라는 것은 부처님이 말씀한 것, 제자들이 말한 것, 선인들이 말한 것, 천신들이 말한 것으로 의미를 갖춘 것, 진리를 갖춘 것을 뜻한다. '가르치면'이라는 것은 시행으로 가르치면, 한 구절 한 구절 마다 속죄죄를 범하는 것이다. 음절로 가르치면, 한 음절 한 음절마다 속죄죄를 범하는 것이다. '양식있는 남자의 배석을 제외하고'라는 것은 '양식있는 남자의 배석 이외에'라는 뜻이다. 양식있는 남자는 선한 말과 악한 말, 추악한 말과 추악하지 않은 말을 식별하는데 유능한 남자를 뜻한다.

4-3₁.

1) 여인에 대하여 여인이라고 지각하고 대여섯 구절 이상으로 가르침을 설하면, 양식있는 남자의 배석을 제외하고 속죄죄를 범하는 것이다.
2) 여인에 대하여 여인인지 의심하고 대여섯 구절 이상으로 가르침을 설하면, 양식있는 남자의 배석을 제외하고 속죄죄를 범하는 것이다.
3) 여인에 대하여 여인이 아니라고 지각하고 대여섯 구절 이상으로 가르침을 설하면, 양식있는 남자의 배석을 제외하고 속죄죄를 범하는 것이다.

4-3₂. 야차녀나 아귀녀나 빤다까나[*23] 인간의 모습을 한 축생녀에게 대여섯 구절 이상으로 가르침을 설하면, 양식있는 남자의 배석을 제외하고 악작죄를 범하는 것이다.

4-3₃.

1) 여인이 아닌 자에 대하여 여인이라고 지각하면, 악작죄를 범하는 것이다.
2) 여인이 아닌 자에 대하여 여인인지 의심하면, 악작죄를 범하는 것이다.
3) 여인이 아닌 자에 대하여 여인이 아니라고 지각하면, 무죄이다.

4-4. 양식있는 남자의 배석과 더불어 대여섯 구절로 가르침을 설하거나, 대여섯 구절이하로 가르침을 설하거나, 일어났다가 다시 앉아서 가르치거나, 여인들이 일어났다가 다시 앉거나, 바로 그 순간에 가르치거나, 다른 여인을 가르치거나, 질문을 묻는다던가, 질문을 물으면 말하거나, 다른 사람을 위하여 설할 때 여인이 듣는다던가 할 경우이거나, 정신이 착란된 자이거나, 초범자인 경우는 무죄이다.

4. 1. 8 속죄죄법 제8조

수행상태를 알리는 것에 대한 학습계율[Bhūtārocanasikkhāpada]

1-1. 한때 존귀한 부처님께서 베쌀리 시의 마하바나 숲에서 꾸따가라쌀라 강당에 계셨다. 그런데 그때[926] 많은 도반이자 동료인 수행승들이 박구무다 강변에서 안거를 들었다. 당시에 밧지 족들은 기근이 들어 노균병이 돌고 음식을 얻기 어렵고 풀뿌리로 생활하고 이삭줍기나 호의로 연명하기도 쉽지 않았다.

그래서 그 수행승들은 이와 같이 생각했다.

[수행승들A] '지금 밧지 족은 기근이 들어 노균병이 돌고 음식을 얻기 어렵고 풀뿌리로 생활하고 이삭줍기나 호의로 연명하기도 쉽지 않았다. 우리는 어떠한 방편으로 화합하고 일치하여 싸우지 않고 평안하게 안거를 보내고 탁발음식 때문에 걱정하지 않을 수 있을까?'

어떤 수행승들은 이와 같이 말했다.

[수행승들B] "벗들이여, 우리가 재가자들을 위해 일을 하면, 그들이 우리에게 보시할 것을 생각할 것입니다. 그러면, 우리는 화합하고 일치하여 싸우지 않고 평안하게 안거를 보내고 탁발음식 때문에 걱정하지 않을 수 있습니다."

어떤 수행승들은 이와 같이 말했다.

[수행승들C] "벗들이여, 벗들이여, 그만두시오. 우리가 재가자들을 위해 일을 하는게 무엇입니까? 자, 우리가 재가자들을 위해 심부름을 하면, 그들이 우리에게 보시할 것을 생각할 것입니다. 그러면, 우리는 화합하고 일치하여 싸우지 않고 평안하게 안거를 보내고 탁발음식 때문에 걱정하지 않을 수 있습니다.

1-2. 그런데 어떤 이들은 이와 같이 말했다.

[어떤 수행승들] "벗들이여, 그만두시오. 우리가 재가자들을 위해 일할 것이 무엇이고, 재가자들을 위해 심부름하는 것이 무엇입니까? 자, 우리가 재가자들에게 서로서로 인간을 뛰어넘는 상태를 성취한 것에 대해 이와 같이 '저 수행승은 첫 번째 선정을 성취한 자이고,[*24] 저 수행승은 두 번째 선정을 성취한 자이고, 저 수행승은 세 번째 선정을 성취한 자이고, 저 수행승은 네 번째 선정을 성취한 자이고, 저 수행승은 흐름에 든 경지를 성취한 자이고, 저 수행승은 한번 돌아오는 경지를 성취한 자이고, 저 수행승은 돌아오지 않는 경지를 성취한 자이고, 저

926) tena kho pana samayena : 승단추방죄법 제4조(Bhikkhunī Pār. 4)와 관련된 항목을 보라. 거기서 근거 없이 '인간을 뛰어넘는 상태'를 주장하는 것에 대한 상세한 죄과가 논의된다.

수행승은 거룩한 경지를 성취한 자이고, 저 수행승은 세 가지 명지를 성취한 자이고, 저 수행승은 여섯 가지 곧바른 앎을 성취한 자이다.'라고 찬탄을 합시다. 이와 같이 하면, 그들이 우리에게 보시할 것을 생각할 것입니다. 그러면, 우리는 화합하고 일치하여 싸우지 않고 평안하게 안거를 보내고 탁발음식 때문에 걱정하지 않을 수 있습니다. 벗들이여, 우리가 재가자들에게 서로서로 인간을 뛰어넘는 상태에 대하여 칭찬을 말하는 것이 더 나을 겁입니다."

1-3. 그래서 그 수행승들은 재가자들에게 서로서로 인간을 뛰어넘는 상태를 성취한 것에 대해 이와 같이 '저 수행승은 첫 번째 선정을 얻은 자이고, 저 수행승은 두 번째 선정을 얻은 자이고, 저 수행승은 세 번째 선정을 얻은 자이고, 저 수행승은 네 번째 선정을 얻은 자이고, 저 수행승은 흐름에 든 경지를 얻은 자이고, 저 수행승은 한번 돌아오는 경지를 얻은 자이고, 저 수행승은 돌아오지 않는 경지를 얻은 자이고, 저 수행승은 거룩한 경지를 얻은 자이고, 저 수행승은 세 가지 명지를 얻은 자이고, 저 수행승은 여섯 가지 곧바른 앎을 얻은 자이다.'라고 찬탄했다.

1-4. 그러자 그 사람들은 이와 같이 생각했다.

[사람들] '이와 같은 수행승들이 우리를 위하여 안거에 든 것은 실로 우리에게 이익이 되는 일이고 실로 우리에게 아주 유익한 일이다. 이전에 실로 계행을 지키고 선한 성품을 지닌 이와 같은 수행승들이 안거에 든 적이 없다.'

그들은 스스로 부드러운 음식을 먹지 않고, 부모에게 주지 않고, 처자에게 주지 않고, 노비와 하인에게 주지 않고, 친구에게 주지 않고, 친척과 친족에게 주지 않고, 그러한 것을 수행승들에게 제공했다. 그들은 스스로 단단한 음식을 먹지 않고, 부모에게 주지 않고, 처자에게 주지 않고, 노비와 하인에게 주지 않고, 친구에게 주지 않고, 친척과 친족에게 주지 않고, 그러한 것을 수행승들에게 제공했다. 그들은 스스로 맛있는 음식을 먹지 않고, 부모에게 주지 않고, 처자에게 주지 않고, 노비와 하인에게 주지 않고, 친구에게 주지 않고, 친척과 친족에게 주지 않고, 그러한 것을 수행승들에게 제공했다. 그들은 스스로 음료를 먹지 않고, 부모에게 주지 않고, 처자에게 주지 않고, 노비와 하인에게 주지 않고, 친구에게 주지 않고, 친척과 친족에게 주지 않고, 그러한 것을 수행승들에게 제공했다. 그러자 그 수행승들은 풍모가 나고 감관이 비대해 지고 안색이 좋아지고 피부가 윤택해졌다.

1-5. 그런데 안거를 마친 수행승들이 세존을 친견하러 가는 것은 관례였다. 그래서 그 수행승들은 안거를 마치고 삼개월이 지나자 처소를 정돈하고 발우와 가사를 수하고 베쌀리 시로 출발했다. 점차로 베쌀리 시의 마하바나 숲에 있는 꾸따가라쌀라 강당에 계신 세존을 찾아갔다. 가까이 다가가서 세존께 인사를 드리고 한쪽으로 물러 앉았다.

1-6. 그때 베쌀리 지역에서 안거에 든 수행승들은 마르고 수척하고 초췌하고 누렇게 뜨고 혈관이 불거져 나왔다. 그러나 박구무다 강변에서 온 수행승들은 풍모가 나고 감관이 비대해 지고 안색이 좋아지고 피부가 윤택했다. 그런데 존귀한 부처님들이 객수행승들과 함께 인사를 나누는 것은 관례였다. 그래서 세존께서는 박구무다 강변에서 온 수행승들에게 이와 같이 말했다.

[세존] "수행승들이여, 그대들은 참아낼 만했는가, 견디어낼 만했는가? 화합하고 일치하여 싸우지 않고 평안하게 안거를 보내고 탁발음식 때문에 걱정하지 않았는가?"

[박구무다에 온 수행승들] "세존이시여, 저희들은 참아낼 만했고, 견디어낼 만했습니다. 화합하고[*25] 일치하여 싸우지 않고 평안하게 안거를 보내고 탁발음식 때문에 걱정하지 않았습니다."

여래들은 알면서 질문하기도 하고 알면서 질문하지 않기도 한다. 때를 알아서 질문하기도 하고 때를 알아서 질문하지 않기도 한다. 의미있는 것에 대해서는 질문하고 의미없는 것에 대해서는 질문하지 않는다. 여래들에게는 의미 없는 것은 교량의 파괴를 뜻한다. 존귀한 부처님들께서는 '가르침을 설할 것인가? 제자들을 위하여 학습계율을 시설할 것인가?'라고 수행승들에게 두 가지 형태로 반문한다.

1-7. 그래서 세존께서는 박구무다 강변에서 온 수행승들에게 이와 같이 말했다.

[세존] "수행승들이여, 어떻게 해서 그대들은 그와 같이 화합하고 일치하여 싸우지 않고 평안하게 안거를 보내고 탁발음식 때문에 걱정하지 않았는가?"

그러자 그 수행승들은 세존께 그 사실을 알렸다.

[세존] "수행승들이여, 그대들에게 인간을 뛰어넘는 상태가 있는가?"

[수행승들] "세존이시여, 있습니다."927)

---

927) bhūtaṃ bhagavāti : 이 답변이 앞의 승단추방죄법 4조(Bhikkhu Pār. 4)의 인연담에서의 '세존이시여, 없습니다.'와 다른 점이다.

존귀한 부처님께서는 견책했다.

[세존] "어리석은 자들이여, 그대들은 적절하지 않고, 자연스럽지 않고, 알맞지 않고, 수행자의 삶이 아니고, 부당하고, 해서는 안 될 일을 행한 것이다. 어리석은 자들이여, 어찌 그대들은 배를 채우기 위하여 재가자들에게 서로서로 인간을 뛰어넘는 상태를 성취한 것이라고 찬탄할 수 있단 말인가? 어리석은 자들이여, 어리석은 자들이여, 그것은 아직 청정한 믿음이 없는 자를 청정한 믿음으로 이끌고, 이미 청정한 믿음이 있는 자를 더욱더 청정한 믿음으로 이끄는 것이 아니다. 어리석은 자들이여, 그것은 오히려, 아직 청정한 믿음이 없는 자를 불신으로 이끌고, 이미 청정한 믿음이 있는 자 가운데 어떤 자들을 타락시키는 것이다."

1-8. 그리고 세존께서는 그 수행승들에 대하여 여러 가지 방편으로 견책하여, 키우기 어렵고 부양하기 어렵고 탐욕이 많고 만족을 모르고 교제를 좋아하고 나태한 것에 대해 질책하고, 여러 가지 법문으로 고무하여, 키우기 쉽고 부양하기 쉽고 욕심을 여의고, 만족을 알고, 버리고 없애는 삶, 악을 제거하는 삶, 청정한 믿음의 삶, 쌓아 모우지 않는 삶, 용맹정진의 삶을 칭찬하고, 수행승들을 위하여 그에 알맞고 그에 걸맞게 경책하여 법문을 하고 수행승들에게 일렀다.

[세존] "수행승들이여, 그러므로 수행승들을 위하여 열 가지 이유에 기초하여, 즉 참모임의 수승을 위하여, 참모임의 안락을 위하여, 악한 수행승의 조복을 위하여, 품행이 바른 수행승의 평안한 삶을 위하여, 지금 여기에서의 번뇌의 제어를 위하여, 다가오는 번뇌를 물리치기 위하여, 청정한 믿음이 없는 자에게 청정한 믿음을 주기 위하여, 청정한 믿음이 있는 자에게 청정한 믿음을 증대시키기 위하여, 올바른 가르침을 지속시키기 위하여, 계율을 수호하기 위하여 학습계율을 시설하니, 수행승들이여, 그대들은 이와 같이 학습계율을 송출해야 한다."

[세존] "어떠한 수행승이든지 구족계를 받지 않은 자에게 인간을 뛰어넘는 상태에 도달했다고 알리면, 그것이 사실일 경우,[928] 속죄죄를 범하는 것이다."[929]

2-1. '어떠한'이라는 것은 어떠한 관계, 어떠한 태생, 어떠한 이름, 어떠한 성씨, 어떠한 계행, 어떠한 주거, 어떠한 활동영역에서 이든지, 장로이든지, 신참이든지, 중참이든지, 이러한 자들을 형용하는 것으로 '어떠한 자이든'이라는 뜻이다.

---

928) bhūtasmiṃ : 그것이 사실이 아닐 경우는 승단추방죄를 범하는 것이다.

929) 실득도향미수구자설계(實得道向未受具者說戒) | Bhikkhunī Pāc. 8 : yo pana bhikkhu anupasampannassa uttarimanussadhammaṃ āroceyya bhūtasmiṃ pācittiyan'ti.

'수행승이라고 하는 것은 '탁발하는 자'로서의 수행승, 탁발을 위해 돌아다니는 자로서의 수행승, 분소의를 입은 자로서의 수행승, 사미로서의 수행승, 자칭에 의한 수행승, '오라! 수행승이여!'에 의한 수행승, 삼귀의에 의해 구족계를 받은 수행승, 현선한 수행승, 진실한 수행승, 배울 것이 있는 학인인 수행승, 배울 것이 없는 무학인 수행승, 화합참모임과 한번제안세번제청의 갈마와 부동의 거룩한 님의 속성을 갖춘 자로서의 수행승이 있는데, 그들 가운데 화합참모임과 한번제안세번제청의 갈마와 부동의 거룩한 님의 속성을 갖춘 수행승을 두고, 그러한 의미에서의 수행승을 뜻한다. '구족계를 받지 않은 자'라는 것은 수행승과 수행녀를 제외하고 남은 자가 구족계를 받지 않은 자이다.

2-2. '인간을 뛰어넘는 상태'라는 것은 '선정, 해탈, 삼매, 성취, 앎과 봄, 길의 닦음, 경지의 성취, 오염의 여읨, 그리고 마음의 장애의 여읨, 홀로 지냄의 즐김텅 빈 '이다.930)

1) '선정이라는 것은 첫 번째 선정, 두 번째 선정, 세 번째 선정, 네 번째 선정을 뜻한다.
2) '해탈'이라는 것은 '있음의 여읨에 의한 해탈, 인상의 여읨에 의한 해탈, 바램없음에 의한 해탈'을 뜻한다.
3) '삼매'라는 것은 '있음의 여읨에 의한 삼매, 인상의 여읨에 의한 삼매, 바램없음에 의한 삼매'를 뜻한다.
4) '성취'라는 것은 '있음의 여읨에 의한 성취, 인상의 여읨에 의한 성취, 바램의 여읨에 의한 성취'를 뜻한다.
5) '앎과 봄'은[*26] 세 가지 명지를 뜻한다.
6) '길의 닦음'은 '네 가지 새김의 토대, 네 가지 올바른 노력, 네 가지 신통의 기초, 다섯 가지 능력, 다섯 가지 힘, 일곱 가지 깨달음 고리, 여덟 가지 고귀한 길'을 뜻한다.
7) '경지의 실현'이라는 것은 '흐름에 든 경지의 실현, 한번 돌아오는 경지의 실현, 돌아오지 않는 경지의 실현, 거룩한 경지의 실현'을 뜻한다.
8) '오염의 여읨'이라는 것은 '탐욕의 여읨, 성냄의 여읨, 어리석음의 여읨'을

930) uttarimanussadhammo nāma: 선정(jhāna), 해탈(vimokkha), 삼매(samādhi), 성취(samāpatti), 앎과 봄(ñāṇadassana), 길의 닦음(maggabhāvanā), 경지의 실현(phalasacchikiriyā), 오염의 여읨(kilesappahāna), 마음의 장애의 여읨(vinīvaraṇatā cittassa), 홀로 지냄의 즐김(suññāgāre abhirati). 이하의 사항에 대한 상세한 주석은 이 책(Vin. I. 93)의 주석을 보라.

뜻한다.

9) '마음의 장애의 여읨'이라는 것은 '탐욕으로부터 마음의 장애의 여읨, 성냄으로부터 마음의 장애의 여읨, 어리석음으로부터 마음의 장애의 여읨'을 뜻한다.

10) '홀로 지냄의 즐김'이라는 것은 '첫 번째 선정가운데 홀로 지냄의 즐김, 두 번째 선정 가운데 홀로 지냄의 즐김, 세 번째 선정가운데 홀로 지냄의 즐김, 네 번째 선정가운데 홀로 지냄의 즐김'을 뜻한다.

3-1₁.

1) '알린다면'이라는 것은 구족계를 받지 않은 자에게 '나는 첫 번째 선정을 얻었겠지.'라고 말하면, 속죄죄를 범한 것이라는 뜻이다.

2) '알린다면'이라는 것은 구족계를 받지 않은 자에게 '나는 첫 번째 선정을 얻는다.'라고 말하면, 속죄죄를 범한 것이라는 뜻이다.

3) '알린다면'이라는 것은 구족계를 받지 않은 자에게 '나는 첫 번째 선정을 얻었다.'라고 말하면, 속죄죄를 범한 것이라는 뜻이다.

4) '알린다면'이라는 것은 구족계를 받지 않은 자에게 '나는 첫 번째 선정을 얻은 자이다.'라고 말하면, 속죄죄를 범한 것이라는 뜻이다.

5) '알린다면'이라는 것은 구족계를 받지 않은 자에게 '나는 첫 번째 선정에 능통한 자이다.'라고 말하면, 속죄죄를 범한 것이라는 뜻이다.

6) '알린다면'이라는 것은 구족계를 받지 않은 자에게 '나는 첫 번째 선정을 실현한 자이다.'라고 말하면, 속죄죄를 범한 것이라는 뜻이다.

3-1₂.

1) '알린다면'이라는 것은 구족계를 받지 않은 자에게 '나는 두 번째 선정을 얻었겠지.'라고 말하면, 속죄죄를 범한 것이라는 뜻이다.

2) '알린다면'이라는 것은 구족계를 받지 않은 자에게 '나는 두 번째 선정을 얻는다.'라고 말하면, 속죄죄를 범한 것이라는 뜻이다.

3) '알린다면'이라는 것은 구족계를 받지 않은 자에게 '나는 두 번째 선정을 얻었다.'라고 말하면, 속죄죄를 범한 것이라는 뜻이다.

4) '알린다면'이라는 것은 구족계를 받지 않은 자에게 '나는 두 번째 선정을 얻은 자이다.'라고 말하면, 속죄죄를 범한 것이라는 뜻이다.

5) '알린다면'이라는 것은 구족계를 받지 않은 자에게 '나는 두 번째 선정에 능통한 자이다.'라고 말하면, 속죄죄를 범한 것이라는 뜻이다.

6) '알린다면'이라는 것은 구족계를 받지 않은 자에게 '나는 두 번째 선정을 실현

한 자이다.'라고 말하면, 속죄죄를 범한 것이라는 뜻이다.

3-1_3.

1) '알린다면'이라는 것은 구족계를 받지 않은 자에게 '나는 세 번째 선정을 얻었겠지.'라고 말하면, 속죄죄를 범한 것이라는 뜻이다.

2) '알린다면'이라는 것은 구족계를 받지 않은 자에게 '나는 세 번째 선정을 얻는다.'라고 말하면, 속죄죄를 범한 것이라는 뜻이다.

3) '알린다면'이라는 것은 구족계를 받지 않은 자에게 '나는 세 번째 선정을 얻었다.'라고 말하면, 속죄죄를 범한 것이라는 뜻이다.

4) '알린다면'이라는 것은 구족계를 받지 않은 자에게 '나는 세 번째 선정을 은 자이다.'라고 말하면, 속죄죄를 범한 것이라는 뜻이다.

5) '알린다면'이라는 것은 구족계를 받지 않은 자에게 '나는 세 번째 선정에 능통한 자이다.'라고 말하면, 속죄죄를 범한 것이라는 뜻이다.

6) '알린다면'이라는 것은 구족계를 받지 않은 자에게 '나는 세 번째 선정을 실현한 자이다.'라고 말하면, 속죄죄를 범한 것이라는 뜻이다.

3-1_4.

1) '알린다면'이라는 것은 구족계를 받지 않은 자에게 '나는 네 번째 선정을 얻었겠지.'라고 말하면, 속죄죄를 범한 것이라는 뜻이다.

2) '알린다면'이라는 것은 구족계를 받지 않은 자에게 '나는 네 번째 선정을 얻는다.'라고 말하면, 속죄죄를 범한 것이라는 뜻이다.

3) '알린다면'이라는 것은 구족계를 받지 않은 자에게 '나는 네 번째 선정을 얻었다.'라고 말하면, 속죄죄를 범한 것이라는 뜻이다.

4) '알린다면'이라는 것은 구족계를 받지 않은 자에게 '나는 네 번째 선정을 얻은 자이다.'라고 말하면, 속죄죄를 범한 것이라는 뜻이다.

5) '알린다면'이라는 것은 구족계를 받지 않은 자에게 '나는 네 번째 선정에 능통한 자이다.'라고 말하면, 속죄죄를 범한 것이라는 뜻이다.

6) '알린다면'이라는 것은 구족계를 받지 않은 자에게 '나는 네 번째 선정을 실현한 자이다.'라고 말하면, 속죄죄를 범한 것이라는 뜻이다.

3-2_1.

1) '알린다면'이라는 것은 구족계를 받지 않은 자에게 '나는 있음의 여읨에 의한 해탈을 얻었겠지.'라고 말하면, 속죄죄를 범한 것이라는 뜻이다.

2) '알린다면'이라는 것은 구족계를 받지 않은 자에게 '나는 있음의 여읨에 의한 해탈을 얻는다.'라고 말하면, 속죄죄를 범한 것이라는 뜻이다.

3) '알린다면'이라는 것은 구족계를 받지 않은 자에게 '나는 있음의 여읨에 의한 해탈을 얻었다.'라고 말하면, 속죄죄를 범한 것이라는 뜻이다.

4) '알린다면'이라는 것은 구족계를 받지 않은 자에게 '나는 있음의 여읨에 의한 해탈을 얻은 자이다.'라고 말하면, 속죄죄를 범한 것이라는 뜻이다.

5) '알린다면'이라는 것은 구족계를 받지 않은 자에게 '나는 있음의 여읨에 의한 해탈에 능통한 자이다.'라고 말하면, 속죄죄를 범한 것이라는 뜻이다.

6) '알린다면'이라는 것은 구족계를 받지 않은 자에게 '나는 있음의 여읨에 의한 해탈을 실현한 자이다.'라고 말하면, 속죄죄를 범한 것이라는 뜻이다.

3-2₂.

1) '알린다면'이라는 것은 구족계를 받지 않은 자에게 '나는 인상의 여읨에 의한 해탈을 얻었겠지.'라고 말하면, 속죄죄를 범한 것이라는 뜻이다.

2) '알린다면'이라는 것은 구족계를 받지 않은 자에게 '나는 인상의 여읨에 의한 해탈을 얻는다.'라고 말하면, 속죄죄를 범한 것이라는 뜻이다.

3) '알린다면'이라는 것은 구족계를 받지 않은 자에게 '나는 인상의 여읨에 의한 해탈을 얻었다.'라고 말하면, 속죄죄를 범한 것이라는 뜻이다.

4) '알린다면'이라는 것은 구족계를 받지 않은 자에게 '나는 인상의 여읨에 의한 해탈을 얻은 자이다.'라고 말하면, 속죄죄를 범한 것이라는 뜻이다.

5) '알린다면'이라는 것은 구족계를 받지 않은 자에게 '나는 인상의 여읨에 의한 해탈에 능통한 자이다.'라고 말하면, 속죄죄를 범한 것이라는 뜻이다.

6) '알린다면'이라는 것은 구족계를 받지 않은 자에게 '나는 인상의 여읨에 의한 해탈을 실현한 자이다.'라고 말하면, 속죄죄를 범한 것이라는 뜻이다.

3-2₃.

1) '알린다면'이라는 것은 구족계를 받지 않은 자에게 '나는 바램의 여읨에 의한 해탈을 얻었겠지.'라고 말하면, 속죄죄를 범한 것이라는 뜻이다.

2) '알린다면'이라는 것은 구족계를 받지 않은 자에게 '나는 바램의 여읨에 의한 해탈을 얻는다.'라고 말하면, 속죄죄를 범한 것이라는 뜻이다.

3) '알린다면'이라는 것은 구족계를 받지 않은 자에게 '나는 바램의 여읨에 의한 해탈을 얻었다.'라고 말하면, 속죄죄를 범한 것이라는 뜻이다.

4) '알린다면'이라는 것은 구족계를 받지 않은 자에게 '나는 바램의 여읨에 의한

해탈을 얻은 자이다.'라고 말하면, 속죄죄를 범한 것이라는 뜻이다.

5) '알린다면'이라는 것은 구족계를 받지 않은 자에게 '나는 바램의 여읨에 의한 해탈에 능통한 자이다.'라고 말하면, 속죄죄를 범한 것이라는 뜻이다.

6) '알린다면'이라는 것은 구족계를 받지 않은 자에게 '나는 바램의 여읨에 의한 해탈을 실현한 자이다.'라고 말하면, 속죄죄를 범한 것이라는 뜻이다.

3-3₁.

1) '알린다면'이라는 것은 구족계를 받지 않은 자에게 '나는 있음의 여읨에 의한 삼매를 얻었겠지.'라고 말하면, 속죄죄를 범한 것이라는 뜻이다.

2) '알린다면'이라는 것은 구족계를 받지 않은 자에게 '나는 있음의 여읨에 의한 삼매를 얻는다.'라고 말하면, 속죄죄를 범한 것이라는 뜻이다.

3) '알린다면'이라는 것은 구족계를 받지 않은 자에게 '나는 있음의 여읨에 의한 삼매를 얻었다.'라고 말하면, 속죄죄를 범한 것이라는 뜻이다.

4) '알린다면'이라는 것은 구족계를 받지 않은 자에게 '나는 있음의 여읨에 의한 삼매를 얻은 자이다.'라고 말하면, 속죄죄를 범한 것이라는 뜻이다.

5) '알린다면'이라는 것은 구족계를 받지 않은 자에게 '나는 있음의 여읨에 의한 삼매에 능통한 자이다.'라고 말하면, 속죄죄를 범한 것이라는 뜻이다.

6) '알린다면'이라는 것은 구족계를 받지 않은 자에게 '나는 있음의 여읨에 의한 삼매를 실현한 자이다.'라고 말하면, 속죄죄를 범한 것이라는 뜻이다.

3-3₂.

1) '알린다면'이라는 것은 구족계를 받지 않은 자에게 '나는 인상의 여읨에 의한 삼매를 얻었겠지.'라고 말하면, 속죄죄를 범한 것이라는 뜻이다.

2) '알린다면'이라는 것은 구족계를 받지 않은 자에게 '나는 인상의 여읨에 의한 삼매를 얻는다.'라고 말하면, 속죄죄를 범한 것이라는 뜻이다.

3) '알린다면'이라는 것은 구족계를 받지 않은 자에게 '나는 인상의 여읨에 의한 삼매를 얻었다.'라고 말하면, 속죄죄를 범한 것이라는 뜻이다.

4) '알린다면'이라는 것은 구족계를 받지 않은 자에게 '나는 인상의 여읨에 의한 삼매를 얻은 자이다.'라고 말하면, 속죄죄를 범한 것이라는 뜻이다.

5) '알린다면'이라는 것은 구족계를 받지 않은 자에게 '나는 인상의 여읨에 의한 삼매에 능통한 자이다.'라고 말하면, 속죄죄를 범한 것이라는 뜻이다.

6) '알린다면'이라는 것은 구족계를 받지 않은 자에게 '나는 인상의 여읨에 의한 삼매를 실현한 자이다.'라고 말하면, 속죄죄를 범한 것이라는 뜻이다.

3-3₃.

1) '알린다면'이라는 것은 구족계를 받지 않은 자에게 '나는 바램의 여읨에 의한 삼매를 얻었겠지.'라고 말하면, 속죄죄를 범한 것이라는 뜻이다.
2) '알린다면'이라는 것은 구족계를 받지 않은 자에게 '나는 바램의 여읨에 의한 삼매를 얻는다.'라고 말하면, 속죄죄를 범한 것이라는 뜻이다.
3) '알린다면'이라는 것은 구족계를 받지 않은 자에게 '나는 바램의 여읨에 의한 삼매를 얻었다.'라고 말하면, 속죄죄를 범한 것이라는 뜻이다.
4) '알린다면'이라는 것은 구족계를 받지 않은 자에게 '나는 바램의 여읨에 의한 삼매를 얻은 자이다.'라고 말하면, 속죄죄를 범한 것이라는 뜻이다.
5) '알린다면'이라는 것은 구족계를 받지 않은 자에게 '나는 바램의 여읨에 의한 삼매에 능통한 자이다.'라고 말하면, 속죄죄를 범한 것이라는 뜻이다.
6) '알린다면'이라는 것은 구족계를 받지 않은 자에게 '나는 바램의 여읨에 의한 삼매를 실현한 자이다.'라고 말하면, 속죄죄를 범한 것이라는 뜻이다.

3-4₁.

1) '알린다면'이라는 것은 구족계를 받지 않은 자에게 '나는 있음의 여읨에 의한 성취를 얻었겠지.'라고 말하면, 속죄죄를 범한 것이라는 뜻이다.
2) '알린다면'이라는 것은 구족계를 받지 않은 자에게 '나는 있음의 여읨에 의한 성취를 얻는다.'라고 말하면, 속죄죄를 범한 것이라는 뜻이다.
3) '알린다면'이라는 것은 구족계를 받지 않은 자에게 '나는 있음의 여읨에 의한 성취를 얻었다.'라고 말하면, 속죄죄를 범한 것이라는 뜻이다.
4) '알린다면'이라는 것은 구족계를 받지 않은 자에게 '나는 있음의 여읨에 의한 성취를 얻은 자이다.'라고 말하면, 속죄죄를 범한 것이라는 뜻이다.
5) '알린다면'이라는 것은 구족계를 받지 않은 자에게 '나는 있음의 여읨에 의한 성취에 능통한 자이다.'라고 말하면, 속죄죄를 범한 것이라는 뜻이다.
6) '알린다면'이라는 것은 구족계를 받지 않은 자에게 '나는 있음의 여읨에 의한 성취를 실현한 자이다.'라고 말하면, 속죄죄를 범한 것이라는 뜻이다.

3-4₂.

1) '알린다면'이라는 것은 구족계를 받지 않은 자에게 '나는 인상의 여읨에 의한 성취를 얻었겠지.'라고 말하면, 속죄죄를 범한 것이라는 뜻이다.
2) '알린다면'이라는 것은 구족계를 받지 않은 자에게 '나는 인상의 여읨에 의한

성취를 얻는다.'라고 말하면, 속죄죄를 범한 것이라는 뜻이다.

3) '알린다면'이라는 것은 구족계를 받지 않은 자에게 '나는 인상의 여읨에 의한 성취를 얻었다.'라고 말하면, 속죄죄를 범한 것이라는 뜻이다.

4) '알린다면'이라는 것은 구족계를 받지 않은 자에게 '나는 인상의 여읨에 의한 성취를 얻은 자이다.'라고 말하면, 속죄죄를 범한 것이라는 뜻이다.

5) '알린다면'이라는 것은 구족계를 받지 않은 자에게 '나는 인상의 여읨에 의한 성취에 능통한 자이다.'라고 말하면, 속죄죄를 범한 것이라는 뜻이다.

6) '알린다면'이라는 것은 구족계를 받지 않은 자에게 '나는 인상의 여읨에 의한 성취를 실현한 자이다.'라고 말하면, 속죄죄를 범한 것이라는 뜻이다.

3-4₃.

1) '알린다면'이라는 것은 구족계를 받지 않은 자에게 '나는 바램의 여읨에 의한 성취를 얻었겠지.'라고 말하면, 속죄죄를 범한 것이라는 뜻이다.

2) '알린다면'이라는 것은 구족계를 받지 않은 자에게 '나는 바램의 여읨에 의한 성취를 얻는다.'라고 말하면, 속죄죄를 범한 것이라는 뜻이다.

3) '알린다면'이라는 것은 구족계를 받지 않은 자에게 '나는 바램의 여읨에 의한 성취를 얻었다.'라고 말하면, 속죄죄를 범한 것이라는 뜻이다.

4) '알린다면'이라는 것은 구족계를 받지 않은 자에게 '나는 바램의 여읨에 의한 성취를 얻은 자이다.'라고 말하면, 속죄죄를 범한 것이라는 뜻이다.

5) '알린다면'이라는 것은 구족계를 받지 않은 자에게 '나는 바램의 여읨에 의한 성취에 능통한 자이다.'라고 말하면, 속죄죄를 범한 것이라는 뜻이다.

6) '알린다면'이라는 것은 구족계를 받지 않은 자에게 '나는 바램의 여읨에 의한 성취를 실현한 자이다.'라고 말하면, 속죄죄를 범한 것이라는 뜻이다.

3-5.

1) '알린다면'이라는 것은 구족계를 받지 않은 자에게 '나는 세 가지 명지를 얻었겠지.'라고 말하면, 속죄죄를 범한 것이라는 뜻이다.

2) '알린다면'이라는 것은 구족계를 받지 않은 자에게 '나는 세 가지 명지를 얻는다.'라고 말하면, 속죄죄를 범한 것이라는 뜻이다.

3) '알린다면'이라는 것은 구족계를 받지 않은 자에게 '나는 세 가지 명지를 얻었다.'라고 말하면, 속죄죄를 범한 것이라는 뜻이다.

4) '알린다면'이라는 것은 구족계를 받지 않은 자에게 '나는 세 가지 명지를 얻은 자이다.'라고 말하면, 속죄죄를 범한 것이라는 뜻이다.

5) '알린다면'이라는 것은 구족계를 받지 않은 자에게 '나는 세 가지 명지에 능통한 자이다.'라고 말하면, 속죄죄를 범한 것이라는 뜻이다.
6) '알린다면'이라는 것은 구족계를 받지 않은 자에게 '나는 세 가지 명지를 실현한 자이다.'라고 말하면, 속죄죄를 범한 것이라는 뜻이다.

3-6₁.

1) '알린다면'이라는 것은 구족계를 받지 않은 자에게 '나는 네 가지 새김의[*27] 토대를 얻었겠지.'라고 말하면, 속죄죄를 범한 것이라는 뜻이다.
2) '알린다면'이라는 것은 구족계를 받지 않은 자에게 '나는 네 가지 새김의 토대를 얻는다.'라고 말하면, 속죄죄를 범한 것이라는 뜻이다.
3) '알린다면'이라는 것은 구족계를 받지 않은 자에게 '나는 네 가지 새김의 토대를 얻었다.'라고 말하면, 속죄죄를 범한 것이라는 뜻이다.
4) '알린다면'이라는 것은 구족계를 받지 않은 자에게 '나는 네 가지 새김의 토대를 얻은 자이다.'라고 말하면, 속죄죄를 범한 것이라는 뜻이다.
5) '알린다면'이라는 것은 구족계를 받지 않은 자에게 '나는 네 가지 새김의 토대에 능통한 자이다.'라고 말하면, 속죄죄를 범한 것이라는 뜻이다.
6) '알린다면'이라는 것은 구족계를 받지 않은 자에게 '나는 네 가지 새김의 토대를 실현한 자이다.'라고 말하면, 속죄죄를 범한 것이라는 뜻이다.

3-6₂.

1) '알린다면'이라는 것은 구족계를 받지 않은 자에게 '나는 네 가지 올바른 노력를 얻었겠지.'라고 말하면, 속죄죄를 범한 것이라는 뜻이다.
2) '알린다면'이라는 것은 구족계를 받지 않은 자에게 '나는 네 가지 올바른 노력을 얻는다.'라고 말하면, 속죄죄를 범한 것이라는 뜻이다.
3) '알린다면'이라는 것은 구족계를 받지 않은 자에게 '나는 네 가지 올바른 노력을 얻었다.'라고 말하면, 속죄죄를 범한 것이라는 뜻이다.
4) '알린다면'이라는 것은 구족계를 받지 않은 자에게 '나는 네 가지 올바른 노력을 얻은 자이다.'라고 말하면, 속죄죄를 범한 것이라는 뜻이다.
5) '알린다면'이라는 것은 구족계를 받지 않은 자에게 '나는 네 가지 올바른 노력에 능통한 자이다.'라고 말하면, 속죄죄를 범한 것이라는 뜻이다.
6) '알린다면'이라는 것은 구족계를 받지 않은 자에게 '나는 네 가지 올바른 노력을 실현한 자이다.'라고 말하면, 속죄죄를 범한 것이라는 뜻이다.

3-6₃.

1) '알린다면'이라는 것은 구족계를 받지 않은 자에게 '나는 네 가지 신통의 기초를 얻었겠지.'라고 말하면, 속죄죄를 범한 것이라는 뜻이다.
2) '알린다면'이라는 것은 구족계를 받지 않은 자에게 '나는 네 가지 신통의 기초를 얻는다.'라고 말하면, 속죄죄를 범한 것이라는 뜻이다.
3) '알린다면'이라는 것은 구족계를 받지 않은 자에게 '나는 네 가지 신통의 기초를 얻었다.'라고 말하면, 속죄죄를 범한 것이라는 뜻이다.
4) '알린다면'이라는 것은 구족계를 받지 않은 자에게 '나는 네 가지 신통의 기초를 얻은 자이다.'라고 말하면, 속죄죄를 범한 것이라는 뜻이다.
5) '알린다면'이라는 것은 구족계를 받지 않은 자에게 '나는 네 가지 신통의 기초에 능통한 자이다.'라고 말하면, 속죄죄를 범한 것이라는 뜻이다.
6) '알린다면'이라는 것은 구족계를 받지 않은 자에게 '나는 네 가지 신통의 기초를 실현한 자이다.'라고 말하면, 속죄죄를 범한 것이라는 뜻이다.

3-6₄.

1) '알린다면'이라는 것은 구족계를 받지 않은 자에게 '나는 다섯 가지 능력을 얻었겠지.'라고 말하면, 속죄죄를 범한 것이라는 뜻이다.
2) '알린다면'이라는 것은 구족계를 받지 않은 자에게 '나는 다섯 가지 능력을 얻는다.'라고 말하면, 속죄죄를 범한 것이라는 뜻이다.
3) '알린다면'이라는 것은 구족계를 받지 않은 자에게 '나는 다섯 가지 능력을 얻었다.'라고 말하면, 속죄죄를 범한 것이라는 뜻이다.
4) '알린다면'이라는 것은 구족계를 받지 않은 자에게 '나는 다섯 가지 능력을 얻은 자이다.'라고 말하면, 속죄죄를 범한 것이라는 뜻이다.
5) '알린다면'이라는 것은 구족계를 받지 않은 자에게 '나는 다섯 가지 능력에 능통한 자이다.'라고 말하면, 속죄죄를 범한 것이라는 뜻이다.
6) '알린다면'이라는 것은 구족계를 받지 않은 자에게 '나는 다섯 가지 능력을 실현한 자이다.'라고 말하면, 속죄죄를 범한 것이라는 뜻이다.

3-6₅.

1) '알린다면'이라는 것은 구족계를 받지 않은 자에게 '나는 다섯 가지 힘을 얻었겠지.'라고 말하면, 속죄죄를 범한 것이라는 뜻이다.
2) '알린다면'이라는 것은 구족계를 받지 않은 자에게 '나는 다섯 가지 힘을 얻는

다.'라고 말하면, 속죄죄를 범한 것이라는 뜻이다.

3) '알린다면'이라는 것은 구족계를 받지 않은 자에게 '나는 다섯 가지 힘을 얻었다.'라고 말하면, 속죄죄를 범한 것이라는 뜻이다.

4) '알린다면'이라는 것은 구족계를 받지 않은 자에게 '나는 다섯 가지 힘을 얻은 자이다.'라고 말하면, 속죄죄를 범한 것이라는 뜻이다.

5) '알린다면'이라는 것은 구족계를 받지 않은 자에게 '나는 다섯 가지 힘에 능통한 자이다.'라고 말하면, 속죄죄를 범한 것이라는 뜻이다.

6) '알린다면'이라는 것은 구족계를 받지 않은 자에게 '나는 다섯 가지 힘을 실현한 자이다.'라고 말하면, 속죄죄를 범한 것이라는 뜻이다.

3-6₆.

1) '알린다면'이라는 것은 구족계를 받지 않은 자에게 '나는 일곱 가지 깨달음 고리를 얻었겠지.'라고 말하면, 속죄죄를 범한 것이라는 뜻이다.

2) '알린다면'이라는 것은 구족계를 받지 않은 자에게 '나는 일곱 가지 깨달음 고리를 얻는다.'라고 말하면, 속죄죄를 범한 것이라는 뜻이다.

3) '알린다면'이라는 것은 구족계를 받지 않은 자에게 '나는 일곱 가지 깨달음 고리를 얻었다.'라고 말하면, 속죄죄를 범한 것이라는 뜻이다.

4) '알린다면'이라는 것은 구족계를 받지 않은 자에게 '나는 일곱 가지 깨달음 고리를 얻은 자이다.'라고 말하면, 속죄죄를 범한 것이라는 뜻이다.

5) '알린다면'이라는 것은 구족계를 받지 않은 자에게 '나는 일곱 가지 깨달음 고리에 능통한 자이다.'라고 말하면, 속죄죄를 범한 것이라는 뜻이다.

6) '알린다면'이라는 것은 구족계를 받지 않은 자에게 '나는 일곱 가지 깨달음 고리를 실현한 자이다.'라고 말하면, 속죄죄를 범한 것이라는 뜻이다.

3-6₇.

1) '알린다면'이라는 것은 구족계를 받지 않은 자에게 '나는 여덟 가지 고귀한 길을 얻었겠지.'라고 말하면, 속죄죄를 범한 것이라는 뜻이다.

2) '알린다면'이라는 것은 구족계를 받지 않은 자에게 '나는 여덟 가지 고귀한 길을 얻는다.'라고 말하면, 속죄죄를 범한 것이라는 뜻이다.

3) '알린다면'이라는 것은 구족계를 받지 않은 자에게 '나는 여덟 가지 고귀한 길을 얻었다.'라고 말하면, 속죄죄를 범한 것이라는 뜻이다.

4) '알린다면'이라는 것은 구족계를 받지 않은 자에게 '나는 여덟 가지 고귀한 길을 얻은 자이다.'라고 말하면, 속죄죄를 범한 것이라는 뜻이다.

5) '알린다면'이라는 것은 구족계를 받지 않은 자에게 '나는 여덟 가지 고귀한 길에 능통한 자이다.'라고 말하면, 속죄죄를 범한 것이라는 뜻이다.
6) '알린다면'이라는 것은 구족계를 받지 않은 자에게 '나는 여덟 가지 고귀한 길을 실현한 자이다.'라고 말하면, 속죄죄를 범한 것이라는 뜻이다.

3-7₁.

1) '알린다면'이라는 것은 구족계를 받지 않은 자에게 '나는 흐름에 든 경지를 얻었겠지.'라고 말하면, 속죄죄를 범한 것이라는 뜻이다.
2) '알린다면'이라는 것은 구족계를 받지 않은 자에게 '나는 흐름에 든 경지를 얻는다.'라고 말하면, 속죄죄를 범한 것이라는 뜻이다.
3) '알린다면'이라는 것은 구족계를 받지 않은 자에게 '나는 흐름에 든 경지를 얻었다.'라고 말하면, 속죄죄를 범한 것이라는 뜻이다.
4) '알린다면'이라는 것은 구족계를 받지 않은 자에게 '나는 흐름에 든 경지를 얻은 자이다.'라고 말하면, 속죄죄를 범한 것이라는 뜻이다.
5) '알린다면'이라는 것은 구족계를 받지 않은 자에게 '나는 흐름에 든 경지에 능통한 자이다.'라고 말하면, 속죄죄를 범한 것이라는 뜻이다.
6) '알린다면'이라는 것은 구족계를 받지 않은 자에게 '나는 흐름에 든 경지를 실현한 자이다.'라고 말하면, 속죄죄를 범한 것이라는 뜻이다.

3-7₂.

1) '알린다면'이라는 것은 구족계를 받지 않은 자에게 '나는 한번 돌아오는 경지를 얻었겠지.'라고 말하면, 속죄죄를 범한 것이라는 뜻이다.
2) '알린다면'이라는 것은 구족계를 받지 않은 자에게 '나는 한번 돌아오는 경지를 얻는다.'라고 말하면, 속죄죄를 범한 것이라는 뜻이다.
3) '알린다면'이라는 것은 구족계를 받지 않은 자에게 '나는 한번 돌아오는 경지를 얻었다.'라고 말하면, 속죄죄를 범한 것이라는 뜻이다.
4) '알린다면'이라는 것은 구족계를 받지 않은 자에게 '나는 한번 돌아오는 경지를 얻은 자이다.'라고 말하면, 속죄죄를 범한 것이라는 뜻이다.
5) '알린다면'이라는 것은 구족계를 받지 않은 자에게 '나는 한번 돌아오는 경지에 능통한 자이다.'라고 말하면, 속죄죄를 범한 것이라는 뜻이다.
6) '알린다면'이라는 것은 구족계를 받지 않은 자에게 '나는 한번 돌아오는 경지를 실현한 자이다.'라고 말하면, 속죄죄를 범한 것이라는 뜻이다.

3-7₃.

1) '알린다면'이라는 것은 구족계를 받지 않은 자에게 '나는 돌아오지 않는 경지를 얻었겠지.'라고 말하면, 속죄죄를 범한 것이라는 뜻이다.
2) '알린다면'이라는 것은 구족계를 받지 않은 자에게 '나는 돌아오지 않는 경지를 얻는다.'라고 말하면, 속죄죄를 범한 것이라는 뜻이다.
3) '알린다면'이라는 것은 구족계를 받지 않은 자에게 '나는 돌아오지 않는 경지를 얻었다.'라고 말하면, 속죄죄를 범한 것이라는 뜻이다.
4) '알린다면'이라는 것은 구족계를 받지 않은 자에게 '나는 돌아오지 않는 경지를 얻은 자이다.'라고 말하면, 속죄죄를 범한 것이라는 뜻이다.
5) '알린다면'이라는 것은 구족계를 받지 않은 자에게 '나는 돌아오지 않는 경지에 능통한 자이다.'라고 말하면, 속죄죄를 범한 것이라는 뜻이다.
6) '알린다면'이라는 것은 구족계를 받지 않은 자에게 '나는 돌아오지 않는 경지를 실현한 자이다.'라고 말하면, 속죄죄를 범한 것이라는 뜻이다.

3-7₄.

1) '알린다면'이라는 것은 구족계를 받지 않은 자에게 '나는 거룩한 경지를 얻었겠지.'라고 말하면, 속죄죄를 범한 것이라는 뜻이다.
2) '알린다면'이라는 것은 구족계를 받지 않은 자에게 '나는 거룩한 경지를 얻는다.'라고 말하면, 속죄죄를 범한 것이라는 뜻이다.
3) '알린다면'이라는 것은 구족계를 받지 않은 자에게 '나는 거룩한 경지를 얻었다.'라고 말하면, 속죄죄를 범한 것이라는 뜻이다.
4) '알린다면'이라는 것은 구족계를 받지 않은 자에게 '나는 거룩한 경지를 얻은 자이다.'라고 말하면, 속죄죄를 범한 것이라는 뜻이다.
5) '알린다면'이라는 것은 구족계를 받지 않은 자에게 '나는 거룩한 경지에 능통한 자이다.'라고 말하면, 속죄죄를 범한 것이라는 뜻이다.
6) '알린다면'이라는 것은 구족계를 받지 않은 자에게 '나는 거룩한 경지를 실현한 자이다.'라고 말하면, 속죄죄를 범한 것이라는 뜻이다.

3-8₁.

1) '알린다면'이라는 것은 구족계를 받지 않은 자에게 '나의 탐욕은 끊어졌다.'라고 말하면, 속죄죄를 범한 것이라는 뜻이다.
2) '알린다면'이라는 것은 구족계를 받지 않은 자에게 '나의 탐욕은 쫓아버려졌

다.'라고 말하면, 속죄죄를 범한 것이라는 뜻이다.

3) '알린다면'이라는 것은 구족계를 받지 않은 자에게 '나의 탐욕은 놓아버려졌다.'라고 말하면, 속죄죄를 범한 것이라는 뜻이다.

4) '알린다면'이라는 것은 구족계를 받지 않은 자에게 '나의 탐욕은 벗어버려졌다.'라고 말하면, 속죄죄를 범한 것이라는 뜻이다.

5) '알린다면'이라는 것은 구족계를 받지 않은 자에게 '나는 탐욕은 버려버려졌다.'라고 말하면, 속죄죄를 범한 것이라는 뜻이다.

6) '알린다면'이라는 것은 구족계를 받지 않은 자에게 '나는 탐욕은 던져버려졌다.'라고 말하면, 속죄죄를 범한 것이라는 뜻이다.

7) '알린다면'이라는 것은 구족계를 받지 않은 자에게 '나는 탐욕은 포기되어버렸다.'라고 말하면, 속죄죄를 범한 것이라는 뜻이다.

3-8₂.

1) '알린다면'이라는 것은 구족계를 받지 않은 자에게 '나의 성냄은 끊어졌다.'라고 말하면, 속죄죄를 범한 것이라는 뜻이다.

2) '알린다면'이라는 것은 구족계를 받지 않은 자에게 '나의 성냄은 쫓아버려졌다.'라고 말하면, 속죄죄를 범한 것이라는 뜻이다.

3) '알린다면'이라는 것은 구족계를 받지 않은 자에게 '나의 성냄은 놓아버려졌다.'라고 말하면, 속죄죄를 범한 것이라는 뜻이다.

4) '알린다면'이라는 것은 구족계를 받지 않은 자에게 '나의 성냄은 벗어버려졌다.'라고 말하면, 속죄죄를 범한 것이라는 뜻이다.

5) '알린다면'이라는 것은 구족계를 받지 않은 자에게 '나는 성냄은 버려버려졌다.'라고 말하면, 속죄죄를 범한 것이라는 뜻이다.

6) '알린다면'이라는 것은 구족계를 받지 않은 자에게 '나는 성냄은 던져버려졌다.'라고 말하면, 속죄죄를 범한 것이라는 뜻이다.

7) '알린다면'이라는 것은 구족계를 받지 않은 자에게 '나는 성냄은 포기되어버렸다.'라고 말하면, 속죄죄를 범한 것이라는 뜻이다.

3-8₃.

1) '알린다면'이라는 것은 구족계를 받지 않은 자에게 '나의 어리석음은 끊어졌다.'라고 말하면, 속죄죄를 범한 것이라는 뜻이다.

2) '알린다면'이라는 것은 구족계를 받지 않은 자에게 '나의 어리석음은 쫓아버려졌다.'라고 말하면, 속죄죄를 범한 것이라는 뜻이다.

3) '알린다면'이라는 것은 구족계를 받지 않은 자에게 '나의 어리석음은 놓아버려졌다.'라고 말하면, 속죄죄를 범한 것이라는 뜻이다.
4) '알린다면'이라는 것은 구족계를 받지 않은 자에게 '나의 어리석음은 벗어버려졌다.'라고 말하면, 속죄죄를 범한 것이라는 뜻이다.
5) '알린다면'이라는 것은 구족계를 받지 않은 자에게 '나는 어리석음은 버려버려졌다.'라고 말하면, 속죄죄를 범한 것이라는 뜻이다.
6) '알린다면'이라는 것은 구족계를 받지 않은 자에게 '나는 어리석음은 던져버려졌다.'라고 말하면, 속죄죄를 범한 것이라는 뜻이다.
7) '알린다면'이라는 것은 구족계를 받지 않은 자에게 '나는 어리석음은 포기되어버렸다.'라고 말하면, 속죄죄를 범한 것이라는 뜻이다.

3-9.

1) '알린다면'이라는 것은 구족계를 받지 않은 자에게 '나의 마음은 탐욕의 장애로부터 벗어났다.'라고 말하면, 속죄죄를 범한 것이라는 뜻이다.
2) '알린다면'이라는 것은 구족계를 받지 않은 자에게 '나의 마음은 성냄의 장애로부터 벗어났다.'라고 말하면, 속죄죄를 범한 것이라는 뜻이다.
3) '알린다면'이라는 것은 구족계를 받지 않은 자에게 '나의 마음은 어리석음의 장애로부터 벗어났다.'라고 말하면, 속죄죄를 범한 것이라는 뜻이다.

3-10₁.

1) '알린다면'이라는 것은 구족계를 받지 않은 자에게 '나는 첫 번째 선정 가운데 홀로 지냄의 즐김을 얻었겠지.'라고 말하면, 속죄죄를 범한 것이라는 뜻이다.
2) '알린다면'이라는 것은 구족계를 받지 않은 자에게 '나는 첫 번째 선정 가운데 홀로 지냄의 즐김을 얻는다.'라고 말하면, 속죄죄를 범한 것이라는 뜻이다.
3) '알린다면'이라는 것은 구족계를 받지 않은 자에게 '나는 첫 번째 선정 가운데 홀로 지냄의 즐김을 얻었다.'라고 말하면, 속죄죄를 범한 것이라는 뜻이다.
4) '알린다면'이라는 것은 구족계를 받지 않은 자에게 '나는 첫 번째 선정 가운데 홀로 지냄의 즐김을 얻은 자이다.'라고 말하면, 속죄죄를 범한 것이라는 뜻이다.
5) '알린다면'이라는 것은 구족계를 받지 않은 자에게 '나는 첫 번째 선정 가운데 홀로 지냄의 즐김에 능통한 자이다.'라고 말하면, 속죄죄를 범한 것이라는 뜻이다.
6) '알린다면'이라는 것은 구족계를 받지 않은 자에게 '나는 첫 번째 선정 가운데 홀로 지냄의 즐김을 실현한 자이다.'라고 말하면, 속죄죄를 범한 것이라는 뜻이다.

3-10₂.

1) '알린다면'이라는 것은 구족계를 받지 않은 자에게 '나는 두 번째 선정 가운데 홀로 지냄의 즐김을 얻었겠지.'라고 말하면, 속죄죄를 범한 것이라는 뜻이다.
2) '알린다면'이라는 것은 구족계를 받지 않은 자에게 '나는 두 번째 선정 가운데 홀로 지냄의 즐김을 얻는다.'라고 말하면, 속죄죄를 범한 것이라는 뜻이다.
3) '알린다면'이라는 것은 구족계를 받지 않은 자에게 '나는 두 번째 선정 가운데 홀로 지냄의 즐김을 얻었다.'라고 말하면, 속죄죄를 범한 것이라는 뜻이다.
4) '알린다면'이라는 것은 구족계를 받지 않은 자에게 '나는 두 번째 선정 가운데 홀로 지냄의 즐김을 얻은 자이다.'라고 말하면, 속죄죄를 범한 것이라는 뜻이다.
5) '알린다면'이라는 것은 구족계를 받지 않은 자에게 '나는 두 번째 선정 가운데 홀로 지냄의 즐김에 능통한 자이다.'라고 말하면, 속죄죄를 범한 것이라는 뜻이다.
6) '알린다면'이라는 것은 구족계를 받지 않은 자에게 '나는 두 번째 선정 가운데 홀로 지냄의 즐김을 실현한 자이다.'라고 말하면, 속죄죄를 범한 것이라는 뜻이다.

3-10₃.

1) '알린다면'이라는 것은 구족계를 받지 않은 자에게 '나는 세 번째 선정 가운데 홀로 지냄의 즐김을 얻었겠지.'라고 말하면, 속죄죄를 범한 것이라는 뜻이다.
2) '알린다면'이라는 것은 구족계를 받지 않은 자에게 '나는 세 번째 선정 가운데 홀로 지냄의 즐김을 얻는다.'라고 말하면, 속죄죄를 범한 것이라는 뜻이다.
3) '알린다면'이라는 것은 구족계를 받지 않은 자에게 '나는 세 번째 선정 가운데 홀로 지냄의 즐김을 얻었다.'라고 말하면, 속죄죄를 범한 것이라는 뜻이다.
4) '알린다면'이라는 것은 구족계를 받지 않은 자에게 '나는 세 번째 선정 가운데 홀로 지냄의 즐김을 얻은 자이다.'라고 말하면, 속죄죄를 범한 것이라는 뜻이다.
5) '알린다면'이라는 것은 구족계를 받지 않은 자에게 '나는 세 번째 선정 가운데 홀로 지냄의 즐김에 능통한 자이다.'라고 말하면, 속죄죄를 범한 것이라는 뜻이다.
6) '알린다면'이라는 것은 구족계를 받지 않은 자에게 '나는 세 번째 선정 가운데 홀로 지냄의 즐김을 실현한 자이다.'라고 말하면, 속죄죄를 범한 것이라는 뜻이다.

3-10₄.

1) '알린다면'이라는 것은 구족계를 받지 않은 자에게 '나는 네 번째 선정 가운데 홀로 지냄의 즐김을 얻었겠지.'라고 말하면, 속죄죄를 범한 것이라는 뜻이다.
2) '알린다면'이라는 것은 구족계를 받지 않은 자에게 '나는 네 번째 선정 가운데

홀로 지냄의 즐김을 얻는다.'라고 말하면, 속죄죄를 범한 것이라는 뜻이다.

3) '알린다면'이라는 것은 구족계를 받지 않은 자에게 '나는 네 번째 선정 가운데 홀로 지냄의 즐김을 얻었다.'라고 말하면, 속죄죄를 범한 것이라는 뜻이다.

4) '알린다면'이라는 것은 구족계를 받지 않은 자에게 '나는 네 번째 선정 가운데 홀로 지냄의 즐김을 얻은 자이다.'라고 말하면, 속죄죄를 범한 것이라는 뜻이다.

5) '알린다면'이라는 것은 구족계를 받지 않은 자에게 '나는 네 번째 선정 가운데 홀로 지냄의 즐김에 능통한 자이다.'라고 말하면, 속죄죄를 범한 것이라는 뜻이다.

6) '알린다면'이라는 것은 구족계를 받지 않은 자에게 '나는 네 번째 선정 가운데 홀로 지냄의 즐김을 실현한 자이다.'라고 말하면, 속죄죄를 범한 것이라는 뜻이다.

4-1₁. '알린다면'이라는 것은 구족계를 받지 않은 자에게 '나는 첫 번째 선정을 얻었겠고 두 번째 선정을 얻었겠지 … 얻고 있다. … 얻었다. … 얻은 자이다 … 능통한 자이다 … 실현한 자이다.'라고 말하면, 속죄죄를 범한 것이라는 뜻이다.

4-1₂. '알린다면'이라는 것은 구족계를 받지 않은 자에게 '나는 첫 번째 선정을 얻었겠고 세 번째 선정을 얻었겠지 … 얻고 있다 … 얻었다 … 얻은 자이다 … 능통한 자이다 … 실현한 자이다.'라고 말하면, 속죄죄를 범한 것이라는 뜻이다.

4-1₃. '알린다면'이라는 것은 구족계를 받지 않은 자에게 '나는 첫 번째 선정을 얻었겠고 네 번째 선정을 얻었겠지 … 얻고 있다 … 얻었다 … 얻은 자이다 … 능통한 자이다 … 실현한 자이다.'라고 말하면, 속죄죄를 범한 것이라는 뜻이다.

4-2₁. '알린다면'이라는 것은 구족계를 받지 않은 자에게 '나는 첫 번째 선정얻었겠고 있음의 여읨에 의한 해탈을 얻었겠지 … 얻고 있다 … 얻었다 … 얻은 자이다 … 능통한 자이다 … 실현한 자이다.'라고 말하면, 속죄죄를 범한 것이라는 뜻이다.

4-2₂. '알린다면'이라는 것은 구족계를 받지 않은 자에게 '나는 첫 번째 선정을 얻었겠고 인상의 여읨에 의한 해탈을 얻었겠지 … 얻고 있다 … 얻었다 … 얻은 자이다 … 능통한 자이다 … 실현한 자이다.'라고 말하면, 속죄죄를 범한 것이라는 뜻이다.

4-2₃. '알린다면'이라는 것은 구족계를 받지 않은 자에게 '나는 첫 번째 선정을 얻었겠고 바램의 여읨에 의한 해탈을 얻었겠지 … 얻고 있다 … 얻었다 … 얻은 자이다 … 능통한 자이다 … 실현한 자이다.'라고 말하면, 속죄죄를 범한

것이라는 뜻이다.

4-3$_{1}$. '알린다면'이라는 것은 구족계를 받지 않은 자에게 '나는 첫 번째 선정을 얻었겠고 있음의 여읨에 의한 삼매를 얻었겠지 … 얻는다 … 얻었다 … 얻은 자이다 … 능통한 자이다 … 실현한 자이다.'라고 말하면, 속죄죄를 범한 것이라는 뜻이다.

4-3$_{2}$. '알린다면'이라는 것은 구족계를 받지 않은 자에게 '나는 첫 번째 선정을 얻었겠고 인상의 여읨에 의한 삼매를 얻었겠지 … 얻는다 … 얻었다 … 얻은 자이다 … 능통한 자이다 … 실현한 자이다.'라고 말하면, 속죄죄를 범한 것이라는 뜻이다.

4-3$_{3}$. '알린다면'이라는 것은 구족계를 받지 않은 자에게 '나는 첫 번째 선정을 얻었겠고 바램의 여읨에 의한 삼매를 얻었겠지 … 얻는다 … 얻었다 … 얻은 자이다 … 능통한 자이다 … 실현한 자이다.'라고 말하면, 속죄죄를 범한 것이라는 뜻이다.

4-4$_{1}$. '알린다면'이라는 것은 구족계를 받지 않은 자에게 '나는 첫 번째 선정을 얻었겠고 있음의 여읨에 의한 성취를 얻었겠지 … 얻는다 … 얻었다 … 얻은 자이다 … 능통한 자이다 … 실현한 자이다.'라고 말하면, 속죄죄를 범한 것이라는 뜻이다.

4-4$_{2}$. '알린다면'이라는 것은 구족계를 받지 않은 자에게 '나는 첫 번째 선정을 얻었겠고 인상의 여읨에 의한 성취를 얻었겠지 … 얻는다 … 얻었다 … 얻은 자이다 … 능통한 자이다 … 실현한 자이다.'라고 말하면, 속죄죄를 범한 것이라는 뜻이다.

4-4$_{3}$. '알린다면'이라는 것은 구족계를 받지 않은 자에게 '나는 첫 번째 선정을 얻었겠고 바램의 여읨에 의한 성취를 얻었겠지 … 얻는다 … 얻었다 … 얻은 자이다 … 능통한 자이다 … 실현한 자이다.'라고 말하면, 속죄죄를 범한 것이라는 뜻이다.

4-5. '알린다면'이라는 것은 구족계를 받지 않은 자에게 '나는 첫 번째 선정을 얻었겠고 세 가지 명지를 얻었겠지 … 얻는다 … 얻었다 … 얻은 자이다 … 능통한 자이다 … 실현한 자이다.'라고 말하면, 속죄죄를 범한 것이라는 뜻이다.

4-6$_{1}$. '알린다면'이라는 것은 구족계를 받지 않은 자에게 '나는 첫 번째 선정을 얻었

겠고 네 가지 새김의 토대를[*28] 얻었겠지 … 얻는다 … 얻었다 … 얻은 자이다 … 능통한 자이다 … 실현한 자이다.'라고 말하면, 속죄죄를 범한 것이라는 뜻이다.

4-6₂. 'ㅇ알린다면'이라는 것은 구족계를 받지 않은 자에게 '나는 첫 번째 선정을 얻었겠고 네 가지 올바른 노력를 얻었겠지 … 얻는다 … 얻었다 … 얻은 자이다 … 능통한 자이다 … 실현한 자이다.'라고 말하면, 속죄죄를 범한 것이라는 뜻이다.

4-6₃. '알린다면'이라는 것은 구족계를 받지 않은 자에게 '나는 첫 번째 선정을 얻었겠고 네 가지 신통의 기초를 얻었겠지 … 얻는다 … 얻었다 … 얻은 자이다 … 능통한 자이다 … 실현한 자이다.'라고 말하면, 속죄죄를 범한 것이라는 뜻이다.

4-6₄. '알린다면'이라는 것은 구족계를 받지 않은 자에게 '나는 첫 번째 선정을 얻었겠고 다섯 가지 능력을 얻었겠지 … 얻는다 … 얻었다 … 얻은 자이다 … 능통한 자이다 … 실현한 자이다.'라고 말하면, 속죄죄를 범한 것이라는 뜻이다.

4-6₅. '알린다면'이라는 것은 구족계를 받지 않은 자에게 '나는 첫 번째 선정을 얻었겠고 다섯 가지 힘을 얻었겠지 … 얻는다 … 얻었다 … 얻은 자이다 … 능통한 자이다 … 실현한 자이다.'라고 말하면, 속죄죄를 범한 것이라는 뜻이다.

4-6₆. '알린다면'이라는 것은 구족계를 받지 않은 자에게 '나는 첫 번째 선정을 얻었겠고 일곱 가지 깨달음 고리를 얻었겠지 … 얻는다 … 얻었다 … 얻은 자이다 … 능통한 자이다 … 실현한 자이다.'라고 말하면, 속죄죄를 범한 것이라는 뜻이다.

4-6₇. '알린다면'이라는 것은 구족계를 받지 않은 자에게 '나는 첫 번째 선정을 얻었겠고 여덟 가지 고귀한 길을 얻었겠지 … 얻는다 … 얻었다 … 얻은 자이다 … 능통한 자이다 … 실현한 자이다.'라고 말하면, 속죄죄를 범한 것이라는 뜻이다.

4-7₁. '알린다면'이라는 것은 구족계를 받지 않은 자에게 '나는 첫 번째 선정을 얻었겠고 흐름에 든 경지를 얻었겠지 … 얻는다 … 얻었다 … 얻은 자이다 … 능통한 자이다 … 실현한 자이다.'라고 말하면, 속죄죄를 범한 것이라는 뜻이다.

4-7₂. '알린다면'이라는 것은 구족계를 받지 않은 자에게 '나는 첫 번째 선정을 얻었겠고 한번 돌아오는 경지를 얻었겠지 … 얻는다 … 얻었다 … 얻은 자이다 … 능통한 자이다 … 실현한 자이다.'라고 말하면, 속죄죄를 범한 것이라는 뜻이다.

4-7₃. '알린다면'이라는 것은 구족계를 받지 않은 자에게 '나는 첫 번째 선정을 얻었겠고 돌아오지 않는 경지를 얻었겠지 … 얻는다 … 얻었다 … 얻은 자이다 … 능통한 자이다 … 실현한 자이다.'라고 말하면, 속죄죄를 범한 것이라는 뜻이다.

4-7$_4$. '알린다면'이라는 것은 구족계를 받지 않은 자에게 '나는 첫 번째 선정을 얻었겠고 거룩한 경지를 얻었겠지 … 얻는다 … 얻었다 … 얻은 자이다 … 능통한 자이다 … 실현한 자이다.'라고 말하면, 속죄죄를 범한 것이라는 뜻이다.

4-8$_1$. '알린다면'이라는 것은 구족계를 받지 않은 자에게 '나는 첫 번째 선정을 얻었겠고 나의 탐욕은 끊어졌거나, 쫓아버려졌거나, 놓아버려졌거나, 벗어버려졌거나, 버려버렸거나, 던져버려졌거나, 포기되어버렸다.'라고 말하면, 속죄죄를 범한 것이라는 뜻이다.

4-8$_2$. '알린다면'이라는 것은 구족계를 받지 않은 자에게 '나는 첫 번째 선정을 얻었겠고 나의 성냄끊어졌거나, 쫓아버려졌거나, 놓아버려졌거나, 벗어버려졌거나, 버려버렸거나, 던져버려졌거나, 포기되어버렸다.'라고 말하면, 속죄죄를 범한 것이라는 뜻이다.

4-8$_3$. '알린다면'이라는 것은 구족계를 받지 않은 자에게 '나는 첫 번째 선정을 얻었겠고 나의 어리석음끊어졌거나, 쫓아버려졌거나, 놓아버려졌거나, 벗어버려졌거나, 버려버렸거나, 던져버려졌거나, 포기되어버렸다.'라고 말하면, 속죄죄를 범한 것이라는 뜻이다.

4-9. '알린다면'이라는 것은 구족계를 받지 않은 자에게 '나는 첫 번째 선정을 얻었겠고 나의 마음은 탐욕, … 성냄, … 어리석음으로부터 벗어났다.'라고 말하면, 속죄죄를 범한 것이라는 뜻이다.

4-10$_1$. '알린다면'이라는 것은 구족계를 받지 않은 자에게 '나는 첫 번째 선정을 얻었겠고 나는 첫 번째 선정 …, 두 번째 선정 …, 세 번째 선정 …, 네 번째 선정 가운데 홀로 지냄을 즐긴다.'라고 말하면, 속죄죄를 범한 것이라는 뜻이다.

5-1$_1$. '알린다면'이라는 것은 구족계를 받지 않은 자에게 '나는 두 번째 선정을 얻었겠고 세 번째 선정을 얻었겠지 … 얻고 있다. … 얻었다. … 얻은 자이다 … 능통한 자이다 … 실현한 자이다.'라고 말하면, 속죄죄를 범한 것이라는 뜻이다.

5-1$_2$. '알린다면'이라는 것은 구족계를 받지 않은 자에게 '나는 두 번째 선정을 얻었겠고 네 번째 선정을 얻었겠지 … 얻고 있다 … 얻었다 … 얻은 자이다 … 능통한 자이다 … 실현한 자이다.'라고 말하면, 속죄죄를 범한 것이라는 뜻이다.

5-1$_3$. '알린다면'이라는 것은 구족계를 받지 않은 자에게 '나는 두 번째 선정을 얻었

겠고 첫 번째 선정을 얻었겠지 … 얻고 있다 … 얻었다 … 얻은 자이다 … 능통한 자이다 … 실현한 자이다.'라고 말하면, 속죄죄를 범한 것이라는 뜻이다.

5-2₁. 'ㅡ'

5-2$_1$. '알린다면'이라는 것은 구족계를 받지 않은 자에게 '나는 두 번째 선정을 얻었겠고 있음의 여읨에 의한 해탈을 얻었겠지 … 얻고 있다 … 얻었다 … 얻은 자이다 … 능통한 자이다 … 실현한 자이다.'라고 말하면, 속죄죄를 범한 것이라는 뜻이다.

5-2$_2$. '알린다면'이라는 것은 구족계를 받지 않은 자에게 '나는 두 번째 선정을 얻었겠고 인상의 여읨에 의한 해탈을 얻었겠지 … 얻고 있다 … 얻었다 … 얻은 자이다 … 능통한 자이다 … 실현한 자이다.'라고 말하면, 속죄죄를 범한 것이라는 뜻이다.

5-2$_3$. '알린다면'이라는 것은 구족계를 받지 않은 자에게 '나는 두 번째 선정을 얻었겠고 바램의 여읨에 의한 해탈을 얻었겠지 … 얻고 있다 … 얻었다 … 얻은 자이다 … 능통한 자이다 … 실현한 자이다.'라고 말하면, 속죄죄를 범한 것이라는 뜻이다.

5-3$_1$. '알린다면'이라는 것은 구족계를 받지 않은 자에게 '나는 두 번째 선정을 얻었겠고 있음의 여읨에 의한 삼매를 얻었겠지 … 얻는다 … 얻었다 … 얻은 자이다 … 능통한 자이다 … 실현한 자이다.'라고 말하면, 속죄죄를 범한 것이라는 뜻이다.

5-3$_2$. '알린다면'이라는 것은 구족계를 받지 않은 자에게 '나는 두 번째 선정을 얻었겠고 인상의 여읨에 의한 삼매를 얻었겠지 … 얻는다 … 얻었다 … 얻은 자이다 … 능통한 자이다 … 실현한 자이다.'라고 말하면, 속죄죄를 범한 것이라는 뜻이다.

5-3$_3$. '알린다면'이라는 것은 구족계를 받지 않은 자에게 '나는 두 번째 선정을 얻었겠고 바램의 여읨에 의한 삼매를 얻었겠지 … 얻는다 … 얻었다 … 얻은 자이다 … 능통한 자이다 … 실현한 자이다.'라고 말하면, 속죄죄를 범한 것이라는 뜻이다.

5-4$_1$. '알린다면'이라는 것은 구족계를 받지 않은 자에게 '나는 두 번째 선정을 얻었겠고 있음의 여읨에 의한 성취를 얻었겠지 … 얻는다 … 얻었다 … 얻은 자이다 … 능통한 자이다 … 실현한 자이다.'라고 말하면, 속죄죄를 범한 것이라

는 뜻이다.

5-4₂. ‘알린다면’이라는 것은 구족계를 받지 않은 자에게 ‘나는 두 번째 선정을 얻었겠고 인상의 여읨에 의한 성취를 얻었겠지 … 얻는다 … 얻었다 … 얻은 자이다 … 능통한 자이다 … 실현한 자이다.’라고 말하면, 속죄죄를 범한 것이라는 뜻이다.

5-4₃. ‘알린다면’이라는 것은 구족계를 받지 않은 자에게 ‘나는 두 번째 선정을 얻었겠고 바램의 여읨에 의한 성취를 얻었겠지 … 얻는다 … 얻었다 … 얻은 자이다 … 능통한 자이다 … 실현한 자이다.’라고 말하면, 속죄죄를 범한 것이라는 뜻이다.

5-5. ‘알린다면’이라는 것은 구족계를 받지 않은 자에게 ‘나는 두 번째 선정을 얻었겠고 세 가지 명지를 얻었겠지 … 얻는다 … 얻었다 … 얻은 자이다 … 능통한 자이다 … 실현한 자이다.’라고 말하면, 속죄죄를 범한 것이라는 뜻이다.

5-6₁. ‘알린다면’이라는 것은 구족계를 받지 않은 자에게 ‘나는 두 번째 선정을 얻었겠고 네 가지 새김의 토대를 얻었겠지 … 얻는다 … 얻었다 … 얻은 자이다 … 능통한 자이다 … 실현한 자이다.’라고 말하면, 속죄죄를 범한 것이라는 뜻이다.

5-6₂. ‘알린다면’이라는 것은 구족계를 받지 않은 자에게 ‘나는 두 번째 선정을 얻었겠고 네 가지 올바른 노력를 얻었겠지 … 얻는다 … 얻었다 … 얻은 자이다 … 능통한 자이다 … 실현한 자이다.’라고 말하면, 속죄죄를 범한 것이라는 뜻이다.

5-6₃. ‘알린다면’이라는 것은 구족계를 받지 않은 자에게 ‘나는 두 번째 선정을 얻었겠고 네 가지 신통의 기초를 얻었겠지 … 얻는다 … 얻었다 … 얻은 자이다 … 능통한 자이다 … 실현한 자이다.’라고 말하면, 속죄죄를 범한 것이라는 뜻이다.

5-6₄. ‘알린다면’이라는 것은 구족계를 받지 않은 자에게 ‘나는 두 번째 선정을 얻었겠고 다섯 가지 능력을 얻었겠지 … 얻는다 … 얻었다 … 얻은 자이다 … 능통한 자이다 … 실현한 자이다.’라고 말하면, 속죄죄를 범한 것이라는 뜻이다.

5-6₅. ‘알린다면’이라는 것은 구족계를 받지 않은 자에게 ‘나는 두 번째 선정을 얻었겠고 다섯 가지 힘을 얻었겠지 … 얻는다 … 얻었다 … 얻은 자이다 … 능통한 자이다 … 실현한 자이다.’라고 말하면, 속죄죄를 범한 것이라는 뜻이다.

5-6₆. ‘알린다면’이라는 것은 구족계를 받지 않은 자에게 ‘나는 두 번째 선정을 얻었겠고 일곱 가지 깨달음 고리를 얻었겠지 … 얻는다 … 얻었다 … 얻은 자이다

… 능통한 자이다 … 실현한 자이다.'라고 말하면, 속죄죄를 범한 것이라는 뜻이다.

5-6$_{7}$. '알린다면'이라는 것은 구족계를 받지 않은 자에게 '나는 두 번째 선정을 얻었겠고 여덟 가지 고귀한 길을 얻었겠지 … 얻는다 … 얻었다 … 얻은 자이다 … 능통한 자이다 … 실현한 자이다.'라고 말하면, 속죄죄를 범한 것이라는 뜻이다.

5-7$_{1}$. '알린다면'이라는 것은 구족계를 받지 않은 자에게 '나는 두 번째 선정을 얻었겠고 흐름에 든 경지를 얻었겠지 … 얻는다 … 얻었다 … 얻은 자이다 … 능통한 자이다 … 실현한 자이다.'라고 말하면, 속죄죄를 범한 것이라는 뜻이다.

5-7$_{2}$. '알린다면'이라는 것은 구족계를 받지 않은 자에게 '나는 두 번째 선정을 얻었겠고 한번 돌아오는 경지를 얻었겠지 … 얻는다 … 얻었다 … 얻은 자이다 … 능통한 자이다 … 실현한 자이다.'라고 말하면, 속죄죄를 범한 것이라는 뜻이다.

5-7$_{3}$. '알린다면'이라는 것은 구족계를 받지 않은 자에게 '나는 두 번째 선정을 얻었겠고 돌아오지 않는 경지를 얻었겠지 … 얻는다 … 얻었다 … 얻은 자이다 … 능통한 자이다 … 실현한 자이다.'라고 말하면, 속죄죄를 범한 것이라는 뜻이다.

5-7$_{4}$. '알린다면'이라는 것은 구족계를 받지 않은 자에게 '나는 두 번째 선정을 얻었겠고 거룩한 경지를 얻었겠지 … 얻는다 … 얻었다 … 얻은 자이다 … 능통한 자이다 … 실현한 자이다.'라고 말하면, 속죄죄를 범한 것이라는 뜻이다.

5-8$_{1}$. '알린다면'이라는 것은 구족계를 받지 않은 자에게 '나는 두 번째 선정을 얻었겠고 나의 탐욕은 끊어졌거나, 쫓아버려졌거나, 놓아버려졌거나, 벗어버려졌거나, 버려버렸거나, 던져버려졌거나, 포기되어버렸다.'라고 말하면, 속죄죄를 범한 것이라는 뜻이다.

5-8$_{2}$. '알린다면'이라는 것은 구족계를 받지 않은 자에게 '나는 두 번째 선정을 얻었겠고 나의 성냄끊어졌거나, 쫓아버려졌거나, 놓아버려졌거나, 벗어버려졌거나, 버려버렸거나, 던져버려졌거나, 포기되어버렸다.'라고 말하면, 속죄죄를 범한 것이라는 뜻이다.

5-8$_{3}$. '알린다면'이라는 것은 구족계를 받지 않은 자에게 '나는 두 번째 선정을 얻었겠고 나의 어리석음끊어졌거나, 쫓아버려졌거나, 놓아버려졌거나, 벗어버려졌거나, 버려버렸거나, 던져버려졌거나, 포기되어버렸다.'라고 말하면, 속죄죄를 범한 것이라는 뜻이다.

5-9. '알린다면'이라는 것은 구족계를 받지 않은 자에게 '나는 두 번째 선정을

얻었겠고 나의 마음은 탐욕, … 성냄, … 어리석음으로부터 벗어났다.'라고 말하면, 속죄죄를 범한 것이라는 뜻이다.

5-10₁. '알린다면'이라는 것은 구족계를 받지 않은 자에게 '나는 두 번째 선정을 얻었겠고 나는 첫 번째 선정 …, 두 번째 선정 …, 세 번째 선정 …, 네 번째 선정 가운데 홀로 지냄을 즐긴다.'라고 말하면, 속죄죄를 범한 것이라는 뜻이다.

6-1₁. '알린다면'이라는 것은 구족계를 받지 않은 자에게 '나는 세 번째 선정을 얻었겠고 네 번째 선정을 얻었겠지 … 얻고 있다. … 얻었다. … 얻은 자이다 … 능통한 자이다 … 실현한 자이다.'라고 말하면, 속죄죄를 범한 것이라는 뜻이다.

6-1₂. '알린다면'이라는 것은 구족계를 받지 않은 자에게 '나는 세 번째 선정을 얻었겠고 첫 번째 선정을 얻었겠지 … 얻고 있다 … 얻었다 … 얻은 자이다 … 능통한 자이다 … 실현한 자이다.'라고 말하면, 속죄죄를 범한 것이라는 뜻이다.

6-1₃. '알린다면'이라는 것은 구족계를 받지 않은 자에게 '나는 세 번째 선정을 얻었겠고 두 번째 선정을 얻었겠지 … 얻고 있다 … 얻었다 … 얻은 자이다 … 능통한 자이다 … 실현한 자이다.'라고 말하면, 속죄죄를 범한 것이라는 뜻이다.

6-2₁. '알린다면'이라는 것은 구족계를 받지 않은 자에게 '나는 세 번째 선정을 얻었겠고 있음의 여읨에 의한 해탈을 얻었겠지 … 얻고 있다 … 얻었다 … 얻은 자이다 … 능통한 자이다 … 실현한 자이다.'라고 말하면, 속죄죄를 범한 것이라는 뜻이다.

6-2₂. '알린다면'이라는 것은 구족계를 받지 않은 자에게 '나는 세 번째 선정을 얻었겠고 인상의 여읨에 의한 해탈을 얻었겠지 … 얻고 있다 … 얻었다 … 얻은 자이다 … 능통한 자이다 … 실현한 자이다.'라고 말하면, 속죄죄를 범한 것이라는 뜻이다.

6-2₃. '알린다면'이라는 것은 구족계를 받지 않은 자에게 '나는 세 번째 선정을 얻었겠고 바램의 여읨에 의한 해탈을 얻었겠지 … 얻고 있다 … 얻었다 … 얻은 자이다 … 능통한 자이다 … 실현한 자이다.'라고 말하면, 속죄죄를 범한 것이라는 뜻이다.

6-3₁. '알린다면'이라는 것은 구족계를 받지 않은 자에게 '나는 세 번째 선정을 얻었겠고 있음의 여읨에 의한 삼매를 얻었겠지 … 얻는다 … 얻었다 … 얻은

자이다 … 능통한 자이다 … 실현한 자이다.'라고 말하면, 속죄죄를 범한 것이라는 뜻이다.

6-3₂. '알린다면'이라는 것은 구족계를 받지 않은 자에게 '나는 세 번째 선정을 얻었겠고 인상의 여읨에 의한 삼매를 얻었겠지 … 얻는다 … 얻었다 … 얻은 자이다 … 능통한 자이다 … 실현한 자이다.'라고 말하면, 속죄죄를 범한 것이라는 뜻이다.

6-3₃. '알린다면'이라는 것은 구족계를 받지 않은 자에게 '나는 세 번째 선정을 얻었겠고 바램의 여읨에 의한 삼매를 얻었겠지 … 얻는다 … 얻었다 … 얻은 자이다 … 능통한 자이다 … 실현한 자이다.'라고 말하면, 속죄죄를 범한 것이라는 뜻이다.

6-4₁. '알린다면'이라는 것은 구족계를 받지 않은 자에게 '나는 세 번째 선정을 얻었겠고 있음의 여읨에 의한 성취를 얻었겠지 … 얻는다 … 얻었다 … 얻은 자이다 … 능통한 자이다 … 실현한 자이다.'라고 말하면, 속죄죄를 범한 것이라는 뜻이다.

6-4₂. '알린다면'이라는 것은 구족계를 받지 않은 자에게 '나는 세 번째 선정을 얻었겠고 인상의 여읨에 의한 성취를 얻었겠지 … 얻는다 … 얻었다 … 얻은 자이다 … 능통한 자이다 … 실현한 자이다.'라고 말하면, 속죄죄를 범한 것이라는 뜻이다.

6-4₃. '알린다면'이라는 것은 구족계를 받지 않은 자에게 '나는 세 번째 선정을 얻었겠고 바램의 여읨에 의한 성취를 얻었겠지 … 얻는다 … 얻었다 … 얻은 자이다 … 능통한 자이다 … 실현한 자이다.'라고 말하면, 속죄죄를 범한 것이라는 뜻이다.

6-5. '알린다면'이라는 것은 구족계를 받지 않은 자에게 '나는 세 번째 선정을 얻었겠고 세 가지 명지를 얻었겠지 … 얻는다 … 얻었다 … 얻은 자이다 … 능통한 자이다 … 실현한 자이다.'라고 말하면, 속죄죄를 범한 것이라는 뜻이다.

6-6₁. '알린다면'이라는 것은 구족계를 받지 않은 자에게 '나는 세 번째 선정을 얻었겠고 네 가지 새김의 토대를 얻었겠지 … 얻는다 … 얻었다 … 얻은 자이다 … 능통한 자이다 … 실현한 자이다.'라고 말하면, 속죄죄를 범한 것이라는 뜻이다.

6-6₂. '알린다면'이라는 것은 구족계를 받지 않은 자에게 '나는 세 번째 선정을 얻었

겠고 네 가지 올바른 노력를 얻었겠지 … 얻는다 … 얻었다 … 얻은 자이다 … 능통한 자이다 … 실현한 자이다.'라고 말하면, 속죄죄를 범한 것이라는 뜻이다.

6-6₃. '알린다면'이라는 것은 구족계를 받지 않은 자에게 '나는 세 번째 선정을 얻었겠고 네 가지 신통의 기초를 얻었겠지 … 얻는다 … 얻었다 … 얻은 자이다 … 능통한 자이다 … 실현한 자이다.'라고 말하면, 속죄죄를 범한 것이라는 뜻이다.

6-6₄. '알린다면'이라는 것은 구족계를 받지 않은 자에게 '나는 세 번째 선정을 얻었겠고 다섯 가지 능력을 얻었겠지 … 얻는다 … 얻었다 … 얻은 자이다 … 능통한 자이다 … 실현한 자이다.'라고 말하면, 속죄죄를 범한 것이라는 뜻이다.

6-6₅. '알린다면'이라는 것은 구족계를 받지 않은 자에게 '나는 세 번째 선정을 얻었겠고 다섯 가지 힘을 얻었겠지 … 얻는다 … 얻었다 … 얻은 자이다 … 능통한 자이다 … 실현한 자이다.'라고 말하면, 속죄죄를 범한 것이라는 뜻이다.

6-6₆. '알린다면'이라는 것은 구족계를 받지 않은 자에게 '나는 세 번째 선정을 얻었겠고 일곱 가지 깨달음 고리를 얻었겠지 … 얻는다 … 얻었다 … 얻은 자이다 … 능통한 자이다 … 실현한 자이다.'라고 말하면, 속죄죄를 범한 것이라는 뜻이다.

6-6₇. '알린다면'이라는 것은 구족계를 받지 않은 자에게 '나는 세 번째 선정을 얻었겠고 여덟 가지 고귀한 길을 얻었겠지 … 얻는다 … 얻었다 … 얻은 자이다 … 능통한 자이다 … 실현한 자이다.'라고 말하면, 속죄죄를 범한 것이라는 뜻이다.

6-7₁. '알린다면'이라는 것은 구족계를 받지 않은 자에게 '나는 세 번째 선정을 얻었겠고 흐름에 든 경지를 얻었겠지 … 얻는다 … 얻었다 … 얻은 자이다 … 능통한 자이다 … 실현한 자이다.'라고 말하면, 속죄죄를 범한 것이라는 뜻이다.

6-7₂. '알린다면'이라는 것은 구족계를 받지 않은 자에게 '나는 세 번째 선정을 얻었겠고 한번 돌아오는 경지를 얻었겠지 … 얻는다 … 얻었다 … 얻은 자이다 … 능통한 자이다 … 실현한 자이다.'라고 말하면, 속죄죄를 범한 것이라는 뜻이다.

6-7₃. '알린다면'이라는 것은 구족계를 받지 않은 자에게 '나는 세 번째 선정을 얻었겠고 돌아오지 않는 경지를 얻었겠지 … 얻는다 … 얻었다 … 얻은 자이다 … 능통한 자이다 … 실현한 자이다.'라고 말하면, 속죄죄를 범한 것이라는 뜻이다.

6-7₄. '알린다면'이라는 것은 구족계를 받지 않은 자에게 '나는 세 번째 선정을 얻었겠고 거룩한 경지를 얻었겠지 … 얻는다 … 얻었다 … 얻은 자이다 … 능통한 자이다 … 실현한 자이다.'라고 말하면, 속죄죄를 범한 것이라는 뜻이다.

6-8₁. ‘알린다면’이라는 것은 구족계를 받지 않은 자에게 ‘나는 세 번째 선정을 얻었겠고 나의 탐욕은 끊어졌거나, 쫓아버려졌거나, 놓아버려졌거나, 벗어버려졌거나, 버려버렸거나, 던져버려졌거나, 포기되어버렸다.’라고 말하면, 속죄죄를 범한 것이라는 뜻이다.

6-8₂. ‘알린다면’이라는 것은 구족계를 받지 않은 자에게 ‘나는 세 번째 선정을 얻었겠고 나의 성냄끊어졌거나, 쫓아버려졌거나, 놓아버려졌거나, 벗어버려졌거나, 버려버렸거나, 던져버려졌거나, 포기되어버렸다.’라고 말하면, 속죄죄를 범한 것이라는 뜻이다.

6-8₃. ‘알린다면’이라는 것은 구족계를 받지 않은 자에게 ‘나는 세 번째 선정을 얻었겠고 나의 어리석음끊어졌거나, 쫓아버려졌거나, 놓아버려졌거나, 벗어버려졌거나, 버려버렸거나, 던져버려졌거나, 포기되어버렸다.’라고 말하면, 속죄죄를 범한 것이라는 뜻이다.

6-9. ‘알린다면’이라는 것은 구족계를 받지 않은 자에게 ‘나는 세 번째 선정을 얻었겠고 나의 마음은 탐욕, … 성냄, … 어리석음으로부터 벗어났다.’라고 말하면, 속죄죄를 범한 것이라는 뜻이다.

6-10₁. ‘알린다면’이라는 것은 구족계를 받지 않은 자에게 ‘나는 세 번째 선정을 얻었겠고 나는 첫 번째 선정 …, 두 번째 선정 …, 세 번째 선정 …, 네 번째 선정 가운데 홀로 지냄을 즐긴다.’라고 말하면, 속죄죄를 범한 것이라는 뜻이다.

7-1₁. ‘알린다면’이라는 것은 구족계를 받지 않은 자에게 ‘나는 네 번째 선정을 얻었겠고 첫 번째 선정을 얻었겠지 … 얻고 있다. … 얻었다. … 얻은 자이다 … 능통한 자이다 … 실현한 자이다.’라고 말하면, 속죄죄를 범한 것이라는 뜻이다.

7-1₂. ‘알린다면’이라는 것은 구족계를 받지 않은 자에게 ‘나는 네 번째 선정을 얻었겠고 두 번째 선정을 얻었겠지 … 얻고 있다 … 얻었다 … 얻은 자이다 … 능통한 자이다 … 실현한 자이다.’라고 말하면, 속죄죄를 범한 것이라는 뜻이다.

7-1₃. ‘알린다면’이라는 것은 구족계를 받지 않은 자에게 ‘나는 네 번째 선정을 얻었겠고 세 번째 선정을 얻었겠지 … 얻고 있다 … 얻었다 … 얻은 자이다 … 능통한 자이다 … 실현한 자이다.’라고 말하면, 속죄죄를 범한 것이라는 뜻이다.

7-2₁. ‘알린다면’이라는 것은 구족계를 받지 않은 자에게 ‘나는 네 번째 선정을

얻었겠고 있음의 여읨에 의한 해탈을 얻었겠지 … 얻고 있다 … 얻었다 … 얻은 자이다 … 능통한 자이다 … 실현한 자이다.'라고 말하면, 속죄죄를 범한 것이라는 뜻이다.

7-2₂. '알린다면'이라는 것은 구족계를 받지 않은 자에게 '나는 네 번째 선정을 얻었겠고 인상의 여읨에 의한 해탈을 얻었겠지 … 얻고 있다 … 얻었다 … 얻은 자이다 … 능통한 자이다 … 실현한 자이다.'라고 말하면, 속죄죄를 범한 것이라는 뜻이다.

7-2₃. '알린다면'이라는 것은 구족계를 받지 않은 자에게 '나는 네 번째 선정을 얻었겠고 바램의 여읨에 의한 해탈을 얻었겠지 … 얻고 있다 … 얻었다 … 얻은 자이다 … 능통한 자이다 … 실현한 자이다.'라고 말하면, 속죄죄를 범한 것이라는 뜻이다.

7-3₁. '알린다면'이라는 것은 구족계를 받지 않은 자에게 '나는 네 번째 선정을 얻었겠고 있음의 여읨에 의한 삼매를 얻었겠지 … 얻는다 … 얻었다 … 얻은 자이다 … 능통한 자이다 … 실현한 자이다.'라고 말하면, 속죄죄를 범한 것이라는 뜻이다.

7-3₂. '알린다면'이라는 것은 구족계를 받지 않은 자에게 '나는 네 번째 선정을 얻었겠고 인상의 여읨에 의한 삼매를 얻었겠지 … 얻는다 … 얻었다 … 얻은 자이다 … 능통한 자이다 … 실현한 자이다.'라고 말하면, 속죄죄를 범한 것이라는 뜻이다.

7-3₃. '알린다면'이라는 것은 구족계를 받지 않은 자에게 '나는 네 번째 선정을 얻었겠고 바램의 여읨에 의한 삼매를 얻었겠지 … 얻는다 … 얻었다 … 얻은 자이다 … 능통한 자이다 … 실현한 자이다.'라고 말하면, 속죄죄를 범한 것이라는 뜻이다.

7-4₁. '알린다면'이라는 것은 구족계를 받지 않은 자에게 '나는 네 번째 선정을 얻었겠고 있음의 여읨에 의한 성취를 얻었겠지 … 얻는다 … 얻었다 … 얻은 자이다 … 능통한 자이다 … 실현한 자이다.'라고 말하면, 속죄죄를 범한 것이라는 뜻이다.

7-4₂. '알린다면'이라는 것은 구족계를 받지 않은 자에게 '나는 네 번째 선정을 얻었겠고 인상의 여읨에 의한 성취를 얻었겠지 … 얻는다 … 얻었다 … 얻은

자이다 … 능통한 자이다 … 실현한 자이다.'라고 말하면, 속죄죄를 범한 것이라는 뜻이다.

7-4₃. '알린다면'이라는 것은 구족계를 받지 않은 자에게 '나는 네 번째 선정을 얻었겠고 바램의 여읨에 의한 성취를 얻었겠지 … 얻는다 … 얻었다 … 얻은 자이다 … 능통한 자이다 … 실현한 자이다.'라고 말하면, 속죄죄를 범한 것이라는 뜻이다.

7-5. '알린다면'이라는 것은 구족계를 받지 않은 자에게 '나는 네 번째 선정을 얻었겠고 세 가지 명지를 얻었겠지 … 얻는다 … 얻었다 … 얻은 자이다 … 능통한 자이다 … 실현한 자이다.'라고 말하면, 속죄죄를 범한 것이라는 뜻이다.

7-6₁. '알린다면'이라는 것은 구족계를 받지 않은 자에게 '나는 네 번째 선정을 얻었겠고 네 가지 새김의 토대를 얻었겠지 … 얻는다 … 얻었다 … 얻은 자이다 … 능통한 자이다 … 실현한 자이다.'라고 말하면, 속죄죄를 범한 것이라는 뜻이다.

7-6₂. '알린다면'이라는 것은 구족계를 받지 않은 자에게 '나는 네 번째 선정을 얻었겠고 네 가지 올바른 노력를 얻었겠지 … 얻는다 … 얻었다 … 얻은 자이다 … 능통한 자이다 … 실현한 자이다.'라고 말하면, 속죄죄를 범한 것이라는 뜻이다.

7-6₃. '알린다면'이라는 것은 구족계를 받지 않은 자에게 '나는 네 번째 선정을 얻었겠고 네 가지 신통의 기초를 얻었겠지 … 얻는다 … 얻었다 … 얻은 자이다 … 능통한 자이다 … 실현한 자이다.'라고 말하면, 속죄죄를 범한 것이라는 뜻이다.

7-6₄. '알린다면'이라는 것은 구족계를 받지 않은 자에게 '나는 네 번째 선정을 얻었겠고 다섯 가지 능력을 얻었겠지 … 얻는다 … 얻었다 … 얻은 자이다 … 능통한 자이다 … 실현한 자이다.'라고 말하면, 속죄죄를 범한 것이라는 뜻이다.

7-6₅. '알린다면'이라는 것은 구족계를 받지 않은 자에게 '나는 네 번째 선정을 얻었겠고 다섯 가지 힘을 얻었겠지 … 얻는다 … 얻었다 … 얻은 자이다 … 능통한 자이다 … 실현한 자이다.'라고 말하면, 속죄죄를 범한 것이라는 뜻이다.

7-6₆. '알린다면'이라는 것은 구족계를 받지 않은 자에게 '나는 네 번째 선정을 얻었겠고 일곱 가지 깨달음 고리를 얻었겠지 … 얻는다 … 얻었다 … 얻은 자이다 … 능통한 자이다 … 실현한 자이다.'라고 말하면, 속죄죄를 범한 것이라는 뜻이다.

7-6₇. '알린다면'이라는 것은 구족계를 받지 않은 자에게 '나는 네 번째 선정을 얻었겠고 여덟 가지 고귀한 길을 얻었겠지 … 얻는다 … 얻었다 … 얻은 자이다 …

능통한 자이다 … 실현한 자이다.'라고 말하면, 속죄죄를 범한 것이라는 뜻이다.

7-7₁. '알린다면'이라는 것은 구족계를 받지 않은 자에게 '나는 네 번째 선정을 얻었겠고 흐름에 든 경지를 얻었겠지 … 얻는다 … 얻었다 … 얻은 자이다 … 능통한 자이다 … 실현한 자이다.'라고 말하면, 속죄죄를 범한 것이라는 뜻이다.

7-7₂. '알린다면'이라는 것은 구족계를 받지 않은 자에게 '나는 네 번째 선정을 얻었겠고 한번 돌아오는 경지를 얻었겠지 … 얻는다 … 얻었다 … 얻은 자이다 … 능통한 자이다 … 실현한 자이다.'라고 말하면, 속죄죄를 범한 것이라는 뜻이다.

7-7₃. '알린다면'이라는 것은 구족계를 받지 않은 자에게 '나는 네 번째 선정을 얻었겠고 돌아오지 않는 경지를 얻었겠지 … 얻는다 … 얻었다 … 얻은 자이다 … 능통한 자이다 … 실현한 자이다.'라고 말하면, 속죄죄를 범한 것이라는 뜻이다.

7-7₄. '알린다면'이라는 것은 구족계를 받지 않은 자에게 '나는 네 번째 선정을 얻었겠고 거룩한 경지를 얻었겠지 … 얻는다 … 얻었다 … 얻은 자이다 … 능통한 자이다 … 실현한 자이다.'라고 말하면, 속죄죄를 범한 것이라는 뜻이다.

7-8₁. '알린다면'이라는 것은 구족계를 받지 않은 자에게 '나는 네 번째 선정을 얻었겠고 나의 탐욕은 끊어졌거나, 쫓아버려졌거나, 놓아버려졌거나, 벗어버려졌거나, 버려버렸거나, 던져버려졌거나, 포기되어버렸다.'라고 말하면, 속죄죄를 범한 것이라는 뜻이다.

7-8₂. '알린다면'이라는 것은 구족계를 받지 않은 자에게 '나는 네 번째 선정을 얻었겠고 나의 성냄끊어졌거나, 쫓아버려졌거나, 놓아버려졌거나, 벗어버려졌거나, 버려버렸거나, 던져버려졌거나, 포기되어버렸다.'라고 말하면, 속죄죄를 범한 것이라는 뜻이다.

7-8₃. '알린다면'이라는 것은 구족계를 받지 않은 자에게 '나는 네 번째 선정을 얻었겠고 나의 어리석음끊어졌거나, 쫓아버려졌거나, 놓아버려졌거나, 벗어버려졌거나, 버려버렸거나, 던져버려졌거나, 포기되어버렸다.'라고 말하면, 속죄죄를 범한 것이라는 뜻이다.

7-9. '알린다면'이라는 것은 구족계를 받지 않은 자에게 '나는 네 번째 선정을 얻었겠고 나의 마음은 탐욕, … 성냄, … 어리석음으로부터 벗어났다.'라고 말하면, 속죄죄를 범한 것이라는 뜻이다.

7-10₁. '알린다면'이라는 것은 구족계를 받지 않은 자에게 '나는 네 번째 선정을

얻었겠고 나는 첫 번째 선정 …, 두 번째 선정 …, 세 번째 선정 …, 네 번째 선정 가운데 홀로 지냄을 즐긴다.'라고 말하면, 속죄죄를 범한 것이라는 뜻이다.

8-𝒫. [세 개 이상의 항목에 의한 결합은 항목의 표시만 하고 생략한다.]

알린다면'이라는 것은 구족계를 받지 않은 자에게 '나는 첫 번째 선정을 … 두 번째 선정 … 세 번째 선정… 얻었겠지 … 얻는다 … 얻었다 … 얻은 자이다 … 능통한 자이다 … 실현한 자이다 … 있음의 여읨에 의한 해탈 … , 인상의 여읨에 의한 해탈 … , 바램의 여읨에 의한 해탈 … , 있음의 여읨에 의한 삼매 … , 인상의 여읨에 의한 삼매 … , 바램의 여읨에 의한 삼매 … , 있음의 여읨에 의한 성취 … , 인상의 여읨에 의한 성취 … , 바램의 여읨에 의한 성취 … , 세 가지 명지 … , 네 가지 새김의 토대 … , 네 가지 올바른 노력 … , 네 가지 신통의 기초 … , 다섯 가지 능력 … , 다섯 가지 힘 … , 일곱 가지 깨달음 고리 … , 여덟 가지 고귀한 길 … , 흐름에 든 경지 … ,[*29] 한번 돌아오는 경지 … , 돌아오지 않는 경지 … , 거룩한 경지를 얻었겠지 … 얻는다 … 얻었다 … 얻은 자이다 … 능통한 자이다 … 실현한 자이다. 나의 탐욕 … , 나의 성냄 … , 나의 어리석음은 끊어졌거나, 쫓아버려졌거나, 놓아버려졌거나, 벗어버려졌거나, 버려버렸거나, 던져버려졌거나, 포기되어버렸다 … , 나의 마음은 탐욕의 장애 …, 성냄의 장애 …, 어리석음의 장애로부터 벗어났다 … , 첫 번째 선정 가운데 홀로 지냄을 즐김, … , 두 번째 선정 가운데 홀로 지냄의 즐김 … , 세 번째 선정 가운데 홀로 지냄의 즐김 … , 네 번째 선정 가운데 홀로 지냄의 즐김을 얻었겠지 … 얻는다 … 얻었다 … 얻은 자이다 … 능통한 자이다 … 실현한 자이다.'라고 말하면, 속죄죄를 범한 것이라는 뜻이다.

9-1₁.

1) '알린다면'이라는 것은 구족계를 받지 않은 자에게 '나는 첫 번째 선정을 얻었겠지 … 얻는다 … 얻었다 … 얻은 자이다 … 능통한 자이다 … 실현한 자이다.'라고 말하고 싶었는데, '나는 두 번째 선정을 얻었겠지 … 얻는다 … 얻었다 … 얻은 자이다 … 능통한 자이다 … 실현한 자이다.'라고 말했는데, 말한 것을 인정한다면, 속죄죄를 범하는 것이고, 인정하지 않는다면, 악작죄를 범한 것이라는 뜻이다.

2) '알린다면'이라는 것은 구족계를 받지 않은 자에게 '나는 첫 번째 선정을 얻었겠지 … 얻는다 … 얻었다 … 얻은 자이다 … 능통한 자이다 … 실현한 자이다. '라고 말하고 싶었는데, '나는 세 번째 선정을 얻었겠지 … 얻는다

… 얻었다 … 얻은 자이다 … 능통한 자이다 … 실현한 자이다.'라고 말했는데, 말한 것을 인정한다면, 속죄죄를 범하는 것이고, 인정하지 않는다면, 악작죄를 범한 것이라는 뜻이다.

3) '알린다면'이라는 것은 구족계를 받지 않은 자에게 '나는 첫 번째 선정을 얻었겠지 … 얻는다 … 얻었다 … 얻은 자이다 … 능통한 자이다 … 실현한 자이다.'라고 말하고 싶었는데, '네 번째 선정을 얻었겠지 … 얻는다 … 얻었다 … 얻은 자이다 … 능통한 자이다 … 실현한 자이다 … 있음의 여읨에 의한 해탈 … , 인상의 여읨에 의한 해탈 … , 바램의 여읨에 의한 해탈 … , 있음의 여읨에 의한 삼매 … , 인상의 여읨에 의한 삼매 … , 바램의 여읨에 의한 삼매 … , 있음의 여읨에 의한 성취 … , 인상의 여읨에 의한 성취 … , 바램의 여읨에 의한 성취 … , 세 가지 명지 … , 네 가지 새김의 토대 … , 네 가지 올바른 노력 … , 네 가지 신통의 기초 … , 다섯 가지 능력 … , 다섯 가지 힘 … , 일곱 가지 깨달음 고리 … , 여덟 가지 고귀한 길 … , 흐름에 든 경지 … , 한번 돌아오는 경지 … , 돌아오지 않는 경지 … , 거룩한 경지를 얻었겠지 … 얻는다 … 얻었다 … 얻은 자이다 … 능통한 자이다 … 실현한 자이다. 나의 탐욕 … , 나의 성냄 … , 나의 어리석음은 끊어졌거나, 쫓아버려졌거나, 놓아버려졌거나, 벗어버려졌거나, 버려버렸거나, 던져버려졌거나, 포기되어버렸다 … , 나의 마음은 탐욕의 장애 … , 성냄의 장애 … , 어리석음의 장애로부터 벗어났다 … , 첫 번째 선정 가운데 홀로 지냄을 즐김, … , 두 번째 선정 가운데 홀로 지냄의 즐김 … , 세 번째 선정 가운데 홀로 지냄의 즐김 … , 네 번째 선정 가운데 홀로 지냄의 즐김을 얻었겠지 … 얻는다 … 얻었다 … 얻은 자이다 … 능통한 자이다 … 실현한 자이다.'라고 말했는데, 말한 것을 인정한다면, 속죄죄를 범하는 것이고, 인정하지 않는다면, 악작죄를 범한 것이라는 뜻이다.

9-1₂.

1) '알린다면'이라는 것은 구족계를 받지 않은 자에게 '나는 두 번째 선정을 얻었겠지 … 얻는다 … 얻었다 … 얻은 자이다 … 능통한 자이다 … 실현한 자이다.'라고 말하고 싶었는데, '나는 세 번째 선정을 얻었겠지 … 얻는다 … 얻었다 … 얻은 자이다 … 능통한 자이다 … 실현한 자이다.'라고 말했는데, 말한 것을 인정한다면, 속죄죄를 범하는 것이고, 인정하지 않는다면, 악작죄를 범한 것이라는 뜻이다.

2) '알린다면'이라는 것은 구족계를 받지 않은 자에게 '나는 두 번째 선정을 얻었

겠지 … 얻는다 … 얻었다 … 얻은 자이다 … 능통한 자이다 … 실현한 자이다.'라고 말하고 싶었는데, '나는 네 번째 선정을 얻었겠지 … 얻는다 … 얻었다 … 얻은 자이다 … 능통한 자이다 … 실현한 자이다.'라고 말했는데, 말한 것을 인정한다면, 속죄죄를 범하는 것이고, 인정하지 않는다면, 악작죄를 범한 것이라는 뜻이다.

3) '알린다면'이라는 것은 구족계를 받지 않은 자에게 '나는 두 번째 선정을 얻었겠지 … 얻는다 … 얻었다 … 얻은 자이다 … 능통한 자이다 … 실현한 자이다.'라고 말하고 싶었는데, '첫 번째 선정을 얻었겠지 … 얻는다 … 얻었다 … 얻은 자이다 … 능통한 자이다 … 실현한 자이다 … 있음의 여읨에 의한 해탈 … , 인상의 여읨에 의한 해탈 … , 바램의 여읨에 의한 해탈 … , 있음의 여읨에 의한 삼매 … , 인상의 여읨에 의한 삼매 … , 바램의 여읨에 의한 삼매 … , 있음의 여읨에 의한 성취 … , 인상의 여읨에 의한 성취 … , 바램의 여읨에 의한 성취 … , 세 가지 명지 … , 네 가지 새김의 토대 … , 네 가지 올바른 노력 … , 네 가지 신통의 기초 … , 다섯 가지 능력 … , 다섯 가지 힘 … , 일곱 가지 깨달음 고리 … , 여덟 가지 고귀한 길 … , 흐름에 든 경지 … , 한번 돌아오는 경지 … , 돌아오지 않는 경지 … , 거룩한 경지를 얻었겠지 … 얻는다 … 얻었다 … 얻은 자이다 … 능통한 자이다 … 실현한 자이다. 나의 탐욕 … , 나의 성냄 … , 나의 어리석음은 끊어졌거나, 쫓아버려졌거나, 놓아버려졌거나, 벗어버려졌거나, 버려버렸거나, 던져버려졌거나, 포기되어버렸다 … , 나의 마음은 탐욕의 장애 … , 성냄의 장애 … , 어리석음의 장애로부터 벗어났다 … , 첫 번째 선정 가운데 홀로 지냄을 즐김, … , 두 번째 선정 가운데 홀로 지냄의 즐김 … , 세 번째 선정 가운데 홀로 지냄의 즐김 … , 네 번째 선정 가운데 홀로 지냄의 즐김을 얻었겠지 … 얻는다 … 얻었다 … 얻은 자이다 … 능통한 자이다 … 실현한 자이다.'라고 말했는데, 말한 것을 인정한다면, 속죄죄를 범하는 것이고, 인정하지 않는다면, 악작죄를 범한 것이라는 뜻이다.

9-1₃.

1) '알린다면'이라는 것은 구족계를 받지 않은 자에게 '나는 세 번째 선정을 얻었겠지 … 얻는다 … 얻었다 … 얻은 자이다 … 능통한 자이다 … 실현한 자이다.'라고 말하고 싶었는데, '나는 네 번째 선정을 얻었겠지 … 얻는다 … 얻었다 … 얻은 자이다 … 능통한 자이다 … 실현한 자이다.'라고 말했는데, 말한 것을 인정한다면, 속죄죄를 범하는 것이고, 인정하지 않는다면, 악작죄를

범한 것이라는 뜻이다.

2) '알린다면'이라는 것은 구족계를 받지 않은 자에게 '나는 세 번째 선정을 얻었겠지 … 얻는다 … 얻었다 … 얻은 자이다 … 능통한 자이다 … 실현한 자이다.'라고 말하고 싶었는데, '나는 첫 번째 선정을 얻었겠지 … 얻는다 … 얻었다 … 얻은 자이다 … 능통한 자이다 … 실현한 자이다.'라고 말했는데, 말한 것을 인정한다면, 속죄죄를 범하는 것이고, 인정하지 않는다면, 악작죄를 범한 것이라는 뜻이다.

3) '알린다면'이라는 것은 구족계를 받지 않은 자에게 '나는 세 번째 선정을 얻었겠지 … 얻는다 … 얻었다 … 얻은 자이다 … 능통한 자이다 … 실현한 자이다.'라고 말하고 싶었는데, '두 번째 선정을 얻었겠지 … 얻는다 … 얻었다 … 얻은 자이다 … 능통한 자이다 … 실현한 자이다 … 있음의 여읨에 의한 해탈 …, 인상의 여읨에 의한 해탈 …, 바램의 여읨에 의한 해탈 …, 있음의 여읨에 의한 삼매 …, 인상의 여읨에 의한 삼매 …, 바램의 여읨에 의한 삼매 …, 있음의 여읨에 의한 성취 …, 인상의 여읨에 의한 성취 …, 바램의 여읨에 의한 성취 …, 세 가지 명지 …, 네 가지 새김의 토대 …, 네 가지 올바른 노력 …, 네 가지 신통의 기초 …, 다섯 가지 능력 …, 다섯 가지 힘 …, 일곱 가지 깨달음 고리 …, 여덟 가지 고귀한 길 …, 흐름에 든 경지 …, 한번 돌아오는 경지 …, 돌아오지 않는 경지 …, 거룩한 경지를 얻었겠지 … 얻는다 … 얻었다 … 얻은 자이다 … 능통한 자이다 … 실현한 자이다. 나의 탐욕 …, 나의 성냄 …, 나의 어리석음은 끊어졌거나, 쫓아버려졌거나, 놓아버려졌거나, 벗어버려졌거나, 버려버렸거나, 던져버려졌거나, 포기되어버렸다 …, 나의 마음은 탐욕의 장애 …, 성냄의 장애 …, 어리석음의 장애로부터 벗어났다 …, 첫 번째 선정 가운데 홀로 지냄을 즐김, …, 두 번째 선정 가운데 홀로 지냄의 즐김 …, 세 번째 선정 가운데 홀로 지냄의 즐김 …, 네 번째 선정 가운데 홀로 지냄의 즐김을 얻었겠지 … 얻는다 … 얻었다 … 얻은 자이다 … 능통한 자이다 … 실현한 자이다.'라고 말했는데, 말한 것을 인정한다면, 속죄죄를 범하는 것이고, 인정하지 않는다면, 악작죄를 범한 것이라는 뜻이다.

9-1₄.

1) '알린다면'이라는 것은 구족계를 받지 않은 자에게 '나는 네 번째 선정을 얻었겠지 … 얻는다 … 얻었다 … 얻은 자이다 … 능통한 자이다 … 실현한 자이다.'라고 말하고 싶었는데, '나는 첫 번째 선정을 얻었겠지 … 얻는다 …

얻었다 … 얻은 자이다 … 능통한 자이다 … 실현한 자이다.'라고 말했는데, 말한 것을 인정한다면, 속죄죄를 범하는 것이고, 인정하지 않는다면, 악작죄를 범한 것이라는 뜻이다.

2) '알린다면'이라는 것은 구족계를 받지 않은 자에게 '나는 네 번째 선정을 얻었겠지 … 얻는다 … 얻었다 … 얻은 자이다 … 능통한 자이다 … 실현한 자이다.'라고 말하고 싶었는데, '나는 두 번째 선정을 얻었겠지 … 얻는다 … 얻었다 … 얻은 자이다 … 능통한 자이다 … 실현한 자이다.'라고 말했는데, 말한 것을 인정한다면, 속죄죄를 범하는 것이고, 인정하지 않는다면, 악작죄를 범한 것이라는 뜻이다.

3) '알린다면'이라는 것은 구족계를 받지 않은 자에게 '나는 네 번째 선정을 얻었겠지 … 얻는다 … 얻었다 … 얻은 자이다 … 능통한 자이다 … 실현한 자이다.'라고 말하고 싶었는데, '세 번째 선정을 얻었겠지 … 얻는다 … 얻었다 … 얻은 자이다 … 능통한 자이다 … 실현한 자이다 … 있음의 여읨에 의한 해탈 …, 인상의 여읨에 의한 해탈 …, 바램의 여읨에 의한 해탈 …, 있음의 여읨에 의한 삼매 …, 인상의 여읨에 의한 삼매 …, 바램의 여읨에 의한 삼매 …, 있음의 여읨에 의한 성취 …, 인상의 여읨에 의한 성취 …, 바램의 여읨에 의한 성취 …, 세 가지 명지 …, 네 가지 새김의 토대 …, 네 가지 올바른 노력 …, 네 가지 신통의 기초 …, 다섯 가지 능력 …, 다섯 가지 힘 …, 일곱 가지 깨달음 고리 …, 여덟 가지 고귀한 길 …, 흐름에 든 경지 …, 한번 돌아오는 경지 …, 돌아오지 않는 경지 …, 거룩한 경지를 얻었겠지 … 얻는다 … 얻었다 … 얻은 자이다 … 능통한 자이다 … 실현한 자이다. 나의 탐욕 …, 나의 성냄 …, 나의 어리석음은 끊어졌거나, 쫓아버려졌거나, 놓아버려졌거나, 벗어버려졌거나, 버려버렸거나, 던져버려졌거나, 포기되어버렸다 …, 나의 마음은 탐욕의 장애 …, 성냄의 장애 …, 어리석음의 장애로부터 벗어났다 …, 첫 번째 선정 가운데 홀로 지냄을 즐김, …, 두 번째 선정 가운데 홀로 지냄의 즐김 …, 세 번째 선정 가운데 홀로 지냄의 즐김 …, 네 번째 선정 가운데 홀로 지냄의 즐김을 얻었겠지 … 얻는다 … 얻었다 … 얻은 자이다 … 능통한 자이다 … 실현한 자이다.'라고 말했는데, 말한 것을 인정한다면, 속죄죄를 범하는 것이고, 인정하지 않는다면, 악작죄를 범한 것이라는 뜻이다.

9-2. [이하의 단일장의 중간 단계는 모두 생략한다.]

9-3₁.

1) '알린다면'이라는 것은 구족계를 받지 않은 자에게 '첫 번째 선정 가운데 홀로 지냄의 즐거움을 얻었겠지 … 얻는다 … 얻었다 … 얻은 자이다 … 능통한 자이다 … 실현한 자이다.'라고 말하고 싶었는데, '나는 첫 번째 선정을 얻었겠지 … 얻는다 … 얻었다 … 얻은 자이다 … 능통한 자이다 … 실현한 자이다.'라고 말했는데, 말한 것을 인정한다면, 속죄죄를 범하는 것이고, 인정하지 않는다면, 악작죄를 범한 것이라는 뜻이다 …

2) '알린다면'이라는 것은 구족계를 받지 않은 자에게 "'두 번째 선정 가운데 홀로 지냄의 즐거움을 얻었겠지 … 얻는다 … 얻었다 … 얻은 자이다 … 능통한 자이다 … 실현한 자이다.'라고 말하고 싶었는데, '나는 첫 번째 선정을 얻었겠지 … 얻는다 … 얻었다 … 얻은 자이다 … 능통한 자이다 … 실현한 자이다.'라고 말했는데, 말한 것을 인정한다면, 속죄죄를 범하는 것이고, 인정하지 않는다면, 악작죄를 범한 것이라는 뜻이다 …

3) '알린다면'이라는 것은 구족계를 받지 않은 자에게 '세 번째 선정 가운데 홀로 지냄의 즐거움을 얻었겠지 … 얻는다 … 얻었다 … 얻은 자이다 … 능통한 자이다 … 실현한 자이다.'라고 말하고 싶었는데, '나는 첫 번째 선정을 얻었겠지 … 얻는다 … 얻었다 … 얻은 자이다 … 능통한 자이다 … 실현한 자이다.'라고 말했는데, 말한 것을 인정한다면, 속죄죄를 범하는 것이고, 인정하지 않는다면, 악작죄를 범한 것이라는 뜻이다 …

4) '알린다면'이라는 것은 구족계를 받지 않은 자에게 '나는 네 번째 선정 가운데 홀로 지냄의 즐거움을 얻었겠지 … 얻는다 … 얻었다 … 얻은 자이다 … 능통한 자이다 … 실현한 자이다.'라고 말하고 싶었는데, '나는 첫 번째 선정을 얻었겠지 … 얻는다 … 얻었다 … 얻은 자이다 … 능통한 자이다 … 실현한 자이다.'라고 말했는데, 말한 것을 인정한다면, 속죄죄를 범하는 것이고, 인정하지 않는다면, 악작죄를 범한 것이라는 뜻이다 …

9-4. '알린다면'이라는 것은 구족계를 받지 않은 자에게 '나는 첫 번째 선정과 두 번째 선정과 세 번째 선정과 네 번째 선정을 얻었겠지 … 얻는다 … 얻었다 … 얻은 자이다 … 능통한 자이다 … 실현한 자이다.'라고 말하고 싶었는데, '있음의 여읨에 의한 해탈 …, 인상의 여읨에 의한 해탈 …, 바램의 여읨에 의한 해탈 …, 있음의 여읨에 의한 삼매 …, 인상의 여읨에 의한 삼매 …, 바램의 여읨에 의한 삼매 …, 있음의 여읨에 의한 성취 …, 인상의 여읨에 의한 성취 …, 바램의 여읨에 의한 성취 …, 세 가지 명지 …, 네 가지 새김의 토대 …

, 네 가지 올바른 노력 … , 네 가지 신통의 기초 … , 다섯 가지 능력 … , 다섯 가지 힘 … , 일곱 가지 깨달음 고리 … , 여덟 가지 고귀한 길 … , 흐름에 든 경지 … , 한번 돌아오는 경지 … , 돌아오지 않는 경지 … , 거룩한 경지 … , 나의 탐욕은 … , 나의 성냄은 … , 나의 어리석음은 끊어졌거나, 쫓아버려졌거나, 놓아버려졌거나, 벗어버려졌거나, 버려버렸거나, 던져버려졌거나, 포기되어버렸다. 나의 마음은 탐욕의 장애를 여의었다. 나의 마음은 성냄의 장애를 여의었다. 나의 마음은 어리석음의 장애를 여의었다.'라고 말했는데, 말한 것을 인정한다면, 속죄죄를 범하는 것이고, 인정하지 않는다면, 악작죄를 범한 것이라는 뜻이다.

9-5₁.

1) '알린다면'이라는 것은 구족계를 받지 않은 자에게 '이 정사에 사는 수행승은 첫 번째 선정을 얻었겠지 … 얻는다 … 얻었다 … 얻은 자이다 … 능통한 자이다 … 실현한 자이다.'라고 말하면, 악작죄를 범하는 것이라는 뜻이다.
2) '알린다면'이라는 것은 구족계를 받지 않은 자에게 '이 정사에 사는 수행승은 두 번째 선정을 얻었겠지 … 얻는다 … 얻었다 … 얻은 자이다 … 능통한 자이다 … 실현한 자이다.'라고 말하면, 악작죄를 범하는 것이라는 뜻이다.
3) '알린다면'이라는 것은 구족계를 받지 않은 자에게 '이 정사에 사는 수행승은 세 번째 선정을 얻었겠지 … 얻는다 … 얻었다 … 얻은 자이다 … 능통한 자이다 … 실현한 자이다.'라고 말하면, 악작죄를 범하는 것이라는 뜻이다.
4) '알린다면'이라는 것은 구족계를 받지 않은 자에게 '이 정사에 사는 수행승은 네 번째 선정 … 있음의 여읨에 의한 해탈 … , 인상의 여읨에 의한 해탈 … , 바램의 여읨에 의한 해탈 … , 있음의 여읨에 의한 삼매 … , 인상의 여읨에 의한 삼매 … , 바램의 여읨에 의한 삼매 … , 있음의 여읨에 의한 성취 … , 인상의 여읨에 의한 성취 … , 바램의 여읨에 의한 성취 … , 세 가지 명지 … , 네 가지 새김의 토대 … , 네 가지 올바른 노력 … , 네 가지 신통의 기초 … , 다섯 가지 능력 … , 다섯 가지 힘 … , 일곱 가지 깨달음 고리 … , 여덟 가지 고귀한 길 … , 흐름에 든 경지 … , 한번 돌아오는 경지 … , 돌아오지 않는 경지 … , 거룩한 경지를 얻었겠지 … 얻는다 … 얻었다 … 얻은 자이다 … 능통한 자이다 … 실현한 자이다. 나의 탐욕, … , 나의 성냄 … , 나의 어리석음은 끊어졌거나,[*30] 쫓아버려졌거나, 놓아버려졌거나, 벗어버려졌거나, 버려버렸거나, 던져버려졌거나, 포기되어버렸다. 나의 마음은 탐욕의 장애를 여의었다. 나의 마음은 성냄의 장애를 여의었다. 나의 마음은 어리석음

의 장애를 여의었다.'라고 말하면, 악작죄를 범하는 것이라는 뜻이다.

9-5₂.

1) '알린다면'이라는 것은 구족계를 받지 않은 자에게 '이 정사에 사는 수행승은 첫 번째 선정 가운데 홀로 지냄의 즐김을 얻었겠지 … 얻는다 … 얻었다 … 얻은 자이다 … 능통한 자이다 … 실현한 자이다.'라고 말하면, 악작죄를 범하는 것이라는 뜻이다.

2) '알린다면'이라는 것은 구족계를 받지 않은 자에게 '이 정사에 사는 수행승은 두 번째 선정 가운데 지냄의 즐김을 얻었겠지 … 얻는다 … 얻었다 … 얻은 자이다 … 능통한 자이다 … 실현한 자이다.'라고 말하면, 악작죄를 범하는 것이라는 뜻이다.

3) '알린다면'이라는 것은 구족계를 받지 않은 자에게 '이 정사에 사는 수행승은 세 번째 선정 가운데 홀로 지냄의 즐김을 얻었겠지 … 얻는다 … 얻었다 … 얻은 자이다 … 능통한 자이다 … 실현한 자이다.'라고 말하면, 악작죄를 범하는 것이라는 뜻이다.

4) '알린다면'이라는 것은 구족계를 받지 않은 자에게 '이 정사에 사는 수행승은 텅 빈 곳에서 네 번째 선정 가운데 홀로 지냄의 즐김을 얻었겠지 … 얻는다 … 얻었다 … 얻은 자이다 … 능통한 자이다 … 실현한 자이다.'라고 말하면, 악작죄를 범하는 것이라는 뜻이다.

9-6₁.

1) '알린다면'이라는 것은 구족계를 받지 않은 자에게 '그대의 정사를 사용하고, 그대의 옷을 착용하고, 그대의 탁발음식을 향유하고, 그대의 처소를 사용하고, 그대의 필수약품을 사용하는 자 … 그에 의해서 그대의 정사가 사용되고, 그대의 옷이 착용되고, 그대의 탁발음식이 향유되고, 그대의 처소를 사용되고, 그대의 필수약품이 사용되는 자 … 그대 덕분에 정사를 보시하고, 옷을 보시하고, 탁발음식을 보시하고, 처소를 보시하고, 필수약품을 보시하는 자가 첫 번째 선정을 얻었겠지 … 얻는다 … 얻었다 … 얻은 자이다 … 능통한 자이다 … 실현한 자이다.'라고 말하면, 악작죄를 범하는 것이라는 뜻이다.

2) '알린다면'이라는 것은 구족계를 받지 않은 자에게 '그대의 정사를 사용하고, 그대의 옷을 착용하고, 그대의 탁발음식을 향유하고, 그대의 처소를 사용하고, 그대의 필수약품을 사용하는 자 … 그에 의해서 그대의 정사가 사용되고, 그대의 옷이 착용되고, 그대의 탁발음식이 향유되고, 그대의 처소를 사용되고, 그대

의 필수약품이 사용되는 자 … 그대 덕분에 정사를 보시하고, 옷을 보시하고, 탁발음식을 보시하고, 처소를 보시하고, 필수약품을 보시하는 자가 두 번째 선정을 얻었겠지 … 얻는다 … 얻었다 … 얻은 자이다 … 능통한 자이다 … 실현한 자이다.'라고 말하면, 악작죄를 범하는 것이라는 뜻이다.

3) '알린다면'이라는 것은 구족계를 받지 않은 자에게 '그대의 정사를 사용하고, 그대의 옷을 착용하고, 그대의 탁발음식을 향유하고, 그대의 처소를 사용하고, 그대의 필수약품을 사용하는 자 … 그에 의해서 그대의 정사가 사용되고, 그대의 옷이 착용되고, 그대의 탁발음식이 향유되고, 그대의 처소를 사용되고, 그대의 필수약품이 사용되는 자 … 그대 덕분에 정사를 보시하고, 옷을 보시하고, 탁발음식을 보시하고, 처소를 보시하고, 필수약품을 보시하는 자가 세 번째 선정을 얻었겠지 … 얻는다 … 얻었다 … 얻은 자이다 … 능통한 자이다 … 실현한 자이다.'라고 말하면, 악작죄를 범하는 것이라는 뜻이다.

4) '알린다면'이라는 것은 구족계를 받지 않은 자에게 '그대의 정사를 사용하고, 그대의 옷을 착용하고, 그대의 탁발음식을 향유하고, 그대의 처소를 사용하고, 그대의 필수약품을 사용하는 자 … 그에 의해서 그대의 정사가 사용되고, 그대의 옷이 착용되고, 그대의 탁발음식이 향유되고, 그대의 처소를 사용되고, 그대의 필수약품이 사용되는 자 … 그대 덕분에 정사를 보시하고, 옷을 보시하고, 탁발음식을 보시하고, 처소를 보시하고, 필수약품을 보시하는 자가 텅 빈 곳에서 네 번째 선정 … , 있음의 여읨에 의한 해탈 … , 인상의 여읨에 의한 해탈 … , 바램의 여읨에 의한 해탈 … , 있음의 여읨에 의한 삼매 … , 인상의 여읨에 의한 삼매 … , 바램의 여읨에 의한 삼매 … , 있음의 여읨에 의한 성취 … , 인상의 여읨에 의한 성취 … , 바램의 여읨에 의한 성취 … , 세 가지 명지 … , 네 가지 새김의 토대 … , 네 가지 올바른 노력 … , 네 가지 신통의 기초 … , 다섯 가지 능력 … , 다섯 가지 힘 … , 일곱 가지 깨달음 고리 … , 여덟 가지 고귀한 길 … , 흐름에 든 경지 … , 한번 돌아오는 경지 … , 돌아오지 않는 경지 … , 거룩한 경지를 얻었겠지 … 얻는다 … 얻었다 … 얻은 자이다 … 능통한 자이다 … 실현한 자이다. 나의 탐욕 … , 나의 성냄 … , 나의 어리석음은 끊어졌거나, 쫓아버려졌거나, 놓아버려졌거나, 벗어버려졌거나, 버려버렸거나, 던져버려졌거나, 포기되어버렸다. 어리석음을 버렸다. 나의 마음은 탐욕의 장애를 여의었다. 나의 마음은 성냄의 장애를 여의었다. 나의 마음은 어리석음의 장애를 여의었다.'라고 말하면, 악작죄를 범하는 것이라는

뜻이다.'라고 말하면, 악작죄를 범하는 것이라는 뜻이다.

9-6₂.

1) '알린다면'이라는 것은 구족계를 받지 않은 자에게 '그대의 정사를 사용하고, 그대의 옷을 착용하고, 그대의 탁발음식을 향유하고, 그대의 처소를 사용하고, 그대의 필수약품을 사용하는 자 … 그에 의해서 그대의 정사가 사용되고, 그대의 옷이 착용되고, 그대의 탁발음식이 향유되고, 그대의 처소를 사용되고, 그대의 필수약품이 사용되는 자 … 그대 덕분에 정사를 보시하고, 옷을 보시하고, 탁발음식을 보시하고, 처소를 보시하고, 필수약품을 보시하는 자가 첫 번째 선정 가운데 홀로 지냄의 즐김을 얻었겠지 … 얻는다 … 얻었다 … 얻은 자이다 … 능통한 자이다 … 실현한 자이다.'라고 말하면, 악작죄를 범하는 것이라는 뜻이다.

2) '알린다면'이라는 것은 구족계를 받지 않은 자에게 '그대의 정사를 사용하고, 그대의 옷을 착용하고, 그대의 탁발음식을 향유하고, 그대의 처소를 사용하고, 그대의 필수약품을 사용하는 자 … 그에 의해서 그대의 정사가 사용되고, 그대의 옷이 착용되고, 그대의 탁발음식이 향유되고, 그대의 처소를 사용되고, 그대의 필수약품이 사용되는 자 … 그대 덕분에 정사를 보시하고, 옷을 보시하고, 탁발음식을 보시하고, 처소를 보시하고, 필수약품을 보시하는 자가 두 번째 선정 가운데 홀로 지냄의 즐김을 얻었겠지 … 얻는다 … 얻었다 … 얻은 자이다 … 능통한 자이다 … 실현한 자이다.'라고 말하면, 악작죄를 범하는 것이라는 뜻이다.

3) '알린다면'이라는 것은 구족계를 받지 않은 자에게 '그대의 정사를 사용하고, 그대의 옷을 착용하고, 그대의 탁발음식을 향유하고, 그대의 처소를 사용하고, 그대의 필수약품을 사용하는 자 … 그에 의해서 그대의 정사가 사용되고, 그대의 옷이 착용되고, 그대의 탁발음식이 향유되고, 그대의 처소를 사용되고, 그대의 필수약품이 사용되는 자 … 그대 덕분에 정사를 보시하고, 옷을 보시하고, 탁발음식을 보시하고, 처소를 보시하고, 필수약품을 보시하는 자가 세 번째 선정 가운데 홀로 지냄의 즐김을 얻었겠지 … 얻는다 … 얻었다 … 얻은 자이다 … 능통한 자이다 … 실현한 자이다.'라고 말하면, 악작죄를 범하는 것이라는 뜻이다.

4) '알린다면'이라는 것은 구족계를 받지 않은 자에게 '그대의 정사를 사용하고, 그대의 옷을 착용하고, 그대의 탁발음식을 향유하고, 그대의 처소를 사용하고,

그대의 필수약품을 사용하는 자 … 그에 의해서 그대의 정사가 사용되고, 그대의 옷이 착용되고, 그대의 탁발음식이 향유되고, 그대의 처소를 사용되고, 그대의 필수약품이 사용되는 자 … 그대 덕분에 정사를 보시하고, 옷을 보시하고, 탁발음식을 보시하고, 처소를 보시하고, 필수약품을 보시하는 자가 네 번째 선정 가운데 홀로 지냄의 즐김을 얻었겠지 … 얻는다 … 얻었다 … 얻은 자이다 … 능통한 자이다 … 실현한 자이다.'라고 말하면, 악작죄를 범하는 것이라는 뜻이다.

10-1. 구족계를 받은 자에게 사실을 말하는 경우이거나, 정신이 착란된 자이거나, 초범자인 경우는 무죄이다.

4. 1. 9 속죄죄법 제9조

추악죄를 알리는 것에 대한 학습계율[Duṭṭhullārocanasikkhāpada]

1-1. 한때 존귀한 부처님께서 싸밧티 시의 제따바나 숲에 있는 아나타삔디까 승원에 계셨다. 그런데 그때 싸끼야의 아들 존자 우빠난다는 여섯무리의 수행승들과 다툼이 있었다. 그는 의도적인 정액의 방출로 인한 죄931)를 짓고 참모임에 그 죄에 대하여 격리처벌을 요청했다. 참모임은 그에게 그 죄에 대하여 격리처벌을 주었다. 그런데 그때 싸밧티 시의 어떤 조합에서 승차식을 베풀었다. 그는 격리처벌 중이었지만 식당의 한 귀퉁이에 앉았다. 여섯무리의 수행승들이 재가의 남자신도들에게 이와 같이 말했다.

[여섯무리의 수행승들] "벗들이여, 싸끼야의 아들 존자 우빠난다는 그대들이 그의 단월가정이 된, 경애하는 자인데, 정액을 방출시킨 그 손으로 믿음으로 베푼 보시를 향유하고 있습니다. 그는 의도적인[*31] 정액의 방출로 죄를 짓고 참모임에 그 죄에 대하여 격리처벌을 요청했고, 참모임은 그에게 그 죄에 대하여 격리처벌을 주었습니다. 그는 격리처벌을 받으면서도 한 귀퉁이에 앉았습니다."

1-2. 수행승들 가운데 욕망을 여의고, 만족을 알고, 부끄러움을 알고, 후회할 줄 알고, 배움을 원하는 자들은 혐책하고 분개하고 비난했다.

[욕망을 여읜 수행승들] "어찌 여섯무리의 수행승들이 수행승의 추악죄에 대하

931) sañcetanikaṃ sukkvisaṭṭhiṃ āpattiṃ : Vin. III. 112, 빅쿠승단잔류죄 제1조(Bhikkhu Saṅgh. 1), 빅쿠속죄죄법 제64조(Bhikkhu Pāc. 64)를 참조하라.

여 구족계를 받지 않은 자에게 알릴 수 있단 말인가?"

1-3. 그래서 그 수행승들은 세존께 그 사실을 알렸다. 그러자 세존께서는 이러한 인연으로 이러한 기회에 수행승들의 참모임을 불러 모으게 하고 연유를 설하고 여섯무리의 수행승들에게 물었다.

[세존] "수행승들이여, 그대들이 수행승의 추악죄에 대하여 구족계를 받지 않은 자에게 알린 것이 사실인가?"

[여섯무리의 수행승들] "세존이시여, 사실입니다."

존귀한 부처님께서는 견책했다.

[세존] "어리석은 자들여, 그대들은 적절하지 않고, 자연스럽지 않고, 알맞지 않고, 수행자의 삶이 아니고, 부당하고, 해서는 안 될 일을 행한 것이다. 어리석은 자들이여, 어찌 그대들이 수행승의 추악죄에 대하여 구족계를 받지 않은 자에게 알릴 수 있단 말인가? 어리석은 자들이여, 그것은 아직 청정한 믿음이 없는 자를 청정한 믿음으로 이끌고, 이미 청정한 믿음이 있는 자를 더욱더 청정한 믿음으로 이끄는 것이 아니다. 어리석은 자여, 그것은 오히려, 아직 청정한 믿음이 없는 자를 불신으로 이끌고, 이미 청정한 믿음이 있는 자 가운데 어떤 자들을 타락시키는 것이다."

1-4. 그리고 세존께서는 그 여섯무리의 수행승들에 대하여 여러 가지 방편으로 견책하여, 키우기 어렵고 부양하기 어렵고 탐욕이 많고 만족을 모르고 교제를 좋아하고 나태한 것에 대해 질책하고, 여러 가지 법문으로 고무하여, 키우기 쉽고 부양하기 쉽고 욕심을 여의고, 만족을 알고, 버리고 없애는 삶, 악을 제거하는 삶, 청정한 믿음의 삶, 쌓아 모우지 않는 삶, 용맹정진의 삶을 칭찬하고, 수행승들을 위하여 그에 알맞고 그에 걸맞게 경책하여 법문을 하고 수행승들에게 일렀다.

[세존] "수행승들이여, 그러므로 수행승들을 위하여 열 가지 이유에 기초하여, 즉 참모임의 수승을 위하여, 참모임의 안락을 위하여, 악한 수행승의 조복을 위하여, 품행이 바른 수행승의 평안한 삶을 위하여, 지금 여기에서의 번뇌의 제어를 위하여, 다가오는 번뇌를 물리치기 위하여, 청정한 믿음이 없는 자에게 청정한 믿음을 주기 위하여, 청정한 믿음이 있는 자에게 청정한 믿음을 증대시키기 위하여, 올바른 가르침을 지속시키기 위하여, 계율을 수호하기 위하여 학습계율을 시설하니, 수행승들이여, 그대들은 이와 같이 학습계율을 송출해야 한다."

[세존] "어떠한 수행승이든지 수행승의 추악죄에 대하여 구족계를 받지 않은

자에게 알리면, 수행승들의 동의를 제외하고 속죄죄를 범하는 것이다."[932]

2-1. '어떠한'이라는 것은 어떠한 관계, 어떠한 태생, 어떠한 이름, 어떠한 성씨, 어떠한 계행, 어떠한 주거, 어떠한 활동영역에서 이든지, 장로이든지, 신참이든지, 중참이든지, 이러한 자들을 형용하는 것으로 '어떠한 자이든'이라는 뜻이다. '수행승'이라고 하는 것은 '탁발하는 자'로서의 수행승, 탁발을 위해 돌아다니는 자로서의 수행승, 분소의를 입은 자로서의 수행승, 사미로서의 수행승, 자칭에 의한 수행승, '오라! 수행승이여!'에 의한 수행승, 삼귀의에 의해 구족계를 받은 수행승, 현선한 수행승, 진실한 수행승, 배울 것이 있는 학인인 수행승, 배울 것이 없는 무학인 수행승, 화합참모임과 한번제안세번제청의 갈마와 부동의 거룩한 님의 속성을 갖춘 자로서의 수행승이 있는데, 그들 가운데 화합참모임과 한번제안세번제청의 갈마와 부동의 거룩한 님의 속성을 갖춘 수행승을 두고, 그러한 의미에서의 수행승을 뜻한다.

2-2₁. '수행승들의 동의를 제외하고'라는 것은 '수행승의 승인 이외에'라는 뜻이다. 죄에 한정되고 가정에는 한정되지 않는 수행승들의 동의가 있다. 죄에 한정되지 않고 가정에는 한정되는 수행승들의 동의가 있다. 죄에 한정되고 가정에도 한정되는 수행승들의 동의가 있다. 죄에도 한정되지 않고 가정에도 한정되지 않는 수행승들의 동의가 있다.

2-2₂.

1) '죄에 한정되는'이라는 것은 죄가 지정되면, 그 죄에 대해서만 알릴 수 있는 것을 뜻한다.
2) '가정에 한정되는'이라는 것은 가정이 지정되면, 그 가정에만 알릴 수 있는 것을 뜻한다.
3) '죄가 한정되고 가정도 한정되는' 것이라는 것은 죄가 지정되고 가정이 지정되어 그 죄에 대해서와 그 가정에 대해서만 알릴 수 있다는 뜻이다.
4) '죄가 한정되지도 않고 가정도 한정되지 않는' 것이라는 것은 죄가 지정되지 않고 가정이 지정되지 않은 것을 뜻한다.

2-2₃.

1) 죄가 한정되었을 때 지정된 그 죄를 제외하고 다른 죄를 알리면, 속죄죄를

932) 향비수구인설추죄계(向非受具人說麤罪戒) | Bhikkhunī Pāc. 9 : yo pana bhikkhu bhikkhussa duṭṭhullaṃ āpattiṃ anupasampannassa āroceyya aññatra bhikkhusammutiyā pācittiyan'ti.

범하는 것이다.

2) 가정이 한정되었을 때 그 지정된 가정을[*32] 제외하고 다른 가정에 알리면, 속죄죄를 범하는 것이다.

3) 죄가 한정되고 가정이 한정되었을 때 지정된 그 죄를 제외하고 지정된 그 가정을 제외하고 다른 죄를 다른 가정에 알리면, 속죄죄를 범하는 것이다.

4) 죄가 한정되지 않고 가정이 한정되지 않았으면, 무죄이다.

2-3₁.

1) 추악죄를 추악죄라고 지각하고 구족계를 받지 않은 자에게 알리면, 수행승들의 동의를 제외하고 속죄죄를 범하는 것이다.

2) 추악죄를 추악죄인지 의심하고 구족계를 받지 않은 자에게 알리면, 수행승들의 동의를 제외하고 속죄죄를 범하는 것이다.

3) 추악죄를 추악죄가 아니라고 지각하고 구족계를 받지 않은 자에게 알리면, 수행승들의 동의를 제외하고 속죄죄를 범하는 것이다.

2-3₂.

1) 추악죄가 아닌 죄를 알리면, 악작죄를 범하는 것이다.

2) 구족계를 받지 않은 자에게 거칠거나 거칠지 않은 비행을 알리면, 악작죄를 범하는 것이다.

2-3₃.

1) 추악하지 않은 죄를 추악죄라고 지각하면, 악작죄를 범하는 것이다.

2) 추악하지 않은 죄를 추악하지 않은 죄인지 의심하면 악작죄를 범하는 것이다.

3) 추악하지 않은 죄를 추악하지 않은 죄라고 지각하면, 무죄이다.[933]

2-4. 일을 알려주고 죄를 알려주지 않거나, 죄를 알려주고 일을 알려주지 않거나,[934] 수행승의 동의가 있는 경우이거나, 정신이 착란된 자이거나, 초범자인 경우는 무죄이다.

---

933) aduṭṭhullāya āpattiyā aduṭṭhullāpattisaññī āpatti dukkaṭassa : 빠알리원문은 '추악하지 않은 죄를 추악하지 않은 죄라고 지각하면, 악작죄이다.'라고 되어있으나, 틀림없이 '악작죄'는 '무죄'라고 수정되어야 한다.

934) āpattiṃ āroceti no vatthuṃ : Smp. 754에 따르면, 그가 어떤 사람이 저지른 비행을 이름 지으면, 무죄이다. 마찬가지로 수행승이 저지른 죄, 승단추방죄에서 악설죄에 이르기까지 단지 언급만 한다면, 무죄이다. 그러나 그가 죄의 유형을 분류하여 그 예를 들어, '이 수행승은 의도적으로 정액을 방출하여, 승단의 갈마에 붙여져야 하는 죄를 저질렀습니다.'라고 말한다면, 죄를 범하는 것이다.

4. 1. 10 속죄죄법 제10조

땅파기에 대한 학습계율[Paṭhavikhaṇanasikkhāpada]

1-1. 한때 존귀한 부처님께서 알라비 시에 있는 악갈라바 탑묘에 계셨다. 그런데 그때 알라비 시의 수행승들이 수리일을 위해서 땅을 파고 땅을 파게 시켰다. 사람들은 혐책하고 분개하고 비난했다.

[사람들] "어찌 싸끼야의 아들 수행자들이 땅을 파고 땅을 파게 시켜서 싸끼야의 아들 수행자들이 한 감관을 지닌 초목935)의 생명을 해칠 수 있단 말인가?"

1-2. 수행승들은 그 사람들이 혐책하고 분개하고 비난하는 것을 들었다. 수행승들 가운데 욕망을 여의고, 만족을 알고, 부끄러움을 알고, 후회할 줄 알고, 배움을 원하는 자들이 있는데, 그들도 혐책하고 분개하고 비난했다.

[욕망을 여읜 수행승들] "어찌 알라비 시의 수행승들이 땅을 파고 땅을 파게 시킬 수 있단 말인가?"

1-3. 그래서 그 수행승들이 세존께 그 사실을 알렸다. 그러자 세존께서는 이러한 인연으로 이러한 기회에 수행승들의 무리를 불러 모으게 하고 알라비 시의 수행승들에게 물었다.

[세존] "수행승들이여, 그대들이 땅을 파고 땅을 파게 시킨 것이 사실이란 말인가?"

[알라비의 수행승들] "세존이시여, 사실입니다."

존귀하신 부처님께서는 견책하셨다.

[세존] "어리석은 자들이여, 그것은 적절하지 않고, 자연스럽지 않고, 알맞지 않고, 수행자의 삶이 아니고, 부당하고, 해서는 안 될 일을 행한 것이다. 어리석은 자들이여, 어찌 그대들이 땅을 파고 땅을 파게 시킬 수 있단 말인가? 어리석은 자들이여, 사람들은[*33] 땅속에 생명이 있다고 알고 있다. 어리석은 자들이여, 그것은 아직 청정한 믿음이 없는 자를 청정한 믿음으로 이끌고, 이미 청정한 믿음이 있는 자를 더욱더 청정한 믿음으로 이끄는 것이 아니다. 수행승들이여, 그것은 오히려, 아직 청정한 믿음이 없는 자를 불신으로 이끌고, 이미 청정한 믿음이 있는 자 가운데 어떤 자들을 타락시키는 것이다."

1-4. 그리고 세존께서는 그 알라비 시의 수행승들에 대하여 여러 가지 방편으로

---

935) ekindriya : 한 감각능력을 지닌 것이란 바로 초목을 의미한다. 초목은 감촉능력(身根)만을 지니고 있다.

견책하여, 키우기 어렵고 부양하기 어렵고 탐욕이 많고 만족을 모르고 교제를 좋아하고 나태한 것에 대해 질책하고, 여러 가지 법문으로 고무하여, 키우기 쉽고 부양하기 쉽고 욕심을 여의고, 만족을 알고, 버리고 없애는 삶, 악을 제거하는 삶, 청정한 믿음의 삶, 쌓아 모우지 않는 삶, 용맹정진의 삶을 칭찬하고, 수행승들을 위하여 그에 알맞고 그에 걸맞게 경책하여 법문을 하고 수행승들에게 일렀다.

[세존] "수행승들이여, 그러므로 수행승들을 위하여 열 가지 이유에 기초하여, 즉 참모임의 수승을 위하여, 참모임의 안락을 위하여, 악한 수행승의 조복을 위하여, 품행이 바른 수행승의 평안한 삶을 위하여, 지금 여기에서의 번뇌의 제어를 위하여, 다가오는 번뇌를 물리치기 위하여, 청정한 믿음이 없는 자에게 청정한 믿음을 주기 위하여, 청정한 믿음이 있는 자에게 청정한 믿음을 증대시키기 위하여, 올바른 가르침을 지속시키기 위하여, 계율을 수호하기 위하여 학습계율을 시설하겠으니, 수행승들이여, 그대들은 이와 같이 학습계율을 송출해야 한다."

[세존] "어떠한 수행승이든 땅을 파거나 땅을 파게 시키면, 속죄죄를 범하는 것이다."936)

2-1. '어떠한'이라는 것은 어떠한 관계, 어떠한 태생, 어떠한 이름, 어떠한 성씨, 어떠한 계행, 어떠한 주거, 어떠한 활동영역에서 이든지, 장로이든지, 신참이든지, 중참이든지, 이러한 자들을 형용하는 것으로 '어떠한 자이든'이라는 뜻이다. '수행승'이라고 하는 것은 '탁발하는 자'로서의 수행승, 탁발을 위해 돌아다니는 자로서의 수행승, 분소의를 입은 자로서의 수행승, 사미로서의 수행승, 자칭에 의한 수행승, '오라! 수행승이여!'에 의한 수행승, 삼귀의에 의해 구족계를 받은 수행승, 현선한 수행승, 진실한 수행승, 배울 것이 있는 학인인 수행승, 배울 것이 없는 무학인 수행승, 화합참모임과 한번제안세번제청의 갈마와 부동의 거룩한 님의 속성을 갖춘 자로서의 수행승이 있는데, 그들 가운데 화합참모임과 한번제안세번제청의 갈마와 부동의 거룩한 님의 속성을 갖춘 수행승을 두고, 그러한 의미에서의 수행승을 뜻한다.

2-2. '땅'이라는 것은 자연적 땅과 인공적 땅이 있다. '자연적 땅'이라는 것은 순수한 흙, 순수한 토양, 돌조각이 없고, 조약돌이 없고, 기와조각이 없고, 자갈이 없고, 모래가 없는 것으로 대부분이 흙이고 대부분이 토양인 것으로 불타지 않았

936) 굴지계(掘地戒) | Bhikkhunī Pāc. 10 : yo pana bhikkhu paṭhaviyaṃ khaṇeyya vā khaṇāpeyya vā pācittiyan'ti.

어도 자연적인 땅이라고 불리고, 또한 쌓아올린 흙이나 쌓아올린 토양으로 사 개월 이상 비를 맞았더라도 자연적인 땅이라고 불린다. '인공적인 땅'이라는 것은 순수한 돌조각, 순수한 조약돌, 순수한 기와조각, 순수한 자갈, 순수한 모래로, 흙이 없고, 토양이 없는 대부분이 돌조각이고, 대부분이 조약돌이고, 대부분이 기와조각이고, 대부분이 자갈이고, 대부분이 모래조각으로 불탔더라도 인공적인 땅이라고 불리고, 또한 쌓아올린 흙이나 쌓아올린 토양으로 사 개월 이하 비를 맞았더라도 인공적인 땅이라고 불린다.

2-3. '파내면'이라는 것은 스스로 파면, 속죄죄를 범하는 것이라는 뜻이다. '파내게 시키면'이라는 것은 타인에게 명령하면 속죄죄를 범한 것이라는 뜻이다. 한번 명령하여 여러 번 파내면, 속죄죄를 범하는 것이다.

2-4₁.

1) 땅에 대하여 땅이라고 지각하고 파내거나 파내게 시키거나, 부수거나 부수게 시키거나, 불태우거나 불태우도록 시키면,[937] 속죄죄를 범하는 것이다.
2) 땅에 대하여 땅인지 의심하고 파내거나 파내게 시키거나, 부수거나 부수게 시키거나, 불태우거나 불태우도록 시키면, 악작죄를 범하는 것이다.
3) 땅에 대하여 땅이 아니라고 지각하고 파내거나 파내게 시키거나, 부수거나 부수게 시키거나, 불태우거나 불태우도록 시키면, 무죄이다.

2-4₂.

1) 땅이 아닌 것에 대해 땅이라고 지각하면, 악작죄를 범하는 것이다.
2) 땅이 아닌 것에 대해 땅이 아닌지 의심하면, 악작죄를 범하는 것이다.
3) 땅이 아닌 것에 대해 땅이 아니라고 지각하면, 무죄이다.

2-4. 이것을 알아라, 이것을 주어라, 이것을 가져와라, 이것이 필요하다, 이것을 사용할 수 있게 하라고 말하는 경우이거나, 의도하지 않고, 새김을 잃고, 알지 못한 경우이거나, 정신이 착란된 자의 경우나, 초범자의 경우는 무죄이다.

제1품 거짓말 그 후렴시는 다음과 같다

거짓말, 욕설, 중상, 가르침의 구절, 동숙의 두 가지,
양식있는 남자의 배석을 제외하고, 상태, 추악죄, 땅파기[938]

---

937) dahati vā dahāpeti vā : Smp. 758에 따르면, '심지어 발우에 요리하기 위하여 불을 스스로 지피거나 타인으로 하여금 지피게 하더라도'라는 뜻이다.

제2품 초목(Bhūtagāmavagga)

4. 2. 1 속죄죄법 제11조

초목에 대한 학습계율[Bhūtagāmasikkhāpada]

1-1. 한때[*34] 존귀한 부처님께서 알라비 시에 있는 악갈라바 탑묘에 계셨다. 그런데 그때 알라비 시의 수행승들이 수리일을 위해서 나무를 베고 나무를 베게 시켰다. 한 알라비 시의 수행승도 나무를 베었다. 그 나무에 사는 하늘사람이 그 수행승에게 말했다.

[수신] "존자여, 자신의 주처를 만들고자 이 나의 주처를 파괴하지 마시오."

그 수행승이 받아들이지 않고 나무를 잘랐다. 하늘사람의 아들의 팔을 때렸다. 그러자 그 하늘사람은 이와 같이 생각했다.

[수신] '차리리 내가 이 수행승의 목숨을 빼앗으면 어떨까?'

그리고 그 하늘사람은 이와 같이 생각했다.

[수신] '내가 이 수행승의 목숨을 빼앗는 것은 옳지 않다. 차라리 세존께 이 사실을 알리자.'

1-2. 그래서 그 하늘사람은 세존께서 계신 곳을 찾아갔다. 가까이 다가가서 세존께 그 사실을 알렸다.

[세존] "하늘사람이여, 훌륭하다. 하늘사람이여, 그대가 그 그 수행승의 목숨을 빼앗지 않은 것은 훌륭하다. 하늘사람이여, 만약 그대가 오늘 그 수행승의 목숨을 빼앗았다면, 하늘사람이여, 많은 악덕을 낳았을 것이다. 하늘사람이여, 가라. 어떤 장소에 홀로 있는 나무가 있으니, 그곳으로 들어가라."

1-3. 사람들은 혐책하고 분개하고 비난했다.

[사람들] "어찌 싸끼야의 아들 수행자들이 나무를 자르고 나무를 자르게 시켜서 싸끼야의 아들 수행자들이 한 감관을 지닌 초목의 생명을 해칠 수 있단 말인가?"

수행승들은 그 사람들이 혐책하고 분개하고 비난하는 것을 들었다. 수행승들 가운데 욕망을 여의고, 만족을 알고, 부끄러움을 알고, 후회할 줄 알고, 배움을 원하는 자들이 있는데, 그들도 혐책하고 분개하고 비난했다.

[욕망을 여읜 수행승들] "어찌 알라비 시의 수행승들이 나무를 자르고 나무를 자르게 시킬 수 있단 말인가?"

---

938) musā, omasapesuññaṃ | padaseyyāya ve duve | aññatra viññanā, bhūtā | duṭṭhullāpatti khaṇanā'ti ||

1-4. 그래서 그 수행승들이 세존께 그 사실을 알렸다. 그러자 세존께서는 이러한 인연으로 이러한 기회에 수행승들의 무리를 불러 모으게 하고 수행승들에게 물었다.

[세존] "수행승들이여, 그대들이 나무를 자르고 나무를 자르게 시킨 것이 사실이란 말인가?"

[수행승들] "세존이시여, 사실입니다."

존귀하신 부처님께서는 견책하셨다.

[세존] "어리석은 자들이여, 그것은 적절하지 않고, 자연스럽지 않고, 알맞지 않고, 수행자의 삶이 아니고, 부당하고, 해서는 안 될 일을 행한 것이다. 어리석은 자들이여, 어찌 그대들이 나무를 자르고 나무를 자르게 시킬 수 있단 말인가? 어리석은 자들이여, 사람들은 나무에 생명이 있다고 알고 있다.939) 어리석은 자들이여, 그것은 아직 청정한 믿음이 없는 자를 청정한 믿음으로 이끌고, 이미 청정한 믿음이 있는 자를 더욱더 청정한 믿음으로 이끄는 것이 아니다. 수행승들이여, 그것은 오히려, 아직 청정한 믿음이 없는 자를 불신으로 이끌고, 이미 청정한 믿음이 있는 자 가운데 어떤 자들을 타락시키는 것이다."

1-5. 그리고 세존께서는 그 수행승들에 대하여 여러 가지 방편으로 견책하여, 키우기 어렵고 부양하기 어렵고 탐욕이 많고 만족을 모르고 교제를 좋아하고 나태한 것에 대해 질책하고, 여러 가지 법문으로 고무하여, 키우기 쉽고 부양하기 쉽고 욕심을 여의고, 만족을 알고, 버리고 없애는 삶, 악을 제거하는 삶, 청정한 믿음의 삶, 쌓아 모우지 않는 삶, 용맹정진의 삶을 칭찬하고, 수행승들을 위하여 그에 알맞고 그에 걸맞게 경책하여 법문을 하고 수행승들에게 일렀다.

[세존] "수행승들이여, 그러므로 수행승들을 위하여 열 가지 이유에 기초하여, 즉 참모임의 수승을 위하여, 참모임의 안락을 위하여, 악한 수행승의 조복을 위하여, 품행이 바른 수행승의 평안한 삶을 위하여, 지금 여기에서의 번뇌의 제어를 위하여, 다가오는 번뇌를 물리치기 위하여, 청정한 믿음이 없는 자에게 청정한 믿음을 주기 위하여, 청정한 믿음이 있는 자에게 청정한 믿음을 증대시키기 위하여, 올바른 가르침을 지속시키기 위하여, 계율을 수호하기 위하여 학습계율을 시설하겠으니, 수행승들이여, 그대들은 이와 같이 학습계율을 송출해야 한다."

[세존] "초목을 파괴하면, 속죄죄를 범하는 것이다."940)

---

939) jīvasaññino hi moghapurisa, manussā rukkhasmiṃ : 다른 정형구와 달리 여기에 이 설명적 문장이 삽입되어 있다.

940) 괴생종계(壞生種戒) | Bhikkhunī Pāc. 11 : bhūtagāma pātavyatāya pācittiyan'ti.

2-1. '초목'이라는 것은 다섯 가지 식물로, 근류식물, 줄기식물, 마디식물, 가지식물, 종자식물의 다섯 가지를 뜻한다.

1) '근류식물'[*35]이라는 것은 심황, 생강, 창포, 백창포, 마늘, 신호련(辛胡蓮). 나도기음새, 향부자[941] 및 기타의 것으로 뿌리다발로부터 생겨나고 뿌리다발로부터 자라는 것을 뜻한다. 이것을 근류식물이라고 한다.

2) '줄기식물'이라는 것은 보리수, 벵골보리수, 무화과나무, 우담바라수, 히말라야삼목, 목질사과나무[942] 및 기타의 것으로 줄기다발로부터 생겨나고 줄기다발로부터 자라는 것을 뜻한다. 이것을 줄기식물이라고 한다.

3) '마디식물'이라는 것은 사탕수수, 대나무, 갈대 및 기타의 것으로 마디다발로부터 생겨나고 마디다발로부터 자라는 것을 뜻한다. 이것을 줄기식물이라고 한다.

4) '가지식물'이라는 것은 베이절, 낙타풀, 히리베라[943] 및 기타의 것으로 가지끝로부터 생겨나고 가지끝으로부터 자라는 것을 뜻한다. 이것을 가지끝식물이라고 한다.

5) '종자식물'이라는 것은 곡식, 야채 및 기타의 것으로 종자로부터 생겨나고 종자으로부터 자라는 것을 뜻한다. 이것을 가지식물이라고 한다.

2-2₁.

1) 종자에 대하여 종자라고 지각하고 자르거나 자르게 시키거나, 부수거나 부수게 시키거나 요리하거나 요리하게 시키면, 속죄죄를 범하는 것이다.

2) 종자에 대하여 종자인지 의심하고 자르거나 자르게 시키거나, 부수거나 부수게 시키거나 요리하거나 요리하게 시키면, 악작죄를 범하는 것이다.

3) 종자에 대하여 종자가 아니라고 지각하고 자르거나 자르게 시키거나, 부수거나 부수게 시키거나 요리하거나 요리하게 시키면, 무죄이다.

2-2₂.

1) 종자가 아닌 것에 대해 종자라고 지각하면, 악작죄를 범하는 것이다.

2) 종자가 아닌 것에 대해 종자인지 의시하면, 악작죄를 범하는 것이다.

---

941) haliddi siṅgiveraṃ vacaṃ vacatthaṃ ativisaṃ kaṭukarohiṇī usīraṃ bhaddamuttakaṃ : 심황, 생강, 창포, 백창포, 마늘, 신호련(辛胡蓮). 나도기음새(Andropogon muricatum), 향부자(Cyperus rotundus).

942) assattho nigrodho pilakkho udumbaro kacchako kapiṭano : 보리수, 벵골보리수, 무화과나무(Ficus infectoria), 우담바라수(Ficus glomerata), 히말라야삼목, 목질사과나무(Feronia elephantum).

943) ajjukaṃ phaṇijjakaṃ hiriveraṃ : 베이절(Ocimum gratissimum), 낙타풀은 향기 있는 기름을 생산하는 약초이다. 히리베라(Andropogon schoenantus)는 향기있는 약초이다.

3) 종자가 아닌 것에 대해 종자가 아니라고 지각하면, 무죄이다.

2-3. 이것을 알아라, 이것을 주어라, 이것을 가져와라, 이것이 필요하다, 이것을 사용할 수 있게 하라고 말하는 경우이거나, 의도하지 않고, 새김을 잃고, 알지 못한 경우이거나, 정신이 착란된 자의 경우이거나 초범자인 경우는 무죄이다.

4. 2. 2 속죄죄법 제12조

핑계에 대한 학습계율[Aññavādakasikkhāpada]

1-1. 한때 존귀한 부처님께서 꼬쌈비 시의 고씨따라마 승원에 계셨다. 그런데 그때 존자 찬나가 비행을 저지르고 참모임 가운데 죄에 대하여 조사를 받으면서 '누가 죄를 범했는가, 무엇이 죄인가, 누구에게 죄가 있는가, 어떻게 죄가 되는가, 무엇을 말했는가? 왜 그것을 말했는가?'라고 다른 것으로 엉뚱하게 답변했다.

1-2. 수행승들 가운데 욕망을 여의고, 만족을 알고, 부끄러움을 알고, 후회할 줄 알고, 배움을 원하는 자들이 있는데, 그들도 혐책하고 분개하고 비난했다.

[욕망을 여읜 수행승들] '어찌 존자 찬나는 비행을 저지르고 참모임 가운데 죄에 대하여 조사를 받으면서 '누가 죄를 범했는가, 무엇이 죄인가, 누구에게 죄가 있는가, 어떻게 죄가 되는가, 무엇을 말했는가? 왜 그것을 말했는가?'라고 다른 것으로 엉뚱하게 답변할 수 있단 말인가?"

1-3. 그래서 그 수행승들은 세존께 그 사실을 알렸다. 그러자 세존께서는 이러한 인연으로 이러한 기회에 수행승들의 참모임을 불러 모으게 하고 연유를 설하고 존자 찬나에게 물었다.

[세존] "찬나여, 그대가 비행을 저지르고 참모임 가운데 죄에 대하여 조사를 받으면서 '누가 죄를 범했는가, 무엇이 죄인가, 누구에게 죄가 있는가, 어떻게 죄가 되는가, 무엇을 말했는가? 왜 그것을 말했는가?'라고 다른 것으로 엉뚱하게 답변한 것이 사실인가?"

[찬나] "세존이시여, 사실입니다."

존귀한 부처님께서는 견책했다.

[세존] "어리석은 자여, 그대는 적절하지 않고, 자연스럽지 않고, 알맞지 않고, 수행자의 삶이 아니고, 부당하고, 해서는 안 될 일을 행한 것이다. 어리석은 자여, 어찌 그대가 비행을 저지르고 참모임 가운데 죄에 대하여 조사를 받으면서 '누가

죄를 범했는가, 무엇이 죄인가, 누구에게 죄가 있는가, 어떻게 죄가 되는가, 무엇을 말했는가? 왜 그것을 말했는가?'라고 다른 것으로 엉뚱하게 답변할 수 있단 말인가? 어리석은 자여,[*36] 그것은 아직 청정한 믿음이 없는 자를 청정한 믿음으로 이끌고, 이미 청정한 믿음이 있는 자를 더욱더 청정한 믿음으로 이끄는 것이 아니다. 어리석은 자여, 그것은 오히려, 아직 청정한 믿음이 없는 자를 불신으로 이끌고, 이미 청정한 믿음이 있는 자 가운데 어떤 자들을 타락시키는 것이다."

1-4. 그리고 세존께서는 존자 찬나에 대하여 여러 가지 방편으로 질책하고, 수행승들을 위하여 그에 알맞고 그에 걸맞게 경책하여 법문을 하고 수행승들에게 일렀다.

[세존] "수행승들이여, 그러면 참모임은 수행승 찬나의 핑계에 대하여 죄를 처벌하라."

수행승들이여, 이와 같이 처벌해야 한다. 총명하고 유능한 수행승이 참모임에 알려야 한다.

[제안] '존자들이여, 참모임은 제 말에 귀를 기울이십시오. 이 수행승 찬나는 비행을 저지르고 참모임 가운데 죄에 대하여 조사를 받으면서 다른 것으로 엉뚱하게 답변했습니다. 만약 참모임에 옳은 일이라면, 참모임은 수행승 찬나에게 핑계에 대한 죄를 처벌하겠습니다. 이것이 제안입니다.'

[제청] '존자들이여, 참모임은 제 말에 귀를 기울이십시오. 이 수행승 찬나는 비행을 저지르고 참모임 가운데 죄에 대하여 조사를 받으면서 다른 것으로 엉뚱하게 답변했습니다. 참모임은 수행승 찬나에게 핑계에 대한 죄를 처벌합니다. 존자들 가운데 누구든지 수행승 찬나에게 핑계에 대한 죄를 처벌하는 것에 동의하면 침묵하시고, 이견이 있으면 말씀하십시오.'

[결정] '참모임은 수행승 찬나에게 핑계에 대한 죄를 처벌했습니다. 참모임이 찬성하여 침묵했으므로, 저는 그와 같이 알겠습니다.'

1-5. 그리고 세존께서는 존자 찬나를 여러 가지 방편으로 견책하여, 키우기 어렵고 부양하기 어렵고 탐욕이 많고 만족을 모르고 교제를 좋아하고 나태한 것에 대해 질책하고, 여러 가지 법문으로 고무하여, 키우기 쉽고 부양하기 쉽고 욕심을 여의고, 만족을 알고, 버리고 없애는 삶, 악을 제거하는 삶, 청정한 믿음의 삶, 쌓아 모우지 않는 삶, 용맹정진의 삶을 칭찬하고, 수행승들을 위하여 그에 알맞고 그에 걸맞게 경책하여 법문을 하고 수행승들에게 일렀다.

[세존] "수행승들이여, 그러므로 수행승들을 위하여 열 가지 이유에 기초하여,

즉 참모임의 수승을 위하여, 참모임의 안락을 위하여, 악한 수행승의 조복을 위하여, 품행이 바른 수행승의 평안한 삶을 위하여, 지금 여기에서의 번뇌의 제어를 위하여, 다가오는 번뇌를 물리치기 위하여, 청정한 믿음이 없는 자에게 청정한 믿음을 주기 위하여, 청정한 믿음이 있는 자에게 청정한 믿음을 증대시키기 위하여, 올바른 가르침을 지속시키기 위하여, 계율을 수호하기 위하여 학습계율을 시설하니, 수행승들이여, 그대들은 이와 같이 학습계율을 송출해야 한다."

〔세존〕"핑계를 대면, 속죄죄를 범하는 것이다."944)

이와 같이 세존께서는 수행승들을 위하여 학습계율을 시설했다.

2-1. 그런데 한때 존자 찬나는 참모임 가운데 죄에 대하여 조사를 받으면서 '다른 것으로 엉뚱하게 답변하면, 나는 죄를 범하게 될 것이다.'라고 생각하여 침묵을 하면서 참모임을 괴롭혔다. 수행승들 가운데 욕망을 여의고, 만족을 알고, 부끄러움을 알고, 후회할 줄 알고, 배움을 원하는 자들이 있는데, 그들도 혐책하고 분개하고 비난했다.

[욕망을 여읜 수행승들] "어찌 존자 찬나가 참모임 가운데 죄에 대하여 조사를 받으면서 '다른 것으로 엉뚱하게 답변하면, 나는 죄를 범하게 될 것이다.'라고 생각하여 침묵을 하면서 참모임을 괴롭힐 수 있단 말인가?"

2-2. 그래서 그 수행승들은 세존께 그 사실을 알렸다. 그러자 세존께서는 이러한 인연으로 이러한 기회에 수행승들의 참모임을 불러 모으게 하고 연유를 설하고 존자 찬나에게 물었다.

[세존] "찬나여, 그대가 참모임 가운데 죄에 대하여 조사를 받으면서 '다른 것으로 엉뚱하게 답변하면, 나는 죄를 범하게 될 것이다.'라고 생각하여 침묵을 하면서 참모임을 괴롭힌 것이 사실인가?"

[찬나] "세존이시여, 사실입니다."

존귀한 부처님께서는 견책했다.

[세존] "어리석은 자여, 그대는 적절하지 않고, 자연스럽지 않고, 알맞지 않고, 수행자의 삶이 아니고, 부당하고, 해서는 안 될 일을 행한 것이다. 어리석은 자여, 어찌 그대가 죄에 대하여 조사를 받으면서 '다른 것으로 엉뚱하게 답변하면, 나는 죄를 범하게 될 것이다.'라고 생각하여 침묵을 하면서 참모임을 괴롭힐 수 있단 말인가? 어리석은 자여, 그것은 아직 청정한 믿음이 없는 자를 청정한 믿음으로

---

944) aññavādake pācittiyan'ti

이끌고, 이미 청정한 믿음이 있는 자를 더욱더 청정한 믿음으로 이끄는 것이 아니다. 어리석은 자여, 그것은 오히려, 아직 청정한 믿음이 없는 자를 불신으로 이끌고, 이미 청정한 믿음이 있는 자 가운데 어떤 자들을 타락시키는 것이다."

2-3. 그리고 세존께서는 존자 찬나에 대하여 여러 가지 방편으로 질책하고, 수행승들을 위하여 그에 알맞고 그에 걸맞게 경책하여 법문을 하고 수행승들에게 일렀다.

[세존] "수행승들이여, 그러면 참모임은 수행승 찬나의 묵비에 의한 괴롭힘에 대하여 죄를 처벌하라."

수행승들이여, 이와 같이 처벌해야 한다. 총명하고 유능한 수행승이 참모임에 알려야 한다.

[제안] '존자들이여, 참모임은 제 말에 귀를 기울이십시오. 이 수행승 찬나는 비행을 저지르고 참모임 가운데 죄에 대하여 조사를 받으면서 침묵하면서 참모임을 괴롭혔습니다. 만약 참모임에 옳은 일이라면, 참모임은 수행승 찬나에게 묵비에 의한 괴롭힘에 대한 죄를 처벌하겠습니다. 이것이 제안입니다.'

[제청] '존자들이여, 참모임은 제 말에 귀를 기울이십시오. 이 수행승 찬나는 비행을 저지르고 참모임 가운데 죄에 대하여 조사를 받으면서 침묵하면서 참모임을 괴롭혔습니다. 참모임은 수행승 찬나에게 묵비에 의한 괴롭힘에 대한 죄를 처벌합니다. 존자들 가운데 누구든지 수행승 찬나에게 묵비에 의한 괴롭힘에 대한 죄를 처벌하는 것에 동의하면 침묵하시고, 이견이 있으면 말씀하십시오.'

[결정] '참모임은 수행승 찬나에게 묵비에 의한 괴롭힘에 대한 죄를 처벌했습니다. 참모임이 찬성하여 침묵했으므로, 저는 그와 같이 알겠습니다.'

2-4. 그리고 세존께서는 존자 찬나에 대하여 여러 가지 방편으로 견책하여, 키우기 어렵고 부양하기 어렵고 탐욕이 많고 만족을 모르고 교제를 좋아하고 나태한 것에 대해 질책하고, 여러 가지 법문으로 고무하여, 키우기 쉽고 부양하기 쉽고 욕심을 여의고, 만족을 알고, 버리고 없애는 삶, 악을 제거하는 삶, 청정한 믿음의 삶, 쌓아 모우지 않는 삶, 용맹정진의 삶을 칭찬하고, 수행승들을 위하여 그에 알맞고 그에 걸맞게 경책하여 법문을 하고 수행승들에게 일렀다.

[세존] "수행승들이여, 그러므로 수행승들을 위하여 열 가지 이유에 기초하여, 즉 참모임의 수승을 위하여, 참모임의 안락을 위하여, 악한 수행승의 조복을 위하여, 품행이 바른 수행승의 평안한 삶을 위하여, 지금 여기에서의 번뇌의 제어를 위하여, 다가오는 번뇌를 물리치기 위하여, 청정한 믿음이 없는 자에게 청정한

믿음을 주기 위하여, 청정한 믿음이 있는 자에게 청정한 믿음을 증대시키기 위하여, 올바른 가르침을 지속시키기 위하여, 계율을 수호하기 위하여 학습계율을 시설하니, 수행승들이여, 그대들은 이와 같이 학습계율을 송출해야 한다."

[세존] "핑계를 대거나 묵비에 의한 괴롭힘을 주면, 속죄죄를 범하는 것이다."945)

3-1. '핑계를 대거나'이라는[*37] 것은 참모임 가운데 일에 대해나 죄에 대해서 조사를 받으면서 설명하려고 하지 않고 해명하려고 하지 않고 이와 같이 '누가 죄를 범했는가, 무엇이 죄인가, 누구에게 죄가 있는가, 어떻게 죄가 되는가, 무엇을 말했는가? 왜 그것을 말했는가?'라고 다른 것으로 엉뚱하게 답변하는 것을 뜻한다. '묵비에 의한 괴롭힘을 주면'이라는 것은 참모임 가운데 일에 대해나 죄에 대해서 조사를 받으면서 설명하려고 하지 않고 해명하려고 하지 않고 침묵하여 참모임을 괴롭히는 것으로 이것이 묵비에 의한 괴롭힘이다.

3-2.

1) 핑계에 대해서 아직 상정되지 않았을 때, 참모임 가운데 일이나 죄에 대하여 조사를 받으면서 그것을 설명하려 하지 않고 해명하려고 하지 않고 이와 같이 '누가 죄를 범했는가, 무엇이 죄인가, 누구에게 죄가 있는가, 어떻게 죄가 되는가, 무엇을 말했는가? 왜 그것을 말했는가?'라고 다른 것으로 엉뚱하게 핑계를 대면, 악작죄를 범하는 것이다.
2) 묵비에 의한 괴롭힘에 대해서 아직 상정되지 않았을 때 참모임 가운데 일에 대해나 죄에 대해서 조사를 받으면서 설명하려고 하지 않고, 해명하려고 하지 않고, 참모임에 묵비에 의한 괴롭힘을 주면, 악작죄를 범하는 것이다.

3-3.

1) 핑계에 대해서 이미 상정되었을 때 참모임 가운데 일이나 죄에 대하여 조사를 받으면서 그것을 설명하려 하지 않고 해명하려 허지 않고 이와 같이 '누가 죄를 범했는가, 무엇이 죄인가, 누구에게 죄가 있는가, 어떻게 죄가 되는가, 무엇을 말했는가? 왜 그것을 말했는가?'라고 다른 것으로 엉뚱하게 핑계를 대면, 속죄죄를 범하는 것이다.
2) 묵비에 의한 괴롭힘에 대해서 이미 처벌했을 때 참모임 가운데 일에 대해나 죄에 대해서 조사를 받으면서 설명하려고 하지 않고, 해명하려고 하지 않고

945) 이어뇌승계(異語惱僧戒) | Bhikkhunī Pāc. 12 : aññavādake vihesake pācittiyan'ti : Smp. 770에 따르면, 두 개의 별개의 사건이라 두 개를 다 범하는 경우는 두 개의 속죄죄를 범하는 것이다.

참모임에 묵비의 괴롭힘을 주면, 속죄죄를 범하는 것이다.

3-3₁.

1) 원칙에 입각한 갈마에 대하여 원칙에 입각한 갈마라고 지각하고 핑계를 대고 묵비에 의한 괴롭힘을 주면, 속죄죄를 범하는 것이다.
2) 원칙에 입각한 갈마에 대하여 원칙에 입각한 갈마인지 의심하고 핑계를 대고 묵비에 의한 괴롭힘을 주면, 속죄죄를 범하는 것이다.
3) 원칙에 입각한 갈마에 대하여 원칙에 입각한 갈마가 아니라고 지각하고 핑계를 대고 묵비에 의한 괴롭힘을 주면, 속죄죄를 범하는 것이다.

3-3₂.

1) 원칙에 입각한 갈마가 아닌 것에 대해 원칙에 입각한 갈마라고 지각하면, 악작죄를 범하는 것이다.
2) 원칙에 입각한 갈마가 아닌 것에 대해 원칙에 입각한 갈마가 아닌 것인지 의심하면, 악작죄를 범하는 것이다.
3) 원칙에 입각한 갈마가 아닌 것에 대해 원칙에 입각한 갈마가 아닌 것이라고 지각하면, 무죄이다.

3-4. 알지 못하면서 묻거나, 아프면서 이야기하지 않는다거나, '참모임의 다툼이나 싸움이나 쟁론이나 논쟁이 있을 것이다.'라고 생각하고 말하지 않거나, '참모임의 분열이나 참모임의 균열이 있을 것이다.'라고 생각하고 말하지 않거나, 원칙에 입각하지 않거나 불완전한 모임으로 갈마에 적당하지 않은 자에 대해 갈마를 행할 것이다.'라고 말하지 않는 경우이거나, 정신이 착란된 자이거나, 초범자인 경우는 무죄이다.

4. 2. 3 속죄죄법 제13조

원망에 대한 학습계율[Ujjhāpanasikkhāpada]

1-1. 한때 존귀한 부처님께서 라자가하 시의 벨루바나 숲에 있는 깔란다까니바빠 공원에 계셨다. 그런데 그때 존자 답바 말라뿟따가 참모임을 위하여 처소를 배정하고 식사를 분배했다. 그런데 마침 멧띠야와 붐마자까를 추종하는 수행승들이 새내기 수행승들이자 품행이 방정하지 못해946)[38] 참모임으로부터 조악한 방사를 배정받고 조악한 식사를 분배받았다.947) 그 수행승들은 존자 답바

말라뿟따를 원망했다.

[멧띠야와 붐마자까를 추종하는 수행승들] "존자 답바 말라뿟따는 마음대로 방사를 배정하고 마음대로 식사를 분배한다."

1-2. 수행승들 가운데 욕망을 여의고, 만족을 알고, 부끄러움을 알고, 후회할 줄 알고, 배움을 원하는 자들은 혐책하고 분개하고 비난했다.

[욕망을 여읜 수행승들] "어찌 멧띠야와 붐마자까를 추종하는 수행승들이 존자 답바 말라뿟따를 원망할 수 있단 말인가?"

1-3. 그래서 그 수행승들은 멧띠야와 붐마자까를 추종하는 수행승들을 여러 가지 법문으로 꾸짖고 세존께 그 사실을 알렸다. 그러자 세존께서는 이러한 인연으로 이러한 기회에 수행승들의 참모임을 불러 모으게 하고 연유를 설하고 멧띠야와 붐마자까를 추종하는 수행승들에게 물었다.

[세존] "수행승들이여, 그대들이 존자 답바 말라뿟따를 원망한 것이 사실인가?"

[멧띠야와 붐마자까를 추종하는 수행승들] "세존이시여, 사실입니다."

존귀한 부처님께서는 견책했다.

[세존] "어리석은 자들이여, 그대들은 적절하지 않고, 자연스럽지 않고, 알맞지 않고, 수행자의 삶이 아니고, 부당하고, 해서는 안 될 일을 행한 것이다. 어리석은 자들이여, 어찌 그대들이 존자 답바 말라뿟따를 원망할 수 있단 말인가? 어리석은 자들이여, 그것은 아직 청정한 믿음이 없는 자를 청정한 믿음으로 이끌고, 이미 청정한 믿음이 있는 자를 더욱더 청정한 믿음으로 이끄는 것이 아니다. 어리석은 자들이여, 그것은 오히려, 아직 청정한 믿음이 없는 자를 불신으로 이끌고, 이미 청정한 믿음이 있는 자 가운데 어떤 자들을 타락시키는 것이다."

1-4. 그리고 세존께서는 멧띠야와 붐마자까를 추종하는 수행승들에 대하여 여러 가지 방편으로 질책하고, 수행승들을 위하여 그에 알맞고 그에 걸맞게 경책하여 법문을 하고 수행승들에게 일렀다.

[세존] "수행승들이여, 그러므로 수행승들을 위하여 열 가지 이유에 기초하여, 즉 참모임의 수승을 위하여, 참모임의 안락을 위하여, 악한 수행승의 조복을 위하여, 품행이 바른 수행승의 평안한 삶을 위하여, 지금 여기에서의 번뇌의 제어를 위하여, 다가오는 번뇌를 물리치기 위하여, 청정한 믿음이 없는 자에게 청정한

946) appapuñña : '공덕(功德)이 부족하여'라는 뜻이다.

947) navakā ceva honti appapuññaca yāni saṃghassa lāmakāni senāsanāni tesaṃ pāpuṇanti. lāmakāni ca bhattāni : Vin. III. 160을 참조하라.

믿음을 주기 위하여, 청정한 믿음이 있는 자에게 청정한 믿음을 증대시키기 위하여, 올바른 가르침을 지속시키기 위하여, 계율을 수호하기 위하여 학습계율을 시설하니, 수행승들이여, 그대들은 이와 같이 학습계율을 송출해야 한다.

〔세존〕 "원망하면, 속죄죄를 범하는 것이다."948)

이와 같이 세존께서는 수행승들을 위하여 학습계율을 시설했다.

2-1. 그러나 그때 멧띠야와 붐마자까를 추종하는 수행승들은 '이와 같이 '세존께서 원망을 금지했다.'라고 적어도 수행승들이 들었다.'라고 생각했으나 주위의 수행승들에게 존자 답바 말라뿟따에 대해서 '존자 답바 말라뿟따는 마음대로 방사를 배정하고 마음대로 식사를 분배한다.'라고 매도했다.

2-2. 그래서 그 수행승들은 멧띠야와 붐마자까를 추종하는 수행승들을 여러 가지 법문으로 꾸짖고 세존께 그 사실을 알렸다. 그러자 세존께서는 이러한 인연으로 이러한 기회에 수행승들의 참모임을 불러 모으게 하고 연유를 설하고 멧띠야와 붐마자까를 추종하는 수행승들에게 물었다.

[세존] "수행승들이여, 그대들이 존자 답바 말라뿟따를 매도한 것이 사실인가?"

[멧띠야와 붐마자까를 추종하는 수행승들] "세존이시여, 사실입니다."

[세존] "어리석은 자들이여, 그대들은 적절하지 않고, 자연스럽지 않고, 알맞지 않고, 수행자의 삶이 아니고, 부당하고, 해서는 안 될 일을 행한 것이다. 어찌 그대들이 존자 답바 말라뿟따를 매도할 수 있단 말인가? 어리석은 자들이여, 그것은 아직 청정한 믿음이 없는 자를 청정한 믿음으로 이끌고, 이미 청정한 믿음이 있는 자를 더욱더 청정한 믿음으로 이끄는 것이 아니다. 어리석은 자들이여, 그것은 오히려, 아직 청정한 믿음이 없는 자를 불신으로 이끌고, 이미 청정한 믿음이 있는 자 가운데 어떤 자들을 타락시키는 것이다."

2-3. 그리고 세존께서는 그 멧띠야와 붐마자까를 따르는 수행승들에 대하여 여러 가지 방편으로 견책하여, 키우기 어렵고 부양하기 어렵고 탐욕이 많고 만족을 모르고 교제를 좋아하고 나태한 것에 대해 질책하고, 여러 가지 법문으로 고무하여, 키우기 쉽고 부양하기 쉽고 욕심을 여의고, 만족을 알고, 버리고 없애는 삶, 악을 제거하는 삶, 청정한 믿음의 삶, 쌓아 모우지 않는 삶, 용맹정진의 삶을 칭찬하고, 수행승들을 위하여 그에 알맞고 그에 걸맞게 경책하여 법문을 하고 수행승들에게 일렀다.

---

948) ujjhāpanake pācittiyan'ti : 여기서 중상한다는 뜻은 '남들이 경멸하게 만든다.'라는 뜻이다.

[세존] "수행승들이여, 그러므로 수행승들을 위하여 열 가지 이유에 기초하여, 즉 참모임의 수승을 위하여, 참모임의 안락을 위하여, 악한 수행승의 조복을 위하여, 품행이 바른 수행승의 평안한 삶을 위하여, 지금 여기에서의 번뇌의 제어를 위하여, 다가오는 번뇌를 물리치기 위하여, 청정한 믿음이 없는 자에게 청정한 믿음을 주기 위하여, 청정한 믿음이 있는 자에게 청정한 믿음을 증대시키기 위하여, 올바른 가르침을 지속시키기 위하여, 계율을 수호하기 위하여 학습계율을 시설하니, 수행승들이여, 그대들은 이와 같이 학습계율을 송출해야 한다.

[세존] "원망하여 매도하면, 속죄죄를 범하는 것이다."949)

3-1. '원망하여 매도하면'이라는 것은 구족계를 받은 자인 참모임에 의해서 선임된 방사배정인이나 식사분배인이나 죽분배인이나 과일분배인이나 견과분배인이나 사소한 것의 분배인을 멸시하고자, 경멸하고자, 치욕을 주고자, 그 구족계를 받은 자를 원망하거나 매도하면, 속죄죄를 범한 것이라는 뜻이다.

3-2₁.

1) 원칙에 입각한 갈마에 대하여 원칙에 입각한 갈마라고 지각하고 원망하여 매도하면, 속죄죄를 범하는 것이다.
2) 원칙에 입각한 갈마에 대하여 원칙에 입각한 갈마인지 의심하고 원망하여 매도하면, 속죄죄를 범하는 것이다.
3) 원칙에 입각한 갈마에 대하여 원칙에 입각한 갈마가 아니라고 지각하고 원망하여 매도하면, 속죄죄를 범하는 것이다.

3-2₂.

1) 구족계를 받지 않은 자를 중상하거나 비난하면, 악작죄를 범하는 것이다.
2) 구족계를 받은 자인, 참모임에 의해서 선임되지 않은 방사배정인이나 식사분배인이나 죽분배인이나 과일분배인이나 견과분배인이나 사소한 것의 분배인을 멸시하고자, 경멸하고자, 치욕을 주고자, 그 구족계를 받은 자를 원망하여 매도하면,[39] 악작죄를 범하는 것이다.
3) 구족계를 받지 않은 자인, 참모임에 의해서 선임되거나 선입되지 않은 방사배정인이나 식사분배인이나 죽분배인이나 과일분배인이나 견과분배인이나 사소한 것의 분배인을 멸시하고자, 경멸하고자, 치욕을 주고자, 그 구족계를 받지

949) 혐매승지사계(嫌罵僧知事戒) | Bhikkhu Pāc. 13 : ujjhāpanake khiyanake pācittiyan'ti

않은 자를 원망하여 매도하면, 악작죄를 범한 것이라는 뜻이다.

3-2₃.

1) 원칙에 입각한 갈마가 아닌 것에 대해 원칙에 입각한 갈마라고 지각하면, 악작죄를 범하는 것이다.
2) 원칙에 입각한 갈마가 아닌 것에 대해 원칙에 입각한 갈마가 아닌 것인지 의심하면, 악작죄를 범하는 것이다.
3) 원칙에 입각한 갈마가 아닌 것에 대해 원칙에 입각한 갈마가 아닌 것이라고 지각하면, 무죄이다.

3-5. 성격상 욕망에 의해서 성냄에 의해서 어리석음에 의해서 두려움에 의해서 행한 것을 원망하여 매도하는 경우이거나,[950] 정신이 착란된 자이거나, 초범자인 경우는 무죄이다.

4. 2. 4 속죄죄법 제14조

와좌구에 대한 학습계율①[Paṭhamasenāsanasikkhāpada]

1-1. 한때 존귀한 부처님께서 싸밧티 시의 제따바나 숲 아나타삔디까 승원에 계셨다. 그런데 그때 수행승들이 겨울철에 노천에 와좌구를 마련하고 일광욕을 하다가 시간을 알리자[951] 떠날 때에 거두지 않거나 거두도록 시키지 않고, 무단으로[952] 그곳을 떠났다. 처소가 눈비에 젖었다.[953]

1-2. 수행승들 가운데 욕망을 여의고, 만족을 알고, 부끄러움을 알고, 후회할 줄 알고, 배움을 원하는 자들이 있는데, 그들도 혐책하고 분개하고 비난했다.

[욕망을 여읜 수행승들] "어찌 수행승들이 겨울철에 노천에서 와좌구를 마련하고 일광욕을 하다가 시간을 알리자 떠날 때에 거두지 않거나 거두도록 시키지

950) pakatiyā chando dosā mohā bhayā karontaṃ ujjhāpeti vā khīyati vā : 그러나 네 가지를 갖추어서는 안 되는 것이 식사배식인, 처소배당인, 창고관리인, 의복수납인, 의복배당인 등이다. 그들이 갖추어야 한 공통적인 네 가지 조건은 다음의 첫 네 가지이다(Vin. II. 176): '수행승들이여, 다섯 가지 고리를 갖춘 수행승을 식사배식인으로 선정하는 것을 허용한다. 1) 그는 욕망 의해 삿된 길을 가지 말아야 하고, 2) 분노 의해 삿된 길을 가지 말아야 하고, 3) 어리석음 의해 삿된 길을 가지 말아야 하고, 4) 두려움 의해 삿된 길을 가지 말아야 하고, 5) 배식된 것과 배식되지 않은 것에 대해 알아야 한다.'

951) kāle ārocite : Smp. 770에 따르면, '죽식을 위하여' 시간을 알린 것이다.

952) anāpucchā : '허락을 구하지 않고'라는 뜻이다. '처소에 대하여 허용을 묻지 않고 출발하는 것'을 의미한다.

953) senāsanaṃ ovaṭṭhaṃ hoti : Smp. 770에 따르면, 남은 것이 눈이나 비에 젖은 것을 말한다.

않고, 무단으로 그곳을 떠나, 와좌구를 눈비에 젖게 할 수 있단 말인가?"

1-3. 그래서 그 수행승들은 세존께 그 사실을 알렸다. 그러자 세존께서는 이러한 인연으로 이러한 기회에 수행승들의 참모임을 불러 모으게 하고 연유를 설하고 그 수행승들에게 물었다.

[세존] "수행승들이여, 그대들이 겨울철에 노천에서 와좌구를 마련하고 일광욕을 하다가 시간을 알리자 떠날 때에 거두지 않거나 거두도록 시키지 않고, 무단으로 그곳을 떠나, 와좌구를 눈비에 젖게 한 것이 사실인가?"

[수행승들] "세존이시여, 사실입니다."

존귀한 부처님께서는 견책했다.

[세존] "어리석은 자들이여, 그대들은 적절하지 않고, 자연스럽지 않고, 알맞지 않고, 수행자의 삶이 아니고, 부당하고, 해서는 안 될 일을 행한 것이다. 어리석은 자들이여, 어찌 그대들이 겨울철에 노천에서 와좌구를 마련하고 일광욕을 하다가 시간을 알리자 떠날 때에 거두지 않거나 거두도록 시키지 않고, 무단으로 그곳을 떠나, 와좌구를 눈비에 젖게 할 수 있단 말인가? 어리석은 자들이여, 그것은 아직 청정한 믿음이 없는 자를 청정한 믿음으로 이끌고, 이미 청정한 믿음이 있는 자를 더욱더 청정한 믿음으로 이끄는 것이 아니다. 어리석은 자들이여, 그것은 오히려, 아직 청정한 믿음이 없는 자를 불신으로 이끌고, 이미 청정한 믿음이 있는 자 가운데 어떤 자들을 타락시키는 것이다."

1-4. 그리고 세존께서는 그 수행승들에 대하여 여러 가지 방편으로 견책하여, 키우기 어렵고 부양하기 어렵고 탐욕이 많고 만족을 모르고 교제를 좋아하고 나태한 것에 대해 질책하고, 여러 가지 법문으로 고무하여, 키우기 쉽고 부양하기 쉽고 욕심을 여의고, 만족을 알고, 버리고 없애는 삶, 악을 제거하는 삶, 청정한 믿음의 삶, 쌓아 모우지 않는 삶, 용맹정진의 삶을 칭찬하고, 수행승들을 위하여 그에 알맞고 그에 걸맞게 경책하여 법문을 하고 수행승들에게 일렀다.

[세존] "수행승들이여, 그러므로 수행승들을 위하여 열 가지 이유에 기초하여, 즉 참모임의 수승을 위하여, 참모임의 안락을 위하여, 악한 수행승의 조복을 위하여, 품행이 바른 수행승의 평안한 삶을 위하여, 지금 여기에서의 번뇌의 제어를 위하여, 다가오는 번뇌를 물리치기 위하여, 청정한 믿음이 없는 자에게 청정한 믿음을 주기 위하여, 청정한 믿음이 있는 자에게 청정한 믿음을 증대시키기 위하여, 올바른 가르침을 지속시키기 위하여, 계율을 수호하기 위하여 학습계율을 시설하니, 수행승들이여, 그대들은 이와 같이 학습계율을 송출해야 한다."

[세존] "어떠한 수행승이든 참모임의 침상이나 의자나 매트나 방석을 노천에 펴거나 펼치도록 시키고 떠날 때에 거두지 않거나 거두도록 시키지 않고 무단으로 간다면, 속죄죄를 범하는 것이다."954)

이와 같이 세존께서는 수행승들을 위하여 학습계율을 시설했다.

1-4. 그런데 그때 수행승들이 노천에서 있다가 시간이 되자 와좌구를 거두었다. 세존께서는 그 수행승들이 시간이 되자 와좌구를 거두는 것을 보았다. 보고나서 이러한 인연으로 이러한 기회에 연유를 설하고 수행승들이게 일렀다.

[세존] "수행승들이여, 팔 개월 중에 비가 내리지 않을 때,[*40] 천막이나 나무아래에 까마귀나 독수리가 똥을 싸지 않는다면, 그때 와좌구를 존치하는 것을 허용한다."

2-1. '어떠한'이라는 것은 어떠한 관계, 어떠한 태생, 어떠한 이름,[*24] 어떠한 성씨, 어떠한 계행, 어떠한 주거, 어떠한 활동영역에서 이든지, 장로이든지, 신참이든지, 중참이든지, 이러한 자들을 형용하는 것으로 '어떠한 자이든'이라는 뜻이다. '수행승'이라고 하는 것은 '탁발하는 자'로서의 수행승, 탁발을 위해 돌아다니는 자로서의 수행승, 분소의를 입은 자로서의 수행승, 사미로서의 수행승, 자칭에 의한 수행승, '오라! 수행승이여!'에 의한 수행승, 삼귀의에 의해 구족계를 받은 수행승, 현선한 수행승, 진실한 수행승, 배울 것이 있는 학인인 수행승, 배울 것이 없는 무학인 수행승, 화합참모임과 한번제안세번제청의 갈마와 부동의 거룩한 님의 속성을 갖춘 자로서의 수행승이 있는데, 그들 가운데 화합참모임과 한번제안세번제청의 갈마와 부동의 거룩한 님의 속성을 갖춘 수행승을 두고, 그러한 의미에서의 수행승을 뜻한다.

2-2. '참모임에 속한'라는 것은 참모임에 주어진 것, 건네진 것을 뜻한다. '침상'이라는 것은 네 가지 침상 즉, 마싸라까침상, 문제각침상, 게다리침상, 아핫짜각침상955)을 뜻한다. '의자'라는 것은 네 가지 의자 즉, 마싸라까의자, 문제각의자, 게다리의자, 아핫짜각의자956)를 뜻한다. '매트'라는 것은 다섯 가지 매트가 있는

954) 노부승물계(露敷僧物戒) | Bhikkhunī Pāc. 14 : yo pana bhikkhu saṃghikaṃ mañcaṃ vā pīṭhaṃ vā bhisiṃ vā kocchaṃ vā ajjhokāse santharitvā vā santharāpetvā vā taṃ pakkamanto n'eva uddhareyya na uddharāpeyya anāpucchaṃ vā gaccheyya pācittiyan'ti.

955) cattāro mañcā masārako bundikābaddho kuḷirapādako āhaccapādako : masāraka는 길다란 침상을 뜻한다. bundikābaddha는 판석을 고정시킨 침상이다. kuḷirapādaka는 말이나 양 등의 구부러진 발과 같은 구부러진 발로 만든 침상이다. āhaccapādaka는 다리를 제거할 수 있는 침상이다.

956) cattāri pīṭhāni masārakaṃ bundikābaddhaṃ kuḷirapādakaṃ āhaccapādakaṃ : masāraka는 길다란 의자를 말한다. bundikābaddha는 판석을 고정시킨 의자이다. kuḷirapādaka는 말이나 양 등의 구부러진 발과 같은 구부러

데, 양모매트, 면매트, 껍질매트, 건초매트, 수엽매트를 뜻한다. '방석'이라는 것은 껍질로 만든 것이나 나도기음새로 만든 것이나 문자풀로 만든 것이나, 밥바자풀로 만든 것으로 안으로 엮어서 결합시킨 것을 뜻한다. '펴거나'라는 것은 스스로 까는 것을 뜻하고 '펼치도록 하거나'라는 것은 타인에게 펼치게 하는 것을 뜻한다. 구족계를 받지 않은 자에게 펼치게 하면, 그것은 그에게[957] 장애[958]이다. 구족계를 받은 자에게 펼치게 하면, 그것은 펼치는 자에게 장애이다. '떠날 때에 거두지 않거나'이라는 것은 '스스로 거두지 않거나'이라는 뜻이다. '거두도록 시키지 않거나'라는 것은 '타인에게 거두게 시키지 않거나'라는 뜻이다.

2-3.

1) '무단으로 간다면'이라는 것은 수행승이나 사미에게나 정인에게 묻지 않고 무단으로 보통 크기의 남자의 흙덩이를 던져 도달하는 거리보다 더욱 간다면, 속죄죄를 범한 것이라는 뜻이다.

2) 참모임에 속한 것에 대해 참모임에 속한 것이라고 지각하고, 노천에 펼치고는 떠날 때에 그것을 거두지 않거나 거두게 시키지 않고 무단으로 간다면, 속죄죄를 범하는 것이다.

3) 참모임에 속한 것에 대해 참모임에 속한 것인지 의심하고, 노천에 펼치고는 떠날 때에 그것을 거두지 않거나 거두게 시키지 않고 무단으로 간다면, 속죄죄를 범하는 것이다.

4) 참모임에 속한 것에 대해 개인에 속한 것이라고 지각하고 노천에 펼치고는 떠날 때에 그것을 거두지 않거나 거두게 시키지 않고 무단으로 간다면, 속죄죄를 범하는 것이다.

5) 카펫[959]이나 침상깔개[960]나 바닥깔개[961]나 매트[962]나 가죽매트[963]나 발매트[964]나 나무의자[965]를 노천에 펼치거나 펼치게 시키고 떠날 때에 그것을

진 발로 만든 의자이다. āhaccapādaka는 다리를 제거할 수 있는 의자이다.

957) tassa : Smp. 774에 따르면, 그것이 펼쳐지도록 만드는 자를 뜻한다.

958) paḷibodho : '방해나 장애가 된다.'는 것은 '죄를 범하는 것이다.'는 뜻이다.

959) cilimikā : 무명천으로 만든 것이다. Smp. 775에 따르면, 땅이 회반죽으로 준비되었을 때, 그것은 직물을 보존하기 위해 만들어진 것으로, 그것을 밑에 깔고 매트를 펼쳤다.

960) uttarattharaṇaṃ : 침상이나 의자의 깔개이다.

961) bhummattharaṇa : 바닥의 깔개이다.

962) taṭṭika : Smp. 776에 따르면, 종려나무 잎사귀나 줄기로 만들어진 것이다.

963) cammakhaṇḍa : 가죽조각인데, 물그릇으로도 사용된다.

964) pādapuñchanī : Smp. 776에 따르면, 발을 닦기 위한 것으로 밧줄이나 천조각으로 만들어진 것이다.

965) phalakapīṭha : 나무판이나 널이나 조각으로 만들어진 의자를 말한다. Smp. 776에 따르면, 나무의자이다.

거두지 않거나 거두게 시키지 않고 무단으로 간다면, 속죄죄를 범하는 것이다.

2-4.

1) 개인에 속한 것에 대해 참모임에 속한 것이라고 지각하면, 악작죄를 범하는 것이다.
2) 개인에 속한 것에 대해 개인에 속한 것인지 의심하면, 악작죄를 범하는 것이다.
3) 개인에 속한 것에 대해 개인에 속한 것이라고 지각하면, 무죄이다.

2-5. 거두고 가거나, 거두게 시키고 가거나, 무단으로 가지 않거나, 햇볕에 말리고 가거나,966) 어떤 것이든 장애가 있거나,967) 사고가 났을 경우나,968) 정신이 착란된 자나 초범자의 경우에는 무죄이다.

4. 2. 5 속죄죄법 제15조

와좌구에 대한 학습계율②[Dutiyasenāsanasikkhāpada]

1-1. 한때[*41] 존귀한 부처님께서 싸밧티 시의 제따바나 숲에 있는 아나타삔디까 승원에 계셨다. 그런데 그때 열일곱무리의 수행승들969)이 동료였다. 그들은 함께 지내고 떠날 때에도 함께 떠났다. 그들은 어떤 참모임에 속하는 정사에서 잠자리를 펼쳐놓고 떠날 때에 그것을 거두지 않고 거두게 시키지도 않고 무단으로 떠났다. 와좌구가 흰개미에 먹혔다.

1-2. 수행승들 가운데 욕망을 여의고, 만족을 알고, 부끄러움을 알고, 후회할 줄 알고, 배움을 원하는 자들은 혐책하고 분개하고 비난했다.

[욕망을 여읜 수행승들] "어찌 열일곱무리의 수행승들이 참모임에 속하는 정사에서 잠자리를 펼쳐놓고 떠날 때에 그것을 거두지 않고 거두게 시키지도 않고 무단으로 떠나서 와좌구가 흰개미에 먹히게 할 수 있단 말인가?"

1-3. 그래서 그 수행승들은 세존께 그 사실을 알렸다. 그러자 세존께서는 그것을 인연으로 그것을 기회로 수행승들의 참모임을 불러 모으게 하고 연유를 설하고

---

966) otāpento gacchati : Smp. 776에 따르면, 햇볕에 말리고 나고 '돌아와서 거두겠다.'라고 지각하면, 무죄이다.

967) kenaci palibuddhaṃ hoti : Smp. 776에 따르면, 장로가 그를 일어서게 하고 그것을 취하거나, 야차나 아귀가 따라와서 그 위에 앉는다던가, 또는 신선이 와서 그것을 취하거나, 사자나 호랑이가 그 위에 서서 와좌구가 점령된다던가하는 경우를 말한다.

968) āpadāsu : Smp. 777에 따르면, 청정한 삶을 이끄는 자들에게 사고가 생기면, 무죄이다.

969) sattarasavaggiyā bhikkhū : 그들은 정사를 수리하다가 Vin. II. 166; Vin. IV. 44에서 여섯무리의 수행승에게 무단으로 쫓겨난다.

수행승들에게 이와 같이 물었다.

[세존] "수행승들이여, 그대들이 참모임에 속하는 정사에서 잠자리를 펼쳐놓고 떠날 때에 그것을 거두지 않고 거두게 시키지도 않고 무단으로 떠나서 와좌구가 흰개미에 먹히게 한 것이 사실인가?"

[열일곱무리의 수행승들] "세존이시여, 사실입니다."

존귀한 부처님께서는 견책했다.

[세존] "어리석은 자들이여, 그것은 적절하지 않고, 자연스럽지 않고, 알맞지 않고, 수행자의 삶이 아니고, 부당하고, 해서는 안 될 일이다. 어리석은 자들이여, 어찌 그대들이 참모임에 속하는 정사에서 잠자리를 펼쳐놓고 떠날 때에 그것을 거두지 않고 거두게 시키지도 않고 무단으로 떠나서 와좌구가 흰개미에 먹히게 할 수 있단 말인가? 어리석은 자들이여, 그것은 아직 청정한 믿음이 없는 자를 청정한 믿음으로 이끌고, 이미 청정한 믿음이 있는 자를 더욱더 청정한 믿음으로 이끄는 것이 아니다. 어리석은 자들이여, 그것은 오히려, 아직 청정한 믿음이 없는 자를 불신으로 이끌고, 이미 청정한 믿음이 있는 자 가운데 어떤 자들을 타락시키는 것이다."

1-4. 그리고 세존께서는 그 열일곱무리의 수행승들에 대하여 여러 가지 방편으로 견책하여, 키우기 어렵고 부양하기 어렵고 탐욕이 많고 만족을 모르고 교제를 좋아하고 나태한 것에 대해 질책하고, 여러 가지 법문으로 고무하여, 키우기 쉽고 부양하기 쉽고 욕심을 여의고, 만족을 알고, 버리고 없애는 삶, 악을 제거하는 삶, 청정한 믿음의 삶, 쌓아 모우지 않는 삶, 용맹정진의 삶을 칭찬하고, 수행승들을 위하여 그에 알맞고 그에 걸맞게 경책하여 법문을 하고 수행승들에게 일렀다.

[세존] "수행승들이여, 그러므로 수행승들을 위하여 열 가지 이유에 기초하여, 즉 참모임의 수승을 위하여, 참모임의 안락을 위하여, 악한 수행승의 조복을 위하여, 품행이 바른 수행승의 평안한 삶을 위하여, 지금 여기에서의 번뇌의 제어를 위하여, 다가오는 번뇌를 물리치기 위하여, 청정한 믿음이 없는 자에게 청정한 믿음을 주기 위하여, 청정한 믿음이 있는 자에게 청정한 믿음을 증대시키기 위하여, 올바른 가르침을 지속시키기 위하여, 계율을 수호하기 위하여 학습계율을 시설하니, 수행승들이여, 그대들은 이와 같이 학습계율을 송출해야 한다."

[세존] "어떠한 수행승이든 참모임에 속한 정사에서 잠자리를 펼치거나 펼치게 시키고 떠날 때에 거두거나 거두도록 시키지 않고 무단으로 가면, 속죄죄를 범하는 것이다."970)

2-1. '어떠한'이라는 것은 어떠한 관계, 어떠한 태생, 어떠한 이름, 어떠한 성씨, 어떠한 계행, 어떠한 주거, 어떠한 활동영역에서 이든지, 장로이든지, 신참이든지, 중참이든지, 이러한 자들을 형용하는 것으로 '어떠한 자이든'이라는 뜻이다. '수행승'이라고 하는 것은 '탁발하는 자'로서의 수행승, 탁발을 위해 돌아다니는 자로서의 수행승, 분소의를 입은 자로서의 수행승, 사미로서의 수행승, 자칭에 의한 수행승, '오라! 수행승이여!'에 의한 수행승, 삼귀의에 의해 구족계를 받은 수행승, 현선한 수행승, 진실한 수행승, 배울 것이 있는 학인인 수행승, 배울 것이 없는 무학인 수행승, 화합참모임과 한번제안세번제청의 갈마와 부동의 거룩한 님의 속성을 갖춘 자로서의 수행승이 있는데, 그들 가운데 화합참모임과 한번제안세번제청의 갈마와 부동의 거룩한 님의 속성을 갖춘 수행승을 두고, 그러한 의미에서의 수행승을 뜻한다.

2-2. '참모임에 속한'이라는 것은 참모임의 정사에 주어진 것이나 건네진 것을 뜻한다. '잠자리'라는 것은 매트, 카펫, 침상깔개, 바닥깔개, 매트리스, 가죽매트, 방석, 모포, 건초깔개, 수엽깔개를 뜻한다. '펴거나'라는 것은 스스로 까는 것을 뜻하고 '펼치도록 하거나'라는 것은 타인에게 펼치게 하는 것을 뜻한다. '떠날 때에 거두지 않거나'이라는 것은 '스스로 거두지 않거나'이라는 뜻이다. '거두도록 시키지 않거나'라는 것은 '타인에게 거두게 시키지 않거나'라는 뜻이다.

2-3. '무단으로 간다면'이라는 것은 다음과 같다. 수행승이나 사미에게나 정인에게[*42] 묻지 않고 담장이 있는 정사의 경우 담장을 지나쳐 간다면, 속죄죄를 범한 것이라는 뜻이다. 담장이 없는 정사의 경우 인근을 지나쳐 가면,971) 속죄죄를 범하는 것이다.

2-4.

1) 참모임에 속한 것에 대해 참모임에 속한 것이라고 지각하고, 노천에 펼치고는 떠날 때에 그것을 거두지 않거나 거두게 시키지 않고 무단으로 간다면, 속죄죄를 범하는 것이다.

2) 참모임에 속한 것에 대해 참모임에 속한 것인지 의심하고, 노천에 펼치고는

---

970) 복처부승물계(覆處敷僧物戒) | Bhikkhunī Pāc. 15 : yo pana bhikkhu saṃghike vihāre seyyaṃ santharitvā vā santharāpetvā vā taṃ pakkamanto n'eva uddhareyya na uddharāpeyya anāpucchaṃ vā gaccheyya, pācittiya n'ti.

971) upacāraṃ atikkamantassa : '보통 크기의 남자의 흙덩이를 던져 도달하는 거리보다 더욱 간다면'이라는 뜻이다.

떠날 때에 그것을 거두지 않거나 거두게 시키지 않고 무단으로 간다면, 속죄죄를 범하는 것이다.

3) 참모임에 속한 것에 대해 개인에 속한 것이라고 지각하고 노천에 펼치고는 떠날 때에 그것을 거두지 않거나 거두게 시키지 않고 무단으로 간다면, 속죄죄를 범하는 것이다.

2-4₂.

1) 정사의 인근이나 집회당이나 천막이나 나무밑에 잠자리를 펼치거나 펼치게 시키고 떠날 때에 거두지 않거나 거두게 시키지 않고 무단으로 가면, 악작죄를 범하는 것이다.

2) 침상이나 의자를 정사나 정사의 인근이나 휴게당이나 천막이나 나무아래에 펼치거나 펼치게 시키고 떠날 때에 거두지 않거나 거두게 시키지 않고 무단으로 가면, 악작죄를 범하는 것이다.

2-4₃.

1) 개인에 속한 것에 대해 참모임에 속한 것이라고 지각하면, 악작죄를 범하는 것이다.

2) 개인에 속한 것에 대해 개인에 속한 것인지 의심하면, 악작죄를 범하는 것이다.

3) 개인에 속한 것에 대해 개인에 속한 것이라고 지각하면, 무죄이다.

2-5. 거두고 가거나, 거두게 시키고 가거나, 무단으로 가지 않거나, 어떤 것이든 장애가 있거나, 곧 돌아오겠다고 기대를 가지고 가다가 머물러 기별을 전하던가, 어떤 것이든 방해자가 있다던가,972) 사고가 났을 경우이거나, 정신이 착란된 자나 초범자의 경우에는 무죄이다.

4. 2. 6 속죄죄법 제16조

밀치고 들어감에 대한 학습계율[Anupakhajjasikkhāpada]

1-1. 한때 존귀한 부처님께서 싸밧티 시의 제따바나 숲에 있는 아나타삔디까 승원에 계셨다. 그런데 그때 여섯무리의 수행승들이 최상의 잠자리를 차지했다. 장로 수행승들이 그들을 쫓아냈다. 그러자 여섯무리의 수행승들은 이와 같이

---

972) kenaci paḷibuddho hoti : Smp. 780에 따르면, 강물이 불어나거나 왕이나 도둑 등 때문에 장애가 있는 것을 뜻한다.

생각했다.

[여섯무리의 수행승들] '여기서 어떠한 수단으로 안거에 들 것인가?'

그래서 여섯무리의 수행승들은 장로 수행승을 밀고 들어가 '비좁게 꽉 끼는 자가 떠날 것이다.'라고 생각하고 잠자리를 차지했다.

1-2. 수행승들 가운데 욕망을 여의고, 만족을 알고, 부끄러움을 알고, 후회할 줄 알고, 배움을 원하는 자들이 있는데, 그들도 혐책하고 분개하고 비난했다.

[욕망을 여읜 수행승들] "어찌 여섯무리의 수행승들이 장로 수행승을 밀고 들어가 '비좁게 꽉 끼는 자가 떠날 것이다.'라고 지각하고 잠자리를 차지할 수 있단 말인가?"

1-3. 그래서 그 수행승들은 세존께 그 사실을[*43] 알렸다. 그러자 세존께서는 이러한 인연으로 이러한 기회에 수행승들의 참모임을 불러 모으게 하고 연유를 설하고 여섯무리의 수행승들에게 물었다.

[세존] "수행승들이여, 그대들이 장로 수행승을 밀고 들어가 '비좁게 꽉 끼는 자가 떠날 것이다.'라고 지각하고 잠자리를 차지한 것이 사실인가?"

[여섯무리의 수행승들] "세존이시여, 사실입니다."

존귀한 부처님께서는 견책했다.

[세존] "어리석은 자들여, 그대들은 적절하지 않고, 자연스럽지 않고, 알맞지 않고, 수행자의 삶이 아니고, 부당하고, 해서는 안 될 일을 행한 것이다. 어리석은 자들이여, 어찌 그대들이 장로 수행승을 밀고 들어가 '비좁게 꽉 끼는 자가 떠날 것이다.'라고 지각하고 잠자리를 차지할 수 있단 말인가? 어리석은 자들이여, 그것은 아직 청정한 믿음이 없는 자를 청정한 믿음으로 이끌고, 이미 청정한 믿음이 있는 자를 더욱더 청정한 믿음으로 이끄는 것이 아니다. 어리석은 자여, 그것은 오히려, 아직 청정한 믿음이 없는 자를 불신으로 이끌고, 이미 청정한 믿음이 있는 자 가운데 어떤 자들을 타락시키는 것이다."

1-4. 그리고 세존께서는 그 여섯무리의 수행승들에 대하여 여러 가지 방편으로 견책하여, 키우기 어렵고 부양하기 어렵고 탐욕이 많고 만족을 모르고 교제를 좋아하고 나태한 것에 대해 질책하고, 여러 가지 법문으로 고무하여, 키우기 쉽고 부양하기 쉽고 욕심을 여의고, 만족을 알고, 버리고 없애는 삶, 악을 제거하는 삶, 청정한 믿음의 삶, 쌓아 모우지 않는 삶, 용맹정진의 삶을 칭찬하고, 수행승들을 위하여 그에 알맞고 그에 걸맞게 경책하여 법문을 하고 수행승들에게 일렀다.

[세존] "수행승들이여, 그러므로 수행승들을 위하여 열 가지 이유에 기초하여, 즉 참모임의 수승을 위하여, 참모임의 안락을 위하여, 악한 수행승의 조복을 위하여, 품행이 바른 수행승의 평안한 삶을 위하여, 지금 여기에서의 번뇌의 제어를 위하여, 다가오는 번뇌를 물리치기 위하여, 청정한 믿음이 없는 자에게 청정한 믿음을 주기 위하여, 청정한 믿음이 있는 자에게 청정한 믿음을 증대시키기 위하여, 올바른 가르침을 지속시키기 위하여, 계율을 수호하기 위하여 학습계율을 시설하니, 수행승들이여, 그대들은 이와 같이 학습계율을 송출해야 한다."

[세존] "어떠한 수행승이든 먼저 도착한 수행승을 밀치고 들어가 '비좁게 꽉 끼는 자는 떠날 것이다.'라고 생각하고 잠자리를 차지하면, 그 동기가 다른 것이 아니라면, 속죄죄를 범하는 것이다."973)

2-1. '어떠한'이라는 것은 어떠한 관계, 어떠한 태생, 어떠한 이름, 어떠한 성씨, 어떠한 계행, 어떠한 주거, 어떠한 활동영역에서 이든지, 장로이든지, 신참이든지, 중참이든지, 이러한 자들을 형용하는 것으로 '어떠한 자이든'이라는 뜻이다. '수행승'이라고 하는 것은 '탁발하는 자'로서의 수행승, 탁발을 위해 돌아다니는 자로서의 수행승, 분소의를 입은 자로서의 수행승, 사미로서의 수행승, 자칭에 의한 수행승, '오라! 수행승이여!'에 의한 수행승, 삼귀의에 의해 구족계를 받은 수행승, 현선한 수행승, 진실한 수행승, 배울 것이 있는 학인인 수행승, 배울 것이 없는 무학인 수행승, 화합참모임과 한번제안세번제청의 갈마와 부동의 거룩한 님의 속성을 갖춘 자로서의 수행승이 있는데, 그들 가운데 화합참모임과 한번제안세번제청의 갈마와 부동의 거룩한 님의 속성을 갖춘 수행승을 두고, 그러한 의미에서의 수행승을 뜻한다. '참모임에 속한'라는 것은 참모임에 주어진 것, 건네진 것을 뜻한다. '알면서'라는 것은 노인이라고 알고 환자라고 알고 참모임에 주어진 것이라고 아는 것을 뜻한다.

2-2. '밀치고 들어가'라는 것은 '가운데로 밀고 들어가'라는 뜻이다. '잠자리를 차지하면'이라는 것은 다음과 같다. 침상이나 의자 또는 입구나 출구에 가까이에 잠자리를 펼치거나 펼치게 시키면, 악작죄를 범하는 것이다. 그 위에 앉거나 누우면, 속죄죄를 범하는 것이다. '그 동기가 다른 것이 아니라면'이라는 것은 밀치고

---

973) 강부계(强敷戒) | Bhikkhunī Pāc. 16 : yo pana bhikkhu saṃghike vihāre jānaṃ pubbupagataṃ bhikkhuṃ anupakhajja seyyaṃ kappeyya yassa sambādho bhavissati so pakkamissatī'ti etad eva paccayaṃ karitvā anaññ aṃ pācittiyan'ti.

들어가 자리를 차지하기 위한 다른 어떠한 조건이 아니라면의 뜻이다.

2-3₁.

1) 참모임에 속한 것에 대해 참모임에 속한 것이라고 지각하고, 밀치고 들어가 잠자리를 차지하면, 속죄죄를 범하는 것이다.
2) 참모임에 속한 것에 대해 참모임에 속한 것인지 의심하고, 밀치고 들어가 잠자리를 차지하면, 속죄죄를 범하는 것이다.
3) 참모임에 속한 것에 대해 개인에 속한 것이라고 지각하고, 밀치고 들어가 잠자리를 차지하면, 속죄죄를 범하는 것이다.

2-3₂.

1) 침상이나 의자나 입구나 출구의 인근 이외에 잠자리를 펼치거나 펼치게 시키면, 악작죄를 범하는 것이고, 그 위에 앉거나 누워도 악작죄를 범하는 것이다.
2) 정사의 인근이나 집회소나 천막이나 나무밑이나 노천에 잠자리를 펼치거나 펼치게 하면, 악작죄를 범하는 것이고, 그 위에 앉거나 누워도 악작죄를 범하는 것이다.

2-3₃.

1) 개인에 속한 것에 대해 참모임에 속한 것이라고 지각하면, 악작죄를 범하는 것이다.
2) 개인에 속한 것에 대해 개인에 속한 것인지 의심하면, 악작죄를 범하는 것이다.
3) 개인에 속한 것에 대해 개인에 속한 것이라고 지각하는데, 타인의 것이라면, 악작죄를 범하는 것이고, 자신의 것이라면, 무죄이다.

2-4. 환자가 들어가거나, 한기나 열기에 괴롭힘을 당하여 들어가거나, 사고가 일어난 경우이거나, 정신이 착란된 자이거나, 초범자인 경우는 무죄이다.

4. 2. 7 속죄죄법 제17조

끌어냄에 대한 학습계율[Nikkaḍḍhanasikkhāpada]

1-1. 한때[*44] 존귀한 부처님께서 싸밧티 시의 제따바나 숲에 있는 아나타삔디까 승원에 계셨다. 그런데 그때 열일곱무리의 수행승들이 '우리는 여기서 안거를 보내겠다.'라고 한 부근의 크나큰 정사를 수리하고 있었다. 여섯무리의 수행승들이 열일곱무리의 수행승들이 정사를 수리하는 것을 보고서 말했다.

[여섯무리의 수행승들] "벗들이여, 여기 열일곱무리의 수행승들이 정사를 수리하고 있다. 자 그들을 쫓아내자."

어떤 자들은 이와 같이 말했다.

[어떤 수행승들] "벗들이여, 수리가 완성될 때까지 가다렸다가 완성되면, 쫓아내자."

그래서 여섯무리의 수행승들은 열일곱무리의 수행승들에게 이와 같이 말했다.

[여섯무리의 수행승들] "벗들이여, 일어나시오. 우리가 이 정사를 얻은 것이오."

[열일곱무리의 수행승들] "벗들이여, 왜 미리 설명하지 않았습니까? 우리가 다른 것을 수리했을 것입니다."

[여섯무리의 수행승들] "벗들이여, 참모임에 속한 정사가 아닙니까?"

[열일곱무리의 수행승들] "벗들이여, 그렇습니다. 참모임에 속한 정사입니다."

[여섯무리의 수행승들] "벗들이여, 일어나시오. 우리가 이 정사를 얻은 것입니다."

[열일곱무리의 수행승들] "벗들이여, 이 정사는 충분히 큽니다. 그대들도 지내고 우리도 지냅니다."

[여섯무리의 수행승들] "벗들이여, 일어나시오. 우리가 이 정사를 얻은 것입니다."

그들은 화를 내고 불쾌해 하며 수행승들을 목을 붙잡아 끌어내었다. 그들은 끌려나가게 되자 울먹였다. 수행승들이 이와 같이 말했다.

[수행승들] "벗들이여, 그대들은 왜 울먹입니까?"

[열일곱무리의 수행승들] "벗들이여, 여섯무리의 수행승들이 화를 내고 불쾌해 하며 우리를 목을 붙잡아 끌어내었습니다."

1-2. 수행승들 가운데 욕망을 여의고, 만족을 알고, 부끄러움을 알고, 후회할 줄 알고, 배움을 원하는 자들이 있는데, 그들도 혐책하고 분개하고 비난했다.

[욕망을 여읜 수행승들] "어찌 여섯무리의 수행승들이 화를 내고 불쾌해 하며 수행승들을 참모임에 속한 정사에서 끌어낼 수 있단 말인가?"

1-3. 그래서 그 수행승들은 세존께 그 사실을 알렸다. 그러자 세존께서는 이러한 인연으로 이러한 기회에 수행승들의 참모임을 불러 모으게 하고 연유를 설하고 여섯무리의 수행승들에게 물었다.

[세존] "수행승들이여, 그대들이 화를 내고 불쾌해 하며 수행승들을 참모임에 속한 정사에서 끌어낸 것이 사실인가?"

[여섯무리의 수행승들] "세존이시여, 사실입니다."

존귀한 부처님께서는 견책했다.

[세존] "어리석은 자들이여, 그대들은 적절하지 않고, 자연스럽지 않고, 알맞지 않고, 수행자의 삶이 아니고, 부당하고, 해서는 안 될 일을 행한 것이다. 어찌 그대들이 화를 내고 불쾌해 하며 수행승들을 참모임에 속한 정사에서 끌어낼 수 있단 말인가? 어리석은 자들이여, 그것은 아직 청정한 믿음이 없는 자를 청정한 믿음으로 이끌고, 이미 청정한 믿음이 있는 자를 더욱더 청정한 믿음으로 이끄는 것이 아니다. 어리석은 자들이여, 그것은 오히려, 아직 청정한 믿음이 없는 자를 불신으로 이끌고, 이미 청정한 믿음이 있는 자 가운데 어떤 자들을 타락시키는 것이다."

1-4. 그리고 세존께서는 그 여섯무리의 수행승들에 대하여 여러 가지 방편으로 견책하여, 키우기 어렵고 부양하기 어렵고 탐욕이 많고 만족을 모르고 교제를 좋아하고 나태한 것에 대해 질책하고, 여러 가지 법문으로 고무하여, 키우기 쉽고 부양하기 쉽고 욕심을 여의고, 만족을 알고, 버리고 없애는 삶, 악을 제거하는 삶, 청정한 믿음의 삶, 쌓아 모우지 않는 삶, 용맹정진의 삶을 칭찬하고, 수행승들을 위하여 그에 알맞고 그에 걸맞게 경책하여 법문을 하고 수행승들에게 일렀다.

[세존] "수행승들이여, 그러므로 수행승들을 위하여 열 가지 이유에 기초하여, 즉 참모임의 수승을 위하여, 참모임의 안락을 위하여, 악한 수행승의 조복을 위하여, 품행이 바른 수행승의 평안한 삶을 위하여, 지금 여기에서의 번뇌의 제어를 위하여, 다가오는 번뇌를 물리치기 위하여, 청정한 믿음이 없는 자에게 청정한 믿음을 주기 위하여, 청정한 믿음이 있는 자에게 청정한 믿음을 증대시키기 위하여, 올바른 가르침을 지속시키기 위하여, 계율을 수호하기 위하여 학습계율을 시설하니, 수행승들이여, 그대들은 이와 같이 학습계율을 송출해야 한다."

[세존] "어떠한 수행승이든지 화를 내고 불쾌해 하며 수행승들을 참모임에 속한 정사에서 끌어내거나 끌어내게 시키면, 속죄죄를 범하는 것이다."[974)]

2-1. '어떠한'이라는 것은 어떠한 관계, 어떠한 태생, 어떠한 이름, 어떠한 성씨, 어떠한 계행, 어떠한 주거, 어떠한 활동영역에서 이든지, 장로이든지, 신참이든지, 중참이든지, 이러한 자들을 형용하는 것으로 '어떠한 자이든'이라는 뜻이다. '수행승'이라고 하는 것은 '탁발하는 자'로서의 수행승, 탁발을 위해 돌아다니는 자로서의 수행승, 분소의를 입은 자로서의 수행승, 사미로서의 수행승, 자칭에

---

974) 견타출방계(牽他出房戒) | Bhikkhunī Pāc. 17 : yo pana bhikkhu kupito anattamano saṃghikā vihārā nikkaḍḍheyya vā nikkaḍḍhāpeyya vā pāvittiyan'ti.

의한 수행승, '오라! 수행승이여!'에 의한 수행승, 삼귀의에 의해 구족계를 받은 수행승, 현선한 수행승, 진실한 수행승, 배울 것이 있는 학인인 수행승, 배울 것이 없는 무학인 수행승, 화합참모임과 한번제안세번제청의 갈마와 부동의 거룩한 님의 속성을 갖춘 자로서의 수행승이 있는데, 그들 가운데 화합참모임과 한번제안세번제청의 갈마와 부동의 거룩한 님의 속성을 갖춘 수행승, 그를 이러한 의미에서의[*45] 수행승이라고 하는 것이다.

2-2₁. '참모임에 속한'이라는 것은 참모임에 속한 정사에 주어진 것이나 건네진 것을 뜻한다.

1) '끌어내면'이라는 것은 다음과 같다. ① 방안에서 붙잡아 입구로 끌어내면 속죄죄를 범하는 것이다. ② 입구에서 붙잡아 밖을 끌어내면, 속죄죄를 범하는 것이다. ③ 한번 끌어당겨 많은 문을 지나치게 하면, 속죄죄를 범하는 것이다.
2) '끌어내게 시키면'이라는 것은 다음과 같다. ① 타인에 명령하면 악작죄를 범하는 것이다. ② 한번 명령으로 많은 문을 지나치게 하면, 속죄죄를 범하는 것이다.

2-2₂.

1) 참모임에 속한 것에 대해 참모임에 속한 것이라고 지각하고, 화를 내고 불쾌해 하며 끌어내거나 끌어내게 시키면, 속죄죄를 범하는 것이다.
2) 참모임에 속한 것에 대해 참모임에 속한 것인지 의심하고, 화를 내고 불쾌해 하며 끌어내거나 끌어내게 시키면, 속죄죄를 범하는 것이다.
3) 참모임에 속한 것에 대해 개인에 속한 것이라고 지각하고, 화를 내고 불쾌해 하며 끌어내거나 끌어내게 시키면, 속죄죄를 범하는 것이다. 그의 필수품을 끌어내거나 끌어내게 시키면, 악작죄를 범하는 것이다.

2-2₃.

1) 정사의 근처나 집회당이나 천막이나 나무밑이나 노천에서 끌어내거나 끌어내게 시키면, 악작죄를 범하는 것이다.
2) 구족계를 받지 않은 자를 정사나 정사의 근처나 집회당이나 천막이나 나무밑이나 노천에서 끌어내거나 끌어내게 시키면, 악작죄를 범하는 것이다. 그의 필수품을 끌어내거나 끌어내게 시키면, 악작죄를 범하는 것이다.

2-2₃.

1) 개인에 속한 것에 대해 참모임에 속한 것이라고 지각하면, 악작죄를 범하는

것이다.
2) 개인에 속한 것에 대해 개인에 속한 것인지 의심하면, 악작죄를 범하는 것이다.
3) 개인에 속한 것에 대해 개인에 속한 것이라고 지각하면, 무죄이다.

2-3. 범계자를 끌어내거나 끌어내게 시키거나 그의 필수품을 끌어내거나 끌어내게 시키거나, 정신이 착란된 자를 끌어내거나 끌어내게 시키거나 그의 필수품을 끌어내거나 끌어내게 시키거나, 다툼을 일으킨 자를 끌어내거나 끌어내게 시키거나 그의 필수품을 끌어내거나 끌어내게 시키거나, 싸움을 일으킨 자를 끌어내거나 끌어내게 시키거나 그의 필수품을 끌어내거나 끌어내게 시키거나, 쟁론을 일으킨 자를 끌어내거나 끌어내게 시키거나 그의 필수품을 끌어내거나 끌어내게 시키거나, 분열을 일으킨 자를 끌어내거나 끌어내게 시키거나 그의 필수품을 끌어내거나 끌어내게 시키거나, 원칙에 입각하지 않고 행동하는 학인이나 제자를 끌어내거나 끌어내게 시키거나 그의 필수품을 끌어내거나 끌어내게 시키는 경우이거나,[975] 정신이 착란된 자이거나, 초범자인 경우는 무죄이다.

4. 2. 8 속죄죄법 제18조

공중방에 대한 학습계율[Vehāsakuṭisikkhāpada]

1-1. 한때 존귀한 부처님께서 싸밧티 시의 제따바나 숲에 있는 아나타삔디까 승원에 계셨다. 그런데 그때[*46] 두 명의 수행승들이 참모임에 속한 정사의 공중방[976]에서 한 사람은 위에서 한 사람은 아래에서 지냈다. 위에서 지내던 수행승이 탈각침상에[977] 갑자기 앉자, 침상의 다리가 떨어져 아래에서 지내던 수행승의 머리에 떨어졌다. 그 수행승은 비명을 질렀다. 수행승들이 달려와 그 수행승에게 이와 같이 말했다.

[수행승] "벗이여, 왜 비명을 질렀는가?"

1-2. 그러자 그 수행승은 수행승들에게 사실을 알렸다. 수행승들 가운데 욕망을 여의고, 만족을 알고, 부끄러움을 알고, 후회할 줄 알고, 배움을 원하는 자들은

---

975) antevāsikaṃ vā saddhivihārikaṃ vā na sammāvattantaṃ nikkaḍḍhati vā nikkaḍḍhāpeti vā tassa parikkhāraṃ nimmaḍḍhati vā nikkaḍḍhāpeti : Bd. II. 253의 번역 — '학인이나 제자나 원칙에 입각하지 않은 품행자' — 은 오해의 소지가 있다.
976) uparivehāsakuṭī : 의미는 불분명하지만, 허공위의 방사(房舍)란 뜻을 갖고 있다.
977) āhaccapādakaṃ mañcaṃ : 탈각침상이란 다리가 움직일 수 있는 침상을 말한다.

혐책하고 분개하고 비난했다.

[욕망을 여읜 수행승들] "어찌 수행승이 참모임에 속한 정사의 공중방에서 탈각침상에 갑자기 앉을 수 있단 말인가?"

1-3. 그래서 그 수행승들은 세존께 그 사실을 알렸다. 그래서 그 수행승들은 세존께 그 사실을 알렸다. 그러자 세존께서는 그것을 인연으로 그것을 기회로 수행승들의 참모임을 모아 놓고 그 수행승에게 이와 같이 물었다.

[세존] "수행승이여, 그대가 참모임에 속한 정사의 공중방에서 탈각침상에 갑자기 앉은 것이 사실인가?"

[수행승] "세존이시여, 사실입니다."

존귀한 부처님께서는 견책했다.

[세존] "어리석은 자여, 그것은 적절하지 않고, 자연스럽지 않고, 알맞지 않고, 수행자의 삶이 아니고, 부당하고, 해서는 안 될 일이다. 어리석은 자여, 어찌 그대가 참모임에 속한 정사의 공중방에서 탈각침상에 갑자기 앉을 수 있단 말인가? 어리석은 자여, 그것은 아직 청정한 믿음이 없는 자를 청정한 믿음으로 이끌고, 이미 청정한 믿음이 있는 자를 더욱더 청정한 믿음으로 이끄는 것이 아니다. 어리석은 자여, 그것은 오히려, 아직 청정한 믿음이 없는 자를 불신으로 이끌고, 이미 청정한 믿음이 있는 자 가운데 어떤 자들을 타락시키는 것이다."

1-4. 그리고 세존께서는 그 수행승에 대하여 여러 가지 방편으로 견책하여, 키우기 어렵고 부양하기 어렵고 탐욕이 많고 만족을 모르고 교제를 좋아하고 나태한 것에 대해 질책하고, 여러 가지 법문으로 고무하여, 키우기 쉽고 부양하기 쉽고 욕심을 여의고, 만족을 알고, 버리고 없애는 삶, 악을 제거하는 삶, 청정한 믿음의 삶, 쌓아 모우지 않는 삶, 용맹정진의 삶을 칭찬하고, 수행승들을 위하여 그에 알맞고 그에 걸맞게 경책하여 법문을 하고 수행승들에게 일렀다.

[세존] "수행승들이여, 그러므로 수행승들을 위하여 열 가지 이유에 기초하여, 즉 참모임의 수승을 위하여, 참모임의 안락을 위하여, 악한 수행승의 조복을 위하여, 품행이 바른 수행승의 평안한 삶을 위하여, 지금 여기에서의 번뇌의 제어를 위하여, 다가오는 번뇌를 물리치기 위하여, 청정한 믿음이 없는 자에게 청정한 믿음을 주기 위하여, 청정한 믿음이 있는 자에게 청정한 믿음을 증대시키기 위하여, 올바른 가르침을 지속시키기 위하여, 계율을 수호하기 위하여 학습계율을 시설하니, 수행승들이여, 그대들은 이와 같이 학습계율을 송출해야 한다."

[세존] "어떠한 수행승이든지 참모임에 속한 정사의 공중방에서 탈각침상에 갑자기 앉거나 누우면, 속죄죄를 범하는 것이다."978)

2-1. '어떠한'이라는 것은 어떠한 관계, 어떠한 태생, 어떠한 이름, 어떠한 성씨, 어떠한 계행, 어떠한 주거, 어떠한 활동영역에서 이든지, 장로이든지, 신참이든지, 중참이든지, 이러한 자들을 형용하는 것으로 '어떠한 자이든'이라는 뜻이다. '수행승'이라고 하는 것은 '탁발하는 자'로서의 수행승, 탁발을 위해 돌아다니는 자로서의 수행승, 분소의를 입은 자로서의 수행승, 사미로서의 수행승, 자칭에 의한 수행승, '오라! 수행승이여!'에 의한 수행승, 삼귀의에 의해 구족계를 받은 수행승, 현선한 수행승, 진실한 수행승, 배울 것이 있는 학인인 수행승, 배울 것이 없는 무학인 수행승, 화합참모임과 한번제안세번제청의 갈마와 부동의 거룩한 님의 속성을 갖춘 자로서의 수행승이 있는데, 그들 가운데 화합참모임과 한번제안세번제청의 갈마와 부동의 거룩한 님의 속성을 갖춘 수행승을 두고, 그러한 의미에서의 수행승을 뜻한다.

2-2. '참모임에 속한'이라는 것은 참모임의 정사에 주어진 것이나 건네진 것을 뜻한다. '공중방'이라는 것은 중간크기의 사람의 머리가 닿지 않는 방사를 뜻한다. '탈각침상'이라는 것은 다리들을 끼워서 서는 침상을 뜻한다. '탈각의자'라는 것은 다리들을 끼워서 서는 의자를 말한다.

2-2₁. '앉거나'라는 것은 그 위에 앉으면 속죄죄를 범한 것이라는 뜻이다. '누우면'이라는 것은 그 위에 누우면 속죄죄를 범한 것이라는 뜻이다.

1) 참모임에 속한 것에 대해 참모임에 속한 것이라고 지각하고, 공중방에서 탈각침상이나 탈각의자에 갑자기 앉거나 누우면, 속죄죄를 범하는 것이다.

2) 참모임에 속한 것에 대해 참모임에 속한 것인지 의심하고, 공중방에서 탈각침상이나 탈각의자에 갑자기 앉거나 누우면, 속죄죄를 범하는 것이다.

3) 참모임에 속한 것에 대해 개인에 속한 것이라고 지각하고, 공중방에서 탈각침상이나 탈각의자에 갑자기 앉거나 누우면, 속죄죄를 범하는 것이다.

2-2₂.

1) 개인에 속한 것에 대해 참모임에 속한 것이라고 지각하면, 악작죄를 범하는

---

978) 좌탈각상계(坐脫脚牀戒) | Bhikkhunī Pāc. 18 : yo pana bhikkhu saṃghike vihāre uparivehāsakuṭiyā āhacca pādakaṃ mañcaṃ vā pīṭhaṃ vā abhinisīdeyya vā abhinipajjeyya vā pāvittiyan'ti.

것이다.

2) 개인에 속한 것에 대해 참모임에 속한 것인지 의심하면, 악작죄를 범하는 것이다.

3) 개인에 속한 것에 대해 개인에 속한 것이라고 생각하는데, 타인의 것이라면, 악작죄를 범하는 것이고, 자신의 것이면, 무죄이다.

2-3. 공중이 아닌 방사에 있거나,979) 머리가 닿는 곳에 있거나, 아래쪽에 사용하지 않는 것이 있거나, 침상의 판이 여러 겹이거나,980) 고정핀이 주어졌거나,981) 그 위에 서서 붙잡거나 거는 경우이거나,982) 정신이 착란된 자이거나, 초범자인 경우는 무죄이다.

4. 2. 9 속죄죄법 제19조

큰 정사에 대한 학습계율[Mahallakavihārasikkhāpada]

1-1. 한때[*47] 존귀한 부처님께서 꼬쌈비 시의 고씨따라마 승원에 계셨다. 그때 존자 찬나의 단월인 대신이 존자 찬나를 위하여 정사를 짓게 했다. 그런데 존자 찬나는 정사가 완성되었는데도 빈번히 다시 덮어 둘러싸게 하고 빈번히 다시 칠하게 하여 너무 두터워진 정사를 마침내 무너지게 했다. 그러자 존자 찬나는 건초와 나무를 주우면서 어떤 바라문의 보리밭을 황폐하게 만들었다. 그러자 그 바라문은 혐책하고 분개하고 비난했다.

[바라문] "어찌 존자들이 나의 보리밭을 황폐하게 할 수 있단 말인가?"

1-2. 수행승들은 그 바라문이 혐책하고 분개하고 비난하는 것을 들었다. 수행승들 가운데 욕망을 여의고, 만족을 알고, 부끄러움을 알고, 후회할 줄 알고, 배움을 원하는 자들이 있는데, 그들도 혐책하고 분개하고 비난했다.

[욕망을 여읜 수행승들] "어찌 존자 찬나가 정사가 완성되었는데도 빈번히 다시 덮어 둘러싸게 하고 빈번히 다시 칠하게 하여 너무 두터워진 정사를 마침내

---

979) avehāsakuṭiyā : Smp. 782에 따르면, 타인을 다치지 않게 하기 위해서 바닥 위에 쌀라나무잎 사이에 만들어진 방사를 뜻한다.

980) padarasañcitaṃ : Smp. 783에 따르면, 최상층에 나무막대나 판자가 쌓여있을 경우를 뜻한다.

981) paṭāṇi dinnā : Smp. 783에 따르면, 다리가 떨어져 나가지 않도록 탈각침상이나 탁각의자를 고정시키는 핀이나 나무못이 장착된 것을 뜻한다.

982) tasmiṃ ṭhito gaṇhāti vā laggeti vā : Smp. 783에 따르면, 탈각침상이나 탁각의자에 서서 나무못 위에 옷이나 어떤 것을 내리거나 걸 경우를 뜻한다.

무너지게 할 수 있단 말인가?"

1-3. 수행승들은 세존께 그 사실을 알렸다. 그러자 세존께서는 이러한 인연으로 이러한 기회에 수행승들의 참모임을 불러 모으게 하고 연유를 설하고 존자 찬나에게 물었다.

[세존] "찬나여, 그대가 정사가 완성되었는데도 빈번히 다시 덮어 둘러싸게 하고 빈번히 다시 칠하게 하여 너무 두터워진 정사를 마침내 무너지게 한 것이 사실인가?"

[찬나] "세존이시여, 사실입니다."

존귀한 부처님께서는 견책했다.

[세존] "어리석은 자여, 그대는 적절하지 않고, 자연스럽지 않고, 알맞지 않고, 수행자의 삶이 아니고, 부당하고, 해서는 안 될 일을 행한 것이다. 어리석은 자여, 어찌 그대가 정사가 완성되었는데도 빈번히 다시 덮어 둘러싸게 하고 빈번히 다시 칠하게 하여 너무 두터워진 정사를 마침내 무너지게 할 수 있단 말인가? 어리석은 자여, 그것은 아직 청정한 믿음이 없는 자를 청정한 믿음으로 이끌고, 이미 청정한 믿음이 있는 자를 더욱더 청정한 믿음으로 이끄는 것이 아니다. 어리석은 자여, 그것은 오히려, 아직 청정한 믿음이 없는 자를 불신으로 이끌고, 이미 청정한 믿음이 있는 자 가운데 어떤 자들을 타락시키는 것이다."

1-4. 그리고 세존께서는 그 수행승에 대하여 여러 가지 방편으로 견책하여, 키우기 어렵고 부양하기 어렵고 탐욕이 많고 만족을 모르고 교제를 좋아하고 나태한 것에 대해 질책하고, 여러 가지 법문으로 고무하여, 키우기 쉽고 부양하기 쉽고 욕심을 여의고, 만족을 알고, 버리고 없애는 삶, 악을 제거하는 삶, 청정한 믿음의 삶, 쌓아 모우지 않는 삶, 용맹정진의 삶을 칭찬하고, 수행승들을 위하여 그에 알맞고 그에 걸맞게 경책하여 법문을 하고 수행승들에게 일렀다.

[세존] "수행승들이여, 그러므로 수행승들을 위하여 열 가지 이유에 기초하여, 즉 참모임의 수승을 위하여, 참모임의 안락을 위하여, 악한 수행승의 조복을 위하여, 품행이 바른 수행승의 평안한 삶을 위하여, 지금 여기에서의 번뇌의 제어를 위하여, 다가오는 번뇌를 물리치기 위하여, 청정한 믿음이 없는 자에게 청정한 믿음을 주기 위하여, 청정한 믿음이 있는 자에게 청정한 믿음을 증대시키기 위하여, 올바른 가르침을 지속시키기 위하여, 계율을 수호하기 위하여 학습계율을 시설하니, 수행승들이여, 그대들은 이와 같이 학습계율을 송출해야 한다."

[세존] "수행승들이 큰 정사를 지을 때에, 가로대를 설치하기 위한, 또한 창을 장치하기 위한 창호의 장소를 남겨두고, 두세 겹으로 덮어 둘러싸게 하는 것을, 작물이 없는 곳에서 설치하도록 결정할 수 있다. 그것을 어기면, 작물이 없는 곳에서 설치하도록 결정하더라도, 속죄죄를 범하는 것이다."983)

2-1. '큰'이라는 것은 '후원자가 있는 정사'를 두고 말한다.984) '정사'라는 것은 내부가 칠해진 것이 있고 외부가 칠해진 것이 있고 내외가 칠해진 곳이 있다.985) '지을 때'라는 것은 짓거나 짓게 하는 것을 뜻한다. '창호의 장소를 남겨두고'라는 것은 '문기둥과 상인방의 둘레로부터 완척의 길이까지 남겨두고'라는 뜻이다. '가로대를 설치하기 위한'라는 것은 '문을 설치하기 위한'라는 뜻이다. '창을 장치하기 위해서'라는 것은 '백색 · 흑색 · 적색을 칠하고, 화만장식, 만곡초장식, 황새치이빨, 목책986)으로 장식한 통풍장치를 장치하기 위해서'라는 뜻이다.

2-2. '두세 겹[*48] 덮어 둘러싸게 하는 것을, 작물이 없는 곳에서 설치하도록 결정할 수 있다'라는 것은 다음과 같다. '작물'이라는 것은 곡식과 야채류를 뜻하는데, 만약에 작물이 있는 곳에 두는 것으로 지시하면, 악작죄를 짓는 것이다. 길로 덮을 때는 두 길의 겹을 지시하고 세 겹의 길을 명령하고 떠나야 한다.987) 둘러싸는 것으로 덮는다면, 두 번 둘러싸는 것을 결정하고 세 번째 둘러싸는 것을 명령하고 떠나야 한다.988)

2-3₁. '그것을 어기면, 작물이 없는 곳에서 설치하도록 지시하더라도'이라는 것은 다음과 같다.

---

983) 복옥과삼절계(覆屋過三節戒) | Bhikkhunī Pāc. 19 : mahallakaṃ pana bhikkhunā vihāraṃ kārayamānena yāva dvārakosā aggalaṭṭhapanāya ālokasandhiparikammāya dvitticchadanassa pariyāyaṃ appaharite ṭhitena adhiṭṭhātabbaṃ, tato ve uttari appaharite pi ṭhito adhiṭṭhaheyya, pācittiyan'ti.

984) mahallako nāma: vihāro sassāmiko vuccati : Vin. III. 156을 참조하라.

985) vihāro nāma: ullinto vā hoti avalinto vā ullintāvalitto vā : Vin. III. 226, 232를 참조하라.

986) pañcapaṭṭhika : 의미가 불분명하다. Bd. II. 259에서는 '찬장'이라고 번역하고 남전율부2권76에서는 포절(包切)이라고 번역한다.

987) maggena chādena tassa dve magge adhiṭṭhahitvā tatiyaṃ magge āṇāpetvā pakkamitbbaṃ : '길로써 덮는 것'은 한역에서는 종복(縱覆)이라고 되어 있는데, 이것은 Smp. 785에 따르면, '돌이나 연와나 점토로 둘러싸지 않고 곧바로 덮는 것'을 뜻한다. 여기서 세 겹으로 명령한다는 것은 잘못 덮개가 되었을 경우에 다시 덮개를 하라는 명령을 뜻한다.

988) pariyāyena chādentassa dve pariyāye adhiṭṭhahitvā tatiyaṃ pariyāyaṃ āṇāpetvā pakkamitabbaṃ : '둘러싸는 것로써 덮는 것'은 한역에서는 횡복(橫覆) 또는 원복(圓覆)이라고 되어 있는데, 이것은 Smp. 785에 따르면, '건초나 엽초로 둘러싸서 덮는 것'을 뜻한다. 여기서 세 겹으로 명령한다는 것은 잘못 덮개가 되었을 경우에 다시 덮개를 하라는 명령을 뜻한다.

1) 연와로써 덮을 때에는 하나하나의 연와를 덮는 것이 속죄죄를 범하는 것이다.[989]
2) 돌로써 덮을 때에는 하나하나의 돌을 덮는 것이 속죄죄를 범하는 것이다.
3) 석회로써 덮을 때에는 하나하나의 점토를 덮는 것이 속죄죄를 범하는 것이다.
4) 건초로써 덮을 때에는 하나하나의 건초단을 덮는 것이 속죄죄를 범하는 것이다.
5) 엽초로써 덮을 때에는 하나하나의 건초단을 덮는 것이 속죄죄를 범하는 것이다.

2-3₂.
1) 두세 겹 이상 둘러싸는 것에 대해 이상이라고 지각하고 결정되면, 속죄죄를 범하는 것이다.
2) 두세 겹 이상 둘러싸는 것에 대해 이상인지 의심하고 결정되면, 속죄죄를 범하는 것이다.
3) 두세 겹 이상 둘러싸는 것에 대해 이하라고 지각하고 결정되면, 속죄죄를 범하는 것이다.
4) 두세 겹 이하 둘러싸는 것에 대해 이상이라고 지각하고 결정되면, 악작죄를 범하는 것이다.
5) 두세 겹 이하 둘러싸는 것에 대해 이하인지 의심하고 결정되면, 속죄죄를 범하는 것이다.
6) 두세 겹 이하 둘러싸는 것에 대해 이하라고 지각하고 결정되면, 무죄이다.

2-4. 두세 겹 둘러싸거나, 두세 겹 이하 둘러싸거나, 동굴이나 석굴이나 초가집의 경우나, 타인을 위한 경우나, 자신의 재산으로 만든 경우나,[990] 자기의 주옥을 제외하면 어떠한 상황에서든지 무죄이고, 정신이 착란된 자이거나, 초범자인 경우는 무죄이다.

4. 2. 10 속죄죄법 제20조

벌레가 있는 것에 대한 학습계율[Sappāṇakasikkhāpada]

1-1. 한때 존귀한 부처님께서 알라비 시에 있는 악갈라바 탑묘에 계셨다. 그런데

989) iṭṭhakāya chādentassa iṭṭhakāyiṭṭhakāya āpatti pācittiyassa : 이하 다섯 가지 지붕잇기는 Vin. II. 154에서 허용된 것이다: '수행승들이여, 다섯 가지 지붕 즉, 타일 지붕, 돌 지붕, 석회 지붕, 초가 지붕, 나뭇잎 지붕이다.'
990) attano dhanena : Bd. II. 260에 따르면, 스리랑카에서는 수행승이 가정에 쌀이나 벼, 과일 등을 주면, 가정에서 그를 위해 식사를 준비하는데 사용하기도 한다.

그때 알라비 시의 수행승들은 수리일을 하면서 벌레가 있는 물을 알고도 풀과 흙에 뿌리고 뿌리게 시켰다.

1-2. 수행승들 가운데 욕망을 여의고, 만족을 알고, 부끄러움을 알고, 후회할 줄 알고, 배움을 원하는 자들이 있는데, 그들도 혐책하고 분개하고 비난했다.

[욕망을 여읜 수행승들] "어찌 알라비 시의 수행승들이 수리일을 하면서 벌레가 있는 물을 알고도 풀과 흙에 뿌리고 뿌리게 할 수 있단 말인가?"

1-3. 그래서 수행승들은 세존께 그 사실을 알렸다. 그러자 세존께서는 이러한 인연으로 이러한 기회에 수행승들의 참모임을 불러 모으게 하고 연유를 설하고 알라비 시의 수행승들에게 물었다.

[세존] "수행승들이여, 그대들이 수리일을 하면서 벌레가 있는 물을 알고도 풀과 흙에 뿌리고 뿌리게 한 것이 사실인가?"

[알라비의 수행승들] "세존이시여, 사실입니다."

[세존] "어리석은 자들이여, 그대들은 적절하지 않고, 자연스럽지 않고, 알맞지 않고, 수행자의 삶이 아니고, 부당하고, 해서는 안 될 일을 행한 것이다. 어리석은 자들이여, 어찌 그대들이 수리일을 하면서 벌레가 있는 물을 알고도 풀과 흙에 뿌리고 뿌리게 할 수 있단 말인가?[*49] 어리석은 자들이여, 그것은 아직 청정한 믿음이 없는 자를 청정한 믿음으로 이끌고, 이미 청정한 믿음이 있는 자를 더욱더 청정한 믿음으로 이끄는 것이 아니다. 어리석은 자들이여, 그것은 오히려, 아직 청정한 믿음이 없는 자를 불신으로 이끌고, 이미 청정한 믿음이 있는 자 가운데 어떤 자들을 타락시키는 것이다."

1-4. 그리고 세존께서는 그 알라비 시의 수행승들에 대하여 여러 가지 방편으로 견책하여, 키우기 어렵고 부양하기 어렵고 탐욕이 많고 만족을 모르고 교제를 좋아하고 나태한 것에 대해 질책하고, 여러 가지 법문으로 고무하여, 키우기 쉽고 부양하기 쉽고 욕심을 여의고, 만족을 알고, 버리고 없애는 삶, 악을 제거하는 삶, 청정한 믿음의 삶, 쌓아 모우지 않는 삶, 용맹정진의 삶을 칭찬하고, 수행승들을 위하여 그에 알맞고 그에 걸맞게 경책하여 법문을 하고 수행승들에게 일렀다.

[세존] "수행승들이여, 그러므로 수행승들을 위하여 열 가지 이유에 기초하여, 즉 참모임의 수승을 위하여, 참모임의 안락을 위하여, 악한 수행승의 조복을 위하여, 품행이 바른 수행승의 평안한 삶을 위하여, 지금 여기에서의 번뇌의 제어를 위하여, 다가오는 번뇌를 물리치기 위하여, 청정한 믿음이 없는 자에게 청정한

믿음을 주기 위하여, 청정한 믿음이 있는 자에게 청정한 믿음을 증대시키기 위하여, 올바른 가르침을 지속시키기 위하여, 계율을 수호하기 위하여 학습계율을 시설하니, 수행승들이여, 그대들은 이와 같이 학습계율을 송출해야 한다."

[세존] "어떠한 수행승이든 벌레가 있는 물을 알고도 풀과 흙에 뿌리고 뿌리게 한다면, 속죄죄를 범하는 것이다."[991]

2-1. '어떠한'이라는 것은 어떠한 관계, 어떠한 태생, 어떠한 이름, 어떠한 성씨, 어떠한 계행, 어떠한 주거, 어떠한 활동영역에서 이든지, 장로이든지, 신참이든지, 중참이든지, 이러한 자들을 형용하는 것으로 '어떠한 자이든'이라는 뜻이다. '수행승'이라고 하는 것은 '탁발하는 자'로서의 수행승, 탁발을 위해 돌아다니는 자로서의 수행승, 분소의를 입은 자로서의 수행승, 사미로서의 수행승, 자칭에 의한 수행승, '오라! 수행승이여!'에 의한 수행승, 삼귀의에 의해 구족계를 받은 수행승, 현선한 수행승, 진실한 수행승, 배울 것이 있는 학인인 수행승, 배울 것이 없는 무학인 수행승, 화합참모임과 한번제안세번제청의 갈마와 부동의 거룩한 님의 속성을 갖춘 자로서의 수행승이 있는데, 그들 가운데 화합참모임과 한번제안세번제청의 갈마와 부동의 거룩한 님의 속성을 갖춘 수행승을 두고, 그러한 의미에서의 수행승을 뜻한다.

2-2₁. '알고도'라는 것은 스스로 알고 타인들이 그에게 알리는 것이다. '뿌리면'이라는 것은 스스로 뿌리면, 속죄죄를 범한 것이라는 뜻이다. '뿌리게 하면'이라는 것은 타인에게 명령하면, 속죄죄를 범한 것이라는 뜻이다. 한번 명령하건 여러번 명령하건 뿌리면, 속죄죄를 범하는 것이다.

2-2₂.

1) 벌레가 있는 것에 대해 벌레가 있다고 지각하고 풀이나 흙에 부리거나 뿌리게 하면, 속죄죄를 범하는 것이다.
2) 벌레가 있는 것에 대해 벌레가 있는지 의심하고 풀이나 흙에 부리거나 뿌리게 하면, 속죄죄를 범하는 것이다.
3) 벌레가 있는 것에 대해 벌레가 없다고 지각하고 풀이나 흙에 부리거나 뿌리게 하면, 무죄이다.[992]

---

991) 용충수계(用蟲水戒) | Bhikkhunī Pāc. 20 : yo pana bhikkhu jānaṃ sappāṇakaṃ udakaṃ tiṇaṃ vā mattikaṃ vā siñceyya vā siñcāpeyya vā, pācittiyan'ti.

992) sappāṇake appāṇakasaññi tiṇaṃ vā mattikaṃ vā siñcati vā siñcāpeti vā anāpatti : 이럴 경우 적어도 악작죄

2-2₃.

1) 벌레가 없는 것에 대해 벌레가 있다고 지각하면, 악작죄를 범하는 것이다.
2) 벌레가 없는 것에 대해 벌레가 없는지 의심하면, 악작죄를 범하는 것이다.
3) 벌레가 없는 것에 대해 벌레가 없다고 지각하면, 무죄이다.

2-3. 의도가 없었거나, 새김을 잃었거나, 모르는 경우이거나, 정신이 착란된 자이거나, 초범자인 경우는 무죄이다.

제2품 초목 그 후렴시는 다음과 같다

초목, 핑계, 중상, 떠날 때에서의 두 가지,
먼저 도착, 끌어냄, 탈각침상, 창호, 벌레가 있는 것.993)

제3품 식사(Bhojanavagga)

4. 3. 1 속죄죄법 제21조

휴게소의 식사에 대한 학습계율[Āvasathapiṇḍasikkhāpada]

1-1. 한때 존귀한 부처님께서 싸밧티 시의 제따바나 숲에 있는 아나타삔디까 승원에 계셨다. 그런데 그때 싸밧티 시에서 멀지 않은 곳에 어떤 조합에서 베푸는 휴게소의 음식이 마련되었다. 여섯무리의 수행승들이 아침 일찍 옷을 입고 발우와 가사를 수하고 싸밧티 시에 탁발하러 들어갔다가 탁발음식을 얻지 못하고 휴게소로 갔다. 사람들은 '드디어 존자들께서 오셨다.'라고 정중하게 대접했다. 그러자 여섯무리의 수행승들은 두 번째 날에도 아침 일찍 옷을 입고 발우와 가사를 수하고 싸밧티 시에 탁발하러 들어갔다가 탁발음식을 얻지 못하고 휴게소로 가서 먹었다. 세 번째 날에도 아침 일찍 옷을 입고 발우와 가사를 수하고 싸밧티 시에 탁발하러 들어갔다가 탁발음식을 얻지 못하고 휴게소로 가서 먹었다. 그러자 여섯무리의 수행승들은 이와 같이 생각했다.

[여섯무리의 수행승들] "우리는 어떻게 할까? 승원에 가서 내일도 여기로 와야 겠다."

그들은 거기에 계속 머물면서[*70] 휴게소의 식사를 먹었다. 이교도들은 떠나

가 되어야 할 것 같으나 모든 빠알리어 경전의 모든 판본을 비교해 봐도, 분명히 무죄이다.

993) bhūtaṃ aññāya ujjhāyaṃ | pakkamantena te duve | pubbe nikkaḍḍhan'āhacca | dvārasappāṇakena cā'ti ||

버렸다. 사람들이 혐책하고 분개하고 비난했다.

[사람들] "어찌 싸끼야의 아들 수행자들이 계속 머물면서 휴게소의 식사를 먹을 수 있단 말인가? 이 휴게소의 식사는 그들을 위해 마련된 것이 아니라 이 휴게소의 식사는 모두를 위해 마련된 것이다."

1-2. 수행승들은 그 사람들이 혐책하고 분개하고 비난하는 것을 들었다. 수행승들 가운데 욕망을 여의고, 만족을 알고, 부끄러움을 알고, 후회할 줄 알고, 배움을 원하는 자들이 있는데, 그들도 혐책하고 분개하고 비난했다.

[욕망을 여읜 수행승들] "어찌 여섯무리의 수행승들이 계속 머물면서 휴게소의 식사를 먹을 수 있단 말인가?"

1-3. 그래서 그 수행승들은 세존께 그 사실을 알렸다. 그러자 세존께서는 이러한 인연으로 이러한 기회에 수행승들의 참모임을 불러 모으게 하고 연유를 설하고 여섯무리의 수행승들에게 물었다.

[세존] "수행승들이여, 그대들이 계속 머물면서 휴게소의 식사를 먹은 것이 사실인가?"

[여섯무리의 수행승들] "세존이시여, 사실입니다."

존귀한 세존께서는 꾸짖었다.

[세존] "어리석은 자들이여, 그대들은 적절하지 않고, 자연스럽지 않고, 알맞지 않고, 수행자의 삶이 아니고, 부당하고, 해서는 안 될 일을 행한 것이다. 어리석은 자들이여, 어찌 그대들은 계속 머물면서 휴게소의 식사를 먹을 수 있단 말인가? 어리석은 자들이여, 그것은 아직 청정한 믿음이 없는 자를 청정한 믿음으로 이끌고, 이미 청정한 믿음이 있는 자를 더욱더 청정한 믿음으로 이끄는 것이 아니다. 어리석은 자들이여, 그것은 오히려, 아직 청정한 믿음이 없는 자를 불신으로 이끌고, 이미 청정한 믿음이 있는 자 가운데 어떤 자들을 타락시키는 것이다."

1-4. 그리고 세존께서는 그 여섯무리의 수행승들에 대하여 여러 가지 방편으로 견책하여, 키우기 어렵고 부양하기 어렵고 탐욕이 많고 만족을 모르고 교제를 좋아하고 나태한 것에 대해 질책하고, 여러 가지 법문으로 고무하여, 키우기 쉽고 부양하기 쉽고 욕심을 여의고, 만족을 알고, 버리고 없애는 삶, 악을 제거하는 삶, 청정한 믿음의 삶, 쌓아 모우지 않는 삶, 용맹정진의 삶을 칭찬하고, 수행승들을 위하여 그에 알맞고 그에 걸맞게 경책하여 법문을 하고 수행승들에게 일렀다.

[세존] "수행승들이여, 그러므로 수행승들을 위하여 열 가지 이유에 기초하여,

즉 참모임의 수승을 위하여, 참모임의 안락을 위하여, 악한 수행승의 조복을 위하여, 품행이 바른 수행승의 평안한 삶을 위하여, 지금 여기에서의 번뇌의 제어를 위하여, 다가오는 번뇌를 물리치기 위하여, 청정한 믿음이 없는 자에게 청정한 믿음을 주기 위하여, 청정한 믿음이 있는 자에게 청정한 믿음을 증대시키기 위하여, 올바른 가르침을 지속시키기 위하여, 계율을 수호하기 위하여 학습계율을 시설하니, 수행승들이여, 그대들은 이와 같이 학습계율을 송출해야 한다."

〔세존〕"휴게소의 식사는 한번 먹어야 하는데, 그 이상 먹으면, 속죄죄를 범하는 것이다."994)

이와 같이 세존께서는 수행승들을 위하여 학습계율을 시설했다.

2-1. 그런데 그때 존자 싸리뿟따가 꼬쌀라 국에서 싸밧티 시로 가면서 어떤 휴게소가 있는 곳을 찾아갔다. 사람들은 '드디어 존자께서 오셨다.'라고 정중하게 대접했다. 그러나 존자 싸리뿟따에게 식후에 심한 병이 생겨나서, 그 휴게소를 떠날 수가 없다. 그래서 그 사람들은 다음 날에도 존자 싸리뿟따에게 이와 같이 말했다.

[사람들] "존자여, 드십시오."

그러나 존자 싸리뿟따는 '세존께서는 계속 머물면서 휴게소의 식사를 먹는 것을 금지했다.'라고 지각하고 주저하면서 식사를 먹지 않았다. 그후 존자 싸리뿟따는 싸밧티 시로 가서 수행승들에게 그 사실을 알렸다.

2-2. 그래서 그 수행승들은 세존께 그 사실을 알렸다. 그러자 세존께서는 이러한 인연으로 이러한 기회에 수행승들의 참모임을 불러 모으게 하고 연유를 설하고 법문을 한 뒤에 수행승들에게 일렀다.

[세존] "수행승들이여, 환우수행승은 계속 머물면서 휴게소의 식사를 먹는 것을 허용한다."

수행승들이여, 그런데 이와 같이 학습계율을 송출해야 한다.

[세존] "환자가 아닌 한, 수행승은 휴게소의 음식을 한번 만 먹어야 하며, 그 이상 먹는다면, 속죄죄를 범하는 것이다."995)

3-1. '환자가 아닌 한'이라는 것은 다음과 같다. 그 휴게소에서 떠날 수 있다는 뜻이고, 환자라는 것은 그 휴게소에서 떠날 수 없다는 뜻이다. '휴게소의 음식'이라는 것은[*71] 다섯 가지 정식 가운데 어떤 음식이, 강당이나 천막이나 나무

---

994) eko āvasathapiṇḍo bhuñajitabbo, tato ce uttariṃ bhuñjeyya picittiyan'ti.

995) 시일식처과수계(施一食處過受戒) | Bhikkhunī Pāc. 21 : agilānena bhikkhunā eko āvasathapiṇḍo bhuñjitabbo, tato ce uttariṃ bhuñjeyya pācittiyan'ti.

밑이나 노천에 모두를 위하여 원하는 만큼 마련된 것을 뜻한다. 환자가 아닌 한, 수행승이 한번 먹어야 하는데, 그 보다 많이 먹겠다고 받는다면, 악작죄를 범하는 것이다. 삼킨다면, 삼키는 것 마다 속죄죄를 범하는 것이다.

3-2₁.

1) 환자가 아닌 것에 대해 환자가 아닌 것이라고 지각하고 휴게소의 식사를 그 보다 많이 먹는다면, 속죄죄를 범하는 것이다.
2) 환자가 아닌 것에 대해 환자가 아닌 것인지 의심하고 휴게소의 식사를 그 보다 많이 먹는다면, 속죄죄를 범하는 것이다.
3) 환자가 아닌 것에 대해 환자인 것이라고 지각하고 휴게소의 식사를 그 보다 많이 먹는다면, 속죄죄를 범하는 것이다.

3-2₂.

1) 환자인 것에 대해 환자가 아닌 것이라고 지각하면, 악작죄를 짓는 것이다.
2) 환자인 것에 대해 환자인 것인지 의심하면, 악작죄를 짓는 것이다.
3) 환자인 것에 대해 환자인 것이라고 지각하면, 무죄이다.

3-3. 환자이거나, 환자가 아닌 자로서 한번 먹었거나, 가거나 오면서 먹었거나, 시주가 초청해서 대접했거나, 특정인에게 마련된 것이거나, 원하는 만큼 준비되지 않았거나,996) 다섯 가지 정식을 제외하고 다른 모든 것은 무죄이며, 정신이 착란된 자이거나, 초범자인 경우도 무죄이다.

4. 3. 2 속죄죄법 제22조

무리지어 식사하는 것에 대한 학습계율[Gaṇabhojanasikkhāpada]

1-1. 한때 존귀한 부처님께서 라자가하 시의 벨루바나 숲에 있는 깔란다까니바빠 공원에 계셨다. 그런데 그때 데바닷따가 이득과 명예를 잃은 뒤에997) 무리를 이끌고 집집마다 알리고 식사했다. 사람들이 혐책하고 분개하고 비난했다.

[사람들] "어찌 싸끼야의 아들 수행자들이 집집마다 알리고 식사를 할 수 있단 말인가? 누가 잘 요리된 것을 좋아하지 않고 누가 달콤한 것을 즐기지 않겠는가?"

---

996) na yāvadattho paññatto hoti : Smp. 810에 따르면, 할당되지 않은 그러한 많은 음식을 뜻한다.
997) parihīnalābhasakkāro : Smp. 811에 따르면, 데바닷따가 부처님을 살해하려고 부처님이 다니는 길 위에 사나운 코끼리를 놓았으나 실패한 이후에, 데바닷따는 이득과 명예를 잃게 되었다. Vin. II. 195를 보라.

1-2. 수행승들은 그 사람들이 혐책하고 분개하고 비난하는 것을 들었다. 수행승들 가운데 욕망을 여의고, 만족을 알고, 부끄러움을 알고, 후회할 줄 알고, 배움을 원하는 자들이 있는데, 그들도 혐책하고 분개하고 비난했다.

[욕망을 여읜 수행승들] "어찌 데바닷따는 무리를 이끌고 집집마다 알리고 식사를 할 수 있단 말인가?"

1-3. 그래서 그 수행승들은 세존께 그 사실을 알렸다. 그러자 세존께서는 이러한 인연으로 이러한 기회에 수행승들의 참모임을 불러 모으게 하고 연유를 설하고 데바닷따에게 물었다.

[세존] "데바닷따여, 그대가 무리를 이끌고 집집마다 알리고 식사를 한 것이 사실이란 말인가?"

[데바닷따] "세존이시여, 사실입니다."

존귀한 부처님께서는 견책했다.

[세존] "어리석은 자여, 그대는 적절하지 않고, 자연스럽지 않고, 알맞지 않고, 수행자의 삶이 아니고, 부당하고, 해서는 안 될 일을 행한 것이다. 어리석은 자여, 어찌 그대가 집집마다 알리고 식사를 할 수 있단 말인가? 어리석은 자여, 그것은 아직 청정한 믿음이 없는 자를 청정한 믿음으로 이끌고, 이미 청정한 믿음이 있는 자를 더욱더 청정한 믿음으로 이끄는 것이 아니다. 어리석은 자여, 그것은 오히려, 아직 청정한 믿음이 없는 자를 불신으로 이끌고, 이미 청정한 믿음이 있는 자 가운데 어떤 자들을 타락시키는 것이다."

1-4. 그리고 세존께서는 그 데바닷따에 대하여 여러 가지 방편으로 견책하여, 키우기 어렵고 부양하기 어렵고 탐욕이 많고 만족을 모르고 교제를 좋아하고 나태한 것에 대해 질책하고, 여러 가지 법문으로 고무하여, 키우기 쉽고 부양하기 쉽고 욕심을 여의고, 만족을 알고, 버리고 없애는 삶, 악을 제거하는 삶, 청정한 믿음의 삶, 쌓아 모우지 않는 삶, 용맹정진의 삶을 칭찬하고, 수행승들을 위하여 그에 알맞고 그에 걸맞게 경책하여 법문을 하고 수행승들에게 일렀다.

[세존] "수행승들이여, 그러므로 수행승들을 위하여 열 가지 이유에 기초하여, 즉 참모임의 수승을 위하여, 참모임의 안락을 위하여, 악한 수행승의 조복을 위하여, 품행이 바른 수행승의 평안한 삶을 위하여, 지금 여기에서의 번뇌의 제어를 위하여, 다가오는 번뇌를 물리치기 위하여, 청정한 믿음이 없는 자에게 청정한 믿음을 주기 위하여, 청정한 믿음이 있는 자에게 청정한 믿음을 증대시키기 위하

여, 올바른 가르침을 지속시키기 위하여, 계율을 수호하기 위하여 학습계율을 시설하니, 수행승들이여, 그대들은 이와 같이 학습계율을 송출해야 한다."

〔세존〕 "무리지어 식사하는 것을 하면,998) 속죄죄를 범하는 것이다."999)

이와 같이 세존께서는 수행승들을 위하여 학습계율을 시설했다.

2-1. 그런데[*72] 한때 사람들이 환우수행승들을 식사에 초대했다. 수행승들은 '세존께서는 무리지어 식사하는 것을 금지했다.'라고 생각하여 주저하면서 받아들이지 않았다.

2-2. 그리고 그 수행승들은 세존께 그 사실을 알렸다. 그러자 세존께서는 이러한 인연으로 이러한 기회에 연유를 설하고 수행승들에게 일렀다.

[세존] "수행승들이여, 환우수행승과 함께 무리지어 식사하는 것을 하는 것을 허용한다."

수행승들이여, 그대들은 이와 같이 학습계율을 송출해야 한다.

〔세존〕 "무리지어 식사하는 것을 하면, 특별한 상황을 제외하고 속죄죄를 범하는 것이다. 여기서 특별한 상황은 병들었을 때의 상황을 뜻한다."1000)

이와 같이 세존께서는 수행승들을 위하여 학습계율을 시설했다.

3-1. 그런데 한때 사람들이 옷을 보시할 때, 옷과 함께 음식을 준비하여 수행승들을 초대했다.

[사람들] "저희들이 음식을 보시하고 옷을 입혀드리겠습니다."

수행승들은 '세존께서는 무리지어 식사하는 것을 금지했다.'라고 생각하여 주저하면서 받아들이지 않았다. 옷을 조금 밖에 얻지 못했다.1001)

3-2. 그래서 그 수행승들은 세존께 그 사실을 알렸다. 그러자 세존께서는 이러한 인연으로 이러한 기회에 수행승들의 참모임을 불러 모으게 하고 연유를 설하고 수행승들에게 일렀다.

[세존] "수행승들이여, 옷을 보시할 때, 무리지어 식사하는 것을 하는 것을 허용한다."

---

998) gaṇabhojane : 별중식(別衆食)이란 두서너 명의 수행승들의 무리로 이루어진 식사를 뜻한다. 그런데 Vin. I. 254에 따르면, 까티나옷을 만들 때에는 예외적으로 허용된다.

999) gaṇabhojane pācittiyan'ti

1000) gaṇabhojane aññatra samayā pācittiyaṃ, tatthāyaṃ samayo; gilānasamayo, ayaṃ tattha samayo'ti.

1001) cīvaraṃ parittaṃ uppajjati : Smp. 811에 따르면, 식사를 받지 않아서 사람들이 옷을 보시하지 않았다.

수행승들이여, 그대들은 이와 같이 학습계율을 송출해야 한다.

〔세존〕 "무리지어 식사하는 것을 하면, 특별한 상황을 제외하고 속죄죄를 범하는 것이다. 여기서 특별한 상황은 병들었을 때와 옷을 보시할 때의 상황을 뜻한다."[1002]

이와 같이 세존께서는 수행승들을 위하여 학습계율을 시설했다.

4-1. 그런데 한때 사람들이 옷을 만드는 수행승들을 음식을 마련하여 초대했다. 수행승들은 '세존께서는 무리지어 식사하는 것을 금지했다.'라고 생각하여 주저하면서 받아들이지 않았다.

4-2. 그래서 그 수행승들은 세존께 그 사실을 알렸다. 그러자 세존께서는 이러한 인연으로 이러한 기회에 연유를 설하고 수행승들에게 일렀다.

[세존] "수행승들이여, 옷을 만들 때에는 무리지어 식사하는 것을 하는 것을 허용한다."

수행승들이여, 그대들은 이와 같이 학습계율을 송출해야 한다.

〔세존〕 "무리지어 식사하는 것을 하면, 특별한 상황을 제외하고 속죄죄를 범하는 것이다. 여기서 특별한 상황은 병들었을 때와 옷을 보시할 때와 옷을 만들 때의 상황을 뜻한다."[1003]

이와 같이 세존께서는 수행승들을 위하여 학습계율을 시설했다.

5-1. 그런데 한때 수행승들이 사람들과 함께[*73] 여로를 가고 있었다. 그런데 그 수행승들이 그 사람들에게 말했다.

[수행승들] "벗들이여, 잠시 기다리시오, 우리가 탁발하러 가겠습니다."

그들은 이와 같이 말했다.

[사람들] "존자들이여, 여기서 식사하십시오."

수행승들은 '세존께서는 무리지어 식사하는 것을 금지했다.'라고 생각하여 주저하면서 받아들이지 않았다.

5-2. 그래서 그 수행승들은 세존께 그 사실을 알렸다. 그러자 세존께서는 이러한 인연으로 이러한 기회에 연유를 설하고 수행승들에게 말했다.

[세존] "수행승들이여, 여로를 갈 때 무리지어 식사하는 것을 하는 것을 허용한다."

수행승들이여, 그대들은 이와 같이 학습계율을 송출해야 한다.

1002) gaṇabhojane aññatra samayā pācittiyaṃ, tatthāyaṃ samayo; gilānasamayo, ayaṃ tattha samayo'ti.

1003) gaṇabhojane aññatrasamayā pācittiyaṃ, tatthāyaṃ samayo: gilānasamayo, cīvaradānasamayo cīvarakāra samayo, ayaṃ tattha samayo'ti.

〔세존〕“무리지어 식사하는 것을 하면, 특별한 상황을 제외하고 속죄죄를 범하는 것이다. 여기서 특별한 상황은 병들었을 때와 옷을 보시할 때와 옷을 만들 때와 여로를 갈 때의 상황을 뜻한다.”1004)

이와 같이 세존께서는 수행승들을 위하여 학습계율을 시설했다.

6-1. 그런데 한때 수행승들이 사람들과 함께 배를 타고 가고 있었다. 그런데 그 수행승들이 그 사람들에게 말했다.

[수행승들] “벗들이여, 잠시 배를 대시오, 우리가 탁발하러 가겠습니다.”

그들은 이와 같이 말했다.

[사람들] “존자들이여, 여기서 식사하십시오.”

수행승들은 ‘세존께서는 무리지어 식사하는 것을 금지했다.’라고 생각하여 주저하면서 받아들이지 않았다.

6-2. 그래서 그 수행승들은 세존께 그 사실을 알렸다. 그러자 세존께서는 이러한 인연으로 이러한 기회에 수행승들의 참모임을 불러 모으게 하고 연유를 설하고 수행승들에게 일렀다.

[세존] “수행승들이여, 배를 타고 갈 때 무리지어 식사하는 것을 하는 것을 허용한다.”

수행승들이여, 그대들은 이와 같이 학습계율을 송출해야 한다.

〔세존〕“무리지어 식사하는 것을 하면, 특별한 상황을 제외하고 속죄죄를 범하는 것이다. 여기서 특별한 상황은 병들었을 때와 옷을 보시할 때와 옷을 만들 때와 여로를 갈 때와 배를 타고 갈 때의 상황을 뜻한다.”1005)

이와 같이 세존께서는 수행승들을 위하여 학습계율을 시설했다.

7-1. 그런데 한때 각지에서 안거를 보낸 수행승들이 라자가하 시로 세존을 친견하기 위해 가고 있었다. 사람들이 여러 나라에서 온 수행승들을 보고 음식을 마련하여 초대했다. 수행승들은 ‘세존께서는 무리지어 식사하는 것을 금지했다.’라고 생각하여 주저하면서 받아들이지 않았다.

7-2. 그래서 그 수행승들은 세존께 그 사실을 알렸다. 그러자 세존께서는 이러한 인연으로 이러한 기회에 수행승들의 참모임을 불러 모으게 하고 연유를 설하고

1004) gaṇabhojane aññatra samayā pācittiyaṃ, tatthāyaṃ samayo: gilānasamayo, cīvaradānasamayo cīvarakāra samayo, addhānagamanasamayo. ayaṃ tattha samayo'ti.

1005) gaṇabhojane aññatra samayā pācittiyaṃ, tatthāyaṃ samayo: gilānasamayo, cīvaradānasamayo cīvarakāra samayo, addhānagamanasamayo. nāvabhirūhanasayo, ayaṃ tattha samayo'ti.

수행승들에게 일렀다.

[세존] "수행승들이여, 대중집회가 있을 때에는 무리지어 식사하는 것을 허용한다."

수행승들이여, 그대들은 이와 같이 학습계율을 송출해야 한다.

〔세존〕 "무리지어 식사하는 것을 하면, 특별한 상황을 제외하고 속죄죄를 범하는 것이다. 여기서 특별한 상황은 병들었을 때와 옷을 보시할 때와 옷을 만들 때와 여로를 갈 때와 배를 타고 갈 때와 대중집회가 있을 때의 상황을 뜻한다."[1006]

이와 같이 세존께서는 수행승들을 위하여 학습계율을 시설했다.

8-1. 그런데[*74] 한때 마가다 국의 왕 쎄니야 빔비싸라의 친척인 사람이 사명외도에 출가했다. 그런데 그 사명외도가 마가다 국의 왕 쎄니야 빔비싸라에게 이와 같이 말했다.

[사명외도] "대왕이여, 저는 모든 수행자들에게 식사를 제공하고 싶습니다."

[빔비싸라] "존자여, 그대가 부처님을 비롯한 수행승의 참모임에 먼저 공양하고자 하면, 할 수 있을 것입니다."

그러자 그 사명외도는 수행승들의 앞으로 사자를 파견했다.

[사명외도] "수행승들이여, 내일 제가 베푸는 식사의 초대를 받아주십시오."

수행승들은 '세존께서는 무리지어 식사하는 것을 금지했다.'라고 생각하여 주저하면서 받아들이지 않았다.

8-2. 그러자 그 사명외도는 세존께서 계신 곳을 찾아갔다. 가까이 다가가서 세존과 인사를 하고 안부를 주고 받은 뒤에 한쪽에 물러 섰다. 한쪽으로 물러 선 그 사명외도는 세존께 이와 같이 말했다.

[사명외도] "세존이신 고따마께서도 출가했고, 저도 출가했습니다. 출가자가 출가자의 시식을 받는 것은 옳은 것입니다. 세존이신 고따마께서는 수행승의 참모임과 함께 내일 제가 베푸는 식사의 초대를 받아주십시오."

세존께서는 침묵으로 동의했다. 그러자 그 사명외도는 세존께서 동의하신 것으로 알고 그곳을 떠났다.

8-3. 그러자 세존께서는 이러한 인연으로 이러한 기회에 수행승들의 참모임을 불러 모으게 하고 연유를 설하고 수행승들에게 일렀다.

1006) gaṇabhojane aññatra samayā pācittiyaṃ, tatthāyaṃ samayo: gilānasamayo, cīvaradānasamayo cīvarakāra samayo, addhānagamanasamayo. nāvabhirūhanasamayo, mahāsamayo ayaṃ tattha samayo'ti.

[세존] "수행승들이여, 수행자들을 위한 시식이 있을 때에는 무리지어 식사하는 것을 허용한다."

수행승들이여, 그런데 이와 같이 학습계율을 송출해야 한다.

[세존] "무리지어 식사하는 것을 하면, 특별한 상황을 제외하고 속죄죄를 범하는 것이다. 여기서 특별한 상황은 병들었을 때와 옷을 보시할 때와 옷을 만들 때와 여로를 갈 때와 배를 타고 갈 때와 대중집회가 있을 때와 수행자들을 위한 시식이 있을 때의 상황을 뜻한다."[1007]

9-1. '무리지어 식사하는 것'이란 네 명의 수행승이[1008] 다섯 가지 정식 가운에 어느 하나로 초대받아 먹을 때에 그것을 무리지어 식사하는 것이라고 한다. '특별한 상황을 제외하고'이라는 것은 '특별한 상황 이외에'라는 뜻이다. '병들었을 때'라는 것은 발이 갈라진 것까지도 병들었을 때인데, 그러한 때에는 먹을 수 있다는 뜻이다. '옷을 보시할 때'라는 것은 까티나옷이 성립하지 않는 때의 안거의 마지막 달과 까티나옷이 성립하는 때의 다섯 달은 옷을 보시할 때이므로 먹을 수 있다는 뜻이다. '옷을 만들 때'라는 것은 옷이 만들어질 때 옷을 만드는 시기이므로 먹을 수 있다는 뜻이다. '여로를 갈 때'[*75]라는 것은 '반 요자나를 가겠다.'라고 생각하면 먹을 수 있고, 가면서 먹을 수 있고, 오면서 먹을 수 있다는 뜻이다. '배를 타고 갈 때'라는 것은 '배를 타고 가겠다.'라고 먹을 수 있고, 상류로 가면서 먹을 수 있고 하류로 가면서 먹을 수 있다는 뜻이다. '대중집회가 있을 때'라는 것은 두 세명의 수행승이 탁발을 가면 부양할 수 있지만, 네 번째가 오면, 부양할 수 없는데, 대중집회가 있을 때이므로 먹을 수 있다는 뜻이다. '수행자들을 위한 시식이 있을 때'라는 것은 어떠한 자라도 출가의 자격을 갖춘 자가 식사를 만들면, 수행자를 위한 시식의 때라고 먹을 수 있다는 뜻이다.

9-2₁. 특별한 상황을 제외하고 '나는 먹겠다.'라고 취하면, 악작죄를 범하는 것이고 삼키면 삼킬 때마다 속죄죄를 범하는 것이다.

1007) 별중식계(別衆食戒) | Bhikkhunī Pāc. 22 : gaṇabhojane aññatra samayā pācittiyaṃ, tatthāyaṃ samayo: gilānasamayo, cīvaradānasamayo cīvarakārasamayo, addhānagamanasamayo. nāvabhirūhanasayo, mahāsamayo samaṇabhattasamayo, ayaṃ tattha samayo'ti.

1008) cattāro bhikkhū : 무리지어 식사하는 것은 별중식(別衆食)을 의미한다. 여기서 '네 명의 수행승'이라고 되어 있으나 아래 패러그래프의 고주석으로 미루어보아 두 세 명의 수행승도 가능한 숫자임을 알 수 있으므로, '네 명의 수행승'이라는 것은 정확히 별중(別衆)을 의미하는 '두서너 명'의 수행승'을 뜻한다는 사실을 알 수 있다. 남전 II. 118의 '네 명 이상의 수행승'이라는 번역은 오류이다.

9-2₂.

1) 무리지어 식사하는 것을 무리지어 식사하는 것이라고 지각하고 먹는다면, 특별한 상황을 제외하고 속죄죄를 범하는 것이다.
2) 무리지어 식사하는 것을 무리지어 식사하는 것인지 의심하고 먹는다면, 특별한 상황을 제외하고 속죄죄를 범하는 것이다.
3) 무리지어 식사하는 것을 무리지어 식사하는 것이 아니라고 지각하고 먹는다면, 특별한 상황을 제외하고 속죄죄를 범하는 것이다.

9-2₂.

1) 무리지어 식사하는 것이 아닌 것에 대해 무리지어 식사하는 것이라고 지각하면, 악작죄를 범하는 것이다.
2) 무리지어 식사하는 것이 아닌 것에 대해 무리지어 식사하는 것아닌지 의심하면, 악작죄를 범하는 것이다.
3) 무리지어 식사하는 것이 아닌 것에 대해 무리지어 식사하는 것이 아닌 것이라고 지각하면, 무죄이다.

9-3. 특별한 상황이거나, 두 명이나 세 명이 함께 식사하거나,1009) 탁발하러 가서 함께 모여서 식사하거나, 상시식이나, 행주식1010)이나, 십오일식1011)이나, 포살식1012)이나, 월초일식1013)이나, 다섯 가지의 정식 이외의 다른 것을 먹는 경우이거나, 정신이 착란된 자이거나, 초범자인 경우는 무죄이다.

1009) dve tayo ekato bhuñjanti : Smp. 814에 따르면, 네 명으로 이루어진 다섯 가지 무리를 구분한다. ① 초대받지 않은 자들지만, 초대받은 사람 가운데 한 사람이 오지 않았을 때, 누군가가 도착해서 음식을 받는다면, 무죄이다. ② 탁발을 나간 자들인데, 초대를 받아들이지 않았지만, 마을로 들어갈 때 그의 몫을 받는다면, 무죄이다. ③ 구족계를 받지 않은 자들인데, 수행승들이 사미로써 초대했다면, 무죄이다. ④ 발우를 보내는 자들인데, 떠나는 자가 발우를 보내면, 무죄이다. ⑤ 환자들인데, 수행승들이 환자와 함께 초대받으면, 무죄이다.

1010) salākabhatta : 한역에서는 행주식(行籌食)이라고 한다. 산가지표찰로 받는 음식이다. 탁발음식이 모자랄 경우에 산가지표찰을 발행했다. Vin. I. 58, 96; Vin. II. 175를 참조하라.

1011) pakkhika : 한역의 십오일식(十五日食)을 뜻한다. 달이 차는 보름간과 달이 기우는 보름간에 하는 식사로 그 기간 중에 월초일식과 포살일을 빼고 어느 날을 정해서 할 수 있는 식사를 말한다. Vin. I. 58, 96; Vin. II. 175를 참조하라.

1012) uposathika : 한역의 포살식(布薩食)을 뜻한다. 각 보름기간의 마지막 날에 즉, 한 달의 보름이나 그믐에 하는 식사로 재가의 남자신도에게는 단식일이지만 수행승들에게는 단식일이 아니고 의무계율을 송출하는 날이다. Vin. I. 58, 96; Vin. II. 175를 참조하라.

1013) pāṭipadika : 한역의 월초일식(月初日食)을 뜻한다. 한 달 기간의 첫째 날의 식사로 이때 한 달은 만월(滿月)에서 다음 만월까지 또는 한 신월(新月)에서 다음 신월까지의 기간 중의 초일(初日)을 뜻한다. Vin. I. 58, 96; Vin. II. 175를 참조하라.

4. 3. 3 속죄죄법 제23조

까나의 어머니에 대한 학습계율[Kāṇamātusikkhāpada]

1-1. 한때 존귀한 부처님께서는 싸밧티 시의 제따바나 숲에 있는 아나타삔디까 승원에 계셨다. 그런데 그때[*79] 재가의 여신도 까나의 어머니1014)가 청정한 믿음을 갖고 있었다. 까나1015)는 마을에서 한 남자와 결혼했다.1016) 그런데 까나가 무엇인가 볼 일이 있어 어머니의 집에 왔다. 그런데 까나의 남편은 까나에게 사신을 보냈다.

[까나의 남편] "까나여, 오시오. 나는 까나가 오기만을 기다립니다."

그래서 재가의 여신도 까나의 어머니는 '어떻게든 빈손으로 보낼 수 없다.'고 과자를 만들었다. 과자를 만들었을 때, 어떤 탁발수행승이 재가의 여신도 까나의 어머니의 처소로 들어왔다. 그러자 까나의 어머니는 그 수행승에게 과자를 주었다. 그가 나가서 다른 자에게 알렸다. 그에게도 과자를 주었다. 그가 나가서 또 다른 자에게 알렸다. 그에게도 과자를 주었다. 준비된 과자가 다 소모되었다.

두 번째에도 까나의 남편은 까나에게 사신을 보냈다.

[까나의 남편] "까나여, 오시오. 나는 까나가 오기만을 기다립니다."

두 번째에도 재가의 여신도 까나의 어머니는 '어떻게든 빈손으로 보낼 수 없다.' 고 과자를 만들었다. 과자를 만들었을 때, 어떤 탁발수행승이 재가의 여신도 까나의 어머니의 처소로 들어왔다. 그러자 까나의 어머니는 그 수행승에게 과자를 주었다. 그가 나가서 다른 자에게 알렸다. 그에게도 과자를 주었다. 그가 나가서 또 다른 자에게 알렸다. 그에게도 과자를 주었다. 준비된 과자가 다 소모되었다.

세 번째에도 까나의 남편은 까나에게 사신을 보냈다.

[까나의 남편] "까나여, 오시오. 나는 까나가 오기만을 기다립니다. 만약 까나가 오지 않으면, 나는 다른 아내를 데려오겠습니다."

세 번째에도 재가의 여신도 까나의 어머니는 '어떻게든 빈손으로 보낼 수 없다.' 고 과자를 만들었다. 과자를 만들었을 때, 어떤 탁발수행승이 재가의 여신도 까나

1014) Kāṇamātā : Smp. 819에 따르면, 까나의 어머니로 귀족의 딸이고 흐름에 든 님이었다. Ja. I. 477; DhA. II. 149를 참조하라.

1015) Kāṇā : Smp. 819에 따르면, 까나는 너무도 아름다워서 사람들은 탐욕으로 눈이 멀었다. 그녀가 다른 사람의 눈을 탐욕으로 멀게 했기 때문에 까나(Kāṇā)라고 불린 것이다.

1016) aññatarassa purisassa dinnā hoti : 원래의 빠알리어표현인 '어떤 남자에게 주어졌다.'는 것은 그 남자와 결혼했다는 뜻이다.

의 어머니의 처소로 들어왔다. 그러자 까나의 어머니는 그 수행승에게 과자를 주었다. 그가 나가서 다른 자에게 알렸다. 그에게도 과자를 주었다. 그가 나가서 또 다른 자에게 알렸다. 그에게도 과자를 주었다. 준비된 과자가 다 소모되었다.

그러자 마침내 까나의 남편은 다른 아내를 데려왔다. 그래서 까나는 남편이 다른 아내를 데려왔다는 소식을 듣고 울고 있었다.

1-2. 그런데 세존께서는 아침 일찍 옷을 입고 발우와 가사를 수하고 까나의 어머니의 처소가 있는 곳을 찾아갔다. 가까이 다가가서 자리가 마련되자 그곳에 앉았다. 그러자 재가의 여신도 까나의 어머니가 세존께서 계신 곳으로 다가왔다. 가까이 다가와서 세존께 인사를 드리고 한쪽으로 물러나 앉았다. 한쪽으로 물러나 앉은 재가의 여신도 까나의 어머니에게 세존께서는 이와 같이 말했다.

[세존] "왜 까나가 웁니까?"

그러자 재가의 여신도 까나의 어머니는 세존께 그 사실을 알렸다. 그래서 세존께서는 재가의 여신도 까나의 어머니를 법문으로 교화하고 격려하고 북돋우고 기쁘게 한 뒤에 자리에서 일어나 그곳을 떠났다.

1-3. 그런데 그때 어떤 카라반이 라자가하 시에서 빠띠야로까로 가고자 했다. 한 탁발 수행승이 그 카라반에 탁발하러 들어왔다. 한 재가의 남자신도가 그 수행승에게 보릿가루를 주었다. 그가 나가서 다른 자에게 알렸다. 그에게도 보릿가루를 주었다. 그가 나가서 또 다른 자에게 알렸다. 그에게도 보릿가루를 주었다. 준비된 여행양식이[*80] 다 소모되었다. 그러자 그 재가의 남자신도는 사람들에게 이와 같이 말했다.

[재가의 남자신도] "여보게들, 오늘밤을 기다리십시오, 여행양식이 준비되면 여러분들에게 주겠습니다. 제가 여행양식을 준비하겠습니다."

[사람들] "벗이여, 우리는 기다릴 수 없습니다. 카라반은 이미 출발했습니다."

그들은 가버렸다. 그런데 그 재가의 남자신도가 여행양식을 준비했으나 나중에 가다가 도둑들이 그것을 약탈했다. 사람들이 혐책하고 분개하고 비난했다.

[사람들] "어찌 싸끼야의 아들인 수행자들이 분수를 알지 못하고 받을 수 있단 말인가? 이 자가 그 자들에게 주고 결국에는 도둑에게 약탈당했다."

수행승들은 그 사람들이 혐책하고 분개하고 비난하는 말을 들었다.

1-4. 그래서 그 수행승들은 세존께 그 사실을 알렸다. 그러자 세존께서는 이러한 인연으로 이러한 기회에 연유를 설하고 수행승들에게 일렀다.

[세존] "수행승들이여, 그러므로 수행승들을 위하여 열 가지 이유에 기초하여, 즉 참모임의 수승을 위하여, 참모임의 안락을 위하여, 악한 수행승의 조복을 위하여, 품행이 바른 수행승의 평안한 삶을 위하여, 지금 여기에서의 번뇌의 제어를 위하여, 다가오는 번뇌를 물리치기 위하여, 청정한 믿음이 없는 자에게 청정한 믿음을 주기 위하여, 청정한 믿음이 있는 자에게 청정한 믿음을 증대시키기 위하여, 올바른 가르침을 지속시키기 위하여, 계율을 수호하기 위하여 학습계율을 시설하니, 수행승들이여, 그대들은 이와 같이 학습계율을 송출해야 한다."

[세존] "수행승이 가정을 찾을 경우 과자나 보리죽을 가져와서 청하면, 수행승이 원한다면, 두세 발우를 채워서 받을 수 있지만, 그보다 많이 받으면 속죄죄를 범하는 것이다. 그리고 두세 발우를 채워서 받으면, 거기서부터 가지고 나와서 수행승들과 함께 나누어야 한다. 이것이 그 경우의 화합이다."[1017)]

2-1. '수행승이 가정을 찾을 경우'라는 것은 다음과 같다. 가정에는 네 가지 가정이 있다. 왕족의 가정, 바라문의 가정, 평민의 가정, 노예의 가정이다. '찾을 경우'라는 '그곳을 방문한다.'라는 뜻이다. '과자'라는 것은 '보시하고자 준비한 것'이다. '보리죽'이라는 것은 '여행양식을 위하여 준비한 것'이다. '가져와서 청하면'이라는 것은 '원하는 만큼 그 만큼 취하라.'는 뜻이다. '원한다면'이라는 것은 '바란다면'이라는 뜻이다. '두세 발우를 채워서'라는 것은 '두 세 발우를 채워서 받을 수 있다.'는 뜻이다. '그보다 많이 받는다면'이라는 것은 다음과 같다. 그 이상 받는다면, 속죄죄를 범하는 것이다. 두세 발우를 채워서 그곳에서 나가는 자는 수행승을 보면, '나는 그곳에서 두세 발우를 받았으니 그곳에서 받지 마시오.'라고 설명해야 한다. 만약 보고도 설명하지 않으면, 악작죄를 범하는 것이다. 만약에 설명했는데, 받는다면, 악작죄를 범하는 것이다. '거기서부터[*81] 가지고 나와 수행승들과 함께 나누어야 한다.'라는 것은 '돌아와서 가져와서[1018)] 나누어야 한다.'라는 뜻이다. '이것이 그 경우의 화합이다.'라는 것이 '이것이 그 경우 원칙에 입각한 것이다.'라는 뜻이다.

1017) 취귀부매객식계(取歸婦買客食戒) | Bhikkhunī Pāc. 23 : bhikkhuṃ paneva kulaṃ upagataṃ pūvehi vā manthehi vā abhihaṭṭhuṃ pavāreyya, ākaṃkhamānena bhikkhunā dvattipattapurā paṭiggahetabbā. tato ce uttariṃ paṭigaṇheyya pācittiyaṃ, dvattipattapūre paṭiggahetvā tato nīharitvā bhikkhūhi saddhiṃ saṃvibhajitabbaṃ, ayaṃ tattha sāmīcī'ti.

1018) paṭikkamanaṃ haritvā : Smp. 820에 따르면, 두세 발우를 취하면, 한 몫은 자신을 위해서 두고, 다른 한 몫이나 두 몫은 참모임에 주어야 한다.

2-2₁.

1) 두세 발우 이상에 대하여 이상이라고 지각하고 받으면, 속죄죄를 범하는 것이다.
2) 두세 발우 이상에 대하여 이상인지 의심하고 받으면, 속죄죄를 범하는 것이다.
3) 두세 발우 이상에 대하여 이하라고 지각하고 받으면, 속죄죄를 범하는 것이다.

2-2₂.

1) 두세 발우 이하에 대하여 이상이라고 지각하면, 악작죄를 범하는 것이다.
2) 두세 발우 이하 대하여 이하인지 의심하면, 악작죄를 범하는 것이다.
3) 두세 발우 이하 대하여 이하라고 지각하고 받으면, 무죄이다.

2-3. 두세 발우를 채워서 받거나, 두 세 발우 이하를 받거나, 보시를 위한 것이나 여행양식으로 준비된 것이 아닌 것을 주거나, 보시를 위한 것이나 여행양식으로 준비되어 남은 것을 주거나, 여행이 취소되었기 때문에[1019] 주거나, 친척에게 속한 것이거나, 초대를 받았거나, 타인을 위한 것이거나, 자신의 재산에 의한 것일 경우나, 정신이 착란된 자이거나, 초범자인 경우는 무죄이다.

4. 3. 4 속죄죄법 제24조

때 아닌 때에 먹는 것에 대한 학습계율[Vikālabhojanasikkhāpada]

1-1. 한때 존귀한 부처님께서 라자가하 시의 벨루바나 숲에 있는 깔란다까니바빠 공원에 계셨다. 그런데 그때 라자가하 시에 산정축제[1020]가 있었다. 열일곱무리의 수행승들이 산정축제를 보기위해 갔다. 사람들이 열일곱무리의 수행승들을 보고 목욕을 시키고 기름을 발라주고 식사를 주고 단단한 음식을 주었다. 열일곱무리의 수행승들은 단단한 음식을 가지고 승원으로 와서 여섯무리의 수행승들에게 이와 같이 말했다.

[열일곱무리의 수행승들] "벗들이여, 자 단단한 음식을 드시오."

[여섯무리의 수행승들] "벗들이여, 그대들은 어디서 단단한 음식을 얻었는가?"

열일곱무리의 수행승들은 여섯무리의 수행승들에게 그 사실을 알렸다.

1019) gamane paṭippassaddhe : Smp. 820에 따르면, 길 위에서 사건을 보면서, 또는 여행을 원하지 않아서, '우리는 출발하지 않겠다. 우리는 가지 않겠다.'라고 말하여, 여행이 취소되고 저지되었을 경우를 말한다.

1020) giraggasamajja : Smp. 831에 따르면, 이 축제는 일주일간의 공고를 거쳐서 보통 산의 정상에서 산기슭에서 벌어졌다. 춤이나 노래나 음악이 있는 축제였다. Vin. II. 107-108에 보면, 여섯무리의 수행승들이 이 춤이나 노래나 음악이 있는 축제에 참가했다가 악작죄를 범했다.

[여섯무리의 수행승들] "벗들이여, 그런데 그대들은 때 아닌 때에 음식을 먹었습니까?"

[열일곱무리의 수행승들] "벗들이여, 그렇습니다."

여섯무리의 수행승들은 혐책하고 분개하고 비난했다.

[여섯무리의 수행승들] "어찌 열일곱무리의 수행승들은 때 아닌 때에 음식을 먹을 수 있단 말인가?"

1-2. 그러자 여섯무리의 수행승들은 수행승들에게 그 사실을 알렸다. 수행승들 가운데 욕망을 여의고, 만족을 알고, 부끄러움을 알고, 후회할 줄 알고, 배움을 원하는 자들은 혐책하고 분개하고 비난했다.

[욕망을 여읜 수행승들] "어찌 열일곱무리의 수행승들은 때 아닌 때에 음식을 먹을 수 있단 말인가?"

1-3. 그래서 그 수행승들은 세존께 그 사실을 알렸다. 그러자 세존께서는 그것을 인연으로 그것을 기회로 수행승들의 참모임을 불러 모으게 하고 연유를 설하고 열일곱무리의 수행승들에게 이와 같이 물었다.

[세존] "수행승들이여, 그대들이 때 아닌 때에 음식을 먹은 것이 사실인가?"

[열일곱무리의 수행승들] "세존이시여, 사실입니다."

[세존] "어리석은 자들이여, 그대들은 적절하지 않고, 자연스럽지 않고, 알맞지 않고, 수행자의 삶이 아니고, 부당하고, 해서는 안 될 일을 행한 것이다. 어리석은 자들이여, 어찌 그대들은 때 아닌 때에 음식을 먹을 수 있단 말인가? 어리석은 자들이여, 그것은 아직 청정한 믿음이 없는 자를 청정한 믿음으로 이끌고, 이미 청정한 믿음이 있는 자를 더욱더 청정한 믿음으로 이끄는 것이 아니다. 어리석은 자들이여, 그것은 오히려, 아직 청정한 믿음이 없는 자를 불신으로 이끌고, 이미 청정한 믿음이 있는 자 가운데 어떤 자들을 타락시키는 것이다."

1-4. 그리고 세존께서는 그 열일곱무리의 수행승들에 대하여 여러 가지 방편으로 견책하여, 키우기 어렵고 부양하기 어렵고 탐욕이 많고 만족을 모르고 교제를 좋아하고 나태한 것에 대해 질책하고, 여러 가지 법문으로 고무하여, 키우기 쉽고 부양하기 쉽고 욕심을 여의고, 만족을 알고, 버리고 없애는 삶, 악을 제거하는 삶, 청정한 믿음의 삶, 쌓아 모우지 않는 삶, 용맹정진의 삶을 칭찬하고, 수행승들을 위하여 그에 알맞고 그에 걸맞게 경책하여 법문을 하고 수행승들에게 일렀다.

[세존] "수행승들이여, 그러므로 수행승들을 위하여 열 가지 이유에 기초하여, 즉 참모임의 수승을 위하여, 참모임의 안락을 위하여, 악한 수행승의 조복을 위하여, 품행이 바른 수행승의 평안한 삶을 위하여, 지금 여기에서의 번뇌의 제어를 위하여, 다가오는 번뇌를 물리치기 위하여, 청정한 믿음이 없는 자에게 청정한 믿음을 주기 위하여, 청정한 믿음이 있는 자에게 청정한 믿음을 증대시키기 위하여, 올바른 가르침을 지속시키기 위하여, 계율을 수호하기 위하여 학습계율을 시설하니, 수행승들이여, 그대들은 이와 같이 학습계율을 송출해야 한다."

[세존] "어떠한 수행승이든지 때 아닌 때에 단단한 음식이나 부드러운 음식을 씹어 들거나 삼켜 든다면, 속죄죄를 범하는 것이다."1021)

2-1. '어떠한'이라는[*86] 것은 어떠한 관계, 어떠한 태생, 어떠한 이름, 어떠한 성씨, 어떠한 계행, 어떠한 주거, 어떠한 활동영역에서 이든지, 장로이든지, 신참이든지, 중참이든지, 이러한 자들을 형용하는 것으로 '어떠한 자이든'이라는 뜻이다. '수행승'이라고 하는 것은 '탁발하는 자'로서의 수행승, 탁발을 위해 돌아다니는 자로서의 수행승, 분소의를 입은 자로서의 수행승, 사미로서의 수행승, 자칭에 의한 수행승, '오라! 수행승이여!'에 의한 수행승, 삼귀의에 의해 구족계를 받은 수행승, 현선한 수행승, 진실한 수행승, 배울 것이 있는 학인인 수행승, 배울 것이 없는 무학인 수행승, 화합참모임과 한번제안세번제청의 갈마와 부동의 거룩한 님의 속성을 갖춘 자로서의 수행승이 있는데, 그들 가운데 화합참모임과 한번제안세번제청의 갈마와 부동의 거룩한 님의 속성을 갖춘 수행승을 두고, 그러한 의미에서의 수행승을 뜻한다.

2-2. '때 아닌 때'라는 것은 정오를 지나서 일출까지를 뜻한다. '단단한 음식'이라는 것은 다섯 가지 정식과 시분약과 칠일약과 진형수약을 제외한 나머지가 단단한 음식이다. 부드러운 음식은 다섯 가지 정식 즉, 밥, 죽, 보릿가루, 물고기, 육고기를 뜻한다. '내가 씹어 들겠다. 내가 삼켜 들겠다.'라고 취하면 악작죄를 범하는 것이고, 삼키면 삼킬 때 마다 속죄죄를 범하는 것이다.

2-3₁.

1) 때 아닌 때에 대하여 때 아닌 때라고 지각하고 단단한 음식이나 부드러운

1021) 비시식계(非時食戒) | Bhikkhunī Pāc. 24 : yo pana bhikkhu vikāle khādanīyaṃ vā bhojanīyaṃ vā khādeyya vā bhuñjeyya vā, pācittiyan'ti.

음식을 씹어 들거나 삼켜 든다면, 속죄죄를 범하는 것이다.

2) 때 아닌 때에 대하여 때 아닌 때인지 의심하고 단단한 음식이나 부드러운 음식을 씹어 들거나 삼켜 든다면, 속죄죄를 범하는 것이다.

3) 때 아닌 때에 대하여 올바른 때라고 지각하고 단단한 음식이나 부드러운 음식을 씹어 들거나 삼켜 든다면, 속죄죄를 범하는 것이다.

2-3₂. 시분약, 칠일약, 진형수약을 자양으로 받으면, 악작죄를 범하는 것이고, 삼키면 삼킬 때마다 악작죄를 범하는 것이다.

2-3₃.

1) 올바른 때에 대하여 때 아닌 때라고 지각하면, 악작죄를 범하는 것이다.

2) 올바른 때에 대하여 올바른 때인지 의심하면, 악작죄를 범하는 것이다.

3) 올바른 때에 대하여 올바른 때라고 지각하면, 무죄이다.

2-3. '시분약, 칠일약, 진형수약을 원인이 있을 때 먹는 경우이거나, 정신이 착란된 자이거나, 초범자인 경우는 무죄이다.

4. 3. 5 속죄죄법 제25조

저장에 대한 학습계율[Sannidhikārasikkhāpada]

1-1. 한때 존귀한 부처님께서는 싸밧티 시의 제따바나 숲에 있는 아나타삔디까 승원에 계셨다. 그런데 그때 존자 아난다의 친교사인 존자 벨랏타씨싸[1022]가 숲속에서 살고 있었다. 그는 탁발을 하면서 맨밥[1023]을 승원에 가지고 와서 말려서 저장했다. 만약에 음식이 필요하면, 그때 물로 축여서 먹곤 했다. 그는 오랜만에 마을로 탁발하러 들어갔다. 수행승들이 존자 벨랏타씨싸에게 이와 같이 말했다.

[수행승들] "벗이여 벨랏타씨싸여, 그대는 왜 오랜만에 탁발하러 들어갑니까?"

그러자 존자 벨랏타씨싸는 수행승들에게 그 사실을 알렸다.

[수행승들] "벗이여, 존자께서는 저장해 두었다가 음식을 먹은 것입니까?"

[벨랏타씨싸] "벗들이여, 그렇습니다."

1022) Bellaṭṭhasīsa : Smp. 838에 따르면, 수행승이 되기 전에 그는 천 명의 결발행자 가운데 아주 유명한 장로였다. 그의 시는 Thag. 16에 나온다. 이 천 명의 결발행자들은 고따마의 가르침을 받고 연소의 법문(Vin. I. 35)을 듣고 거룩한 님이 되었다. 그는 Vin. I. 202; 295에 따르면, 그는 개선병(疥癬病)으로 고생했다.

1023) sukkhakūra : Smp. 838에 따르면, 커리와 양념이 없는 밥을 뜻한다.

1-2. 수행승들 가운데 욕망을 여의고, 만족을 알고, 부끄러움을 알고, 후회할 줄 알고, 배움을 원하는 자들이 있는데, 그들도 혐책하고 분개하고 비난했다.

[욕망을 여읜 수행승들] "어찌 존자 벨랏타씨싸가 저장해 두었다가 음식을 먹을 수 있단 말인가?"

1-3. 그래서 그 수행승들은 세존께 그 사실을 알렸다. 그러자 세존께서는 이러한 인연으로 이러한 기회에 수행승들의 참모임을 불러 모으게 하고 연유를 설하고 존자 벨랏타씨싸에게 물었다.

[세존] "벨랏타씨싸여, 그대가 저장해 두었다가 음식을 먹은 것이 사실인가?"

[벨랏타씨싸] "세존이시여, 사실입니다."

[세존] "어리석은 자여, 그대는 적절하지 않고, 자연스럽지 않고, 알맞지 않고, 수행자의 삶이 아니고, 부당하고, 해서는 안 될 일을 행한 것이다. 어리석은 자여, 어찌 그대가 저장해 두었다가 음식을 먹을 수 있단 말인가? 어리석은 자여, 그것은 아직 청정한 믿음이 없는 자를 청정한 믿음으로 이끌고, 이미 청정한 믿음이 있는 자를 더욱더 청정한 믿음으로 이끄는 것이 아니다. 어리석은 자여, 그것은 오히려, 아직 청정한 믿음이 없는 자를 불신으로 이끌고, 이미 청정한 믿음이 있는 자 가운데 어떤 자들을 타락시키는 것이다."

1-4. 그리고 세존께서는 존자 벨랏타씨싸에 대하여 여러 가지 방편으로 견책하여, 키우기 어렵고 부양하기 어렵고 탐욕이 많고 만족을 모르고 교제를 좋아하고 나태한 것에 대해 질책하고, 여러 가지 법문으로 고무하여, 키우기 쉽고 부양하기 쉽고 욕심을 여의고, 만족을 알고, 버리고 없애는 삶, 악을 제거하는 삶, 청정한 믿음의 삶, 쌓아 모우지 않는 삶, 용맹정진의 삶을 칭찬하고, 수행승들을 위하여 그에 알맞고 그에 걸맞게 경책하여 법문을 하고 수행승들에게 일렀다.

[세존] "수행승들이여, 그러므로 수행승들을 위하여 열 가지 이유에 기초하여, 즉 참모임의 수승을 위하여, 참모임의 안락을 위하여, 악한 수행승의 조복을 위하여, 품행이 바른 수행승의 평안한 삶을 위하여, 지금 여기에서의 번뇌의 제어를 위하여, 다가오는 번뇌를 물리치기 위하여, 청정한 믿음이 없는 자에게 청정한 믿음을 주기 위하여, 청정한 믿음이 있는 자에게 청정한 믿음을 증대시키기 위하여, 올바른 가르침을 지속시키기 위하여, 계율을 수호하기 위하여 학습계율을 시설하니, 수행승들이여, 그대들은 이와 같이 학습계율을 송출해야 한다."

[세존] "어떠한[*87] 수행승이든지 저장해 두었다가 단단한 음식이나 부드러운

음식을 씹어 들거나 삼켜 든다면, 속죄죄를 범하는 것이다."[1024]

2-1. '어떠한'이라는 것은 어떠한 관계, 어떠한 태생, 어떠한 이름, 어떠한 성씨, 어떠한 계행, 어떠한 주거, 어떠한 활동영역에서 이든지, 장로이든지, 신참이든지, 중참이든지, 이러한 자들을 형용하는 것으로 '어떠한 자이든'이라는 뜻이다. '수행승'이라고 하는 것은 '탁발하는 자'로서의 수행승, 탁발을 위해 돌아다니는 자로서의 수행승, 분소의를 입은 자로서의 수행승, 사미로서의 수행승, 자칭에 의한 수행승, '오라! 수행승이여!'에 의한 수행승, 삼귀의에 의해 구족계를 받은 수행승, 현선한 수행승, 진실한 수행승, 배울 것이 있는 학인인 수행승, 배울 것이 없는 무학인 수행승, 화합참모임과 한번제안세번제청의 갈마와 부동의 거룩한 님의 속성을 갖춘 자로서의 수행승이 있는데, 그들 가운데 화합참모임과 한번제안세번제청의 갈마와 부동의 거룩한 님의 속성을 갖춘 수행승을 두고, 그러한 의미에서의 수행승을 뜻한다.

2-2₁. '저장해 두었다가'이라는 것은 오늘 받아서 내일 먹는 것을 뜻한다. '단단한 음식'이라는 것은 다섯 가지 정식과 시분약과 칠일약과 진형수약을 제외한 나머지가 단단한 음식이다. '부드러운 음식'이라는 것은 다섯 가지 정식 즉, 밥, 죽, 보릿가루, 물고기, 육고기를 뜻한다. '씹어 들겠다. 내가 삼켜 먹겠다.'라고 취하면 악작죄를 범하는 것이고, 삼키면 삼킬 때 마다 속죄죄를 범하는 것이다.

2-2₂.

1) 저장해 둔 것에 대해 저장해 둔 것이라고 지각하고 단단한 음식이나 부드러운 음식을 씹어 들거나 삼켜 든다면, 속죄죄를 범하는 것이다.
2) 저장해 둔 것에 대해 저장해 둔 것인지 의심하고 단단한 음식이나 부드러운 음식을 씹어 들거나 삼켜 든다면, 속죄죄를 범하는 것이다.
3) 저장해 둔 것에 대해 저장해 두지 않은 것이라고 지각하고 단단한 음식이나 부드러운 음식을 씹어 들거나 삼켜 든다면, 속죄죄를 범하는 것이다.

2-2₂. 시분약, 칠일약, 진형수약을 자양으로 취하면, 악작죄를 범하는 것이고 삼키면 삼킬때마다 악작죄를 범하는 것이다.

2-2₃.

1) 저장해 두지 않은 것에 대해 저장해 둔 것이라고 지각하면, 악작죄를 범하는

1024) 식잔수계(食殘宿戒) | Bhikkhunī Pāc. 25 : yo pana bhikkhu sannidhikārakaṃ khādanīyaṃ vā bhojanīyaṃ vā khādeyya vā bhuñjeyya vā, pācittiyan'ti.

것이다.

2) 저장해 두지 않은 것에 대해 저장해 두지 않은 것인지 의심하면, 악작죄를 범하는 것이다.

3) 저장해 두지 않은 것에 대해 저장해 두지 않은 것이라고 지각하면, 무죄이다.

2-3. 시약[1025]을 올바른 때에 저장하여 먹거나, 시분약을 때 아닌 때에 저장하여 먹거나, 칠일약을 칠일간 저장하여 먹거나, 진형수약을 조건에 따라 먹는 경우이거나, 정신이 착란된 자이거나, 초범자인 경우는 무죄이다.

4. 3. 6 속죄죄법 제26조

버들가지에 대한 학습계율[Dantaponasikkhāpada]

1-1. 한때 존귀한 부처님께서 베쌀리 시에 있는 마하바나 숲에의 꾸따가라쌀라 강당에 계셨다. 그런데 그때 어떤 수행승이 완전히 분소의를 입고 무덤가에 살았다. 그는 사람들의 시물을 받는 것을 원하지 않았다. 무덤이나 나무밑이나 창문틀에 조상들에게 바쳐진 공물[1026]을 스스로 찾아서 먹었다. 사람들이 혐책하고 분개하고 비난했다.

[사람들] "어찌 수행승이 우리가 조상들에게 받친 공물을 스스로 찾아서 먹을 수 있단 말인가? 이 수행승은 강하고 살쪘으니 인육을 먹는 것이 틀림없다."

1-2. 수행승들은 그 사람들이 혐책하고 분개하고 비난하는 것을 들었다. 수행승들 가운데 욕망을 여의고, 만족을 알고, 부끄러움을 알고, 후회할 줄 알고, 배움을 원하는 자들은 혐책하고 분개하고 비난했다.

[욕망을 여읜 수행승들] "어찌 수행승이 주어지지 않은 음식을 입에 넣을 수가 있단 말인가?"

1-3. 그래서 그 수행승들은 세존께 그 사실을 알렸다. 그러자 세존께서는 그것을 인연으로 그것을 기회로 수행승들의 참모임을 불러 모으게 하고 연유를 설하고 그 수행승에게 이와 같이 물었다.

1025) yāvakālika : 올바른 때(일출무렵에서 정오까지)에 받고 올바른 때에 복용하는 약을 Vin. I. 251에서는 시약(時藥 : yāvakālika)이라고 한다.

1026) ayyavosāṭitakāni : Smp. 842에 따르면, 여기서 'ayyā'는 그 시대를 살았던 조상들이고, 'vosāṭitakāni'는 친지들이 탑묘에 바친 부드럽거나 단단한 음식으로 공물을 뜻한다.

[세존] "수행승이여, 그대가 주어지지 않은 음식을 입에 넣은 것이 사실인가?"

[수행승] "세존이시여, 사실입니다."

세존께서는 견책했다.

[세존] "어리석은 자여, 그대는 적절하지 않고, 자연스럽지 않고, 알맞지 않고, 수행자의 삶이 아니고, 부당하고, 해서는 안 될 일을 행한 것이다. 어리석은 자여, 어찌 그대는 주어지지 않은 음식을 입에 넣을 수가 있단 말인가? 어리석은 자여, 그것은 아직 청정한 믿음이 없는 자를 청정한 믿음으로 이끌고, 이미 청정한 믿음이 있는 자를 더욱더 청정한 믿음으로 이끄는 것이 아니다. 어리석은 자여, 그것은 오히려, 아직 청정한 믿음이 없는 자를 불신으로 이끌고, 이미 청정한 믿음이 있는 자 가운데 어떤 자들을 타락시키는 것이다."

1-4. 그리고 세존께서는 그 수행승에 대하여 여러 가지 방편으로 견책하여, 키우기 어렵고 부양하기 어렵고 탐욕이 많고 만족을 모르고 교제를 좋아하고 나태한 것에 대해 질책하고, 여러 가지 법문으로 고무하여, 키우기 쉽고 부양하기 쉽고 욕심을 여의고, 만족을 알고, 버리고 없애는 삶, 악을 제거하는 삶, 청정한 믿음의 삶, 쌓아 모우지 않는 삶, 용맹정진의 삶을 칭찬하고, 수행승들을 위하여 그에 알맞고 그에 걸맞게 경책하여 법문을 하고 수행승들에게 일렀다.

[세존] "수행승들이여, 그러므로 수행승들을 위하여 열 가지 이유에 기초하여, 즉 참모임의 수승을 위하여, 참모임의 안락을 위하여, 악한 수행승의 조복을 위하여, 품행이 바른 수행승의 평안한 삶을 위하여, 지금 여기에서의 번뇌의 제어를 위하여, 다가오는 번뇌를 물리치기 위하여, 청정한 믿음이 없는 자에게 청정한 믿음을 주기 위하여, 청정한 믿음이 있는 자에게 청정한 믿음을 증대시키기 위하여, 올바른 가르침을 지속시키기 위하여, 계율을 수호하기 위하여 학습계율을 시설하니, 수행승들이여, 그대들은 이와 같이 학습계율을 송출해야 한다."

〔세존〕 "어떠한(*90) 수행승이든지 주어지지 않은 음식을 입에 넣는다면, 속죄죄를 범하는 것이다."[1027]

이와 같이 세존께서는 수행승들을 위하여 학습계율을 시설했다.

2-1. 그런데 한때 수행승들이 물과 버들가지[1028]를 취하는 것을 주저했다. 세존께 그 사실을 알렸다.

1027) yo pana bhikkhu adinnaṃ mukhadvāraṃ āhāraṃ āhāreyya, pācittiyan'ti.

1028) udakadantapona : 양치질하기 위한 물과 버들가지를 말한다.

2-2. 그러자 세존께서는 이러한 인연으로 이러한 기회에 수행승들의 참모임을 불러 모으게 하고 연유를 설하고 수행승들에게 알렸다.

[세존] "수행승들이여, 물과 버들가지는 주어지지지 않아도 스스로 취해서 사용하는 것을 허용한다."

수행승들이여, 그런데 이와 같이 학습계율을 송출해야 한다.

[세존] "어떠한 수행승이든 주어지지 않은 음식을 입으로 가져오면, 물과 버들가지를 제외하고, 속죄죄를 범하는 것이다."[1029]

3-1. '어떠한'이라는 것은 어떠한 관계, 어떠한 태생, 어떠한 이름, 어떠한 성씨, 어떠한 계행, 어떠한 주거, 어떠한 활동영역에서 이든지, 장로이든지, 신참이든지, 중참이든지, 이러한 자들을 형용하는 것으로 '어떠한 자이든'이라는 뜻이다. '수행승'이라고 하는 것은 '탁발하는 자'로서의 수행승, 탁발을 위해 돌아다니는 자로서의 수행승, 분소의를 입은 자로서의 수행승, 사미로서의 수행승, 자칭에 의한 수행승, '오라! 수행승이여!'에 의한 수행승, 삼귀의에 의해 구족계를 받은 수행승, 현선한 수행승, 진실한 수행승, 배울 것이 있는 학인인 수행승, 배울 것이 없는 무학인 수행승, 화합참모임과 한번제안세번제청의 갈마와 부동의 거룩한 님의 속성을 갖춘 자로서의 수행승이 있는데, 그들 가운데 화합참모임과 한번제안세번제청의 갈마와 부동의 거룩한 님의 속성을 갖춘 수행승을 두고, 그러한 의미에서의 수행승을 뜻한다.

3-2. '주어지지 않은 것'이란 '받아서 취하지 못하는 것'을 뜻한다. '주어진 것'이란 '몸으로 주어진 것이나 몸에 부착된 것으로 주어진 것이나, 던짐으로서 주어진 것이나, 손이 닿는 곳에 있는 것이나, 몸이나 몸에 부착된 것으로 받은 것'이 있는데, 이것이 주어진 것이라는 뜻이다. '음식'이라는 것은 물과 버들가지를 제외하고 어떠한 것이든 먹기에 적합한 음식이라는 뜻이다.

3-2. '물과 버들가지를 제외하고'라는 것은 다음과 같다. 물과 버들가지를 제외하고 '나는 씹겠다. 먹겠다.'라고 받으면, 악작죄를 범하는 것이다. 삼킨다면, 삼킬 때 마다 속죄죄를 범하는 것이다.

$3\text{-}3_1$.

1029) 불수식계(不受食戒) | Bhikkhunī Pāc. 26 : yo pana bhikkhu adinnaṃ mukhadvāraṃ āhāraṃ āhāreyya añña tra udakadattapoṇā, pācittiyan'ti.

1) 받지 않은 것에 대해 받지 않은 것이라고 지각하고, 주어지지 않은 음식을 입으로 가져오면, 물과 버들가지를 제외하고 속죄죄를 범하는 것이다.
2) 받지 않은 것에 대해 받지 않은 것인지 의심하고, 주어지지 않은 음식을 입으로 가져오면, 물과 버들가지를 제외하고 속죄죄를 범하는 것이다.
3) 받지 않은 것에 대해 받은 것이라고 지각하고, 주어지지 않은 음식을 입으로 가져오면, 물과 버들가지를 제외하고 속죄죄를 범하는 것이다.

3-3₁.

1) 받은 것에 대해 받지 않은 것이라고 지각하면, 악작죄를 범하는 것이다.
2) 받은 것에 대해 받은 것인지 의심하면, 악작죄를 범하는 것이다.
3) 받은 것에 대해 받은 것이라고 지각하면, 무죄이다.

3-3. 물과 버들가지나, 네 가지 대정화제(大淨化劑)1030)을 조건이 있거나 조건 없이 허용할 수 있는 사람이 없을 때 사용하는 경우이거나,1031)정신이 착란된 자이거나, 초범자인 경우는 무죄이다.

4. 3. 7 속죄죄법 제27조

떼어버림에 대한 학습계율[Uyyojanasikkhāpada]

1-1. 한때 존귀한 부처님께서는 싸밧티 시의 제따바나 숲에 있는 아나타삔디까 승원에 계셨다. 그런데 그때 싸끼야의 아들 존자 우빠난다가 동학의 제자수행승에게 이와 같이 말했다.

[우빠난다] "벗이여, 오시오. 마을로 탁발하러 들어갑시다."

그러나 그에게 탁발음식을 보시하게 하지 않고 그를 떼어버렸다.

[우빠난다] "벗이여, 가시오. 그대와 함께 말하거나 앉는 것이 불편합니다. 나 혼자서[*93] 말하거나 앉는 것이 편합니다."

그러자 그 수행승은 식사시간이 가까웠어도 탁발을 할 수 없자 되돌아 왔지만 배식을 받지 못해 밥을 굶었다.

1030) cattāri mahāvikaṭāni : Vin. I. 206에 따르면, 똥, 오줌, 재, 점토를 말한다. 그들은 뱀에 물리면 사용한다.
1031) cattāri mahāvikaṭāni sati paccaye asati kappiyakāreke sāmaṃ gahetvā paribhuñjati : Vin. I. 206을 참조하라: "수행승들이여, 만약 주게 허락하는 자가 있다면 받고, 주게 허락하는 자가 없다면 스스로 취하여 사용하는 것을 허용한다."

1-2. 그러자 그 수행승은 승원으로 와서 수행승들에게 그 사실을 알렸다. 수행승들 가운데 욕망을 여의고, 만족을 알고, 부끄러움을 알고, 후회할 줄 알고, 배움을 원하는 자들이 있는데, 그들도 혐책하고 분개하고 비난했다.

[욕망을 여읜 수행승들] "어찌 싸끼야의 아들 존자 우빠난다가 동학의 제자수행승에게 이와 같이 '벗이여, 오시오. 마을로 탁발하러 들어갑시다.'라고 말하고, 그에게 탁발음식을 보시하게 하지 않고 '벗이여, 가시오. 그대와 함께 말하거나 앉는 것이 불편합니다. 나 혼자서 말하거나 앉는 것이 편합니다.'라고 그를 떼어버릴 수 있단 말인가?"

1-3. 그래서 그 수행승들은 세존께 그 사실을 알렸다. 그러자 세존께서는 이러한 인연으로 이러한 기회에 수행승들의 참모임을 불러 모으게 하고 연유를 설하고 싸끼야의 아들 존자 우빠난다에게 물었다.

[세존] "우빠난다여, 그대가 동학의 제자수행승에게 이와 같이 '벗이여, 오시오. 마을로 탁발하러 들어갑시다.'라고 말하고, 그에게 탁발음식을 보시하게 하지 않고 '벗이여, 가시오. 그대와 함께 말하거나 앉는 것이 불편합니다. 나 혼자서 말하거나 앉는 것이 편합니다.'라고 그를 떼어버린 것이 사실인가?"

[우빠난다] "세존이시여, 사실입니다."

존귀한 세존께서는 견책하셨다.

[세존] "어리석은 자여, 그대는 적절하지 않고, 자연스럽지 않고, 알맞지 않고, 수행자의 삶이 아니고, 부당하고, 해서는 안 될 일을 행한 것이다. 어리석은 자여, 어찌 그대가 동학의 제자수행승에게 이와 같이 '벗이여, 오시오. 마을로 탁발하러 들어갑시다.'라고 말하고, 그에게 탁발음식을 보시하게 하지 않고 '벗이여, 가시오. 그대와 함께 말하거나 앉는 것이 불편합니다. 나 혼자서 말하거나 앉는 것이 편합니다.'라고 그를 떼어버릴 수 있단 말인가? 어리석은 자여, 그것은 아직 청정한 믿음이 없는 자를 청정한 믿음으로 이끌고, 이미 청정한 믿음이 있는 자를 더욱더 청정한 믿음으로 이끄는 것이 아니다. 어리석은 자여, 그것은 오히려, 아직 청정한 믿음이 없는 자를 불신으로 이끌고, 이미 청정한 믿음이 있는 자 가운데 어떤 자들을 타락시키는 것이다."

1-4. 그리고 세존께서는 그 수행승에 대하여 여러 가지 방편으로 견책하여, 키우기 어렵고 부양하기 어렵고 탐욕이 많고 만족을 모르고 교제를 좋아하고 나태한 것에 대해 질책하고, 여러 가지 법문으로 고무하여, 키우기 쉽고 부양하기 쉽고

욕심을 여의고, 만족을 알고, 버리고 없애는 삶, 악을 제거하는 삶, 청정한 믿음의 삶, 쌓아 모우지 않는 삶, 용맹정진의 삶을 칭찬하고, 수행승들을 위하여 그에 알맞고 그에 걸맞게 경책하여 법문을 하고 수행승들에게 일렀다.

[세존] "수행승들이여, 그러므로 수행승들을 위하여 열 가지 이유에 기초하여, 즉 참모임의 수승을 위하여, 참모임의 안락을 위하여, 악한 수행승의 조복을 위하여, 품행이 바른 수행승의 평안한 삶을 위하여, 지금 여기에서의 번뇌의 제어를 위하여, 다가오는 번뇌를 물리치기 위하여, 청정한 믿음이 없는 자에게 청정한 믿음을 주기 위하여, 청정한 믿음이 있는 자에게 청정한 믿음을 증대시키기 위하여, 올바른 가르침을 지속시키기 위하여, 계율을 수호하기 위하여 학습계율을 시설하니, 수행승들이여, 그대들은 이와 같이 학습계율을 송출해야 한다."

[세존] "어떠한 수행승이든지 수행승에게 이와 같이 '벗이여, 오시오. 마을이나 도시[1032]로 탁발하러 들어갑시다.'라고 말하고, 그에게 탁발음식을 보시하거나 보시하게 하지 않고 '벗이여, 가시오. 그대와 함께 말하거나 앉는 것이 불편합니다. 나 혼자서 말하거나 앉는 것이 편합니다.'라고 그를 떼어버린다면, 그 동기가 다른 것이 아니라면, 속죄죄를 범하는 것이다."[1033]

2-1. '어떠한'이라는 것은 어떠한 관계, 어떠한 태생, 어떠한 이름, 어떠한 성씨, 어떠한 계행, 어떠한 주거, 어떠한 활동영역에서 이든지, 장로이든지, 신참이든지, 중참이든지, 이러한 자들을 형용하는 것으로 '어떠한 자이든'이라는 뜻이다. '수행승'이라고 하는 것은 '탁발하는 자'로서의 수행승, 탁발을 위해 돌아다니는 자로서의 수행승, 분소의를 입은 자로서의 수행승, 사미로서의 수행승, 자칭에 의한 수행승, '오라! 수행승이여!'에 의한 수행승, 삼귀의에 의해 구족계를 받은 수행승, 현선한 수행승, 진실한 수행승, 배울 것이 있는 학인인 수행승, 배울 것이 없는 무학인 수행승, 화합참모임과 한번제안세번제청의 갈마와 부동의 거룩한 님의 속성을 갖춘 자로서의 수행승이 있는데, 그들 가운데 화합참모임과 한번제안세번제청의 갈마와 부동의 거룩한 님의 속성을 갖춘 수행승을 두고, 그러한 의미에서의 수행승을 뜻한다.

1032) nigama : 중요한 마을이나 작은 도시를 말한다.

1033) 치타출취계(馳他出聚戒) | Bhikkhunī Pāc. 27 : yo pana bhikkhu bhikkhuṃ eh'āvuso gāmaṃ vā nigamaṃ vā piṇḍāya pavisissāmā'ti tassa dāpetvā vā adāpetvā vā uyyojeyya gacchāvuso na me tayā saddhiṃ kathā vā nisajjā vā phāsu hoti ekakassa me kathā vā nisajjā vā phāsu hotī'ti. etad eva paccayaṃ karitvā anaññaṃ, pācittiyan'ti.

2-2. '수행승을'이라는 것은 다른 수행승을 뜻한다. '벗이요, 오시오. 마을이나 도시로'라는 것은 '마을이나 소도시나 도시로 또는 마을과 도시로'라는 뜻이다. '그에게 보시하거나'라는 것은 '죽이나 밥이나 단단한 음식이나 부드러운 음식을 보시하거나'라는 뜻이다. '그에게 보시하게 하지 않거나'라는 것은 '아무것도 보시하게 하지 않고'라는 뜻이다.

2-3₁. '떼어버린다면'이라는 것은 다음과 같다. 여인과 함께 웃고 싶고 놀고 싶고 비밀리 앉고 싶고 비행을 행하고 싶어서 이와 같이 '벗이여, 가라. 그대와 함께 말하거나 앉는 것이 불편하다. 나 혼자서 말하거나 앉는 것이 편리하다.'라고 그를 쫓아버린다면, 악작죄를 범하는 것이고, 보이는 곳의 부근이나 들리는 곳의 부근까지 떠나보낸다면, 악작죄를 범하는 것이고, 떠나버리게 했다면, 속죄죄를 범하는 것이다. '그 동기가 다른 것이 아니라면'이라는 것은 다른 원인이 없는데, 떼어버리는 것을 뜻한다.

2-3₂.

1) 구족계를 받은 자에 대하여 구족계를 받은 자라고 지각하고 떼어버리면 속죄죄를 범하는 것이다.
2) 구족계를 받은 자에 대하여 구족계를 받은 자인지 의심하고 떼어버리면 속죄죄를 범하는 것이다.
3) 구족계를 받은 자에 대하여 구족계를 받지 않은 자라고 지각하고 떼어버리면 속죄죄를 범하는 것이다.

2-3₃. 남을 나무라면, 악작죄를 범하는 것이다. 구족계를 받지 않은 자를 떼어버리면, 악작죄를 범하는 것이다. 남을 나무라면, 악작죄를 범하는 것이다.

2-3₄.

1) 구족계를 받지 않은 자에[*94] 대하여 구족계를 받은 자라고 지각하면 악작죄를 범하는 것이다.
2) 구족계를 받지 않은 자에 대하여 구족계를 받지 않은 자인지 의심하면 악작죄를 범하는 것이다.
3) 구족계를 받지 않은 자에 대하여 구족계를 받지 않은 자라고 지각하면 악작죄를 범하는 것이다.

2-4. '우리는 두 사람이 한 곳으로 가지 말자'라고 떼어버리거나, '값비싼 물건을 보고 탐심이 일으킬 것이다.'라고 떼어버리거나, '여인을 보고 불만을 일으킬 것

이다.'라고 떼어버리거나, '환자나 남은 자[1034]나 정인[1035]에게 죽이나 밥이나 단단한 음식이나 부드러운 음식을 가져와라.'라고 떼어버리거나, 비행을 행하길 원하지 않고 볼 일이 있어 떼어버리는 경우이거나, 정신이 착란된 자이거나, 초범자인 경우는 무죄이다.

4. 3. 8 속죄죄법 제28조

식사중에 대한 학습계율[Sabhojanasikkhāpada]

1-1. 한때 존귀한 부처님께서는 싸밧티 시의 제따바나 숲에 있는 아나타삔디까 승원에 계셨다. 그런데 그때 싸끼야의 아들 존자 우빠난다가 친구의 집에 가서 그의 아내와 함께 침실[1036]에서 앉았다. 그러자 그 남편이 싸끼야의 아들 존자 우빠난다가 있는 곳을 찾아왔다. 가까이 다가와서 싸끼야의 아들 존자 우빠난다에게 인사를 하고 한쪽으로 물러나 앉았다. 한쪽으로 물러나 앉아서 그 남편은 아내에게 이와 같이 말했다.

[남편] "존자에게 음식을 드리시오."

그러자 그 부인은 싸끼야의 아들 존자 우빠난다에게 음식을 주었다. 그리고 그 남편은 싸끼야의 아들 존자 우빠난다에게 이와 같이 말했다.

[남편] "존자여, 음식을 드셨으니 가십시오."

그러자 그 부인은 관찰하고서 '이 남편이 욕정에 사로잡혔다.'[1037]고 알고 싸끼야의 아들 존자 우빠난다에게 이와 같이 말했다.

[아내] "존자여, 앉으십시오, 가지 마십시오."

두 번째에도 그 남편은 싸끼야의 아들 존자 우빠난다에게 이와 같이 말했다.

[남편] "존자여, 음식을 드셨으니 가십시오."

두 번째에도 그 부인은 싸끼야의 아들 존자 우빠난다에게 이와 같이 말했다.

[아내] "존자여, 앉으십시오, 가지 마십시오."

세 번째에도 그 남편은 싸끼야의 아들 존자 우빠난다에게 이와 같이 말했다.

1034) ohiyyakassa : 정사를 지키기 위해서 남은 자를 뜻한다. Vin. III. 208에 따르면, 세존께서는 마을로 탁발하러 들어가자, 존자 우다인은 남아서 정사를 지켰다.

1035) vihārapāla : 앞의 단어를 보다 정확히 설명한 것이다. Vin. III. 208에서 존자 우다인은 남아서 정인이 된 것이다.

1036) sayanighara : Vin. IV. 160에서는 왕의 침실에 대한 정의가 있다. 또한 Vin. I. 140을 참조하라.

1037) pariyuṭṭhito : Vin. 856에 따르면, 성적 교섭을 하고 싶은 탐욕에 사로잡힌 것을 뜻한다.

[남편] "존자여, 음식을 드셨으니 가십시오."

세 번째에도 그 부인은 싸끼야의 아들 존자 우빠난다에게 이와 같이 말했다.

[아내] "존자여, 앉으십시오, 가지 마십시오."

그러자 그 남편은 나가서 수행승들을 자극했다.

[남편] "존자들이여, 이 존자 우빠난다는 제 아내와 함께 침실에서 앉아서 저의 집을 떠나가려고 하지 않습니다. 우리는 할 일이 바쁘고 해야 할 일이 많습니다."

1-2. 수행승들 가운데 욕망을 여의고, 만족을 알고, 부끄러움을 알고, 후회할 줄 알고, 배움을 원하는 자들은 혐책하고 분개하고 비난했다.

[욕망을 여읜 수행승들] "어찌 싸끼야의 아들 존자 우빠난다는 식사 중인 가정에 들어가서[*95] 자리를 차지할 수 있단 말인가?"

1-3. 그래서 그 수행승들은 세존께 그 사실을 알렸다. 그러자 세존께서는 그것을 인연으로 그것을 기회로 수행승들의 참모임을 불러 모으게 하고 연유를 설하고 존자 우빠난다에게 이와 같이 물었다.

[세존] "우빠난다여, 그대가 식사 중인 가정1038)에 들어가서 자리를 차지한 것이 사실인가?"

[우빠난다] "세존이시여, 사실입니다."

[세존] "어리석은 자여, 그대는 적절하지 않고, 자연스럽지 않고, 알맞지 않고, 수행자의 삶이 아니고, 부당하고, 해서는 안 될 일을 행한 것이다. 어리석은 자여, 어찌 그대가 식사 중인 가정에 들어가서 자리를 차지할 수 있단 말인가? 어리석은 자여, 그것은 아직 청정한 믿음이 없는 자를 청정한 믿음으로 이끌고, 이미 청정한 믿음이 있는 자를 더욱더 청정한 믿음으로 이끄는 것이 아니다. 어리석은 자여, 그것은 오히려, 아직 청정한 믿음이 없는 자를 불신으로 이끌고, 이미 청정한 믿음이 있는 자 가운데 어떤 자들을 타락시키는 것이다."

1038) sabhojane kule : 이것에 대한 아래 패러그래프의 고주석을 살펴보면, '식사를 함께 하는(sabhojana)'이라고 번역되는 용어가 그 글자 그대로의 의미와는 달리 Smp. 856에 따르면, '두 사람과 함께 있는(saha ubhohi janehi)' 또는 '향유[남편의 향유대상]와 함께 있는(sabhoga)'이라는 의미로 해석되고 있는 것을 알 수 있다. 즉, 탐욕을 일으킨 남자에 의해서 여자가 향유되고, 탐욕을 일으킨 여자에 의해서 남자가 향유되는 것을 뜻한다. Vin. II. 216에 따르면, '음식을 받을 때에는 왼손으로 대의를 치켜서 열고 오른손으로 발우를 꺼낸 뒤에 양손으로 발우를 잡고 음식을 받아야 한다. 음식을 주는 자의 얼굴을 쳐다보아서는 안 된다. 그리고 '카레를 주려고 하는가, 또는 주지 않으려고 하는가.'를 생각하며 살펴야 한다. 숟가락을 닦고 접시를 닦거나, 그것들을 마련한다면, 줄 의향이 있다고 생각하고 서 있어야 한다. 음식을 받았을 때에는 대의로 발우를 덮고 주의 깊게 서두르지 말고 돌아와야 한다.' 역자의 생각으로는 '식사를 함께 하는 가정'이라는 것은 문자그대로의 의미와 암시적으로 의미로서 '부부가 함께 성적 교섭을 원하는 가정'의 두 가지 의미가 있다고 생각한다.

1-4. 그리고 세존께서는 존자 우빠난다를 여러 가지 방편으로 견책하여, 키우기 어렵고 부양하기 어렵고 탐욕이 많고 만족을 모르고 교제를 좋아하고 나태한 것에 대해 질책하고, 여러 가지 법문으로 고무하여, 키우기 쉽고 부양하기 쉽고 욕심을 여의고, 만족을 알고, 버리고 없애는 삶, 악을 제거하는 삶, 청정한 믿음의 삶, 쌓아 모우지 않는 삶, 용맹정진의 삶을 칭찬하고, 수행승들을 위하여 그에 알맞고 그에 걸맞게 경책하여 법문을 하고 수행승들에게 일렀다.

[세존] "수행승들이여, 그러므로 수행승들을 위하여 열 가지 이유에 기초하여, 즉 참모임의 수승을 위하여, 참모임의 안락을 위하여, 악한 수행승의 조복을 위하여, 품행이 바른 수행승의 평안한 삶을 위하여, 지금 여기에서의 번뇌의 제어를 위하여, 다가오는 번뇌를 물리치기 위하여, 청정한 믿음이 없는 자에게 청정한 믿음을 주기 위하여, 청정한 믿음이 있는 자에게 청정한 믿음을 증대시키기 위하여, 올바른 가르침을 지속시키기 위하여, 계율을 수호하기 위하여 학습계율을 시설하니, 수행승들이여, 그대들은 이와 같이 학습계율을 송출해야 한다."

[세존] "어떠한 수행승이든지 식사 중인 가정에 들어가서 자리를 차지하면, 속죄죄를 범하는 것이다."1039)

2-1. '어떠한'이라는 것은 어떠한 관계, 어떠한 태생, 어떠한 이름, 어떠한 성씨, 어떠한 계행, 어떠한 주거, 어떠한 활동영역에서 이든지, 장로이든지, 신참이든지, 중참이든지, 이러한 자들을 형용하는 것으로 '어떠한 자이든'이라는 뜻이다. '수행승'이라고 하는 것은 '탁발하는 자'로서의 수행승, 탁발을 위해 돌아다니는 자로서의 수행승, 분소의를 입은 자로서의 수행승, 사미로서의 수행승, 자칭에 의한 수행승, '오라! 수행승이여!'에 의한 수행승, 삼귀의에 의해 구족계를 받은 수행승, 현선한 수행승, 진실한 수행승, 배울 것이 있는 학인인 수행승, 배울 것이 없는 무학인 수행승, 화합참모임과 한번제안세번제청의 갈마와 부동의 거룩한 님의 속성을 갖춘 자로서의 수행승이 있는데, 그들 가운데 화합참모임과 한번제안세번제청의 갈마와 부동의 거룩한 님의 속성을 갖춘 수행승을 두고, 그러한 의미에서의 수행승을 뜻한다.

2-2. '식사 중인 가정'이라는 것은 부인 뿐만 아니라 남편이 있고, 여자와 남자 양자가 밖으로 나오지 않고 양자가 탐욕을 떠나지 않은 가정을 뜻한다. '들어가서'

1039) 식가강좌계(食家强坐戒) | Bhikkhunī Pāc. 28 : yo pana bhikkhu sabhojane kule anupakhajja nisajjaṃ kappeyya pācittiyan'ti.

라는 것은 '진입해서'라는 뜻이다. '자리를 차지하면'이라는 것은 큰 집 안에서는 기둥과 상인방에 앉는다면 손이 닿는 거리를 떨어져 앉으면, 속죄죄를 범하는 것이고, 작은 집에 앉는다면 기둥대나무1040)를 지나서 앉으면, 속죄죄를 범한 것이라는 뜻이다.

2-3₁.

1) 침실에 대하여 침실이라고 지각하고 식사를 함께 하는 가정에 들어가서 자리를 차지하면, 속죄죄를 범하는 것이다.
2) 침실에 대하여 침실인지 의심하고 식사를 함께 하는 가정에 들어가서 자리를 차지하면, 속죄죄를 범하는 것이다.
3) 침실에 대하여 침실이 아니라고 지각하고 식사를 함께 하는 가정에 들어가서 자리를 차지하면, 속죄죄를 범하는 것이다.

2-3₂.

1) 침실이 아닌 것에 대해 침실이라고 지각하면, 악작죄를 범하는 것이다.
2) 침실이 아닌 것에 대해 침실인지 의심하면, 악작죄를 범하는 것이다.
3) 침실이 아닌 것에 대해 침실이 아니라고 지각하면, 무죄이다.

2-3. 큰 집 안에 앉는다면 기둥과 상인방에서 손이 닿는 거리를 떨어지지 않고 앉거나, 작은 집에 앉는다면 기둥대나무를 지나지 않고 앉거나, 다른 수행승이 있거나, 양자가 집을 나갔거나, 양자가 탐욕을 떠났거나, 침실에 있지 않은 경우이거나, 정신이 착란된 자이거나, 초범자인 경우는 무죄이다.

4. 3. 9 속죄죄법 제29조

몰래 앉기에 대한 학습계율①[Paṭhamarahonisajjasikkhāpada]

1-1. 한때 존귀한 부처님께서는 싸밧티 시의 제따바나 숲에 있는 아나타삔디까 승원에 계셨다. 그런데 그때 싸끼야의 아들 존자 우빠난다가 친구의 집에 가서 그의 아내와 함께 몰래 가려진 곳에서 자리에[*96] 앉았다. 그러자 그 남편은 혐책하고 분개하고 비난했다.

[남편] "어찌 존자 우빠난다는 나의 아내와 함께 몰래 가려진 곳에서 자리에

1040) paṭṭhivaṃsa : Smp. 856에 따르면, 그러한 침실이 네 방들 등 사이에 있다면, 중앙에 있는 대나무기둥을 통과해야 한다.

앉을 수 있단 말인가?"

1-2. 수행승들은 그 남편이 혐책하고 분개하고 비난하는 것을 들었다. 수행승들 가운데 욕망을 여의고, 만족을 알고, 부끄러움을 알고, 후회할 줄 알고, 배움을 원하는 자들은 혐책하고 분개하고 비난했다.

[욕망을 여읜 수행승들] "어찌 싸끼야의 아들 존자 우빠난다는 여인과 함께 몰래 가려진 곳에서 자리에 앉을 수 있단 말인가?"

1-3. 그래서 그 수행승들은 세존께 그 사실을 알렸다. 그러자 세존께서는 그것을 인연으로 그것을 기회로 수행승들의 참모임을 불러 모으게 하고 연유를 설하고 싸끼야의 아들 존자 우빠난다에게 이와 같이 물었다.

[세존] "우빠난다여, 그대가 여인과 함께 몰래 가려진 곳에서 자리를 앉은 것이 사실인가?"

[우빠난다] "세존이시여, 사실입니다."

존귀한 부처님께서는 견책했다.

[세존] "어리석은 자여, 그대는 적절하지 않고, 자연스럽지 않고, 알맞지 않고, 수행자의 삶이 아니고, 부당하고, 해서는 안 될 일을 행한 것이다. 어리석은 자여, 어찌 그대는 여인과 함께 몰래 가려진 곳에서 자리에 앉을 수 있단 말인가? 어리석은 자여, 그것은 아직 청정한 믿음이 없는 자를 청정한 믿음으로 이끌고, 이미 청정한 믿음이 있는 자를 더욱더 청정한 믿음으로 이끄는 것이 아니다. 어리석은 자여, 그것은 오히려, 아직 청정한 믿음이 없는 자를 불신으로 이끌고, 이미 청정한 믿음이 있는 자 가운데 어떤 자들을 타락시키는 것이다."

1-4. 그리고 세존께서는 싸끼야의 아들 존자 우빠난다에 대하여 여러 가지 방편으로 견책하여, 키우기 어렵고 부양하기 어렵고 탐욕이 많고 만족을 모르고 교제를 좋아하고 나태한 것에 대해 질책하고, 여러 가지 법문으로 고무하여, 키우기 쉽고 부양하기 쉽고 욕심을 여의고, 만족을 알고, 버리고 없애는 삶, 악을 제거하는 삶, 청정한 믿음의 삶, 쌓아 모우지 않는 삶, 용맹정진의 삶을 칭찬하고, 수행승들을 위하여 그에 알맞고 그에 걸맞게 경책하여 법문을 하고 수행승들에게 일렀다.

[세존] "수행승들이여, 그러므로 수행승들을 위하여 열 가지 이유에 기초하여, 즉 참모임의 수승을 위하여, 참모임의 안락을 위하여, 악한 수행승의 조복을 위하여, 품행이 바른 수행승의 평안한 삶을 위하여, 지금 여기에서의 번뇌의 제어를 위하여, 다가오는 번뇌를 물리치기 위하여, 청정한 믿음이 없는 자에게 청정한

믿음을 주기 위하여, 청정한 믿음이 있는 자에게 청정한 믿음을 증대시키기 위하여, 올바른 가르침을 지속시키기 위하여, 계율을 수호하기 위하여 학습계율을 시설하니, 수행승들이여, 그대들은 이와 같이 학습계율을 송출해야 한다."

[세존] "어떠한 수행승이든지 여인과 함께 몰래 가려진 곳에서 자리에 앉으면, 속죄죄를 범하는 것이다."[1041]

2-1. '어떠한'이라는 것은 어떠한 관계, 어떠한 태생, 어떠한 이름, 어떠한 성씨, 어떠한 계행, 어떠한 주거, 어떠한 활동영역에서 이든지, 장로이든지, 신참이든지, 중참이든지, 이러한 자들을 형용하는 것으로 '어떠한 자이든'이라는 뜻이다. '수행승'이라고 하는 것은 '탁발하는 자'로서의 수행승, 탁발을 위해 돌아다니는 자로서의 수행승, 분소의를 입은 자로서의 수행승, 사미로서의 수행승, 자칭에 의한 수행승, '오라! 수행승이여!'에 의한 수행승, 삼귀의에 의해 구족계를 받은 수행승, 현선한 수행승, 진실한 수행승, 배울 것이 있는 학인인 수행승, 배울 것이 없는 무학인 수행승, 화합참모임과 한번제안세번제청의 갈마와 부동의 거룩한 님의 속성을 갖춘 자로서의 수행승이 있는데, 그들 가운데 화합참모임과 한번제안세번제청의 갈마와 부동의 거룩한 님의 속성을 갖춘 수행승을 두고, 그러한 의미에서의 수행승을 뜻한다.

2-2. '여인'이라는 것은 야차녀가 아니고, 아귀녀가 아니고, 축생녀가 아닌, 사람의 여인으로, 바로 오늘 태어난 여자아이까지이니, 그 이상의 나이든 여자는 말할 것도 없다는 뜻이다. '함께'라는 것은 '같이'라는 뜻이다. '몰래'라는 것은 '시각적으로 몰래 청각적으로 몰래'라는 뜻이다. '시각적으로 몰래'라는 것은 눈을 가리거나 혹은 눈썹을 치켜뜨고 머리가 들더라도, 볼 수 없는 것을 뜻한다. '청각적으로 몰래'라는 것은 일반적인 청각으로는 들을 수 없는 것을 뜻한다. '가려진 곳'이란 벽이나 창호나 깔개나 휘장이나 나무나 기둥이나 자루나 어떠한 물건으로 가려진 곳을 뜻한다.

2-3₁. '자리에 앉는다면'이라는 것은 다음과 같다. 여인이 앉을 때 수행승이 가까이 앉거나 눕는다면, 속죄죄를 범하는 것이다. 또는 수행승이 앉을 때 여인이 가까이 앉거나 눕는다면, 속죄죄를 범하는 것이다. 또는 둘다 앉거나 눕다면,

---

1041) 병여여좌계(屛與女坐戒) | Bhikkhunī Pāc. 29 : yo pana bhikkhu mātugāmena saddhiṃ raho paṭicchanne āsane nisajjaṃ kappeyya pācittiyan'ti : 빅쿠속죄죄법 제30조(Bhikkhu Pāc. 30)에서는 수행승이 수행녀와 몰래 앉는 것은 금지되었다. 그리고 『빅쿠비방가』의 부정죄법 제1조와 제2조(Bhikkhu Aniy. 1, 2)를 참조하라.

속죄죄를 범하는 것이다.

2-3₂.

1) 여인에 대하여 여인이라고 지각하고 몰래 가려진 곳에서 자리에 앉으면, 속죄죄를 범하는 것이다.
2) 여인에 대하여 여인인지 의심하고 몰래 가려진 곳에서 자리에 앉으면, 속죄죄를 범하는 것이다.
3) 여인에 대하여 여인이 아니라고 지각하고 몰래 가려진 곳에서 자리에 앉으면, 속죄죄를 범하는 것이다.

2-3₃. 야차녀나 아귀녀나 빤다까나 인간의 모습을 한 축생녀와 함께 몰래 가려진 곳에서 자리에 앉으면, 악작죄를 범하는 것이다.

2-3₄.

1) 여인이 아닌 자에 대하여 여인이라고 생각하면,[*97] 악작죄를 범하는 것이다.
2) 여인이 아닌 자에 대하여 여인이 아닌지 의심하면, 악작죄를 범하는 것이다.
3) 여인이 아닌 자에 대하여 여인이 아닌 자라고 생각하면, 무죄이다.

2-4. 어떠한 자이든지 아는 남자가 있거나, 서 있고 앉아 있지 않거나, 몰래 앉기를 원하지 않았거나, 다른 것을 생각하면서 앉은 경우이거나, 정신이 착란된 자이거나, 초범자인 경우는 무죄이다.

4. 3. 10 속죄죄법 제30조

몰래 앉기에 대한 학습계율②[Dutiyarahonisajjasikkhāpada]

1-1. 한때 존귀한 부처님께서는 싸밧티 시의 제따바나 숲에 있는 아나타삔디까 승원에 계셨다. 그런데 그때 싸끼야의 아들 존자 우빠난다는 친구의 집에 가서 그의 아내와 함께, 한 사람이 다른 한 사람과 함께, 몰래 자리에 앉았다. 그러자 그 남편이 혐책하고 분개하고 비난했다.

[남편] "어찌 존자 우빠난다는 나의 아내와 함께, 한 사람이 다른 한 사람과 함께 몰래 자리에 앉을 수가 있단 말인가?"

1-2. 수행승들은 그 남편이 혐책하고 분개하고 비난하는 것을 들었다. 수행승들 가운데 욕망을 여의고, 만족을 알고, 부끄러움을 알고, 후회할 줄 알고, 배움을

원하는 자들은 혐책하고 분개하고 비난했다.

[욕망을 여읜 수행승들] "어찌 싸끼야의 아들 존자 우빠난다가 여인과 함께, 한 사람이 다른 한 사람과 함께 몰래 자리에 앉을 수가 있단 말인가?"

1-3. 그래서 그 수행승들은 세존께 그 사실을 알렸다. 그러자 세존께서는 이러한 인연으로 이러한 기회에 수행승들의 참모임을 불러 모으게 하고 연유를 설하고 싸끼야의 아들 존자 우빠난다에게 물었다.

[세존] "우빠난다여, 그대가 여인과 함께, 한 사람이 다른 한 사람과 함께 몰래 자리에 앉은 것이 사실인가?"

[우빠난다] "세존이시여, 사실입니다."

[세존] "어리석은 자여, 그대는 적절하지 않고, 자연스럽지 않고, 알맞지 않고, 수행자의 삶이 아니고, 부당하고, 해서는 안 될 일을 행한 것이다. 어리석은 자여, 어찌 그대가 여인과 함께, 한 사람이 다른 한 사람과 함께 몰래 자리에 앉을 수가 있단 말인가? 어리석은 자여, 그것은 아직 청정한 믿음이 없는 자를 청정한 믿음으로 이끌고, 이미 청정한 믿음이 있는 자를 더욱더 청정한 믿음으로 이끄는 것이 아니다. 어리석은 자여, 그것은 오히려, 아직 청정한 믿음이 없는 자를 불신으로 이끌고, 이미 청정한 믿음이 있는 자 가운데 어떤 자들을 타락시키는 것이다."

1-4. 그리고 세존께서는 그 싸끼야의 아들 존자 우빠난다를 여러 가지 방편으로 견책하여, 키우기 어렵고 부양하기 어렵고 탐욕이 많고 만족을 모르고 교제를 좋아하고 나태한 것에 대해 질책하고, 여러 가지 법문으로 고무하여, 키우기 쉽고 부양하기 쉽고 욕심을 여의고, 만족을 알고, 버리고 없애는 삶, 악을 제거하는 삶, 청정한 믿음의 삶, 쌓아 모우지 않는 삶, 용맹정진의 삶을 칭찬하고, 수행승들을 위하여 그에 알맞고 그에 걸맞게 경책하여 법문을 하고 수행승들에게 일렀다.

[세존] "수행승들이여, 그러므로 수행승들을 위하여 열 가지 이유에 기초하여, 즉 참모임의 수승을 위하여, 참모임의 안락을 위하여, 악한 수행승의 조복을 위하여, 품행이 바른 수행승의 평안한 삶을 위하여, 지금 여기에서의 번뇌의 제어를 위하여, 다가오는 번뇌를 물리치기 위하여, 청정한 믿음이 없는 자에게 청정한 믿음을 주기 위하여, 청정한 믿음이 있는 자에게 청정한 믿음을 증대시키기 위하여, 올바른 가르침을 지속시키기 위하여, 계율을 수호하기 위하여 학습계율을 시설하니, 수행승들이여, 그대들은 이와 같이 학습계율을 송출해야 한다."

[세존] "어떠한 수행승이든 여인과 함께, 한 사람이 다른 한 사람과 함께 자리에

앉으면, 속죄죄를 범하는 것이다."[1042)]

2-1. '어떠한'이라는 것은 어떠한 관계, 어떠한 태생, 어떠한 이름, 어떠한 성씨, 어떠한 계행, 어떠한 주거, 어떠한 활동영역에서 이든지, 장로이든지, 신참이든지, 중참이든지, 이러한 자들을 형용하는 것으로 '어떠한 자이든'이라는 뜻이다. '수행승'이라고 하는 것은 '탁발하는 자'로서의 수행승, 탁발을 위해 돌아다니는 자로서의 수행승, 분소의를 입은 자로서의 수행승, 사미로서의 수행승, 자칭에 의한 수행승, '오라! 수행승이여!'에 의한 수행승, 삼귀의에 의해 구족계를 받은 수행승, 현선한 수행승, 진실한 수행승, 배울 것이 있는 학인인 수행승, 배울 것이 없는 무학인 수행승, 화합참모임과 한번제안세번제청의 갈마와 부동의 거룩한 님의 속성을 갖춘 자로서의 수행승이 있는데, 그들 가운데 화합참모임과 한번제안세번제청의 갈마와 부동의 거룩한 님의 속성을 갖춘 수행승을 두고, 그러한 의미에서의 수행승을 뜻한다.

2-2. '여인'이라는 것은 야차녀가 아니고, 아귀녀가 아니고, 축생녀가 아닌, 사람의 여인으로, 선한 말과 악한 말, 음탕한 말과 음탕하지 않은 말을 알 수 있는 양식있는 자를 뜻한다는 뜻이다. '함께'라는 것은 '같이'라는 뜻이다. '한 사람이 다른 한 사람과'라는 것은 '수행승뿐만 아니라 여인과'라는 뜻이다. '몰래'라는 것은 '시각적으로 몰래 청각적으로 몰래'라는 뜻이다. '시각적으로 몰래'라는 것은 눈을 덮거나 눈썹을 올리거거나 머리를 들면, 볼 수 없는 것을 뜻한다. '청각적으로 몰래'라는 것은 일반적인 청각으로는 들을 수 없는 것을 뜻한다.

2-3₁. '자리에 앉는다면'이라는 것은 다음과 같다. 여인이 앉을 때 수행승이 가까이 앉거나 눕는다면, 속죄죄를 범하는 것이다. 또는 수행승이 앉을 때 여인이 가까이 앉거나 눕는다면, 속죄죄를 범하는 것이다. 또는 둘다 앉거나 눕다면, 속죄죄를 범하는 것이다.

2-3₁.

1) 여인에 대하여 여인이라고 지각하고 한 사람이 다른 한 사람과 몰래 가려진 곳에서 자리에 앉으면, 속죄죄를 범하는 것이다.
2) 여인에 대하여 여인인지 의심하고 한 사람이 다른 한 사람과 몰래 가려진

1042) 독여여인좌계(獨與女人坐戒) | Bhikkhunī Pāc. 30 : yo pana bhikkhu mātugāmena saddhiṃ eko ekāya raho nisajjaṃ kappeyya pācittiyan'ti : 빅쿠부정죄법 제1조, 제2조(Bhikkhu Aniy. 1, 2)와 빅쿠속죄죄법 제30조(Bhikkhu Pāc. 30), 속죄죄법 제29조(Bhikkhunī Pāc. 29)를 참조하라.

곳에서 자리에 앉으면, 속죄죄를 범하는 것이다.

3) 여인에 대하여 여인이 아니라고 지각하고 한 사람이 다른 한 사람과 몰래 자리에 앉으면, 속죄죄를 범하는 것이다.

2-3₁. 야차녀나 아귀녀나 빤다까나 인간의 모습을 한 축생녀와 함께 한 사람이 다른 한 사람과 몰래 가려진 곳에서 자리에 앉으면, 악작죄를 범하는 것이다.

2-3₃.

1) 여인이 아닌 자에 대하여 여인이라고 지각하면, 악작죄를 범하는 것이다.

2) 여인이 아닌 자에 대하여 여인이 아닌지 의심하면, 악작죄를 범하는 것이다.

3) 여인이 아닌 자에 대하여 여인이 아닌 자라고 지각하면, 무죄이다.

2-4. 어떠한 자이든지 아는 남자가 있거나, 서 있고 앉아 있지 않거나, 몰래 앉기를 원하지 않았거나, 다른 것을 생각하면서 앉은 경우이거나, 정신이 착란된 자이거나, 초범자인 경우는 무죄이다.

제3품 식사 그 후렴시는 다음과 같다

식사, 무리지어 식사하는 것, 과자, 때 아닌 때, 저장,
버들가지, 떼어버림, 식사중, 두 개의 몰래 앉기.1043)

제4품 방문(Cārittavagga)

4. 4. 1 속죄죄법 제31조

방문에 대한 학습계율[Cārittasikkhāpada]

1-1. 한때[*98] 존귀한 부처님께서 라자가하 시의 벨루바나 숲에 있는 깔란다까니바빠 공원에 계셨다. 그런데 그때 싸끼야의 아들 존자 우빠난다의 단월가정이 싸끼야의 아들 존자 우빠난다를 식사에 초대했다. 다른 수행승들도 식사에 초대했다. 그런데 그때 싸끼야의 아들 존자 우빠난다는 식전에 여러 가정들에 방문하러 다니곤 했다. 그러자 그 수행승들은 사람들에게 이와 같이 말했다.

[수행승들] "벗들이여, 식사를 주십시오."

[사람들] "존자들이여, 존자 우빠난다가 올 때까지 기다리십시오."

두 번째에도 그 수행승들은 사람들에게 말했다.

1043) piṇḍo gaṇaṃ pūvaṃ vuttā | vikāle dantapoṇena | sannidhī uyyojañca | sabhojanaṃ duve raho'ti ||

[수행승들] "벗들이여, 때가 지나기 전에1044) 식사를 주십시오."

[사람들] "존자들이여, 우리는 존자 우빠난다 때문에 식사를 준비한 것입니다. 존자들이여, 존자 우빠난다가 올 때까지 기다리십시오."

세 번째에도 그 수행승들은 사람들에게 말했다.

[수행승들] "벗들이여, 때가 지나기 전에 식사를 주십시오."

[사람들] "존자들이여, 우리는 존자 우빠난다 때문에 식사를 준비한 것입니다. 존자들이여, 존자 우빠난다가 올 때까지 기다리십시오."

1-2. 그런데 그 싸끼야의 아들 존자 우빠난다는 식전에 가정들을 둘러보고 대낮에 돌아왔다. 수행승들은 마음껏 먹지 못했다. 수행승들 가운데 욕망을 여의고, 만족을 알고, 부끄러움을 알고, 후회할 줄 알고, 배움을 원하는 자들은 혐책하고 분개하고 비난했다.

[욕망을 여읜 수행승들] "어찌 싸끼야의 아들 존자 우빠난다는 식사에 초대받았음에도 식전에 가정들을 방문하러 다닐 수가 있단 말인가?"

1-3. 그래서 그 수행승들은 세존께 그 사실을 알렸다. 그러자 세존께서는 이러한 인연으로 이러한 기회에 수행승들의 참모임을 불러 모으게 하고 연유를 설하고 싸끼야의 아들 존자 우빠난다에게 물었다.

[세존] "우빠난다여, 그대는 식사에 초대받았음에도 식전에 가정들을 방문하러 다닌 것이 사실인가?"

[우빠난다] "세존이시여, 사실입니다."

[세존] "어리석은 자여, 그대는 적절하지 않고, 자연스럽지 않고, 알맞지 않고, 수행자의 삶이 아니고, 부당하고, 해서는 안 될 일을 행한 것이다. 어리석은 자여, 어찌 그대는 식사에 초대받았음에도 식전에 가정들을 방문하러 다닐 수가 있단 말인가? 어리석은 자여, 그것은 아직 청정한 믿음이 없는 자를 청정한 믿음으로 이끌고, 이미 청정한 믿음이 있는 자를 더욱더 청정한 믿음으로 이끄는 것이 아니다. 어리석은 자여, 그것은 오히려, 아직 청정한 믿음이 없는 자를 불신으로 이끌고, 이미 청정한 믿음이 있는 자 가운데 어떤 자들을 타락시키는 것이다."

1-4. 그리고 세존께서는 그 싸끼야의 아들 존자 우빠난다를 여러 가지 방편으로 견책하여, 키우기 어렵고 부양하기 어렵고 탐욕이 많고 만족을 모르고 교제를 좋아하고 나태한 것에 대해 질책하고, 여러 가지 법문으로 고무하여, 키우기 쉽고

1044) pure kālo atikkamatī'ti : 속죄죄법 제24조(Bhikkhunī Pāc. 24)에서는 때 아닌 때에 식사하는 것이 허용되지

부양하기 쉽고 욕심을 여의고, 만족을 알고, 버리고 없애는 삶, 악을 제거하는 삶, 청정한 믿음의 삶, 쌓아 모우지 않는 삶, 용맹정진의 삶을 칭찬하고, 수행승들을 위하여 그에 알맞고 그에 걸맞게 경책하여 법문을 하고 수행승들에게 일렀다.

[세존] "수행승들이여, 그러므로 수행승들을 위하여 열 가지 이유에 기초하여, 즉 참모임의 수승을 위하여, 참모임의 안락을 위하여, 악한 수행승의 조복을 위하여, 품행이 바른 수행승의 평안한 삶을 위하여, 지금 여기에서의 번뇌의 제어를 위하여, 다가오는 번뇌를 물리치기 위하여, 청정한 믿음이 없는 자에게 청정한 믿음을 주기 위하여, 청정한 믿음이 있는 자에게 청정한 믿음을 증대시키기 위하여, 올바른 가르침을 지속시키기 위하여, 계율을 수호하기 위하여 학습계율을 시설하니, 수행승들이여, 그대들은 이와 같이 학습계율을 송출해야 한다."

〔세존〕 "어떠한 수행승이든지 식사에 초대받고, 식전에 가정들을 방문하러 다닌다면, 속죄죄를 범하는 것이다."1045)

이와 같이 세존께서는 수행승들을 위하여 학습계율을 시설했다.

2-1. 그런데 한때 싸끼야의 아들 존자 우빠난다의 단월가정은 참모임을 위해서 단단한 음식을 '존자 우빠난다에게 보이고 참모임에 주십시오.'라고 하인들을 보냈다. 그런데 그때 싸끼야의 아들 존자 우빠난다는 마을에 탁발하러 들어갔다. 그래서 그 하인들은 승원으로 가서 한 수행승에게 물었다.

[하인들] "존자여, 어디에 존자 우빠난다가 있습니까?"

[수행승] "보시오, 싸끼야의[*99] 아들 존자 우빠난다는 마을에 탁발하러 들어갔습니다."

[하인들] "존자여, 이 단단한 음식을 존자 우빠난다에게 보이고 참모임에 주십시오."

2-2. 그래서 그 수행승들은 세존께 그 사실을 알렸다. 그러자 세존께서는 이러한 인연으로 이러한 기회에 연유를 설하고 수행승들에게 일렀다.

[세존] "수행승들이여, 그렇다면, 받아서 존자 우빠난다가 올 때까지 보관하라."

2-3. 그런데 싸끼야의 아들 존자 우빠난다는 세존께서 '식전에 가정들을 방문하러 다니는 것을 금지했다.'라고 알고 식후에 가정들을 방문하러 다니고 대낮에 돌아왔다.1046) 단단한 음식을 남겼다.1047) 수행승들 가운데 욕망을 여의고, 만

1045) yo pana bhikkhu nimantito sabhatto samāno purebhattaṃ kulesu cārittaṃ āpajjeyya, pācittiyan'ti.
1046) pacchābhattaṃ kulāni payirupāsitvā divā pakkāmi : 빅쿠속죄죄법 제35조(Bhikkhu Pāc. 35)에 대한 예외로

족을 알고, 부끄러움을 알고, 후회할 줄 알고, 배움을 원하는 자들은 혐책하고 분개하고 비난했다.

[욕망을 여읜 수행승들] "어찌 싸끼야의 아들 존자 우빠난다는 식후에 가정들을 방문하러 다닐 수 있단 말인가?"

2-4. 그래서 그 수행승들은 세존께 그 사실을 알렸다. 그러자 세존께서는 그것을 인연으로 그것을 기회로 수행승들의 참모임을 모아 놓고 싸끼야의 아들 존자 우빠난다에게 이와 같이 물었다.

[세존] "우빠난다여, 그대는 식후에 가정들을 방문하러 다닌 것이 사실인가?"

[우빠난다] "세존이시여, 사실입니다."

[세존] "어리석은 자여, 그대는 적절하지 않고, 자연스럽지 않고, 알맞지 않고, 수행자의 삶이 아니고, 부당하고, 해서는 안 될 일을 행한 것이다. 어리석은 자여, 어찌 그대가 식후에 가정들을 방문하러 다닐 수 있단 말인가? 어리석은 자여, 그것은 아직 청정한 믿음이 없는 자를 청정한 믿음으로 이끌고, 이미 청정한 믿음이 있는 자를 더욱더 청정한 믿음으로 이끄는 것이 아니다. 어리석은 자여, 그것은 오히려, 아직 청정한 믿음이 없는 자를 불신으로 이끌고, 이미 청정한 믿음이 있는 자 가운데 어떤 자들을 타락시키는 것이다."

2-5. 그리고 세존께서는 존자 우빠난다에 대하여 여러 가지 방편으로 견책하여, 키우기 어렵고 부양하기 어렵고 탐욕이 많고 만족을 모르고 교제를 좋아하고 나태한 것에 대해 질책하고, 여러 가지 법문으로 고무하여, 키우기 쉽고 부양하기 쉽고 욕심을 여의고, 만족을 알고, 버리고 없애는 삶, 악을 제거하는 삶, 청정한 믿음의 삶, 쌓아 모우지 않는 삶, 용맹정진의 삶을 칭찬하고, 수행승들을 위하여 그에 알맞고 그에 걸맞게 경책하여 법문을 하고 수행승들에게 일렀다.

[세존] "수행승들이여, 그러므로 수행승들을 위하여 열 가지 이유에 기초하여, 즉 참모임의 수승을 위하여, 참모임의 안락을 위하여, 악한 수행승의 조복을 위하여, 품행이 바른 수행승의 평안한 삶을 위하여, 지금 여기에서의 번뇌의 제어를 위하여, 다가오는 번뇌를 물리치기 위하여, 청정한 믿음이 없는 자에게 청정한 믿음을 주기 위하여, 청정한 믿음이 있는 자에게 청정한 믿음을 증대시키기 위하여, 올바른 가르침을 지속시키기 위하여, 계율을 수호하기 위하여 학습계율을 시설하니, 수행승들이여, 그대들은 이와 같이 학습계율을 송출해야 한다."

끝난다.

1047) khādanīyaṃ ussādiyittha : Smp. 857에 따르면, '가정에서 가져온 것'을 남긴 것이다

〔세존〕 "어떠한 수행승이든지 식사에 초대받고, 식전이나 식후에 가정들을 방문하러 다니면, 속죄죄를 범하는 것이다."1048)

이와 같이 세존께서는 수행승들을 위하여 학습계율을 시설했다.

3-1. 그런데 한때 수행승들이 옷의 보시가 있는 시기에 주저하면서 가정들을 방문하러 다니지 않았다. 옷이 조금밖에 생기지 않았다.

3-2. 그래서 그 수행승들은 세존께 그 사실을 알렸다. 그러자 세존께서는 이러한 인연으로 이러한 기회에 연유를 설하고 수행승들에게 일렀다.

[세존] "수행승들이여, 옷의 보시가 있을 때에는 가정을 방문하러 다니는 것을 허용한다."

수행승들이여, 그런데 이와 같이 학습계율을 송출해야 한다.

〔세존〕 "어떠한 수행승이든지 식사에 초대받고, 식전이나 식후에 가정들을 방문하러 다니면, 특별한 상황을 제외하고 속죄죄를 범하는 것이다. 여기서 특별한 상황이라는 것은 옷의 보시가 있는 경우에, 그러한 상황을 뜻한다."1049)

이와 같이 세존께서는 수행승들을 위하여 학습계율을 시설했다.

4-1. 그런데 한때 수행승이 옷을 만들고 있었다. 바늘과 실과 가위가 필요했다. 수행승들이 주저하면서 가정들을 방문하러 다니지 않았다.

4-2. 그래서 그 수행승들은 세존께 그 사실을 알렸다. 그러자 세존께서는 이러한 인연으로 이러한 기회에 연유를 설하고 수행승들에게 일렀다.

[세존] "수행승들이여, 옷을 만들 때에는 가정들을 방문하러 다니는 것을 허용한다."

수행승들이여, 그런데 이와 같이 학습계율을 송출해야 한다.

〔세존〕 "어떠한 수행승이든지〔*100〕 식사에 초대받고, 식전이나 식후에 가정들을 방문하러 다니면, 특별한 상황을 제외하고 속죄죄를 범하는 것이다. 여기서 특별한 상황이라는 것은 옷의 보시가 있거나 옷을 만들 경우에, 그러한 상황을 뜻한다."1050)

1048) yo pana bhikkhu nimantito sabhatto samāno purebhattaṃ vā pacchābhattaṃ vā kulesu cārittaṃ āpajjeyya, pācittiyan'ti.

1049) yo pana bhikkhu nimantito sabhatto samāno purebhattaṃ vā pacchābhattaṃ vā kulesu cārittaṃ āpajjeyya aññatra samayā pācittiyaṃ tatthāyaṃ samayo, cīvaradānasamayo, ayaṃ tattha samayo'ti : Vin. I. 254에 따르면, '수행승들이여, 까티나옷이 성립되면, 그들에게 다섯 가지 까티나특권이 허용될 수 있다. *1)* 허락 없이도 다니는 것, *2)* 착의하지 않고 다니는 것, *3)* 별중(別衆)으로도 식사하는 것, *4)* 필요한 만큼의 옷을 받는 것, *5)* 어떤 옷이 생겨나든, 그들의 것이 된다.

1050) yo pana bhikkhu nimantito sabhatto samāno purebhattaṃ vā pacchābhattaṃ vā kulesu cārittaṃ āpajjeyya

이와 같이 세존께서는 수행승들을 위하여 학습계율을 시설했다.

5-1. 그런데 한때 수행승들이 병들어 약품이 필요했다. 그러나 수행승들이 주저하면서 가정들을 방문하러 다니지 않았다.

5-2. 그래서 그 수행승들은 세존께 그 사실을 알렸다. 그러자 세존께서는 이러한 인연으로 이러한 기회에 연유를 설하고 수행승들에게 일렀다.

[세존] "수행승들이여, 환우수행승이 있을 때 가정들을 방문하러 다니는 것을 허용한다."

수행승들이여, 그런데 이와 같이 학습계율을 송출해야 한다.

[세존] "어떠한 수행승이든지 식사에 초대받고, 수행승이 있을 경우 허락을 구하지 않고, 식전이나 식후에 가정들을 방문하러 다니면, 특별한 상황을 제외하고 속죄죄를 범하는 것이다. 여기서 특별한 상황이라는 것은 옷을 보시하는 때이거나 옷을 만드는 때이거나 환자가 있을 경우에, 그러한 상황을 뜻한다."[1051]

6-1. '어떠한'이라는 것은 어떠한 관계, 어떠한 태생, 어떠한 이름, 어떠한 성씨, 어떠한 계행, 어떠한 주거, 어떠한 활동영역에서 이든지, 장로이든지, 신참이든지, 중참이든지, 이러한 자들을 형용하는 것으로 '어떠한 자이든'이라는 뜻이다. '수행승'이라고 하는 것은 '탁발하는 자'로서의 수행승, 탁발을 위해 돌아다니는 자로서의 수행승, 분소의를 입은 자로서의 수행승, 사미로서의 수행승, 자칭에 의한 수행승, '오라! 수행승이여!'에 의한 수행승, 삼귀의에 의해 구족계를 받은 수행승, 현선한 수행승, 진실한 수행승, 배울 것이 있는 학인인 수행승, 배울 것이 없는 무학인 수행승, 화합참모임과 한번제안세번제청의 갈마와 부동의 거룩한 님의 속성을 갖춘 자로서의 수행승이 있는데, 그들 가운데 화합참모임과 한번제안세번제청의 갈마와 부동의 거룩한 님의 속성을 갖춘 수행승을 두고, 그러한 의미에서의 수행승을 뜻한다.

6-2. '초대받고'라는 것은 다섯 가지 정식 가운데 어느 하나의 음식으로 초대받은 것을 뜻한다. '식사에'라는 것은 '초대되어 식사를 취하고'라는 뜻이다. '수행승이

---

aññatra samayā pācittiyaṃ. tatthāyaṃ samayo cīvaradānasamayo cīvarakārasamayo, ayaṃ tattha samayo'ti.

1051) 불촉독리입취계(不囑同利入聚戒) | Bhikkhunī Pāc. 31 : yo pana bhikkhu nimantito sabhatto samāno santaṃ bhikkhuṃ anāpucchā purebhattaṃ vā pacchābhattaṃ vā kulesu cārittaṃ āpajjeyya aññatra samayā pācittiyaṃ, tatthāyaṃ samayo; cīvaradānasamayo cīvarakārasamayo ayaṃ tattha samayo'ti : 빠알리 대장경에서는 '환자가 있을 때'라는 것이 누락되어 있다. 그러나 논리적으로 명백히 '환자가 있을 경우'가 삽입되어야 함으로 역자는 그것을 집어넣어 번역한다.

있을 경우'라는 것은 다음과 같다. 수행승이 있다면, 허락을 물어보고 들어갈 수 있다. 수행승이 없다면, 허락을 물어보고 들어갈 수 없다. '식전'이라는 것은 초대받고 식사하지 않은 상태를 뜻한다. '식후'라는 것은 초대받고 음식을 풀잎 끝 정도라도 먹은 것을 뜻한다. '가정'이라는 것은 네 가지 가정 즉, 왕족의 가정, 바라문의 가정, 평민의 가정, 노예의 가정을 뜻한다.

6-3. '가정들을 방문하러 다니면'이라는 것은 다음과 같다. 타인의 집근처로 들어가면, 악작죄를 범하는 것이다. 문지방에 첫 번째 발을 넘어서면, 악작죄를 범하는 것이다. 두 번째 발을 넘어서면, 속죄죄를 범하는 것이다.1052)

6-4. '특별한 상황을 제외하고'라는 것은 '특수한 상황 이외에'라는 뜻이다. '옷을 보시하는 때이거나'라는 것은 '까티나옷이 성립하지 않을 때의 안거의 마지막 달이거나 까티나옷이 성립할 때의 다섯 달 동안이거나'라는 뜻한다. '옷을 만들거나'라는 것은 '옷이 만들어지는 시기이거나'를 뜻한다.

6-5₁.

1) 초대받은 것에 대해 초대받은 것이라고 지각하고 수행승이 있는데 허락을 구하지 않고 식전이나 식후에 가정을 방문하러 다니면, 특별한 상황을 제외하고 속죄죄를 범하는 것이다.
2) 초대받은 것에 대해 초대받은 것인지 의심하고 수행승이 있는데 허락을 구하지 않고 식전이나 식후에 가정을 방문하러 다니면, 특별한 상황을 제외하고 속죄죄를 범하는 것이다.
3) 초대받은 것에 대해 초대받지 않은 것이라고 지각하고 수행승이 있는데 허락을 구하지 않고 식전이나 식후에 가정을 방문하러 다니면, 특별한 상황을 제외하고 속죄죄를 범하는 것이다.

6-5₂.

1) 초대받지 않은 것에 대해 초대받은 것이라고 지각하면, 악작죄를 범하는 것이다.
2) 초대받지 않은 것에 대해[*101] 초대받지 않은 것인지 의심하면, 악작죄를 범하는 것이다.
3) 초대받지 않은 것에 대해 초대받지 않은 것이라고 지각하면, 무죄이다.

6-6. 특별한 상황이거나, 수행승이 있을 때 허락을 구하고 들어가거나, 수행승이

1052) paṭhamaṃ pādaṃ ummāraṃ atikkāmeti āpatti dukkaṭassa. dutiyaṃ pādaṃ atikkāmeti āpatti pācittiyassa : Vin. IV. 160을 참조하라. 거기서 'indakhīla'는 여기의 '문지방(ummāra)'으로 정의된다.

없을 때 하락을 구하지 않고 들어가거나, 타인의 집을 통해서 길이 있거나, 집 근처에 길이 있거나, 마을 안으로 들어가거나,1053) 수행녀의 처소로 가거나, 이교도의 잠자는 곳으로 가거나,1054) 돌아오는 길을 가거나,1055) 식당으로 가거나, 사고가 있는 경우이거나, 정신이 착란된 자이거나, 초범자인 경우는 무죄이다.

4. 4. 2 속죄죄법 제32조

마하나마의 학습계율[Mahānāmasikkhāpada]

1-1. 한때 존귀한 세존께서 싸끼야 국의 까삘라밧투 시에 있는 니그로다라마 승원에 계셨다. 그런데 그때 싸끼야 족의 마하나마1056)에게 약품이 넘쳐났다. 그래서 싸끼야 족의 마하나마는 세존께서 계신 곳을 찾아갔다. 가까이 다가가서 세존께 인사를 하고 한쪽으로 물러나 앉았다. 한쪽으로 물러나 앉은 싸끼야 족의 마하나마는 세존께 이와 같이 말했다.

[마하나마] "세존이시여, 저는 참모임을 사개월간 약품으로 초대를 청하려고 생각합니다."

[세존] "마하나마여, 훌륭하다. 마하나마여, 훌륭하다. 그대가 참모임을 사개월간 약품으로 초대를 청하라."

그러나 수행승들은 주저하면서 동의하지 않았다. 그래서 그 수행승들은 세존께 그 사실을 알렸다. 그러자 세존께서는 이러한 인연으로 이러한 기회에 연유를

1053) antaragāmaṃ gacchati : Smp. 857에 따르면, 그의 처소가 마을 안에 있어서 그곳을 통과하는 것을 뜻한다.

1054) titthiyaseyyaṃ gacchati : Smp. 857에서는 그 이유에 대해서 언급이 없다.

1055) paṭikkamanaṃ gacchati : 빠띠까마나(paṭikkamana)에 대해서 남전2권160에서는 분좌당(分座堂)이라고 했고 PTS.사전에서는 'a hall with seats with distinction'라고 하고 있다. 그러나 Bd. 367에서는 '돌아가는 길을 가거나'라고 해석하고 있다.

1056) Mahānāma : 부처님의 제자인 재가의 남자 신자 가운데 '뛰어난 것을 보시를 하는 님 가운데 제일(paṇītadāyakānaṃ aggaṃ)'이다. 그는 싸끼야 족의 왕자(王者)로 고따마 붓다의 사촌이었다. 그는 아누룻다의 형이었다. 그는 동생 아누룻다의 출가를 허락했고, 재가의 경건한 신도로서 승단에 많은 의복과 탁발음식과 와좌구와 필수약품을 베풀었다. 그는 교리에도 밝아 ≪쌍윳따니까야≫ 등에는 부처님과 그와 대화 뿐만 아니라 아난다, 고다(Godha), 로마싸방기싸(Lomasavaṅgīsa)와의 대화도 기록으로 남아 있다. 그러나 그에게 불행한 일이 있었다. 그는 나가문다(Nāgamuṇḍā)라는 하녀와의 사이에 바싸바캇띠야(Vāsābhakhattiyā)라는 딸을 두었는데, 꼬쌀라 국왕 빠쎄나디가 부처님의 종족인 싸끼야 족의 처녀와 결혼하고 싶어 하자, 싸끼야 족을 회의를 하게 되었다. 그때 마하나마는 자신의 딸 바싸바캇띠야를 천거하자 가결되어 그녀는 출생과정은 비밀에 붙여진 채, 빠쎄나디 왕의 왕비가 되었고 훗날 그 둘 사이에 비두다바(Vidūdabha)라는 왕자가 태어났다. 비두다바는 청년이 되어 까삘라밧투 시에 왔다가 이 사실을 우연히 알게 되어 격분하였고, 훗날 그가 왕 위에 오르자 그것을 빌미로 싸끼야 족을 몰살시켰다.

설하고 수행승들에게 일렀다.

[세존] "수행승들이여, 필수품을 위해 사개월간 초대를 받아들이는 것을 허용한다."

1-2. 그런데 그때 수행승들은 싸끼야 족의 마하나마에게 적은 양의 약품을 청했다. 오히려 싸끼야 족의 마하나마에게 약품이 많았다. 두 번째에도 싸끼야 족의 마하나마는[*102] 세존께서 계신 곳을 찾아갔다. 가까이 다가가서 세존께 인사를 하고 한쪽으로 물러나 앉았다. 한쪽으로 물러나 앉은 싸끼야 족의 마하나마는 세존께 이와 같이 말했다.

[마하나마] "세존이시여, 저는 참모임을 추가로 사개월간 약품으로 초대를 청하려고 생각합니다."

[세존] "마하나마여, 훌륭하다. 마하나마여, 훌륭하다. 그대가 참모임을 추가로 사개월간 약품으로 초대를 청하라."

그러나 수행승들은 주저하면서 동의하지 않았다. 그래서 그 수행승들은 세존께 그 사실을 알렸다. 그러자 세존께서는 이러한 인연으로 이러한 기회에 연유를 설하고 수행승들에게 일렀다.

[세존] "수행승들이여, 추가로 사개월간 초대를 받아들이는 것을 허용한다."

1-3. 그런데 그때도 수행승들은 싸끼야 족의 마하나마에게 적은 양의 약품을 청했다. 오히려 싸끼야 족의 마하나마에게 약품이 많았다. 세 번째에도 싸끼야 족의 마하나마는 세존께서 계신 곳을 찾아갔다. 가까이 다가가서 세존께 인사를 하고 한쪽으로 물러나 앉았다. 한쪽으로 물러나 앉은 싸끼야 족의 마하나마는 세존께 이와 같이 말했다.

[마하나마] "세존이시여, 저는 참모임을 평생 동안 약품으로 초대하려고 생각합니다."1057)

[세존] "마하나마여, 훌륭하다. 마하나마여, 훌륭하다. 그대가 참모임을 평생 동안 약품으로 초대하라."

그러나 수행승들은 주저하면서 동의하지 않았다. 그래서 그 수행승들은 세존께

1057) icchāmahaṃ bhante saṃghaṃ yāvajīvaṃ bhesajjena pavāretun'ti : Vin. I. 292에서 비싸카는 여덟 가지 서원을 이루었는데, 그 가운데 하나가 약을 보시하는 것이었다: '세존이시여, 저는 참모임에 살아 있는 한, 우기옷을 보시하고, 오는 자에게 식사를 보시하고, 가는 자에게 식사를 보시하고, 환자에게 식사를 보시하고, 간병하는 자에게 식사를 보시하고, 환자에게 약을 보시하고, 상시의 죽을 보시하고, 수행녀의 참모임에 목욕옷을 보시하길 원합니다.'

그 사실을 알렸다. 그러자 세존께서는 이러한 인연으로 이러한 기회에 연유를 설하고 수행승들에게 일렀다.

[세존] "수행승들이여, 상시의 초대를 받아들이는 것을 허용한다."1058)

1-4. 그런데 그때 여섯무리의 수행승들이 옷을 잘못 입고 잘못 걸쳐서 차림새가 형편없었다. 싸끼야 족의 마하나마는 이와 같이 말하곤 했다.

[마하나마] "존자들이여, 왜 그대들은 옷을 잘못 입고 잘못 걸쳐서 차림새가 형편없습니까, 출가했다면, 옷을 잘 입고 잘 걸쳐서 차림새가 단정해야 하지 않겠습니까?"

여섯무리의 수행승들은 싸끼야 족의 마하나마에게 투덜거렸다. 그리고 여섯무리의 수행승들은 이와 같이 생각했다.

[여섯무리의 수행승들] '우리가 어떠한 수단으로 싸끼야 족의 마하나마에게 창피를 줄 수 있을까?'

그리고 여섯무리의 수행승들은 이와 같이 생각했다.

[여섯무리의 수행승들] '벗들이여, 싸끼야 족의 마하나마가 참모임을 약품으로 초대하고 있다. 벗들이여, 우리가 싸끼야 족의 마하나마에게 버터기름을 청합시다.'

1-5. 그래서 여섯무리의 수행승들은 싸끼야 족의 마하나마가 있는 곳을 찾아갔다. 가까이 다가가서 싸끼야 족의 마하나마에게 이와 같이 말했다.

[여섯무리의 수행승들] "벗이여, 한 말1059)의 버터기름이 필요합니다."

[마하나마] "존자들이여, 오늘 하루만 기다리십시오. 하인들이 외양간에 가서 버터기름을 가져 올 것입니다. 내일 아침에 가져가실 수 있습니다."

두 번째에도 싸끼야 족의 마하나마에게 이와 같이 말했다.

[여섯무리의 수행승들] '벗이여, 한 말의 버터기름이 필요합니다."

[마하나마] "존자들이여, 오늘 하루만 기다리십시오. 하인들이 외양간에 가서 버터기름을 가져 올 것입니다. 내일 아침에 가져가실 수 있습니다."

[여섯무리의 수행승들] "벗이여, 그대가 초대하고도 주지 않다니, 그대는 초대해 놓고 주지 않으려고 하는 것입니까?"

세 번째에도 싸끼야 족의 마하나마에게 이와 같이 말했다.

[여섯무리의 수행승들] '벗이여, 한 말의 버터기름이 필요합니다."

1058) anujānāmi bhikkhave niccapavāranampi sādiyitun'ti : 상시의 초대(niccapavāraṇa)는 한역에서는 상시청(常施請)이라고 한다.

1059) doṇa : 곡식을 재는 용량의 단위 : 1 doṇa = 4 āḷhaka = 1/4 mānikā = 1/16 khāri.

[마하나마] "존자들이여, 오늘 하루만 기다리십시오. 하인들이 외양간에 가서 버터기름을 가져 올 것입니다. 내일 아침에 가져가실 수 있습니다."

[여섯무리의 수행승들] "벗이여, 그대가 초대하고도 주지 않다니, 그대는 초대해 놓고 주지 않으려고 하는 것입니까?"

1-6. 그러자 싸끼야 족의 마하나마는 혐책하고 분개하고 비난했다.

[마하나마] "어찌 이 존자들은 오늘 하루만 기다리라고 했는데도 기다리지 못한단 말인가?"

수행승들은 싸끼야 족의 마하나마가 혐책하고 분개하고 비난하는 것을 들었다. 수행승들 가운데 욕망을 여의고, 만족을 알고, 부끄러움을 알고, 후회할 줄 알고, 배움을 원하는 자들이 있는데, 그들도 혐책하고 분개하고 비난했다.

[욕망을 여읜 수행승들] "어찌 여섯무리의 수행승들이 오늘 하루만 기다리라고 했는데도 기다리지 못한단 말인가?"

그래서 그 수행승들은 여섯무리의 수행승들을 여러 가지 법문으로 꾸짖고 세존께 그 사실을 알렸다. 그러자 세존께서는 이러한 인연으로 이러한 기회에 수행승들의 참모임을 불러 모으게 하고 연유를 설하고 여섯무리의 수행승들에게 물었다.

[세존] "수행승들이여, 그대들이 싸끼야 족의 마하나마가 오늘 하루만 기다리라고 했는데도 기다리지 못한 것이 사실인가?"

[여섯무리의 수행승들] "세존이시여, 사실입니다."

[세존] "어리석은 자들이여, 그대들은 적절하지 않고, 자연스럽지 않고, 알맞지 않고, 수행자의 삶이 아니고, 부당하고, 해서는 안 될 일을 행한 것이다. 어리석은 자들이여, 어찌 그대들은 싸끼야 족의 마하나마가 오늘 하루만 기다리라고 했는데도 기다리지 못한단 말인가? 어리석은 자들이여, 그것은 아직 청정한 믿음이 없는 자를 청정한 믿음으로 이끌고, 이미 청정한 믿음이 있는 자를 더욱더 청정한 믿음으로 이끄는 것이 아니다. 어리석은 자들이여, 그것은 오히려, 아직 청정한 믿음이 없는 자를 불신으로 이끌고, 이미 청정한 믿음이 있는 자 가운데 어떤 자들을 타락시키는 것이다."

1-7. 그리고 세존께서는 그 여섯무리의 수행승들에 대하여 여러 가지 방편으로 견책하여, 키우기 어렵고 부양하기 어렵고 탐욕이 많고 만족을 모르고 교제를 좋아하고 나태한 것에 대해 질책하고, 여러 가지 법문으로 고무하여, 키우기 쉽고 부양하기 쉽고 욕심을 여의고, 만족을 알고, 버리고 없애는 삶, 악을 제거하는 삶, 청정한 믿음의 삶, 쌓아 모우지 않는 삶, 용맹정진의 삶을 칭찬하고, 수행승들

을 위하여 그에 알맞고 그에 걸맞게 경책하여 법문을 하고 수행승들에게 일렀다.

[세존] "수행승들이여, 그러므로 수행승들을 위하여 열 가지 이유에 기초하여, 즉 참모임의 수승을 위하여, 참모임의 안락을 위하여, 악한 수행승의 조복을 위하여, 품행이 바른 수행승의 평안한 삶을 위하여, 지금 여기에서의 번뇌의 제어를 위하여, 다가오는 번뇌를 물리치기 위하여, 청정한 믿음이 없는 자에게 청정한 믿음을 주기 위하여, 청정한 믿음이 있는 자에게 청정한 믿음을 증대시키기 위하여, 올바른 가르침을 지속시키기 위하여, 계율을 수호하기 위하여 학습계율을 시설하니, 수행승들이여, 그대들은 이와 같이 학습계율을 송출해야 한다."

[세존] "환자가 아닌 한, 수행승은 사 개월 동안 필수약품에 의한 초대를 받아들일 수 있는데, 추가의[*103] 초대를 받아들이는 것을 제외하고, 상시의 초대를 받아들이는 것을 제외하고, 그 이상을 받아들이면, 속죄죄를 범하는 것이다."[1060]

2-1. '환자가 아닌 한, 수행승은 사개월 동안 필수약품에 의한 초대를 받아들일 수 있다.'라는 것은 필수적인 약품에 의한 초대를 받아들일 수 있다는 뜻이다.[1061] '추가의 초대를 받아들일 수 있다.'라는 것은 그가 '내가 병들면, 그때 요청하겠다.'라고 생각한다는 뜻이다. '상시의 초대를 받아들일 수 있다.'라는 것도 그가 '내가 병들면, 그때 요청하겠다.'라는 생각한다는 뜻이다.

2-2. '그 이상을 받아들이면'이라는 것은 다음과 같다. 초대에는 일수에 한계지어지지 않고 약품에 한계지어진 것이 있다.[1062] 초대에는 약품에 한계지어지지 않고 일수에 한계지어진 것이 있다. 초대에는 약품에 한계지어진 것과 일수에 한계지어진 것이 있다. 초대에는 약품에도 한계지어지지 않고 일수에 한계지어지지 않은 것이 있다.

1) '약품에 한계지어진 것'이란 '나는 이러이러한 약품으로 초대하겠다.'라고 해서 약품이 한정되는 것을 뜻한다.

2) '일수에 한계지어진 것'이란 '나는 이러이러한 일수에 초대하겠다.'라고 해서 일수가 한정되는 것을 뜻한다.

1060) 과수사월약청계(過受四月藥請戒) | Bhikkhunī Pāc. 32 : agilānena bhikkhunā cātumāsappaccayapavāraṇā sāditabbā aññatra puna pavāraṇāya aññatra niccapavāraṇāya, tato ce uttariṃ sādiyeyya, pācittiyan'ti.

1061) gilānapaccayapavāraṇā sāditabbā : Smp. 857에 따르면, "그가 병들지 않았다면, 그것은 거절되어서는 안 된다. 그가 병들면, 그는 '나는 요청하겠다.'라고 말한다."라는 뜻이다.

1062) atthi pavāraṇā bhesajjapariyantā na rattipariyantā : 약품에 한계지어진 것(bhesajjapariyantā)과 일수에 한계지어진 것(rattipariyantā)에서 일수에 한계지어진 것이란 '초대가 잘 이루진 특별한 날들의 한계'를 뜻한다.

3) '약품에 한계지어진 것과 일수에 한계지어진 것'이란 '나는 이러이러한 약품과 이러이러한 일수에 초대하겠다.'라고 해서 약품이 한정되고 일수가 한정되는 것을 뜻한다.

4) '약품에 한계지어지지 않은 것과 일수에 한계지어지지 않은 것'이란 약품도 한정하지 않고 일수도 한정하지 것을 뜻한다.

2-3₁.

1) 약품이 한계지어졌는데 그 약으로 초대받았는데, 그 약품을 제외하고 다른 약품을 청하면, 속죄죄를 범하는 것이다.

2) 일수가 한계지어졌는데 그 일수로 초대받았는데, 그 일수를 제외하고 다른 일수에 청하면, 속죄죄를 범하는 것이다.

3) 약품이 한계지어지고 일수가 한계지어졌는데, 그 약품으로 초대받았는데 그 약품을 제외하고, 그 일수로 초대받았는데 그 일수를 제외하고, 다른 약품과 다른 일수로 청한다면, 속죄죄를 범하는 것이다.

4) 약품도 한계지어지지 않고 일수도 한계지어지지 않았다면, 무죄이다.

2-3₂.

1) 약품을 사용할 필요가 없는데 약품을 청한다면, 속죄죄를 범하는 것이다.[1063)]

2) 어떤 약품이 필요한데, 다른 약품을 청하면, 속죄죄를 범하는 것이다.[1064)]

2-4₁.

1) 그 이상인 것에 대해 그 이상인 것이라고 지각하고 청하면, 속죄죄를 범하는 것이다.

2) 그 이상인 것에 대해 그 이상인 것인지 의심하고 청하면, 속죄죄를 범하는 것이다.

3) 그 이상인 것에 대해 그 이상이 아닌 것이라고 지각하고 청하면, 속죄죄를 범하는 것이다.

2-4₂.

1) 그 이상이 아닌 것에 대해 그 이상이라고 지각하면, 악작죄를 범하는 것이다.

1063) na bhesajjena karaṇīye bhesajjaṃ viññāpeti āpatti pācittiyassa : Smp. 858에 따르면, 혼합된 음식으로 사용한다면, 약으로 사용되는 것이 아니다.

1064) aññena bhesajjena karaṇīye aññaṃ bhesajjaṃ viññāpeti āpatti pācittiyassa : Smp. 858에 따르면, 버터기름이 제공되었는데 기름을 요청한다거나 알하까(āḷhaka: 됫박정도의 분량)으로 제공되었는데 말(1 ndoṇa = 4 āḷhaka)로 요구한다던가 하는 것을 뜻한다.

2) 그 이상이 아닌 것에 대해 그 이상이 아닌 것인지 의심하면, 악작죄를 범하는 것이다.

3) 그 이상이 아닌 것에 대해 그 이상이 아닌 것이라고 지각하면, 무죄이다.

2-5. 그 약품으로 초대받은 그 약품을 청하거나, 그 일수로 초대받은 그 일수에 청하거나, '이러한[*104] 약품에 의한 그대의 초대를 받았지만, 우리는 이러이러한 약품을 원한다.'라고 설명하고 청하거나, '이러한 일수에 의한 그대의 초대를 받았지만, 우리는 그 일수가 지나쳤지만 이러이러한 약품을 원한다.'라고 설명하고 청하거나, 친척에 속하거나, 초대를 받았거나, 타인을 위한 것이라거나, 자신의 재물에 의한 것이든가 하는 경우이거나, 정신이 착란된 자이거나, 초범자인 경우는 무죄이다.

4. 4. 3 속죄죄법 제33조

출정군에 대한 학습계율[Uyyuttasenāsikkhāpada]

1-1. 한때 존귀한 부처님께서는 싸밧티 시의 제따바나 숲에 있는 아나타삔디까 승원에 계셨다. 그런데 그때 꼬쌀라 국의 왕 빠쎄나디는 군대를 이끌고 출정했다. 여섯무리의 수행승들이 출정군를 보러 나왔다. 꼬쌀라 국의 왕 빠쎄나디는 여섯무리의 수행승이 멀리서 오는 것을 보았다. 보고나서 사신을 보내 이와 같이 말했다.

[빠쎄나디의 사신] "존자들이여, 존자들께서는 무슨 일로 오십니까?"

[여섯무리의 수행승들] "이보시게, 저희들은 대왕을 뵙고자 합니다."

그래서 사신이 보고하자 꼬쌀라 국의 왕 빠쎄나디는 이와 같이 말했다.1065)

[빠쎄나디] "존자들이여, 그대들이 전쟁을 좋아해서, 나를 보면 무엇하겠습니까? 그대들은 세존을 뵈어야 하지 않겠습니까?"

사람들이 혐책하고 분개하고 비난했다.

[사람들] "어찌 싸끼야의 아들 수행자들이 출정군를 보러 올 수 있단 말인가? 우리는 우리의 삶을 희생해서 처자 때문에 군대에 왔으니, 그것은 우리에게도 이득이 없고 우리에도 괴로운 일이다."

1-2. 수행승들은 그 사람들이 혐책하고 분개하고 비난하는 것을 들었다. 수행승들 가운데 욕망을 여의고, 만족을 알고, 부끄러움을 알고, 후회할 줄 알고, 배움을

1065) ≪빠알리율장≫의 원문에는 이 문장이 없으나 문맥상 필요하여 역자가 삽입한 것이다.

원하는 자들이 있는데, 그들도 혐책하고 분개하고 비난했다.

[욕망을 여읜 수행승들] "어찌 여섯무리의 수행승들이 출정군를 보러 갈 수 있단 말인가?"

1-3. 그래서 그 수행승들은 세존께 그 사실을 알렸다. 그러자 세존께서는 이러한 인연으로 이러한 기회에 수행승들의 참모임을 불러 모으게 하고 연유를 설하고 여섯무리의 수행승들에게 물었다.

[세존] "수행승들이여, 그대들이 출정군을 보러 간 것이 사실인가?"

[여섯무리의 수행승들] "세존이시여, 사실입니다."

존귀한 부처님께서는 견책했다.

[세존] "어리석은 자들이여, 그대들은 적절하지 않고, 자연스럽지 않고, 알맞지 않고, 수행자의 삶이 아니고, 부당하고, 해서는 안 될 일을 행한 것이다. 어리석은 자들이여, 어찌 그대들이 출정군를 보러 갈 수 있단 말인가? 어리석은 자들이여, 그것은 아직 청정한 믿음이 없는 자를 청정한 믿음으로 이끌고, 이미 청정한 믿음이 있는 자를 더욱더 청정한 믿음으로 이끄는 것이 아니다. 어리석은 자들이여, 그것은 오히려, 아직 청정한 믿음이 없는 자를 불신으로 이끌고, 이미 청정한 믿음이 있는 자 가운데 어떤 자들을 타락시키는 것이다."

1-4. 그리고 세존께서는 그 여섯무리의 수행승들에 대하여 여러 가지 방편으로 견책하여, 키우기 어렵고 부양하기 어렵고 탐욕이 많고 만족을 모르고 교제를 좋아하고 나태한 것에 대해 질책하고, 여러 가지 법문으로 고무하여, 키우기 쉽고 부양하기 쉽고 욕심을 여의고, 만족을 알고, 버리고 없애는 삶, 악을 제거하는 삶, 청정한 믿음의 삶, 쌓아 모우지 않는 삶, 용맹정진의 삶을 칭찬하고, 수행승들을 위하여 그에 알맞고 그에 걸맞게 경책하여 법문을 하고 수행승들에게 일렀다.

[세존] "수행승들이여, 그러므로 수행승들을 위하여 열 가지 이유에 기초하여, 즉 참모임의 수승을 위하여, 참모임의 안락을 위하여, 악한 수행승의 조복을 위하여, 품행이 바른 수행승의 평안한 삶을 위하여, 지금 여기에서의 번뇌의 제어를 위하여, 다가오는 번뇌를 물리치기 위하여, 청정한 믿음이 없는 자에게 청정한 믿음을 주기 위하여, 청정한 믿음이 있는 자에게 청정한 믿음을 증대시키기 위하여, 올바른 가르침을 지속시키기 위하여, 계율을 수호하기 위하여 학습계율을 시설하니, 수행승들이여, 그대들은 이와 같이 학습계율을 송출해야 한다."

〔세존〕 "어떠한 수행승이든지 출정군를 보러 가면, 속죄죄를 범하는 것이다."[1066]

이와 같이 세존께서는 수행승들을 위하여 학습계율을 시설했다.

2-1. 그런데[*105] 그때 어떤 수행승의 숙부가 군대에서 병들었다. 그가 그 수행승에게 사자를 파견했다.

[수행승의 숙부] "제가 군대에서 병들었으니 존자께서 와주십시오. 저는 존자께서 오길 바랍니다."

그러자 그 수행승은 이와 같이 생각했다.

[수행승] "세존께서는 수행승들에게 출정군를 보러 가서는 안 된다고 학습계율을 시설했다. 그런데 나의 숙부가 군대에서 병들었다. 나는 어떻게 해야 하는가?"

2-2. 그래서 세존께 그 사실을 알렸다. 그러자 세존께서는 이러한 인연으로 이러한 기회에 연유를 설하고 수행승들에게 일렀다.

[세존] "수행승들이여, 나는 그럴 만한 충분한 이유가 있으면, 출정군을 보러 가는 것을 허용한다. 수행승들이여, 그대들은 이와 같이 학습계율을 송출해야 한다."

[세존] "어떠한 수행승이든지 출정군을 보러 가면, 그럴 만한 충분한 이유를 제외하고, 속죄죄를 범하는 것이다."1067)

3-1. '어떠한'이라는 것은 어떠한 관계, 어떠한 태생, 어떠한 이름, 어떠한 성씨, 어떠한 계행, 어떠한 주거, 어떠한 활동영역에서 이든지, 장로이든지, 신참이든지, 중참이든지, 이러한 자들을 형용하는 것으로 '어떠한 자이든'이라는 뜻이다. '수행승'이라고 하는 것은 '탁발하는 자'로서의 수행승, 탁발을 위해 돌아다니는 자로서의 수행승, 분소의를 입은 자로서의 수행승, 사미로서의 수행승, 자칭에 의한 수행승, '오라! 수행승이여!'에 의한 수행승, 삼귀의에 의해 구족계를 받은 수행승, 현선한 수행승, 진실한 수행승, 배울 것이 있는 학인인 수행승, 배울 것이 없는 무학인 수행승, 화합참모임과 한번제안세번제청의 갈마와 부동의 거룩한 님의 속성을 갖춘 자로서의 수행승이 있는데, 그들 가운데 화합참모임과 한번제안세번제청의 갈마와 부동의 거룩한 님의 속성을 갖춘 수행승을 두고, 그러한 의미에서의 수행승을 뜻한다.

3-2. '출정'이라는 것은 군대가 촌락에서 출발하여 주둔하고 행진하는 것을 뜻한

1066) yo pana bhikkhu uyyuttaṃ senaṃ dassanāya gaccheyya pācittiyan'ti.

1067) 관군계(觀軍戒) | Bhikkhunī Pāc. 33 : yo pana bhikkhu uyyuttaṃ senaṃ dassanāya gacceyya aññatra tathārūpappaccayā, pācittiyan'ti.

다. '군대'라는 것은 '코끼리 부대, 기병 부대, 수레 부대, 보병 부대'를 뜻한다.[1068] 열두 명이 코끼리군의 최소단위이고,[1069] 세 명이 기병군의 최소단위이고,[1070] 네 명이 수레군의 최소단위이고,[1071] 네 명이 손에 무기를 든 보병군[1072]의 최소단위이다. 보러 간다면, 악작죄를 범하는 것이고, 서서 본다면, 속죄죄를 범하는 것이다. 보던 곳에 다른 곳으로 가서 거듭 본다면, 속죄죄를 범하는 것이다. '그럴만한 충분한 이유를 제외하고'라는 것은 '그럴만한 충분한 이유 이외에'라는 뜻이다.

3-3₁.

1) 출정에 대하여 출정이라고 지각하고 보러 간다면, 그럴 만한 이유를 제외하고 속죄죄를 범하는 것이다.
2) 출정에 대하여 출정인지 의심하고 보러 간다면, 그럴 만한 이유를 제외하고 속죄죄를 범하는 것이다.
3) 출정에 대하여 출정이 아닌 것이라고 지각하고 보러 간다면, 그럴 만한 이유를 제외하고 속죄죄를 범하는 것이다.

3-3₂.

1) 하나나 다른 하나를 보러 간다면, 악작죄를 범하는 것이다.[1073]
2) 보는 곳에 서 있으면, 악작죄를 범하는 것이다.
3) 보던 곳에 다른 곳으로 가서 거듭 본다면, 악작죄를 범하는 것이다.

3-3₃.

1) 출정하지 않는 것에 대해 출정한 것이라고 지각하면, 악작죄를 범하는 것이다.[1074]

1068) senā nāma: hatthi assā rathā patti : 고대 인도의 군대는 사군(四軍: caturaṅginī senā) ― 코끼리부대(hatthi kāya : 象軍), 기마부대(assakāya : 馬軍), 전차부대(rathakāya : 車軍), 보병부대(pattikāya : 步軍) ― 으로 형성되어 있었다.

1069) dvādasapuriso hatthi : Smp. 858에 따르면, 네 명이 올라타고 두 명씩 각각의 발을 수호한다.

1070) tipuriso asso : Smp. 858에 따르면, 한 명이 올라타고, 두 명이 발을 수호한다.

1071) catupuriso ratho : Smp. 858에 따르면, 한 명은 수레를 몰고, 한 명은 전사이고, 두 명은 바퀴고정장치를 수호한다.

1072) cattāro purisā sarahatthā patti : 원어는 '네 명의 손에 활을 든 보병'을 뜻하는데, Smp. 858에 따르면, 네 명의 손에 무기를 둔 보병을 말한다.

1073) ekamekaṃ dassanāya gacchati āpatti dukkaṭassa : '하나나 다른 하나(ekamekaṃ)'는 Smp. 858에 따르면, 앞에서 언급한 사군(四軍) 가운데 어느 하나를 뜻한다.

1074) anuyyutte uyyuttasaññī āpatti dukkaṭassa : Smp. 858에 따르면, 단지 코끼리 위에 탄 사람이나 코끼리 발밑에 있는 사람, 유원이나 강으로 가는 왕은 출정하러 가지 않는 것이다.

2) 출정하지 않는 것에 대해 출정하지 않은 것인지 의심하면, 악작죄를 범하는 것이다.
3) 출정하지 않는 것에 대해 출정하지 않은 것이라고 지각하면, 무죄이다.

3-4. 승원에서 서서 보거나, 수행승이 서 있는 곳이나 앉아 있는 곳이나 누워 있는 곳에 군대가 오거나, 길을 가면서 보거나, 그럴만한 충분한 이유가 있거나, 사고가 있는 경우이거나, 정신이 착란된 자이거나, 초범자인 경우는 무죄이다.

4. 4. 4 속죄죄법 제34조

군대체류에 대한 학습계율[Senāvāsasikkhāpada]

1-1. 한때[*106] 존귀한 부처님께서는 싸밧티 시의 제따바나 숲에 있는 아나타삔디까 승원에 계셨다. 그런데 그때 여섯무리의 수행승들이 볼일이 있어서 군대에 가서 사흘이 지나도록 군대에서 머물렀다. 사람들이 혐책하고 분개하고 비난했다.

[사람들] "어찌 싸끼야 아들인 수행승자들이 군대에서 머물 수 있단 말인가? 그것은 우리에게도 이득이 없고 우리에도 괴로운 일이다. 우리는 우리의 삶을 희생해서 처자 때문에 군대에 와 있는 것이다."

1-2. 수행승들은 그 사람들이 혐책하고 분개하고 비난하는 것을 들었다. 수행승들 가운데 욕망을 여의고, 만족을 알고, 부끄러움을 알고, 후회할 줄 알고, 배움을 원하는 자들이 있는데, 그들도 혐책하고 분개하고 비난했다.

[욕망을 여읜 수행승들] "어찌 여섯무리의 수행승들이 사흘이 지나도록 군대에 머물 수 있단 말인가?"

1-3. 그래서 수행승들은 세존께 그 사실을 알렸다. 그러자 세존께서는 이러한 인연으로 이러한 기회에 수행승들의 참모임을 불러 모으게 하고 연유를 설하고 여섯무리의 수행승들에게 물었다.

[세존] "수행승들이여, 그대들이 사흘이 지나도록 군대에서 머문 것이 사실인가?"

[여섯무리의 수행승들] "세존이시여, 사실입니다."

존귀한 부처님께서는 견책했다.

[세존] "어리석은 자들이여, 그대들은 적절하지 않고, 자연스럽지 않고, 알맞지 않고, 수행자의 삶이 아니고, 부당하고, 해서는 안 될 일을 행한 것이다. 어리석은 자들이여, 어찌 그대들이 사흘이 지나도록 군대에서 머물 수 있단 말인가? 어리석

은 자들이여, 그것은 아직 청정한 믿음이 없는 자를 청정한 믿음으로 이끌고, 이미 청정한 믿음이 있는 자를 더욱더 청정한 믿음으로 이끄는 것이 아니다. 어리석은 자들이여, 그것은 오히려, 아직 청정한 믿음이 없는 자를 불신으로 이끌고, 이미 청정한 믿음이 있는 자 가운데 어떤 자들을 타락시키는 것이다."

1-4. 그리고 세존께서는 그 여섯무리의 수행승들에 대하여 여러 가지 방편으로 견책하여, 키우기 어렵고 부양하기 어렵고 탐욕이 많고 만족을 모르고 교제를 좋아하고 나태한 것에 대해 질책하고, 여러 가지 법문으로 고무하여, 키우기 쉽고 부양하기 쉽고 욕심을 여의고, 만족을 알고, 버리고 없애는 삶, 악을 제거하는 삶, 청정한 믿음의 삶, 쌓아 모우지 않는 삶, 용맹정진의 삶을 칭찬하고, 수행승들을 위하여 그에 알맞고 그에 걸맞게 경책하여 법문을 하고 수행승들에게 일렀다.

[세존] "수행승들이여, 그러므로 수행승들을 위하여 열 가지 이유에 기초하여, 즉 참모임의 수승을 위하여, 참모임의 안락을 위하여, 악한 수행승의 조복을 위하여, 품행이 바른 수행승의 평안한 삶을 위하여, 지금 여기에서의 번뇌의 제어를 위하여, 다가오는 번뇌를 물리치기 위하여, 청정한 믿음이 없는 자에게 청정한 믿음을 주기 위하여, 청정한 믿음이 있는 자에게 청정한 믿음을 증대시키기 위하여, 올바른 가르침을 지속시키기 위하여, 계율을 수호하기 위하여 학습계율을 시설하니, 수행승들이여, 그대들은 이와 같이 학습계율을 송출해야 한다."

[세존] "또한 그 수행승에게[1075] 군대에 가기위한 이유가 있다면, 그는 이틀이나 사흘 동안 군대에서 머물러야 한다. 만약 그 이상 머물면, 속죄죄를 범하는 것이다."[1076]

2-1. '또한 그 수행승에게 군대에 가기위한 이유가 있다면'이라는 것은 원인이 있다든가 볼일이 있다는 뜻이다. '이틀이나 사흘 동안 군대에서 머물러야 한다.'라는 것은 이일이나 삼일을 머물러야 한다는 뜻이다. '그 이상 머문다면'이라는 것은 다음과 같다. 나흘째 되는 날 일출시에 군대에 머물면, 속죄죄를 범하는 것이다.

2-2₁.

1) 나흘 이상에 대하여 나흘 이상이라고 지각하고 머물면, 속죄죄를 범하는 것이다.

1075) ca tassa bhikkhuno : 원래 앞의 학습계율과 하나였던 것을 나눈 것같은 인상을 준다.

1076) 유연군중과한계(有緣軍中過限戒) | Bhikkhunī Pāc. 34 : siyā ca tassa bhikkhuno kocid eva paccayo setaṃ gamanāya, dvirattatirattaṃ tena bhikkhunā senāya vasitabbaṃ tato me uttari vaseyya, pācittiyan'ti.

2) 나흘 이상에 대하여 나흘 이상인지 의심하고 머물면, 속죄죄를 범하는 것이다.
3) 나흘 이상에 대하여 나흘 미만이라고 지각하고 머물면, 속죄죄를 범하는 것이다.

2-2₁.

1) 나흘 미만에 대하여 나흘 이상이라고 지각하면, 악작죄를 범하는 것이다.
2) 나흘 미만에 대하여 나흘 미만인지 의심하면, 악작죄를 범하는 것이다.
3) 나흘 미만에 대하여 나흘 미만이라고 지각하면, 무죄이다.

2-3. 이틀이나 사흘 머문다거나, 이틀이나 사흘 이하로 머문다거나, 이틀 머물고 삼일째 밤의 일출전에 갔다가 다시 와서 머문다거나, 병들어 머물거나,[*107] 환자에 대한 일로 머문다거나, 군대가 적군에 포위되어 있다거나,[1077] 어떤 한 것이든 장애가 있다거나, 사고가 있는 경우이거나, 정신이 착란된 자이거나, 초범자인 경우는 무죄이다.

4. 4. 5 속죄죄법 제35조

군사훈련(合戰)에 대한 학습계율[Uyyodhikasikkhāpada]

1-1. 한때 존귀한 부처님께서는 싸밧티 시의 제따바나 숲에 있는 아나타삔디까 승원에 계셨다. 그런데 그때 여섯무리의 수행승들이 이틀이나 삼일을 군대에서 머물면서 군사훈련 · 군대점호 · 군사행진 · 군대열병을[1078] 보러갔다. 여섯무리의 수행승들 가운데 어떤 자는 군사훈련에 나아가 화살에 맞았다. 사람들이 그 수행승을 보고 조소했다.

[사람들] "존자여, 좋은 전투였습니다. 얼마나 많은 표적을 쏘았습니까?"

그 수행승은 사람들에게 조롱거리가 되어 얼굴을 붉혔다. 사람들이 혐책하고 분개하고 비난했다.

[사람들] "어찌 싸끼야의 아들인 수행자들이 군사훈련을 보러 갈 수 있단 말인

1077) senāya vā paṭisenā ruddhā hoti : Smp. 859에 따르면, 접근이 차단되는 한, 포위된다.

1078) uyyodhikampi balaggampi senābyuhampi anikadassanampi : 이 용어들은 DN. I. 6에도 등장한다: '수행승들이여, 일반사람들은 여래에 대하여 '어떤 존귀한 수행자들이나 성직자들은 신자들이 보시한 음식을 향유하면서 이와 같이 예를 들어, 춤 · 노래 · 음악 · 연극 · 낭송 · 박수갈채 · 바라치기 · 드럼의 연주 · 전시회 · 쇠구슬놀이 · 대나무놀이 · 세정 · 코끼리싸움 · 말싸움 · 물소싸움 · 황소싸움 · 숫양싸움 · 닭싸움 · 메추리싸움 · 봉술 · 권투 · 씨름 · 군사훈련 · 군대점호 · 군사행진 · 열병과 같은 오락을 관람하면서 생활하고 있다. 그러나 수행자 고따마는 오락을 관람하는 것을 여의었다.'

가? 우리는 우리의 삶을 희생해서 처자 때문에 군사훈련에 왔으니, 그것은 우리에게도 이득이 없고 우리에도 괴로운 일이다."

1-2. 수행승들은 그 사람들이 혐책하고 분개하고 비난하는 것을 들었다. 수행승들 가운데 욕망을 여의고, 만족을 알고, 부끄러움을 알고, 후회할 줄 알고, 배움을 원하는 자들이 있는데, 그들도 혐책하고 분개하고 비난했다.

[욕망을 여읜 수행승들] "어찌 여섯무리의 수행승들이 군사훈련을 보러 갈 수 있단 말인가?"

1-3. 수행승들은 세존께 그 사실을 알렸다. 그러자 세존께서는 이러한 인연으로 이러한 기회에 수행승들의 참모임을 불러 모으게 하고 연유를 설하고 여섯무리의 수행승들에게 물었다.

[세존] "수행승들이여, 그대들이 군사훈련을 보러 간 것이 사실이란 말인가?"

[여섯무리의 수행승들] "세존이시여, 사실입니다."

존귀한 부처님께서는 견책했다.

[세존] "어리석은 자들이여, 그대들은 적절하지 않고, 자연스럽지 않고, 알맞지 않고, 수행자의 삶이 아니고, 부당하고, 해서는 안 될 일을 행한 것이다. 어리석은 자들이여, 어찌 그대들이 군사훈련을 보러 갈 수 있단 말인가? 어리석은 자들이여, 그것은 아직 청정한 믿음이 없는 자를 청정한 믿음으로 이끌고, 이미 청정한 믿음이 있는 자를 더욱더 청정한 믿음으로 이끄는 것이 아니다. 어리석은 자들이여, 그것은 오히려, 아직 청정한 믿음이 없는 자를 불신으로 이끌고, 이미 청정한 믿음이 있는 자 가운데 어떤 자들을 타락시키는 것이다."

1-4. 그리고 세존께서는 그 여섯무리의 수행승들에 대하여 여러 가지 방편으로 견책하여, 키우기 어렵고 부양하기 어렵고 탐욕이 많고 만족을 모르고 교제를 좋아하고 나태한 것에 대해 질책하고, 여러 가지 법문으로 고무하여, 키우기 쉽고 부양하기 쉽고 욕심을 여의고, 만족을 알고, 버리고 없애는 삶, 악을 제거하는 삶, 청정한 믿음의 삶, 쌓아 모우지 않는 삶, 용맹정진의 삶을 칭찬하고, 수행승들을 위하여 그에 알맞고 그에 걸맞게 경책하여 법문을 하고 수행승들에게 일렀다.

[세존] "수행승들이여, 그러므로 수행승들을 위하여 열 가지 이유에 기초하여, 즉 참모임의 수승을 위하여, 참모임의 안락을 위하여, 악한 수행승의 조복을 위하여, 품행이 바른 수행승의 평안한 삶을 위하여, 지금 여기에서의 번뇌의 제어를 위하여, 다가오는 번뇌를 물리치기 위하여, 청정한 믿음이 없는 자에게 청정한

믿음을 주기 위하여, 청정한 믿음이 있는 자에게 청정한 믿음을 증대시키기 위하여, 올바른 가르침을 지속시키기 위하여, 계율을 수호하기 위하여 학습계율을 시설하니, 수행승들이여, 그대들은 이와 같이 학습계율을 송출해야 한다."

[세존] "만약 수행승이 이틀이나 사흘 군대에 머무는 사이에 군사훈련이나 군대점호나 군사행진이나 군대열병을 보러 가면, 속죄죄를 범하는 것이다."[1079]

2-1. '만약 수행승이 이틀이나 사흘 군대에 머무는 사이에'라는 것은 '이일이나 삼일 머물면서'라는 뜻이다. '군사훈련'이라는 것은 '싸움이 일어난 상황'을 뜻한다. '군대점호'라는 것은 이 정도의 코끼리군, 이 정도의 기마군, 이 정도의 수레군, 어느 정도의 보병군을 뜻한다. '군사행진'이라는 것은 코끼리군을 여기 있게 하고, 기마군을 여기 있게 하고, 수레군을 여기 있게 하고, 보병군을 여기 있게 하는 것을 뜻하다. '군대열병'이라는 것은 코끼리부대, 기마부대,[*108] 수레부대, 보병부대로 이루어지는데, 세 마리의 코끼리가 최소한의 코끼리부대를, 세 마리의 말이 최소한의 기병부대를, 세 마리의 수레가 최소한의 수레부대를, 네 명의 무기를 갖는 보병이 최소한의 보병부대를 구성한다.

2-2₁.

1) 군사훈련이나 군대점호나 군사행진이나 군대열병을 보기 위해 가는 길이면, 악작죄를 범하는 것이다.
2) 서서 보면, 속죄죄를 범하는 것이다.
3) 보는 근처를 떠나면서 거듭 보아도, 속죄죄를 범하는 것이다.

2-2₂.

1) 한 사람 한 사람 보러 가면, 악작죄를 범하는 것이다.
2) 거기서 서서 보면, 악작죄를 범하는 것이다.
3) 보는 근처를 떠나서 거듭 보아도, 악작죄를 범하는 것이다.

2-3. 승원에 서서 보거나, 수행승의 서 있는 곳, 앉아 있는 곳, 누워 있는 곳으로 와서 전투가 보이거나, 길을 가다가 보이거나, 볼일이 있어 가다가 보이거나, 사고가 난 경우이거나, 정신착란이거나 초범자의 경우는 무죄이다.

1079) 관군합전계(觀軍合戰戒) | Bhikkhunī Pāc. 35 : dvirattatirattaṃ ce bhikkhu senāya vasamāno uyyodhikaṃ vā balaggaṃ vā senābyuhaṃ vā anīkadassanaṃ vā gaccheyya, pācittiyan'ti.

4. 4. 6 속죄죄법 제36조

음주에 대한 학습계율[Surāpānasikkhāpada]

1-1. 한때 존귀한 부처님께서 쩨띠야[1080] 국을 유행하면서 밧다바띠까[1081] 시로 출발했다. 소치는 자들과 가축을 기르는 자들과 농부들과 여행객들이 세존께서 멀리서 오는 것을 보았다. 보고나서 세존께 이와 같이 말했다.

[소치는 자들 등] "세존이시여, 세존께서는 암바띳타[1082] 마을에 가지 마십시오. 세존이시여, 암바띳타 마을에는 결발행자의 암자에는 신통이 있고 독아(毒牙)가 있고 맹독을 지닌 용이 살고 있습니다. 그 용이 세존을 해치지 말게 하십시오."

이와 같이 말하자, 세존께서는 침묵하셨다. 두 번째에도 소치는 자들과 가축을 기르는 자들과 농부들과 여행객들은 세존께 이와 같이 말했다.

[소치는 자들 등] "세존이시여, 세존께서는 암바띳타 마을에 가지 마십시오. 세존이시여, 암바띳타 마을에는 결발행자의 암자에는 신통이 있고 독아가 있고 맹독을 지닌 용이 살고 있습니다. 그 용이 세존을 해치지 말게 하십시오."

두 번째에도, 세존께서는 침묵하셨다. 세 번째에도 소치는 자들과 가축을 기르는 자들과 농부들과 여행객들은 세존께 이와 같이 말했다.

[소치는 자들 등] "세존이시여, 세존께서는 암바띳타 마을에 가지 마십시오. 세존이시여, 암바띳타 마을에는 결발행자의 암자에는 신통이 있고 독아가 있고 맹독을 지닌 용이 살고 있습니다. 그 용이 세존을 해치지 말게 하십시오."

세 번째에도, 세존께서는 침묵하셨다.

1080) Cetiya : 부처님 당시에 십육대국(十六大國 : soḷasa mahājanapadā) — Aṅga, Magadha, Kāsī, Kosala, Vajji, Malla, Cetiya, Vaṅsa, Kuru, Pañcāla, Maccha, Sūrasena, Assaka, Avanti, Gandhāra, Kamboja : 부처님 당시에 인도를 지배하던 의 이름이다. — 가운데 하나로 고대문헌의 쩨디(Ceḍi)를 뜻할 수 있다. 그 왕국의 원래 오래된 정착지는 네팔로 추정된다. 나중에 야무나 강변으로 이주했다. 쩨띠 또는 쩨띠야라는 이름의 왕들에 의해 지배되었기 때문에 이 왕국도 쩨띠(Ceti) 또는 쩨띠야(Cetiya)라고 불렀다. Smv. 386에 따르면, 쩨띠야(Cetya) 국 출신자이므로 쩨따까(Cetaka)라고 불렸다. 그 수도는 쏫티바띠(Sotthivatī)로 추정되고, 세상에서 처음 거짓말을 한 아빠짜라(Apacara)가 그곳을 통치했다. 바라나씨에서 쩨띠 국으로 여행하는 숲길에는 도적이 출몰했다. 부처님은 여러번 쩨띠 국을 방문했고, 쌍윳따니까야에서 바라나씨의 상인의 아들로 일찍이 세존의 가르침에 따라 출가한 가밤빠띠(Gavampati)가 쩨띠 국의 싸하자띠(Sagajāti)에서 네 가지 거룩한 진리를 장로들에게 설했다. 싸하자띠는 어디에 있었는지 확실하지는 않지만 Vin. II. 299에 따르면, 갠지스 강변에 있어서 밧지 족의 자손들이 베쌀리 시에서 배로 건너간 곳이다.

1081) Bhaddavatikā : 꼬쌈비(Kosambī) 시 근처의 도시 이름으로 자따까를 제외하곤 율장의 이곳에만 등장하는 상업도시의 이름이다.

1082) Ambatittha : 주석서를 제외하곤 율장의 이곳에만 등장하는 제띠야 국의 마을 이름이다.

1-2. 그후 세존께서는 차례로 유행하면서 밧다바띠까 시에 도착했다. 거기서 세존께서는 밧다바띠까 시에서[*109] 체류했다. 그리고 존자 싸가따[1083]가 결발행자 암바띳타까[1084]의 암자가 있는 곳을 찾아갔다. 가까이 다가가서 화당에 들어가서 건초매트를 깔고 가부좌를 틀고 몸을 똑바로 세우고 얼굴 앞으로 새김을 확립하고 앉았다. 그런데 그 용은 존자 싸가따가 들어오는 것을 보고 불쾌하여 연기를 뿜었다. 존자 싸가따도 연기를 내뿜었다. 그러자 그 용은 분노하여 참지 못하고 화염을 내뿜었다. 존자 싸가따도 화광삼매에 들어[1085] 화염을 내뿜었다. 이렇게 존자 싸가따는 그 용의 화염을 자신의 화염으로 소진시키고 밧다바띠까 시로 돌아왔다. 그런데 세존께서는 밧다밧띠까 시에 계실 만큼 계시다가 꼬쌈비 시로 유행하기 위해 출발했다. 꼬쌈비 시의 재가의 남자신도들은 존자 싸가따가 암바띳띠까의 용과 싸웠다고 들었다.

1-3. 그후 세존께서는 차례로 유행하면서 꼬쌈비 시에 도착했다. 그러자 꼬쌈비 시의 재가의 남자신도들은 세존을 마중을 나가서 존자 싸가따가 있는 곳을 찾아갔다. 가까이 다가가서 존자 싸가따에게 인사를 하고 한쪽으로 물러나 섰다. 한쪽으로 물러나 선 꼬쌈비의 재가의 남자신도들은 존자 싸가따에게 이와 같이 말했다.

[재가의 남자신도들] "존자여, 무엇이 존자들께서 얻기 어렵고 마음에 드는 것입니까. 우리가 그것을 드리겠습니다."

이와 같이 말하자 존자 싸가따는 꼬쌈비 시의 재가의 남자신도들에게 이와 같이 말했다.

[싸가따] "벗들이여, '까뽀띠까'라는 맑은 술[1086]인데, 수행승들이 얻기 어렵고 마음에 드는 것입니다. 그것을 주십시오."

1083) Sāgata : 부처님의 제자 수행승 가운데 '불의 세계에 대한 명상에 유능한 님 가운데 제일(tejodhātu kusalānaṃ aggaṃ)'이다. 그는 쏘나 꼴비싸(Soṇa Koḷvisa)가 도시의 감독관들과 함께 빔비싸라 왕을 방문했을 때에 부처님의 개인적인 수행원이었다. 싸가따는 신통을 지니고 있어 왕은 그들에게 신통을 보여줄 것을 요청했다. 그는 허공에서 많은 묘기를 보여준 뒤에 부처님의 발 앞에 머리를 조아리고 부처님이 자신의 스승이라고 선언했다. 율장의 이곳에서 그는 결발수행자의 암자에서 용왕과 싸워서 그를 굴복시키고 부처님을 수호했다. 그 다음 날 그는 탁발하러 나갔다가 여러 집에 초대받아 술을 마시게 되었는데 너무 마셔 인사불성이 될 정도여서 동료수행승들이 그를 끌고 승원으로 돌아와 그의 머리를 부처님의 발쪽으로 눕혀놓았는데, 그는 무례하게 몸을 틀어 부처님을 향하여 발을 내밀었다. 부처님은 제자들에게 술에 취한 상태의 폐해를 지적하고 술을 마시지 못하도록 했다. 그가 술에서 깨었을 때에 부처님께 죄를 진 것을 알고 사과를 한 뒤에 자신을 성찰하여 거룩한 님이 되었다.

1084) Ambatitthaka : 율장의 이곳에만 등장하는 암바띳타 마을의 결발행자 이름이다.

1085) tejodhātuṃ samāpajjitvā : 원의는 '불의 세계 또는 불의 요소를 성취하여'라는 뜻이다.

1086) kāpotikā nāma pasannā : Smp. 859에 따르면, '까뽀띠까'는 '비둘기의 발처럼 붉은 색으로 빛나는 술'이란 뜻이다. 그리고 '맑은 술'이란 가장 정밀하게 발효된 술이라는 뜻이다.

그러자 꼬쌈비의 재가의 남자신도들은 집집마다 맑은 술 까뽀띠까를 준비해서 존자 싸가따가 탁발하는 것을 보고 존자 싸가따에게 이와 같이 말했다.

[재가의 남자신도들] "존자여, 존자 싸까따께서 맑은 술 까뽀띠까를 드십시오, 존자여, 존자 싸까따께서 맑은 술 까뽀띠까를 드십시오."

그러자 존자 싸가따는 집집마다에서 맑은 술 까뽀띠까를 마시고 성에서 나오다가 성문 앞에서 꼬꾸라졌다.

1-4. 마침 세존께서는 다수의 수행승들과 함께 성에서 나오면서 존자 싸가따가 성문에 꼬꾸라져 있는 것을 보고 수행승들에게 말했다.

[세존] "수행승들이여, 싸가따를 붙들어라."

[수행승들] "세존이시여, 알겠습니다."

그들 수행승들은 세존께 대답하고 존자 싸가따를 승원으로 데리고 가서 세존께서 계신 곳으로 머리를 향하게 하여 눕혔다. 그러자 존자 싸가따가 몸을 돌려서 세존께서 계신 곳을 향해 발을 두고 누었다. 그러자 세존께서는 수행승들에게 알렸다.

[세존] "수행승들이여, 예전에 싸가따는 여래에게 공경하고[*110] 공손하지 않았던가?"

[수행승들] "세존이시여, 그렇습니다."

[세존] "수행승들이여, 그런데 지금은 싸가따가 여래에게 공경하고 공손한 것인가?"

[수행승들] "세존이시여, 그렇지 않습니다."

[세존] "수행승들이여, 싸가따가 암바띳타까의 용과 싸우지 않았는가?"

[수행승들] "세존이시여, 그렇습니다."

[세존] "수행승들이여, 지금 싸가따가 암바띳타까의 용과 싸울 수 있겠는가?"

[수행승들] "세존이시여, 싸울 수 없습니다."

[세존] "수행승들이여, 마실 수 있는 것을 마시고 인사불성이 될 수 있는가?"

[수행승들] "세존이시여, 그럴 수 없습니다."

[세존] "수행승들이여, 싸가따는 적절하지 않고, 자연스럽지 않고, 알맞지 않고, 수행자의 삶이 아니고, 부당하고, 해서는 안 될 일을 행한 것이다. 수행승들이여, 어찌 싸가따가 술을 마실 수 있단 말인가? 수행승들이여, 그것은 아직 청정한 믿음이 없는 자를 청정한 믿음으로 이끌고, 이미 청정한 믿음이 있는 자를 더욱더 청정한 믿음으로 이끄는 것이 아니다. 수행승들이여, 그것은 오히려, 아직 청정한

믿음이 없는 자를 불신으로 이끌고, 이미 청정한 믿음이 있는 자 가운데 어떤 자들을 타락시키는 것이다."

1-5. 그리고 세존께서는 존자 싸가따에 대하여 여러 가지 방편으로 견책하여, 키우기 어렵고 부양하기 어렵고 탐욕이 많고 만족을 모르고 교제를 좋아하고 나태한 것에 대해 질책하고, 여러 가지 법문으로 고무하여, 키우기 쉽고 부양하기 쉽고 욕심을 여의고, 만족을 알고, 버리고 없애는 삶, 악을 제거하는 삶, 청정한 믿음의 삶, 쌓아 모우지 않는 삶, 용맹정진의 삶을 칭찬하고, 수행승들을 위하여 그에 알맞고 그에 걸맞게 경책하여 법문을 하고 수행승들에게 일렀다.

[세존] "수행승들이여, 그러므로 수행승들을 위하여 열 가지 이유에 기초하여, 즉 참모임의 수승을 위하여, 참모임의 안락을 위하여, 악한 수행승의 조복을 위하여, 품행이 바른 수행승의 평안한 삶을 위하여, 지금 여기에서의 번뇌의 제어를 위하여, 다가오는 번뇌를 물리치기 위하여, 청정한 믿음이 없는 자에게 청정한 믿음을 주기 위하여, 청정한 믿음이 있는 자에게 청정한 믿음을 증대시키기 위하여, 올바른 가르침을 지속시키기 위하여, 계율을 수호하기 위하여 학습계율을 시설하니, 수행승들이여, 그대들은 이와 같이 학습계율을 송출해야 한다."

[세존] "곡주나 과일주 등의 취기있는 것을 마시면, 속죄죄를 범하는 것이다."[1087]

2-1. '곡주'라는 것은 소맥주(小麥酒), 병주(餠酒), 미주(米酒), 효모주(酵母酒)와 그것들의 합주(合酒)를 말한다.[1088] '과일주'라는 것은 화주(花酒), 과주(果酒), 밀주(蜜酒), 감자주(甘蔗酒)와 그것들의 합주(合酒)이다.[1089] '마시면'이라는 것은 풀잎끝으로라도 마시면, 속죄죄를 범한 것을 뜻한다.

2-2₁.

1) 술에 대하여 술이라고 지각하고 마시면, 속죄죄를 범하는 것이다.
2) 술에 대하여 술인지 의심하고 마시면, 속죄죄를 범하는 것이다.
3) 술에 대하여 술이 아니라고 지각하고 마시면, 속죄죄를 범하는 것이다.

2-2₂.

1087) 음주계(飮酒戒) | Bhikkhunī Pāc. 36 : surāmerayapāne pācittiyan'ti

1088) surā nāma; piṭṭhasurā puvasurā odaniyasurā kiṇṇapakkhittā sambhārasaṃyuttā : Vin. I. 205에서는 삘린다 밧차(Pilinda Vaccha)가 풍병에 들었을 때, 기름에 곡주를 섞어서 의약으로 사용하는 것을 허용했다.

1089) merayo nāma: pupphāsavo phalāsavo madhvāsavo guḷāsavo sambhārasaṃyutto : Vin. II. 294에 따르면, 이차결집에서 '미발효술(jalogi)'을 마시는 것조차 용인되지 않았다.

1) 술이 아닌 것에 대해 술이라고 지각하고 마시면, 악작죄를 범하는 것이다.
2) 술이 아닌 것에 대해 술이 아닌 것인지 의심하고 마시면, 악작죄를 범하는 것이다.
3) 술이 아닌 것에 대해 술이 아닌 것이라고 지각하고 마시면, 무죄이다.

2-3. 술이 아닌 것으로 술색이 있거나 술향이 있거나 술맛이 있는 것을 마시거나, 수프에 섞은 것이나, 육고기에 섞은 것이나, 기름에 섞은 것이나, 아말라까과즙[1090]이나, 알코올이 없는 주정함유음료[1091]를 마시는 경우이거나, 정신이 착란된 자이거나, 초범자인 경우는 무죄이다.

4. 4. 7 속죄죄법 제37조

손가락으로 간질이기에 대한 학습계율[Aṅgulipatodakasikkhāpada]

1-1. 한때 존귀한 부처님께서는 싸밧티 시의 제따바나 숲에 있는 아나타삔디까 승원에 계셨다. 그런데 그때 여섯무리의 수행승들이 열일곱무리의 수행승들 가운데 한 수행승을 손가락으로 간질이며 웃겼다. 그 수행승이 놀라서 숨을 쉬지 못하고 죽었다.[1092] 수행승들 가운데 욕망을 여의고, 만족을 알고, 부끄러움을 알고, 후회할 줄 알고, 배움을 원하는 자들은 혐책하고 분개하고 비난했다.

[욕망을 여읜 수행승들] "어찌 여섯무리의 수행승들이[*111] 한 수행승을 손가락으로 간질이며 웃길 수 있단 말인가?"

1-2. 그래서 그 수행승들은 세존께 그 사실을 알렸다. 그러자 세존께서는 그것을 인연으로 그것을 기회로 수행승들의 참모임을 불러 모으게 하고 연유를 설하고 여섯무리의 수행승들에게 이와 같이 물었다.

[세존] "수행승들이여, 그대들이 한 수행승을 손가락으로 간질이며 웃긴 것이 사실인가?"

1090) āmalakaphāṇita : 아말라까는 학명이 Phyllanthus emblica인 약용식물이다.

1091) amajja ariṭṭha : 알코올이 없는 알코올음료의 일종을 뜻한다.

1092) so bhikkhu uttasanto anassāsako kālamakāsi : 동일한 상황이 승단추방죄법의 장에도 등장한다. Vin. III. 84를 보라: '한때 여섯무리의 수행승들이 열일곱무리의 수행승들 가운데 한 명에게 손가락으로 간지럼을 태워 웃겼다. 그 수행승은 기절하여 숨을 못쉬고 죽었다. 그들에게 후회가 생겨났다. 세존께 그 사실을 알렸다. '수행승들이여, 승단추방죄와 관련하여 무죄이다.' 그러나 그러한 행위는 승단추방죄와 관련하여 무죄이지만, 속죄죄를 범하는 것이다.

[여섯무리의 수행승들] "세존이시여, 사실입니다."

존귀한 부처님께서는 견책했다.

[세존] "어리석은 자들이여, 그대들은 적절하지 않고, 자연스럽지 않고, 알맞지 않고, 수행자의 삶이 아니고, 부당하고, 해서는 안 될 일을 행한 것이다. 어리석은 자들이여, 어찌 그대들이 한 수행승을 손가락으로 간질이며 웃길 수 있단 말인가? 어리석은 자들이여, 그것은 아직 청정한 믿음이 없는 자를 청정한 믿음으로 이끌고, 이미 청정한 믿음이 있는 자를 더욱더 청정한 믿음으로 이끄는 것이 아니다. 어리석은 자들이여, 그것은 오히려, 아직 청정한 믿음이 없는 자를 불신으로 이끌고, 이미 청정한 믿음이 있는 자 가운데 어떤 자들을 타락시키는 것이다."

1-3. 그리고 세존께서는 여섯무리의 수행승들에 대하여 여러 가지 방편으로 견책하여, 키우기 어렵고 부양하기 어렵고 탐욕이 많고 만족을 모르고 교제를 좋아하고 나태한 것에 대해 질책하고, 여러 가지 법문으로 고무하여, 키우기 쉽고 부양하기 쉽고 욕심을 여의고, 만족을 알고, 버리고 없애는 삶, 악을 제거하는 삶, 청정한 믿음의 삶, 쌓아 모우지 않는 삶, 용맹정진의 삶을 칭찬하고, 수행승들을 위하여 그에 알맞고 그에 걸맞게 경책하여 법문을 하고 수행승들에게 일렀다.

[세존] "수행승들이여, 그러므로 수행승들을 위하여 열 가지 이유에 기초하여, 즉 참모임의 수승을 위하여, 참모임의 안락을 위하여, 악한 수행승의 조복을 위하여, 품행이 바른 수행승의 평안한 삶을 위하여, 지금 여기에서의 번뇌의 제어를 위하여, 다가오는 번뇌를 물리치기 위하여, 청정한 믿음이 없는 자에게 청정한 믿음을 주기 위하여, 청정한 믿음이 있는 자에게 청정한 믿음을 증대시키기 위하여, 올바른 가르침을 지속시키기 위하여, 계율을 수호하기 위하여 학습계율을 시설하겠으니, 수행승들이여, 그대들은 이와 같이 학습계율을 송출해야 한다."

[세존] "손가락으로 간질이면, 속죄죄를 범하는 것이다."[1093]

2-1. '손가락으로 간질이면'이라는 것은 다음과 같다.

2-2₁.

1) 구족계를 받은 자가 구족계를 받은 자를 간질이고자 몸으로 몸을 접촉하면, 속죄죄를 범하는 것이다.

1093) 격력계(擊攊戒) | Bhikkhunī Pāc. 37 : aṅgulipatodake pācittiyan'ti.

2) 구족계를 받은 자가 구족계를 받은 자라고 지각하고 손가락으로 간질어서 웃기면, 속죄죄를 범하는 것이다.
3) 구족계를 받은 자가 구족계를 받은 자인지 의심하고 손가락으로 간질어서 웃기면, 속죄죄를 범하는 것이다.
4) 구족계를 받은 자가 구족계를 받지 않은 자라고 지각하고 손가락으로 간질어서 웃기면, 속죄죄를 범하는 것이다.

2-2₂.

1) 몸으로 몸에 부착된 것을 접촉하면, 악작죄를 범하는 것이다.
2) 몸에 부착된 것으로 몸을 접촉하면, 악작죄를 범하는 것이다.
3) 몸에 부착된 것으로 몸에 부착된 것을 접촉하면, 악작죄를 범하는 것이다.

2-2₃.

1) 던져질 수 있는 것으로 몸을 접촉하면, 악작죄를 범하는 것이다.
2) 던져질 수 있는 것으로 몸에 부착된 것을 접촉하면, 악작죄를 범하는 것이다.
3) 던져질 수 있는 것으로 던져질 수 있는 것을 접촉하면, 악작죄를 범하는 것이다.

2-2₄.

1) 구족계를 받지 않은 자의 몸에 몸을 접촉하면, 악작죄를 범하는 것이다.
2) 구족계를 받지 않은 자에 대하여 구족계를 받은 자라고 지각하면, 악작죄를 범하는 것이다.
3) 구족계를 받지 않은 자에 대하여 구족계를 받지 않은 자인지 의심하면, 악작죄를 범하는 것이다.
4) 구족계를 받지 않은 자에 대하여 구족계를 받지 않은 자라고 지각하면, 악작죄를 범하는 것이다.1094)

2-3. 웃길 의도가 없고 볼 일이 있어서 접촉한 경우이거나, 정신이 착란된 자이거나, 초범자인 경우는 무죄이다.

4. 4. 8 속죄죄법 제38조

놀이에 대한 학습계율[Hassadhammasikkhāpada]

1094) anupasampanne anupasampannasaññi āpatti dukkaṭassa : 그런데, Bd. II. 388에 따르면, 이러한 논리적 맥락에서 '악작죄'가 아니라 '무죄'가 되어야 한다.

1-1. 한때 존귀한 부처님께서는 싸밧티 시의 제따바나 숲에 있는 아나타삔디까 승원에 계셨다. 그런데 그때 열일곱무리의 수행승들이 아찌라바띠 강에서[*112] 물놀이를 하고 있었다. 그런데 그때 꼬쌀라 국의 왕 빠쎄나디는 말리까[1095] 왕비와 함께 누각의 상층에 있었다. 꼬쌀라 국의 왕 빠쎄나디는 열일곱무리의 수행승들이 아찌라바띠 강에서 물놀이를 하고 있는 것을 보고 말리까 왕비에게 물었다.

[빠쎄나디] "말리까여, 저 거룩한 님들이 물놀이를 하고 있군요."

[말리까] "대왕이여, 분명히 세존께서 아직 학습계율을 시설하지 않았던지 아니면 수행승들이 시설된 것을 아직 모르는 것입니다."

1-2. 그러자 꼬쌀라 국의 왕 빠쎄나디는 이와 같이 생각했다.

[빠쎄나디] '어떠한 수단으로 내가 세존께 알려서 세존께서 이 수행승들이 물놀이를 하는 것을 알릴 수 있을까?'

그래서 꼬쌀라 국의 왕 빠쎄나디는 열일곱무리의 수행승들을 불러서 그들에게 커다란 사탕 덩어리를 주면서 말했다.

[빠쎄나디] "존자들이여, 이 사탕 덩어리를 세존께 드리시오."

1-3. 그래서 열일곱무리의 수행승들은 그 사탕 덩어리를 가지고 세존께서 계신 곳을 찾아갔다. 가까이 다가가서 세존께 이와 같이 말했다,

[열일곱무리의 수행승들] "세존이시여, 꼬쌀라 국의 왕 빠쎄나디가 세존께 이 사탕 덩어리를 보시했습니다."

[세존] "수행승들이여, 어디서 왕이 그대들을 보았는가?"

[열일곱무리의 수행승들] "세존이시여, 아찌라바디 강에서 물놀이를 할 때입니다."

존귀한 부처님께서는 견책했다.

[세존] "어리석은 자들이여, 그대들은 적절하지 않고, 자연스럽지 않고, 알맞지 않고, 수행자의 삶이 아니고, 부당하고, 해서는 안 될 일을 행한 것이다. 어리석은 자들이여, 어찌 그대들이 물놀이를 할 수 있단 말인가? 어리석은 자들이여, 그것

1095) Mallikā : 왕비 말리까는 경전에 자주 나온다. 그녀에 관한 이야기는 Ja. III. 405의 자따까 서문과 Srp. I. 140에 설명되고 있다: 그녀는 꽃다발을 만들어 파는 가난한 집의 딸(duggatamālākārassa dhītā)이었는데 16세 때에 부처님을 만나 부처님께 유미죽의 공양을 드렸다. 부처님은 그 때 그녀가 왕비가 될 것을 예견하였다고 한다. 나중에 왕 빠쎄나디가 전쟁에서 패한 후 도망 다니다가, 그녀를 우연히 만나 사랑에 빠져 그녀와 결혼하자 그녀는 제일 왕비가 되었다. 특히 MN. III. 107에서 왕비와 빠쎄나디 왕 사이에 의미있는 대화가 전개된다. AN. II. 202에서는 왕비와 부처님의 대화가 전개된다. 그녀의 죽음에 관해서는 AN. III. 57에서 이야기된다. Ud. V. 1. 47에는 이 경의 내용이 다시 나온다. 그녀의 이름은 자따까에도 자주 나온다.

은 아직 청정한 믿음이 없는 자를 청정한 믿음으로 이끌고, 이미 청정한 믿음이 있는 자를 더욱더 청정한 믿음으로 이끄는 것이 아니다. 어리석은 자들이여, 그것은 오히려, 아직 청정한 믿음이 없는 자를 불신으로 이끌고, 이미 청정한 믿음이 있는 자 가운데 어떤 자들을 타락시키는 것이다."

1-4. 그리고 세존께서는 그 열일곱무리의 수행승들에 대하여 여러 가지 방편으로 견책하여, 키우기 어렵고 부양하기 어렵고 탐욕이 많고 만족을 모르고 교제를 좋아하고 나태한 것에 대해 질책하고, 여러 가지 법문으로 고무하여, 키우기 쉽고 부양하기 쉽고 욕심을 여의고, 만족을 알고, 버리고 없애는 삶, 악을 제거하는 삶, 청정한 믿음의 삶, 쌓아 모우지 않는 삶, 용맹정진의 삶을 칭찬하고, 수행승들을 위하여 그에 알맞고 그에 걸맞게 경책하여 법문을 하고 수행승들에게 일렀다.

[세존] "수행승들이여, 그러므로 수행승들을 위하여 열 가지 이유에 기초하여, 즉 참모임의 수승을 위하여, 참모임의 안락을 위하여, 악한 수행승의 조복을 위하여, 품행이 바른 수행승의 평안한 삶을 위하여, 지금 여기에서의 번뇌의 제어를 위하여, 다가오는 번뇌를 물리치기 위하여, 청정한 믿음이 없는 자에게 청정한 믿음을 주기 위하여, 청정한 믿음이 있는 자에게 청정한 믿음을 증대시키기 위하여, 올바른 가르침을 지속시키기 위하여, 계율을 수호하기 위하여 학습계율을 시설하니, 수행승들이여, 그대들은 이와 같이 학습계율을 송출해야 한다."

[세존] "물놀이를 하면,[1096] 속죄죄를 범하는 것이다."[1097]

2-1. '물놀이'라는 것은 발목이상의 물에서 유희를 위하여 가라앉거나 뜨거나 유영하면,[1098] 속죄죄를 범한 것이라는 뜻이다.

2-2₁.

1) 물놀이에 대하여 물놀이라고 지각하면, 속죄죄를 범하는 것이다.

2) 물놀이에 대하여 물놀이인지 의심하면, 속죄죄를 범하는 것이다.

3) 물놀이에 대하여 물놀이가 아닌 것이라고 생각하면, 속죄죄를 범하는 것이다.

2-2₁.

1096) udake hassadhamme : 여기서 물놀이란 '물속에서 한바탕 웃는 것'이라는 의미를 갖고 있다. Smp. 861에 따르면, 물속의 유희(udakakīḷikā)이다.

1097) 수중희계(水中戲戒) | Bhikkhunī Pāc. 38 : udake hassadhamme pācittiyan'ti.

1098) palavati : Smp. 861에 따르면, 손과 발을 사용하여 헤엄치는 것을 말한다.

1) 발목 이하의 물에서 유희하면, 악작죄를 범하는 것이다.
2) 물위의 배위에서 유희하면, 악작죄를 범하는 것이다.
3) 손으로나 발로나 막대기나 돌조각으로 물을 치면, 악작죄를 범하는 것이다.
4) 그릇속의 물이나 산죽이나 우유나 버터밀크나 염료나 소변이나 진흙으로 유희하면, 악작죄를 범하는 것이다.

2-2₁.

1) 물놀이가 아닌 것에 대해 물놀이라고 지각하면, 악작죄를 범하는 것이다.
2) 물놀이가 아닌 것에 대해 물놀이가 아닌 것인지 의심하면, 악작죄를 범하는 것이다.
3) 물놀이가 아닌 것에 대해 물놀이가 아닌 것이라고 지각하면, 무죄이다.

2-3. 유희를 하고자 하지 않고 볼일이 있어서 물속에 들어가서[*113] 가라앉거나, 뜨거나, 유영하거나, 다른 곳으로 가면서 물속에 들어가서 가라앉거나 뜨거나 유영하거나,[1099] 사고가 있는 경우이거나, 정신이 착란된 자이거나, 초범자인 경우는 무죄이다.

4. 4. 9 속죄죄법 제39조

경멸의 태도에 대한 학습계율[Anādariyasikkhāpada]

1-1. 한때 존귀한 부처님께서 꼬쌈비 시에 있는 고씨따라마 승원에 계셨다. 그런데 그때 존자 찬나가 비행[1100]을 저질렀다. 수행승들이 이와 같이 말했다.

[수행승들] "벗이여 찬나여, 그와 같은 짓을 하지 마시오. 그것은 옳지 않습니다."

그는 경멸의 태도를 취했다.[1101]

1-2. 수행승들 가운데 욕망을 여의고, 만족을 알고, 부끄러움을 알고, 후회할 줄 알고, 배움을 원하는 자들은 혐책하고 분개하고 비난했다.

[욕망을 여읜 수행승들] "어찌 존자 찬나가 경멸의 태도를 취할 수 있는가?"

1099) pāraṃ gacchanto nimujjati vā ummujjati vā plavati vā : '저쪽 언덕으로 가서 물속에 들어가서 가라앉거나, 뜨거나, 유영하거나'가 아니라 '다른 곳으로 이동하면서 물속에 들어가서 가라앉거나, 뜨거나, 유영하거나'라는 뜻이다.

1100) anācāra : Vin. IV. 35, 141을 참조하라.

1101) so anādariyaṃ paṭicca karoti yeva : Vin. IV. 185, 349. Vin. II. 220에 무례한 경우가 언급되어 있다.

1-3. 그래서 그 수행승들은 세존께 그 사실을 알렸다. 그러자 세존께서는 이러한 인연으로 이러한 기회에 수행승들의 참모임을 불러 모으게 하고 연유를 설하고 존자 찬나에게 물었다.

[세존] "찬나여, 경멸의 태도를 취한 것이 사실인가?"

[찬나] "세존이시여, 사실입니다."

존귀한 부처님께서는 견책했다.

[세존] "어리석은 자여, 그대는 적절하지 않고, 자연스럽지 않고, 알맞지 않고, 수행자의 삶이 아니고, 부당하고, 해서는 안 될 일을 행한 것이다. 어리석은 자여, 어찌 그대가 경멸의 태도를 취할 수 있단 말인가? 어리석은 자여, 그것은 아직 청정한 믿음이 없는 자를 청정한 믿음으로 이끌고, 이미 청정한 믿음이 있는 자를 더욱더 청정한 믿음으로 이끄는 것이 아니다. 어리석은 자여, 그것은 오히려, 아직 청정한 믿음이 없는 자를 불신으로 이끌고, 이미 청정한 믿음이 있는 자 가운데 어떤 자들을 타락시키는 것이다."

1-4. 그리고 세존께서는 그 수행승에 대하여 여러 가지 방편으로 견책하여, 키우기 어렵고 부양하기 어렵고 탐욕이 많고 만족을 모르고 교제를 좋아하고 나태한 것에 대해 질책하고, 여러 가지 법문으로 고무하여, 키우기 쉽고 부양하기 쉽고 욕심을 여의고, 만족을 알고, 버리고 없애는 삶, 악을 제거하는 삶, 청정한 믿음의 삶, 쌓아 모우지 않는 삶, 용맹정진의 삶을 칭찬하고, 수행승들을 위하여 그에 알맞고 그에 걸맞게 경책하여 법문을 하고 수행승들에게 일렀다.

[세존] "수행승들이여, 그러므로 수행승들을 위하여 열 가지 이유에 기초하여, 즉 참모임의 수승을 위하여, 참모임의 안락을 위하여, 악한 수행승의 조복을 위하여, 품행이 바른 수행승의 평안한 삶을 위하여, 지금 여기에서의 번뇌의 제어를 위하여, 다가오는 번뇌를 물리치기 위하여, 청정한 믿음이 없는 자에게 청정한 믿음을 주기 위하여, 청정한 믿음이 있는 자에게 청정한 믿음을 증대시키기 위하여, 올바른 가르침을 지속시키기 위하여, 계율을 수호하기 위하여 학습계율을 시설하니, 수행승들이여, 그대들은 이와 같이 학습계율을 송출해야 한다."

[세존] "경멸의 태도를 취하면,[1102] 속죄죄를 범하는 것이다."[1103]

1102) anādariye : Vin. I. 176에 자자를 행할 때에 환우수행승과 관련하여 무례의 속죄죄에 해당하는 세 가지 경우가 기술되어 있다.

1103) 불수간계(不受諫戒) | Bhikkhunī Pāc. 39 : anādariye pācittiyan'ti

2-1. '경멸의 태도를 취하면'이라는 것은 두 가지가 경멸의 태도가 있는데, 사람에 대하여 경멸의 태도와 가르침에 대하여 경멸의 태도가 있다.

2-2₁.

1) 사람에 대하여 경멸의 태도란 다음과 같다. 구족계를 받은 자가 시설된 원칙으로 '이 자는 권리정지된 자이거나 죄에 붙여진 자이거나 질책을 받은 자이거나 그의 말은 무효일 것이다.'라고 생각하고 경멸의 태도로 말한다면, 속죄죄를 범하는 것이다.

2) 가르침에 대하여 경멸의 태도란 다음과 같다. 시설된 원칙으로 '어떻게 이것을 없애거나, 제거하거나, 사라지게 할 수 있는가?[1104] 또는 이것을 배우고 싶지 않다.'라고 생각하고 경멸의 태도로 말한다면, 속죄죄를 범하는 것이다.

2-2₂.

1) 구족계를 받은 자에 대하여 구족계를 받은 자라고 지각하고 경멸의 태도를 취하면, 속죄죄를 범하는 것이다.

2) 구족계를 받은 자에 대하여 구족계를 받은 자인지 의심하고 경멸의 태도를 취하면, 속죄죄를 범하는 것이다.

3) 구족계를 받은 자에 대하여 구족계를 받지 않은 자라고 지각하고 경멸의 태도를 취하면, 속죄죄를 범하는 것이다.

2-2₃.

1 구족계를 받은 자가 시설되지 않은 것으로 '이것은 버리고 없애는 삶이나, 악을 제거하는 삶이나, 단정한 삶이나, 경건한 삶이나, 용맹정진에 도움이 되지 않는다.'라고 말하면서 경멸의 태도를 취하면, 악작죄를 범하는 것이다.

2 구족계를 받지 않은 자가 시설되거나 시설되지 않은 것으로[1105] '이것은 버리고 없애는 삶[1106]이나, 악을 제거하는 삶이나, 청정한 믿음의 삶이나, 쌓아 모우지 않는 삶[1107]이나, 용맹정진의 삶에 도움이 되지 않는다.'라고[1108] 말

1104) kathāyaṃ nasseyya vā vinasseyya vā antaradhāyeyya vā : 861에 따르면, 여기서 이것은 '시설된 것' 즉 가르침을 뜻한다.

1105) paññattena vā apaññantena vā : Smp. 861에 따르면, '경(sutta)이나 아비담마(abhidhamma)에서 전승된 것이나 전승되지 않은 것으로'라는 뜻이다.

1106) sallekhana : Smp. 221에 따르면, 덜어내는 것(niddhunana)을 의미한다. '손감(損減), 삭감(削減)'이라는 뜻을 갖고 있으나 '버리고 없애는 삶'이라고 번역했다. 굳이 일상용어로 번역하자면, 소욕(少欲)이라는 말이 적합하지만 어떤 문맥에서는 매우 어색하기 때문에 이 말을 채택하지 않았다. MN. I. 40의 '버리고 없애는 삶의 경'을 참조하라.

1107) apacayassa : Smp. 222에 따르면, 일체의 오염(kilesa)을 쌓아 모우지 않는 것을 뜻한다.

하면서 경멸의 태도를 취하면,[*114] 악작죄를 범하는 것이다.

2-2₄.

1) 구족계를 받지 않은 자에 대하여 구족계를 받은 자라고 지각하면, 악작죄를 범하는 것이다.
2) 구족계를 받지 않은 자에 대하여 구족계를 받지 않은 자인지 의심하면, 악작죄를 범하는 것이다.
3) 구족계를 받지 않은 자에 대하여 구족계를 받지 않은 자라고 지각하면, 악작죄를 범하는 것이다.1109)

2-3. 이와 같이 우리의 궤범사로부터 배운 것1110)이 의문이라고 말하는 경우이거나, 정신이 착란된 자이거나, 초범자인 경우는 무죄이다.

4. 4. 10 속죄죄법 제40조

무섭게 놀려주기에 대한 학습계율[Bhiṃsāpanakasikkhāpada]

1-1. 한때 존귀한 부처님께서는 싸밧티 시의 제따바나 숲에 있는 아나타삔디까 승원에 계셨다. 그런데 그때 여섯무리의 수행승들이 열일곱무리의 수행승들을 무섭게 놀려주었다. 그들은 공포에 질려 울었다. 수행승들이 이와 같이 말했다.

[수행승들] "벗들이여, 그대들은 왜 웁니까?"

[열일곱무리의 수행승들] "벗들이여, 이 여섯무리의 수행승들이 우리를 무섭게 놀려주었습니다."

1-2. 수행승들 가운데 욕망을 여의고, 만족을 알고, 부끄러움을 알고, 후회할 줄 알고, 배움을 원하는 자들이 있는데, 그들도 혐책하고 분개하고 비난했다.

[욕망을 여읜 수행승들] "어찌 여섯무리의 수행승들이 수행승을 무섭게 놀려줄 수 있단 말인가?"

1-3. 그래서 그 수행승들은 세존께 그 사실을 알렸다. 그러자 세존께서는 이러한

1108) idaṃ na sallekhāya na dhutāya na pādādikatāya na apacayāya na viriyārambhāya saṃvattatī'ti :

1109) anupasampanne anupasampannasaññi āpatti dukkaṭassa : Bd. II. 394에서는 여기서 의심할 바 없이 '추악죄'는 '무죄'가 되어야 한다고 주장하고 있다.

1110) amhākaṃ ācariyānaṃ uggaho : Smp. 861에 따르면, 궤범사의 가르침에 대한 변형은 채택되어서는 안 되지만, 관행적으로 내려오는 궤범사의 가르침에 대한 변형은 채택될 수 있다.

인연으로 이러한 기회에 수행승들의 참모임을 불러 모으게 하고 연유를 설하고 여섯무리의 수행승들에게 물었다.

[세존] "수행승들이여, 그대들이 수행승을 무섭게 놀려준 것이 사실인가?"

[여섯무리의 수행승들] "세존이시여, 사실입니다."

존귀한 부처님께서는 견책했다.

[세존] "어리석은 자들이여, 그대들은 적절하지 않고, 자연스럽지 않고, 알맞지 않고, 수행자의 삶이 아니고, 부당하고, 해서는 안 될 일을 행한 것이다. 어리석은 자들이여, 어찌 그대들이 수행승을 무섭게 놀려줄 수 있단 말인가? 어리석은 자들이여, 그것은 아직 청정한 믿음이 없는 자를 청정한 믿음으로 이끌고, 이미 청정한 믿음이 있는 자를 더욱더 청정한 믿음으로 이끄는 것이 아니다. 어리석은 자들이여, 그것은 오히려, 아직 청정한 믿음이 없는 자를 불신으로 이끌고, 이미 청정한 믿음이 있는 자 가운데 어떤 자들을 타락시키는 것이다."

1-4. 그리고 세존께서는 그 수행승에 대하여 여러 가지 방편으로 견책하여, 키우기 어렵고 부양하기 어렵고 탐욕이 많고 만족을 모르고 교제를 좋아하고 나태한 것에 대해 질책하고, 여러 가지 법문으로 고무하여, 키우기 쉽고 부양하기 쉽고 욕심을 여의고, 만족을 알고, 버리고 없애는 삶, 악을 제거하는 삶, 청정한 믿음의 삶, 쌓아 모우지 않는 삶, 용맹정진의 삶을 칭찬하고, 수행승들을 위하여 그에 알맞고 그에 걸맞게 경책하여 법문을 하고 수행승들에게 일렀다.

[세존] "수행승들이여, 그러므로 수행승들을 위하여 열 가지 이유에 기초하여, 즉 참모임의 수승을 위하여, 참모임의 안락을 위하여, 악한 수행승의 조복을 위하여, 품행이 바른 수행승의 평안한 삶을 위하여, 지금 여기에서의 번뇌의 제어를 위하여, 다가오는 번뇌를 물리치기 위하여, 청정한 믿음이 없는 자에게 청정한 믿음을 주기 위하여, 청정한 믿음이 있는 자에게 청정한 믿음을 증대시키기 위하여, 올바른 가르침을 지속시키기 위하여, 계율을 수호하기 위하여 학습계율을 시설하니, 수행승들이여, 그대들은 이와 같이 학습계율을 송출해야 한다."

[세존] "어떠한 수행승이든 수행승을 무섭게 놀려주면, 속죄죄를 범하는 것이다."[1111]

2-1. '어떠한'이라는 것은 어떠한 관계, 어떠한 태생, 어떠한 이름, 어떠한 성씨, 어떠한 계행, 어떠한 주거, 어떠한 활동영역에서 이든지, 장로이든지, 신참이든

1111) 포비구계(怖比丘戒) | Bhikkhunī Pāc. 40 : yo pana bhikkhu bhikkhuṃ bhiṃsāpeyya pācittiyan'ti.

지, 중참이든지, 이러한 자들을 형용하는 것으로 '어떠한 자이든'이라는 뜻이다. '수행승'이라고 하는 것은 '탁발하는 자'로서의 수행승, 탁발을 위해 돌아다니는 자로서의 수행승, 분소의를 입은 자로서의 수행승, 사미로서의 수행승, 자칭에 의한 수행승, '오라! 수행승이여!'에 의한 수행승, 삼귀의에 의해 구족계를 받은 수행승, 현선한 수행승, 진실한 수행승, 배울 것이 있는 학인인 수행승, 배울 것이 없는 무학인 수행승, 화합참모임과 한번제안세번제청의 갈마와 부동의 거룩한 님의 속성을 갖춘 자로서의 수행승이 있는데, 그들 가운데 화합참모임과 한번제안세번제청의 갈마와 부동의 거룩한 님의 속성을 갖춘 수행승을 두고, 그러한 의미에서의 수행승을 뜻한다.

2-2. '수행승을'이라는 것은 '다른 수행승'을 뜻하는 것이다. '무섭게 놀려주면,'이라는 것은 다음과 같다.

2-3₁.

1) 구족계를 받은 자가 구족계를 받은 자를 무섭게 놀려주기 위하여 형상이나 소리나 냄새나 맛이나 감촉을 사용하면, 그가 두려워하건 두려워하지 않건, 속죄죄를 범하는 것이다.
2) 도적의 험로나 뱀의 험로나 악귀의 험로를1112) 보여주면, 그가 두려워하건 두려워하지 않건, 속죄죄를 범하는 것이다.

2-3₂.

1) 구족계를 받은 자에 대하여 구족계를 받은 자라고 지각하고 무섭게 놀려주면, 속죄죄를 범하는 것이다.
2) 구족계를 받은 자에 대하여 구족계를 받은 자인지 의심하고 무섭게 놀려주면, 속죄죄를 범하는 것이다.
3) 구족계를 받은 자에 대하여 구족계를 받지 않은 자라고 지각하고 무섭게 놀려주면, 속죄죄를 범하는 것이다.

2-3₃.

1) 구족계를 받지 않은 자를 무섭게 놀려주기 위하여 형상이나 소리나 냄새나

1112) corakantāraṃ vā vālakantāraṃ vā pisācakantāraṃ vā : 여기서 '악귀의 험로'에서의 악귀는 'pisāca'를 번역한 것인데, 한역에서는 음사하여 필사차(畢舍遮)라고 한다. Vin. I. 152에는 'pisācillika'라는 말이 나오는데, 아마도 원주민을 두고 처음에 한 말일 것이다. 악귀라고 번역하지만, ≪마하바라타≫에서 원주민인 빠이샤차(paiśāca)족에서 유래한 것으로 보인다. 험로에 관해서는 Jāt. I. 99에는 이러한 세 가지 험로 이외에 다섯 가지 험로가 언급된다.

맛이나 감촉을 사용하면, 그가 두려워하건 두려워하지 않건, 악작죄를 범하는 것이고,

2) 도적의 험로나 뱀의 험로나 악귀의 험로를 보여주면, 그가 두려워하건 두려워하지 않건, 악작죄를 범하는 것이다.

2-3₄.

1) 구족계를 받지 않은 자에 대하여 구족계를 받은 자라고 지각하면, 악작죄를 범하는 것이다.

2) 구족계를 받지 않은 자에 대하여[*115] 구족계를 받지 않은 자인지 의심하면, 악작죄를 범하는 것이다.

3) 구족계를 받지 않은 자에 대하여 구족계를 받지 않은 자라고 지각하면, 악작죄를 범하는 것이다.[1113)]

2-4. 무섭게 놀려줄 의도가 없이 형상이나 소리나 냄새나 맛이나 감촉을 사용하거나 도적의 험로나 뱀의 험로나 악귀의 험로를 보여주는 경우이거나, 정신이 착란된 자이거나, 초범자인 경우는 무죄이다.

제4품 방문 그 후렴시는 다음과 같다.

식사, 약품, 출정군, 군대, 군사훈련.
음주, 손가락, 놀이, 경멸, 무섭게 놀려주기.[1114)]

제5품 불(Jotivagga)

4. 5. 1 속죄죄법 제41조

불에 대한 학습계율[Jotisikkhāpada]

1-1. 한때 존귀한 부처님께서는 박가[1115)] 국의 쑹쑤마라기리[1116)] 시에 있는

1113) anupasampanne anupasampannasaññi āpatti dukkaṭassa : Bd. II. 397에서는 여기서 의심할 바 없이 '추악죄'는 '무죄'가 되어야 한다고 주장하고 있다.

1114) sabhattakañca bhesajjaṃ | uyyuttaṃ senuyyodhikanti | surā aṃguli toyañ ca | anādariyañ ca bhiṃsanan'ti ||

1115) Bhaggā : 부족의 이름이자 나라의 이름. 수도는 쑹쑤마라기리(Suṃsumāragiri)였다. 박가(Bhaggā)는 꼬쌈비(Kosambi) 국의 속국으로 베쌀리(Vesalī) 시와 싸밧티(Sāvatthi) 시 사이에 놓여 있었다. 부처님은 여행 도중 여러 번 이곳을 방문하였는데 꼬쌈비 시의 우데나(Udena) 왕의 아들 보디 왕자(Bodhirājakumāra)가 부왕을 대신해서 총독으로 살고 있었다.

1116) suṃsumāragiri : Srp. II. 249에 따르면, 그 곳에서 '악어가 소리를 질렀다.'라고 해서 붙여진 이름이다. 산의

베싸깔라바나[1117] 숲의 미가다야[1118] 공원에 계셨다. 그런데 그때 수행승들이 겨울철이라 어떤 커다란 동혈이 있는 나무에 불을 지펴서 몸을 풀었다. 그런데 그때 그 동혈에 살던 검은 뱀이 불 때문에 뛰쳐나와 수행승들을 공격했다. 그 때문에 수행승들이 달아났다.

1-2. 수행승들 가운데 욕망을 여의고, 만족을 알고, 부끄러움을 알고, 후회할 줄 알고, 배움을 원하는 자들이 있는데, 그들도 혐책하고 분개하고 비난했다.

[욕망을 여읜 수행승들] "어찌 수행승들이 불을 지펴서 몸을 데울 수가 있는가?"

1-3. 그래서 그 수행승들은 세존께 그 사실을 알렸다. 그러자 세존께서는 이러한 인연으로 이러한 기회에 수행승들의 참모임을 불러 모으게 하고 연유를 설하고 수행승들에게 물었다.

[세존] "수행승들이여, 그대들이 불을 지펴서 몸을 데운 것이 사실인가?"

[수행승들] "세존이시여, 사실입니다."

존귀한 부처님께서는 견책했다.

[세존] "어리석은 자들이여, 그대들은 적절하지 않고, 자연스럽지 않고, 알맞지 않고, 수행자의 삶이 아니고, 부당하고, 해서는 안 될 일을 행한 것이다. 어리석은 자들이여, 어찌 수행승들이 불을 지펴서 몸을 데울 수가 있는가? 어리석은 자들이여, 그것은 아직 청정한 믿음이 없는 자를 청정한 믿음으로 이끌고, 이미 청정한 믿음이 있는 자를 더욱더 청정한 믿음으로 이끄는 것이 아니다. 어리석은 자들이여, 그것은 오히려, 아직 청정한 믿음이 없는 자를 불신으로 이끌고, 이미 청정한 믿음이 있는 자 가운데 어떤 자들을 타락시키는 것이다."

1-4. 그리고 세존께서는 그 수행승에 대하여 여러 가지 방편으로 견책하여, 키우기 어렵고 부양하기 어렵고 탐욕이 많고 만족을 모르고 교제를 좋아하고 나태한 것에 대해 질책하고, 여러 가지 법문으로 고무하여, 키우기 쉽고 부양하기 쉽고 욕심을 여의고, 만족을 알고, 버리고 없애는 삶, 악을 제거하는 삶, 청정한 믿음의 삶, 쌓아 모우지 않는 삶, 용맹정진의 삶을 칭찬하고, 수행승들을 위하여 그에 알맞고 그에 걸맞게 경책하여 법문을 하고 수행승들에게 일렀다.

이름이다. Smp. 862에 따르면, 산이 아니라 시의 이름이다.

1117) Bhesakaḷāvana : 박가(Bhagga) 국의 숲으로 베싸깔라(Bhesakaḷā)라고 하는 야차녀가 살았기 때문에 붙여진 이름이다.

1118) Migadāya : 베싸깔라바나 숲 속의 녹야원(鹿野園)으로 사슴과 사냥으로 잡은 동물들이 안전하게 뛰어 놀 수 있게 되어 있는 동물원과 같은 곳이다.

[세존] "수행승들이여, 그러므로 수행승들을 위하여 열 가지 이유에 기초하여, 즉 참모임의 수승을 위하여, 참모임의 안락을 위하여, 악한 수행승의 조복을 위하여, 품행이 바른 수행승의 평안한 삶을 위하여, 지금 여기에서의 번뇌의 제어를 위하여, 다가오는 번뇌를 물리치기 위하여, 청정한 믿음이 없는 자에게 청정한 믿음을 주기 위하여, 청정한 믿음이 있는 자에게 청정한 믿음을 증대시키기 위하여, 올바른 가르침을 지속시키기 위하여, 계율을 수호하기 위하여 학습계율을 시설하니, 수행승들이여, 그대들은 이와 같이 학습계율을 송출해야 한다.

〔세존〕 "어떠한 수행승이든지 몸을 따듯하게 하기 위해서 불을 지피거나 지피우게 하면, 속죄죄를 범하는 것이다."[1119]

이와 같이 세존께서는 수행승들을 위하여 학습계율을 시설했다.

2-1. 그런데 그때 수행승들이 병들었다. 간병하는 수행승들이 환우수행승에게 이와 같이 물었다.

[간병수행승] "벗들이여, 견뎌낼 만한가? 참아낼 만한가?"

[환우수행승] "벗들이여, 예전에 우리는 불을 지펴서 몸을 따듯하게 해서 평안했지만, 지금은 세존께서 금지했기 때문에 주저하면서 몸을 따듯하게 하지 못하기 때문에 평안하지 않습니다."

2-2. 그래서 그 수행승들은 세존께 그 사실을 알렸다. 그러자 세존께서는 그것을 인연으로 그것을 기회로 법문을 하고 수행승들에게 일렀다.

[세존] "수행승들이여, 환우수행승이라면, 불을 지피거나 지피게 해서 몸을 따듯하게 하는 것을 허용한다."

수행승들이여, 이와 같이 이 학습계율을 송출해야 한다.

〔세존〕 "어떠한 수행승이든지 환자가 아닌 한, 몸을 따듯하게 하기 위하여 불을 지피거나〔*116〕 지피게 하면, 속죄죄를 범하는 것이다."[1120]

이와 같이 세존께서는 수행승들을 위하여 학습계율을 시설했다.

3-1. 그런데 그때 수행승들은 화당에도 욕실에도 주저하면서 불을 지피우지 않았다. 그래서 그 수행승들은 세존께 그 사실을 알렸다. 그러자 세존께서는 이러한 인연으로 이러한 기회에 연유를 설하고 수행승들에게 일렀다.

[세존] "수행승들이여, 타당한 이유가 있다면, 불을 지피거나 지피게 하는 것을

1119) yo pana bhikkhu visibbanāpekho jotiṃ samādabheyya vā samādabhāpeyya vā pācittiyan'ti.

1120) yo pana bhikkhu agilāno visibbanāpekho jotiṃ samādaheyya vā samādahāpeyya vā, pācittiyan'ti.

허용한다."

수행승들이여, 그런데 이와 같이 학습계율을 송출해야 한다.

[세존] "어떠한 수행승이든지 환자가 아닌 한, 몸을 데우기 위해서 불을 지피거나 지피우게 하면, 그럴만한 충분한 이유를 제외하고, 속죄죄를 범하는 것이다."1121)

4-1. '어떠한'이라는 것은 어떠한 관계, 어떠한 태생, 어떠한 이름, 어떠한 성씨, 어떠한 계행, 어떠한 주거, 어떠한 활동영역에서 이든지, 장로이든지, 신참이든지, 중참이든지, 이러한 자들을 형용하는 것으로 '어떠한 자이든'이라는 뜻이다. '수행승'이라고 하는 것은 '탁발하는 자'로서의 수행승, 탁발을 위해 돌아다니는 자로서의 수행승, 분소의를 입은 자로서의 수행승, 사미로서의 수행승, 자칭에 의한 수행승, '오라! 수행승이여!'에 의한 수행승, 삼귀의에 의해 구족계를 받은 수행승, 현선한 수행승, 진실한 수행승, 배울 것이 있는 학인인 수행승, 배울 것이 없는 무학인 수행승, 화합참모임과 한번제안세번제청의 갈마와 부동의 거룩한 님의 속성을 갖춘 자로서의 수행승이 있는데, 그들 가운데 화합참모임과 한번제안세번제청의 갈마와 부동의 거룩한 님의 속성을 갖춘 수행승을 두고, 그러한 의미에서의 수행승을 뜻한다.

4-2. '환자가 아닌 한'이라는 것은 불이 없어도 평안한 자에 대한 것을 뜻한다. '몸을 데우기 위해'라는 것은 '몸을 따듯하게 하기 위해'라는 뜻이다. '불'이라는 것은 화(火)을 뜻한다. '지피거나'라는 것은 다음과 같다. 스스로 지피면, 속죄죄를 범한 것이라는 뜻이다. '지피게 한다면'라는 것은 다음과 같다. 타인에게 명령하면, 속죄죄를 범한 것이라는 뜻이다. 한번 명령하여 여러 번 지피면, 속죄죄를 범하는 것이다. '그럴만한 충분한 이유를 제외하고'라는 것은 '그럴만한 이유 이외에'라는 뜻이다.1122)

4-3₁.

1) 환자가 아닌 자에 대하여 환자가 아닌 자라고 지각하고 불을 지피거나 지피게 하면, 그럴만한 충분한 이유를 제외하고 속죄죄를 범하는 것이다.

2) 환자가 아닌 자에 대하여 환자가 아닌 자인지 의심하고 불을 지피거나 지피게

1121) 노지연화계(露地燃火戒) | Bhikkhunī Pāc. 41 : yo pana bhikkhu agilāno visibbanāpekho jotiṃ samādaheyya vā samādahāpeyya vā aññatra tathārūpapacca vā, pācittiyan'ti.

1122) aññatra tathārūpappaccayāti; ṭhapetvā tathārūpappaccayaṃ : Smp. 862에 따르면, 다른 적당한 이유가 없을 때에 램프 등(等) 이외에 불을 지피는 것은 무죄이다.

하면, 그럴만한 충분한 이유를 제외하고 속죄죄를 범하는 것이다.

3) 환자가 아닌 자에 대하여 환자라고 지각하고 불을 지피거나 지피게 하면, 그럴만한 충분한 이유를 제외하고 속죄죄를 범하는 것이다.

4-3₂. 떨어진 화목을 집어서 들어 올리면, 악작죄를 범하는 것이다.

4-3₃.

1) 환자에 대하여 환자가 아닌 자라고 지각하면, 악작죄를 범하는 것이다.

2) 환자에 대하여 환자인지 의심하면, 악작죄를 범하는 것이다.

3) 환자에 대하여 환자라고 지각하면, 무죄이다.

4-4. 환자이거나, 타인에 의해 만들어진 것에 몸을 데우거나, 타다 남은 숯에 몸을 데우거나, 등불이나 화당이나 욕실에서 몸을 데우거나, 그럴만한 충분한 이유가 있거나, 사고가 있는 경우이거나,1123) 정신이 착란된 자이거나, 초범자인 경우는 무죄이다.

4. 5. 2 속죄죄법 제42조

목욕에 대한 학습계율[Nahānasikkhāpada]

1-1. 한때 존귀한 부처님께서 라자가하 시의 벨루바나 숲에 있는 깔란다까니바빠 공원에 계셨다. 그런데 그때 수행승들이 따뽀다 온천에서 목욕을 하고 있었다. 그런데 마가다 국의 왕 쎄니야 빔비싸라가 '나는 머리를 감아야지.'라고 따뽀다 온천에[*117] 와서 존자들이 목욕을 할 때까지 한쪽에서 기다렸다. 수행승들이 해가져서 어두울 때까지 목욕을 했다. 그러자 마가다 국의 왕 쎄니야 빔비싸라는 때 아닌 때에 머리를 감고 성문이 닫혀져서 성 밖에서 머물다가 아침 일찍 기름을 바르고 향수를 바르고 세존께서 계신 곳을 찾아갔다. 가까이 다가가서 세존께 인사를 하고 한쪽으로 물러나 앉았다. 한쪽으로 물러나 앉은 마가다 국의 왕 쎄니야 빔비싸라에게 세존께서는 이와 같이 말했다.

[세존] "대왕이여, 어찌 아침 일찍 기름을 바르고 향수를 바르고 오셨습니까?"

1-2. 그래서 마가다 국의 왕 쎄니야 빔비싸라는 세존께 그 사실을 말했다. 세존께서는 마가다 국의 왕 쎄니야 빔비싸라를 법문으로 교화하고 북돋우고 고무시키고

1123) āpadāsu : Smp. 862에 따르면, 험악한 육식축생로 부터이거나 인간과는 다른 존재로부터의 사고를 뜻한다.

기쁘게 했다. 마가다 국의 왕 쎄니야 빔비싸라는 세존에 의해서 법문으로 교화받고 북돋아지고 고무되고 기뻐하면서 자리에서 일어나 세존께 인사를 하고 오른쪽으로 돌아 그곳을 떠났다. 그러자 세존께서는 이러한 인연으로 이러한 기회에 수행승들의 참모임을 불러 모으게 하고 연유를 설하고 수행승들에게 물었다.

[세존] "수행승들이여, 수행승들이 왕을 보고도 분수를 모르고 목욕을 한 것이 사실인가?"

[수행승들] "세존이시여, 사실입니다."

존귀한 부처님께서는 견책했다.

[세존] "수행승들이여, 적절하지 않고, 자연스럽지 않고, 알맞지 않고, 수행자의 삶이 아니고, 부당하고, 해서는 안 될 일을 행한 것이다. 수행승들이여, 어찌 어리석은 자들이 왕을 보고도 분수를 모르고 목욕을 할 수 있단 말인가? 수행승들이여, 그것은 아직 청정한 믿음이 없는 자를 청정한 믿음으로 이끌고, 이미 청정한 믿음이 있는 자를 더욱더 청정한 믿음으로 이끄는 것이 아니다. 수행승들이여, 그것은 오히려, 아직 청정한 믿음이 없는 자를 불신으로 이끌고, 이미 청정한 믿음이 있는 자 가운데 어떤 자들을 타락시키는 것이다."

1-3. 그리고 세존께서는 그 수행승에 대하여 여러 가지 방편으로 견책하여, 키우기 어렵고 부양하기 어렵고 탐욕이 많고 만족을 모르고 교제를 좋아하고 나태한 것에 대해 질책하고, 여러 가지 법문으로 고무하여, 키우기 쉽고 부양하기 쉽고 욕심을 여의고, 만족을 알고, 버리고 없애는 삶, 악을 제거하는 삶, 청정한 믿음의 삶, 쌓아 모우지 않는 삶, 용맹정진의 삶을 칭찬하고, 수행승들을 위하여 그에 알맞고 그에 걸맞게 경책하여 법문을 하고 수행승들에게 일렀다.

[세존] "수행승들이여, 그러므로 수행승들을 위하여 열 가지 이유에 기초하여, 즉 참모임의 수승을 위하여, 참모임의 안락을 위하여, 악한 수행승의 조복을 위하여, 품행이 바른 수행승의 평안한 삶을 위하여, 지금 여기에서의 번뇌의 제어를 위하여, 다가오는 번뇌를 물리치기 위하여, 청정한 믿음이 없는 자에게 청정한 믿음을 주기 위하여, 청정한 믿음이 있는 자에게 청정한 믿음을 증대시키기 위하여, 올바른 가르침을 지속시키기 위하여, 계율을 수호하기 위하여 학습계율을 시설하니, 수행승들이여, 그대들은 이와 같이 학습계율을 송출해야 한다."

〔세존〕 "어떠한 수행승이라도 반월보다 적은 간격으로 목욕을 하면, 속죄죄를 범하는 것이다."[1124]

이와 같이 세존께서는 수행승들을 위하여 학습계율을 시설했다.

2-1. 그런데 그때 수행승들이 더운 시기와 무더운 시기에도 주저하면서 목욕을 하지 않았다. 땀이 흐른 몸으로 누웠다. 의복이나 와좌구가 더럽혀졌다.

2-2. 그래서 그 수행승들은 세존께 그 사실을 알렸다. 그러자 세존께서는 이러한 인연으로 이러한 기회에 연유를 설하고 수행승들에게 일렀다.

[세존] "수행승들이여, 더운 시기와 무더운 시기에는 반월보다 적은 간격으로 목욕을 하는 것을 허용한다."

수행승들이여, 그런데 이와 같이 학습계율을 송출해야 한다.

〔세존〕 "어떠한 수행승이라도 반월보다 적은 간격으로 목욕을 하면, 특별한 상황을 제외하고 속죄죄를 범하는 것이다. 여기서 특별한 상황이란 여름의 마지막 일개월반과 우기의 첫 일개월 즉, 이개월반의 더운 시기, 그리고 무더운 시기가 있는데, 그 시기를 말한다."1125)

이와 같이[*118] 세존께서는 수행승들을 위하여 학습계율을 시설했다.

3-1. 그런데 한때 수행승들이 병들었는데, 간병 수행승이 환우수행승들에게 이와 같이 말했다.

[간병수행승] "벗들이여, 견뎌낼 만합니까, 참을 만합니까?"

[환우수행승] "벗들이여, 예전에 우리는 보름이내에도 목욕을 해서 평안했는데, 지금은 세존께서 금지하셨기 때문에 목욕을 하지 못해 불편합니다."

3-2. 그래서 그 수행승들은 세존께 그 사실을 알렸다. 그러자 세존께서는 이러한 인연으로 이러한 기회에 연유를 설하고 수행승들에게 일렀다.

[세존] "수행승들이여, 환우수행승은 보름이내에 목욕하는 것을 허용한다."

수행승들이여, 그런데 이와 같이 학습계율을 송출해야 한다.

〔세존〕 "어떠한 수행승이라도 반월보다 적은 간격으로 목욕을 하면, 특별한 상황을 제외하고 속죄죄를 범하는 것이다. 여기서 특별한 상황이란 여름의 마지막 일개월반과 우기의 첫 일개월 즉, 이개월반의 더운 시기, 그리고 무더운 시기, 병든 시기가 있는데, 그 시기를 말한다."1126)

1124) yo pana bhikkhu oren'addhamāsaṃ nahāyeyya, pācittiyan'ti.

1125) yo pana bhikkhu oren'addhamāsaṃ nhāyeyya aññatra samayā pācittiyaṃ. tatthāyaṃ samayo, diyaḍḍho māso seso gimhānan ti vassānassa paṭhamo māso icc ete aḍḍhateyyamāsā uṇhasamayo pariḷāhasamayo, ayaṃ tattha samayo'ti.

1126) yo pana bhikkhu oren'addhamāsaṃ nhāyeyya aññatra samayā pācittiyaṃ. tatthāyaṃ samayo, diyaḍḍho māso seso gimhānan ti vassānassa paṭhamo māso icc ete aḍḍhateyyamāsā uṇhasamayo pariḷāhasamayo, gilāna samayo, ayaṃ tattha samayo'ti.

이와 같이 세존께서는 수행승들을 위하여 학습계율을 시설했다.

4-1. 그런데 한때 수행승들이 수리일을 하고 주저하면서 목욕을 하지 않았다. 땀이 흐른 몸으로 누웠다. 의복이나 와좌구가 더렵혀졌다.

4-2. 그래서 그 수행승들은 세존께 그 사실을 알렸다. 그러자 세존께서는 이러한 인연으로 이러한 기회에 연유를 설하고 수행승들에게 일렀다.

[세존] "수행승들이여, 일을 할 때에는 반월보다 적은 간격으로 목욕을 하는 것을 허용한다."

수행승들이여, 그런데 이와 같이 학습계율을 송출해야 한다.

[세존] "어떠한 수행승이라도 반월보다 적은 간격으로 목욕을 하면, 특별한 상황을 제외하고 속죄죄를 범하는 것이다. 여기서 특별한 상황이란 여름의 마지막 일개월반과 우기의 첫 일개월 즉, 이개월반의 더운 시기, 그리고 무더운 시기, 병든 시기, 일을 하는 시기가 있는데, 그 시기를 말한다."[1127]

이와 같이 세존께서는 수행승들을 위하여 학습계율을 시설했다.

5-1. 그런데 한때 수행승들이 여행을 가다가 주저하면서 목욕을 하지 않았다. 땀이 흐른 몸으로 누웠다. 의복이나 와좌구가 더렵혀졌다.

5-2. 그래서 그 수행승들은 세존께 그 사실을 알렸다. 그러자 세존께서는 이러한 인연으로 이러한 기회에 연유를 설하고 수행승들에게 일렀다.

[세존] "수행승들이여, 여행을 할 때에는 반월보다 적은 간격으로 목욕을 하는 것을 허용한다."

수행승들이여, 그런데 이와 같이 학습계율을 송출해야 한다.

"어떠한 수행승이라도 반월보다 적은 간격으로 목욕을 하면, 특별한 상황을 제외하고 속죄죄를 범하는 것이다. 여기서 특별한 상황이란 여름의 마지막 일개월반과 우기의 첫 일개월 즉, 이개월반의 더운 시기, 그리고 무더운 시기, 병든 시기, 일을 하는 시기, 여행하는 시기가 있는데, 그 시기를 말한다."[1128]

이와 같이 세존께서는 수행승들을 위하여 학습계율을 시설했다.

6-1. 그런데 한때 다수의 수행승들이 노천에서 옷을 만들다가 흙먼지 바람을

1127) yo pana bhikkhu oren'addhamāsaṃ nhāyeyya aññatra samayā pācittiyaṃ. tatthāyaṃ samayo diyaḍḍho māso seso gimhānan ti vassānassa paṭhamo māso icc ete aḍḍhateyya māsā uṇhasamayo pariḷāhasamayo, gilānasamayo, kammasamayo, ayaṃ tattha samayo'ti.

1128) yo pana bhikkhu oren'addhamāsaṃ nhāyeyya aññatra samayā pācittiyaṃ tatthāyaṃ samayo diyaḍḍho māso seso gimhānanti vassānassa paṭhamo māso icc ete aḍḍhateyya māsā uṇhasamayo pariḷāhasamayo, gilāna samayo, kammasamayo addhānagamanasamayo, ayaṃ tattha samayo'ti.

쐬고 빗방울에 맞았다. 수행승들은 주저하면서 목욕을 하지 않고 젖은 몸으로 누웠다. 의복도 와좌구도[*119] 더럽혀졌다.

6-2. 그래서 그 수행승들은 세존께 그 사실을 알렸다. 그러자 세존께서는 이러한 인연으로 이러한 기회에 연유를 설하고 수행승들에게 일렀다.

[세존] "수행승들이여, 바람이 불고 비가 올 때에는 반월보다 적은 간격으로 목욕을 하는 것을 허용한다."

수행승들이여, 그런데 이와 같이 학습계율을 송출해야 한다.

[세존] "어떠한 수행승이라도 반월보다 적은 간격으로 목욕을 하면, 특별한 상황을 제외하고 속죄죄를 범하는 것이다. 여기서 특별한 상황이란 여름의 마지막 일개월반과 우기의 첫 일개월 즉, 이개월반의 더운 시기, 무더운 시기, 병든 시기, 일을 하는 시기, 여행가는 시기, 바람이 불고 비가 올 시기가 있는데, 그 시기를 말한다."1129)

7-1 '어떠한'이라는 것은 어떠한 관계, 어떠한 태생, 어떠한 이름, 어떠한 성씨, 어떠한 계행, 어떠한 주거, 어떠한 활동영역에서 이든지, 장로이든지, 신참이든지, 중참이든지, 이러한 자들을 형용하는 것으로 '어떠한 자이든'이라는 뜻이다. '수행승'이라고 하는 것은 '탁발하는 자'로서의 수행승, 탁발을 위해 돌아다니는 자로서의 수행승, 분소의를 입은 자로서의 수행승, 사미로서의 수행승, 자칭에 의한 수행승, '오라! 수행승이여!'에 의한 수행승, 삼귀의에 의해 구족계를 받은 수행승, 현선한 수행승, 진실한 수행승, 배울 것이 있는 학인인 수행승, 배울 것이 없는 무학인 수행승, 화합참모임과 한번제안세번제청의 갈마와 부동의 거룩한 님의 속성을 갖춘 자로서의 수행승이 있는데, 그들 가운데 화합참모임과 한번제안세번제청의 갈마와 부동의 거룩한 님의 속성을 갖춘 수행승을 두고, 그러한 의미에서의 수행승을 뜻한다.

7-2. '반월보다 적은 간격으로'라는 것은 '보름기간보다 적은'이라는 뜻이다. '목욕을 하면'이라는 것은 가루나 진흙을 사용해서1130) 목욕하면, 씻을 때마다 악작

1129) 반월욕과계(半月浴過戒) | Bhikkhunī Pāc. 42 : yo pana bhikkhu oren'addhamāsaṃ nhāyeyya aññatra sama yā pācittiyaṃ tatthāyaṃ samayo diyaḍḍho māso seso gimhānan ti vassānassa paṭhamo māso icc ete aḍḍhateyya māsā uṇhasamayo pariḷāhasamayo, gilānasamayo, kammasamayo, addhānagamanasamayo vātavuṭṭhisamayo ayaṃ tattha samayoti'ti.

1130) cuṇṇena vā mattikāya vā : Vin. I. 202에서, 가루약과 점토는 다음과 같이 의약으로 허용되었다: "수행승들이여, 가려움증이나 부스럼이나 고름증이나 개선병을 앓거나 몸에서 악취가 나는 자에게는 가루약을, 병이 없는

죄를 범하는 것이고, 목욕을 마치면, 속죄죄를 범하는 것이다. '특별한 상황을 제외하고'라는 것은 '특별한 시기 이외에'라는 뜻이다. '더운 시기'라는 것은 '여름의 마지막 일 개월반'을 뜻한다. '무더운 시기'라는 것은 우기의 첫 일 개월을 뜻한다. 즉, 더운 시기와 무더운 시기의 이개월반은 목욕을 할 수 있다. '병든 시기'라는 것은 '목욕을 하지 않으면 편안하지 않은데, 병이든 시기라고 생각하면, 목욕을 해야 한다.'라는 뜻이다. '일하는 시기'라는 것은 '방사를 청소하는 것까지도 일하는 시기라고 지각하고 목욕을 할 수 있다.'는 뜻이다. '여행을 가는 시기'라는 것은 "'나는 반 요자나를 가겠다.'라고 지각하고 목욕을 할 수 있다. 가면서도 목욕을 할 수 있다. 가서도 목욕을 할 수 있다.'라는 뜻이다. '바람이 불고 비가 올 시기'라는 것은 '수행승이 흙먼지 바람을 쐬고 두세 방울의 비가 몸에 떨어진다고 생각하면 바람이 불고 비가 올 시기라고 지각하고 목욕을 할 수 있다.'라는 뜻이다.

7-3₁.

1) 반월보다 적은 간격에 대하여 반월보다 적은 간격라고 지각하면, 특별한 상황을 제외하고 속죄죄를 범하는 것이다.
2) 반월보다 적은 간격에 대하여 반월보다 적은 간격인지 의심하면, 특별한 상황을 제외하고 속죄죄를 범하는 것이다.
3) 반월보다 적은 간격에 대하여 반월보다 많은 간격이라고 지각하면, 특별한 상황을 제외하고 속죄죄를 범하는 것이다.

7-3₁.

1) 반월보다 많은 간격에 대하여 반월보다 적은 간격라고 지각하면, 악작죄를 범하는 것이다.
2) 반월보다 많은 간격에 대하여 반월보다 많은 간격인지 의심하면, 악작죄를 범하는 것이다.
3) 반월보다 많은 간격에 대하여 반월보다 많은 간격이라고 지각하면, 무죄이다.

7-4. 특별한 상황이거나, 보름에 목욕을 하거나, 반월보다 많은 간격에 목욕을 하던가, 다른 곳으로 건너가면서 목욕을 하던가, 모든 변경지대에 있거나, 사고가 있는 경우이거나,1131) 정신이 착란된 자이거나, 초범자인 경우는 무죄이다.

자에게는 쇠똥과 점토와 안료를 허용한다. 수행승들이여, 절구와 공이를 허용한다."

1131) āpadāsu : Smp. 863에 따르면, 벌에게 쫓기는 경우와 같은 것을 뜻한다.

4. 5. 3 속죄죄법 제43조

괴색(壞色)에 대한 학습계율[Dubbaṇṇakaraṇasikkhāpada]

1-1. 한때[*120] 존귀한 부처님께서는 싸밧티 시의 제따바나 숲에 있는 아나타삔디까 승원에 계셨다. 그런데 그때 다수의 수행승들과 유행자들이 싸께따 시에서 싸밧티 시로 유행을 하고 있었다. 도중에 도적들이 나타나서 그들을 약탈했다. 싸밧티 시의 왕의 군사들이 나와서 그 도적들을 체포하고 수행승들에게 사자를 파견했다.

[왕의 군사들] "존자들이여, 각자가 각자의 옷을 알아서 찾아가십시오."

수행승들은 그것들을 알아볼 수 가 없었다. 그래서 그들은 혐책하고 분개하고 비난했다.

[왕의 군사들] "어찌 존자들이 자신이 자신의 옷을 알아보지 못한단 말인가?"[1132)]

수행승들은 그 사람들이 혐책하고 분개하고 비난하는 말을 들었다.

1-2. 그래서 그 수행승들은 세존께 그 사실을 알렸다. 그러자 세존께서는 이러한 인연으로 이러한 기회에 수행승들의 참모임을 불러 모으게 하고 연유를 설하고 수행승들에게 거기에 어울리고 거기에 합당한 설법을 하고 수행승들에게 일렀다.

[세존] "수행승들이여, 그러므로 수행승들을 위하여 열 가지 이유에 기초하여, 즉 참모임의 수승을 위하여, 참모임의 안락을 위하여, 악한 수행승의 조복을 위하여, 품행이 바른 수행승의 평안한 삶을 위하여, 지금 여기에서의 번뇌의 제어를 위하여, 다가오는 번뇌를 물리치기 위하여, 청정한 믿음이 없는 자에게 청정한 믿음을 주기 위하여, 청정한 믿음이 있는 자에게 청정한 믿음을 증대시키기 위하여, 올바른 가르침을 지속시키기 위하여, 계율을 수호하기 위하여 학습계율을 시설하니, 수행승들이여, 그대들은 이와 같이 학습계율을 송출해야 한다."

[세존] "새 옷을 얻으면 수행승은 세 가지 괴색[1133)] 즉, 청색이나 진흙색이나 흑갈색 가운데 한 괴색을 취해야 한다. 만약에 수행승이 세 가지 괴색 가운데 한 괴색을 취하지 않고 새 옷을 착용하면, 속죄죄를 범하는 것이다."[1134)]

1132) kathaṃ hi nāma bhadantā attano attano cīvaraṃ na sañjānissantī'ti : 이 말을 통해 자신의 옷을 알아보지 못한 것을 구별하기 위해 새옷에 작은 얼룩점의 괴색점을 찍은 것을 알 수 있다.

1133) dubbaṇṇakaraṇa : Smp. 863에 따르면, 괴색(壞色)을 취한다는 것은 새 옷이 허용될 수 있도록 찍어 넣는 작은 얼룩점(kappabindu)에 관하여 말한 것이다. 빅쿠상실죄법 제15조(Bhikkhu Nissag. 15)에서는 자기 자신의 깔개임을 구별하기 위해 헌 깔개의 한 조각을 떼어내어 새 깔개에 꿰매야 한다.

1134) 착신의계(著新衣戒) | Bhikkhunī Pāc. 43 : navaṃ pana bhikkhunā cīvaralābhena tiṇṇaṃ dubbaṇṇakaraṇān

2-1. '새'라는 것은 허용될 수 없는 것을 한 것을 뜻한다.1135) '옷'이라는 것은 여섯 가지 옷 가운데 어떤 옷을 뜻한다. '세 가지 괴색 가운데 한 괴색을 찍어야 한다.'라는 것은 풀끝만큼이라도 취해서 찍어야 한다는 뜻이다. '청색'이라는 것은 두 가지가 있는데, 동(銅)청색과 남(藍)청색이 있다. '진흙색'이라는 것은 흑탕물의 색을 뜻한다. '흑갈색'이라는 것은 무엇보다도 흑갈색인 것을 뜻한다. '세 가지 괴색 가운데 한 괴색을 찍지 않고'라는 것은 '풀끝만큼라도 세 가지 괴색 [*121] 가운데 한 괴색을 취하지 않고 새 옷을 착용하면, 속죄죄를 범한 것'이라는 뜻이다.

2-2₁.

1) 취하지 않은 것에 대해 취하지 않은 것이라고 지각하고 착용하면, 속죄죄를 범하는 것이다.
2) 취하지 않은 것에 대해 취하지 않은 것이라고 의심하고 착용하면, 속죄죄를 범하는 것이다.
3) 취하지 않은 것에 대해 취한 것이라고 지각하고 착용하면, 속죄죄를 범하는 것이다.

2-2₂.

1) 취한 것에 대해 취하지 않은 것이라고 지각하면, 악작죄를 범하는 것이다.
2) 취한 것에 대해 취한 것인지 의심하면, 악작죄를 범하는 것이다.
3) 취한 것에 대해 취한 것이라고 지각하면, 무죄이다.

2-3. 취하고 착용하거나, 허용괴색이 망실되었거나,1136) 허용괴색이 낡아버렸거나, 허용되지 않은 것이 허용괴색과 함께1137) 꿰매졌거나, 보철1138)을 했거나, 중봉1139)을 했거나, 배봉1140)을 한 경우이거나, 정신이 착란된 자이거나, 초범자인 경우는 무죄이다.

---

aṃ aññataraṃ dubbaṇṇakaraṇaṃ ādātabbaṃ nīlaṃ vā kaddamaṃ vā kālasāmaṃ vā, anādā ce bhikkhu tiṇṇaṃ dubbaṇṇakaraṇānaṃ aññataraṃ dubbaṇṇakaraṇaṃ navaṃ cīvaraṃ paribhuñjeyya, pācittiyan'ti.

1135) akatakappaṃ vuccati : '허용될 수 없는 것을 한 것'이라는 것은 괴색을 취하지 않은 상태의 새 것을 취한 것을 의미한다.

1136) kappo naṭṭho hoti : 허용을 표시하는 괴색(壞色)이 소실된 것을 뜻한다.

1137) kappakatena : Smp. 1111에 따르면, 사용할 수 있도록 허용된 것을 뜻한다. Vin. I. 254를 참조하라.

1138) aggaḷa : Smp. 1128에 따르면, 옷이 낡거나 떨어지면 헝겊조각으로 대는 보철(補綴)을 한다.

1139) anuvāta : 중봉(重縫)은 Smp. 1110에 따르면, 옷의 뒤쪽을 따라 꿰매진 것을 뜻한다.

1140) paribhaṇḍa : 배봉(背縫)은 Smp. 1110에 따르면, 옷의 안쪽으로 집어넣는 것을 뜻한다.

4. 5. 4 속죄죄법 제44조

배당에 대한 학습계율[Vikappanasikkhāpada]

1-1. 한때 존귀한 부처님께서는 싸밧티 시의 제따바나 숲에 있는 아나타삔디까 승원에 계셨다. 그런데 그때 싸끼야의 아들 존자 우빠난다가 동학의 제자수행승에게 스스로 옷을 배당하고 귀속되지 않았다고 그것을 착용했다. 그러자 그 수행승은 수행승들에게 그 사실을 알렸다.

[수행승] "벗들이여, 싸끼야의 아들 존자 우빠난다는 스스로 옷을 배당하고 귀속되지 않았다고 그것을 착용하고 있습니다."

1-2. 수행승들 가운데 욕망을 여의고, 만족을 알고, 부끄러움을 알고, 후회할 줄 알고, 배움을 원하는 자들이 있는데, 그들도 혐책하고 분개하고 비난했다.

[욕망을 여읜 수행승들] "어찌 싸끼야의 아들 존자 우빠난다는 스스로 옷을 배당하고 귀속되지 않았다고 그것을 착용할 수 있단 말인가?"

1-3. 그래서 그 수행승들은 세존께 그 사실을 알렸다. 그러자 세존께서는 이러한 인연으로 이러한 기회에 수행승들의 참모임을 불러 모으게 하고 연유를 설하고 싸끼야의 아들 존자 우빠난다에게 물었다.

[세존] "우빠난다여, 그대가 스스로 옷을 배당하고 귀속되지 않았다고 그것을 착용한 것이 사실인가?"

[우빠난다] "세존이시여, 사실입니다."

존귀한 부처님께서는 견책했다.

[세존] "어리석은 자여, 그대는 적절하지 않고, 자연스럽지 않고, 알맞지 않고, 수행자의 삶이 아니고, 부당하고, 해서는 안 될 일을 행한 것이다. 어리석은 자여, 어찌 그대가 스스로 옷을 배당하고 귀속되지 않았다고 그것을 착용할 수 있단 말인가? 어리석은 자여, 그것은 아직 청정한 믿음이 없는 자를 청정한 믿음으로 이끌고, 이미 청정한 믿음이 있는 자를 더욱더 청정한 믿음으로 이끄는 것이 아니다. 어리석은 자여, 그것은 오히려, 아직 청정한 믿음이 없는 자를 불신으로 이끌고, 이미 청정한 믿음이 있는 자 가운데 어떤 자들을 타락시키는 것이다."

1-4. 그리고 세존께서는 그 수행승에 대하여 여러 가지 방편으로 견책하여, 키우기 어렵고 부양하기 어렵고 탐욕이 많고 만족을 모르고 교제를 좋아하고 나태한

것에 대해 질책하고, 여러 가지 법문으로 고무하여, 키우기 쉽고 부양하기 쉽고 욕심을 여의고, 만족을 알고, 버리고 없애는 삶, 악을 제거하는 삶, 청정한 믿음의 삶, 쌓아 모우지 않는 삶, 용맹정진의 삶을 칭찬하고, 수행승들을 위하여 그에 알맞고 그에 걸맞게 경책하여 법문을 하고 수행승들에게 일렀다.

[세존] "수행승들이여, 그러므로 수행승들을 위하여 열 가지 이유에 기초하여, 즉 참모임의 수승을 위하여, 참모임의 안락을 위하여, 악한 수행승의 조복을 위하여, 품행이 바른 수행승의 평안한 삶을 위하여, 지금 여기에서의 번뇌의 제어를 위하여, 다가오는 번뇌를 물리치기 위하여, 청정한 믿음이 없는 자에게 청정한 믿음을 주기 위하여, 청정한 믿음이 있는 자에게 청정한 믿음을 증대시키기 위하여, 올바른 가르침을 지속시키기 위하여, 계율을 수호하기 위하여 학습계율을 시설하니, 수행승들이여, 그대들은 이와 같이 학습계율을 송출해야 한다."

[세존] "어떠한 수행승이든지 수행승이나 수행녀나 정학녀나 사미나 사미니에게 스스로 옷을 배당하고 귀속되지 않았다고 그것을 착용하면, 속죄죄를 범하는 것이다."1141)

2-1. '어떠한'이라는 것은 어떠한 관계, 어떠한 태생, 어떠한 이름, 어떠한 성씨, 어떠한 계행, 어떠한 주거, 어떠한 활동영역에서 이든지, 장로이든지, 신참이든지, 중참이든지, 이러한 자들을 형용하는 것으로 '어떠한 자이든'이라는 뜻이다. '수행승'이라고 하는 것은 '탁발하는 자'로서의 수행승, 탁발을 위해 돌아다니는 자로서의 수행승, 분소의를 입은 자로서의 수행승, 사미로서의 수행승, 자칭에 의한 수행승, '오라! 수행승이여!'에 의한 수행승, 삼귀의에 의해 구족계를 받은 수행승, 현선한 수행승, 진실한 수행승, 배울 것이 있는 학인인 수행승, 배울 것이 없는 무학인 수행승, 화합참모임과 한번제안세번제청의 갈마와 부동의 거룩한 님의 속성을 갖춘 자로서의 수행승이 있는데, 그들 가운데 화합참모임과 한번제안세번제청의 갈마와 부동의 거룩한 님의 속성을 갖춘 수행승을 두고, 그러한 의미에서의 수행승을 뜻한다.

2-2. '수행승이나'라는 것은[*122] 다른 수행승을 뜻하는 것이다. '수행녀'라는

1141) 진실쟁불어취계(眞實諍不語取戒) | Bhikkhunī Pāc. 44 : yo pana bhikkhu bhikkhussa vā bhikkhuniyā vā sikkhamānāya vā sāmaṇerassa vā sāmaṇeriyā vā sāmaṃ cīvaraṃ vikappetvā apaccuddhārakaṃ paribhuñajayya, pācittiyan'ti : 속죄죄법 제63조(Bhikkhunī Pāc. 63)를 참조하라.

것은 양쪽 참모임에서 구족계를 받은 자를 뜻한다. '정학녀'라는 것은 이년동안 여섯 가지 원리에 입각한 학습계율을 배운 자이다. '사미'라는 것은 열 가지 학습계율을 배운 자이다. '사미니'라는 것은 열 가지 학습계율을 배운 여자이다. '스스로'라는 것은 '스스로 배당하고'라는 뜻이다. '옷'이라는 것은 배당을 위해 적당한 최소한의 옷을 포함하는 여섯 가지 옷 가운데 어느 하나의 옷을 뜻한다.

2-3. '배당'이라는 것은 두 가지 배당이 있다. 현전배당(現前配當)과 부재배당(不在配當)이다. '현전배당'이라는 것은 '내가 이 옷을 그대나 이러이러한 사람에게 배당한다'라는 뜻이다. '부재배당'이라는 것은 '내가 이 옷을 배당하기 위해 그대에게 준다.'라는 뜻이다. 그는 이와 같이 말해야 한다. '누가 그대의 친구나 지인인가?' 그리고 그가 '이러이러한 사람, 이러이러한 사람이다.'라고 말하면, 그는 '나는 그들에게 줍니다. 그대는 그들을 대신해서 사용하거나 증여하거나 원하는 대로 하시오.'라고 말해야 한다. '귀속되지 않았다고'라는 것은 다음과 같다. 그에게 주지 않았거나 그를 신뢰하지 않은 것인데, 그래서 그것을 착용하면, 속죄죄를 범하는 것이다.

2-4₁.

1) 귀속되지 않은 것에 대해 귀속되지 않은 것이라고 지각하고 착용하면, 속죄죄를 범하는 것이다.
2) 귀속되지 않은 것에 대해 귀속되지 않은 것인지 의심하고 착용하면, 속죄죄를 범하는 것이다.
3) 귀속되지 않은 것에 대해 귀속된 것이라고 지각하고 착용하면, 속죄죄를 범하는 것이다.

2-4₂. 분배하거나 증여하면, 악작죄를 범하는 것이다.

2-4₃.

1) 귀속된 것에 대해 귀속되지 않은 것이라고 지각하면, 악작죄를 범하는 것이다.
2) 귀속된 것에 대해 귀속된 것인지 의심하면, 악작죄를 범하는 것이다.
3) 귀속된 것에 대해 귀속된 것이라고 지각하면, 무죄이다.

2-5. 그가 주거나, 그가 신뢰하여 사용하는 경우이거나, 정신이 착란된 자이거나, 초범자인 경우는 무죄이다.\

4. 5. 5 속죄죄법 제45조

발우옷감추기에 대한 학습계율[Pattacīvarāpanidhānasikkhāpada]

1-1. 한때 존귀한 부처님께서는 싸밧티 시의 제따바나 숲에 있는 아나타삔디까 승원에 계셨다. 그런데 그때 열일곱무리의 수행승들이 필수품들을 수거하지 못했다. 여섯무리의 수행승들이 열일곱무리의 수행승들의 발우와 옷을 감추었다. 열일곱무리의 수행승들이 여섯무리의 수행승들에게 이와 같이 말했다.

[열일곱무리의 수행승들] "벗들이여,[*123] 우리의 발우와 옷을 돌려주십시오."

여섯무리의 수행승들은 웃고 열일곱무리의 수행승들은 울었다. 수행승들이 이와 같이 말했다.

[수행승들] "벗들이여, 왜 그대들은 웁니까?"

[열일곱무리의 수행승들] "벗들이여, 이 여섯무리의 수행승들이 우리의 발우와 옷을 감추었습니다."

1-2. 수행승들 가운데 욕망을 여의고, 만족을 알고, 부끄러움을 알고, 후회할 줄 알고, 배움을 원하는 자들이 있는데, 그들도 혐책하고 분개하고 비난했다.

[열일곱무리의 수행승들] "어찌 여섯무리의 수행승들이 수행승들의 발우와 옷을 감출 수 있단 말인가?"

1-3. 그래서 그 수행승들은 세존께 그 사실을 알렸다. 그러자 세존께서는 이러한 인연으로 이러한 기회에 수행승들의 참모임을 불러 모으게 하고 연유를 설하고 여섯무리의 수행승들에게 물었다.

[세존] "수행승들이여, 그대들이 수행승들의 발우와 옷을 감춘 것이 사실인가?"

[여섯무리의 수행승들] "세존이시여, 사실입니다."

존귀한 부처님께서는 견책했다.

[세존] "어리석은 자들이여, 그대들은 적절하지 않고, 자연스럽지 않고, 알맞지 않고, 수행자의 삶이 아니고, 부당하고, 해서는 안 될 일을 행한 것이다. 어리석은 자들이여, 어찌 그대들이 수행승들의 발우와 옷을 감출 수 있단 말인가? 어리석은 자들이여, 그것은 아직 청정한 믿음이 없는 자를 청정한 믿음으로 이끌고, 이미 청정한 믿음이 있는 자를 더욱더 청정한 믿음으로 이끄는 것이 아니다. 어리석은 자들이여, 그것은 오히려, 아직 청정한 믿음이 없는 자를 불신으로 이끌고, 이미 청정한 믿음이 있는 자 가운데 어떤 자들을 타락시키는 것이다."

1-4. 그리고 세존께서는 그 여섯무리의 수행승들에 대하여 여러 가지 방편으로 견책하여, 키우기 어렵고 부양하기 어렵고 탐욕이 많고 만족을 모르고 교제를 좋아하고 나태한 것에 대해 질책하고, 여러 가지 법문으로 고무하여, 키우기 쉽고 부양하기 쉽고 욕심을 여의고, 만족을 알고, 버리고 없애는 삶, 악을 제거하는 삶, 청정한 믿음의 삶, 쌓아 모우지 않는 삶, 용맹정진의 삶을 칭찬하고, 수행승들을 위하여 그에 알맞고 그에 걸맞게 경책하여 법문을 하고 수행승들에게 일렀다.

[세존] "수행승들이여, 그러므로 수행승들을 위하여 열 가지 이유에 기초하여, 즉 참모임의 수승을 위하여, 참모임의 안락을 위하여, 악한 수행승의 조복을 위하여, 품행이 바른 수행승의 평안한 삶을 위하여, 지금 여기에서의 번뇌의 제어를 위하여, 다가오는 번뇌를 물리치기 위하여, 청정한 믿음이 없는 자에게 청정한 믿음을 주기 위하여, 청정한 믿음이 있는 자에게 청정한 믿음을 증대시키기 위하여, 올바른 가르침을 지속시키기 위하여, 계율을 수호하기 위하여 학습계율을 시설하니, 수행승들이여, 그대들은 이와 같이 학습계율을 송출해야 한다."

[세존] "어떠한 수행승이든지 수행승의 발우나 옷이나 깔개나 바늘통이나 허리띠를 감추거나 감추게 시키면, 웃기 위한 놀이일지라도, 속죄죄를 범하는 것이다."[1142)]

2-1. '어떠한'이라는 것은 어떠한 관계, 어떠한 태생, 어떠한 이름, 어떠한 성씨, 어떠한 계행, 어떠한 주거, 어떠한 활동영역에서 이든지, 장로이든지, 신참이든지, 중참이든지, 이러한 자들을 형용하는 것으로 '어떠한 자이든'이라는 뜻이다. '수행승'이라고 하는 것은 '탁발하는 자'로서의 수행승, 탁발을 위해 돌아다니는 자로서의 수행승, 분소의를 입은 자로서의 수행승, 사미로서의 수행승, 자칭에 의한 수행승, '오라! 수행승이여!'에 의한 수행승, 삼귀의에 의해 구족계를 받은 수행승, 현선한 수행승, 진실한 수행승, 배울 것이 있는 학인인 수행승, 배울 것이 없는 무학인 수행승, 화합참모임과 한번제안세번제청의 갈마와 부동의 거룩한 님의 속성을 갖춘 자로서의 수행승이 있는데, 그들 가운데 화합참모임과 한번제안세번제청의 갈마와 부동의 거룩한 님의 속성을 갖춘 수행승을 두고, 그러한 의미에서의 수행승을 뜻한다.

2-2. '수행승의'라는 것은 다른 수행승을 뜻한다. '발우'라는 것은 두 가지 발우가

1142) 장타의발계(藏他衣鉢戒) | Bhikkhunī Pāc. 45 : yo pana bhikkhu bhikkhussa pattaṃ vā cīvaraṃ nisīdanaṃ vā sūcigharaṃ vā kāyabandhanaṃ vā apanidheyya vā apanidhāpeyya vā anatamaso hassāpekho pi pācittiyan'ti.

있는데 철발우와 흙발우를 뜻한다. '옷'이라는 것은 배당을 위해 적당한 최소한의 옷을 포함하는 여섯 가지 옷 가운데 어느 하나의 옷을 뜻한다. '깔개'는 '테두리가 있는 좌구'를 뜻한다. '바늘통'이라는 것은 바늘이 있는 통이거나 바늘이 없는 통을 뜻한다. '허리띠'라는 것은 두 가지 허리띠가 있는데, 면포허리띠와 봉철허리띠를 뜻한다.[1143] '감추거나'이라는 것은 '스스로 감추면, 속죄죄를 범하는 것이다.'라는 뜻이다. '감추게 시키면'이라는 것은 '다른 사람에게 명령하면, 속죄죄를 범하는 것이고, 한번 명령하여 많이 감추게 하더라도, 속죄죄를 범하는 것이다.'라는 뜻이다. '웃기위한 놀이일지라도'라는 것은 '유희하기 위한 것까지'라는 뜻이다.

2-3₁.

1) 구족계를 받은 자에 대하여 구족계를 받은 자라고 지각하고 발우나 옷이나 깔개나 바늘통이나 허리띠를 감추거나 감추게 시키면, 웃기 위한 놀일지라도 속죄죄를 범하는 것이다.
2) 구족계를 받은 자에 대하여 구족계를 받은 자인지 의심하고 발우나 옷이나 깔개나 바늘통이나 허리띠를 감추거나 감추게 시키면, 웃기 위한 놀일지라도 속죄죄를 범하는 것이다.
3) 구족계를 받은 자에 대하여 구족계를 받지 않은 자라고 지각하고 발우나 옷이나 깔개나 바늘통이나 허리띠를 감추거나 감추게 시키면, 웃기 위한 놀일지라도 속죄죄를 범하는 것이다.

2-3₂. 다른 필수품을 감추거나 감추게 시키면, 웃는 놀이일지라도 악작죄를 범하는 것이다.

2-3₃.

1) 구족계를 받지 않은 자의 발우나 옷이나 다른 필수품을 감추거나 감추게 시키면, 웃는 놀이일지라도 악작죄를 범하는 것이다.
2) 구족계를 받지 않은 자에 대하여 구족계를 받은 자라고 지각하면, 악작죄를 [*124] 범한 것이 된다.
3) 구족계를 받지 않은 자에 대하여 구족계를 받지 않은 자인지 의심하면, 악작죄를 범한 것이 된다.
4) 구족계를 받지 않은 자에 대하여 구족계를 받지 않은 자라고 지각하면, 악작죄

1143) paṭṭikā sūkarantakaṃ : 면포(綿布)-허리띠와 봉철(縫綴)-허리띠을 뜻한다.

를 범하는 것이다.1144)

2-4. 웃기위한 놀이가 아니거나, 잘못 된 것을 바로 잡거나, 이유를 말하고 돌려주겠다고 생각하고 바로 잡는 경우이거나, 정신이 착란된 자이거나, 초범자인 경우는 무죄이다.

4. 5. 6 속죄죄법 제46조

의도적 살생에 대한 학습계율[Sañciccavadhasikkhāpada]

1-1. 한때 존귀한 부처님께서는 싸밧티 시의 제따바나 숲에 있는 아나타삔디까 승원에 계셨다. 그런데 한때 존자 우다인1145)은 활을 쏘았다.1146) 그러나 그는 까마귀를 좋아하지 않았다. 그래서 까마귀를 거듭 쏘아서 머리를 잘라 꼬챙이에 순차적으로 꽂았다. 수행승들이 이와 같이 말했다.

[수행승들] "벗이여, 그 까마귀들은 누가 죽인 것입니까?"

[우다인] "벗이여, 내가 그랬습니다. 나는 까마귀를 좋아하지 않습니다."

1-2. 수행승들 가운데 욕망을 여의고, 만족을 알고, 부끄러움을 알고, 후회할 줄 알고, 배움을 원하는 자들이 있는데, 그들도 혐책하고 분개하고 비난했다.:

[욕망을 여읜 수행승들] "어찌 존자 우다인이 의도적으로 축생의 목숨을 빼앗을 수 있단 말인가?"

1-3. 그래서 그 수행승들은 세존께 그 사실을 알렸다. 그러자 세존께서는 이러한 인연으로 이러한 기회에 연유를 설하고 존자 우다인에게 물었다.

[세존] "우다인이여, 그대가 의도적으로 축생의 목숨을 빼앗은 것이 사실인가?"

[우다인] "세존이시여, 사실입니다."

존귀한 부처님께서는 견책했다.

[세존] "어리석은 자여, 그대는 적절하지 않고, 자연스럽지 않고, 알맞지 않고, 수행자의 삶이 아니고, 부당하고, 해서는 안 될 일을 행한 것이다. 어리석은 자여, 어찌 그대가 의도적으로 축생의 목숨을 빼앗을 수 있단 말인가? 어리석은 자여,

---

1144) anupasampanne anupasampannasaññi āpatti dukkaṭassa : Bd. II. 416에서는 여기서도 '추악죄'는 '무죄'가 되어야 한다고 주장하고 있다.

1145) Udāyin : 율장(Vin. III. 110, 119, 127, 130, 135, 187, 190과 Vin. IV. 20, 61, 68)에서 언급되고 있는 우다인과 동일인물으로 추측된다.

1146) issāso hoti : Smp. 864에 따르면, 그가 재가의 가장이었을 때에 궁수들을 가르쳤다.

그것은 아직 청정한 믿음이 없는 자를 청정한 믿음으로 이끌고, 이미 청정한 믿음이 있는 자를 더욱더 청정한 믿음으로 이끄는 것이 아니다. 어리석은 자여, 그것은 오히려, 아직 청정한 믿음이 없는 자를 불신으로 이끌고, 이미 청정한 믿음이 있는 자 가운데 어떤 자들을 타락시키는 것이다."

1-4. 그리고 세존께서는 그 수행승에 대하여 여러 가지 방편으로 견책하여, 키우기 어렵고 부양하기 어렵고 탐욕이 많고 만족을 모르고 교제를 좋아하고 나태한 것에 대해 질책하고, 여러 가지 법문으로 고무하여, 키우기 쉽고 부양하기 쉽고 욕심을 여의고, 만족을 알고, 버리고 없애는 삶, 악을 제거하는 삶, 청정한 믿음의 삶, 쌓아 모우지 않는 삶, 용맹정진의 삶을 칭찬하고, 수행승들을 위하여 그에 알맞고 그에 걸맞게 경책하여 법문을 하고 수행승들에게 일렀다.

[세존] "수행승들이여, 그러므로 수행승들을 위하여 열 가지 이유에 기초하여, 즉 참모임의 수승을 위하여, 참모임의 안락을 위하여, 악한 수행승의 조복을 위하여, 품행이 바른 수행승의 평안한 삶을 위하여, 지금 여기에서의 번뇌의 제어를 위하여, 다가오는 번뇌를 물리치기 위하여, 청정한 믿음이 없는 자에게 청정한 믿음을 주기 위하여, 청정한 믿음이 있는 자에게 청정한 믿음을 증대시키기 위하여, 올바른 가르침을 지속시키기 위하여, 계율을 수호하기 위하여 학습계율을 시설하니, 수행승들이여, 그대들은 이와 같이 학습계율을 송출해야 한다."

[세존] "어떠한 수행승이든지 의도적으로 축생으로부터 목숨을 빼앗는다면, 속죄죄를 범하는 것이다."[1147]

2-1. '어떠한'이라는 것은 어떠한 관계, 어떠한 태생, 어떠한 이름, 어떠한 성씨, 어떠한 계행, 어떠한 주거, 어떠한 활동영역에서 이든지, 장로이든지, 신참이든지, 중참이든지, 이러한 자들을 형용하는 것으로 '어떠한 자이든'이라는 뜻이다. '수행승'이라고 하는 것은 '탁발하는 자'로서의 수행승, 탁발을 위해 돌아다니는 자로서의 수행승, 분소의를 입은 자로서의 수행승, 사미로서의 수행승, 자칭에 의한 수행승, '오라! 수행승이여!'에 의한 수행승, 삼귀의에 의해 구족계를 받은 수행승, 현선한 수행승, 진실한 수행승, 배울 것이 있는 학인인 수행승, 배울 것이 없는 무학인 수행승, 화합참모임과 한번제안세번제청의 갈마와 부동의 거룩한 님의 속성을 갖춘 자로서의 수행승이 있는데, 그들 가운데 화합참모임과

1147) 탈축생명계(奪畜生命戒) | Bhikkhunī Pāc. 46 : yo pana bhikkhu sañcicca pāṇaṃ jīvitā voropeyya pācittiya n'ti

한번제안세번제청의 갈마와 부동의 거룩한 님의 속성을 갖춘 수행승을 두고, 그러한 의미에서의 수행승을 뜻한다.

2-2. '의도적으로'라는 것은 '알고 인지하고 목적을 가지고 고찰하여 행하는 것'이다. '축생'이라는 것은 축생의 생명을 뜻한다. '목숨을 빼앗으면'이라는 것은 '명근을 자르고 멈추게 하고 상속을 부수는 것'으로 속죄죄를 범하는 것이다.[1148]

2-3₁.

1) 축생에 대하여[*125] 축생이라고 지각하고 목숨을 빼앗으면, 속죄죄를 범하는 것이다.

2) 축생에 대하여 축생인지 의심하고 목숨을 빼앗으면, 악작죄를 범하는 것이다.[1149]

3) 축생에 대하여 축생이 아닌 것이라고 지각하고 목숨을 빼앗으면, 악작죄를 범하는 것이다.[1150]

2-3₂.

1) 축생이 아닌 것에 대해 축생이라고 지각하면, 악작죄를 범하는 것이다.

2) 축생이 아닌 것에 대해 축생이 아닌 것인지 의심하면, 악작죄를 범하는 것이다.

3) 축생이 아닌 것에 대해 축생이 아닌 것이라고 지각하면, 무죄이다.

2-4. 의도하지 않았거나, 새김을 잃었거나, 알지 못했거나, 살의가 없는 경우이거나, 정신이 착란된 자이거나, 초범자인 경우는 무죄이다.

4. 5. 7 속죄죄법 제47조

벌레가 들어있는 물에 대한 학습계율[Sappāṇakasikkhāpada]

1-1. 한때 존귀한 부처님께서는 싸밧티 시의 제따바나 숲에 있는 아나타삔디까 승원에 계셨다. 그런데 그때 여섯무리의 수행승들이 알면서도 벌레가 들어있는 물을 음용했다.[1151]

1148) jīvitā voropeyyāti: jīvitinadriyaṃ upacchindati uparodheti santatiṃ vikopeti āpatti pācittiyassa : 인간에 대해서는 Vin. Ⅲ. 73을 참조하라.

1149) pāṇe vematiko jīvitā voropeti āpatti dukkaṭassa : Vin. Ⅳ. 361에 따르면, 미얀마본은 속죄죄로 되어 있다.

1150) pāṇe appāṇasaññi jīvitā voropeti1anāpatti : Vin. Ⅳ. 361에 따르면, 미얀마본은 속죄죄로 되어 있다.

1151) tena kho pana samayena chabbaggiyā bhikkhu jānaṃ sappāṇakaṃ udakaṃ paribhuñjanti : Smp. 865에 따르면, 물을 먹는 것뿐만 아니라 사용하는 것, 즉, 발우를 씻는 다던가 목욕을 하거나, 물을 뿌린다던가하는 것을 포함한다. 그래서 역자는 음용(飮用)이라고 번역한다. 이때의 음용은 '마시는데 쓰는 것'이 아니라 '마시거나

1-2. 수행승들 가운데 욕망을 여의고, 만족을 알고, 부끄러움을 알고, 후회할 줄 알고, 배움을 원하는 자들이 있는데, 그들도 혐책하고 분개하고 비난했다.

[욕망을 여읜 수행승들] "어찌 여섯무리의 수행승들이 알면서도 벌레가 들어있는 물을 음용할 수 있단 말인가?"

1-3. 그래서 수행승들은 세존께 그 사실을 알렸다. 그러자 세존께서는 이러한 인연으로 이러한 기회에 연유를 설하고 여섯무리의 수행승들에게 물었다.

[세존] "수행승들이여, 그대들이 알면서도 벌레가 들어있는 물을 음용한 것이 사실인가?"

[여섯무리의 수행승들] "세존이시여, 사실입니다."

존귀한 부처님께서는 견책했다.

[세존] "어리석은 자들이여, 그대들은 적절하지 않고, 자연스럽지 않고, 알맞지 않고, 수행자의 삶이 아니고, 부당하고, 해서는 안 될 일을 행한 것이다. 어리석은 자들이여, 어찌 그대들은 알면서도 벌레가 들어있는 물을 음용할 수 있단 말인가? 어리석은 자들이여, 그것은 아직 청정한 믿음이 없는 자를 청정한 믿음으로 이끌고, 이미 청정한 믿음이 있는 자를 더욱더 청정한 믿음으로 이끄는 것이 아니다. 어리석은 자들이여, 그것은 오히려, 아직 청정한 믿음이 없는 자를 불신으로 이끌고, 이미 청정한 믿음이 있는 자 가운데 어떤 자들을 타락시키는 것이다."

1-4. 그리고 세존께서는 그 수행승에 대하여 여러 가지 방편으로 견책하여, 키우기 어렵고 부양하기 어렵고 탐욕이 많고 만족을 모르고 교제를 좋아하고 나태한 것에 대해 질책하고, 여러 가지 법문으로 고무하여, 키우기 쉽고 부양하기 쉽고 욕심을 여의고, 만족을 알고, 버리고 없애는 삶, 악을 제거하는 삶, 청정한 믿음의 삶, 쌓아 모우지 않는 삶, 용맹정진의 삶을 칭찬하고, 수행승들을 위하여 그에 알맞고 그에 걸맞게 경책하여 법문을 하고 수행승들에게 일렀다.

[세존] "수행승들이여, 그러므로 수행승들을 위하여 열 가지 이유에 기초하여, 즉 참모임의 수승을 위하여, 참모임의 안락을 위하여, 악한 수행승의 조복을 위하여, 품행이 바른 수행승의 평안한 삶을 위하여, 지금 여기에서의 번뇌의 제어를 위하여, 다가오는 번뇌를 물리치기 위하여, 청정한 믿음이 없는 자에게 청정한 믿음을 주기 위하여, 청정한 믿음이 있는 자에게 청정한 믿음을 증대시키기 위하여, 올바른 가르침을 지속시키기 위하여, 계율을 수호하기 위하여 학습계율을

사용하는 것'을 의미한다.

시설하니, 수행승들이여, 그대들은 이와 같이 학습계율을 송출해야 한다."

수행승들이여, 그런데 이와 같이 학습계율을 송출해야 한다.

[세존] "어떠한 수행승이든지 알면서도 벌레가 들어있는 물을 음용하면, 속죄죄를 범하는 것이다."1152)

2-1. '어떠한'이라는 것은 어떠한 관계, 어떠한 태생, 어떠한 이름, 어떠한 성씨, 어떠한 계행, 어떠한 주거, 어떠한 활동영역에서 이든지, 장로이든지, 신참이든지, 중참이든지, 이러한 자들을 형용하는 것으로 '어떠한 자이든'이라는 뜻이다. '수행승'이라고 하는 것은 '탁발하는 자'로서의 수행승, 탁발을 위해 돌아다니는 자로서의 수행승, 분소의를 입은 자로서의 수행승, 사미로서의 수행승, 자칭에 의한 수행승, '오라! 수행승이여!'에 의한 수행승, 삼귀의에 의해 구족계를 받은 수행승, 현선한 수행승, 진실한 수행승, 배울 것이 있는 학인인 수행승, 배울 것이 없는 무학인 수행승, 화합참모임과 한번제안세번제청의 갈마와 부동의 거룩한 님의 속성을 갖춘 자로서의 수행승이 있는데, 그들 가운데 화합참모임과 한번제안세번제청의 갈마와 부동의 거룩한 님의 속성을 갖춘 수행승을 두고, 그러한 의미에서의 수행승을 뜻한다.

2-2₁.

1) 벌레가 들어있는 것에 대해 벌레가 들어있는 것이라고 지각하고 음용하면, 속죄죄를 범하는 것이다.
2) 벌레가 들어있는 것에 대해 벌레가 들어있는 것인지 의심하고 음용하면, 악작죄를 범하는 것이다.1153)
3) 벌레가 들어있는 것에 대해 벌레가 들어있지 않은 것이라고 지각하고 음용하면, 무죄이다.1154)

2-2₂.

1) 벌레가 들어있지 않는 것에 대해 벌레가 들어있는 것이라고 지각하면, 악작죄를 범하는 것이다.

1152) 음충수계(飮蟲水戒) | Bhikkhunī Pāc. 47 : yo pana bhikkhu jānaṃ sappāṇakaṃ udakaṃ paribhuñajayya pācittiyan'ti.

1153) Sappāṇake vematiko paribhuñjati āpatti dukkaṭassa : Vin. IV. 361에 따르면, 미얀마본은 속죄죄로 되어 있다.

1154) sappāṇake appāṇaka saññi paribhuñjati āpatti pācittiyassa : Vin. IV. 361에 따르면, 미얀마본은 '무죄'가 아니라 '속죄죄'로 로 되어 있다.

2) 벌레가 들어있지 않는 것에 대해 벌레가 들어있지 않은 것인지 의심하면, 악작죄를 범하는 것이다.
3) 벌레가 들어있지 않는 것에 대해 벌레가 들어있지 않은 것이라고 지각하면, 무죄이다.

2-3. 벌레가 들어있어도 알지 못했거나, 벌레가 들어있지 않다고 알거나, 음용해도 죽지 않을 것이라고 알고 음용하는 경우이거나, 정신이 착란된 자이거나, 초범자인 경우는 무죄이다.

4. 5. 8 속죄죄법 제48조

번복에 대한 학습계율[Ukkoṭanasikkhāpada]

1-1. 한때[*126] 존귀한 부처님께서는 싸밧티 시의 제따바나 숲에 있는 아나타삔디까 승원에 계셨다. 그런데 그때 여섯무리의 수행승들이 알면서 원칙에 맞게 쟁사가 결정되었는데도 다시 갈마를 행해야 한다고 이와 같이 번복했다.

[여섯무리의 수행승들] "갈마는 행해지지 않았다, 갈마는 잘못 행해졌다. 갈마는 다시 행해야 한다. 결정은 이루어지지 않았다. 결정은 잘못되었다. 다시 결정해야 한다."

1-2. 수행승들 가운데 욕망을 여의고, 만족을 알고, 부끄러움을 알고, 후회할 줄 알고, 배움을 원하는 자들이 있는데, 그들도 혐책하고 분개하고 비난했다.

[욕망을 여읜 수행승들] "어찌 여섯무리의 수행승들이 알면서 원칙에 맞게 쟁사가 결정되었는데도 다시 갈마를 행해야 한다고 번복할 수가 있단 말인가?"

1-3. 그래서 수행승들은 세존께 그 사실을 알렸다. 그러자 세존께서는 이러한 인연으로 이러한 기회에 연유를 설하고 여섯무리의 수행승들에게 물었다.

[세존] "수행승들이여, 그대들이 알면서 원칙에 맞게 쟁사가 결정되었는데도 다시 갈마를 행해야 한다고 번복한 것이 사실인가?"

[여섯무리의 수행승들] "세존이시여, 사실입니다."

존귀한 부처님께서는 견책했다.

[세존] "어리석은 자들이여, 그대들은 적절하지 않고, 자연스럽지 않고, 알맞지 않고, 수행자의 삶이 아니고, 부당하고, 해서는 안 될 일을 행한 것이다. 어리석은 자들이여, 어찌 그대들은 알면서 원칙에 맞게 쟁사가 결정되었는데도 다시 갈마

를 행해야 한다고 번복할 수가 있단 말인가? 어리석은 자들이여, 그것은 아직 청정한 믿음이 없는 자를 청정한 믿음으로 이끌고, 이미 청정한 믿음이 있는 자를 더욱더 청정한 믿음으로 이끄는 것이 아니다. 어리석은 자들이여, 그것은 오히려, 아직 청정한 믿음이 없는 자를 불신으로 이끌고, 이미 청정한 믿음이 있는 자 가운데 어떤 자들을 타락시키는 것이다."

1-4. 그리고 세존께서는 그 여섯무리의 수행승들에 대하여 여러 가지 방편으로 견책하여, 키우기 어렵고 부양하기 어렵고 탐욕이 많고 만족을 모르고 교제를 좋아하고 나태한 것에 대해 질책하고, 여러 가지 법문으로 고무하여, 키우기 쉽고 부양하기 쉽고 욕심을 여의고, 만족을 알고, 버리고 없애는 삶, 악을 제거하는 삶, 청정한 믿음의 삶, 쌓아 모우지 않는 삶, 용맹정진의 삶을 칭찬하고, 수행승들을 위하여 그에 알맞고 그에 걸맞게 경책하여 법문을 하고 수행승들에게 일렀다.

[세존] "수행승들이여, 그러므로 수행승들을 위하여 열 가지 이유에 기초하여, 즉 참모임의 수승을 위하여, 참모임의 안락을 위하여, 악한 수행승의 조복을 위하여, 품행이 바른 수행승의 평안한 삶을 위하여, 지금 여기에서의 번뇌의 제어를 위하여, 다가오는 번뇌를 물리치기 위하여, 청정한 믿음이 없는 자에게 청정한 믿음을 주기 위하여, 청정한 믿음이 있는 자에게 청정한 믿음을 증대시키기 위하여, 올바른 가르침을 지속시키기 위하여, 계율을 수호하기 위하여 학습계율을 시설하니, 수행승들이여, 그대들은 이와 같이 학습계율을 송출해야 한다."

[세존] "어떠한 수행승이든지 원칙에 맞게 쟁사가 결정되었는데도 다시 갈마에 회부해야 한다고 번복하면, 속죄죄를 범하는 것이다."1155)

2-1. '어떠한'이라는 것은 어떠한 관계, 어떠한 태생, 어떠한 이름, 어떠한 성씨, 어떠한 계행, 어떠한 주거, 어떠한 활동영역에서 이든지, 장로이든지, 신참이든지, 중참이든지, 이러한 자들을 형용하는 것으로 '어떠한 자이든'이라는 뜻이다. '수행승'이라고 하는 것은 '탁발하는 자'로서의 수행승, 탁발을 위해 돌아다니는 자로서의 수행승, 분소의를 입은 자로서의 수행승, 사미로서의 수행승, 자칭에 의한 수행승, '오라! 수행승이여!'에 의한 수행승, 삼귀의에 의해 구족계를 받은 수행승, 현선한 수행승, 진실한 수행승, 배울 것이 있는 학인인 수행승, 배울 것이 없는 무학인 수행승, 화합참모임과 한번제안세번제청의 갈마와 부동의 거

1155) 발쟁계(發諍戒) | Bhikkhunī Pāc. 48 : yo pana bhikkhu jānaṃ yathādhammaṃ nihatādhikaraṇaṃ puna kammāya ukkoṭeyya, pācittiyan'ti.

룩한 님의 속성을 갖춘 자로서의 수행승이 있는데, 그들 가운데 화합참모임과 한번제안세번제청의 갈마와 부동의 거룩한 님의 속성을 갖춘 수행승을 두고, 그러한 의미에서의 수행승을 뜻한다.

2-2. '알면서'라는 것은 '스스로 알았거나, 타인이 알려주었거나, 혹은 누군가가 알려준 것'을 뜻한다. '원칙에 맞게'라는 것은 원칙에 의해서나 계율에 의해서나 스승의 가르침에 의해서 행해지면, 그것이 원칙에 입각한 것이라는 뜻이다. '쟁사'라는 것은 네 가지 쟁사가 있는데, 논쟁으로 인한 쟁사, 비난으로 인한 쟁사, 범죄로 인한 쟁사, 절차로 인한 쟁사를 뜻한다.1156) '다시 갈마에 회부해야 한다고 번복하면'이라는 것은 다음과 같다. '갈마는 행해지지 않았다, 갈마는 잘못 행해졌다. 갈마는 다시 행해야 한다. 결정은 이루어지지 않았다. 결정은 잘못되었다. 다시 결정해야 한다.'라고 알면서 번복하면, 속죄죄를 범하는 것이다.

2-3₁.

1) 원칙에 입각한 갈마에 대하여 원칙에 입각한 갈마라고 지각하고 번복하면, 속죄죄를 범하는 것이다.
2) 원칙에 입각한 갈마에 대하여 원칙에 입각한 갈마인지 의심하고 번복하면, 악작죄를 범하는 것이다.
3) 원칙에 입각한 갈마에 대하여 원칙에 입각하지 않은 갈마라고 지각하고 번복하면, 무죄이다.1157)

2-3₂.

1) 원칙에 입각하지 않은 갈마에 대하여 원칙에 입각한 갈마라고 지각하면, 악작죄를 범하는 것이다.
2) 원칙에 입각하지 않은 갈마에 대하여 원칙에 입각하지 않은 갈마인지 의심하면, 악작죄를 범하는 것이다.
3) 원칙에 입각하지 않은 갈마에 대하여 원칙에 입각하지 않은 갈마라고 지각하면, 무죄이다.

1156) adhikaraṇaṃ nāma: cattāri adhikaraṇāti vivādādhikaraṇaṃ anuvādādhikaraṇaṃ āpattādikaraṇaṃ kiccādhikaraṇaṃ : 네 가지 쟁사(cattāri adhikaraṇāni) 즉, 사쟁사(四諍事)가 있다. 그 네 가지는 ① 논쟁으로 인한 쟁사(vivādādhikaraṇa) 즉, 논쟁사(論爭事) ② 비난으로 인한 쟁사(anuvādādhikaraṇa) 즉, 비난사(非難事), ③ 범죄로 인한 쟁사(āpattādhikaraṇa) 즉, 죄쟁사(罪諍事) ④ 절차로 인한 쟁사(kiccādhikaraṇa) 즉, 행쟁사(行諍事)가 있다. 상세한 것은 Vin. II. 87; Vin. III. 163; MN. II. 247-250; AN. I. 99를 참조하라.

1157) dhammakamme adhammakammasaññī ukkoṭeti anāpatti : Vin. IV. 361에 따르면, 미얀마본은 무죄가 아니라 속죄죄이다.

2-4. 비법에 의한 것이나, 불완전한 모임에 의한 것이거나, 갈마에 적당하지 않은 자가 행했다고 알고 번복하는 경우이거나, 정신이 착란된 자이거나, 초범자인 경우는 무죄이다.

4. 5. 9 속죄죄법 제49조

도둑인 카라반에 대한 학습계율[Theyyasatthasikkhāpada]

1-1. 한때[*131] 존귀한 부처님께서 라자가하 시의 벨루바나 숲에 있는 깔란다까니바빠 공원에 계셨다. 그런데 그때 어떤 카라반이 라자가하 시에서 빠띠야로까[1158] 지방으로 가고자 했다. 어떤 수행승이 그 사람들에게 이와 같이 말했다.

[수행승] "나도 그대들과 함께 가겠습니다."

[사람들] "존자여, 우리들은 세금을 은닉할 것입니다."[1159]

[수행승] "벗들이여, 알겠습니다."

관리들이 '카라반이 세금을 은닉할 것이다.'라고 들었다. 그들은 도중에 몰려들었다. 그래서 그 관리들은 그 카라반을 붙잡아 압수하고 그 수행승에게 이와 같이 말했다.

[관리들] "존자여, 왜 그대는 알면서도 도적인 카라반과 함께 갔습니까?"

그들은 억류했다가 풀어주었다.

1-2. 그러자 그 수행승들은 싸밧티 시에 가서 수행승들에게 그 사실을 알렸다. 수행승들 가운데 욕망을 여의고, 만족을 알고, 부끄러움을 알고, 후회할 줄 알고, 배움을 원하는 자들이 있는데, 그들도 혐책하고 분개하고 비난했다.

[욕망을 여읜 수행승들] "어찌 수행승이 알면서도 도적인 카라반과 함께 미리 약속하여 동일한 여행길을 갈 수 있는가?"

1-3. 그래서 그 수행승들은 세존께 그 사실을 알렸다. 그러자 세존께서는 이러한 인연으로 이러한 기회에 수행승들의 참모임을 불러 모으게 하고 연유를 설하고 그 수행승에게 물었다.

[세존] "수행승이여, 그대가 알면서도 도적인 카라반과 함께 미리 약속하여 동일한 여행길을 간 것이 사실인가?"

1158) Paṭiyāloka : 라자가하 시 근처의 장소이다. Smp. 868에서는 '햇빛이 마주하는 서쪽 지방'을 말한다.
1159) mayaṃ kho bhante suṃkaṃ pariharissāmā'ti : Vin. III. 52에 따르면, 수행승에게 악작죄를 범하는 것이다.

[수행승] "세존이시여, 사실입니다."

존귀한 부처님께서는 견책했다.

[세존] "어리석은 자여, 그대는 적절하지 않고, 자연스럽지 않고, 알맞지 않고, 수행자의 삶이 아니고, 부당하고, 해서는 안 될 일을 행한 것이다. 어리석은 자여, 어찌 그대가 알면서도 도적인 카라반과 함께 미리 약속하여 동일한 여행길을 갈 수 있는가? 어리석은 자여, 그것은 아직 청정한 믿음이 없는 자를 청정한 믿음으로 이끌고, 이미 청정한 믿음이 있는 자를 더욱더 청정한 믿음으로 이끄는 것이 아니다. 어리석은 자여, 그것은 오히려, 아직 청정한 믿음이 없는 자를 불신으로 이끌고, 이미 청정한 믿음이 있는 자 가운데 어떤 자들을 타락시키는 것이다."

1-4. 그리고 세존께서는 그 수행승에 대하여 여러 가지 방편으로 견책하여, 키우기 어렵고 부양하기 어렵고 탐욕이 많고 만족을 모르고 교제를 좋아하고 나태한 것에 대해 질책하고, 여러 가지 법문으로 고무하여, 키우기 쉽고 부양하기 쉽고 욕심을 여의고, 만족을 알고, 버리고 없애는 삶, 악을 제거하는 삶, 청정한 믿음의 삶, 쌓아 모우지 않는 삶, 용맹정진의 삶을 칭찬하고, 수행승들을 위하여 그에 알맞고 그에 걸맞게 경책하여 법문을 하고 수행승들에게 일렀다.

[세존] "수행승들이여, 그러므로 수행승들을 위하여 열 가지 이유에 기초하여, 즉 참모임의 수승을 위하여, 참모임의 안락을 위하여, 악한 수행승의 조복을 위하여, 품행이 바른 수행승의 평안한 삶을 위하여, 지금 여기에서의 번뇌의 제어를 위하여, 다가오는 번뇌를 물리치기 위하여, 청정한 믿음이 없는 자에게 청정한 믿음을 주기 위하여, 청정한 믿음이 있는 자에게 청정한 믿음을 증대시키기 위하여, 올바른 가르침을 지속시키기 위하여, 계율을 수호하기 위하여 학습계율을 시설하니, 수행승들이여, 그대들은 이와 같이 학습계율을 송출해야 한다.

[세존] "어떠한 수행승이든지 알면서도 도적인 카라반과 함께 미리 약속하여 동일한 여행길을 가면, 한 마을의 사이일지라도 속죄죄를 범하는 것이다."1160)

2-1. '어떠한'이라는 것은 어떠한 관계, 어떠한 태생, 어떠한 이름, 어떠한 성씨, 어떠한 계행, 어떠한 주거, 어떠한 활동영역에서 이든지, 장로이든지, 신참이든지, 중참이든지, 이러한 자들을 형용하는 것으로 '어떠한 자이든'이라는 뜻이다.

1160) 여적기행계(與賊期行戒) | Bhikkhunī Pāc. 49 : yo pana bhikkhu jānaṃ theyyasatthena saddhiṃ saṃvidhāya ekaddhānamaggaṃ paṭipajjeyya antamaso gāmantarampi, pācittiyan'ti : 속죄죄법 제27조(Bhikkhu Pāc. 27)를 참조하라.

'수행승'이라고 하는 것은 '탁발하는 자'로서의 수행승, 탁발을 위해 돌아다니는 자로서의 수행승, 분소의를 입은 자로서의 수행승, 사미로서의 수행승, 자칭에 의한 수행승, '오라! 수행승이여!'에 의한 수행승, 삼귀의에 의해 구족계를 받은 수행승, 현선한 수행승, 진실한 수행승, 배울 것이 있는 학인인 수행승, 배울 것이 없는 무학인 수행승, 화합참모임과 한번제안세번제청의 갈마와 부동의 거룩한 님의 속성을 갖춘 자로서의 수행승이 있는데, 그들 가운데 화합참모임과 한번제안세번제청의 갈마와 부동의 거룩한 님의 속성을 갖춘 수행승을 두고, 그러한 의미에서의 수행승을 뜻한다.

2-2. '알면서'라는 것은 '스스로 알았거나, 타인이 알려주었거나, 혹은 누군가가 알려준 것'을 뜻한다. '도적인 카라반'이라는 것은 '도둑으로서 행위를 한 자나 아직 하지 않은 자가 있고, 왕들의 것을 약탈하거나 세금을 은닉한다. '함께'라는 것은 '같이'라는 뜻이다. '미리 약속하여'라는 것은 다음과 같다. '벗들이여, 우리가 갑니다. 존자들이여, 우리가 갑니다.' '존자들이여, 우리가 갑니다. 벗들이여, 우리가 갑니다.' '오늘이나 내일이나 모래 갑니다.'라고 미리 약속하면, 속죄죄를 범하는 것이다. '한 마을의 사이일지라도'라는 것은 '부근의 마을에서 마을 사이이라도 속죄죄를 범하는 것이고, 마을이 없는 광야에서는 반 요자나이면, 속죄죄를 범하는 것이다.'라는 뜻이다.

2-3₁.

1) 도둑인 카라반[*132]에 대하여 도둑인 카라반이라고 지각하고 미리 약속하여 동일한 여행길을 가면, 한 마을의 사이일지라도 속죄죄를 범하는 것이다.
2) 도둑인 카라반에 대하여 도둑인 카라반인지 의심하고 미리 약속하여 동일한 여행길을 가면, 한 마을의 사이일지라도 악작죄를 범하는 것이다.
3) 도둑인 카라반에 대하여 도둑이 아닌 카라반이라고 지각하고 미리 약속하여 동일한 여행길을 가면, 한 마을의 사이일지라도 무죄이다.

2-3₂. 수행승들이 미리 약속하고 사람들이 미리 약속하지 않으면, 악작죄를 범하는 것이다.

2-3₃.

1) 도둑이 아닌 카라반을 도둑인 카라반이라고 지각하면, 악작죄를 범하는 것이다.
2) 도둑이 아닌 카라반을 도둑이 아닌 카라반인지 의심하면, 악작죄를 범하는 것이다.

3) 도둑이 아닌 카라반을 도둑이 아닌 카라반이라고 지각하면, 무죄이다.

2-4. 미리 약속을 하지 않고 가거나, 사람들이 미리 약속하고 수행승이 미리 약속하지 않거나, 미리 약속한 것과 다르게 가거나, 사고가 난 경우이거나, 정신이 착란된 자이거나, 초범자인 경우는 무죄이다.

4. 5. 10 속죄죄법 제50조

아릿타에 대한 학습계율[Ariṭṭhasikkhāpada]

1-1. 한때 존귀하신 부처님께서는 싸밧티 시의 제따바나 숲에 있는 아나타삔디까 승원에 계셨다. 그때 예전에 독수리조련사였던[*134] 아릿타[1161]라는 수행승이 이와 같은 악견을 일으켰다.

[아릿타] '내가 세존께서 가르치신 진리를 이해하기로는, 틀림없이 세존께서 장애가 되는 것[1162]이라고 설한 것들도 그것들을 수용하는 자에게는 장애가 되지 않습니다.'[1163]

다수의 수행승들이 예전에 독수리조련사였던 아릿타라는 수행승이 이와 같이 '내가 세존께서 가르치신 진리를 이해하기로는, 틀림없이 세존께서 장애가 되는 것이라고 설한 것들도 그것들을 수용하는 자에게는 장애가 되지 않습니다.'라는 악견을 일으킨 것에 대해 들었다.

그래서 그 수행승들은 예전의 독수리조련사였던 수행승 아릿타가 있는 곳을 찾아갔다. 가까이 다가가서 이와 같이 말했다.

1161) Ariṭṭha : MN. I. 130; 中阿含 200, 阿梨吒經(大正 1, 763), 增壹 43・5, 船筏(大正 2, 759)에 등장하며, 아릿타(Ariṭṭha)는 예전에 독수리조련사였다. 그는 '세존께서 장애가 되는 것이라고 설한 것들도 그것들을 수용하는 자에게는 장애가 되지 않는다.'라는 악견을 갖고 있었는데, 그 악견이 맛지마니까야(MN. I. 130-132)와 이곳(Vin. II. 25)에서 등장한다. 그는 자신의 악견을 굽히기를 거부한 그에게 권리정지조치의 갈마(ukkhepaniyakamma : 擧罪羯摩)가 행해졌고, 그는 승단을 떠나 출죄복귀될 때까지 돌아오지 않았다. 또한 Vin. IV. 133에서는 충고에도 불구하고 자신의 악견을 버리지 않은 그에게 속죄죄(Pāc. 68)가 선고되었다는 내용도 있다. SN. IV. 874에서 부처님은 그에게 호흡새김에 대해 상세하게 설명한다.

1162) antarāyikā dhammā : 여기서 장애라고 설한 것은 성적 교섭을 뜻한다. Vin. I. 103에 따르면, 거짓말이 장애가 되는 것이다. SN. II. 226에서는 이득과 명성과 칭송이 장애가 되는 것이라고 설해진다. Smp. 869 = Pps. II. 102에 따르면, 업(kamma), 오염(kilesa), 이숙(vipāka), 비난(upavāda), 명령을 어김(āṇāvītikamma)을 뜻한다. Pps. II. 33에 따르면, 의도적으로 일곱 가지 죄악을 범하는 것이 장애가 되는 것이다.

1163) te paṭisevato nālaṃ antarāyāyā'ti : 이러한 견해는 아래의 패러그래프와 Vin. IV. 138과 속죄죄법 제52조(Bhikkhunī Pāc. 52)에서도 동일하게 비난받는다.

[수행승들] "벗이여, 그대가 이와 같이 '내가 세존께서 가르치신 진리를 이해하기로는, 틀림없이 세존께서 장애가 되는 것이라고 설한 것들도 그것들을 수용하는 자에게는 장애가 되지 않습니다.'라는 악견을 일으킨 것이 사실인가?"

[아릿타] "벗들이여, 내가 세존께서 가르치신 진리를 이해하기로는, 틀림없이 세존께서 장애가 되는 것이라고 설한 것들도 그것들을 수용하는 자에게는 장애가 되지 않습니다."

1-2. [수행승들] "벗이여, 아릿타여, 그렇게 말하지 않는 것이 좋겠습니다. 세존의 가르침을 잘못 대변하지 마십시오. 세존의 가르침을 잘못 대변하는 것은 옳지 않습니다. 세존께서는 그렇게 설하지 않으셨습니다. 벗이여, 아릿타여, 여러 가지 법문으로써 세존께서는 장애가 되는 것들이 어떻게 장애가 되는가와 그것들을 수용하는 자에게도 어떻게 장애가 되는가에 대해 분명히 설했습니다. 세존께서는 감각적 쾌락에 대한 욕망에는 즐거움은 적고 괴로움이 많고 근심이 많으며, 위험은 더욱 많다고 설했습니다.

1) 또한 세존께서는 감각적 쾌락에 대한 욕망은 해골과 같아 즐거움은 적고 괴로움이 많고 근심이 많으며, 위험은 더욱 많다고 설했습니다.
2) 또한 세존께서는 감각적 쾌락에 대한 욕망은 고깃덩어리과 같아 즐거움은 적고 괴로움이 많고 근심이 많으며, 위험은 더욱 많다고 설했습니다.
3) 또한 세존께서는 감각적 쾌락에 대한 욕망은 건초횃불과 같아 즐거움은 적고 괴로움이 많고 근심이 많으며, 위험은 더욱 많다고 설했습니다.
4) 또한 세존께서는 감각적 쾌락에 대한 욕망은 숯불구덩이과 같아 즐거움은 적고 괴로움이 많고 근심이 많으며, 위험은 더욱 많다고 설했습니다.
5) 또한 세존께서는 감각적 쾌락에 대한 욕망은 꿈과 같아 즐거움은 적고 괴로움이 많고 근심이 많으며, 위험은 더욱 많다고 설했습니다.
6) 또한 세존께서는 감각적 쾌락에 대한 욕망은 빌린 재물과 같아 즐거움은 적고 괴로움이 많고 근심이 많으며, 위험은 더욱 많다고 설했습니다.
7) 또한 세존께서는 감각적 쾌락에 대한 욕망은 과일나무와 같아[*26] 즐거움은 적고 괴로움이 많고 근심이 많으며, 위험은 더욱 많다고 설했습니다.
8) 또한 세존께서는 감각적 쾌락에 대한 욕망은 칼과 도마와 같아 즐거움은 적고 괴로움이 많고 근심이 많으며, 위험은 더욱 많다고 설했습니다.
9) 또한 세존께서는 감각적 쾌락에 대한 욕망은 창끝과 같아 즐거움은 적고 괴로움이 많고 근심이 많으며, 위험은 더욱 많다고 설했습니다.

10) 또한 세존께서는 감각적 쾌락에 대한 욕망은 뱀머리와 같아 즐거움은 적고 괴로움이 많고 근심이 많으며, 위험은 더욱 많다고 설했습니다."1164)

이와 같이 그 수행승들이 말했음에도 불구하고 예전에 독수리조련사였던 수행승 아릿타는 오히려 그 악견을 완강히 고집하고 그것에 집착하며 이와 같이 주장했다.

[아릿타] "내가 세존께서 가르치신 진리를 이해하기로는, 틀림없이 세존께서 장애가 되는 것이라고 설한 것들도 그것들을 수용하는 자에게는 장애가 되지 않는다."

1-3. 그 수행승들은 예전에 독수리조련사였던 수행승 아릿타를 그 악견에서 벗어나게 할 수 없자, 곧 세존께서 계신 곳을 찾아갔다. 가까이 다가가서 세존께 그 사실을 알렸다. 그러자 세존께서는 이것을 기회로[*135] 이것을 원인으로 수행승들의 참모임을 불러 모아서 예전의 독수리조련사였던 수행승 아릿타에게 물었다.

[세존] "아릿타여, 그대가 이와 같이 '내가 세존께서 가르치신 진리를 이해하기로는, 틀림없이 세존께서 장애가 되는 것이라고 설한 것들도 그것들을 수용하는 자에게는 장애가 되지 않습니다.'라는 악견을 일으킨 것이 사실인가?"

[아릿타] "세존이시여, 제가 세존께서 가르치신 진리를 이해하기로는, 틀림없이 세존께서 장애가 되는 것이라고 설한 것들도 그것들을 수용하는 자에게는 장애가 되지 않습니다."

[세존] "어리석은 자여, 누구에게 내가 그러한 가르침을 설했다고 하는가? 여러 가지 법문으로써 나는 장애가 되는 것들이 어떻게 장애가 되는가와 그것들을 수용하는 자에게 어떻게 장애가 되는가에 대해 설했다. 나는 감각적 쾌락에 대한 욕망에는 즐거움은 적고 괴로움이 많고 근심이 많으며, 위험은 더욱 많다고 설했다.

1) 또한 나는 감각적 쾌락에 대한 욕망은 해골과 같아 즐거움은 적고 괴로움이 많고 근심이 많으며, 위험은 더욱 많다고 설했다.

2) 또한 나는 감각적 쾌락에 대한 욕망은 고깃덩어리과 같아 즐거움은 적고 괴로움이 많고 근심이 많으며, 위험은 더욱 많다고 설했다.

1164) aṭṭhikaṅkhalūpamā … maṃsapesūpamā … tiṇukkūpamā … aṅgārakāsūpamā … supinakūpamā … yācitakūpamā … rukkhaphalūpamā … asisūnūpamā … sattisūlūpamā … sappasirūpamā : 이 열한 가지 비유는 AN. III. 97; Jāt. V. 210; Thīg. 487-419에도 등장한다. 앞의 일곱 가지 비유에 대해서는 MN. I. 364에 상세히 등장한다. 칼과 도마는 도살장을 의미하며 칼과 도마의 비유에 대해서는 MN. 23을 보라. 창끝의 비유와 뱀머리의 비유는 불분명하다. Pps. II. 103에 따르면, 감각적 쾌락의 욕망은 창끝처럼 관통하고 뱀머리처럼 위험하다.

3) 또한 나는 감각적 쾌락에 대한 욕망은 건초횃불과 같아 즐거움은 적고 괴로움이 많고 근심이 많으며, 위험은 더욱 많다고 설했다.
4) 또한 나는 감각적 쾌락에 대한 욕망은 숯불구덩이과 같아 즐거움은 적고 괴로움이 많고 근심이 많으며, 위험은 더욱 많다고 설했다.
5) 또한 나는 감각적 쾌락에 대한 욕망은 꿈과 같아 즐거움은 적고 괴로움이 많고 근심이 많으며, 위험은 더욱 많다고 설했다.
6) 또한 나는 감각적 쾌락에 대한 욕망은 빌린 재물과 같아 즐거움은 적고 괴로움이 많고 근심이 많으며, 위험은 더욱 많다고 설했다.
7) 또한 나는 감각적 쾌락에 대한 욕망은 과일나무와 같아 즐거움은 적고 괴로움이 많고 근심이 많으며, 위험은 더욱 많다고 설했다.
8) 또한 나는 감각적 쾌락에 대한 욕망은 칼과 도마와 같아 즐거움은 적고 괴로움이 많고 근심이 많으며, 위험은 더욱 많다고 설했다.
9) 또한 나는 감각적 쾌락에 대한 욕망은 창끝과 같아 즐거움은 적고 괴로움이 많고 근심이 많으며, 위험은 더욱 많다고 설했다.
10) 또한 나는 감각적 쾌락에 대한 욕망은 뱀머리와 같아 즐거움은 적고 괴로움이 많고 근심이 많으며, 위험은 더욱 많다고 설했다.

그러나 어리석은 자여, 그대는 스스로 잘못 해석할 뿐만 아니라 우리를 잘못 대변하여 자신을 파괴하고 많은 해악을 쌓는다. 어리석은 자여, 그것은 실로 그대를 오랜 세월 불익과 고통으로 이끌 것이다. 어리석은 자여, 그것은 아직 청정한 믿음이 없는 자를 청정한 믿음으로 이끌고, 이미 청정한 믿음이 있는 자를 더욱더 청정한 믿음으로 이끄는 것이 아니다. 어리석은 자여, 그것은 오히려, 아직 청정한 믿음이 없는 자를 불신으로 이끌고, 이미 청정한 믿음이 있는 자 가운데 어떤 자들을 타락시키는 것이다.”

1-4. 그리고 세존께서는 그 수행승들에 대하여 여러 가지 방편으로 견책하여, 키우기 어렵고 부양하기 어렵고 탐욕이 많고 만족을 모르고 교제를 좋아하고 나태한 것에 대해 질책하고, 여러 가지 법문으로 고무하여, 키우기 쉽고 부양하기 쉽고 욕심을 여의고, 만족을 알고, 버리고 없애는 삶, 악을 제거하는 삶, 청정한 믿음의 삶, 쌓아 모우지 않는 삶, 용맹정진의 삶을 칭찬하고, 수행승들을 위하여 그에 알맞고 그에 걸맞게 경책하여 법문을 하고 수행승들에게 일렀다.

[세존] “수행승들이여, 그러므로 수행승들을 위하여 열 가지 이유에 기초하여, 즉 참모임의 수승을 위하여, 참모임의 안락을 위하여, 악한 수행승의 조복을 위하

여, 품행이 바른 수행승의 평안한 삶을 위하여, 지금 여기에서의 번뇌의 제어를 위하여, 다가오는 번뇌를 물리치기 위하여, 청정한 믿음이 없는 자에게 청정한 믿음을 주기 위하여, 청정한 믿음이 있는 자에게 청정한 믿음을 증대시키기 위하여, 올바른 가르침을 지속시키기 위하여, 계율을 수호하기 위하여 학습계율을 시설하겠으니, 수행승들이여, 그대들은 이와 같이 학습계율을 송출해야 한다."

[세존] "어떠한 수행승이든지 이와 같이 '내가 세존께서 가르치신 진리를 이해하기로는, 틀림없이 세존께서 장애가 되는 것이라고 설한 것들도 그것들을 수용하는 자에게는 장애가 되지 않습니다.'라고 말한다면, 수행승들은 그 수행승에게 '존자여, 그와 같이 말하지 말라. 세존을 잘못 대변하지 말라. 세존을 잘못 대변하는 것은 옳지 않다. 존자여, 세존께서는 여러 가지 법문으로 장애가 되는 것은 장애라고 말씀했고 그것을 행하는 자에 따라서 장애가 되기에 충분하다고 말씀했다.'라고 이와 같이 말해주어야 한다. 수행승들이 그 수행승에게 이와 같이 말해주더라도 오히려 고집하면, 수행승들은 그 수행승에게 그것을 버리게 하기 위하여 세 번까지 충고를 해야 한다. 세 번까지 충고하여 만약 그것을 버리면 훌륭한 일이지만, 버리지 못하면, 속죄죄를 범하는 것이다."1165)

2-1. '어떠한'이라는 것은 어떠한 관계, 어떠한 태생, 어떠한 이름, 어떠한 성씨, 어떠한 계행, 어떠한 주거, 어떠한 활동영역에서 이든지, 장로이든지, 신참이든지, 중참이든지, 이러한 자들을 형용하는 것으로 '어떠한 자이든'이라는 뜻이다. '수행승'이라고 하는 것은 '탁발하는 자'로서의 수행승, 탁발을 위해 돌아다니는 자로서의 수행승, 분소의를 입은 자로서의 수행승, 사미로서의 수행승, 자칭에 의한 수행승, '오라! 수행승이여!'에 의한 수행승, 삼귀의에 의해 구족계를 받은 수행승, 현선한 수행승, 진실한 수행승, 배울 것이 있는 학인인 수행승, 배울 것이 없는 무학인 수행승, 화합참모임과 한번제안세번제청의 갈마와 부동의 거룩한 님의 속성을 갖춘 자로서의 수행승이 있는데, 그들 가운데 화합참모임과 한번제안세번제청의 갈마와 부동의 거룩한 님의 속성을 갖춘 수행승을 두고,

---

1165) 악견위간계(惡見違諫戒) | Bhikkhunī Pāc. 50 : yo pana bhikkhu evaṃ vadeyya: tathāhaṃ dhammaṃ desitaṃ ājānāmi yathā ye'me antarāyikā dhammā vuttā bhagavatā te paṭisevato nālaṃ antarāyāyā'ti, so bhikkhu bhikkhūhi evam assa vacanīyo, mā āyasmā evaṃ avaca, mā bhagavantaṃ abbhācikkhi, na hi sādhu bhagavato abbhakkhānaṃ, na hi bhagavā evaṃ vadeyya; anekapariyena āvuso, antarāyikā dhammā antarāyikā vutta bhagavatā alañca pana te paṭisevato antarāyāyā'ti. evañca pana so bhikkhu bhikkhūhi vuccamāno tath'eva paggaṇheyya, so bhikkhu bhikkhūhi yāvatatiyaṃ samanubhāsitabbo tassa paṭinissaggāya, yāvatatiyaṃ ce samanubhāsiyamāno tam paṭinissajjeyya, iccetaṃ kusalaṃ, no ce paṭinissajjeyya pācittiyan'ti.

그러한 의미에서의 수행승을 뜻한다.

2-2. '이와 같이 말하면'이라는 것은 '내가 세존께서 가르치신 진리를 이해하기로는, 틀림없이 세존께서 장애가 되는 것이라고 설한 것들도 그것들을 수용하는 자에게는 장애가 되지 않습니다.'라고 말하는 것이다. '그 수행승'이라는 것은 이와 같이 말하는 그 수행승을 뜻한다. '수행승들'이라는 것은 다른 수행승들을 뜻한다. 보고 들은 자들이 말해주어야 한다.

[권유1] '존자여, 그와 같이 말하지 마시오. 세존을 잘못 대변하지 마시오. 세존을 잘못 대변하는 것은 옳지 않습니다. 벗이여, 세존께서는 여러 가지 법문으로 장애가 되는 것은 장애라고 말씀했고 그것을 행하는 자에 따라서 장애가 되기에 충분하다고 말씀했습니다.'

두 번째도 말해주어야 한다.

[권유2] '존자여, 그와 같이 말하지 마시오. 세존을 잘못 대변하지 마시오. 세존을 잘못 대변하는 것은 옳지 않습니다. 벗이여, 세존께서는 여러 가지 법문으로 장애가 되는 것은 장애라고 말씀했고 그것을 행하는 자에 따라서 장애가 되기에 충분하다고 말씀했습니다.'

세 번째도 말해주어야 한다.

[권유3]'존자여, 그와 같이 말하지 마시오. 세존을 잘못 대변하지 마시오. 세존을 잘못 대변하는 것은 옳지 않습니다. 벗이여, 세존께서는 여러 가지 법문으로 장애가 되는 것은 장애라고 말씀했고 그것을 행하는 자에 따라서 장애가 되기에 충분하다고 말씀했습니다.'

만약 그가 그것을 그만둔다면,[*136] 훌륭한 일이지만, 그만두지 못한다면, 악작죄를 범하는 것이다. 듣고서 말하지 않는다면, 악작죄를 범하는 것이다.

2-3. 그리고 그 수행승을 참모임의 가운데로 인도하여 말해야 한다.

[권유1] '존자여, 그와 같이 말하지 마시오. 세존을 잘못 대변하지 마시오. 세존을 잘못 대변하는 것은 옳지 않습니다. 벗이여, 세존께서는 여러 가지 법문으로 장애가 되는 것은 장애라고 말씀했고 그것을 행하는 자에 따라서 장애가 되기에 충분하다고 말씀했습니다.'

두 번째도 말해주어야 한다.

[권유2] '존자여, 그와 같이 말하지 마시오. 세존을 잘못 대변하지 마시오. 세존을 잘못 대변하는 것은 옳지 않습니다. 벗이여, 세존께서는 여러 가지 법문으로 장애가 되는 것은 장애라고 말씀했고 그것을 행하는 자에 따라서 장애가 되기에

충분하다고 말씀했습니다.'

세 번째도 말해주어야 한다.

[권유3] '존자여, 그와 같이 말하지 마시오. 세존을 잘못 대변하지 마시오. 세존을 잘못 대변하는 것은 옳지 않습니다. 벗이여, 세존께서는 여러 가지 법문으로 장애가 되는 것은 장애라고 말씀했고 그것을 행하는 자에 따라서 장애가 되기에 충분하다고 말씀했습니다.'

만약 그가 그것을 그만둔다면, 훌륭한 일이지만, 그만두지 못한다면, 악작죄를 범하는 것이다. 듣고서 말하지 않는다면, 악작죄를 범하는 것이다.

2-4. 수행승들은 그 수행승에게 충고해야 한다. 수행승들이여, 그런데 이와 같이 충고해야 한다. 총명하고 유능한 수행승이 참모임에 알려야 한다.

[제안] '존자들이여, 참모임은 제 말에 귀를 기울이십시오. 이러이러한 수행승에게 이러이러한 악한 견해 '내가 세존께서 가르치신 진리를 이해하기로는, 틀림없이 세존께서 장애가 되는 것이라고 설한 것들도 그것들을 수용하는 자에게는 장애가 되지 않는다.'가 생겨났습니다. 그는 그 견해를 버리지 못하고 있습니다. 만약에 참모임에 옳은 일이라면, 참모임은 이러이러한 수행승에게 그 견해를 버리도록 충고하겠습니다. 이것이 제안입니다.'

[제청1] '존자들이여, 참모임은 제 말에 귀를 기울이십시오. 이러이러한 수행승에게 이러이러한 악한 견해 '내가 세존께서 가르치신 진리를 이해하기로는, 틀림없이 세존께서 장애가 되는 것이라고 설한 것들도 그것들을 수용하는 자에게는 장애가 되지 않는다.'가 생겨났습니다. 그는 그 견해를 버리지 못하고 있습니다. 참모임은 이러이러한 수행승에게 그 견해를 버리도록 충고하겠습니다. 이러이러한 수행승에게 그 견해를 버리도록 충고하는 것에 찬성하는 존자는 침묵하시고, 찬성하지 않는 자는 말하시오.'

[제청2] '두 번째에도 저는 그 사실을 말합니다. 존자들이여, 참모임은 제 말에 귀를 기울이십시오. 이러이러한 수행승에게 이러이러한 악한 견해 '내가 세존께서 가르치신 진리를 이해하기로는, 틀림없이 세존께서 장애가 되는 것이라고 설한 것들도 그것들을 수용하는 자에게는 장애가 되지 않는다.'가 생겨났습니다. 그는 그 견해를 버리지 못하고 있습니다. 참모임은 이러이러한 수행승에게 그 견해를 버리도록 충고하겠습니다. 이러이러한 수행승에게 그 견해를 버리도록 충고하는 것에 찬성하는 존자는 침묵하시고, 찬성하지 않는 자는 말하시오.'

[제청3] '세 번째에도 저는 그 사실을 말합니다. 존자들이여, 참모임은 제 말에

귀를 기울이십시오. 이러이러한 수행승에게 이러이러한 악한 견해 '내가 세존께서 가르치신 진리를 이해하기로는, 틀림없이 세존께서 장애가 되는 것이라고 설한 것들도 그것들을 수용하는 자에게는 장애가 되지 않는다.'가 생겨났습니다. 그는 그 견해를 버리지 못하고 있습니다. 참모임은 이러이러한 수행승에게 그 견해를 버리도록 충고하겠습니다. 이러이러한 수행승에게 그 견해를 버리도록 충고하는 것에 찬성하는 존자는 침묵하시고, 찬성하지 않는 자는 말하시오.'

[결정] '참모임은 이러이러한 수행승에게 그 견해를 버리도록 충고했습니다. 참모임이 찬성하여 침묵했으므로, 저는 그와 같이 알겠습니다.'

2-5. 제안에 의해서는 악작죄를 범하는 것이다. 두 번의 제청에 의해서는 두 번의 악작죄를 범하는 것이다. 제청이 끝나면, 속죄죄를 범하는 것이다.

2-6₁.

1) 원칙에 입각한 갈마에 대하여 원칙에 입각한 갈마라고 지각하고 버리지 않으면, 속죄죄를 범하는 것이다.
2) 원칙에 입각한 갈마에 대하여 원칙에 입각한 갈마인지 의심하고 버리지 않으면, 속죄죄를 범하는 것이다.
3) 원칙에 입각한 갈마에 대하여 원칙에 입각하지 않은 갈마라고 지각하고 버리지 않으면, 속죄죄를 범하는 것이다.

2-6₂.

1) 원칙에 입각하지 않은 갈마에 대하여 원칙에 입각한 갈마라고 지각하면, 악작죄를 범하는 것이다.
2) 원칙에 입각하지 않은 갈마에 대하여 원칙에 입각하지 않은 갈마인지 의심하면, 악작죄를 범하는 것이다.
3) 원칙에 입각하지 않은 갈마에 대하여 원칙에 입각하지 않은 갈마라고 지각하면, 무죄이다.1166)

2-7. 충고받지 못했거나, 버려버린 경우이거나, 정신이 착란된 자이거나, 초범자인 경우는 무죄이다.

제5품 불 그 후렴시는 다음과 같다.

1166) adhammakamme adhammakammasaññī anāpatti : Vin. III. 174, 177, 179, 186의 병행문구에서는 'adhammakamme adhammakammasaññī āpatti dukkaṭassa'라고 되어 있어, 악작죄를 범하는 것이다.

불, 목욕, 괴색, 귀속되지 않은 것, 감추기.
의도적 살생, 벌레가 들어있는 물, 번복, 카라반, 아릿타,[1167]

제6품 권리정지된 자와의 향유(Ukkhittasambhogavagga)

4. 6. 1 속죄죄법 제51조

권리정지된 자와의 향유에 대한 학습계율[Ukkhittasambhogasikkhāpada]

1-1. 한때[*137] 존귀한 부처님께서 라자가하 시의 벨루바나 숲에 있는 깔란다까니바빠 공원에 계셨다. 그런데 그때 여섯무리의 수행승들이 알면서도 그와 같이 말해 놓고 원칙에 맞게 충고를 이행하지 않고[1168] 그 견해를 버리지 않은 아릿타와 함께 식사를 하고 함께 살고 함께 침실에서 잤다.

1-2. 수행승들 가운데 욕망을 여의고, 만족을 알고, 부끄러움을 알고, 후회할 줄 알고, 배움을 원하는 자들이 있는데, 그들도 혐책하고 분개하고 비난했다.

[욕망을 여읜 수행승들] "어찌 여섯무리의 수행승들이 알면서도 그와 같이 말해 놓고 원칙에 맞게 충고를 이행하지 않고 그 견해를 버리지 않은 아릿타와 함께 식사를 하고 함께 살고 함께 침실에서 잘 수 있단 말인가?"

1-3. 그래서 그 수행승들은 세존께 그 사실을 알렸다. 그러자 세존께서는 이러한 인연으로 이러한 기회에 수행승들의 참모임을 불러 모으게 하고 연유를 설하고 여섯무리의 수행승들에게 물었다.

[세존] "수행승들이여, 그대들이 알면서도 그와 같이 말하고 원칙에 맞게 충고를 이행하지 않고 그 견해를 버리지 않은 아릿타와 함께 식사를 하고 함께 살고 함께 잔 것이 사실인가?"

[여섯무리의 수행승들] "세존이시여, 사실입니다."

존귀한 부처님께서는 견책했다.

[세존] "어리석은 자여, 그대는 적절하지 않고, 자연스럽지 않고, 알맞지 않고, 수행자의 삶이 아니고, 부당하고, 해서는 안 될 일을 행한 것이다. 어리석은 자여, 어찌 그대들은 알면서도 그와 같이 말하고 원칙에 맞게 충고를 이행하지 않고 그

1167) joti nahānadubbaṇṇaṃ apaccuddhārakaṃ | sāmaṃ apanidhāna cā'ti | sañciccavadhasappāṇaṃ | ukko satthañca ariṭṭhakaṃ ||

1168) akaṭānudhammena : 그는 속죄죄법 제50조(Bhikkhunī Pāc. 50)의 학습계율에서 제시된 충고에 따라서 잘못된 견해를 버리지 않았다.

견해를 버리지 않은 아릿타와 함께 식사를 하고 함께 살고 함께 침실에서 잘 수 있단 말인가? 어리석은 자여, 그것은 아직 청정한 믿음이 없는 자를 청정한 믿음으로 이끌고, 이미 청정한 믿음이 있는 자를 더욱더 청정한 믿음으로 이끄는 것이 아니다. 어리석은 자여, 그것은 오히려, 아직 청정한 믿음이 없는 자를 불신으로 이끌고, 이미 청정한 믿음이 있는 자 가운데 어떤 자들을 타락시키는 것이다."

1-4. 그리고 세존께서는 그 수행승에 대하여 여러 가지 방편으로 견책하여, 키우기 어렵고 부양하기 어렵고 탐욕이 많고 만족을 모르고 교제를 좋아하고 나태한 것에 대해 질책하고, 여러 가지 법문으로 고무하여, 키우기 쉽고 부양하기 쉽고 욕심을 여의고, 만족을 알고, 버리고 없애는 삶, 악을 제거하는 삶, 청정한 믿음의 삶, 쌓아 모우지 않는 삶, 용맹정진의 삶을 칭찬하고, 수행승들을 위하여 그에 알맞고 그에 걸맞게 경책하여 법문을 하고 수행승들에게 일렀다.

[세존] "수행승들이여, 그러므로 수행승들을 위하여 열 가지 이유에 기초하여, 즉 참모임의 수승을 위하여, 참모임의 안락을 위하여, 악한 수행승의 조복을 위하여, 품행이 바른 수행승의 평안한 삶을 위하여, 지금 여기에서의 번뇌의 제어를 위하여, 다가오는 번뇌를 물리치기 위하여, 청정한 믿음이 없는 자에게 청정한 믿음을 주기 위하여, 청정한 믿음이 있는 자에게 청정한 믿음을 증대시키기 위하여, 올바른 가르침을 지속시키기 위하여, 계율을 수호하기 위하여 학습계율을 시설하니, 수행승들이여, 그대들은 이와 같이 학습계율을 송출해야 한다."

[세존] "어떠한 수행승이든지 알면서 그와 같이 말하고 원칙에 맞게 충고를 이행하지 않고 사견를 버리지 않은 자와 함께 향유하고 함께 살고 함께 잔다면, 속죄죄를 범하는 것이다."1169)

2-1. '어떠한'이라는 것은 어떠한 관계, 어떠한 태생, 어떠한 이름, 어떠한 성씨, 어떠한 계행, 어떠한 주거, 어떠한 활동영역에서 이든지, 장로이든지, 신참이든지, 중참이든지, 이러한 자들을 형용하는 것으로 '어떠한 자이든'이라는 뜻이다. '수행승'이라고 하는 것은 '탁발하는 자'로서의 수행승, 탁발을 위해 돌아다니는 자로서의 수행승, 분소의를 입은 자로서의 수행승, 사미로서의 수행승, 자칭에 의한 수행승, '오라! 수행승이여!'에 의한 수행승, 삼귀의에 의해 구족계를 받은 수행승, 현선한 수행승, 진실한 수행승, 배울 것이 있는 학인인 수행승, 배울

1169) 수거계(隨擧戒) | Bhikkhunī Pāc. 51 : yo pana bhikkhu jānaṃ tathāvādinā bhikkhunā akaṭānudhammena taṃ diṭṭhiṃ appaṭinissaṭṭhena saddhiṃ sambhuñjeyya vā saṃvaseyya vā saha vā seyyaṃ kappeyya, pācittiyan'ti.

것이 없는 무학인 수행승, 화합참모임과 한번제안세번제청의 갈마와 부동의 거룩한 님의 속성을 갖춘 자로서의 수행승이 있는데, 그들 가운데 화합참모임과 한번제안세번제청의 갈마와 부동의 거룩한 님의 속성을 갖춘 수행승을 두고, 그러한 의미에서의 수행승을 뜻한다.

2-2. '알면서'라는 것은 '스스로 알았거나, 타인이 알려주었거나, 혹은 누군가가 알려준 것'을 뜻한다. '그와 같이 말하고'라는 '내가 세존께서 가르치신 진리를 이해하기로는, 틀림없이 세존께서 장애가 되는 것이라고 설한 것들도 그것들을 수용하는 자에게는 장애가 되지 않는다.'라고 이와 같이 말한 것을 뜻이다. '원칙에 맞게 충고를 이행하지 않고'라는 것은 권리정지되어 사면복권되지 않은 것을 뜻한다.[1170] '사견을 버리지 않은 자와 함께'라는 것은 잘못된 견해를 버리지 못한 자와 함께라는 뜻이다. '함께 향유를 한다면'이라는 것은 향유에는 두 가지 향유 즉, 음식의 향유와 가르침의 향유가 있다. '음식의 향유'라는 것은 음식을 주거나 받으면 속죄죄를 범한 것이라는 뜻이다. '가르침의 향유'라는 것은 송출하거나 송출시키는 것이다. 구절로 송출하거나 송출시키면, 구절마다 속죄죄를 범하는 것이다. 음절로 송출하거나 송출시키면, 음절마다 속죄죄를 범하는 것이다. '함께 살거나'라는 것은[*138] 권리정지된 자와 함께 포살이나 자자나 참모임의 갈마를 행하면, 속죄죄를 범하는 것이다. '함께 잔다면'이라는 것은 한쪽을 덮은 곳에 권리정지된 자가 누운 곳에 수행승이 누우면, 속죄죄를 범하는 것이고, 수행승이 누운 곳에 권리정지된 자가 누우면, 속죄죄를 범하는 것이고, 양자가 누우면, 속죄죄를 범하는 것이고, 섰다가 거듭 누우면, 속죄죄를 범하는 것이다.

2-3₁.

1) 권리정지된 자에 대하여 권리정지된 자라고 지각하고 함께 향유하거나 함께 살거나 함께 자면, 속죄죄를 범하는 것이다.
2) 권리정지된 자에 대하여 권리정지된 자인지 의심하고 함께 향유하거나 함께 살거나 함께 자면, 속죄죄를 범하는 것이다.
3) 권리정지된 자에 대하여 권리정지되지 않은 자라고 지각하고 함께 향유하거나

1170) akaṭānudhammo nāma; ukkhitto anosārito : 권리정지(權利停止: ukkhepanīya)이다. 한역으로 거죄(擧罪) 또는 거죄갈마(擧罪羯磨)라고 한다. 죄를 알고도 스스로 청하여 죄의 댓가를 받아 고치지 않거나 사견을 버리지 않는 수행승에 대하여 구족계를 줄 수 없고, 사미를 둘 수 없는 등의 권리정지를 취하는 참모임의 조치를 말한다. 사면복권(赦免復權: osāraṇīya)은 한역에서 해갈마(解羯磨)라고 한다. 권리정지조치나 한시퇴출조치를 받고 격리되었거나 한시적으로 피난해 있다가 참모임에 죄를 고백하고 사죄를 요청할 때에 다시 권리정지나 한시퇴출을 해제하는 것이다. 이것들에 대하여 상세한 것은 Vin. I. 49를 참조하라.

함께 살거나 함께 자면, 무죄이다.

2-3₂.
1) 권리정지되지 않은 자에 대하여 권리정지된 자라고 지각하면, 악작죄를 범하는 것이다.
2) 권리정지되지 않은 자에 대하여 권리정지되지 않은 자인지 의심하면, 악작죄를 범하는 것이다.
3) 권리정지되지 않은 자에 대하여 권리정지되지 않은 자라고 지각하면, 무죄이다.

2-4. 권리정지되지 않은 자라고 알거나, 권리정지되어 사면복권되었다고 알거나, 그 견해를 버렸다고 아는 경우이거나, 정신이 착란된 자이거나, 초범자인 경우는 무죄이다.

4. 6. 2 속죄죄법 제52조

깐다까에 대한 학습계율[Kaṇṭakasikkhāpada]

1-1. 한때 존귀한 부처님께서는 싸밧티 시의 제따바나 숲에 있는 아나타삔디까 승원에 계셨다. 그런데 그때 사미 깐다까[1171)]에게 이와 같이 '내가 세존께서 가르치신 진리를 이해하기로는, 틀림없이 세존께서 장애가 되는 것이라고 설한 것들도 그것들을 수용하는 자에게는 장애가 되지 않는다.'라는 악한 견해가 생겨났다. 다수의 수행승들이 사미 깐다까에게 이와 같이 '내가 세존께서 가르치신 진리를 이해하기로는, 틀림없이 세존께서 장애가 되는 것이라고 설한 것들도 그것들을 수용하는 자에게는 장애가 되지 않는다.'라는 악한 견해가 생겨난 것에 대해 들었다. 그래서 그 수행승들은 사미 깐다까가 있는 곳을 찾아갔다. 가까이 다가가서 사미 깐다까에게 이와 같이 말했다.

[수행승들] "벗이여 깐다까여, 그대에게 이와 같이 '내가 세존께서 가르치신 진리를 이해하기로는, 틀림없이 세존께서 장애가 되는 것이라고 설한 것들도 그것들을 수용하는 자에게는 장애가 되지 않는다.'라는 악한 견해가 생겨난 것이

1171) Kaṇḍaka : 깐따까(Kaṇṭaka)라고도 하며, 우빠난다(Upananda)에게 구족계를 받은 사미이다. Vin. I. 79에 따르면, 그는 다른 사미 마하까(Mahaka)와 함께 동성애의 죄를 범했다. 이것이 알려지자 어떠한 수행승이라도 두 사미에게 구족계를 줄 수 없게 되었지만, 나중에 Vin. I. 83에서 폐지되었다. Vin. I. 85에서는 수행녀 깐따까(Kaṇṭakā)를 능욕한 것으로 멸빈되었다. Vin. IV. 138에서는 수행승 아릿타(Ariṭṭha)와 같은 견해를 가졌다는 이유에서 승단에서 추방되었다.

사실인가?"

[깐다까] "존자들이여, 제가 세존께서 가르치신 진리를 이해하기로는, 틀림없이 세존께서 장애가 되는 것이라고 설한 것들도 그것들을 수용하는 자에게는 장애가 되지 않습니다."

1-2. [수행승들] "벗이여 깐다까여, 그렇게 말하지 마십시오. 세존의 가르침을 잘못 대변하지 마십시오. 세존의 가르침을 잘못 대변하는 것은 옳지 않습니다. 세존께서는 그렇게 설하지 않으셨습니다. 벗이여 깐다까여, 여러 가지 법문으로써 세존께서는 장애가 되는 것들이 어떻게 장애가 되는가와 그것들을 수용하는 자에게도 어떻게 장애가 되는가에 대해 설했습니다.

1) 세존께서는 감각적 쾌락에 대한 욕망에는 즐거움은 적고 괴로움이 많고 근심이 많으며, 위험은 더욱 많다고 설했습니다.
2) 또한 세존께서는 감각적 쾌락에 대한 욕망은 해골과 같아 즐거움은 적고 괴로움이 많고 근심이 많으며, 위험은 더욱 많다고 설했습니다.
3) 또한 세존께서는 감각적 쾌락에 대한 욕망은 고깃덩어리과 같아 즐거움은 적고 괴로움이 많고 근심이 많으며, 위험은 더욱 많다고 설했습니다.
4) 또한 세존께서는 감각적 쾌락에 대한 욕망은 건초횃불과 같아 즐거움은 적고 괴로움이 많고 근심이 많으며, 위험은 더욱 많다고 설했습니다.
5) 또한 세존께서는 감각적 쾌락에 대한 욕망은 숯불구덩이과 같아 즐거움은 적고 괴로움이 많고 근심이 많으며, 위험은 더욱 많다고 설했습니다.
6) 또한 세존께서는 감각적 쾌락에 대한 욕망은 꿈과 같아 즐거움은 적고 괴로움이 많고 근심이 많으며, 위험은 더욱 많다고 설했습니다.
7) 또한 세존께서는 감각적 쾌락에 대한 욕망은 빌린 재물과 같아 즐거움은 적고 괴로움이 많고 근심이 많으며, 위험은 더욱 많다고 설했습니다.
8) 또한 세존께서는 감각적 쾌락에 대한 욕망은 과일나무와 같아 즐거움은 적고 괴로움이 많고 근심이 많으며, 위험은 더욱 많다고 설했습니다.
9) 또한 세존께서는 감각적 쾌락에 대한 욕망은 칼과 도마와 같아 즐거움은 적고 괴로움이 많고 근심이 많으며, 위험은 더욱 많다고 설했습니다.
10) 또한 세존께서는 감각적 쾌락에 대한 욕망은 창끝과 같아 즐거움은 적고 괴로움이 많고 근심이 많으며, 위험은 더욱 많다고 설했습니다.
11) 또한 세존께서는 감각적 쾌락에 대한 욕망은 뱀머리와 같아 즐거움은 적고 괴로움이 많고 근심이 많으며, 위험은 더욱 많다고 설했습니다."

이와 같이 그 수행승들이 말했음에도 불구하고 사미 깐다까는 오히려 그 악견을 완강히 고집하고 그것에 집착하며 이와 같이 주장했다.

[깐다까] "내가 세존께서 가르치신 진리를 이해하기로는, 틀림없이 세존께서 장애가 되는 것이라고 설한 것들도 그것들을 수용하는 자에게는 장애가 되지 않는다."

1-3. 그 수행승들은 사미 깐다까를 그 악견에서 벗어나게 할 수 없자, 곧 세존께서 계신 곳을 찾아갔다. 가까이 다가가서 세존께 그 사실을 알렸다. 그러자 세존께서는 이러한 인연으로 이러한 기회에 수행승들의 참모임을 불러 모아서 사미 깐다까에게 물었다.

[세존] "깐다까여, 그대가 이와 같이 '내가 세존께서 가르치신 진리를 이해하기로는, 틀림없이 세존께서 장애가 되는 것이라고 설한 것들도 그것들을 수용하는 자에게는 장애가 되지 않습니다.'라는 악견을 일으킨 것이 사실인가?"

[깐다까] "세존이시여, 제가 세존께서 가르치신 진리를 이해하기로는, 틀림없이 세존께서 장애가 되는 것이라고 설한 것들도 그것들을 수용하는 자에게는 장애가 되지 않습니다."

[세존] "어리석은 자여, 누구에게 내가 그러한 가르침을 설했다고 하는가? 여러 가지 법문으로써 나는 장애가 되는 것들이 어떻게 장애가 되는가와 그것들을 수용하는 자에게 어떻게 장애가 되는가에 대해 설했다.

1) 나는 감각적 쾌락에 대한 욕망에는 즐거움은 적고 괴로움이 많고 근심이 많으며, 위험은 더욱 많다고 설했다.

2) 또한 나는 감각적 쾌락에 대한 욕망은 해골과 같아 즐거움은 적고 괴로움이 많고 근심이 많으며, 위험은 더욱 많다고 설했다.

3) 또한 나는 감각적 쾌락에 대한 욕망은 고깃덩어리과 같아 즐거움은 적고 괴로움이 많고 근심이 많으며, 위험은 더욱 많다고 설했다.

4) 또한 나는 감각적 쾌락에 대한 욕망은 건초횃불과 같아 즐거움은 적고 괴로움이 많고 근심이 많으며, 위험은 더욱 많다고 설했다.

5) 또한 나는 감각적 쾌락에 대한 욕망은 숯불구덩이과 같아 즐거움은 적고 괴로움이 많고 근심이 많으며, 위험은 더욱 많다고 설했다.

6) 또한 나는 감각적 쾌락에 대한 욕망은 꿈과 같아 즐거움은 적고 괴로움이 많고 근심이 많으며, 위험은 더욱 많다고 설했다.

7) 또한 나는 감각적 쾌락에 대한 욕망은 빌린 재물과 같아 즐거움은 적고 괴로움

이 많고 근심이 많으며, 위험은 더욱 많다고 설했다.

8) 또한 나는 감각적 쾌락에 대한 욕망은 과일나무와 같아 즐거움은 적고 괴로움이 많고 근심이 많으며, 위험은 더욱 많다고 설했다.

9) 또한 나는 감각적 쾌락에 대한 욕망은 칼과 도마와 같아 즐거움은 적고 괴로움이 많고 근심이 많으며, 위험은 더욱 많다고 설했다.

10) 또한 나는 감각적 쾌락에 대한 욕망은 창끝과 같아 즐거움은 적고 괴로움이 많고 근심이 많으며, 위험은 더욱 많다고 설했다.

11) 또한 나는 감각적 쾌락에 대한 욕망은 뱀머리와 같아 즐거움은 적고 괴로움이 많고 근심이 많으며, 위험은 더욱 많다고 설했다.

그러나 어리석은 자여, 그대는 스스로 잘못 해석할 뿐만 아니라 우리를 잘못 대변하여 자신을 파괴하고 많은 해악을 쌓는다. 어리석은 자여, 그것은 실로 그대를 오랜 세월 불익과 고통으로 이끌 것이다. 어리석은 자여, 그것은 아직 청정한 믿음이 없는 자를 청정한 믿음으로 이끌고, 이미 청정한 믿음이 있는 자를 더욱더 청정한 믿음으로 이끄는 것이 아니다. 어리석은 자여, 그것은 오히려, 아직 청정한 믿음이 없는 자를 불신으로 이끌고, 이미 청정한 믿음이 있는 자 가운데 어떤 자들을 타락시키는 것이다."

1-4. 그리고 세존께서는 그 수행승에 대하여 여러 가지 방편으로 견책하여, 키우기 어렵고 부양하기 어렵고 탐욕이 많고 만족을 모르고 교제를 좋아하고 나태한 것에 대해 질책하고, 여러 가지 법문으로 고무하여, 키우기 쉽고 부양하기 쉽고 욕심을 여의고, 만족을 알고, 버리고 없애는 삶, 악을 제거하는 삶, 청정한 믿음의 삶, 쌓아 모우지 않는 삶, 용맹정진의 삶을 칭찬하고, 수행승들을 위하여 그에 알맞고 그에 걸맞게 경책하여 법문을 하고 수행승들에게 일렀다.

[세존] "수행승들이여, 그러므로 참모임은 사미 깐다까를 멸빈시켜야 한다. 그런데 이와 같이 '벗이여[*139] 깐다까여, 오늘 이후 세존을 스승이라고 부르지 말라. 다른 사미가 수행승들과 함께 이틀이나 사흘을 함께 자더라도 그대는 그럴 수가 없다. 멀리 가서 사라져 버리시오.'라고 멸빈시켜야 한다."

1-5. 이렇게 해서 참모임은 사미 깐다까를 멸빈시켰다. 그런데 여섯무리의 수행승들은 알면서도 그렇게 멸빈된 사미 깐다까를 위로하고 치켜세우고 함께 식사하고 함께 잠을 잤다. 수행승들 가운데 욕망을 여의고, 만족을 알고, 부끄러움을 알고, 후회할 줄 알고, 배움을 원하는 자들이 있는데, 그들도 혐책하고 분개하고 비난했다.

[욕망을 여읜 수행승들] "어찌 여섯무리의 수행승들이 알면서도 멸빈된 사미 깐다까를 위로하고 치켜세우고 함께 식사하고 함께 잠을 잘 수 있단 말인가?"

그래서 그 수행승들은 세존께 그 사실을 알렸다. 그러자 세존께서는 이러한 인연으로 이러한 기회에 수행승들의 참모임을 불러 모으게 하고 연유를 설하고 여섯무리의 수행승들에게 물었다.

[세존] "수행승들이여, 그대들은 알면서도 멸빈된 사미 깐다까를 위로하고 치켜세우고 함께 식사하고 함께 잠을 잔 것이 사실인가?"

[여섯무리의 수행승들] "세존이시여, 사실입니다."

존귀한 부처님께서는 견책했다.

[세존] "어리석은 자여, 그대는 적절하지 않고, 자연스럽지 않고, 알맞지 않고, 수행자의 삶이 아니고, 부당하고, 해서는 안 될 일을 행한 것이다. 어리석은 자여, 어찌 그대들은 알면서도 멸빈된 사미 깐다까를 위로하고 치켜세우고 함께 식사하고 함께 잠을 잘 수 있단 말인가? 어리석은 자여, 그것은 아직 청정한 믿음이 없는 자를 청정한 믿음으로 이끌고, 이미 청정한 믿음이 있는 자를 더욱더 청정한 믿음으로 이끄는 것이 아니다. 어리석은 자여, 그것은 오히려, 아직 청정한 믿음이 없는 자를 불신으로 이끌고, 이미 청정한 믿음이 있는 자 가운데 어떤 자들을 타락시키는 것이다."

1-6. 그리고 세존께서는 그 여섯무리의 수행승들에 대하여 여러 가지 방편으로 견책하여, 키우기 어렵고 부양하기 어렵고 탐욕이 많고 만족을 모르고 교제를 좋아하고 나태한 것에 대해 질책하고, 여러 가지 법문으로 고무하여, 키우기 쉽고 부양하기 쉽고 욕심을 여의고, 만족을 알고, 버리고 없애는 삶, 악을 제거하는 삶, 청정한 믿음의 삶, 쌓아 모우지 않는 삶, 용맹정진의 삶을 칭찬하고, 수행승들을 위하여 그에 알맞고 그에 걸맞게 경책하여 법문을 하고 수행승들에게 일렀다.

[세존] "수행승들이여, 그러므로 수행승들을 위하여 열 가지 이유에 기초하여, 즉 참모임의 수승을 위하여, 참모임의 안락을 위하여, 악한 수행승의 조복을 위하여, 품행이 바른 수행승의 평안한 삶을 위하여, 지금 여기에서의 번뇌의 제어를 위하여, 다가오는 번뇌를 물리치기 위하여, 청정한 믿음이 없는 자에게 청정한 믿음을 주기 위하여, 청정한 믿음이 있는 자에게 청정한 믿음을 증대시키기 위하여, 올바른 가르침을 지속시키기 위하여, 계율을 수호하기 위하여 학습계율을 시설하니, 수행승들이여, 그대들은 이와 같이 학습계율을 송출해야 한다."

[세존] "어떠한 사미이든지 이와 같이 '내가 세존께서 가르치신 진리를 이해하기

로는, 틀림없이 세존께서 장애가 되는 것이라고 설한 것들도 그것들을 수용하는 자에게는 장애가 되지 않습니다.'라고 말한다면, 수행승들은 그 사미에게 이와 같이 말해주어야 한다. '사미여, 그와 같이 말하지 말라. 세존을 잘못 대변하지 말라. 세존을 잘못 대변하는 것은 옳지 않다. 사미여, 세존께서는 여러 가지 법문으로 장애가 되는 것은 장애라고 말씀했고 그것을 행하는 자에 따라서 장애가 되기에 충분하다고 말씀했다.' 수행승들이 그 사미에게 이와 같이 말해주더라도 오히려 고집하면, 수행승들은 그 사미에게 이와 같이 말해야 한다. '사미여, 오늘부터 그대는 '세존께서 그대의 스승이다.'라고 부르지 마라. 다른 사미가 수행승들과 함께 이틀이나 사흘을 함께 자더라도 그대는 그럴 수가 없다. 멀리 가서 사라져 버려라.' 어떠한 수행승이라도 알면서 이와 같이 멸빈된 사미를 위로하거나 시중들거나 함께 향유하거나 함께 자면, 속죄죄를 범하는 것이다."1172)

2-1. '사미로 정해진 자'라는 것은 사미를 말한다. '이와 같이 말하면'이라는 것은 '내가 세존께서 가르치신 진리를 이해하기로는, 틀림없이 세존께서 장애가 되는 것이라고 설한 것들도 그것들을 수용하는 자에게는 장애가 되지 않습니다.'라고 [*140] 말하는 것이다.'수행승들은'라는 것은 그가 보고 또한 들은 다른 수행승들이라는 뜻이다. 그들은 말해야 한다.

[충고1] '사미여, 그와 같이 말하지 말라. 세존을 잘못 대변하지 말라. 세존을 잘못 대변하는 것은 옳지 않다. 사미여, 세존께서는 여러 가지 법문으로 장애가 되는 것은 장애라고 말씀했고 그것을 행하는 자에 따라서 장애가 되기에 충분하다고 말씀했다.'

두 번째에도 말해주어야 한다.

[충고2] '사미여, 그와 같이 말하지 말라. 세존을 잘못 대변하지 말라. 세존을 잘못 대변하는 것은 옳지 않다. 사미여, 세존께서는 여러 가지 법문으로 장애가

1172) 수빈사미계(隨擯沙彌戒) | Bhikkhunī Pāc. 52 : samaṇuddeso pi ce evaṃ vadeyya, tathāhaṃ bhagavatā dhammaṃ desitaṃ ājānāmi yathā ye'me antarāyikā dhammā vuttā bhagavatā te paṭisevato nālaṃ antarāyāyā'ti. so samaṇuddeso bhikkhūhi evam assa vacanīyo: mā āvuso so samaṇuddesa, evaṃ avaca mā bhagavantaṃ abbhācikkhi, na hi sādhu bhagavato abbhakkhānaṃ. na hi bhagavā evaṃ vadeyya; anekapariyāyena āvuso samaṇuddesa, antarāyikā dhammā attarāyikā vuttā bhagavatā alañca pana te paṭisevato antarāyāyā'ti. evañca pana so samaṇuddeso bhikkhūhi vuccamāno tath'eva paggaṇheyya, so samaṇuddeso bhikkhūhi evam assa vacanīyo: ajjatagge te āvuso samaṇuddesa, na c'eva so bhagavā satthā apadisitabbo. yampi c'aññe samaṇuddesā labhanti bhikkhūhi saddhiṃ dvirittatirattaṃ sahaseyyaṃ, sāpi te n'atthi, cara pire vinassā'ti. yo pana bhikkhu jānaṃ tathā nāsitaṃ samaṇuddesaṃ upalāpeyya vā upaṭṭhāpeyya vā sambhuñjeyya vā saha vā seyyaṃ kappeyya, pācittiyan'ti.

되는 것은 장애라고 말씀했고 그것을 행하는 자에 따라서 장애가 되기에 충분하다고 말씀했다.'

세 번째에도 말해주어야 한다.

[충고3] '사미여, 그와 같이 말하지 말라. 세존을 잘못 대변하지 말라. 세존을 잘못 대변하는 것은 옳지 않다. 사미여, 세존께서는 여러 가지 법문으로 장애가 되는 것은 장애라고 말씀했고 그것을 행하는 자에 따라서 장애가 되기에 충분하다고 말씀했다.'

만약 그가 그것을 그만둔다면, 훌륭한 일이지만, 그만두지 못한다면, 그 사미에게 수행승들은 이와 같이 말해야 한다.

[멸빈] '사미여, 오늘부터 그대는 그 세존을 그대의 스승이라고 부르지 말아라. 다른 사미가 수행승들과 함께 이틀이나 사흘을 함께 자더라도 그대는 그럴 수가 없다. 멀리 가서 사라져 버려라.'

2-2. '어떠한'이라는 것은 어떠한 관계, 어떠한 태생, 어떠한 이름, 어떠한 성씨, 어떠한 계행, 어떠한 주거, 어떠한 활동영역에서 이든지, 장로이든지, 신참이든지, 중참이든지, 이러한 자들을 형용하는 것으로 '어떠한 자이든'이라는 뜻이다. '수행승'이라고 하는 것은 '탁발하는 자'로서의 수행승, 탁발을 위해 돌아다니는 자로서의 수행승, 분소의를 입은 자로서의 수행승, 사미로서의 수행승, 자칭에 의한 수행승, '오라! 수행승이여!'에 의한 수행승, 삼귀의에 의해 구족계를 받은 수행승, 현선한 수행승, 진실한 수행승, 배울 것이 있는 학인인 수행승, 배울 것이 없는 무학인 수행승, 화합참모임과 한번제안세번제청의 갈마와 부동의 거룩한 님의 속성을 갖춘 자로서의 수행승이 있는데, 그들 가운데 화합참모임과 한번제안세번제청의 갈마와 부동의 거룩한 님의 속성을 갖춘 수행승을 두고, 그러한 의미에서의 수행승을 뜻한다.

2-3. '알면서'라는 것은 '스스로 알았거나, 타인이 알려주었거나, 혹은 누군가가 알려준 것'을 뜻한다. '이와 같이 멸빈된'이라는 것은 '이와 같이 추방된'이라는 뜻이다. '사미로 지정된 자'라는 것은 사미를 말한다. '위로하거나'라는 것은 '그에게 발우나 의복을 주고 송출이나 대담을 해주겠다.'라고 위로하는 것인데, 속죄죄를 범하는 것이다. '시중들거나'라는 것은 '그에게 가루분이나 점토나 물과 버들가지을 제공하면, 속죄죄를 범하는 것이다.'함께 향유를 한다면'이라는 것은 향유에는 두 가지 향유 즉, 음식의 향유와 가르침의 향유가 있다. '음식의 향유'라는 것은 음식을 주거나 받으면 속죄죄를 범한 것이라는 뜻이다. '가르침의 향유'라는

것은 송출하거나 송출시키는 것이다. 구절로 송출하거나 송출시키면, 구절마다 속죄죄를 범하는 것이다. 음절로 송출하거나 송출시키면, 음절마다 속죄죄를 범하는 것이다. '함께 잔다면'이라는 것은 한 지붕 아래 멸빈된 사미가 누워 있는데, 그곳에 수행승이 눕는다면, 속죄죄를 범하는 것이다. 수행승이 누운 곳에 멸빈된 사미가 눕는다면, 속죄죄를 범하는 것이다. 양자가 함께 누우면, 속죄죄를 범하는 것이다. 일어섰다가 거듭 눕는다면, 속죄죄를 범하는 것이다.

2-4₁.

1) 멸빈된 자에 대하여 멸빈된 자라고 지각하고 위로하거나 시중들거나 함께 향유하거나 함께 자면, 속죄죄를 범하는 것이다.
2) 멸빈된 자에 대하여 멸빈된 자인지 의심하고 위로하거나 시중들거나 함께 향유하거나 함께 자면, 악작죄를 범하는 것이다.
3) 멸빈된 자에 대하여 멸빈되지 않은 자라고 지각하고 위로하거나 시중들거나 함께 향유하거나 함께 자면, 무죄이다.

2-4₂.

1) 멸빈되지 않은 자에 대하여 멸빈된 자라고 지각하면, 악작죄를 범하는 것이다.
2) 멸빈되지 않은 자에 대하여 멸빈되지 않은 자인지 의심하면, 악작죄를 범하는 것이다.
3) 멸빈되지 않은 자에 대하여 멸빈되지 않은 자라고 지각하면, 무죄이다.

2-5. 멸빈되지 않은 자라고 알거나, 그 견해를 버린 자라고 아는 경우이거나, 정신이 착란된 자이거나, 초범자인 경우는 무죄이다.

4. 6. 3 속죄죄법 제53조

원칙에 따른 것에 대한 학습계율[Sahadhammikasikkhāpada]

1-1. 한때[*141] 존귀한 부처님께서 꼬쌈비 시에 있는 고씨따라마 승원에 계셨다. 그런데 그때 존자 찬나가 비행을 저질렀다. 수행승들이 이와 같이 말했다.

[수행승들] "벗이여 찬나여, 그와 같은 짓을 하지 마시오. 그것은 옳지 않습니다."

그는 이와 같이 말했다.

[찬나] "벗이여, 내가 다른 유능하고 계율을 갖춘 분[1173]에게 탐문하기 전까지는 나는 이 학습계율을 지키지 않겠습니다."

1-2. 수행승들 가운데 욕망을 여의고, 만족을 알고, 부끄러움을 알고, 후회할 줄 알고, 배움을 원하는 자들이 있는데, 그들도 혐책하고 분개하고 비난했다.

[욕망을 여읜 수행승들] "어찌 존자 찬나가 원칙에 따라 질책을 받고 이와 같이 '벗이여, 내가 다른 유능하고 계율을 갖춘 분에게 탐문하기 전까지는 나는 이 학습계율을 지키지 않겠다.'라고 말할 수 있는가?"

1-3. 그래서 그 수행승들은 세존께 그 사실을 알렸다. 그러자 세존께서는 이러한 인연으로 이러한 기회에 수행승들의 참모임을 불러 모으게 하고 연유를 설하고 존자 찬나에게 물었다.

[세존] "찬나여, 그대가 원칙에 따라 질책을 받고 이와 같이 '벗이여, 내가 다른 유능하고 계율을 갖춘 분에게 탐문하기 전까지는 나는 이 학습계율을 지키지 않겠다.'라고 말한 것이 사실인가?"

[찬나] "세존이시여, 사실입니다."

존귀한 부처님께서는 견책했다.

[세존] "어리석은 자여, 그대는 적절하지 않고, 자연스럽지 않고, 알맞지 않고, 수행자의 삶이 아니고, 부당하고, 해서는 안 될 일을 행한 것이다. 어리석은 자여, 어찌 그대가 원칙에 따라 질책을 받고 이와 같이 '벗이여, 내가 다른 유능하고 계율을 갖춘 분에게 탐문하기 전까지는 나는 이 학습계율을 지키지 않겠다.'라고 말할 수 있단 말인가? 어리석은 자여, 그것은 아직 청정한 믿음이 없는 자를 청정한 믿음으로 이끌고, 이미 청정한 믿음이 있는 자를 더욱더 청정한 믿음으로 이끄는 것이 아니다. 어리석은 자여, 그것은 오히려, 아직 청정한 믿음이 없는 자를 불신으로 이끌고, 이미 청정한 믿음이 있는 자 가운데 어떤 자들을 타락시키는 것이다."

1-4. 그리고 세존께서는 그 수행승에 대하여 여러 가지 방편으로 견책하여, 키우기 어렵고 부양하기 어렵고 탐욕이 많고 만족을 모르고 교제를 좋아하고 나태한 것에 대해 질책하고, 여러 가지 법문으로 고무하여, 키우기 쉽고 부양하기 쉽고 욕심을 여의고, 만족을 알고, 버리고 없애는 삶, 악을 제거하는 삶, 청정한 믿음의 삶, 쌓아 모우지 않는 삶, 용맹정진의 삶을 칭찬하고, 수행승들을 위하여 그에

1173) vinayadhara : AN. I. 25에 따르면, 우빨리(Upāli)가 계율을 지키는 님 가운데 최상이었다. AN. V. 10을 살펴보라: "수행승들이여, 수행승이 믿음을 갖추었으나, 계행을 갖추지 못했다면, 그는 그 연결고리에서 아직 불완전한 것이다. 그러므로 그는 이와 같이 '믿음을 갖추었으나, 계행을 어떻게 갖출 것인가?'라고 생각하여 그 연결고리를 완성시켜야 한다."

알맞고 그에 걸맞게 경책하여 법문을 하고 수행승들에게 일렀다.

[세존] "수행승들이여, 그러므로 수행승들을 위하여 열 가지 이유에 기초하여, 즉 참모임의 수승을 위하여, 참모임의 안락을 위하여, 악한 수행승의 조복을 위하여, 품행이 바른 수행승의 평안한 삶을 위하여, 지금 여기에서의 번뇌의 제어를 위하여, 다가오는 번뇌를 물리치기 위하여, 청정한 믿음이 없는 자에게 청정한 믿음을 주기 위하여, 청정한 믿음이 있는 자에게 청정한 믿음을 증대시키기 위하여, 올바른 가르침을 지속시키기 위하여, 계율을 수호하기 위하여 학습계율을 시설하니, 수행승들이여, 그대들은 이와 같이 학습계율을 송출해야 한다."

[세존] "어떠한 수행승이든 원칙에 따라 견책을 받고 이와 같이 이와 같이 '벗이여, 내가 다른 유능하고 계율을 갖춘 분에게 탐문하기 전까지는 나는 이 학습계율을 지키지 않겠다.'라고 말한다면, 속죄죄를 범하는 것이다. 수행승들이여, 학습계율을 닦는 수행승들은 배워야 하고, 탐문해야 하고, 성찰해야 한다.[1174] 이것이 여기에 알맞은 절차이다."[1175]

2-1. '어떠한'이라는 것은 어떠한 관계, 어떠한 태생, 어떠한 이름, 어떠한 성씨, 어떠한 계행, 어떠한 주거, 어떠한 활동영역에서 이든지, 장로이든지, 신참이든지, 중참이든지, 이러한 자들을 형용하는 것으로 '어떠한 자이든'이라는 뜻이다. '수행승'이라고 하는 것은 '탁발하는 자'로서의 수행승, 탁발을 위해 돌아다니는 자로서의 수행승, 분소의를 입은 자로서의 수행승, 사미로서의 수행승, 자칭에 의한 수행승, '오라! 수행승이여!'에 의한 수행승, 삼귀의에 의해 구족계를 받은 수행승, 현선한 수행승, 진실한 수행승, 배울 것이 있는 학인인 수행승, 배울 것이 없는 무학인 수행승, 화합참모임과 한번제안세번제청의 갈마와 부동의 거룩한 님의 속성을 갖춘 자로서의 수행승이 있는데, 그들 가운데 화합참모임과 한번제안세번제청의 갈마와 부동의 거룩한 님의 속성을 갖춘 수행승을 두고, 그러한 의미에서의 수행승을 뜻한다.

1174) sikkhamānena bhikkhave, bhikkhunā aññātabbaṃ paripucchitabbaṃ paripañhitabbaṃ : sikkhamānā는 정학녀이지만, sikkhamānena는 현재분사의 반조태구격이다. '학습계율을 배우고 있는'이라는 의미이다. '배워야 하고'는 원래 aññātabbaṃ 즉, '알려져야 하고'를 의역한 것이다. 그리고 paripucchitabbaṃ은 '탐문 받아야 하고', paripañhitabbaṃ은 '조사 받아야 한다.'를 의역한 것이다.

1175) 거권학계(拒勸學戒) | Bhikkhunī Pāc. 53 : yo pana bhikkhu bhikkhūhi sahadhammikaṃ vuccamāno evaṃ vadeyya: na tāvāhaṃ āvuso, etasmiṃ sikakhāpade sikkhissāmi yāva na aññaṃ bhikkhuṃ vyattaṃ vinayadharaṃ paripucchāmī'ti pācittiyaṃ. sikkhamānena bhikkhave, bhikkhunā aññātabbaṃ paripucchitabbaṃ paripañhitabbaṃ, ayaṃ tattha sāmīcī'ti.

2-2. '수행승'은 다른 수행승을 뜻한다. '원칙에 따라'라는 것은 세존에 의해서 시설된 학습계율이 있는데, 그것을 원칙에 입각한 것이라고 한다. '이와 같이 이와 같이 '벗이여, 내가 다른 유능하고 계율을 갖춘 분에게 탐문하기 전까지는 나는 이 학습계율을 지키지 않겠다.'라고 말한다면'이라는 것은 그가 '내가 현명하고, 유능하고, 슬기롭고, 많이 배운, 원칙을 설하는 자에게 탐문하겠다.'라고 말하면, 속죄죄를 범하는 것이라는 뜻이다.

2-3₁.

1) 구족계를 받은 자에 대하여 구족계를 받은 자라고 지각하고 이와 같이 말하면, 속죄죄를 범하는 것이다.
2) 구족계를 받은 자에 대하여 구족계를 받은 자인지 의심하고 이와 같이 말하면, 속죄죄를 범하는 것이다.
3) 구족계를 받은 자에 대하여 구족계를 받지 않은 자라고[*142] 지각하고 이와 같이 말하면, 속죄죄를 범하는 것이다.

2-3₂.

1) 시설되지 않은 것에 대해 말할 때 '이것은 버리고 없애는 삶으로 이끌지 않고, 고행적 삶으로 이끌지 않고, 고귀한 삶으로 이끌지 않고, 줄여가는 삶으로 이끌지 않고, 용맹정진으로 이끌지 않는다.'라고 말하고, '벗이여, 내가 다른 유능하고 계율을 갖춘 분에게 탐문하기 전까지는 나는 이 학습계율을 지키지 않겠다.'라고 말한다면, 악작죄를 범하는 것이다.
2) 구족계를 받지 않은 자가 시설된 것이나 시설되지 않은 것에 대해서 말할 때, '이것은 버리고 없애는 삶으로 이끌지 않고, 고행적 삶으로 이끌지 않고, 고귀한 삶으로 이끌지 않고, 줄여가는 삶으로 이끌지 않고, 용맹정진으로 이끌지 않는다.'라고 말하고, '벗이여, 내가 다른 유능하고 계율을 갖춘 분에게 탐문하기 전까지는 나는 이 학습계율을 지키지 않겠다.'라고 말한다면, 악작죄를 범하는 것이다.

2-3₃.

1) 구족계를 받지 않은 자에 대해 구족계를 받은 자라고 지각하면, 악작죄를 범하는 것이다.
2) 구족계를 받지 않은 자에 대해 구족계를 받지 않은 것인지 의심하면, 악작죄를 범하는 것이다.

3) 구족계를 받지 않은 자에 대해 구족계를 받지 않은 자라고 지각하면, 악작죄를 범하는 것이다.

2-4. '학습계율을 닦는'이라는 것은 '학습계율 닦고자 하는'이라는 뜻이다. '배워야 하고'라는 것은 '알게 되어야 하는 것'을 뜻한다. '탐문해야 하고'라는 것은 '존자여, 이것은 그 의미가 어떠한 것입니까?'라고 묻는 것이다. '성찰해야 한다.'라는 것은 '조사해야 하고, 고찰해야 한다.'라는 뜻이다. '이것이 그것에 대한 알맞은 절차이다.'라는 것은 '이것이 그것에 대한 적당한 과정이다,'라는 뜻이다.

2-5. '나는 알겠다.' 또는 '나는 닦겠다.'라고 말하는 경우이거나, 정신이 착란된 자이거나, 초범자인 경우는 무죄이다.

4. 6. 4 속죄죄법 제54조

혼란에 대한 학습계율[Vilekhanasikkhāpada]

1-1. 한때 존귀한 부처님께서는 싸밧티 시의 제따바나 숲에 있는 아나타삔디까 승원에 계셨다. 그런데 그때 존귀한 부처님께서 여러 가지 법문으로 계율을 설하고, 계율을 찬탄하고, 계율의 성취를 찬탄하고 거듭해서 존자 우빨리를 찬탄했다. 수행승들이 말했다.

[수행승들] "세존께서 여러 가지 법문으로 계율을 설하고, 계율을 찬탄하고, 계율의 성취를 찬탄하고 거듭해서 존자 우빨리를 찬탄했다. 벗들이여, 자, 우리도 존자 우빨리에게 계율을 배웁시다."

그래서 다수의 수행승들, 장로들과 신참들과 중진들이 우빨리에게서 계율을 배웠다. 그러자 여섯무리의 수행승들이[*143] 이와 같이 생각했다.

[여섯무리의 수행승들] "벗들이여, 지금 다수의 수행승들, 장로들과 신참들과 중진들이 우빨리에게서 계율을 배우고 있습니다. 만약에 그들이 계율에 통달하면, 그들이 원할 때, 그들이 원하는 만큼, 우리를 잡아 당기도 하고 돌려 끌기도 할 것입니다.1176) 그러니 우리가 계율을 비방합시다."

그래서 여섯무리의 수행승들이 수행승들에게 다가가서 이와 같이 말했다.

[여섯무리의 수행승들] "이러한 사소한 학습계율은 의혹과 고뇌와 혼란만을 야기시키는데, 그것들을 송출하는 것이 무슨 소용이 있습니까?"1177)

1176) ākaḍḍhissanti parikaḍḍhissanti : '돌려 끌 것이다.'라는 것은 'pari-kaḍḍhissanti'를 번역한 것이다.

1-2. 수행승들 가운데 욕망을 여의고, 만족을 알고, 부끄러움을 알고, 후회할 줄 알고, 배움을 원하는 자들은 혐책하고 분개하고 비난했다.

[욕망을 여읜 수행승들] "어찌 여섯무리의 수행승들이 계율에 대하여 비방할 수 있단 말인가?"

1-3. 그러자 그 수행승들은 세존께 그 사실을 알렸다. 세존께서는 그것을 인연으로 그것을 기회로 수행승들의 참모임을 불러 모으게 하고 연유를 설하고 여섯무리의 수행승들에게 이와 같이 물었다.

[세존] "수행승들이여, 그대들이 계율에 대하여 비방한 것이 사실인가?"

[여섯무리의 수행승들] "세존이시여, 사실입니다."

존귀한 부처님께서는 견책했다.

[세존] "어리석은 자여, 그대는 적절하지 않고, 자연스럽지 않고, 알맞지 않고, 수행자의 삶이 아니고, 부당하고, 해서는 안 될 일을 행한 것이다. 어리석은 자들이여, 어찌 그대들이 계율에 대하여 비방할 수 있단 말인가? 어리석은 자들이여, 그것은 아직 청정한 믿음이 없는 자를 청정한 믿음으로 이끌고, 이미 청정한 믿음이 있는 자를 더욱더 청정한 믿음으로 이끄는 것이 아니다. 어리석은 자들이여, 그것은 오히려, 아직 청정한 믿음이 없는 자를 불신으로 이끌고, 이미 청정한 믿음이 있는 자 가운데 어떤 자들을 타락시키는 것이다."

1-4. 그리고 세존께서는 그 수행승들에 대하여 여러 가지 방편으로 견책하여, 키우기 어렵고 부양하기 어렵고 탐욕이 많고 만족을 모르고 교제를 좋아하고 나태한 것에 대해 질책하고, 여러 가지 법문으로 고무하여, 키우기 쉽고 부양하기 쉽고 욕심을 여의고, 만족을 알고, 버리고 없애는 삶, 악을 제거하는 삶, 청정한 믿음의 삶, 쌓아 모우지 않는 삶, 용맹정진의 삶을 칭찬하고, 수행승들을 위하여 그에 알맞고 그에 걸맞게 경책하여 법문을 하고 수행승들에게 일렀다.

[세존] "수행승들이여, 그러므로 수행승들을 위하여 열 가지 이유에 기초하여, 즉 참모임의 수승을 위하여, 참모임의 안락을 위하여, 악한 수행승의 조복을 위하여, 품행이 바른 수행승의 평안한 삶을 위하여, 지금 여기에서의 번뇌의 제어를 위하여, 다가오는 번뇌를 물리치기 위하여, 청정한 믿음이 없는 자에게

1177) kiṃ panimehi khuddānukhuddakehi sikkhāpadehi uddiṭṭhehi yāvadve kukkuccāya vibhesāya vilekhāya saṃvattanti'ti : Vin. II. 287에 사소한 학습계율에 대한 여러 장로들의 다양한 견해가 나온다. 아난다는 새김을 잃고 부처님께 사소한 학습계율이 무엇인가를 여쭙지 않은 것은 참회한다. DN. II. 154; Miln. 142; AN. II. 231을 참조하라.

청정한 믿음을 주기 위하여, 청정한 믿음이 있는 자에게 청정한 믿음을 증대시키기 위하여, 올바른 가르침을 지속시키기 위하여, 계율을 수호하기 위하여 학습계율을 시설하니, 수행승들이여, 그대들은 이와 같이 학습계율을 송출해야 한다."

[세존] "어떠한 수행승이든 의무계율을 송출할 때에 이와 같이 '이러한 사소한 학습계율은 의혹과 고뇌와 혼란만을 야기시키는데, 그것들을 송출하는 것이 무슨 소용이 있는가?'라고 말하여 학습계율을 비방한다면, 속죄죄를 범하는 것이다."1178)

2-1. '어떠한'이라는 것은 어떠한 관계, 어떠한 태생, 어떠한 이름, 어떠한 성씨, 어떠한 계행, 어떠한 주거, 어떠한 활동영역에서 이든지, 장로이든지, 신참이든지, 중참이든지, 이러한 자들을 형용하는 것으로 '어떠한 자이든'이라는 뜻이다. '수행승'이라고 하는 것은 '탁발하는 자'로서의 수행승, 탁발을 위해 돌아다니는 자로서의 수행승, 분소의를 입은 자로서의 수행승, 사미로서의 수행승, 자칭에 의한 수행승, '오라! 수행승이여!'에 의한 수행승, 삼귀의에 의해 구족계를 받은 수행승, 현선한 수행승, 진실한 수행승, 배울 것이 있는 학인인 수행승, 배울 것이 없는 무학인 수행승, 화합참모임과 한번제안세번제청의 갈마와 부동의 거룩한 님의 속성을 갖춘 자로서의 수행승이 있는데, 그들 가운데 화합참모임과 한번제안세번제청의 갈마와 부동의 거룩한 님의 속성을 갖춘 수행승을 두고, 그러한 의미에서의 수행승을 뜻한다.

2-2. '의무계율을 송출할 때'라는 것은 외울 때나 외우도록 시킬 때나, 학습할 때를 말한다. '이와 같이 말한다면'이라는 것은 '이러한 사소한 학습계율은 의혹과 고뇌와 혼란만을 야기시키는데, 그것들을 송출하는 것이 무슨 소용이 있는가?'라고 말하는 것을 뜻한다. 구족계를 받은 자에게 계율에 대하여 '그것을 성취한 자에게는 의혹이 있게 되고 고뇌가 있게 되고 혼란이 있게 되지만, 그것을 성취하지 않은 자에게는 의혹이 없어지고 고뇌가 없어지고 혼란이 없어진다. 그것을 송출하지 않는 것이 낫고, 그것을 파악하지 않는 것이 낫고, 그것을 성취하지 않는 것이 낫고, 그것을 기억하지 않는 것이 낫다. 수행승들은 계율을 없애야

1178) 훼비니계(毁毘尼戒) | Bhikkhunī Pāc. 54 : yo pana bhikkhu pātimokkhe uddissamāne evaṃ vadeyya: kiṃ pan'imehi khuddānukhuddakehi sikkhāpadehi uddiṭṭhehi, yāvad eva kukkuccāya vibhesāya vilekhāya saṃvatta ntī'ti sikkhāpadavivaṇṇake pācittiyan'ti.

하고, 계율을 배우지 말아야 한다.'라고 계율을 비방한다면, 속죄죄를 범하는 것이다.

2-3$_1$.

1) 구족계를 받은 자에 대하여 구족계를 받은 자라고 지각하고 계율을 비방하면, 속죄죄를 범하는 것이다.
2) 구족계를 받은 자에 대하여 구족계를 받은 자인지 의심하고 계율을 비방하면, 속죄죄를 범하는 것이다.
3) 구족계를 받은 자에 대하여 구족계를 받지 않은 자라고 지각하고 계율을 비방하면, 속죄죄를 범하는 것이다.

2-3$_2$.

1) 다른 가르침을 비방하면,1179) 악작죄를 범하는 것이다.
2) 구족계를 받지 않은 자에게 계율이나 가르침을 비방하면, 악작죄를 범하는 것이다.

2-3$_3$.

1) 구족계를 받지 않은 자에 대하여 구족계를 받은 자라고 지각하면, 악작죄를 범하는 것이다.
2) 구족계를 받지 않은 자에 대하여[*144] 구족계를 받지 않은 자인지 의심하면, 악작죄를 범하는 것이다.
3) 구족계를 받지 않은 자에 대하여 구족계를 받지 않은 자라고 지각하면, 악작죄를 범하는 것이다.

2-4. 비방하고자 의도하지 않고 '자, 경전이나 게송이나 논서1180)를 배우고 나중에 계율을 배우겠습니다.'라고 말하는 경우와 정신이 착란된 자이거나, 초범자인 경우는 무죄이다.

1179) aññaṃ dhammaṃ vivaṇṇeti : 여기서 가르침은 계율인 비나야(Vinaya: 律)에 대해서 상대적인 담마(Damma: 法)를 지칭한 것이다. 가르침에 대한 비방은 무지에서 근거하는 것이므로 실제적인 무거운 처벌로 다스리기 힘든 것이다. Bd. III. 42에 따르면, 사소한 계율을 비방하는 것이 속죄죄를 범하는 것이라면, 그 보다 중요한 계율을 범하면, 악작죄보다는 무거운 죄이어야 한다.

1180) abhidhamma : 이것은 논장까지의 삼장이 성립하기 전에 가르침에 대한 분석을 뜻하는 것일 수 있다. Smp. 990에 따르면, 정시신체적인 과정(名色)에 대한 분별(nāmarūpaparicccheda)이라고 정의하고 있는데 이것은 논장을 염두에 둔 해석이다. Vin. IV. 344를 참조하라.

4. 6. 5 속죄죄법 제55조

미혹하게 하는 것에 대한 학습계율[Mohanasikkhāpada]

1-1. 한때 존귀한 부처님께서는 싸밧티 시의 제따바나 숲에 있는 아나타삔디까 승원에 계셨다. 그런데 그때 여섯무리의 수행승들이 비행을 저지르고 '알지 못해서 저지른 것이라고 이해할 수 밖에 없다.'라고 생각하고 의무계율이 설해질 때에 이와 같이 말했다.

[여섯무리의 수행승들] "이제야 비로소 이 원칙이 조항으로 내려와 조항에 포함되어 반월마다 송출되게 된다는 것을 우리가 알았다."1181)

1-2. 수행승들 가운데 욕망을 여의고, 만족을 알고, 부끄러움을 알고, 후회할 줄 알고, 배움을 원하는 자들은 혐책하고 분개하고 비난했다.

[욕망을 여읜 수행승들] "어찌 여섯무리의 수행승들이 의무계율을 송출할 때에 이와 같이 '이제야 비로소 이 원칙이 조항으로 내려와 조항에 포함되어 반월마다 송출되게 된다는 것을 우리가 알았다.'라고 말할 수 있단 말인가?"

1-3. 그러자 그 수행승들은 세존께 그 사실을 알렸다. 세존께서는 그것을 인연으로 그것을 기회로 수행승들의 참모임을 불러 모으게 하고 연유를 설하고 여섯무리의 수행승들에게 이와 같이 물었다.

[세존] "수행승들이여, 그대들이 의무계율을 송출할 때에 이와 같이 '이제야 비로소 이 원칙이 조항으로 내려와 조항에 포함되어 반월마다 송출되게 된다는 것을 우리가 알았다.'라고 말한 것이 사실인가?"

[여섯무리의 수행승들] "세존이시여, 사실입니다."

존귀한 부처님께서는 견책했다.

[세존] "어리석은 자들이여, 그대들은 적절하지 않고, 자연스럽지 않고, 알맞지 않고, 수행자의 삶이 아니고, 부당하고, 해서는 안 될 일을 행한 것이다. 어리석은 자들이여, 어찌 그대들이 의무계율을 송출할 때에 이와 같이 '이제야 비로소 이 원칙이 조항으로 내려와 조항에 포함되어 반월마다 송출되게 된다는 것을 우리가 알았다.'라고 말할 수 있단 말인가? 어리석은 자들이여, 그것은 아직 청정한 믿음이 없는 자를 청정한 믿음으로 이끌고, 이미 청정한 믿음이 있는 자를 더욱더

1181) idāneva kho mayaṃ jānāma ayampi kira dhammo suttāgato suttapariyāpanto anavaddhamāsaṃ uddesaṃ āgacchati'ti : 여기서 '조항으로 내려와 조항에 포함되어'라는 것은 'suttāgato suttapariyāpanto'를 번역한 것이다. 율장에서는 일반적으로 경(經: sutta)이라고 번역되는 것을 법규의 '조항'의 의미로 사용한다.

청정한 믿음으로 이끄는 것이 아니다. 어리석은 자들이여, 그것은 오히려, 아직 청정한 믿음이 없는 자를 불신으로 이끌고, 이미 청정한 믿음이 있는 자 가운데 어떤 자들을 타락시키는 것이다."

1-4. 그리고 세존께서는 그 수행승들에 대하여 여러 가지 방편으로 견책하여, 키우기 어렵고 부양하기 어렵고 탐욕이 많고 만족을 모르고 교제를 좋아하고 나태한 것에 대해 질책하고, 여러 가지 법문으로 고무하여, 키우기 쉽고 부양하기 쉽고 욕심을 여의고, 만족을 알고, 버리고 없애는 삶, 악을 제거하는 삶, 청정한 믿음의 삶, 쌓아 모우지 않는 삶, 용맹정진의 삶을 칭찬하고, 수행승들을 위하여 그에 알맞고 그에 걸맞게 경책하여 법문을 하고 수행승들에게 일렀다.

[세존] "수행승들이여, 그러므로 수행승들을 위하여 열 가지 이유에 기초하여, 즉 참모임의 수승을 위하여, 참모임의 안락을 위하여, 악한 수행승의 조복을 위하여, 품행이 바른 수행승의 평안한 삶을 위하여, 지금 여기에서의 번뇌의 제어를 위하여, 다가오는 번뇌를 물리치기 위하여, 청정한 믿음이 없는 자에게 청정한 믿음을 주기 위하여, 청정한 믿음이 있는 자에게 청정한 믿음을 증대시키기 위하여, 올바른 가르침을 지속시키기 위하여, 계율을 수호하기 위하여 학습계율을 시설하니, 수행승들이여, 그대들은 이와 같이 학습계율을 송출해야 한다."

[세존] "어떠한 수행승이든 반월마다 의무계율을 송출할 때, 이와 같이 '이제야 비로소 이 원칙이 조항으로 내려와 조항에 포함되어 반월마다 송출되게 된다는 것을 우리가 알았다.'라고 말하는 때, 다른 수행승들이 그 수행승이 이전에 두세 번, 그 이상은 말할 것도 없이, 의무계율을 시설하는데 앉아 있었던 것을 안다면, 그 수행승은 알지 못한 까닭으로 면책될 수 없다. 그 경우 그가 저지른 그 죄는 원칙에 따라서 처벌받아야 하고 또한 그의 미혹시킴은 '벗이여, 그대는 의무계율을 송출할 때에 그 가치를 잘 인지하여 정신활동을 기울이지 않았다.'라고 질책받아야 한다. 이것이 알지 못했다고 주장하는 자가 받아야 할 속죄죄이다."[1182]

1182) 공거선언계(恐擧先言戒) | Bhikkhunī Pāc. 55 : yo pana bhikkhu anvaddhamāsaṃ pātimokkhe uddissamāne evaṃ vadeyya: idān'eva kho ahaṃ jānāmi ayampi kira dhammo suttāgato suttapariyāpanno anvaddhamāsaṃ uddesaṃ āgacchatī'ti. tañce bhikkhuṃ aññe bhikkhū jāneyyuṃ nisinnapubbaṃ iminā bhikkhunā dvattikkhattuṃ pātimokkhe uddissamāne ko pana vādo bhiyyo na ca tassa bhikkhuno aññāṇakena mutti atthi yañca tattha āpattiṃ āpanno tañca yathādhammo kāretabbo uttariṃ c'assa moho āropetabbo: tassa te āvuso alābhā tassa te dulladdhaṃ yaṃ tvaṃ pātimokkhe uddissamāne na sādhukaṃ aṭṭhikatvā manasikarosī'ti. idaṃ tasmiṃ mobhanake pācittiyan'ti.

2-1. '어떠한'이라는 것은[*145] 어떠한 관계, 어떠한 태생, 어떠한 이름, 어떠한 성씨, 어떠한 계행, 어떠한 주거, 어떠한 활동영역에서 이든지, 장로이든지, 신참이든지, 중참이든지, 이러한 자들을 형용하는 것으로 '어떠한 자이든'이라는 뜻이다. '수행승'이라고 하는 것은 '탁발하는 자'로서의 수행승, 탁발을 위해 돌아다니는 자로서의 수행승, 분소의를 입은 자로서의 수행승, 사미로서의 수행승, 자칭에 의한 수행승, '오라! 수행승이여!'에 의한 수행승, 삼귀의에 의해 구족계를 받은 수행승, 현선한 수행승, 진실한 수행승, 배울 것이 있는 학인인 수행승, 배울 것이 없는 무학인 수행승, 화합참모임과 한번제안세번제청의 갈마와 부동의 거룩한 님의 속성을 갖춘 자로서의 수행승이 있는데, 그들 가운데 화합참모임과 한번제안세번제청의 갈마와 부동의 거룩한 님의 속성을 갖춘 수행승을 두고, 그러한 의미에서의 수행승을 뜻한다.

2-2. '반월마다'라는 것은 '포살을 행할 때마다'라는 뜻이다. '의무계율을 송출할 할 때'라는 것은 '외울 때'를 뜻한다. 이와 같이 '비행을 저지르고 알지 못한 까닭에 저질렀다라고 이해한다.'라고 생각하여, 의무계율을 송출할 때 '이제야 비로소 이 원칙이 조항으로 내려와 조항에 포함되어 반월마다 송출되게 된다는 것을 우리가 안다.'라고 말하면, 악작죄를 범하는 것이다.

2-4. '그 수행승'은 알지 못했다고 주장하고자 하는 수행승이다. 다른 수행승들은 그 수행승이 이전에 두세 번, 그 이상은 말할 것도 없이, 의무계율을 시설하는데 앉아 있었던 것을 안다면, 그 수행승은 알지 못한 까닭으로 면책될 수 없다. 그 경우 그가 저지른 그 죄는 원칙에 따라서 처벌받아야 하고 또한 그의 어리석음은 '벗이여, 그대는 의무계율을 시설할 때에 그 가치를 잘 인지하여 정신활동을 기울이지 않았다.'라고 질책받아야 한다. 수행승들이며, 이와 같이 질책해야 한다. 총명하고 유능한 수행승이 참모임에 알려야 한다.

[제안] '존자들이여, 저의 말을 들으십시오. 참모임은 이러이러한 수행승이 의무계율을 송출할 때에 그 가치를 잘 인지하여 정신활동을 기울이지 않았습니다. 만약에 참모임에 옳은 일이라면, 참모임은 이러이러한 수행승에게 그 알지 못한 것을 질책하겠습니다. 이것이 제안입니다.'

[제청] '존자들이여, 저의 말을 들으십시오. 참모임은 이러이러한 수행승이 의무계율을 송출할 때에 그 가치를 잘 인지하여 정신활동을 기울이지 않았습니다. 참모임은 이러이러한 수행승에게 그의 알지 못했다는 핑계를 질책하겠습니

다. 존자들 가운데 누구든지 이러이러한 수행승에게 그의 알지 못했다는 핑계를 질책하는 것에 동의하면 침묵하시고, 이견이 있으면 말씀하십시오.'

[결정] '참모임은 이러이러한 수행승에게 그의 알지 못했다는 핑계를 질책했습니다. 참모임이 찬성하여 침묵했으므로, 저는 그와 같이 알겠습니다.'"

2-5₁.

1) 알지 못했다는 핑계에 대해 처벌받지 않고 알지 못했다는 핑계를 댄다면,[1183] 악작죄를 범하는 것이다.

2) 알지 못했다는 핑계에 대해 처벌받고 알지 못했다는 핑계를 댄다면, 속죄죄를 범하는 것이다.

2-5₂.

1) 원칙에 입각한 갈마에 대하여 원칙에 입각한 갈마라고 지각하고 미혹시킨다면, 속죄죄를 범하는 것이다.

2) 원칙에 입각한 갈마에 대하여 원칙에 입각한 갈마인지 의심하고 미혹시킨다면, 속죄죄를 범하는 것이다.

3) 원칙에 입각한 갈마에 대하여 원칙에 입각하지 않은 갈마라고 지각하고 미혹시킨다면, 속죄죄를 범하는 것이다.

2-5₃.

1) 원칙에 입각하지 않은 갈마에 대하여 원칙에 입각한 갈마라고 지각하고 미혹시킨다면, 악작죄를 범하는 것이다.

2) 원칙에 입각하지 않은 갈마에 대하여 원칙에 입각하지 않은 갈마인지 의심하고 미혹시킨다면, 악작죄를 범하는 것이다.

3) 원칙에 입각하지 않은 갈마에 대하여 원칙에 입각하지 않은 갈마라고 지각하고 미혹시킨다면, 악작죄를 범하는 것이다.

2-6. 아직 상세하게 듣지 못했거나, 두세 번 이내에 상세히 들었거나, 미혹하게 할 의도가 없었을 경우이거나, 정신이 착란된 자이거나, 초범자인 경우는 무죄이다.

4. 6. 6 속죄죄법 제56조

구타에 대한 학습계율[Pahārasikkhāpada]

1183) anāropite mohe moheti : Bd. III. 45에 따르면, 참모임이 아니라 개인에 의해서 비난받는 것을 의미한다.

1-1. 한때 존귀한 부처님께서는 싸밧티 시의 제따바나 숲에 있는 아나타삔디까 승원에 계셨다. 그런데 그때[*146] 여섯무리의 수행승들이 화가 나고 불만에 가득 차서 열일곱무리의 수행승들을 구타해서 그들은 울었다. 수행승들이 이와 같이 말했다.

[수행승들] "벗들이여, 그대들은 왜 웁니까?"

[열일곱무리의 수행승들] "벗들이여, 여섯무리의 수행승들이 화가 나고 불만에 가득 차서 우리를 구타했습니다."

1-2. 수행승들 가운데 욕망을 여의고, 만족을 알고, 부끄러움을 알고, 후회할 줄 알고, 배움을 원하는 자들은 혐책하고 분개하고 비난했다.

[욕망을 여읜 수행승들] "어찌 여섯무리의 수행승들이 화가 나고 불만에 가득 차서 수행승들을 구타할 수 있단 말인가?"

1-3. 그래서 그 수행승들은 세존께 그 사실을 알렸다. 세존께서는 그것을 인연으로 그것을 기회로 수행승들의 참모임을 불러 모으게 하고 연유를 설하고 여섯무리의 수행승들에게 이와 같이 물었다.

[세존] "수행승들이여, 그대들이 화가 나고 불만에 가득 차서 수행승들을 구타한 것이 사실인가?"

[여섯무리의 수행승들] "세존이시여, 사실입니다."

존귀한 부처님께서는 견책했다.

[세존] "어리석은 자들이여, 그대들은 적절하지 않고, 자연스럽지 않고, 알맞지 않고, 수행자의 삶이 아니고, 부당하고, 해서는 안 될 일을 행한 것이다. 어리석은 자들이여, 어찌 그대들이 화가 나고 불만에 가득 차서 수행승들을 구타할 수 있단 말인가? 어리석은 자들이여, 그것은 아직 청정한 믿음이 없는 자를 청정한 믿음으로 이끌고, 이미 청정한 믿음이 있는 자를 더욱더 청정한 믿음으로 이끄는 것이 아니다. 어리석은 자들이여, 그것은 오히려, 아직 청정한 믿음이 없는 자를 불신으로 이끌고, 이미 청정한 믿음이 있는 자 가운데 어떤 자들을 타락시키는 것이다."

1-4. 그리고 세존께서는 그 여섯무리의 수행승들에 대하여 여러 가지 방편으로 견책하여, 키우기 어렵고 부양하기 어렵고 탐욕이 많고 만족을 모르고 교제를 좋아하고 나태한 것에 대해 질책하고, 여러 가지 법문으로 고무하여, 키우기 쉽고 부양하기 쉽고 욕심을 여의고, 만족을 알고, 버리고 없애는 삶, 악을 제거하는 삶, 청정한

믿음의 삶, 쌓아 모우지 않는 삶, 용맹정진의 삶을 칭찬하고, 수행승들을 위하여 그에 알맞고 그에 걸맞게 경책하여 법문을 하고 수행승들에게 일렀다.

[세존] "수행승들이여, 그러므로 수행승들을 위하여 열 가지 이유에 기초하여, 즉 참모임의 수승을 위하여, 참모임의 안락을 위하여, 악한 수행승의 조복을 위하여, 품행이 바른 수행승의 평안한 삶을 위하여, 지금 여기에서의 번뇌의 제어를 위하여, 다가오는 번뇌를 물리치기 위하여, 청정한 믿음이 없는 자에게 청정한 믿음을 주기 위하여, 청정한 믿음이 있는 자에게 청정한 믿음을 증대시키기 위하여, 올바른 가르침을 지속시키기 위하여, 계율을 수호하기 위하여 학습계율을 시설하니, 수행승들이여, 그대들은 이와 같이 학습계율을 송출해야 한다."

[세존] "어떠한 수행승이든지 화가 나고 불만에 가득 차서 수행승들을 구타하면, 속죄죄를 범하는 것이다."1184)

2-1. '어떠한'이라는 것은 어떠한 관계, 어떠한 태생, 어떠한 이름, 어떠한 성씨, 어떠한 계행, 어떠한 주거, 어떠한 활동영역에서 이든지, 장로이든지, 신참이든지, 중참이든지, 이러한 자들을 형용하는 것으로 '어떠한 자이든'이라는 뜻이다. '수행승'이라고 하는 것은 '탁발하는 자'로서의 수행승, 탁발을 위해 돌아다니는 자로서의 수행승, 분소의를 입은 자로서의 수행승, 사미로서의 수행승, 자칭에 의한 수행승, '오라! 수행승이여!'에 의한 수행승, 삼귀의에 의해 구족계를 받은 수행승, 현선한 수행승, 진실한 수행승, 배울 것이 있는 학인인 수행승, 배울 것이 없는 무학인 수행승, 화합참모임과 한번제안세번제청의 갈마와 부동의 거룩한 님의 속성을 갖춘 자로서의 수행승이 있는데, 그들 가운데 화합참모임과 한번제안세번제청의 갈마와 부동의 거룩한 님의 속성을 갖춘 수행승을 두고, 그러한 의미에서의 수행승을 뜻한다.

2-2. '수행승'이라는 것은 다른 수행승을 뜻한다. '화를 내고 불만에 가득차서'라는 불만족스럽고, 격분하고, 완고해지는 것'을 뜻한다. '구타하면'이라는 것은 다음과 같다. '신체적으로나 신체에 달린 것으로나 던질 수 있는 것으로 연꽃잎으로라도 구타하면,'의 뜻으로 속죄죄를 범하는 것이다.

2-3₁.

1) 구족계를 받은 자에 대하여 구족계를 받은 자라고 생각하여 화를 내고 불만에

1184) 진타비구계(瞋打比丘戒) | Bhikkhunī Pāc. 56 : yo pana bhikkhu bhikkhussa kupito anattamano pahāraṃ dadeyya, pācittiyan'ti.

가득차서 구타하면, 속죄죄를 범하는 것이다.

2) 구족계를 받은 자에 대하여 구족계를 받은 자인지 의심하여 화를 내고 불만에 가득차서 구타하면, 속죄죄를 범하는 것이다.

3) 구족계를 받은 자에 대하여 구족계를 받지 않은 자라고 생각하여 화를 내고 불만에 가득차서 구타하면, 속죄죄를 범하는 것이다.

2-3₂. 구족계를 받지 않은 자에게 화를 내고 불만에 가득차서 구타하면, 악작죄를 범하는 것이다.

2-3₃.

1) 구족계를 받지 않은 자에 대하여 구족계를 받은 자라고 지각하면, 악작죄를 범하는 것이다.

2) 구족계를 받지 않은 자에 대하여 구족계를 받지 않은 자인지 의심하면, 악작죄를 범하는 것이다.

3) 구족계를 받지 않은 자에 대하여 구족계를 받지 않은 자라고 지각하면, 악작죄를 범하는 것이다.1185)

2-4. 어떠한 것에 의해서라도 곤란을 당하여 거기에서 벗어나고자 구타하는 경우이거나,1186) 정신이 착란된 자이거나, 초범자인 경우는 무죄이다.

4. 6. 7 속죄죄법 제57조

위협적인 손짓에 대한 학습계율[Talasattikasikkhāpada]

1-1. 한때 존귀한 부처님께서는 싸밧티 시의 제따바나 숲에 있는 아나타삔디까 승원에 계셨다. 그런데 그때 여섯무리의 수행승들이 화를 내고 불만에 가득차서 열일곱무리의 수행승들에게[*147] 손짓으로 위협을 가했다.1187) 그들은 위협에 놀라서1188) 울었다. 수행승들이 이와 같이 말했다.

1185) anupasampanne anupasampannasaññi āpatti dukkaṭassa : Bd. III. 48에 따르면, 분명히 '악작죄'가 아니라 '무죄'가 되어야 한다.

1186) kenaci viheṭhiyamāno mokkhādhippāyo pahāraṃ deti : Smp. 877에 따르면, 사람이나 축생 때문이라면, 신체적으로나 신체에 달린 것으로나 던질 수 있는 것으로 연꽃잎으로라도 때린다고 하더라도, 무죄이다.

1187) talasattikaṃ uggiranti : 원래 '손에 칼을 든'이라는 표현인데 '위협적인 손짓을 했다.'라는 뜻이다.

1188) pahārasamucitā : samucita는 '익숙한' 또는 '적당한'의 의미를 지녔다. Smp. 878에 따르면, 수행승들이 구타에 익숙했고 이전에도 맞아본 적이 있어서 위협적인 손짓에 놀란 것을 의미한다.

[수행승들] "벗들이여, 그대들은 왜 웁니까?"

[열일곱무리의 수행승들] "벗들이여, 여섯무리의 수행승들이 화가 나고 불만에 가득 차서 우리에게 손짓으로 위협을 가했습니다."

1-2. 수행승들 가운데 욕망을 여의고, 만족을 알고, 부끄러움을 알고, 후회할 줄 알고, 배움을 원하는 자들은 혐책하고 분개하고 비난했다.

[욕망을 여읜 수행승들] "어찌 여섯무리의 수행승들이 화가 나고 불만에 가득 차서 수행승들에게 손짓으로 위협을 가할 수 있단 말인가?"

1-3. 그래서 그 수행승들은 세존께 그 사실을 알렸다. 세존께서는 그것을 인연으로 그것을 기회로 수행승들의 참모임을 불러 모으게 하고 연유를 설하고 여섯무리의 수행승들에게 이와 같이 물었다.

[세존] "수행승들이여, 그대들이 화가 나고 불만에 가득 차서 수행승들에게 손짓으로 위협을 가한 것이 사실인가?"

[여섯무리의 수행승들] "세존이시여, 사실입니다."

존귀한 부처님께서는 견책했다.

[세존] "어리석은 자여, 그대는 적절하지 않고, 자연스럽지 않고, 알맞지 않고, 수행자의 삶이 아니고, 부당하고, 해서는 안 될 일을 행한 것이다. 어리석은 자들이여, 어찌 그대들이 화가 나고 불만에 가득 차서 수행승들에게 손짓으로 위협을 가할 수 있단 말인가? 어리석은 자들이여, 그것은 아직 청정한 믿음이 없는 자를 청정한 믿음으로 이끌고, 이미 청정한 믿음이 있는 자를 더욱더 청정한 믿음으로 이끄는 것이 아니다. 어리석은 자들이여, 그것은 오히려, 아직 청정한 믿음이 없는 자를 불신으로 이끌고, 이미 청정한 믿음이 있는 자 가운데 어떤 자들을 타락시키는 것이다."

1-4. 그리고 세존께서는 그 여섯무리의 수행승들에 대하여 여러 가지 방편으로 견책하여, 키우기 어렵고 부양하기 어렵고 탐욕이 많고 만족을 모르고 교제를 좋아하고 나태한 것에 대해 질책하고, 여러 가지 법문으로 고무하여, 키우기 쉽고 부양하기 쉽고 욕심을 여의고, 만족을 알고, 버리고 없애는 삶, 악을 제거하는 삶, 청정한 믿음의 삶, 쌓아 모우지 않는 삶, 용맹정진의 삶을 칭찬하고, 수행승들을 위하여 그에 알맞고 그에 걸맞게 경책하여 법문을 하고 수행승들에게 일렀다.

[세존] "수행승들이여, 그러므로 수행승들을 위하여 열 가지 이유에 기초하여, 즉 참모임의 수승을 위하여, 참모임의 안락을 위하여, 악한 수행승의 조복을 위하

여, 품행이 바른 수행승의 평안한 삶을 위하여, 지금 여기에서의 번뇌의 제어를 위하여, 다가오는 번뇌를 물리치기 위하여, 청정한 믿음이 없는 자에게 청정한 믿음을 주기 위하여, 청정한 믿음이 있는 자에게 청정한 믿음을 증대시키기 위하여, 올바른 가르침을 지속시키기 위하여, 계율을 수호하기 위하여 학습계율을 시설하니, 수행승들이여, 그대들은 이와 같이 학습계율을 송출해야 한다."

[세존] "어떠한 수행승이든지 화가 나고 불만에 가득 차서 수행승들에게 손짓으로 위협을 가한다면, 속죄죄를 범하는 것이다."[1189]

2-1. '어떠한'이라는 것은 어떠한 관계, 어떠한 태생, 어떠한 이름, 어떠한 성씨, 어떠한 계행, 어떠한 주거, 어떠한 활동영역에서 이든지, 장로이든지, 신참이든지, 중참이든지, 이러한 자들을 형용하는 것으로 '어떠한 자이든'이라는 뜻이다. '수행승'이라고 하는 것은 '탁발하는 자'로서의 수행승, 탁발을 위해 돌아다니는 자로서의 수행승, 분소의를 입은 자로서의 수행승, 사미로서의 수행승, 자칭에 의한 수행승, '오라! 수행승이여!'에 의한 수행승, 삼귀의에 의해 구족계를 받은 수행승, 현선한 수행승, 진실한 수행승, 배울 것이 있는 학인인 수행승, 배울 것이 없는 무학인 수행승, 화합참모임과 한번제안세번제청의 갈마와 부동의 거룩한 님의 속성을 갖춘 자로서의 수행승이 있는데, 그들 가운데 화합참모임과 한번제안세번제청의 갈마와 부동의 거룩한 님의 속성을 갖춘 수행승을 두고, 그러한 의미에서의 수행승을 뜻한다.

2-2. 수행승이라는 것은 다른 수행승을 뜻한다. '화를 내고 불만에 가득차서'라는 불만족스럽고, 격분하고, 완고해지는 것'을 뜻한다. '손짓으로 위협을 가하다면'이라는 것은 다음과 같다. '신체적으로나 신체에 딸린 것으로 연꽃잎에 이르기까지라도 위협을 가한다면'이라는 뜻으로, 속죄죄를 범하는 것이다.

2-3₁.

1) 구족계를 받은 자에 대하여 구족계를 받은 자라고 생각하여 화를 내고 불만에 가득차서 손짓으로 위협을 가하면, 속죄죄를 범하는 것이다.

2) 구족계를 받은 자에 대하여 구족계를 받은 자인지 의심하여 화를 내고 불만에 가득차서 손짓으로 위협을 가하면, 속죄죄를 범하는 것이다.

3) 구족계를 받은 자에 대하여 구족계를 받지 않은 자라고 생각하여 화를 내고

1189) 박비구계(搏比丘戒) | Bhikkhunī Pāc. 57 : yo pana bhikkhu bhikkhussa kupito anattamano talasattikaṃ uggireyya, pācittiyan'ti.

불만에 가득차서 손짓으로 위협을 가하면, 속죄죄를 범하는 것이다.

2-3₂. 구족계를 받지 않은 자에게 화를 내고 불만에 가득차서 손짓으로 위협을 가하면, 악작죄를 범하는 것이다.

2-3₃.

1) 구족계를 받지 않은 자에 대하여 구족계를 받은 자라고 지각하면, 악작죄를 범하는 것이다.
2) 구족계를 받지 않은 자에 대하여 구족계를 받지 않은 자인지 의심하면, 악작죄를 범하는 것이다.
3) 구족계를 받지 않은 자에 대하여 구족계를 받지 않은 자라고 지각하면, 악작죄를 범하는 것이다.1190)

2-5. 어떠한 것에 의해서라도 곤란을 당하여 거기에서 벗어나고자 손짓으로 위협을 가하는 경우이거나, 정신이 착란된 자이거나, 초범자인 경우는 무죄이다.

4. 6. 8 속죄죄법 제58조

근거 없는 것에 대한 학습계율[Amulikasikkhāpada]

1-1. 한때 존귀한 부처님께서는 싸밧티 시의 제따바나 숲에 있는 아나타삔디까 승원에 계셨다. 그런데 그때 여섯무리의 수행승들이 수행승에 대하여 근거 없이 승단잔류죄를 범한 것이라고 비방했다.

1-2. 수행승들 가운데 욕망을 여의고, 만족을 알고, 부끄러움을 알고, 후회할 줄 알고, 배움을 원하는 자들은 혐책하고 분개하고 비난했다.

[욕망을 여읜 수행승들] "어찌 여섯무리의 수행승들이 수행승에 대하여 근거 없이 승단잔류죄를 범한 것이라고 비방할 수 있단 말인가?"

1-3. 그래서 그 수행승들은 세존께 그 사실을 알렸다. 세존께서는 그것을 인연으로 그것을 기회로 수행승들의 참모임을 불러 모으게 하고 연유를 설하고 여섯무리의 수행승들에게 이와 같이 물었다.

[세존] "수행승들이여, 그대들이 수행승에 대하여 근거 없이 승단잔류죄를 범

1190) anupasampanne anupasampannasaññi āpatti dukkaṭassa : Bd. III. 48에 따르면, 분명히 '악작죄'가 아니라 '무죄'가 되어야 한다.

한 것이라고 비방한 것이 사실인가?”

[여섯무리의 수행승들] “세존이시여, 사실입니다.”

존귀한[*148] 부처님께서는 견책하셨다.

[세존] “어리석은 자들이여, 그대들은 적절하지 않고, 자연스럽지 않고, 알맞지 않고, 수행자의 삶이 아니고, 부당하고, 해서는 안 될 일을 행한 것이다. 어리석은 자들이여, 어찌 그대들이 수행승에 대하여 근거 없이 승단잔류죄를 범한 것이라고 비방할 수 있단 말인가? 어리석은 자들이여, 그것은 아직 청정한 믿음이 없는 자를 청정한 믿음으로 이끌고, 이미 청정한 믿음이 있는 자를 더욱더 청정한 믿음으로 이끄는 것이 아니다. 어리석은 자들이여, 그것은 오히려, 아직 청정한 믿음이 없는 자를 불신으로 이끌고, 이미 청정한 믿음이 있는 자 가운데 어떤 자들을 타락시키는 것이다.”

1-4. 그리고 세존께서는 그 여섯무리의 수행승들에 대하여 여러 가지 방편으로 견책하여, 키우기 어렵고 부양하기 어렵고 탐욕이 많고 만족을 모르고 교제를 좋아하고 나태한 것에 대해 질책하고, 여러 가지 법문으로 고무하여, 키우기 쉽고 부양하기 쉽고 욕심을 여의고, 만족을 알고, 버리고 없애는 삶, 악을 제거하는 삶, 청정한 믿음의 삶, 쌓아 모우지 않는 삶, 용맹정진의 삶을 칭찬하고, 수행승들을 위하여 그에 알맞고 그에 걸맞게 경책하여 법문을 하고 수행승들에게 일렀다.

[세존] “수행승들이여, 그러므로 수행승들을 위하여 열 가지 이유에 기초하여, 즉 참모임의 수승을 위하여, 참모임의 안락을 위하여, 악한 수행승의 조복을 위하여, 품행이 바른 수행승의 평안한 삶을 위하여, 지금 여기에서의 번뇌의 제어를 위하여, 다가오는 번뇌를 물리치기 위하여, 청정한 믿음이 없는 자에게 청정한 믿음을 주기 위하여, 청정한 믿음이 있는 자에게 청정한 믿음을 증대시키기 위하여, 올바른 가르침을 지속시키기 위하여, 계율을 수호하기 위하여 학습계율을 시설하니, 수행승들이여, 그대들은 이와 같이 학습계율을 송출해야 한다.”

[세존] “어떠한 수행승이든지 수행승에 대하여 근거 없이 ‘승단잔류죄를 범한 것이다.’라고 비방한다면, 속죄죄를 범하는 것이다.”[1191]

2-1. ‘어떠한’이라는 것은 어떠한 관계, 어떠한 태생, 어떠한 이름, 어떠한 성씨, 어떠한 계행, 어떠한 주거, 어떠한 활동영역에서 이든지, 장로이든지, 신참이든

1191) 무근승잔방계(無根僧殘謗戒) | Bhikkhunī Pāc. 58 : yo pana bhikkhu bhikkhuṃ amūlakena saṃghādisesena anuddhaṃseyya, pācittiyan'ti.

지, 중참이든지, 이러한 자들을 형용하는 것으로 '어떠한 자이든'이라는 뜻이다. '수행승'이라고 하는 것은 '탁발하는 자'로서의 수행승, 탁발을 위해 돌아다니는 자로서의 수행승, 분소의를 입은 자로서의 수행승, 사미로서의 수행승, 자칭에 의한 수행승, '오라! 수행승이여!'에 의한 수행승, 삼귀의에 의해 구족계를 받은 수행승, 현선한 수행승, 진실한 수행승, 배울 것이 있는 학인인 수행승, 배울 것이 없는 무학인 수행승, 화합참모임과 한번제안세번제청의 갈마와 부동의 거룩한 님의 속성을 갖춘 자로서의 수행승이 있는데, 그들 가운데 화합참모임과 한번제안세번제청의 갈마와 부동의 거룩한 님의 속성을 갖춘 수행승을 두고, 그러한 의미에서의 수행승을 뜻한다.

2-2. '수행승'이라는 것은 다른 수행승을 뜻한다. '근거 없이'라는 것은 '보지 못하고 듣지 못하고 혐의가 없이'라는 뜻이다. '승단잔류죄를 범하는 것이다.'라는 것은 '열세 가지 승단잔류죄 가운데 하나를 범한 것'을 뜻한다. '비방한다면'이라는 것은 꾸짖거나 꾸짖게 한다거나 하면, 속죄죄를 범하는 것이다.

2-3₁.

1) 구족계를 받은 자에 대하여 구족계를 받은 자라고 지각하고 근거 없이 승단잔류죄를 범한 것이라고 비방하면, 속죄죄를 범하는 것이다.
2) 구족계를 받은 자에 대하여 구족계를 받은 자인지 의심하여 근거 없이 승단잔류죄를 범한 것이라고 비방하면, 속죄죄를 범하는 것이다.
3) 구족계를 받은 자에 대하여 구족계를 받지 않은 자라고 지각하고 근거 없이 승단잔류죄를 범한 것이라고 비방하면, 속죄죄를 범하는 것이다.

2-3₂.

1) 품행의 탈선의 관점이나 견해의 탈선의 관점에서 비방하면, 악작죄를 범하는 것이다.1192)
2) 구족계를 받지 않은 자에 대하여 비방하면, 악작죄를 범하는 것이다.

2-3₃.

1) 구족계를 받지 않은 자에 대하여 구족계를 받은 자라고 지각하면, 악작죄를 범하는 것이다.

1192) ācāravipattiyā vā diṭṭhivipattiyā vā anuddhaṃseti āpatti dukkaṭassa : Vin. I. 171-172에서는 '계행의 탈선 때문에 차단합니까? 품행의 탈선 때문에 차단합니까? 견해의 탈선 때문에 차단합니까'라는 말이 나오는데, 이 문구에서는 계행의 탈선이 선행한다.

② 구족계를 받지 않은 자에 대하여 구족계를 받지 않은 자인지 의심하면, 악작죄를 범하는 것이다.
③ 구족계를 받지 않은 자에 대하여 구족계를 받지 않은 자라고 지각하면, 악작죄를 범하는 것이다.[1193]

2-4. 진실이라고 지각하고 꾸짖거나, 꾸짖게 시키는 경우이거나, 정신이 착란된 자이거나, 초범자인 경우는 무죄이다.

4. 6. 9 속죄죄법 제59조

고의의 가책에 대한 학습계율[Sañciccakukkuccasikkhāpada]

1-1. 한때 존귀한 부처님께서는 싸밧티 시의 제따바나 숲에 있는 아나타삔디까 승원에 계셨다. 그런데 그때 여섯무리의 수행승들이 열일곱무리의 수행승들에게[1194] 고의로 양심의 가책을 일으켰다.

[여섯무리의 수행승들] "벗들이여, 세존께서는 스무살 미만인 자는 구족계를 받을 수 없다고 학습계율을 시설하셨다.[1195] 그런데 그대들은 스무살 미만이지만 구족계를 받았다. 그대들은 틀림없이 구족계를 받은 자들이 아니다."

그들은 울었다. 수행승들이 이와 같이 말했다.

[수행승들] "벗들이여, 그대들은 왜 웁니까?"

[열일곱무리의 수행승들] "벗들이여, 여섯무리의 수행승들이 우리에게 고의로 양심의 가책을 일으켰습니다."

1-2. 수행승들[*149] 가운데 욕망을 여의고, 만족을 알고, 부끄러움을 알고, 후회할 줄 알고, 배움을 원하는 자들은 혐책하고 분개하고 비난했다.

[욕망을 여읜 수행승들] "어찌 여섯무리의 수행승들이 수행승들에게 고의로 양심의 가책을 일으킬 수 있단 말인가?"

1-3. 그래서 그 수행승들은 세존께 그 사실을 알렸다. 세존께서는 그것을 인연으

1193) anupasampanne anupasampannasaññi āpatti dukkaṭassa : Bd. III. 52에 따르면, 분명히 '악작죄'가 아니라 '무죄'가 되어야 한다.

1194) chabbaggiyā bhikkhu sattarasavaggiyānaṃ bhikkhunaṃ : 이 두 그룹의 수행승들은 다수의 속죄죄법들(Bhikkhunī Pāc. 37, 40, 45, 56, 57)에도 등장한다.

1195) bhagavatā āvuso sikkhāpadaṃ paññattaṃ 'na ūnavīsativasso puggalo upasampādetabbo'ti : 속죄죄법 제 65조(Bhikkhu Pāc. 65)이다.

로 그것을 기회로 수행승들의 참모임을 불러 모으게 하고 연유를 설하고 여섯무리의 수행승들에게 이와 같이 물었다.

[세존] "수행승들이여, 그대들이 수행승들에게 고의로 양심의 가책을 일으킨 것이 사실인가?"

[여섯무리의 수행승들] "세존이시여, 사실입니다."

존귀한 부처님께서는 견책했다.

[세존] "어리석은 자여, 그대들은 적절하지 않고, 자연스럽지 않고, 알맞지 않고, 수행자의 삶이 아니고, 부당하고, 해서는 안 될 일을 행한 것이다. 어리석은 자들이여, 어찌 그대들이 수행승들에게 고의로 양심의 가책을 일으킬 수 있단 말인가? 어리석은 자들이여, 그것은 아직 청정한 믿음이 없는 자를 청정한 믿음으로 이끌고, 이미 청정한 믿음이 있는 자를 더욱더 청정한 믿음으로 이끄는 것이 아니다. 어리석은 자들이여, 그것은 오히려, 아직 청정한 믿음이 없는 자를 불신으로 이끌고, 이미 청정한 믿음이 있는 자 가운데 어떤 자들을 타락시키는 것이다."

1-4. 그리고 세존께서는 그 여섯무리의 수행승들에 대하여 여러 가지 방편으로 견책하여, 키우기 어렵고 부양하기 어렵고 탐욕이 많고 만족을 모르고 교제를 좋아하고 나태한 것에 대해 질책하고, 여러 가지 법문으로 고무하여, 키우기 쉽고 부양하기 쉽고 욕심을 여의고, 만족을 알고, 버리고 없애는 삶, 악을 제거하는 삶, 청정한 믿음의 삶, 쌓아 모우지 않는 삶, 용맹정진의 삶을 칭찬하고, 수행승들을 위하여 그에 알맞고 그에 걸맞게 경책하여 법문을 하고 수행승들에게 일렀다.

[세존] "수행승들이여, 그러므로 수행승들을 위하여 열 가지 이유에 기초하여, 즉 참모임의 수승을 위하여, 참모임의 안락을 위하여, 악한 수행승의 조복을 위하여, 품행이 바른 수행승의 평안한 삶을 위하여, 지금 여기에서의 번뇌의 제어를 위하여, 다가오는 번뇌를 물리치기 위하여, 청정한 믿음이 없는 자에게 청정한 믿음을 주기 위하여, 청정한 믿음이 있는 자에게 청정한 믿음을 증대시키기 위하여, 올바른 가르침을 지속시키기 위하여, 계율을 수호하기 위하여 학습계율을 시설하니, 수행승들이여, 그대들은 이와 같이 학습계율을 송출해야 한다."

[세존] "어떠한 수행승이든지 수행승에게 '잠시일지라도 그에게 안정은 없을 것이다.'라고 고의로 양심의 가책을 일으키면, 그 동기가 다른 것이 아니라면, 속죄죄를 범하는 것이다."[1196]

2-1. '어떠한'이라는 것은 어떠한 관계, 어떠한 태생, 어떠한 이름, 어떠한 성씨, 어떠한 계행, 어떠한 주거, 어떠한 활동영역에서 이든지, 장로이든지, 신참이든지, 중참이든지, 이러한 자들을 형용하는 것으로 '어떠한 자이든'이라는 뜻이다. '수행승'이라고 하는 것은 '탁발하는 자'로서의 수행승, 탁발을 위해 돌아다니는 자로서의 수행승, 분소의를 입은 자로서의 수행승, 사미로서의 수행승, 자칭에 의한 수행승, '오라! 수행승이여!'에 의한 수행승, 삼귀의에 의해 구족계를 받은 수행승, 현선한 수행승, 진실한 수행승, 배울 것이 있는 학인인 수행승, 배울 것이 없는 무학인 수행승, 화합참모임과 한번제안세번제청의 갈마와 부동의 거룩한 님의 속성을 갖춘 자로서의 수행승이 있는데, 그들 가운데 화합참모임과 한번제안세번제청의 갈마와 부동의 거룩한 님의 속성을 갖춘 수행승을 두고, 그러한 의미에서의 수행승을 뜻한다.

2-2. '수행승'이라는 것은 다른 수행승을 뜻한다. '의도적으로'라는 것은 '알면서 인지하고서 고의로 주의하고 일부러 행하는 것'을 뜻한다. '양심의 가책을 일으키면'이라는 것은 '그대는 틀림없이 스무살 미만에 구족계를 받았다. 그대는 틀림없이 때 아닌 때에 식사를 했다. 그대는 틀림없이 술을 마셨다. 그대는 틀림없이 여인과 함께 몰래 앉아 있었다.'라고 양심의 가책을 일으키는 것인데, 그것은 속죄죄를 범하는 것이다.[1197] '그 동기가 다른 것이 아니라면'이라는 것은 '어떠한 다른 동기라도 양심의 가책을 일으킬 것이 없다.'는 뜻이다.

2-3₁.

1) 구족계를 받은 자에 대하여 구족계를 받은 자라고 지각하고 의도적으로 양심의 가책을 일으키면, 속죄죄를 범하는 것이다.

2) 구족계를 받은 자에 대하여 구족계를 받은 자인지 의심하고 의도적으로 양심의 가책을 일으키면, 속죄죄를 범하는 것이다.

3) 구족계를 받은 자에 대하여 구족계를 받지 않은 자라고 지각하고 의도적으로

1196) 의뇌비구계(疑惱比丘戒) | Bhikkhunī Pāc. 59 : yo pana bhikkhu bhikkhussa sañcicca kukkuccaṃ upadabheyya iti'ssa muhuttampi aphāsu bhavissatī'ti etadeva paccayaṃ karitvā anaññaṃ, pācittiyan'ti.

1197) kukkuccaṃ upadabheyyāti: ūnavisativasso maññe tvaṃ upasampanno vikāle maññe tayā bhuttaṃ majjaṃ maññe tayā pitaṃ mātugāmena saddhiṃ raho maññe tayā nisinnanti kukkuccaṃ upadahati āpatti pācittiyassa : '그대는 틀림없이 20살 미만에 구족계를 받았다.'는 빅쿠속죄죄법 제65조(Bhikkhu Pāc. 65)에 저촉되고, '그대는 틀림없이 때 아닌 때에 식사를 했다.'는 속죄죄법 제24조(Bhikkhunī Pāc. 24)에 저촉되고, '그대는 틀림없이 술을 마셨다.'는 속죄죄법 36조(Bhikkhunī Pāc. 36)에 저촉되고, '그대는 틀림없이 여인과 함께 몰래 앉았다.'는 부정죄법 제1조, 제2조, 속죄죄법 제44조(Aniy. 1, 2; Bhikkhunī Pāc. 29)에 저촉된다.

양심의 가책을 일으키면, 속죄죄를 범하는 것이다.

2-3₂. 구족계를 받지 않은 자에게 의도적으로 양심의 가책을 일으키면, 악작죄를 범하는 것이다.1198)

2-3₃.

1) 구족계를 받지 않은 자에 대해서 구족계를 받은 자라고 지각하면, 악작죄를 범하는 것이다.
2) 구족계를 받지 않은 자에 대해서 구족계를 받지 않은 자인지 의심하면, 악작죄를 범하는 것이다.
3) 구족계를 받지 않은 자에 대해서 구족계를 받지 않은 자라고 지각하면, 악작죄를 범하는 것이다.

2-4. 양심의 가책을 일으킬 의도가 없이 '그대는 틀림없이 스무살 미만에 구족계를 받았다. 그대는 틀림없이 때 아닌 때에 식사를 했다. 그대는 틀림없이 술을 마셨다. 그대는 틀림없이 여인과 함께 몰래 앉았다. 자, 그대가 알아야 한다. 나중에 그대에게 양심의 가책이 일어나서는 안 된다.'라고 말하는 경우이거나, 정신이 착란된 자이거나, 초범자인 경우는 무죄이다.

4. 6. 10 속죄죄법 제60조

엿듣기에 대한 학습계율[Upassutisikkhāpada]

1-1. 한때[*150] 존귀한 부처님께서는 싸밧티 시의 제따바나 숲에 있는 아나타삔디까 승원에 계셨다. 그런데 그때 여섯무리의 수행승들이 품행이 방정한 수행승들과 다투었다. 품행이 방정한 수행승들이 이와 같이 말했다.

[품행이 방정한 수행승들] "벗들이여, 이 여섯무리의 수행승들은 파렴치한 자들입니다. 그들과 다툴 수 없습니다."

여섯무리의 수행승들은 이와 같이 말했다.

[여섯무리의 수행승들] "벗들이여, 왜 그대들은 우리를 파렴치하다고 말하여 치욕을 줍니까?"

[품행이 방정한 수행승들] "벗들이여, 그대들은 어디서 들었습니까?"

1198) upasampanne sañcicca kukkuccaṃ upadahati āpatti pācittiyassa : Smp. 878에 따르면, 구족계를 받지 않은 사미에 대한 것이다.

[여섯무리의 수행승들] "우리들은 존자들 가까이에서 엿들었습니다."

1-2. 수행승들 가운데 욕망을 여의고, 만족을 알고, 부끄러움을 알고, 후회할 줄 알고, 배움을 원하는 자들은 혐책하고 분개하고 비난했다.

[욕망을 여읜 수행승들] "어찌 여섯무리의 수행승들이 수행승들이 다투고 싸우고 언쟁하는데 그것을 엿들으며 서 있을 수 있단 말인가?"

1-3. 그래서 그 수행승들은 세존께 그 사실을 알렸다. 세존께서는 그것을 인연으로 그것을 기회로 수행승들의 참모임을 불러 모으게 하고 연유를 설하고 여섯무리의 수행승들에게 이와 같이 물었다.

[세존] "수행승들이여, 그대들이 수행승들이 다투고 싸우고 언쟁하는데 그것을 엿들으며 서 있은 것이 사실인가?"

[여섯무리의 수행승들] "세존이시여, 사실입니다."

존귀한 부처님께서는 견책했다.

[세존] "어리석은 자여, 그대들은 적절하지 않고, 자연스럽지 않고, 알맞지 않고, 수행자의 삶이 아니고, 부당하고, 해서는 안 될 일을 행한 것이다. 어리석은 자들이여, 그대들이 수행승들이 다투고 싸우고 언쟁하는데 그것을 엿들으며 서 있은 것이 사실인가? 어리석은 자들이여, 그것은 아직 청정한 믿음이 없는 자를 청정한 믿음으로 이끌고, 이미 청정한 믿음이 있는 자를 더욱더 청정한 믿음으로 이끄는 것이 아니다. 어리석은 자들이여, 그것은 오히려, 아직 청정한 믿음이 없는 자를 불신으로 이끌고, 이미 청정한 믿음이 있는 자 가운데 어떤 자들을 타락시키는 것이다."

1-4. 그리고 세존께서는 그 여섯무리의 수행승들에 대하여 여러 가지 방편으로 견책하여, 키우기 어렵고 부양하기 어렵고 탐욕이 많고 만족을 모르고 교제를 좋아하고 나태한 것에 대해 질책하고, 여러 가지 법문으로 고무하여, 키우기 쉽고 부양하기 쉽고 욕심을 여의고, 만족을 알고, 버리고 없애는 삶, 악을 제거하는 삶, 청정한 믿음의 삶, 쌓아 모우지 않는 삶, 용맹정진의 삶을 칭찬하고, 수행승들을 위하여 그에 알맞고 그에 걸맞게 경책하여 법문을 하고 수행승들에게 일렀다.

[세존] "수행승들이여, 그러므로 수행승들을 위하여 열 가지 이유에 기초하여, 즉 참모임의 수승을 위하여, 참모임의 안락을 위하여, 악한 수행승의 조복을 위하여, 품행이 바른 수행승의 평안한 삶을 위하여, 지금 여기에서의 번뇌의 제어를 위하여, 다가오는 번뇌를 물리치기 위하여, 청정한 믿음이 없는 자에게 청정한

믿음을 주기 위하여, 청정한 믿음이 있는 자에게 청정한 믿음을 증대시키기 위하여, 올바른 가르침을 지속시키기 위하여, 계율을 수호하기 위하여 학습계율을 시설하니, 수행승들이여, 그대들은 이와 같이 학습계율을 송출해야 한다."

[세존] "어떠한 수행승이든 수행승들이 다투고 싸우고 언쟁하는데, '이들이 말하는 것을 내가 듣겠다.'라고 엿들으며 서 있으면, 그 동기가 다른 것이 아니라면, 속죄죄를 범하는 것이다."1199)

2-1. '어떠한'이라는 것은 어떠한 관계, 어떠한 태생, 어떠한 이름, 어떠한 성씨, 어떠한 계행, 어떠한 주거, 어떠한 활동영역에서 이든지, 장로이든지, 신참이든지, 중참이든지, 이러한 자들을 형용하는 것으로 '어떠한 자이든'이라는 뜻이다. '수행승'이라고 하는 것은 '탁발하는 자'로서의 수행승, 탁발을 위해 돌아다니는 자로서의 수행승, 분소의를 입은 자로서의 수행승, 사미로서의 수행승, 자칭에 의한 수행승, '오라! 수행승이여!'에 의한 수행승, 삼귀의에 의해 구족계를 받은 수행승, 현선한 수행승, 진실한 수행승, 배울 것이 있는 학인인 수행승, 배울 것이 없는 무학인 수행승, 화합참모임과 한번제안세번제청의 갈마와 부동의 거룩한 님의 속성을 갖춘 자로서의 수행승이 있는데, 그들 가운데 화합참모임과 한번제안세번제청의 갈마와 부동의 거룩한 님의 속성을 갖춘 수행승을 두고, 그러한 의미에서의 수행승을 뜻한다.

2-2. '수행승'이라는 것은 다른 수행승을 뜻한다. '엿들으며 서 있으면'이라는 것은 그들에게서 듣고 '나는 비난하겠다. 나는 기억나게 하겠다. 나는 질책하겠다. 후회하게 하겠다. 치욕스럽게 만들겠다.'라고 생각하면서 가면, 악작죄를 범하는 것이다. 거기에 멈추어서 서면, 속죄죄를 범하는 것이다. 뒤에 가면서 '내가 들어야겠다.'라고 서둘러 가면, 악작죄를 범하는 것이다. 거기에 서서 들으면, 속죄죄를 범하는 것이다. 앞에 가면서 '내가 듣겠다.'라고 뒤에 남으면, 속죄죄를 범하는 것이다. 그가 듣는 곳에 서 있으면, 속죄죄를 범하는 것이다. 수행승이 서 있는 곳이나 앉아 있는 곳이나 누워 있는 곳에 오면, 알리기 위해서 기침으로 하거나 [*151] 인기척을 내야 한다. 만약에 기침하거나 인기척을 내지 않으면, 속죄죄를 범하는 것이다. '그 동기가 다른 것이 아니라면,'은 어떠한 것이든 엿들며 서 있을

1199) 병청사쟁계(屛聽四諍戒) | Bhikkhunī Pāc. 60 : yo pana bhikkhu bhikkhūnaṃ bhaṇḍanajātānaṃ kalahajātānaṃ vivādāpannānaṃ upassutiṃ tiṭṭheyya yaṃ ime bhaṇissanti taṃ sossāmī'ti etadeva paccayaṃ karitvā anaññaṃ, pācittiyan'ti.

다른 대상이 없는 것을 뜻한다.

2-3₁.

1) 구족계를 받은 자에 대하여 구족계를 받은 자라고 지각하고 엿들으면, 속죄죄를 범하는 것이다.
2) 구족계를 받은 자에 대하여 구족계를 받은 자인지 의심하고 엿들으면, 속죄죄를 범하는 것이다.
3) 구족계를 받은 자에 대하여 구족계를 받지 않은 자라고 지각하고 엿들으면, 속죄죄를 범하는 것이다.

2-3₂. 구족계를 받지 않은 자를 엿듣고 서 있으면, 악작죄를 범하는 것이다.

2-3₃.

1) 구족계를 받지 않은 자에 대하여 구족계를 받은 자라고 지각하면, 악작죄를 범하는 것이다.
2) 구족계를 받지 않은 자에 대하여 구족계를 받지 않은 자인지 의심하면, 악작죄를 범하는 것이다.
3) 구족계를 받지 않은 자에 대하여 구족계를 받지 않은 자라고 지각하면, 악작죄를 범하는 것이다.

2-4. 그들에 대해 듣고 '나는 그만두겠다. 나는 삼가겠다. 나는 그치겠다. 나를 자유롭게 하겠다.'라고 생각하고 가는 경우이거나,1200) 정신이 착란된 자이거나, 초범자인 경우는 무죄이다.

제6품 권리정지된 자와의 향유 그 후렴시는 다음과 같다.

권리정지된 자, 깐다까, 원칙에 따른 것,
비방, 미혹, 구타, 위협적인 손짓, 근거 없는 것,
고의, 엿듣기, 열 가지 학습계율이다.1201)

제7품 갈마의 방해(Kammapaṭibāhanavagga)

1200) imesaṃ sutvā oramissāmi viramissāmi vupasamissāmi attānaṃ parimocessāmiti gacchati : Smp. 879에 따르면, '나는 그치겠다.'라는 것은 '나는 싸우지 않을 것이다.'라는 뜻이고, '나를 자유롭게 하겠다.'라는 것은 '나의 불편부당을 밝혀서 나를 자유롭게 하겠다.'라는 뜻이다.

1201) ukkhittakaṇṭakaṃ ceva | sahadhamma civaṇṇañ ca | mohāpanaṃ pahārakaṃ | talasatti amulañ ca | sañcicca ca upassuti | dasa sikkhāpadā ime'ti ||

4. 7. 1 속죄죄법 제61조

갈마의 방해에 대한 학습계율[Kammapaṭibāhanasikkhāpada]

1-1. 한때 존귀한 부처님께서는 싸밧티 시의 제따바나 숲에 있는 아나타삔디까 승원에 계셨다. 그런데 그때 여섯무리의 수행승들이 비행을 저질러 각자에 대하여 갈마를 행해질 때에 그것을 방해하곤 했다. 그때 참모임이 다른 해야 할 일로 소집되었다. 여섯무리의 수행승들은 옷을 만들면서 한 명에게 청정동의를 주었다.1202)

1-2. 그러자 참모임은 '존자들이여, 이 여섯무리의 수행승들은 한 명으로 왔습니다. 자, 우리가 그에 대하여 갈마를 행하겠습니다.'라고 말하고 그에 대해서 갈마를 행했다. 그후 그 수행승은 여섯무리의 수행승이 있는 곳을 찾아갔다. 여섯무리의 수행승들은 그 수행승에게 이와 같이 말했다.

[여섯무리의 수행승들] "벗이여, 참모임은 무엇을 했습니까?"

[수행승] "벗들이여, 참모임은 저에게 대하여 갈마를 행했습니다."

[여섯무리의 수행승들] "벗이여, 우리는 '그대를 위하여 갈마가 행해져야 한다.'라고 그것을 위해서 청정동의를 준 것은 아닙니다. 만약에 우리가 그대에 대하여 갈마를 행할 것이라고 알았다면, 우리는 청정동의를 주지 않았을 것입니다."

1-3. 수행승들 가운데 욕망을 여의고, 만족을 알고, 부끄러움을 알고, 후회할 줄 알고, 배움을 원하는 자들은 혐책하고 분개하고 비난했다.

[욕망을 여읜 수행승들] "어찌 여섯무리의 수행승들이 원칙에 입각한 갈마에 청정동의를 주고 나중에 와서 불평을 토로할 수 있단 말인가?"

1-4. 그래서 그 수행승들은 세존께 그 사실을 알렸다. 세존께서는 그것을 인연으로 그것을 기회로 수행승들의 참모임을 불러 모으게 하고 연유를 설하고 여섯무리의 수행승들에게 이와 같이 물었다.

[세존] "수행승들이여, 그대들이 원칙에 입각한 갈마에[*152] 청정동의를 주고 나중에 와서 불평을 토로한 것이 사실인가?"

[여섯무리의 수행승들] "세존이시여, 사실입니다."

존귀한 부처님께서는 견책했다.

[세존] "어리석은 자들이여, 그대들은 적절하지 않고, 자연스럽지 않고, 알맞지

1202) chandaṃ adaṃsu : 갈마에 결석한 수행승이 자기의 '동의의지'를 위임하는 것이다. 한역에서 청정욕(淸淨欲)이라고 되어 있는 것은 청정권리의 위임(pārisuddhidāna)과 합치하게 번역한 것인데, 역자는 이 번역을 따라서 청정동의라고 번역한다.

않고, 수행자의 삶이 아니고, 부당하고, 해서는 안 될 일을 행한 것이다. 어리석은 자들이여, 어찌 그대들이 원칙에 입각한 갈마에 청정동의를 주고 나중에 와서 불평을 토로할 수 있단 말인가? 어리석은 자들이여, 그것은 아직 청정한 믿음이 없는 자를 청정한 믿음으로 이끌고, 이미 청정한 믿음이 있는 자를 더욱더 청정한 믿음으로 이끄는 것이 아니다. 어리석은 자들이여, 그것은 오히려, 아직 청정한 믿음이 없는 자를 불신으로 이끌고, 이미 청정한 믿음이 있는 자 가운데 어떤 자들을 타락시키는 것이다."

1-5. 그리고 세존께서는 그 여섯무리의 수행승들에 대하여 여러 가지 방편으로 견책하여, 키우기 어렵고 부양하기 어렵고 탐욕이 많고 만족을 모르고 교제를 좋아하고 나태한 것에 대해 질책하고, 여러 가지 법문으로 고무하여, 키우기 쉽고 부양하기 쉽고 욕심을 여의고, 만족을 알고, 버리고 없애는 삶, 악을 제거하는 삶, 청정한 믿음의 삶, 쌓아 모우지 않는 삶, 용맹정진의 삶을 칭찬하고, 수행승들을 위하여 그에 알맞고 그에 걸맞게 경책하여 법문을 하고 수행승들에게 일렀다.

[세존] "수행승들이여, 그러므로 수행승들을 위하여 열 가지 이유에 기초하여, 즉 참모임의 수승을 위하여, 참모임의 안락을 위하여, 악한 수행승의 조복을 위하여, 품행이 바른 수행승의 평안한 삶을 위하여, 지금 여기에서의 번뇌의 제어를 위하여, 다가오는 번뇌를 물리치기 위하여, 청정한 믿음이 없는 자에게 청정한 믿음을 주기 위하여, 청정한 믿음이 있는 자에게 청정한 믿음을 증대시키기 위하여, 올바른 가르침을 지속시키기 위하여, 계율을 수호하기 위하여 학습계율을 시설하니, 수행승들이여, 그대들은 이와 같이 학습계율을 송출해야 한다."

[세존] "어떠한 수행승이든지 원칙에 입각한 갈마에 청정동의를 주고 나중에 불평을 토로하면, 속죄죄를 범하는 것이다."[1203]

2-1. '어떠한'이라는 것은 어떠한 관계, 어떠한 태생, 어떠한 이름, 어떠한 성씨, 어떠한 계행, 어떠한 주거, 어떠한 활동영역에서 이든지, 장로이든지, 신참이든지, 중참이든지, 이러한 자들을 형용하는 것으로 '어떠한 자이든'이라는 뜻이다. 원칙에 입각한 갈마라는 것은 청원갈마,[1204] 제안갈마,[1205] 한번제안한번제청

1203) 여욕후회계(與欲後悔戒) | Bhikkhunī Pāc. 61 : yo pana bhikkhu dhammikānaṃ kammānaṃ chandaṃ datvā pacchā khīyanadhammaṃ āpajjeyya, pācittiyan'ti : Vin. II. 94에도 언급되어 있다.

1204) apalokanakamma : Vin. II. 89 참조. Smp. 1195에 따르면, '결계 안에서 지내는 참모임을 정화하고, 부재의 허가를 주어야 할 자들의 부재의 허가를 준 이후, 참모임의 찬성을 위하여 세 번 선언한 뒤에, 갈마가 행해져야 한다.' Smp. 1195는 격리처벌과 관계된 세 가지 유형의 갈마를 언급하고 있다. Vin. V. 229 참조.

갈마,[1206] 한번제안세번제청갈마,[1207] 원칙에 따라서 계율에 따라서 스승의 가르침에 따라서 행해지는 것, 그것을 원칙에 입각한 갈마라고 한다. 청정동의를 주고 나서 불평을 토로하면, 속죄죄를 범하는 것이다.

2-2₁.

1) 원칙에 입각한 갈마에 대하여 원칙에 입각한 갈마라고 지각하고 청정동의를 주고 불평하면, 속죄죄를 범하는 것이다.
2) 원칙에 입각한 갈마에 대하여 원칙에 입각한 갈마인지 의심하고 청정동의를 주고 불평하면, 악작죄를 범하는 것이다.
3) 원칙에 입각한 갈마에 대하여 원칙에 입각하지 않은 갈마라고 지각하고 청정동의를 주고 불평하면, 무죄이다.

2-2₂.

4) 원칙에 입각하지 않은 갈마에 대하여 원칙에 입각한 갈마라고 지각하면, 악작죄를 범하는 것이다.
5) 원칙에 입각하지 않은 갈마에 대하여 원칙에 입각하지 않은 갈마라고 의심하면, 악작죄를 범하는 것이다.
6) 원칙에 입각하지 않은 갈마에 대하여 원칙에 입각하지 않은 갈마라고 지각하면, 무죄이다.

2-3. 원칙에 입각하지 않았거나 불완전한 모임이거나 갈마에 적합하지 않은 자에 대하여 행해진 것을 알고 불평을 토로하는 경우이거나, 정신이 착란된 자이거나, 초범자인 경우는 무죄이다.

1205) ñattikamma : 한역은 단백갈마(單白羯磨)이다. 단 한 번의 제안을 지칭하거나 단 한 번의 제안만으로도 사안이 결정되는 경우를 제안갈마라고 한다. 이를테면, '오늘이 자자일이니 자자를 행하겠습니다.'와 같은 이미 알고 있는 사항과 같은 것은 제안만으로도 결정이 되는 것이다. 이때 총명하고 유능한 수행승이 수행승들을 대표해서 제안을 담당한다.

1206) ñattidutiyakamma : 한역은 백이갈마(白二羯磨)이다. 한 번 제안을 한 뒤에 다시 한 번 '찬성하면 침묵하고 이견이 있으면 말하라.'고 제청하는 것이다. 한 번의 제청을 통해 전원이 찬성하여 침묵하면, 사안이 결정된다. 이때 총명하고 유능한 수행승이 수행승들을 대표해서 제안과 제청을 모두 담당하고 결정을 내린다.

1207) ñatticatutthakamma : 한역은 백사갈마(白四羯磨)이다. 한 번 제안을 한 뒤에 다시 세 번 '찬성하면 침묵하고 이견이 있으면 말하라.'고 제청하는 것이다. 세 번의 제청을 통해 전원이 찬성하여 침묵하면, 사안이 결정된다. 이때 총명하고 유능한 수행승이 수행승들을 대표해서 제안과 제청을 모두 담당하고 결정을 내린다.

4. 7. 2 속죄죄법 제62조

청정동의의 비양도에 대한 학습계율[Chandādatvāgamanasikkhāpada]

1-1. 한때 존귀한 부처님께서는 싸밧티 시의 제따바나 숲에 있는 아나타삔디까 승원에 계셨다. 그런데 그때 여섯무리의 수행승들은 옷을 만들면서 한 명에게 청정동의를 주었다.[1208] 그러자 참모임은 '우리가 그것을 위하여 모여서 갈마를 해야겠다.'라고 제안을 제기했다. 그런데 그 수행승은 '그들은[1209] 각자에 대하여 갈마를 행한다. 당신들이 누구에 대하여 갈마를 행한단 말인가?'라고 생각하고 청정동의를 주지 않고 자리에서 일어나 그곳을 떠났다.

1-2. 수행승들 가운데 욕망을 여의고, 만족을 알고, 부끄러움을 알고, 후회할 줄 알고, 배움을 원하는 자들은 혐책하고 분개하고 비난했다.

[욕망을 여읜 수행승들] "어찌 이 수행승은 참모임에서 결의할 때에[*153] 청정동의를 주지 않고 자리에서 일어나 그곳을 떠날 수가 있단 말인가?"

1-3. 그래서 그 수행승들은 세존께 그 사실을 알렸다. 세존께서는 그것을 인연으로 그것을 기회로 수행승들의 참모임을 불러 모으게 하고 연유를 설하고 그 수행승에게 이와 같이 물었다.

[세존] "수행승들이여, 그대는 참모임에서 결의할 때에 청정동의를 주지 않고 자리에서 일어나 그곳을 떠난 것이 사실인가?"

[수행승] "세존이시여, 사실입니다."

존귀한 부처님께서는 견책했다.

[세존] "어리석은 자여, 그대는 적절하지 않고, 자연스럽지 않고, 알맞지 않고, 수행자의 삶이 아니고, 부당하고, 해서는 안 될 일을 행한 것이다. 어리석은 자여, 어찌 그대는 참모임에서 결의할 때에 청정동의를 주지 않고 자리에서 일어나 그곳을 떠날 수 있단 말인가? 어리석은 자여, 그것은 아직 청정한 믿음이 없는 자를 청정한 믿음으로 이끌고, 이미 청정한 믿음이 있는 자를 더욱더 청정한 믿음으로 이끄는 것이 아니다. 어리석은 자여, 그것은 오히려, 아직 청정한 믿음이 없는 자를 불신으로 이끌고, 이미 청정한 믿음이 있는 자 가운데 어떤 자들을

1208) chandaṃ adaṃsu : Pāc. 79를 참조하라. 질병 때문에 갈마에 결석한 수행승이 자기의 '동의의지'를 위임하는 것이다. 한역에서 청정욕(淸淨欲)이라고 되어 있는 것은 청정권리의 위임(pārisuddhidāna)과 합치하게 번역한 것인데, 역자는 이 번역을 따라서 청정동의라고 번역한다.

1209) ime : '여섯무리의 수행승들'을 뜻한다.

타락시키는 것이다.”

1-4. 그리고 세존께서는 그 수행승에 대하여 여러 가지 방편으로 견책하여, 키우기 어렵고 부양하기 어렵고 탐욕이 많고 만족을 모르고 교제를 좋아하고 나태한 것에 대해 질책하고, 여러 가지 법문으로 고무하여, 키우기 쉽고 부양하기 쉽고 욕심을 여의고, 만족을 알고, 버리고 없애는 삶, 악을 제거하는 삶, 청정한 믿음의 삶, 쌓아 모우지 않는 삶, 용맹정진의 삶을 칭찬하고, 수행승들을 위하여 그에 알맞고 그에 걸맞게 경책하여 법문을 하고 수행승들에게 일렀다.

[세존] “수행승들이여, 그러므로 수행승들을 위하여 열 가지 이유에 기초하여, 즉 참모임의 수승을 위하여, 참모임의 안락을 위하여, 악한 수행승의 조복을 위하여, 품행이 바른 수행승의 평안한 삶을 위하여, 지금 여기에서의 번뇌의 제어를 위하여, 다가오는 번뇌를 물리치기 위하여, 청정한 믿음이 없는 자에게 청정한 믿음을 주기 위하여, 청정한 믿음이 있는 자에게 청정한 믿음을 증대시키기 위하여, 올바른 가르침을 지속시키기 위하여, 계율을 수호하기 위하여 학습계율을 시설하니, 수행승들이여, 그대들은 이와 같이 학습계율을 송출해야 한다.”

[세존] “어떠한 수행승이든지 참모임에서 결의할 때에 청정동의를 주지 않고 자리에서 일어나 그곳을 떠나면, 속죄죄를 범하는 것이다.”1210)

2-1. ‘어떠한’이라는 것은 어떠한 관계, 어떠한 태생, 어떠한 이름, 어떠한 성씨, 어떠한 계행, 어떠한 주거, 어떠한 활동영역에서 이든지, 장로이든지, 신참이든지, 중참이든지, 이러한 자들을 형용하는 것으로 ‘어떠한 자이든’이라는 뜻이다. ‘참모임에서 결의’라는 것은 사안이 상정되었으나 결정되지 않고 제안이 상정되었으나 제청이 끝나지 않은 것을 뜻한다. ‘청정동의를 주지 않고 자리에서 일어나 그곳을 떠난다면’이라는 것은 ‘어떻게든 그 갈마는 불확정적이고 불완전하여 진행되어서는 안 된다.’라고 떠나가면, 악작죄를 범하는 것이고, 대중으로부터 손이 닿는 거리를 떠나가면, 악작죄를 범하는 것이고, 그 이상 떠나가면, 속죄죄를 범하는 것이다.

2-2₁.

1) 원칙에 입각한 갈마에 대하여 원칙에 입각한 갈마라고 지각하고 청정동의를 주지 않고 자리에서 일어나 떠나가면, 속죄죄를 범하는 것이다.

1210) 불여욕계(不與欲戒) | Bhikkhunī Pāc. 62 : yo pana bhikkhu saṃghe vinicchayakathāya vattamānāya chandaṃ adatvā uṭṭhāyāsanā pakkameyya, pācittiyan'ti.

2) 원칙에 입각한 갈마에 대하여 원칙에 입각한 갈마인지 의심하고 청정동의를 주지 않고 자리에서 일어나 떠나가면, 악작죄를 범하는 것이다.
3) 원칙에 입각한 갈마에 대하여 원칙에 입각하지 않은 갈마라고 지각하고 청정동의를 주지 않고 자리에서 일어나 떠나가면, 무죄이다.

2-2₁.

1) 원칙에 입각하지 않은 갈마에 대하여 원칙에 입각한 갈마라고 지각하면, 악작죄를 범하는 것이다.
2) 원칙에 입각하지 않은 갈마에 대하여 원칙에 입각하지 않은 갈마인지 의심하면, 악작죄를 범하는 것이다.
3) 원칙에 입각하지 않은 갈마에 대하여 원칙에 입각하지 않은 갈마라고 지각하면, 무죄이다.

2-3. '참모임의 다툼이나 싸움이나 언쟁이나 분쟁이 있겠다.'라고 생각하고 떠나가거나, '참모임의 분열이나 참모임의 불화가 있겠다.'라고 생각하여 떠나가거나, '원칙에 맞지 않거나 불완전하거나 갈마에 적합하지 않은 자에게 갈마를 행하겠다.'라고 생각하고 떠나가거나, 아프기 때문에 떠나가거나, 대변이나 소변이 마려워서 떠나가거나, 갈마를 방해하지 않기 위하여 '내가 다시 오겠다.'라고 생각하고 떠나가거나 하는 경우이거나, 정신이 착란된 자의 경우나 초범자의 경우는 무죄이다.

4. 7. 3 속죄죄법 제63조

답바에 대한 학습계율[Dabbasikkhāpada]

1-1. 한때[1211][*154] 존귀하신 부처님께서는 라자가하 시의 벨루바나 숲에 있는 깔란다까니바빠 공원에 계셨다. 그런데 그때 존자 답바 말라뿟따는 처소를 배당하고 식사를 배분했다. 그 존자의 옷이 닳아버렸다. 그래서 참모임은 한 벌의 옷을 얻었다. 그래서 참모임은 그 옷을 존자 답바 말라뿟따에게 주었다. 여섯무리의 수행승들이 혐책하고 분개하고 비난했다.

[여섯무리의 수행승들] "수행승들이 친밀에 따라서 참모임의 소득을 나누어주고 있다."

1211) tena samayena : 이하의 항목의 내용들은 Vin. III. 158-163과 병행한다.

1-2. 수행승들 가운데 욕망을 여의고, 만족을 알고, 부끄러움을 알고, 후회할 줄 알고, 배움을 원하는 자들은 혐책하고 분개하고 비난했다.

[욕망을 여읜 수행승들] "어찌 여섯무리의 수행승들이 화합참모임에 의해서 옷이 배분된 뒤에 나중에 불만을 토로할 수 있단 말인가?"

1-3. 그래서 그 수행승들은 세존께 그 사실을 알렸다. 세존께서는 그것을 인연으로 그것을 기회로 수행승들의 참모임을 불러 모으게 하고 연유를 설하고 그 여섯무리의 수행승들에게 이와 같이 물었다.

[세존] "수행승들이여, 그대들은 화합참모임에 의해서 옷이 배분된 뒤에 나중에 불만을 토로한 것이 사실인가?"

[여섯무리의 수행승들] "세존이시여, 사실입니다."

존귀한 부처님께서는 견책했다.

[세존] "어리석은 자들이여, 그대들은 적절하지 않고, 자연스럽지 않고, 알맞지 않고, 수행자의 삶이 아니고, 부당하고, 해서는 안 될 일을 행한 것이다. 어리석은 자들이여, 어찌 그대들은 화합참모임에 의해서 옷이 배분된 뒤에 나중에 불만을 토로할 수 있단 말인가? 어리석은 자들이여, 그것은 아직 청정한 믿음이 없는 자를 청정한 믿음으로 이끌고, 이미 청정한 믿음이 있는 자를 더욱더 청정한 믿음으로 이끄는 것이 아니다. 어리석은 자들이여, 그것은 오히려, 아직 청정한 믿음이 없는 자를 불신으로 이끌고, 이미 청정한 믿음이 있는 자 가운데 어떤 자들을 타락시키는 것이다."

1-4. 그리고 세존께서는 그 여섯무리의 수행승들에 대하여 여러 가지 방편으로 견책하여, 키우기 어렵고 부양하기 어렵고 탐욕이 많고 만족을 모르고 교제를 좋아하고 나태한 것에 대해 질책하고, 여러 가지 법문으로 고무하여, 키우기 쉽고 부양하기 쉽고 욕심을 여의고, 만족을 알고, 버리고 없애는 삶, 악을 제거하는 삶, 청정한 믿음의 삶, 쌓아 모우지 않는 삶, 용맹정진의 삶을 칭찬하고, 수행승들을 위하여 그에 알맞고 그에 걸맞게 경책하여 법문을 하고 수행승들에게 일렀다.

[세존] "수행승들이여, 그러므로 수행승들을 위하여 열 가지 이유에 기초하여, 즉 참모임의 수승을 위하여, 참모임의 안락을 위하여, 악한 수행승의 조복을 위하여, 품행이 바른 수행승의 평안한 삶을 위하여, 지금 여기에서의 번뇌의 제어를 위하여, 다가오는 번뇌를 물리치기 위하여, 청정한 믿음이 없는 자에게 청정한 믿음을 주기 위하여, 청정한 믿음이 있는 자에게 청정한 믿음을 증대시

키기 위하여, 올바른 가르침을 지속시키기 위하여, 계율을 수호하기 위하여 학습계율을 시설하니, 수행승들이여, 그대들은 이와 같이 학습계율을 송출해야 한다."

[세존] "어떠한 수행승이든 화합참모임에 의해서 옷이 배분된 뒤에 나중에 '수행승들이 친밀에 따라 참모임의 소득을 나누어준다.'라고 불만을 토로하면, 속죄죄를 범하는 것이다."1212)–

2-1. '어떠한'이라는 것은 어떠한 관계, 어떠한 태생, 어떠한 이름, 어떠한 성씨, 어떠한 계행, 어떠한 주거, 어떠한 활동영역에서 이든지, 장로이든지, 신참이든지, 중참이든지, 이러한 자들을 형용하는 것으로 '어떠한 자이든'이라는 뜻이다. '수행승'이라고 하는 것은 '탁발하는 자'로서의 수행승, 탁발을 위해 돌아다니는 자로서의 수행승, 분소의를 입은 자로서의 수행승, 사미로서의 수행승, 자칭에 의한 수행승, '오라! 수행승이여!'에 의한 수행승, 삼귀의에 의해 구족계를 받은 수행승, 현선한 수행승, 진실한 수행승, 배울 것이 있는 학인인 수행승, 배울 것이 없는 무학인 수행승, 화합참모임과 한번제안세번제청의 갈마와 부동의 거룩한 님의 속성을 갖춘 자로서의 수행승이 있는데, 그들 가운데 화합참모임과 한번제안세번제청의 갈마와 부동의 거룩한 님의 속성을 갖춘 수행승을 두고, 그러한 의미에서의 수행승을 뜻한다.

2-2. '화합참모임'이라는 것은 동일한 교구에 속하고 동일한 결계에 있는 참모임을 뜻한다.1213) '옷'이라는 것은 배당을 위해 적당한 최소한의 옷을 포함하는 여섯 가지 옷 가운데 어느 하나의 옷을 뜻한다. '주고'라는 것은 스스로 주고의 뜻이다. '친밀에 따라서'라는 것은 '친구인 것에 따라서 지인인 것에 따라서 동료인 것에 따라서 동일한 친교사를 둔 것에 따라서 동일한 교계사를 둔 것에 따라서'라는 뜻이다. '참모임의'라는 것은 참모임에 주어진 것, 건네진 것을 뜻한다. '소득'이라는 것은 옷과 탁발음식과 와좌구와 필수약품 뿐만 아니라 가루단자, 버들

1212) 동갈마후회계(同羯磨後悔戒) | Bhikkhunī Pāc. 63 : yo pana bhikkhu samaggena saṃghena cīvaraṃ datvā khīyanadhammaṃ āpajjeyya yathāsantataṃ bhikkhū saṃghikaṃ lābhaṃ pariṇāmentī'ti, pācittiyan'ti.

1213) samaggo namā: saṃgho samānasaṃvāsako samānasīmāyaṃ ṭhito. : 교구와 결계는 불교에서 포살 등을 위하여 그 범위가 정해진 일정한 구역을 말한다. 현전승가는 시간 · 공간적으로 무한한 사방승가가 이러한 유한한 결계에 의해서 한정된 지역승가생활공동체를 말한다. 결계를 정하는 방법은 먼저 산록의 표지, 바위의 표지, 숲의 표지, 나무의 표지, 길의 표지, 개미집의 표지, 강의 표지, 물의 표지가 선포되고 그것을 기준으로 화합된 동일교구에 따른 동일포살결계를 확정한다.

가지, 실타래를 뜻한다.[1214] '나중에[*155] 불평을 토로하면'이라는 것은 다음과 같다. 참모임에 의해서 선정된 구족계를 받은 자인 와좌구의 분배자나 식사의 분배자나 죽의 분배자나 과일의 분배자나 단단한 음식의 분배자나 사소한 물건의 분배자에게 옷을 줄 때에 불평하면, 속죄죄를 범하는 것이다.

2-3₁.

1) 원칙에 입각한 갈마에 대하여 원칙에 입각한 갈마라고 지각하고 옷을 줄 때에 불평하면, 속죄죄를 범하는 것이다.
2) 원칙에 입각한 갈마에 대하여 원칙에 입각한 갈마인지 의심하고 옷을 줄 때에 불평하면, 속죄죄를 범하는 것이다.
3) 원칙에 입각한 갈마에 대하여 원칙에 입각하지 않은 갈마라고 지각하고 옷을 줄 때에 불평하면, 속죄죄를 범하는 것이다.

2-3₂.

1) 다른 필수품을 줄 때에 불평하면, 악작죄를 범하는 것이다.
2) 참모임에 의해서 선정되지 않은 구족계를 받은 자인 와좌구의 분배자나 식사의 분배자나 죽의 분배자나 과일의 분배자나 단단한 음식의 분배자나 사소한 물건의 분배자에게 옷을 줄 때에 불평하면, 악작죄를 범하는 것이다.
3) 참모임에 의해서 선정된 구족계를 받지 않은 자인 와좌구의 분배자나 식사의 분배자나 죽의 분배자나 과일의 분배자나 단단한 음식의 분배자나 사소한 물건의 분배자에게 옷을 줄 때에 불평하면, 악작죄를 범하는 것이다.

2-3₃.

1) 원칙에 입각하지 않은 갈마에 대하여 원칙에 입각한 갈마라고 지각하면, 악작죄를 범하는 것이다.
2) 원칙에 입각하지 않은 갈마에 대하여 원칙에 입각하지 않은 갈마인지 의심하면, 악작죄를 범하는 것이다.
3) 원칙에 입각하지 않은 갈마에 대하여 원칙에 입각하지 않은 갈마라고 지각하면, 무죄이다.

2-4. '실제로 욕망과 분노와 어리석음과 두려움에 의해서 행동하는 자에게 주어

1214) lābho nāma: cīvarapiṇḍapātasenāsanagilānappaccayabhesajjaparikkhārā antamaso cuṇṇapiṇḍopi dantakaṭṭhampi dasikasuttampi : 가루단자(cuṇṇapiṇḍa)는 세분단자(洗粉團子)를 뜻하고 버들가지는 입을 청소하기 위한 양지(楊枝)를 뜻한다. Vin. III. 266에서도 등장한다.

진 것이 무슨 소용이 되겠는가? 그것을 받더라고 쓸모 없게 만들고 올바로 사용할 수 없을 것이다.'라고 불평하는 경우이거나, 정신이 착란된 자이거나 초범자의 경우는 무죄이다.

4. 7. 4 속죄죄법 제64조

전용에 대한 학습계율[Pariṇāmanasikkhāpada]

1-1. 한때 존귀한 부처님께서는 싸밧티 시의 제따바나 숲에 있는 아나타삔디까 승원에 계셨다. 그런데 그때 싸밧띠 시에 있는 어떤 조합이 참모임을 위하여 '음식을 제공하고 옷을 선물하겠다.'라고 옷과 음식을 준비했다. 그러자 여섯무리의 수행승들이 그 조합이 있는 곳을 찾아왔다. 가까이 다가와서 그 조합에 이와 같이 말했다.

[여섯무리의 수행승들] "벗들이여, 이 수행승들에게 이 옷들을 주십시오."

[조합] "존자들이여, 우리는 줄 수 없습니다. 우리는 참모임을 위하여 매년 옷과 음식을 준비하는 것입니다."

[여섯무리의 수행승들] "벗들이여, 참모임을 위한 보시자들은 많습니다. 참모임을 위한 헌신자들은 많습니다. 그러나 이들은 여기서 당신들에게 의지하고 당신들만을 바라봅니다. 만약 당신들이 이들에게 주지 않으면,[*156] 누가 이들에게 주겠습니까? 벗들이여, 이 옷들을 이들 수행승들에게 주십시오."

그래서 그 조합은 여섯무리의 수행승들에게 압력을 받아 준비된 옷을 여섯무리의 수행승들에게 주고 참모임을 위해서는 음식을 보시했다. 수행승들은 참모임을 위하여 옷과 음식이 준비된 것을 알았으나 여섯무리의 수행승들에게 주어진 것에 대해서는 알지 못했는데, 그들이 말했다.

[수행승들] "벗들이여, 참모임에 옷을 공양하십시오."

[조합] "존자들이여, 없습니다. 존자들이여, 존자들을 위하여 준비한 옷은 여섯무리의 수행승들에게 돌아갔습니다."

1-2. 수행승들 가운데 욕망을 여의고, 만족을 알고, 부끄러움을 알고, 후회할 줄 알고, 배움을 원하는 자들은 혐책하고 분개하고 비난했다.

[욕망을 여읜 수행승들] "어찌 여섯무리의 수행승들이 알면서 참모임에게 기증되는 소득을 개인을 위해 전용할 수 있단 말인가?"

1-3. 그래서 그 수행승들은 세존께 그 사실을 알렸다. 세존께서는 그것을 인연으로 그것을 기회로 수행승들의 참모임을 불러 모으게 하고 연유를 설하고 그 여섯무리의 수행승들에게 이와 같이 물었다.

[세존] "수행승들이여, 그대들은 알면서 참모임에게 기증되는 소득을 개인에게 빼돌린 것이 사실인가?"

[여섯무리의 수행승들] "세존이시여, 사실입니다."

존귀한 부처님께서는 견책했다.

[세존] "어리석은 자들이여, 그대들은 적절하지 않고, 자연스럽지 않고, 알맞지 않고, 수행자의 삶이 아니고, 부당하고, 해서는 안 될 일을 행한 것이다. 어리석은 자들이여, 어찌 그대들이 알면서 참모임에게 기증되는 소득을 개인을 위해 전용할 수 있단 말인가? 어리석은 자들이여, 그것은 아직 청정한 믿음이 없는 자를 청정한 믿음으로 이끌고, 이미 청정한 믿음이 있는 자를 더욱더 청정한 믿음으로 이끄는 것이 아니다. 어리석은 자들이여, 그것은 오히려, 아직 청정한 믿음이 없는 자를 불신으로 이끌고, 이미 청정한 믿음이 있는 자 가운데 어떤 자들을 타락시키는 것이다."

1-4. 그리고 세존께서는 그 여섯무리의 수행승들에 대하여 여러 가지 방편으로 견책하여, 키우기 어렵고 부양하기 어렵고 탐욕이 많고 만족을 모르고 교제를 좋아하고 나태한 것에 대해 질책하고, 여러 가지 법문으로 고무하여, 키우기 쉽고 부양하기 쉽고 욕심을 여의고, 만족을 알고, 버리고 없애는 삶, 악을 제거하는 삶, 청정한 믿음의 삶, 쌓아 모우지 않는 삶, 용맹정진의 삶을 칭찬하고, 수행승들을 위하여 그에 알맞고 그에 걸맞게 경책하여 법문을 하고 수행승들에게 일렀다.

[세존] "수행승들이여, 그러므로 수행승들을 위하여 열 가지 이유에 기초하여, 즉 참모임의 수승을 위하여, 참모임의 안락을 위하여, 악한 수행승의 조복을 위하여, 품행이 바른 수행승의 평안한 삶을 위하여, 지금 여기에서의 번뇌의 제어를 위하여, 다가오는 번뇌를 물리치기 위하여, 청정한 믿음이 없는 자에게 청정한 믿음을 주기 위하여, 청정한 믿음이 있는 자에게 청정한 믿음을 증대시키기 위하여, 올바른 가르침을 지속시키기 위하여, 계율을 수호하기 위하여 학습계율을 시설하니, 수행승들이여, 그대들은 이와 같이 학습계율을 송출해야 한다."

[세존] "수행승들이여, 어떠한 수행승이든지 알면서 참모임에게 기증되는 소득을 개인을 위해 전용한다면, 속죄죄를 범하는 것이다."[1215]

2-1. '어떠한'이라는 것은 어떠한 관계, 어떠한 태생, 어떠한 이름, 어떠한 성씨, 어떠한 계행, 어떠한 주거, 어떠한 활동영역에서 이든지, 장로이든지, 신참이든지, 중참이든지, 이러한 자들을 형용하는 것으로 '어떠한 자이든'이라는 뜻이다. '수행승'이라고 하는 것은 '탁발하는 자'로서의 수행승, 탁발을 위해 돌아다니는 자로서의 수행승, 분소의를 입은 자로서의 수행승, 사미로서의 수행승, 자칭에 의한 수행승, '오라! 수행승이여!'에 의한 수행승, 삼귀의에 의해 구족계를 받은 수행승, 현선한 수행승, 진실한 수행승, 배울 것이 있는 학인인 수행승, 배울 것이 없는 무학인 수행승, 화합참모임과 한번제안세번제청의 갈마와 부동의 거룩한 님의 속성을 갖춘 자로서의 수행승이 있는데, 그들 가운데 화합참모임과 한번제안세번제청의 갈마와 부동의 거룩한 님의 속성을 갖춘 수행승을 두고, 그러한 의미에서의 수행승을 뜻한다.

2-2. '알면서'라는 것은 '스스로 알았거나, 타인이 알려주었거나, 혹은 누군가가 알려준 것'을 뜻한다. '참모임에게'라는 것은 '참모임에 주어진 것, 건네진 것'을 뜻한다. '소득'이라는 것은 '소득'이라는 것은 옷과 탁발음식과 와좌구와 필수약품 뿐만 아니라 가루단자, 버들가지, 실타래를 뜻한다. '기증되는'이라는 것은 '우리가 주겠다. 우리가 만들겠다.'라는 뜻이다. 그것을 개인을 위해 전용한다면, 속죄죄를 범하는 것이다.

2-3₁.

1) 기증된 것에 대해 기증된 것이라고 지각하고 개인을 위해 전용한다면, 속죄죄를 범하는 것이다.
2) 기증된 것에 대해 기증된 것인지 의심하고 개인을 위해 전용한다면, 악작죄를 범하는 것이다.
3) 기증된 것에 대해 기증되지 않은 것이라고 지각하고 개인을 위해 전용한다면, 무죄이다.

2-3₂.

1) 참모임에 기증된 것을 다른 참모임이나 탑묘를 위해 전용한다면, 악작죄를 범하는 것이다.

1215) 회여승물계(廻與僧物戒) | Bhikkhunī Pāc. 64 : yo pana bhikkhu jānaṃ saṃghikaṃ lābhaṃ pariṇataṃ puggalassa pariṇāmeyya pācittiyan'ti : 상실죄법 제27조(Bhikkhunī Nissag. 27) — 어떠한 수행승이든지 알면서 참모임에게 기증되는 소득을 자신의 것으로 전용한다면, 상실죄를 범하는 것이다. — 와 비교하라.

2) 탑묘에 기증된 것을 다른 탑묘나 참모임이나 개인을 위해 전용한다면, 악작죄를 범하는 것이다.
3) 개인에게 기증된 것을 다른 개인이나, 참모임이나 탑묘를 위해 전용한다면, 악작죄를 범하는 것이다.

2-3₃.

1) 기증되지 않은 것에 대해 기증된 것이라고 지각하면, 악작죄를 범하는 것이다.
2) 기증되지 않은 것에 대해 기증되지 않은 것인지 의심하면,[*157] 악작죄를 범하는 것이다.
3) 기증되지 않은 것에 대해 기증되지 않은 것이라고 지각하면, 무죄이다.

2-4. '우리가 어디에 주는가?'라고 질문을 받거나 '어디에서 그대의 보시가 사용되어야 한다거나, 효과를 보아야 하거나, 오래갈 것이라거나, 언제 그대의 마음이 편하다든가 하는 곳에 주라.'라고 말하는 경우이거나, 정신이 착란된 자이거나 초범자의 경우는 무죄이다.

4. 7. 5 속죄죄법 제65조

재보에 대한 학습계율[Ratanasikkhāpada]

1-1. 한때 존귀한 부처님께서는 싸밧티 시의 제따바나 숲에 있는 아나타삔디까 승원에 계셨다. 그런데 그때 한 수행승이 아찌라바띠 강에서 목욕을 하고 있었다. 한 바라문도 오백 금의 돈지갑을 강변에 두고 아찌라바띠 강에서 목욕을 하고는 그것을 잊고 떠났다. 그러자 그 수행승은 그 바라문의 돈지갑이 없어질까 그것을 집었다. 그런데 그 바라문이 기억하고 서둘러 달려와 그 수행승에게 이와 같이 말했다.

[바라문] "존자여, 나의 돈지갑을 보지 않았습니까?"

[수행승] "바라문이여, 자 여기 있습니다."

그는 건네 주었다. 그러자 그 바라문은 이와 같이 '어떤 방법으로 내가 이 수행승에게 조금의 댓가도 주지 않을 수 있을까?'라고 생각했다.

[바라문] "존자여, 나에게는 오백 금이 아니라 천금이 있었습니다."

그는 죄를 뒤집어 씌우고는 풀어주었다.

1-2. 그러자 그 수행승은 승원으로 가서 수행승들에게 그 사실을 알렸다. 그러자

수행승들 가운데 욕망을 여의고, 만족을 알고, 부끄러움을 알고, 후회할 줄 알고, 배움을 원하는 자들이 있는데, 그들도 혐책하고 분개하고 비난했다.

[욕망을 여읜 수행승들] "어찌 수행승이 재보를 집어들 수 있단 말인가?"

1-3. 그래서 그 수행승들은 세존께 그 사실을 알렸다. 그러자 세존께서는 이러한 인연으로 이러한 기회에 수행승들의 참모임을 불러 모으게 하고 연유를 설하고 그 수행승에게 물었다.

[세존] "수행승이여, 그대가 재보를 집어든 것이 사실인가?"

[수행승] "세존이시여, 사실입니다."

존귀한 부처님께서는 견책했다.

[세존] "어리석은 자여, 그대는 적절하지 않고, 자연스럽지 않고, 알맞지 않고, 수행자의 삶이 아니고, 부당하고, 해서는 안 될 일을 행한 것이다. 어리석은 자여, 어찌 그대가 재보를 집어들 수 있단 말인가? 어리석은 자여, 그것은 아직 청정한 믿음이 없는 자를 청정한 믿음으로 이끌고, 이미 청정한 믿음이 있는 자를 더욱더 청정한 믿음으로 이끄는 것이 아니다. 어리석은 자여, 그것은 오히려, 아직 청정한 믿음이 없는 자를 불신으로 이끌고, 이미 청정한 믿음이 있는 자 가운데 어떤 자들을 타락시키는 것이다."

1-4. 그리고 세존께서는 그 수행승에 대하여 여러 가지 방편으로 견책하여, 키우기 어렵고 부양하기 어렵고 탐욕이 많고 만족을 모르고 교제를 좋아하고 나태한 것에 대해 질책하고, 여러 가지 법문으로 고무하여, 키우기 쉽고 부양하기 쉽고 욕심을 여의고, 만족을 알고, 버리고 없애는 삶, 악을 제거하는 삶, 청정한 믿음의 삶, 쌓아 모우지 않는 삶, 용맹정진의 삶을 칭찬하고, 수행승들을 위하여 그에 알맞고 그에 걸맞게 경책하여 법문을 하고 수행승들에게 일렀다.

[세존] "수행승들이여, 그러므로 수행승들을 위하여 열 가지 이유에 기초하여, 즉 참모임의 수승을 위하여, 참모임의 안락을 위하여, 악한 수행승의 조복을 위하여, 품행이 바른 수행승의 평안한 삶을 위하여, 지금 여기에서의 번뇌의 제어를 위하여, 다가오는 번뇌를 물리치기 위하여, 청정한 믿음이 없는 자에게 청정한 믿음을 주기 위하여, 청정한 믿음이 있는 자에게 청정한 믿음을 증대시키기 위하여, 올바른 가르침을 지속시키기 위하여, 계율을 수호하기 위하여 학습계율을 시설하니, 수행승들이여, 그대들은 이와 같이 학습계율을 송출해야 한다."

〔세존〕 "어떠한 수행승이든지 재보나 재보로 간주되는 것을 집어들거나 집어들게 하면, 속죄죄를 범하는 것이다."[1216]

이와 같이 세존께서는 수행승들을 위하여 학습계율을 시설했다.

2-1. 그런데 한때 싸밧티 시에 축제가 있었다. 많은 사람들이 몸을 장식으로 치장하고 유원으로 나갔다. 비싸카 미가라마따도 '몸을 장식으로 치장하고 유원으로 나가겠다.'라고[*162] 마을에서 나온 뒤에 '유원으로 가서 내가 무엇을 하겠는가, 차라리 세존을 모시는 것이 어떨까?'라고 생각하고 장신구를 벗어 외투와 함께 짐을 꾸려서 하녀에게 '자, 이 짐꾸러미를 네가 가져라.'라고 주었다. 그리고 비싸카 미가라마따는 세존께서 계신 곳을 찾아갔다. 가까이 다가가서 세존께 인사를 드리고 한쪽으로 물러나 앉았다. 한쪽으로 물러나 앉은 비싸카 미가라마따를 세존께서는 법문으로 교화하고 북돋우고 고무시키고 기쁘게 했다. 그러자 비싸카 미가라마따는 세존으로부터 법문으로 교화받고 북돋아지고 고무되고 기뻐하면서 자리에서 일어나 세존께 인사를 하고 오른쪽으로 돌아 그곳을 떠났다. 그런데 그 하녀가 그 짐꾸러미를 잊고 가버렸다.

2-2. 수행승들이 보고 세존께 그 사실을 알렸다.

[세존] "수행승들이여, 그렇다면 집어들어서 맡아두라."

그리고 세존께서는 이것을 기회로 법문을 하고 수행승들에게 일렀다.

[세존] "수행승들이여, 승원 안에서 '소유한 자가 가져갈 것이다.'라고 생각하여 재보나 재보로 간주되는 것을 줍거나 줍게 하여 맡아 두는 것을 허용한다. 수행승들이여, 그런데 이와 같이 학습계율을 송출해야 한다."

[세존] "어떠한 수행승들이든 재보나 재보로 간주되는 것을 집어들거나 집어들게 시키면, 승원 안에서는 예외로 하고, 속죄죄를 범하는 것이다."[1217]

이와 같이 세존께서는 수행승들을 위하여 학습계율을 시설했다.

3-1. 그런데 그때 까씨 국에는 아나타삔디까 장자가 농작하는 마을이 있었는데, 하인이 '만약에 존자들이 오면 식사를 대접하라.'라는 장자의 명령을 받고 있었다. 그런데 한때 다수의 수행승들이 까씨 국을 유행하면서 장자 아나타삔디까가 농작하는 마을 찾았다. 그 하인은 그 수행승들이 멀리서 오는 것을 보았다. 보고나서 그 수행승들이 있는 곳을 찾아갔다. 가까이 다가가서 그 수행승들에게 인사를 하고 이와 같이 말했다.

1216) yo pana bhikkhu ratnaṃ vā ratanasammataṃ vā uggaṇheyya vā uggaṇahāpeyya vā, pācittiyan'ti.

1217) yo pana bhikkhu ratanaṃ vā ratanasammataṃ vā aññatra ajjhārāmā vā ajjhāvasathā vā uggaṇheyya vā uggaṇhāpeyya vā pācittiyan'ti.

[하인] "존자들이여, 존자들께서 내일 장자의 식사를 받아주십시오."

그 수행승들은 침묵으로 동의했다. 그러자 그 하인은 그날 밤이 지나자 훌륭한 단단한 음식이거나 부드러운 음식을 차려놓고 때를 알리고 손가락반지를 빼고 그 수행승들에게 '존자들께서 들고 가십시오. 저희들은 일을 하러가겠습니다.'라고 말하며, 식사를 대접했다. 그런데 그는 손가락반지를 잊고 떠나버렸다. 수행승들이[*163] 보고 나서, '우리가 가고나면, 이 손가락반지는 망실될 것이다.'라고 생각하고 그곳에 남았다.

그런데 그 하인이 일에서 돌아와 그 수행승들을 보고 이와 같이 말했다.

[하인] "존자들이여, 어찌 존자들께서는 이곳에 남아 있습니까?"

그러자 그 수행승들은 그 하인에게 그 사실을 알리고 싸밧티 시에 가서 그 사실을 수행승들에게 알렸다.

3-2. 그리고 그 수행승들은 세존께 그 사실을 알렸다. 그러자 세존께서는 이러한 인연으로 이러한 기회에 연유를 설하고 수행승들에게 일렀다.

[세존] "수행승들이여, 승원 안에서나 처소 안에서 '소유한 자가 가져갈 것이다.'라고 생각하여 재보나 재보로 간주되는 것을 집어들거나 집어들게 하여 맡아 두는 것을 허용한다. 수행승들이여, 그런데 이와 같이 학습계율을 송출해야 한다."

[세존] "어떠한 수행승들이든 재보나 재보로 간주되는 것을 줍거나 줍게 시키면, 승원 안에서나 처소안에서는 예외로 하고, 속죄죄를 범하는 것이다. 그러나 수행승이 승원 안에서나 처소안에서 재보나 재보로 간주되는 것을 '소유한 자가 가져갈 것이다.'라고 생각하여 줍거나 줍게 시켜서 맡아 두면, 그것은 그 경우에 원칙에 입각한 것이다."[1218]

4-1. '어떠한'이라는 것은 어떠한 관계, 어떠한 태생, 어떠한 이름, 어떠한 성씨, 어떠한 계행, 어떠한 주거, 어떠한 활동영역에서 이든지, 장로이든지, 신참이든지, 중참이든지, 이러한 자들을 형용하는 것으로 '어떠한 자이든'이라는 뜻이다. '수행승'이라고 하는 것은 '탁발하는 자'로서의 수행승, 탁발을 위해 돌아다니는 자로서의 수행승, 분소의를 입은 자로서의 수행승, 사미로서의 수행승, 자칭에 의한 수행승, '오라! 수행승이여!'에 의한 수행승, 삼귀의에 의해 구족계를 받은

1218) 착보계(捉寶戒) | Bhikkhunī Pāc. 65 : yo pana bhikkhu ratanaṃ vā ratanasammataṃ vā aññatra ajjhārāmā vā ajjhāvasathā vā uggaṇheyya vā uggaṇhāpeyya vā, pācittiyaṃ, ratanaṃ vā pana bhikkhunā ratanasammataṃ vā ajjhārāme vā ajjhāvasathe vā uggahetvā vā uggahāpetvā vā nikkhipitabbaṃ, yassa bhavissati so harissatī'ti. ayaṃ tattha sāmīcī'ti.

수행승, 현선한 수행승, 진실한 수행승, 배울 것이 있는 학인인 수행승, 배울 것이 없는 무학인 수행승, 화합참모임과 한번제안세번제청의 갈마와 부동의 거룩한 님의 속성을 갖춘 자로서의 수행승이 있는데, 그들 가운데 화합참모임과 한번제안세번제청의 갈마와 부동의 거룩한 님의 속성을 갖춘 수행승을 두고, 그러한 의미에서의 수행승을 뜻한다.

4-2. '재보'라는 것은 진주, 수정, 유리, 소라, 벽옥, 산호, 은, 금, 루비, 마노을 뜻한다.1219) '재보로 간주되는 것'이란 '사람들이 즐겨 향수하는 것'을 재보로 간주한다는 뜻한다. '승원 안이나 처소 안을 제외하고'라는 것은 '승원 안이나 처소 안은 놔두고'라는 뜻이다. '승원 안'이라는 것은 울타리쳐진 승원의 안쪽의 승원과 울타리 없는 승원의 근처를 뜻한다. '처소 안'이라는 것은 울타리쳐진 처소의 안쪽의 처소와 울타리 없는 처소의 근처를 뜻한다.

4-3.

1) '줍는다면'이라는 것은 스스로 잡는다면, 속죄죄를 범한 것이라는 뜻이다.
2) '줍게 시킨다면'이라는 것은 타인을 잡게 시킨다면, 속죄죄를 범한 것이라는 뜻이다.

4-4. '승원 안에서나 처소안에서 재보나 재보로 간주되는 것을 '소유한 자가 가져갈 것이다.'라고 생각하여 줍거나 줍게 시켜서 맡아 두면'이라는 것은 형상이나 특징에 따라서 인상을 만들어1220) 맡아 두여 '물건을 잃어버린 분은 오십시오.' 라고 알려야 한다. 만약 그가 온다면, 이와 같이 말해야 한다. "여보시오, 그대의 물건은 어떠한 것입니까?" 만약에 형상과 특징이 맞는다면, 주어야 한다. 만약에 맞지 않는다면, "여보시오, 다른 곳을 찾아보십시오.'라고 말해야 한다. 그 처소로부터 떠날 때에는 그곳에 적당한 수행승의 손에[*164] 맡기고 떠나야 한다. 적당

1219) ratanaṃ nāma: muttā maṇi veḷuriyo saṅkho silā pavāḷaṃ rajataṃ jātarūpaṃ lohitaṅko masāragallaṃ : Ud A. 303에 따르면, 여기서 진주(眞珠 : muttā)에는 작거나 큰 것과 둥글거나 긴 것이 있다. 수정(摩尼珠 : maṇi)에는 붉거나 푸른 것이 있다. 유리(瑠璃=猫眼石 : veḷuriyo)에는 대나무색깔이나 아카시아꽃의 색깔이 있다. 소라(硨磲 : saṅkho)는 오른쪽으로 도는 나선형이고 구리빛색깔이고 비어있고 트럼펫껍질과 같다. 벽옥(璧玉 : silā)은 흰색이나 검은 색이고 완두콩 모양이다. 산호(珊瑚 : pavāḷa)와 은(銀 : rajata)과 금(金 : jātarūpa)은 , 작거나 크고 루비(紅玉 : lohitaṅka)는 핑크색이나 붉은색이다. 그리고 마노(瑪瑙 : masāragalla)에는 여러 가지 색깔이 있다. 이 목록은 Vin. II. 238에서도 병행한다.

1220) rūpena vā nimittena vā saññāṇaṃ katvā : Smp. 882에 따르면, '형상으로'라는 것은 '이만큼의 까하빠나이고, 이만큼의 금은이라고 조사하고는 것'으로 라는 뜻이고, '특징으로'라는 것은 '도장이나 각인이나 표시를 사용하여 재보에 도장을 직거나 각인하거나 표시를 하는 것으로'라는 뜻이다. '인상을 만들어'라는 것은 '알아볼 수 있도록 해서'라는 뜻이다.

한 수행승이 없다면, 거기에 있는 적당한 장자들의 손에 맡기고 떠나야 한다.[1221] '이것이 그 경우에 원칙에 입각한 것이다.'라는 것은 '이것이 그 경우에 가르침을 따르는 것이다.'라는 뜻이다.

4-5. '승원 안에서나 처소안에서 재보나 재보로 간주되는 것을 '소유한 자가 가져갈 것이다.'라고 생각하여 줍거나 줍게 시켜서 맡아 두는 경우이거나, 재보로 간주되는 것을 신뢰에 의해서 가지거나, 잠시 맡아두거나, 그것을 넝마처럼 생각하는 경우이거나, 정신이 착란된 자이거나, 초범자인 경우는 무죄이다.

4. 7. 6 속죄죄법 제66조

바늘통에 대한 학습계율[Sucigharasikkhāpada]

1-1. 한때[*167] 존귀한 세존께서 싸끼야 국의 까삘라밧투 시에 있는 니그로다라마 승원에 계셨다. 그런데 그때 어떤 상아사가 수행승들을 '존자들께서 바늘통[1222]을 필요로 하시면, 제가 바늘통을 보시하겠습니다.'라고 초대했다. 그러자 그때 수행승들은 많은 바늘통을 요구했다. 작은 바늘통을 가진 자들은 큰 바늘통을 요구했고, 큰 바늘통을 가진 자들은 작은 바늘통을 요구했다. 그러자 그 상아사는 수행승들에게 많은 바늘통을 만들면서 다른 팔 수 있는 물건을 만들 수 없었다. 스스로 부양할 수 없어 처자가 고통을 당했다. 사람들이 혐책하고 분개하고 비난했다.

[사람들] "어찌 싸끼야의 아들인 수행자들이 분수를 모르고 많은 바늘통을 요구할 수 있단 말인가? 그는 그들을 위해 많은 바늘통을 만들면서 다른 팔 수 있는 물건을 만들 수 없었고, 스스로 부양할 수 없어 처자가 고통을 당하고 있다."

1-2. 수행승들은 그 사람들이 혐책하고 분개하고 비난하는 것을 들었다. 수행승들 가운데 욕망을 여의고, 만족을 알고, 부끄러움을 알고, 후회할 줄 알고, 배움을 원하는 자들이 있는데, 그들도 혐책하고 분개하고 비난했다.

[욕망을 여읜 수행승들] "어찌 수행승들이 분수를 모르고 많은 바늘통을 요구할 수 있단 말인가?"

1221) no ce honti bhikkhu papatirūpā, ye tattha honti gahapatikā patirūpā tesaṃ hatthe nikkhipitvā pakkamitabbaṃ : 아마도 믿을만한 사람에게 맡기고 재보의 주인을 찾아 나서야 한다는 뜻일 것이다.

1222) sūcighara : Pāc. 60에 따르면, 수행승의 바늘통을 감추거나 감추게 시키면, 웃기 위한 놀이일지라도, 속죄죄를 범하는 것이다.

1-3. 그래서 수행승들은 세존께 그 사실을 알렸다. 세존께서는 그것을 인연으로 그것을 기회로 수행승들의 참모임을 불러 모으게 하고 연유를 설하고 그 수행승들에게 물었다.

[세존] "수행승들이여, 수행승들이 분수를 모르고 많은 바늘통을 요구한 것이 사실인가?"

[수행승들] "세존이시여, 사실입니다."

존귀한 부처님께서는 견책했다.

[세존] "수행승들이여, 어찌 그 어리석은 자들이 분수를 모르고 많은 바늘통을 요구할 수 있단 말인가? 수행승들이여, 그것은 아직 청정한 믿음이 없는 자를 청정한 믿음으로 이끌고, 이미 청정한 믿음이 있는 자를 더욱더 청정한 믿음으로 이끄는 것이 아니다. 수행승들이여, 그것은 오히려, 아직 청정한 믿음이 없는 자를 불신으로 이끌고, 이미 청정한 믿음이 있는 자 가운데 어떤 자들을 타락시키는 것이다."

1-4. 그리고 세존께서는 그 수행승들에 대하여 여러 가지 방편으로 견책하여, 키우기 어렵고 부양하기 어렵고 탐욕이 많고 만족을 모르고 교제를 좋아하고 나태한 것에 대해 질책하고, 여러 가지 법문으로 고무하여, 키우기 쉽고 부양하기 쉽고 욕심을 여의고, 만족을 알고, 버리고 없애는 삶, 악을 제거하는 삶, 청정한 믿음의 삶, 쌓아 모우지 않는 삶, 용맹정진의 삶을 칭찬하고, 수행승들을 위하여 그에 알맞고 그에 걸맞게 경책하여 법문을 하고 수행승들에게 일렀다.

[세존] "수행승들이여, 그러므로 수행승들을 위하여 열 가지 이유에 기초하여, 즉 참모임의 수승을 위하여, 참모임의 안락을 위하여, 악한 수행승의 조복을 위하여, 품행이 바른 수행승의 평안한 삶을 위하여, 지금 여기에서의 번뇌의 제어를 위하여, 다가오는 번뇌를 물리치기 위하여, 청정한 믿음이 없는 자에게 청정한 믿음을 주기 위하여, 청정한 믿음이 있는 자에게 청정한 믿음을 증대시키기 위하여, 올바른 가르침을 지속시키기 위하여, 계율을 수호하기 위하여 학습계율을 시설하겠으니, 수행승들이여, 그대들은 이와 같이 학습계율을 송출해야 한다."

[세존] "어떠한 수행승이든지 뼈나 상아나 뿔로 된 바늘통을 만들거나 만들게 시키면, 부수어야 하는 것을 포함하여, 속죄죄를 범하는 것이다."[1223]

2-1. '어떠한'이라는 것은 어떠한 관계, 어떠한 태생, 어떠한 이름, 어떠한 성씨,

1223) 골아각침통계(骨牙角鍼筒戒) | Bhikkhunī Pāc. 66 : yo pana bhikkhu aṭṭhamayaṃ vā dantamayaṃ vā visāṇamayaṃ vā sucigharaṃ kārāpeyya, bhedanakaṃ pācittiyan'ti.

어떠한 계행, 어떠한 주거, 어떠한 활동영역에서 이든지, 장로이든지, 신참이든지, 중참이든지, 이러한 자들을 형용하는 것으로 '어떠한 자이든'이라는 뜻이다. '수행승'이라고 하는 것은 '탁발하는 자'로서의 수행승, 탁발을 위해 돌아다니는 자로서의 수행승, 분소의를 입은 자로서의 수행승, 사미로서의 수행승, 자칭에 의한 수행승, '오라! 수행승이여!'에 의한 수행승, 삼귀의에 의해 구족계를 받은 수행승, 현선한 수행승, 진실한 수행승, 배울 것이 있는 학인인 수행승, 배울 것이 없는 무학인 수행승, 화합참모임과 한번제안세번제청의 갈마와 부동의 거룩한 님의 속성을 갖춘 자로서의 수행승이 있는데, 그들 가운데 화합참모임과 한번제안세번제청의 갈마와 부동의 거룩한 님의 속성을 갖춘 수행승을 두고, 그러한 의미에서의 수행승을 뜻한다.

2-2. '뼈'라는 것은 어떠한 것이든 뼈를 뜻한다. '상아'라는 것은 코끼리의 상아를 말한다. '뿔'이라는 것은 어떠한 것이든 뿔을 뜻한다.

2-3₁. '만들거나 만들게 시키면'이라는 것은 다음과 같다.

1) 만들거나 만들게 시키면, 과정은 악작죄를 짓는 것이고
2) 획득했다면, 부수고 난 뒤에 속죄죄로써 참회해야 한다.

2-3₂.

1) 자신이 완성하지 못한 것을 자신이 완성하면, 속죄죄를 범하는 것이다.
2) 자신이 완성하지 못한 것을 타인에게 완성시키면, 속죄죄를 범하는 것이다.
3) 타인이 완성하지 못한 것을 자신이 완성하면, 속죄죄를 범하는 것이다.
4) 타인이[*168] 완성하지 못한 것을 타인에게 완성시키면, 속죄죄를 범하는 것이다.
5) 타인을 위하여 만들거나 만들게 하면, 악작죄를 범하는 것이다.
6) 타인이 만든 것을 얻어서 사용하면, 악작죄를 범하는 것이다.

2-4. 인끈판이거나,[1224] 부싯목이거나, 죔쇠이거나, 연고상자이거나, 연고막대이거나, 손도끼자루이거나, 수건인 경우이거나,[1225] 정신이 착란된 자이거나, 초범자인 경우는 무죄이다.

1224) gaṇṭhikāya : Vin. II. 136에 따르면, 바람에 날려가지 않도록 옷을 매어두는 인끈판을 말한다.
1225) udakapuñjaniyā : Vin. II. 122에서 허용되었다.

4. 7. 7 속죄죄법 제67조

침상에 대한 학습계율[Mañcasikkhāpada]

1-1. 한때 존귀한 부처님께서는 싸밧티 시의 제따바나 숲에 있는 아나타삔디까 승원에 계셨다. 그런데 그때 싸끼야의 아들 존자 우빠난다가 높은 침상에서 잤다. 그때 세존께서는 다수의 수행승들과 함께 처소를 순례하면서 싸끼야의 아들 존자 우빠난다의 정사가 있는 곳을 찾아갔다. 싸끼야의 아들 존자 우빠난다는 세존께서 멀리서 오는 것을 보았다. 보고나서 세존께 이와 같이 말했다.

[우빠난다] "세존이시여, 오십시오. 저의 침상에 누워보십시오."

1-2. 그러자 세존께서는 그곳에서 돌아와 수행승들에게 일렀다.

[세존] "수행승들이여, 어리석은 자들에 관한 한, 그 처소를 보고 알 수 있다."

1-3. 그리고 세존께서는 싸끼야의 아들 존자 우빠난다를 여러 가지 방편으로 견책하여, 키우기 어렵고 부양하기 어렵고 탐욕이 많고 만족을 모르고 교제를 좋아하고 나태한 것에 대해 질책하고, 여러 가지 법문으로 고무하여, 키우기 쉽고 부양하기 쉽고 욕심을 여의고, 만족을 알고, 버리고 없애는 삶, 악을 제거하는 삶, 청정한 믿음의 삶, 쌓아 모우지 않는 삶, 용맹정진의 삶을 칭찬하고, 수행승들을 위하여 그에 알맞고 그에 걸맞게 경책하여 법문을 하고 수행승들에게 일렀다.

[세존] "수행승들이여, 그러므로 수행승들을 위하여 열 가지 이유에 기초하여, 즉 참모임의 수승을 위하여, 참모임의 안락을 위하여, 악한 수행승의 조복을 위하여, 품행이 바른 수행승의 평안한 삶을 위하여, 지금 여기에서의 번뇌의 제어를 위하여, 다가오는 번뇌를 물리치기 위하여, 청정한 믿음이 없는 자에게 청정한 믿음을 주기 위하여, 청정한 믿음이 있는 자에게 청정한 믿음을 증대시키기 위하여, 올바른 가르침을 지속시키기 위하여, 계율을 수호하기 위하여 학습계율을 시설하니, 수행승들이여, 그대들은 이와 같이 학습계율을 송출해야 한다."

[세존] "수행승들이 새로운 침상이나 의자를 만들 때에는 그 다리가 하부의 대에 들어가는 부분을 제외하고 행복한 님의 손가락마디로[1226] 여덟 손가락마디크기로 만들어야 하고, 그 크기를 초과하면, 잘라내는 것을 포함하여 속죄죄를 범하는

1226) sugataṅgula : 한역에서는 불지(佛指)라고 한다. '행복한 님'은 선서(善逝 : sugata)를 번역한 것인데, 율장(Vin. III. 149; Vin. IV. 171)의 주석을 보라. '행복한 님(sugata)'라는 것이 여래를 의미하는 것인지, 그것은 Smp. 567에서 처럼 보통사람의 손가락마디의 크기보다 3배가 큰 사이즈를 의미하는 것인지 Bd. III. 90에서처럼 '표준사이즈'를 말하는 것인지는 분병하지 않다. 손가락마디는 1인치(1 inch = 2.5 cm) 정도의 크기를 말한다.

것이다."[1227]

2-1. '새로운'이라는 것은 만들기와 관련된 것을 뜻한다. '침상'[1228]이라는 것은 네 가지 침상 즉, 마싸라까침상, 문제각침상, 게다리침상, 아핫짜각침상을 뜻한다. '의자'[1229]라는 것은 네 가지 의자 즉, 마싸라까의자, 문제각의자, 게다리의자, 아핫짜각의자를 뜻한다. '만들 때에는'이라는 것은 만들거나 만들게 시키는 것을 뜻한다.

2-2₁. '그 다리가 하부의 대에 들어가는 부분을 제외하고[*169] 행복한 님의 손가락마디로 여덟 손가락마디크기로 만들어야 하고'라는 것은 하부의 대에 들어가는 부분을 빼고, 그것을 초과하여

1) 만들거나 만들게 하면, 그 과정은 악작죄이고,

2) 획득했다면, 자르고 난 뒤에 속죄죄로써 참회해야 한다.

2-2₂.

1) 자신이 잘못 만든 것을 자신이 완성하면, 속죄죄를 범하는 것이다.

2) 자신이 잘못 만든 것을 타인에게 완성시키면, 속죄죄를 범하는 것이다.

3) 타인이 잘못 만든 것을 자신이 완성하면, 속죄죄를 범하는 것이다.

4) 타인이 잘못 만든 것을 타인에게 완성시키면, 속죄죄를 범하는 것이다.

5) 타인을 위해 잘못 만들거나 잘못 만들게 시키면, 악작죄를 범하는 것이다.

6) 타인이 잘못 만든 것을 얻어 사용하면, 악작죄를 범하는 것이다.

2-3. 적당한 칫수를 알아서 만들거나, 적당한 칫수 이하로 만들거나, 타인이 만든 적당한 칫수를 초과하는 것을 얻어서 절단하고 사용하는 경우이거나, 정신이 착란된 자이거나, 초범자인 경우는 무죄이다.

4. 7. 8 속죄죄법 제68조

솜을 씌우는 것에 대한 학습계율[Tulonaddhasikkhāpada]

1227) 과량상족계(過量牀足戒) | Bhikkhunī Pāc. 67 : navaṃ pana bhikkhunā mañcaṃ vā pīṭhaṃ vā kārayamānena aṭṭhaṅgulapādakaṃ kāretabbaṃ sugataṅgulena aññatra heṭṭhimāya aṭaniyā. taṃ atikkāmayato chedanakaṃ pācittiyan'ti.

1228) mañcā : 이하의 침상의 종류에 대해서는 Vin. IV. 40의 주석을 보라

1229) pīṭha : 이하의 침상의 종류에 대해서는 Vin. IV. 40의 주석을 보라.

1-1. 한때 존귀한 부처님께서는 싸밧티 시의 제따바나 숲에 있는 아나타삔디까 승원에 계셨다. 그런데 그때 여섯무리의 수행승들이 침상도 의자도 솜을 씌워 만들게 했다. 사람들이 정사를 순례하다가 보고 혐책하고 분개하고 비난했다.

[사람들] "어찌 싸끼야의 아들인 수행자들이 침상도 의자도 솜을 씌워[1230] 만들게 할 수 있단 말인가? 감각적 쾌락의 욕망을 즐기는 재가자와 같다."

1-2. 수행승들은 그 사람들이 혐책하고 분개하고 비난하는 것을 들었다. 수행승들 가운데 욕망을 여의고, 만족을 알고, 부끄러움을 알고, 후회할 줄 알고, 배움을 원하는 자들은 혐책하고 분개하고 비난했다.

[욕망을 여읜 수행승들] "어찌 여섯무리의 수행승들이 침상도 의자도 솜을 씌워 만들게 할 수 있단 말인가?"

1-3. 그래서 그 수행승들은 세존께 그 사실을 알렸다. 그러자 세존께서는 그것을 인연으로 그것을 기회로 수행승들의 참모임을 불러 모으게 하고 연유를 설하고 여섯무리의 수행승들에게 이와 같이 물었다.

[세존] "수행승들이여, 그대들이 침상도 의자도 솜을 씌워 만들게 한 것이 사실인가?"

[여섯무리의 수행승들] "세존이시여, 사실입니다."

존귀한 부처님께서는 견책했다.

[세존] "어리석은 자들이여, 그대들은 적절하지 않고, 자연스럽지 않고, 알맞지 않고, 수행자의 삶이 아니고, 부당하고, 해서는 안 될 일을 행한 것이다. 어리석은 자들이여, 어찌 그대들이 침상도 의자도 솜을 씌워 만들게 할 수 있단 말인가? 어리석은 자들이여, 그것은 아직 청정한 믿음이 없는 자를 청정한 믿음으로 이끌고, 이미 청정한 믿음이 있는 자를 더욱더 청정한 믿음으로 이끄는 것이 아니다. 어리석은 자들이여, 그것은 오히려, 아직 청정한 믿음이 없는 자를 불신으로 이끌고, 이미 청정한 믿음이 있는 자 가운데 어떤 자들을 타락시키는 것이다."

1-4. 그리고 세존께서는 그 여섯무리의 수행승들에 대하여 여러 가지 방편으로 견책하여, 키우기 어렵고 부양하기 어렵고 탐욕이 많고 만족을 모르고 교제를 좋아하고 나태한 것에 대해 질책하고, 여러 가지 법문으로 고무하여, 키우기 쉽고 부양하기 쉽고 욕심을 여의고, 만족을 알고, 버리고 없애는 삶, 악을 제거하는 삶, 청정한 믿음의 삶, 쌓아 모우지 않는 삶, 용맹정진의 삶을 칭찬하고, 수행승들을 위하여

1230) tulonaddhaṃ : 솜으로 쿠션을 만들어 덮은 것을 말한다.

그에 알맞고 그에 걸맞게 경책하여 법문을 하고 수행승들에게 일렀다.

[세존] "수행승들이여, 그러므로 수행승들을 위하여 열 가지 이유에 기초하여, 즉 참모임의 수승을 위하여, 참모임의 안락을 위하여, 악한 수행승의 조복을 위하여, 품행이 바른 수행승의 평안한 삶을 위하여, 지금 여기에서의 번뇌의 제어를 위하여, 다가오는 번뇌를 물리치기 위하여, 청정한 믿음이 없는 자에게 청정한 믿음을 주기 위하여, 청정한 믿음이 있는 자에게 청정한 믿음을 증대시키기 위하여, 올바른 가르침을 지속시키기 위하여, 계율을 수호하기 위하여 학습계율을 시설하니, 수행승들이여, 그대들은 이와 같이 학습계율을 송출해야 한다."

[세존] "어떠한 수행승이든지 침상이나 의자를 솜을 씌워 만들게 하면, 솜을 뜯어내는 것을 포함하여, 속죄죄를 범하는 것이다."[1231]

2-1. '어떠한'이라는 것은 어떠한 관계, 어떠한 태생, 어떠한 이름, 어떠한 성씨, 어떠한 계행, 어떠한 주거, 어떠한 활동영역에서 이든지, 장로이든지, 신참이든지, 중참이든지, 이러한 자들을 형용하는 것으로 '어떠한 자이든'이라는 뜻이다. '수행승'이라고 하는 것은 '탁발하는 자'로서의 수행승, 탁발을 위해 돌아다니는 자로서의 수행승, 분소의를 입은 자로서의 수행승, 사미로서의 수행승, 자칭에 의한 수행승, '오라! 수행승이여!'에 의한 수행승, 삼귀의에 의해 구족계를 받은 수행승, 현선한 수행승, 진실한 수행승, 배울 것이 있는 학인인 수행승, 배울 것이 없는 무학인 수행승, 화합참모임과 한번제안세번제청의 갈마와 부동의 거룩한 님의 속성을 갖춘 자로서의 수행승이 있는데, 그들 가운데 화합참모임과 한번제안세번제청의 갈마와 부동의 거룩한 님의 속성을 갖춘 수행승을 두고, 그러한 의미에서의 수행승을 뜻한다.

2-2. '침상'[1232]이라는 것은 네 가지 침상 즉, 마싸라까침상, 문제각침상, 게다리침상, 아핫짜각침상을 뜻한다. '의자'[1233]라는 것은 네 가지 의자 즉, 마싸라까의자, 문제각의자, 게다리의자, 아핫짜각의자를 뜻한다. '솜'이라는 것은[*170] 세 가지 솜 즉, 나무의 솜과 덩굴의 솜과 초엽의 솜을[1234] 뜻한다.

1231) 두라저상욕계(兜羅貯牀褥戒) | Bhikkhunī Pāc. 68 : yo pana bhikkhu mañcaṃ vā tūlonaddhaṃ vā kārāpeyya, uddālanakaṃ pācittiyan'ti.

1232) mañcā : 이하의 침상의 종류에 대해서는 Vin. IV. 40의 주석을 보라

1233) pīṭha : 이하의 침상의 종류에 대해서는 Vin. IV. 40의 주석을 보라.

1234) tiṇi tūlāni rukkhatūlaṃ latātūlaṃ poṭakītūlaṃ : 이 가운데 'poṭakītūla'는 '새털'이 아니라 뽀따끼풀에서 생산되는 솜의 일종이다. 이 세 가지 솜은 Vin. II. 150에서 배게(bimbohana)를 만들 때에 허용된 것이다.

2-2₁. '만들게 하면'이라는 것은 만들거나 만들게 시키면,
1) 그 과정은 악작죄를 범하는 것이고,
2) 획득했다면, 뜯어내고 속죄죄로써 참회해야 한다.

2-2₂.
1) 자신이 완성하지 못한 것을 자신이 완성하면, 속죄죄를 범하는 것이다.
2) 자신이 완성하지 못한 것을 타인에게 완성시키면, 속죄죄를 범하는 것이다.
3) 타인이 완성하지 못한 것을 자신이 완성하면, 속죄죄를 범하는 것이다.
4) 타인이 완성하지 못한 것을 타인에게 완성시키면, 속죄죄를 범하는 것이다.
5) 타인을 위해 만들거나 만들게 시키면, 악작죄를 범하는 것이다.
6) 타인이 만든 것을 얻어 사용하면, 악작죄를 범하는 것이다.

2-3. 인끈이나, 허리띠나, 어깨끈이나, 발우주머니나, 여과낭을 위한 것이거나[1235] 베개를 만드는 경우이거나, 타인이 만든 것을 얻어서 솜을 뜯어내고 사용하는 경우이거나, 정신이 착란된 자이거나 초범자의 경우는 무죄이다.

4. 7. 9 속죄죄법 제69조

복창의(覆瘡衣)에 대한 학습계율[Kaṇḍupaṭiccādisikkhāpada]

1-1. 한때 존귀한 부처님께서는 싸밧티 시의 제따바나 숲에 있는 아나타삔디까 승원에 계셨다. 그런데 그때 세존께서는 수행승들에게 복창의(覆瘡衣)[1236]를 [*172] 허용했다. 여섯무리의 수행승들은 '세존께서 복창의를 허용했다.'라고 적당한 칫수를 초과하는 복창의를 입고 앞으로 끌고 뒤로 끌면서 돌아다녔다.

1-2. 수행승들 가운데 욕망을 여의고, 만족을 알고, 부끄러움을 알고, 후회할 줄 알고, 배움을 원하는 자들은 혐책하고 분개하고 비난했다.

[욕망을 여읜 수행승들] "어찌 여섯무리의 수행승들이 적당한 칫수를 초과하는 복창의를 입고 다닐 수 있단 말인가?"

1-3. 그래서 그 수행승들은 세존께 그 사실을 알렸다. 그러자 세존께서는 그것을

1235) āyoge kāyabandhane aṃsavaṭṭake pattatthavikāya parissāvane : Vin. III. 257에서도 이 다섯 가지에 천을 대어 직조사로 하여금 천을 대어 깁게 하는 것은 무죄이다.

1236) kaṇḍupaṭicchādi : 한역의 복창의(覆瘡衣)를 말한다. Vin. I. 296에서 가려움증이나 부스럼이나 고름증이나 개선병을 앓는 자에게 허용되었다.

인연으로 그것을 기회로 수행승들의 참모임을 불러 모으게 하고 연유를 설하고 그 여섯무리의 수행승들에게 이와 같이 물었다.

[세존] "수행승들이여, 그대들이 적당한 칫수를 초과하는 복창의를 입고 다닌 것이 사실인가?"

[여섯무리의 수행승들] "세존이시여, 사실입니다."

존귀한 부처님께서는 견책했다.

[세존] "어리석은 자들이여, 그대는 적절하지 않고, 자연스럽지 않고, 알맞지 않고, 수행자의 삶이 아니고, 부당하고, 해서는 안 될 일을 행한 것이다. 어리석은 자들이여, 어찌 그대들은 적당한 칫수를 초과하는 복창의를 입고 다닐 수 있단 말인가? 어리석은 자들이여, 그것은 아직 청정한 믿음이 없는 자를 청정한 믿음으로 이끌고, 이미 청정한 믿음이 있는 자를 더욱더 청정한 믿음으로 이끄는 것이 아니다. 어리석은 자들이여, 그것은 오히려, 아직 청정한 믿음이 없는 자를 불신으로 이끌고, 이미 청정한 믿음이 있는 자 가운데 어떤 자들을 타락시키는 것이다."

1-4. 그리고 세존께서는 그 여섯무리의 수행승들에 대하여 여러 가지 방편으로 견책하여, 키우기 어렵고 부양하기 어렵고 탐욕이 많고 만족을 모르고 교제를 좋아하고 나태한 것에 대해 질책하고, 여러 가지 법문으로 고무하여, 키우기 쉽고 부양하기 쉽고 욕심을 여의고, 만족을 알고, 버리고 없애는 삶, 악을 제거하는 삶, 청정한 믿음의 삶, 쌓아 모우지 않는 삶, 용맹정진의 삶을 칭찬하고, 수행승들을 위하여 그에 알맞고 그에 걸맞게 경책하여 법문을 하고 수행승들에게 일렀다.

[세존] "수행승들이여, 그러므로 수행승들을 위하여 열 가지 이유에 기초하여, 즉 참모임의 수승을 위하여, 참모임의 안락을 위하여, 악한 수행승의 조복을 위하여, 품행이 바른 수행승의 평안한 삶을 위하여, 지금 여기에서의 번뇌의 제어를 위하여, 다가오는 번뇌를 물리치기 위하여, 청정한 믿음이 없는 자에게 청정한 믿음을 주기 위하여, 청정한 믿음이 있는 자에게 청정한 믿음을 증대시키기 위하여, 올바른 가르침을 지속시키기 위하여, 계율을 수호하기 위하여 학습계율을 시설하니, 수행승들이여, 그대들은 이와 같이 학습계율을 송출해야 한다."

[세존] "수행승이 복창의(覆瘡衣)를 만들게 할 때에는 적당한 칫수로 만들게 해야 한다. 그때 그 적당한 칫수는 행복한 님의 뼘으로 길이가 네 뼘이고 폭이 두 뼘이어야 한다. 그것을 초과하면, 잘라내는 것을 포함하여 속죄죄를 범하는 것이다."[1237]

2-1. '복창의'라는 것은 '배꼽보다 아래, 무릎보다 위에 가려움증이나 부스럼이나 고름증이나 개선병이 있는 자를 덮어주는 옷을 뜻한다. '만들게 할 때에는'이라는 것은 스스로 만들거나 만들게 시키는 것을 뜻한다. '적당한 칫수로 만들어야 한다.'라는 것은 '그때 그 적당한 칫수는 행복한 님의 뼘으로 길이가 네 뼘이고 폭이 두 뼘이어야 한다.'라는 뜻이다. 그것을 초과하여 만들거나 만들게 시키면, 그 과정은 악작죄를 범하는 것이고 그 획득은 잘라내는 것을 포함하여 속죄죄를 참회해야 한다.

2-2.

1) 자신이 잘못 만든 것을 자신이 완성하면, 속죄죄를 범하는 것이다.
2) 자신이 잘못 만든 것을 타인에게 완성시키면, 속죄죄를 범하는 것이다.
3) 타인이 잘못 만든 것을 자신이 완성하면, 속죄죄를 범하는 것이다.
4) 타인이 잘못 만든 것을 타인에게 완성시키면, 속죄죄를 범하는 것이다.
5) 타인을 위하여 만들거나 만들게 하면, 악작죄를 범하는 것이다.
6) 타인이 만든 것을 얻어서 사용하면, 악작죄를 범하는 것이다.

2-3. 적당한 칫수를 알아서 만들거나, 적당한 칫수 이하로 만들거나, 타인이 만든 적당한 칫수를 초과하는 것을 얻어서 절단하여 사용하는 경우이거나, 천개 혹은 땅 위에 까는 것, 천막, 긴 베개나 베개를 만드는 경우이거나, 정신이 착란된 자이거나, 초범자인 경우는 무죄이다.

4. 7. 10 속죄죄법 제70조

장로 난다에 대한 학습계율[Nandattherasikkhāpada]

1-1. 한때 존귀한 부처님께서는 싸밧티 시의 제따바나 숲에 있는 아나타삔디까 승원에 계셨다. 그런데 그때 존자 난다[1238]가 세존의 종제로서, 아름답고, 품위

1237) 복창의과량계(覆瘡衣過量戒) | Bhikkhunī Pāc. 69 : kaṇḍupaṭicchādiṃ pana bhikkhunā kārayamānena pamāṇika kāretabbā. tatr'idaṃ pamāṇaṃ dīghaso catasso vidatthiyo sugatavidatthiyā tiriyaṃ dve vidatthiyo, taṃ atikkāmayato chedanakaṃ pācittiyan'ti.

1238) Nanda : 부처님의 제자 수행승 가운데 '감관을 수호하는 님 가운데 제일(indriyesu guttadvārānaṃ aggaṃ)'이다. 난다는 쑷도다나(Suddhodana) 왕과 마하빠자빠띠(Mahāpajāpati)의 아들로 부처님의 외사촌이자 이복동생이다. 부처님이 깨달은 후 까삘라밧투에 왔을 때 난다의 집을 방문했다. 마침 난다와 경국지색인 자나빠다깔리야니 난다(Janapadakalyāṇī Nandā)의 결혼식을 위한 잔치가 벌어지고 있었다. 부처님은 난다에게 행운을 빌고 자신의 발우를 건네주었다. 그러자 난다는 궁궐 밖으로 부처님을 따라 나섰다. 약혼녀는 그가 가는 것을 보고

있고, 단정하고, 그는 세존보다 네 손가락마디 키가 작았는데, 행복한 님의 칫수 크기의[1239] 옷을 입고 다녔다. 장로 수행승들이 존자 난다가 멀리서 오는 것을 보았다. 보고나서 '세존께서 오신다.'라고 자리에서 일어났다가 그가 가까이 오자 알아차리고 혐책하고 분개하고 비난했다.

[장로수행승들] "어찌 존자 난다가 행복한 님의 옷의 칫수와 같은 옷을 입을 수 있단 말인가?"

1-2. 세존께 그 사실을 알렸다. 그러자 세존께서는 존자 난다에게 물었다.

[세존] "난다여, 그대가 행복한 님의 옷의 칫수와 같은 옷을 입고 다니는 것이 사실인가?"

[난다] "세존이시여, 사실입니다."

존귀한 부처님께서는 견책했다.

[세존] "난다여, 어찌 그대가 행복한 님의 옷의 칫수와 같은 옷을 입고 다닌단 말인가? 난다여, 그것은 아직 청정한 믿음이 없는 자를 청정한 믿음으로 이끌고, 이미 청정한 믿음이 있는 자를 더욱더 청정한 믿음으로 이끄는 것이 아니다. 난다여, 그것은 오히려, 아직 청정한 믿음이 없는 자를 불신으로 이끌고, 이미 청정한 믿음이 있는 자 가운데 어떤 자들을 타락시키는 것이다."

1-3. 그리고 세존께서는 그 수행승에 대하여 여러 가지 방편으로 견책하여, 키우기 어렵고 부양하기 어렵고 탐욕이 많고 만족을 모르고 교제를 좋아하고 나태한 것에 대해 질책하고, 여러 가지 법문으로 고무하여, 키우기 쉽고 부양하기 쉽고 욕심을 여의고, 만족을 알고, 버리고 없애는 삶, 악을 제거하는 삶, 청정한 믿음의 삶, 쌓아 모우지 않는 삶, 용맹정진의 삶을 칭찬하고, 수행승들을 위하여 그에

빨리 돌아오길 부탁했다. 그러나 부처님은 난다에게 출가하길 종용했고 거절하기 곤란했던 난다는 마지못해 승낙했다. 그러나 날이 갈수록 사랑하는 여인 때문에 고민했고 마침내 낙담하여 건강을 해칠 정도가 되었다. 부처님은 그와 함께 히말라야로 여행했다. 부처님은 히말라야의 산기슭에서 불에 탄 암원숭이의 시체를 보여주었다. 그리고 그것이 그 경국지색보다 아름답냐고 물었다. 영문을 모르는 난다는 아니라고 대답했다. 그 암원숭이가 전생의 경국지색이었기 때문에 그렇게 묻는 부처님의 진의를 모르는 난다로서는 당연한 대답이었다. 그래서 부처님은 그를 데리고 천녀들이 사는 도리천(忉利天)으로 올라가 경국지색이 그들 천녀들보다 아름답냐고 물었다. 그는 천녀들이 훨씬 아름답다고 대답했다. 그러자 부처님은 출가하면 그들 천녀들을 아내로 맞아줄 것을 약속했다. 난다는 거기에 동의했다. 제따바나 숲으로 돌아와서 부처님은 이 이야기를 80명의 수제자들에게 하셨다. 그들 수제자들이 난다에게 질문을 던지자 난다는 자신이 추구했던 감각적 쾌락의 욕망에 대하여 몹시 수치스러움을 느꼈다. 그래서 그는 용맹정진 끝에 아라한의 경지에 올랐다. 그 후 그는 부처님을 찾아가 약속을 지킬 필요가 없다고 말했다. 그의 시는 Thag. 157에 있다.

1239) sugatacīvarappamāṇa : 아마도 사인치 정도의 차이이지만 거의 부처님과 같은 키라고 느낄 정도였다면, 두 분 다 상당히 키가 컸을 것이다.

알맞고 그에 걸맞게 경책하여 법문을 하고 수행승들에게 일렀다.

[세존] "수행승들이여, 그러므로 수행승들을 위하여 열 가지 이유에 기초하여, 즉 참모임의 수승을 위하여, 참모임의 안락을 위하여, 악한 수행승의 조복을 위하여, 품행이 바른 수행승의 평안한 삶을 위하여, 지금 여기에서의 번뇌의 제어를 위하여, 다가오는 번뇌를 물리치기 위하여, 청정한 믿음이 없는 자에게 청정한 믿음을 주기 위하여, 청정한 믿음이 있는 자에게 청정한 믿음을 증대시키기 위하여, 올바른 가르침을 지속시키기 위하여, 계율을 수호하기 위하여 학습계율을 시설하니, 수행승들이여, 그대들은 이와 같이 학습계율을 송출해야 한다."

[세존] "어떠한 수행승이든지 행복한 님의 옷[1240]과 같은 칫수의 옷이나 그 이상의 칫수의 옷을 입고 다니면, 잘라내는 것을 포함하여 속죄죄를 범하는 것이다. 여기서 행복한 님의 옷의 칫수라면 행복한 님의 뼘으로 길이 9뼘, 폭 6뼘이니, 그것이 바로 행복한 님의 옷의 칫수이다."[1241]

2-1. '어떠한'이라는 것은 어떠한 관계, 어떠한 태생, 어떠한 이름, 어떠한 성씨, 어떠한 계행, 어떠한 주거, 어떠한 활동영역에서 이든지, 장로이든지, 신참이든지, 중참이든지, 이러한 자들을 형용하는 것으로 '어떠한 자이든'이라는 뜻이다. '수행승'이라고 하는 것은 '탁발하는 자'로서의 수행승, 탁발을 위해 돌아다니는 자로서의 수행승, 분소의를 입은 자로서의 수행승, 사미로서의 수행승, 자칭에 의한 수행승, '오라! 수행승이여!'에 의한 수행승, 삼귀의에 의해 구족계를 받은 수행승, 현선한 수행승, 진실한 수행승, 배울 것이 있는 학인인 수행승, 배울 것이 없는 무학인 수행승, 화합참모임과 한번제안세번제청의 갈마와 부동의 거

1240) sugatacīvara : 한역에서는 불걸수(佛搩手) 또는 불수척(佛手尺)라고 한다. 한역문헌에서는 손으로 물건을 잴 때 무지(拇指)와 장지(長指)를 편 크기로 12손가락마디(手節)의 크기라고 본다. 손가락마디는 일 인치(1 inch = 2.5 cm) 정도의 크기를 말한다. 따라서 쑤가따비닷티는 30cm의 크기이다. 한편, 주석서(Smp. 567)에 따르면, 행복한 님의 뼘은 행복한 님의 뼘은 '보통사람의 키의 크기는 행복한 님의 뼘으로 3 뼘'이므로, 목공의 완척(腕尺 : hattha = 46~56 cm)으로 1½완척의 크기이다. 그러므로 주석에 따른다면, 행복한 님의 한 뼘은 보통사람의 세 배정도의 크기로 75cm 전후로 보아야 한다. 이렇게 보면, 주석서의 주장은 터무니없는 것이 되어 버린다. 그러나 현재의 보통사람의 뼘의 표준크기는 23cm정도이다. 속죄죄법 제92조(Bhikkhuni Pāc. 70)에 나오는 행복한 님의 옷의 칫수는 '행복한 님의 뼘으로 길이 9뼘, 폭 6뼘'이라고 되어 있으니, 표준크기로 207~270cm × 138~180cm이거나 확대크기로는 675cm × 450cm가 되어야 한다. 확대크기가 맞다면, 터무니 없이 큰 옷이라 신화적인 요소가 개입된 것이라고 밖에 볼 수 없을 것이다.

1241) 여불등양작의계(與佛等量作衣戒)) | Bhikkhunī Pāc. 70 : yo pana bhikkhu sugatacīvarappamāṇaṃ cīvaraṃ kārāpeyya atirekaṃ vā chedanakaṃ pācittiyaṃ. tatr'idaṃ sugatacīvarappamāṇaṃ: dīghaso nava vidatthiyo sugatavidatthiyā, tiriyaṃ cha vidatthiyo idaṃ sugatassa sugatacīvarappamāṇan'ti.

룩한 님의 속성을 갖춘 자로서의 수행승이 있는데, 그들 가운데 화합참모임과 한번제안세번제청의 갈마와 부동의 거룩한 님의 속성을 갖춘 수행승을 두고, 그러한 의미에서의 수행승을 뜻한다.

2-2₁. '행복한 님의 옷'이라는 것은 행복한 님의 뼘으로 길이 8뼘, 폭 6뼘의 옷을 뜻한다. '만들게 하면'이라는 것은 만들거나 만들게 시키면,
1) 그 과정은 악작죄를 범하는 것이고,
2) 획득했다면, 잘라낸 뒤에 속죄죄로써 참회해야 한다.

2-2₂.
1) 자신이 잘못 만든 것을 자신이 완성하면, 속죄죄를 범하는 것이다.
2) 자신이 잘못 만든 것을 타인에게 완성시키면, 속죄죄를 범하는 것이다.
3) 타인이 잘못 만든 것을 자신이 완성하면, 속죄죄를 범하는 것이다.
4) 타인이 잘못 만든 것을 타인에게 완성시키면, 속죄죄를 범하는 것이다.
5) 타인을 위해 만들거나 만들게 시키면, 악작죄를 범하는 것이다.
6) 타인이 만든 것을 얻어 사용하면, 악작죄를 범하는 것이다.

2-4. 이하로 만들거나, 타인이 만든 것을 얻어서[*174] 잘라내고 사용한다거나, 천개 혹은 땅 위에 까는 것, 천막, 긴 베개나 베개를 만드는 경우이거나, 정신이 착란된 자이거나, 초범자인 경우는 무죄이다.

제7품 갈마의 방해 그 후렴시는 다음과 같다.
방해, 청정동의, 답바, 전용. 재보,
바늘, 침상, 솜, 복창의, 행복한 님.1242)

제8품 마늘(Lasunavagga)

4. 8. 1 속죄죄법 제71조

마늘에 대한 학습계율[Lasunasikkhāpada]

1-1. 한때[258] 존귀한 부처님께서는 싸밧티 시의 제따바나 숲에 있는 아나타삔디까 승원에 계셨다. 그런데 그때 한 재가의 남자신도가 마늘의 보시에 대하여 말했다.

1242) paṭibāhanachandañ ca | dabbañca pariṇāmanañca | ratanaṃ sucimañcañca | tūlakaṇḍuñca sugatenā'ti ||

[재가의 남자신도] "존귀한 자매들께서 마늘이 필요하면, 제가 마늘을 드리겠습니다."1243)

그는 밭지기에게도 역시 명령했다.

[재가의 남자신도] "만약 수행녀들이 오면, 각자에게 두세 묶음의 마늘을 주시오."

그때 마침 싸밧티 시에는 축제가 있었다. 그러나 수요가 많아 마늘이 소진되었다. 수행녀들은 그 재가의 남자신도를 찾아가서 이와 같이 말했다.

[수행녀들] "벗이여, 마늘이 필요합니다."

[재가의 남자신도] "존귀한 자매들이여, 없습니다. 수요가 많아 마늘이 소진되었습니다. 밭으로 가십시오."

그런데 수행녀 툴라난다는 밭으로 가서 분수를 모르고 많은 마늘을 캐오게 했다. 밭지기가 혐책하고 분개하고 비난했다.

[밭지기] "어찌 수행녀들이 분수를 모르고 많은 마늘을 켜갈 수 있단 말인가?"

1-2. 수행녀들은 밭지기가 혐책하고 분개하고 비난하는 것을 들었다. 수행녀들 가운데 욕망을 여의고, 만족을 알고, 부끄러움을 알고, 후회할 줄 알고, 배움을 원하는 자들은 혐책하고 분개하고 비난했다.

[욕망을 여읜 수행녀들] "어찌 존귀한 자매 툴라난다가 분수를 모르고 많은 마늘을 켜오게 할 수 있단 말인가?"

그래서 그 수행녀들은 수행승들에게 그 사실을 알렸다. 수행승들 가운데 욕망을 여의고, 만족을 알고, 부끄러움을 알고, 후회할 줄 알고, 배움을 원하는 자들도 혐책하고 분개하고 비난했다.

[욕망을 여읜 수행승들] "어찌 존귀한 자매 툴라난다가 분수를 모르고 많은 마늘을 켜오게 할 수 있단 말인가?"

1-3. 그래서 그 수행승들은 세존께 그 사실을 알렸다. 그러자 세존께서는 이러한 인연으로 이러한 기회에 수행승들의 참모임을 불러 모으게 하고 연유를 설하고 수행승들에게 물었다.

[세존] "수행승들이여, 존귀한 자매 툴라난다가 분수를 모르고 많은 마늘을 켜오게 한 것이 사실인가?"

[수행승들] "세존이시여, 사실입니다."

1243) yāsaṃ ayyānaṃ lasunena attho ahaṃ lasunenāti : Vin. II. 140에 따르면, 수행승이 법문을 들으면서 한쪽 구석에서 마늘을 먹다가 들켜서 '마늘을 먹으면, 악작죄를 범하는 것이다.'라는 학습계율이 생겨났다. 그러나 질병이 들었다면 마늘을 먹는 것을 허용했다.

존귀한 부처님께서는 견책했다.

[세존] "수행승들이여, 수행녀 툴라난다는 적절하지 않고, 자연스럽지 않고, 알맞지 않고, 수행자의 삶이 아니고, 부당하고, 해서는 안 될 일을 행한 것이다. 수행승들이여, 어찌 수행녀 툴라난다가 분수를 모르고 많은 마늘을 켜오게 할 수 있단 말인가? 수행승들이여, 그것은 아직 청정한 믿음이 없는 자를 청정한 믿음으로 이끌고, 이미 청정한 믿음이 있는 자를 더욱더 청정한 믿음으로 이끄는 것이 아니다. 수행승들이여, 그것은 오히려, 아직 청정한 믿음이 없는 자를 불신으로 이끌고, 이미 청정한 믿음이 있는 자 가운데 어떤 자들을 타락시키는 것이다."

1-4. 그래서 세존께서는 수행녀 툴라난다에 대하여 여러 가지 방편으로 견책하여, 키우기 어렵고 부양하기 어렵고 탐욕이 많고 만족을 모르고 교제를 좋아하고 나태한 것에 대하여 질책하고, 여러 가지 법문으로 고무하여, 키우기 쉽고 부양하기 쉽고 욕심을 여의고, 만족을 알고, 버리고 없애는 삶, 악을 제거하는 삶, 청정한 믿음의 삶, 쌓아 모우지 않는 삶, 용맹정진의 삶을 칭찬하고, 수행승들을 위하여 그에 알맞고 그에 걸맞게 경책하여 법문을 하고 수행승들에게 일렀다.

[세존] "수행승들이여, 옛날에 수행녀 툴라난다는 어떤 바라문의 부인이었는데, 그녀에게[259] 세 딸 난다, 난다바띠, 쑨다리난다[1244]가 있었다. 수행승들이여, 그런데 그 바라문이 죽어서 한 백조의 태에 태어났다. 그에게는 온통 황금깃털이 있었다. 그는 딸들 하나하나에게 하나의 황금깃털을 주었다. 수행승들이여, 그때 수행녀 툴라난다는 '이 백조가 우리에게 각각 깃털을 주는 것이다.'라고 생각하여 그 백조의 왕을 붙잡아 깃털을 모두 뽑아버렸다. 다시 깃털이 났지만 백색이 생겨났다. 수행승들이여, 그렇게 수행녀 툴라난다는 과도한 탐욕으로 황금깃털을 잃었고, 이번에는 마늘을 소진시켰다."

[세존] "얻은 것에 만족할 수 없는 것, 과욕은 악이다.
백조의 왕을 붙잡았으니, 그대들은 황금을 잃으리."[1245]

1-5. 그리고 세존께서는 수행녀 툴라난다에 대하여 여러 가지 방편으로 견책하여, 키우기 어렵고 부양하기 어렵고 탐욕이 많고 만족을 모르고 교제를 좋아하고 나태한 것에 대하여 질책하고, 여러 가지 법문으로 고무하여, 키우기 쉽고 부양하기 쉽고 욕심을 여의고, 만족을 알고, 버리고 없애는 삶, 악을 제거하는 삶, 청정한

1244) nandā nandavatī sundarīnandā : 이 세 명은 현세에서 Vin. IV. 211에 따르면, 툴라난다의 세 자매이다.
1245) yaṃ laddhaṃ tena tuṭṭhabbaṃ, atilobho hi pāpako, haṃsarājaṃ gahetvāna suvaṇṇā parihāyathā'ti.

믿음의 삶, 쌓아 모우지 않는 삶, 용맹정진의 삶을 칭찬하고, 수행승들을 위하여 그에 알맞고 그에 걸맞게 경책하여 법문을 하고 수행승들에게 일렀다.

[세존] "수행승들이여, 그러므로 수행녀들을 위하여 열 가지 이유에 기초하여, 즉 참모임의 수승을 위하여, 참모임의 안락을 위하여, 악한 수행녀의 조복을 위하여, 품행이 바른 수행녀의 평안한 삶을 위하여, 지금 여기에서의 번뇌의 제어를 위하여, 다가오는 번뇌를 물리치기 위하여, 청정한 믿음이 없는 자에게 청정한 믿음을 주기 위하여, 청정한 믿음이 있는 자에게 청정한 믿음을 증대시키기 위하여, 올바른 가르침을 지속시키기 위하여, 계율을 수호하기 위하여 학습계율을 시설하니, 수행승들이여, 수행녀들은 이와 같이 학습계율을 송출해야 한다."

[세존] "어떠한 수행녀이든 마늘을 먹으면, 속죄죄를 범하는 것이다."[1246]

2-1. '어떠한'이라는 것은 어떠한 관계, 어떠한 태생, 어떠한 이름, 어떠한 성씨, 어떠한 계행, 어떠한 주거, 어떠한 활동영역에서 이든지, 장로이든지, 신참이든지, 중참이든지, 이러한 자들을 형용하는 것으로 '어떠한 자이든'이라는 뜻이다. '수행녀'이라고 하는 것은 '탁발하는 여자'로서의 수행녀, 탁발을 위해 돌아다니는 여자로서의 수행녀, 분소의를 입은 자로서의 수행녀, 사미니로서의 수행녀, 자칭에 의한 수행녀, '오라! 수행녀여!'에 의한 수행녀, 삼귀의에 의해 구족계를 받은 수행녀, 현선한 수행녀, 진실한 수행녀, 배울 것이 있는 학인인 수행녀, 배울 것이 없는 무학인 수행녀, 화합참모임과 한번제안세번제청의 갈마와 부동의 거룩한 님의 속성을 갖춘 자로서의 수행녀가 있는데, 그녀들 가운데 화합참모임과 양쪽으로부터 구족계를 받은 자로서 한번제안세번제청의 갈마와 부동의 거룩한 님의 속성을 갖춘 수행녀, 그녀를 이러한 의미에서의 수행녀라고 하는 것이다.

2-2. '마늘'이라는 것은 '마가다 국에서 생산된 것'[1247]을 뜻한다. '먹으면'이라는 것은 다음과 같다.

1) 받으면 악작죄를 범하는 것이고,

2) 삼키면 삼킬 때마다 속죄죄를 범하는 것이다.

2-3₁.

1246) 식산계○(食蒜戒) | Bhikkhunī Pāc. 71 : yā pana bhikkhunī lasuṇaṃ khādeyya, pācittiyan'ti.

1247) māgadhaka : Smp. 920에 따르면, 마가다 국에서 마늘이 자라기 때문에 '마가다까'라는 말이 마늘과 동의어가 되었다.

1) 마늘에 대하여 마늘이라고 지각하고 먹으면, 속죄죄를 범하는 것이다.
2) 마늘에 대하여 마늘인지 의심하고 먹으면, 속죄죄를 범하는 것이다.
3) 마늘에 대하여 마늘이 아닌 것이라고 지각하고 먹으면, 속죄죄를 범하는 것이다.

2-3₂.

1) 마늘이 아닌 것에 대하여 마늘이라고 지각하면, 악작죄를 범하는 것이다.
2) 마늘이 아닌 것에 대하여 마늘이 아닌 것인지 의심하면, 속죄죄를 범하는 것이다.
3) 마늘이 아닌 것에 대하여 마늘이 아닌 것이라고 지각하면, 무죄이다.

2-4. 양파이거나, 비트뿌리이거나,[1248] 황금색 미로발란이거나,[1249] 활마늘이거나,[1250] 수프에 들어있거나, 육고기에 들어있거나, 기름과 섞여있거나, 샐러드에 들어있거나,[1251] 진미에 포함된[1252] 경우이거나, 정신착란자이거나 초범자인 경우는 무죄이다.

4. 8. 2 속죄죄법 제72조

은밀한 곳의 털에 대한 학습계율[Sambādhalomasikkhāpada]

1-1. 한때 존귀한 부처님께서는 싸밧티 시의 제따바나 숲에 있는 아나타삔디까 승원에 계셨다. 그런데 그때 여섯무리의 수행녀들이 은밀한 곳의 털을 깎고 아찌라바띠 강변에 기녀들과 함께 알몸으로[260] 한 나룻터에서 목욕을 했다. 기녀들이 혐책하고 분개하고 비난했다.

[기녀들] “어찌 수행녀들이 은밀한 곳의 털을 깎을 수가 있단 말인가? 마치 감각적 쾌락을 즐기는 재가자와 같다.”

1-2. 수행녀들은 그 기녀들이 혐책하고 분개하고 비난하는 것을 들었다. 수행녀들 가운데 욕망을 여의고, 만족을 알고, 부끄러움을 알고, 후회할 줄 알고, 배움을 원하는 자들은 혐책하고 분개하고 비난했다.

[욕망을 여읜 수행녀들] “어찌 여섯무리의 수행녀들이 은밀한 곳의 털을 깎을 수가 있단 말인가?”

1248) bhañjanake : Smp. 920에 따르면, 붉은 색의 무와 같은 것이다.
1249) harītake : Smp. 920에 따르면, 야채색갈이고 구근이다.
1250) cāpalasuṇe : Smp. 920에 따르면, 구근이 아니고 봉오리 모양이다.
1251) sāḷave : Smp. 920에 따르면, 매운 샐러드이다.
1252) uttaribhaṅge : Smp. 920에 따르면, 진미(珍味)를 뜻한다.

그래서 그 수행녀들은 수행승들에게 그 사실을 알렸다. 수행승들 가운데 욕망을 여의고, 만족을 알고, 부끄러움을 알고, 후회할 줄 알고, 배움을 원하는 자들도 혐책하고 분개하고 비난했다.

[욕망을 여읜 수행승들] "어찌 여섯무리의 수행녀들이 은밀한 곳의 털을 깎을 수가 있단 말인가?"

1-3. 그래서 그 수행승들은 세존께 그 사실을 알렸다. 그러자 세존께서는 그것을 원인으로 그것을 기회로 수행승의 참모임을 불러 모으게 하고 법문을 하고 수행승들에게 말했다.

[세존] "수행승들이여, 그 여섯무리의 수행녀들이 은밀한 곳의 털을 깎은 것이 사실인가?"

[수행승들] "세존이시여, 사실입니다."

존귀한 부처님께서는 견책했다.

[세존] "수행승들이여, 그 여섯무리의 수행승들은 적절하지 않고, 자연스럽지 않고, 알맞지 않고, 수행자의 삶이 아니고, 부당하고, 해서는 안 될 일을 한 것이다. 수행승들이여, 어찌 여섯무리의 수행녀들이 은밀한 곳의 털을 깎을 수가 있단 말인가? 수행승들이여, 그것은 아직 청정한 믿음이 없는 자를 청정한 믿음으로 이끌고, 이미 청정한 믿음이 있는 자를 더욱더 청정한 믿음으로 이끄는 것이 아니다. 수행승들이여, 그것은 오히려, 아직 청정한 믿음이 없는 자를 불신으로 이끌고, 이미 청정한 믿음이 있는 자 가운데 어떤 자들을 타락시키는 것이다."

1-4. 그리고 세존께서는 여섯무리의 수행녀들에 대하여 여러 가지 방편으로 견책하고, 키우기 어렵고 부양하기 어렵고 탐욕이 많고 만족을 모르고 교제를 좋아하고 나태한 것에 대하여 질책하고, 여러 가지 법문으로 고무하여, 키우기 쉽고 부양하기 쉽고 욕심을 여의고, 만족을 알고, 버리고 없애는 삶, 악을 제거하는 삶, 청정한 믿음의 삶, 쌓아 모우지 않는 삶, 용맹정진의 삶을 칭찬하고, 수행승들을 위하여 그에 알맞고 그에 걸맞게 경책하여 법문을 하고 수행승들에게 일렀다.

[세존] "수행승들이여, 그러므로 수행녀들을 위하여 열 가지 이유에 기초하여, 즉 참모임의 수승을 위하여, 참모임의 안락을 위하여, 악한 수행녀의 조복을 위하여, 품행이 바른 수행녀의 평안한 삶을 위하여, 지금 여기에서의 번뇌의 제어를 위하여, 다가오는 번뇌를 물리치기 위하여, 청정한 믿음이 없는 자에게 청정한 믿음을 주기 위하여, 청정한 믿음이 있는 자에게 청정한 믿음을 증대시키기 위하여, 올바른 가르침을 지속시키기 위하여, 계율을 수호하기 위하여 학습계율을

시설하니, 수행승들이여, 수행녀들은 이와 같이 학습계율을 송출해야 한다.”

[세존] “어떠한 수행녀라도 은밀한 곳의 털을 깎는다면, 속죄죄를 범하는 것이다.”[1253)]

2-1. ‘어떠한’이라는 것은 어떠한 관계, 어떠한 태생, 어떠한 이름, 어떠한 성씨, 어떠한 계행, 어떠한 주거, 어떠한 활동영역에서 이든지, 장로이든지, 신참이든지, 중참이든지, 이러한 자들을 형용하는 것으로 ‘어떠한 자이든’이라는 뜻이다. ‘수행녀’라고 하는 것은 ‘탁발하는 여자’로서의 수행녀, 탁발을 위해 돌아다니는 여자로서의 수행녀, 분소의를 입은 자로서의 수행녀, 사미니로서의 수행녀, 자칭에 의한 수행녀, ‘오라! 수행녀여!’에 의한 수행녀, 삼귀의에 의해 구족계를 받은 수행녀, 현선한 수행녀, 진실한 수행녀, 배울 것이 있는 학인인 수행녀, 배울 것이 없는 무학인 수행녀, 화합참모임과 한번제안세번제청의 갈마와 부동의 거룩한 님의 속성을 갖춘 자로서의 수행녀가 있는데, 그녀들 가운데 화합참모임과 양쪽으로부터 구족계를 받은 자로서 한번제안세번제청의 갈마와 부동의 거룩한 님의 속성을 갖춘 수행녀, 그녀를 이러한 의미에서의 수행녀라고 하는 것이다.

2-2. ‘은밀한 곳’이라는 것은 대변을 보는 곳과 소변을 보는 곳의 두 곳을 뜻한다. ‘깎는다면’이라는 것은 하나의 털을 깎더라도 속죄죄를 범하는 것이고, 많은 털을 깎더라도 속죄죄를 범하는 것이다.

2-3. 질병때문인 경우이거나, 정신착란자나 초범자인 경우는 무죄이다.

4. 8. 3 속죄죄법 제73조

손바닥으로 때리기에 대한 학습계율[Talaghātaksikkhāpada]

1-1. 한때 존귀한 부처님께서는 싸밧티 시의 제따바나 숲에 있는 아나타삔디까 승원에 계셨다. 그런데 그때 두 수행녀들이 욕구불만으로 괴로워하다가 내실에 들어가 손바닥으로 때리기를 했다. 수행녀들이 그 소리에 달려와서 그 수행녀들에게 이와 같이 말했다.

[수행녀들] “존귀한 자매들이여, 왜 그대들은 남자와 음행을 하는 것인가?”

1253) 삭은처모계○(削隱處毛戒) | Bhikkhunī Pāc. 72 : yā pana bhikkhunī sambādhe lomaṃ saṃharāpeyya, pācit tiyan'ti.

[두 수행녀들] "존귀한 자매들이여, 저희들은 남자와 음행을 하는 것이 아닙니다."

그녀들은 수행녀들에게 사실을 알렸다.

1-2. 수행승들 가운데 욕망을 여의고, 만족을 알고, 부끄러움을 알고, 후회할 줄 알고, 배움을 원하는 자들도 혐책하고 분개하고 비난했다.

[욕망을 여읜 수행녀들] "어찌 수행녀들이 손바닥으로 때리기를 할 수 있단 말인가?"

그래서 그 수행녀들은 수행승들에게 그 사실을 알렸다. 수행승들 가운데 욕망을 여의고, 만족을 알고, 부끄러움을 알고, 후회할 줄 알고, 배움을 원하는 자들도 혐책하고 분개하고 비난했다.

[욕망을 여읜 수행승들] "어찌 수행녀들이 손바닥으로 때리기를 할 수 있단 말인가?"

1-4. 그래서 그 수행승들은 세존께 그 사실을 알렸다. 그러자 세존께서는 그것을 원인으로 그것을 기회로 수행승의 참모임을 불러 모으게 하고 법문을 하고 수행승들에게 말했다.

[세존] "수행승들이여, 수행녀들이 손바닥으로 때리기를 한 것이 사실인가?"

[수행승들] "세존이시여, 사실입니다."

존귀한 부처님께서는 견책했다.

[세존] "수행승들이여, 그 수행녀들은 적절하지 않고, 자연스럽지 않고, 알맞지 않고, 수행자의 삶이 아니고, 부당하고, 해서는 안 될 일을 한 것이다. 수행승들이여, 어찌 수행녀들이 손바닥으로 때리기를 할 수 있단 말인가? 수행승들이여, 그것은 아직 청정한 믿음이 없는 자를 청정한 믿음으로 이끌고, 이미 청정한 믿음이 있는 자를 더욱더 청정한 믿음으로 이끄는 것이 아니다. 수행승들이여, 그것은 오히려, 아직 청정한 믿음이 없는 자를 불신으로 이끌고, 이미 청정한 믿음이 있는 자 가운데 어떤 자들을 타락시키는 것이다."

1-5. 그리고 세존께서는 그 수행녀들에 대하여 여러 가지 방편으로 견책하고, 키우기 어렵고 부양하기 어렵고 탐욕이 많고 만족을 모르고 교제를 좋아하고 나태한 것에 대하여 질책하고, 여러 가지 법문으로 고무하여, 키우기 쉽고 부양하기 쉽고 욕심을 여의고, 만족을 알고, 버리고 없애는 삶, 악을 제거하는 삶, 청정한 믿음의 삶, 쌓아 모우지 않는 삶, 용맹정진의 삶을 칭찬하고, 수행승

들을 위하여 그에 알맞고 그에 걸맞게 경책하여 법문을 하고 수행승들에게 일렀다.

[세존] "수행승들이여, 그러므로 수행녀들을 위하여 열 가지 이유에 기초하여, 즉 참모임의 수승을 위하여, 참모임의 안락을 위하여, 악한 수행녀의 조복을 위하여, 품행이 바른 수행녀의 평안한 삶을 위하여, 지금 여기에서의 번뇌의 제어를 위하여, 다가오는 번뇌를 물리치기 위하여, 청정한 믿음이 없는 자에게 청정한 믿음을 주기 위하여, 청정한 믿음이 있는 자에게 청정한 믿음을 증대시키기 위하여, 올바른 가르침을 지속시키기 위하여, 계율을 수호하기 위하여 학습계율을 시설하니, 수행승들이여, 수행녀들은 이와 같이 학습계율을 송출해야 한다."

[세존] "손바닥으로 때리기를 하면, 속죄죄를 범하는 것이다."[1254]

2-1. '손바닥으로 때리기'이라고[261] 하는 것은 마촉을 즐기는 것인데 연잎으로라도 은밀한 곳의 때리기를 하면, 속죄죄를 범하는 것이다.

2-2. 질병 때문인 경우이거나, 정신착란자이거나 초범자인 경우는 무죄이다.

4. 8. 4 속죄죄법 제74조

인조음경에 대한 학습계율[Jatumaṭṭakasikkhāpada]

1-1. 한때 존귀한 부처님께서는 싸밧티 시의 제따바나 숲에 있는 아나타삔디까 승원에 계셨다. 그런데 그때 어떤 예전에 왕의 궁녀[A]가 수행녀들 가운데 출가했다. 한 수행녀[B]가 욕구불만으로 괴로워하다가 그 수행녀[A]가 있는 곳을 찾아갔다. 가까이 다가가서 그 수행녀에게 이와 같이 말했다.

[수행녀B] "존귀한 자매여, 그대는 왕이 이따끔 오면, 어떻게 합니까?"

[수행녀A] "존귀한 자매여, 인조음경을 사용합니다."

그 수행녀[A]는 그 수행녀[B]에게 인조음경을 보여주었다. 그런데 그 수행녀[B]는 인조음경을 받아서 씻는 것을 잊은 뒤에 한쪽에 놓아두었다. 수행녀들은 파리가 모여든 것을 보고 이와 같이 말했다.

[수행녀들] "이것은 누구의 것입니까?"

1254) 상박계○(相拍戒) | Bhikkhunī Pāc. 73 : talaghātake pācittiyan'ti

그녀는 이와 같이 말했다.

[수행녀A]"그것은 나의 것입니다."

1-2. 수행승들 가운데 욕망을 여의고, 만족을 알고, 부끄러움을 알고, 후회할 줄 알고, 배움을 원하는 자들도 혐책하고 분개하고 비난했다.

[욕망을 여읜 수행녀들] "어찌 수행녀가 인조음경을 사용할 수 있는가?"

그래서 그 수행녀들은 수행승들에게 그 사실을 알렸다. 수행승들 가운데 욕망을 여의고, 만족을 알고, 부끄러움을 알고, 후회할 줄 알고, 배움을 원하는 자들도 혐책하고 분개하고 비난했다.

[욕망을 여읜 수행승들] "어찌 수행녀가 인조음경을 사용할 수 있단 말인가?"

1-3. 그래서 그 수행승들은 세존께 그 사실을 알렸다. 그러자 세존께서는 그것을 원인으로 그것을 기회로 수행승의 참모임을 불러 모으게 하고 법문을 하고 수행승들에게 말했다.

[세존] "수행승들이여, 수행녀가 인조음경을 사용한 것이 사실인가?"

[수행녀A] "세존이시여, 사실입니다."

존귀한 부처님께서는 견책했다.

[세존] "수행승들이여, 그 수행녀는 적절하지 않고, 자연스럽지 않고, 알맞지 않고, 수행자의 삶이 아니고, 부당하고, 해서는 안 될 일을 한 것이다. 수행승들이여, 어찌 수행녀가 인조음경을 사용할 수 있단 말인가? 수행승들이여, 그것은 아직 청정한 믿음이 없는 자를 청정한 믿음으로 이끌고, 이미 청정한 믿음이 있는 자를 더욱더 청정한 믿음으로 이끄는 것이 아니다. 수행승들이여, 그것은 오히려, 아직 청정한 믿음이 없는 자를 불신으로 이끌고, 이미 청정한 믿음이 있는 자 가운데 어떤 자들을 타락시키는 것이다."

1-4. 그리고 세존께서는 그 수행녀에 대하여 여러 가지 방편으로 견책하고, 키우기 어렵고 부양하기 어렵고 탐욕이 많고 만족을 모르고 교제를 좋아하고 나태한 것에 대하여 질책하고, 여러 가지 법문으로 고무하여, 키우기 쉽고 부양하기 쉽고 욕심을 여의고, 만족을 알고, 버리고 없애는 삶, 악을 제거하는 삶, 청정한 믿음의 삶, 쌓아 모우지 않는 삶, 용맹정진의 삶을 칭찬하고, 수행승들을 위하여 그에 알맞고 그에 걸맞게 경책하여 법문을 하고 수행승들에게 일렀다.

[세존] "수행승들이여, 그러므로 수행녀들을 위하여 열 가지 이유에 기초하여, 즉 참모임의 수승을 위하여, 참모임의 안락을 위하여, 악한 수행녀의 조복을 위하

여, 품행이 바른 수행녀의 평안한 삶을 위하여, 지금 여기에서의 번뇌의 제어를 위하여, 다가오는 번뇌를 물리치기 위하여, 청정한 믿음이 없는 자에게 청정한 믿음을 주기 위하여, 청정한 믿음이 있는 자에게 청정한 믿음을 증대시키기 위하여, 올바른 가르침을 지속시키기 위하여, 계율을 수호하기 위하여 학습계율을 시설하니, 수행승들이여, 수행녀들은 이와 같이 학습계율을 송출해야 한다."

[세존] "인조음경을 사용하면, 속죄죄를 범하는 것이다."[1255]

2-1. '인조음경'이라는 것에는 수지로 만든 것, 나무로 만든 것, 밀가루로 만든 것, 진흙으로 만든 것이 있다. '사용하면'이라는 것은 마찰을 즐기는 것으로 연꽃 잎만큼이라도 집어넣으면, 속죄죄를 범하는 것이다.

2-2. 질병때문인 경우이거나, 정신착란자이거나 초범자인 경우는 무죄이다.

4. 8. 5 속죄죄법 제75조

뒷물에 대한 학습계율[Udakasuddhikasikkhāpada]

1-1. 한때[262] 존귀한 세존께서 싸끼야 국의 까빨라밧투 시에 있는 니그로다라마 승원에 계셨다. 그때 마하빠자빠띠 고따미[1256]가 세존께서 계신 곳을 찾아갔다. 가까이 다가가서 세존께 인사를 하고 바람이 부는 쪽에 서서 말했다.

[고따미] "세존이시여, 여인에게서 악취가 납니다."

그러자 세존께서는 말씀하셨다.

[세존] "수행녀들에게 물로 뒷물을 하게 하시오."

그리고 마하빠자빠띠 고따미를 법문으로 교화하고 북돋우고 고무시키고 기쁘게 했다. 그러자 마하빠자빠띠 고따미는 세존으로부터 법문으로 교화받고 북돋아지고 고무되고 기뻐하면서 세존께 인사를 드리고 오른쪽으로 돌아 그곳을 떠났다.

1-2. 그러자 세존께서는 그것을 원인으로 그것을 기회로 법문을 하고 수행승들

1255) 수교생지계○(樹膠生支戒) | Bhikkhunī Pāc. 74 : jatumaṭṭake pācittiyan'ti

1256) Mahāpajāpatī Gotamī : 부처님의 여제자 수행녀 가운데 '세월을 아는 님 가운데 제일(rattaññūnaṃ aggaṃ)이다. 부처님의 어머니 마하마야(Mahāmāya) 왕비의 여동생이자 동시에 왕 쑷도다나(Suddhodana)의 아내였다. 마하마야(Mahāmāya)가 죽은 후에, 그녀는 부처님의 양모가 되었다. 쑷도다나 왕이 죽은 뒤에 마하빠자빠띠 고따미는 부처님에게 여인도 승단에 들어오는 것을 허락해달라고 청원하여 그녀가 받아들여지면서부터 비구니승단이 성립했다. 한역에서는 대애도비구니(大愛道比丘尼)라고 한다. 상세한 이야기는 율장의 이곳(Vin. II. 253-256; AN. IV. 274-279)에 있다.

에게 알렸다.

[세존] "수행승들이여, 수행녀들에게 물로 뒷물하는 것을 허용한다."

한때 어떤 수행녀가 '세존께서 물로 뒷물하는 것을 허용했다.'라고 듣고 과도하게 깊은 곳을 뒷물하여 자궁에 상처를 입혔다.

1-3. 그러자 그 수행녀는 수행녀들에게 그 사실을 알렸다. 수행녀들 가운데 욕망을 여의고, 만족을 알고, 부끄러움을 알고, 후회할 줄 알고, 배움을 원하는 자들은 혐책하고 분개하고 비난했다.

[욕망을 여읜 수행녀들] "어찌 수행녀가 과도하게 깊은 곳을 뒷물을 할 수 있단 말인가?"

그래서 그 수행녀들은 수행승들에게 그 사실을 알렸다. 수행승들 가운데 욕망을 여의고, 만족을 알고, 부끄러움을 알고, 후회할 줄 알고, 배움을 원하는 자들도 혐책하고 분개하고 비난했다.

[욕망을 여읜 수행승들] "어찌 수행녀가 과도하게 깊은 곳을 뒷물을 할 수 있단 말인가?"

1-3. 그래서 그 수행승들은 세존께 그 사실을 알렸다. 그러자 세존께서는 이러한 인연으로 이러한 기회에 수행승들의 참모임을 불러 모으게 하고 연유를 설하고 수행승들에게 물었다.

[세존] "수행승들이여, 수행녀가 과도하게 깊은 곳을 뒷물한 것이 사실인가?"

[수행승들] "세존이시여, 사실입니다."

존귀한 부처님께서는 견책했다.

[세존] "수행승들이여, 그 수행녀는 적절하지 않고, 자연스럽지 않고, 알맞지 않고, 수행자의 삶이 아니고, 부당하고, 해서는 안 될 일을 행한 것이다. 수행승들이여, 어찌 수행녀가 과도하게 깊은 곳을 뒷물을 할 수 있단 말인가? 수행승들이여, 그것은 아직 청정한 믿음이 없는 자를 청정한 믿음으로 이끌고, 이미 청정한 믿음이 있는 자를 더욱더 청정한 믿음으로 이끄는 것이 아니다. 수행승들이여, 그것은 오히려, 아직 청정한 믿음이 없는 자를 불신으로 이끌고, 이미 청정한 믿음이 있는 자 가운데 어떤 자들을 타락시키는 것이다."

1-4. 그래서 세존께서는 그 수행녀를 여러 가지 방편으로 견책하여, 키우기 어렵고 부양하기 어렵고 탐욕이 많고 만족을 모르고 교제를 좋아하고 나태한 것에 대하여 질책하고, 여러 가지 법문으로 고무하여, 키우기 쉽고 부양하기 쉽고 욕심

을 여의고, 만족을 알고, 버리고 없애는 삶, 악을 제거하는 삶, 청정한 믿음의 삶, 쌓아 모우지 않는 삶, 용맹정진의 삶을 칭찬하고, 수행승들을 위하여 그에 알맞고 그에 걸맞게 경책하여 법문을 하고 수행승들에게 일렀다.

[세존] "수행녀들이 뒷물을 할 때에는 최대한 두 손가락마디를 넣어야 한다. 그 이상을 초과할 때에는 속죄죄를 범하는 것이다."1257)

2-1. '뒷물'이라는 것은 성기를 씻는 것을 뜻한다. '수용할 때'라는 것은 씻을 때를 뜻한다. '최대한 두 손가락마디를 넣어야 한다.'라는 것은 두 손가락의 두 손가락마디를 취해야 한다는 뜻이다. '그 이상을 초과할 때에는'이라는 것은 마찰을 즐기면서 터럭 끝만큼이라도 초과하면, 속죄죄를 범하는 것이다.

2-2₁.

1) 두 손가락마디의 초과에 대하여 초과라고 지각하고 행하면, 속죄죄를 범하는 것이다.
2) 두 손가락마디의 초과에 대하여 초과인지 의심하고 행하면,[263] 속죄죄를 범하는 것이다.
3) 두 손가락마디의 초과에 대하여 미만인 것이라고 지각하고 행하면, 속죄죄를 범하는 것이다.

2-2₂.

1) 두 손가락마디의 미만에 대하여 초과라고 지각하면, 악작죄를 범하는 것이다.
2) 두 손가락마디의 미만에 대하여 미만인 것인지 의심하면, 악작죄를 범하는 것이다.
3) 두 손가락마디의 미만에 대하여 미만인 것이라고 지각하면, 악작죄를 범하는 것이다.

2-3. 최대한 두 손가락마디를 사용하거나, 최대한 두 손가락마디의 미만을 사용하거나, 질병때문인 경우이거나, 정신착란자이거나 초범자인 경우는 무죄이다.

4. 8. 6 속죄죄법 제76조

수행승의 식사에 대한 학습계율[Bhikkhubhuñjanasikkhāpada]

1257) 세정과분계○(洗淨過分戒) | Bhikkhunī Pāc. 75 : udakasuddhikaṃ pana bhikkhuniyā ādiyamānāya dvaṅgu lapabbaparamaṃ ādātabbaṃ. taṃ atikkāmentiyā, pācittiyan'ti.

1-1. 한때 존귀한 부처님께서는 싸밧티 시의 제따바나 숲에 있는 아나타삔디까 승원에 계셨다. 그런데 그때 아로한따[1258]라고 부르는 대신이 수행승들 가운데 출가했다. 그의 예전의 아내는 수행녀들 가운데 출가했다. 그런데 그때 그 수행승은 그 수행녀가 있는 곳에서 식사를 나누어먹었다. 그런데 그 수행녀는 그 수행승이 식사할 때에 먹는 물이나 부채로 섬기며 유혹했다. 그러자 그 수행승은 그 수행녀를 호되게 꾸짖었다.

[수행승] "자매여, 이렇게 하면 안 됩니다. 이것은 허용된 것이 아닙니다."

[수행녀] "예전에는 그대가 나를 이와 같이 했습니다. 지금은 그대가 받아주질 않습니다."

그녀는 그에게 마실 물컵을 머리에 떨어뜨리고 부채로 때렸다.

1-2. 수행녀들 가운데 욕망을 여의고, 만족을 알고, 부끄러움을 알고, 후회할 줄 알고, 배움을 원하는 자들은 혐책하고 분개하고 비난했다.

[욕망을 여읜 수행녀들] "어찌 수행녀가 수행승에게 폭력을 행사할 수 있단 말인가?"

그래서 그 수행녀들은 수행승들에게 그 사실을 알렸다. 수행승들 가운데 욕망을 여의고, 만족을 알고, 부끄러움을 알고, 후회할 줄 알고, 배움을 원하는 자들도 혐책하고 분개하고 비난했다.

[욕망을 여읜 수행승들] "어찌 수행녀가 수행승에게 폭력을 행사할 수 있단 말인가?"

1-3. 그래서 그 수행승들은 세존께 그 사실을 알렸다.[246] 그러자 세존께서는 그것을 원인으로 그것을 기회로 수행승의 참모임을 불러 모으게 하고 법문을 하고 수행승들에게 말했다.

[세존] "수행승들이여, 수행녀가 수행승에게 폭력을 행사한 것이 사실인가?"

[수행승들] "세존이시여, 사실입니다."

존귀한 부처님께서는 견책했다.

[세존] "수행승들이여, 그 수행녀는 적절하지 않고, 자연스럽지 않고, 알맞지 않고, 수행자의 삶이 아니고, 부당하고, 해서는 안 될 일을 한 것이다. 수행승들이여, 어찌 수행녀가 수행승에게 폭력을 행사할 수 있단 말인가? 수행승들이여, 그것은 아직 청정한 믿음이 없는 자를 청정한 믿음으로 이끌고, 이미 청정한

1258) Ārohanta : 율장의 이곳에만 등장하는 인물이다.

믿음이 있는 자를 더욱더 청정한 믿음으로 이끄는 것이 아니다. 수행승들이여, 그것은 오히려, 아직 청정한 믿음이 없는 자를 불신으로 이끌고, 이미 청정한 믿음이 있는 자 가운데 어떤 자들을 타락시키는 것이다."

1-4. 그리고 세존께서는 그 수행녀에 대하여 여러 가지 방편으로 견책하고, 키우기 어렵고 부양하기 어렵고 탐욕이 많고 만족을 모르고 교제를 좋아하고 나태한 것에 대하여 질책하고, 여러 가지 법문으로 고무하여, 키우기 쉽고 부양하기 쉽고 욕심을 여의고, 만족을 알고, 버리고 없애는 삶, 악을 제거하는 삶, 청정한 믿음의 삶, 쌓아 모우지 않는 삶, 용맹정진의 삶을 칭찬하고, 수행승들을 위하여 그에 알맞고 그에 걸맞게 경책하여 법문을 하고 수행승들에게 일렀다.

[세존] "수행승들이여, 그러므로 수행녀들을 위하여 열 가지 이유에 기초하여, 즉 참모임의 수승을 위하여, 참모임의 안락을 위하여, 악한 수행녀의 조복을 위하여, 품행이 바른 수행녀의 평안한 삶을 위하여, 지금 여기에서의 번뇌의 제어를 위하여, 다가오는 번뇌를 물리치기 위하여, 청정한 믿음이 없는 자에게 청정한 믿음을 주기 위하여, 청정한 믿음이 있는 자에게 청정한 믿음을 증대시키기 위하여, 올바른 가르침을 지속시키기 위하여, 계율을 수호하기 위하여 학습계율을 시설하니, 수행승들이여, 수행녀들은 이와 같이 학습계율을 송출해야 한다."

[세존] "어떠한 수행녀라도 수행승이 식사할 때 먹는 물이나 부채를 들고 시중들면, 속죄죄를 범하는 것이다."[1259]

2-1. '어떠한'이라는 것은 어떠한 관계, 어떠한 태생, 어떠한 이름, 어떠한 성씨, 어떠한 계행, 어떠한 주거, 어떠한 활동영역에서 이든지, 장로이든지, 신참이든지, 중참이든지, 이러한 자들을 형용하는 것으로 '어떠한 자이든'이라는 뜻이다. '수행녀'라고 하는 것은 '탁발하는 여자'로서의 수행녀, 탁발을 위해 돌아다니는 여자로서의 수행녀, 분소의를 입은 자로서의 수행녀, 사미니로서의 수행녀, 자칭에 의한 수행녀, '오라! 수행녀여!'에 의한 수행녀, 삼귀의에 의해 구족계를 받은 수행녀, 현선한 수행녀, 진실한 수행녀, 배울 것이 있는 학인인 수행녀, 배울 것이 없는 무학인 수행녀, 화합참모임과 한번제안세번제청의 갈마와 부동의 거룩한 님의 속성을 갖춘 자로서의 수행녀가 있는데, 그녀들 가운데 화합참모임과 양쪽으로부터 구족계를 받은 자로서 한번제안세번제청의 갈마와 부동의 거룩한

1259) 공급무병비구수선계○(供給無病比丘水扇戒) | Bhikkhunī Pāc. 76 : yā pana bhikkhunī bhikkhussa bhuñjantassa pāniyena vā vidhūpanena vā upatiṭṭheyya, pācittiyan'ti.

님의 속성을 갖춘 수행녀, 그녀를 이러한 의미에서의 수행녀라고 하는 것이다.

2-2. '수행승'이라는 것은 '구족계를 받은 자'를 뜻한다. '식사할 때'라는 것은 다섯 가지 식사 가운데[1260] 어느 한 식사를 먹을 때라는 뜻이다. '마실 물'이라는 마실 수 있는 어떤 것을 뜻한다.[1261] '부채'라는 것은 부치는 것을 뜻한다.[1262]

2-3₁. '시중들면'이라는 다음과 같다.

1) 손이 닿는 거리에 시중들면, 속죄죄를 범하는 것이라는 뜻이다.

2-3₂.

1) 구족계를 받은 자에[264] 대하여 구족계를 받은 자라고 지각하고 먹을 물이나 부채를 들고 가까이에 있으면, 속죄죄를 범하는 것이다.
2) 구족계를 받은 자에 대하여 구족계를 받은 자인지 의심하고 먹을 물이나 부채를 들고 가까이에 있으면, 속죄죄를 범하는 것이다.
3) 구족계를 받은 자에 대하여 구족계를 받지 않은 자라고 지각하고 먹을 물이나 부채를 들고 가까이에 있으면, 속죄죄를 범하는 것이다.

2-3₃.

1) 손이 닿는 거리를 떨어져 있으면, 악작죄를 범하는 것이다.
2) 단단한 음식을 먹는데 가까이 있으면, 악작죄를 범하는 것이다.
3) 구족계를 받지 않은 자에게 가까이 있으면, 악작죄를 범하는 것이다.

2-3₄.

1) 구족계를 받지 않은 자에 대하여 구족계를 받은 자라고 지각하면, 악작죄를 범하는 것이다.
2) 구족계를 받지 않은 자에 대하여 구족계를 받지 않은 자인지 의심하면, 악작죄를 범하는 것이다.
3) 구족계를 받지 않은 자에 대하여 구족계를 받지 않은 자라고 지각하면, 악작죄를 범하는 것이다.

2-4. 그녀가 준다거나,[1263] 주게 한다거나, 구족계를 받지 않은 자에게 명령하

1260) pañcannaṃ bhojanānaṃ : Vin. IV. 83 참조.

1261) pāniyaṃ nāma: yaṃ kiñci pāniyaṃ : 일반적으로 'pāniya'는 음료로서 알코올도 포함한다. 그러나 Smp. 922에 따르면, 순수한 물이나 버터우유, 응유, 우유 등을 뜻한다.

1262) vidhūpanaṃ nāma: yā kāci vījanī : Smp. 922에 따르면, 옷자락까지도 포함된다. Vin. II. 130에서 부채와 다라선(多羅扇: Smp. 1210에 따르면, 종려나무잎이나 대나무, 상아와 대나무조각, 공작새깃털, 가죽으로 만든 부채)이 허용되었다.

는 경우이거나,[1264] 정신착란자이거나 초범자인 경우는 무죄이다.

4. 8. 7 속죄죄법 제77조

날곡식에 대한 학습계율[Āmakadhaññasikkhāpada]

1-1. 한때 존귀한 부처님께서는 싸밧티 시의 제따바나 숲에 있는 아나타삔디까 승원에 계셨다. 그런데 그때 수행녀들이 수확철에 날곡식을 탁발하여 도시로 가지고 들어왔다. 성문에서 '존귀한 자매들이여, 좀 주십시오.'라는 말을 들으며, 억류된 후에 풀려났다. 그러자 그 수행녀들은 처소로 돌아와서 수행녀들에게 그 사실을 알렸다.

1-2. 수행녀들 가운데 욕망을 여의고, 만족을 알고, 부끄러움을 알고, 후회할 줄 알고, 배움을 원하는 자들은 혐책하고 분개하고 비난했다.

[욕망을 여읜 수행녀들] "어찌 수행녀들이 날곡식을 탁발할 수 있단 말인가?"

그래서 그 수행녀들은 수행승들에게 그 사실을 알렸다. 수행승들 가운데 욕망을 여의고, 만족을 알고, 부끄러움을 알고, 후회할 줄 알고, 배움을 원하는 자들도 혐책하고 분개하고 비난했다.

[욕망을 여읜 수행승들] "어찌 수행녀들이 날곡식을 탁발할 수 있단 말인가?"

1-3. 그래서 그 수행승들은 세존께 그 사실을 알렸다. 그러자 세존께서는 그것을 원인으로 그것을 기회로 수행승의 참모임을 불러 모으게 하고 법문을 하고 수행승들에게 말했다.

[세존] "수행승들이여, 수행녀들이 날곡식을 탁발한 것이 사실인가?"

[수행승들] "세존이시여, 사실입니다."

존귀한 부처님께서는 견책했다.

[세존] "수행승들이여, 그 수행녀들은 적절하지 않고, 자연스럽지 않고, 알맞지 않고, 수행자의 삶이 아니고, 부당하고, 해서는 안 될 일을 한 것이다. 수행승들이여, 어찌 수행녀들이 날곡식을 탁발할 수 있단 말인가? 수행승들이여, 그것은 아직 청정한 믿음이 없는 자를 청정한 믿음으로 이끌고, 이미 청정한 믿음이

1263) deti : Smp. 922에 따르면, 수행승에게 카레나 물을 준다던가, 그가 스스로 부치도록 부채를 주는 것을 뜻한다.

1264) anupasampannaṃ āṇāpeti : Smp. 922에 따르면, 그녀가 사미에게 명령해서 그를 시중들게 하는 것을 뜻한다.

있는 자를 더욱더 청정한 믿음으로 이끄는 것이 아니다. 수행승들이여, 그것은 오히려, 아직 청정한 믿음이 없는 자를 불신으로 이끌고, 이미 청정한 믿음이 있는 자 가운데 어떤 자들을 타락시키는 것이다."

1-4. 그리고 세존께서는 그 수행녀들에 대하여 여러 가지 방편으로 견책하고, 키우기 어렵고 부양하기 어렵고 탐욕이 많고 만족을 모르고 교제를 좋아하고 나태한 것에 대하여 질책하고, 여러 가지 법문으로 고무하여, 키우기 쉽고 부양하기 쉽고 욕심을 여의고, 만족을 알고, 버리고 없애는 삶, 악을 제거하는 삶, 청정한 믿음의 삶, 쌓아 모우지 않는 삶, 용맹정진의 삶을 칭찬하고, 수행승들을 위하여 그에 알맞고 그에 걸맞게 경책하여 법문을 하고 수행승들에게 일렀다.

[세존] "수행승들이여, 그러므로 수행녀들을 위하여 열 가지 이유에 기초하여, 즉 참모임의 수승을 위하여, 참모임의 안락을 위하여, 악한 수행녀의 조복을 위하여, 품행이 바른 수행녀의 평안한 삶을 위하여, 지금 여기에서의 번뇌의 제어를 위하여, 다가오는 번뇌를 물리치기 위하여, 청정한 믿음이 없는 자에게 청정한 믿음을 주기 위하여, 청정한 믿음이 있는 자에게 청정한 믿음을 증대시키기 위하여, 올바른 가르침을 지속시키기 위하여, 계율을 수호하기 위하여 학습계율을 시설하니, 수행승들이여, 수행녀들은 이와 같이 학습계율을 송출해야 한다."

[세존] "어떠한 수행녀라도 날곡식을 탁발하거나 탁발하게 하거나, 볶거나 볶게 하거나, 빻거나 빻게 하거나, 요리하거나 요리하게 해서 먹는다면, 속죄죄를 범하는 것이다."1265)

2-1. '어떠한'이라는 것은 어떠한 관계, 어떠한 태생, 어떠한 이름, 어떠한 성씨, 어떠한 계행, 어떠한 주거, 어떠한 활동영역에서 이든지, 장로이든지, 신참이든지, 중참이든지, 이러한 자들을 형용하는 것으로 '어떠한 자이든'이라는 뜻이다. '수행녀'라고 하는 것은 '탁발하는 여자'로서의 수행녀, 탁발을 위해 돌아다니는 여자로서의 수행녀, 분소의를 입은 자로서의 수행녀, 사미니로서의 수행녀, 자칭에 의한 수행녀, '오라! 수행녀여!'에 의한 수행녀, 삼귀의에 의해 구족계를 받은 수행녀, 현선한 수행녀, 진실한 수행녀, 배울 것이 있는 학인인 수행녀, 배울 것이 없는 무학인 수행녀, 화합참모임과 한번제안세번제청의 갈마와 부동

1265) 걸생곡계○(乞生穀戒) | Bhikkhunī Pāc. 77 : yā pana bhikkhunī āmakadhaññaṃ viññitvā vā viññāpetvā vā bhajjitvā vā bhajjāpetvā vā koṭṭitvā vā koṭṭāpetvā vā pacitvā vā pacāpetvā vā paribhuñjeyya pācittiyan'ti

의 거룩한 님의 속성을 갖춘 자로서의 수행녀가 있는데, 그녀들 가운데 화합참모임과 양쪽으로부터 구족계를 받은 자로서 한번제안세번제청의 갈마와 부동의 거룩한 님의 속성을 갖춘 수행녀, 그녀를 이러한 의미에서의 수행녀라고 하는 것이다.

2-2. '날곡식'이라는 것은 쌀, 벼, 보리, 밀, 기장, 콩, 귀리를 뜻한다. '탁발하거나'는 스스로 탁발하는 것을 뜻한다. '탁발하게 하거나'라는 것은 '다른 사람에게 탁발하게 시키거나'의 뜻이다. '볶거나'라는 것은 '스스로 볶거나'의 뜻이다. '볶게 하거나'라는 것은 '남에게 볶게 시키거나'의 뜻이다. '빻거나'라는 것은 '스스로 빻거나'의 뜻이다. '빻게 하거나'라는 것은 '남에게 빻게 시키거나'의 뜻이다. '요리하거나'라는 것은 '스스로 요리하거나'의 뜻이다. '요리하게 하거나'라는 것은 '남에게 요리하게 시키거나'의 뜻이다. '먹는다면'이라는 것은 다음과 같다. 집는다면,[265] 악작죄를 범하는 것이다. 삼킨다면, 삼킬때마다 속죄죄를 범하는 것이다.

2-3. 질병이 들었거나, 요리된 곡물을 탁발하거나, 정신착란자이거나 초범자인 경우는 무죄이다.

4. 8. 8 속죄죄법 제78조

음식찌꺼기에 대한 학습계율①[Pathamavighāsasikkhāpada]

1-1. 한때 존귀한 부처님께서는 싸밧티 시의 제따바나 숲에 있는 아나타삔디까 승원에 계셨다. 그런데 그때 왕에게 고용되어 임금을 받았던 바라문이 '나는 전처럼 임금을 요구하겠다.'라고 머리를 감고 수행녀의 처소의 근처를 지나서 왕궁으로 향했다. 한 수행녀가 요강에 오줌을 누어서 담장 너머로 버렸는데, 그 바라문의 머리에 떨어졌다. 그러자 그 바라문은 혐책하고 분개하고 비난했다.

[바라문] "이 빡빡 깎은 매춘부들은 사이비 수행자이다. 어찌 변기의 오물을 머리에 떨어뜨릴 수 있단 말인가? 그들의 처소에 불을 지르고 말겠다."1266)

그리고 횃불을 가지고 처소로 들어갔다. 어떤 재가의 남자신도가 처소를 나오

1266) assamaṇiyo imā muṇḍā vandhakiniyo2 kathaṃ hi nāma gūthakaṭāhaṃ matthake āsumbhissanti. imāsaṃ upassayaṃ jhāpessāmī'ti : 한 비구니가 한 짓에 바라문은 화가 나서 복수의 비구니들은 모두 매도하고 있다. 그러나 이전부터 몇몇 비구니들이 저지른 일일 가능성은 있다.

면서 그 바라문이 횃불을 들고 처소로 들어오는 것을 보았다. 보고나서 그 바라문에게 말했다.

[재가의 남자신도] "여보시오, 왜 그대는 횃불을 들고 처소로 들어갑니까?"

[바라문] "여보시오, 이 빡빡 깎은 매춘부들이 변기의 오물을 머리에 떨어뜨렸습니다. 그녀들의 처소를 불태워버릴 것입니다."

[재가의 남자신도] "여보시오 바라문이여, 가시오. 그것은 오히려 좋은 징조요, 그대는 천금을 받을 것이오. 그것이 그대의 보수요."

그러자 그 바라문은 머리를 씻고 왕궁에 들어가서 천금을 받았는데, 그것이 그의 보수였다.

1-2. 그리고 그 재가의 남자신도는 처소에 들어가서 수행녀들에게 그 사실을 알리고 그녀들을 꾸짖었다. 수행녀들 가운데 욕망을 여의고, 만족을 알고, 부끄러움을 알고, 후회할 줄 알고, 배움을 원하는 자들은 혐책하고 분개하고 비난했다.

[욕망을 여읜 수행녀들] "어찌 수행녀들이 소변을 담장밖에 버릴 수 있단 말인가?"

그래서 그 수행녀들은 수행승들에게 그 사실을 알렸다. 수행승들 가운데 욕망을 여의고, 만족을 알고, 부끄러움을 알고, 후회할 줄 알고, 배움을 원하는 자들도 혐책하고 분개하고 비난했다.

[욕망을 여읜 수행승들] "어찌 수행녀들이 소변을 담장밖에 버릴 수 있단 말인가?"

1-3. 그래서 그 수행승들은 세존께 그 사실을 알렸다. 그러자 세존께서는 그것을 원인으로 그것을 기회로 수행승의 참모임을 불러 모으게 하고 법문을 하고 수행승들에게 말했다.

[세존] "수행승들이여, 수행녀들이 소변을 담장밖에 버린 것이 사실인가?"

[수행승들] "세존이시여, 사실입니다."

존귀한 부처님께서는 견책했다.

[세존] "수행승들이여, 그 수행녀들은 적절하지 않고, 자연스럽지 않고, 알맞지 않고, 수행자의 삶이 아니고, 부당하고, 해서는 안 될 일을 한 것이다. 수행승들이여, 어찌 수행녀들이 소변을 담장밖에 버릴 수 있단 말인가? 수행승들이여, 그것은 아직 청정한 믿음이 없는 자를 청정한 믿음으로 이끌고, 이미 청정한 믿음이 있는 자를 더욱더 청정한 믿음으로 이끄는 것이 아니다. 수행승들이여, 그것은 오히려, 아직 청정한 믿음이 없는 자를 불신으로 이끌고, 이미 청정한 믿음이 있는 자 가운데 어떤 자들을 타락시키는 것이다."

1-4. 그리고 세존께서는 그 수행녀들에 대하여 여러 가지 방편으로 견책하고, 키우기 어렵고 부양하기 어렵고 탐욕이 많고 만족을 모르고 교제를 좋아하고 나태한 것에 대하여 질책하고, 여러 가지 법문으로 고무하여, 키우기 쉽고 부양하기 쉽고 욕심을 여의고, 만족을 알고, 버리고 없애는 삶, 악을 제거하는 삶, 청정한 믿음의 삶, 쌓아 모우지 않는 삶, 용맹정진의 삶을 칭찬하고, 수행승들을 위하여 그에 알맞고 그에 걸맞게 경책하여 법문을 하고 수행승들에게 일렀다.

[세존] "수행승들이여, 그러므로 수행녀들을 위하여 열 가지 이유에 기초하여, 즉 참모임의 수승을 위하여, 참모임의 안락을 위하여, 악한 수행녀의 조복을 위하여, 품행이 바른 수행녀의 평안한 삶을 위하여, 지금 여기에서의 번뇌의 제어를 위하여, 다가오는 번뇌를 물리치기 위하여, 청정한 믿음이 없는 자에게 청정한 믿음을 주기 위하여, 청정한 믿음이 있는 자에게 청정한 믿음을 증대시키기 위하여, 올바른 가르침을 지속시키기 위하여, 계율을 수호하기 위하여 학습계율을 시설하니, 수행승들이여, 수행녀들은 이와 같이 학습계율을 송출해야 한다."

[세존] "어떠한 수행녀이든지 대변이나 소변이나 쓰레기나 음식찌꺼기를 담장 밖이나 울타리 밖으로 버리거나 버리게 하면, 속죄죄를 범하는 것이다."[1267)]

2-1. '어떠한'이라는 것은 어떠한 관계, 어떠한 태생, 어떠한 이름, 어떠한 성씨, 어떠한 계행, 어떠한 주거, 어떠한 활동영역에서 이든지, 장로이든지, 신참이든지, 중참이든지, 이러한 자들을 형용하는 것으로 '어떠한 자이든'이라는 뜻이다. '수행녀'이라고 하는 것은 '탁발하는 여자'로서의 수행녀, 탁발을 위해 돌아다니는 여자로서의 수행녀, 분소의를 입은 자로서의 수행녀, 사미니로서의 수행녀, 자칭에 의한 수행녀, '오라! 수행녀여!'에 의한 수행녀, 삼귀의에 의해 구족계를 받은 수행녀, 현선한 수행녀, 진실한 수행녀, 배울 것이 있는 학인인 수행녀, 배울 것이 없는 무학인 수행녀, 화합참모임과 한번제안세번제청의 갈마와 부동의 거룩한 님의 속성을 갖춘 자로서의 수행녀가 있는데, 그녀들 가운데 화합참모임과 양쪽으로부터 구족계를 받은 자로서 한번제안세번제청의 갈마와 부동의 거룩한 님의 속성을 갖춘 수행녀, 그녀를 이러한 의미에서의 수행녀라고 하는 것이다.

2-2. '대변'이라는 것을 똥을 뜻한다. '소변'이라는 것은 오줌을 뜻한다. '쓰레기'

1267) 불간색외기부정계○(不看牆外棄不淨戒) | Bhikkhunī Pāc. 78 : yā pana bhikkhunī uccāraṃ vā passāvaṃ vā saṅkāraṃ vā vighāsaṃ vā tirokuḍḍe vā tiropākāre vā chaḍḍeyya vā chaḍḍāpeyya vā, pācittiyan'ti.

라는 것은 '쓰레기더미'를 뜻한다. '음식찌거기'라는 것은 밥찌거기나 뼛조각이나 오염수를 말한다. '담장'이라는 것은 세 가지 담장이 있는데, 벽돌담장, 돌담장, 나무담장이 있다. '울타리'라는 것은 세 가지 울타리가 있는데, 벽돌울타리, 돌울타리, 나무울타리가 있다. '담장 밖'이라는 것은 담장너머를 뜻한다. '울타리 밖'이라는 것은 울타리너머를 뜻한다. '버리거나'라는 것은 스스로 버리면, 속죄죄를 범하는 것이라는 뜻이다. '버리게 시키면'이라는 것은 다음과 같다. 타인에게 명령하면 악작죄를 범하는 것이고, 한번 명령받은 자가 여러 번 버릴 때마다, 속죄죄를 범하는 것이다.

2-3. 살펴보고 버리거나, 길이 아닌 곳에 버리는 경우이거나,[1268] 정신착란자이거나 초범자인 경우는 무죄이다.

4. 8. 9 속죄죄법 제79조

음식찌꺼기에 대한 학습계율②[Dutiyavighāsasikkhāpada]

1-1. 한때 존귀한 부처님께서는 싸밧티 시의 제따바나 숲에 있는 아나타삔디까 승원에 계셨다. 그런데 그때 어떤 바라문이 수행녀의 처소 옆에 보리밭을 갖고 있었다. 수행녀들이 대변도 소변도 쓰레기도 음식찌꺼기도 그 곡초장에 버렸다. 그러자 그 바라문은 혐책하고 분개하고 비난했다.

[바라문] "어찌 수행녀들이 우리 보리밭을 오염시킬 수 있단 말인가?"

1-2. 수행녀들은 그 바라문은 혐책하고 분개하고 비난하는 것을 들었다. 수행녀들 가운데 욕망을 여의고, 만족을 알고, 부끄러움을 알고, 후회할 줄 알고, 배움을 원하는 자들은 혐책하고 분개하고 비난했다.

[욕망을 여읜 수행녀들] "어찌 수행녀들이 대변도 소변도 쓰레기도 음식찌꺼기도 곡초장에 버릴 수 있단 말인가?"

그래서 그 수행녀들은 수행승들에게 그 사실을 알렸다. 수행승들 가운데 욕망을 여의고, 만족을 알고, 부끄러움을 알고, 후회할 줄 알고, 배움을 원하는 자들도 혐책하고 분개하고 비난했다.

[욕망을 여읜 수행승들] "어찌 수행녀들이 대변도 소변도 쓰레기도 음식찌꺼기

1268) avalañje chaḍḍeti : 길이 아닌 곳이라는 의미도 있지만, '아바란자(avalañja)'는 '아무도 가지 쉽지 않은 길'을 뜻할 수도 있다.

도 곡초장에 버릴 수 있단 말인가?"

1-3. 그래서 그 수행승들은 세존께 그 사실을 알렸다. 그러자 세존께서는 그것을 원인으로 그것을 기회로 수행승의 참모임을 불러 모으게 하고 법문을 하고 수행승들에게 말했다.

[세존] "수행승들이여, 수행녀들이 대변도 소변도 쓰레기도 음식찌꺼기도 곡초장에 버린 것이 사실인가?"

[수행승들] "세존이시여, 사실입니다."

존귀한 부처님께서는 견책했다.

[세존] "수행승들이여, 그 수행녀들은 적절하지 않고, 자연스럽지 않고, 알맞지 않고, 수행자의 삶이 아니고, 부당하고, 해서는 안 될 일을 한 것이다. 수행승들이여, 어찌 수행녀들이 대변도 소변도 쓰레기도 음식찌꺼기도 곡초장에 버릴 수 있단 말인가? 수행승들이여, 그것은 아직 청정한 믿음이 없는 자를 청정한 믿음으로 이끌고, 이미 청정한 믿음이 있는 자를 더욱더 청정한 믿음으로 이끄는 것이 아니다. 수행승들이여, 그것은 오히려, 아직 청정한 믿음이 없는 자를 불신으로 이끌고, 이미 청정한 믿음이 있는 자 가운데 어떤 자들을 타락시키는 것이다."

1-4. 그리고 세존께서는 그 수행녀들에 대하여 여러 가지 방편으로 견책하고, 키우기 어렵고 부양하기 어렵고 탐욕이 많고 만족을 모르고 교제를 좋아하고 나태한 것에 대하여 질책하고, 여러 가지 법문으로 고무하여, 키우기 쉽고 부양하기 쉽고 욕심을 여의고, 만족을 알고, 버리고 없애는 삶, 악을 제거하는 삶, 청정한 믿음의 삶, 쌓아 모우지 않는 삶, 용맹정진의 삶을 칭찬하고, 수행승들을 위하여 그에 알맞고 그에 걸맞게 경책하여 법문을 하고 수행승들에게 일렀다.

[세존] "수행승들이여, 그러므로 수행녀들을 위하여 열 가지 이유에 기초하여, 즉 참모임의 수승을 위하여, 참모임의 안락을 위하여, 악한 수행녀의 조복을 위하여, 품행이 바른 수행녀의 평안한 삶을 위하여, 지금 여기에서의 번뇌의 제어를 위하여, 다가오는 번뇌를 물리치기 위하여, 청정한 믿음이 없는 자에게 청정한 믿음을 주기 위하여, 청정한 믿음이 있는 자에게 청정한 믿음을 증대시키기 위하여, 올바른 가르침을 지속시키기 위하여, 계율을 수호하기 위하여 학습계율을 시설하니, 수행승들이여, 수행녀들은 이와 같이 학습계율을 송출해야 한다."

[세존] "어떠한 수행녀라도 대변이나 소변이나 쓰레기나 음식찌꺼기를 곡초장에 버리면, 속죄죄를 범하는 것이다."[1269]

2-1. '어떠한'이라는 것은 어떠한 관계, 어떠한 태생, 어떠한 이름, 어떠한 성씨, 어떠한 계행, 어떠한 주거, 어떠한 활동영역에서 이든지, 장로이든지, 신참이든지, 중참이든지, 이러한 자들을 형용하는 것으로 '어떠한 자이든'이라는 뜻이다. '수행녀'라고 하는 것은 '탁발하는 여자'로서의 수행녀, 탁발을 위해 돌아다니는 여자로서의 수행녀, 분소의를 입은 자로서의 수행녀, 사미니로서의 수행녀, 자칭에 의한 수행녀, '오라! 수행녀여!'에 의한 수행녀, 삼귀의에 의해 구족계를 받은 수행녀, 현선한 수행녀, 진실한 수행녀, 배울 것이 있는 학인인 수행녀, 배울 것이 없는 무학인 수행녀, 화합참모임과 한번제안세번제청의 갈마와 부동의 거룩한 님의 속성을 갖춘 자로서의 수행녀가 있는데, 그녀들 가운데 화합참모임과 양쪽으로부터 구족계를 받은 자로서 한번제안세번제청의 갈마와 부동의 거룩한 님의 속성을 갖춘 수행녀, 그녀를 이러한 의미에서의 수행녀라고 하는 것이다.

2-2. '대변'이라는 것을 똥을 뜻한다. '소변'이라는 것은 오줌을 뜻한다. '쓰레기'라는 것은 '쓰레기더미'를 뜻한다. '음식찌거기'라는 것은 밥찌거기나 뼈조각이나 오염수를 말한다. '곡초장'[267]이라는 것은 곡식이나 야채가 인간의 사용과 향유를 위해서 심어진 곳을 뜻한다. '버린다면'이라는 것은 스스로 버리면, 속죄죄를 범하는 것이다. '버리게 한다면'이라는 것은 다음과 같다. 타인에게 명령하면 악작죄를 범하는 것이고, 한번 명령받은 자가 여러 번 버릴 때마다, 속죄죄를 범하는 것이다.

2-3₁.

1) 곡초장에 대하여 곡초장이라고 지각하고 버리거나 버리게 하면, 속죄죄를 범하는 것이다.
2) 곡초장에 대하여 곡초장인지 의심하고 버리거나 버리게 하면, 속죄죄를 범하는 것이다.
3) 곡초장에 대하여 곡초장이 아닌 것이라고 지각하고 버리거나 버리게 하면, 속죄죄를 범하는 것이다.

2-3₂.

1) 곡초장이 아닌 것에 대하여 곡초장이라고 지각하면, 악작죄를 범하는 것이다.
2) 곡초장이 아닌 것에 대하여 곡초장이 아닌 것인지 의심하면, 악작죄를 범하는

1269) 청초상기부정계○(靑草上棄不淨戒) | Bhikkhunī Pāc. 79 : yā pana bhikkhunī uccāraṃ vā passāvaṃ vā saṅkāraṃ vā vighāsaṃ vā harite chaḍḍeyya vā chaḍḍāpeyya vā, pācittiyan'ti.

것이다.

3) 곡초장이 아닌 것에 대하여 곡초장이 아닌 것이라고 지각하면, 무죄이다.

2-4. 살펴보고 버린다던가, 밭의 가장자리에 버린다던가, 주인에게 물어보고 허락을 얻어 버리는 경우이거나, 정신착란자이거나 초범자인 경우는 무죄이다.

4. 8. 10 속죄죄법 제80조

춤·노래·연주에 대한 학습계율[Naccagītavāditasikkhāpada]

1-1. 한때 존귀한 부처님께서 라자가하 시의 벨루바나 숲에 있는 깔란다까니바빠 공원에 계셨다. 그런데 그때 라자가하 시에서는 산정축제1270)가 있었다. 여섯무리의 수행녀들이 산정축제를 보러 갔다. 사람들은 혐책하고 분개하고 비난했다.

[사람들] "어찌 수행녀들이 감각적 쾌락의 욕망을 즐기는 재가의 여자들처럼 춤을 추는 것이나 노래하는 것이나 연주하는 것을 보러 갈 수 있단 말인가?"

1-2. 수행녀들은 그 사람들이 혐책하고 분개하고 비난하는 것을 들었다. 수행녀들 가운데 욕망을 여의고, 만족을 알고, 부끄러움을 알고, 후회할 줄 알고, 배움을 원하는 자들은 혐책하고 분개하고 비난했다.

[욕망을 여읜 수행녀들] "어찌 여섯무리의 수행녀들이 감각적 쾌락의 욕망을 즐기는 재가의 여자들처럼 춤을 추는 것이나 노래하는 것이나 연주하는 것을 보러 갈 수 있단 말인가?"

그래서 그 수행녀들은 수행승들에게 그 사실을 알렸다. 수행승들 가운데 욕망을 여의고, 만족을 알고, 부끄러움을 알고, 후회할 줄 알고, 배움을 원하는 자들도 혐책하고 분개하고 비난했다.

[욕망을 여읜 수행승들] "어찌 여섯무리의 수행녀들이 감각적 쾌락의 욕망을 즐기는 재가의 여자들처럼 춤을 추는 것이나 노래하는 것이나 연주하는 것을 보러 갈 수 있단 말인가?"

1-3. 그래서 그 수행승들은 세존께 그 사실을 알렸다. 그러자 세존께서는 이러한 인연으로 이러한 기회에 수행승들의 참모임을 불러 모아 수행승들에게 물었다.

1270) giraggasamajja : 율장의 이곳에 설명이 있듯, 춤이나 노래나 음악이 있는 라자가하 시에서 벌어지는 축제로 Smp. 831에 따르면, 이 축제는 일주일간의 공고를 거쳐서 보통 산의 정상에서 산기슭에서 벌였다. 산정 Vin. II. 108에 보면, 여섯무리의 수행승들도 산정축제에 참가했다가 속죄죄를 처분받았다.

[세존] "수행승들이여, 그 여섯무리의 수행녀들이 춤을 추는 것이나 노래하는 것이나 연주하는 것을 보러 간 것이 사실인가?"

[수행승들] "세존이시여, 사실입니다."

존귀하신 부처님께서는 견책하셨다.

[세존] "수행승들이여, 그 여섯무리의 수행녀들은 적절하지 않고, 자연스럽지 않고, 알맞지 않고, 수행자의 삶이 아니고, 부당하고, 해서는 안 될 일을 행한 것이다. 수행승들이여, 어찌 여섯무리의 수행녀들이 감각적 쾌락의 욕망을 즐기는 재가의 여자들처럼 춤을 추는 것이나 노래하는 것이나 연주하는 것을 보러 갈 수 있단 말인가? 수행승들이여, 그것은 아직 청정한 믿음이 없는 자를 청정한 믿음으로 이끌고, 이미 청정한 믿음이 있는 자를 더욱더 청정한 믿음으로 이끄는 것이 아니다. 수행승들이여, 그것은 오히려, 아직 청정한 믿음이 없는 자를 불신으로 이끌고, 이미 청정한 믿음이 있는 자 가운데 어떤 자들을 타락시키는 것이다."

1-4. 그리고 세존께서는 그 여섯무리의 수행녀들에 대하여 여러 가지 방편으로 견책하여, 키우기 어렵고 부양하기 어렵고 탐욕이 많고 만족을 모르고 교제를 좋아하고 나태한 것에 대하여 질책하고, 여러 가지 법문으로 고무하여, 키우기 쉽고 부양하기 쉽고 욕심을 여의고, 만족을 알고, 버리고 없애는 삶, 악을 제거하는 삶, 청정한 믿음의 삶, 쌓아 모우지 않는 삶, 용맹정진의 삶을 칭찬하고, 수행승들을 위하여 그에 알맞고 그에 걸맞게 경책하여 법문을 하고 수행승들에게 일렀다.

[세존] "수행승들이여, 그러므로 수행녀들을 위하여 열 가지 이유에 기초하여, 즉 참모임의 수승을 위하여, 참모임의 안락을 위하여, 악한 수행녀의 조복을 위하여, 품행이 바른 수행녀의 평안한 삶을 위하여, 지금 여기에서의 번뇌의 제어를 위하여, 다가오는 번뇌를 물리치기 위하여, 청정한 믿음이 없는 자에게 청정한 믿음을 주기 위하여, 청정한 믿음이 있는 자에게 청정한 믿음을 증대시키기 위하여, 올바른 가르침을 지속시키기 위하여, 계율을 수호하기 위하여 학습계율을 시설하니, 수행승들이여, 수행녀들은 이와 같이 학습계율을 송출해야 한다."

[세존] "수행승들이여, 춤[1271]을 추는 것이나 노래하는 것이나 연주하는 것을 보러 가면, 속죄죄를 범하는 것이다."[1272]

1271) nacca : Smp. 1201에 따르면, 공작새의 춤조차 보아서는 안 된다.

1272) 가무관청계○(歌舞觀聽戒) | Bhikkhunī Pāc. 80 : yā pana bhikkhunī naccaṃ vā gītaṃ vā vāditaṃ vā dassanāya gaccheyya, pācittiyan'ti.

2-1. '어떠한'이라는 것은 어떠한 관계, 어떠한 태생, 어떠한 이름, 어떠한 성씨, 어떠한 계행, 어떠한 주거, 어떠한 활동영역에서 이든지, 장로이든지, 신참이든지, 중참이든지, 이러한 자들을 형용하는 것으로 '어떠한 자이든'이라는 뜻이다. '수행녀'이라고 하는 것은 '탁발하는 여자'로서의 수행녀, 탁발을 위해 돌아다니는 여자로서의 수행녀, 분소의를 입은 자로서의 수행녀, 사미니로서의 수행녀, 자칭에 의한 수행녀, '오라! 수행녀여!'에 의한 수행녀, 삼귀의에 의해 구족계를 받은 수행녀, 현선한 수행녀, 진실한 수행녀, 배울 것이 있는 학인인 수행녀, 배울 것이 없는 무학인 수행녀, 화합참모임과 한번제안세번제청의 갈마와 부동의 거룩한 님의 속성을 갖춘 자로서의 수행녀가 있는데, 그녀들 가운데 화합참모임과 양쪽으로부터 구족계를 받은 자로서 한번제안세번제청의 갈마와 부동의 거룩한 님의 속성을 갖춘 수행녀, 그녀를 이러한 의미에서의 수행녀라고 하는 것이다.

2-2. '춤'이라는 것은 어떠한 것이든 춤추는 것을 뜻한다. '노래'라는 것은 '어떠한 것이든 노래하는 것'을 뜻한다. '음악'이라는 것은 '어떠한 것이든 연주하는 것'을 뜻한다. 보기 위해서[268] 가면 악작죄를 범하는 것이다. 서서 보거나 들으면, 속죄죄를 범하는 것이다. 관람처를 떠났다가 다시 와서 보거나 들으면, 속죄죄를 범하는 것이다. 하나하나 보기위해 가면, 그때마다 악작죄를 범하는 것이다. 거기에 서서 보거나 들으면, 속죄죄를 범하는 것이다. 관람처를 떠났다가 다시 와서 보거나 들으면, 속죄죄를 범하는 것이다.

2-3. 승원 안에서 서서 보거나 듣거나, 수행녀가 서있는 장소나 앉아있는 장소나 누워있는 장소에 와서 춤을 추거나 노래하거나 연주하거나, 길을 가면서 보거나 듣거나, 용무가 있어 가서 보거나 듣거나, 사고가 일어난 경우이거나, 정신착란자이거나 초범자인 경우는 무죄이다.

제8품 마늘의 품 그 후렴시는 다음과 같다.

마늘, 털깎기, 손바닥으로 때리기, 인조음경, 뒷물
식사, 날곡식, 두 개의 음식찌꺼기, 보러가는 것.1273)

1273) lasunaṃ saṃhare lomaṃ | talaghaṭṭañca, suddhikaṃ | bhuñjannāma kadhaññena | dve vighāsena dassanāti ||

제9품 어둠(Andhakāravagga)

4. 9. 1 속죄죄법 제81조

어둠에 대한 학습계율[Andhakārasikkhāpada]

1-1. 한때 존귀한 부처님께서는 싸밧티 시의 제따바나 숲에 있는 아나타삔디까 승원에 계셨다. 그런데 그때 밧다 까삘라니의 제자수행녀의 친척인 남자가 마을을 출발해서 싸밧티 시에 무슨 볼 일이 있어서 왔다. 그래서 그 수행녀는 그 남자와 함께 등불도 없는 밤의 어둠속에서 서로 있거나 대화를 나누었다.

1-2. 수행녀들 가운데 욕망을 여의고, 만족을 알고, 부끄러움을 알고, 후회할 줄 알고, 배움을 원하는 자들은 혐책하고 분개하고 비난했다.

[욕망을 여읜 수행녀들] "어찌 수행녀가 남자와 함께 등불도 없는 밤의 어둠속에서 서로 있거나 대화를 나눌 수 있단 말인가?"

그래서 그 수행녀들은 수행승들에게 그 사실을 알렸다. 수행승들 가운데 욕망을 여의고, 만족을 알고, 부끄러움을 알고, 후회할 줄 알고, 배움을 원하는 자들도 혐책하고 분개하고 비난했다.

[욕망을 여읜 수행승들] "어찌 수행녀가 남자와 함께 등불도 없는 밤의 어둠속에서 서로 있거나 대화를 나눌 수 있단 말인가?"

1-3. 그래서 그 수행승들은 세존께 그 사실을 알렸다. 그러자 세존께서는 그것을 원인으로 그것을 기회로 수행승의 참모임을 불러 모으게 하고 법문을 하고 수행승들에게 말했다.

[세존] "수행승들이여, 수행녀가 남자와 함께 등불도 없는 밤의 어둠속에서 서로 있거나 대화를 나눈 것이 사실인가?"

[수행승들] "세존이시여, 사실입니다."

존귀한 부처님께서는 견책했다.

[세존] "수행승들이여, 그 수행녀는 적절하지 않고, 자연스럽지 않고, 알맞지 않고, 수행자의 삶이 아니고, 부당하고, 해서는 안 될 일을 한 것이다. 수행승들이여, 어찌 수행녀가 남자와 함께 등불도 없는 밤의 어둠속에서 서로 있거나 대화를 나눌 수 있단 말인가? 수행승들이여, 그것은 아직 청정한 믿음이 없는 자를 청정한 믿음으로 이끌고, 이미 청정한 믿음이 있는 자를 더욱더 청정한 믿음으로 이끄는 것이 아니다. 수행승들이여, 그것은 오히려, 아직 청정한 믿음이 없는

자를 불신으로 이끌고, 이미 청정한 믿음이 있는 자 가운데 어떤 자들을 타락시키는 것이다."

1-4. 그리고 세존께서는 그 수행녀에 대하여 여러 가지 방편으로 견책하고, 키우기 어렵고 부양하기 어렵고 탐욕이 많고 만족을 모르고 교제를 좋아하고 나태한 것에 대하여 질책하고, 여러 가지 법문으로 고무하여, 키우기 쉽고 부양하기 쉽고 욕심을 여의고, 만족을 알고, 버리고 없애는 삶, 악을 제거하는 삶, 청정한 믿음의 삶, 쌓아 모우지 않는 삶, 용맹정진의 삶을 칭찬하고, 수행승들을 위하여 그에 알맞고 그에 걸맞게 경책하여 법문을 하고 수행승들에게 일렀다.

"수행승들이여, 그러므로 수행녀들을 위하여 열 가지 이유에 기초하여, 즉 참모임의 수승을 위하여, 참모임의 안락을 위하여, 악한 수행녀의 조복을 위하여, 품행이 바른 수행녀의 평안한 삶을 위하여, 지금 여기에서의 번뇌의 제어를 위하여, 다가오는 번뇌를 물리치기 위하여, 청정한 믿음이 없는 자에게 청정한 믿음을 주기 위하여, 청정한 믿음이 있는 자에게 청정한 믿음을 증대시키기 위하여, 올바른 가르침을 지속시키기 위하여, 계율을 수호하기 위하여 학습계율을 시설하니, 수행승들이여, 수행녀들은 이와 같이 학습계율을 송출해야 한다."

[세존] "어떠한 수행녀이든 등불도 없는 밤의 어둠속에서 남자와 서로 홀로 함께 서있거나 대화를 나누면, 속죄죄를 범하는 것이다."[1274]

2-1. '어떠한'이라는 것은 어떠한 관계, 어떠한 태생, 어떠한 이름, 어떠한 성씨, 어떠한 계행, 어떠한 주거, 어떠한 활동영역에서 이든지, 장로이든지, 신참이든지, 중참이든지, 이러한 자들을 형용하는 것으로 '어떠한 자이든'이라는 뜻이다. '수행녀'라고 하는 것은 '탁발하는 여자'로서의 수행녀, 탁발을 위해 돌아다니는 여자로서의 수행녀, 분소의를 입은 자로서의 수행녀, 사미니로서의 수행녀, 자칭에 의한 수행녀, '오라! 수행녀여!'에 의한 수행녀, 삼귀의에 의해 구족계를 받은 수행녀, 현선한 수행녀, 진실한 수행녀, 배울 것이 있는 학인인 수행녀, 배울 것이 없는 무학인 수행녀, 화합참모임과 한번제안세번제청의 갈마와 부동의 거룩한 님의 속성을 갖춘 자로서의 수행녀가 있는데, 그녀들 가운데 화합참모임과 양쪽으로부터 구족계를 받은 자로서 한번제안세번제청의 갈마와 부동의 거룩한 님의 속성을 갖춘 수행녀, 그녀를 이러한 의미에서의 수행녀라고 하는 것이다.

1274) 공남자독립암중계○(共男子獨立闇中戒) | Bhikkhunī Pāc. 81 : yā pana bhikkhunī rattandhakāre appadīpe purisena saddhiṃ eken'ekā santiṭṭheyya vā sallapeyya, vā pācittiyan'ti.

2-2. '어둠'이라는 것은 태양이 졌을 때를 뜻한다. '등불도 없는'이라는 것은 빛이 없는 것을 뜻한다. '남자'[269]라는 것은 인간의 남자로서 야차가 아니고 아귀가 아니고 축생이 아니고 양식있고 유능하고 함께 있으면서 대화할 수 있는 남자를 뜻한다. '함께'라는 것은 '같이'라는 뜻이다. '서로 홀로'라는 것은 한 남자와 한 수행녀가 함께라는 뜻이다. '서있거나'라는 것은 남자가 손에 닿는 거리에 서있으면, 속죄죄를 범하는 것을 뜻한다. '대화를 나누면'이라는 것은 남자가 손에 닿는 거리에서 서서 대화를 나누면, 속죄죄를 범하는 것을 뜻한다. 손이 닿는 거리를 떨어져 서있거나 대화를 나누면, 악작죄를 범하는 것이다. 야차나 아귀나 빤다까나 인간의 형상을 한 축생과 함께 서있거나 대화를 나누면, 악작죄를 범하는 것이다.

2-3. 누구든지 양식있는 친구가 있거나, 사적인 공간을 바라지 않고 다른 것에 사로잡혀 있거나 대화할 경우이거나, 정신착란자이거나 초범자인 경우는 무죄이다.

4. 9. 2 속죄죄법 제82조

가려진 장소에 대한 학습계율[Paṭicchannasikkhāpada]

1-1. 한때 존귀한 부처님께서는 싸밧티 시의 제따바나 숲에 있는 아나타삔디까 승원에 계셨다. 그런데 그때 밧다 까삘라니의 제자수행녀의 친척인 남자가 마을을 출발해서 싸밧티 시에 무슨 볼 일이 있어서 왔다. 그러자 그 수행녀는 '세존께서는 등불도 없는 밤의 어둠속에서 남자와 서로 홀로 함께 서 있거나 대화를 나누는 것을 금지했다.'라고 그 남자와 함께 가려진 장소에서 서로 홀로 함께 서서 대화를 나누었다.

1-2. 수행녀들 가운데 욕망을 여의고, 만족을 알고, 부끄러움을 알고, 후회할 줄 알고, 배움을 원하는 자들은 혐책하고 분개하고 비난했다.

[욕망을 여읜 수행녀들] "어찌 수행녀가 가려진 장소에서 남자와 서로 홀로 함께 서서 대화를 나눌 수 있단 말인가?"

그래서 그 수행녀들은 수행승들에게 그 사실을 알렸다. 수행승들 가운데 욕망을 여의고, 만족을 알고, 부끄러움을 알고, 후회할 줄 알고, 배움을 원하는 자들도 혐책하고 분개하고 비난했다.

[욕망을 여읜 수행승들] "어찌 수행녀가 가려진 장소에서 남자와 서로 홀로

함께 서서 대화도 나눌 수 있단 말인가?"

1-3. 그래서 그 수행승들은 세존께 그 사실을 알렸다. 그러자 세존께서는 그것을 원인으로 그것을 기회로 수행승의 참모임을 불러 모으게 하고 법문을 하고 수행승들에게 말했다.

[세존] "수행승들이여, 수행녀가 가려진 장소에서 남자와 서로 홀로 함께 서서 대화도 나눈 것이 사실인가?"

[수행승들] "세존이시여, 사실입니다."

존귀한 부처님께서는 견책했다.

[세존] "수행승들이여, 그 수행녀는 적절하지 않고, 자연스럽지 않고, 알맞지 않고, 수행자의 삶이 아니고, 부당하고, 해서는 안 될 일을 한 것이다. 수행승들이여, 어찌 수행녀가 가려진 장소에서 남자와 서로 홀로 함께 서서 대화를 나눌 수 있단 말인가? 수행승들이여, 그것은 아직 청정한 믿음이 없는 자를 청정한 믿음으로 이끌고, 이미 청정한 믿음이 있는 자를 더욱더 청정한 믿음으로 이끄는 것이 아니다. 수행승들이여, 그것은 오히려, 아직 청정한 믿음이 없는 자를 불신으로 이끌고, 이미 청정한 믿음이 있는 자 가운데 어떤 자들을 타락시키는 것이다."

1-4. 그리고 세존께서는 그 수행녀에 대하여 여러 가지 방편으로 견책하고, 키우기 어렵고 부양하기 어렵고 탐욕이 많고 만족을 모르고 교제를 좋아하고 나태한 것에 대하여 질책하고, 여러 가지 법문으로 고무하여, 키우기 쉽고 부양하기 쉽고 욕심을 여의고, 만족을 알고, 버리고 없애는 삶, 악을 제거하는 삶, 청정한 믿음의 삶, 쌓아 모우지 않는 삶, 용맹정진의 삶을 칭찬하고, 수행승들을 위하여 그에 알맞고 그에 걸맞게 경책하여 법문을 하고 수행승들에게 일렀다.

[세존] "수행승들이여, 그러므로 수행녀들을 위하여 열 가지 이유에 기초하여, 즉 참모임의 수승을 위하여, 참모임의 안락을 위하여, 악한 수행녀의 조복을 위하여, 품행이 바른 수행녀의 평안한 삶을 위하여, 지금 여기에서의 번뇌의 제어를 위하여, 다가오는 번뇌를 물리치기 위하여, 청정한 믿음이 없는 자에게 청정한 믿음을 주기 위하여, 청정한 믿음이 있는 자에게 청정한 믿음을 증대시키기 위하여, 올바른 가르침을 지속시키기 위하여, 계율을 수호하기 위하여 학습계율을 시설하니, 수행승들이여, 수행녀들은 이와 같이 학습계율을 송출해야 한다.

[세존] "어떠한 수행녀이든지 가려진 장소에서 남자와 서로 홀로 함께 서있거나 대화를 나누면, 속죄죄를 범하는 것이다."[1275]

2-1. '어떠한'이라는 것은 어떠한 관계, 어떠한 태생, 어떠한 이름, 어떠한 성씨, 어떠한 계행, 어떠한 주거, 어떠한 활동영역에서 이든지, 장로이든지, 신참이든지, 중참이든지, 이러한 자들을 형용하는 것으로 '어떠한 자이든'이라는 뜻이다. '수행녀'이라고 하는 것은 '탁발하는 여자'로서의 수행녀, 탁발을 위해 돌아다니는 여자로서의 수행녀, 분소의를 입은 자로서의 수행녀, 사미니로서의 수행녀, 자칭에 의한 수행녀, '오라! 수행녀여!'에 의한 수행녀, 삼귀의에 의해 구족계를 받은 수행녀, 현선한 수행녀, 진실한 수행녀, 배울 것이 있는 학인인 수행녀, 배울 것이 없는 무학인 수행녀, 화합참모임과 한번제안세번제청의 갈마와 부동의 거룩한 님의 속성을 갖춘 자로서의 수행녀가 있는데, 그녀들 가운데 화합참모임과 양쪽으로부터 구족계를 받은 자로서 한번제안세번제청의 갈마와 부동의 거룩한 님의 속성을 갖춘 수행녀, 그녀를 이러한 의미에서의 수행녀라고 하는 것이다.

2-2. '가려진'이라는 것은 담장이나 창호나 천이나 칸막이나 나무나 기둥이나 푸대자루나 어떤 것에 의해서라도 가려진 것을 뜻한다. '남자'라는 것은 인간의 남자로서 야차가 아니고 아귀가 아니고 축생이 아니고 양식있고 유능하고 함께 있으면서 대화할 수 있는 남자를 뜻한다. '함께'라는 것은 '같이'라는 뜻이다. '서로 홀로'라는 것은 한 남자와 한 수행녀를 뜻한다. '함께 서있거나'라는 것은 남자의 손이 닿는 거리에 있으면, 속죄죄를 범하는 것이다. '대화를 나누면'은 남자의 손이 닿는 거리에 있으면서 대화를 나누면, 속죄죄를 범하는 것이다. '손이 닿는 거리를 떠나서 함께 있거나 대화를 나누면, 악작죄를 범하는 것이다. 야차나 아귀나 빤다까나 사람형상의 축생과 함께 있거나 대화를 나누면, 악작죄를 범하는 것이다.

2-3. 누구든지 양식있는 친구가 있거나, 사적인 공간을 바라지 않고 다른 것에 사로잡혀 있거나 대화할 경우이거나, 정신착란자이거나 초범자인 경우는 무죄이다.

4. 9. 3 속죄죄법 제83조

노천에 대한 학습계율[Ajjhokāsasikkhāpada]

1-1. 한때[270] 존귀한 부처님께서는 싸밧티 시의 제따바나 숲에 있는 아나타삔디

1275) 공남자독립병복처계○(共男子獨立屛覆處戒) | Bhikkhunī Pāc. 82 : yā pana bhikkhunī paṭicchanne okāse purisena saddhiṃ eken'ekā santiṭṭheyya vā sallapeyya vā, pācittiyan'ti.

까 승원에 계셨다. 그런데 그때 밧다 까삘라니의 제자수행녀의 친척인 남자가 마을을 출발해서 싸밧티 시에 무슨 볼 일이 있어서 왔다. 그러자 그 수행녀는 '세존께서는 가려진 장소에서 남자와 서로 홀로 함께 서있거나 대화를 나누는 것을 금지했다.'라고 그 남자와 함께 노천에서 서로 홀로 함께 서서 대화를 나누었다.

1-2. 수행녀들 가운데 욕망을 여의고, 만족을 알고, 부끄러움을 알고, 후회할 줄 알고, 배움을 원하는 자들은 혐책하고 분개하고 비난했다.

[욕망을 여읜 수행녀들] "어찌 수행녀가 노천에서 남자와 서로 홀로 함께 서서 대화를 나눌 수 있단 말인가?"

그래서 그 수행녀들은 수행승들에게 그 사실을 알렸다. 수행승들 가운데 욕망을 여의고, 만족을 알고, 부끄러움을 알고, 후회할 줄 알고, 배움을 원하는 자들도 혐책하고 분개하고 비난했다.

[욕망을 여읜 수행승들] "어찌 수행녀가 노천에서 남자와 서로 홀로 함께 서서 대화를 나눌 수 있단 말인가?"

1-3. 그래서 그 수행승들은 세존께 그 사실을 알렸다. 그러자 세존께서는 그것을 원인으로 그것을 기회로 수행승의 참모임을 불러 모으게 하고 법문을 하고 수행승들에게 말했다.

[세존] "수행승들이여, 수행녀가 노천에서 남자와 서로 홀로 함께 서서 대화를 나눈 것이 사실인가?"

[수행승들] "세존이시여, 사실입니다."

존귀한 부처님께서는 견책했다.

[세존] "수행승들이여, 그 수행녀는 적절하지 않고, 자연스럽지 않고, 알맞지 않고, 수행자의 삶이 아니고, 부당하고, 해서는 안 될 일을 한 것이다. 수행승들이여, 어찌 수행녀가 노천에서 남자와 서로 홀로 함께 서서 대화를 나눌 수 있단 말인가? 수행승들이여, 그것은 아직 청정한 믿음이 없는 자를 청정한 믿음으로 이끌고, 이미 청정한 믿음이 있는 자를 더욱더 청정한 믿음으로 이끄는 것이 아니다. 수행승들이여, 그것은 오히려, 아직 청정한 믿음이 없는 자를 불신으로 이끌고, 이미 청정한 믿음이 있는 자 가운데 어떤 자들을 타락시키는 것이다."

1-4. 그리고 세존께서는 그 수행녀에 대하여 여러 가지 방편으로 견책하고, 키우기 어렵고 부양하기 어렵고 탐욕이 많고 만족을 모르고 교제를 좋아하고 나태한 것에 대하여 질책하고, 여러 가지 법문으로 고무하여, 키우기 쉽고 부양하기 쉽고

욕심을 여의고, 만족을 알고, 버리고 없애는 삶, 악을 제거하는 삶, 청정한 믿음의 삶, 쌓아 모우지 않는 삶, 용맹정진의 삶을 칭찬하고, 수행승들을 위하여 그에 알맞고 그에 걸맞게 경책하여 법문을 하고 수행승들에게 일렀다.

[세존] "수행승들이여, 그러므로 수행녀들을 위하여 열 가지 이유에 기초하여, 즉 참모임의 수승을 위하여, 참모임의 안락을 위하여, 악한 수행녀의 조복을 위하여, 품행이 바른 수행녀의 평안한 삶을 위하여, 지금 여기에서의 번뇌의 제어를 위하여, 다가오는 번뇌를 물리치기 위하여, 청정한 믿음이 없는 자에게 청정한 믿음을 주기 위하여, 청정한 믿음이 있는 자에게 청정한 믿음을 증대시키기 위하여, 올바른 가르침을 지속시키기 위하여, 계율을 수호하기 위하여 학습계율을 시설하니, 수행승들이여, 수행녀들은 이와 같이 학습계율을 송출해야 한다."

[세존] "어떠한 수행녀이든지 노천에서 남자와 서로 홀로 함께 서있거나 대화를 나누면, 속죄죄를 범하는 것이다."1276)

2-1. '어떠한'이라는 것은 어떠한 관계, 어떠한 태생, 어떠한 이름, 어떠한 성씨, 어떠한 계행, 어떠한 주거, 어떠한 활동영역에서 이든지, 장로이든지, 신참이든지, 중참이든지, 이러한 자들을 형용하는 것으로 '어떠한 자이든'이라는 뜻이다. '수행녀'이라고 하는 것은 '탁발하는 여자'로서의 수행녀, 탁발을 위해 돌아다니는 여자로서의 수행녀, 분소의를 입은 자로서의 수행녀, 사미니로서의 수행녀, 자칭에 의한 수행녀, '오라! 수행녀여!'에 의한 수행녀, 삼귀의에 의해 구족계를 받은 수행녀, 현선한 수행녀, 진실한 수행녀, 배울 것이 있는 학인인 수행녀, 배울 것이 없는 무학인 수행녀, 화합참모임과 한번제안세번제청의 갈마와 부동의 거룩한 님의 속성을 갖춘 자로서의 수행녀가 있는데, 그녀들 가운데 화합참모임과 양쪽으로부터 구족계를 받은 자로서 한번제안세번제청의 갈마와 부동의 거룩한 님의 속성을 갖춘 수행녀, 그녀를 이러한 의미에서의 수행녀라고 하는 것이다.

2-2. '노천'이라는 것은 '가려지지 않은 곳'으로 담장이나 창호나 천이나 칸막이나 나무나 기둥이나 푸대자루나 어떤 것에 의해서라도 가려지지 않은 곳을 뜻한다. '남자'라는 것은 인간의 남자로서 야차가 아니고 아귀가 아니고 축생이 아니고 양식있고 유능하고 함께 있으면서 대화할 수 있는 남자를 뜻한다. '함께'라는

1276) 공남자독립노지계○(共男子獨立露地戒) | Bhikkhunī Pāc. 83 : yā pana bhikkhunī ajjhokāse purisena saddhiṃ eken'ekā santiṭṭheyya vā sallapeyya vā, pācittiyan'ti.

것은 '같이'라는 뜻이다. '서로 홀로'라는 것은 한 남자와 한 수행녀를 뜻한다. '함께 서있거나'라는 것은 남자의 손이 닿는 거리에 있으면, 속죄죄를 범하는 것을 뜻한다. '대화를 나누면'은 다음과 같다. 남자의 손이 닿는 거리에 있으면서 대화를 나누면, 속죄죄를 범하는 것이다. 손이 닿는 거리를 떠나서 함께 있거나 대화를 나누면, 악작죄를 범하는 것이다. 야차나 아귀나 빤다까나 사람형상의 축생과 함께 있거나 대화를 나누면, 악작죄를 범하는 것이다.

2-3. 누구든지 양식있는 친구가 있거나, 사적인 공간을 바라지 않고 다른 것에 사로 잡혀 있거나 대화할 경우이거나, 정신착란자이거나 초범자인 경우는 무죄이다.

4. 9. 4 속죄죄법 제84조

사거리에 대한 학습계율[Siṅghāṭakasikkhāpada]

1-1. 한때 존귀한 부처님께서는 싸밧티 시의 제따바나 숲에 있는 아나타삔디까 승원에 계셨다. 그런데 그때 수행녀 툴라난다가 차도에서도, 골목에서도, 사거리에서도 남자와 서로 함께 있기도 하고, 대화하기도 하고, 귀엣말하기도 하고, 도반인 수행녀를 쫓아버렸다.

1-2. 수행녀들 가운데 욕망을 여의고, 만족을 알고, 부끄러움을 알고, 후회할 줄 알고, 배움을 원하는 자들은 혐책하고 분개하고 비난했다.

[욕망을 여읜 수행녀들] "어찌 존귀한 자매 툴라난다가 차도에서도, 골목에서도, 사거리에서도 남자와 서로 함께 있기도 하고, 대화하기도 하고, 귀엣말하기도 하고, 도반인 수행녀를 쫓아버릴 수 있단 말인가?"

그래서 그 수행녀들은 수행승들에게 그 사실을 알렸다. 수행승들 가운데 욕망을 여의고, 만족을 알고, 부끄러움을 알고, 후회할 줄 알고, 배움을 원하는 자들도 혐책하고 분개하고 비난했다.

[욕망을 여읜 수행승들] "어찌 존귀한 자매 툴라난다가 차도에서도, 골목에서도, 사거리에서도 남자와 서로 함께 있기도 하고, 대화하기도 하고, 귀엣말하기도 하고, 도반인 수행녀를 쫓아버릴 수 있단 말인가?"

1-3. 그래서 그 수행승들은 세존께 그 사실을 알렸다. 그러자 세존께서는 이러한 인연으로 이러한 기회에 수행승들의 참모임을 불러 모으게 하고 연유를 설하고 수행승들에게 물었다.

[세존] "수행승들이여, 수행녀 툴라난다가 차도에서도, 골목에서도, 사거리에서도 남자와 서로 함께 있기도 하고, 대화하기도 하고, 귀엣말하기도 하고, 도반인 수행녀를 쫓아버린 것이 사실인가?"

[수행승들] "세존이시여, 사실입니다."

존귀한 부처님께서는 견책했다.

[세존] "수행승들이여, 수행녀 툴라난다는 적절하지 않고, 자연스럽지 않고, 알맞지 않고, 수행자의 삶이 아니고, 부당하고, 해서는 안 될 일을 행한 것이다. 수행승들이여, 어찌 수행녀 툴라난다가 차도에서도, 골목에서도, 사거리에서도 남자와 서로 함께 있기도 하고, 대화하기도 하고, 귀엣말하기도 하고, 도반인 수행녀를 쫓아버릴 수 있단 말인가? 수행승들이여, 그것은 아직 청정한 믿음이 없는 자를 청정한 믿음으로 이끌고, 이미 청정한 믿음이 있는 자를 더욱더 청정한 믿음으로 이끄는 것이 아니다. 수행승들이여, 그것은 오히려, 아직 청정한 믿음이 없는 자를 불신으로 이끌고, 이미 청정한 믿음이 있는 자 가운데 어떤 자들을 타락시키는 것이다."

1-4. 그리고 세존께서는 그 수행녀 툴라난다에 대하여 여러 가지 방편으로 견책하고, 키우기 어렵고 부양하기 어렵고 탐욕이 많고 만족을 모르고 교제를 좋아하고 나태한 것에 대하여 질책하고, 여러 가지 법문으로 고무하여, 키우기 쉽고 부양하기 쉽고 욕심을 여의고, 만족을 알고, 버리고 없애는 삶, 악을 제거하는 삶, 청정한 믿음의 삶, 쌓아 모우지 않는 삶, 용맹정진의 삶을 칭찬하고, 수행승들을 위하여 그에 알맞고 그에 걸맞게 경책하여 법문을 하고 수행승들에게 일렀다.

[세존] "수행승들이여, 그러므로 수행녀들을 위하여 열 가지 이유에 기초하여, 즉 참모임의 수승을 위하여, 참모임의 안락을 위하여, 악한 수행녀의 조복을 위하여, 품행이 바른 수행녀의 평안한 삶을 위하여, 지금 여기에서의 번뇌의 제어를 위하여, 다가오는 번뇌를 물리치기 위하여, 청정한 믿음이 없는 자에게 청정한 믿음을 주기 위하여, 청정한 믿음이 있는 자에게 청정한 믿음을 증대시키기 위하여, 올바른 가르침을 지속시키기 위하여, 계율을 수호하기 위하여 학습계율을 시설하니, 수행승들이여, 수행녀들은 이와 같이 학습계율을 송출해야 한다.

[세존] "어떠한[271] 수행녀이든지 차도에서나, 골목에서나, 사거리에서나 남자와 서로 함께 있거나, 대화하거나, 귀엣말하거나, 도반인 수행녀를 쫓아버린다면, 속죄죄를 범하는 것이다."1277)

2-1. '어떠한'이라는 것은 어떠한 관계, 어떠한 태생, 어떠한 이름, 어떠한 성씨, 어떠한 계행, 어떠한 주거, 어떠한 활동영역에서 이든지, 장로이든지, 신참이든지, 중참이든지, 이러한 자들을 형용하는 것으로 '어떠한 자이든'이라는 뜻이다. '수행녀'이라고 하는 것은 '탁발하는 여자'로서의 수행녀, 탁발을 위해 돌아다니는 여자로서의 수행녀, 분소의를 입은 자로서의 수행녀, 사미니로서의 수행녀, 자칭에 의한 수행녀, '오라! 수행녀여!'에 의한 수행녀, 삼귀의에 의해 구족계를 받은 수행녀, 현선한 수행녀, 진실한 수행녀, 배울 것이 있는 학인인 수행녀, 배울 것이 없는 무학인 수행녀, 화합참모임과 한번제안세번제청의 갈마와 부동의 거룩한 님의 속성을 갖춘 자로서의 수행녀가 있는데, 그녀들 가운데 화합참모임과 양쪽으로부터 구족계를 받은 자로서 한번제안세번제청의 갈마와 부동의 거룩한 님의 속성을 갖춘 수행녀, 그녀를 이러한 의미에서의 수행녀라고 하는 것이다.

2-2. '차도'라는 것은 수레길을 뜻한다. '골목'이라는 것은 그곳으로 들어가서 그곳을 통해 나오는 길을 뜻한다. '사거리'라는 것은 십자로를 말한다. '남자'라는 것은 인간의 남자로서 야차가 아니고 아귀가 아니고 축생이 아니고 양식있고 유능하고 함께 있으면서 대화할 수 있는 남자를 뜻한다. '서로'라는 것은 남자와 수행녀를 뜻한다. '함께'라는 것은 '같이'라는 뜻이다.

2-3₁. '함께 있거나'라는 것은 남자의 손이 닿는 거리에 있으면, 속죄죄를 범하는 것을 뜻한다. '대화를 나누거나'라는 것은 남자의 손이 닿는 거리에 있으면서 대화를 나누면, 속죄죄를 범하는 것을 뜻한다. '귀엣말을 하거나'이라는 것은 남자의 귀가까이에 대고 말하면, 속죄죄를 범한 것을 뜻한다.

2-3₂. '도반인 수행녀를 쫓아버린다면'이라는 것은 다음과 같다. 비행을 행하기 위해 도반인 수행녀를 쫓아버리면, 악작죄를 범하는 것이다. 보이는 영역이나 들리는 영역으로 떠나보내면, 악작죄를 범하는 것이다. 떠났다면, 속죄죄를 범하는 것이다.

2-3₃. 손이 닿는 거리를 떨어져 함께 있거나 대화를 나누면, 악작죄를 범하는 것이다. 야차나 아귀나 빤다까나 사람형상의 축생과 함께 있거나 대화를 나누면,

---

1277) 견거반비구니공어남자계○(遣去伴比丘尼共語男子戒) | Bhikkhunī Pāc. 84 : yā pana bhikkhunī rathiyāya vā byūhe vā siṅghāṭake vā purisena saddhiṃ eken'ekā santiṭṭheyya vā sallapeyya vā nikaṇṇikaṃ vā jappeyya dutiyikaṃ vā bhikkhuniṃ uyyojeyya, pācittiyan'ti.

악작죄를 범하는 것이다.

2-4. 누구든지 양식있는 친구가 있거나, 사적인 공간을 바라지 않고 다른 것에 사로잡혀 있거나 대화하거나, 비행을 행할 의도가 없거나, 할 일이 있어서 도반인 수행녀를 쫓아버리거나, 정신착란자이거나 초범자인 경우는 무죄이다.

4. 9. 5 속죄죄법 제85조

묻지 않은 것에 대한 학습계율①[Pathamānāpucchasikkhāpada]

1-1. 한때 존귀한 부처님께서는 싸밧티 시의 제따바나 숲에 있는 아나타삔디까 승원에 계셨다. 그런데 그때 한 수행녀가 어떤 가정의 탁발 다니는 수행녀로서 상시식을 받았다. 그런데 그 수행녀가 아침 일찍 옷을 입고 발우와 가사를 수하고 그 가정을 찾아갔다. 가까이 가서 자리에 앉았다가 주인에게 묻지 않고 그곳을 떠났다. 그런데 그 가정의 하녀가 집을 치우다가[272] 좌상을 도기 안에 넣어놓고 그곳을 떠났다. 사람들이 그 좌상을 보지 못하자 그 수행녀에게 이와 같이 말했다.

[사람들] "존귀한 자매여, 어디에 그 좌상이 있습니까?"

[수행녀] "벗들이여, 나는 좌상을 보지 못했습니다."

[사람들] "존귀한 자매여, 그 좌상을 돌려주십시오."

그들은 꾸짖고 상시식을 중단했다. 그후에 그 일꾼들이 집을 청소하다가 그 좌상이 도기 안에 있는 것을 보고 그 수행녀에게 사과하고 상시식을 베풀었다.

2-1. 그러자 그 수행녀는 수행녀들에게 그 사실을 알렸다. 수행녀들 가운데 욕망을 여의고, 만족을 알고, 부끄러움을 알고, 후회할 줄 알고, 배움을 원하는 자들도 혐책하고 분개하고 비난했다.

[욕망을 여읜 수행녀들] "어찌 수행녀가 식사 전에 가정을 방문해서 자리에 앉았다가 주인에게 묻지 않고 그곳을 떠날 수 있단 말인가?"

그래서 그 수행녀들은 수행승들에게 그 사실을 알렸다. 수행승들 가운데 욕망을 여의고, 만족을 알고, 부끄러움을 알고, 후회할 줄 알고, 배움을 원하는 자들도 혐책하고 분개하고 비난했다.

[욕망을 여읜 수행승들] "어찌 수행녀가 식사 전에 가정을 방문해서 자리에 앉았다가 주인에게 묻지 않고 그곳을 떠날 수 있단 말인가?"

1-3. 그래서 그 수행승들은 세존께 그 사실을 알렸다. 그러자 세존께서는 이러한

인연으로 이러한 기회에 수행승들의 참모임을 불러 모으게 하고 연유를 설하고 수행승들에게 물었다.

[세존] "수행승들이여, 수행녀가 식사 전에 가정을 방문해서 자리에 앉았다가 주인에게 묻지 않고 그곳을 떠난 것이 사실인가?"

[수행승들] "세존이시여, 사실입니다."

존귀한 부처님께서는 견책했다.

[세존] "수행승들이여, 그 수행녀는 적절하지 않고, 자연스럽지 않고, 알맞지 않고, 수행자의 삶이 아니고, 부당하고, 해서는 안 될 일을 행한 것이다. 수행승들이여, 어찌 수행녀가 식사 전에 가정을 방문해서 자리에 앉았다가 주인에게 묻지 않고 그곳을 떠날 수 있단 말인가? 수행승들이여, 그것은 아직 청정한 믿음이 없는 자를 청정한 믿음으로 이끌고, 이미 청정한 믿음이 있는 자를 더욱더 청정한 믿음으로 이끄는 것이 아니다. 수행승들이여, 그것은 오히려, 아직 청정한 믿음이 없는 자를 불신으로 이끌고, 이미 청정한 믿음이 있는 자 가운데 어떤 자들을 타락시키는 것이다."

1-4. 그래서 세존께서는 그 수행녀에 대하여 여러 가지 방편으로 견책하여, 키우기 어렵고 부양하기 어렵고 탐욕이 많고 만족을 모르고 교제를 좋아하고 나태한 것에 대하여 질책하고, 여러 가지 법문으로 고무하여, 키우기 쉽고 부양하기 쉽고 욕심을 여의고, 만족을 알고, 버리고 없애는 삶, 악을 제거하는 삶, 청정한 믿음의 삶, 쌓아 모우지 않는 삶, 용맹정진의 삶을 칭찬하고, 수행승들을 위하여 그에 알맞고 그에 걸맞게 경책하여 법문을 하고 수행승들에게 일렀다.

[세존] "수행승들이여, 그러므로 수행녀들을 위하여 열 가지 이유에 기초하여, 즉 참모임의 수승을 위하여, 참모임의 안락을 위하여, 악한 수행녀의 조복을 위하여, 품행이 바른 수행녀의 평안한 삶을 위하여, 지금 여기에서의 번뇌의 제어를 위하여, 다가오는 번뇌를 물리치기 위하여, 청정한 믿음이 없는 자에게 청정한 믿음을 주기 위하여, 청정한 믿음이 있는 자에게 청정한 믿음을 증대시키기 위하여, 올바른 가르침을 지속시키기 위하여, 계율을 수호하기 위하여 학습계율을 시설하니, 수행승들이여, 수행녀들은 이와 같이 학습계율을 송출해야 한다."

[세존] "어떠한 수행녀이든지 식사 전에 가정을 방문해서 자리에 앉았다가 주인에게 묻지 않고 그곳을 떠난다면, 속죄죄를 범하는 것이다."[1278]

1278) 식전입백의가불어주거계○(食前入白衣家不語住去戒) | Bhikkhunī Pāc. 85 : yā pana bhikkhunī purebhatta

2-1. '어떠한'이라는 것은 어떠한 관계, 어떠한 태생, 어떠한 이름, 어떠한 성씨, 어떠한 계행, 어떠한 주거, 어떠한 활동영역에서 이든지, 장로이든지, 신참이든지, 중참이든지, 이러한 자들을 형용하는 것으로 '어떠한 자이든'이라는 뜻이다. '수행녀'이라고 하는 것은 '탁발하는 여자'로서의 수행녀, 탁발을 위해 돌아다니는 여자로서의 수행녀, 분소의를 입은 자로서의 수행녀, 사미니로서의 수행녀, 자칭에 의한 수행녀, '오라! 수행녀여!'에 의한 수행녀, 삼귀의에 의해 구족계를 받은 수행녀, 현선한 수행녀, 진실한 수행녀, 배울 것이 있는 학인인 수행녀, 배울 것이 없는 무학인 수행녀, 화합참모임과 한번제안세번제청의 갈마와 부동의 거룩한 님의 속성을 갖춘 자로서의 수행녀가 있는데, 그녀들 가운데 화합참모임과 양쪽으로부터 구족계를 받은 자로서 한번제안세번제청의 갈마와 부동의 거룩한 님의 속성을 갖춘 수행녀, 그녀를 이러한 의미에서의 수행녀라고 하는 것이다.

2-2. '식사 전에'라는 것은 해가 떠서 정오까지를 뜻한다. '가정'이라는 것은 네 종류의 가정 즉, 왕족의 가정, 바라문의 가정, 평민의 가정, 노예의 가정을 뜻한다. '방문해서'라는 것은 '거기에 가서'라는 뜻이다. '좌상'이라고 하는 것은 가부좌의 장소를 뜻한다. '자리에 앉았다가'라는 것은 '거기에 앉고 나서'라는 뜻이다.

2-3₁. '주인에게 묻지 않고 그곳을 떠나면'이라는 것은 다음과 같다. 누군가 그 가정에 대하여 아는 자에게 묻지 않고 처마를 넘어서면, 속죄죄를 범하는 것이다. 노지에서 그 경계를 초월하면, 속죄죄를 범하는 것이다.

2-3₂.

1) 묻지 않는 것에 대하여 묻지 않는 것을 지각하고 그곳을 떠나면, 속죄죄를 범하는 것이다.
2) 묻지 않는 것에 대하여 묻지 않는 것인지 의심하고 그곳을 떠나면, 속죄죄를 범하는 것이다.
3) 묻지 않는 것에 대하여 묻는 것을 지각하고 그곳을 떠나면, 속죄죄를 범하는 것이다.

2-3₃. 가부좌의 공간이 아니라면, 악작죄를 범하는 것이다.

2-3₄.

ṃ kulāni upasaṅkamitvā āsane nisīditvā sāmike anāpucchā pakkameyya, pācittiyan'ti.

1) 물은 것에 대하여 묻지 않는 것이라고 지각하면, 악작죄를 범하는 것이다.
2) 물은 것에 대하여 물은 것인지 의심하면, 악작죄를 범하는 것이다.
3) 물은 것에 대하여 물은 것이라고 지각하면, 악작죄를 범하는 것이다.

2-4. 묻고 가거나, 움직이지 않는 것일 때,[1279] 질병에 걸리거나, 재난을 만난 경우이거나, 정신착란자이거나 초범자인 경우는 무죄이다.

4. 9. 6 속죄죄법 제86조

묻지 않은 것에 대한 학습계율②[Dutiyānāpucchasikkhāpada]

1-1. 한때[273] 존귀한 부처님께서는 싸밧티 시의 제따바나 숲에 있는 아나타삔디까 승원에 계셨다. 그런데 그때 수행녀 툴라난다가 식후에 가정을 방문하여 주인에게 묻지 않고 좌상에 앉기도 하고 눕기도 했다. 사람들이 수행녀 툴라난다 때문에 부끄러워하면서 좌상에 앉지 않고 눕지도 않았다.

[사람들] "어찌 수행녀 툴라난다가 식후에 가정을 방문하여 주인에게 묻지 않고 좌상에 앉기도 하고 눕기도 할 수 있단 말인가?"

1-2. 수행녀들이 사람들이 혐책하고 분개하고 비난하는 것을 들었다. 수행녀들 가운데 욕망을 여의고, 만족을 알고, 부끄러움을 알고, 후회할 줄 알고, 배움을 원하는 자들은 혐책하고 분개하고 비난했다.

[욕망을 여읜 수행녀들] "어찌 존귀한 자매 툴라난다가 식후에 가정을 방문하여 주인에게 묻지 않고 좌상에 앉기도 하고 눕기도 할 수 있단 말인가?"

그래서 그 수행녀들은 수행승들에게 그 사실을 알렸다. 수행승들 가운데 욕망을 여의고, 만족을 알고, 부끄러움을 알고, 후회할 줄 알고, 배움을 원하는 자들도 혐책하고 분개하고 비난했다.

[욕망을 여읜 수행승들] "어찌 존귀한 자매 툴라난다가 식후에 가정을 방문하여 주인에게 묻지 않고 좌상에 앉기도 하고 눕기도 할 수 있단 말인가?"

1-3. 그래서 그 수행승들은 세존께 그 사실을 알렸다. 그러자 세존께서는 이러한 인연으로 이러한 기회에 수행승들의 참모임을 불러 모으게 하고 연유를 설하고 수행승들에게 물었다.

1279) asaṃhārime : Smp. 927에 따르면, 가부좌나 다른 이동시킬 수 있는 좌상이 주어지지 않았을 때는 자신의 의사에 따라 떠날 수 있다.

[세존] "수행승들이여, 수행녀 툴라난다가 식후에 가정을 방문하여 주인에게 묻지 않고 좌상에 앉기도 하고 눕기도 한 것이 사실인가?"

[수행승들] "세존이시여, 사실입니다."

존귀한 부처님께서는 견책했다.

[세존] "수행승들이여, 수행녀 툴라난다는 적절하지 않고, 자연스럽지 않고, 알맞지 않고, 수행자의 삶이 아니고, 부당하고, 해서는 안 될 일을 행한 것이다. 수행승들이여, 어찌 존귀한 자매 툴라난다가 식후에 가정을 방문하여 주인에게 묻지 않고 좌상에 앉기도 하고 눕기도 할 수 있단 말인가? 수행승들이여, 그것은 아직 청정한 믿음이 없는 자를 청정한 믿음으로 이끌고, 이미 청정한 믿음이 있는 자를 더욱더 청정한 믿음으로 이끄는 것이 아니다. 수행승들이여, 그것은 오히려, 아직 청정한 믿음이 없는 자를 불신으로 이끌고, 이미 청정한 믿음이 있는 자 가운데 어떤 자들을 타락시키는 것이다."

1-4. 그래서 세존께서는 수행녀 툴라난다에 대하여 여러 가지 방편으로 견책하여, 키우기 어렵고 부양하기 어렵고 탐욕이 많고 만족을 모르고 교제를 좋아하고 나태한 것에 대하여 질책하고, 여러 가지 법문으로 고무하여, 키우기 쉽고 부양하기 쉽고 욕심을 여의고, 만족을 알고, 버리고 없애는 삶, 악을 제거하는 삶, 청정한 믿음의 삶, 쌓아 모우지 않는 삶, 용맹정진의 삶을 칭찬하고, 수행승들을 위하여 그에 알맞고 그에 걸맞게 경책하여 법문을 하고 수행승들에게 일렀다.

[세존] "수행승들이여, 그러므로 수행녀들을 위하여 열 가지 이유에 기초하여, 즉 참모임의 수승을 위하여, 참모임의 안락을 위하여, 악한 수행녀의 조복을 위하여, 품행이 바른 수행녀의 평안한 삶을 위하여, 지금 여기에서의 번뇌의 제어를 위하여, 다가오는 번뇌를 물리치기 위하여, 청정한 믿음이 없는 자에게 청정한 믿음을 주기 위하여, 청정한 믿음이 있는 자에게 청정한 믿음을 증대시키기 위하여, 올바른 가르침을 지속시키기 위하여, 계율을 수호하기 위하여 학습계율을 시설하니, 수행승들이여, 수행녀들은 이와 같이 학습계율을 송출해야 한다."

[세존] "어떠한 수행녀이든지 식후에 가정을 방문하여 주인에게 묻지 않고 자리에 앉거나 누우면, 속죄죄를 범하는 것이다."[1280]

2-1. '어떠한'이라는 것은 어떠한 관계, 어떠한 태생, 어떠한 이름, 어떠한 성씨,

1280) 식후입백의가불어주좌와계○(食後入白衣家不語住坐臥戒) | Bhikkhunī Pāc. 86 : yā pana bhikkhunī pacchā bhattaṃ kulāni upasaṅkamitvā sāmike anāpucchā āsane abhinisīdeyya vā abhinipajjeyya vā, pācittiyan'ti.

어떠한 계행, 어떠한 주거, 어떠한 활동영역에서 이든지, 장로이든지, 신참이든지, 중참이든지, 이러한 자들을 형용하는 것으로 '어떠한 자이든'이라는 뜻이다. '수행녀'이라고 하는 것은 '탁발하는 여자'로서의 수행녀, 탁발을 위해 돌아다니는 여자로서의 수행녀, 분소의를 입은 자로서의 수행녀, 사미니로서의 수행녀, 자칭에 의한 수행녀, '오라! 수행녀여!'에 의한 수행녀, 삼귀의에 의해 구족계를 받은 수행녀, 현선한 수행녀, 진실한 수행녀, 배울 것이 있는 학인인 수행녀, 배울 것이 없는 무학인 수행녀, 화합참모임과 한번제안세번제청의 갈마와 부동의 거룩한 님의 속성을 갖춘 자로서의 수행녀가 있는데, 그녀들 가운데 화합참모임과 양쪽으로부터 구족계를 받은 자로서 한번제안세번제청의 갈마와 부동의 거룩한 님의 속성을 갖춘 수행녀, 그녀를 이러한 의미에서의 수행녀라고 하는 것이다.

2-2. '식후'라고 하는 것은 정오가 지난 후에 태양이 질 때까지를 뜻한다. '가정'이라는 것은 네 종류의 가정 즉, 왕족의 가정, 바라문의 가정, 평민의 가정, 노예의 가정을 뜻한다. '방문하여'라는 것은 '거기에 가서'라는 뜻이다. '주인에게 묻지 않고'라는 것은 '가정에 있는 어떠한 사람이든지 주인에게 허락을 묻지 않고'라는 뜻이다.

2-3₁. '좌상'이라고 하는 것은 가부좌의 공간을 뜻한다. '앉거나'라는 것은 앉으면, 속죄죄를 범한 것을 뜻한다. '누우면'이라는 것은 눕는다면, 속죄죄를 범한 것을 뜻한다.

2-3₂.

1) 묻지 않는 것에 대하여 묻지 않는 것을 지각하고 좌상에 앉거나 누우면, 속죄죄를 범하는 것이다.
2) 묻지 않는 것에 대하여 묻지 않는 것인지 의심하고 좌상에 앉거나 누우면, 속죄죄를 범하는 것이다.
3) 묻지 않는 것에 대하여 묻는 것을 지각하고 좌상에 앉거나 누우면, 속죄죄를 범하는 것이다.

2-3₃. 가부좌의 공간이 아니라면, 악작죄를 범하는 것이다.

2-3₄.

1) 물은 것에 대하여 묻지 않는 것이라고 지각하면, 악작죄를 범하는 것이다.
2) 물은 것에 대하여 물은 것인지 의심하면, 악작죄를 범하는 것이다.

3) 물은 것에 대하여 물은 것이라고 지각하면, 무죄이다.

2-4. 묻고[274] 좌상에 앉거나 눕거나, 상시 설치된 좌상이거나, 질병에 걸리거나, 재난을 만난 경우이거나, 정신착란자이거나 초범자인 경우는 무죄이다.

4. 9. 7 속죄죄법 제87조

때 아닌 때에 대한 학습계율[Vikālasikkhāpada]

1-1. 한때 존귀한 부처님께서는 싸밧티 시의 제따바나 숲에 있는 아나타삔디까 승원에 계셨다. 그런데 그때 다수의 수행녀들이 꼬쌀라 국에서 싸밧티 시로 가면서 저녁 무렵 어떤 마을에 도착하여 어떤 바라문가정을 찾아서 숙박을 청했다.1281) 그러자 바라문부인은 그 수행녀들에게 이와 같이 말했다.

[바라문부인] "존귀한 자매들이여, 바라문이 올 때까지 기다리시오."

수행녀들은 '바라문이 올 때까지!'라고 생각하고 잠자리를 펴고 어떤 자들은 앉고 어떤 자들은 누웠다. 그런데 그 바라문이 밤에 와서 그 바라문부인에게 이와 같이 말했다.

[바라문] "이 여자분들은 누구입니까?"

[바라문부인] "존귀한 자매들, 수행녀들입니다."

[바라문] "이 빡빡깎은 기녀들을 끌어내시오."

그는 그녀들은 집에서 끌어냈다.

1-2. 그러자 그 수행녀들은 싸밧티 시에 가서 수행녀들에게 그 사실을 알렸다. 수행녀들 가운데 욕망을 여의고, 만족을 알고, 부끄러움을 알고, 후회할 줄 알고, 배움을 원하는 자들은 혐책하고 분개하고 비난했다.

[욕망을 여읜 수행녀들] "어찌 수행녀들이 때 아닌 때에 가정을 찾아가서 주인에 묻지도 않고 잠자리를 깔고 앉기도 하고 눕기도 할 수 있단 말인가?"

그래서 그 수행녀들은 수행승들에게 그 사실을 알렸다. 수행승들 가운데 욕망을 여의고, 만족을 알고, 부끄러움을 알고, 후회할 줄 알고, 배움을 원하는 자들도 혐책하고 분개하고 비난했다.

[욕망을 여읜 수행승들] "어찌 수행녀들이 때 아닌 때에 가정을 찾아가서 주인에 묻지도 않고 잠자리를 깔고 앉기도 하고 눕기도 할 수 있단 말인가?"

1281) okāsaṃ yāciṃsu : '기회를 청했다'는 말인데, '편의를 구했다.'라는 의미로 쓰인 것이다.

1-4. 그래서 그 수행승들은 세존께 그 사실을 알렸다.[246] 그러자 세존께서는 그것을 원인으로 그것을 기회로 수행승의 참모임을 불러 모으게 하고 법문을 하고 수행승들에게 말했다.

[세존] “수행승들이여, 수행녀들이 때 아닌 때에 가정을 찾아가서 주인에 묻지도 않고 잠자리를 깔고 앉기도 하고 눕기도 한 것이 사실인가?”

[수행승들] “세존이시여, 사실입니다.”

존귀한 부처님께서는 견책했다.

[세존] “수행승들이여, 그 수행녀들은 적절하지 않고, 자연스럽지 않고, 알맞지 않고, 수행자의 삶이 아니고, 부당하고, 해서는 안 될 일을 한 것이다. 수행승들이여, 어찌 수행녀들이 때 아닌 때에 가정을 찾아가서 주인에 묻지도 않고 잠자리를 깔고 앉기도 하고 눕기도 할 수 있단 말인가? 수행승들이여, 그것은 아직 청정한 믿음이 없는 자를 청정한 믿음으로 이끌고, 이미 청정한 믿음이 있는 자를 더욱더 청정한 믿음으로 이끄는 것이 아니다. 수행승들이여, 그것은 오히려, 아직 청정한 믿음이 없는 자를 불신으로 이끌고, 이미 청정한 믿음이 있는 자 가운데 어떤 자들을 타락시키는 것이다.”

1-4. 그리고 세존께서는 그 수행녀들에 대하여 여러 가지 방편으로 견책하고, 키우기 어렵고 부양하기 어렵고 탐욕이 많고 만족을 모르고 교제를 좋아하고 나태한 것에 대하여 질책하고, 여러 가지 법문으로 고무하여, 키우기 쉽고 부양하기 쉽고 욕심을 여의고, 만족을 알고, 버리고 없애는 삶, 악을 제거하는 삶, 청정한 믿음의 삶, 쌓아 모우지 않는 삶, 용맹정진의 삶을 칭찬하고, 수행승들을 위하여 그에 알맞고 그에 걸맞게 경책하여 법문을 하고 수행승들에게 일렀다.

[세존] “수행승들이여, 그러므로 수행녀들을 위하여 열 가지 이유에 기초하여, 즉 참모임의 수승을 위하여, 참모임의 안락을 위하여, 악한 수행녀의 조복을 위하여, 품행이 바른 수행녀의 평안한 삶을 위하여, 지금 여기에서의 번뇌의 제어를 위하여, 다가오는 번뇌를 물리치기 위하여, 청정한 믿음이 없는 자에게 청정한 믿음을 주기 위하여, 청정한 믿음이 있는 자에게 청정한 믿음을 증대시키기 위하여, 올바른 가르침을 지속시키기 위하여, 계율을 수호하기 위하여 학습계율을 시설하니, 수행승들이여, 수행녀들은 이와 같이 학습계율을 송출해야 한다.”

[세존] “어떠한 수행녀이든지 때 아닌 때에 가정을 찾아가서 주인에게 묻지도

않고 잠자리를 깔거나 깔개하고 앉거나 누우면, 속죄죄를 범하는 것이다."1282)

2-1. '어떠한'이라는 것은 어떠한 관계, 어떠한 태생, 어떠한 이름, 어떠한 성씨, 어떠한 계행, 어떠한 주거, 어떠한 활동영역에서 이든지, 장로이든지, 신참이든지, 중참이든지, 이러한 자들을 형용하는 것으로 '어떠한 자이든'이라는 뜻이다. '수행녀'라고 하는 것은 '탁발하는 여자'로서의 수행녀, 탁발을 위해 돌아다니는 여자로서의 수행녀, 분소의를 입은 자로서의 수행녀, 사미니로서의 수행녀, 자칭에 의한 수행녀, '오라! 수행녀여!'에 의한 수행녀, 삼귀의에 의해 구족계를 받은 수행녀, 현선한 수행녀, 진실한 수행녀, 배울 것이 있는 학인인 수행녀, 배울 것이 없는 무학인 수행녀, 화합참모임과 한번제안세번제청의 갈마와 부동의 거룩한 님의 속성을 갖춘 자로서의 수행녀가 있는데, 그녀들 가운데 화합참모임과 양쪽으로부터 구족계를 받은 자로서 한번제안세번제청의 갈마와 부동의 거룩한 님의 속성을 갖춘 수행녀, 그녀를 이러한 의미에서의 수행녀라고 하는 것이다.

2-2. '때 아닌 때'라는 것은 일몰을 지나서 일출까지를 뜻한다. '가정'이라는 것은 네 가지 가정이 있다. 왕족의 가정, 바라문의 가정, 평민의 가정, 노예의 가정이다. '찾아가서'라는 것은 '그곳에 가서'라는 뜻이다. '주인에게 묻지 않고'라는 것은 '가정에 있는 어떠한 사람이든지 주인에게 허락을 묻지 않고'라는 뜻이다. '잠자리'라는 것은 '마른 풀을 까는 것까지'를 뜻한다. '깔거나'라는 것은 '스스로 깔고'라는 뜻이다. '깔개하고'라는 것은[275] '타인에게 깔개 시키는 것'을 뜻한다. '앉거나'라는 것은 그곳에 앉으면 속죄죄를 범한 것을 뜻한다. '누우면'이라는 것은 그곳에 누우면 속죄죄를 범한 것을 뜻한다.

2-3₁.

1) 묻지 않는 것에 대하여 묻지 않는 것을 지각하고 침상에 앉거나 누우면, 속죄죄를 범하는 것이다.

2) 묻지 않는 것에 대하여 묻지 않는 것인지 의심하고 침상에 앉거나 누우면, 속죄죄를 범하는 것이다.

3) 묻지 않는 것에 대하여 묻는 것을 지각하고 침상에 앉거나 누우면, 속죄죄를 범하는 것이다.

1282) 비시입백의가불어주좌와계○(非時入白衣家不語住坐臥戒) | Bhikkhunī Pāc. 87 : yā pana bhikkhunī vikāle kulāni upasaṅkamitvā sāmike anāpucchā seyyaṃ santharitvā vā santharāpetvā vā abhinisīdeyya vā abhinipajjeyya vā, pācittiyan'ti.

2-3₂.
1) 물은 것에 대하여 묻지 않는 것이라고 지각하면, 악작죄를 범하는 것이다.
2) 물은 것에 대하여 물은 것인지 의심하면, 악작죄를 범하는 것이다.
3) 물은 것에 대하여 물은 것이라고 지각하면, 무죄이다.

2-4. 묻고 침상을 깔거나 깔개하고 앉거나 눕거나, 질병에 걸리거나, 재난을 만난 경우이거나, 정신착란자이거나 초범자인 경우는 무죄이다.

4. 9. 8 속죄죄법 제88조

잘못된 파악에 대한 학습계율[Duggahitasikkhāpada]

1-1. 한때 존귀한 부처님께서는 싸밧티 시의 제따바나 숲에 있는 아나타삔디까 승원에 계셨다. 그런데 그때 밧다 까삘라니의 제자수행녀가 밧다 까삘라니를 공경하며 섬겼다. 밧다 까삘라니는 수행녀들에게 이와 같이 말했다.

[밧다 까삘라니] "존귀한 자매들이여, 이 수행녀가 저를 공경하여 섬기고 있습니다. 저는 이 옷을 그녀에게 주겠습니다."

그런데 그 수행녀는 잘못 파악하고 잘못 이해하여 타인을 경멸했다.

[수행녀] "존귀한 자매들이여, 저는 존귀한 자매를 공경하여 섬기지 않습니다. 존귀한 자매가 저에게 옷을 줄 리도 없습니다."

1-2. 수행녀들들 가운데 욕망을 여의고, 만족을 알고, 부끄러움을 알고, 후회할 줄 알고, 배움을 원하는 자들도 혐책하고 분개하고 비난했다.

[욕망을 여읜 수행녀들] "어찌 수행녀가 잘못 파악하고 잘못 이해하여 타인을 경멸할 수 있단 말인가?"

그래서 그 수행녀들은 수행승들에게 그 사실을 알렸다. 수행승들 가운데 욕망을 여의고, 만족을 알고, 부끄러움을 알고, 후회할 줄 알고, 배움을 원하는 자들도 혐책하고 분개하고 비난했다.

[욕망을 여읜 수행승들] "어찌 수행녀가 잘못 파악하고 잘못 이해하여 타인을 경멸할 수 있단 말인가?"

1-3. 그러자 세존께서는 이러한 인연으로 이러한 기회에 수행승들의 참모임을 불러 모으게 하고 연유를 설하고 수행승들에게 물었다.

[세존] "수행승들이여, 수행녀가 잘못 파악하고 잘못 이해하여 타인을 경멸한

것이 사실인가?"

[수행승들] "세존이시여, 사실입니다."

존귀한 부처님께서는 견책했다.

[세존] "수행승들이여, 그 수행녀는 적절하지 않고, 자연스럽지 않고, 알맞지 않고, 수행자의 삶이 아니고, 부당하고, 해서는 안 될 일을 한 것이다. 수행승들이여, 어찌 수행녀가 잘못 파악하고 잘못 이해하여 타인을 경멸할 수 있단 말인가? 수행승들이여, 그것은 아직 청정한 믿음이 없는 자를 청정한 믿음으로 이끌고, 이미 청정한 믿음이 있는 자를 더욱더 청정한 믿음으로 이끄는 것이 아니다. 수행승들이여, 그것은 오히려, 아직 청정한 믿음이 없는 자를 불신으로 이끌고, 이미 청정한 믿음이 있는 자 가운데 어떤 자들을 타락시키는 것이다."

1-4. 그래서 세존께서는 그 수행녀에 대하여 여러 가지 방편으로 견책하여, 키우기 어렵고 부양하기 어렵고 탐욕이 많고 만족을 모르고 교제를 좋아하고 나태한 것에 대하여 질책하고, 여러 가지 법문으로 고무하여, 키우기 쉽고 부양하기 쉽고 욕심을 여의고, 만족을 알고, 버리고 없애는 삶, 악을 제거하는 삶, 청정한 믿음의 삶, 쌓아 모우지 않는 삶, 용맹정진의 삶을 칭찬하고, 수행승들을 위하여 그에 알맞고 그에 걸맞게 경책하여 법문을 하고 수행승들에게 일렀다.

[세존] "수행승들이여, 그러므로 수행녀들을 위하여 열 가지 이유에 기초하여, 즉 참모임의 수승을 위하여, 참모임의 안락을 위하여, 악한 수행녀의 조복을 위하여, 품행이 바른 수행녀의 평안한 삶을 위하여, 지금 여기에서의 번뇌의 제어를 위하여, 다가오는 번뇌를 물리치기 위하여, 청정한 믿음이 없는 자에게 청정한 믿음을 주기 위하여, 청정한 믿음이 있는 자에게 청정한 믿음을 증대시키기 위하여, 올바른 가르침을 지속시키기 위하여, 계율을 수호하기 위하여 학습계율을 시설하니, 수행승들이여, 수행녀들은 이와 같이 학습계율을 송출해야 한다."

[세존] "어떠한 수행녀이든지 잘못 파악하고 잘못 이해하여 타인을 경멸하면, 속죄죄를 범하는 것이다."1283)

2-1. '어떠한'이라는 것은 어떠한 관계, 어떠한 태생, 어떠한 이름, 어떠한 성씨, 어떠한 계행, 어떠한 주거, 어떠한 활동영역에서 이든지, 장로이든지, 신참이든

1283) 불심제수사어계○(不審諦受師語戒) | Bhikkhunī Pāc. 88 : yā pana bhikkhunī duggahitena dūpadhāritena paraṃ ujjhāpeyya, pācittiyan'ti.

지, 중참이든지, 이러한 자들을 형용하는 것으로 '어떠한 자이든'이라는 뜻이다. '수행녀'이라고 하는 것은 '탁발하는 여자'로서의 수행녀, 탁발을 위해 돌아다니는 여자로서의 수행녀, 분소의를 입은 자로서의 수행녀, 사미니로서의 수행녀, 자칭에 의한 수행녀, '오라! 수행녀여!'에 의한 수행녀, 삼귀의에 의해 구족계를 받은 수행녀, 현선한 수행녀, 진실한 수행녀, 배울 것이 있는 학인인 수행녀, 배울 것이 없는 무학인 수행녀, 화합참모임과 한번제안세번제청의 갈마와 부동의 거룩한 님의 속성을 갖춘 자로서의 수행녀가 있는데, 그녀들 가운데 화합참모임과 양쪽으로부터 구족계를 받은 자로서 한번제안세번제청의 갈마와 부동의 거룩한 님의 속성을 갖춘 수행녀, 그녀를 이러한 의미에서의 수행녀라고 하는 것이다.

2-2₁. '잘못 파악하여'라는 것은 '다른 방식으로 파악하여'라는 뜻이다. '잘못 이해하여'라는 것은 '다른 방식으로 이해하여'라는 뜻이다. '타인'이라는 것은 구족계를 받은 자인데 그를 혐책하면, 속죄죄를 범하는 것이라는 뜻이다.

2-2₂.

1) 구족계를[276] 받은 자에 대하여 구족계를 받은 자라고 지각하고 혐책하면, 속죄죄를 범하는 것이다.
2) 구족계를 받은 자에 대하여 구족계를 받은 자인지 의심하고 혐책하면, 속죄죄를 범하는 것이다.
3) 구족계를 받은 자에 대하여 구족계를 받지 않은 자라고 지각하고 혐책하면, 속죄죄를 범하는 것이다.

2-2₃. 구족계를 받지 않은 자를 혐책하면, 악작죄를 범하는 것이다.

2-2₄.

1) 구족계를 받지 않은 자에 대해서 구족계를 받은 자라고 지각하면, 악작죄를 범하는 것이다.
2) 구족계를 받지 않은 자에 대해서 구족계를 받지 않은 자인지 의심하면, 악작죄를 범하는 것이다.
3) 구족계를 받지 않은 자에 대해서 구족계를 받지 않은 자라고 지각하면, 악작죄를 범하는 것이다.

2-3. 정신착란자이거나 초범자인 경우는 무죄이다.

4. 9. 9 속죄죄법 제89조

지옥에 의한 저주에 대한 학습계율[Nirayābhisapasikkhāpada]

1-1. 한때 존귀한 부처님께서는 싸밧티 시의 제따바나 숲에 있는 아나타삔디까 승원에 계셨다. 그런데 그때 수행녀들이 자신의 물건을 찾지 못하자 수행녀 짠다깔리에게 이와 같이 말했다.

[수행녀들] "존귀한 자매여, 우리의 물건을 보지 못했습니까?"

수행녀 짠다깔리는 혐책하고 분개하고 비난했다.

[짠다깔리] "내가 도둑이란 말입니까, 내가 철면피입니까? 존귀한 자매들이 자신의 물건을 찾지 못하자 나에게 이와 같이 '존귀한 자매여, 우리의 물건을 보지 못했습니까?'라고 말하는 것입니다. 존귀한 자매들이여, 만약에 제가 그대들의 물건을 가졌다면, 나는 수행녀가 아니고 청정한 삶에서 퇴락하여 지옥에 태어날 것입니다. 그러나 저를 진실이 아닌 것으로 이와 같이 말하다면, 그녀도 수행녀가 아니고 청정한 삶에서 퇴락하여 지옥에 태어날 것입니다."

1-2. 수행녀들 가운데 욕망을 여의고, 만족을 알고, 부끄러움을 알고, 후회할 줄 알고, 배움을 원하는 자들은 혐책하고 분개하고 비난했다.

[욕망을 여읜 수행녀들] "어찌 존귀한 자매 짠다깔리가 자신도 타인도 지옥이나 청정한 삶을 언급하며 저주할 수 있단 말인가?"

그래서 그 수행녀들은 수행승들에게 그 사실을 알렸다. 수행승들 가운데 욕망을 여의고, 만족을 알고, 부끄러움을 알고, 후회할 줄 알고, 배움을 원하는 자들도 혐책하고 분개하고 비난했다.

[욕망을 여읜 수행승들] "어찌 존귀한 자매 짠다깔리가 자신도 타인도 지옥이나 청정한 삶을 언급하며 저주할 수 있단 말인가?"

1-3. 그래서 그 수행승들은 세존께 그 사실을 알렸다.[246] 그러자 세존께서는 그것을 원인으로 그것을 기회로 수행승의 참모임을 불러 모으게 하고 법문을 하고 수행승들에게 말했다.

[세존] "수행승들이여, 수행녀 짠다깔리가 자신도 타인도 지옥이나 청정한 삶을 언급하며 저주한 것이 사실인가?"

[수행승들] "세존이시여, 사실입니다."

존귀한 부처님께서는 견책했다.

[세존] "수행승들이여, 수행녀 짠다깔리는 적절하지 않고, 자연스럽지 않고,

알맞지 않고, 수행자의 삶이 아니고, 부당하고, 해서는 안 될 일을 한 것이다. 수행승들이여, 어찌 수행녀 짠다깔리가 자신도 타인도 지옥이나 청정한 삶을 언급하며 저주할 수 있단 말인가? 수행승들이여, 그것은 아직 청정한 믿음이 없는 자를 청정한 믿음으로 이끌고, 이미 청정한 믿음이 있는 자를 더욱더 청정한 믿음으로 이끄는 것이 아니다. 수행승들이여, 그것은 오히려, 아직 청정한 믿음이 없는 자를 불신으로 이끌고, 이미 청정한 믿음이 있는 자 가운데 어떤 자들을 타락시키는 것이다."

1-4. 그리고 세존께서는 수행녀 짠다깔리에 대하여 여러 가지 방편으로 견책하고, 키우기 어렵고 부양하기 어렵고 탐욕이 많고 만족을 모르고 교제를 좋아하고 나태한 것에 대하여 질책하고, 여러 가지 법문으로 고무하여, 키우기 쉽고 부양하기 쉽고 욕심을 여의고, 만족을 알고, 버리고 없애는 삶, 악을 제거하는 삶, 청정한 믿음의 삶, 쌓아 모우지 않는 삶, 용맹정진의 삶을 칭찬하고, 수행승들을 위하여 그에 알맞고 그에 걸맞게 경책하여 법문을 하고 수행승들에게 일렀다.

[세존] "수행승들이여, 그러므로 수행녀들을 위하여 열 가지 이유에 기초하여, 즉 참모임의 수승을 위하여, 참모임의 안락을 위하여, 악한 수행녀의 조복을 위하여, 품행이 바른 수행녀의 평안한 삶을 위하여, 지금 여기에서의 번뇌의 제어를 위하여, 다가오는 번뇌를 물리치기 위하여, 청정한 믿음이 없는 자에게 청정한 믿음을 주기 위하여, 청정한 믿음이 있는 자에게 청정한 믿음을 증대시키기 위하여, 올바른 가르침을 지속시키기 위하여, 계율을 수호하기 위하여 학습계율을 시설하니, 수행승들이여, 수행녀들은 이와 같이 학습계율을 송출해야 한다."

[세존] "어떠한 수행녀이든지 자신이나 타인을 지옥이나 청정한 삶을 언급하며 저주한다면, 속죄죄를 범하는 것이다."[1284)]

2-1. '어떠한'이라는 것은 어떠한 관계, 어떠한 태생, 어떠한 이름, 어떠한 성씨, 어떠한 계행, 어떠한 주거, 어떠한 활동영역에서 이든지, 장로이든지, 신참이든지, 중참이든지, 이러한 자들을 형용하는 것으로 '어떠한 자이든'이라는 뜻이다. '수행녀'라고 하는 것은 '탁발하는 여자'로서의 수행녀, 탁발을 위해 돌아다니는 여자로서의 수행녀, 분소의를 입은 자로서의 수행녀, 사미니로서의 수행녀, 자칭

1284) 진심주저계○(瞋心呪詛戒) | Bhikkhunī Pāc. 89 : yā pana bhikkhunī attānaṃ vā paraṃ vā nirayena vā brahmacariyena vā abhisapeyya pācittiyan'ti.

에 의한 수행녀, '오라! 수행녀여!'에 의한 수행녀, 삼귀의에 의해 구족계를 받은 수행녀, 현선한 수행녀, 진실한 수행녀, 배울 것이 있는 학인인 수행녀, 배울 것이 없는 무학인 수행녀, 화합참모임과 한번제안세번제청의 갈마와 부동의 거룩한 님의 속성을 갖춘 자로서의 수행녀가 있는데, 그녀들 가운데 화합참모임과 양쪽으로부터 구족계를 받은 자로서 한번제안세번제청의 갈마와 부동의 거룩한 님의 속성을 갖춘 수행녀, 그녀를 이러한 의미에서의 수행녀라고 하는 것이다. '자신'이라는 '각자'를 뜻한다.

2-2₁. '타인'은 구족계를 받은 자인데, 그를 지옥이나 청정한 삶을 언급하며 저주하면, 속죄죄를 범하는 것이다.

2-2₂.

1) 구족계를[277] 받은 자에 대하여 구족계를 받은 자라고 지각하고 지옥이나 청정한 삶을 언급하며 저주하면, 속죄죄를 범하는 것이다.
2) 구족계를 받은 자에 대하여 구족계를 받은 자인지 의심하고 지옥이나 청정한 삶을 언급하며 저주하면, 속죄죄를 범하는 것이다.
3) 구족계를 받은 자에 대하여 구족계를 받지 않은 자라고 지각하고 지옥이나 청정한 삶을 언급하며 저주하면, 속죄죄를 범하는 것이다.

2-2₃.

1) 축생이나 아귀의 영역이나 인간의 불행을 언급하며 저주하면, 악작죄를 범하는 것이다.
2) 구족계를 받지 않은 자를 저주하면, 악작죄를 범하는 것이다.

2-2₄.

1) 구족계를 받지 않은 자에 대하여 구족계를 받은 자라고 지각하면, 악작죄를 범하는 것이다.
2) 구족계를 받지 않은 자에 대하여 구족계를 받지 않은 자인지 의심하면, 악작죄를 범하는 것이다.
3) 구족계를 받지 않은 자에 대하여 구족계를 받지 않은 자라고 지각하면, 악작죄를 범하는 것이다.

2-3. 의미의 설명을 목표로 하거나, 원리의 설명을 목표로 하거나, 가르침의 설명을 목표로 하는 경우이거나, 정신착란자이거나 초범자인 경우는 무죄이다.

4. 9. 10 속죄죄법 제90조

자기학대에 대한 학습계율[Attavadhasikkhāpada]

1-1. 한때 존귀한 부처님께서는 싸밧티 시의 제따바나 숲에 있는 아나타삔디까 승원에 계셨다. 그런데 그때 수행녀 짠다깔리가 수행녀들과 함께 다투고 자신을 거듭 학대하면서 울었다.

1-2. 수행녀들 가운데 욕망을 여의고, 만족을 알고, 부끄러움을 알고, 후회할 줄 알고, 배움을 원하는 자들은 혐책하고 분개하고 비난했다.

[욕망을 여읜 수행녀들] "어찌 존귀한 자매 짠다깔리가 자신을 거듭 학대하면서 울 수 있단 말인가?"

그래서 그 수행녀들은 수행승들에게 그 사실을 알렸다. 수행승들 가운데 욕망을 여의고, 만족을 알고, 부끄러움을 알고, 후회할 줄 알고, 배움을 원하는 자들도 혐책하고 분개하고 비난했다.

[욕망을 여읜 수행승들] "어찌 존귀한 자매 짠다깔리가 자신을 거듭 학대하면서 울 수 있단 말인가?"

1-3. 그래서 그 수행승들은 세존께 그 사실을 알렸다. 그러자 세존께서는 이러한 인연으로 이러한 기회에 수행승들의 참모임을 불러 모으게 하고 연유를 설하고 수행승들에게 물었다.

[세존] "수행승들이여, 수행녀 짠다깔리가 자신을 거듭 학대하면서 운 것이 사실인가?"

[수행승들] "세존이시여, 사실입니다."

존귀한 부처님께서는 견책했다.

[세존] "수행승들이여, 수행녀 짠다깔리는 적절하지 않고, 자연스럽지 않고, 알맞지 않고, 수행자의 삶이 아니고, 부당하고, 해서는 안 될 일을 행한 것이다. 수행승들이여, 어찌 수행녀 짠다깔리가 자신을 거듭 학대하면서 울수 있단 말인가? 수행승들이여, 그것은 아직 청정한 믿음이 없는 자를 청정한 믿음으로 이끌고, 이미 청정한 믿음이 있는 자를 더욱더 청정한 믿음으로 이끄는 것이 아니다. 수행승들이여, 그것은 오히려, 아직 청정한 믿음이 없는 자를 불신으로 이끌고, 이미 청정한 믿음이 있는 자 가운데 어떤 자들을 타락시키는 것이다."

1-3. 그래서 세존께서는 수행녀 짠다깔리에 대하여 여러 가지 방편으로 견책하

여, 키우기 어렵고 부양하기 어렵고 탐욕이 많고 만족을 모르고 교제를 좋아하고 나태한 것에 대하여 질책하고, 여러 가지 법문으로 고무하여, 키우기 쉽고 부양하기 쉽고 욕심을 여의고, 만족을 알고, 버리고 없애는 삶, 악을 제거하는 삶, 청정한 믿음의 삶, 쌓아 모우지 않는 삶, 용맹정진의 삶을 칭찬하고, 수행승들을 위하여 그에 알맞고 그에 걸맞게 경책하여 법문을 하고 수행승들에게 일렀다.

[세존] "수행승들이여, 그러므로 수행녀들을 위하여 열 가지 이유에 기초하여, 즉 참모임의 수승을 위하여, 참모임의 안락을 위하여, 악한 수행녀의 조복을 위하여, 품행이 바른 수행녀의 평안한 삶을 위하여, 지금 여기에서의 번뇌의 제어를 위하여, 다가오는 번뇌를 물리치기 위하여, 청정한 믿음이 없는 자에게 청정한 믿음을 주기 위하여, 청정한 믿음이 있는 자에게 청정한 믿음을 증대시키기 위하여, 올바른 가르침을 지속시키기 위하여, 계율을 수호하기 위하여 학습계율을 시설하니, 수행승들이여, 수행녀들은 이와 같이 학습계율을 송출해야 한다."

[세존] "어떠한 수행녀이든지 자신을 거듭 학대하면서 울면, 속죄죄를 범하는 것이다."[1285)]

2-1. '어떠한'이라는 것은 어떠한 관계, 어떠한 태생, 어떠한 이름, 어떠한 성씨, 어떠한 계행, 어떠한 주거, 어떠한 활동영역에서 이든지, 장로이든지, 신참이든지, 중참이든지, 이러한 자들을 형용하는 것으로 '어떠한 자이든'이라는 뜻이다. '수행녀'이라고 하는 것은 '탁발하는 여자'로서의 수행녀, 탁발을 위해 돌아다니는 여자로서의 수행녀, 분소의를 입은 자로서의 수행녀, 사미니로서의 수행녀, 자칭에 의한 수행녀, '오라! 수행녀여!'에 의한 수행녀, 삼귀의에 의해 구족계를 받은 수행녀, 현선한 수행녀, 진실한 수행녀, 배울 것이 있는 학인인 수행녀, 배울 것이 없는 무학인 수행녀, 화합참모임과 한번제안세번제청의 갈마와 부동의 거룩한 님의 속성을 갖춘 자로서의 수행녀가 있는데, 그녀들 가운데 화합참모임과 양쪽으로부터 구족계를 받은 자로서 한번제안세번제청의 갈마와 부동의 거룩한 님의 속성을 갖춘 수행녀, 그녀를 이러한 의미에서의 수행녀라고 하는 것이다.

2-2. '자신'이라는 것은 '각자'를 의미한다.

1) 거듭 학대하면서 울면, 속죄죄를 범하는 것이다.

1285) 타기제읍계○(打己啼泣戒) | Bhikkhunī Pāc. 90 : yā pana bhikkhunī attānaṃ vadhitvā vadhitvā rodeyya, pācittiyan'ti.

2) 학대하면서 울지 않으면, 악작죄를 범하는 것이다.

3) 울면서 학대하지 않으면, 악작죄를 범하는 것이다.

2-3. 친척의 불행이나 재산의 상실이나 질병의 재난을 만나서 울지만 학대하지 않는 경우이거나, 정신착란자이거나 초범자인 경우는 무죄이다.

제9품 어둠 그 후렴시는 다음과 같다.

어둠속에서, 가려진 장소에서, 노천에서, 사거리에서,
두 가지의 '묻지 않고', 때 아닌 때에, 잘못 파악하고, 지옥, 자기학대1286)

제10품 벌거벗음(Naggavaggo tatiyo)

4. 10. 1 속죄죄법 제91조

벌거벗은 목욕에 대한 학습계율[Naggodakasikkhāpada]

1-1. 한때[278] 존귀한 부처님께서는 싸밧티 시의 제따바나 숲에 있는 아나타삔디까 승원에 계셨다. 그런데 그때 다수의 수행녀들이 아찌라바띠 강변에서 기녀들과 함께 벌거벗고 한 나룻터에서 목욕을 하고 있었다. 기녀들이 그 수행녀들을 비웃었다.

[기녀들] "존귀한 자매들이여, 왜 그대들은 젊디젊었는데, 청정한 삶을 실천해서 무슨 소용이 있습니까? 감각적 쾌락의 욕망을 즐겨보면 어떨까요? 그대들이 늙으면, 청정한 삶을 영위할 수 있습니다. 이렇게 하면, 그대들은 양쪽으로 이득을 얻을 것입니다."

수행녀들은 기녀들의 비웃음에 얼굴을 붉혔다.

1-2. 그래서 그 수행녀들은 처소로 가서 수행녀들에게 그 사실을 알렸다. 수행녀들은 수행승들에게 그 사실을 알렸다. 수행승들은 세존께 그 사실을 알렸다. 그러자 세존께서는 이러한 인연으로 이러한 기회에 연유를 설하고 수행승들에게 일렀다.

[세존] "수행승들이여, 그러므로 수행녀들을 위하여 열 가지 이유에 기초하여, 즉 참모임의 수승을 위하여, 참모임의 안락을 위하여, 악한 수행녀의 조복을 위하여, 품행이 바른 수행녀의 평안한 삶을 위하여, 지금 여기에서의 번뇌의 제어를 위하여, 다가오는 번뇌를 물리치기 위하여, 청정한 믿음이 없는 자에게 청정한

1286) andhakāre paṭicchanne | ajjhokāse siṅghāṭake | dve nāpucchā vikāle ca | duggahī niraye vadhī'ti ||

믿음을 주기 위하여, 청정한 믿음이 있는 자에게 청정한 믿음을 증대시키기 위하여, 올바른 가르침을 지속시키기 위하여, 계율을 수호하기 위하여 학습계율을 시설하니, 수행승들이여, 수행녀들은 이와 같이 학습계율을 송출해야 한다."

[세존] "어떠한 수행녀이든지 벌거벗고 목욕하면, 속죄죄를 범하는 것이다."[1287)]

2-1. '어떠한'이라는 것은 어떠한 관계, 어떠한 태생, 어떠한 이름, 어떠한 성씨, 어떠한 계행, 어떠한 주거, 어떠한 활동영역에서 이든지, 장로이든지, 신참이든지, 중참이든지, 이러한 자들을 형용하는 것으로 '어떠한 자이든'이라는 뜻이다. '수행녀'라고 하는 것은 '탁발하는 여자'로서의 수행녀, 탁발을 위해 돌아다니는 여자로서의 수행녀, 분소의를 입은 자로서의 수행녀, 사미니로서의 수행녀, 자칭에 의한 수행녀, '오라! 수행녀여!'에 의한 수행녀, 삼귀의에 의해 구족계를 받은 수행녀, 현선한 수행녀, 진실한 수행녀, 배울 것이 있는 학인인 수행녀, 배울 것이 없는 무학인 수행녀, 화합참모임과 한번제안세번제청의 갈마와 부동의 거룩한 님의 속성을 갖춘 자로서의 수행녀가 있는데, 그녀들 가운데 화합참모임과 양쪽으로부터 구족계를 받은 자로서 한번제안세번제청의 갈마와 부동의 거룩한 님의 속성을 갖춘 수행녀, 그녀를 이러한 의미에서의 수행녀라고 하는 것이다.

2-2. '벌거벗고 목욕하면'이라는 것은 입거나 걸치지 않고[1288)] 목욕하면, 그 과정은 악작죄를 범하는 것이고, 목욕이 끝나면 속죄죄를 범하는 것이다.

2-3. 옷을 빼앗겼거나, 옷이 망가졌거나, 사고가 있는 경우이거나, 정신착란자이거나 초범자인 경우는 무죄이다.

4. 10. 2 속죄죄법 제92조

목욕옷에 대한 학습계율[Udakasāṭikasikkhāpada]

1-1. 한때 존귀한 부처님께서는 싸밧티 시의 제따바나 숲에 있는 아나타삔디까 승원에 계셨다. 그런데 그때 세존께서는 수행녀들에게 목욕옷을 허용했다. 여섯 무리의 수행녀들은[279] '세존께서는 수행녀들에게 목욕옷을 허용했다.'라고 듣고 칫수가 맞지 않은 목욕옷을 입고 앞뒤로 끌면서 여기저기 다녔다.

1287) 나신목욕계○(裸身沐浴戒) | Bhikkhunī Pāc. 91 : yā pana bhikkhunī naggā nhāyeyya, pācittiyan'ti.
1288) anivatthā vā apārutā vā : Bd. II. 32의 주석을 보라.

1-2. 수행녀들 가운데 욕망을 여의고, 만족을 알고, 부끄러움을 알고, 후회할 줄 알고, 배움을 원하는 자들은 혐책하고 분개하고 비난했다.

[욕망을 여읜 수행녀들] "어찌 여섯무리의 수행녀들이 칫수가 맞지 않은 목욕옷을 입고 앞뒤로 끌면서 여기저기 다닐 수 있단 말인가?"

그래서 그 수행녀들은 수행승들에게 그 사실을 알렸다. 수행승들 가운데 욕망을 여의고, 만족을 알고, 부끄러움을 알고, 후회할 줄 알고, 배움을 원하는 자들도 혐책하고 분개하고 비난했다.

[욕망을 여읜 수행승들] "어찌 여섯무리의 수행녀들이 칫수가 맞지 않은 목욕옷을 입고 앞뒤로 끌면서 여기저기 다닐 수 있단 말인가?"

1-3. 그래서 그 수행승들은 세존께 그 사실을 알렸다. 그러자 세존께서는 이러한 인연으로 이러한 기회에 수행승들의 참모임을 불러 모으게 하고 연유를 설하고 수행승들에게 물었다.

[세존] "수행승들이여, 그 여섯무리의 수행녀들은 칫수가 맞지 않은 목욕옷을 입고 앞뒤로 끌면서 여기저기 다닌 것이 사실인가?"

[수행승들] "세존이시여, 사실입니다."

존귀한 부처님께서는 견책했다.

[세존] "수행승들이여, 수행녀들은 적절하지 않고, 자연스럽지 않고, 알맞지 않고, 수행자의 삶이 아니고, 부당하고, 해서는 안 될 일을 행한 것이다. 수행승들이여, 어찌 여섯무리의 수행녀들이 칫수가 맞지 않은 목욕옷을 입고 앞뒤로 끌면서 여기저기 다닐 수 있단 말인가? 수행승들이여, 그것은 아직 청정한 믿음이 없는 자를 청정한 믿음으로 이끌고, 이미 청정한 믿음이 있는 자를 더욱더 청정한 믿음으로 이끄는 것이 아니다. 수행승들이여, 그것은 오히려, 아직 청정한 믿음이 없는 자를 불신으로 이끌고, 이미 청정한 믿음이 있는 자 가운데 어떤 자들을 타락시키는 것이다."

1-4. 그래서 세존께서는 그 여섯무리의 수행녀들에 대하여 여러 가지 방편으로 견책하여, 키우기 어렵고 부양하기 어렵고 탐욕이 많고 만족을 모르고 교제를 좋아하고 나태한 것에 대하여 질책하고, 여러 가지 법문으로 고무하여, 키우기 쉽고 부양하기 쉽고 욕심을 여의고, 만족을 알고, 버리고 없애는 삶, 악을 제거하는 삶, 청정한 믿음의 삶, 쌓아 모우지 않는 삶, 용맹정진의 삶을 칭찬하고, 수행승들을 위하여 그에 알맞고 그에 걸맞게 경책하여 법문을 하고 수행승들에게 일렀다.

[세존] "수행승들이여, 그러므로 수행녀들을 위하여 열 가지 이유에 기초하여, 즉 참모임의 수승을 위하여, 참모임의 안락을 위하여, 악한 수행녀의 조복을 위하여, 품행이 바른 수행녀의 평안한 삶을 위하여, 지금 여기에서의 번뇌의 제어를 위하여, 다가오는 번뇌를 물리치기 위하여, 청정한 믿음이 없는 자에게 청정한 믿음을 주기 위하여, 청정한 믿음이 있는 자에게 청정한 믿음을 증대시키기 위하여, 올바른 가르침을 지속시키기 위하여, 계율을 수호하기 위하여 학습계율을 시설하니, 수행승들이여, 수행녀들은 이와 같이 학습계율을 송출해야 한다."

[세존] "수행녀들이 목욕옷을 만들 때에는 칫수에 맞게 만들어야 한다. 그때의 적당한 칫수는 선서의 뼘으로 길이는 4뼘, 폭은 2뼘이어야 한다. 이것을 넘어서면, 자르는 것을 포함하여 속죄죄를 범하는 것이다."[1289)]

2-1. '목욕옷'이라는 것은 입고 목욕하는 옷을 뜻한다. '만들 때에는'이라는 것은 '만들거나 만들게 하는 것'을 뜻한다. '칫수에 맞게 만들어야 한다. 그때의 적당한 칫수는 선서의 뼘으로 길이는 4뼘, 폭은 2뼘이어야 한다.'라는 것은 다음과 같다. 그것을 넘어서서 만들거나 만들게 시키면, 그 과정은 악작죄를 범하는 것이고 획득하면, 잘라내고 속죄죄를 참회해야 하는 것이다.

2-2.

1) 자신이 잘못 만든 것을 자신이 완성하면, 속죄죄를 범하는 것이다.
2) 자신이 잘못 만든 것을 타인이 완성하도록 시키면, 속죄죄를 범하는 것이다.
3) 타인이 잘못 만든 것을 타인이 완성하도록 시키면, 악작죄를 범하는 것이다.
4) 타인을 위하여 만들거나 만들게 시키면, 악작죄를 범하는 것이다.
5) 타인을 위하여 만들어진 것을 얻어서 사용하면, 악작죄를 범하는 것이다.

2-3. 칫수에 따라 만들거나, 부족하게 만들거나, 타인이 만든 칫수가 초과하는 것을 얻어서 자르고 사용하거나, 천개(天蓋)나 바닥깔개나 커튼이나 담장이나 매트리스나 베개의 경우이거나, 정신착란자이거나 초범자인 경우는 무죄이다.

4. 10. 3 속죄죄법 제93조

실밥뽑기에 대한 학습계율[Visibbanasikkhāpada]

1289) 과량수욕의계○(過量水浴衣戒) | Bhikkhunī Pāc. 92 : udakasāṭikam pana bhikkhuniyā kārayamānāya pamāṇikā kāretabbā, tatr'idaṃ pamāṇaṃ: dīghaso catasso vidatthiyo sugatavidatthiyā, tiriyaṃ dve vidatthiyo. taṃ atikkāmentiyā chedanakaṃ pācittiyan'ti.

1-1. 한때 존귀한 부처님께서는 싸밧티 시의 제따바나 숲에 있는 아나타삔디까 승원에 계셨다. 그런데 그때 어떤 수행녀에게 값비싼 옷이 있었는데, 그것이 잘못 만들어지고 잘못 기워졌다. 수행녀 툴라난다는[280] 그 수행녀에게 이와 같이 말했다.

[툴라난다] "존귀한 자매여, 그대의 옷은 아름다운 것인데, 잘못 만들어지고 잘못 기워졌다."

[수행녀] "존귀한 자매여, 내가 실밥을 뽑을 테니 꿰매 주시겠습니까?"

[툴라난다] "존귀한 자매여, 그러지요, 제가 꿰매 보겠습니다."

그래서 그 수행녀는 그 옷을 풀어서 수행녀 툴라난다에게 주었다. 수행녀 툴라난다는 '내가 꿰매야지, 내가 꿰매야지.'하면서 꿰매지도 않고 꿰매도록 노력을 기울이지도 않았다.

1-2. 그래서 그 수행녀는 수행녀들에게 그 사실을 알렸다. 수행녀들 가운데 욕망을 여의고, 만족을 알고, 부끄러움을 알고, 후회할 줄 알고, 배움을 원하는 자들은 혐책하고 분개하고 비난했다.

[욕망을 여읜 수행녀들] "어찌 존귀한 자매 툴라난다가 수행녀의 옷에 대하여 실밥을 뽑게 만들고 꿰매지도 않고 꿰매도록 노력을 기울이지도 않을 수 있단 말인가?"

그래서 그 수행녀들은 수행승들에게 그 사실을 알렸다. 수행승들 가운데 욕망을 여의고, 만족을 알고, 부끄러움을 알고, 후회할 줄 알고, 배움을 원하는 자들도 혐책하고 분개하고 비난했다.

[욕망을 여읜 수행승들] "어찌 존귀한 자매 툴라난다가 수행녀의 옷에 대하여 실밥을 뽑게 만들고 꿰매지도 않고 꿰매도록 노력을 기울이지도 않을 수 있단 말인가?"

1-3. 그래서 그 수행승들은 세존께 그 사실을 알렸다. 그러자 세존께서는 이러한 인연으로 이러한 기회에 수행승들의 참모임을 불러 모으게 하고 연유를 설하고 수행승들에게 물었다.

[세존] "수행승들이여, 수행녀 툴라난다가 수행녀의 옷에 대하여 실밥을 뽑게 만들고 꿰매지도 않고 꿰매도록 노력을 기울이지도 않은 것이 사실인가?"

[수행승들] "세존이시여, 사실입니다."

존귀한 부처님께서는 견책했다.

[세존] "수행승들이여, 수행녀들은 적절하지 않고, 자연스럽지 않고, 알맞지 않고, 수행자의 삶이 아니고, 부당하고, 해서는 안 될 일을 행한 것이다. 수행승들이여, 어찌 수행녀 툴라난다가 수행녀의 옷에 대하여 실밥을 뽑게 만들고 꿰매지도 않고 꿰매도록 노력을 기울이지도 않을 수 있단 말인가? 수행승들이여, 그것은 아직 청정한 믿음이 없는 자를 청정한 믿음으로 이끌고, 이미 청정한 믿음이 있는 자를 더욱더 청정한 믿음으로 이끄는 것이 아니다. 수행승들이여, 그것은 오히려, 아직 청정한 믿음이 없는 자를 불신으로 이끌고, 이미 청정한 믿음이 있는 자 가운데 어떤 자들을 타락시키는 것이다."

1-4. 그래서 세존께서는 수행녀 툴라난다에 대하여 여러 가지 방편으로 견책하여, 키우기 어렵고 부양하기 어렵고 탐욕이 많고 만족을 모르고 교제를 좋아하고 나태한 것에 대하여 질책하고, 여러 가지 법문으로 고무하여, 키우기 쉽고 부양하기 쉽고 욕심을 여의고, 만족을 알고, 버리고 없애는 삶, 악을 제거하는 삶, 청정한 믿음의 삶, 쌓아 모우지 않는 삶, 용맹정진의 삶을 칭찬하고, 수행승들을 위하여 그에 알맞고 그에 걸맞게 경책하여 법문을 하고 수행승들에게 일렀다.

[세존] "수행승들이여, 그러므로 수행녀들을 위하여 열 가지 이유에 기초하여, 즉 참모임의 수승을 위하여, 참모임의 안락을 위하여, 악한 수행녀의 조복을 위하여, 품행이 바른 수행녀의 평안한 삶을 위하여, 지금 여기에서의 번뇌의 제어를 위하여, 다가오는 번뇌를 물리치기 위하여, 청정한 믿음이 없는 자에게 청정한 믿음을 주기 위하여, 청정한 믿음이 있는 자에게 청정한 믿음을 증대시키기 위하여, 올바른 가르침을 지속시키기 위하여, 계율을 수호하기 위하여 학습계율을 시설하니, 수행승들이여, 수행녀들은 이와 같이 학습계율을 송출해야 한다."

[세존] "어떠한 수행녀이든지 수행녀의 옷에 대하여 실밥을 뽑거나 뽑게 만들고 나중에 방해받지 않는데도 꿰매지도 않고 꿰매도록 노력을 기울이지 않는다면, 사오일 동안을 제외하고 속죄죄를 범하는 것이다."1290)

2-1. '어떠한'이라는 것은 어떠한 관계, 어떠한 태생, 어떠한 이름, 어떠한 성씨, 어떠한 계행, 어떠한 주거, 어떠한 활동영역에서 이든지, 장로이든지, 신참이든지, 중참이든지, 이러한 자들을 형용하는 것으로 '어떠한 자이든'이라는 뜻이다.

1290) 봉의과오일계○(縫衣過五日戒) | Bhikkhunī Pāc. 93 : yā pana bhikkhunī bhikkhuniyā cīvaraṃ visibbetvā vā visibbāpetvā vā sā pacchā anantarāyikinī n'eva sibbeyya na sibbāpanāya ussukkaṃ kareyya aññatra catūha pañcāhā, pācittiyan'ti.

'수행녀'라고 하는 것은 '탁발하는 여자'로서의 수행녀, 탁발을 위해 돌아다니는 여자로서의 수행녀, 분소의를 입은 자로서의 수행녀, 사미니로서의 수행녀, 자칭에 의한 수행녀, '오라! 수행녀여!'에 의한 수행녀, 삼귀의에 의해 구족계를 받은 수행녀, 현선한 수행녀, 진실한 수행녀, 배울 것이 있는 학인인 수행녀, 배울 것이 없는 무학인 수행녀, 화합참모임과 한번제안세번제청의 갈마와 부동의 거룩한 님의 속성을 갖춘 자로서의 수행녀가 있는데, 그녀들 가운데 화합참모임과 양쪽으로부터 구족계를 받은 자로서 한번제안세번제청의 갈마와 부동의 거룩한 님의 속성을 갖춘 수행녀, 그녀를 이러한 의미에서의 수행녀라고 하는 것이다.

2-2. 수행녀는 다른 수행녀를 뜻한다. '옷'이라는 것은 여섯 가지 옷 가운데 어느 하나의 옷을 뜻한다. '실밥을 뽑고'라는 것은 '스스로 실밥을 뽑고'라는 뜻이다. '실밥을 뽑게 만들고'라는 것은 타인에게 실밥을 뽑게 만드는 것을 뜻한다. '나중에 방해받지 않는데도'라는 것은 '장애가 없다면'을 뜻한다. '꿰매지도 않고'라는 것은 '스스로 꿰매지 않고'라는 것을 뜻한다. '꿰매도록 노력을 기울이지 않는다면'이라는 것은 '타인에게 명령하지 않는다면'이라는 것을 뜻한다. '사오일을 제외하고'라는 것은 '사오일 이외에'라는 뜻이다. '나는 꿰매지도 않고 꿰매도록 노력도 기울이지 않겠다.'라고 생각하여 책무를 회피하면, 속죄죄를 범하는 것이다.

2-3₁.

1) 구족계를 받은 자에 대하여 구족계를 받은 자라고 지각하고 옷에 대하여 실밥을 뽑거나 뽑게하거나 나중에 방해받지 않는데 꿰매지 않거나 꿰매도록 노력을 기울이지 않는다면, 사오일을 제외하고 속죄죄를 범하는 것이다.
2) 구족계를 받은 자에 대하여 구족계를 받은 자인지 의심하고 옷에 대하여 실밥을 뽑거나 뽑게하거나 나중에 방해받지 않는데 꿰매지 않거나 꿰매도록 노력을 기울이지 않는다면, 사오일을 제외하고 속죄죄를 범하는 것이다.
4) 구족계를 받은 자에 대하여 구족계를 받지 않은 자라고 지각하고 옷에 대하여 실밥을 뽑거나 뽑게하거나 나중에 방해받지 않는데 꿰매지 않거나 꿰매도록 노력을 기울이지 않는다면, 사오일을 제외하고 속죄죄를 범하는 것이다.

2-3₂.

1) 다른 필수품에 대하여 실밥을 뽑거나 뽑게하거나 나중에 방해받지 않는데 꿰매지 않거나 꿰매도록 노력을 기울이지 않는다면, 사오일을 제외하고[281] 악작죄를 범하는 것이다.

2) 구족계를 받지 않은 자의 옷이나 다른 필수품에 대하여 실밥을 뽑거나 뽑게 하거나 나중에 방해받지 않는데 꿰매지 않거나 꿰매도록 노력을 기울이지 않는다면, 사오일을 제외하고 악작죄를 범하는 것이다.

2-3₃.

1) 구족계를 받지 않은 자에 대하여 구족계를 받은 자라고 지각하면, 악작죄를 범하는 것이다.
2) 구족계를 받지 않은 자에 대하여 구족계를 받지 않은 자인지 의심하면, 악작죄를 범하는 것이다.
3) 구족계를 받지 않은 자에 대하여 구족계를 받지 않은 자라고 지각하면, 악작죄를 범하는 것이다.

2-4. 장애가 없다거나, 구해도 기회를 얻을 수 없던가, 일을 하면서 사오일을 넘어서지 않거나, 질환자이거나, 사고가 난 경우이거나, 정신착란자이거나 초범자인 경우는 무죄이다.

4. 10. 4 속죄죄법 제94조

대의의 착용에 대한 학습계율[Saṅghāṭicārasikkhāpada]

1-1. 한때 존귀한 부처님께서는 싸밧티 시의 제따바나 숲에 있는 아나타삔디까 승원에 계셨다. 그런데 그때 수행녀들이 다른 수행녀들의 손에 옷들을 맡기고 하의와 상의만을 입고 지방으로 유행을 떠났다. 그 옷이 오랫동안 방치되어 손상되었다. 수행녀들은 그것들을 햇볕에 말렸다. 수행녀들이 그 수행녀들에게 이와 같이 말했다.

[수행녀들] "존귀한 자매들이여, 손상된 옷들이 누구의 것입니까?"

1-2. 그러자 그 수행녀들은 수행녀들에게 그 사실을 말했다. 수행녀들 가운데 욕망을 여의고, 만족을 알고, 부끄러움을 알고, 후회할 줄 알고, 배움을 원하는 자들은 혐책하고 분개하고 비난했다.

[욕망을 여읜 수행녀들] "어찌 수행녀들이 다른 수행녀들의 손에 옷들을 맡기고 하의와 상의만을 입고 지방으로 유행을 떠날 수 있단 말인가?"

그래서 그 수행녀들은 수행승들에게 그 사실을 알렸다. 수행승들 가운데 욕망을 여의고, 만족을 알고, 부끄러움을 알고, 후회할 줄 알고, 배움을 원하는 자들도

혐책하고 분개하고 비난했다.

[욕망을 여읜 수행승들] "어찌 수행녀들이 다른 수행녀들의 손에 옷들을 맡기고 하의와 상의만을 입고 지방으로 유행을 떠날 수 있단 말인가?"

1-3. 그래서 그 수행승들은 세존께 그 사실을 알렸다. 그러자 세존께서는 이러한 인연으로 이러한 기회에 수행승들의 참모임을 불러 모으게 하고 연유를 설하고 수행승들에게 물었다.

[세존] "수행승들이여, 수행녀들이 다른 수행녀들의 손에 옷들을 맡기고 하의와 상의만을 입고 지방으로 유행을 떠난 것이 사실인가?"

[수행승들] "세존이시여, 사실입니다."

존귀한 부처님께서는 견책했다.

[세존] "수행승들이여, 수행녀 쑨다리난다는 적절하지 않고, 자연스럽지 않고, 알맞지 않고, 수행자의 삶이 아니고, 부당하고, 해서는 안 될 일을 행한 것이다. 수행승들이여, 어찌 수행녀들이 다른 수행녀들의 손에 옷들을 맡기고 하의와 상의만을 입고 지방으로 유행을 떠날 수 있단 말인가? 수행승들이여, 그것은 아직 청정한 믿음이 없는 자를 청정한 믿음으로 이끌고, 이미 청정한 믿음이 있는 자를 더욱더 청정한 믿음으로 이끄는 것이 아니다. 수행승들이여, 그것은 오히려, 아직 청정한 믿음이 없는 자를 불신으로 이끌고, 이미 청정한 믿음이 있는 자 가운데 어떤 자들을 타락시키는 것이다."

1-4. 그래서 세존께서는 그 수행녀들에 대하여 여러 가지 방편으로 견책하여, 키우기 어렵고 부양하기 어렵고 탐욕이 많고 만족을 모르고 교제를 좋아하고 나태한 것에 대하여 질책하고, 여러 가지 법문으로 고무하여, 키우기 쉽고 부양하기 쉽고 욕심을 여의고, 만족을 알고, 버리고 없애는 삶, 악을 제거하는 삶, 청정한 믿음의 삶, 쌓아 모우지 않는 삶, 용맹정진의 삶을 칭찬하고, 수행승들을 위하여 그에 알맞고 그에 걸맞게 경책하여 법문을 하고 수행승들에게 일렀다.

[세존] "수행승들이여, 그러므로 수행녀들을 위하여 열 가지 이유에 기초하여, 즉 참모임의 수승을 위하여, 참모임의 안락을 위하여, 악한 수행녀의 조복을 위하여, 품행이 바른 수행녀의 평안한 삶을 위하여, 지금 여기에서의 번뇌의 제어를 위하여, 다가오는 번뇌를 물리치기 위하여, 청정한 믿음이 없는 자에게 청정한 믿음을 주기 위하여, 청정한 믿음이 있는 자에게 청정한 믿음을 증대시키기 위하여, 올바른 가르침을 지속시키기 위하여, 계율을 수호하기 위하여 학습계율을 시설하니, 수행승들이여, 수행녀들은 이와 같이 학습계율을 송출해

야 한다."

[세존] "어떠한 수행녀이든지 대의[1291])를 착용하지 않고 닷새를 지나치면, 속죄죄를 범하는 것이다."[1292])

2-1. '어떠한'이라는 것은 어떠한 관계, 어떠한 태생, 어떠한 이름, 어떠한 성씨, 어떠한 계행, 어떠한 주거, 어떠한 활동영역에서 이든지, 장로이든지, 신참이든지, 중참이든지, 이러한 자들을 형용하는 것으로 '어떠한 자이든'이라는 뜻이다. '수행녀'이라고 하는 것은 '탁발하는 여자'로서의 수행녀, 탁발을 위해 돌아다니는 여자로서의 수행녀, 분소의를 입은 자로서의 수행녀, 사미니로서의 수행녀, 자칭에 의한 수행녀, '오라! 수행녀여!'에 의한 수행녀, 삼귀의에 의해 구족계를 받은 수행녀, 현선한 수행녀, 진실한 수행녀, 배울 것이 있는 학인인 수행녀, 배울 것이 없는 무학인 수행녀, 화합참모임과 한번제안세번제청의 갈마와 부동의 거룩한 님의 속성을 갖춘 자로서의 수행녀가 있는데, 그녀들 가운데 화합참모임과 양쪽으로부터 구족계를 받은 자로서 한번제안세번제청의 갈마와 부동의 거룩한 님의 속성을 갖춘 수행녀, 그녀를 이러한 의미에서의 수행녀라고 하는 것이다.

2-2. '대의를 착용하지 않고 닷새를 지나치면'이라는 것은 '다섯 번째 날 다섯 벌의 옷을 입지 않거나, 걸치지 않거나, 햇볕에 말리지 않고 다섯 번째 날을 보내면, 속죄죄를 범하는 것이라는 뜻이다.

2-3₁.

1) 닷새를 지나친 것에 대하여 지나친 것을 지각하면, 속죄죄를 범하는 것이다.
2) 닷새를 지나친 것에 대하여 지나친 것인지 의심하면, 속죄죄를 범하는 것이다.
3) 닷새를 지나친 것에[282] 대하여 지나치지 않은 것이라고 지각하면, 속죄죄를 범하는 것이다.

2-3₂.

1) 닷새를 지나치지 않은 것에 대하여 지나친 것이라고 지각하면, 악작죄를 범하는 것이다.

1291) saṅghāṭi : 한역음사는 승가리(僧伽梨)로 수행승이 지녀야 하는 세벌 옷 가운데 가장 크므로 대의(大衣)라고 한다. 상세한 설명은 이 책 Vin. I. 109의 주석을 보라.

1292) 과오일부착승가리계○(過五日不著僧伽梨戒) | Bhikkhunī Pāc. 94 : yā pana bhikkhunī pañcāhikaṃ saṅghāṭicāraṃ atikkāmeyya, pācittiyan'ti.

2) 닷새를 지나치지 않은 것에 대하여 지나치지 않은 것인지 의심하면, 악작죄를 범하는 것이다.
3) 닷새를 지나치지 않은 것에 대하여 지나치지 않은 것이라고 지각하면, 무죄이다.

2-4. 다섯 번째 날 다섯 벌의 옷을 입거나 걸치거나 햇볕에 말리는 경우나, 질병이 걸리거나, 사고가 나는 경우이거나, 정신착란자이거나 초범자인 경우는 무죄이다.

4. 10. 5 속죄죄법 제95조

돌려주어야 할 것에 대한 학습계율[Saṅkamanīyasikkhāpada]

1-1. 한때 존귀한 부처님께서는 싸밧티 시의 제따바나 숲에 있는 아나타삔디까 승원에 계셨다. 그런데 그때 어떤 수행녀[A]가 탁발을 하고 젖은 옷을 널어놓고 정사로 들어갔다. 어떤 수행녀[B]가 그 옷을 걸치고 마을로 탁발하러 들어갔다. 그녀[A]가 나와서 수행녀들에게 말했다.

[수행녀A] "존귀한 자매들이여, 저의 옷을 혹시 보지 못했습니까?"

수행녀들은 그 수행녀[A]에게 그 사실을 알렸다. 그러자 그 수행녀[A]는 혐책하고 분개하고 비난했다.

[수행녀A] "어찌 수행녀[B]가 나의 옷을 허락도 구하지 않고 입을 수가 있단 말인가?"

1-2. 그래서 그 수행녀[A]는 수행녀들에게 그 사실을 알렸다. 수행녀들 가운데 욕망을 여의고, 만족을 알고, 부끄러움을 알고, 후회할 줄 알고, 배움을 원하는 자들은 혐책하고 분개하고 비난했다.

[욕망을 여읜 수행녀들] "어찌 수행녀가 수행녀의 옷을 허락도 구하지 않고 입을 수가 있단 말인가?"

그래서 그 수행녀들은 수행승들에게 그 사실을 알렸다. 수행승들 가운데 욕망을 여의고, 만족을 알고, 부끄러움을 알고, 후회할 줄 알고, 배움을 원하는 자들도 혐책하고 분개하고 비난했다.

[욕망을 여읜 수행승들] "어찌 수행녀가 수행녀의 옷을 허락도 구하지 않고 입을 수가 있단 말인가?"

1-3. 그래서 그 수행승들은 세존께 그 사실을 알렸다. 그러자 세존께서는 그것을

원인으로 그것을 기회로 수행승의 참모임을 불러 모으게 하고 법문을 하고 수행승들에게 말했다.

[세존] "수행승들이여, 수행녀가 수행녀의 옷을 허락도 구하지 않고 입은 것이 사실인가?"

[수행승들] "세존이시여, 사실입니다."

존귀한 부처님께서는 견책했다.

[세존] "수행승들이여, 그 수행녀는 적절하지 않고, 자연스럽지 않고, 알맞지 않고, 수행자의 삶이 아니고, 부당하고, 해서는 안 될 일을 한 것이다. 수행승들이여, 어찌 수행녀가 수행녀의 옷을 허락도 구하지 않고 입을 수 있단 말인가? 수행승들이여, 그것은 아직 청정한 믿음이 없는 자를 청정한 믿음으로 이끌고, 이미 청정한 믿음이 있는 자를 더욱더 청정한 믿음으로 이끄는 것이 아니다. 수행승들이여, 그것은 오히려, 아직 청정한 믿음이 없는 자를 불신으로 이끌고, 이미 청정한 믿음이 있는 자 가운데 어떤 자들을 타락시키는 것이다."

1-4. 그리고 세존께서는 그 수행녀에 대하여 여러 가지 방편으로 견책하고, 키우기 어렵고 부양하기 어렵고 탐욕이 많고 만족을 모르고 교제를 좋아하고 나태한 것에 대하여 질책하고, 여러 가지 법문으로 고무하여, 키우기 쉽고 부양하기 쉽고 욕심을 여의고, 만족을 알고, 버리고 없애는 삶, 악을 제거하는 삶, 청정한 믿음의 삶, 쌓아 모우지 않는 삶, 용맹정진의 삶을 칭찬하고, 수행승들을 위하여 그에 알맞고 그에 걸맞게 경책하여 법문을 하고 수행승들에게 일렀다.

[세존] "수행승들이여, 그러므로 수행녀들을 위하여 열 가지 이유에 기초하여, 즉 참모임의 수승을 위하여, 참모임의 안락을 위하여, 악한 수행녀의 조복을 위하여, 품행이 바른 수행녀의 평안한 삶을 위하여, 지금 여기에서의 번뇌의 제어를 위하여, 다가오는 번뇌를 물리치기 위하여, 청정한 믿음이 없는 자에게 청정한 믿음을 주기 위하여, 청정한 믿음이 있는 자에게 청정한 믿음을 증대시키기 위하여, 올바른 가르침을 지속시키기 위하여, 계율을 수호하기 위하여 학습계율을 시설하니, 수행승들이여, 수행녀들은 이와 같이 학습계율을 송출해야 한다."

[세존] "어떠한 수행녀이든지 돌려주어야 할 옷[1293]을 착용하면, 속죄죄를 범하는 것이다."[1294]

1293) cīvarasaṅkamanīyaṃ : Smp. 930에 따르면, 정당한 소유자에게 돌려주어야 할 옷을 뜻한다.

2-1. '어떠한'이라는 것은 어떠한 관계, 어떠한 태생, 어떠한 이름, 어떠한 성씨, 어떠한 계행, 어떠한 주거, 어떠한 활동영역에서 이든지, 장로이든지, 신참이든지, 중참이든지, 이러한 자들을 형용하는 것으로 '어떠한 자이든'이라는 뜻이다. '수행녀'라고 하는 것은 '탁발하는 여자'로서의 수행녀, 탁발을 위해 돌아다니는 여자로서의 수행녀, 분소의를 입은 자로서의 수행녀, 사미니로서의 수행녀, 자칭에 의한 수행녀, '오라! 수행녀여!'에 의한 수행녀, 삼귀의에 의해 구족계를 받은 수행녀, 현선한 수행녀, 진실한 수행녀, 배울 것이 있는 학인인 수행녀, 배울 것이 없는 무학인 수행녀, 화합참모임과 한번제안세번제청의 갈마와 부동의 거룩한 님의 속성을 갖춘 자로서의 수행녀가 있는데, 그녀들 가운데 화합참모임과 양쪽으로부터 구족계를 받은 자로서 한번제안세번제청의 갈마와 부동의 거룩한 님의 속성을 갖춘 수행녀, 그녀를 이러한 의미에서의 수행녀라고 하는 것이다.

2-2₁. '돌려주어야 할 옷'이라는 것은 다음과 같다. 구족계를 받은 수행녀의 다섯 벌의 옷 가운데 한 옷으로 돌려주지 않거나 허락을 구하지 않고 입거나 걸치면, 속죄죄를 범하는 것이다.

2-2₂.

1) 구족계를 받은 자에 대하여 구족계를 받은 자라고 지각하고 돌려주어야 할 옷을 입으면, 속죄죄를 범하는 것이다.
2) 구족계를 받은 자에 대하여 구족계를 받은 자인지 의심하고 돌려주어야 할 옷을 입으면, 속죄죄를 범하는 것이다.
3) 구족계를 받은 자에 대하여 구족계를 받지 않은 자라고 지각하고 돌려주어야 할 옷을 입으면, 속죄죄를 범하는 것이다.

2-2₃. 구족계를 받지 않은 자의[283] 돌려주어야 할 옷을 입으면, 악작죄를 범하는 것이다.

2-2₄.

1) 구족계를 받지 않은 자에 대하여 구족계를 받은 자라고 지각하면, 악작죄를 범하는 것이다.
2) 구족계를 받지 않은 자에 대하여 구족계를 받지 않은 자인지 의심하면, 악작죄를 범하는 것이다.

1294) 첩착타의계○(輒著他衣戒) | Bhikkhunī Pāc. 95 : yā pana bhikkhunī cīvarasaṅkamanīyaṃ dhāreyya, pācittiyan'ti.

3) 구족계를 받지 않은 자에 대하여 구족계를 받지 않은 자라고 지각하면, 악작죄를 범하는 것이다.

2-3. 그녀가 주거나, 허락을 구하고 입거나 걸치거나, 옷을 빼앗긴 자이거나, 옷을 잃어버린 자이거나, 사고가 일어나는 경우이거나, 정신착란자나 초범자인 경우는 무죄이다.1295)

4. 10. 6 속죄죄법 제96조

대중의 이득에 대한 학습계율[Gaṇalābhasikkhāpada]

1-1. 한때 존귀한 부처님께서는 싸밧티 시의 제따바나 숲에 있는 아나타삔디까 승원에 계셨다. 그런데 그때 수행녀 툴라난다의 단월가정이 수행녀 툴라난다에게 이와 같이 말했다.

[단월가정] "존귀한 자매여, 저희들은 수행녀의 참모임에 옷을 보시하고자 합니다."

수행녀 툴라난다는 '그대들은 할 일이 많고 바쁩니다.'라고 방해했다. 그런데 그때 그 단월가정의 집이 불타버렸다. 그들은 혐책하고 분개하고 비난했다.

[단월가정] "어찌 존귀한 자매 툴라난다가 우리의 공덕보시를 방해할 수 있단 말인가? 우리는 재물도 공덕도 둘 다 잃고 말았다."

1-2. 수행녀들은 그 사람들이 혐책하고 분개하고 비난하는 것을 들었다. 수행녀들 가운데 욕망을 여의고, 만족을 알고, 부끄러움을 알고, 후회할 줄 알고, 배움을 원하는 자들은 혐책하고 분개하고 비난했다.

[욕망을 여읜 수행녀들] "어찌 존귀한 자매 툴라난다가 대중이 옷을 얻는 것을 방해할 수 있단 말인가?"

그래서 그 수행녀들은 수행승들에게 그 사실을 알렸다. 수행승들 가운데 욕망을 여의고, 만족을 알고, 부끄러움을 알고, 후회할 줄 알고, 배움을 원하는 자들도 혐책하고 분개하고 비난했다.

[욕망을 여읜 수행승들] "어찌 존귀한 자매 툴라난다가 대중이 옷을 얻는 것을 방해할 수 있단 말인가?"

1295) ummattikāyā khittacittāya vedanaṭṭāyā ādikammikāyāti.

1-3. 그래서 그 수행승들은 세존께 그 사실을 알렸다. 그러자 세존께서는 이러한 인연으로 이러한 기회에 수행승들의 참모임을 불러 모으게 하고 연유를 설하고 수행승들에게 물었다.

[세존] "수행승들이여, 수행녀 툴라난다가 대중이 옷을 얻는 것을 방해한 것이 사실인가?"

[수행승들] "세존이시여, 사실입니다."

존귀한 부처님께서는 견책했다.

[세존] "수행승들이여, 수행녀 툴라난다는 적절하지 않고, 자연스럽지 않고, 알맞지 않고, 수행자의 삶이 아니고, 부당하고, 해서는 안 될 일을 행한 것이다. 수행승들이여, 어찌 수행녀 툴라난다가 대중이 옷을 얻는 것을 방해할 수 있단 말인가? 수행승들이여, 그것은 아직 청정한 믿음이 없는 자를 청정한 믿음으로 이끌고, 이미 청정한 믿음이 있는 자를 더욱더 청정한 믿음으로 이끄는 것이 아니다. 수행승들이여, 그것은 오히려, 아직 청정한 믿음이 없는 자를 불신으로 이끌고, 이미 청정한 믿음이 있는 자 가운데 어떤 자들을 타락시키는 것이다."

1-4. 그래서 세존께서는 수행녀 툴라난다에 대하여 여러 가지 방편으로 견책하여, 키우기 어렵고 부양하기 어렵고 탐욕이 많고 만족을 모르고 교제를 좋아하고 나태한 것에 대하여 질책하고, 여러 가지 법문으로 고무하여, 키우기 쉽고 부양하기 쉽고 욕심을 여의고, 만족을 알고, 버리고 없애는 삶, 악을 제거하는 삶, 청정한 믿음의 삶, 쌓아 모우지 않는 삶, 용맹정진의 삶을 칭찬하고, 수행승들을 위하여 그에 알맞고 그에 걸맞게 경책하여 법문을 하고 수행승들에게 일렀다.

[세존] "수행승들이여, 그러므로 수행녀들을 위하여 열 가지 이유에 기초하여, 즉 참모임의 수승을 위하여, 참모임의 안락을 위하여, 악한 수행녀의 조복을 위하여, 품행이 바른 수행녀의 평안한 삶을 위하여, 지금 여기에서의 번뇌의 제어를 위하여, 다가오는 번뇌를 물리치기 위하여, 청정한 믿음이 없는 자에게 청정한 믿음을 주기 위하여, 청정한 믿음이 있는 자에게 청정한 믿음을 증대시키기 위하여, 올바른 가르침을 지속시키기 위하여, 계율을 수호하기 위하여 학습계율을 시설하니, 수행승들이여, 수행녀들은 이와 같이 학습계율을 송출해야 한다."

[세존] "어떠한 수행녀든지 대중이 옷을 얻는 것을 방해하면, 속죄죄를 범하는 것이다."[1296]

1296) 승의작유난계○(僧衣作留難戒) | Bhikkhunī Pāc. 96 : yā pana bhikkhunī gaṇassa civaralābhaṃ antarāyaṃ

2-1. '어떠한'이라는 것은 어떠한 관계, 어떠한 태생, 어떠한 이름, 어떠한 성씨, 어떠한 계행, 어떠한 주거, 어떠한 활동영역에서 이든지, 장로이든지, 신참이든지, 중참이든지, 이러한 자들을 형용하는 것으로 '어떠한 자이든'이라는 뜻이다. '수행녀'라고 하는 것은 '탁발하는 여자'로서의 수행녀, 탁발을 위해 돌아다니는 여자로서의 수행녀, 분소의를 입은 자로서의 수행녀, 사미니로서의 수행녀, 자칭에 의한 수행녀, '오라! 수행녀여!'에 의한 수행녀, 삼귀의에 의해 구족계를 받은 수행녀, 현선한 수행녀, 진실한 수행녀, 배울 것이 있는 학인인 수행녀, 배울 것이 없는 무학인 수행녀, 화합참모임과 한번제안세번제청의 갈마와 부동의 거룩한 님의 속성을 갖춘 자로서의 수행녀가 있는데, 그녀들 가운데 화합참모임과 양쪽으로부터 구족계를 받은 자로서 한번제안세번제청의 갈마와 부동의 거룩한 님의 속성을 갖춘 수행녀, 그녀를 이러한 의미에서의 수행녀라고 하는 것이다.

2-2. '대중'이라는 것은 수행녀의 참모임을 뜻한다. '옷'이라는 것은 배당을 위해 적당한 최소한의 옷 이상으로 여섯 가지 옷 가운데 어느 하나의 옷을 뜻한다. '방해하면'[284]이라는 것은 다음과 같다. '어떻게 이 옷을 줄 수 있겠는가?'라고 방해하면, 악작죄를 범한 것이라는 뜻이다. 다른 필수품을 방해하면, 악작죄를 범하는 것이다. 몇몇 수행녀나 한 수행녀나 구족계를 받지 않은 자에게 옷이나 다른 필수품을 방해하면, 악작죄를 범하는 것이다.

2-3. 공덕을 설해주고 방해한 경우이거나, 정신착란자이거나 초범자인 경우는 무죄이다.

4. 10. 7 속죄죄법 제97조

옷의 분배에 대한 학습계율[Cīvaravibhaṅgasikkhāpada]

1-1. 한때 존귀한 부처님께서는 싸밧티 시의 제따바나 숲에 있는 아나타삔디까 승원에 계셨다. 그런데 그때 수행녀의 참모임에 때 아닌 때의 옷이 생겼다. 그래서 수행녀의 참모임은 그 옷을 분배하려고 모였다. 그런데 그때 수행녀 툴라난다의 제자수행녀들은 출타 중이었다. 수행녀 툴라난다는 그 수행녀들에게 이와 같이 말했다.

---

kareyya pācittiyan'ti.

[툴라난다] "존귀한 자매들이여, 수행녀들이 출타중인 한, 옷을 분배할 수 없다."

그녀는 원칙에 입각한 옷의 분배를 차단했다. 수행녀들은 '아직 옷이 분배될 수 없다.'라고 생각하고 그곳을 떠났다. 그런데 수행녀 툴라난다는 제자수행녀들이 오자 그 옷을 분배했다.

1-2. 수행녀들 가운데 욕망을 여의고, 만족을 알고, 부끄러움을 알고, 후회할 줄 알고, 배움을 원하는 자들은 혐책하고 분개하고 비난했다.

[욕망을 여읜 수행녀들] "어찌 존귀한 자매 툴라난다가 원칙에 입각한 옷의 분배를 차단할 수 있단 말인가?"

그래서 그 수행녀들은 수행승들에게 그 사실을 알렸다. 수행승들 가운데 욕망을 여의고, 만족을 알고, 부끄러움을 알고, 후회할 줄 알고, 배움을 원하는 자들도 혐책하고 분개하고 비난했다.

[욕망을 여읜 수행승들] "어찌 존귀한 자매 툴라난다가 원칙에 입각한 옷의 분배를 차단할 수 있단 말인가?"

1-3. 그래서 그 수행승들은 세존께 그 사실을 알렸다. 그러자 세존께서는 이러한 인연으로 이러한 기회에 수행승들의 참모임을 불러 모으게 하고 연유를 설하고 수행승들에게 물었다.

[세존] "수행승들이여, 수행녀 툴라난다가 원칙에 입각한 옷의 분배를 차단한 것이 사실인가?"

[수행승들] "세존이시여, 사실입니다."

존귀한 부처님께서는 견책했다.

[세존] "수행승들이여, 수행녀 툴라난다는 적절하지 않고, 자연스럽지 않고, 알맞지 않고, 수행자의 삶이 아니고, 부당하고, 해서는 안 될 일을 행한 것이다. 수행승들이여, 어찌 수행녀 툴라난다가 원칙에 입각한 옷의 분배를 차단할 수 있단 말인가? 수행승들이여, 그것은 아직 청정한 믿음이 없는 자를 청정한 믿음으로 이끌고, 이미 청정한 믿음이 있는 자를 더욱더 청정한 믿음으로 이끄는 것이 아니다. 수행승들이여, 그것은 오히려, 아직 청정한 믿음이 없는 자를 불신으로 이끌고, 이미 청정한 믿음이 있는 자 가운데 어떤 자들을 타락시키는 것이다."

1-4. 그래서 세존께서는 수행녀 툴라난다에 대하여 여러 가지 방편으로 견책하여, 키우기 어렵고 부양하기 어렵고 탐욕이 많고 만족을 모르고 교제를 좋아하고 나태한 것에 대하여 질책하고, 여러 가지 법문으로 고무하여, 키우기 쉽고 부양하

기 쉽고 욕심을 여의고, 만족을 알고, 버리고 없애는 삶, 악을 제거하는 삶, 청정한 믿음의 삶, 쌓아 모우지 않는 삶, 용맹정진의 삶을 칭찬하고, 수행승들을 위하여 그에 알맞고 그에 걸맞게 경책하여 법문을 하고 수행승들에게 일렀다.

[세존] "수행승들이여, 그러므로 수행녀들을 위하여 열 가지 이유에 기초하여, 즉 참모임의 수승을 위하여, 참모임의 안락을 위하여, 악한 수행녀의 조복을 위하여, 품행이 바른 수행녀의 평안한 삶을 위하여, 지금 여기에서의 번뇌의 제어를 위하여, 다가오는 번뇌를 물리치기 위하여, 청정한 믿음이 없는 자에게 청정한 믿음을 주기 위하여, 청정한 믿음이 있는 자에게 청정한 믿음을 증대시키기 위하여, 올바른 가르침을 지속시키기 위하여, 계율을 수호하기 위하여 학습계율을 시설하니, 수행승들이여, 수행녀들은 이와 같이 학습계율을 송출해야 한다."

[세존] "어떠한 수행녀이든지 원칙에 입각한 옷의 분배를 차단하면, 속죄죄를 범하는 것이다."1297)

2-1. '어떠한'이라는 것은 어떠한 관계, 어떠한 태생, 어떠한 이름, 어떠한 성씨, 어떠한 계행, 어떠한 주거, 어떠한 활동영역에서 이든지, 장로이든지, 신참이든지, 중참이든지, 이러한 자들을 형용하는 것으로 '어떠한 자이든'이라는 뜻이다. '수행녀'라고 하는 것은 '탁발하는 여자'로서의 수행녀, 탁발을 위해 돌아다니는 여자로서의 수행녀, 분소의를 입은 자로서의 수행녀, 사미니로서의 수행녀, 자칭에 의한 수행녀, '오라! 수행녀여!'에 의한 수행녀, 삼귀의에 의해 구족계를 받은 수행녀, 현선한 수행녀, 진실한 수행녀, 배울 것이 있는 학인인 수행녀, 배울 것이 없는 무학인 수행녀, 화합참모임과 한번제안세번제청의 갈마와 부동의 거룩한 님의 속성을 갖춘 자로서의 수행녀가 있는데, 그녀들 가운데 화합참모임과 양쪽으로부터 구족계를 받은 자로서 한번제안세번제청의 갈마와 부동의 거룩한 님의 속성을 갖춘 수행녀, 그녀를 이러한 의미에서의 수행녀라고 하는 것이다.

2-2. '원칙에 입각한 옷의 분배'라고 하는 것은 화합수행녀의 참모임이 모여서 분배하는 것을 뜻한다. '차단하면'[285]이라는 것은 다음과 같다. '어떻게 이 옷을 분배할 수 있겠는가?'라고 차단하면, 속죄죄를 범하는 것이다.

2-3₁.

1) 원칙에 입각한 것에 대하여 원칙에 입각한 것이라고 지각하고 차단하면, 속죄

1297) 차분의계○(遮分衣戒) | Bhikkhunī Pāc. 97 : yā pana bhikkhunī dhammikaṃ cīvaravibhaṅgaṃ paṭibāheyya, pācittiyan'ti.

죄를 범하는 것이다.

2) 원칙에 입각한 것에 대하여 원칙에 입각한 것인지 의심하고 차단하면, 속죄죄를 범하는 것이다.

3) 원칙에 입각한 것에 대하여 원칙에 입각하지 않은 것이라고 지각하고 차단하면, 무죄이다.

2-3₂.

1) 원칙에 입각하지 않은 것에 대하여 원칙에 입각한 것이라고 지각하면, 악작죄를 범하는 것이다.

2) 원칙에 입각하지 않은 것에 대하여 원칙에 입각하지 않은 것인지 의심하면, 악작죄를 범하는 것이다.

3) 원칙에 입각하지 않은 것에 대하여 원칙에 입각하지 않은 것이라고 지각하면, 무죄이다.

2-4. 공덕을 설명해주고 차단하는 경우이거나, 정신착란자이거나 초범자인 경우는 무죄이다.

4. 10. 8 속죄죄법 제98조

사문의 옷에 대한 학습계율[Samaṇacīvarasikkhāpada]

1-1. 한때 존귀한 부처님께서는 싸밧티 시의 제따바나 숲에 있는 아나타삔디까 승원에 계셨다. 그런데 그때 수행녀 툴라난다는 배우에게도, 무용수에게도, 여자곡예사에게도, 여자마술사에게도, 북연주자에게도 수행자의 옷을 주고는 '대중 속에서 나를 찬양하시오.'라고 말했다. 배우도, 무용수도, 여자곡예사도, 여자마술사도, 북연주자도 수행녀 툴라난다를 대중 속에서 찬양했다.

[배우 등] "존귀한 자매 툴라난다는 박학한 송출자이자 슬기로운 선설법자이십니다. 여러분들은 존귀한 자매에게 보시하십시오. 여러분들은 존귀한 자매를 위해 일하십시오."

1-2. 수행녀들 가운데 욕망을 여의고, 만족을 알고, 부끄러움을 알고, 후회할 줄 알고, 배움을 원하는 자들은 혐책하고 분개하고 비난했다.

[욕망을 여읜 수행녀들] "어찌 존귀한 자매 툴라난다가 재가자에게 사문의 옷을 줄 수 있단 말인가?"

그래서 그 수행녀들은 수행승들에게 그 사실을 알렸다. 수행승들 가운데 욕망을 여의고, 만족을 알고, 부끄러움을 알고, 후회할 줄 알고, 배움을 원하는 자들도 혐책하고 분개하고 비난했다.

[욕망을 여읜 수행승들] "어찌 존귀한 자매 툴라난다가 재가자에게 사문의 옷을 줄 수 있단 말인가?"

1-3. 그래서 그 수행승들은 세존께 그 사실을 알렸다. 그러자 세존께서는 그것을 원인으로 그것을 기회로 수행승의 참모임을 불러 모으게 하고 법문을 하고 수행승들에게 말했다.

[세존] "수행승들이여, 수행녀 툴라난다가 재가자에게 사문의 옷을 준 것이 사실인가?"

[수행승들] "세존이시여, 사실입니다."

존귀한 부처님께서는 견책했다.

[세존] "수행승들이여, 수행녀 툴라난다는 적절하지 않고, 자연스럽지 않고, 알맞지 않고, 수행자의 삶이 아니고, 부당하고, 해서는 안 될 일을 한 것이다. 수행승들이여, 어찌 수행녀 툴라난다가 재가자에게 사문의 옷을 줄 수 있단 말인가? 수행승들이여, 그것은 아직 청정한 믿음이 없는 자를 청정한 믿음으로 이끌고, 이미 청정한 믿음이 있는 자를 더욱더 청정한 믿음으로 이끄는 것이 아니다. 수행승들이여, 그것은 오히려, 아직 청정한 믿음이 없는 자를 불신으로 이끌고, 이미 청정한 믿음이 있는 자 가운데 어떤 자들을 타락시키는 것이다."

1-4. 그리고 세존께서는 수행녀 툴라난다에 대하여 여러 가지 방편으로 견책하고, 키우기 어렵고 부양하기 어렵고 탐욕이 많고 만족을 모르고 교제를 좋아하고 나태한 것에 대하여 질책하고, 여러 가지 법문으로 고무하여, 키우기 쉽고 부양하기 쉽고 욕심을 여의고, 만족을 알고, 버리고 없애는 삶, 악을 제거하는 삶, 청정한 믿음의 삶, 쌓아 모우지 않는 삶, 용맹정진의 삶을 칭찬하고, 수행승들을 위하여 그에 알맞고 그에 걸맞게 경책하여 법문을 하고 수행승들에게 일렀다.

[세존] "수행승들이여, 그러므로 수행녀들을 위하여 열 가지 이유에 기초하여, 즉 참모임의 수승을 위하여, 참모임의 안락을 위하여, 악한 수행녀의 조복을 위하여, 품행이 바른 수행녀의 평안한 삶을 위하여, 지금 여기에서의 번뇌의 제어를 위하여, 다가오는 번뇌를 물리치기 위하여, 청정한 믿음이 없는 자에게 청정한 믿음을 주기 위하여, 청정한 믿음이 있는 자에게 청정한 믿음을 증대시키기 위하여, 올바른 가르침을 지속시키기 위하여, 계율을 수호하기 위하여 학습계율을

시설하니, 수행승들이여, 수행녀들은 이와 같이 학습계율을 송출해야 한다.”

[세존] “어떠한 수행녀이든지 재가자나 유행자나 유행녀에게 사문의 옷을 주면, 속죄죄를 범하는 것이다.”1298)

2-1. ‘어떠한’이라는 것은 어떠한 관계, 어떠한 태생, 어떠한 이름, 어떠한 성씨, 어떠한 계행, 어떠한 주거, 어떠한 활동영역에서 이든지, 장로이든지, 신참이든지, 중참이든지, 이러한 자들을 형용하는 것으로 ‘어떠한 자이든’이라는 뜻이다. ‘수행녀’라고 하는 것은 ‘탁발하는 여자’로서의 수행녀, 탁발을 위해 돌아다니는 여자로서의 수행녀, 분소의를 입은 자로서의 수행녀, 사미니로서의 수행녀, 자칭에 의한 수행녀, ‘오라! 수행녀여!’에 의한 수행녀, 삼귀의에 의해 구족계를 받은 수행녀, 현선한 수행녀, 진실한 수행녀, 배울 것이 있는 학인인 수행녀, 배울 것이 없는 무학인 수행녀, 화합참모임과 한번제안세번제청의 갈마와 부동의 거룩한 님의 속성을 갖춘 자로서의 수행녀가 있는데, 그녀들 가운데 화합참모임과 양쪽으로부터 구족계를 받은 자로서 한번제안세번제청의 갈마와 부동의 거룩한 님의 속성을 갖춘 수행녀, 그녀를 이러한 의미에서의 수행녀라고 하는 것이다.

2-2. ‘재가자’라는 것은 누구든지 집에서 사는 자를 뜻한다. ‘유행자’라는 것은 수행승과 사미를 제외하고 누구든지 유행자의 지위를 갖춘 남자를 뜻한다. ‘유행녀’라는 것은 수행녀와 정학녀와 사미니를 제외한 누구든지 유행자의 지위를 갖춘 여자를 뜻한다. ‘사문의 옷’[286]이라는 것은 허용된 것을 말하는데, 그것을 준다면, 속죄죄를 범하는 것이다.

2-3. 부모에게 주거나, 당분간 주는 경우이거나, 정신착란자이거나 초범자인 경우는 무죄이다.

4. 10. 9 속죄죄법 제99조

불확실한 기대에 대한 학습계율[Dubbalapaccāsasikkhāpada]

1-1. 한때 존귀한 부처님께서는 싸밧티 시의 제따바나 숲에 있는 아나타삔디까 승원에 계셨다. 그런데 그때 수행녀 툴라난다의 단월가정이 수행녀 툴라난다에

1298) 여백의외도의계○(與白衣外道衣戒) | Bhikkhunī Pāc. 98 : yā pana bhikkhunī agārikassa vā paribbājakassa vā paribbājikāya vā samaṇacīvaraṃ dadeyya pācittiyan'ti.

게 이와 같이 말했다.

[단월가정] "존귀한 자매여, 우리가 가능하면, 수행녀의 참모임에 옷을 보시하려 합니다."

그런데 그때 안거가 끝나 수행녀들이 옷을 분배받기 위해 모였다. 수행녀 툴라난다는 그 수행녀들에게 이와 같이 말했다.

[툴라난다] "존귀한 자매들이여, 기다리십시오. 수행녀의 참모임을 위한 옷을 기대해도 좋습니다."

수행녀들은 수행녀 툴라난다에게 이와 같이 말했다.

[수행녀들] "존귀한 자매여, 가시오. 옷을 알아보시오."

수행녀 툴라난다는 그 가정이 있는 곳을 찾아갔다. 가까이 다가가서 사람들에게 이와 같이 말했다.

[툴라난다] "벗들이여, 수행녀의 참모임에 옷을 보시하십시오."

[사람들] "존귀한 자매여, 저희들은 수행녀의 참모임에 옷을 보시할 수 없습니다."

수행녀 툴라난다는 수행녀들에게 그 사실을 알렸다.

1-2. 수행녀들 가운데 욕망을 여의고, 만족을 알고, 부끄러움을 알고, 후회할 줄 알고, 배움을 원하는 자들은 혐책하고 분개하고 비난했다.

[욕망을 여읜 수행녀들] "어찌 존귀한 자매 툴라난다가 불확실한 옷에 대한 기대로 옷시기를 지나칠 수 있단 말인가?"

그래서 그 수행녀들은 수행승들에게 그 사실을 알렸다. 수행승들 가운데 욕망을 여의고, 만족을 알고, 부끄러움을 알고, 후회할 줄 알고, 배움을 원하는 자들도 혐책하고 분개하고 비난했다.

[욕망을 여읜 수행승들] "어찌 존귀한 자매 툴라난다가 불확실한 옷에 대한 기대로 옷시기를 지나칠 수 있단 말인가?"

1-3. 그래서 그 수행승들은 세존께 그 사실을 알렸다. 그러자 세존께서는 그것을 원인으로 그것을 기회로 수행승의 참모임을 불러 모으게 하고 법문을 하고 수행승들에게 말했다.

[세존] "수행승들이여, 수행녀 툴라난다가 불확실한 옷에 대한 기대로 옷시기를 지나친 것이 사실인가?"

[수행승들] "세존이시여, 사실입니다."

존귀한 부처님께서는 견책했다.

[세존] "수행승들이여, 수행녀 툴라난다는 적절하지 않고, 자연스럽지 않고,

알맞지 않고, 수행자의 삶이 아니고, 부당하고, 해서는 안 될 일을 한 것이다. 수행승들이여, 어찌 존귀한 자매 툴라난다가 불확실한 옷에 대한 기대로 옷시기를 지나칠 수 있단 말인가? 수행승들이여, 그것은 아직 청정한 믿음이 없는 자를 청정한 믿음으로 이끌고, 이미 청정한 믿음이 있는 자를 더욱더 청정한 믿음으로 이끄는 것이 아니다. 수행승들이여, 그것은 오히려, 아직 청정한 믿음이 없는 자를 불신으로 이끌고, 이미 청정한 믿음이 있는 자 가운데 어떤 자들을 타락시키는 것이다."

1-4. 그리고 세존께서는 수행녀 툴라난다에 대하여 여러 가지 방편으로 견책하고, 키우기 어렵고 부양하기 어렵고 탐욕이 많고 만족을 모르고 교제를 좋아하고 나태한 것에 대하여 질책하고, 여러 가지 법문으로 고무하여, 키우기 쉽고 부양하기 쉽고 욕심을 여의고, 만족을 알고, 버리고 없애는 삶, 악을 제거하는 삶, 청정한 믿음의 삶, 쌓아 모우지 않는 삶, 용맹정진의 삶을 칭찬하고, 수행승들을 위하여 그에 알맞고 그에 걸맞게 경책하여 법문을 하고 수행승들에게 일렀다.

[세존] "수행승들이여, 그러므로 수행녀들을 위하여 열 가지 이유에 기초하여, 즉 참모임의 수승을 위하여, 참모임의 안락을 위하여, 악한 수행녀의 조복을 위하여, 품행이 바른 수행녀의 평안한 삶을 위하여, 지금 여기에서의 번뇌의 제어를 위하여, 다가오는 번뇌를 물리치기 위하여, 청정한 믿음이 없는 자에게 청정한 믿음을 주기 위하여, 청정한 믿음이 있는 자에게 청정한 믿음을 증대시키기 위하여, 올바른 가르침을 지속시키기 위하여, 계율을 수호하기 위하여 학습계율을 시설하니, 수행승들이여, 수행녀들은 이와 같이 학습계율을 송출해야 한다."

[세존] "어떠한 수행녀든지 불확실한 옷에 대한 기대로 옷시기를 놓치면, 속죄죄를 범하는 것이다."1299)

2-1. '어떠한'이라는 것은 어떠한 관계, 어떠한 태생, 어떠한 이름, 어떠한 성씨, 어떠한 계행, 어떠한 주거, 어떠한 활동영역에서 이든지, 장로이든지, 신참이든지, 중참이든지, 이러한 자들을 형용하는 것으로 '어떠한 자이든'이라는 뜻이다. '수행녀'이라고 하는 것은 '탁발하는 여자'로서의 수행녀, 탁발을 위해 돌아다니는 여자로서의 수행녀, 분소의를 입은 자로서의 수행녀, 사미니로서의 수행녀,

1299) 박망득의과의시계○(薄望得衣過衣時戒) | Bhikkhunī Pāc. 99 : yā pana bhikkhunī dubbalacīvarapaccāsāya cīvarakālasamayaṃ atikkāmeyya, pācittiyan'ti.

자칭에 의한 수행녀, '오라! 수행녀여!'에 의한 수행녀, 삼귀의에 의해 구족계를 받은 수행녀, 현선한 수행녀, 진실한 수행녀, 배울 것이 있는 학인인 수행녀, 배울 것이 없는 무학인 수행녀, 화합참모임과 한번제안세번제청의 갈마와 부동의 거룩한 님의 속성을 갖춘 자로서의 수행녀가 있는데, 그녀들 가운데 화합참모임과 양쪽으로부터 구족계를 받은 자로서 한번제안세번제청의 갈마와 부동의 거룩한 님의 속성을 갖춘 수행녀, 그녀를 이러한 의미에서의 수행녀라고 하는 것이다.

2-2. '불확실한 옷에 대한 기대'라는 것은 '만약 우리가 가능하면, 주겠다, 만들겠다.'라고 말한 것이지만, 약속이 지켜지지 않은 것을 뜻한다. '옷시기'라는 것은 까티나옷이 성립하지 않을 때의 우기의[287] 마지막 달이나 까티나옷이 성립할 때의 다섯 달 동안을 뜻한다.[1300] '옷시기를 놓치면'이라는 것은 다음과 같다. 까티나옷이 성립하지 않을 때의 우기의 마지막 날을 넘기면, 속죄죄를 범하는 것이고, 까티나옷이 성립할 때 카티나 특권의 제거를 위한 날을 지나치면, 속죄죄를 범하는 것이다.

2-3₁.

1) 불확실한 옷에 대한 기대에 대하여 불확실한 옷에 대한 기대라고 지각하고 옷시기를 놓치면, 속죄죄를 범하는 것이다.
2) 불확실한 옷에 대한 기대에 대하여 불확실한 옷에 대한 기대인지 의심하고 옷시기를 놓치면, 속죄죄를 범하는 것이다.
3) 불확실한 옷에 대한 기대에 대하여 확실한 옷에 대한 기대라고 지각하고 옷시기를 놓치면, 속죄죄를 범하는 것이다.

2-3₂.

1) 확실한 옷에 대한 기대에 대하여 불확실한 옷에 대한 기대라고 지각하면, 악작죄를 범하는 것이다.
2) 확실한 옷에 대한 기대에 대하여 확실한 옷에 대한 기대인지 의심하면, 악작죄를 범하는 것이다.
3) 확실한 옷에 대한 기대에 대하여 확실한 옷에 대한 기대라고 지각하면, 무죄이다.

1300) atthate kaṭhine pañcamāsā : 여기서 옷시기라는 것은 '옷을 보시할 때'를 의미하며, Vin. IV. 74, 100에 따르면, 까티나옷이 성립하지 않을 때의 안거의 마지막 달이거나 까티나옷이 성립할 때의 다섯 달 동안을 의미한다.

2-4. 공덕을 지적하고 방해하는 경우이거나, 정신착란자이거나 초범자인 경우는 무죄이다.

4. 10. 10 속죄죄법 제100조

카티나특권에 대한 학습계율[Kaṭhinasikkhāpada]

1-1. 한때 존귀한 부처님께서는 싸밧티 시의 제따바나 숲에 있는 아나타삔디까 승원에 계셨다. 그런데 그때 어떤 재가의 남자신도가 참모임에 봉헌하여 정사를 지었다. 그는 그 정사의 낙성식에 양 참모임에 옷을 보시하고자 했다. 그런데 그때 양 참모임에서 까티나옷이 성립되었다. 그러자 그 재가의 남자신도는 참모임에 나아가 까티나특권의 해제를 요청했다.

1-2. 그래서 그 수행승들은 세존께 그 사실을 알렸다. 그러자 세존께서는 그것을 원인으로 그것을 기회로 법문을 하고 수행승들에게 말했다.

[세존] "수행승들이여, 까티나특권의 해제를 허용한다. 수행승들이여, 그러나 이와 같이 해제하여야 한다."

총명하고 유능한 수행승이 참모임에 알려야 한다.

[제안] '존자들이여, 저의 말을 들으십시오. 만약에 참모임에 옳은 일이라면, 참모임은 까티나특권을 해제하겠습니다. 이것이 제안입니다.'

[제청] '존자들이여, 저의 말을 들으십시오. 참모임은 까티나특권을 해제합니다. 존자들 가운데 누구든지 까티나특권을 해제하는 것에 동의하면 침묵하시고, 이견이 있으시면 말씀하십시오.'

[결정] '참모임은 까티나특권을 해제했습니다. 참모임이 찬성하여 침묵했으므로, 저는 그와 같이 알겠습니다.'"

2-1. 그리고 그 재가의 남자신도는 수행녀의 참모임에 나아가 까티나특권의 해제를 요청했다. 수행녀 툴라난다는 '옷은 우리의 것이[288] 될 것이다.'라고 생각하고 까티나특권의 해제를 거부했다. 그러자 그 재가의 남자신도는 혐책하고 분개하고 비난했다.

[재가의 남자신도] "어찌 수행녀들은 우리를 위하여 까티나특권의 해제를 허용해줄 수 없는가?"

2-2. 수행녀들은 그 재가의 남자신도가 혐책하고 분개하고 비난하는 것을 들었

다. 수행녀들 가운데 욕망을 여의고, 만족을 알고, 부끄러움을 알고, 후회할 줄 알고, 배움을 원하는 자들도 혐책하고 분개하고 비난했다.

[욕망을 여읜 수행녀들] "어찌 존귀한 자매 툴라난다가 원칙에 입각한 까티나특권의 해제를 차단할 수 있단 말인가?"

그래서 그 수행녀들은 수행승들에게 그 사실을 알렸다. 수행승들 가운데 욕망을 여의고, 만족을 알고, 부끄러움을 알고, 후회할 줄 알고, 배움을 원하는 자들도 혐책하고 분개하고 비난했다.

[욕망을 여읜 수행승들] "어찌 존귀한 자매 툴라난다가 원칙에 입각한 까티나특권의 해제를 차단할 수 있단 말인가?"

2-3. 그래서 그 수행승들은 세존께 그 사실을 알렸다. 그러자 세존께서는 이러한 인연으로 이러한 기회에 수행승들의 참모임을 불러 모으게 하고 연유를 설하고 수행승들에게 물었다.

[세존] "수행승들이여, 수행녀 툴라난다는 원칙에 입각한 까티나특권의 해제를 차단한 것이 사실인가?"

[수행승들] "세존이시여, 사실입니다."

존귀한 부처님께서는 견책했다.

[세존] "수행승들이여, 수행녀 툴라난다는 적절하지 않고, 자연스럽지 않고, 알맞지 않고, 수행자의 삶이 아니고, 부당하고, 해서는 안 될 일을 행한 것이다. 수행승들이여, 툴라난다는 원칙에 입각한 까티나특권의 해제를 차단할 수 있단 말인가? 수행승들이여, 그것은 아직 청정한 믿음이 없는 자를 청정한 믿음으로 이끌고, 이미 청정한 믿음이 있는 자를 더욱더 청정한 믿음으로 이끄는 것이 아니다. 수행승들이여, 그것은 오히려, 아직 청정한 믿음이 없는 자를 불신으로 이끌고, 이미 청정한 믿음이 있는 자 가운데 어떤 자들을 타락시키는 것이다."

1-4. 그래서 세존께서는 수행녀 툴라난다에 대하여 여러 가지 방편으로 견책하여, 키우기 어렵고 부양하기 어렵고 탐욕이 많고 만족을 모르고 교제를 좋아하고 나태한 것에 대하여 질책하고, 여러 가지 법문으로 고무하여, 키우기 쉽고 부양하기 쉽고 욕심을 여의고, 만족을 알고, 버리고 없애는 삶, 악을 제거하는 삶, 청정한 믿음의 삶, 쌓아 모우지 않는 삶, 용맹정진의 삶을 칭찬하고, 수행승들을 위하여 그에 알맞고 그에 걸맞게 경책하여 법문을 하고 수행승들에게 일렀다.

[세존] "수행승들이여, 그러므로 수행녀들을 위하여 열 가지 이유에 기초하여, 즉 참모임의 수승을 위하여, 참모임의 안락을 위하여, 악한 수행녀의 조복을 위하

여, 품행이 바른 수행녀의 평안한 삶을 위하여, 지금 여기에서의 번뇌의 제어를 위하여, 다가오는 번뇌를 물리치기 위하여, 청정한 믿음이 없는 자에게 청정한 믿음을 주기 위하여, 청정한 믿음이 있는 자에게 청정한 믿음을 증대시키기 위하여, 올바른 가르침을 지속시키기 위하여, 계율을 수호하기 위하여 학습계율을 시설하니, 수행승들이여, 수행녀들은 이와 같이 학습계율을 송출해야 한다."

[세존] "어떠한 수행녀이든지 원칙에 입각한 까티나특권의 해제를 차단하면, 속죄죄를 범하는 것이다."1301)

3-1. '어떠한'이라는 것은 어떠한 관계, 어떠한 태생, 어떠한 이름, 어떠한 성씨, 어떠한 계행, 어떠한 주거, 어떠한 활동영역에서 이든지, 장로이든지, 신참이든지, 중참이든지, 이러한 자들을 형용하는 것으로 '어떠한 자이든'이라는 뜻이다. '수행녀'이라고 하는 것은 '탁발하는 여자'로서의 수행녀, 탁발을 위해 돌아다니는 여자로서의 수행녀, 분소의를 입은 자로서의 수행녀, 사미니로서의 수행녀, 자칭에 의한 수행녀, '오라! 수행녀여!'에 의한 수행녀, 삼귀의에 의해 구족계를 받은 수행녀, 현선한 수행녀, 진실한 수행녀, 배울 것이 있는 학인인 수행녀, 배울 것이 없는 무학인 수행녀, 화합참모임과 한번제안세번제청의 갈마와 부동의 거룩한 님의 속성을 갖춘 자로서의 수행녀가 있는데, 그녀들 가운데 화합참모임과 양쪽으로부터 구족계를 받은 자로서 한번제안세번제청의 갈마와 부동의 거룩한 님의 속성을 갖춘 수행녀, 그녀를 이러한 의미에서의 수행녀라고 하는 것이다.

3-2. 원칙에 입각한 까티나특권의 해제라는 것은 화합수행녀의 참모임이 모여서 해제하는 것을 뜻한다. '차단하면'이라는 것은 다음과 같다. '어떻게 까티나특권을 해제할 것인가?'라고 생각하여 차단하면, 속죄죄를 범하는 것이다.

3-3₁.

1) 원칙에 입각한 것에 대하여 원칙에 입각한 것이라고 차단하면, 속죄죄를 범하는 것이다.

2) 원칙에 입각한 것에 대하여 원칙에 입각한 것인지 의심하면, 속죄죄를 범하는 것이다.

3) 원칙에 입각한 것에 대하여 원칙에 입각하지 않은 것이라고 차단하면, 속죄죄

1301) 차출공덕의계○(遮出功德衣戒) | Bhikkhunī Pāc. 100 : yā pana bhikkhunī dhammikaṃ kaṭhinuddhāraṃ paṭibāheyya pācittiyan'ti.

를 범하는 것이다.

3-3₂.

1) 원칙에 입각하지 않은 것에 대하여 원칙에 입각한 것이라고 지각하면, 악작죄를 범하는 것이다.
2) 원칙에 입각하지 않은 것에 대하여 원칙에 입각하지 않은 것인지 의심하면, 악작죄를 범하는 것이다.
3) 원칙에 입각하지 않은 것에 대하여 원칙에 입각하지 않은 것이라고 지각하면, 무죄이다.

3-4. 공덕을 설해주고 차단한 경우이거나, 정신착란자이거나 초범자인 경우는 무죄이다.

제10품 벌거벗음 그 후렴시는 다음과 같다.

벌거벗음, 목욕옷, 실밥을 뽑거나, 오일, 돌려주어야 할 것,
대중, 분배, 수행자, 불확실, 까티나특권.1302)

제11품 함께 사용(Tuvaṭṭavaggo catuttho)

4. 11. 1 속죄죄법 제101조

한 침상에 대한 학습계율[Ekamañcasikkhāpada]

1-1. 한때 존귀한 부처님께서는 싸밧티 시의 제따바나 숲에 있는 아나타삔디까 승원에 계셨다. 그런데 그때 수행녀들이 둘이서 한 침상을 함께 사용했다. 사람들이 정사를 순례하다가 보고서 혐책하고 분개하고 비난했다.

[사람들] "어찌 수행녀들이 둘이서 한 침상을 함께 사용할 수 있단 말인가? 마치 감각적 쾌락의 욕망을 누리는 재가자와 같다."

수행녀들은 사람들이 혐책하고 분개하고 비난하는 것을 들었다.

1-2. 수행녀들 가운데 욕망을 여의고, 만족을 알고, 부끄러움을 알고, 후회할 줄 알고, 배움을 원하는 자들은 혐책하고 분개하고 비난했다.

[욕망을 여읜 수행녀들] "어찌 수행녀들이 둘이서 한 침상을 함께 사용할 수 있단 말인가?"

1302) naggodakaṃ visibbetvā | pañcāhasaṅkamanīya | gaṇavibhaṅga samaṇaṃ | dubbalaṃ kaṭhinena cā'ti ||

그래서 그 수행녀들은 수행승들에게 그 사실을 알렸다. 수행승들 가운데 욕망을 여의고, 만족을 알고, 부끄러움을 알고, 후회할 줄 알고, 배움을 원하는 자들도 혐책하고 분개하고 비난했다.

[욕망을 여읜 수행승들] "어찌 수행녀들이 둘이서 한 침상을 함께 사용할 수 있단 말인가?"

1-3. 그래서 그 수행승들은 세존께 그 사실을 알렸다. 그러자 세존께서는 이러한 인연으로 이러한 기회에 수행승들의 참모임을 불러 모으게 하고 연유를 설하고 수행승들에게 물었다.

[세존] "수행승들이여, 수행녀들이 둘이서 한 침상을 함께 사용한 것이 사실인가?"

[수행승들] "세존이시여, 사실입니다."

존귀한 부처님께서는 견책했다.

[세존] "수행승들이여, 그 수행녀들은 적절하지 않고, 자연스럽지 않고, 알맞지 않고, 수행자의 삶이 아니고, 부당하고, 해서는 안 될 일을 행한 것이다. 수행승들이여, 어찌 수행녀들이 둘이서 한 침상을 함께 사용할 수 있단 말인가? 수행승들이여, 그것은 아직 청정한 믿음이 없는 자를 청정한 믿음으로 이끌고, 이미 청정한 믿음이 있는 자를 더욱더 청정한 믿음으로 이끄는 것이 아니다. 수행승들이여, 그것은 오히려, 아직 청정한 믿음이 없는 자를 불신으로 이끌고, 이미 청정한 믿음이 있는 자 가운데 어떤 자들을 타락시키는 것이다."

1-4. 그래서 세존께서는 그 수행녀들을 여러 가지 방편으로 견책하여, 키우기 어렵고 부양하기 어렵고 탐욕이 많고 만족을 모르고 교제를 좋아하고 나태한 것에 대하여 질책하고, 여러 가지 법문으로 고무하여, 키우기 쉽고 부양하기 쉽고 욕심을 여의고, 만족을 알고, 버리고 없애는 삶, 악을 제거하는 삶, 청정한 믿음의 삶, 쌓아 모우지 않는 삶, 용맹정진의 삶을 칭찬하고, 수행승들을 위하여 그에 알맞고 그에 걸맞게 경책하여 법문을 하고 수행승들에게 일렀다.

[세존] "수행승들이여, 그러므로 수행녀들을 위하여 열 가지 이유에 기초하여, 즉 참모임의 수승을 위하여, 참모임의 안락을 위하여, 악한 수행녀의 조복을 위하여, 품행이 바른 수행녀의 평안한 삶을 위하여, 지금 여기에서의 번뇌의 제어를 위하여, 다가오는 번뇌를 물리치기 위하여, 청정한 믿음이 없는 자에게 청정한 믿음을 주기 위하여, 청정한 믿음이 있는 자에게 청정한 믿음을 증대시키기 위하여, 올바른 가르침을 지속시키기 위하여, 계율을 수호하기 위하여 학습계율을

시설하니, 수행승들이여, 수행녀들은 이와 같이 학습계율을 송출해야 한다."

[세존] "어떠한 수행녀들이든지[289] 둘이서 한 침상을 함께 사용하면, 속죄죄를 범하는 것이다."1303)

2-1. '어떠한'이라는 것은 어떠한 관계, 어떠한 태생, 어떠한 이름, 어떠한 성씨, 어떠한 계행, 어떠한 주거, 어떠한 활동영역에서 이든지, 장로이든지, 신참이든지, 중참이든지, 이러한 자들을 형용하는 것으로 '어떠한 자이든'이라는 뜻이다. '수행녀'이라고 하는 것은 '탁발하는 여자'로서의 수행녀, 탁발을 위해 돌아다니는 여자로서의 수행녀, 분소의를 입은 자로서의 수행녀, 사미니로서의 수행녀, 자칭에 의한 수행녀, '오라! 수행녀여!'에 의한 수행녀, 삼귀의에 의해 구족계를 받은 수행녀, 현선한 수행녀, 진실한 수행녀, 배울 것이 있는 학인인 수행녀, 배울 것이 없는 무학인 수행녀, 화합참모임과 한번제안세번제청의 갈마와 부동의 거룩한 님의 속성을 갖춘 자로서의 수행녀가 있는데, 그녀들 가운데 화합참모임과 양쪽으로부터 구족계를 받은 자로서 한번제안세번제청의 갈마와 부동의 거룩한 님의 속성을 갖춘 수행녀, 그녀를 이러한 의미에서의 수행녀라고 하는 것이다.

2-2. '둘이서 한 침상을 함께 사용하면'이라는 것은 다음과 같다. 한 사람이 누워 있는 곳에 다른 사람이 눕는다면, 속죄죄를 범하는 것이고, 두 사람이 함께 누우면, 속죄죄를 범하는 것이고, 일어섰다가 거듭 누우도, 속죄죄를 범하는 것이다.

2-3. 한 사람이 누운 곳에 다른 사람이 앉거나, 두 사람이 앉는 경우이거나, 정신착란자이거나 초범자인 경우는 무죄이다.1304)

4. 11. 2 속죄죄법 제102조

동일한 욕피에 대한 학습계율[Ekattharaṇasikkhāpada]

1-1. 한때 존귀한 부처님께서는 싸밧티 시의 제따바나 숲에 있는 아나타삔디까 승원에 계셨다. 그런데 그때 수행녀들이 둘이서 한 욕피1305)를 함께 사용했다.

1303) 무의동상와계○(無衣同牀臥戒) | Bhikkhunī Pāc. 101 : yā pana bhikkhuniyo dve ekamañce tuvaṭṭeyyuṃ pācittiyan'ti.

1304) ummattikānaṃ khittacittānaṃ vedanaṭṭānaṃ ādikammikāyānanti.

1305) ekattharaṇapāpuraṇā : 한역은 욕피(褥被)이다. Smp. 932에 따르면, 덮개이자 옷인 것을 의미한다. 옷으로

사람들이 정사를 순례하다가 보고서 혐책하고 분개하고 비난했다.

[사람들] "어찌 수행녀들이 둘이서 한 욕피를 함께 사용할 수 있단 말인가? 마치 감각적 쾌락의 욕망을 누리는 재가자와 같다."

1-2. 수행녀들은 사람들이 혐책하고 분개하고 비난하는 것을 들었다. 수행녀들 가운데 욕망을 여의고, 만족을 알고, 부끄러움을 알고, 후회할 줄 알고, 배움을 원하는 자들은 혐책하고 분개하고 비난했다.

[욕망을 여읜 수행녀들] "어찌 수행녀들이 둘이서 한 욕피를 함께 사용할 수 있단 말인가?"

그래서 그 수행녀들은 수행승들에게 그 사실을 알렸다. 수행승들 가운데 욕망을 여의고, 만족을 알고, 부끄러움을 알고, 후회할 줄 알고, 배움을 원하는 자들도 혐책하고 분개하고 비난했다.

[욕망을 여읜 수행승들] "어찌 수행녀들이 둘이서 한 욕피를 함께 사용할 수 있단 말인가?"

1-3. 그래서 그 수행승들은 세존께 그 사실을 알렸다. 그러자 세존께서는 이러한 인연으로 이러한 기회에 수행승들의 참모임을 불러 모으게 하고 연유를 설하고 수행승들에게 물었다.

[세존] "수행승들이여, 수행녀들이 둘이서 한 욕피를 함께 사용한 것이 사실인가?"

[수행승들] "세존이시여, 사실입니다."

존귀한 부처님께서는 견책했다.

[세존] "수행승들이여, 그 수행녀들은 적절하지 않고, 자연스럽지 않고, 알맞지 않고, 수행자의 삶이 아니고, 부당하고, 해서는 안 될 일을 행한 것이다. 수행승들이여, 어찌 수행녀들이 둘이서 한 욕피를 함께 사용할 수 있단 말인가? 수행승들이여, 그것은 아직 청정한 믿음이 없는 자를 청정한 믿음으로 이끌고, 이미 청정한 믿음이 있는 자를 더욱더 청정한 믿음으로 이끄는 것이 아니다. 수행승들이여, 그것은 오히려, 아직 청정한 믿음이 없는 자를 불신으로 이끌고, 이미 청정한 믿음이 있는 자 가운데 어떤 자들을 타락시키는 것이다."

1-4. 그래서 세존께서는 그 수행녀들을 여러 가지 방편으로 견책하여, 키우기 어렵고 부양하기 어렵고 탐욕이 많고 만족을 모르고 교제를 좋아하고 나태한 것에 대하여 질책하고, 여러 가지 법문으로 고무하여, 키우기 쉽고 부양하기 쉽고

사용하는 덮개, 또는 덮개로 사용하는 옷을 말한다.

욕심을 여의고, 만족을 알고, 버리고 없애는 삶, 악을 제거하는 삶, 청정한 믿음의 삶, 쌓아 모우지 않는 삶, 용맹정진의 삶을 칭찬하고, 수행승들을 위하여 그에 알맞고 그에 걸맞게 경책하여 법문을 하고 수행승들에게 일렀다.

[세존] "수행승들이여, 그러므로 수행녀들을 위하여 열 가지 이유에 기초하여, 즉 참모임의 수승을 위하여, 참모임의 안락을 위하여, 악한 수행녀의 조복을 위하여, 품행이 바른 수행녀의 평안한 삶을 위하여, 지금 여기에서의 번뇌의 제어를 위하여, 다가오는 번뇌를 물리치기 위하여, 청정한 믿음이 없는 자에게 청정한 믿음을 주기 위하여, 청정한 믿음이 있는 자에게 청정한 믿음을 증대시키기 위하여, 올바른 가르침을 지속시키기 위하여, 계율을 수호하기 위하여 학습계율을 시설하니, 수행승들이여, 수행녀들은 이와 같이 학습계율을 송출해야 한다."

[세존] "어떠한 수행녀이든지 둘이서 한 욕피를 함께 사용하면, 속죄죄를 범하는 것이다."1306)

1-2. '어떠한'이라는 것은 어떠한 관계, 어떠한 태생, 어떠한 이름, 어떠한 성씨, 어떠한 계행, 어떠한 주거, 어떠한 활동영역에서 이든지, 장로이든지, 신참이든지, 중참이든지, 이러한 자들을 형용하는 것으로 '어떠한 자이든'이라는 뜻이다. '수행녀'이라고 하는 것은 '탁발하는 여자'로서의 수행녀, 탁발을 위해 돌아다니는 여자로서의 수행녀, 분소의를 입은 자로서의 수행녀, 사미니로서의 수행녀, 자칭에 의한 수행녀, '오라! 수행녀여!'에 의한 수행녀, 삼귀의에 의해 구족계를 받은 수행녀, 현선한 수행녀, 진실한 수행녀, 배울 것이 있는 학인인 수행녀, 배울 것이 없는 무학인 수행녀, 화합참모임과 한번제안세번제청의 갈마와 부동의 거룩한 님의 속성을 갖춘 자로서의 수행녀가 있는데, 그녀들 가운데 화합참모임과 양쪽으로부터 구족계를 받은 자로서 한번제안세번제청의 갈마와 부동의 거룩한 님의 속성을 갖춘 수행녀, 그녀를 이러한 의미에서의 수행녀라고 하는 것이다.

2-2. '둘이서 한 욕피를 함께 사용하면'이라는 것은 다음과 같다. 그 덮은 것과 동일한 것을 덮는다면, 속죄죄를 범한 것이다.

2-3₁.

1) 동일한 욕피에 대하여 동일한 욕피이라고 지각하고 함께 사용하면, 속죄죄를

1306) 동피욕계○(同被褥戒) | Bhikkhunī Pāc. 102 : yā pana bhikkhuniyo dve ekattharaṇapāpuraṇā tuvaṭṭeyyuṃ, pācittiyan'ti.

범하는 것이다.

2) 동일한 욕피에 대하여 동일한 욕피인지 의심하고 함께 사용하면, 속죄죄를 범하는 것이다.

3) 동일한 욕피에 대하여 상이한 욕피이라고 지각하고 함께 사용하면, 속죄죄를 범하는 것이다.

2-3₂.

1) 동일한 욕피에 대하여 상이한 욕피라고 지각하면, 악작죄를 범하는 것이다.

2) 상이한 욕피에 대하여 동일한 욕피라고 지각하면, 악작죄를 범하는 것이다.

2-3₃.

6) 상이한 욕피에 대하여 동일한 욕피이라고 지각하면, 악작죄를 범하는 것이다.

7) 상이한 욕피에 대하여 상이한 욕피인지 의심하면, 악작죄를 범하는 것이다.

8) 상이한 욕피에 대하여 상이한 욕피이라고 지각하면, 무죄이다.

2-4. 경계를 나누어 눕는 경우이거나, 정신착란자이거나 초범자인 경우는 무죄이다.1307)

4. 11. 3 속죄죄법 제103조

폐를 끼침에 대한 학습계율[Aphāsukaraṇasikkhāpada]

1-1. 한때 존귀한 부처님께서는 싸밧티 시의 제따바나 숲에 있는 아나타삔디까 승원에 계셨다. 그런데 그때 수행녀 툴라난다는 박학한 송출자이자 슬기로운 선설법자였다. 밧다 까삘라니도 박학한 송출자이자 슬기로운 선설법자로서 크게 존경을 받고 있었다. 사람들은 '존귀한 자매 밧다 까삘라니는 박학한 송출자이자 슬기로운 선설법자로서 크게 존경을 받고 있다.'라고 생각하고 밧다 까빌라니를 먼저 예배한 다음에 나중에 수행녀 툴라난다에게 예배했다. 수행녀 툴라난다는 '이 수행녀는 욕망을 여의고, 만족을 알고, 멀리 여읨을 좋아하고, 사교를 좋아하지 않고, 납득을 지향하고, 충고를 지향한다.'라고 생각했으나 본래 질투가 많아 밧다 까빨라니의 앞으로 걸어가서 서기도 하고 앉기도 하고 침상에 눕기도 하고, 송출하기도 하고, 송출하게 하기도 하고, 질문하게 하기도 했다.

1307) ummattikānaṃ khittacittānaṃ vedanaṭṭānaṃ ādikammikānanti.

1-2. 수행녀들 가운데 욕망을 여의고, 만족을 알고, 부끄러움을 알고, 후회할 줄 알고, 배움을 원하는 자들은 혐책하고 분개하고 비난했다.

[욕망을 여읜 수행녀들] "어찌 존귀한 자매 툴라난다가 존귀한 자매 밧다 까삘라니에게 의도적으로 폐를 끼칠 수 있단 말인가?"

그래서 그 수행녀들은 수행승들에게 그 사실을 알렸다. 수행승들 가운데 욕망을 여의고, 만족을 알고, 부끄러움을 알고, 후회할 줄 알고, 배움을 원하는 자들도 혐책하고 분개하고 비난했다.

[욕망을 여읜 수행승들] "어찌 존귀한 자매 툴라난다가 존귀한 자매 밧다 까삘라니에게 의도적으로 폐를 끼칠 수 있단 말인가?"

1-3. 그래서 그 수행승들은 세존께 그 사실을 알렸다. 그러자 세존께서는 그것을 원인으로 그것을 기회로 수행승의 참모임을 불러 모으게 하고 법문을 하고 수행승들에게 말했다.

[세존] "수행승들이여, 수행녀 툴라난다가 존귀한 자매 밧다 까삘라니에게 의도적으로 불편을 준 것이 사실인가?"

[수행승들] "세존이시여, 사실입니다."

존귀한 부처님께서는 견책했다.

[세존] "수행승들이여, 수행녀 툴라난다는 적절하지 않고, 자연스럽지 않고, 알맞지 않고, 수행자의 삶이 아니고, 부당하고, 해서는 안 될 일을 한 것이다. 수행승들이여, 어찌 툴라난다가 존귀한 자매 밧다 까삘라니에게 의도적으로 폐를 끼칠 수 있단 말인가? 수행승들이여, 그것은 아직 청정한 믿음이 없는 자를 청정한 믿음으로 이끌고, 이미 청정한 믿음이 있는 자를 더욱더 청정한 믿음으로 이끄는 것이 아니다. 수행승들이여, 그것은 오히려, 아직 청정한 믿음이 없는 자를 불신으로 이끌고, 이미 청정한 믿음이 있는 자 가운데 어떤 자들을 타락시키는 것이다."

1-4. 그래서 세존께서는 수행녀 툴라난다를 여러 가지 방편으로 견책하여, 키우기 어렵고 부양하기 어렵고 탐욕이 많고 만족을 모르고 교제를 좋아하고 나태한 것에 대하여 질책하고, 여러 가지 법문으로 고무하여, 키우기 쉽고 부양하기 쉽고 욕심을 여의고, 만족을 알고, 버리고 없애는 삶, 악을 제거하는 삶, 청정한 믿음의 삶, 쌓아 모우지 않는 삶, 용맹정진의 삶을 칭찬하고, 수행승들을 위하여 그에 알맞고 그에 걸맞게 경책하여 법문을 하고 수행승들에게 일렀다.

[세존] "수행승들이여, 그러므로 수행녀들을 위하여 열 가지 이유에 기초하여, 즉 참모임의 수승을 위하여, 참모임의 안락을 위하여, 악한 수행녀의 조복을 위하여, 품행이 바른 수행녀의 평안한 삶을 위하여, 지금 여기에서의 번뇌의 제어를 위하여, 다가오는 번뇌를 물리치기 위하여, 청정한 믿음이 없는 자에게 청정한 믿음을 주기 위하여, 청정한 믿음이 있는 자에게 청정한 믿음을 증대시키기 위하여, 올바른 가르침을 지속시키기 위하여, 계율을 수호하기 위하여 학습계율을 시설하니, 수행승들이여, 수행녀들은 이와 같이 학습계율을 송출해야 한다."

[세존] "어떠한 수행녀이든지 수행녀에게 의도적으로 폐를 끼치면, 속죄죄를 범하는 것이다."1308)

2-1. '어떠한'이라는 것은 어떠한 관계, 어떠한 태생, 어떠한 이름, 어떠한 성씨, 어떠한 계행, 어떠한 주거, 어떠한 활동영역에서 이든지, 장로이든지, 신참이든지, 중참이든지, 이러한 자들을 형용하는 것으로 '어떠한 자이든'이라는 뜻이다. '수행녀'라고 하는 것은 '탁발하는 여자'로서의 수행녀, 탁발을 위해 돌아다니는 여자로서의 수행녀, 분소의를 입은 자로서의 수행녀, 사미니로서의 수행녀, 자칭에 의한 수행녀, '오라! 수행녀여!'에 의한 수행녀, 삼귀의에 의해 구족계를 받은 수행녀, 현선한 수행녀, 진실한 수행녀, 배울 것이 있는 학인인 수행녀, 배울 것이 없는 무학인 수행녀, 화합참모임과 한번제안세번제청의 갈마와 부동의 거룩한 님의 속성을 갖춘 자로서의 수행녀가 있는데, 그녀들 가운데 화합참모임과 양쪽으로부터 구족계를 받은 자로서 한번제안세번제청의 갈마와 부동의 거룩한 님의 속성을 갖춘 수행녀, 그녀를 이러한 의미에서의 수행녀라고 하는 것이다.

2-2₁. '수행녀'라는 것은 다른 수행녀를 말한다. '의도적으로' 알고 지각하고 의도적으로 주의하여 범행하는 것을 뜻한다. '폐를 끼치면'이라는 것은 다음과 같다. '이것에 의해서 그에게 폐가 될 것이다.'라고 허락을 구하지 않고 앞으로 걸어가서 서있거나 앉아있거나 누워있거나 송출하거나 송출하게 하거나 질문하도록 하면, 속죄죄를 범하는 것이다.

2-2₂.

1) 구족계를 받은 자에 대하여 구족계를 받은 자라고 지각하고 의도적으로 폐를 끼친다면, 속죄죄를 범하는 것이다.

1308) 고의혹뇌계○(故意惑惱戒) | Bhikkhunī Pāc. 103 : yā pana bhikkhunī bhikkhuniyā sañcicca aphāsuṃ kareyya, pācittiyan'ti.

2) 구족계를 받은 자에 대하여 구족계를 받은 자인지 의심하고 의도적으로 폐를 끼친다면, 속죄죄를 범하는 것이다.
3) 구족계를 받은 자에[291] 대하여 구족계를 받지 않은 자라고 지각하고 의도적으로 폐를 끼친다면, 속죄죄를 범하는 것이다.

2-2₃. 구족계를 받지 않은 자에 대하여 의도적으로 폐를 끼친다면, 악작죄를 범하는 것이다.

2-2₄.

1) 구족계를 받지 않은 자에 대하여 구족계를 받은 자라고 지각하면, 악작죄를 범하는 것이다.
2) 구족계를 받지 않은 자에 대하여 구족계를 받지 않은 자인지 의심하면, 악작죄를 범하는 것이다.
3) 구족계를 받지 않은 자에 대하여 구족계를 받지 않은 자라고 지각하면, 악작죄를 범하는 것이다.1309)

2-4. 폐를 끼치려고 하지 않았거나, 허락을 구하고 앞에서 걷거나 서거나 앉거나 눕거나 송출하거나 송출하게 하거나 공부하는 경우이거나, 정신착란자이거나 초범자인 경우는 무죄이다.

4. 11. 4 속죄죄법 제104조

아픈 동활에 대한 학습계율[Dukkhitasahajīvinīsikkhāpada]

1-1. 한때 존귀한 부처님께서는 싸밧티 시의 제따바나 숲에 있는 아나타삔디까 승원에 계셨다. 그런데 그때 수행녀 툴라난다가 동활1310)이 아픈데, 간호하지 않고 간호하도록 노력을 기울이지도 않았다.

1-2. 수행녀들 가운데 욕망을 여의고, 만족을 알고, 부끄러움을 알고, 후회할 줄 알고, 배움을 원하는 자들은 혐책하고 분개하고 비난했다.

[욕망을 여읜 수행녀들] "어찌 존귀한 자매 툴라난다가 동활이 아픈데, 간호하

1309) anupasampannāya anupasampannasaññā āpatti dukkaṭassa : Bd. III. 308의 주석에서는 '의심할 바 없이 무죄가 되어야 한다.'라고 주석을 달고 있으나, 역자의 생각으로는 빠알리 원문의 '악작죄'가 맞다.
1310) sahajīvinim : 한역에서는 동활(同活)이라고 한다. 구족계를 받은 수행녀 뿐만 아니라 학인이나 구족계를 받기 전에라도 방사를 함께 쓰는 여자를 지칭한다.

지 않고 간호하도록 노력을 기울이지도 않을 수 있단 말인가?"

그래서 그 수행녀들은 수행승들에게 그 사실을 알렸다. 수행승들 가운데 욕망을 여의고, 만족을 알고, 부끄러움을 알고, 후회할 줄 알고, 배움을 원하는 자들도 혐책하고 분개하고 비난했다.

[욕망을 여읜 수행승들] "어찌 존귀한 자매 툴라난다가 동활이 아픈데, 간호하지 않고 간호하도록 노력을 기울이지도 않을 수 있단 말인가?"

1-3. 그래서 그 수행승들은 세존께 그 사실을 알렸다. 그러자 세존께서는 이러한 인연으로 이러한 기회에 수행승들의 참모임을 불러 모으게 하고 연유를 설하고 수행승들에게 물었다.

[세존] "수행승들이여, 수행녀 툴라난다가 동활이 아픈데, 간호하지 않고 간호하도록 노력을 기울이지도 않은 것이 사실인가?"

[수행승들] "세존이시여, 사실입니다."

존귀한 부처님께서는 견책했다.

[세존] "수행승들이여, 수행녀 툴라난다는 적절하지 않고, 자연스럽지 않고, 알맞지 않고, 수행자의 삶이 아니고, 부당하고, 해서는 안 될 일을 행한 것이다. 수행승들이여, 어찌 수행녀 툴라난다가 동활이 아픈데, 간호하지 않고 간호하도록 노력을 기울이지도 않을 수 있단 말인가? 수행승들이여, 그것은 아직 청정한 믿음이 없는 자를 청정한 믿음으로 이끌고, 이미 청정한 믿음이 있는 자를 더욱더 청정한 믿음으로 이끄는 것이 아니다. 수행승들이여, 그것은 오히려, 아직 청정한 믿음이 없는 자를 불신으로 이끌고, 이미 청정한 믿음이 있는 자 가운데 어떤 자들을 타락시키는 것이다."

1-4. 그래서 세존께서는 수행녀 툴라난다에 대하여 여러 가지 방편으로 견책하여, 키우기 어렵고 부양하기 어렵고 탐욕이 많고 만족을 모르고 교제를 좋아하고 나태한 것에 대하여 질책하고, 여러 가지 법문으로 고무하여, 키우기 쉽고 부양하기 쉽고 욕심을 여의고, 만족을 알고, 버리고 없애는 삶, 악을 제거하는 삶, 청정한 믿음의 삶, 쌓아 모우지 않는 삶, 용맹정진의 삶을 칭찬하고, 수행승들을 위하여 그에 알맞고 그에 걸맞게 경책하여 법문을 하고 수행승들에게 일렀다.

[세존] "수행승들이여, 그러므로 수행녀들을 위하여 열 가지 이유에 기초하여, 즉 참모임의 수승을 위하여, 참모임의 안락을 위하여, 악한 수행녀의 조복을 위하여, 품행이 바른 수행녀의 평안한 삶을 위하여, 지금 여기에서의 번뇌의 제어를 위하여, 다가오는 번뇌를 물리치기 위하여, 청정한 믿음이 없는 자에게 청정한

믿음을 주기 위하여, 청정한 믿음이 있는 자에게 청정한 믿음을 증대시키기 위하여, 올바른 가르침을 지속시키기 위하여, 계율을 수호하기 위하여 학습계율을 시설하니, 수행승들이여, 수행녀들은 이와 같이 학습계율을 송출해야 한다."

[세존] "어떠한 수행녀이든지 동활이 아픈데, 간호하지 않을 뿐만 아니라 간호하도록 노력을 기울이지도 않는다면, 속죄죄를 범하는 것이다."[1311]

2-1. '어떠한'이라는 것은 어떠한 관계, 어떠한 태생, 어떠한 이름, 어떠한 성씨, 어떠한 계행, 어떠한 주거, 어떠한 활동영역에서 이든지, 장로이든지, 신참이든지, 중참이든지, 이러한 자들을 형용하는 것으로 '어떠한 자이든'이라는 뜻이다. '수행녀'라고 하는 것은 '탁발하는 여자'로서의 수행녀, 탁발을 위해 돌아다니는 여자로서의 수행녀, 분소의를 입은 자로서의 수행녀, 사미니로서의 수행녀, 자칭에 의한 수행녀, '오라! 수행녀여!'에 의한 수행녀, 삼귀의에 의해 구족계를 받은 수행녀, 현선한 수행녀, 진실한 수행녀, 배울 것이 있는 학인인 수행녀, 배울 것이 없는 무학인 수행녀, 화합참모임과 한번제안세번제청의 갈마와 부동의 거룩한 님의 속성을 갖춘 자로서의 수행녀가 있는데, 그녀들 가운데 화합참모임과 양쪽으로부터 구족계를 받은 자로서 한번제안세번제청의 갈마와 부동의 거룩한 님의 속성을 갖춘 수행녀, 그녀를 이러한 의미에서의 수행녀라고 하는 것이다.

2-2. '아픈'이라는 것은 환자인 것을 뜻한다. '동활'는 동거하는 여자를 뜻한다. '간호하지 않을 뿐만 아니라'는 것은 '스스로 간호하지 않고'라는 뜻이다.'간호하도록 노력을 기울이지 않는다면'이라는 것은 '타인에게 명령하면'이라는 것이다. '나는 간호하지 않을 것이고 간호하도록 노력을 기울이지도 않겠다.'라고 생각하여 책무를 회피하면, 속죄죄를 범하는 것이다. 제자나 구족계를 받지 않은 자를 간호하지 않을 뿐만 아니라 간호하도록 노력을 기울이지도 않는다면, 악작죄를 범하는 것이다.

2-3. 장애가 있거나,[292] 구해도 기회를 얻을 수 없거나, 병들었거나, 사고가 난 경우이거나, 정신착란자이거나 초범자의 경우는 무죄이다.

1311) 부착동활니계○(不着同活尼病戒) | Bhikkhunī Pāc. 104 : yā pana bhikkhunī dukkhitaṃ sahajīviniṃ n'eva upaṭṭheyya na upaṭṭhāpanāya ussukaṃ kareyya, pācittiyan'ti.

4. 11. 5 속죄죄법 제105조

방사에 대한 학습계율[Upassayasikkhāpada]

1-1. 한때 존귀한 부처님께서는 싸밧티 시의 제따바나 숲에 있는 아나타삔디까 승원에 계셨다. 그런데 그때 밧다 까삘라니는 싸께따 시에서 안거에 들었다. 그녀는 어떤 용무가 급해서 툴라난다에게 사자를 파견했다.

[밧다 까삘라니의 사자] "존귀한 자매 툴라난다여, 제게 방사를 주시면, 제가 싸밧티 시로 가겠습니다."

수행녀 툴라난다는 이와 같이 말했다.

[툴라난다] "오셔도 됩니다. 제가 드리겠습니다."

그래서 밧다 까삘라니는 싸께따 시에서 싸밧티 시로 왔다. 수행녀 툴라난다는 밧다 까삘라니의 처소로 갔다. 그런데 당시에 수행녀 툴라난다는 박학한 송출자이자 슬기로운 선설법자였고, 밧다 까빌라니도 박학한 송출자이자 슬기로운 선설법자로서 크게 존경을 받고 있었다. 사람들은 '존귀한 자매 밧다 까삘라니는 박학한 송출자이자 슬기로운 선설법자로서 크게 존경을 받고 있다.'라고 밧다 까빌라니를 먼저 예배한 다음에 나중에 수행녀 툴라난다에게 예배했다. 그런데 수행녀 툴라난다는 본래 질투가 많아 '이 수행녀는 욕망이 없고, 만족을 알고, 멀리 여읨을 좋아하고, 사교를 좋아하지 않고, 납득을 지향하고, 충고를 지향한다.'라고 생각하고 화를 내고 불만에 가득 차 밧다 까삘라니를 처소에서 끌어냈다.

1-2. 수행녀들 가운데 욕망을 여의고, 만족을 알고, 부끄러움을 알고, 후회할 줄 알고, 배움을 원하는 자들은 혐책하고 분개하고 비난했다.

[욕망을 여읜 수행녀들] "어찌 존귀한 자매 툴라난다가 존귀한 자매 밧다 가삘라니에게 방사를 준 뒤에 화가 나고 불만에 가득 찬다고 해서 끌어낼 수 있단 말인가?"

그래서 그 수행녀들은 수행승들에게 그 사실을 알렸다. 수행승들 가운데 욕망을 여의고, 만족을 알고, 부끄러움을 알고, 후회할 줄 알고, 배움을 원하는 자들도 혐책하고 분개하고 비난했다.

[욕망을 여읜 수행승들] "어찌 존귀한 자매 툴라난다가 존귀한 자매 밧다 가삘라니에게 방사를 준 뒤에 화가 나고 불만에 가득 찬다고 해서 끌어낼 수 있단 말인가?"

1-3. 그래서 그 수행승들은 세존께 그 사실을 알렸다. 그러자 세존께서는 그것을

원인으로 그것을 기회로 수행승의 참모임을 불러 모으게 하고 법문을 하고 수행승들에게 말했다.

[세존] "수행승들이여, 수행녀 툴라난다가 수행녀 밧다 가삘라니에게 방사를 준 뒤에 화가 나고 불만에 가득 찬다고 해서 끌어낸 것이 사실인가?"

그래서 그 수행승들은 세존께 그 사실을 알렸다.

[수행승들] "세존이시여, 사실입니다."

존귀한 부처님께서는 견책했다.

[세존] "수행승들이여, 수행녀 툴라난다는 적절하지 않고, 자연스럽지 않고, 알맞지 않고, 수행자의 삶이 아니고, 부당하고, 해서는 안 될 일을 한 것이다. 수행승들이여, 어찌 수행녀 툴라난다가 수행녀 밧다 가삘라니에게 방사를 준 뒤에 화가 나고 불만에 가득 찬다고 해서 끌어낼 수 있단 말인가? 수행승들이여, 그것은 아직 청정한 믿음이 없는 자를 청정한 믿음으로 이끌고, 이미 청정한 믿음이 있는 자를 더욱더 청정한 믿음으로 이끄는 것이 아니다. 수행승들이여, 그것은 오히려, 아직 청정한 믿음이 없는 자를 불신으로 이끌고, 이미 청정한 믿음이 있는 자 가운데 어떤 자들을 타락시키는 것이다."

1-4. 그래서 세존께서는 수행녀 툴라난다를 여러 가지 방편으로 견책하여, 키우기 어렵고 부양하기 어렵고 탐욕이 많고 만족을 모르고 교제를 좋아하고 나태한 것에 대하여 질책하고, 여러 가지 법문으로 고무하여, 키우기 쉽고 부양하기 쉽고 욕심을 여의고, 만족을 알고, 버리고 없애는 삶, 악을 제거하는 삶, 청정한 믿음의 삶, 쌓아 모우지 않는 삶, 용맹정진의 삶을 칭찬하고, 수행승들을 위하여 그에 알맞고 그에 걸맞게 경책하여 법문을 하고 수행승들에게 일렀다.

[세존] "수행승들이여, 그러므로 수행녀들을 위하여 열 가지 이유에 기초하여, 즉 참모임의 수승을 위하여, 참모임의 안락을 위하여, 악한 수행녀의 조복을 위하여, 품행이 바른 수행녀의 평안한 삶을 위하여, 지금 여기에서의 번뇌의 제어를 위하여, 다가오는 번뇌를 물리치기 위하여, 청정한 믿음이 없는 자에게 청정한 믿음을 주기 위하여, 청정한 믿음이 있는 자에게 청정한 믿음을 증대시키기 위하여, 올바른 가르침을 지속시키기 위하여, 계율을 수호하기 위하여 학습계율을 시설하니, 수행승들이여, 수행녀들은 이와 같이 학습계율을 송출해야 한다."

[세존] "어떠한 수행녀이든지 수행녀에게 방사를 준 뒤에 화가 나고 불만에 가득 찬다고 해서 끌어내거나 끌어내게 한다면, 속죄죄를 범하는 것이다."[1312]

2-1. '어떠한'이라는 것은 어떠한 관계, 어떠한 태생, 어떠한 이름, 어떠한 성씨, 어떠한 계행, 어떠한 주거, 어떠한 활동영역에서 이든지, 장로이든지, 신참이든지, 중참이든지, 이러한 자들을 형용하는 것으로 '어떠한 자이든'이라는 뜻이다. '수행녀'라고 하는 것은 '탁발하는 여자'로서의 수행녀, 탁발을 위해 돌아다니는 여자로서의 수행녀, 분소의를 입은 자로서의 수행녀, 사미니로서의 수행녀, 자칭에 의한 수행녀, '오라! 수행녀여!'에 의한 수행녀, 삼귀의에 의해 구족계를 받은 수행녀, 현선한 수행녀, 진실한 수행녀, 배울 것이 있는 학인인 수행녀, 배울 것이 없는 무학인 수행녀, 화합참모임과 한번제안세번제청의 갈마와 부동의 거룩한 님의 속성을 갖춘 자로서의 수행녀가 있는데, 그녀들 가운데 화합참모임과 양쪽으로부터 구족계를 받은 자로서 한번제안세번제청의 갈마와 부동의 거룩한 님의 속성을 갖춘 수행녀, 그녀를 이러한 의미에서의 수행녀라고 하는 것이다.

2-2. '수행녀에게'라는 것은 '다른 수행녀에게'라는 뜻이다. '방사'라는 것은 창호로 묶인 곳을 뜻한다. '주고'라는 것은 '자신이 주고 나서'라는 뜻이다. '화를 내고 불만에 가득 차'라는 것은 불쾌하고, 불만족스럽고, 격분하고, 완고해지는 것'을 뜻한다.

2-3₁. '끌어내거나'이라는 것은 다음과 같다. 방안에서 붙잡아 입구로 끌어내면 속죄죄를 범하는 것이다. 입구에서 붙잡아 밖을 끌어내면, 속죄죄를 범하는 것이다. 한번 끌어당겨 많은 문을 지나치게 하면, 속죄죄를 범하는 것이다. '끌어내게 시키면'이라는 것은 타인에 명령하면 악작죄를 범하는 것이다. 단, 한번 명령으로 많은 문을 지나치게 하면, 속죄죄를 범하는 것이다.

2-3₂.

1) 구족계를 받은 자에 대하여 구족계를 받은 자라고 지각하고 방사를 준 뒤에 화가 나고 불만에 가득 찬다고 해서 끌어내거나 끌어내게 한다면, 속죄죄를 범하는 것이다.
2) 구족계를 받은 자에 대하여 구족계를 받은 자인지 의심하고 방사를 준 뒤에 화가 나고 불만에 가득 찬다고 해서 끌어내거나 끌어내게 한다면, 속죄죄를 범하는 것이다.
3) 구족계를 받은 자에 대하여 구족계를 받지 않은 자라고 지각하고 방사를 준

1312) 견타출방계○(牽他出房戒) | Bhikkhunī Pāc. 105 : yā pana bhikkhunī bhikkhuniyā upassayaṃ datvā kupitā anattamanā nikkaḍḍheyya vā nikkaḍḍhāpeyya vā, pācittiyan'ti.

뒤에 화가 나고 불만에 가득 찬다고 해서 끌어내거나 끌어내게 한다면, 속죄죄를 범하는 것이다. 그의 필수품을 끌어내거나 끌어내게 시키면, 악작죄를 범하는 것이다.

2-3₃. 창호로 묶이지 않은 곳에서 끌어내거나 끌어내게 시키면, 악작죄를 범하는 것이다. 그의 필수품을 끌어내거나 끌어내게 시키면, 악작죄를 범하는 것이다 구족계를 받지 않은 자를 창호로 묶인 곳이나 창호로 묶이지 않은 곳에서 끌어내거나 끌어내게 시키면, 악작죄를 범하는 것이다. 그의 필수품을 끌어내거나 끌어내게 시키면, 악작죄를 범하는 것이다.

2-3₄.

1) 구족계를 받지 않은 자에 대하여 구족계를 받은 자라고 지각하면, 악작죄를 범하는 것이다.
2) 구족계를 받지 않은 자에 대하여 구족계를 받지 않은 자인지 의심하면, 악작죄를 범하는 것이다.
3) 구족계를 받지 않은 자에 대하여 구족계를 받지 않은 자라고 지각하면, 악작죄를 범하는 것이다.

2-4. 다툼을 일으킨 자를 끌어내거나 끌어내게 시키거나 그의 필수품을 끌어내거나 끌어내게 시키거나, 싸움을 일으킨 자를 끌어내거나 끌어내게 시키거나 그의 필수품을 끌어내거나 끌어내게 시키거나, 쟁론을 일으킨 자를 끌어내거나 끌어내게 시키거나 그의 필수품을 끌어내거나 끌어내게 시키거나, 분열을 일으킨 자를 끌어내거나 끌어내게 시키거나 그의 필수품을 끌어내거나 끌어내게 시키거나, 학인이나 제자들 가운데 바르지 못한 품행자를 끌어내거나 끌어내게 시키거나 그의 필수품을 끌어내거나 끌어내게 시키는 경우이거나, 정신착란자이거나 초범자인 경우는 무죄이다.

4. 11. 6 속죄죄법 제106조

사귐에 대한 학습계율[Saṃsaṭṭhasikkhāpada]

1-1. 한때 존귀한 부처님께서는 싸밧티 시의 제따바나 숲에 있는 아나타삔디까 승원에 계셨다. 그런데 그때 수행녀 짠다깔리가 재가의 가장이나 재가의 아들과 사귀었다.

1-2. 수행녀들 가운데 욕망을 여의고, 만족을 알고, 부끄러움을 알고, 후회할 줄 알고, 배움을 원하는 자들은 혐책하고 분개하고 비난했다.

[욕망을 여읜 수행녀들] "어찌 존귀한 자매 짠다깔리가 재가의 가장이나 재가의 아들과 사귈 수 있단 말인가?"

그래서 그 수행녀들은 수행승들에게 그 사실을 알렸다. 수행승들 가운데 욕망을 여의고, 만족을 알고, 부끄러움을 알고, 후회할 줄 알고, 배움을 원하는 자들도 혐책하고 분개하고 비난했다.

[욕망을 여읜 수행승들] "어찌 존귀한 자매 짠다깔리가 재가의 가장이나 재가의 아들과 사귈 수 있단 말인가?"

1-3. 그래서 그 수행승들은 세존께 그 사실을 알렸다. 그러자 세존께서는 이러한 인연으로 이러한 기회에 수행승들의 참모임을 불러 모으게 하고 연유를 설하고 수행승들에게 물었다.

[세존] "수행승들이여, 수행녀 짠다깔리가 재가의 가장이나 재가의 아들과 사귄 것이 사실인가?"

[수행승들] "세존이시여, 사실입니다."

존귀한 부처님께서는 견책했다.

[세존] "수행승들이여, 수행녀 짠다깔리는 적절하지 않고, 자연스럽지 않고, 알맞지 않고, 수행자의 삶이 아니고, 부당하고, 해서는 안 될 일을 행한 것이다. 수행승들이여, 어찌 수행녀[294] 짠다깔리가 재가의 가장이나 재가의 아들과 사귈 수 있단 말인가? 수행승들이여, 그것은 아직 청정한 믿음이 없는 자를 청정한 믿음으로 이끌고, 이미 청정한 믿음이 있는 자를 더욱더 청정한 믿음으로 이끄는 것이 아니다. 수행승들이여, 그것은 오히려, 아직 청정한 믿음이 없는 자를 불신으로 이끌고, 이미 청정한 믿음이 있는 자 가운데 어떤 자들을 타락시키는 것이다."

1-4. 그래서 세존께서는 수행녀 짠다깔리에 대하여 여러 가지 방편으로 견책하여, 키우기 어렵고 부양하기 어렵고 탐욕이 많고 만족을 모르고 교제를 좋아하고 나태한 것에 대하여 질책하고, 여러 가지 법문으로 고무하여, 키우기 쉽고 부양하기 쉽고 욕심을 여의고, 만족을 알고, 버리고 없애는 삶, 악을 제거하는 삶, 청정한 믿음의 삶, 쌓아 모우지 않는 삶, 용맹정진의 삶을 칭찬하고, 수행승들을 위하여 그에 알맞고 그에 걸맞게 경책하여 법문을 하고 수행승들에게 일렀다.

[세존] "수행승들이여, 그러므로 수행녀들을 위하여 열 가지 이유에 기초하여, 즉 참모임의 수승을 위하여, 참모임의 안락을 위하여, 악한 수행녀의 조복을 위하여, 품행이 바른 수행녀의 평안한 삶을 위하여, 지금 여기에서의 번뇌의 제어를 위하여, 다가오는 번뇌를 물리치기 위하여, 청정한 믿음이 없는 자에게 청정한 믿음을 주기 위하여, 청정한 믿음이 있는 자에게 청정한 믿음을 증대시키기 위하여, 올바른 가르침을 지속시키기 위하여, 계율을 수호하기 위하여 학습계율을 시설하니, 수행승들이여, 수행녀들은 이와 같이 학습계율을 송출해야 한다."

[세존] "어떠한 수행녀이든지 재가의 가장이나 재가의 아들과 사귄다면, 그 수행녀에게 수행녀들은 이와 같이 말해야 한다. '존귀한 자매여, 재가의 가장이나 재가의 아들과 사귀지 마십시오. 존귀한 자매여, 그만 두십시오. 참모임은 자매의 멀리 여읨을 찬탄합니다.' 그 수행녀가 이와 같이 수행녀들이 말하는데도 불구하고 그대로 고집하면, 그 수행녀에게 그것을 포기하도록 수행녀들은 세 번까지 충고해야 한다. 세 번까지 충고하여 그것을 포기하면, 좋은 일이고, 포기하지 않는다면, 속죄죄를 범하는 것이다."[1313]

2-1. '어떠한'이라는 것은 어떠한 관계, 어떠한 태생, 어떠한 이름, 어떠한 성씨, 어떠한 계행, 어떠한 주거, 어떠한 활동영역에서 이든지, 장로이든지, 신참이든지, 중참이든지, 이러한 자들을 형용하는 것으로 '어떠한 자이든'이라는 뜻이다. '수행녀'라고 하는 것은 '탁발하는 여자'로서의 수행녀, 탁발을 위해 돌아다니는 여자로서의 수행녀, 분소의를 입은 자로서의 수행녀, 사미니로서의 수행녀, 자칭에 의한 수행녀, '오라! 수행녀여!'에 의한 수행녀, 삼귀의에 의해 구족계를 받은 수행녀, 현선한 수행녀, 진실한 수행녀, 배울 것이 있는 학인인 수행녀, 배울 것이 없는 무학인 수행녀, 화합참모임과 한번제안세번제청의 갈마와 부동의 거룩한 님의 속성을 갖춘 자로서의 수행녀가 있는데, 그녀들 가운데 화합참모임과 양쪽으로부터 구족계를 받은 자로서 한번제안세번제청의 갈마와 부동의 거룩한 님의 속성을 갖춘 수행녀, 그녀를 이러한 의미에서의 수행녀라고 하는 것이다.

2-2. '사귀는 것'은 부적절하게 신체와 언어로서 교제하는 것을 뜻한다. '재가의

1313) 친근거사자위간계○(親近居士子違諫戒) | Bhikkhunī Pāc. 106 : yā pana bhikkhunī saṃsaṭṭhā vihareyya gahapatinā vā gahapatiputtena vā sā bhikkhunī bhikkhunībhi evamassa vacanīyā: māyye saṃsaṭṭhā vihari gahapatināpi gahapatiputtenāpi. vivicc'ayye, vivekaññeva bhaginiyā saṅgho vaṇṇetī'ti. evañ ca pana sā bhikkhunī bhikkhūnīhi vuccamānā tath'eva paggaṇheyya sā bhikkhunī bhikkhunīhi yāvatatiyaṃ samanubhāsitabbā tassa paṭinissaggāya. yāvatatiyañ ce samanubhāsiyamānā taṃ paṭinissajjeyya, icc etaṃ kusalaṃ. no ce paṭinissajjeyya pācittiyan'ti.

가장'이라는 것은 누구든지 집에서 생활하는 자를 뜻한다. '재가의 아들'이라는 것은 모든 아들과 형제를 뜻한다. '수행녀'라는 것은 그 사귀는 수행녀를 뜻한다. '수행녀들은'이라는 것은 '다른 수행녀들'을 뜻한다.

보고 들은 자들은 이와 같이 말해야 한다.

[권유1] '존귀한 자매여, 재가의 가장이나 재가의 아들과 사귀지 마십시오. 존귀한 자매여, 그만 두십시오. 참모임은 자매의 멀리 여읨을 찬탄합니다.'

두 번째에도 이와 같이 말해야 한다.

[권유2] '존귀한 자매여, 재가의 가장이나 재가의 아들과 사귀지 마십시오. 존귀한 자매여, 그만 두십시오. 참모임은 자매의 멀리 여읨을 찬탄합니다.'

세 번째에도 이와 같이 말해야 한다.

[권유3] '존귀한 자매여, 재가의 가장이나 재가의 아들과 사귀지 마십시오. 존귀한 자매여, 그만 두십시오. 참모임은 자매의 멀리 여읨을 찬탄합니다.'

그것을 포기하면, 좋은 일이다. 그녀가 포기하지 않는다면, 악작죄를 범하는 것이다. 듣고 그들이 말하지 않는다면, 악작죄를 범하는 것이다.

그 수행녀를 참모임의 가운데 데려와서, 이와 같이 말해야 한다.

[권유1] '존귀한 자매여, 재가의 가장이나 재가의 아들과 사귀지 마십시오. 존귀한 자매여, 그만 두십시오. 참모임은 자매의 멀리 여읨을 찬탄합니다.'

두 번째에도 이와 같이 말해야 한다.

[권유2] '존귀한 자매여, 재가의 가장이나 재가의 아들과 사귀지 마십시오. 존귀한 자매여, 그만 두십시오. 참모임은 자매의 멀리 여읨을 찬탄합니다.'

세 번째에도 이와 같이 말해야 한다.

[권유3] '존귀한 자매여, 재가의 가장이나 재가의 아들과 사귀지 마십시오. 존귀한 자매여, 그만 두십시오. 참모임은 자매의 멀리 여읨을 찬탄합니다.'

그것을 포기하면, 좋은 일이다. 그녀가 포기하지 않는다면, 악작죄를 범하는 것이다. 그 수행녀는 충고를 받아야 한다.

2-3. 수행승들이여, 이와 같이 충고해야 한다. 총명하고 유능한 수행녀가 참모임에 알려야 한다.

[제안] '존귀한 자매들이여, 참모임은 제 말에 귀를 기울이십시오. 이러이러한 수행녀가 재가의 가장이나 재가의 아들과 사귀고 있습니다. 그러나 그 수행녀는 그 일을 포기하지 않습니다. 만약에 참모임에 옳은 일이라면, 참모임은 이러이러한 수행녀가 그 일을 포기하도록 충고하겠습니다. 이것이 제안입니다.'

[제청1] '존귀한 자매들이여, 참모임은 제 말에 귀를 기울이십시오. 이러이러한 수행녀가 재가의 가장이나 재가의 아들과 사귀고 있습니다. 그러나 그 수행녀는 그 일을 포기하지 않습니다. 참모임은 이러이러한 수행녀가 그 일을 포기하도록 충고합니다. 존귀한 자매들 가운데 누구든지 이러이러한 수행녀에게 그 일을 포기하도록 충고하는 것에 동의하면 침묵하시고, 이견이 있으시면 말씀하십시오.'

[제청2] '두 번째에도 나는 그 사실을 말합니다. 존귀한 자매들이여, 참모임은 제 말에 귀를 기울이십시오. 이러이러한 수행녀가 재가의 가장이나 재가의 아들과 사귀고 있습니다. 그러나 그 수행녀는 그 일을 포기하지 않습니다. 참모임은 이러이러한 수행녀가 그 일을 포기하도록 충고합니다. 존귀한 자매들 가운데 누구든지 이러이러한 수행녀에게 그 일을 포기하도록 충고하는 것에 동의하면 침묵하시고, 이견이 있으시면 말씀하십시오.'

[제청3] '두 번째에도 나는 그 사실을 말합니다. 존귀한 자매들이여, 참모임은 제 말에 귀를 기울이십시오. 이러이러한 수행녀가 재가의 가장이나 재가의 아들과 사귀고 있습니다. 그러나 그 수행녀는 그 일을 포기하지 않습니다. 참모임은 이러이러한 수행녀가 그 일을 포기하도록 충고합니다. 존귀한 자매들 가운데 누구든지 이러이러한 수행녀에게 그 일을 포기하도록 충고하는 것에 동의하면 침묵하시고, 이견이 있으시면 말씀하십시오.'

[결정] "참모임은 이러이러한 수행녀가 그 일을 포기하도록 충고했습니다. 참모임이 찬성하여 침묵했으므로, 저는 그와 같이 알겠습니다.'"

제안에 의해서[295] 악작죄, 두 제청에 의해서 악작죄, 제청의 끝냄에 의해서 속죄죄가 성립한다.

2-4₁.

1) 원칙에 입각한 갈마에 대하여 원칙에 입각한 갈마라고 지각하고 포기하지 않으면, 속죄죄를 범하는 것이다.
2) 원칙에 입각한 갈마에 대하여 원칙에 입각한 갈마인지 의심하여 포기하지 않으면, 속죄죄를 범하는 것이다.
3) 원칙에 입각한 갈마에 대하여 원칙에 입각하지 않은 갈마라고 지각하고 포기하지 않으면, 속죄죄를 범하는 것이다.

2-4₂.

1) 원칙에 입각하지 않은 갈마에 대하여 원칙에 입각한 갈마라고 지각하면, 악작죄를 범하는 것이다.

2) 원칙에 입각하지 않은 갈마에 대하여 원칙에 입각하지 않은 갈마인지 의심하면, 악작죄를 범하는 것이다.

3) 원칙에 입각하지 않은 갈마에 대하여 원칙에 입각하지 않은 갈마라고 지각하면, 악작죄를 범하는 것이다.

2-5. 충고받지 못했거나, 포기하는 경우이거나, 정신착란자이거나 초범자인 경우는 무죄이다.

4. 11. 7 속죄죄법 제107조

위험지역에 대한 학습계율①[Pathamasāsaṅkaraṭṭhasikkhāpada]

1-1. 한때 존귀한 부처님께서는 싸밧티 시의 제따바나 숲에 있는 아나타삔디까 승원에 계셨다. 그런데 그때 수행녀들이 위험하다고 여겨지고 공포를 수반하는 지역 안에서 카라반과 함께 하지도 않고[1314] 유행했다. 악한들이 능욕했다.

1-2. 수행녀들 가운데 욕망을 여의고, 만족을 알고, 부끄러움을 알고, 후회할 줄 알고, 배움을 원하는 자들은 혐책하고 분개하고 비난했다.

[욕망을 여읜 수행녀들] "어찌 수행녀들이 위험하다고 여겨지고 공포를 수반하는 지역 안에서 카라반과 함께 하지도 않고 유행할 수 있단 말인가?"

그래서 그 수행녀들은 수행승들에게 그 사실을 알렸다. 수행승들 가운데 욕망을 여의고, 만족을 알고, 부끄러움을 알고, 후회할 줄 알고, 배움을 원하는 자들도 혐책하고 분개하고 비난했다.

[욕망을 여읜 수행승들] "어찌 수행녀들이 위험하다고 여겨지고 공포를 수반하는 지역 안에서 카라반과 함께 하지도 않고 유행할 수 있단 말인가?"

1-3. 그래서 그 수행승들은 세존께 그 사실을 알렸다.[246] 그러자 세존께서는 그것을 원인으로 그것을 기회로 수행승의 참모임을 불러 모으게 하고 법문을 하고 수행승들에게 말했다.

[세존] "수행승들이여, 수행녀들이 위험하다고 여겨지고 공포를 수반하는 지역 안에서 카라반과 함께 하지도 않고 유행한 것이 사실이란 말인가?"

[수행승들] "세존이시여, 사실입니다."

1314) asatthikā : Bd. III. 317에서는, 달리 해석하여, '무기도 없이'라고 번역하고 있다. 그러나 수행녀가 무기를 가지고 방어를 위해서 무기를 가지고 다녀야 한다는 계율항목은 어디에도 없다.

존귀한 부처님께서는 견책했다.

[세존] "수행승들이여, 그 수행녀들은 적절하지 않고, 자연스럽지 않고, 알맞지 않고, 수행자의 삶이 아니고, 부당하고, 해서는 안 될 일을 한 것이다. 수행승들이여, 어찌 수행녀들이 위험하다고 여겨지고 공포를 수반하는 지역 안에서 카라반과 함께 하지도 않고 유행할 수 있단 말인가? 수행승들이여, 그것은 아직 청정한 믿음이 없는 자를 청정한 믿음으로 이끌고, 이미 청정한 믿음이 있는 자를 더욱더 청정한 믿음으로 이끄는 것이 아니다. 수행승들이여, 그것은 오히려, 아직 청정한 믿음이 없는 자를 불신으로 이끌고, 이미 청정한 믿음이 있는 자 가운데 어떤 자들을 타락시키는 것이다."

1-4. 그리고 세존께서는 그 수행녀들에 대하여 여러 가지 방편으로 견책하고, 키우기 어렵고 부양하기 어렵고 탐욕이 많고 만족을 모르고 교제를 좋아하고 나태한 것에 대하여 질책하고, 여러 가지 법문으로 고무하여, 키우기 쉽고 부양하기 쉽고 욕심을 여의고, 만족을 알고, 버리고 없애는 삶, 악을 제거하는 삶, 청정한 믿음의 삶, 쌓아 모우지 않는 삶, 용맹정진의 삶을 칭찬하고, 수행승들을 위하여 그에 알맞고 그에 걸맞게 경책하여 법문을 하고 수행승들에게 일렀다.

[세존] "수행승들이여, 그러므로 수행녀들을 위하여 열 가지 이유에 기초하여, 즉 참모임의 수승을 위하여, 참모임의 안락을 위하여, 악한 수행녀의 조복을 위하여, 품행이 바른 수행녀의 평안한 삶을 위하여, 지금 여기에서의 번뇌의 제어를 위하여, 다가오는 번뇌를 물리치기 위하여, 청정한 믿음이 없는 자에게 청정한 믿음을 주기 위하여, 청정한 믿음이 있는 자에게 청정한 믿음을 증대시키기 위하여, 올바른 가르침을 지속시키기 위하여, 계율을 수호하기 위하여 학습계율을 시설하니, 수행승들이여, 수행녀들은 이와 같이 학습계율을 송출해야 한다."

[세존] "어떠한 수행녀이든지 위험하다고 여겨지고 공포를 수반하는 지역 안에서 카라반과 함께 하지도 않고 유행하면, 속죄죄를 범하는 것이다."[1315)]

2-1. '어떠한'이라는 것은 어떠한 관계, 어떠한 태생, 어떠한 이름, 어떠한 성씨, 어떠한 계행, 어떠한 주거, 어떠한 활동영역에서 이든지, 장로이든지, 신참이든지, 중참이든지, 이러한 자들을 형용하는 것으로 '어떠한 자이든'이라는 뜻이다. '수행녀'라고 하는 것은 '탁발하는 여자'로서의 수행녀, 탁발을 위해 돌아다니는

1315) 국내공포처유행계○(國內恐怖處遊行戒) | Bhikkhunī Pāc. 107 : yā pana bhikkhunī antoraṭṭhe sāsaṅkasam mate sappaṭibhaye asatthikā cārikaṃ careyya, pācittiyan'ti.

여자로서의 수행녀, 분소의를 입은 자로서의 수행녀, 사미니로서의 수행녀, 자칭에 의한 수행녀, '오라! 수행녀여!'에 의한 수행녀, 삼귀의에 의해 구족계를 받은 수행녀, 현선한 수행녀, 진실한 수행녀, 배울 것이 있는 학인인 수행녀, 배울 것이 없는 무학인 수행녀, 화합참모임과 한번제안세번제청의 갈마와 부동의 거룩한 님의 속성을 갖춘 자로서의 수행녀가 있는데, 그녀들 가운데 화합참모임과 양쪽으로부터 구족계를 받은 자로서 한번제안세번제청의 갈마와 부동의 거룩한 님의 속성을 갖춘 수행녀, 그녀를 이러한 의미에서의 수행녀라고 하는 것이다.

2-2. '지역 안에서'라는 것은 '그녀가 사는 나라의 지역에서'라는 뜻이다. '위험하다고 여겨지고'라는 것은 도중에 도적이 머무는 곳이 보이고, 식사하는 곳이 보이고, 서있는 곳이 보이고, 앉아 있는 것이 보이고, 누워있는 곳이 보이는 것을 뜻한다. '공포를 수반하는'이라는 것은 도중에 도적에 의해서 사람이 살해되고 약탈당하고 구타당하는 것이 보이는 것을 뜻한다. '카라반과 함께 하지 않고'는 '카라반이 없이'라는 뜻이다. '유행하면'이라는 것은 다음과 같다. 닭이 돌아다니기에 충분한 마을에서 마을 안에서 유행하면 유행할 때마다, 속죄죄를 범하는 것이고, 마을이 없는 숲속에서 유행하면, 반 요자나마다 속죄죄를 범하는 것이다.

2-3. 카라반과 함께 가거나, 안전하게 공포없이 가거나, 사고가 났거나, 정신착란자이거나 초범자인 경우는 무죄이다.

4. 11. 8 속죄죄법 제108조

위험지역에 대한 학습계율②[Dutiyasāsaṅkaraṭṭhasikkhāpada]

1-1. 한때[296] 존귀한 부처님께서는 싸밧티 시의 제따바나 숲에 있는 아나타삔디까 승원에 계셨다. 그런데 그때 수행녀들이 위험하다고 여겨지고 공포를 수반하는 지역 밖으로 카라반과 함께 하지도 않고 유행했다. 악한들이 능욕했다.

1-2. 수행녀들 가운데 욕망을 여의고, 만족을 알고, 부끄러움을 알고, 후회할 줄 알고, 배움을 원하는 자들은 혐책하고 분개하고 비난했다.

[욕망을 여읜 수행녀들] "어찌 수행녀들이 위험하다고 여겨지고 공포를 수반하는 지역 밖으로 카라반과 함께 하지도 않고 유행할 수 있단 말인가?"

그래서 그 수행녀들은 수행승들에게 그 사실을 알렸다. 수행승들 가운데 욕망을 여의고, 만족을 알고, 부끄러움을 알고, 후회할 줄 알고, 배움을 원하는 자들도

혐책하고 분개하고 비난했다.

[욕망을 여읜 수행승들] "어찌 수행녀들이 위험하다고 여겨지고 공포를 수반하는 지역 밖으로 카라반과 함께 하지도 않고 유행할 수 있단 말인가?"

1-3. 그래서 그 수행승들은 세존께 그 사실을 알렸다. 그러자 세존께서는 그것을 원인으로 그것을 기회로 수행승의 참모임을 불러 모으게 하고 법문을 하고 수행승들에게 말했다.

[세존] "수행승들이여, 수행녀들이 위험하다고 여겨지고 공포를 수반하는 지역 밖으로 카라반과 함께 하지도 않고 유행한 것이 사실이란 말인가?"

[수행승들] "세존이시여, 사실입니다."

존귀한 부처님께서는 견책했다.

[세존] "수행승들이여, 그 수행녀들은 적절하지 않고, 자연스럽지 않고, 알맞지 않고, 수행자의 삶이 아니고, 부당하고, 해서는 안 될 일을 한 것이다. 수행승들이여, 어찌 수행녀들이 위험하다고 여겨지고 공포를 수반하는 지역 밖으로 카라반과 함께 하지도 않고 유행할 수 있단 말인가? 수행승들이여, 그것은 아직 청정한 믿음이 없는 자를 청정한 믿음으로 이끌고, 이미 청정한 믿음이 있는 자를 더욱더 청정한 믿음으로 이끄는 것이 아니다. 수행승들이여, 그것은 오히려, 아직 청정한 믿음이 없는 자를 불신으로 이끌고, 이미 청정한 믿음이 있는 자 가운데 어떤 자들을 타락시키는 것이다."

1-4. 그리고 세존께서는 그 수행녀들에 대하여 여러 가지 방편으로 견책하고, 키우기 어렵고 부양하기 어렵고 탐욕이 많고 만족을 모르고 교제를 좋아하고 나태한 것에 대하여 질책하고, 여러 가지 법문으로 고무하여, 키우기 쉽고 부양하기 쉽고 욕심을 여의고, 만족을 알고, 버리고 없애는 삶, 악을 제거하는 삶, 청정한 믿음의 삶, 쌓아 모우지 않는 삶, 용맹정진의 삶을 칭찬하고, 수행승들을 위하여 그에 알맞고 그에 걸맞게 경책하여 법문을 하고 수행승들에게 일렀다.

[세존] "수행승들이여, 그러므로 수행녀들을 위하여 열 가지 이유에 기초하여, 즉 참모임의 수승을 위하여, 참모임의 안락을 위하여, 악한 수행녀의 조복을 위하여, 품행이 바른 수행녀의 평안한 삶을 위하여, 지금 여기에서의 번뇌의 제어를 위하여, 다가오는 번뇌를 물리치기 위하여, 청정한 믿음이 없는 자에게 청정한 믿음을 주기 위하여, 청정한 믿음이 있는 자에게 청정한 믿음을 증대시키기 위하여, 올바른 가르침을 지속시키기 위하여, 계율을 수호하기 위하여 학습계율을 시설하니, 수행승들이여, 수행녀들은 이와 같이 학습계율을 송출해야 한다."

[세존] "어떠한 수행녀이든지 위험하다고 여겨지고 공포를 수반하는 지역 밖으로 카라반과 함께 하지도 않고 유행하면, 속죄죄를 범하는 것이다."[1316]

2-1. '어떠한'이라는 것은 어떠한 관계, 어떠한 태생, 어떠한 이름, 어떠한 성씨, 어떠한 계행, 어떠한 주거, 어떠한 활동영역에서 이든지, 장로이든지, 신참이든지, 중참이든지, 이러한 자들을 형용하는 것으로 '어떠한 자이든'이라는 뜻이다. '수행녀'라고 하는 것은 '탁발하는 여자'로서의 수행녀, 탁발을 위해 돌아다니는 여자로서의 수행녀, 분소의를 입은 자로서의 수행녀, 사미니로서의 수행녀, 자칭에 의한 수행녀, '오라! 수행녀여!'에 의한 수행녀, 삼귀의에 의해 구족계를 받은 수행녀, 현선한 수행녀, 진실한 수행녀, 배울 것이 있는 학인인 수행녀, 배울 것이 없는 무학인 수행녀, 화합참모임과 한번제안세번제청의 갈마와 부동의 거룩한 님의 속성을 갖춘 자로서의 수행녀가 있는데, 그녀들 가운데 화합참모임과 양쪽으로부터 구족계를 받은 자로서 한번제안세번제청의 갈마와 부동의 거룩한 님의 속성을 갖춘 수행녀, 그녀를 이러한 의미에서의 수행녀라고 하는 것이다.

2-2. '지역 밖으로'라는 것은 '그녀가 사는 나라의 지역을 제외한 다른 지역으로'라는 뜻이다. '위험하다고 여겨지고'라는 것은 도중에 도적이 머무는 곳이 보이고, 식사하는 곳이 보이고, 서있는 곳이 보이고, 앉아 있는 것이 보이고, 누워있는 곳이 보이는 것을 뜻한다. '공포를 수반하는'이라는 것은 도중에 도적에 의해서 사람이 살해되고 약탈당하고 구타당하는 것이 보이는 것을 뜻한다. '카라반과 함께 하지 않고'는 '카라반이 없이'라는 뜻이다. '유행하면'이라는 것은 다음과 같다. 닭이 돌아다니기에 충분한 마을에서 마을 안에서 유행하면 유행할 때마다, 속죄죄를 범하는 것이고, 마을이 없는 숲속에서 유행하면, 반 요자나마다 속죄죄를 범하는 것이다.

2-3. 카라반과 함께 가거나, 안전하게 공포없이 가거나, 사고가 나는 경우이거나, 정신착란자이거나 초범자인 경우는 무죄이다.

4. 11. 9 속죄죄법 제109조

안거중 유행에 대한 학습계율[Antovassacārikasikkhāpada]

1316) 국외공포처유행계○(國外恐怖處遊行戒) | Bhikkhunī Pāc. 108 : yā pana bhikkhunī bhikkhunī tiroraṭṭhe sāsaṅkasammate sappaṭibhaye asatthikā cārikaṃ careyya, pācittiyan'ti.

1-1. 한때 존귀한 부처님께서 라자가하 시의 벨루바나 숲에 있는 깔란다까니바빠에 계셨다. 그런데 그때 수행녀들이 안거중에 유행했다. 사람들이 혐책하고 분개하고 비난했다.

[사람들] "어찌 수행녀들이 곡식과 풀을 밟고, 한 감관을 지닌 초목의 생명을 해치고, 많은 작은 생명을 파괴하며, 안거 중에 유행할 수 있단 말인가?"

1-2. 수행녀들은 그 사람들이 혐책하고 분개하고 비난하는 것을 들었다. 수행녀들 가운데 욕망을 여의고, 만족을 알고, 부끄러움을 알고, 후회할 줄 알고, 배움을 원하는 자들도 혐책하고 분개하고 비난했다.

[욕망을 여읜 수행녀들] "어찌 수행녀들이 곡식과 풀을 밟고, 한 감관을 지닌 초목의 생명을 해치고, 많은 작은 생명을 파괴하며, 안거 중에 유행할 수 있단 말인가?"

그래서 그 수행녀들은 수행승들에게 그 사실을 알렸다. 수행승들 가운데 욕망을 여의고, 만족을 알고, 부끄러움을 알고, 후회할 줄 알고, 배움을 원하는 자들도 혐책하고 분개하고 비난했다.

[욕망을 여읜 수행승들] "어찌 수행녀들이 곡식과 풀을 밟고, 한 감관을 지닌 초목의 생명을 해치고, 많은 작은 생명을 파괴하며, 안거 중에 유행할 수 있단 말인가?"

1-3. 그래서 그 수행승들은 세존께 그 사실을 알렸다. 그러자 세존께서는 그것을 원인으로 그것을 기회로 수행승의 참모임을 불러 모으게 하고 법문을 하고 수행승들에게 말했다.

[세존] "수행승들이여, 수행녀들이 곡식과 풀을 밟고, 한 감관을 지닌 초목의 생명을 해치고, 많은 작은 생명을 파괴하며, 안거 중에 유행한 것이 사실인가?"

[수행승들] "세존이시여, 사실입니다."

존귀한 부처님께서는 견책했다.

[세존] "수행승들이여, 그 수행녀들은 적절하지 않고, 자연스럽지 않고, 알맞지 않고, 수행자의 삶이 아니고, 부당하고, 해서는 안 될 일을 한 것이다. 수행승들이여, 어찌 수행녀들이 곡식과 풀을 밟고, 한 감관을 지닌 초목의 생명을 해치고, 많은 작은 생명을 파괴하며, 안거 중에 유행할 수 있단 말인가? 수행승들이여, 그것은 아직 청정한 믿음이 없는 자를 청정한 믿음으로 이끌고, 이미 청정한 믿음이 있는 자를 더욱더 청정한 믿음으로 이끄는 것이 아니다. 수행승들이여,

그것은 오히려, 아직 청정한 믿음이 없는 자를 불신으로 이끌고, 이미 청정한 믿음이 있는 자 가운데 어떤 자들을 타락시키는 것이다."

1-4. 그리고 세존께서는 그 수행녀들에 대하여 여러 가지 방편으로 견책하고, 키우기 어렵고 부양하기 어렵고 탐욕이 많고 만족을 모르고 교제를 좋아하고 나태한 것에 대하여 질책하고, 여러 가지 법문으로 고무하여, 키우기 쉽고 부양하기 쉽고 욕심을 여의고, 만족을 알고, 버리고 없애는 삶, 악을 제거하는 삶, 청정한 믿음의 삶, 쌓아 모우지 않는 삶, 용맹정진의 삶을 칭찬하고, 수행승들을 위하여 그에 알맞고 그에 걸맞게 경책하여 법문을 하고 수행승들에게 일렀다.

[세존] "수행승들이여, 그러므로 수행녀들을 위하여 열 가지 이유에 기초하여, 즉 참모임의 수승을 위하여, 참모임의 안락을 위하여, 악한 수행녀의 조복을 위하여, 품행이 바른 수행녀의 평안한 삶을 위하여, 지금 여기에서의 번뇌의 제어를 위하여, 다가오는 번뇌를 물리치기 위하여, 청정한 믿음이 없는 자에게 청정한 믿음을 주기 위하여, 청정한 믿음이 있는 자에게 청정한 믿음을 증대시키기 위하여, 올바른 가르침을 지속시키기 위하여, 계율을 수호하기 위하여 학습계율을 시설하니, 수행승들이여, 수행녀들은 이와 같이 학습계율을 송출해야 한다."

[세존] "어떠한 수행녀이든지 안거 중에 유행하면, 속죄죄를 범하는 것이다."1317)

2-1. '어떠한'이라는 것은[297] 어떠한 관계, 어떠한 태생, 어떠한 이름, 어떠한 성씨, 어떠한 계행, 어떠한 주거, 어떠한 활동영역에서 이든지, 장로이든지, 신참이든지, 중참이든지, 이러한 자들을 형용하는 것으로 '어떠한 자이든'이라는 뜻이다. '수행녀'라고 하는 것은 '탁발하는 여자'로서의 수행녀, 탁발을 위해 돌아다니는 여자로서의 수행녀, 분소의를 입은 자로서의 수행녀, 사미니로서의 수행녀, 자칭에 의한 수행녀, '오라! 수행녀여!'에 의한 수행녀, 삼귀의에 의해 구족계를 받은 수행녀, 현선한 수행녀, 진실한 수행녀, 배울 것이 있는 학인인 수행녀, 배울 것이 없는 무학인 수행녀, 화합참모임과 한번제안세번제청의 갈마와 부동의 거룩한 님의 속성을 갖춘 자로서의 수행녀가 있는데, 그녀들 가운데 화합참모임과 양쪽으로부터 구족계를 받은 자로서 한번제안세번제청의 갈마와 부동의 거룩한 님의 속성을 갖춘 수행녀, 그녀를 이러한 의미에서의 수행녀라고 하는 것이다.

1317) 우기유행계○(雨期遊行戒) | Bhikkhunī Pāc. 109 : yā pana bhikkhunī antovassaṃ cārikaṃ careyya pācittiy an'ti.

2-2. '안거 중에'라는 것은 '앞의 세달 동안이나 뒤의 세달 동안을 주거하지 않고'1318)라는 뜻이다. '유행하면'이라는 것은 다음과 같다. 닭이 돌아다니기에 충분한 마을에서 마을 안에서 유행하면 유행할 때마다, 속죄죄를 범하는 것이고, 마을이 없는 숲속에서 유행하면, 반 요자나마다 속죄죄를 범하는 것이다.

2-3. 볼 일이 있어 7일간 외출한다던가, 어떤 강요에 의해서 간다던가, 사고가 일어나는 경우이거나, 정신착란자이거나 초범자인 경우는 무죄이다.

4. 11. 10 속죄죄법 제110조

안거후 유행에 대한 학습계율[Vassaṃvutthacārikasikkhāpada]

1-1. 한때 존귀한 부처님께서 라자가하 시의 벨루바나 숲에 있는 깔란다까니바빠 공원에 계셨다. 그런데 그때 수행녀들이 라자가하 시에서 안거를 지내고 거기서 겨울도 보내고 거기서 여름도 보냈다. 사람들이 혐책하고 분개하고 비난했다.

[사람들] "수행녀들 때문에 사방이 막히고 사방이 혼잡하고, 그녀들 때문에 사방이 보이지 않는다."

1-2. 수행녀들은 그 사람이 혐책하고 분개하고 비난하는 것을 들었다. 그래서 그 수행녀들은 수행승들에게 그 사실을 알렸다. 수행승들은 세존께 그 사실을 알렸다. 그러자 세존께서는 그것을 원인으로 그것을 기회로 법문을 하고 수행승들에게 말했다.

[세존] "수행승들이여, 그렇다면, 수행녀들을 위하여 학습계율을 시설하겠다. 열 가지 이유에 기초하여, 즉 참모임의 수승을 위하여, 참모임의 안락을 위하여, 악한 수행녀의 조복을 위하여, 품행이 바른 수행녀의 평안한 삶을 위하여, 지금 여기에서의 번뇌의 제어를 위하여, 다가오는 번뇌를 물리치기 위하여, 청정한 믿음이 없는 자에게 청정한 믿음을 주기 위하여, 청정한 믿음이 있는 자에게 청정한 믿음을 증대시키기 위하여, 올바른 가르침을 지속시키기 위하여, 계율을 수호하기 위하여 학습계율을 시설하니, 수행승들이여, 수행녀들은 이와 같이 학습계율을 송출해야 한다."

1318) purimaṃ vā temāsaṃ pacchimaṃ vā temāsaṃ avasitvā : 안거는 4개월간 지속하는 우기 중에 앞의 3개월간이나 뒤의 3개월을 한 곳에 머무는 것을 뜻한다.

[세존] "어떠한 수행녀이든지 안거를 지내고 적어도 5 내지 6 요자나의 거리라도 유행을 떠나지 않으면, 속죄죄를 범하는 것이다."[1319]

2-1. '어떠한'이라는 것은 어떠한 관계, 어떠한 태생, 어떠한 이름, 어떠한 성씨, 어떠한 계행, 어떠한 주거, 어떠한 활동영역에서 이든지, 장로이든지, 신참이든지, 중참이든지, 이러한 자들을 형용하는 것으로 '어떠한 자이든'이라는 뜻이다. '수행녀'라고 하는 것은 '탁발하는 여자'로서의 수행녀, 탁발을 위해 돌아다니는 여자로서의 수행녀, 분소의를 입은 자로서의 수행녀, 사미니로서의 수행녀, 자칭에 의한 수행녀, '오라! 수행녀여!'에 의한 수행녀, 삼귀의에 의해 구족계를 받은 수행녀, 현선한 수행녀, 진실한 수행녀, 배울 것이 있는 학인인 수행녀, 배울 것이 없는 무학인 수행녀, 화합참모임과 한번제안세번제청의 갈마와 부동의 거룩한 님의 속성을 갖춘 자로서의 수행녀가 있는데, 그녀들 가운데 화합참모임과 양쪽으로부터 구족계를 받은 자로서 한번제안세번제청의 갈마와 부동의 거룩한 님의 속성을 갖춘 수행녀, 그녀를 이러한 의미에서의 수행녀라고 하는 것이다.

2-2. '안거를 지내고'라는 것은 '앞의 세달 동안이나 뒤의 세달 동안 안거를 지내고'라는 뜻이다. '나는 5내지 6 요자나의 거리조차도 유행을 떠나지 않겠다.'라고 생각하여 책무를 포기하면, 속죄죄를 범하는 것이다.

2-3. 장애가 있거나, 도반이 수행녀를 구해도 얻지 못하거나, 환자이거나, 사고가 일어난 경우이거나, 정신착란자이거나 초범자인 경우는 무죄이다.

제11품 함께 사용 그 후렴시는 다음과 같다.

침상, 욕피, 폐를 끼침, 아픈 동활, 방사,
사귐, 두 개의 지역, 안거 중에, 유행.[1320]

제12품 갤러리(Cittāgāravaggo pañcamo)

4. 12. 1 속죄죄법 제111조

왕궁 등에 대한 학습계율[Rājāgārādisikkhāpada]

1319) 안거경부거계○(安居竟不去戒) | Bhikkhunī Pāc. 110 : yā pana bhikkhunī vassaṃ vutthā cārikaṃ na pakkameyya antamaso chappañcayojanānipi, pācittiyan'ti.

1320) seyyattharaṇāphāsukaṃ | dukkhitā upassayena ca | saṃsaṭṭhā duve raṭṭhā | antovassena cārikā'ti ||

1-1. 한때[298] 존귀한 부처님께서는 싸밧티 시의 제따바나 숲에 있는 아나타삔디까 승원에 계셨다. 그런데 그때 꼬쌀라 국의 왕 빠쎄나디의 유원의 갤러리에 대담한 그림이 전시되었다. 많은 사람들이 그 갤러리의 그림을 보기 위해 왔다. 여섯무리의 수행녀들도 그 갤러리의 그림을 보기 위해 왔다. 사람들이 혐책하고 분개하고 비난했다.

[사람들] "어찌 수행녀들이 갤러리의 그림을 보러 올 수 있단 말인가? 마치 감각적 쾌락을 즐기는 재가자와 같다."

1-2. 수행녀들은 그 사람들이 혐책하고 분개하고 비난하는 것을 들었다. 수행녀들 가운데 욕망을 여의고, 만족을 알고, 부끄러움을 알고, 후회할 줄 알고, 배움을 원하는 자들도 혐책하고 분개하고 비난했다.

[욕망을 여읜 수행녀들] "어찌 여섯무리의 수행녀들이 갤러리의 그림을 보러 갈 수 있단 말인가?"

그래서 그 수행녀들은 수행승들에게 그 사실을 알렸다. 수행승들 가운데 욕망을 여의고, 만족을 알고, 부끄러움을 알고, 후회할 줄 알고, 배움을 원하는 자들도 혐책하고 분개하고 비난했다.

[욕망을 여읜 수행승들] "어찌 여섯무리의 수행녀들이 갤러리의 그림을 보러 갈 수 있단 말인가?"

1-3. 그래서 그 수행승들은 세존께 그 사실을 알렸다. 그러자 세존께서는 그것을 원인으로 그것을 기회로 수행승의 참모임을 불러 모으게 하고 법문을 하고 수행승들에게 말했다.

[세존] "수행승들이여, 그 여섯무리의 수행녀들이 갤러리의 그림을 보러 간 것이 사실인가?"

[수행승들] "세존이시여, 사실입니다."

존귀한 부처님께서는 견책했다.

[세존] "수행승들이여, 그 여섯무리의 수행녀들은 적절하지 않고, 자연스럽지 않고, 알맞지 않고, 수행자의 삶이 아니고, 부당하고, 해서는 안 될 일을 한 것이다. 수행승들이여, 어찌 여섯무리의 수행녀들이 갤러리의 그림을 보러 갈 수 있단 말인가? 수행승들이여, 그것은 아직 청정한 믿음이 없는 자를 청정한 믿음으로 이끌고, 이미 청정한 믿음이 있는 자를 더욱더 청정한 믿음으로 이끄는 것이 아니다. 수행승들이여, 그것은 오히려, 아직 청정한 믿음이 없는 자를 불신으로

이끌고, 이미 청정한 믿음이 있는 자 가운데 어떤 자들을 타락시키는 것이다."

1-4. 그리고 세존께서는 그 여섯무리의 수행녀들에 대하여 여러 가지 방편으로 견책하고, 키우기 어렵고 부양하기 어렵고 탐욕이 많고 만족을 모르고 교제를 좋아하고 나태한 것에 대하여 질책하고, 여러 가지 법문으로 고무하여, 키우기 쉽고 부양하기 쉽고 욕심을 여의고, 만족을 알고, 버리고 없애는 삶, 악을 제거하는 삶, 청정한 믿음의 삶, 쌓아 모우지 않는 삶, 용맹정진의 삶을 칭찬하고, 수행승들을 위하여 그에 알맞고 그에 걸맞게 경책하여 법문을 하고 수행승들에게 일렀다.

[세존] "수행승들이여, 그러므로 수행녀들을 위하여 열 가지 이유에 기초하여, 즉 참모임의 수승을 위하여, 참모임의 안락을 위하여, 악한 수행녀의 조복을 위하여, 품행이 바른 수행녀의 평안한 삶을 위하여, 지금 여기에서의 번뇌의 제어를 위하여, 다가오는 번뇌를 물리치기 위하여, 청정한 믿음이 없는 자에게 청정한 믿음을 주기 위하여, 청정한 믿음이 있는 자에게 청정한 믿음을 증대시키기 위하여, 올바른 가르침을 지속시키기 위하여, 계율을 수호하기 위하여 학습계율을 시설하니, 수행승들이여, 수행녀들은 이와 같이 학습계율을 송출해야 한다."

[세존] "어떠한 수행녀라도 왕궁이나 갤러리나 공원이나 유원이나 연못을[1321] 보러 가면, 속죄죄를 범하는 것이다."[1322]

2-1. '어떠한'이라는 것은 어떠한 관계, 어떠한 태생, 어떠한 이름, 어떠한 성씨, 어떠한 계행, 어떠한 주거, 어떠한 활동영역에서 이든지, 장로이든지, 신참이든지, 중참이든지, 이러한 자들을 형용하는 것으로 '어떠한 자이든'이라는 뜻이다. '수행녀'라고 하는 것은 '탁발하는 여자'로서의 수행녀, 탁발을 위해 돌아다니는 여자로서의 수행녀, 분소의를 입은 자로서의 수행녀, 사미니로서의 수행녀, 자칭에 의한 수행녀, '오라! 수행녀여!'에 의한 수행녀, 삼귀의에 의해 구족계를 받은 수행녀, 현선한 수행녀, 진실한 수행녀, 배울 것이 있는 학인인 수행녀, 배울 것이 없는 무학인 수행녀, 화합참모임과 한번제안세번제청의 갈마와 부동의 거룩한 님의 속성을 갖춘 자로서의 수행녀가 있는데, 그녀들 가운데 화합참모임과 양쪽으로부터 구족계를 받은 자로서 한번제안세번제청의 갈마와 부동의 거룩한 님의 속성을 갖춘 수행녀, 그녀를 이러한 의미에서의 수행녀라고 하는 것이다.

1321) pokkharaṇiṃ : Vin. II. 123에 따르면, 재가의 남자신도가 수행승을 위하여 연못을 지었는데, 세존께서는 수행승을 위해서 연못을 허용했다.

1322) 관왕궁원림계○(觀王宮園林戒) | Bhikkhunī Pāc. 111 : yā pana bhikkhunī rājāgāraṃ vā cittāgāraṃ vā ārāmaṃ vā uyyānaṃ vā pokkharaṇiṃ vā dassanāya gaccheyya, pācittiyan'ti.

2-2. '왕궁'이라는 것은 '어디라도 왕의 놀이와 향락을 위하여 만들어진 곳'을 뜻한다. '갤러리'라는 것도 '어디라도 사람들의 놀이와 향락을 위하여 만들어진 곳'을 뜻한다. '공원'이라는 것도 '어디라도 사람들의 놀이와 향락을 위하여 만들어진 곳'을 뜻한다. '유원'이라는 것도 '어디라도 사람들의 놀이와 향락을 위하여 만들어진 곳'을 뜻한다. '연못'라는 것도 '어디라도 사람들의 놀이와 향락을 위하여 만들어진 곳'을 뜻한다. 보기 위하여 가면, 악작죄를 범하는 것이다. 거기에 서서 보면, 속죄죄를 범하는 것이다. 시야를 떠나서 거듭 보면, 속죄죄를 범하는 것이다. 하나하나 보러 가면, 하나 하나 악작죄를 범하는 것이다. 거기에 서서 보면, 속죄죄를 범하는 것이다. 시야를 떠나서 거듭 보면, 속죄죄를 범하는 것이다.

2-3. 승원에[299] 서서 보거나, 오거나 가면서 보거나, 용무가 있어 가다가 보거나, 사고가 일어난 경우이거나, 정신착란자이거나 초범자인 경우는 무죄이다.

4. 12. 2 속죄죄법 제112조

쇼파 등에 대한 학습계율[Āsandyādisikkhāpada]

1-1. 한때 존귀한 부처님께서는 싸밧티 시의 제따바나 숲에 있는 아나타삔디까 승원에 계셨다. 그런데 그때 수행녀들이 쇼파와 안락의자를 사용했다. 사람들이 정사를 순례하다가 보고 혐책하고 분개하고 비난했다.

[사람들] "어찌 수행녀들이 쇼파와 안락의자를 사용할 수 있는가? 마치 감각적 쾌락을 지키는 재가자와 같다."

2-1. 수행녀들은 그 사람들이 혐책하고 분개하고 비난하는 것을 들었다. 수행녀들 가운데 욕망을 여의고, 만족을 알고, 부끄러움을 알고, 후회할 줄 알고, 배움을 원하는 자들도 혐책하고 분개하고 비난했다.

[욕망을 여읜 수행녀들] "어찌 수행녀들이 쇼파와 안락의자를 사용할 수 있는가?"

그래서 그 수행녀들은 수행승들에게 그 사실을 알렸다. 수행승들 가운데 욕망을 여의고, 만족을 알고, 부끄러움을 알고, 후회할 줄 알고, 배움을 원하는 자들도 혐책하고 분개하고 비난했다.

[욕망을 여읜 수행승들] "어찌 수행녀들이 쇼파와 안락의자를 사용할 수 있는가?"

1-3. 그래서 그 수행승들은 세존께 그 사실을 알렸다. 그러자 세존께서는 그것을 원인으로 그것을 기회로 수행승의 참모임을 불러 모으게 하고 법문을 하고 수행

승들에게 말했다.

[세존] "수행승들이여, 수행녀들이 쇼파와 안락의자를 사용한 것이 사실인가?"

[수행승들] "세존이시여, 사실입니다."

존귀한 부처님께서는 견책했다.

[세존] "수행승들이여, 그 수행녀들은 적절하지 않고, 자연스럽지 않고, 알맞지 않고, 수행자의 삶이 아니고, 부당하고, 해서는 안 될 일을 한 것이다. 수행승들이여, 어찌 수행녀들이 쇼파와 안락의자를 사용할 수 있는가? 수행승들이여, 그것은 아직 청정한 믿음이 없는 자를 청정한 믿음으로 이끌고, 이미 청정한 믿음이 있는 자를 더욱더 청정한 믿음으로 이끄는 것이 아니다. 수행승들이여, 그것은 오히려, 아직 청정한 믿음이 없는 자를 불신으로 이끌고, 이미 청정한 믿음이 있는 자 가운데 어떤 자들을 타락시키는 것이다."

1-4. 그리고 세존께서는 그 수행녀들에 대하여 여러 가지 방편으로 견책하고, 키우기 어렵고 부양하기 어렵고 탐욕이 많고 만족을 모르고 교제를 좋아하고 나태한 것에 대하여 질책하고, 여러 가지 법문으로 고무하여, 키우기 쉽고 부양하기 쉽고 욕심을 여의고, 만족을 알고, 버리고 없애는 삶, 악을 제거하는 삶, 청정한 믿음의 삶, 쌓아 모우지 않는 삶, 용맹정진의 삶을 칭찬하고, 수행승들을 위하여 그에 알맞고 그에 걸맞게 경책하여 법문을 하고 수행승들에게 일렀다.

[세존] "수행승들이여, 그러므로 수행녀들을 위하여 열 가지 이유에 기초하여, 즉 참모임의 수승을 위하여, 참모임의 안락을 위하여, 악한 수행녀의 조복을 위하여, 품행이 바른 수행녀의 평안한 삶을 위하여, 지금 여기에서의 번뇌의 제어를 위하여, 다가오는 번뇌를 물리치기 위하여, 청정한 믿음이 없는 자에게 청정한 믿음을 주기 위하여, 청정한 믿음이 있는 자에게 청정한 믿음을 증대시키기 위하여, 올바른 가르침을 지속시키기 위하여, 계율을 수호하기 위하여 학습계율을 시설하니, 수행승들이여, 수행녀들은 이와 같이 학습계율을 송출해야 한다."

[세존] "어떠한 수행녀이든지 쇼파와 안락의자를 사용한다면, 속죄죄를 범하는 것이다."1323)

2-1. '어떠한'이라는 것은 어떠한 관계, 어떠한 태생, 어떠한 이름, 어떠한 성씨, 어떠한 계행, 어떠한 주거, 어떠한 활동영역에서 이든지, 장로이든지, 신참이든

1323) 고상미모상계○(高床尾毛牀戒) | Bhikkhunī Pāc. 112 : yā pana bhikkhunī āsandiṃ vā pallaṅkaṃ vā paribhuñjeyya pācittiyan'ti.

지, 중참이든지, 이러한 자들을 형용하는 것으로 '어떠한 자이든'이라는 뜻이다. '수행녀'라고 하는 것은 '탁발하는 여자'로서의 수행녀, 탁발을 위해 돌아다니는 여자로서의 수행녀, 분소의를 입은 자로서의 수행녀, 사미니로서의 수행녀, 자칭에 의한 수행녀, '오라! 수행녀여!'에 의한 수행녀, 삼귀의에 의해 구족계를 받은 수행녀, 현선한 수행녀, 진실한 수행녀, 배울 것이 있는 학인인 수행녀, 배울 것이 없는 무학인 수행녀, 화합참모임과 한번제안세번제청의 갈마와 부동의 거룩한 님의 속성을 갖춘 자로서의 수행녀가 있는데, 그녀들 가운데 화합참모임과 양쪽으로부터 구족계를 받은 자로서 한번제안세번제청의 갈마와 부동의 거룩한 님의 속성을 갖춘 수행녀, 그녀를 이러한 의미에서의 수행녀라고 하는 것이다.

2-2. '쇼파'라는 것은 칫수가 초과하는 의자를 말한다. '안락의자'란 아름다운 털로 만든어진 의자를 말한다. '사용하면'이라는 것은 다음과 같다. 거기에 앉거나 누우면, 속죄죄를 범하는 것이다.

2-3. 쇼파의 다리를 자르고 사용하거나, 안락의자의 털을 분리하고 사용하는 경우이거나, 정신착란자이거나 초범자인 경우는 무죄이다.

4. 12. 3 속죄죄법 제113조

실짜기에 대한 학습계율[Suttakantanasikkhāpada]

1-1. 한때 존귀한 부처님께서는 싸밧티 시의 제따바나 숲에 있는 아나타삔디까 승원에 계셨다. 그런데 그때 여섯무리의 수행녀들이 실을 짜고 있었다. 사람들이 [300] 정사를 순례하다가 보고 혐책하고 분개하고 비난했다.

[사람들] "어찌 수행녀들이 실을 짤 수 있단 말인가? 마치 감각적 쾌락의 욕망을 누리는 재가자와 같다."

1-2. 수행녀들은 그 사람들이 혐책하고 분개하고 비난하는 것을 들었다. 수행녀들 가운데 욕망을 여의고, 만족을 알고, 부끄러움을 알고, 후회할 줄 알고, 배움을 원하는 자들은 혐책하고 분개하고 비난했다.

[욕망을 여읜 수행녀들] "어찌 여섯무리의 수행녀들이 실을 짤 수 있단 말인가?"

그래서 그 수행녀들은 수행승들에게 그 사실을 알렸다. 수행승들 가운데 욕망을 여의고, 만족을 알고, 부끄러움을 알고, 후회할 줄 알고, 배움을 원하는 자들도 혐책하고 분개하고 비난했다.

[욕망을 여읜 수행승들] "어찌 여섯무리의 수행녀들이 실을 짤 수 있단 말인가?"

1-3. 그래서 그 수행승들은 세존께 그 사실을 알렸다. 그러자 세존께서는 그것을 원인으로 그것을 기회로 수행승의 참모임을 불러 모으게 하고 법문을 하고 수행승들에게 말했다.

[세존] "수행승들이여, 그 여섯무리의 수행녀들이 실을 짠 것이 사실인가?"

[수행승들] "세존이시여, 사실입니다."

존귀한 부처님께서는 견책했다.

[세존] "수행승들이여, 그 여섯무리의 수행승들은 적절하지 않고, 자연스럽지 않고, 알맞지 않고, 수행자의 삶이 아니고, 부당하고, 해서는 안 될 일을 한 것이다. 수행승들이여, 어찌 여섯무리의 수행녀들이 실을 짤 수가 있단 말인가? 수행승들이여, 그것은 아직 청정한 믿음이 없는 자를 청정한 믿음으로 이끌고, 이미 청정한 믿음이 있는 자를 더욱더 청정한 믿음으로 이끄는 것이 아니다. 수행승들이여, 그것은 오히려, 아직 청정한 믿음이 없는 자를 불신으로 이끌고, 이미 청정한 믿음이 있는 자 가운데 어떤 자들을 타락시키는 것이다."

1-4. 그리고 세존께서는 여섯무리의 수행녀들에 대하여 여러 가지 방편으로 견책하고, 키우기 어렵고 부양하기 어렵고 탐욕이 많고 만족을 모르고 교제를 좋아하고 나태한 것에 대하여 질책하고, 여러 가지 법문으로 고무하여, 키우기 쉽고 부양하기 쉽고 욕심을 여의고, 만족을 알고, 버리고 없애는 삶, 악을 제거하는 삶, 청정한 믿음의 삶, 쌓아 모우지 않는 삶, 용맹정진의 삶을 칭찬하고, 수행승들을 위하여 그에 알맞고 그에 걸맞게 경책하여 법문을 하고 수행승들에게 일렀다.

[세존] "수행승들이여, 그러므로 수행녀들을 위하여 열 가지 이유에 기초하여, 즉 참모임의 수승을 위하여, 참모임의 안락을 위하여, 악한 수행녀들의 조복을 위하여, 품행이 바른 수행녀들의 평안한 삶을 위하여, 지금 여기에서의 번뇌의 제어를 위하여, 다가오는 번뇌를 물리치기 위하여, 청정한 믿음이 없는 자에게 청정한 믿음을 주기 위하여, 청정한 믿음이 있는 자에게 청정한 믿음을 증대시키기 위하여, 올바른 가르침을 지속시키기 위하여, 계율을 수호하기 위하여 학습계율을 시설하니, 수행승들이여, 수행녀들은 이와 같이 학습계율을 송출해야 한다."

[세존] "어떠한 수행녀이든지 실을 짜면, 속죄죄를 범하는 것이다."[1324]

1324) 자방적계○(自紡績戒) | Bhikkhunī Pāc. 113 : yā pana bhikkhunī suttaṃ kanteyya, pācittiyan'ti.

2-1. '어떠한'이라는 것은 어떠한 관계, 어떠한 태생, 어떠한 이름, 어떠한 성씨, 어떠한 계행, 어떠한 주거, 어떠한 활동영역에서 이든지, 장로이든지, 신참이든지, 중참이든지, 이러한 자들을 형용하는 것으로 '어떠한 자이든'이라는 뜻이다. '수행녀'라고 하는 것은 '탁발하는 여자'로서의 수행녀, 탁발을 위해 돌아다니는 여자로서의 수행녀, 분소의를 입은 자로서의 수행녀, 사미니로서의 수행녀, 자칭에 의한 수행녀, '오라! 수행녀여!'에 의한 수행녀, 삼귀의에 의해 구족계를 받은 수행녀, 현선한 수행녀, 진실한 수행녀, 배울 것이 있는 학인인 수행녀, 배울 것이 없는 무학인 수행녀, 화합참모임과 한번제안세번제청의 갈마와 부동의 거룩한 님의 속성을 갖춘 자로서의 수행녀가 있는데, 그녀들 가운데 화합참모임과 양쪽으로부터 구족계를 받은 자로서 한번제안세번제청의 갈마와 부동의 거룩한 님의 속성을 갖춘 수행녀, 그녀를 이러한 의미에서의 수행녀라고 하는 것이다.

2-2. '실'이라는 것은 여섯 가지 실, 즉, 아마실, 면실, 비단실, 털실, 조마실, 대마실[1325]을 뜻한다. '짜면'이라는 것은 '스스로 짜면'이라는 뜻이다. 그 과정은 악작죄를 범하는 것이고, 감으면 감을 때마다 속죄죄를 범하는 것이다.

2-3. 짜인 실을 감는 경우이거나, 정신착란자이거나 초범자인 경우는 무죄이다.

4. 12. 4 속죄죄법 제114조

가사일에 대한 학습계율[Gihīveyyāvaccasikkhāpada]

1-1. 한때 존귀한 부처님께서는 싸밧티 시의 제따바나 숲에 있는 아나타삔디까 승원에 계셨다. 그런데 그때 수행녀들이 재가자를 위한 가사일을 하고 있었다.

1-2. 수행녀들 가운데 욕망을 여의고, 만족을 알고, 부끄러움을 알고, 후회할 줄 알고, 배움을 원하는 자들은 혐책하고 분개하고 비난했다.

[욕망을 여읜 수행녀들] "어찌 수행녀들이 재가자를 위한 가사일을 할 수 있단 말인가?"

그래서 그 수행녀들은 수행승들에게 그 사실을 알렸다. 수행승들 가운데 욕망을 여의고, 만족을 알고, 부끄러움을 알고, 후회할 줄 알고, 배움을 원하는 자들도

1325) cha suttāni: khomaṃ kappāsikaṃ koseyyaṃ kambalaṃ sāṇaṃ bhaṅgaṃ

혐책하고 분개하고 비난했다.

[욕망을 여읜 수행승들] "어찌 수행녀들이 재가자를 위한 가사일을 할 수 있단 말인가?"

1-3. 그래서 그 수행승들은 세존께 그 사실을 알렸다. 그러자 세존께서는 그것을 원인으로 그것을 기회로 수행승의 참모임을 불러 모으게 하고 법문을 하고 수행승들에게 말했다.

[세존] "수행승들이여, 수행녀들이 재가자를 위한 가사일을 한 것이 사실인가?"

[수행승들] "세존이시여, 사실입니다."

존귀한 부처님께서는 견책했다.

[세존] "수행승들이여, 그 수행녀들은 적절하지 않고, 자연스럽지 않고, 알맞지 않고, 수행자의 삶이 아니고, 부당하고, 해서는 안 될 일을 한 것이다. 수행승들이여, 어찌 수행녀들이 재가자를 위한 가사일을 할 수 있단 말인가? 수행승들이여, 그것은 아직 청정한 믿음이 없는 자를 청정한 믿음으로 이끌고, 이미 청정한 믿음이 있는 자를 더욱더 청정한 믿음으로 이끄는 것이 아니다. 수행승들이여, 그것은 오히려, 아직 청정한 믿음이 없는 자를 불신으로 이끌고, 이미 청정한 믿음이 있는 자 가운데 어떤 자들을 타락시키는 것이다."

1-4. 그리고 세존께서는 그 수행녀들에 대하여 여러 가지 방편으로 견책하고, 키우기 어렵고 부양하기 어렵고 탐욕이 많고 만족을 모르고 교제를 좋아하고 나태한 것에 대하여 질책하고, 여러 가지 법문으로 고무하여, 키우기 쉽고 부양하기 쉽고 욕심을 여의고, 만족을 알고, 버리고 없애는 삶, 악을 제거하는 삶, 청정한 믿음의 삶, 쌓아 모우지 않는 삶, 용맹정진의 삶을 칭찬하고, 수행승들을 위하여 그에 알맞고 그에 걸맞게 경책하여 법문을 하고 수행승들에게 일렀다.

[세존] "수행승들이여, 그러므로 수행녀들을 위하여 열 가지 이유에 기초하여, 즉 참모임의 수승을 위하여, 참모임의 안락을 위하여, 악한 수행녀의 조복을 위하여, 품행이 바른 수행녀의 평안한 삶을 위하여, 지금 여기에서의 번뇌의 제어를 위하여, 다가오는 번뇌를 물리치기 위하여, 청정한 믿음이 없는 자에게 청정한 믿음을 주기 위하여, 청정한 믿음이 있는 자에게 청정한 믿음을 증대시키기 위하여, 올바른 가르침을 지속시키기 위하여, 계율을 수호하기 위하여 학습계율을 시설하니, 수행승들이여, 수행녀들은 이와 같이 학습계율을 송출해야 한다."

[세존] "어떠한 수행녀이든지 재가자를 위한 가사일을 하면, 속죄죄를 범하는 것이다."1326)

2-1. '어떠한'이라는 것은 어떠한 관계, 어떠한 태생, 어떠한 이름, 어떠한 성씨, 어떠한 계행, 어떠한 주거, 어떠한 활동영역에서 이든지, 장로이든지, 신참이든지, 중참이든지, 이러한 자들을 형용하는 것으로 '어떠한 자이든'이라는 뜻이다. '수행녀'라고 하는 것은 '탁발하는 여자'로서의 수행녀, 탁발을 위해 돌아다니는 여자로서의 수행녀, 분소의를 입은 자로서의 수행녀, 사미니로서의 수행녀, 자칭에 의한 수행녀, '오라! 수행녀여!'에 의한 수행녀, 삼귀의에 의해 구족계를 받은 수행녀, 현선한 수행녀, 진실한 수행녀, 배울 것이 있는 학인인 수행녀, 배울 것이 없는 무학인 수행녀, 화합참모임과 한번제안세번제청의 갈마와 부동의 거룩한 님의 속성을 갖춘 자로서의 수행녀가 있는데, 그녀들 가운데 화합참모임과 양쪽으로부터 구족계를 받은 자로서 한번제안세번제청의 갈마와 부동의 거룩한 님의 속성을 갖춘 수행녀, 그녀를 이러한 의미에서의 수행녀라고 하는 것이다.

2-2. '재가자를 위한 가사일'이라는 것은 다음과 같다. 재가자를 위하여 죽이나 밥이나[301] 또는 단단한 음식을 요리하거나, 혹은 옷이나 두건을 세탁하면, 속죄죄를 범하는 것이다.

2-3. 죽공양이거나, 참모임을 위한 식사이거나, 탑묘의 공양을 위한 것이거나, 자신을 위한 가사일로서 죽이나 밥이나 단단한 음식을 요리하거나 옷이나 두건을 세탁하는 경우이거나, 정신착란자이거나 초범자인 경우는 무죄이다.

4. 12. 5 속죄죄법 제115조

멸쟁에 대한 학습계율[Adhikaraṇavūpasamasikkhāpada]

1-1. 한때 존귀한 부처님께서는 싸밧티 시의 제따바나 숲에 있는 아나타삔디까 승원에 계셨다. 그런데 그때 한 수행녀가 수행녀 툴라난다를 찾아와서 이와 같이 말했다,

---

1326) 여백의작사계○(與白衣作使戒) | Bhikkhunī Pāc. 114 : yā pana bhikkhunī gihīveyyāvaccaṃ kareyya, pācittiyan'ti.

[수행녀] "존귀한 자매여, 이 쟁사를 그치게 하여 주십시오."

수행녀 툴라난다는 '좋습니다.'라고 대답하고는 그치게 하지도 않고 그치도록 노력하지도 않았다. 그러자 그 수행녀는 수행녀들에게 그 사실을 알렸다.

1-2. 수행녀들 가운데 욕망을 여의고, 만족을 알고, 부끄러움을 알고, 후회할 줄 알고, 배움을 원하는 자들도 혐책하고 분개하고 비난했다.

[욕망을 여읜 수행녀들] "어찌 존귀한 자매 툴라난다는 수행녀가 '존귀한 자매여, 이 쟁사를 그치게 하여 주십시오.'라는 말에, '좋습니다.'라고 대답하고는 그치게 하지도 않고 그치도록 노력하지도 않을 수 있단 말인가?"

그래서 그 수행녀들은 수행승들에게 그 사실을 알렸다. 수행승들 가운데 욕망을 여의고, 만족을 알고, 부끄러움을 알고, 후회할 줄 알고, 배움을 원하는 자들도 혐책하고 분개하고 비난했다.

[욕망을 여읜 수행승들] "어찌 존귀한 자매 툴라난다는 수행녀가 '존귀한 자매여, 이 쟁사를 그치게 하여 주십시오.'라는 말에, '좋습니다.'라고 대답하고는 그치게 하지도 않고 그치도록 노력하지도 않을 수 있단 말인가?"

1-3. 그래서 그 수행승들은 세존께 그 사실을 알렸다. 그러자 세존께서는 이러한 인연으로 이러한 기회에 수행승들의 참모임을 불러 모으게 하고 연유를 설하고 수행승들에게 물었다.

[세존] "수행승들이여, 수행녀 툴라난다가 수행녀가 '존귀한 자매여, 이 쟁사를 그치게 하여 주십시오.'라는 말에, '좋습니다.'라고 대답하고는 그치게 하지도 않고 그치도록 노력하지도 않은 것이 사실인가?"

[수행승들] "세존이시여, 사실입니다."

존귀한 부처님께서는 견책했다.

[세존] "수행승들이여, 수행녀 툴라난다는 적절하지 않고, 자연스럽지 않고, 알맞지 않고, 수행자의 삶이 아니고, 부당하고, 해서는 안 될 일을 행한 것이다. 수행승들이여, 어찌 수행녀 툴라난다는 수행녀가 '존귀한 자매여, 이 쟁사를 그치게 하여 주십시오.'라는 말에, '좋습니다.'라고 대답하고는 그치게 하지도 않고 그치도록 노력하지도 않을 수 있단 말인가? 수행승들이여, 그것은 아직 청정한 믿음이 없는 자를 청정한 믿음으로 이끌고, 이미 청정한 믿음이 있는 자를 더욱더 청정한 믿음으로 이끄는 것이 아니다. 수행승들이여, 그것은 오히려, 아직 청정한 믿음이 없는 자를 불신으로 이끌고, 이미 청정한 믿음이 있는 자 가운데 어떤 자들을 타락시키는 것이다."

1-4. 그리고 세존께서는 수행녀 툴라난다에 대하여 여러 가지 방편으로 견책하고, 키우기 어렵고 부양하기 어렵고 탐욕이 많고 만족을 모르고 교제를 좋아하고 나태한 것에 대하여 질책하고, 여러 가지 법문으로 고무하여, 키우기 쉽고 부양하기 쉽고 욕심을 여의고, 만족을 알고, 버리고 없애는 삶, 악을 제거하는 삶, 청정한 믿음의 삶, 쌓아 모우지 않는 삶, 용맹정진의 삶을 칭찬하고, 수행승들을 위하여 그에 알맞고 그에 걸맞게 경책하여 법문을 하고 수행승들에게 일렀다.

[세존] "수행승들이여, 그러므로 수행녀들을 위하여 열 가지 이유에 기초하여, 즉 참모임의 수승을 위하여, 참모임의 안락을 위하여, 악한 수행녀의 조복을 위하여, 품행이 바른 수행녀의 평안한 삶을 위하여, 지금 여기에서의 번뇌의 제어를 위하여, 다가오는 번뇌를 물리치기 위하여, 청정한 믿음이 없는 자에게 청정한 믿음을 주기 위하여, 청정한 믿음이 있는 자에게 청정한 믿음을 증대시키기 위하여, 올바른 가르침을 지속시키기 위하여, 계율을 수호하기 위하여 학습계율을 시설하니, 수행승들이여, 수행녀들은 이와 같이 학습계율을 송출해야 한다."

[세존] "어떠한 수행녀이든지 수행녀가 '존귀한 자매여, 이 쟁사를 그치게 하여 주십시오.'라는 말에, '좋습니다.'라고 대답하고는 나중에 장애가 없는데도, 그치게 하지도 않고 그치도록 노력을 기울이지도 않는다면, 속죄죄를 범하는 것이다."[1327]

2-1. '어떠한'이라는 것은 어떠한 관계, 어떠한 태생, 어떠한 이름, 어떠한 성씨, 어떠한 계행, 어떠한 주거, 어떠한 활동영역에서 이든지, 장로이든지, 신참이든지, 중참이든지, 이러한 자들을 형용하는 것으로 '어떠한 자이든'이라는 뜻이다. '수행녀'이라고 하는 것은 '탁발하는 여자'로서의 수행녀, 탁발을 위해 돌아다니는 여자로서의 수행녀, 분소의를 입은 자로서의 수행녀, 사미니로서의 수행녀, 자칭에 의한 수행녀, '오라! 수행녀여!'에 의한 수행녀, 삼귀의에 의해 구족계를 받은 수행녀, 현선한 수행녀, 진실한 수행녀, 배울 것이 있는 학인인 수행녀, 배울 것이 없는 무학인 수행녀, 화합참모임과 한번제안세번제청의 갈마와 부동의 거룩한 님의 속성을 갖춘 자로서의 수행녀가 있는데, 그녀들 가운데 화합참모임과 양쪽으로부터 구족계를 받은 자로서 한번제안세번제청의 갈마와 부동의

1327) 불여타멸쟁계○(不與他滅諍戒) | Bhikkhunī Pāc. 115 : yā pana bhikkhunī bhikkhuniyā eh'ayye imaṃ adhikaraṇaṃ vūpasamehīti vuccamānā sādhū'ti paṭissuṇitvā sā pacchā anantarāyikinī n'eva vūpasameyya na vūpasamāya ussukkaṃ kareyya, pācittiyan'ti.

거룩한 님의 속성을 갖춘 수행녀, 그녀를 이러한 의미에서의 수행녀라고 하는 것이다.

2-2. '수행녀'는 다른 수행녀를 뜻한다. '쟁사'라는 것은 네 가지 쟁사 즉, 논쟁으로 인한 쟁사, 비난으로 인한 쟁사, 범죄로 인한 쟁사, 절차로 인한 쟁사를 뜻한다. '존귀한 자매여, 이 쟁사를 그치게 하여 주십시오.'라는 것은 '존귀한 자매여, 이 쟁사를 해결해 주십시오.'라는 것을 뜻한다. '나중에[302] 장애가 없는데도'라는 것은 '장애가 없다면'이라는 뜻이다. '그치게 하지도 않고'라는 것은 '자신이 그치게 하지 않고'라는 뜻이다. '그치도록 노력을 기울이지도 않으면'이라는 것은 '타인에게 명령하지도 않고'라는 뜻이다.

2-3₁. '나는 그치게 하지도 않겠다. 그치도록 노력을 기울이지도 않겠다.'라고 생각하고 책무를 지키지 않으면, 속죄죄를 범하는 것이다.

2-3₂.

1) 구족계를 받은 자에 대하여 구족계를 받은 자라고 지각하고 쟁사를 그치게 하지도 않고 그치도록 노력을 기울이지도 않는다면, 속죄죄를 범하는 것이다.
2) 구족계를 받은 자에 대하여 구족계를 받은 자인지 의심하고 쟁사를 그치게 하지도 않고 그치도록 노력을 기울이지도 않는다면, 속죄죄를 범하는 것이다.
3) 구족계를 받은 자에 대하여 구족계를 받지 않은 자라고 지각하고 쟁사를 그치게 하지도 않고 그치도록 노력을 기울이지도 않는다면, 속죄죄를 범하는 것이다.

2-3₃. 구족계를 받지 않은 자에 대하여 쟁사를 그치게 하지도 않고 그치도록 노력을 기울이지도 않는다면, 악작죄를 범하는 것이다.

2-3₄.

1) 구족계를 받지 않은 자에 대하여 구족계를 받은 자라고 지각하면, 악작죄를 범하는 것이다.
2) 구족계를 받지 않은 자에 대하여 구족계를 받지 않은 자인지 의심하면, 악작죄를 범하는 것이다.
3) 구족계를 받지 않은 자에 대하여 구족계를 받지 않은 자라고 지각하면, 악작죄를 범하는 것이다.

2-4. 장애가 있다거나, 구해도 기회를 얻을 수 없던가, 질환자이거나, 사고가 일어난 경우이거나, 정신착란자이거나 초범자의 경우는 무죄이다.

4. 12. 6 속죄죄법 제116조

자신의 손으로 주기에 대한 학습계율[Sahatthādasikkhāpada]

1-1. 한때 존귀한 부처님께서는 싸밧티 시의 제따바나 숲에 있는 아나타삔디까 승원에 계셨다. 그런데 그때 수행녀 툴라난다는 배우에게도, 무용수에게도, 여자곡예사에게도, 여자마술사에게도, 북연주자에게도 자신의 손으로 단단한 음식이나 부드러운 음식을 주고는 '대중 속에서 나를 찬양하시오.'라고 말했다. 배우도, 무용수도, 여자곡예사도, 여자마술사도, 북연주자도 수행녀 툴라난다를 대중 속에서 찬양했다.

[배우 등] "존귀한 자매 툴라난다는 박학한 송출자이자 슬기로운 선설법자이십니다. 여러분들은 존귀한 자매에게 보시하십시오. 여러분들은 존귀한 자매를 위해 일하십시오."

1-2. 수행녀들 가운데 욕망을 여의고, 만족을 알고, 부끄러움을 알고, 후회할 줄 알고, 배움을 원하는 자들은 혐책하고 분개하고 비난했다.

[욕망을 여읜 수행녀들] "어찌 존귀한 자매 툴라난다가 재가자에게 자신의 손으로 단단한 음식이나 부드러운 음식을 줄 수 있단 말인가?"

그래서 그 수행녀들은 수행승들에게 그 사실을 알렸다. 수행승들 가운데 욕망을 여의고, 만족을 알고, 부끄러움을 알고, 후회할 줄 알고, 배움을 원하는 자들도 혐책하고 분개하고 비난했다.

[욕망을 여읜 수행승들] "어찌 존귀한 자매 툴라난다가 재가자에게 자신의 손으로 단단한 음식이나 부드러운 음식을 줄 수 있단 말인가?"

1-3. 그래서 그 수행승들은 세존께 그 사실을 알렸다. 그러자 세존께서는 그것을 원인으로 그것을 기회로 수행승의 참모임을 불러 모으게 하고 법문을 하고 수행승들에게 말했다.

[세존] "수행승들이여, 수행녀 툴라난다가 재가자에게 자신의 손으로 단단한 음식이나 부드러운 음식을 준 것이 사실인가?"

[수행승들] "세존이시여, 사실입니다."

존귀한 부처님께서는 견책했다.

[세존] "수행승들이여, 수행녀 툴라난다는 적절하지 않고, 자연스럽지 않고, 알맞지 않고, 수행자의 삶이 아니고, 부당하고, 해서는 안 될 일을 한 것이다. 수행승들이여, 어찌 수행녀 툴라난다가 재가자에게 자신의 손으로 단단한 음식

이나 부드러운 음식을 줄 수 있단 말인가? 수행승들이여, 그것은 아직 청정한 믿음이 없는 자를 청정한 믿음으로 이끌고, 이미 청정한 믿음이 있는 자를 더욱더 청정한 믿음으로 이끄는 것이 아니다. 수행승들이여, 그것은 오히려, 아직 청정한 믿음이 없는 자를 불신으로 이끌고, 이미 청정한 믿음이 있는 자 가운데 어떤 자들을 타락시키는 것이다."

1-4. 그리고 세존께서는 수행녀 툴라난다에 대하여 여러 가지 방편으로 견책하고, 키우기 어렵고 부양하기 어렵고 탐욕이 많고 만족을 모르고 교제를 좋아하고 나태한 것에 대하여 질책하고, 여러 가지 법문으로 고무하여, 키우기 쉽고 부양하기 쉽고 욕심을 여의고, 만족을 알고, 버리고 없애는 삶, 악을 제거하는 삶, 청정한 믿음의 삶, 쌓아 모우지 않는 삶, 용맹정진의 삶을 칭찬하고, 수행승들을 위하여 그에 알맞고 그에 걸맞게 경책하여 법문을 하고 수행승들에게 일렀다.

[세존] "수행승들이여, 그러므로 수행녀들을 위하여 열 가지 이유에 기초하여, 즉 참모임의 수승을 위하여, 참모임의 안락을 위하여, 악한 수행녀의 조복을 위하여, 품행이 바른 수행녀의 평안한 삶을 위하여, 지금 여기에서의 번뇌의 제어를 위하여, 다가오는 번뇌를 물리치기 위하여, 청정한 믿음이 없는 자에게 청정한 믿음을 주기 위하여, 청정한 믿음이 있는 자에게 청정한 믿음을 증대시키기 위하여, 올바른 가르침을 지속시키기 위하여, 계율을 수호하기 위하여 학습계율을 시설하니, 수행승들이여, 수행녀들은 이와 같이 학습계율을 송출해야 한다."

[세존] "어떠한 수행녀이든지 재가자나 유행자나 유행녀에게 자신의 손으로 단단한 음식이나 부드러운 음식을 주면, 속죄죄를 범하는 것이다."1328)

2-1. '어떠한'이라는 것은 어떠한 관계, 어떠한 태생, 어떠한 이름, 어떠한 성씨, 어떠한 계행, 어떠한 주거, 어떠한 활동영역에서 이든지, 장로이든지, 신참이든지, 중참이든지, 이러한 자들을 형용하는 것으로 '어떠한 자이든'이라는 뜻이다. '수행녀'라고 하는 것은 '탁발하는 여자'로서의 수행녀, 탁발을 위해 돌아다니는 여자로서의 수행녀, 분소의를 입은 자로서의 수행녀, 사미니로서의 수행녀, 자칭에 의한 수행녀, '오라! 수행녀여!'에 의한 수행녀, 삼귀의에 의해 구족계를 받은 수행녀, 현선한 수행녀, 진실한 수행녀, 배울 것이 있는 학인인 수행녀, 배울 것이 없는 무학인 수행녀, 화합참모임과 한번제안세번제청의 갈마와 부동

1328) 여백의외도식계○(與白衣外道食戒) | Bhikkhunī Pāc. 116 : yā pana bhikkhunī agārikassa vā paribbājakassa vā paribbājikāya vā sahatthā khādanīyaṃ vā bhojanīyaṃ vā dadeyya, pācittiyan'ti.

의 거룩한 님의 속성을 갖춘 자로서의 수행녀가 있는데, 그녀들 가운데 화합참모임과 양쪽으로부터 구족계를 받은 자로서 한번제안세번제청의 갈마와 부동의 거룩한 님의 속성을 갖춘 수행녀, 그녀를 이러한 의미에서의 수행녀라고 하는 것이다.

2-2. '재가자'라는 것은 누구든지 집에서 사는 자를 뜻한다. 유행자라는 것은 수행승과 사미를 제외하고 누구든지 유행자의 지위를 갖춘 남자를 뜻한다. 유행녀라는 것은 수행녀와 정학녀와 사미니를 제외한 누구든지 유행자의 지위를 갖춘 여자를 뜻한다. '단단한 음식'이라는 것은 다섯 가지 정식과 시분약(時分藥)과 칠일약(七日藥)과 진형수약(盡形壽藥)을 제외한 나머지가 단단한 음식이다. '부드러운 음식'이라는 것은 다섯 가지 정식 즉, 밥, 죽, 보릿가루, 물고기, 육고기를 뜻한다. '주면'이라는 것은 다음과 같다. 몸으로 혹은 몸에 부착된 것으로 혹은 던져질 수 있는 어떤 것으로[303] 준다면, 속죄죄를 범하는 것이다. 물과 버들가지를 주면, 악작죄를 범하는 것이다.

2-3. 주게 시키고 자신이 주지 않거나, 근처에 놓아두고 주거나, 외용도약을 주는 경우이거나, 정신착란자나 초범자인 경우는 무죄이다.

4. 12. 7 속죄죄법 제117조

실내복에 대한 학습계율[Cīvarāvasathasikkhāpada]

1-1. 한때 존귀한 부처님께서는 싸밧티 시의 제따바나 숲에 있는 아나타삔디까 승원에 계셨다. 그런데 그때 수행녀 툴라난다는 월경을 위한 실내복1329)을 넘겨주지 않고 사용했다. 다른 월경하는 수행녀들은 얻지 못했다.

1-2. 수행녀들 가운데 욕망을 여의고, 만족을 알고, 부끄러움을 알고, 후회할 줄 알고, 배움을 원하는 자들은 혐책하고 분개하고 비난했다.

[욕망을 여읜 수행녀들] "어찌 수행녀 툴라난다는 월경을 위한 실내복을 넘겨주지 않고 사용할 수 있단 말인가?"

그래서 그 수행녀들은 수행승들에게 그 사실을 알렸다. 수행승들 가운데 욕망을 여의고, 만족을 알고, 부끄러움을 알고, 후회할 줄 알고, 배움을 원하는 자들도

1329) āvasathacīvara : Vin. II. 271을 참조하라. 개인 소유가 아니라 참모임의 공동소유였다.

혐책하고 분개하고 비난했다.

[욕망을 여읜 수행승들] "어찌 수행녀 툴라난다는 월경을 위한 실내복을 넘겨주지 않고 사용할 수 있단 말인가?"

1-3. 그래서 그 수행승들은 세존께 그 사실을 알렸다. 그러자 세존께서는 그것을 원인으로 그것을 기회로 수행승의 참모임을 불러 모으게 하고 법문을 하고 수행승들에게 말했다.

[세존] "수행승들이여, 수행녀 툴라난다가 월경을 위한 실내복을 넘겨주지 않고 사용한 것이 사실인가?"

[수행승들] "세존이시여, 사실입니다."

존귀한 부처님께서는 견책했다.

[세존] "수행승들이여, 수행녀 툴라난다는 적절하지 않고, 자연스럽지 않고, 알맞지 않고, 수행자의 삶이 아니고, 부당하고, 해서는 안 될 일을 한 것이다. 수행승들이여, 어찌 수행녀 툴라난다는 월경을 위한 실내복을 넘겨주지 않고 사용할 수 있단 말인가? 수행승들이여, 그것은 아직 청정한 믿음이 없는 자를 청정한 믿음으로 이끌고, 이미 청정한 믿음이 있는 자를 더욱더 청정한 믿음으로 이끄는 것이 아니다. 수행승들이여, 그것은 오히려, 아직 청정한 믿음이 없는 자를 불신으로 이끌고, 이미 청정한 믿음이 있는 자 가운데 어떤 자들을 타락시키는 것이다."

1-4. 그리고 세존께서는 수행녀 툴라난다에 대하여 여러 가지 방편으로 견책하고, 키우기 어렵고 부양하기 어렵고 탐욕이 많고 만족을 모르고 교제를 좋아하고 나태한 것에 대하여 질책하고, 여러 가지 법문으로 고무하여, 키우기 쉽고 부양하기 쉽고 욕심을 여의고, 만족을 알고, 버리고 없애는 삶, 악을 제거하는 삶, 청정한 믿음의 삶, 쌓아 모우지 않는 삶, 용맹정진의 삶을 칭찬하고, 수행승들을 위하여 그에 알맞고 그에 걸맞게 경책하여 법문을 하고 수행승들에게 일렀다.

[세존] "수행승들이여, 그러므로 수행녀들을 위하여 열 가지 이유에 기초하여, 즉 참모임의 수승을 위하여, 참모임의 안락을 위하여, 악한 수행녀의 조복을 위하여, 품행이 바른 수행녀의 평안한 삶을 위하여, 지금 여기에서의 번뇌의 제어를 위하여, 다가오는 번뇌를 물리치기 위하여, 청정한 믿음이 없는 자에게 청정한 믿음을 주기 위하여, 청정한 믿음이 있는 자에게 청정한 믿음을 증대시키기 위하여, 올바른 가르침을 지속시키기 위하여, 계율을 수호하기 위하여 학습계율을 시설하니, 수행승들이여, 수행녀들은 이와 같이 학습계율을 송출해야 한다."

[세존] "어떠한 수행녀이든지 월경을 위한 실내복을 넘겨주지 않고 사용하면, 속죄죄를 범하는 것이다."[1330]

2-1. '어떠한'이라는 것은 어떠한 관계, 어떠한 태생, 어떠한 이름, 어떠한 성씨, 어떠한 계행, 어떠한 주거, 어떠한 활동영역에서 이든지, 장로이든지, 신참이든지, 중참이든지, 이러한 자들을 형용하는 것으로 '어떠한 자이든'이라는 뜻이다. '수행녀'라고 하는 것은 '탁발하는 여자'로서의 수행녀, 탁발을 위해 돌아다니는 여자로서의 수행녀, 분소의를 입은 자로서의 수행녀, 사미니로서의 수행녀, 자칭에 의한 수행녀, '오라! 수행녀여!'에 의한 수행녀, 삼귀의에 의해 구족계를 받은 수행녀, 현선한 수행녀, 진실한 수행녀, 배울 것이 있는 학인인 수행녀, 배울 것이 없는 무학인 수행녀, 화합참모임과 한번제안세번제청의 갈마와 부동의 거룩한 님의 속성을 갖춘 자로서의 수행녀가 있는데, 그녀들 가운데 화합참모임과 양쪽으로부터 구족계를 받은 자로서 한번제안세번제청의 갈마와 부동의 거룩한 님의 속성을 갖춘 수행녀, 그녀를 이러한 의미에서의 수행녀라고 하는 것이다.

2-2. '월경을 위한 실내복'이라는 것은 '월경이 있는 수행녀들이 사용하십시오.'라고 주는 옷이다. '넘겨주지 않고 사용하면'이라는 것은 다음과 같다. 이삼일 밤 사용하고 사일 째에 세탁하여 수행녀나 정학녀나 사미니에게 넘겨주지 않고 사용하면, 속죄죄를 범하는 것이다.

2-3₁.

1) 넘겨주지 않는 것에 대하여 넘겨주지 않는 것이라고 지각하고 사용하면, 속죄죄를 범하는 것이다.
2) 넘겨주지 않는 것에 대하여 넘겨주지 않는 것인지 의심하고 사용하면, 속죄죄를 범하는 것이다.
3) 넘겨주지 않는 것에 대하여 넘겨준 것이라고 지각하고 사용하면, 속죄죄를 범하는 것이다.

2-3₂.

1) 넘겨준 것에 대하여 넘겨주지 않은 것이라고 지각하면, 악작죄를 범하는 것이다.
2) 넘겨준 것에 대하여 넘겨준 것인지 의심하면, 악작죄를 범하는 것이다.

1330) 월화의계○(月華衣戒) | Bhikkhunī Pāc. 117 : yā pana bhikkhunī āvasathacīvaraṃ anissajitvā paribhuñjeyya, pācittiyan'ti.

3) 넘겨준 것에 대하여 넘겨준 것이라고 지각하면, 무죄이다.

2-4. 넘겨준 뒤에 사용하거나, 다시 월경시에 사용하거나, 다른 월경하는 수행녀가 없거나, 옷을 빼앗겼거나, 옷이 망가졌거나, 사고가 일어난 경우이거나, 정신착란자나 초범자인 경우는 무죄이다.

4. 12. 8 속죄죄법 제118조

처소에 대한 학습계율[Āvasathasikkhāpada]

1-1. 한때[304] 존귀한 부처님께서는 싸밧티 시의 제따바나 숲에 있는 아나타삔디까 승원에 계셨다. 그런데 그때 수행녀 툴라난다는 처소를 넘겨주지 않고 유행을 떠났다. 그런데 수행녀 툴라난다의 처소가 불탔다. 수행녀들이 이와 같이 말했다.

[수행녀들] "존귀한 자매들이여, 자 물건을 꺼냅시다."

어떤 수행녀들은 이와 같이 말했다.

[어떤 수행녀들] "존귀한 자매여, 우리는 꺼내지 않겠습니다. 잃어버린 물건은 모두 우리의 책임이 될 것입니다."

수행녀 툴라난다가 다시 그 처소로 돌아와서 수행녀들에게 물었다.

[툴라난다] "존귀한 자매들이여, 물건을 꺼내 놓았습니까?"

[수행녀들] "존귀한 자매여, 우리는 꺼내놓지 않습니다."

수행녀 툴라난다는 혐책하고 분개하고 비난했다.

[툴라난다] "어찌 수행녀들이 처소가 불타는데도 물건을 꺼내놓지 않을 수 있단 말인가?"

1-2. 수행녀들 가운데 욕망을 여의고, 만족을 알고, 부끄러움을 알고, 후회할 줄 알고, 배움을 원하는 자들은 혐책하고 분개하고 비난했다.

[욕망을 여읜 수행녀들] "어찌 존귀한 자매 툴라난다는 처소를 넘겨주지 않고 유행을 떠날 수 있단 말인가?"

그래서 그 수행녀들은 수행승들에게 그 사실을 알렸다. 수행승들 가운데 욕망을 여의고, 만족을 알고, 부끄러움을 알고, 후회할 줄 알고, 배움을 원하는 자들도 혐책하고 분개하고 비난했다.

[욕망을 여읜 수행승들] "어찌 존귀한 자매 툴라난다는 처소를 넘겨주지 않고 유행을 떠날 수 있단 말인가?"

1-3. 그래서 그 수행승들은 세존께 그 사실을 알렸다. 그러자 세존께서는 그것을 원인으로 그것을 기회로 수행승의 참모임을 불러 모으게 하고 법문을 하고 수행승들에게 말했다.

[세존] "수행승들이여, 수행녀 툴라난다가 처소를 넘겨주지 않고 유행을 떠난 것이 사실인가?"

[수행승들] "세존이시여, 사실입니다."

존귀한 부처님께서는 견책했다.

[세존] "수행승들이여, 수행녀 툴라난다는 적절하지 않고, 자연스럽지 않고, 알맞지 않고, 수행자의 삶이 아니고, 부당하고, 해서는 안 될 일을 한 것이다. 수행승들이여, 어찌 수행녀 툴라난다는 처소를 넘겨주지 않고 유행을 떠날 수 있단 말인가? 수행승들이여, 그것은 아직 청정한 믿음이 없는 자를 청정한 믿음으로 이끌고, 이미 청정한 믿음이 있는 자를 더욱더 청정한 믿음으로 이끄는 것이 아니다. 수행승들이여, 그것은 오히려, 아직 청정한 믿음이 없는 자를 불신으로 이끌고, 이미 청정한 믿음이 있는 자 가운데 어떤 자들을 타락시키는 것이다."

1-4. 그리고 세존께서는 수행녀 툴라난다에 대하여 여러 가지 방편으로 견책하고, 키우기 어렵고 부양하기 어렵고 탐욕이 많고 만족을 모르고 교제를 좋아하고 나태한 것에 대하여 질책하고, 여러 가지 법문으로 고무하여, 키우기 쉽고 부양하기 쉽고 욕심을 여의고, 만족을 알고, 버리고 없애는 삶, 악을 제거하는 삶, 청정한 믿음의 삶, 쌓아 모우지 않는 삶, 용맹정진의 삶을 칭찬하고, 수행승들을 위하여 그에 알맞고 그에 걸맞게 경책하여 법문을 하고 수행승들에게 일렀다.

[세존] "수행승들이여, 그러므로 수행녀들을 위하여 열 가지 이유에 기초하여, 즉 참모임의 수승을 위하여, 참모임의 안락을 위하여, 악한 수행녀의 조복을 위하여, 품행이 바른 수행녀의 평안한 삶을 위하여, 지금 여기에서의 번뇌의 제어를 위하여, 다가오는 번뇌를 물리치기 위하여, 청정한 믿음이 없는 자에게 청정한 믿음을 주기 위하여, 청정한 믿음이 있는 자에게 청정한 믿음을 증대시키기 위하여, 올바른 가르침을 지속시키기 위하여, 계율을 수호하기 위하여 학습계율을 시설하니, 수행승들이여, 수행녀들은 이와 같이 학습계율을 송출해야 한다."

[세존] "어떠한 수행녀든지 처소를 넘겨주지 않고 유행을 떠나면, 속죄죄를 범하는 것이다."1331)

1331) 불사주처출유계○(不捨住處出遊戒) | Bhikkhunī Pāc. 118 : yā pana bhikkhunī āvasathaṃ anissajjitvā cāri

2-1. '어떠한'이라는 것은 어떠한 관계, 어떠한 태생, 어떠한 이름, 어떠한 성씨, 어떠한 계행, 어떠한 주거, 어떠한 활동영역에서 이든지, 장로이든지, 신참이든지, 중참이든지, 이러한 자들을 형용하는 것으로 '어떠한 자이든'이라는 뜻이다. '수행녀'라고 하는 것은 '탁발하는 여자'로서의 수행녀, 탁발을 위해 돌아다니는 여자로서의 수행녀, 분소의를 입은 자로서의 수행녀, 사미니로서의 수행녀, 자칭에 의한 수행녀, '오라! 수행녀여!'에 의한 수행녀, 삼귀의에 의해 구족계를 받은 수행녀, 현선한 수행녀, 진실한 수행녀, 배울 것이 있는 학인인 수행녀, 배울 것이 없는 무학인 수행녀, 화합참모임과 한번제안세번제청의 갈마와 부동의 거룩한 님의 속성을 갖춘 자로서의 수행녀가 있는데, 그녀들 가운데 화합참모임과 양쪽으로부터 구족계를 받은 자로서 한번제안세번제청의 갈마와 부동의 거룩한 님의 속성을 갖춘 수행녀, 그녀를 이러한 의미에서의 수행녀라고 하는 것이다.

$2\text{-}2_1$. '처소'라는 것은 '창호로 묶인 곳'을 뜻한다. '넘겨주지 않고 유행을 떠나면'이라는 것은 다음과 같다.

1) 수행녀나 정학녀나 사미니에게 넘겨주지 않고 울타리의 처소의 울타리를 넘으면, 속죄죄를 범하는 것이다.

2) 울타리가 없는 처소의 경계를 넘어가면, 속죄죄를 범하는 것이다.

$2\text{-}2_2$.

1) 넘겨주지 않은 것에 대하여 넘겨주지 않은 것이라고 지각하면, 속죄죄를 범하는 것이다.

2) 넘겨주지 않은 것에 대하여 넘겨주지 않은 것인지 의심하면, 속죄죄를 범하는 것이다.

3) 넘겨주지 않은 것에 대하여 넘겨준 것이라고 지각하면, 속죄죄를 범하는 것이다.

$2\text{-}2_2$. 창호로 묶어지지 않은 곳을 넘겨주지 않고 떠나면, 악작죄를 범하는 것이다.

$2\text{-}2_3$.

1) 넘겨준 것에 대하여 넘겨주지 않은 것이라고 지각하면, 악작죄를 범하는 것이다.

2) 넘겨준 것에 대하여 넘겨준 것인지 의심하면, 악작죄를 범하는 것이다.

3) 넘겨준 것에 대하여 넘겨준 것이라고 지각하면, 악작죄를 범하는 것이다.

2-4. 넘겨주고[305] 떠나거나, 장애가 있거나, 구해도 기회를 얻을 수 없거나,

---

kaṃ pakkameyya, pācittiyan'ti.

환자이거나, 사고가 나는 경우이거나, 정신착란자이거나 초범자인 경우는 무죄이다.

4. 12. 9 속죄죄법 제119조

배우기에 대한 학습계율[Pariyāpuṇanasikkhāpada]

1-1. 한때 존귀한 부처님께서는 싸밧티 시의 제따바나 숲에 있는 아나타삔디까 승원에 계셨다. 그런데 그때 여섯무리의 수행녀들이 저속한 지식[1332]을 배웠다. 사람들이 혐책하고 분개하고 비난했다.

[사람들] "어찌 수행녀들이 저속한 지식을 배울 수 있단 말인가? 마치 감각적 쾌락의 욕망을 즐기는 재가자와 같다."

1-2. 수행녀들은 그 사람들이 혐책하고 분개하고 비난하는 것을 들었다. 수행녀들 가운데 욕망을 여의고, 만족을 알고, 부끄러움을 알고, 후회할 줄 알고, 배움을 원하는 자들도 혐책하고 분개하고 비난했다.

[욕망을 여읜 수행녀들] "어찌 여섯무리의 수행녀들이 저속한 지식을 배울 수 있단 말인가?"

그래서 그 수행녀들은 수행승들에게 그 사실을 알렸다. 수행승들 가운데 욕망을 여의고, 만족을 알고, 부끄러움을 알고, 후회할 줄 알고, 배움을 원하는 자들도 혐책하고 분개하고 비난했다.

[욕망을 여읜 수행승들] "어찌 여섯무리의 수행녀들이 저속한 지식을 배울 수 있단 말인가?"

1-3. 그래서 그 수행승들은 세존께 그 사실을 알렸다. 그러자 세존께서는 이러한 인연으로 이러한 기회에 수행승들의 참모임을 불러 모으게 하고 연유를 설하고 수행승들에게 물었다.

[세존] "수행승들이여, 그 여섯무리의 수행녀들이 저속한 지식을 배운 것이 사실인가?"

[수행승들] "세존이시여, 사실입니다."

존귀한 부처님께서는 견책했다.

[세존] "수행승들이여, 그 여섯무리의 수행녀들은 적절하지 않고, 자연스럽지

1332) tiracchānavijja : 한역에서는 축생주(畜生呪)라고 번역한다. 속된 지식을 뜻한다.

않고, 알맞지 않고, 수행자의 삶이 아니고, 부당하고, 해서는 안 될 일을 행한 것이다. 수행승들이여, 어찌 여섯무리의 수행녀들이 저속한 지식을 배울 수 있단 말인가? 수행승들이여, 그것은 아직 청정한 믿음이 없는 자를 청정한 믿음으로 이끌고, 이미 청정한 믿음이 있는 자를 더욱더 청정한 믿음으로 이끄는 것이 아니다. 수행승들이여, 그것은 오히려, 아직 청정한 믿음이 없는 자를 불신으로 이끌고, 이미 청정한 믿음이 있는 자 가운데 어떤 자들을 타락시키는 것이다."

1-4. 그래서 세존께서는 여섯무리의 수행녀들에 대하여 여러 가지 방편으로 견책하여, 키우기 어렵고 부양하기 어렵고 탐욕이 많고 만족을 모르고 교제를 좋아하고 나태한 것에 대하여 질책하고, 여러 가지 법문으로 고무하여, 키우기 쉽고 부양하기 쉽고 욕심을 여의고, 만족을 알고, 버리고 없애는 삶, 악을 제거하는 삶, 청정한 믿음의 삶, 쌓아 모우지 않는 삶, 용맹정진의 삶을 칭찬하고, 수행승들을 위하여 그에 알맞고 그에 걸맞게 경책하여 법문을 하고 수행승들에게 일렀다.

[세존] "수행승들이여, 그러므로 수행녀들을 위하여 열 가지 이유에 기초하여, 즉 참모임의 수승을 위하여, 참모임의 안락을 위하여, 악한 수행녀들의 조복을 위하여, 품행이 바른 수행녀들의 평안한 삶을 위하여, 지금 여기에서의 번뇌의 제어를 위하여, 다가오는 번뇌를 물리치기 위하여, 청정한 믿음이 없는 자에게 청정한 믿음을 주기 위하여, 청정한 믿음이 있는 자에게 청정한 믿음을 증대시키기 위하여, 올바른 가르침을 지속시키기 위하여, 계율을 수호하기 위하여 학습계율을 시설하니, 수행승들이여, 수행녀들은 이와 같이 학습계율을 송출해야 한다."

[세존] "어떠한 수행녀든지 저속한 지식을 배우면, 속죄죄를 범하는 것이다."[1333)]

2-1. '어떠한'이라는 것은 어떠한 관계, 어떠한 태생, 어떠한 이름, 어떠한 성씨, 어떠한 계행, 어떠한 주거, 어떠한 활동영역에서 이든지, 장로이든지, 신참이든지, 중참이든지, 이러한 자들을 형용하는 것으로 '어떠한 자이든'이라는 뜻이다. '수행녀'이라고 하는 것은 '탁발하는 여자'로서의 수행녀, 탁발을 위해 돌아다니는 여자로서의 수행녀, 분소의를 입은 자로서의 수행녀, 사미니로서의 수행녀, 자칭에 의한 수행녀, '오라! 수행녀여!'에 의한 수행녀, 삼귀의에 의해 구족계를 받은 수행녀, 현선한 수행녀, 진실한 수행녀, 배울 것이 있는 학인인 수행녀, 배울 것이 없는 무학인 수행녀, 화합참모임과 한번제안세번제청의 갈마와 부동

1333) 자송주술계○(自誦呪術戒) | Bhikkhunī Pāc. 119 : yā pana bhikkhunī tiracchānavijjaṃ pariyāpuṇeyya, pācittiyan'ti.

의 거룩한 님의 속성을 갖춘 자로서의 수행녀가 있는데, 그녀들 가운데 화합참모임과 양쪽으로부터 구족계를 받은 자로서 한번제안세번제청의 갈마와 부동의 거룩한 님의 속성을 갖춘 수행녀, 그녀를 이러한 의미에서의 수행녀라고 하는 것이다. '저속한 지식'이라는 것은 '어떠한 것이든 외도의 것으로 무익한 것'을 뜻한다.

2-2. '배우면'이라는 것은 다음과 같다. 한 행씩 배우면, 배우는 행마다 속죄죄를 범하는 것이다. 음절에 따라 배우면, 배우는 음절마다 속죄죄를 범하는 것이다.

2-3. 문자를 배우거나, 기억된 것을 배우거나, 수호를 위한 진언을 배우는 경우이거나, 정신착란자이거나 초범자인 경우는 무죄이다.

4. 12. 10 속죄죄법 제120조

가르치기에 대한 학습계율[Vācanasikkhāpada]

1-1. 한때 존귀한 부처님께서는 싸밧티 시의 제따바나 숲에 있는 아나타삔디까 승원에 계셨다. 그런데 그때[306] 여섯무리의 수행녀들이 저속한 지식을 가르쳤다. 사람들이 혐책하고 분개하고 비난했다.

[사람들] "어찌 수행녀들이 저속한 지식을 가르칠 수 있단 말인가? 마치 감각적 쾌락의 욕망을 즐기는 재가자와 같다."

1-2. 수행녀들은 그 사람들이 혐책하고 분개하고 비난하는 것을 들었다. 수행녀들 가운데 욕망을 여의고, 만족을 알고, 부끄러움을 알고, 후회할 줄 알고, 배움을 원하는 자들도 혐책하고 분개하고 비난했다.

[욕망을 여읜 수행녀들] "어찌 여섯무리의 수행녀들이 저속한 지식을 가르칠 수 있단 말인가?"

그래서 그 수행녀들은 수행승들에게 그 사실을 알렸다. 수행승들 가운데 욕망을 여의고, 만족을 알고, 부끄러움을 알고, 후회할 줄 알고, 배움을 원하는 자들도 혐책하고 분개하고 비난했다.

[욕망을 여읜 수행승들] "어찌 여섯무리의 수행녀들이 저속한 지식을 가르칠 수 있단 말인가?"

1-3. 그래서 그 수행승들은 세존께 그 사실을 알렸다. 그러자 세존께서는 이러한 인연으로 이러한 기회에 수행승들의 참모임을 불러 모으게 하고 연유를 설하고

수행승들에게 물었다.

[세존] "수행승들이여, 그 여섯무리의 수행녀들이 저속한 지식을 가르친 것이 사실인가?"

[수행승들] "세존이시여, 사실입니다."

존귀한 부처님께서는 견책했다.

[세존] "수행승들이여, 그 여섯무리의 수행녀들은 적절하지 않고, 자연스럽지 않고, 알맞지 않고, 수행자의 삶이 아니고, 부당하고, 해서는 안 될 일을 행한 것이다. 수행승들이여, 어찌 여섯무리의 수행녀들이 저속한 지식을 가르칠 수 있단 말인가? 수행승들이여, 그것은 아직 청정한 믿음이 없는 자를 청정한 믿음으로 이끌고, 이미 청정한 믿음이 있는 자를 더욱더 청정한 믿음으로 이끄는 것이 아니다. 수행승들이여, 그것은 오히려, 아직 청정한 믿음이 없는 자를 불신으로 이끌고, 이미 청정한 믿음이 있는 자 가운데 어떤 자들을 타락시키는 것이다."

1-4. 그래서 세존께서는 여섯무리의 수행녀들에 대하여 여러 가지 방편으로 견책하여, 키우기 어렵고 부양하기 어렵고 탐욕이 많고 만족을 모르고 교제를 좋아하고 나태한 것에 대하여 질책하고, 여러 가지 법문으로 고무하여, 키우기 쉽고 부양하기 쉽고 욕심을 여의고, 만족을 알고, 버리고 없애는 삶, 악을 제거하는 삶, 청정한 믿음의 삶, 쌓아 모우지 않는 삶, 용맹정진의 삶을 칭찬하고, 수행승들을 위하여 그에 알맞고 그에 걸맞게 경책하여 법문을 하고 수행승들에게 일렀다.

[세존] "수행승들이여, 그러므로 수행녀들을 위하여 열 가지 이유에 기초하여, 즉 참모임의 수승을 위하여, 참모임의 안락을 위하여, 악한 수행녀들의 조복을 위하여, 품행이 바른 수행녀들의 평안한 삶을 위하여, 지금 여기에서의 번뇌의 제어를 위하여, 다가오는 번뇌를 물리치기 위하여, 청정한 믿음이 없는 자에게 청정한 믿음을 주기 위하여, 청정한 믿음이 있는 자에게 청정한 믿음을 증대시키기 위하여, 올바른 가르침을 지속시키기 위하여, 계율을 수호하기 위하여 학습계율을 시설하니, 수행승들이여, 수행녀들은 이와 같이 학습계율을 송출해야 한다."

[세존] "어떠한 수행녀든지 저속한 지식을 가르치면, 속죄죄를 범하는 것이다."[1334)]

2-1. '어떠한'이라는 것은 어떠한 관계, 어떠한 태생, 어떠한 이름, 어떠한 성씨, 어떠한 계행, 어떠한 주거, 어떠한 활동영역에서 이든지, 장로이든지, 신참이든

1334) 교인송주술계○(教人誦呪術戒) | Bhikkhunī Pāc. 120 : yā pana bhikkhunī tiracchānavijjaṃ vāceyya pācittiyan'ti.

지, 중참이든지, 이러한 자들을 형용하는 것으로 '어떠한 자이든'이라는 뜻이다. '수행녀'이라고 하는 것은 '탁발하는 여자'로서의 수행녀, 탁발을 위해 돌아다니는 여자로서의 수행녀, 분소의를 입은 자로서의 수행녀, 사미니로서의 수행녀, 자칭에 의한 수행녀, '오라! 수행녀여!'에 의한 수행녀, 삼귀의에 의해 구족계를 받은 수행녀, 현선한 수행녀, 진실한 수행녀, 배울 것이 있는 학인인 수행녀, 배울 것이 없는 무학인 수행녀, 화합참모임과 한번제안세번제청의 갈마와 부동의 거룩한 님의 속성을 갖춘 자로서의 수행녀가 있는데, 그녀들 가운데 화합참모임과 양쪽으로부터 구족계를 받은 자로서 한번제안세번제청의 갈마와 부동의 거룩한 님의 속성을 갖춘 수행녀, 그녀를 이러한 의미에서의 수행녀라고 하는 것이다.

2-2. '저속한 지식'이라는 것은 '어떠한 것이든 외도의 것으로 무익한 것'을 뜻한다. '가르친다면'이라는 것은 다음과 같다. 한 행씩 가르치면, 가르치는 행마다 속죄죄를 범하는 것이다. 음절에 따라 가르치면, 가르치는 음절마다 속죄죄를 범하는 것이다.

2-3. 문자를 가르치거나, 기억된 것을 가르치거나, 수호를 위한 진언을 가르치는 경우이거나, 정신착란자이거나 초범자인 경우는 무죄이다.

제12품 갤러리의 품 그 후렴시는 다음과 같다.

왕궁, 쇼파, 실, 가사일, 멸쟁,
주기, 실내복, 처소, 배우기, 가르치기.1335)

제13품 승원(Ārāmavaggo chaṭṭho)

4. 13. 1 속죄죄법 제121조

승원에 대한 학습계율[Ārāmasikkhāpada]

1-1. 한때 존귀한 부처님께서는 싸밧티 시의 제따바나 숲에 있는 아나타삔디까 승원에 계셨다. 그런데 그때 다수의 수행승들이 한 벌 옷을 입고 옷을 만들고 있었다. 수행녀들이 허락을 구하지도 않고 승원에 들어와서 그 수행승들이 있는 곳을 찾아왔다. 수행승들은 혐책하고 분개하고 비난했다.

1335) rājāsandisuttañca | gihīvūpasamena ca | dade cīvarāvasathaṃ | pariyāpuṇavācaneti ||

[수행승들] "어찌 수행녀들이 허락을 구하지 않고 승원에 들어올 수 있단 말인가?"

1-2. 그래서 그 수행승들은 세존께 그 사실을 알렸다. 그러자 세존께서는 그것을 원인으로 그것을 기회로 수행승의 참모임을 불러 모으게 하고 법문을 하고 수행승들에게 말했다.

[세존] "수행승들이여, 수행녀들이 허락을 구하지도 않고 승원에 들어온 것이 사실인가?"

[수행승들] "세존이시여, 사실입니다."

존귀한 부처님께서는 견책했다.

[세존] "수행승들이여, 그 수행녀들은 적절하지 않고, 자연스럽지 않고, 알맞지 않고, 수행자의 삶이 아니고, 부당하고, 해서는 안 될 일을 한 것이다. 수행승들이여, 어찌 수행녀들이 허락을 구하지 않고 승원에 들어올 수 있단 말인가? 수행승들이여, 그것은 아직 청정한 믿음이 없는 자를 청정한 믿음으로 이끌고, 이미 청정한 믿음이 있는 자를 더욱더 청정한 믿음으로 이끄는 것이 아니다. 수행승들이여, 그것은 오히려, 아직 청정한 믿음이 없는 자를 불신으로 이끌고, 이미 청정한 믿음이 있는 자 가운데 어떤 자들을 타락시키는 것이다."

1-3. 그리고 세존께서는 수행녀들에 대하여 여러 가지 방편으로 견책하고, 키우기 어렵고 부양하기 어렵고 탐욕이 많고 만족을 모르고 교제를 좋아하고 나태한 것에 대하여 질책하고, 여러 가지 법문으로 고무하여, 키우기 쉽고 부양하기 쉽고 욕심을 여의고, 만족을 알고, 버리고 없애는 삶, 악을 제거하는 삶, 청정한 믿음의 삶, 쌓아 모우지 않는 삶, 용맹정진의 삶을 칭찬하고, 수행승들을 위하여 그에 알맞고 그에 걸맞게 경책하여 법문을 하고 수행승들에게 일렀다.

[세존] "수행승들이여, 그러므로 수행녀들을 위하여 열 가지 이유에 기초하여, 즉 참모임의 수승을 위하여, 참모임의 안락을 위하여, 악한 수행녀들의 조복을 위하여, 품행이 바른 수행녀들의 평안한 삶을 위하여, 지금 여기에서의 번뇌의 제어를 위하여, 다가오는 번뇌를 물리치기 위하여, 청정한 믿음이 없는 자에게 청정한 믿음을 주기 위하여, 청정한 믿음이 있는 자에게 청정한 믿음을 증대시키기 위하여, 올바른 가르침을 지속시키기 위하여, 계율을 수호하기 위하여 학습계율을 시설하니, 수행승들이여, 수행녀들은 이와 같이 학습계율을 송출해야 한다."

〔세존〕 "어떠한 수행녀든지 허락을 구하지 않고 승원에 들어가면, 속죄죄를 범하는 것이다."[1336]

1336) yā pana bhikkhunī anāpucchā ārāmaṃ paviseyya, pācittiyan'ti.

이와 같이 세존께서는 수행승들을 위하여 학습계율을 시설했다.

2-1. 그런데 한때 그 수행승들은 그 처소를 떠났다. 수행녀들은 '존자들께서 떠났다.'라고 승원으로 돌아가지 않았다. 그후 그 수행승들은 다시 승원으로 돌아왔다. 수행녀들은 '존자들이 돌아왔다.'라고 허락을 구하고 승원에 들어와 그 수행승들이 있는 곳을 찾아갔다. 가까이 다가가서[307] 그 수행승들에게 인사를 하고 한쪽에 섰다. 한쪽에 선 그 수행녀들에게 그 수행승들은 이와 같이 말했다.

[수행승들] "자매들이여, 왜 그대들은 승원을 청소하지 않고, 음료수와 용수를 준비하지 않았습니까?"

[수행녀들] "존자들이여, 세존께서는 '허락을 구하지 않고 승원에 들어가서는 안 된다.'라고 학습계율을 시설했습니다. 그래서 저희들은 들어가지 않았습니다."

2-2. 그래서 그 수행승들은 세존께 그 사실을 알렸다. 그러자 세존께서는 그것을 원인으로 그것을 기회로 수행승의 참모임을 불러 모으게 하고 법문을 하고 수행승들에게 말했다.

[세존] "수행승들이여, 수행승들이 있다면, 허락을 구하고 승원에 들어가는 것을 허용한다. 수행승들이여, 그대들은 이와 같이 학습계율을 송출해야 한다."

〔세존〕 "어떠한 수행녀이든지 허락을 구하지 않고, 수행승이 있는 승원에 들어가면, 속죄죄를 범하는 것이다."1337)

이와 같이 세존께서는 수행승들을 위하여 학습계율을 시설했다.

3-1. 그런데 한때 그 수행승들은 그 처소를 떠났다가 다시 그 처소로 돌아왔다. 수행녀들은 '존자들이 떠났다.'라고 허락을 구하지 않고 승원으로 들어갔다. 그녀들은 후회했다.

[수행녀들] '세존께서는 '수행승이 있다면, 허락을 구하지 않고 승원에 들어가면 안 된다.'라고 학습계율을 시설했다. 우리는 수행승이 있는데도 허락을 구하지 않고 들어갔다. 우리는 속죄죄를 범한 것이 아닐까?'

3-2. 그래서 그 수행승들은 세존께 그 사실을 알렸다. 그러자 세존께서는 이러한 인연으로 이러한 기회에 수행승들의 참모임을 불러 모으게 하고 연유를 설하고 일렀다.

[세존] "수행승들이여, 그러므로 수행녀들을 위하여 열 가지 이유에 기초하여, 즉 참모임의 수승을 위하여, 참모임의 안락을 위하여, 악한 수행녀들의 조복을

1337) yā pana bhikkhunī santaṃ bhikkhuṃ anāpucchā ārāmaṃ paviseyya, pācittiyan'ti.

위하여, 품행이 바른 수행녀들의 평안한 삶을 위하여, 지금 여기에서의 번뇌의 제어를 위하여, 다가오는 번뇌를 물리치기 위하여, 청정한 믿음이 없는 자에게 청정한 믿음을 주기 위하여, 청정한 믿음이 있는 자에게 청정한 믿음을 증대시키기 위하여, 올바른 가르침을 지속시키기 위하여, 계율을 수호하기 위하여 학습계율을 시설하니, 수행승들이여, 수행녀들은 이와 같이 학습계율을 송출해야 한다."

[세존] "어떠한 수행녀이든지, 알면서 허락을 구하지 않고 수행승이 있는 승원에 들어가면, 속죄죄를 범하는 것이다."1338)

4-1. '어떠한'이라는 것은 어떠한 관계, 어떠한 태생, 어떠한 이름, 어떠한 성씨, 어떠한 계행, 어떠한 주거, 어떠한 활동영역에서 이든지, 장로이든지, 신참이든지, 중참이든지, 이러한 자들을 형용하는 것으로 '어떠한 자이든'이라는 뜻이다. '수행녀'라고 하는 것은 '탁발하는 여자'로서의 수행녀, 탁발을 위해 돌아다니는 여자로서의 수행녀, 분소의를 입은 자로서의 수행녀, 사미니로서의 수행녀, 자칭에 의한 수행녀, '오라! 수행녀여!'에 의한 수행녀, 삼귀의에 의해 구족계를 받은 수행녀, 현선한 수행녀, 진실한 수행녀, 배울 것이 있는 학인인 수행녀, 배울 것이 없는 무학인 수행녀, 화합참모임과 한번제안세번제청의 갈마와 부동의 거룩한 님의 속성을 갖춘 자로서의 수행녀가 있는데, 그녀들 가운데 화합참모임과 양쪽으로부터 구족계를 받은 자로서 한번제안세번제청의 갈마와 부동의 거룩한 님의 속성을 갖춘 수행녀, 그녀를 이러한 의미에서의 수행녀라고 하는 것이다.

4-2. '알면서'라는 것은 '스스로 알거나, 타인들이 그녀에게 알려주거나, 혹은 그들이 그녀에게 알려주는' 것을 뜻한다. '수행승이 있는 승원'이라는 것은 수행승이 나무아래라도 머물고 있는 곳을 뜻한다. '허락을 구하지 않고 승원에 들어가면'이라는 것은 다음과 같다. 수행승이나 사미나 정인에게 허락을 구하지 않고 울타리가 있는 승원의 울타리를 넘어간다면, 속죄죄를 범하는 것이고, 울타리가 없는 승원은 승원의 경계를 넘어가면, 속죄죄를 범하는 것이다.

4-3₁.

1) 수행승이 있는 곳에 대하여 수행승이 있는 곳이라고 지각하고 수행승이 있는데 허락을 구하지 않고 승원에 들어가면, 속죄죄를 범하는 것이다.

2) 수행승이 있는 곳에 대하여 수행승이 있는 곳인지 의심하고 수행승이 있는데

1338) 돌입대승사계○(突入大僧寺戒) | Bhikkhunī Pāc. 121 : yā pana bhikkhunī jānaṃ sabhikkhukaṃ ārāmaṃ anāpucchā paviseyya, pācittiyan'ti.

허락을 구하지 않고 승원에 들어가면, 속죄죄를 범하는 것이다.

3) 수행승이 있는 곳에 대하여 수행승이 없는 곳이라고 지각하고 수행승이 있는데 허락을 구하지 않고 승원에 들어가면, 속죄죄를 범하는 것이다.

4-3₂.

1) 수행승이 없는 곳에 대하여 수행승이 있는 곳이라고[308] 지각하면 악작죄를 범하는 것이다.

2) 수행승이 없는 곳에 대하여 수행승이 없는 곳인지 의심하면 악작죄를 범하는 것이다.

3) 수행승이 없는 곳에 대하여 수행승이 없는 곳이라고 지각하면, 무죄이다.

4-4. 수행승이 있으면 허락을 구하고 들어가거나, 수행승이 없으면 허락을 구하지 않고 들어가거나, 머리를 주시하며 가거나,1339) 수행녀가 모여있는 곳으로 가거나, 승원을 통해서 길이 나있거나, 질병이 걸리거나, 사고가 나는 경우이거나, 정신착란자이거나 초범자인 경우는 무죄이다.

4. 13. 2 속죄죄법 제122조

매도에 대한 학습계율[Akkosanasikkhāpada]

1-1. 한때 존귀한 부처님께서 베쌀리 시의 마하바나 숲에 있는 꾸따가라쌀라 깅당에 계셨다. 그런데 그때 존자 우빨리의 친교사인 존자 깝삐따까1340)가 묘지 근처에서 지냈다. 그런데 그때 여섯무리의 수행녀들의 장로 수행녀가 죽었다. 여섯무리의 수행녀들은 그 수행녀를 운반하여 존자 깝삐따까의 정사에서 멀지 않은 곳에서 다비를 하고 탑묘를 만들고 그 탑묘에서 울었다. 그러자 존자 깝삐따까는 그 소리에 고통스러워하다가 그 탑묘를 부수었다.

1-2. 여섯무리의 수행녀들은 의논했다.

[여섯무리의 수행녀들] '이 깝삐따까가 우리 존귀한 자매의 탑묘를 부수었다. 자, 우리가 그를 죽여버리자.'

1339) sīsānulokikā gacchati : Smp. 937에 따르면, 먼저 들어가는 수행녀의 머리를 주시하면서 들어가면, 무죄이다.

1340) Kappitaka : 율장의 이곳에서 주로 드러나는 인물로 우빨리 존자의 친교사이다. 아귀사(Pv. 50; PvA. 229)에 따르면, 그는 베쌀리 근처의 Kapinaccāna에 살았고 당시에는 결발행자였다. 그러나 이 우빨리 존자는 율장의 전문가가 아닐 가능성이 많다.

한 수행녀가 존자 우빨리에게 그 사실을 알렸다. 존자 우빨리는 존자 깝삐따까에게 그 사실을 알렸다. 그러자 존자 깝삐따까는 정사에서 나와서 숨어서 지냈다. 그런데 마침내 여섯무리의 수행녀들은 존자 깝삐따까의 정사가 있는 곳을 찾아갔다. 가까이 다가가서 존자 깝삐따까의 정사를 돌과 흙덩이를 가지고 덮어서 존자 깝삐따까가 죽었다고 생각하고 그곳을 떠났다.

1-2. 그후 존자 깝삐따까는 그날 밤이 지나 아침 일찍 옷을 입고 발우와 가사를 수하고 베쌀리 시로 탁발하러 들어갔다. 여섯무리의 수행녀들이 존자 깝삐따까가 탁발하러 가는 것을 보았다. 보고나서 이와 같이 말했다.

[여섯무리의 수행녀들] "이 깝삐따까가 살아있다. 누가 우리 계획을 엿들은 것일까?"

여섯무리의 수행녀들은 '존자 우빨리가 우리의 계획을 엿들었다.'라고 들었다. 그녀들은 존자 우빨리를 매도했다.

[여섯무리의 수행녀들] "어찌 그 비속한 때밀이 이발사가 우리의 계획을 엿들을 수 있단 말인가?"

1-3. 수행녀들 가운데 욕망을 여의고, 만족을 알고, 부끄러움을 알고, 후회할 줄 알고, 배움을 원하는 자들은 혐책하고[309] 분개하고 비난했다.

[욕망을 여읜 수행녀들] "어찌 여섯무리의 수행녀들이 존자 우빨리를 매도할 수 있단 말인가?"

그래서 그 수행녀들은 수행승들에게 그 사실을 알렸다. 수행승들 가운데 욕망을 여의고, 만족을 알고, 부끄러움을 알고, 후회할 줄 알고, 배움을 원하는 자들도 혐책하고 분개하고 비난했다.

[욕망을 여읜 수행승들] "어찌 여섯무리의 수행녀들이 존자 우빨리를 매도할 수 있단 말인가?"

1-4. 그래서 그 수행승들은 세존께 그 사실을 알렸다.그러자 세존께서는 이러한 인연으로 이러한 기회에 수행승들의 참모임을 불러 모으게 하고 연유를 설하고 수행승들에게 물었다.

[세존] "수행승들이여, 그 여섯무리의 수행녀들이 존자 우빨리를 매도한 것이 사실인가?"

[수행승들] "세존이시여, 사실입니다."

존귀한 부처님께서는 견책했다.

[세존] "수행승들이여, 그 여섯무리의 수행녀들은 적절하지 않고, 자연스럽지 않고, 알맞지 않고, 수행자의 삶이 아니고, 부당하고, 해서는 안 될 일을 행한 것이다. 수행승들이여, 어찌 여섯무리의 수행녀들이 존자 우빨리를 매도할 수 있단 말인가? 수행승들이여, 그것은 아직 청정한 믿음이 없는 자를 청정한 믿음으로 이끌고, 이미 청정한 믿음이 있는 자를 더욱더 청정한 믿음으로 이끄는 것이 아니다. 수행승들이여, 그것은 오히려, 아직 청정한 믿음이 없는 자를 불신으로 이끌고, 이미 청정한 믿음이 있는 자 가운데 어떤 자들을 타락시키는 것이다."

1-5. 그래서 세존께서는 여섯무리의 수행녀들에 대하여 여러 가지 방편으로 견책하여, 키우기 어렵고 부양하기 어렵고 탐욕이 많고 만족을 모르고 교제를 좋아하고 나태한 것에 대하여 질책하고, 여러 가지 법문으로 고무하여, 키우기 쉽고 부양하기 쉽고 욕심을 여의고, 만족을 알고, 버리고 없애는 삶, 악을 제거하는 삶, 청정한 믿음의 삶, 쌓아 모우지 않는 삶, 용맹정진의 삶을 칭찬하고, 수행승들을 위하여 그에 알맞고 그에 걸맞게 경책하여 법문을 하고 수행승들에게 일렀다.

[세존] "수행승들이여, 그러므로 수행녀들을 위하여 열 가지 이유에 기초하여, 즉 참모임의 수승을 위하여, 참모임의 안락을 위하여, 악한 수행녀들의 조복을 위하여, 품행이 바른 수행녀들의 평안한 삶을 위하여, 지금 여기에서의 번뇌의 제어를 위하여, 다가오는 번뇌를 물리치기 위하여, 청정한 믿음이 없는 자에게 청정한 믿음을 주기 위하여, 청정한 믿음이 있는 자에게 청정한 믿음을 증대시키기 위하여, 올바른 가르침을 지속시키기 위하여, 계율을 수호하기 위하여 학습계율을 시설하니, 수행승들이여, 수행녀들은 이와 같이 학습계율을 송출해야 한다."

[세존] "어떠한 수행녀이든지 수행승을 매도하거나 모욕하면, 속죄죄를 범하는 것이다."1341)

2-1. '어떠한'이라는 것은 어떠한 관계, 어떠한 태생, 어떠한 이름, 어떠한 성씨, 어떠한 계행, 어떠한 주거, 어떠한 활동영역에서 이든지, 장로이든지, 신참이든지, 중참이든지, 이러한 자들을 형용하는 것으로 '어떠한 자이든'이라는 뜻이다. '수행녀'이라고 하는 것은 '탁발하는 여자'로서의 수행녀, 탁발을 위해 돌아다니는 여자로서의 수행녀, 분소의를 입은 자로서의 수행녀, 사미니로서의 수행녀, 자칭에 의한 수행녀, '오라! 수행녀여!'에 의한 수행녀, 삼귀의에 의해 구족계를

1341) 매비구계○(罵比丘戒) | Bhikkhunī Pāc. 122 : yā pana bhikkhunī bhikkhuṃ akkoseyya vā paribhāseyya vā, pācittiyan'ti.

받은 수행녀, 현선한 수행녀, 진실한 수행녀, 배울 것이 있는 학인인 수행녀, 배울 것이 없는 무학인 수행녀, 화합참모임과 한번제안세번제청의 갈마와 부동의 거룩한 님의 속성을 갖춘 자로서의 수행녀가 있는데, 그녀들 가운데 화합참모임과 양쪽으로부터 구족계를 받은 자로서 한번제안세번제청의 갈마와 부동의 거룩한 님의 속성을 갖춘 수행녀, 그녀를 이러한 의미에서의 수행녀라고 하는 것이다.

2-2₁. '수행승'이라는 것은 '구족계를 받은 자'를 뜻한다. '매도하거나'라는 것은 열 가지 매도의 방식이나[1342] 그들 가운데 하나로 모욕하면, 속죄죄를 범하는 것이라는 뜻이다. '모욕하면'이라는 것은 공포를 생기게 하면, 속죄죄를 범하는 것이라는 뜻이다.

2-2₂.

1) 구족계를 받은 자에 대하여 구족계를 받은 자라고 지각하고 매도하거나 모욕하면, 속죄죄를 범하는 것이다.
2) 구족계를 받은 자에 대하여 구족계를 받은 자인지 의심하고 매도하거나 모욕하면, 속죄죄를 범하는 것이다.
3) 구족계를 받은 자에 대하여 구족계를 받지 않은 자라고 지각하고 매도하거나 모욕하면, 속죄죄를 범하는 것이다.

2-2₃. 구족계를 받지 않은 자에 대하여 매도하거나 모욕하면, 악작죄를 범하는 것이다.

2-2₄.

1) 구족계를 받지 않은 자에 대하여 구족계를 받은 자라고 지각하면, 악작죄를 범하는 것이다.
2) 구족계를 받지 않은 자에 대하여 구족계를 받지 않은 자인지 의심하면, 악작죄를 범하는 것이다.
3) 구족계를 받지 않은 자에 대하여 구족계를 받지 않은 자라고 지각하면, 악작죄를 범하는 것이다.

2-3. 의미를 설명하기 위한 것이거나, 원칙을 설명하기 위한 것이거나, 가르침을 설명하기 위한 것인 경우이거나, 정신착란자이거나 초범자인 경우는 무죄이다.

1342) dasahi vā akkovatthūhi : Smp. 625에 따르면, 열 가지 매도의 토대(dasa akkosavatthūni : DhA. I. 211-212)를 가지고 매도하는 것이다.

4. 13. 3 속죄죄법 제123조

분노에 대한 학습계율[Caṇḍīsikkhāpada]

1-1. 한때 존귀한 부처님께서 베쌀리 시의 마하바나 숲에 있는 꾸따가라쌀라 강당에 계셨다. 그런데 그때 수행녀 짠다깔리가 참모임에서 다투고 싸우고 언쟁하고 분쟁을 일으키고 쟁사를 일으켰다. 그런데 수행녀 툴라난다가 그녀에 대한 갈마를 행해질 때에 항의했다. 그 당시에 수행녀 툴라난다가 무언가 할 일이 있어 마을로 갔다. 그런데 수행녀의 참모임은 '수행녀 툴라난다가 그곳을 떠났다.'라고 지각하고 수행녀 짠다깔리를 죄를 인지하지 못한 것 때문에 권리정지시켰다. 수행녀 툴라난다는 마을에서 해야 일을 끝낸 뒤에 다시[310] 싸밧티 시로 돌아왔다. 수행녀 짠다깔리는 수행녀 툴라난다가 왔는데, 자리를 마련하지 않고, 발씻을 물, 발받침의자, 발받침대를 놓지 않았다. 일어나 맞이하지 않고, 발우를 받지도 않고 마실 물에 대해서도 묻지 않았다. 수행녀 툴라난다는 수행녀 짠다깔리에게 이와 같이 말했다.

[툴라난다] "존귀한 자매여, 그대는 왜 내가 왔는데, 자리를 마련하지 마련하지 않고, 발씻을 물, 발받침의자, 발받침대를 놓지 않고 일어나 맞이하지 않고, 발우를 받지도 않고 마실 물에 대해서도 묻지 않았습니까?"

[짠다깔리] "존귀한 자매여, 비호자가 없으면 그와 같습니다."

[툴라난다] "존귀한 자매여, 왜 비호자가 없습니까?"

[짠다깔리] "존귀한 자매여, 이 수행녀들이 나에 대하여 '그녀는 비호자가 없고 알려지지 않았고, 어떠한 일도 할 수 없다.'라고 지각하고 죄를 인지하지 못한 것 때문에 권리정지를 시킨 것입니다."

그러자 수행녀 툴라난다는 분노하여 대중을 모욕했다.

[툴라난다] "이들은 어리석다. 이들은 무능하다. 이들은 갈마를 모르고, 갈마의 결함을 모르고, 갈마의 불성립을 모르고, 갈마의 성립을 모른다."

1-2. 수행녀들 가운데 욕망을 여의고, 만족을 알고, 부끄러움을 알고, 후회할 줄 알고, 배움을 원하는 자들도 혐책하고 분개하고 비난했다.

[욕망을 여읜 수행녀들] "어찌 존귀한 자매 툴라난다가 분노하여 대중을 모욕할 수 있단 말인가?"

그래서 그 수행녀들은 수행승들에게 그 사실을 알렸다. 수행승들 가운데 욕망을 여의고, 만족을 알고, 부끄러움을 알고, 후회할 줄 알고, 배움을 원하는 자들도

혐책하고 분개하고 비난했다.

[욕망을 여읜 수행승들] "어찌 존귀한 자매 툴라난다가 분노하여 대중을 모욕할 수 있단 말인가?"

1-3. 그래서 그 수행승들은 세존께 그 사실을 알렸다. 그러자 세존께서는 이러한 인연으로 이러한 기회에 수행승들의 참모임을 불러 모으게 하고 연유를 설하고 수행승들에게 물었다.

[세존] "수행승들이여, 수행녀 툴라난다가 분노하여 대중을 모욕한 것이 사실인가?"

[수행승들] "세존이시여, 사실입니다."

존귀한 부처님께서는 견책했다.

[세존] "수행승들이여, 수행녀 툴라난다는 적절하지 않고, 자연스럽지 않고, 알맞지 않고, 수행자의 삶이 아니고, 부당하고, 해서는 안 될 일을 행한 것이다. 수행승들이여, 어찌 수행녀 툴라난다는 화합참모임에 의해서, 원칙에 의해서, 계율에 의해서, 스승의 가르침에 의해서 권리정지된 수행녀를 처벌한 참모임의 허락을 받지 않고, 대중의 청정동의를 무시하고, 사면복권시킬수 있단 말인가? 수행승들이여, 그것은 아직 청정한 믿음이 없는 자를 청정한 믿음으로 이끌고, 이미 청정한 믿음이 있는 자를 더욱더 청정한 믿음으로 이끄는 것이 아니다. 수행승들이여, 그것은 오히려, 아직 청정한 믿음이 없는 자를 불신으로 이끌고, 이미 청정한 믿음이 있는 자 가운데 어떤 자들을 타락시키는 것이다."

1-4. 그래서 세존께서는 수행녀 툴라난다에 대하여 여러 가지 방편으로 견책하여, 키우기 어렵고 부양하기 어렵고 탐욕이 많고 만족을 모르고 교제를 좋아하고 나태한 것에 대하여 질책하고, 여러 가지 법문으로 고무하여, 키우기 쉽고 부양하기 쉽고 욕심을 여의고, 만족을 알고, 버리고 없애는 삶, 악을 제거하는 삶, 청정한 믿음의 삶, 쌓아 모우지 않는 삶, 용맹정진의 삶을 칭찬하고, 수행승들을 위하여 그에 알맞고 그에 걸맞게 경책하여 법문을 하고 수행승들에게 일렀다.

[세존] "수행승들이여, 그러므로 수행녀들을 위하여 열 가지 이유에 기초하여, 즉 참모임의 수승을 위하여, 참모임의 안락을 위하여, 악한 수행녀들의 조복을 위하여, 품행이 바른 수행녀들의 평안한 삶을 위하여, 지금 여기에서의 번뇌의 제어를 위하여, 다가오는 번뇌를 물리치기 위하여, 청정한 믿음이 없는 자에게 청정한 믿음을 주기 위하여, 청정한 믿음이 있는 자에게 청정한 믿음을 증대시키기 위하여, 올바른 가르침을 지속시키기 위하여, 계율을 수호하기 위하여 학습계

율을 시설하니, 수행승들이여, 수행녀들은 이와 같이 학습계율을 송출해야 한다."

[세존] "어떠한 수행녀이든지 분노하여 대중을 모욕하면, 속죄죄를 범하는 것이다."[1343]

2-1. '어떠한'이라는 것은 어떠한 관계, 어떠한 태생, 어떠한 이름, 어떠한 성씨, 어떠한 계행, 어떠한 주거, 어떠한 활동영역에서 이든지, 장로이든지, 신참이든지, 중참이든지, 이러한 자들을 형용하는 것으로 '어떠한 자이든'이라는 뜻이다. '수행녀'이라고 하는 것은 '탁발하는 여자'로서의 수행녀, 탁발을 위해 돌아다니는 여자로서의 수행녀, 분소의를 입은 자로서의 수행녀, 사미니로서의 수행녀, 자칭에 의한 수행녀, '오라! 수행녀여!'에 의한 수행녀, 삼귀의에 의해 구족계를 받은 수행녀, 현선한 수행녀, 진실한 수행녀, 배울 것이 있는 학인인 수행녀, 배울 것이 없는 무학인 수행녀, 화합참모임과 한번제안세번제청의 갈마와 부동의 거룩한 님의 속성을 갖춘 자로서의 수행녀가 있는데, 그녀들 가운데 화합참모임과 양쪽으로부터 구족계를 받은 자로서 한번제안세번제청의 갈마와 부동의 거룩한 님의 속성을 갖춘 수행녀, 그녀를 이러한 의미에서의 수행녀라고 하는 것이다.

2-2. '분노하여'라는 것은 '화를 내서'라는 뜻이다. '대중'이라는 것은 수행녀의 참모임을 뜻한다. '모욕하면'이라는 것은 다음과 같다. '이들은 어리석다. 이들은 무능하다. 이들은 갈마를 모르고, 갈마의 결함을 모르고, 갈마의 불성립을 모르고, 갈마의 성립을 모른다.'라고 모욕하면, 속죄죄를 범한 것이다. 두서너 명의 수행녀들이나, 한 수행녀나, 구족계를 받지 않은 자를 모욕하면, 악작죄를 범하는 것이다.

2-3. 의미를 설명하기 위한 것이거나, 원칙을 설명하기 위한 것이거나, 가르침을 설명하기 위한 것인 경우이거나, 정신착란자이거나 초범자인 경우는 무죄이다.

4. 13. 4 속죄죄법 제124조

충분한 식사 후의 식사에 대한 학습계율[Pavāritabhuñjanasikkhāpada]

1343) 매니중계○(罵尼衆戒) | Bhikkhunī Pāc. 123 : yā pana bhikkhunī caṇḍīkatā gaṇaṃ paribhāseyya, pācittiyan'ti.

1-1. 한때 존귀한 부처님께서는 싸밧티 시의 제따바나 숲에 있는 아나타삔디까 승원에 계셨다. 그런데 그때 어떤 바라문이 수행녀들을 초대하여[1344] 공양을 베풀었다. 수행녀들은[311] 식사를 하고 흡족해 했는데도 친척의 가정에 가서 어떤 자들은 식사하고 어떤 자들은 탁발음식을 가지고 갔다. 그러자 그 바라문은 인근의 사람들에게 이와 같이 말했다.

[바라문] "여보시게들, 수행녀들은 나로 인해 흡족해 합니다. 내가 그대들도 흡족하게 하겠습니다."

그들은 이와 같이 말했다.

[인근 사람들] "선생님, 어떻게 우리를 흡족하게 한단 말입니까? 그대에게 초대받은 수행녀들도 우리 가정에 와서 어떤 수행녀들은 식사하고 어떤 수행녀들은 탁발음식을 싸가지고 갔습니다."

그러자 그 바라문은 혐책하고 분개하고 비난했다.

[바라문] "어찌 수행녀들이 우리 집에서 식사를 하고 다른 곳에서 식사를 할 수 있단 말인가? 나는 그들이 원하는 만큼 줄 수 없다."

1-2. 수행녀들은 그 바라문이 혐책하고 분개하고 비난하는 것을 들었다. 수행녀들 가운데 욕망을 여의고, 만족을 알고, 부끄러움을 알고, 후회할 줄 알고, 배움을 원하는 자들도 혐책하고 분개하고 비난했다.

[욕망을 여읜 수행녀들] "어찌 수행녀들이 식사를 하고 흡족해 했는데도, 다른 곳에서 또 식사를 할 수 있단 말인가?"

그래서 그 수행녀들은 수행승들에게 그 사실을 알렸다. 수행승들 가운데 욕망을 여의고, 만족을 알고, 부끄러움을 알고, 후회할 줄 알고, 배움을 원하는 자들도 혐책하고 분개하고 비난했다.

[욕망을 여읜 수행승들] "어찌 수행녀들이 식사를 하고 흡족해 했는데도, 다른 곳에서 또 식사를 할 수 있단 말인가?"

1-3. 그래서 그 수행승들은 세존께 그 사실을 알렸다. 그러자 세존께서는 이러한 인연으로 이러한 기회에 수행승들의 참모임을 불러 모으게 하고 연유를 설하고 수행승들에게 물었다.

[세존] "수행승들이여, 수행녀들이 식사를 하고 흡족해 했는데도, 다른 곳에서

1344) tena kho pana samayena aññataro brāhmaṇo bhikkhuniyo nimantetvā : 이 이야기는 빅쿠속죄죄법 제35조(Bhikkhu Pāc. 35)의 도입부와 유사하다.

또 식사를 한 것이 사실인가?"

[수행승들] "세존이시여, 사실입니다."

존귀한 부처님께서는 견책했다.

[세존] "수행승들이여, 그 수행녀들은 적절하지 않고, 자연스럽지 않고, 알맞지 않고, 수행자의 삶이 아니고, 부당하고, 해서는 안 될 일을 행한 것이다. 수행승들이여, 어찌 수행녀들이 식사를 하고 흡족해 했는데도, 다른 곳에서 또 식사를 할 수 있단 말인가? 수행승들이여, 그것은 아직 청정한 믿음이 없는 자를 청정한 믿음으로 이끌고, 이미 청정한 믿음이 있는 자를 더욱더 청정한 믿음으로 이끄는 것이 아니다. 수행승들이여, 그것은 오히려, 아직 청정한 믿음이 없는 자를 불신으로 이끌고, 이미 청정한 믿음이 있는 자 가운데 어떤 자들을 타락시키는 것이다."

1-4. 그래서 세존께서는 그 수행녀들에 대하여 여러 가지 방편으로 견책하여, 키우기 어렵고 부양하기 어렵고 탐욕이 많고 만족을 모르고 교제를 좋아하고 나태한 것에 대하여 질책하고, 여러 가지 법문으로 고무하여, 키우기 쉽고 부양하기 쉽고 욕심을 여의고, 만족을 알고, 버리고 없애는 삶, 악을 제거하는 삶, 청정한 믿음의 삶, 쌓아 모우지 않는 삶, 용맹정진의 삶을 칭찬하고, 수행승들을 위하여 그에 알맞고 그에 걸맞게 경책하여 법문을 하고 수행승들에게 일렀다.

[세존] "수행승들이여, 그러므로 수행녀들을 위하여 열 가지 이유에 기초하여, 즉 참모임의 수승을 위하여, 참모임의 안락을 위하여, 악한 수행녀들의 조복을 위하여, 품행이 바른 수행녀들의 평안한 삶을 위하여, 지금 여기에서의 번뇌의 제어를 위하여, 다가오는 번뇌를 물리치기 위하여, 청정한 믿음이 없는 자에게 청정한 믿음을 주기 위하여, 청정한 믿음이 있는 자에게 청정한 믿음을 증대시키기 위하여, 올바른 가르침을 지속시키기 위하여, 계율을 수호하기 위하여 학습계율을 시설하니, 수행승들이여, 수행녀들은 이와 같이 학습계율을 송출해야 한다."

[세존] "어떠한 수행녀이든지 초대받아 식사를 충분히 한 뒤에, 단단하거나 부드러운 음식을 들거나 먹는다면, 속죄죄를 범하는 것이다."1345)

2-1. '어떠한'이라는 것은 어떠한 관계, 어떠한 태생, 어떠한 이름, 어떠한 성씨, 어떠한 계행, 어떠한 주거, 어떠한 활동영역에서 이든지, 장로이든지, 신참이든지, 중참이든지, 이러한 자들을 형용하는 것으로 '어떠한 자이든'이라는 뜻이다.

1345) 배청계○(背請戒) | Bhikkhunī Pāc. 124 : yā pana bhikkhunī nimantitā vā pavāritā vā khādanīyaṃ vā bhojanīyaṃ vā khādeyya vā bhuñjeyya vā, pācittiyan'ti.

'수행녀'이라고 하는 것은 '탁발하는 여자'로서의 수행녀, 탁발을 위해 돌아다니는 여자로서의 수행녀, 분소의를 입은 자로서의 수행녀, 사미니로서의 수행녀, 자칭에 의한 수행녀, '오라! 수행녀여!'에 의한 수행녀, 삼귀의에 의해 구족계를 받은 수행녀, 현선한 수행녀, 진실한 수행녀, 배울 것이 있는 학인인 수행녀, 배울 것이 없는 무학인 수행녀, 화합참모임과 한번제안세번제청의 갈마와 부동의 거룩한 님의 속성을 갖춘 자로서의 수행녀가 있는데, 그녀들 가운데 화합참모임과 양쪽으로부터 구족계를 받은 자로서 한번제안세번제청의 갈마와 부동의 거룩한 님의 속성을 갖춘 수행녀, 그녀를 이러한 의미에서의 수행녀라고 하는 것이다.

2-2. '초대받아'라는 것은 다섯 가지 정식의 하나의 음식으로 초대받아 식사한 것을 뜻한다. '충분히 식사한 뒤에'라는 것은 자리가 정해지고 음식이 제공되고 손이 닿는 거리에 서서 물어보면 거절이 알려지는 때를 뜻한다. '단단한 음식'이라는 것은 다섯 가지 정식과 시분약(時分藥)과 칠일약(七日藥)과 진형수약(盡形壽藥)을 제외한 나머지가 단단한 음식이다. '부드러운 음식'은 다섯 가지 정식 즉, 밥, 죽, 보릿가루, 물고기, 육고기를 뜻한다. '내가 씹겠다. 내가 먹겠다.'라고 취하면 악작죄를 범하는 것이고, 삼키면 삼킬 때 마다 속죄죄를 범하는 것이다. 시분약, 칠일약, 진형수약을 자양으로 취하면, 악작죄를 범하는 것이고 삼키면 삼킬때마다 악작죄를 범하는 것이다.

2-3. 초대받고 식사에 흡족해 하지 못하거나, 죽을 마시거나, 주인의 허락을 받고 먹거나, 시분약, 칠일약, 진형수약을 이유가 있어서 먹는 경우이거나, 정신착란자나 초범자인 경우는 무죄이다.

4. 13. 5 속죄죄법 제125조

가정에 인색한 처신에 대한 학습계율[Kulamaccharasikkhāpada]

1-1. 한때[312] 존귀한 부처님께서는 싸밧티 시의 제따바나 숲에 있는 아나타삔디까 승원에 계셨다. 그런데 그때 한 수행녀[A]가 싸밧티 시의 어떤 길을 따라 탁발을 하면서 어떤 가정을 찾아갔다. 가까이 다가가서 자리가 마련되자 앉았다. 그러자 그 사람들은 그 수행녀[A]에게 음식을 대접하고 이와 같이 말했다.

[사람들] "존귀한 자매여, 다른 수행녀들도 오셔도 됩니다."

그러자 그 수행녀[A]는 '어찌 수행녀들이 오지 않는 것일까?'라고 생각했으나, 수행녀들을 찾아가서 이와 같이 말했다.

[수행녀A] "존귀한 자매들이여, 이러이러한 곳에 사나운 개가 있고 잔인한 황소가 있고, 그곳은 진흙수렁이니, 그대들은 가지 마시오."

그런데 어떤 한 수행녀[B]도 역시 그 길을 따라 탁발하다가 그 가정에 들렀다. 가까이 다가가서 자리가 마련되자 앉았다. 그러자 그 사람들이 그 수행녀에게 음식을 대접하고 이와 같이 말했다.

[사람들] "존귀한 자매여, 왜 수행녀들이 오지 않습니까?"

그러자 그 수행녀[B]는 그 사람들에게 그 사실을 알렸다. 사람들이 혐책하고 분개하고 비난했다.

[사람들] "어찌 수행녀[A]가 속가의 가정들에 인색하게 처신할 수 있단 말인가?"

1-2. 그러자 그 수행녀[B]는 수행녀들에게 그 사실을 알렸다. 수행녀들 가운데 욕망을 여의고, 만족을 알고, 부끄러움을 알고, 후회할 줄 알고, 배움을 원하는 자들도 혐책하고 분개하고 비난했다.

[욕망을 여읜 수행녀들] "어찌 수행녀가 속가의 가정들에 인색하게 처신할 수 있단 말인가?"

그래서 그 수행녀들은 수행승들에게 그 사실을 알렸다. 수행승들 가운데 욕망을 여의고, 만족을 알고, 부끄러움을 알고, 후회할 줄 알고, 배움을 원하는 자들도 혐책하고 분개하고 비난했다.

[욕망을 여읜 수행승들] "어찌 수행녀가 속가의 가정들에 인색하게 처신할 수 있단 말인가?"

1-3. 그래서 그 수행승들은 세존께 그 사실을 알렸다. 그러자 세존께서는 이러한 인연으로 이러한 기회에 수행승들의 참모임을 불러 모으게 하고 연유를 설하고 수행승들에게 물었다.

[세존] "수행승들이여, 수행녀가 속가의 가정들에 인색하게 처신한 것이 사실인가?"

[수행승들] "세존이시여, 사실입니다."

존귀한 부처님께서는 견책했다.

[세존] "수행승들이여, 그 수행녀는 적절하지 않고, 자연스럽지 않고, 알맞지 않고, 수행자의 삶이 아니고, 부당하고, 해서는 안 될 일을 행한 것이다. 수행승들이여, 어찌 수행녀가 속가의 가정들에 인색하게 처신할 수 있단 말인가? 수행승들

이여, 그것은 아직 청정한 믿음이 없는 자를 청정한 믿음으로 이끌고, 이미 청정한 믿음이 있는 자를 더욱더 청정한 믿음으로 이끄는 것이 아니다. 수행승들이여, 그것은 오히려, 아직 청정한 믿음이 없는 자를 불신으로 이끌고, 이미 청정한 믿음이 있는 자 가운데 어떤 자들을 타락시키는 것이다.”

1-4. 그래서 세존께서는 그 수행녀에 대하여 여러 가지 방편으로 견책하여, 키우기 어렵고 부양하기 어렵고 탐욕이 많고 만족을 모르고 교제를 좋아하고 나태한 것에 대하여 질책하고, 여러 가지 법문으로 고무하여, 키우기 쉽고 부양하기 쉽고 욕심을 여의고, 만족을 알고, 버리고 없애는 삶, 악을 제거하는 삶, 청정한 믿음의 삶, 쌓아 모우지 않는 삶, 용맹정진의 삶을 칭찬하고, 수행승들을 위하여 그에 알맞고 그에 걸맞게 경책하여 법문을 하고 수행승들에게 일렀다.

[세존] “수행승들이여, 그러므로 수행녀들을 위하여 열 가지 이유에 기초하여, 즉 참모임의 수승을 위하여, 참모임의 안락을 위하여, 악한 수행녀들의 조복을 위하여, 품행이 바른 수행녀들의 평안한 삶을 위하여, 지금 여기에서의 번뇌의 제어를 위하여, 다가오는 번뇌를 물리치기 위하여, 청정한 믿음이 없는 자에게 청정한 믿음을 주기 위하여, 청정한 믿음이 있는 자에게 청정한 믿음을 증대시키기 위하여, 올바른 가르침을 지속시키기 위하여, 계율을 수호하기 위하여 학습계율을 시설하니, 수행승들이여, 수행녀들은 이와 같이 학습계율을 송출해야 한다.”

[세존] “어떠한 수행녀이든지 속가의 가정들에 인색하게 처신하면, 속죄죄를 범하는 것이다.”[1346]

2-1. ‘어떠한’이라는 것은 어떠한 관계, 어떠한 태생, 어떠한 이름, 어떠한 성씨, 어떠한 계행, 어떠한 주거, 어떠한 활동영역에서 이든지, 장로이든지, 신참이든지, 중참이든지, 이러한 자들을 형용하는 것으로 ‘어떠한 자이든’이라는 뜻이다. ‘수행녀’이라고 하는 것은 ‘탁발하는 여자’로서의 수행녀, 탁발을 위해 돌아다니는 여자로서의 수행녀, 분소의를 입은 자로서의 수행녀, 사미니로서의 수행녀, 자칭에 의한 수행녀, ‘오라! 수행녀여!’에 의한 수행녀, 삼귀의에 의해 구족계를 받은 수행녀, 현선한 수행녀, 진실한 수행녀, 배울 것이 있는 학인인 수행녀, 배울 것이 없는 무학인 수행녀, 화합참모임과 한번제안세번제청의 갈마와 부동의 거룩한 님의 속성을 갖춘 자로서의 수행녀가 있는데, 그녀들 가운데 화합참모임과 양쪽으로부터 구족계를 받은 자로서 한번제안세번제청의 갈마와 부동의

1346) 간질속가계○(慳嫉俗家戒) | Bhikkhunī Pāc. 125 : yā pana bhikkhunī kulamaccharinī assa pācittiyan'ti.

거룩한 님의 속성을 갖춘 수행녀, 그녀를 이러한 의미에서의 수행녀라고 하는 것이다.

2-2. '속가의 가정'이라는 것은 네 종류의 가정 즉, 왕족의 가정, 바라문의 가정, 평민의 가정, 노예의 가정을 뜻한다. '인색하게 처신하면'이라는 것은 다음과 같다. '어찌 수행녀들이 오지 않을 수 있습니까?'라고 말하면, 수행녀들 앞에서 속가의 가정들에 대해 헐뜯는 말을 하면, 속죄죄를 범하는 것이다. 또는 속가의 가정들에서 수행녀들을 헐뜯는 말을 하면, 속죄죄를 범하는 것이다.

2-3. 속가의 가정에 대해서 인색하게 처신하는 것이 아니라 실재의 위험을 설명하는 경우이거나, 정신착란자이거나 초범자인 경우는 무죄이다.

4. 13. 6 속죄죄법 제126조

수행승 없는 곳의 안거에 대한 학습계율[Abhikkhukavassasikkhāpada]

1-1. 한때[313] 존귀한 부처님께서는 싸밧티 시의 제따바나 숲에 있는 아나타삔디까 승원에 계셨다. 그런데 그때 다수의 수행녀들[A]이 마을의 처소에서 안거를 마치고 싸밧티 시에 도착했다. 수행녀들[B]은 그 수행녀들[A]에게 이와 같이 말했다.

[수행녀들B] "존귀한 자매들이여, 어디서 안거를 보냈습니까? 우리는 그곳의 교계가 효과가 있기를 바랍니다."

[수행녀들A] "존귀한 자매들이여, 그곳에는 수행승이 없었습니다. 어찌 교계에 효과가 있었겠습니까?"

1-2. 수행녀들 가운데 욕망을 여의고, 만족을 알고, 부끄러움을 알고, 후회할 줄 알고, 배움을 원하는 자들은 혐책하고 분개하고 비난했다.

[욕망을 여읜 수행녀들] "어찌 수행녀들이 수행승이 없는 곳에서 안거를 보낼 수 있단 말인가?"

그래서 그 수행녀들은 수행승들에게 그 사실을 알렸다. 수행승들 가운데 욕망을 여의고, 만족을 알고, 부끄러움을 알고, 후회할 줄 알고, 배움을 원하는 자들도 혐책하고 분개하고 비난했다.

[욕망을 여읜 수행승들] "어찌 수행녀들이 수행승이 없는 곳에서 안거를 보낼 수 있단 말인가?"

1-3. 그래서 그 수행승들은 세존께 그 사실을 알렸다. 그러자 세존께서는 그것을

원인으로 그것을 기회로 수행승의 참모임을 불러 모으게 하고 법문을 하고 수행승들에게 말했다.

[세존] "수행승들이여, 수행녀들이 수행승이 없는 곳에서 안거를 보낸 것이 사실인가?"

[수행승들] "세존이시여, 사실입니다."

존귀한 부처님께서는 견책했다.

[세존] "수행승들이여, 그 수행녀들은 적절하지 않고, 자연스럽지 않고, 알맞지 않고, 수행자의 삶이 아니고, 부당하고, 해서는 안 될 일을 한 것이다. 수행승들이여, 어찌 수행녀들이 수행승이 없는 곳에서 안거를 보낼 수 있단 말인가? 수행승들이여, 그것은 아직 청정한 믿음이 없는 자를 청정한 믿음으로 이끌고, 이미 청정한 믿음이 있는 자를 더욱더 청정한 믿음으로 이끄는 것이 아니다. 수행승들이여, 그것은 오히려, 아직 청정한 믿음이 없는 자를 불신으로 이끌고, 이미 청정한 믿음이 있는 자 가운데 어떤 자들을 타락시키는 것이다."

1-4. 그래서 세존께서는 그 수행녀에 대하여 여러 가지 방편으로 견책하여, 키우기 어렵고 부양하기 어렵고 탐욕이 많고 만족을 모르고 교제를 좋아하고 나태한 것에 대하여 질책하고, 여러 가지 법문으로 고무하여, 키우기 쉽고 부양하기 쉽고 욕심을 여의고, 만족을 알고, 버리고 없애는 삶, 악을 제거하는 삶, 청정한 믿음의 삶, 쌓아 모우지 않는 삶, 용맹정진의 삶을 칭찬하고, 수행승들을 위하여 그에 알맞고 그에 걸맞게 경책하여 법문을 하고 수행승들에게 일렀다.

[세존] "수행승들이여, 그러므로 수행녀들을 위하여 열 가지 이유에 기초하여, 즉 참모임의 수승을 위하여, 참모임의 안락을 위하여, 악한 수행녀들의 조복을 위하여, 품행이 바른 수행녀들의 평안한 삶을 위하여, 지금 여기에서의 번뇌의 제어를 위하여, 다가오는 번뇌를 물리치기 위하여, 청정한 믿음이 없는 자에게 청정한 믿음을 주기 위하여, 청정한 믿음이 있는 자에게 청정한 믿음을 증대시키기 위하여, 올바른 가르침을 지속시키기 위하여, 계율을 수호하기 위하여 학습계율을 시설하니, 수행승들이여, 수행녀들은 이와 같이 학습계율을 송출해야 한다."

[세존] "어떠한 수행녀이든지 수행승이 없는 처소에서 안거를 보내면, 속죄죄를 범하는 것이다."[1347]

1347) 무비구주처안거계○(無比丘住處安居戒) | Bhikkhunī Pāc. 126 : yā pana bhikkhunī abhikkhuke āvāse vassaṃ vaseyya, pācittiyan'ti.

2-1. '어떠한'이라는 것은 어떠한 관계, 어떠한 태생, 어떠한 이름, 어떠한 성씨, 어떠한 계행, 어떠한 주거, 어떠한 활동영역에서 이든지, 장로이든지, 신참이든지, 중참이든지, 이러한 자들을 형용하는 것으로 '어떠한 자이든'이라는 뜻이다. '수행녀'라고 하는 것은 '탁발하는 여자'로서의 수행녀, 탁발을 위해 돌아다니는 여자로서의 수행녀, 분소의를 입은 자로서의 수행녀, 사미니로서의 수행녀, 자칭에 의한 수행녀, '오라! 수행녀여!'에 의한 수행녀, 삼귀의에 의해 구족계를 받은 수행녀, 현선한 수행녀, 진실한 수행녀, 배울 것이 있는 학인인 수행녀, 배울 것이 없는 무학인 수행녀, 화합참모임과 한번제안세번제청의 갈마와 부동의 거룩한 님의 속성을 갖춘 자로서의 수행녀가 있는데, 그녀들 가운데 화합참모임과 양쪽으로부터 구족계를 받은 자로서 한번제안세번제청의 갈마와 부동의 거룩한 님의 속성을 갖춘 수행녀, 그녀를 이러한 의미에서의 수행녀라고 하는 것이다.

2-2. '수행승이 없는 처소'라는 것은 교계를 위하거나 함께 거주하기 위하여 갈 수 없는 곳을 뜻한다. '내가 안거를 보내겠다.'라고 처소를 준비하고 음료수와 용수를 마련하고 방사를 청소하면, 악작죄를 범하는 것이고, 해가 뜨는 것과 동시에 속죄죄를 범하는 것이다.

2-3. 안거에 든 수행승이 떠나가거나 환속하거나 죽거나 외도로 가거나, 사고가 일어나는 경우이거나, 정신착란자이거나 초범자의 경우는 무죄이다.

4. 13. 7 속죄죄법 제127조

안거후 자자에 대한 학습계율[Vassaṃvutthapavāraṇasikkhāpada]

1-1. 한때 존귀한 부처님께서는 싸밧티 시의 제따바나 숲에 있는 아나타삔디까 승원에 계셨다. 그런데 그때 다수의 수행녀들[B]이 마을의 처소에서 안거를 마치고 싸밧티 시에 도착했다. 수행녀들[A]은 그 수행녀들[B]에게 이와 같이 말했다.

[수행녀들A] "존귀한 자매들이여, 어디서 안거를 보냈습니까? 어디서 수행승의 참모임의 자자가 있었습니까?"

[수행녀들B] "존귀한 자매들이여,[314] 우리는 수행승의 참모임에서 자자를 하지 않았습니다."

1-2. 수행녀들 가운데 욕망을 여의고, 만족을 알고, 부끄러움을 알고, 후회할 줄 알고, 배움을 원하는 자들은 혐책하고 분개하고 비난했다.

[욕망을 여읜 수행녀들] "어찌 수행녀들이 안거를 지낸 뒤에 수행승의 참모임에서 자자를 하지 않을 수 있단 말인가?"

그래서 그 수행녀들은 수행승들에게 그 사실을 알렸다. 수행승들 가운데 욕망을 여의고, 만족을 알고, 부끄러움을 알고, 후회할 줄 알고, 배움을 원하는 자들도 혐책하고 분개하고 비난했다.

[욕망을 여읜 수행승들] "어찌 수행녀들이 안거를 지낸 뒤에 수행승의 참모임에서 자자를 하지 않을 수 있단 말인가?"

1-3. 그래서 그 수행승들은 세존께 그 사실을 알렸다. 그러자 세존께서는 그것을 원인으로 그것을 기회로 수행승의 참모임을 불러 모으게 하고 법문을 하고 수행승들에게 말했다.

[세존] "수행승들이여, 수행녀들이 안거를 지낸 뒤에 수행승의 참모임에서 자자를 하지않는 것이 사실인가?"

[수행승들] "세존이시여, 사실입니다."

존귀한 부처님께서는 견책했다.

[세존] "수행승들이여, 그 수행녀들은 적절하지 않고, 자연스럽지 않고, 알맞지 않고, 수행자의 삶이 아니고, 부당하고, 해서는 안 될 일을 한 것이다. 수행승들이여, 어찌 수행녀들이 안거를 지낸 뒤에 수행승의 참모임에서 자자를 하지 않을 수 있단 말인가? 수행승들이여, 그것은 아직 청정한 믿음이 없는 자를 청정한 믿음으로 이끌고, 이미 청정한 믿음이 있는 자를 더욱더 청정한 믿음으로 이끄는 것이 아니다. 수행승들이여, 그것은 오히려, 아직 청정한 믿음이 없는 자를 불신으로 이끌고, 이미 청정한 믿음이 있는 자 가운데 어떤 자들을 타락시키는 것이다."

1-4. 그래서 세존께서는 그 수행녀들에 대하여 여러 가지 방편으로 견책하여, 키우기 어렵고 부양하기 어렵고 탐욕이 많고 만족을 모르고 교제를 좋아하고 나태한 것에 대하여 질책하고, 여러 가지 법문으로 고무하여, 키우기 쉽고 부양하기 쉽고 욕심을 여의고, 만족을 알고, 버리고 없애는 삶, 악을 제거하는 삶, 청정한 믿음의 삶, 쌓아 모우지 않는 삶, 용맹정진의 삶을 칭찬하고, 수행승들을 위하여 그에 알맞고 그에 걸맞게 경책하여 법문을 하고 수행승들에게 일렀다.

[세존] "수행승들이여, 그러므로 수행녀들을 위하여 열 가지 이유에 기초하여, 즉 참모임의 수승을 위하여, 참모임의 안락을 위하여, 악한 수행녀들의 조복을 위하여, 품행이 바른 수행녀들의 평안한 삶을 위하여, 지금 여기에서의 번뇌의 제어를 위하여, 다가오는 번뇌를 물리치기 위하여, 청정한 믿음이 없는 자에게

청정한 믿음을 주기 위하여, 청정한 믿음이 있는 자에게 청정한 믿음을 증대시키기 위하여, 올바른 가르침을 지속시키기 위하여, 계율을 수호하기 위하여 학습계율을 시설하니, 수행승들이여, 수행녀들은 이와 같이 학습계율을 송출해야 한다."

[세존] "어떠한 수행녀든지 안거를 지낸 뒤에 양 참모임에서 세 가지 일, 즉 보인 것이나 들린 것이나 의심스런 것에 대하여 자자를 행하지 않으면, 속죄죄를 범하는 것이다."[1348]

2-1. '어떠한'이라는 것은 어떠한 관계, 어떠한 태생, 어떠한 이름, 어떠한 성씨, 어떠한 계행, 어떠한 주거, 어떠한 활동영역에서 이든지, 장로이든지, 신참이든지, 중참이든지, 이러한 자들을 형용하는 것으로 '어떠한 자이든'이라는 뜻이다. '수행녀'라고 하는 것은 '탁발하는 여자'로서의 수행녀, 탁발을 위해 돌아다니는 여자로서의 수행녀, 분소의를 입은 자로서의 수행녀, 사미니로서의 수행녀, 자칭에 의한 수행녀, '오라! 수행녀여!'에 의한 수행녀, 삼귀의에 의해 구족계를 받은 수행녀, 현선한 수행녀, 진실한 수행녀, 배울 것이 있는 학인인 수행녀, 배울 것이 없는 무학인 수행녀, 화합참모임과 한번제안세번제청의 갈마와 부동의 거룩한 님의 속성을 갖춘 자로서의 수행녀가 있는데, 그녀들 가운데 화합참모임과 양쪽으로부터 구족계를 받은 자로서 한번제안세번제청의 갈마와 부동의 거룩한 님의 속성을 갖춘 수행녀, 그녀를 이러한 의미에서의 수행녀라고 하는 것이다.

2-2. '안거가 지닌 뒤에'라는 것은 앞의 세달 동안이나 뒤의 세달 동안을 지난 뒤에 양 참모임에서 세 가지 일, 즉 보인 것이나 들린 것이나 의심스런 것에 대하여 '나는 자자를 행하지 않겠다.'라고 생각하여 책무를 포기하면, 속죄죄를 범하는 것이다.

2-3. 장애가 있거나, 구해도 기회를 얻을 수 없거나, 병들었거나, 사고가 난 경우이거나, 정신착란자이거나 초범자의 경우는 무죄이다.

4. 13. 8 속죄죄법 제128조

교계에 대한 학습계율[Ovādasikkhāpada]

1348) 이부승중부자자계○(二部僧衆不自恣戒) | Bhikkhunī Pāc. 127 : yā pana bhikkhunī vassaṃ vutthā ubhatos aṅghe tīhi ṭhānehi nappavāreyya diṭṭhena vā sutena vā parisaṅkāya vā, pācittiyan'ti.

1-1. 한때 존귀한 세존께서 싸끼야 국의 까삘라밧투 시에 있는 니그로다라마 승원에 계셨다. 그런데 한때 여섯무리의 수행승들이 수행녀들의 처소를 찾아가서 여섯무리의 수행녀들을 교계했다. 수행녀들은 여섯무리의 수행녀들에게 이와 같이 말했다.

[수행녀들] "존귀한 자매들이여, 와서 교계를 받으러 갑시다."

[여섯무리의 수행녀들] "존귀한 자매들이여, 우리가 교계를 받으러 가도 좋지만, 존귀한 여섯무리의 수행승들께서 여기에 와서 우리를 교계합니다."

1-2. 수행녀들 가운데 욕망을 여의고, 만족을 알고, 부끄러움을 알고, 후회할 줄 알고, 배움을 원하는 자들은 혐책하고 분개하고 비난했다.

[욕망을 여읜 수행녀들] "어찌 여섯무리의 수행녀들이 교계를 받으러 가지 않을 수 있단 말인가?"

그래서 그 수행녀들은 수행승들에게 그 사실을 알렸다. 수행승들 가운데 욕망을 여의고, 만족을 알고, 부끄러움을 알고, 후회할 줄 알고, 배움을 원하는 자들도 혐책하고 분개하고 비난했다.

[욕망을 여읜 수행승들] "어찌 여섯무리의 수행녀들이 교계를 받으러 가지 않을 수 있단 말인가?"

1-3. 그래서 그 수행승들은 세존께 그 사실을 알렸다. 그러자 세존께서는 이러한 인연으로 이러한 기회에 수행승들의 참모임을 불러 모으게 하고 연유를 설하고 인연을 설하고 수행승들에게 물었다.

[세존] "수행승들이여, 그 여섯무리의 수행녀들이 교계를 받으러 가지 않은 것이 사실인가?"

[수행승들] "세존이시여, 사실입니다."

존귀한 부처님께서는 견책했다.

[세존] "수행승들이여, 그 여섯무리의 수행녀들은 적절하지 않고, 자연스럽지 않고, 알맞지 않고, 수행자의 삶이 아니고, 부당하고, 해서는 안 될 일을 행한 것이다. 수행승들이여, 어찌 여섯무리의 수행녀들이 교계를 받으러[315] 가지 않을 수 있단 말인가? 수행승들이여, 그것은 아직 청정한 믿음이 없는 자를 청정한 믿음으로 이끌고, 이미 청정한 믿음이 있는 자를 더욱더 청정한 믿음으로 이끄는 것이 아니다. 수행승들이여, 그것은 오히려, 아직 청정한 믿음이 없는 자를 불신으로 이끌고, 이미 청정한 믿음이 있는 자 가운데 어떤 자들을 타락시키

는 것이다."

1-4. 그래서 세존께서는 그 여섯무리의 수행녀들에 대하여 여러 가지 방편으로 견책하여, 키우기 어렵고 부양하기 어렵고 탐욕이 많고 만족을 모르고 교제를 좋아하고 나태한 것에 대하여 질책하고, 여러 가지 법문으로 고무하여, 키우기 쉽고 부양하기 쉽고 욕심을 여의고, 만족을 알고, 버리고 없애는 삶, 악을 제거하는 삶, 청정한 믿음의 삶, 쌓아 모우지 않는 삶, 용맹정진의 삶을 칭찬하고, 수행승들을 위하여 그에 알맞고 그에 걸맞게 경책하여 법문을 하고 수행승들에게 일렀다.

[세존] "수행승들이여, 그러므로 수행녀들을 위하여 열 가지 이유에 기초하여, 즉 참모임의 수승을 위하여, 참모임의 안락을 위하여, 악한 수행녀들의 조복을 위하여, 품행이 바른 수행녀들의 평안한 삶을 위하여, 지금 여기에서의 번뇌의 제어를 위하여, 다가오는 번뇌를 물리치기 위하여, 청정한 믿음이 없는 자에게 청정한 믿음을 주기 위하여, 청정한 믿음이 있는 자에게 청정한 믿음을 증대시키기 위하여, 올바른 가르침을 지속시키기 위하여, 계율을 수호하기 위하여 학습계율을 시설하니, 수행승들이여, 수행녀들은 이와 같이 학습계율을 송출해야 한다."

[세존] "어떠한 수행녀이든지 교계(教誡)를 받으러 가지 않거나 공주(共住)를 체험하기 가지 않는다면, 속죄죄를 범하는 것이다."[1349]

2-1. '어떠한'이라는 것은 어떠한 관계, 어떠한 태생, 어떠한 이름, 어떠한 성씨, 어떠한 계행, 어떠한 주거, 어떠한 활동영역에서 이든지, 장로이든지, 신참이든지, 중참이든지, 이러한 자들을 형용하는 것으로 '어떠한 자이든'이라는 뜻이다. '수행녀'이라고 하는 것은 '탁발하는 여자'로서의 수행녀, 탁발을 위해 돌아다니는 여자로서의 수행녀, 분소의를 입은 자로서의 수행녀, 사미니로서의 수행녀, 자칭에 의한 수행녀, '오라! 수행녀여!'에 의한 수행녀, 삼귀의에 의해 구족계를 받은 수행녀, 현선한 수행녀, 진실한 수행녀, 배울 것이 있는 학인인 수행녀, 배울 것이 없는 무학인 수행녀, 화합참모임과 한번제안세번제청의 갈마와 부동의 거룩한 님의 속성을 갖춘 자로서의 수행녀가 있는데, 그녀들 가운데 화합참모임과 양쪽으로부터 구족계를 받은 자로서 한번제안세번제청의 갈마와 부동의 거룩한 님의 속성을 갖춘 수행녀, 그녀를 이러한 의미에서의 수행녀라고 하는 것이다.

1349) 부주청계계○(不住聽誡戒) | Bhikkhunī Pāc. 128 : yā pana bhikkhunī ovādāya vā na saṃvāsāya vā na gaccheyya, pācittiyan'ti.

2-2. '교계(教誡)'라는 것은 여덟 가지 공경의 원리[1350]를 말한다. '공주(共住)'라는 것은 동일한 갈마, 동일한 송출, 동일한 학계를 지니는 것[1351]을 뜻한다. '교계를 받거나 공주를 체험하기 위해서 가지 않겠다.'라고 생각하여 책무를 포기하면, 속죄죄를 범하는 것이다.

2-3. 장애가 있거나, 구해도 도반인 수행녀를 얻을 수 없던가, 질환자이거나, 사고가 나는 경우이거나, 정신착란자이거나 초범자인 경우는 무죄이다.

4. 13. 9 속죄죄법 제129조

반월마다의 타진에 대한 학습계율[Anvaddhamāsapaccāsiṃsasikkhāpada]

1-1. 한때 존귀한 부처님께서는 싸밧티 시의 제따바나 숲에 있는 아나타삔디까 승원에 계셨다. 그런데 그때 수행녀들이 포살도 묻지 않고[1352] 교계도 요청하지 않았다. 수행승들이 혐책하고 분개하고 비난했다.

[수행승들] "어찌 수행녀들이 포살도 묻지 않고 교계도 요청하지 않을 수 있단 말인가?"

1-2. 그래서 그 수행승들은 세존께 그 사실을 알렸다. 그러자 세존께서는 그것을 인연으로 그것을 기회로 수행승들의 참모임을 불러 모으게 하고 연유를 설하고 수행승들에게 물었다.

[세존] "수행승들이여, 수행녀들이 포살도 묻지 않고 교계도 요청하지 않은 것이 사실인가?"

[수행승들] "세존이시여, 사실입니다."

존귀한 부처님께서는 견책했다.

[세존] "수행승들이여, 그 수행녀들은 적절하지 않고, 자연스럽지 않고, 알맞지 않고, 수행자의 삶이 아니고, 부당하고, 해서는 안 될 일을 행한 것이다. 수행승들이여, 어찌 수행녀들이 포살도 묻지 않고 교계도 요청하지 않을 수 있단 말인가? 수행승들이여, 그것은 아직 청정한 믿음이 없는 자를 청정한 믿음으로 이끌고,

---

1350) aṭṭha garudhammā : 팔중법(八重法)을 뜻한다.

1351) ekakammaṃ ekuddeso samasikkhatā : 동일갈마(同一羯磨), 동일설계(同一說戒), 동일학계(同一學戒)를 의미한다.

1352) uposathampi na pucchanti : '포살이 언제 어디서 어떻게 열리는지에 관해서도 묻지 않고'라는 뜻이다.

이미 청정한 믿음이 있는 자를 더욱더 청정한 믿음으로 이끄는 것이 아니다. 수행승들이여, 그것은 오히려, 아직 청정한 믿음이 없는 자를 불신으로 이끌고, 이미 청정한 믿음이 있는 자 가운데 어떤 자들을 타락시키는 것이다."

1-3. 그래서 세존께서는 그 수행녀들에 대하여 여러 가지 방편으로 견책하여, 키우기 어렵고 부양하기 어렵고 탐욕이 많고 만족을 모르고 교제를 좋아하고 나태한 것에 대하여 질책하고, 여러 가지 법문으로 고무하여, 키우기 쉽고 부양하기 쉽고 욕심을 여의고, 만족을 알고, 버리고 없애는 삶, 악을 제거하는 삶, 청정한 믿음의 삶, 쌓아 모우지 않는 삶, 용맹정진의 삶을 칭찬하고, 수행승들을 위하여 그에 알맞고 그에 걸맞게 경책하여 법문을 하고 수행승들에게 일렀다.

[세존] "수행승들이여, 그러므로 수행녀들을 위하여 열 가지 이유에 기초하여, 즉 참모임의 수승을 위하여, 참모임의 안락을 위하여, 악한 수행녀들의 조복을 위하여, 품행이 바른 수행녀들의 평안한 삶을 위하여, 지금 여기에서의 번뇌의 제어를 위하여, 다가오는 번뇌를 물리치기 위하여, 청정한 믿음이 없는 자에게 청정한 믿음을 주기 위하여, 청정한 믿음이 있는 자에게 청정한 믿음을 증대시키기 위하여, 올바른 가르침을 지속시키기 위하여, 계율을 수호하기 위하여 학습계율을 시설하니, 수행승들이여, 수행녀들은 이와 같이 학습계율을 송출해야 한다."

> [세존] "수행녀들은 반월마다 수행승의 참모임에게 두 가지 사실, 즉 포살에 대해 묻는 것과 교계에 나아가는 것을 타진해야 한다. 이것을 어기면, 속죄죄를 범하는 것이다."1353)

2-1. '반월마다'라는 것은 '포살 마다'라는 뜻이다. '포살'이라는 것은 제14일의 포살과 제15의 포살을 뜻한다. '교계'라는 것은 여덟 가지 공경의 원리를 말한다. '나는 포살도 묻지 않고 교계도 요청하지 않겠다.'라고 생각하여 책무를 포기하면, 속죄죄를 범하는 것이다.

2-2. 장애가 있거나, 구해도 도반인 수행녀를 얻지 못하거나, 병이 걸리거나, 사고가 나는 경우이거나, 정신착란자이든가 초범자인 경우는 무죄이다.

1353) 반월불청교수계○(半月不請教授戒) | Bhikkhunī Pāc. 129 : anvaddhamāsaṃ bhikkhuniyā bhikkhusaṅghato dve dhammā paccāsiṃsitabbā uposathapucchakañca ovādūpasaṃkamanañca taṃ atikkāmentiyā pācittiyan'ti.

4. 13. 10 속죄죄법 제130조

하체의 종기에 대한 학습계율[Pasākhagaṇḍasikkhāpada]

1-1. 한때[316] 존귀한 부처님께서는 싸밧티 시의 제따바나 숲에 있는 아나타삔디까 승원에 계셨다. 그런데 그때 어떤 수행녀가 하체에 생겨난 종기를 남자와 함께 단 둘이서 터뜨렸다. 그리고 그 남자는 그 수행녀를 능욕하기 시작했다. 그 수행녀는 비명을 질렀다. 그러자 수행녀들이 달려와서 그 수행녀에게 이와 같이 말했다.

[수행녀들] "존귀한 자매여, 왜 그대는 비명을 질렀습니까?"

1-2. 그래서 그 수행녀는 수행녀들에게 그 사실을 알렸다. 수행녀들 가운데 욕망을 여의고, 만족을 알고, 부끄러움을 알고, 후회할 줄 알고, 배움을 원하는 자들은 혐책하고 분개하고 비난했다.

[욕망을 여읜 수행녀들] "어찌 수행녀가 하체에 생겨난 종기를 남자와 함께 단 둘이서 터뜨릴 수 있단 말인가?"

그래서 그 수행녀들은 수행승들에게 그 사실을 알렸다. 수행승들 가운데 욕망을 여의고, 만족을 알고, 부끄러움을 알고, 후회할 줄 알고, 배움을 원하는 자들도 혐책하고 분개하고 비난했다.

[욕망을 여읜 수행승들] "어찌 수행녀가 하체에 생겨난 종기를 남자와 함께 단 둘이서 터뜨릴 수 있단 말인가?"

1-3. 그래서 그 수행승들은 세존께 그 사실을 알렸다. 그러자 세존께서는 그것을 원인으로 그것을 기회로 수행승의 참모임을 불러 모으게 하고 법문을 하고 수행승들에게 말했다.

[세존] "수행승들이여, 수행녀가 하체에 생겨난 종기를 남자와 함께 단 둘이서 터뜨린 것이 사실인가?"

[수행승들] "세존이시여, 사실입니다."

존귀한 부처님께서는 견책했다.

[세존] "수행승들이여, 그 수행녀는 적절하지 않고, 자연스럽지 않고, 알맞지 않고, 수행자의 삶이 아니고, 부당하고, 해서는 안 될 일을 한 것이다. 수행승들이여, 어찌 수행녀가 하체에 생겨난 종기를 남자와 함께 단 둘이서 터뜨릴 수 있담 말인가? 수행승들이여, 그것은 아직 청정한 믿음이 없는 자를 청정한 믿음으로 이끌고, 이미 청정한 믿음이 있는 자를 더욱더 청정한 믿음으로 이끄는 것이

아니다. 수행승들이여, 그것은 오히려, 아직 청정한 믿음이 없는 자를 불신으로 이끌고, 이미 청정한 믿음이 있는 자 가운데 어떤 자들을 타락시키는 것이다."

1-4. 그래서 세존께서는 그 수행녀에 대하여 여러 가지 방편으로 견책하여, 키우기 어렵고 부양하기 어렵고 탐욕이 많고 만족을 모르고 교제를 좋아하고 나태한 것에 대하여 질책하고, 여러 가지 법문으로 고무하여, 키우기 쉽고 부양하기 쉽고 욕심을 여의고, 만족을 알고, 버리고 없애는 삶, 악을 제거하는 삶, 청정한 믿음의 삶, 쌓아 모우지 않는 삶, 용맹정진의 삶을 칭찬하고, 수행승들을 위하여 그에 알맞고 그에 걸맞게 경책하여 법문을 하고 수행승들에게 일렀다.

[세존] "수행승들이여, 그러므로 수행녀들을 위하여 열 가지 이유에 기초하여, 즉 참모임의 수승을 위하여, 참모임의 안락을 위하여, 악한 수행녀들의 조복을 위하여, 품행이 바른 수행녀들의 평안한 삶을 위하여, 지금 여기에서의 번뇌의 제어를 위하여, 다가오는 번뇌를 물리치기 위하여, 청정한 믿음이 없는 자에게 청정한 믿음을 주기 위하여, 청정한 믿음이 있는 자에게 청정한 믿음을 증대시키기 위하여, 올바른 가르침을 지속시키기 위하여, 계율을 수호하기 위하여 학습계율을 시설하니, 수행승들이여, 수행녀들은 이와 같이 학습계율을 송출해야 한다."

[세존] "어떠한 수행녀이든지 하체에 생겨난 종기나 부스럼에 대하여 참모임이나 모임에 허락을 구하지 않고 남자와 함께 단 둘이서 터뜨리거나 절개하거나 씻거나 바르거나 묶거나 풀면, 속죄죄를 범하는 것이다."1354)

2-1. '어떠한'이라는 것은 어떠한 관계, 어떠한 태생, 어떠한 이름, 어떠한 성씨, 어떠한 계행, 어떠한 주거, 어떠한 활동영역에서 이든지, 장로이든지, 신참이든지, 중참이든지, 이러한 자들을 형용하는 것으로 '어떠한 자이든'이라는 뜻이다. '수행녀'이라고 하는 것은 '탁발하는 여자'로서의 수행녀, 탁발을 위해 돌아다니는 여자로서의 수행녀, 분소의를 입은 자로서의 수행녀, 사미니로서의 수행녀, 자칭에 의한 수행녀, '오라! 수행녀여!'에 의한 수행녀, 삼귀의에 의해 구족계를 받은 수행녀, 현선한 수행녀, 진실한 수행녀, 배울 것이 있는 학인인 수행녀, 배울 것이 없는 무학인 수행녀, 화합참모임과 한번제안세번제청의 갈마와 부동

1354) 사남자파옹계○(使男子破癰戒) | Bhikkhunī Pāc. 130 : yā pana bhikkhunī pasākhe jātaṃ gaṇḍaṃ vā rūhitaṃ vā anapaloketvā saṅghaṃ vā gaṇaṃ vā purisena saddhiṃ eken'ekā bhedāpeyya vā phālāpeyya vā dhovāpeyya vā ālimpāpeyya vā bandhāpeyya vā mocāpeyya vā, pācittiyan'ti.

의 거룩한 님의 속성을 갖춘 자로서의 수행녀가 있는데, 그녀들 가운데 화합참모임과 양쪽으로부터 구족계를 받은 자로서 한번제안세번제청의 갈마와 부동의 거룩한 님의 속성을 갖춘 수행녀, 그녀를 이러한 의미에서의 수행녀라고 하는 것이다.

2-2. '하체'라는 것은 배꼽으로부터 아래와 무릎으로부터 위를 뜻한다. '생겨난'이라는 것은 '거기에 생겨난'이라는 뜻이다. '종기'라는 것은 '어떠한 것이든 종기인 것'을 뜻한다. '부스럼'이라는 것은 '어떠한 것이든 상처인 것'을 뜻한다. '허락을 구하지 않고'라는 것은 '묻지 않고'라는 뜻이다. '참모임'은 수행녀의 참모임을 뜻한다. '대중'이라는 것은 다수의 수행녀들을 뜻한다. '남자'라는 것은 사람의 남자로서 야차나 아귀나 축생이 아닌 자로서, 양식이 있고 능력이 있는 자를 뜻한다. '함께'라는 것은 '같이'라는 뜻이다. '단 둘이서'라는 것은 남자와 수행녀를 뜻한다.

2-3.

1) '터뜨려라'라고 시키면, 악작죄를 범하는 것이고, 터뜨려지면, 속죄죄를 범하는 것이다.
2) '절개하라'라고 시키면, 악작죄를 범하는 것이고, 절개되면, 속죄죄를 범하는 것이다.
3) '씻어라'라고 시키면, 악작죄를 범하는 것이고, 씻어지면, 속죄죄를 범하는 것이다.
4) '바르라'라고 시키면, 악작죄를 범하는 것이고, 발라지면, 속죄죄를 범하는 것이다.
5) '묶어라'라고 시키면, 악작죄를 범하는 것이고, 묶어지면, 속죄죄를 범하는 것이다.
6) '풀어라'라고[317] 시키면, 악작죄를 범하는 것이고, 풀어지면, 속죄죄를 범하는 것이다.

2-4. 허락을 구하고 터뜨리거나 절개하거나 씻거나 바르거나 묶거나 풀거나, 어떠한 자이든 양식있는 도반이 함께 있는 경우이거나, 정신착란자이거나 초범자인 경우는 무죄이다.

제13품 승원 그 후렴시는 다음과 같다.

승원, 매도, 분노, 식사, 가정에 인색한 처신,
안거, 자자, 교계, 두 가지 사실, 하체.1355)

제14품 임신부(Gabbhinīvaggo sattamo)

4. 14. 1 속죄죄법 제131조

임신부에 대한 학습계율[Gabbhinīsikkhāpada]

1-1. 한때 존귀한 부처님께서는 싸밧티 시의 제따바나 숲에 있는 아나타삔디까 승원에 계셨다. 그런데 그때 수행녀들이 임신부에게 구족계를 주었다. 그녀가 탁발하러 다녔다. 사람들이 혐책하고 분개하고 비난했다.

[사람들] "어찌 수행녀들이 임신부에게 구족계를 줄 수 있단 말인가?"

수행녀들은 사람들이 혐책하고 분개하고 비난하는 것을 들었다.

1-2. 수행녀들 가운데 욕망을 여의고, 만족을 알고, 부끄러움을 알고, 후회할 줄 알고, 배움을 원하는 자들은 혐책하고 분개하고 비난했다.

[욕망을 여읜 수행녀들] "어찌 수행녀들이 임신부에게 구족계를 줄 수 있단 말인가?"

그래서 그 수행녀들은 수행승들에게 그 사실을 알렸다. 수행승들 가운데 욕망을 여의고, 만족을 알고, 부끄러움을 알고, 후회할 줄 알고, 배움을 원하는 자들도 혐책하고 분개하고 비난했다.

[욕망을 여읜 수행승들] "어찌 수행녀들이 임신부에게 구족계를 줄 수 있단 말인가?"

1-3. 그래서 그 수행승들은 세존께 그 사실을 알렸다. 그러자 세존께서는 이러한 인연으로 이러한 기회에 수행승들의 참모임을 불러 모으게 하고 연유를 설하고 수행승들에게 물었다.

[세존] "수행승들이여, 수행녀들이 임신부에게 구족계를 준 것이 사실인가?"

[수행승들] "세존이시여, 사실입니다."

존귀한 부처님께서는 견책했다.

[세존] "수행승들이여, 그 수행녀들은 적절하지 않고, 자연스럽지 않고, 알맞지 않고, 수행자의 삶이 아니고, 부당하고, 해서는 안 될 일을 행한 것이다. 수행승들

1355) ārāmakkosa caṇḍī ca | bhuñjeyya kulamaccharī | vassapavāraṇovādā | dve dhammā pasākhena cā'ti ||

이여, 어찌 수행녀들이 임신부에게 구족계를 줄 수 있단 말인가? 수행승들이여, 그것은 아직 청정한 믿음이 없는 자를 청정한 믿음으로 이끌고, 이미 청정한 믿음이 있는 자를 더욱더 청정한 믿음으로 이끄는 것이 아니다. 수행승들이여, 그것은 오히려, 아직 청정한 믿음이 없는 자를 불신으로 이끌고, 이미 청정한 믿음이 있는 자 가운데 어떤 자들을 타락시키는 것이다."

1-4. 그래서 세존께서는 그 수행녀들에 대하여 여러 가지 방편으로 견책하여, 키우기 어렵고 부양하기 어렵고 탐욕이 많고 만족을 모르고 교제를 좋아하고 나태한 것에 대하여 질책하고, 여러 가지 법문으로 고무하여, 키우기 쉽고 부양하기 쉽고 욕심을 여의고, 만족을 알고, 버리고 없애는 삶, 악을 제거하는 삶, 청정한 믿음의 삶, 쌓아 모우지 않는 삶, 용맹정진의 삶을 칭찬하고, 수행승들을 위하여 그에 알맞고 그에 걸맞게 경책하여 법문을 하고 수행승들에게 일렀다.

[세존] "수행승들이여, 그러므로 수행녀들을 위하여 열 가지 이유에 기초하여, 즉 참모임의 수승을 위하여, 참모임의 안락을 위하여, 악한 수행녀들의 조복을 위하여, 품행이 바른 수행녀들의 평안한 삶을 위하여, 지금 여기에서의 번뇌의 제어를 위하여, 다가오는 번뇌를 물리치기 위하여, 청정한 믿음이 없는 자에게 청정한 믿음을 주기 위하여, 청정한 믿음이 있는 자에게 청정한 믿음을 증대시키기 위하여, 올바른 가르침을 지속시키기 위하여, 계율을 수호하기 위하여 학습계율을 시설하니, 수행승들이여, 수행녀들은 이와 같이 학습계율을 송출해야 한다."

[세존] "어떠한 수행녀이든지 임신부에게 구족계를 주면, 속죄죄를 범하는 것이다."1356)

2-1. '어떠한'이라는 것은 어떠한 관계, 어떠한 태생, 어떠한 이름, 어떠한 성씨, 어떠한 계행, 어떠한 주거, 어떠한 활동영역에서 이든지, 장로이든지, 신참이든지, 중참이든지, 이러한 자들을 형용하는 것으로 '어떠한 자이든'이라는 뜻이다. '수행녀'이라고 하는 것은 '탁발하는 여자'로서의 수행녀, 탁발을 위해 돌아다니는 여자로서의 수행녀, 분소의를 입은 자로서의 수행녀, 사미니로서의 수행녀, 자칭에 의한 수행녀, '오라! 수행녀여!'에 의한 수행녀, 삼귀의에 의해 구족계를 받은 수행녀, 현선한 수행녀, 진실한 수행녀, 배울 것이 있는 학인인 수행녀, 배울 것이 없는 무학인 수행녀, 화합참모임과 한번제안세번제청의 갈마와 부동

1356) 도임신부녀계○(度妊身婦女戒) | Bhikkhunī Pāc. 131 : yā pana bhikkhunī gabbhiniṃ vuṭṭhāpeyya, pācittiyan'ti.

의 거룩한 님의 속성을 갖춘 자로서의 수행녀가 있는데, 그녀들 가운데 화합참모임과 양쪽으로부터 구족계를 받은 자로서 한번제안세번제청의 갈마와 부동의 거룩한 님의 속성을 갖춘 수행녀, 그녀를 이러한 의미에서의 수행녀라고 하는 것이다.

2-2. '임신부'라는 것은 '생명체가 들어선 자'를 뜻한다. '구족계를 주면'이라는 것은 '구족계를 부여하면'이라는 뜻이다. '내가 구족계를 주겠다.'라고 생각하여 대중이나 궤범사나 발우나 옷을 구하거나 결계를 선정하면, 악작죄를 범하는 것이다. 제안에 의해서 악작죄, 두 제청에 의해서 악작죄가 성립하고, 제청의 끝냄에 의해서 친교사에게는 속죄죄가 성립하고, 대중과 궤범사에게는 악작죄가 성립한다.

2-3₁.

1) 임신부에 대하여 임신부라고 지각하고 구족계를 주면, 속죄죄를 범하는 것이다.
2) 임신부에 대하여 임신부인지 의심하고 구족계를 주면, 속죄죄를 범하는 것이다.
3) 임신부에 대하여 임신하지 않은 여자라고 지각하고 하고 구족계를 주면, 무죄이다.

2-3₁.

1) 임신하지 않은 여자에 대하여 임신부라고 지각하면,[318] 악작죄를 범하는 것이다.
2) 임신하지 않은 여자에 대하여 임신하지 않은 여자인지 의심하면, 악작죄를 범하는 것이다.
3) 임신하지 않은 여자에 대하여 임신하지 않은 여자라고 지각하면, 무죄이다.

2-4. 임신부에 대하여 임신하지 않은 여자라고 지각하고 구족계를 주거나, 임신하지 않은 여자에 대하여 임신하지 않은 여자라고 지각하고 구족계를 주는 경우이거나, 정신착란자이거나 초범자인 경우는 무죄이다.

4. 14. 2 속죄죄법 제132조

아기가 있는 여자에 대한 학습계율[Pāyantīsikkhāpada]

1-1. 한때 존귀한 부처님께서는 싸밧티 시의 제따바나 숲에 있는 아나타삔디까 승원에 계셨다. 그런데 그때 수행녀들이 아기가 있는 여자에게 구족계를 주었다.

그녀가 탁발하러 다녔다. 사람들이 혐책하고 분개하고 비난했다.

[사람들] "어찌 수행녀들이 아기가 있는 여자에게 구족계를 줄 수 있단 말인가?"

1-2. 수행녀들은 사람들이 혐책하고 분개하고 비난하는 것을 들었다. 수행녀들 가운데 욕망을 여의고, 만족을 알고, 부끄러움을 알고, 후회할 줄 알고, 배움을 원하는 자들은 혐책하고 분개하고 비난했다.

[욕망을 여읜 수행녀들] "어찌 수행녀들이 아기가 있는 여자에게 구족계를 줄 수 있단 말인가?"

그래서 그 수행녀들은 수행승들에게 그 사실을 알렸다. 수행승들 가운데 욕망을 여의고, 만족을 알고, 부끄러움을 알고, 후회할 줄 알고, 배움을 원하는 자들도 혐책하고 분개하고 비난했다.

[욕망을 여읜 수행승들] "어찌 수행녀들이 아기가 있는 여자에게 구족계를 줄 수 있단 말인가?"

1-3. 그래서 그 수행승들은 세존께 그 사실을 알렸다. 그러자 세존께서는 이러한 인연으로 이러한 기회에 수행승들의 참모임을 불러 모으게 하고 연유를 설하고 수행승들에게 물었다.

[세존] "수행승들이여, 수행녀들이 아기가 있는 여자에게 구족계를 준 것이 사실인가?"

[수행승들] "세존이시여, 사실입니다."

존귀한 부처님께서는 견책했다.

[세존] "수행승들이여, 그 수행녀들은 적절하지 않고, 자연스럽지 않고, 알맞지 않고, 수행자의 삶이 아니고, 부당하고, 해서는 안 될 일을 행한 것이다. 수행승들이여, 어찌 수행녀들이 아기가 있는 여자에게 구족계를 줄 수 있단 말인가? 수행승들이여, 그것은 아직 청정한 믿음이 없는 자를 청정한 믿음으로 이끌고, 이미 청정한 믿음이 있는 자를 더욱더 청정한 믿음으로 이끄는 것이 아니다. 수행승들이여, 그것은 오히려, 아직 청정한 믿음이 없는 자를 불신으로 이끌고, 이미 청정한 믿음이 있는 자 가운데 어떤 자들을 타락시키는 것이다."

1-4. 그래서 세존께서는 그 수행녀들에 대하여 여러 가지 방편으로 견책하여, 키우기 어렵고 부양하기 어렵고 탐욕이 많고 만족을 모르고 교제를 좋아하고 나태한 것에 대하여 질책하고, 여러 가지 법문으로 고무하여, 키우기 쉽고 부양하기 쉽고 욕심을 여의고, 만족을 알고, 버리고 없애는 삶, 악을 제거하는 삶, 청정한

믿음의 삶, 쌓아 모우지 않는 삶, 용맹정진의 삶을 칭찬하고, 수행승들을 위하여 그에 알맞고 그에 걸맞게 경책하여 법문을 하고 수행승들에게 일렀다.

[세존] "수행승들이여, 그러므로 수행녀들을 위하여 열 가지 이유에 기초하여, 즉 참모임의 수승을 위하여, 참모임의 안락을 위하여, 악한 수행녀들의 조복을 위하여, 품행이 바른 수행녀들의 평안한 삶을 위하여, 지금 여기에서의 번뇌의 제어를 위하여, 다가오는 번뇌를 물리치기 위하여, 청정한 믿음이 없는 자에게 청정한 믿음을 주기 위하여, 청정한 믿음이 있는 자에게 청정한 믿음을 증대시키기 위하여, 올바른 가르침을 지속시키기 위하여, 계율을 수호하기 위하여 학습계율을 시설하니, 수행승들이여, 수행녀들은 이와 같이 학습계율을 송출해야 한다."

[세존] "어떠한 수행녀이든지 아기가 있는 여자에게 구족계를 주면, 속죄죄를 범하는 것이다."1357)

2-1. '어떠한'이라는 것은 어떠한 관계, 어떠한 태생, 어떠한 이름, 어떠한 성씨, 어떠한 계행, 어떠한 주거, 어떠한 활동영역에서 이든지, 장로이든지, 신참이든지, 중참이든지, 이러한 자들을 형용하는 것으로 '어떠한 자이든'이라는 뜻이다. '수행녀'이라고 하는 것은 '탁발하는 여자'로서의 수행녀, 탁발을 위해 돌아다니는 여자로서의 수행녀, 분소의를 입은 자로서의 수행녀, 사미니로서의 수행녀, 자칭에 의한 수행녀, '오라! 수행녀여!'에 의한 수행녀, 삼귀의에 의해 구족계를 받은 수행녀, 현선한 수행녀, 진실한 수행녀, 배울 것이 있는 학인인 수행녀, 배울 것이 없는 무학인 수행녀, 화합참모임과 한번제안세번제청의 갈마와 부동의 거룩한 님의 속성을 갖춘 자로서의 수행녀가 있는데, 그녀들 가운데 화합참모임과 양쪽으로부터 구족계를 받은 자로서 한번제안세번제청의 갈마와 부동의 거룩한 님의 속성을 갖춘 수행녀, 그녀를 이러한 의미에서의 수행녀라고 하는 것이다.

2-2. '아기가 있는 여자'라는 것은 어머니이거나 유모를 뜻한다. '구족계를 주면'이라는 것은 '구족계를 부여하면'이라는 뜻이다. '내가 구족계를 주겠다.'라고 생각하여 대중이나 궤범사나 발우나 옷을 구하거나 결계를 선정하면, 악작죄를 범하는 것이다. 제안에 의해서 악작죄, 두 제청에 의해서 악작죄가 성립하고, 제청의 끝냄에 의해서 친교사에게는 속죄죄가 성립하고, 대중과 궤범사에게는

1357) 도유아부녀계○(度乳兒婦女戒) | Bhikkhunī Pāc. 132 : yā pana bhikkhunī pāyantiṃ vuṭṭhāpeyya, pācittiyan'ti.

악작죄가 성립한다.

2-3₁.

1) 아기가 있는 여자에 대하여 아기가 있는 여자라고 지각하고 구족계를 주면, 속죄죄를 범하는 것이다.
2) 아기가 있는 여자에 대하여 아기가 있는 여자인지 의심하고 구족계를 주면, 속죄죄를 범하는 것이다.
3) 아기가 있는 여자에 대하여 아기가 없는 여자라고 지각하고 구족계를 주면, 무죄이다.

2-3₁.

1) 아기가 없는 여자에 대하여 임신부라고 지각하면, 악작죄를 범하는 것이다.
2) 아기가 없는 여자에 대하여 아기가 없는 여자인지 의심하면, 악작죄를 범하는 것이다.
3) 아기가 없는 여자에 대하여 아기가 없는 여자라고 지각하면, 무죄이다.

2-4. 아기가 있는 여자에 대하여 아기가 없는 여자라고 지각하고 구족계를 주거나, 아기가 없는 여자에 대하여 아기가 없는 여자라고 지각하고 구족계를 주는 경우이거나, 정신착란자나 초범자는 무죄이다.

4. 14. 3 속죄죄법 제133조

여섯 가지 원리에 대한 학습계율[Chadhammasikkhāpada]

1-1. 한때 존귀한 부처님께서는 싸밧티 시의 제따바나 숲에 있는 아나타삔디까 승원에 계셨다. 그런데 그때 수행녀들이 이년 동안 여섯 가지 원리에 입각한 학습계율을 지키지 않은 정학녀에게 구족계를 주었다. 그 수행녀들은 어리석고 무능하여 허용된 것과 허용되지 않은 것을 알지 못했다.

1-2. 수행녀들 가운데 욕망을 여의고, 만족을 알고, 부끄러움을 알고, 후회할 줄 알고, 배움을 원하는 자들은 혐책하고 분개하고 비난했다.

[욕망을 여읜 수행녀들] "어찌 수행녀들이 이년 동안 여섯 가지 원리에 입각한 학습계율을 지키지 않은 정학녀에게 구족계를 줄 수 있단 말인가?"

그래서 그 수행녀들은 수행승들에게 그 사실을 알렸다. 수행승들 가운데 욕망을 여의고, 만족을 알고, 부끄러움을 알고, 후회할 줄 알고, 배움을 원하는 자들도

혐책하고 분개하고 비난했다.

[욕망을 여읜 수행승들] "어찌 수행녀들이 이년 동안 여섯 가지 원리에 입각한 학습계율을 지키지 않은 정학녀에게 구족계를 줄 수 있단 말인가?"

1-3. 그래서 그 수행승들은 세존께 그 사실을 알렸다.[246] 그러자 세존께서는 그것을 원인으로 그것을 기회로 수행승의 참모임을 불러 모으게 하고 법문을 하고 수행승들에게 말했다.

[세존] "수행승들이여, 수행녀들이 이년 동안 여섯 가지 원리에 입각한 학습계율을 지키지 않은 정학녀에게 구족계를 준 것이 사실인가?"

[수행승들] "세존이시여, 사실입니다."

존귀한 부처님께서는 견책했다.

[세존] "수행승들이여, 그 수행녀들은 적절하지 않고, 자연스럽지 않고, 알맞지 않고, 수행자의 삶이 아니고, 부당하고, 해서는 안 될 일을 한 것이다. 수행승들이여, 어찌 수행녀들이 이년 동안 여섯 가지 원리에 입각한 학습계율을 지키지 않은 정학녀에게 구족계를 줄 수 있단 말인가? 수행승들이여,[319] 그것은 아직 청정한 믿음이 없는 자를 청정한 믿음으로 이끌고, 이미 청정한 믿음이 있는 자를 더욱더 청정한 믿음으로 이끄는 것이 아니다. 수행승들이여, 그것은 오히려, 아직 청정한 믿음이 없는 자를 불신으로 이끌고, 이미 청정한 믿음이 있는 자 가운데 어떤 자들을 타락시키는 것이다."

1-4. 그리고 세존께서는 수행녀들에 대하여 여러 가지 방편으로 견책하고, 키우기 어렵고 부양하기 어렵고 탐욕이 많고 만족을 모르고 교제를 좋아하고 나태한 것에 대하여 질책하고, 여러 가지 법문으로 고무하여, 키우기 쉽고 부양하기 쉽고 욕심을 여의고, 만족을 알고, 버리고 없애는 삶, 악을 제거하는 삶, 청정한 믿음의 삶, 쌓아 모우지 않는 삶, 용맹정진의 삶을 칭찬하고, 수행승들을 위하여 그에 알맞고 그에 걸맞게 경책하여 법문을 하고 수행승들에게 일렀다.

[세존] "수행승들이여, 정학녀에게 이년 동안 여섯 가지 원리에 입각한 학습계율을 지키는 것에 동의를 주는 것을 허용한다."

1-5. [세존] "수행승들이여, 이와 같이 주어야 한다. 그 정학녀가 참모임에 나아가 한쪽 어깨에 상의를 걸치고 수행녀들의 발에 머리를 조아린 뒤에 한쪽 무릎을 꿇고 합장하여 이와 같이 말해야 한다.

[청원1] '존귀한 자매들이여, 저는 이러이러한 존귀한 자매의 정학녀로서 이년

동안 여섯 가지 원리에 입각한 학습계율을 지키는 것에 대하여 참모임에 동의를 줄 것을 요청합니다.'

[청원2] '존귀한 자매들이여, 저는 이러이러한 존귀한 자매의 정학녀로서 이년 동안 여섯 가지 원리에 입각한 학습계율을 지키는 것에 대하여 참모임에 동의를 줄 것을 두 번째에도 요청합니다.'

[청원3] '존귀한 자매들이여, 저는 이러이러한 존귀한 자매의 정학녀로서 이년 동안 여섯 가지 원리에 입각한 학습계율을 지키는 것에 대하여 참모임에 동의를 줄 것을 세 번째에도 요청합니다.'

1-6. 총명하고 유능한 수행녀가 참모임에 알려야 한다.

[제안] '존귀한 자매들이여, 참모임은 저의 말을 들으십시오. 이러이러한 존귀한 자매의 정학녀가 이년 동안 여섯 가지 원리에 입각한 학습계율을 지키는 것에 대하여 참모임에 동의를 줄 것을 요청했습니다. 만약 참모임에 옳은 일이라면, 참모임은 이러이러한 정학녀가 이년 동안 여섯 가지 원리에 입각한 학습계율을 지키는 것에 동의를 주겠습니다. 이것이 제안입니다.'

[제청] '존귀한 자매들이여, 참모임은 저의 말을 들으십시오. 이러이러한 존귀한 자매의 정학녀가 이년 동안 여섯 가지 원리에 입각한 학습계율을 지키는 것에 대하여 참모임에 동의를 줄 것을 요청했습니다. 참모임은 이러이러한 존귀한 자매의 정학녀가 이년 동안 여섯 가지 원리에 입각한 학습계율을 지키는 것에 대하여 동의를 주겠습니다. 존귀한 자매들 가운데 누구든지 이러이러한 정학녀에게 이년 동안 여섯 가지 원리에 입각한 학습계율을 지키는 것에 대하여 참모임이 동의를 주는 것에 찬성하면 침묵하시고, 이견이 있으시면 말씀하십시오.'

[결정] '참모임은 이러이러한 존귀한 자매의 정학녀가 이년 동안 여섯 가지 원리에 입각한 학습계율을 지키는 것에 대하여 동의를 주었습니다. 참모임이 찬성하여 침묵했으므로, 저는 그와 같이 알겠습니다.'"

1-7. 그 정학녀에게 '이와 같이 말하시오.'라고 말해야 한다.

1) '나는 살아있는 생명을 죽이는 것을 삼가는 계행을 이년 동안 어기지 않는 맹세를 지키겠습니다.

2) 주지 않는 것을 빼앗는 것을 삼가는 계행을 이년 동안 어기지 않는 맹세를 지키겠습니다.

3) 순결하지 못한 삶을 삼가는 계행을 이년 동안 어기지 않는 맹세를 지키겠습니다.

4) 거짓말하는 것을 삼가는 계행을 이년 동안 어기지 않는 맹세를 지키겠습니다.

5) 곡주나 과일주등의 취기 있는 것을 삼가는 계행을 이년 동안 어기지 않는 맹세를 지키겠습니다.
6) 때 아닌 때에 식사를 하는 것을 삼가는 계행을 이년 동안 어기지 않는 맹세를 지키겠습니다.'"1358)

1-8. 그리고 세존께서는 그 수행녀들에 대하여 여러 가지 방편으로 견책하여, 키우기 어렵고 부양하기 어렵고 탐욕이 많고 만족을 모르고 교제를 좋아하고 나태한 것에 대하여 질책하고, 여러 가지 법문으로 고무하여, 키우기 쉽고 부양하기 쉽고 욕심을 여의고, 만족을 알고, 버리고 없애는 삶, 악을 제거하는 삶, 청정한 믿음의 삶, 쌓아 모우지 않는 삶, 용맹정진의 삶을 칭찬하고, 수행승들을 위하여 그에 알맞고 그에 걸맞게 경책하여 법문을 하고 수행승들에게 일렀다.

[세존] "수행승들이여, 그러므로 수행녀들을 위하여 열 가지 이유에 기초하여, 즉 참모임의 수승을 위하여, 참모임의 안락을 위하여, 악한 수행녀들의 조복을 위하여, 품행이 바른 수행녀들의 평안한 삶을 위하여, 지금 여기에서의 번뇌의 제어를 위하여, 다가오는 번뇌를 물리치기 위하여, 청정한 믿음이 없는 자에게 청정한 믿음을 주기 위하여, 청정한 믿음이 있는 자에게 청정한 믿음을 증대시키기 위하여, 올바른 가르침을 지속시키기 위하여, 계율을 수호하기 위하여 학습계율을 시설하니, 수행승들이여, 수행녀들은 이와 같이 학습계율을 송출해야 한다."

[세존] "어떠한 수행녀이든지 이년 동안 여섯 가지 원리에 입각한 학습계율을 지키지 못한 정학녀에게 구족계를 주면, 속죄죄를 범하는 것이다."1359)

2-1. '어떠한'이라는 것은 어떠한 관계, 어떠한 태생, 어떠한 이름, 어떠한 성씨, 어떠한 계행, 어떠한 주거, 어떠한 활동영역에서 이든지, 장로이든지, 신참이든지, 중참이든지, 이러한 자들을 형용하는 것으로 '어떠한 자이든'이라는 뜻이다. '수행녀'이라고 하는 것은 '탁발하는 여자'로서의 수행녀, 탁발을 위해 돌아다니는 여자로서의 수행녀, 분소의를 입은 자로서의 수행녀, 사미니로서의 수행녀,

---

1358) ① pāṇātipānā veramaṇiṃ dve vassāni avītikkamasamādānaṃl samādiyāmi. ② adinnānā veramaṇiṃ dve vassāni avītikkamasamādānaṃ samādiyāmi. ③ abrahmacariyā veramaṇiṃ dve vassāni avītikkamasamādā naṃ samādiyāmi. ④ musāvādā veramaṇiṃ dve vassāni avītikkamasamādānaṃ samādiyāmi. ⑤ surāmerayamaj japamādaṭṭhānā veramaṇiṃ dve vassāni avītikkamasamādānaṃ samādiyāmi. ⑥ vikālabhojanā veramaṇiṃ dve vassāni avītikkamasamādānaṃ samādiyāmi.

1359) 도불학육법사미니계○(度不學六法沙彌尼戒) | Bhikkhunī Pāc. 133 : yā pana bhikkhunī dve vassāni chasu dhammesu asikkhitasikkhaṃ sikkhamānaṃ vuṭṭhāpeyya, pācittiyan'ti.

자칭에 의한 수행녀, '오라! 수행녀여!'에 의한 수행녀, 삼귀의에 의해 구족계를 받은 수행녀, 현선한 수행녀, 진실한 수행녀, 배울 것이 있는 학인인 수행녀, 배울 것이 없는 무학인 수행녀, 화합참모임과 한번제안세번제청의 갈마와 부동의 거룩한 님의 속성을 갖춘 자로서의 수행녀가 있는데, 그녀들 가운데 화합참모임과 양쪽으로부터 구족계를 받은 자로서 한번제안세번제청의 갈마와 부동의 거룩한 님의 속성을 갖춘 수행녀, 그녀를 이러한 의미에서의 수행녀라고 하는 것이다.

2-2. '이년 동안'이라는 것은 '두해 동안'이라는 뜻이다. '학습계율을[320] 지키지 못한'이라는 것은 학습계율이 주어지지 않았거나 주어졌어도 학습계율을 어긴 자를 뜻한다. '구족계를 주면'이라는 것은 '구족계를 부여하면'이라는 뜻이다. '내가 구족계를 주겠다.'라고 생각하여 대중이나 궤범사나 발우나 옷을 구하여 결계를 선정하면, 악작죄를 범하는 것이다. 제안에 의해서 악작죄, 두 제청에 의해서 악작죄가 성립하고, 제청의 끝냄에 의해서 친교사에게는 속죄죄, 대중과 궤범사에게는 악작죄가 성립한다.

2-3₁.

1) 원칙에 입각한 갈마에 대하여 원칙에 입각한 갈마라고 지각하고 구족계를 준다면, 속죄죄를 범하는 것이다.
2) 원칙에 입각한 갈마에 대하여 원칙에 입각한 갈마인지 의심하고 구족계를 준다면, 속죄죄를 범하는 것이다.
3) 원칙에 입각한 갈마에 대하여 원칙에 입각하지 않은 갈마라고 지각하고 구족계를 준다면, 속죄죄를 범하는 것이다.

2-3₂.

1) 원칙에 입각하지 않은 갈마에 대하여 원칙에 입각한 갈마라고 지각하면, 악작죄를 범하는 것이다.
2) 원칙에 입각하지 않은 갈마에 대하여 원칙에 입각하지 않은 갈마인지 의심하면, 악작죄를 범하는 것이다.
3) 원칙에 입각하지 않은 갈마에 대하여 원칙에 입각하지 않은 갈마라고 지각하면, 악작죄를 범하는 것이다.

2-4. 이년 동안 여섯 가지 원리에 입각한 학습계율을 지킨 정학녀에게 구족계를 주는 경우이거나, 정신착란자이거나 초범자인 경우는 무죄이다.

4. 14. 4 속죄죄법 제134조

동의 없는 구족계에 대한 학습계율[Asammatavuṭṭhāpanasikkhāpada]

1-1. 한때 존귀한 부처님께서는 싸밧티 시의 제따바나 숲에 있는 아나타삔디까 승원에 계셨다. 그런데 그때 수행녀들이 정학녀에게 이년 동안 여섯 가지 원리에 입각한 학습계율을 지켰다고 참모임의 동의 없이 구족계를 주었다. 수행녀들이 이와 같이 말했다.

[수행녀들] "정학녀들이여, 오시오. 이것을 아십시오. 이것을 주시오. 이것을 가져오시오. 이것이 필요합니다. 이것을 준비하시오."

그녀들은 이와 같이 말했다.

[정학녀들] "존귀한 자매들이여, 우리는 정학녀들이 아니라 수행녀들입니다."

1-2. 수행녀들 가운데 욕망을 여의고, 만족을 알고, 부끄러움을 알고, 후회할 줄 알고, 배움을 원하는 자들도 혐책하고 분개하고 비난했다.

[욕망을 여읜 수행녀들] "어찌 수행녀들이 정학녀에게 이년 동안 여섯 가지 원리에 입각한 학습계율을 지켰다고 참모임의 동의 없이 구족계를 줄 수 있단 말인가?"

그래서 그 수행녀들은 수행승들에게 그 사실을 알렸다. 수행승들 가운데 욕망을 여의고, 만족을 알고, 부끄러움을 알고, 후회할 줄 알고, 배움을 원하는 자들도 혐책하고 분개하고 비난했다.

[욕망을 여읜 수행승들] "어찌 수행녀들이 정학녀에게 이년 동안 여섯 가지 원리에 입각한 학습계율을 지켰다고 참모임의 동의 없이 구족계를 줄 수 있단 말인가?"

1-3. 그래서 그 수행승들은 세존께 그 사실을 알렸다. 그러자 세존께서는 그것을 원인으로 그것을 기회로 수행승의 참모임을 불러 모으게 하고 법문을 하고 수행승들에게 말했다.

[세존] "수행승들이여, 수행녀들이 정학녀에게 이년 동안 여섯 가지 원리에 입각한 학습계율을 지켰다고 참모임의 동의 없이 구족계를 준 것이 사실인가?"

[수행승들] "세존이시여, 사실입니다."

존귀한 부처님께서는 견책했다.

[세존] "수행승들이여, 그 수행녀들은 적절하지 않고, 자연스럽지 않고, 알맞지 않고, 수행자의 삶이 아니고, 부당하고, 해서는 안 될 일을 한 것이다. 수행승들이

여, 어찌 수행녀들이 정학녀에게 이년 동안 여섯 가지 원리에 입각한 학습계율을 지켰다고 참모임의 동의 없이 구족계를 줄 수 있단 말인가? 수행승들이여,[319] 그것은 아직 청정한 믿음이 없는 자를 청정한 믿음으로 이끌고, 이미 청정한 믿음이 있는 자를 더욱더 청정한 믿음으로 이끄는 것이 아니다. 수행승들이여, 그것은 오히려, 아직 청정한 믿음이 없는 자를 불신으로 이끌고, 이미 청정한 믿음이 있는 자 가운데 어떤 자들을 타락시키는 것이다."

1-4. 그리고 세존께서는 수행녀들에 대하여 여러 가지 방편으로 견책하고, 키우기 어렵고 부양하기 어렵고 탐욕이 많고 만족을 모르고 교제를 좋아하고 나태한 것에 대하여 질책하고, 여러 가지 법문으로 고무하여, 키우기 쉽고 부양하기 쉽고 욕심을 여의고, 만족을 알고, 버리고 없애는 삶, 악을 제거하는 삶, 청정한 믿음의 삶, 쌓아 모우지 않는 삶, 용맹정진의 삶을 칭찬하고, 수행승들을 위하여 그에 알맞고 그에 걸맞게 경책하여 법문을 하고 수행승들에게 일렀다.

[세존] "수행승들이여, 이년 동안 여섯 가지 원리에 입각한 학습계율을 지킨 정학녀에게 구족계에 대한 동의를 주는 것을 허용한다. 수행승들이여, 이와 같이 주어야 한다. 그 이년 동안 여섯 가지 원리에 입각한 학습계율을 지킨 정학녀가 참모임에 나아가 한쪽 어깨에 상의를 걸치고 수행녀들의 발에 머리를 조아린 뒤에 한쪽 무릎을 꿇고 합장하여 이와 같이 말해야 한다.

[청원1] '존귀한 자매들이여,[321] 저는 이러이러한 자로서 이년 동안 여섯 가지 원리에 입각한 학습계율을 지킨 정학녀인데 이러이러한 존귀한 자매 아래서 구족계를 받는 것에 대하여 참모임에 동의를 줄 것을 요청합니다.'

[청원2] '존귀한 자매들이여, 저는 이러이러한 자로서 이년 동안 여섯 가지 원리에 입각한 학습계율을 지킨 정학녀인데 이러이러한 존귀한 자매 아래서 구족계를 받는 것에 대하여 참모임에 동의를 줄 것을 두 번째에도 요청합니다.'

[청원3] '존귀한 자매들이여, 저는 이러이러한 자로서 이년 동안 여섯 가지 원리에 입각한 학습계율을 지킨 정학녀인데 이러이러한 존귀한 자매 아래서 구족계를 받는 것에 대하여 참모임에 동의를 줄 것을 세 번째에도 요청합니다.'

총명하고 유능한 수행녀가 참모임에 알려야 한다.

[제안] '존귀한 자매들이여, 참모임은 저의 말을 들으십시오. 이러이러한 자가 이년 동안 여섯 가지 원리에 입각한 학습계율을 지킨 정학녀로서 이러이러한 존귀한 자매 아래서 구족계를 받는 것에 대하여 참모임에 동의를 줄 것을 요청했습니다. 만약 참모임에 옳은 일이라면, 참모임은 이러이러한 자가 이년 동안 여섯

가지 원리에 입각한 학습계율을 지킨 정학녀로서 구족계를 받는 것에 대하여 동의를 주겠습니다. 이것이 제안입니다.'

[제청] '존귀한 자매들이여, 참모임은 저의 말을 들으십시오. 이러이러한 자가 이년 동안 여섯 가지 원리에 입각한 학습계율을 지킨 정학녀로서 이러이러한 존귀한 자매 아래서 구족계를 받는 것에 대하여 참모임에 동의를 줄 것을 요청했습니다. 참모임은 이러이러한 자가 이년 동안 여섯 가지 원리에 입각한 학습계율을 지킨 정학녀로서 구족계를 받는 것에 대하여 동의를 주겠습니다. 존귀한 자매들 가운데 누구든지 이러이러한 자가 이년 동안 여섯 가지 원리에 입각한 학습계율을 지킨 정학녀로서 구족계를 받는 것에 대하여 참모임에서 동의를 주는 것에 찬성하면 침묵하시고, 이견이 있으시면 말씀하십시오.'

[결정] '참모임은 이러이러한 자가 이년 동안 여섯 가지 원리에 입각한 학습계율을 지킨 정학녀로서 구족계를 받는 것에 대하여 동의를 주었습니다. 참모임이 찬성하여 침묵했으므로, 저는 그와 같이 알겠습니다.'"

1-5. 그리고 세존께서는 그 수행녀들에 대하여 여러 가지 방편으로 견책하여, 키우기 어렵고 부양하기 어렵고 탐욕이 많고 만족을 모르고 교제를 좋아하고 나태한 것에 대하여 질책하고, 여러 가지 법문으로 고무하여, 키우기 쉽고 부양하기 쉽고 욕심을 여의고, 만족을 알고, 버리고 없애는 삶, 악을 제거하는 삶, 청정한 믿음의 삶, 쌓아 모우지 않는 삶, 용맹정진의 삶을 칭찬하고, 수행승들을 위하여 그에 알맞고 그에 걸맞게 경책하여 법문을 하고 수행승들에게 일렀다.

[세존] "수행승들이여, 그러므로 수행녀들을 위하여 열 가지 이유에 기초하여, 즉 참모임의 수승을 위하여, 참모임의 안락을 위하여, 악한 수행녀들의 조복을 위하여, 품행이 바른 수행녀들의 평안한 삶을 위하여, 지금 여기에서의 번뇌의 제어를 위하여, 다가오는 번뇌를 물리치기 위하여, 청정한 믿음이 없는 자에게 청정한 믿음을 주기 위하여, 청정한 믿음이 있는 자에게 청정한 믿음을 증대시키기 위하여, 올바른 가르침을 지속시키기 위하여, 계율을 수호하기 위하여 학습계율을 시설하니, 수행승들이여, 수행녀들은 이와 같이 학습계율을 송출해야 한다."

[세존] "어떠한 수행녀이든지 이년 동안 여섯 가지 원리에 입각한 학습계율을 지킨 정학녀이더라도, 참모임의 동의 없이 구족계를 주면, 속죄죄를 범하는 것이다."[1360]

1360) 불걸승도학법사미니계○(不乞僧度學法沙彌尼戒) | Bhikkhunī Pāc. 134 : yā pana bhikkhunī dve vassāni

2-1. '어떠한'이라는 것은 어떠한 관계, 어떠한 태생, 어떠한 이름, 어떠한 성씨, 어떠한 계행, 어떠한 주거, 어떠한 활동영역에서 이든지, 장로이든지, 신참이든지, 중참이든지, 이러한 자들을 형용하는 것으로 '어떠한 자이든'이라는 뜻이다. '수행녀'이라고 하는 것은 '탁발하는 여자'로서의 수행녀, 탁발을 위해 돌아다니는 여자로서의 수행녀, 분소의를 입은 자로서의 수행녀, 사미니로서의 수행녀, 자칭에 의한 수행녀, '오라! 수행녀여!'에 의한 수행녀, 삼귀의에 의해 구족계를 받은 수행녀, 현선한 수행녀, 진실한 수행녀, 배울 것이 있는 학인인 수행녀, 배울 것이 없는 무학인 수행녀, 화합참모임과 한번제안세번제청의 갈마와 부동의 거룩한 님의 속성을 갖춘 자로서의 수행녀가 있는데, 그녀들 가운데 화합참모임과 양쪽으로부터 구족계를 받은 자로서 한번제안세번제청의 갈마와 부동의 거룩한 님의 속성을 갖춘 수행녀, 그녀를 이러한 의미에서의 수행녀라고 하는 것이다.

2-2. '이년 동안'이라는 것은 '두해 동안'을 뜻한다. '학습계율을 지킨'이라는 것은 '여섯 가지 원리에 입각한 학습계율을 지킨'을 뜻한다. '동의 없이'라는 것은 한번제안한번제청갈마에 의해서 구족계를 주는 것에 대한 동의가 주어지지 않고'라는 뜻이다. '구족계를 주면'이라는 것은 '구족계를 부여하면'이라는 뜻이다. '내가 구족계를 주겠다.'라고 생각하여 대중이나 궤범사나 발우나 옷을 구하여 결계를 선정하면, 악작죄를 범하는 것이다. 제안에 의해서 악작죄, 두 제청에 의해서 악작죄가 성립하고, 제청의 끝냄에 의해서 친교사에게는 속죄죄, 대중과 궤범사에게는 악작죄가 성립한다.

2-3₁.

1) 원칙에 입각한 갈마에 대하여 원칙에 입각한 갈마라고 지각하고 구족계를 준다면, 속죄죄를 범하는 것이다.
2) 원칙에 입각한 갈마에 대하여 원칙에 입각한 갈마인지 의심하고 구족계를 준다면, 속죄죄를 범하는 것이다.
3) 원칙에 입각한 갈마에 대하여 원칙에 입각하지 않은 갈마라고 지각하고 구족계를 준다면, 속죄죄를 범하는 것이다.

2-3₁.

1) 원칙에 입각하지 않은 갈마에 대하여 원칙에 입각한 갈마라고 지각하면, 악작

---

chasu dhammesu sikkhitasikkhaṃ sikkhamānaṃ saṃghena asammataṃ vuṭṭhāpeyya pācittiyan'ti.

죄를 범하는 것이다.

2) 원칙에 입각하지 않은 갈마에 대하여 원칙에 입각하지 않은 갈마인지 의심하면, 악작죄를 범하는 것이다.

3) 원칙에 입각하지 않은 갈마에 대하여 원칙에 입각하지 않은 갈마라고 지각하면, 악작죄를 범하는 것이다.

2-4. 이년 동안 여섯 가지 원리에 입각한 학습계율을 지킨 정학녀에게 참모임이 동의하여 구족계를 주는 경우이거나, 정신착란자이거나 초범자인 경우는 무죄이다.

4. 14. 5 속죄죄법 제135조

12년 미만에 대한 학습계율[Ūnadvādasavassasikkhāpada]

1-1. 한때 존귀한 부처님께서는 싸밧티 시의 제따바나 숲에 있는 아나타삔디까 승원에 계셨다. 그런데 그때 수행녀들이 12년 미만의 결혼한 여자[1361]에게 구족계를 주었다. 그녀들은 추위나 더위나 굶주림이나 갈증이나 등에 · 모기 · 바람 · 열기 · 뱀과의 접촉을 참아내지 못하고, 욕을 먹거나 상처받는 말씨를 참아내지 못하고, 괴롭고 날카롭고 찌르고 가혹하고 불쾌하고 비참하고 죽을 것 같은 신체의 고통을 참아내지 못했다.

1-2. 수행녀들 가운데 욕망을 여의고, 만족을 알고, 부끄러움을 알고, 후회할 줄 알고, 배움을 원하는 자들은 혐책하고 분개하고 비난했다.

[욕망을 여읜 수행녀들] "어찌 수행녀들이 12년 미만의 결혼한 여자에게 구족계를 줄 수 있단 말인가?"

그래서 그 수행녀들은 수행승들에게 그 사실을 알렸다. 수행승들 가운데 욕망을 여의고, 만족을 알고, 부끄러움을 알고, 후회할 줄 알고, 배움을 원하는 자들도 혐책하고 분개하고 비난했다.

1361) ūnadvādasavassagihīgatā : 이것이 12살 보다 적은 결혼한 여자인가, 12년 보다 적은 기간의 결혼한 여인인가? 남전2. 518에서는 '12세 미만의 증가녀(曾嫁女)'라고 번역하고 있어 전자의 입장을 지지하는 것으로 보인다. 그러나 발트슈미트(Waldschmidt)는 설일체유부의 빅쿠니의무계율의 단편(Bruckstücke des Bhikṣunīprātimokṣa der Sarvāstivādins, p. 138)에서 '12년 미만의 결혼한 여인(strīdvādasavarsagṛhayuktā)'은 '12년 보다 적은 기간의 결혼한 여인'이라고 해석했다. 인도에서는 아직 어떤 지방에서는 소녀가 8살에 결혼하면, 약혼식은 더 일찍 한다. 만약 그녀가 구족계를 청할 때에 20살 미만이면, 12미만 동안의 결혼한 여인이 될 것이다. 이것은 3개 속죄죄법(Bhikkhunī Pāc. 135-137)에서 기록된 12년의 의미일 것이다.

[욕망을 여읜 수행승들] "어찌 수행녀들이 12년 미만의 결혼한 여자에게 구족계를 줄 수 있단 말인가?"

1-3. 그래서 그 수행승들은 세존께 그 사실을 알렸다. 그러자 세존께서는 그것을 원인으로 그것을 기회로 수행승의 참모임을 불러 모으게 하고 법문을 하고 수행승들에게 말했다.

[세존] "수행승들이여, 수행녀들이 12년 미만의 결혼한 여자에게 구족계를 준 것이 사실인가?"

[수행승들] "세존이시여, 사실입니다."

존귀한 부처님께서는 견책했다.

[세존] "수행승들이여, 그 수행녀들은 적절하지 않고, 자연스럽지 않고, 알맞지 않고, 수행자의 삶이 아니고, 부당하고, 해서는 안 될 일을 한 것이다. 수행승들이여, 어찌[322] 수행녀들이 12년 미만의 결혼한 여자에게 구족계를 줄 수 있단 말인가? 수행승들이여, 12년 미만의 결혼한 여자들은 추위나 더위나 굶주림이나 갈증이나 등에 · 모기 · 바람 · 열기 · 뱀과의 접촉을 참아내지 못하고, 욕을 먹거나 상처받는 말씨를 참아내지 못하고, 괴롭고 날카롭고 찌르고 가혹하고 불쾌하고 비참하고 죽을 것 같은 신체의 고통을 참아내지 못한다. 수행승들이여, 그것은 아직 청정한 믿음이 없는 자를 청정한 믿음으로 이끌고, 이미 청정한 믿음이 있는 자를 더욱더 청정한 믿음으로 이끄는 것이 아니다. 수행승들이여, 그것은 오히려, 아직 청정한 믿음이 없는 자를 불신으로 이끌고, 이미 청정한 믿음이 있는 자 가운데 어떤 자들을 타락시키는 것이다."

1-4. 그리고 세존께서는 그 수행녀들에 대하여 여러 가지 방편으로 견책하고, 키우기 어렵고 부양하기 어렵고 탐욕이 많고 만족을 모르고 교제를 좋아하고 나태한 것에 대하여 질책하고, 여러 가지 법문으로 고무하여, 키우기 쉽고 부양하기 쉽고 욕심을 여의고, 만족을 알고, 버리고 없애는 삶, 악을 제거하는 삶, 청정한 믿음의 삶, 쌓아 모우지 않는 삶, 용맹정진의 삶을 칭찬하고, 수행승들을 위하여 그에 알맞고 그에 걸맞게 경책하여 법문을 하고 수행승들에게 일렀다.

[세존] "수행승들이여, 그러므로 수행녀들을 위하여 열 가지 이유에 기초하여, 즉 참모임의 수승을 위하여, 참모임의 안락을 위하여, 악한 수행녀들의 조복을 위하여, 품행이 바른 수행녀들의 평안한 삶을 위하여, 지금 여기에서의 번뇌의 제어를 위하여, 다가오는 번뇌를 물리치기 위하여, 청정한 믿음이 없는 자에게 청정한 믿음을 주기 위하여, 청정한 믿음이 있는 자에게 청정한 믿음을 증대시키

기 위하여, 올바른 가르침을 지속시키기 위하여, 계율을 수호하기 위하여 학습계율을 시설하니, 수행승들이여, 수행녀들은 이와 같이 학습계율을 송출해야 한다."

[세존] "어떠한 수행녀이든지 12년 미만의 결혼한 여자에게 구족계를 주면, 속죄죄를 범하는 것이다."[1362]

2-1. '어떠한'이라는 것은 어떠한 관계, 어떠한 태생, 어떠한 이름, 어떠한 성씨, 어떠한 계행, 어떠한 주거, 어떠한 활동영역에서 이든지, 장로이든지, 신참이든지, 중참이든지, 이러한 자들을 형용하는 것으로 '어떠한 자이든'이라는 뜻이다. '수행녀'이라고 하는 것은 '탁발하는 여자'로서의 수행녀, 탁발을 위해 돌아다니는 여자로서의 수행녀, 분소의를 입은 자로서의 수행녀, 사미니로서의 수행녀, 자칭에 의한 수행녀, '오라! 수행녀여!'에 의한 수행녀, 삼귀의에 의해 구족계를 받은 수행녀, 현선한 수행녀, 진실한 수행녀, 배울 것이 있는 학인인 수행녀, 배울 것이 없는 무학인 수행녀, 화합참모임과 한번제안세번제청의 갈마와 부동의 거룩한 님의 속성을 갖춘 자로서의 수행녀가 있는데, 그녀들 가운데 화합참모임과 양쪽으로부터 구족계를 받은 자로서 한번제안세번제청의 갈마와 부동의 거룩한 님의 속성을 갖춘 수행녀, 그녀를 이러한 의미에서의 수행녀라고 하는 것이다.

2-2. '12년 미만'이라는 것은 '12년에 도달하지 않은 자'를 뜻한다. '재가의 결혼한'이라는 것은 '남자를 경험한 여인'을 뜻한다. '구족계를 주면'이라는 것은 '구족계를 부여하면'이라는 뜻이다. '내가 구족계를 주겠다.'라고 생각하여 대중이나 궤범사나 발우나 옷을 구하여 결계를 선정하면, 악작죄를 범하는 것이다. 제안에 의해서 악작죄, 두 제청에 의해서 악작죄가 성립하고, 제청의 끝냄에 의해서 친교사에게는 속죄죄, 대중과 궤범사에게는 악작죄가 성립한다.

2-3₁.

1) 12년 미만에 대하여 12년 미만인 것이라고 지각하고 구족계를 주면, 속죄죄를 범하는 것이다.
2) 12년 미만에 대하여 12년 미만인 것인지 의심하고 구족계를 주면, 속죄죄를 범하는 것이다.
3) 12년 미만에 대하여 만 12년라고 지각하고 구족계를 주면, 무죄이다.

1362) 도미만십이세증가녀계○(度未滿十二歲曾嫁女戒) | Bhikkhunī Pāc. 135 : yā pana bhikkhunī ūnadvādasavassaṃ gihīgataṃ vuṭṭhāpeyya, pācittiyan'ti.

2-3₂.

1) 만 12년에 대하여 12년 미만인 것이라고 지각하면, 악작죄를 범하는 것이다.
2) 만 12년에 대하여 만 12년인지 의심하면, 악작죄를 범하는 것이다.
3) 만 12년에 대하여 만 12년라고 지각하면, 무죄이다.

2-4. 12년 미만에 대하여 만 12년라고 지각하고 구족계를 주거나, 만 12년에 대하여 만 12년라고 지각하고 구족계를 주는 경우이거나, 정신착란자이거나 초범자인 경우는 무죄이다.

4. 14. 6 속죄죄법 제136조

만 12년에 대한 학습계율[Paripuṇṇadvādasavassasikkhāpada]

1-1. 한때 존귀한 부처님께서는 싸밧티 시의 제따바나 숲에 있는 아나타삔디까 승원에 계셨다. 그런데 그때 수행녀들이 만 12년의 결혼한 여자에게 이년 동안 여섯 가지 원리에 입각한 학습계율을 지키지 않았는데도 구족계를 주었다. 그 수행녀들은 어리석고 무능하여 허용된 것과 허용되지 않은 것을 알지 못했다.

1-2. 수행녀들 가운데 욕망을 여의고, 만족을 알고, 부끄러움을 알고, 후회할 줄 알고, 배움을 원하는 자들은 혐책하고 분개하고 비난했다.

[욕망을 여읜 수행녀들] "어찌 수행녀들이 만 12년의 결혼한 여자에게 이년 동안 여섯 가지 원리에 입각한 학습계율을 지키지 않았는데도 구족계를 줄 수 있단 말인가?"

그래서 그 수행녀들은 수행승들에게 그 사실을 알렸다. 수행승들 가운데 욕망을 여의고, 만족을 알고, 부끄러움을 알고, 후회할 줄 알고, 배움을 원하는 자들도 혐책하고 분개하고 비난했다.

[욕망을 여읜 수행승들] "어찌 수행녀들이 만 12년의 결혼한 여자에게 이년 동안 여섯 가지 원리에 입각한 학습계율을 지키지 않았는데도 구족계를 줄 수 있단 말인가?"

1-3. 그래서 그 수행승들은 세존께 그 사실을 알렸다.[246] 그러자 세존께서는 그것을 원인으로 그것을 기회로 수행승의 참모임을 불러 모으게 하고 법문을 하고 수행승들에게 말했다.

[욕망을 여읜 수행녀들] "수행승들이여, 수행녀들이 만 12년의 결혼한 여자에

게 이년 동안 여섯 가지 원리에 입각한 학습계율을 지키지 않았는데도 구족계를 준 것이 사실인가?"

존귀한 부처님께서는 견책했다.

[세존] "수행승들이여, 그 수행녀들은 적절하지 않고, 자연스럽지 않고, 알맞지 않고, 수행자의 삶이 아니고, 부당하고, 해서는 안 될 일을 한 것이다. 수행승들이여, 어찌 수행녀들이 만 12년의 결혼한 여자에게 이년 동안 여섯 가지 원리에 입각한 학습계율을 지키지 않았는데도 구족계를 줄 수 있단 말인가? 수행승들이여,[319] 그것은 아직 청정한 믿음이 없는 자를 청정한 믿음으로 이끌고, 이미 청정한 믿음이 있는 자를 더욱더 청정한 믿음으로 이끄는 것이 아니다. 수행승들이여, 그것은 오히려, 아직 청정한 믿음이 없는 자를 불신으로 이끌고, 이미 청정한 믿음이 있는 자 가운데 어떤 자들을 타락시키는 것이다."

1-4. 그리고 세존께서는 그 수행녀들에 대하여 여러 가지 방편으로 견책하고,[323] 키우기 어렵고 부양하기 어렵고 탐욕이 많고 만족을 모르고 교제를 좋아하고 나태한 것에 대하여 질책하고, 여러 가지 법문으로 고무하여, 키우기 쉽고 부양하기 쉽고 욕심을 여의고, 만족을 알고, 버리고 없애는 삶, 악을 제거하는 삶, 청정한 믿음의 삶, 쌓아 모우지 않는 삶, 용맹정진의 삶을 칭찬하고, 수행승들을 위하여 그에 알맞고 그에 걸맞게 경책하여 법문을 하고 수행승들에게 일렀다.

[세존] "수행승들이여, 만 12년의 결혼한 여자에게 이년 동안 여섯 가지 원리에 입각한 학습계율을 지키는 것에 동의를 주는 것을 허용한다. 수행승들이여, 이와 같이 주어야 한다. 그 만 12년의 결혼한 여자가 참모임에 나아가 한쪽 어깨에 상의를 걸치고 수행녀들의 발에 머리를 조아린 뒤에 한쪽 무릎을 꿇고 합장하여 이와 같이 말해야 한다.

[청원1] '존귀한 자매들이여, 저는 이러이러한 만 12년의 결혼한 여자로서 이년 동안 여섯 가지 원리에 입각한 학습계율을 지키는 것에 대하여 참모임에 동의를 줄 것을 요청합니다.'

[청원2] '존귀한 자매들이여, 저는 이러이러한 만 12년의 결혼한 여자로서 이년 동안 여섯 가지 원리에 입각한 학습계율을 지키는 것에 대하여 참모임에 동의를 줄 것을 두 번째에도 요청합니다.'

[청원3] '존귀한 자매들이여, 저는 이러이러한 만 12년의 결혼한 여자로서 이년 동안 여섯 가지 원리에 입각한 학습계율을 지키는 것에 대하여 참모임에 동의를 줄 것을 세 번째에도 요청합니다.'

총명하고 유능한 수행녀가 참모임에 알려야 한다.

[제안] '존귀한 자매들이여, 참모임은 저의 말을 들으십시오. 이러이러한 만 12년의 결혼한 여자가 이년 동안 여섯 가지 원리에 입각한 학습계율을 지키는 것에 대하여 참모임에 동의를 줄 것을 요청했습니다. 만약 참모임에 옳은 일이라면, 참모임은 이러이러한 만 12년의 결혼한 여자가 이년 동안 여섯 가지 원리에 입각한 학습계율을 지키는 것에 동의를 주겠습니다. 이것이 제안입니다.'

[제청] '존귀한 자매들이여, 참모임은 저의 말을 들으십시오. 이러이러한 만 12년의 결혼한 여자가 이년 동안 여섯 가지 원리에 입각한 학습계율을 지키는 것에 대하여 참모임에 동의를 줄 것을 요청했습니다. 참모임은 이러이러한 만 12년의 결혼한 여자가 이년 동안 여섯 가지 원리에 입각한 학습계율을 지키는 것에 대하여 동의를 주겠습니다. 존귀한 자매들 가운데 누구든지 이러이러한 만 12년의 결혼한 여자에게 이년 동안 여섯 가지 원리에 입각한 학습계율을 지키는 것에 대하여 참모임이 동의를 주는 것에 찬성하면 침묵하시고, 이견이 있으시면 말씀하십시오.'

[결정] '참모임은 이러이러한 만 12년의 결혼한 여자에게 이년 동안 여섯 가지 원리에 입각한 학습계율을 지키는 것에 대하여 참모임이 동의를 주었습니다. 참모임이 찬성하여 침묵했으므로, 저는 그와 같이 알겠습니다.'"

그 만 12년의 결혼한 여자에게 '이와 같이 말하시오.'라고 말해야 한다.

1) '나는 살아있는 생명을 죽이는 것을 삼가는 계행을 이년 동안 어기지 않는 맹세를 지키겠습니다.
2) 주지 않는 것을 빼앗는 것을 삼가는 계행을 이년 동안 어기지 않는 맹세를 지키겠습니다.
3) 순결하지 못한 삶을 삼가는 계행을 이년 동안 어기지 않는 맹세를 지키겠습니다.
4) 거짓말하는 것을 삼가는 계행을 이년 동안 어기지 않는 맹세를 지키겠습니다.
5) 곡주나 과일주등의 취기 있는 것을 삼가는 계행을 이년 동안 어기지 않는 맹세를 지키겠습니다.
6) 때 아닌 때에 식사를 하는 것을 삼가는 계행을 이년 동안 어기지 않는 맹세를 지키겠습니다.'

1-5. 그리고 세존께서는 그 수행녀들에 대하여 여러 가지 방편으로 견책하여, 키우기 어렵고 부양하기 어렵고 탐욕이 많고 만족을 모르고 교제를 좋아하고 나태한 것에 대하여 질책하고, 여러 가지 법문으로 고무하여, 키우기 쉽고 부양하

기 쉽고 욕심을 여의고, 만족을 알고, 버리고 없애는 삶, 악을 제거하는 삶, 청정한 믿음의 삶, 쌓아 모우지 않는 삶, 용맹정진의 삶을 칭찬하고, 수행승들을 위하여 그에 알맞고 그에 걸맞게 경책하여 법문을 하고 수행승들에게 일렀다.

[세존] "수행승들이여, 그러므로 수행녀들을 위하여 열 가지 이유에 기초하여, 즉 참모임의 수승을 위하여, 참모임의 안락을 위하여, 악한 수행녀들의 조복을 위하여, 품행이 바른 수행녀들의 평안한 삶을 위하여, 지금 여기에서의 번뇌의 제어를 위하여, 다가오는 번뇌를 물리치기 위하여, 청정한 믿음이 없는 자에게 청정한 믿음을 주기 위하여, 청정한 믿음이 있는 자에게 청정한 믿음을 증대시키기 위하여, 올바른 가르침을 지속시키기 위하여, 계율을 수호하기 위하여 학습계율을 시설하니, 수행승들이여, 수행녀들은 이와 같이 학습계율을 송출해야 한다."

[세존] "어떠한 수행녀이든지 만 12년의 결혼한 여자에게 이년 동안 여섯 가지 원리에 입각한 학습계율을 지키지 않았는데도 구족계를 준다면, 속죄죄를 범하는 것이다."1363)

2-1. '어떠한'이라는 것은 어떠한 관계, 어떠한 태생, 어떠한 이름, 어떠한 성씨, 어떠한 계행, 어떠한 주거, 어떠한 활동영역에서 이든지, 장로이든지, 신참이든지, 중참이든지, 이러한 자들을 형용하는 것으로 '어떠한 자이든'이라는 뜻이다. '수행녀'이라고 하는 것은 '탁발하는 여자'로서의 수행녀, 탁발을 위해 돌아다니는 여자로서의 수행녀, 분소의를 입은 자로서의 수행녀, 사미니로서의 수행녀, 자칭에 의한 수행녀, '오라! 수행녀여!'에 의한 수행녀, 삼귀의에 의해 구족계를 받은 수행녀, 현선한 수행녀, 진실한 수행녀, 배울 것이 있는 학인인 수행녀, 배울 것이 없는 무학인 수행녀, 화합참모임과 한번제안세번제청의 갈마와 부동의 거룩한 님의 속성을 갖춘 자로서의 수행녀가 있는데, 그녀들 가운데 화합참모임과 양쪽으로부터 구족계를 받은 자로서 한번제안세번제청의 갈마와 부동의 거룩한 님의 속성을 갖춘 수행녀, 그녀를 이러한 의미에서의 수행녀라고 하는 것이다.

2-2. '만 12년'라는 것은 '12년에 도달한 자'를 뜻한다. '결혼한 여자'라는 것은 '남자를 경험한 자'를 뜻한다. '이년'이라는 것은 '두 해'를 뜻한다. '학습계율을 지키지 못한'이라는 것은 학습계율이 주어지지 않았거나 주어졌어도 학습계율을

1363) 도불학육법증가녀계○(度不學六法曾嫁女戒) | Bhikkhunī Pāc. 136 : yā pana bhikkhunī paripuṇṇadvādasa vassaṃ gihīgataṃ dve vassāni chasu dhammesu asikkhitasikkhaṃ vuṭṭhāpeyya, pācittiyan'ti.

어긴 자를 뜻한다. '구족계를 주면'이라는 것은 '구족계를 부여하면'이라는 뜻이다. '내가 구족계를 주겠다.'라고 생각하여 대중이나 궤범사나 발우나 옷을 구하여 결계를 선정하면, 악작죄를 범하는 것이다. 제안에 의해서 악작죄, 두 제청에 의해서 악작죄가 성립하고, 제청의 끝냄에 의해서 친교사에게는 속죄죄, 대중과 궤범사에게는 악작죄가 성립한다.

2-3.

1) 원칙에 입각한 갈마에 대하여 원칙에 입각한 갈마라고 지각하고 구족계를 준다면, 속죄죄를 범하는 것이다.
2) 원칙에 입각한 갈마에 대하여 원칙에 입각한 갈마인지 의심하고 구족계를 준다면, 속죄죄를 범하는 것이다.
3) 원칙에 입각한 갈마에 대하여 원칙에 입각하지 않은 갈마라고 지각하고 구족계를 준다면, 속죄죄를 범하는 것이다.
4) 원칙에 입각하지 않은 갈마에 대하여 원칙에 입각한 갈마라고 지각하면, 악작죄를 범하는 것이다.
5) 원칙에 입각하지 않은 갈마에 대하여 원칙에 입각하지 않은 갈마인지 의심하면, 악작죄를 범하는 것이다.
6) 원칙에 입각하지 않은 갈마에 대하여 원칙에 입각하지 않은 갈마라고 지각하면, 악작죄를 범하는 것이다.

2-4. 만 12년의 결혼한 여자 2년 동안 여섯 가지 원리에 입각한 학습계율을 지켰으므로 구족계를 주는 경우이거나, 정신착란자이거나 초범자인 경우는 무죄이다.

4. 14. 7 속죄죄법 제137조

참모임의 동의에 대한 학습계율[Saṅghasammatasikkhāpada]

1-1. 한때 존귀한 부처님께서는 싸밧티 시의 제따바나 숲에 있는 아나타삔디까 승원에 계셨다. 그런데 그때 수행녀들이 만 12년의 결혼한 여자에게 이년 동안 여섯 가지 원리에 입각한 학습계율을 지켰다고 참모임의 동의 없이 구족계를 주었다. 수행녀들이 이와 같이 말했다.

[수행녀들] "정학녀들이여, 오시오. 이것을 아십시오. 이것을 주시오. 이것을 가져오시오. 이것이 필요합니다. 이것을 준비하시오."

그녀들은 이와 같이 말했다.

[정학녀들] "존귀한 자매들이여, 우리는 정학녀들이 아니라 수행녀들입니다."

1-2. 수행녀들 가운데 욕망을 여의고, 만족을 알고, 부끄러움을 알고, 후회할 줄 알고, 배움을 원하는 자들도 혐책하고 분개하고 비난했다.

[욕망을 여읜 수행녀들] "어찌 수행녀들이 만 12년의 결혼한 여자에게 이년 동안 여섯 가지 원리에 입각한 학습계율을 지켰다고 참모임의 동의 없이 구족계를 줄 수 있단 말인가?"

그래서 그 수행녀들은 수행승들에게 그 사실을 알렸다. 수행승들 가운데 욕망을 여의고, 만족을 알고, 부끄러움을 알고, 후회할 줄 알고, 배움을 원하는 자들도 혐책하고 분개하고 비난했다.

[욕망을 여읜 수행승들] "어찌 수행녀들이 만 12년의 결혼한 여자에게 이년 동안 여섯 가지 원리에 입각한 학습계율을 지켰다고 참모임의 동의 없이 구족계를 줄 수 있단 말인가?"

1-3. 그래서 그 수행승들은 세존께 그 사실을 알렸다. 그러자 세존께서는 그것을 원인으로 그것을 기회로 수행승의 참모임을 불러 모으게 하고 법문을 하고 수행승들에게 말했다.

[세존] "수행승들이여, 수행녀들이 만 12년의 결혼한 여자에게 이년 동안 여섯 가지 원리에 입각한 학습계율을 지켰다고 참모임의 동의 없이 구족계를 준 것이 사실인가?"

[수행승들] "세존이시여, 사실입니다."

존귀한 부처님께서는 견책했다.

[세존] "수행승들이여, 그 수행녀들은 적절하지 않고, 자연스럽지 않고, 알맞지 않고, 수행자의 삶이 아니고, 부당하고, 해서는 안 될 일을 한 것이다. 수행승들이여, 어찌 수행녀들이 만 12년의 결혼한 여자에게 이년 동안 여섯 가지 원리에 입각한 학습계율을 지켰다고 참모임의 동의 없이 구족계를 줄 수 있단 말인가? 수행승들이여,[319] 그것은 아직 청정한 믿음이 없는 자를 청정한 믿음으로 이끌고, 이미 청정한 믿음이 있는 자를 더욱더 청정한 믿음으로 이끄는 것이 아니다. 수행승들이여, 그것은 오히려, 아직 청정한 믿음이 없는 자를 불신으로 이끌고, 이미 청정한 믿음이 있는 자 가운데 어떤 자들을 타락시키는 것이다."

1-4. 그리고 세존께서는 수행녀들에 대하여 여러 가지 방편으로 견책하고, 키우

기 어렵고 부양하기 어렵고 탐욕이 많고 만족을 모르고 교제를 좋아하고 나태한 것에 대하여 질책하고, 여러 가지 법문으로 고무하여, 키우기 쉽고 부양하기 쉽고 욕심을 여의고, 만족을 알고, 버리고 없애는 삶, 악을 제거하는 삶, 청정한 믿음의 삶, 쌓아 모우지 않는 삶, 용맹정진의 삶을 칭찬하고, 수행승들을 위하여 그에 알맞고 그에 걸맞게 경책하여 법문을 하고 수행승들에게 일렀다.

[세존] "수행승들이여, 이년 동안 여섯 가지 원리에 입각한 학습계율을 지킨, 만 12년의 결혼한 여자에게 구족계에 대한 동의를 주는 것을 허용한다. 수행승들이여, 이와 같이 주어야 한다. 그 이년 동안 여섯 가지 원리에 입각한 학습계율을 지킨 만 12년의 결혼한 여자는[324] 참모임에 나아가 한쪽 어깨에 상의를 걸치고 수행녀들의 발에 머리를 조아린 뒤에 한쪽 무릎을 꿇고 합장하여 이와 같이 말해야 한다.

[청원1] '존귀한 자매들이여, 저는 이러이러한 자로서 이년 동안 여섯 가지 원리에 입각한 학습계율을 지킨 만 12년의 결혼한 여자인데, 이러이러한 존귀한 자매 아래서 구족계를 받는 것에 대하여 참모임에 동의를 줄 것을 요청합니다.'

[청원2] '존귀한 자매들이여, 저는 이러이러한 자로서 이년 동안 여섯 가지 원리에 입각한 학습계율을 지킨 만 12년의 결혼한 여자인데, 이러이러한 존귀한 자매 아래서 구족계를 받는 것에 대하여 참모임에 동의를 줄 것을 두 번째에도 요청합니다.'

[청원3] '존귀한 자매들이여, 저는 이러이러한 자로서 이년 동안 여섯 가지 원리에 입각한 학습계율을 지킨 만 12년의 결혼한 여자인데, 이러이러한 존귀한 자매 아래서 구족계를 받는 것에 대하여 참모임에 동의를 줄 것을 세 번째에도 요청합니다.'

총명하고 유능한 수행녀가 참모임에 알려야 한다.

[제안] '존귀한 자매들이여, 참모임은 저의 말을 들으십시오. 이러이러한 자가 이년 동안 여섯 가지 원리에 입각한 학습계율을 지킨 만 12년의 결혼한 여자로서 이러이러한 존귀한 자매 아래서 구족계를 받는 것에 대하여 참모임에 동의를 줄 것을 요청했습니다. 만약 참모임에 옳은 일이라면, 참모임은 이러이러한 자가 이년 동안 여섯 가지 원리에 입각한 학습계율을 지킨 만 12년의 결혼한 여자로서 구족계를 받는 것에 대하여 동의를 주겠습니다. 이것이 제안입니다.'

[제청] '존귀한 자매들이여, 참모임은 저의 말을 들으십시오. 이러이러한 자가 이년 동안 여섯 가지 원리에 입각한 학습계율을 지킨 만 12년의 결혼한 여자로서

이러이러한 존귀한 자매 아래서 구족계를 받는 것에 대하여 참모임에 동의를 줄 것을 요청했습니다. 참모임은 이러이러한 자가 이년 동안 여섯 가지 원리에 입각한 학습계율을 지킨 만 12년의 결혼한 여자로서 구족계를 받는 것에 대하여 동의를 주겠습니다. 존귀한 자매들 가운데 누구든지 이러이러한 자가 이년 동안 여섯 가지 원리에 입각한 학습계율을 지킨 만 12년의 결혼한 여자로서 구족계를 받는 것에 대하여 참모임에서 동의를 주는 것에 찬성하면 침묵하시고, 이견이 있으시면 말씀하십시오.'

[결정] '참모임은 이러이러한 자가 이년 동안 여섯 가지 원리에 입각한 학습계율을 지킨 만 12년의 결혼한 여자로서 구족계를 받는 것에 대하여 동의를 주었습니다. 참모임이 찬성하여 침묵했으므로, 저는 그와 같이 알겠습니다.'"

1-5. 그리고 세존께서는 그 수행녀들에 대하여 여러 가지 방편으로 견책하여, 키우기 어렵고 부양하기 어렵고 탐욕이 많고 만족을 모르고 교제를 좋아하고 나태한 것에 대하여 질책하고, 여러 가지 법문으로 고무하여, 키우기 쉽고 부양하기 쉽고 욕심을 여의고, 만족을 알고, 버리고 없애는 삶, 악을 제거하는 삶, 청정한 믿음의 삶, 쌓아 모우지 않는 삶, 용맹정진의 삶을 칭찬하고, 수행승들을 위하여 그에 알맞고 그에 걸맞게 경책하여 법문을 하고 수행승들에게 일렀다.

[세존] "수행승들이여, 그러므로 수행녀들을 위하여 열 가지 이유에 기초하여, 즉 참모임의 수승을 위하여, 참모임의 안락을 위하여, 악한 수행녀들의 조복을 위하여, 품행이 바른 수행녀들의 평안한 삶을 위하여, 지금 여기에서의 번뇌의 제어를 위하여, 다가오는 번뇌를 물리치기 위하여, 청정한 믿음이 없는 자에게 청정한 믿음을 주기 위하여, 청정한 믿음이 있는 자에게 청정한 믿음을 증대시키기 위하여, 올바른 가르침을 지속시키기 위하여, 계율을 수호하기 위하여 학습계율을 시설하니, 수행승들이여, 수행녀들은 이와 같이 학습계율을 송출해야 한다."

[세존] "어떠한 수행녀이든지 이년 동안 여섯 가지 원리에 입각한 학습계율을 지킨 만 12년의 결혼한 여자가더라도, 참모임의 동의 없이 구족계를 주면, 속죄죄를 범하는 것이다."1364)

2-1. '어떠한'이라는 것은 어떠한 관계, 어떠한 태생, 어떠한 이름, 어떠한 성씨,

1364) 불걸승도학법증가녀계○(不乞僧度學法曾嫁女戒) | Bhikkhunī Pāc. 137 : yā pana bhikkhunī paripuṇṇadvā dasavassaṃ gihīgataṃ dve vassāni chasu dhammesu sikkhitasikkhaṃ saṅghena asammataṃ vuṭṭhāpeyya pācittiyan'ti.

어떠한 계행, 어떠한 주거, 어떠한 활동영역에서 이든지, 장로이든지, 신참이든지, 중참이든지, 이러한 자들을 형용하는 것으로 '어떠한 자이든'이라는 뜻이다. '수행녀'이라고 하는 것은 '탁발하는 여자'로서의 수행녀, 탁발을 위해 돌아다니는 여자로서의 수행녀, 분소의를 입은 자로서의 수행녀, 사미니로서의 수행녀, 자칭에 의한 수행녀, '오라! 수행녀여!'에 의한 수행녀, 삼귀의에 의해 구족계를 받은 수행녀, 현선한 수행녀, 진실한 수행녀, 배울 것이 있는 학인인 수행녀, 배울 것이 없는 무학인 수행녀, 화합참모임과 한번제안세번제청의 갈마와 부동의 거룩한 님의 속성을 갖춘 자로서의 수행녀가 있는데, 그녀들 가운데 화합참모임과 양쪽으로부터 구족계를 받은 자로서 한번제안세번제청의 갈마와 부동의 거룩한 님의 속성을 갖춘 수행녀, 그녀를 이러한 의미에서의 수행녀라고 하는 것이다.

2-2. '만 12년'라는 것은 '12년에 도달한 자'를 뜻한다. '재가의 결혼한 자'라는 것은 '남자를 경험한 자'를 뜻한다. '이년'이라는 것은 '두 해'를 뜻한다. '학습계율을 지킨'이라는 것은 '여섯 가지 원리에 입각한 학습계율을 지킨'이라는 뜻이다. '동의 없이'라는 것은 한번제안한번제청갈마에 의해서 구족계를 주는 것에 대한 동의가 주어지지 않고'라는 뜻이다. '구족계를 주면'이라는 것은 '구족계를 부여하면'이라는 뜻이다. '내가 구족계를 주겠다.'라고 생각하여 대중이나 궤범사나 발우나 옷을 구하여 결계를 선정하면, 악작죄를 범하는 것이다. 제안에 의해서 악작죄, 두 제청에 의해서 악작죄가 성립하고, 제청의 끝냄에 의해서 친교사에게는 속죄죄, 대중과 궤범사에게는 악작죄가 성립한다.

2-3₁.

1) 원칙에 입각한 갈마에 대하여 원칙에 입각한 갈마라고 지각하고 구족계를 준다면, 속죄죄를 범하는 것이다.

2) 원칙에 입각한 갈마에 대하여 원칙에 입각한 갈마인지 의심하고 구족계를 준다면, 속죄죄를 범하는 것이다.

3) 원칙에 입각한 갈마에 대하여 원칙에 입각하지 않은 갈마라고 지각하고 구족계를 준다면, 속죄죄를 범하는 것이다.

2-3₂.

1) 원칙에 입각하지 않은 갈마에 대하여 원칙에 입각한 갈마라고 지각하면, 악작죄를 범하는 것이다.

2) 원칙에 입각하지 않은 갈마에 대하여 원칙에 입각하지 않은 갈마인지 의심하면, 악작죄를 범하는 것이다.
3) 원칙에 입각하지 않은 갈마에 대하여 원칙에 입각하지 않은 갈마라고 지각하면, 악작죄를 범하는 것이다.

2-4. 이년 동안 여섯 가지 원리에 입각한 학습계율을 지킨 만 12년의 결혼한 여자에게 참모임이 동의하여 구족계를 주는 경우이거나, 정신착란자이거나 초범자인 경우는 무죄이다.

4. 14. 8 속죄죄법 제138조

구족계를 준 이후에 대한 학습계율[Vuṭṭhāpetvāsikkhāpada]

1-1. 한때 존귀한 부처님께서는 싸밧티 시의 제따바나 숲에 있는 아나타삔디까 승원에 계셨다. 그런데 그때 수행녀 툴라난다는 제자에게 구족계를 주고도 이년 동안을 도와주지도 않고 도와주게 시키지도 않았다. 그 수행녀들은 어리석고 무능하여 허용된 것과 허용되지 않은 것을 알지 못했다.

1-2. 수행녀들 가운데 욕망을 여의고, 만족을 알고, 부끄러움을 알고, 후회할 줄 알고, 배움을 원하는 자들은 혐책하고 분개하고 비난했다.

[욕망을 여읜 수행녀들] "어찌 존귀한 자매 툴라난다는 제자에게 구족계를 주고도 이년 동안을 도와주지도 않고[325] 도와주게 시키지도 않을 수 있단 말인가?"

그래서 그 수행녀들은 수행승들에게 그 사실을 알렸다. 수행승들 가운데 욕망을 여의고, 만족을 알고, 부끄러움을 알고, 후회할 줄 알고, 배움을 원하는 자들도 혐책하고 분개하고 비난했다.

[욕망을 여읜 수행승들] "어찌 존귀한 자매 툴라난다는 제자에게 구족계를 주고도 이년 동안을 도와주지도 않고 도와주게 시키지도 않을 수 있단 말인가?"

1-3. 그래서 그 수행승들은 세존께 그 사실을 알렸다. 그러자 세존께서는 그것을 원인으로 그것을 기회로 수행승의 참모임을 불러 모으게 하고 법문을 하고 수행승들에게 말했다.

[세존] "수행승들이여, 수행녀 툴라난다가 제자에게 구족계를 주고도 이년 동안을 도와주지도 않고 도와주게 시키지도 않은 것이 사실인가?"

[수행승들] "세존이시여, 사실입니다."

존귀한 부처님께서는 견책했다.

[세존] "수행승들이여, 그 수행녀 툴라난다는 적절하지 않고, 자연스럽지 않고, 알맞지 않고, 수행자의 삶이 아니고, 부당하고, 해서는 안 될 일을 한 것이다. 수행승들이여, 어찌 수행녀 툴라난다가 제자에게 구족계를 주고도 이년 동안을 도와주지도 않고 도와주게 시키지도 않을 수 있단 말인가? 수행승들이여, 그것은 아직 청정한 믿음이 없는 자를 청정한 믿음으로 이끌고, 이미 청정한 믿음이 있는 자를 더욱더 청정한 믿음으로 이끄는 것이 아니다. 수행승들이여, 그것은 오히려, 아직 청정한 믿음이 없는 자를 불신으로 이끌고, 이미 청정한 믿음이 있는 자 가운데 어떤 자들을 타락시키는 것이다."

1-4. 그리고 세존께서는 수행녀 툴라난다에 대하여 여러 가지 방편으로 견책하고, 키우기 어렵고 부양하기 어렵고 탐욕이 많고 만족을 모르고 교제를 좋아하고 나태한 것에 대하여 질책하고, 여러 가지 법문으로 고무하여, 키우기 쉽고 부양하기 쉽고 욕심을 여의고, 만족을 알고, 버리고 없애는 삶, 악을 제거하는 삶, 청정한 믿음의 삶, 쌓아 모우지 않는 삶, 용맹정진의 삶을 칭찬하고, 수행승들을 위하여 그에 알맞고 그에 걸맞게 경책하여 법문을 하고 수행승들에게 일렀다.

[세존] "수행승들이여, 그러므로 수행녀들을 위하여 열 가지 이유에 기초하여, 즉 참모임의 수승을 위하여, 참모임의 안락을 위하여, 악한 수행녀들의 조복을 위하여, 품행이 바른 수행녀들의 평안한 삶을 위하여, 지금 여기에서의 번뇌의 제어를 위하여, 다가오는 번뇌를 물리치기 위하여, 청정한 믿음이 없는 자에게 청정한 믿음을 주기 위하여, 청정한 믿음이 있는 자에게 청정한 믿음을 증대시키기 위하여, 올바른 가르침을 지속시키기 위하여, 계율을 수호하기 위하여 학습계율을 시설하니, 수행승들이여, 수행녀들은 이와 같이 학습계율을 송출해야 한다."

[세존] "어떠한 수행녀이든지 제자에게 구족계를 주고도 이년 동안을 도와주지도 않고 도와주게 시키지도 않는다면, 속죄죄를 범하는 것이다."[1365]

2-1. '어떠한'이라는 것은 어떠한 관계, 어떠한 태생, 어떠한 이름, 어떠한 성씨, 어떠한 계행, 어떠한 주거, 어떠한 활동영역에서 이든지, 장로이든지, 신참이든지, 중참이든지, 이러한 자들을 형용하는 것으로 '어떠한 자이든'이라는 뜻이다.

1365) 불이세섭수제자계○(不二歲攝受弟子戒) | Bhikkhunī Pāc. 138 : yā pana bhikkhunī sahajīvinim vuṭṭhāpetvā dve vassāni n'eva anugganheyya na anugganhāpeyya, pācittiyan'ti.

'수행녀'이라고 하는 것은 '탁발하는 여자'로서의 수행녀, 탁발을 위해 돌아다니는 여자로서의 수행녀, 분소의를 입은 자로서의 수행녀, 사미니로서의 수행녀, 자칭에 의한 수행녀, '오라! 수행녀여!'에 의한 수행녀, 삼귀의에 의해 구족계를 받은 수행녀, 현선한 수행녀, 진실한 수행녀, 배울 것이 있는 학인인 수행녀, 배울 것이 없는 무학인 수행녀, 화합참모임과 한번제안세번제청의 갈마와 부동의 거룩한 님의 속성을 갖춘 자로서의 수행녀가 있는데, 그녀들 가운데 화합참모임과 양쪽으로부터 구족계를 받은 자로서 한번제안세번제청의 갈마와 부동의 거룩한 님의 속성을 갖춘 수행녀, 그녀를 이러한 의미에서의 수행녀라고 하는 것이다.

2-2. '제자'라는 것은 '함께 사는 제자'를 뜻한다. '구족계를 주고도'라는 것은 '구족계를 제공하고'라는 뜻이다. '이년 동안'라는 것은 '두 해 동안'을 뜻한다. '도와주지도 않고'라는 것은 '송출, 문의, 훈계, 교시로 자신을 도와주지 않고'라는 뜻이다. '도와주게 시키지 않고'라는 것은 타인에게 명령하지 않는 것을 뜻한다. '나는 이년 동안 도와주지 않거나 도와주게 시키지도 않겠다.'라고 생각하여 책무를 포기하면, 속죄죄를 범하는 것이다.

2-3. 장애가 있거나, 구해도 얻지 못하거나, 병이 거렸거나, 사고가 일어난 경우이거나, 정신착란자이거나 초범자인 경우는 무죄이다.

4. 14. 9 속죄죄법 제139조

구족계를 준 여화상에 대한 학습계율[Vuṭṭhāpitapavattinīsikkhāpada]

1-1. 한때 존귀한 부처님께서는 싸밧티 시의 제따바나 숲에 있는 아나타삔디까 승원에 계셨다. 그런데 그때 수행녀들이 구족계를 준 여화상[1366]을 이년 동안 섬기지 않았다. 그래서 그 수행녀들은 어리석고 무능하여 허용된 것과 허용되지 않은 것조차 알지 못했다.

1-2. 수행녀들 가운데 욕망을 여의고, 만족을 알고, 부끄러움을 알고, 후회할 줄 알고, 배움을 원하는 자들은 혐책하고 분개하고 비난했다.

[욕망을 여읜 수행녀들] "어찌 수행녀들이 구족계를 준 여화상을 이년 동안

1366) pavattinī : 구족계를 준 수행녀를 뜻한다. Vin. II. 271을 참조하라. 원래 '제안자, 청원자'란 뜻인데, 여화상(女和尙: upajjhā)를 의미한다.

섬기지 않을 수 있단 말인가?"

그래서 그 수행녀들은 수행승들에게 그 사실을 알렸다. 수행승들 가운데 욕망을 여의고, 만족을 알고, 부끄러움을 알고, 후회할 줄 알고, 배움을 원하는 자들도 혐책하고 분개하고 비난했다.

[욕망을 여읜 수행승들] "어찌 수행녀들이 구족계를 준 여화상을 이년 동안 섬기지 않을 수 있단 말인가?"

1-3. 그래서 그 수행승들은 세존께 그 사실을 알렸다. 그러자 세존께서는 이러한 인연으로 이러한 기회에 수행승들의 참모임을 불러 모으게 하고 연유를 설하고 수행승들에게 물었다.

[세존] "수행승들이여, 수행녀들이 구족계를 준 여화상을 이년 동안 섬기지 못한 것이 사실인가?"

[수행승들] "세존이시여, 사실입니다."

존귀한 부처님께서는 견책했다.

[세존] "수행승들이여, 그 수행녀들은 적절하지 않고, 자연스럽지 않고, 알맞지 않고, 수행자의 삶이 아니고, 부당하고, 해서는 안 될 일을 행한 것이다. 수행승들이여, 어찌 어찌 수행녀들이 구족계를 준 여화상을 이년 동안 섬기지 않을 수 있단 말인가? 수행승들이여, 그것은 아직 청정한 믿음이 없는 자를 청정한 믿음으로 이끌고, 이미 청정한 믿음이 있는 자를 더욱더 청정한 믿음으로 이끄는 것이 아니다. 수행승들이여, 그것은 오히려, 아직 청정한 믿음이 없는 자를 불신으로 이끌고, 이미 청정한 믿음이 있는 자 가운데 어떤 자들을 타락시키는 것이다."

1-4. 그래서 세존께서는 그 수행녀들에 대하여 여러 가지 방편으로 견책하여, 키우기 어렵고 부양하기 어렵고 탐욕이 많고 만족을 모르고 교제를 좋아하고 나태한 것에 대하여 질책하고, 여러 가지 법문으로 고무하여, 키우기 쉽고 부양하기 쉽고 욕심을 여의고, 만족을 알고, 버리고 없애는 삶, 악을 제거하는 삶, 청정한 믿음의 삶, 쌓아 모우지 않는 삶, 용맹정진의 삶을 칭찬하고, 수행승들을 위하여 그에 알맞고 그에 걸맞게 경책하여 법문을 하고 수행승들에게 일렀다.

[세존] "수행승들이여, 그러므로 수행녀들을 위하여 열 가지 이유에 기초하여, 즉 참모임의 수승을 위하여, 참모임의 안락을 위하여, 악한 수행녀들의 조복을 위하여, 품행이 바른 수행녀들의 평안한 삶을 위하여, 지금 여기에서의 번뇌의 제어를 위하여, 다가오는 번뇌를 물리치기 위하여, 청정한 믿음이 없는 자에게 청정한 믿음을 주기 위하여, 청정한 믿음이 있는 자에게 청정한 믿음을 증대시키

기 위하여, 올바른 가르침을 지속시키기 위하여, 계율을 수호하기 위하여 학습계율을 시설하니, 수행승들이여, 수행녀들은 이와 같이 학습계율을 송출해야 한다."

[세존] "어떠한[326] 수행녀이든지 구족계를 준 여화상을 이년 동안 섬기지 않으면, 속죄죄를 범하는 것이다."1367)

2-1. '어떠한'이라는 것은 어떠한 관계, 어떠한 태생, 어떠한 이름, 어떠한 성씨, 어떠한 계행, 어떠한 주거, 어떠한 활동영역에서 이든지, 장로이든지, 신참이든지, 중참이든지, 이러한 자들을 형용하는 것으로 '어떠한 자이든'이라는 뜻이다. '수행녀'이라고 하는 것은 '탁발하는 여자'로서의 수행녀, 탁발을 위해 돌아다니는 여자로서의 수행녀, 분소의를 입은 자로서의 수행녀, 사미니로서의 수행녀, 자칭에 의한 수행녀, '오라! 수행녀여!'에 의한 수행녀, 삼귀의에 의해 구족계를 받은 수행녀, 현선한 수행녀, 진실한 수행녀, 배울 것이 있는 학인인 수행녀, 배울 것이 없는 무학인 수행녀, 화합참모임과 한번제안세번제청의 갈마와 부동의 거룩한 님의 속성을 갖춘 자로서의 수행녀가 있는데, 그녀들 가운데 화합참모임과 양쪽으로부터 구족계를 받은 자로서 한번제안세번제청의 갈마와 부동의 거룩한 님의 속성을 갖춘 수행녀, 그녀를 이러한 의미에서의 수행녀라고 하는 것이다.

2-2. '구족계를 준'이라는 것은 '구족계를 받은'의 뜻이다. '여화상'라는 것은 '여친교사'를 뜻한다.1368) '이년 동안' '두 해 동안'을 뜻한다. '섬기지 않으면'이라는 것은 섬기지 못한 것을 뜻한다. 이년 동안 섬기지 않고 책무를 포기하면, 속죄죄를 범하는 것이다.

2-3. 친교사가 어리석거나 철면피한 경우나, 환자이거나, 사고가 일어나는 경우이거나, 정신착란자이거나 초범자의 경우는 무죄이다.

4. 14. 10 속죄죄법 제140조

5 내지 6 요자나에 대한 학습계율[Chappañcayojanasikkhāpada]

1367) 불이세수화상계○(不二歲隨和尙戒) | Bhikkhunī Pāc. 139 : yā pana bhikkhunī vuṭṭhāpitaṃ dve vassāni nānubandheyya, pācittiyan'ti.

1368) pavattinī nāma: upajjhā vuccati : 남성의 친교사 또는 화상(和尙)이라는 단어 우빳자야(upajjhāya)의 단축형인 우빳자야(upajjha)의 복수형이 될 수도 있고, 그것의 여성형이 될 수도 있는데, 여기서 그 후자의 의미를 취한 것이다. 그러나 여친교사나 여화상(女和尙)이라는 용어는 거의 등장하지 않는다.

1-1. 한때 존귀한 부처님께서는 싸밧티 시의 제따바나 숲에 있는 아나타삔디까 승원에 계셨다. 그런데 그때 수행녀 툴라난다는 여제자에게 구족계를 준 뒤에 떠나보내거나 떠나보내게 시키지 않았다. 남편이 그녀를 붙잡았다.

1-2. 수행녀들 가운데 욕망을 여의고, 만족을 알고, 부끄러움을 알고, 후회할 줄 알고, 배움을 원하는 자들은 혐책하고 분개하고 비난했다.

[욕망을 여읜 수행녀들] "어찌 수행녀 툴라난다는 여제자에게 구족계를 준 뒤에 떠나보내거나 떠나보내게 시키지 않을 수 있단 말인가? 남편이 그녀를 붙잡았다. 만약에 그 수행녀가 그곳을 떠났다면, 남편이 붙잡지 못했을 것이다."

그래서 그 수행녀들은 수행승들에게 그 사실을 알렸다. 수행승들 가운데 욕망을 여의고, 만족을 알고, 부끄러움을 알고, 후회할 줄 알고, 배움을 원하는 자들도 혐책하고 분개하고 비난했다.

[욕망을 여읜 수행승들] "어찌 수행녀 툴라난다는 여제자에게 구족계를 준 뒤에 떠나보내거나 떠나보내게 시키지 않을 수 있단 말인가? 남편이 그녀를 붙잡았다. 만약에 그 수행녀가 그곳을 떠났다면, 남편이 붙잡지 못했을 것이다."

1-3. 그래서 그 수행승들은 세존께 그 사실을 알렸다. 그러자 세존께서는 그것을 원인으로 그것을 기회로 수행승의 참모임을 불러 모으게 하고 법문을 하고 수행승들에게 말했다.

[세존] "수행승들이여, 수행녀 툴라난다가 여제자에게 구족계를 준 뒤에 떠나보내거나 떠나보내게 시키지 않아서, 남편이 그녀를 붙잡은 것이 사실인가?"

[수행승들] "세존이시여, 사실입니다."

존귀한 부처님께서는 견책했다.

[세존] "수행승들이여, 수행녀 툴라난다는 적절하지 않고, 자연스럽지 않고, 알맞지 않고, 수행자의 삶이 아니고, 부당하고, 해서는 안 될 일을 한 것이다. 수행승들이여, 어찌 수행녀 툴라난다는 여제자에게 구족계를 준 뒤에 떠나보내거나 떠나보내게 시키지 않을 수 있단 말인가? 수행승들이여, 그것은 아직 청정한 믿음이 없는 자를 청정한 믿음으로 이끌고, 이미 청정한 믿음이 있는 자를 더욱더 청정한 믿음으로 이끄는 것이 아니다. 수행승들이여, 그것은 오히려, 아직 청정한 믿음이 없는 자를 불신으로 이끌고, 이미 청정한 믿음이 있는 자 가운데 어떤 자들을 타락시키는 것이다."

1-4. 그리고 세존께서는 수행녀 툴라난다에 대하여 여러 가지 방편으로 견책하

고, 키우기 어렵고 부양하기 어렵고 탐욕이 많고 만족을 모르고 교제를 좋아하고 나태한 것에 대하여 질책하고, 여러 가지 법문으로 고무하여, 키우기 쉽고 부양하기 쉽고 욕심을 여의고, 만족을 알고, 버리고 없애는 삶, 악을 제거하는 삶, 청정한 믿음의 삶, 쌓아 모우지 않는 삶, 용맹정진의 삶을 칭찬하고, 수행승들을 위하여 그에 알맞고 그에 걸맞게 경책하여 법문을 하고 수행승들에게 일렀다.

[세존] "수행승들이여, 그러므로 수행녀들을 위하여 열 가지 이유에 기초하여, 즉 참모임의 수승을 위하여, 참모임의 안락을 위하여, 악한 수행녀의 조복을 위하여, 품행이 바른 수행녀의 평안한 삶을 위하여, 지금 여기에서의 번뇌의 제어를 위하여, 다가오는 번뇌를 물리치기 위하여, 청정한 믿음이 없는 자에게 청정한 믿음을 주기 위하여, 청정한 믿음이 있는 자에게 청정한 믿음을 증대시키기 위하여, 올바른 가르침을 지속시키기 위하여, 계율을 수호하기 위하여 학습계율을 시설하니, 수행승들이여, 수행녀들은 이와 같이 학습계율을 송출해야 한다."

[세존] "어떠한 수행녀이든지 여제자에게 구족계를 준 뒤에 적어도 5내지 6요자나의 거리라도 떠나보내거나 떠나보내게 시키지 않으면, 속죄죄를 범하는 것이다."1369)

2-1. '어떠한'이라는 것은 어떠한 관계, 어떠한 태생, 어떠한 이름, 어떠한 성씨, 어떠한 계행, 어떠한 주거, 어떠한 활동영역에서 이든지, 장로이든지, 신참이든지, 중참이든지, 이러한 자들을 형용하는 것으로 '어떠한 자이든'이라는 뜻이다. '수행녀'이라고 하는 것은 '탁발하는 여자'로서의 수행녀, 탁발을 위해 돌아다니는 여자로서의 수행녀, 분소의를 입은 자로서의 수행녀, 사미니로서의 수행녀, 자칭에 의한 수행녀, '오라! 수행녀여!'에 의한 수행녀, 삼귀의에 의해 구족계를 받은 수행녀, 현선한 수행녀, 진실한 수행녀, 배울 것이 있는 학인인 수행녀, 배울 것이 없는 무학인 수행녀, 화합참모임과 한번제안세번제청의 갈마와 부동의 거룩한 님의 속성을 갖춘 자로서의 수행녀가 있는데, 그녀들 가운데 화합참모임과 양쪽으로부터 구족계를 받은 자로서 한번제안세번제청의 갈마와 부동의 거룩한 님의 속성을 갖춘 수행녀, 그녀를 이러한 의미에서의 수행녀라고 하는 것이다.

2-2. '제자'라는 것은 '함께 사는 제자'를 말한다. '구족계를 주거나'라는 것은

1369) 도음녀불령원거계○(度淫女不令遠去戒) | Bhikkhunī Pāc. 140 : yā pana bhikkhunī sahajīvinim vuṭṭhāpetvā n'eva vūpakāseyya na vūpakāsāpeyya antamaso chappañcayojanāni pi, pācittiyan'ti.

'구족계를 제공하고'라는 뜻이다. '떠나보내거나'라는 것은[327] 자신이 떠나보내거나'라는 뜻이다. '떠나게 시키지'라는 것을 '타인에게 시키는 것'을 뜻한다. '나는 떠나보내지 않겠다. 나는 떠나게 시키지도 안겠다.'라고 생각하여 5 내지 6 요자나의 거리라도 책무를 포기하면, 속죄죄를 범하는 것이다.

2-3. 장애가 있거나, 도반인 수행녀를 구해도 얻지 못하거나, 환자이거나, 사고가 나는 경우이거나, 정신착란자이거나 초범자인 경우는 무죄이다.

제14품 임신부 그 후렴시는 다음과 같다.

임신부, 아기가 있는 여자, 여섯 가지 원리, 동의 없이, 12년 미만,
만 12년, 참모임과 함께, 구족계, 섬김, 5 내지 6 요자나.1370)

제15품 동녀(Kumāribhūtavagga)

4. 15. 1 속죄죄법 제141조

동녀에 대한 학습계율[Kumāribhūtasikkhāpada]

1-1. 한때 존귀한 부처님께서는 싸밧티 시의 제따바나 숲에 있는 아나타삔디까 승원에 계셨다. 그런데 그때 수행녀들은 20세 미만의 동녀에게1371) 구족계를 주었다. 그녀들은 추위나 더위나 굶주림이나 갈증이나 등에 · 모기 · 바람 · 열기 · 뱀과의 접촉을 참아내지 못하고, 욕을 먹거나 상처받는 말씨를 참아내지 못하고, 괴롭고 날카롭고 찌르고 가혹하고 불쾌하고 비참하고 죽을 것 같은 신체의 고통을 참아내지 못했다.

1-2. 수행녀들 가운데 욕망을 여의고, 만족을 알고, 부끄러움을 알고, 후회할 줄 알고, 배움을 원하는 자들은 혐책하고 분개하고 비난했다.

[여섯무리의 수행녀들] "어찌 수행녀들이 20세 미만의 동녀에게 구족계를 줄 수 있단 말인가?"

그래서 그 수행녀들은 수행승들에게 그 사실을 알렸다. 수행승들 가운데 욕망

1370) gabbhiṃ pāyantiṃ cha dhamme | asammatūnadvādasa | paripuṇṇañca saṃghena | saha vuṭṭhā chappañc a ca ||

1371) ūnavīsativassaṃ kumāribhūtaṃ : '처녀'를 말한다. Smp. 942에 따르면, 결혼했건 결혼하지 않았건 정학녀가 될 수 있다. 10세에 학습계율에 대한 준수를 주고, 12세에 구족계를 줄 수 있다. 마찬가지로 11세에 학습계율에 대한 준수를 주고, 13세에 구족계를 줄 수 있다. 이렇게 해서 18세에 학습계율에 대한 준수를 주고, 20세에 구족계를 줄 수 있다. 여자가 18세부터는 결혼이나 나이에 따라 '결혼한 여인'이나 '동녀'라고 불린다.

을 여의고, 만족을 알고, 부끄러움을 알고, 후회할 줄 알고, 배움을 원하는 자들도 혐책하고 분개하고 비난했다.

[욕망을 여읜 수행승들] "어찌 수행녀들이 20세 미만의 동녀에게 구족계를 줄 수 있단 말인가?"

1-3. 그래서 그 수행승들은 세존께 그 사실을 알렸다. 그러자 세존께서는 그것을 원인으로 그것을 기회로 수행승의 참모임을 불러 모으게 하고 법문을 하고 수행승들에게 말했다.

[세존] "수행승들이여, 수행녀들이 20세 미만의 동녀에게 구족계를 준 것이 사실인가?"

[수행승들] "세존이시여, 사실입니다."

존귀한 부처님께서는 견책했다.

[세존] "수행승들이여, 그 수행녀들은 적절하지 않고, 자연스럽지 않고, 알맞지 않고, 수행자의 삶이 아니고, 부당하고, 해서는 안 될 일을 한 것이다. 수행승들이여, 어찌 수행녀들이 20세 미만의 동녀에게 구족계를 줄 수 있단 말인가? 수행승들이여, 20세 미만의 동녀들은 추위나 더위나 굶주림이나 갈증이나 등에 · 모기 · 바람 · 열기 · 뱀과의 접촉을 참아내지 못하고, 욕을 먹거나 상처받는 말씨를 참아내지 못하고, 괴롭고 날카롭고 찌르고 가혹하고 불쾌하고 비참하고 죽을 것 같은 신체의 고통을 참아내지 못한다. 수행승들이여, 그것은 아직 청정한 믿음이 없는 자를 청정한 믿음으로 이끌고, 이미 청정한 믿음이 있는 자를 더욱더 청정한 믿음으로 이끄는 것이 아니다. 수행승들이여, 그것은 오히려, 아직 청정한 믿음이 없는 자를 불신으로 이끌고, 이미 청정한 믿음이 있는 자 가운데 어떤 자들을 타락시키는 것이다."

1-4. 그리고 세존께서는 그 수행녀들에 대하여 여러 가지 방편으로 견책하고, 키우기 어렵고 부양하기 어렵고 탐욕이 많고 만족을 모르고 교제를 좋아하고 나태한 것에 대하여 질책하고, 여러 가지 법문으로 고무하여, 키우기 쉽고 부양하기 쉽고 욕심을 여의고, 만족을 알고, 버리고 없애는 삶, 악을 제거하는 삶, 청정한 믿음의 삶, 쌓아 모우지 않는 삶, 용맹정진의 삶을 칭찬하고, 수행승들을 위하여 그에 알맞고 그에 걸맞게 경책하여 법문을 하고 수행승들에게 일렀다.

[세존] "수행승들이여, 그러므로 수행녀들을 위하여 열 가지 이유에 기초하여, 즉 참모임의 수승을 위하여, 참모임의 안락을 위하여, 악한 수행녀들의 조복을 위하여, 품행이 바른 수행녀들의 평안한 삶을 위하여, 지금 여기에서의 번뇌의

제어를 위하여, 다가오는 번뇌를 물리치기 위하여, 청정한 믿음이 없는 자에게 청정한 믿음을 주기 위하여, 청정한 믿음이 있는 자에게 청정한 믿음을 증대시키기 위하여, 올바른 가르침을 지속시키기 위하여, 계율을 수호하기 위하여 학습계율을 시설하니, 수행승들이여, 수행녀들은 이와 같이 학습계율을 송출해야 한다."

[세존] "어떠한 수행녀이든지 20세 미만의 동녀에게 구족계를 주면, 속죄죄를 범하는 것이다."1372)

2-1. '어떠한'이라는 것은 어떠한 관계, 어떠한 태생, 어떠한 이름, 어떠한 성씨, 어떠한 계행, 어떠한 주거, 어떠한 활동영역에서 이든지, 장로이든지, 신참이든지, 중참이든지, 이러한 자들을 형용하는 것으로 '어떠한 자이든'이라는 뜻이다. '수행녀'이라고 하는 것은 '탁발하는 여자'로서의 수행녀, 탁발을 위해 돌아다니는 여자로서의 수행녀, 분소의를 입은 자로서의 수행녀, 사미니로서의 수행녀, 자칭에 의한 수행녀, '오라! 수행녀여!'에 의한 수행녀, 삼귀의에 의해 구족계를 받은 수행녀, 현선한 수행녀, 진실한 수행녀, 배울 것이 있는 학인인 수행녀, 배울 것이 없는 무학인 수행녀, 화합참모임과 한번제안세번제청의 갈마와 부동의 거룩한 님의 속성을 갖춘 자로서의 수행녀가 있는데, 그녀들 가운데 화합참모임과 양쪽으로부터 구족계를 받은 자로서 한번제안세번제청의 갈마와 부동의 거룩한 님의 속성을 갖춘 수행녀, 그녀를 이러한 의미에서의 수행녀라고 하는 것이다.

2-2. '20세 미만'이라는 것은 '20살에 도달하지 않은'이라는 뜻이다. '동녀'라는 것은 '사미니'를 뜻한다. '구족계를 주면'이라는 것은 '구족계를 부여하면'이라는 뜻이다. '내가 구족계를 주겠다.'라고 생각하여 대중이나 궤범사나 발우나 옷을 구하여 결계를 선정하면, 악작죄를 범하는 것이다. 제안에 의해서 악작죄, 두 제청에 의해서 악작죄가 성립하고, 제청의 끝냄에 의해서 친교사에게는 속죄죄, 대중과 궤범사에게는 악작죄가 성립한다.

2-3₁.

1) 20세 미만에 대하여 20세 미만인 것이라고 지각하고 구족계를 주면, 속죄죄를 범하는 것이다.

2) 20세 미만에 대하여 20세 미만인 것인지 의심하고 구족계를 주면, 속죄죄를

1372) 도감년동녀계○(度減年童女戒) | Bhikkhunī Pāc. 141 : yā pana bhikkhunī ūnavīsativassaṃ kumāribhūtaṃ vuṭṭhāpeyya, pācittiyan'ti.

범하는 것이다.

3) 20세 미만에 대하여 만 20세라고 지각하고 구족계를 주면, 무죄이다.

2-3₂.

4) 만 20세에 대하여 20세 미만인 것이라고 지각하면, 악작죄를 범하는 것이다.

5) 만 20세에 대하여 만 20세인지 의심하면, 악작죄를 범하는 것이다.

6) 만 20세에 대하여 만 20세라고 지각하면, 무죄이다.

2-4. 20세 미만에 대하여 만 20세라고 지각하고 구족계를 주거나, 만 20세에 대하여 만 20세라고 지각하고 구족계를 주는 경우이거나, 정신착란자이거나 초범자인 경우는 무죄이다.

4. 15. 2 속죄죄법 제142조

이년 동안에 대한 학습계율[Dvevassānisikkhāpada]

1-1. 한때 존귀한 부처님께서는 싸밧티 시의 제따바나 숲에 있는 아나타삔디까 승원에 계셨다. 그런데 그때 수행녀들이 만 20세의 동녀에게 이년 동안 여섯 가지 원리에 입각한 학습계율을 지키지 않았는데도 구족계를 주었다. 그 수행녀들은[328] 어리석고 무능하여 허용된 것과 허용되지 않은 것을 알지 못했다.

1-2. 수행녀들 가운데 욕망을 여의고, 만족을 알고, 부끄러움을 알고, 후회할 줄 알고, 배움을 원하는 자들은 혐책하고 분개하고 비난했다.

[욕망을 여읜 수행녀들] "어찌 수행녀들이 만 20세가 된 동녀에게 이년 동안 여섯 가지 원리에 입각한 학습계율을 지키지 않았는데도 구족계를 줄 수 있단 말인가?"

그래서 그 수행녀들은 수행승들에게 그 사실을 알렸다. 수행승들 가운데 욕망을 여의고, 만족을 알고, 부끄러움을 알고, 후회할 줄 알고, 배움을 원하는 자들도 혐책하고 분개하고 비난했다.

[욕망을 여읜 수행승들] "어찌 수행녀들이 만 20세가 된 동녀에게 이년 동안 여섯 가지 원리에 입각한 학습계율을 지키지 않았는데도 구족계를 줄 수 있단 말인가?"

1-3. 그래서 그 수행승들은 세존께 그 사실을 알렸다.[246] 그러자 세존께서는 그것을 원인으로 그것을 기회로 수행승의 참모임을 불러 모으게 하고 법문을

하고 수행승들에게 말했다.

[세존] "수행승들이여, 수행녀들이 만 20세가 된 동녀에게 이년 동안 여섯 가지 원리에 입각한 학습계율을 지키지 않았는데도 구족계를 준 것이 사실인가?"

[수행승들] "세존이시여, 사실입니다."

존귀한 부처님께서는 견책했다.

[세존] "수행승들이여, 그 수행녀들은 적절하지 않고, 자연스럽지 않고, 알맞지 않고, 수행자의 삶이 아니고, 부당하고, 해서는 안 될 일을 한 것이다. 수행승들이여, 어찌 수행녀들이 만 20세가 된 동녀에게 이년 동안 여섯 가지 원리에 입각한 학습계율을 지키지 않았는데도 구족계를 줄 수 있단 말인가? 수행승들이여, 그것은 아직 청정한 믿음이 없는 자를 청정한 믿음으로 이끌고, 이미 청정한 믿음이 있는 자를 더욱더 청정한 믿음으로 이끄는 것이 아니다. 수행승들이여, 그것은 오히려, 아직 청정한 믿음이 없는 자를 불신으로 이끌고, 이미 청정한 믿음이 있는 자 가운데 어떤 자들을 타락시키는 것이다."

1-4. 그리고 세존께서는 그 수행녀들에 대하여 여러 가지 방편으로 견책하고,[323] 키우기 어렵고 부양하기 어렵고 탐욕이 많고 만족을 모르고 교제를 좋아하고 나태한 것에 대하여 질책하고, 여러 가지 법문으로 고무하여, 키우기 쉽고 부양하기 쉽고 욕심을 여의고, 만족을 알고, 버리고 없애는 삶, 악을 제거하는 삶, 청정한 믿음의 삶, 쌓아 모우지 않는 삶, 용맹정진의 삶을 칭찬하고, 수행승들을 위하여 그에 알맞고 그에 걸맞게 경책하여 법문을 하고 수행승들에게 일렀다.

[세존] "수행승들이여, 18세의 동녀에게 이년 동안 여섯 가지 원리에 입각한 학습계율을 지키는 것에 동의를 주는 것을 허용한다. 수행승들이여, 이와 같이 주어야 한다. 그 18세의 동녀가 참모임에 나아가 한쪽 어깨에 상의를 걸치고 수행녀들의 발에 머리를 조아린 뒤에 한쪽 무릎을 꿇고 합장하여 이와 같이 말해야 한다.

[청원1] '존귀한 자매들이여, 저는 이러이러한 18세의 동녀로서 이년 동안 여섯 가지 원리에 입각한 학습계율을 지키는 것에 대하여 참모임에 동의를 줄 것을 요청합니다.'

[청원2] '두 번째에도 존귀한 자매들이여, 저는 이러이러한 만 12년의 결혼한 여자로서 이년 동안 여섯 가지 원리에 입각한 학습계율을 지키는 것에 대하여 참모임에 동의를 줄 것을 요청합니다.'

[청원3] '세 번째에도 존귀한 자매들이여, 저는 이러이러한 만 12년의 결혼한

여자로서 이년 동안 여섯 가지 원리에 입각한 학습계율을 지키는 것에 대하여 참모임에 동의를 줄 것을 요청합니다.'

총명하고 유능한 수행녀가 참모임에 알려야 한다.

[제안] '존귀한 자매들이여, 참모임은 저의 말을 들으십시오. 이러이러한 18세의 동녀가 이년 동안 여섯 가지 원리에 입각한 학습계율을 지키는 것에 대하여 참모임에 동의를 줄 것을 요청했습니다. 만약 참모임에 옳은 일이라면, 참모임은 이러이러한 18세의 동녀가 이년 동안 여섯 가지 원리에 입각한 학습계율을 지키는 것에 동의를 주겠습니다. 이것이 제안입니다.'

[제청] '존귀한 자매들이여, 참모임은 저의 말을 들으십시오. 이러이러한 18세의 동녀가 이년 동안 여섯 가지 원리에 입각한 학습계율을 지키는 것에 대하여 참모임에 동의를 줄 것을 요청했습니다. 참모임은 이러이러한 18세의 동녀가 이년 동안 여섯 가지 원리에 입각한 학습계율을 지키는 것에 대하여 동의를 주겠습니다. 존귀한 자매들 가운데 누구든지 이러이러한 18세의 동녀에게 이년 동안 여섯 가지 원리에 입각한 학습계율을 지키는 것에 대하여 참모임이 동의를 주는 것에 찬성하면 침묵하시고, 이견이 있으시면 말씀하십시오.'

[결정] '참모임은 이러이러한 18세의 동녀에게 이년 동안 여섯 가지 원리에 입각한 학습계율을 지키는 것에 대하여 참모임이 동의를 주었습니다. 참모임이 찬성하여 침묵했으므로, 저는 그와 같이 알겠습니다.'"

그 18세의 동녀에게 '이와 같이 말하시오.'라고 말해야 한다.

1) '나는 살아있는 생명을 죽이는 것을 삼가는 계행을 이년 동안 어기지 않는 맹세를 지키겠습니다.
2) 주지 않는 것을 빼앗는 것을 삼가는 계행을 이년 동안 어기지 않는 맹세를 지키겠습니다.
3) 순결하지 못한 삶을 삼가는 계행을 이년 동안 어기지 않는 맹세를 지키겠습니다.
4) 거짓말하는 것을 삼가는 계행을 이년 동안 어기지 않는 맹세를 지키겠습니다.
5) 곡주나 과일주등의 취기 있는 것을 삼가는 계행을 이년 동안 어기지 않는 맹세를 지키겠습니다.
6) 때 아닌 때에 식사를 하는 것을 삼가는 계행을 이년 동안 어기지 않는 맹세를 지키겠습니다.'

1-5. 그리고 세존께서는 그 수행녀들에 대하여 여러 가지 방편으로 견책하여, 키우기 어렵고 부양하기 어렵고 탐욕이 많고 만족을 모르고 교제를 좋아하고

나태한 것에 대하여 질책하고, 여러 가지 법문으로 고무하여, 키우기 쉽고 부양하기 쉽고 욕심을 여의고, 만족을 알고, 버리고 없애는 삶, 악을 제거하는 삶, 청정한 믿음의 삶, 쌓아 모우지 않는 삶, 용맹정진의 삶을 칭찬하고, 수행승들을 위하여 그에 알맞고 그에 걸맞게 경책하여 법문을 하고 수행승들에게 일렀다.

[세존] "수행승들이여, 그러므로 수행녀들을 위하여 열 가지 이유에 기초하여, 즉 참모임의 수승을 위하여, 참모임의 안락을 위하여, 악한 수행녀들의 조복을 위하여, 품행이 바른 수행녀들의 평안한 삶을 위하여, 지금 여기에서의 번뇌의 제어를 위하여, 다가오는 번뇌를 물리치기 위하여, 청정한 믿음이 없는 자에게 청정한 믿음을 주기 위하여, 청정한 믿음이 있는 자에게 청정한 믿음을 증대시키기 위하여, 올바른 가르침을 지속시키기 위하여, 계율을 수호하기 위하여 학습계율을 시설하니, 수행승들이여, 수행녀들은 이와 같이 학습계율을 송출해야 한다."

[세존] "어떠한 수행녀이든지 만 20세가 된 동녀에게 이년 동안 여섯 가지 원리에 입각한 학습계율을 지키지 않았는데도 구족계를 준다면, 속죄죄를 범하는 것이다."1373)

2-1. '어떠한'이라는 것은 어떠한 관계, 어떠한 태생, 어떠한 이름, 어떠한 성씨, 어떠한 계행, 어떠한 주거, 어떠한 활동영역에서 이든지, 장로이든지, 신참이든지, 중참이든지, 이러한 자들을 형용하는 것으로 '어떠한 자이든'이라는 뜻이다. '수행녀'이라고 하는 것은 '탁발하는 여자'로서의 수행녀, 탁발을 위해 돌아다니는 여자로서의 수행녀, 분소의를 입은 자로서의 수행녀, 사미니로서의 수행녀, 자칭에 의한 수행녀, '오라! 수행녀여!'에 의한 수행녀, 삼귀의에 의해 구족계를 받은 수행녀, 현선한 수행녀, 진실한 수행녀, 배울 것이 있는 학인인 수행녀, 배울 것이 없는 무학인 수행녀, 화합참모임과 한번제안세번제청의 갈마와 부동의 거룩한 님의 속성을 갖춘 자로서의 수행녀가 있는데, 그녀들 가운데 화합참모임과 양쪽으로부터 구족계를 받은 자로서 한번제안세번제청의 갈마와 부동의 거룩한 님의 속성을 갖춘 수행녀, 그녀를 이러한 의미에서의 수행녀라고 하는 것이다. '만 20세'라는 것은 '20세에 도달한 자'를 뜻한다. '동녀'라는 것은 '사미니'를 뜻한다. '이년 동안'이라는 것은 '두 해 동안'을 뜻한다. '학습계율을 지키지 못한'이라는 것은 학습계율이 주어지지 않았거나 주어졌어도 학습계율을 어긴

1373) 도불학육법동녀계○(度不學六法童女戒) | Bhikkhunī Pāc. 142 : yā pana bhikkhunī paripuṇṇavīsativassaṃ kumāribhūtaṃ dve vassāni chasu dhammesu asikkhitasikkhaṃ vuṭṭhāpeyya, pācittiyan'ti.

자를 뜻한다. '구족계를 주면'이라는 것은 '구족계를 부여하면'이라는 뜻이다. '내가 구족계를 주겠다.'라고 생각하여 대중이나 궤범사나 발우나 옷을 구하여 결계를 선정하면, 악작죄를 범하는 것이다. 제안에 의해서 악작죄, 두 제청에 의해서 악작죄가 성립하고, 제청의 끝냄에 의해서 친교사에게는 속죄죄, 대중과 궤범사에게는 악작죄가 성립한다.

2-3₁.

1) 원칙에 입각한 갈마에 대하여 원칙에 입각한 갈마라고 지각하고 구족계를 준다면, 속죄죄를 범하는 것이다.
2) 원칙에 입각한 갈마에 대하여 원칙에 입각한 갈마인지 의심하고 구족계를 준다면, 속죄죄를 범하는 것이다.
3) 원칙에 입각한 갈마에 대하여 원칙에 입각하지 않은 갈마라고 지각하고 구족계를 준다면, 속죄죄를 범하는 것이다.

2-3₂.

1) 원칙에 입각하지 않은 갈마에 대하여 원칙에 입각한 갈마라고 지각하면, 악작죄를 범하는 것이다.
2) 원칙에 입각하지 않은 갈마에 대하여 원칙에 입각하지 않은 갈마인지 의심하면, 악작죄를 범하는 것이다.
3) 원칙에 입각하지 않은 갈마에 대하여 원칙에 입각하지 않은 갈마라고 지각하면, 악작죄를 범하는 것이다.

2-4. 이년 동안 여섯 가지 원리에 입각한 학습계율을 지키지 못한 동녀에게 구족계를 주는 경우이거나, 정신착란자이거나 초범자인 경우는 무죄이다.

4. 15. 3 속죄죄법 제143조

참모임의 동의에 대한 학습계율[Saṅghasammatasikkhāpada]

1-1. 한때 존귀한 부처님께서는 싸밧티 시의 제따바나 숲에 있는 아나타삔디까 승원에 계셨다. 그런데 그때 수행녀들이 만 20세의 동녀에게 이년 동안 여섯 가지 원리에 입각한 학습계율을 지켰다고 참모임의 동의 없이 구족계를 주었다. 수행녀들이 이와 같이 말했다.

[수행녀들] "정학녀들이여, 오시오. 이것을 아십시오. 이것을 주시오. 이것을

가져오시오. 이것이 필요합니다. 이것을 준비하시오."

그녀들은 이와 같이 말했다.

[정학녀들] "존귀한 자매들이여, 우리는 정학녀가 아니라 수행녀입니다."

1-2. 수행녀들 가운데 욕망을 여의고, 만족을 알고, 부끄러움을 알고, 후회할 줄 알고, 배움을 원하는 자들도 혐책하고 분개하고 비난했다.

[욕망을 여읜 수행녀들] "어찌 수행녀들이 만 20세의 동녀에게 이년 동안 여섯 가지 원리에 입각한 학습계율을 지켰다고 참모임의 동의 없이 구족계를 줄 수 있단 말인가?"

그래서 그 수행녀들은 수행승들에게 그 사실을 알렸다. 수행승들 가운데 욕망을 여의고, 만족을 알고, 부끄러움을 알고, 후회할 줄 알고, 배움을 원하는 자들도 혐책하고 분개하고 비난했다.

[욕망을 여읜 수행승들] "어찌 수행녀들이 만 20세의 동녀에게 이년 동안 여섯 가지 원리에 입각한 학습계율을 지켰다고 참모임의 동의 없이 구족계를 줄 수 있단 말인가?"

1-3. 그래서 그 수행승들은 세존께 그 사실을 알렸다. 그러자 세존께서는 그것을 원인으로 그것을 기회로 수행승의 참모임을 불러 모으게 하고 법문을 하고 수행승들에게 말했다.

[세존] "수행승들이여, 수행녀들이 만 20세의 동녀에게 이년 동안 여섯 가지 원리에 입각한 학습계율을 지켰다고 참모임의 동의 없이 구족계를 준 것이 사실인가?"

[수행승들] "세존이시여, 사실입니다."

존귀한 부처님께서는 견책했다.

[세존] "수행승들이여, 그 수행녀들은 적절하지 않고, 자연스럽지 않고, 알맞지 않고, 수행자의 삶이 아니고, 부당하고, 해서는 안 될 일을 한 것이다. 수행승들이여, 어찌 수행녀들이 만 20세의 동녀에게 이년 동안 여섯 가지 원리에 입각한 학습계율을 지켰다고 참모임의 동의 없이 구족계를 줄 수 있단 말인가? 수행승들이여,[319] 그것은 아직 청정한 믿음이 없는 자를 청정한 믿음으로 이끌고, 이미 청정한 믿음이 있는 자를 더욱더 청정한 믿음으로 이끄는 것이 아니다. 수행승들이여, 그것은 오히려, 아직 청정한 믿음이 없는 자를 불신으로 이끌고, 이미 청정한 믿음이 있는 자 가운데 어떤 자들을 타락시키는 것이다."

1-4. 그리고 세존께서는 수행녀들에 대하여 여러 가지 방편으로 견책하고, 키우기 어렵고 부양하기 어렵고 탐욕이 많고 만족을 모르고 교제를 좋아하고 나태한 것에 대하여 질책하고, 여러 가지 법문으로 고무하여, 키우기 쉽고 부양하기 쉽고 욕심을 여의고, 만족을 알고, 버리고 없애는 삶, 악을 제거하는 삶, 청정한 믿음의 삶, 쌓아 모우지 않는 삶, 용맹정진의 삶을 칭찬하고, 수행승들을 위하여 그에 알맞고 그에 걸맞게 경책하여 법문을 하고 수행승들에게 일렀다.

[세존] "수행승들이여, 이년 동안 여섯 가지 원리에 입각한 학습계율을 지킨 만 20세의 동녀에게 구족계에 대한 동의를 주는 것을 허용한다. 수행승들이여, 이와 같이 주어야 한다. 그 이년 동안 여섯 가지 원리에 입각한 학습계율을 지킨 정학녀가 참모임에 나아가 한쪽 어깨에 상의를 걸치고 수행녀들의 발에 머리를 조아린 뒤에 한쪽 무릎을 꿇고 합장하여 이와 같이 말해야 한다.

[청원1] '존귀한 자매들이여, 저는 이러이러한 자로서 이년 동안 여섯 가지 원리에 입각한 학습계율을 지킨 만 20세의 동녀인데 이러이러한 존귀한 자매 아래서 구족계를 받는 것에 대하여 참모임에 동의를 줄 것을 요청합니다.'

[청원2] '존귀한 자매들이여, 저는 이러이러한 자로서 이년 동안 여섯 가지 원리에 입각한 학습계율을 지킨 만 20세의 동녀인데 이러이러한 존귀한 자매 아래서 구족계를 받는 것에 대하여 참모임에 동의를 줄 것을 두 번째에도 요청합니다.'

[청원3] '존귀한 자매들이여, 저는 이러이러한 자로서 이년 동안 여섯 가지 원리에 입각한 학습계율을 지킨 만 20세의 동녀인데 이러이러한 존귀한 자매 아래서 구족계를 받는 것에 대하여 참모임에 동의를 줄 것을 세 번째에도 요청합니다.'

총명하고 유능한 수행녀가 참모임에 알려야 한다.

[제안] '존귀한 자매들이여, 참모임은 저의 말을 들으십시오. 이러이러한 자가 이년 동안 여섯 가지 원리에 입각한 학습계율을 지킨 만 20세의 동녀로서 이러이러한 존귀한 자매 아래서 구족계를 받는 것에 대하여 참모임에 동의를 줄 것을 요청했습니다. 만약 참모임에 옳은 일이라면, 참모임은 이러이러한 자가 이년 동안 여섯 가지 원리에 입각한 학습계율을 지킨 만 20세의 동녀로서 구족계를 받는 것에 대하여 동의를 주겠습니다. 이것이 제안입니다.'

[제청] '존귀한 자매들이여, 참모임은 저의 말을 들으십시오. 이러이러한 자가 이년 동안 여섯 가지 원리에 입각한 학습계율을 지킨 만 20세의 동녀로서 이러이

러한 존귀한 자매 아래서 구족계를 받는 것에 대하여 참모임에 동의를 줄 것을 요청했습니다. 참모임은 이러이러한 자가 이년 동안 여섯 가지 원리에 입각한 학습계율을 지킨 만 20세의 동녀로서 구족계를 받는 것에 대하여 동의를 주겠습니다. 존귀한 자매들 가운데 누구든지 이러이러한 자가 이년 동안 여섯 가지 원리에 입각한 학습계율을 지킨 만 20세의 동녀로서 구족계를 받는 것에 대하여 참모임에서 동의를 주는 것에 찬성하면 침묵하시고, 이견이 있으시면 말씀하십시오.'

[결정] '참모임은 이러이러한 자가 이년 동안 여섯 가지 원리에 입각한 학습계율을 지킨 만 20세의 동녀로서 구족계를 받는 것에 대하여 동의를 주었습니다. 참모임이 찬성하여 침묵했으므로, 저는 그와 같이 알겠습니다.'"

1-5. 그리고 세존께서는 그 수행녀들에 대하여 여러 가지 방편으로 견책하여, 키우기 어렵고 부양하기 어렵고 탐욕이 많고 만족을 모르고 교제를 좋아하고 나태한 것에 대하여 질책하고, 여러 가지 법문으로 고무하여, 키우기 쉽고 부양하기 쉽고 욕심을 여의고, 만족을 알고, 버리고 없애는 삶, 악을 제거하는 삶, 청정한 믿음의 삶, 쌓아 모우지 않는 삶, 용맹정진의 삶을 칭찬하고, 수행승들을 위하여 그에 알맞고 그에 걸맞게 경책하여 법문을 하고 수행승들에게 일렀다.

[세존] "수행승들이여, 그러므로 수행녀들을 위하여 열 가지 이유에 기초하여, 즉 참모임의 수승을 위하여, 참모임의 안락을 위하여, 악한 수행녀들의 조복을 위하여, 품행이 바른 수행녀들의 평안한 삶을 위하여, 지금 여기에서의 번뇌의 제어를 위하여, 다가오는 번뇌를 물리치기 위하여, 청정한 믿음이 없는 자에게 청정한 믿음을 주기 위하여, 청정한 믿음이 있는 자에게 청정한 믿음을 증대시키기 위하여, 올바른 가르침을 지속시키기 위하여, 계율을 수호하기 위하여 학습계율을 시설하니, 수행승들이여, 수행녀들은 이와 같이 학습계율을 송출해야 한다."

[세존] "어떠한 수행녀이든지, 이년 동안 여섯 가지 원리에 입각한 학습계율을 지킨 만 20세의 동녀에게라도, 참모임의 동의 없이 구족계를 주면, 속죄죄를 범하는 것이다."[1374]

2-1. '어떠한'이라는 것은[329] 어떠한 관계, 어떠한 태생, 어떠한 이름, 어떠한

1374) 불걸승도학법녀계○(不乞僧度學法女戒) | Bhikkhunī Pāc. 143 : yā pana bhikkhunī paripuṇṇavīsativassaṃ kumāribhūtaṃ dve vassāni chasu dhammesu sikkhitasikkhaṃ saṅghena asammataṃ vuṭṭhāpeyya, pācittiyan'ti.

성씨, 어떠한 계행, 어떠한 주거, 어떠한 활동영역에서 이든지, 장로이든지, 신참이든지, 중참이든지, 이러한 자들을 형용하는 것으로 '어떠한 자이든'이라는 뜻이다. '수행녀'이라고 하는 것은 '탁발하는 여자'로서의 수행녀, 탁발을 위해 돌아다니는 여자로서의 수행녀, 분소의를 입은 자로서의 수행녀, 사미니로서의 수행녀, 자칭에 의한 수행녀, '오라! 수행녀여!'에 의한 수행녀, 삼귀의에 의해 구족계를 받은 수행녀, 현선한 수행녀, 진실한 수행녀, 배울 것이 있는 학인인 수행녀, 배울 것이 없는 무학인 수행녀, 화합참모임과 한번제안세번제청의 갈마와 부동의 거룩한 님의 속성을 갖춘 자로서의 수행녀가 있는데, 그녀들 가운데 화합참모임과 양쪽으로부터 구족계를 받은 자로서 한번제안세번제청의 갈마와 부동의 거룩한 님의 속성을 갖춘 수행녀, 그녀를 이러한 의미에서의 수행녀라고 하는 것이다.

2-2. '만 20세'이라는 것은 '20세 도달한 자'를 뜻한다. '동녀'라는 것은 사미니를 뜻한다. '이년 동안'이라는 것은 '두 해 동안'이라는 뜻이다. '학습계율을 지킨'이라는 것은 '여섯 가지 원리에 입각한 학습계율을 지킨'을 뜻한다. '동의 없이'라는 것은 한번제안한번제청갈마에 의해서 구족계를 주는 것에 대한 동의가 주어지지 않고'라는 뜻이다. '구족계를 주면'이라는 것은 '구족계를 부여하면'이라는 뜻이다. '내가 구족계를 주겠다.'라고 생각하여 대중이나 궤범사나 발우나 옷을 구하여 결계를 선정하면, 악작죄를 범하는 것이다. 제안에 의해서 악작죄, 두 제청에 의해서 악작죄가 성립하고, 제청의 끝냄에 의해서 친교사에게는 속죄죄, 대중과 궤범사에게는 악작죄가 성립한다.

2-3₁.

1) 원칙에 입각한 갈마에 대하여 원칙에 입각한 갈마라고 지각하고 구족계를 준다면, 속죄죄를 범하는 것이다.
2) 원칙에 입각한 갈마에 대하여 원칙에 입각한 갈마인지 의심하고 구족계를 준다면, 속죄죄를 범하는 것이다.
3) 원칙에 입각한 갈마에 대하여 원칙에 입각하지 않은 갈마라고 지각하고 구족계를 준다면, 속죄죄를 범하는 것이다.

2-3₂.

1) 원칙에 입각하지 않은 갈마에 대하여 원칙에 입각한 갈마라고 지각하면, 악작죄를 범하는 것이다.

2) 원칙에 입각하지 않은 갈마에 대하여 원칙에 입각하지 않은 갈마인지 의심하면, 악작죄를 범하는 것이다.
3) 원칙에 입각하지 않은 갈마에 대하여 원칙에 입각하지 않은 갈마라고 지각하면, 악작죄를 범하는 것이다.

2-4. 이년 동안 여섯 가지 원리에 입각한 학습계율을 지킨 정학녀에게 참모임이 동의하여 구족계를 주는 경우이거나, 정신착란자이거나 초범자인 경우는 무죄이다.

4. 15. 4 속죄죄법 제144조

법랍 12년 미만에 대한 학습계율[Ūnadvādasavassasikkhāpada]

1-1. 한때 존귀한 부처님께서는 싸밧티 시의 제따바나 숲에 있는 아나타삔디까 승원에 계셨다. 그런데 그때 수행녀들이 법랍 12년 미만으로서 타인에게 구족계를 주었다. 그 수행녀들은 어리석고 무능하여 허용된 것과 허용되지 않은 것을 알지 못했다. 제자들도 어리석고 무능하여 허용된 것과 허용되지 않은 것을 알지 못했다.

1-2. 수행녀들 가운데 욕망을 여의고, 만족을 알고, 부끄러움을 알고, 후회할 줄 알고, 배움을 원하는 자들은 혐책하고 분개하고 비난했다.

[욕망을 여읜 수행녀들] "어찌 수행녀들이 법랍 12년 미만으로서 타인에게 구족계를 줄 수 있단 말인가?"

그래서 그 수행녀들은 수행승들에게 그 사실을 알렸다. 수행승들 가운데 욕망을 여의고, 만족을 알고, 부끄러움을 알고, 후회할 줄 알고, 배움을 원하는 자들도 혐책하고 분개하고 비난했다.

[욕망을 여읜 수행승들] "어찌 수행녀들이 법랍 12년 미만으로서 타인에게 구족계를 줄 수 있단 말인가?"

1-3. 그래서 그 수행승들은 세존께 그 사실을 알렸다.[246] 그러자 세존께서는 그것을 원인으로 그것을 기회로 수행승의 참모임을 불러 모으게 하고 법문을 하고 수행승들에게 말했다.

[세존] "수행승들이여, 수행녀들이 법랍 12년 미만으로서 타인에게 구족계를 준 것이 사실인가?"

[수행승들] "세존이시여, 사실입니다."

존귀한 부처님께서는 견책했다.

[세존] "수행승들이여, 그 수행녀들은 적절하지 않고, 자연스럽지 않고, 알맞지 않고, 수행자의 삶이 아니고, 부당하고, 해서는 안 될 일을 한 것이다. 수행승들이여, 어찌 수행녀들이 법랍 12년 미만으로서 타인에게 구족계를 줄 수 있단 말인가? 수행승들이여, 그것은 아직 청정한 믿음이 없는 자를 청정한 믿음으로 이끌고, 이미 청정한 믿음이 있는 자를 더욱더 청정한 믿음으로 이끄는 것이 아니다. 수행승들이여, 그것은 오히려, 아직 청정한 믿음이 없는 자를 불신으로 이끌고, 이미 청정한 믿음이 있는 자 가운데 어떤 자들을 타락시키는 것이다."

1-4. 그리고 세존께서는 그 수행녀들에 대하여 여러 가지 방편으로 견책하고,[323] 키우기 어렵고 부양하기 어렵고 탐욕이 많고 만족을 모르고 교제를 좋아하고 나태한 것에 대하여 질책하고, 여러 가지 법문으로 고무하여, 키우기 쉽고 부양하기 쉽고 욕심을 여의고, 만족을 알고, 버리고 없애는 삶, 악을 제거하는 삶, 청정한 믿음의 삶, 쌓아 모우지 않는 삶, 용맹정진의 삶을 칭찬하고, 수행승들을 위하여 그에 알맞고 그에 걸맞게 경책하여 법문을 하고 수행승들에게 일렀다.

[세존] "수행승들이여, 그러므로 수행녀들을 위하여 열 가지 이유에 기초하여, 즉 참모임의 수승을 위하여, 참모임의 안락을 위하여, 악한 수행녀들의 조복을 위하여, 품행이 바른 수행녀들의 평안한 삶을 위하여, 지금 여기에서의 번뇌의 제어를 위하여, 다가오는 번뇌를 물리치기 위하여, 청정한 믿음이 없는 자에게 청정한 믿음을 주기 위하여, 청정한 믿음이 있는 자에게 청정한 믿음을 증대시키기 위하여, 올바른 가르침을 지속시키기 위하여, 계율을 수호하기 위하여 학습계율을 시설하니, 수행승들이여, 수행녀들은 이와 같이 학습계율을 송출해야 한다."

[세존] "어떠한 수행녀이든지 법랍 12년 미만으로서 타인에게 구족계를 주면, 속죄죄를 범하는 것이다."1375)

1-2. '어떠한'이라는 것은 어떠한 관계, 어떠한 태생, 어떠한 이름, 어떠한 성씨, 어떠한 계행, 어떠한 주거, 어떠한 활동영역에서 이든지, 장로이든지, 신참이든지, 중참이든지, 이러한 자들을 형용하는 것으로 '어떠한 자이든'이라는 뜻이다. '수행녀'라고 하는 것은 '탁발하는 여자'로서의 수행녀, 탁발을 위해 돌아다니는 여자로서의 수행녀, 분소의를 입은 자로서의 수행녀, 사미니로서의 수행녀, 자칭에 의한 수행녀, '오라! 수행녀여!'에 의한 수행녀, 삼귀의에 의해 구족계를

1375) 미만십이하도인계○(未滿十二夏度人戒) | Bhikkhunī Pāc. 144 : yā pana bhikkhunī ūnadvādasavassā vuṭṭhāpeyya, pācittiyan'ti.

받은 수행녀, 현선한 수행녀, 진실한 수행녀, 배울 것이 있는 학인인 수행녀, 배울 것이 없는 무학인 수행녀, 화합참모임과 한번제안세번제청의 갈마와 부동의 거룩한 님의 속성을 갖춘 자로서의 수행녀가 있는데, 그녀들 가운데 화합참모임과 양쪽으로부터 구족계를 받은 자로서 한번제안세번제청의 갈마와 부동의 거룩한 님의 속성을 갖춘 수행녀, 그녀를 이러한 의미에서의 수행녀라고 하는 것이다.

2-2. '법랍 12년 미만으로서'이라는 것은 '법랍 12년에 도달하지 못한 자로서'을 뜻한다. '구족계를 주면'이라는 것은 '구족계를 부여하면'이라는 뜻이다. '내가 구족계를 주겠다.'라고 생각하여 대중이나 궤범사나 발우나 옷을 구하여 결계를 선정하면, 악작죄를 범하는 것이다. 제안에 의해서 악작죄, 두 제청에 의해서 악작죄가 성립하고, 제청의 끝냄에 의해서 친교사에게는 속죄죄, 대중과 궤범사에게는 악작죄가 성립한다.

2-3. 법랍 만 12년으로서 구족계를 주는 경우이거나, 정신착란자이거나 초범자는 무죄이다.

4. 15. 5 속죄죄법 제145조

법랍 만 12년에 대한 학습계율[Paripuṇṇadvādasavassasikkhāpada]

1-1. 한때[330] 존귀한 부처님께서는 싸밧티 시의 제따바나 숲에 있는 아나타삔디까 승원에 계셨다. 그런데 그때 수행녀들이 법랍 만 12년이 되었다고 참모임의 동의 없이 구족계를 주었다. 그 수행녀들은 어리석고 무능하여 허용된 것과 허용되지 않은 것을 알지 못했다. 제자들도 어리석고 무능하여 허용된 것과 허용되지 않은 것을 알지 못했다.

1-2. 수행녀들 가운데 욕망을 여의고, 만족을 알고, 부끄러움을 알고, 후회할 줄 알고, 배움을 원하는 자들은 혐책하고 분개하고 비난했다.

[욕망을 여읜 수행녀들] "어찌 수행녀들이 법랍 만 12년이 되었다고 참모임의 동의 없이 구족계를 줄 수 있단 말인가?"

그래서 그 수행녀들은 수행승들에게 그 사실을 알렸다. 수행승들 가운데 욕망을 여의고, 만족을 알고, 부끄러움을 알고, 후회할 줄 알고, 배움을 원하는 자들도 혐책하고 분개하고 비난했다.

[욕망을 여읜 수행승들] "어찌 수행녀들이 법랍 만 12년이 되었다고 참모임의 동의 없이 구족계를 줄 수 있단 말인가?"

1-3. 그래서 그 수행승들은 세존께 그 사실을 알렸다.[246] 그러자 세존께서는 그것을 원인으로 그것을 기회로 수행승의 참모임을 불러 모으게 하고 법문을 하고 수행승들에게 말했다.

[세존] "수행승들이여, 수행녀들이 법랍 만 12년이 되었다고 참모임의 동의 없이 구족계를 준 것이 사실인가?"

[수행승들] "세존이시여, 사실입니다."

존귀한 부처님께서는 견책했다.

[세존] "수행승들이여, 그 수행녀들은 적절하지 않고, 자연스럽지 않고, 알맞지 않고, 수행자의 삶이 아니고, 부당하고, 해서는 안 될 일을 한 것이다. 수행승들이여, 어찌 수행녀들이 법랍 만 12년이 되었다고 참모임의 동의 없이 구족계를 줄 수 있단 말인가? 수행승들이여, 그것은 아직 청정한 믿음이 없는 자를 청정한 믿음으로 이끌고, 이미 청정한 믿음이 있는 자를 더욱더 청정한 믿음으로 이끄는 것이 아니다. 수행승들이여, 그것은 오히려, 아직 청정한 믿음이 없는 자를 불신으로 이끌고, 이미 청정한 믿음이 있는 자 가운데 어떤 자들을 타락시키는 것이다."

1-4. 그리고 세존께서는 그 수행녀들에 대하여 여러 가지 방편으로 견책하고, 키우기 어렵고 부양하기 어렵고 탐욕이 많고 만족을 모르고 교제를 좋아하고 나태한 것에 대하여 질책하고, 여러 가지 법문으로 고무하여, 키우기 쉽고 부양하기 쉽고 욕심을 여의고, 만족을 알고, 버리고 없애는 삶, 악을 제거하는 삶, 청정한 믿음의 삶, 쌓아 모우지 않는 삶, 용맹정진의 삶을 칭찬하고, 수행승들을 위하여 그에 알맞고 그에 걸맞게 경책하여 법문을 하고 수행승들에게 일렀다.

[세존] "수행승들이여, 법랍 만 12년의 수행녀들에게 구족계를 주는 것에 대한 동의를 허용한다. 수행승들이여, 이와 같이 주어야 한다. 그 법랍 만 12년의 수행녀가 참모임에 나아가 한쪽 어깨에 상의를 걸치고 수행녀들의 발에 머리를 조아린 뒤에 한쪽 무릎을 꿇고 합장하여 이와 같이 말해야 한다.

[청원1] '존귀한 자매들이여, 저는 이러이러한 법랍 만 12년의 수행녀로서 참모임에 구족계를 주는 것에 대한 허락을 요청합니다.'

[청원2] '존귀한 자매들이여, 저는 이러이러한 법랍 만 12년의 수행녀로서 참모임에 구족계를 주는 것에 대한 허락을 두 번째에도 요청합니다.'

[청원3] '존귀한 자매들이여, 저는 이러이러한 법랍 만 12년의 수행녀로서

참모임에 구족계를 주는 것에 대한 허락을 세 번째에도 요청합니다.'

참모임은 그 수행녀에 대하여 '이 수행녀는 총명할 뿐만아니라 부끄러움을 안다.'라고 확인되어야 한다.

1) 만약에 어리석을 뿐만 아니라 부끄러움을 알지 못하면, 허락을 해서는 안 된다.
2) 만약에 어리석으나 부끄러움을 알더라도, 허락을 해서는 안 된다.
3) 만약에 총명하지만 부끄러움을 알지 못하면, 허락을 해서는 안 된다.
4) 만약에 총명할 뿐만아니라 부끄러움을 알면, 허락을 해야 한다.

수행승들이여, 그대들은 이와 같이 허락을 해야 한다. 총명하고 유능한 수행녀가 참모임에 알려야 한다.

[제안] '존귀한 자매들이여, 참모임은 저의 말을 들으십시오. 이러이러한 법랍 만 12년의 수행녀가 참모임에 구족계를 주는 것에 대한 동의를 요청했습니다. 만약 참모임에 옳은 일이라면, 참모임은 이러이러한 법랍 만 12년의 수행녀가 참모임에 구족계를 주는 것에 대한 동의를 주겠습니다. 이것이 제안입니다.'

[제청] '존귀한 자매들이여, 참모임은 저의 말을 들으십시오. 이러이러한 법랍 만 12년의 수행녀가 참모임에 구족계를 주는 것에 대한 동의을 요청했습니다. 참모임은 이러이러한 법랍 만 12년의 수행녀가 참모임에 구족계를 주는 것에 대한 동의를 주겠습니다. 존귀한 자매들 가운데 누구든지 이러이러한 법랍 만 12년의 수행녀가 참모임에 구족계를 주는 것에 대한 동의에 찬성하면 침묵하시고, 이견이 있으시면 말씀하십시오.'

[결정] '참모임은 이러이러한 법랍 만 12년의 수행녀가 참모임에 구족계를 주는 것에 대한 동의를 주었습니다. 참모임이 찬성하여 침묵했으므로, 저는 그와 같이 알겠습니다.'"

1-5. 그리고 세존께서는 그 수행녀들에 대하여 여러 가지 방편으로 견책하여, 키우기 어렵고 부양하기 어렵고 탐욕이 많고 만족을 모르고 교제를 좋아하고 나태한 것에 대하여 질책하고, 여러 가지 법문으로 고무하여, 키우기 쉽고 부양하기 쉽고 욕심을 여의고, 만족을 알고, 버리고 없애는 삶, 악을 제거하는 삶, 청정한 믿음의 삶, 쌓아 모우지 않는 삶, 용맹정진의 삶을 칭찬하고, 수행승들을 위하여 그에 알맞고 그에 걸맞게 경책하여 법문을 하고 수행승들에게 일렀다.

[세존] "수행승들이여, 그러므로 수행녀들을 위하여 열 가지 이유에 기초하여, 즉 참모임의 수승을 위하여, 참모임의 안락을 위하여, 악한 수행녀들의 조복을 위하여, 품행이 바른 수행녀들의 평안한 삶을 위하여, 지금 여기에서의 번뇌의

제어를 위하여, 다가오는 번뇌를 물리치기 위하여, 청정한 믿음이 없는 자에게 청정한 믿음을 주기 위하여, 청정한 믿음이 있는 자에게 청정한 믿음을 증대시키기 위하여, 올바른 가르침을 지속시키기 위하여, 계율을 수호하기 위하여 학습계율을 시설하니, 수행승들이여, 수행녀들은 이와 같이 학습계율을 송출해야 한다."

[세존] "어떠한 수행녀이든지 법랍 만 12년이 되었어도 참모임의 동의 없이 구족계를 주면, 속죄죄를 범하는 것이다."1376)

2-1. '어떠한'이라는 것은 어떠한 관계, 어떠한 태생, 어떠한 이름, 어떠한 성씨, 어떠한 계행, 어떠한 주거, 어떠한 활동영역에서 이든지, 장로이든지, 신참이든지, 중참이든지, 이러한 자들을 형용하는 것으로 '어떠한 자이든'이라는 뜻이다. '수행녀'이라고 하는 것은 '탁발하는 여자'로서의 수행녀, 탁발을 위해 돌아다니는 여자로서의 수행녀, 분소의를 입은 자로서의 수행녀, 사미니로서의 수행녀, 자칭에 의한 수행녀, '오라! 수행녀여!'에 의한 수행녀, 삼귀의에 의해 구족계를 받은 수행녀, 현선한 수행녀, 진실한 수행녀, 배울 것이 있는 학인인 수행녀, 배울 것이 없는 무학인 수행녀, 화합참모임과 한번제안세번제청의 갈마와 부동의 거룩한 님의 속성을 갖춘 자로서의 수행녀가 있는데, 그녀들 가운데 화합참모임과 양쪽으로부터 구족계를 받은 자로서 한번제안세번제청의 갈마와 부동의 거룩한 님의 속성을 갖춘 수행녀, 그녀를 이러한 의미에서의 수행녀라고 하는 것이다.

2-2. '법랍 만 12년'라는 것은 '법랍 만 12년에 도달한 자'를 뜻한다. '동의 없이'라는 것은 한번제안한번제청갈마에 의해서 구족계를 주는 것에 대한 동의가 주어지지 않고'라는 뜻이다. '구족계를 주면'이라는 것은[331] '구족계를 부여하면'이라는 뜻이다. '내가 구족계를 주겠다.'라고 생각하여 대중이나 궤범사나 발우나 옷을 구하여 결계를 선정하면, 악작죄를 범하는 것이다. 제안에 의해서 악작죄, 두 제청에 의해서 악작죄가 성립하고, 제청의 끝냄에 의해서 친교사에게는 속죄죄, 대중과 궤범사에게는 악작죄가 성립한다.

2-3₁.

1) 원칙에 입각한 갈마에 대하여 원칙에 입각한 갈마라고 지각하고 구족계를 준다면, 속죄죄를 범하는 것이다.

1376) 만십이하불걸승도인계○(滿十二夏不乞僧度人戒) | Bhikkhunī Pāc. 145 : yā pana bhikkhunī paripuṇṇadvā dasavassā saṃghena asammatā vuṭṭhāpeyya pācittiyan'ti.

2) 원칙에 입각한 갈마에 대하여 원칙에 입각한 갈마인지 의심하고 구족계를 준다면, 속죄죄를 범하는 것이다.
3) 원칙에 입각한 갈마에 대하여 원칙에 입각하지 않은 갈마라고 지각하고 구족계를 준다면, 속죄죄를 범하는 것이다.

2-3₂.

1) 원칙에 입각하지 않은 갈마에 대하여 원칙에 입각한 갈마라고 지각하면, 악작죄를 범하는 것이다.
2) 원칙에 입각하지 않은 갈마에 대하여 원칙에 입각하지 않은 갈마인지 의심하면, 악작죄를 범하는 것이다.
3) 원칙에 입각하지 않은 갈마에 대하여 원칙에 입각하지 않은 갈마라고 지각하면, 악작죄를 범하는 것이다.

2-4. 법랍 만 12년이 되어 참모임의 동의 아래 구족계를 주는 경우이거나, 정신착란자이거나 초범자인 경우는 무죄이다.

4. 15. 6 속죄죄법 제146조

구족계를 받은 것으로 족함에 대한 학습계율[Alaṃvuṭṭhāpitenasikkhāpada]

1-1. 한때 존귀한 부처님께서는 싸밧티 시의 제따바나 숲에 있는 아나타삔디까 승원에 계셨다. 그런데 그때 수행녀 짠다깔리가 수행녀의 참모임을 찾아가서 구족계를 주는 것에 대한 허락을 요청했다. 그러자 수행녀의 참모임은 수행녀 짠다깔리를 심사하여 '존귀한 자매여, 그대는 구족계를 받은 것으로 충분하다.'라고 그녀가 구족계를 주는 것에 동의하지 않았다. 수행녀 짠다깔리는 '알겠습니다.'라고 대답했다. 그런데 그때 수행녀의 참모임은 다른 수행녀들에게 그녀들이 구족계를 주는 것에 동의했다. 수행녀 짠다깔리는 혐책하고 분개하고 비난했다.

[짠다깔리] "참모임이 다른 수행녀들에게는 그녀들이 구족계를 주는 것에 동의를 하고 나에게는 내가 구족계를 주는 것에 동의하지 않으니, 나는 실로 무지할 뿐만 아니라 철면피하단 말인가?"

1-2. 수행녀들 가운데 욕망을 여의고, 만족을 알고, 부끄러움을 알고, 후회할 줄 알고, 배움을 원하는 자들도 혐책하고 분개하고 비난했다.

[욕망을 여읜 수행녀들] "어찌 존귀한 자매 짠다깔리가 '존귀한 자매여, 그대는

구족계를 받은 것으로 충분하다.'라고 듣고 '알겠습니다.'라고 대답하고 나중에 비난을 할 수 있단 말인가?"

그래서 그 수행녀들은 수행승들에게 그 사실을 알렸다. 수행승들 가운데 욕망을 여의고, 만족을 알고, 부끄러움을 알고, 후회할 줄 알고, 배움을 원하는 자들도 혐책하고 분개하고 비난했다.

[욕망을 여읜 수행승들] "어찌 존귀한 자매 짠다깔리가 '존귀한 자매여, 그대는 구족계를 받은 것으로 충분하다.'라고 듣고 '알겠습니다.'라고 대답하고 나중에 비난을 할 수 있단 말인가?"

1-3. 그래서 그 수행승들은 세존께 그 사실을 알렸다. 그러자 세존께서는 이러한 인연으로 이러한 기회에 수행승들의 참모임을 불러 모으게 하고 연유를 설하고 수행승들에게 물었다.

[세존] "수행승들이여, 수행녀 짠다깔리가 '존귀한 자매여, 그대는 구족계를 받은 것으로 충분하다.'라고 듣고 '알겠습니다.'라고 대답하고 나중에 비난을 한 것이 사실인가?"

[수행승들] "세존이시여, 사실입니다."

존귀한 부처님께서는 견책했다.

[세존] "수행승들이여, 수행녀 짠다깔리는 적절하지 않고, 자연스럽지 않고, 알맞지 않고, 수행자의 삶이 아니고, 부당하고, 해서는 안 될 일을 행한 것이다. 수행승들이여, 어찌 수행녀 짠다깔리가 '존귀한 자매여, 그대는 구족계를 받은 것으로 충분하다.'라고 듣고 '알겠습니다.'라고 대답하고 나중에 비난을 할 수 있단 말인가? 수행승들이여, 그것은 아직 청정한 믿음이 없는 자를 청정한 믿음으로 이끌고, 이미 청정한 믿음이 있는 자를 더욱더 청정한 믿음으로 이끄는 것이 아니다. 수행승들이여, 그것은 오히려, 아직 청정한 믿음이 없는 자를 불신으로 이끌고, 이미 청정한 믿음이 있는 자 가운데 어떤 자들을 타락시키는 것이다."

1-4. 그래서 세존께서는 수행녀 짠다깔리에 대하여 여러 가지 방편으로 견책하여, 키우기 어렵고 부양하기 어렵고 탐욕이 많고 만족을 모르고 교제를 좋아하고 나태한 것에 대하여 질책하고, 여러 가지 법문으로 고무하여, 키우기 쉽고 부양하기 쉽고 욕심을 여의고, 만족을 알고, 버리고 없애는 삶, 악을 제거하는 삶, 청정한 믿음의 삶, 쌓아 모우지 않는 삶, 용맹정진의 삶을 칭찬하고, 수행승들을 위하여 그에 알맞고 그에 걸맞게 경책하여 법문을 하고 수행승들에게 일렀다.

[세존] "수행승들이여, 그러므로 수행녀들을 위하여 열 가지 이유에 기초하여,

즉 참모임의 수승을 위하여, 참모임의 안락을 위하여, 악한 수행녀의 조복을 위하여, 품행이 바른 수행녀의 평안한 삶을 위하여, 지금 여기에서의 번뇌의 제어를 위하여, 다가오는 번뇌를 물리치기 위하여, 청정한 믿음이 없는 자에게 청정한 믿음을 주기 위하여, 청정한 믿음이 있는 자에게 청정한 믿음을 증대시키기 위하여, 올바른 가르침을 지속시키기 위하여, 계율을 수호하기 위하여 학습계율을 시설하니, 수행승들이여, 수행녀들은 이와 같이 학습계율을 송출해야 한다."

[세존] "어떠한 수행녀이든지 '존귀한 자매여, 구족계를 받은 것으로 충분하다.'라고 듣고 '알겠습니다.'라고 대답하고 나중에 비난하면, 속죄죄를 범하는 것이다."[1377)]

2-1. '어떠한'이라는 것은 어떠한 관계, 어떠한 태생, 어떠한 이름, 어떠한 성씨, 어떠한 계행, 어떠한 주거, 어떠한 활동영역에서 이든지, 장로이든지, 신참이든지, 중참이든지, 이러한 자들을 형용하는 것으로 '어떠한 자이든'이라는 뜻이다. '수행녀'이라고 하는 것은 '탁발하는 여자'로서의 수행녀, 탁발을 위해 돌아다니는 여자로서의 수행녀, 분소의를 입은 자로서의 수행녀, 사미니로서의 수행녀, 자칭에 의한 수행녀, '오라! 수행녀여!'에 의한 수행녀, 삼귀의에 의해 구족계를 받은 수행녀, 현선한 수행녀, 진실한 수행녀, 배울 것이 있는 학인인 수행녀, 배울 것이 없는 무학인 수행녀, 화합참모임과 한번제안세번제청의 갈마와 부동의 거룩한 님의 속성을 갖춘 자로서의 수행녀가 있는데, 그녀들 가운데 화합참모임과 양쪽으로부터 구족계를 받은 자로서 한번제안세번제청의 갈마와 부동의 거룩한 님의 속성을 갖춘 수행녀, 그녀를 이러한 의미에서의 수행녀라고 하는 것이다.

2-2. '존귀한 자매여, 구족계를 받은 것으로 충분하다.'라는 것은 '존귀한 자매여, 구족계가 주어진 것으로 되었다.'라는 뜻이다. '알겠습니다.'라고 대답하고 나중에 비난하면, 속죄죄를 범하는 것이다.

2-3. 성격적으로 탐욕, 성냄, 어리석음으로 행하는 것을 비난하는 경우이거나, 정신착란자이거나 초범자인 경우는 무죄이다.

1377) 불청도인방승계○(不聽度人謗僧戒) | Bhikkhunī Pāc. 146 : yā pana bhikkhunī alaṃ tāva te ayye vuṭṭhāpite nāti vuccamānā sādhū'ti paṭissuṇitvā pacchā khīyanadhammaṃ āpajjeyya, pācittiyan'ti.

4. 15. 7 속죄죄법 제147조

옷의 보시와 구족계에 대한 학습계율[Cīvaradānavuṭṭhāpanasikkhāpada]

1-1. 한때 존귀한 부처님께서는 싸밧티 시의 제따바나 숲에 있는 아나타삔디까 승원에 계셨다. 그런데 그때 어떤 정학녀가 수행녀 툴라난다를 찾아가서 구족계를 요청했다. 수행녀 툴라난다는 그 정학녀에게 '만약 그대가 나에게 옷을 보시하면, 내가 그대에게 구족계를 주겠습니다.'라고 말하고, 구족계를 주지 않았을 뿐만 아니라, 구족계를 주도록 노력을 기울이지 않았다. 그러자 그 정학녀가 수행녀들에게 그 사실을 알렸다.

1-2. 수행녀들 가운데 욕망을 여의고, 만족을 알고, 부끄러움을 알고, 후회할 줄 알고, 배움을 원하는 자들도 혐책하고 분개하고 비난했다.

[욕망을 여읜 수행녀들] "어찌 존귀한 자매 툴라난다가 그 정학녀에게 '만약 그대가 나에게 옷을 보시하면, 내가 그대에게 구족계를 주겠습니다.'라고 말하고, 구족계를 주지 않았을 뿐만 아니라, 구족계를 주도록 노력을 기울이지 않을 수 있단 말인가?"

그래서 그 수행녀들은 수행승들에게 그 사실을 알렸다. 수행승들 가운데 욕망을 여의고, 만족을 알고, 부끄러움을 알고, 후회할 줄 알고, 배움을 원하는 자들도 혐책하고 분개하고 비난했다.

[욕망을 여읜 수행승들] "어찌 존귀한 자매 툴라난다가 그 정학녀에게 '만약 그대가 나에게 옷을 보시하면, 내가 그대에게 구족계를 주겠습니다.'라고 말하고, 구족계를 주지 않았을 뿐만 아니라, 구족계를 주도록 노력을 기울이지 않을 수 있단 말인가?"

1-3. 그래서 그 수행승들은 세존께 그 사실을 알렸다. 그러자 세존께서는 이러한 인연으로 이러한 기회에 수행승들의 참모임을 불러 모으게 하고 연유를 설하고 수행승들에게 물었다.

[세존] "수행승들이여, 수행녀 툴라난다가 그 정학녀에게 '만약 그대가 나에게 옷을 보시하면, 내가 그대에게 구족계를 주겠습니다.'라고 말하고, 구족계를 주지 않았을 뿐만 아니라, 구족계를 주도록 노력을 기울이지 않은 것이 사실인가?"

[욕망을 여읜 수행녀들] "세존이시여, 사실입니다."

존귀한 부처님께서는 견책했다.

[세존] "수행승들이여, 수행녀 툴라난다는 적절하지 않고, 자연스럽지 않고,

알맞지 않고, 수행자의 삶이 아니고, 부당하고, 해서는 안 될 일을 행한 것이다. 수행승들이여, 어찌 수행녀 툴라난다가 그 정학녀에게 '만약 그대가 나에게 옷을 보시하면, 내가 그대에게 구족계를 주겠습니다.'라고 말하고, 구족계를 주지 않았을 뿐만 아니라, 구족계를 주도록 노력을 기울이지 않을 수 있단 말인가? 수행승들이여, 그것은 아직 청정한 믿음이 없는 자를 청정한 믿음으로 이끌고, 이미 청정한 믿음이 있는 자를 더욱더 청정한 믿음으로 이끄는 것이 아니다. 수행승들이여, 그것은 오히려, 아직 청정한 믿음이 없는 자를 불신으로 이끌고, 이미 청정한 믿음이 있는 자 가운데 어떤 자들을 타락시키는 것이다."

1-4. 그래서 세존께서는 수행녀 툴라난다에 대하여 여러 가지 방편으로 견책하여, 키우기 어렵고 부양하기 어렵고 탐욕이 많고 만족을 모르고 교제를 좋아하고 나태한 것에 대하여 질책하고, 여러 가지 법문으로 고무하여, 키우기 쉽고 부양하기 쉽고 욕심을 여의고, 만족을 알고, 버리고 없애는 삶, 악을 제거하는 삶, 청정한 믿음의 삶, 쌓아 모우지 않는 삶, 용맹정진의 삶을 칭찬하고, 수행승들을 위하여 그에 알맞고 그에 걸맞게 경책하여 법문을 하고 수행승들에게 일렀다.

[세존] "수행승들이여, 그러므로 수행녀들을 위하여 열 가지 이유에 기초하여, 즉 참모임의 수승을 위하여, 참모임의 안락을 위하여, 악한 수행녀의 조복을 위하여, 품행이 바른 수행녀의 평안한 삶을 위하여, 지금 여기에서의 번뇌의 제어를 위하여, 다가오는 번뇌를 물리치기 위하여, 청정한 믿음이 없는 자에게 청정한 믿음을 주기 위하여, 청정한 믿음이 있는 자에게 청정한 믿음을 증대시키기 위하여, 올바른 가르침을 지속시키기 위하여, 계율을 수호하기 위하여 학습계율을 시설하니, 수행승들이여, 수행녀들은 이와 같이 학습계율을 송출해야 한다."

[세존] "어떠한 수행녀이든지 정학녀에게 '만약 그대가 나에게 옷을 보시하면, 내가 그대에게 구족계를 주겠습니다.'라고 말하고, 나중에 그녀에게 장애가 없는데도, 구족계를 주지 않을 뿐만 아니라, 구족계를 주도록 노력을 기울이지 않으면, 속죄죄를 범하는 것이다."1378)

2-1. '어떠한'이라는 것은 어떠한 관계, 어떠한 태생, 어떠한 이름, 어떠한 성씨, 어떠한 계행, 어떠한 주거, 어떠한 활동영역에서 이든지, 장로이든지, 신참이든

1378) 취타의불위수구계○(取他衣不爲授具戒) | Bhikkhunī Pāc. 147 : yā pana bhikkhunī sikkhamānaṃ sace me tvaṃ ayye cīvaraṃ dassasi evāhantaṃ vuṭṭhāpessāmīti vatvā pacchā sā antarāyikinī n'eva vuṭṭhāpeyya na vuṭṭhāpanāya ussukkaṃ kareyya, pācittiyan'ti.

지, 중참이든지, 이러한 자들을 형용하는 것으로 '어떠한 자이든'이라는 뜻이다. '수행녀'이라고 하는 것은 '탁발하는 여자'로서의 수행녀, 탁발을 위해 돌아다니는 여자로서의 수행녀, 분소의를 입은 자로서의 수행녀, 사미니로서의 수행녀, 자칭에 의한 수행녀, '오라! 수행녀여!'에 의한 수행녀, 삼귀의에 의해 구족계를 받은 수행녀, 현선한 수행녀, 진실한 수행녀, 배울 것이 있는 학인인 수행녀, 배울 것이 없는 무학인 수행녀, 화합참모임과 한번제안세번제청의 갈마와 부동의 거룩한 님의 속성을 갖춘 자로서의 수행녀가 있는데, 그녀들 가운데 화합참모임과 양쪽으로부터 구족계를 받은 자로서 한번제안세번제청의 갈마와 부동의 거룩한 님의 속성을 갖춘 수행녀, 그녀를 이러한 의미에서의 수행녀라고 하는 것이다.

2-2. '정학녀'라는 것은 이년 동안 여섯 가지 원리에 대한 학습계율을 배우는 자를 뜻한다. '만약 그대가 나에게 옷을 보시하면, 내가 그대에게 구족계를 주겠습니다.'라는 것은 '내가 그대에게 구족계를 주겠습니다.'라는 뜻이다. '나중에 그녀에게 장애가 없는데도'라는 것은 '장애가 없다면'이라는 뜻이다. '구족계를 주지 않을 뿐만 아니라'라는 것은 '스스로 구족계를 주지 않을 뿐만 아니라'라는 뜻이다. '구족계를 주도록 노력을 기울이지 않는다면'이라는 것은 '타인에게 시키지 않는다면'의 뜻이다. '내가 구족계를 주지 않을 뿐만 아니라, 구족계를 주도록 노력을 기울이지 않겠다.'라고 생각하여 책무를 포기하면, 속죄죄를 범하는 것이다.

2-3. 장애가 있거나, 구해도 기회를 얻을 수 없거나, 환자이거나, 사고가 일어나는 경우이거나, 정신착란자이거나 초범자인 경우는 무죄이다.

4. 15. 8 속죄죄법 제148조

이년 동안 섬김에 대한 학습계율[Dvevassānubandhanasikkhāpada]

1-1. 한때[333] 존귀한 부처님께서는 싸밧티 시의 제따바나 숲에 있는 아나타삔디까 승원에 계셨다. 그런데 그때 어떤 정학녀가 수행녀 툴라난다를 찾아가서 구족계를 요청했다. 수행녀 툴라난다는 그 정학녀에게 '만약 그대가 나를 이년 동안 섬긴다면, 내가 그대에게 구족계를 주겠습니다.'라고 말하고, 구족계를 주지 않았을 뿐만 아니라, 구족계를 주도록 노력을 기울이지 않았다. 그러자 그 정학녀가 수행녀들에게 그 사실을 알렸다.

1-2. 수행녀들 가운데 욕망을 여의고, 만족을 알고, 부끄러움을 알고, 후회할 줄 알고, 배움을 원하는 자들도 혐책하고 분개하고 비난했다.

[욕망을 여읜 수행녀들] "어찌 존귀한 자매 툴라난다가 그 정학녀에게 '만약 그대가 나를 이년 동안 섬긴다면, 내가 그대에게 구족계를 주겠습니다.'라고 말하고, 구족계를 주지 않았을 뿐만 아니라, 구족계를 주도록 노력을 기울이지 않을 수 있단 말인가?"

그래서 그 수행녀들은 수행승들에게 그 사실을 알렸다. 수행승들 가운데 욕망을 여의고, 만족을 알고, 부끄러움을 알고, 후회할 줄 알고, 배움을 원하는 자들도 혐책하고 분개하고 비난했다.

[욕망을 여읜 수행승들] "어찌 존귀한 자매 툴라난다가 그 정학녀에게 '만약 그대가 나를 이년 동안 섬긴다면, 내가 그대에게 구족계를 주겠습니다.'라고 말하고, 구족계를 주지 않았을 뿐만 아니라, 구족계를 주도록 노력을 기울이지 않을 수 있단 말인가?"

1-3. 그래서 그 수행승들은 세존께 그 사실을 알렸다. 그러자 세존께서는 이러한 인연으로 이러한 기회에 수행승들의 참모임을 불러 모으게 하고 연유를 설하고 수행승들에게 물었다.

[욕망을 여읜 수행녀들] "수행승들이여, 수행녀 툴라난다가 그 정학녀에게 '만약 그대가 나를 이년 동안 섬긴다면, 내가 그대에게 구족계를 주겠습니다.'라고 말하고, 구족계를 주지 않았을 뿐만 아니라, 구족계를 주도록 노력을 기울이지 않은 것이 사실인가?"

[욕망을 여읜 수행승들] "세존이시여, 사실입니다."

존귀한 부처님께서는 견책했다.

[세존] "수행승들이여, 수행녀 툴라난다는 적절하지 않고, 자연스럽지 않고, 알맞지 않고, 수행자의 삶이 아니고, 부당하고, 해서는 안 될 일을 행한 것이다. 수행승들이여, 어찌 수행녀 툴라난다가 그 정학녀에게 '만약 그대가 나를 이년 동안 섬긴다면, 내가 그대에게 구족계를 주겠습니다.'라고 말하고, 구족계를 주지 않았을 뿐만 아니라, 구족계를 주도록 노력을 기울이지 않을 수 있단 말인가? 수행승들이여, 그것은 아직 청정한 믿음이 없는 자를 청정한 믿음으로 이끌고, 이미 청정한 믿음이 있는 자를 더욱더 청정한 믿음으로 이끄는 것이 아니다. 수행승들이여, 그것은 오히려, 아직 청정한 믿음이 없는 자를 불신으로 이끌고, 이미 청정한 믿음이 있는 자 가운데 어떤 자들을 타락시키는 것이다."

1-4. 그래서 세존께서는 수행녀 툴라난다에 대하여 여러 가지 방편으로 견책하여, 키우기 어렵고 부양하기 어렵고 탐욕이 많고 만족을 모르고 교제를 좋아하고 나태한 것에 대하여 질책하고, 여러 가지 법문으로 고무하여, 키우기 쉽고 부양하기 쉽고 욕심을 여의고, 만족을 알고, 버리고 없애는 삶, 악을 제거하는 삶, 청정한 믿음의 삶, 쌓아 모우지 않는 삶, 용맹정진의 삶을 칭찬하고, 수행승들을 위하여 그에 알맞고 그에 걸맞게 경책하여 법문을 하고 수행승들에게 일렀다.

[세존] "수행승들이여, 그러므로 수행녀들을 위하여 열 가지 이유에 기초하여, 즉 참모임의 수승을 위하여, 참모임의 안락을 위하여, 악한 수행녀의 조복을 위하여, 품행이 바른 수행녀의 평안한 삶을 위하여, 지금 여기에서의 번뇌의 제어를 위하여, 다가오는 번뇌를 물리치기 위하여, 청정한 믿음이 없는 자에게 청정한 믿음을 주기 위하여, 청정한 믿음이 있는 자에게 청정한 믿음을 증대시키기 위하여, 올바른 가르침을 지속시키기 위하여, 계율을 수호하기 위하여 학습계율을 시설하니, 수행승들이여, 수행녀들은 이와 같이 학습계율을 송출해야 한다."

[세존] "어떠한 수행녀이든지 정학녀에게 '만약 그대가 나를 이년 동안 섬긴다면, 내가 그대에게 구족계를 주겠습니다.'라고 말하고, 나중에 그녀에게 장애가 없는데도, 구족계를 주지 않을 뿐만 아니라, 구족계를 주도록 노력을 기울이지 않으면, 속죄죄를 범하는 것이다."1379)

2-1. '어떠한'이라는 것은 어떠한 관계, 어떠한 태생, 어떠한 이름, 어떠한 성씨, 어떠한 계행, 어떠한 주거, 어떠한 활동영역에서 이든지, 장로이든지, 신참이든지, 중참이든지, 이러한 자들을 형용하는 것으로 '어떠한 자이든'이라는 뜻이다. '수행녀'이라고 하는 것은 '탁발하는 여자'로서의 수행녀, 탁발을 위해 돌아다니는 여자로서의 수행녀, 분소의를 입은 자로서의 수행녀, 사미니로서의 수행녀, 자칭에 의한 수행녀, '오라! 수행녀여!'에 의한 수행녀, 삼귀의에 의해 구족계를 받은 수행녀, 현선한 수행녀, 진실한 수행녀, 배울 것이 있는 학인인 수행녀, 배울 것이 없는 무학인 수행녀, 화합참모임과 한번제안세번제청의 갈마와 부동의 거룩한 님의 속성을 갖춘 자로서의 수행녀가 있는데, 그녀들 가운데 화합참모임과 양쪽으로부터 구족계를 받은 자로서 한번제안세번제청의 갈마와 부동의

1379) 영이세수학불위수구계○(令二歲隨學不爲授具戒) | Bhikkhunī Pāc. 148 : yā pana bhikkhunī sikkhamānaṃ sace maṃ tvaṃ ayye dve vassāni anubandhissasi evāhan taṃ vuṭṭhāpessāmīti vatvā sā pacchā anattarāyikinī n'eva vuṭṭhāpeyya na vuṭṭhāpanāya ussukkaṃ kareyya, pācittiyan'ti.

거룩한 님의 속성을 갖춘 수행녀, 그녀를 이러한 의미에서의 수행녀라고 하는 것이다.

2-2. '정학녀'라는 것은 이년 동안 여섯 가지 원리에 대한 학습계율을 배우는 자를 뜻한다. '만약 그대가 나를 이년 동안 섬긴다면, 내가 그대에게 구족계를 주겠습니다.'라는 것은 '내가 그대에게 구족계를 주겠습니다.'라는 뜻이다. '나중에 그녀에게 장애가 없는데도'라는 것은 '장애가 없다면'이라는 뜻이다. '구족계를 주지 않을 뿐만 아니라'라는 것은 '스스로 구족계를 주지 않을 뿐만 아니라'라는 뜻이다. '구족계를 주도록 노력을 기울이지 않는다면'이라는 것은 '타인에게 시키지 않는다면'의 뜻이다. '내가 구족계를 주지 않을 뿐만 아니라, 구족계를 주도록 노력을 기울이지 않겠다.'라고 생각하여 책무를 포기하면, 속죄죄를 범하는 것이다.

2-3. 장애가 있거나, 구해도 기회를 얻을 수 없거나, 환자이거나, 사고가 일어나는 경우이거나, 정신착란자이거나 초범자인 경우는 무죄이다.

4. 15. 9 속죄죄법 제149조

남자와 사귐에 대한 학습계율[Purisasaṃsaṭṭhasikkhāpada]

1-1. 한때 존귀한 부처님께서는 싸밧티 시의 제따바나 숲에 있는 아나타삔디까 승원에 계셨다. 그런데 그때 수행녀 툴라난다가 남자와 사귀고 사내와 놀아난, 거칠고 근심의 소굴인 정학녀 짠다깔리에게 구족계를 주었다.

1-2. 수행녀들 가운데 욕망을 여의고, 만족을 알고, 부끄러움을 알고, 후회할 줄 알고, 배움을 원하는 자들도 혐책하고 분개하고 비난했다.

[욕망을 여읜 수행녀들] "어찌 존귀한 자매 툴라난다가 남자와 사귀고 사내와 놀아난, 거칠고 근심의 소굴인 정학녀 짠다깔리에게 구족계를 줄 수 있단 말인가?"

그래서 그 수행녀들은 수행승들에게 그 사실을 알렸다. 수행승들 가운데 욕망을 여의고, 만족을 알고, 부끄러움을 알고, 후회할 줄 알고, 배움을 원하는 자들도 혐책하고 분개하고 비난했다.

[욕망을 여읜 수행승들] "어찌 존귀한 자매 툴라난다가 남자와 사귀고 사내와 놀아난, 거칠고 근심의 소굴인 정학녀 짠다깔리에게 구족계를 줄 수 있단 말인가?"

1-3. 그래서 그 수행승들은 세존께 그 사실을 알렸다. 그러자 세존께서는 이러한 인연으로 이러한 기회에 수행승들의 참모임을 불러 모으게 하고 연유를 설하고

수행승들에게 물었다.

[세존] "수행승들이여, 수행녀 툴라난다가 남자와 사귀고 사내와 놀아난, 거칠고 근심의 소굴인 정학녀 짠다깔리에게 구족계를 준 것이 사실인가?"

[수행승들] "세존이시여, 사실입니다."

존귀한 부처님께서는 견책했다.

[세존] "수행승들이여, 수행녀 툴라난다는 적절하지 않고, 자연스럽지 않고, 알맞지 않고, 수행자의 삶이 아니고, 부당하고, 해서는 안 될 일을 행한 것이다. 수행승들이여, 어찌 수행녀 툴라난다가 남자와 사귀고 사내와 놀아난,[334] 거칠고 근심의 소굴인 정학녀 짠다깔리에게 구족계를 줄 수 있단 말인가? 수행승들이여, 그것은 아직 청정한 믿음이 없는 자를 청정한 믿음으로 이끌고, 이미 청정한 믿음이 있는 자를 더욱더 청정한 믿음으로 이끄는 것이 아니다. 수행승들이여, 그것은 오히려, 아직 청정한 믿음이 없는 자를 불신으로 이끌고, 이미 청정한 믿음이 있는 자 가운데 어떤 자들을 타락시키는 것이다."

1-4. 그래서 세존께서는 수행녀 툴라난다에 대하여 여러 가지 방편으로 견책하여, 키우기 어렵고 부양하기 어렵고 탐욕이 많고 만족을 모르고 교제를 좋아하고 나태한 것에 대하여 질책하고, 여러 가지 법문으로 고무하여, 키우기 쉽고 부양하기 쉽고 욕심을 여의고, 만족을 알고, 버리고 없애는 삶, 악을 제거하는 삶, 청정한 믿음의 삶, 쌓아 모우지 않는 삶, 용맹정진의 삶을 칭찬하고, 수행승들을 위하여 그에 알맞고 그에 걸맞게 경책하여 법문을 하고 수행승들에게 일렀다.

[세존] "수행승들이여, 그러므로 수행녀들을 위하여 열 가지 이유에 기초하여, 즉 참모임의 수승을 위하여, 참모임의 안락을 위하여, 악한 수행녀의 조복을 위하여, 품행이 바른 수행녀의 평안한 삶을 위하여, 지금 여기에서의 번뇌의 제어를 위하여, 다가오는 번뇌를 물리치기 위하여, 청정한 믿음이 없는 자에게 청정한 믿음을 주기 위하여, 청정한 믿음이 있는 자에게 청정한 믿음을 증대시키기 위하여, 올바른 가르침을 지속시키기 위하여, 계율을 수호하기 위하여 학습계율을 시설하니, 수행승들이여, 수행녀들은 이와 같이 학습계율을 송출해야 한다."

[세존] "어떠한 수행녀이든지 남자와 사귀고 사내와 놀아난, 거칠고 근심의 소굴인 정학녀에게 구족계를 준다면, 속죄죄를 범하는 것이다."1380)

1380) 도여남자교우학법녀계○(度與男子交友學法女戒) | Bhikkhunī Pāc. 149 : yā pana bhikkhunī purisasaṃsaṭṭhaṃ kumārakasaṃsaṭṭhaṃ caṇḍiṃ sokāvāsaṃ sikkhamānaṃ vuṭṭhāpeyya, pācittiyan'ti.

2-1. '어떠한'이라는 것은 어떠한 관계, 어떠한 태생, 어떠한 이름, 어떠한 성씨, 어떠한 계행, 어떠한 주거, 어떠한 활동영역에서 이든지, 장로이든지, 신참이든지, 중참이든지, 이러한 자들을 형용하는 것으로 '어떠한 자이든'이라는 뜻이다. '수행녀'이라고 하는 것은 '탁발하는 여자'로서의 수행녀, 탁발을 위해 돌아다니는 여자로서의 수행녀, 분소의를 입은 자로서의 수행녀, 사미니로서의 수행녀, 자칭에 의한 수행녀, '오라! 수행녀여!'에 의한 수행녀, 삼귀의에 의해 구족계를 받은 수행녀, 현선한 수행녀, 진실한 수행녀, 배울 것이 있는 학인인 수행녀, 배울 것이 없는 무학인 수행녀, 화합참모임과 한번제안세번제청의 갈마와 부동의 거룩한 님의 속성을 갖춘 자로서의 수행녀가 있는데, 그녀들 가운데 화합참모임과 양쪽으로부터 구족계를 받은 자로서 한번제안세번제청의 갈마와 부동의 거룩한 님의 속성을 갖춘 수행녀, 그녀를 이러한 의미에서의 수행녀라고 하는 것이다.

2-2. '남자'라는 것은 '20살에 도달한 남자'를 뜻한다. '사내'라는 것은 '20살 미만의 남자'를 뜻한다. '사귀고'와 '놀아난'이라는 것은 부적절하게 신체적으로나 언어적으로 교제하는 것을 뜻한다. '거칠고'라는 것은 화를 잘 내는 것을 뜻한다. '근심의 소굴'이라는 것은 '그가 타인에게 고통을 일으키고 근심한다.'는 것을 뜻한다. '정학녀'라는 것은 이년 동안 여섯 가지 원리에 대한 학습계율을 배우는 자를 뜻한다. '구족계를 준다면'이라는 것은 '구족계를 베푼다.'라는 뜻이다. '내가 구족계를 주겠다.'라고 생각하여 대중이나 궤범사나 발우나 옷을 구하여 결계를 선정하면, 악작죄를 범하는 것이다. 제안에 의해서 악작죄, 두 제청에 의해서 악작죄가 성립하고, 제청의 끝냄에 의해서 친교사에게는 속죄죄, 대중과 궤범사에게는 악작죄가 성립한다.

2-3. 알지 못하고 구족계를 주는 경우이거나, 정신착란자이거나 초범자인 경우는 무죄이다.

4. 15. 10 속죄죄법 제150조

허락 없는 구족계에 대한 학습계율[Ananuññātavuṭṭhāpanasikkhāpada]

1-1. 한때 존귀한 부처님께서는 싸밧티 시의 제따바나 숲에 있는 아나타삔디까 승원에 계셨다. 그런데 그때 수행녀 툴라난다는 부모와 남편의 허락을 구하지

않고 정학녀에게 구족계를 주었다. 부모도 남편도 혐책하고 분개하고 비난했다.

[부모와 남편] "어찌 존귀한 자매 툴라난다는 부모와 남편의 허락을 구하지 않고 정학녀에게 구족계를 줄 수 있단 말인가?"

1-2. 수행녀들은 그 사람들이 혐책하고 분개하고 비난하는 것을 들었다. 수행녀들 가운데 욕망을 여의고, 만족을 알고, 부끄러움을 알고, 후회할 줄 알고, 배움을 원하는 자들은 혐책하고 분개하고 비난했다.

[욕망을 여읜 수행녀들] "어찌 존귀한 자매 툴라난다는 부모와 남편의 허락을 구하지 않고 정학녀에게 구족계를 줄 수 있단 말인가?"

그래서 그 수행녀들은 수행승들에게 그 사실을 알렸다. 수행승들 가운데 욕망을 여의고, 만족을 알고, 부끄러움을 알고, 후회할 줄 알고, 배움을 원하는 자들도 혐책하고 분개하고 비난했다.

[욕망을 여읜 수행승들] "어찌 존귀한 자매 툴라난다는 부모와 남편의 허락을 구하지 않고 정학녀에게 구족계를 줄 수 있단 말인가?"

1-3. 그래서 그 수행승들은 세존께 그 사실을 알렸다.[246] 그러자 세존께서는 그것을 원인으로 그것을 기회로 수행승의 참모임을 불러 모으게 하고 법문을 하고 수행승들에게 말했다.

[세존] "수행승들이여, 수행녀 툴라난다가 부모와 남편의 허락을 구하지 않고 정학녀에게 구족계를 준 것이 사실인가?"

[수행승들] "세존이시여, 사실입니다."

존귀한 부처님께서는 견책했다.

[세존] "수행승들이여, 그 수행녀 툴라난다 적절하지 않고, 자연스럽지 않고, 알맞지 않고, 수행자의 삶이 아니고, 부당하고, 해서는 안 될 일을 한 것이다. 수행승들이여, 어찌 수행녀 툴라난다가 부모와 남편의 허락을 구하지 않고 정학녀에게 구족계를 줄 수 있단 말인가? 수행승들이여, 그것은 아직 청정한 믿음이 없는 자를 청정한 믿음으로 이끌고, 이미 청정한 믿음이 있는 자를 더욱더 청정한 믿음으로 이끄는 것이 아니다. 수행승들이여, 그것은 오히려, 아직 청정한 믿음이 없는 자를 불신으로 이끌고, 이미 청정한 믿음이 있는 자 가운데 어떤 자들을 타락시키는 것이다."

1-4. 그리고 세존께서는 수행녀 툴라난다에 대하여 여러 가지 방편으로 견책하고, 키우기 어렵고 부양하기 어렵고 탐욕이 많고 만족을 모르고 교제를 좋아하고

나태한 것에 대하여 질책하고, 여러 가지 법문으로 고무하여, 키우기 쉽고 부양하기 쉽고 욕심을 여의고, 만족을 알고, 버리고 없애는 삶, 악을 제거하는 삶, 청정한 믿음의 삶, 쌓아 모우지 않는 삶, 용맹정진의 삶을 칭찬하고, 수행승들을 위하여 그에 알맞고 그에 걸맞게 경책하여 법문을 하고 수행승들에게 일렀다.

[세존] "수행승들이여, 그러므로 수행녀들을 위하여 열 가지 이유에 기초하여, 즉 참모임의 수승을 위하여, 참모임의 안락을 위하여, 악한 수행녀들의 조복을 위하여, 품행이 바른 수행녀들의 평안한 삶을 위하여, 지금 여기에서의 번뇌의 제어를 위하여, 다가오는 번뇌를 물리치기 위하여, 청정한 믿음이 없는 자에게 청정한 믿음을 주기 위하여, 청정한 믿음이 있는 자에게 청정한 믿음을 증대시키기 위하여, 올바른 가르침을 지속시키기 위하여, 계율을 수호하기 위하여 학습계율을 시설하니, 수행승들이여, 수행녀들은 이와 같이 학습계율을 송출해야 한다."

[세존] "어떠한[335] 수행녀이든지 부모와 남편의 허락을 구하지 않고 정학녀에게 구족계를 준다면, 속죄죄를 범하는 것이다."1381)

2-1. '어떠한'이라는 것은 어떠한 관계, 어떠한 태생, 어떠한 이름, 어떠한 성씨, 어떠한 계행, 어떠한 주거, 어떠한 활동영역에서 이든지, 장로이든지, 신참이든지, 중참이든지, 이러한 자들을 형용하는 것으로 '어떠한 자이든'이라는 뜻이다. '수행녀'이라고 하는 것은 '탁발하는 여자'로서의 수행녀, 탁발을 위해 돌아다니는 여자로서의 수행녀, 분소의를 입은 자로서의 수행녀, 사미니로서의 수행녀, 자칭에 의한 수행녀, '오라! 수행녀여!'에 의한 수행녀, 삼귀의에 의해 구족계를 받은 수행녀, 현선한 수행녀, 진실한 수행녀, 배울 것이 있는 학인인 수행녀, 배울 것이 없는 무학인 수행녀, 화합참모임과 한번제안세번제청의 갈마와 부동의 거룩한 님의 속성을 갖춘 자로서의 수행녀가 있는데, 그녀들 가운데 화합참모임과 양쪽으로부터 구족계를 받은 자로서 한번제안세번제청의 갈마와 부동의 거룩한 님의 속성을 갖춘 수행녀, 그녀를 이러한 의미에서의 수행녀라고 하는 것이다.

2-2. '부모'라는 것은 '산출자'를 뜻한다. '남편'이라는 것은 '배우자'를 뜻한다. '허락을 구하지 않고'는 '묻지 않고'라는 뜻이다. '정학녀'라는 것은 이년 동안 여섯 가지 원리에 대한 학습계율을 배우는 자를 뜻한다. '구족계를 준다면'이라는

1381) 부모부주불청첩인계○(父母夫主不聽輒度人戒) | Bhikkhunī Pāc. 150 : yā pana bhikkhunī mātāpitūhi vā sāmikena vā ananuññātaṃ sikkhamānaṃ vuṭṭhāpeyya, pācittiyan'ti.

것은 '구족계를 베푼다.'라는 뜻이다. '내가 구족계를 주겠다.'라는 것은 다음과 같다. 대중이나 궤범사나 발우나 옷을 구하여 결계를 선정하면, 악작죄를 범하는 것이다. 제안에 의해서 악작죄, 두 제청에 의해서 악작죄가 성립하고, 제청의 끝냄에 의해서 친교사에게는 속죄죄, 대중과 궤범사에게는 악작죄가 성립한다.

2-3. 알지 못하고 구족를 주거나, 허락을 얻어 구족계를 주는 경우이거나, 정신착란자이거나 초범자인 경우는 무죄이다.

4. 15. 11 속죄죄법 제151조

격리처벌자에 대한 학습계율[Pārivāsikasikkhāpada]

1-1. 한때 존귀한 부처님께서 라자가하 시의 벨루바나 숲에 있는 깔란다까니바빠 공원에 계셨다. 그런데 그때 수행녀 툴라난다는 '내가 정행녀에게 구족계를 주어야겠다.'라고 생각하고 장로 수행승들을 초빙했으나, 많은 단단하거나 부드러운 음식을 보고 나서는 '존귀한 자매들이여, 저는 정행녀에게 구족계를 주지 않겠습니다.'라고 장로 수행승들을 해산시키고, '데바닷따, 꼬깔리까, 까따모라까띠싸까, 칸다데비야뿟따, 싸뭇다닷따를 불러 모아서 정행녀에게 구족계를 주었다.

1-2. 수행녀들 가운데 욕망을 여의고, 만족을 알고, 부끄러움을 알고, 후회할 줄 알고, 배움을 원하는 자들은 혐책하고 분개하고 비난했다.

[욕망을 여읜 수행녀들] "어찌 존귀한 자매 툴라난다는 격리처벌을 받은 자에게 청정동의를 위임하여 정학녀에게 구족계를 줄 수 있단 말인가?"

그래서 그 수행녀들은 수행승들에게 그 사실을 알렸다. 수행승들 가운데 욕망을 여의고, 만족을 알고, 부끄러움을 알고, 후회할 줄 알고, 배움을 원하는 자들도 혐책하고 분개하고 비난했다.

[욕망을 여읜 수행승들] "어찌 존귀한 자매 툴라난다는 격리처벌을 받은 자에게 청정동의를 위임하여 정학녀에게 구족계를 줄 수 있단 말인가?"

1-3. 그래서 그 수행승들은 세존께 그 사실을 알렸다. 그러자 세존께서는 그것을 원인으로 그것을 기회로 수행승의 참모임을 불러 모으게 하고 법문을 하고 수행승들에게 말했다.

[세존] "수행승들이여, 수행녀 툴라난다가 격리처벌을 받은 자에게 청정동의를 위임하여 정학녀에게 구족계를 준 것이 사실인가?"

[수행승들] "세존이시여, 사실입니다."

존귀한 부처님께서는 견책했다.

[세존] "수행승들이여, 그 수행녀 툴라난다 적절하지 않고, 자연스럽지 않고, 알맞지 않고, 수행자의 삶이 아니고, 부당하고, 해서는 안 될 일을 한 것이다. 수행승들이여, 어찌 수행녀 툴라난다가 격리처벌을 받은 자에게 청정동의를 위임하여 정학녀에게 구족계를 줄 수 있단 말인가? 수행승들이여, 그것은 아직 청정한 믿음이 없는 자를 청정한 믿음으로 이끌고, 이미 청정한 믿음이 있는 자를 더욱더 청정한 믿음으로 이끄는 것이 아니다. 수행승들이여, 그것은 오히려, 아직 청정한 믿음이 없는 자를 불신으로 이끌고, 이미 청정한 믿음이 있는 자 가운데 어떤 자들을 타락시키는 것이다."

1-4. 그리고 세존께서는 수행녀 툴라난다에 대하여 여러 가지 방편으로 견책하고, 키우기 어렵고 부양하기 어렵고 탐욕이 많고 만족을 모르고 교제를 좋아하고 나태한 것에 대하여 질책하고, 여러 가지 법문으로 고무하여, 키우기 쉽고 부양하기 쉽고 욕심을 여의고, 만족을 알고, 버리고 없애는 삶, 악을 제거하는 삶, 청정한 믿음의 삶, 쌓아 모우지 않는 삶, 용맹정진의 삶을 칭찬하고, 수행승들을 위하여 그에 알맞고 그에 걸맞게 경책하여 법문을 하고 수행승들에게 일렀다.

[세존] "수행승들이여, 그러므로 수행녀들을 위하여 열 가지 이유에 기초하여, 즉 참모임의 수승을 위하여, 참모임의 안락을 위하여, 악한 수행녀들의 조복을 위하여, 품행이 바른 수행녀들의 평안한 삶을 위하여, 지금 여기에서의 번뇌의 제어를 위하여, 다가오는 번뇌를 물리치기 위하여, 청정한 믿음이 없는 자에게 청정한 믿음을 주기 위하여, 청정한 믿음이 있는 자에게 청정한 믿음을 증대시키기 위하여, 올바른 가르침을 지속시키기 위하여, 계율을 수호하기 위하여 학습계율을 시설하니, 수행승들이여, 수행녀들은 이와 같이 학습계율을 송출해야 한다."

[세존] "어떠한 수행녀이든지 격리처벌을 받은 자들에게 청정동의를 위임함으로써 정학녀에게 구족계를 준다면, 속죄죄를 범하는 것이다."[1382]

2-1. '어떠한'이라는 것은 어떠한 관계, 어떠한 태생, 어떠한 이름, 어떠한 성씨, 어떠한 계행, 어떠한 주거, 어떠한 활동영역에서 이든지, 장로이든지, 신참이든지, 중참이든지, 이러한 자들을 형용하는 것으로 '어떠한 자이든'이라는 뜻이다.

1382) 별주자여욕도학법녀계○(別住者與欲度學法女戒) | Bhikkhunī Pāc. 151 : yā pana bhikkhunī pārivāsikachandadānena sikkhamānaṃ vuṭṭhāpeyya pācittiyan'ti.

'수행녀'이라고 하는 것은 '탁발하는 여자'로서의 수행녀, 탁발을 위해 돌아다니는 여자로서의 수행녀, 분소의를 입은 자로서의 수행녀, 사미니로서의 수행녀, 자칭에 의한 수행녀, '오라! 수행녀여!'에 의한 수행녀, 삼귀의에 의해 구족계를 받은 수행녀, 현선한 수행녀, 진실한 수행녀, 배울 것이 있는 학인인 수행녀, 배울 것이 없는 무학인 수행녀, 화합참모임과 한번제안세번제청의 갈마와 부동의 거룩한 님의 속성을 갖춘 자로서의 수행녀가 있는데, 그녀들 가운데 화합참모임과 양쪽으로부터 구족계를 받은 자로서 한번제안세번제청의 갈마와 부동의 거룩한 님의 속성을 갖춘 수행녀, 그녀를 이러한 의미에서의 수행녀라고 하는 것이다.

2-1. '격리처벌을[336] 받은 자에게 청정동의를 위임함으로써'라는 것은 '불완전한 대중의 소집에 의해서'라는 뜻이다. '정학녀'라는 것은 이년 동안 여섯 가지 원리에 대한 학습계율을 배우는 자를 뜻한다. '구족계를 준다면'이라는 것은 '구족계를 베푼다.'라는 뜻이다. '내가 구족계를 주겠다.'라고 생각하여 대중이나 궤범사나 발우나 옷을 구하여 결계를 선정하면, 악작죄를 범하는 것이다. 안에 의해서 악작죄, 두 제청에 의해서 악작죄가 성립하고, 제청의 끝냄에 의해서 친교사에게는 속죄죄, 대중과 궤범사에게는 악작죄가 성립한다.

2-2. 불완전한 대중을 소집하지 않고 구족계를 주거나, 정신착란자이거나 초범자의 경우는 무죄이다.

4. 15. 12 속죄죄법 제152조

매년구족계에 대한 학습계율[Anuvassavuṭṭhāpanasikkhāpada]

1-1. 한때 존귀한 부처님께서는 싸밧티 시의 제따바나 숲에 있는 아나타삔디까 승원에 계셨다. 그런데 그때 수행녀들이 해마다 구족계를 주어서 처소가 부족해졌다. 사람들이 정사를 순례하다가 보고 혐책하고 분개하고 비난했다.

[사람들] "어찌 수행녀들이 해마다 구족계를 줄 수 있단 말인가? 처소가 부족하다."

수행녀들은 사람들이 혐책하고 분개하고 비난하는 것을 들었다.

1-2. 수행녀들 가운데 욕망을 여의고, 만족을 알고, 부끄러움을 알고, 후회할 줄 알고, 배움을 원하는 자들은 혐책하고 분개하고 비난했다.

[욕망을 여읜 수행녀들] "어찌 수행녀들이 해마다 구족계를 줄 수 있단 말인가?"

그래서 그 수행녀들은 수행승들에게 그 사실을 알렸다. 수행승들 가운데 욕망을 여의고, 만족을 알고, 부끄러움을 알고, 후회할 줄 알고, 배움을 원하는 자들도 혐책하고 분개하고 비난했다.

[욕망을 여읜 수행승들] "어찌 수행녀들이 해마다 구족계를 줄 수 있단 말인가?"

1-3. 그래서 그 수행승들은 세존께 그 사실을 알렸다. 그러자 세존께서는 그것을 원인으로 그것을 기회로 수행승의 참모임을 불러 모으게 하고 법문을 하고 수행승들에게 말했다.

[세존] "수행승들이여, 수행녀들이 해마다 구족계를 준 것이 사실인가?"

[수행승들] "세존이시여, 사실입니다."

존귀한 부처님께서는 견책했다.

[세존] "수행승들이여, 그 수행녀들은 적절하지 않고, 자연스럽지 않고, 알맞지 않고, 수행자의 삶이 아니고, 부당하고, 해서는 안 될 일을 한 것이다. 수행승들이여, 어찌 수행녀들이 해마다 구족계를 줄 수 있단 말인가? 수행승들이여, 그것은 아직 청정한 믿음이 없는 자를 청정한 믿음으로 이끌고, 이미 청정한 믿음이 있는 자를 더욱더 청정한 믿음으로 이끄는 것이 아니다. 수행승들이여, 그것은 오히려, 아직 청정한 믿음이 없는 자를 불신으로 이끌고, 이미 청정한 믿음이 있는 자 가운데 어떤 자들을 타락시키는 것이다."

1-4. 그리고 세존께서는 그 수행녀들에 대하여 여러 가지 방편으로 견책하고, 키우기 어렵고 부양하기 어렵고 탐욕이 많고 만족을 모르고 교제를 좋아하고 나태한 것에 대하여 질책하고, 여러 가지 법문으로 고무하여, 키우기 쉽고 부양하기 쉽고 욕심을 여의고, 만족을 알고, 버리고 없애는 삶, 악을 제거하는 삶, 청정한 믿음의 삶, 쌓아 모우지 않는 삶, 용맹정진의 삶을 칭찬하고, 수행승들을 위하여 그에 알맞고 그에 걸맞게 경책하여 법문을 하고 수행승들에게 일렀다.

[세존] "수행승들이여, 그러므로 수행녀들을 위하여 열 가지 이유에 기초하여, 즉 참모임의 수승을 위하여, 참모임의 안락을 위하여, 악한 수행녀의 조복을 위하여, 품행이 바른 수행녀의 평안한 삶을 위하여, 지금 여기에서의 번뇌의 제어를 위하여, 다가오는 번뇌를 물리치기 위하여, 청정한 믿음이 없는 자에게 청정한 믿음을 주기 위하여, 청정한 믿음이 있는 자에게 청정한 믿음을 증대시키기 위하여, 올바른 가르침을 지속시키기 위하여, 계율을 수호하기 위하여 학습계율을 시설하니, 수행승들이여, 수행녀들은 이와 같이 학습계율을 송출해야 한다."

[세존] "어떠한 수행녀이든지 해마다 구족계를 주면, 속죄죄를 범하는 것이다."1383)

2-1. '어떠한'이라는 것은 어떠한 관계, 어떠한 태생, 어떠한 이름, 어떠한 성씨, 어떠한 계행, 어떠한 주거, 어떠한 활동영역에서 이든지, 장로이든지, 신참이든지, 중참이든지, 이러한 자들을 형용하는 것으로 '어떠한 자이든'이라는 뜻이다. '수행녀'라고 하는 것은 '탁발하는 여자'로서의 수행녀, 탁발을 위해 돌아다니는 여자로서의 수행녀, 분소의를 입은 자로서의 수행녀, 사미니로서의 수행녀, 자칭에 의한 수행녀, '오라! 수행녀여!'에 의한 수행녀, 삼귀의에 의해 구족계를 받은 수행녀, 현선한 수행녀, 진실한 수행녀, 배울 것이 있는 학인인 수행녀, 배울 것이 없는 무학인 수행녀, 화합참모임과 한번제안세번제청의 갈마와 부동의 거룩한 님의 속성을 갖춘 자로서의 수행녀가 있는데, 그녀들 가운데 화합참모임과 양쪽으로부터 구족계를 받은 자로서 한번제안세번제청의 갈마와 부동의 거룩한 님의 속성을 갖춘 수행녀, 그녀를 이러한 의미에서의 수행녀라고 하는 것이다.

2-2. '해마다'라는 것은 '매년마다'라는 뜻이다. '구족계를 주면'이라는 것은 '구족계를 부여하면'이라는 뜻이다. '내가 구족계를 주겠다.'라고 생각하여 대중이나 궤범사나 발우나 옷을 구하여 결계를 선정하면, 악작죄를 범하는 것이다. 제안에 의해서 악작죄, 두 제청에 의해서 악작죄가 성립하고, 제청의 끝냄에 의해서 친교사에게는 속죄죄, 대중과 궤범사에게는 악작죄가 성립한다.

2-3. 격년으로 구족계를 주는 경우이거나, 정신착란자이거나 초범자인 경우는 무죄이다.

4. 15. 13 속죄죄법 제153조

두 명의 구족계에 대한 학습계율[Dvevuṭṭhāpanasikkhāpada]

1-1. 한때 존귀한 부처님께서는 싸밧티 시의 제따바나 숲에 있는 아나타삔디까 승원에 계셨다. 그런데 그때 수행녀들이 일 년에 두 명에게 구족계를 주었다. 마찬가지로 처소가 부족해 졌다. 사람들은 정사를 순례하다가 보고 여전히 혐책하고 분개하고[337] 비난했다.

1383) 매년도인계○(每年度人戒) | Bhikkhunī Pāc. 152 : yā pana bhikkhunī anuvassaṃ vuṭṭhāpeyya, pācittiyan'ti.

[사람들] "어찌 수행녀들이 일 년에 두 명에게 구족계를 줄 수 있단 말인가? 처소가 여전히 부족하다."

수행녀들은 사람들이 혐책하고 분개하고 비난하는 것을 들었다.

1-2. 수행녀들 가운데 욕망을 여의고, 만족을 알고, 부끄러움을 알고, 후회할 줄 알고, 배움을 원하는 자들은 혐책하고 분개하고 비난했다.

[욕망을 여읜 수행녀들] "어찌 수행녀들이 일 년에 두 명에게 구족계를 줄 수 있단 말인가?"

그래서 그 수행녀들은 수행승들에게 그 사실을 알렸다. 수행승들 가운데 욕망을 여의고, 만족을 알고, 부끄러움을 알고, 후회할 줄 알고, 배움을 원하는 자들도 혐책하고 분개하고 비난했다.

[욕망을 여읜 수행승들] "어찌 수행녀들이 일 년에 두 명에게 구족계를 줄 수 있단 말인가?"

1-3. 그래서 그 수행승들은 세존께 그 사실을 알렸다. 그러자 세존께서는 그것을 원인으로 그것을 기회로 수행승의 참모임을 불러 모으게 하고 법문을 하고 수행승들에게 말했다.

[세존] "수행승들이여, 수행녀들이 일 년에 두 명에게 구족계를 준 것이 사실인가?"

[수행승들] "세존이시여, 사실입니다."

존귀한 부처님께서는 견책했다.

[세존] "수행승들이여, 그 수행녀들은 적절하지 않고, 자연스럽지 않고, 알맞지 않고, 수행자의 삶이 아니고, 부당하고, 해서는 안 될 일을 한 것이다. 수행승들이여, 어찌 수행녀들이 일 년에 두 명에게 구족계를 줄 수 있단 말인가? 수행승들이여, 그것은 아직 청정한 믿음이 없는 자를 청정한 믿음으로 이끌고, 이미 청정한 믿음이 있는 자를 더욱더 청정한 믿음으로 이끄는 것이 아니다. 수행승들이여, 그것은 오히려, 아직 청정한 믿음이 없는 자를 불신으로 이끌고, 이미 청정한 믿음이 있는 자 가운데 어떤 자들을 타락시키는 것이다."

1-4. 그리고 세존께서는 그 수행녀들에 대하여 여러 가지 방편으로 견책하고, 키우기 어렵고 부양하기 어렵고 탐욕이 많고 만족을 모르고 교제를 좋아하고 나태한 것에 대하여 질책하고, 여러 가지 법문으로 고무하여, 키우기 쉽고 부양하기 쉽고 욕심을 여의고, 만족을 알고, 버리고 없애는 삶, 악을 제거하는 삶, 청정한 믿음의 삶, 쌓아 모우지 않는 삶, 용맹정진의 삶을 칭찬하고, 수행승들을 위하여

그에 알맞고 그에 걸맞게 경책하여 법문을 하고 수행승들에게 일렀다.

[세존] "수행승들이여, 그러므로 수행녀들을 위하여 열 가지 이유에 기초하여, 즉 참모임의 수승을 위하여, 참모임의 안락을 위하여, 악한 수행녀의 조복을 위하여, 품행이 바른 수행녀의 평안한 삶을 위하여, 지금 여기에서의 번뇌의 제어를 위하여, 다가오는 번뇌를 물리치기 위하여, 청정한 믿음이 없는 자에게 청정한 믿음을 주기 위하여, 청정한 믿음이 있는 자에게 청정한 믿음을 증대시키기 위하여, 올바른 가르침을 지속시키기 위하여, 계율을 수호하기 위하여 학습계율을 시설하니, 수행승들이여, 수행녀들은 이와 같이 학습계율을 송출해야 한다."

[세존] "어떠한 수행녀이든지 일 년에 두 명에게 구족계를 주면, 속죄죄를 범하는 것이다."1384)

2-1. '어떠한'이라는 것은 어떠한 관계, 어떠한 태생, 어떠한 이름, 어떠한 성씨, 어떠한 계행, 어떠한 주거, 어떠한 활동영역에서 이든지, 장로이든지, 신참이든지, 중참이든지, 이러한 자들을 형용하는 것으로 '어떠한 자이든'이라는 뜻이다. '수행녀'라고 하는 것은 '탁발하는 여자'로서의 수행녀, 탁발을 위해 돌아다니는 여자로서의 수행녀, 분소의를 입은 자로서의 수행녀, 사미니로서의 수행녀, 자칭에 의한 수행녀, '오라! 수행녀여!'에 의한 수행녀, 삼귀의에 의해 구족계를 받은 수행녀, 현선한 수행녀, 진실한 수행녀, 배울 것이 있는 학인인 수행녀, 배울 것이 없는 무학인 수행녀, 화합참모임과 한번제안세번제청의 갈마와 부동의 거룩한 님의 속성을 갖춘 자로서의 수행녀가 있는데, 그녀들 가운데 화합참모임과 양쪽으로부터 구족계를 받은 자로서 한번제안세번제청의 갈마와 부동의 거룩한 님의 속성을 갖춘 수행녀, 그녀를 이러한 의미에서의 수행녀라고 하는 것이다.

2-2. '일 년'라는 것은 '한 해'라는 뜻이다. '두 명에게 구족계를 주면'이라는 것은 '두 명에게 구족계를 부여하면'이라는 뜻이다. '내가 두명에게 구족계를 주겠다.'라고 대중이나 궤범사나 발우나 옷을 구하여 결계를 선정하면, 악작죄를 범하는 것이다. 제안에 의해서 악작죄, 두 제청에 의해서 악작죄가 성립하고, 제청의 끝냄에 의해서 친교사에게는 속죄죄, 대중과 궤범사에게는 악작죄가 성립한다.

2-3. 격년마다 구족계를 주는 경우이거나, 정신착란자이거나 초범자의 경우는 무죄이다.

1384) 일세도이인계○(一歲度二人戒) | Bhikkhunī Pāc. 153 : yā pana bhikkhunī ekaṃ vassaṃ dve vuṭṭhāpeyya, pācittiyan'ti.

제15품 동녀 그 후렴시는 다음과 같다

동녀, 이년, 참모임, 법랍 12년 미만,
동의, 족함, 옷, 이년 동안, 사귐,
남편, 격리처벌, 매년, 두 명에게 구족계.1385)

제16품 일산과 신발(Chattūpāhanavaggo navamo)

4. 16. 1 속죄죄법 제154조

일산과 신발에 대한 학습계율[Chattupāhanasikkhāpada]

1-1. 한때 존귀한 부처님께서는 싸밧티 시의 제따바나 숲에 있는 아나타삔디까 승원에 계셨다. 그런데 그때 여섯무리의 수행녀들이 일산과 신발을 사용했다. 사람들이 혐책하고 분개하고 비난했다.

[사람들] "어찌 수행녀들이 일산과 신발을 사용할 수 있단 말인가? 감각적 쾌락의 욕망을 즐기는 재가자와 같다."

수행녀들은 사람들이 혐책하고 분개하고 비난하는 것을 들었다.

1-2. 수행녀들 가운데 욕망을 여의고, 만족을 알고, 부끄러움을 알고, 후회할 줄 알고, 배움을 원하는 자들은 혐책하고 분개하고 비난했다.

[욕망을 여읜 수행녀들] "어찌 여섯무리의 수행녀들이 일산과 신발을 사용할 수 있단 말인가?"

그래서 그 수행녀들은 수행승들에게 그 사실을 알렸다. 수행승들 가운데 욕망을 여의고, 만족을 알고, 부끄러움을 알고, 후회할 줄 알고, 배움을 원하는 자들도 혐책하고 분개하고 비난했다.

[욕망을 여읜 수행승들] "어찌 여섯무리의 수행녀들이 일산과 신발을 사용할 수 있단 말인가?"

1-3. 그래서 그 수행승들은 세존께 그 사실을 알렸다. 그러자 세존께서는 그것을 원인으로 그것을 기회로 수행승의 참모임을 불러 모으게 하고 법문을 하고 수행승들에게 말했다.

[세존] "수행승들이여, 그 여섯무리의 수행녀들이 일산과 신발을 사용한 것이 사실인가?"

1385) kumāri dve ca saṅghena | dvādasā sammatena ca | alaṃ cīvara dve vassaṃ | saṃsaṭṭhā sāmikena ca | pārivāsikānuvassaṃ | dve vuṭṭhāpanena cā'ti ||

[사람들] "세존이시여, 사실입니다."

존귀한 부처님께서는 견책했다.

[세존] "수행승들이여, 그 수행녀들은 적절하지 않고, 자연스럽지 않고, 알맞지 않고, 수행자의 삶이 아니고, 부당하고, 해서는 안 될 일을 한 것이다. 수행승들이여, 어찌 여섯무리의 수행녀들이 일산과 신발을 사용할 수 있단 말인가? 수행승들이여, 그것은 아직 청정한 믿음이 없는 자를 청정한 믿음으로 이끌고, 이미 청정한 믿음이 있는 자를 더욱더 청정한 믿음으로 이끄는 것이 아니다. 수행승들이여, 그것은 오히려, 아직 청정한 믿음이 없는 자를 불신으로 이끌고, 이미 청정한 믿음이 있는 자 가운데 어떤 자들을 타락시키는 것이다."

1-3. 그리고 세존께서는 그 여섯무리의 수행녀들에 대하여 여러 가지 방편으로 견책하고, 키우기 어렵고 부양하기 어렵고 탐욕이 많고 만족을 모르고 교제를 좋아하고 나태한 것에 대하여 질책하고, 여러 가지 법문으로 고무하여, 키우기 쉽고 부양하기 쉽고 욕심을 여의고, 만족을 알고, 버리고 없애는 삶, 악을 제거하는 삶, 청정한 믿음의 삶, 쌓아 모우지 않는 삶, 용맹정진의 삶을 칭찬하고, 수행승들을 위하여 그에 알맞고 그에 걸맞게 경책하여 법문을 하고 수행승들에게 일렀다.

[세존] "수행승들이여, 그러므로 수행녀들을 위하여 열 가지 이유에 기초하여, 즉 참모임의 수승을 위하여, 참모임의 안락을 위하여, 악한 수행녀들의 조복을 위하여, 품행이 바른 수행녀들의 평안한 삶을 위하여, 지금 여기에서의 번뇌의 제어를 위하여, 다가오는 번뇌를 물리치기 위하여, 청정한 믿음이 없는 자에게 청정한 믿음을 주기 위하여, 청정한 믿음이 있는 자에게 청정한 믿음을 증대시키기 위하여, 올바른 가르침을 지속시키기 위하여, 계율을 수호하기 위하여 학습계율을 시설하니, 수행승들이여, 수행녀들은 이와 같이 학습계율을 송출해야 한다."

〔세존〕 "어떠한 수행녀이든지 일산과 신발을 사용하면, 속죄죄를 범하는 것이다."1386)

이와 같이 이 학습계율은 세존께서 수행녀들을 위하여 시설한 것이다.

2-1. 그런데 그때 어떤 수행녀가 병이 들었다. 그녀는[338] 일산과 신발이 없이는 편안하지 못했다. 세존께 그 사실을 알렸다. 그러자 세존께서는 이러한 인연으로 이러한 기회에 수행승들의 참모임을 불러 모으게 하고 연유를 설하고 수행승들에게 일렀다.

[세존] "수행승들이여, 환우수행녀에게는 일산과 신발을 사용하는 것을 허용

1386) yā pana bhikkhunī chattupāhanaṃ dhāreyya, pācittiyan'ti.

한다. 수행승들이여, 그런데 이와 같이 그 학습계율을 송출해야 한다."

[세존] "어떠한 수행녀이든지 환자가 아닌 한, 일산과 신발을 사용하면, 속죄죄를 범하는 것이다."1387)

2-1. '어떠한'이라는 것은 어떠한 관계, 어떠한 태생, 어떠한 이름, 어떠한 성씨, 어떠한 계행, 어떠한 주거, 어떠한 활동영역에서 이든지, 장로이든지, 신참이든지, 중참이든지, 이러한 자들을 형용하는 것으로 '어떠한 자이든'이라는 뜻이다. '수행녀'이라고 하는 것은 '탁발하는 여자'로서의 수행녀, 탁발을 위해 돌아다니는 여자로서의 수행녀, 분소의를 입은 자로서의 수행녀, 사미니로서의 수행녀, 자칭에 의한 수행녀, '오라! 수행녀여!'에 의한 수행녀, 삼귀의에 의해 구족계를 받은 수행녀, 현선한 수행녀, 진실한 수행녀, 배울 것이 있는 학인인 수행녀, 배울 것이 없는 무학인 수행녀, 화합참모임과 한번제안세번제청의 갈마와 부동의 거룩한 님의 속성을 갖춘 자로서의 수행녀가 있는데, 그녀들 가운데 화합참모임과 양쪽으로부터 구족계를 받은 자로서 한번제안세번제청의 갈마와 부동의 거룩한 님의 속성을 갖춘 수행녀, 그녀를 이러한 의미에서의 수행녀라고 하는 것이다.

2-2. '환자가 아닌 한'이라는 것은 '그에게 일산과 우산이 없어도 편안한'이라는 뜻이다. '환자'라는 것은 '그에게 일산과 우산이 없으면 불편한'이라는 뜻이다. '일산(日傘)'이라는 것은 세 가지 일산 즉, 백포일산, 매트일산, 초엽일산이 있는데, 다시 내륜연결일산과 외륜연결일산으로 나누어진다. '사용하면'이라는 것은 다음과 같다. 한번이라도 사용하면 속죄죄를 범하는 것이라는 뜻이다.

2-3₁.

1) 환자가 아닌 것에 대하여 환자가 아닌 것이라고 지각하고 양산과 우산을 사용하면, 속죄죄를 범하는 것이다.

2) 환자가 아닌 것에 대하여 환자가 아닌 것인지 의심하고 양산과 우산을 사용하면, 속죄죄를 범하는 것이다.

3) 환자가 아닌 것에 대하여 환자인 것이라고 지각하고 양산과 우산을 사용하면, 속죄죄를 범하는 것이다.

1387) 지착개섭계○(持著蓋屧戒) | Bhikkhunī Pāc. 154 : yā pana bhikkhunī agilānā chattūpāhanaṃ dhāreyya, pācittiyan'ti.

2-3₂.

1) 일산을 사용하고 신발을 사용하지 않으면, 악작죄를 범하는 것이다.

2) 신발을 사용하고 일산을 사용하지 않으면, 악작죄를 범하는 것이다.

2-3₃.

1) 환자인 것에 대하여 환자가 아닌 것이라고 지각하면, 악작죄를 범하는 것이다.

2) 환자인 것에 대하여 환자인 것인지 의심하면, 악작죄를 범하는 것이다.

3) 환자인 것에 대하여 환자인 것이라고 지각하면, 무죄이다.

2-4. 환자이거나, 승원에서나 승원의 부근에서 사용하거나,1388) 사고가 일어난 경우이거나, 정신착란자이거나 초범자의 경우는 무죄이다.

4. 16. 2 속죄죄법 제155조

탈것에 대한 학습계율[Yānasikkhāpada]

1-1. 한때 존귀한 부처님께서는 싸밧티 시의 제따바나 숲에 있는 아나타삔디까 승원에 계셨다. 그런데 그때 여섯무리의 수행녀들이 탈것을 탔다. 사람들이 혐책하고 분개하고 비난했다.

[사람들] "어찌 수행녀들이 탈것을 탈 수 있단 말인가? 감각적 쾌락의 욕망을 즐기는 재가자와 같다."

수행녀들은 사람들이 혐책하고 분개하고 비난하는 것을 들었다.

1-2. 수행녀들 가운데 욕망을 여의고, 만족을 알고, 부끄러움을 알고, 후회할 줄 알고, 배움을 원하는 자들은 혐책하고 분개하고 비난했다.

[욕망을 여읜 수행녀들] "어찌 여섯무리의 수행녀들이 탈것을 탈 수 있단 말인가?"

그래서 그 수행녀들은 수행승들에게 그 사실을 알렸다. 수행승들 가운데 욕망을 여의고, 만족을 알고, 부끄러움을 알고, 후회할 줄 알고, 배움을 원하는 자들도 혐책하고 분개하고 비난했다.

1388) ārāme ārāmūpacāre dhāreti : Vin. II. 130에 따르면, 한때 어떤 수행승이 병이 들어 양산이 없이는 불편했다. 세존께 그 사실을 알렸다. "수행승들이여, 환자에게는 양산을 허용한다." 그런데 그때 수행승들은 '환자에게 양산이 허용된 것이지만, 병들지 않은 자에게는 그렇지 않다.'라고 생각하여 승원이나 승원의 부근에서 양산을 들고 다니는 것에 주저했다. 세존께 그 사실을 알렸다. "수행승들이여, 환자나 병들지 않은 자나 승원이나 승원부근에서 양산을 사용하는 것을 허용한다."

[욕망을 여읜 수행승들] "어찌 여섯무리의 수행녀들이 탈것을 탈 수 있단 말인가?"

1-3. 그래서 그 수행승들은 세존께 그 사실을 알렸다. 그러자 세존께서는 그것을 원인으로 그것을 기회로 수행승의 참모임을 불러 모으게 하고 법문을 하고 수행승들에게 말했다.

[세존] "수행승들이여, 그 여섯무리의 수행녀들이 탈것을 탈한 것이 사실인가?"

[수행승들] "세존이시여, 사실입니다."

존귀한 부처님께서는 견책했다.

[세존] "수행승들이여, 그 수행녀들은 적절하지 않고, 자연스럽지 않고, 알맞지 않고, 수행자의 삶이 아니고, 부당하고, 해서는 안 될 일을 한 것이다. 수행승들이여, 어찌 여섯무리의 수행녀들이 탈것을 탈 수 있단 말인가? 수행승들이여, 그것은 아직 청정한 믿음이 없는 자를 청정한 믿음으로 이끌고, 이미 청정한 믿음이 있는 자를 더욱더 청정한 믿음으로 이끄는 것이 아니다. 수행승들이여, 그것은 오히려, 아직 청정한 믿음이 없는 자를 불신으로 이끌고, 이미 청정한 믿음이 있는 자 가운데 어떤 자들을 타락시키는 것이다."

1-4. 그리고 세존께서는 그 여섯무리의 수행녀들에 대하여 여러 가지 방편으로 견책하고, 키우기 어렵고 부양하기 어렵고 탐욕이 많고 만족을 모르고 교제를 좋아하고 나태한 것에 대하여 질책하고, 여러 가지 법문으로 고무하여, 키우기 쉽고 부양하기 쉽고 욕심을 여의고, 만족을 알고, 버리고 없애는 삶, 악을 제거하는 삶, 청정한 믿음의 삶, 쌓아 모우지 않는 삶, 용맹정진의 삶을 칭찬하고, 수행승들을 위하여 그에 알맞고 그에 걸맞게 경책하여 법문을 하고 수행승들에게 일렀다.

[세존] "수행승들이여, 그러므로 수행녀들을 위하여 열 가지 이유에 기초하여, 즉 참모임의 수승을 위하여, 참모임의 안락을 위하여, 악한 수행녀들의 조복을 위하여, 품행이 바른 수행녀들의 평안한 삶을 위하여, 지금 여기에서의 번뇌의 제어를 위하여, 다가오는 번뇌를 물리치기 위하여, 청정한 믿음이 없는 자에게 청정한 믿음을 주기 위하여, 청정한 믿음이 있는 자에게 청정한 믿음을 증대시키기 위하여, 올바른 가르침을 지속시키기 위하여, 계율을 수호하기 위하여 학습계율을 시설하니, 수행승들이여, 수행녀들은 이와 같이 학습계율을 송출해야 한다."

〔세존〕 "어떠한 수행녀이든지 탈것을 타면, 속죄죄를 범하는 것이다."[1389]

이와 같이 세존께서는 수행승들을 위하여 학습계율을 시설했다.

1389) yā pana bhikkhunī yānena yāyeyya, pācittiyan'ti.

2-1. 그런데 그때 어떤 수행녀가 병이 들었다. 그녀는 보행을 할 수가 없었다. 세존께 그 사실을 알렸다.

2-2. 그러자 세존께서는 이러한 인연으로 이러한 기회에 수행승들의 참모임을 불러 모으게 하고 연유를 설하고 수행승들에게 일렀다.

[세존] "수행승들이여, 환우수행녀에게는 탈것을 타는 것을 허용한다. 수행승들이여, 그런데 이와 같이 그 학습계율을 송출해야 한다."

[세존] "어떠한 수행녀이든지, 환자가 아닌 한, 탈것을 탄다면, 속죄죄를 범하는 것이다."1390)

3-1. '어떠한'이라는 것은 어떠한 관계, 어떠한 태생, 어떠한 이름, 어떠한 성씨, 어떠한 계행, 어떠한 주거, 어떠한 활동영역에서 이든지, 장로이든지, 신참이든지, 중참이든지, 이러한 자들을 형용하는 것으로 '어떠한 자이든'이라는 뜻이다. '수행녀'이라고 하는 것은 '탁발하는 여자'로서의 수행녀, 탁발을 위해 돌아다니는 여자로서의 수행녀, 분소의를 입은 자로서의 수행녀, 사미니로서의 수행녀, 자칭에 의한 수행녀, '오라! 수행녀여!'에 의한 수행녀, 삼귀의에 의해 구족계를 받은 수행녀, 현선한 수행녀, 진실한 수행녀, 배울 것이 있는 학인인 수행녀, 배울 것이 없는 무학인 수행녀, 화합참모임과 한번제안세번제청의 갈마와 부동의 거룩한 님의 속성을 갖춘 자로서의 수행녀가 있는데, 그녀들 가운데 화합참모임과 양쪽으로부터 구족계를 받은 자로서 한번제안세번제청의 갈마와 부동의 거룩한 님의 속성을 갖춘 수행녀, 그녀를 이러한 의미에서의 수행녀라고 하는 것이다.

3-2. '환자가 아닌 한'이라는 것은 '그가 보행을 할 수 있다.'라는 뜻이다. '환자'라는 것은 '그가 보행을 할 수 없다.'라는 뜻이다. '탈것'이라는 것은 손수레, 수레, 짐마차, 전차, 들것, 가마를 말한다. '탄다면'이라는 것은 다음과 같다. 스스로 탈것을 타면, 속죄죄를 범하는 것이다.

3-3.

1) 환자가 아닌 것에 대하여 환자가 아닌 것이라고 지각하고 탈것을 타면, 속죄죄를 범하는 것이다.

2) 환자가 아닌 것에 대하여 환자가 아닌 것인지 의심하고 탈것을 타면, 속죄죄를

1390) 승승계O(乘乘戒) | Bhikkhunī Pāc. 155 : yā pana bhikkhunī agilānā yānena yāyeyya pācittiyan'ti.

범하는 것이다.

3) 환자가 아닌 것에 대하여 환자인 것이라고 지각하고 탈것을 타면, 속죄죄를 범하는 것이다.

4) 환자인 것에 대하여 환자가 아닌 것이라고 지각하면, 악작죄를 범하는 것이다.

5) 환자인 것에 대하여 환자인 것인지 의심하면, 악작죄를 범하는 것이다.

6) 환자인 것에 대하여 환자인 것이라고 지각하면, 무죄이다.

3-4. 환자이거나, 사고가 일어나는 경우이거나, 정신착란자이거나 초범자의 경우는 무죄이다.

4. 16. 3 속죄죄법 제156조

페티코트에 대한 학습계율[Saṅghāṇisikkhāpada]

1-1. 한때 존귀한 부처님께서는 싸밧티 시의 제따바나 숲에 있는 아나타삔디까 승원에 계셨다. 그런데 그때 한 수행녀가 어떤 단월가정의 여인에게 탁발 다니는 수행녀였다. 그런데 그 여인이 그 수행녀에게 이와 같이 말했다.

[여인] "존귀한 자매여, 부탁하건데, 이 페티코트1391)를 이러이러한 여인에게 전해 주십시오."

그러자 그 수행녀는 '만약 내 발우에 담아가면, 나에게 곤란이 생기겠지.'라고 생각하고 그것을 입고서 가지고 갔다. 그런데 그것이 차도에서 실이 끊어져 흩어져버렸다. 사람들이 혐책하고 분개하고 비난했다.

[사람들] "어찌 수행녀가 페티코트를 입을 수 있단 말인가? 마치 감각적 쾌락의 욕망을 즐기는 재가자와 같다."

그 수행녀는 그 사람들의 책망을 받고 얼굴을 붉혔다. 그러자 그 수행녀는 처소로 가서 수행녀들에게 그 사실을 알렸다.

1-2. 수행녀들 가운데 욕망을 여의고,[340] 만족을 알고, 부끄러움을 알고, 후회할 줄 알고, 배움을 원하는 자들도 혐책하고 분개하고 비난했다.

[욕망을 여읜 수행녀들] "어찌 수행녀가 페티코트를 입을 수 있단 말인가?"

그래서 그 수행녀들은 수행승들에게 그 사실을 알렸다. 수행승들 가운데 욕망

1391) saṅghāṇi : 한역에서는 사타구니에 두르는 옷이라는 의미에서 과의(跨衣)라고 한다. 영역에서는 페티코트(petticoat)라고 하는데, 여성이 허리에 차는 간단한 옷을 뜻한다.

을 여의고, 만족을 알고, 부끄러움을 알고, 후회할 줄 알고, 배움을 원하는 자들도 혐책하고 분개하고 비난했다.

[욕망을 여읜 수행승들] "어찌 수행녀가 페티코트를 입을 수 있단 말인가?"

1-3. 그래서 그 수행승들은 세존께 그 사실을 알렸다. 그러자 세존께서는 이러한 인연으로 이러한 기회에 수행승들의 참모임을 불러 모으게 하고 연유를 설하고 수행승들에게 물었다.

[세존] "수행승들이여, 수행녀가 페티코트를 입은 것이 사실인가?"

[수행승들] "세존이시여, 사실입니다."

존귀한 부처님께서는 견책했다.

[세존] "수행승들이여, 그 수행녀는 적절하지 않고, 자연스럽지 않고, 알맞지 않고, 수행자의 삶이 아니고, 부당하고, 해서는 안 될 일을 행한 것이다. 수행승들이여, 어찌 수행녀가 페티코트를 입을 수 있단 말인가? 수행승들이여, 그것은 아직 청정한 믿음이 없는 자를 청정한 믿음으로 이끌고, 이미 청정한 믿음이 있는 자를 더욱더 청정한 믿음으로 이끄는 것이 아니다. 수행승들이여, 그것은 오히려, 아직 청정한 믿음이 없는 자를 불신으로 이끌고, 이미 청정한 믿음이 있는 자 가운데 어떤 자들을 타락시키는 것이다."

1-4. 그래서 세존께서는 그 수행녀에 대하여 여러 가지 방편으로 견책하여, 키우기 어렵고 부양하기 어렵고 탐욕이 많고 만족을 모르고 교제를 좋아하고 나태한 것에 대하여 질책하고, 여러 가지 법문으로 고무하여, 키우기 쉽고 부양하기 쉽고 욕심을 여의고, 만족을 알고, 버리고 없애는 삶, 악을 제거하는 삶, 청정한 믿음의 삶, 쌓아 모우지 않는 삶, 용맹정진의 삶을 칭찬하고, 수행승들을 위하여 그에 알맞고 그에 걸맞게 경책하여 법문을 하고 수행승들에게 일렀다.

[세존] "수행승들이여, 그러므로 수행녀들을 위하여 열 가지 이유에 기초하여, 즉 참모임의 수승을 위하여, 참모임의 안락을 위하여, 악한 수행녀들의 조복을 위하여, 품행이 바른 수행녀들의 평안한 삶을 위하여, 지금 여기에서의 번뇌의 제어를 위하여, 다가오는 번뇌를 물리치기 위하여, 청정한 믿음이 없는 자에게 청정한 믿음을 주기 위하여, 청정한 믿음이 있는 자에게 청정한 믿음을 증대시키기 위하여, 올바른 가르침을 지속시키기 위하여, 계율을 수호하기 위하여 학습계율을 시설하니, 수행승들이여, 수행녀들은 이와 같이 학습계율을 송출해야 한다."

[세존] "어떠한 수행녀이든지 페티코트를 입는다면, 속죄죄를 범하는 것이다."1392)

2-1. '어떠한'이라는 것은 어떠한 관계, 어떠한 태생, 어떠한 이름, 어떠한 성씨, 어떠한 계행, 어떠한 주거, 어떠한 활동영역에서 이든지, 장로이든지, 신참이든지, 중참이든지, 이러한 자들을 형용하는 것으로 '어떠한 자이든'이라는 뜻이다. '수행녀'이라고 하는 것은 '탁발하는 여자'로서의 수행녀, 탁발을 위해 돌아다니는 여자로서의 수행녀, 분소의를 입은 자로서의 수행녀, 사미니로서의 수행녀, 자칭에 의한 수행녀, '오라! 수행녀여!'에 의한 수행녀, 삼귀의에 의해 구족계를 받은 수행녀, 현선한 수행녀, 진실한 수행녀, 배울 것이 있는 학인인 수행녀, 배울 것이 없는 무학인 수행녀, 화합참모임과 한번제안세번제청의 갈마와 부동의 거룩한 님의 속성을 갖춘 자로서의 수행녀가 있는데, 그녀들 가운데 화합참모임과 양쪽으로부터 구족계를 받은 자로서 한번제안세번제청의 갈마와 부동의 거룩한 님의 속성을 갖춘 수행녀, 그녀를 이러한 의미에서의 수행녀라고 하는 것이다.

2-2. '페티코트'이라는 것은 '어떠한 것이든 엉덩이에 두르는 것'을 뜻한다. '입는다면'이라는 것은 스스로 착용하면 속죄죄를 범하는 것이라는 뜻이다.

2-3. 질병 때문이거나, 허리끈을 착용한 경우이거나, 정신착란자이거나 초범자의 경우는 무죄이다.

4. 16. 4 속죄죄법 제157조

부녀의 장신구에 대한 학습계율[Itthālaṅkārasikkhāpada]

1-1. 한때 존귀한 부처님께서는 싸밧티 시의 제따바나 숲에 있는 아나타삔디까 승원에 계셨다. 그런데 그때 여섯무리의 수행녀들이 부녀의 장신구를 착용했다. 사람들이 혐책하고 분개하고 비난했다.

[사람들] "어찌 수행녀들이 부녀의 장신구를 착용할 수 있단 말인가? 마치 감각적 쾌락의 욕망을 즐기는 재가자와 같다."

수행녀들은 사람들이 혐책하고 분개하고 비난하는 것을 들었다.

1-2. 수행녀들 가운데 욕망을 여의고, 만족을 알고, 부끄러움을 알고, 후회할 줄 알고, 배움을 원하는 자들도 혐책하고 분개하고 비난했다.

1392) 착과의계○(著袴衣戒) | Bhikkhunī Pāc. 156 : yā pana bhikkhunī saṅghāṇiṃ dhāreyya pācittiyan'ti.

[욕망을 여읜 수행녀들] "어찌 여섯무리의 수행녀들이 부녀의 장신구를 착용할 수 있단 말인가?"

그래서 그 수행녀들은 수행승들에게 그 사실을 알렸다. 수행승들 가운데 욕망을 여의고, 만족을 알고, 부끄러움을 알고, 후회할 줄 알고, 배움을 원하는 자들도 혐책하고 분개하고 비난했다.

[욕망을 여읜 수행승들] "어찌 여섯무리의 수행녀들이 부녀의 장신구를 착용할 수 있단 말인가?"

1-3. 그래서 그 수행승들은 세존께 그 사실을 알렸다. 그러자 세존께서는 이러한 인연으로 이러한 기회에 수행승들의 참모임을 불러 모으게 하고 연유를 설하고 수행승들에게 물었다.

[세존] "수행승들이여, 그 여섯무리의 수행녀들이 부녀의 장신구를 착용한 것이 사실인가?"

[수행승들] "세존이시여, 사실입니다."

존귀한 부처님께서는 견책했다.

[세존] "수행승들이여, 그 여섯무리의 수행녀들은 적절하지 않고, 자연스럽지 않고, 알맞지 않고, 수행자의 삶이 아니고, 부당하고, 해서는 안 될 일을 행한 것이다. 수행승들이여, 어찌 여섯무리의 수행녀들이 부녀의 장신구를 착용할 수 있단 말인가? 수행승들이여, 그것은 아직 청정한 믿음이 없는 자를 청정한 믿음으로 이끌고, 이미 청정한 믿음이 있는 자를 더욱더 청정한 믿음으로 이끄는 것이 아니다. 수행승들이여, 그것은 오히려, 아직 청정한 믿음이 없는 자를 불신으로 이끌고, 이미 청정한 믿음이 있는 자 가운데 어떤 자들을 타락시키는 것이다."

1-4. 그래서 세존께서는 그 여섯무리의 수행녀들에 대하여 여러 가지 방편으로 견책하여, 키우기 어렵고 부양하기 어렵고 탐욕이 많고 만족을 모르고 교제를 좋아하고 나태한 것에 대하여 질책하고, 여러 가지 법문으로 고무하여, 키우기 쉽고 부양하기 쉽고 욕심을 여의고, 만족을 알고, 버리고 없애는 삶, 악을 제거하는 삶, 청정한 믿음의 삶, 쌓아 모우지 않는 삶, 용맹정진의 삶을 칭찬하고, 수행승들을 위하여 그에 알맞고 그에 걸맞게 경책하여 법문을 하고 수행승들에게 일렀다.

[세존] "수행승들이여, 그러므로 수행녀들을 위하여 열 가지 이유에 기초하여, 즉 참모임의 수승을 위하여, 참모임의 안락을 위하여, 악한 수행녀들의 조복을 위하여, 품행이 바른 수행녀들의 평안한 삶을 위하여, 지금 여기에서의 번뇌의 제어를 위하여, 다가오는 번뇌를 물리치기 위하여, 청정한 믿음이 없는 자에게

청정한 믿음을 주기 위하여, 청정한 믿음이 있는 자에게 청정한 믿음을 증대시키기 위하여, 올바른 가르침을 지속시키기 위하여, 계율을 수호하기 위하여 학습계율을 시설하니, 수행승들이여, 수행녀들은 이와 같이 학습계율을 송출해야 한다."

[세존] "어떠한 수행녀이든지 부녀의 장신구를 착용하면, 속죄죄를 범하는 것이다."1393)

2-1. '어떠한'이라는 것은 어떠한 관계, 어떠한 태생, 어떠한 이름, 어떠한 성씨, 어떠한 계행, 어떠한 주거, 어떠한 활동영역에서 이든지, 장로이든지, 신참이든지, 중참이든지, 이러한 자들을 형용하는 것으로 '어떠한 자이든'이라는 뜻이다. '수행녀'이라고 하는 것은 '탁발하는 여자'로서의 수행녀, 탁발을 위해 돌아다니는 여자로서의 수행녀, 분소의를 입은 자로서의 수행녀, 사미니로서의 수행녀, 자칭에 의한 수행녀, '오라! 수행녀여!'에 의한 수행녀, 삼귀의에 의해 구족계를 받은 수행녀, 현선한 수행녀, 진실한 수행녀, 배울 것이 있는 학인인 수행녀, 배울 것이 없는 무학인 수행녀, 화합참모임과 한번제안세번제청의 갈마와 부동의 거룩한 님의 속성을 갖춘 자로서의 수행녀가 있는데, 그녀들 가운데 화합참모임과 양쪽으로부터 구족계를 받은 자로서 한번제안세번제청의 갈마와 부동의 거룩한 님의 속성을 갖춘 수행녀, 그녀를 이러한 의미에서의 수행녀라고 하는 것이다.

2-2. '부녀의 장신구'라는 것은 머리장식용, 목장식용, 손장식용, 발장식용, 허리장식용의 것을 뜻한다. '착용하면'이라는 것은 한번 착용하면, 속죄죄를 범하는 것이다.

2-3. 질병 때문인 경우이거나, 정신착란자이거나 초범자인 경우는 무죄이다.1394)

4. 16. 5 속죄죄법 제158조

향료 등에 대한 학습계율[Gandhādisikkhāpada]

1393) 착부녀식신구계○(著婦女飾身具戒) | Bhikkhunī Pāc. 157 : yā pana bhikkhunī itthālaṅkāraṃ dhāreyya, pācittiyan'ti.

1394) ummattikāyāya khittacittāya vedanaṭṭāya ādikammikāyāti.

1-1. 한때 존귀한 부처님께서는 싸밧티 시의 제따바나 숲에 있는 아나타삔디까 승원에 계셨다. 그런데 그때 여섯무리의 수행녀들이 향료와 지분으로1395) 목욕했다. 사람들이 혐책하고 분개하고 비난했다.

[사람들] "어찌 수행녀들이 향료와 지분으로 목욕을 할 수 있단 말인가? 마치 감각적 쾌락을 즐기는 재가자와 같다."

수행녀들은 사람들이 혐책하고 분개하고 비난하는 것을 들었다.

1-2. 수행녀들 가운데 욕망을 여의고, 만족을 알고, 부끄러움을 알고, 후회할 줄 알고, 배움을 원하는 자들은 혐책하고 분개하고 비난했다.

[욕망을 여읜 수행녀들] "어찌 여섯무리의 수행녀들이 향료와 지분으로 목욕을 할 수 있단 말인가?"

그래서 그 수행녀들은 수행승들에게 그 사실을 알렸다. 수행승들 가운데 욕망을 여의고, 만족을 알고, 부끄러움을 알고, 후회할 줄 알고, 배움을 원하는 자들도 혐책하고 분개하고 비난했다.

[욕망을 여읜 수행승들] "어찌 여섯무리의 수행녀들이 향료와 지분으로 목욕을 할 수 있단 말인가?"

1-3. 그래서 그 수행승들은 세존께 그 사실을 알렸다. 그러자 세존께서는 이러한 인연으로 이러한 기회에 수행승들의 참모임을 불러 모으게 하고 연유를 설하고 수행승들에게 물었다.

[세존] "수행승들이여, 그 여섯무리의 수행녀들이 향료와 지분으로 목욕을 한 것이 사실인가?"

[수행승들] "세존이시여, 사실입니다."

존귀한 부처님께서는 견책했다.

[세존] "수행승들이여, 그 여섯무리의 수행녀들은 적절하지 않고, 자연스럽지 않고, 알맞지 않고, 수행자의 삶이 아니고, 부당하고, 해서는 안 될 일을 행한 것이다. 수행승들이여, 어찌 여섯무리의 수행녀들이 향료와 지분으로 목욕을 할 수 있단 말인가? 수행승들이여, 그것은 아직 청정한 믿음이 없는 자를 청정한 믿음으로 이끌고, 이미 청정한 믿음이 있는 자를 더욱더 청정한 믿음으로 이끄는 것이 아니다. 수행승들이여, 그것은 오히려, 아직 청정한 믿음이 없는 자를 불신으로 이끌고, 이미 청정한 믿음이 있는 자 가운데 어떤 자들을 타락시키는 것이다."

1395) gandhavaṇṇakena : '향료와 지분(脂粉)으로'라는 것은 향료와 색깔 있는 기름물감을 사용한 것을 뜻한다.

1-4. 그래서 세존께서는 그 여섯무리의 수행녀들에 대하여 여러 가지 방편으로 견책하여, 키우기 어렵고 부양하기 어렵고 탐욕이 많고 만족을 모르고 교제를 좋아하고 나태한 것에 대하여 질책하고, 여러 가지 법문으로 고무하여, 키우기 쉽고 부양하기 쉽고 욕심을 여의고, 만족을 알고, 버리고 없애는 삶, 악을 제거하는 삶, 청정한 믿음의 삶, 쌓아 모우지 않는 삶, 용맹정진의 삶을 칭찬하고, 수행승들을 위하여 그에 알맞고 그에 걸맞게 경책하여 법문을 하고 수행승들에게 일렀다.

[세존] "수행승들이여, 그러므로 수행녀들을 위하여 열 가지 이유에 기초하여, 즉 참모임의 수승을 위하여, 참모임의 안락을 위하여, 악한 수행녀들의 조복을 위하여, 품행이 바른 수행녀들의 평안한 삶을 위하여, 지금 여기에서의 번뇌의 제어를 위하여, 다가오는 번뇌를 물리치기 위하여, 청정한 믿음이 없는 자에게 청정한 믿음을 주기 위하여, 청정한 믿음이 있는 자에게 청정한 믿음을 증대시키기 위하여, 올바른 가르침을 지속시키기 위하여, 계율을 수호하기 위하여 학습계율을 시설하니, 수행승들이여, 수행녀들은 이와 같이 학습계율을 송출해야 한다."

[세존] "어떠한 수행녀이든지 향료와 지분으로 목욕을 하면, 속죄죄를 범하는 것이다."[1396]

2-1. '어떠한'이라는 것은 어떠한 관계, 어떠한 태생, 어떠한 이름, 어떠한 성씨, 어떠한 계행, 어떠한 주거, 어떠한 활동영역에서 이든지, 장로이든지, 신참이든지, 중참이든지, 이러한 자들을 형용하는 것으로 '어떠한 자이든'이라는 뜻이다. '수행녀'이라고 하는 것은 '탁발하는 여자'로서의 수행녀, 탁발을 위해 돌아다니는 여자로서의 수행녀, 분소의를 입은 자로서의 수행녀, 사미니로서의 수행녀, 자칭에 의한 수행녀, '오라! 수행녀여!'에 의한 수행녀, 삼귀의에 의해 구족계를 받은 수행녀, 현선한 수행녀, 진실한 수행녀, 배울 것이 있는 학인인 수행녀, 배울 것이 없는 무학인 수행녀, 화합참모임과 한번제안세번제청의 갈마와 부동의 거룩한 님의 속성을 갖춘 자로서의 수행녀가 있는데, 그녀들 가운데 화합참모임과 양쪽으로부터 구족계를 받은 자로서 한번제안세번제청의 갈마와 부동의 거룩한 님의 속성을 갖춘 수행녀, 그녀를 이러한 의미에서의 수행녀라고 하는 것이다.

2-2. '향료'라는 것은 '어떠한 것이든 향기있는 것'을 뜻한다. '지분(脂粉)'이라는

1396) 이향도신계○(以香塗身戒) | Bhikkhunī Pāc. 158 : yā pana bhikkhunī gandhavaṇṇakena nahāyeyya, pācittiyan'ti.

것은 '색깔있는 화장품'을 뜻한다. '목욕을 하면'이라는 것은 다음과 같다. 그 과정은 악작죄를 범하는 것이고, 끝내면, 속죄죄를 범한 것을 뜻한다.

2-3. 질병 때문인 경우이거나, 정신착란자이거나 초범자인 경우는 무죄이다.

4. 16. 6 속죄죄법 제159조

호마분에 대한 학습계율[Piññākasikkhāpada]

1-1. 한때 존귀한 부처님께서는 싸밧티 시의 제따바나 숲에 있는 아나타삔디까 승원에 계셨다. 그런데 그때 여섯무리의 수행녀들이 향기로운 호마분으로[1397] 목욕했다. 사람들이 혐책하고 분개하고 비난했다.

[사람들] "어찌 수행녀들이 향기로운 호마분으로 목욕을 할 수 있단 말인가? 마치 감각적 쾌락을 즐기는 재가자와 같다."

수행녀들은 사람들이 혐책하고 분개하고 비난하는 것을 들었다.

1-2. 수행녀들 가운데 욕망을 여의고, 만족을 알고, 부끄러움을 알고, 후회할 줄 알고, 배움을 원하는 자들은 혐책하고 분개하고 비난했다.

[욕망을 여읜 수행녀들] "어찌 수행녀들이 향기로운 호마분으로 목욕을 할 수 있단 말인가?"

그래서 그 수행녀들은 수행승들에게 그 사실을 알렸다. 수행승들 가운데 욕망을 여의고, 만족을 알고, 부끄러움을 알고, 후회할 줄 알고, 배움을 원하는 자들도 혐책하고 분개하고 비난했다.

[욕망을 여읜 수행승들] "어찌 수행녀들이 향기로운 호마분으로 목욕을 할 수 있단 말인가?"

1-3. 그래서 그 수행승들은 세존께 그 사실을 알렸다. 그러자 세존께서는 이러한 인연으로 이러한 기회에 수행승들의 참모임을 불러 모으게 하고 연유를 설하고 수행승들에게 물었다.

[세존] "수행승들이여, 수행녀들이 향기로운 호마분으로 목욕을 한 것이 사실인가?"

[수행승들] "세존이시여, 사실입니다."

1397) vāsitakena piññākena : 향기로운 호마분(胡麻粉)은 향기로운 참깨가루를 뜻한다.

존귀한 부처님께서는 견책했다.

[세존] "수행승들이여, 그 수행녀들은 적절하지 않고, 자연스럽지 않고, 알맞지 않고, 수행자의 삶이 아니고, 부당하고, 해서는 안 될 일을 행한 것이다. 수행승들이여, 어찌 수행녀들이 향기로운 호마분으로 목욕을 할 수 있단 말인가? 수행승들이여, 그것은 아직 청정한 믿음이 없는 자를 청정한 믿음으로 이끌고, 이미 청정한 믿음이 있는 자를 더욱더 청정한 믿음으로 이끄는 것이 아니다. 수행승들이여, 그것은 오히려, 아직 청정한 믿음이 없는 자를 불신으로 이끌고, 이미 청정한 믿음이 있는 자 가운데 어떤 자들을 타락시키는 것이다."

1-4. 그래서 세존께서는 그 수행녀들에 대하여 여러 가지 방편으로 견책하여, 키우기 어렵고 부양하기 어렵고 탐욕이 많고 만족을 모르고 교제를 좋아하고 나태한 것에 대하여 질책하고, 여러 가지 법문으로 고무하여, 키우기 쉽고 부양하기 쉽고 욕심을 여의고, 만족을 알고, 버리고 없애는 삶, 악을 제거하는 삶, 청정한 믿음의 삶, 쌓아 모우지 않는 삶, 용맹정진의 삶을 칭찬하고, 수행승들을 위하여 그에 알맞고 그에 걸맞게 경책하여 법문을 하고 수행승들에게 일렀다.

[세존] "수행승들이여, 그러므로 수행녀들을 위하여 열 가지 이유에 기초하여, 즉 참모임의 수승을 위하여, 참모임의 안락을 위하여, 악한 수행녀들의 조복을 위하여, 품행이 바른 수행녀들의 평안한 삶을 위하여, 지금 여기에서의 번뇌의 제어를 위하여, 다가오는 번뇌를 물리치기 위하여, 청정한 믿음이 없는 자에게 청정한 믿음을 주기 위하여, 청정한 믿음이 있는 자에게 청정한 믿음을 증대시키기 위하여, 올바른 가르침을 지속시키기 위하여, 계율을 수호하기 위하여 학습계율을 시설하니, 수행승들이여, 수행녀들은 이와 같이 학습계율을 송출해야 한다."

[세존] "어떠한 수행녀이든지 향기로운 호마분으로 목욕을 하면, 속죄죄를 범하는 것이다."[1398]

2-1. '어떠한'이라는 것은 어떠한 관계, 어떠한 태생, 어떠한 이름, 어떠한 성씨, 어떠한 계행, 어떠한 주거, 어떠한 활동영역에서 이든지, 장로이든지, 신참이든지, 중참이든지, 이러한 자들을 형용하는 것으로 '어떠한 자이든'이라는 뜻이다. '수행녀'이라고 하는 것은 '탁발하는 여자'로서의 수행녀, 탁발을 위해 돌아다니는 여자로서의 수행녀, 분소의를 입은 자로서의 수행녀, 사미니로서의 수행녀,

---

1398) 호마유도신계○(胡麻油塗身戒) | Bhikkhunī Pāc. 159 : yā pana bhikkhunī vāsitakena piññākena nahāyeyya, pācittiyan'ti.

자칭에 의한 수행녀, '오라! 수행녀여!'에 의한 수행녀, 삼귀의에 의해 구족계를 받은 수행녀, 현선한 수행녀, 진실한 수행녀, 배울 것이 있는 학인인 수행녀, 배울 것이 없는 무학인 수행녀, 화합참모임과 한번제안세번제청의 갈마와 부동의 거룩한 님의 속성을 갖춘 자로서의 수행녀가 있는데, 그녀들 가운데 화합참모임과 양쪽으로부터 구족계를 받은 자로서 한번제안세번제청의 갈마와 부동의 거룩한 님의 속성을 갖춘 수행녀, 그녀를 이러한 의미에서의 수행녀라고 하는 것이다.

2-2. '향기로운'이라는 것은 '어떠한 것이든 향기있는'을 뜻한다. '호마분(胡麻粉)'이라는 것은 '가루로 만든 참깨'를 뜻한다. '목욕을 하면'이라는 것은 다음과 같다. 그 과정은 악작죄를 범하는 것이고, 끝내면, 속죄죄를 범한 것을 뜻한다.

2-3. 질병 때문인 경우나, 보통의 호마분으로 목욕하는 경우이거나, 정신착란자이거나 초범자인 경우는 무죄이다.

4. 16. 7 속죄죄법 제160조

수행녀맛사지에 대한 학습계율[Bhikkhunīparimaddāpanasikkhāpada]

1-1. 한때[342] 존귀한 부처님께서는 싸밧티 시의 제따바나 숲에 있는 아나타삔디까 승원에 계셨다. 그런데 그때 수행녀들이 수행녀들로 하여금 주무르게 하고 맛사지하게 했다. 사람들이 정사를 순례하다가 보고 혐책하고 분개하고 비난했다.

[사람들] "어찌 수행녀들이 수행녀들로 하여금 주무르게 하고 맛사지하게 할 수 있단 말인가? 마치 감각적 쾌락을 즐기는 재가자와 같다."

수행녀들은 사람들이 혐책하고 분개하고 비난하는 것을 들었다.

1-2. 수행녀들 가운데 욕망을 여의고, 만족을 알고, 부끄러움을 알고, 후회할 줄 알고, 배움을 원하는 자들은 혐책하고 분개하고 비난했다.

[욕망을 여읜 수행녀들] "어찌 수행녀들이 수행녀들로 하여금 주무르게 하고 맛사지하게 할 수 있단 말인가?"

그래서 그 수행녀들은 수행승들에게 그 사실을 알렸다. 수행승들 가운데 욕망을 여의고, 만족을 알고, 부끄러움을 알고, 후회할 줄 알고, 배움을 원하는 자들도 혐책하고 분개하고 비난했다.

[욕망을 여읜 수행승들] "어찌 수행녀들이 수행녀들로 하여금 주무르게 하고

맛사지하게 할 수 있단 말인가?"

1-3. 그래서 그 수행승들은 세존께 그 사실을 알렸다. 그러자 세존께서는 이러한 인연으로 이러한 기회에 수행승들의 참모임을 불러 모으게 하고 연유를 설하고 수행승들에게 물었다.

[세존] "수행승들이여, 수행녀들이 수행녀들로 하여금 주무르게 하고 맛사지하게 한 것이 사실인가?"

[수행승들] "세존이시여, 사실입니다."

존귀한 부처님께서는 견책했다.

[세존] "수행승들이여, 그 수행녀들은 적절하지 않고, 자연스럽지 않고, 알맞지 않고, 수행자의 삶이 아니고, 부당하고, 해서는 안 될 일을 행한 것이다. 수행승들이여, 어찌 수행녀들이 수행녀들로 하여금 주무르게 하고 맛사지하게 할 수 있단 말인가? 수행승들이여, 그것은 아직 청정한 믿음이 없는 자를 청정한 믿음으로 이끌고, 이미 청정한 믿음이 있는 자를 더욱더 청정한 믿음으로 이끄는 것이 아니다. 수행승들이여, 그것은 오히려, 아직 청정한 믿음이 없는 자를 불신으로 이끌고, 이미 청정한 믿음이 있는 자 가운데 어떤 자들을 타락시키는 것이다."

1-4. 그래서 세존께서는 그 수행녀들에 대하여 여러 가지 방편으로 견책하여, 키우기 어렵고 부양하기 어렵고 탐욕이 많고 만족을 모르고 교제를 좋아하고 나태한 것에 대하여 질책하고, 여러 가지 법문으로 고무하여, 키우기 쉽고 부양하기 쉽고 욕심을 여의고, 만족을 알고, 버리고 없애는 삶, 악을 제거하는 삶, 청정한 믿음의 삶, 쌓아 모우지 않는 삶, 용맹정진의 삶을 칭찬하고, 수행승들을 위하여 그에 알맞고 그에 걸맞게 경책하여 법문을 하고 수행승들에게 일렀다.

[세존] "수행승들이여, 그러므로 수행녀들을 위하여 열 가지 이유에 기초하여, 즉 참모임의 수승을 위하여, 참모임의 안락을 위하여, 악한 수행녀들의 조복을 위하여, 품행이 바른 수행녀들의 평안한 삶을 위하여, 지금 여기에서의 번뇌의 제어를 위하여, 다가오는 번뇌를 물리치기 위하여, 청정한 믿음이 없는 자에게 청정한 믿음을 주기 위하여, 청정한 믿음이 있는 자에게 청정한 믿음을 증대시키기 위하여, 올바른 가르침을 지속시키기 위하여, 계율을 수호하기 위하여 학습계율을 시설하니, 수행승들이여, 수행녀들은 이와 같이 학습계율을 송출해야 한다."

[세존] "어떠한 수행녀이든지 수행녀로 하여금 주무르게 하거나 맛사지하게 하면, 속죄죄를 범하는 것이다."[1399]

2-1. '어떠한'이라는 것은 어떠한 관계, 어떠한 태생, 어떠한 이름, 어떠한 성씨, 어떠한 계행, 어떠한 주거, 어떠한 활동영역에서 이든지, 장로이든지, 신참이든지, 중참이든지, 이러한 자들을 형용하는 것으로 '어떠한 자이든'이라는 뜻이다. '수행녀'이라고 하는 것은 '탁발하는 여자'로서의 수행녀, 탁발을 위해 돌아다니는 여자로서의 수행녀, 분소의를 입은 자로서의 수행녀, 사미니로서의 수행녀, 자칭에 의한 수행녀, '오라! 수행녀여!'에 의한 수행녀, 삼귀의에 의해 구족계를 받은 수행녀, 현선한 수행녀, 진실한 수행녀, 배울 것이 있는 학인인 수행녀, 배울 것이 없는 무학인 수행녀, 화합참모임과 한번제안세번제청의 갈마와 부동의 거룩한 님의 속성을 갖춘 자로서의 수행녀가 있는데, 그녀들 가운데 화합참모임과 양쪽으로부터 구족계를 받은 자로서 한번제안세번제청의 갈마와 부동의 거룩한 님의 속성을 갖춘 수행녀, 그녀를 이러한 의미에서의 수행녀라고 하는 것이다.

2-2. '수행녀로 하여금'은 '다른 수행녀로 하여금'이라는 뜻이다. '주무르게 하거나'라는 것은 문지르게 하면 속죄죄를 범하는 것이라는 뜻이다. '맛사지하게 하면'이라는 것은 마촉하게 하면 속죄죄를 범하는 것이라는 뜻이다.

2-3. 질병이 걸리거나, 사고가 일어난 경우이거나, 정신착란자이거나 초범자인 경우는 무죄이다.

4. 16. 8 속죄죄법 제161조

정학녀맛사지에 대한 학습계율[Sikkhamānāparimaddāpanasikkhāpada]

1-1. 한때 존귀한 부처님께서는 싸밧티 시의 제따바나 숲에 있는 아나타삔디까 승원에 계셨다. 그런데 그때 수행녀들이 정학녀들로 하여금 주무르게 하고 맛사지하게 했다. 사람들이 정사를 순례하다가 보고 혐책하고 분개하고 비난했다.

[사람들] "어찌 수행녀들이 정학녀들로 하여금 주무르게 하고 맛사지하게 할 수 있단 말인가? 마치 감각적 쾌락을 즐기는 재가자와 같다."

수행녀들은 사람들이 혐책하고 분개하고 비난하는 것을 들었다.

1399) 사비구니마신계○(使比丘尼摩身戒) | Bhikkhunī Pāc. 160 : yā pana bhikkhunī bhikkhuniyā ummaddāpeyya vā parimaddāpeyya vā, pācittiyan'ti.

1-2. 수행녀들 가운데 욕망을 여의고, 만족을 알고, 부끄러움을 알고, 후회할 줄 알고, 배움을 원하는 자들은 혐책하고 분개하고 비난했다.

[욕망을 여읜 수행녀들] "어찌 수행녀들이 정학녀들로 하여금 주무르게 하고 맛사지하게 할 수 있단 말인가?"

그래서 그 수행녀들은 수행승들에게 그 사실을 알렸다. 수행승들 가운데 욕망을 여의고, 만족을 알고, 부끄러움을 알고, 후회할 줄 알고, 배움을 원하는 자들도 혐책하고 분개하고 비난했다.

[욕망을 여읜 수행승들] "어찌 수행녀들이 정학녀들로 하여금 주무르게 하고 맛사지하게 할 수 있단 말인가?"

1-3. 그래서 그 수행승들은 세존께 그 사실을 알렸다. 그러자 세존께서는 이러한 인연으로 이러한 기회에 수행승들의 참모임을 불러 모으게 하고 연유를 설하고 수행승들에게 물었다.

[세존] "수행승들이여, 수행녀들이 정학녀들로 하여금 주무르게 하고 맛사지하게 한 것이 사실인가?"

[수행승들] "세존이시여, 사실입니다."

존귀한 부처님께서는 견책했다.

[세존] "수행승들이여, 그 수행녀들은 적절하지 않고, 자연스럽지 않고, 알맞지 않고, 수행자의 삶이 아니고, 부당하고, 해서는 안 될 일을 행한 것이다. 수행승들이여, 어찌 수행녀들이 정학녀들로 하여금 주무르게 하고 맛사지하게 할 수 있단 말인가? 수행승들이여, 그것은 아직 청정한 믿음이 없는 자를 청정한 믿음으로 이끌고, 이미 청정한 믿음이 있는 자를 더욱더 청정한 믿음으로 이끄는 것이 아니다. 수행승들이여, 그것은 오히려, 아직 청정한 믿음이 없는 자를 불신으로 이끌고, 이미 청정한 믿음이 있는 자 가운데 어떤 자들을 타락시키는 것이다."

1-4. 그래서 세존께서는 그 수행녀들에 대하여 여러 가지 방편으로 견책하여, 키우기 어렵고 부양하기 어렵고 탐욕이 많고 만족을 모르고 교제를 좋아하고 나태한 것에 대하여 질책하고, 여러 가지 법문으로 고무하여, 키우기 쉽고 부양하기 쉽고 욕심을 여의고, 만족을 알고, 버리고 없애는 삶, 악을 제거하는 삶, 청정한 믿음의 삶, 쌓아 모우지 않는 삶, 용맹정진의 삶을 칭찬하고, 수행승들을 위하여 그에 알맞고 그에 걸맞게 경책하여 법문을 하고 수행승들에게 일렀다.

[세존] "수행승들이여, 그러므로 수행녀들을 위하여 열 가지 이유에 기초하

여, 즉 참모임의 수승을 위하여, 참모임의 안락을 위하여, 악한 수행녀들의 조복을 위하여, 품행이 바른 수행녀들의 평안한 삶을 위하여, 지금 여기에서의 번뇌의 제어를 위하여, 다가오는 번뇌를 물리치기 위하여, 청정한 믿음이 없는 자에게 청정한 믿음을 주기 위하여, 청정한 믿음이 있는 자에게 청정한 믿음을 증대시키기 위하여, 올바른 가르침을 지속시키기 위하여, 계율을 수호하기 위하여 학습계율을 시설하니, 수행승들이여, 수행녀들은 이와 같이 학습계율을 송출해야 한다."

[세존] "어떠한 수행녀이든지 정학녀로 하여금 주무르게 하고 맛사지하게 하면, 속죄죄를 범하는 것이다."1400)

2-1. '어떠한'이라는 것은 어떠한 관계, 어떠한 태생, 어떠한 이름, 어떠한 성씨, 어떠한 계행, 어떠한 주거, 어떠한 활동영역에서 이든지, 장로이든지, 신참이든지, 중참이든지, 이러한 자들을 형용하는 것으로 '어떠한 자이든'이라는 뜻이다. '수행녀'이라고 하는 것은 '탁발하는 여자'로서의 수행녀, 탁발을 위해 돌아다니는 여자로서의 수행녀, 분소의를 입은 자로서의 수행녀, 사미니로서의 수행녀, 자칭에 의한 수행녀, '오라! 수행녀여!'에 의한 수행녀, 삼귀의에 의해 구족계를 받은 수행녀, 현선한 수행녀, 진실한 수행녀, 배울 것이 있는 학인인 수행녀, 배울 것이 없는 무학인 수행녀, 화합참모임과 한번제안세번제청의 갈마와 부동의 거룩한 님의 속성을 갖춘 자로서의 수행녀가 있는데, 그녀들 가운데 화합참모임과 양쪽으로부터 구족계를 받은 자로서 한번제안세번제청의 갈마와 부동의 거룩한 님의 속성을 갖춘 수행녀, 그녀를 이러한 의미에서의 수행녀라고 하는 것이다.

2-2. '정학녀'는 '이년 동안 여섯 가지 원리에 대한 학습계율을 배우는 자를 뜻한다. '주무르게 하거나'라는 것은 문지르게 하면, 속죄죄를 범하는 것이라는 뜻이다. '맛사지하게 하면'이라는 것은 마촉하게 하면, 속죄죄를 범하는 것이라는 뜻이다.

2-3. 질병에 걸리거나, 사고가 일어난 경우이거나, 정신착란자이거나 초범자인 경우는 무죄이다.

1400) 사학법녀마신계○(使學法女摩身戒) | Bhikkhunī Pāc. 161 : yā pana bhikkhunī sikkhamānāya ummaddāpeyya vā parimaddāpeyya vā, pācittiyan'ti.

4. 16. 9 속죄죄법 제162조

사미니맛사지에 대한 학습계율[Sāmaṇerīparimaddāpanasikkhāpada]

1-1. 한때 존귀한 부처님께서는 싸밧티 시의 제따바나 숲에 있는 아나타삔디까 승원에 계셨다. 그런데 그때 수행녀들이 사미니들로 하여금 주무르게 하고 맛사지하게 했다. 사람들이 정사를 순례하다가 보고 혐책하고 분개하고 비난했다.

[사람들] "어찌 수행녀들이 사미니들로 하여금 주무르게 하고 맛사지하게 할 수 있단 말인가? 마치 감각적 쾌락을 즐기는 재가자와 같다."

수행녀들은 사람들이 혐책하고 분개하고 비난하는 것을 들었다.

1-2. 수행녀들 가운데 욕망을 여의고, 만족을 알고, 부끄러움을 알고, 후회할 줄 알고, 배움을 원하는 자들은 혐책하고 분개하고 비난했다.

[욕망을 여읜 수행녀들] "어찌 수행녀들이 사미니들로 하여금 주무르게 하고 맛사지하게 할 수 있단 말인가?"

그래서 그 수행녀들은 수행승들에게 그 사실을 알렸다. 수행승들 가운데 욕망을 여의고, 만족을 알고, 부끄러움을 알고, 후회할 줄 알고, 배움을 원하는 자들도 혐책하고 분개하고 비난했다.

[욕망을 여읜 수행승들] "어찌 수행녀들이 사미니들로 하여금 주무르게 하고 맛사지하게 할 수 있단 말인가?"

1-3. 그래서 그 수행승들은 세존께 그 사실을 알렸다. 그러자 세존께서는 이러한 인연으로 이러한 기회에 수행승들의 참모임을 불러 모으게 하고 연유를 설하고 수행승들에게 물었다.

[세존] "수행승들이여, 수행녀들이 사미니들로 하여금 주무르게 하고 맛사지하게 한 것이 사실인가?"

[수행승들] "세존이시여, 사실입니다."

존귀한 부처님께서는 견책했다.

[세존] "수행승들이여, 그 수행녀들은 적절하지 않고, 자연스럽지 않고, 알맞지 않고, 수행자의 삶이 아니고, 부당하고, 해서는 안 될 일을 행한 것이다. 수행승들이여, 어찌 수행녀들이 사미니들로 하여금 주무르게 하고 맛사지하게 할 수 있단 말인가? 수행승들이여, 그것은 아직 청정한 믿음이 없는 자를 청정한 믿음으로 이끌고, 이미 청정한 믿음이 있는 자를 더욱더 청정한 믿음으로 이끄는 것이 아니다. 수행승들이여, 그것은 오히려, 아직 청정한 믿음이 없는 자를 불신으로 이끌고, 이미 청정한

믿음이 있는 자 가운데 어떤 자들을 타락시키는 것이다."

1-4. 그래서 세존께서는 그 수행녀들에 대하여 여러 가지 방편으로 견책하여, 키우기 어렵고 부양하기 어렵고 탐욕이 많고 만족을 모르고 교제를 좋아하고 나태한 것에 대하여 질책하고, 여러 가지 법문으로 고무하여, 키우기 쉽고 부양하기 쉽고 욕심을 여의고, 만족을 알고, 버리고 없애는 삶, 악을 제거하는 삶, 청정한 믿음의 삶, 쌓아 모우지 않는 삶, 용맹정진의 삶을 칭찬하고, 수행승들을 위하여 그에 알맞고 그에 걸맞게 경책하여 법문을 하고 수행승들에게 일렀다.

[세존] "수행승들이여, 그러므로 수행녀들을 위하여 열 가지 이유에 기초하여, 즉 참모임의 수승을 위하여, 참모임의 안락을 위하여, 악한 수행녀들의 조복을 위하여, 품행이 바른 수행녀들의 평안한 삶을 위하여, 지금 여기에서의 번뇌의 제어를 위하여, 다가오는 번뇌를 물리치기 위하여, 청정한 믿음이 없는 자에게 청정한 믿음을 주기 위하여, 청정한 믿음이 있는 자에게 청정한 믿음을 증대시키기 위하여, 올바른 가르침을 지속시키기 위하여, 계율을 수호하기 위하여 학습계율을 시설하니, 수행승들이여, 수행녀들은 이와 같이 학습계율을 송출해야 한다."

[세존] "어떠한 수행녀이든지 사미니로 하여금 주무르게 하고 맛사지하게 하면, 속죄죄를 범하는 것이다."1401)

2-1. '어떠한'이라는 것은 어떠한 관계, 어떠한 태생, 어떠한 이름, 어떠한 성씨, 어떠한 계행, 어떠한 주거, 어떠한 활동영역에서 이든지, 장로이든지, 신참이든지, 중참이든지, 이러한 자들을 형용하는 것으로 '어떠한 자이든'이라는 뜻이다. '수행녀'이라고 하는 것은 '탁발하는 여자'로서의 수행녀, 탁발을 위해 돌아다니는 여자로서의 수행녀, 분소의를 입은 자로서의 수행녀, 사미니로서의 수행녀, 자칭에 의한 수행녀, '오라! 수행녀여!'에 의한 수행녀, 삼귀의에 의해 구족계를 받은 수행녀, 현선한 수행녀, 진실한 수행녀, 배울 것이 있는 학인인 수행녀, 배울 것이 없는 무학인 수행녀, 화합참모임과 한번제안세번제청의 갈마와 부동의 거룩한 님의 속성을 갖춘 자로서의 수행녀가 있는데, 그녀들 가운데 화합참모임과 양쪽으로부터 구족계를 받은 자로서 한번제안세번제청의 갈마와 부동의 거룩한 님의 속성을 갖춘 수행녀, 그녀를 이러한 의미에서의 수행녀라고 하는 것이다.

1401) 사사미니마신계○(使沙彌尼摩身戒) | Bhikkhunī Pāc. 162 : yā pana bhikkhunī sāmaṇeriyā ummaddāpeyya vā parimaddāpeyya vā pācittiyan'ti.

2-2. '사미니'는 '열 가지 학습계율을 지키는 자'를 뜻한다. '주무르게 하거나'라는 것은 도포하게 하면 속죄죄를 범하는 것이라는 뜻이다. '맛사지하게 하면'이라는 것은 마촉하게 하면 속죄죄 범하는 것이라는 뜻이다.

2-3. 질병이 걸리거나, 사고가 일어난 경우이거나, 정신착란자이거나 초범자인 경우는 무죄이다.

4. 16. 10 속죄죄법 제163조

재가녀에 대한 학습계율[Gihinīsikkhāpada]

1-1. 한때 존귀한 부처님께서는 싸밧티 시의 제따바나 숲에 있는 아나타삔디까 승원에 계셨다. 그런데 그때 수행녀들이 재가녀들로 하여금 주무르게 하고 맛사지하게 했다. 사람들이 정사를 순례하다가 보고 혐책하고 분개하고 비난했다.

[사람들] "어찌 수행녀들이 재가녀들로 하여금 주무르게 하고 맛사지하게 할 수 있단 말인가? 마치 감각적 쾌락을 즐기는 재가자와 같다."

수행녀들은 사람들이 혐책하고 분개하고 비난하는 것을 들었다.

1-2. 수행녀들 가운데 욕망을 여의고, 만족을 알고, 부끄러움을 알고, 후회할 줄 알고, 배움을 원하는 자들은 혐책하고 분개하고 비난했다.

[욕망을 여읜 수행녀들] "어찌 수행녀들이 재가녀들로 하여금 주무르게 하고 맛사지하게 할 수 있단 말인가?"

그래서 그 수행녀들은 수행승들에게 그 사실을 알렸다. 수행승들 가운데 욕망을 여의고, 만족을 알고, 부끄러움을 알고, 후회할 줄 알고, 배움을 원하는 자들도 혐책하고 분개하고 비난했다.

[욕망을 여읜 수행승들] "어찌 수행녀들이 재가녀들로 하여금 주무르게 하고 맛사지하게 할 수 있단 말인가?"

1-3. 그래서 그 수행승들은 세존께 그 사실을 알렸다. 그러자 세존께서는 이러한 인연으로 이러한 기회에 수행승들의 참모임을 불러 모으게 하고 연유를 설하고 수행승들에게 물었다.

[세존] "수행승들이여, 수행녀들이 재가녀들로 하여금 주무르게 하고 맛사지하게 한 것이 사실인가?"

[수행승들] "세존이시여, 사실입니다."

존귀한 부처님께서는 견책했다.

[세존] "수행승들이여, 그 수행녀들은 적절하지 않고, 자연스럽지 않고, 알맞지 않고, 수행자의 삶이 아니고, 부당하고, 해서는 안 될 일을 행한 것이다. 수행승들이여, 어찌 수행녀들이 재가녀들로 하여금 주무르게 하고 맛사지하게 할 수 있단 말인가? 수행승들이여, 그것은 아직 청정한 믿음이 없는 자를 청정한 믿음으로 이끌고, 이미 청정한 믿음이 있는 자를 더욱더 청정한 믿음으로 이끄는 것이 아니다. 수행승들이여, 그것은 오히려, 아직 청정한 믿음이 없는 자를 불신으로 이끌고, 이미 청정한 믿음이 있는 자 가운데 어떤 자들을 타락시키는 것이다."

1-4. 그래서 세존께서는 그 수행녀들에 대하여 여러 가지 방편으로 견책하여, 키우기 어렵고 부양하기 어렵고 탐욕이 많고 만족을 모르고 교제를 좋아하고 나태한 것에 대하여 질책하고, 여러 가지 법문으로 고무하여, 키우기 쉽고 부양하기 쉽고 욕심을 여의고, 만족을 알고, 버리고 없애는 삶, 악을 제거하는 삶, 청정한 믿음의 삶, 쌓아 모우지 않는 삶, 용맹정진의 삶을 칭찬하고, 수행승들을 위하여 그에 알맞고 그에 걸맞게 경책하여 법문을 하고 수행승들에게 일렀다.

[세존] "수행승들이여, 그러므로 수행녀들을 위하여 열 가지 이유에 기초하여, 즉 참모임의 수승을 위하여, 참모임의 안락을 위하여, 악한 수행녀들의 조복을 위하여, 품행이 바른 수행녀들의 평안한 삶을 위하여, 지금 여기에서의 번뇌의 제어를 위하여, 다가오는 번뇌를 물리치기 위하여, 청정한 믿음이 없는 자에게 청정한 믿음을 주기 위하여, 청정한 믿음이 있는 자에게 청정한 믿음을 증대시키기 위하여, 올바른 가르침을 지속시키기 위하여, 계율을 수호하기 위하여 학습계율을 시설하니, 수행승들이여, 수행녀들은 이와 같이 학습계율을 송출해야 한다."

[세존] "어떠한 수행녀이든지 재가녀로 하여금 주무르게 하고 맛사지하게 하면, 속죄죄를 범하는 것이다."1402)

2-1. '어떠한'이라는 것은 어떠한 관계, 어떠한 태생, 어떠한 이름, 어떠한 성씨, 어떠한 계행, 어떠한 주거, 어떠한 활동영역에서 이든지, 장로이든지, 신참이든지, 중참이든지, 이러한 자들을 형용하는 것으로 '어떠한 자이든'이라는 뜻이다. '수행녀'라고 하는 것은 '탁발하는 여자'로서의 수행녀, 탁발을 위해 돌아다니는 여자로서의 수행녀, 분소의를 입은 자로서의 수행녀, 사미니로서의 수행녀,

---

1402) 사백의녀마신계○(使白衣女摩身戒) | Bhikkhunī Pāc. 163 : yā pana bhikkhunī gihiniyā ummaddāpeyya vā parimaddāpeyya vā pācittiyan'ti.

자칭에 의한 수행녀, '오라! 수행녀여!'에 의한 수행녀, 삼귀의에 의해 구족계를 받은 수행녀, 현선한 수행녀, 진실한 수행녀, 배울 것이 있는 학인인 수행녀, 배울 것이 없는 무학인 수행녀, 화합참모임과 한번제안세번제청의 갈마와 부동의 거룩한 님의 속성을 갖춘 자로서의 수행녀가 있는데, 그녀들 가운데 화합참모임과 양쪽으로부터 구족계를 받은 자로서 한번제안세번제청의 갈마와 부동의 거룩한 님의 속성을 갖춘 수행녀, 그녀를 이러한 의미에서의 수행녀라고 하는 것이다.

2-2. '재가녀'는 '재가의 여인'을 뜻한다. '주무르게 하거나'라는 것은 문지르게 하면 속죄죄를 범하는 것이라는 뜻이다. '맛사지하게 하면'이라는 것은 마촉하게 하면 속죄죄를 범하는 것이라는 뜻이다.

2-3. 질병이 걸리거나, 사고가 일어난 경우이거나, 정신착란자이거나 초범자인 경우는 무죄이다.

4. 16. 11 속죄죄법 제164조

묻지 않은 것에 대한 학습계율[Anāpucchsikkhāpada]

1-1. 한때 존귀한 부처님께서는 싸밧티 시의 제따바나 숲에 있는 아나타삔디까 승원에 계셨다. 그런데 그때 수행녀들은 수행승의 앞에서 묻지 않고 자리에 앉았다. 수행승들은 혐책하고 분개하고 비난했다.

[수행승들] "어찌 수행녀들이 수행승의 앞에서 묻지 않고 자리에 앉을 수 있단 말인가?"

1-2. 그래서 그 수행승들은 세존께 그 사실을 알렸다.

[세존] "수행승들이여, 수행녀들이 수행승의 앞에서 묻지 않고 자리에 앉은 것이 사실인가?"

[수행승들] "세존이시여, 사실입니다."

존귀한 부처님께서는 견책했다.

[세존] "수행승들이여, 그 수행녀들은 적절하지 않고, 자연스럽지 않고, 알맞지 않고, 수행자의 삶이 아니고, 부당하고, 해서는 안 될 일을 한 것이다. 수행승들이여, 어찌 수행녀들이 수행승의 앞에서 묻지 않고 자리에 앉을 수 있단 말인가? 수행승들이여, 그것은 아직 청정한 믿음이 없는 자를 청정한 믿음으로 이끌고,

이미 청정한 믿음이 있는 자를 더욱더 청정한 믿음으로 이끄는 것이 아니다. 수행승들이여, 그것은 오히려, 아직 청정한 믿음이 없는 자를 불신으로 이끌고, 이미 청정한 믿음이 있는 자 가운데 어떤 자들을 타락시키는 것이다."

1-3. 그리고 세존께서는 그 수행녀들에 대하여 여러 가지 방편으로 견책하고, 키우기 어렵고 부양하기 어렵고 탐욕이 많고 만족을 모르고 교제를 좋아하고 나태한 것에 대하여 질책하고, 여러 가지 법문으로 고무하여, 키우기 쉽고 부양하기 쉽고 욕심을 여의고, 만족을 알고, 버리고 없애는 삶, 악을 제거하는 삶, 청정한 믿음의 삶, 쌓아 모우지 않는 삶, 용맹정진의 삶을 칭찬하고, 수행승들을 위하여 그에 알맞고 그에 걸맞게 경책하여 법문을 하고 수행승들에게 일렀다.

[세존] "수행승들이여, 그러므로 수행녀들을 위하여 열 가지 이유에 기초하여, 즉 참모임의 수승을 위하여, 참모임의 안락을 위하여, 악한 수행녀의 조복을 위하여, 품행이 바른 수행녀의 평안한 삶을 위하여, 지금 여기에서의 번뇌의 제어를 위하여, 다가오는 번뇌를 물리치기 위하여, 청정한 믿음이 없는 자에게 청정한 믿음을 주기 위하여, 청정한 믿음이 있는 자에게 청정한 믿음을 증대시키기 위하여, 올바른 가르침을 지속시키기 위하여, 계율을 수호하기 위하여 학습계율을 시설하니, 수행승들이여, 수행녀들은 이와 같이 학습계율을 송출해야 한다."

[세존] "어떠한 수행녀이든지 수행승의 앞에서 묻지 않고 자리에 앉는다면, 속죄죄를 범하는 것이다."1403)

2-1. '어떠한'이라는 것은 어떠한 관계, 어떠한 태생, 어떠한 이름, 어떠한 성씨, 어떠한 계행, 어떠한 주거, 어떠한 활동영역에서 이든지, 장로이든지, 신참이든지, 중참이든지, 이러한 자들을 형용하는 것으로 '어떠한 자이든'이라는 뜻이다. '수행녀'라고 하는 것은 '탁발하는 여자'로서의 수행녀, 탁발을 위해 돌아다니는 여자로서의 수행녀, 분소의를 입은 자로서의 수행녀, 사미니로서의 수행녀, 자칭에 의한 수행녀, '오라! 수행녀여!'에 의한 수행녀, 삼귀의에 의해 구족계를 받은 수행녀, 현선한 수행녀, 진실한 수행녀, 배울 것이 있는 학인인 수행녀, 배울 것이 없는 무학인 수행녀, 화합참모임과 한번제안세번제청의 갈마와 부동의 거룩한 님의 속성을 갖춘 자로서의 수행녀가 있는데, 그녀들 가운데 화합참모임과 양쪽으로부터 구족계를 받은 자로서 한번제안세번제청의 갈마와 부동의 거룩한

1403) 비구전착좌계○(比丘前著座戒) | Bhikkhunī Pāc. 164 : yā pana bhikkhunī bhikkhussa purato anāpucchā āsane nisīdeyya, pācittiyan'ti.

님의 속성을 갖춘 수행녀, 그녀를 이러한 의미에서의 수행녀라고 하는 것이다.

2-2. '수행승의 앞에서'라는 것은 '구족계를 받은 자의 앞에서'라는 뜻이다. '묻지 않고'라는 것은 '허락을 구하지 않고'라는 뜻이다. '자리에 앉는다면'이라는 것은 '적어도 바닥에 앉더라도 속죄죄를 범한 것'이라는 뜻이다.

2-3₁.

1) 묻지 않은 것에 대하여 묻지 않은 것이라고 지각하고 자리에 앉으면, 속죄죄를 범하는 것이다.
2) 묻지 않은 것에 대하여 묻지 않은 것인지 의심하고 자리에 앉으면, 속죄죄를 범하는 것이다.
3) 묻지 않은 것에 대하여[344] 물은 것이라고 지각하고 자리에 앉으면, 속죄죄를 범하는 것이다.

2-3₂.

1) 물은 것에 대하여 묻지 않은 것이라고 지각하면, 악작죄를 범하는 것이다.
2) 물은 것에 대하여 물은 것인지 의심하면, 악작죄를 범하는 것이다.
3) 물은 것에 대하여 물은 것이라고 지각하면, 무죄이다.

2-4. 묻고 자리에 앉거나, 환자이거나, 사고가 일어난 경우이거나, 정신착란자이거나 초범자인 경우는 무죄이다.

4. 16. 12 속죄죄법 제165조

기회를 마련하지 않은 질문에 대한 학습계율[Anokāsakatapañhasikkhāpada]

1-1. 한때 존귀한 부처님께서는 싸밧티 시의 제따바나 숲에 있는 아나타삔디까 승원에 계셨다. 그런데 그때 수행녀들이 기회를 마련하지 않고1404) 수행승에게 질문을 했다. 수행승들은 혐책하고 분개하고 비난했다.

[수행승들] "어찌 수행녀들이 기회를 마련하지 않고 수행승에게 질문할 수 있단 말인가?"

1-2. 그래서 그 수행승들은 세존께 그 사실을 알렸다.

1404) tena kho pana samayena bhikkhuniyo anokāsakataṃ bhikkhuṃ pañhaṃ pucchanti : 원래는 '그런데 그때 수행녀들이 기회를 마련하지 않은 수행승에게 질문했다.'라는 뜻이다. 그녀가 모종의 표시를 해서 질문할 수 있도록 수행승이 허락하게 해야 한다는 뜻이다.

[세존] "수행승들이여, 수행녀들이 기회를 마련하지 않고 수행승에게 질문한 것이 사실인가?"

[수행승들] "세존이시여, 사실입니다."

존귀한 부처님께서는 견책했다.

[세존] "수행승들이여, 그 수행녀들은 적절하지 않고, 자연스럽지 않고, 알맞지 않고, 수행자의 삶이 아니고, 부당하고, 해서는 안 될 일을 한 것이다. 수행승들이여, 어찌 수행녀들이 기회를 마련하지 않고 수행승에게 질문할 수 있단 말인가? 수행승들이여, 그것은 아직 청정한 믿음이 없는 자를 청정한 믿음으로 이끌고, 이미 청정한 믿음이 있는 자를 더욱더 청정한 믿음으로 이끄는 것이 아니다. 수행승들이여, 그것은 오히려, 아직 청정한 믿음이 없는 자를 불신으로 이끌고, 이미 청정한 믿음이 있는 자 가운데 어떤 자들을 타락시키는 것이다."

1-3. 그리고 세존께서는 그 수행녀들에 대하여 여러 가지 방편으로 견책하고, 키우기 어렵고 부양하기 어렵고 탐욕이 많고 만족을 모르고 교제를 좋아하고 나태한 것에 대하여 질책하고, 여러 가지 법문으로 고무하여, 키우기 쉽고 부양하기 쉽고 욕심을 여의고, 만족을 알고, 버리고 없애는 삶, 악을 제거하는 삶, 청정한 믿음의 삶, 쌓아 모우지 않는 삶, 용맹정진의 삶을 칭찬하고, 수행승들을 위하여 그에 알맞고 그에 걸맞게 경책하여 법문을 하고 수행승들에게 일렀다.

[세존] "수행승들이여, 그러므로 수행녀들을 위하여 열 가지 이유에 기초하여, 즉 참모임의 수승을 위하여, 참모임의 안락을 위하여, 악한 수행녀의 조복을 위하여, 품행이 바른 수행녀의 평안한 삶을 위하여, 지금 여기에서의 번뇌의 제어를 위하여, 다가오는 번뇌를 물리치기 위하여, 청정한 믿음이 없는 자에게 청정한 믿음을 주기 위하여, 청정한 믿음이 있는 자에게 청정한 믿음을 증대시키기 위하여, 올바른 가르침을 지속시키기 위하여, 계율을 수호하기 위하여 학습계율을 시설하니, 수행승들이여, 수행녀들은 이와 같이 학습계율을 송출해야 한다."

[세존] "어떠한 수행녀이든지 기회를 마련하지 않고 수행승에게 질문한다면, 속죄죄를 범하는 것이다."[1405]

2-1. '어떠한'이라는 것은 어떠한 관계, 어떠한 태생, 어떠한 이름, 어떠한 성씨, 어떠한 계행, 어떠한 주거, 어떠한 활동영역에서 이든지, 장로이든지, 신참이든

1405) 첩문비구의계○(輒問比丘義戒) | Bhikkhunī Pāc. 165 : yā pana bhikkhunī anokāsakataṃ bhikkhuṃ pañhaṃ puccheyya, pācittiyan'ti.

지, 중참이든지, 이러한 자들을 형용하는 것으로 '어떠한 자이든'이라는 뜻이다. '수행녀'라고 하는 것은 '탁발하는 여자'로서의 수행녀, 탁발을 위해 돌아다니는 여자로서의 수행녀, 분소의를 입은 자로서의 수행녀, 사미니로서의 수행녀, 자칭에 의한 수행녀, '오라! 수행녀여!'에 의한 수행녀, 삼귀의에 의해 구족계를 받은 수행녀, 현선한 수행녀, 진실한 수행녀, 배울 것이 있는 학인인 수행녀, 배울 것이 없는 무학인 수행녀, 화합참모임과 한번제안세번제청의 갈마와 부동의 거룩한 님의 속성을 갖춘 자로서의 수행녀가 있는데, 그녀들 가운데 화합참모임과 양쪽으로부터 구족계를 받은 자로서 한번제안세번제청의 갈마와 부동의 거룩한 님의 속성을 갖춘 수행녀, 그녀를 이러한 의미에서의 수행녀라고 하는 것이다.

2-2. '기회를 마련하지 않고'라는 것은 '허락을 구하지 않고'라는 뜻이다. '수행승'이라는 것은 '구족계를 받은 자'를 뜻한다. '허락을 구한다면'이라는 것은 다음과 같다. 경장에 대하여 허락을 얻었는데, 율장이나 논장에 대하여 질문하면, 속죄죄를 범하는 것이다. 율장에 대하여 허락을 얻었는데, 경장이나 논장에 대하여 질문하면, 속죄죄를 범하는 것이다. 논장에 대하여 허락을 얻었는데, 경장이나 율장에 대하여 질문하면, 속죄죄를 범하는 것이다.

2-3_1.

1) 기회를 마련하지 않은 것에 대하여 기회를 마련하지 않은 것이라고 지각하고 자리에 앉으면, 속죄죄를 범하는 것이다.
2) 기회를 마련하지 않은 것에 대하여 기회를 마련하지 않은 것인지 의심하고 자리에 앉으면, 속죄죄를 범하는 것이다.
3) 기회를 마련하지 않은 것에 대하여 기회를 마련한 것이라고 지각하고 자리에 앉으면, 속죄죄를 범하는 것이다.

2-3_1.

1) 기회를 마련한 것에 대하여 기회를 마련하지 않은 것이라고 지각하면, 악작죄를 범하는 것이다.
2) 기회를 마련한 것에 대하여 기회를 마련한 것인지 의심하면, 악작죄를 범하는 것이다.
3) 기회를 마련한 것에 대하여 기회를 마련한 것이라고 지각하면, 무죄이다.

2-4. 기회를 마련하고 질문하거나, 지정하지 않고 기회를 얻어 어떠한 것이든 질문하는 경우나,1406) 정신착란자이거나 초범자인 경우는 무죄이다.

4. 16. 13 속죄죄법 제166조

복견의무착용에 대한 학습계율[Asaṅkacchikasikkhāpada]

1-1. 한때 존귀한 부처님께서는 싸밧티 시의 제따바나 숲에 있는 아나타삔디까 승원에 계셨다. 그런데 그때[345] 어떤 수행녀가 복견의(覆肩依)1407)을 착용하지 않고 탁발하러 들어갔다. 그 도중에 회오리바람이 불 때 대의가 날렸다. 사람들이 비명을 질렀다.

[사람들] "존귀한 자매의 허리는 아름답다!"

그 수행녀는 그 사람들이 비명을 지르자 얼굴을 붉혔다. 그후 그 수행녀는 처소로 가서 수행녀들에게 그 사실을 알렸다.

1-2. 수행녀들 가운데 욕망을 여의고, 만족을 알고, 부끄러움을 알고, 후회할 줄 알고, 배움을 원하는 자들도 혐책하고 분개하고 비난했다.

[욕망을 여읜 수행녀들] "어찌 수행녀가 복견의를 착용하지 않고 탁발하러 들어갈 수 있단 말인가?"

그래서 그 수행녀들은 수행승들에게 그 사실을 알렸다. 수행승들 가운데 욕망을 여의고, 만족을 알고, 부끄러움을 알고, 후회할 줄 알고, 배움을 원하는 자들도 혐책하고 분개하고 비난했다.

[욕망을 여읜 수행승들] "어찌 수행녀가 복견의를 착용하지 않고 탁발하러 들어갈 수 있단 말인가?"

1-3. 그래서 그 수행승들은 세존께 그 사실을 알렸다. 그러자 세존께서는 이러한 인연으로 이러한 기회에 수행승들의 참모임을 불러 모으게 하고 연유를 설하고 수행승들에게 물었다.

[세존] "수행승들이여, 수행녀가 복견의를 착용하지 않고 탁발하러 들어간 것이 사실인가?"

[수행승들] "세존이시여, 사실입니다."

존귀한 부처님께서는 견책했다.

1406) anodissa okāsaṃ kārāpetvā yattha katthaci pucchati : 경장이나 율장이나 논장의 어떤 부분을 지정하지 않고 어떠한 것이든 허락을 얻어 원하는 대로 질문하는 것을 뜻한다.

1407) asaṅkacchikā : 한역에서는 의역하여 복견의(覆肩依) 또는 음역하여 승기지(僧祇支)라고 한다. 수행녀가 착용하는 다섯 벌의 옷 즉, 대의(僧伽梨: saṅghāṭi), 상의(鬱陀羅僧: uttarāsaṅga), 하의(安陀會: antaravāsak), 복견의(覆肩依: saṅkacchika), 목욕옷(水浴依: udakasāṭika) 가운데 하나로 수행녀가 구족계를 받기 위해서는 이 다섯벌의 옷이 필요하다. 복견의에 대한 정의는 목 이하 배꼽 이상을 덮는 옷을 말한다.

[세존] "수행승들이여, 그 수행녀는 적절하지 않고, 자연스럽지 않고, 알맞지 않고, 수행자의 삶이 아니고, 부당하고, 해서는 안 될 일을 행한 것이다. 수행승들이여, 어찌 수행녀가 복견의를 착용하지 않고 탁발하러 들어갈 수 있단 말인가? 수행승들이여, 그것은 아직 청정한 믿음이 없는 자를 청정한 믿음으로 이끌고, 이미 청정한 믿음이 있는 자를 더욱더 청정한 믿음으로 이끄는 것이 아니다. 수행승들이여, 그것은 오히려, 아직 청정한 믿음이 없는 자를 불신으로 이끌고, 이미 청정한 믿음이 있는 자 가운데 어떤 자들을 타락시키는 것이다."

1-4. 그래서 세존께서는 그 수행녀에 대하여 여러 가지 방편으로 견책하여, 키우기 어렵고 부양하기 어렵고 탐욕이 많고 만족을 모르고 교제를 좋아하고 나태한 것에 대하여 질책하고, 여러 가지 법문으로 고무하여, 키우기 쉽고 부양하기 쉽고 욕심을 여의고, 만족을 알고, 버리고 없애는 삶, 악을 제거하는 삶, 청정한 믿음의 삶, 쌓아 모우지 않는 삶, 용맹정진의 삶을 칭찬하고, 수행승들을 위하여 그에 알맞고 그에 걸맞게 경책하여 법문을 하고 수행승들에게 일렀다.

[세존] "수행승들이여, 그러므로 수행녀들을 위하여 열 가지 이유에 기초하여, 즉 참모임의 수승을 위하여, 참모임의 안락을 위하여, 악한 수행녀들의 조복을 위하여, 품행이 바른 수행녀들의 평안한 삶을 위하여, 지금 여기에서의 번뇌의 제어를 위하여, 다가오는 번뇌를 물리치기 위하여, 청정한 믿음이 없는 자에게 청정한 믿음을 주기 위하여, 청정한 믿음이 있는 자에게 청정한 믿음을 증대시키기 위하여, 올바른 가르침을 지속시키기 위하여, 계율을 수호하기 위하여 학습계율을 시설하니, 수행승들이여, 수행녀들은 이와 같이 학습계율을 송출해야 한다."

[세존] "어떠한 수행녀들이 복견의를 입지 않고 마을로 들어가면, 속죄죄를 범하는 것이다."[1408)]

2-1. '어떠한'이라는 것은 어떠한 관계, 어떠한 태생, 어떠한 이름, 어떠한 성씨, 어떠한 계행, 어떠한 주거, 어떠한 활동영역에서 이든지, 장로이든지, 신참이든지, 중참이든지, 이러한 자들을 형용하는 것으로 '어떠한 자이든'이라는 뜻이다. '수행녀'이라고 하는 것은 '탁발하는 여자'로서의 수행녀, 탁발을 위해 돌아다니는 여자로서의 수행녀, 분소의를 입은 자로서의 수행녀, 사미니로서의 수행녀, 자칭에 의한 수행녀, '오라! 수행녀여!'에 의한 수행녀, 삼귀의에 의해 구족계를

1408) 부착승기지○(不著僧祇支) | Bhikkhunī Pāc. 166 : yā pana bhikkhunī asaṅkacchikā gāmaṃ paviseyya, pācittiyan'ti.

받은 수행녀, 현선한 수행녀, 진실한 수행녀, 배울 것이 있는 학인인 수행녀, 배울 것이 없는 무학인 수행녀, 화합참모임과 한번제안세번제청의 갈마와 부동의 거룩한 님의 속성을 갖춘 자로서의 수행녀가 있는데, 그녀들 가운데 화합참모임과 양쪽으로부터 구족계를 받은 자로서 한번제안세번제청의 갈마와 부동의 거룩한 님의 속성을 갖춘 수행녀, 그녀를 이러한 의미에서의 수행녀라고 하는 것이다.

2-2. '복견의를 착용하지 않고'라는 것은 '복견의가 없이'라는 뜻이다. '복견의'라는 것은 목 이하 배꼽 이상 그것을 덮는 것이다. '마을로 들어가면'이라는 것은 다음과 같다. 울타리가 있는 마을은 마을의 울타리를 넘어가면, 속죄죄를 범하는 것이다. 울타리가 없는 마을은 마을의 경계를 넘어가면, 속죄죄를 범하는 것이다.

2-3. 옷을 잃었거나, 옷이 망가졌거나, 환자이거나, 새김을 잃었거나, 알지 못했거나, 사고가 일어난 경우이거나, 정신착란자이거나 초범자인 경우는 무죄이다.

제16품 일산과 신발 그 후렴시는 다음과 같다.

일산, 탈것, 페티코트, 장신구, 향료, 호마분,
수행녀, 정학녀, 사미니, 재가녀,
묻지 않은 것, 기회를 마련하지 않은 것,
복견의를 입지 않고, 열셋이다.1409)

제4장 속죄죄법 그 품에 대한 후렴시는 다음과 같다.

마늘의 품, 어둠의 품, 벌거벗음의 품, 함께 사용의 품,
갤러리의 품, 승원의 품, 임신부의 품, 동녀의 품, 일산과 신발의 품.1410)
거짓말의 품, 초목의 품, 식사의 품, 방문의 품, 불의 품,
권리정지된 자와의 향유의 품, 갈마의 방해의 품으로 열여섯이다.1411)

존귀한 자매들이여,
이와 같이 166개 조항의 속죄죄법을 송출했습니다.1412)

1409) chattaṃ yānañca saṅghāṇī | laṅkārā gandha piññakā | bhikkhunī sikkhamānā ca | sāmaṇerā gihiniyā | anāpucchā anokāsā | asaṅkaccikāya terasā'ti ||

1410) lasunaṃ andhakārañca | naggā tuvaṭṭakena ca | cittā'rāma gabbhinī ca | kumārī chattupāhanā'ti ||

1411) musā bhūtañca bhojanaṃ | cāritto joti ukkhitto | kammapaṭibāhanena | vaggena te soḷasā'ti ||

1412) uddiṭṭhā kho ayyāyo chasaṭṭhisatā pācittiyā dhammā : Smp. 946에 따르면, 여기 빅쿠니고유속죄죄법 96개 조항과 빅쿠속죄죄법 92개 조항을 합하면 모두 188개 조항이 되는데, 그 가운데 빅쿠속죄죄법 92개 조항 가운데

저는 지금 존귀한 자매들에게 묻겠습니다.
그대들은 이 점에 관하여 완전히 청정합니까?
두 번째에도 저는 존귀한 자매들에게 묻겠습니다. 그대들은 이 점에 관하여 완전히 청정합니까?
세 번째에도 저는 존귀한 자매들에게 묻겠습니다. 그대들은 이 점에 관하여 완전히 청정합니까?
존귀한 자매들께서는 완전히 청정한 까닭에 침묵했으므로
저는 그와 같이 알겠습니다.

빅쿠고유속죄죄법 22개 조항을 뺀 70개 조항만이 빅쿠니속죄죄법에 적용되므로 빅쿠니고유속죄죄법 96 + 빅쿠속죄죄법 70을 합하면, 빅쿠니속죄죄법 166 개 조항이 만들어진다.

제5장 고백죄법

(Pāṭidesanīyakaṇḍa: 提舍尼章)

존귀한 자매들이여, 이제 이와 같은 8개 조항의 고백죄법을 송출하겠습니다.

5. 1 고백죄법 제1조

버터기름에 대한 학습계율[Sappisikkhāpada]

1-1. 한때[346] 존귀한 부처님께서는 싸밧티 시의 제따바나 숲에 있는 아나타삔디까 승원에 계셨다. 그런데 그때 여섯무리의 수행녀들이 버터기름을 요청하여 먹었다. 사람들이 혐책하고 분개하고 비난했다.

[사람들] "어찌 수행녀들이 버터기름을 요청하여 먹을 수 있단 말인가? 누가 조리된 것을 마음에 들어 하지 않겠는가? 누가 맛있는 것을 좋아하지 않겠는가?"

수행녀들은 사람들이 혐책하고 분개하고 비난하는 것을 들었다.

1-2. 수행녀들 가운데 욕망을 여의고, 만족을 알고, 부끄러움을 알고, 후회할 줄 알고, 배움을 원하는 자들은 혐책하고 분개하고 비난했다.

[욕망을 여읜 수행녀들] "어찌 여섯무리의 수행녀들이 버터기름을 요청하여 먹을 수 있단 말인가?"

그래서 그 수행녀들은 수행승들에게 그 사실을 알렸다. 수행승들 가운데 욕망을 여의고, 만족을 알고, 부끄러움을 알고, 후회할 줄 알고, 배움을 원하는 자들도 혐책하고 분개하고 비난했다.

[욕망을 여읜 수행승들] "어찌 여섯무리의 수행녀들이 버터기름을 요청하여 먹을 수 있단 말인가?"

1-3. 그래서 그 수행승들은 세존께 그 사실을 알렸다. 그러자 세존께서는 이러한 인연으로 이러한 기회에 수행승들의 참모임을 불러 모으게 하고 연유를 설하고 수행승들에게 물었다.

[세존] "수행승들이여, 그 여섯무리의 수행녀들이 버터기름을 요청하여 먹은 것이 사실인가?"

[수행승들] "세존이시여, 사실입니다."

존귀한 부처님께서는 견책했다.

[세존] "수행승들이여, 그 여섯무리의 수행녀들은 적절하지 않고, 자연스럽지 않고, 알맞지 않고, 수행자의 삶이 아니고, 부당하고, 해서는 안 될 일을 행한 것이다. 수행승들이여, 어찌 여섯무리의 수행녀들이 버터기름을 요청하여 먹을 수 있단 말인가? 수행승들이여, 그것은 아직 청정한 믿음이 없는 자를 청정한 믿음으로 이끌고, 이미 청정한 믿음이 있는 자를 더욱더 청정한 믿음으로 이끄는 것이 아니다. 수행승들이여, 그것은 오히려, 아직 청정한 믿음이 없는 자를 불신으로 이끌고, 이미 청정한 믿음이 있는 자 가운데 어떤 자들을 타락시키는 것이다."

1-4. 그래서 세존께서는 여섯무리의 수행녀들에 대하여 여러 가지 방편으로 견책하여, 키우기 어렵고 부양하기 어렵고 탐욕이 많고 만족을 모르고 교제를 좋아하고 나태한 것에 대하여 질책하고, 여러 가지 법문으로 고무하여, 키우기 쉽고 부양하기 쉽고 욕심을 여의고, 만족을 알고, 버리고 없애는 삶, 악을 제거하는 삶, 청정한 믿음의 삶, 쌓아 모우지 않는 삶, 용맹정진의 삶을 칭찬하고, 수행승들을 위하여 그에 알맞고 그에 걸맞게 경책하여 법문을 하고 수행승들에게 일렀다.

[세존] "수행승들이여, 그러므로 수행녀들을 위하여 열 가지 이유에 기초하여, 즉 참모임의 수승을 위하여, 참모임의 안락을 위하여, 악한 수행녀들의 조복을 위하여, 품행이 바른 수행녀들의 평안한 삶을 위하여, 지금 여기에서의 번뇌의 제어를 위하여, 다가오는 번뇌를 물리치기 위하여, 청정한 믿음이 없는 자에게 청정한 믿음을 주기 위하여, 청정한 믿음이 있는 자에게 청정한 믿음을 증대시키기 위하여, 올바른 가르침을 지속시키기 위하여, 계율을 수호하기 위하여 학습계율을 시설하니, 수행승들이여, 수행녀들은 이와 같이 학습계율을 송출해야 한다."

〔세존〕"어떠한 수행녀이든지 버터기름을 요청하여 먹었다면, '존귀한 자매들이여, 저는 비난받은 만하고 적절하지 못한, 고백죄를 범했는데, 그것을 참회합니다.'라고 고백해야 한다."1413)

이와 같이 세존께서는 수행승들을 위하여 학습계율을 시설했다.

2-1. 그런데 그때 수행녀들이 병이 들었다. 간병수행녀들이 환우수행녀들에게 이와 같이 말했다.

[간병수행녀들] "존귀한 자매들이여, 참아낼 만하십니까, 견디어낼 만하십니까?"

1413) yā pana bhikkhunī sappiṃ viññāpetvā bhuñjeyya paṭidesetabbaṃ tāya bhikkhuniyā gārayhaṃ ayye dhammaṃ āpajjiṃ asappāyaṃ pāṭidesaniyaṃ taṃ paṭidesemī'ti.

[환우수행녀들] "존귀한 자매들이여, 예전에는 우리가 버터기름을 요청해서 사용했습니다. 그래서 평안했습니다. 그러나 이제는 세존께서 금지했기 때문에 주저하여 요청하지 않습니다. 그래서 평안하지 않습니다."

2-2. 세존께 그 사실을 알렸다. 그러자 세존께서는 이러한 인연으로 이러한 기회에 수행승들의 참모임을 불러 모으게 하고 연유를 설하고 일렀다.

[세존] "수행승들이여, 환우수행녀에게 버터기름을 요청하여[347] 먹는 것을 허용한다. 수행승들이여, 그대들은 이와 같이 학습계율을 송출해야 한다."

[세존] "어떠한 수행녀이든지 환자가 아닌 한, 버터기름을 요청하여 먹었다면, '존귀한 자매들이여, 저는 비난받은 만하고 적절하지 못한, 고백죄를 범했는데, 그것을 참회합니다.'라고 고백해야 한다."1414)

3-1. '어떠한'이라는 것은 어떠한 관계, 어떠한 태생, 어떠한 이름, 어떠한 성씨, 어떠한 계행, 어떠한 주거, 어떠한 활동영역에서 이든지, 장로이든지, 신참이든지, 중참이든지, 이러한 자들을 형용하는 것으로 '어떠한 자이든'이라는 뜻이다. '수행녀'이라고 하는 것은 '탁발하는 여자'로서의 수행녀, 탁발을 위해 돌아다니는 여자로서의 수행녀, 분소의를 입은 자로서의 수행녀, 사미니로서의 수행녀, 자칭에 의한 수행녀, '오라! 수행녀여!'에 의한 수행녀, 삼귀의에 의해 구족계를 받은 수행녀, 현선한 수행녀, 진실한 수행녀, 배울 것이 있는 학인인 수행녀, 배울 것이 없는 무학인 수행녀, 화합참모임과 한번제안세번제청의 갈마와 부동의 거룩한 님의 속성을 갖춘 자로서의 수행녀가 있는데, 그녀들 가운데 화합참모임과 양쪽으로부터 구족계를 받은 자로서 한번제안세번제청의 갈마와 부동의 거룩한 님의 속성을 갖춘 수행녀, 그녀를 이러한 의미에서의 수행녀라고 하는 것이다.

3-2. '환자가 아닌 한'이라는 것은 '버터기름이 없이 평안한 것'을 뜻한다. '환자인 것'은 '버터기름이 없이 평안하지 않은 것'을 뜻한다. '버터기름'이라는 것은 소의 버터기름, 산양의 버터기름, 물소의 버터기름, 그 육고기에서 나온 버터기름을 뜻한다. 환자가 아닌 한, 자신을 위하여 요청하면, 그 과정은 악작죄를 범하는 것이고, '획득하여 내가 먹겠다.'라고 집으면, 악작죄를 범하는 것이고, 삼키면

1414) 걸수식계○(乞酥食戒) | Bhikkhunī Paṭid. 1 : yā pana bhikkhunī agilānā sappiṃ viññāpetvā bhuñjeyya paṭidesetabbaṃ tāya bhikkhuniyā gārayhaṃ ayye dhammaṃ āpajjiṃ asappāyaṃ pāṭidesanīyaṃ, taṃ paṭidesemī'ti.

삼킬 때마다 고백죄를 범하는 것이다.

3-3₁.

1) 환자가 아닌 것에 대하여 환자가 아닌 것이라고 지각하고 버터기름을 요청하여 사용하면, 고백죄를 범하는 것이다.
2) 환자가 아닌 것에 대하여 환자가 아닌 것인지 의심하고 버터기름을 요청하여 사용하면, 고백죄를 범하는 것이다.
3) 환자가 아닌 것에 대하여 환자인 것이라고 지각하고 버터기름을 요청하여 사용하면, 고백죄를 범하는 것이다.

3-3₂.

1) 환자인 것에 대하여 환자가 아닌 것이라고 지각하면, 악작죄를 범하는 것이다.
2) 환자인 것에 대하여 환자인 것인지 의심하면, 악작죄를 범하는 것이다.
3) 환자인 것에 대하여 환자인 것이라고 지각하면, 무죄이다.

3-4. 환자였을 때 병이 든 상태에서 요청했다가 병이 낫게 되어 먹거나, 환자의 남은 것을 먹거나, 친척의 것이거나, 초대를 받았거나, 타인을 위한 것이거나, 자신의 재물에 의한 것인 경우이거나, 정신착란자이거나 초범자인 경우는 무죄이다.

5. 2 고백죄법 제2조

기름에 대한 학습계율[Telasikkhāpada]

1-1. 한때 존귀한 부처님께서는 싸밧티 시의 제따바나 숲에 있는 아나타삔디까 승원에 계셨다. 그런데 그때 여섯무리의 수행녀들이 기름을 요청하여 먹었다. 사람들이 혐책하고 분개하고 비난했다.

[사람들] "어찌 수행녀들이 기름을 요청하여 먹을 수 있단 말인가? 누가 조리된 것을 마음에 들어 하지 않겠는가? 누가 맛있는 것을 좋아하지 않겠는가?"

수행녀들은 사람들이 혐책하고 분개하고 비난하는 것을 들었다.

1-2. 수행녀들 가운데 욕망을 여의고, 만족을 알고, 부끄러움을 알고, 후회할 줄 알고, 배움을 원하는 자들은 혐책하고 분개하고 비난했다.

[욕망을 여읜 수행녀들] "어찌 여섯무리의 수행녀들이 기름을 요청하여 먹을 수 있단 말인가?"

그래서 그 수행녀들은 수행승들에게 그 사실을 알렸다. 수행승들 가운데 욕망을 여의고, 만족을 알고, 부끄러움을 알고, 후회할 줄 알고, 배움을 원하는 자들도 혐책하고 분개하고 비난했다.

[욕망을 여읜 수행승들] "어찌 여섯무리의 수행녀들이 기름을 요청하여 먹을 수 있단 말인가?"

1-3. 그래서 그 수행승들은 세존께 그 사실을 알렸다. 그러자 세존께서는 이러한 인연으로 이러한 기회에 수행승들의 참모임을 불러 모으게 하고 연유를 설하고 수행승들에게 물었다.

[세존] "수행승들이여, 그 여섯무리의 수행녀들이 기름을 요청하여 먹은 것이 사실인가?"

[욕망을 여읜 수행승들] "세존이시여, 사실입니다."

존귀한 부처님께서는 견책했다.

[세존] "수행승들이여, 그 여섯무리의 수행녀들은 적절하지 않고, 자연스럽지 않고, 알맞지 않고, 수행자의 삶이 아니고, 부당하고, 해서는 안 될 일을 행한 것이다. 수행승들이여, 어찌 여섯무리의 수행녀들이 기름을 요청하여 먹을 수 있단 말인가? 수행승들이여, 그것은 아직 청정한 믿음이 없는 자를 청정한 믿음으로 이끌고, 이미 청정한 믿음이 있는 자를 더욱더 청정한 믿음으로 이끄는 것이 아니다. 수행승들이여, 그것은 오히려, 아직 청정한 믿음이 없는 자를 불신으로 이끌고, 이미 청정한 믿음이 있는 자 가운데 어떤 자들을 타락시키는 것이다."

1-4. 그래서 세존께서는 그 여섯무리의 수행녀들에 대하여 여러 가지 방편으로 견책하여, 키우기 어렵고 부양하기 어렵고 탐욕이 많고 만족을 모르고 교제를 좋아하고 나태한 것에 대하여 질책하고, 여러 가지 법문으로 고무하여, 키우기 쉽고 부양하기 쉽고 욕심을 여의고, 만족을 알고, 버리고 없애는 삶, 악을 제거하는 삶, 청정한 믿음의 삶, 쌓아 모우지 않는 삶, 용맹정진의 삶을 칭찬하고, 수행승들을 위하여 그에 알맞고 그에 걸맞게 경책하여 법문을 하고 수행승들에게 일렀다.

[세존] "수행승들이여, 그러므로 수행녀들을 위하여 열 가지 이유에 기초하여, 즉 참모임의 수승을 위하여, 참모임의 안락을 위하여, 악한 수행녀들의 조복을 위하여, 품행이 바른 수행녀들의 평안한 삶을 위하여, 지금 여기에서의 번뇌의 제어를 위하여, 다가오는 번뇌를 물리치기 위하여, 청정한 믿음이 없는 자에게 청정한 믿음을 주기 위하여, 청정한 믿음이 있는 자에게 청정한 믿음을 증대시키기 위하여, 올바른 가르침을 지속시키기 위하여, 계율을 수호하기 위하여 학습계

율을 시설하니, 수행승들이여, 수행녀들은 이와 같이 학습계율을 송출해야 한다."

〔세존〕 "어떠한 수행녀이든지 기름을 요청하여 먹었다면, '존귀한 자매들이여, 저는 비난받은 만하고 적절하지 못한, 고백죄를 범했는데, 그것을 참회합니다.'라고 고백해야 한다."1415)

이와 같이 세존께서는 수행승들을 위하여 학습계율을 시설했다.

2-1. 그런데 그때 수행녀들이 병이 들었다. 간병수행녀들이 환우수행녀들에게 이와 같이 말했다.

[간병수행녀들] "존귀한 자매여, 참아낼 만하십니까, 견디어낼 만하십니까?"

[환우수행녀들] "존귀한 자매여, 예전에는 우리가 기름을 요청해서 사용했습니다. 그래서 평안했습니다. 그러나 이제는 세존께서 금지했기 때문에 주저하여 요청하지 않습니다. 그래서 평안하지 않습니다."

2-2. 세존께 그 사실을 알렸다. 그러자 세존께서는 이러한 인연으로 이러한 기회에 수행승들의 참모임을 불러 모으게 하고 연유를 설하고 일렀다.

[세존] "수행승들이여, 환우수행녀에게 기름을 요청하여 먹는 것을 허용합니다. 수행승들이여, 그대들은 이와 같이 학습계율을 송출해야 한다."

[세존] "어떠한 수행녀이든지 환자가 아닌 한, 기름을 요청하여 먹었다면, '존귀한 자매들이여, 저는 비난받은 만하고 적절하지 못한, 고백죄를 범했는데, 그것을 참회합니다.'라고 고백해야 한다."1416)

3-1. '어떠한'이라는 것은 어떠한 관계, 어떠한 태생, 어떠한 이름, 어떠한 성씨, 어떠한 계행, 어떠한 주거, 어떠한 활동영역에서 이든지, 장로이든지, 신참이든지, 중참이든지, 이러한 자들을 형용하는 것으로 '어떠한 자이든'이라는 뜻이다. '수행녀'이라고 하는 것은 '탁발하는 여자'로서의 수행녀, 탁발을 위해 돌아다니는 여자로서의 수행녀, 분소의를 입은 자로서의 수행녀, 사미니로서의 수행녀, 자칭에 의한 수행녀, '오라! 수행녀여!'에 의한 수행녀, 삼귀의에 의해 구족계를 받은 수행녀, 현선한 수행녀, 진실한 수행녀, 배울 것이 있는 학인인 수행녀, 배울 것이 없는 무학인 수행녀, 화합참모임과 한번제안세번제청의 갈마와 부동의 거룩한 님의 속성을 갖춘 자로서의 수행녀가 있는데, 그녀들 가운데 화합참모

1415) yā pana bhikkhunī telaṃ viññāpetvā bhuñjeyya paṭidesetabbaṃ tāya bhikkhuniyā gārayhaṃ ayye dhammaṃ āpajjiṃ asappāyaṃ pāṭidesanīyaṃ, taṃ paṭidesemī'ti.

1416) 걸유식계○(乞油食戒) | Bhikkhunī Paṭid. 2 : yā pana bhikkhunī agilānā telaṃ viññāpetvā bhuñjeyya paṭidesetabbaṃ tāya bhikkhuniyā gārayhaṃ ayye dhammaṃ āpajjiṃ asappāyaṃ pāṭidesanīyaṃ, taṃ paṭidesemī'ti.

임과 양쪽으로부터 구족계를 받은 자로서 한번제안세번제청의 갈마와 부동의 거룩한 님의 속성을 갖춘 수행녀, 그녀를 이러한 의미에서의 수행녀라고 하는 것이다.

3-2. '환자가 아닌 한'이라는 것은 '기름이 없이 평안한 것'을 뜻한다. '환자인 것'은 '기름이 없이 평안하지 않은 것'을 뜻한다. '기름'이라는 것은 참깨기름, 겨자기름, 꿀기름, 아주까리기름, 수지기름을 뜻한다. 환자가 아닌 한, 자신을 위하여 요청하면, 그 과정은 악작죄를 범하는 것이고, '획득하여 내가 먹겠다.'라고 집으면, 악작죄를 범하는 것이고, 삼키면 삼킬 때마다 고백죄를 범하는 것이다.

3-3₁.

1) 환자가 아닌 것에 대하여 환자가 아닌 것이라고 지각하고 기름을 요청하여 사용하면, 고백죄를 범하는 것이다.
2) 환자가 아닌 것에 대하여 환자가 아닌 것인지 의심하고 기름을 요청하여 사용하면, 고백죄를 범하는 것이다.
3) 환자가 아닌 것에 대하여 환자인 것이라고 지각하고 기름을 요청하여 사용하면, 고백죄를 범하는 것이다.

3-3₂.

1) 환자인 것에 대하여 환자가 아닌 것이라고 지각하면, 악작죄를 범하는 것이다.
2) 환자인 것에 대하여 환자인 것인지 의심하면, 악작죄를 범하는 것이다.
3) 환자인 것에 대하여 환자인 것이라고 지각하면, 무죄이다.

3-4. 환자였을 때 병이 든 상태에서 요청했다가 병이 낫게 되어 먹거나, 환자의 남은 것을 먹거나, 친척의 것이거나, 초대를 받았거나, 타인을 위한 것이거나, 자신의 재물에 의한 것인 경우이거나, 정신착란자이거나 초범자인 경우는 무죄이다.

5. 3 고백죄법 제3조

꿀에 대한 학습계율[Madhusikkhāpada]

1-1. 한때 존귀한 부처님께서는 싸밧티 시의 제따바나 숲에 있는 아나타삔디까 승원에 계셨다. 그런데 그때 여섯무리의 수행녀들이 꿀을 요청하여 먹었다. 사람들이 혐책하고 분개하고 비난했다.

[사람들] "어찌 수행녀들이 꿀을 요청하여 먹을 수 있단 말인가? 누가 조리된 것을 마음에 들어 하지 않겠는가? 누가 맛있는 것을 좋아하지 않겠는가?"

수행녀들은 사람들이 혐책하고 분개하고 비난하는 것을 들었다.

1-2. 수행녀들 가운데 욕망을 여의고, 만족을 알고, 부끄러움을 알고, 후회할 줄 알고, 배움을 원하는 자들은 혐책하고 분개하고 비난했다.

[욕망을 여읜 수행녀들] "어찌 수행녀들이 꿀을 요청하여 먹을 수 있단 말인가?"

그래서 그 수행녀들은 수행승들에게 그 사실을 알렸다. 수행승들 가운데 욕망을 여의고, 만족을 알고, 부끄러움을 알고, 후회할 줄 알고, 배움을 원하는 자들도 혐책하고 분개하고 비난했다.

[욕망을 여읜 수행승들] "어찌 수행녀들이 꿀을 요청하여 먹을 수 있단 말인가?"

1-3. 그래서 그 수행승들은 세존께 그 사실을 알렸다. 그러자 세존께서는 이러한 인연으로 이러한 기회에 수행승들의 참모임을 불러 모으게 하고 연유를 설하고 수행승들에게 물었다.

[세존] "수행승들이여, 수행녀들이 꿀을 요청하여 먹은 것이 사실인가?"

[수행승들] "세존이시여, 사실입니다."

존귀한 부처님께서는 견책했다.

[세존] "수행승들이여, 그 여섯무리의 수행녀들은 적절하지 않고, 자연스럽지 않고, 알맞지 않고, 수행자의 삶이 아니고, 부당하고, 해서는 안 될 일을 행한 것이다. 수행승들이여, 어찌 여섯무리의 수행녀들이 꿀을 요청하여 먹을 수 있단 말인가? 수행승들이여, 그것은 아직 청정한 믿음이 없는 자를 청정한 믿음으로 이끌고, 이미 청정한 믿음이 있는 자를 더욱더 청정한 믿음으로 이끄는 것이 아니다. 수행승들이여, 그것은 오히려, 아직 청정한 믿음이 없는 자를 불신으로 이끌고, 이미 청정한 믿음이 있는 자 가운데 어떤 자들을 타락시키는 것이다."

1-4. 그래서 세존께서는 여섯무리의 수행녀들을 여러 가지 방편으로 견책하여, 키우기 어렵고 부양하기 어렵고 탐욕이 많고 만족을 모르고 교제를 좋아하고 나태한 것에 대하여 질책하고, 여러 가지 법문으로 고무하여, 키우기 쉽고 부양하기 쉽고 욕심을 여의고, 만족을 알고, 버리고 없애는 삶, 악을 제거하는 삶, 청정한 믿음의 삶, 쌓아 모우지 않는 삶, 용맹정진의 삶을 칭찬하고, 수행승들을 위하여 그에 알맞고 그에 걸맞게 경책하여 법문을 하고 수행승들에게 일렀다.

[세존] "수행승들이여, 그러므로 수행녀들을 위하여 열 가지 이유에 기초하여,

즉 참모임의 수승을 위하여, 참모임의 안락을 위하여, 악한 수행녀들의 조복을 위하여, 품행이 바른 수행녀들의 평안한 삶을 위하여, 지금 여기에서의 번뇌의 제어를 위하여, 다가오는 번뇌를 물리치기 위하여, 청정한 믿음이 없는 자에게 청정한 믿음을 주기 위하여, 청정한 믿음이 있는 자에게 청정한 믿음을 증대시키기 위하여, 올바른 가르침을 지속시키기 위하여, 계율을 수호하기 위하여 학습계율을 시설하니, 수행승들이여, 수행녀들은 이와 같이 학습계율을 송출해야 한다."

〔세존〕 "어떠한 수행녀이든지 꿀을 요청하여 먹었다면, '존귀한 자매들이여, 저는 비난받은 만하고 적절하지 못한, 고백죄를 범했는데, 그것을 참회합니다.'라고 고백해야 한다."1417)

이와 같이 세존께서는 수행승들을 위하여 학습계율을 시설했다.

2-1. 그런데 그때 수행녀들이 병이 들었다. 간병수행녀들이 환우수행녀들에게 이와 같이 말했다.

[간병수행녀들] "존귀한 자매들이여, 참아낼 만하십니까, 견디어낼 만하십니까?"

[환우수행녀들] "존귀한 자매들이여, 예전에는 우리가 꿀을 요청해서 사용했습니다. 그래서 평안했습니다. 그러나 이제는 세존께서 금지했기 때문에 주저하여 요청하지 않습니다. 그래서 평안하지 않습니다."

2-2. 세존께 그 사실을 알렸다. 그러자 세존께서는 이러한 인연으로 이러한 기회에 수행승들의 참모임을 불러 모으게 하고 연유를 설하고 일렀다.

[세존] "수행승들이여, 환우수행녀에게 꿀을 요청하여 먹는 것을 허용한다. 수행승들이여, 그대들은 이와 같이 학습계율을 송출해야 한다."

[세존] "어떠한 수행녀이든지 환자가 아닌 한, 꿀을 요청하여 먹었다면, '존귀한 자매들이여, 저는 비난받은 만하고 적절하지 못한, 고백죄를 범했는데, 그것을 참회합니다.'라고 고백해야 한다."1418)

3-1. '어떠한'이라는 것은 어떠한 관계, 어떠한 태생, 어떠한 이름, 어떠한 성씨, 어떠한 계행, 어떠한 주거, 어떠한 활동영역에서 이든지, 장로이든지, 신참이든지, 중참이든지, 이러한 자들을 형용하는 것으로 '어떠한 자이든'이라는 뜻이다.

1417) yā pana bhikkhunī madhuṃ viññāpetvā bhuñjeyya paṭidesetabbaṃ tāya bhikkhuniyā gārayhaṃ ayye dhammaṃ āpajjiṃ asappāyaṃ pāṭidesanīyaṃ, taṃ paṭidesemī'ti.

1418) 걸밀식계○(乞蜜食戒) | Bhikkhunī Paṭid. 3 : yā pana bhikkhunī agilānā madhuṃ viññāpetvā bhuñjeyya paṭidesetabbaṃ tāya bhikkhuniyā gārayhaṃ ayye dhammaṃ āpajjiṃ asappāyaṃ pāṭidesanīyaṃ, taṃ paṭidese mī'ti.

'수행녀'이라고 하는 것은 '탁발하는 여자'로서의 수행녀, 탁발을 위해 돌아다니는 여자로서의 수행녀, 분소의를 입은 자로서의 수행녀, 사미니로서의 수행녀, 자칭에 의한 수행녀, '오라! 수행녀여!'에 의한 수행녀, 삼귀의에 의해 구족계를 받은 수행녀, 현선한 수행녀, 진실한 수행녀, 배울 것이 있는 학인인 수행녀, 배울 것이 없는 무학인 수행녀, 화합참모임과 한번제안세번제청의 갈마와 부동의 거룩한 님의 속성을 갖춘 자로서의 수행녀가 있는데, 그녀들 가운데 화합참모임과 양쪽으로부터 구족계를 받은 자로서 한번제안세번제청의 갈마와 부동의 거룩한 님의 속성을 갖춘 수행녀, 그녀를 이러한 의미에서의 수행녀라고 하는 것이다.

3-2. '환자가 아닌 한'이라는 것은 '꿀이 없이 평안한 것'을 뜻한다. '환자인 것'은 '꿀이 없이 평안하지 않은 것'을 뜻한다. '꿀'이라는 것은 벌꿀을 뜻한다. 환자가 아닌 한, 자신을 위하여 요청하면, 그 과정은 악작죄를 범하는 것이고, '획득하여 내가 먹겠다.'라고 집으면, 악작죄를 범하는 것이고, 삼키면 삼킬 때마다 고백죄를 범하는 것이다.

3-3₁.

1) 환자가 아닌 것에 대하여 환자가 아닌 것이라고 지각하고 꿀을 요청하여 사용하면, 고백죄를 범하는 것이다.
2) 환자가 아닌 것에 대하여 환자가 아닌 것인지 의심하고 꿀을 요청하여 사용하면, 고백죄를 범하는 것이다.
3) 환자가 아닌 것에 대하여 환자인 것이라고 지각하고 꿀을 요청하여 사용하면, 고백죄를 범하는 것이다.

3-3₂.

1) 환자인 것에 대하여 환자가 아닌 것이라고 지각하면, 악작죄를 범하는 것이다.
2) 환자인 것에 대하여 환자인 것인지 의심하면, 악작죄를 범하는 것이다.
3) 환자인 것에 대하여 환자인 것이라고 지각하면, 무죄이다.

3-4. 환자였을 때 병이 든 상태에서 요청했다가 병이 낫게 되어 먹거나, 환자의 남은 것을 먹거나, 친척의 것이거나, 초대를 받았거나, 타인을 위한 것이거나, 자신의 재물에 의한 것인 경우이거나, 정신착란자이거나 초범자인 경우는 무죄이다.

5. 4 고백죄법 제4조

당밀에 대한 학습계율[Phāṇitasikkhāpada]

1-1. 한때 존귀한 부처님께서는 싸밧티 시의 제따바나 숲에 있는 아나타삔디까 승원에 계셨다. 그런데 그때 여섯무리의 수행녀들이 당밀을 요청하여 먹었다. 사람들이 혐책하고 분개하고 비난했다.

[사람들] "어찌 수행녀들이 당밀을 요청하여 먹을 수 있단 말인가? 누가 조리된 것을 마음에 들어 하지 않겠는가? 누가 맛있는 것을 좋아하지 않겠는가?"

수행녀들은 사람들이 혐책하고 분개하고 비난하는 것을 들었다.

1-2. 수행녀들 가운데 욕망을 여의고, 만족을 알고, 부끄러움을 알고, 후회할 줄 알고, 배움을 원하는 자들은 혐책하고 분개하고 비난했다.

[욕망을 여읜 수행녀들] "어찌 여섯무리의 수행녀들이 당밀을 요청하여 먹을 수 있단 말인가?"

그래서 그 수행녀들은 수행승들에게 그 사실을 알렸다. 수행승들 가운데 욕망을 여의고, 만족을 알고, 부끄러움을 알고, 후회할 줄 알고, 배움을 원하는 자들도 혐책하고 분개하고 비난했다.

[욕망을 여읜 수행승들] "어찌 여섯무리의 수행녀들이 당밀을 요청하여 먹을 수 있단 말인가?"

1-3. 그래서 그 수행승들은 세존께 그 사실을 알렸다. 그러자 세존께서는 이러한 인연으로 이러한 기회에 수행승들의 참모임을 불러 모으게 하고 연유를 설하고 수행승들에게 물었다.

[세존] "수행승들이여, 그 여섯무리의 수행녀들이 당밀을 요청하여 먹은 것이 사실인가?"

[수행승들] "세존이시여, 사실입니다."

존귀한 부처님께서는 견책했다.

[세존] "수행승들이여, 그 여섯무리의 수행녀들은 적절하지 않고, 자연스럽지 않고, 알맞지 않고, 수행자의 삶이 아니고, 부당하고, 해서는 안 될 일을 행한 것이다. 수행승들이여, 어찌 여섯무리의 수행녀들이 당밀을 요청하여 먹을 수 있단 말인가? 수행승들이여, 그것은 아직 청정한 믿음이 없는 자를 청정한 믿음으로 이끌고, 이미 청정한 믿음이 있는 자를 더욱더 청정한 믿음으로 이끄는 것이 아니다. 수행승들이여, 그것은 오히려, 아직 청정한 믿음이 없는 자를 불신으로

이끌고, 이미 청정한 믿음이 있는 자 가운데 어떤 자들을 타락시키는 것이다."

1-4. 그래서 세존께서는 그 여섯무리의 수행녀들에 대하여 여러 가지 방편으로 견책하여, 키우기 어렵고 부양하기 어렵고 탐욕이 많고 만족을 모르고 교제를 좋아하고 나태한 것에 대하여 질책하고, 여러 가지 법문으로 고무하여, 키우기 쉽고 부양하기 쉽고 욕심을 여의고, 만족을 알고, 버리고 없애는 삶, 악을 제거하는 삶, 청정한 믿음의 삶, 쌓아 모우지 않는 삶, 용맹정진의 삶을 칭찬하고, 수행승들을 위하여 그에 알맞고 그에 걸맞게 경책하여 법문을 하고 수행승들에게 일렀다.

[세존] "수행승들이여, 그러므로 수행녀들을 위하여 열 가지 이유에 기초하여, 즉 참모임의 수승을 위하여, 참모임의 안락을 위하여, 악한 수행녀들의 조복을 위하여, 품행이 바른 수행녀들의 평안한 삶을 위하여, 지금 여기에서의 번뇌의 제어를 위하여, 다가오는 번뇌를 물리치기 위하여, 청정한 믿음이 없는 자에게 청정한 믿음을 주기 위하여, 청정한 믿음이 있는 자에게 청정한 믿음을 증대시키기 위하여, 올바른 가르침을 지속시키기 위하여, 계율을 수호하기 위하여 학습계율을 시설하니, 수행승들이여, 수행녀들은 이와 같이 학습계율을 송출해야 한다."

〔세존〕 "어떠한 수행녀이든지 당밀을 요청하여 먹었다면, '존귀한 자매들이여, 저는 비난받은 만하고 적절하지 못한, 고백죄를 범했는데, 그것을 참회합니다.'라고 고백해야 한다."[1419]

이와 같이 세존께서는 수행승들을 위하여 학습계율을 시설했다.

2-1. 그런데 그때 수행녀들이 병이 들었다. 간병수행녀들이 환우수행녀들에게 이와 같이 말했다.

[간병수행녀들] "존귀한 자매들이여, 참아낼 만하십니까, 견디어낼 만하십니까?"

[환우수행녀들] "존귀한 자매들이여, 예전에는 우리가 당밀을 요청해서 사용했습니다. 그래서 평안했습니다. 그러나 이제는 세존께서 금지했기 때문에 주저하여 요청하지 않습니다. 그래서 평안하지 않습니다."

2-2. 세존께 그 사실을 알렸다. 그러자 세존께서는 이러한 인연으로 이러한 기회에 수행승들의 참모임을 불러 모으게 하고 연유를 설하고 일렀다.

[세존] "수행승들이여, 환우수행녀에게 당밀을 요청하여 먹는 것을 허용한다. 수행승들이여, 그대들은 이와 같이 학습계율을 송출해야 한다.

1419) yā pana bhikkhunī phāṇitaṃ viññāpetvā bhuñjeyya paṭidesetabbaṃ tāya bhikkhuniyā gārayhaṃ ayye dhammaṃ āpajjiṃ asappāyaṃ pāṭidesanīyaṃ, taṃ paṭidesemī'ti.

[세존] "어떠한 수행녀이든지 환자가 아닌 한, 당밀을 요청하여 먹었다면, '존귀한 자매들이여, 저는 비난받은 만하고 적절하지 못한, 고백죄를 범했는데, 그것을 참회합니다.'라고 고백해야 한다."1420)

3-1. '어떠한'이라는 것은 어떠한 관계, 어떠한 태생, 어떠한 이름, 어떠한 성씨, 어떠한 계행, 어떠한 주거, 어떠한 활동영역에서 이든지, 장로이든지, 신참이든지, 중참이든지, 이러한 자들을 형용하는 것으로 '어떠한 자이든'이라는 뜻이다. '수행녀'이라고 하는 것은 '탁발하는 여자'로서의 수행녀, 탁발을 위해 돌아다니는 여자로서의 수행녀, 분소의를 입은 자로서의 수행녀, 사미니로서의 수행녀, 자칭에 의한 수행녀, '오라! 수행녀여!'에 의한 수행녀, 삼귀의에 의해 구족계를 받은 수행녀, 현선한 수행녀, 진실한 수행녀, 배울 것이 있는 학인인 수행녀, 배울 것이 없는 무학인 수행녀, 화합참모임과 한번제안세번제청의 갈마와 부동의 거룩한 님의 속성을 갖춘 자로서의 수행녀가 있는데, 그녀들 가운데 화합참모임과 양쪽으로부터 구족계를 받은 자로서 한번제안세번제청의 갈마와 부동의 거룩한 님의 속성을 갖춘 수행녀, 그녀를 이러한 의미에서의 수행녀라고 하는 것이다.

3-2. '환자가 아닌 한'이라는 것은 '당밀이 없이 평안한 것'을 뜻한다. '환자인 것'은 '당밀이 없이 평안하지 않은 것'을 뜻한다. '당밀'이라는 것은 사탕수수에서 생산된 것을 뜻한다. 환자가 아닌 한, 자신을 위하여 요청하면, 그 과정은 악작죄를 범하는 것이고, '획득하여 내가 먹겠다.'라고 집으면, 악작죄를 범하는 것이고, 삼키면 삼킬 때마다 고백죄를 범하는 것이다.

3-3₁.

1) 환자가 아닌 것에 대하여 환자가 아닌 것이라고 지각하고 당밀을 요청하여 사용하면, 고백죄를 범하는 것이다.
2) 환자가 아닌 것에 대하여 환자가 아닌 것인지 의심하고 당밀을 요청하여 사용하면, 고백죄를 범하는 것이다.
3) 환자가 아닌 것에 대하여 환자인 것이라고 지각하고 당밀을 요청하여 사용하면, 고백죄를 범하는 것이다.

1420) 걸사탕계○(乞砂糖戒) | Bhikkhunī Paṭid. 4 : yā pana bhikkhunī agilānā phāṇitaṃ viññāpetvā bhuñjeyya paṭidesetabbaṃ tāya bhikkhuniyā gārayhaṃ ayye dhammaṃ āpajjiṃ asappāyaṃ pāṭidesanīyaṃ, taṃ paṭidese mī'ti.

3-3₂.

1) 환자인 것에 대하여 환자가 아닌 것이라고 지각하면, 악작죄를 범하는 것이다.
2) 환자인 것에 대하여 환자인 것인지 의심하면, 악작죄를 범하는 것이다.
3) 환자인 것에 대하여 환자인 것이라고 지각하면, 무죄이다.

3-4. 환자였을 때 병이 든 상태에서 요청했다가 병이 낫게 되어 먹거나, 환자의 남은 것을 먹거나, 친척의 것이거나, 초대를 받았거나, 타인을 위한 것이거나, 자신의 재물에 의한 것인 경우이거나, 정신착란자이거나 초범자인 경우는 무죄이다.

5. 5. 고백죄법 제5조

물고기에 대한 학습계율[Macchasikkhāpada]

1-1. 한때 존귀한 부처님께서는 싸밧티 시의 제따바나 숲에 있는 아나타삔디까 승원에 계셨다. 그런데 그때 여섯무리의 수행녀들이 물고기를 요청하여 먹었다. 사람들이 혐책하고 분개하고 비난했다.

[사람들] "어찌 수행녀들이 물고기를 요청하여 먹을 수 있단 말인가? 누가 조리된 것을 마음에 들어 하지 않겠는가? 누가 맛있는 것을 좋아하지 않겠는가?"

수행녀들은 사람들이 혐책하고 분개하고 비난하는 것을 들었다.

1-2. 수행녀들 가운데 욕망을 여의고, 만족을 알고, 부끄러움을 알고, 후회할 줄 알고, 배움을 원하는 자들은 혐책하고 분개하고 비난했다.

[욕망을 여읜 수행녀들] "어찌 여섯무리의 수행녀들이 물고기를 요청하여 먹을 수 있단 말인가?"

그래서 그 수행녀들은 수행승들에게 그 사실을 알렸다. 수행승들 가운데 욕망을 여의고, 만족을 알고, 부끄러움을 알고, 후회할 줄 알고, 배움을 원하는 자들도 혐책하고 분개하고 비난했다.

[욕망을 여읜 수행승들] "어찌 여섯무리의 수행녀들이 물고기를 요청하여 먹을 수 있단 말인가?"

1-3. 그래서 그 수행승들은 세존께 그 사실을 알렸다. 그러자 세존께서는 이러한 인연으로 이러한 기회에 수행승들의 참모임을 불러 모으게 하고 연유를 설하고 수행승들에게 물었다.

[세존] "수행승들이여, 그 여섯무리의 수행녀들이 물고기를 요청하여 먹은 것이 사실인가?"

[수행승들] "세존이시여, 사실입니다."

존귀한 부처님께서는 견책했다.

[세존] "수행승들이여, 그 여섯무리의 수행녀들은 적절하지 않고, 자연스럽지 않고, 알맞지 않고, 수행자의 삶이 아니고, 부당하고, 해서는 안 될 일을 행한 것이다. 수행승들이여, 어찌 여섯무리의 수행녀들이 물고기를 요청하여 먹을 수 있단 말인가? 수행승들이여, 그것은 아직 청정한 믿음이 없는 자를 청정한 믿음으로 이끌고, 이미 청정한 믿음이 있는 자를 더욱더 청정한 믿음으로 이끄는 것이 아니다. 수행승들이여, 그것은 오히려, 아직 청정한 믿음이 없는 자를 불신으로 이끌고, 이미 청정한 믿음이 있는 자 가운데 어떤 자들을 타락시키는 것이다."

1-4. 그래서 세존께서는 여섯무리의 수행녀들에 대하여 여러 가지 방편으로 견책하여, 키우기 어렵고 부양하기 어렵고 탐욕이 많고 만족을 모르고 교제를 좋아하고 나태한 것에 대하여 질책하고, 여러 가지 법문으로 고무하여, 키우기 쉽고 부양하기 쉽고 욕심을 여의고, 만족을 알고, 버리고 없애는 삶, 악을 제거하는 삶, 청정한 믿음의 삶, 쌓아 모우지 않는 삶, 용맹정진의 삶을 칭찬하고, 수행승들을 위하여 그에 알맞고 그에 걸맞게 경책하여 법문을 하고 수행승들에게 일렀다.

[세존] "수행승들이여, 그러므로 수행녀들을 위하여 열 가지 이유에 기초하여, 즉 참모임의 수승을 위하여, 참모임의 안락을 위하여, 악한 수행녀들의 조복을 위하여, 품행이 바른 수행녀들의 평안한 삶을 위하여, 지금 여기에서의 번뇌의 제어를 위하여, 다가오는 번뇌를 물리치기 위하여, 청정한 믿음이 없는 자에게 청정한 믿음을 주기 위하여, 청정한 믿음이 있는 자에게 청정한 믿음을 증대시키기 위하여, 올바른 가르침을 지속시키기 위하여, 계율을 수호하기 위하여 학습계율을 시설하니, 수행승들이여, 수행녀들은 이와 같이 학습계율을 송출해야 한다."

[세존] "어떠한 수행녀이든지 물고기를 요청하여 먹었다면, '존귀한 자매들이여, 저는 비난받은 만하고 적절하지 못한, 고백죄를 범했는데, 그것을 참회합니다.'라고 고백해야 한다."1421)

이와 같이 세존께서는 수행승들을 위하여 학습계율을 시설했다.

2-1. 그런데 그때 수행녀들이 병이 들었다. 간병수행녀들이 환우수행녀들에게

1421) yā pana bhikkhunī macchaṃ viññāpetvā bhuñjeyya paṭidesetabbaṃ tāya bhikkhuniyā gārayhaṃ ayye dhammaṃ āpajjiṃ asappāyaṃ pāṭidesanīyaṃ, taṃ paṭidesemī'ti.

이와 같이 말했다.

[간병수행녀들] "존귀한 자매들이여, 참아낼 만하십니까, 견디어낼 만하십니까?"

[환우수행녀들] "존귀한 자매들이여, 예전에는 우리가 물고기를 요청해서 사용했습니다. 그래서 평안했습니다. 그러나 이제는 세존께서 금지했기 때문에 주저하여 요청하지 않습니다. 그래서 평안하지 않습니다."

2-2. 세존께 그 사실을 알렸다. 그러자 세존께서는 이러한 인연으로 이러한 기회에 수행승들의 참모임을 불러 모으게 하고 연유를 설하고 일렀다.

[세존] "수행승들이여, 환우수행녀에게 물고기를 요청하여 먹는 것을 허용합니다."

수행승들이여, 그대들은 이와 같이 학습계율을 송출해야 한다.

[세존] "어떠한 수행녀이든지 환자가 아닌 한, 물고기를 요청하여 먹었다면, '존귀한 자매들이여, 저는 비난받은 만하고 적절하지 못한, 고백죄를 범했는데, 그것을 참회합니다.'라고 고백해야 한다."1422)

3-1. '어떠한'이라는 것은 어떠한 관계, 어떠한 태생, 어떠한 이름, 어떠한 성씨, 어떠한 계행, 어떠한 주거, 어떠한 활동영역에서 이든지, 장로이든지, 신참이든지, 중참이든지, 이러한 자들을 형용하는 것으로 '어떠한 자이든'이라는 뜻이다. '수행녀'이라고 하는 것은 '탁발하는 여자'로서의 수행녀, 탁발을 위해 돌아다니는 여자로서의 수행녀, 분소의를 입은 자로서의 수행녀, 사미니로서의 수행녀, 자칭에 의한 수행녀, '오라! 수행녀여!'에 의한 수행녀, 삼귀의에 의해 구족계를 받은 수행녀, 현선한 수행녀, 진실한 수행녀, 배울 것이 있는 학인인 수행녀, 배울 것이 없는 무학인 수행녀, 화합참모임과 한번제안세번제청의 갈마와 부동의 거룩한 님의 속성을 갖춘 자로서의 수행녀가 있는데, 그녀들 가운데 화합참모임과 양쪽으로부터 구족계를 받은 자로서 한번제안세번제청의 갈마와 부동의 거룩한 님의 속성을 갖춘 수행녀, 그녀를 이러한 의미에서의 수행녀라고 하는 것이다.

3-2. '환자가 아닌 한'이라는 것은 '물고기가 없이 평안한 것'을 뜻한다. '환자인 것'은 '물고기가 없이 평안하지 않은 것'을 뜻한다. '물고기'이라는 것은 물속을

1422) 걸어식계○(乞魚食戒) | Bhikkhunī Paṭid. 5 : yā pana bhikkhunī agilānā macchaṃ viññāpetvā bhuñjeyya paṭidesetabbaṃ tāya bhikkhuniyā gārayhaṃ ayye dhammaṃ āpajjiṃ asappāyaṃ pāṭidesanīyaṃ, taṃ paṭidese mī'ti.

다니는 것을 뜻한다. 환자가 아닌 한, 자신을 위하여 요청하면, 그 과정은 악작죄를 범하는 것이고, '획득하여 내가 먹겠다.'라고 집으면, 악작죄를 범하는 것이고, 삼키면 삼킬 때마다 고백죄를 범하는 것이다.

3-3₁.

1) 환자가 아닌 것에 대하여 환자가 아닌 것이라고 지각하고 물고기를 요청하여 사용하면, 고백죄를 범하는 것이다.
2) 환자가 아닌 것에 대하여 환자가 아닌 것인지 의심하고 물고기를 요청하여 사용하면, 고백죄를 범하는 것이다.
3) 환자가 아닌 것에 대하여 환자인 것이라고 지각하고 물고기를 요청하여 사용하면, 고백죄를 범하는 것이다.

3-3₂.

1) 환자인 것에 대하여 환자가 아닌 것이라고 지각하면, 악작죄를 범하는 것이다.
2) 환자인 것에 대하여 환자인 것인지 의심하면, 악작죄를 범하는 것이다.
3) 환자인 것에 대하여 환자인 것이라고 지각하면, 무죄이다.

3-4. 환자였을 때 병이 든 상태에서 요청했다가 병이 낫게 되어 먹거나, 환자의 남은 것을 먹거나, 친척의 것이거나, 초대를 받았거나, 타인을 위한 것이거나, 자신의 재물에 의한 것인 경우이거나, 정신착란자이거나 초범자인 경우는 무죄이다.

5. 6 고백죄법 제6조

육고기에 대한 학습계율[Maṃsasikkhāpada]

1-1. 한때 존귀한 부처님께서는 싸밧티 시의 제따바나 숲에 있는 아나타삔디까 승원에 계셨다. 그런데 그때 여섯무리의 수행녀들이 육고기를 요청하여 먹었다. 사람들이 혐책하고 분개하고 비난했다.

[사람들] "어찌 수행녀들이 육고기를 요청하여 먹을 수 있단 말인가? 누가 조리된 것을 마음에 들어 하지 않겠는가? 누가 맛있는 것을 좋아하지 않겠는가?"

수행녀들은 사람들이 혐책하고 분개하고 비난하는 것을 들었다.

1-2. 수행녀들 가운데 욕망을 여의고, 만족을 알고, 부끄러움을 알고, 후회할 줄 알고, 배움을 원하는 자들은 혐책하고 분개하고 비난했다.

[욕망을 여읜 수행녀들] "어찌 여섯무리의 수행녀들이 육고기를 요청하여 먹을 수 있단 말인가?"

그래서 그 수행녀들은 수행승들에게 그 사실을 알렸다. 수행승들 가운데 욕망을 여의고, 만족을 알고, 부끄러움을 알고, 후회할 줄 알고, 배움을 원하는 자들도 혐책하고 분개하고 비난했다.

[욕망을 여읜 수행승들] "어찌 여섯무리의 수행녀들이 육고기를 요청하여 먹을 수 있단 말인가?"

1-3. 그래서 그 수행승들은 세존께 그 사실을 알렸다. 그러자 세존께서는 이러한 인연으로 이러한 기회에 수행승들의 참모임을 불러 모으게 하고 연유를 설하고 수행승들에게 물었다.

[세존] "수행승들이여, 그 여섯무리의 수행녀들이 육고기를 요청하여 먹은 것이 사실인가?"

[수행승들] "세존이시여, 사실입니다."

존귀한 부처님께서는 견책했다.

[세존] "수행승들이여, 그 여섯무리의 수행녀들은 적절하지 않고, 자연스럽지 않고, 알맞지 않고, 수행자의 삶이 아니고, 부당하고, 해서는 안 될 일을 행한 것이다. 수행승들이여, 어찌 여섯무리의 수행녀들이 육고기를 요청하여 먹을 수 있단 말인가? 수행승들이여, 그것은 아직 청정한 믿음이 없는 자를 청정한 믿음으로 이끌고, 이미 청정한 믿음이 있는 자를 더욱더 청정한 믿음으로 이끄는 것이 아니다. 수행승들이여, 그것은 오히려, 아직 청정한 믿음이 없는 자를 불신으로 이끌고, 이미 청정한 믿음이 있는 자 가운데 어떤 자들을 타락시키는 것이다."

1-4. 그래서 세존께서는 여섯무리의 수행녀들에 대하여 여러 가지 방편으로 견책하여, 키우기 어렵고 부양하기 어렵고 탐욕이 많고 만족을 모르고 교제를 좋아하고 나태한 것에 대하여 질책하고, 여러 가지 법문으로 고무하여, 키우기 쉽고 부양하기 쉽고 욕심을 여의고, 만족을 알고, 버리고 없애는 삶, 악을 제거하는 삶, 청정한 믿음의 삶, 쌓아 모우지 않는 삶, 용맹정진의 삶을 칭찬하고, 수행승들을 위하여 그에 알맞고 그에 걸맞게 경책하여 법문을 하고 수행승들에게 일렀다.

[세존] "수행승들이여, 그러므로 수행녀들을 위하여 열 가지 이유에 기초하여, 즉 참모임의 수승을 위하여, 참모임의 안락을 위하여, 악한 수행녀들의 조복

을 위하여, 품행이 바른 수행녀들의 평안한 삶을 위하여, 지금 여기에서의 번뇌의 제어를 위하여, 다가오는 번뇌를 물리치기 위하여, 청정한 믿음이 없는 자에게 청정한 믿음을 주기 위하여, 청정한 믿음이 있는 자에게 청정한 믿음을 증대시키기 위하여, 올바른 가르침을 지속시키기 위하여, 계율을 수호하기 위하여 학습계율을 시설하니, 수행승들이여, 수행녀들은 이와 같이 학습계율을 송출해야 한다."

〔세존〕 "어떠한 수행녀이든지 육고기를 요청하여 먹었다면, '존귀한 자매들이여, 저는 비난받은 만하고 적절하지 못한, 고백죄를 범했는데, 그것을 참회합니다.'라고 고백해야 한다."1423)

이와 같이 세존께서는 수행승들을 위하여 학습계율을 시설했다.

2-1. 그런데 그때 수행녀들이 병이 들었다. 간병수행녀들이 환우수행녀들에게 이와 같이 말했다.

[간병수행녀들] "존귀한 자매들이여, 참아낼 만하십니까, 견디어낼 만하십니까?"

[환우수행녀들] "존귀한 자매들이여, 예전에는 우리가 육고기를 요청해서 사용했습니다. 그래서 평안했습니다. 그러나 이제는 세존께서 금지했기 때문에 주저하여 요청하지 않습니다. 그래서 평안하지 않습니다."

2-2. 세존께 그 사실을 알렸다. 그러자 세존께서는 이러한 인연으로 이러한 기회에 수행승들의 참모임을 불러 모으게 하고 연유를 설하고 일렀다.

[세존] "수행승들이여, 환우수행녀에게 육고기를 요청하여 먹는 것을 허용한다. 수행승들이여, 그대들은 이와 같이 학습계율을 송출해야 한다."

[세존] "어떠한 수행녀이든지 환자가 아닌 한, 육고기를 요청하여 먹었다면, '존귀한 자매들이여, 저는 비난받은 만하고 적절하지 못한, 고백죄를 범했는데, 그것을 참회합니다.'라고 고백해야 한다."1424)

3-1. '어떠한'이라는 것은 어떠한 관계, 어떠한 태생, 어떠한 이름, 어떠한 성씨, 어떠한 계행, 어떠한 주거, 어떠한 활동영역에서 이든지, 장로이든지, 신참이든지, 중참이든지, 이러한 자들을 형용하는 것으로 '어떠한 자이든'이라는 뜻이다.

1423) yā pana bhikkhunī maṃsaṃ viññāpetvā bhuñjeyya paṭidesetabbaṃ tāya bhikkhuniyā gārayhaṃ ayye dhammaṃ āpajjiṃ asappāyaṃ pāṭidesanīyaṃ, taṃ paṭidesemī'ti.

1424) 걸육식계○(乞肉食戒) | Bhikkhunī Paṭid. 6 : yā pana bhikkhunī agilānā maṃsaṃ viññāpetvā bhuñjeyya paṭidesetabbaṃ tāya bhikkhuniyā gārayhaṃ ayye dhammaṃ āpajjiṃ asappāyaṃ pāṭidesanīyaṃ, taṃ paṭidesemī'ti.

'수행녀'이라고 하는 것은 '탁발하는 여자'로서의 수행녀, 탁발을 위해 돌아다니는 여자로서의 수행녀, 분소의를 입은 자로서의 수행녀, 사미니로서의 수행녀, 자칭에 의한 수행녀, '오라! 수행녀여!'에 의한 수행녀, 삼귀의에 의해 구족계를 받은 수행녀, 현선한 수행녀, 진실한 수행녀, 배울 것이 있는 학인인 수행녀, 배울 것이 없는 무학인 수행녀, 화합참모임과 한번제안세번제청의 갈마와 부동의 거룩한 님의 속성을 갖춘 자로서의 수행녀가 있는데, 그녀들 가운데 화합참모임과 양쪽으로부터 구족계를 받은 자로서 한번제안세번제청의 갈마와 부동의 거룩한 님의 속성을 갖춘 수행녀, 그녀를 이러한 의미에서의 수행녀라고 하는 것이다.

3-2. '환자가 아닌 한'이라는 것은 '육고기가 없이 평안한 것'을 뜻한다. '환자인 것'은 '육고기가 없이 평안하지 않은 것'을 뜻한다. '육고기'라는 것은 허용된 육고기의 육고기를 뜻한다. 환자가 아닌 한, 자신을 위하여 요청하면, 그 과정은 악작죄를 범하는 것이고, '획득하여 내가 먹겠다.'라고 집으면, 악작죄를 범하는 것이고, 삼키면 삼킬 때마다 고백죄를 범하는 것이다.

3-3₁.

1) 환자가 아닌 것에 대하여 환자가 아닌 것이라고 지각하고 육고기를 요청하여 사용하면, 고백죄를 범하는 것이다.
2) 환자가 아닌 것에 대하여 환자가 아닌 것인지 의심하고 육고기를 요청하여 사용하면, 고백죄를 범하는 것이다.
3) 환자가 아닌 것에 대하여 환자인 것이라고 지각하고 육고기를 요청하여 사용하면, 고백죄를 범하는 것이다.

3-3₂.

1) 환자인 것에 대하여 환자가 아닌 것이라고 지각하면, 악작죄를 범하는 것이다.
2) 환자인 것에 대하여 환자인 것인지 의심하면, 악작죄를 범하는 것이다.
3) 환자인 것에 대하여 환자인 것이라고 지각하면, 무죄이다.

3-4. 환자였을 때 병이 든 상태에서 요청했다가 병이 낫게 되어 먹거나, 환자의 남은 것을 먹거나, 친척의 것이거나, 초대를 받았거나, 타인을 위한 것이거나, 자신의 재물에 의한 것인 경우이거나, 정신착란자이거나 초범자인 경우는 무죄이다.

5. 7 고백죄법 제7조

우유에 대한 학습계율[Khīrasikkhāpada]

1-1. 한때 존귀한 부처님께서는 싸밧티 시의 제따바나 숲에 있는 아나타삔디까 승원에 계셨다. 그런데 그때 여섯무리의 수행녀들이 우유를 요청하여 먹었다. 사람들이 혐책하고 분개하고 비난했다.

[사람들] "어찌 수행녀들이 우유를 요청하여 먹을 수 있단 말인가? 누가 조리된 것을 마음에 들어 하지 않겠는가? 누가 맛있는 것을 좋아하지 않겠는가?"

수행녀들은 사람들이 혐책하고 분개하고 비난하는 것을 들었다.

1-2. 수행녀들 가운데 욕망을 여의고, 만족을 알고, 부끄러움을 알고, 후회할 줄 알고, 배움을 원하는 자들은 혐책하고 분개하고 비난했다.

[욕망을 여읜 수행녀들] "어찌 여섯무리의 수행녀들이 우유를 요청하여 먹을 수 있단 말인가?"

그래서 그 수행녀들은 수행승들에게 그 사실을 알렸다.

수행승들 가운데 욕망을 여의고, 만족을 알고, 부끄러움을 알고, 후회할 줄 알고, 배움을 원하는 자들도 혐책하고 분개하고 비난했다.

[욕망을 여읜 수행승들] "어찌 여섯무리의 수행녀들이 우유를 요청하여 먹을 수 있단 말인가?"

1-3. 그래서 그 수행승들은 세존께 그 사실을 알렸다. 그러자 세존께서는 이러한 인연으로 이러한 기회에 수행승들의 참모임을 불러 모으게 하고 연유를 설하고 수행승들에게 물었다.

[세존] "수행승들이여, 그 여섯무리의 수행녀들이 우유를 요청하여 먹은 것이 사실인가?"

[수행승들] "세존이시여, 사실입니다."

존귀한 부처님께서는 견책했다.

[세존] "수행승들이여, 그 여섯무리의 수행녀들은 적절하지 않고, 자연스럽지 않고, 알맞지 않고, 수행자의 삶이 아니고, 부당하고, 해서는 안 될 일을 행한 것이다. 수행승들이여, 어찌 여섯무리의 수행녀들이 우유를 요청하여 먹을 수 있단 말인가? 수행승들이여, 그것은 아직 청정한 믿음이 없는 자를 청정한 믿음으로 이끌고, 이미 청정한 믿음이 있는 자를 더욱더 청정한 믿음으로 이끄는 것이 아니다. 수행승들이여, 그것은 오히려, 아직 청정한 믿음이 없는 자를 불신으로

이끌고, 이미 청정한 믿음이 있는 자 가운데 어떤 자들을 타락시키는 것이다.”

1-4. 그래서 세존께서는 여섯무리의 수행녀들에 대하여 여러 가지 방편으로 견책하여, 키우기 어렵고 부양하기 어렵고 탐욕이 많고 만족을 모르고 교제를 좋아하고 나태한 것에 대하여 질책하고, 여러 가지 법문으로 고무하여, 키우기 쉽고 부양하기 쉽고 욕심을 여의고, 만족을 알고, 버리고 없애는 삶, 악을 제거하는 삶, 청정한 믿음의 삶, 쌓아 모우지 않는 삶, 용맹정진의 삶을 칭찬하고, 수행승들을 위하여 그에 알맞고 그에 걸맞게 경책하여 법문을 하고 수행승들에게 일렀다.

[세존] “수행승들이여, 그러므로 수행녀들을 위하여 열 가지 이유에 기초하여, 즉 참모임의 수승을 위하여, 참모임의 안락을 위하여, 악한 수행녀들의 조복을 위하여, 품행이 바른 수행녀들의 평안한 삶을 위하여, 지금 여기에서의 번뇌의 제어를 위하여, 다가오는 번뇌를 물리치기 위하여, 청정한 믿음이 없는 자에게 청정한 믿음을 주기 위하여, 청정한 믿음이 있는 자에게 청정한 믿음을 증대시키기 위하여, 올바른 가르침을 지속시키기 위하여, 계율을 수호하기 위하여 학습계율을 시설하니, 수행승들이여, 수행녀들은 이와 같이 학습계율을 송출해야 한다.”

〔세존〕 “어떠한 수행녀이든지 우유를 요청하여 먹었다면, ‘존귀한 자매들이여, 저는 비난받은 만하고 적절하지 못한, 고백죄를 범했는데, 그것을 참회합니다.’라고 고백해야 한다.”1425)

이와 같이 세존께서는 수행승들을 위하여 학습계율을 시설했다.

2-1. 그런데 그때 수행녀들이 병이 들었다. 간병수행녀들이 환우수행녀들에게 이와 같이 말했다.

[간병수행녀들] “존귀한 자매들이여, 참아낼 만하십니까, 견디어낼 만하십니까?”

[환우수행녀들] “존귀한 자매들이여, 예전에는 우리가 우유를 요청해서 사용했습니다. 그래서 평안했습니다. 그러나 이제는 세존께서 금지했기 때문에 주저하여 요청하지 않습니다. 그래서 평안하지 않습니다.”

1-5. 세존께 그 사실을 알렸다. 그러자 세존께서는 이러한 인연으로 이러한 기회에 수행승들의 참모임을 불러 모으게 하고 연유를 설하고 일렀다.

[세존] “수행승들이여, 환우수행녀에게 우유를 요청하여 먹는 것을 허용한다. 수행승들이여, 그대들은 이와 같이 학습계율을 송출해야 한다.”

[세존] “어떠한 수행녀이든지 환자가 아닌 한, 우유를 요청하여 먹었다면, ‘존귀

1425) yā pana bhikkhunī khīraṃ viññāpetvā bhuñjeyya paṭidesetabbaṃ tāya bhikkhuniyā gārayhaṃ ayye dhammaṃ āpajjiṃ asappāyaṃ pāṭidesanīyaṃ, taṃ paṭidesemī'ti.

한 자매들이여, 저는 비난받은 만하고 적절하지 못한, 고백죄를 범했는데, 그것을 참회합니다.'라고 고백해야 한다."1426)

3-1. '어떠한'이라는 것은 어떠한 관계, 어떠한 태생, 어떠한 이름, 어떠한 성씨, 어떠한 계행, 어떠한 주거, 어떠한 활동영역에서 이든지, 장로이든지, 신참이든지, 중참이든지, 이러한 자들을 형용하는 것으로 '어떠한 자이든'이라는 뜻이다. '수행녀'이라고 하는 것은 '탁발하는 여자'로서의 수행녀, 탁발을 위해 돌아다니는 여자로서의 수행녀, 분소의를 입은 자로서의 수행녀, 사미니로서의 수행녀, 자칭에 의한 수행녀, '오라! 수행녀여!'에 의한 수행녀, 삼귀의에 의해 구족계를 받은 수행녀, 현선한 수행녀, 진실한 수행녀, 배울 것이 있는 학인인 수행녀, 배울 것이 없는 무학인 수행녀, 화합참모임과 한번제안세번제청의 갈마와 부동의 거룩한 님의 속성을 갖춘 자로서의 수행녀가 있는데, 그녀들 가운데 화합참모임과 양쪽으로부터 구족계를 받은 자로서 한번제안세번제청의 갈마와 부동의 거룩한 님의 속성을 갖춘 수행녀, 그녀를 이러한 의미에서의 수행녀라고 하는 것이다.

3-2. '환자가 아닌 한'이라는 것은 '우유가 없이 평안한 것'을 뜻한다. '환자인 것'은 '우유가 없이 평안하지 않은 것'을 뜻한다. '우유'이라는 것은 소의 우유, 산양의 우유, 물소의 우유, 그 허용된 육고기와 관계된 우유를 뜻한다. 환자가 아닌 한, 자신을 위하여 요청하면, 그 과정은 악작죄를 범하는 것이고, '획득하여 내가 먹겠다.'라고 집으면, 악작죄를 범하는 것이고, 삼키면 삼킬 때마다 고백죄를 범하는 것이다.

3-3₁.

1) 환자가 아닌 것에 대하여 환자가 아닌 것이라고 지각하고 우유를 요청하여 사용하면, 고백죄를 범하는 것이다.
2) 환자가 아닌 것에 대하여 환자가 아닌 것인지 의심하고 우유를 요청하여 사용하면, 고백죄를 범하는 것이다.
3) 환자가 아닌 것에 대하여 환자인 것이라고 지각하고 우유를 요청하여 사용하면, 고백죄를 범하는 것이다.

1426) 걸유식계○(乞乳食戒) | Bhikkhunī Paṭid. 7 : yā pana bhikkhunī agilānā khīraṃ viññāpetvā bhuñjeyya paṭidesetabbaṃ tāya bhikkhuniyā gārayhaṃ ayye dhammaṃ āpajjiṃ asappāyaṃ pāṭidesanīyaṃ, taṃ paṭidese mī'ti.

3-3₂.

1) 환자인 것에 대하여 환자가 아닌 것이라고 지각하면, 악작죄를 범하는 것이다.
2) 환자인 것에 대하여 환자인 것인지 의심하면, 악작죄를 범하는 것이다.
3) 환자인 것에 대하여 환자인 것이라고 지각하면, 무죄이다.

3-4. 환자였을 때 병이 든 상태에서 요청했다가 병이 낫게 되어 먹거나, 환자의 남은 것을 먹거나, 친척의 것이거나, 초대를 받았거나, 타인을 위한 것이거나, 자신의 재물에 의한 것인 경우이거나, 정신착란자이거나 초범자인 경우는 무죄이다.

5. 8 고백죄법 제8조

응유에 대한 학습계율[Dadhisikkhāpada]

1-1. 한때 존귀한 부처님께서는 싸밧티 시의 제따바나 숲에 있는 아나타삔디까 승원에 계셨다. 그런데 그때 여섯무리의 수행녀들이 응유를 요청하여 먹었다. 사람들이 혐책하고 분개하고 비난했다.

[사람들] "어찌 수행녀들이 응유를 요청하여 먹을 수 있단 말인가? 누가 조리된 것을 마음에 들어 하지 않겠는가? 누가 맛있는 것을 좋아하지 않겠는가?"

수행녀들은 사람들이 혐책하고 분개하고 비난하는 것을 들었다.

1-2. 수행녀들 가운데 욕망을 여의고, 만족을 알고, 부끄러움을 알고, 후회할 줄 알고, 배움을 원하는 자들은 혐책하고 분개하고 비난했다.

[욕망을 여읜 수행녀들] "어찌 여섯무리의 수행녀들이 응유를 요청하여 먹을 수 있단 말인가?"

그래서 그 수행녀들은 수행승들에게 그 사실을 알렸다. 수행승들 가운데 욕망을 여의고, 만족을 알고, 부끄러움을 알고, 후회할 줄 알고, 배움을 원하는 자들도 혐책하고 분개하고 비난했다.

[욕망을 여읜 수행승들] "어찌 여섯무리의 수행녀들이 응유를 요청하여 먹을 수 있단 말인가?"

1-3. 그래서 그 수행승들은 세존께 그 사실을 알렸다. 그러자 세존께서는 이러한 인연으로 이러한 기회에 수행승들의 참모임을 불러 모으게 하고 연유를 설하고 수행승들에게 물었다.

[세존] "수행승들이여, 그 여섯무리의 수행녀들이 응유를 요청하여 먹은 것이 사실인가?"

[수행승들] "세존이시여, 사실입니다."

존귀한 부처님께서는 견책했다.

[세존] "수행승들이여, 그 여섯무리의 수행녀들은 적절하지 않고, 자연스럽지 않고, 알맞지 않고, 수행자의 삶이 아니고, 부당하고, 해서는 안 될 일을 행한 것이다. 수행승들이여, 어찌 여섯무리의 수행녀들이 응유를 요청하여 먹을 수 있단 말인가? 수행승들이여, 그것은 아직 청정한 믿음이 없는 자를 청정한 믿음으로 이끌고, 이미 청정한 믿음이 있는 자를 더욱더 청정한 믿음으로 이끄는 것이 아니다. 수행승들이여, 그것은 오히려, 아직 청정한 믿음이 없는 자를 불신으로 이끌고, 이미 청정한 믿음이 있는 자 가운데 어떤 자들을 타락시키는 것이다."

1-4. 그래서 세존께서는 여섯무리의 수행녀들을 여러 가지 방편으로 견책하여, 키우기 어렵고 부양하기 어렵고 탐욕이 많고 만족을 모르고 교제를 좋아하고 나태한 것에 대하여 질책하고, 여러 가지 법문으로 고무하여, 키우기 쉽고 부양하기 쉽고 욕심을 여의고, 만족을 알고, 버리고 없애는 삶, 악을 제거하는 삶, 청정한 믿음의 삶, 쌓아 모우지 않는 삶, 용맹정진의 삶을 칭찬하고, 수행승들을 위하여 그에 알맞고 그에 걸맞게 경책하여 법문을 하고 수행승들에게 일렀다.

[세존] "수행승들이여, 그러므로 수행녀들을 위하여 열 가지 이유에 기초하여, 즉 참모임의 수승을 위하여, 참모임의 안락을 위하여, 악한 수행녀들의 조복을 위하여, 품행이 바른 수행녀들의 평안한 삶을 위하여, 지금 여기에서의 번뇌의 제어를 위하여, 다가오는 번뇌를 물리치기 위하여, 청정한 믿음이 없는 자에게 청정한 믿음을 주기 위하여, 청정한 믿음이 있는 자에게 청정한 믿음을 증대시키기 위하여, 올바른 가르침을 지속시키기 위하여, 계율을 수호하기 위하여 학습계율을 시설하니, 수행승들이여, 수행녀들은 이와 같이 학습계율을 송출해야 한다."

〔세존〕 "어떠한 수행녀이든지 응유를 요청하여〔348〕 사용하면, '존귀한 자매들이여, 저는 비난받은 만하고 적절하지 못한, 고백죄를 범했는데, 그것을 참회합니다.'라고 고백해야 한다."[1427]

이와 같이 세존께서는 수행승들을 위하여 학습계율을 시설했다.

2-1. 그런데 그때 수행녀들이 병이 들었다. 간병수행녀들이 환우수행녀에게 이

1427) yā pana bhikkhunī dadhiṃ viññāpetvā bhuñjeyya paṭidesetabbaṃ tāya bhikkhuniyā gārayhaṃ ayye dhammaṃ āpajjiṃ asappāyaṃ pāṭidesanīyaṃ, taṃ paṭidesemī'ti.

와 같이 말했다.

[간병수행녀들] "존귀한 자매여, 참아낼 만하십니까, 견디어낼 만하십니까?"

[환우수행녀들] "존귀한 자매여, 예전에는 우리가 응유를 요청해서 사용했습니다. 그래서 평안했습니다. 그러나 이제는 세존께서 금지했기 때문에 주저하여 요청하지 않습니다. 그래서 평안하지 않습니다."

2-2. 세존께 그 사실을 알렸다. 그러자 세존께서는 이러한 인연으로 이러한 기회에 수행승들의 참모임을 불러 모으게 하고 연유를 설하고 일렀다.

[세존] "수행승들이여, 환우수행녀에게 응유를 요청하여 먹는 것을 허용한다. 수행승들이여, 그대들은 이와 같이 학습계율을 송출해야 한다."

> [세존] "어떠한 수행녀이든지 환자가 아닌 한, 응유를 요청하여 사용하면, 그 수행녀는 '존귀한 자매들이여, 저는 비난받은 만하고 적절하지 못한, 고백죄를 범했는데, 그것을 참회합니다.'라고 고백해야 한다."1428)

3-1. '어떠한'이라는 것은 어떠한 관계, 어떠한 태생, 어떠한 이름, 어떠한 성씨, 어떠한 계행, 어떠한 주거, 어떠한 활동영역에서 이든지, 장로이든지, 신참이든지, 중참이든지, 이러한 자들을 형용하는 것으로 '어떠한 자이든'이라는 뜻이다. '수행녀'이라고 하는 것은 '탁발하는 여자'로서의 수행녀, 탁발을 위해 돌아다니는 여자로서의 수행녀, 분소의를 입은 자로서의 수행녀, 사미니로서의 수행녀, 자칭에 의한 수행녀, '오라! 수행녀여!'에 의한 수행녀, 삼귀의에 의해 구족계를 받은 수행녀, 현선한 수행녀, 진실한 수행녀, 배울 것이 있는 학인인 수행녀, 배울 것이 없는 무학인 수행녀, 화합참모임과 한번제안세번제청의 갈마와 부동의 거룩한 님의 속성을 갖춘 자로서의 수행녀가 있는데, 그녀들 가운데 화합참모임과 양쪽으로부터 구족계를 받은 자로서 한번제안세번제청의 갈마와 부동의 거룩한 님의 속성을 갖춘 수행녀, 그녀를 이러한 의미에서의 수행녀라고 하는 것이다.

3-2. '환자가 아닌 한'이라는 것은 '응유가 없이 평안한 것'을 뜻한다. '환자인 것'은 '응유가 없이 평안하지 않은 것'을 뜻한다. '응유'이라는 것은 소의 응유, 산양의 응유, 물소의 응유, 그 허용된 육고기와 관계된 응유를 뜻한다. 환자가

1428) 걸락식계○(乞酪食戒) | Bhikkhunī Paṭid. 8 : yā pana bhikkhunī agilānā dadhiṃ viññāpetvā bhuñjeyya paṭidesetabbaṃ tāya bhikkhuniyā gārayhaṃ ayye dhammaṃ āpajjiṃ asappāyaṃ pāṭidesanīyaṃ, taṃ paṭidese mī'ti.

아닌 한, 자신을 위하여 요청하면, 그 과정은 악작죄를 범하는 것이고, '획득하여 내가 먹겠다.'라고 취하면, 악작죄를 범하는 것이고, 삼키면 삼킬 때마다 고백죄를 범하는 것이다.

3-3₁.

1) 환자가 아닌 것에 대하여 환자가 아닌 것이라고 지각하고 응유를 요청하여 사용하면, 고백죄를 범하는 것이다.
2) 환자가 아닌 것에 대하여 환자가 아닌 것인지 의심하고 응유를 요청하여 사용하면, 고백죄를 범하는 것이다.
3) 환자가 아닌 것에 대하여 환자인 것이라고 지각하고 응유를 요청하여 사용하면, 고백죄를 범하는 것이다.

3-3₂.

4) 환자인 것에 대하여 환자가 아닌 것이라고 지각하면, 악작죄를 범하는 것이다.
5) 환자인 것에 대하여 환자인 것인지 의심하면, 악작죄를 범하는 것이다.
6) 환자인 것에 대하여 환자인 것이라고 지각하면, 무죄이다.

3-4. 환자였을 때 병이 든 상태에서 요청했다가 병이 낫게 되어 먹거나, 환자의 남은 것을 먹거나, 친척의 것이거나, 초대를 받았거나, 타인을 위한 것이거나, 자신의 재물에 의한 것인 경우이거나, 정신착란자이거나 초범자인 경우는 무죄이다.

제5장 고백죄법이 끝났다. 그 후렴시는 다음과 같다.

버터기름, 기름, 꿀, 당밀,
물고기, 육고기, 우유. 응유.

존귀한 자매들이여,
이와 같이 8개 조항의 고백죄법을 송출했습니다.
저는 지금 존귀한 자매들에게 묻겠습니다.
그대들은 이 점에 관하여 완전히 청정합니까?
두 번째에도 저는 존귀한 자매들에게 묻겠습니다. 그대들은 이 점에 관하여 완전히 청정합니까?
세 번째에도 저는 존귀한 자매들에게 묻겠습니다. 그대들은 이 점에 관하여 완전히 청정합니까?
존귀한 자매들께서는 완전히 청정한 까닭에 침묵했으므로
저는 그와 같이 알겠습니다.

제6장 중학죄법

(Sekhiyakaṇḍa: 衆學章)

존귀한 자매들이여, 이제 이와 같은 75개 조항의 중학죄법을 송출하겠습니다.

제1품 원둘레(Parimaṇḍalavagga)

6. 1. 1 중학죄법 제1조

원둘레를 덮는 것에 대한 학습계율①[Pathamaparimaṇḍalasikkhāpada]

1-1. 한때[349] 존귀한 부처님께서는 싸밧티 시의 제따바나 숲에 있는 아나타삔디까 승원에 계셨다. 그런데 그때 여섯무리의 수행녀들이 앞으로도 뒤로도 걸쳐 늘어뜨려서 하의를 입었다. 사람들이 혐책하고 분개하고 비난했다.

[사람들] "어찌 수행녀들이 앞으로도 뒤로도 걸쳐 늘어뜨려서 하의를 입을 수 있단 말인가? 마치 감각적 쾌락의 욕망을 즐기는 재가자와 같다."

1-2. 수행녀들은 사람들이 혐책하고 분개하고 비난하는 것을 들었다. 수행녀들 가운데 욕망을 여의고, 만족을 알고, 부끄러움을 알고, 후회할 줄 알고, 배움을 원하는 자들은 혐책하고 분개하고 비난했다.

[욕망을 여읜 수행녀들] "어찌 여섯무리의 수행녀들이 앞으로도 뒤로도 걸쳐 늘어뜨려서 하의를 입을 수 있단 말인가?"

그래서 그 수행녀들은 수행승들에게 그 사실을 알렸다. 수행승들 가운데 욕망을 여의고, 만족을 알고, 부끄러움을 알고, 후회할 줄 알고, 배움을 원하는 자들도 혐책하고 분개하고 비난했다.

[욕망을 여읜 수행승들] "어찌 여섯무리의 수행녀들이 앞으로도 뒤로도 걸쳐 늘어뜨려서 하의를 입을 수 있단 말인가?"

1-3. 그래서 그 수행승들은 세존께 그 사실을 알렸다. 그러자 세존께서는 이러한 인연으로 이러한 기회에 수행승들의 참모임을 불러 모으게 하고 연유를 설하고 수행승들에게 물었다.

[세존] "수행승들이여, 그 여섯무리의 수행녀들이 앞으로도 뒤로도 걸쳐 늘어

뜨려서 하의를 입은 것이 사실인가?"

[수행승들] "세존이시여, 사실입니다."

존귀한 부처님께서는 견책했다.

[세존] "수행승들이여, 그 여섯무리의 수행녀들은 적절하지 않고, 자연스럽지 않고, 알맞지 않고, 수행자의 삶이 아니고, 부당하고, 해서는 안 될 일을 행한 것이다. 수행승들이여, 어찌 여섯무리의 수행녀들이 앞으로도 뒤로도 걸쳐 늘어뜨려서 하의를 입을 수 있단 말인가? 수행승들이여, 그것은 아직 청정한 믿음이 없는 자를 청정한 믿음으로 이끌고, 이미 청정한 믿음이 있는 자를 더욱더 청정한 믿음으로 이끄는 것이 아니다. 수행승들이여, 그것은 오히려, 아직 청정한 믿음이 없는 자를 불신으로 이끌고, 이미 청정한 믿음이 있는 자 가운데 어떤 자들을 타락시키는 것이다."

1-4. 그래서 세존께서는 여섯무리의 수행녀들에 대하여 여러 가지 방편으로 견책하여, 키우기 어렵고 부양하기 어렵고 탐욕이 많고 만족을 모르고 교제를 좋아하고 나태한 것에 대하여 질책하고, 여러 가지 법문으로 고무하여, 키우기 쉽고 부양하기 쉽고 욕심을 여의고, 만족을 알고, 버리고 없애는 삶, 악을 제거하는 삶, 청정한 믿음의 삶, 쌓아 모우지 않는 삶, 용맹정진의 삶을 칭찬하고, 수행승들을 위하여 그에 알맞고 그에 걸맞게 경책하여 법문을 하고 수행승들에게 일렀다.

[세존] "수행승들이여, 그러므로 수행녀들을 위하여 열 가지 이유에 기초하여, 즉 참모임의 수승을 위하여, 참모임의 안락을 위하여, 악한 수행녀들의 조복을 위하여, 품행이 바른 수행녀들의 평안한 삶을 위하여, 지금 여기에서의 번뇌의 제어를 위하여, 다가오는 번뇌를 물리치기 위하여, 청정한 믿음이 없는 자에게 청정한 믿음을 주기 위하여, 청정한 믿음이 있는 자에게 청정한 믿음을 증대시키기 위하여, 올바른 가르침을 지속시키기 위하여, 계율을 수호하기 위하여 학습계율을 시설하니, 수행승들이여, 수행녀들은 이와 같이 학습계율을 송출해야 한다."

[세존] "'나는 원둘레를 덮어[1429] 하의를 입겠다.'라고 학습계율을 준수해야 한다."[1430]

2-1. '원둘레를 덮어 즉, 배꼽둘레와 무릎둘레를 덮어서 하의를 입어야 한다.[1431]

1429) parimaṇḍalaṃ : 한역에서는 전원(全圓)이라고 한다.

1430) 제정착열반승계(齊整著涅槃僧戒) | Bhikkhunī Sekh. 1 : parimaṇḍalaṃ nivāsessāmīti sikkhā karaṇīyā'ti.

1431) parimaṇḍalaṃ nivāsetabbaṃ nābhimaṇḍalaṃ jānumaṇḍalaṃ paṭicchādentena : 여기서 원둘레, 배꼽둘레, 무릎둘레를 '세 가지 둘레(三圓: timaṇḍala)'라고 한다.

함부로 앞으로도 뒤로도 걸쳐 늘어뜨려 하의를 입으면, 악작죄를 범하는 것이다.

2-2. 의도하지 않았거나, 새김을 잃었거나,1432) 알지 못했거나,1433) 환자이거나, 사고가 난 경우이거나, 정신이 착란된 자이거나, 초범자인 경우는 무죄이다.

6. 1. 2 중학죄법 제2조

원둘레를 덮는 것에 대한 학습계율②[Dutiyaparimaṇḍalasikkhāpada]

1-1. 한때 존귀한 부처님께서는 싸밧티 시의 제따바나 숲에 있는 아나타삔디까 승원에 계셨다. 그런데 그때 여섯무리의 수행녀들이 앞으로도 뒤로도 걸쳐 늘어뜨려서 상의를 입었다. 사람들이 혐책하고 분개하고 비난했다.

[사람들] "어찌 수행녀들이 앞으로도 뒤로도 걸쳐 늘어뜨려서 상의를 입을 수 있단 말인가? 마치 감각적 쾌락의 욕망을 즐기는 재가자와 같다."

1-2. 수행녀들은 사람들이 혐책하고 분개하고 비난하는 것을 들었다. 수행녀들 가운데 욕망을 여의고, 만족을 알고, 부끄러움을 알고, 후회할 줄 알고, 배움을 원하는 자들은 혐책하고 분개하고 비난했다.

[욕망을 여읜 수행녀들] "어찌 여섯무리의 수행녀들이 앞으로도 뒤로도 걸쳐 늘어뜨려서 상의를 입을 수 있단 말인가?"

그래서 그 수행녀들은 수행승들에게 그 사실을 알렸다. 수행승들 가운데 욕망을 여의고, 만족을 알고, 부끄러움을 알고, 후회할 줄 알고, 배움을 원하는 자들도 혐책하고 분개하고 비난했다.

[욕망을 여읜 수행승들] "어찌 여섯무리의 수행녀들이 앞으로도 뒤로도 걸쳐 늘어뜨려서 상의를 입을 수 있단 말인가?"

1-3. 그래서 그 수행승들은 세존께 그 사실을 알렸다. 그러자 세존께서는 이러한 인연으로 이러한 기회에 수행승들의 참모임을 불러 모으게 하고 연유를 설하고 수행승들에게 물었다.

[세존] "수행승들이여, 그 여섯무리의 수행녀들이 앞으로도 뒤로도 걸쳐 늘어뜨려서 상의를 입은 것이 사실인가?"

1432) asatiyā : 새김을 확립하는 것은 수행자의 본분이지만 수행에서 지속적인 새김을 확립하는 것은 쉽지 않으므로 실수하는 것에 잘못을 묻지 않은 것으로 보인다.

1433) ajānantassa : Vin. IV. 125를 참조하라.

[수행승들] "세존이시여, 사실입니다."

존귀한 부처님께서는 견책했다.

[세존] "수행승들이여, 그 여섯무리의 수행녀들은 적절하지 않고, 자연스럽지 않고, 알맞지 않고, 수행자의 삶이 아니고, 부당하고, 해서는 안 될 일을 행한 것이다. 수행승들이여, 어찌 여섯무리의 수행녀들이 앞으로도 뒤로도 걸쳐 늘어뜨려서 상의를 입을 수 있단 말인가? 수행승들이여, 그것은 아직 청정한 믿음이 없는 자를 청정한 믿음으로 이끌고, 이미 청정한 믿음이 있는 자를 더욱더 청정한 믿음으로 이끄는 것이 아니다. 수행승들이여, 그것은 오히려, 아직 청정한 믿음이 없는 자를 불신으로 이끌고, 이미 청정한 믿음이 있는 자 가운데 어떤 자들을 타락시키는 것이다."

1-4. 그래서 세존께서는 여섯무리의 수행녀들에 대하여 여러 가지 방편으로 견책하여, 키우기 어렵고 부양하기 어렵고 탐욕이 많고 만족을 모르고 교제를 좋아하고 나태한 것에 대하여 질책하고, 여러 가지 법문으로 고무하여, 키우기 쉽고 부양하기 쉽고 욕심을 여의고, 만족을 알고, 버리고 없애는 삶, 악을 제거하는 삶, 청정한 믿음의 삶, 쌓아 모우지 않는 삶, 용맹정진의 삶을 칭찬하고, 수행승들을 위하여 그에 알맞고 그에 걸맞게 경책하여 법문을 하고 수행승들에게 일렀다.

[세존] "수행승들이여, 그러므로 수행녀들을 위하여 열 가지 이유에 기초하여, 즉 참모임의 수승을 위하여, 참모임의 안락을 위하여, 악한 수행녀들의 조복을 위하여, 품행이 바른 수행녀들의 평안한 삶을 위하여, 지금 여기에서의 번뇌의 제어를 위하여, 다가오는 번뇌를 물리치기 위하여, 청정한 믿음이 없는 자에게 청정한 믿음을 주기 위하여, 청정한 믿음이 있는 자에게 청정한 믿음을 증대시키기 위하여, 올바른 가르침을 지속시키기 위하여, 계율을 수호하기 위하여 학습계율을 시설하니, 수행승들이여, 수행녀들은 이와 같이 학습계율을 송출해야 한다."

[세존] "'나는 원둘레를 덮는 상의를 입겠다.'라는 규율을 지켜야 한다."1434)

2-1. '원둘레를 덮는 상의를 입어야 한다.'는 것은 양 모퉁이를 가지런히 해서 상의를 입는 것을[*186] 뜻한다.1435) 함부로 앞으로도 뒤로도 걸쳐 늘어뜨려 상의를 입으면, 악작죄를 범하는 것이다.

1434) 제정착삼의계(齊整著三衣戒) | Bhikkhunī Sekh. 2 : parimaṇḍalaṃ pārupissāmī'ti sikkhā karaṇīyā'ti.

1435) parimaṇḍalaṃ pārutabbaṃ bho kaṇṇe samaṃ katvā pārupannenena : 원둘레에 대한 정의는 앞의 중학법 제1조(Sekh. 1)을 참조하라.

2-2. 의도하지 않았거나, 새김을 잃었거나, 알지 못했거나, 환자이거나, 사고가 난 경우이거나, 정신착란자이거나 초범자인 경우는 무죄이다.

6. 1. 3 중학죄법 제3조

단정한 착의에 대한 학습계율①[Pathamasupaṭicchannasikkhāpada]

1-1. 한때 존귀한 부처님께서는 싸밧티 시의 제따바나 숲에 있는 아나타삔디까 승원에 계셨다. 그런데 그때 여섯무리의 수행녀들이 몸을 노출하고 시정을 다녔다. 사람들이 혐책하고 분개하고 비난했다.

[사람들] "어찌 수행녀들이 몸을 노출하고 시정에서 다닐 수 있단 말인가? 마치 감각적 쾌락의 욕망을 즐기는 재가자와 같다."

1-2. 수행녀들은 그 사람들이 혐책하고 분개하고 비난하는 것을 들었다. 수행녀들 가운데 욕망을 여의고, 만족을 알고, 부끄러움을 알고, 후회할 줄 알고, 배움을 원하는 자들은 혐책하고 분개하고 비난했다.

[욕망을 여읜 수행녀들] "어찌 여섯무리의 수행녀들이 몸을 노출하고 시정에서 다닐 수 있단 말인가?"

그래서 그 수행녀들은 수행승들에게 그 사실을 알렸다. 수행승들 가운데 욕망을 여의고, 만족을 알고, 부끄러움을 알고, 후회할 줄 알고, 배움을 원하는 자들은 혐책하고 분개하고 비난했다.

[욕망을 여읜 수행승들] "어찌 여섯무리의 수행녀들이 몸을 노출하고 시정에서 다닐 수 있단 말인가?"

1-3. 그래서 그 수행승들은 세존께 그 사실을 알렸다. 그러자 세존께서는 이러한 인연으로 이러한 기회에 수행승들의 참모임을 불러 모으게 하고 연유를 설하고 수행승들에게 물었다.

[세존] "수행승들이여, 그 여섯무리의 수행녀들이 몸을 노출하고 시정에서 다닌 것이 사실인가?"

[수행승들] "세존이시여, 사실입니다."

존귀한 부처님께서는 견책했다.

[세존] "수행승들이여, 그 여섯무리의 수행녀들은 적절하지 않고, 자연스럽지 않고, 알맞지 않고, 수행자의 삶이 아니고, 부당하고, 해서는 안 될 일을 행한 것이다.

수행승들이여, 어찌 여섯무리의 수행녀들이 몸을 노출하고 시정에서 다닐 수 있단 말인가? 수행승들이여, 그것은 아직 청정한 믿음이 없는 자를 청정한 믿음으로 이끌고, 이미 청정한 믿음이 있는 자를 더욱더 청정한 믿음으로 이끄는 것이 아니다. 수행승들이여, 그것은 오히려, 아직 청정한 믿음이 없는 자를 불신으로 이끌고, 이미 청정한 믿음이 있는 자 가운데 어떤 자들을 타락시키는 것이다."

1-4. 그리고 세존께서는 그 여섯무리의 수행녀들에 대하여 여러 가지 방편으로 견책하여, 키우기 어렵고 부양하기 어렵고 탐욕이 많고 만족을 모르고 교제를 좋아하고 나태한 것에 대하여 질책하고, 여러 가지 법문으로 고무하여, 키우기 쉽고 부양하기 쉽고 욕심을 여의고, 만족을 알고, 버리고 없애는 삶, 악을 제거하는 삶, 청정한 믿음의 삶, 쌓아 모우지 않는 삶, 용맹정진의 삶을 칭찬하고, 수행승들을 위하여 그에 알맞고 그에 걸맞게 경책하여 법문을 하고 수행승들에게 일렀다.

[세존] "수행승들이여, 그러므로 수행녀들을 위하여 열 가지 이유에 기초하여, 즉 참모임의 수승을 위하여, 참모임의 안락을 위하여, 악한 수행녀들의 조복을 위하여, 품행이 바른 수행녀들의 평안한 삶을 위하여, 지금 여기에서의 번뇌의 제어를 위하여, 다가오는 번뇌를 물리치기 위하여, 청정한 믿음이 없는 자에게 청정한 믿음을 주기 위하여, 청정한 믿음이 있는 자에게 청정한 믿음을 증대시키기 위하여, 올바른 가르침을 지속시키기 위하여, 계율을 수호하기 위하여 학습계율을 시설하니, 수행승들이여, 수행녀들은 이와 같이 학습계율을 송출해야 한다."

[세존] "'나는 단정하게 입고 시정에서 다니겠다.'라는 규율을 지켜야 한다."1436)

2-1. 단정하게 입고 시정을 다녀야 한다. 함부로 몸을 노출하고 시정에서 다니면, 악작죄를 범하는 것이다.

2-2. 의도하지 않았거나, 새김을 잃었거나, 알지 못했거나, 환자이거나, 사고가 난 경우이거나, 정신착란자이거나 초범자인 경우는 무죄이다.

6. 1. 4 중학죄법 제4조

단정한 착의에 대한 학습계율②[Dutiyasupaṭicchannasikkhāpada]

1436) 복신계(覆身戒) | Bhikkhunī Sekh. 3 : supaṭicchanno antaraghare gamissāmī'ti sikkhā karaṇīyā'ti.

1-1. 한때 존귀한 부처님께서는 싸밧티 시의 제따바나 숲에 있는 아나타삔디까 승원에 계셨다. 그런데 그때 여섯무리의 수행녀들이 몸을 노출하고 시정에서 앉아 있었다. 사람들이 혐책하고 분개하고 비난했다.

[사람들] "어찌 수행녀들이 몸을 노출하고 시정에서 앉아 있을 수 있단 말인가? 마치 감각적 쾌락의 욕망을 즐기는 재가자와 같다."

1-2. 수행녀들은 사람들이 혐책하고 분개하고 비난하는 것을 들었다. 수행녀들 가운데 욕망을 여의고, 만족을 알고, 부끄러움을 알고, 후회할 줄 알고, 배움을 원하는 자들은 혐책하고 분개하고 비난했다.

[욕망을 여읜 수행녀들] "어찌 여섯무리의 수행녀들이 몸을 노출하고 시정에서 앉아 있을 수 있단 말인가?"

그래서 그 수행녀들은 수행승들에게 그 사실을 알렸다. 수행승들 가운데 욕망을 여의고, 만족을 알고, 부끄러움을 알고, 후회할 줄 알고, 배움을 원하는 자들은 혐책하고 분개하고 비난했다.

[욕망을 여읜 수행승들] "어찌 여섯무리의 수행녀들이 몸을 노출하고 시정에서 앉아 있을 수 있단 말인가?"

1-3. 그래서 그 수행승들은 세존께 그 사실을 알렸다. 그러자 세존께서는 이러한 인연으로 이러한 기회에 수행승들의 참모임을 불러 모으게 하고 연유를 설하고 수행승들에게 물었다.

[세존] "수행승들이여, 그 여섯무리의 수행녀들이 몸을 노출하고 시정에서 앉아 있은 것이 사실인가?"

[수행승들] "세존이시여, 사실입니다."

존귀한 부처님께서는 견책했다.

[세존] "수행승들이여, 그 여섯무리의 수행녀들은 적절하지 않고, 자연스럽지 않고, 알맞지 않고, 수행자의 삶이 아니고, 부당하고, 해서는 안 될 일을 행한 것이다. 수행승들이여, 어찌 여섯무리의 수행녀들이 몸을 노출하고 시정에서 앉아 있을 수 있단 말인가? 수행승들이여, 그것은 아직 청정한 믿음이 없는 자를 청정한 믿음으로 이끌고, 이미 청정한 믿음이 있는 자를 더욱더 청정한 믿음으로 이끄는 것이 아니다. 수행승들이여, 그것은 오히려, 아직 청정한 믿음이 없는 자를 불신으로 이끌고, 이미 청정한 믿음이 있는 자 가운데 어떤 자들을 타락시키는 것이다."

1-4. 그리고 세존께서는 그 여섯무리의 수행녀들에 대하여 여러 가지 방편으로

견책하여, 키우기 어렵고 부양하기 어렵고 탐욕이 많고 만족을 모르고 교제를 좋아하고 나태한 것에 대하여 질책하고, 여러 가지 법문으로 고무하여, 키우기 쉽고 부양하기 쉽고 욕심을 여의고, 만족을 알고, 버리고 없애는 삶, 악을 제거하는 삶, 청정한 믿음의 삶, 쌓아 모우지 않는 삶, 용맹정진의 삶을 칭찬하고, 수행승들을 위하여 그에 알맞고 그에 걸맞게 경책하여 법문을 하고 수행승들에게 일렀다.

[세존] "수행승들이여, 그러므로 수행녀들을 위하여 열 가지 이유에 기초하여, 즉 참모임의 수승을 위하여, 참모임의 안락을 위하여, 악한 수행녀들의 조복을 위하여, 품행이 바른 수행녀들의 평안한 삶을 위하여, 지금 여기에서의 번뇌의 제어를 위하여, 다가오는 번뇌를 물리치기 위하여, 청정한 믿음이 없는 자에게 청정한 믿음을 주기 위하여, 청정한 믿음이 있는 자에게 청정한 믿음을 증대시키기 위하여, 올바른 가르침을 지속시키기 위하여, 계율을 수호하기 위하여 학습계율을 시설하니, 수행승들이여, 수행녀들은 이와 같이 학습계율을 송출해야 한다."

[세존] "'나는 단정하게 입고 시정에서 앉아 있겠다.'라는 규율을 지켜야 한다."1437)

2-1. 단정하게 입고 시정에서 앉아 있어야 한다. 함부로 몸을 노출하고 시정에서 앉아 있으면, 악작죄를 범하는 것이다.

2-2. 의도하지 않았거나, 새김을 잃었거나, 알지 못했거나, 환자이거나, 안거의 처소로 갔거나, 사고가 난 경우이거나, 정신착란자이거나 초범자인 경우는 무죄이다.

6. 1. 5 중학죄법 제5조

위의의 수호에 대한 학습계율①[Pathamasusaṃvutasikkhāpada]

1-1. 한때 존귀한 부처님께서는 싸밧티 시의 제따바나 숲에 있는 아나타삔디까 승원에 계셨다. 그런데 그때 여섯무리의 수행녀들이 손도 놀리고 발도 놀리면서 시정에서 다니고 있었다. 사람들이 혐책하고 분개하고 비난했다.

[사람들] "어찌 수행녀들이 손도 놀리고 발도 놀리면서 시정에서 다닐 수 있단 말인가? 마치 감각적 쾌락의 욕망을 즐기는 재가자와 같다."

1-2. 수행녀들은 사람들이 혐책하고 분개하고 비난하는 것을 들었다. 수행녀들

1437) 복신좌계(覆身坐戒) | Bhikkhunī Sekh. 4 : supaṭicchanno antaraghare nisīdissāmī'ti sikkhā karaṇīyā'ti.

가운데 욕망을 여의고, 만족을 알고, 부끄러움을 알고, 후회할 줄 알고, 배움을 원하는 자들은 혐책하고 분개하고 비난했다.

[욕망을 여읜 수행녀들] "어찌 여섯무리의 수행녀들이 손도 놀리고 발도 놀리면서 시정에서 다닐 수 있단 말인가?"

그래서 그 수행녀들은 수행승들에게 그 사실을 알렸다. 수행승들 가운데 욕망을 여의고, 만족을 알고, 부끄러움을 알고, 후회할 줄 알고, 배움을 원하는 자들도 혐책하고 분개하고 비난했다.

[욕망을 여읜 수행승들] "어찌 여섯무리의 수행녀들이 손도 놀리고 발도 놀리면서 시정에서 다닐 수 있단 말인가?"

1-3. 그래서 그 수행승들은 세존께 그 사실을 알렸다. 그러자 세존께서는 이러한 인연으로 이러한 기회에 수행승들의 참모임을 불러 모으게 하고 연유를 설하고 수행승들에게 물었다.

[세존] "수행승들이여, 그 여섯무리의 수행녀들이 손도 놀리고 발도 놀리면서 시정에서 다닌 것이 사실인가?

[수행승들] "세존이시여, 사실입니다."

존귀한 부처님께서는 견책했다.

[세존] "수행승들이여, 그 여섯무리의 수행녀들은 적절하지 않고, 자연스럽지 않고, 알맞지 않고, 수행자의 삶이 아니고, 부당하고, 해서는 안 될 일을 행한 것이다. 수행승들이여, 어찌 여섯무리의 수행녀들이 손도 놀리고 발도 놀리면서 시정에서 다닐 수 있단 말인가? 수행승들이여, 그것은 아직 청정한 믿음이 없는 자를 청정한 믿음으로 이끌고, 이미 청정한 믿음이 있는 자를 더욱더 청정한 믿음으로 이끄는 것이 아니다. 수행승들이여, 그것은 오히려, 아직 청정한 믿음이 없는 자를 불신으로 이끌고, 이미 청정한 믿음이 있는 자 가운데 어떤 자들을 타락시키는 것이다."

1-4. 그리고 세존께서는 그 여섯무리의 수행녀들에 대하여 여러 가지 방편으로 견책하여, 키우기 어렵고 부양하기 어렵고 탐욕이 많고 만족을 모르고 교제를 좋아하고 나태한 것에 대하여 질책하고, 여러 가지 법문으로 고무하여, 키우기 쉽고 부양하기 쉽고 욕심을 여의고, 만족을 알고, 버리고 없애는 삶, 악을 제거하는 삶, 청정한 믿음의 삶, 쌓아 모우지 않는 삶, 용맹정진의 삶을 칭찬하고, 수행승들을 위하여 그에 알맞고 그에 걸맞게 경책하여 법문을 하고 수행승들에게 일렀다.

[세존] "수행승들이여, 그러므로 수행녀들을 위하여 열 가지 이유에 기초하여,

즉 참모임의 수승을 위하여, 참모임의 안락을 위하여, 악한 수행녀들의 조복을 위하여, 품행이 바른 수행녀들의 평안한 삶을 위하여, 지금 여기에서의 번뇌의 제어를 위하여, 다가오는 번뇌를 물리치기 위하여, 청정한 믿음이 없는 자에게 청정한 믿음을 주기 위하여, 청정한 믿음이 있는 자에게 청정한 믿음을 증대시키기 위하여, 올바른 가르침을 지속시키기 위하여, 계율을 수호하기 위하여 학습계율을 시설하니, 수행승들이여, 수행녀들은 이와 같이 학습계율을 송출해야 한다."

[세존] "'나는 위의를 잘 수호하고 시정에서 다니겠다.'라는 규율을 지켜야 한다."1438)

2-1. 위의를 잘 수호하고 시정을 다녀야 한다. 함부로 손도 놀리고 발도 놀리면서 시정에서 다니면, 악작죄를 범하는 것이다.

2-2. 의도하지 않았거나, 새김을 잃었거나, 알지 못했거나, 환자이거나, 사고가 난 경우이거나, 정신착란자이거나 초범자인 경우는 무죄이다.

6. 1. 6 중학죄법 제6조

위의의 수호에 대한 학습계율②[Dutiyasusaṃvutasikkhāpada]

1-1. 한때 존귀한 부처님께서는 싸밧티 시의 제따바나 숲에 있는 아나타삔디까 승원에 계셨다. 그런데 그때 여섯무리의 수행녀들이 손도 놀리고 발도 놀리면서 시정에서 다니고 있었다. 사람들이 혐책하고 분개하고 비난했다.

[사람들] "어찌 수행녀들이 손도 놀리고 발도 놀리면서 시정에서 앉아 있을 수 있단 말인가? 마치 감각적 쾌락의 욕망을 즐기는 재가자와 같다."

1-2. 수행녀들은 사람들이 혐책하고 분개하고 비난하는 것을 들었다. 수행녀들 가운데 욕망을 여의고, 만족을 알고, 부끄러움을 알고, 후회할 줄 알고, 배움을 원하는 자들은 혐책하고 분개하고 비난했다.

[욕망을 여읜 수행녀들] "어찌 여섯무리의 수행녀들이 손도 놀리고 발도 놀리면서 시정에 앉아 있을 수 있단 말인가?"

그래서 그 수행녀들은 수행승들에게 그 사실을 알렸다. 수행승들 가운데 욕망을 여의고, 만족을 알고, 부끄러움을 알고, 후회할 줄 알고, 배움을 원하는 자들도

1438) 정위의계(正威儀戒) | Bhikkhunī Sekh. 5 : susaṃvuto antaraghare gamissāmī'ti sikkhā karaṇīyā'ti

혐책하고 분개하고 비난했다.

[욕망을 여읜 수행승들] "어찌 여섯무리의 수행녀들이 손도 놀리고 발도 놀리면서 시정에 앉아 있을 수 있단 말인가?"

1-3. 그래서 그 수행승들은 세존께 그 사실을 알렸다. 그러자 세존께서는 이러한 인연으로 이러한 기회에 수행승들의 참모임을 불러 모으게 하고 연유를 설하고 수행승들에게 물었다.

[세존] "수행승들이여, 그 여섯무리의 수행녀들이 손도 놀리고 발도 놀리면서 시정에 앉아 있은 것이 사실인가?

[수행승들] "세존이시여, 사실입니다."

존귀한 부처님께서는 견책했다.

[세존] "수행승들이여, 그 여섯무리의 수행녀들은 적절하지 않고, 자연스럽지 않고, 알맞지 않고, 수행자의 삶이 아니고, 부당하고, 해서는 안 될 일을 행한 것이다. 수행승들이여, 어찌 여섯무리의 수행녀들이 손도 놀리고 발도 놀리면서 시정에서 앉아 있을 수 있단 말인가? 수행승들이여, 그것은 아직 청정한 믿음이 없는 자를 청정한 믿음으로 이끌고, 이미 청정한 믿음이 있는 자를 더욱더 청정한 믿음으로 이끄는 것이 아니다. 수행승들이여, 그것은 오히려, 아직 청정한 믿음이 없는 자를 불신으로 이끌고, 이미 청정한 믿음이 있는 자 가운데 어떤 자들을 타락시키는 것이다."

1-4. 그리고 세존께서는 그 여섯무리의 수행녀들에 대하여 여러 가지 방편으로 견책하여, 키우기 어렵고 부양하기 어렵고 탐욕이 많고 만족을 모르고 교제를 좋아하고 나태한 것에 대하여 질책하고, 여러 가지 법문으로 고무하여, 키우기 쉽고 부양하기 쉽고 욕심을 여의고, 만족을 알고, 버리고 없애는 삶, 악을 제거하는 삶, 청정한 믿음의 삶, 쌓아 모우지 않는 삶, 용맹정진의 삶을 칭찬하고, 수행승들을 위하여 그에 알맞고 그에 걸맞게 경책하여 법문을 하고 수행승들에게 일렀다.

[세존] "수행승들이여, 그러므로 수행녀들을 위하여 열 가지 이유에 기초하여, 즉 참모임의 수승을 위하여, 참모임의 안락을 위하여, 악한 수행녀들의 조복을 위하여, 품행이 바른 수행녀들의 평안한 삶을 위하여, 지금 여기에서의 번뇌의 제어를 위하여, 다가오는 번뇌를 물리치기 위하여, 청정한 믿음이 없는 자에게 청정한 믿음을 주기 위하여, 청정한 믿음이 있는 자에게 청정한 믿음을 증대시키기 위하여, 올바른 가르침을 지속시키기 위하여, 계율을 수호하기 위하여 학습계율을 시설하니, 수행승들이여, 수행녀들은 이와 같이 학습계율을 송출해야 한다."

[세존] "'나는 위의를 잘 수호하고 시정에서 앉겠다.'라는 규율을 지켜야 한다."1439)

2-1. 위의를 잘 수호하고 시정에서 앉아 있어야 한다. 함부로 손도 놀리고 발도 놀리면서 앉아 있으면, 악작죄를 범하는 것이다.

2-2. 의도하지 않았거나, 새김을 잃었거나, 알지 못했거나, 환자이거나, 사고가 난 경우이거나, 정신착란자이거나 초범자인 경우는 무죄이다.

6. 1. 7 중학죄법 제7조

눈의 하방주시에 대한 학습계율①[Pathamokkhittacakkhusikkhāpada]

1-1. 한때 존귀한 부처님께서는 싸밧티 시의 제따바나 숲에 있는 아나타삔디까 승원에 계셨다. 그런데 그때 여섯무리의 수행녀들이 여기 저기 두리번거리며 시정에서 다니고 있었다. 사람들이 혐책하고 분개하고 비난했다.

[사람들] "어찌 수행녀들이 여기 저기 두리번거리며 시정에서 다닐 수 있단 말인가? 마치 감각적 쾌락의 욕망을 즐기는 재가자와 같다."

1-2. 수행녀들은 사람들이 혐책하고 분개하고 비난하는 것을 들었다. 수행녀들 가운데 욕망을 여의고, 만족을 알고, 부끄러움을 알고, 후회할 줄 알고, 배움을 원하는 자들은 혐책하고 분개하고 비난했다.

[욕망을 여읜 수행녀들] "어찌 여섯무리의 수행녀들이 여기 저기 두리번거리며 시정에서 다닐 수 있단 말인가?"

그래서 그 수행녀들은 수행승들에게 그 사실을 알렸다. 수행승들 가운데 욕망을 여의고, 만족을 알고, 부끄러움을 알고, 후회할 줄 알고, 배움을 원하는 자들도 혐책하고 분개하고 비난했다.

[욕망을 여읜 수행승들] "어찌 여섯무리의 수행녀들이 여기 저기 두리번거리며 시정에서 다닐 수 있단 말인가?"

1-3. 그래서 그 수행승들은 세존께 그 사실을 알렸다. 그러자 세존께서는 이러한 인연으로 이러한 기회에 수행승들의 참모임을 불러 모으게 하고 연유를 설하고 수행승들에게 물었다.

[세존] "수행승들이여, 그 여섯무리의 수행녀들이 여기 저기 두리번거리며 시

1439) 정위의좌계(正威儀坐戒) | Bhikkhunī Sekh. 6 : susaṃvuto antaraghare nisīdissāmī'ti sikkhā karaṇīyā'ti.

정에서 다닌 것이 사실인가?

[수행승들] "세존이시여, 사실입니다."

존귀한 부처님께서는 견책했다.

[세존] "수행승들이여, 그 여섯무리의 수행녀들은 적절하지 않고, 자연스럽지 않고, 알맞지 않고, 수행자의 삶이 아니고, 부당하고, 해서는 안 될 일을 행한 것이다. 수행승들이여, 어찌 여섯무리의 수행녀들이 여기 저기 두리번거리며 시정에서 다닐 수 있단 말인가? 수행승들이여, 그것은 아직 청정한 믿음이 없는 자를 청정한 믿음으로 이끌고, 이미 청정한 믿음이 있는 자를 더욱더 청정한 믿음으로 이끄는 것이 아니다. 수행승들이여, 그것은 오히려, 아직 청정한 믿음이 없는 자를 불신으로 이끌고, 이미 청정한 믿음이 있는 자 가운데 어떤 자들을 타락시키는 것이다."

1-4. 그리고 세존께서는 그 여섯무리의 수행녀들에 대하여 여러 가지 방편으로 견책하여, 키우기 어렵고 부양하기 어렵고 탐욕이 많고 만족을 모르고 교제를 좋아하고 나태한 것에 대하여 질책하고, 여러 가지 법문으로 고무하여, 키우기 쉽고 부양하기 쉽고 욕심을 여의고, 만족을 알고, 버리고 없애는 삶, 악을 제거하는 삶, 청정한 믿음의 삶, 쌓아 모우지 않는 삶, 용맹정진의 삶을 칭찬하고, 수행승들을 위하여 그에 알맞고 그에 걸맞게 경책하여 법문을 하고 수행승들에게 일렀다.

[세존] "수행승들이여, 그러므로 수행녀들을 위하여 열 가지 이유에 기초하여, 즉 참모임의 수승을 위하여, 참모임의 안락을 위하여, 악한 수행녀들의 조복을 위하여, 품행이 바른 수행녀들의 평안한 삶을 위하여, 지금 여기에서의 번뇌의 제어를 위하여, 다가오는 번뇌를 물리치기 위하여, 청정한 믿음이 없는 자에게 청정한 믿음을 주기 위하여, 청정한 믿음이 있는 자에게 청정한 믿음을 증대시키기 위하여, 올바른 가르침을 지속시키기 위하여, 계율을 수호하기 위하여 학습계율을 시설하니, 수행승들이여, 수행녀들은 이와 같이 학습계율을 송출해야 한다."

[세존] "'나는 눈을 아래로 주시하고[1440] 시정에서 다니겠다.'라는 규율을 지켜야 한다."[1441]

1440) okkhittacakkhunā : Smp. 890에서는 '아래로 눈을 던지고'라고 되어 있는데, Bd. III. 122에 따르면, '쟁기의 거리만큼 앞을 보며 하방으로 주시하고'의 뜻이다. Stn. 411을 참조하라: '눈을 아래로 뜨고 새김을 확립하고 있다.' Manu. VI. 6. 8에 따르면, '생물을 완전하게 보호하기 위해서는 낮으로나 밤으로나 항상 신체에 고통이 있더라도 지상을 세밀하게 조사하면서 거닐어야 한다.'라고 되어있다.

1441) 시하방계(視下方戒) | Bhikkhunī Sekh. 7 : okkhittacakkhunā antaraghare gamissāmī'ti sikkhā karaṇīyā'ti.

2-1. 눈을 아래로 주시하고 시정을 다녀야 한다. 함부로 여기 저기 두리번거리며 시정에서 다닌다면, 악작죄를 범하는 것이다.

2-2. 의도하지 않았거나, 새김을 잃었거나, 알지 못했거나, 환자이거나, 사고가 난 경우이거나, 정신착란자이거나 초범자인 경우는 무죄이다.'"

6. 1. 8 중학죄법 제8조

눈의 하방주시에 대한 학습계율②[Dutiyokkhittacakkhusikkhāpada]

1-1. 한때 존귀한 부처님께서는 싸밧티 시의 제따바나 숲에 있는 아나타삔디까 승원에 계셨다. 그런데 그때 여섯무리의 수행녀들이 여기 저기 두리번거리며 시정에서 앉아 있었다. 사람들이 혐책하고 분개하고 비난했다.

[사람들] "어찌 수행녀들이 여기 저기 두리번거리며 시정에 앉아 있을 수 있단 말인가? 마치 감각적 쾌락의 욕망을 즐기는 재가자와 같다."

1-2. 수행녀들은 사람들이 혐책하고 분개하고 비난하는 것을 들었다. 수행녀들 가운데 욕망을 여의고, 만족을 알고, 부끄러움을 알고, 후회할 줄 알고, 배움을 원하는 자들은 혐책하고 분개하고 비난했다.

[욕망을 여읜 수행녀들] "어찌 여섯무리의 수행녀들이 여기 저기 두리번거리며 시정에서 앉아 있을 수 있단 말인가?"

그래서 그 수행녀들은 수행승들에게 그 사실을 알렸다. 수행승들 가운데 욕망을 여의고, 만족을 알고, 부끄러움을 알고, 후회할 줄 알고, 배움을 원하는 자들도 혐책하고 분개하고 비난했다.

[욕망을 여읜 수행승들] "어찌 여섯무리의 수행녀들이 여기 저기 두리번거리며 시정에서 앉아 있을 수 있단 말인가?"

1-3. 그래서 그 수행승들은 세존께 그 사실을 알렸다. 그러자 세존께서는 이러한 인연으로 이러한 기회에 수행승들의 참모임을 불러 모으게 하고 연유를 설하고 수행승들에게 물었다.

[세존] "수행승들이여, 그 여섯무리의 수행녀들이 여기 저기 두리번거리며 시정에서 앉아 있은 것이 사실인가?

[수행승들] "세존이시여, 사실입니다."

존귀한 부처님께서는 견책했다.

[세존] "수행승들이여, 그 여섯무리의 수행녀들은 적절하지 않고, 자연스럽지 않고, 알맞지 않고, 수행자의 삶이 아니고, 부당하고, 해서는 안 될 일을 행한 것이다. 수행승들이여, 어찌 여섯무리의 수행녀들이 여기 저기 두리번거리며 시정에서 앉아 있을 수 있단 말인가? 수행승들이여, 그것은 아직 청정한 믿음이 없는 자를 청정한 믿음으로 이끌고, 이미 청정한 믿음이 있는 자를 더욱더 청정한 믿음으로 이끄는 것이 아니다. 수행승들이여, 그것은 오히려, 아직 청정한 믿음이 없는 자를 불신으로 이끌고, 이미 청정한 믿음이 있는 자 가운데 어떤 자들을 타락시키는 것이다."

1-4. 그리고 세존께서는 그 여섯무리의 수행녀들에 대하여 여러 가지 방편으로 견책하여, 키우기 어렵고 부양하기 어렵고 탐욕이 많고 만족을 모르고 교제를 좋아하고 나태한 것에 대하여 질책하고, 여러 가지 법문으로 고무하여, 키우기 쉽고 부양하기 쉽고 욕심을 여의고, 만족을 알고, 버리고 없애는 삶, 악을 제거하는 삶, 청정한 믿음의 삶, 쌓아 모우지 않는 삶, 용맹정진의 삶을 칭찬하고, 수행승들을 위하여 그에 알맞고 그에 걸맞게 경책하여 법문을 하고 수행승들에게 일렀다.

[세존] "수행승들이여, 그러므로 수행녀들을 위하여 열 가지 이유에 기초하여, 즉 참모임의 수승을 위하여, 참모임의 안락을 위하여, 악한 수행녀들의 조복을 위하여, 품행이 바른 수행녀들의 평안한 삶을 위하여, 지금 여기에서의 번뇌의 제어를 위하여, 다가오는 번뇌를 물리치기 위하여, 청정한 믿음이 없는 자에게 청정한 믿음을 주기 위하여, 청정한 믿음이 있는 자에게 청정한 믿음을 증대시키기 위하여, 올바른 가르침을 지속시키기 위하여, 계율을 수호하기 위하여 학습계율을 시설하니, 수행승들이여, 수행녀들은 이와 같이 학습계율을 송출해야 한다."

[세존] "'나는 눈을 아래로 주시하고 시정에서 앉아 있겠다.'라는 규율을 지켜야 한다."1442)

2-1. 눈을 아래로 주시하고 시정에서 앉아 있어야 한다. 함부로 여기 저기 두리번거리며 시정에서 앉아 있으면, 악작죄를 범하는 것이다.

2-2. 의도하지 않았거나, 새김을 잃었거나, 알지 못했거나, 환자이거나, 안거의 처소로 갔거나, 사고가 난 경우이거나, 정신착란자이거나 초범자인 경우는 무죄이다.

1442) 시하방좌계(視下方坐戒) | Bhikkhunī Sekh. 8 : okkhittacakkhunā antaraghare nisīdissāmī'ti sikkhā karaṇīyā'ti.

6. 1. 9 중학죄법 제9조

옷을 치켜 올림에 대한 학습계율①[Pathamukkhittakāsikkhāpada]

1-1. 한때[*187] 존귀한 부처님께서는 싸밧티 시의 제따바나 숲에 있는 아나타삔디까 승원에 계셨다. 그런데 그때 여섯무리의 수행녀들이 옷을 치켜 올리고 시정을 다녔다. 사람들이 혐책하고 분개하고 비난했다.

[사람들] "어찌 수행녀들이 옷을 치켜 올리고 시정에서 다닐 수 있단 말인가? 마치 감각적 쾌락의 욕망을 즐기는 재가자와 같다."

1-2. 수행녀들은 사람들이 혐책하고 분개하고 비난하는 것을 들었다. 수행녀들 가운데 욕망을 여의고, 만족을 알고, 부끄러움을 알고, 후회할 줄 알고, 배움을 원하는 자들은 혐책하고 분개하고 비난했다.

[욕망을 여읜 수행녀들] "어찌 여섯무리의 수행녀들이 옷을 치켜 올리고 시정에서 다닐 수 있단 말인가?"

그래서 그 수행녀들은 수행승들에게 그 사실을 알렸다. 수행승들 가운데 욕망을 여의고, 만족을 알고, 부끄러움을 알고, 후회할 줄 알고, 배움을 원하는 자들도 혐책하고 분개하고 비난했다.

[욕망을 여읜 수행승들] "어찌 여섯무리의 수행녀들이 옷을 치켜 올리고 시정에서 다닐 수 있단 말인가?"

1-3. 그래서 그 수행승들은 세존께 그 사실을 알렸다. 그러자 세존께서는 이러한 인연으로 이러한 기회에 수행승들의 참모임을 불러 모으게 하고 연유를 설하고 수행승들에게 물었다.

[세존] "수행승들이여, 그 여섯무리의 수행녀들이 옷을 치켜 올리고 시정에서 다닌 것이 사실인가?"

[수행승들]"세존이시여, 사실입니다."

존귀한 부처님께서는 견책했다.

[세존] "수행승들이여, 그 여섯무리의 수행녀들은 적절하지 않고, 자연스럽지 않고, 알맞지 않고, 수행자의 삶이 아니고, 부당하고, 해서는 안 될 일을 행한 것이다. 수행승들이여, 어찌 여섯무리의 수행녀들이 옷을 치켜 올리고 시정에서 다닐 수 있단 말인가? 수행승들이여, 그것은 아직 청정한 믿음이 없는 자를 청정한 믿음으로 이끌고, 이미 청정한 믿음이 있는 자를 더욱더 청정한 믿음으로 이끄는 것이 아니다. 수행승들이여, 그것은 오히려, 아직 청정한 믿음이 없는

자를 불신으로 이끌고, 이미 청정한 믿음이 있는 자 가운데 어떤 자들을 타락시키는 것이다."

1-4. 그리고 세존께서는 그 여섯무리의 수행녀들에 대하여 여러 가지 방편으로 견책하여, 키우기 어렵고 부양하기 어렵고 탐욕이 많고 만족을 모르고 교제를 좋아하고 나태한 것에 대하여 질책하고, 여러 가지 법문으로 고무하여, 키우기 쉽고 부양하기 쉽고 욕심을 여의고, 만족을 알고, 버리고 없애는 삶, 악을 제거하는 삶, 청정한 믿음의 삶, 쌓아 모우지 않는 삶, 용맹정진의 삶을 칭찬하고, 수행승들을 위하여 그에 알맞고 그에 걸맞게 경책하여 법문을 하고 수행승들에게 일렀다.

[세존] "수행승들이여, 그러므로 수행녀들을 위하여 열 가지 이유에 기초하여, 즉 참모임의 수승을 위하여, 참모임의 안락을 위하여, 악한 수행녀들의 조복을 위하여, 품행이 바른 수행녀들의 평안한 삶을 위하여, 지금 여기에서의 번뇌의 제어를 위하여, 다가오는 번뇌를 물리치기 위하여, 청정한 믿음이 없는 자에게 청정한 믿음을 주기 위하여, 청정한 믿음이 있는 자에게 청정한 믿음을 증대시키기 위하여, 올바른 가르침을 지속시키기 위하여, 계율을 수호하기 위하여 학습계율을 시설하니, 수행승들이여, 수행녀들은 이와 같이 학습계율을 송출해야 한다."

[세존] "'나는 옷을 치켜 올리고[1443] 시정에서 다니지 않겠다.'라는 규율을 지켜야 한다."[1444]

2-1. 옷을 치켜 올리고 시정을 다녀서는 안 된다. 함부로 한쪽으로 양쪽으로 옷을 치켜 올리고 시정에서 다닌다면, 악작죄를 범하는 것이다.

2-2. 의도하지 않았거나, 새김을 잃었거나, 알지 못했거나, 환자이거나, 사고가 난 경우이거나, 정신착란자이거나 초범자인 경우는 무죄이다.

6. 1. 10 중학죄법 제10조

옷을 치켜 올림에 대한 학습계율②[Dutiyukkhittakāsikkhāpada]

1-1. 한때 존귀한 부처님께서는 싸밧티 시의 제따바나 숲에 있는 아나타삔디까 승원에 계셨다. 그런데 그때 여섯무리의 수행녀들이 옷을 치켜 올리고 시정에서

1443) ukkhittakāya : Smp. 891에 따르면, '한쪽이나 양쪽의 옷을 치켜 올리고'라는 뜻이다.

1444) 반초의계(反抄衣戒) | Bhikkhunī Sekh. 9 : na ukkhittakāya antaraghare gamissāmī'ti sikkhā karaṇīyā'ti

앉아 있었다. 사람들이 혐책하고 분개하고 비난했다.

[사람들] "어찌 수행녀들이 옷을 치켜 올리고 시정에서 앉아 있을 수 있단 말인가? 마치 감각적 쾌락의 욕망을 즐기는 재가자와 같다."

1-2. 수행녀들은 사람들이 혐책하고 분개하고 비난하는 것을 들었다. 수행녀들 가운데 욕망을 여의고, 만족을 알고, 부끄러움을 알고, 후회할 줄 알고, 배움을 원하는 자들은 혐책하고 분개하고 비난했다.

[욕망을 여읜 수행녀들] "어찌 여섯무리의 수행녀들이 옷을 치켜 올리고 시정에서 앉아 있을 수 있단 말인가?"

그래서 그 수행녀들은 수행승들에게 그 사실을 알렸다. 수행승들 가운데 욕망을 여의고, 만족을 알고, 부끄러움을 알고, 후회할 줄 알고, 배움을 원하는 자들도 혐책하고 분개하고 비난했다.

[욕망을 여읜 수행승들] "어찌 여섯무리의 수행녀들이 옷을 치켜 올리고 시정에서 앉아 있을 수 있단 말인가?"

1-3. 그래서 그 수행승들은 세존께 그 사실을 알렸다. 그러자 세존께서는 이러한 인연으로 이러한 기회에 수행승들의 참모임을 불러 모으게 하고 연유를 설하고 수행승들에게 물었다.

[세존] "수행승들이여, 그 여섯무리의 수행녀들이 옷을 치켜 올리고 시정에서 앉아 있은 것이 사실인가?"

[수행승들]"세존이시여, 사실입니다."

존귀한 부처님께서는 견책했다.

[세존] "수행승들이여, 그 여섯무리의 수행녀들은 적절하지 않고, 자연스럽지 않고, 알맞지 않고, 수행자의 삶이 아니고, 부당하고, 해서는 안 될 일을 행한 것이다. 수행승들이여, 어찌 여섯무리의 수행녀들이 옷을 치켜 올리고 시정에서 앉아 있을 수 있단 말인가? 수행승들이여, 그것은 아직 청정한 믿음이 없는 자를 청정한 믿음으로 이끌고, 이미 청정한 믿음이 있는 자를 더욱더 청정한 믿음으로 이끄는 것이 아니다. 수행승들이여, 그것은 오히려, 아직 청정한 믿음이 없는 자를 불신으로 이끌고, 이미 청정한 믿음이 있는 자 가운데 어떤 자들을 타락시키는 것이다."

1-4. 그리고 세존께서는 그 여섯무리의 수행녀들에 대하여 여러 가지 방편으로 견책하여, 키우기 어렵고 부양하기 어렵고 탐욕이 많고 만족을 모르고 교제를 좋아

하고 나태한 것에 대하여 질책하고, 여러 가지 법문으로 고무하여, 키우기 쉽고 부양하기 쉽고 욕심을 여의고, 만족을 알고, 버리고 없애는 삶, 악을 제거하는 삶, 청정한 믿음의 삶, 쌓아 모우지 않는 삶, 용맹정진의 삶을 칭찬하고, 수행승들을 위하여 그에 알맞고 그에 걸맞게 경책하여 법문을 하고 수행승들에게 일렀다.

[세존] "수행승들이여, 그러므로 수행녀들을 위하여 열 가지 이유에 기초하여, 즉 참모임의 수승을 위하여, 참모임의 안락을 위하여, 악한 수행녀들의 조복을 위하여, 품행이 바른 수행녀들의 평안한 삶을 위하여, 지금 여기에서의 번뇌의 제어를 위하여, 다가오는 번뇌를 물리치기 위하여, 청정한 믿음이 없는 자에게 청정한 믿음을 주기 위하여, 청정한 믿음이 있는 자에게 청정한 믿음을 증대시키기 위하여, 올바른 가르침을 지속시키기 위하여, 계율을 수호하기 위하여 학습계율을 시설하니, 수행승들이여, 수행녀들은 이와 같이 학습계율을 송출해야 한다."

[세존] "'나는 옷을 치켜 올리고 시정에서 앉아 있지 않겠다.'라는 규율을 지켜야 한다."1445)

2-1. 옷을 치켜 올리고 시정에서 앉아 있어서는 안 된다. 함부로 한쪽으로 양쪽으로 옷을 치켜 올리고 시정에서 앉아 있는다면, 악작죄를 범하는 것이다.

2-2. 의도하지 않았거나, 새김을 잃었거나, 알지 못했거나, 환자이거나, 안거의 처소로 갔거나, 사고가 난 경우이거나, 정신착란자이거나 초범자인 경우는 무죄이다.

제2품 큰 웃음(Ujjagghikāvagga)

6. 2. 1 중학죄법 제11조

큰 웃음에 대한 학습계율①[Pathamujjagghikāsikkhāpada]

1-1. 한때 존귀한 부처님께서는 싸밧티 시의 제따바나 숲에 있는 아나타삔디까 승원에 계셨다. 그런데 그때 여섯무리의 수행녀들이 크게 웃으면서 시정을 다녔다. 사람들이 혐책하고 분개하고 비난했다.

[사람들] "어찌 수행녀들이 크게 웃으면서 시정에서 다닐 수 있단 말인가? 마치 감각적 쾌락의 욕망을 즐기는 재가자와 같다."

1445) 반초의좌계(反抄衣坐戒) | Bhikkhunī Sekh. 10 : na ukkhittakāya antaraghare nisīdissāmī'ti sikkhā karaṇīyā'ti.

1-2. 수행녀들은 사람들이 혐책하고 분개하고 비난하는 것을 들었다. 수행녀들 가운데 욕망을 여의고, 만족을 알고, 부끄러움을 알고, 후회할 줄 알고, 배움을 원하는 자들은 혐책하고 분개하고 비난했다.

[욕망을 여읜 수행녀들] "어찌 여섯무리의 수행녀들이 크게 웃으면서 시정에서 다닐 수 있단 말인가?"

그래서 그 수행녀들은 수행승들에게 그 사실을 알렸다. 수행승들 가운데 욕망을 여의고, 만족을 알고, 부끄러움을 알고, 후회할 줄 알고, 배움을 원하는 자들도 혐책하고 분개하고 비난했다.

[욕망을 여읜 수행승들] "어찌 여섯무리의 수행녀들이 크게 웃으면서 시정에서 다닐 수 있단 말인가?"

1-3. 그래서 그 수행승들은 세존께 그 사실을 알렸다. 그러자 세존께서는 이러한 인연으로 이러한 기회에 수행승들의 참모임을 불러 모으게 하고 연유를 설하고 수행승들에게 물었다.

[세존] "수행승들이여, 그 여섯무리의 수행녀들이 크게 웃으면서 시정에서 다닌 것이 사실인가?"

[수행승들]"세존이시여, 사실입니다."

존귀한 부처님께서는 견책했다.

[세존] "수행승들이여, 그 여섯무리의 수행녀들은 적절하지 않고, 자연스럽지 않고, 알맞지 않고, 수행자의 삶이 아니고, 부당하고, 해서는 안 될 일을 행한 것이다. 수행승들이여, 어찌 여섯무리의 수행녀들이 크게 웃으면서 시정에서 다닐 수 있단 말인가? 수행승들이여, 그것은 아직 청정한 믿음이 없는 자를 청정한 믿음으로 이끌고, 이미 청정한 믿음이 있는 자를 더욱더 청정한 믿음으로 이끄는 것이 아니다. 수행승들이여, 그것은 오히려, 아직 청정한 믿음이 없는 자를 불신으로 이끌고, 이미 청정한 믿음이 있는 자 가운데 어떤 자들을 타락시키는 것이다."

1-4. 그리고 세존께서는 그 여섯무리의 수행녀들에 대하여 여러 가지 방편으로 견책하여, 키우기 어렵고 부양하기 어렵고 탐욕이 많고 만족을 모르고 교제를 좋아하고 나태한 것에 대하여 질책하고, 여러 가지 법문으로 고무하여, 키우기 쉽고 부양하기 쉽고 욕심을 여의고, 만족을 알고, 버리고 없애는 삶, 악을 제거하는 삶, 청정한 믿음의 삶, 쌓아 모우지 않는 삶, 용맹정진의 삶을 칭찬하고, 수행승들을 위하여 그에 알맞고 그에 걸맞게 경책하여 법문을 하고 수행승들에게 일렀다.

[세존] "수행승들이여, 그러므로 수행녀들을 위하여 열 가지 이유에 기초하여, 즉 참모임의 수승을 위하여, 참모임의 안락을 위하여, 악한 수행녀들의 조복을 위하여, 품행이 바른 수행녀들의 평안한 삶을 위하여, 지금 여기에서의 번뇌의 제어를 위하여, 다가오는 번뇌를 물리치기 위하여, 청정한 믿음이 없는 자에게 청정한 믿음을 주기 위하여, 청정한 믿음이 있는 자에게 청정한 믿음을 증대시키기 위하여, 올바른 가르침을 지속시키기 위하여, 계율을 수호하기 위하여 학습계율을 시설하니, 수행승들이여, 수행녀들은 이와 같이 학습계율을 송출해야 한다."

[세존] "'나는 큰 웃음을 치면서 시정에서 다니지 않겠다.'라는 규율을 지켜야 한다."1446)

2-1. 크게 웃으면서 시정을 다녀서는 안 된다. 함부로 한쪽으로 양쪽으로 크게 웃으면서 시정에서 다닌다면, 악작죄를 범하는 것이다.

2-2. 의도하지 않았거나, 새김을 잃었거나, 알지 못했거나, 환자이거나, 웃을 만한 일이 있을 때 미소짓거나, 사고가 난 경우이거나, 정신착란자이거나 초범자인 경우는 무죄이다.

6. 2. 2 중학죄법 제12조

큰 웃음에 대한 학습계율②[Dutiyujjagghikāsikkhāpada]

1-1. 한때 존귀한 부처님께서는 싸밧티 시의 제따바나 숲에 있는 아나타삔디까 승원에 계셨다. 그런데 그때 여섯무리의 수행녀들이 크게 웃으면서 시정에서 앉아 있었다. 사람들이 혐책하고 분개하고 비난했다.

[사람들] "어찌 수행녀들이 크게 웃으면서 시정에서 앉아 있을 수 있단 말인가? 마치 감각적 쾌락의 욕망을 즐기는 재가자와 같다."

1-2. 수행녀들은 사람들이 혐책하고 분개하고 비난하는 것을 들었다. 수행녀들 가운데 욕망을 여의고, 만족을 알고, 부끄러움을 알고, 후회할 줄 알고, 배움을 원하는 자들은 혐책하고 분개하고 비난했다.

[욕망을 여읜 수행녀들] "어찌 여섯무리의 수행녀들이 크게 웃으면서 시정에서 앉아 있을 수 있단 말인가?"

1446) 홍소계(哄笑戒) | Bhikkhunī Sekh. 11 : na ujjagghikāya antaraghare gamissāmī'ti sikkhā karaṇīyā'ti.

그래서 그 수행녀들은 수행승들에게 그 사실을 알렸다. 수행승들 가운데 욕망을 여의고, 만족을 알고, 부끄러움을 알고, 후회할 줄 알고, 배움을 원하는 자들도 혐책하고 분개하고 비난했다.

[욕망을 여읜 수행승들] "어찌 여섯무리의 수행녀들이 크게 웃으면서 시정에서 앉아 있을 수 있단 말인가?"

1-3. 그래서 그 수행승들은 세존께 그 사실을 알렸다. 그러자 세존께서는 이러한 인연으로 이러한 기회에 수행승들의 참모임을 불러 모으게 하고 연유를 설하고 수행승들에게 물었다.

[세존] "수행승들이여, 그 여섯무리의 수행녀들이 크게 웃으면서 시정에서 앉아 있은 것이 사실인가?"

[수행승들]"세존이시여, 사실입니다."

존귀한 부처님께서는 견책했다.

[세존] "수행승들이여, 그 여섯무리의 수행녀들은 적절하지 않고, 자연스럽지 않고, 알맞지 않고, 수행자의 삶이 아니고, 부당하고, 해서는 안 될 일을 행한 것이다. 수행승들이여, 어찌 여섯무리의 수행녀들이 크게 웃으면서 시정에서 앉아 있을 수 있단 말인가? 수행승들이여, 그것은 아직 청정한 믿음이 없는 자를 청정한 믿음으로 이끌고, 이미 청정한 믿음이 있는 자를 더욱더 청정한 믿음으로 이끄는 것이 아니다. 수행승들이여, 그것은 오히려, 아직 청정한 믿음이 없는 자를 불신으로 이끌고, 이미 청정한 믿음이 있는 자 가운데 어떤 자들을 타락시키는 것이다."

1-4. 그리고 세존께서는 그 여섯무리의 수행녀들에 대하여 여러 가지 방편으로 견책하여, 키우기 어렵고 부양하기 어렵고 탐욕이 많고 만족을 모르고 교제를 좋아하고 나태한 것에 대하여 질책하고, 여러 가지 법문으로 고무하여, 키우기 쉽고 부양하기 쉽고 욕심을 여의고, 만족을 알고, 버리고 없애는 삶, 악을 제거하는 삶, 청정한 믿음의 삶, 쌓아 모우지 않는 삶, 용맹정진의 삶을 칭찬하고, 수행승들을 위하여 그에 알맞고 그에 걸맞게 경책하여 법문을 하고 수행승들에게 일렀다.

[세존] "수행승들이여, 그러므로 수행녀들을 위하여 열 가지 이유에 기초하여, 즉 참모임의 수승을 위하여, 참모임의 안락을 위하여, 악한 수행녀들의 조복을 위하여, 품행이 바른 수행녀들의 평안한 삶을 위하여, 지금 여기에서의 번뇌의 제어를 위하여, 다가오는 번뇌를 물리치기 위하여, 청정한 믿음이 없는 자에게 청정한 믿음을 주기 위하여, 청정한 믿음이 있는 자에게 청정한 믿음을 증대시키

기 위하여, 올바른 가르침을 지속시키기 위하여, 계율을 수호하기 위하여 학습계율을 시설하니, 수행승들이여, 수행녀들은 이와 같이 학습계율을 송출해야 한다."

[세존] "'나는 큰 웃음을 치면서 시정에서 앉아 있지 않겠다.'라는 규율을 지켜야 한다."1447)

2-1. 크게 웃으면서 시정에서 앉아 있어서는 안 된다. 함부로 한쪽으로 양쪽으로 크게 웃으면서 시정에서 앉아 있는다면, 악작죄를 범하는 것이다.

2-2. 의도하지 않았거나, 새김을 잃었거나, 알지 못했거나, 환자이거나, 웃을 만한 일이 있을 때 미소짓거나, 사고가 난 경우이거나, 정신착란자이거나 초범자인 경우는 무죄이다.

6. 2. 3 중학죄법 제13조

큰 소리에 대한 학습계율①[Pathamuccāsaddasikkhāpada]

1-1. 한때 존귀한 부처님께서는 싸밧티 시의 제따바나 숲에 있는 아나타삔디까 승원에 계셨다. 그런데 그때 여섯무리의 수행녀들이 높은 소리 큰 소리를 내면서 시정을 다녔다. 사람들이 혐책하고 분개하고 비난했다.

[사람들] "어찌 수행녀들이 높은 소리 큰 소리를 내면서 시정에서 다닐 수 있단 말인가? 마치 감각적 쾌락의 욕망을 즐기는 재가자와 같다."

1-2. 수행녀들은 사람들이 혐책하고 분개하고 비난하는 것을 들었다. 수행녀들 가운데 욕망을 여의고, 만족을 알고, 부끄러움을 알고, 후회할 줄 알고, 배움을 원하는 자들은 혐책하고 분개하고 비난했다.

[욕망을 여읜 수행녀들] "어찌 여섯무리의 수행녀들이 높은 소리 큰 소리를 내면서 시정에서 다닐 수 있단 말인가?"

그래서 그 수행녀들은 수행승들에게 그 사실을 알렸다. 수행승들 가운데 욕망을 여의고, 만족을 알고, 부끄러움을 알고, 후회할 줄 알고, 배움을 원하는 자들도 혐책하고 분개하고 비난했다.

[욕망을 여읜 수행승들] "어찌 여섯무리의 수행녀들이 높은 소리 큰 소리를 내면서 시정에서 다닐 수 있단 말인가?"

1447) 홍소좌계(哄笑坐戒) | Bhikkhunī Sekh. 12 : na ujjagghikāya antaraghare nisīdissāmiti sikkhā karaṇīyā'ti

1-3. 그래서 그 수행승들은 세존께 그 사실을 알렸다. 그러자 세존께서는 이러한 인연으로 이러한 기회에 수행승들의 참모임을 불러 모으게 하고 연유를 설하고 수행승들에게 물었다.

[세존] "수행승들이여, 그 여섯무리의 수행녀들이 높은 소리 큰 소리를 내면서 시정에서 다닌 것이 사실인가?"

[수행승들]"세존이시여, 사실입니다."

존귀한 부처님께서는 견책했다.

[세존] "수행승들이여, 그 여섯무리의 수행녀들은 적절하지 않고, 자연스럽지 않고, 알맞지 않고, 수행자의 삶이 아니고, 부당하고, 해서는 안 될 일을 행한 것이다. 수행승들이여, 어찌 여섯무리의 수행녀들이 높은 소리 큰 소리를 내면서 시정에서 다닐 수 있단 말인가? 수행승들이여, 그것은 아직 청정한 믿음이 없는 자를 청정한 믿음으로 이끌고, 이미 청정한 믿음이 있는 자를 더욱더 청정한 믿음으로 이끄는 것이 아니다. 수행승들이여, 그것은 오히려, 아직 청정한 믿음이 없는 자를 불신으로 이끌고, 이미 청정한 믿음이 있는 자 가운데 어떤 자들을 타락시키는 것이다."

1-4. 그리고 세존께서는 그 여섯무리의 수행녀들에 대하여 여러 가지 방편으로 견책하여, 키우기 어렵고 부양하기 어렵고 탐욕이 많고 만족을 모르고 교제를 좋아하고 나태한 것에 대하여 질책하고, 여러 가지 법문으로 고무하여, 키우기 쉽고 부양하기 쉽고 욕심을 여의고, 만족을 알고, 버리고 없애는 삶, 악을 제거하는 삶, 청정한 믿음의 삶, 쌓아 모우지 않는 삶, 용맹정진의 삶을 칭찬하고, 수행승들을 위하여 그에 알맞고 그에 걸맞게 경책하여 법문을 하고 수행승들에게 일렀다.

[세존] "수행승들이여, 그러므로 수행녀들을 위하여 열 가지 이유에 기초하여, 즉 참모임의 수승을 위하여, 참모임의 안락을 위하여, 악한 수행녀들의 조복을 위하여, 품행이 바른 수행녀들의 평안한 삶을 위하여, 지금 여기에서의 번뇌의 제어를 위하여, 다가오는 번뇌를 물리치기 위하여, 청정한 믿음이 없는 자에게 청정한 믿음을 주기 위하여, 청정한 믿음이 있는 자에게 청정한 믿음을 증대시키기 위하여, 올바른 가르침을 지속시키기 위하여, 계율을 수호하기 위하여 학습계율을 시설하니, 수행승들이여, 수행녀들은 이와 같이 학습계율을 송출해야 한다."

[세존] "'나는 큰 소리를 치면서 시정에서 다니지 않겠다.'라는 규율을 지켜야

한다."1448)

2-1. 높은 소리 큰 소리를 내면서 시정을 다녀서는 안 된다. 함부로 한쪽으로 양쪽으로 높은 소리 큰 소리를 내면서 시정에서 다닌다면, 악작죄를 범하는 것이다.

2-2. 의도하지 않았거나, 새김을 잃었거나, 알지 못했거나, 환자이거나, 사고가 난 경우이거나, 정신착란자이거나 초범자인 경우는 무죄이다.

6. 2. 4 중학죄법 제14조

큰 소리에 대한 학습계율②[Dutiyuccāsaddasikkhāpada]

1-1. 한때 존귀한 부처님께서는 싸밧티 시의 제따바나 숲에 있는 아나타삔디까 승원에 계셨다. 그런데 그때 여섯무리의 수행녀들이 높은 소리 큰 소리를 내면서 시정에서 앉아 있었다. 사람들이 혐책하고 분개하고 비난했다.

[사람들] "어찌 수행녀들이 높은 소리 큰 소리를 내면서 시정에서 앉아 있을 수 있단 말인가? 마치 감각적 쾌락의 욕망을 즐기는 재가자와 같다."

1-2. 수행녀들은 사람들이 혐책하고 분개하고 비난하는 것을 들었다. 수행녀들 가운데 욕망을 여의고, 만족을 알고, 부끄러움을 알고, 후회할 줄 알고, 배움을 원하는 자들은 혐책하고 분개하고 비난했다.

[욕망을 여읜 수행녀들] "어찌 여섯무리의 수행녀들이 높은 소리 큰 소리를 내면서 시정에서 앉아 있을 수 있단 말인가?"

그래서 그 수행녀들은 수행승들에게 그 사실을 알렸다. 수행승들 가운데 욕망을 여의고, 만족을 알고, 부끄러움을 알고, 후회할 줄 알고, 배움을 원하는 자들도 혐책하고 분개하고 비난했다.

[욕망을 여읜 수행승들] "어찌 여섯무리의 수행녀들이 높은 소리 큰 소리를 내면서 시정에서 앉아 있을 수 있단 말인가?"

1-3. 그래서 그 수행승들은 세존께 그 사실을 알렸다. 그러자 세존께서는 이러한 인연으로 이러한 기회에 수행승들의 참모임을 불러 모으게 하고 연유를 설하고 수행승들에게 물었다.

[세존] "수행승들이여, 그 여섯무리의 수행녀들이 높은 소리 큰 소리를 내면서

1448) 저성행계(低聲行戒) | Bhikkhunī Sekh. 13 : appasaddo anataraghare gammissāmī'ti sikkhā karaṇīyā'ti.

시정에서 앉아 있은 것이 사실인가?"

[수행승들]"세존이시여, 사실입니다."

존귀한 부처님께서는 견책했다.

[세존] "수행승들이여, 그 여섯무리의 수행녀들은 적절하지 않고, 자연스럽지 않고, 알맞지 않고, 수행자의 삶이 아니고, 부당하고, 해서는 안 될 일을 행한 것이다. 수행승들이여, 어찌 여섯무리의 수행녀들이 높은 소리 큰 소리를 내면서 시정에서 앉아 있을 수 있단 말인가? 수행승들이여, 그것은 아직 청정한 믿음이 없는 자를 청정한 믿음으로 이끌고, 이미 청정한 믿음이 있는 자를 더욱더 청정한 믿음으로 이끄는 것이 아니다. 수행승들이여, 그것은 오히려, 아직 청정한 믿음이 없는 자를 불신으로 이끌고, 이미 청정한 믿음이 있는 자 가운데 어떤 자들을 타락시키는 것이다."

1-4. 그리고 세존께서는 그 여섯무리의 수행녀들에 대하여 여러 가지 방편으로 견책하여, 키우기 어렵고 부양하기 어렵고 탐욕이 많고 만족을 모르고 교제를 좋아하고 나태한 것에 대하여 질책하고, 여러 가지 법문으로 고무하여, 키우기 쉽고 부양하기 쉽고 욕심을 여의고, 만족을 알고, 버리고 없애는 삶, 악을 제거하는 삶, 청정한 믿음의 삶, 쌓아 모우지 않는 삶, 용맹정진의 삶을 칭찬하고, 수행승들을 위하여 그에 알맞고 그에 걸맞게 경책하여 법문을 하고 수행승들에게 일렀다.

[세존] "수행승들이여, 그러므로 수행녀들을 위하여 열 가지 이유에 기초하여, 즉 참모임의 수승을 위하여, 참모임의 안락을 위하여, 악한 수행녀들의 조복을 위하여, 품행이 바른 수행녀들의 평안한 삶을 위하여, 지금 여기에서의 번뇌의 제어를 위하여, 다가오는 번뇌를 물리치기 위하여, 청정한 믿음이 없는 자에게 청정한 믿음을 주기 위하여, 청정한 믿음이 있는 자에게 청정한 믿음을 증대시키기 위하여, 올바른 가르침을 지속시키기 위하여, 계율을 수호하기 위하여 학습계율을 시설하니, 수행승들이여, 수행녀들은 이와 같이 학습계율을 송출해야 한다."

[세존] "'나는 큰 소리를 치면서 시정에서 앉아 있지 않겠다.'라는 규율을 지켜야 한다."1449)

2-1. 높은 소리 큰 소리를 내면서 시정에서 앉아 있어서는 안 된다. 함부로 한쪽으로 양쪽으로 높은 소리 큰 소리를 내면서 시정에서 앉아 있는다면, 악작죄를 범하는 것이다.

1449) 저성좌계(低聲坐戒) | Bhikkhunī Sekh. 14 : appasaddo antaraghare nisīdissāmī'ti sikkhā karaṇīyā'ti.

2-2. 의도하지 않았거나, 새김을 잃었거나, 알지 못했거나, 환자이거나, 사고가 난 경우이거나, 정신착란자이거나 초범자인 경우는 무죄이다.

6. 2. 5 중학죄법 제15조

몸흔들기에 대한 학습계율①[Pathamakāyappacālakasikkhāpada]

1-1. 한때 존귀한 부처님께서는 싸밧티 시의 제따바나 숲에 있는 아나타삔디까 승원에 계셨다. 그런데 그때[*188] 여섯무리의 수행녀들이 몸을 흔들고 몸을 떨면서 시정을 다녔다. 사람들이 혐책하고 분개하고 비난했다.

[사람들] "어찌 수행녀들이 몸을 흔들고 몸을 떨면서 시정에서 다닐 수 있단 말인가? 마치 감각적 쾌락의 욕망을 즐기는 재가자와 같다."

1-2. 수행녀들은 사람들이 혐책하고 분개하고 비난하는 것을 들었다. 수행녀들 가운데 욕망을 여의고, 만족을 알고, 부끄러움을 알고, 후회할 줄 알고, 배움을 원하는 자들은 혐책하고 분개하고 비난했다.

[욕망을 여읜 수행녀들] "어찌 여섯무리의 수행녀들이 몸을 흔들고 몸을 떨면서 시정에서 다닐 수 있단 말인가?"

그래서 그 수행녀들은 수행승들에게 그 사실을 알렸다. 수행승들 가운데 욕망을 여의고, 만족을 알고, 부끄러움을 알고, 후회할 줄 알고, 배움을 원하는 자들도 혐책하고 분개하고 비난했다.

[욕망을 여읜 수행승들] "어찌 여섯무리의 수행녀들이 몸을 흔들고 몸을 떨면서 시정에서 다닐 수 있단 말인가?"

1-3. 그래서 그 수행승들은 세존께 그 사실을 알렸다. 그러자 세존께서는 이러한 인연으로 이러한 기회에 수행승들의 참모임을 불러 모으게 하고 연유를 설하고 수행승들에게 물었다.

[세존] "수행승들이여, 그 여섯무리의 수행녀들이 몸을 흔들고 몸을 떨면서 시정에서 다닌 것이 사실인가?"

[수행승들]"세존이시여, 사실입니다."

존귀한 부처님께서는 견책했다.

[세존] "수행승들이여, 그 여섯무리의 수행녀들은 적절하지 않고, 자연스럽지 않고, 알맞지 않고, 수행자의 삶이 아니고, 부당하고, 해서는 안 될 일을 행한

것이다. 수행승들이여, 어찌 여섯무리의 수행녀들이 몸을 흔들고 몸을 떨면서 시정에서 다닐 수 있단 말인가? 수행승들이여, 그것은 아직 청정한 믿음이 없는 자를 청정한 믿음으로 이끌고, 이미 청정한 믿음이 있는 자를 더욱더 청정한 믿음으로 이끄는 것이 아니다. 수행승들이여, 그것은 오히려, 아직 청정한 믿음이 없는 자를 불신으로 이끌고, 이미 청정한 믿음이 있는 자 가운데 어떤 자들을 타락시키는 것이다."

1-4. 그리고 세존께서는 그 여섯무리의 수행녀들에 대하여 여러 가지 방편으로 견책하여, 키우기 어렵고 부양하기 어렵고 탐욕이 많고 만족을 모르고 교제를 좋아하고 나태한 것에 대하여 질책하고, 여러 가지 법문으로 고무하여, 키우기 쉽고 부양하기 쉽고 욕심을 여의고, 만족을 알고, 버리고 없애는 삶, 악을 제거하는 삶, 청정한 믿음의 삶, 쌓아 모우지 않는 삶, 용맹정진의 삶을 칭찬하고, 수행승들을 위하여 그에 알맞고 그에 걸맞게 경책하여 법문을 하고 수행승들에게 일렀다.

[세존] "수행승들이여, 그러므로 수행녀들을 위하여 열 가지 이유에 기초하여, 즉 참모임의 수승을 위하여, 참모임의 안락을 위하여, 악한 수행녀들의 조복을 위하여, 품행이 바른 수행녀들의 평안한 삶을 위하여, 지금 여기에서의 번뇌의 제어를 위하여, 다가오는 번뇌를 물리치기 위하여, 청정한 믿음이 없는 자에게 청정한 믿음을 주기 위하여, 청정한 믿음이 있는 자에게 청정한 믿음을 증대시키기 위하여, 올바른 가르침을 지속시키기 위하여, 계율을 수호하기 위하여 학습계율을 시설하니, 수행승들이여, 수행녀들은 이와 같이 학습계율을 송출해야 한다."

[세존] "'나는 몸을 흔들면서 시정에서 다니지 않겠다.'라는 규율을 지켜야 한다."1450)

2-1. 몸을 흔들고 몸을 떨면서 시정을 다녀서는 안 된다. 함부로 한쪽으로 양쪽으로 몸을 흔들고 몸을 떨면서 시정에서 다닌다면, 악작죄를 범하는 것이다.

2-2. 의도하지 않았거나, 새김을 잃었거나, 알지 못했거나, 환자이거나, 사고가 난 경우이거나, 정신착란자이거나 초범자인 경우는 무죄이다.

6. 2. 6 중학죄법 제16조

몸흔들기에 대한 학습계율②[Dutiyakāyappacālakasikkhāpada]

1450) 요신계(搖身戒) | Bhikkhunī Sekh. 15 : na kāyappacālakaṃ antaraghare gāmissāmī'ti sikkhā karaṇīyā'ti

1-1. 한때 존귀한 부처님께서는 싸밧티 시의 제따바나 숲에 있는 아나타삔디까 승원에 계셨다. 그런데 그때 여섯무리의 수행녀들이 몸을 흔들고 몸을 떨면서 시정에서 앉아 있었다. 사람들이 혐책하고 분개하고 비난했다.

[사람들] "어찌 수행녀들이 몸을 흔들고 몸을 떨면서 시정에서 앉아 있을 수 있단 말인가? 마치 감각적 쾌락의 욕망을 즐기는 재가자와 같다."

1-2. 수행녀들은 사람들이 혐책하고 분개하고 비난하는 것을 들었다. 수행녀들 가운데 욕망을 여의고, 만족을 알고, 부끄러움을 알고, 후회할 줄 알고, 배움을 원하는 자들은 혐책하고 분개하고 비난했다.

[욕망을 여읜 수행녀들] "어찌 여섯무리의 수행녀들이 몸을 흔들고 몸을 떨면서 시정에서 앉아 있을 수 있단 말인가?"

그래서 그 수행녀들은 수행승들에게 그 사실을 알렸다. 수행승들 가운데 욕망을 여의고, 만족을 알고, 부끄러움을 알고, 후회할 줄 알고, 배움을 원하는 자들도 혐책하고 분개하고 비난했다.

[욕망을 여읜 수행승들] "어찌 여섯무리의 수행녀들이 몸을 흔들고 몸을 떨면서 시정에서 앉아 있을 수 있단 말인가?"

1-3. 그래서 그 수행승들은 세존께 그 사실을 알렸다. 그러자 세존께서는 이러한 인연으로 이러한 기회에 수행승들의 참모임을 불러 모으게 하고 연유를 설하고 수행승들에게 물었다.

[세존] "수행승들이여, 그 여섯무리의 수행녀들이 몸을 흔들고 몸을 떨면서 시정에서 앉아 있은 것이 사실인가?"

[수행승들]"세존이시여, 사실입니다."

존귀한 부처님께서는 견책했다.

[세존] "수행승들이여, 그 여섯무리의 수행녀들은 적절하지 않고, 자연스럽지 않고, 알맞지 않고, 수행자의 삶이 아니고, 부당하고, 해서는 안 될 일을 행한 것이다. 수행승들이여, 어찌 여섯무리의 수행녀들이 몸을 흔들고 몸을 떨면서 시정에서 앉아 있을 수 있단 말인가? 수행승들이여, 그것은 아직 청정한 믿음이 없는 자를 청정한 믿음으로 이끌고, 이미 청정한 믿음이 있는 자를 더욱더 청정한 믿음으로 이끄는 것이 아니다. 수행승들이여, 그것은 오히려, 아직 청정한 믿음이 없는 자를 불신으로 이끌고, 이미 청정한 믿음이 있는 자 가운데 어떤 자들을 타락시키는 것이다."

1-4. 그리고 세존께서는 그 여섯무리의 수행녀들에 대하여 여러 가지 방편으로 견책하여, 키우기 어렵고 부양하기 어렵고 탐욕이 많고 만족을 모르고 교제를 좋아하고 나태한 것에 대하여 질책하고, 여러 가지 법문으로 고무하여, 키우기 쉽고 부양하기 쉽고 욕심을 여의고, 만족을 알고, 버리고 없애는 삶, 악을 제거하는 삶, 청정한 믿음의 삶, 쌓아 모우지 않는 삶, 용맹정진의 삶을 칭찬하고, 수행승들을 위하여 그에 알맞고 그에 걸맞게 경책하여 법문을 하고 수행승들에게 일렀다.

[세존] "수행승들이여, 그러므로 수행녀들을 위하여 열 가지 이유에 기초하여, 즉 참모임의 수승을 위하여, 참모임의 안락을 위하여, 악한 수행녀들의 조복을 위하여, 품행이 바른 수행녀들의 평안한 삶을 위하여, 지금 여기에서의 번뇌의 제어를 위하여, 다가오는 번뇌를 물리치기 위하여, 청정한 믿음이 없는 자에게 청정한 믿음을 주기 위하여, 청정한 믿음이 있는 자에게 청정한 믿음을 증대시키기 위하여, 올바른 가르침을 지속시키기 위하여, 계율을 수호하기 위하여 학습계율을 시설하니, 수행승들이여, 수행녀들은 이와 같이 학습계율을 송출해야 한다."

[세존] "'나는 몸을 흔들면서 시정에서 앉아 있지 않겠다.'라는 규율을 지켜야 한다."1451)

2-1. 몸을 흔들고 몸을 떨면서 시정에서 앉아 있어서는 안 된다. 함부로 한쪽으로 양쪽으로 몸을 흔들고 몸을 떨면서 시정에서 앉아 있는다면, 악작죄를 범하는 것이다.

2-2. 의도하지 않았거나, 새김을 잃었거나, 알지 못했거나, 환자이거나, 안거의 처소로 갔거나, 사고가 난 경우이거나, 정신착란자이거나 초범자인 경우는 무죄이다.

6. 2. 7 중학죄법 제17조

팔흔들기에 대한 학습계율①[Pathamabāhuppacālakasikkhāpada]

1-1. 한때 존귀한 부처님께서는 싸밧티 시의 제따바나 숲에 있는 아나타삔디까 승원에 계셨다. 그런데 그때 여섯무리의 수행녀들이 팔을 흔들고 팔을 떨면서

1451) 요신좌계(搖身坐戒) | Bhikkhunī Sekh. 16 : na kāyappacālakaṃ antaraghare nisīdassāmī'ti sikkhā karaṇīyā'ti.

시정을 다녔다. 사람들이 혐책하고 분개하고 비난했다.

[사람들] "어찌 수행녀들이 팔을 흔들고 팔을 떨면서 시정에서 다닐 수 있단 말인가? 마치 감각적 쾌락의 욕망을 즐기는 재가자와 같다."

1-2. 수행녀들은 사람들이 혐책하고 분개하고 비난하는 것을 들었다. 수행녀들 가운데 욕망을 여의고, 만족을 알고, 부끄러움을 알고, 후회할 줄 알고, 배움을 원하는 자들은 혐책하고 분개하고 비난했다.

[욕망을 여읜 수행녀들] "어찌 여섯무리의 수행녀들이 팔을 흔들고 팔을 떨면서 시정에서 다닐 수 있단 말인가?"

그래서 그 수행녀들은 수행승들에게 그 사실을 알렸다. 수행승들 가운데 욕망을 여의고, 만족을 알고, 부끄러움을 알고, 후회할 줄 알고, 배움을 원하는 자들도 혐책하고 분개하고 비난했다.

[욕망을 여읜 수행승들] "어찌 여섯무리의 수행녀들이 팔을 흔들고 팔을 떨면서 시정에서 다닐 수 있단 말인가?"

1-3. 그래서 그 수행승들은 세존께 그 사실을 알렸다. 그러자 세존께서는 이러한 인연으로 이러한 기회에 수행승들의 참모임을 불러 모으게 하고 연유를 설하고 수행승들에게 물었다.

[세존] "수행승들이여, 그 여섯무리의 수행녀들이 팔을 흔들고 팔을 떨면서 시정에서 다닌 것이 사실인가?"

[수행승들]"세존이시여, 사실입니다."

존귀한 부처님께서는 견책했다.

[세존] "수행승들이여, 그 여섯무리의 수행녀들은 적절하지 않고, 자연스럽지 않고, 알맞지 않고, 수행자의 삶이 아니고, 부당하고, 해서는 안 될 일을 행한 것이다. 수행승들이여, 어찌 여섯무리의 수행녀들이 팔을 흔들고 팔을 떨면서 시정에서 다닐 수 있단 말인가? 수행승들이여, 그것은 아직 청정한 믿음이 없는 자를 청정한 믿음으로 이끌고, 이미 청정한 믿음이 있는 자를 더욱더 청정한 믿음으로 이끄는 것이 아니다. 수행승들이여, 그것은 오히려, 아직 청정한 믿음이 없는 자를 불신으로 이끌고, 이미 청정한 믿음이 있는 자 가운데 어떤 자들을 타락시키는 것이다."

1-4. 그리고 세존께서는 그 여섯무리의 수행녀들에 대하여 여러 가지 방편으로 견책하여, 키우기 어렵고 부양하기 어렵고 탐욕이 많고 만족을 모르고 교제를 좋아

하고 나태한 것에 대하여 질책하고, 여러 가지 법문으로 고무하여, 키우기 쉽고 부양하기 쉽고 욕심을 여의고, 만족을 알고, 버리고 없애는 삶, 악을 제거하는 삶, 청정한 믿음의 삶, 쌓아 모우지 않는 삶, 용맹정진의 삶을 칭찬하고, 수행승들을 위하여 그에 알맞고 그에 걸맞게 경책하여 법문을 하고 수행승들에게 일렀다.

[세존] "수행승들이여, 그러므로 수행녀들을 위하여 열 가지 이유에 기초하여, 즉 참모임의 수승을 위하여, 참모임의 안락을 위하여, 악한 수행녀들의 조복을 위하여, 품행이 바른 수행녀들의 평안한 삶을 위하여, 지금 여기에서의 번뇌의 제어를 위하여, 다가오는 번뇌를 물리치기 위하여, 청정한 믿음이 없는 자에게 청정한 믿음을 주기 위하여, 청정한 믿음이 있는 자에게 청정한 믿음을 증대시키기 위하여, 올바른 가르침을 지속시키기 위하여, 계율을 수호하기 위하여 학습계율을 시설하니, 수행승들이여, 수행녀들은 이와 같이 학습계율을 송출해야 한다."

[세존] "'나는 팔을 흔들면서 시정에서 다니지 않겠다.'라는 규율을 지켜야 한다."1452)

2-1. 팔을 흔들고 팔을 떨면서 시정을 다녀서는 안 된다. 함부로 한쪽으로 양쪽으로 팔을 흔들고 팔을 떨면서 시정에서 다닌다면, 악작죄를 범하는 것이다.

2-2. 의도하지 않았거나, 새김을 잃었거나, 알지 못했거나, 환자이거나, 사고가 난 경우이거나, 정신착란자이거나 초범자인 경우는 무죄이다.

6. 2. 8 중학죄법 제18조

팔흔들기에 대한 학습계율②[Dutiyabāhuppacālakasikkhāpada]

1-1. 한때 존귀한 부처님께서는 싸밧티 시의 제따바나 숲에 있는 아나타삔디까 승원에 계셨다. 그런데 그때 여섯무리의 수행녀들이 팔을 흔들고 팔을 떨면서 시정에서 앉아 있었다. 사람들이 혐책하고 분개하고 비난했다.

[사람들] "어찌 수행녀들이 팔을 흔들고 팔을 떨면서 시정에서 앉아 있을 수 있단 말인가? 마치 감각적 쾌락의 욕망을 즐기는 재가자와 같다."

1-2. 수행녀들은 사람들이 혐책하고 분개하고 비난하는 것을 들었다. 수행녀들 가운데 욕망을 여의고, 만족을 알고, 부끄러움을 알고, 후회할 줄 알고, 배움을

1452) 도비계(掉臂戒) | Bhikkhunī Sekh. 17 : na bāhuppacālakaṃ antaraghare gamissatī'ti sikkhā karaṇīyā'ti.

원하는 자들은 혐책하고 분개하고 비난했다.

[욕망을 여읜 수행녀들] "어찌 여섯무리의 수행녀들이 팔을 흔들고 팔을 떨면서 시정에서 앉아 있을 수 있단 말인가?"

그래서 그 수행녀들은 수행승들에게 그 사실을 알렸다. 수행승들 가운데 욕망을 여의고, 만족을 알고, 부끄러움을 알고, 후회할 줄 알고, 배움을 원하는 자들도 혐책하고 분개하고 비난했다.

[욕망을 여읜 수행승들] "어찌 여섯무리의 수행녀들이 팔을 흔들고 팔을 떨면서 시정에서 앉아 있을 수 있단 말인가?"

1-3. 그래서 그 수행승들은 세존께 그 사실을 알렸다. 그러자 세존께서는 이러한 인연으로 이러한 기회에 수행승들의 참모임을 불러 모으게 하고 연유를 설하고 수행승들에게 물었다.

[세존] "수행승들이여, 그 여섯무리의 수행녀들이 팔을 흔들고 팔을 떨면서 시정에서 앉아 있은 것이 사실인가?"

[수행승들]"세존이시여, 사실입니다."

존귀한 부처님께서는 견책했다.

[세존] "수행승들이여, 그 여섯무리의 수행녀들은 적절하지 않고, 자연스럽지 않고, 알맞지 않고, 수행자의 삶이 아니고, 부당하고, 해서는 안 될 일을 행한 것이다. 수행승들이여, 어찌 여섯무리의 수행녀들이 팔을 흔들고 팔을 떨면서 시정에서 앉아 있을 수 있단 말인가? 수행승들이여, 그것은 아직 청정한 믿음이 없는 자를 청정한 믿음으로 이끌고, 이미 청정한 믿음이 있는 자를 더욱더 청정한 믿음으로 이끄는 것이 아니다. 수행승들이여, 그것은 오히려, 아직 청정한 믿음이 없는 자를 불신으로 이끌고, 이미 청정한 믿음이 있는 자 가운데 어떤 자들을 타락시키는 것이다."

1-4. 그리고 세존께서는 그 여섯무리의 수행녀들에 대하여 여러 가지 방편으로 견책하여, 키우기 어렵고 부양하기 어렵고 탐욕이 많고 만족을 모르고 교제를 좋아하고 나태한 것에 대하여 질책하고, 여러 가지 법문으로 고무하여, 키우기 쉽고 부양하기 쉽고 욕심을 여의고, 만족을 알고, 버리고 없애는 삶, 악을 제거하는 삶, 청정한 믿음의 삶, 쌓아 모우지 않는 삶, 용맹정진의 삶을 칭찬하고, 수행승들을 위하여 그에 알맞고 그에 걸맞게 경책하여 법문을 하고 수행승들에게 일렀다.

[세존] "수행승들이여, 그러므로 수행녀들을 위하여 열 가지 이유에 기초하여, 즉 참모임의 수승을 위하여, 참모임의 안락을 위하여, 악한 수행녀들의 조복을

위하여, 품행이 바른 수행녀들의 평안한 삶을 위하여, 지금 여기에서의 번뇌의 제어를 위하여, 다가오는 번뇌를 물리치기 위하여, 청정한 믿음이 없는 자에게 청정한 믿음을 주기 위하여, 청정한 믿음이 있는 자에게 청정한 믿음을 증대시키기 위하여, 올바른 가르침을 지속시키기 위하여, 계율을 수호하기 위하여 학습계율을 시설하니, 수행승들이여, 수행녀들은 이와 같이 학습계율을 송출해야 한다."

[세존] "'나는 팔을 흔들면서 시정에서 앉아 있지 않겠다.'라는 규율을 지켜야 한다."1453)

2-1. 팔을 흔들고 팔을 떨면서 시정에서 앉아 있어서는 안 된다. 함부로 한쪽으로 양쪽으로 팔을 흔들고 팔을 떨면서 시정에서 앉아 있는다면, 악작죄를 범하는 것이다.

2-2. 의도하지 않았거나, 새김을 잃었거나, 알지 못했거나, 환자이거나, 안거의 처소로 갔거나, 사고가 난 경우이거나, 정신착란자이거나 초범자인 경우는 무죄이다.

6. 2. 9 중학죄법 제19조

머리흔들기에 대한 학습계율①[Pathamasīsappacālakasikkhāpada]

1-1. 한때 존귀한 부처님께서는 싸밧티 시의 제따바나 숲에 있는 아나타삔디까 승원에 계셨다. 그런데 그때 여섯무리의 수행녀들이 머리를 흔들고 머리를 떨면서 시정을 다녔다. 사람들이 혐책하고 분개하고 비난했다.

[사람들] "어찌 수행녀들이 머리를 흔들고 머리를 떨면서 시정에서 다닐 수 있단 말인가? 마치 감각적 쾌락의 욕망을 즐기는 재가자와 같다."

1-2. 수행녀들은 사람들이 혐책하고 분개하고 비난하는 것을 들었다. 수행녀들 가운데 욕망을 여의고, 만족을 알고, 부끄러움을 알고, 후회할 줄 알고, 배움을 원하는 자들은 혐책하고 분개하고 비난했다.

[욕망을 여읜 수행녀들] "어찌 여섯무리의 수행녀들이 머리를 흔들고 머리를 떨면서 시정에서 다닐 수 있단 말인가?"

1453) 도비좌계(掉臂坐戒) | Bhikkhunī Sekh. 18 : na bāhuppacālakaṃ antaraghare nisīdissatī'ti sikkhā karaṇīyā'ti.

그래서 그 수행녀들은 수행승들에게 그 사실을 알렸다. 수행승들 가운데 욕망을 여의고, 만족을 알고, 부끄러움을 알고, 후회할 줄 알고, 배움을 원하는 자들도 혐책하고 분개하고 비난했다.

[수행승들] "어찌 여섯무리의 수행녀들이 머리를 흔들고 머리를 떨면서 시정에서 다닐 수 있단 말인가?"

1-3. 그래서 그 수행승들은 세존께 그 사실을 알렸다. 그러자 세존께서는 이러한 인연으로 이러한 기회에 수행승들의 참모임을 불러 모으게 하고 연유를 설하고 수행승들에게 물었다.

[세존] "수행승들이여, 그 여섯무리의 수행녀들이 머리를 흔들고 머리를 떨면서 시정에서 다닌 것이 사실인가?"

[수행승들] "세존이시여, 사실입니다."

존귀한 부처님께서는 견책했다.

[세존] "수행승들이여, 그 여섯무리의 수행녀들은 적절하지 않고, 자연스럽지 않고, 알맞지 않고, 수행자의 삶이 아니고, 부당하고, 해서는 안 될 일을 행한 것이다. 수행승들이여, 어찌 여섯무리의 수행녀들이 머리를 흔들고 머리를 떨면서 시정에서 다닐 수 있단 말인가? 수행승들이여, 그것은 아직 청정한 믿음이 없는 자를 청정한 믿음으로 이끌고, 이미 청정한 믿음이 있는 자를 더욱더 청정한 믿음으로 이끄는 것이 아니다. 수행승들이여, 그것은 오히려, 아직 청정한 믿음이 없는 자를 불신으로 이끌고, 이미 청정한 믿음이 있는 자 가운데 어떤 자들을 타락시키는 것이다."

1-4. 그리고 세존께서는 그 여섯무리의 수행녀들에 대하여 여러 가지 방편으로 견책하여, 키우기 어렵고 부양하기 어렵고 탐욕이 많고 만족을 모르고 교제를 좋아하고 나태한 것에 대하여 질책하고, 여러 가지 법문으로 고무하여, 키우기 쉽고 부양하기 쉽고 욕심을 여의고, 만족을 알고, 버리고 없애는 삶, 악을 제거하는 삶, 청정한 믿음의 삶, 쌓아 모우지 않는 삶, 용맹정진의 삶을 칭찬하고, 수행승들을 위하여 그에 알맞고 그에 걸맞게 경책하여 법문을 하고 수행승들에게 일렀다.

[세존] "수행승들이여, 그러므로 수행녀들을 위하여 열 가지 이유에 기초하여, 즉 참모임의 수승을 위하여, 참모임의 안락을 위하여, 악한 수행녀들의 조복을 위하여, 품행이 바른 수행녀들의 평안한 삶을 위하여, 지금 여기에서의 번뇌의 제어를 위하여, 다가오는 번뇌를 물리치기 위하여, 청정한 믿음이 없는 자에게 청정한 믿음을 주기 위하여, 청정한 믿음이 있는 자에게 청정한 믿음을 증대시키

기 위하여, 올바른 가르침을 지속시키기 위하여, 계율을 수호하기 위하여 학습계율을 시설하니, 수행승들이여, 수행녀들은 이와 같이 학습계율을 송출해야 한다."

[세존] "'나는 머리를 흔들면서 시정에서 다니지 않겠다.'라는 규율을 지켜야 한다."1454)

2-1. 머리를 흔들고 머리를 떨면서 시정을 다녀서는 안 된다. 함부로 한쪽으로 양쪽으로 머리를 흔들고 머리를 떨면서 시정에서 다닌다면, 악작죄를 범하는 것이다.

2-2. 의도하지 않았거나, 새김을 잃었거나, 알지 못했거나, 환자이거나, 사고가 난 경우이거나, 정신착란자이거나 초범자인 경우는 무죄이다.

6. 2. 10 중학죄법 제20조

머리흔들기에 대한 학습계율②[Dutiyasīsappacālakasikkhāpada]

1-1. 한때 존귀한 부처님께서는 싸밧티 시의 제따바나 숲에 있는 아나타삔디까 승원에 계셨다. 그런데 그때 여섯무리의 수행녀들이 머리를 흔들고 머리를 떨면서 시정에서 앉아 있었다. 사람들이 혐책하고 분개하고 비난했다.

[사람들] "어찌 수행녀들이 머리를 흔들고 머리를 떨면서 시정에서 앉아 있을 수 있단 말인가? 마치 감각적 쾌락의 욕망을 즐기는 재가자와 같다."

1-2. 수행녀들은 사람들이 혐책하고 분개하고 비난하는 것을 들었다. 수행녀들 가운데 욕망을 여의고, 만족을 알고, 부끄러움을 알고, 후회할 줄 알고, 배움을 원하는 자들은 혐책하고 분개하고 비난했다.

[욕망을 여읜 수행녀들] "어찌 여섯무리의 수행녀들이 머리를 흔들고 머리를 떨면서 시정에서 앉아 있을 수 있단 말인가?"

그래서 그 수행녀들은 수행승들에게 그 사실을 알렸다. 수행승들 가운데 욕망을 여의고, 만족을 알고, 부끄러움을 알고, 후회할 줄 알고, 배움을 원하는 자들도 혐책하고 분개하고 비난했다.

[수행승들] "어찌 여섯무리의 수행녀들이 머리를 흔들고 머리를 떨면서 시정에서 앉아 있을 수 있단 말인가?"

1454) 요두계(搖頭戒) | Bhikkhunī Sekh. 19 : na sīsappacālakaṃ antaraghare gāmissamī'ti sikkhā karaṇīyā'ti.

1-3. 그래서 그 수행승들은 세존께 그 사실을 알렸다. 그러자 세존께서는 이러한 인연으로 이러한 기회에 수행승들의 참모임을 불러 모으게 하고 연유를 설하고 수행승들에게 물었다.

[세존] "수행승들이여, 그 여섯무리의 수행녀들이 머리를 흔들고 머리를 떨면서 시정에서 앉아 있은 것이 사실인가?"

[수행승들]"세존이시여, 사실입니다."

존귀한 부처님께서는 견책했다.

[세존] "수행승들이여, 그 여섯무리의 수행녀들은 적절하지 않고, 자연스럽지 않고, 알맞지 않고, 수행자의 삶이 아니고, 부당하고, 해서는 안 될 일을 행한 것이다. 수행승들이여, 어찌 여섯무리의 수행녀들이 머리를 흔들고 머리를 떨면서 시정에서 앉아 있을 수 있단 말인가? 수행승들이여, 그것은 아직 청정한 믿음이 없는 자를 청정한 믿음으로 이끌고, 이미 청정한 믿음이 있는 자를 더욱더 청정한 믿음으로 이끄는 것이 아니다. 수행승들이여, 그것은 오히려, 아직 청정한 믿음이 없는 자를 불신으로 이끌고, 이미 청정한 믿음이 있는 자 가운데 어떤 자들을 타락시키는 것이다."

1-4. 그리고 세존께서는 그 여섯무리의 수행녀들에 대하여 여러 가지 방편으로 견책하여, 키우기 어렵고 부양하기 어렵고 탐욕이 많고 만족을 모르고 교제를 좋아하고 나태한 것에 대하여 질책하고, 여러 가지 법문으로 고무하여, 키우기 쉽고 부양하기 쉽고 욕심을 여의고, 만족을 알고, 버리고 없애는 삶, 악을 제거하는 삶, 청정한 믿음의 삶, 쌓아 모우지 않는 삶, 용맹정진의 삶을 칭찬하고, 수행승들을 위하여 그에 알맞고 그에 걸맞게 경책하여 법문을 하고 수행승들에게 일렀다.

[세존] "수행승들이여, 그러므로 수행녀들을 위하여 열 가지 이유에 기초하여, 즉 참모임의 수승을 위하여, 참모임의 안락을 위하여, 악한 수행녀들의 조복을 위하여, 품행이 바른 수행녀들의 평안한 삶을 위하여, 지금 여기에서의 번뇌의 제어를 위하여, 다가오는 번뇌를 물리치기 위하여, 청정한 믿음이 없는 자에게 청정한 믿음을 주기 위하여, 청정한 믿음이 있는 자에게 청정한 믿음을 증대시키기 위하여, 올바른 가르침을 지속시키기 위하여, 계율을 수호하기 위하여 학습계율을 시설하니, 수행승들이여, 수행녀들은 이와 같이 학습계율을 송출해야 한다."

[세존] "'나는 머리를 흔들면서 시정에서 앉아 있지 않겠다.'라는 규율을 지켜야 한다."1455)

2-1. 머리를 흔들고 머리를 떨면서 시정에서 앉아 있어서는 안 된다. 함부로 한쪽으로 양쪽으로 머리를 흔들고 머리를 떨면서 시정에서 앉아 있는다면, 악작죄를 범하는 것이다.

2-2. 의도하지 않았거나, 새김을 잃었거나, 알지 못했거나, 환자이거나, 안거의 처소로 갔거나, 사고가 난 경우이거나, 정신착란자이거나 초범자인 경우는 무죄이다.

제3품 차요(扠腰)(Khambhakatavagga)

6. 3. 1 중학죄법 제21조

차요에 대한 학습계율①[Pathamakhambhakatasikkhāpada]

1-1. 한때 존귀한 부처님께서는 싸밧티 시의 제따바나 숲에 있는 아나타삔디까 승원에 계셨다. 그런데 그때 여섯무리의 수행녀들이 손을 허리에 대고 팔꿈치를 벌리고1456) 시정을 다녔다. 사람들이 혐책하고 분개하고 비난했다.

[사람들] "어찌 수행녀들이 손을 허리에 대고 팔꿈치를 벌리고 시정에서 다닐 수 있단 말인가? 마치 감각적 쾌락의 욕망을 즐기는 재가자와 같다."

1-2. 수행녀들은 사람들이 혐책하고 분개하고 비난하는 것을 들었다. 수행녀들 가운데 욕망을 여의고, 만족을 알고, 부끄러움을 알고, 후회할 줄 알고, 배움을 원하는 자들은 혐책하고 분개하고 비난했다.

[욕망을 여읜 수행녀들] "어찌 여섯무리의 수행녀들이 손을 허리에 대고 팔꿈치를 벌리고 시정에서 다닐 수 있단 말인가?"

그래서 그 수행녀들은 수행승들에게 그 사실을 알렸다. 수행승들 가운데 욕망을 여의고, 만족을 알고, 부끄러움을 알고, 후회할 줄 알고, 배움을 원하는 자들도 혐책하고 분개하고 비난했다.

[욕망을 여읜 수행승들] "어찌 여섯무리의 수행녀들이 손을 허리에 대고 팔꿈치를 벌리고 시정에서 다닐 수 있단 말인가?"

1455) 요두좌계(搖頭坐戒) | Bhikkhunī Sekh. 20 : na sīsappacālakaṃ antaraghare nisīdissamī'ti sikkhā karaṇīyā'ti.

1456) khambhakatā : 한역에서는 차요(扠腰)라고 번역한다. Smp. 891에 따르면, 손을 허리에 대고 팔꿈치를 펼치는 것을 뜻한다.

1-3. 그래서 그 수행승들은 세존께 그 사실을 알렸다. 그러자 세존께서는 이러한 인연으로 이러한 기회에 수행승들의 참모임을 불러 모으게 하고 연유를 설하고 수행승들에게 물었다.

[세존] "수행승들이여, 그 여섯무리의 수행녀들이 손을 허리에 대고 팔꿈치를 벌리고 시정에서 다닌 것이 사실인가?"

[수행승들]"세존이시여, 사실입니다."

존귀한 부처님께서는 견책했다.

[세존] "수행승들이여, 그 여섯무리의 수행녀들은 적절하지 않고, 자연스럽지 않고, 알맞지 않고, 수행자의 삶이 아니고, 부당하고, 해서는 안 될 일을 행한 것이다. 수행승들이여, 어찌 여섯무리의 수행녀들이 손을 허리에 대고 팔꿈치를 벌리고 시정에서 다닐 수 있단 말인가? 수행승들이여, 그것은 아직 청정한 믿음이 없는 자를 청정한 믿음으로 이끌고, 이미 청정한 믿음이 있는 자를 더욱더 청정한 믿음으로 이끄는 것이 아니다. 수행승들이여, 그것은 오히려, 아직 청정한 믿음이 없는 자를 불신으로 이끌고, 이미 청정한 믿음이 있는 자 가운데 어떤 자들을 타락시키는 것이다."

1-4. 그리고 세존께서는 그 여섯무리의 수행녀들에 대하여 여러 가지 방편으로 견책하여, 키우기 어렵고 부양하기 어렵고 탐욕이 많고 만족을 모르고 교제를 좋아하고 나태한 것에 대하여 질책하고, 여러 가지 법문으로 고무하여, 키우기 쉽고 부양하기 쉽고 욕심을 여의고, 만족을 알고, 버리고 없애는 삶, 악을 제거하는 삶, 청정한 믿음의 삶, 쌓아 모우지 않는 삶, 용맹정진의 삶을 칭찬하고, 수행승들을 위하여 그에 알맞고 그에 걸맞게 경책하여 법문을 하고 수행승들에게 일렀다.

[세존] "수행승들이여, 그러므로 수행녀들을 위하여 열 가지 이유에 기초하여, 즉 참모임의 수승을 위하여, 참모임의 안락을 위하여, 악한 수행녀들의 조복을 위하여, 품행이 바른 수행녀들의 평안한 삶을 위하여, 지금 여기에서의 번뇌의 제어를 위하여, 다가오는 번뇌를 물리치기 위하여, 청정한 믿음이 없는 자에게 청정한 믿음을 주기 위하여, 청정한 믿음이 있는 자에게 청정한 믿음을 증대시키기 위하여, 올바른 가르침을 지속시키기 위하여, 계율을 수호하기 위하여 학습계율을 시설하니, 수행승들이여, 수행녀들은 이와 같이 학습계율을 송출해야 한다."

[세존] "'나는 손을 허리에 대고 팔꿈치를 벌리고 시정에서 다니지 않겠다.'라는 규율을 지켜야 한다."1457)

2-1. 손을 허리에 대고 팔꿈치를 벌리고 시정을 다녀서는 안 된다. 함부로 한쪽으로 양쪽으로 손을 허리에 대고 팔꿈치를 벌리고 시정에서 다닌다면, 악작죄를 범하는 것이다.

2-2. 의도하지 않았거나, 새김을 잃었거나, 알지 못했거나, 환자이거나, 사고가 난 경우이거나, 정신착란자이거나 초범자인 경우는 무죄이다.

6. 3. 2 중학죄법 제22조

차요에 대한 학습계율②[Dutiyakhambhakatasikkhāpada]

1-1. 한때[*189] 존귀한 부처님께서는 싸밧티 시의 제따바나 숲에 있는 아나타삔디까 승원에 계셨다. 그런데 그때 여섯무리의 수행녀들이 손을 허리에 대고 팔꿈치를 벌리고 시정에서 앉아 있었다. 사람들이 혐책하고 분개하고 비난했다.

[사람들] "어찌 수행녀들이 손을 허리에 대고 팔꿈치를 벌리고 시정에서 앉아 있을 수 있단 말인가? 마치 감각적 쾌락의 욕망을 즐기는 재가자와 같다."

1-2. 수행녀들은 사람들이 혐책하고 분개하고 비난하는 것을 들었다. 수행녀들 가운데 욕망을 여의고, 만족을 알고, 부끄러움을 알고, 후회할 줄 알고, 배움을 원하는 자들은 혐책하고 분개하고 비난했다.

[욕망을 여읜 수행녀들] "어찌 여섯무리의 수행녀들이 손을 허리에 대고 팔꿈치를 벌리고 시정에서 앉아 있을 수 있단 말인가?"

그래서 그 수행녀들은 수행승들에게 그 사실을 알렸다. 수행승들 가운데 욕망을 여의고, 만족을 알고, 부끄러움을 알고, 후회할 줄 알고, 배움을 원하는 자들도 혐책하고 분개하고 비난했다.

[수행승들] "어찌 여섯무리의 수행녀들이 손을 허리에 대고 팔꿈치를 벌리고 시정에서 앉아 있을 수 있단 말인가?"

1-3. 그래서 그 수행승들은 세존께 그 사실을 알렸다. 그러자 세존께서는 이러한 인연으로 이러한 기회에 수행승들의 참모임을 불러 모으게 하고 연유를 설하고 수행승들에게 물었다.

[세존] "수행승들이여, 그 여섯무리의 수행녀들이 손을 허리에 대고 팔꿈치를

1457) 차요계(扠腰戒) | Bhikkhunī Sekh. 21 : na khambhakato antaraghare gamissāmī'ti sikkhā karaṇīyā'ti.

벌리고 시정에서 앉아 있은 것이 사실인가?"

[수행승들] "세존이시여, 사실입니다."

존귀한 부처님께서는 견책했다.

[세존] "수행승들이여, 그 여섯무리의 수행녀들은 적절하지 않고, 자연스럽지 않고, 알맞지 않고, 수행자의 삶이 아니고, 부당하고, 해서는 안 될 일을 행한 것이다. 수행승들이여, 어찌 여섯무리의 수행녀들이 손을 허리에 대고 팔꿈치를 벌리고 시정에서 앉아 있을 수 있단 말인가? 수행승들이여, 그것은 아직 청정한 믿음이 없는 자를 청정한 믿음으로 이끌고, 이미 청정한 믿음이 있는 자를 더욱더 청정한 믿음으로 이끄는 것이 아니다. 수행승들이여, 그것은 오히려, 아직 청정한 믿음이 없는 자를 불신으로 이끌고, 이미 청정한 믿음이 있는 자 가운데 어떤 자들을 타락시키는 것이다."

1-4. 그리고 세존께서는 그 여섯무리의 수행녀들에 대하여 여러 가지 방편으로 견책하여, 키우기 어렵고 부양하기 어렵고 탐욕이 많고 만족을 모르고 교제를 좋아하고 나태한 것에 대하여 질책하고, 여러 가지 법문으로 고무하여, 키우기 쉽고 부양하기 쉽고 욕심을 여의고, 만족을 알고, 버리고 없애는 삶, 악을 제거하는 삶, 청정한 믿음의 삶, 쌓아 모우지 않는 삶, 용맹정진의 삶을 칭찬하고, 수행승들을 위하여 그에 알맞고 그에 걸맞게 경책하여 법문을 하고 수행승들에게 일렀다.

[세존] "수행승들이여, 그러므로 수행녀들을 위하여 열 가지 이유에 기초하여, 즉 참모임의 수승을 위하여, 참모임의 안락을 위하여, 악한 수행녀들의 조복을 위하여, 품행이 바른 수행녀들의 평안한 삶을 위하여, 지금 여기에서의 번뇌의 제어를 위하여, 다가오는 번뇌를 물리치기 위하여, 청정한 믿음이 없는 자에게 청정한 믿음을 주기 위하여, 청정한 믿음이 있는 자에게 청정한 믿음을 증대시키기 위하여, 올바른 가르침을 지속시키기 위하여, 계율을 수호하기 위하여 학습계율을 시설하니, 수행승들이여, 수행녀들은 이와 같이 학습계율을 송출해야 한다."

[세존] "'나는 손을 허리에 대고 팔꿈치를 벌리고 시정에서 앉아 있지 않겠다.'라는 규율을 지켜야 한다."1458)

2-1. 손을 허리에 대고 팔꿈치를 벌리고 시정에서 앉아 있어서는 안 된다. 함부로 한쪽으로 양쪽으로 손을 허리에 대고 팔꿈치를 벌리고 시정에서 앉아 있는다면,

---

1458) 차요좌계(扠腰坐戒) | Bhikkhunī Sekh. 22 : na khambhakato antaraghare nisīdissāmī'ti sikkhā karaṇīyā'ti.

악작죄를 범하는 것이다.

2-2. 의도하지 않았거나, 새김을 잃었거나, 알지 못했거나, 환자이거나, 안거의 처소로 갔거나, 사고가 난 경우이거나, 정신착란자이거나 초범자인 경우는 무죄이다.

6. 3. 3 중학죄법 제23조

머리까지 옷을 두르기에 대한 학습계율①[Pathamoguṇṭhitasikkhāpada]

1-1. 한때 존귀한 부처님께서는 싸밧티 시의 제따바나 숲에 있는 아나타삔디까 승원에 계셨다. 그런데 그때 여섯무리의 수행녀들이 머리까지 옷을 두르고 시정을 다녔다. 사람들이 혐책하고 분개하고 비난했다.

[사람들] "어찌 수행녀들이 머리까지 옷을 두르고 시정에서 다닐 수 있단 말인가? 마치 감각적 쾌락의 욕망을 즐기는 재가자와 같다."

1-2. 수행녀들은 사람들이 혐책하고 분개하고 비난하는 것을 들었다. 수행녀들 가운데 욕망을 여의고, 만족을 알고, 부끄러움을 알고, 후회할 줄 알고, 배움을 원하는 자들은 혐책하고 분개하고 비난했다.

[욕망을 여읜 수행녀들] "어찌 여섯무리의 수행녀들이 머리까지 옷을 두르고 시정에서 다닐 수 있단 말인가?"

그래서 그 수행녀들은 수행승들에게 그 사실을 알렸다. 수행승들 가운데 욕망을 여의고, 만족을 알고, 부끄러움을 알고, 후회할 줄 알고, 배움을 원하는 자들도 혐책하고 분개하고 비난했다.

[욕망을 여읜 수행승들] "어찌 여섯무리의 수행녀들이 머리까지 옷을 두르고 시정에서 다닐 수 있단 말인가?"

1-3. 그래서 그 수행승들은 세존께 그 사실을 알렸다. 그러자 세존께서는 이러한 인연으로 이러한 기회에 수행승들의 참모임을 불러 모으게 하고 연유를 설하고 수행승들에게 물었다.

[세존] "수행승들이여, 그 여섯무리의 수행녀들이 머리까지 옷을 두르고 시정에서 다닌 것이 사실인가?"

[수행승들]"세존이시여, 사실입니다."

존귀한 부처님께서는 견책했다.

[세존] "수행승들이여, 그 여섯무리의 수행녀들은 적절하지 않고, 자연스럽지 않고, 알맞지 않고, 수행자의 삶이 아니고, 부당하고, 해서는 안 될 일을 행한 것이다. 수행승들이여, 어찌 여섯무리의 수행녀들이 머리까지 옷을 두르고 시정에서 다닐 수 있단 말인가? 수행승들이여, 그것은 아직 청정한 믿음이 없는 자를 청정한 믿음으로 이끌고, 이미 청정한 믿음이 있는 자를 더욱더 청정한 믿음으로 이끄는 것이 아니다. 수행승들이여, 그것은 오히려, 아직 청정한 믿음이 없는 자를 불신으로 이끌고, 이미 청정한 믿음이 있는 자 가운데 어떤 자들을 타락시키는 것이다."

1-4. 그리고 세존께서는 그 여섯무리의 수행녀들에 대하여 여러 가지 방편으로 견책하여, 키우기 어렵고 부양하기 어렵고 탐욕이 많고 만족을 모르고 교제를 좋아하고 나태한 것에 대하여 질책하고, 여러 가지 법문으로 고무하여, 키우기 쉽고 부양하기 쉽고 욕심을 여의고, 만족을 알고, 버리고 없애는 삶, 악을 제거하는 삶, 청정한 믿음의 삶, 쌓아 모우지 않는 삶, 용맹정진의 삶을 칭찬하고, 수행승들을 위하여 그에 알맞고 그에 걸맞게 경책하여 법문을 하고 수행승들에게 일렀다.

[세존] "수행승들이여, 그러므로 수행녀들을 위하여 열 가지 이유에 기초하여, 즉 참모임의 수승을 위하여, 참모임의 안락을 위하여, 악한 수행녀들의 조복을 위하여, 품행이 바른 수행녀들의 평안한 삶을 위하여, 지금 여기에서의 번뇌의 제어를 위하여, 다가오는 번뇌를 물리치기 위하여, 청정한 믿음이 없는 자에게 청정한 믿음을 주기 위하여, 청정한 믿음이 있는 자에게 청정한 믿음을 증대시키기 위하여, 올바른 가르침을 지속시키기 위하여, 계율을 수호하기 위하여 학습계율을 시설하니, 수행승들이여, 수행녀들은 이와 같이 학습계율을 송출해야 한다."

[세존] "'나는 머리까지 옷을 두르고 시정에서 다니지 않겠다.'라는 규율을 지켜야 한다."1459)

2-1. 머리까지 옷을 두르고 시정을 다녀서는 안 된다. 함부로 한쪽으로 양쪽으로 머리까지 옷을 두르고 시정에서 다닌다면, 악작죄를 범하는 것이다.

2-2. 의도하지 않았거나, 새김을 잃었거나, 알지 못했거나, 환자이거나, 사고가 난 경우이거나, 정신착란자이거나 초범자인 경우는 무죄이다.

1459) 복두계(覆頭戒) | Bhikkhunī Sekh. 23 : na oguṇṭhito anataraghare gammissāmī'ti sikkhā karaṇīyā'ti.

6. 3. 4 중학죄법 제24조

머리까지 옷을 두르기에 대한 학습계율②[Dutiyoguṇṭhitasikkhāpada]

1-1. 한때 존귀한 부처님께서는 싸밧티 시의 제따바나 숲에 있는 아나타삔디까 승원에 계셨다. 그런데 그때 여섯무리의 수행녀들이 머리까지 옷을 두르고 시정에서 앉아 있었다. 사람들이 혐책하고 분개하고 비난했다.

[사람들] "어찌 수행녀들이 머리까지 옷을 두르고 시정에서 앉아 있을 수 있단 말인가? 마치 감각적 쾌락의 욕망을 즐기는 재가자와 같다."

1-2. 수행녀들은 사람들이 혐책하고 분개하고 비난하는 것을 들었다. 수행녀들 가운데 욕망을 여의고, 만족을 알고, 부끄러움을 알고, 후회할 줄 알고, 배움을 원하는 자들은 혐책하고 분개하고 비난했다.

[욕망을 여읜 수행녀들] "어찌 여섯무리의 수행녀들이 머리까지 옷을 두르고 시정에서 앉아 있을 수 있단 말인가?"

그래서 그 수행녀들은 수행승들에게 그 사실을 알렸다. 수행승들 가운데 욕망을 여의고, 만족을 알고, 부끄러움을 알고, 후회할 줄 알고, 배움을 원하는 자들도 혐책하고 분개하고 비난했다.

[욕망을 여읜 수행승들] "어찌 여섯무리의 수행녀들이 머리까지 옷을 두르고 시정에서 앉아 있을 수 있단 말인가?"

1-3. 그래서 그 수행승들은 세존께 그 사실을 알렸다. 그러자 세존께서는 이러한 인연으로 이러한 기회에 수행승들의 참모임을 불러 모으게 하고 연유를 설하고 수행승들에게 물었다.

[세존] "수행승들이여, 그 여섯무리의 수행녀들이 머리까지 옷을 두르고 시정에서 앉아 있은 것이 사실인가?"

[수행승들]"세존이시여, 사실입니다."

존귀한 부처님께서는 견책했다.

[세존] "수행승들이여, 그 여섯무리의 수행녀들은 적절하지 않고, 자연스럽지 않고, 알맞지 않고, 수행자의 삶이 아니고, 부당하고, 해서는 안 될 일을 행한 것이다. 수행승들이여, 어찌 여섯무리의 수행녀들이 머리까지 옷을 두르고 시정에서 앉아 있을 수 있단 말인가? 수행승들이여, 그것은 아직 청정한 믿음이 없는 자를 청정한 믿음으로 이끌고, 이미 청정한 믿음이 있는 자를 더욱더 청정한 믿음으로 이끄는 것이 아니다. 수행승들이여, 그것은 오히려, 아직 청정한 믿음이 없는 자를

불신으로 이끌고, 이미 청정한 믿음이 있는 자 가운데 어떤 자들을 타락시키는 것이다."

1-4. 그리고 세존께서는 그 여섯무리의 수행녀들에 대하여 여러 가지 방편으로 견책하여, 키우기 어렵고 부양하기 어렵고 탐욕이 많고 만족을 모르고 교제를 좋아하고 나태한 것에 대하여 질책하고, 여러 가지 법문으로 고무하여, 키우기 쉽고 부양하기 쉽고 욕심을 여의고, 만족을 알고, 버리고 없애는 삶, 악을 제거하는 삶, 청정한 믿음의 삶, 쌓아 모우지 않는 삶, 용맹정진의 삶을 칭찬하고, 수행승들을 위하여 그에 알맞고 그에 걸맞게 경책하여 법문을 하고 수행승들에게 일렀다.

[세존] "수행승들이여, 그러므로 수행녀들을 위하여 열 가지 이유에 기초하여, 즉 참모임의 수승을 위하여, 참모임의 안락을 위하여, 악한 수행녀들의 조복을 위하여, 품행이 바른 수행녀들의 평안한 삶을 위하여, 지금 여기에서의 번뇌의 제어를 위하여, 다가오는 번뇌를 물리치기 위하여, 청정한 믿음이 없는 자에게 청정한 믿음을 주기 위하여, 청정한 믿음이 있는 자에게 청정한 믿음을 증대시키기 위하여, 올바른 가르침을 지속시키기 위하여, 계율을 수호하기 위하여 학습계율을 시설하니, 수행승들이여, 수행녀들은 이와 같이 학습계율을 송출해야 한다."

[세존] "'나는 머리까지 옷을 두르고 시정에서 앉아 있지 않겠다.'라는 규율을 지켜야 한다."1460)

2-1. 머리까지 옷을 두르고 시정에서 앉아 있어서는 안 된다. 함부로 한쪽으로 양쪽으로 머리까지 옷을 두르고 시정에서 앉아 있는다면, 악작죄를 범하는 것이다.

2-2. 의도하지 않았거나, 새김을 잃었거나, 알지 못했거나, 환자이거나, 안거의 처소로 갔거나, 사고가 난 경우이거나, 정신착란자이거나 초범자인 경우는 무죄이다.

6. 3. 5 중학죄법 제25조

웅크린 자세로 기어가기에 대한 학습계율[Pathamukkuṭikasikkhāpada]

1-1. 한때 존귀한 부처님께서는 싸밧티 시의 제따바나 숲에 있는 아나타삔디까 승원에 계셨다. 그런데 그때 여섯무리의 수행녀들이 웅크린 자세로 기어서1461)

1460) 복두좌계(覆頭坐戒) | Bhikkhunī Sekh. 24 : na oguṇṭhito antaraghare nisīdissāmī'ti sikkhā karaṇīyā'ti.

시정을 다녔다. 사람들이 혐책하고 분개하고 비난했다.

[사람들] "어찌 수행녀들이 웅크린 자세로 기어서 시정에서 다닐 수 있단 말인가? 마치 감각적 쾌락의 욕망을 즐기는 재가자와 같다."

1-2. 수행녀들은 사람들이 혐책하고 분개하고 비난하는 것을 들었다. 수행녀들 가운데 욕망을 여의고, 만족을 알고, 부끄러움을 알고, 후회할 줄 알고, 배움을 원하는 자들은 혐책하고 분개하고 비난했다.

[욕망을 여읜 수행녀들] "어찌 여섯무리의 수행녀들이 웅크린 자세로 기어서 시정에서 다닐 수 있단 말인가?"

그래서 그 수행녀들은 수행승들에게 그 사실을 알렸다. 수행승들 가운데 욕망을 여의고, 만족을 알고, 부끄러움을 알고, 후회할 줄 알고, 배움을 원하는 자들도 혐책하고 분개하고 비난했다.

[수행승들] "어찌 여섯무리의 수행녀들이 웅크린 자세로 기어서 시정에서 다닐 수 있단 말인가?"

1-3. 그래서 그 수행승들은 세존께 그 사실을 알렸다. 그러자 세존께서는 이러한 인연으로 이러한 기회에 수행승들의 참모임을 불러 모으게 하고 연유를 설하고 수행승들에게 물었다.

[세존] "수행승들이여, 그 여섯무리의 수행녀들이 웅크린 자세로 기어서 시정에서 다닌 것이 사실인가?"

[수행승들] "세존이시여, 사실입니다."

존귀한 부처님께서는 견책했다.

[세존] "수행승들이여, 그 여섯무리의 수행녀들은 적절하지 않고, 자연스럽지 않고, 알맞지 않고, 수행자의 삶이 아니고, 부당하고, 해서는 안 될 일을 행한 것이다. 수행승들이여, 어찌 여섯무리의 수행녀들이 웅크린 자세로 기어서 시정에서 다닐 수 있단 말인가? 수행승들이여, 그것은 아직 청정한 믿음이 없는 자를 청정한 믿음으로 이끌고, 이미 청정한 믿음이 있는 자를 더욱더 청정한 믿음으로 이끄는 것이 아니다. 수행승들이여, 그것은 오히려, 아직 청정한 믿음이 없는 자를 불신으로 이끌고, 이미 청정한 믿음이 있는 자 가운데 어떤 자들을 타락시키는 것이다."

1-4. 그리고 세존께서는 그 여섯무리의 수행녀들에 대하여 여러 가지 방편으로

1461) ukkuṭikāya : 준거(蹲踞)하여 기어가는 것으로 고행의 일종이다.

견책하여, 키우기 어렵고 부양하기 어렵고 탐욕이 많고 만족을 모르고 교제를 좋아하고 나태한 것에 대하여 질책하고, 여러 가지 법문으로 고무하여, 키우기 쉽고 부양하기 쉽고 욕심을 여의고, 만족을 알고, 버리고 없애는 삶, 악을 제거하는 삶, 청정한 믿음의 삶, 쌓아 모우지 않는 삶, 용맹정진의 삶을 칭찬하고, 수행승들을 위하여 그에 알맞고 그에 걸맞게 경책하여 법문을 하고 수행승들에게 일렀다.

[세존] "수행승들이여, 그러므로 수행녀들을 위하여 열 가지 이유에 기초하여, 즉 참모임의 수승을 위하여, 참모임의 안락을 위하여, 악한 수행녀들의 조복을 위하여, 품행이 바른 수행녀들의 평안한 삶을 위하여, 지금 여기에서의 번뇌의 제어를 위하여, 다가오는 번뇌를 물리치기 위하여, 청정한 믿음이 없는 자에게 청정한 믿음을 주기 위하여, 청정한 믿음이 있는 자에게 청정한 믿음을 증대시키기 위하여, 올바른 가르침을 지속시키기 위하여, 계율을 수호하기 위하여 학습계율을 시설하니, 수행승들이여, 수행녀들은 이와 같이 학습계율을 송출해야 한다."

[세존] "'나는 웅크린 자세로 기어서 시정에서 다니지 않겠다.'라는 규율을 지켜야 한다."1462)

2-1. 웅크린 자세로 기어서 시정을 다녀서는 안 된다. 함부로 한쪽으로 양쪽으로 웅크린 자세로 기어서 시정에서 다닌다면, 악작죄를 범하는 것이다.

2-2. 의도하지 않았거나, 새김을 잃었거나, 알지 못했거나, 환자이거나, 사고가 난 경우이거나, 정신착란자이거나 초범자인 경우는 무죄이다.

6. 3. 6 중학죄법 제26조

흐트러진 자세에 대한 학습계율[Pallatthikasikkhāpada]

1-1. 한때 존귀한 부처님께서는 싸밧티 시의 제따바나 숲에 있는 아나타삔디까 승원에 계셨다. 그런데 그때 여섯무리의 수행녀들이 흐트러진 자세로 시정에서 앉아 있었다. 사람들이 혐책하고 분개하고 비난했다.

[사람들] "어찌 수행녀들이 흐트러진 자세로 시정에서 앉아 있을 수 있단 말인가? 마치 감각적 쾌락의 욕망을 즐기는 재가자와 같다."

1-2. 수행녀들은 사람들이 혐책하고 분개하고 비난하는 것을 들었다. 수행녀들

1462) 슬행계(膝行戒) | Bhikkhunī Sekh. 25 : na ukkuṭikaya antaraghare gāmissāmī'ti sikkhā karaṇīyā'ti.

가운데 욕망을 여의고, 만족을 알고, 부끄러움을 알고, 후회할 줄 알고, 배움을 원하는 자들은 혐책하고 분개하고 비난했다.

[욕망을 여읜 수행녀들] "어찌 여섯무리의 수행녀들이 흐트러진 자세로 시정에서 앉아 있을 수 있단 말인가?"

그래서 그 수행녀들은 수행승들에게 그 사실을 알렸다. 수행승들 가운데 욕망을 여의고, 만족을 알고, 부끄러움을 알고, 후회할 줄 알고, 배움을 원하는 자들도 혐책하고 분개하고 비난했다.

[욕망을 여읜 수행승들] "어찌 여섯무리의 수행녀들이 흐트러진 자세로 시정에서 앉아 있을 수 있단 말인가?"

1-3. 그래서 그 수행승들은 세존께 그 사실을 알렸다. 그러자 세존께서는 이러한 인연으로 이러한 기회에 수행승들의 참모임을 불러 모으게 하고 연유를 설하고 수행승들에게 물었다.

[세존] "수행승들이여, 그 여섯무리의 수행녀들이 흐트러진 자세로 시정에서 앉아 있은 것이 사실인가?"

[수행승들]"세존이시여, 사실입니다."

존귀한 부처님께서는 견책했다.

[세존] "수행승들이여, 그 여섯무리의 수행녀들은 적절하지 않고, 자연스럽지 않고, 알맞지 않고, 수행자의 삶이 아니고, 부당하고, 해서는 안 될 일을 행한 것이다. 수행승들이여, 어찌 여섯무리의 수행녀들이 흐트러진 자세로 시정에서 앉아 있을 수 있단 말인가? 수행승들이여, 그것은 아직 청정한 믿음이 없는 자를 청정한 믿음으로 이끌고, 이미 청정한 믿음이 있는 자를 더욱더 청정한 믿음으로 이끄는 것이 아니다. 수행승들이여, 그것은 오히려, 아직 청정한 믿음이 없는 자를 불신으로 이끌고, 이미 청정한 믿음이 있는 자 가운데 어떤 자들을 타락시키는 것이다."

1-4. 그리고 세존께서는 그 여섯무리의 수행녀들에 대하여 여러 가지 방편으로 견책하여, 키우기 어렵고 부양하기 어렵고 탐욕이 많고 만족을 모르고 교제를 좋아하고 나태한 것에 대하여 질책하고, 여러 가지 법문으로 고무하여, 키우기 쉽고 부양하기 쉽고 욕심을 여의고, 만족을 알고, 버리고 없애는 삶, 악을 제거하는 삶, 청정한 믿음의 삶, 쌓아 모우지 않는 삶, 용맹정진의 삶을 칭찬하고, 수행승들을 위하여 그에 알맞고 그에 걸맞게 경책하여 법문을 하고 수행승들에게 일렀다.

[세존] "수행승들이여, 그러므로 수행녀들을 위하여 열 가지 이유에 기초하여, 즉 참모임의 수승을 위하여, 참모임의 안락을 위하여, 악한 수행녀들의 조복을

위하여, 품행이 바른 수행녀들의 평안한 삶을 위하여, 지금 여기에서의 번뇌의 제어를 위하여, 다가오는 번뇌를 물리치기 위하여, 청정한 믿음이 없는 자에게 청정한 믿음을 주기 위하여, 청정한 믿음이 있는 자에게 청정한 믿음을 증대시키기 위하여, 올바른 가르침을 지속시키기 위하여, 계율을 수호하기 위하여 학습계율을 시설하니, 수행승들이여, 수행녀들은 이와 같이 학습계율을 송출해야 한다."

[세존] "'나는 흐트러진 자세로 시정에서 앉아 있지 않겠다.'라는 규율을 지켜야 한다."[1463]

2-1. 흐트러진 자세로 시정에서 앉아 있어서는 안 된다. 함부로 한쪽으로 양쪽으로 흐트러진 자세로 시정에서 앉아 있다면, 악작죄를 범하는 것이다.

2-2. 의도하지 않았거나, 새김을 잃었거나, 알지 못했거나, 환자이거나, 안거의 처소로 갔거나, 사고가 난 경우이거나, 정신착란자이거나 초범자인 경우는 무죄이다.

6. 3. 7 중학죄법 제27조

새김있는 탁발에 대한 학습계율[Sakkaccapiṇḍacārasikkhāpada]

1-1. 한때 존귀한 부처님께서는 싸밧티 시의 제따바나 숲에 있는 아나타삔디까 승원에 계셨다. 그런데 그때[*190] 여섯무리의 수행녀들이 마치 버리려고 하는 것처럼 새김을 잃고 탁발음식을 받았다. 사람들이 혐책하고 분개하고 비난했다.

[사람들] "어찌 수행녀들이 마치 버리려고 하는 것처럼 새김을 잃고 탁발음식을 받을 수 있단 말인가? 마치 감각적 쾌락의 욕망을 즐기는 재가자와 같다."

1-2. 수행녀들은 사람들이 혐책하고 분개하고 비난하는 것을 들었다. 수행녀들 가운데 욕망을 여의고, 만족을 알고, 부끄러움을 알고, 후회할 줄 알고, 배움을 원하는 자들은 혐책하고 분개하고 비난했다.

[욕망을 여읜 수행녀들] "어찌 여섯무리의 수행녀들이 마치 버리려고 하는 것처럼 새김을 잃고 탁발음식을 받을 수 있단 말인가?"

그래서 그 수행녀들은 수행승들에게 그 사실을 알렸다. 수행승들 가운데 욕망을 여의고, 만족을 알고, 부끄러움을 알고, 후회할 줄 알고, 배움을 원하는 자들도

1463) 난자계(亂姿戒) | Bhikkhunī Sekh. 26 : na pallatthikāya antaraghare nisīdissāmī'ti sikkhā karaṇīyā'ti.

혐책하고 분개하고 비난했다.

[욕망을 여읜 수행승들] "어찌 여섯무리의 수행녀들이 마치 버리려고 하는 것처럼 새김을 잃고 탁발음식을 받을 수 있단 말인가?"

1-3. 그래서 그 수행승들은 세존께 그 사실을 알렸다. 그러자 세존께서는 이러한 인연으로 이러한 기회에 수행승들의 참모임을 불러 모으게 하고 연유를 설하고 수행승들에게 물었다.

[세존] "수행승들이여, 그 여섯무리의 수행녀들이 마치 버리려고 하는 것처럼 새김을 잃고 탁발음식을 받은 것이 사실인가?"

[수행승들]"세존이시여, 사실입니다."

존귀한 부처님께서는 견책했다.

[세존] "수행승들이여, 그 여섯무리의 수행녀들은 적절하지 않고, 자연스럽지 않고, 알맞지 않고, 수행자의 삶이 아니고, 부당하고, 해서는 안 될 일을 행한 것이다. 수행승들이여, 어찌 여섯무리의 수행녀들이 마치 버리려고 하는 것처럼 새김을 잃고 탁발음식을 받을 수 있단 말인가? 수행승들이여, 그것은 아직 청정한 믿음이 없는 자를 청정한 믿음으로 이끌고, 이미 청정한 믿음이 있는 자를 더욱더 청정한 믿음으로 이끄는 것이 아니다. 수행승들이여, 그것은 오히려, 아직 청정한 믿음이 없는 자를 불신으로 이끌고, 이미 청정한 믿음이 있는 자 가운데 어떤 자들을 타락시키는 것이다."

1-4. 그리고 세존께서는 그 여섯무리의 수행녀들에 대하여 여러 가지 방편으로 견책하여, 키우기 어렵고 부양하기 어렵고 탐욕이 많고 만족을 모르고 교제를 좋아하고 나태한 것에 대하여 질책하고, 여러 가지 법문으로 고무하여, 키우기 쉽고 부양하기 쉽고 욕심을 여의고, 만족을 알고, 버리고 없애는 삶, 악을 제거하는 삶, 청정한 믿음의 삶, 쌓아 모우지 않는 삶, 용맹정진의 삶을 칭찬하고, 수행승들을 위하여 그에 알맞고 그에 걸맞게 경책하여 법문을 하고 수행승들에게 일렀다.

[세존] "수행승들이여, 그러므로 수행녀들을 위하여 열 가지 이유에 기초하여, 즉 참모임의 수승을 위하여, 참모임의 안락을 위하여, 악한 수행녀들의 조복을 위하여, 품행이 바른 수행녀들의 평안한 삶을 위하여, 지금 여기에서의 번뇌의 제어를 위하여, 다가오는 번뇌를 물리치기 위하여, 청정한 믿음이 없는 자에게 청정한 믿음을 주기 위하여, 청정한 믿음이 있는 자에게 청정한 믿음을 증대시키기 위하여, 올바른 가르침을 지속시키기 위하여, 계율을 수호하기 위하여 학습계율을 시설하니, 수행승들이여, 수행녀들은 이와 같이 학습계율을 송출해야 한다."

[세존] "'나는 새김을 확립하고 탁발음식을 받겠다.'라는 규율을 지켜야 한다."[1464]

2-1. 새김을 확립하고 탁발음식을 받아야 한다. 함부로 마치 버리려고 하는 것처럼 새김을 잃고 탁발음식을 받는다면, 악작죄를 범하는 것이다.

2-2. 의도하지 않았거나, 새김을 잃었거나, 알지 못했거나, 환자이거나, 사고가 난 경우이거나, 정신착란자이거나 초범자인 경우는 무죄이다.

6. 3. 8 중학죄법 제28조

발우주시에 대한 학습계율[Pattasaññasikkhāpada]

1-1. 한때 존귀한 부처님께서는 싸밧티 시의 제따바나 숲에 있는 아나타삔디까 승원에 계셨다. 그런데 그때 여섯무리의 수행녀들이 여기저기 두리번거리면서 쌓이고 넘치는 것도 모르고 탁발음식을 받았다. 사람들이 혐책하고 분개하고 비난했다.

[사람들] "어찌 수행녀들이 여기저기 두리번거리면서 쌓이고 넘치는 것도 모르고 탁발음식을 받을 수 있단 말인가? 마치 감각적 쾌락의 욕망을 즐기는 재가자와 같다."

1-2. 수행녀들은 사람들이 혐책하고 분개하고 비난하는 것을 들었다. 수행녀들 가운데 욕망을 여의고, 만족을 알고, 부끄러움을 알고, 후회할 줄 알고, 배움을 원하는 자들은 혐책하고 분개하고 비난했다.

[욕망을 여읜 수행녀들] "어찌 여섯무리의 수행녀들이 여기저기 두리번거리면서 쌓이고 넘치는 것도 모르고 탁발음식을 받을 수 있단 말인가?"

그래서 그 수행녀들은 수행승들에게 그 사실을 알렸다. 수행승들 가운데 욕망을 여의고, 만족을 알고, 부끄러움을 알고, 후회할 줄 알고, 배움을 원하는 자들도 혐책하고 분개하고 비난했다.

[수행승들] "어찌 여섯무리의 수행녀들이 여기저기 두리번거리면서 쌓이고 넘치는 것도 모르고 탁발음식을 받을 수 있단 말인가?"

1-3. 그래서 그 수행승들은 세존께 그 사실을 알렸다. 그러자 세존께서는 이러한 인연으로 이러한 기회에 수행승들의 참모임을 불러 모으게 하고 연유를 설하고

1464) 용의수식계(用意受食戒) | Bhikkhunī Sekh. 27 : sakkaccaṃ piṇḍapātaṃ paṭiggahessāmī'ti sikkhā karaṇīyā'ti.

수행승들에게 물었다.

[세존] "수행승들이여, 그 여섯무리의 수행녀들이 여기저기 두리번거리면서 쌓이고 넘치는 것도 모르고 탁발음식을 받은 것이 사실인가?"

[수행승들]"세존이시여, 사실입니다."

존귀한 부처님께서는 견책했다.

[세존] "수행승들이여, 그 여섯무리의 수행녀들은 적절하지 않고, 자연스럽지 않고, 알맞지 않고, 수행자의 삶이 아니고, 부당하고, 해서는 안 될 일을 행한 것이다. 수행승들이여, 어찌 여섯무리의 수행녀들이 여기저기 두리번거리면서 쌓이고 넘치는 것도 모르고 탁발음식을 받을 수 있단 말인가? 수행승들이여, 그것은 아직 청정한 믿음이 없는 자를 청정한 믿음으로 이끌고, 이미 청정한 믿음이 있는 자를 더욱더 청정한 믿음으로 이끄는 것이 아니다. 수행승들이여, 그것은 오히려, 아직 청정한 믿음이 없는 자를 불신으로 이끌고, 이미 청정한 믿음이 있는 자 가운데 어떤 자들을 타락시키는 것이다."

1-4. 그리고 세존께서는 그 여섯무리의 수행녀들에 대하여 여러 가지 방편으로 견책하여, 키우기 어렵고 부양하기 어렵고 탐욕이 많고 만족을 모르고 교제를 좋아하고 나태한 것에 대하여 질책하고, 여러 가지 법문으로 고무하여, 키우기 쉽고 부양하기 쉽고 욕심을 여의고, 만족을 알고, 버리고 없애는 삶, 악을 제거하는 삶, 청정한 믿음의 삶, 쌓아 모우지 않는 삶, 용맹정진의 삶을 칭찬하고, 수행승들을 위하여 그에 알맞고 그에 걸맞게 경책하여 법문을 하고 수행승들에게 일렀다.

[세존] "수행승들이여, 그러므로 수행녀들을 위하여 열 가지 이유에 기초하여, 즉 참모임의 수승을 위하여, 참모임의 안락을 위하여, 악한 수행녀들의 조복을 위하여, 품행이 바른 수행녀들의 평안한 삶을 위하여, 지금 여기에서의 번뇌의 제어를 위하여, 다가오는 번뇌를 물리치기 위하여, 청정한 믿음이 없는 자에게 청정한 믿음을 주기 위하여, 청정한 믿음이 있는 자에게 청정한 믿음을 증대시키기 위하여, 올바른 가르침을 지속시키기 위하여, 계율을 수호하기 위하여 학습계율을 시설하니, 수행승들이여, 수행녀들은 이와 같이 학습계율을 송출해야 한다."

[세존] "'나는 발우를 주시하면서 탁발음식을 받겠다.'라는 규율을 지켜야 한다."1465)

2-1. 발우를 주시하면서 탁발음식을 받아야 한다. 함부로 여기저기 두리번거리면

1465) 주시발계(注視鉢戒) | Bhikkhunī Sekh. 28 : pattasaññinā piṇḍapātaṃ paṭiggahessāmī'ti sikkhā karaṇīyā'ti.

서 쌓이고 넘치는 것도 모르고 탁발음식을 받는다면, 악작죄를 범하는 것이다.

2-2. 의도하지 않았거나, 새김을 잃었거나, 알지 못했거나, 환자이거나, 사고가 난 경우이거나, 정신착란자이거나 초범자인 경우는 무죄이다.

6. 3. 9 중학죄법 제29조

적량카레의 탁발에 대한 학습계율[Samasūpakapiṇḍacārasikkhāpada]

1-1. 한때 존귀한 부처님께서는 싸밧티 시의 제따바나 숲에 있는 아나타삔디까 승원에 계셨다. 그런데 그때 여섯무리의 수행녀들이 탁발음식을 받으면서 많은 카레를 받았다. 사람들이 혐책하고 분개하고 비난했다.

[사람들] "어찌 수행녀들이 탁발음식을 받으면서 많은 카레를 받을 수 있단 말인가? 마치 감각적 쾌락의 욕망을 즐기는 재가자와 같다."

1-2. 수행녀들은 사람들이 혐책하고 분개하고 비난하는 것을 들었다. 수행녀들 가운데 욕망을 여의고, 만족을 알고, 부끄러움을 알고, 후회할 줄 알고, 배움을 원하는 자들은 혐책하고 분개하고 비난했다.

[욕망을 여읜 수행녀들] "어찌 여섯무리의 수행녀들이 탁발음식을 받으면서 많은 카레를 받을 수 있단 말인가?"

그래서 그 수행녀들은 수행승들에게 그 사실을 알렸다. 수행승들 가운데 욕망을 여의고, 만족을 알고, 부끄러움을 알고, 후회할 줄 알고, 배움을 원하는 자들도 혐책하고 분개하고 비난했다.

[욕망을 여읜 수행승들] "어찌 여섯무리의 수행녀들이 탁발음식을 받으면서 많은 카레를 받을 수 있단 말인가?"

1-3. 그래서 그 수행승들은 세존께 그 사실을 알렸다. 그러자 세존께서는 이러한 인연으로 이러한 기회에 수행승들의 참모임을 불러 모으게 하고 연유를 설하고 수행승들에게 물었다.

[세존] "수행승들이여, 그 여섯무리의 수행녀들이 탁발음식을 받으면서 많은 카레를 받은 것이 사실인가?"

[수행승들]"세존이시여, 사실입니다."

존귀한 부처님께서는 견책했다.

[세존] "수행승들이여, 그 여섯무리의 수행녀들은 적절하지 않고, 자연스럽지

않고, 알맞지 않고, 수행자의 삶이 아니고, 부당하고, 해서는 안 될 일을 행한 것이다. 수행승들이여, 어찌 여섯무리의 수행녀들이 탁발음식을 받으면서 많은 카레를 받을 수 있단 말인가? 수행승들이여, 그것은 아직 청정한 믿음이 없는 자를 청정한 믿음으로 이끌고, 이미 청정한 믿음이 있는 자를 더욱더 청정한 믿음으로 이끄는 것이 아니다. 수행승들이여, 그것은 오히려, 아직 청정한 믿음이 없는 자를 불신으로 이끌고, 이미 청정한 믿음이 있는 자 가운데 어떤 자들을 타락시키는 것이다."

1-4. 그리고 세존께서는 그 여섯무리의 수행녀들에 대하여 여러 가지 방편으로 견책하여, 키우기 어렵고 부양하기 어렵고 탐욕이 많고 만족을 모르고 교제를 좋아하고 나태한 것에 대하여 질책하고, 여러 가지 법문으로 고무하여, 키우기 쉽고 부양하기 쉽고 욕심을 여의고, 만족을 알고, 버리고 없애는 삶, 악을 제거하는 삶, 청정한 믿음의 삶, 쌓아 모우지 않는 삶, 용맹정진의 삶을 칭찬하고, 수행승들을 위하여 그에 알맞고 그에 걸맞게 경책하여 법문을 하고 수행승들에게 일렀다.

[세존] "수행승들이여, 그러므로 수행녀들을 위하여 열 가지 이유에 기초하여, 즉 참모임의 수승을 위하여, 참모임의 안락을 위하여, 악한 수행녀들의 조복을 위하여, 품행이 바른 수행녀들의 평안한 삶을 위하여, 지금 여기에서의 번뇌의 제어를 위하여, 다가오는 번뇌를 물리치기 위하여, 청정한 믿음이 없는 자에게 청정한 믿음을 주기 위하여, 청정한 믿음이 있는 자에게 청정한 믿음을 증대시키기 위하여, 올바른 가르침을 지속시키기 위하여, 계율을 수호하기 위하여 학습계율을 시설하니, 수행승들이여, 수행녀들은 이와 같이 학습계율을 송출해야 한다."

[세존] "'나는 탁발음식을 받으면서 적량의 카레[1466]를 받겠다.'라는 규율을 지켜야 한다."[1467]

2-1. 카레에는 두 종류의 카레가 있다. 콩-카레와 완두콩-카레가 있는데, 손으로 운반하는 것이다. 적량의 카레를 받아야 한다. 함부로 카레를 많이 받는다면, 악작죄를 범하는 것이다.

2-2. 의도하지 않았거나, 새김을 잃었거나, 알지 못했거나, 환자이거나, 다른 풍미이 있는 것이 있었거나,[1468] 친척의 것이었거나, 제공되었거나, 사고가 난

1466) samasūpaka : Smp. 892에 따르면, 밥의 1/4 정도의 분량을 말한다.
1467) 갱반적량수계(羹飯適量受戒) | Bhikkhunī Sekh. 29 : samasūpakaṃ piṇḍapātaṃ paṭiggahessāmī'ti sikkhā karaṇīyā'ti.

경우이거나, 정신착란자이거나 초범자인 경우는 무죄이다.

6. 3. 10 중학죄법 제30조

적량의 탁발음식에 대한 학습계율[Samatitthikapiṇaḍapātasikkhāpada]

1-1. 한때 존귀한 부처님께서는 싸밧티 시의 제따바나 숲에 있는 아나타삔디까 승원에 계셨다. 그런데 그때 여섯무리의 수행녀들이 발우가 넘칠 정도의 탁발음식을 받았다. 사람들이 혐책하고 분개하고 비난했다.

[사람들] "어찌 수행녀들이 발우가 넘칠 정도의 탁발음식을 받을 수 있단 말인가? 마치 감각적 쾌락의 욕망을 즐기는 재가자와 같다."

1-2. 수행녀들은 사람들이 혐책하고 분개하고 비난하는 것을 들었다. 수행녀들 가운데 욕망을 여의고, 만족을 알고, 부끄러움을 알고, 후회할 줄 알고, 배움을 원하는 자들은 혐책하고 분개하고 비난했다.

[욕망을 여읜 수행녀들] "어찌 여섯무리의 수행녀들이 발우가 넘칠 정도의 탁발음식을 받을 수 있단 말인가?"

그래서 그 수행녀들은 수행승들에게 그 사실을 알렸다. 수행승들 가운데 욕망을 여의고, 만족을 알고, 부끄러움을 알고, 후회할 줄 알고, 배움을 원하는 자들도 혐책하고 분개하고 비난했다.

[욕망을 여읜 수행승들] "어찌 여섯무리의 수행녀들이 발우가 넘칠 정도의 탁발음식을 받을 수 있단 말인가?"

1-3. 그래서 그 수행승들은 세존께 그 사실을 알렸다. 그러자 세존께서는 이러한 인연으로 이러한 기회에 수행승들의 참모임을 불러 모으게 하고 연유를 설하고 수행승들에게 물었다.

[세존] "수행승들이여, 그 여섯무리의 수행녀들이 발우가 넘칠 정도의 탁발음식을 받은 것이 사실인가?"

[수행승들]"세존이시여, 사실입니다."

존귀한 부처님께서는 견책했다.

[세존] "수행승들이여, 그 여섯무리의 수행녀들은 적절하지 않고, 자연스럽지

1468) rasarase : Smp. 892에 따르면, 콩-카레와 완두콩-카레 이외에 물고기의 풍미, 육고기의 풍미 등을 가진 것이 남아있을 때를 말한다.

않고, 알맞지 않고, 수행자의 삶이 아니고, 부당하고, 해서는 안 될 일을 행한 것이다. 수행승들이여, 어찌 여섯무리의 수행녀들이 발우가 넘칠 정도의 탁발음식을 받을 수 있단 말인가? 수행승들이여, 그것은 아직 청정한 믿음이 없는 자를 청정한 믿음으로 이끌고, 이미 청정한 믿음이 있는 자를 더욱더 청정한 믿음으로 이끄는 것이 아니다. 수행승들이여, 그것은 오히려, 아직 청정한 믿음이 없는 자를 불신으로 이끌고, 이미 청정한 믿음이 있는 자 가운데 어떤 자들을 타락시키는 것이다."

1-4. 그리고 세존께서는 그 여섯무리의 수행녀들에 대하여 여러 가지 방편으로 견책하여, 키우기 어렵고 부양하기 어렵고 탐욕이 많고 만족을 모르고 교제를 좋아하고 나태한 것에 대하여 질책하고, 여러 가지 법문으로 고무하여, 키우기 쉽고 부양하기 쉽고 욕심을 여의고, 만족을 알고, 버리고 없애는 삶, 악을 제거하는 삶, 청정한 믿음의 삶, 쌓아 모우지 않는 삶, 용맹정진의 삶을 칭찬하고, 수행승들을 위하여 그에 알맞고 그에 걸맞게 경책하여 법문을 하고 수행승들에게 일렀다.

[세존] "수행승들이여, 그러므로 수행녀들을 위하여 열 가지 이유에 기초하여, 즉 참모임의 수승을 위하여, 참모임의 안락을 위하여, 악한 수행녀들의 조복을 위하여, 품행이 바른 수행녀들의 평안한 삶을 위하여, 지금 여기에서의 번뇌의 제어를 위하여, 다가오는 번뇌를 물리치기 위하여, 청정한 믿음이 없는 자에게 청정한 믿음을 주기 위하여, 청정한 믿음이 있는 자에게 청정한 믿음을 증대시키기 위하여, 올바른 가르침을 지속시키기 위하여, 계율을 수호하기 위하여 학습계율을 시설하니, 수행승들이여, 수행녀들은 이와 같이 학습계율을 송출해야 한다."

[세존] "'나는 탁발음식을 받으면서 발우에 알맞은 정도를[1469] 받겠다.'라는 규율을 지켜야 한다."[1470]

2-1. 탁발음식을 받으면서[*191] 발우에 알맞은 정도를 받아야 한다. 함부로 발우가 넘치는 정도의 탁발음식을 받는다면, 악작죄를 범하는 것이다.

2-2. 의도하지 않았거나, 새김을 잃었거나, 알지 못했거나, 환자이거나, 사고가 난 경우이거나, 정신착란자이거나 초범자인 경우는 무죄이다.

1469) samatitthikaṃ : Smp. 892에 따르면, 발우에 평평하게 채워진 것을 뜻한다.
1470) 수발수식계(手鉢受食戒) | Bhikkhunī Sekh. 30 : samatitthikaṃ piṇaḍapātaṃ paṭiggahessamī'ti sikkhā karaṇīyā'ti.

제4품 새김확립(Sakkaccavagga)

6. 4. 1 중학죄법 제31조

새김있는 식사에 대한 학습계율[Sakkaccabhuñjanasikkhāpada]

1-1. 한때 존귀한 부처님께서는 싸밧티 시의 제따바나 숲에 있는 아나타삔디까 승원에 계셨다. 그런데 그때 여섯무리의 수행녀들이 식사하고 싶지 않은 것처럼 새김을 잃고 탁발음식을 먹었다.1471) 사람들이 혐책하고 분개하고 비난했다.

[사람들] "어찌 수행녀들이 식사하고 싶지 않은 것처럼 새김을 잃고 탁발음식을 먹을 수 있단 말인가? 마치 감각적 쾌락의 욕망을 즐기는 재가자와 같다."

1-2. 수행녀들은 사람들이 혐책하고 분개하고 비난하는 것을 들었다. 수행녀들 가운데 욕망을 여의고, 만족을 알고, 부끄러움을 알고, 후회할 줄 알고, 배움을 원하는 자들은 혐책하고 분개하고 비난했다.

[욕망을 여읜 수행녀들] "어찌 여섯무리의 수행녀들이 식사하고 싶지 않은 것처럼 새김을 잃고 탁발음식을 먹을 수 있단 말인가?"

그래서 그 수행녀들은 수행승들에게 그 사실을 알렸다. 수행승들 가운데 욕망을 여의고, 만족을 알고, 부끄러움을 알고, 후회할 줄 알고, 배움을 원하는 자들도 혐책하고 분개하고 비난했다.

[욕망을 여읜 수행승들] "어찌 여섯무리의 수행녀들이 식사하고 싶지 않은 것처럼 새김을 잃고 탁발음식을 먹을 수 있단 말인가?"

1-3. 그래서 그 수행승들은 세존께 그 사실을 알렸다. 그러자 세존께서는 이러한 인연으로 이러한 기회에 수행승들의 참모임을 불러 모으게 하고 연유를 설하고 수행승들에게 물었다.

[세존] "수행승들이여, 그 여섯무리의 수행녀들이 식사하고 싶지 않은 것처럼 새김을 잃고 탁발음식을 먹은 것이 사실인가?"

[수행승들]"세존이시여, 사실입니다."

존귀한 부처님께서는 견책했다.

[세존] "수행승들이여, 그 여섯무리의 수행녀들은 적절하지 않고, 자연스럽지 않고, 알맞지 않고, 수행자의 삶이 아니고, 부당하고, 해서는 안 될 일을 행한 것이다. 수행승들이여, 어찌 여섯무리의 수행녀들이 식사하고 싶지 않은 것처럼

1471) asakkaccaṃ piṇḍapātaṃ bhuñjanti abhuñjitukāma viya : 이하 Sekh. 31-55는 Vin. II. 214에서도 언급된다.

새김을 잃고 탁발음식을 먹을 수 있단 말인가? 수행승들이여, 그것은 아직 청정한 믿음이 없는 자를 청정한 믿음으로 이끌고, 이미 청정한 믿음이 있는 자를 더욱더 청정한 믿음으로 이끄는 것이 아니다. 수행승들이여, 그것은 오히려, 아직 청정한 믿음이 없는 자를 불신으로 이끌고, 이미 청정한 믿음이 있는 자 가운데 어떤 자들을 타락시키는 것이다."

1-4. 그리고 세존께서는 그 여섯무리의 수행녀들에 대하여 여러 가지 방편으로 견책하여, 키우기 어렵고 부양하기 어렵고 탐욕이 많고 만족을 모르고 교제를 좋아하고 나태한 것에 대하여 질책하고, 여러 가지 법문으로 고무하여, 키우기 쉽고 부양하기 쉽고 욕심을 여의고, 만족을 알고, 버리고 없애는 삶, 악을 제거하는 삶, 청정한 믿음의 삶, 쌓아 모우지 않는 삶, 용맹정진의 삶을 칭찬하고, 수행승들을 위하여 그에 알맞고 그에 걸맞게 경책하여 법문을 하고 수행승들에게 일렀다.

[세존] "수행승들이여, 그러므로 수행녀들을 위하여 열 가지 이유에 기초하여, 즉 참모임의 수승을 위하여, 참모임의 안락을 위하여, 악한 수행녀들의 조복을 위하여, 품행이 바른 수행녀들의 평안한 삶을 위하여, 지금 여기에서의 번뇌의 제어를 위하여, 다가오는 번뇌를 물리치기 위하여, 청정한 믿음이 없는 자에게 청정한 믿음을 주기 위하여, 청정한 믿음이 있는 자에게 청정한 믿음을 증대시키기 위하여, 올바른 가르침을 지속시키기 위하여, 계율을 수호하기 위하여 학습계율을 시설하니, 수행승들이여, 수행녀들은 이와 같이 학습계율을 송출해야 한다."

[세존] "'나는 새김을 확립하고 탁발음식을 먹겠다.'라는 규율을 지켜야 한다."[1472]

2-1. 새김을 확립하고 탁발음식을 먹어야 한다. 함부로 새김을 잃고 탁발음식을 먹는다면, 악작죄를 범하는 것이다.

2-2. 의도하지 않았거나, 새김을 잃었거나, 알지 못했거나, 환자이거나, 사고가 난 경우이거나, 정신착란자이거나 초범자인 경우는 무죄이다.

6. 4. 2 중학죄법 제32조

발우주시에 대한 학습계율[Pattasaññabhuñjanasikkhāpada]

1-1. 한때 존귀한 부처님께서는 싸밧티 시의 제따바나 숲에 있는 아나타삔디까

1472) 주의취식계(注意取食戒) | Bhikkhunī Sekh. 31 : sakkaccaṃ piṇḍapātaṃ bhuñjissāmī'ti sikkhā karaṇīyā'ti.

승원에 계셨다. 그런데 그때 여섯무리의 수행녀들이 여기저기 두리번거리며1473) 탁발음식을 먹었다. 사람들이 혐책하고 분개하고 비난했다.

[사람들] "어찌 수행녀들이 여기저기 두리번거리며 탁발음식을 먹을 수 있단 말인가? 마치 감각적 쾌락의 욕망을 즐기는 재가자와 같다."

1-2. 수행녀들은 사람들이 혐책하고 분개하고 비난하는 것을 들었다. 수행녀들 가운데 욕망을 여의고, 만족을 알고, 부끄러움을 알고, 후회할 줄 알고, 배움을 원하는 자들은 혐책하고 분개하고 비난했다.

[욕망을 여읜 수행녀들] "어찌 여섯무리의 수행녀들이 여기저기 두리번거리며 탁발음식을 먹을 수 있단 말인가?"

그래서 그 수행녀들은 수행승들에게 그 사실을 알렸다. 수행승들 가운데 욕망을 여의고, 만족을 알고, 부끄러움을 알고, 후회할 줄 알고, 배움을 원하는 자들도 혐책하고 분개하고 비난했다.

[욕망을 여읜 수행승들] "어찌 여섯무리의 수행녀들이 여기저기 두리번거리며 탁발음식을 먹을 수 있단 말인가?"

1-3. 그래서 그 수행승들은 세존께 그 사실을 알렸다. 그러자 세존께서는 이러한 인연으로 이러한 기회에 수행승들의 참모임을 불러 모으게 하고 연유를 설하고 수행승들에게 물었다.

[세존] "수행승들이여, 그 여섯무리의 수행녀들이 여기저기 두리번거리며 탁발음식을 먹은 것이 사실인가?"

[수행승들]"세존이시여, 사실입니다."

존귀한 부처님께서는 견책했다.

[세존] "수행승들이여, 그 여섯무리의 수행녀들은 적절하지 않고, 자연스럽지 않고, 알맞지 않고, 수행자의 삶이 아니고, 부당하고, 해서는 안 될 일을 행한 것이다. 수행승들이여, 어찌 여섯무리의 수행녀들이 여기저기 두리번거리며 탁발음식을 먹을 수 있단 말인가? 수행승들이여, 그것은 아직 청정한 믿음이 없는 자를 청정한 믿음으로 이끌고, 이미 청정한 믿음이 있는 자를 더욱더 청정한 믿음으로 이끄는 것이 아니다. 수행승들이여, 그것은 오히려, 아직 청정한 믿음이 없는 자를 불신으로 이끌고, 이미 청정한 믿음이 있는 자 가운데 어떤 자들을 타락시키는 것이다."

1473) tahaṃ tahaṃ olokentā : 탑모양으로 쌓을 수 있을 정도를 말한다.

1-4. 그리고 세존께서는 그 여섯무리의 수행녀들에 대하여 여러 가지 방편으로 견책하여, 키우기 어렵고 부양하기 어렵고 탐욕이 많고 만족을 모르고 교제를 좋아하고 나태한 것에 대하여 질책하고, 여러 가지 법문으로 고무하여, 키우기 쉽고 부양하기 쉽고 욕심을 여의고, 만족을 알고, 버리고 없애는 삶, 악을 제거하는 삶, 청정한 믿음의 삶, 쌓아 모우지 않는 삶, 용맹정진의 삶을 칭찬하고, 수행승들을 위하여 그에 알맞고 그에 걸맞게 경책하여 법문을 하고 수행승들에게 일렀다.

[세존] "수행승들이여, 그러므로 수행녀들을 위하여 열 가지 이유에 기초하여, 즉 참모임의 수승을 위하여, 참모임의 안락을 위하여, 악한 수행녀들의 조복을 위하여, 품행이 바른 수행녀들의 평안한 삶을 위하여, 지금 여기에서의 번뇌의 제어를 위하여, 다가오는 번뇌를 물리치기 위하여, 청정한 믿음이 없는 자에게 청정한 믿음을 주기 위하여, 청정한 믿음이 있는 자에게 청정한 믿음을 증대시키기 위하여, 올바른 가르침을 지속시키기 위하여, 계율을 수호하기 위하여 학습계율을 시설하니, 수행승들이여, 수행녀들은 이와 같이 학습계율을 송출해야 한다."

[세존] "'나는 발우를 주시하면서 탁발음식을 먹겠다.'라는 규율을 지켜야 한다."1474)

2-1. 발우를 주시하면서 탁발음식을 먹어야 한다. 함부로 여기저기 두리번거리면서 쌓이고 넘치는 것도 모르고 탁발음식을 먹는다면, 악작죄를 범하는 것이다.

2-2. 의도하지 않았거나, 새김을 잃었거나, 알지 못했거나, 환자이거나, 사고가 난 경우이거나, 정신착란자이거나 초범자인 경우는 무죄이다.

6. 4. 3. 중학죄법 제33조

골라먹기에 대한 학습계율[Omasanābuñjanasikhapada)

1-1. 한때 존귀한 부처님께서는 싸밧티 시의 제따바나 숲에 있는 아나타삔디까 승원에 계셨다. 그런데 그때 여섯무리의 수행녀들이 여기저기 골라서1475) 탁발음식을 먹었다. 사람들이 혐책하고 분개하고 비난했다.

1474) 주의발식계(注意鉢食戒) | Bhikkhunī Sekh. 32 : pattasaññī piṇḍapātaṃ bhuñjissāmī'ti sikkhā karaṇīyā'ti.
1475) tahaṃ tahaṃ omasitvā : '여기저기 건드려서'라는 뜻이 아니라 '이집 저집 골라서'라는 뜻이다.

[사람들] "어찌 수행녀들이 여기저기 골라서 탁발음식을 먹을 수 있단 말인가? 마치 감각적 쾌락의 욕망을 즐기는 재가자와 같다."

1-2. 수행녀들은 사람들이 혐책하고 분개하고 비난하는 것을 들었다. 수행녀들 가운데 욕망을 여의고, 만족을 알고, 부끄러움을 알고, 후회할 줄 알고, 배움을 원하는 자들은 혐책하고 분개하고 비난했다.

[욕망을 여읜 수행녀들] "어찌 여섯무리의 수행녀들이 여기저기 골라서 탁발음식을 먹을 수 있단 말인가?"

그래서 그 수행녀들은 수행승들에게 그 사실을 알렸다. 수행승들 가운데 욕망을 여의고, 만족을 알고, 부끄러움을 알고, 후회할 줄 알고, 배움을 원하는 자들도 혐책하고 분개하고 비난했다.

[욕망을 여읜 수행승들] "어찌 여섯무리의 수행녀들이 여기저기 골라서 탁발음식을 먹을 수 있단 말인가?"

1-3. 그래서 그 수행승들은 세존께 그 사실을 알렸다. 그러자 세존께서는 이러한 인연으로 이러한 기회에 수행승들의 참모임을 불러 모으게 하고 연유를 설하고 수행승들에게 물었다.

[세존] "수행승들이여, 그 여섯무리의 수행녀들이 여기저기 골라서 탁발음식을 먹은 것이 사실인가?"

[수행승들]"세존이시여, 사실입니다."

존귀한 부처님께서는 견책했다.

[세존] "수행승들이여, 그 여섯무리의 수행녀들은 적절하지 않고, 자연스럽지 않고, 알맞지 않고, 수행자의 삶이 아니고, 부당하고, 해서는 안 될 일을 행한 것이다. 수행승들이여, 어찌 여섯무리의 수행녀들이 여기저기 골라서 탁발음식을 먹을 수 있단 말인가? 수행승들이여, 그것은 아직 청정한 믿음이 없는 자를 청정한 믿음으로 이끌고, 이미 청정한 믿음이 있는 자를 더욱더 청정한 믿음으로 이끄는 것이 아니다. 수행승들이여, 그것은 오히려, 아직 청정한 믿음이 없는 자를 불신으로 이끌고, 이미 청정한 믿음이 있는 자 가운데 어떤 자들을 타락시키는 것이다."

1-4. 그리고 세존께서는 그 여섯무리의 수행녀들에 대하여 여러 가지 방편으로 견책하여, 키우기 어렵고 부양하기 어렵고 탐욕이 많고 만족을 모르고 교제를 좋아하고 나태한 것에 대하여 질책하고, 여러 가지 법문으로 고무하여, 키우기 쉽고 부양하기 쉽고 욕심을 여의고, 만족을 알고, 버리고 없애는 삶, 악을 제거

하는 삶, 청정한 믿음의 삶, 쌓아 모우지 않는 삶, 용맹정진의 삶을 칭찬하고, 수행승들을 위하여 그에 알맞고 그에 걸맞게 경책하여 법문을 하고 수행승들에게 일렀다.

[세존] "수행승들이여, 그러므로 수행녀들을 위하여 열 가지 이유에 기초하여, 즉 참모임의 수승을 위하여, 참모임의 안락을 위하여, 악한 수행녀들의 조복을 위하여, 품행이 바른 수행녀들의 평안한 삶을 위하여, 지금 여기에서의 번뇌의 제어를 위하여, 다가오는 번뇌를 물리치기 위하여, 청정한 믿음이 없는 자에게 청정한 믿음을 주기 위하여, 청정한 믿음이 있는 자에게 청정한 믿음을 증대시키기 위하여, 올바른 가르침을 지속시키기 위하여, 계율을 수호하기 위하여 학습계율을 시설하니, 수행승들이여, 수행녀들은 이와 같이 학습계율을 송출해야 한다."

[세존] "'나는 순차적으로 탁발음식을 먹겠다.'라는 규율을 지켜야 한다."[1476]

2-1. 순차적으로 탁발음식을 먹어야 한다. 함부로 여기저기 골라서 탁발음식을 먹는다면, 악작죄를 범하는 것이다.

2-2. 의도하지 않았거나, 새김을 잃었거나, 알지 못했거나, 환자이거나, 타인에게 줄 때 인내하지 못했거나,[1477] 타인의 발우에 채울 때 인내하지 못했거나, 부식(副食)이었거나,[1478] 사고가 난 경우이거나, 정신착란자이거나 초범자인 경우는 무죄이다.

6. 4. 4 중학죄법 제34조

적량카레의 시식에 대한 학습계율[Samasūpabhuñjanasikkhāpada]

1-1. 한때[*192] 존귀한 부처님께서는 싸밧티 시의 제따바나 숲에 있는 아나타삔디까 승원에 계셨다. 그런데 그때 여섯무리의 수행녀들이 탁발음식을 먹으면서 많은 카레를 먹었다. 사람들이 혐책하고 분개하고 비난했다.

[사람들] "어찌 수행녀들이 탁발음식을 먹으면서 많은 카레를 먹을 수 있단 말인가? 마치 감각적 쾌락의 욕망을 즐기는 재가자와 같다."

1476) 이차식계(以次食戒) | Bhikkhunī Sekh. 33 : sapadānaṃ piṇḍapātaṃ bhuñjissāmī'ti sikkhā karaṇīyā'ti.
1477) aññesaṃ dento omasati : 보시자가 수행승에게 그의 차례의 탁발음식을 너무 오래 기다리게 하면, 인내하지 못하는 경우가 있다. 그가 너무 오래 기다리다 보면, 올바른 때에 식사를 할 수 없게 되므로 부득이 서둘러 식사를 끝내야 하는 경우는 무죄라는 뜻이다.
1478) uttaribhaṅge : 부식(副食)을 의미한다.

1-2. 수행녀들은 사람들이 혐책하고 분개하고 비난하는 것을 들었다. 수행녀들 가운데 욕망을 여의고, 만족을 알고, 부끄러움을 알고, 후회할 줄 알고, 배움을 원하는 자들은 혐책하고 분개하고 비난했다.

[욕망을 여읜 수행녀들] "어찌 여섯무리의 수행녀들이 탁발음식을 먹으면서 많은 카레를 먹을 수 있단 말인가?"

그래서 그 수행녀들은 수행승들에게 그 사실을 알렸다. 수행승들 가운데 욕망을 여의고, 만족을 알고, 부끄러움을 알고, 후회할 줄 알고, 배움을 원하는 자들도 혐책하고 분개하고 비난했다.

[욕망을 여읜 수행승들] "어찌 여섯무리의 수행녀들이 탁발음식을 먹으면서 많은 카레를 먹을 수 있단 말인가?"

1-3. 그래서 그 수행승들은 세존께 그 사실을 알렸다. 그러자 세존께서는 이러한 인연으로 이러한 기회에 수행승들의 참모임을 불러 모으게 하고 연유를 설하고 수행승들에게 물었다.

[세존] "수행승들이여, 그 여섯무리의 수행녀들이 탁발음식을 먹으면서 많은 카레를 먹은 것이 사실인가?"

[수행승들]"세존이시여, 사실입니다."

존귀한 부처님께서는 견책했다.

[세존] "수행승들이여, 그 여섯무리의 수행녀들은 적절하지 않고, 자연스럽지 않고, 알맞지 않고, 수행자의 삶이 아니고, 부당하고, 해서는 안 될 일을 행한 것이다. 수행승들이여, 어찌 여섯무리의 수행녀들이 탁발음식을 먹으면서 많은 카레를 먹을 수 있단 말인가? 수행승들이여, 그것은 아직 청정한 믿음이 없는 자를 청정한 믿음으로 이끌고, 이미 청정한 믿음이 있는 자를 더욱더 청정한 믿음으로 이끄는 것이 아니다. 수행승들이여, 그것은 오히려, 아직 청정한 믿음이 없는 자를 불신으로 이끌고, 이미 청정한 믿음이 있는 자 가운데 어떤 자들을 타락시키는 것이다."

1-4. 그리고 세존께서는 그 여섯무리의 수행녀들에 대하여 여러 가지 방편으로 견책하여, 키우기 어렵고 부양하기 어렵고 탐욕이 많고 만족을 모르고 교제를 좋아하고 나태한 것에 대하여 질책하고, 여러 가지 법문으로 고무하여, 키우기 쉽고 부양하기 쉽고 욕심을 여의고, 만족을 알고, 버리고 없애는 삶, 악을 제거하는 삶, 청정한 믿음의 삶, 쌓아 모우지 않는 삶, 용맹정진의 삶을 칭찬하고, 수행승들을

위하여 그에 알맞고 그에 걸맞게 경책하여 법문을 하고 수행승들에게 일렀다.

[세존] "수행승들이여, 그러므로 수행녀들을 위하여 열 가지 이유에 기초하여, 즉 참모임의 수승을 위하여, 참모임의 안락을 위하여, 악한 수행녀들의 조복을 위하여, 품행이 바른 수행녀들의 평안한 삶을 위하여, 지금 여기에서의 번뇌의 제어를 위하여, 다가오는 번뇌를 물리치기 위하여, 청정한 믿음이 없는 자에게 청정한 믿음을 주기 위하여, 청정한 믿음이 있는 자에게 청정한 믿음을 증대시키기 위하여, 올바른 가르침을 지속시키기 위하여, 계율을 수호하기 위하여 학습계율을 시설하니, 수행승들이여, 수행녀들은 이와 같이 학습계율을 송출해야 한다."

[세존] "'나는 탁발음식을 먹으면서 적량의 카레를 먹겠다.'라는 규율을 지켜야 한다."[1479)]

2-1. 탁발음식을 먹으면서 적량의 카레를 먹어야 한다. 탁발음식을 먹으면서 함부로 많은 카레를 먹는다면, 악작죄를 범하는 것이다.

2-2. 의도하지 않았거나, 새김을 잃었거나, 알지 못했거나, 환자이거나, 다른 풍미이 있는 것이 있었거나, 친척의 것이었거나, 제공되었거나, 사고가 난 경우이거나, 정신착란자이거나 초범자인 경우는 무죄이다.

6. 4. 5 중학죄법 제35조

꼭대기부터 짓이겨 먹기에 대한 학습계율[Thupatobhuñjanasikkhāpada]

1-1. 한때[192] 존귀한 부처님께서는 싸밧티 시의 제따바나 숲에 있는 아나타삔디까 승원에 계셨다. 그런데 그때 여섯무리의 수행녀들이 꼭대기부터 짓이겨[1480)] 탁발음식을 먹었다. 사람들이 혐책하고 분개하고 비난했다.

[사람들] "어찌 수행녀들이 꼭대기부터 짓이겨 탁발음식을 먹을 수 있단 말인가? 마치 감각적 쾌락의 욕망을 즐기는 재가자와 같다."

1-2. 수행녀들은 사람들이 혐책하고 분개하고 비난하는 것을 들었다. 수행녀들 가운데 욕망을 여의고, 만족을 알고, 부끄러움을 알고, 후회할 줄 알고, 배움을

1479) 갱반적량식계(羹飯適量食戒) | Bhikkhunī Sekh. 34 : samasūpakaṃ piṇḍapātaṃ bhuñjissāmī'ti sikkhā karaṇīyā'ti.

1480) thupato omadditvā : '꼭대기부터 선택적으로'라는 뜻이다.

원하는 자들은 혐책하고 분개하고 비난했다.

[욕망을 여읜 수행녀들] "어찌 여섯무리의 수행녀들이 꼭대기부터 짓이겨 탁발음식을 먹을 수 있단 말인가?"

그래서 그 수행녀들은 수행승들에게 그 사실을 알렸다. 수행승들 가운데 욕망을 여의고, 만족을 알고, 부끄러움을 알고, 후회할 줄 알고, 배움을 원하는 자들도 혐책하고 분개하고 비난했다.

[욕망을 여읜 수행승들] "어찌 여섯무리의 수행녀들이 꼭대기부터 짓이겨 탁발음식을 먹을 수 있단 말인가?"

1-3. 그래서 그 수행승들은 세존께 그 사실을 알렸다. 그러자 세존께서는 이러한 인연으로 이러한 기회에 수행승들의 참모임을 불러 모으게 하고 연유를 설하고 수행승들에게 물었다.

[세존] "수행승들이여, 그 여섯무리의 수행녀들이 꼭대기부터 짓이겨 탁발음식을 먹은 것이 사실인가?"

[수행승들]"세존이시여, 사실입니다."

존귀한 부처님께서는 견책했다.

[세존] "수행승들이여, 그 여섯무리의 수행녀들은 적절하지 않고, 자연스럽지 않고, 알맞지 않고, 수행자의 삶이 아니고, 부당하고, 해서는 안 될 일을 행한 것이다. 수행승들이여, 어찌 여섯무리의 수행녀들이 꼭대기부터 짓이겨 탁발음식을 먹을 수 있단 말인가? 수행승들이여, 그것은 아직 청정한 믿음이 없는 자를 청정한 믿음으로 이끌고, 이미 청정한 믿음이 있는 자를 더욱더 청정한 믿음으로 이끄는 것이 아니다. 수행승들이여, 그것은 오히려, 아직 청정한 믿음이 없는 자를 불신으로 이끌고, 이미 청정한 믿음이 있는 자 가운데 어떤 자들을 타락시키는 것이다."

1-4. 그리고 세존께서는 그 여섯무리의 수행녀들에 대하여 여러 가지 방편으로 견책하여, 키우기 어렵고 부양하기 어렵고 탐욕이 많고 만족을 모르고 교제를 좋아하고 나태한 것에 대하여 질책하고, 여러 가지 법문으로 고무하여, 키우기 쉽고 부양하기 쉽고 욕심을 여의고, 만족을 알고, 버리고 없애는 삶, 악을 제거하는 삶, 청정한 믿음의 삶, 쌓아 모우지 않는 삶, 용맹정진의 삶을 칭찬하고, 수행승들을 위하여 그에 알맞고 그에 걸맞게 경책하여 법문을 하고 수행승들에게 일렀다.

[세존] "수행승들이여, 그러므로 수행녀들을 위하여 열 가지 이유에 기초하여, 즉 참모임의 수승을 위하여, 참모임의 안락을 위하여, 악한 수행녀들의 조복을

위하여, 품행이 바른 수행녀들의 평안한 삶을 위하여, 지금 여기에서의 번뇌의 제어를 위하여, 다가오는 번뇌를 물리치기 위하여, 청정한 믿음이 없는 자에게 청정한 믿음을 주기 위하여, 청정한 믿음이 있는 자에게 청정한 믿음을 증대시키기 위하여, 올바른 가르침을 지속시키기 위하여, 계율을 수호하기 위하여 학습계율을 시설하니, 수행승들이여, 수행녀들은 이와 같이 학습계율을 송출해야 한다."

[세존] "'나는 꼭대기부터 짓이기지 않고 탁발음식을 먹겠다.'라는 규율을 지켜야 한다."1481)

2-1. 꼭대기부터 짓이기지 않고 탁발음식을 먹어야 한다. 함부로 꼭대기부터 짓이겨 탁발음식을 먹는다면, 악작죄를 범하는 것이다.

2-2. 의도하지 않았거나, 새김을 잃었거나, 알지 못했거나, 환자이거나, 소량 남은 것을 한쪽으로 모아서 먹었거나, 사고가 난 경우이거나, 정신착란자이거나 초범자인 경우는 무죄이다.

6. 4. 6 중학죄법 제36조

밥으로 덮기에 대한 학습계율[Odanapaṭicchādanasikhapada)

1-1. 한때 존귀한 부처님께서는 싸밧티 시의 제따바나 숲에 있는 아나타삔디까 승원에 계셨다. 그런데 그때 여섯무리의 수행녀들이 카레나 양념을 더 많이 원하면서 밥으로 덮었다. 사람들이 혐책하고 분개하고 비난했다.

[사람들] "어찌 수행녀들이 카레나 양념을 더 많이 원하면서 밥으로 덮을 수 있단 말인가? 마치 감각적 쾌락의 욕망을 즐기는 재가자와 같다."

1-2. 수행녀들은 사람들이 혐책하고 분개하고 비난하는 것을 들었다. 수행녀들 가운데 욕망을 여의고, 만족을 알고, 부끄러움을 알고, 후회할 줄 알고, 배움을 원하는 자들은 혐책하고 분개하고 비난했다.

[욕망을 여읜 수행녀들] "어찌 여섯무리의 수행녀들이 카레나 양념을 더 많이 원하면서 밥으로 덮을 수 있단 말인가?"

그래서 그 수행녀들은 수행승들에게 그 사실을 알렸다. 수행승들 가운데 욕망을 여의고, 만족을 알고, 부끄러움을 알고, 후회할 줄 알고, 배움을 원하는 자들도

1481) 압중취식계(壓中取食戒) Sekh. 35 : na thūpato omadditvā piṇḍapātaṃ bhuñajissāmī'ti sikkhā karaṇīyā'ti.

혐책하고 분개하고 비난했다.

[욕망을 여읜 수행승들] "어찌 여섯무리의 수행녀들이 카레나 양념을 더 많이 원하면서 밥으로 덮을 수 있단 말인가?"

1-3. 그래서 그 수행승들은 세존께 그 사실을 알렸다. 그러자 세존께서는 이러한 인연으로 이러한 기회에 수행승들의 참모임을 불러 모으게 하고 연유를 설하고 수행승들에게 물었다.

[세존] "수행승들이여, 그 여섯무리의 수행녀들이 카레나 양념을 더 많이 원하면서 밥으로 덮은 것이 사실인가?"

[수행승들]"세존이시여, 사실입니다."

존귀한 부처님께서는 견책했다.

[세존] "수행승들이여, 그 여섯무리의 수행녀들은 적절하지 않고, 자연스럽지 않고, 알맞지 않고, 수행자의 삶이 아니고, 부당하고, 해서는 안 될 일을 행한 것이다. 수행승들이여, 어찌 여섯무리의 수행녀들이 카레나 양념을 더 많이 원하면서 밥으로 덮을 수 있단 말인가? 수행승들이여, 그것은 아직 청정한 믿음이 없는 자를 청정한 믿음으로 이끌고, 이미 청정한 믿음이 있는 자를 더욱더 청정한 믿음으로 이끄는 것이 아니다. 수행승들이여, 그것은 오히려, 아직 청정한 믿음이 없는 자를 불신으로 이끌고, 이미 청정한 믿음이 있는 자 가운데 어떤 자들을 타락시키는 것이다."

1-4. 그리고 세존께서는 그 여섯무리의 수행녀들에 대하여 여러 가지 방편으로 견책하여, 키우기 어렵고 부양하기 어렵고 탐욕이 많고 만족을 모르고 교제를 좋아하고 나태한 것에 대하여 질책하고, 여러 가지 법문으로 고무하여, 키우기 쉽고 부양하기 쉽고 욕심을 여의고, 만족을 알고, 버리고 없애는 삶, 악을 제거하는 삶, 청정한 믿음의 삶, 쌓아 모우지 않는 삶, 용맹정진의 삶을 칭찬하고, 수행승들을 위하여 그에 알맞고 그에 걸맞게 경책하여 법문을 하고 수행승들에게 일렀다.

[세존] "수행승들이여, 그러므로 수행녀들을 위하여 열 가지 이유에 기초하여, 즉 참모임의 수승을 위하여, 참모임의 안락을 위하여, 악한 수행녀들의 조복을 위하여, 품행이 바른 수행녀들의 평안한 삶을 위하여, 지금 여기에서의 번뇌의 제어를 위하여, 다가오는 번뇌를 물리치기 위하여, 청정한 믿음이 없는 자에게 청정한 믿음을 주기 위하여, 청정한 믿음이 있는 자에게 청정한 믿음을 증대시키기 위하여, 올바른 가르침을 지속시키기 위하여, 계율을 수호하기 위하여 학습계율을 시설하니, 수행승들이여, 수행녀들은 이와 같이 학습계율을 송출해야 한다."

[세존] "'나는 카레나 양념을 더 많이 원하면서 밥으로 덮지 않겠다.'라는 규율을 지켜야 한다."[1482]

2-1. 카레나 양념을 더 많이 원하면서 밥으로 덮지 않고 탁발음식을 먹어야 한다. 함부로 카레나 양념을 더 많이 원하면서 밥으로 덮어서 탁발음식을 먹는다면, 악작죄를 범하는 것이다.

2-2. 의도하지 않았거나, 새김을 잃었거나, 알지 못했거나, 시주가 덮어서 주었거나, 더 많은 것을 얻고자 원하지 않았거나, 사고가 난 경우이거나, 정신착란자이거나 초범자인 경우는 무죄이다.

6. 4. 7 중학죄법 제37조

부탁하여 먹기에 대한 학습계율[Viññattibhuñjanasikkhāpada]

1-1. 한때[*193] 존귀한 부처님께서는 싸밧티 시의 제따바나 숲에 있는 아나타삔디까 승원에 계셨다. 그런데 그때 여섯무리의 수행녀들이 카레나 밥을 자신을 위해서 부탁해서 먹었다.[1483] 사람들이 혐책하고 분개하고 비난했다.

[사람들] "어찌 수행녀들이 카레나 밥을 자신을 위해서 부탁해서 먹을 수 있단 말인가? 마치 감각적 쾌락의 욕망을 즐기는 재가자와 같다."

1-2. 수행녀들은 사람들이 혐책하고 분개하고 비난하는 것을 들었다. 수행녀들 가운데 욕망을 여의고, 만족을 알고, 부끄러움을 알고, 후회할 줄 알고, 배움을 원하는 자들은 혐책하고 분개하고 비난했다.

[욕망을 여읜 수행녀들] "어찌 여섯무리의 수행녀들이 카레나 밥을 자신을 위해서 부탁해서 먹을 수 있단 말인가?"

그래서 그 수행녀들은 수행승들에게 그 사실을 알렸다. 수행승들 가운데 욕망을 여의고, 만족을 알고, 부끄러움을 알고, 후회할 줄 알고, 배움을 원하는 자들도 혐책하고 분개하고 비난했다.

[욕망을 여읜 수행승들] "어찌 여섯무리의 수행녀들이 카레나 밥을 자신을

1482) 반복갱계(飯覆羹戒) | Bhikkhunī Sekh. 36 : na sūpaṃ vā byañajanaṃ vā odanena paṭicchādessāmi bhiyyo kamyataṃ upādāyā'ti sikkhā karaṇīyā'ti.

1483) sūpampi odanampi antano atthāya viññāpetvā bhuñjanti : '카레나 밥을 자신을 위해서 알리고 먹었다.'라는 뜻이다.

위해서 부탁해서 먹을 수 있단 말인가?"

1-3. 그래서 그 수행승들은 세존께 그 사실을 알렸다. 그러자 세존께서는 이러한 인연으로 이러한 기회에 수행승들의 참모임을 불러 모으게 하고 연유를 설하고 수행승들에게 물었다.

[세존] "수행승들이여, 그 여섯무리의 수행녀들이 카레나 밥을 자신을 위해서 부탁해서 먹은 것이 사실인가?"

[수행승들]"세존이시여, 사실입니다."

존귀한 부처님께서는 견책했다.

[세존] "수행승들이여, 그 여섯무리의 수행녀들은 적절하지 않고, 자연스럽지 않고, 알맞지 않고, 수행자의 삶이 아니고, 부당하고, 해서는 안 될 일을 행한 것이다. 수행승들이여, 어찌 여섯무리의 수행녀들이 카레나 밥을 자신을 위해서 부탁해서 먹을 수 있단 말인가? 수행승들이여, 그것은 아직 청정한 믿음이 없는 자를 청정한 믿음으로 이끌고, 이미 청정한 믿음이 있는 자를 더욱더 청정한 믿음으로 이끄는 것이 아니다. 수행승들이여, 그것은 오히려, 아직 청정한 믿음이 없는 자를 불신으로 이끌고, 이미 청정한 믿음이 있는 자 가운데 어떤 자들을 타락시키는 것이다."

1-4. 그리고 세존께서는 그 여섯무리의 수행녀들에 대하여 여러 가지 방편으로 견책하여, 키우기 어렵고 부양하기 어렵고 탐욕이 많고 만족을 모르고 교제를 좋아하고 나태한 것에 대하여 질책하고, 여러 가지 법문으로 고무하여, 키우기 쉽고 부양하기 쉽고 욕심을 여의고, 만족을 알고, 버리고 없애는 삶, 악을 제거하는 삶, 청정한 믿음의 삶, 쌓아 모우지 않는 삶, 용맹정진의 삶을 칭찬하고, 수행승들을 위하여 그에 알맞고 그에 걸맞게 경책하여 법문을 하고 수행승들에게 일렀다.

[세존] "수행승들이여, 그러므로 수행녀들을 위하여 열 가지 이유에 기초하여, 즉 참모임의 수승을 위하여, 참모임의 안락을 위하여, 악한 수행녀들의 조복을 위하여, 품행이 바른 수행녀들의 평안한 삶을 위하여, 지금 여기에서의 번뇌의 제어를 위하여, 다가오는 번뇌를 물리치기 위하여, 청정한 믿음이 없는 자에게 청정한 믿음을 주기 위하여, 청정한 믿음이 있는 자에게 청정한 믿음을 증대시키기 위하여, 올바른 가르침을 지속시키기 위하여, 계율을 수호하기 위하여 학습계율을 시설하니, 수행승들이여, 수행녀들은 이와 같이 학습계율을 송출해야 한다."

〔세존〕 "'나는 카레나 밥을 자신을 위해서 부탁해서 먹지 않겠다.'라는 규율을 지켜야 한다."1484)

이와 같이 세존께서는 수행승들을 위하여 학습계율을 시설했다.

2-1. 그런데 그때 수행승들이 병들었다. 간병 수행승들이 환우수행승들에게 이와 같이 말했다.

[간병수행승] "벗들이여, 여섯무리의 수행녀들은 참아낼 만합니까? 견디어낼 만합니까?"

[환우수행승] "벗들이여, 전에는 우리들은 카레나 밥을 자신을 위하여 부탁해서 먹었습니다. 그래서 우리는 편안했습니다만, 지금은 '세존께서 금지했다.'라고 주저하면서 부탁하지 않습니다. 그래서 우리는 편안하지가 않습니다."

그들은 세존께 그 사실을 알렸다.

[세존] "수행승들이여, 환우수행승은 카레나 밥을 자신을 위하여 부탁해서 먹는 것을 허용한다. 수행승들이여, 그 여섯무리의 수행녀들은 이와 같이 학습계율을 송출해야 한다."

[세존] "'나는 환자가 아닌 한, 밥이나 카레를 자신을 위해서 부탁해서 먹지 않겠다.'라는 규율을 지켜야 한다."1485)

2-2. 환자가 아닌 한, 밥이나 카레를 자신을 위해서 부탁해서 먹지 말아야 한다. 환자가 아닌데도 함부로 밥이나 카레를 자신을 위해서 부탁해서 먹는다면, 악작죄를 범하는 것이다.

2-3. 의도하지 않았거나, 새김을 잃었거나, 알지 못했거나, 환자이거나, 친척의 것이었거나, 제공된 것이었거나, 자신의 재물로 얻은 것이었거나, 사고가 난 경우이거나, 정신착란자이거나, 초범자인 경우는 무죄이다.

6. 4. 8 중학죄법 제38조

불만스런 표정에 대한 학습계율[Ujjhānasaññitāsikkhāpada]

1-1. 한때[*194] 존귀한 부처님께서는 싸밧티 시의 제따바나 숲에 있는 아나타

1484) na sūpaṃ vā odanaṃ vā attano atthāya viññāpetvā bhuñajissāmī'ti sikkhā karaṇīyā'ti.

1485) 색갱반계(索羹飯戒) | Bhikkhunī Sekh. 37 : na sūpaṃ vā odanaṃ vā agilāno attano atthāya viññāpetvā bhuñjissāmī'ti sikkhā karaṇiyā'ti

삔디까 승원에 계셨다. 그런데 그때 여섯무리의 수행녀들이 불만스런 표정으로[1486] 타인의 발우를 바라보았다. 사람들이 혐책하고 분개하고 비난했다.

[사람들] "어찌 수행녀들이 불만스런 표정으로 타인의 발우를 바라볼 수 있단 말인가? 마치 감각적 쾌락의 욕망을 즐기는 재가자와 같다."

1-2. 수행녀들은 사람들이 혐책하고 분개하고 비난하는 것을 들었다. 수행녀들 가운데 욕망을 여의고, 만족을 알고, 부끄러움을 알고, 후회할 줄 알고, 배움을 원하는 자들은 혐책하고 분개하고 비난했다.

[욕망을 여읜 수행녀들] "어찌 여섯무리의 수행녀들이 불만스런 표정으로 타인의 발우를 바라볼 수 있단 말인가?"

그래서 그 수행녀들은 수행승들에게 그 사실을 알렸다. 수행승들 가운데 욕망을 여의고, 만족을 알고, 부끄러움을 알고, 후회할 줄 알고, 배움을 원하는 자들도 혐책하고 분개하고 비난했다.

[욕망을 여읜 수행승들] "어찌 여섯무리의 수행녀들이 불만스런 표정으로 타인의 발우를 바라볼 수 있단 말인가?"

1-3. 그래서 그 수행승들은 세존께 그 사실을 알렸다. 그러자 세존께서는 이러한 인연으로 이러한 기회에 수행승들의 참모임을 불러 모으게 하고 연유를 설하고 수행승들에게 물었다.

[세존] "수행승들이여, 그 여섯무리의 수행녀들이 불만스런 표정으로 타인의 발우를 바라본 것이 사실인가?"

[수행승들]"세존이시여, 사실입니다."

존귀한 부처님께서는 견책했다.

[세존] "수행승들이여, 그 여섯무리의 수행녀들은 적절하지 않고, 자연스럽지 않고, 알맞지 않고, 수행자의 삶이 아니고, 부당하고, 해서는 안 될 일을 행한 것이다. 수행승들이여, 어찌 여섯무리의 수행녀들이 불만스런 표정으로 타인의 발우를 바라볼 수 있단 말인가? 수행승들이여, 그것은 아직 청정한 믿음이 없는 자를 청정한 믿음으로 이끌고, 이미 청정한 믿음이 있는 자를 더욱더 청정한 믿음으로 이끄는 것이 아니다. 수행승들이여, 그것은 오히려, 아직 청정한 믿음이 없는 자를 불신으로 이끌고, 이미 청정한 믿음이 있는 자 가운데 어떤 자들을 타락시키는 것이다."

1-4. 그리고 세존께서는 그 여섯무리의 수행녀들에 대하여 여러 가지 방편으로

1486) ujjhānasaññi : '불만의 지각을 가지고' 또는 '헐뜯는 마음으로'라는 뜻이다.

견책하여, 키우기 어렵고 부양하기 어렵고 탐욕이 많고 만족을 모르고 교제를 좋아하고 나태한 것에 대하여 질책하고, 여러 가지 법문으로 고무하여, 키우기 쉽고 부양하기 쉽고 욕심을 여의고, 만족을 알고, 버리고 없애는 삶, 악을 제거하는 삶, 청정한 믿음의 삶, 쌓아 모우지 않는 삶, 용맹정진의 삶을 칭찬하고, 수행승들을 위하여 그에 알맞고 그에 걸맞게 경책하여 법문을 하고 수행승들에게 일렀다.

[세존] "수행승들이여, 그러므로 수행녀들을 위하여 열 가지 이유에 기초하여, 즉 참모임의 수승을 위하여, 참모임의 안락을 위하여, 악한 수행녀들의 조복을 위하여, 품행이 바른 수행녀들의 평안한 삶을 위하여, 지금 여기에서의 번뇌의 제어를 위하여, 다가오는 번뇌를 물리치기 위하여, 청정한 믿음이 없는 자에게 청정한 믿음을 주기 위하여, 청정한 믿음이 있는 자에게 청정한 믿음을 증대시키기 위하여, 올바른 가르침을 지속시키기 위하여, 계율을 수호하기 위하여 학습계율을 시설하니, 수행승들이여, 수행녀들은 이와 같이 학습계율을 송출해야 한다."

[세존] "'나는 불만스런 표정으로 타인의 발우를 바라보지 않겠다.'라는 규율을 지켜야 한다."1487)

2-1. 불만스런 표정으로 타인의 발우를 바라보지 말아야 한다. 함부로 불만스런 표정으로 타인의 발우를 바라본다면, 악작죄를 범하는 것이다.

2-2. 의도하지 않았거나, 새김을 잃었거나, 알지 못했거나, '내가 주겠다. 내가 주도록 시키겠다.'라고 바라보거나, 불만스런 생각이 없었다던가, 사고가 난 경우이거나, 정신착란자이거나 초범자인 경우는 무죄이다.

6. 4. 9 중학죄법 제39조

크나큰 음식덩이에 대한 학습계율[Atimahākabaḷasikkhāpada]

1-1. 한때 존귀한 부처님께서는 싸밧티 시의 제따바나 숲에 있는 아나타삔디까 승원에 계셨다. 그런데 그때 여섯무리의 수행녀들이 크나큰 음식덩이를 만들었다. 사람들이 혐책하고 분개하고 비난했다.

[사람들] "어찌 수행녀들이 크나큰 음식덩이를 만들 수 있단 말인가? 마치

1487) 시비좌발중계(視比坐鉢中戒) | Bhikkhunī Sekh. 38 : na ujjhānasaññī paresaṃ pattaṃ olokessāmīti sikkhā karaṇīyā'ti.

감각적 쾌락의 욕망을 즐기는 재가자와 같다."

1-2. 수행녀들은 사람들이 혐책하고 분개하고 비난하는 것을 들었다. 수행녀들 가운데 욕망을 여의고, 만족을 알고, 부끄러움을 알고, 후회할 줄 알고, 배움을 원하는 자들은 혐책하고 분개하고 비난했다.

[욕망을 여읜 수행녀들] "어찌 여섯무리의 수행녀들이 크나큰 음식덩이를 만들 수 있단 말인가?"

그래서 그 수행녀들은 수행승들에게 그 사실을 알렸다. 수행승들 가운데 욕망을 여의고, 만족을 알고, 부끄러움을 알고, 후회할 줄 알고, 배움을 원하는 자들도 혐책하고 분개하고 비난했다.

[욕망을 여읜 수행승들] "어찌 여섯무리의 수행녀들이 크나큰 음식덩이를 만들 수 있단 말인가?"

1-3. 그래서 그 수행승들은 세존께 그 사실을 알렸다. 그러자 세존께서는 이러한 인연으로 이러한 기회에 수행승들의 참모임을 불러 모으게 하고 연유를 설하고 수행승들에게 물었다.

[세존] "수행승들이여, 그 여섯무리의 수행녀들이 크나큰 음식덩이를 만든 것이 사실인가?"

[수행승들]"세존이시여, 사실입니다."

존귀한 부처님께서는 견책했다.

[세존] "수행승들이여, 그 여섯무리의 수행녀들은 적절하지 않고, 자연스럽지 않고, 알맞지 않고, 수행자의 삶이 아니고, 부당하고, 해서는 안 될 일을 행한 것이다. 수행승들이여, 어찌 여섯무리의 수행녀들이 크나큰 음식덩이를 만들 수 있단 말인가? 수행승들이여, 그것은 아직 청정한 믿음이 없는 자를 청정한 믿음으로 이끌고, 이미 청정한 믿음이 있는 자를 더욱더 청정한 믿음으로 이끄는 것이 아니다. 수행승들이여, 그것은 오히려, 아직 청정한 믿음이 없는 자를 불신으로 이끌고, 이미 청정한 믿음이 있는 자 가운데 어떤 자들을 타락시키는 것이다."

1-4. 그리고 세존께서는 그 여섯무리의 수행녀들에 대하여 여러 가지 방편으로 견책하여, 키우기 어렵고 부양하기 어렵고 탐욕이 많고 만족을 모르고 교제를 좋아하고 나태한 것에 대하여 질책하고, 여러 가지 법문으로 고무하여, 키우기 쉽고 부양하기 쉽고 욕심을 여의고, 만족을 알고, 버리고 없애는 삶, 악을 제거하는 삶, 청정한 믿음의 삶, 쌓아 모우지 않는 삶, 용맹정진의 삶을 칭찬하고, 수행승들을

위하여 그에 알맞고 그에 걸맞게 경책하여 법문을 하고 수행승들에게 일렀다.

[세존] "수행승들이여, 그러므로 수행녀들을 위하여 열 가지 이유에 기초하여, 즉 참모임의 수승을 위하여, 참모임의 안락을 위하여, 악한 수행녀들의 조복을 위하여, 품행이 바른 수행녀들의 평안한 삶을 위하여, 지금 여기에서의 번뇌의 제어를 위하여, 다가오는 번뇌를 물리치기 위하여, 청정한 믿음이 없는 자에게 청정한 믿음을 주기 위하여, 청정한 믿음이 있는 자에게 청정한 믿음을 증대시키기 위하여, 올바른 가르침을 지속시키기 위하여, 계율을 수호하기 위하여 학습계율을 시설하니, 수행승들이여, 수행녀들은 이와 같이 학습계율을 송출해야 한다."

[세존] "'나는 지나치게 크나큰 음식덩이를 만들지 않겠다.'라는 규율을 지켜야 한다."1488)

2-1. 지나치게 크나큰 음식덩이를 만들지 말아야 한다. 함부로 크나큰 음식덩이를 만든다면, 악작죄를 범하는 것이다.

2-2. 의도하지 않았거나, 새김을 잃었거나, 알지 못했거나, 환자이거나, 단단한 음식이거나,1489) 각종과일이거나, 부식(副食)이거나, 사고가 난 경우이거나, 정신착란자이거나 초범자인 경우는 무죄이다.

6. 4. 10 중학죄법 제40조

길다란 음식덩이에 대한 학습계율[Dīghālopasikkhāpada]

1-1. 한때 존귀한 부처님께서는 싸밧티 시의 제따바나 숲에 있는 아나타삔디까 승원에 계셨다. 그런데 그때 여섯무리의 수행녀들이 길다란 음식덩이를 만들었다. 사람들이 혐책하고 분개하고 비난했다.

[사람들] "어찌 수행녀들이 길다란 음식덩이를 만들 수 있단 말인가? 마치 감각적 쾌락의 욕망을 즐기는 재가자와 같다."

1-2. 수행녀들은 사람들이 혐책하고 분개하고 비난하는 것을 들었다. 수행녀들 가운데 욕망을 여의고, 만족을 알고, 부끄러움을 알고, 후회할 줄 알고, 배움을 원하는 자들은 혐책하고 분개하고 비난했다.

1488) 대박식계(大博食戒) | Bhikkhunī Sekh. 39 : nātimahantaṃ kabaḷaṃ karissāmī'ti sikkhā karaṇīyā'ti.
1489) khajjake : Smp. 893에 따르면, 뿌리로 만들어진 단단한 음식을 말한다.

[욕망을 여읜 수행녀들] "어찌 여섯무리의 수행녀들이 길다란 음식덩이를 만들 수 있단 말인가?"

그래서 그 수행녀들은 수행승들에게 그 사실을 알렸다. 수행승들 가운데 욕망을 여의고, 만족을 알고, 부끄러움을 알고, 후회할 줄 알고, 배움을 원하는 자들도 혐책하고 분개하고 비난했다.

[욕망을 여읜 수행승들] "어찌 여섯무리의 수행녀들이 길다란 음식덩이를 만들 수 있단 말인가?"

1-3. 그래서 그 수행승들은 세존께 그 사실을 알렸다. 그러자 세존께서는 이러한 인연으로 이러한 기회에 수행승들의 참모임을 불러 모으게 하고 연유를 설하고 수행승들에게 물었다.

[세존] "수행승들이여, 그 여섯무리의 수행녀들이 길다란 음식덩이를 만든 것이 사실인가?"

[수행승들]"세존이시여, 사실입니다."

존귀한 부처님께서는 견책했다.

[세존] "수행승들이여, 그 여섯무리의 수행녀들은 적절하지 않고, 자연스럽지 않고, 알맞지 않고, 수행자의 삶이 아니고, 부당하고, 해서는 안 될 일을 행한 것이다. 수행승들이여, 어찌 여섯무리의 수행녀들이 길다란 음식덩이를 만들 수 있단 말인가? 수행승들이여, 그것은 아직 청정한 믿음이 없는 자를 청정한 믿음으로 이끌고, 이미 청정한 믿음이 있는 자를 더욱더 청정한 믿음으로 이끄는 것이 아니다. 수행승들이여, 그것은 오히려, 아직 청정한 믿음이 없는 자를 불신으로 이끌고, 이미 청정한 믿음이 있는 자 가운데 어떤 자들을 타락시키는 것이다."

1-4. 그리고 세존께서는 그 여섯무리의 수행녀들에 대하여 여러 가지 방편으로 견책하여, 키우기 어렵고 부양하기 어렵고 탐욕이 많고 만족을 모르고 교제를 좋아하고 나태한 것에 대하여 질책하고, 여러 가지 법문으로 고무하여, 키우기 쉽고 부양하기 쉽고 욕심을 여의고, 만족을 알고, 버리고 없애는 삶, 악을 제거하는 삶, 청정한 믿음의 삶, 쌓아 모우지 않는 삶, 용맹정진의 삶을 칭찬하고, 수행승들을 위하여 그에 알맞고 그에 걸맞게 경책하여 법문을 하고 수행승들에게 일렀다.

[세존] "수행승들이여, 그러므로 수행녀들을 위하여 열 가지 이유에 기초하여, 즉 참모임의 수승을 위하여, 참모임의 안락을 위하여, 악한 수행녀들의 조복을 위하여, 품행이 바른 수행녀들의 평안한 삶을 위하여, 지금 여기에서의 번뇌의 제어를 위하여, 다가오는 번뇌를 물리치기 위하여, 청정한 믿음이 없는 자에게

청정한 믿음을 주기 위하여, 청정한 믿음이 있는 자에게 청정한 믿음을 증대시키기 위하여, 올바른 가르침을 지속시키기 위하여, 계율을 수호하기 위하여 학습계율을 시설하니, 수행승들이여, 수행녀들은 이와 같이 학습계율을 송출해야 한다."

[세존] "'나는 둥글게 음식덩이를 만들겠다.'라는 규율을 지켜야 한다."1490)

2-1. 둥글게 음식덩이를 만들어야 한다. 함부로 길다란 음식덩이를 만든다면, 악작죄를 범하는 것이다.

2-2. 의도하지 않았거나, 새김을 잃었거나, 알지 못했거나, 환자이거나, 단단한 음식이거나, 각종과일이거나, 부식(副食)이거나, 사고가 난 경우이거나, 정신착란자이거나 초범자인 경우는 무죄이다.

제5품 음식덩이(Kabaḷavagga)

6. 5. 1 중학죄법 제41조

다가오게 하지 않은 음식덩이에 대한 학습계율[Anāhaṭakabaḷasikhapada)

1-1. 한때 존귀한 부처님께서는 싸밧티 시의 제따바나 숲에 있는 아나타삔디까 승원에 계셨다. 그런데 그때 여섯무리의 수행녀들이 음식덩이를 입에 가까이 대지도 않고 입을 열었다. 사람들이 혐책하고 분개하고 비난했다.

[사람들] "어찌 수행녀들이 음식덩이를 입에 가까이 대지도 않고 입을 열 수 있단 말인가? 마치 감각적 쾌락의 욕망을 즐기는 재가자와 같다."

1-2. 수행녀들은 사람들이 혐책하고 분개하고 비난하는 것을 들었다. 수행녀들 가운데 욕망을 여의고, 만족을 알고, 부끄러움을 알고, 후회할 줄 알고, 배움을 원하는 자들은 혐책하고 분개하고 비난했다.

[욕망을 여읜 수행녀들] "어찌 여섯무리의 수행녀들이 음식덩이를 입에 가까이 대지도 않고 입을 열 수 있단 말인가?"

그래서 그 수행녀들은 수행승들에게 그 사실을 알렸다. 수행승들 가운데 욕망을 여의고, 만족을 알고, 부끄러움을 알고, 후회할 줄 알고, 배움을 원하는 자들도 혐책하고 분개하고 비난했다.

[욕망을 여읜 수행승들] "어찌 여섯무리의 수행녀들이 음식덩이를 입에 가까이

1490) 원반구계(圓飯球戒) | Bhikkhunī Sekh. 40 : parimaṇḍalaṃ ālopaṃ karissāmī'ti sikkhā karaṇīyā'ti.

대지도 않고 입을 열 수 있단 말인가?"

1-3. 그래서 그 수행승들은 세존께 그 사실을 알렸다. 그러자 세존께서는 이러한 인연으로 이러한 기회에 수행승들의 참모임을 불러 모으게 하고 연유를 설하고 수행승들에게 물었다.

[세존] "수행승들이여, 그 여섯무리의 수행녀들이 음식덩이를 입에 가까이 대지도 않고 입을 연 것이 사실인가?"

[수행승들] "세존이시여, 사실입니다."

존귀한 부처님께서는 견책했다.

[세존] "수행승들이여, 그 여섯무리의 수행녀들은 적절하지 않고, 자연스럽지 않고, 알맞지 않고, 수행자의 삶이 아니고, 부당하고, 해서는 안 될 일을 행한 것이다. 수행승들이여, 어찌 여섯무리의 수행녀들이 음식덩이를 입에 가까이 대지도 않고 입을 열 수 있단 말인가? 수행승들이여, 그것은 아직 청정한 믿음이 없는 자를 청정한 믿음으로 이끌고, 이미 청정한 믿음이 있는 자를 더욱더 청정한 믿음으로 이끄는 것이 아니다. 수행승들이여, 그것은 오히려, 아직 청정한 믿음이 없는 자를 불신으로 이끌고, 이미 청정한 믿음이 있는 자 가운데 어떤 자들을 타락시키는 것이다."

1-4. 그리고 세존께서는 그 여섯무리의 수행녀들에 대하여 여러 가지 방편으로 견책하여, 키우기 어렵고 부양하기 어렵고 탐욕이 많고 만족을 모르고 교제를 좋아하고 나태한 것에 대하여 질책하고, 여러 가지 법문으로 고무하여, 키우기 쉽고 부양하기 쉽고 욕심을 여의고, 만족을 알고, 버리고 없애는 삶, 악을 제거하는 삶, 청정한 믿음의 삶, 쌓아 모우지 않는 삶, 용맹정진의 삶을 칭찬하고, 수행승들을 위하여 그에 알맞고 그에 걸맞게 경책하여 법문을 하고 수행승들에게 일렀다.

[세존] "수행승들이여, 그러므로 수행녀들을 위하여 열 가지 이유에 기초하여, 즉 참모임의 수승을 위하여, 참모임의 안락을 위하여, 악한 수행녀들의 조복을 위하여, 품행이 바른 수행녀들의 평안한 삶을 위하여, 지금 여기에서의 번뇌의 제어를 위하여, 다가오는 번뇌를 물리치기 위하여, 청정한 믿음이 없는 자에게 청정한 믿음을 주기 위하여, 청정한 믿음이 있는 자에게 청정한 믿음을 증대시키기 위하여, 올바른 가르침을 지속시키기 위하여, 계율을 수호하기 위하여 학습계율을 시설하니, 수행승들이여, 수행녀들은 이와 같이 학습계율을 송출해야 한다."

[세존] "'나는[*195] 음식덩이를 입에 가까이 대지 않고는 입을 열지 않겠다.'라는 규율을 지켜야 한다."1491)

2-1. 음식덩이를 입에 가까이 대지 않고는 입을 열지 말아야 한다. 함부로 음식덩이를 입에 가까이 대지도 않고 입을 연다면, 악작죄를 범하는 것이다.

2-2. 의도하지 않았거나, 새김을 잃었거나, 알지 못했거나, 환자이거나, 사고가 난 경우이거나, 정신착란자이거나 초범자인 경우는 무죄이다.

6. 5. 2 중학죄법 제42조

입에 손넣기에 대한 학습계율[Mukhehatthapakkhepasikhapada)

1-1. 한때 존귀한 부처님께서는 싸밧티 시의 제따바나 숲에 있는 아나타삔디까 승원에 계셨다. 그런데 그때 여섯무리의 수행녀들이 식사를 하면서 통채로 손을 입에 집어넣었다. 사람들이 혐책하고 분개하고 비난했다.

[사람들] "어찌 수행녀들이 식사를 하면서 통채로 손을 입에 집어넣을 수 있단 말인가? 마치 감각적 쾌락의 욕망을 즐기는 재가자와 같다."

1-2. 수행녀들은 사람들이 혐책하고 분개하고 비난하는 것을 들었다. 수행녀들 가운데 욕망을 여의고, 만족을 알고, 부끄러움을 알고, 후회할 줄 알고, 배움을 원하는 자들은 혐책하고 분개하고 비난했다.

[욕망을 여읜 수행녀들] "어찌 여섯무리의 수행녀들이 식사를 하면서 통채로 손을 입에 집어넣을 수 있단 말인가?"

그래서 그 수행녀들은 수행승들에게 그 사실을 알렸다. 수행승들 가운데 욕망을 여의고, 만족을 알고, 부끄러움을 알고, 후회할 줄 알고, 배움을 원하는 자들도 혐책하고 분개하고 비난했다.

[욕망을 여읜 수행승들] "어찌 여섯무리의 수행녀들이 식사를 하면서 통채로 손을 입에 집어넣을 수 있단 말인가?"

1-3. 그래서 그 수행승들은 세존께 그 사실을 알렸다. 그러자 세존께서는 이러한 인연으로 이러한 기회에 수행승들의 참모임을 불러 모으게 하고 연유를 설하고 수행승들에게 물었다.

[세존] "수행승들이여, 그 여섯무리의 수행녀들이 식사를 하면서 통채로 손을 입에 집어넣은 것이 사실인가?"

1491) 장구대식계(張口待食戒) | Bhikkhunī Sekh. 41 : na anāhaṭe kabaḷe mukhadvāraṃ vivarissāmī'ti sikkhā karaṇīyā'ti.

[수행승들]"세존이시여, 사실입니다."

존귀한 부처님께서는 견책했다.

[세존] "수행승들이여, 그 여섯무리의 수행녀들은 적절하지 않고, 자연스럽지 않고, 알맞지 않고, 수행자의 삶이 아니고, 부당하고, 해서는 안 될 일을 행한 것이다. 수행승들이여, 어찌 여섯무리의 수행녀들이 식사를 하면서 통채로 손을 입에 집어넣을 수 있단 말인가? 수행승들이여, 그것은 아직 청정한 믿음이 없는 자를 청정한 믿음으로 이끌고, 이미 청정한 믿음이 있는 자를 더욱더 청정한 믿음으로 이끄는 것이 아니다. 수행승들이여, 그것은 오히려, 아직 청정한 믿음이 없는 자를 불신으로 이끌고, 이미 청정한 믿음이 있는 자 가운데 어떤 자들을 타락시키는 것이다."

1-4. 그리고 세존께서는 그 여섯무리의 수행녀들에 대하여 여러 가지 방편으로 견책하여, 키우기 어렵고 부양하기 어렵고 탐욕이 많고 만족을 모르고 교제를 좋아하고 나태한 것에 대하여 질책하고, 여러 가지 법문으로 고무하여, 키우기 쉽고 부양하기 쉽고 욕심을 여의고, 만족을 알고, 버리고 없애는 삶, 악을 제거하는 삶, 청정한 믿음의 삶, 쌓아 모우지 않는 삶, 용맹정진의 삶을 칭찬하고, 수행승들을 위하여 그에 알맞고 그에 걸맞게 경책하여 법문을 하고 수행승들에게 일렀다.

[세존] "수행승들이여, 그러므로 수행녀들을 위하여 열 가지 이유에 기초하여, 즉 참모임의 수승을 위하여, 참모임의 안락을 위하여, 악한 수행녀들의 조복을 위하여, 품행이 바른 수행녀들의 평안한 삶을 위하여, 지금 여기에서의 번뇌의 제어를 위하여, 다가오는 번뇌를 물리치기 위하여, 청정한 믿음이 없는 자에게 청정한 믿음을 주기 위하여, 청정한 믿음이 있는 자에게 청정한 믿음을 증대시키기 위하여, 올바른 가르침을 지속시키기 위하여, 계율을 수호하기 위하여 학습계율을 시설하니, 수행승들이여, 수행녀들은 이와 같이 학습계율을 송출해야 한다."

[세존] "'나는 식사를 하면서 통채로 손을 입에 집어넣지 않겠다.'라는 규율을 지켜야 한다."1492)

2-1. 식사를 하면서 통채로 손을 입에 집어넣지 말아야 한다. 함부로 식사를 하면서 통채로 손을 입에 집어넣는다면, 악작죄를 범하는 것이다.

2-2. 의도하지 않았거나, 새김을 잃었거나, 알지 못했거나, 환자이거나, 사고가

1492) 전수구중계(全手口中戒) | Bhikkhunī Sekh. 42 : na bhuñjamāno sabbaṃ hatthaṃ mukhe pakkhipissāmī'ti sikkhā karaṇīyā'ti.

난 경우이거나, 정신착란자이거나 초범자인 경우는 무죄이다.

6. 5. 3 중학죄법 제43조

입에 가득한 음식에 대한 학습계율[Sakabaḷamukhasikkhāpada]

1-1. 한때 존귀한 부처님께서는 싸밧티 시의 제따바나 숲에 있는 아나타삔디까 승원에 계셨다. 그런데 그때 여섯무리의 수행녀들이 음식덩이를 입에 넣은 채 이야기했다. 사람들이 혐책하고 분개하고 비난했다.

[사람들] "어찌 수행녀들이 음식덩이를 입에 넣은 채 이야기할 수 있단 말인가? 마치 감각적 쾌락의 욕망을 즐기는 재가자와 같다."

1-2. 수행녀들은 사람들이 혐책하고 분개하고 비난하는 것을 들었다. 수행녀들 가운데 욕망을 여의고, 만족을 알고, 부끄러움을 알고, 후회할 줄 알고, 배움을 원하는 자들은 혐책하고 분개하고 비난했다.

[욕망을 여읜 수행녀들] "어찌 여섯무리의 수행녀들이 음식덩이를 입에 넣은 채 이야기할 수 있단 말인가?"

그래서 그 수행녀들은 수행승들에게 그 사실을 알렸다. 수행승들 가운데 욕망을 여의고, 만족을 알고, 부끄러움을 알고, 후회할 줄 알고, 배움을 원하는 자들도 혐책하고 분개하고 비난했다.

[욕망을 여읜 수행승들] "어찌 여섯무리의 수행녀들이 음식덩이를 입에 넣은 채 이야기할 수 있단 말인가?"

1-3. 그래서 그 수행승들은 세존께 그 사실을 알렸다. 그러자 세존께서는 이러한 인연으로 이러한 기회에 수행승들의 참모임을 불러 모으게 하고 연유를 설하고 수행승들에게 물었다.

[세존] "수행승들이여, 그 여섯무리의 수행녀들이 음식덩이를 입에 넣은 채 이야기한 것이 사실인가?"

[수행승들]"세존이시여, 사실입니다."

존귀한 부처님께서는 견책했다.

[세존] "수행승들이여, 그 여섯무리의 수행녀들은 적절하지 않고, 자연스럽지 않고, 알맞지 않고, 수행자의 삶이 아니고, 부당하고, 해서는 안 될 일을 행한 것이다. 수행승들이여, 어찌 여섯무리의 수행녀들이 음식덩이를 입에 넣은 채

이야기할 수 있단 말인가? 수행승들이여, 그것은 아직 청정한 믿음이 없는 자를 청정한 믿음으로 이끌고, 이미 청정한 믿음이 있는 자를 더욱더 청정한 믿음으로 이끄는 것이 아니다. 수행승들이여, 그것은 오히려, 아직 청정한 믿음이 없는 자를 불신으로 이끌고, 이미 청정한 믿음이 있는 자 가운데 어떤 자들을 타락시키는 것이다."

1-4. 그리고 세존께서는 그 여섯무리의 수행녀들에 대하여 여러 가지 방편으로 견책하여, 키우기 어렵고 부양하기 어렵고 탐욕이 많고 만족을 모르고 교제를 좋아하고 나태한 것에 대하여 질책하고, 여러 가지 법문으로 고무하여, 키우기 쉽고 부양하기 쉽고 욕심을 여의고, 만족을 알고, 버리고 없애는 삶, 악을 제거하는 삶, 청정한 믿음의 삶, 쌓아 모우지 않는 삶, 용맹정진의 삶을 칭찬하고, 수행승들을 위하여 그에 알맞고 그에 걸맞게 경책하여 법문을 하고 수행승들에게 일렀다.

[세존] "수행승들이여, 그러므로 수행녀들을 위하여 열 가지 이유에 기초하여, 즉 참모임의 수승을 위하여, 참모임의 안락을 위하여, 악한 수행녀들의 조복을 위하여, 품행이 바른 수행녀들의 평안한 삶을 위하여, 지금 여기에서의 번뇌의 제어를 위하여, 다가오는 번뇌를 물리치기 위하여, 청정한 믿음이 없는 자에게 청정한 믿음을 주기 위하여, 청정한 믿음이 있는 자에게 청정한 믿음을 증대시키기 위하여, 올바른 가르침을 지속시키기 위하여, 계율을 수호하기 위하여 학습계율을 시설하니, 수행승들이여, 수행녀들은 이와 같이 학습계율을 송출해야 한다."

[세존] "'나는 음식덩이를 입에 넣은 채 이야기하지 않겠다.'라는 규율을 지켜야 한다."1493)

2-1. 음식덩이를 입에 넣은 채 이야기하지 말아야 한다. 함부로 음식덩이를 입에 넣은 채 이야기한다면, 악작죄를 범하는 것이다.

2-2. 의도하지 않았거나, 새김을 잃었거나, 알지 못했거나, 환자이거나, 사고가 난 경우이거나, 정신착란자이거나 초범자인 경우는 무죄이다.

6. 5. 4 중학죄법 제44조

음식던져넣기에 대한 학습계율[Piṇḍukkhepakasikkhāpada]

1493) 함반어계(含飯語戒) | Bhikkhunī Sekh. 43 : na sakabaḷena mukhena byāharissāmī'ti sikkhā karaṇīyā'ti.

1-1. 한때 존귀한 부처님께서는 싸밧티 시의 제따바나 숲에 있는 아나타삔디까 승원에 계셨다. 그런데 그때 여섯무리의 수행녀들이 음식덩이를 던져 넣으며 먹었다. 사람들이 혐책하고 분개하고 비난했다.

[사람들] "어찌 수행녀들이 음식덩이를 던져 넣으며 먹을 수 있단 말인가? 마치 감각적 쾌락의 욕망을 즐기는 재가자와 같다."

1-2. 수행녀들은 사람들이 혐책하고 분개하고 비난하는 것을 들었다. 수행녀들 가운데 욕망을 여의고, 만족을 알고, 부끄러움을 알고, 후회할 줄 알고, 배움을 원하는 자들은 혐책하고 분개하고 비난했다.

[욕망을 여읜 수행녀들] "어찌 여섯무리의 수행녀들이 음식덩이를 던져 넣으며 먹을 수 있단 말인가?"

그래서 그 수행녀들은 수행승들에게 그 사실을 알렸다. 수행승들 가운데 욕망을 여의고, 만족을 알고, 부끄러움을 알고, 후회할 줄 알고, 배움을 원하는 자들도 혐책하고 분개하고 비난했다.

[욕망을 여읜 수행승들] "어찌 여섯무리의 수행녀들이 음식덩이를 던져 넣으며 먹을 수 있단 말인가?"

1-3. 그래서 그 수행승들은 세존께 그 사실을 알렸다. 그러자 세존께서는 이러한 인연으로 이러한 기회에 수행승들의 참모임을 불러 모으게 하고 연유를 설하고 수행승들에게 물었다.

[세존] "수행승들이여, 그 여섯무리의 수행녀들이 음식덩이를 던져 넣으며 먹은 것이 사실인가?"

[수행승들]"세존이시여, 사실입니다."

존귀한 부처님께서는 견책했다.

[세존] "수행승들이여, 그 여섯무리의 수행녀들은 적절하지 않고, 자연스럽지 않고, 알맞지 않고, 수행자의 삶이 아니고, 부당하고, 해서는 안 될 일을 행한 것이다. 수행승들이여, 어찌 여섯무리의 수행녀들이 음식덩이를 던져 넣으며 먹을 수 있단 말인가? 수행승들이여, 그것은 아직 청정한 믿음이 없는 자를 청정한 믿음으로 이끌고, 이미 청정한 믿음이 있는 자를 더욱더 청정한 믿음으로 이끄는 것이 아니다. 수행승들이여, 그것은 오히려, 아직 청정한 믿음이 없는 자를 불신으로 이끌고, 이미 청정한 믿음이 있는 자 가운데 어떤 자들을 타락시키는 것이다."

1-4. 그리고 세존께서는 그 여섯무리의 수행녀들에 대하여 여러 가지 방편으로

견책하여, 키우기 어렵고 부양하기 어렵고 탐욕이 많고 만족을 모르고 교제를 좋아하고 나태한 것에 대하여 질책하고, 여러 가지 법문으로 고무하여, 키우기 쉽고 부양하기 쉽고 욕심을 여의고, 만족을 알고, 버리고 없애는 삶, 악을 제거하는 삶, 청정한 믿음의 삶, 쌓아 모우지 않는 삶, 용맹정진의 삶을 칭찬하고, 수행승들을 위하여 그에 알맞고 그에 걸맞게 경책하여 법문을 하고 수행승들에게 일렀다.

[세존] "수행승들이여, 그러므로 수행녀들을 위하여 열 가지 이유에 기초하여, 즉 참모임의 수승을 위하여, 참모임의 안락을 위하여, 악한 수행녀들의 조복을 위하여, 품행이 바른 수행녀들의 평안한 삶을 위하여, 지금 여기에서의 번뇌의 제어를 위하여, 다가오는 번뇌를 물리치기 위하여, 청정한 믿음이 없는 자에게 청정한 믿음을 주기 위하여, 청정한 믿음이 있는 자에게 청정한 믿음을 증대시키기 위하여, 올바른 가르침을 지속시키기 위하여, 계율을 수호하기 위하여 학습계율을 시설하니, 수행승들이여, 수행녀들은 이와 같이 학습계율을 송출해야 한다."

[세존] "'나는 음식덩이를 던져 넣으며 먹지 않겠다.'라는 규율을 지켜야 한다."1494)

2-1. 음식덩이를 던져 넣으며 먹지 말아야 한다. 함부로 음식덩이를 던져 넣으며 먹는다면, 악작죄를 범하는 것이다.

2-2. 의도하지 않았거나, 새김을 잃었거나, 알지 못했거나, 환자이거나, 단단한 음식이거나, 각종과일이거나, 사고가 난 경우이거나, 정신착란자이거나 초범자인 경우는 무죄이다.

6. 5. 5 중학죄법 제45조

한 입 가득 넣고 갉아먹기에 대한 학습계율[Kabaḷāvacchedakasikkhāpada]

1-1. 한때 존귀한 부처님께서는 싸밧티 시의 제따바나 숲에 있는 아나타삔디까 승원에 계셨다. 그런데 그때 여섯무리의 수행녀들이 음식을 한 입 가득 넣고 갉아먹었다. 사람들이 혐책하고 분개하고 비난했다.

[사람들] "어찌 수행녀들이 음식을 한 입 가득 넣고 갉아먹을 수 있단 말인가?

1494) 투입식계(投入食戒) | Bhikkhunī Sekh. 44 : na piṇḍukkhepakaṃ bhuñjissāmī'ti sikkhā karaṇīyā'ti.

마치 감각적 쾌락의 욕망을 즐기는 재가자와 같다."

1-2. 수행녀들은 사람들이 혐책하고 분개하고 비난하는 것을 들었다. 수행녀들 가운데 욕망을 여의고, 만족을 알고, 부끄러움을 알고, 후회할 줄 알고, 배움을 원하는 자들은 혐책하고 분개하고 비난했다.

[욕망을 여읜 수행녀들] "어찌 여섯무리의 수행녀들이 음식을 한 입 가득 넣고 갉아먹을 수 있단 말인가?"

그래서 그 수행녀들은 수행승들에게 그 사실을 알렸다. 수행승들 가운데 욕망을 여의고, 만족을 알고, 부끄러움을 알고, 후회할 줄 알고, 배움을 원하는 자들도 혐책하고 분개하고 비난했다.

[욕망을 여읜 수행승들] "어찌 여섯무리의 수행녀들이 음식을 한 입 가득 넣고 갉아먹을 수 있단 말인가?"

1-3. 그래서 그 수행승들은 세존께 그 사실을 알렸다. 그러자 세존께서는 이러한 인연으로 이러한 기회에 수행승들의 참모임을 불러 모으게 하고 연유를 설하고 수행승들에게 물었다.

[세존] "수행승들이여, 그 여섯무리의 수행녀들이 음식을 한 입 가득 넣고 갉아먹은 것이 사실인가?"

[수행승들]"세존이시여, 사실입니다."

존귀한 부처님께서는 견책했다.

[세존] "수행승들이여, 그 여섯무리의 수행녀들은 적절하지 않고, 자연스럽지 않고, 알맞지 않고, 수행자의 삶이 아니고, 부당하고, 해서는 안 될 일을 행한 것이다. 수행승들이여, 어찌 여섯무리의 수행녀들이 음식을 한 입 가득 넣고 갉아먹을 수 있단 말인가? 수행승들이여, 그것은 아직 청정한 믿음이 없는 자를 청정한 믿음으로 이끌고, 이미 청정한 믿음이 있는 자를 더욱더 청정한 믿음으로 이끄는 것이 아니다. 수행승들이여, 그것은 오히려, 아직 청정한 믿음이 없는 자를 불신으로 이끌고, 이미 청정한 믿음이 있는 자 가운데 어떤 자들을 타락시키는 것이다."

1-4. 그리고 세존께서는 그 여섯무리의 수행녀들에 대하여 여러 가지 방편으로 견책하여, 키우기 어렵고 부양하기 어렵고 탐욕이 많고 만족을 모르고 교제를 좋아하고 나태한 것에 대하여 질책하고, 여러 가지 법문으로 고무하여, 키우기 쉽고 부양하기 쉽고 욕심을 여의고, 만족을 알고, 버리고 없애는 삶, 악을 제거하는 삶,

청정한 믿음의 삶, 쌓아 모우지 않는 삶, 용맹정진의 삶을 칭찬하고, 수행승들을 위하여 그에 알맞고 그에 걸맞게 경책하여 법문을 하고 수행승들에게 일렀다.

[세존] "수행승들이여, 그러므로 수행녀들을 위하여 열 가지 이유에 기초하여, 즉 참모임의 수승을 위하여, 참모임의 안락을 위하여, 악한 수행녀들의 조복을 위하여, 품행이 바른 수행녀들의 평안한 삶을 위하여, 지금 여기에서의 번뇌의 제어를 위하여, 다가오는 번뇌를 물리치기 위하여, 청정한 믿음이 없는 자에게 청정한 믿음을 주기 위하여, 청정한 믿음이 있는 자에게 청정한 믿음을 증대시키기 위하여, 올바른 가르침을 지속시키기 위하여, 계율을 수호하기 위하여 학습계율을 시설하니, 수행승들이여, 수행녀들은 이와 같이 학습계율을 송출해야 한다."

[세존] "'나는[*196] 음식을 한 입 가득 넣고 갉아먹지 않겠다.'라는 규율을 지켜야 한다."1495)

2-1. 음식을 한 입 가득 넣고 갉아먹지 말아야 한다. 함부로 음식을 한 입 가득 넣고 갉아먹는다면, 악작죄를 범하는 것이다.

2-2. 의도하지 않았거나, 새김을 잃었거나, 알지 못했거나, 환자이거나, 단단한 음식이거나, 각종과일이거나, 부식(副食)이거나, 사고가 난 경우이거나, 정신착란자이거나 초범자인 경우는 무죄이다.

6. 5. 6 중학죄법 제46조

볼을 가득 채워 먹기에 대한 학습계율[Avagaṇḍakārakasikkhāpada]

1-1. 한때 존귀한 부처님께서는 싸밧티 시의 제따바나 숲에 있는 아나타삔디까 승원에 계셨다. 그런데 그때 여섯무리의 수행녀들이 볼을 가득 채워 먹었다.1496) 사람들이 혐책하고 분개하고 비난했다.

[사람들] "어찌 수행녀들이 볼을 가득 채워 먹을 수 있단 말인가? 마치 감각적 쾌락의 욕망을 즐기는 재가자와 같다."

1-2. 수행녀들은 사람들이 혐책하고 분개하고 비난하는 것을 들었다. 수행녀들 가운데 욕망을 여의고, 만족을 알고, 부끄러움을 알고, 후회할 줄 알고, 배움을

1495) 설식계(齧食戒) | Bhikkhunī Sekh. 45 : na kabaḷāvacchedakaṃ bhuñjissāmī'ti sikkhā karaṇīyā'ti.

1496) avagaṇḍakārakaṃ bhuñjanti : Smp. 893에 따르면, 원숭이가 양 볼을 부풀게 하듯이 가득 채운 것을 뜻한다.

원하는 자들은 혐책하고 분개하고 비난했다.

[욕망을 여읜 수행녀들] "어찌 여섯무리의 수행녀들이 볼을 가득 채워 먹을 수 있단 말인가?"

그래서 그 수행녀들은 수행승들에게 그 사실을 알렸다. 수행승들 가운데 욕망을 여의고, 만족을 알고, 부끄러움을 알고, 후회할 줄 알고, 배움을 원하는 자들도 혐책하고 분개하고 비난했다.

[욕망을 여읜 수행승들] "어찌 여섯무리의 수행녀들이 볼을 가득 채워 먹을 수 있단 말인가?"

1-3. 그래서 그 수행승들은 세존께 그 사실을 알렸다. 그러자 세존께서는 이러한 인연으로 이러한 기회에 수행승들의 참모임을 불러 모으게 하고 연유를 설하고 수행승들에게 물었다.

[세존] "수행승들이여, 그 여섯무리의 수행녀들이 볼을 가득 채워 먹은 것이 사실인가?"

[수행승들]"세존이시여, 사실입니다."

존귀한 부처님께서는 견책했다.

[세존] "수행승들이여, 그 여섯무리의 수행녀들은 적절하지 않고, 자연스럽지 않고, 알맞지 않고, 수행자의 삶이 아니고, 부당하고, 해서는 안 될 일을 행한 것이다. 수행승들이여, 어찌 여섯무리의 수행녀들이 볼을 가득 채워 먹을 수 있단 말인가? 수행승들이여, 그것은 아직 청정한 믿음이 없는 자를 청정한 믿음으로 이끌고, 이미 청정한 믿음이 있는 자를 더욱더 청정한 믿음으로 이끄는 것이 아니다. 수행승들이여, 그것은 오히려, 아직 청정한 믿음이 없는 자를 불신으로 이끌고, 이미 청정한 믿음이 있는 자 가운데 어떤 자들을 타락시키는 것이다."

1-4. 그리고 세존께서는 그 여섯무리의 수행녀들에 대하여 여러 가지 방편으로 견책하여, 키우기 어렵고 부양하기 어렵고 탐욕이 많고 만족을 모르고 교제를 좋아하고 나태한 것에 대하여 질책하고, 여러 가지 법문으로 고무하여, 키우기 쉽고 부양하기 쉽고 욕심을 여의고, 만족을 알고, 버리고 없애는 삶, 악을 제거하는 삶, 청정한 믿음의 삶, 쌓아 모우지 않는 삶, 용맹정진의 삶을 칭찬하고, 수행승들을 위하여 그에 알맞고 그에 걸맞게 경책하여 법문을 하고 수행승들에게 일렀다.

[세존] "수행승들이여, 그러므로 수행녀들을 위하여 열 가지 이유에 기초하여, 즉 참모임의 수승을 위하여, 참모임의 안락을 위하여, 악한 수행녀들의 조복을 위하여, 품행이 바른 수행녀들의 평안한 삶을 위하여, 지금 여기에서의 번뇌의

제어를 위하여, 다가오는 번뇌를 물리치기 위하여, 청정한 믿음이 없는 자에게 청정한 믿음을 주기 위하여, 청정한 믿음이 있는 자에게 청정한 믿음을 증대시키기 위하여, 올바른 가르침을 지속시키기 위하여, 계율을 수호하기 위하여 학습계율을 시설하니, 수행승들이여, 수행녀들은 이와 같이 학습계율을 송출해야 한다."

[세존] "'나는 볼을 가득 채워 먹지 않겠다.'라는 규율을 지켜야 한다."1497)

2-1. 볼을 가득 채워 먹지 말아야 한다. 함부로 볼을 가득 채워 먹는다면, 악작죄를 범하는 것이다.

2-2. 의도하지 않았거나, 새김을 잃었거나, 알지 못했거나, 환자이거나, 각종과일이거나, 사고가 난 경우이거나, 정신착란자이거나 초범자인 경우는 무죄이다.

6. 5. 7 중학죄법 제47조

손흔들며 먹기에 대한 학습계율[Hatthaniddhunakabhojanasikkhāpada]

1-1. 한때 존귀한 부처님께서는 싸밧티 시의 제따바나 숲에 있는 아나타삔디까 승원에 계셨다. 그런데 그때 여섯무리의 수행녀들이 손을 흔들면서 먹었다. 사람들이 혐책하고 분개하고 비난했다.

[사람들] "어찌 수행녀들이 손을 흔들면서 먹을 수 있단 말인가? 마치 감각적 쾌락의 욕망을 즐기는 재가자와 같다."

1-2. 수행녀들은 사람들이 혐책하고 분개하고 비난하는 것을 들었다. 수행녀들 가운데 욕망을 여의고, 만족을 알고, 부끄러움을 알고, 후회할 줄 알고, 배움을 원하는 자들은 혐책하고 분개하고 비난했다.

[욕망을 여읜 수행녀들] "어찌 여섯무리의 수행녀들이 손을 흔들면서 먹을 수 있단 말인가?"

그래서 그 수행녀들은 수행승들에게 그 사실을 알렸다. 수행승들 가운데 욕망을 여의고, 만족을 알고, 부끄러움을 알고, 후회할 줄 알고, 배움을 원하는 자들도 혐책하고 분개하고 비난했다.

[욕망을 여읜 수행승들] "어찌 여섯무리의 수행녀들이 손을 흔들면서 먹을 수 있단 말인가?"

1497) 장협식계(張頰食戒) | Bhikkhunī Sekh. 46 : na avagaṇḍakārakaṃ bhuñjissāmī'ti sikkhā karaṇīyā'ti.

1-3. 그래서 그 수행승들은 세존께 그 사실을 알렸다. 그러자 세존께서는 이러한 인연으로 이러한 기회에 수행승들의 참모임을 불러 모으게 하고 연유를 설하고 수행승들에게 물었다.

[세존] "수행승들이여, 그 여섯무리의 수행녀들이 손을 흔들면서 먹은 것이 사실인가?"

[수행승들]"세존이시여, 사실입니다."

존귀한 부처님께서는 견책했다.

[세존] "수행승들이여, 그 여섯무리의 수행녀들은 적절하지 않고, 자연스럽지 않고, 알맞지 않고, 수행자의 삶이 아니고, 부당하고, 해서는 안 될 일을 행한 것이다. 수행승들이여, 어찌 여섯무리의 수행녀들이 손을 흔들면서 먹을 수 있단 말인가? 수행승들이여, 그것은 아직 청정한 믿음이 없는 자를 청정한 믿음으로 이끌고, 이미 청정한 믿음이 있는 자를 더욱더 청정한 믿음으로 이끄는 것이 아니다. 수행승들이여, 그것은 오히려, 아직 청정한 믿음이 없는 자를 불신으로 이끌고, 이미 청정한 믿음이 있는 자 가운데 어떤 자들을 타락시키는 것이다."

1-4. 그리고 세존께서는 그 여섯무리의 수행녀들에 대하여 여러 가지 방편으로 견책하여, 키우기 어렵고 부양하기 어렵고 탐욕이 많고 만족을 모르고 교제를 좋아하고 나태한 것에 대하여 질책하고, 여러 가지 법문으로 고무하여, 키우기 쉽고 부양하기 쉽고 욕심을 여의고, 만족을 알고, 버리고 없애는 삶, 악을 제거하는 삶, 청정한 믿음의 삶, 쌓아 모우지 않는 삶, 용맹정진의 삶을 칭찬하고, 수행승들을 위하여 그에 알맞고 그에 걸맞게 경책하여 법문을 하고 수행승들에게 일렀다.

[세존] "수행승들이여, 그러므로 수행녀들을 위하여 열 가지 이유에 기초하여, 즉 참모임의 수승을 위하여, 참모임의 안락을 위하여, 악한 수행녀들의 조복을 위하여, 품행이 바른 수행녀들의 평안한 삶을 위하여, 지금 여기에서의 번뇌의 제어를 위하여, 다가오는 번뇌를 물리치기 위하여, 청정한 믿음이 없는 자에게 청정한 믿음을 주기 위하여, 청정한 믿음이 있는 자에게 청정한 믿음을 증대시키기 위하여, 올바른 가르침을 지속시키기 위하여, 계율을 수호하기 위하여 학습계율을 시설하니, 수행승들이여, 수행녀들은 이와 같이 학습계율을 송출해야 한다."

[세존] "'나는 손을 흔들면서 먹지 않겠다.'라는 규율을 지켜야 한다."[1498]

1498) 진수식계(振手食戒) | Bhikkhunī Sekh. 47 : na hatthaniddhunakaṃ bhuñjissāmī'ti sikkhā karaṇīyā'ti.

2-1. 손을 흔들면서 먹지 말아야 한다. 함부로 손을 흔들면서 먹는다면, 악작죄를 범하는 것이다.

2-2. 의도하지 않았거나, 새김을 잃었거나, 알지 못했거나, 환자이거나, 먼지를 떨면서[*197] 손을 흔들었거나, 사고가 난 경우이거나, 정신착란자이거나 초범자인 경우는 무죄이다.

6. 5. 8 중학죄법 제48조

밥흩뜨리기에 대한 학습계율[Sitthāvakārakasikkhāpada]

1-1. 한때 존귀한 부처님께서는 싸밧티 시의 제따바나 숲에 있는 아나타삔디까 승원에 계셨다. 그런데 그때 여섯무리의 수행녀들이 밥덩이를 흩뜨리면서 먹었다. 사람들이 혐책하고 분개하고 비난했다.

[사람들] "어찌 수행녀들이 밥덩이를 흩뜨리면서 먹을 수 있단 말인가? 마치 감각적 쾌락의 욕망을 즐기는 재가자와 같다."

1-2. 수행녀들은 사람들이 혐책하고 분개하고 비난하는 것을 들었다. 수행녀들 가운데 욕망을 여의고, 만족을 알고, 부끄러움을 알고, 후회할 줄 알고, 배움을 원하는 자들은 혐책하고 분개하고 비난했다.

[욕망을 여읜 수행녀들] "어찌 여섯무리의 수행녀들이 밥덩이를 흩뜨리면서 먹을 수 있단 말인가?"

그래서 그 수행녀들은 수행승들에게 그 사실을 알렸다. 수행승들 가운데 욕망을 여의고, 만족을 알고, 부끄러움을 알고, 후회할 줄 알고, 배움을 원하는 자들도 혐책하고 분개하고 비난했다.

[욕망을 여읜 수행승들] "어찌 여섯무리의 수행녀들이 밥덩이를 흩뜨리면서 먹을 수 있단 말인가?"

1-3. 그래서 그 수행승들은 세존께 그 사실을 알렸다. 그러자 세존께서는 이러한 인연으로 이러한 기회에 수행승들의 참모임을 불러 모으게 하고 연유를 설하고 수행승들에게 물었다.

[세존] "수행승들이여, 그 여섯무리의 수행녀들이 밥덩이를 흩뜨리면서 먹은 것이 사실인가?"

[수행승들]"세존이시여, 사실입니다."

존귀한 부처님께서는 견책했다.

[세존] "수행승들이여, 그 여섯무리의 수행녀들은 적절하지 않고, 자연스럽지 않고, 알맞지 않고, 수행자의 삶이 아니고, 부당하고, 해서는 안 될 일을 행한 것이다. 수행승들이여, 어찌 여섯무리의 수행녀들이 밥덩이를 흩뜨리면서 먹을 수 있단 말인가? 수행승들이여, 그것은 아직 청정한 믿음이 없는 자를 청정한 믿음으로 이끌고, 이미 청정한 믿음이 있는 자를 더욱더 청정한 믿음으로 이끄는 것이 아니다. 수행승들이여, 그것은 오히려, 아직 청정한 믿음이 없는 자를 불신으로 이끌고, 이미 청정한 믿음이 있는 자 가운데 어떤 자들을 타락시키는 것이다."

1-4. 그리고 세존께서는 그 여섯무리의 수행녀들에 대하여 여러 가지 방편으로 견책하여, 키우기 어렵고 부양하기 어렵고 탐욕이 많고 만족을 모르고 교제를 좋아하고 나태한 것에 대하여 질책하고, 여러 가지 법문으로 고무하여, 키우기 쉽고 부양하기 쉽고 욕심을 여의고, 만족을 알고, 버리고 없애는 삶, 악을 제거하는 삶, 청정한 믿음의 삶, 쌓아 모우지 않는 삶, 용맹정진의 삶을 칭찬하고, 수행승들을 위하여 그에 알맞고 그에 걸맞게 경책하여 법문을 하고 수행승들에게 일렀다.

[세존] "수행승들이여, 그러므로 수행녀들을 위하여 열 가지 이유에 기초하여, 즉 참모임의 수승을 위하여, 참모임의 안락을 위하여, 악한 수행녀들의 조복을 위하여, 품행이 바른 수행녀들의 평안한 삶을 위하여, 지금 여기에서의 번뇌의 제어를 위하여, 다가오는 번뇌를 물리치기 위하여, 청정한 믿음이 없는 자에게 청정한 믿음을 주기 위하여, 청정한 믿음이 있는 자에게 청정한 믿음을 증대시키기 위하여, 올바른 가르침을 지속시키기 위하여, 계율을 수호하기 위하여 학습계율을 시설하니, 수행승들이여, 수행녀들은 이와 같이 학습계율을 송출해야 한다."

[세존] "'나는 밥덩이를 흩뜨리면서 먹지 않겠다.'라는 규율을 지켜야 한다."1499)

2-1. 밥덩이를 흩뜨리면서 먹지 말아야 한다. 함부로 밥덩이를 흩뜨리면서 먹는다면, 악작죄를 범하는 것이다.

2-2. 의도하지 않았거나, 새김을 잃었거나, 알지 못했거나, 환자이거나, 먼지를 떨면서 밥덩이를 흩뜨렸다던가, 사고가 난 경우이거나, 정신착란자이거나 초범자인 경우는 무죄이다.

1499) 살반립계(撒飯粒戒) | Bhikkhunī Sekh. 48 : na sitthāvakārakaṃ bhuñjissāmī'ti sikkhā karaṇīyā'ti.

6. 5. 9 중학죄법 제49조

혀내밀며 먹기에 대한 학습계율[Jivhānicchārakabhojanasikkhāpada]

1-1. 한때 존귀한 부처님께서는 싸밧티 시의 제따바나 숲에 있는 아나타삔디까 승원에 계셨다. 그런데 그때 여섯무리의 수행녀들이 혀를 내밀면서 먹었다. 사람들이 혐책하고 분개하고 비난했다.

[사람들] "어찌 수행녀들이 혀를 내밀면서 먹을 수 있단 말인가? 마치 감각적 쾌락의 욕망을 즐기는 재가자와 같다."

1-2. 수행녀들은 사람들이 혐책하고 분개하고 비난하는 것을 들었다. 수행녀들 가운데 욕망을 여의고, 만족을 알고, 부끄러움을 알고, 후회할 줄 알고, 배움을 원하는 자들은 혐책하고 분개하고 비난했다.

[욕망을 여읜 수행녀들] "어찌 여섯무리의 수행녀들이 혀를 내밀면서 먹을 수 있단 말인가?"

그래서 그 수행녀들은 수행승들에게 그 사실을 알렸다. 수행승들 가운데 욕망을 여의고, 만족을 알고, 부끄러움을 알고, 후회할 줄 알고, 배움을 원하는 자들도 혐책하고 분개하고 비난했다.

[욕망을 여읜 수행승들] "어찌 여섯무리의 수행녀들이 혀를 내밀면서 먹을 수 있단 말인가?"

1-3. 그래서 그 수행승들은 세존께 그 사실을 알렸다. 그러자 세존께서는 이러한 인연으로 이러한 기회에 수행승들의 참모임을 불러 모으게 하고 연유를 설하고 수행승들에게 물었다.

[세존] "수행승들이여, 그 여섯무리의 수행녀들이 혀를 내밀면서 먹은 것이 사실인가?"

[수행승들]"세존이시여, 사실입니다."

존귀한 부처님께서는 견책했다.

[세존] "수행승들이여, 그 여섯무리의 수행녀들은 적절하지 않고, 자연스럽지 않고, 알맞지 않고, 수행자의 삶이 아니고, 부당하고, 해서는 안 될 일을 행한 것이다. 수행승들이여, 어찌 여섯무리의 수행녀들이 혀를 내밀면서 먹을 수 있단 말인가? 수행승들이여, 그것은 아직 청정한 믿음이 없는 자를 청정한 믿음으로 이끌고, 이미 청정한 믿음이 있는 자를 더욱더 청정한 믿음으로 이끄는 것이 아니다. 수행승들이여, 그것은 오히려, 아직 청정한 믿음이 없는 자를 불신으로

이끌고, 이미 청정한 믿음이 있는 자 가운데 어떤 자들을 타락시키는 것이다."

1-4. 그리고 세존께서는 그 여섯무리의 수행녀들에 대하여 여러 가지 방편으로 견책하여, 키우기 어렵고 부양하기 어렵고 탐욕이 많고 만족을 모르고 교제를 좋아하고 나태한 것에 대하여 질책하고, 여러 가지 법문으로 고무하여, 키우기 쉽고 부양하기 쉽고 욕심을 여의고, 만족을 알고, 버리고 없애는 삶, 악을 제거하는 삶, 청정한 믿음의 삶, 쌓아 모우지 않는 삶, 용맹정진의 삶을 칭찬하고, 수행승들을 위하여 그에 알맞고 그에 걸맞게 경책하여 법문을 하고 수행승들에게 일렀다.

[세존] "수행승들이여, 그러므로 수행녀들을 위하여 열 가지 이유에 기초하여, 즉 참모임의 수승을 위하여, 참모임의 안락을 위하여, 악한 수행녀들의 조복을 위하여, 품행이 바른 수행녀들의 평안한 삶을 위하여, 지금 여기에서의 번뇌의 제어를 위하여, 다가오는 번뇌를 물리치기 위하여, 청정한 믿음이 없는 자에게 청정한 믿음을 주기 위하여, 청정한 믿음이 있는 자에게 청정한 믿음을 증대시키기 위하여, 올바른 가르침을 지속시키기 위하여, 계율을 수호하기 위하여 학습계율을 시설하니, 수행승들이여, 수행녀들은 이와 같이 학습계율을 송출해야 한다."

[세존] "'나는 혀를 내밀면서 먹지 않겠다.'라는 규율을 지켜야 한다."[1500]

2-1. 혀를 내밀면서 먹지 말아야 한다. 함부로 혀를 내밀면서 먹는다면, 악작죄를 범하는 것이다.

2-2. 의도하지 않았거나, 새김을 잃었거나, 알지 못했거나, 환자이거나, 사고가 난 경우이거나, 정신착란자이거나 초범자인 경우는 무죄이다.

6. 5. 10 중학죄법 제50조

쩝쩝소리에 대한 학습계율[Capucapukārakasikkhāpada]

1-1. 한때 존귀한 부처님께서는 싸밧티 시의 제따바나 숲에 있는 아나타삔디까 승원에 계셨다. 그런데 그때 여섯무리의 수행녀들이 쩝쩝 소리내면서 먹었다. 사람들이 혐책하고 분개하고 비난했다.

[사람들] "어찌 수행녀들이 쩝쩝 소리내면서 먹을 수 있단 말인가? 마치 감각적 쾌락의 욕망을 즐기는 재가자와 같다."

1500) 설지식계(舌舐食戒) | Bhikkhunī Sekh. 49 : na jivhānicchārakaṃ bhuñjissāmī'ti sikkhā karaṇīyā'ti.

1-2. 수행녀들은 사람들이 혐책하고 분개하고 비난하는 것을 들었다. 수행녀들 가운데 욕망을 여의고, 만족을 알고, 부끄러움을 알고, 후회할 줄 알고, 배움을 원하는 자들은 혐책하고 분개하고 비난했다.

[욕망을 여읜 수행녀들] "어찌 여섯무리의 수행녀들이 쩝쩝 소리내면서 먹을 수 있단 말인가?"

그래서 그 수행녀들은 수행승들에게 그 사실을 알렸다. 수행승들 가운데 욕망을 여의고, 만족을 알고, 부끄러움을 알고, 후회할 줄 알고, 배움을 원하는 자들도 혐책하고 분개하고 비난했다.

[욕망을 여읜 수행승들] "어찌 여섯무리의 수행녀들이 쩝쩝 소리내면서 먹을 수 있단 말인가?"

1-3. 그래서 그 수행승들은 세존께 그 사실을 알렸다. 그러자 세존께서는 이러한 인연으로 이러한 기회에 수행승들의 참모임을 불러 모으게 하고 연유를 설하고 수행승들에게 물었다.

[세존] "수행승들이여, 그 여섯무리의 수행녀들이 쩝쩝 소리내면서 먹은 것이 사실인가?"

[수행승들]"세존이시여, 사실입니다."

존귀한 부처님께서는 견책했다.

[세존] "수행승들이여, 그 여섯무리의 수행녀들은 적절하지 않고, 자연스럽지 않고, 알맞지 않고, 수행자의 삶이 아니고, 부당하고, 해서는 안 될 일을 행한 것이다. 수행승들이여, 어찌 여섯무리의 수행녀들이 쩝쩝 소리내면서 먹을 수 있단 말인가? 수행승들이여, 그것은 아직 청정한 믿음이 없는 자를 청정한 믿음으로 이끌고, 이미 청정한 믿음이 있는 자를 더욱더 청정한 믿음으로 이끄는 것이 아니다. 수행승들이여, 그것은 오히려, 아직 청정한 믿음이 없는 자를 불신으로 이끌고, 이미 청정한 믿음이 있는 자 가운데 어떤 자들을 타락시키는 것이다."

1-4. 그리고 세존께서는 그 여섯무리의 수행녀들에 대하여 여러 가지 방편으로 견책하여, 키우기 어렵고 부양하기 어렵고 탐욕이 많고 만족을 모르고 교제를 좋아하고 나태한 것에 대하여 질책하고, 여러 가지 법문으로 고무하여, 키우기 쉽고 부양하기 쉽고 욕심을 여의고, 만족을 알고, 버리고 없애는 삶, 악을 제거하는 삶, 청정한 믿음의 삶, 쌓아 모우지 않는 삶, 용맹정진의 삶을 칭찬하고, 수행승들을 위하여 그에 알맞고 그에 걸맞게 경책하여 법문을 하고 수행승들에게 일렀다.

[세존] "수행승들이여, 그러므로 수행녀들을 위하여 열 가지 이유에 기초하여, 즉 참모임의 수승을 위하여, 참모임의 안락을 위하여, 악한 수행녀들의 조복을 위하여, 품행이 바른 수행녀들의 평안한 삶을 위하여, 지금 여기에서의 번뇌의 제어를 위하여, 다가오는 번뇌를 물리치기 위하여, 청정한 믿음이 없는 자에게 청정한 믿음을 주기 위하여, 청정한 믿음이 있는 자에게 청정한 믿음을 증대시키기 위하여, 올바른 가르침을 지속시키기 위하여, 계율을 수호하기 위하여 학습계율을 시설하니, 수행승들이여, 수행녀들은 이와 같이 학습계율을 송출해야 한다."

[세존] "'나는 쩝쩝 소리내면서 먹지 않겠다.'라는 규율을 지켜야 한다."1501)

2-1. 쩝쩝 소리내면서 먹지 말아야 한다. 함부로 쩝쩝 소리내면서 먹는다면, 악작죄를 범하는 것이다.

2-2. 의도하지 않았거나, 새김을 잃었거나, 알지 못했거나, 환자이거나, 사고가 난 경우이거나, 정신착란자이거나 초범자인 경우는 무죄이다.

제6품 후룩후룩(Surusuruvagga)

6. 6. 1 중학죄법 제51조

후룩후룩소리에 대한 학습계율[Surusurukārakasikkhāpada]

1-1. 한때 존귀한 부처님께서는 꼬쌈비 시에 있는 고씨따 승원에 계셨다. 그런데 그때 어떤 바라문이 참모임을 위하여 우유음료를 준비했다. 수행녀들이 후룩후룩 소리를 내면서 우유를 마셨다. 어떤 예전에 배우였던 수행녀가 이와 같이 말했다.

[배우였던 수행녀] "생각건대, 참모임이 모두 청량해졌습니다."

1-2. 수행녀들은 사람들이 혐책하고 분개하고 비난하는 것을 들었다. 수행녀들 가운데 욕망을 여의고, 만족을 알고, 부끄러움을 알고, 후회할 줄 알고, 배움을 원하는 자들은 혐책하고 분개하고 비난했다.

[욕망을 여읜 수행녀들] "어찌 수행녀가 참모임을 희롱할 수 있단 말인가?"

그래서 그 수행녀들은 수행승들에게 그 사실을 알렸다. 수행승들 가운데 욕망을 여의고, 만족을 알고, 부끄러움을 알고, 후회할 줄 알고, 배움을 원하는 자들도

1501) 작성식계(作聲食戒) | Bhikkhunī Sekh. 50 : na capucapukārakaṃ bhuñjissāmī'ti sikkhā karaṇīyā'ti.

혐책하고 분개하고 비난했다.

[욕망을 여읜 수행승들] "어찌 수행녀가 참모임을 희롱할 수 있단 말인가?"

1-3. 그래서 그 수행승들은 세존께 그 사실을 알렸다. 그러자 세존께서는 이러한 인연으로 이러한 기회에 수행승들의 참모임을 불러 모으게 하고 연유를 설하고 그 수행승들에게 물었다.

[세존] "수행승이여, 그 수행녀가 참모임을 희롱한 것이 사실인가?"

[수행승들] "세존이시여, 사실입니다."

존귀한 부처님께서는 견책했다.

[세존] "수행승들이여, 그 수행녀는 적절하지 않고, 자연스럽지 않고, 알맞지 않고, 수행자의 삶이 아니고, 부당하고, 해서는 안 될 일을 행한 것이다. 수행승들이여, 어찌 그 수행녀가 참모임를 희롱할 수 있단 말인가? 수행승들이여, 그것은 아직 청정한 믿음이 없는 자를 청정한 믿음으로 이끌고, 이미 청정한 믿음이 있는 자를 더욱더 청정한 믿음으로 이끄는 것이 아니다. 수행승들이여, 그것은 오히려, 아직 청정한 믿음이 없는 자를 불신으로 이끌고, 이미 청정한 믿음이 있는 자 가운데 어떤 자들을 타락시키는 것이다."

1-4. 그리고 세존께서는 그 수행녀에 대하여 여러 가지 방편으로 견책하여, 키우기 어렵고 부양하기 어렵고 탐욕이 많고 만족을 모르고 교제를 좋아하고 나태한 것에 대하여 질책하고, 여러 가지 법문으로 고무하여, 키우기 쉽고 부양하기 쉽고 욕심을 여의고, 만족을 알고, 버리고 없애는 삶, 악을 제거하는 삶, 청정한 믿음의 삶, 쌓아 모우지 않는 삶, 용맹정진의 삶을 칭찬하고, 수행승들을 위하여 그에 알맞고 그에 걸맞게 경책하여 법문을 하고 수행승들에게 일렀다.

[세존] "수행승들이여, 부처님 혹은 가르침 혹은 참모임을 희롱해서는 안 된다. 누구든지 행한다면, 악작죄를 범하는 것이다."

1-5. 그리고 세존께서는 그 수행녀에 대하여 여러 가지 방편으로 견책하여, 키우기 어렵고 부양하기 어렵고 탐욕이 많고 만족을 모르고 교제를 좋아하고 나태한 것에 대하여 질책하고, 여러 가지 법문으로 고무하여, 키우기 쉽고 부양하기 쉽고 욕심을 여의고, 만족을 알고, 버리고 없애는 삶, 악을 제거하는 삶, 청정한 믿음의 삶, 쌓아 모우지 않는 삶, 용맹정진의 삶을 칭찬하고, 수행승들을 위하여 그에 알맞고 그에 걸맞게 경책하여 법문을 하고 수행승들에게 일렀다.

[세존] "수행승들이여, 그러므로 수행녀들을 위하여 열 가지 이유에 기초하여,

즉 참모임의 수승을 위하여, 참모임의 안락을 위하여, 악한 수행녀들의 조복을 위하여, 품행이 바른 수행녀들의 평안한 삶을 위하여, 지금 여기에서의 번뇌의 제어를 위하여, 다가오는 번뇌를 물리치기 위하여, 청정한 믿음이 없는 자에게 청정한 믿음을 주기 위하여, 청정한 믿음이 있는 자에게 청정한 믿음을 증대시키기 위하여, 올바른 가르침을 지속시키기 위하여, 계율을 수호하기 위하여 학습계율을 시설하니, 수행승들이여, 수행녀들은 이와 같이 학습계율을 송출해야 한다."

[세존] "'나는 후룩후룩 소리내면서 먹지 않겠다.'라는 규율을 지켜야 한다."1502)

2-1. 후룩후룩[*198] 소리내면서 먹지 말아야 한다. 함부로 후룩후룩 소리내면서 먹는다면, 악작죄를 범하는 것이다.

2-2. 의도하지 않았거나, 새김을 잃었거나, 알지 못했거나, 환자이거나, 사고가 난 경우이거나, 정신착란자이거나 초범자인 경우는 무죄이다.

6. 6. 2 중학죄법 제52조

손핥기에 대한 학습계율[Hatthanillehakasikkhāpada]

1-1. 한때 존귀한 부처님께서는 싸밧티 시에 있는 제따바나 숲의 아나타삔디까 승원에 계셨다. 그런데 그때 여섯무리의 수행녀들이 손을 핥으면서 식사했다. 한 예전에 배우였던 수행녀가 이와 같이 말했다.

[수행승들] "생각건대, 참모임이 모두 청량해졌습니다."

1-2. 수행녀들은 사람들이 혐책하고 분개하고 비난하는 것을 들었다. 수행녀들 가운데 욕망을 여의고, 만족을 알고, 부끄러움을 알고, 후회할 줄 알고, 배움을 원하는 자들은 혐책하고 분개하고 비난했다.

[욕망을 여읜 수행녀들] "어찌 수행녀가 참모임을 희롱 할 수 있단 말인가?"

그래서 그 수행녀들은 수행승들에게 그 사실을 알렸다. 수행승들 가운데 욕망을 여의고, 만족을 알고, 부끄러움을 알고, 후회할 줄 알고, 배움을 원하는 자들도 혐책하고 분개하고 비난했다.

[욕망을 여읜 수행승들] "어찌 수행녀가 참모임을 희롱 할 수 있단 말인가?"

1-3. 그래서 그 수행승들은 세존께 그 사실을 알렸다. 그러자 세존께서는 이러한

1502) 흡식계(吸食戒) | Bhikkhunī Sekh. 51 : na surusurukārakaṃ bhuñjissāmī'ti sikkhā karaṇīyā'ti.

인연으로 이러한 기회에 수행승들의 참모임을 불러 모으게 하고 연유를 설하고 수행승들에게 물었다.

[세존] "수행승이여, 그 수행녀가 참모임을 희롱 한 것이 사실인가?"

[수행승들] "세존이시여, 사실입니다."

존귀한 부처님께서는 견책했다.

[세존] "수행승들이여, 그 수행녀는 적절하지 않고, 자연스럽지 않고, 알맞지 않고, 수행자의 삶이 아니고, 부당하고, 해서는 안 될 일을 행한 것이다. 수행승들이여, 어찌 수행녀가 참모임을 희롱할 수 있단 말인가? 수행승들이여, 그것은 아직 청정한 믿음이 없는 자를 청정한 믿음으로 이끌고, 이미 청정한 믿음이 있는 자를 더욱더 청정한 믿음으로 이끄는 것이 아니다. 수행승들이여, 그것은 오히려, 아직 청정한 믿음이 없는 자를 불신으로 이끌고, 이미 청정한 믿음이 있는 자 가운데 어떤 자들을 타락시키는 것이다."

1-4. 그리고 세존께서는 그 수행녀에 대하여 여러 가지 방편으로 견책하여, 키우기 어렵고 부양하기 어렵고 탐욕이 많고 만족을 모르고 교제를 좋아하고 나태한 것에 대하여 질책하고, 여러 가지 법문으로 고무하여, 키우기 쉽고 부양하기 쉽고 욕심을 여의고, 만족을 알고, 버리고 없애는 삶, 악을 제거하는 삶, 청정한 믿음의 삶, 쌓아 모우지 않는 삶, 용맹정진의 삶을 칭찬하고, 수행승들을 위하여 그에 알맞고 그에 걸맞게 경책하여 법문을 하고 수행승들에게 일렀다.

[세존] "수행승들이여, 부처님 혹은 가르침 혹은 참모임을 희롱해서는 안 된다. 누구든지 행한다면, 악작죄를 범하는 것이다."

1-5. 그리고 세존께서는 그 여섯무리의 수행녀들에 대하여 여러 가지 방편으로 견책하여, 키우기 어렵고 부양하기 어렵고 탐욕이 많고 만족을 모르고 교제를 좋아하고 나태한 것에 대하여 질책하고, 여러 가지 법문으로 고무하여, 키우기 쉽고 부양하기 쉽고 욕심을 여의고, 만족을 알고, 버리고 없애는 삶, 악을 제거하는 삶, 청정한 믿음의 삶, 쌓아 모우지 않는 삶, 용맹정진의 삶을 칭찬하고, 수행승들을 위하여 그에 알맞고 그에 걸맞게 경책하여 법문을 하고 수행승들에게 일렀다.

[세존] "수행승들이여, 그러므로 수행녀들을 위하여 열 가지 이유에 기초하여, 즉 참모임의 수승을 위하여, 참모임의 안락을 위하여, 악한 수행녀들의 조복을 위하여, 품행이 바른 수행녀들의 평안한 삶을 위하여, 지금 여기에서의 번뇌의 제어를 위하여, 다가오는 번뇌를 물리치기 위하여, 청정한 믿음이 없는 자에게 청정한 믿음을 주기 위하여, 청정한 믿음이 있는 자에게 청정한 믿음을 증대시키

기 위하여, 올바른 가르침을 지속시키기 위하여, 계율을 수호하기 위하여 학습계율을 시설하니, 수행승들이여, 수행녀들은 이와 같이 학습계율을 송출해야 한다."

[세존] "'나는 손을 핥으면서 먹지 않겠다.'라는 규율을 지켜야 한다."1503)

2-1. 손을 핥으면서 먹지 말아야 한다. 함부로 손을 핥으면서 먹는다면, 악작죄를 범하는 것이다.

2-2. 의도하지 않았거나, 새김을 잃었거나, 알지 못했거나, 환자이거나, 사고가 난 경우이거나, 정신착란자이거나 초범자인 경우는 무죄이다.

6. 6. 3 중학죄법 제53조

발우핥기에 대한 학습계율[Pattanillehakasikkhāpada]

1-1. 한때 존귀한 부처님께서는 싸밧티 시에 있는 제따바나 숲의 아나타삔디까 승원에 계셨다. 그런데 그때 여섯무리의 수행녀들이 발우를 핥으면서 식사했다. 한 예전에 배우였던 수행녀가 이와 같이 말했다.

[수행승들] "생각건대, 참모임이 모두 청량해졌습니다."

1-2. 수행녀들은 사람들이 혐책하고 분개하고 비난하는 것을 들었다. 수행녀들 가운데 욕망을 여의고, 만족을 알고, 부끄러움을 알고, 후회할 줄 알고, 배움을 원하는 자들은 혐책하고 분개하고 비난했다.

[욕망을 여읜 수행녀들] "어찌 수행녀가 참모임을 희롱 할 수 있단 말인가?"

그래서 그 수행녀들은 수행승들에게 그 사실을 알렸다. 수행승들 가운데 욕망을 여의고, 만족을 알고, 부끄러움을 알고, 후회할 줄 알고, 배움을 원하는 자들도 혐책하고 분개하고 비난했다.

[욕망을 여읜 수행승들] "어찌 수행녀가 참모임을 희롱 할 수 있단 말인가?"

1-3. 그래서 그 수행승들은 세존께 그 사실을 알렸다. 그러자 세존께서는 이러한 인연으로 이러한 기회에 수행승들의 참모임을 불러 모으게 하고 연유를 설하고 수행승들에게 물었다.

[세존] "수행승이여, 그 수행녀가 참모임을 희롱 한 것이 사실인가?"

[수행승들] "세존이시여, 사실입니다."

1503) 지수식계(舐手食戒) | Bhikkhunī Sekh. 52 : na hatthanillehakaṃ bhuñajissāmī'ti sikkhā karaṇīyā'ti.

존귀한 부처님께서는 견책했다.

[세존] "수행승들이여, 그 수행녀는 적절하지 않고, 자연스럽지 않고, 알맞지 않고, 수행자의 삶이 아니고, 부당하고, 해서는 안 될 일을 행한 것이다. 수행승들이여, 어찌 수행녀가 참모임을 희롱할 수 있단 말인가? 수행승들이여, 그것은 아직 청정한 믿음이 없는 자를 청정한 믿음으로 이끌고, 이미 청정한 믿음이 있는 자를 더욱더 청정한 믿음으로 이끄는 것이 아니다. 수행승들이여, 그것은 오히려, 아직 청정한 믿음이 없는 자를 불신으로 이끌고, 이미 청정한 믿음이 있는 자 가운데 어떤 자들을 타락시키는 것이다."

1-4. 그리고 세존께서는 그 여섯무리의 수행녀들에 대하여 여러 가지 방편으로 견책하여, 키우기 어렵고 부양하기 어렵고 탐욕이 많고 만족을 모르고 교제를 좋아하고 나태한 것에 대하여 질책하고, 여러 가지 법문으로 고무하여, 키우기 쉽고 부양하기 쉽고 욕심을 여의고, 만족을 알고, 버리고 없애는 삶, 악을 제거하는 삶, 청정한 믿음의 삶, 쌓아 모우지 않는 삶, 용맹정진의 삶을 칭찬하고, 수행승들을 위하여 그에 알맞고 그에 걸맞게 경책하여 법문을 하고 수행승들에게 일렀다.

[세존] "수행승들이여, 부처님 혹은 가르침 혹은 참모임을 희롱해서는 안 된다. 누구든지 행한다면, 악작죄를 범하는 것이다."

1-5. 그리고 세존께서는 그 여섯무리의 수행녀들에 대하여 여러 가지 방편으로 견책하여, 키우기 어렵고 부양하기 어렵고 탐욕이 많고 만족을 모르고 교제를 좋아하고 나태한 것에 대하여 질책하고, 여러 가지 법문으로 고무하여, 키우기 쉽고 부양하기 쉽고 욕심을 여의고, 만족을 알고, 버리고 없애는 삶, 악을 제거하는 삶, 청정한 믿음의 삶, 쌓아 모우지 않는 삶, 용맹정진의 삶을 칭찬하고, 수행승들을 위하여 그에 알맞고 그에 걸맞게 경책하여 법문을 하고 수행승들에게 일렀다.

[세존] "수행승들이여, 그러므로 수행녀들을 위하여 열 가지 이유에 기초하여, 즉 참모임의 수승을 위하여, 참모임의 안락을 위하여, 악한 수행녀들의 조복을 위하여, 품행이 바른 수행녀들의 평안한 삶을 위하여, 지금 여기에서의 번뇌의 제어를 위하여, 다가오는 번뇌를 물리치기 위하여, 청정한 믿음이 없는 자에게 청정한 믿음을 주기 위하여, 청정한 믿음이 있는 자에게 청정한 믿음을 증대시키기 위하여, 올바른 가르침을 지속시키기 위하여, 계율을 수호하기 위하여 학습계율을 시설하니, 수행승들이여, 수행녀들은 이와 같이 학습계율을 송출해야 한다."

[세존] "'나는 발우를 핥으면서 먹지 않겠다.'라는 규율을 지켜야 한다."[1504)]

2-1. 발우를 핥으면서 먹지 말아야 한다. 함부로 발우를 핥으면서 먹는다면, 악작죄를 범하는 것이다.

2-2. 의도하지 않았거나, 새김을 잃었거나, 알지 못했거나, 환자이거나, 소량의 남은 것을 모아서 한쪽을 핥아먹었거나, 사고가 난 경우이거나, 정신착란자이거나 초범자인 경우는 무죄이다.

6. 6. 4 중학죄법 제54조

입술핥기에 대한 학습계율[Oṭṭhanillehakasikkhāpada]

1-1. 한때 존귀한 부처님께서는 싸밧티 시에 있는 제따바나 숲의 아나타삔디까 승원에 계셨다. 그런데 그때 여섯무리의 수행녀들이 입술을 핥으면서 식사했다. 한 예전에 배우였던 수행녀가 이와 같이 말했다.

[수행승들] "생각건대, 참모임이 모두 청량해졌습니다."

1-2. 수행녀들은 사람들이 혐책하고 분개하고 비난하는 것을 들었다. 수행녀들 가운데 욕망을 여의고, 만족을 알고, 부끄러움을 알고, 후회할 줄 알고, 배움을 원하는 자들은 혐책하고 분개하고 비난했다.

[욕망을 여읜 수행녀들] "어찌 수행녀가 참모임을 희롱할 수 있단 말인가?"

그래서 그 수행녀들은 수행승들에게 그 사실을 알렸다. 수행승들 가운데 욕망을 여의고, 만족을 알고, 부끄러움을 알고, 후회할 줄 알고, 배움을 원하는 자들도 혐책하고 분개하고 비난했다.

[욕망을 여읜 수행승들] "어찌 수행녀가 참모임을 희롱할 수 있단 말인가?"

1-3. 그래서 그 수행승들은 세존께 그 사실을 알렸다. 그러자 세존께서는 이러한 인연으로 이러한 기회에 수행승들의 참모임을 불러 모으게 하고 연유를 설하고 수행승들에게 물었다.

[세존] "수행승들이여, 그 수행녀가 참모임을 희롱한 것이 사실인가?"

[수행승들] "세존이시여, 사실입니다."

존귀한 부처님께서는 견책했다.

[세존] "수행승들이여, 그 수행녀는 적절하지 않고, 자연스럽지 않고, 알맞지

1504) 지발식계(舐鉢食戒) | Bhikkhunī Sekh. 53 : na pattanillehakaṃ bhuñajissāmī'ti sikkhā karaṇīyā'ti.

않고, 수행자의 삶이 아니고, 부당하고, 해서는 안 될 일을 행한 것이다. 수행승들이여, 어찌 수행녀가 참모임을 희롱할 수 있단 말인가? 수행승들이여, 그것은 아직 청정한 믿음이 없는 자를 청정한 믿음으로 이끌고, 이미 청정한 믿음이 있는 자를 더욱더 청정한 믿음으로 이끄는 것이 아니다. 수행승들이여, 그것은 오히려, 아직 청정한 믿음이 없는 자를 불신으로 이끌고, 이미 청정한 믿음이 있는 자 가운데 어떤 자들을 타락시키는 것이다."

1-4. 그리고 세존께서는 그 여섯무리의 수행녀들에 대하여 여러 가지 방편으로 견책하여, 키우기 어렵고 부양하기 어렵고 탐욕이 많고 만족을 모르고 교제를 좋아하고 나태한 것에 대하여 질책하고, 여러 가지 법문으로 고무하여, 키우기 쉽고 부양하기 쉽고 욕심을 여의고, 만족을 알고, 버리고 없애는 삶, 악을 제거하는 삶, 청정한 믿음의 삶, 쌓아 모우지 않는 삶, 용맹정진의 삶을 칭찬하고, 수행승들을 위하여 그에 알맞고 그에 걸맞게 경책하여 법문을 하고 수행승들에게 일렀다.

[세존] "수행승들이여, 부처님 혹은 가르침 혹은 참모임을 희롱해서는 안 된다. 누구든지 행한다면, 악작죄를 범하는 것이다."

1-5. 그리고 세존께서는 그 여섯무리의 수행녀들에 대하여 여러 가지 방편으로 견책하여, 키우기 어렵고 부양하기 어렵고 탐욕이 많고 만족을 모르고 교제를 좋아하고 나태한 것에 대하여 질책하고, 여러 가지 법문으로 고무하여, 키우기 쉽고 부양하기 쉽고 욕심을 여의고, 만족을 알고, 버리고 없애는 삶, 악을 제거하는 삶, 청정한 믿음의 삶, 쌓아 모우지 않는 삶, 용맹정진의 삶을 칭찬하고, 수행승들을 위하여 그에 알맞고 그에 걸맞게 경책하여 법문을 하고 수행승들에게 일렀다.

[세존] "수행승들이여, 그러므로 수행녀들을 위하여 열 가지 이유에 기초하여, 즉 참모임의 수승을 위하여, 참모임의 안락을 위하여, 악한 수행녀들의 조복을 위하여, 품행이 바른 수행녀들의 평안한 삶을 위하여, 지금 여기에서의 번뇌의 제어를 위하여, 다가오는 번뇌를 물리치기 위하여, 청정한 믿음이 없는 자에게 청정한 믿음을 주기 위하여, 청정한 믿음이 있는 자에게 청정한 믿음을 증대시키기 위하여, 올바른 가르침을 지속시키기 위하여, 계율을 수호하기 위하여 학습계율을 시설하니, 수행승들이여, 수행녀들은 이와 같이 학습계율을 송출해야 한다."

[세존] "'나는 입술을 핥으면서 먹지 않겠다.'라는 규율을 지켜야 한다."[1505]

1505) 지순식계(舐脣食戒) | Bhikkhunī Sekh. 54 : na oṭṭhanillehakaṃ bhuñajissāmī'ti sikkhā karaṇīyā'ti.

2-1. 입술을 핥으면서 먹지 말아야 한다. 함부로 입술을 핥으면서 먹는다면, 악작죄를 범하는 것이다.

2-2. 의도하지 않았거나, 새김을 잃었거나, 알지 못했거나, 환자이거나, 사고가 난 경우이거나, 정신착란자이거나 초범자인 경우는 무죄이다.

6. 6. 5 중학죄법 제55조

음식묻은 손에 대한 학습계율[Sāmisahatthasikkhāpada]

1-1. 한때 존귀한 부처님께서는 박가 국의 쑹쑤마라기리 시에 있는 베싸깔라바나 숲의 미가다야 공원에 계셨다. 그런데 그때 수행녀들이 꼬까나다[1506] 궁전에서 음식이 묻은 손으로 물병을 만졌다. 사람들이 혐책하고 분개하고 비난했다.

[사람들] "어찌 수행녀들이 음식이 묻은 손으로 물병을 만질 수 있단 말인가? 마치 감각적 쾌락의 욕망을 즐기는 재가자와 같다."

1-2. 수행녀들은 사람들이 혐책하고 분개하고 비난하는 것을 들었다. 수행녀들 가운데 욕망을 여의고, 만족을 알고, 부끄러움을 알고, 후회할 줄 알고, 배움을 원하는 자들은 혐책하고 분개하고 비난했다.

[욕망을 여읜 수행녀들] "어찌 수행녀들이 음식이 묻은 손으로 물병을 만질 수 있단 말인가?"

그래서 그 수행녀들은 수행승들에게 그 사실을 알렸다. 수행승들 가운데 욕망을 여의고, 만족을 알고, 부끄러움을 알고, 후회할 줄 알고, 배움을 원하는 자들도 혐책하고 분개하고 비난했다.

[욕망을 여읜 수행승들] "어찌 수행녀들이 음식이 묻은 손으로 물병을 만질 수 있단 말인가?"

1-3. 수행승들은 세존께 그 사실을 알렸다. 그러자 세존께서는 이러한 인연으로 이러한 기회에 수행승들의 참모임을 불러 모으게 하고 연유를 설하고 그 수행승들에게 물었다.

[세존] "수행승들이여, 수행녀들이 음식이 묻은 손으로 물병을 만진 것이 사실인가?"

1506) Kokanada : 왕자 보디(Bodhi)의 궁전 이름으로 Pps. III. 321에 따르면, 연꽃 모양으로 건축되었기 때문에 꼬까나다(Kokanada)라고 불렸다.

[수행승들] "세존이시여, 사실입니다."

존귀한 부처님께서는 견책했다.

[세존] "수행승들이여, 그 수행녀들은 적절하지 않고, 자연스럽지 않고, 알맞지 않고, 수행자의 삶이 아니고, 부당하고, 해서는 안 될 일을 행한 것이다. 수행승들이여, 어찌 수행녀들이 음식이 묻은 손으로 물병을 만질 수 있단 말인가? 수행승들이여, 그것은 아직 청정한 믿음이 없는 자를 청정한 믿음으로 이끌고, 이미 청정한 믿음이 있는 자를 더욱더 청정한 믿음으로 이끄는 것이 아니다. 수행승들이여, 그것은 오히려, 아직 청정한 믿음이 없는 자를 불신으로 이끌고, 이미 청정한 믿음이 있는 자 가운데 어떤 자들을 타락시키는 것이다."

1-4. 그리고 세존께서는 그 수행녀들에 대하여 여러 가지 방편으로 견책하여, 키우기 어렵고 부양하기 어렵고 탐욕이 많고 만족을 모르고 교제를 좋아하고 나태한 것에 대하여 질책하고, 여러 가지 법문으로 고무하여, 키우기 쉽고 부양하기 쉽고 욕심을 여의고, 만족을 알고, 버리고 없애는 삶, 악을 제거하는 삶, 청정한 믿음의 삶, 쌓아 모우지 않는 삶, 용맹정진의 삶을 칭찬하고, 수행승들을 위하여 그에 알맞고 그에 걸맞게 경책하여 법문을 하고 수행승들에게 일렀다.

[세존] "수행승들이여, 그러므로 수행녀들을 위하여 열 가지 이유에 기초하여, 즉 참모임의 수승을 위하여, 참모임의 안락을 위하여, 악한 수행녀들의 조복을 위하여, 품행이 바른 수행녀들의 평안한 삶을 위하여, 지금 여기에서의 번뇌의 제어를 위하여, 다가오는 번뇌를 물리치기 위하여, 청정한 믿음이 없는 자에게 청정한 믿음을 주기 위하여, 청정한 믿음이 있는 자에게 청정한 믿음을 증대시키기 위하여, 올바른 가르침을 지속시키기 위하여, 계율을 수호하기 위하여 학습계율을 시설하니, 수행승들이여, 수행녀들은 이와 같이 학습계율을 송출해야 한다."

[세존] "'나는 음식이 묻은 손으로 물병을 만지지 않겠다.'라는 규율을 지켜야 한다."1507)

2-1. 음식이 묻은 손으로[*199] 물병을 만져서는 안 된다. 함부로 음식이 묻은 손으로 물병을 만진다면, 악작죄를 범하는 것이다.

2-2. 의도하지 않았거나, 새김을 잃었거나, 알지 못했거나, 환자이거나, '내가 씻겠다.'라거나 '내가 씻게 시키겠다.'라고 받았거나, 사고가 난 경우이거나, 정신

1507) 오수착수병계(汚手捉水瓶戒) | Bhikkhunī Sekh. 55 : na sāmisena hatthena pānīyathālakaṃ paṭiggahessā mī'ti sikkhā karaṇīyā'ti.

착란자이거나 초범자인 경우는 무죄이다.

6. 6. 6 중학죄법 제56조

밥알갱이든 물에 대한 학습계율[Sasitthakapattadhovanasikkhāpada]

1-1. 한때 존귀한 부처님께서는 박가 국의 쑹쑤마라기리 시에 있는 베싸깔라바나 숲의 미가다야 공원에 계셨다. 그런데 그때 수행녀들이 꼬까나다 전각에서 밥알갱이가 포함된 발우 씻은 물을 시정에 버렸다. 사람들이 혐책하고 분개하고 비난했다.

[사람들] "어찌 수행녀들이 밥알갱이가 포함된 발우 씻은 물을 시정에 버릴 수 있단 말인가? 마치 감각적 쾌락의 욕망을 즐기는 재가자와 같다."

1-2. 수행녀들은 사람들이 혐책하고 분개하고 비난하는 것을 들었다. 수행녀들 가운데 욕망을 여의고, 만족을 알고, 부끄러움을 알고, 후회할 줄 알고, 배움을 원하는 자들은 혐책하고 분개하고 비난했다.

[욕망을 여읜 수행녀들] "어찌 수행녀들이 밥알갱이가 포함된 발우 씻은 물을 시정에 버릴 수 있단 말인가?"

그래서 그 수행녀들은 수행승들에게 그 사실을 알렸다. 수행승들 가운데 욕망을 여의고, 만족을 알고, 부끄러움을 알고, 후회할 줄 알고, 배움을 원하는 자들도 혐책하고 분개하고 비난했다.

[욕망을 여읜 수행승들] "어찌 수행녀들이 밥알갱이가 포함된 발우 씻은 물을 시정에 버릴 수 있단 말인가?"

1-3. 그래서 그 수행승들은 세존께 그 사실을 알렸다. 그러자 세존께서는 이러한 인연으로 이러한 기회에 수행승들의 참모임을 불러 모으게 하고 연유를 설하고 그 수행승들에게 물었다.

[세존] "수행승들이여, 수행녀들이 밥알갱이가 포함된 발우 씻은 물을 시정에 버린 것이 사실인가?"

[수행승들] "세존이시여, 사실입니다."

존귀한 부처님께서는 견책했다.

[세존] "수행승들이여, 그 수행녀들은 적절하지 않고, 자연스럽지 않고, 알맞지 않고, 수행자의 삶이 아니고, 부당하고, 해서는 안 될 일을 행한 것이다. 수행승들

이여, 아찌 수행녀들이 밥알갱이가 포함된 발우 씻은 물을 시정에 버릴 수 있단 말인가? 수행승들이여, 그것은 아직 청정한 믿음이 없는 자를 청정한 믿음으로 이끌고, 이미 청정한 믿음이 있는 자를 더욱더 청정한 믿음으로 이끄는 것이 아니다. 수행승들이여, 그것은 오히려, 아직 청정한 믿음이 없는 자를 불신으로 이끌고, 이미 청정한 믿음이 있는 자 가운데 어떤 자들을 타락시키는 것이다."

1-4. 그리고 세존께서는 그 수행녀들에 대하여 여러 가지 방편으로 견책하여, 키우기 어렵고 부양하기 어렵고 탐욕이 많고 만족을 모르고 교제를 좋아하고 나태한 것에 대하여 질책하고, 여러 가지 법문으로 고무하여, 키우기 쉽고 부양하기 쉽고 욕심을 여의고, 만족을 알고, 버리고 없애는 삶, 악을 제거하는 삶, 청정한 믿음의 삶, 쌓아 모우지 않는 삶, 용맹정진의 삶을 칭찬하고, 수행승들을 위하여 그에 알맞고 그에 걸맞게 경책하여 법문을 하고 수행승들에게 일렀다.

[세존] "수행승들이여, 그러므로 수행녀들을 위하여 열 가지 이유에 기초하여, 즉 참모임의 수승을 위하여, 참모임의 안락을 위하여, 악한 수행녀들의 조복을 위하여, 품행이 바른 수행녀들의 평안한 삶을 위하여, 지금 여기에서의 번뇌의 제어를 위하여, 다가오는 번뇌를 물리치기 위하여, 청정한 믿음이 없는 자에게 청정한 믿음을 주기 위하여, 청정한 믿음이 있는 자에게 청정한 믿음을 증대시키기 위하여, 올바른 가르침을 지속시키기 위하여, 계율을 수호하기 위하여 학습계율을 시설하니, 수행승들이여, 수행녀들은 이와 같이 학습계율을 송출해야 한다."

[세존] "'나는 밥알갱이가 포함된 발우 씻은 물을 시정에 버리지 않겠다.'라는 규율을 지켜야 한다."[1508]

2-1. 밥알갱이가 포함된 발우씻은 물을 시정에 버려서는 안 된다. 밥알갱이가 포함된 발우씻은 물을 시정에 버린다면, 악작죄를 범하는 것이다.

2-2. 의도하지 않았거나, 새김을 잃었거나, 알지 못했거나, 환자인 경우나, 제거하고 버렸거나, 부수어서 버렸거나, 덮어서 버렸거나, 골라내고 버린 경우나,[1509] 사고가 난 경우이거나, 정신착란자이거나 초범자인 경우는 무죄이다.

1508) 기세발수계(棄洗鉢水戒) | Bhikkhunī Sekh. 56 : na sasitthakaṃ pattadhovanaṃ antaraghare chaḍḍhessāmī'ti sikkhā karaṇīyā'ti.

1509) uddharitvā vā bhinditvā vā paṭiggahetvā vā nīharitvā vā chaḍḍheti : Smp. 894에 따르면, 각각 음식덩이들을 '물기를 제거하여 한 군데에 쌓아서 버리는 거나, 음식덩이들을 부수어서 물어넣어 버리거나, 용기에 덮어서 버리거나, 음식덩이들을 꺼내고 버리거나'라는 의미한다.

6. 6. 7 중학죄법 제57조

일산을 손에 든 자에 대한 학습계율[Chattapāṇisikkhāpada]

1-1. 한때 존귀한 부처님께서는 싸밧티 시에 있는 제따바나 숲의 아나타삔디까 승원에 계셨다. 그런데 그때 여섯무리의 수행녀들이 손에 일산을 든 자에게 가르침을 설했다. 사람들이 혐책하고 분개하고 비난했다.

[사람들] "어찌 수행녀들이 손에 일산을 든 자에게 가르침을 설할 수 있단 말인가?"

1-2. 수행녀들은 사람들이 혐책하고 분개하고 비난하는 것을 들었다. 수행녀들 가운데 욕망을 여의고, 만족을 알고, 부끄러움을 알고, 후회할 줄 알고, 배움을 원하는 자들은 혐책하고 분개하고 비난했다.

[욕망을 여읜 수행녀들] "어찌 여섯무리의 수행녀들이 손에 일산을 든 자에게 가르침을 설할 수 있단 말인가?"

그래서 그 수행녀들은 수행승들에게 그 사실을 알렸다. 수행승들 가운데 욕망을 여의고, 만족을 알고, 부끄러움을 알고, 후회할 줄 알고, 배움을 원하는 자들도 혐책하고 분개하고 비난했다.

[욕망을 여읜 수행승들] "어찌 여섯무리의 수행녀들이 손에 일산을 든 자에게 가르침을 설할 수 있단 말인가?"

1-3. 그래서 그 수행승들은 세존께 그 사실을 알렸다. 그러자 세존께서는 이러한 인연으로 이러한 기회에 수행승들의 참모임을 불러 모으게 하고 연유를 설하고 수행승들에게 물었다.

[세존] "수행승들이여, 그 여섯무리의 수행녀들이 손에 일산을 든 자에게 가르침을 설한 것이 사실인가?"

[수행승들] "세존이시여, 사실입니다."

존귀한 부처님께서는 견책했다.

[세존] "수행승들이여, 그 여섯무리의 수행녀들은 적절하지 않고, 자연스럽지 않고, 알맞지 않고, 수행자의 삶이 아니고, 부당하고, 해서는 안 될 일을 행한 것이다. 수행승들이여, 어찌 여섯무리의 수행녀들이 손에 일산을 든 자에게 가르침을 설할 수 있단 말인가? 수행승들이여, 그것은 아직 청정한 믿음이 없는 자를 청정한 믿음으로 이끌고, 이미 청정한 믿음이 있는 자를 더욱더 청정한 믿음으로 이끄는 것이 아니다. 수행승들이여, 그것은 오히려, 아직 청정한 믿음이

없는 자를 불신으로 이끌고, 이미 청정한 믿음이 있는 자 가운데 어떤 자들을 타락시키는 것이다."

1-4. 그리고 세존께서는 그 여섯무리의 수행녀들에 대하여 여러 가지 방편으로 견책하여, 키우기 어렵고 부양하기 어렵고 탐욕이 많고 만족을 모르고 교제를 좋아하고 나태한 것에 대하여 질책하고, 여러 가지 법문으로 고무하여, 키우기 쉽고 부양하기 쉽고 욕심을 여의고, 만족을 알고, 버리고 없애는 삶, 악을 제거하는 삶, 청정한 믿음의 삶, 쌓아 모우지 않는 삶, 용맹정진의 삶을 칭찬하고, 수행승들을 위하여 그에 알맞고 그에 걸맞게 경책하여 법문을 하고 수행승들에게 일렀다.

[세존] "수행승들이여, 그러므로 수행녀들을 위하여 열 가지 이유에 기초하여, 즉 참모임의 수승을 위하여, 참모임의 안락을 위하여, 악한 수행녀들의 조복을 위하여, 품행이 바른 수행녀들의 평안한 삶을 위하여, 지금 여기에서의 번뇌의 제어를 위하여, 다가오는 번뇌를 물리치기 위하여, 청정한 믿음이 없는 자에게 청정한 믿음을 주기 위하여, 청정한 믿음이 있는 자에게 청정한 믿음을 증대시키기 위하여, 올바른 가르침을 지속시키기 위하여, 계율을 수호하기 위하여 학습계율을 시설하니, 수행승들이여, 수행녀들은 이와 같이 학습계율을 송출해야 한다."

〔세존〕 "'나는 일산을 손에 든 자에게 가르침을 설하지 않겠다.'라는 규율을 지켜야 한다."1510)

2-1. 그런데 한때 수행승들이 일산을 손에 든 환우에게[*200] 가르침을 설해야 하는 데, 주저하면서 설하지 않았다. 사람들이 혐책하고 분개하고 비난했다.

[사람들] "어찌 수행녀들이 일산을 손에 든 환우에게 가르침을 설하지 않을 수 있단 말인가?"

2-2. 수행녀들은 그 사람들이 혐책하고 분개하고 비난하는 것을 들었다. 그래서 수행녀들은 수행승들에게 그 사실을 알렸다. 그리고 그 수행승들은 세존께 그 사실을 알렸다. 그러자 세존께서는 이러한 인연으로 이러한 기회에 연유를 설하고 수행승들에게 일렀다.

[세존] "수행승들이여, 일산을 손에 든 환우에게 가르침을 설하는 것을 허용한다. 수행승들이여, 그런데 이와 같이 학습계율을 송출해야 한다."

1510) na chattapāṇissa dhammaṃ desessāmī'ti sikkhā karaṇīyā'ti.

[세존] "'나는 환자가 아닌, 일산을 손에 든 자에게 가르침을 설하지 않겠다.'라는 규율을 지켜야 한다."1511)

3-1. '일산'이라는 것은 세 가지 일산 즉, 백포일산, 매트일산, 초엽일산이 있는데, 다시 내륜연결일산과 외륜연결일산으로 나누어진다. '가르침'이라는 것은 부처님이 설한 것, 제자들이 설한 것, 선인들이 설한 것, 신들이 설한 것으로 의미를 갖추고 원리를 갖춘 것을 뜻한다. '설한다면'이라는 것은 구절로서 설한다면 구절마다 악작죄를 범하는 것이고 음절로서 설한다면, 음절마다 악작죄를 범하는 것이다.일산을 손에 든 자에게 가르침을 설해서는 안 된다. 함부로 일산을 손에 든 자에게 가르침을 설한다면, 악작죄를 범하는 것이다.

3-2. 의도하지 않았거나, 새김을 잃었거나, 알지 못했거나, 환자이거나, 사고가 난 경우이거나, 정신착란자이거나 초범자인 경우는 무죄이다.

6. 6. 8 중학죄법 제58조

지팡이를 손에 든 자에 대한 학습계율[Daṇḍapāṇisikkhāpada]

1-1. 한때 존귀한 부처님께서는 싸밧티 시에 있는 제따바나 숲의 아나타삔디까 승원에 계셨다. 그런데 그때 여섯무리의 수행녀들이 지팡이를 손에 든 자에게 가르침을 설했다.

사람들이 혐책하고 분개하고 비난했다.

[사람들] "어찌 수행녀들이 지팡이를 손에 든 자에게 가르침을 설할 수 있단 말인가?"

1-2. 수행녀들은 사람들이 혐책하고 분개하고 비난하는 것을 들었다. 수행녀들 가운데 욕망을 여의고, 만족을 알고, 부끄러움을 알고, 후회할 줄 알고, 배움을 원하는 자들은 혐책하고 분개하고 비난했다.

[욕망을 여읜 수행녀들] "어찌 여섯무리의 수행녀들이 지팡이를 손에 든 자에게 가르침을 설할 수 있단 말인가?"

그래서 그 수행녀들은 수행승들에게 그 사실을 알렸다. 수행승들 가운데 욕망

1511) 위지개인설법계(爲持蓋人說法戒) | Bhikkhunī Sekh. 57 : na chattapāṇissa agilānassa dhammaṃ desissā mī'ti sikkhāpadaṃ karaṇīyā'ti.

을 여의고, 만족을 알고, 부끄러움을 알고, 후회할 줄 알고, 배움을 원하는 자들도 혐책하고 분개하고 비난했다.

[욕망을 여읜 수행승들] "어찌 여섯무리의 수행녀들이 지팡이를 손에 든 자에게 가르침을 설할 수 있단 말인가?"

1-3. 그래서 그 수행승들은 세존께 그 사실을 알렸다. 그러자 세존께서는 이러한 인연으로 이러한 기회에 수행승들의 참모임을 불러 모으게 하고 연유를 설하고 수행승들에게 물었다.

[세존] "수행승들이여, 그 여섯무리의 수행녀들이 지팡이를 손에 든 자에게 가르침을 설한 것이 사실인가?"

[수행승들] "세존이시여, 사실입니다."

존귀한 부처님께서는 견책했다.

[세존] "수행승들이여, 그 여섯무리의 수행녀들은 적절하지 않고, 자연스럽지 않고, 알맞지 않고, 수행자의 삶이 아니고, 부당하고, 해서는 안 될 일을 행한 것이다. 수행승들이여, 어찌 여섯무리의 수행녀들이 지팡이를 손에 든 자에게 가르침을 설할 수 있단 말인가? 수행승들이여, 그것은 아직 청정한 믿음이 없는 자를 청정한 믿음으로 이끌고, 이미 청정한 믿음이 있는 자를 더욱더 청정한 믿음으로 이끄는 것이 아니다. 수행승들이여, 그것은 오히려, 아직 청정한 믿음이 없는 자를 불신으로 이끌고, 이미 청정한 믿음이 있는 자 가운데 어떤 자들을 타락시키는 것이다."

1-4. 그리고 세존께서는 그 여섯무리의 수행녀들에 대하여 여러 가지 방편으로 견책하여, 키우기 어렵고 부양하기 어렵고 탐욕이 많고 만족을 모르고 교제를 좋아하고 나태한 것에 대하여 질책하고, 여러 가지 법문으로 고무하여, 키우기 쉽고 부양하기 쉽고 욕심을 여의고, 만족을 알고, 버리고 없애는 삶, 악을 제거하는 삶, 청정한 믿음의 삶, 쌓아 모우지 않는 삶, 용맹정진의 삶을 칭찬하고, 수행승들을 위하여 그에 알맞고 그에 걸맞게 경책하여 법문을 하고 수행승들에게 일렀다.

[세존] "수행승들이여, 그러므로 수행녀들을 위하여 열 가지 이유에 기초하여, 즉 참모임의 수승을 위하여, 참모임의 안락을 위하여, 악한 수행녀들의 조복을 위하여, 품행이 바른 수행녀들의 평안한 삶을 위하여, 지금 여기에서의 번뇌의 제어를 위하여, 다가오는 번뇌를 물리치기 위하여, 청정한 믿음이 없는 자에게 청정한 믿음을 주기 위하여, 청정한 믿음이 있는 자에게 청정한 믿음을 증대

시키기 위하여, 올바른 가르침을 지속시키기 위하여, 계율을 수호하기 위하여 학습계율을 시설하니, 수행승들이여, 수행녀들은 이와 같이 학습계율을 송출해야 한다."

〔세존〕 "'나는 지팡이를 손에 든 자에게 가르침을 설하지 않겠다.'라는 규율을 지켜야 한다."1512)

2-1. 그런데 한때 수행승들이 지팡이를 손에 든 환우에게 가르침을 설해야 하는데, 주저하면서 설하지 않았다. 사람들이 혐책하고 분개하고 비난했다.

[사람들] "어찌 수행녀들이 지팡이를 손에 든 환우에게 가르침을 설하지 않을 수 있단 말인가?"

2-2. 수행녀들은 그 사람들이 혐책하고 분개하고 비난하는 것을 들었다. 그래서 수행녀들은 수행승들에게 그 사실을 알렸다. 그래서 그 수행승들은 세존께 그 사실을 알렸다. 그러자 세존께서는 이러한 인연으로 이러한 기회에 연유를 설하고 수행승들에게 일렀다.

[세존] "수행승들이여, 지팡이를 손에 든 환우에게 가르침을 설하는 것을 허용한다. 수행승들이여, 그런데 이와 같이 학습계율을 송출해야 한다."

[세존] "'나는 환자가 아닌, 지팡이를 손에 든 자에게 가르침을 설하지 않겠다.'라는 규율을 지켜야 한다."1513)

3-1. '지팡이'라는 것은 평균적인 사람의 사완척1514)의 지팡이로 그것보다 크면 지팡이가 아니고 그것보다 작아도 지팡이가 아니다. '가르침'이라는 것은 부처님이 말씀한 것, 제자들이 말한 것, 선인들이 말한 것, 천신들이 말한 것으로 의미를 갖춘 것, 진리를 갖춘 것을 뜻한다. '가르치면'이라는 것은 시행으로 가르치면, 한 구절 한 구절 마다 속죄죄를 범하는 것이다. 음절로 가르치면, 한 음절 한 음절마다 악작죄를 범하는 것이다. 환자가 아닌, 지팡이를 손에 든 자에게 가르침을 설하지 말아야 한다. 환자가 아닌, 지팡이를 손에 든 자에게 가르침을 설하면, 악작죄를 범하는 것이다.

3-2. 의도하지 않았거나, 새김을 잃었거나, 알지 못했거나, 환자이거나, 사고가

1512) na daṇḍapāṇissa dhammaṃ desissāmī'ti sikkhāpadaṃ karaṇīyā'ti.

1513) 위지장인설법계(爲持杖人說法戒) | Bhikkhunī Sekh. 58 : na daṇḍapāṇissa agilānassa dhammaṃ desissām ī'ti sikkhāpadaṃ karaṇīyā'ti.

1514) catuhattho : 길이의 단위로 사완척(四腕尺)을 의미하며, 일완척은 이십사지절(二十四指節 : aṅgulapabba)=1주(肘 : ratana)=1/4심(尋 : vyāma)=1/4궁(弓 : dhanu: 약 1.8 *m*)에 해당한다.

난 경우이거나, 정신착란자이거나 초범자인 경우는 무죄이다.

6. 6. 9 중학죄법 제59조

칼을 손에 든 자에 대한 학습계율[Satthapāṇisikkhāpada]

1-1. 한때 존귀한 부처님께서는 싸밧티 시에 있는 제따바나 숲의 아나타삔디까 승원에 계셨다. 그런데 그때 여섯무리의 수행녀들이 칼을 손에 든 자에게 가르침을 설했다. 사람들이 혐책하고 분개하고 비난했다.

[사람들] "어찌 수행녀들이 칼을 손에 든 자에게 가르침을 설할 수 있단 말인가?"

1-2. 수행녀들은 사람들이 혐책하고 분개하고 비난하는 것을 들었다. 수행녀들 가운데 욕망을 여의고, 만족을 알고, 부끄러움을 알고, 후회할 줄 알고, 배움을 원하는 자들은 혐책하고 분개하고 비난했다.

[욕망을 여읜 수행녀들] "어찌 여섯무리의 수행녀들이 칼을 손에 든 자에게 가르침을 설할 수 있단 말인가?"

그래서 그 수행녀들은 수행승들에게 그 사실을 알렸다. 수행승들 가운데 욕망을 여의고, 만족을 알고, 부끄러움을 알고, 후회할 줄 알고, 배움을 원하는 자들도 혐책하고 분개하고 비난했다.

[욕망을 여읜 수행승들] "어찌 여섯무리의 수행녀들이 칼을 손에 든 자에게 가르침을 설할 수 있단 말인가?"

1-3. 그래서 그 수행승들은 세존께 그 사실을 알렸다. 그러자 세존께서는 이러한 인연으로 이러한 기회에 수행승들의 참모임을 불러 모으게 하고 연유를 설하고 수행승들에게 물었다.

[세존] "수행승들이여, 그 여섯무리의 수행녀들이 칼을 손에 든 자에게 가르침을 설한 것이 사실인가?"

[수행승들] "세존이시여, 사실입니다."

존귀한 부처님께서는 견책했다.

[세존] "수행승들이여, 그 여섯무리의 수행녀들은 적절하지 않고, 자연스럽지 않고, 알맞지 않고, 수행자의 삶이 아니고, 부당하고, 해서는 안 될 일을 행한 것이다. 수행승들이여, 어찌 여섯무리의 수행녀들이 칼을 손에 든 자에게 가르침을 설할 수 있단 말인가? 수행승들이여, 그것은 아직 청정한 믿음이 없는 자를

청정한 믿음으로 이끌고, 이미 청정한 믿음이 있는 자를 더욱더 청정한 믿음으로 이끄는 것이 아니다. 수행승들이여, 그것은 오히려, 아직 청정한 믿음이 없는 자를 불신으로 이끌고, 이미 청정한 믿음이 있는 자 가운데 어떤 자들을 타락시키는 것이다."

1-4. 그리고 세존께서는 그 여섯무리의 수행녀들에 대하여 여러 가지 방편으로 견책하여, 키우기 어렵고 부양하기 어렵고 탐욕이 많고 만족을 모르고 교제를 좋아하고 나태한 것에 대하여 질책하고, 여러 가지 법문으로 고무하여, 키우기 쉽고 부양하기 쉽고 욕심을 여의고, 만족을 알고, 버리고 없애는 삶, 악을 제거하는 삶, 청정한 믿음의 삶, 쌓아 모우지 않는 삶, 용맹정진의 삶을 칭찬하고, 수행승들을 위하여 그에 알맞고 그에 걸맞게 경책하여 법문을 하고 수행승들에게 일렀다.

[세존] "수행승들이여, 그러므로 수행녀들을 위하여 열 가지 이유에 기초하여, 즉 참모임의 수승을 위하여, 참모임의 안락을 위하여, 악한 수행녀들의 조복을 위하여, 품행이 바른 수행녀들의 평안한 삶을 위하여, 지금 여기에서의 번뇌의 제어를 위하여, 다가오는 번뇌를 물리치기 위하여, 청정한 믿음이 없는 자에게 청정한 믿음을 주기 위하여, 청정한 믿음이 있는 자에게 청정한 믿음을 증대시키기 위하여, 올바른 가르침을 지속시키기 위하여, 계율을 수호하기 위하여 학습계율을 시설하니, 수행승들이여, 수행녀들은 이와 같이 학습계율을 송출해야 한다."

〔세존〕 "'나는 칼을 손에 든 자에게 가르침을 설하지 않겠다.'라는 규율을 지켜야 한다."[1515]

2-1. 그런데 한때 수행승들이 칼을 손에 든 환우에게 가르침을 설해야 하는 데, 주저하면서 설하지 않았다. 사람들이 혐책하고 분개하고 비난했다.

[사람들] "어찌 수행녀들이 칼을 손에 든 환우에게 가르침을 설하지 않을 수 있단 말인가?"

2-2. 수행녀들은 그 사람들이 혐책하고 분개하고 비난하는 것을 들었다. 그래서 수행녀들은 수행승들에게 그 사실을 알렸다. 그래서 그 수행승들은 세존께 그 사실을 알렸다. 그러자 세존께서는 이러한 인연으로 이러한 기회에 연유를 설하고 수행승들에게 일렀다.

[세존] "수행승들이여, 칼을 손에 든 환우에게 가르침을 설하는 것을 허용한다.

1515) na satthapāṇissa dhammaṃ desessāmī'ti sikkhā karaṇīyā'ti.

수행승들이여, 그런데 이와 같이 학습계율을 송출해야 한다."

[세존] "'나는 환자가 아닌, 칼을 손에 든 자에게 가르침을 설하지 않겠다.'라는 규율을 지켜야 한다."1516)

3-1. '칼'이라는 것은[*201] 무기로서 일방의 날을 지닌 칼과 양방의 날을 지닌 칼을 뜻한다. '가르침'이라는 것은 부처님이 말씀한 것, 제자들이 말한 것, 선인들이 말한 것, 천신들이 말한 것으로 의미를 갖춘 것, 진리를 갖춘 것을 뜻한다. '가르치면'이라는 것은 시행으로 가르치면, 한 구절 한 구절 마다 속죄죄를 범하는 것이다. 음절로 가르치면, 한 음절 한 음절마다 악작죄를 범하는 것이다. 환자가 아닌, 칼을 손에 든 자에게 가르침을 설하지 말아야 한다. 환자가 아닌, 칼을 손에 든 자에게 가르침을 설하면, 악작죄를 범하는 것이다.

3-2. 의도하지 않았거나, 새김을 잃었거나, 알지 못했거나, 환자이거나, 사고가 난 경우이거나, 정신착란자이거나 초범자인 경우는 무죄이다.

6. 6. 10 중학죄법 제60조

무기를 손에 든 자에 대한 학습계율[Āyudhapāṇisikkhāpada]

1-1. 한때 존귀한 부처님께서는 싸밧티 시에 있는 제따바나 숲의 아나타삔디까 승원에 계셨다. 그런데 그때 여섯무리의 수행녀들이 무기를 손에 든 자에게 가르침을 설했다. 사람들이 혐책하고 분개하고 비난했다.

[사람들] "어찌 수행녀들이 무기를 손에 든 자에게 가르침을 설할 수 있단 말인가?"

1-2. 수행녀들은 사람들이 혐책하고 분개하고 비난하는 것을 들었다. 수행녀들 가운데 욕망을 여의고, 만족을 알고, 부끄러움을 알고, 후회할 줄 알고, 배움을 원하는 자들은 혐책하고 분개하고 비난했다.

[욕망을 여읜 수행녀들] "어찌 여섯무리의 수행녀들이 무기를 손에 든 자에게 가르침을 설할 수 있단 말인가?"

그래서 그 수행녀들은 수행승들에게 그 사실을 알렸다. 수행승들 가운데 욕망

1516) 위지도인설법계(爲持刀人說法戒) | Bhikkhunī Sekh. 59 : na satthapāṇissa agilānassa dhammaṃ desessāmī'ti sikkhā karaṇīyā'ti.

을 여의고, 만족을 알고, 부끄러움을 알고, 후회할 줄 알고, 배움을 원하는 자들도 혐책하고 분개하고 비난했다.

[욕망을 여읜 수행승들] "어찌 여섯무리의 수행녀들이 무기를 손에 든 자에게 가르침을 설할 수 있단 말인가?"

1-3. 그래서 그 수행승들은 세존께 그 사실을 알렸다. 그러자 세존께서는 이러한 인연으로 이러한 기회에 수행승들의 참모임을 불러 모으게 하고 연유를 설하고 수행승들에게 물었다.

[세존] "수행승들이여, 그 여섯무리의 수행녀들이 무기를 손에 든 자에게 가르침을 설한 것이 사실인가?"

[수행승들] "세존이시여, 사실입니다."

존귀한 부처님께서는 견책했다.

[세존] "수행승들이여, 그 여섯무리의 수행녀들은 적절하지 않고, 자연스럽지 않고, 알맞지 않고, 수행자의 삶이 아니고, 부당하고, 해서는 안 될 일을 행한 것이다. 수행승들이여, 어찌 여섯무리의 수행녀들이 무기를 손에 든 자에게 가르침을 설할 수 있단 말인가? 수행승들이여, 그것은 아직 청정한 믿음이 없는 자를 청정한 믿음으로 이끌고, 이미 청정한 믿음이 있는 자를 더욱더 청정한 믿음으로 이끄는 것이 아니다. 수행승들이여, 그것은 오히려, 아직 청정한 믿음이 없는 자를 불신으로 이끌고, 이미 청정한 믿음이 있는 자 가운데 어떤 자들을 타락시키는 것이다."

1-4. 그리고 세존께서는 그 여섯무리의 수행녀들에 대하여 여러 가지 방편으로 견책하여, 키우기 어렵고 부양하기 어렵고 탐욕이 많고 만족을 모르고 교제를 좋아하고 나태한 것에 대하여 질책하고, 여러 가지 법문으로 고무하여, 키우기 쉽고 부양하기 쉽고 욕심을 여의고, 만족을 알고, 버리고 없애는 삶, 악을 제거하는 삶, 청정한 믿음의 삶, 쌓아 모우지 않는 삶, 용맹정진의 삶을 칭찬하고, 수행승들을 위하여 그에 알맞고 그에 걸맞게 경책하여 법문을 하고 수행승들에게 일렀다.

[세존] "수행승들이여, 그러므로 수행녀들을 위하여 열 가지 이유에 기초하여, 즉 참모임의 수승을 위하여, 참모임의 안락을 위하여, 악한 수행녀들의 조복을 위하여, 품행이 바른 수행녀들의 평안한 삶을 위하여, 지금 여기에서의 번뇌의 제어를 위하여, 다가오는 번뇌를 물리치기 위하여, 청정한 믿음이 없는 자에게 청정한 믿음을 주기 위하여, 청정한 믿음이 있는 자에게 청정한 믿음을 증대

시키기 위하여, 올바른 가르침을 지속시키기 위하여, 계율을 수호하기 위하여 학습계율을 시설하니, 수행승들이여, 수행녀들은 이와 같이 학습계율을 송출해야 한다."

〔세존〕 "'나는 무기를 손에 든 자에게 가르침을 설하지 않겠다.'라는 규율을 지켜야 한다."1517)

2-1. 그런데 한때 수행승들이 무기를 손에 든 환우에게 가르침을 설해야 하는데, 주저하면서 설하지 않았다. 사람들이 혐책하고 분개하고 비난했다.

[사람들] "어찌 수행녀들이 무기를 손에 든 환우에게 가르침을 설하지 않을 수 있단 말인가?"

2-2. 수행녀들은 그 사람들이 혐책하고 분개하고 비난하는 것을 들었다. 그래서 수행녀들은 수행승들에게 그 사실을 알렸다. 그래서 그 수행승들은 세존께 그 사실을 알렸다. 그러자 세존께서는 이러한 인연으로 이러한 기회에 연유를 설하고 수행승들에게 일렀다.

[세존] "수행승들이여, 무기를 손에 든 환우에게 가르침을 설하는 것을 허용한다. 수행승들이여, 그런데 이와 같이 학습계율을 송출해야 한다."

[세존] "'나는 환자가 아닌, 무기를 손에 든 자에게 가르침을 설하지 않겠다.'라는 규율을 지켜야 한다."1518)

2-2. '무기'라는 것은 단발식 활과 격발식 활을 뜻한다.1519) '가르침'이라는 것은 부처님이 말씀한 것, 제자들이 말한 것, 선인들이 말한 것, 천신들이 말한 것으로 의미를 갖춘 것, 진리를 갖춘 것을 뜻한다. '가르치면'이라는 것은 시행으로 가르치면, 한 구절 한 구절 마다 속죄죄를 범하는 것이다. 음절로 가르치면, 한 음절 한 음절마다 악작죄를 범하는 것이다. 환자가 아닌, 무기를 손에 든 자에게 가르침을 설하지 말아야 한다. 환자가 아닌, 무기를 손에 든 자에게 가르침을 설하면, 악작죄를 범하는 것이다.

2-3. 의도하지 않았거나, 새김을 잃었거나, 알지 못했거나, 환자이거나, 사고가 난 경우이거나, 정신착란자이거나 초범자인 경우는 무죄이다.

1517) na āyudhapāṇissa dhammaṃ desessāmī'ti sikkhā karaṇīyā'ti.

1518) 위지무기인설법계(爲持武器人說法戒) | Bhikkhunī Sekh. 60 : na āyudhapāṇissa agilānassa dhammaṃ desessāmī'ti sikkhā karaṇīyā'ti.

1519) cāpo kodaṇḍo : 일반식 활과 석궁과 같은 격발식 활을 뜻한다.

제7품 샌들(Pādukavagga)

6. 7. 1 중학죄법 제61조

샌들을 신은 자에 대한 학습계율[Pādukārūḷhasikkhāpada]

1-1. 한때 존귀한 부처님께서는 싸밧티 시에 있는 제따바나 숲의 아나타삔디까 승원에 계셨다. 그런데 그때 여섯무리의 수행녀들이 샌들을 신은 자에게 가르침을 설했다. 사람들이 혐책하고 분개하고 비난했다.

[사람들] "어찌 수행녀들이 샌들을 신은 자에게 가르침을 설할 수 있단 말인가?"

1-2. 수행녀들은 사람들이 혐책하고 분개하고 비난하는 것을 들었다. 수행녀들 가운데 욕망을 여의고, 만족을 알고, 부끄러움을 알고, 후회할 줄 알고, 배움을 원하는 자들은 혐책하고 분개하고 비난했다.

[욕망을 여읜 수행녀들] "어찌 여섯무리의 수행녀들이 샌들을 신은 자에게 가르침을 설할 수 있단 말인가?"

그래서 그 수행녀들은 수행승들에게 그 사실을 알렸다. 수행승들 가운데 욕망을 여의고, 만족을 알고, 부끄러움을 알고, 후회할 줄 알고, 배움을 원하는 자들도 혐책하고 분개하고 비난했다.

[욕망을 여읜 수행승들] "어찌 여섯무리의 수행녀들이 샌들을 신은 자에게 가르침을 설할 수 있단 말인가?"

1-3. 그래서 그 수행승들은 세존께 그 사실을 알렸다. 그러자 세존께서는 이러한 인연으로 이러한 기회에 수행승들의 참모임을 불러 모으게 하고 연유를 설하고 수행승들에게 물었다.

[세존] "수행승들이여, 그 여섯무리의 수행녀들이 샌들을 신은 자에게 가르침을 설한 것이 사실인가?"

[수행승들] "세존이시여, 사실입니다."

존귀한 부처님께서는 견책했다.

[세존] "수행승들이여, 그 여섯무리의 수행녀들은 적절하지 않고, 자연스럽지 않고, 알맞지 않고, 수행자의 삶이 아니고, 부당하고, 해서는 안 될 일을 행한 것이다. 수행승들이여, 어찌 여섯무리의 수행녀들이 샌들을 신은 자에게 가르침을 설할 수 있단 말인가? 수행승들이여, 그것은 아직 청정한 믿음이 없는 자를 청정한 믿음으로 이끌고, 이미 청정한 믿음이 있는 자를 더욱더 청정한 믿음으로

이끄는 것이 아니다. 수행승들이여, 그것은 오히려, 아직 청정한 믿음이 없는 자를 불신으로 이끌고, 이미 청정한 믿음이 있는 자 가운데 어떤 자들을 타락시키는 것이다."

1-4. 그리고 세존께서는 그 여섯무리의 수행녀들에 대하여 여러 가지 방편으로 견책하여, 키우기 어렵고 부양하기 어렵고 탐욕이 많고 만족을 모르고 교제를 좋아하고 나태한 것에 대하여 질책하고, 여러 가지 법문으로 고무하여, 키우기 쉽고 부양하기 쉽고 욕심을 여의고, 만족을 알고, 버리고 없애는 삶, 악을 제거하는 삶, 청정한 믿음의 삶, 쌓아 모우지 않는 삶, 용맹정진의 삶을 칭찬하고, 수행승들을 위하여 그에 알맞고 그에 걸맞게 경책하여 법문을 하고 수행승들에게 일렀다.

[세존] "수행승들이여, 그러므로 수행녀들을 위하여 열 가지 이유에 기초하여, 즉 참모임의 수승을 위하여, 참모임의 안락을 위하여, 악한 수행녀들의 조복을 위하여, 품행이 바른 수행녀들의 평안한 삶을 위하여, 지금 여기에서의 번뇌의 제어를 위하여, 다가오는 번뇌를 물리치기 위하여, 청정한 믿음이 없는 자에게 청정한 믿음을 주기 위하여, 청정한 믿음이 있는 자에게 청정한 믿음을 증대시키기 위하여, 올바른 가르침을 지속시키기 위하여, 계율을 수호하기 위하여 학습계율을 시설하니, 수행승들이여, 수행녀들은 이와 같이 학습계율을 송출해야 한다."

〔세존〕 "'나는 샌들을 신은 자에게 가르침을 설하지 않겠다.'라는 규율을 지켜야 한다."[1520]

2-1. 그런데 한때 수행승들이 샌들을 신은 환우에게 가르침을 설해야 하는 데, 주저하면서 설하지 않았다. 사람들이 혐책하고 분개하고 비난했다.

[사람들] "어찌 수행녀들이 샌들을 신은 환우에게 가르침을 설하지 않을 수 있단 말인가?"

2-2. 수행녀들은 그 사람들이 혐책하고 분개하고 비난하는 것을 들었다. 그래서 수행녀들은 수행승들에게 그 사실을 알렸다. 그래서 그 수행승들은 세존께 그 사실을 알렸다. 그러자 세존께서는 이러한 인연으로 이러한 기회에 연유를 설하고 수행승들에게 일렀다.

[세존] "수행승들이여, 샌들을 신은 환우에게 가르침을 설하는 것을 허용한다. 수행승들이여, 그런데 이와 같이 학습계율을 송출해야 한다."

1520) na pādukārūḷhassa dhammaṃ desessāmī'ti sikkhākaraṇīyā'ti.

[세존] "'나는 환자가 아닌, 샌들을 신은 자에게 가르침을 설하지 않겠다.'라는 규율을 지켜야 한다."1521)

3-1. 환자가 아닌, 샌들을 신은 자에게 가르침을 설하지 말아야 한다. 환자가 아닌, 샌들의 끝을 묶은 자나 샌들의 끝을 묶지 않은 자나 샌들의 끈을 풀은 자에게 가르침을 설하면, 악작죄를 범하는 것이다.

3-2. 의도하지 않았거나, 새김을 잃었거나, 알지 못했거나, 환자이거나, 사고가 난 경우이거나, 정신착란자이거나 초범자인 경우는 무죄이다.

6. 7. 2 중학죄법 제62조

신발을 신은 자에 대한 학습계율[Upāhanārūḷhasikkhāpada]

1-1. 한때 존귀한 부처님께서는 싸밧티 시에 있는 제따바나 숲의 아나타삔디까 승원에 계셨다. 그런데 그때 여섯무리의 수행녀들이 신발을 신은 자에게 가르침을 설했다. 사람들이 혐책하고 분개하고 비난했다.

[사람들] "어찌 수행녀들이 신발을 신은 자에게 가르침을 설할 수 있단 말인가?"

1-2. 수행녀들은 사람들이 혐책하고 분개하고 비난하는 것을 들었다. 수행녀들 가운데 욕망을 여의고, 만족을 알고, 부끄러움을 알고, 후회할 줄 알고, 배움을 원하는 자들은 혐책하고 분개하고 비난했다.

[욕망을 여읜 수행녀들] "어찌 여섯무리의 수행녀들이 앞으로도 뒤로도 걸쳐 늘어뜨려서 하의를 입을 수 있단 말인가?"

그래서 그 수행녀들은 수행승들에게 그 사실을 알렸다. 수행승들 가운데 욕망을 여의고, 만족을 알고, 부끄러움을 알고, 후회할 줄 알고, 배움을 원하는 자들도 혐책하고 분개하고 비난했다.

[욕망을 여읜 수행승들] "어찌 여섯무리의 수행녀들이 신발을 신은 자에게 가르침을 설할 수 있단 말인가?"

1-3. 그래서 그 수행승들은 세존께 그 사실을 알렸다. 그러자 세존께서는 이러한 인연으로 이러한 기회에 수행승들의 참모임을 불러 모으게 하고 연유를 설하고

1521) 위착초리자설법계(爲著草履者說法戒) | Bhikkhunī Sekh. 61 : na pādukārūḷhassa agilānassa dhammaṃ desessāmī'ti sikkhākaraṇīyā'ti.

수행승들에게 물었다.

[세존] "수행승들이여, 그 여섯무리의 수행녀들이 신발을 신은 자에게 가르침을 설한 것이 사실인가?"

[수행승들] "세존이시여, 사실입니다."

존귀한 부처님께서는 견책했다.

[세존] "수행승들이여, 그 여섯무리의 수행녀들은 적절하지 않고, 자연스럽지 않고, 알맞지 않고, 수행자의 삶이 아니고, 부당하고, 해서는 안 될 일을 행한 것이다. 수행승들이여, 어찌 여섯무리의 수행녀들이 신발을 신은 자에게 가르침을 설할 수 있단 말인가? 수행승들이여, 그것은 아직 청정한 믿음이 없는 자를 청정한 믿음으로 이끌고, 이미 청정한 믿음이 있는 자를 더욱더 청정한 믿음으로 이끄는 것이 아니다. 수행승들이여, 그것은 오히려, 아직 청정한 믿음이 없는 자를 불신으로 이끌고, 이미 청정한 믿음이 있는 자 가운데 어떤 자들을 타락시키는 것이다."

1-4. 그리고 세존께서는 그 여섯무리의 수행녀들에 대하여 여러 가지 방편으로 견책하여, 키우기 어렵고 부양하기 어렵고 탐욕이 많고 만족을 모르고 교제를 좋아하고 나태한 것에 대하여 질책하고, 여러 가지 법문으로 고무하여, 키우기 쉽고 부양하기 쉽고 욕심을 여의고, 만족을 알고, 버리고 없애는 삶, 악을 제거하는 삶, 청정한 믿음의 삶, 쌓아 모우지 않는 삶, 용맹정진의 삶을 칭찬하고, 수행승들을 위하여 그에 알맞고 그에 걸맞게 경책하여 법문을 하고 수행승들에게 일렀다.

[세존] "수행승들이여, 그러므로 수행녀들을 위하여 열 가지 이유에 기초하여, 즉 참모임의 수승을 위하여, 참모임의 안락을 위하여, 악한 수행녀들의 조복을 위하여, 품행이 바른 수행녀들의 평안한 삶을 위하여, 지금 여기에서의 번뇌의 제어를 위하여, 다가오는 번뇌를 물리치기 위하여, 청정한 믿음이 없는 자에게 청정한 믿음을 주기 위하여, 청정한 믿음이 있는 자에게 청정한 믿음을 증대시키기 위하여, 올바른 가르침을 지속시키기 위하여, 계율을 수호하기 위하여 학습계율을 시설하니, 수행승들이여, 수행녀들은 이와 같이 학습계율을 송출해야 한다."

〔세존〕 "'나는 신발을 신은 자에게 가르침을 설하지 않겠다.'라는 규율을 지켜야 한다."[1522]

2-1. 그런데 한때 수행승들이 신발을 신은 환우에게 가르침을 설해야 하는 데, 주저하면서 설하지 않았다. 사람들이 혐책하고 분개하고 비난했다.

1522) na upāhanārūḷhassa dhammaṃ desessāmī'ti sikkhākaraṇīyā'ti.

[사람들] "어찌 수행녀들이 신발을 신은 환우에게 가르침을 설하지 않을 수 있단 말인가?"

2-2. 수행녀들은 그 사람들이 혐책하고 분개하고 비난하는 것을 들었다. 그래서 수행녀들은 수행승들에게 그 사실을 알렸다. 그래서 그 수행승들은 세존께 그 사실을 알렸다. 그러자 세존께서는 이러한 인연으로 이러한 기회에 연유를 설하고 수행승들에게 일렀다.

[세존] "수행승들이여, 신발을 신은 환우에게 가르침을 설하는 것을 허용한다. 수행승들이여, 그런데 이와 같이 학습계율을 송출해야 한다."

[세존] "'나는 환자가 아닌, 신발을 신은 자에게 가르침을 설하지 않겠다.'라는 규율을 지켜야 한다."1523)

3-1. 환자가 아닌, 신발을 신은 자에게 가르침을 설하지 말아야 한다. 환자가 아닌, 신발을 신은 자에게 가르침을 설하지 말아야 한다. 환자가 아닌, 신발의 끝을 묶은 자나 신발의 끝을 묶지 않은 자나 시발의 끈을 풀은 자에게 가르침을 설하면, 악작죄를 범하는 것이다.

3-2. 의도하지 않았거나, 새김을 잃었거나, 알지 못했거나, 환자이거나, 사고가 난 경우이거나, 정신착란자이거나 초범자인 경우는 무죄이다.

6. 7. 3 중학죄법 제63조

탈것에 탄 자에 대한 학습계율[Yānagatasikkhāpada]

1-1. 한때 존귀한 부처님께서는 싸밧티 시에 있는 제따바나 숲의 아나타삔디까 승원에 계셨다. 그런데 그때 여섯무리의 수행녀들이 탈것에 탄 자에게 가르침을 설했다. 사람들이 혐책하고 분개하고 비난했다.

[사람들] "어찌 수행녀들이 탈것에 탄 자에게 가르침을 설할 수 있단 말인가?"

1-2. 수행녀들은 사람들이 혐책하고 분개하고 비난하는 것을 들었다. 수행녀들 가운데 욕망을 여의고, 만족을 알고, 부끄러움을 알고, 후회할 줄 알고, 배움을 원하는 자들은 혐책하고 분개하고 비난했다.

1523) 위착혜리자설법계(爲著鞋履者說法戒) | Bhikkhunī Sekh. 62 : na upāhanārūḷhassa agilānassa dhammaṃ desessāmī'ti sikkhākaraṇīyā'ti.

[욕망을 여읜 수행녀들] "어찌 여섯무리의 수행녀들이 탈것에 탄 자에게 가르침을 설할 수 있단 말인가?"

그래서 그 수행녀들은 수행승들에게 그 사실을 알렸다. 수행승들 가운데 욕망을 여의고, 만족을 알고, 부끄러움을 알고, 후회할 줄 알고, 배움을 원하는 자들도 혐책하고 분개하고 비난했다.

[욕망을 여읜 수행승들] "어찌 여섯무리의 수행녀들이 탈것에 탄 자에게 가르침을 설할 수 있단 말인가?"

1-3. 그래서 그 수행승들은 세존께 그 사실을 알렸다. 그러자 세존께서는 이러한 인연으로 이러한 기회에 수행승들의 참모임을 불러 모으게 하고 연유를 설하고 수행승들에게 물었다.

[세존] "수행승들이여, 그 여섯무리의 수행녀들이 탈것에 탄 자에게 가르침을 설한 것이 사실인가?"

[수행승들] "세존이시여, 사실입니다."

존귀한 부처님께서는 견책했다.

[세존] "수행승들이여, 그 여섯무리의 수행녀들은 적절하지 않고, 자연스럽지 않고, 알맞지 않고, 수행자의 삶이 아니고, 부당하고, 해서는 안 될 일을 행한 것이다. 수행승들이여, 어찌 여섯무리의 수행녀들이 탈것에 탄 자에게 가르침을 설할 수 있단 말인가? 수행승들이여, 그것은 아직 청정한 믿음이 없는 자를 청정한 믿음으로 이끌고, 이미 청정한 믿음이 있는 자를 더욱더 청정한 믿음으로 이끄는 것이 아니다. 수행승들이여, 그것은 오히려, 아직 청정한 믿음이 없는 자를 불신으로 이끌고, 이미 청정한 믿음이 있는 자 가운데 어떤 자들을 타락시키는 것이다."

1-4. 그리고 세존께서는 그 여섯무리의 수행녀들에 대하여 여러 가지 방편으로 견책하여, 키우기 어렵고 부양하기 어렵고 탐욕이 많고 만족을 모르고 교제를 좋아하고 나태한 것에 대하여 질책하고, 여러 가지 법문으로 고무하여, 키우기 쉽고 부양하기 쉽고 욕심을 여의고, 만족을 알고, 버리고 없애는 삶, 악을 제거하는 삶, 청정한 믿음의 삶, 쌓아 모우지 않는 삶, 용맹정진의 삶을 칭찬하고, 수행승들을 위하여 그에 알맞고 그에 걸맞게 경책하여 법문을 하고 수행승들에게 일렀다.

[세존] "수행승들이여, 그러므로 수행녀들을 위하여 열 가지 이유에 기초하여, 즉 참모임의 수승을 위하여, 참모임의 안락을 위하여, 악한 수행녀들의 조복

을 위하여, 품행이 바른 수행녀들의 평안한 삶을 위하여, 지금 여기에서의 번뇌의 제어를 위하여, 다가오는 번뇌를 물리치기 위하여, 청정한 믿음이 없는 자에게 청정한 믿음을 주기 위하여, 청정한 믿음이 있는 자에게 청정한 믿음을 증대시키기 위하여, 올바른 가르침을 지속시키기 위하여, 계율을 수호하기 위하여 학습계율을 시설하니, 수행승들이여, 수행녀들은 이와 같이 학습계율을 송출해야 한다."

〔세존〕 "'나는 탈것에 탄 자에게 가르침을 설하지 않겠다.'라는 규율을 지켜야 한다."1524)

2-1. 그런데 한때 수행승들이 탈것에 탄 환우에게 가르침을 설해야 하는 데, 주저하면서 설하지 않았다. 사람들이 혐책하고 분개하고 비난했다.

[사람들] "어찌 수행녀들이 탈것에 탄 환우에게 가르침을 설하지 않을 수 있단 말인가?"

2-2. 수행녀들은 그 사람들이 혐책하고 분개하고 비난하는 것을 들었다. 그래서 수행녀들은 수행승들에게 그 사실을 알렸다. 그래서 그 수행승들은 세존께 그 사실을 알렸다. 그러자 세존께서는 이러한 인연으로 이러한 기회에 연유를 설하고 수행승들에게 일렀다.

[세존] "수행승들이여, 탈것에 탄 환우에게 가르침을 설하는 것을 허용한다. 수행승들이여, 그런데 이와 같이 학습계율을 송출해야 한다.

[세존] "'나는 환자가 아닌, 탈것에 탄 자에게 가르침을 설하지 않겠다.'라는 규율을 지켜야 한다."1525)

3-1. '탈것'라는 것은 손수레, 수레, 차, 짐마차, 전차, 가마, 의자가마1526)를 뜻한다. 환자가 아닌, 탈것에 탄 자에게 가르침을 설하지 말아야 한다. 환자가 아닌, 탈것에 탄 자에게 가르침을 설하면, 악작죄를 범하는 것이다.

3-2. 의도하지 않았거나, 새김을 잃었거나, 알지 못했거나, 환자이거나, 사고가 난 경우이거나, 정신착란자이거나 초범자인 경우는 무죄이다.

1524) na yānagatassa dhammaṃ desissāmī'ti sikkhāpadaṃ karaṇīyā'ti.

1525) 위기승자설법계(爲騎乘者說法戒) | Bhikkhunī Sekh. 63 : na yānagatassa agilānassa dhammaṃ desissāmī'ti sikkhāpadaṃ karaṇīyā'ti.

1526) vayhaṃ ratho sakaṭaṃ sandamānikā sivikā pāṭaṅki : 그러나 Vin. I. 191-192에 따르면, 수행승이나 수행녀에게 환자가 어니라면, 타는 것이 악작죄로서 금지되었으나, Vin, II. 276에서는 환자일 경우에 덜컹거리는 수레가 불편하여, 가마나 의자가마를 타는 것이 허용되었다. 수레의 종류에 대해서는 AN. IV. 191을 참조하라.

6. 7. 4 중학죄법 제64조

침상 위에 있는 자에 대한 학습계율[Sayanagatasikkhāpada]

1-1. 한때 존귀한 부처님께서는 싸밧티 시에 있는 제따바나 숲의 아나타삔디까 승원에 계셨다. 그런데 그때[*202] 여섯무리의 수행녀들이 침상 위에 있는 자에게 가르침을 설했다. 사람들이 혐책하고 분개하고 비난했다.

[사람들] "어찌 수행녀들이 침상 위에 있는 자에게 가르침을 설할 수 있단 말인가?"

1-2. 수행녀들은 사람들이 혐책하고 분개하고 비난하는 것을 들었다. 수행녀들 가운데 욕망을 여의고, 만족을 알고, 부끄러움을 알고, 후회할 줄 알고, 배움을 원하는 자들은 혐책하고 분개하고 비난했다.

[욕망을 여읜 수행녀들] "어찌 여섯무리의 수행녀들이 앞으로도 뒤로도 걸쳐 늘어뜨려서 하의를 입을 수 있단 말인가?"

그래서 그 수행녀들은 수행승들에게 그 사실을 알렸다. 수행승들 가운데 욕망을 여의고, 만족을 알고, 부끄러움을 알고, 후회할 줄 알고, 배움을 원하는 자들도 혐책하고 분개하고 비난했다.

[욕망을 여읜 수행승들] "어찌 여섯무리의 수행녀들이 침상 위에 있는 자에게 가르침을 설할 수 있단 말인가?"

1-3. 그래서 그 수행승들은 세존께 그 사실을 알렸다. 그러자 세존께서는 이러한 인연으로 이러한 기회에 수행승들의 참모임을 불러 모으게 하고 연유를 설하고 수행승들에게 물었다.

[세존] "수행승들이여, 그 여섯무리의 수행녀들이 침상 위에 있는 자에게 가르침을 설한 것이 사실인가?"

[수행승들] "세존이시여, 사실입니다."

존귀한 부처님께서는 견책했다.

[세존] "수행승들이여, 그대는 적절하지 않고, 자연스럽지 않고, 알맞지 않고, 수행자의 삶이 아니고, 부당하고, 해서는 안 될 일을 행한 것이다. 수행승들이여, 어찌 여섯무리의 수행녀들이 침상 위에 있는 자에게 가르침을 설할 수 있단 말인가? 수행승들이여, 그것은 아직 청정한 믿음이 없는 자를 청정한 믿음으로 이끌고, 이미 청정한 믿음이 있는 자를 더욱더 청정한 믿음으로 이끄는 것이 아니다. 수행승들이여, 그것은 오히려, 아직 청정한 믿음이 없는 자를 불신으로 이끌고,

이미 청정한 믿음이 있는 자 가운데 어떤 자들을 타락시키는 것이다."

1-4. 그리고 세존께서는 그 여섯무리의 수행녀들에 대하여 여러 가지 방편으로 견책하여, 키우기 어렵고 부양하기 어렵고 탐욕이 많고 만족을 모르고 교제를 좋아하고 나태한 것에 대하여 질책하고, 여러 가지 법문으로 고무하여, 키우기 쉽고 부양하기 쉽고 욕심을 여의고, 만족을 알고, 버리고 없애는 삶, 악을 제거하는 삶, 청정한 믿음의 삶, 쌓아 모우지 않는 삶, 용맹정진의 삶을 칭찬하고, 수행승들을 위하여 그에 알맞고 그에 걸맞게 경책하여 법문을 하고 수행승들에게 일렀다.

[세존] "수행승들이여, 그러므로 수행녀들을 위하여 열 가지 이유에 기초하여, 즉 참모임의 수승을 위하여, 참모임의 안락을 위하여, 악한 수행녀들의 조복을 위하여, 품행이 바른 수행녀들의 평안한 삶을 위하여, 지금 여기에서의 번뇌의 제어를 위하여, 다가오는 번뇌를 물리치기 위하여, 청정한 믿음이 없는 자에게 청정한 믿음을 주기 위하여, 청정한 믿음이 있는 자에게 청정한 믿음을 증대시키기 위하여, 올바른 가르침을 지속시키기 위하여, 계율을 수호하기 위하여 학습계율을 시설하니, 수행승들이여, 수행녀들은 이와 같이 학습계율을 송출해야 한다."

〔세존〕 "'나는 침상 위에 있는 자에게 가르침을 설하지 않겠다.'라는 규율을 지켜야 한다."[1527]

2-1. 그런데 한때 수행승들이 침상 위에 있는 환우에게 가르침을 설해야 하는데, 주저하면서 설하지 않았다. 사람들이 혐책하고 분개하고 비난했다.

[사람들] "어찌 수행녀들이 침상 위에 있는 환우에게 가르침을 설하지 않을 수 있단 말인가?"

2-2. 수행녀들은 그 사람들이 혐책하고 분개하고 비난하는 것을 들었다. 그래서 수행녀들은 수행승들에게 그 사실을 알렸다. 그래서 그 수행승들은 세존께 그 사실을 알렸다. 그러자 세존께서는 이러한 인연으로 이러한 기회에 연유를 설하고 수행승들에게 일렀다.

[세존] "수행승들이여, 침상 위에 있는 환우에게 가르침을 설하는 것을 허용한다. 수행승들이여, 그런데 이와 같이 학습계율을 송출해야 한다."

[세존] "'나는 환자가 아닌, 침상 위에 있는 자에게 가르침을 설하지 않겠다.'라는

1527) na sayanagatassa dhammaṃ desissāmī'ti sikkhāpadaṃ karaṇīyā'ti.

규율을 지켜야 한다."[1528]

3-1. 환자가 아닌, 침상 위에 있는 자에게 가르침을 설하지 말아야 한다. 환자가 아닌, 침상 위에 있는 자에게 가르침을 설하면, 악작죄를 범하는 것이다.

3-2. 의도하지 않았거나, 새김을 잃었거나, 알지 못했거나, 환자이거나, 사고가 난 경우이거나, 정신착란자이거나 초범자인 경우는 무죄이다.

6. 7. 5 중학죄법 제65조

흐트러진 자세에 대한 학습계율[Pallatthikasikkhāpada]

1-1. 한때 존귀한 부처님께서는 싸밧티 시에 있는 제따바나 숲의 아나타삔디까 승원에 계셨다. 그런데 그때 여섯무리의 수행녀들이 흐트러진 자세로 앉아 있는 자에게 가르침을 설했다. 사람들이 혐책하고 분개하고 비난했다.

[사람들] "어찌 수행녀들이 흐트러진 자세로 앉아 있는 자에게 가르침을 설할 수 있단 말인가?"

1-2. 수행녀들은 사람들이 혐책하고 분개하고 비난하는 것을 들었다. 수행녀들 가운데 욕망을 여의고, 만족을 알고, 부끄러움을 알고, 후회할 줄 알고, 배움을 원하는 자들은 혐책하고 분개하고 비난했다.

[욕망을 여읜 수행녀들] "어찌 여섯무리의 수행녀들이 흐트러진 자세로 앉아 있는 자에게 가르침을 설할 수 있단 말인가?"

그래서 그 수행녀들은 수행승들에게 그 사실을 알렸다. 수행승들 가운데 욕망을 여의고, 만족을 알고, 부끄러움을 알고, 후회할 줄 알고, 배움을 원하는 자들도 혐책하고 분개하고 비난했다.

[욕망을 여읜 수행승들] "어찌 여섯무리의 수행녀들이 흐트러진 자세로 앉아 있는 자에게 가르침을 설할 수 있단 말인가?"

1-3. 그래서 그 수행승들은 세존께 그 사실을 알렸다. 그러자 세존께서는 이러한 인연으로 이러한 기회에 수행승들의 참모임을 불러 모으게 하고 연유를 설하고 수행승들에게 물었다.

1528) 위와상자설법계(爲臥牀者說法戒) | Bhikkhunī Sekh. 64 : na sayanagatassa agilānassa dhammaṃ desissāmī'ti sikkhāpadaṃ karaṇīyā'ti.

[세존] "수행승들이여, 그 여섯무리의 수행녀들이 흐트러진 자세로 앉아 있는 자에게 가르침을 설한 것이 사실인가?"

[수행승들] "세존이시여, 사실입니다."

존귀한 부처님께서는 견책했다.

[세존] "수행승들이여, 그대는 적절하지 않고, 자연스럽지 않고, 알맞지 않고, 수행자의 삶이 아니고, 부당하고, 해서는 안 될 일을 행한 것이다. 수행승들이여, 어찌 여섯무리의 수행녀들이 흐트러진 자세로 앉아 있는 자에게 가르침을 설할 수 있단 말인가? 수행승들이여, 그것은 아직 청정한 믿음이 없는 자를 청정한 믿음으로 이끌고, 이미 청정한 믿음이 있는 자를 더욱더 청정한 믿음으로 이끄는 것이 아니다. 수행승들이여, 그것은 오히려, 아직 청정한 믿음이 없는 자를 불신으로 이끌고, 이미 청정한 믿음이 있는 자 가운데 어떤 자들을 타락시키는 것이다."

1-4. 그리고 세존께서는 그 여섯무리의 수행녀들에 대하여 여러 가지 방편으로 견책하여, 키우기 어렵고 부양하기 어렵고 탐욕이 많고 만족을 모르고 교제를 좋아하고 나태한 것에 대하여 질책하고, 여러 가지 법문으로 고무하여, 키우기 쉽고 부양하기 쉽고 욕심을 여의고, 만족을 알고, 버리고 없애는 삶, 악을 제거하는 삶, 청정한 믿음의 삶, 쌓아 모우지 않는 삶, 용맹정진의 삶을 칭찬하고, 수행승들을 위하여 그에 알맞고 그에 걸맞게 경책하여 법문을 하고 수행승들에게 일렀다.

[세존] "수행승들이여, 그러므로 수행녀들을 위하여 열 가지 이유에 기초하여, 즉 참모임의 수승을 위하여, 참모임의 안락을 위하여, 악한 수행녀들의 조복을 위하여, 품행이 바른 수행녀들의 평안한 삶을 위하여, 지금 여기에서의 번뇌의 제어를 위하여, 다가오는 번뇌를 물리치기 위하여, 청정한 믿음이 없는 자에게 청정한 믿음을 주기 위하여, 청정한 믿음이 있는 자에게 청정한 믿음을 증대시키기 위하여, 올바른 가르침을 지속시키기 위하여, 계율을 수호하기 위하여 학습계율을 시설하니, 수행승들이여, 수행녀들은 이와 같이 학습계율을 송출해야 한다."

〔세존〕 "'나는 흐트러진 자세로 앉아 있는 자에게 가르침을 설하지 않겠다.'라는 규율을 지켜야 한다."1529)

1529) na pallattikāya nisinnassa dhammaṃ desessāmī'ti sikkhā karaṇīyā'ti.

2-1. 그런데 한때 수행승들이 흐트러진 자세로 앉아 있는 환우에게 가르침을 설해야 하는 데, 주저하면서 설하지 않았다. 사람들이 혐책하고 분개하고 비난했다.

[사람들] "어찌 수행녀들이 흐트러진 자세로 앉아 있는 환우에게 가르침을 설하지 않을 수 있단 말인가?"

2-2. 수행녀들은 그 사람들이 혐책하고 분개하고 비난하는 것을 들었다. 그래서 수행녀들은 수행승들에게 그 사실을 알렸다. 그래서 그 수행승들은 세존께 그 사실을 알렸다. 그러자 세존께서는 이러한 인연으로 이러한 기회에 연유를 설하고 수행승들에게 일렀다.

[세존] "수행승들이여, 흐트러진 자세로 앉아 있는 환우에게 가르침을 설하는 것을 허용한다. 수행승들이여, 그런데 이와 같이 학습계율을 송출해야 한다."

[세존] "'나는 환자가 아닌, 흐트러진 자세로 앉아 있는 자에게 가르침을 설하지 않겠다.'라는 규율을 지켜야 한다."1530)

3-1. 환자가 아닌, 흐트러진 자세로 앉아 있는 자에게 가르침을 설하지 말아야 한다. 환자가 아닌, 흐트러진 자세로 앉아 있는 자에게 가르침을 설하면, 악작죄를 범하는 것이다.

3-2. 의도하지 않았거나, 새김을 잃었거나, 알지 못했거나, 환자이거나, 사고가 난 경우이거나, 정신착란자이거나 초범자인 경우는 무죄이다.

6. 7. 6 중학죄법 제66조

터번을 두른 자에 대한 학습계율[Veṭhitasīsasikkhāpada]

1-1. 한때 존귀한 부처님께서는 싸밧티 시에 있는 제따바나 숲의 아나타삔디까 승원에 계셨다. 그런데 그때 여섯무리의 수행녀들이 머리에 터번을 두른 자에게 가르침을 설했다. 사람들이 혐책하고 분개하고 비난했다.

[사람들] "어찌 수행녀들이 머리에 터번을 두른 자에게 가르침을 설할 수 있단 말인가?"

1-2. 수행녀들은 사람들이 혐책하고 분개하고 비난하는 것을 들었다. 수행녀들

1530) 위난좌자설법계(爲亂坐者說法戒) | Bhikkhunī Sekh. 65 : na pallattikāya nisinnassa agilānassa dhammaṃ desessāmī'ti sikkhā karaṇīyā'ti.

가운데 욕망을 여의고, 만족을 알고, 부끄러움을 알고, 후회할 줄 알고, 배움을 원하는 자들은 혐책하고 분개하고 비난했다.

[욕망을 여읜 수행녀들] "어찌 여섯무리의 수행녀들이 머리에 터번을 두른 자에게 가르침을 설할 수 있단 말인가?"

그래서 그 수행녀들은 수행승들에게 그 사실을 알렸다. 수행승들 가운데 욕망을 여의고, 만족을 알고, 부끄러움을 알고, 후회할 줄 알고, 배움을 원하는 자들도 혐책하고 분개하고 비난했다.

[욕망을 여읜 수행승들] "어찌 여섯무리의 수행녀들이 머리에 터번을 두른 자에게 가르침을 설할 수 있단 말인가?"

1-3. 그래서 그 수행승들은 세존께 그 사실을 알렸다. 그러자 세존께서는 이러한 인연으로 이러한 기회에 수행승들의 참모임을 불러 모으게 하고 연유를 설하고 수행승들에게 물었다.

[세존] "수행승들이여, 그 여섯무리의 수행녀들이 머리에 터번을 두른 자에게 가르침을 설한 것이 사실인가?"

[수행승들] "세존이시여, 사실입니다."

존귀한 부처님께서는 견책했다.

[세존] "수행승들이여, 그 여섯무리의 수행녀들은 적절하지 않고, 자연스럽지 않고, 알맞지 않고, 수행자의 삶이 아니고, 부당하고, 해서는 안 될 일을 행한 것이다. 수행승들이여, 어찌 여섯무리의 수행녀들이 머리에 터번을 두른 자에게 가르침을 설할 수 있단 말인가? 수행승들이여, 그것은 아직 청정한 믿음이 없는 자를 청정한 믿음으로 이끌고, 이미 청정한 믿음이 있는 자를 더욱더 청정한 믿음으로 이끄는 것이 아니다. 수행승들이여, 그것은 오히려, 아직 청정한 믿음이 없는 자를 불신으로 이끌고, 이미 청정한 믿음이 있는 자 가운데 어떤 자들을 타락시키는 것이다."

1-4. 그리고 세존께서는 그 여섯무리의 수행녀들에 대하여 여러 가지 방편으로 견책하여, 키우기 어렵고 부양하기 어렵고 탐욕이 많고 만족을 모르고 교제를 좋아하고 나태한 것에 대하여 질책하고, 여러 가지 법문으로 고무하여, 키우기 쉽고 부양하기 쉽고 욕심을 여의고, 만족을 알고, 버리고 없애는 삶, 악을 제거하는 삶, 청정한 믿음의 삶, 쌓아 모우지 않는 삶, 용맹정진의 삶을 칭찬하고, 수행승들을 위하여 그에 알맞고 그에 걸맞게 경책하여 법문을 하고 수행승들에게 일렀다.

[세존] "수행승들이여, 그러므로 수행녀들을 위하여 열 가지 이유에 기초하여, 즉 참모임의 수승을 위하여, 참모임의 안락을 위하여, 악한 수행녀들의 조복

을 위하여, 품행이 바른 수행녀들의 평안한 삶을 위하여, 지금 여기에서의 번뇌의 제어를 위하여, 다가오는 번뇌를 물리치기 위하여, 청정한 믿음이 없는 자에게 청정한 믿음을 주기 위하여, 청정한 믿음이 있는 자에게 청정한 믿음을 증대시키기 위하여, 올바른 가르침을 지속시키기 위하여, 계율을 수호하기 위하여 학습계율을 시설하니, 수행승들이여, 수행녀들은 이와 같이 학습계율을 송출해야 한다."

〔세존〕"'나는 머리에 터번을 두른 자에게 가르침을 설하지 않겠다.'라는 규율을 지켜야 한다."1531)

2-1. 그런데 한때 수행승들이 머리에 터번을 두른 환우에게 가르침을 설해야 하는 데, 주저하면서 설하지 않았다. 사람들이 혐책하고 분개하고 비난했다.

[사람들] "어찌 수행녀들이 머리에 터번을 두른 환우에게 가르침을 설하지 않을 수 있단 말인가?"

2-2. 수행녀들은 그 사람들이 혐책하고 분개하고 비난하는 것을 들었다. 그래서 수행녀들은 수행승들에게 그 사실을 알렸다. 그래서 그 수행승들은 세존께 그 사실을 알렸다. 그러자 세존께서는 이러한 인연으로 이러한 기회에 연유를 설하고 수행승들에게 일렀다.

[세존] "수행승들이여, 머리에 터번을 두른 환우에게 가르침을 설하는 것을 허용한다. 수행승들이여, 그런데 이와 같이 학습계율을 송출해야 한다."

[세존] "'나는 환자가 아닌, 머리에 터번을 두른 자에게 가르침을 설하지 않겠다.' 라는 규율을 지켜야 한다."1532)

3-1. 머리에 터번을 두른 자라는 것은 머리끝이 보이지 않게 해서 터어번을 쓴 자를 뜻한다. 환자가 아닌, 머리에 터번을 두른 자에게 가르침을 설하지 말아야 한다. 환자가 아닌, 머리에 터번을 두른 자에게 가르침을 설하면, 악작죄를 범하는 것이다.

3-2. 의도하지 않았거나, 새김을 잃었거나, 알지 못했거나, 환자이거나, 터번을 열어서 머리가 보이도록 한 경우이거나, 사고가 난 경우이거나, 정신착란자이거나 초범자인 경우는 무죄이다.

1531) na veṭṭhitasīsassa dhammaṃ desessāmī'ti sikkhā karaṇīyā'ti.
1532) 위리두자설법계(爲裏頭者說法戒) | Bhikkhunī Sekh. 66 : na veṭṭhitasīsassa agilānassa dhammaṃ desessāmī'ti sikkhā karaṇīyā'ti.

6. 7. 7 중학죄법 제67조

복면을 한 자에 대한 학습계율[Oguṇṭhitasīsasikkhāpada]

1-1. 한때 존귀한 부처님께서는 싸밧티 시에 있는 제따바나 숲의 아나타삔디까 승원에 계셨다. 그런데 그때 여섯무리의 수행녀들이 머리에 복면을 한 자에게 가르침을 설했다. 사람들이 혐책하고 분개하고 비난했다.

[사람들] "어찌 수행녀들이 머리에 복면을 한 자에게 가르침을 설할 수 있단 말인가?"

1-2. 수행녀들은 사람들이 혐책하고 분개하고 비난하는 것을 들었다. 수행녀들 가운데 욕망을 여의고, 만족을 알고, 부끄러움을 알고, 후회할 줄 알고, 배움을 원하는 자들은 혐책하고 분개하고 비난했다.

[욕망을 여읜 수행녀들] "어찌 여섯무리의 수행녀들이 머리에 복면을 한 자에게 가르침을 설할 수 있단 말인가?"

그래서 그 수행녀들은 수행승들에게 그 사실을 알렸다. 수행승들 가운데 욕망을 여의고, 만족을 알고, 부끄러움을 알고, 후회할 줄 알고, 배움을 원하는 자들도 혐책하고 분개하고 비난했다.

[욕망을 여읜 수행승들] "어찌 여섯무리의 수행녀들이 머리에 복면을 한 자에게 가르침을 설할 수 있단 말인가?"

1-3. 그래서 그 수행승들은 세존께 그 사실을 알렸다. 그러자 세존께서는 이러한 인연으로 이러한 기회에 수행승들의 참모임을 불러 모으게 하고 연유를 설하고 수행승들에게 물었다.

[세존] "수행승들이여, 그 여섯무리의 수행녀들이 머리에 복면을 한 자에게 가르침을 설한 것이 사실인가?"

[수행승들] "세존이시여, 사실입니다."

존귀한 부처님께서는 견책했다.

[세존] "수행승들이여, 그 여섯무리의 수행녀들은 적절하지 않고, 자연스럽지 않고, 알맞지 않고, 수행자의 삶이 아니고, 부당하고, 해서는 안 될 일을 행한 것이다. 수행승들이여, 어찌 여섯무리의 수행녀들이 머리에 복면을 한 자에게 가르침을 설할 수 있단 말인가? 수행승들이여, 그것은 아직 청정한 믿음이 없는 자를 청정한 믿음으로 이끌고, 이미 청정한 믿음이 있는 자를 더욱더 청정한 믿음으로 이끄는 것이 아니다. 수행승들이여, 그것은 오히려, 아직 청정한 믿음이 없는 자를 불신으로

이끌고, 이미 청정한 믿음이 있는 자 가운데 어떤 자들을 타락시키는 것이다."

1-4. 그리고 세존께서는 그 여섯무리의 수행녀들에 대하여 여러 가지 방편으로 견책하여, 키우기 어렵고 부양하기 어렵고 탐욕이 많고 만족을 모르고 교제를 좋아하고 나태한 것에 대하여 질책하고, 여러 가지 법문으로 고무하여, 키우기 쉽고 부양하기 쉽고 욕심을 여의고, 만족을 알고, 버리고 없애는 삶, 악을 제거하는 삶, 청정한 믿음의 삶, 쌓아 모우지 않는 삶, 용맹정진의 삶을 칭찬하고, 수행승들을 위하여 그에 알맞고 그에 걸맞게 경책하여 법문을 하고 수행승들에게 일렀다.

[세존] "수행승들이여, 그러므로 수행녀들을 위하여 열 가지 이유에 기초하여, 즉 참모임의 수승을 위하여, 참모임의 안락을 위하여, 악한 수행녀들의 조복을 위하여, 품행이 바른 수행녀들의 평안한 삶을 위하여, 지금 여기에서의 번뇌의 제어를 위하여, 다가오는 번뇌를 물리치기 위하여, 청정한 믿음이 없는 자에게 청정한 믿음을 주기 위하여, 청정한 믿음이 있는 자에게 청정한 믿음을 증대시키기 위하여, 올바른 가르침을 지속시키기 위하여, 계율을 수호하기 위하여 학습계율을 시설하니, 수행승들이여, 수행녀들은 이와 같이 학습계율을 송출해야 한다."

〔세존〕 "'나는 머리에 복면을 한 자에게 가르침을 설하지 않겠다.'라는 규율을 지켜야 한다."1533)

2-1. 그런데 한때 수행승들이 머리에 복면을 한 환우에게 가르침을 설해야 하는데, 주저하면서 설하지 않았다. 사람들이 혐책하고 분개하고 비난했다.

[사람들] "어찌 수행녀들이 머리에 복면을 한 환우에게 가르침을 설하지 않을 수 있단 말인가?"

2-2. 수행녀들은 그 사람들이 혐책하고 분개하고 비난하는 것을 들었다. 그래서 수행녀들은 수행승들에게 그 사실을 알렸다. 그래서 그 수행승들은 세존께 그 사실을 알렸다. 그러자 세존께서는 이러한 인연으로 이러한 기회에 연유를 설하고 수행승들에게 일렀다.

[세존] "수행승들이여, 머리에 복면을 한 환우에게 가르침을 설하는 것을 허용한다. 수행승들이여, 그런데 이와 같이 학습계율을 송출해야 한다.

[세존] "'나는 환자가 아닌, 머리에 복면을 한 자에게 가르침을 설하지 않겠다.'라는 규율을 지켜야 한다."1534)

1533) oguṇṭhitasissa dhammaṃ desessāmī'ti sikkhā karaṇīyā'ti

1534) 위복면자설법계(爲覆面者說法戒) | Bhikkhunī Sekh. 67 : oguṇṭhitasissa agilānassa dhammaṃ desessāmī'ti sikkhā karaṇīyā'ti

3-1. '머리에 복면을 한 자'라는 것은[*203] 머리까지 감싼 자를 뜻한다. 환자가 아닌, 머리에 복면을 한 자에게 가르침을 설하지 말아야 한다. 환자가 아닌, 머리에 복면을 한 자에게 가르침을 설하면, 악작죄를 범하는 것이다.

3-2. 의도하지 않았거나, 새김을 잃었거나, 알지 못했거나, 환자이거나, 복면을 열어서 머리가 보이도록 한 경우이거나, 사고가 난 경우이거나, 정신착란자이거나 초범자인 경우는 무죄이다.

6. 7. 8 중학죄법 제68조

맨바닥에 앉은 자에 대한 학습계율[Chamānisinnasikkhāpada]

1-1. 한때 존귀한 부처님께서는 싸밧티 시에 있는 제따바나 숲의 아나타삔디까 승원에 계셨다. 그런데 그때 여섯무리의 수행녀들이 맨바닥에 자리를 잡고 앉은 자에게 가르침을 설했다. 사람들이 혐책하고 분개하고 비난했다.

[사람들] "어찌 수행녀들이 맨바닥에 자리를 잡고 앉은 자에게 가르침을 설할 수 있단 말인가?"

1-2. 수행녀들은 사람들이 혐책하고 분개하고 비난하는 것을 들었다. 수행녀들 가운데 욕망을 여의고, 만족을 알고, 부끄러움을 알고, 후회할 줄 알고, 배움을 원하는 자들은 혐책하고 분개하고 비난했다.

[욕망을 여읜 수행녀들] "어찌 여섯무리의 수행녀들이 맨바닥에 자리를 잡고 앉은 자에게 가르침을 설할 수 있단 말인가?"

그래서 그 수행녀들은 수행승들에게 그 사실을 알렸다. 수행승들 가운데 욕망을 여의고, 만족을 알고, 부끄러움을 알고, 후회할 줄 알고, 배움을 원하는 자들도 혐책하고 분개하고 비난했다.

[욕망을 여읜 수행승들] "어찌 여섯무리의 수행녀들이 맨바닥에 자리를 잡고 앉은 자에게 가르침을 설할 수 있단 말인가?"

1-3. 그래서 그 수행승들은 세존께 그 사실을 알렸다. 그러자 세존께서는 이러한 인연으로 이러한 기회에 수행승들의 참모임을 불러 모으게 하고 연유를 설하고 수행승들에게 물었다.

[세존] "수행승들이여, 그 여섯무리의 수행녀들이 맨바닥에 자리를 잡고 앉은 자에게 가르침을 설한 것이 사실인가?"

[수행승들] "세존이시여, 사실입니다."

존귀한 부처님께서는 견책했다.

[세존] "수행승들이여, 그 여섯무리의 수행녀들은 적절하지 않고, 자연스럽지 않고, 알맞지 않고, 수행자의 삶이 아니고, 부당하고, 해서는 안 될 일을 행한 것이다. 수행승들이여, 어찌 여섯무리의 수행녀들이 맨바닥에 자리를 잡고 앉은 자에게 가르침을 설할 수 있단 말인가? 수행승들이여, 그것은 아직 청정한 믿음이 없는 자를 청정한 믿음으로 이끌고, 이미 청정한 믿음이 있는 자를 더욱더 청정한 믿음으로 이끄는 것이 아니다. 수행승들이여, 그것은 오히려, 아직 청정한 믿음이 없는 자를 불신으로 이끌고, 이미 청정한 믿음이 있는 자 가운데 어떤 자들을 타락시키는 것이다."

1-4. 그리고 세존께서는 그 여섯무리의 수행녀들에 대하여 여러 가지 방편으로 견책하여, 키우기 어렵고 부양하기 어렵고 탐욕이 많고 만족을 모르고 교제를 좋아하고 나태한 것에 대하여 질책하고, 여러 가지 법문으로 고무하여, 키우기 쉽고 부양하기 쉽고 욕심을 여의고, 만족을 알고, 버리고 없애는 삶, 악을 제거하는 삶, 청정한 믿음의 삶, 쌓아 모우지 않는 삶, 용맹정진의 삶을 칭찬하고, 수행승들을 위하여 그에 알맞고 그에 걸맞게 경책하여 법문을 하고 수행승들에게 일렀다.

[세존] "수행승들이여, 그러므로 수행녀들을 위하여 열 가지 이유에 기초하여, 즉 참모임의 수승을 위하여, 참모임의 안락을 위하여, 악한 수행녀들의 조복을 위하여, 품행이 바른 수행녀들의 평안한 삶을 위하여, 지금 여기에서의 번뇌의 제어를 위하여, 다가오는 번뇌를 물리치기 위하여, 청정한 믿음이 없는 자에게 청정한 믿음을 주기 위하여, 청정한 믿음이 있는 자에게 청정한 믿음을 증대시키기 위하여, 올바른 가르침을 지속시키기 위하여, 계율을 수호하기 위하여 학습계율을 시설하니, 수행승들이여, 수행녀들은 이와 같이 학습계율을 송출해야 한다."

〔세존〕 "'나는 맨바닥에 자리를 잡고 앉은 자에게 가르침을 설하지 않겠다.'라는 규율을 지켜야 한다."1535)

2-1. 그런데 한때 수행승들이 맨바닥에 자리를 잡고 앉은 환우에게 가르침을 설해야 하는 데, 주저하면서 설하지 않았다. 사람들이 혐책하고 분개하고 비난했다.

[사람들] "어찌 수행녀들이 땅 위에 앉아서 자리에 앉은 환우에게 가르침을 설하지 않을 수 있단 말인가?"

1535) na chamāya nisīditvā āsano nisinnassa dhammaṃ desessāmī'ti sikkhā karaṇīyā'ti.

2-2. 수행녀들은 그 사람들이 혐책하고 분개하고 비난하는 것을 들었다. 그래서 수행녀들은 수행승들에게 그 사실을 알렸다. 그래서 그 수행승들은 세존께 그 사실을 알렸다. 그러자 세존께서는 이러한 인연으로 이러한 기회에 연유를 설하고 수행승들에게 일렀다.

[세존] "수행승들이여, 땅 위에 앉아서 자리에 앉은 환우에게 가르침을 설하는 것을 허용한다. 수행승들이여, 그런데 이와 같이 학습계율을 송출해야 한다."

[세존] "'나는 환자가 아닌, 맨바닥에 자리를 잡고 앉은 자에게 가르침을 설하지 않겠다.'라는 규율을 지켜야 한다."1536)

3-1. 환자가 아닌, 맨바닥에 자리를 잡고 앉은 자에게 가르침을 설하지 말아야 한다. 환자가 아닌, 맨바닥에 자리를 잡고 앉은 자에게 가르침을 설하면, 악작죄를 범하는 것이다.

3-2. 의도하지 않았거나, 새김을 잃었거나, 알지 못했거나, 환자이거나, 사고가 난 경우이거나, 정신착란자이거나 초범자인 경우는 무죄이다.

6. 7. 9 중학죄법 제69조

높은 자리에 앉은 자에 대한 학습계율[Uccāsanenisinnasikkhāpada]

1-1. 한때 존귀한 부처님께서는 싸밧티 시에 있는 제따바나 숲의 아나타삔디까 승원에 계셨다. 그런데 그때 여섯무리의 수행녀들이 낮은 자리에 앉아서 높은 자리에 앉은 자에게 가르침을 설했다. 사람들이 혐책하고 분개하고 비난했다.

[사람들] "어찌 수행녀들이 낮은 자리에 앉아서 높은 자리에 앉은 자에게 가르침을 설할 수 있단 말인가?"

1-2. 수행녀들은 사람들이 혐책하고 분개하고 비난하는 것을 들었다. 수행녀들 가운데 욕망을 여의고, 만족을 알고, 부끄러움을 알고, 후회할 줄 알고, 배움을 원하는 자들은 혐책하고 분개하고 비난했다.

[욕망을 여읜 수행녀들] "어찌 여섯무리의 수행녀들이 낮은 자리에 앉아서 높은 자리에 앉은 자에게 가르침을 설할 수 있단 말인가?"

1536) 인재좌기재비좌설법계(人在座己在非座說法戒) | Bhikkhunī Sekh. 68 : na chamāya nisīditvā āsano nisinnassa agilānassa dhammaṃ desessāmī'ti sikkhā karaṇīyā'ti.

그래서 그 수행녀들은 수행승들에게 그 사실을 알렸다. 수행승들 가운데 욕망을 여의고, 만족을 알고, 부끄러움을 알고, 후회할 줄 알고, 배움을 원하는 자들도 혐책하고 분개하고 비난했다.

[욕망을 여읜 수행승들] "어찌 여섯무리의 수행녀들이 낮은 자리에 앉아서 높은 자리에 앉은 자에게 가르침을 설할 수 있단 말인가?"

1-3. 그래서 그 수행승들은 세존께 그 사실을 알렸다. 그러자 세존께서는 이러한 인연으로 이러한 기회에 수행승들의 참모임을 불러 모으게 하고 연유를 설하고 수행승들에게 물었다.

[세존] "수행승들이여, 그 여섯무리의 수행녀들이 낮은 자리에 앉아서 높은 자리에 앉은 자에게 가르침을 설한 것이 사실인가?"

[수행승들] "세존이시여, 사실입니다."

존귀한 부처님께서는 견책했다.

[세존] "수행승들이여, 그 여섯무리의 수행녀들은 적절하지 않고, 자연스럽지 않고, 알맞지 않고, 수행자의 삶이 아니고, 부당하고, 해서는 안 될 일을 행한 것이다. 수행승들이여, 어찌 여섯무리의 수행녀들이 낮은 자리에 앉아서 높은 자리에 앉은 자에게 가르침을 설할 수 있단 말인가? 수행승들이여, 그것은 아직 청정한 믿음이 없는 자를 청정한 믿음으로 이끌고, 이미 청정한 믿음이 있는 자를 더욱더 청정한 믿음으로 이끄는 것이 아니다. 수행승들이여, 그것은 오히려, 아직 청정한 믿음이 없는 자를 불신으로 이끌고, 이미 청정한 믿음이 있는 자 가운데 어떤 자들을 타락시키는 것이다."

1-4. 그리고 세존께서는 그 여섯무리의 수행녀들에 대하여 여러 가지 방편으로 견책하여, 키우기 어렵고 부양하기 어렵고 탐욕이 많고 만족을 모르고 교제를 좋아하고 나태한 것에 대하여 질책하고, 여러 가지 법문으로 고무하여, 키우기 쉽고 부양하기 쉽고 욕심을 여의고, 만족을 알고, 버리고 없애는 삶, 악을 제거하는 삶, 청정한 믿음의 삶, 쌓아 모우지 않는 삶, 용맹정진의 삶을 칭찬하고, 수행승들을 위하여 그에 알맞고 그에 걸맞게 경책하여 법문을 하고 수행승들에게 일렀다.

[세존] "수행승들이여, 옛날에 바라나씨 시에 한 천민의 아내가 임신을 했다. 수행승들이여, 그러자 그 천민의 아내는 그 천민에게 이와 같이 말했다.

[천민의 아내] '여보, 내가 임신했는데, 망고를 먹고 싶어요.'

[천민] '망고는 없습니다. 제철이 아니라 망고가 없습니다.'

[천민의 아내] '만약 얻어 오지 못하면, 죽겠습니다.'

그런데 그때 왕의 망고 나무에는 항상 열매가 열리고 있었다. 수행승들이여, 그래서 그 천민은 그 망고가 있는 곳을 찾아가서 그 망고 나무에 올라가서 숨어 있었다. 수행승들이여, 그런데 왕이 제사장인 바라문과 함께 그 망고 나무가 있는 곳을 찾아왔다. 가까이 다가와서 높은 자리에 앉아 진언을 배웠다. 수행승들이여,[*204] 그러자 그 천민은 이와 같이 생각했다.

[천민] '저 왕이 높은 침상에 앉아서 진언을 배우는 것은 원칙에 입각하지 않은다. 저 바라문이 낮은 자리에 앉아서 높은 자리에 앉은 자에게 진언을 가르치는 것도 원칙에 입각하지 않은다. 나도 역시 아내를 위하여 왕의 망고를 훔치는 것은 원칙에 입각하지 않은다. 그러나 이 모든 것이 이미 지나갔다.'

그는 바로 거기서 넘어졌다.

[천민]
'양자가 의미를 알지 못하고,
양자가 가르침을 보지 못한다.
이 진언을 가르치는 자도,
원칙이 아닌 것을 따르니, 배우는 자도 없다.'1537)

[바라문]
'나의 음식은 육고기를 첨가한 쌀죽이고
그래서 나는 가르침으로 살지 않는다.
고귀한 님들에 의해서만,
가르침이야말로 칭찬받는다.'1538)

[천민]
'바라문이여, 그대의 부의 획득과
명예의 획득은 부끄러운 것이다
그 생활은 지옥으로 이끌고,
원칙이 아닌 행동으로 이끈다.1539)

대바라문이여, 출가하라.
다른 뭇삶들이 지옥에서 삶아지니.1540)

1537) ubho atthaṃ na jānnati | ubho dhammaṃ na passare | yo cāyaṃ mantaṃ vāceti | yo cādhammena'dh iyyati ||

1538) sālinaṃ odano bhutto | sucimaṃsupasecano | tasmā dhamme na vattāmi | dhammo ariyebhi vaṇṇito ||

1539) dhir atthu taṃ dhanalābhaṃ | yasalābhañca brāhmaṇa | yā vutti vinipātena | adhammacaraṇena vā ||

1540) pacant'aññepi pāṇīno : 지옥에서 삶아지는 것을 의미한다.

그 때문에 깨어진 옹기처럼,
그대는 원칙이 아닌 것을 따르지 말라.'"[1541]

수행승들이여, 낮은 곳에 앉아서 높은 곳에 앉은 자에게 진언을 설하는 것은 나에게 마음에 들지 않는다. 그런데 하물며 낮은 곳에 앉아서 높은 곳에 앉은 자에게 가르침을 설하는 것은 마음에 들겠는가? 수행승들이여, 그것은 아직 청정한 믿음이 없는 자를 청정한 믿음으로 이끌고, 이미 청정한 믿음이 있는 자를 더욱더 청정한 믿음으로 이끄는 것이 아니다. 수행승들이여, 그것은 오히려, 아직 청정한 믿음이 없는 자를 불신으로 이끌고, 이미 청정한 믿음이 있는 자 가운데 어떤 자들을 타락시키는 것이다."

1-5. 그리고 세존께서는 그 여섯무리의 수행녀들에 대하여 여러 가지 방편으로 견책하여, 키우기 어렵고 부양하기 어렵고 탐욕이 많고 만족을 모르고 교제를 좋아하고 나태한 것에 대하여 질책하고, 여러 가지 법문으로 고무하여, 키우기 쉽고 부양하기 쉽고 욕심을 여의고, 만족을 알고, 버리고 없애는 삶, 악을 제거하는 삶, 청정한 믿음의 삶, 쌓아 모우지 않는 삶, 용맹정진의 삶을 칭찬하고, 수행승들을 위하여 그에 알맞고 그에 걸맞게 경책하여 법문을 하고 수행승들에게 일렀다.

[세존] "수행승들이여, 그러므로 수행녀들을 위하여 열 가지 이유에 기초하여, 즉 참모임의 수승을 위하여, 참모임의 안락을 위하여, 악한 수행녀들의 조복을 위하여, 품행이 바른 수행녀들의 평안한 삶을 위하여, 지금 여기에서의 번뇌의 제어를 위하여, 다가오는 번뇌를 물리치기 위하여, 청정한 믿음이 없는 자에게 청정한 믿음을 주기 위하여, 청정한 믿음이 있는 자에게 청정한 믿음을 증대시키기 위하여, 올바른 가르침을 지속시키기 위하여, 계율을 수호하기 위하여 학습계율을 시설하니, 수행승들이여, 수행녀들은 이와 같이 학습계율을 송출해야 한다."

〔세존〕 "'나는 낮은 자리에 앉아서 높은 자리에 앉은 자에게 가르침을 설하지 않겠다.'라는 규율을 지켜야 한다."[1542]

2-1. 그런데 한때 수행승들이 낮은 자리에 앉아서 높은 자리에 앉은 환우에게 가르침을 설해야 하는 데, 주저하면서 설하지 않았다. 사람들이 혐책하고 분개하고 비난했다.

1541) paribbaja mahābrahme | pacant'aññepi pāṇīno, | mā tvaṃ adhammo ācarito | asmā kumbham ivā bhidā'ti ||

1542) na nīce āsane nisīditvā ucce āsane nisinnassa dhammaṃ desessāmī'ti sikkhā karaṇīyā'ti

[사람들] "어찌 수행녀들이 낮은 자리에 앉아서 높은 자리에 앉은 환우에게 가르침을 설하지 않을 수 있단 말인가?"

2-2. 수행녀들은 그 사람들이 혐책하고 분개하고 비난하는 것을 들었다. 그래서 수행녀들은 수행승들에게 그 사실을 알렸다. 그래서 그 수행승들은 세존께 그 사실을 알렸다. 그러자 세존께서는 이러한 인연으로 이러한 기회에 연유를 설하고 수행승들에게 일렀다.

[세존] "수행승들이여, 낮은 자리에 앉아서 높은 자리에 앉은 환우에게 가르침을 설하는 것을 허용한다. 수행승들이여, 그런데 이와 같이 학습계율을 송출해야 한다."

[세존] "'나는 환자가 아닌 한, 낮은 자리에 앉아서 높은 자리에 앉은 자에게 가르침을 설하지 않겠다.'라는 규율을 지켜야 한다."[1543]

3-1. 환자가 아닌, 낮은 자리에 앉아서 높은 자리에 앉은 자에게 가르침을 설하지 말아야 한다. 환자가 아닌, 낮은 자리에 앉아서 높은 자리에 앉은 자에게 가르침을 설하면, 악작죄를 범하는 것이다.

3-2. 의도하지 않았거나, 새김을 잃었거나, 알지 못했거나, 환자이거나, 머리를 열어서 보여주게 하거나, 사고가 난 경우이거나, 정신착란자이거나 초범자인 경우는 무죄이다.

6. 7. 10 중학죄법 제70조

자리에 앉은 자에 대한 학습계율[Nisinnasikkhāpada]

1-1. 한때 존귀한 부처님께서는 싸밧티 시에 있는 제따바나 숲의 아나타삔디까 승원에 계셨다. 그런데 그때 여섯무리의 수행녀들이 서서 자리에 앉은 자에게 가르침을 설했다. 사람들이 혐책하고 분개하고 비난했다.

[사람들] "어찌 수행녀들이 서서 자리에 앉은 자에게 가르침을 설할 수 있단 말인가?"

1-2. 수행녀들은 사람들이 혐책하고 분개하고 비난하는 것을 들었다. 수행녀들

1543) 인재고좌기재하좌설법계(人在高座己在下座說法戒) | Bhikkhunī Sekh. 69 : na nīce āsane nisīditvā ucce āsane nisinnassa agilānassa dhammaṃ desessāmī'ti sikkhā karaṇīyā'ti

가운데 욕망을 여의고, 만족을 알고, 부끄러움을 알고, 후회할 줄 알고, 배움을 원하는 자들은 혐책하고 분개하고 비난했다.

[욕망을 여읜 수행녀들] "어찌 여섯무리의 수행녀들이 서서 자리에 앉은 자에게 가르침을 설할 수 있단 말인가?"

그래서 그 수행녀들은 수행승들에게 그 사실을 알렸다. 수행승들 가운데 욕망을 여의고, 만족을 알고, 부끄러움을 알고, 후회할 줄 알고, 배움을 원하는 자들도 혐책하고 분개하고 비난했다.

[욕망을 여읜 수행승들] "어찌 여섯무리의 수행녀들이 서서 자리에 앉은 자에게 가르침을 설할 수 있단 말인가?"

1-3. 그래서 그 수행승들은 세존께 그 사실을 알렸다. 그러자 세존께서는 이러한 인연으로 이러한 기회에 수행승들의 참모임을 불러 모으게 하고 연유를 설하고 수행승들에게 물었다.

[세존] "수행승들이여, 그 여섯무리의 수행녀들이 서서 자리에 앉은 자에게 가르침을 설한 것이 사실인가?"

[수행승들] "세존이시여, 사실입니다."

존귀한 부처님께서는 견책했다.

[세존] "수행승들이여, 그대는 적절하지 않고, 자연스럽지 않고, 알맞지 않고, 수행자의 삶이 아니고, 부당하고, 해서는 안 될 일을 행한 것이다. 수행승들이여, 어찌 여섯무리의 수행녀들이 서서 자리에 앉은 자에게 가르침을 설할 수 있단 말인가? 수행승들이여, 그것은 아직 청정한 믿음이 없는 자를 청정한 믿음으로 이끌고, 이미 청정한 믿음이 있는 자를 더욱더 청정한 믿음으로 이끄는 것이 아니다. 수행승들이여, 그것은 오히려, 아직 청정한 믿음이 없는 자를 불신으로 이끌고, 이미 청정한 믿음이 있는 자 가운데 어떤 자들을 타락시키는 것이다."

1-4. 그리고 세존께서는 그 여섯무리의 수행녀들에 대하여 여러 가지 방편으로 견책하여, 키우기 어렵고 부양하기 어렵고 탐욕이 많고 만족을 모르고 교제를 좋아하고 나태한 것에 대하여 질책하고, 여러 가지 법문으로 고무하여, 키우기 쉽고 부양하기 쉽고 욕심을 여의고, 만족을 알고, 버리고 없애는 삶, 악을 제거하는 삶, 청정한 믿음의 삶, 쌓아 모우지 않는 삶, 용맹정진의 삶을 칭찬하고, 수행승들을 위하여 그에 알맞고 그에 걸맞게 경책하여 법문을 하고 수행승들에게 일렀다.

[세존] "수행승들이여, 그러므로 수행녀들을 위하여 열 가지 이유에 기초하여, 즉 참모임의 수승을 위하여, 참모임의 안락을 위하여, 악한 수행녀들의 조복을

위하여, 품행이 바른 수행녀들의 평안한 삶을 위하여, 지금 여기에서의 번뇌의 제어를 위하여, 다가오는 번뇌를 물리치기 위하여, 청정한 믿음이 없는 자에게 청정한 믿음을 주기 위하여, 청정한 믿음이 있는 자에게 청정한 믿음을 증대시키기 위하여, 올바른 가르침을 지속시키기 위하여, 계율을 수호하기 위하여 학습계율을 시설하니, 수행승들이여, 수행녀들은 이와 같이 학습계율을 송출해야 한다."

〔세존〕"'나는 서서 자리에 앉은 자에게 가르침을 설하지 않겠다.'라는 규율을 지켜야 한다."1544)

2-1. 그런데 한때 수행승들이 서서 자리에 앉은 환우에게 가르침을 설해야 하는데, 주저하면서 설하지 않았다. 사람들이 혐책하고 분개하고 비난했다.

[사람들] "어찌 수행녀들이 서서 자리에 앉은 환우에게 가르침을 설하지 않을 수 있단 말인가?"

2-2. 수행녀들은 그 사람들이 혐책하고 분개하고 비난하는 것을 들었다. 그래서 수행녀들은 수행승들에게 그 사실을 알렸다. 그래서 그 수행승들은 세존께 그 사실을 알렸다. 그러자 세존께서는 이러한 인연으로 이러한 기회에 연유를 설하고 수행승들에게 일렀다.

[세존] "수행승들이여, 서서 자리에 앉은 환우에게 가르침을 설하는 것을 허용한다. 수행승들이여, 그런데 이와 같이 학습계율을 송출해야 한다.

[세존] "'나는 서서, 환자가 아닌, 자리에 앉은 자에게 가르침을 설하지 않겠다.' 라는 규율을 지켜야 한다."1545)

3-1. 서서 환자가 아닌, 자리에 앉은 자에게 가르침을 설하지 말아야 한다. 서서, 환자가 아닌, 자리에 앉은 자에게 가르침을 설하면, 악작죄를 범하는 것이다.

3-2. 의도하지 않았거나, 새김을 잃었거나, 알지 못했거나, 환자이거나, 머리를 열어서 보여주게 하거나, 사고가 난 경우이거나, 정신착란자이거나 초범자인 경우는 무죄이다.

6. 7. 11 중학죄법 제71조

앞에 가는 자에 대한 학습계율[Puratogacchantasikkhāpada]

1544) na ṭhito nisinnassa dhammaṃ desessāmī'ti sikkhākaraṇīyā'ti.

1545) 인좌기립설법계(人坐己立說法戒) | Bhikkhunī Sekh. 70 : na ṭhito nisinnassa agilānassa dhammaṃ desessāmī'ti sikkhākaraṇīyā'ti.

1-1. 한때[*205] 존귀한 부처님께서는 싸밧티 시에 있는 제따바나 숲의 아나타삔디까 승원에 계셨다. 그런데 그때 여섯무리의 수행녀들이 뒤에 가면서 앞에 가는 자에게 가르침을 설했다.

사람들이 혐책하고 분개하고 비난했다.

[사람들] "어찌 수행녀들이 뒤에 가면서 앞에 가는 자에게 가르침을 설할 수 있단 말인가?"

1-2. 수행녀들은 사람들이 혐책하고 분개하고 비난하는 것을 들었다. 수행녀들 가운데 욕망을 여의고, 만족을 알고, 부끄러움을 알고, 후회할 줄 알고, 배움을 원하는 자들은 혐책하고 분개하고 비난했다.

[욕망을 여읜 수행녀들] "어찌 여섯무리의 수행녀들이 뒤에 가면서 앞에 가는 자에게 가르침을 설할 수 있단 말인가?"

그래서 그 수행녀들은 수행승들에게 그 사실을 알렸다. 수행승들 가운데 욕망을 여의고, 만족을 알고, 부끄러움을 알고, 후회할 줄 알고, 배움을 원하는 자들도 혐책하고 분개하고 비난했다.

[욕망을 여읜 수행승들] "어찌 여섯무리의 수행녀들이 뒤에 가면서 앞에 가는 자에게 가르침을 설할 수 있단 말인가?"

1-3. 그래서 그 수행승들은 세존께 그 사실을 알렸다. 그러자 세존께서는 이러한 인연으로 이러한 기회에 수행승들의 참모임을 불러 모으게 하고 연유를 설하고 수행승들에게 물었다.

[세존] "수행승들이여, 그 여섯무리의 수행녀들이 뒤에 가면서 앞에 가는 자에게 가르침을 설한 것이 사실인가?"

[수행승들] "세존이시여, 사실입니다."

존귀한 부처님께서는 견책했다.

[세존] "수행승들이여, 그대는 적절하지 않고, 자연스럽지 않고, 알맞지 않고, 수행자의 삶이 아니고, 부당하고, 해서는 안 될 일을 행한 것이다. 수행승들이여, 어찌 여섯무리의 수행녀들이 뒤에 가면서 앞에 가는 자에게 가르침을 설할 수 있단 말인가? 수행승들이여, 그것은 아직 청정한 믿음이 없는 자를 청정한 믿음으로 이끌고, 이미 청정한 믿음이 있는 자를 더욱더 청정한 믿음으로 이끄는 것이 아니다. 수행승들이여, 그것은 오히려, 아직 청정한 믿음이 없는 자를 불신으로 이끌고, 이미 청정한 믿음이 있는 자 가운데 어떤 자들을 타락시키는 것이다."

1-4. 그리고 세존께서는 그 여섯무리의 수행녀들에 대하여 여러 가지 방편으로 견책하여, 키우기 어렵고 부양하기 어렵고 탐욕이 많고 만족을 모르고 교제를 좋아하고 나태한 것에 대하여 질책하고, 여러 가지 법문으로 고무하여, 키우기 쉽고 부양하기 쉽고 욕심을 여의고, 만족을 알고, 버리고 없애는 삶, 악을 제거하는 삶, 청정한 믿음의 삶, 쌓아 모우지 않는 삶, 용맹정진의 삶을 칭찬하고, 수행승들을 위하여 그에 알맞고 그에 걸맞게 경책하여 법문을 하고 수행승들에게 일렀다.

[세존] "수행승들이여, 그러므로 수행녀들을 위하여 열 가지 이유에 기초하여, 즉 참모임의 수승을 위하여, 참모임의 안락을 위하여, 악한 수행녀들의 조복을 위하여, 품행이 바른 수행녀들의 평안한 삶을 위하여, 지금 여기에서의 번뇌의 제어를 위하여, 다가오는 번뇌를 물리치기 위하여, 청정한 믿음이 없는 자에게 청정한 믿음을 주기 위하여, 청정한 믿음이 있는 자에게 청정한 믿음을 증대시키기 위하여, 올바른 가르침을 지속시키기 위하여, 계율을 수호하기 위하여 학습계율을 시설하니, 수행승들이여, 수행녀들은 이와 같이 학습계율을 송출해야 한다."

[세존] "'나는 뒤에 가면서 앞에 가는 자에게 가르침을 설하지 않겠다.'라는 규율을 지켜야 한다."1546)

2-1. 그런데 한때 수행승들이 뒤에 가면서 앞에 가는 환우에게 가르침을 설해야 하는 데, 주저하면서 설하지 않았다. 사람들이 혐책하고 분개하고 비난했다.

[사람들] "어찌 수행녀들이 뒤에 가면서 앞에 가는 환우에게 가르침을 설하지 않을 수 있단 말인가?"

2-2. 수행녀들은 그 사람들이 혐책하고 분개하고 비난하는 것을 들었다. 그래서 수행녀들은 수행승들에게 그 사실을 알렸다. 그래서 그 수행승들은 세존께 그 사실을 알렸다. 그러자 세존께서는 이러한 인연으로 이러한 기회에 연유를 설하고 수행승들에게 일렀다.

[세존] "수행승들이여, 뒤에 가면서 앞에 가는 환우에게 가르침을 설하는 것을 허용한다. 수행승들이여, 그런데 이와 같이 학습계율을 송출해야 한다."

[세존] "'나는 뒤에 가면서, 환자가 아닌, 앞에 가는 자에게 가르침을 설하지 않겠다.'라는 규율을 지켜야 한다."1547)

1546) na pacchato gacchanto purato gacchantassa dhammaṃ desessāmī'ti sikkhā karaṇīyā'ti

1547) 인재전행기재후설법계(人在前行已在後說法戒) | Bhikkhunī Sekh. 71 : na pacchato gacchanto purato gacchantassa agilānassa dhammaṃ desessāmī'ti sikkhā karaṇīyā'ti

3-1. 뒤에 가면서 환자가 아닌, 앞에 가는 자에게 가르침을 설하지 말아야 한다. 뒤에 가면서, 환자가 아닌, 앞에 가는 자에게 가르침을 설하면, 악작죄를 범하는 것이다.

3-2. 의도하지 않았거나, 새김을 잃었거나, 알지 못했거나, 환자이거나, 머리를 열어서 보여주게 하거나, 사고가 난 경우이거나, 정신착란자이거나 초범자인 경우는 무죄이다.

6. 7. 12 중학죄법 제72조

가운데 길을 가는 자에 대한 학습계율[Pathagacchantasikkhāpada]

1-1. 한때 존귀한 부처님께서는 싸밧티 시에 있는 제따바나 숲의 아나타삔디까 승원에 계셨다. 그런데 그때 여섯무리의 수행녀들이 갓길을 가면서 가운데 길을 가는 자에게 가르침을 설했다. 사람들이 혐책하고 분개하고 비난했다.

[사람들] "어찌 수행녀들이 갓길을 가면서 가운데 길을 가는 자에게 가르침을 설할 수 있단 말인가?"

1-2. 수행녀들은 사람들이 혐책하고 분개하고 비난하는 것을 들었다. 수행녀들 가운데 욕망을 여의고, 만족을 알고, 부끄러움을 알고, 후회할 줄 알고, 배움을 원하는 자들은 혐책하고 분개하고 비난했다.

[욕망을 여읜 수행녀들] "어찌 여섯무리의 수행녀들이 갓길을 가면서 가운데 길을 가는 자에게 가르침을 설할 수 있단 말인가?"

그래서 그 수행녀들은 수행승들에게 그 사실을 알렸다. 수행승들 가운데 욕망을 여의고, 만족을 알고, 부끄러움을 알고, 후회할 줄 알고, 배움을 원하는 자들도 혐책하고 분개하고 비난했다.

[욕망을 여읜 수행승들] "어찌 여섯무리의 수행녀들이 갓길을 가면서 가운데 길을 가는 자에게 가르침을 설할 수 있단 말인가?"

1-3. 그래서 그 수행승들은 세존께 그 사실을 알렸다. 그러자 세존께서는 이러한 인연으로 이러한 기회에 수행승들의 참모임을 불러 모으게 하고 연유를 설하고 수행승들에게 물었다.

[세존] "수행승들이여, 그 여섯무리의 수행녀들이 갓길을 가면서 가운데 길을 가는 자에게 가르침을 설한 것이 사실인가?"

[수행승들] "세존이시여, 사실입니다."

존귀한 부처님께서는 견책했다.

[세존] "수행승들이여, 그대는 적절하지 않고, 자연스럽지 않고, 알맞지 않고, 수행자의 삶이 아니고, 부당하고, 해서는 안 될 일을 행한 것이다. 수행승들이여, 어찌 여섯무리의 수행녀들이 갓길을 가면서 가운데 길을 가는 자에게 가르침을 설할 수 있단 말인가? 수행승들이여, 그것은 아직 청정한 믿음이 없는 자를 청정한 믿음으로 이끌고, 이미 청정한 믿음이 있는 자를 더욱더 청정한 믿음으로 이끄는 것이 아니다. 수행승들이여, 그것은 오히려, 아직 청정한 믿음이 없는 자를 불신으로 이끌고, 이미 청정한 믿음이 있는 자 가운데 어떤 자들을 타락시키는 것이다."

1-4. 그리고 세존께서는 그 여섯무리의 수행녀들에 대하여 여러 가지 방편으로 견책하여, 키우기 어렵고 부양하기 어렵고 탐욕이 많고 만족을 모르고 교제를 좋아하고 나태한 것에 대하여 질책하고, 여러 가지 법문으로 고무하여, 키우기 쉽고 부양하기 쉽고 욕심을 여의고, 만족을 알고, 버리고 없애는 삶, 악을 제거하는 삶, 청정한 믿음의 삶, 쌓아 모우지 않는 삶, 용맹정진의 삶을 칭찬하고, 수행승들을 위하여 그에 알맞고 그에 걸맞게 경책하여 법문을 하고 수행승들에게 일렀다.

[세존] "수행승들이여, 그러므로 수행녀들을 위하여 열 가지 이유에 기초하여, 즉 참모임의 수승을 위하여, 참모임의 안락을 위하여, 악한 수행녀들의 조복을 위하여, 품행이 바른 수행녀들의 평안한 삶을 위하여, 지금 여기에서의 번뇌의 제어를 위하여, 다가오는 번뇌를 물리치기 위하여, 청정한 믿음이 없는 자에게 청정한 믿음을 주기 위하여, 청정한 믿음이 있는 자에게 청정한 믿음을 증대시키기 위하여, 올바른 가르침을 지속시키기 위하여, 계율을 수호하기 위하여 학습계율을 시설하니, 수행승들이여, 수행녀들은 이와 같이 학습계율을 송출해야 한다."

〔세존〕 "'나는 갓길을 가면서 가운데 길을 가는 자에게 가르침을 설하지 않겠다.'라는 규율을 지켜야 한다."1548)

2-1. 그런데 한때 수행승들이 사도를 가면서 정도를 가는 환우에게 가르침을 설해야 하는 데, 주저하면서 설하지 않았다. 사람들이 혐책하고 분개하고 비난했다.

[사람들] "어찌 수행녀들이 갓길을 가면서 가운데 길을 가는 환우에게 가르침을 설하지 않을 수 있단 말인가?"

1548) na uppathena gacchanto pathena gaccantassa dhammaṃ desessāmī'ti sikkhākaraṇīyā'ti.

2-2. 수행녀들은 그 사람들이 혐책하고 분개하고 비난하는 것을 들었다. 그래서 수행녀들은 수행승들에게 그 사실을 알렸다. 그래서 그 수행승들은 세존께 그 사실을 알렸다. 그러자 세존께서는 이러한 인연으로 이러한 기회에 연유를 설하고 수행승들에게 일렀다.

[세존] "수행승들이여, 갓길을 가면서 가운데 길을 가는 환우에게 가르침을 설하는 것을 허용한다. 수행승들이여, 그런데 이와 같이 학습계율을 송출해야 한다."

[세존] "'나는 갓길을 가면서 환자가 아닌, 가운데 길을 가는 자에게 가르침을 설하지 않겠다.'라는 규율을 지켜야 한다."1549)

3-1. 갓길을 가면서 환자가 아닌, 가운데 길을 가는 자에게 가르침을 설하지 말아야 한다. 갓길을 가면서, 환자가 아닌, 가운데 길을 가는 자에게 가르침을 설하면, 악작죄를 범하는 것이다.

3-2. 의도하지 않았거나, 새김을 잃었거나, 알지 못했거나, 환자이거나, 머리를 열어서 보여주게 하거나, 사고가 난 경우이거나, 정신착란자이거나 초범자인 경우는 무죄이다.

6. 7. 13 중학죄법 제73조

대소변에 대한 학습계율[Uccārapassāvasikkhāpada]

1-1. 한때 존귀한 부처님께서는 싸밧티 시에 있는 제따바나 숲의 아나타삔디까 승원에 계셨다. 그런데 그때 여섯무리의 수행녀들이 선 채로 대변도 보고 소변도 보았다. 사람들이 혐책하고 분개하고 비난했다.

[사람들] "어찌 수행녀들이 선 채로 대변도 보고 소변도 볼 수 있단 말인가?"

1-2. 수행녀들은 사람들이 혐책하고 분개하고 비난하는 것을 들었다. 수행녀들 가운데 욕망을 여의고, 만족을 알고, 부끄러움을 알고, 후회할 줄 알고, 배움을 원하는 자들은 혐책하고 분개하고 비난했다.

[욕망을 여읜 수행녀들] "어찌 여섯무리의 수행녀들이 선 채로 대변도 보고

1549) 인재도기재비도설법계(人在道己在非道說法戒) | Bhikkhunī Sekh. 72 : na uppathena gacchanto pathena gaccantassa agilānassa dhammaṃ desessāmī'ti sikkhākaraṇīyā'ti.

소변도 볼 수 있단 말인가?"

그래서 그 수행녀들은 수행승들에게 그 사실을 알렸다. 수행승들 가운데 욕망을 여의고, 만족을 알고, 부끄러움을 알고, 후회할 줄 알고, 배움을 원하는 자들도 혐책하고 분개하고 비난했다.

[욕망을 여읜 수행승들] "어찌 여섯무리의 수행녀들이 선 채로 대변도 보고 소변도 볼 수 있단 말인가?"

1-3. 그래서 그 수행승들은 세존께 그 사실을 알렸다. 그러자 세존께서는 이러한 인연으로 이러한 기회에 수행승들의 참모임을 불러 모으게 하고 연유를 설하고 수행승들에게 물었다.

[세존] "수행승들이여, 그 여섯무리의 수행녀들이 선 채로 대변도 보고 소변도 보한 것이 사실인가?"

[수행승들] "세존이시여, 사실입니다."

존귀한 부처님께서는 견책했다.

[세존] "수행승들이여, 그대는 적절하지 않고, 자연스럽지 않고, 알맞지 않고, 수행자의 삶이 아니고, 부당하고, 해서는 안 될 일을 행한 것이다. 수행승들이여, 어찌 여섯무리의 수행녀들이 선 채로 대변도 보고 소변도 볼 수 있단 말인가? 수행승들이여, 그것은 아직 청정한 믿음이 없는 자를 청정한 믿음으로 이끌고, 이미 청정한 믿음이 있는 자를 더욱더 청정한 믿음으로 이끄는 것이 아니다. 수행승들이여, 그것은 오히려, 아직 청정한 믿음이 없는 자를 불신으로 이끌고, 이미 청정한 믿음이 있는 자 가운데 어떤 자들을 타락시키는 것이다."

1-4. 그리고 세존께서는 그 여섯무리의 수행녀들에 대하여 여러 가지 방편으로 견책하여, 키우기 어렵고 부양하기 어렵고 탐욕이 많고 만족을 모르고 교제를 좋아하고 나태한 것에 대하여 질책하고, 여러 가지 법문으로 고무하여, 키우기 쉽고 부양하기 쉽고 욕심을 여의고, 만족을 알고, 버리고 없애는 삶, 악을 제거하는 삶, 청정한 믿음의 삶, 쌓아 모우지 않는 삶, 용맹정진의 삶을 칭찬하고, 수행승들을 위하여 그에 알맞고 그에 걸맞게 경책하여 법문을 하고 수행승들에게 일렀다.

[세존] "수행승들이여, 그러므로 수행녀들을 위하여 열 가지 이유에 기초하여, 즉 참모임의 수승을 위하여, 참모임의 안락을 위하여, 악한 수행녀들의 조복을 위하여, 품행이 바른 수행녀들의 평안한 삶을 위하여, 지금 여기에서의 번뇌의 제어를 위하여, 다가오는 번뇌를 물리치기 위하여, 청정한 믿음이 없는 자에게 청정한 믿음을 주기 위하여, 청정한 믿음이 있는 자에게 청정한 믿음을 증대시키

기 위하여, 올바른 가르침을 지속시키기 위하여, 계율을 수호하기 위하여 학습계율을 시설하니, 수행승들이여, 수행녀들은 이와 같이 학습계율을 송출해야 한다."

〔세존〕 "'나는 선 채로 대변도 보고 소변도 보지 않겠다.'라는 규율을 지켜야 한다."1550)

2-1. 그런데 한때 수행승들이 병들어서 선 채로 대변도 보고 소변도 보아야 하는데, 주저하면서 보지 않았다. 사람들이 혐책하고 분개하고 비난했다.

[사람들] "어찌 수행녀들이 병들어서 선 채로 대변도 보고 소변도 보아야 하는 환우에게 보지 못하게 할 수 있단 말인가?"

2-2. 수행녀들은 그 사람들이 혐책하고 분개하고 비난하는 것을 들었다. 그래서 수행녀들은 수행승들에게 그 사실을 알렸다. 그래서 그 수행승들은 세존께 그 사실을 알렸다. 그러자 세존께서는 이러한 인연으로 이러한 기회에 연유를 설하고 수행승들에게 일렀다.

[세존] "수행승들이여, 환자인 한, 선 채로 대변도 보고 소변도 보는 것을 허용한다. 수행승들이여, 그런데 이와 같이 학습계율을 송출해야 한다."

[세존] "'나는 환자가 아닌 한, 선 채로 대변도 보지 않고 소변도 보지 않겠다.'라는 규율을 지켜야 한다."1551)

3-1. 환자가 아닌 한, 선 채로 대변도 보고 소변도 보지 말아야 한다. 환자가 아닌 한, 선 채로 대변도 보고 소변도 보면, 악작죄를 범하는 것이다.

3-2. 의도하지 않았거나, 새김을 잃었거나, 알지 못했거나, 환자이거나, 머리를 열어서 보여주게 하거나, 사고가 난 경우이거나, 정신착란자이거나 초범자인 경우는 무죄이다.

6. 7. 14 중학죄법 제74조

풀위의 대변 등에 대한 학습계율[Harituccārādisikkhāpada]

1-1. 한때 존귀한 부처님께서는 싸밧티 시에 있는 제따바나 숲의 아나타삔디까 승원에 계셨다. 그런데 그때 여섯무리의 수행녀들이 풀 위에 대변도 보고 소변도

1550) na ṭhito accāraṃ vā passāvaṃ vā karissāmī'ti sikkhā karaṇīyā'ti.

1551) 입대소변계(立大小便戒) | Bhikkhunī Sekh. 73 : na ṭhito agilāno accāraṃ vā passāvaṃ vā karissāmī'ti sikkhā karaṇīyā'ti.

보고 타액도 뱉었다. 사람들이 혐책하고 분개하고 비난했다.

[사람들] "어찌 수행녀들이 풀 위에 대변도 보고 소변도 보고 타액도 뱉을 수 있단 말인가?"

1-2. 수행녀들은 사람들이 혐책하고 분개하고 비난하는 것을 들었다. 수행녀들 가운데 욕망을 여의고, 만족을 알고, 부끄러움을 알고, 후회할 줄 알고, 배움을 원하는 자들은 혐책하고 분개하고 비난했다.

[욕망을 여읜 수행녀들] "어찌 여섯무리의 수행녀들이 풀 위에 대변도 보고 소변도 보고 타액도 뱉을 수 있단 말인가?"

그래서 그 수행녀들은 수행승들에게 그 사실을 알렸다. 수행승들 가운데 욕망을 여의고, 만족을 알고, 부끄러움을 알고, 후회할 줄 알고, 배움을 원하는 자들도 혐책하고 분개하고 비난했다.

[욕망을 여읜 수행승들] "어찌 여섯무리의 수행녀들이 풀 위에 대변도 보고 소변도 보고 타액도 뱉을 수 있단 말인가?"

1-3. 그래서 그 수행승들은 세존께 그 사실을 알렸다. 그러자 세존께서는 이러한 인연으로 이러한 기회에 수행승들의 참모임을 불러 모으게 하고 연유를 설하고 수행승들에게 물었다.

[세존] "수행승들이여, 그 여섯무리의 수행녀들이 풀 위에 대변도 보고 소변도 보고 타액도 뱉은 것이 사실인가?"

[수행승들] "세존이시여, 사실입니다."

존귀한 부처님께서는 견책했다.

[세존] "수행승들이여, 그 여섯무리의 수행녀들은 적절하지 않고, 자연스럽지 않고, 알맞지 않고, 수행자의 삶이 아니고, 부당하고, 해서는 안 될 일을 행한 것이다. 수행승들이여, 어찌 여섯무리의 수행녀들이 풀 위에 대변도 보고 소변도 보고 타액도 뱉을 수 있단 말인가? 수행승들이여, 그것은 아직 청정한 믿음이 없는 자를 청정한 믿음으로 이끌고, 이미 청정한 믿음이 있는 자를 더욱더 청정한 믿음으로 이끄는 것이 아니다. 수행승들이여, 그것은 오히려, 아직 청정한 믿음이 없는 자를 불신으로 이끌고, 이미 청정한 믿음이 있는 자 가운데 어떤 자들을 타락시키는 것이다."

1-4. 그리고 세존께서는 그 여섯무리의 수행녀들에 대하여 여러 가지 방편으로 견책하여, 키우기 어렵고 부양하기 어렵고 탐욕이 많고 만족을 모르고 교제를 좋아

하고 나태한 것에 대하여 질책하고, 여러 가지 법문으로 고무하여, 키우기 쉽고 부양하기 쉽고 욕심을 여의고, 만족을 알고, 버리고 없애는 삶, 악을 제거하는 삶, 청정한 믿음의 삶, 쌓아 모우지 않는 삶, 용맹정진의 삶을 칭찬하고, 수행승들을 위하여 그에 알맞고 그에 걸맞게 경책하여 법문을 하고 수행승들에게 일렀다.

[세존] "수행승들이여, 그러므로 수행녀들을 위하여 열 가지 이유에 기초하여, 즉 참모임의 수승을 위하여, 참모임의 안락을 위하여, 악한 수행녀들의 조복을 위하여, 품행이 바른 수행녀들의 평안한 삶을 위하여, 지금 여기에서의 번뇌의 제어를 위하여, 다가오는 번뇌를 물리치기 위하여, 청정한 믿음이 없는 자에게 청정한 믿음을 주기 위하여, 청정한 믿음이 있는 자에게 청정한 믿음을 증대시키기 위하여, 올바른 가르침을 지속시키기 위하여, 계율을 수호하기 위하여 학습계율을 시설하니, 수행승들이여, 수행녀들은 이와 같이 학습계율을 송출해야 한다."

〔세존〕 "'나는 풀 위에 대변을 보거나 소변을 보거나 타액을 뱉지 않겠다.'라는 규율을 지켜야 한다."1552)

2-1. 그런데 한때 수행승들이 병들어서 풀 위에 대변도 보고 소변도 보고 타액도 뱉어야 하는 데, 주저하면서 그렇게 하지 못했다. 사람들이 혐책하고 분개하고 비난했다.

[사람들] "어찌 수행녀들이 병들어서 풀 위에 대변도 보고 소변도 보고 타액도 뱉어야 하는 환우에게 그렇게 하지 못하게 할 수 있단 말인가?"

2-2. 수행녀들은 그 사람들이 혐책하고 분개하고 비난하는 것을 들었다. 그래서 수행녀들은 수행승들에게 그 사실을 알렸다. 그래서 그 수행승들은 세존께 그 사실을 알렸다. 그러자 세존께서는 이러한 인연으로 이러한 기회에 연유를 설하고 수행승들에게 일렀다.

[세존] "수행승들이여, 환자인 한, 풀 위에 대변을 보거나 소변을 보거나 타액도 뱉는 것을 허용한다. 수행승들이여, 그런데 이와 같이 학습계율을 송출해야 한다."

[세존] "'나는 환자가 아닌 한, 풀 위에 대변을 보거나 소변을 보거나 타액을 뱉거나 하지 않겠다.'라는 규율을 지켜야 한다."1553)

3-1. 환자가 아닌 한, 풀 위에 대변을 보거나 소변을 보거나 타액을 뱉거나 하지 말아야 한다. 환자가 아닌 한, 풀 위에 풀 위에 대변을 보거나 소변을 보거나

1552) na harite uccāraṃ vā passāvaṃ vā kheḷaṃ vā karissāmiti sikkhā karaṇīyā'ti.

1553) 생초상대소변계(生草上大小便戒) | Bhikkhunī Sekh. 74 : na harite agilāno uccāraṃ vā passāvaṃ vā kheḷaṃ vā karissāmiti sikkhā karaṇīyā'ti.

타액을 뱉거나 하면, 악작죄를 범하는 것이다.

3-2. 의도하지 않았거나, 새김을 잃었거나, 알지 못했거나, 환자이거나, 풀이 없는 곳에 보고 풀을 뿌려 덮거나,1554) 사고가 난 경우이거나, 정신착란자이거나 초범자인 경우는 무죄이다.

6. 7. 15 중학죄법 제75조

물위의 대변 등에 대한 학습계율[Udakuccārādisikkhāpada]

1-1. 한때 존귀한 부처님께서는 싸밧티 시의 제따바나 숲에 있는 아나타삔디까 승원에 계셨다. 그런데 그때 여섯무리의 수행녀들이 물위에서 대변도 보고, 소변도 보고, 타액도 뱉았다. 사람들이 혐책하고 분개하고 비난했다.

[사람들] "어찌 수행녀들이 물위에서 대변도 보고, 소변도 보고, 타액도 뱉을 수 있단 말인가?"

수행녀들은 그 사람들이 혐책하고 분개하고 비난하는 것을 들었다.

1-2. 수행녀들 가운데 욕망을 여의고, 만족을 알고, 부끄러움을 알고, 후회할 줄 알고, 배움을 원하는 자들도 혐책하고 분개하고 비난했다.

[욕망을 여읜 수행녀들] "어찌 여섯무리의 수행녀들이 물위에서 대변도 보고, 소변도 보고, 타액도 뱉을 수 있단 말인가?"

수행녀들은 수행승들에게 그 사실을 알렸다. 수행승들 가운데[*206] 욕망을 여의고, 만족을 알고, 부끄러움을 알고, 후회할 줄 알고, 배움을 원하는 자들도 혐책하고 분개하고 비난했다.

[욕망을 여읜 수행승들] "어찌 여섯무리의 수행녀들이[350] 물위에서 대변도 보고, 소변도 보고, 타액도 뱉을 수 있단 말인가?"

1-3. 그후 수행승들은 세존께 그 사실을 알렸다. 그러자 세존께서는 이러한 인연으로 이러한 기회에 수행승들의 참모임을 불러 모으게 하고 연유를 설하고 수행승들에게 물었다.

[세존] "여섯무리의 수행녀들이 물위에서 대변도 보고, 소변도 보고, 타액도 뱉은 것이 사실인가?"

1554) appaharite kato haritaṃ ottharati : Smp. 897에 따르면, 'appaharita'는 '풀이 없는 곳'을 의미한다.

[수행승들] "세존이시여, 사실입니다."

존귀한 부처님께서는 견책했다.

[세존] "수행승들이여, 그 여섯무리의 수행녀들은 적절하지 않고, 자연스럽지 않고, 알맞지 않고, 수행자의 삶이 아니고, 부당하고, 해서는 안 될 일을 행한 것이다. 수행승들이여, 어찌 여섯무리의 수행녀들이 물위에서 대변도 보고, 소변도 보고, 타액도 뱉을 수 있단 말인가? 수행승들이여, 그것은 아직 청정한 믿음이 없는 자를 청정한 믿음으로 이끌고, 이미 청정한 믿음이 있는 자를 더욱더 청정한 믿음으로 이끄는 것이 아니다. 수행승들이여, 그것은 오히려, 아직 청정한 믿음이 없는 자를 불신으로 이끌고, 이미 청정한 믿음이 있는 자 가운데 어떤 자들을 타락시키는 것이다."

1-4. 그래서 세존께서는 여섯무리의 수행녀들에 대하여 여러 가지 방편으로 견책하여, 키우기 어렵고 부양하기 어렵고 탐욕이 많고 만족을 모르고 교제를 좋아하고 나태한 것에 대하여 질책하고, 여러 가지 법문으로 고무하여, 키우기 쉽고 부양하기 쉽고 욕심을 여의고, 만족을 알고, 버리고 없애는 삶, 악을 제거하는 삶, 청정한 믿음의 삶, 쌓아 모우지 않는 삶, 용맹정진의 삶을 칭찬하고, 수행승들을 위하여 그에 알맞고 그에 걸맞게 경책하여 법문을 하고 수행승들에게 일렀다.

[세존] "수행승들이여, 그러므로 수행녀들을 위하여 열 가지 이유에 기초하여, 즉 참모임의 수승을 위하여, 참모임의 안락을 위하여, 악한 수행녀들의 조복을 위하여, 품행이 바른 수행녀들의 평안한 삶을 위하여, 지금 여기에서의 번뇌의 제어를 위하여, 다가오는 번뇌를 물리치기 위하여, 청정한 믿음이 없는 자에게 청정한 믿음을 주기 위하여, 청정한 믿음이 있는 자에게 청정한 믿음을 증대시키기 위하여, 올바른 가르침을 지속시키기 위하여, 계율을 수호하기 위하여 학습계율을 시설하니, 수행승들이여, 수행녀들은 이와 같이 학습계율을 송출해야 한다."

〔세존〕 "'나는 물위에서 대변을 보거나, 소변을 보거나, 타액을 뱉지 않겠다.'라는 규율을 지켜야 한다."1555)

이와 같이 세존께서는 수행승들을 위하여 학습계율을 시설했다.

2-1. 그런데 그때 환우수행녀가 물위에서 대변도 보고, 소변도 보고, 타액도 뱉는 것을 주저했다.

2-2. 그래서 수행녀들은 수행승들에게 그 사실을 알렸다. 그래서 그 수행승들은

1555) na udake uccāraṃ vā passāvaṃ vā kheḷaṃ vā karissāmīti sikkhā karaṇīyā'ti.

세존께 그 사실을 알렸다. 그러자 세존께서는 이러한 인연으로 이러한 기회에 연유를 설하고 수행승들에게 일렀다.

[세존] "수행승들이여, 환자인 한, 물위에서 대변도 보고, 소변도 보고, 타액도 뱉는 것을 허용한다. 수행승들이여, 수행녀들은 이와 같이 학습계율을 송출해야 한다."

[세존] "'나는 환자가 아닌 한, 물위에서 대변을 보거나, 소변을 보거나, 타액을 뱉지 않겠다.'라는 규율을 지켜야 한다."1556)

3-1. 질병에 걸리지 않았는데, 물 위에 대변을 보거나 소변을 보거나 타액을 버려서는 안 된다. 함부로 물 위에 대변을 보거나 소변을 보거나 타액을 버린다면, 악작죄를 범하는 것이다.

3-2. 의도하지 않았거나, 새김을 잃었거나, 알지 못했거나, 환자이거나, 땅 위에 대소변을 보고 물을 뿌려 씻거나, 사고가 난 경우이거나, 정신착란자이거나 초범자인 경우는 무죄이다.

제6장 중학죄법 그 후렴시는 다음과 같다.1557)

원둘레를 덮는 것, 단정, 수호, 하방주시,
치켜 올림, 큰 웃음, 큰 소리, 흔들기,1558)

차요, 머리까지 옷을 두르기, 웅크린 자세, 늘어진 자세
새김의 확립, 발우의 주시, 적량의 카레, 발우에 알맞을 정도,1559)

새김의 확립, 발우의 주시, 순차적으로, 적량의 카레
꼭대기부터, 덮고, 부탁해서, 불만스런 표정으로,1560)

크지 않게, 둥글게, 통째로 입에 손을, 이야기하지 않겠다,
던져 넣기, 부수기, 부풀리기, 흔들면서, 흩뜨리면서,1561)

1556) 수중대소변계(水中大小便戒) | Bhikkhunī Sekh. 75 : na udake agilāno uccāraṃ vā passāvaṃ vā kheḷaṃ vā karissāmī'ti sikkhā karaṇīyā'ti.

1557) 중학죄법의 장의 각 품의 후렴시는 각 품의 하단에 독립되어 있지 않고 중학죄법 장의 후렴시에 품의 분류와는 상관없이 각 학습계율의 내용을 연시의 형태로 대변한다.

1558) parimaṇḍalaṃ paṭicchannaṃ | susaṃvuto kkhittacakkhunā | ukkhittujjagghikappasaddota | yo ceva pacā lanā ||

1559) khambha oguṇṭhitā ceva | kuṭipallatthikāya ca | sakkaccaṃ pattasaññi ca | samasūpasamatittikaṃ ||

1560) sakkaccaṃ pattasaññi ca | sapadāna samasūpakaṃ | thūpato ca paṭicchannaṃ | viññattujjhānasaññinā ||

1561) na mahantaṃ maṇḍalaṃ dvāraṃ | sabbaṃ hatthaṃ na byāhare | ukkhepo chedanaṃ gaṇḍaṃ | dhunaṃ

혀를 내밀면서, 쩝쩝, 후룩후룩,
손, 발우, 입술, 음식이 묻은, 밥알갱이가 포함된.1562)

일산을 손에 든 자에게 여래들은 정법을 가르치지 않는다.
지팡이를 손에 든 자, 칼이나 무기를 손에 든 자들에게도.1563)

샌들, 신발, 탈것, 침상 위에 있는 자,
축 늘어져 앉은 자, 터번을 두른 자, 복면을 한 자.1564)

땅위, 낮은 자리, 서서, 뒤에 가면서, 갓길,
선 채로. 풀위에, 물위에서도 해서는 안 된다.1565)

제6장 중학죄법 그 품에 대한 후렴시는 다음과 같다.

원둘레의 품, 큰 웃음의 품, 차요의 품, 새김확립의 품,
음식덩이의 품, 후룩후룩의 품, 일곱 번째 샌들의 품,1566)

신을 뛰어넘는 영광스러운 고따마께서
제자들의 규율을 위하여 75조항의 중학죄법을 시설했다.1567)

존귀한 자매들이여,
이와 같이 75개 조항의 중학죄법을 송출했습니다.1568)
저는 지금 존귀한 자매들에게 묻겠습니다.
그대들은 이 점에 관하여 완전히 청정합니까?
두 번째에도 저는 존귀한 자매들에게 묻겠습니다. 그대들은 이 점에 관하여 완전히 청정합니까?
세 번째에도 저는 존귀한 자매들에게 묻겠습니다. 그대들은 이 점에 관하여 완전히 청정합니까?
존귀한 자매들께서는 완전히 청정한 까닭에 침묵했으므로
저는 그와 같이 알겠습니다.

---

sitthāvakārakaṃ ‖

1562) jivhānicchārakaṃ ceva | capu ssuru surena ca | hattho patto ca oṭṭho ca | sāmisañca sasitthakaṃ ‖

1563) chattapāṇissa saddhammaṃ | na desenti tathāgatā | icceva daṇḍapāṇissa | sattha āyudhapāṇinaṃ ‖

1564) pādukopāhanā ceva | yāna seyyagatassa ca | pallatthikā nisinnassa | veṭhitoguṇṭhitassa ca ‖

1565) chamā nīcāsane ṭhānaṃ | pacchato uppathena ca | ṭhitakena na kātabbaṃ | harite udakamhi cā'ti ‖

1566) parimaṇḍalaṃ ujjagghi | khambhaṃ sakkaccameva ca | kabaḷāsurusurū ceva | pādukena ca sattamā'ti ‖

1567) paññattā atidevena | gotamena yasassinā | sāvake sikkhanatthāya | pañcasattati sekhiyā'ti ‖

1568) udditthā kho ayyāyo sekhīyā dhammā pañcasattati : 빅쿠중학죄법과 동일하지만, 빠알리빅쿠니중학죄법에서는 오직 제1조와 제75조만을 싣고 나머지는 생략했으나 역자는 이를 모두 복원하면서, 인연담의 주체는 여섯무리의 수행승들이 아니라 여섯무리의 수행녀들이므로 역자는 그에 맞게 인연담을 수정했다.

제7장 멸쟁죄법

(Adhikaraṇasamathakaṇḍa: 滅諍章)

존귀한 자매들이여, 이제 이와 같은 7개 조항의 멸쟁죄법을 송출하겠습니다.

[세존] "쟁론이[351] 일어날 때마다 그 쟁론을 소멸하기 위하여 § 1. 현전에 입각한 조정[1569]을 제공해야 하고. § 2. 기억에 입각한 조정[1570]을 제공해야 하고, § 3. 착란에 입각한 조정[1571]을 제공해야 하고, § 4. 자인에 입각한 조정[1572]을 제공해야 하고, § 5. 다수에 입각한 조정[1573]을 제공해야 하고, § 6. 심문에 입각한 조정[1574]을 제공해야 하고, § 7. 대속에 입각한 조정[1575]을 제공해야 한다."

존귀한 자매들이여,
이와 같이 7개 조항의 멸쟁죄법를 송출했습니다.

1569) 현전비니(現前毘尼) | Bhikkhunī Adhik. 1 : sammukhāvinaya : 일곱 가지 방식의 멸쟁 가운데 그 첫 번째로, 현전에 입각한 조정이다. 이것은 당사자가 출석하여 대면하여 쟁사를 그치게 하는 것을 뜻한다. 상세한 것은 Vin. II. 79-100; MN. II. 247-250; AN. I. 99를 참조하라.

1570) 억념비니(憶念毘尼) | Bhikkhunī Adhik. 2 : sativinaya : 일곱 가지 방식의 멸쟁 가운데 두 번째로, 과거의 기억을 환기시켜 쟁사를 그치게 하는 것으로, 자신의 잘못이 없음을 확인하는 완전한 기억에 도달했다면, 기억에 입각한 무죄평결을 주는 것을 뜻한다. 상세한 것은 Vin. II. 79-100; MN. II. 247-250; AN. I. 99를 참조하라.

1571) 불치비니(不痴毘尼) | Bhikkhunī Adhik. 3 : amūḷhavinaya : 일곱 가지 방식의 멸쟁 가운데 세 번째로, 당시의 정신착란을 확인하여 그 정신착란에 대하여 고의성이 없이 죄를 저질렀음을 증명하여 무죄평결을 주는 것을 뜻한다. 상세한 것은 Vin. II. 79-100; MN. II. 247-250; AN. I. 99를 참조하라.

1572) 자언치(自言治) | Bhikkhunī Adhik. 4 : paṭiññātakaraṇa : 일곱 가지 방식의 멸쟁 가운데 네 번째로, 스스로 잘못을 인정하게 하여 자신의 고백으로 쟁사를 그치게 하는 것을 뜻한다. 상세한 것은 Vin. II. 79-100; MN. II. 247-250; AN. I. 99를 참조하라.

1573) 다인멱죄(多人覓罪) | Bhikkhunī Adhik. 5 : yebhuyyasikā : 일곱 가지 방식의 멸쟁 가운데 다섯 번째로, 다수의 의견을 통한 해결을 따름으로써 쟁사를 그치게 하는 것을 뜻한다. 이것에 대해서는 Vin. II. 79-100; MN. II. 247-250; AN. I. 99를 참조하라.

1574) 멱죄상(覓罪相) | Bhikkhunī Adhik. 6 : tassapāpiyyasikā : 일곱 가지 방식의 멸쟁 가운데 여섯 번째로, 상대의 죄악에 대하여 밝혀진 것 이외에 더 추궁하고 심문하여 자인하게 함으로써 쟁사를 그치게 하는 것을 뜻한다. 상세한 것은 Vin. II. 79-100; MN. II. 247-250; AN. I. 99를 참조하라

1575) 여초복지(如草覆地) | Bhikkhunī Adhik. 7 : tiṇavatthāraka : 일곱 가지 방식의 멸쟁 가운데 일곱 번째로, 어떤 사람이나 어떤 편의 잘못을 한 사람이 대표해서 인정하고 고백함으로써 잘못을 풀로 덮어두는 방식으로 쟁사를 그치게 하는 것을 뜻한다. 상세한 것은 Vin. II. 79-100; MN. II. 247-250; AN. I. 99를 참조하라.

저는 지금 존귀한 자매들에게 묻겠습니다.
그대들은 이 점에 관하여 완전히 청정합니까?
두 번째에도 저는 존귀한 자매들에게 묻겠습니다. 그대들은 이 점에 관하여 완전히 청정합니까?
세 번째에도 저는 존귀한 자매들에게 묻겠습니다. 그대들은 이 점에 관하여 완전히 청정합니까?
존귀한 자매들께서는 완전히 청정한 까닭에 침묵했으므로
저는 그와 같이 알겠습니다.

존귀한 자매들이여,
인연담과,
8개 조항의 승단추방죄법,17개 조항의 승단잔류죄법
30개 조항의 상실죄법, 166개 조항의 속죄죄법,8 개 조항의 고백죄법,
75개 조항의 중학죄법,
7개 조항의 멸쟁죄법을 송출했습니다.

이와 같이
그분 세존의 계경에서 유래하고 계경에 포함된 것을 반월마다 송출합니다.
그것에 관하여 모두가 화합하여
함께 기뻐하면서 다툼이 없이 배우겠습니다.

빅쿠니비방가

부 록

약 어 표
참 고 문 헌
빠알리어 한글표기법
불교의 세계관
주요번역술어
고유명사색인
빠알리성전협회안내

약어표

Abhik.	Abhidharmakośabhasyam of Vasubandhu
AN.	Aṅguttara Nikāya
Ap.	Apadāna
Bd.	The Books of the Discipline
Bgs.	The Book of the Gradual Sayings
Bun.	Buddhism and Nature
Cbv.	Canonical Buddhism of the Vinayapiṭaka
Cdb.	The Connected Discourse of the Buddha
CV.	Cullavagga in Vinayapiṭaka
Las.	Die Lehrreden des Buddha aus Angereihten Sammlung
Dob.	Dialogues of Buddha trs. by Rhys. Davids
Dp.	Dharmapada pradīpaya
Dhp.	The Dhammapada, PTS. edition.
DhpA.	Dhammapadaṭṭhakathā
DN.	Dīgha Nikāya
Ggs.	Die in Gruppen geordnete Sammlung
Hi.	History of Indian Literature
Krs.	The Book of the Kindred Sayings
Ldb.	The Long Discourses of the Buddha trs. by Maurice Walshe.
Mhv.	Mahāvaṃsa
MN.	Majjhima Nikāya
MV.	Mahāvagga in Vinayapiṭaka
Miln.	Milindapañha
Mrp.	Manorathapūraṇī(Aṅguttara-Aṭṭhakathā)
Nidd. I.	Mahāniddesa
Nidd. II.	Cūḷaniddesa
Nissag.	nissaggiya
Pāc.	pācittiya
Pāṭid.	pāṭidesaniya
Pār.	pārājika
Ppn.	Dictionary of Pāli Proper Names
Pps.	Papañcasūdani(Majjhimanikāya-Aṭṭhakathā)
Prj.	Paramatthajotikā(Suttanipāta-Aṭṭhakathā)
PTS.	Pali Text Society, London
Saṅgh.	saṅghādisesa

Sekh.	sekhiya
SN.	Saṁyutta Nikāya
Sdk.	Saddharmakaumudī nam bhāvārtthavivaraṇasahitā dhammapadapāḷiya
Sds.	Saddharmasāgara nam vū dharmapadavarṇanā
Srp.	Sāratthappakāsinī(Saṁyutta-Aṭṭhakathā)
Stn.	Suttanipāta
StnA.	Suttanipāta-Aṭṭhakathā
Smp.	Samantapāsādikā(Vinayapiṭaka-Aṭṭhakathā)
Smv.	Sumaṅgalavilāsinī(Dighanikāya-Aṭṭhakathā)
Thag.	Theragathā
ThagA.	Theragathā-Aṭṭhakathā
Thig.	Therīgātha
ThigA.	Therīgathā-Aṭṭhakathā
Ud.	Udāna
UdA.	Udānaṭṭhakathā
Uv.	Udānavarga
Vin.	Vinaya Piṭakaṃ
Vism.	Visuddhimagga

참 고 문 헌

○ ≪빠알리율장≫의 빠알리원전과 주석서

『Vinaya Piṭakaṃ』(Roman character) vol. I－V. ed. Hermann Oldenberg, London : Pali Text Society, 1879－1883.

『Vinaya Piṭaka』(Sinhalese character) : ed. Rev. Telwatte Shri Aryawansa Swami, 1913; ed. Bentota Saddhatissa thera, 1922.

『Vinaya Piṭaka』(Siamese character) : ed. Mahamakuta Government Publication, 1926.

『Vinaya Piṭaka』(Burmese character) : Chatthasangayana Publication, 1956.

『Vinaya Piṭaka』(Devanagari character) : General ed. Bhikkhu J. Kashyap, Pali Publication Board(Bihar Government), 1956.

『Samantapāsādikā』(Roman character) vol. I－VII, Buddhaghosa, ed. by J. Takakusu & M. Nagai. London PTS. 1927－1947

○ ≪빠알리율장≫의 근현대적 번역

『The Books of the Discipline』 vol. I－V, tr. I. B. Horner. London : Pali Text Society, 1938－1966. [Vol. I. Suttavibhanga (London : PTS, 1938). Vol.II. Suttavibhanga (London : PTS, 1940). Vol.III. Suttavibhanga (London : PTS, 1942). Vol.IV. Mahavagga (London : PTS, 1951), Vol.V. Cullavagga (London : PTS, 1952). Vol.VI. Parivara (London : PTS, 1966)].

『Vinaya Texts』 tr. T. W. Rhys Davids & H. Oldenberg. Secred Books of the East. [Vol. I. Patimokkha (London : SBE, 1881; Delhi, 1968). Vol.II. Mahavagga (London : SBE, 1882; Delhi, 1968). Vol.III. Cullavagga (London : SBE, 1885; Delhi, 1969)]. Oxford : Clarendon Fress. 1882－1885

『The Patimokkha』 being the Buddhist Office of the Confession of Preists. tr. J. F. Dickson (London : 1975).

『Buddhism in Translations』 tr. Henry Clarke Warren (Harvard University, 1896; New York, 1972). Includes Mahavagga I,1,6,21,23,63; II,1; III,1; IV,1; VI,34. Cullavagga V,6; VI,1; X.1.

『Buddhist Scriptures』 tr. E. J. Thomas (London, 1913). Includes "The First Preaching" (Mahavagga I,6,10) and "The Fire Discourse" (Mahavagga I,21).

『The Road to Nirvana』 tr. E. J. Thomas (London, 1950). Includes "The First Preaching" (Mahavagga I,6,10) & the "Sermon on the Marks of Non－Self" (Mahavagga I,6).

『Comparative Arrangements of two Translations of the Buddhist Ritual for the Priesthood, known as the Pratimoksha or Patimokkha』 tr. S. Beal and D. J. Gogerly (Journal of the Royal Asiatic Society, London, 1862).

『南傳大藏經 律部』 제1권－제5권 大正新修大藏經刊行會 昭和15年

○ 범어율장문헌의 원전

『Gilgit Manuscripts Vinaya of the Mulasarvastivadin』 ed. N. Dutt. 8 Vols. Srinagar Kashmir.

『Manuscript Remains of Buddhist Literature founded in Eastern Turkestan』 ed. by A. F. Rudolf Hoernle, London. 1916

『Prātimokṣasūtra of Sarvastivādins』 ed, by M. Louis Finot. JA. Nov.－Dec. 1913

『Prātimokṣasūtra of Mahāsaṅghikās』 ed. by W. Pachow and R. Mishra, Allahabad, 1956. ed. and rev. by Nathmal Tatia, Patna, 1975.
『Prātimokṣasūtra of Mūlasarvastivādins』 ed. by Banerjee, IHQ. 1953; Calcutta, 1954.
『Buddhist Monastic Discipline: The Sanskrit Pratimoksa Sutra of the Mahasanghikas and Mulasarvastivadins』 ed. by Prebish, C. University Park: Pennsylvania University Press, 1975
『Vinayavibhaṅga zum Bhikṣuprātimokṣa der Sarvastivādins』 ed. Valentina Rosen, Sanskritfragmaente nebst einer Analyse der chinesischen Übersetzung, Berlin 1959
『Bhikṣuṇīvinaya including Bhikṣuṇīparakīrṇaka & a summary of the Arya Mahāsaṅghika-Lokuttaravādin, ed. Gustav Roth, Patna. 1970.

○ 한역율장의 원전과 주석서
『十誦律』(Daśādhyāyavinaya) 61권 佛若多羅·羅什 共譯(AD. 404-406) … 說一切有部의 전승
『四分律』(Caturvargavinaya) 60권 佛陀耶舍譯(AD. 410-412) … 法藏部의 전승
『摩訶僧祇律』(Mahāsāṅghikavinaya) 40권 佛陀跋陀羅·法顯 共譯(AD. 416-418) … 大衆部의 전승
『五分律』(Pañcavargavinaya) 30권 佛陀什譯(AD. 423-424) … 化地部의 전승
『根本說一切有部毘奈耶』(Mūlasarvāstivādavinaya) 50권 義淨譯(AD. 703) … 根本說一切有部의 전승
『解脫戒本』 1권 瞿曇留支譯(AD. 543) … 飮光部의 전승]
『善見律毘婆沙』(Samantapāsādikā) 18권 肅齊 僧伽跋摩譯(AD. 489) … 上座部의 전승
『根本薩婆多部律攝』(Mūlasarvāstivādavinayasaṃgraha) 14권 義淨譯 … 根本說一切有部의 전승
『薩婆多部毘尼摩得勒伽』(Sarvāstivādanikāyavinayamatrika) 10권 僧伽跋摩譯(AD. 435) … 說一切有部의 전승
『薩婆多毘尼毘婆沙』(Sarvāstivādavinayavibhasa) 9권 失譯(AD. 5세기전반) … 說一切有部의 전승
『毘尼母經』(Vinayamatrikaśāstra)[5] 8권 失譯(AD. 5세기전반) … 부파불명의 전승
『律二十二明了論』(Vinayadvaviṃsatiprasannārthaśāstra) 1권 眞諦譯(AD. 568) … 正量部의 전승

○ 티베트역율장의 원전과 주석서
『'Dul ba gži』 : Vinayavastu
『So sor thar pa'i mdo』 : Prātimokṣasūtra
『'Dul ba rnam par 'byed ba』 : Vinayavibhaṅga
『dGe sloṅ ma'i so sor thar pa'i mdo』 : Bhikṣuṇīprātimokṣasūtra
『dGe sloṅ ma'i 'dul ba rnam par 'byed ba』 : Bhikṣuṇīvinayavibhaṅga
『'Dul ba phran tshegs kyi gži』 : Vinayakṣudrakavastu
『'Dul ba gžuṅ bla ma』 : Vinayottaragrantha
『'Dul ba bsdus pa』 : Vinayasaṃgraha

○ 한글대장경의 율장번역
『≪사분율≫』 1·2·3권 김월운 옮김, 서울 : 동국역경원 1992
『십송율』 1·2·3·4권 이한정 옮김, 서울 : 동국역경원 1995
『근본설일체유부비나야잡사』 1·2권 역자 미상 서울 : 동국역경원 1995
『≪오분율≫』(미사색부화혜≪오분율≫ : 彌沙塞部和醯五分律) 1·2권 송성수 옮김 서울 : 동국역경원 1998
『마하승기율』 1·2권 이영무 옮김, 서울 : 동국역경원 2010

○ 기타 참고문헌 원전류
『Aṅguttara Nikāya』 ed. by R. Moms & E. Hardy, 5vols(London : PTS, 1885-1900) tr. by F. L. Woodward

& E. M. Hare,

『The Book of the Gradual Sayings(Aṅguttara Nikāya)』5vols(London : PTS, 1932-1936), trans. by F. L. Woodward, M. A./Mrs. Rhys Davids D.Litt., M. A.

『Die Lehrreden des Buddha aus Angereihten Sammlung : Aṅguttara Nikāya』 übersetzt von Nyanatiloka. 5vols (Braunschweig Aurum Verlag : 1993),

『Numerical Discourses of The Buddha』(An Anthology of Suttas from Aṅguttaranikāya) tr. by Nyanaponika & Bhikkhu Bodhi. (Vistaar Publications. New Dhelhi 2000)

『Apadāna』 ed. M.E. Lilley, 2 vols.(London : PTS, 1925, 1927; reprinted as one, 2000

『Manorathapūraṇī』 ed. by M. Walleser & H. Kopp, 5vols(London : PTS, 1924-1926)

『Abhidhammatthasaṅgaha(Comprehensive Manual of Abhidhamma)』 tr.by Bodhi Bhikkhu.(Kandy : Buddhist Publication Society, 1993)

『Abhidharmakośabhasyam of Vasubandhu』 ed. by Pradhan, P.(Patna : K. P. Jayaswal Research Institute, 1975) tr. by Louis de la Vallée Poussin, 4vols, eng. tr. by Pruden, L. M.(Berkeley : Asian Humanities Press, 1988)

『Abhidharmasamuccayabhāṣya』 ed. by Tatia, N. Tibetan Sanskrit Works Series, 17(Patna : 1976)

『Avadānaśataka 2vols.』 Bibliotheca Buddhica 3. ed. by Speyer, J. S.(St. Petesburg : PTS, 1902-1909)

『Āyuṁparyantasūtra』 ed. by Enomoto, F. Hartman, J-U. and Matsumura, H. Sanskrit-Texte aus dem buddhistischen Kanon : Neuentdeckungen und Neueditionen, 1.(Göttingen : 1989)

『Catuṣpariṣatsūtra』(Abhandlung der Deutschen Akademie der Wissenschaften zu Berlin, Kalsse für Sprachen, Literatur, und Kunst) ed. and tr. by Waldschmidt, E.(Berlin : 1952-1962)

『Chandrasūtra-Buddha Frees the Disc of the Moon』 ed. and tr. by Waldschmidt, E. (Bulletin of the School of Oriental and African Studies. 33 : 1 1976)

『Dhammapada(法句經)』 ed. by Sūriyagoḍa Sumangala(London : PTS, 1914)

『Dhammapada(法句經)[Khuddakanikāya vol. I.』 ed. by J. Kashyap. Nālandā-Devanāgarī Pali Series.

『Dhamapadaṭṭhakathā(法句義釋)』 The Commentary of Dhammapada, 4vols. ed. by H. C. Norman, M. A.(London : PTS, 1906-1915; 1993)

『Buddhist Legends』 trs. by Eugene Watson Burlingame, from original Pali Text of Dhammapada Commentary. (London : PTS, 1995)

『Dīgha Nikāya』 ed. by T. W. Rhys Davids & J. E. Carpenter, 3vols(London : PTS, 1890-1911) tr. by T. W. & C. A. F. Rhys Davids, 『Dialogues of the Buddha』 3vols(London : PTS, 1899-1921)

『Dīgha Nikāya』 ed. by T. W. Rhys Davids & J. Estin Carpenter, 3vols(London : PTS, 1890-1911)

『Sumaṅgalavilāsinī』 ed. by T. W. Rhys Davids & J. Estin Carpenter, W. Stede 3vols (London : PTS, 1886-1932)

『Dīghanikāyaṭṭhakathāṭīkā : Līnatthappakāsinī』(Daṭ.)d. by Lily De Silva, 3vols(London : PTS, 1970)

『Divyāvadāna』 ed. by Cowell. E. B. and R. A. Neil. (London : PTS, 1914)

『The Gilgit Manuscript of Saṅghabhedavastu』 ed. Gnoli, R. Serie Orientale Roma, 49 2parts. (Rome : 1077-1978)

『Gāndhārī Dhammapada』 ed. by Brough. John(London : Oxford University, 1962)

『Itivuttaka』 ed. by E. Windish(London : PTS, 1889)

『Khuddakanikāya』 vol. 1. Chaṭṭhasaṅgāyana ed. of Tipitaka 1956.

『The Jātakas or Stories of the Buddha's Former Births 6vols.』 ed. by Cowell. E. B.(London : PTS, 1969)

『Majjhima Nikāya』 ed. by V. Trenckner & R. Chalmers, 3vols(London : PTS, 1887-1901)

『Papañcasūdanī』 ed. by J. H. Woods, D. Kosambi & I. B. Horner, 5vols (London : PTS, 1922-1938)

『Middle Length Sayings』 tr. I. B. Homer, 3vols(London : PTS, 1954-1959),

『Die Reden Gotamo Buddhos aus der Mittleren Sammlung Majjhimanikāyo des Pālikanons zum Erstenmal Übersetzt von Karl Eugen Neumann, Artemis Verlag Zürich. 3Vol. 1te Aufl. 1896-1902., 2te Aufl. 1921. 3te Aufl. 1956.

『Further Dialogues of the Buddha』 Trs. by Lord Chalmers : Sacred Books of Buddhists Series vols. V, VI. 1926, 1927.

『中部經典』 1-4권, 日本의 南傳大藏經 9-10경, 干潟龍祥, 青原慶哉, 渡邊楳雄譯, 昭和十年. 大正新修大藏經刊行會

『The Collection Of The Middle Length Sayings』 vol. 1-3 : Tr. by I. B. Horner; The Pali Text Society London, First ed. 1954, Second ed. 1976

『Buddhas Reden, Majjhimanikāya, Die Sammlung der mittleren Texte des buddhistischen Pali-Kanons』 Übersetzt von Kurt Schmidt. Werner Kristkeitz Verlag. 1989.

『The Middle Length Discourses of the Buddha, A New Translation of Majjhima Nikāya』 Tr. by Bikkhu Ñāṇamoli and Bikhu Bodhi. Wisdom Publication. Boston. 1995

『Mahāvastu』 ed. by Senart, E. 3 parts. (Paris 1882-1897); tr. by John, J. J., 3vols(London : Luzac, 1949-1956)

『Mahāvaṃsa』 ed. by W. Geiger, ; The Pali Text Society London, First ed. 1908

『The Great Chronicle of Ceylon』 tr. Wilhelm Geiger assisted by Mabel H. Bode, ; The Pali Text Society London, First ed. 1912,

『Maha Pirit Pota(The Great Book of Protection)』 tr. by Lokuliyana, Lionel.(Colombo : Mrs. H. M. Gunasekera Trust, n.d)

『Mahāparinirvāṇasūtra』(Abhandlungen der Deutschen Akademie der Wissenschaften zu Berlin, Kalsse für Sprachen, Literatur, und Kunst) ed. and tr. by Waldschmidt, E.(Berlin : 1950-1951)

『Mahāsamājasūtra』 inclided in 『Central Asian Sūtra Fragments and their Relations to the Chinese Āgamas』 in Bechert 1980.

『Milindapañha』 ed. by V Trenckner(London : PTS, 1928) tr. by I. B. Horner, 『Milinda's Questions』 2vols(London : PTS, 1963-1964)

『Mūlasarvāstivādavinayavastu』 Part III of Gilgit Manuscript. ed. by Dutt, Nalinaksha.(Calcutta, Srinagar : 1939-1959)

『Niddesa I = Mahāniddesa I. II』 ed. by De La Vallée Poussin and E. J. Thomas (London : PTS, 1916, 1917)

『Niddesa II = Cullaniddesa』 ed. by W. Stede (London : PTS, 1918)

『On a Sanskrit Version of the Verahaccāni Sutta of the Saṁyuttanikāya』(Nachrichten der Akademie der Wissenschaften in Göttingen : Vandenhoeck and Ruprecht, 1980)

『Paramatthadīpanī』 ed. by Frank L. Woodward.(London : PTS, 1977)

『Paramatthajotikā I.(= The Khuddakapāṭha)』 ed. by Helmer Smith (London : PTS, 1978)

『Paramatthajotikā II.』 ed. by Helmer Smith vols. I. II. III(London : PTS, 1989)

『Patna-Dhammapada』 ed. by Cone, Margaret. Journal of the Pali Text Society 13 : 101-217(London : PTS, 1989)

『Paṭisambhidāmagga I. II』 ed. by Taylor. (London : PTS, 1905-1907)

『Saṁyutta Nikāya』 ① Roman Script. ed. by L. Feer, 6vols(Ee4 : London : PTS, 1884-1904; Ee2 : 1998) ② Burmese Script. Chaṭṭhasaṅgāyana-edition, 3 vols. Ranggoon : Buddhasāsana Samiti, 1954.

『The Connected Discourse of the Buddha(A New Translation of the Saṃyuttanikāya)2vols.』 tr. by Bhikkhu Bodhi, (Boston : Wisdom Publication, 2000)

『The Book of the Kindered Sayings, 5vols.』 tr. by C. A. F. Rhys Davids & F. L. Woodward, (London : PTS,

1917-1930)

『Die in Gruppen geordnete Sammlung(Saṁyuttanikāya) aus dem Pāli-Kanon der Buddhisten. 2vols.』 übersetzt von W. Geiger. (Munich-Neubiberg. Oskar Schloss Verlag. 1925)

『Die Reden des Buddha-Gruppierte Sammlung aus dem Pāli-Kanon』 übersetzt von W. Geiger, Nyāponika Mahāthera, H. Hecker. (Herrnschrott. Verlag Beyerlein & Steinschulte 2003)

『On a Sanskrit Version of the Verahaccāni Sutta of the Saṁyuttanikāya』 by E. Waldschmidt. Nachrichiten der Akademie der Wissenschaften in Göttingen Philologisch-Historische Klasse. Göttingen : Vandenhoeck and Ruprecht, 1980.

『Nidāna Saṁyutta』 edited by Myanmar Pitaka Association, Yangon, 1992.

『相應部經典(南傳大藏經 第12-17卷)』 赤沼智善 外 譯 (大正新修大藏經刊行會 昭和12年)

『Sanskithandschriften aus den Turfanfunden』(Verzeichnis der Orientalischen Handschriften in Deutschland, 10)(Wiesbaden, Stuttgart : 1965)

『Sāratthappakāsinī : Saṁyuttanikāyaṭṭhakathā』 ed. by Woodward, F. L. 3vols.(London : PTS, 1977)

『Sputārthā Abhidharmakośavākhyā』 ed. by Wogihara und Yaśomitra 2parts.(Tokyo : 1032-1936)

『Sumaṅgalavilāsini』 ed. by T. W. Rhys Davids, J. E. Carpenter & W. Stede, 3vols(London : PTS, 1886-1932)

『Suttanipata』 ed. by Andersen, D. & Smith, H.(London : PTS, 1984)

『Suttanipāta Aṭṭhakathā』 ed. by H. Smith, 2vols(London : PTS, 1916-1917)

『Suttanipāta』, edited by Dines Andersen& Helmer Smith. first published in 1913. published for PTS. by Routledge & Kegan Paul. 1965. London.

『Suttanipāta』, edited by Ven. Suriya Sumangala P. V. Bapat, Devanagari characters. Bibliotheca Indo Buddhica 75, Sri Satguru Publications, Poona 1924, Delhi, 1990.

『Suttanipāta』 Pali Text with Translation into English and notes by N. A. Jayawickrama Post-Graduate Institude of Pali & Buddhist Studies. University of Kelaniya, Srilanka. 2001.

『The Suttanipāta』. tr. by Saddhatissa Ven. H. Curzon Press Ltd. London 1985.

『Śrāvakabhūmi』 ed. by Shukla, K. Tibetan Sanskrit Works Series, 14(Patna : 1973)

『Thera-Theri-Gathā』 tr. by A. F. Rhys Davids, 『Psalms of the Early Buddhists』 2vols(London : PTS, 1903-1913); tr. by Norman. K. P. 『Elders' Verses I. II』(London : PTS, 1969-1971)

『Śarīrārthagāthā of the Yogācārabhūmi』 in F. Enomoto, J-U Hartman, and Matsumura, Sanskrit Texte aus dem buddhistischen Kanaon : Neuentdeckung und Neuedition, 1. (Göttingen. 1989)

『Vimānavatthu』 ed. by Jayawickrama, N. A.(London : PTS, 1977)

『Visuddhimagga of Buddhaghosa』 ed. by Rhcys Davids, C. A. F.(London : PTS, 1975)

『Visuddhimagga of Buddhaghosācariya』 Henry Clarke Warren and Dharmananda Kosambi, (Cāmbridge, Mass : Harvard University Press. 1950)

『Vibhaṅga』 tr. by Thittila, Ashin 『The Book of Analysis』(London : PTS, 1969)

『Udāna』 ed. by Steinthal, P.(London : PTS, 1885)

『The Udāna』(The solemn Utterances of the Buddha) tr. by D. M. Strong(London : Luzac 1902)

『The Udāna』 tr. by Frank L. Woodward. in Monor Anthologies of Pali Canon II. Sacred Books of the Buddhists. Vol.8(London : PTS, 1935)

『The Udāna』 tr. by John D. Irland(Kandy : Budddhist Publication Society 1990)

『The Udāna』 tr. by Masefield, P.(London : PTS, 1994)

『Upanisads』 ed. & tr. by S. Radhakrishnan, 『The Principal Upaniṣads』 2nd ed.(London : George Allen & Unwin, 1953) : tr. by R. E. Hume, 『The Thirteen Principal Upaniṣads』 2nd ed.(London : Oxford University Press, 1934)

『Die Reden Gotamo Buddhos』 aus der längeren Sammlung Dīghanikāyo des Pālikanons zum Erstenmal Übersetzt von Karl Eugen Neumann, Artemis Verlag Zürich. 3Vol. 1te Aufl. 1896-1902.
『Dialogues of Buddha』 trs. by Rhys. Davids : London, Pali Text Society 1899-1910.
『Dīghanikāya,』 Das Buch der Langen Texte des Buddhistischen Kanons in Auswahl Übersetzt von Dr. R. Otto Franke. Göttingen Vandenhoeck & Ruprecht 1913.
『パーリ佛典 長部』 1-3권, 片山一郎 2003年 東京 大藏出版株式會社
『長部經典』 1-3권, 日本의 南傳大藏經 6-9경, 宇井伯壽, 木村泰賢 等譯, 昭和十年~十一年 大正新修大藏經刊行會
『The Long Discourses of the Buddha』 A Translation of the Dīgha Nikāya, trs. by Maurice Walshe. Wisdom Publication. Boston. 1987, 1995
『Über das Brahmajālasūtra』 Asia Major, Herausgeber Bruno Shindler unter Mitwirkung von Friedlich Weller vol. IX. Leipzig Verlag Asia Majot GMBH 1933.
『Das Mahāparinirvāṇasūtra』 Text in Sanskrit und Tibetisch, verglichen mot der Pāli nebst einer Übersetzung der Chinesischen Entsprechung im Vinaya der Mūlasarvāstivādins. Auf Grund von Turfan-Handschriften und bearbeitet von Ernst Waldschmidt : Akademic Verlag Berlin 1950.
『Die Überlieferung vom Lebensende des Buddha』 Eine Vergleichende Analyse des Mahāparinirvāṇasūtra und seiner Textensprechungen von Ernst Waldschmidt : Göttingen Vandenhoeck & Ruprecht 1948.
『The Four Foundation of Mindfulness』 by Ven. Silananda. Boston 1990
『長阿含經』 22권 大正新修大藏經 一卷
『中阿含經』 60권 大正新修大藏經 一卷
『雜阿含經』 50권 大正新修大藏經 二卷
『增一阿含經』 51권 大正新修大藏經 二卷
『別譯雜阿含經』 16권 大正新修大藏經 二卷

○ 기타 불교학일반참고문헌

Banejee. A. C. 『Sarvāstivāda Literature』 Calcutta, 1959.
Barua, D. K. 『An Analytical Study of Four Nikāyas』(Delhi : Munshiram Manoharlal Publisher. 2003)
Basham, A. L. 『History and Doctrine of the Ājīvikas』(Delhi : Motilal Banarsidass. 1981)
Bechert, Heinz. 『Buddhism in Ceylon and Studies in Religious Syncretism in Buddist Countries』 (Göttingen : Vandenhoeck and Ruprecht, 1978)
Bodhi Bhikkhu. 『The Noble Eightfold Path』(Kandy : Buddhist Publication Society, 1984)
Bodhi Bhikkhu. 『Transcendental Dependent Arising』(Kandy : Buddhist Publication Society, 1980)
Bunge, M. 『Causality and Modern Science』(New York : Dover Publications Inc., 1986)
Chakravarti, U. 『The Social Dimensions of Early Buddhism』(Oxford : Oxford University Press, 1987)
Dhammakusala, Ambalangoda. 『Saddharmasāgara nam vū dharmapadavarṇanā』 9vols. Colombo : Maha Bodhi Press, 1926.
Dharmananda, Morontuduve Śrī Ñāneśvara. 『Saddharmakaumudī nam bhāvārtthavivaraṇasahitā dhamma padapāḷiya』("The Dhammapada with a Snhalese Translation, Commentary, and Annotation Entitled Saddharmakaumudī"), Finally revised and approved by Kahāvē Śrī Sumaṅgala Ratanasāra, 3rd edition. Colombo : Śrī Bhāratī Press, 1946.
Enomoto, Fumio. A Comprehensive Study of the Chinese Saṁyuktāgama (Kyoto 1994)
Fahs, A. 『Grammatik des Pali』(Leipzig : Verlag Enzyklopädie, 1989)
Frauwallner, E. 『Die Philosophie des Buddhismus』(Berlin : Akademie Verlag, 1958)
Gethin, R. M. L. 『The Buddhist Path to Awakening : A Study of the Bodhipakkhiyā Dhammā』 Leiden : Brill,

1992.

Glasenapp, H. V. 『Pfad zur Erleuchtung(Das Kleine, das Grosse und das Diamant-Fahrzeug)』(Köln : Eugen Diederichs Verlag, 1956)

Goleman, D. 『The Buddha on Meditation and Higher States of Consciousness』 The Wheel Publication no.189/190(Kandy : Buddhist Publication Society, 1980)

Gombrich, Richard F. 『How Buddhism Began : The Conditioned Genesis of the Early Teachings』 (Athlone : London & Atlantic Highlands, N. J. 1996.)

Hamilton, Sue. 『Identity and Experience : The Constitution of the Human Being according to Early Buddhism』(London : Luzac, 1996)

Hinüber, Oskar von. 『A Handbook of Pāli Literature』(Berlin,New York : Walter de Guyter, 1996)

Hiriyanna, M. 『Outlines of Indian Philosophy』(London : George Allen &Unwin, 1932)

Hoffman, F. J. 『Rationality and Mind in Early Buddhism』(Delhi : Motilal Banarsidass, 1987)

Htoon, U. C. 『Buddhism and the Age of Science』 『The Wheel』 Publication no.36/37(Kandy : Buddhist Publication Society, 1981)

Jayatilleke, K. N. etc, 『Buddhism and Science』 『The Wheel』 Publication no.3(Kandy : Buddhist Publication Society, 1980)

Jayatilleke, K. N. 『Early Buddhist Theory of Knowlege』(Delhi : Motilal Banarsidass, 1963)

Johansson, R. E. A. 『The Dynamic Psychology of Early Buddhism』(London : Curzon Press Ltd., 1979)

Johansson, R. E. A. 『The Psychology of Nirvana』(London : George Allen & Unwin Ltd., 1969)

John Holt, Canonical Buddhism of the Vinayapiṭaka. Delhi Motilal Banarsidass, 1981,

Kalupahana, D. J. 『Buddhist Philosophy, A Historical Analysis』(Honolulu : The University Press of Hawaii, 1976)

Kalupahana, D. J. 『Causality : The Central philosophy of Buddhism』(Honolulu : The University Press of Hawai, 1975)

Karunaratne, W. S. 『The Theory of Causality in Early Buddhism』(Colombo : Indumati Karunaratne, 1988)

Kim, Jaegwon. 『Supervenience and Mind』(New York : Cambridge Press, 1933)

Kirfel, W. 『Die Kosmographie der Inder』(Bonn : Schroeder, 1920)

Knight, C. F. etc, 『Concept and Meaning』 『The Wheel』 Publication no.250(Kandy : Buddhist Publication Society, 1977)

Lambert Schmidthausen, 『Buddhism and Nature』(Tokyo : The International Institude for Buddhist Studies 1991) Studia Philologica Buddhica Occational Paper Series, 7. p. 43

Macdonell, A. A. 『A Vedic Reader for Students』(Oxford : Oxford University Press, 1917)

Macy, J. 『Mutual Causality in Buddhism and General Systems Theory』(New York : State University of New York Press, 1992)

Malalasekera, G. P. & Jayatilleke, K. N. 『Buddhism and Race Question』(Paris : UNESCO, 1958)

Murti, T. R. V. 『The Central Philosophy of Buddhism』(London : George Allen & Unwin Ltd., 1955)

Ñāṇamoli, Bhikkhu. 『The Life of Buddha according to the Pāli Canon』 (Kandy : Buddhist Publication Society, 1992)

Ñāṇananda, Bhikkhu. 『Concept and Reality in Early Buddhist Thought』 (Kandy : Buddhist Publication Society, 1971)

Narada, Maha Thera. 『The Buddha and His Teaching』(Kuala Lumpur : Buddhist Missionary Society, 1964)

Norman, K. R. 『Pāli Literature, including the Canonical Literature in Prakrit and Sanskrit of the Hīnayāna Schools of Buddhism』(Wiesbaden : Otto Harrassowitz, 1983)

Norman, K. R. 『The Group of Discourses』 - Revised Translation with Introduction and Notes. PTS.

London. 1992
Nyanaponika Thera & Helmut Hecker. 『Great Disciples of the Buddha : Their Lives, Their Works, Their Legacy』 (Boston : Wisdom Publication, 1997)
Nyanaponika. 『The Five Mental Hindrances and their Conquest』 Wheel no. 26(Kandy : Buddhist Publication Society, 1961)
Nyanaponika. 『The Four Nutritments of Life』 Wheel no. 105/106 (Kandy : Buddhist Publication Society, 1961)
Nyanoponika Thera, 『The Heart of Buddhist Meditation』(London : Rider, 1962)
Oldenberg, H. 『Buddha : sein Leben, seine Lehre, seine Gemeinde』 (Stuttgart : Magnus Verlag, 1881)
Oldenberg, H. 『Religion des Veda』 3Aufl. (Stuttgart und Berlin : Magnus Verlag. 1923)
Oskar von Hinüber 『A Handbook of Pāli Literature』 (Berlin und New York : Walter de Gruyter. 1996)
Pande, G. C. 『Studies in the Origins of Buddhism』(Allahabad : University of Allahabad, 1957)
Piyananda, D. 『The Concept of Mind in Early Buddhism』(Cathoric University of America, 1974)
Rahula, W. S. 『History of Budddism in Ceylon』 (Colombo, 1956)
Rahula, W. S. 『What the Buddha Taught』(London & Bedford : Gardon Fraser, 1978)
Sayādaw, Mahāsi, 『Pāticcāsamuppāda(A Discourse)』 tr. by U Aye Maung(Rangoon : Buddasāsana Nuggaha Organization, 1982)
Sayādaw, Mahāsi, 『The Great Discourse on the Wheel of Dhamma』 tr. by U Ko Lay(Rangoon : Buddhasāsana Nuggaha Organization, 1981)
Schmidthausen L. : Buddhism and Nature, Tokyo: International Institute for Buddhist Studies 1991
Schumann, H. W. 『The Historical Buddha』 tr. by M. O'C Walshe Arkana(London : Penguin Group, 1989)
Soma Thera, 『The Way of Mindfulness : The Satipaṭṭhāna Sutta and its Commentary』(Kandy : BPS, 1975)
Stebbing, L. S. 『A Modern Introduction to Logic』(London : Metuen & Co, 1962)
Story, F. 『Dimensions of Buddhist Thought』 『The Wheel』 Publication no.212/213/214(Kandy : Buddhist Publication Society)
Varma, V. P. 『Early Buddhism and It's Origin』(Delhi : Munshiram Monoharlal, 1973)
Watanabe, F. 『Philosophy and Its Development in the Nikāyas and Abhidhamma』(Delhi : Motilal Banarsidass, 1983)
Wettimuny, R. G. de S. 『The Buddha's Teaching and the Ambiguity of Existence』(Colombo : M. D. Gunasena & Co. Ltd., 1977)
Wettimuny, R. G. de S. 『The Buddha's Teaching』(Colombo : M. D. Gunasena & Co. Ltd., 1977)
Wijesekera, O. H. 『Buddhist and Vedic Studies』(Delhi : Motilal Banarsidass, 1994)
Wijesekera, O. H. 『Knowledge & Conduct : Buddhist Contributions to Philosophy and Ethics』(Kandy : Buddhist Publication Society, 1977)
Winternitz, M. 『History of Indian Literature』 vol.2(Dheli : Motilal Banarsidass, 1963)
Wittgenstein, L. 『Philosophische Untersuchungen』 『Ludwig Wittgenstein Werkausgabe』 Band,I (Frankfurt am Main, 1984)

○ 일반단행본(한국, 일본)

길희성, 『인도철학사』(서울 : 민음사, 1984)
김동화, 『원시불교사상』(서울 : 보련각, 1988)
김재권 외, 『수반의 형이상학』(서울 : 철학과 현실사, 1994)
김재권, 『수반과 심리철학』(서울 : 철학과 현실사, 1994)
까샵 비구(Kashyap, Bhikkhu)/최봉수 옮김 『마하박가』 최봉수 옮김, 서울: 시공사, 1998

목정배 『계율학개론』 서울 : 장경각 2001
木村泰賢, 『原始佛教思想論』(東京 : 大法倫閣, 昭和43)
木村泰賢, 『印度六派哲學』『木村泰賢全集』第2卷(昭和43)
석지관 『남북전비구율장비교연구』 서울 : 대각회출판부 1976
석지관 『비구니계율연구』 서울 : 대각회출판부 1977
水野弘元, 『原始佛教』(京都 : 平樂寺書店, 1956)
원의범, 『인도철학사상』(서울 : 집문당, 1980)
전재성, 『범어문법학』(서울 : 한국빠알리성전협회, 2002)
정태혁, 『인도종교철학사』(서울 : 김영사, 1985)
정태혁, 『인도철학』(서울 : 학연사, 1988)
舟橋一哉, 『原始佛教思想の硏究』(京都 : 法藏館, 昭和27)
中村元, 『ブッダの ことば』, 東京 岩波書店, 1981年
中村元, 『原始佛教の思想』上,下(東京 : 春秋社, 昭和45)
中村元, 『原始佛教の生活倫理』(東京 : 春秋社, 昭和47)
和什哲郎, 『原始佛教の實踐哲學』(東京 : 岩波書店, 昭和15)
히라카와 아키라(平川彰)/석혜능 역 『비구계의 연구』 1·2·3·4권 서울 : 민족사 2002-2011
히라카와 아키라(平川彰)/석혜능 역 『비구니율의 연구』 서울 : 민족사 2011

○ 논문잡지류(동서양)

Charles S. Prebish, 「Vinaya and Pratimokṣa, The Foundation of Buddhist Ethics」 in Studies in the History of Buddhism, ed. by A. K. Narain, Dehli , B. R. Publishing Corrporation, 1980), p. 248
Chatallian, G., 「Early Buddhism and the Nature of Philosophy」『Journal of Indian philosophy』 vol.11 no.2(1983)
Franke, R. O., 「Das einheitliche Thema des Dighanikāya : Gotama Buddha ist ein Tathāgata」「Die Verknüpfung der Dīghanikāya-Suttas untereinander」「Majjhimanikāya und Suttanipāta, Die Zusammenhänge der Majjhimanikāyasuttas」「Der einheitliche Grundgedanke des Majjhimanikāya : Die Erziehung gemass der Lehre (Dhamma-Vinaya)」「Der Dogmatische Buddha nach dem Dīghanikāya」「Die Buddhalehre in ihrer erreichbarältesten Gestalt im Dīghanikāya」「Die Buddhlehre in ihrer erreichbarältesten Gestalt」『Kleine Schliften』(Wiesbaden : Franz Steiner Verlag, 1978)
Fryba, M., 「Suññatā : Experience of Void in Buddhist Mind Training」 SJBS. vol.11(1988)
Geiger, W., 「Pāli Dhamma」『Kleine Schriften』(Wiesbaden : Franz Steiner Verlag, 1973)
Gethin, R., 「The Five Khandhas : Their Treatment in the Nikāyas and Early Abhidhamma」『Journal of Indian Philosophy』 vol.14 no.1(1986)
Heimann, B., 「The Significance of Prefixes in Sanskrit Philosophical Terminology」 RASM vol.25(1951)
Hoffman, E. J., 「Rationablity in Early Buddhist Four Fold Logic」『Journal of Indian Philosophy』 vol.10 no.4(1982)
Karunadasa, Y., 「Buddhist Doctrine of Anicca」『The Basic Facts of Existence』(Kandy : Buddhist Publication Society, 1981)
Premasiri, P. D., 「Early Buddhist Analysis of Varieties of Cognition」 SJBS vol.1(1981)
Wijesekera, O. H. de A., 「Vedic Gandharva and Pali Gandhabba」『Ceyron University Review』 vol.3 no.1(April, 1945)

○ 사전류

Anderson, D., 『A Pāli Reader with Notes and Glossary』 2parts(London & Leipzig : Copenhagen, 1901-1907)

Bothlingk, O. und Roth, R., 『Sanskrit-Wörterbuch』 7Bande(St. Petersburg : Kaiserischen Akademie der Wissenschaften, 1872-1875)
Buddhadatta, A. P., 『Concise Pāli-English Dictionary』(Colombo : 1955)
Childers, R. C., 『A Dictionary of the Pali Language』(London : 1875)
Edgerton, F., 『Buddhist Hybrid Sanskrit Grammar and Dictionary』 2vols(New Haven : Yale Univ., 1953)
Glare 『Oxford Latin Dictionary』 (Oxford : The Clarendon Press, 1983)
Hermann Krings usw. 『Handbuch Philosophischer Grundbegriffe』 (München : Kösel Verlag, 1973)
Malalasekera, G. P. 『Encyclopadia of Buddhism』 (Ceylon : The Government of Sri Lanka, 1970-)
Malalasekera, G. P., 『Dictionary of Pāli Proper Names』 vol.1, 2 (London : PTS, 1974)
Monier Williams, M., 『A Sanskrit-English Dictionary』(Oxford, 1899)
Nyanatiloka, 『Buddhistisches Wörterbuch』(Konstanz : Christiani Konstanz, 1989)
Rhys Davids, T. W. and Stede, W., 『Pali-English Dictionary』(London : PTS, 1921-1925)
Uhlenbeck, C. C., 『Etymologisches Wörterbuch des Alt-Indischen Sprache』(Osnabrück, 1973)
V. S. Apte, 『The Practical Sanskrit-English Dictionary』(Poona : Prasad Prakshan, 1957)
水野弘元, 『パーリ語辭典』(東京 : 春秋社, 1968, 二訂版 1981)
鈴木學術財團, 『梵和大辭典』(東京 : 講談社, 1974, 增補改訂版 1979)
雲井昭善, 『巴和小辭典』(京都 : 法藏館, 1961)
耘虛龍夏, 『佛教辭典』(서울 : 東國譯經院, 1961)
全在星, 『빠알리어사전』(서울 : 한국빠알리성전협회, 2012)
中村元, 『佛教語大辭典』(東京 : 東京書籍, 1971)
織田得能, 『佛教大辭典』(東京 : 大藏出版株式會社, 1953)
弘法院 編輯部, 『佛教學大辭典』(서울 : 弘法院, 1988)

○ 문법류

Allen, W. S. : Phonetic in Ancient India, Oxford University Press, London, 1965
Allen, W. S. : The Theoretica Phonetic and Historical Bases of Wordjuntion in Sanskrit : The Hague, Paris, 1965
Anderson, D. A : Pāli Reader with Notes and Glossary, 2 parts, London and Leipzig. Copenhagen, 1901-1907
Böthlingk, O. : Pāṇini's Grammatik. Georg Olms Verlagsbuchhanddun, Hildesheim, 1964
Buddhadatta, A P. : Aids to Pali Conversation and Translation, Colombo, 1974
Buddhadatta, A P. : The New Pali Course I, II, Colombo, 1974
Buddhadatta, A. P. : Concise Pāli-English Dictionary, Colombo 1955.
Childers, R. C. A : Dictionary of the Pali Language, London 1875
Fahs, A. : Grammatik des Pali, Verlag Enzyklopädie, Leipzig, 1989 1989
Franke, A. D. : Sarvasammataśikṣā, Göttingen, 1866
Geiger, W. : Pali Literatur und Sprache, Straßburg. 1916.
Malalasekera, G. P. : Dictionary of Pāli Proper Names Vol. I. II, London P.T.S. 1974.
Oskar von Hinüber : Das Buddhistische Recht und die Phonetik, Studien zur Indologie und Iranistik Heft 13-14. Reinbek, 1987
Rhys Davids, T. W. and Stede, W. : Pali-English Dictionary, P.T.S London , 1921-1925
Warder, A.K. : Introduction to Pali, PTS. London. 1963
Weber, A. : Pāṇiniyaśikṣā, Indische Studien IV. pp. 345-371, 1858
Weber, A. : Vājasaneyiprātiśākhya, Indische Studien IV. pp. 65-171, pp. 177-331, 1858
Whitney, W. D. : Indische Grammatik, übersetzt von Heinlich Zimmer : Leipzig, 1979

빅쿠·빅쿠니 의무계율의 부파별조항수의 대조표

종류	상좌부		법장부		화지부		설일체유부계					근본설일체유부				음광부	대중부	
	≪빠알리율≫		≪사분율≫		≪오분율≫		십송율		돈황	범본	비나야	유부율		티베트율		해탈계경	승기율	
	빅쿠	빅쿠니	빅쿠	빅쿠니	빅쿠	빅쿠니	빅쿠	빅쿠니	빅쿠니	빅쿠	빅쿠	빅쿠	빅쿠니	빅쿠	빅쿠니	빅쿠	빅쿠	빅쿠니
승단추방죄법(Pār.)	4	8	4	8	4	8	4	8	8	4	4	4	8	4	8	4	4	8
승단잔류죄법(Sangh.)	13	17	13	17	13	17	13	17	13	13	13	13	20	13	20	13	13	19
부정죄법(Aniy.)	2	*	2	*	2	*	2	*	*	2	2	2	*	2	*	2	2	*
상실죄법(Nissag.)	30	30	30	30	30	30	30	30	30	30	30	30	33	30	33	30	30	30
속죄죄법(Pāc.)	92	166	90	178	91	210 ►207	90	178	178	90	90	90	180	90	180	90	90	141
고백죄법(Paṭid.)	4	8	4	8	4	8	4	8	8	4	4	4	11	4	11	4	4	8
중학죄법(Sekh.)	75	75	100	100	100	100	113	106	110	113	113	99	99	107	112	96	96	77
멸쟁죄법(Adhik.)	7	7	7	7	7	⇓	7	7	7	7	7	7	7	7	7	7	7	7
합계	227	311	250	348	251	373 ►370	263	354	358	263	263	249	358	257	371	218	218	290

* : 원래 없는 것, ⇓ : 결본, ► : 광율(廣律)을 뜻한다.

※ 각 부파 소유의 율장과 그 율장의 빅쿠의무계율(比丘戒本)과 빅쿠니의무계율(比丘尼戒本)의 상세한 출처는 다음과 같다.

1. 상좌부(上座部): 『Vinaya Piṭaka』(Pali Text Society) ed. Hermann Oldenberg, London : 1879-1883.
   Mahāvibhaṅga(Suttavibhaṅga I, II): Bhikkhupāṭimokkha | Bhikkhunīvibhaṅga(Suttavibhaṅga II): Bhikkhunīpāṭimokkha
2. 법장부(法藏部): 四分律(Caturvargavinaya) 60권(大正22卷) 佛陀耶舍譯(AD. 410-412)
   四分比丘戒本一卷(大正22卷): 後秦 佛陀耶舍譯 | 四分比丘尼戒本一卷(大正22卷): 後秦 佛陀耶舍譯
3. 화지부(化地部) : 五分律(Pañcavargavinaya) 30권(大正22卷) 佛陀什等譯(AD. 423-424)
   彌沙塞五分戒本一卷(大正22卷): 劉宋 佛陀什等譯 | 五分比丘尼戒本一卷(大正22卷): 梁 明徽集
4. 설일체유부(說一切有部) : 十誦律(Daśādhyāyavinaya 61권((大正23卷) 佛若多羅·羅什共譯(AD. 404-406)
   ① 十誦比丘波羅提木叉戒本一卷(大正23卷): 姚秦 鳩摩羅什譯 | 十誦比丘尼波羅提木叉戒本一卷(大正23卷): 劉宋 法穎集出
   ② 燉煌本 : 十誦比丘尼戒本一卷 姚秦 鳩摩羅什譯?(西本龍山刊)
   ③ 梵本: Prātimokṣasūtra of Sarvastivādins, ed, by M. Louis Finot. JA. Nov.-Dec. 1913
   ④ 鼻奈耶戒因緣經11卷(大正24卷) 姚秦 竺佛念譯(399-416)
5. 근본설일체유부(根本說一切有部) :
   ① 根本律: 根本說一切有部毘奈耶(Mūlasarvāstivādavinaya) 50권(大正24卷) 義淨譯(AD. 703)
      根本說一切有部戒經一卷(大正24卷) : 唐 義淨譯
      根本說一切有部苾芻尼戒經一卷(大正24卷) : 唐 義淨譯
   ② 西藏律: 'Dul ba gži : Vinayavastu
      So sor thar pa'i mdo : Prātimokṣasūtra
      dGe sloṅ ma'i so sor thar pa'i mdo : Bhikṣuṇīprātimokṣasūtra
7. 음광부(飮光部) : 解脫戒經一卷(大正24卷) 元魏 瞿曇般若留支譯(AD. 543)
8. 대중부(大衆部) : 摩訶僧祇律(Mahāsāṅghikavinaya) 40권(大正22卷) 佛陀跋陀羅·法顯共譯(AD. 416-418)
   摩訶僧祇律大比丘戒本一卷(大正22卷) 東晉 佛馱跋陀羅譯
   摩訶僧祇比丘尼戒本一卷(大正22卷) 東晉 法顯共覺賢譯

빠알리율과 부파율의 빅쿠의무계율조항대조표

빅쿠의무계율 조항출처비교 / 복원의무계율 조항227조의 명칭	빠알리율빅쿠비방가	≪사분율≫비구계본	미사색오분계본	십송비구바라제목차계본	산스크리트비나야	근본설일체유부계경	티베트비나야	비나야계인연경	해탈계경	마하승기율
	상좌부	법장부	화지부	설일체유부	설일체유부등	근본설일체유부	근본설일체유부	근본설일체유부	음광부	대중부
승단추방죄법(波羅夷法: Pār.)	4	4	4	4	4	4	4	4	4	4
음계(淫戒) | Bhikkhu Pār 1	1	1	1	1	1	1	1	1	1	1
도계(盜戒) | Bhikkhu Pār 2	2	2	2	2	2	2	2	2	2	2
살인계(殺人戒) | Bhikkhu Pār 3	3	3	3	3	3	3	3	3	3	3
대망어계(大妄語戒) | Bhikkhu Pār 4	4	4	4	4	4	4	4	4	4	4
승단잔류죄법(僧殘法: Saṅgh.)	13	13	13	13	13	13	13	13	13	13
고출정계☆(故出精戒) | Bhikkhu Saṅgh. 1	1	1	1	1	1	1	1	1	1	1
마촉여인계☆(摩觸女人戒) | Bhikkhu Saṅgh. 2	2	2	2	2	2	2	2	2	2	2
여여인추어계☆(與女人醜語戒) | Bhikkhu Saṅgh. 3	3	3	3	3	3	3	3	3	3	3
향여탄신색공계☆(向女歎身索供戒) | Bhikkhu Saṅgh. 4	4	4	4	4	4	4	4	4	4	4
매인계(媒人戒) | Bhikkhu Saṅgh. 5	5	5	5	5	5	5	5	5	5	5
무주승불처분과량방계☆(無主僧不處分過量房戒) | Bhikkhu Saṅgh. 6	6	6	6	6	6	6	6	6	6	6
유주승불처분방계☆(有主僧不處分房戒) | Bhikkhu Saṅgh. 7	7	7	7	7	7	7	7	7	7	7
무근중죄방타계(無根重罪謗他戒) | Bhikkhu Sangh. 8	8	8	8	8	8	8	8	8	8	8
가근방계(假根謗戒) | Bhikkhu Saṅgh. 9	9	9	9	9	9	9	9	9	9	9
파승위간계(破僧違諫戒) | Bhikkhu Saṅgh. 10	10	10	10	10	10	10	10	10	10	10
조파승위간계(助破僧違諫戒) | Bhikkhu Saṅgh. 11	11	11	11	11	11	11	11	11	11	11
악성거승위간계(惡性拒僧違諫戒) | Bhikkhu Saṅgh. 12	12	12	12	12	12	12	12	12	12	12
오가빈방위간계(汚家擯謗違諫戒) | Bhikkhu Saṅgh. 13	13	13	13	13	13	13	13	13	13	13
부정죄법☆(不定法: Aniy.)	2	2	2	2	2	2	2	2	2	2
병처부정계☆(屛處不定戒) | Bhikkhu Aniy. 1	1	1	1	1	1	1	1	1	1	1
노처부정계☆(露處不定戒) | Bhikkhu Aniy. 2	2	2	2	2	2	2	2	2	2	2
상실죄법(尼薩耆法: Nissag.)	30	30	30	30	30	30	30	30	30	30
장의과한계(長衣過限戒) | Bhikkhu Nissag. 1	1	1	1	1	1	1	1	1	1	1
이삼의숙계(離三衣宿戒) | Bhikkhu Nissag. 2	2	2	2	2	2	2	2	2	2	2
월망의계(月望衣戒) | Bhikkhu Nissag. 3	3	3	3	3	3	3	3	3	3	3
사비친니완고의계☆(使非親尼浣故衣戒) | Bhikkhu Nissag. 4	4	4	4	4	4	4	4	4	4	4

취비친니의계☆(取非親尼衣戒) | Bhikkhu Nissag. 5	5	5	5	5	5	5	5	5	5	5
종비친속인걸의계(從非親俗人乞衣戒) | Bhikkhu Nissag. 6	6	6	6	6	6	6	6	6	6	6
과분취의계(過分取衣戒) | Bhikkhu Nissag. 7	7	7	7	7	7	7	7	7	7	7
권증의가계(勸增衣價戒) | Bhikkhu Nissag. 8	8	8	8	8	8	8	8	8	8	8
권이가증의가계(勸二家增衣價戒) | Bhikkhu Nissag. 9	9	9	9	9	9	9	9	9	9	9
과근홀절색의가계(過根忽切索衣價戒) | Bhikkhu Nissag. 10	10	10	10	10	10	10	10	10	10	10
잡야잠면작와구계☆(雜野蠶綿作臥具戒) | Bhikkhu Nissag. 11	11	11	21	11	11	11	11	11	11	13
흑모와구계☆(黑毛臥具戒) | Bhikkhu Nissag. 12	12	12	22	12	12	12	12	12	12	11
백모와구계☆(白毛臥具戒) | Bhikkhu Nissag. 13	13	13	23	13	13	13	13	13	13	12
감육년작와구계☆(減六年作臥具戒) | Bhikkhu Nissag. 14	14	14	24	14	14	14	14	14	15	14
불첩좌구계☆(不貼座具戒) | Bhikkhu Nissag. 15	15	15	25	15	15	15	15	15	14	15
지양모과한계☆(持羊毛過限戒) | Bhikkhu Nissag. 16	16	16	26	16	16	16	16	16	16	16
사비친니완염모계☆(使非親尼浣染毛戒) | Bhikkhu Nissag. 17	17	17	27	17	17	17	17	17	17	17
축전보계(畜錢寶戒) | Bhikkhu Nissag. 18	18	18	30	18	18	18	18	18	20	18
역보계(易寶戒) | Bhikkhu Nissag. 19	19	19	28	19	19	19	19	19	19	19
판매계(販賣戒) | Bhikkhu Nissag. 20	20	20	29	20	20	20	20	20	18	20
축장발과한계☆(畜長鉢過限戒) | Bhikkhu Nissag. 21	21	21	20	21	21	21	21	21	21	21
걸발계(乞鉢戒) | Bhikkhu Nissag. 22	22	22	19	22	22	22	22	22	22	22
축칠일약과한계(畜七日藥過限戒) | Bhikkhu Nissag. 23	23	26	15	30	30	30	30	30	30	23
과전구우의과전용계☆(過前求雨衣過前用戒) | Bhikkhu Nissag. 24	24	27	17	28	26	28	28	28	27	25
탈의계(奪衣戒) | Bhikkhu Nissag. 25	25	25	13	25	25	25	25	25	25	24
자걸루사비친직계(自乞縷使非親織戒) | Bhikkhu Nissag. 26	26	23	11	23	23	23	23	23	23	26
권직사증의루계(勸織師增衣縷戒) | Bhikkhu Nissag. 27	27	24	12	24	24	24	24	24	24	27
과전수급시의과후축계(過前受急施衣過後畜戒) | Bhikkhu Nissag. 28	28	28	18	26 ►27	27	26	26	26	26	28
유난란군이의계☆(有難蘭君離衣戒) | Bhikkhu Nissag. 29	29	29	16	27 ►26	28	27	27	27	28	29
회승물입이계(廻僧物入已戒) | Bhikkhu Nissag. 30	30	30	14	29	29	29	29	29	29	30
속죄죄법(波逸提: Pāc.)	92	90	91	90	90	90	90	90	90	92
소망어계(小妄語戒) | Bhikkhu Pāc. 1	1	1	1	1	1	1	1	1	1	1
매계(罵戒) | Bhikkhu Pāc. 2	2	2	2	2	2	2	2	2	3	2
양설계(兩舌戒) | Bhikkhu Pāc. 3	3	3	3	3	3	3	3	3	2	3
여미수구인동송계(與未受具人同誦戒) | Bhikkhu Pāc. 4	4	6	6	6	6	6	6	6	6	6
공미수구인숙과한계(共未受具人宿過限戒) | Bhikkhu Pāc. 5	5	5	7	54	53	54	54	54	54	42
공여인숙계(共女人宿戒) | Bhikkhu Pāc. 6	6	4	56	65	65	65	65	65	65	69
여여인설법과한계(與女人說法過限戒) | Bhikkhu Pāc. 7	7	9	4	5	5	5	5	5	5	5
실득도향미수구자설계(實得道向未受具者說戒) | Bhikkhu Pāc. 8	8	8	8	7	7	8	8	7	7	7
향비수구인설추죄계(向非受具人說麤罪戒) | Bhikkhu Pāc. 9	9	7	9	8	8	7	7	8	8	8
굴지계(掘地戒) | Bhikkhu Pāc. 10	10	10	59	73	73	73	73	73	74	73
괴생종계(壞生種戒) | Bhikkhu Pāc. 11	11	11	11	11	11	11	11	11	11	11
이어뇌승계(異語惱僧戒) | Bhikkhu Pāc. 12	12	12	12	13	13	13	13	13	13	12
혐매승지사계(嫌罵僧知事戒) | Bhikkhu Pāc. 13	13	13	13	12	12	12	12	12	12	13
노부승물계(露敷僧物戒) | Bhikkhu Pāc. 14	14	14	14	14	14	14	14	14	14	14
복처부승물계(覆處敷僧物戒) | Bhikkhu Pāc. 15	15	15	15	15	15	15	15	15	15	15
강부계(强敷戒) | Bhikkhu Pāc. 16	16	16	17	17	17	17	17	17	16	17
견타출방계(牽他出房戒) | Bhikkhu Pāc. 17	17	17	16	16	16	16	16	16	17	16
좌탈각상계(坐脫脚牀戒) | Bhikkhu Pāc. 18	18	18	18	18	18	18	18	18	18	18
복옥과삼절계(覆屋過三節戒) | Bhikkhu Pāc. 19	19	20	19	20	20	20	20	20	20	20
용충수계(用蟲水戒) | Bhikkhu Pāc. 20	20	19	20	19	19	19	19	19	19	19
첩교니계☆(輒敎尼戒) | Bhikkhu Pāc. 21	21	21	21	21	21	21	21	21	21	21
여니설법지일모계☆(與尼說法至日暮戒) | Bhikkhu Pāc. 22	22	22	22	22	22	22	22	22	22	22
비구니주처계☆(比丘尼住處戒) | Bhikkhu Pāc. 23	23	*	23	*	*	*	*	*	23	23
식교니인계☆(識敎尼人戒) | Bhikkhu Pāc. 24	24	23	24	23	23	23	23	23	24	24

여비친니의계☆(與非親尼衣戒) ǀ Bhikkhu Pāc. 25	25	24	26	26	26	24	24	26	25	28
여비친니작의계☆(與非親尼作衣戒) ǀ Bhikkhu Pāc. 26	26	25	27	27	27	25	25	27	26	29
여니기행계☆(與尼期行戒) ǀ Bhikkhu Pāc. 27	27	27	28	24	24	26	26	24	27	26
여니동선계☆(與尼同船戒) ǀ Bhikkhu Pāc. 28	28	28	29	25	25	27	27	25	28	27
식니탄식계☆(食尼歎食戒) ǀ Bhikkhu Pāc. 29	29	29	30	30	30	30	30	30	30	30
독여니병로좌계☆(獨與尼屛露坐戒) ǀ Bhikkhu Pāc. 30	30	26	25	28	28	29	29	28	*	25
시일식처과수계(施一食處過受戒) ǀ Bhikkhu Pāc. 31	31	31	33	32	32	32	32	32	32	31
별중식계(別衆食戒) ǀ Bhikkhu Pāc. 32	32	33	32	36	36	36	36	*	36	40
전전식계☆(展轉食戒) ǀ Bhikkhu Pāc. 33	33	32	31	31	31	31	31	34	31	32
취귀부매객식계(取歸婦買客食戒) ǀ Bhikkhu Pāc. 34	34	34	34	33	33	33	33	33	33	38
족식계☆(足食戒) ǀ Bhikkhu Pāc. 35	35	35	35	34	34	34	34	*	34	33
권족식계☆(勸足食戒) ǀ Bhikkhu Pāc. 36	36	36	36	35	35	35	35	35	35	34
비시식계(非時食戒) ǀ Bhikkhu Pāc. 37	37	37	38	37	37	37	37	37	37	36
식잔수계(食殘宿戒) ǀ Bhikkhu Pāc. 38	38	38	39	38	38	38	38	38	38	37
색미식계☆(索美食戒) ǀ Bhikkhu Pāc. 39	39	40	41	40	40	40	40	40	40	39
불수식계(不受食戒) ǀ Bhikkhu Pāc. 40	40	39	37	39	39	39	39	39	39	35
여외도식계☆(與外道食戒) ǀ Bhikkhu Pāc. 41	41	41	40	44	44	44	44	44	44	52
치타출취계(馳他出聚戒) ǀ Bhikkhu Pāc. 42	42	46	76	51	51	51	51	51	52	44
식가강좌계(食家强坐戒) ǀ Bhikkhu Pāc. 43	43	43	42	42	42	42	42	42	43	53
병여여좌계(屛與女坐戒) ǀ Bhikkhu Pāc. 44	44	44	43	43	43	43	43	43	42	54
독여여인좌계(獨與女人坐戒) ǀ Bhikkhu Pāc. 45	45	45	44	29	29	28	28	29	25	70
불촉동리입취계(不囑同利入聚戒) ǀ Bhikkhu Pāc. 46	46	42	82	81	81	81	81	#81	81	81
과수사월약청계(過受四月藥請戒) ǀ Bhikkhu Pāc. 47	47	47	62	74	74	74	74	74	73	4
관군계(觀軍戒) ǀ Bhikkhu Pāc. 48	48	48	45	45	45	45	45	45	45	55
유연군중과한계(有緣軍中過限戒) ǀ Bhikkhu Pāc. 49	49	49	46	46	46	46	46	46	46	56
관군합전계(觀軍合戰戒) ǀ Bhikkhu Pāc. 50	50	50	47	47	47	47	47	47	47	57
음주계(飮酒戒) ǀ Bhikkhu Pāc. 51	51	51	57	79	79	79	79	79	79	66
격력계(擊攊戒) ǀ Bhikkhu Pāc. 52	52	53	54	63	63	63	63	63	63	67
수중희계(水中戲戒) ǀ Bhikkhu Pāc. 53	53	52	55	64	64	64	64	64	64	66
불수간계(不受諫戒) ǀ Bhikkhu Pāc. 54	54	54	58	78	78	78	78	#78	78	77
포비구계(怖比丘戒) ǀ Bhikkhu Pāc. 55	55	55	73	66	66	66	66	66	66	65
노지연화계(露地燃火戒) ǀ Bhikkhu Pāc. 56	56	57	68	52	52	52	52	52	53	41
반월욕과계(半月浴過戒) ǀ Bhikkhu Pāc. 57	57	56	70	60	60	60	60	60	70	50
착신의계(著新衣戒) ǀ Bhikkhu Pāc. 58	58	60	77	59	59	58	58	59	68	48
진실정불어취계(眞實淨不語取戒) ǀ Bhikkhu Pāc. 59	59	59	81	68	68	68	68	68	59	63
장타의발계(藏他衣鉢戒) ǀ Bhikkhu Pāc. 60	60	58	78	67	67	67	67	67	67	64
탈축생명계(奪畜生命戒) ǀ Bhikkhu Pāc. 61	61	61	51	61	61	61	61	61	61	61
음충수계(飮蟲水戒) ǀ Bhikkhu Pāc. 62	62	62	*	41	41	41	41	41	41	51
발쟁계(發諍戒) ǀ Bhikkhu Pāc. 63	63	66	5	4	4	4	4	4	4	4
복타추죄계☆(覆他麤罪戒) ǀ Bhikkhu Pāc. 64	64	64	74	50	50	50	50	50	50	50
여년불만계☆(與年不滿戒) ǀ Bhikkhu Pāc. 65	65	65	61	72	72	72	72	72	72	71
여적기행계(與賊期行戒) ǀ Bhikkhu Pāc. 66	66	67	66	71	71	71	71	71	71	72
여여인기행계☆(與女人期行戒) ǀ Bhikkhu Pāc. 67	67	30	67	70	70	70	70	69	60	68
악견위간계(惡見違諫戒) ǀ Bhikkhu Pāc. 68	68	68	48	55	55	55	55	55	55	45
수거계(隨擧戒) ǀ Bhikkhu Pāc. 69	69	69	49	56	56	56	56	56	56	46
수빈사미계(隨擯沙彌戒) ǀ Bhikkhu Pāc. 70	70	70	50	57	57	57	57	57	57	47
거권학계(拒勸學戒) ǀ Bhikkhu Pāc. 71	71	71	63	75	75	75	75	75	75	75
훼비니계(毁毘尼戒) ǀ Bhikkhu Pāc. 72	72	72	10	10	10	10	10	10	10	10
공거선언계(恐擧先言戒) ǀ Bhikkhu Pāc. 73	73	73	64	83	83	83	83	83	83	92
진타비구계(瞋打比丘戒) ǀ Bhikkhu Pāc. 74	74	78	71	48	48	48	48	48	48	58
박비구계(搏比丘戒) ǀ Bhikkhu Pāc. 75	75	79	72	49	49	49	49	49	49	59
무근승잔방계(無根僧殘謗戒) ǀ Bhikkhu Pāc. 76	76	80	75	69	69	69	69	70	58	90

의뇌비구계(疑惱比丘戒) ǀ Bhikkhu Pāc. 77	77	63	52	62	62	62	62	62	62	62
병청사쟁계(屛聽四諍戒) ǀ Bhikkhu Pāc. 78	78	77	60	76	76	76	76	76	76	78
여욕후회계(與欲後悔戒) ǀ Bhikkhu Pāc. 79	79	76	79	53	54	53	53	53	51	43
불여욕계(不與欲戒) ǀ Bhikkhu Pāc. 80	80	75	53	77	77	77	77	77	77	79
동갈마후회계(同羯磨後悔戒) ǀ Bhikkhu Pāc. 81	81	74	80	9	9	9	9	9	#9	9
회여승물계(迴與僧物戒) ǀ Bhikkhu Pāc. 82	82	*	91	*	*	*	*	*	*	91
돌입왕궁계☆(突入王宮戒) ǀ Bhikkhu Pāc. 83	83	81	65	82	82	82	82	82	82	82
착보계(捉寶戒) ǀ Bhikkhu Pāc. 84	84	82	69	58	58	59	59	58	69	49
비시입취락계☆(非時入聚落戒) ǀ Bhikkhu Pāc. 85	85	83	83	80	80	80	80	80	80	80
골아각침통계(骨牙角鍼筒戒) ǀ Bhikkhu Pāc. 86	86	86	86	84	84	84	84	84	84	83
과량상족계(過量牀足戒) ǀ Bhikkhu Pāc. 87	87	84	85	85	85	85	85	85	85	84
두라저상욕계(兜羅貯牀褥戒) ǀ Bhikkhu Pāc. 88	88	85	84	86	86	86	86	86	86	85
과량니사단계☆(過量尼師壇戒) ǀ Bhikkhu Pāc. 89	89	87	87	89	89	87	87	89	87	86
복창의과량계(覆瘡衣過量戒) ǀ Bhikkhu Pāc. 90	90	88	88	88	88	88	99	88	88	87
우의과량계☆(雨衣過量戒) ǀ Bhikkhu Pāc. 91	91	89	89	87	87	89	89	87	89	88
여불등양작의계(與佛等量作衣戒) ǀ Bhikkhu Pāc. 92	92	90	90	90	90	90	90	90	90	89
고백죄법(波羅提舍尼: Paṭid.)	4	4	4	4	4	4	4	4	4	4
재속가종비친니취식계☆(在俗家從非親尼取食戒) ǀ Bhikkhu Paṭid. 1	1	1	1	1	1	1	1	1	1	2
재속가편심수식계☆(在俗家偏心授食戒) ǀ Bhikkhu Paṭid. 2	2	2	2	2	2	2	2	2	2	3
학가과수계☆(學家過受戒) ǀ Bhikkhu Paṭid. 3	3	3	3	3	3	3	3	3	3	4
유난나야수식계☆(有難蘭若受食戒) ǀ Bhikkhu Paṭid. 4	4	4	4	4	4	4	4	4	4	1
중학죄법(衆學法: Sekh.)	75	100	100	113	113	99	107	113	96	66
제정착열반승계(齊整著涅槃僧戒) ǀ Bhikkhu Sekh. 1	1	1	1-7	1-12	1-12	1-7	1-7	1	1	1
제정착삼의계(齊整著三衣戒) ǀ Bhikkhu Sekh. 2	2	2	8-10	13-16	13-16	8-10	8-10	2	2	3
복신계(覆身戒) ǀ Bhikkhu Sekh. 3	3	18	11	17	17	12	12	*	4	3
복신좌계(覆身坐戒) ǀ Bhikkhu Sekh. 4	4	19	12	18	18	*	*	*	*	14
정위의계(正威儀戒) ǀ Bhikkhu Sekh. 5	5	*	49	19	19	11	11	*	3	23
정위의좌계(正威儀坐戒) ǀ Bhikkhu Sekh. 6	6	*	50	20	20	*	*	*	*	*
시하방계(視下方戒) ǀ Bhikkhu Sekh. 7	7	20	37	21	21	*	14	5	6	4
시하방좌계(視下方坐戒) ǀ Bhikkhu Sekh. 8	8	21	38	22	22	*	*	6	7	15
반초의계(反抄衣戒) ǀ Bhikkhu Sekh. 9	9	3	13,15, 17	41,43	37,39	16,17	18,20, 30?	25,27	11	8
반초의좌계(反抄衣坐戒) ǀ Bhikkhu Sekh. 10	10	4	14,16, 18	42,44	38,40	*	*	26,28	*	19
홍소계(哄笑戒) ǀ Bhikkhu Sekh. 11	11	24	45	*	*	*	25	*	12	6
홍소좌계(哄笑坐戒) ǀ Bhikkhu Sekh. 12	12	25	46	*	*	*	*	*	*	17
저성행계(低聲行戒) ǀ Bhikkhu Sekh. 13	13	22	47	27	27	13	13	3	5	5
저성좌계(低聲坐戒) ǀ Bhikkhu Sekh. 14	14	23	48	28	28	*	*	4	*	16
요신계(搖身戒) ǀ Bhikkhu Sekh. 15	15	14	19, 23	53,49	53,49	25	26,29?	39,31 33,35	19	11
요신좌계(搖身坐戒) ǀ Bhikkhu Sekh. 16	16	15	20,24	54,50	54,50	*	*	40,32 34,36	*	*
도비계(掉臂戒) ǀ Bhikkhu Sekh. 17	17	16	33	47	47	26	27	29	17	13
도비좌계(掉臂坐戒) ǀ Bhikkhu Sekh. 18	18	17	34	48	48	*	*	30	*	*
요두계(搖頭戒) ǀ Bhikkhu Sekh. 19	19	▵14	21	51	51	27	28	37	18	12
요두좌계(搖頭坐戒) ǀ Bhikkhu Sekh. 20	20	▵15	22	52	52	*	*	38	*	*
차요계(扠腰戒) ǀ Bhikkhu Sekh. 21	21	12	29	35	35	18	*	*	9,15	10
차요좌계(扠腰坐戒) ǀ Bhikkhu Sekh. 22	22	13	30	36	36	*	*	*	*	22
복두계(覆頭戒) ǀ Bhikkhu Sekh. 23	23	7	43	31	31	15	16	17	13	7
복두좌계(覆頭坐戒) ǀ Bhikkhu Sekh. 24	24	8	44	32	32	*	*	18	*	18
슬행계(膝行戒) ǀ Bhikkhu Sekh. 25	25	11	39	29	29	#20⇓	23	15	14	20
난자계(亂姿戒) ǀ Bhikkhu Sekh. 26	26	*	40	30	#30⇓	*	*	16	14	20
용의수식계(用意受食戒) ǀ Bhikkhu Sekh. 27	27	26	51	62,63	62,63	39	40	50	32	24
주시발계(注視鉢戒) ǀ Bhikkhu Sekh. 28	28	35	▵58	86	86	65,44	48,43	▵73	*	43

갱반적량수계(羹飯適量受戒) | Bhikkhu Sekh. 29	29	29	▵53	*	*	41	42	51	38,39	*
수발수식계(手鉢受食戒) | Bhikkhu Sekh. 30	30	27	52	64	#64⇓	40	41	52	33	*
주의취식계(注意取食戒) | Bhikkhu Sekh. 31	31	26	51	62,63	62,63	▵39	▵40	50	32	24
주의발식계(注意鉢食戒) | Bhikkhu Sekh. 32	32	35	58	86	86	65,44	48,43	73	*	▵43
이차식계(以次食戒) | Bhikkhu Sekh. 33	33	30	54	87,67	#87, 67⇓	*	60?	56	*	*
갱반적량식계(羹飯適量食戒) | Bhikkhu Sekh. 34	34	29	53	65	65	*	*	*	*	25
압중취식계(壓中取食戒) | Bhikkhu Sekh. 35	35	31	55	66	66	*	59?	53	*	26
반복갱계(飯覆羹戒) | Bhikkhu Sekh. 36	36	33	77	83	83	50	45,46	71	35,36	45
색갱반계(索羹飯戒) | Bhikkhu Sekh. 37	37	32	79	84	#84⇓	*	*	70	37	44
시비좌발중계(視比坐鉢中戒) | Bhikkhu Sekh. 38	38	34	80	85	85	66	69	72	58	42
대박식계(大博食戒) | Bhikkhu Sekh. 39	39	36	64	68	68	46,45	50,49	55	54	29
원반구계(圓飯球戒) | Bhikkhu Sekh. 40	40	*	*	*	69	47	51	*	55	*
장구대식계(張口待食戒) | Bhikkhu Sekh. 41	41	37	66	70	70	48	52	68	57	30
전수구중계(全手口中戒) | Bhikkhu Sekh. 42	42	46	*	*	*	55	*	*	*	*
함반어계(含飯語戒) | Bhikkhu Sekh. 43	43	38	68	71	71	49	53	69	56	43
투입식계(投入食戒) | Bhikkhu Sekh. 44	44	39	75	*	*	*	*	65	*	31
설식계(齧食戒) | Bhikkhu Sekh. 45	45	*	70	72	#72⇓	58	63	*	46	32
장협식계(張頰食戒) | Bhikkhu Sekh. 46	46	41	69	69	*	57	61	67	*	41
진수식계(振手食戒) | Bhikkhu Sekh. 47	47	45	72	81	81	63	66	58	*	40
살반립계(撒飯粒戒) | Bhikkhu Sekh. 48	48	40	59	80	80	*	*	*	*	40
설지식계(舌舐食戒) | Bhikkhu Sekh. 49	49	44	63	76	76	59	58	*	45	*
작성식계(作聲食戒) | Bhikkhu Sekh. 50	50	42	62	73	73	52	55	*	40	37
흡식계(吸食戒) | Bhikkhu Sekh. 51	51	43	60	*	*	*	54	59	*	38
지수식계(舐手食戒) | Bhikkhu Sekh. 52	52	44	*	78	78	61	64	*	*	*
지발식계(舐鉢食戒) | Bhikkhu Sekh. 53	53	44	56	79	79	62	62,65	61	49	34
지순식계(舐脣食戒) | Bhikkhu Sekh. 54	54	44	*	*	*	*	*	*	*	*
오수착수병계(汚手捉水甁戒) | Bhikkhu Sekh. 55	55	47	60	82	82	67	70	64	60	46
기세발수계(棄洗鉢水戒) | Bhikkhu Sekh. 56	56	48	76	88	88	68	71	75	61	47
위지개인설법계(爲持蓋人說法戒) | Bhikkhu Sekh. 57	57	100	95	106	106	95	100	91	79	60
위지장인설법계(爲持杖人說法戒) | Bhikkhu Sekh. 58	58	96	97	105	105	*	99	92	77	59
위지도인설법계(爲持刀人說法戒) | Bhikkhu Sekh. 59	59	99,97	98	107, 108	107, 108	*	102	93	78	57
위지무기인설법계(爲持武器人說法戒) | Bhikkhu Sekh. 60	60	98	99	109	109	*	101	95	*	58
위착초리자설법계(爲著草履者說法戒) | Bhikkhu Sekh. 61	61	58	85	104	104	89	98	89	76	51
위착혜리자설법계(爲著鞋履者說法戒) | Bhikkhu Sekh. 62	62	57	84	103	103	88	*	90	75	52
위기승자설법계(爲騎乘者說法戒) | Bhikkhu Sekh. 63	63	59	96	89	89	84,85 86,87	94,95 96,97	76	73,74	62
위와상자설법계(爲臥牀者說法戒) | Bhikkhu Sekh. 64	64	87	89	94	94	75	80	80	60	88
위난좌자설법계(爲亂坐者說法戒) | Bhikkhu Sekh. 65	65	*	*	*	*	*	*	*	*	56
위리두자설법계(爲裹頭者說法戒) | Bhikkhu Sekh. 66	66	55	*	96	96	93,90 91,92, 94	92,89, 90,91, 93	82	80,81 82,83	54
위복면자설법계(爲覆面者說法戒) | Bhikkhu Sekh. 67	67	54	92	95	95	79	84	81	84	53
인재좌기재비좌설법계(人在座己在非座說法戒) | Bhikkhu Sekh. 68	68	88	*	*	*	*	*	*	57	*
인재고좌기재하좌설법계(人在高座己在下座說法戒) | Bhikkhu Sekh. 69	69	89	88	92	92	76	81	81	58	80
인좌기립설법계(人坐己立說法戒) | Bhikkhu Sekh. 70	70	86	87	93	93	74	79	79	59	79
인재전행기재후설법계(人在前行己在後說法戒) | Bhikkhu Sekh. 71	71	90	90	90	91	77	82	82	55	77
인재도기재비도설법계(人在道己在非道說法戒) | Bhikkhu Sekh. 72	72	92	91	91	90	78	83	78	72	63
입대소변계(立大小便戒) | Bhikkhu Sekh. 73	73	51	81	112	112	96	105	98	85	66
생초상대소변계(生草上大小便戒) | Bhikkhu Sekh. 74	74	49	83	110	110	98	107	96	87	64
수중대소변계(水中大小便戒) | Bhikkhu Sekh. 75	75	50	82	111	111	97	106	97	86	65
멸쟁법(滅諍法: Adhik.)	7	7	7	7	7	7	7	7	7	7
현전비니(現前毘尼) | Bhikkhu Adhik. 1	1	1	1	1	⇓	1	1	생략	1	1

억념비니(憶念毘尼) I Bhikkhu Adhik. 2	2	2	2	2	⇓	2	2	생략	2	2
불치비니(不痴毘尼) I Bhikkhu Adhik. 3	3	3	3	3	3	3	3	생략	3	3
자언치(自言治) I Bhikkhu Adhik. 4	4	4	5	4	⇓	6	7	생략	4	4
다인멱죄(多人覓罪) I Bhikkhu Adhik. 5	5	6	6	6	⇓	5	4	생략	6	6
멱죄상(覓罪相) I Bhikkhu Adhik. 6	6	5	4	5	⇓	4	5	생략	5	5
여초복지(如草覆地) I Bhikkhu Adhik. 7	7	7	7	7	7	7	6	생략	7	7

☆ : 빅쿠계에 고유한 계문, ► : 광율에 해당하는 계문, # : 특이한 계문, ⇓ : 상실된 계문, △ : 내용적으로 해당되는 계문, ? : 해당되는지 의심스러운 계문을 뜻하고, – : 하나의 계문이 두 계 이상에 적용되는 경우의 연결을 뜻한다.

※ 중학죄법가운데는 ≪빠알리율≫과 기타의 율에는 없고 오직 ≪사분율≫(四分律)에만 있는 다음과 같은 37개의 계율조항이 있다. 부득의전경입백의사계(不得衣纏頸入白衣舍戒: 5), 부득의전경입백의사좌계(不得衣纏頸入白衣舍坐戒: 6) 부득도행입백의사계(不得跳行入白衣舍戒: 9), 부득도행입백의사좌계(不得跳行入白衣舍坐戒: 10), 부득위반초의설법계(不得爲反抄衣說法戒: 52), 부득위의전경인설법계(不得爲衣纏頸人說法戒: 53), 부득위차요인설법(不得爲叉腰人說法戒: 56), 부득불탑내숙계(不得佛塔內宿戒: 60), 부득불탑내장재물계(不得佛塔內藏財物戒: 60), 부득착혁사입불탑중계(不得著革屣入佛塔中戒: 62), 부득착혁사입불탑중계(不得捉革屣入佛塔中戒: 63), 부득착혁사요불탑중계(不得著革屣遶佛塔中戒: 64), 부득착부라입불탑중계(不得著富羅入佛塔中戒 : 65), 부득착부라입불탑중계(不得捉富羅入佛塔中戒 : 66), 부득불탑하좌식계(不得佛塔下坐食戒: 67), 부득담사시종탑하과계(不得擔死屍從塔下過戒: 68), 부득탑하매사시계(不得塔下埋死屍戒: 69), 부득탑하소사시계(不得塔下燒死屍戒: 70), 부득향탑소사시계(不得向塔燒死屍戒: 71), 부득요탑사변소사시계(不得遶塔四邊燒死屍戒: 72), 부득지사인의종탑하과계(不得持死人衣從塔下過戒: 73), 부득탑하대소변계(不得塔下大小便戒: 74), 부득향탑대소변계(不得向塔大小便戒: 75), 부득요불탑사변대소변계(不得遶佛塔四邊大小便戒: 76), 부득지불상지대소변처계(不得持佛像至大小便處戒: 77), 부득탑하작양지계(不得塔下爵楊枝戒: 78), 부득향탑작양지계(不得向塔爵楊枝戒: 79), 부득요탑사변작양지계(不得遶塔四邊爵楊枝戒: 80), 부득탑하체타계(不得塔下涕唾戒: 81), 부득향탑체타계(不得向塔涕唾戒: 82), 부득요탑사변체타계(不得遶塔四邊涕唾戒: 83), 부득향불서각좌계(不得向佛塔舒脚坐戒: 84), 부득안불상재하방이재상방주계(不得安佛像在下房已在上房住戒: 85), 부득인재고경행처기재하경행처설법계(不得人在高經行處己在下經行處說法戒: 91), 부득휴수재도행계(不得携手在道行戒: 93), 부득상수과인두계(不得上樹過人頭戒: 94), 부득락낭성발관장두치견상행계(不得絡囊盛鉢貫杖頭置肩上行戒: 95)의 37개가 있다. 이 가운데 제60조–제85조의 26개 조항은 오직 ≪사분율≫에 존재하는 것이다.

참조 : 南傳5卷「諸部戒本數對照表」

복원빅쿠니의무계율조항대조표

※ 공유계는 출가남성중심이므로 내용적으로는 출가여성중심으로 전환하여 읽어야 한다.

빅쿠니의무계율 조항출처비교 / 복원의무계율 조항311조의 명칭 (○ 비쿠니고유계율)	빠알리 빅쿠니 계본		사분 비구니 계본	빠알리 빅쿠 계본
	상좌부		법장부	공유계
승단추방죄법(波羅夷法: Pār.)	8		8	
음계(淫戒) | Bhikkhunī Pār. 1	1	*	1	Bhikkhu Pār.1
도계(盜戒) | Bhikkhunī Pār. 2	2	*	2	Bhikkhu Pār.2
살인계(殺人戒) | Bhikkhunī Pār. 3	3	*	3	Bhikkhu Pār.3
대망어계(大妄語戒) | Bhikkhunī Pār. 4	4	*	4	Bhikkhu Pār.4
마촉계○(摩觸戒) | Bhikkhunī Pār. 5	5	1	5	
복비구니중죄계○(覆比丘尼重罪戒) | Bhikkhunī Pār. 6	6	2	6	
수순피거비구위니승삼간계○(隨順被擧比丘違尼僧三諫戒) | Bhikkhunī Pār. 7	7	3	7	
팔사성중계○(八事成重戒) | Bhikkhunī Pār. 8	8	4	8	
승단잔류죄법(僧殘法: Saṅgh.)	17		17	
매인계(媒人戒) | Bhikkhunī Saṅgh. 1	1	*	1	Bhikkhu Saṅgh. 5
무근중죄방타계(無根重罪謗他戒) | Bhikkhunī Sangh. 2	2	*	2	Bhikkhu Saṅgh. 8
가근방계(假根謗戒) | Bhikkhunī Saṅgh. 3	3	*	3	Bhikkhu Saṅgh. 9
소송계○(訴訟戒) | Bhikkhunī Saṅgh. 4	4	1	4	
도적녀계○(盜賊女戒) | Bhikkhunī Saṅgh. 5	5	2	5	
사독계○(四獨戒) | Bhikkhunī Saṅgh. 6	6	3	6	
계외해거계○(界外解擧戒) | Bhikkhunī Saṅgh. 7	7	4	7	
수염심남자식계○(隨染心男子食戒) | Bhikkhunī Saṅgh. 8	8	5	8	
권수염심남자식계○(勸受染心男子食戒) | Bhikkhunī Saṅgh. 9	9	6	9	
파승위간계(破僧違諫戒) | Bhikkhunī Saṅgh. 10	10	*	10	Bhikkhu Saṅgh. 10
조파승위간계(助破僧違諫戒) | Bhikkhunī Saṅgh. 11	11	*	11	Bhikkhu Saṅgh. 11
악성거승위간계(惡性拒僧違諫戒) | Bhikkhunī Saṅgh. 12	12	*	12	Bhikkhu Saṅgh. 12
오가빈방위간계(汚家擯謗違諫戒) | Bhikkhunī Saṅgh. 13	13	*	13	Bhikkhu Saṅgh. 13
진심사삼보위간계○(瞋心捨三寶違諫戒) | Bhikkhunī Saṅgh. 14	14	7	16	
발기사쟁방승위간계○(發起四諍謗僧違諫戒) | Bhikkhunī Saṅgh. 15	15	8	17	
습근주위승삼간계○(習近住違僧三諫戒) | Bhikkhunī Saṅgh. 16	16	9	14	
방승권습근주위승삼간계○(謗僧勸習近住違僧三諫戒) | Bhikkhunī Saṅgh. 17	17	10	15	
상실죄법(尼薩耆法: Nissag.)	30		30	
장의과한계(長衣過限戒) | Bhikkhunī Nissag. 1	1	*	1	Bhikkhu Nissag. 1
이삼의숙계(離三衣宿戒) | Bhikkhunī Nissag. 2	2	*	2	Bhikkhu Nissag. 2
월망의계(月望衣戒) | Bhikkhunī Nissag. 3	3	*	3	Bhikkhu Nissag. 3
종비친속인걸의계(從非親俗人乞衣戒) | Bhikkhunī Nissag. 4	4	*	4	Bhikkhu Nissag. 6
과분취의계(過分取衣戒) | Bhikkhunī Nissag. 5	5	*	5	Bhikkhu Nissag. 7
권증의가계(勸增衣價戒) | Bhikkhunī Nissag. 6	6	*	8	Bhikkhu Nissag. 8

권이가증의가계(勸二家增衣價戒) | Bhikkhunī Nissag. 7	7	*	7	Bhikkhu Nissag. 9
과근홀절색의가계(過根忽切索衣價戒) | Bhikkhunī Nissag. 8	8	*	8	Bhikkhu Nissag. 10
비시의계○(非時衣戒) | Bhikkhunī Nissag. 9	9	2	27	
무의이후강탈계○(貿衣已後强奪戒) | Bhikkhunī Nissag. 10	10	3	28	
축전보계(畜錢寶戒) | Bhikkhunī Nissag. 11	11	*	9	Bhikkhu Nissag. 18
역보계(易寶戒) | Bhikkhunī Nissag. 12	12	*	10	Bhikkhu Nissag. 19
판매계(販賣戒) | Bhikkhunī Nissag. 13	13	*	11	Bhikkhu Nissag. 20
걸시후걸피계○(乞時後乞彼戒) | Bhikkhunī Nissag. 14	14	4	19	
구시후구피계○(購時後購彼戒) | Bhikkhunī Nissag. 15	15	5	19	
타용승가재계○(他用僧伽財戒) | Bhikkhunī Nissag. 16	16	6	20	
타용자걸승가재계○(他用自乞僧伽財戒) | Bhikkhunī Nissag. 17	17	7	21, 23	
타용별중재계○(他用別衆財戒) | Bhikkhunī Nissag. 18	18	8	△20	
타용자걸별중재계○(他用自乞別衆財戒) | Bhikkhunī Nissag. 19	19	9	△23	
타용자걸별인재계○(他用自乞別人財戒) | Bhikkhunī Nissag. 20	20	10	22	
걸발계(乞鉢戒) | Bhikkhunī Nissag. 21	21	*	12	Bhikkhu Nissag. 22
축칠일약과한계(畜七日藥過限戒) | Bhikkhunī Nissag. 22	22	*	16	Bhikkhu Nissag. 23
탈의계(奪衣戒) | Bhikkhunī Nissag. 23	23	*	15	Bhikkhu Nissag. 25
자걸루사비친직계(自乞縷使非親織戒) | Bhikkhunī Nissag. 24	24	*	13	Bhikkhu Nissag. 26
권직사증의루계(勸織師增衣縷戒) | Bhikkhunī Nissag. 25	25	*	14	Bhikkhu Nissag. 27
과전수급시의과후축계(過前受急施衣過後畜戒) | Bhikkhunī Nissag. 26	26	*	17	Bhikkhu Nissag. 28
회승물입이계(廻僧物入已戒) | Bhikkhunī Nissag. 27	27	*	18	Bhikkhu Nissag. 30
장발계○(長鉢戒) | Bhikkhunī Nissag. 28	28	1	24	
걸중의계○(乞重衣戒) | Bhikkhunī Nissag. 29	29	11	29	
걸경의계○(乞輕衣戒) | Bhikkhunī Nissag. 30	30	12	30	
*	*		과축십목계(過畜十牧戒) Nissag. 25	*
*	*		선허병의후위계 (先許病衣後違戒) Nissag. 26	*
속죄죄법(波逸提: Pāc.)	166		178	
소망어계(小妄語戒) | Bhikkhunī Pāc. 1	1	*	1	Bhikkhu Pāc. 1
매계(罵戒) | Bhikkhunī Pāc. 2	2	*	2	Bhikkhu Pāc. 2
양설계(兩舌戒) | Bhikkhunī Pāc. 3	3	*	3	Bhikkhu Pāc. 3
여미수구인동송계(與未受具人同誦戒) | Bhikkhunī Pāc. 4	4	*	6	Bhikkhu Pāc. 4
공미수구인숙과한계(共未受具人宿過限戒) | Bhikkhunī Pāc. 5	5	*	5	Bhikkhu Pāc. 5
공여인숙계(共女人宿戒) | Bhikkhunī Pāc. 6	6	*	4	Bhikkhu Pāc. 6
여여인설법과한계(與女人說法過限戒) | Bhikkhunī Pāc. 7	7	*	9	Bhikkhu Pāc. 7
실득도향미수구자설계(實得道向未受具者說戒) | Bhikkhunī Pāc. 8	8	*	8	Bhikkhu Pāc. 8
향비수구인설추죄계(向非受具人說麤罪戒) | Bhikkhunī Pāc. 9	9	*	7	Bhikkhu Pāc. 9
굴지계(掘地戒) | Bhikkhunī Pāc. 10	10	*	10	Bhikkhu Pāc. 10
괴생종계(壞生種戒) | Bhikkhunī Pāc. 11	11	*	11	Bhikkhu Pāc. 11
이어뇌승계(異語惱僧戒) | Bhikkhunī Pāc. 12	12	*	12	Bhikkhu Pāc. 12
혐매승지사계(嫌罵僧知事戒) | Bhikkhunī Pāc. 13	13	*	13	Bhikkhu Pāc. 13
노부승물계(露敷僧物戒) | Bhikkhunī Pāc. 14	14	*	14	Bhikkhu Pāc. 14
복처부승물계(覆處敷僧物戒) | Bhikkhunī Pāc. 15	15	*	15	Bhikkhu Pāc. 15
강부계(强敷戒) | Bhikkhunī Pāc. 16	16	*	16	Bhikkhu Pāc. 16
견타출방계(牽他出房戒) | Bhikkhunī Pāc. 17	17	*	17	Bhikkhu Pāc. 17
좌탈각상계(坐脫脚牀戒) | Bhikkhunī Pāc. 18	18	*	18	Bhikkhu Pāc. 18
복옥과삼절계(覆屋過三節戒) | Bhikkhunī Pāc. 19	19	*	20	Bhikkhu Pāc. 19
용충수계(用蟲水戒) | Bhikkhunī Pāc. 20	20	*	19	Bhikkhu Pāc. 20
시일식처과수계(施一食處過受戒) | Bhikkhunī Pāc. 21	21	*	31	Bhikkhu Pāc. 31
별중식계(別衆食戒) | Bhikkhunī Pāc. 22	22	*	33	Bhikkhu Pāc. 32
취귀부매객식계(取歸婦買客食戒) | Bhikkhunī Pāc. 23	23	*	34	Bhikkhu Pāc. 34
비시식계(非時食戒) | Bhikkhunī Pāc. 24	24	*	37	Bhikkhu Pāc. 37
식잔수계(食殘宿戒) | Bhikkhunī Pāc. 25	25	*	38	Bhikkhu Pāc. 38

<table>
<tr><td>불수식계(不受食戒) | Bhikkhunī Pāc. 26</td><td>26</td><td>*</td><td>39</td><td>Bhikkhu Pāc. 40</td></tr>
<tr><td>치타출취계(馳他出聚戒) | Bhikkhunī Pāc. 27</td><td>27</td><td>*</td><td>46</td><td>Bhikkhu Pāc. 42</td></tr>
<tr><td>식가강좌계(食家强坐戒) | Bhikkhunī Pāc. 28</td><td>28</td><td>*</td><td>43</td><td>Bhikkhu Pāc. 43</td></tr>
<tr><td>병여여좌계(屛與女坐戒) | Bhikkhunī Pāc. 29</td><td>29</td><td>*</td><td>44</td><td>Bhikkhu Pāc. 44</td></tr>
<tr><td>독여여인좌계(獨與女人坐戒) | Bhikkhunī Pāc. 30</td><td>30</td><td>*</td><td>45</td><td>Bhikkhu Pāc. 45</td></tr>
<tr><td>불촉독리입취계(不囑同利入聚戒) | Bhikkhunī Pāc. 31</td><td>31</td><td>*</td><td>42</td><td>Bhikkhu Pāc. 46</td></tr>
<tr><td>과수사월약청계(過受四月藥請戒) | Bhikkhunī Pāc. 32</td><td>32</td><td>*</td><td>47</td><td>Bhikkhu Pāc. 47</td></tr>
<tr><td>관군계(觀軍戒) | Bhikkhunī Pāc. 33</td><td>33</td><td>*</td><td>48</td><td>Bhikkhu Pāc. 48</td></tr>
<tr><td>유연군중과한계(有緣軍中過限戒) | Bhikkhunī Pāc. 34</td><td>34</td><td>*</td><td>49</td><td>Bhikkhu Pāc. 49</td></tr>
<tr><td>관군합전계(觀軍合戰戒) | Bhikkhunī Pāc. 35</td><td>35</td><td>*</td><td>50</td><td>Bhikkhu Pāc. 50</td></tr>
<tr><td>음주계(飮酒戒) | Bhikkhunī Pāc. 36</td><td>36</td><td>*</td><td>51</td><td>Bhikkhu Pāc. 51</td></tr>
<tr><td>격력계(擊攊戒) | Bhikkhunī Pāc. 37</td><td>37</td><td>*</td><td>53</td><td>Bhikkhu Pāc. 52</td></tr>
<tr><td>수중희계(水中戲戒) | Bhikkhunī Pāc. 38</td><td>38</td><td>*</td><td>52</td><td>Bhikkhu Pāc. 53</td></tr>
<tr><td>불수간계(不受諫戒) | Bhikkhunī Pāc. 39</td><td>39</td><td>*</td><td>54</td><td>Bhikkhu Pāc. 54</td></tr>
<tr><td>포비구계(怖比丘戒) | Bhikkhunī Pāc. 40</td><td>40</td><td>*</td><td>55</td><td>Bhikkhu Pāc. 55</td></tr>
<tr><td>노지연화계(露地燃火戒) | Bhikkhunī Pāc. 41</td><td>41</td><td>*</td><td>57</td><td>Bhikkhu Pāc. 56</td></tr>
<tr><td>반월욕과계(半月浴過戒) | Bhikkhunī Pāc. 42</td><td>42</td><td>*</td><td>56</td><td>Bhikkhu Pāc. 57</td></tr>
<tr><td>착신의계(著新衣戒) | Bhikkhunī Pāc. 43</td><td>43</td><td>*</td><td>60</td><td>Bhikkhu Pāc. 58</td></tr>
<tr><td>진실쟁불어취계(眞實諍不語取戒) | Bhikkhunī Pāc. 44</td><td>44</td><td>*</td><td>59</td><td>Bhikkhu Pāc. 59</td></tr>
<tr><td>장타의발계(藏他衣鉢戒) | Bhikkhunī Pāc. 45</td><td>45</td><td>*</td><td>58</td><td>Bhikkhu Pāc. 60</td></tr>
<tr><td>탈축생명계(奪畜生命戒) | Bhikkhunī Pāc. 46</td><td>46</td><td>*</td><td>61</td><td>Bhikkhu Pāc. 61</td></tr>
<tr><td>음충수계(飮蟲水戒) | Bhikkhunī Pāc. 47</td><td>47</td><td>*</td><td>62</td><td>Bhikkhu Pāc. 62</td></tr>
<tr><td>발쟁계(發諍戒) | Bhikkhunī Pāc. 48</td><td>48</td><td>*</td><td>66</td><td>Bhikkhu Pāc. 63</td></tr>
<tr><td>여적기행계(與賊期行戒) | Bhikkhunī Pāc. 49</td><td>49</td><td>*</td><td>67</td><td>Bhikkhu Pāc. 66</td></tr>
<tr><td>악견위간계(惡見違諫戒) | Bhikkhunī Pāc. 50</td><td>50</td><td>*</td><td>68</td><td>Bhikkhu Pāc. 68</td></tr>
<tr><td>수거계(隨擧戒) | Bhikkhunī Pāc. 51</td><td>51</td><td>*</td><td>69</td><td>Bhikkhu Pāc. 69</td></tr>
<tr><td>수빈사미계(隨擯沙彌戒) | Bhikkhunī Pāc. 52</td><td>52</td><td>*</td><td>70</td><td>Bhikkhu Pāc. 70</td></tr>
<tr><td>거권학계(拒勸學戒) | Bhikkhunī Pāc. 53</td><td>53</td><td>*</td><td>71</td><td>Bhikkhu Pāc. 71</td></tr>
<tr><td>훼비니계(毁毘尼戒) | Bhikkhunī Pāc. 54</td><td>54</td><td>*</td><td>72</td><td>Bhikkhu Pāc. 72</td></tr>
<tr><td>공거선언계(恐擧先言戒) | Bhikkhunī Pāc. 55</td><td>55</td><td>*</td><td>73</td><td>Bhikkhu Pāc. 73</td></tr>
<tr><td>진타비구계(瞋打比丘戒) | Bhikkhunī Pāc. 56</td><td>56</td><td>*</td><td>78</td><td>Bhikkhu Pāc. 74</td></tr>
<tr><td>박비구계(搏比丘戒) | Bhikkhunī Pāc. 57</td><td>57</td><td>*</td><td>79</td><td>Bhikkhu Pāc. 75</td></tr>
<tr><td>무근승잔방계(無根僧殘謗戒) | Bhikkhunī Pāc. 58</td><td>58</td><td>*</td><td>80</td><td>Bhikkhu Pāc. 76</td></tr>
<tr><td>의뇌비구계(疑惱比丘戒) | Bhikkhunī Pāc. 59</td><td>59</td><td>*</td><td>63</td><td>Bhikkhu Pāc. 77</td></tr>
<tr><td>병청사쟁계(屛聽四諍戒) | Bhikkhunī Pāc. 60</td><td>60</td><td>*</td><td>77</td><td>Bhikkhu Pāc. 78</td></tr>
<tr><td>여욕후회계(與欲後悔戒) | Bhikkhunī Pāc. 61</td><td>61</td><td>*</td><td>76</td><td>Bhikkhu Pāc. 79</td></tr>
<tr><td>불여욕계(不與欲戒) | Bhikkhunī Pāc. 62</td><td>62</td><td>*</td><td>75</td><td>Bhikkhu Pāc. 80</td></tr>
<tr><td>동갈마후회계(同羯磨後悔戒) | Bhikkhunī Pāc. 63</td><td>63</td><td>*</td><td>74</td><td>Bhikkhu Pāc. 81</td></tr>
<tr><td>회여승물계(廻與僧物戒) | Bhikkhunī Pāc. 64</td><td>64</td><td>*</td><td>*</td><td>Bhikkhu Pāc. 82</td></tr>
<tr><td>착보계(捉寶戒) | Bhikkhunī Pāc. 65</td><td>65</td><td>*</td><td>82</td><td>Bhikkhu Pāc. 84</td></tr>
<tr><td>골아각침통계(骨牙角鍼筒戒) | Bhikkhunī Pāc. 66</td><td>66</td><td>*</td><td>86</td><td>Bhikkhu Pāc. 86</td></tr>
<tr><td>과량상족계(過量牀足戒) | Bhikkhunī Pāc. 67</td><td>67</td><td>*</td><td>84</td><td>Bhikkhu Pāc. 87</td></tr>
<tr><td>두라저상욕계(兜羅貯牀褥戒) | Bhikkhunī Pāc. 68</td><td>68</td><td>*</td><td>85</td><td>Bhikkhu Pāc. 88</td></tr>
<tr><td>복창의과량계(覆瘡衣過量戒) | Bhikkhunī Pāc. 69</td><td>69</td><td>*</td><td>88</td><td>Bhikkhu Pāc. 90</td></tr>
<tr><td>여불등양작의계(與佛等量作衣戒) | Bhikkhunī Pāc. 70</td><td>70</td><td>*</td><td>89</td><td>Bhikkhu Pāc. 92</td></tr>
<tr><td>식산계○(食蒜戒) | Bhikkhunī Pāc. 71</td><td>71</td><td>1</td><td>70</td><td>*</td></tr>
<tr><td>삭은처모계○(削隱處毛戒) | Bhikkhunī Pāc. 72</td><td>72</td><td>2</td><td>71</td><td>*</td></tr>
<tr><td>상박계○(相拍戒) | Bhikkhunī Pāc. 73</td><td>73</td><td>3</td><td>74</td><td>*</td></tr>
<tr><td>수교생지계○(樹膠生支戒) | Bhikkhunī Pāc. 74</td><td>74</td><td>4</td><td>73</td><td>*</td></tr>
<tr><td>세정과분계○(洗淨過分戒) | Bhikkhunī Pāc. 75</td><td>75</td><td>5</td><td>72</td><td>*</td></tr>
<tr><td>공급무병비구수선계○(供給無病比丘水扇戒) | Bhikkhunī Pāc. 76</td><td>76</td><td>6</td><td>75</td><td>*</td></tr>
<tr><td>걸생곡계○(乞生穀戒) | Bhikkhunī Pāc. 77</td><td>77</td><td>7</td><td>76</td><td>*</td></tr>
</table>

불간색외기부정계○(不看牆外棄不淨戒) | Bhikkhunī Pāc. 78	78	8	78	*
청초상기부정계○(青草上棄不淨戒) | Bhikkhunī Pāc. 79	79	9	77	*
가무관청계○(歌舞觀聽戒) | Bhikkhunī Pāc. 80	80	10	79	*
공남자독립암중계○(共男子獨立闇中戒) | Bhikkhunī Pāc. 81	81	11	86	*
공남자독립병복처계○(共男子獨立屛覆處戒) | Bhikkhunī Pāc. 82	82	12	81, 80	*
공남자독립노지계○(共男子獨立露地戒) | Bhikkhunī Pāc. 83	83	13	*	*
견거반비구니공어남자계○(遣去伴比丘尼共語男子戒) | Bhikkhunī Pāc. 84	84	14	82	*
식전입백의가불어주거계○(食前入白衣家不語住去戒) | Bhikkhunī Pāc. 85	85	15	83	*
식후입백의가불어주좌와계○(食後入白衣家不語住坐臥戒) | Bhikkhunī Pāc. 86	86	16	84	*
비시입백의가불어주좌와계○(非時入白衣家不語住坐臥戒) | Bhikkhunī Pāc. 87	87	17	85	*
불심제수사어계○(不審諦受師語戒) | Bhikkhunī Pāc. 88	88	18	87	*
진심주저계○(瞋心呪詛戒) | Bhikkhunī Pāc. 89	89	19	88	*
타기제읍계○(打己啼泣戒) | Bhikkhunī Pāc. 90	90	20	89	*
나신목욕계○(裸身沐浴戒) | Bhikkhunī Pāc. 91	91	21	101	*
과량수욕의계○(過量水浴衣戒) | Bhikkhunī Pāc. 92	92	22	102	*
봉의과오일계○(縫衣過五日戒) | Bhikkhunī Pāc. 93	93	23	103	*
과오일부착승가리계○(過五日不著僧伽梨戒) | Bhikkhunī Pāc. 94	94	24	104	*
첩착타의계○(輒著他衣戒) | Bhikkhunī Pāc. 95	95	25	106	*
승의작유난계○(僧衣作留難戒) | Bhikkhunī Pāc. 96	96	26	105	*
차분의계○(遮分衣戒) | Bhikkhunī Pāc. 97	97	27	108	*
여백의외도의계○(與白衣外道衣戒) | Bhikkhunī Pāc. 98	98	28	107	*
박망득의과의시계○(薄望得衣過衣時戒) | Bhikkhunī Pāc. 99	99	29	29	*
차출공덕의계○(遮出功德衣戒) | Bhikkhunī Pāc. 100	100	30	109, 110	*
무의동상와계○(無衣同牀臥戒) | Bhikkhunī Pāc. 101	101	31	90	*
동피욕계○(同被褥戒) | Bhikkhunī Pāc. 102	102	32	91	*
고의혹뇌계○(故意惑惱戒) | Bhikkhunī Pāc. 103	103	33	92, 173	*
부착동활니계○(不着同活尼病戒) | Bhikkhunī Pāc. 104	104	34	93	*
견타출방계○(牽他出房戒) | Bhikkhunī Pāc. 105	105	35	94	*
친근거사자위간계○(親近居士子違諫戒) | Bhikkhunī Pāc. 106	106	36	99	*
국내공포처유행계○(國內恐怖處遊行戒) | Bhikkhunī Pāc. 107	107	37	98	*
국외공포처유행계○(國外恐怖處遊行戒) | Bhikkhunī Pāc. 108	108	38	97	*
우기유행계○(雨期遊行戒) | Bhikkhunī Pāc. 109	109	39	95	*
안거경부거계○(安居竟不去戒) | Bhikkhunī Pāc. 110	110	40	96	*
관왕궁원림계○(觀王宮園林戒) | Bhikkhunī Pāc. 111	111	41	100	*
고상미모상계○(高床尾毛牀戒) | Bhikkhunī Pāc. 112	112	42	115	*
자방적계○(自紡績戒) | Bhikkhunī Pāc. 113	113	43	114	*
여백의작사계○(與白衣作使戒) | Bhikkhunī Pāc. 114	114	44	113	*
불여타멸쟁계○(不與他滅諍戒) | Bhikkhunī Pāc. 115	115	45	111	*
여백의외도식계○(與白衣外道食戒) | Bhikkhunī Pāc. 116	116	46	112	*
월화의계○(月華衣戒) | Bhikkhunī Pāc. 117	117	47	*	*
불사주처출유계○(不捨住處出遊戒) | Bhikkhunī Pāc. 118	118	48	*	*
자송주술계○(自誦呪術戒) | Bhikkhunī Pāc. 119	119	49	117, 169	*
교인송주술계○(教人誦呪術戒) | Bhikkhunī Pāc. 120	120	50	118	*
돌입대승사계○(突入大僧寺戒) | Bhikkhunī Pāc. 121	121	51	144	*
매비구계○(罵比丘戒) | Bhikkhunī Pāc. 122	122	52	145	*
매니중계○(罵尼衆戒) | Bhikkhunī Pāc. 123	123	53	146	*
배청계○(背請戒) | Bhikkhunī Pāc. 124	124	54	148	*
간질속가계○(慳嫉俗家戒) | Bhikkhunī Pāc. 125	125	55	149	*
무비구주처안거계○(無比丘住處安居戒) | Bhikkhunī Pāc. 126	126	56	143	*
이부승중부자자계○(二部僧衆不自恣戒) | Bhikkhunī Pāc. 127	127	57	142	*
부주청계계○(不住聽誡戒) | Bhikkhunī Pāc. 128	128	58	140	*
반월불청교수계○(半月不請教授戒) | Bhikkhunī Pāc. 129	129	59	141	*

사남자파옹계○(使男子破癰戒) | Bhikkhunī Pāc. 130	130	60	147	*
도임신부녀계○(度妊身婦女戒) | Bhikkhunī Pāc. 131	131	61	119	*
도유아부녀계○(度乳兒婦女戒) | Bhikkhunī Pāc. 132	132	62	120	*
도불학육법사미니계○(度不學六法沙彌尼戒) | Bhikkhunī Pāc. 133	133	63	123	*
불걸승도학법사미니계○(不乞僧度學法沙彌尼戒) | Bhikkhunī Pāc. 134	134	64	124	*
도미만십이세증가녀계○(度未滿十二歲曾嫁女戒) | Bhikkhunī Pāc. 135	135	65	125	*
도불학육법증가녀계○(度不學六法曾嫁女戒) | Bhikkhunī Pāc. 136	136	66	125	*
불걸승도학법증가녀계○(不乞僧度學法曾嫁女戒) | Bhikkhunī Pāc. 137	137	67	126	*
불이세섭수제자계○(不二歲攝受弟子戒) | Bhikkhunī Pāc. 138	138	68	128	*
불이세수화상계○(不二歲隨和尙戒) | Bhikkhunī Pāc. 139	139	69	129	*
도음녀불령원거계○(度淫女不令遠去戒) | Bhikkhunī Pāc. 140	140	70	127	*
도감년동녀계○(度減年童女戒) | Bhikkhunī Pāc. 141	141	71	121	*
도불학육법동녀계○(度不學六法童女戒) | Bhikkhunī Pāc. 142	142	72	122	*
불걸승도학법녀계○(不乞僧度學法女戒) | Bhikkhunī Pāc. 143	143	73	130	*
미만십이하도인계○(未滿十二夏度人戒) | Bhikkhunī Pāc. 144	144	74	131	*
만십이하불걸승도인계○(滿十二夏不乞僧度人戒) | Bhikkhunī Pāc. 145	145	75	132	*
불청도인방승계○(不聽度人謗僧戒) | Bhikkhunī Pāc. 146	146	76	133	*
취타의불위수구계○(取他衣不爲授具戒) | Bhikkhunī Pāc. 147	147	77	137	*
영이세수학불위수구계○(令二歲隨學不爲授具戒) | Bhikkhunī Pāc. 148	148	78	136	*
도여남자교우학법녀계○(度與男子交友學法女戒) | Bhikkhunī Pāc. 149	149	79	135	*
부모부주불청첩인계○(父母夫主不聽輒度人戒) | Bhikkhunī Pāc. 150	150	80	134	*
별주자여욕도학법녀계○(別住者與欲度學法女戒) | Bhikkhunī Pāc. 151	151	81	*	*
매년도인계○(每年度人戒) | Bhikkhunī Pāc. 152	152	82	138	*
일세도이인계○(一歲度二人戒) | Bhikkhunī Pāc. 153	153	83	138	*
지착개섭계○(持著蓋屧戒) | Bhikkhunī Pāc. 154	154	84	158	*
승승계○(乘乘戒) | Bhikkhunī Pāc. 155	155	85	159	*
착과의계○(著袴衣戒) | Bhikkhunī Pāc. 156	156	86	156	*
착부녀식신구계○(著婦女飾身具戒) | Bhikkhunī Pāc. 157	157	87	157, 177	*
이향도신계○(以香塗身戒) | Bhikkhunī Pāc. 158	158	88	150	*
호마유도신계○(胡麻油塗身戒) | Bhikkhunī Pāc. 159	159	89	151	*
사비구니마신계○(使比丘尼摩身戒) | Bhikkhunī Pāc. 160	160	90	152	*
사학법녀마신계○(使學法女摩身戒) | Bhikkhunī Pāc. 161	161	91	153	*
사사미니마신계○(使沙彌尼摩身戒) | Bhikkhunī Pāc. 162	162	92	154	*
사백의녀마신계○(使白衣女摩身戒) | Bhikkhunī Pāc. 163	163	93	155	*
비구전착좌계○(比丘前著座戒) | Bhikkhunī Pāc. 164	164	94	*	*
첩문비구의계○(輒問比丘義戒) | Bhikkhunī Pāc. 165	165	95	172	*
부착승기지○(不著僧祇支) | Bhikkhunī Pāc. 166	166	96	160	*
*	*		경숙불사주인첩거계 (經宿不辭主人輒去戒) 116	*
*	*		작본법경경숙주대승중수구족계 (作本法竟宿住大僧中授具足戒) 139	*
*	*		야인출백의가불백주인계 (夜人出白衣家不白主人戒) 161	*
*	*		향모개승가람문계(向暮開僧伽藍門戒) 162	*
*	*		일몰개승가람문계(日沒開僧伽藍門戒) 163	*
*	*		불안거계(不安居戒) 164	*
*	*		도대소변상루인계(度大小便常漏人戒) 165	*
*	*		도이형인계(度二形人戒) 66	*
*	*		도이도합인계(度二道合人戒) 167	*
*	*		도부채병인계(度負債病人戒) 168	*
*	*		이세속기술교수백의계 (以世俗技術敎授白衣戒) 170	*
*	*		피빈불거계(被擯不去戒) 171	*

*	*		재승사조탑계(在僧寺造塔戒) 174	*
*	*		백세니불례신수계(百歲尼不禮新受戒) 175	*
*	*		요신추행계(搖身趣行戒) 176	*
*	*		사외도녀도마신계(使外道女塗摩身戒) 178	*
고백죄법○(波羅提舍尼: Paṭid.)	8		8	
걸수식계○(乞酥食戒) | Bhikkhunī Paṭid. 1	1	1	1	*
걸유식계○(乞油食戒) | Bhikkhunī Paṭid. 2	2	2	2	*
걸밀식계○(乞蜜食戒) | Bhikkhunī Paṭid. 3	3	3	3	*
걸사탕계○(乞砂糖戒) | Bhikkhunī Paṭid. 4	4	4	4	*
걸어식계○(乞魚食戒) | Bhikkhunī Paṭid. 5	5	5	5	*
걸육식계○(乞肉食戒) | Bhikkhunī Paṭid. 6	6	6	6	*
걸유식계○(乞乳食戒) | Bhikkhunī Paṭid. 7	7	7	7	*
걸락식계○(乞酪食戒) | Bhikkhunī Paṭid. 8	8	8	8	*
중학죄법(衆學法: Sekh.)	75		100	*
제정착열반승계(齊整著涅槃僧戒) | Bhikkhunī Sekh. 1	1	1	1	Bhikkhu Sekh. 1
제정착삼의계(齊整著三衣戒) | Bhikkhunī Sekh. 2	2	*	2	Bhikkhu Sekh. 2
복신계(覆身戒) | Bhikkhunī Sekh. 3	3	*	18	Bhikkhu Sekh. 3
복신좌계(覆身坐戒) | Bhikkhunī Sekh. 4	4	*	19	Bhikkhu Sekh. 4
정위의계(正威儀戒) | Bhikkhunī Sekh. 5	5	*	*	Bhikkhu Sekh. 5
정위의좌계(正威儀坐戒) | Bhikkhunī Sekh. 6	6	*	*	Bhikkhu Sekh. 6
시하방계(視下方戒) | Bhikkhunī Sekh. 7	7	*	20	Bhikkhu Sekh. 7
시하방좌계(視下方坐戒) | Bhikkhunī Sekh. 8	8	*	21	Bhikkhu Sekh. 8
반초의계(反抄衣戒) | Bhikkhunī Sekh. 9	9	*	3	Bhikkhu Sekh. 9
반초의좌계(反抄衣坐戒) | Bhikkhunī Sekh. 10	10	*	4	Bhikkhu Sekh. 10
홍소계(哄笑戒) | Bhikkhunī Sekh. 11	11	*	24	Bhikkhu Sekh. 11
홍소좌계(哄笑坐戒) | Bhikkhunī Sekh. 12	12	*	25	Bhikkhu Sekh. 12
저성행계(低聲行戒) | Bhikkhunī Sekh. 13	13	*	22	Bhikkhu Sekh. 13
저성좌계(低聲坐戒) | Bhikkhunī Sekh. 14	14	*	23	Bhikkhu Sekh. 14
요신계(搖身戒) | Bhikkhunī Sekh. 15	15	*	14	Bhikkhu Sekh. 15
요신좌계(搖身坐戒) | Bhikkhunī Sekh. 16	16	*	15	Bhikkhu Sekh. 16
도비계(掉臂戒) | Bhikkhunī Sekh. 17	17	*	16	Bhikkhu Sekh. 17
도비좌계(掉臂坐戒) | Bhikkhunī Sekh. 18	18	*	17	Bhikkhu Sekh. 18
요두계(搖頭戒) | Bhikkhunī Sekh. 19	19	*	▵14	Bhikkhu Sekh. 19
요두좌계(搖頭坐戒) | Bhikkhunī Sekh. 20	20	*	▵15	Bhikkhu Sekh. 20
차요계(扠腰戒) | Bhikkhunī Sekh. 21	21	*	12	Bhikkhu Sekh. 21
차요좌계(扠腰坐戒) | Bhikkhunī Sekh. 22	22	*	13	Bhikkhu Sekh. 22
복두계(覆頭戒) | Bhikkhunī Sekh. 23	23	*	7	Bhikkhu Sekh. 23
복두좌계(覆頭坐戒) | Bhikkhunī Sekh. 24	24	*	8	Bhikkhu Sekh. 24
슬행계(膝行戒) | Bhikkhunī Sekh. 25	25	*	11	Bhikkhu Sekh. 25
난자계(亂姿戒) | Bhikkhunī Sekh. 26	26	*	*	Bhikkhu Sekh. 26
용의수식계(用意受食戒) | Bhikkhunī Sekh. 27	27	*	26	Bhikkhu Sekh. 27
주시발계(注視鉢戒) | Bhikkhunī Sekh. 28	28	*	35	Bhikkhu Sekh. 28
갱반적량수계(羹飯適量受戒) | Bhikkhunī Sekh. 29	29	*	29	Bhikkhu Sekh. 29
수발수식계(手鉢受食戒) | Bhikkhunī Sekh. 30	30	*	27	Bhikkhu Sekh. 30
주의취식계(注意取食戒) | Bhikkhunī Sekh. 31	31	*	26	Bhikkhu Sekh. 31
주의발식계(注意鉢食戒) | Bhikkhunī Sekh. 32	32	*	35	Bhikkhu Sekh. 32
이차식계(以次食戒) | Bhikkhunī Sekh. 33	33	*	30	Bhikkhu Sekh. 33
갱반적량식계(羹飯適量食戒) | Bhikkhunī Sekh. 34	34	*	29	Bhikkhu Sekh. 34
압중취식계(壓中取食戒) | Bhikkhunī Sekh. 35	35	*	31	Bhikkhu Sekh. 35
반복갱계(飯覆羹戒) | Bhikkhunī Sekh. 36	36	*	33	Bhikkhu Sekh. 36
색갱반계(索羹飯戒) | Bhikkhunī Sekh. 37	37	*	32	Bhikkhu Sekh. 37
시비좌발중계(視比坐鉢中戒) | Bhikkhunī Sekh. 38	38	*	34	Bhikkhu Sekh. 38

대박식계(大博食戒) | Bhikkhunī Sekh. 39	39	*	36	Bhikkhu Sekh. 39
원반구계(圓飯球戒) | Bhikkhunī Sekh. 40	40	*	*	Bhikkhu Sekh. 40
장구대식계(張口待食戒) | Bhikkhunī Sekh. 41	41	*	37	Bhikkhu Sekh. 41
전수구중계(全手口中戒) | Bhikkhunī Sekh. 42	42	*	46	Bhikkhu Sekh. 42
함반어계(含飯語戒) | Bhikkhunī Sekh. 43	43	*	38	Bhikkhu Sekh. 43
투입식계(投入食戒) | Bhikkhunī Sekh. 44	44	*	39	Bhikkhu Sekh. 44
설식계(齧食戒) | Bhikkhunī Sekh. 45	45	*	*	Bhikkhu Sekh. 45
장협식계(張頰食戒) | Bhikkhunī Sekh. 46	46	*	41	Bhikkhu Sekh. 46
진수식계(振手食戒) | Bhikkhunī Sekh. 47	47	*	45	Bhikkhu Sekh. 47
살반립계(撒飯粒戒) | Bhikkhunī Sekh. 48	48	*	40	Bhikkhu Sekh. 48
설지식계(舌舐食戒) | Bhikkhunī Sekh. 49	49	*	44	Bhikkhu Sekh. 49
작성식계(作聲食戒) | Bhikkhunī Sekh. 50	50	*	42	Bhikkhu Sekh. 50
흡식계(吸食戒) | Bhikkhunī Sekh. 51	51	*	43	Bhikkhu Sekh. 51
지수식계(舐手食戒) | Bhikkhunī Sekh. 52	52	*	44	Bhikkhu Sekh. 52
지발식계(舐鉢食戒) | Bhikkhunī Sekh. 53	53	*	44	Bhikkhu Sekh. 53
지순식계(舐脣食戒) | Bhikkhunī Sekh. 54	54	*	44	Bhikkhu Sekh. 54
오수착수병계(汚手捉水瓶戒) | Bhikkhunī Sekh. 55	55	*	47	Bhikkhu Sekh. 55
기세발수계(棄洗鉢水戒) | Bhikkhunī Sekh. 56	56	*	48	Bhikkhu Sekh. 56
위지개인설법계(爲持蓋人說法戒) | Bhikkhunī Sekh. 57	57	*	100	Bhikkhu Sekh. 57
위지장인설법계(爲持杖人說法戒) | Bhikkhunī Sekh. 58	58	*	96	Bhikkhu Sekh. 58
위지도인설법계(爲持刀人說法戒) | Bhikkhunī Sekh. 59	59	*	99,97	Bhikkhu Sekh. 59
위지무기인설법계(爲持武器人說法戒) | Bhikkhunī Sekh. 60	60	*	98	Bhikkhu Sekh. 60
위착초리자설법계(爲著草履者說法戒) | Bhikkhunī Sekh. 61	61	*	58	Bhikkhu Sekh. 61
위착혜리자설법계(爲著鞋履者說法戒) | Bhikkhunī Sekh. 62	62	*	57	Bhikkhu Sekh. 62
위기승자설법계(爲騎乘者說法戒) | Bhikkhunī Sekh. 63	63	*	59	Bhikkhu Sekh. 63
위와상자설법계(爲臥牀者說法戒) | Bhikkhunī Sekh. 64	64	*	87	Bhikkhu Sekh. 64
위난좌자설법계(爲亂坐者說法戒) | Bhikkhunī Sekh. 65	65	*	*	Bhikkhu Sekh. 65
위리두자설법계(爲裹頭者說法戒) | Bhikkhunī Sekh. 66	66	*	55	Bhikkhu Sekh. 66
위복면자설법계(爲覆面者說法戒) | Bhikkhunī Sekh. 67	67	*	54	Bhikkhu Sekh. 67
인재좌기재비좌설법계(人在座己在非座說法戒) | Bhikkhunī Sekh. 68	68	*	88	Bhikkhu Sekh. 68
인재고좌기재하좌설법계(人在高座己在下座說法戒) | Bhikkhunī Sekh. 69	69	*	89	Bhikkhu Sekh. 69
인좌기립설법계(人坐己立說法戒) | Bhikkhunī Sekh. 70	70	*	86	Bhikkhu Sekh. 70
인재전행기재후설법계(人在前行己在後說法戒) | Bhikkhunī Sekh. 71	71	*	90	Bhikkhu Sekh. 71
인재도기재비도설법계(人在道己在非道說法戒) | Bhikkhunī Sekh. 72	72	*	92	Bhikkhu Sekh. 72
입대소변계(立大小便戒) | Bhikkhunī Sekh. 73	73	*	51	Bhikkhu Sekh. 73
생초상대소변계(生草上大小便戒) | Bhikkhunī Sekh. 74	74	*	49	Bhikkhu Sekh. 74
수중대소변계(水中大小便戒) | Bhikkhunī Sekh. 75	75	75	50	Bhikkhu Sekh. 75
멸쟁죄법(滅諍法: Adhik.)	7		7	
현전비니(現前毘尼) | Bhikkhunī Adhik. 1	1	1	1	Bhikkhu Adhik. 1
억념비니(憶念毘尼) | Bhikkhunī Adhik. 2	2	2	2	Bhikkhu Adhik. 2
불치비니(不痴毘尼) | Bhikkhunī Adhik. 3	3	3	3	Bhikkhu Adhik. 3
자언치(自言治) | Bhikkhunī Adhik. 4	4	4	4	Bhikkhu Adhik. 4
다인멱죄(多人覓罪) | Bhikkhunī Adhik. 5	5	5	6	Bhikkhu Adhik. 5
멱죄상(覓罪相) | Bhikkhunī Adhik. 6	6	6	5	Bhikkhu Adhik. 6
여초복지(如草覆地) | Bhikkhunī Adhik. 7	7	7	7	Bhikkhu Adhik. 7

빠알리어 한글표기법

빠알리어는 구전되어 오다가 각 나라 문자로 정착되었으므로 고유한 문자가 없다. 그러므로 일반적으로 빠알리성전협회(Pali Text Society)의 표기에 따라 영어 알파벳을 보완하여 사용한다. 빠알리어의 알파벳은 41개이며, 33개의 자음과 8개의 모음으로 되어 있다.

자음(子音)	폐쇄음(閉鎖音)				비음(鼻音)
	무성음(無聲音)		유성음(有聲音)		
	무기음	대기음	무기음	대기음	무기음
① 후음(喉音)	ka 까	kha 카	ga 가	gha 가	ṅa 나
② 구개음(口蓋音)	ca 짜	cha 차	ja 자	jha 자	ña 냐
③ 권설음(捲舌音)	ṭa 따	ṭha 타	ḍa 다	ḍha 다	ṇa 나
④ 치음(齒音)	ta 따	tha 타	da 다	dha 다	na 나
⑤ 순음(脣音)	pa 빠	pha 파	ba 바	bha 바	ma 마
⑥ 반모음(半母音)	ya 야, 이야 va 바, 와				
⑦ 유활음(流滑音)	ra 라 la ㄹ라 ḷa ㄹ라				
⑧ 마찰음(摩擦音)	sa 싸				
⑨ 기식음(氣息音)	ha 하				
⑩ 억제음(抑制音)	ṁ -ㅇ, -ㅁ, -ㄴ				

모음에는 단모음과 장모음이 있다. a, ā, i, ī, u, ū, e, o 모음의 발음은 영어와 같다. 단 단음은 영어나 우리말의 발음보다 짧고, 장음은 영어나 우리말보다 약간 길다. 단음에는 a, i, u가 있고, 장음에는 ā, ī, ū, e, o가 있다. 유의할 점은 e와 o는 장모음이지만 종종 복자음 앞에서 짧게 발음된다 : metta, okkamati.

자음의 발음과 한글표기는 위의 도표와 같다. ka는 '까'에 가깝게 발음되고, kha는 '카'에 가깝게 소리나므로 그대로 표기한다. ga, gha는 하나는 무기음이고 하나는 대기음이지만 우리말에는 구별이 없으므로 모두 '가'으로 표기한다. 발음에서 특히 유의해야 할 것은 aṅ은 '앙'으로, añ은 '얀'으로, aṇ은 '안, 언'으로, an은 '안'으로, aṁ은 그 다음에 오는 소리가 ① ② ③ ④ ⑤일 경우에는 각각 aṅ, añ, aṇ, an, am으로 소리나며, 모음일 경우에는 '암', 그 밖의 다른 소리일 경우에는 '앙'으로 소리난다. 그리고 y와 v일 경우에는 일반적으로 영어처럼 발음되지만 그 앞에 자음이 올 경우와 모음이 올 경우 각각 발음이 달라진다. 예를 들어 aya는 '아야'로 tya는 '띠야'로 ava는 '아바'로 tva는 '뜨와'로 소리난다. 또한 añña는 어원에 따라 '앙냐' 또는 '안냐'로 소리난다. 예를 들어 *sk.* saṁjñā에서 유래한 saññā는 쌍냐로 *sk.* prajñā에서 유래한 paññā는 '빤냐'로 읽는 것이 좋다. yya는 '이야'로 소리난다. 폐모음 ② ③ ④가 묵음화되어 받침이 될 경우에는 ㅅ, ①은 ㄱ ⑤는 ㅂ으로 표기한다.

글자의 사전적 순서는 위의 모음과 자음의 왼쪽부터 오른쪽으로의 순서와 일치한다. 단지 ṁ은 항상 모음과 결합하여 비모음에 소속되므로 해당 모음의 뒤에 배치된다.

불교의 세계관

불교의 세계관은 일반적으로 알려진 것처럼 단순히 신화적인 비합리성에 근거하는 것이 아니라 인간의 정신세계인 명상 수행의 차제에 대응하는 방식으로 합리적으로 조직되었다. 물론 고대 인도의 세계관을 반영하고 있는 것은 사실이지만 언어의 한계를 넘어선다면 보편적인 우주의 정신세계를 다루고 있다고 볼 수 있다.

여기서 세계의 존재(有 : bhava)라고 하는 것은, 엄밀히 말하면 육도윤회하는 무상한 존재를 의미하며, 감각적 쾌락의 욕망의 세계(欲界), 미세한 물질의 세계(色界), 비물질의 세계(無色界)라는 세 가지 세계의 존재가 언급되고 있다. 감각적 쾌락의 욕망의 세계, 즉 감각적 욕망계의 존재(欲有 : kāmabhava)는 지옥, 축생, 아귀, 수라, 인간뿐만 아니라 욕계의 하늘에 사는 거친 신체를 지닌 존재를 의미한다.

미세한 물질의 세계, 즉 색계에 사는 존재(色有 : rūpabhava)는 하느님 세계의 하느님의 권속인 신들의 하느님 세계(梵衆天)에서 궁극적인 미세한 물질로 이루어진 신들의 하느님 세계(色究竟天=有頂天)에 이르기까지 첫 번째 선정에서 네 번째 선정에 이르기까지 명상의 깊이를 조건으로 화생되는 세계를 말한다. 따라서 이 세계들은 첫 번째 선정의 하느님 세계(初禪天)에서부터 청정한 삶을 사는 신들의 하느님 세계(Suddhāvāsakāyikā devā : 淨居天은 無煩天, 無熱天, 善現天, 善見天, 色究竟天)까지의 이름으로도 불린다. 첫 번째 선정의 하느님 세계부터는 하느님 세계에 소속된다.

가장 높은 단계의 세계인 비물질의 세계, 즉 무색계에 사는 존재(無色有 : arūpabhava)에는 '무한공간의 하느님 세계의 신들'(空無邊處天), '무한의식의 하느님 세계의 신들'(識無邊處天), '아무것도 없는 하느님 세계의 신들'(無所有處天), '지각하는 것도 아니고 지각하지 않는 것도 아닌 하느님 세계의 신들'(非想非非想處天)이 있다. '무한공간의 신들의 하느님 세계'에서 '지각하는 것도 아니고 지각하지 않는 것도 아닌 신들의 하느님 세계'에 이르기까지는 첫 번째 비물질계의 선정에서 네 번째의 비물질계의 선정에 이르기까지의 명상의 깊이를 조건으로 화현하는 비물질의 세계이다.

이들 하늘나라(天上界)나 하느님 세계(梵天界)에 사는 존재들은 화생, 인간은 태생, 축생은 태생·난생·습생·화생의 발생방식을 일반적으로 택하고 있다. 그것들의 형성조건은 윤리적이고 명상적인 경지를 얼마만큼 성취했는지에 달려 있다.

하늘나라의 감각적 쾌락의 욕망의 세계에 태어나려면 믿음과 보시와 지계와 같은 윤리적인 덕목을 지켜야 한다. 인간으로 태어나기 위해서는 오계에 대한 인식이 있어야 한다. 그리고 아수라는 분노에 의해서, 축생은 어리석음과 탐욕에 의해서, 아귀는 인색함과 집착에 의해서, 지옥은 잔인함과 살생을 저지르는 것에 의해서 태어난다.

미세한 물질의 세계에 속해 있는 존재들은 첫 번째 선정[初禪]에서부터 네 번째 선정[四禪]에 이르기까지 명상의 깊이에 따라 차별적으로 하느님 세계에 태어난다. 미세한 물질의 세계의 최상층에 태어나는 존재들은 돌아오지 않는 님[不還者]의 경지를 조건으로 한다. 물질이 소멸한 비물질적 세계의 존재들은 '무한공간의 신들의 하느님 세계'에서 '지각하는 것도 아니고 지각하지 않는 것도 아닌 신들의 하느님 세계'에 이르기까지 비물질적 세계의 선정의 깊이에 따라 차별적으로 각각의 세계에 태어난다.

불교에서 여섯 갈래의 길(六道)은 천상계, 인간, 아수라, 아귀. 축생, 지옥을 말하는데, 이 때 하늘나라(天上界)는 감각적 쾌락의 욕망이 있는 하늘나라(欲界天)와 하느님 세계(梵天界)로 나뉘며, 하느님 세계는 다시 미세한 물질의 세계와 비물질의 세계로 나뉜다. 그리고 부처님은 이러한 육도윤회의 세계를 뛰어넘어 불생불멸하는 자이다. 여기 소개된 천상의 세계, 즉. 하늘의 세계에 대하여 이 책에서는 다음과 같이 번역한다.

1) 감각적 쾌락의 욕망의 세계의 여섯 하늘나라

① 네 위대한 왕들의 하늘나라(Cātummahārājikā devā : 四王天) ② 서른셋 신들의 하늘나라(Tāvatiṁsā devā : 三十三天=忉利天) ③ 축복 받는 신들의 하늘나라(Yāmā devā : 耶摩天) ④ 만족을 아는 신들의 하늘나라(Tusitā devā : 兜率天) ⑤ 창조하고 기뻐하는 신들의 하늘나라(Nimmānaratī devā : 化樂天) ⑥ 다른 신들이 만든 존재를 향유하는 신들의 하늘나라(Paranimmitavasavattino devā : 他化自在天),

2) 첫 번째 선정의 세계의 세 하느님 세계

⑦ 하느님의 권속인 신들의 하느님 세계(Brahmapārisajjā devā : 梵衆天) ⑧ 하느님을 보좌하는 신들의 하느님 세계(Brahmapurohitā devā : 梵輔天) ⑨ 위대한 신들의 하느님 세계(Mahābrahmā devā : 大梵天). 그리고 이들 ⑦ — ⑨ 하느님 세계를 '하느님의 무리인 신들의 하느님 세계(Brahmakāyikā devā : 梵身天)'라고 한다.

3) 두 번째 선정의 세계의 세 하느님 세계

⑩ 작게 빛나는 신들의 하느님 세계(Parittābhā devā : 小光天) ⑪ 한량없이 빛나는 신들의 하느님 세계(Appamāṇābhā devā : 無量光天) ⑫ 빛이 흐르는 신들의 하느님 세계(Ābhāssarā devā : 極光天, 光音天)

4) 세 번째 선정의 세계의 세 하느님 세계

⑬ 작은 영광의 신들의 하느님 세계(Parittasubhā devā : 小淨天) ⑭ 한량없는 영광의 신들의 하느님 세계(Appamāṇasubhā devā : 無量淨天) ⑮ 영광으로 충만한 신들의 하느님 세계(Subhakiṇṇā devā : 遍淨天)

5) 네 번째 선정의 세계의 아홉 하느님 세계

⑯ 번뇌의 구름이 없는 신들의 하느님 세계(Anabbhakā devā : 無雲天「大乘佛敎」) ⑰ 공덕으로 태어나는 신들의 하느님 세계(Puññappasavā devā : 福生天「大乘佛敎」) ⑱ 탁월한 과보로 얻은 신들의 하느님 세계(Vehapphalā devā : 廣果天) ⑲ 지각을 초월한 신들의 하느님 세계(Asaññasattā devā : 無想有情天) = 승리하는 신들의 하느님 세계(Abhibhū devā : 勝者天) ⑳ 성공으로 타락하지 않는 신들의 하느님 세계(Avihā devā : 無煩天) ㉑ 타는 듯한 고뇌를 여읜 신들의 하느님 세계(Atappā devā : 無熱天) ㉒ 선정이 잘 이루어지는 신들의 하느님 세계(Sudassā devā : 善現天) ㉓ 관찰이 잘 이루어지는 신들의 하느님 세계(Sudassī devā : 善見天) ㉔ 궁극적인 미세한 물질로 이루어진 신들의 하느님 세계(Akaniṭṭhā devā : 色究竟天=有頂天) 그리고 이 가운데 ⑳-㉔의 다섯 하느님 세계는 청정한 삶을 사는 신들의 하느님 세계(Suddhāvāsā devā : 淨居天)이라고도 한다.

6) 비물질적 세계에서의 네 하느님 세계

㉕ 무한공간의 세계의 하느님 세계(Ākāsānañcāyatanabrahmaloka : 空無邊處天) ㉖ 무한의식의 세계의 하느님 세계(Viññāṇañcāyatanabrahmaloka : 識無邊處天) ㉗ 아무 것도 없는 세계의 하느님 세계(Ākiñcaññāyatanabrahmaloka : 無所有處天) ㉘ 지각하는 것도 아니고 지각하지 않는 것도 아닌 세계의 하느님 세계(Nevasaññānāsaññāyatanabrahmaloka : 非想非非想處天)

<table>
<tr><th>형성조건</th><th>발생방식</th><th colspan="2">명 칭(漢譯 : 수명)</th><th colspan="4">분 류</th></tr>
<tr><td>無形象</td><td>化生</td><td colspan="2">nevasaññanāsaññāyatana(非想非非想處天 : 84,000劫)
akiñcaññāyatana (無所有處天 : 60,000劫)
viññāṇañcāyatana(識無邊處天 : 40,000劫)
ākāsānañcāyatana(空無邊處天 : 20,000劫)</td><td rowspan="7">梵
天
界</td><td>無
色
界</td><td rowspan="9">天
上
界</td><td rowspan="10">善
業
報
界</td></tr>
<tr><td colspan="4">형 상 또는 물질의 소 멸</td><td></td></tr>
<tr><td>不還者의
清淨
(四禪)</td><td>化生</td><td>akaniṭṭha(色究竟天=有頂天 : 16000劫)
sudassin(善見天 : 8,000劫)
sudassa(善現天 : 4,000劫)
atappa(無熱天 : 2,000劫)
aviha(無煩天 : 1,000劫)</td><td>suddhāvāsa
(淨居天)</td><td rowspan="5">色
界</td></tr>
<tr><td>四禪</td><td>化生</td><td colspan="2">asaññasatta(無想有情天)=abhibhū(勝者天 : 500劫)
vehapphala(廣果天 : 500劫)
puññappasava(福生天 : 大乘佛教에서)
anabhaka(無雲天 : 大乘佛教에서)</td></tr>
<tr><td>三禪</td><td>化生</td><td colspan="2">subhakiṇṇa(遍淨天 : 64劫)
appamāṇasubha(無量淨天 : 32劫)
parittasubha(小淨天 : 16劫)</td></tr>
<tr><td>二禪</td><td>化生</td><td colspan="2">ābhassara(極光天 : 8劫)
appamāṇābha(無量光天 : 4劫)
parittābha(小光天 : 2劫)</td></tr>
<tr><td>初禪</td><td>化生</td><td colspan="2">mahābrahmā(大梵天 : 1劫)
brahmapurohita(梵輔天 : 1/2劫)
brahmapārisajja(梵衆天 : 1/3劫)</td></tr>
<tr><td colspan="6">다섯 가지 장애(五障)의 소멸</td></tr>
<tr><td>信
布施
持戒</td><td>化生</td><td colspan="2">paranimmitavasavattī
(他化自在天 : 16,000天上年=9,216百萬年)
nimmāṇarati(化樂天 : 8,000天上年=2,304百萬年)
tusita(兜率天 : 4,000天上年=576百萬年)
yāma(耶摩天 : 2,000天上年=144百萬年)
tāvatiṁsa(三十三天 : 1,000天上年=36百萬年)
cātumāharājikā(四天王 : 500天上年=9百萬年)</td><td>天
上
의
欲
界</td><td rowspan="6">欲
界</td></tr>
<tr><td>五戒</td><td>胎生</td><td colspan="3">manussa(人間 : 非決定)</td><td>人間</td></tr>
<tr><td>瞋恚</td><td>化生</td><td colspan="3">asura(阿修羅 : 非決定)</td><td>修羅</td><td rowspan="5">惡
業
報
界</td></tr>
<tr><td>吝嗇
執著</td><td>化生</td><td colspan="3">peta(餓鬼 : 非決定)</td><td>餓鬼</td></tr>
<tr><td>愚癡
貪欲</td><td>胎生 卵生
濕生 化生</td><td colspan="3">tiracchāna(畜生 : 非決定)</td><td>畜生</td></tr>
<tr><td>殘忍
殺害</td><td>化生</td><td colspan="3">niraya(地獄 : 非決定)</td><td>地獄</td></tr>
<tr><td colspan="8">※ 天上의 欲界의 하루는 四天王부터 他化自在天까지 각각 인간의 50년, 100년, 200년, 400년, 800년, 1,600년에 해당하고 人間 이하의 수명은 결정되어 있지 않다.</td></tr>
</table>

주요번역술어

[ㄱ]

가르침 : dhamma
가중처벌(加重處罰) : mūlāya paṭikassana
갈애(渴愛) : taṇhā
감각적 쾌락의 욕망 : kāma
감각적 쾌락의 욕망과 탐욕 : kāmarāga
감각적 쾌락의 욕망에 관한 갈애 : kāmataṇhā
감각적 쾌락의 욕망에 관한 집착 : kām'upadhi
감각적 쾌락의 욕망의 거센 흐름 : kām'ogha
감각적 쾌락의 욕망의 세계 : kāmaloka
감촉(觸) : phoṭṭhabba
강생(降生) : okkanti
개인 : puggala
개체 : sakkāya
개체가 있다는 견해 : sakkāyadiṭṭhi
객관적 집착의 대상 : khandh'upadhi
거룩한 경지 : arahattaphala
거룩한 길을 가는 사람 : arahattamagga
거룩한 님 : arahant, arahattaphala
거사(居士) : upāsaka
거센 흐름(暴流) : ogha
거죄갈마(擧罪羯磨) : ukkhepanīya
거짓말을 하지 않음 : musāvāda veramaṇī
거칠거나 미세한 물질의 자양(麤細摶食) : kabaliṅkāro āhāro oḷāriko sukhumo
건넘에 관한 완전한 앎 : tīraṇapariññā
겁(劫) : kappa
격리생활(隔離生活) : parivāsa
격리처벌(隔離處罰) : parivāsa
견(見) : diṭṭhi
견책조치(譴責措置) : tajjanīya
견해에 대한 이해(見審諦忍) : diṭṭhinijjhānakhanti
견해의 거센 흐름(見流) : diṭṭh'ogha
결생식(結生識) : paṭisandhiviññāṇa
경장(經藏) : suttapiṭaka
경지 : phala
계율의 다발(戒蘊) : sīlakkhandha
고백죄(告白罪) : pāṭidesaniya
고성제(苦聖諦) : dukkhâriyasaccāni
고요한 몸 : santikāya
고요함 : santi
고절(苦切) : tajjanīya
고절갈마(苦切羯磨) : tajjanīya
고처(苦處) : upāya
곡주나 과일주 등 취하게 하는 것을 마시지 않음 : surāmerayamajjapamādaṭṭhānā veramaṇī
곧바른 앎 : abhiññā
공덕(果) : phala
공무변처(空無邊處天) : ākāsānañcāyatana
공무변처천(空無邊處天) : Ākāsānañcāyatanūpagā devā
과보 : phala
관(觀) : vipassanā. vīmaṁsā. vitakka.
관찰(觀察) : vmaṁsā.
관찰이 잘 이루어지는 신들의 하느님 세계(善見天) : Sudassī devā
광과천(廣果天) : Vehapphalā devā
괴(愧) : ottappa
괴로운 곳 : upāya
괴로움에 대한 거룩한 진리 : dukkhâriyasaccāni
괴로움의 발생에 대한 거룩한 진리 : dukkhasamudayâriyasaccāni
괴로움의 소멸에 대한 거룩한 진리 : dukkhanirodhâriyasaccāni
괴로움의 소멸에 이르는 거룩한 진리 : dukkhanirodhagāminīpaṭipadāariyasaccāni
교만 : māna
구분해탈(俱分解脫) : ubhato bhāgavimuttā
구출(驅出) : pabbājanīya
구출갈마(驅出羯磨) : pabbājanīya
구행(口行) : vacīsaṁkhāra
궁극적인 미세한 물질로 이루어진 신들의 하느님 세계(色究竟天) : Akaniṭṭhā devā
권리정지조치(權利停止措置) : ukkhepanīya
귀신(鬼神) : bhūta, amanussā
규범과 금계에 대한 집착(戒禁取) : sīlabhatapatāmāsa
극광천(極光天) : Ābhāssarānā devā
급고독(給孤獨) : Anāthapiṇḍīka
급고독원(給孤獨園) : Anāthapiṇḍikārāma
기마부대(馬軍) : assakāya
기수(祇樹) : Jetavana

기억에 입각한 조정 : sativinaya
기타(棄墮) : nissaggiya
기타림(祇陀林) : Jetavana
긴자까바싸타 : Giñjakāvasatha
깃자꾸따 산 : Gijjhakūṭapabhata
깔란다까니바빠 : Kalandakanivāpa
깨달은 님 : Buddha
깨달음을 향한 님 : Bodhisatta
꾸며대는 말을 하지 않음 : samphappalāpā veramaṇī
꿰뚫는 지혜(明達慧) : nibbedhikapañña

[ㄴ]

나쁜 곳 : duggati
난생(卵生) : aṇḍaja
냄새 : gandha
넓은 지혜(廣慧) : puthupañña
네 가지 거룩한 진리 : cattāri ariyasaccāni
네 가지 광대한 존재 : cattāri mahābhūtāni
네 가지 새김의 토대 : cattaro satipaṭṭhānā
네 가지 신통의 기초 : cattāro iddhipādā
네 가지 자양(四食) : cāttāro āhārā
네 가지 쟁사 : cattāri adhikaraṇāni
네 번째 선정 : catutthajjhāna
네 쌍으로 여덟이 되는 참사람 : cattāri purisayugāni aṭṭh apurisapugalā
네 위대한 왕들의 하늘나라 : Cātummahārājikā devā
노사(老死) : jarāmaraṇa
녹야원(鹿野園) : Migadāya
녹자모(鹿子母) : Migāramatā
논장(論藏) : abhidhammapiṭaka
논쟁사(論爭事) : vivādādhikaraṇa
논쟁으로 인한 쟁사 : vivādādhikaraṇa
누진통(漏盡通) : āsavakkhaya, āsavakkhayâbhiñña
느낌 : vedāna
느낌에 대한 관찰 : vedanānupassanā
느낌의 다발 : vedanākkhandha
늙음과 죽음 : jarāmaraṇa
니간타(尼乾陀徒) : nigaṇṭhā
니그로다라마 승원(尼俱律園) : Nigrodhārāma
니살기(尼薩耆) : nissaggiya

[ㄷ]

다른 신들이 만든 존재를 향유하는 신들의 하늘나라 : Paranimmitavasavattino devā
다섯 가지 감각적 쾌락의 종류 : pañcakāmaguṇa
다섯 가지 계행 : pañcasīla
다섯 가지 낮은 단계의 결박 : orambhāgiyāni saṁyojjanāni
다섯 가지 높은 단계의 결박 : uddhambhāgiyāni saṁyojjanāni
다섯 가지 능력 : pañca indriyāni
다섯 가지 장애 : pañca nīvaraṇāni
다섯 가지 존재의 다발 : pañcakkhandha
다섯 가지 존재의 집착다발 : pañca upādānakkhandā
다수에 입각한 조정 : yebhuyyasikā
다인어(多人語) : yebhuyyasikā
단견(斷見) : ucchedadiṭṭhi
단근(斷勤) : pahānappadhāna
단두죄(斷頭罪) : pārājika
단사(斷事) : ubbāhika
단사위원(斷事委員) : ubbāhika
단편지(斷遍知) : pahānapariññā
대(對) : paṭigha
대범천(大梵天) : Mahābrahmā devā
대속에 입각한 조정 : tiṇavatthāraka
대웅(大雄) : mahāvira
대타설(對他說) : pāṭidesaniya
대혜(大慧) : mahāpañña
도거(掉擧) : uddhacca
도거악작(掉擧惡作) : uddhaccakukkucca
도리천(忉利天) : tāvatiṁsā
도성제(道聖諦) : dukkhanirodhagāminīpaṭipadāariyasaccāni
도솔천(兜率天) : Tusitā devā
도편지(度遍知) : tīraṇapariññā
독각(獨覺) : paccekabuddha
돌길라(突吉羅) : dukkaṭa
돌아오지 않는 경지의 님 : anāgāmīphala
돌아오지 않는 길을 가는 님(不還向) : anāgāmīmagga
동원(東園) : Pubbārāma
동의 : chanda
두 번째 선정 : dutiyajjhāna
따뽀다 온천 승원(Tapodārāma

[ㄹ]

라자가하(王舍城) : Rājagaha

[ㅁ]

마나타(摩那陀) : mānatta
마음(心) : citta
마음에 대한 관찰 : cittānupassanā
마음에 의한 해탈 : cetovimutti
마음의 저촉 : paṭigha
마음의 통일 : ekaggacitta
만(慢) : māna
만족 : ruci

만족을 아는 신들의 하늘나라 : Tusitā devā
맛(味) : rasa
멀리 여읨(遠離) : viveka
멸빈(滅擯) : nāsana
멸성제(滅聖諦) : dukkhanirodhâriyasaccāni
멸쟁(滅諍) : adhikaraṇasamatha
멸쟁죄법(滅諍法) : adhikaraṇasamatha
명색(名色) : nāmarūpa
명지와 덕행을 갖춘 님 : Vijjācaraṇasampanna
명쾌한 지혜(疾慧) : hāsapañña
명행족(明行足) : Vijjācaraṇasampanna
몸에 대한 관찰(身隨觀) : kāyānupassanā
무(無) : natthi
무락처(無樂處) : vinipāta
무량광천(無量光天) : Appamāṇābhānā devā
무명(無明) : avijjā
무명의 거센 흐름(無明流) : avijj'ogha
무번천(無煩天) : Avihā devā
무상사(無上師) : anuttaro
무색계(無色界) : arūpaloka
무색탐(無色貪) : arūparāga
무소유처(無所有處) : Ākiñcaññāyata devā
무소유처천(無所有處天) : Ākiñcaññāyatanūpagā devā
무열천(無熱天) : Atappā devā
무유애(無有愛) : vibhavataṇhā
무지(無知) : avijjā
무한공간의 세계(空無邊處) : ākāsānañcāyatana
무한공간의 신들의 하느님 세계 : Ākāsānañcāyatanūpagā devā
무한의식의 세계 : viññāṇānañcāyatana
무한의식의 신들의 하느님 세계 : Viññāṇañcāyatanūpagā devā
문(聞) : anussava
물질 : rūpa
물질에 대한 지각 : rūpasañña
물질의 다발 : rūpakkhandha
뭇삶 : satta
미(味) : rasa
미가다야 : Migadāya
미가라마따 강당(鹿子母講堂) : Migāramatu
미각 : jihvā
미각의 접촉 : jihvāsamphassa
미각의 접촉에서 생겨난 의식의 영역 : jihvāsamphassaviññāṇāyatana
미각의식 : jivhāviññāṇa
미세한 물질의 세계 : rūpaloka
믿음 : saddhā

[ㅂ]

바라문 : brāhmaṇa
바라야질지가(波羅夜質肢迦) : pācittiya
바라이(波羅夷) : pārājika
바라일니가(波羅逸尼柯) : pācittiya
바라제사니(波羅提舍尼) : pāṭidesaniya
바라제제사니(波羅提提舍尼) : pāṭidesaniya
바야제(波夜提) : pācittiya
바약치(波藥致) : pācittiya
바일저가(波逸底迦) : pācittiya
바일제(波逸提) : pācittiya
방사죄(放使罪) : thullaccaya
배움 : anussava
버림의 노력 : pahānappadhāna
번기가정사(繁耆迦精舍) : Giñjakāvasatha
번뇌(煩惱) : āsavā
번뇌의 끊음에 관한 완전한 앎 : pahānapariññā
번뇌의 소멸 : āsavakkhaya
번뇌취(煩惱取) : kiles'upadhi
범보천(梵輔天) : Brahmapurohitā devā
범죄로 인한 쟁사 : āpattādhikaraṇa
범중천(梵衆天) : Brahmakāyikā devā
범행(梵行) : brahmacariya
법(法) : dhamma
법수관(法隨觀) : dhammānupassanā
법왕(法王) Dammarāja
법주지(法住智) : dhammaṭṭhitiñāṇaṁ
법지(法智) : dhamme ñāṇaṁ
벨루바나 숲(竹林) : Veḷuvana
벽지불(辟支佛) : paccekabuddha
변정천(遍淨天) : Subhakiṇṇā devā
별주(別住) : parivāsa
보다 높은 계행의 배움 : adhisīlasikkhā
보다 높은 마음의 배움 : adhicittasikkha
보다 높은 지혜의 배움 : adhipaññasikkhā
보살(菩薩) : Bodhisatta
보특갈라(補特伽羅) : puggala
보편에 대한 지식 : anvaye ñāṇaṁ
본생담(本生譚) : Jātaka
본일치(本日治) : mūlāya paṭikassana
부끄러움 : otappa
부정죄(不定罪) : aniyata
부처님(佛) : Buddha
분노 : vyāpāda
불기어(不綺語) : samphappalāpā veramaṇī

불망어(不妄語) : musāvāda veramaṇī
불사(不死) : amaraṁ
불사음(不邪婬) : kāmesu micchācārā veramaṇī
불살생계(不殺生戒) : pāṇātipātaveramaṇī
불선법(不善法) : akusalā dhammā
불악구(不惡口) : pharusāya vācāya veramaṇī
불양설(不兩舌) : pisuṇāya vācāya veramaṇī
불음주(不飮酒)) : surāmerayamajjapamādaṭṭhānā vera maṇī
불치비나야(不痴毘奈耶) : amūḷhavinaya
불치비니(不痴毘尼) : amūḷhavinaya
불투도 : adinnādānā veramaṇī
불환과(不還果) : anāgāmīphala
비(鼻) : ghāna
비구(比丘) : bhikhhu
비난사(非難事) : anuvādādhikaraṇa
비난으로 인한 쟁사 : anuvādādhikaraṇa
비물질계에 대한 탐욕 : arūparāga
비물질의 세계 : arūpaloka
비상비비상처(非想非非想處) : nevasaññānāsaññāyatana
비상비비상처천(非想非非想處天) : Nevasaññānāsaññā yatanūpagā devā
비식(鼻識) : ghānaviññāṇa
비여리작의(非如理作意) : ayoniso masikāra
비인(非人) : amanussā
비존재 : natthi
비존재에 대한 갈애 : vibhavataṇhā
비촉(鼻觸) : ghānasamphassa
비촉식처(鼻觸識處) : ghānasamphassaviññāṇāyatana
빈출(頻出) : pabbājanīya
빈출갈마(頻出羯磨) : pabbājanīya
빛이 흐르는 신들의 하느님 세계 : Ābhāssarānā devā
빠른 지혜(速慧) : javanapañña
빠쎄나디 : Pasenadi
뿝바라마 승원 : Pubbārāma

[ㅅ]

사(師) : satthā
사(伺) : vicāra
사견(邪見) : diṭṭhi
사견(捨遣) : vossagga
사념처(四念處) : cattaro satipaṭṭhānā
사대(四大) : cattāri mahābhūtāni
사도(邪道) : micchāpatipadā
사라짐(離貪) : virāga
사람(衆生) : satta
사람을 길들이는 님 : Purisadammasārathī
사랑을 나눔에 잘못을 범하지 않음 : kāmesu micchācārā veramaṇī
사면복권(赦免復權) : osāraṇīya
사문(沙門) : samaṇā
사선(四禪) : catutthajjhāna
사성제(四聖諦) : cattāri ariyasaccāni
사신(死神) : yama
사신족(四神足) : cattāro iddhipādā
사실 : dhamma
사실에 대한 관찰 : dhammānupassanā
사실에 대한 앎 : dhamme ñāṇaṁ
사실의 상태에 대한 앎 : dhammaṭṭhitiñāṇaṁ
사쌍팔배(四雙八輩) : cattāri purisayugāni aṭṭhapurisap ugalā
사여의족(四如意足) : cattāro iddhipādā
사위성(舍衛城) : Sāvatthī
사유(思惟) : vimaṁsā
사유(尋) : vitakka
사쟁사(四諍事) : cattār'imāniadhikaraṇāni
사죄조치(謝罪措置) : paṭisāraṇiya
사천왕(四天王) : Cātummahārājikā devā
사타(捨墮) : nissaggiya
살아 있는 생명을 해치지 않음 : pāṇātipātaveramaṇī
삼매(三昧) : samādhi
삼매(定) : sāmadhi
삼매의 다발(定蘊) : sāmadhikkhandha
삼선(三禪) : tatiyajjhāna
삼십삼천(三十三天) : tāvatiṁsā
삼장(三藏) : tripiṭaka, tipiṭaka
삼학(三學) : tayo sikkhā
상(想) : saññā
상견(常見) : sassatadiṭṭhi
상수멸(想受滅) : saññāvedayitanirodha
상실죄(喪失罪) : nissaggiya
상온(想蘊) : saññākkhanda
상태에 대한 숙고 : ākāraparivitakka
새김(念) : sati
색(色) : rūpa
색계(色界) : rūpaloka
색구경천(色究竟天) : Akaniṭṭhā devā
색상(色想) : rūpasañña
색온(色蘊) : rūpakkhandha
색탐(色貪) : rūparāga
생(生) : jāti
생명 : satta
생물 : bhūta
서른셋 신들의 하늘나라 : Tāvatiṁsā devā

석가모니(釋迦牟尼) : Sākyamuni
선견천(善見天) : Sudassī devā
선남자(善男子) : sappurisa
선녀(仙女) : accharā
선사(善士) : sappurisa
선서(善逝) : Sugata
선인(善人) : sappurisa
선인타처(仙人墮處) : Isipatanārāma
선정(禪定) : dhyāna
선정이 잘 이루어지는 신들의 하느님 세계 : Sudassā devā
선취(善趣) : sugati
선현천(善現天) : Sudassā devā
설(舌) : jihvā
설식(舌識) : jivhāviññāṇa
설촉(舌觸) : jihvāsamphassa
설촉식처(舌觸識處) : jihvāsamphassaviññāṇāyatana
성(聲) : sadda
성공으로 타락하지 않는 신들의 하느님 세계 : Avihā devā
성냄 : dosa
성직자 : brāhmaṇa
성품 : dhamma
세 가지 배움 : tayo sikkhā
세 번째 선정 : tatiyajjhāna
세간해(世間解) : Lokavidū
세상을 아는 님 : Lokavidū
세상의 존귀한 님 : Bhagavant
세존(世尊) : Bhagavant
소광천(小光天) : Parittābhānā devā
소리 : sadda
소멸 : nirodha
소정천(小淨天) : Parittasubhānā devā
속죄죄(贖罪罪) : pācittiya
속혜(速慧) : javanapañña
수(受) : vedāna
수근(修勤) : bhāvanāppadhāna
수수관(受隨觀) : vedanānupassanā
수온(受蘊) : vedanākkhandha
수행승 : bhikhhu
수행의 노력 : bhāvanāppadhāna
수행자 : samaṇā
수호근(守護勤) : anurakkhaṇāppadhāna
수호의 노력 : anurakkhaṇāppadhāna
숙고 : vicāra
숙명통(宿命通) : pubbenivasānussati
스승 : satthā
습생(濕生) : saṁsedaja
승가바시사(僧伽婆尸沙) : saṅghādisesa
승단잔류죄(僧團殘留罪) : saṅghādisesa
승단추방죄(僧團追放罪) : pārājika
승리자 : jina
승자(勝者) : jina
승잔(僧殘) : saṅghādisesa
시각 : cakkhu
시각의 접촉 : cakkhusamphassa
시각의 접촉에서 생겨난 의식의 영역 : cakkhusamphassaviññāṇāyatana
시각의식 : cakkhuviññāṇa
시간을 초월하는 : akālika
식(識) : viññāṇa
식무변처(識無邊處) : viññāṇānañcāyatana
식무변처천(識無邊處天) : Viññāṇañcāyatanūpagā devā
식식(識食) : viññāṇa āhāro
식온(識蘊) : viññāṇakkhandha
신(身) : kāya
신(信) : saddhā
신녀(神女) : devadhītaro
신들과 인간의 스승이신 님 : Satthā devamanussānaṁ
신수관(身隨觀) : kāyānupassanā
신식(身識) : kāyaviññāṇa
신자(神子) : devaputtā
신족통(神足通) : iddhi
신체적 형성 : kāyasaṁkhāra
신촉(身觸) : kāyasamphassa
신촉식처(身觸識處) : kāyasamphassaviññāṇāyatana
신통(神通) : abhiññā
신행(身行) : kāyasaṁkhāra
싫어하여 떠남 : nibbidā
심문에 입각한 조정 : tassapāpiyyasikā
심수관(心隨觀) : cittānupassanā
심일경성(心一境性) : ekaggacitta
심해탈(心解脫) : cetovimutti
십팔계(十八界) : aṭṭhadasa dhātuyo
싸끼야 족의 성자 : Sākyamuni
싸밧티 : Sāvatthī

[ㅇ]

아나타삔디까 승원 : Anāthapiṇḍikārāma
아나타삔디까 : Anāthapiṇḍika
아라한향(阿羅漢向) : arahattamagga
아라한(阿羅漢) : Arahant
아라한과(阿羅漢果) : arahattaphala
아무 것도 없는 신들의 하느님 세계 : Ākiñcaññāyatanūpagā devā
아부가나갈마(阿浮呵那羯磨) : abbhāna

아자따쌋뚜 : Ajātasattu
악설(惡說) : dubbhāsita
악설죄(惡說罪) : dubbhāsita
악작(惡作) : dukkaṭa
악작죄(惡作罪) : dukkaṭa
악처(惡處) : duggati
악하고 불건전한 상태 : akusalā dhammā
안(眼) : cakkhu
안식(眼識) : cakkhuviññāṇa
안촉(眼觸) : cakkhusamphassa
안촉식처(眼觸識處) : cakkhusamphassaviññāṇāyatana
알려진 것에 대한 완전한 앎 : ñātapariññā
야마천(耶摩天) : Yāmā devā
야차(夜叉) : yakkha
양자에 의한 해탈 : ubhato bhāgavimuttā
어리석음 : moha
억념비나야(憶念毘奈耶) : sativinaya
억념비니(憶念毘尼) : sativinaya
언어적 형성 : vacīsaṁkhāra
업(業) : kamma
여덟 가지 고귀한 길 : ariyâṭṭhaṅgikamagga
여래(如來) : Tathāgata
여리작의(如理作意) : yoniso manasikāra
여섯 가지 감각능력 : chaindriya
여섯 가지 감각대상 : chavisaya
여섯 가지 감각영역 : saḷāyatana
여섯 가지 의식 : chaviññāṇa
여섯 감역 : saḷāyatana
여초복지(如草覆地) : tiṇavatthāraka
연각(緣覺) : paccekabuddha
연기(緣起) : paṭiccasamuppāda
연와당(煉瓦堂) : Giñjakāvasatha
열반(涅槃) : nibbāna
열여덟 가지 세계 : aṭṭhadasa dhātuyo
염리(厭離) : nibbidā
염부수(閻浮樹) : jambu
염착(染著) : saṅgā
영광으로 충만한 신들의 하느님 세계 : Subhakiṇṇā devā
영사죄갈마(令赦罪羯磨) : paṭisāraṇiya
영원주의 : sassataditthi
영취산(靈鷲山) : Gijjhakūṭapabhata
예류과(豫流果) : sottāpattiphala
예류향(豫流向) : sottāpattimagga
예리한 지혜 : tikkhapañña
오계(五戒) : pañcasīla
오근(五根) : pañca indriyāni
오상분결(五上分結) : uddhambhāgiyāni saṁyojjanāni
오온(五蘊) : pañcakkhandha
오욕락(五欲樂) : pañcakāmaguṇa
오장(五障) : pañca nīvaraṇāni
오취온(五取蘊) : pañca upādānakkhandā
오하분결(五下分結) : orambhāgiyāni saṁyojjanāni
온취(蘊取) : khandh'upadhi
올바로 원만히 깨달은 님 : Sammāsambudha
올바른 가르침 : saddhamma
올바른 견해 : sammādiṭṭhi
올바른 길 : sammāpaṭipadā
올바른 길로 잘 가신 님 : Sugata
올바른 사유 : sammasaṅkappa
올바른 새김 : sammāsati
올바른 생활 : sammāājīva
올바른 언어 : sammāvācā
올바른 정진 : sammāvāyāma
올바른 집중 : sammāsamādhi
올바른 행위 : sammākammanta
와서 보라고 할 만한 : ehipassika
완전한 버림 : vossagga
완전한 앎 : pariññā
요정 : accharā
욕(欲) : chanda, kāma
욕계(欲界) : kāmaloka
욕류(欲流) : kām'ogha
욕애(欲愛) : kāmataṇhā
욕취(愛取) : kām'upadhi
욕탐(欲貪) : kāmarāga
우바새(優婆塞) : Upāsaka
우바이(優婆夷) : Upāsikā
원리 : dhamma
위대한 신들의 하느님 세계 : Mahābrahmā devā
위대한 영웅 : mahāvira
위대한 하느님 세계의 신들 : Mahābrahmā devā
위없이 높으신 님(無上師) : Anuttaro
위의로(威儀路) : iriyāpathā
유(有) : atthi, bhava
유대(有對) : paṭigha
유령 : pisācā
유류(有流) : bhav'ogha
유신(有身) : sakkāya
유신견(有身見) : sakkāyadiṭṭhi
유애(有愛) : bhavataṇhā
유지(類智) : anvaye ñāṇaṁ
육경(六境) : chavisaya
육근(六根) : chaindriya
육식(六識) : chaviññāṇa

육입(六入) : saḷāyatana
윤회(輪廻) : saṁsāra
율서사양원(栗鼠飼養園) : Kalandakanivāpa
율의근(律儀勤) : saṁvarappadhāna
율장(律藏) : vinayapiṭaka
의(意) : mano
의(疑) : vicikicchā
의도의 자양 : manosañcetanā āhāro
의사식(意思食) : manosañcetanā āhāro
의식(意識) : manoviññāṇa, viññāṇa
의식의 다발 : viññāṇakkhandha
의식의 자양 : viññāṇāhāra
의심 : vicikicchā
의욕 : chanda
의지조치(依止措置) : nissaya
의촉(意觸) : manosamphassa
의촉식처(意觸識處) : manosamphassaviññāṇāyatana
의행(意行) : manosaṁkhāra
이(耳) : sota
이간질을 하지 않음 : pisuṇāya vācāya veramaṇī
이렇게 오신 님 : Tathāgata
이선(二禪) : dutiyajjhāna
이식(耳識) : sotaviññāṇa
이씨빠따나 승원 : Isipatanārāma
이촉(耳觸) : sotasamphassa
이촉식처(耳觸識處) : sotasamphassaviññāṇāyatana
이치에 맞게 정신활동을 기울임 : yoniso manasikāra
이치에 맞지 않게 정신활동을 기울임 : ayoniso masikāra
이탐(離貪) : virāga
이혜(利慧) : tikkhapañña
일곱 가지 방식의 멸쟁 : satta adhikaraṇasamathā
일래과(一來果) : sakadāgāmīphala
일래향(一來向) : sakadāgāmīmagga
일시적 마음에 의한 해탈 : samadhikā cetovimutti

[ㅈ]

자기정당화 : uddhacca
자따까 : Jātaka
자만 : māna
자언치(自言治) : paṭiññātakaraṇa
자이나교도 : nigaṇṭhā
자인(自認) : paṭiññātakaraṇa
자인에 입각한 조정 : paṭiññātakaraṇa
작게 빛나는 신들의 하느님 세계 : Parittābhānā devā
작은 영광의 신들의 하느님 세계 : Parittasubhānā devā
잘못된 길 : micchāpatipadā
장미사과나무 : jambu
장애 : paṭigha
재가의 남자신도 : Upāsaka
재가의 여자신도 : Upāsikā
재생의식 : paṭisandhiviññāṇa
쟁사(諍事) : adhikaraṇa
적정(寂靜) : santi
전개(展開) : okkanti
전생(轉生) : abhinibbatti
전지자(全知者) : sabbaññu
절차로 인한 쟁사 : kiccādhikaraṇa
접촉(觸) : phassa, samphassa
접촉의 자양(觸食) : phassāhāra
정(定) : sāmadhi
정견(正見) : sammādiṭṭhi
정념(正念) : sammāsati
정도(正道) : sammāpaṭipadā
정등각자(正等覺者) : Sammāsambudha
정명(正命) : sammāājīva
정법(正法) : saddhamma
정법(正法) : saddhamma
정사유(正思惟) : sammasaṅkappa
정신 : mano
정신의 접촉 : manosamphassa
정신의 접촉에서 생겨난 의식의 영역 : manosamphassaviññāṇāyatana
정신의식 : manoviññāṇa
정신적 형성 : manosaṁkhāra
정언(正言) : sammāvācā
정업(正業) : sammākammanta
정온(定蘊) : sāmadhikkhandha
정인(正人) : sappurisa
정정(正定) : sammāsamādhi
정정신(寂靜身) : santikāya
정정진(正精進) : sammāvāyāma
정진(精進) : viriya
제따바나 숲 : Jetavana
제석천(帝釋天) : sakka
제어의 노력(律儀勤) : saṁvarappadhāna
조건적 발생 : paṭiccasamuppāda
조어장부(調御丈夫) : Purisadammasārathī
존재 : atthi, bhava, bhūta, satta
존재에 대한 갈애 : bhavataṇhā
존재의 거센 흐름 : bhav'ogha
죄쟁사(罪諍事) : āpattādhikaraṇa
주관적 집착의 대상 : kiles'upadhi
주지 않은 것을 빼앗지 않음 : adinnādānā veramaṇī
죽림(竹林) : Veḷuvana

죽음의 신 : yama
중도(中道) : majjhimapaṭipadā
중학(衆學) : sekhiya
중학죄법(衆學法) : sekhiya
중학죄(衆學罪) : sekhiya
증상계학(增上戒學) : adhisīlasikkhā
증상심학(增上心學) : adhicittasikkha
증상혜학(增上慧學) : adhipaññasikkhā
지각 : saññā
지각과 느낌의 소멸 : saññāvedayitanirodha
지각의 다발 : saññākkhanda
지각하는 것도 아니고 지각하지 않는 것도 아닌 세계 : nevasaññanāsaññāyatana
지각하는 것도 아니고 지각하지 않는 것도 아닌 신들의 하느님 세계 : Nevasaññānāsaññāyatanūpagā devā
지멸(止滅) : nirodha
지편지(知遍知) : ñātapariññā
지혜 : paññā
지혜에 의한 해탈 : paññāvimutti
지혜의 다발 : paññakkhandha
진(瞋) : dosa
진리 : dhamma, sacca
진리를 모르는 것 : avijjā
진리의 제왕 : dammarāja
진사타(盡捨墮) : nissaggiya
진에(瞋恚) : vyāpāda
질혜(疾慧) : hāsapañña
집성제(集聖諦) : dukkhasamudayâriyasaccāni
집중 : samādhi
집착 : saṅgā
집착의 대상 : upadhi

[ㅊ]

착란에 입각한 조정 : amūḷhavinaya
참(愧) : otappa
참사람 : sappurisa
참회처벌(懺悔處罰) : mānatta
창조하고 기뻐하는 신의 하늘나라 : Nimmānaratī devā
창피함 : ottappa
천신(天神) : devatā
천안통(天眼通) : dibbacakkhu
천이통(天耳通) : dibbasota
천인(天人) : devatā
천인사(天人師) : Satthā devamanussānaṁ
첫 번째 선정 : paṭhamajjhāna
청각 : sota
청각의 접촉 : sotasamphassa
청각의 접촉에서 생겨난 의식영역 : sotasamphassaviññāṇāyatana
청각의식 : sotaviññāṇa
청신녀(靑信女) : Upāsikā
청신사(淸信士) : Upāsaka
청정동의 : chanda
청정한 삶(梵行) : brahmacariya
초범지(超凡智) : abhiññā
초선(初禪) : paṭhamajjhāna
초월적 능력 : iddhi
초월적 지혜 : abhiññā
촉(觸) : phassa, samphassa
촉각 : kāya
촉각의 접촉 : kāyasamphassa
촉각의 접촉에서 생겨난 의식영역 : kāyasamphassaviññāṇāyatana
촉각의식 : kāyaviññāṇa
촉식(觸食) : phassāhāra
추세박식(麤細搏食) : kabaliṅkāro āhāro oḷāriko sukhumo
추악죄(醜惡罪) : thullaccaya
추악한 말을 하지 않음 : pharusāya vācāya veramaṇī
축복의 신의 하늘나라 : Yāmā devā
출죄복귀(出罪復歸) : abbhāna
취(取) : upādāna
취착(取著) : upadhi
치(痴) : moha
칠멸쟁(七滅諍) : satta adhikaraṇasamathā

[ㅋ]

크나큰 지혜 : mahāpañña

[ㅌ]

타(墮) : pācittiya
타는 듯한 고뇌를 여읜 신들의 하느님 세계 : Atappā devā
타락한 곳 : vinipāta
타심통(他心通) : parassa cetopariyañāṇa
타인의 마음을 읽는 능력 : parassa cetopariyañāṇa
타처(墮處) : vinipāta
타화자재천(他化自在天) : Paranimmitavasavattino devā
탁월한 과보로 얻은 신들의 하느님 세계 : Vehapphalā devā
탄생(誕生) : sañjāti
탐(貪) : rāga
탐구(探究) : vmaṁsā
탐욕 : rāga
태생(胎生) : jalābuja
태어남 : jāti

투란죄(偸蘭罪) : thullaccaya
투란차(偸蘭遮) : thullaccaya
팔정도(八正道) : ariyâṭṭhaṅgikamagga

[ㅍ]

패배죄(敗北罪) : pārājika
편정천(遍淨天) : Subhakiṇṇā devā
편지(遍知) : pariññā
포기 : vossagga
폭류(暴流) : ogha

[ㅎ]

하느님(梵天) : Brāhmaṇa
하느님을 보좌하는 신들의 하늘 : Brahmapurohitā devā
하느님의 권속인 신들의 하늘 : Brahmakāyikā devā
하느님의 삶 : brahmacariya
하늘귀 : dibbasota
하늘눈 : dibbacakkhu
하늘딸 : devadhītaro
하늘사람 : devatā
하늘아들 : devaputtā
하의갈마(下意羯磨) : paṭisāraṇiya
학생 : antevāsika
학인(學人) : antevāsika
한량없는 영광의 신들의 하느님 세계 : Appamāṇasubhān ā devā
한량없이 빛나는 신들의 하느님 세계 : Appamāṇābhānā devā
한마음 : ekaggacitta
한 번 돌아오는 길을 가는 님 : sakadāgāmīmagga
한 번 돌아오는 님 : sakadāgāmīphala
한시퇴출조치(限時退出措置) : pabbājanīya
해갈마(解羯磨) : osāraṇīya
해탈(解脫) : vimutti, nimokkha
해탈에 대한 앎과 봄의 다발 : vimuttiññāṇadassanakkha ndha
해탈온(解脫蘊) : vimittikkhandha
해탈의 다발 : vimittikkhandha
해탈지견(解脫知見) : vimuttiññāṇadassanakkhandha
행(行) : saṅkhārā
행각상(行覺想) : ākāraparivitakka
행동양식 : iriyāpathā
행복한 곳 : sugati
행복한 님 : Sugata
행온(行蘊) : saṇkhārakkhandha
행위 : kamma
행쟁사(行諍事) : kiccādhikaraṇa
향(香) : gandha
향피회(向彼悔) : pāṭidesaniya
허무주의 : ucchedadiṭṭhi
현상 : dhamma
현전비나야(現前毘奈耶) : sammukhāvinaya
현전비니(現前毘尼) : sammukhāvinaya
현전에 입각한 조정 : sammukhāvinaya
형상 : rūpa
형상에 대한 욕망 : rūparāga
형성 : saṅkhārā
형성의 다발 : saṇkhārakkhandha
혜(慧) : paññā
혜온(慧蘊) : paññakkhandha
혜해탈(慧解脫) : paññāvimutti
홀로 연기법을 깨달은 님 : paccekabuddha
홀연히 생겨남 : opapātika
화락천(化樂天) : Nimmānaratī devā
화생(化生) : opapātika
회과법(悔過法) : pāṭidesaniya
후각 : ghāna
후각의 접촉 : ghānasamphassa
후각의 접촉에서 생겨난 의식의 영역 : ghānasamphassa viññāṇāyatana
후각의식 : ghānaviññāṇa
흐름에 드는 길을 가는 님 : sottāpattimagga
흐름에 든 님 : sottāpattiphala
흥분과 회한 : uddhaccakukkucca

[A]

abbhāna : 출죄복귀(出罪復歸). 아부가나갈마(阿浮呵那羯磨)
abhinibbatti : 전생(轉生)
abhiññā : 곧바른 앎, 초월적 지혜. 신통(神通). 초범지(超凡智).
accharā : 선녀(仙女)
accharā : 요정
adhicittasikkha : 보다 높은 마음의 배움(增上心學)
adhikaraṇa : 쟁사(諍事)
adhikaraṇasamatha : 멸쟁(滅諍).
adhikaraṇasamatha : 멸쟁죄법(滅諍法).
adhipaññasikkhā : 보다 높은 지혜의 배움(增上慧學)
adhisīlasikkhā : 보다 높은 계행의 배움(增上戒學)
adinnādānā veramaṇī : 주지 않은 것을 빼앗지 않음(不偸盜)
Ajātasattu : 아자따쌋뚜
akālika : 시간을 초월하는
Akaniṭṭhā devā : 궁극적인 미세한 물질로 이루어진 신들의 하느님 세계(色究竟天)
akusalā dhammā : 악하고 불건전한 것들(不善法)

amanussā : 악마, 귀신(非人)
amaraṁ : 불사(不死)
amūḷhavinaya : 착란에 입각한 조정. 불치비니(不痴毘尼). 불치비나야(不痴毘奈耶)
anāgāmīmagga : 돌아오지 않는 경지의 님(不還向)
anāgāmīphala : 돌아오지 않는 길을 가는 님(不還果)
Anāthapiṇḍīka : 아나타삔디까(給孤獨)
Anāthapiṇḍikārāma : 아나타삔디까 승원(給孤獨園)
aṇḍaja : 난생(卵生)
aniyata : 부정죄(不定罪). 부정(不定).
anurakkhaṇāppadhāna : 수호의 노력(守護勤)
anussava : 배움(聞)
anuttaro : 위없이 높으신 님(無上師)
anuvādādhikaraṇa : 비난사(非難事). 비난으로 인한 쟁사.
anvaye ñāṇaṁ : 보편에 대한 지식(類智)
Appamāṇābhānā devā : 한량없이 빛나는 신들의 하느님 세계(無量光天)
Appamāṇasubhānā devā : 한량없는 영광의 신들의 하느님 세계(無量淨天)
arahant : 거룩한 님, 아라한(阿羅漢)
arahattamagga : 거룩한 길을 가는 님(阿羅漢向)
arahattaphala : 거룩한 경지의 님(阿羅漢果)
ariyaṭṭhaṅgikamagga : 여덟 가지 고귀한 길 (八正道)
arūpaloka : 비물질의 세계(無色界)
arūparāga : 비물질계에 대한 탐욕(無色貪)
assakāya : 기마부대(馬軍)
Atappā devā : 타는 듯한 고뇌를 여읜 신들의 하느님 세계(無熱天)
aṭṭhadasa dhātuyo : 열여덟 가지 세계(十八界)
atthi, bhava : 존재(有)
Avihā devā : 성공으로 타락하지 않는 신들의 하느님 세계(無煩天)
avijj'ogha : 무명의 거센 흐름(無明流)
avijjā : 무명(無明), 진리를 모르는 것
ayoniso masikāra : 이치에 맞게 정신활동을 기울임(如理作意)
Ābhāssarānā devā : 빛이 흐르는 신들의 하느님 세계(極光天)
ākāraparivitakka : 상태에 대한 숙고(行覺想)
ākāsānañcāyatana : 무한공간의 세계(空無邊處)
Ākāsānañcāyatanūpagā devā : 무한공간의 신들의 하느님 세계(空無邊處天)
ākiṁcaññāyatana : 아무 것도 없는 세계(無所有處)
Ākiñcaññāyatanūpagā devā : 아무 것도 없는 신들의 하느님 세계(無所有處天)
āpattādhikaraṇa : 범죄로 인한 쟁사.
āpattādhikaraṇa : 죄쟁사(罪諍事).
āsavā : 번뇌(煩惱)
āsavakkhaya : 번뇌의 부숨(漏盡通)

[B]

bhagavant : 세상의 존귀한 님, 세존(世尊)
bhav'ogha : 존재의 거센 흐름(有流)
bhāvanāppadhāna : 수행의 노력(修勤)
bhavataṇhā : 존재에 대한 갈애(有愛)
bhikhhu : 수행승(比丘)
bhūta : 생물, 존재, 귀신(鬼神)
bodhisatta : 보살(菩薩)
brahma : 거룩한 님, 하느님(梵天)
brahmacariya : 하느님과 함께 하는 삶, 청정한 삶, 범행(梵行).
Brahmakāyikā devā : 하느님 세계의 하느님의 권속인 신들의 하늘(梵衆天)
brāhmaṇa : 바라문(婆羅門), 성직자
Brahmapurohitā devā : 하느님 세계에서 하느님을 보좌하는 신들의 하늘(梵輔天)
buddha : 부처님, 깨달은 님(佛)

[C]

cakkhu : 시각(眼)
cakkhusamphassa : 시각의 접촉(眼觸)
cakkhusamphassaviññāṇāyatana : 시각의 접촉에서 생겨난 의식의 영역(眼觸識處)
cakkhuviññāṇa : 시각의식(眼識)
cattāri adhikaraṇāni : 네 가지 쟁사. 사쟁사(四諍事).
cattāri ariyasaccāni : 네 가지 거룩한 진리(四聖諦)
cattāri purisayugāni aṭṭhapurisapugalā : 네 쌍으로 여덟이 되는 참사람(四雙八輩)
cāttāro āhārā : 네 가지 자양(四食)
cattāro iddhipādā : 네 가지 신통력의 토대(四神足, 四如意足)
cattāro mahābhūtāni : 네 가지 광대한 존재(四大)
cattaro satipaṭṭhānā : 네 가지 새김의 토대(四念處)
Cātummahārājikā devā : 네 위대한 왕들의 하늘나라(四天王)
catutthajjhāna : 네 번째 선정(四禪)
cetovimutti : 마음에 의한 해탈, 마음에 의한 해탈(心解脫)
chaindriya : 여섯 가지 감각능력(六根)
chanda : 의지(欲)
chaviññāṇa : 여섯 가지 의식(六識)
chavisaya : 여섯 가지 감각대상(六境)
citta : 마음(心)
cittānupassanā : 마음에 대한 관찰(心隨觀)

dammarāja : 진리의 제왕(法王)
devadhītaro : 하늘의 딸(神女)
devaputtā : 하늘아들(神子)
devatā : 하늘사람(天人, 天神)

[D]

dhamma : 법, 현상, 성품, 사실, 원리, 가르침, 진리(法)
dhammānupassanā : 사실에 대한 관찰, 사실에 대한 관찰(法隨觀)
dhammaṭṭhitiñāṇaṁ : 사실의 상태에 대한 지식(法住智)
dhamme ñāṇaṁ : 사실에 대한 지식(法智)
dhyāna : 선정(禪定)
dibbacakkhu : 하늘눈(天眼通)
dibbasota : 하늘귀(天耳通)
diṭṭh'ogha : 견해의 거센 흐름(見流)
diṭṭhi : 잘못된 견해(邪見)
diṭṭhinijjhānakhanti : 견해에 대한 이해(見審諦忍)
dosa : 분노, 성냄(瞋)
dubbhāsita : 악설죄(惡說罪). 악설(惡說).
duggati : 나쁜 곳, 나쁜 세계(惡處)
dukkaṭa : 악작죄(惡作罪). 악작(惡作). 돌길라(突吉羅)
dukkhanirodhagāminīpaṭipadāariyasaccāni : 괴로움의 소멸에 이르는 진리(道聖諦)
dukkhanirodhâriyasaccāni : 괴로움의 소멸에 대한 진리(滅聖諦)
dukkhâriyasaccāni : 괴로움에 대한 진리(苦聖諦)
dukkhasamudayâriyasaccāni : 괴로움의 발생에 대한 진리(集聖諦)
dutiyajjhāna : 두 번째 선정(二禪)

[E]

ehipassika : 와서 보라고 할 만한
ekaggacitta : 한마음, 마음의 통일(心一境性)

[G]

gandha : 냄새, 향(香)
ghāna : 후각(鼻)
ghānasamphassa : 후각의 접촉(鼻觸)
ghānasamphassaviññāṇāyatana : 후각의 접촉에서 생겨난 의식의 영역(鼻觸識處)
ghānaviññāṇa : 후각의식(鼻識)
Gijjhakūṭapabhata : 깃자꾸따 산(靈鷲山)
Giñjakāvasatha : 긴자까바싸타(煉瓦堂, 繁耆迦精舍)
hāsapañña : 명쾌한 지혜(疾慧)
iddhi : 초월적 능력, 신족통(神足通)
iriyāpathā : 인간의 네 가지 행동양식(威儀路)
Isipatanārāma : 이씨빠따나 승원(仙人墮處)
jalābuja : 태생(胎生)
jambu : 장미사과나무(閻浮樹)
jarāmaraṇa : 늙음과 죽음(老死)
Jātaka : 자따까(本生譚)
jāti : 태어남(生)
javanapañña : 빠른 지혜(速慧)
Jetavana : 제따바나 숲(祇陀林, 祇樹)
jihvā : 미각(舌)
jihvāsamphassa : 미각의 접촉(舌觸)
jihvāsamphassaviññāṇāyatana : 미각의 접촉에서 생겨난 의식의 영역(舌觸識處)
jina : 승리자(勝者)
jivhāviññāṇa : 미각의식(舌識)

[K]

kabaliṅkāro āhāro oḷāriko sukhumo : 거칠거나 미세한 물질의 자양(麤細搏食)
Kalandakanivāpa : 깔란다까니바빠(栗鼠飼養園)
kām'ogha : 감각적 쾌락의 욕망의 거센 흐름(欲流)
kām'upadhi : 감각적 쾌락의 욕망에 관한 집착(愛取)
kāma : 감각적 쾌락(欲)
kāmaloka : 감각적 쾌락의 욕망의 세계(欲界)
kāmarāga : 감각적 쾌락의 욕망(欲貪)
kāmataṇhā : 감각적 쾌락의 욕망에 관한 갈애(欲愛)
kāmesu micchācārā veramaṇī : 사랑을 나눔에 잘못을 범하지 않음(不邪婬)
kamma : 업, 행위(業)
kappa : 겁(劫)
kāya : 촉각(身)
kāyānupassanā : 몸에 대한 관찰(身隨觀)
kāyasaṁkhāra : 신체적 형성(身行)
kāyasamphassa : 촉각의 접촉(身觸)
kāyasamphassaviññāṇāyatana : 촉각의 접촉에서 생겨난 의식영역(身觸識處)
kāyaviññāṇa : 촉각의식(身識)
khandh'upadhi : 존재의 다발들에 대한 집착(蘊取)
kiccādhikaraṇa : 절차로 인한 쟁사.
kiccādhikaraṇa : 행쟁사(行諍事).
kiles'upadhi : 오염에 대한 집착(煩惱取)

[L]

lokavidū : 세상을 아는 님(世間解)

[M]

Mahābrahmā devā : 위대한 신들의 하느님 세계(大梵天)
mahāpañña : 크나큰 지혜(大慧)
mahāvira : 위대한 영웅(大雄)
majjhimapaṭipadā : 중도(中道)
māna : 자만, 교만(慢)
mānatta : 참회처벌(懺悔處罰). 마나타(摩那陀)
mano : 정신(意)

manosaṁkhāra : 정신적 형성(意行)
manosamphassa : 정신의 접촉(意觸)
manosamphassaviññāṇāyatana : 정신의 접촉에서 생겨난 의식의 영역(意觸識處)
manosañcetanā āhāro : 의도의 자양(意思食)
manoviññāṇa : 정신의식(意識)
micchāpatipadā : 잘못된 길(邪道)
Migadāya : 미가다야(鹿野園)
Migāramatu : 미가라마따 강당(鹿子母講堂)
moha : 어리석음(痴)
musāvāda veramaṇī : 거짓말을 하지 않음(不妄語)
mūlāya paṭikassana : 가중처벌(加重處罰). 본일치(本日治).

[N]

nāmarūpa : 명색(名色)
natthi : 비존재(無)
nāsana : 멸빈(滅擯)
nevasaññānāsaññāyatana : 지각하는 것도 아니고 지각하지 않는 것도 아닌 세계(非想非非想處)
Nevasaññānāsaññāyatanūpagā devā : 지각하는 것도 아니고 지각하지 않는 것도 아닌 신들의 하느님 세계(非想非非想處天)
nibbāna : 열반(涅槃)
nibbedhikapañña : 꿰뚫는 지혜(明達慧)
nibbidā : 싫어하여 떠남(厭離)
nigaṇṭhā : 니간타(尼乾陀徒[자이나교도])
Nigrodhārāma : 니그로다라마 승원(尼俱律園)
Nimmānaratī devā : 창조하고 기뻐하는 신의 하늘나라(化樂天)
nirodha : 지멸, 소멸(止滅)
nissaggiya : 상실죄. 니살기(尼薩耆). 사타(捨墮). 진사타(盡捨墮). 기타(棄墮)
nissaya : 의지조치(依止措置). 의지(依止). 의지갈마(依止羯磨)
ñātapariññā : 알려진 것에 대한 완전한 앎(知遍知)

[O]

ogha : 거센 흐름(暴流)
okkanti : 강생(降生), 전개(展開, 들어섬.)
opapātika : 홀연히 생겨남, 화생(化生·者)
orambhāgiyāni saṁyojjanāni : 다섯 가지 낮은 단계의 결박(五下分結)
ottappa : 창피함(愧)
osāraṇīya : 해갈마(解羯磨)

[P]

pabbājanīya : 한시퇴출조치(限時退出措置). 구출(驅出). 구출갈마(驅出羯磨), 빈출(頻出), 빈출갈마(頻出羯磨)
paccekabuddha : 홀로 연기법을 깨달은 님(辟支佛, 獨覺, 緣覺)
pahānapariññā : 번뇌의 끊음에 관한 완전한 앎(斷遍知)
pahānappadhāna : 버림의 노력(斷勤)
pāṇātipātaveramaṇī : 살아 있는 생명을 해치지 않음(不殺生戒)
pañca indriyāni : 다섯 가지 능력(五根)
pañca nīvaraṇāni : 다섯 가지 장애(五障)
pañca upādānakkhandā : 다섯 가지 존재의 집착다발(五取蘊)
pañcakāmaguṇa : 다섯 가지 감각적 쾌락(五欲樂)
pañcakkhandha : 다섯 가지 존재의 다발(五蘊)
pañcasīla : 다섯 가지 계행, 오계(五戒)
paññā : 지혜(慧)
paññakkhandha : 여러 가지 지혜(慧蘊)
paññāvimutti : 지혜에 의한 해탈(慧解脫)
pārājika : 패배죄(敗北罪). 승단추방죄(僧團追放罪). 바라이(波羅夷). 단두죄(斷頭罪)
Paranimmitavasavattino devā : 다른 신들이 만든 존재를 향유하는 신의 하늘나라(他化自在天)
parassa cetopariyañāṇa : 타인의 마음을 꿰뚫어 보는 능력(他心通)
pariññā : 완전한 앎(遍知)
Parittābhānā devā : 작게 빛나는 신들의 하느님 세계(小光天)
Parittasubhānā devā : 작은 영광의 신들의 하느님 세계(小淨天)
parivāsa : 격리처벌(隔離處罰). 별주(別住). 격리생활(隔離生活)
Pasenadi : 빠쎄나디(波斯匿王)
paṭhamajjhāna : 첫 번째 선정(初禪)
paṭigha : 마음의 분노, 마음의 저항(有對), 장애(對)
paṭiccasamuppāda : 조건적 발생, 연기(緣起)
pācittiya : 속죄죄(贖罪罪). 바일제(波逸提), 바일저가(波逸底迦), 바약치(波藥致), 바라일니가(波羅逸尼柯), 바라야질지가(波羅夜質肢迦), 바야제(波夜提). 타(墮)
pāṭidesaniya : 고백죄(告白罪). 바라제사니(波羅提舍尼), 바라제제사니(波羅提提舍尼), 향피회(向彼悔), 대타설(對他說), 회과법(悔過法)
paṭiññātakaraṇa : 자인에 입각한 조정. 자언치(自言治). 자인(自認)
paṭisandhiviññāṇa : 재생의식(結生識)
paṭisāraṇiya : 사죄조치(謝罪措置). 하의갈마(下意羯磨). 영사죄갈마(令赦罪羯磨).
phala : 경지, 과보, 공덕(果)

pharusāya vācāya veramaṇī : 추악한 말을 하지 않음(不惡口)
phassa : 접촉(觸)
phasso āhāro : 접촉의 자양(細觸食)
phoṭṭhabba 감촉(觸)
pisācā : 유령
pisuṇāya vācāya veramaṇī : 이간질을 하지 않음(不兩舌)
Pubbārāma : 뿝바라마 승원(東園)
pubbenivasānussati : 숙명통(宿命通)
puggala : 참사람, 사람(補特伽羅)
Purisadammasārathī : 사람을 길들이는 님(調御丈夫)
puthupañña : 넓은 지혜(廣慧)

[R]

rāga : 탐욕(貪)
Rājagaha : 라자가하(王舍城)
rasa : 맛(味)
ruci : 만족(欲)
rūpa : 물질, 형상(色)
rūpakkhandha : 물질의 다발(色蘊)
rūpaloka : 미세한 물질의 세계(色界)
rūparāga : 형상에 대한 욕망(色貪)
rūpasañña : 형상에 대한 지각(色想)

[S]

sabbaññu : 전지자(全知者)
sadda : 소리(聲)
saddhā : 믿음(信)
saddhamma : 올바른 가르침(正法)
sakadāgāmīmagga : 한 번 돌아오는 길을 가는 님(一來向)
sakadāgāmīphala : 한 번 돌아오는 경지의 님(一來果)
sakka : 제석천(帝釋天)
sakkāyadiṭṭhi : 개체가 있다는 견해(有身見)
Sākyamuni : 싸끼야 족의 성자, 석가모니(釋迦牟尼)
saḷāyatana : 여섯 가지 감각영역, 여섯 감역(六入)
samādhi : 집중(三昧)
samadhikā cetovimutti : 일시적인 마음에 의한 해탈
sāmadhikkhandha : 여러 가지 삼매(定蘊)
samaṇā : 수행자(沙門)
sammāājīva : 올바른 생활(正命)
sammādiṭṭhi : 올바른 견해(正見)
sammākammanta : 올바른 행위(正業)
sammāpaṭipadā : 올바른 길(正道)
sammāsamādhi : 올바른 집중(正定)
Sammāsambudha : 올바로 원만히 깨달은 님(正等覺者)
sammasaṅkappa : 올바른 사유(正思惟)
sammāsati : 올바른 새김(正念)
sammāvācā : 올바른 언어(正言)
sammāvāyāma : 올바른 정진(正精進)
sammukhāvinaya : 현전에 입각한 조정. 현전비니(現前毘尼). 현전비나야(現前毘奈耶)
sampattidāyakaṁ : 성취를 주는 보시
samphappalāpā veramaṇī : 쓸모없는 말을 하지 않음(不綺語)
samphassa : 접촉(觸)
saṁsāra : 윤회(輪廻)
saṁsedaja : 습생(濕生)
saṁvarappadhāna : 제어의 노력(律儀勤)
saṅgā : 집착(染著, 取, 取著)
saṅghādisesa : 승단잔류죄(僧團殘留罪). 승잔(僧殘). 승가바시사(僧伽婆尸沙)
sañjāti : 탄생(誕生)
saṅkhārā :형성(行)
saṇkhārakkhandha : 형성의 다발(行蘊)
saññā : 지각(想)
saññākkhanda : 지각의 다발(想蘊)
saññāvedayitanirodha : 지각과 느낌이 소멸하는 선정(想受滅定)
santi : 고요함, 적정(寂靜)
santikāya : 고요한 몸(寂靜身)
sappurisa : 참사람(善人, 善男子, 正人, 正士, 善士)
sassatadiṭṭhi : 영원주의(常見)
sati : 새김(念)
sativinaya : 기억에 입각한 조정. 억념비니(憶念毘尼). 억념비나야(憶念毘奈耶)
satta adhikaraṇasamathā : 일곱 가지 방식의 멸쟁.
satta adhikaraṇasamathā : 칠멸쟁(七滅諍).
satta : 뭇삶, 생명, 존재, 사람(衆生)
Satthā devamanussānaṁ : 신들과 인간의 스승이신 님(天人師)
satthā : 스승(師)
Sāvatthī 싸밧티(舍衛城)
sekhā : 학인(學人)
sekhiya : 중학죄(衆學罪). 중학(衆學). 중학죄법(衆學法).
sīlabhatapatāmāsa : 규범과 금계에 대한 집착(戒禁取)
sīlakkhandha : 여러 가지 계율(戒蘊)
sota : 청각(耳)
sotasamphassa : 청각의 접촉(耳觸)
sotasamphassaviññāṇāyatana : 청각의 접촉에서 생겨난 의식영역(耳觸識處)
sotaviññāṇa : 청각의식(耳識)
sottāpattimagga : 흐름에 드는 길의 사람(豫流向)
sottāpattiphala : 흐름에 든 경지의 님(豫流果)
Subhakiṇṇā devā : 영광으로 충만한 신들의 하느님 세계

(遍淨天)
Sudassā devā : 선정이 잘 이루어지는 신들의 하느님 세계(善現天)
Sudassī devā : 관찰이 잘 이루어지는 신들의 하느님 세계(善見天)
Sugata : 올바른 길로 잘 가신 님, 행복하신 분(善逝)
sugati : 행복한 곳(善趣)
sukhadāyakaṁ : 행복을 주는 보시
surāmerayamajjapamādaṭṭhānā veramaṇī : 곡주나 과일주 등 취하게 하는 것을 마시지 않음(不飮酒)
suttapiṭaka : 경장(經藏)

[T]

tajjanīya : 견책조치(譴責措置). 고절(苦切). 고절갈마(苦切羯磨)
taṇhā : 갈애(渴愛)
Tapodārāma : 따뽀다 온천 승원
tathāgata : 이렇게 오신 님, 여래(如來)
tatiyajjhāna : 세 번째 선정(三禪)
tassapāpiyyasikā : 심문에 입각한 조정. 멱죄상(覓罪相). 구피죄(求被罪).
Tāvatiṁsā : 서른셋 신들의 하늘나라, 도리천(忉利天), 삼십삼천(三十三天)
tayo sikkhā : 세 가지 배움(三學)
thullaccaya : 추악죄(醜惡罪). 미수죄(未遂罪). 투란차(偸蘭遮). 투란죄(偸蘭罪). 방사죄(放使罪)
tikkhapañña : 예리한 지혜(利慧)
tiṇavatthāraka : 대속에 입각한 조정. 여초복지(如草覆地)
tipiṭaka : 삼장(三藏)
tīraṇapariññā : 윤회의 바다에서 건넘에 관한 완전한 앎(度遍知)
Tusitā devā : 만족을 아는 신들의 하늘나라(兜率天)

[U]

ubbāhika : 단사(斷事). 단사위원(斷事委員)
ubhato bhāgavimuttā : 양자에 의한 해탈(俱分解脫)
ucchedadiṭṭhi : 허무주의(斷見)
uddhacca : 자기정당화(掉擧)
uddhaccakukkucca : 흥분과 회한(掉擧惡作)
uddhambhāgiyāni saṁyojjanāni : 다섯 가지 높은 단계의 결박(五上分結)
ukkhepanīya : 권리정지조치(權利停止措置). 거죄갈마(擧罪羯磨)
upādāna : 집착(取著)
upadhi : 집착(取, 取著)
upāsaka : 재가의 남자신도, 청신사(淸信士), 우바새(優婆塞)
upāsikā : 재가의 여자신도, 청신녀(靑信女), 우바이(優婆夷)
upāya : 괴로운 곳, 괴로운 세계(苦處)

[V]

vacisaṁkhāra : 언어적 형성(口行)
vedāna : 느낌(受)
vedanākkhandha : 느낌의 다발(受蘊)
vedanānupassanā : 느낌에 대한 관찰(受隨觀)
Vehapphalā devā : 탁월한 과보로 얻은 신들의 하느님 세계(廣果天)
Veḷuvana : 벨루 숲(竹林)
vibhavataṇhā : 비존재에 대한 갈애(無有愛)
vicāra : 숙고(伺)
vicikicchā : 의심, 의심(疑)
vijjācaraṇasampanna : 지혜와 덕행을 갖춘 님(明行足)
vimaṁsā : 탐구(思惟)
vimittikkhandha : 여러 가지 해탈(解脫蘊)
vimittiññāṇadassanakkhandha : 여러 가지 '해탈되었다.'는 지견(解脫知見)
vimutti, nimokkha : 해탈(解脫)
vinayapiṭaka : 율장(律藏)
vinipāta : 비참한 곳, 비참한 세계(無樂處, 墮處)
viññāṇa āhāro : 의식의 자양(識食)
viññāṇa : 의식(識)
viññāṇakkhandha : 의식의 다발(識蘊)
viññāṇānañcāyatana : 무한의식의 세계(識無邊處)
Viññāṇañcāyatanūpagā devā : 무한의식의 신들의 하느님 세계(識無邊處天)
virāga : 사라짐(離貪)
viriya : 정진(精進)
vitakka : 사유(尋)
vivādādhikaraṇa : 논쟁사(論爭事).
vivādādhikaraṇa : 논쟁으로 인한 쟁사.
viveka : 멀리 여읨
vossagga : 완전한 버림, 포기(捨遣)
vyāpāda : 분노(瞋恚)

[Y]

yakkha : 야차(夜叉)
Yāmā devā : 축복의 신의 하늘나라(耶摩天)
yama : 죽음의 신, 야마의 세계(死神)
yasadāyakaṁ : 명예를 주는 보시
yebhuyyasikā : 다수에 입각한 조정. 다인어(多人語)
yoniso masikāra : 이치에 맞게 정신활동을 기울임(如理作意)

고유명사 및 법수·비유색인

[ㄱ]

[ㄴ]

[ㄹ]

한국빠알리성전협회
Korea Pali Text Society
Founded 1997 by Cheon, Jae Seong

한국빠알리성전협회는 빠알리성전협회의 한국대표인 전재성 박사가 빠알리성전, 즉 불교의 근본경전인 빠알리 삼장의 대장경을 우리말로 옮겨 널리 알리기 위한 목적으로, 세계빠알리성전협회 회장인 리챠드 곰브리지 박사의 승인을 맡아 1997년 설립하였습니다. 그 구체적 사업으로써 빠알리성전을 우리말로 옮기는 한편, 부처님께서 사용하신 빠알리어의 이해를 돕기 위하여, 사전, 문법서를 발간하였으며, 기타 연구서, 잡지, 팜프렛, 등을 출판하고 있습니다. 부처님의 가르침을 빠알리어에서 직접 우리말로 옮겨 보급함으로써 부처님의 가르침이 누구에게나 쉽게 다가가고, 명료하게 이해될 수 있도록 더욱 노력할 것입니다. 한국빠알리성전협회는 부처님의 가르침이 널리 퍼짐으로써, 이 세상이 지혜와 자비가 가득한 사회로 나아가게 되기를 바랍니다.

한국빠알리성전협회 120-868 서울 서대문구 모래내로 430, 102-102(홍제성원)
TEL : 02-2631-1381, 070-7767-8437 FAX : 735-8832
홈페이지 www. kptsoc. org

Pali Text Society

세계빠알리성전협회는 1881년 리스 데이비드 박사가 '빠알리성전의 연구를 촉진시키고 발전시키기 위해' 영국의 옥스포드에 만든 협회로 한 세기가 넘도록 동남아 각국에 보관되어 있는 빠알리 성전을 로마자로 표기하고, 교열 출판한 뒤에 영어로 옮기고 있습니다. 또한 사전, 색인, 문법서, 연구서, 잡지 등의 보조서적을 출판하여 부처님 말씀의 세계적인 전파에 불멸의 공헌을 하고 있습니다.

President : Dr. R. M. L. Gethinn, Pali Text Society
73 Lime Walk Headington Oxford Ox3 7AD, England

신한은행 313-04-195605 국민은행 752-21-0363-543
우리은행 1002-403-195868 농 협 023-02-417420
예금주 : 전재성

기출간의 율장번역상 내용의 오류와 오해의 소지가 있는 부분을 다음과 같이 수정합니다.

① 마하박가 30쪽과 286쪽와 쭐라박가의 30쪽과 608쪽에 나오는 오편죄와 칠취죄는 다음과 같이 수정되어야 합니다. 오편죄 : 승단추방죄, 승단잔류죄, 상실죄, 속죄죄, 고백죄. 칠취죄 : 승단추방죄, 승단잔류죄, 추악죄, 속죄죄, 고백죄, 악작죄, 악설죄. ② 마하박가 29쪽과 쭐라박가 29쪽 : 주인에게 되돌려 주고 → 내어놓은 수행승에게 되돌려 주고 당사자는. ③ 마하박가 294-295쪽 : 여의지 않아야 한다고 → 여의지 않은 것으로 ④ 마하박가 363쪽 4 : 소집되지 → 일어나지, ⑤ 마하박가 357-358쪽 5, 7, 8, 9; 447쪽 5, 7, 8, 9 : 거주수행승이 있는가 → 객수행승이 있는가. ⑥ 마하박가 446쪽 1 : 네 명 → 다섯 명 ⑦ 마하박가 331쪽 8: 가지고 와서 → 가지고. ⑨ 쭐라박가 874쪽 13줄 : 팔월에 → 팔 개월 동안에. 수정에 대단히 감사합니다.

빠알리대장경 구성

빠알리삼장	주석서
Vinaya Piṭaka(律藏)	Samantapāsādikā(善見律毘婆沙疏) Kaṅkhāvitaraṇī(on Pātimokkha) (解疑疏 : 戒本에 대한 것)
Sutta Piṭaka(經藏);	
Dīgha Nikāya(長部阿含)	Sumaṅgalavilāsinī(妙吉祥讚)
Majjhima Nikāya(中部阿含)	Papañcasūdanī(滅戲論疏)
Saṁyutta Nikāya(相應阿含)	Sāratthappakāsinī(要義解疏)
Aṅguttara Nikāya(增部阿含)	Manorathapūraṇī(如意成就)
Khuddaka Nikāya(小部阿含);	
Khuddakapāṭha(小誦經)	Paramatthajotikā(I)(勝義明疏)
Dhammapada(法句經)	Dhamapadaṭṭhakathā(法句義釋)
Udāna(自說經)	Paramatthadīpanī(I)(勝義燈疏)
Itivuttaka(如是語經)	Paramatthadīpanī(II)(勝義燈疏)
Suttanipāta(經集)	Paramatthajotikā(II)(勝義明疏)
Vimānavatthu(天宮事)	Paramatthadīpanī(III)(勝義燈疏)
Petavatthu(餓鬼事)	Paramatthadīpanī(IV)(勝義燈疏)
Theragāthā(長老偈)	Paramatthadīpanī(V)(勝義燈疏)
Therīgāthā(長老尼偈)	
Jātaka(本生經)	Jātakaṭṭhavaṇṇanā(本生經讚)
Niddesa(義釋)	Saddhammapajotikā(妙法解疏)
Paṭisambhidāmagga(無碍解道)	Saddhammappakāsinī(妙法明釋)
Apadāna(譬喩經)	Visuddhajanavilāsinī(淨人贊疏)
Buddhavaṁsa(佛種姓經)	Madhuratthavilāsinī(如蜜義讚)
Cariyāpiṭaka(所行藏)	Paramatthadīpanī(VII)(勝義燈疏)
Abhidhamma Piṭaka(論藏);	
Dhammasaṅgaṇi(法集論)	Aṭṭhasālinī(勝義論疏)
Vibhaṅga(分別論)	Sammohavinodani(除迷妄疏)
Dhātukathā(界論)	Pañcappakarañatthakathā(五論義疏)
Puggalapaññatti(人施設論)	Pañcappakarañatthakathā(五論義疏)
Kathavatthu(論事)	Pañcappakaraṇatthakathā(五論義疏)
Yamaka(雙論)	Pañcappakaraṇatthakathā(五論義疏)
Tika-paṭṭhāna(發趣論)	Pañcappakaraṇatthakathā(五論義疏)
Duka-paṭṭhāna(發趣論)	Pañcappakaraṇatthakathā(五論義疏)